牛（牜） うし うしへん 751
犬（犭） いぬ 755
龶 ＊あおのかんむり 762
王 おうへん 763
ネ しめすへん 824
耂 おいかんむり 902
月 にくづき 909

5画

玄 げん 762
玉（王） たま
瓦 かわら
甘 あまい
生 うまれる
用 もちいる
田 た たへん
疋（⺪） ひき
⺪ ひきへん
疒 やまいだれ
癶 はつがしら
白 しろ しろへん 79[illegible]
皮 けがわ 799
皿 さら 799
目 め めへん 802

矛 ほこ ほこへん 812
矢 や やへん 813
石 いし いしへん 816
示（ネ） しめす 824
禸 ぐうのあし 831
禾 のぎ のぎへん 831
穴 あな あなかんむり 840
立 たつ たつへん 844
罒 あみがしら 848
[illegible] 850
[illegible] …んむり 850
[illegible] 671
[illegible] 679
[illegible] …ん 948

6画

[illegible] …むり 850
[illegible] 861
[illegible] 866
[illegible] 894
羊（⺶） ひつじ 895
羽 はね 899
老（耂） おい 902
而 しこうして 904

耒 すきへん 905
耳 みみ みみへん 905
聿 ふでづくり 908
肉（月） にく 909
自 みずから 924
至 いたる いたるへん 928
臼 うす 929
舌 した 930
舟 ふね ふねへん 931
艮 こんづくり 934
色 いろ 935
虍 とらがしら 936
虫 むし むしへん 938
血 ち ちへん 943
行 ぎょうがまえ ゆきがまえ 944
衣（衤） ころも 948
西（覀） にし 958
瓜 うり 961

7画

見 みる 962
角 つの つのへん 967
言 げん ごんべん 970
谷 たに 997

豆 まめ 997
豕 ぶた いのこへん 998
豸 むじな むじなへん 1000
貝 かい かいへん 1000
赤 あか あかへん 1011
走 はしる そうにょう 1012
足（⻊） あし 1015
⻊ あしへん 1015
身 み 1019
車 くるま くるまへん 1020
辛 からい しん 1028
辰 しんのたつ 1030
邑 むら 1031
酉 ひよみのとり とりへん 1032
釆 のごめ のごめへん 1036
里 さと さとへん 1037
臣 しん 1041
舛 まいあし 1042
麦（麥） むぎ ばくにょう 1042

8画

金 かね かねへん 1043
長 ながい 1056
門 もん もんがまえ 1058

阜 おか 1067
隶 れいづくり 1067
隹 ふるとり 1068
雨 あめ あめかんむり 1074
青 あお あおへん 1080
非 あらず 1082
斉 せい 1083
飠 しょくへん 1101

9画

面 めん 1084
革 つくりがわ かわへん 1085
音 おと おとへん 1086
頁 おおがい 1088
風 かぜ 1098
飛 とぶ 1100
食（食・飠） しょく 1101
飠 しょくへん 1101
首 くび 1106
香 かおり 1107

10画

馬 うま うまへん 1108
骨 ほね ほねへん 1112
高 たかい 1113

髟 かみがしら 1115
鬯 ちょう 1115
鬼 おに きにょう 1116
韋 なめしがわ 1117
竜 りゅう 1118

11画

魚 うお うおへん 1118
鳥 とり 1120
鹿 しか 1123
麻 あさ あさかんむり 1123
黄 き 1124
黒 くろ 1125
亀 かめ 1126
麥 むぎ ばくにょう 1042

12画

黍 きび 1126
歯 は はへん 1126

13画

鼎 てい かなえ 1127
鼓 つづみ 1127
鼠 ねずみ 1128

14画

鼻 はな 1128

三省堂 例解小学

漢字辞典

オンライン
辞書つき
オールカラー

監修 林　四郎
大村はま
編 月本雅幸
濱口富士雄

新装第六版

三省堂

■監修

林 四郎 ▼筑波大学名誉教授・国立国語研究所名誉所員
北京外国語大学名誉教授・明海大学名誉教授

大村はま ▼元公立中学校教諭・日本国語教育学会顧問

■編者

月本雅幸 ▼東京大学名誉教授

濱口富士雄 ▼群馬県立女子大学名誉教授

■編集委員

川嶋 優 ▼学習院名誉教授

小幡敏行 ▼横浜市立大学国際教養学部教授

肥爪周二 ▼東京大学大学院教授

菅井紫野 ▼漢字記号学研究家

■篆書文字

河内利治 ▼大東文化大学文学部教授

■校正協力

安部いずみ　高坂佳太
岩谷由美　穂満玲子
坂田星子　渡邉さゆり
菅間文乃

■口絵図版協力

公益財団法人 東洋文庫

■イラスト

くらべちづる
榊原唯幸
ジャンボ・KAME
広野りお

■地図製作

ジェイ・マップ

■装画

あさいとおる

■装丁・紙面設計・特典設計

(有) グリッド
八十島博明
石川幸彦

■執筆協力［初版］

内海まゆみ　中山直子
沖山義明　藤田隆美
苅谷夏子　古川亮二
佐藤庸子　柳沢長男
鈴木宗一　山本多佳子

■編集協力［第五版］
（ご意見をいただいた先生方）

青木あかね　澤田京美
青木珠美　柴野智代
糸田川高平　庄司 薫
今宮信吾　鈴木綾花
大村幸子　中居恵美子
奥澤弘子　長谷川暢子
小澤珠里　仲矢優子
甲斐裕子　西 勝巳
北畑賀生　西田太郎
小須田美枝子　長谷川純子
小宮由里子　本間葉津子
佐古賢一　松村一輝
佐々木扶実子

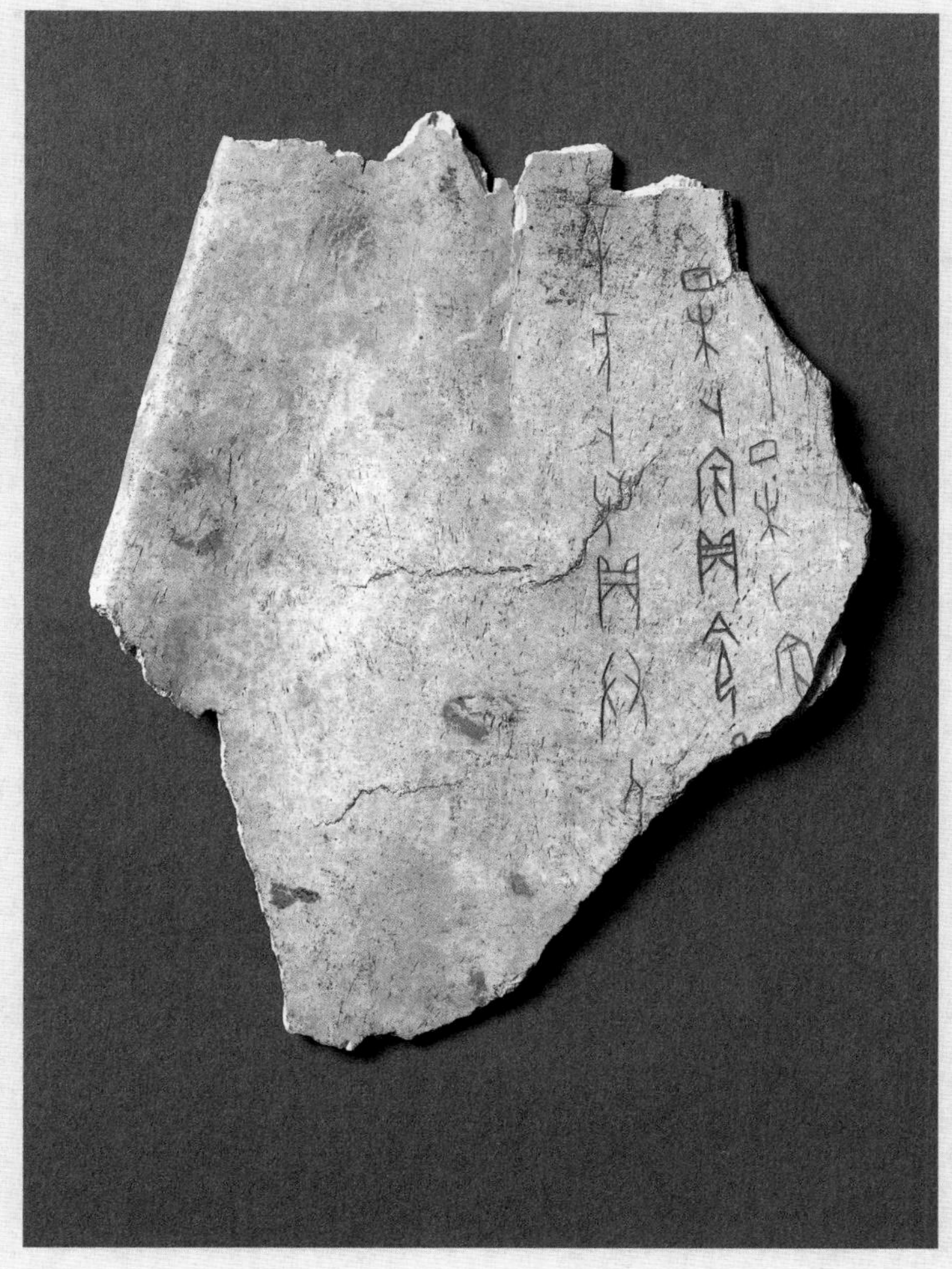

［ 甲骨文 ］
こう こつ ぶん

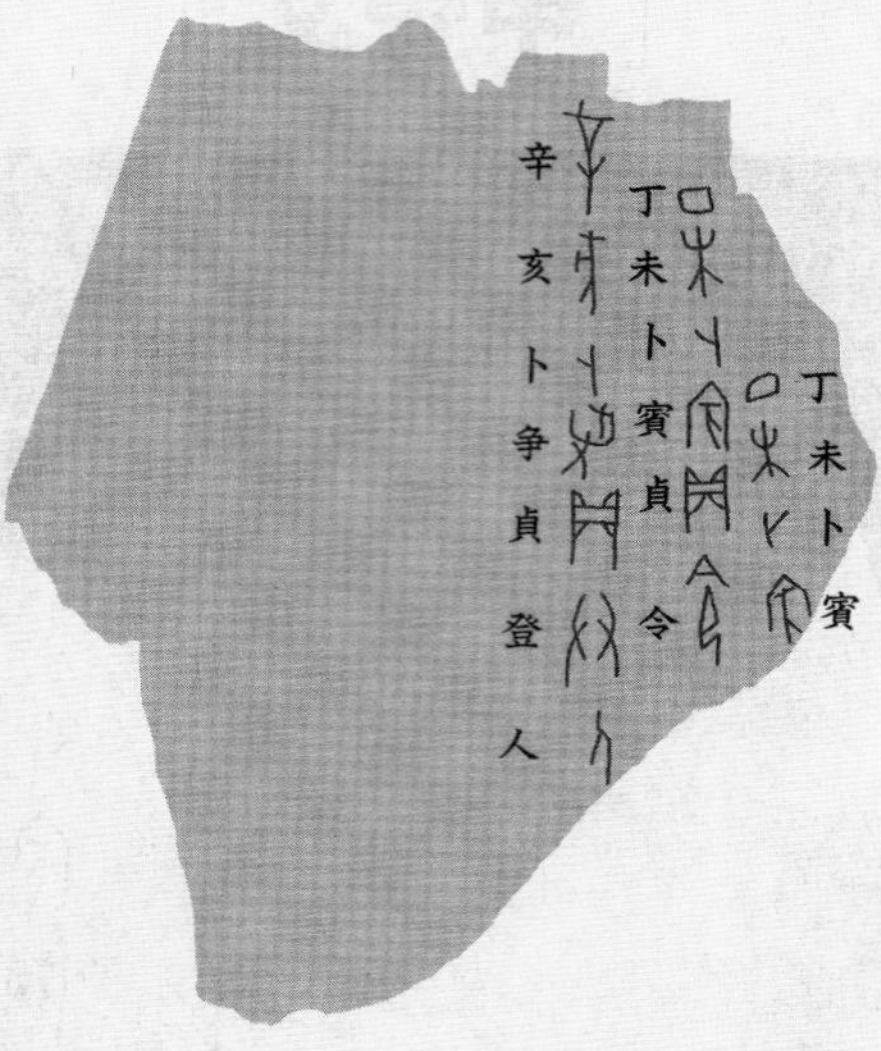

甲骨文の説明

漢字の最古のすがたをしめす甲骨文字の実物です。硬い牛の肩甲骨に鋭い刃物で刻み込んだので、直線的な字形になっています。

甲骨文字は、甲骨を用いて天に占いたずねた内容を記録するために刻んだもので、ここにそのようすがはっきりとしめされています。まず、何日に占った(卜)か、次にだれが天にたずねた(貞)かを書きます。ここでは「辛亥」「丁未」という日付と「賓」「争」の二人の名前が見えます。そのあとは、たずねたことがらが書かれますが、ここでは「登人」「令」という一部分が読めます。

いちばん左の文について解読すると、「辛亥の日に占い、争がたずねた。出撃するために人々（人）を兵隊として動員(登)して…」といったことが書かれています。

(中国河南省安陽県出土・(公財)東洋文庫所蔵)

もくじ

字は

この辞典は、漢字の特徴をこうとらえて、編集しました。

中国で生まれた文字ですから、中国の知恵を秘めています。

● 文字の生み出し方

象形文字　指事文字　会意文字　形声文字

● 字形の作り方

[構成] へん（偏）　つくり（旁）　かんむり（冠）　あし（脚）　たれ　にょう　かまえ

[書体] 楷書体　行書体　草書体

● 字とことばと意味

一字一字がことばだから、意味をもっている。（表語文字）

意味がいくつかに分かれたものもある。（多義文字）

⇩服（着るもの）…服を着る　服（心からしたがう）…服従・心服　服（口に入れる）…服用・一服

● 故事成語

中国の古典にあるおもしろい話から、そういう言い方が生まれ、今もさかんに使われる。

⇩呉越同舟　四面楚歌　温故知新　月下氷人

日本で育った文字ですから、日本の文化を背負っています。

● 音読みと訓読み

[音] 日本人の発音になった日本漢字音　海＝カイ

[訓] むかしからの日本語、やまとことば　海＝うみ

● 一字の使い方と、二字熟語、三字熟語、四字熟語

● かな文字との協力

●「流れる」「速い」「仲良く」など、かなといっしょでなければ表せない。

●日本語らしい漢字の使い方

［いろいろな書き方］あすか…飛鳥・明日香　なら…奈良・寧楽・楢

［おもしろいことば］切手（切符・手形）・重箱・型録・時計

●日本語としての造語力

家…公家・武家・将軍家・御三家・御家人・家来

家…大家・大家・大家・大家

地域名…房総半島・信越本線・甲武信岳

日本の現代の文字ですから、日本人の現代生活を支えています。

●常用漢字・学習漢字（教育漢字）・漢字の学年配当・人名用漢字・JIS漢字・ユニコード

●字体の簡略化・旧字体から新字体へ

圓→円　舊→旧　辨・瓣・辯→弁

●パソコンでの生活

かな入力・ローマ字入力と漢字変換

●現代的造語力

的…積極的・平和的解決・地すべり的大勝利

化…少子高齢化社会・地球の温暖化現象・情報の見える化

型…血液型・梅雨型の気圧配置・薄型テレビ・循環型社会

系…理科系・外資系企業・塩素系漂白剤・いやし系音楽・新幹線N700系

超…超スピード・超満員・超高層ビル・超目玉商品

激…激増・激減・激白・激辛・激安・激うま

絶…絶好調・絶不調

この辞典の調べ方「花」をさがそう！

読み方がわかるときには…

音訓さくいん

1 辞典のはじめの方の(14)ページにある「音訓さくいん」を開く。

「花」は「はな」！

2 「音訓さくいん」の中から読みをさがす。

読み	画数	漢字	区分	ページ
は・ハ				
ハ	4	巴	人	367
	7	芭	人	415
…				
はてる	8	果	④	625
はと	13	鳩	人	1121
はな	7	花	①	414
	10	華	常	422
	14	鼻	③	1128

3 そこにしめされたページを開く。

「ページのツメ」をめじるしにしてね！

部首がわかるときには…①

部首さくいん

1 表紙のうら（前見返し）にある「部首さくいん」を開く。

「花」の部首は「艹」！

2 部首をさがす。

「艹」は3画！

3画		
口	くち　くちへん	202
囗	くにがまえ	239
…		
艹	くさかんむり	413
辶(辶)	しんにょう　しんにゅう	434

3 そこにしめされたページを開く。

「ページのツメ」を使うと便利だよ！

部首がわかるときには…②

ツメ＋部首スケール＋柱

1 [部首の画数のツメ]のところを開く。

「花」の部首は「艹」だから、部首の画数は3画！

2 部首スケールで部首をさがす。

部首の画数のツメ

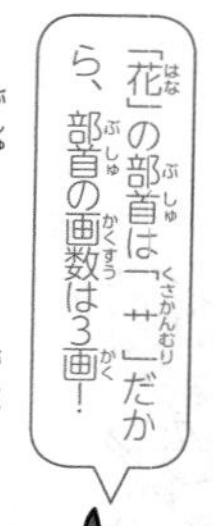

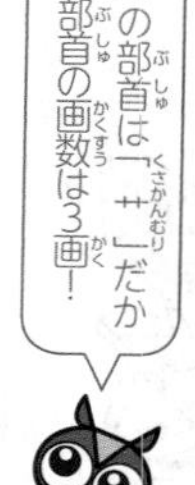

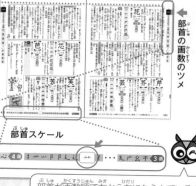

部首スケール

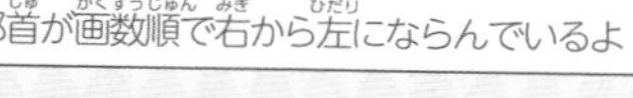

部首が画数順で右から左にならんでいるよ！

画数がわかるときには…

総画さくいん

1 辞典のはじめの方の(52)ページにある「総画さくいん」を開く。

一画ずつ気をつけながら、画数を数えてみよう。

2 あてはまる画数のところで漢字をさがす。

7画
串 カン くし 35
花 カ はな 414

「花」は7画だね！

3 そこにしめされたページを開く。

「ページのツメ」を使おう！

100ページごとの「ページのツメ」！

ページのツメ

4 部首の見出しの「この部首の字」の中から漢字をさがす。

3画 艹 [くさかんむり] の部
草の生えているすがたをえがいた象形である「艹（艸）」をもとに作られ、植物にかかわる字を集めてあります。

この部首の字
3 芋……413
芝……413
4 花……414

しめされたページを開こう！

414ページ

花

音 カ 訓 はな
艹－4
総画7
1年
明朝 花 82B1

筆順 一 十 艹 艹 芀 花 花（はねる・おらない）

なりたち [形声]「艹」が「くさ」を、「化」が「カ」という読み方をしめしている。（華）のことで、草のはなの意味。「カ」は「はなやか」の「華」と区別してできた字。

3 柱で漢字をさがす。

柱にはそのページの漢字がしめされているよ！

3 艹 くさかんむり 4画 花 芹 芥 芸 ▶前ページ

部首の画数のツメ

柱

ほかにもこんな調べ方があるよ！

●学年別漢字さくいん

「総画さくいん」のあとにある「学年別漢字さくいん」では、小学校で習う漢字を調べられます。

この辞典の使い方〈見出し編〉

❶ 部首の見出しをしめしています。
ここでは、部首の画数、部首の形、代表的な読み方がしめしてあります。

❷ 部首の意味や役割が書いてあります。
部首の見出しのすぐあとには、その部首の意味や役割が書いてあります。

❸ その部首に所属する字がどのページにあるかがわかります。
同じ部首のなかでは、画数順にならんでいます。漢字の上に小さくついている数字は、部首をのぞいた部分の画数です。同じ画数のものは、代表的な読み方の順にならんでいます。

青色の細い字で書いてあるのは、ほかの部首に所属する漢字です。▼の先にその部首とページをしめしてあります。

❹ 見出しの漢字です。
漢字辞典では「親字」といいます。

❺ どの部首で何画の字かをしめします。

「楽」は、下にある「木」が部首なんだね！

旧字体は、その字のなりたちを知るのに役立つよ。

❻ 部首がどこにあるかがわかります。
部首は青くぬりつぶされているところにあることをしめします。くわしくは☞「ふろく「漢字の組み立て」（[6]ページ）

❼ その字が全部で何画の字かという総画数です。
画数の数え方について、くわしくは☞「ものしり巻物16」（539ページ）

❽ その字をいつ学ぶかがわかります。

❾ 見出しの字の明朝体の形をしめしています。
明朝体について、くわしくは☞「ものしり巻物13」（437ページ）

❿ パソコンなどで使われているユニコードのコード番号です。

⓫ 見出しの字の形がむかしとちがっているときは、むかしの形（旧字体）をしめしています。
旧字体について、くわしくは☞「ものしり巻物14」（471ページ）

⑫ その字の読み方です。
音はかたかな、訓はひらがなでしめしてあります。- のあとの細い字は送りがなです。

⑬ 筆順です。
すべての常用漢字についています。とくに小学校で習う漢字には、「とめる」「はねる」など、きれいな字を書くためにだいじなことも書いてあります。

⑭ その字のなりたちの解説です。
その字のなりたちとして代表的なものをわかりやすく書いてあります。

⑮ 篆書といって、その字のむかしの形です。
篆書について、くわしくは☞「ものしり巻物5」(163ページ)

⑯ [ ] の中は、漢字のでき方の種類をあらわしています。
漢字のなりたちで、いっぱん的に用いられる四種類(象形・指事・会意・形声)をしめしました。

☞ふろく「漢字のなりたち」([3]ページ)

辞典を見ながらていねいに書こう!

⑫ 音 ガク・ラク 訓 たの-しい・たの-しむ

⑬ 筆順

⑭ なりたち ⑮ ⑯ [会意]もとの字は、「樂」。「木」に「糸」をはった楽器と「つめ(白)」とを合わせ、楽器をかなでることを表す字。「おんがく」の意味から、「たのしむ」として使われている字。

⑰ 意味
❶おんがく。音楽を演奏すること。⑱ 例 楽の音。楽譜・器楽
❷たのしい。たのしむ。たやすい。ゆったりしている。⑲ 例 休日を楽しむ。楽あれば苦あり。楽園・安楽・快楽 対 苦
❸千秋楽。ものごとの終わり。例 楽日

⑳ 参考 ❶では「ガク」、❷❸では「ラク」と読む。

㉑ 発音あんない ガク→ガッ…例 楽器 ラク→ラッ…例 楽観
特別なよみ 神楽(かぐら)
名前のよみ もと・よし

---

⑰ その字のおもな意味です。
意味が大きく分かれるときには、❶❷…の数字の下に、一つの大きな意味から小さな意味に分かれるときは、㋐㋑…で分けて書いてあります。

⑱ その字のおもな使われ方です。
一字で使われるものや、熟語として使われるものがあります。

⑲ その字とかかわりのある字です。
対 反対の意味の字、対になる字
類 意味がにている字
関連 セットで覚えておくとよい字

⑳ その字について、参考になることが書いてあります。
ここでは、読み方によってまったくちがった意味を表すことについて書いてあります。そのほかにも、参考になるコラムへの案内や、その字のむかしの使われ方の紹介などもあります。

㉑ その字のさらにくわしい情報です。
読み方の注意や、関連するコラムのページなどが書いてあります。
それぞれの記号については☞(10)ページ

この辞典の使い方〈熟語ほか編〉

❶ **熟語の分類です。**
親字の意味に❶❷…があるとき、どの意味に分類されるかをしめしています。

❷ **熟語の見出しです。**
五十音順にならんでいます。
熟語の漢字についている記号は次のようなことをあらわします。

。　小学校で習わない常用漢字
▲　常用漢字表にない読み方
◆　常用漢字表にはない漢字
　印がないものは学習漢字（小学校で習う漢字）

その字が学習漢字でも、その読み方が常用漢字表にないときは▲がつきます。その字が学習漢字以外の常用漢字で、常用漢字表にない読み方のときは、▲。がつきます。

❸ **その語の読み方です。**
語の組み立てがわかるように二行に分けて書いてあります。読み方が二字だけのときは、二字をたて書きにしてあります。

---

❶〈おんがく〉の意味で

【楽章】がく しょう ↓ 交響曲など長い曲の、大きなひとくぎり。例 第一楽章。

【楽聖】がく せい ↓ とくにすぐれた大音楽家。例 楽聖ベートーベン。

【楽隊】がく たい ↓ 隊を組んで楽器を演奏する人たちの集まり。類 音楽隊

【楽団】がく だん ↓ いろいろな楽器で音楽を演奏する人たちの集まり。例 交響楽団。

【楽譜】がく ふ ↓ 記号を使って、音楽の曲を書き表したもの。類 音譜・五線譜・譜面

【楽屋】がく や ↓ 舞台のうらがわにあって、出演者が準備をしたり休んだりするためのへや。

【楽屋裏】がくや うら 外からはわからない、内部の事情。類 内幕・内情・舞台裏・内実・裏面

【楽器】がっ き ↓ 音楽を演奏するための音を出す器具。例 弦楽器。管楽器。打楽器。

【楽曲】がっ きょく ↓ 音楽で、声楽・器楽・管弦楽などの曲。

❷〈たのしい〉の意味で

【楽隠居】らく いんきょ つとめなどをやめたあと、気楽に老後の生活をすること。

辞書のミカタ　1年　小学校で習う漢字とその学年　常用　常用漢字のうち、小学校で習わない字

---

❹ **熟語の組み立てです。**
二字でできている熟語について、上の字と下の字の関係を八種類に分けて記号でしめしてあります。くわしくはふろく「熟語の組み立て」（[8]ページ）

❺ **熟語の意味です。**
読み方によって意味がちがうときは 一 二 …で分けてあります。意味がいくつかに分かれるときは、①②…で分けてしめしてあります。

❻ **その語の使われ方の例です。**
ふつう漢字よりもひらがなで書かれることが多いものは、太字のひらがなでしめしてあります。

❼ **その語と意味がにている語や対になる語です。**
類　意味がにている語
対　反対の意味の語、対になる語
関連　深いつながりのある語

❽ **その語のあとに、どんなことばがつくかをしめしてあります。**
〈―する〉〈―な〉〈―に〉など。

❾ **その語について、さらにくわしい情報をしめしました。**

参考 その語をより深く理解するのに参考になることが書いてあります。

知識 その語に関係することで、知っておいたほうがよいことがらが書いてあります。

表現 表現に役立つ情報について書いてあります。

表記 その語のべつの書き方があるときにしめします。

それぞれの記号については☞(11)ページ

❿ **その字が下につく熟語です。**
その漢字が下につくときに、上の字がどのようなはたらきをするかをしめしてあります。くわしくは☞ふろく「その字が下につく熟語」(12ページ)

【楽園】らくえん ↓ なんの心配もなく楽しく幸せにくらせるところ。パラダイス。類 極楽・天国

【楽勝】らくしょう ↓〈―する〉苦労しないで勝つこと。類 快勝・圧勝 対 辛勝

【楽天】らくてん ▲ ものごとを明るくよいほうに考えること。例 楽天主義。

【楽天家】らくてんか ものごとをよいほうへ考え、心配したりくよくよしたりしない人。

【楽観】らっかん ↓〈―する〉ものごとがうまくいくと明るく考えて、楽な気分でいること。例 病状は楽観をゆるさない。対 悲観

❸〈千秋楽〉の意味で

【楽日】らくび ↓ すもうや芝居などの最後の日。

参考「千秋楽の日」という意味。

楽が下につく熟語 上の字の働き

❶ 楽＝〈おんがく〉のとき
【洋楽 邦楽】ドコの音楽か。
【声楽 器楽 吹奏楽】ナニによる音楽か。
【雅楽 交響楽 室内楽】ドウイウ種類の音楽か。

❷ 楽＝〈たのしい〉のとき
【安楽 快楽 歓楽 悦楽 娯楽】近い意味。
【苦楽 哀楽(喜怒哀楽)】反対の意味。

◆音楽 享楽 気楽 行楽 極楽 千秋楽 奏楽 道楽 能楽

部首スケール
4画 手 扌 支 攵 文 斗 斤 方 日 曰 月 木 欠 止 歹 殳 毋 母 比 毛 氏 气 水 氵 氺 火 灬

⓫ **下につく熟語の分類です。**
親字の意味に❶❷…があるとき、そのどの意味に分類される熟語かをしめしています。

⓬ **下の字と上の字の関係がにたものをなかまにし、その関係をしめしました。**

⓭ **下につく熟語のうち、同じようななかまのないものは、◆の記号の下にまとめてあります。**

⓮ **［辞書のミカタ］です。**
右ページの下にあります。この辞書で使っている記号について説明しています。

⓯ **［部首スケール］です。**
左ページの下にあります。調べたい漢字の部首を探すときに使います。部首が、部首さくいんの順で右から左にならんでいます。開いているページの部首を大きくしめし、その右がわにはそれより前の部首、その左がわには後ろの部首があります。探している部首がしめされている方にページをめくってください。

この辞典の使い方〈記号一覧〉

（記号）常用漢字表にある漢字

（記号）許容の字

（記号）常用漢字表にない漢字

（記号）その字の組み立て。くわしくは☞ふろく「漢字の組み立て」〔6〕ページ)

音 音読み。かたかなでしめしています。

訓 訓読み。ひらがなでしめしています。（）のあとの細い字は送りがなです。

中 中学校[illegible]

高 高等学校で習[illegible]み

外 小・中・高等学校[illegible]読み

印がないものは小学校[illegible]読み

1年 小学校で習う字とその学年

常用 常用漢字のうち、小学校で習わない字

人名 人名用漢字

表外 常用漢字でも人名用漢字でもない字

筆順 その字を書くときの順番。常用漢字すべてについています。学習漢字には書き方の注意もついています。

なりたち その漢字のでき方の説明。くわしくは☞ふろく「漢字のなりたち」〔3〕ページ)

意味 意味 その字の意味

❶❷… 字の意味が大きく分かれるとき

㋐㋑… 字の意味が分かれるとき

発音あんない 熟語になったときに発音がかわるもの

【楽】ガク→ガッ… 例 楽器

注意するよみ その読み方をすることばが、かぎられているもの。常用漢字表の音訓欄で一字下げになっているものをとりあげました。

【兄】キョウ… 例 兄弟

特別なよみ ほかの字と組み合わさったときに、特別な読み方をするもの。常用漢字表の「付表」にある語をとりあげました。

神楽(かぐら)　七夕(たなばた)

県名 都道府県名に使われるときに特別な読み方をするものなど、二〇一〇年の常用漢字表改定で入った、都道府県の読み方をとりあげました。

大分(おおいた)

※それ以外の県名に使われる漢字は、とくに何もしめしていません。

名前のよみ 名前としてつかわれる読み方

…漢字表で＊がついて… 項目…いてとりあげています。くわしくは☞ふろく「字体についての解説」（30ページ）

例解［使い分け］ コラム「使い分け」への案内

［文字物語］ コラム「文字物語」への案内

［故事のはなし］ コラム「故事のはなし」への案内

° 小学校で習わない常用漢字

▲ 常用漢字表にない読み方

◆ 常用漢字表にはない漢字

印がないものは学習漢字（小学校で習う漢字）

Ⅱ ⇕ ↓ ▽ ▲ ⊠ ⊠ ○ その熟語の組み立て。くわしくは☞ふろく「熟語の組み立て」（8ページ）

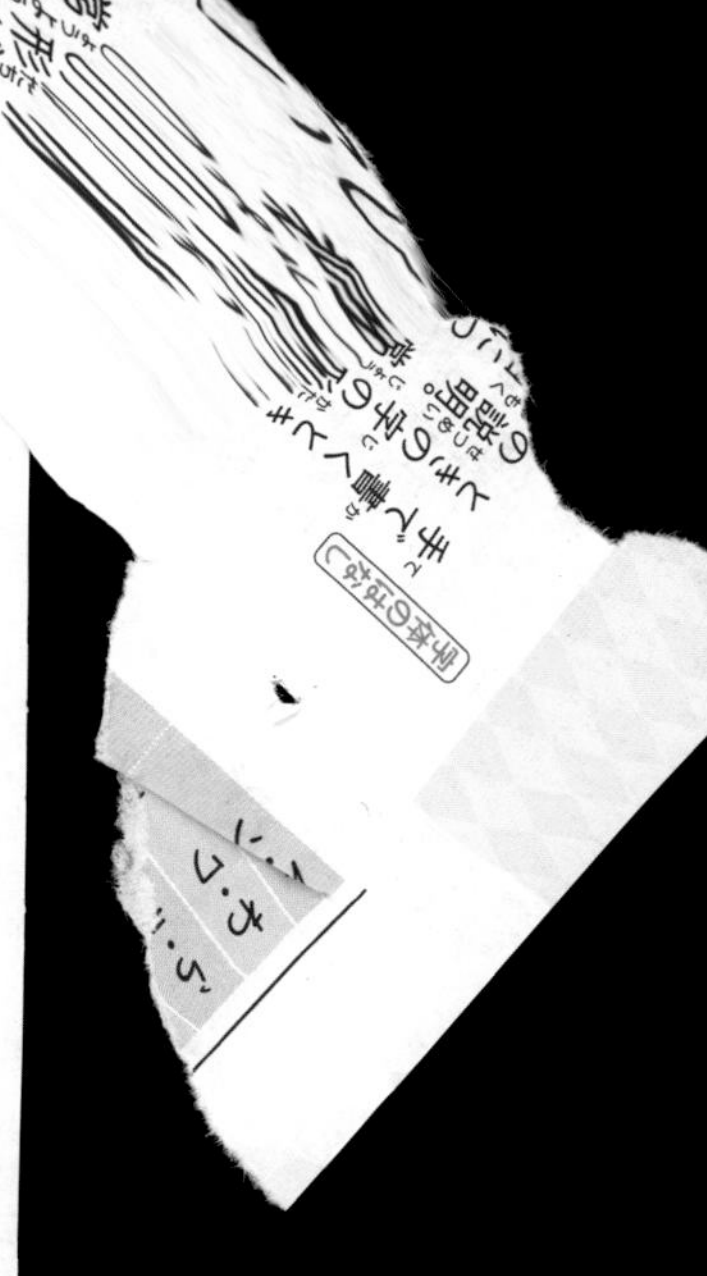

…〈—な〉〈—に〉〈—と〉〈—たる〉
〈—たる〉〈—と〉〈—に〉〈—な〉〈—する・—に〉〈—な〉〈—として〉
その熟語の後につくことば

一二… 熟語の読み方によって意味がちがうとき

①②… 熟語の意味が分かれるとき

◆ その字が下につく熟語

例 その字やその語の使われ方の例
意味欄のなかでは、その字が一字で使われているものや、熟語として使われるものを漢字でしめしました。熟語欄では、いっぱんにおこなわれている表記をしめしましたので、ふつうひらがなで書かれるものは太字のひらがなでしめしました。

類 その語に似た使われ方をする語

対 その字や語の反対の意味になったり、対になったりする字や語

関連 類 や 対 の関係ではないもので、セットでおぼえておくとよいもの

参考 その語のもともとの意味や、どうしてその字を使うか、どういう読み方をするかなど、その語をより深く理解するのに参考になることが書いてあります。

知識 その語に関係することで、知っておいたほうがよいことがらが書いてあります。国語以外の教科の内容などもここでふれてあります。

表現 その語がどんな使われ方をするのか、意味の広がりやほかの語とのちがいなど、表現に役立つ情報について書いてあります。

表記 その語のべつの書き方があるときにしめします。

☞ この項目やページを見てくださいという記号

この辞典の使い方 コラムを楽しもう！

ここでしめしたコラム以外にも「漢字のなりたち」や「熟語の組み立て」、漢字をめぐる歴史や中国の代表的な人物をとりあげた「中国書名物語」など、ふろくにもたくさんのコラムがあります。

ものしり巻物

漢字について知っておきたいこと、知っていると役に立つことがらをとりあげて、ひとつひとつまとめて書いてあります。左がわのページのところどころにあります。

☞「ものしり巻物」のもくじは(78)ページ

ものしり巻物　第4巻

甲骨文字と金文

甲骨文字というのは、亀の甲……にきざみこまれた最古の……年ほど前に……見のきっかけでした。王懿栄は知人の劉鉄雲という学者に自分の考えとともに、きざみきずのついた竜骨を見せました。そこで劉鉄雲は、その後たくさんの竜骨を集め、本格的に研究して、『鉄雲蔵亀』という本を出版して、甲骨文字を世の中に紹介しまし

甲骨文字

漢字を勉強するのが
楽しくなってくるね！

文字物語

漢字のことを勉強するのにとくにたいせつだと思われる字について、その字のもつ意味や、日本語の中ではたす役割という面から物語風に書いたものです。その字の出ている本文とあわせて読みましょう。右がわのページのところどころにあります。

☞「文字物語」のもくじは(75)ページ

文字物語

器

「器」は、「うつわ」。「うつわ」がもつ、それぞれの形とはたらきとが中心になって、意味がひろがっていく。

意味の❶うつわは、中に物を入れるのに使う道具、つまり、入れ物としてはたらく「容器」「器物」だ。「食器」「洗面器」など、いろいろある。

❷は、何かをするときに使う道具をいう。はたらかなければ道具ではない。目的によって、「計器」「計算器」「炊飯器」「湯わかし器」などいくらでも「…器」がつくられる。

❸は、生き物のからだの中ではたらく「うつわ」、つまり「器官」だ。「呼吸器」「消化器」「循環器」、どれも生きていくのにだいじなはたらきをもっている。

❹は、人間ひとりひとりがもっている、はたらき・能力を表すもの。大きな「器量」をもった人が「大器」で、「大器晩成」の言い方でよく使われる。

故事のはなし

むかしのできごとや、古い本に書いてあることがもとになって、とくべつの意味で使われるようになったことばについて、その由来を説明してあります。左がわのページの上のほうにあります。

☞「故事のはなし」のもくじは(74)ページ

故事のはなし

出藍の誉れ

青い色の染料はあいぐさから作るが、できた青色はもとのあいぐさよりも青い。（『荀子』勧学篇）

参考 むかしの青い色の原料のあいぐさは、植物であるからそのものはさほど青くはない。あいぐさが先生、できた青色が生徒にあたり、恩師よりもりっぱになることを表している。学問の大切さをいうたとえで、「青は藍より出でて藍より青し」ともいう。原文は「氷は水之を為りて水よりも寒し」とつづく。

中国の古い本のことばが、今の日本でも使われているんだね。

使い分け

おなじ読みをする漢字（同訓異字）や熟語（同音異義語）の意味のちがいや使い方のちがいが書いてあります。

おなじ読みをする漢字の使い分けは、左がわのページにあります。おなじ読みをする熟語の使い分けは、その熟語のページにあります。

☞「使い分け」のもくじは(76)ページ

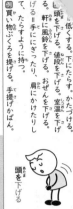

《…る・提げる》

…低くする。下にたらす。かたづける。例頭を下げる。値段を下げる。室温を下げる。軒に風鈴を下げる。おぜんを下げる。

提げる＝手ににぎったり、肩にかけたりして、たらすように持つ。例買い物ぶくろを提げる。手提げかばん。

漢字パズル

漢字についてのパズルです。右がわのページのところどころにあります。

☞「漢字パズル」のもくじは(78)ページ
☞「漢字パズル」の答えは1130ページ

漢字パズル④ くみあわせ

風がふいて、ぼうしが飛んでしまいました。どのぼうしが、どの人のでしょう。

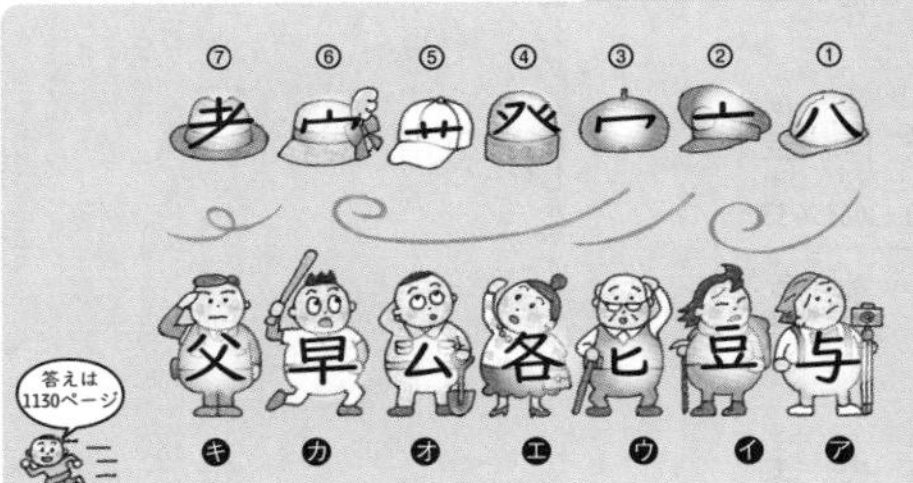

全問正解だったら、漢字博士だね！

音訓さくいん

調べたい漢字の読みがわかっているときに、このさくいんを使います。

・この辞典に収録した親字の音と訓を、五十音順にならべました。

・音はかたかな、訓はひらがなでしめしてあります。

・おなじ読みの場合は、総画数順にならべてあります(漢字の上の小さい数字が総画数です)。

・漢字の下にある❶❷❸❹❺❻は、何年生で習う学習漢字であるかをしめしています。常は、学習漢字以外の常用漢字です。人のついた漢字は、人名用漢字です。外のついた漢字は、常用漢字でも人名用漢字でもないものです。

・音訓さくいんは、あいうえお…の五十音順にならんでいます。その配列とページをこのページの左上にしめしました。

あ・ア

読み	画数	漢字	区分	ページ
ア	7	亜	常	51
	8	阿	人	469
	9	娃	人	305
あ	7	吾	人	219
アイ	9	哀	常	226
	9	娃	人	305
	10	挨	常	542
	13	愛	❹	503
	17	曖	常	602
あい	9	相	❸	807
	18	藍	常	433
あいだ	12	間	❷	1063
あう	6	会	❷	66
	6	合	❷	211
	11	逢	人	449
	12	遇	常	455
	14	遭	常	461
あえて	12	敢	常	565
あえる	8	和	❸	224
あお	8	青	❶	1080
	13	蒼	人	428
	14	碧	人	822
あおい	12	葵	人	425
あおい	8	青	❶	1080
	13	蒼	人	428
あおぎり	11	梧	人	639
あおぐ	6	仰	常	69
あか	6	朱	常	622
	7	赤	❶	1011
	14	緋	人	885
あかい	7	赤	❶	1011
あかご	17	嬰	外	309
あかし	12	証	❺	977
あかす	8	明	❷	589

読み	画数	漢字	区分	ページ
あらためる	7	改	❹	560
あられ	20	霰	外	1080
あらわす	8	表	❸	949
	11	著	❻	424
	11	現	❺	766
あらわれる	8	表	❸	949
	11	現	❺	766
あり	19	蟻	外	943
ある	6	在	❺	252
	6	有	❸	609
	8	或	人	517
あるいは	8	或	人	517
あるく	8	歩	❷	663
あるじ	5	主	❸	37
あれる	9	荒	常	420
あわ	8	泡	常	695
	8	沫	人	696
	12	粟	人	864
あわい	11	淡	常	712
あわす	6	合	❷	211
あわせる	8	併	常	86
あわせる	6	合	❷	211
あわただしい	12	慌	常	507
あわてる	12	慌	常	507
あわれ	9	哀	常	226
	16	憐	人	514
あわれみ	16	憐	人	514
あわれむ	9	哀	常	226
	16	憐	人	514
アン	6	安	❸	316
	6	行	❷	944
	7	杏	人	622
	9	按	人	538
	10	晏	人	594
	10	案	❹	633
	11	庵	人	386
	13	暗	❸	599
	15	鞍	人	1086
	17	闇	常	1067
あんず	7	杏	人	622

い・イ

読み	画数	漢字	区分	ページ
イ	3	已	人	367
	5	以	❹	60
	6	伊	人	65
	6	夷	人	294
	6	衣	❹	948
	7	位	❹	74
	7	医	❸	177
イ	7	囲	❺	243
	8	依	常	83
	8	委	❸	303
	8	易	❺	587
	9	威	常	305
	9	為	常	735
	9	畏	常	780
	9	胃	❻	912
	11	唯	常	232
	11	尉	常	342
	11	萎	常	423
	11	惟	人	499
	11	異	❻	782
	11	移	❺	835
	12	偉	常	103
	12	椅	常	641
	13	彙	常	398
	13	葦	人	427
	13	違	常	459
	13	意	❸	504
	14	維	常	883
	15	遺	❻	462
	15	慰	常	510
	16	緯	常	890
イ	16	謂	人	990
い	4	井	❹	51
	6	亥	人	52
いう	4	云	人	49
	7	言	❷	970
	16	謂	人	990
いえ	10	家	❷	327
いえる	18	癒	常	790
いおり	11	庵	人	386
いが	11	毬	人	674
いかす	5	生	❶	771
	9	活	❷	697
いかる	9	怒	常	491
イキ	11	域	❻	259
いき	10	息	❸	495
	10	粋	常	862
いきおい	13	勢	❺	173
いきどおる	15	憤	常	513
いきる	5	生	❶	771
	9	活	❷	697
イク	8	育	❸	911
	9	郁	人	465
	12	粥	人	864
いく	12	幾	常	381
いく	6	行	❷	944
	10	逝	常	444
いくさ	9	軍	❹	1022
	13	戦	❹	518
いけ	6	池	❷	685
いける	5	生	❶	771
いこい	16	憩	常	512
いこう	16	憩	常	512
いさお	5	功	❹	165
	15	勲	常	173
いさぎよい	15	潔	❺	727
いささか	8	些	人	51
いさむ	9	勇	❹	169
いし	5	石	❶	816
いしずえ	18	礎	常	823
いずみ	9	泉	❻	691
いそ	17	磯	人	823
いそがしい	6	忙	常	485
いそぐ	9	急	❸	488
いた	8	板	❸	628
いたい	12	痛	❻	789
いだく	8	抱	常	537
いたす	10	致	常	929
いたずらに	10	徒	❹	408
いただき	11	頂	❻	1088
いただく	11	頂	❻	1088
	17	戴	常	519
いたむ	11	悼	常	501
	12	痛	❻	789
	13	傷	❻	106
いためる	12	痛	❻	789
	13	傷	❻	106
いたる	6	至	❻	929
	7	迄	人	435
	8	到	常	155
イチ	1	一	❶	1
	7	壱	常	274
いち	5	市	❷	368
いちご	8	苺	人	416
いちじるしい	11	著	❻	424
イツ	1	一	❶	1
	11	逸	常	450
	13	溢	人	719
いつ	4	五	❶	49
いつくしむ	13	慈	常	507
いつつ	4	五	❶	49
いつわる	11	偽	常	99
	12	詐	常	976
いてる	10	凍	常	135
いと	6	糸	❶	866
	14	綸	人	886
いとう	14	厭	外	193
いとなむ	12	営	❺	233
いどむ	9	挑	常	542
いな	7	否	❻	221
	14	稲	常	838
いにしえ	5	古	❷	206
いぬ	4	犬	❶	755
	6	戌	外	515
	8	狗	外	757
いね	14	稲	常	838
いのしし	11	猪	人	759
いのち	8	命	❸	223
いのる	8	祈	常	825
	19	禱	人	831
いばら	9	茨	❹	419
	13	楚	人	647
いま	4	今	❷	58
いましめる	7	戒	常	517
いまだ	5	未	❹	620
いまわしい	7	忌	常	484
いむ	7	忌	常	484

う・ウ

読み	画数	漢字	区分	ページ
うれる	7	売	❷	116
	15	熟	❻	744
うろこ	24	鱗	人	1120
うわ	3	上	❶	16
うわぐすり	12	釉	人	1037
うわさ	15	噂	人	237
うわる	12	植	❸	643
ウン	4	云	人	49
	12	運	❸	452
	12	雲	❷	1075

え・エ

読み	画数	漢字	区分	ページ
エ	6	会	❷	66
	6	回	❷	241
	6	衣	❹	948
	8	依	常	83
	9	廻	人	389
	10	恵	常	494
	12	絵	❷	877
	15	慧	人	511
	16	壊	常	270
え	6	江	常	685
	8	杷	人	628
	9	柄	常	632
え	9	重	❸	1038
	14	餌	常	1104
	15	餌	常	1104
エイ	5	永	❺	682
	6	曳	人	603
	8	英	❹	416
	8	泳	❸	688
	9	映	❻	590
	9	栄	❹	629
	9	洩	外	696
	12	営	❺	233
	12	瑛	人	769
	12	詠	常	975
	15	影	常	400
	15	鋭	常	1051
	16	叡	人	201
	16	衛	❺	947
	17	嬰	外	309
えがく	11	描	常	550
エキ	6	亦	人	52
	7	役	❸	401
	8	易	❺	587
	9	疫	常	786
	10	益	❺	800
エキ	11	液	❺	707
	14	駅	❸	1109
えさ	14	餌	常	1104
	15	餌	常	1104
えだ	8	枝	❺	626
エツ	9	咽	常	226
	10	悦	常	497
	12	越	常	1014
	15	謁	常	986
	15	閲	常	1066
えのき	14	榎	人	648
えび	15	蝦	人	941
えびす	6	夷	人	294
えむ	10	笑	❹	851
えらい	12	偉	常	103
えらぶ	15	選	❹	463
	15	撰	人	556
えり	9	衿	人	950
	18	襟	常	958
える	11	得	❺	409
	16	獲	常	762
エン	4	円	❶	126
	8	奄	人	294
	8	延	❻	388
エン	8	苑	人	416
	8	沿	❻	689
	8	炎	常	734
	9	咽	常	226
	9	怨	常	487
	10	宴	常	326
	12	堰	人	261
	12	媛	❹	307
	12	援	常	551
	12	淵	人	713
	12	焔	人	737
	13	園	❷	249
	13	塩	❹	265
	13	遠	❷	459
	13	煙	常	742
	13	猿	常	761
	13	鉛	常	1047
	14	厭	外	193
	14	演	❺	723
	14	鳶	人	1121
	15	縁	常	888
	16	燕	人	746
	19	艶	常	936

お・オ

読み	画数	漢字	区分	ページ
オ	5	乎	人	40
	6	汚	常	684
	8	和	❸	224
	8	於	人	580
	11	悪	❸	496
お	3	小	❶	344
	7	尾	常	352
	8	阿	人	469
	12	御	常	409
	12	雄	常	1069
	14	緒	常	883
おい	10	笈	人	851
	12	甥	人	775
おいて	8	於	人	580
おいる	6	老	❹	902
オウ	4	王	❶	764
	5	凹	常	138
	5	央	❸	293
	7	応	❺	483
	8	往	❺	402
	8	押	常	532
	8	旺	常	587
オウ	8	欧	常	658
	8	殴	常	669
	9	皇	❻	798
	10	桜	❺	634
	10	翁	常	900
	11	凰	人	137
	11	黄	❷	1124
	12	奥	常	297
	15	横	❸	650
	16	鴨	人	1122
	18	襖	人	958
	21	鶯	外	1122
	22	鷗	人	1122
おう	5	生	❶	771
	9	追	❸	442
	9	負	❸	1001
おうぎ	10	扇	常	522
おえる	11	終	❸	875
おお	3	大	❶	283
おおい	6	多	❷	280
おおいに	3	大	❶	283
おおう	7	庇	人	383
	13	蓋	常	428
	15	蔽	常	430
おおう	18	覆	常	960
おおかみ	10	狼	人	759
おおきい	3	大	❶	283
おおせ	6	仰	常	69
おおとり	11	凰	人	137
	14	鳳	人	1121
	17	鴻	人	1122
	19	鵬	人	1122
おおむね	14	概	常	648
おおやけ	4	公	❷	121
おか	5	丘	常	28
	8	岡	❹	358
	8	阜	❹	1067
	11	陸	❹	475
おかす	5	犯	❺	756
	9	侵	常	90
	9	冒	常	809
おがむ	8	拝	❻	536
おき	7	沖	❹	687
おぎ	10	荻	人	423
おきな	10	翁	常	900
おぎなう	12	補	❻	953
おきる	10	起	❸	1013
オク	9	屋	❸	353

オク　億 15 ④ 108　憶 16 常 513　臆 17 常 924
おく　奥 12 常 297
おく　措 11 常 549　置 13 ④ 849
おくらす　遅 12 常 456
おくる　送 9 ③ 440　贈 18 常 1010
おくれる　後 9 ② 405　遅 12 常 456
おけ　桶 11 人 640
おける　於 8 人 580
おこす　興 16 ⑤ 930
おこす　起 10 ③ 1013
おごそか　厳 17 ⑥ 569
おこたる　怠 9 常 491
おこなう　行 6 ② 944
おこる　怒 9 常 491　興 16 ⑤ 930
おこる　起 10 ③ 1013
おさえる　抑 7 常 532
おさえる　押 8 常 532
おさない　幼 5 ⑥ 380

おさまる　収 4 ⑥ 195　治 8 ④ 690　修 10 ⑤ 96　納 10 ⑥ 871
おさめる　収 4 ⑥ 195　治 8 ④ 690　修 10 ⑤ 96　納 10 ⑥ 871　脩 11 人 918
おしい　惜 11 常 500
おしえる　教 11 ② 564
おしむ　惜 11 常 500
おす　牡 7 人 752　雄 12 常 1069
おす　押 8 常 532　推 11 ⑥ 547　捺 11 人 550
おそい　遅 12 常 456　晩 12 ⑥ 598
おそう　襲 22 常 958
おそれ　虞 13 常 938
おそれる　畏 9 常 780　恐 10 常 493
おそろしい　恐 10 常 493

おそわる　教 11 ② 564
おだやか　穏 16 常 839
おちいる　陥 10 常 472
おちる　落 12 ③ 426
オツ　乙 1 常 41
おっと　夫 4 ④ 292
おと　乙 1 常 41　音 9 ① 1086
おとうと　弟 7 ② 393
おどかす　脅 10 常 916
おとこ　男 7 ① 778
おとしいれる　陥 10 常 472
おとす　落 12 ③ 426
おどす　威 9 常 305　脅 10 常 916
おとずれる　訪 11 ⑥ 975
おどり　踊 14 常 1018
おとる　劣 6 常 165
おどる　踊 14 常 1018　躍 21 常 1019
おとろえる　衰 10 常 950
おどろかす　驚 22 常 1112
おどろく　驚 22 常 1112
おなじ　同 6 ② 214

おに　鬼 10 常 1116
おの　斧 8 人 575
おのおの　各 6 ④ 210
おのずから　自 6 ② 924
おのれ　己 3 ⑥ 366
おび　帯 10 ④ 372
おびやかす　脅 10 常 916
おびる　帯 10 ④ 372
おぼえる　覚 12 ④ 964
おぼれる　溺 13 常 721
おも　主 5 ③ 37　面 9 ③ 1084
おもい　重 9 ③ 1038
おもう　思 9 ② 489　惟 11 人 499　想 13 ③ 508
おもて　表 8 ③ 949　面 9 ③ 1084
おもねる　阿 8 人 469
おもむき　趣 15 常 1015
おもむく　赴 9 常 1013
おもむろに　徐 10 常 408
おもり　錘 16 人 1053
おもんぱかる　慮 15 常 512

おや　親 16 ② 965
およぐ　泳 8 ③ 688
およそ　凡 3 常 136
および　及 3 常 39
およぶ　及 3 常 39　迄 7 人 435
およぼす　及 3 常 39
おり　折 7 ④ 529
おりる　下 3 ① 12　降 10 ⑥ 472
おる　折 7 ④ 529　居 8 ⑤ 352　織 18 ⑤ 893
おれ　俺 10 常 94
おれる　折 7 ④ 529
おろか　呆 7 外 221　愚 13 常 506
おろし　卸 9 常 189
おろす　卸 9 常 189
おろす　下 3 ① 12　降 10 ⑥ 472
おろそか　疎 12 常 785
おわる　終 11 ③ 875　竣 12 人 846

オン　苑 8 人 416　怨 9 常 487　音 9 ① 1086　恩 10 ⑥ 491　温 12 ③ 713　遠 13 ② 459　穏 16 常 839
おん　御 12 常 409
おんな　女 3 ① 298

か・カ

カ　下 3 ① 12　化 4 ③ 175　火 4 ① 732　加 5 ④ 164　可 5 ⑤ 205　禾 5 人 831　仮 6 ⑤ 65　瓜 6 人 961　何 7 ② 75　伽 7 人 75　花 7 ① 414　価 8 ⑤ 83　佳 8 常 84

カ　卦 8 外 187　苛 8 常 417　茄 8 人 417　果 8 ④ 625　河 8 ⑤ 689　迦 9 人 438　架 9 常 630　珂 9 人 764　珈 9 人 765　科 9 ② 833　夏 10 ② 277　家 10 ② 327　荷 10 ③ 422　華 10 常 422　菓 11 常 423　訛 11 外 974　貨 11 ④ 1002　過 12 ⑤ 453　渦 12 常 714　嘩 13 人 236　嫁 13 常 308　暇 13 常 600　禍 13 常 829　靴 13 常 1086

かける　翔 12 人 901　駆 14 常 1109　駈 15 人 1109　賭 16 常 1010　懸 20 常 515
かげる　陰 11 常 474
かご　籠 22 常 861
かこう　囲 7 ❺ 243
かこむ　囲 7 ❺ 243
かさ　笠 11 人 852　傘 12 常 103　嵩 13 人 361
かざ　風 9 ❷ 1098
かさなる　重 9 ❸ 1038
かさねる　重 9 ❸ 1038
かざる　飾 13 常 1104
かし　樫 16 人 653
かじ　梶 11 人 641　舵 11 人 933
かしこい　賢 16 常 1010
かしこまる　畏 9 常 780
かしら　頭 16 ❷ 1092
かしわ　柏 9 人 632
かす　貸 12 ❺ 1004
かず　数 13 ❷ 567
かすか　微 13 常 411
かすみ　霞 17 人 1079
かすむ　霞 17 人 1079
かすめる　掠 11 人 551
かずら　葛 11 外 425　葛 12 常 425
かぜ　風 9 ❷ 1098
かせぐ　稼 15 常 838
かぞえる　数 13 ❷ 567
かた　方 4 ❷ 579　片 4 ❻ 749　形 7 ❷ 398　肩 8 常 911　型 9 ❺ 258　潟 15 ❹ 727
かたい　固 8 ❹ 245　堅 12 常 262　硬 12 常 820　難 18 ❻ 1072
かたき　敵 15 ❻ 568
かたくな　頑 13 常 1090
かたち　形 7 ❷ 398
かたどる　象 12 ❺ 998
かたな　刀 2 ❷ 142
かたまり　塊 13 常 265
かたまる　固 8 ❹ 245
かたむく　傾 13 常 105
かたむける　傾 13 常 105
かためる　固 8 ❹ 245
かたよる　偏 11 常 102
かたらう　語 14 ❷ 982
かたる　語 14 ❷ 982
かたわら　傍 12 常 104
カツ　恰 9 人 493　括 9 常 538　活 9 ❷ 697　喝 11 常 229　葛 11 外 425　渇 11 常 707　割 12 ❻ 160　葛 12 常 425　筈 12 人 852　滑 13 常 719　褐 13 常 955　轄 17 常 1028　蠍 19 外 943
かつ　且 5 常 27
かつ　克 7 常 116　捷 11 人 547　勝 12 ❸ 172
カッ　合 6 ❷ 211
ガツ　月 4 ❶ 608
ガッ　合 6 ❷ 211
かつお　鰹 23 外 1120
かつぐ　担 8 ❻ 535
かつて　曽 11 常 605　嘗 14 人 237
かつら　桂 10 人 636
かて　糧 18 常 866
かど　角 7 ❷ 967　門 8 ❷ 1058
かな　乎 5 人 40　金 8 ❶ 1043　哉 9 人 226
かなう　叶 5 人 205
かなえ　鼎 13 人 1127
かなしい　悲 12 ❸ 502
かなしむ　悲 12 ❸ 502
かなでる　奏 9 ❻ 296
かなめ　要 9 ❹ 959
かならず　必 5 ❹ 483
かに　蟹 19 人 943
かね　金 8 ❶ 1043　鐘 20 常 1056
かねる　兼 10 常 126
かの　彼 8 常 404
かのえ　庚 8 人 383
かば　蒲 13 人 429　樺 14 人 648
かばう　庇 7 人 383
かばね　姓 8 常 304
かばん　鞄 14 人 1086
かぶ　株 10 ❻ 635　蕪 15 人 430
かぶと　甲 5 常 776　兜 11 人 118
かべ　壁 16 常 271
かま　釜 10 常 1045　蒲 13 人 429　窯 15 常 844　鎌 18 常 1055
がま　蒲 13 人 429
かまう　構 14 ❺ 649
かまえる　構 14 ❺ 649
かまびすしい　喧 12 人 234
かまびすしい　嘩 13 人 236　噌 15 人 238
かみ　上 3 ❶ 16　守 6 ❸ 317　神 9 ❸ 826　紙 10 ❷ 869　髪 14 常 1115
かみなり　雷 13 常 1077
かめ　亀 11 常 1126
かも　鴨 16 人 1122
かもす　醸 20 常 1036
かもめ　鷗 22 人 1122
かや　茅 8 人 419　萱 12 人 425
かゆ　粥 12 人 864
かよう　通 10 ❷ 446
から　空 8 ❶ 841　唐 10 常 228　殻 11 常 670
がら　柄 9 常 632
からい　辛 7 常 1028
からし　芥 7 人 414
からす　烏 10 人 737
からす　枯 9 常 630
からだ　体 7 ❷ 78
からまる　絡 12 常 882
からむ　絡 12 常 882
からめる　絡 12 常 882
かり　仮 6 ❺ 65　雁 12 人 1068
かり　狩 9 常 758
かりる　借 10 ❹ 95
かる　刈 4 常 143　狩 9 常 758　駆 14 常 1109　駈 15 人 1109
かるい　軽 12 ❸ 1025
かれ　彼 8 常 404
かれる　枯 9 常 630
かろやか　軽 12 ❸ 1025
かわ　川 3 ❶ 361　皮 5 ❸ 799　河 8 ❺ 689　革 9 ❻ 1085
がわ　側 11 ❹ 101
かわかす　乾 11 常 44
かわく　乾 11 常 44　渇 11 常 707

き・キ

読み	画数	漢字	区分	ページ
きる	12	着	③	896
	4	切	②	143
きれる	4	切	②	143
キロメートル	9	粁	外	862
きわ	14	際	⑤	479
きわまる	12	極	④	641
	15	窮	常	844
きわみ	12	極	④	641
きわめる	7	究	③	840
	12	極	④	641
	15	窮	常	844
キン	3	巾	常	367
	4	今	②	58
	4	斤	常	575
	7	均	⑤	256
	7	芹	人	414
	7	近	②	435
	8	欣	人	658
	8	金	①	1043
	9	衿	人	950
	11	菌	常	424
	11	菫	人	424
	12	勤	⑥	171
	12	欽	人	659
	12	琴	常	769
キン	12	筋	⑥	852
	13	僅	常	104
	13	禁	⑤	829
	13	禽	人	831
	15	緊	常	889
	16	錦	常	1052
	17	謹	常	993
	18	襟	常	958
ギン	7	吟	常	218
	14	銀	③	1049

く・ク

読み	画数	漢字	区分	ページ
ク	2	九	①	41
	3	久	⑤	39
	3	口	①	202
	3	工	②	362
	4	公	②	121
	4	区	③	176
	5	功	④	165
	5	句	⑤	205
	7	玖	人	764
	8	供	⑥	84
	8	苦	③	417
	8	狗	外	757
ク	9	紅	⑥	868
	10	倶	人	94
	10	宮	③	329
	10	庫	③	385
	10	矩	人	814
	10	貢	常	1001
	14	駆	常	1109
	15	駈	人	1109
	15	駒	常	1110
グ	8	具	③	125
	10	倶	人	94
	11	惧	常	499
	13	愚	常	506
	13	虞	常	938
くい	8	杭	人	626
くいる	9	悔	常	492
クウ	8	空	①	841
	12	腔	人	920
くう	9	食	②	1101
	12	喰	人	234
グウ	10	宮	③	329
	11	偶	常	100
	12	寓	人	335
	12	遇	常	455
グウ	12	隅	常	477
くき	8	茎	常	418
くぎ	10	釘	人	1046
くくる	9	括	常	538
くぐる	15	潜	常	728
くさ	9	草	①	420
くさい	9	臭	常	928
くさむら	18	叢	人	202
くさらす	14	腐	常	920
くさり	18	鎖	常	1055
くさる	14	腐	常	920
くされる	14	腐	常	920
くし	7	串	常	35
	19	櫛	人	655
くじく	10	挫	常	542
くじける	10	挫	常	542
くじら	19	鯨	常	1119
くす	13	楠	人	648
	15	樟	人	652
くず	10	屑	人	354
	11	葛	外	425
	12	葛	常	425
くずす	11	崩	常	360
くすのき	13	楠	人	648
くすのき	15	樟	人	652
くすり	16	薬	③	432
くずれる	11	崩	常	360
くせ	18	癖	常	790
くそ	17	糞	外	866
くだ	14	管	④	857
くだく	9	砕	常	818
くだける	9	砕	常	818
くださる	3	下	①	12
くだす	3	下	①	12
くだる	3	下	①	12
くち	3	口	①	202
くちびる	10	唇	常	228
くちる	6	朽	常	621
クツ	8	屈	常	353
	11	掘	常	544
	13	窟	常	844
くつ	8	沓	人	688
	13	靴	常	1086
くつがえす	18	覆	常	960
くつがえる	18	覆	常	960
くに	7	邦	常	465
	8	国	②	246
くばる	10	配	③	1033
くび	9	首	②	1106
くぼ	14	窪	人	844
くぼむ	14	窪	人	844
くま	8	阿	人	469
	12	隈	人	478
	14	熊	④	744
くみ	11	組	②	876
くむ	7	汲	人	685
	10	酌	常	1032
	11	組	②	876
くも	12	雲	②	1075
くもる	16	曇	常	602
くやしい	9	悔	常	492
くやむ	9	悔	常	492
くら	10	倉	④	97
	10	庫	③	385
	15	蔵	⑥	430
	15	鞍	人	1086
くらい	7	位	④	74
くらい	8	昏	人	588
	9	昧	常	594
	11	晦	人	596
	13	蒙	人	429
	13	暗	③	599
くらう	9	食	②	1101
	12	喰	人	234
くらす	14	暮	⑥	601
くらべる	4	比	⑤	673
	13	較	常	1026
くり	10	栗	人	639
くりや	12	厨	人	192
くる	7	来	②	625
	19	繰	常	893
くるう	7	狂	常	757
くるおしい	7	狂	常	757
くるしい	8	苦	③	417
くるしむ	8	苦	③	417
くるしめる	8	苦	③	417
くるま	7	車	①	1021
くれ	7	呉	常	219
くれない	9	紅	⑥	868
くれる	7	呉	常	219
	14	暮	⑥	601
くろ	11	黒	②	1125
くろい	11	黒	②	1125
くわ	10	桑	常	638
	17	鍬	人	1054
くわえる	5	加	④	164

こ・コ

さ・サ

さわる　障 14 ⑥ 480
サン　三 3 ① 14　山 3 ① 356　杉 7 常 624　参 8 ④ 193　珊 9 人 765　桟 10 常 638　蚕 10 ⑥ 939　惨 11 常 499　産 11 ④ 774　傘 12 常 103　喰 12 人 234　散 12 ④ 566　算 14 ② 858　酸 14 ⑤ 1035　撒 15 人 556　賛 15 ⑤ 1007　餐 16 外 1106　燦 17 人 746　纂 20 人 894　霰 20 外 1080　讃 22 人 997
ザン　残 10 ④ 666　惨 11 常 499　斬 11 常 575　暫 15 常 601

し・シ

シ　之 3 人 36　士 3 ⑤ 271　子 3 ① 309　巳 3 人 367　支 4 ⑤ 559　止 4 ② 660　氏 4 ④ 675　仕 5 ③ 61　仔 5 人 61　史 5 ⑤ 207　司 5 ④ 208　只 5 人 208　四 5 ① 239　市 5 ② 368　矢 5 ② 813　示 5 ⑤ 824　弛 6 人 393　芝 6 常 413　旨 6 常 585　次 6 ③ 657
シ　此 6 人 662　死 6 ③ 665　糸 6 ① 866　自 6 ② 924　至 6 ⑥ 929　伺 7 常 77　孜 7 人 312　志 7 ⑤ 484　私 7 ⑥ 831　使 8 ③ 85　刺 8 常 154　姉 8 ② 303　始 8 ③ 304　枝 8 ⑤ 626　祉 8 常 826　肢 8 常 912　姿 9 ⑥ 305　屍 9 外 354　思 9 ② 489　指 9 ③ 540　施 9 常 580　柿 9 常 630　師 10 ⑤ 371　恣 10 常 494
シ　砥 10 人 818　紙 10 ② 869　脂 10 常 916　偲 11 人 101　梓 11 人 640　視 11 ⑥ 964　斯 12 人 577　紫 12 常 880　詞 12 ⑥ 976　歯 12 ③ 1126　嗣 13 常 236　蒔 13 人 428　獅 13 人 761　詩 13 ③ 980　試 13 ④ 980　資 13 ⑤ 1006　飼 13 ⑤ 1103　誌 14 ⑥ 983　雌 14 常 1071　摯 15 常 555　賜 15 常 1008　諮 16 常 992
ジ　仕 5 ③ 61　示 5 ⑤ 824
ジ　地 6 ② 253　字 6 ① 310　寺 6 ② 338　次 6 ③ 657　而 6 人 904　耳 6 ① 906　自 6 ② 924　似 7 ⑤ 77　児 7 ④ 116　事 8 ③ 46　侍 8 常 86　治 8 ④ 690　持 9 ③ 541　除 10 ⑥ 472　時 10 ② 594　滋 12 ④ 716　慈 13 常 507　辞 13 ④ 1029　爾 14 人 749　磁 14 ⑥ 822　餌 14 常 1104　餌 15 常 1104　璽 19 常 770
じ　路 13 ③ 1017
しあわせ　幸 8 ③ 379
しい　椎 12 常 644
じい　爺 13 外 749
しいたげる　虐 9 常 936
しいる　強 11 ② 395
しお　汐 6 人 685　塩 13 ④ 265　潮 15 ⑥ 728
しおり　栞 10 人 636
しおれる　萎 11 常 423
しか　鹿 11 ④ 1123
じか　直 8 ② 803
しかし　然 12 ④ 738
しかばね　屍 9 外 354
しかも　而 6 人 904
しかり　然 12 ④ 738　爾 14 人 749
しかる　叱 5 常 208
シキ　式 6 ③ 391　色 6 ② 935　織 18 ⑤ 893　識 19 ⑤ 995
ジキ　直 8 ② 803　食 9 ② 1101
しく　敷 15 常 568
ジク　竺 8 人 851　軸 12 常 1026
しげる　茂 8 常 419　蕃 15 人 430　繁 16 常 891
しこうして　而 6 人 904
しし　獅 13 人 761
じじ　爺 13 外 749
しず　静 14 ④ 1081
しずか　静 14 ④ 1081
しずく　雫 11 人 1075　滴 14 常 725
しずまる　静 14 ④ 1081　鎮 18 常 1055
しずむ　沈 7 常 687
しずめる　沈 7 常 687　静 14 ④ 1081　鎮 18 常 1055
した　下 3 ① 12　舌 6 ⑥ 931
したう　慕 14 常 510
したがう　従 10 ⑥ 407
したがえる　従 10 ⑥ 407

読み	漢字	画数	区分	ページ
したしい	親	16	②	965
したしむ	親	16	②	965
したたる	滴	14	常	725
シチ	七	2	①	10
	質	15	⑤	1008
シツ	叱	5	常	208
	失	5	④	293
	室	9	②	326
	疾	10	常	787
	執	11	常	260
	悉	11	人	498
	湿	12	常	716
	嫉	13	常	308
	漆	14	常	724
	膝	15	常	923
	質	15	⑤	1008
	櫛	19	人	655
ジツ	日	4	①	582
	実	8	③	320
ジッ	十	2	①	178
しな	品	9	③	226
しぬ	死	6	③	665
しの	篠	17	人	860
しのぐ	凌	10	人	135
しのばせる	忍	7	常	485
しのぶ	忍	7	常	485
	偲	11	人	101
しば	芝	6	常	413
	柴	10	人	638
しばらく	暫	15	常	601
しばる	縛	16	常	891
しぶ	渋	11	常	709
しぶい	渋	11	常	709
しぶき	沫	8	人	696
しぶる	渋	11	常	709
しぼむ	萎	11	常	423
しぼる	絞	12	常	879
	搾	13	常	554
しま	洲	9	人	698
	島	10	③	359
	縞	16	人	891
しまる	閉	11	⑥	1060
	絞	12	常	879
	締	15	常	890
しみ	染	9	⑥	632
しみる	染	9	⑥	632
しめす	示	5	⑤	824
	湿	12	常	716
しめる	湿	12	常	716
しめる	占	5	常	186
	閉	11	⑥	1060
	絞	12	常	879
	緊	15	常	889
	締	15	常	890
しも	下	3	①	12
	霜	17	常	1079
シャ	叉	3	人	194
	写	5	③	131
	沙	7	常	687
	社	7	②	825
	車	7	①	1021
	舎	8	⑤	86
	者	8	③	903
	柘	9	人	631
	砂	9	⑥	818
	射	10	⑥	341
	紗	10	人	869
	捨	11	⑥	546
	斜	11	常	574
	赦	11	常	1012
	煮	12	常	737
	遮	14	常	460
	謝	17	⑤	994
ジャ	邪	8	常	465
	蛇	11	常	940
シャク	勺	3	人	174
	尺	4	⑥	350
	石	5	①	816
	灼	7	人	734
	赤	7	①	1011
	昔	8	③	589
	借	10	④	95
	酌	10	常	1032
	釈	11	常	1037
	錫	16	人	1053
	爵	17	常	748
ジャク	若	8	⑥	418
	弱	10	②	394
	寂	11	常	331
	雀	11	人	1068
	惹	12	人	499
	着	12	③	896
しゃべる	喋	12	人	235
シュ	手	4	①	523
	主	5	③	37
	守	6	③	317
	朱	6	常	622
	取	8	③	199
	狩	9	常	758
	首	9	②	1106
	修	10	⑤	96
	殊	10	常	668
	珠	10	常	765
	酒	10	③	1032
	衆	12	⑥	944
	腫	13	常	921
	種	14	④	837
	諏	15	人	986
	趣	15	常	1015
	鐘	20	常	1056
ジュ	入	2	①	118
	寿	7	常	338
	受	8	③	200
	呪	8	常	222
	従	10	⑥	407
	授	11	⑤	546
	就	12	⑥	349
	竪	14	人	847
	需	14	常	1078
	儒	16	常	109
	樹	16	⑥	654
	濡	17	人	730
シュウ	収	4	⑥	195
	囚	5	常	240
	州	6	③	362
	舟	6	常	931
	秀	7	常	832
	周	8	④	222
	宗	8	⑥	322
	拾	9	③	541
	柊	9	人	631
	洲	9	人	698
	祝	9	④	826
	秋	9	②	833
	臭	9	常	928
	修	10	⑤	96
	袖	10	常	951
	執	11	常	260
	週	11	②	450
	終	11	③	875
	羞	11	常	896
	習	11	③	900
	脩	11	人	918
	就	12	⑥	349
	萩	12	人	426
	葺	12	人	426
	衆	12	⑥	944
	集	12	③	1069
	蒐	13	人	428
	愁	13	常	508
	酬	13	常	1034
	輯	16	人	1027
	醜	17	常	1036
	鍬	17	人	1054
	繍	19	人	894
	蹴	19	常	1019
	襲	22	常	958
	鷲	23	人	1123
ジュウ	十	2	①	178
	中	4	①	32
	廿	4	人	390
	汁	5	常	683
	充	6	常	113
	住	7	③	78
	拾	9	③	541
	柔	9	常	631
	重	9	③	1038
	従	10	⑥	407

ジュウ 渋 11 常 709 / 銃 14 常 1049 / 獣 16 常 762 / 縦 16 ❻ 891

シュク 叔 8 常 201 / 祝 9 ❹ 826 / 宿 11 ❸ 331 / 粛 11 常 398 / 淑 11 常 709 / 粥 12 人 864 / 縮 17 ❻ 892

ジュク 塾 14 常 268 / 熟 15 ❻ 744

シュツ 出 5 ❶ 138

ジュツ 戌 6 外 515 / 述 8 ❺ 438 / 術 11 ❺ 946

シュン 旬 6 常 586 / 俊 9 常 88 / 春 9 ❷ 591 / 峻 10 人 359 / 竣 12 人 846 / 舜 13 人 1042 / 馴 13 人 1109 / 駿 17 人 1110 / 瞬 18 常 812

ジュン 巡 6 常 362 / 旬 6 常 586 / 洵 9 人 699 / 盾 9 常 807 / 准 10 常 135 / 殉 10 常 668 / 純 10 ❻ 870 / 隼 10 人 1068 / 惇 11 人 502 / 淳 11 人 710 / 循 12 常 410 / 閏 12 人 1065 / 順 12 ❹ 1089 / 楯 13 人 647 / 準 13 ❺ 721 / 詢 13 人 981 / 馴 13 人 1109 / 遵 15 常 463 / 潤 15 常 727 / 諄 15 人 986 / 醇 15 人 1035

ショ 処 5 ❻ 136 / 初 7 ❹ 147 / 所 8 ❸ 521 / 杵 8 人 626 / 書 10 ❷ 604 / 庶 11 常 387 / 渚 11 人 710 / 暑 12 ❸ 597 / 署 13 ❻ 848 / 緒 14 常 883 / 諸 15 ❻ 986 / 曙 17 人 602

ジョ 女 3 ❶ 298 / 如 6 常 300 / 汝 6 人 685 / 助 7 ❸ 166 / 序 7 ❺ 382 / 叙 9 常 201 / 徐 10 常 408 / 除 10 ❻ 472 / 恕 10 人 495

ショウ 上 3 ❶ 16 / 小 3 ❶ 344 / 井 4 ❹ 51 / 升 4 常 181 / 少 4 ❷ 347 / 召 5 常 209 / 正 5 ❶ 660 / 生 5 ❶ 771 / 匠 6 常 177 / 庄 6 人 382 / 声 7 ❷ 274 / 床 7 常 383 / 抄 7 常 529 / 肖 7 常 910 / 姓 8 常 304 / 尚 8 常 349 / 性 8 ❺ 490 / 承 8 ❻ 529 / 招 8 ❺ 534 / 昇 8 常 588 / 昌 8 人 588 / 松 8 ❹ 627 / 沼 8 常 691 / 青 8 ❶ 1080 / 荘 9 常 421 / 政 9 ❺ 562 / 昭 9 ❸ 592 / 星 9 ❷ 593 / 省 9 ❹ 807 / 相 9 ❸ 807 / 哨 10 人 228 / 宵 10 常 329 / 将 10 ❻ 342 / 従 10 ❻ 407 / 消 10 ❸ 702 / 症 10 常 787 / 祥 10 常 828 / 称 10 常 834 / 秤 10 人 835 / 笑 10 ❹ 851 / 商 11 ❸ 230 / 唱 11 ❹ 231 / 菖 11 人 424 / 捷 11 人 547 / 梢 11 人 640 / 渉 11 常 710 / 清 11 ❹ 711 / 章 11 ❸ 846 / 笙 11 人 851 / 紹 11 常 876 / 訟 11 常 974 / 勝 12 ❸ 172 / 掌 12 常 546 / 晶 12 常 598 / 湘 12 人 716 / 焼 12 ❹ 737 / 焦 12 常 738 / 硝 12 常 821 / 粧 12 常 864 / 翔 12 人 901 / 装 12 ❻ 952 / 証 12 ❺ 977 / 詔 12 常 977 / 象 12 ❺ 998 / 傷 13 ❻ 106 / 奨 13 常 297 / 照 13 ❹ 742 / 詳 13 常 981 / 頌 13 人 1090 / 嘗 14 人 237 / 彰 14 常 400 / 蒋 14 人 429 / 障 14 ❻ 480 / 摺 14 人 555 / 精 14 ❺ 864 / 裳 14 人 955 / 蕉 15 人 430 / 憧 15 常 513 / 樟 15 人 652 / 衝 15 常 947 / 賞 15 ❺ 1009 / 鞘 16 人 1086 / 償 17 常 109 / 礁 17 常 823 / 篠 17 人 860 / 醤 18 人 1036 / 鐘 20 常 1056

ジョウ 上 3 ❶ 16 / 丈 3 常 20 / 冗 4 常 131 / 丞 6 人 29 / 成 6 ❹ 515 / 条 7 ❺ 623 / 杖 7 人 624 / 状 7 ❺ 756 / 定 8 ❸ 323 / 帖 8 人 370 / 乗 9 ❸ 40 / 城 9 ❹ 258 / 茸 9 人 420

す・ス

そ・ソ

た・タ

たずねる　訊 10 人 973　訪 11 ❻ 975　尋 12 常 342
ただ　只 5 人 208　唯 11 常 232
たたえる　称 10 常 834　湛 12 人 717
たたかう　戦 13 ❹ 518　闘 18 常 1067
たたく　叩 5 外 207
ただし　但 7 常 80
ただしい　正 5 ❶ 660
ただす　正 5 ❶ 660　匡 6 人 177　質 15 ❺ 1008
ただちに　直 8 ❷ 803
たたみ　畳 12 常 784
たたむ　畳 12 常 784
ただよう　漂 14 常 726
たちばな　橘 16 人 654
たちまち　忽 8 人 486
タツ　達 12 ❹ 455
たつ　辰 7 人 1030　竜 10 常 1118
たつ　立 5 ❶ 845　建 9 ❹ 389　発 9 ❸ 791　起 10 ❸ 1013　断 11 ❺ 576　経 11 ❺ 873　絶 12 ❺ 880　裁 12 ❻ 952
ダツ　脱 11 常 918　奪 14 常 297
たっとい　尊 12 ❻ 343　貴 12 ❻ 1004
たっとぶ　尚 8 常 349　尊 12 ❻ 343　貴 12 ❻ 1004
たつみ　巽 12 人 367
たて　盾 9 常 807　楯 13 人 647　竪 14 人 847　縦 16 ❻ 891　館 16 ❸ 1106
たてまつる　奉 8 常 295
たてる　立 5 ❶ 845　建 9 ❹ 389
たとえる　例 8 ❹ 87　喩 12 常 235
たどる　辿 7 人 435
たな　棚 12 常 644
たなごころ　掌 12 常 546
たに　谷 7 ❷ 997
たぬき　狸 10 外 759
たね　胤 9 人 913　種 14 ❹ 837
たのしい　愉 12 常 509　楽 13 ❷ 645
たのしむ　楽 13 ❷ 645
たのむ　頼 16 常 1094
たのもしい　頼 16 常 1094
たば　束 7 ❹ 624
たび　度 9 ❸ 384　旅 10 ❸ 581
たべる　食 9 ❷ 1101
たま　玉 5 ❶ 763　珠 10 常 765　球 11 ❸ 766　弾 12 常 397　瑶 13 人 769　霊 15 常 1078
たまう　給 12 ❹ 878
たまご　卵 7 ❻ 189
たましい　魂 14 常 1116
たまる　溜 13 人 723
だまる　黙 15 常 1125
たまわる　賜 15 常 1008
たみ　民 5 ❹ 675
ため　為 9 常 735
ためす　試 13 ❹ 980
ためる　矯 17 常 816
たもつ　保 9 ❺ 92
たもと　袂 9 外 950
たやす　絶 12 ❺ 880
たより　便 9 ❹ 91
たよる　頼 16 常 1094
たらす　垂 8 ❻ 257
たりる　足 7 ❶ 1015
たる　樽 16 人 655
たる　足 7 ❶ 1015
だれ　誰 15 常 987
たれる　垂 8 ❻ 257
たわむれる　戯 15 常 519
たわら　俵 10 ❻ 99
タン　丹 4 常 36
タン　反 4 ❸ 196　旦 5 常 585　坦 8 人 257　担 8 ❻ 535　単 9 ❹ 184　炭 9 ❸ 735　胆 9 常 913　耽 10 人 906　探 11 ❻ 549　淡 11 常 712　蛋 11 外 940　堪 12 常 261　湛 12 人 717　短 12 ❸ 814　嘆 13 常 236　端 14 常 847　綻 14 常 885　歎 15 人 660　誕 15 ❻ 988　壇 16 常 270　檀 17 人 655　鍛 17 常 1054　箪 18 人 860　灘 22 人 731
ダン　旦 5 常 585　団 6 ❺ 242　男 7 ❶ 778　段 9 ❻ 669　断 11 ❺ 576　弾 12 常 397　暖 13 ❻ 600　談 15 ❸ 988　壇 16 常 270　檀 17 人 655

ち・チ

チ　地 6 ❷ 253　池 6 ❷ 685　治 8 ❹ 690　知 8 ❷ 813　値 10 ❻ 97　恥 10 常 495　致 10 常 929　遅 12 常 456　智 12 人 598　痴 13 常 790　稚 13 常 837　置 13 ❹ 849
チ　馳 13 人 1109　質 15 ❺ 1008　緻 16 常 891
ち　千 3 ❶ 179　血 6 ❸ 943　乳 8 ❻ 43　茅 8 人 419
ちいさい　小 3 ❶ 344
ちかい　近 7 ❷ 435
ちかう　盟 13 ❻ 801　誓 14 常 983
ちがう　違 13 常 459
ちがえる　違 13 常 459
ちがや　茅 8 人 419
ちから　力 2 ❶ 162
ちぎる　契 9 常 296
チク　竹 6 ❶ 850　竺 8 人 851　逐 10 常 446　畜 10 常 780　筑 12 人 854　蓄 13 常 428　築 16 ❺ 859
ちち　父 4 ❷ 749

読み	画数	漢字	区分	ページ
ちち	8	乳	❻	43
ちぢまる	17	縮	❻	892
ちぢむ	17	縮	❻	892
ちぢめる	17	縮	❻	892
ちぢらす	17	縮	❻	892
ちぢれる	17	縮	❻	892
チツ	10	秩	常	834
	11	窒	常	843
ちなむ	6	因	❺	240
ちまた	9	巷	人	367
チャ	9	茶	❷	421
チャク	12	着	❸	896
	14	嫡	常	308
チュウ	4	丑	人	22
	4	中	❶	32
	6	仲	❹	71
	6	虫	❶	939
	7	沖	❹	687
	7	肘	常	911
	8	宙	❻	323
	8	忠	❻	486
	8	抽	常	535
	8	注	❸	691
	9	昼	❷	593
	9	柱	❸	632
	9	衷	常	950
	10	紐	人	871
	10	酎	常	1033
	11	紬	人	877
	12	厨	人	192
	12	註	人	978
	15	鋳	常	1051
	15	駐	常	1110
チョ	11	著	❻	424
	11	猪	人	759
	12	貯	❺	1005
	14	緒	常	883
	18	儲	人	111
チョウ	2	丁	❸	11
	4	弔	常	392
	5	庁	❻	382
	6	兆	❹	115
	6	吊	外	213
	7	町	❶	778
	8	帖	人	370
	8	長	❷	1056
	9	挑	常	542
	9	重	❸	1038
	10	挺	人	544
	11	帳	❸	373
	11	張	❺	396
	11	彫	常	400
	11	眺	常	811
	11	釣	常	1046
	11	頂	❻	1088
	11	鳥	❷	1121
	12	喋	人	235
	12	朝	❷	613
	12	脹	人	920
	12	貼	常	1005
	12	超	常	1014
	13	牒	人	751
	13	腸	❻	921
	13	跳	常	1017
	14	徴	常	411
	14	蔦	人	429
	14	暢	人	600
	14	肇	人	909
	15	嘲	常	238
	15	鄭	人	468
	15	潮	❻	728
	15	澄	常	728
	15	蝶	人	942
	15	調	❸	988
	17	聴	常	907
	18	懲	常	514
	19	寵	人	337
	19	鯛	人	1120
チョク	8	直	❷	803
	9	勅	常	168
	10	捗	常	543
ちらかす	12	散	❹	566
ちらかる	12	散	❹	566
ちらす	12	散	❹	566
ちり	14	塵	外	268
ちる	12	散	❹	566
チン	7	沈	常	687
	8	枕	常	628
	9	珍	常	765
	10	朕	常	612
	10	砧	人	818
	11	陳	常	475
	13	椿	人	647
	13	賃	❻	1007
	18	鎮	常	1055

つ・ツ

読み	画数	漢字	区分	ページ
ツ	10	通	❷	446
	11	都	❸	467
つ	9	津	常	699
ツイ	7	対	❸	339
	9	追	❸	442
	12	椎	常	644
	14	槌	人	649
	15	墜	常	269
ついえる	12	費	❺	1005
ついたち	10	朔	人	612
ついに	12	遂	常	455
ついばむ	10	啄	人	228
ついやす	12	費	❺	1005
ツウ	10	通	❷	446
	12	痛	❻	789
つえ	7	杖	人	624
つか	7	束	❹	624
	9	柄	常	632
	12	塚	常	263
つかう	8	使	❸	85
	13	遣	常	460
つかえる	5	仕	❸	61
つかさ	5	司	❹	208
つかさどる	5	司	❹	208
つかす	6	尽	常	351
つかまえる	10	捕	常	544
つかまる	10	捕	常	544
つかむ	14	摑	人	555
つからす	10	疲	常	787
つかる	14	漬	常	725
つかれる	10	疲	常	787
つかわす	13	遣	常	460
つき	4	月	❶	608
	15	槻	人	651
つぎ	6	次	❸	657
つきる	6	尽	常	351
つく	5	付	❹	64
	8	附	常	470
	8	突	常	842
	12	就	❻	349
	12	着	❸	896
	15	撞	人	557
	15	衝	常	947
つぐ	6	次	❸	657
	11	接	❺	548
	13	嗣	常	236
	13	継	常	882
つくえ	6	机	❻	621
つくす	6	尽	常	351
つくだ	7	佃	人	81
つぐなう	17	償	常	109
つくる	7	作	❷	76
	10	造	❺	444
	12	創	❻	161
つくろう	18	繕	常	893
つける	5	付	❹	64
	9	点	❷	736
	12	就	❻	349
	12	着	❸	896
	14	漬	常	725
つげる	7	告	❺	220
つじ	6	辻	人	434
つた	14	蔦	人	429
つたう	6	伝	❹	72
つたえる	6	伝	❹	72
つたない	8	拙	常	534
つたわる	6	伝	❹	72
つち	3	土	❶	250
	12	椎	常	644
	14	槌	人	649

て・テ

と・ト

な・ナ

に・ニ

読み	漢字	画数	区分	ページ
ニ	弐	6	常	391
	児	7	❹	116
	爾	14	人	749
に	荷	10	❸	422
にい	新	13	❷	577
にえる	煮	12	常	737
におう	匂	4	常	174
	臭	9	常	928
にがい	苦	8	❸	417
にがす	逃	9	常	443
にがる	苦	8	❸	417
にぎやか	賑	14	人	1007
にぎる	握	12	常	551
にぎわう	賑	14	人	1007
ニク	肉	6	❷	909
にくい	憎	14	常	511
にくしみ	憎	14	常	511
にくむ	憎	14	常	511
にくらしい	憎	14	常	511
にげる	逃	9	常	443
にごす	濁	16	常	729
にごる	濁	16	常	729
にし	西	6	❷	958
にじ	虹	9	常	939
にしき	錦	16	常	1052
にじゅう	廿	4	人	390
にせ	偽	11	常	99
	贋	19	外	1011
ニチ	日	4	❶	582
になう	担	8	❻	535
にぶい	鈍	12	常	1046
にぶる	鈍	12	常	1046
ニャク	若	8	❻	418
にやす	煮	12	常	737
ニュウ	入	2	❶	118
	乳	8	❻	43
	柔	9	常	631
ニョ	女	3	❶	298
	如	6	常	300
ニョウ	女	3	❶	298
	尿	7	常	351
にる	似	7	❺	77
	煮	12	常	737
にわ	庭	10	❸	386
にわか	俄	9	人	87
にわとり	鶏	19	常	1122
ニン	人	2	❶	55
	刃	3	常	142
	壬	4	人	272
	任	6	❺	73
	妊	7	常	302
	忍	7	常	485
	認	14	❻	985

ぬ・ヌ

読み	漢字	画数	区分	ページ
ヌ	怒	9	常	491
ぬう	縫	16	常	892
ぬかす	抜	7	常	531
ぬかる	抜	7	常	531
ぬきんでる	擢	17	人	558
ぬく	抜	7	常	531
	擢	17	人	558
ぬぐ	脱	11	常	918
ぬぐう	拭	9	常	542
ぬける	抜	7	常	531
ぬげる	脱	11	常	918
ぬし	主	5	❸	37
ぬすむ	盗	11	常	801
ぬの	布	5	❺	368
ぬま	沼	8	常	691
ぬる	塗	13	常	266
ぬれる	濡	17	人	730

ね・ネ

読み	漢字	画数	区分	ページ
ね	子	3	❶	309
	音	9	❶	1086
	値	10	❻	97
	根	10	❸	637
	嶺	17	人	361
ネイ	寧	14	常	336
	禰	19	人	831
ねがう	願	19	❹	1097
ねかす	寝	13	常	335
ねこ	猫	11	常	760
ねずみ	鼠	13	外	1128
ねたむ	妬	8	常	304
ネツ	熱	15	❹	745
ねばる	粘	11	常	863
ねむい	眠	10	常	810
ねむる	眠	10	常	810
	睡	13	常	811
ねらう	狙	8	常	758
ねる	寝	13	常	335
	煉	13	人	744
	練	14	❸	888
	錬	16	常	1053
ネン	年	6	❶	377
	念	8	❹	487
	捻	11	常	550
	粘	11	常	863
	然	12	❹	738
	稔	13	人	837
	燃	16	❺	746
ねんごろ	懇	17	常	514

の・ノ

読み	漢字	画数	区分	ページ
の	乃	2	人	39
	之	3	人	36
	野	11	❷	1039
ノウ	悩	10	常	498
	納	10	❻	871
	能	10	❺	917
	脳	11	❻	919
	農	13	❸	1030
	濃	16	常	730
のがす	逃	9	常	443
のがれる	逃	9	常	443
	遁	13	人	458
のき	軒	10	常	1022
のぎ	禾	5	人	831
のこぎり	鋸	16	人	1052
のこす	残	10	❹	666
	遺	15	❻	462
のこる	残	10	❹	666
	遺	15	❻	462
のせる	乗	9	❸	40
	載	13	常	1026
のぞく	除	10	❻	472
のぞむ	望	11	❹	612
	臨	18	❻	1041
のち	後	9	❷	405
ノット	浬	10	人	704
のど	咽	9	常	226
	喉	12	常	234
ののしる	罵	15	常	849
のばす	伸	7	常	78
	延	8	❻	388
のびる	伸	7	常	78
	延	8	❻	388
	暢	14	人	600
のべる	伸	7	常	78
	延	8	❻	388
	述	8	❺	438
のぼす	上	3	❶	16
のぼせる	上	3	❶	16
のぼる	上	3	❶	16
	昇	8	常	588
	登	12	❸	793
のみ	已	3	人	367
	爾	14	人	749
のむ	呑	7	人	221
	飲	12	❸	1103
のり	法	8	❹	694
	矩	10	人	814
	範	15	常	859
	糊	15	人	865
のる	乗	9	❸	40
	載	13	常	1026
	駕	15	人	1110
のろう	呪	8	常	222

は・ハ

読み	漢字	画数	区分	ページ
ハ	巴	4	人	367
	芭	7	人	415
	把	7	常	531
	杷	8	人	628
	波	8	❸	693
	派	9	❻	700

ひ・ヒ

ひつじ　未 5 ④ 620　羊 6 ③ 895
ひつじさる　坤 8 外 257
ひづめ　蹄 16 人 1018
ひと　一 1 ① 1　人 2 ① 55
ひどい　酷 14 常 1035
ひとえ　単 9 ④ 184
ひとえに　偏 11 常 102
ひとしい　等 12 ③ 855
ひとつ　一 1 ① 1
ひとみ　眸 11 人 811　瞳 17 常 812
ひとり　独 9 ⑤ 758
ひな　雛 18 人 1072
ひのえ　丙 5 常 29
ひのき　檜 17 人 655
ひのと　丁 2 ③ 11
ひびく　響 20 常 1088
ひま　閑 12 常 1064　暇 13 常 600
ひめ　姫 10 常 306　媛 12 ④ 307
ひめる　秘 10 ⑥ 834
ひも　紐 10 人 871
ひや　冷 7 ④ 134
ひやかす　冷 7 ④ 134
ヒャク　百 6 ① 796
ビャク　白 5 ① 794
ひやす　冷 7 ④ 134
ビュウ　謬 18 外 995
ヒョウ　氷 5 ③ 683　兵 7 ④ 124　拍 8 常 537　表 8 ③ 949　俵 10 ⑥ 99　秤 10 人 835　豹 10 人 1000　彪 11 人 400　票 11 ④ 828　評 12 ⑤ 978　漂 14 常 726　標 15 ④ 652　瓢 17 人 961
ビョウ　平 5 ③ 376　苗 8 常 419　秒 9 ③ 833　病 10 ③ 788　描 11 常 550　猫 11 常 760　廟 15 人 388
ひら　平 5 ③ 376
ひらく　拓 8 常 534　開 12 ③ 1061
ひらける　開 12 ③ 1061
ひらめく　閃 10 人 1060
ひる　昼 9 ② 593
ひる　干 3 ⑥ 375
ひるがえす　翻 18 常 901
ひるがえる　翻 18 常 901
ひろい　広 5 ② 381　弘 5 人 393　宏 7 人 319　坦 8 人 257　恢 9 人 493　浩 10 人 702
ひろう　拾 9 ③ 541
ひろがる　広 5 ② 381
ひろげる　広 5 ② 381
ひろまる　広 5 ② 381
ひろめる　広 5 ② 381
ヒン　牝 6 外 752　品 9 ③ 226　浜 10 常 703　彬 11 人 400　貧 11 ⑤ 1003　稟 13 人 837　賓 15 常 1009　頻 17 常 1094　瀕 19 人 731
ビン　便 9 ④ 91　敏 10 常 563　秤 10 人 835　瓶 11 常 770　貧 11 ⑤ 1003

ふ・フ

フ　不 4 ④ 22　夫 4 ④ 292　父 4 ② 749　付 5 ④ 64　布 5 ⑤ 368　巫 7 人 365　芙 7 人 415　扶 7 常 532　府 8 ④ 384　附 8 常 470　怖 8 常 491　斧 8 人 575　歩 8 ② 663　阜 8 ④ 1067　訃 9 常 972　負 9 ③ 1001　赴 9 常 1013　風 9 ② 1098　浮 10 常 703　釜 10 常 1045　婦 11 ⑤ 307　符 11 常 852　富 12 ④ 335　普 12 常 599　蒲 13 人 429　腐 14 常 920　撫 15 人 557　敷 15 常 568　膚 15 常 923　賦 15 常 1009　譜 19 常 996
ブ　不 4 ④ 22　分 4 ② 144　侮 8 常 86　奉 8 常 295　武 8 ⑤ 662　歩 8 ② 663　部 11 ③ 467　葡 12 人 426　無 12 ④ 738　蕪 15 人 430　撫 15 人 557　舞 15 常 1042
フウ　夫 4 ④ 292　封 9 常 341　風 9 ② 1098　富 12 ④ 335　楓 13 人 648
ふえ　笛 11 ③ 852
ふえる　殖 12 常 668　増 14 ⑤ 268
ふかい　深 11 ③ 710
ふかす　更 7 常 604
ふかまる　深 11 ③ 710
ふかめる　深 11 ③ 710
ふき　蕗 16 人 433
フク　伏 6 常 74　服 8 ③ 611　副 11 ④ 160　幅 12 常 374　復 12 ⑤ 410　福 13 ③ 830　腹 13 ⑥ 921　複 14 ⑤ 956　覆 18 常 960
ふく　吹 7 常 220　拭 9 常 542　葺 12 人 426　噴 15 常 238
ふくむ　含 7 常 218
ふくめる　含 7 常 218
ふくらむ　膨 16 常 923
ふくれる　脹 12 人 920　膨 16 常 923
ふくろ　袋 11 常 951
ふける　耽 10 人 906
ふける　老 6 ④ 902　更 7 常 604
ふさ　房 8 常 521
ふさがる　塞 13 常 266
ふさぐ　塞 13 常 266

音訓さくいん

ふさぐ 鬱 29 常 1115
ふし 節 13 ❹ 856
ふじ 藤 18 常 433
フす 付 5 ❹ 64
ふす 伏 6 常 74
臥 9 人 1041
ふすま 襖 18 人 958
ふせぐ 防 7 ❺ 469
ふせる 伏 6 常 74
ふた 二 2 ❶ 47
双 4 常 195
蓋 13 常 428
ふだ 札 5 ❹ 616
牒 13 人 751
ぶた 豚 11 常 998
ふたたび 再 6 ❺ 129
ふたつ 二 2 ❶ 47
ふち 淵 12 人 713
縁 15 常 888
ぶち 斑 12 常 572
フツ 仏 4 ❺ 59
弗 5 外 393
払 5 常 527
沸 8 常 694
ブツ 仏 4 ❺ 59
勿 4 人 174
物 8 ❸ 752
ふで 筆 12 ❸ 856
ふとい 太 4 ❷ 289
ふところ 懐 16 常 513
ふとる 太 4 ❷ 289
ふな 舟 6 常 931
船 11 ❷ 932
ふね 舟 6 常 931
船 11 ❷ 932
ふまえる 踏 15 常 1018
ふみ 文 4 ❶ 570
ふむ 踏 15 常 1018
ふもと 麓 19 常 1123
ふやす 殖 12 常 668
増 14 ❺ 268
ふゆ 冬 5 ❷ 275
ふる 降 10 ❻ 472
振 10 常 542
ふるい 古 5 ❷ 206
旧 5 ❺ 584
ふるう 揮 12 ❻ 552
震 15 常 1078
ふるう 奮 16 ❻ 297
ふるう 振 10 常 542
ふるえる 震 15 常 1078
ふるす 古 5 ❷ 206
ふれる 振 10 常 542
触 13 常 969
フン 分 4 ❷ 144
吻 7 人 221
粉 10 ❺ 862
紛 10 常 872
焚 12 人 738
雰 12 常 1075
噴 15 常 238
墳 15 常 270
憤 15 常 513
奮 16 ❻ 297
糞 17 外 866
ブン 分 4 ❷ 144
文 4 ❶ 570
聞 14 ❷ 907

へ・へ

べ 辺 5 ❹ 434
部 11 ❸ 467
ヘイ 丙 5 常 29
平 5 ❸ 376
兵 7 ❹ 124
並 8 ❻ 30
併 8 常 86
柄 9 常 632
陛 10 ❻ 473
病 10 ❸ 788
閉 11 ❻ 1060
塀 12 常 264
餅 14 常 1105
幣 15 常 375
弊 15 常 391
蔽 15 常 430
餅 15 常 1104
ベイ 米 6 ❷ 861
袂 9 外 950
ヘキ 碧 14 人 822
壁 16 常 271
璧 18 常 770
癖 18 常 790
べし 可 5 ❺ 205
へだたる 隔 13 常 478
へだてる 隔 13 常 478
ベツ 別 7 ❹ 150
蔑 14 常 429
瞥 17 人 812
べに 紅 9 ❻ 868
へび 蛇 11 常 940
へらす 減 12 ❺ 714
へりくだる 遜 13 常 460
遜 14 常 460
へる 経 11 ❺ 873
減 12 ❺ 714
ヘン 片 4 ❻ 749
辺 5 ❹ 434
返 7 ❸ 438
変 9 ❹ 275
偏 11 常 102
遍 12 常 458
篇 15 人 859
編 15 ❺ 890
ベン 弁 5 ❺ 390
便 9 ❹ 91
勉 10 ❸ 169
娩 10 人 306
鞭 18 人 1086

ほ・ホ

ホ 甫 7 人 776
歩 8 ❷ 663
保 9 ❺ 92
哺 10 常 229
圃 10 人 249
捕 10 常 544
浦 10 常 702
菩 11 人 425
葡 12 人 426
補 12 ❻ 953
蒲 13 人 429
輔 14 人 1026
舗 15 常 109
ほ 火 4 ❶ 732
帆 6 常 369
穂 15 常 839
ボ 戊 5 人 515
母 5 ❷ 671
牡 7 人 752
姥 9 人 306
莫 10 人 423
菩 11 人 425
ボ 募 12 常 172
墓 13 ❺ 266
慕 14 常 510
暮 14 ❻ 601
模 14 ❻ 650
簿 19 常 860
ホウ 方 4 ❷ 579
包 5 ❹ 174
呆 7 外 221
芳 7 常 415
邦 7 常 465
奉 8 常 295
宝 8 ❻ 324
抱 8 常 537
放 8 ❸ 561
朋 8 人 612
法 8 ❹ 694
泡 8 常 695
封 9 常 341
胞 9 常 915
俸 10 常 99
倣 10 常 99
峰 10 常 359
砲 10 常 820

み・ミ

む・ム

読み	画数	漢字	区分	ページ
むかし	8	昔	❸	589
むぎ	7	麦	❷	1043
むく	12	椋	人	645
むく	6	向	❸	211
	10	剥	常	159
むくいる	12	報	❺	264
むくろ	16	骸	常	1113
むける	6	向	❸	211
むこ	12	婿	常	307
むこう	6	向	❸	211
むさぼる	11	貪	常	1003
むし	6	虫	❶	939
むしばむ	15	蝕	外	942
むす	13	蒸	❻	428
むずかしい	18	難	❻	1072
むすぶ	12	結	❹	878
むすめ	10	娘	常	306
むち	18	鞭	人	1086
むつ	4	六	❶	123
むっつ	4	六	❶	123
むつまじい	13	睦	常	812
むつむ	13	睦	常	812
むな	10	胸	❻	915
	12	棟	常	645
むなしい	8	空	❶	841
	11	虚	常	937
むね	6	旨	常	585
	10	胸	❻	915
	12	棟	常	645
むら	7	村	❶	624
	7	邑	人	1032
	13	群	❹	899
むらがる	18	叢	人	202
むらさき	12	紫	常	880
むらす	13	蒸	❻	428
むれ	13	群	❹	899
むれる	13	蒸	❻	428
	13	群	❹	899
むろ	9	室	❷	326

め・メ

読み	画数	漢字	区分	ページ
め	3	女	❶	298
	5	目	❶	802
	8	芽	❹	417
	11	眼	❺	811
	14	雌	常	1071
メイ	6	名	❶	216
	8	命	❸	223
メイ	8	明	❷	589
	9	迷	❺	444
	10	冥	常	132
	13	盟	❻	801
	14	銘	常	1051
	14	鳴	❷	1121
	16	謎	常	995
	17	謎	常	995
めい	9	姪	人	306
めぐむ	10	恵	常	494
めぐらす	9	廻	人	389
めぐる	6	巡	常	362
	9	廻	人	389
	14	斡	人	575
めし	12	飯	❹	1103
めす	6	牝	外	752
	14	雌	常	1071
めす	5	召	常	209
めずらしい	9	珍	常	765
メツ	13	滅	常	722
めでる	13	愛	❹	503
メン	8	免	常	117
	9	面	❸	1084
	14	綿	❺	885
メン	16	麺	常	1043

も・モ

読み	画数	漢字	区分	ページ
モ	8	茂	常	419
	10	莫	人	423
	14	模	❻	650
も	12	喪	常	235
	14	裳	人	955
	19	藻	常	433
モウ	3	亡	❻	52
	4	毛	❷	674
	6	妄	常	300
	8	孟	人	314
	8	盲	常	805
	10	耗	常	905
	11	望	❹	612
	11	猛	常	760
	13	蒙	人	429
	14	網	常	886
もうける	11	設	❺	974
	18	儲	人	111
もうす	5	申	❸	777
もうでる	13	詣	常	979
もえる	11	萌	人	425
もえる	16	燃	❺	746
モク	4	木	❶	615
	5	目	❶	802
	15	黙	常	1125
もぐる	15	潜	常	728
もしくは	8	若	❻	418
もす	16	燃	❺	746
もすそ	14	裳	人	955
もだえる	12	悶	外	502
モチ	4	勿	人	174
もち	11	望	❹	612
	14	餅	常	1105
	15	餅	常	1104
もちいる	5	用	❷	775
モツ	8	物	❸	752
もつ	9	持	❸	541
もって	5	以	❹	60
もっとも	4	尤	人	349
	12	最	❹	606
もっぱら	9	専	❻	340
もてあそぶ	7	弄	常	390
	8	玩	常	764
もてなす	22	饗	人	1106
もと	3	下	❶	12
もと	4	元	❷	111
	5	本	❶	617
	10	素	❺	870
	11	基	❺	259
もとい	11	基	❺	259
もどす	7	戻	常	520
もとめる	7	求	❹	683
もどる	7	戻	常	520
もの	8	物	❸	752
	8	者	❸	903
もみ	9	籾	人	862
もみじ	11	椛	人	641
もも	10	桃	常	638
もやす	16	燃	❺	746
もよおす	13	催	常	106
もらう	12	貰	人	1004
もらす	9	洩	外	696
	14	漏	常	726
もり	7	杜	人	624
	12	森	❶	644
もり	6	守	❸	317
もる	11	盛	❻	800
	14	漏	常	726
もれる	9	洩	外	696
もれる	14	漏	常	726
もろ	15	諸	❻	986
モン	4	文	❶	570
	8	門	❷	1058
	10	紋	常	872
	11	問	❸	232
	12	悶	外	502
	14	聞	❷	907
もんめ	4	匁	人	174

や・ヤ

読み	画数	漢字	区分	ページ
ヤ	3	也	人	42
	7	冶	常	134
	8	夜	❷	281
	9	耶	人	906
	11	野	❷	1039
	13	椰	人	648
	13	爺	外	749
や	2	八	❶	120
	5	矢	❷	813
	7	谷	❷	997
	8	弥	常	394
	9	哉	人	226
	9	屋	❸	353

や　耶 9 人 906　家 10 ② 327
やいと　灸 7 人 733
やいば　刃 3 常 142
やかた　館 16 ③ 1106
やから　輩 15 常 1026
ヤク　厄 4 常 190　役 7 ③ 401　疫 9 常 786　約 9 ④ 868　益 10 ⑤ 800　訳 11 ⑥ 975　薬 16 ③ 432　躍 21 常 1019
やく　灼 7 人 734　焼 12 ④ 737　焚 12 人 738
やぐら　櫓 19 人 655
やける　焼 12 ④ 737
やさしい　易 8 ⑤ 587　優 17 ⑥ 110
やし　椰 13 人 648
やしき　邸 8 常 465
やしなう　養 15 ④ 1105
やしろ　社 7 ② 825
やすい　安 6 ③ 316　易 8 ⑤ 587　靖 13 人 1081
やすまる　休 6 ① 68
やすむ　休 6 ① 68
やすめる　休 6 ① 68
やすんじる　靖 13 人 1081
やせる　痩 12 常 788
やつ　奴 5 常 299
やつ　八 2 ① 120
やっこ　奴 5 常 299
やっつ　八 2 ① 120
やど　宿 11 ③ 331
やとう　雇 12 常 1068　傭 13 人 107
やどす　宿 11 ③ 331
やどる　宿 11 ③ 331
やなぎ　柳 9 常 633　楊 13 人 648
やぶる　破 10 ⑤ 819
やぶれる　破 10 ⑤ 819　敗 11 ④ 565
やま　山 3 ① 356
やまい　病 10 ③ 788
やまぐわ　柘 9 人 631
やまと　倭 10 人 99
やみ　闇 17 常 1067
やむ　已 3 人 367　病 10 ③ 788
やめる　辞 13 ④ 1029
やり　槍 14 人 649
やわらか　柔 9 常 631　軟 11 常 1024
やわらかい　柔 9 常 631　軟 11 常 1024
やわらぐ　和 8 ③ 224
やわらげる　和 8 ③ 224

ゆ・ユ

ユ　由 5 ③ 777　油 8 ③ 696　喩 12 常 235　遊 12 ③ 458　愉 12 常 509　諭 16 常 992　輸 16 ⑤ 1027　癒 18 常 790
ゆ　湯 12 ③ 717
ユイ　由 5 ③ 777　唯 11 常 232　遺 15 ⑥ 462
ユウ　友 4 ② 199　尤 4 人 349　右 5 ① 204　由 5 ③ 777　有 6 ③ 609　佑 7 人 82　邑 7 人 1032　酉 7 人 1032　侑 8 人 87　勇 9 ④ 169　宥 9 人 326　幽 9 常 381　柚 9 人 633　祐 9 人 828　郵 11 ⑥ 468　悠 11 常 498　遊 12 ③ 458　湧 12 常 719　猶 12 常 761　裕 12 常 954　釉 12 人 1037　雄 12 常 1069　楢 13 人 648　熊 14 ④ 744　誘 14 常 985　憂 15 常 512　融 16 常 942　優 17 ⑥ 110　鮪 17 外 1119
ゆう　夕 3 ① 277
ゆう　結 12 ④ 878
ゆえ　故 9 ⑤ 562
ゆか　床 7 常 383
ゆき　雪 11 ② 1074
ゆく　行 6 ② 944　往 8 ⑤ 402　征 8 常 404　逝 10 常 444
ゆさぶる　揺 12 常 553
ゆず　柚 9 人 633
ゆすぶる　揺 12 常 553
ゆする　揺 12 常 553
ゆずる　遜 13 常 460　遜 14 常 460　譲 20 常 997
ゆたか　裕 12 常 954　豊 13 ⑤ 998
ゆだねる　委 8 ③ 303
ゆび　指 9 ③ 540
ゆみ　弓 3 ② 392
ゆめ　夢 13 ⑤ 282
ゆらぐ　揺 12 常 553
ゆる　揺 12 常 553
ゆるい　緩 15 常 888
ゆるがせ　忽 8 人 486
ゆるぐ　揺 12 常 553
ゆるす　宥 9 人 326　恕 10 人 495　許 11 ⑤ 974　赦 11 常 1012
ゆるむ　弛 6 人 393　緩 15 常 888
ゆるめる　緩 15 常 888
ゆるやか　緩 15 常 888
ゆれる　揺 12 常 553
ゆわえる　結 12 ④ 878

よ・ヨ

ヨ　与 3 常 21　予 4 ③ 45　余 7 ⑤ 82　誉 13 常 981　預 13 ⑥ 1091　輿 17 人 1028
よ　世 5 ③ 28　代 5 ③ 63　四 5 ① 239　夜 8 ② 281
よい　宵 10 常 329
よい　良 7 ④ 934　佳 8 常 84　善 12 ⑥ 234　嘉 14 人 237
ヨウ　幼 5 ⑥ 380　用 5 ② 775　羊 6 ③ 895　妖 7 常 303　洋 9 ③ 701　要 9 ④ 959　頁 9 人 1088

総画さくいん

調べたい漢字の総画数がわかるときに、このさくいんを使います。

・この辞典に収録した親字(旧字体や異体字をふくむ)を、総画数順にならべました。

・おなじ画数の場合は、部首順にならべてあります(部首は、漢字の上に小さく書いてあります)。

・漢字の下にある❶❷❸❹❺❻は、何年生で習う学習漢字であるかをしめしています。

常は、学習漢字以外の常用漢字です。人のついた漢字は、人名用漢字です。

外のついた漢字は、常用漢字でも人名用漢字でもないものです。

・代表的な音訓もしめしてあります。

・旧字体や異体字は、その下に親字を【　】であげて、そのページ数をしめしました。

＊のついた漢字は、説明の中でしめした異体字です。

・画数の数え方は「ものしり巻物16」(539ページ)

総画さくいん

7画

8画

部首	漢字	区分	音	訓	ページ
	亞【亜】				51
亠	京	②	キョウ	みやこ	54
	享	常	キョウ	うける	54
人	依	常	イ	よる	83
	価	⑤	カ	あたい	83
	佳	常	カ	よい	84
	侃	人	カン	—	84
	供	⑥	キョウ	そなえる	84
	使	③	シ	つかう	85
	侍	常	ジ	さむらい	86
	舎	⑤	シャ	—	86
	侮	常	ブ	あなどる	86
	併	常	ヘイ	あわせる	86
	侑	人	ユウ	—	87
	例	④	レイ	たとえる	87
	來【来】				625
儿	尭	人	ギョウ	—	117
	免	常	メン	まぬかれる	117
	兒【児】				116
入	兩【両】				29
八	其	人	キ	その	125
	具	③	グ	そなわる	125
	典	④	テン	—	125
凵	函	人	カン	はこ	141
刀	券	⑥	ケン	—	152
	刻	⑥	コク	きざむ	152
	刷	④	サツ	する	153
	刹	常	サツ	—	153
	刺	常	シ	さす	154
	制	⑤	セイ	—	154
	到	常	トウ	いたる	155
力	劾	常	ガイ	—	168
	効	⑤	コウ	きく	168
十	協	④	キョウ	—	182
	卒	④	ソツ	—	183
	卓	常	タク	—	183
	卑【卑】				185
卜	卦	外	カ	—	187
卩	卷【巻】				367
厶	参	④	サン	まいる	193
又	取	③	シュ	とる	199
	受	③	ジュ	うける	200
	叔	常	シュク	—	201
口	呼	⑥	コ	よぶ	222
	呪	常	ジュ	のろう	222
	周	④	シュウ	まわり	222
	味	③	ミ	あじ	223
	命	③	メイ	いのち	223
	和	③	ワ	やわらぐ	224
口	固	④	コ	かためる	245
	国	②	コク	くに	246
土	坤	外	コン	ひつじさる	257
	垂	⑥	スイ	たれる	257
	坦	人	タン	ひろい	257
	坪	常	—	つぼ	258
夕	夜	②	ヤ	よ	281
大	奄	人	エン	—	294
	奇	常	キ	—	294
	奈	④	ナ	—	295
	奉	常	ホウ	たてまつる	295
	奔	常	ホン	—	296
女	委	③	イ	ゆだねる	303
	妻	⑤	サイ	つま	303
	姉	②	シ	あね	303
	始	③	シ	はじめる	304
	姓	常	セイ	かばね	304
	妬	常	ト	ねたむ	304
	妹	②	マイ	いもうと	305
子	学	①	ガク	まなぶ	312
	季	④	キ	—	314
	孟	人	モウ	—	314
宀	宛	常	—	あてる	319
	官	④	カン	—	319
	宜	常	ギ	よろしい	320
	実	③	ジツ	み	320
	宗	⑥	シュウ	—	322
	宙	⑥	チュウ	—	323
	定	③	テイ	さだめる	323
	宕	人	トウ	—	324
	宝	⑥	ホウ	たから	324
小	尚	常	ショウ	なお	349
尸	居	⑤	キョ	いる	352
	屈	常	クツ	—	353
	届	⑥	—	とどける	353
	屆【届】				353
山	岡	④	コウ	おか	358
	岳	常	ガク	たけ	358
	岩	②	ガン	いわ	358
	岸	③	ガン	きし	358
	岬	常	—	みさき	359
巾	帖	人	チョウ	—	370
干	幸	③	コウ	さいわい	379
广	庚	人	コウ	かのえ	383
	底	④	テイ	そこ	383
	店	②	テン	みせ	384
	府	④	フ	—	384
廴	延	⑥	エン	のびる	388
弓	弦	常	ゲン	つる	393
	弥	常	ビ	や	394
彳	往	⑤	オウ	ゆく	402
	径	④	ケイ	—	404
	征	常	セイ	ゆく	404
	彼	常	ヒ	かれ	404
艹	苺	人	—	いちご	416
	英	④	エイ	—	416
	苑	人	エン	その	416
	苛	常	カ	—	417
	茄	人	カ	なす	417
	芽	④	ガ	め	417
	苦	③	ク	くるしい	417
	茎	常	ケイ	くき	418
	若	⑥	ジャク	わかい	418
	苔	人	タイ	こけ	419
	苗	常	ビョウ	なえ	419
	茅	人	ボウ	かや	419
	茉	人	マツ	ま	419
	茂	常	モ	しげる	419
辶	述	⑤	ジュツ	のべる	438
	迪	人	テキ	みち	439
	迭	常	テツ	—	439
	迫	常	ハク	せまる	439
阝	邪	常	ジャ	よこしま	465
	邸	常	テイ	やしき	465
阝	阿	人	ア	くま	469
	阻	常	ソ	はばむ	469
	陀	人	タ	—	470
	附	常	フ	つく	470
心	忽	人	コツ	たちまち	486
	忠	⑥	チュウ	—	486
	念	④	ネン	—	487
	怪	常	カイ	あやしい	487
	性	⑤	セイ	—	490
	怖	常	フ	こわい	491
	怜	人	レイ	さとい	491
戈	或	人	ワク	ある	517
戸	所	③	ショ	ところ	521
	房	常	ボウ	ふさ	521
	戾【戻】				520
手	承	⑥	ショウ	うけたまわる	529
	押	常	オウ	おす	532
	拐	常	カイ	—	532
	拡	⑥	カク	—	533
	拒	常	キョ	こばむ	533
	拠	常	キョ	よる	533
	拘	常	コウ	—	533
	招	⑤	ショウ	まねく	534
	拙	常	セツ	つたない	534
	拓	常	タク	ひらく	534
	担	⑥	タン	かつぐ	535
	抽	常	チュウ	—	535
	抵	常	テイ	—	535
	拝	⑥	ハイ	おがむ	536
	拍	常	ハク	—	537
	披	常	ヒ	—	537
	抱	常	ホウ	だく	537
	抹	常	マツ	—	538
	拉	常	ラ	—	538
	拂【払】				527
	拔【抜】				531
攵	放	③	ホウ	はなす	561
斤	斧	人	フ	おの	575
方	於	人	オ	おいて	580
日	易	⑤	エキ	やさしい	587
	旺	常	オウ	さかん	587
	昂	人	コウ	たかぶる	587
	昊	人	コウ	—	587
	昆	常	コン	—	588
	昏	人	コン	くらい	588
	昇	常	ショウ	のぼる	588
	昌	人	ショウ	—	588
	昔	③	セキ	むかし	589
	明	②	メイ	あかり	589
月	服	③	フク	—	611
	朋	人	ホウ	とも	612
木	果	④	カ	はたす	625
	杭	人	コウ	くい	626

9画

迷 ⑤ メイ まよう 444
郁（阝） 人 イク ― 465
郊 常 コウ ― 465
郎 常 ロウ ― 466
限（阝） ⑤ ゲン かぎる 470
怨（心） 常 エン うらむ 487
急 ③ キュウ いそぐ 488
思 ② シ おもう 489
怠 常 タイ おこたる 491
怒 常 ド いかる 491
悔 常 カイ くいる 492
恢 人 カイ ひろい 493
恰 人 カツ あたかも 493
恒 常 コウ つね 494
恨 常 コン うらむ 494
恆 【恒】 494
按（手） 人 アン ― 538
括 常 カツ くくる 538
挟 常 キョウ はさむ 540
拷 常 ゴウ ― 540
拶 常 サツ ― 540
指 ③ シ ゆび 540

持 ③ ジ もつ 541
拾 ③ シュウ ひろう 541
拭 常 ショク ふく 542
挑 常 チョウ いどむ 542
拜 【拝】 536
故（攵） ⑤ コ ゆえ 562
政 ⑤ セイ まつりごと 562
施（方） 常 シ ほどこす 580
映（日） ⑥ エイ うつる 590
昨 ④ サク ― 591
春 ② シュン はる 591
昭 ③ ショウ ― 592
是 常 ゼ これ 592
星 ② セイ ほし 593
昼 ② チュウ ひる 593
昴 人 ボウ すばる 594
昧 常 マイ くらい 594
栄（木） ④ エイ さかえる 629
架 常 カ かける 630
柿 常 シ かき 630
柑 人 カン ― 630
枯 常 コ かれる 630

査 ⑤ サ ― 630
柵 常 サク ― 631
柘 人 シャ やまぐわ 631
柊 人 シュウ ひいらぎ 631
柔 常 ジュウ やわらか 631
染 ⑥ セン そめる 632
柱 ③ チュウ はしら 632
栃 ④ ― とち 632
柏 人 ハク かしわ 632
柄 常 ヘイ がら 632
某 常 ボウ なにがし 633
柾 人 ― まさ 633
柚 人 ユウ ゆず 633
柳 常 リュウ やなぎ 633
殆（歹） 人 タイ ほとんど 666
段（殳） ⑥ ダン ― 669
毘（比） 人 ビ ― 674
泉（水） ⑥ セン いずみ 691
洩 外 エイ もれる 696
海 ② カイ うみ 696
活 ② カツ いきる 697
洪 常 コウ ― 698

洸 人 コウ ― 698
洲 人 シュウ しま 698
洵 人 ジュン まことに 699
浄 常 ジョウ きよい 699
津 常 シン つ 699
浅 ④ セン あさい 699
洗 ⑥ セン あらう 700
洞 常 ドウ ほら 700
派 ⑥ ハ ― 700
洋 ③ ヨウ ― 701
洛 人 ラク ― 701
為（火） 常 イ ため 735
炭 ③ タン すみ 735
点 ② テン つける 736
牲（牛） 常 セイ ― 754
狭（犬） 常 キョウ せまい 758
狐 外 コ きつね 758
狩 常 シュ かる 758
独 ⑤ ドク ひとり 758
珂（玉） 人 カ ― 764
珈 人 カ ― 765
珊 人 サン ― 765

珍 常 チン めずらしい 765
珀 人 ハク ― 765
玲 人 レイ ― 765
甚（甘） 常 ジン はなはだ 771
畏（田） 常 イ おそれる 780
界 ③ カイ ― 780
畑 ③ ― はた 780
疫（疒） 常 エキ ― 786
発（癶） ③ ハツ たつ 791
皆（白） 常 カイ みな 798
皇 ⑥ コウ ― 798
盆（皿） 常 ボン ― 800
盃 【杯】＊ 628
看（目） ⑥ カン みる 806
県 ③ ケン ― 806
盾 常 ジュン たて 807
省 ④ セイ かえりみる 807
相 ③ ソウ あい 807
眉 常 ビ まゆ 809
冒 常 ボウ おかす 809
研（石） ③ ケン とぐ 817
砂 ⑥ サ すな 818

砕 常 サイ くだく 818
祇（示） 人 キ ― 826
祝 ④ シュク いわう 826
神 ③ シン かみ 826
祖 ⑤ ソ ― 827
祐 人 ユウ たすける 828
祈 【祈】 825
祉 【祉】 826
祢 【禰】＊ 831
科（禾） ② カ ― 833
秋 ② シュウ あき 833
秒 ③ ビョウ ― 833
窃（穴） 常 セツ ― 843
穿 人 セン うがつ 843
突 【突】 842
竿（竹） 人 カン さお 851
粁（米） 外 ― キロメートル 862
籾 人 ― もみ 862
紀（糸） ⑤ キ ― 867
級 ③ キュウ ― 867
糾 常 キュウ ― 868
紅 ⑥ コウ べに 868

約 ④ ヤク ― 868
美（羊） ③ ビ うつくしい 895
者（老） 【者】 903
耐（而） 常 タイ たえる 904
耶（耳） 人 ヤ や 906
胃（肉） ⑥ イ ― 912
胤 人 イン たね 913
胡 人 コ ― 913
胎 常 タイ ― 913
胆 常 タン きも 913
背 ⑥ ハイ せ 914
肺 ⑥ ハイ ― 914
胞 常 ホウ ― 915
臭（自） 常 シュウ くさい 928
虐（虍） 常 ギャク しいたげる 936
虹（虫） 常 コウ にじ 939
衷（衣） 常 チュウ ― 950
衿 人 キン えり 950
袂 外 ベイ たもと 950
要（西） ④ ヨウ かなめ 959
計（言） ② ケイ はかる 971
訂 常 テイ ― 971

訃 常 フ ― 972
貞（貝） 常 テイ ― 1000
負 ③ フ まける 1001
赴（走） 常 フ おもむく 1013
軌（車） 常 キ ― 1021
軍 ④ グン いくさ 1022
重（里） ③ ジュウ え 1038
臥（臣） 人 ガ ふす 1041
面（面） ③ メン おも 1084
革（革） ⑥ カク かわ 1085
音（音） ① オン おと 1086
頁（頁） 人 ケツ ― 1088
風（風） ② フウ かぜ 1098
飛（飛） ④ ヒ とぶ 1101
食（食） ② ショク くう 1101
首（首） ② シュ くび 1106
香（香） ④ コウ か 1107

10画

乘（ノ） 【乗】 40
俺（人） 常 ― おれ 94

11画

総画さくいん

宿 ❸ シュク やど 331
寅 人 ー とら 332
密 ❻ ミツ ひそか 332
（寸）尉 常 ー イ 342
專【専】 340
將【将】 342
（山）崖 常 ガイ がけ 360
崎 ❹ ー さき 360
崇 常 スウ あがめる 360
崩 常 ホウ くずれる 360
崚 人 ー リョウ 361
（川）巢【巣】 640
（巾）常 ❺ ジョウ つね 372
帳 ❸ ー チョウ 373
帶【帯】 372
（广）庵 人 アン いおり 386
康 ❹ ー コウ 386
庶 常 ー ショ 387
庸 常 ー ヨウ 387
（弓）強 ❷ キョウ つよい 395
張 ❺ チョウ はる 396
（ヨ）粛 常 ー シュク 398

彗 人 ー スイ 398
（彡）彩 常 サイ いろどる 399
彫 常 チョウ ほる 400
彪 人 ー ヒョウ 400
彬 人 ー ヒン 400
（彳）得 ❺ トク える 409
徠 人 ー ライ 409
從【従】 407
（艹）萎 常 イ なえる 423
菓 常 ー カ 423
菅 人 カン すげ 423
菊 常 ー キク 423
菌 常 ー キン 424
菫 人 キン すみれ 424
菜 ❹ サイ な 424
菖 人 ー ショウ 424
著 ❻ チョ あらわす 424
萄 人 ー トウ 425
菩 人 ー ホ 425
萌 人 ホウ もえる 425
萊 人 ー ライ 425
菱 人 リョウ ひし 425

萠【萌】 425
葛【葛】* 425
（辶）這 人 ゲン はう 444
逞 人 テイ たくましい 448
逗 人 ー トウ 448
逢 人 ホウ あう 449
逸 常 イツ それる 450
週 ❷ ー シュウ 450
進 ❸ シン すすむ 451
逮 常 ー タイ 452
（阝）郭 常 ー カク 466
郷 ❻ キョウ さと 466
都 ❸ ト みやこ 467
部 ❸ ブ ベ 467
郵 ❻ ー ユウ 468
（阝）陰 常 イン かげ 474
険 ❺ ケン けわしい 474
陳 常 ー チン 475
陶 常 ー トウ 475
陪 常 ー バイ 475
陸 ❹ リク おか 475
隆 常 ー リュウ 476

陵 常 リョウ みささぎ 476
陷【陥】 472
（心）悪 ❸ アク わるい 496
患 常 カン わずらう 498
悉 人 シツ ことごとく 498
悠 常 ー ユウ 498
惟 人 イ おもう 499
惧 常 ー グ 499
惚 人 コツ ほれる 499
惨 常 サン みじめ 499
情 ❺ ジョウ なさけ 499
惜 常 セキ おしい 500
悼 常 トウ いたむ 501
惇 人 ー トン 502
惧【惧】* 499
（戈）戚 常 ー セキ 517
（手）掛 常 ー かける 544
掬 人 キク すくう 544
掘 常 クツ ほる 544
掲 常 ケイ かかげる 545
捲 人 ケン まく 545
控 常 コウ ひかえる 545

採 ❺ サイ とる 545
捨 ❻ シャ すてる 546
授 ❺ ジュ さずける 546
捷 人 ショウ かつ 547
推 ❻ スイ おす 547
据 常 ー すえる 548
接 ❺ セツ つぐ 548
措 常 ソ おく 549
掃 常 ソウ はく 549
探 ❻ タン さぐる 549
捺 人 ナツ おす 550
捻 常 ー ネン 550
排 常 ー ハイ 550
描 常 ビョウ えがく 550
捧 人 ホウ ささげる 551
掠 人 リャク かすめる 551
捗【捗】* 543
（攵）救 ❺ キュウ すくう 564
教 ❷ キョウ おしえる 564
敗 ❹ ハイ やぶれる 565
敕【勅】 168
敍【叙】 201

敏【敏】 563
（斗）斜 常 シャ ななめ 574
（斤）斬 常 ザン きる 575
断 ❺ ダン たつ 576
（方）旋 常 ー セン 581
族 ❸ ー ゾク 582
（日）晦 人 カイ みそか 596
晨 人 シン あした 596
晝【昼】 593
晚【晩】 598
（曰）曹 常 ー ソウ 605
曽 常 ソウ かつて 605
（月）望 ❹ ボウ のぞむ 612
朗【朗】 612
（木）械 ❹ ー カイ 639
梧 人 ゴ あおぎり 639
梗 常 ー コウ 639
梓 人 シ あずさ 640
梢 人 ショウ こずえ 640
巣 ❹ ソウ す 640
梛 人 ダ なぎ 640
梯 人 テイ はしご 640

桶 人 トウ おけ 640
梨 ❹ リ なし 640
梶 人 ビ かじ 641
椛 人 ー もみじ 641
梁 人 リョウ はり 641
條【条】 623
梅【梅】 639
（欠）欲 ❻ ヨク ほっする 658
（殳）殻 常 カク から 670
殺【殺】 669
（毛）毬 人 キュウ まり 674
（水）淫 常 イン みだら 707
液 ❺ ー エキ 707
涯 常 ガイ はて 707
渇 常 カツ かわく 707
渓 常 ー ケイ 708
混 ❺ コン まじる 708
済 ❻ サイ すむ 709
渋 常 ジュウ しぶ 709
淑 常 ー シュク 709
淳 人 ジュン あつい 710
渚 人 ショ なぎさ 710

渉 常 ショウ わたる 710
深 ❸ シン ふかい 710
清 ❹ セイ きよい 711
淡 常 タン あわい 712
添 常 テン そえる 712
淀 人 テン よど 712
涼 常 リョウ すずしい 712
淋 人 リン さびしい 713
淨【浄】 699
淺【浅】 699
淚【涙】 706
淫【淫】* 707
（爻）爽 常 ソウ さわやか 749
（牛）牽 人 ケン ひく 755
（犬）猪 人 チョ いのしし 759
猫 常 ビョウ ねこ 760
猛 常 モウ たけし 760
猟 常 ー リョウ 760
（玄）率 ❺ ソツ ひきいる 763
（玉）球 ❸ キュウ たま 766
現 ❺ ゲン あらわれる 766
琢 人 タク みがく 768

12画

13画

部首	漢字	区分	読み	ページ
	暖	⑥	ダン あたたか	600
	暑	【暑】		597
日	會	【会】		66
木	楷	常	カイ	645
	楽	②	ガク たのしい	645
	棄	常	キ すてる	646
	業	③	ギョウ わざ	647
	楯	人	ジュン たて	647
	楚	人	ソ いばら	647
	楕	人	ダ	647
	椿	人	チン つばき	647
	楠	人	ナン くす	648
	楓	人	フウ かえで	648
	椰	人	ヤ やし	648
	楢	人	ユウ なら	648
	楊	人	ヨウ やなぎ	648
	楼	常	ロウ	648
止	歳	常	サイ とし	664
殳	毀	常	キ	670
	殿	常	デン との	671
水	溢	人	イツ あふれる	719
	滑	常	カツ すべる	719
	漢	③	カン	719
	源	⑥	ゲン みなもと	720
	溝	常	コウ みぞ	720
	滉	人	コウ	720
	準	⑤	ジュン	721
	滞	常	タイ とどこおる	721
	滝	常	たき	721
	溺	常	デキ おぼれる	721
	漠	常	バク	722
	滅	常	メツ ほろびる	722
	溶	常	ヨウ とける	722
	溜	人	リュウ たまる	723
	溪	【渓】		708
	溫	【温】		713
	溺	【溺】＊		721
火	煙	常	エン けむる	742
	煌	人	コウ かがやく	742
	照	④	ショウ てる	742
	煎	常	セン いる	743
	煤	人	バイ すす	743
	煩	常	ハン わずらう	743
	煉	人	レン ねる	744
	煮	【煮】		737
	煎	【煎】＊		743
父	爺	外	ヤ じい	749
片	牒	人	チョウ ふだ	751
犬	献	常	ケン	760
	猿	常	エン さる	761
	獅	人	シ しし	761
玉	瑚	人	コ	769
	瑞	人	ズイ みず	769
	瑶	人	ヨウ たま	769
瓦	瓶	【瓶】		770
田	當	【当】		348
疒	痴	常	チ	790
皿	盟	⑥	メイ ちかう	801
目	睡	常	スイ ねむる	811
	督	常	トク	812
	睦	常	ボク むつむ	812
石	碍	外	ゲ	821
	碁	常	ゴ	821
	碓	人	タイ うす	821
	碗	人	ワン	821
	碎	【砕】		818
	碑	【碑】		822
示	禁	⑤	キン	829
	禍	常	カ わざわい	829
	禅	常	ゼン	830
	禎	人	テイ	830
	福	③	フク	830
	祿	【禄】		829
内	禽	人	キン とり	831
禾	稚	常	チ	837
	稔	人	ネン みのる	837
	稟	人	ヒン	837
	稜	人	リョウ	837
穴	窟	常	クツ	844
罒	罪	⑤	ザイ つみ	848
	署	⑥	ショ	848
	置	④	チ おく	849
竹	節	④	セツ ふし	856
糸	継	常	ケイ つぐ	882
	絹	⑥	ケン きぬ	882
	続	④	ゾク つづく	882
	經	【経】		873
羊	義	⑤	ギ	897
	群	④	グン むれる	899
	羨	常	セン うらやむ	899
耳	聖	⑥	セイ ひじり	906
聿	肅	【粛】		398
肉	腫	常	シュ はれる	921
	腎	常	ジン	921
	腺	常	セン	921
	腸	⑥	チョウ はらわた	921
	腹	⑥	フク はら	921
	腰	常	ヨウ こし	922
	腦	【脳】		919
臼	與	【与】		21
舟	艇	常	テイ	934
虍	虞	常	グ おそれ	938
	虜	常	リョ とりこ	938
	號	【号】		207
虫	蛾	外	ガ	941
	蜂	常	ホウ はち	941
衣	裟	人	サ	953
	裏	⑥	リ うら	954
	褐	常	カツ	955
	裾	常	キョ すそ	955
	裸	常	ラ はだか	956
	裝	【装】		952
角	解	⑤	カイ とく	968
	触	常	ショク ふれる	969
言	該	常	ガイ	979
	詰	常	キツ つめる	979
	詣	常	ケイ もうでる	979
	誇	常	コ ほこる	979
	詩	③	シ	980
	試	④	シ こころみる	980
	詢	人	ジュン	981
	詳	常	ショウ くわしい	981
	誠	⑥	セイ まこと	981
	詮	常	セン	981
	詫	人	タ わびる	981
	誉	常	ヨ ほまれ	981
	話	②	ワ はなす	982
	詮	【詮】＊		981
豆	豊	⑤	ホウ ゆたか	998
貝	資	⑤	シ	1006
	賊	常	ゾク	1006
	賃	⑥	チン	1007
	賂	常	ロ	1007
	賄	常	ワイ まかなう	1007
足	跨	人	コ またぐ	1016
	跡	常	セキ あと	1017
	践	常	セン	1017
	跳	常	チョウ はねる	1017
	路	③	ロ じ	1017
車	較	常	カク くらべる	1026
	載	常	サイ のせる	1026
辛	辞	④	ジ やめる	1029
辰	農	③	ノウ	1030
酉	酬	常	シュウ	1034
	酪	常	ラク	1034
舛	舜	人	シュン	1042
金	鉛	常	エン なまり	1047
	鉱	⑤	コウ	1047
	鉄	③	テツ	1047
	鉢	常	ハチ	1048
	鈴	常	レイ すず	1049
隹	雅	常	ガ みやびやか	1070
雨	電	②	デン	1076
	雷	常	ライ かみなり	1077
	零	常	レイ	1077
青	靖	人	セイ やすい	1081
革	靴	常	カ くつ	1086
頁	頑	常	ガン かたくな	1090
	頌	人	ショウ	1090
	頓	常	トン	1091
	頒	常	ハン	1091
	預	⑥	ヨ あずける	1091
食	飼	⑤	シ かう	1103
	飾	常	ショク かざる	1104
	飽	常	ホウ あきる	1104
馬	馴	人	シュン なれる	1109
	馳	人	チ はせる	1109
鳥	鳩	人	キュウ はと	1121
鼎	鼎	人	テイ かなえ	1127
鼓	鼓	常	コ つづみ	1127
鼠	鼠	外	ソ ねずみ	1128

14画

部首	漢字	区分	読み	ページ
人	像	⑤	ゾウ	107
	僕	常	ボク	108

19画

20画

21画

学年別漢字さくいん

・学習漢字1026字を学年別にまとめてしめしました。
・各学年の見出しから、音読み（音のないものは訓読み）の五十音順にならべてあります。

1年　80字

2年　160字

3年　200字

4年　202字

5年

193字

6年

191字

（学習(がくしゅう)指導要領(しどうようりょう)の掲載順(けいさいじゅん)と同(おな)じ順(じゅん)です）

さくいん〈故事のはなし〉

・五十音順にならんでいます。

さくいん〈文字物語〉

・画数順（おなじ画数は五十音順）にならんでいます。

さくいん〈同音・同訓異字の使い分け〉

・五十音順にならんでいます。

さくいん〈ものしり巻物・漢字パズル〉

・掲載順にならんでいます。

ものしり巻物

漢字パズル

1画 一の部 [いち]

「一」をもとにして作られた字と、「一」の形がめやすとなっている字を集めてあります。

この部首の字

0 一…1
1 七…10 丁…11
2 下…12 三…14 上…16 丈…20 万…20 与…21
3 丑…22 不…22
4 且…27 丘…28 世…28 丙…29
5 丞…29 両…29
7 並…30

二▸二 47 十▸十 178 干▸干 375 才▸扌 525
五▸二 49 互▸二 50 天▸大 290 戸▸戸 520
右▸口 204 左▸工 364 平▸干 376 正▸止 660
瓦▸瓦 770 亘▸二 51 再▸冂 129 有▸月 609
死▸歹 665 百▸白 796 而▸而 904 至▸至 929
西▸西 958 亜▸二 51 更▸日 604 豆▸豆 998
酉▸酉 1032 画▸田 779 雨▸雨 1074 面▸面 1084
頁▸頁 1088 爾▸爻 749

【一】

一-0 総画1 1年 明朝 一 4E00

音 イチ・イツ 訓 ひと・ひと-つ

筆順 一 ひだりからみぎへ

なりたち 一 [指事] 横にひいた一本の線で数の「いち」を表している字。

意味

❶かぞえられるもののひとつ。数のいち。例 一つちがい。一口・一個

❷さいしょ。ひとつめ。はじめ。順序の最初。例 一から十まで。一年生。一番

❸いちばんすぐれている。最高。最上。例 日本一(にほんいち・にっぽんいち)。一流

❹それひとつだけ。ほかはなくてそればかり。ひたすら。例 一念・一心

❺それひとつで全部。ひとまとまりにする。例 心を一にする。一様・統一

❻数ある中のひとつ。あるひとつの。ちょっとした。例 一市民。一工夫。一案

❼その一度だけで。すっかり。例 一掃

❽わずか。ほんのすこし。例 一見・一睡

❾…たり…たり。「一…一…」の形で対義語をかさね、「…あるいは…」の意味を表す。例 一利一害。一進一退。一長一短。

特別なよみ 一日(ついたち)・一人(ひとり)

名前のよみ おさむ・かず・かつ・くに・すすむ・ただ・のぶ・はじめ・ひで・ひとし・まこと・もと

❶〈かぞえられるもののひとつ〉の意味で

【一応】いちおう ⇩ 十分でなくても、まあいいだろうといえるほど。ひとまず。ひととおり。例 一応の手当てをする。一応、話は聞いた。類 大略 表記「一往」とも書く。

【一行】いちぎょう ⇩ 文字や数字を書いたときの一つのならび。☞「いっこう」は❺

【一撃】いちげき ⇩〈－する〉強い力で一度だけうつこと。ひとうち。例 一撃をくわえる。

【一期一会】いちごいちえ 一生のうち、この一度だけという気持ちで、人との出会いをたいせつにしなさいという教え。知識 千利休の弟子が書いた『山上宗二記』のことばにもとづく茶道の教え。

【一汁一菜】いちじゅういっさい 汁とおかずが一品ずつの質素な食事。

【一巡】いちじゅん ⇩〈－する〉ぐるりとまわって、もとのところにもどってくること。ひとまわり。例 コースを一巡する。類 一周

【一存】いちぞん ⇩ 自分ひとりだけの考え。例 わたくしの一存では決められません。

【一代】いちだい ⇩ ①一人の人が生まれてから死ぬまで。例 一代記。類 一生 ②一人の人が、その地位についているあいだ。例 先代の社長は一代で会社の基礎をきずいた。☞❷❻

【一段】いちだん ⇩ ①段々になっているものや、地位・技能などの段階の一つ一つ。②文章などのひとくぎり。類 一段落 ③〈－と〉前のようやほかとくらべて、目立ってちがうようす。例 一段とじょうずになった。類 一層・一際

【一段落】いちだんらく ①文章の中のひとくぎり。類 一段 ②〈－する〉やっている仕事などの中で、ひとまとまりのことが終わること。例 一段落ついたところでお茶にする。参考 ②は、「ひとだんらく」ともいう。

【一日】いちにち・いちじつ ⇩ ①午前零時からの二十四時

間。例まる一日。②日の出から日の入りまでのあいだ。朝起きてから夜ねるまでのあいだ。☞❷❻❽

【一日千秋】いちにちせんしゅう・いちじつせんしゅう 一日がまるで千年のようにも感じられるほど、時間のたつのがおそいと思うこと。待ちどおしく思う気持ちや、会えない人をこいしく思う気持ちを表す。例一日千秋の思い。

【一人前】いちにんまえ ①一人分の分量。例一人前ずつ取り分ける。②大人であること。例一人前の口をきく。③技術などが十分な段階であること。例あの職人も一人前になった。

【一番】いちばん ↓すもうや碁・将棋などの一回の勝負。表現「よし、一番がんばってみるか」「だめかもしれないが、ここは一番たのんでみよう」などと、「思い切って」とか「ためしに」とかの気持ちを表すのにも使う。☞❷❸

【一部】いちぶ ↓本や新聞などの一つ一つ。☞❻

【一命】いちめい ↓一人の人の命。例一命をとりとめる。一命にかかわる。

【一目】いちもく ↓碁で、碁盤の目の一つ。例一目置く(碁で強い相手と勝負するときに、先に石を一つ置かせてもらうこと。相手の実力をみとめて下手に出ること)。☞「ひとめ」は❽

【一里塚】いちりづか 江戸時代、街道の道のりをしめすために一里(約四キロ)ごとに道ばたに立てた目印。土をもり、木を植えた。表現「ここが最初の一里塚だ」などと、大きな目標に到達する途中の一段階の意味にも使う。

【一両日】いちりょうじつ 一日か二日。その日か、その次の日。例一両日中にご用意します。

【一輪】いちりん ↓①車の輪一つ。例一輪車。②一つの花。例一輪ざし。

【一連】いちれん ↓①詩の中の、ひとまとまり。類一節 ②糸やひもなどでつないだ、ひとつながりのもの。例数珠一連。

【一を聞いて十を知る】いちをきいてじゅうをしる 一部分を聞いただけで全体がわかるほど、理解が早い。☞❺

[故事のはなし]☞ひだりのページ

【一角】いっかく ↓①図形で、一つの角やかど。②中心からはなれたすみのところ。例町の一角。類片隅 ③一本の角。例一角獣。☞❽

【一画】いっかく ↓①漢字を組み立てているひとつづきの線。例一点一画をていねいに書く。②土地などのひとくぎり。例公園の一画に花だんをつくる。

【一巻】いっかん ↓①巻物やフィルムなど、巻いてあるものの一つ。②本の一冊。むかしは本が巻物であったことによる。表現「足をすべらせたら一巻の終わりだ」は、ものごとが完全に終わりになる(死ぬ)という意味。☞❷

【一騎当千】いっきとうせん 一人の騎馬武者で千人の敵を相手にしてたたかえるほど、強くすぐれていること。例一騎当千のつわもの。

【一級】いっきゅう ↓一学年。例兄は一級上だ。☞❸

【一挙】いっきょ ↓一つの動作。例一挙一動。☞❼

【一挙両得】いっきょりょうとく 一つのことをして、二つの得をすること。参考『晋書』の束皙のことばから。類一石二鳥

【一件】いっけん ↓一つの事件。ひとつながりのできごと。例一件落着。☞❻

【一昨】いっさく ↓時を表すことばの前について「前の」という意味を表す。例一昨日・一昨年・一昨夜・一昨晩 表現「前の前の」は、「一昨昨日」「一昨昨年」のようにいう。

【一昨日】いっさくじつ|おととい 前の前の日。昨日の前の日。関連一昨昨日・一昨日

【一昨年】いっさくねん|おととし 前の前の年。去年の前の年。関連一昨昨年・一昨年

【一札】いっさつ ↓証拠になる書類や文書。例一札入れる(約束ごとを書いて相手にわたす)。

【一糸】いっし ↓一本の糸。ごくわずかなことのたとえ。例一糸乱れず(ひとすじの糸のように乱れもなくそろって)行進する。

【一種】いっしゅ ↓一つの種類。ひといろ。☞❻

【一周】いっしゅう ↓〈ーする〉ぐるりとひとまわりしてもとにもどること。例世界一周。類一巡

【一色】いっしょく ↓①一つの色。例白一色の雪景色。②全体がおなじようすになっていること。例町はお祭りムード一色だ。

【一世】いっせ ↓仏教でいう三世(前世・現世・来世)の一つ。とくに、現世をいう。☞❷❺❻

【一席】いっせき ↓ 宴会や落語・演説などの一回。例 一席うかがう。表現「一席もうける」は、客をよんで宴会をもよおすこと。☞❸

【一石二鳥】いっせきにちょう 一つのことをして、二つのものを手に入れること。類 一挙両得 参考 もとは、一つの石を投げて、一度に二羽の鳥をうちおとすという意味のことば。

【一節】↓ ㊀いっせつ 文章や音楽などの、ひとくぎり。類 一連 ㊁ひとふし 竹のようなふしのある植物のくきの、ふしからふしまで一つ分。

【一線】いっせん ↓ ①一本のまっすぐな線。例 横一線にならぶ。②はっきりした区切り。例 一線を画する。☞❸

【一層】いっそう ↓ ①つみかさなった層のうちの一つ。②ものごとの程度が、前よりはげしくなったり目立ったりするようす。ますます。ひときわ。例 暑さがいっそうきびしくなった。

【一足】↓ ㊀いっそく くつやくつ下などのひとそろい。一組。表現「一足飛び」は、きまった順序を一つ一つふまないで、遠くや高い位置にいっぺんに進むこと。㊁ひとあし 前へ出した足とうしろの足とのあいだの長さ。そのくらいのわずかな距離や時間。例 あと一足だ。

【一体】いったい ↓ 仏像などの一つ。☞❺

【一°旦】いったん ↓ とりあえず一度。例 とにかく、いったん返してください。☞❼

【一対】いっつい ↓ 二つで一組みになるもの。ペア。

【一手】いって｜ひとて ↓ 碁で一回石をおくこと。将棋で一度こまを動かすこと。☞❹

【一等】いっとう ↓ 等級の一つの段階。☞❸

【一°杯】いっぱい ↓ 一つのさかずきやコップなどに入れる分量。☞❺❽

【一°匹◆狼】いっぴきおおかみ 集団の力にたよらず、自分の力だけで行動する人。知識 オオカミはふつう、むれで行動する。

【一筆】いっぴつ｜ひとふで ↓ とちゅうですみをつけなおしたり、とぎらせたりしないで、一気につづけて書くこと。例 一筆書き。☞❽

【一服】いっぷく ↓ ①こな薬の一回分の量。②〈─する〉お茶やたばこを一回のむこと。また、そのようなことをして、ひと休みすること。例 このへんで一服しよう。表現「一服盛る」の「一服」は毒薬を意味することが多い。

【一°幅】いっぷく ↓ 絵や書を一つのかけじくにしたもの。例 一幅の絵。

【一片】いっぺん ↓ 小さなひときれや、うすく小さい一枚。ひとひら。☞❽

【一歩】いっぽ ↓ 歩いたひとあし分。わずかな程度。例 一歩をふみ出す。表現「一歩もゆずらない」「一歩先んじる」などは、わずかな差が大切なちがいである場合に使う。

【一本】いっぽん ↓ 柔道や剣道で、技が決まること。表現 相手にうまく言い負かされたときも、勝負にたとえて「一本取られた」のように言う。☞❹

【一口】ひとくち ↓ ①一度に口に入れること。例 一口ようかん。②寄付などに参加するときの単位。例 寄付は一口五百円から。☞❽

【一▲入】ひとしお ↓ 一段と。例 がんばったから喜びもひとしおだ。知識「ひとしお」は染め物を色の液体に一回つけること。一回つけると一段と色が濃くなるように、一段と進むこと。

【一筋】ひとすじ ↓ 細く長いものが一本のすじになってつづいているようす。例 一筋の川。☞❹

【一筋縄】ひとすじなわ 一本のなわ。例 一筋縄ではいかない（ふつうのやり方ではだめだ）。

【一°粒種】ひとつぶだね 一人しかいないたいせつな子ども。例 この子はわが家の一粒種だ。

【一昔】ひとむかし ↓ すぎさったある時期。ふつうは十年くらい前をいう。例 一昔前には小川にまだメダカがいた。十年一昔。

【一山】ひとやま ↓ ①一つの山。例 一山こえる。②ものを山のようにつみあげた、ひとかたまり。例 一山三百円のナス。③おおもうけのもと。

故事のはなし

一を聞いて十を知る

孔子が、弟子の子貢に「おまえと顔回とでは、どちらがすぐれているのか」とたずねたところ、子貢は、「私はどうして顔回をのぞめましょう。顔回は一を聞いて十をさとりますが、私などは一を聞いて二がわかるだけです」と答えた。（『論語』）

例 一山あてる。 参考 ③は、金や銀などの鉱脈を指すことば。運よく見つけると、大金持ちになれることから。

❷〈さいしょ〉の意味で

【一位】いちい ↓ ①順位をかぞえる最初。例 徒競走で一位になる。類 一番・一等 ②(算数で)一けための数。例 小数点第一位。

【一次】いちじ ↓ 何回かに分けておこなわれるものごとの、はじめの回。例 一次試験。

【一時】いちじ ↓ 時刻としての一時。午前一時か午後一時のこと。☞❺❻❽

【一代】いちだい ↓ その系統の最初の人。例 一代将軍家康。表現 いっそうはっきりいえば「第一代」「一代目」。類 初代 ☞❶❻

【一人称】いちにんしょう 「わたくし」「わたし」「ぼく」など、話し手自身を指すことば。関連 一人称・二人称(あなた・きみ)・三人称(かれ・それ)

【一番】いちばん ↓ 順番をかぞえる最初。例 一番でゴールインする。☞❶❸

【一番星】いちばんぼし 日が暮れて、最初に見えた星。

【一面】いちめん ↓ 「第一面」の略。新聞の最初のページ。例 一面トップをかざる記事。☞❺❻

【一巻】いっかん ↓ 何冊か組み合わさっている本の最初の冊。第一巻。例 一巻から読む。☞❶

【一世】いっせい ↓ ①おなじ名前の皇帝や国王などのうち、最初の人。例 エリザベス一世。②外国に移住してその国の人となった家族の、最初の代の人。例 日系一世。☞❶❺❻

【一報】いっぽう ↓ 「第一報」の略。ものごとが起こって、最初にとどけられる知らせ。☞❽

【一日】ついたち・いちじつ ↓ その月の最初の日。参考「いちじつ」はやや古い言い方。☞❶❻❽

❸〈いちばんすぐれている〉の意味で

【一大事】いちだいじ たいへんなできごと。例 天下の一大事。表現「たいへんだ」という気持ちを表すときに使うことが多い。

【一番】いちばん ↓ ①同種のものやなかまの中でもっともすぐれていること。もっともよいこと。例 寒い日は、あたたかい食べ物が一番だ。②ほかのどれよりも。もっとも。例 これがいちばんおもしろい。参考 アクセントは、①では「イチバン」。②では「イチバン」。☞❶❷

【一富士二鷹三茄子】いちふじにたかさんなすび 正月、初夢に見るとよいことがあるといわれる、三つのものを順にならべたことば。

【一流】いちりゅう ↓ その方面では、いちばんすぐれているなかまに入れてよいと世間でみとめていること。例 一流選手。関連 一流・二流・三流 ☞❻

【一家】いっか ↓ ある専門の方面で、すぐれているとみとめられること。例 一家をなす。☞❺

【一家言】いっかげん その人らしい、すぐれた考え方や意見。例 一家言をもつ。

【一級】いっきゅう ↓ 等級の一番上。例 一級の腕前。一級品。☞❶

【一席】いっせき ↓ コンクールなどでの一等。例 一席にえらばれる。類 首席・一位 ☞❶

【一線】いっせん ↓ 「第一線」の略。仕事などで、先頭になる重要な立場。例 一線をになう。☞❶

【一等】いっとう ↓ 等級の一番上。例 一等をとる。一等賞。一等星。☞❶

❹〈それひとつだけ〉の意味で

【一念】いちねん ↓ 一つのことを深く思いつめること。例 勝ちたいという一念で、がんばる。

【一念発起】いちねんほっき〈─する〉あることをなしとげようと、かたい決心をすること。参考 仏をかたく信仰することを決心することからきたことば。

【一枚看板】いちまいかんばん ①そのグループのいちばんの中心人物。例 一枚看板として活躍する。②じまんできるただ一つのもの。例 安いというのが、この店の一枚看板だ。

【一目散】いちもくさん〈─に〉よそ見もせず、全速力で走るようす。例 一目散ににげる。類 一散

【一律】いちりつ ↓〈─な〉①調子に変化がないようす。例 千編一律。②どれもおなじようにあつかうこと。例 一律二〇パーセントの値引き。

【一路】いちろ ↓ 行こうとする道をまっすぐに進むようす。例 一路邁進。

【一貫】いっかん ↓〈─する〉はじめから終わりまで、おなじ考えややり方をまもり通すこと。例 一貫して賛成してきた。終始一貫。

【一向】いっこう ↓〈─に〉少しも。「…ない」と強く打ち消すことば。例 一向に気にしない。

【一刻】いっこく ⇩〈―な〉がんこで、自分の考えをかえようとしないようす。例一刻者。類一徹 表記「一国」とも書く。☞8

【一散】いっさん ⇩〈―に〉よそ見もしないで、むちゅうで走るようす。例一散に家にかけもどる。類一目散 表記「逸散」とも書く。

【一心】いっしん ▲〈―に〉そのことばかりを思うこと。例じょうずになりたい一心で、ひたすら練習した。類無心・熱心

【一心不乱】いっしんふらん〈―な・―に〉一つのことに気持ちを集中させて、ほかのことはまったく気にしないようす。例一心不乱に練習をする。

【一張羅】いっちょうら ただ一枚しかないたいせつなよそ行きの服。例一張羅のスーツ。知識「羅」は夏の着物にするうすい織物。

【一直線】いっちょくせん まっすぐに進むさま。例打球は一直線にスタンドに入った。

【一手】いって ⇩ 一 ほかの人に手出しをさせないで、自分ひとりでなにかをすること。例仕事を一手に引き受ける。二 ただ一つのわざや、やり方。例おしの一手。☞1

【一定】いってい ⇩ ①一つに決まっていること。例一定の用紙がある。②〈―する〉ある状態のままで、かえないこと。また、かわらないこと。例へやの温度を一定にたもつ。☞6

【一徹】いってつ ⇩〈―な・―に〉自分の考えをおし通そうとするようす。例老いの一徹。類一刻

【一途】いっと ⇩ 一 ただ一つの道。例没落の一途をたどる。二 いちず〈―な・―に〉ほかのものに心を動かさず、ただ一つのものを追いもとめるようす。類一筋 ひたすら。例いちずに思いつめる。

【一辺倒】いっぺんとう 一方だけにかたよること。例クラシック一辺倒で、ほかには興味がない。

【一本】いっぽん ⇩ しぼりこんだ一つの方面。それだけ。例歌一本で生活する。☞1

【一本気】いっぽんぎ〈―な・―に〉損も得も考えず、これと思ったことに、いっしょうけんめいになるようす。例一本気な男。類生一本

【一本調子】いっぽんちょうし｜いっぽんぢょうし〈―な・―に〉ずっとおなじ調子で、変化がないこと。例話し方が一本調子でつまらない。類単調・平板・千編一律

【一本槍】◆いっぽんやり 一つのやり方だけで、ずっとおし通すこと。例直球一本槍の勝負。

【一方】ひとかた ⇩ ひととおり。例一方ならぬおせわになった。表現あとに「ならぬ」と打ち消しのことばがつづく。☞「いっぽう」は6

【一筋】ひとすじ ⇩〈―に〉一つのことだけに心も力も集中させてわき目もふらないようす。例仕事一筋に生きる。類一途 ☞1

❺〈それひとつで全部〉の意味で

【一円】いちえん Ⅲ そのあたり全部。例関東一円に大雨がふった。類一帯 表現 地名のあとにつけて、かなり広い地域全体をいうのに使う。

【一概】いちがい ⇩〈―に〉どれもおなじように。例一概に都会がいいとは言えない。類一様 表現 それぞれの事情も考えずに、かんたんにひっくるめてものを言うことに対して、打ち消しの形で使うことが多い。

【一丸】いちがん ⇩ ひとかたまり。例クラスが一丸となる。団結の強いようすをいうことば。

【一群】いちぐん｜ひとむれ ⇩ 人や動物などのひとかたまり。類一団

【一元化】いちげんか〈―する〉ばらばらなものごとを、一つの集まりややり方にまとめあげること。例命令系統を一元化する。

【一族】いちぞく ⇩ 血のつながった親類の人びと。例一族郎党。類一門・同族

【一団】いちだん ⇩ ひとかたまりの人びと。例子どもたちの一団がやってくる。類一群

【一同】いちどう ⇩ その場にいる人、その立場にある人全員。例一同起立。有志一同。

【一堂】いちどう ⇩ おなじ建物や会場。例一堂に会する(たくさんの人が一か所に集まる)。

【一時】いちどき ⇩〈―に〉いくつものことが、いっしょになって起こるようす。☞268

【一任】いちにん ⇩〈―する〉どのようにするかを、全部まかせること。例交渉を一任する。

【一部始終】いちぶしじゅう あるものごとの、はじめから終わりまで全部のくわしいようす。例事件の一部始終を語って聞かせた。

【一枚岩】いちまいいわ まるで一枚の板のような、大きな岩。強く一つにまとまっているようすを表すのに使う。例一枚岩の団結をほこる。

【一味】いちみ ⇩ わるいことをするなかま。例強

盗一味がつかまった。類一派・徒党

【一面】いちめん ⇩あたり全体、見わたすかぎり。例一面の菜の花。☞❷❻

【一門】いちもん ⇩①おなじ家系の人びと。例一門の名誉。類一族 ②おなじ宗派で修行している人びと。③おなじ人を先生にして学問をしている人びと。例一門の師。

【一様】いちよう ⇩〈―に〉どれもおなじで、かわったところのないようす。類一概 対多様

【一連】いちれん ⇩ばらばらでなく、一つにつながっていること。例一連の事件。☞❶

◆【一蓮托生】いちれんたくしょう さいごまでいっしょに行動して、運命をともにすること。知識仏教から出たことば。死後、極楽でおなじ蓮の花の上に生まれかわる、という意味。

【一家】いっか ⇩一つの家族。ファミリー。例一家だんらん。類家族 ☞❸

【一括】いっかつ ⇩〈―する〉ひとまとめにすること。例きっぷを一括して買う。類統括・総括

◆【一揆】いっき ⇩農民や信徒が、支配者に集団で抵抗運動を起こすこと。例百姓一揆。

【一行】いっこう ⇩いっしょに行動しているひとまとまりの人びと。☞「いちぎょう」は❶

【一式】いっしき ⇩あるものごとに関係のある道具や部品などのひとそろい。例スキー用具一式を買う。

【一緒】いっしょ ⇩①ばらばらでなく、ひとまとまりであること。例全部いっしょにふくろに入れる。②〈―する〉何人かの人が、おなじ行動をすること。例お食事をご一緒したい。③区別がないこと。例動かない自動車なんてごみと一緒だ。表現「一緒になる」は、「校門の前で一緒になろう」のように「落ち合う」ことや、「好きな者どうし一緒になった」のように「結婚する」ことを表すことがある。

【一生】いっしょう ⇩①生まれてから死ぬまでのあいだ。例文学に一生をささげる。類終生・生涯・一代・一世・一生涯 ②これから死ぬまでずっと。③生きているあいだで、その一度だけ。例一生のおねがい。

【一生涯】いっしょうがい 人が生まれてから死ぬまでのあいだ。類終生・一生・生涯

【一生懸命】いっしょうけんめい もっている力を全部使って、本気でとりくむこと。類真剣・必死・懸命 知識もとは「一所懸命」といい、武士が殿様からもらった一か所の領地を、命を懸けてまもったところから出たことば。

【一身】いっしん ⇩①自分自身の全部。例一身をささげるような仕事ぶり。②自分だけ。例責任を一身にせおう。

【一身上】いっしんじょう その人ひとりの身の上。例一身上のつごうで、休学する。

【一心同体】いっしんどうたい 二人以上の人が、まるで一人の人間のように、一つにまとまること。例まるで一心同体のような息の合った動き。

【一世】いっせ ⇩ひとりの人の生きているあいだ。例一世一代。類一生・生涯 ☞❶❷❻

【一斉】いっせい Ⅲ〈―に〉たくさんの人やものが、同時になにかをしたり、おなじようになったりするようす。例みんなが一斉にわらった。

【一世一代】いっせいちだい その人の一生で、ただ一度だけのこと。例一世一代の大仕事。参考もとは役者が、自分の得意とする大役を、これが最後で二度と演じないというときに用いた。

【一体】いったい ⇩①いくつかのものが一つにまとまっていること。例クラスが一体となって歌う。②〈―に〉全体として。おしなべて。例今年のできは一体によくない。③いかりやうたがいの気持ちを強く表すことば。例いったい、どういうことだ。☞❶

【一帯】いったい ⇩そのあたりの土地のほとんど全体。例半島一帯に大雨がふった。類一円

【一体全体】いったいぜんたい 「いったい」を強めた言い方。ふしぎに思ったり、うたがったりする気持ちを表す。例一体全体どういうことだ。

【一致】いっち ⇩〈―する〉二つ以上のものが、ぴったりおなじようになること。例言行一致（口で言っていることと、じっさいにやっていることが、くいちがっていないこと）。類合致

【一昼夜】いっちゅうや まる一日。

【一杯】いっぱい ⇩①あふれるほどにたっぷりあるようす。例反省点はいっぱいある。②それ以上にはならないようす。また、できないようす。例精いっぱい努力する。☞❶❽

【一般°】↓ 全体に広く当てはまって、ふつうであること。［例］一般家庭。［対］特殊

❻〈数ある中のひとつ〉の意味で

【一案】↓ いくつかある中の、それなりのねうちのある考え。［例］それも一案だな。

【一因】↓ ものごとの起きた原因のうちの一つ。

【一員】↓ グループや団体の中の一人。

【一芸】↓ なにか一つの技術や芸能。［例］一芸に秀でる。

【一時】↓ 今より前の、あるとき。［例］一時はどうなることかと思った。☞❷❺❽

【一代】↓ ある時代。［例］一代の名優となる。☞❶❷

【一日】↓ ある日。☞❶❷❽

【一部】↓ 全体の中の、ある部分。［例］一部の地域。［対］全体・全部 ☞❶

【一部分】↓ 全体を分けたときのある部分。［例］一部分を拡大する。［関連］大部分・一部分

【一脈】↓ どこかでつながっているもの。［表現］「一脈通じるものがある」とは、どこかに共通点が感じられて、まったくべつのものとは思えないことをいう。

【一面】↓ ものごとの、ある方向から見たときのようす。［例］意外な一面を発見する。［類］半面 ☞❷❺

【一翼°】↓ 全体の仕事の中の、ある一つの役割。［例］一翼をになう。［類］片腕 ［参考］もともとは、二つの翼の片方という意味のことば。

【一理】↓ いちおうなるほどと思えるような道理や理由。［例］かれの言い分にも一理あるだろう。

【一流】↓ ①芸道などで、考え方ややり方によって分かれている一つのなかま。［類］一派 ②やり方などがその人だけのものであること。［例］かれ一流のユーモア。［類］独特 ☞❸

【一環°】↓ ひとつながりのもののうちの、一つの部分。［例］給食は食育の一環となっている。［参考］もとは、くさり（チェーン）などの輪の一つの意味。

【一興】↓ ちょっとした、おもしろいこと。［例］たまには俳句を作るのも、一興だ。

【一計】↓ なんとかなりそうな、うまいやり方。［例］一計を案じる。一計をめぐらす。

【一件】↓ おたがい気になっている、あのこと。［例］例の一件をもち出す。［表現］ほのめかした言い方だけでも相手にすぐ通じるようなことがらについて使う。☞❶

【一策】↓ うまくやるために考え出した、一つの方法。［例］一策を案じる。

【一首】↓ 和歌や漢詩の一作品。［例］一首詠む。百人一首。

【一種】↓ ①おなじなかまで、種類がいろいろある中の一つ。また、考え方によっては、そのなかまに入れてもよいもの。［例］身ぶりもことばの一種だ。②ほかとちがって。［例］この花には一種独特の気品がある。☞❶

【一世】↓ ある一つの時代。とくに、ひとりの君主や王がその国をおさめている期間。［例］一世を風靡する（たいへんないきおいで人びとにもてはやされる）。☞❶❷❺

【一説】↓ 一つの考え方や意見。また、それまでの考え方や意見とはちがった説。

【一端°】↓ ①一方のはし。②全体の中のある部分。［例］責任の一端はわたくしにある。

【一定】↓ ある程度の。それなりの。［例］一定の評価をあたえる。☞❹

【一派】↓ ①学問や宗教などの、一つの考え方ややり方でまとまった流派。［類］一流 ②ある大きな集団の中にできた、おなじ考えをもつなかま。［類］一味 ［表現］ちがう立場の人たちが、あまりよくない意味で使う場合が多い。

【一風】↓ どこがとは言えないが、全体から受ける感じとして。［例］一風かわった人。［表現］ほとんど「一風かわった」の形で使う。

【一方】↓ ①ある一つの方向。②二つあるもののうちの一つ。［類］片方 ［対］他方・双方・両方 ③ものごとが、ある方向にばかり進むこと。［例］緑はへる一方だ。④べつの面でいえば。［例］仕事はつらいが、一方、おもしろいこともある。［類］他方・他面 ☞「ひとかた」は❹

【一方通行】↓ 道路交通の規則で、一方向の車だけ、道を通らせること。［表現］知らせや考え方などが、一つの方向からつたわるばか

りで、反対方向からはったわらないような場合についても使う。

【一方的】いっぽうてき〈—な —に〉①なりゆきが、ある方向にばかりかたよっているようす。例一方的な試合になった。②片方のつごうばかりが強いようす。例話し合いを一方的に打ち切る。

【一廉】◆。ひとかど ↓ ひときわ目につくようなよいところがあること。例ひとかどの人物。

【一際】ひときわ ↓ とくに目につくこと。一段と。例雨のあとの木々の緑はひときわ美しい。

【一癖】。ひとくせ ↓ ふつうの人とはちがった、どことなく気になる感じ。例一癖ある男。

【一工夫】ひとくふう〈—する〉ちょっとした考えや思いつきをくわえること。例もう一工夫ほしい。

【一苦労】ひとくろう〈—する〉けっこうたいへんだと感じるような、ひとくぎりの仕事。

【一頃】。ひところ ↓ 今より少し前の、ある時期。例ひところ、苦しいときもあった。表現あまり遠いむかしのことではない、人がまだおぼえている程度のそんなに長くない期間を指す。

【一役】ひとやく ↓ 一つの役目。例一役買う(進んである役目を引き受ける)。

❼〈その一度だけで〉の意味で

【一度】いちど ↓ いっぺん。ひとたび。一回。例一度ならず二度までも。もう一度。

【一望】いちぼう ↓〈—する〉遠く広く、ひと目で見わたすこと。例町を一望におさめる。

【一望千里】いちぼうせんり とても広々としていて見晴らしがいいこと。例一望千里の景色。参考ひと目で、千里もある遠いところまで見わたすことができる、というのがもともとの意味。

【一網打尽】。いちもうだじん 悪者を一度にみんなつかまえてしまうこと。参考もとは、網を一度水に投げこむだけで、そこの魚をとりつくす、という意味。『宋史』にあることば。

【一目瞭然】いちもくりょうぜん〈—たる —と〉ひと目見ただけで、全体のようすがはっきりとわかること。

【一躍】。いちやく ↓〈—する〉一つのことをきっかけにしていっぺんに出世したり有名になったりするようす。例一曲で一躍人気歌手になる。

【一覧】いちらん 全体がひと目でわかるようにつくってあるもの。例一覧表。☞❽

【一攫千金】。いっかくせんきん 一度に、たやすく大金を手に入れること。例一攫千金を夢見る。

【一喝】いっかつ ↓〈—する〉びくっとするような大きな声で、するどくしかりつけること。

【一気】いっき ↓〈—に〉短い時間で、ひと息にやり終えるようす。例作文を一気に書き上げる。

【一気呵成】◆いっきかせい いきおいをつけて、ひと息にやってしまうこと。

【一挙】いっきょ ↓〈—に〉ものごとを、いっぺんにまとめておこなうようす。例宿題を一挙にしあげる。☞❶

【一切】いっさい ⊠①なにからなにまで全部。例知っている一切を話す。②まったく。例わるいことは一切やっていない。類全然 表現②は、あとに打ち消しのことばをつけて使う。

【一切合切】いっさいがっさい のこすことなく全部。参考「一切」を強め、調子をとるために、「合切」をくわえたもの。表記「一切合財」とも書く。

【一蹴】。いっしゅう ↓〈—する〉①そっけなくはねつけること。②相手をかんたんに負かすこと。例となり町のチームを一蹴した。

【一新】いっしん ↓〈—する〉すっかり新しくすること。新しくなること。例面目一新。類刷新

【一掃】。いっそう ↓〈—する〉一度できれいさっぱりとはらいのけること。例不安を一掃する。

【一旦】。いったん ↓ その一度だけですべてが決まってしまう一度。例いったん読みはじめるととまらない。☞❶

【一転】いってん ↓〈—する〉がらりとかわること。例心機一転(あることをきっかけに、気持ちをかえてすっかり新しくすること)。類一変

【一刀両断】いっとうりょうだん ①刀のひとふりで、真っ二つにすること。例敵を一刀両断、あっというまにしとめた。②急所をとらえ、一度にすべてを解決してしまうこと。例一刀両断、みごとなさばきであった。参考『朱子語類』に出てくることば。

【一変】いっぺん ↓〈—する〉とつぜん、まるでちがうものにかわること。例空港ができて、町のようすが一変した。類一転

【一息】ひといき ↓〈—に〉とちゅうに休みを入れずに、いきおいよくするようす。例買ってきた

本を一息に読み終えた。☞❽

❽〈わずか〉の意味で

【一言】いちげん・いちごん・ひとこと ↓ 短いちょっとしたことばや話。例 一言もない（相手の言うとおりで、なにも言えない）。一言多い（言わなくてもいいことを言う）。類 一口

【一言居士】いちげんこじ なにかあると、一言ものを言わなければ気がすまない人。

【一言半句】いちごんはんく ほんのちょっとしたことばの一つ一つ。例 一言半句も聞きもらさない。

【一時】いちじ・いちどき・いっとき ↓ わずかの間。その時だけ。例 一時の気休め。類 片時 ☞❷❺❻

【一日】いちじつ・いちにち ↓ 短い期間。例 一日の長がある（ほんの少しまさっている）。ローマは一日にして成らず。☞❶❷❻

【一読】いちどく ↓〈―する〉さらっとひととおり読んでみること。例 この本は一読の価値がある。

【一木一草】いちぼくいっそう 一本の木、一本の草。例 一木一草、すべてに命がある。

【一抹】いちまつ ↓ わずか。例 一抹の不安がよぎる。参考「抹」は絵筆でちょっとなでること。

【一面識】いちめんしき 一度くらい会ったことがあって、その人の顔くらいは知っているというあいだがら。例 一面識もない。

【一文】いちもん ↓ ❶ ごくわずかなお金。例 びた一文出さない。無一文。参考「文」はむかしのお金の単位で、ふだんの生活で使う小銭だった。❷ いちぶん 一つの文。ちょっとした文章。例 一文を寄せる。

【一覧】いちらん ↓〈―する〉こまかいところにこだわらず、ざっと見ること。例 ご一覧ください。☞❼

【一利】いちり ↓ 少しのよいところや利益。例 百害あって一利なし（わるいことはたくさんあるが、いいことは一つもない）。

【一礼】いちれい ↓〈―する〉一度、ちょっとおじぎをすること。例 一礼してへやを出る。

【一過】いっか ↓〈―する〉さっと通りすぎること。例 台風一過、すき通る青空だ。

【一介】いっかい ↓ とくべつでない、ふつうのもの。例 一介のサラリーマン。

【一角】いっかく ↓ ほんの一部分。例 その問題は氷山の一角にすぎない。☞❶

【一挙一動】いっきょいちどう 動作の一つ一つ。例 一挙一動に気を配る。類 一挙手一投足

【一挙手一投足】いっきょしゅいっとうそく ①一つ一つの手足の動き。類 一挙一動 ②ほんのわずかの努力や労力。例 一挙手一投足をおしむ。

【一見】いっけん ↓ ①〈―する〉ちょっと見てみること。例 百聞は一見にしかず（百回聞くより一度でも見たほうがわかる）。②ちょっと見たところでは。例 一見、学生ふうの男の人。

【一考】いっこう ↓〈―する〉そのことについて少し考えてみること。例 一考を要する。

【一刻】いっこく ↓ ほんの短い時間。例 一刻をあらそう事態。参考「刻」はむかしの時間の単位で、今の約二時間。☞❹

【一刻千金】いっこくせんきん このひとときは、たいへんなねうちがある。早くすぎさる時をおしむ気持ちをあらわす。参考 中国の宋の時代の詩の「春宵一刻値千金（春の夜は、値をつければ一刻が千金だ）」という句から出たことば。

【一瞬】いっしゅん ↓ 一度まばたき（瞬）をするくらいのほんのわずかな時間。例 一瞬のできごと。類 瞬間・瞬時

【一笑】いっしょう ↓〈―する〉にっこりすること。例 一笑に付す（わらってすませる）。破顔一笑。

【一触即発】いっしょくそくはつ ちょっとさわっただけで、すぐに爆発しそうなひじょうに危険なようす。例 関係は、一触即発の状態にある。

【一睡】いっすい ↓〈―する〉少しだけねむること。ひとねむり。例 一睡もしないで夜を明かす。

【一寸】いっすん ↓ とても短いこと。例 一寸先は闇。一寸の虫にも五分の魂。一寸法師 参考「寸」はむかしの長さの単位で、約三センチ。

【一朝一夕】いっちょういっせき 一日やそこらのわずかな期間。例 身についた習慣は、一朝一夕にはなおらない。参考 中国の書物『易経』の中の「一朝一夕の故に非ず（わずかの間におこることではない）」ということばから。

【一杯】いっぱい ↓ 酒を少し飲むこと。例 帰りに一杯やっていく。☞❶❺

【一筆】いっぴつ・ひとふで ↓ かんたんな短い文章や手紙を書くこと。例 一筆書きそえる。☞❶

【一片】いっぺん ↓ ほんのわずか。例 一片の親切心があるなら、助けてほしい。☞❶

【一報】いっぽう ↓〈—する〉手早く知らせること。例 荷物が着いたら、ご一報ください。☞❷

【一息】ひといき ↓ ①少しのがんばり。例 あと一息だ。②ひと休みすること。例 ここらで一息いれよう。一息つく。☞❼

【一口】ひとくち ↓ ①少しだけ飲んだり食べたりすること。例 一口いかが。②短い話。例 一口では言えない。一口話。類 一言 ☞❶

【一目】ひとめ ↓ ちょっと見ること。例 ひと目、会いたい。☞「いちもく」は❶

❾〈…たり…たり〉の意味で

【一問一答】いちもんいっとう〈—する〉質問と答えを一つ一つくりかえすこと。Q&A。

【一利一害】いちりいちがい 得にも害にもなるところがあること。例 どの計画にも一利一害があって、決めようがない。類 一得一失

【一喜一憂】いっきいちゆう〈—する〉ものごとのようすがよくなると大よろこびし、わるくなるとがっかりしたり心配したりして落ち着かないこと。例 知らせが入るたびに一喜一憂する。

【一進一退】いっしんいったい〈—する〉ちょっと進んだかと思うとあともどりしたり、少しよくなるとまたわるくなったりして、思うような進展が見られないようす。例 病状は一進一退だ。

【一長一短】いっちょういったん 長所もあるが、同時に短所もあること。例 どの案も一長一短だ。

←一が下につく熟語 上の字の働き

❸ 一＝〈いちばんすぐれている〉のとき
【天下一 世界一 日本一】ドコでいちばんか。

❺ 一＝〈それひとつで全部〉のとき
【同一 専一 均一 純一】近い意味。
【画一 統一】一つにドウスルか、ドウナルか。
◆随一 択一 単一 逐一 万一 唯一

七

一-1 総画2 1年 明朝 七 4E03

音 シチ 訓 なな・なな-つ・なの

筆順 一 七 (おらない)

なりたち [指事] 横の線をまん中からたちきることを表した字。借りて、数の「しち」として使われている。

意味
❶ななつ。六と八の間の数「しち」。なな。例 七草・七福神・初七日
❷数が多い。いくつも。なんども。

注意するよみ なの…例 七日
特別なよみ 七夕(たなばた)
名前のよみ かず

❶〈ななつ〉の意味で

【七五三】しちごさん 数え年で三歳と五歳の男子、三歳と七歳の女子の、成長を祝って、氏神におまいりをする行事。毎年十一月十五日におこなわれる。

【七五調】しちごちょう 日本語の詩や和歌で、「夕やけ小やけで／日がくれて／山に大きな／お月様」のように、七音と五音の句をくりかえす形。対 五七調

【七福神】しちふくじん 幸せをまねくと日本で古くから信じられている、七人の神。恵比寿・大黒天・毘沙門天・弁財天・福禄寿・寿老人・布袋。

七福神

【七夜】しちや ↓ 子が生まれて七日めの夜にするお祝い。命名のならわしがある。お七夜。

【七夕】たなばた ↓ 七月七日の夜にする祭り。天の川をはさんで光るひこ星とおりひめ星が年に一度だけ会うひと夜。知識 ひこ星は「牽牛星(アルタイル)」、おりひめ星は「織女星(ベガ)」。七夕にねがいごとを書いた短冊をササにつるすとかなうという。

【七草】ななくさ ↓ ①春の七草。春にめばえる植物

の代表とされた、七種類の植物。セリ・ナズナ・ゴギョウ(ハハコグサ)・ハコベラ(ハコベ)・ホトケノザ(タビラコ)・スズナ(カブ)・スズシロ(ダイコン)。②秋の七草。秋の美しい植物の代表とされた、七種類の植物。ハギ・オバナ(ススキ)・クズ・ナデシコ・オミナエシ・フジバカマ・キキョウ。表記「七種」とも書く。

❷〈数が多い〉の意味で

【七転八倒】しちてんばっとう｜しってんばっとう〈—する〉苦しさのあまり、何度も転げまわるほどもがくこと。

【七癖】人であればだれでももっているという、いくつかのくせ。例 無くて七癖。

【丁】

一-1 総画2 3年 明朝 丁 4E01

音 チョウ・テイ(中) 訓 ひのと(外)

筆順 一 丁 (はねる)

なりたち [象形] くぎの形をえがいた字。

意味

❶十干の四番め。ひのと。例 甲乙丙丁

❷成長した男子。はたらきざかりの人。例 壮丁

❸書物の紙。表とうらの二ページ分。例 落丁

❹町の単位。町の区域を数える単位。例 一丁目。

❺道具・とうふ・料理などをかぞえることば。例 のこぎり一丁。とうふ一丁。

❻偶数。二つのさいころの目の合計が偶数であること。例 丁か半か。対 半

❼《その他》例 丁重・符丁

名前のよみ つよし

❼《その他》

【丁丁発止】ちょうちょうはっし〈—と〉刀と刀が打ち合わされるときのはげしい音。たがいに一歩もゆずらず、はげしくあらそうようすを表す。例 丁々発止とやりあう。

【丁度】ちょうど ◎①数・大きさ・ねだん・時刻・温度などいろいろに変化するものが、そのときの目的や目印などにぴたりと合っているようす。例 ちょうどサクラが満開だった。②あるものが、ほかのものにとてもよく似ているようす。まるで。例 ねむっている赤ちゃんはちょうど天使のように見えた。

【丁字路】ていじろ 丁の字の形に交わっている道路。T字路。

【丁重】ていちょう ◎〈—に〉〈—な〉心をこめて礼儀ただしく相手に接するようす。例 客を丁重にもてなす。対 疎略・粗略

【丁寧】ていねい ◎〈—に〉〈—な〉①人に対する態度やことばづかいが、いきとどいている。例 丁寧なあいさつ。②こまかいところまで注意がいきわたっている。例 丁寧に作る。対 乱暴

丁が下につく熟語 上の字の働き

❷丁=〈成長した男子〉のとき 【園丁 馬丁】ナニをうけもつ人か。

❸丁=〈書物の紙〉のとき 【落丁 乱丁】ページがドウナッテイルのか。

◆壮丁 装丁 符丁

例解 使い分け おろす《下ろす・降ろす・卸す》

下ろす=上から下へ移す。切り落とす。引き出す。例 手を下ろす。腰を下ろす。枝を下ろす。貯金を下ろす。

降ろす=高い所や乗り物などから人や物を下へ移す。例 車から降ろす。役を降ろす。

卸す=問屋から小売商に品物を売りわたす。例 小売りに卸す。卸売り。

下

一-2 総画3 1年 明朝 下 4E0B

音 カ・ゲ 訓 した・しも・もと㊥・さ-げる・さ-がる・くだ-る・くだ-す・くだ-さる・お-ろす・お-りる

筆順 一 丅 下 (まんなか)(とめる)

なりたち 丅 [指事] あるもの(一)のしたにしるしをつけて、それよりしたであることをしめしている字。

意味

❶した。位置や地位などの低いほう。時間・順序などであとのほう。例 屋根の下。下の句。下位・下旬・風下 対 上

❷わるい。質がおとる。例 下等 対 上

❸表からは見えない部分。内がわのほう。例 水面下。下心・靴下

❹あらかじめ。前もって用意しておくこと。例 下見

❺くだる。おりる。おろす。低いほうへ移る、移す。例 頭を下げる。手紙を下さる。こしを下ろす。下りの電車。下車・投下

❻…のもと。そのわくのなかで。例 法の下の平等。統治下。現下

❼とどまる。とまる。例 下宿

例解 [使い分け] おろす[下・降・卸] ☞11ページ

例解 [使い分け] さげる[下・提] ☞ひだりのページ

例解 [使い分け] もと[下・元・本・基] ☞15ページ

特別なよみ 下手(へた)

❶〈した〉の意味で

【下位】かい ⇩ 順位や位が低いほうであること。対 上位

【下院】かいん ⇩ 二院制の議会で、日本の衆議院にあたるもの。対 上院

【下記】かき ⇩ 書類などで、そこからあとに書きしるしてあることがら。例 下記参照。類 左記 対 上記・右記

【下級】かきゅう ⇩ 位や等級・学年などが下であること。対 高級・上級

【下弦】かげん ⇩ 陰暦で二十二、三日ごろの月の形。例 下弦の月。対 上弦 知識 満月すぎの半月を弓に見立て、月の入りのとき弦にあたる直線の部分が下になるので下弦という。

【下限】かげん ⇩ ①変化する数量やもののねだんで、これより下はないという、いちばん下のところ。そのくぎりめの数。対 上限 ②歴史のうえで、ある長さの時期を考えるとき、その中でいちばん今に近い時期。対 上限

【下肢】かし ⇩ 動物の手足のうち、うしろのほうのもの。人間では足。類 後肢 対 上肢

【下層】かそう ⇩ ①上下にかさなりあったものの下の部分。例 ビルの下層。対 上層 ②社会の中で、地位も低く、まずしい人びと。類 下流 対 上層・上流

【下等】かとう ⇩〈―な〉位や等級が下であること。例 下等動物。類 低級 対 上等 ☞❷

【下半身】かはんしん・しもはんしん からだの、こしから下の部分。例 下半身をきたえる。対 上半身

【下部】かぶ ⇩ 一つのものの下の部分。対 上部

【下流】かりゅう ⇩ ①川の流れで、海などへ流れこむ河口に近いほう。類 川下・末流 ②社会の中で、地位も低く、まずしい人びと。類 下層

関連 上流・中流・下流

【下界】げかい ⇩ ①きよらかな天上の世界に対して、美しいものもきたないものも入り交じっている人間の世界。類 地上 ②高いところから見おろした地上。

【下克上】げこくじょう 地位の下の者が力で上の者をおしのけ、上に立つこと。表記「下剋上」とも書く。

【下旬】げじゅん ⇩ 月の終わりの約十日間。二十一日から月末までをいう。関連 初旬・上旬・中旬・下旬

【下足】げそく ▲ 入り口でぬいだはきもの。類 履物 参考 おおぜいの人が集まり、はきものをぬいで上がる場所で使うことば。

【下駄】▲げた ◎ 木製の台に、はなおをつけた、日本古来の、はきもの。表現「下駄をあずける」は「うまくやるよう、一切をまかせる」、「下駄をはかせる」は「水まして、実際より点数や数量が多いように見せる」ことをいう。

【下段】げだん ⇩ ①下の段。②剣道などで、かまえの一つ。刀の先を下に向けて、低くかまえ

る形。対上段

【下略】げりゃく ↓〈—する〉文章のそれよりあとの部分をはぶいてしまって、書きしるさないこと。類後略 関連上略・中略・下略

【下草】したくさ ↓木の下に生えている草。

【下手】したて ↓ 一 したて すもうで、相手のうでの内がわに自分の手をさしこみ、相手のまわしをとること。例下手投げ。対上手 二 しもて ①川の、流れていく先のほう。類川下 対上手 ②舞台で、観客から見て左のほう。例下手に退場する。対上手 ☞❷

【下腹】したはら|したっぱら ↓おなかの下のあたり。下腹部。例下腹に力をこめる。

【下町】したまち ↓都会の中で、海や川に近い低い土地にある、商店や小工場の多いにぎやかなところ。例下町育ち。対山手

【下役】したやく ↓役所や会社などで、地位が下の人。対上役 表現「上役」は、自分の上の人をいうが、「下役」はその団体での下のほうの人をいう意味で使うほうが多い。

【下期】しもき ↓一年を六か月ずつ二つに分けたときの、後のほうの期間。類下半期 対上期

【下座】しもざ|げざ ↓ 一 しもざ ならんでいる席の中で、身分の軽い人や年のわかい人がすわる席。だいたい出入り口に近い席をいう。類末席 対上座 二 げざ 歌舞伎などで、舞台の向かって左はしにある、音楽を演奏するところ。また、それを受けもつ人たちやその音楽。

【下半期】しもはんき ↓一年を六か月ずつ二つに分けたときの、後のほうの期間。類下期 対上半期

❷〈わるい〉の意味で

【下等】かとう ↓質がよくないこと。対上等

☞❶

【下戸】げこ ↓酒を飲めない人。対上戸

【下水】げすい ↓台所やふろ・トイレなど生活で使ったあとのよごれた水や雨水。それを流すためのみぞや管。類汚水 対上水

【下世話】げせわ ふだんの生活で、おもしろ半分で口にする、あまり上品でない話題や言い方。

【下品】げひん ↓〈—な・—に〉品がわるいこと。まわりの人によい感じをあたえないようす。例下品なわらい方。対上品

【下劣】げれつ II〈—な・—に〉人がらや、考え方・やり方がいやしく、きたないようす。

【下手】したて|へた ↓ 一 したて へりくだった態度をとること。例下手に出る。対上手 二 へた〈—な・—に〉①うまくできないこと。例下手の横好き(うまくないのに、おもしろがってやりたがること)。対上手 ②やり方やめぐり合わせがよくないこと。例下手に動くとあぶない。☞❶

❸〈表からは見えない部分〉の意味で

【下着】したぎ ↓パンツ・シャツなど、直接はだにつける衣服。インナー。類肌着 対上着

【下心】したごころ ↓心の中にこっそりともっている、あまりよくない考え。類魂胆

【下地】したじ ↓①あるものごとができるようになるためのもとになる力。例下地があるから、のみこみが早い。類基礎・基盤 ②はじめからそなわっている、もともとの性質。類素質・素地 ③その上にぬったり書いたりするもとになるもの。例下地の色をぬる。④(お下地の形で)しょうゆ。煮物のしる。

❹〈あらかじめ〉の意味で

【下絵】したえ ↓①完成した絵を作る前の、準備のための絵。例染め物の下絵をかく。類下図 ②便箋など、文字を書くための紙に、もようとしてうすくつけてある絵。

【下検分】したけんぶん〈—する〉なにかをする前に、そ

例解 使い分け

さげる《下げる・提げる》

下げる＝低くする。下にたらす。かたづける。例頭を下げる。値段を下げる。室温を下げる。軒に風鈴を下げる。おぜんを下げる。

提げる＝手ににぎったり、肩にかけたりして、たらすように持つ。例買い物ぶくろを提げる。手提げかばん。

頭を下げる

の場所へ行って調べておくこと。類下見

【下相談】（―する）会議などの前に、あらかじめ必要なことを話し合っておくこと。

【下見】↓（―する）なにかをする前に、その場所へ行って、じっさいのようすを考えておくこと。例遠足の下見に行く。類下検分

⑤〈くだる〉の意味で

【下降】Ⅱ（―する）下のほうへ、低いほうへと下がること。類降下・低下 対上昇

【下命】▲（―する）上の立場から命令や注文を出すこと。例ご下命をうけたまわります。

【下校】▲（―する）家に帰るため、学校をはなれること。例下校時刻。対登校

【下剤】↓大便を早くからだから出させるための薬。

【下山】▲（―する）①山をおりること。対登山 ②寺での修行を終えて、寺を出ること。参考②の「山」は、寺を表す。

【下車】▲（―する）電車やバスなどからおりること。例途中下車。類降車 対乗車

【下手人】人を殺したり傷つけたりした犯人。時代劇などに使われる古いことば。

【下船】▲（―する）乗っていた船からおりること。対乗船

【下馬】▲（―する）人が馬からおりること。とくに、身分の高い人や神社、寺の前などで、うやまう気持ちを表すために馬からおりること。類下乗 対乗馬

【下馬評】直接そのことに関係のない人びとが、勝手なうわさをすること。世間の評判。参考むかし、城や寺社の入り口などに、「下馬」という札が立っていて、その場所を「下馬先」といった。下馬先で中に入った主人を待つあいだに、お供の者どうしが人の批評やうわさ話をしたことから出たことば。

【下落】Ⅱ（―する）もののねだんやねうちが下がること。対高騰・騰貴

【下痢】Ⅱ（―する）細菌や食べすぎなどのためにおなかをこわし、大便が水のようになること。おなかがくだること。

【下火】↓①もえさかっていた火のいきおいが、弱くなること。例火事が下火になる。②はやっていたもののいきおいがおとろえてくること。例人気が下火になる。

⑦〈とどまる〉の意味で

【下宿】▲（―する）よその家にお金をはらってへやを借り、食事のしたくもしてもらって、住まわせてもらうこと。また、その家。

下が下につく熟語 上の字の働き

①下＝〈した〉のとき

【天下 地下 階下 眼下 皮下 床下 机下】ドコの下か。

【零下 氷点下】ドノ基準より下か。

⑤下＝〈くだる〉のとき

【降下 低下】近い意味。

【落下 沈下 投下】ドウナッテ下るか、ドウヤッテ下ろすか。

【南下 西下】ドチラへ下るか。

⑥下＝〈…のもと〉のとき

【門下 傘下 統治下 影響下】ナニの下か。

【閣下 殿下 陛下】ドウイウ建物の下にあるか。

◆以下 風下 川下 貴下 却下 靴下 県下 現下 上下 臣下 直下 滴下 手下 配下 幕下 卑下 府下 部下 目下 廊下

三

一-2 総画3 1年 明朝 三 4E09

音サン 訓み・み-つ・みっ-つ

筆順 一 二 三（ながく）

なりたち ［指事］「一」をみっつ重ねて数の「さん」を表した字。

意味

①みっつ。二と四の間の数「さん」。例三日月・三つ子・三日・三権

②みっつめ。三番め。例三等・三男

③数が多い。いくつも。なんども。例三省・再三 参考「三省」の出典は、「省」の「文字物語」（806ページ）を参照。

④三河。旧国名。今の愛知県東部。

⑤《その他》例三昧

発音あんない サン→ザン…例三昧

特別なよみ 三味線（しゃみせん）

名前のよみ かず・さぶ・そ・そう・ぞう・ただ

❶〈みっつ〉の意味で

【三角】さんかく ↓三つの角のある形。例三角巾。

【三角形】さんかくけい｜さんかっけい 三つの直線でかこまれ、三つの角のある図形。

【三角州】さんかくす 川の流れが運んだすなやどろが、河口につもってできた三角形の土地。デルタ。

【三寒四温】さんかんしおん 冬から春にかけての時期、三日間くらい寒い日がつづくと、そのあと四日間くらいあたたかい日がつづくこと。参考 もとは、真冬にいったことば。

【三脚】さんきゃく ↓①カメラ・望遠鏡などをささえるための、三本の足の台。②「三脚いす」の略。足が三本で、おりたためる小型のいす。

【三権】さんけん ↓国の政治をおこなうために必要な三つの権力。立法権・司法権・行政権をいう。例三権分立。

【三原色】さんげんしょく 適当な割合でまぜると、ほかの全部の色を表すことのできる三つの色。絵の具では赤・黄・青、光では赤・緑・青をいう。

【三差路】さんさろ 道が三つまたになったところ。

【三三九度】さんさんくど 結婚式の礼の一つ。夫婦になるしるしとして、花婿と花嫁が三つがさねのさかずきで三度ずつ、合計九回酒を飲む。

【三三五五】さんさんごご 三、四人また五、六人ぐらいがつれだって、あちこちにちらばっていたり、歩いていたりするようす。例花見客が、三々五々、お弁当を開いている。

【三重奏】さんじゅうそう 三人が三つの楽器を使って合奏すること。知識 室内楽の一つ。ピアノ・チェロ・バイオリンという組み合わせが多い。

【三唱】さんしょう ↓〈―する〉おなじことばを三回、声に出して言うこと。例万歳三唱。

【三世】さんぜ ↓仏教で、前世・現世・来世、または過去・現在・未来の三つの世。

【三羽烏】さんばがらす◆なかまの中で、目立っている三人。表現 おなじ先生について勉強している弟子や、おなじところで仕事をしている人、あるいは、ある方面で目立つ三人をいう。

【三拍子】さんびょうし ①音楽のリズムの一つ。強・弱・弱の三拍で一つのまとまりとなる拍子。②あるものごとについての、三つのたいせつな条件。例三拍子そろう。

【三方】㊀さんぽう｜さんぼう ↓三つの方向や方面。㊁さんぼう 神仏や身分の高い人にものをささげたりするときに使う、白木の台。参考 胴の三方に、あながあいているところから。

三方

【三位一体】さんみいったい ①キリスト教で、父である神と、子であるイエス・キリストと、神のべつの形である聖霊とは、一つのものだという考え。②三つのものがしっかりと組み合わさって一つになること。

【三文】さんもん ↓①ほんのわずかなお金。②安物で、たいしたねうちがないこと。例三文小説。参考「文」はむかしのお金の単位で、ふだ

例解 使い分け もと《下・元・本・基》

下＝影響のおよぶところ。物の下のほう。例法の下に平等。花の下で遊ぶ。

元＝起こるところ。はじめ。以前。近いところ。例火の元。口は災いの元。元にもどる。元の首相。手元におく。足元。

本＝中心となるだいじなところ。対末 例本をたずねる。本を正す。

基＝土台。例資料を基に報告書を作る。事実に基づいて話す。

参考「足元」は「足下」とも書く。

んの生活で使う小銭だった。

【三文判】さんもんばん 安い既製品のはんこ。

【三役】さんやく ↓①すもうで、大関・関脇・小結の三つの位。今は、横綱をふくめていう。例三役そろいぶみ。②政党・会社などいろいろな団体で、おもな三つの役職。

【三味線】しゃみせん・さみせん 日本の弦楽器の一つ。四角の胴と棹に三本の弦をはり、ばちではじいて音を出す。長唄などの伴奏に使われる。

【三日月】みかづき 新月から三日めのころの、細い弓のような形の月。類新月 参考むかし、月のみちかけをもとにしたこよみ（陰暦）を使っていたころは、毎月三日には月も三日月だった。

【三毛】みけ ↓ネコの毛の色で、白・黒・茶の三色。また、その三色の毛の生えているネコ。

【三十一文字】みそひともじ 日本の短歌。参考三十一は、短歌の五・七・五・七・七という決められた音の数を足し合わせた数。「三十」を「みそ」と読むのは、「三十日」を「みそか」と読むのとおなじで古い読み方。

【三日坊主】みっかぼうず なにをやっても長つづきせず、すぐにあきて投げ出してしまうこと。また、そういう人。

❷〈みっつめ〉の意味で

【三人称】さんにんしょう 自分と、話の相手以外の人を指すことば。「かれ」「かれら」「あの人」「その人」など。また、人間以外のものは、「これ」「それ」も「その本」もみな三人称となる。関連一人称（わたし・ぼく）・二人称（あなた・きみ）・三人称

【三枚目】さんまいめ ①劇や映画などでこっけいな役を演じる役者。また、そういう役。②いつもまわりの人をわらわせる、おどけた人。参考むかし、役者の名を劇場の前にかかげる看板で、こっけいな役をする役者を三枚めに書いたことからできたことば。一枚めには座頭、二枚めには若手の人気役者を書いた。☞

【二枚目】にまいめ（49ページ）

【三面記事】さんめんきじ 新聞の社会面とよばれるページにのっている、社会のできごとをあつかった記事。参考新聞が四ページだてであったころ、第三ページが社会面だったことから。

【三流】さんりゅう ↓地位や内容・実績の程度が高くなく、むしろ下であること。例三流週刊誌。関連一流・二流・三流

❸〈数が多い〉の意味で

【三顧の礼】さんこのれい すぐれた人物を何度もおとずれて、礼をつくしてまねくこと。

[故事のはなし]☞ひだりのページ

【三拝九拝】さんぱいきゅうはい〈―する〉たのみごとをなんとか聞いてもらおうと、相手に何度も何度も頭を下げること。知識三拝も九拝も中国での実際の礼法。

❺《その他》

【三昧】さんまい ◎一 仏教で、雑念をはらいのけて仏を思う心一つになること。二 ざんまい ただそれだけに熱中すること。例読書三昧。参考インドのことばを書き表すのに漢字の音をあてただけで、「三」にも「昧」にも意味はない。

◆再三 七五三

上

一-2 総画3 1年 明朝 上 4E0A

音ジョウ・ショウ高 訓うえ・うわ・かみ・あ-げる・あ-がる・のぼ-る・のぼ-せる中・のぼ-す中

筆順 ｜ ト 上 まんなか

なりたち [指事]あるもの（一）のうえにしるしをつけて、それよりうえ（―）であることをしめしている字。

意味

❶うえ。位置・地位・流れの方向などで高いほう。時間・順序などで先のほう。例机の上。上の句。上段・上流・上位 対下

❷よい。質が高い。例上の部。上質

❸表に見える部分。外がわのほう。例上着・上辺・海上・席上

❹のぼる。上へ行く。高いほうへ移す。その場に出す。上へ向かってする。たてまつる。例温度が上がる。川を上る。浮上

❺終わる。終える。例雨が上がる。

❻…に関して。…のうえで。…の点で。例史上・一身上・都合上

❼上野。旧国名。今の群馬県。例上州。

例解 使い分け あげる［上・挙・揚］☞19ページ

例解❶ 使い分け のぼる［上・登・昇］☞21ページ

注意するよみ うわ…例上着・上積み ショウ…例身上をつぶす。上人

特別なよみ 上手（じょうず）

名前のよみ すすむ・たか・たかし・ひさ

❶〈うえ〉の意味で

【上着】うわぎ ⇩ 背広や学生服など、上下がべつべつの服の、上のほうの服。表記「上衣」とも書く。☞❸

【上背】うわぜい ⇩ せいの高さ。例上背がある。類身長

【上手】うわて ⇩ 一うわて すもうで、相手のうでの外側から相手のまわしをとること。例上手投げ。対下手 二かみて ①川の上流に近いほう。類川上 対下手 ②舞台で、観客から見て右のほう。例上手から登場する。対下手 ☞❷

故事のはなし

三顧の礼

三国時代の蜀の丞相となった諸葛亮は、字を孔明といい、はじめはなんの身分もないまま、いなかに住んで耕作する生活をしていた。いつも自分自身を古代の名臣として有名な管仲や楽毅になぞらえていたが、当時の人びとはみとめなかった。そんな中で、孔明の本当のねうちを見ぬいていた徐庶が、のちに蜀の皇帝となる劉備に会見して、「諸葛孔明は臥竜です。将軍はお会いになりたくありませんか」と、まだ世に出ない英雄をねている竜にたとえてすすめた。劉備が「つれて来なさい」と言うと、「この人は、行って会うことはできますが、むりに来させることはできません。将軍のほうから出むいてお会いになったほうがよいです」と忠告した。そこで、劉備はわざわざ三度も孔明のもとをおとずれて、やっと会うことができ、かれを軍師にむかえることになったのである。（『三国志』蜀書諸葛亮伝）

参考 当時、劉備は後漢の鎮東将軍であった。そういう身分の人が自ら庶民の家へ出むくのはきわめて異例であるうえ、わざわざ三度も足を運んでやっと会えたというのであるから、劉備の熱意と人がらがうかがわれる。諸葛亮の「前出師表」にも、「先帝（劉備）はわたしの身分が低いにもかかわらず、自らまげて三度も草廬にわたしを顧みた」とある。

【上目】うわめ ⇩ 顔をあげずに目だけを上に向けること。例上目づかい。対下目

【上役】うわやく ⇩ 会社や役所など、おなじ仕事の場での地位が上の人。類上司 対下役・部下

【上期】かみき ⇩ 一年を六か月ずつ二つに分けたときの、前のほうの期間。類上半期 対下期

【上座】かみざ｜じょうざ ⇩ 身分の高い人やたいせつな客がすわる、上位の席。対下座（しもざ｜げざ）・末席

知識 日本間では、床の間の前が上座。

【上半期】かみはんき 一年を六か月ずつ二つに分けたときの、前のほうの期間。類上期 対下半期

【上位】じょうい ⇩ 順位や地位が上であること。例上位に立つ。類優位 対下位

【上意下達】じょういかたつ〈―する〉地位や立場が上の人の考えや意見を、下の人につたえてまもらせること。対下意上達

【上院】じょういん ⇩ 二院制の議会で、日本の参議院にあたるもの。対下院

【上記】じょうき ⇩ 書類などで、そこより前に書かれたことがら。類右記・上述 対下記・左記

【上級】じょうきゅう ⇩ 位や等級・学年などが上であること。例上級生。類高級 対下級 関連 初級・中級・上級

【上空】じょうくう ⇩ ①ある場所の真上の空。例スカイツリーの上空。②空の高いところ。例上空は空気もうすく気温も低い。

【上下】⇕ 一じょうげ ①うえとした。例学年の上下など関係なくつきあう。②衣服の上と下と

の一対。例背広の上下。二 かみしも ①うえとした。とくに、身分の高い者と低い者。②江戸時代の武士のあらたまった服装。例上下をぬぐ（四角ばらない、うちとけた気持ちや態度になる）。表記 二②はふつう、「裃」と書く。「裃」は国字で、音はない。☞❹

【上弦°】じょうげん ↓ 陰暦で七日、八日ごろの月の形。例上弦の月。対下弦 知識 満月前の半月を弓に見立て、月の入りのときに弦に当たる直線の部分が上になるので上弦という。

【上限】じょうげん ↓ ①数量やもののねだんで、これより上はないという、いちばん上のところ。そのくぎりめの数。例おこづかいの上限を決める。対下限 ②歴史上のことがらで、考えられるいちばん古い時期。対下限

【上皇】じょうこう ↓ 前に天皇であった人。類太上天皇 表現「白河上皇」などのように、よび名として使うことが多い。

【上司】じょうし ↓ 会社や役所などの仕事の場で、その人より地位が上の人。類上役 対部下

【上肢】じょうし ↓ 動物の手足のうち、頭に近いほうのもの。人間では手。類前肢 対下肢

【上述】じょうじゅつ ↓〈―する〉文章などで、そこより前にのべたことがら。類前述・上記・前記

【上旬°】じょうじゅん ↓ 月のはじめの一日から十日間。関連 初旬・上旬・中旬・下旬

【上層】じょうそう ↓ ①かさなりあったものの上の部分。②社会で、地位も高く生活もゆたかな人びと。例上層階級。類上流 対下層

【上体】じょうたい ↓ 人のからだのこしから上の部分。例上体を前にたおす。類上半身

【上代】じょうだい ↓ ①大むかし。②日本の歴史のうえで、大和・奈良時代。類上古 ③品物の代金。

【上段】じょうだん ↓ ①上の段。例たなの上段におく。②剣道などで、刀を頭より上にあげて、かまえる形。対下段

【上等】じょうとう ↓〈―な/―に〉位や等級が上であること。対下等 ☞❷

【上半身】じょうはんしん|かみはんしん からだの、こしから上の部分。類上体 対下半身

【上部】じょうぶ ↓ 一つのものの上の部分。対下部

【上方】↓ 一 じょうほう 上のほう。対下方 二 かみがた 京都・大阪を中心とする地方。近畿地方全体を指す場合もある。例上方落語。参考「上」は、皇居のあるところ。明治時代はじめに東京にうつるまで、皇居は京都にあった。

【上略】じょうりゃく ↓〈―する〉文章のそれより前の部分をはぶくこと。類前略 関連 上略・中略・下略げりゃく|かりゃく

【上流】じょうりゅう ↓ ①川で、水の流れてくる上のほう。みなもとに近いあたり。類川上 ②社会で、地位も高く、ゆたかな人びと。類上層 対下層 関連 上流・中流・下流

❷〈よい〉の意味で

【上手】↓〈―な/―に〉一 うわて ほかとくらべて、すぐれていること。例算数では、ぼくのほうが上手だ。対下手 二 じょうず やり方がうまいこと。うでまえがいいこと。例字が上手だ。対下手 表現「お上手を言う」は、相手をよろこばせようとして、おせじを言うこと。☞❶

【上機嫌°】じょうきげん〈―な/―に〉とてもきげんがよいようす。対不機嫌

【上策】じょうさく ↓ とてもすぐれたやり方。対下策

【上質】じょうしつ ↓〈―な〉質がすぐれていること。上等なものであること。例上質紙。

【上首尾】じょうしゅび〈―な/―に〉ものごとがねがっていたようにうまくいくこと。例話し合いは、上首尾に終わった。対不首尾

【上上】じょうじょう Ⅲ〈―な〉これ以上はないというほどよいこと。例天気も上々、気分も上々だ。表記「上乗」とも書く。

【上水】じょうすい ↓ 人が飲んだり炊事に使ったりするきれいな水。また、それを人びとにとどける水道管などの設備。例上水道。対下水

【上製】じょうせい ↓ ふつうの品よりも材料をえらび、手間をかけて上等に作ること。また、そうして作ったもの。対並製

【上出来】じょうでき〈―な〉できぐあいが、よいこと。例八十点なら上出来だ。類上等 対不出来

【上天気】じょうてんき よく晴れわたった、気持ちのよい天気。類好天・晴天

【上等】じょうとう ↓〈―な/―に〉①内容や質がすぐれていること。例上等の菓子。類高級 ②結果

などが、これでよいと思えること。例 半分できれば上等だ。類 上出来 ☞❶

【上人】↓ 知識と徳のある、すぐれたお坊さん。類 聖人

【上品】↓〈—な〉品がよいこと。自然にまわりの人によい感じをあたえるようす。例 ことばづかいが上品だ。対 下品

【上物】↓ おなじ品物のうちでも、品質のすぐれた、上等なもの。

❸〈表に見える部分〉の意味で

【上着】↓ シャツなど下着を着た上に身につける洋服。対 下着 ☞❶

【上辺】↓ ものごとの外がわの部分。見かけ。例 上辺をつくろう。

【上前】↓ ①着物を着たとき、からだの前で左右からかさなる布のうち、外がわになるほう。対 下前 ②取り次ぎをするときに取るお金。例 上前をはねる（人が受け取ることになっているお金や品物の一部を、あいだに立つ人が自分のものにしてしまう）。参考 むかし年貢を米でおさめたころ「上米をはねる」ということばもあり、おなじ意味で使われた。

❹〈のぼる〉の意味で

【上映】▲〈—する〉映画をうつしてお客に見てもらうこと。例 話題作上映中。

【上演】▲〈—する〉劇などを舞台で演じてお客に見てもらうこと。類 公演

【上気】▲〈—する〉顔がほてって赤くなること。のぼせること。例 上気した顔。

【上京】▲〈—する〉地方から東京へ行くこと。類 東上 参考 みやこに上るということ。明治より前は京都へ行くことを指していた。

【上下】⇕ ①鉄道などののぼりとくだり。例 上下線。②〈—する〉あがったり、さがったりすること。例 気温が大きく上下する。☞❶

【上昇】‖〈—する〉上や高いほうへあがること。例 上昇気流。対 下降・降下・低下

【上達】↓〈—する〉うでまえやわざが、練習をつんでじょうずになること。類 進歩

【上洛】◆ ▲〈—する〉ほかの地方から京都へ行くこと。例 将軍の上洛。類 入洛 参考「洛」はみやこ、とくに日本では京都のこと。似たことばに「上京」があるが、今は東京へ行くことを指すようになった。

【上陸】▲〈—する〉海から陸にあがること。例 台風が上陸した。また、船から陸にあがること。表現 新しい店や品物などが、外国から入ってくることについても使う。

← 上が下につく熟語 上の字の働き

❶上＝〈うえ〉のとき
【頂上 長上】近い意味。
【山上 天上 床上】ナニの上か。

例解 使い分け あげる《上げる・挙げる・揚げる》

上げる＝高いほうへ移す。終える。声や音を出す。
例 温度を上げる。位を上げる。腕を上げる。お祝いのプレゼントを上げる。仕事を上げる。歓声を上げる。

挙げる＝はっきりと目立つようにしめす。おこなう。みないっしょにする。
例 手を挙げて意見を言う。勝利を挙げる。式を挙げる。全力を挙げる。国を挙げて取り組む。

揚げる＝高くかかげる。油の中で熱する。
例 国旗を揚げる。たこ揚げ。天ぷらを揚げる。

参考「花火があがる」と書く場合は、「揚がる」「上がる」どちらでもよい。

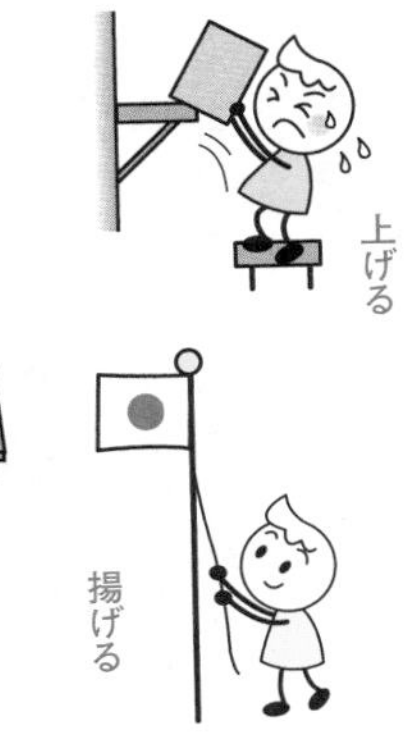

❷上＝〈よい〉のとき
【特上 極上 最上 至上】ドノクライよいか。
❸上＝〈表に見える部分〉のとき
【陸上 地上 海上 洋上 水上 砂上 机上 卓上 屋上 壇上】ドコの表面か。
【席上 紙上 誌上 路上 機上 途上】ドコの場所か。
❹上＝〈のぼる〉のとき
【参上 進上】近い意味。
【炎上 浮上】ドウヤッテ上るか。
【逆上 北上 東上】ドチラへ上るか。
【献上 奏上 啓上 返上】ドウヤッテたてまつるか。
❻上＝〈…に関して〉のとき
【史上 歴史上 名目上 事実上 空想上 職務上 都合上 一身上】ナニの上でか。
◆以上 風上 川上 計上 口上 言上 無上

丈

一-2 総画3 常用 明朝 丈 4E08

音 ジョウ㊥ 訓 たけ㊥

筆順 一 ナ 丈

なりたち [会意]「十」と手の形(ヌ)を合わせてできた字。ヌはかた手の親指と他の四本の指を広げた長さを意味し、これがむかしの「一尺」で、それを十倍した長さを表す。

意味 ❶長さの単位。一尺の十倍。約三・〇三メートル。例 方丈 ❷たけ。たての長さ。例 丈くらべ。背丈 ❸しっかりしている。つよそうだ。例 丈夫・頑丈

名前のよみ ひろ・ます

❸〈しっかりしている〉の意味で
【丈夫】↓ ㊀りっぱな男子。㊁〈—な〉①からだが強く、健康であること。例 丈夫に育つ。類 達者 ②しっかりできていて、かんたんにこわれたりだめになったりしないようす。例 丈夫なひも。類 頑丈

万

一-2 総画3 2年 明朝 万 4E07 旧字 萬 842C

音 マン・バン㊥ 訓 よろず㊕

筆順 一 フ 万（はねる）

なりたち [象形]もとの字は、「萬」。「萬」はさそりをえがいた字。借りて、数の「まん」として使われている。

意味 ❶まん。千の十倍。例 一万円。万一 ❷たいへん多い。無数。あらゆるもの。すべて。例 万国・万能・巨万

名前のよみ かず・かつ・たか・つむ・つもる

❶〈まん〉の意味で
【万一】↓①めったにないだろうが、もしも。例 万一熱が上がったら、また来てください。②最悪の場合。例 万一にそなえる。表現 一万回に一回という意味。あってはならないようなよくないことを考えたときに使う。

❷〈たいへん多い〉の意味で
【万感】↓あとからあとから心にうかんでくるいろいろな思い。例 万感むねにせまる。
【万国】↓世界じゅうのすべての国。例 万国旗
【万歳】↓㊀①いつまでも、長生きし、さかえつづけること。例 千秋万歳。②めでたい祝いの場でさけぶことば。例 万歳を三唱する。㊁おもしろいことを言ったり、つづみに合わせておどったりする人。例 三河万歳。参考「歳」は「年」とおなじ意味の字。表現「万歳」とさけぶとき両手を高くあげる形が、降参を表すかっこうにも似ているので、「万歳する」があきらめて投げ出すことを表すことにもなる。それが「お手上げ」。
【万策】↓思いつくかぎり、できるかぎりのやり方。例 万策つきた、もうおしまいだ。
【万事】↓ありとあらゆること。すべて。例 万事休す(もうどうしようもない)。一事が万事(一つがそうならほかのこともおなじ)。類 諸事
【万障】↓さまたげになる、いろいろなことすべて。例 万障おくりあわせのうえ、お出かけください。

【万全】ばんぜん ＝〈一に〉不十分なところがなく、あらゆる面で完全な状態であること。例 万全を期して警備にあたる。類 完全・完璧・十全

【万端】ばんたん ↓ そのことに関係する、あらゆることがら。例 準備万端ととのう。

【万難】ばんなん ↓ 数多くの、めんどうなことやむずかしいことがら。例 万難を排して行う。

【万人】ばんにん・ばんじん ↓ 世の中のありとあらゆる人すべて。例 万人受けする映画。類 万民

【万能】ばんのう ↓ ①あらゆることにききめがあること。例 万能薬。②なにをやってもよくできること。例 万能選手。

【万万】ばんばん ＝ ①どんなことでも十分に。例 万々承知の上だ。類 重重 ②どんなことがあっても。例 万々失敗することはあるまい。表現 ②は、あとに打ち消しのことばをつけて使う。

【万物】ばんぶつ ↓ この宇宙にある、ありとあらゆるもの。例 万物の霊長(人間)。類 森羅万象

【万民】ばんみん ↓ すべての国民。類 万人

【万雷】ばんらい ↓ たくさんのかみなりが鳴りひびくような、大きな音。例 万雷の拍手。

【万巻】まんがん・ばんかん ↓ ひじょうに多い冊数。表現 ほとんど「万巻の書」という形で使う。

【万年雪】まんねんゆき 高い山の上などで、一年じゅうとけることのない雪。

【万病】まんびょう ↓ あらゆる病気。例 万病のもと。

【万力】まんりき ↓ 工作で、材料が動かないようにしっかりとはさむ道具。例 万力で固定する。

万が下につく熟語 上の字の働き

❶万＝〈まん〉のとき
【一万 数万 百万 千万】ドレホドの万か。

❷万＝〈たいへん多い〉のとき
【巨万 億万】近い意味。

与

一-2 総画3 常用

明朝 与 4E0E　旧字 與 8207

音 ヨ中　訓 あた-える中・あずか-る外

筆順 一 与 与

なりたち ［形声］もとの字は、「與」。四つの「手」と、がっしり組み合わせる意味と「ヨ」という読み方をしめす「与」とからでき、多くの人が手を組み合わせることを表す字。

意味
❶あたえる。ものをやる。例 大きな影響を与える。授与
❷かかわる。関係する。例 関与・参与
❸なかま。味方。例 与党。

名前のよみ あと・とも・のぶ・よし

❸〈なかま〉の意味で

【与党】よとう ↓ おなじ意見をもっているなかま。政権をになっている政党。対 野党

与が下につく熟語 上の字の働き

❶与＝〈あたえる〉のとき
【授与 譲与 贈与 貸与 付与 給与 供与 寄与】近い意味。

❷与＝〈かかわる〉のとき

例解 使い分け

のぼる《上る・登る・昇る》

上る＝下から上へ行く。達する。取り上げられる。
例 川を上る。坂を上る。募金が百万円に上る。話題に上る。対 下る

登る＝足をつかって、一歩一歩高いところへ行く。
例 山に登る。演壇に登る。木に登る。対 降りる・沈む

昇る＝一気に高くあがる。
例 日が昇る。天に昇る。エレベーターで昇る。高い位に昇る。

参考 「日が上る」「天に上る」とも書く。

上る　登る　昇る

【関与 参与】近い意味。
◆賞与

【丑】

一-3 総画4 人名 明朝 丑 4E11

音 チュウ 外 訓 うし 外

意味 十二支の二番め。動物では牛。方角では北北東。時刻では午前二時、またはその前後二時間。 参考 「巽」の「文字物語」(366ページ)

【不】

一-3 総画4 4年 明朝 不 4E0D

音 フ・ブ 訓 ―

筆順 一 ア 不 不 (つける・とめる)

なりたち [象形] 花弁のついているへたをえがいた字。借りて、「…ない」の意味に使われている。

意味 ❶…でない。…しない。例 不可・不合格 ❷よくない。じゅうぶんでない。例 不作

❶〈…でない〉の意味で

【不安】ふあん ⊠〈─な〉〈─に〉わるいことが起こるのではないかという心配のために、気持ちが落ち着かないこと。例 不安になる。

【不安定】ふあんてい〈─な〉〈─に〉落ち着きがない。かわりやすい。例 不安定な天気。対 安定

【不案内】ふあんない|ぶあんない〈─な〉あることについて、ようすや内容をよく知らないこと。例 このあたりの地理には不案内ふあんない|ぶあんないだ。

【不意】ふい ⊠〈─な〉〈─に〉思いがけずとつぜん。例 不意に声をかけられた。類 唐突・不時

【不一】ふいつ ⊠ 手紙の文章の終わりに書くことば。「気持ちを十分には表せませんでした」という意味を表す。類 草々 表現 「前略」「冠省」などで書きはじめたときに使う。少し古風な感じのことば。

【不得手】ふえて〈─な〉向いていなくて、やってもうまくできないこと。類 不得意・苦手 対 得手

【不穏】ふおん ⊠〈─な〉〈─に〉世間のようすや人びとの動きなどに落ち着きがなく、なにか事件が起こりそうなようす。例 不穏な空気。類 険悪

【不穏当】ふおんとう〈─な〉ことばづかいや言い方が、その場面にふさわしくないようす。例 不穏当な発言を取り消す。対 穏当

【不可】ふか ⊠ ①よくないこと。また、してはいけないこと。例 可もなく不可もない(よくもないし、わるくもない)。②成績を四つの段階(優・良・可・不可)に分けたときの一つ。合格できない点。

【不快】ふかい ⊠〈─な〉〈─に〉①いやな気持ちであること。例 不快の念を表す。②からだの具合がよくないこと。表現 ②は、身分の高い人などの場合に、病気のことを遠まわしにいうことば。「ご不快」という言い方で使う。

【不可解】ふかかい〈─な〉〈─に〉なんとかわかろうとしても、どうにもわからないようす。例 世の中には不可解なことが多い。

【不覚】ふかく ⊠〈─な〉〈─に〉①うっかりして、思いがけない失敗をすること。例 一生の不覚。②そのつもりではないのに、思わずそうしてしまうこと。例 不覚のなみだ。③ぼんやりして、なにもわからなくなる。例 前後不覚。

【不可欠】ふかけつ〈─な〉それがなくてはすまされないこと。なくてはならないこと。例 新鮮な空気は生き物にとって不可欠だ。

【不可抗力】ふかこうりょく 人の力ではふせぎとめることができないこと。例 あの事故を不可抗力とかたづけていいのだろうか。

【不可思議】ふかしぎ〈─な〉人間の知恵や知識ではわからない、ふしぎきわまること。類 不思議

【不可侵】ふかしん ほかの国の土地をうばったり、ほかの人の権利をじゃましたりすることを、ゆるさないこと。例 不可侵条約。

【不可能】ふかのう〈─な〉〈─に〉しようとしても、できないこと。例 科学の力は、不可能をつぎつぎと可能にしてきた。類 不能 対 可能

【不可避】ふかひ そうならないようにしようと思っても、どうしてもさけることができないこと。例 生物にとって、死は不可避だ。

【不可分】ふかぶん〈─な〉むすびつきがかたくて引きはなすことができないこと。例 土地開発と環境問題とは不可分の関係にある。

【不帰】ふき ⊠ 行ってしまって、もう帰らない

こと。表現「不帰の客となる」「不帰の人となる」は、人が死ぬことを表す。

【不規則】ふきそく 〈―な・―に〉そろっていない。ととのっていない。例 不規則な生活。

【不吉】ふきつ ☒〈―な・―に〉えんぎがわるい。なにかわるいことが起こりそうな感じがする。

【不気味】ぶきみ 〈―な・―に〉ようすがわからず、なんとなくおそろしくて、いやな感じがする。例 不気味な物音。表記「無気味」とも書く。

【不朽】ふきゅう ☒価値がなくならない。いつまでもりっぱなものとしてのこる。例 不朽の名作。類 不滅

【不急】ふきゅう ☒〈―な〉とくに急いでしなくてもよい。例 不急の電話はごえんりょください。

【不興】ふきょう ☒おもしろみを感じないこと。きげんがわるいこと。表現「不興を買う」は、目上の人のきげんをわるくさせてしまうこと。

【不器用】ぶきよう 〈―な・―に〉①手先や指先を使ってする作業がにがてなようす。例 不器用な手つき。類 不細工 対 器用 ②要領がよくない。対 器用 表記「無器用」とも書く。

【不協和音】ふきょうわおん 二つ以上の音が、調和しないでいやなひびきになること。表現 人びとの意見がくいちがい、うまくいかないときにも、「不協和音が高まる」などと使う。

【不義理】ふぎり 〈―な・―に〉①つきあいのうえで、とうぜんしなければならないと思われていることを、しないこと。例 電話もせずに欠席し、不義理をしてしまった。②人に借りたお金を返さないこと。例 不義理をかさねる。

【不均衡】ふきんこう 〈―な・―に〉つりあいがとれていないこと。例 不均衡が生じる。不均衡を生む。

【不謹慎】ふきんしん 〈―な・―に〉言うことやすることに、まわりへの気づかいがないようす。例 こんなときにわらうとは不謹慎だ。

【不遇】ふぐう ☒〈―な・―に〉力があるのに、世にみとめられず、ふさわしい地位や名声がえられないこと。例 この芸術家は、生前は不遇だった。

【◆不俱戴天】ふぐたいてん おなじ世に生きていることががまんできないほど、にくいこと。例 不俱戴天の敵。参考「俱ニ天ヲ戴カズ」の意味。

【不屈】ふくつ ☒〈―な〉むずかしい問題や苦しいことにぶつかっても、くじけないで最後までやりとおすこと。例 不屈の精神。

【不経済】ふけいざい 〈―な・―に〉お金や時間などの使い方に、むだが多いようす。

【不潔】ふけつ ☒〈―な・―に〉よごれていて、きたないこと。例 不潔なへや。対 清潔・奇麗 表現 人の心やおこないについても、正しくない、けがらわしいという意味で使う。

【不見識】ふけんしき 〈―な・―に〉しっかりした考えをもっていないこと。例 不見識をはじる。

【不言実行】ふげんじっこう やるべきことをだまって実行すること。例 不言実行の人。

【不孝】ふこう ☒〈―な〉子どもが親をだいじにしないで、心配をかけたり悲しませたりすること。例 不孝者。類 親不孝 対 孝行

【不幸】ふこう ☒①〈―な・―に〉つらく悲しい状態。ふしあわせ。例 不幸な目にあう。対 幸福 ②家族や親戚が死ぬこと。例 親戚に不幸があった。

【不公平】ふこうへい ものごとのあつかいがおなじでなく、一方にばかり都合がよいようす。例 自分だけおこられるのは不公平だ。対 公平

【不合理】ふごうり 〈―な・―に〉りくつに合わないようす。すじみちが通らないようす。例 不合理なやり方。類 不条理 対 合理的

【不在】ふざい ☒そこにいないこと。例 父はいま不在です。不在者投票。類 留守

【不治】ふじ・ふち ☒病気が、どうしてもなおらないこと。例 不治の病にかかる。

【不時】ふじ ☒予定できなかったこと。思いがけないとき。例 不時の出費。類 不意

【不思議】ふしぎ 〈―な・―に〉なぜなのか、どうなっているのか、よくわからないこと。また、そういうことがら。類 不可思議・奇怪

【不自然】ふしぜん 〈―な・―に〉①わざとらしくて、ぎこちないようす。例 話し方が不自然だ。対 自然 ②ふつうならばそうはならない、へんなぐあい。例 不自然な死に方。対 自然

【不時着】ふじちゃく 〈―する〉飛行機が故障などのために、着陸することになっていない場所に着陸すること。類 緊急着陸

【不死鳥】ふしちょう 五百年たつと、火の中にとびこ

んで灰になり、その中からまた生まれることをくりかえす鳥。フェニックス。例不死鳥のごとくよみがえる。知識エジプト神話で、アラビアの砂漠の鳥という。

【不実】ふじつ ⊠〈―な・―に〉約束をかんたんにやぶるなど、まじめに生きようとするようすが見られないこと。例不実な男。対誠実

【不死身】ふじみ〈―な〉どんなにあぶない目にあっても死なないからだをもっていること。表現そういうことはじっさいにはありえないから、ひじょうにからだが強いとか、ふしぎに運よく助かるとかいうような人を「不死身の人」といったりする。

【不自由】ふじゆう〈―する・―な・―に〉ものごとが思うようにならない。対自由 表現何かがゆたかにあって、めぐまれていることを、たとえば「水に不自由しない土地」のようにいう。

【不十分】ふじゅうぶん〈―な・―に〉足りないところや欠けたところがあるようす。例練習が不十分だった。対十分

【不純】ふじゅん ⊠〈―な・―に〉よけいなまじりものが入っていて、あまりよくないこと。例不純物をとりのぞく。対純粋 表現「動機が不純だ」は、したことはいいようでも、自分のためにそれをしたような感じがすることをいう。

【不順】ふじゅん ⊠〈―な・―に〉ものごとがきまったとおりに進まないこと。例天候不順。

【不肖】ふしょう ⊠①親や師よりできがわるいこと。例あれは不肖の息子だ。②自分のことを、おろかな、力不足なものだと、へりくだっていうことば。例不肖わたくしがこの役を引き受けさせていただきます。参考もとは「(親に)似ない」という意味のことば。

【不詳】ふしょう ⊠〈―な〉くわしくはわからないこと。例身元不詳。作者不詳。類未詳・不明

【不精】ぶしょう ⊠〈―する・―な・―に〉しなければならないことでも、めんどうくさがってしないこと。ものぐさ。例筆不精。表記「無精」とも書く。

【不祥事】ふしょうじ あってはならない、わるいできごと。例不祥事の責任をとる。

【不承不承】ふしょうぶしょう いやだいやだと思いながら、しかたなしに。しぶしぶするようす。例泣きつかれて不承不承貸した。

【不信】ふしん ⊠①信用できないこと。例不信感。人間不信。②うそをついたり、約束を守らないこと。例友人の不信を責める。類不実

【不振】ふしん ⊠〈―な・―に〉いきおいや調子・成績などが、よくないこと。例食欲不振。

【不審】ふしん ⊠〈―な・―に〉よくわからないところや、へんだと思われるところがあり、うたがわしいこと。例不審な人物。

【不信任】ふしんにん〈―する〉信用して仕事をまかせられないこと。例内閣不信任案。

【不寝番】ふしんばん 一晩じゅうねむらないで、みはり番をすること。また、その人。寝ずの番。例不寝番に立つ。

【不審火】ふしんび 原因がよくわからない火事。放火ではないかと思われる火事。

【不随】ふずい ⊠からだが思うように動かないこと。例半身不随。

【不粋】ぶすい ⊠〈―な・―に〉情がこまやかでない。人の心の動きがわからない。例不粋な男。表記「無粋」とも書く。

【不正】ふせい ⊠〈―な・―に〉正しくないこと。きまりをやぶること。例不正をはたらく。不正乗車。

【不世出】ふせいしゅつ めったにあらわれないほど、すぐれていること。例不世出の天才。

【不全】ふぜん ⊠もののようすやはたらきが、完全でない。十分でない。例発育不全。心不全。類不完全 表現「〇〇不全」とほかのことばのあとにつけて使うことが多い。

【不戦勝】ふせんしょう 試合やゲームなどの勝負ごとで、相手が休むなどしたために、たたかわないで勝ったことになること。対不戦敗

【不相応】ふそうおう〈―な・―に〉そのものにふさわしくないこと。つりあいがとれていないようす。例身分不相応なぜいたくはやめた。

【不足】ふそく ⊠①〈―する〉十分でないこと。足りないこと。例水不足を心配する。類欠乏 対過剰 ②気持ちが満足していないこと。例不足を言う。類不平

【不測】ふそく ⊠こうなる、こういうことが起きる、と前もって考えていなかったこと。思いがけないこと。例不測の事態。類不慮

【不即不離】ふそくふり くっつくのでもなく、はなれてしまうのでもないようす。つかずはなれず。例不即不離の関係をたもつ。

【不遜】ふそん ⊠〈―な・―に〉自分をえらいとうぬぼれ、他の人を見くだすこと。例不遜な態度を見せる。類高慢・尊大 対謙遜

【不退転】ふたいてん なにがあってもあきらめず、やりとげようとすること。例不退転の決意。

【不断】ふだん ⊠①とぎれることなく、ずっとつづくこと。例不断の努力が実を結んだ。②とくべつでない、ふつうのとき。いつも。例ふだんから心がけている。ふだん着。類平素・平生・日常 ③心を決めることができず、ぐずぐずすること。「優柔不断」として使う。

表記 ②は今は「普段」と書くことが多い。

【不通】ふつう ⊠①鉄道や道路・電話などが、通じない。例地下鉄が一部不通。②たよりがとだえて、つながりが切れる。例音信不通。

【不定】ふてい ⊠〈―な・―に〉ふつうなら決まっていることが決まっていないこと。例住所不定。

【不敵】ふてき ⊠〈―な・―に〉こわいものがなにもないようす。例不敵なつらがまえ。大胆不敵。

【不徹底】ふてってい 〈―な・―に〉やり方や考え方などが中途半端なこと。対徹底的

【不当】ふとう ⊠〈―な・―に〉正しいとも、これでいいとも思えないこと。例不当な差別。類不法 対正当

【不同】ふどう ⊠〈―な・―に〉①同じでないこと。②なんの順序もなく、でたらめにならんでいること。

表現「順不同」は、人の名前を書きならべるときにことわり書きの形で使う。

【不動】ふどう ⊠①どっしりとしていて、動いたりかわったりしないこと。例不動の信念。②「不動明王」の略。仏教の五大明王の一つで、すべての悪をとりのぞくという。お不動さん。

【不動産】ふどうさん 土地や建物など、かんたんに動かすことのできない財産。対動産

【不道徳】ふどうとく ⊠〈―な〉ずるい、正直でない、自分勝手だ、など、世の中の人がよくないと思っていることを平気でやること。対道徳的

知識 道徳は法律とちがうから、不道徳だからといって、処罰することはできない。

【不透明】ふとうめい ⊠〈―な・―に〉中や向こうがわがすけて見えないようす。対透明

表現「先行き不透明」は、これからどうなっていくかわからないこと。「不透明な決着」は、どうしてそうなったのかが、ほかの人にわからないこと。

【不徳】ふとく ⊠おこないや心がけによくない点があること。例私の不徳のいたすところです。

表現 自分に関係したことがうまくいかなかったときに、その責任をとる気持ちを表してわびることば。形式的によく使われる。

【不得意】ふとくい 得意でない。うまくできない。例不得意科目。類苦手・不得手 対得意

【不特定】ふとくてい ⊠〈―な・―に〉とくにこれだときまっていないこと。例不特定多数。対特定

【不如意】ふにょい ⊠〈―な・―に〉思うようにならないこと。とくに、お金にこまっていることをいうことが多い。例手元不如意。

【不燃】ふねん ⊠燃えないこと。燃えにくいこと。例不燃フィルム。対可燃

【不能】ふのう ⊠しようとしてもできないこと。例再起不能のけが。類不可能 対可能

【不発】ふはつ ⊠①弾丸が発射しないこと。爆弾が爆発しないこと。例不発弾。②しようとしたことがだめになること。例計画が不発におわった。

【不備】ふび ⊠〈―な・―に〉なければならないものが、きちんとそろっていないようす。用意が完全でないこと。例不備な点がある。対完備

【不憫】◆ふびん ⊠〈―な・―に〉かわいそうである。例早くになくなったあの子が不憫でならない。

【不服】ふふく ⊠〈―な・―に〉人からなにかされたことに対して、納得できず不満に思うこと。例不服申し立て。類不平・不満

【不文律】ふぶんりつ はっきり文書に書かれているのではないが、みんながまもっているきまりや習慣。例どの社会にも特有な不文律がある。

【不平】ふへい ⊠〈―な・―に〉満足できなくて、いやな気持ちでいること。例不平をならべたてる。類不満・不服・苦情・不足

【不平不満】ふへいふまん 思いどおりにならなくて、いやな気分でいること。

【不変】ふへん ⊠かわらないこと。前のままであ

ること。例不変の友情。対可変

【不法】ふほう ⊠〈―な・―に〉①法律や規則をやぶっていること。例不法侵入。類違法 対合法 ②常識や道徳からはずれているようす。例不法な要求。類不当

【不本意】ふほんい〈―な・―に〉自分がもともとそうなってほしいと思っていたことと合わないこと。例不本意ながら、やってみよう。対本意

【不満】ふまん ⊠〈―な・―に〉これでじゅうぶんだと思えず、気にいらないこと。例不満をいだく。類不平・不服・苦情

【不眠】ふみん ⊠①ねむらないこと。②ねむろうとしてもねむれないこと。

【不眠不休】ふみんふきゅう ねむりもせず、休みもとらないこと。例不眠不休でがんばる。

【不明】ふめい ⊠〈―な・―に〉①ものごとのほんとうのようすや、先のことを見ぬく力が足りないこと。例不明をはじる。②わからないこと。例行方不明。原因不明。類未詳・不詳

【不明瞭】ふめいりょう〈―な・―に〉はっきりしていないこと。例発音が不明瞭だ。対明瞭

【不明朗】ふめいろう〈―な・―に〉かげになにかがありそうで、すっきりしない。対明朗 表現ほがらかでないことを「明朗でない」とはいうが、「不明朗」とはいえない。「不明朗」の場合、どうもすっきりしない、というような意味になる。

【不滅】ふめつ ⊠なくなったり、だめになったりしないで、いつまでもそのままであること。例不滅の功績をのこす。類不朽

【不毛】ふもう ⊠〈―な〉土地がやせているために、草や木・農作物がまるで育たないこと。例不毛の地。対肥沃 表現「不毛な議論」のように、成果や発展がない意味にも用いられる。

【不問】ふもん ⊠問題としてとりあげたり、質問したりしないこと。例不問に付す（ほんとうは問題があるが、とりあげないことにする）。経験不問。

【不用】ふよう ⊠〈―な・―に〉使わないこと。もう用がないこと。例不用の品。類無用・不要 対入用

【不要】ふよう ⊠〈―な・―に〉なくてもいいこと。必要でないこと。例不要不急。類不用 対必要

【不養生】ふようじょう〈―な〉健康に心くばりをせず、からだによくないことをすること。例医者の不養生。対養生

◆【不埒】ふらち ⊠〈―な・―に〉考え方やすることが、でたらめで度をこしていること。例不埒なおこない。参考「埒」は垣根やかこい、限界のこと。表現「とんでもないやつだ」「けしからんことだ」という気持ちをこめて使う。

【不利】ふり ⊠〈―な・―に〉うまくいく見こみがない。損になる。例不利な条件。対有利

【不慮】ふりょ ⊠そんなことが起こるとは、思ってもみなかったこと。例不慮の事故。類不測・意外 表現わるいことが起こったときだけにいう。

【不良】ふりょう ⊠〈―な〉①ものがよくない。よい状態でない。例不良品。天候不良。対良好 ②することや考え方が、ほめられるようなものでない。例不良少年。類非行

【不倫】ふりん ⊠〈―な〉結婚している人が、自分の夫や妻以外の人と男女の関係をもつこと。参考もともとは、「人の道からはずれたおこない」という広い意味をもつことば。

【不連続線】ふれんぞくせん 気象で、温度や気圧のちがう空気のかたまりどうしがふれあうときのさかいめの線。そのあたりでは天気がわるくなる。類前線

【不老長寿】ふろうちょうじゅ 年をとらず、いつまでも長生きすること。例不老長寿の妙薬。

【不老不死】ふろうふし 年をとらず、死なないこと。

【不和】ふわ ⊠〈―な・―に〉仲がわるいこと。例家庭不和になやむ。類間隙 対融和

【不惑】ふわく ⊠四十歳。参考『論語』の中にある、「四十にして惑わず」から出たことば。☞【而立】じりつ（904ページ）

❷〈よくない〉の意味で

【不運】ふうん ⊠〈―な・―に〉運がわるく、どうにもうまくいかないこと。例不運に見舞われる。類悪運・非運 対幸運

【不格好】ぶかっこう〈―な・―に〉すがたやようすが、見苦しいこと。表記「不恰好」とも書く。

【不機嫌】ふきげん〈―な・―に〉きげんがわるくて近よりにくい感じ。例不機嫌な顔。対上機嫌

【不況】ふきょう ⊠世の中のお金の動きがわるく、

会社が倒産したり失業する人がふえたりする状態。類不景気 対好況

【不行跡】ふぎょうせき〈—な〉日ごろのおこないがわるく、社会の常識や道徳にそむいていること。類不行状

【不景気】ふけいき〈—な〉①世の中のお金の動きがわるいこと。ものを作っても売れない状態。例不景気を打開する。類不況 対好景気 ②その店や会社の商売が、調子のよくないこと。③気分がもりあがらず、元気がないこと。例不景気な顔をする。

【不心得】ふこころえ〈—な〉ものごとに対する考え方や態度がわるいこと。例不心得者。

【不細工】ぶさいく〈—に〉①ものを作ったり、仕事をしたりするのがへたなようす。作ったもののできがわるいこと。例不細工な茶わん。類不器用 ②顔かたちがととのっていないこと。類不器量 表記「無細工」とも書く。

【不作】ふさく ☒ 農作物のできがわるいこと。例長雨で不作が心配だ。類凶作 対豊作

【不作法】ぶさほう〈—な〉行儀がわるいこと。類失礼 表記「無作法」とも書く。

◆【不躾】ぶしつけ ☒〈—な〉礼儀にはずれていて、えんりょのないこと。例不しつけなおねがいで申しわけありません。

【不始末】ふしまつ〈—な〉①なにかをしたあとの、かたづけ方や終わり方がよくないこと。例花火のあとは火の不始末がないように。②人に知られてはずかしいおこないやあやまち。例不始末をしでかす。類不都合

【不首尾】ふしゅび〈—に〉思っていたようなよい結果にならないこと。類不調 対上首尾

【不調】ふちょう ☒〈—な〉①ものごとの動きやはたらきぐあいが、よくないこと。例からだの不調をうったえる。対好調・快調 ②話し合いや仕事などが、うまくまとまらないこと。例交渉は不調に終わった。類不首尾

【不調法】ぶちょうほう〈—に〉①心くばりがいきとどかない、ものごとがうまくできない、などのこと。例不調法なところをお見せしました。②やりそこない。あやまち。例お茶をこぼした不調法をわびる。表記「無調法」とも書く。表現酒が飲めない、芸ごとができないなどの言いわけで、「そのほうはどうも不調法で」などということがある。

【不都合】ふつごう ①〈—な〉具合がわるいこと。つごうがつかないこと。例今週が不都合なら、来週にしましょう。対好都合 ②よくないおこない。例不都合をしでかす。類不始末

【不出来】ふでき〈—に〉できあがりぐあいが、よくないこと。対上出来

【不手際】ふてぎわ〈—な〉やり方がへただったり、うまくいかなかったりするようす。例司会者の不手際で、会が混乱する。

【不人情】ふにんじょう〈—な〉思いやりなど、人間らしい気持ちをもっていないこと。例都会の人が不人情だとはかぎらない。類非人情・無情

【不評】ふひょう ☒ 評判がわるいこと。例不評を買う。類悪評 対好評

【不便】ふべん ☒〈—に〉なにかをするのに、つごうよくできていないこと。例交通に不便な土地。対便利

【不用意】ふようい〈—に〉準備や心がまえが十分でないこと。うっかりしているようす。例不用意なことばが人をきずつける。

【不用心】ぶようじん〈—な〉①犯罪などに対する注意や心がまえがたりない。例不用心な家。②よくないことが起こりそうで、あぶない。例夜道は不用心だ。表記「無用心」とも書く。

【不漁】ふりょう ☒ 魚や貝などをとりにいって、獲物が少ないこと。類時化 対大漁・豊漁

且

一-4 総画5 常用

明朝 且 4E14

音 — 訓 か-つ 中

筆順 且

なりたち  【象形】いけにえをのせて神にそなえる器をえがいた字。器を重ねることから、「そのうえ、さらに」の意味に使われている。

意味 かつ。そのうえ。さらに。(一つのことにもう一つ重ねて何かを言うときに使うことば)例なお且つ。歌い且つ踊る。

【丘】 一-4 総画5 常用 明朝 丘 4E18

音 キュウ中　訓 おか中

筆順 ノ 亻 仁 斤 丘

なりたち 〔象形〕小さな山がつらなった形をえがいた字で、「おか」を表している。

意味 おか。山ほどではないが、すこし高くなっている土地。例 丘に登る。砂丘

名前のよみ お・たか・たかし

【丘陵】きゅうりょう Ⅲ 小さくて低く、なだらかな山。例 学校は丘陵の上にある。丘陵地。

【世】 一-4 総画5 3年 明朝 世 4E16

音 セイ・セ　訓 よ

筆順 一 十 廾 廿 世（たかく・おる）

なりたち 〔会意〕「十」を三つ合わせた形で、「三十」を表している字。三十年で世の中がかわることから、「世の中」、人の一生、「時代」の意味に使われている。

意味

❶よのなか。人の住む社会。例 世を去る。この世。世界・時世

❷人の一生。㋐親・子・孫と受けつぐ中でのそれぞれの一生。例 世代 ㋑仏教で、その人の生まれてから死ぬまで。例 前世

❸時代。一つの時代のくぎり。例 世紀・中世・末世

例解 使い分け よ[世・代] ☞ ひだりのページ

名前のよみ つぎ・つぐ・とき・とし

❶〈よのなか〉の意味で

【世界】せかい ↓ ①地球上の国や人びとの全部。例 世界地図。②見方・考え方によって見えてくるすべて。例 文学の世界。③おなじなかまのあつまり。例 子どもの世界。④その人が活動できる場所。例 新しい世界に出ていく。類 舞台

【世間】せけん ↓ ①世の中。例 世間知らず。②世の中の人びと。例 世間なみ。③その人のつきあいや活動の範囲。例 世間が広い。

【世間体】せけんてい ↓ 世の中の人がどう思うかということ。類 外聞・体面・体裁

【世故】せこ ↓ 複雑な世の中で生きていくための知恵や知識。類 世才・世知

【世事】せじ ↓ 世の中でおこなわれたり起きたりしていること。例 世事にうとい。類 俗事

【世辞】せじ ↓ 調子よく相手のきげんをとるようなことば。例 お世辞がうまい。

【世情】せじょう ↓ 世の中のようすや、人びとの心の動き。例 世情に明るい。類 世相

【世相】せそう ↓ できごとなどにあらわれる、世の中のようす。例 世相を反映する。類 世情

【世俗】せぞく Ⅲ ①ごくふつうの世の中。また、そこに生きている人びと。例 世俗にまみれる。類 俗世間 ②世の中でふつうにおこなわれている考え方やならわし。

【世帯】せたい ↓ 住まいや生活をいっしょにしている人びとの集まり。家族。例 二世帯住宅。類 所帯 表現「世帯数」「世帯主」などと、おもに役所などで使う。

【世知】せち ↓ 世の中をわたっていくための知恵。例 世知にたける。類 世故・世才

【世評】せひょう ↓ ①世間の評判。例 世評どおりの作品。類 声価・評判 ②うわさ。

【世論】せろん・よろん ↓ 世の中の多くの人びとの意見。みんなの考え。例 世論調査。参考 もとからあった「輿論」を「世論」と書きかえたら、これが「せろん」と読まれ、新しく「世論」ということばができてしまった。今は、「よろん」「せろん」両方いわれる。

【世話】せわ ↓ ①〈―する〉めんどうをみること。身のまわりのことをしてやること。例 老後は子どもの世話になる。②やっかいなこと、めんどうなこと。例 世話がやける。類 手数（てすう・てかず） ③〈―する〉人とのあいだに立って、たのんでやったり話をつけてやったりすること。例 仕事を世話する。類 紹介・仲介 表現「大きなお世話」は、よぶんなことをしてくれるなという意味。それをもっとはっきり言ったのが、「よけいなお世話」「いらぬお世話」。

【世話人】せわにん 会やもよおしものなどの中心として、全体に気をくばり、ものごとを進める役目の人。例 会の世話人を引き受ける。

❷〈人の一生〉の意味で

【世襲】せしゅう ↓〈―する〉家の職業・財産・地位などを、親から子へ代々受けついでいくこと。例 世襲財産。世襲議員。

【世代】せだい ↓①おなじくらいの年ごろの人びと。例 親の世代。②人が親のあとをつぎ、子どもにゆずるまでのあいだ。例 三世代が同居する。

❸〈時代〉の意味で

【世紀】せいき ↓西暦で、百年を一つのくぎりとした年代の単位のこと。たとえば、二十一世紀は、二〇〇一年から二一〇〇年までの百年間をいう。

世が下につく熟語 上の字の働き

❶世＝〈よのなか〉のとき
【後世 時世 当世】イツの世か。
【濁世 乱世】ドウイウ世の中か。
【在世 辞世 出世 処世 絶世】世を(世に)ドウスルか。

❷世＝〈人の一生〉のとき
【一世 二世】イクツめの代か。
【前世 現世 来世】イツの人生か。

❸世＝〈時代〉のとき
【中世 近世 末世】イツの時代か。

◆隔世

丙

一-4 総画5 常用 明朝 丙 4E19

音 ヘイ 中　訓 ひのえ 外

筆順 一 丙 丙 丙 丙

たなちり [象形] 神にそなえる肉をのせる大きなつくえをえがいた字。

意味 十干の三番め。ひのえ。ものごとの三番め。例 甲乙丙。丙午・丙種

名前のよみ あき・え

【丙午】へいご・ひのえうま ‖ 干支で、丙と午の組み合わせになる年。知識 この年には火事が多いとか、この年生まれの女の人は気性がはげしいというような迷信が、むかしはあった。

丞

一-5 総画6 人名 明朝 丞 4E1E

音 ジョウ 外　訓 ―

意味 ❶たすける。すくう。❷副官。長官をたすける役目の人。例 丞相

名前のよみ すけ・すすむ

例解 使い分け　よ《世・代》

世＝人びとの生活の場。人間の社会。せけん。例 世に知られる。世を去る。この世とあの世。

代＝ある支配者が国を治めている期間。例 徳川の代。君が代。神代の昔。

世の中

両

一-5 総画6 3年 明朝 両 4E21 旧字 兩 5169

音 リョウ　訓 ―

筆順 一 両 両 両 両 両（はねる）

たなちり [象形] 左右にふり分けて重さをはかるてんびんの形をえがいた字。

意味
❶ふたつ。対になっているもののどちらも。例 両の手。両者・両眼
❷くるま。車をかぞえるときのことば。例 六両編成。車両
❸むかしのお金や重さの単位。例 千両。参考 重さの単位としては約四二グラム。

❶〈ふたつ〉の意味で

【両院】りょういん ↓国会の二つの院。日本では衆議院と参議院。アメリカなどでは上院と下院。例 衆参両院。

【両側】りょうがわ ↓ 表とうら、右と左など、ものの二つの面や方向。例 道の両側に木を植える。類 両面・両方 対 片側

【両岸】りょうがん|りょうぎし ↓ 川や海峡をはさんで向かいあった両がわのきし。

【両極】りょうきょく ↓ ①地球の北極と南極。電池の陽極(プラス)と陰極(マイナス)、磁石のN極とS極など、性質や方向が正反対である両はしのところ。②正反対の二つ。例 評価が両極に分かれる。類 両極端

【両極端】りょうきょくたん なにからなにまで正反対の二つ。類 両極

【両軍】りょうぐん ↓ 双方の軍隊やチーム。

【両者】りょうしゃ ↓ 相対する、またはならんでいるふたりの人や二つのもの。例 両者の言い分を聞く。類 両方

【両親】りょうしん ↓ 父と母。類 父母・二親 対 片親

【両性】りょうせい ↓ ①女性と男性。雌と雄。例 婚姻は両性の合意のみに基づいて成立する。②異なる二つの性質。例 両性化合物。

【両成敗】りょうせいばい どちらがわるいか決めないで、両方を罰すること。例 けんか両成敗。

【両生類】りょうせいるい カエルやイモリなど、幼生のときには水中で生活し、成長すると陸上で生活するようになる動物。表記「両棲類」とも書く。知識 脊椎動物の一つ。魚類と爬虫類のあいだのもの。カエルは、おたまじゃくしのうちはえら呼吸し水中で生活するが、変態後は陸に上がり肺で呼吸し水べにすむ。

【両端】りょうたん|りょうはし ↓ 一つのものの両方のはし。例 ひもの両端をむすんで輪にする。

【両手】りょうて ↓ 左右の手。例 両手に花(二つのよいものをひとりじめすること)。対 片手

【両天秤】◆りょうてんびん てんびんばかりの両側。例 両天秤にかける(片方がだめになってもいいように、もう片方とも関係をもつ)。類 二股

【両人】りょうにん ↓ そのふたり。話題になっているふたりの人の両方。例 ご両人。

【両刃】りょうば|もろは ↓ 刃物の、両側に刃がついていること。例 両刃のつるぎ(相手を切るのにも役に立つが自分を傷つけるおそれもあるもの)。類 諸刃・双刃 対 片刃

【両方】りょうほう ↓ ①二つとも。どちらも。例 両方ほしい。類 双方・両者 対 一方・片方 ②二つの方面。例 左右両方に道が分かれる。類 両側 対 片方

【両名】りょうめい ↓ ふたりの者。例 両名起立。

【両面】りょうめん ↓ ①表とうら。例 両面テープ。類 両側 対 片面 ②二つの方面。例 物心両面から援助する。

【両雄】りょうゆう ↓ 相対する二人の英雄。例 両雄ならび立たず(二人の英雄はかならず力をあらそい、一方だけがのこることになる)。

【両用】りょうよう ↓ 一つのものが、ふたとおりのことに使えること。例 水陸両用自動車。

【両様】りょうよう ↓ ふたとおり。例 君の意見は両様にとれてわかりにくい。類 二様

【両翼】りょうよく ↓ ①鳥や飛行機の左右のつばさ。例 トンビが両翼をひろげて空を飛ぶ。②横一列にならんでいるものの両はし。

【両立】りょうりつ ↓〈─する〉相対する二つのものがどちらもなりたつこと。例 勉強と遊びを両立させる。類 共存・並立

【両輪】りょうりん ↓ 車の左右二つの輪。表現 一つのものをささえあって、切っても切れない関係にある、二つのものごとを指していうことがある。

❸〈むかしのお金や重さの単位〉の意味で

【両替】りょうがえ ↓〈─する〉①一万円札一枚を千円札十枚と取りかえるなど、お金をべつの種類のお金に取りかえること。②ある国のお金をおなじねうちをもつよその国のお金にかえること。例 日本円を米ドルに両替する。

並

一-7 総画8 6年

明朝 並 4E26 旧字 竝 7ADD

音 ヘイ 中 訓 なみ・なら-べる・なら-ぶ・なら-びに

筆順 並 並 並 並 並 並 並 並

なりたち 会意 もとの字は「竝」で、人が「立っている」すがたを二つ合わせてできた字。「ならぶ」として使われている。

ものしり巻物 第1巻

日本語の文字の種類

「きのうの夜は、NHKの7時のニュースを見ました。」

というような文を書くとき、わたしたちはたくさんの種類の文字をまぜて使います。右の文には、**平仮名・片仮名・漢字・ローマ字・アラビア数字**が使われています。わたしたちは日本語を書くとき、平仮名・片仮名・漢字・ローマ字などをまぜて文章を書いているのです。

片仮名は、「ニュース」「テレビ」のような、外国から入ってきたことば(外来語)や、「ニューヨーク」「バッハ」のような、外国の地名・人名を書くときに使われます。ほかにも、「パタパタ」「ワンワン」のような、ものの音や動物の鳴き声を表すことばなどを書くときにも使います。

漢字は、「夜」、見るの「見」のように、ものの名前や動き・ようすなどを表すことばを書くときに使います。もちろん、むずかしいことばのときは平仮名で書いてもかまいません。

ローマ字は、「Yokohama(横浜)」のように、駅や道路の看板で、外国の人にも読めるように、地名を書くときによく使われます。最近では、NHK、JR、NTTのように会社の名前や、タレントの名前にもローマ字書きのものがふえています。

7時の「7」は、**アラビア数字**、または**算用数字**といいます。もともとは、インドで作られた文字ですが、アラビアを通ってヨーロッパにつたえられ、ヨーロッパから、さらに日本につたえられました。

このように、わたしたちは、日本語で文章を書くときに、いろいろな種類の文字を使い分けているのです。

意味

❶ならぶ。ならべる。例 机を並べる。二列に並ぶ。いすの並びを整える。町並み

❷ならびに。二つ以上のものをいっしょに挙げるときのことば。

❸ふつうの。なかまの多くとおなじぐらい。例 並の品。人並み。並製

❶〈ならぶ〉の意味で

【並木】なみき ⬇ 道路の両側にそって、おなじようにあいだをあけて植えてある木。例 この通りは、イチョウ並木で有名です。類 街路樹

【並行】へいこう ⬇〈一する〉①二つ以上のものが、ならんでいくこと。例 海岸線と並行して走る道路。対 交差 ②二つのものごとが同時におこなわれること。例 二つの工事を並行しておこなう。類 並立 表記「併行」とも書く。

例解 [使い分け] へいこう[平行・並行] ☞376ページ

【並立】へいりつ ⬇〈一する〉同時にいくつものものがならびたつこと。類 両立・並行

【並列】へいれつ ⬇〈一する〉①いくつかのものが横にならぶこと。また、ならべること。②電池のおなじ極どうしをつなぐこと。また、そのつなぎ方。対 直列

❸〈ふつうの〉の意味で

【並製】なみせい ⬇ とくべつに作ったのではない、ふつうの品物。対 上製・特製

【並大抵】なみたいてい ふつうであること。例 この仕事は、並大抵の努力ではできない。表現 ほとんど「並大抵(の…)ではない」と、打ち消しの

形で、大きいもの、すばらしいものを引き立てるのに使う。

1画 丨 [ぼう][たてぼう] の部

「丨」をもとにして作られた字と、「丨」の形がめやすとなっている字を集めてあります。

この部首の字

中

音 チュウ・ジュウ　訓 なか

1−3　総画4　1年　明朝 中 4E2D

筆順 中

なりたち 中 [指事]もののまんなかをつらぬいた形からできた字。「なか」として使われている。

意味

❶位置のなか。範囲のうちがわ。まんなか。例 家の中。中空・集中・夢中

❷ものごとのなかほど。三つに分けた、まんなか。また、「中学」の略。例 中くらい。小・中・高。大・中・小。上・中・下。

❸ものごとをしているあいだ。…している最中。例 食事中。年中

❹かたよらない。どちらでもない。例 中正・中立

❺あたる。あてる。例 中毒・的中

❻中国。例 日中の友好親善。米中関係。

例解 [使い分け] なか[中・仲] ⇨ ひだりのページ

注意するよみ ジュウ…例 世界中・一日中

名前のよみ あたる・かなめ・ただ・ただし・のり

❶〈位置のなか〉の意味で

【中央】ちゅうおう Ⅲ ①もののまんなかの部分。例 校庭の中央。類 中心 対 末端・周辺 ②政治・経済・文化など国家の重要なはたらきをする役所などが集まっているところ。例 中央集権。対 地方 ③おおもとになるたいせつなはたらきをするもの。例 中央銀行。

【中核】ちゅうかく Ⅲ ものごとの中心となる重要な部分。例 国家の中核。類 中心・中央

【中間】ちゅうかん Ⅲ ①二つのあいだのまんなかのあたり。例 中間地点。②まだ終わっていない、そのとちゅう。例 中間報告。

【中間色】ちゅうかんしょく ①三原色でもなく、白や黒でもない色。類 間色 対 原色 ②あざやかな色に、白や灰色をまぜた色。対 純色

【中空】⇩ 一 ちゅうくう・なかぞら 空のなかほどのあたり。例 中空の月。二 ちゅうくう〈―な〉もののなかがからっぽであること。例 中空の柱。

【中継】○ちゅうけい ⇩〈―する〉①とちゅうで受けつぐこと。なかつぎ。例 中継プレー。②「中継放送」の略。スポーツやもよおしもの、事故などの現場のようすを、放送局がなかつぎして放送すること。例 実況中継。中継局。

【中堅】○ちゅうけん ⇩ ①社会や団体・会社などでじっさいの仕事の中心となってはたらく人。例 中堅社員。②「中堅手」の略。野球で、外野のまんなかをまもる選手。センター。

【中腰】○ちゅうごし ⇩ 半分ほどこしを上げた、立ちかけの姿勢。例 中腰になる。

【中軸】○ちゅうじく ⇩ ①ものごとの中心をつらぬく軸。②ものごとの中心となるたいせつなものや人。例 中軸打者。類 中心・中枢

【中心】ちゅうしん Ⅲ ①ものや場所のまんなか。例 町の中心。類 中央 対 周辺 ②ひじょうにたいせつなものやところ。例 事件の中心人物。類 中枢・中核・中軸 対 末端 ③円周または球面のすべての点から等しい距離にある点。

【中枢】○ちゅうすう Ⅲ ものごとを動かす中心になる、だいじなところ。例 政治の中枢。中枢神経。類 中心・中軸・枢軸・根幹

【中天】ちゅうてん ⇩ 空のまんなかあたり。例 中天にかかる月。

【中部】ちゅうぶ ⇩ まんなかあたりにある部分。

【中州】なかす ⇩ 川の流れの中に土や砂がつもって水面より高くなっているところ。表記「中洲」とも書く。

【中庭】なかにわ ⇩ 建物にかこまれた場所につくられている庭。類 内庭

【中程】なかほど ⇩ ある場所やある長さの、まんな

かのあたり。例 入り口に立ちどまらず中程におつめください。月の中程。☞❷

【中身】なかみ ↓①容器などの中に入っているもの。中にふくまれているもの。例 びんの中身。②ことばや絵などによって表されていることがら。例 話の中身。類 内容・本体 表記「中味」とも書く。

【中指】なかゆび ↓五本の指のまんなかにある指。関連 親指・人差指・中指・薬指・小指

❷〈ものごとのなかほど〉の意味で

【中学生】ちゅうがくせい 中学校にかよう生徒。

【中学年】ちゅうがくねん 中級の学年。おもに小学校の三、四年。関連 低学年・中学年・高学年

【中学校】ちゅうがっこう 小学校を卒業してから進む三年制の義務教育の学校。

【中期】ちゅうき ↓ある期間の中ごろ。関連 初期・前期・中期・後期・末期

【中級】ちゅうきゅう ↓初級と上級のあいだ。関連 初級・中級・上級

【中元】ちゅうげん ↓①仏教の年中行事の一つ、「お盆」のこと。七月十五日(地方によっては八月十五日)におこない、祖先の霊をまつる。②七月上旬からお盆にかけての時期の、おせわになった人へのおくりもの。ふつう、「お中元」という。対 歳暮

【中古】ちゅうこ｜ちゅうぶる ↓前に人が使ったことのある品物。例 中古車。中古品。対 新品

【中興】ちゅうこう ↓〈―する〉おとろえかけたものを、またさかんにすること。例 中興の祖。類 再興・復興

【中産階級】ちゅうさんかいきゅう 有産階級(資本家など)と無産階級のあいだで、はたらきながら生活している人びとの層。類 中流

【中秋】ちゅうしゅう ↓①陰暦の八月十五日。例 中秋の名月。②秋の中ごろ。表記 ②は「仲秋」とも書く。知識 陰暦では七・八・九月が秋で、「中秋」は、まんなかの八月を指す。陰暦八月は今のこよみでは九月から十月ごろになる。

【中旬】ちゅうじゅん ↓ひと月を三つに分けたうちの、十一日から二十日までの十日間。関連 初旬・上旬・中旬・下旬

【中世】ちゅうせい ↓時代区分の一つ。日本史では、鎌倉時代から戦国時代までを、西洋史では、五世紀から十五世紀半ばまでを指す。関連 古代・中世・近世・近代・現代

【中肉中背】ちゅうにくちゅうぜい 太りすぎでも、やせすぎでもなく、せいも中くらいで、ごくふつうの体格。例 中肉中背のからだつき。

例解 使い分け なか《中・仲》

中＝かこまれたものの内がわ。ものとものとの間。対 外 例 箱の中。心の中。中指。

仲＝人と人との間がら。例 仲がいい。仲直りする。仲を取り持つ。

【中日】↓㊀ちゅうにち 彼岸の七日間のまんなかの日。春分の日と秋分の日にあたる。例 お中日にお墓参りに行く。㊁なかび すもうや演劇・展覧会などのちょうどまんなかの日。例 春場所も中日をむかえた。☞❻

【中年】ちゅうねん ↓青年期と老年期のあいだの、四十代から五十歳前後のはたらきざかりのころ。例 中年の男。関連 幼年・少年・青年・壮年・中年・熟年・老年

【中盤】ちゅうばん ↓勝負ごとなどが、なかほどまで進んで本格的なたたかいがくりひろげられるという時期。例 選挙戦も中盤に入った。参考 もとは、碁や将棋で使うことば。「盤」は碁・将棋の盤である。関連 序盤・中盤・終盤

【中火】ちゅうび ↓料理をするときの火かげんで、とくに強くも弱くもない、中くらいの火。

【中腹】ちゅうふく ↓山や丘で、頂上とふもとのあいだのあたり。例 山の中腹まで登る。

【中略】ちゅうりゃく ↓〈―する〉文章を引用するときや話の中身などで、とちゅうをはぶくこと。例 中略して結論に入る。関連 前略・中略・後略 上略・中略・下略｜かりゃく

【中流】↓ ①川のみなもとと河口のあいだの、なかほどのあたり。②川の流れで、両岸からおなじくらいはなれたところ。例中流に舟をうかべる。③社会で、地位や収入が中くらいで、ふつうの生活をしていること。類中産階級 関連上流・中流・下流

【中程】↓ ①順番にならんだうちの、まんなかのあたり。例成績はいつも中程です。②ある時間のうちの、なかごろ。例映画の中程でねむってしまう。☞❶

❸〈ものごとをしているあいだ〉の意味で

【中座】◎〈―する〉会合や宴会などのとちゅうでぬけること。例会議を中座する。

【中止】↓〈―する〉①やりはじめたものごとをとちゅうでやめること。うちきること。例意見が合わず、会談を中止する。類中断 ②予定していたことを、やる前にとりやめにすること。例運動会が雨で中止になった。

【中絶】↓〈―する〉それまでつづいていたものごとを、とちゅうでとぎれさせること。例伝統行事が中絶する。

【中退】◎〈―する〉「中途退学」の略。学生・生徒が卒業を待たず、とちゅうで学校をやめてしまうこと。類退学・退校

【中断】↓〈―する〉つづいていたものごとがとちゅうで切れること。また、切ること。例にわか雨で試合が中断された。類中止・中絶 表現「中断」は切れたあとも、つづきがあるという感じがするが、「中止」は切れたまま終わることを意味する場合が多い。

【中途】↓ ①今までつづけてきたものごとがまだ終わっていない状態。例中途でやめる。類途中・中道 ②どこかへ向かって進んでいる、なかほどのところ。例中途で引き返す。類途中

【中道】↓ ものごとや仕事をしているとちゅう。なかほど。例中道にしてたおれる（やりとげられずに、大病になったり、なくなったりする）。類中途・途中 ☞❹

【中途半端】〈―な・―に〉①つづけるのかやめるのか、賛成なのか反対なのか、どっちつかずでいいかげんなようす。例中途半端な態度。②ものごとができあがっていない状態。

❹〈かたよらない〉の意味で

【中正】Ⅱ〈―な・―に〉考え方がかたよらず、正しいこと。例中正を欠く。類中庸・中道

【中性】↓ ①化学で、酸性でもアルカリ性でもないこと。例中性洗剤。②男でも女でもない性質。例中性的。

【中道】↓ 考え方などにかたよりがなく、おだやかなこと。例中道をあゆむ。類中正・中庸 ☞❸

【中庸】Ⅱ〈―な・―に〉考え方などがかたよらず、おだやかでむりのないこと。例中庸の人。中庸をえる。類中道・中正

【中立】↓〈―する〉対立しているもののどちらにも、味方も反対もしないこと。例中立をまもる。中立国。

【中和】↓〈―する〉ちがう性質をもつものがとけあって、それぞれの特性をうしなうこと。とくに、酸性とアルカリ性の溶液がまじりあって、どちらの性質もうしなうこと。

❺〈あたる〉の意味で

【中傷】↓〈―する〉悪口を言いふらして、人の心や名誉をきずつけること。類誹謗

【中毒】▲〈―する〉からだにわるいものを、飲んだり食べたり吸ったりしたために起こる病気。例中毒を起こす。食中毒。表現「コーヒー中毒」「インターネット中毒」などと、それなしではいられないこともいう。

【中風】▲ 脳出血・脳梗塞などによって起こる、からだが思うように動かなくなる病気。類中気・卒中・脳卒中

❻〈中国〉の意味で

【中華】Ⅱ ①自分の国が世界の中心であり、もっとも文化の進んだ国だとする考えから、中国人が自分の国を指していったことば。②「中華料理」の略。例中華そば。

【中国】↓ ①アジア大陸の東にある広大な地域をもつ国。正式な国名は「中華人民共和国」。人口は約十三億九千万人で世界第一。首都は北京。古くから東アジアの文明の中心地としてさかえ、日本にも大きな影響をあたえている。②日本で「中国地方」のこ

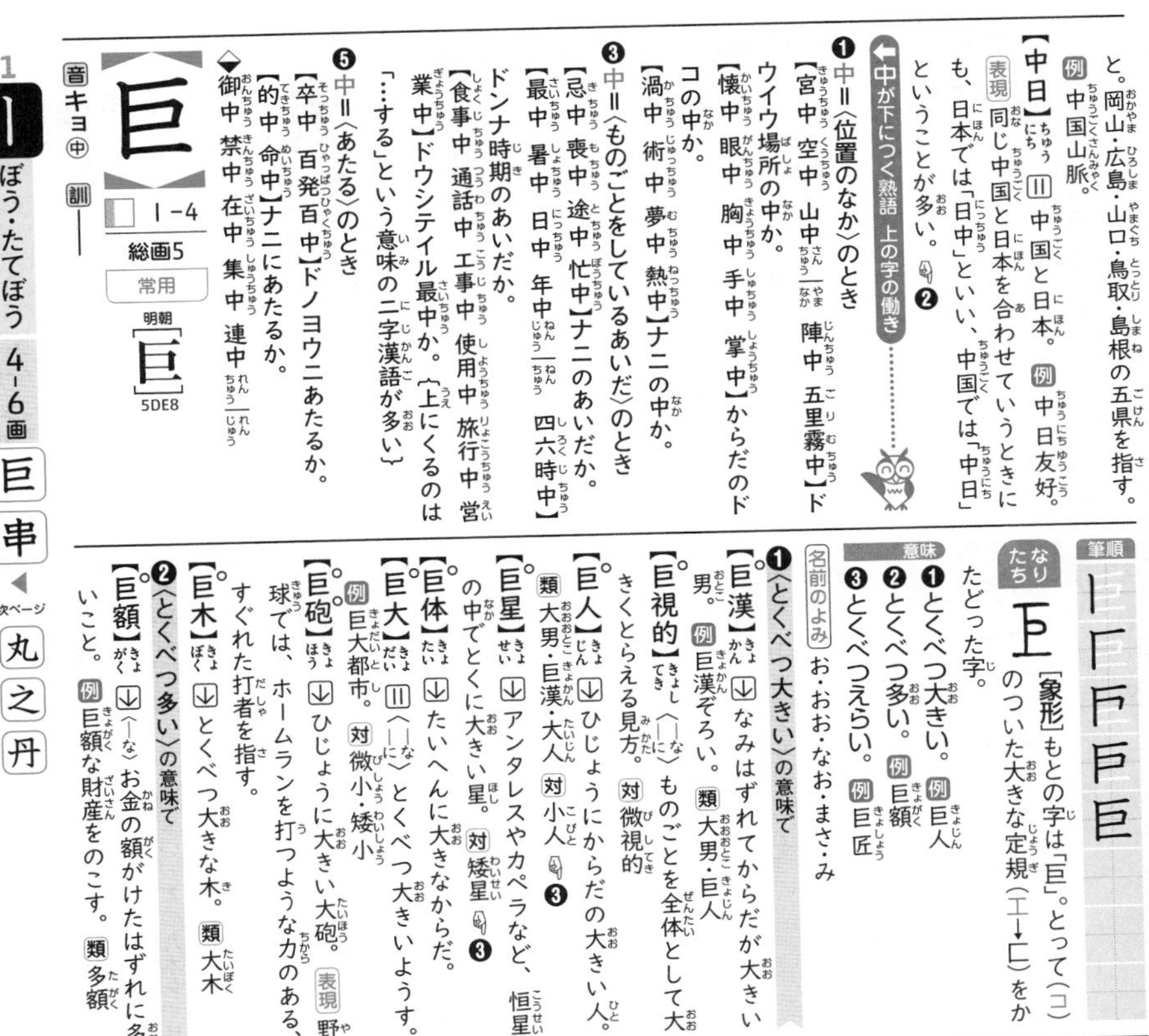

と。岡山(おかやま)・広島(ひろしま)・山口(やまぐち)・鳥取(とっとり)・島根(しまね)の五県(ごけん)を指(さ)す。例 中国山脈(ちゅうごくさんみゃく)。

【中日】ちゅうにち ＝ 中国(ちゅうごく)と日本(にほん)。例 中日友好(ちゅうにちゆうこう)。
表現 同(おな)じ中国(ちゅうごく)と日本(にほん)を合(あ)わせていうときにも、日本(にほん)では「日中(にっちゅう)」といい、中国(ちゅうごく)では「中日(ちゅうにち)」ということが多(おお)い。☞❷

中が下につく熟語 上の字の働き

❶ 中＝〈位置(いち)のなか〉のとき
【宮中(きゅうちゅう) 空中(くうちゅう) 山中(さんちゅう|やまなか) 陣中(じんちゅう) 五里霧中(ごりむちゅう)】ドウイウ場所(ばしょ)の中(なか)か。

【懐中(かいちゅう) 眼中(がんちゅう) 胸中(きょうちゅう) 手中(しゅちゅう) 掌中(しょうちゅう)】からだのドコの中(なか)か。

【渦中(かちゅう) 術中(じゅっちゅう) 夢中(むちゅう) 熱中(ねっちゅう)】ナニの中(なか)か。

❸ 中＝〈ものごとをしているあいだ〉のとき
【忌中(きちゅう) 喪中(もちゅう) 途中(とちゅう) 忙中(ぼうちゅう)】ナニのあいだか。

【最中(さいちゅう) 暑中(しょちゅう) 日中(にっちゅう) 年中(ねんじゅう|ねんちゅう) 四六時中(しろくじちゅう)】ドンナ時期(じき)のあいだか。

【食事中(しょくじちゅう) 通話中(つうわちゅう) 工事中(こうじちゅう) 使用中(しようちゅう) 旅行中(りょこうちゅう) 営業中(えいぎょうちゅう)】ドウシテイル最中(さいちゅう)か。〔上(うえ)にくるのは「…する」という意味(いみ)の二字漢語(にじかんご)が多(おお)い〕

❺ 中＝〈あたる〉のとき
【卒中(そっちゅう) 百発百中(ひゃっぱつひゃくちゅう)】ドノヨウニあたるか。

【的中(てきちゅう) 命中(めいちゅう)】ナニにあたるか。
◆ 御中(おんちゅう) 禁中(きんちゅう) 在中(ざいちゅう) 集中(しゅうちゅう) 連中(れんちゅう|れんじゅう)

巨

音 キョ 中　訓 ―
工 1-4　総画5　常用
明朝 巨 5DE8

筆順 巨

たちなり [象形] もとの字は「巨」。とって(コ)のついた大(おお)きな定規(じょうぎ)(工→巨)をかたどった字(じ)。

意味
❶ とくべつ大(おお)きい。例 巨人(きょじん)
❷ とくべつ多(おお)い。例 巨額(きょがく)
❸ とくべつえらい。例 巨匠(きょしょう)

名前のよみ お・おお・なお・まさ・み

❶〈とくべつ大きい〉の意味で
【巨漢】きょかん ↓ なみはずれてからだが大(おお)きい男(おとこ)。例 巨漢(きょかん)ぞろい。類 大男(おおおとこ)・巨人(きょじん)
【巨視的】きょしてき〈―な〉ものごとを全体(ぜんたい)として大(おお)きくとらえる見方(みかた)。対 微視的(びしてき)
【巨人】きょじん ↓ ひじょうにからだの大(おお)きい人(ひと)。類 大男(おおおとこ)・巨漢(きょかん)・大人(たいじん) 対 小人(こびと) ☞❸
【巨星】きょせい ↓ アンタレスやカペラなど、恒星(こうせい)の中(なか)でとくに大(おお)きい星(ほし)。対 矮星(わいせい) ☞❸
【巨体】きょたい ↓ たいへんに大(おお)きなからだ。
【巨大】きょだい ＝〈―に〉とくべつ大(おお)きいようす。例 巨大都市(きょだいとし)。対 微小(びしょう)・矮小(わいしょう)
【巨砲】きょほう ↓ ひじょうに大(おお)きい大砲(たいほう)。表現 野(や)球(きゅう)では、ホームランを打(う)つような力(ちから)のある、すぐれた打者(だしゃ)を指(さ)す。
【巨木】きょぼく ↓ とくべつ大(おお)きな木(き)。類 大木(たいぼく)

❷〈とくべつ多い〉の意味で
【巨額】きょがく ↓〈―な〉お金(かね)の額(がく)がけたはずれに多(おお)いこと。例 巨額(きょがく)な財産(ざいさん)をのこす。類 多額(たがく)
【巨費】きょひ ↓ とてつもなくたくさんのお金(かね)。例 巨費(きょひ)を投(とう)じて科学(かがく)センターが作(つく)られた。
【巨万】きょまん ＝ ひじょうに大(おお)きな数(かず)や量(りょう)。例 巨万(きょまん)の富(とみ)をきずく(大金持(おおがねも)ちになる)。
【巨利】きょり ↓ とてつもないたくさんのもうけ。例 巨利(きょり)を博(はく)する。対 小利(しょうり)

❸〈とくべつえらい〉の意味で
【巨匠】きょしょう ↓ 芸術(げいじゅつ)の世界(せかい)で、だれもが認(みと)める、りっぱな仕事(しごと)をした人(ひと)。類 大家(たいか)・泰斗(たいと)
【巨人】きょじん ↓ とくにすぐれたえらい人(ひと)。例 書道界(しょどうかい)の巨人(きょじん)。類 巨星(きょせい) ☞❶
【巨星】きょせい ↓ とくべつ偉大(いだい)な人(ひと)。例 巨星墜(きょせいお)つ(大人物(だいじんぶつ)が死(し)んだ)。類 巨人(きょじん) ☞❶
【巨頭】きょとう ↓ 大(おお)きな国(くに)や団体(だんたい)の先頭(せんとう)に立(た)つような、重要(じゅうよう)な地位(ちい)にある人(ひと)。類 首脳(しゅのう)

串

音 カン 外　訓 くし 中
丨 1-6　総画7　常用
明朝 串 4E32

筆順 串

意味 くし。物(もの)をつき通(とお)す細(ほそ)い棒(ぼう)。例 だんごの串(くし)。串刺(くしざ)し。串焼(くしや)き。

1画 丶 [てん] の部

「丶(てん)」の形(かたち)がめやすとなっている字(じ)を集(あつ)めてあります。

この部首の字

2丸……36 之……36 3丹……36
4主……37 丼……39
叉▶又194 斗▶斗574 以▶人60 永▶水682
氷▶水683 州▶川362 為▶灬735

丸

丶-2 総画3 2年 明朝 丸 4E38

音 ガン 訓 まる・まる-い・まる-める

筆順 丿 九 丸（はねる）（おらない）

なりたち [指事]かたむく意味の「仄」の字を反対にしめすことで、人がからだをまるめてころがることを表している字。

意味

❶まるい。まるいもの。まるくかためたもの。例 頭を丸める。丸とばつ。例 丸太・丸薬
❷すっかり。すべて。みな。例 丸裸
❸たま。鉄砲や大砲のたま。例 弾丸
❹人や船の名前につけることば。例 牛若丸。氷川丸。

例解 [使い分け] まるい[丸・円] ☞ひだりのページ

名前のよみ まろ

❶〈まるい〉の意味で

【丸薬】がんやく ↓ 練りあわせて、小さくまるめた薬。錠剤。関連 丸薬・水薬・散薬

【丸木】まるき ↓ 四角に切ったりしていない、丸いままの木材。例 丸木の柱。類 丸太

【丸木橋】まるきばし 丸木を流れの上にかけわたしただけの橋。

【丸木舟】まるきぶね 大きくて太い一本の丸木をくりぬいて作ったふね。

【丸太】まるた ◎ 切りたおして、えだを落としただけの木材。例 丸太を組んで足場をつくる。類 丸木 表現「丸木」にくらべ、太さも細めであまり上等でないものをいうことが多い。

❷〈すっかり〉の意味で

【丸暗記】まるあんき〈—する〉理解するのではなく、全体をそっくりそのまま覚えること。類 棒暗記

【丸腰】まるごし ↓ 刀などの武器をなにも持っていないこと。例 丸腰でたたかう。

【丸損】まるぞん ↓ 得になることがなくて、すっかり損をすること。例 今度の商売は丸損だ。

【丸裸】まるはだか ↓ ①なにも身につけず、すはだを全部出すこと。すっぱだか。類 全裸 ②からだのほかには、持ち物も財産も、なにもないこと。例 火事で丸裸になる。

【丸坊主】まるぼうず かみの毛をすべてそりおとした頭。または、ごく短くかった頭。表現 山に木が少しも生えていないことにもいう。

◆一丸 弾丸 砲丸

▶前ページ 巨 串

之

丶-2 総画3 人名 明朝 之 4E4B

音 シ外 訓 これ外・の外

意味 これ。この。

丹

丶-3 総画4 常用 明朝 丹 4E39

音 タン中 訓 —

名前のよみ いたる・のぶ・ひで・ゆき・よし・より

筆順 丿 刀 月 丹

なりたち [指事]「井戸」の中の石（丶）を表している。むかし、井戸をほって赤い色の原料になる石をとったことから、「赤い色」を表す字として使われるようになった。

意味

❶赤。赤い色をしている。例 丹頂
❷まごころ。まごころをこめる。例 丹念
❸ねりかためた薬。例 反魂丹
❹丹波・丹後。旧国名。今の京都府の北部・兵庫県の一部。例 丹州。
❺《その他》例 丹前・切支丹

名前のよみ あかし・あきら・に・まこと

❶〈赤〉の意味で

【丹頂】たんちょう ↓ ツルの一種。頭の頂上が赤いので「丹頂鶴」の名がついた。首と羽の先が黒いほかは白い羽毛におおわれている。美しく、めでたい鳥とされ、現在、日本でふつう「ツル」といえばこの鳥を指す。知識 北海道の釧路・根室などが飛来地として有名で、特別天然記念物に指定されている。

丹頂

❷〈まごころ〉の意味で

【丹精】⊟〈―する〉まごころ。また、まごころをこめてせわや仕事をすること。例丹精して育てたサツキの花がさいた。

【丹念】⇩〈―に〉〈―な〉心をこめて、ていねいにすること。例丹念に日記をつける。類入念

❺《その他》

【丹前】⓪ 着物より少し長く、そでも広く大きめに作り、わたを入れた防寒用の和服。ねまきなどの上に着る。どてら。

主

丶-4 総画5 3年 明朝 主 4E3B

音 シュ・ス高 訓 ぬし・おも・あるじ外

筆順 丶 亠 宀 主 主 （ながく）

なりたち [象形]燭台に火がともっている形をえがいた字。ともし火が家の中心に置かれてだいじにされることから、「ぬし」として使われるようになった。

意味

❶あるじ。ぬし。かしら。自分。例このあたりの主。主と従。地主 対 従・客

❷中心の。中心となっておこなう。おもな。例主に学生が集まる。主催 対 副

注意するよみ ス…例法主・坊主

名前のよみ かず・つかさ・もり

❶〈あるじ。ぬし〉の意味で

【主観】⇩自分ひとりの立場からものを見て、感じたり考えたりする心のはたらき。例主観にとらわれる。対客観

【主客】しゅきゃく｜しゅかく ⟺ まねいた人と、まねかれた客。☞❷

【主君】⊟自分が家来として仕えている、身分の高い人。類殿 対臣下

【主権】⇩その国の政治を決めていく、いちばんもとになる権力。例主権在民（主権が国民にあること）。知識 民主主義の国家では、選挙で自分たちの代表をえらぶことによって、主権が国民にあることになる。

【主語】⇩一つ一つの文が表す、動作や状態のもとになるものを表すことば。「鳥が鳴く」「時は金なり」の「鳥」「時」など。知識 文法用語。動作や状態を表すほうのことばは「述語」という。

【主従】⟺ 主人と家来。例主従関係。☞❷

【主人】⇩①家庭の中心となる人。例家の主人。②客をもてなすがわの人。ホスト。対客 ③妻が、自分の夫を指していうことば。類亭主 ④店の持ち主。やといぬし。

【主席】⇩政党や国家の最高指導者。

【主体】⇩自分の意志をもち、まわりのものにはたらきかけていくもの。例主体的にクラブ活動にとりくむ。対客体 ☞❷

【主婦】⇩家庭の仕事を中心となっておこなっている女の人。例専業主婦。

❷〈中心の〉の意味で

【主因】⇩いくつかの原因の中で、いちばん大きなもの。例失敗の主因。類要因 対副因

【主演】⇩〈―する〉映画や劇で、中心になるだいじな役を演じること。類主役 対助演

【主眼】⇩なにかをするときの、いちばん

例解 使い分け

まるい《丸い・円い》

丸い＝まるの形をしている。全部。
例地球は丸い。日の丸。丸見え。丸つぶれ。丸くおさめる。

円い＝平面的に「まるい」形。満ちている。
例円い窓。円く輪になる。円い人柄。

参考「丸」は「丸・丸める」とも使うが、「円」は「まる・まるめる」とは使わない。「円い」は「丸い」とも書く。

丸い

円い

たいせつなねらい。例体力づくりに主眼を置いた練習。類眼目・主旨

【主義】しゅぎ ⇩人の生き方や行動のもとになっている、あるきまった考え方。例主義主張。類思想・宗旨 表現 ひとりの人の信じる考え方から、世界的に知られたひとまとまりの思想（たとえば民主主義）まで、範囲は広い。

【主客】しゅきゃく｜しゅかく ①⇔中心となるものと、それ以外のまわりのもの。②⇩おもな客。中心になるだいじな客。類主賓 ☞❶

【主客転倒】しゅきゃくてんとう｜しゅかくてんとう〈―する〉いちばんだいじなことと、それほどでないこととをとりちがえてしまうこと。例機械に人間が使われるなんて、主客転倒もいいところだ。類本末転倒 表記「主客顚倒」とも書く。

【主宰】しゅさい ⇩〈―する〉たくさんの人の集まりのリーダーとして、ものごとをおこなうこと。また、そのリーダー。例研究会の主宰者。

【主催】しゅさい ⇩〈―する〉中心となって会やもよおしものを計画し、準備して、ひらくこと。例子ども会がバザーを主催する。

【主旨】しゅし ⇩ひとまとまりの文章・話などの中心となるおもな内容。類主題・主眼・要旨・要点・趣旨

例解 使い分け　しゅし《主旨・趣旨》

主旨＝ものごとの中心となる意味や考え。例主旨のはっきりした文章。判決理由の主旨。

趣旨＝ものごとをおこなうわけやねらい。例計画の趣旨を説明する。趣旨に賛同する。

【主治医】しゅじい ①その患者の治療を受けもつ何人かの医者の中で、中心となる人。②いつもみてもらっている、かかりつけの医者。

【主軸】しゅじく ⇩①中心になる軸。②ものごとの中心になってはたらく人など。例チームの主軸選手。

【主従】しゅじゅう ⇔おもなものと、それにつづくもの。☞❶

【主将】しゅしょう ⇩軍隊やスポーツチームの全体をたばねる役目の人。キャプテン。

【主食】しゅしょく ⇩毎日の食事の中心となる食品。対副食 知識 日本では、米を主食にして、おかずをそえて食べるのがふつうだが、世界にはそうした区別のない国も多い。

【主審】しゅしん ⇩スポーツの試合で、何人かいる審判員のうち、中心になる人。対副審

【主人公】しゅじんこう 物語や事件などで、いちばんたいせつな役まわりをする人。例悲劇の主人公。類中心人物・主役 対脇役・端役

【主体】しゅたい ⇩中心となってはたらくもの。例六年生主体のチーム。☞❶

【主題】しゅだい ⇩①作品や研究などの、中心となる考え。テーマ。類題目・主旨・要旨 ②音楽で、一つの音楽作品の中に何度もあらわれ、中心となっているメロディー。

【主張】しゅちょう ⇩〈―する〉自分の意見を、相手になっとくさせるために、強くはっきりと表現すること。また、その意見。表現 似た意味をもつ「言い張る」は、どこまでも主張する意味で、いくらか度がすぎる感じがある。

【主導】しゅどう ⇩〈―する〉リーダーとして人びとを引っぱっていくこと。例主導権をにぎる。

【主任】しゅにん ⇩グループで仕事をするとき、その中心となる役目。例学年主任。

【主犯】しゅはん ⇩犯人グループの中心人物。対共犯 知識 法律では「正犯」という。

【主賓】しゅひん ⇩会にまねかれた客の中で、もっともだいじな客。例主賓あいさつ。類主客

【主謀者】しゅぼうしゃ わるいことを、中心になって計画したりおこなったりする人。類張本人 表記「首謀者」とも書く。

【主役】しゅやく ⇩①映画・テレビドラマ・演劇などで、その物語の中心となる、主人公の役。また、それを演じる人。例主役に新人を抜擢する。類主演 対端役・脇役 ②ものごとの中心となる人。例パーティーの主役。

【主要】しゅよう Ⅲ〈―な〉ものごとの中心になっていてとてもたいせつなこと。例主要な問題。

【主流】しゅりゅう ⇩①川がとちゅうでえだ分かれしたり合流したりする中で、中心となる流れ。類本流 対支流 ②学問や思想がいろい

ろな説に分かれている中で、その中心となる考え方。③一つの集団の中にいくつか小さいグループができている場合、その中心となる強いグループ。例主流派。

【主力】↓①その人や団体のもっている力のおもな部分。例主力をそそぐ。②活動の中心となる力。例主力選手。

主が下につく熟語 上の字の働き

❶主＝〈あるじ。ぬし〉のとき

【家主 株主 神主 船主 地主 亭主 坊主 店主 城主 藩主 領主】ナニの主か。

【施主 喪主 興行主】ナニをするときの主か。

◆君主 丸坊主 三日坊主

丼

丶-4 総画5 常用 明朝 丼 4E3C

音— 訓どんぶり㊥・どん㊥

筆順 一 二 井 丼 丼

意味 どんぶり。どんぶりばち。また、それにもった料理。例親子丼。丼飯

注意するよみ どん…例牛丼・天丼

1画 ノ［の］の部

「丿」の形がめやすとなっている字を集めてあります。

この部首の字 1乃…39 2久…39 及…39

3 乏…40

九▸乙 41 千▸十 179 斤▸斤 575 爪▸爪 748 失▸大 293 白▸白 794 年▸干 377 舌▸舌 931 系▸糸 867 段▸殳 669 舞▸舛 1042

4 乎…40

人▸人 55 午▸十 181 欠▸欠 656 牛▸牛 751 必▸心 483 矢▸矢 813 有▸月 609 血▸血 943 受▸又 200 重▸里 1038 々▸▸▸ 1093

8 乗…40

入▸入 118 升▸十 181 毛▸毛 674 丘▸一 28 斥▸斤 575 先▸儿 114 朱▸木 622 兎▸儿 116 垂▸土 257 釈▸釆 1037

丸▸丶 36 手▸手 523 氏▸氏 675 右▸口 204 生▸生 771 向▸口 211 気▸气 676 我▸戈 517 卸▸卩 189 無▸灬 738

乃

ノ-1 総画2 人名 明朝 乃 4E43

音ダイ㊕・ナイ㊕ 訓の㊕

意味 ❶なんじ。おまえ。例乃公（おまえの主君＝「おれさま」といういばった言い方）

❷の。例日乃出印。

名前のよみ おさむ

久

ノ-2 総画3 5年 明朝 久 4E45

音キュウ・ク㊥ 訓ひさ-しい

筆順 ノ ク 久（はらう）

なりたち 【指事】「人（ク）」と、これを引きとめるしるし（乀）とからでき、「とまる」意味を表している字。

意味 ひさしい。時間がきわめてながい。例久しく会わない。久しい間。久遠・永久

注意するよみ ク…例久遠

名前のよみ ひさ・ひさお

【久遠】＝時の流れがいつまでもつづくこと。例久遠の昔。類永久・永遠

【久久】＝（ーに）ひさしぶりに。

久が下につく熟語 上の字の働き

【永久 恒久 悠久】近い意味。

及

ノ-2 総画3 常用 明朝 及 53CA

音キュウ㊥ 訓およ-ぶ㊥・およ-び㊥・およ-ぼす㊥

筆順 ノ 乃 及

なりたち 【会意】もとの字は「及」。人（⺈）のうしろに手（又）がとどいているようすを表す字。

意味 ❶およぶ。およぼす。いきわたる。動作や力が、ある範囲や程度にとどく。例被害が全国に及ぶ。迷惑を及ぼす。追及

❷二つのものをならべて結びつけることば。および。例大阪及び京都。

名前のよみ いたる・たか・ちか

❶〈およぶ〉の意味で

【及第】▲〈―する〉試験に合格すること。例 どうにか及第した。類 合格 対 落第

【及落】⇕ 及第か落第かということ。例 一点の差で及落が分かれた。類 合否

←及が下につく熟語 上の字の働き

❶及＝〈およぶ〉のとき

【言及 論及】ドウヤッテそこに及ぶか。

◆追及 波及 普及

【乏】

ノ－3 総画4 常用 明朝 乏 4E4F

音 ボウ 中 訓 とぼ-しい 中

筆順

なりたち [指事]「正」の反対向きの字で、正しい状態でないことを表している。

意味 たりない。とぼしい。まずしい。例 乏しい予算。乏しい生活。欠乏

←乏が下につく熟語 上の字の働き

【窮乏 欠乏 貧乏】近い意味。

◆耐乏

【乎】

ノ－4 総画5 人名 明朝 乎 4E4E

音 コ 外・オ 外 訓 かな 外

意味 …だなあ。…かな。(感動や強い気持ちを表す) 例 確乎(↓確固)・断乎(↓断固)

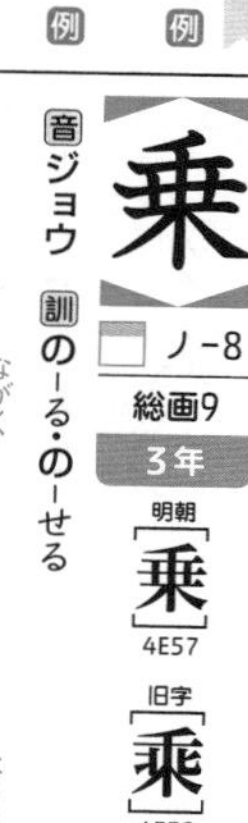

乗

ノ－8 総画9 3年 明朝 乗 4E57 旧字 乘 4E58

音 ジョウ 訓 の-る・の-せる

筆順

なりたち [会意]もとの字は、「乘」。「木」の上に「人」と両足(舛)とがのった形を表し、「のる」として使われている。

意味

❶のる。乗り物などにのる。例 車に乗る。電波に乗せる(放送する)。同乗 対 降

❷かけ算。かける。例 乗数・自乗 対 除

❸うまく利用する。つけこむ。例 相手のすきに乗じる。便乗

例解 [使い分け] のる[乗・載] ☞ ひだりのページ

❶〈のる〉の意味で

【乗員】↓ 列車・船・飛行機などの乗り物に乗って、仕事をする人。類 乗組員・乗務員

【乗客】↓ 列車・船・飛行機などの乗り物に、お金をはらって乗る客。例 乗客名簿。

【乗降】⇕〈―する〉乗り物に乗ることや乗り物からおりること。乗りおり。例 乗降口。

【乗車】▲〈―する〉自動車や列車などの乗り物に乗ること。例 乗車券。対 下車・降車

【乗船】▲〈―する〉船に乗りこむこと。例 連絡船に乗船する。対 下船

【乗馬】①▲〈―する〉馬に乗ること。例 乗馬服。類 騎馬 対 下馬 ②↓ 乗るための馬。例 乗馬をいたわる。

【乗務】↓〈―する〉列車や飛行機などに乗り組み、必要な仕事につくこと。例 乗務員。

【乗組員】船や飛行機などに乗って、その中で必要な仕事をする人。類 乗員・乗務員

❷〈かけ算〉の意味で

【乗除】⇕〈―する〉かけ算とわり算。かけたりわったりすること。例 加減乗除。

【乗数】↓ かけ算で、かけるほうの数。対 被乗数(かけられるほうの数)

【乗法】↓ かけ算。関連 加法(たし算)・減法(ひき算)・乗法・除法(わり算)

←乗が下につく熟語 上の字の働き

❶乗＝〈のる〉のとき

【騎乗 搭乗】近い意味。

【同乗 分乗】ドノヨウナ乗り方か。

◆自乗 二乗 便乗

1画 乙 し [おつ] [おつにょう] の部

「乙」や「し」の形がめやすとなっている字を集めてあります。

この部首の字

0 乙…41 1 九…41 2 乞…42 也…42 6 乱…42 7 乳…43 10 乾…44

丸→丶36 孔→子310 礼→ネ824 胤→月913

乙

音 オツ 中　訓 おと 外・きのと 外

乙−0　総画1　常用　明朝 乙 4E59

筆順 乙

たちなり [象形] 植物が曲がって生長するすがたをえがいた字。

意味 ❶十干の二番め。きのと。ものごとの二番め。例 乙種・甲乙
❷かわいい。わかい。例 乙姫・乙女
❸気がきいている。しゃれている。例 乙な味。

特別なよみ 乙女(おとめ)・早乙女(さおとめ)

名前のよみ お・くに・くま・たか・つぎ・つぐ・と・とどむ

❷〈かわいい〉の意味で

【乙姫】⇩ 昔話「浦島太郎」で、海の中の竜宮に住んでいる美しいおひめさま。

【乙女】⇩ 少女。結婚まえの若いむすめ。例 乙女ごころ。早乙女。

九

音 キュウ・ク　訓 ここの・ここの-つ

乙−1　総画2　1年　明朝 九 4E5D

筆順 ノ 九（はねる・おらない）

たちなり [象形] 曲がったひじを表していた字。のちに、数の「きゅう」として使われるようになった。

意味 ❶ここのつ。八と十の間の数「きゅう」。例 三の三倍は九。九日。九州
❷数が多い。なんども。例 九拝

名前のよみ かず・ただ・ちか・ちかし・ひさ

❶〈ここのつ〉の意味で

【九官鳥】 カラスに似た黒い鳥。人のことばをまねることがうまい。

【九死に一生を得る】 ほとんど助からないような危機から助かること。絶体絶命の状態を脱する。参考『楚辞』にあることばから。九死は、十分の九の確率で死ぬということ。一生は、残り十分の一の確率で生きながらえること。

【九州】⇩ 本州の南西にある島々をまとめていうときの名前。九州地方。福岡・佐賀・長崎・大分・熊本・宮崎・鹿児島・沖縄の八つの県がある。例 九州男児。参考 むかし、この地域は西海道といい、筑前・筑後・肥前・肥後・豊前・豊後・日向・大隅・薩摩の九つの国に分かれていたため、「九州」とよばれた。

【九九】Ⅲ 一から九までの数どうしのかけ算を順序よくならべた、ひとまとまりの計算表。例 九九をおぼえる。

【九分九厘】 ①ほとんど全部。例 研究は九分九厘完成した。②ほとんどまちがいなく。例 かれの試みは、九分九厘成功するだろう。類 十中八九 参考 百分率でいえば九九パーセント。

❷〈数が多い〉の意味で

【九拝】⇩〈-する〉うやまった気持ちを表して、なんどもおじぎをすること。また、ありがたがること。例 三拝九拝する。

◆十中八九

例解 使い分け　のる《乗る・載る》

乗る＝車などに入る。高い所にあがる。はこばれる。相手に合わせる。
例 電車に乗る。台の上に乗る。風に乗って飛ぶ。相談に乗る。

載る＝物の上に置かれる。新聞や雑誌などに出る。
例 机に載っている本。雑誌に載る。地図に載る。

【乞】
乙−2 総画3 常用 明朝 乞 4E5E

音 ― 訓 こ-う 中

筆順 ノ 𠂉 乞

意味 こう。ねだる。もとめる。例 命乞い

例 解 [使い分け] こう[乞・請] ☞ ひだりのページ

【也】
乚−2 総画3 人名 明朝 也 4E5F

音 ヤ 外 訓 なり 外

意味 …なり。…である。例 金五千円也。

名前のよみ また

【乱】
乚−6 総画7 6年 明朝 乱 4E71 旧字 亂 4E82

音 ラン 訓 みだ-れる・みだ-す

筆順 ノ 二 千 千 舌 舌 乱（はねる・おらない）

なりたち [会意]もとの字は、「亂」。「𤔔」がみだれる糸を引っぱるようすを、「乚」が「おさめる」意味を表す。合わせて、糸の乱れをおさめることを表す字。のちに、「乱れる」としてだけに使われるようになった。

意味 ❶みだれる。きまりやまとまりがない。例 服装が乱れる。列を乱す。乱雑・混乱 ❷世の中のみだれ。世の中の争いやさわぎ。例 治にいて乱を忘れず（平和なときでも世の中のみだれたときのことを考え、それにそなえておけ）。乱世（らんせい｜らんせ）・戦乱 ❸やたらに。むやみに。例 乱立

表記 ❸は、「濫」とも書く。

名前のよみ おさむ

❶〈みだれる〉の意味で

【乱行】らんぎょう ⇩ らんぼうで、でたらめなおこない。例 乱行におよぶ。

【乱気流】らんきりゅう まわりの空気とちがう方向に動く空気の流れ。

【乱雑】らんざつ Ⅲ〈―な〉ひどくちらかっているようす。例 乱雑で足のふみ場もない。

【乱視】らんし ⇩ ものの形がゆがんで見えたり、二重に見えたりすること。

【乱心】らんしん ▲〈―する〉悲しみやいかりのために、心が乱れること。例 ご乱心。類 逆上・発狂 表現 古めかしい言い方。

【乱数表】らんすうひょう たくさんのいろいろな数字を、でたらめな順序にならべた表。暗号をつくったり、統計調査に利用したりする。

【乱戦】らんせん ⇩ 敵と味方とが入り交じって、どこがどうなっているかわからないようなたたかい。スポーツで、逆転がくりかえされたりして、結果がどうなるかわからないような試合。例 乱戦もよう。類 混戦

【乱丁】らんちょう ▲ 本のページが順序どおりになっていないこと。例 乱丁本。類 落丁

【乱調】らんちょう ① ⇩ 動きぐあいや進みぐあいがわるくなること。例 ピッチャーのとつぜんの乱調で試合に負ける。② ▲ 音楽や詩などで、わざとリズムをくずすこと。

【乱闘】らんとう ⇩〈―する〉おおぜいが入り交じって、暴力をふるうこと。例 乱闘さわぎ。

【乱入】らんにゅう ⇩〈―する〉かってに入りこむこと。例 ファンがグラウンドに乱入する。類 侵入

【乱反射】らんはんしゃ〈―する〉光が、でこぼこの面に当たって、いろいろな方向へはねかえること。

【乱筆】らんぴつ ⇩ 形のくずれた読みにくい字。例 乱筆おゆるしください。表現 手紙などで自分の書き方についてけんそんしていう。

【乱舞】らんぶ ⇩〈―する〉おおぜいの人が入り交じっておどること。表現「チョウが乱舞する」など、人でないものについても使う。

【乱文】らんぶん ⇩ 書き方がわるく、へたな文章。例 乱筆乱文おゆるしを。表現 手紙などで自分の文章をけんそんしていう。

【乱暴】らんぼう ⇩ ①〈―する〉あばれたり、ものを投げつけたり、人におそいかかったりすること。例 乱暴をはたらく。類 暴行 ②〈―に〉〈―な〉やり方があらっぽくて、ていねいでないようす。例 乱暴なことばづかい。対 丁寧

【乱脈】らんみゃく ⇩〈―に〉〈―な〉やり方がいいかげんで、すじみちが通っていないようす。例 乱脈経営。

❷〈世の中のみだれ〉の意味で
【乱世】らんせい ↓ 人びとをまとめる力やしくみが十分でないために、国じゅうで大きなあらそいがたえない世の中。対 治世
❸〈やたらに〉の意味で
【乱獲】らんかく ↓（―する）魚やけものなどをやたらにとってしまうこと。例 乱獲を禁じる。
【乱射】らんしゃ ↓（―する）ピストルなどを、めちゃくちゃにうつこと。例 乱射事件。
【乱造】らんぞう ↓（―する）ものをやたらに作ること。例 粗製乱造（粗末なできあがりのものが、数ばかりたくさん作られる）。
【乱打】らんだ ↓（―する）①やたらに何度も打つこと。例 半鐘を乱打する。②野球で、安打をつぎつぎと打ちこむこと。例 乱打戦。③テニスなどの練習でボールを打ち合うこと。
【乱読】らんどく ↓（―する）いろいろな種類の本を、手当たりしだいに読むこと。対 精読
【乱伐】らんばつ ↓（―する）やたらに森や林の木を切り出すこと。例 乱伐によって水害がふえた。
【乱発】らんぱつ ↓（―する）お札や手形などを無計画に発行すること。
【乱費】らんぴ ↓（―する）お金やものをむだにつかうこと。類 浪費
【乱用】らんよう ↓（―する）ちょうどよいという程度をこえて、むやみに使うこと。例 職権乱用。
【乱立】らんりつ ↓（―する）人やものが、むやみに多く立ちならぶこと。例 選挙の候補者が乱立する。

←乱が下につく熟語 上の字の働き
❶乱＝〈みだれる〉のとき
【狂乱 錯乱】近い意味。
【混乱 散乱】ドノヨウニ乱れるのか。
【酒乱 腐乱】ナニによって乱れるのか。
❷乱＝〈世の中のみだれ〉のとき
【戦乱 反乱】ナニによって乱れるのか。
【騒乱 内乱】ドウイウようすの乱れか。
◆胴乱 動乱

乳

乚-7 総画8 6年 明朝 乳 4E73

音 ニュウ 訓 ちち・ち 中

筆順 乳 乳 乳 乳 乳 乳 乳 乳（はねる・おらない・はねる）

例解 使い分け こう《乞う・請う》

乞う＝そうするように、強く相手にねだる。例 慈悲を乞う。乞うご期待。命乞いをする。

請う＝そうするように、心をこめて相手にねがう。例 案内を請う。紹介を請う。教えを請う。協力を請う。

参考 「案内を乞う」「紹介を乞う」のように、「請う」に「乞う」を使ってもよい。

雨乞い

許しを請う

なりたち ［会意］もとの字は「乳」。ツバメ（乚）と、手で子どもをだいている形（孚）を合わせた字。むかし中国ではツバメは子どもをさずける使者と考えられていたことから、子どもを育てる意味を表し、「ちち」として使われている。

意味 ちち。ちぶさから出る白い液体。ちちに似たもの。ちぶさ。例 牛の乳。母乳。

特別なよみ 乳母（うば）

【乳母】うば ↓ 母親の代わりに、自分のちちを飲ませて人の子どもを育てる女の人。めのと。例 乳母車。
【乳首】ちくび ↓ ①赤ちゃんが母親のちぶさからちちを吸うときに、口にふくむところ。②赤ちゃんが母親のちちを吸う代わりに、口にくわえるようにつくったもの。
【乳房】ちぶさ・にゅうぼう ↓ 女の人のむねにあるふくらみ。そこに母乳ができ、乳首から子どもに飲ませる。

◀次ページ 乾

【乳液】↓ 牛乳のような白い液体。化粧用のものが多い。例 乳液を顔につける。

【乳牛】↓ 牛乳をとるために飼うウシ。関連 肉牛・役牛・乳牛

【乳業】↓ 生の牛乳から飲用牛乳やバター・チーズなどの乳製品をつくったり売ったりする仕事。

【乳酸】↓ ちちが発酵してできる酸。例 乳酸菌。乳酸飲料。

【乳歯】↓ 生まれて六か月くらいから生えはじめて、十歳前後に永久歯とぬけかわる子どもの歯。対 永久歯

【乳児】↓ 生まれてから一年くらいまでの、まだちちを飲んで育つ時期の子ども。ちのみご。赤ん坊。類 嬰児

【乳脂肪】↓ ちちの中にふくまれているあぶらの成分。例 乳脂肪分が多い。

【乳製品】 バターやチーズ・こなミルクなど、牛乳からつくる食品。

【乳白色】 牛乳のような、すきとおっていない白い色。例 乳白色の液体。

【乳幼児】 満一歳くらいまでの子どもと、学校に入る前までの子ども。参考「乳児」と「幼児」をいっしょにしたことば。

← 乳が下につく熟語 上の字の働き

【牛乳 豆乳 母乳】ナニ・ダレの乳か。

【粉乳 練乳】ドウイウ状態の乳か。

【搾乳 授乳 離乳】乳をドウスルのか。

乾

音 カン中・ケン外　訓 かわ-く中・かわ-かす

乙-10　総画11　常用　明朝 乾 4E7E

筆順 一 十 古 卓 卓 乾 乾

なりたち  【形声】日がのぼる意味の「倝」と草木ののびる意味の「乙」を合わせて、高くのぼることを表している字。のちに、もとの意味からはなれて、「かわく」として使われるようになった。

意味

❶かわく。かわかす。水気をなくす。例 シャツを乾かす。乾燥・乾物 対 湿

❷天。易のことばで、天を表す。対 坤

❸北西の方位。いぬい。参考 ☞「巽」の「文字物語」(366ページ)

例解 [使い分け] かわく[渇・乾] ☞707ページ

❶〈かわく〉の意味で

【乾季】↓ 一年のうちで、雨の少ない季節。対 雨季・雨期 表記「乾期」とも書く。知識 熱帯や亜熱帯では、一年間が雨が少ない時期と多い時期とに分かれる。

【乾湿】⇕ 天候や空気などの、かわきぐあいとしめりぐあい。

【乾湿計】「乾湿球湿度計」の略。空気のしめりぐあいをはかるための道具。

【乾燥】Ⅲ〈-する〉①水分やしめりけがなくなること。また、なくすこと。例 乾燥剤。対 湿潤 ②うるおいにとぼしく、おもしろみや味わいがないこと。例 無味乾燥な文章。

【乾電池】 液体を使わずに作った電池。例 アルカリ乾電池。対 湿電池

【乾杯】▲〈-する〉さかずきの酒を飲みほすこと。とくに、宴会などでみんながいっせいにさかずきをあげて酒を飲むこと。

【乾物】↓ するめ・にぼし・かんぴょう・こんぶなど、魚・野菜・海藻などを日にほし、長持ちするようにした食品。類 干物

❷〈天〉の意味で

【乾坤一擲】 自分の運命をかけて、思い切って大きな勝負をすること。例 乾坤一擲の大仕事を始める。参考「乾」は易で天を、「坤」は易で地を表すことば。「一擲」は、ばくちでさいころを気合をこめて投げること。天地、すなわち天下をかけて、一か八かの大勝負をするというのがもとの意味。

1画 亅 の部 [はねぼう]

「亅」の形がめやすとなっている字を集めてあります。

この部首の字

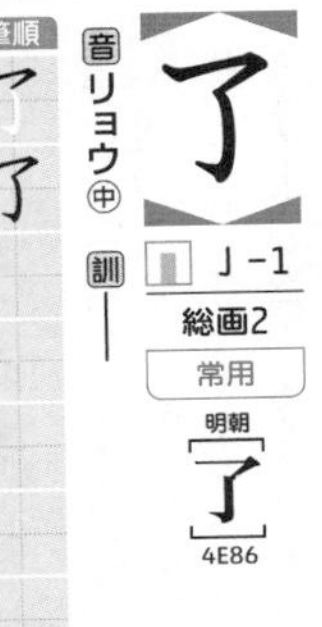

了

亅-1　総画2　常用　明朝 了 4E86

音 リョウ㊥　訓 ―

筆順

なりたち ［象形］「子」の字から両手をとった形で、手のからまった子どもを表した字。のちに、「おわる」の意味に使われるようになった。

意味
❶おわる。ものごとがおわる。例完了
❷さとる。理解する。例了解

名前のよみ あき・あきら・さとる・すみ・のり

❷〈さとる〉の意味で

【了解】りょうかい ㊁〈―する〉相手の言うことがわかるだけでなく、相手の考えについても、同意できるくらいによく理解すること。例了解をもとめる。類了承・承知・理解

【了見】りょうけん ⬇ あるものごとについて、どのように受けとめ、ふるまうかという考え。例了見がせまい。表記「料簡」「了簡」とも書く。

【了承】りょうしょう ⬇〈―する〉相手の気持ちや事情をよく理解して、承知すること。例了承を得る。類了解・承認

了が下につく熟語 上の字の働き

❶了＝〈おわる〉のとき
【終了 完了】近い意味。
【議了 修了 読了】ドウスルのがおわるのか。

◆投了 満了 未了 魅了

予

亅-3　総画4　3年　明朝 予 4E88　旧字 豫 8C6B

音 ヨ　訓 あらかじ-め㊕

筆順（つにならない・はねる）

なりたち ［形声］もとの字は、「豫」。「予」が「ヨ」という読み方をしめし、「象」をくわえて、大きな象を表していた。常用漢字は、「象」の部分を略したもの。この読み方を表す「予」は、もともと、機を織るときの横糸をとおす道具をえがいた形。

意味
❶あらかじめ。前もって。例予定
❷わたし。自分のことを指す。例予は王者なり。類余
❸ゆっくりする。のんびりする。例猶予
❹伊予。旧国名。今の愛媛県。例予州

❶〈あらかじめ〉の意味で

【予感】よかん ⬇〈―する〉これから先におこりそうなことを前もって感じること。また、そういう感じ。虫の知らせ。例わるい予感がする。

【予期】よき ⬇〈―する〉こうなりそうだと考えて、それに対する心がまえをすること。例予期せぬできごと。類予想・予測

【予見】よけん ⬇〈―する〉物事がまだ起こらないうちに、見とおしをもつこと。類予知・予測

【予言】よげん ⬇〈―する〉この先起こることを、前もって言うこと。例予言的中。類預言

【予行】よこう ⬇〈―する〉だいじな行事をするとき、少し前に、じっさいのとおりのやり方でやってみること。リハーサル。例予行演習。

【予告】よこく ⬇〈―する〉このようなことがある、このようになると、前もって知らせること。

【予算】よさん ⬇ ①この先のある期間の、入ってくるお金と出ていくお金を前もって計算した見つもり。例来年度の国家予算。②あることをするために必要な費用を前もって見つもったもの。例家族旅行の予算は五万円だ。

【予習】よしゅう ⬇〈―する〉これから学ぶことについて、前もって勉強しておくこと。対復習

【予選】よせん ⬇〈―する〉たくさんの中から代表や本選に出場する人やチームをえらぶために、選考会や試合をおこなうこと。例地区予選。

【予想】よそう ⬇〈―する〉先のことについて、こうではないかと前もって見当をつけること。例予想外の寒さだ。類予期

【予測】よそく ⬇〈―する〉これから先のことについて、前もってだいたいの見当をつけること。例十年後を予測する。類予期・予見

【予断】よだん ⬇〈―する〉きっとこうなると、考えをかためること。例予断をゆるさない。

【予知】よち ⬇〈―する〉まだ先のことについて、どうなるか知ること。例予知能力。類予見

【予定】よてい ↓〈—する〉これから先にすることなどを、前もって決めておくこと。その決めたこと。例予定をたてる。予定表。

【予備】よび ↓前もって用意しておくこと。いつでも使えるように用意してあるもの。例予備の電球。

【予備知識】よびちしき なにかをするとき、その前に知っておいたほうがよいことがら。

【予報】よほう ↓〈—する〉これから先のことについてこうなるであろうと、知らせること。その知らせ。例天気予報。

【予防】よぼう ↓〈—する〉病気や災害などのわるいことが起こらないように、前もって必要なことをすること。例予防接種。予防線。

【予約】よやく ↓〈—する〉なにかを買ったり、借りたり、使ったりする前に相手と約束しておくこと。例予約席。

争

亅-5 総画6 4年 明朝 争 4E89 旧字 爭 722D

音 ソウ 訓 あらそ-う

筆順 だす はねる

なりたち [会意]もとの字は「爭」。二つの手(爫と彐)とそのあいだにおかれた物(亅)を合わせて、手と手で物を引き合うことを表している字。「あらそう」として使われる。

意味 あらそう。たたかう。例先を争う。争いを起こす。争乱・論争

【争議】そうぎ ↓①意見のちがう人たちが、それぞれの考えをぶつけあってあらそうこと。②「労働争議」の略。

【争奪】そうだつ ↓〈—する〉なにかを自分のものにしようとして、取り合い、あらそうこと。うばいあい。例優勝カップの争奪戦。

【争点】そうてん ↓言いあらそいや裁判などで、そのあらそいのもとになっている、おもな点。例争点を整理する。

【争乱】そうらん ↓あらそいが起こり、世の中がみだれること。例争乱の世をおさめた英雄。

【争論】そうろん ↓〈—する〉言いあらそうこと。表現「論争」より口げんかに近いものをいう。

←争が下につく熟語 上の字の働き

【競争 戦争 闘争】近い意味。

【論争 紛争 抗争】ドウヤッテ・ドウナッテ争うか。

◆係争 政争

事

亅-7 総画8 3年 明朝 事 4E8B

音 ジ・ズ高 訓 こと

筆順 だす はねる

なりたち [会意]計数用の棒が入った容器(中)と手(又)を合わせて、役所の記録などのしごとを表している字。

意味 ❶こと。ことがら。とくべつなできごと。例事ここに至る。事件・無事 ❷しごと。人のおこない。例事業・従事 ❸つかえる。目上の人やりっぱな人につかえる。例師事

注意するよみ ズ…例好事家

名前のよみ つとむ

❶〈こと〉の意味で

【事柄】ことがら ↓ものごと。ものごとのようすやありさま。例事柄をメモする。類事項

【事件】じけん Ⅲふだんの生活ではあまり見られない、人びとの話題になるようなできごと。例事件が起こる。殺人事件。

【事故】じこ Ⅲ思いがけないときに、人の不注意などがもとでおこる、わるいできごと。例事故にあう。交通事故。表現自然の力によっておこるわるいできごとは、「災害」という。

【事後】じご ↓ものごとが起こってのち。または、終わったあと。例事後報告。対事前

【事項】じこう ↓あることがらの全体を組み立てている、一つ一つのことがら。例連絡事項。注意事項。類項目・事柄・条項

【事後承諾】じごしょうだく 一つのことが済んでしまったあとで、「それでよい」とみとめること。

【事実】じじつ Ⅲ①じっさいにあったこと。ほん

とうのこと。例歴史上の事実。類真実・真相
②ほんとうに。例事実、ぼくは知らない。

【事実上】名前や形はべつにして、ほんとうの中身を考えること。例事実上の権力者。

【事実無根】それが事実であるという根拠がなにもないこと。例事実無根のうわさ。

【事象】⇩目でとらえられるものごと。じっさいのことがら。例社会的な事象に興味をもつ。類現象

【事情】⇩①あるものごとが、どんなようすであるかということ。例海外の事情。②そのようなことになったわけ。例事情があって、閉店したらしい。

【事前】⇩なにかをする前。なにかが起こる前。例事前運動。対事後

【事態】⇩ものごとのうつりかわっていく、そのときどきのようす。例非常事態。

【事典】⇩いろいろなものやことがらについて、おおまかなことがわかるように作られた本。ことばだけでなく、図や写真などを使って説明してあるものが多い。例百科事典。表現ことばの意味や使い方を説明する「辞典」に対して、「ことてん」というよび方をすることがある。

例解[使い分け]じてん[辞典・事典]☞1029ページ

【事物】Ⅲものごと。その場にあるもの。表現ものについていうことが多い。

【事変】Ⅲ①大きな災害やさわぎなど、社会に混乱を起こすたいへんなできごと。類変事②宣戦布告(戦争を始めるという知らせ)をしないままに始まった戦争。例満州事変。

【事例】⇩①じっさいにあった事件。例過去の事例をさがす。類先例②事件の一つ一つの内容。例事例を研究する。

❷〈しごと〉の意味で

【事業】Ⅲ①広く社会にかかわりのある仕事。例福祉事業。②利益を得ることを目的として行う仕事。例事業をおこす。類企業・実業 表現大がかりなものについて使う。

【事績】⇩ある人がなしとげた事業の功績。例偉人の事績を調べる。類業績

【事務】Ⅲ会社・役所などで、おもに書類を書いたり計算したりするような仕事。例事務員。事務所。

【事務的】〈―な〉ものごとをきまりどおりに、仕事として進めるようす。例事務的に処理する。

←事が下につく熟語 上の字の働き

❶事=〈こと〉のとき

【慶事 吉事 惨事 悪事 珍事 変事 故事 大事 小事 細事 雑事 俗事 世事 時事 食事 炊事 家事 芸事 刑事 軍事 工事 神事 法事 人事 火事 用事 私事 茶飯事】ドンナできごと(ことがら)か。

【万事 諸事 多事】ドレホドあるできごとか。

【議事 行事 仕事】ドウスルことがらか。

【無事 有事】事件が有るか無いか。

❷事=〈しごと〉のとき

【判事 刑事】ナニの仕事をする人か。

【理事 幹事 検事 執事 知事 領事 従事】仕事を(仕事に)ドウスル人か。

◆記事 師事 叙事 出来事 何事 返事 見事

2画 二 [に] の部

数を表す「二」をもとにして作られた字と、「二」の形がめやすとなっている字を集めてあります。

この部首の字

0 二…47 2 云…49 五…49 互…50 井…51 4 亘…51 5 亜…51 6 些…51

三▸一 14 干▸干 375 元▸儿 111 夫▸大 292 井▸丶 39 平▸干 376 未▸木 620 示▸示 824

二

二-0 総画2 1年

明朝 二 4E8C

音ニ 訓ふた・ふた-つ

筆順 一 二(ながく)

なりたち 一 二 [指事]ひとつを表すぼう線「一」をふたつ重ねて数の「に」を表した字。

意味

❶ふたつ。一と三の間の数「に」。例二つとない品。二重・無二

❷ふたつめ。二番め。つぎ。例二次

特別なよみ 十重二十重（とえはたえ）・二十（はたち）・二十歳（はたち）・二十日（はつか）・二人（ふたり）・二日（ふつか）

名前のよみ かず・じ・つぎ・つぐ

❶〈ふたつ〉の意味で

【二院制】にいんせい 国会が二つに分かれている制度。類両院制 知識 日本の国会は、衆議院・参議院の二院制である。アメリカなど多くの国も二院制で、上院・下院に分かれている。

【二期作】にきさく おなじ田畑で、おなじ種類の作物を一年に二回作ること。知識 べつの作物を作る場合は二毛作という。

【二酸化炭素】にさんかたんそ 有機物を燃やすと発生する色もにおいもない気体。人が出す息にもふくまれる。サイダーやドライアイスなどに利用される。CO_2（シーオーツー）。

【二十歳】にじっさい｜にじゅっさい｜はたち 年齢が二十であること。例二十歳で成人式をむかえる。表記「歳」は「才」で書かれることがある。

【二者択一】にしゃたくいつ｜にしゃたくいち 二つのなかから、どちらか一方を選びとること。例試合か旅行か、二者択一をせまられた。類二者選一

【二重】↓ ❶にじゅう｜ふたえ おなじようなものが重なるようにして二つあること。対一重（いちじゅう｜ひとえ） ❷にじゅう 例二重まる。おなじようなことが二度おこなわれること。例二重の手間がかかる。類重複

【二重唱】にじゅうしょう 二人の人が、それぞれ高音部と低音部を受けもっていっしょに歌うこと。デュエット。例女声二重唱。

【二重人格】にじゅうじんかく 一人の人間が、まったくべつの二つの性格をもっていること。

【二重奏】にじゅうそう 二つの楽器でいっしょに演奏すること。デュエット。例弦楽二重奏。知識 おなじ楽器によるときと、ちがう楽器によるときがある。

【二心】にしん｜ふたごころ ↓ 主君にそむいたり、味方を裏切ったりする心。例二心をいだく。

【二世】にせ ↓ 仏教で、この世と後の世。例二世のちぎり（いつまでもいっしょにという夫婦の約束）。☞「にせい」は❷

【二束三文】にそくさんもん 数多くあってもねだんが安いこと。参考「文」はむかしのお金の単位。「二束で三文」の意味だが、わらじとむすびついて「二足三文」とも書いた。

【二転三転】にてんさんてん〈―する〉なりゆきや態度などが、何度もかわること。例返事が二転三転するとこまる。

【二度】にど｜ふたたび ↓ 二回。もう一度。例二度あることは三度ある（二度おなじようなことが起これば、また起こるものだ）。表記「ふたたび」には「再び」という表し方もある。

【二兎を追う者は一兎をも得ず】にとをおうものはいっとをもえず 同時に二つのことをしようとすると、両方ともだめになる。参考（よくばって）一度に二匹のうさぎをつかまえようとすると、逆に一匹もつかまえることができないというたとえから。

【二等分】にとうぶん〈―する〉全体を、おなじになるように二つに分けること。例もうけを二等分する。表現 ただ「等分する」といえば二等分することを指す。

【二人三脚】ににんさんきゃく 横にならんだ二人がとなりあう足首をしばり、三本足のかっこうで走る競技。表現「友達と二人三脚で完成させた作品」のように、二人が力をあわせてものごとにとりくむようすを表すのにも使う。

【二百十日】にひゃくとおか 立春からかぞえて二百十日めの日。九月一日ごろにあたる。類二百二十日 知識 このころは、二百二十日とともに、台風のくることが多い。

【二枚舌】にまいじた 前に言ったこととくいちがうことを言うこと。例二枚舌を使う。

【二毛作】にもうさく 一つの田畑で、作物の種類をかえ、一年に二度作ること。例米と麦の二毛作。知識 おなじ作物を二回作るのは二期作。

【二輪車】にりんしゃ 自転車やオートバイなど、車輪が二つついた乗り物。

【二六時中】にろくじちゅう 一日じゅう。いつも。参考 一日を十二の時に分けたころの言い方。今の二十四時間は「四六時中」という。

辞書のミカタ 特別なよみ ほかの字と組み合わさったときに特別な読み方をするもの（「常用漢字表」の付表の語）

【二十日】はつか ①二十日分の日数。②その月の二十番めの日。例 十月二十日。

【二手】ふたて ↓ある目的のために分かれた、二つの集団。例 二手に分かれてさがす。

【二股】ふたまた ↓①根もとは一つのものが、先のほうで二つに分かれていること。例 この先で道は二股に分かれる。表記「二叉」とも書く。②一つがだめでもこまらないように、二つを同時に用意しておくこと。例 二股をかける。類 両天秤

❷〈ふたつめ〉の意味で

【二階】にかい ↓建物で、地面から二つめの階。例 平屋を二階建てにする。

【二義的】にぎてき〈—な〉〈—に〉いちばんめほどたいせつではないこと。類 二次的

【二次】にじ ↓①二番め。また、二回め。例 二次試験。②いちばんめほどたいせつでないこと。例 二次的な問題。

【二世】にせい ↓①前の人とおなじ名前で、おなじ地位についた二番めの人。例 エリザベス二世。②外国からうつり住んでいる人の子で、その国で生まれ育ち、その国の国籍または永住権をもっている人。例 日系二世。③親に対して子ども。類 二代目 ☞「にせ」は❶

【二人称】ににんしょう 文法で、「あなた・きみ」など、話の相手を指す言い方。関連 一人称(わたし・ぼく)・二人称・三人称(かれ・それ)

【二枚目】にまいめ ①劇や映画などの美男子の役。また、それを演じる俳優。②美男子。類 色男

知識 歌舞伎の役者看板で、二枚めに若手の人気役者の名を書いたことからできたことば。

☞【三枚目】さんまいめ(16ページ)

【二流】にりゅう ↓いちばんすぐれている人や物にくらべると、やや程度が低いこと。関連 一流・二流・三流

【二言目】ふたことめ なにか言いだすと、かならず言うのがくせになっていることば。例 母は二言目には「勉強しなさい」と言う。

故事のはなし 五十歩百歩

戦争で敵にきりかかろうとするときに、よろいをぬぎすて武器を引きずって逃げ出す人がいた。ある人は百歩逃げてから止まり、またある人は五十歩逃げてから止まった。五十歩しか逃げなかった人が、百歩逃げた人をおくびょう者とわらったという。

しかし、たとえ五十歩でも、敵の前から逃げたことにかわりはないので、他人をわらうことはできないのである。(『孟子』梁恵王上篇)

云

二-2 総画4 人名 明朝 云 4E91

音 ウン 外 訓 い-う 外

意味 いう。他人のことばを引いてのべる。…という。例 云云

五

二-2 総画4 1年 明朝 五 4E94

音 ゴ 訓 いつ・いつ-つ

筆順 一 丆 五 五(すこしななめに)(ながく)

なりたち X [指事]「いつつ」が「一」から「九」までの数のまん中であることから「X」でしめし、のちに「二」がくわえられた。

意味 ❶いつつ。四と六の間の数「ご」。例 五つの子。五色・五線紙・五分五分 ❷いつつめ。五番め。例 第五交響曲。

特別なよみ 五月(さつき)・五月雨(さみだれ)

名前のよみ い・いず・かず・ゆき

❶〈いつつ〉の意味で

【五官】ごかん ↓目・耳・鼻・舌・皮膚の五つの器官。例 五官をはたらかす。

【五感】ごかん ↓見る・聞く・かぐ・味わう・ふれるの五つの感覚。例 五感をとぎすます。表現 五

感以外に、なにか心に感じることを、「第六感のはたらき」ということがある。

【五行】ごぎょう ↓ むかしの中国で、万物のもとと考えられた「木・火・土・金・水」をまとめていうことば。知識 のちに五行が「十干」に配合され、その十干が「十二支」と組み合わさって「干支」ができた。こうして、ものの数え方や順序のつけ方に、次の四つがよく使われるようになった。
(1)五行により、一番から五番まで。
(2)十干により、一番から十番まで。
(3)十二支により、一番から十二番まで。
(4)干支により、一番から六十番まで。
☞【十干】じっかん（178ページ）【十二支】じゅうにし（179ページ）【干支】かんし・えと（376ページ）

【五穀】ごこく ↓ 米・麦・アワ・キビ・豆の五種類の穀物。例 五穀豊穣（豊作）をいのる。

【五指】ごし ↓ かた手の五本の指。例 五指にあまる（五つ以上ある）。五指に入る（五番めまでに入る）。

【五色】ごしき・ごしょく ↓ ①五種類の色。とくに、青・黄・赤・白・黒の五つの色。例 五色の短冊。②さまざまな色。

【五七調】ごしちちょう 歌や詩などで、たとえば、「名も知らぬ／遠き島より／流れよる／椰子の実ひとつ」のように五音のことばと七音のことばを五・七、五・七とくりかえして一つのリズムとするもの。対 七五調

【五十歩百歩】ごじっぽひゃっぽ 少しのちがいはあっても、実質はおなじこと。似たりよったりで大差のないこと。類 大同小異

[故事のはなし] ☞49ページ

【五十音】ごじゅうおん 五段ずつ十行にならべた図で表される「あいうえお」からはじまる日本語の音の呼び名。例 五十音図。五十音順。知識 辞典や事典などのことばのならべ方は五十音の順になっていることが多い。

【五十三次】ごじゅうさんつぎ 江戸時代、江戸（東京）の日本橋から京都の三条大橋までの東海道におかれていた五十三の宿場。東海道五十三次。

【五線紙】ごせんし 音楽で、楽譜を書くために、五本の横線を何組も引いた用紙。

【五臓六腑】◆ごぞうろっぷ ①東洋の医学でいう、からだの中のたいせつな器官。五臓は、肺臓・心臓・脾臓・肝臓・腎臓。六腑は、大腸・小腸・胆・胃・三焦・膀胱。②はらの中。例 水の冷たさが、五臓六腑にしみわたる。

【五体】ごたい ↓ ①人のからだの頭・両手・両足。また、頭・首・胸・手・足。②からだ全体。例 五体に力がみなぎる。

【五分五分】ごぶごぶ 二つのものをくらべて、ほとんど差がないこと。例 勝つか負けるか、見こみは五分五分だ。類 五分・互角

【五目】ごもく ↓ ①いろいろな種類、材料がまじっていること。例 五目そば。五目ずし。②五目ならべ。

【五里霧中】ごりむちゅう 五里四方のこい霧の中で方角を見うしなってしまうように、ものごとにまよってどうしたらよいかわからなくなること。参考 「霧中」を「夢中」と書いてはあやまり。

[故事のはなし] ☞ひだりのページ

【五輪】ごりん ↓ ①オリンピックのマークとしてえがかれた五つの大陸を表す五色の輪。例 五輪旗。②オリンピック。例 五輪出場をめざす。

【五月雨】さみだれ つゆの季節にふりつづく雨。例 五月雨を集めてはやし最上川（松尾芭蕉の俳句）。類 梅雨

◆三三五五 さんさんごご

互

二-2 総画4 常用
明朝 互 4E92

音 ゴ中 訓 たが-い中

筆順 互 互 互 互

なりたち [象形] なわや糸をねじ合わせる道具の形をえがいた字。左右かわるがわるまいていくことから、「たがいに」の意味を表す。

意味 たがいに…しあう。たがいちがいに。かわるがわる。例 お互いさま。交互

【互角】ごかく ↓ 〈一な・一に〉 どちらも、力やわざに差が

ないこと。例実力は互角だ。類五分五分 参考「牛角」がもとの形で、牛の二本の角の大きさに差がないことからいう。

【互換】⇩〈—する〉たがいにとりかえること。とりかえることができること。例ほかのメーカーのものとも互換性があるソフト。

【互恵】⇩たがいに相手の利益になるようにつとめること。例互恵条約。表現国と国との貿易についていうことが多い。

【互助】⇩みんながたがいに助けあうこと。例互助の精神。互助会。類共済

【互選】⇩〈—する〉係や代表などを、なかまの中から自分たちでえらび出すこと。例キャプテンは、部員の互選で決める。

←互が下につく熟語 上の字の働き

【相互 交互】近い意味。

故事のはなし

五里霧中

後漢時代の張楷は、道教の術をこのみ、五里四方(後漢時代の一里は約四〇〇メートルなので、ニキロ四方くらい)の広さに霧を起こすことができたという。(『後漢書』張楷伝)

井

二-2 総画4 4年 明朝 井 4E95

音セイ高・ショウ中 訓い

筆順 一 二 井(うえよりながく) 井(はらう)

たなちり 井 [象形]いどのわくの形をえがいた字。

意味
❶いど(井戸)。いどばた。例井の中の蛙。市井・油井
❷いどのわく。いげた。いどのわくのように四角にくぎった形。例天井

◆注意するよみ ショウ…例天井

◆市井 天井 油井

亘

二-4 総画6 人名 明朝 亘 4E98 旧字 亙 4E99

音コウ外 訓わた-る外

意味 わたる。つらなる。

名前のよみ のぶ

亜

二-5 総画7 常用 明朝 亜 4E9C 旧字 亞 4E9E

音ア中 訓—

筆順 一 ㇐ 亓 亓 亜 亜 亜

たなちり 亞 [象形]もとの字は、「亞」。古代のたて穴の住居をえがいた字。借りて、「つぐ」の意味に使われている。

意味
❶つぐ。次の。二番め。例亜流
❷アジア。「亜細亜」の略。例東亜

名前のよみ つぎ・つぐ

❶〈つぐ。次の〉の意味で

【亜鉛】⇩青みをおびた、銀白色の金属。トタン板やしんちゅうをつくるのに使う。参考見た感じが鉛に似ているところから。

【亜寒帯】温帯と寒帯との中間のところ。類冷帯 対亜熱帯

【亜熱帯】熱帯と温帯との中間のところ。例亜熱帯気候。対亜寒帯

【亜流】⇩一流の人のまねをしているだけで、自分らしいところがない。また、その作品。類追随者

◆東亜 白亜

些

二-6 総画8 人名 明朝 些 4E9B

音サ外 訓いささ-か外

意味 いささか。少し。わずか。例些細

【些細】⇩〈—な〉とるに足りない。わずか。例些細なことを気にする。

【些少】⇩〈—な〉ほんの少し。わずか。例些少ですが、おおさめください(へりくだった言い方)。

【些末】 Ⅱ〈―な〉小さくて重要でないさま。例 些末なことにこだわる。表記「瑣末」とも書く。

2画 亠 [なべぶた][けいさんかんむり] の部

「亠」の形がめやすとなっている字を集めてあります。

この部首の字

1 亡…52　4 亦…52　亥…52
交…52　5 亨…54　6 京…54　享…54
7 亭…54　亮…54

六・八 123　文・文 570　方・方 579　市・巾 368
玄・玄 762　立・立 845　充・儿 113　衣・衣 948
忘・心 485　言・言 970　卒・十 183　夜・夕 281
育・月 911　斉・斉 1084　哀・口 226　変・夂 275
帝・巾 370　彦・彡 399　恋・心 495　畜・田 780
衰・衣 950　高・高 1113　商・口 230　率・玄 763
産・生 774　斎・斉 1084　蛮・虫 941　棄・木 646
裏・衣 954　豪・豕 999　褒・衣 956

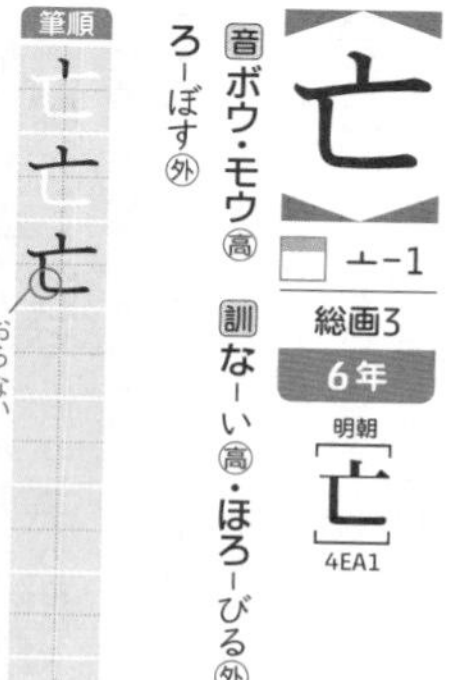

【亡】

亠-1　総画3　6年　明朝 亡 4EA1

音 ボウ・モウ高　訓 な-い高・ほろ-びる外・ほろ-ぼす外

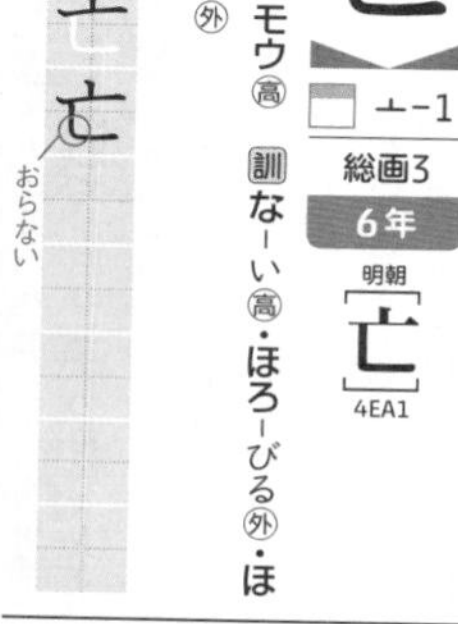

なりたち 【会意】「人(人)」と「かこい(乚)」とからでき、人がかくれることを表している字。

意味 ❶ほろびる。ほろぼす。なくなる。死ぬ。死んだ。例 今は亡き人。亡者・死亡 対 興・存
❷にげる。ゆくえをくらます。例 逃亡

例解 使い分け ない[無・亡] ☞739ページ

注意するよみ モウ…例 亡者

❶〈ほろびる〉の意味で

【亡国】①↓ほろびた国。例 亡国の民。②▲国をほろぼすこと。例 亡国行為。

【亡命】▲〈―する〉政治的な理由で、よその国にのがれること。例 大使館に亡命を願い出る。参考「命」は名。もとの国での戸籍をうしなうというのが、もともとの意味。

【亡霊】↓死んだ人のたましい。類 幽霊

【亡者】↓①死んだ人。死んでも仏になれないでいる人。②なにかにとりつかれて、ぬけだせない人。例 金の亡者。

亡が下につく熟語 上の字の働き

❶亡＝〈ほろびる〉のとき
【滅亡 死亡】近い意味。
【存亡 興亡】反対の意味。
◆衰亡

【亦】

亠-4　総画6　人名　明朝 亦 4EA6

音 エキ外　訓 また外

意味 また。…もまた。…も同じように。

【亥】

亠-4　総画6　人名　明朝 亥 4EA5

音 ガイ外　訓 い外

意味 十二支の十二番め。動物ではイノシシ。方角では北北西。時刻では午後十時、またはその前後二時間。参考 ☞「巽」の「文字物語」(366ページ)

【交】

亠-4　総画6　2年　明朝 交 4EA4

音 コウ　訓 まじ-わる・まじ-える・ま-じる・ま-ざる・ま-ぜる・か-う中・か-わす中

筆順 とめる はらう

なりたち 【象形】人が足をまじわらせている形をえがいた字。

意味 ❶人と人とがまじわる。まじわり。つきあい。例 水魚の交わり。交際・外交
❷ものとものとがまじわる。たがいにやりとりする。いれかわる。例 大人の中に子どもが交じる。言葉を交わす。交互
❸ひきかえにわたす。例 交付

例解 使い分け まじる[交・混] ☞ひだりのページ

名前のよみ かた・とも・みち

❶〈人と人とがまじわる〉の意味で

【交歓】▲〈―する〉集まったみんながうちとけて、いっしょに楽しむこと。例交歓会。

【交際】Ⅲ〈―する〉人と人とがつきあうこと。例外国の人と交際する。交際費。

【交渉】Ⅲ〈―する〉つきあい。かかわりあうこと。例交渉がとだえる。類関係・接触 ☞❷

【交友】↓友達とつきあうこと。また、つきあっている友達。例交友関係。

【交流】↓〈―する〉ちがう場所や組織にいる人が、たがいに行き来してつきあいをすること。例交流を深める。国際交流。☞❷

❷〈もののとがまじわる〉の意味で

【交易】Ⅲ〈―する〉おたがいに品物を売ったり買ったり、交換したりすること。例両国間の交易がさかんになった。類貿易・通商

【交換】Ⅲ〈―する〉とりかえること。いれかえること。例部品を交換する。交換日記。物々交換。

【交響曲】オーケストラによって演奏されるいちばん規模の大きな曲。シンフォニー。表現「交響楽」は古い言い方。知識 多くは四楽章からできている。

【交互】Ⅲ〈―に〉たがいちがい。かわるがわる。例足を交互に動かす。類相互

【交差】Ⅲ〈―する〉十文字やななめにまじわること。例立体交差。対並行

【交錯】Ⅲ〈―する〉いろいろのものがいりまじること。例よろこびと悲しみが交錯する。類錯綜

【交差点】道路などのまじわっているところ。四つ角。類十字路

【交渉】Ⅲ〈―する〉なにかをとりきめるために相手と話し合うこと。例交渉がまとまる。類折衝・談判 ☞❶

【交信】↓〈―する〉無線通信などで通信しあうこと。例南極の基地と交信する。交信記録。類通信

【交戦】↓〈―する〉たがいに戦うこと。戦いを交えること。例交戦状態に入る。交戦国。

【交代】Ⅲ〈―する〉いれかえること。また、いれかわること。例交代で荷物を持つ。表記「交替」とも書く。

【交通】↓①道路を人や車が行き来すること。例交通事故。類通行・往来 ②人や品物を目的地に運ぶしくみ。例交通の便がいい。交通網。

【交点】↓線と線、また、線と面がまじわるところ。例二本の直線の交点。

【交配】↓〈―する〉ちがう種類のおすとめす、おしべとめしべとをかけあわせて、新種を作ること。例交配種。類交雑 知識 よりよい品種を作り出すために、農作物や家畜に対しておこなうことが多い。

【交番】↓町のところどころにあって、警察官がかわるがわるつめているところ。類駐在所 参考 交代で番をすることから。

【交流】↓電気で、流れる方向が変化する電流。対直流 知識 日本の家庭に配られている電気は交流で、一秒間に五十回（東日本）か六十回（西日本）ずつ流れる方向を変える。☞❶

❸〈ひきかえにわたす〉の意味で

【交付】Ⅲ〈―する〉国や役所などが、きまった手つづきをしたうえで、書類やお金などをわたすこと。例交付金。類給付

例解 使い分け　まじる《交じる・混じる》

交じる＝いろいろなものが入り組む。
例漢字にかなが交じる。おとなの中に子どもが交じる。白髪が交じる。

混じる＝まじって区別できないようになる。
例酒に水が混じる。ほかの色が混じる。雑音が混じる。

←交が下につく熟語 上の字の働き

❶交＝〈人と人とがまじわる〉のとき
【国交 外交 社交 旧交 親交】ドノヨウナ交わ

◀次ページ 亨 京 享 亭 亮

りか。
【絶交 断交】交わりをドウスルか。
◆混交 団交

【亨】
亠-5 総画7 人名 明朝 亨 4EA8

音 コウ外・キョウ外 訓 とお-る外

意味 とおる。順調に進む。

名前のよみ あき・あきら・すすむ・とし・なが・みち・ゆき

【京】
亠-6 総画8 2年 明朝 京 4EAC

音 キョウ・ケイ中 訓 みやこ外

筆順 京（はねる）（とめる）

なりたち ［象形］高いおかの上に立っている建物をえがいた字。むかしはおかの上に神殿をたて、その周囲にたくさんの人が住んだことから、「みやこ」の意味に使われている。

意味 みやこ。国の首都。「東京」または「京都」の略。例 京の都。上京

名前のよみ あつ・たかし

【京洛】きょうらく・けいらく Ⅱ みやこ。例 京洛の にぎわい。

【京阪】けいはん Ⅱ 京都と大阪。また、その地方。

【京阪神】けいはんしん 京都・大阪・神戸を合わせたよび名。類 関西

【京浜】けいひん Ⅱ 東京と横浜。また、その地方。

【京葉】けいよう Ⅱ 東京と千葉。また、その地方。

←京が下につく熟語 上の字の働き

【上京 帰京 在京 離京】みやこにドウスルか。

【享】
亠-6 総画8 常用 明朝 享 4EAB

音 キョウ中 訓 う-ける外

筆順 享

なりたち ［象形］城壁の上に立つ、見はりのための建物をえがいた字。借りて、「うける」意味に使われている。

意味 うける。身にうける。例 享有

名前のよみ あきら・すすむ・たか・みち・ゆき

【享受】きょうじゅ Ⅱ〈—する〉じゅうぶんに味わい、楽しむこと。例 文化生活を享受する。

【享年】きょうねん ↓ 死んだ人が生きていた年数。死んだときのとし。類 行年・没年 表現 「享年七十」のように、年齢を表す数字の前につけて使う。中年以上で死んだ人に用いることが多い。

【享有】きょうゆう ↓〈—する〉能力や権利などを、生まれながらもっていること。例 自由を享有する。

【享楽】きょうらく ▲〈—する〉ほかのことは気にせず、十分に楽しむこと。類 悦楽・歓楽

【亭】
亠-7 総画9 常用 明朝 亭 4EAD

音 テイ中 訓 —

筆順 亭

なりたち ［形声］「高」が「たかい建物」を表し、「丁」が「立ちどまる」意味と「テイ」という読み方をしめしている。人が立ちどまって休む建物を表す字。

意味 人の休む家。やど。あずまや。例 亭主・料亭 参考 旅館や食堂の名につけることがある。

名前のよみ たかし

【亭主】ていしゅ ↓ ①一家の主人。とくに、宿屋や茶店などの主人。②夫のややくだけた言い方。類 主人 対 女房 ③茶の湯の会で、茶をたてる役目の人。例 茶会の亭主をつとめる。類 主人 対 客

【亮】
亠-7 総画9 人名 明朝 亮 4EAE

音 リョウ外 訓 あき-らか外

意味 あきらか。あかるい。

名前のよみ かつ・すけ・とおる・ふさ・まこと・よし

◀ 次ページ 人

2画 人 亻 𠆢 の部 ［ひと］［にんべん］［ひとがしら］

「人（亻）」をもとに作られ、おもに人の行動や性質について表す字と、「𠆢」の形がめやすとなっている字を集めてあります。

この部首の字

0 人…55
2 介…58 仇…58 今…58 仁…59 仏…59
3 以…60 仕…61 仔…61 仙…62 他…62 代…63 付…64 令…65 仮…65
4 伊…65 会…66 企…68 伎…68 休…68 仰…69 件…69 伍…69 全…70 仲…71 伝…72 任…73 伐…74 伏…74
5 位…74 何…75 伽…75 佐…75 作…76 伺…77 似…77 住…78 伸…78 体…78 但…80 低…80 佃…81 伯…81 伴…81 佑…82 余…82 伶…83
6 依…83 価…83 佳…84 侃…84 供…84 使…85 侍…86 舎…86 侮…86 併…86 侑…87 例…87
7 俄…87 俠…87 係…88 侯…88 俊…88 信…89 侵…90 促…90 俗…91 便…91 保…92 俣…93 俐…94 侶…94
8 俺…94 倶…94 倹…94 倦…94 個…94 候…95 倖…95 借…95 修…96 倉…97 値…97 倒…97 俳…98 倍…98 俵…99 俸…99 倣…99 倫…99 倭…99
9 偽…99 偶…100 健…100 偲…101 側…101 停…102 偵…102 偏…102
10 偉…103 傘…103 備…104 傍…104
11 僅…104 傾…105 傑…105 傲…105 債…106 催…106 傷…106 僧…107 働…107 傭…107
12 像…107 僕…108 僚…108
13 億…108 儀…108 舗…109
14 儒…109
15 償…109 優…110
16 儲…111

内→冂127　化→匕175　合→口211　含→口218　命→口223　念→心487　脩→月918　閃→門1060

人

音 ジン・ニン　訓 ひと

人－0　総画2　1年

明朝 人 4EBA

筆順 丿 人（はらう）

なりたち ［象形］ひとが立っている形をえがいた字。

意味
❶ひと。にんげん。人がら。例 人命・旅人
❷ほかのひと。他人。例 人事
❸人をかぞえることば。例 五人。

特別なよみ 大人（おとな）・玄人（くろうと）・素人（しろうと）・仲人（なこうど）・一人（ひとり）・二人（ふたり）・若人（わこうど）

名前のよみ たみ・と・ひこ・ひとし

❶〈ひと〉の意味で

【人為】じんい ▽ 人間のしわざ。自然のままでなく、人の手をくわえること。例 人為的に雨を降らせる実験。類 人工・人造 対 自然・天然

【人員】じんいん ↓ あることがらや組織に関係する人の数。例 人員をたしかめる。類 人数・員数

【人家】じんか ↓ 人が住んで生活している家。例 人家が密集している。類 住宅

【人海戦術】じんかいせんじゅつ 一度にたくさんの人で、大きな仕事をなしとげようとするやり方。

【人格】じんかく ↓ ①人間としてのねうち。人がら。例 人格を高める。②責任や義務を果たすことができる一人前の人間としての資格。例 人格をそなえる。表現「人格者」は「りっぱな人がらの人」という意味。

【人権】じんけん ↓ 生まれながらにもっている人間としての権利。知識 自由であること、平等であること、命をたいせつにされること、この三つが人権の基本的なものである。

【人件費】じんけんひ 給料など、はたらいている人にはらうお金。例 人件費がかさむ。

【人口】じんこう ↓ ①あるきまった地域に住んでいる人の数。例 日本の人口。②世間の人びとが口にすること。例 人口に膾炙する（そのよさが世間の評判になって、広く知れわたる）。

【人工】じんこう ↓ 人力でつくりだすこと。例 人工衛星。類 人為・人造 対 自然・天然

【人災】じんさい ↓ 人の不注意などがもとで起こるわざわい。対 天災

【人材】じんざい ↓ 才能のある人。役に立つ人。例 人材を求める。人材不足。

【人事】じんじ ↓ ①人間の力でやれること。例 人事をつくして天命をまつ（できるかぎりのことをして、あとはなりゆきにまかせる）。②会社や役所などで、そこにはたらく人の身分や役目などについてのことがら。例 人事異動。☞「ひとごと」は❷

【人事不省】じんじふせい 病気やけがなどで、意識がなくなること。例 人事不省におちいる。

【人種】じんしゅ ↓ 人類を、かみの毛やひふの色、からだつきなどの特徴によって分けた種類。

【人心】じんしん ↓ 世間の人びとの気持ち。例 人心の一新をはかる。

【人身】じんしん ↓ ①人のからだ。例 人身事故。②個人の身のうえ。例 人身攻撃（その人のおこないなどを強くとがめる）。

【人生】じんせい ↓ ①人として生きていくこと。例 人生の意義を考える。②ひとりの人がこの世に生きているあいだ。例 人生の幕をとじる。類 一生・生涯

【人生観】じんせいかん 人はなんのために生きるのか、どのように生きるのがよいか、などについての考え方。例 人生観を語りあう。

【人跡】じんせき ↓ 人間の足あと。そこを人が通ったことをしめすような手がかり。例 人跡まれな山奥。

【人跡未踏】じんせきみとう 人がまだ一度もそこを通ったり、おとずれたりしたことがないこと。例 人跡未踏のジャングル。類 前人未到

【人選】じんせん ↓〈―する〉ふさわしい人を選ぶこと。例 新しい組織の人選にとりかかる。

【人造】じんぞう ▽ 人がつくること。人がつくったもの。例 人造湖。類 人工・人為 対 天然・自然

【人体】 ↓ 一 じんたい 人間のからだ。例 人体への農薬の影響を調べる。類 身体 二 にんてい 服装など、そとから見たその人のようす。類 人品

【人知】じんち ↓ 人間の知恵。例 人知をこえる。

【人畜】じんちく Ⅲ 人間と家畜。例 人畜無害。

【人的】じんてき ⊠〈―な・―に〉物やお金などではなく、人間についての。例 人的資源。対 物的

【人道】じんどう ↓ ①人間としてやらなければならない正しいおこない。モラル。例 人道的立場に立つ。類 道徳・道義 ②歩く人のために車道とはべつに作られた道。類 歩道 対 車道

【人道主義】じんどうしゅぎ すべての人間の人権をおなじようにみとめ、人類全体のしあわせをめざす考え方。ヒューマニズム。

【人徳】じんとく ↓ その人にそなわっている人がらのよさ。人から尊敬されたり、したわれたりするような性格。例 人徳がある人。

【人品】じんぴん ↓ その人の人がらのよしあし。その人の顔だちやようすから受ける感じ。例 人品いやしからぬ青年。類 人体

【人物】じんぶつ Ⅲ ①人。例 歴史上の人物。人物画。②人がら。例 人物を保証する。③人がらや能力のすぐれた人。例 ひとかどの人物。

【人文】じんぶん｜じんもん ↓ 人類がつくりあげた文化。例 人文科学。人文地理。

【人望】じんぼう ↓ 多くの人から尊敬されたり、たよりにされたりすること。例 人望がある。

【人脈】じんみゃく ↓ おなじ考えや、利害、血のつながり、出身などによってつながっている人びとのグループ。例 人脈を広げる。

【人民】じんみん Ⅲ 社会や国を構成している人びと。例 人民の、人民による、人民のための政治。類 国民・民衆

【人名】じんめい ↓ 人につけられた名前。例 人名事典。表現 一人ひとりの名前よりも、多くの人の名前をまとめて扱う場合に用いる。

【人命】じんめい ↓ 人のいのち。例 人命救助。

【人名用漢字】じんめいようかんじ 常用漢字のほかに、人の名前に使ってよいと認められている漢字。参考 ☞ ふろく「人名用漢字」（22ページ）

【人力】じんりょく｜じんりき ↓ 人間のもっている力。機械の力に対して、人間がからだを使って出す力。例 人力にたよるしかない。人力のおよぶところではない。人力車。表現 自然や神などの大きな力に対して人間のもっているかぎりある力という意味でも使う。

【人倫】↓人としてまもるべき道義。参考古くは、人と人との間柄を指すことば。

【人類】↓人間をほかの動物と区別していうことば。例人類愛。

【人気】↓一多くの人びとに愛され、もてはやされること。例人気者。二人がいるらしいようす。人のけはい。例人気のない部屋。三その土地の人びとの性質や気風。例人気のよい村。

【人魚】↓上半身が人間、下半身は魚の形をしている想像上の動物。例人魚姫。

【人形】↓人や動物の形をまねてつくったもの。例ひな人形。人形劇。

【人間】↓①人。人類。例人間の歴史。②人がら。その人の性質。例人間ができている。

【人間味】いかにも人間らしい、心のやさしさやあたたかみ。類人情味

【人間業】ふつうの人間にできること。例とても人間業とは思えない。対神業

【人情】↓思いやりの気持ち。あわれみいつくしむ心。例人情の厚い土地。

【人情味】人間らしい思いやりやこまやかな感情のこもったあたたかみ。例人情味あふれる下町。類人間味

【人数】↓人のかず。例人数をかぞえる。人数をそろえる。類員数・人員

【人相】↓①人の顔かたち。例人相のよくない人。類顔つき ②顔かたちにあらわれているその人の性質や運命。例人相見。類手相

【人非人】人間とは思えないような、ひどいことをする人。人でなし。

【人垣】↓たくさんの人が、かきねのように立ちならぶこと。例人垣ができる。

【人影】↓①人のすがた。例人影もまばらなうら通り。②ものにうつった人の影。例障子に人影がうつる。

【人柄】↓その人の身についている、ものの考え方や態度。例人柄がいい。類性格 表記「人がら」と書いてもよい。

【人心地】たいへんな目にあったあとの、ほっとしたときの気持ち。例人心地がつく。

【人差指】手の親指と中指との間の指。類食指 関連親指・人差指・中指・薬指・小指

【人里】↓人の集まり住んでいるところ。例人里はなれた一けん家。類村里

【人質】↓①約束をまもるしるしとして、相手にあずけるこちらがわの人間。②要求をとおすためにつかまえておく人間。例武装グループが住民を人質にとって立てこもる。

【人手】↓はたらく人の数。例人手がなくて仕事が進まない。☞❷

【人出】▽ある場所に人がおおぜいやってくること。例日曜は人出が多い。

【人波】↓おおぜいの人が、おし合って、ゆれ動いていること。例人波にもまれる。

【人肌】↓①あたたかみの感じられる、人のはだ。②人のはだくらいの、ほんのり温かい温度。例ミルクを人肌に温める。

【人人】Ⅲ①多くの人。例人びとが集まる。②それぞれの人。例参拝する人びとの願い。

❷〈ほかのひと〉の意味で

【人一倍】ふつうの人よりずっと。例人一倍努力する。

【人事】↓自分にはかかわりのないこと。他人のこと。例先日の災害は人ごとではない。表記「他人事」とも書く。☞「じんじ」は❶

【人様】↓世の中の人。例人様にめいわくをかけてはいけません。参考他人をうやまっていうときに使う。

【人伝】↓じかにでなく、べつの人があいだに入ってつたわること。例人伝に聞く。

【人手】↓他人の手。例財産が人手にわたる(他人のものになる)。☞❶

【人並】↓ふつうの人と同じ程度であること。良くも悪くもないこと。例人並の生活。

【人前】↓人のいるところ。ほかの人に見えているところ。例人前ではじをかいた。

【人目】↓ほかの人が見ていること。世間の人びとの目。例人目をさける。人目を気にする。人目をひく。人目につく(目立つところがあって、人の注意をひく)。人目をしのぶ(人に見つからないようにする)。人目をはばかる(世間に知られないように気をくばる)。

人が下につく熟語 上の字の働き

❶人＝〈ひと〉のとき

【偉人 貴人 聖人 美人 麗人 佳人 古人 新人 粋人 俗人 凡人 巨人 要人 哲人 常人 超人 異人 変人 奇人 達人 囚人 才人 原人 故人 野人 婦人 教養人 善人 悪人 仙人 流人 浪人 何人】ドノヨウナ人か。

【軍人 武人 文人 詩人 歌人 俳人 犯人 下手人 罪人 住人 商人 職人 番人 役人 証人 芸人 弁護人 旅人】ナニをする人か。

【別人 余人 個人 知人 主人 客人 友人 同人 本人 他人 恋人 先人 夫人】ドノヨウナ関係の人か。

【大人 小人 成人 老人】ドレクライの年の人か。

【何人 衆人 万人】ドノクライの数の人か。

【隣人 邦人 外国人 天人 町人】ドコの人か。

【殺人 求人】人をドウスルか。

◆張本人 八方美人 傍若無人 法人 門人

【介】

ヘ−2 総画4 常用 明朝 介 4ECB

音 カイ 中 訓 たす-ける 外・すけ 外

筆順 ノ 人 介 介

なりたち [象形] 人がよろいを身につけたすがたをえがく字。

意味

❶中に立つ。あいだにはさまる。仲をとりもつ。例 人を介する。介入・仲介

❷たすける。例 介抱

❸かたいから。こうら・からをつけた生き物。例 魚介

名前のよみ あき・ゆき・よし

❶〈中に立つ〉の意味で

【介在】↓（−する）二つのものにはさまれるようにして、ほかのものがあること。例 両国のあいだに介在する問題の解決につとめる。

【介入】↓（−する）よこからわりこんで、かかわりあいをもつこと。例 積極的に介入する。武力介入。類 干渉

❷〈たすける〉の意味で

【介護】Ⅱ（−する）病人や、からだの不自由な人につきそって、生活の手だすけをすること。例 介護保険。訪問介護。

【介助】Ⅱ（−する）病人や、からだの不自由な人の、身の回りの手だすけをすること。例 患者の介助をする。介助犬。

【介抱】Ⅱ（−する）けが人や病人などの手当てやせわをすること。例 やさしく介抱する。類 看病・看護

介が下につく熟語 上の字の働き

❶介＝〈中に立つ〉のとき

【仲介 紹介 媒介】近い意味。

◆一介 魚介 厄介

【仇】

イ−2 総画4 表外 明朝 仇 4EC7

音 キュウ 外 訓 あだ 外

意味 かたき。あだ。うらみのある相手。例 恩を仇で返す。仇討ち。仇敵

【今】

ヘ−2 総画4 2年 明朝 今 4ECA

音 コン・キン 中 訓 いま

筆順 ノ 人 今 今 今（はらう）

なりたち [会意] やね（亼）の下に物（乛）をかくすようすを表す字。借りて、「いま」の意味に使われる。

意味 現在。いまの時。いまに近い時。例 昔と今。今後・今度・古今 対 古・昔

特別なよみ 今日（きょう）・今朝（けさ）・今年（ことし）

【今更】↓ ①いまあらためて。例 地震のこわさをいまさらのように感じた。②いまごろになって（おそすぎるという気持ちをこめて使う）。例 いまさらなにを言うんだ。

【今時】↓ いまごろ。このごろ。例 今どきなんの用だ。今どきの若者。

【今宵】↓ きょうの夜。類 今晩・今夕

【今回】↓ このたび。何度もおこなわれた

辞書のミカタ 特別なよみ ほかの字と組み合わさったときに特別な読み方をするもの（「常用漢字表」の付表の語）

なかで、いちばん今に近いもの。例 今回の事件。類 今度 関連 前回・今回・次回

【今月】こんげつ ↓ きょうをふくむこの月。例 今月のこんだて。関連 先月・今月・来月

【今後】こんご ↓ これからあと。例 今後ともよろしくお願いします。類 以後

【今週】こんしゅう ↓ きょうをふくむ一週間。例 今週の予定。関連 先週・今週・来週

【今朝】こんちょう｜けさ ↓ きょうの朝。例 今朝の天気。

【今度】こんど ↓ ①このたび。何回もあったことのうち、今にいちばん近いもの。例 今度もだめだった。類 今回 ②この次。例 今度から気をつけます。類 次回

【今日】こんにち｜きょう ↓ 一 いま現在の、この日。例 今日もいい天気だ。十年前に入社し、今日にいたる。類 本日 二 このごろ。現代。例 今日の世界情勢。関連 昨日・本日・今日・明日。昨日・今日・明日 表現 あらたまった場面のあいさつなどでは「本日」や「今日」を使うことが多い。

【今年】こんねん｜ことし ↓ この年。今の年。関連 去年・今年・来年。昨年・本年・今年・明年 表現「今年」はあらたまった場面で使うことが多い。

【今晩】こんばん ↓ きょうの晩。類 今夜・今夕 関連 昨晩・今晩・明晩

【今般】こんぱん ↓ このたび。例 今般は格別のご協力をたまわり、まことにありがとうございました。表現 あらたまった場面で使う、ややかたい感じのすることば。

【今夜】こんや ↓ きょうの夜。こよい。例 今夜はいい月夜だ。類 今晩・今夕 関連 昨夜・今夜・明夜

◆古今 昨今 当今

仁

音 ジン・ニ(中) 訓 —

イ-2 総画4 6年

明朝 仁 4EC1

筆順 ノ イ 仁 仁 仁(ながく)

なりたち [形声]「二」が「ふたり」の意味と、「ジン」とかわって読み方をしめしている。人(イ)に思いやりをかけることを表す字。

意味 ❶やさしさ。思いやりの心。例 仁愛 ❷ひと。例 そこの御仁。❸《その他》例 仁王

参考 ❷は音が「人」とおなじであることから。

注意するよみ ニ…例 仁王

名前のよみ きみ・さね・しのぶ・ただし・と・とよ・にん・のり・ひさし・ひと・ひとし・ひろし・まさ・まさし・み・めぐみ・やすし・よし

❶〈やさしさ〉の意味で

【仁愛】じんあい 〔三〕 思いやり。なさけ深いこと。例 仁愛の精神。類 慈愛

【仁義】じんぎ 〔三〕 ①思いやりの心と、人としておこなわなければならないたいせつなこと。例 仁義を重んじる。②人に対する義理や礼儀など。例 仁義にはずれる。

【仁術】じんじゅつ ↓ 思いやりの心で、人をたすけるためのわざ。例 医は仁術(医術は金もうけのためではなく、命を救うためのものである)。

【仁政】じんせい ↓ 人民に対して思いやりのある政治。例 仁政をしく。類 善政 対 悪政・暴政

❸《その他》

【仁王】におう 〇 仏をまもる役目をする一対の神とその像。例 仁王門。知識 口を開いた像と、口をとじた像として表され、もとは「二王」と書いた。寺の門の両わきに立っている。

仏

音 ブツ・フツ(外) 訓 ほとけ

イ-2 総画4 5年

明朝 仏 4ECF 旧字 佛 4F5B

筆順 ノ イ 仏 仏(とめる)

なりたち [形声] もとの字は、「佛」。「弗」が「ブツ」とかわって読み方をしめしている。人(イ)が見分けにくいことを表す字。この字の音を借りて、インドで「ブッダ」といっていた「ほとけ」を表すようになった。

意味 ❶ほとけ。仏さま。死んで仏になった人。例 仏の顔も三度(何度も無礼なことをされれ

ば、どんなにやさしい人でもおこりだす)。仏法・成仏
❷仏教。釈迦の教え。例仏門
❸仏像。いろいろな仏をかたどったもの。例仏師・仏殿・大仏
❹フランス。「仏蘭西」の略。例仏語

参考 ❹では「フツ」と読む。

名前のよみ さとる

❶〈ほとけ〉の意味で

【仏教】ぶっきょう ⇩ 紀元前五百年ころ、釈迦がこの世の苦しみから人びとをすくおうとしてはじめた宗教。例仏教徒。類仏法 知識 インドにおこり、キリスト教・イスラム教とともに世界三大宗教の一つ。

【仏心】⇩ 一 ぶっしん 仏の、あわれみ深い心。二 ほとけごころ やさしい、思いやりの気持ち。例つい仏心を出してゆるしてしまった。

【仏前】ぶつぜん ⇩ 仏の前。死んで仏としてまつられている人の前。例祖父の仏前に花をそなえる。表現 死者へのそなえ物の上書きにも、「御仏前」を使う。

【仏像】ぶつぞう ⇩ 仏のすがたを絵や彫刻で表したもの。例国宝の仏像。

【仏陀】ぶっだ ◎ 仏教で、さとりをひらいた人。とくに、お釈迦さま。例仏陀の教え。

【仏頂面】ぶっちょうづら ぶあいそうな顔つき。ふくれっつら。例仏頂面をする。

【仏道】ぶつどう ⇩ 仏のといた道。例仏道に帰依する。 仏教・仏法

【仏法】ぶっぽう ⇩ 仏の教え。類仏教・仏道

【仏滅】ぶつめつ ▽ ①釈迦の死。②こよみで、なにをするにもよくないとされている日。対大安

❷〈仏教〉の意味で

【仏閣】ぶっかく ⇩ 寺の建物。例神社仏閣。

【仏式】ぶっしき ⇩ 仏教のきまりにそっておこなう儀式。例仏式葬儀。対神式

【仏典】ぶってん ⇩ 仏の教えを書いた本。お経の本。類経典

【仏門】ぶつもん ⇩ 仏への道。例仏門に入る(僧になる)。

❸〈仏像〉の意味で

【仏師】ぶっし ⇩ 仏像を作る職人。

【仏壇】ぶつだん ⇩ 仏像や位牌などをまつっておくところ。また、そのための戸だな。例仏壇の前で手を合わせる。

❹〈フランス〉の意味で

【仏語】ふつご ⇩ フランス語。

←仏が下につく熟語 上の字の働き

❶仏=〈ほとけ〉のとき
【念仏 讃仏】仏をドウスルか。

❸仏=〈ぶつぞう(仏像)〉のとき
【石仏 金仏】ナニでつくられた仏像か。
【天平仏 飛鳥仏】イツの時代の仏像か。

❹仏=〈フランス〉のとき
【英仏 独仏】ドコの国とフランスか。

◆成仏 大仏

以

人-3 総画5 4年 明朝 以 4EE5

音 イ 訓 もっ-て 外

筆順 以 以 以 以 以 (だす・とめる)

なりたち [形声] もとの字は、「㠯」。のちに「人」がくわわり「以」となる。「㠯→以」が「イ」という読み方をしめし、人が「すき」を持って仕事をする意味を表した。のちに「もって」として使われるようになった。

意味
❶そこから。その時・場所・数から。例以上・以来
❷…で。…でもって。…を用いて。例以心伝心

名前のよみ これ・しげ・とも・のり・もち・ゆき

❶〈そこから〉の意味で

【以遠】いえん ⇩ ある場所よりも遠いところ。そこから先。例大阪以遠。

【以下】いか ⇩ ①それより下。(それをふくめて)その数より少ないこと。例三年生以下の部。類未満 対以上 ②「…以下…」の形で、ある人を代表にして、あとのすべてをひっくるめてという意味を表す。例隊長以下十名。類下記 対以上 ③そこからあと。例以下同文。表現 ①の場合、「三年生以下」は、三年生

をふくめる。また、②でも、「隊長以下十名」は、全員で十名ということになる。

【以外】いがい ⇩それをのぞいたほかのもの。

> **例解 使い分け** いがい《以外・意外》
>
> 以外＝それよりほか。
> 例音楽以外趣味をもっていない。関係者以外立ち入り禁止。
>
> 意外＝思いがけないこと。
> 例意外な結末をむかえる。犯人は意外な人物だった。

【以後】いご ⇩①(それをふくめて)そのときよりもあと。例明治以後の作家。類以降 対以前 ②これからさき。例以後気をつけます。類今後

【以降】いこう ⇩(それをふくめて)そのときよりあと、ずっと。例五時以降は家にいます。類以後・以来 対以前

【以上】いじょう ⇩①(それをふくめて)それより上。その数より多いこと。例駅まで歩いて十分以上かかる。対以下 ②…するからには。例試合に出る以上は、勝ちたい。③それまでのべてきたこと。例わたしの考えは以上のとおりです。対以下 ④手紙や書類、発言などの終わりに使い、「おしまい」という意味を表す。

【以前】いぜん ⇩①そのときよりも前である。例明治以前の日本。対以後・以降 ②もと。むかし。例ここは以前は畑だった。類過去 ③取りあげる必要もないくらいのこと。例議論以前の問題。

【以内】いない ⇩(それをふくめて)その範囲内であること。例六位以内入賞。

【以来】いらい ⊠そのときから今まで。例昨夜以来降りつづいた雨がやんだ。類以降

❷〈…で〉の意味で

【以心伝心】いしんでんしん ことばにして言わなくても、思っていることが自然に相手に伝わること。例父と母は、なんでも以心伝心だ。参考「心を以って心を伝える」という意味で、禅宗でことばや文字を使わないで、真理を心から心へ伝えてさとらせること。

【仕】

イ−3 総画5 3年 明朝 仕 4ED5

音シ・ジ高 訓つか-える

筆順 ノ イ 仁 什 仕（みじかく）

なりたち 仕 [形声]「士」が「しごと」の意味と「シ」という読み方をしめしている。人(イ)のためにしごとをすることを表す字。

意味 ❶つかえる。人のためにはたらく。例国王に仕える。仕官・給仕・奉仕
❷する。おこなう。例仕事

注意するよみ ジ…例給仕

名前のよみ まなぶ

❶〈つかえる〉の意味で

【仕官】しかん ▲〈—する〉武士が主君にめしかかえられてつかえること。例大名に仕官する。

❷〈する〉の意味で

【仕事】しごと ⇩①はたらくこと。例黒板消しは日直の仕事だ。②職業。例仕事につく。

【仕度】したく ⇩〈—する〉あることのために、必要な用意をすること。例出かける仕度。類準備 表記「支度」とも書く。

【仕様】しよう ⇩①ものごとのやり方。しかた。例どうにもしようがない。②機械などのしくみや使い方。例仕様書。

【仕業】しわざ ⇩やったこと。おこない。例このいたずらは、だれの仕業だ。

仕が下につく熟語 上の字の働き

❶仕＝〈つかえる〉のとき
【奉仕 給仕】近い意味。

【仔】

イ−3 総画5 人名 明朝 仔 4ED4

音シ外 訓こ外

意味 ❶こまかい。くわしい。例仔細 ❷こ。動物の子ども。例仔犬・仔牛

表記「子」を使って書くこともある。例仔細→子細・仔犬→子犬

◀次ページ 仙 他

名前のよみ かつ

❶〈こまかい〉の意味で

【仔細】Ⅱ ①〈―に〉くわしい。例 仔細に調べる。②くわしい事情。例 仔細を聞く。

仙

イ-3 総画5 常用 明朝 仙 4ED9

音 セン㊥ 訓 ―

筆順 ノ 亻 仆 仙 仙

なりたち [会意]「人(イ)」と「山」とを合わせて、「せんにん」の意味を表す字。

意味 ❶せんにん。人間ばなれした人。例 仙女 ❷名人。例 歌仙・詩仙

名前のよみ たかし・のり・ひさ・ひと

❶〈せんにん〉の意味で

【仙境】⇩ 仙人の住むようなところ。

【仙人】⇩ 山の中に住み、年もとらず、死ぬこともなく、ふしぎな力をもつと考えられた人。

◆歌仙 詩仙 酒仙

他

イ-3 総画5 3年 明朝 他 4ED6

音 タ 訓 ほか

筆順 ノ 亻 仂 他 他（はねる／おらない）

なりたち [形声] もとの字は、「佗」。「它」がヘビの意味と「タ」という読み方をしめしている。「べつにおかわりありませんか」とたずねる場合、「它なきや」と言ったことから、「它」は「べつ」の意味になり、「人(イ)」がついて、べつの人を表すようになった。

意味 ほか。それ以外のもの。自分以外のもの。例 …他。その他。他人 対 自

例解 [使い分け] ほか[外・他] ☞279ページ

【他意】⇩ 口に出したことばとはべつの、心のなかにかくしている考え。例 かれの言ったことには悪気も他意もないようだった。

【他界】⇩〈―する〉この世とちがう世界へ行くという意味から、死ぬこと。例 祖父は、昨年他界しました。表現「死ぬ」「なくなる」を遠回しに言う。

【他国】⇩ ①自分の生まれ育った国でない、よその国。類 外国・異国 対 自国 ②自分の生まれたところでない、よその土地。類 異郷・異境

【他言】⇩〈―する〉ひみつにすべきことをほかの人に話すこと。例 他言無用。類 口外

【他殺】⇩ 人に殺されること。対 自殺

【他山の石】他人のつまらない言動でも、自分をみがく役に立つ。例 わたしの失敗を、他山の石としてください。参考『詩経』(小雅・鶴鳴)にある「他の山から出るそまつな石でも、といしとして自分の宝玉をみがく役には立つ」というたとえから。表現 そまつな物だが、よくない手本としてなら役に立つという意味であるから、相手のことについて用いては失礼にあたる。

他山の石

【他者】⇩ ほかの人。例 他者を寄せつけない強さ。類 他人 対 当人 表現「他人」よりもかたいことばで、おもに書きことばに使う。

【他薦】⇩ ほかの人からの推薦。例 自薦、他薦を問いません。対 自薦

【他動詞】動詞のうち、他のものにはたらきかけることを表すもの。対 自動詞 知識「本を読む」の「読む」のように、「を」を受けることがほとんどである。

【他人】⇩ ①自分と血のつながりのない人。例 赤の他人。対 身内 ②自分以外の人。例 他人まかせ。類 他者 ③関係のない人。よそもの。例 他人あつかい。類 第三者

【他人行儀】〈―な〉親しさが感じられない、よそよそしい態度。例 他人行儀なあいさつ。表現 もっと親しい態度のほうが自然だと思うときに使うことが多い。

【他方】⇩ ①ほかの方向。べつの方面。例 一方だけでなく、他方の言い分も聞いておこう。類 一方 ②見方をかえると。例 気は強い

が、他方、なみだもろいところもある。類他面・一方

【他面】↓べつのほうから見ると。例悲しい話だが、他面、少しこっけいなところもある。類他方・一方

【他力本願】自分で努力しないで、他人のたすけをあてにすること。参考もとは、すべて阿弥陀如来の力にたよることによって、人が死んでから浄土に生まれかわることができるという仏教のことば。

【他流試合】たりゅうじあい 武道などで、ちがう流派の相手とわざをきそいあうこと。

←他が下につく熟語 上の字の働き

【排他 利他】他をドウスルか。

◆自他

代

イ－3 総画5 3年

明朝 代 4EE3

音ダイ・タイ 訓か－わる・か－える・よ・しろ中

筆順 ノ イ 仁 代 代（はねる）

なりたち [形声]「弋」が「かわる」意味と、「タイ」とかわって読み方をしめしている。人(イ)がかわることを表している字。

意味
❶かわる。かえる。入れかわる。例父に代わってあいさつする。代役・総代
❷だい。ある人が家や王朝の主であるあいだ。世代。例孫の代まで。歴代
❸世の中のじだい。時の流れの中のある期間。例現代・神代
❹だいきん。引きかえにわたすお金。例お代はいくらですか。飲み代。地代
❺田。田の区画。例代かき・苗代
❻年齢などのはんいを表すことば。例二千年代。十代

例解[使い分け]かわる[変・代・替・換]☞275ページ

例解[使い分け]よ[世・代]☞29ページ

名前のよみ のり・より

❶〈かわる〉の意味で

【代案】↓ある考えや計画に対して、そのかわりになるように出された考えや計画。例代案を出す。類対案

【代価】↓①品物のねだん。類代金 ②あることをするためにはらうぎせいや損害。類代償

【代官】↓江戸時代に幕府や藩の領地である地域をおさめた役人。例代官所。悪代官。

【代議士】選挙でえらばれ、国民の代表として国の政治をおこなう人。とくに、衆議院議員を指す。

【代休】↓休日に会社や学校に出たかわりに、ふつうの日にとる休み。

【代金】↓品物を買った人が、売った人にはらうお金。例代金を計算する。類代価

【代行】↓〈－する〉本人にかわって仕事をすること。例部長の仕事を代行する。

【代作】↓〈－する〉詩や文章などを、本人にかわって作ること。

【代謝】Ⅲ生物が必要な栄養などを外からとり入れ、いらなくなったものをからだの外へ出すこと。例新陳代謝（古いものと新しいものが入れかわること）。

【代書】↓〈－する〉本人にかわって書類や手紙などを書くこと。類代筆

【代償】↓①損害をあたえた相手に、つぐないとしてさし出すお金や品物など。類賠償・補償 ②なにかをするために、それとひきかえにはらうぎせいや損害。例ダム建設による自然破壊は、便利さの代償というには大きかった。類代価

【代替】Ⅲ〈－する〉あるもののかわりに、ほかのもので間に合わせること。代替え。例代替エネルギー。

【代読】↓〈－する〉本人にかわって読みあげること。例市長の祝辞を先生が代読した。

【代入】↓〈－する〉数学で、式の中の文字に、ある数や文字などをあてはめること。例公式に実際の数を代入して計算する。

【代筆】↓〈－する〉本人にかわって手紙や書類を書くこと。その書いたもの。類代書 対自筆・直筆

【代表】↓〈－する〉①そのグループでえらび出されて、みんなにかわってなにかをする

こと。例クラスを代表して出席する。②一つをしめすだけで、全体の特色を表すこと。表しているもの。例代表作。

【代弁】だいべん ↓〈—する〉本人にかわって、その人の考えや気持ちをのべること。例代弁者。

【代名詞】だいめいし 文法で、人や物などをしめすとき、その名前のかわりに使う、「わたし」「かれ」「これ」「そっち」「どこ」などという種類のことば。

【代役】だいやく ↓劇などで、ある役の人が出られなくなったとき、その人のかわりをすること。かわりをする人。例代役をたてる。

【代用】だいよう ↓〈—する〉あるもののかわりに、べつのもので間に合わせること。例代用品。

【代理】だいり ↓〈—する〉本人にかわってあることをすること。かわりの人。例店長代理。類名代

❷〈一だい〉の意味で

【代代】だいだい Ⅱ何代もつづいて。例先祖代々。類歴代・累代

←代が下につく熟語 上の字の働き

❶代＝〈かわる〉のとき
【名代 城代 総代】ナニの代わりか。

❷代＝〈一だい〉のとき
【一代 二代 千代 初代 先代 当代 末代】イクツ・イクツメ・イツゴロの代か。
【歴代 累代 譜代】ドレホドの代か。

❸代＝〈世の中のじだい〉のとき
【古代 上代 近代 現代 前代】イツの時代か。

❹代＝〈だいきん〉のとき
【地代 車代 足代】ナニの代金か。

◆一世一代 希代 交代 身代 世代 苗代 年代

付

イ-3 総画5 4年 明朝 付 4ED8

音フ 訓つ-ける・つ-く

筆順 ノ イ 仁 付 付（はねる）

なりたち [会意]手にものを持っている形(寸)と「人(イ)」を合わせて、人に「ものをあたえる」意味を表す。

意味
❶つける。くっつける。つく。くっつく。例傷を付ける。どろが付く。付着・日付
❷あたえる。ゆだねる。例不問に付す(取り立てて問題にしない)。付与・寄付・交付

参考 「付」とほとんどおなじ意味の字に「附」があり、「附属・寄附・附則・附帯」のように用いるが、今はほとんど「付」を使う。

例解 [使い分け] つく[付・着・就] ☞ひだりのページ

❶〈つける〉の意味で

【付加】ふか Ⅱ〈—する〉つけくわえること。つけたすこと。例条件を付加する。類追加

【付記】ふき ↓〈—する〉つけ足して書くこと。書かれたことがら。例電話番号を付記する。

【付近】ふきん Ⅱある場所にちかいところ。例付近に学校がある。類近所・近辺・界隈

【付随】ふずい Ⅱ〈—する〉あることがあると、それにつれて起こること。例開発に付随して起こる自然破壊。

【付設】ふせつ ↓〈—する〉付属のものとして作ること。例公民館に郷土資料室を付設する。

【付箋】ふせん ↓注意点や疑問点などを書き、本などにはりつける小さな紙。例付箋をはる。

【付則】ふそく ↓おもな規則をおぎなうためにつけくわえた規則。対本則

【付属】ふぞく Ⅱ〈—する〉組織などの一部分として、本体についていること。例付属小学校。

【付着】ふちゃく Ⅱ〈—する〉くっつくこと。例服に付着したよごれをおとす。

【付録】ふろく ↓①文章や書類などの本文のあとにつけた図表や説明など。例巻末付録。対本文 ②雑誌などにつけたおまけ。例別冊付録。対本誌・本体

【付和雷同】ふわらいどう〈—する〉よく考えもしないで、人につられて行動すること。例付和雷同をつつしむ。参考雷が鳴るとそれに合わせてひびくように、かるがるしく人の説に同意すること。『礼記』にあることば。

❷〈あたえる〉の意味で

【付与】ふよ Ⅱ〈—する〉あたえること。例権限を付与する。

←付が下につく熟語 上の字の働き

❶付＝〈つける〉のとき

【日付 番付】ナニを付けるか。
❷付＝〈あたえる〉のとき
【寄付 給付 交付 納付 配付】近い意味。
【送付 添付】ドウヤッテあたえるか。
◆受付

【令】

ヘ-3　総画5　4年　明朝 令 4EE4

音 レイ　訓 ―

筆順 ノ 𠆢 亽 今 令（はらう・とめる）

なりたち 【会意】あつめる意味の「亼」と、人がひざまずいている形の「㔾→マ」を合わせた字で、人をあつめて言いつけることを表す。

意味
❶めいれい。めいれいする。言いつける。さしずする。例 令状・号令
❷よい。うるわしい。他人の親族につけることば。（うやまった言い方）例 令名・令嬢

名前のよみ のり・はる・よし

❶〈めいれい〉の意味で
【令状】命令を書いた文書。例 裁判所から捜査の令状が出る。

❷〈よい〉の意味で
【令嬢】よその家のむすめを、うやまっていうことば。おじょうさま。対 令息
【令息】よその家のむすこを、うやまっていうことば。類 子息 対 令嬢
【令夫人】身分の高い人や、相手の妻をうやまっていうことば。類 令室
【令名】すばらしいということで、よく知られている名前。例 令名はかねがねお聞きしております。類 高名・名声
【令和】◎平成の次、現在の元号。二〇一九年から。参考『万葉集』の「初春の令月にして、気淑く風和ぎ、梅は鏡前の粉を披き、蘭は珮後の香を薫す」から。

令が下につく熟語 上の字の働き
❶令＝〈めいれい〉のとき
【法令 命令 指令 号令 律令】近い意味。
【禁令 訓令 外出禁止令】ドウイウ命令か。
【政令 省令】ドコの命令か。
【発令 伝令 司令】命令をドウスルのか。
◆辞令

例解 使い分け　つく《付く・着く・就く》

付く＝はなれなくなる。くわわる。感じる。
例 墨が付く。力が付く。傷が付く。利子が付く。おまけが付く。味方に付く。目に付く。

着く＝ある場所にとどく。
例 手紙が着く。席に着く。船が港に着く。

就く＝ある地位や役目になる。始める。したがう。
例 職に就く。床に就く。先生に就いて書道を学ぶ。

【伊】

イ-4　総画6　人名　明朝 伊 4F0A

音 イ 外　訓 ―

意味
❶この。これ。
❷イタリア。「伊太利」の略。例 伊首相。
❸伊賀。旧国名。今の三重県西部。
❹《その他》例 伊達

名前のよみ これ・ただ・よし

【仮】

イ-4　総画6　5年　明朝 仮 4EEE　旧字 假 5047

音 カ・ケ 中　訓 かり

筆順 ノ イ 仁 仮 仮 仮（はらう）

なりたち 【形声】もとの字は、「假」。「叚」が「にせもの」の意味と「カ」という読み方をしめしている。ほんものではない人

2 人 イ 𠆢 ひと・にんべん・ひとがしら 3-4画 令 伊 仮 ◀次ページ 会

部首スケール 1画 丨 乚 乙 ノ 丶 一 2画 二 亠 人 イ 𠆢 儿 入 八 丷 冂 冖 冫 几 凵 刀 刂 力 勹

（イ）を表す字。

意味

❶かりに。かりの。ほんとうではない。例仮の住まい。仮の名。仮面・仮病 対実

❷かりる。ゆるす。例仮借

注意するよみ ケ…例仮病

特別なよみ 仮名(かな)

❶〈かりに〉の意味で

【仮死】かし ↓ 生きているのに意識がなく、死んでいるように見えること。例仮死状態。

【仮称】かしょう ↓〈—する〉かりの名をつけること。かりの名前。類仮題

【仮設】かせつ ↓〈—する〉限られた期間に使うためにつくること。例仮設のトイレを設置する。対常設

【仮説】かせつ ↓ 研究などを進めるために、もしもこうならと、あらかじめ決めておく考え。例仮説をたてる。

【仮装】かそう ↓〈—する〉遊びとして、ほかのもののすがたをまねて、それに似た身なりをすること。例仮装行列。類変装

【仮題】かだい ↓ かりにつけた題名。類仮称 表現 きちんと題名が決まる前に、発表しなければならないようなとき、「鳥の鳴き方(仮題)」などとして、かっこをつけて使うことが多い。

【仮定】かてい ↓〈—する〉考えなどを進めるために、かりにこうであると決めること。例火事だと仮定して、ひなん訓練をする。類想定

【仮眠】かみん ↓〈—する〉短い時間、とりあえずねむること。例ソファーで仮眠をとる。

【仮名】↓ 一 かめい 本名を出さず、かりにつけた名前。例文中の氏名は仮名。類偽名・変名 対実名・本名 二 かな 日本語の発音を表すために、漢字をもとにして日本でつくった文字。かたかなとひらがながある。対真名(漢字) 表現☞【偽名】ぎめい(100ページ)

参考☞ものしり巻物2(ひだりのページ)

【仮面】かめん ↓ 顔のかたちにつくったかぶりもの。おめん。例仮面舞踏会。表現「仮面をかぶる(本心をかくし、べつのことを考えているように見せる)」「仮面をぬぐ(正体をあらわす)」などの使い方もある。

【仮病】けびょう ↓ 病気でもないのに病気のように見せかけること。例仮病を使う。

❷〈かりる〉の意味で

【仮借】Ⅲ 一 かしゃく〈—する〉①かりること。②大目に見て、ゆるすこと。例少しのミスでも、仮借なく罰する。類容赦 二 かしゃ 漢字の使い方で、もとの漢字の意味に関係なく、音だけを借りてべつのことばを表すようになったもの。仮借文字。六書の一つ。参考☞ふろく「漢字のなりたち」(3ページ)

会

へ-4 総画6 2年

明朝 会 4F1A 旧字 會 6703

音 カイ・エ(高) 訓 あ-う

筆順 ノ 会 会 会 会 会 はらう

なりたち 會 [会意]もとの字は「會」。穀物をむす器(曰)にふた(亼)をあわせることを表し、「あう」として使われている。

意味

❶あう。であう。あわせる。例友達と会う。会見・面会

❷人のあつまり。人びとが集まる。例会を開く。一堂に会する。研究会。会場

❸わかる。さとる。心にかなう。例会得

例解 [使い分け] あう[合・会・遭]☞213ページ

❶〈あう〉の意味で

【会意】かいい ▲ 二つ以上の漢字を組み合わせて、新たに漢字を作る方法。会意文字。六書の一つ。参考☞ふろく「漢字のなりたち」(3ページ)

【会計】かいけい ↓〈—する〉①お金の出し入れをとりあつかうこと。とりあつかう人。例会計係。類経理 ②旅館や飲食店などで、代金を支払うこと。例会計をすませる。類勘定

【会見】かいけん Ⅲ〈—する〉おおやけの立場で人に会うこと。例会見を申し入れる。記者会見。

【会談】かいだん ↓〈—する〉重い役目の人たちが、会って話し合うこと。例首脳会談。

【会話】かいわ ↓〈—する〉たがいに話をすること。例会話がはずむ。類対話

❷〈人のあつまり〉の意味で

ものしり巻物 第2巻

万葉仮名・平仮名・片仮名の成立

大むかしの日本人は、自分たちのことばである日本語を書き表すための文字をもっていませんでした。そこで、中国に学んで、漢字を使って日本語を書き表すことにしました。しかし、漢字は中国語を書くために作られた文字であって、漢字だけで日本語の文章の細かいところまで書き表すのはとてもむりです。それで、漢字の読み方だけを利用して、日本語の「音」を表す方法を考え出しました。たとえば、「やま」ということばを、「夜麻」「八万」などと書くことにしたのです。これは、中国の人が外国の人の名前や土地の名前を書くときの方法をまねしたものです。このような文字を使って書いたものとして代表的なのが、『万葉集』という奈良時代にまとめられた歌集です。ですから、このように使われた文字のことを万葉仮名とよびます。

現在わたしたちが使っている平仮名と片仮名の祖先は、平安時代のはじめごろ、この万葉仮名から生まれたものです。

平仮名は、万葉仮名をくずして書いたものから発達しました。おもに、和歌や手紙・物語を書くのに用いられました。

安→あ→あ　加→か→か

片仮名は、万葉仮名の偏や旁などの一部分をとってかんたんに書いたものから発達しました。おもに漢文(中国の文章)を勉強するときに用いられました。

阿→ア(偏から)　江→エ(旁から)

ほかの仮名については☞ふろく「ひらがな・かたかなのもとになった漢字」(2ページ)

平仮名も片仮名も、むかしは一つの音を表すのに何種類も文字がありましたが、明治時代になってからは、一つの音に一つずつに整理されました。ただし、お店の看板などには、現在でもときどき、むかしの平仮名が使われています。

生きそば
(生そば)

【会員】かいいん ⇩ 会に入っている人。

【会館】かいかん ⇩ 人びとが集まって、会や行事をするための建物。例 学生会館。

【会期】かいき ⇩ 会をひらく時期。ひらいているあいだ。例 会期を延長する。

【会議】かいぎ ⇩〈―する〉人びとが集まって、あることがらについて話し合うこと。例 職員会議。類 協議 表現「日本学術会議」のように、組織や機関の名前を表すこともある。

【会合】かいごう Ⅲ〈―する〉話し合いをするために人びとが集まること。類 集会

【会社】かいしゃ ⇩ 利益をえるための仕事をしようとする人が集まって、その仕事のために作る組織。例 会社員。株式会社。

【会場】かいじょう ⇩ もよおしものをする場所。

【会食】かいしょく ⇩〈―する〉人が集まって、いっしょに食事をすること。例 会食にまねかれる。

【会席料理】かいせきりょうり 料理屋で宴会用に出す料理。知識「懐石料理」は、茶の湯のもよおしで出す簡素な料理。

【会葬】かいそう ▲〈―する〉葬式に参列すること。

【会則】かいそく ⇩ 会のきまり。類 会規

【会費】かいひ ⇩ ①会をつづけていくために、会員が出すお金。例 会費を滞納する。②そのもよおしに出席する人が出すお金。例 入り口で会費をはらう。

【会報】かいほう ⇩ 会のようすなどを会員に知らせるために出す印刷物。例 会報を発行する。

❸〈わかる〉の意味で

【会釈】えしゃく〈―する〉①Ⅲ 人の気持ちを考えること。思いやり。例 遠慮会釈もなく人をやっつける。②◎ 軽く頭を下げること。例 会釈をかわす。

【会得】えとく ↓〈―する〉そのことがらのいちばんだいじなところを理解し、自分のものにすること。例 使い方を会得する。類 体得

【会心】かいしん ▲ 心から満足すること。例 会心の作。会心の笑み(自分の思いどおりになって思わずにっこりすること)。

⇐会が下につく熟語 上の字の働き

❶会＝〈あう〉のとき
【面会 再会】ドノヨウニ会うか。

❷会＝〈人のあつまり〉のとき
【議会 協会 教会 商会 園遊会 公聴会 博覧会 研究会】ドウスル会か。
【総会 大会 例会 納会】ドウイウ会合か。
【宴会 句会 茶会 法会 仏生会】ナニの会合か。
◆機会 国会 際会 集会 盛会 夜会

【企】

ヘ-4 総画6 常用 明朝 企 4F01

音 キ㊥ 訓 くわだ-てる㊥・たくら-む㊦

筆順 ノ 𠆢 个 仐 企 企

なりたち [会意] 人(𠆢)とあし(止)とからでき、人がつま先で立って遠くを見ることを表している字。

意味 くわだてる。計画する。なにかをしようと考える。例 悪事を企てる。企画

【企画】きかく Ⅲ〈―する〉なにかをしようと計画を立てること。その計画。プラン。例 文化祭の企画を考える。新企画。類 企図・計画

【企業】きぎょう ①▲ 事業をはじめること。例 企業家。類 事業 ②↓ 会社や工場などのように、利益を得るための事業をするしくみ。例 大企業。中小企業。

【企図】きと Ⅲ〈―する〉なにかをめざして、計画を立てること。くわだて。例 会社のいっそうの発展を企図する。類 企画

【伎】

イ-4 総画6 常用 明朝 伎 4F0E

音 キ㊥・ギ㊦ 訓 ―

筆順 ノ イ 仁 什 伎 伎

意味 わざ。うでまえ。また、芸をする人。例 歌舞伎

【休】

イ-4 総画6 1年 明朝 休 4F11

音 キュウ 訓 やす-む・やす-まる・やす-める

筆順 ノ イ 仁 什 休 休（はらう）

なりたち [会意] 人(イ)と「木」を合わせて、人が木かげでやすむ意味を表す字。

意味 やすむ。やすみ。くつろぐ。活動をやめる。例 気が休まる。休日・代休

名前のよみ のぶ・よし

【休演】きゅうえん ▲〈―する〉①音楽や劇などのもよおしをおこなわないこと。例 このホールは、三月まで休演だ。②歌手や役者が舞台に出ないこと。例 主役は急病のため、休演する。

【休暇】きゅうか Ⅲ 会社や学校などで、日曜や祝日以外の休み。例 休暇をとる。夏期休暇。

【休会】きゅうかい ▲〈―する〉会議のとちゅうで、やすみ時間、またはやすみの日をとること。

【休学】きゅうがく ▲〈―する〉病気や家のつごうなどで、長いあいだ学校を休むこと。例 一年間休学する。休学届。対 復学

【休火山】きゅうかざん 前に噴火した記録があるが、今は活動が見られない火山をいったことば。

知識 今は使われない。☞【火山】(732ページ)

【休刊】きゅうかん ▲〈―する〉新聞や雑誌などを、一時出さずにおくこと。対 復刊

【休館】きゅうかん ▲〈―する〉図書館・美術館などがその仕事を休むこと。例 休館日。

【休業】きゅうぎょう ▲〈―する〉店や工場などが仕事を休むこと。例 本日休業いたします。

【休憩】きゅうけい Ⅲ〈―する〉仕事や活動などをとちゅうでやめて、しばらくからだや心を休めること。例 二十分間休憩します。類 休息

【休校】▲〈—する〉授業をとりやめて、学校を休みにすること。例台風で休校になる。
【休耕】▲〈—する〉その田や畑で農作物を作ることを、しばらく休むこと。例休耕田。
【休講】▲〈—する〉先生が講義（大学などでの授業）をとりやめて休みにすること。
【休止】Ⅱ〈—する〉運動や活動などを、とちゅうで一時やめること。例小休止をとる。
【休日】↓ 日曜や祝日など、仕事や授業などを休むことになっている日。対平日
【休止符】音楽を楽譜にかき表すときの記号の一つ。きまった長さだけ音を出さずに休むことをしめす。休符ともいい、四分休符「𝄽」、八分休符「𝄾」などがある。
【休場】▲〈—する〉①劇場や競技場などがもよおしものを休むこと。例改装のため休場する。②出るはずのスポーツ選手や俳優などが休んで出ないこと。例横綱がけがで休場する。類欠場 対出場
【休職】▲〈—する〉つとめ人が、病気などで、長いあいだ仕事を休むこと。対復職
【休診】▲〈—する〉病院などが、診察をやめて休みにすること。例本日休診。
【休戦】▲〈—する〉話し合いによって、それまでつづけてきた戦争をしばらくやめること。類停戦
【休息】Ⅱ〈—する〉つかれをとるために、からだをやすめること。類休憩・休養
【休養】↓〈—する〉からだをやすめて、それまでのつかれをとること。例十分な休養をとる。類休息・静養・保養

←休が下につく熟語 上の字の働き
【公休 定休 代休 週休 連休】ドウイウ休みか。
◆運休 不休 無休

仰

イ-4 総画6 常用 明朝 仰 4EF0

音 ギョウ中・コウ中 訓 あお-ぐ中・おお-せ 高

筆順 ノ イ 仰 仰 仰 仰

なりたち [形声]「卬」がひざまずいて人をあおぎみる意味と「ギョウ・コウ」という読み方をしめしている。人(イ)があおぎみることを表している字。

意味 ❶あおぐ。見上げる。心からうやまう。例星空を仰ぐ。仰天・信仰 対俯
❷おっしゃる。おおせ。例仰せのとおり。

注意するよみ コウ…例信仰

名前のよみ たか

❶〈あおぐ〉の意味で
【仰角】↓ ものを見上げたときの、水平線に対する角度。対俯角
【仰天】▲〈—する〉からだがひっくりかえるほどにおどろくこと。例びっくり仰天。
参考「おどろきのあまり、のけぞって天を見上げる」ということ。

件

イ-4 総画6 5年 明朝 件 4EF6

音 ケン 訓 —

筆順 ノ イ 仁 件 件 件

なりたち [会意]人(イ)と「牛」を合わせて、人が牛を引くようすを表した字。のちに借りて、「ことがら」として使われるようになった。

意味 ことがら。一つ一つのことがら。ことがらをかぞえることば。例例の件。条件

【件数】↓ ことがらや事件の数。
【件名】↓ ①ことがらを分類したひとまとまりずつの項目の名前。例件名目録。件名索引。②内容をしめす題。例メールの件名。

←件が下につく熟語 上の字の働き
【案件 用件 要件 本件】ドンナことがらか。
◆一件 事件 条件 物件 無条件

伍

イ-4 総画6 人名 明朝 伍 4F0D

音 ゴ外 訓 —

意味 ❶なかま。なかまになる。くむ。例落伍
❷五人を一組みにした集まり。兵隊の五人前

後の組。例 伍長

❸数の五。領収書など、書きかえられてはこまる金額の記入などに使う。例 伍萬円。

名前のよみ あつむ・くみ・ひとし

◆隊伍 落伍

【全】

𠆢-4 総画6 3年 明朝 全 5168

音 ゼン 訓 まった-く・すべ-て

筆順

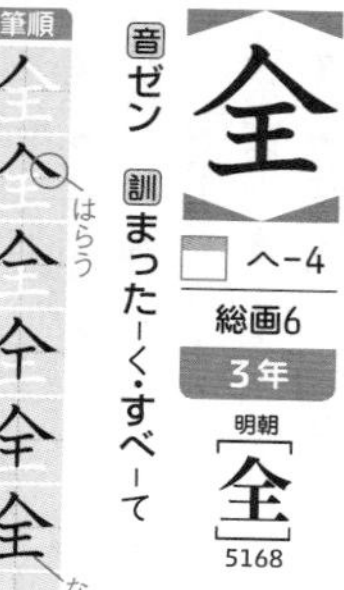

なりたち 全 [会意] もとの字は、「仝」。「かこい・ふた(𠆢)」と「たま(王)」を合わせて、美しいたまを無傷でまもる意味を表す字。

意味 すべて。一つも欠けることなくそろっている。まったく。すっかり。例 任務を全うする。

名前のよみ あきら・たけ・たもつ・はる・まさ・また・みつ・やす

【全域】ぜんいき ↓ その地域やその分野の全体。例 東北全域が冷害にあった。類 全土

【全員】ぜんいん ↓ 全部の人。みんな。例 全員ぶじです。学級の全員が合格だ。類 総員

【全音】ぜんおん ↓ 音楽で、音と音のあいだの高さのはばを表す単位。対 半音 知識 ドレミの音階で、ミとファ、シとドのあいだだけが半音で、あとは全音。

【全会】ぜんかい ↓ その会に出ている人ぜんぶ。例 全会一致で可決する。

【全快】ぜんかい ↓〈―する〉病気やけがが、すっかりよくなること。例 全快祝い。類 全治・快癒

【全開】ぜんかい ↓〈―する〉①とびらや栓などを、いっぱいにあけること。例 窓を全開にして空気を入れかえる。②出せる力をすべて出すこと。例 エンジン全開。

【全壊】ぜんかい ↓〈―する〉家などが、すっかりこわれること。類 半壊

【全額】ぜんがく ↓ そのことについてのお金の全部。例 全額一度に支払う。類 総額

【全巻】ぜんかん ↓ ①一冊の本のはじめから終わりまで。例 七冊めは全巻が日記だ。②いくつかの巻に分かれている書物や映画などの全部。例 文学全集を全巻そろえる。

【全景】ぜんけい ↓ ある場所の全体のけしき。例 学校の全景を写真にとる。

【全権】ぜんけん ↓ あることがらについてすべてをとりしきることのできる権限。その権限をもつ代表者。例 会長に全権を委任する。

【全校】ぜんこう ↓ ①学校全体。例 全校生徒。②すべての学校。

【全国】ぜんこく ↓ 国じゅう。国内すべて。類 全土

【全国紙】ぜんこくし 国じゅうの読者に向けて売り出されている新聞。対 地方紙

【全山】ぜんざん ↓ ①山じゅう。山全体。例 全山が紅葉におおわれる。②すべての山々。例 アルプス全山を見わたす。

【全紙】ぜんし ↓ ①すべての新聞。例 この事件を全紙がとりあげた。②一つの新聞の紙面全体。③切ったり印刷するときのもとになるきまった紙の大きさ。A判・B判などがある。

【全集】ぜんしゅう ↓ ①ある種類の作品をシリーズとして集めた書物。例 世界文学全集。②ある人が書いた作品を全部集めた書物。例 宮沢賢治全集。

【全勝】ぜんしょう ↓〈―する〉すべての試合や競争に勝つこと。例 全勝優勝。対 全敗

【全焼】ぜんしょう ↓〈―する〉火事ですっかりやけてしまうこと。例 三棟が全焼した。対 半焼

【全身】ぜんしん ↓ からだじゅう。例 全身びしょぬれ。全身運動。類 満身・総身 対 半身

【全身全霊】ぜんしんぜんれい その人にある、からだと心の力のすべて。例 全身全霊をかたむける。

【全盛】ぜんせい ↓ まっさかり。いちばんいきおいがよいこと。例 全盛時代。類 最盛

【全世界】ぜんせかい 世界じゅう。世界全体。例 全世界に発信する。

【全線】ぜんせん ↓ 鉄道や道路など、線のようにつながっているものの、はしからはしまで。例 停電で地下鉄が全線不通になる。

【全然】ぜんぜん ☒ まったく。まるで。例 そんなことは全然聞いていない。類 一切 表現 あとに「ない」などの打ち消しのことばがくることが多い。

辞書のミカタ 【 】常用漢字表にある漢字 【 】常用漢字表にない漢字

【全速力】ぜんそくりょく 出せるかぎりのいちばんのはやさ。例全速力で走る。全速力を出す。

【全体】ぜんたい ↓ ①ひとまとまりになったもののすべて。例クラス全体の意見をまとめる。類全部 対一部・部分 ②もともとにかえって、すべてを考えると。例全体、むりな計画だった。類土台 ③いったい。例全体、どうなっているんだ。

【全体主義】ぜんたいしゅぎ 一人ひとりよりも、国家や社会全体の利益をたいせつにしようとする考え方。対個人主義 知識 二十世紀前半に、イタリア・ドイツ・日本で全体主義の力が強まり、第二次世界大戦を起こす原因になった。

【全治】ぜんち ↓〈—する〉けがなどがすっかりよくなること。例全治二か月の大けが。類全快・完治・快癒・根治 表現 病気については「全快」、けがについては「全治」を使うことが多い。

【全知全能】ぜんちぜんのう あらゆることを知り、あらゆることができる力。そういう力をもつこと。例全知全能の神。

【全長】ぜんちょう ↓そのもののはしからはしまでの長さ。例全長一〇キロのトンネル。

【全通】ぜんつう ↓〈—する〉「全線開通」の略。ある道路や鉄道が、起点から終点までずっと通れるようになること。

【全土】ぜんど ↓その土地全体。例その台風の被害は、九州全土にわたった。類全国・全域

【全日制】ぜんにちせい 高等学校などで、朝から夕方までの時間を使って授業をする制度。そういう学校。対定時制

【全日本】ぜんにほん｜ぜんにっぽん 日本じゅう。日本の国全体。例全日本の代表。

【全能】ぜんのう ↓あらゆることができる力。

【全敗】ぜんぱい ↓〈—する〉出場したすべての試合や競争に負けること。対全勝

【全廃】ぜんぱい ↓〈—する〉そのものやことのすべてをやめにすること。例核兵器の全廃。

【全般】ぜんぱん ↓あることがらの全体。例テストの結果は全般によかった。

【全部】ぜんぶ ↓あるものごとに関係するすべて。みんな。対一部

【全幅】ぜんぷく ↓①はばいっぱい。例全幅二二メートルに道を広げる。②ありったけ。例全幅の信頼をよせる。

【全文】ぜんぶん ↓一つの文章のはじめから終わりまで。例全文を書き写す。

【全編】ぜんぺん ↓詩や小説・映画などの一つの作品のはじめから終わりまで。

【全貌】ぜんぼう ↓全体のすがたやようす。例事件の全貌が明らかになった。類全容

【全滅】ぜんめつ ↓〈—する〉全部だめになること。すっかりなくなること。例松林が全滅寸前だ。類根絶

【全面】ぜんめん ↓①いくつかある面のすべて。例箱の全面に色をぬる。対一面 ②ある一つの面の全体。例新聞の全面広告。

【全面的】ぜんめんてき 〈—な・—に〉すべてにわたって。そのものごとについてのあらゆるところで。例この計画には全面的に賛成だ。

【全訳】ぜんやく ↓〈—する〉文章全体をほかの国のことばになおすこと。そのようになおしたもの。類完訳 対抄訳 表現「全訳源氏物語」のように、古典を現代語になおす場合にもいう。

【全容】ぜんよう ↓全体のすがたやようす。例事件の全容が明らかになる。類全貌

【全裸】ぜんら ↓着るものをまったく身につけていないこと。類丸裸

【全力】ぜんりょく ↓ありったけの力。例全力をつくす。全力投球。類最善

←全が下につく熟語 上の字の働き

【完全 健全 十全 万全】近い意味。

◆安全 不全 保全

仲

イ-4 総画6 4年

明朝 仲 4EF2

音 チュウ 中 訓 なか

筆順

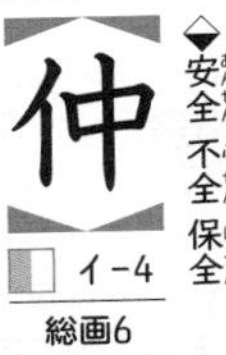

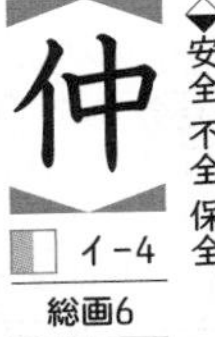
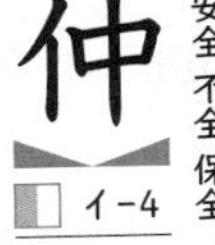
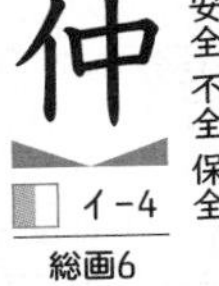

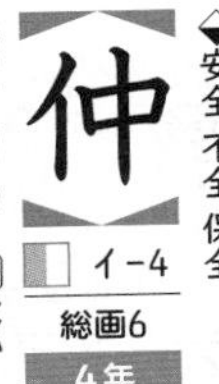

なりたち

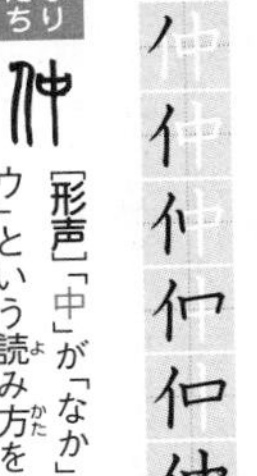

「形声」「中」が「なか」の意味と「チュウ」という読み方をしめしている。兄弟の一番めと三番めのあいだにいる人（イ）を表す字。

意味

❶なかだち。人と人とのあいだがら。例仲がいい。仲を取り持つ。仲間・仲裁

❷まんなか。なか。例仲秋

❸兄弟の二番め。例伯仲

例解 [使い分け]なか[中・仲] ☞33ページ

特別なよみ 仲人(なこうど)

❶〈なかだち〉の意味で

【仲介】ちゅうかい Ⅲ〈─する〉両方のあいだに入って話をとりついだりまとめたりすること。なかだち。とりつぎ。例仲介人。類媒介

【仲裁】ちゅうさい ⇩〈─する〉あらそっている両方のあいだに入って、なかなおりさせること。例けんかの仲裁をする。類調停

【仲買】なかがい ⇩売る人と買う人のあいだに入って品物を動かし、手数料をかせぐこと。例仲買人。

【仲間】なかま ⇩①あることをいっしょにする人。または、その集まり。例仲間に入れる。仕事仲間。類同志 ②おなじ種類。例クジラとイルカはおなじ仲間だ。

【仲人】なこうど ⇩結婚しようとしている男性と女性とのあいだで、縁談をまとめる人。例仲人をつとめる。類媒酌人・月下氷人

❷〈まんなか〉の意味で

【仲秋】ちゅうしゅう ⇩陰暦で、秋のなかばの八月。今の九月から十月ごろ。表記「中秋」とも書く。関連初秋・仲秋・晩秋

【仲春】ちゅうしゅん ⇩陰暦で、春のなかばの二月。今の三月ごろ。関連初春・仲春・晩春

伝 ▶ 前ページ 仲

伝

イ-4 総画6 4年

明朝 伝 4F1D　旧字 傳 50B3

音 デン　訓 つた-わる・つた-える・つた-う

筆順 ノ 亻 仁 伝 伝 伝（ながく・とめる）

なりたち 傳 [形声]もとの字は、「傳」。「專」が「うつす」意味と「セン」という読み方をしめしている。人(イ)につたえることを表す字。

意味

❶つたえる。つぎつぎにつたえる。世の中にひろくつたえる。つたわる。例うわさが伝わる。後世に伝える。伝道・遺伝・宣伝

❷人の一生をしるしたもの。例伝記・自伝

❸たどる。つたう。例屋根伝い。

❹宿場。馬の乗りかえをした、むかしの駅。例駅伝

特別なよみ 手伝う(てつだう)・伝馬船(てんません)

名前のよみ ただ・つぐ・つとむ・のぶ・のり

❶〈つたえる〉の意味で

【伝奇】でんき ▲ふしぎな話。例伝奇小説。類怪奇 参考「伝奇」だけではあまり使わない。

【伝言】でんごん ▲〈─する〉あることを人につたえてくれるようにたのむこと。そのことば。ことづけ。ことづて。メッセージ。例伝言板。

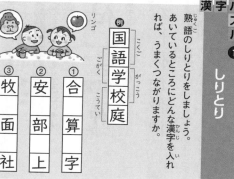

漢字パズル ❶ しりとり

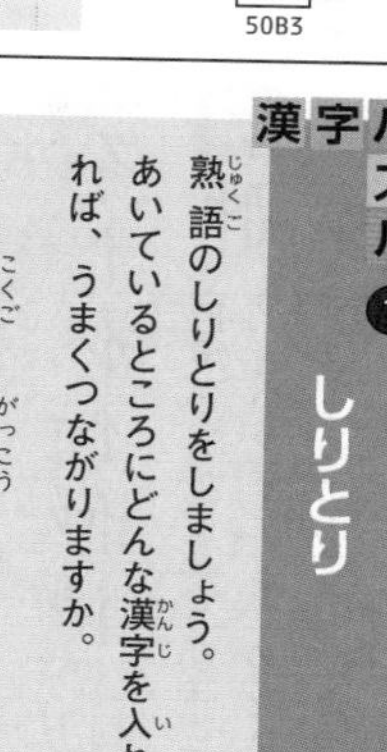

熟語のしりとりをしましょう。あいているところにどんな漢字を入れれば、うまくつながりますか。

例 国語学校庭（こくご・ごがく・がっこう・こうてい）

① 合□算□字

② 安□部□上

③ 牧□面□社

④ 西□食□実

⑤ 正□決□配

⑥ 記□音□器

⑦ 味□角□胸

答えは1130ページ

【伝授】でんじゅ ↓〈—する〉学問や芸ごとなどについて、考え方ややり方を教えること。例 秘法を伝授する。

【伝承】でんしょう ↓〈—する〉むかしからのしきたりや言いつたえなどを受けついで、次の時代の人につたえること。つたえられたことがら。

【伝説】でんせつ ↓ むかしから人びとのあいだに言いつたえられている話。言いつたえ。例 伝説上の人物。羽衣伝説。

【伝染】でんせん ↓〈—する〉病気がつぎつぎにうつること。例 家畜伝染病。類 感染 表現「あくびが伝染した」のように、よくないものごとや考え方がうつることについても使う。

【伝達】でんたつ Ⅲ〈—する〉知らせをほかの人につたえること。例 伝達事項。

【伝統】でんとう ↓ むかしからつづいてきたならわしや考え方・やり方・行事など。例 伝統行事。表現「かがやかしい伝統」「伝統をまもる」のように、ほこりをこめていうことが多い。

【伝道】でんどう ▲〈—する〉宗教の教えを広めること。例 伝道師。類 布教・宣教

【伝導】でんどう Ⅲ〈—する〉熱や電気が物をつたわっていくこと。例 熱伝導。伝導体。知識 熱の伝導とは、熱が温度の高い方から低い方へ物の中をつたわっていくことをいう。

【伝統的】でんとうてき〈—に・—な〉むかしからかわることなく。例 この学校は伝統的に野球が強い。

【伝播】◆でんぱ Ⅲ〈—する〉つたわり広まっていくこと。例 漢字文化の伝播。類 流布・波及

【伝票】でんぴょう ↓ 銀行・会社・商店などで、お金や品物の出し入れについて、書き入れておく小さな紙きれ。例 伝票をきる。売り上げ伝票。

【伝聞】でんぶん ↓〈—する〉ほかの人からつたえ聞くこと。またぎき。

【伝来】でんらい ↓〈—する〉①外国からつたわってくること。例 仏教の伝来。類 渡来 ②代々受けつぐこと。例 先祖伝来の土地。

【伝令】でんれい ▲ 命令やさしずをつたえること。つたえる人。例 本部からの伝令がとどく。

❷〈人の一生をしるしたもの〉の意味で

【伝記】でんき ↓ ある人の一生を物語のかたちにまとめたもの。例 偉人の伝記を読む。類 一代記

❹〈宿場〉の意味で

【伝馬船】てんません むかし日本で使われていた、荷物を運ぶための小さな木の船。参考「伝馬」は、宿場から次の宿場へと乗りついだり荷を受けわたしたりするための馬。

伝が下につく熟語 上の字の働き

❶伝＝〈つたえる〉のとき
【直伝 口伝 秘伝】ドノヨウニつたえるのか。

❷伝＝〈人の一生を記したもの〉のとき
【史伝 自伝 自叙伝 武勇伝 立志伝】ナニの伝記なのか。
【評伝 詳伝 略伝】ドノヨウナ伝記か。

◆遺伝 駅伝 宣伝

任

イ-4 総画6 5年 明朝 任 4EFB

音 ニン 訓 まか-せる・まか-す

筆順 ノ イ 仁 仟 任 任（みじかく）

なりたち 形声「壬」が「かつぐ」意味と、「ニン」とかわって読み方をしめしている。人(イ)が荷物を背負うことを表している字。

意味
❶まかせる。したいようにさせる。例 運を天に任せる。任意・信任
❷役につかせる。仕事をまかせる。例 会長に任じる。任命・新任
❸つとめ。まかされた仕事。例 任に就く。在任中。任務・担任

名前のよみ あたる・たえ・ただ・たね・たもつ・とう・ひで・まこと・よし

❶〈まかせる〉の意味で

【任意】にんい ▲〈—に・—な〉自分自身の考えで決めること。例 数字を任意にえらぶ。類 随意

❷〈役につかせる〉の意味で

【任期】にんき ↓ その役目を受けもつことに決められている期間。例 委員の任期。

【任地】にんち ↓ そこで仕事をするように決められた土地。例 任地におもむく。

【任命】にんめい ↓〈—する〉ある役目につくように言い

いつけること。例 裁判官の任命。類 任用 対 解任

【任免】⇔ 役につかせることと、役をやめさせること。例 役員の任免を決める。

【任用】↓〈―する〉役目をあたえて仕事をさせること。例 部長に任用する。類 任命

❸〈つとめ〉の意味で

【任務】Ⅱ 責任をもってしなければならない仕事。例 重要な任務。類 役目・役割・責務

← 任が下につく熟語 上の字の働き

❶ 任＝〈まかせる〉のとき
【一任 信任 放任】ドノヨウニまかせるか。

❷ 任＝〈役につかせる〉のとき
【専任 兼任 主任 常任】ドウイウ形で任ずるのか。
【前任 後任 新任 初任 再任 歴任】イツ任に当たる(当たった)のか。

❸ 任＝〈つとめ〉のとき
【担任 解任 辞任 退任 離任 赴任 就任 着任 留任 転任 在任 背任 適任】任務に対してドウスルか・ドウアルか。

◆委任 自任 責任 大任

伐

イ－4 総画6 常用 明朝 伐 4F10

音 バツ 中 訓 き－る 外

筆順 ノ イ 仁 代 伐 伐

たちなり [会意]「人(イ)」と「ほこ(戈)」を合わせて、ほこで人を切ることを表す字。

意味 ❶切る。木を切る。例 伐採・乱伐 ❷やっつける。うちしたがえる。例 征伐

❶〈切る〉の意味で

【伐採】Ⅱ〈―する〉木を切りたおすこと。

← 伐が下につく熟語 上の字の働き

❶ 伐＝〈切る〉のとき
【乱伐(濫伐)】ドノヨウニ切るか。

❷ 伐＝〈やっつける〉のとき
【征伐 討伐】近い意味。

◆殺伐

伏

イ－4 総画6 常用 明朝 伏 4F0F

音 フク 中 訓 ふ－せる 中・ふ－す 中

筆順 ノ イ 仁 什 伏 伏

たちなり [会意]「犬」が人(イ)のそばでうずくまり、ようすをうかがっていることを表している字。

意味 ❶ふせる。身を低くする。目立たないように身をひそめる。例 顔を伏せる。潜伏 ❷したがう。負けてしたがう。例 降伏

❶〈ふせる〉の意味で

【伏在】↓〈―する〉表にあらわれないでかくれていること。類 潜在

【伏線】↓ 物語で、あとからおこることをにおわせる事件や人物をそれとなくえがくこと。例 伏線をはる。表現 実際の生活の中でも、「あとでしかられないように、伏線をはっておく」などという使い方をする。

【伏兵】↓ 敵の不意をついておそいかかるために、待ちぶせしている兵。例 伏兵をおく。

【伏流】↓ 川の水が、あるところだけ地上から消えて地下を流れること。

← 伏が下につく熟語 上の字の働き

❶ 伏＝〈ふせる〉のとき
【潜伏 平伏】近い意味。

◆起伏 降伏 雌伏 山伏

位

イ－5 総画7 4年 明朝 位 4F4D

音 イ 訓 くらい

筆順 ノ イ 仁 什 位 位 位(ながく)

たちなり [会意]人(イ)と人がたっている意味の「立」とを合わせて、人が立つ場所、くらいなどの意味を表す字。

意味 ❶それがある場所。基準にてらして、どこにあるかをしめす場所。例 位置・水位 ❷くらい。人などが置かれている段階や順位。等級。例 位が上がる。即位・地位 ❸数のけた。数えたり、はかったりするとき

の基準。例 位取り・単位

発音あんない イ→ミ…例 三位

名前のよみ くら・たか・ただ・なり・のり・み

❶〈それがある場所〉の意味で

【位置】いち Ⅱ〈―する〉それがどこにあるかをしめす場所。また、そこにあること。例 日本は北半球に位置する。

❷〈くらい〉の意味で

【位階】いかい Ⅱ 功績や年功によって国がさずける位や等級。例 位階勲等。

【位牌】いはい ↓ 仏教で、死んだ人につける名(戒名)などを書いて、仏壇にまつっておく木のふだ。例 先祖の位牌に手を合わせる。

位が下につく熟語 上の字の働き

❶位＝〈それがある場所〉のとき
【水位 方位 体位】ナニの位置か。

❷位＝〈くらい〉のとき
【王位 帝位 皇位 爵位 学位】ナニの位か。
【即位 在位】位にドウスルか。
【退位 譲位】位をドウスルか。
【上位 下位 高位 中位 低位 首位 末位 優位 劣位】ドノクライの等級か。
【順位 段位 品位 気位】ナニについての等級か。

◆各位 単位 地位 本位

何

イ－5 総画7 2年 明朝 何 4F55

音 カ 中 訓 なに・なん

筆順 何（でる・はねる）

なりたち [形声]「可」が「かつぐ」意味と「カ」という読み方をしめしている。人(亻)がにもつをかつぐことを表していたが、のちに「なに」として借りて使われるようになった字。

意味 なに。どんな。どのような。どれほどの。例 何も無い。これは何だ。何事

注意するよみ なん…例 何本・何十・何点

【何故】なぜ ↓ 理由や原因をたずねることば。どうして。例 なぜ、来ないの。表現「この苦しみは何故ぞ」のように、「なにゆえ」はやや古く、かたい感じの言い方。

【何事】なにごと ↓ ①なんのこと。どういうこと。例 あの人だかりは何事だろう。②あらゆることの一つ一つ。例 かれは何事にも熱心に取り組む。③とりたてていうほどの目立ったこと。例 何事もなく一年がすぎた。表現 ①では、相手をせめる気持ちをこめて、「遅刻するとは何事だ」などと使うこともある。

【何分】↓ 一 なにぶん ①いくらか。例 何分のご寄付をおねがいします。②なんといっても。例 何分子どものやったことですから。③どうか。なにとぞ。例 何分よろしくたのむ。二 なんぷん 時間や時刻がわからないときに使う。例 会場まで何分かかりますか。

【何人】↓ 一 なんにん いく人。人数がわからないときに使う。例 誕生会には何人来るだろう。二 なにびと・なんびと・なんぴと どういう人。だれ。例 よわい者いじめは何人であろうと許さない。

◆幾何 誰何

伽

イ－5 総画7 人名 明朝 伽 4F3D

音 ガ 外・カ 外 訓 とぎ 外

意味 ❶とぎ。たいくつをなぐさめること。例 お伽話。夜伽 ❷梵語(古代インドのことば)の「カ」「ガ」の音を表す字。例 伽藍

佐

イ－5 総画7 4年 明朝 佐 4F50

音 サ 訓 たす－ける 外・すけ 外

筆順 佐（はらう・ながく）

なりたち [形声]「左」が「たすける」意味と「サ」という読み方をしめしている。人(亻)をたすけることを表す字。

意味 ❶たすける。例 佐幕・補佐 ❷軍人や自衛官の階級の名。「将」の下、「尉」の上に位置する。例 佐官・一佐・大佐

❶〈たすける〉の意味で

◀次ページ 作

【佐幕】▲ 幕府をたすけ守ろうとすること。例 佐幕派。対 倒幕 知識 江戸時代の終わりごろ、徳川幕府をたおして王政復古をめざす勤王派に対し、幕府を守ろうとした側。

❷佐＝〈軍人や自衛官の階級の名〉のとき

← 佐が下につく熟語 上の字の働き

【大佐 中佐 少佐 一佐 二佐 三佐】ドンナ地位の佐官か。

◆補佐

【作】

イ-5 総画7 2年 明朝 作 4F5C

音 サク・サ 訓 つく-る

筆順 ノ イ 个 作 作 作 作 （⊥にならない）

なりたち [形声]「乍」が木に切れめを入れて物をつくる意味と「サク・サ」という読み方をしめしている。人(イ)がつくることを表す字。

意味

❶つくる。ものをこしらえる。つくったもの。例 文を作る。会心の作。作文・名作

❷する。おこなう。目的をもってする。例 作業・操作

❸田畑をたがやす。実った物。例 作物・稲作・豊作

❹美作。旧国名。今の岡山県北東部。

例解 [使い分け] つくる[作・造・創] ☞ ひだりのページ

発音あんない サク→サッ…例 作曲

名前のよみ とも・なお・なり

❶〈つくる〉の意味で

【作意】↓ 詩・小説・絵・彫刻・音楽などを作ったときの心もちや、作品に表そうとした考え。例 作意がわからない。☞❷

【作詞】▲〈―する〉歌われるためのことば（歌詞）を作ること。例 校歌の作詞をする。

【作詩】▲〈―する〉詩を作ること。類 詩作

【作者】↓ 詩・歌・小説・絵・彫刻などの作品を作った人。類 筆者・著者

【作図】▲〈―する〉①設計図などをえがくこと。②数学で、コンパスや定規を使って図形をえがくこと。例 指示どおりに作図する。

【作成】Ⅲ〈―する〉書類や計画などを作ること。例 報告書を作成する。

例解 [使い分け] さくせい[作成・作製] ☞ ひだりにあります

【作製】Ⅲ〈―する〉物をつくること。例 本立てを作製する。類 製作・製造

例解 使い分け

さくせい《作成・作製》

作成＝とくに、文書や計画書などをつくること。
例 報告書を作成する。予定表の作成。

作製＝物をつくること。
例 標本を作製する。本棚を作製する。

作成

作製

【作戦】▲ ①試合や戦争などで、前もって考えておくたたかい方。例 作戦をねる。類 戦術 ②軍隊が、ある期間にわたって、計画的におこなうたたかい。例 上陸作戦を開始する。③ある目的をはたすための方法。例 妹をよろこばせる作戦を思いついた。

【作品】↓ 詩歌・小説・絵・彫刻・音楽などのできあがったもの。例 作品展。文学作品。

【作風】↓ 詩・小説・絵・彫刻・音楽などにあらわれた、その作者らしい特徴。

【作文】①▲〈―する〉文章を作ること。②↓ 書かれた文章。例 作文募集。

【作例】↓ 詩や文章などの作り方がわかるような手本。例 作例をよく見て作る。

【作家】↓ 小説や劇・童話などを作る人。例 作家志望。表現 小説家を指すことが多い。劇作家・陶芸作家などの言い方もある。

【作曲】▲〈―する〉音楽の曲を作ること。また、詩などにふしをつけること。例 作曲家。

❷〈する〉の意味で

【作業】Ⅲ〈―する〉からだを使って仕事をすること。その仕事。例 作業がはかどる。

【作為】 ㊂〈―する〉わざと仕組んだり、手直ししたりすること。例この報告書には作為のあとがみえる。対無作為

【作意】 ↓よくない考え。わるだくみ。例この提案にはなにか作意がありそうで、すなおに賛成できない。

【作動】 ㊂〈―する〉☞❶機械がその役目をはたして動くこと。例誤作動。

【作法】 ↓❶あいさつや、立ったりすわったりするときの、しかた。とくに、むかしからのきまった順序や型。マナー。例食事の作法。❷つくりかた。例俳句の作法。

【作用】 ㊂〈―する〉①ほかのものにはたらきかけて、そのようすをかえること。そのはたらき。例副作用。②生物が生きていくためのいとなみ。例呼吸作用。③理科で、二つの物体のあいだにはたらく力。対反作用

❸〈田畑をたがやす〉の意味で

【作柄】 ↓米・麦・野菜など、農作物のできぐあい。例イネの作柄。作柄がいい。

【作物】 ↓田畑で育てる米・麦・野菜など。例この地方のおもな作物は米だ。類農作物

◆作が下につく熟語 上の字の働き

❶作＝〈つくる〉のとき

【工作 制作 製作 創作 著作 造作】近い意味。

【試作 自作 習作 代作 盗作 合作 改作】ドウヤッテ作るか。

【力作 佳作 傑作 大作 名作 駄作 原作 連作 労作 代表作 出世作】ドノヨウナ作品か。

❷作＝〈する〉のとき

【動作 操作 造作】近い意味。

❸作＝〈田畑をたがやす〉のとき

【稲作 米作 麦作】ナニを作るか。

【豊作 凶作 不作 平年作】ドンナできぐあいか。

【表作 裏作 単作 輪作 二期作 二毛作】ドウイウやり方の農作か。

◆家作 寡作 耕作 小作 詩作 所作 畑作 発作 無造作

伺

イ−5 総画7 常用 明朝 伺 4F3A

音シ 高 訓うかが-う 中

筆順 伺 伺 伺 伺 伺 伺

なりたち 【形声】「司」が「のぞく」意味と「シ」という読み方をしめしている。人(イ)がひそかにさぐることを表す字。

意味 うかがう。お話を伺う。お聞きする。ようすを見る。例伺候。

【伺候】 ㊂〈―する〉身分の高い人のそばに近くにつかえること。ごきげんをうかがうこと。表現古い言い方で、今ではほとんど使わない。

似

イ−5 総画7 5年 明朝 似 4F3C

音ジ 中 訓に-る

例解 使い分け

つくる《作る・造る・創る》

作る＝形のあるものでも、形のないものでも、いろいろなものをこしらえる。

例米を作る。詩を作る。規則を作る。

造る＝機械などを使って大きな物をこしらえる。醸造する。

例船を造る。庭園を造る。造りのいい家。みそを造る。

創る＝新しく生み出す。

例日本の未来を創る。新しい文化を創る。

参考とくに新しくつくり出す意味を強調する場合に、「創る」が用いられる。

筆順 ノ イ 亻 化 化 似 似（だす）（とめる）

たちなり [形声]「以」が道具で作業する意味と、「ジ」とかわって読み方をしめしている。人(亻)が実物に似ている物を作ることを表している字。

意味 にる。にている。例 似ても似つかない。似顔絵・類似

【似顔】にがお ↓「似顔絵」の略。

【似顔絵】にがおえ その人の顔の特徴をとらえてえがいた絵。

←似が下につく熟語 上の字の働き

【類似 近似 疑似】近い意味。

【酷似 相似 空似】ドノヨウニ似ているか。

◆真似 猿真似

住

イ－5 総画7 3年 明朝 住 4F4F

音 ジュウ 訓 す－む・す－まう

筆順 ノ イ 亻 什 住 住 住（ながく）

たちなり [形声]「主」が「とどまる」意味と、「ジュウ」とかわって読み方をしめしている。人(亻)がとどまることから、「すむ」として使われている字。

意味 すむ。その場所で生活する。すまう。例 住まいを移す。住めば都。衣食住

名前のよみ よし

【住居】じゅうきょ ↓住んでいる家。住まい。例 住居をかまえる。類 住宅

【住所】じゅうしょ ↓住んでいる場所。とくに、その所番地。アドレス。例 住所録。

【住職】じゅうしょく ↓その寺を責任をもってあずかっているお坊さん。類 住持

【住宅】じゅうたく ↓人が住むための家。住まい。例 市営住宅。住宅地。類 住居・人家

【住人】じゅうにん ↓その土地や家に住んでいる人。例 近隣の住人に話を聞く。類 住民

【住民】じゅうみん ↓その土地に住んでいる人。例 住民の意見を聞く。住民税。類 住人

←住が下につく熟語 上の字の働き

【居住 在住】近い意味。

【安住 永住 定住 移住 先住】ドノヨウニ住むか。

伸

イ－5 総画7 常用 明朝 伸 4F38

音 シン 中 訓 の－びる 中・の－ばす 中・の－べる 中

筆順 ノ イ 亻 亻 亻 伸 伸

たちなり [形声]「申」が「ひきのばす」意味と、「シン」という読み方をしめしている。人(亻)がせのびすることを表す字。

意味 ❶のびる。のばす。例 足を伸ばす。伸び率・伸長 対 屈・縮 ❷のべる。申しあげる。例 追伸

例 解 [使い分け] のびる[伸・延] ☞ひだりのページ

名前のよみ のぶ・のぼる

❶〈のびる〉の意味で

【伸縮】しんしゅく ⇕〈―する〉のびることと、ちぢむこと。のびちぢみ。例 伸縮のはばが広い。

【伸長】しんちょう ‖〈―する〉長さや力がのび、ふえること。例 学力の伸長をはかる。

【伸展】しんてん ‖〈―する〉勢力や実力が拡大すること。例 経済力の伸展がめざましい。

◆屈伸 追伸

体

イ－5 総画7 2年 明朝 体 4F53 旧字 體 9AD4

音 タイ・テイ 中 訓 からだ

筆順 ノ イ 仁 什 休 体 体（はらう）

たちなり [会意]もとの字は、「體」。「つらなる」意味の「豊」と「骨」とを合わせて、骨がつらなっている「からだ」を表す字。なお、「体」は古くから「體」の代わりとして使われていた。

意味 ❶からだ。人のからだ。生きているからだ。例 じょうぶな体。体温・身体 ❷形のあるもの。例 体積・物体

❸ひとまとまりのもの。ぜんたいのかまえ。例体制

❹かたち。すがた。ようす。例ほうほうの体で逃げ出す。体裁・文体

名前のよみ み

❶〈からだ〉の意味で

【体位】たいい ↓ ①体格や健康、運動する能力などの点からみたからだのようす。例小学生の体位が向上した。②仕事や運動をするときのからだの位置や姿勢。

【体育】たいいく ↓ 健康なからだをつくるための教育。また、それを学ぶ学校の教科。例体育の日。関連 知育・徳育・体育

【体液】たいえき ↓ 動物の体内にある、血液・リンパ液・唾液などの、液体。

【体温】たいおん ↓ 人や動物のからだのあたたかさ。例体温をはかる。体温計。知識 人は三六度～三七度、犬は三九度、ニワトリは四二度ぐらいがふつうとされる。

【体外】たいがい ↓ からだの外。対体内

【体格】たいかく ↓ からだつき。とくに、背の高さや肉づき。例がっちりした体格。

【体感】たいかん ↓〈―する〉からだに感じること。例ゆれの大きさを体感する。体感温度。

【体形】たいけい ↓ 人や動物のからだの形。

【体型】たいけい ↓ やせているか、太っているかや、体質などの面からからだつきを分けたもの。

【体験】たいけん ↓〈―する〉自分のからだでじっさいにやってみること。じっさいに経験したことがら。例体験を語る。体験談。類経験

【体質】たいしつ ↓ 生まれつきもっているからだの性質。例体質を改善する。アレルギー体質。表現 団体の性質などを「党の体質」「会社の体質」のようにいうこともある。

【体臭】たいしゅう ↓ ①からだのにおい。例体臭が強い。②その人だけがもっているとくべつの感じ。例体臭まで感じさせる談話。

【体重】たいじゅう ↓ からだの重さ。例体重計。

【体勢】たいせい ↓ なにかしようとするときのからだのかまえ。例体勢を立て直す。類姿勢

例解 510ページ [使い分け]たいせい[態勢・体勢・体制・大勢]

【体操】たいそう ↓ ①からだをじょうぶにするために、からだのあちこちを動かす運動。例ラジオ体操。器械体操。②「体操競技」のこと。例体操の選手。新体操。

例解 使い分け

のびる《伸びる・延びる》

伸びる＝その形で長くなる。増す。例草木が伸びる。身長が伸びる。学力が伸びる。輸出が伸びる。

延びる＝つぎたすように長くなる。時期がおくれる。例鉄道が延びる。寿命が延びる。出発が延びる。遠足が雨のため延びる。

【体長】たいちょう ↓ 動物のからだの長さ。例体長二メートルのヘビ。類身長

【体調】たいちょう ↓ からだの調子。例体調をくずす。体調をととのえる。

【体得】たいとく ↓〈―する〉じっさいにやってみて、わざを身につけること。例口では言えぬ体得のわざ。類会得

【体内】たいない ↓ からだの中。例体内にとりいれる。体内時計。対体外

【体罰】たいばつ ↓ こらしめるために、なぐるなどして痛みや苦しみをあたえること。

【体力】たいりょく ↓ 運動や仕事をするためのからだの力。病気にまけないからだの力。例体力をつける。体力テスト。対気力・精神力

❷〈形のあるもの〉の意味で

【体現】たいげん ↓〈―する〉思いを具体的なかたちにあらわすこと。例大仏は慈愛の体現。

【体積】たいせき ↓ たて・よこ・高さをもったものの大きさ。かさ。例体積が大きい。類容積 知識 体積の単位には立方メートル・立方センチメ

ートルなどがある。

❸〈ひとまとまりのもの〉の意味で

【体系】たいけい ⇩ 一つ一つべつなものを、あるきまりによって、整理して順序づけたものの全体。例 知識を体系づける。

【体制】たいせい ⇩ 国や集団を動かす、おおもとのしくみ。例 社会体制。

例解 [使い分け] たいせい [態勢・体勢・体制・大勢] ☞510ページ

❹〈かたち〉の意味で

【体面】たいめん Ⅲ 人から見て、「りっぱだな」と思われたい気持ち。例 体面をたもつ。類 世間体・面目・体裁・名誉

【体裁】ていさい Ⅲ そとから見たときのすがた・かたち。見かけ。例 体裁をととのえる。

体が下につく熟語 上の字の働き

❶体=〈からだ〉のとき
【母体 人体 胴体 上体 巨体 裸体 老体 生体 重体 死体 遺体 病原体】ドノヨウナ体か。

❷体=〈形のあるもの〉のとき
【気体 液体 固体 実体 媒体 導体(半導体) 被写体 立方体 直方体 平行六面体】ドウイウ物か。

❸体=〈ひとまとまりのもの〉のとき
【車体 船体 機体 天体 団体】ナニの全体か。
【弱体 本体 主体】ドノヨウナまとまりか。
【全体 総体 大体 一体 自体】ドレダケのまとまりか。
【解体 具体】まとまりをドウスルか。

❹体=〈かたち〉のとき
【文体 字体 書体】ナニのかたちか。
【明朝体 教科書体 筆写体】ドノヨウナかたちか。

◆三位一体 肢体 正体 身体 世間体 肉体 風体 物体

但

イ-5 総画7 常用 明朝 但 4F46

音 — 訓 ただ-し ㊥

筆順 ノ イ 亻 但 但 但 但

意味
❶ただし。そうではあるが。(先にのべたことに注意をつけくわえる場合に使うことば) 例 但し書き。
❷但馬。旧国名。今の兵庫県北部。

低

イ-5 総画7 4年 明朝 低 4F4E

音 テイ 訓 ひく-い・ひく-める・ひく-まる

筆順 ノ イ 亻 仾 仾 低 低 (ノにならない・はねる・はねる)

なりたち [形声]「氐」が「おかの下のひくい所」の意味と「テイ」という読み方をしめしている。おかのふもとに住む身分のひくい人(イ)を表す字。また、背のひくい人を表すという説もある。

意味 ひくい。高さがない。さがる。おとっている。例 声を低める。低い土地。少し低まった場所。低下・低地・最低 対 高

【低音】ていおん ⇩ ひくい音や声。例 低音の、ゆっくりした話し方。対 高音

【低温】ていおん ⇩ ひくい温度。例 低温やけど。対 高温

【低下】ていか Ⅲ〈—する〉①程度がさがること。例 気温が低下する。類 下降 対 上昇 ②ものの質や学力などの程度がわるくなること。例 学力が低下する。対 向上

【低額】ていがく ⇩ 少ない金額。類 少額 対 高額

【低学年】ていがくねん 下のほうの学年。おもに小学校の一、二年。関連 低学年・中学年・高学年

【低気圧】ていきあつ 大気のなかで、まわりにくらべて気圧がひくいところ。例 低気圧が近づく。熱帯低気圧。対 高気圧 表現「先生はきょうは低気圧だぞ」といえば、先生のきげんがわるいことを表す。知識 低気圧のあるあたりは雨かくもりになりやすい。熱帯低気圧が発達すると、台風になる。

【低級】ていきゅう ⇩〈—な〉程度がひくいこと。例 技術が低級だ。類 下等・低次元 対 高級

【低空】ていくう ⇩ 空の、地面に近いほう。例 低空飛行。対 高空

【低次元】ていじげん〈—な〉あまり考えるねうちもないようす。例 低次元な話。類 低級

【低姿勢】〈—な〉下手に出て、ひかえめな態度をとるようす。例低姿勢であやまる。対高姿勢

【低速】↓速さがおそいこと。例低速運転。対高速

【低俗】Ⅱ〈—な〉下品で、いやらしいようす。例低俗な番組。類俗悪 対高尚

【低地】↓ひくい土地。対高地

【低調】↓〈—な〉①いきおいが弱く、ぱっとしないようす。例会の活動が低調だ。対好調 ②内容がなく、程度がひくいようす。例低調な議論。

【低木】↓ツツジ・アジサイなど、あまり高くならない木。例落葉低木。対高木 参考もとは、「灌木」といった。

【低迷】↓〈—する〉ひくいところをさまようこと。例景気の低迷。暗雲低迷。

【低利】↓安い利息。対高利

【低率】↓〈—に〉わりあいがひくいこと。ひくいわりあい。対高率

【低廉】Ⅱ〈—な〉ねだんが安い。例低廉な商品。類安価 対高価

◆高低 最低

【佃】

イ−5 総画7 人名 明朝 佃 4F43

音 デン外 訓 つくだ外

意味 つくだ。田や畑。例佃煮

参考 野や山を切り開いて作った「作田」の意味。

【伯】

イ−5 総画7 常用 明朝 伯 4F2F

音 ハク中 訓 —

筆順

なりたち [形声]親指の形を表す「白」が「ハク」という読み方をしめしている。人(亻)がついて、「かしらとなる人」を表す字。

意味 ❶兄弟のいちばん上。例伯仲 ❷(父・母の)兄や姉。例伯父・伯母 ❸華族の位の三番め。例伯爵 ❹伯耆。旧国名。今の鳥取県西部。❺画家をうやまってよぶことば。例画伯

特別なよみ 伯父(おじ)・伯母(おば)

名前のよみ お・おさ・たか・たけ・とも・のり・はか・ほ・みち

❶〈兄弟のいちばん上〉の意味で

【伯仲】Ⅱ〈—する〉両方がおなじくらいで、どちらが上ともいえないこと。例実力伯仲。参考「伯」は兄弟のいちばん上、「仲」は二番め。そんなに差がないことをいう。

❷〈(父・母の)兄や姉〉の意味で

【伯父】↓父母の兄。また、伯母の夫。対伯母 表記父母の弟は「叔父」と書く。

【伯母】↓父母の姉。また、伯父の妻。対伯父 表記父母の妹は「叔母」と書く。

❸〈華族の位の三番め〉の意味で

【伯爵】↓華族の位の三番め。知識日本では、明治時代から、公爵・侯爵・伯爵・子爵・男爵という五つの階級があったが、第二次世界大戦後廃止された。

【伴】

イ−5 総画7 常用 明朝 伴 4F34

音 ハン中・バン中 訓 ともなう中

筆順

なりたち [形声]「半」が「二つに分ける」意味と「ハン」という読み方をしめしている。かたわれのつれそう人(亻)を表す字。

意味 ともなう。いっしょにつれていく。いっしょにする。例母を伴う。伴奏・同伴

名前のよみ すけ・とも

【伴走】↓〈—する〉走っている人のそばについて、いっしょに走ること。例姉のジョギングに、自転車で伴走する。

【伴奏】↓〈—する〉中心となる歌唱や楽器の演奏をひきたてるために、ほかの楽器を演奏すること。例ピアノで伴奏する。

【伴侶】Ⅱ①みちづれ。なかま。例ギターを伴侶に旅をする。②つれあい。夫からみて妻、妻からみて夫。例一生の伴侶。

伴が下につく熟語 上の字の働き

【相伴 同伴】ドノヨウニ伴うか。

◆随伴

【佑】

イ−5 総画7 人名 明朝 佑 4F51

音 ユウ外 訓 たすーける外

意味 たすける。たすけ。例 天佑

名前のよみ すけ

【余】

へ−5 総画7 5年 明朝 余 4F59 旧字 餘 9918

音 ヨ 訓 あまーる・あまーす

筆順 ノ 𠆢 亼 全 余 余 余（はらう・はねる・とめる）

なりたち 餘 [形声]もとの字は、「餘」。「飠」が「食べること」を、「余」が「ヨ」という読み方をしめしている。「ヨ」は「みちている」意味をもち、食べ物がたくさんあることを表す字。

意味

❶あまる。あまり。…あまり。例 余りが出る。余さず食べる。千人余。余分・残余

❷ほかの。それとはべつの。例 余病

❸われ。自分を指すことば。例 余は満足じゃ。類 予

❹《その他》例 余程

❶〈あまる〉の意味で

【余韻】よいん ⇩ ①鐘をついたときなどの、あとにのこるひびき。例 鐘の余韻に耳をかたむける。②なにかしたあとに心にのこっている感じ。例 音楽会の感動の余韻がまだ消えない。類 名残 ③詩や文章などで、書かれたことばのおくに感じられる味わい。例 詩の余韻にひたる。類 余情

【余暇】よか ⇩ 勉強や仕事をしなくてもよい自由な時間。例 余暇を利用する。

【余寒】よかん ⇩ 立春がすぎてからものこっている寒さ。対 残暑 知識 二十四気で、一年のうちもっとも寒いといわれる「大寒」が一月下旬にあり、二月三日か四日の「立春」で「寒があける」とされていた。

【余計】よけい ⇩ ①〈—な〉しなくてもよい。例 余計なおせわ。②〈—に〉ふつうより多く。例 おつりを余計にわたしてしまった。類 余分 ③〈—に〉前にもまして。ますます。いっそう。例 やるなと言われると余計やりたくなる。

【余剰】よじょう Ⅱ いるだけの分をとったあとのこり。あまり。例 余剰金。類 剰余

【余情】よじょう ⇩ 詩や文章などで、ことばのおくにかくれている深い味わい。また、あとにのこるしみじみとした味わい。例 書きつくさないところに余情がある。類 余韻

【余震】よしん ⇩ 大きな地震のあとにつづいておこる小さな地震。ゆりかえし。

【余生】よせい ⇩ 年をとって仕事をやめたあとの死ぬまでの残された生活。例 静かな余生を送る。

【余勢】よせい ⇩ ものごとをうまくやりとげたあとの、はずみのついたいきおい。例 余勢を駆って決勝へ進む。

【余地】よち ⇩ のこされているところ。ゆとり。よゆう。例 くふうの余地がある。

【余熱】よねつ ⇩ ①火を消したあとに、さめきらないでのこっている熱気。ほとぼり。例 ごみ焼却の余熱を利用した温水プール。②高い熱が引いたあとに、下がりきらないでのこる高めの熱。例 余熱がつづく。

【余波】よは ⇩ ①風がやんでからも、まだしずまらないで、ゆれ動いている波。例 台風の余波。②あとにまでのこっているよくない影響。とばっちり。あおり。例 不況の余波を受ける。

【余白】よはく ⇩ 文字や絵などのかいてある紙の中で、なにもかかれていない白い部分。例 余白にメモする。表現 書類の終わりのページにあきがあるとき、あとから書きくわえられないように「以下余白」と書くことがある。

【余分】よぶん ⇩ 〈—な・—に〉①あまった分。のこり。例 余分がある。②いるだけよりも多い。例 余分なお金は持って行かないこと。類 余計

【余命】よめい ⇩ これから先、死ぬまでの命。例 余命いくばくもない(少しもない)。

【余裕】よゆう Ⅱ ①ほかのことに使えるほどに多めにあること。また、その多めの分。例 時間の余裕。②ゆったりしてあせらないこと。例 ゆ

とり。例心に余裕をもつ。

【余力】よりょく ↓ なにかをしたあと、使いきらずにのこっている力。例余力のある人は宿題のほかに自由研究をするといい。

❷〈ほかの〉の意味で

【余技】よぎ ↓ 仕事としてではなく、楽しみとしてすること。例余技として絵をかく。

【余興】よきょう ↓ 会合などを、より楽しくするためにやって見せるもの。アトラクション。例余興に手品をする。類座興

【余罪】よざい ↓ 問題になっている罪のほかにおかした罪。例余罪を追及する。

【余人】よじん|よにん ↓ ほかの人。例この悲しみは余人にはわかるまい。表現「この人でなければやれない」ということを、むかしふうの言い方で「余人よじん|よにんをもって代えがたい」という。

【余所】よそ ↓ ①自分の家やなじんだ場所とはべつのところ。例よそ行きの服。②その場所とはちがう場所。例よその店。③関係のないものごと。例両親の心配をよそに遊びまわる。表記「他所」という書き方もある。

【余所事】▲よそごと 自分には関係のないこと。例とてもよそごととは思えない。

【余所者】▲よそもの その土地の住人にとって、ほかの土地からやって来た人。

【余談】よだん ↓ 本すじからはずれたほかの話。例余談はさておき、本題にもどります。

【余得】よとく ↓ 余分のもうけ。例一つのことで有名になると、何かと余得が生じる。類役得

【余念】よねん ↓ 今していることとは関係のない心の動き。例試合中に余念が生じた。類雑念

【余病】よびょう ↓ ある病気にともなって起こる、べつの病気。例余病を併発する。

【余話】よわ ↓ 話の本すじから少しはずれた、こぼれ話。エピソード。例これには、ちょっとした余話がある。類挿話・余聞

❹《その他》

【余程】よほど ◎ ①思ったよりも。だいぶ。かなり。例よほど自信があるらしい。②あと少しというところまで。例よほど注意しようと思ったが、やめた。

◆窮余 剰余 病余

【伶】

イ−5 総画7 人名 明朝 伶 4F36

音 レイ外 訓 ―

意味

❶音楽や芝居を演じる人。楽人。役者。

❷かしこい。りこう。例伶俐

【依】

イ−6 総画8 常用 明朝 依 4F9D

音 イ中・エ高 訓 よ−る外

筆順

たちなり 依 [形声]「衣」が「イ」という読み方をしめしている。「イ」は「よりかかる」意味をもち、人(イ)にたよることを表す字。

意味

❶たよる。たよりにする。よりかかる。例依頼・帰依

❷もとのまま。あいかわらず。例依然

❸《その他》例依怙地

注意するよみ エ…例帰依

名前のよみ より

❶〈たよる〉の意味で

【依願】いがん ▲「本人の願いによって」ということ。例依願退職。依願免官。

【依存】いそん|いぞん ↓〈―する〉それにたよっていること。例主食まで海外に依存している。

【依頼】いらい Ⅲ〈―する〉①人にたよること。例依頼心。②人に物事をたのむこと。例依頼状。

❷〈もとのまま〉の意味で

【依然】いぜん ☒ そのままで、かわることもなく。例旧態依然。表現「依然つづく水不足」「依然としてつづく水不足」両方いう。

❸《その他》

【依怙地】いこじ|えこじ〈―な〉〈―に〉意地をはって、自分の考えをかえようとしない、心のありさま。がんこ。例依怙地いこじ|えこじになる。

【価】

イ−6 総画8 5年 明朝 価 4FA1 旧字 價 50F9

音 カ 訓 あたい高

筆順 ノ 亻 亻 仃 仦 価 価 価 （西にならない）

なりたち 價 [形声]もとの字は、「價」。「賈」が「売り買い」の意味と、「カ」とかわって読み方もしめしている。のちに「亻」をつけて、売り買いする人が定める「あたい」を表すようになった。

意味 ❶ねだん。売り買いする品物の金額。例 価格・物価

❷ねうち。例 価値・評価

例 解 [使い分け] あたい[値・価] ☞97ページ

❶〈ねだん〉の意味で

【価格】↓ものを売り買いするときのねだん。例 正札どおりの価格で売る。類 値段

❷〈ねうち〉の意味で

【価値】Ⅱ ものごとのねうち。例 この本は読む価値がある。

【価値観】どういうことをだいじにして、この人生を生きるかという、人それぞれの考え方。例 多様な価値観にふれる。

← 価が下につく熟語 上の字の働き

❶価＝〈ねだん〉のとき

【物価 米価 地価 株価】ナニのねだんか。

【安価 高価 廉価 定価 正価 特価 市価 時価 原価 単価】ドノヨウナねだんか。

【代価 売価 買価】ドウスルときのねだんか。

◆真価 声価 評価

佳

亻-6 総画8 常用 明朝 佳 4F73

音 カ 中 訓 よ-い 外

筆順 ノ 亻 亻 仁 仕 佳 佳 佳

なりたち 佳 [形声]「圭」が「美しい」の意味と、「カ（カイ）」とかわって読み方をしめしている。美しい人（亻）を表す字。

意味 よい。このましい。めでたい。例 佳作・絶佳

名前のよみ よし

【佳境】↓話の中の、いよいよ心をわくわくさせるようなところ。クライマックス。例 話が佳境に入る。参考 もともとは「景色のよいところ」の意味。

【佳作】↓できばえのよい作品。

【佳人】↓美しい女の人。例 佳人薄命（美人はとかくからだが弱く命が短い）。類 美人・麗人

侃

亻-6 総画8 人名 明朝 侃 4F83

音 カン 外 訓 ―

意味 つよい。強く正しい。例 侃侃諤諤（たいへん元気よく議論するようす）。

名前のよみ あきら・すなお・ただ・ただし・つよし・なお・やす

供

亻-6 総画8 6年 明朝 供 4F9B

音 キョウ・ク 高 訓 そな-える・とも

筆順 ノ 亻 亻 仁 什 供 供 供 （ながく）（とめる）

なりたち 供 [形声]「共」が「そなえる」意味と「キョウ」という読み方をしめしている。人（亻）に物をそなえることを表す字。

意味 ❶さしあげる。そなえる。さしだす。例 仏前に花を供える。供養・提供

❷申しのべる。わけを話す。例 自供

❸つきしたがう。おとも。例 お供をする。

例 解 [使い分け] そなえる[備・供] ☞105ページ

注意するよみ ク…例 供物・供養

❶〈さしあげる〉の意味で

【供応】↓〈―する〉酒やごちそうで人をもてなす。例 来客をてあつく供応する。類 接待

【供給】Ⅱ〈―する〉①相手がほしいというものをこちらからさしだすこと。例 被災地に水を供給する。類 提供 ②市場に商品を出すこと。例 買い手が多くて、供給が間に合わない。対 需要

【供託】↓〈―する〉お金や品物を法律で定められたところへあずけること。例 供託金。

【供与】Ⅱ〈―する〉物やお金などをあたえ

ること。例資金供与。表現ある国がほかのある国を援助するときにいうことが多い。

【供物】くもつ ↓神仏にさしあげるもの。おそなえ。例神前に供物をささげる。

【供養】くよう ↓〈—する〉おそなえをして、仏や死んだ人をまつること。例先祖の供養をする。類回向・法要

❷〈申しのべる〉の意味で

【供述】きょうじゅつ Ⅲ〈—する〉検察官や裁判官などに、事情を話すこと。例供述をくつがえす。

◆子供 自供 提供

使

イ-6 総画8 3年 明朝 使 4F7F

音シ 訓つか-う

筆順

なりたち [形声]もと「事」とおなじ字だった。「吏」が、「仕事」の意味と「シ」という読み方をしめしている。仕事をする人(イ)を表す字。

意味

❶つかう。用いる。例人を使う。行使

❷つかいの人。つかいの役目。例使いにやる。使者・大使

例解[使い分け]つかう[使・遣] ☞このページ

❶〈つかう〉の意味で

【使役】しえき Ⅲ〈—する〉①人に仕事をさせること。例荷物運びの使役に出る。②文法で、「人を使いに行かせる」の「せる」を使役の助動詞という。

【使途】しと ↓お金などの使いみち。例使途を明らかにする。使途不明金。類用途

【使用】しよう Ⅲ〈—する〉①物を使うこと。例使用中。使用禁止。②仕事の必要で人をやとうこと。例使用人。類利用

【使用者】しようしゃ ①物を使う人。例ロッカーの使用者はかぎをかけるように。②人をやとってはたらかせるときの、やとうがわの人。表現やとうがわの人を「使用者」、やとわれるがわの人を「使用人」という。

【使用人】しようにん 人や会社・店・家などにやとわれて、はたらいている人。

❷〈つかいの人〉の意味で

【使者】ししゃ ↓主人の代わりとして、主人のことばや手紙、品物などを先方へとどける役目の人。使い。例使者をたてる。

【使節】しせつ ↓国や政府を代表して外国に出むく人。例親善使節。

【使命】しめい ↓あたえられた仕事。例使命をはたす。使命をおびる。

【使命感】しめいかん これこそ、天が自分に与えた使命だと強く感じること。例使命感にもえる。

使が下につく熟語 上の字の働き

❶使=〈つかう〉のとき

【駆使 酷使】ドノヨウニ使うか。

❷使=〈つかいの人〉のとき

【大使 公使 急使 特使 密使 勅使 天使】ドノヨウナ使いか。

【遣唐使】ナニのための使いか。

例解 使い分け つかう《使う・遣う》

使う=はたらかせる。利用する。例人を使う。頭を使う。工作機械を使う。車を使って運ぶ。金を使う。

遣う=注意して(心を)はたらかせる。例心を遣う。気を遣う。ことば遣い。金遣い。かな遣い。お小遣い。

参考「遣う」は「金遣い」「かな遣い」のような形で用いられることが多く、「金をつかう」「かなをつかう」などは「使う」が用いられる。また、「心を使う」「気を使う」とも書く。

手を使って書く

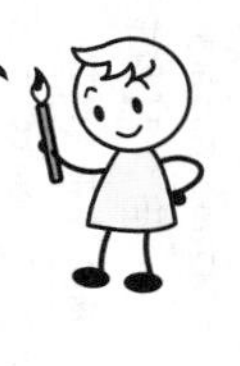

正しいかな遣い

◆行使 労使

侍

イ−6 総画8 常用 明朝 侍 4F8D

音 ジ㊥ 訓 さむらい㊥・はべ-る㊕

筆順 ノ亻仁什仕侍侍侍

なりたち [形声]「寺」が「仕事をする」意味と「ジ」という読み方をしめしている。身分の高い人のそばで仕事をする人(亻)を表す字。

意味 ❶つかえる。えらい人のそば近くにいて、その人のために仕事をする。例 侍従 ❷さむらい。武士。例 若侍

❶〈つかえる〉の意味で

【侍医】じい ↓元首や皇族など身分の高い人につく専門の医者。

【侍従】じじゅう Ⅱ 天皇や皇太子のそば近くにつかえて補佐する役。その役目の人。

【侍女】じじょ ↓身分の高い人のそばにつかえて、いろいろな用をする女の人。

舎

𠆢−6 総画8 5年 明朝 舎 820E

音 シャ 訓 ——

筆順 ノ𠆢(はらう)𠆢今今(ながく)舎舎舎

なりたち [形声]もとの字は、「舍」。「𠆢」と「口」とからできた字。「余(→余)」が「ゆっくり」の意味と、「シャ」とかわって読み方をしめしている。ゆっくりやすむ場所(口)を表す。

意味 ❶いえ。人の住む建物。例 宿舎 ❷《その他》例 舎利

特別なよみ 田舎(いなか)

名前のよみ いえ・や

❶〈いえ〉の意味で

【舎監】しゃかん ↓寄宿舎に住む人たちみんなのせわをする人。

❷《その他》

【舎利】しゃり ◎①仏陀や聖人の遺骨。例 仏舎利塔。②火葬した遺骨。③米の飯。例 すしのしゃり。参考 ③は、形が②に近いため。

←舎が下につく熟語 上の字の働き

❶舎=〈いえ〉のとき

【校舎 庁舎 官舎 兵舎 畜舎 豚舎 鶏舎】ナニのための建物か。

【宿舎 獄舎 寄宿舎 寮舎】ドウスルための建物か。

侮

イ−6 総画8 常用 明朝 侮 4FAE 旧字 侮 FA30

音 ブ㊥ 訓 あなど-る㊫

筆順 ノ亻仁仁作侮侮侮

なりたち [形声]もとの字は、「侮」。「毎」が「ブ」とかわって読み方をしめし、「バイ」は「あなどる」の意味をもち、人(亻)をあなどることを表す字。

意味 あなどる。軽く見る。ばかにする。例 相手を侮る。侮辱・軽侮

【侮辱】ぶじょく Ⅱ〈—する〉人をばかにすること。あまりに人を侮辱したやり方だ。

【侮蔑】ぶべつ Ⅱ〈—する〉人をばかにして、見くだすこと。例 侮蔑にたえる。類 軽蔑

併

イ−6 総画8 常用 明朝 併 4F75 旧字 倂 5002

音 ヘイ㊥ 訓 あわ-せる㊥

筆順 ノ亻亻'亻"亻'''併併併

なりたち [形声]もとの字は、「倂」。「幷」が「ならぶ」意味と「ヘイ」という読み方をしめしている。人(亻)と人とがならぶことを表す字。

意味 あわせる。いっしょにする。ならぶ。ならべる。例 併用・合併

例解 [使い分け] あわせる[合・併] ☞215ページ

【併記】へいき ↓〈—する〉二つ以上のことをならべて書くこと。例 両方の意見を併記する。類 列記

【併合】へいごう Ⅱ〈—する〉べつべつのものを一つにあわせる。例 二つの学校を併合した。類 合

併・合体・統合

【併設】⬇〈—する〉おなじ場所に、ほかの設備をあわせて建てること。例動物園に遊園地が併設されている。

【併存】|へいぞん ⬇〈—する〉二つ以上のものが同時に存在すること。表記「並存」とも書く。

【併発】⬇〈—する〉ある病気がもとになって、ほかの病気にかかること。例インフルエンザから肺炎を併発した。

【併用】⬇〈—する〉いくつかのものをあれもこれもといっしょに使うこと。例漢字とかなを併用する。三種類の薬を併用する。

【侑】

イ-6　総画8　人名　明朝 侑 4F91

音ユウ外　訓——

意味 ❶すすめる。食事をすすめる。❷たすける。たすけ。

名前のよみ あつむ・すすむ・ゆき

【例】

イ-6　総画8　4年　明朝 例 4F8B

音レイ　訓たと-える

筆順 ノ イ 仃 仢 伢 伢 例 例（はらう・はねる）

なりたち [形声]「列」が「ならぶ」意味と、「レイ」とかわって読み方をしめしている。人(イ)が順序よくならぶことを表す字。

意味 ❶いつものとおり。ふつうのとおり。例例年・定例 ❷参考になる見本。たとえに引くもの。例例を挙げる。例えばの話。例示・実例

名前のよみ つね

❶〈いつものとおり〉の意味で

【例会】⬇毎月一回などとして、日をきめておいてひらく会。例来月の例会は二十日だ。

【例外】⬇きまりやいつものやり方とは、ちがっているものごと。例例外をみとめる。対原則

【例祭】⬇神社などで、毎年きまった日におこなわれる祭り。例秋の例祭。

【例大祭】神社などで毎年きまった日におこなわれる大きな祭り。

【例年】⬇いつもの年。例今年は例年になく雪が多い。類毎年

❷〈参考になる見本〉の意味で

【例解】⬇〈—する〉使い方の例をあげてよくわかるようにすること。例似ていることばの使い分けを例解する。例解小学漢字辞典。

【例示】⬇〈—する〉わかりやすくするために、たとえばこんなふうにと見本を見せること。例申し込み書の書き方を例示する。

【例証】⬇〈—する〉見本をしめして、ものごとの意味や道理をはっきりさせること。そのための見本。例具体的な例証がほしい。

【例題】⬇やり方・考え方がわかるようにするための練習問題。例はじめに例題をやってみる。

【例文】⬇ことばの使い方、文章の書き方がわかるような、見本の文。例スピーチの例文集。

例が下につく熟語 上の字の働き

❶例=〈いつものとおり〉のとき
【慣例 吉例 旧例 恒例 通例 定例】ドノヨウナ例か。

❷例=〈参考になる見本〉のとき
【実例 先例 前例 好例 適例 悪例 類例 特例 異例 文例 作例 用例 判例 実践例】ドノヨウナ例か。

◆条例 凡例 比例

【俄】

イ-7　総画9　人名　明朝 俄 4FC4

音ガ外　訓にわ-か外

意味 にわか。急に。たちまち。例俄か雨

◆【俄然】⊠にわかに。とつぜん。例ほめられたら、俄然勉強する気になった。

【侠】

イ-7　総画9　人名　明朝 侠 4FE0

音キョウ外　訓——

意味 ❶おとこだて。おとこぎ。信用を大切にし、弱い人を助けたり、他人のためになろうとすること。また、その人。例 義侠心。❷おきゃん。おてんば。

係

イ−7 総画9 3年 明朝 係 4FC2

音 ケイ 訓 かか-る・かかり

筆順 係 係 係 係 係 係 係 係 係 とめる

なりたち [形声]「系」が「つなぐ」意味と「ケイ」という読み方をしめしている。人(イ)のつながりを表す字。

意味 かかわる。関係する。つながる。例 行事に係るいっさいを任せる。係の人。会計係。係争・係留

例解 [使い分け] かける[掛・懸・架] ☞547ページ

[文字物語] ☞このページ

【係員】⇩ その仕事を受けもっている人。例 係員の指示にしたがう。

【係数】⇩ 円周の長さは直径の約三倍というような、一定の関係を表す数。例 エンゲル係数。

【係争】▲〈—する〉裁判であらそうこと。例 その事件は係争中だ。

【係留】⇩〈—する〉船や気球などをつなぎとめること。例 港に船を係留する。

【係累】Ⅱ 両親・妻子・兄弟など、家族としてつながりのある人たち。例 係累をもつ。係累が多い。

◆関係 無関係

文字物語 係

「係」の字がいちばんふつうに使われるのは、「受付係」「案内係」「接待係」など、仕事の名前につけて、その人の分担する役目を表す場合である。

下につくので、「…がかり」とにごってよまれる。学校でも、運動会や文化祭の「準備係」「進行係」「かたづけ係」「放送係」、お昼の「給食係」など、いくらでも「係」ができてくる。

侯

イ−7 総画9 常用 明朝 侯 4FAF

音 コウ中 訓 —

筆順 侯 侯 侯 侯 侯 侯 侯 侯 侯

なりたち [形声] もとの字は、「矦」。「厂」がまとになるたれまく、「⺈」が人、「矢」がやをしめし、「まと」あるいは「弓を射る人」を表す字。のちに「イ(人)」をさらにくわえて今の字形となった。弓を射るうでまえによって地位をさずけたことから、身分の高い人の意味に使われるようになった。

意味 ❶君主や大名。とのさま。きみ。例 王侯 ❷華族の位の二番め。例 侯爵

名前のよみ きみ・とき・よし

❷〈華族の位の二番め〉の意味で

【侯爵】⇩ 華族の位の二番め。知識 ☞【伯爵】(81ページ)

◆王侯 紀州侯 諸侯

俊

イ−7 総画9 常用 明朝 俊 4FCA

音 シュン中 訓 —

筆順 俊 俊 俊 俊 俊 俊 俊 俊 俊

なりたち [形声]「夋」が「ぬき出る、すぐれる」意味と「シュン」という読み方をしめしている。すぐれた人物(イ)を表す字。

意味 すぐれている。すばしこい。例 俊敏

名前のよみ すぐる・たか・たかし・とし・まさる・よし

【俊才】⇩ すぐれた才能をもった人。また、すぐれた才能。類 秀才・英才・俊英・俊秀 対 凡才・鈍才

【俊足】⇩ ①走るのがとてもはやいこと。例 俊足ぶりを見せる。対 鈍足 ②すぐれた才能をもった人。類 俊才

【俊敏】しゅんびん Ⅲ〈—な〉頭のはたらきも行動もすばやい。例 俊敏な動き。類 機敏

信

音 シン　訓 —

イ-7　総画9　4年　明朝 信 4FE1

筆順 信信信信信信信信信（ながく）

なりたち [会意]「亻(人)」と「言(ことば)」とを合わせて、人の口から出ることばと心が一致するまことを表す字。

意味

❶しんじる。ほんとうだと思う。うそはないと思ってまかせる。例 信を置く。神を信じる。信任・確信

❷まこと。いつわりがない。誠実。例 信義

❸知らせ。たより。手紙。合図。情報。例 信書・通信

❹信濃。旧国名。今の長野県。例 信州。

名前のよみ あき・あきら・さだ・しげ・しな・しの・ただ・ちか・とき・のぶ・まこと・まさ・みち

❶〈しんじる〉の意味で

【信教】しんきょう ▲人がなにかの宗教を信じること。例 信教の自由。

【信仰】しんこう ↓〈—する〉神や仏を信じ、その教えにしたがうこと。例 信仰心。類 信心

【信者】しんじゃ ↓ある宗教を信じている人。例 キリスト教信者。類 信徒・宗徒・教徒 表現 宗教でなくても、心から信じていれば、「かれは進化論の信者だ」とか「この薬の信者はおおぜいいる」などと使う。

【信条】しんじょう ↓①心に決めて、まもっている事項。モットー。例 誠実さはわたしの信条。生活信条。②宗教の教えなどを箇条書きにしてまとめたもの。類 教義・宗旨

【信心】しんじん ↓〈—する〉神や仏の力を信じ、その教えにしたがって生きること。例 信心深い人。神信心。類 信仰

【信託】しんたく ↓〈—する〉相手を信用してまかせること。お金や土地などの財産のとりあつかいをまかせること。例 信託銀行。

【信徒】しんと ↓ある宗教を信じている人。例 信徒の集まりに出る。類 信者・宗徒・教徒

【信任】しんにん ↓〈—する〉その人を信じて仕事などをまかせること。例 社長の信任があつい。

【信念】しんねん ↓正しいと思うことをやりぬく心。例 信念をつらぬく。

【信憑性】しんぴょうせい 信じてよい確からしさ。例 信憑性が高い。

【信望】しんぼう Ⅲその人を信じ、たよれると思う、まわりの人たちの気持ち。例 市民の信望を集める。

【信奉】しんぽう ↓〈—する〉絶対に正しいと信じてしたがっていくこと。例 師の教えを信奉する。

【信用】しんよう ↓〈—する〉①たしかだ、まちがいないと思う。例 君の言ったことを信用する。類 信頼 ②人びとからまちがいないと見こまれる度合いの高さ。例 店の信用に傷がつく。

【信頼】しんらい ↓〈—する〉信じきって、すべてをまかせること。例 相手の信頼にこたえる。信頼関係をきずく。類 信用

❷〈まこと〉の意味で

【信義】しんぎ Ⅲ人びとから得ている信用に決して傷をつけないこと。例 利害よりも信義を重んじる。

【信賞必罰】しんしょうひつばつ よいことはみとめて、まちがいなくほめ、わるいことは見のがさず、かならず罰すること。例 信賞必罰の方針をつらぬく。参考『韓非子』にあることばから。

❸〈知らせ〉の意味で

【信号】しんごう Ⅲあることがらをつたえるための光や音、形や色などによる合図。例 信号を送る。信号機。類 合図 知識 信号は、赤は「とまれ」、青は「すすめ」のように送るがわと受け取るがわが、その意味を知っていなければならない。あらかじめとりきめができていれば、まばたき一つでも信号になる。

【信書】しんしょ Ⅲ個人の手紙。類 書簡・私信

信が下につく熟語 上の字の働き

❶信＝〈しんじる〉のとき
【確信 過信 狂信 妄信 自信】ドノヨウニ信じるか。

❸信＝〈知らせ〉のとき
【書信 電信】ナニによる知らせか。

◀次ページ 侵 促

【往信 返信 私信】ドウイウ性格の手紙か。
【発信 送信 受信】情報をドウスルのか。
◆威信 音信 所信 通信 背信 迷信

侵

音 シン 中　訓 おか-す 中

イ-7　総画9　常用　明朝 侵 4FB5

筆順

なりたち [形声]もとの字は「侵」。ほうきを手に持ち、少しずつはき進む意味をしめす「𠬶」が「シン」という読み方をしめしている。人(イ)が他の領分に入りこむことを表す字。

意味 おかす。他人の領分に入りこむ。例 国境を侵す。侵害・侵略

例解 [使い分け] おかす[犯・侵・冒] ☞757ページ

【侵害】↓〈―する〉他人の権利や利益などに損害をあたえること。例 プライバシーの侵害。人権侵害。

【侵攻】↓〈―する〉よその国にせめこむこと。類 侵略・侵入・侵犯

【侵食】↓〈―する〉だんだんくいこんでいって、自分のものにすること。例 権利が侵食される。

【侵入】↓〈―する〉よその国や他人の家など、入ってはいけないところに入りこむこと。類 侵略・侵攻・乱入

例解 使い分け しんにゅう《侵入・浸入》

侵入＝よその国や土地などにむりやりに入りこむこと。例 不法侵入。

浸入＝水が入りこむこと。例 濁流が浸入する。

参考「人(イ)が侵入する」「水(氵)が浸入する」とおぼえて使い分ける。

侵入　浸入

【侵犯】‖〈―する〉国境をこえ、他国の領土や権利をおかすこと。例 領空侵犯。類 侵攻・侵略

【侵略】↓〈―する〉よその国にせめ入って、その国の主権や土地をうばい取ること。例 侵略者。侵略戦争。類 侵入・侵犯・侵攻

◆不可侵

促

音 ソク 中　訓 うなが-す 中

イ-7　総画9　常用　明朝 促 4FC3

筆順

なりたち [形声]「足」が「ソク」という読み方をしめしている。「ソク」は「はやめる」意味をもち、人(イ)をせきたてることを表す字。

意味 ❶うながす。せきたてる。例 注意を促す。促進・催促 ❷つまる。あいだが、みじかくなる。例 促音

名前のよみ ゆき

❶〈うながす〉の意味で

【促進】↓〈―する〉ものごとの進行がはかどるようにすること。例 交通安全運動を促進する。促進をはかる。

【促成】↓〈―する〉植物の生長を人工的に早めること。例 トマトの促成栽培。

例解 [使い分け] そくせい[速成・促成・即製] ☞445ページ

❷〈つまる〉の意味で

【促音】↓「はっと」や、「ラッパ」の中にある、声を出すときにつまるような音。小さな「っ」「ッ」で書き表し、ふつう、カ・サ・タ・パ行の音(「と」や「パ」のように)の前にくる。参考 小さな「や・ゆ・よ」をつけて書き表される音を「拗音」、「ん」で書き表される音を「撥音」という。

促が下につく熟語 上の字の働き

❶促＝〈うながす〉のとき

【催促 督促】近い意味。

俗

イ−7 総画9 常用 明朝 俗 4FD7

音 ゾク㊥ 訓 ―

筆順 亻 俗 俗 俗 俗 俗 俗 俗 俗

なりたち [形声]「谷」が「ゾク」とかわって読み方をしめしている。「コク」は「くりかえし習う」意味をもち、人(イ)の習いしたしんだことを表す字。

意味

❶世間のならわし。世の中のふつうのすがた。例 俗事・世俗

❷上品でない。いやしい。例 俗なことば。俗悪・低俗 対 雅

❸仏教界の外。出家していない人たちの世界。例 俗名・還俗

発音あんない ゾク→ゾッ… 例 俗化

❶〈世間のならわし〉の意味で

【俗字】 ↓「卒」を「卆」、「働」を「仂」、「職」を「耺」と書くなど、正しいとはいえないが、世間ではふつうに使われている漢字。類 略字 対 正字・本字

【俗事】 ↓ 社会生活をつづけていくための、人とのつきあいやこまごまとした日常の用事。例 俗事をはなれて研究にうちこむ。類 雑事・俗務・世事

【俗習】 Ⅲ 世間で広くおこなわれているならわし。例 冬至にかぼちゃを食べるのも俗習の一つだ。類 習俗

【俗称】 ↓ 世間でふつうに使われているよび名。例「ぺんぺん草」はナズナの俗称だ。類 通称・俗名 ☞❸

【俗説】 ↓ 根拠はたしかでないが、世間にひろく信じられている考え。類 通説

【俗名】 ↓ 世間でふつうに使われている、動植物などの正式でない名前。例「トンビ」はトビの俗名だ。類 通称・俗称 ☞❸

❷〈上品でない〉の意味で

【俗悪】 Ⅲ〈―な〉下品。趣味がわるい。例 俗悪な本をとりしまる。類 低俗

【俗語】 ↓「おやじ」「おふくろ」「頭にくる」「ずらかる」「まじ」など、くだけた感じやらんぼうな感じがして、あらたまった場面では使いにくいことば。対 雅語

【俗臭】 ↓ 利益や名誉に執着するなどして、下品さが感じられる。

【俗人】 ↓ お金のことや世間体にとらわれやすいごくふつうの人。類 俗物 表現「俗人」には不快な感じが少しもこもっていないが、「俗物」にはやや見下げた感じがこもる。☞❸

【俗世間】 ↓ ふつうの人がふつうに生活している世の中。例 俗世間のできごとには関心がない。類 世俗・俗界・俗世

【俗物】 ↓ 金もうけ、出世など、この世の生活のことしか頭にない人間。類 俗人

【俗化】 ↓〈―する〉どこにでもあるような、つまらないものになること。

❸〈仏教界の外〉の意味で

【俗称】 ↓ 僧になる前の名前。類 俗名 対 法名 ☞❶

【俗人】 ↓ 仏教で、出家していない、世間いっぱんの人。☞❷

【俗名】 ↓ ①死んだ人の、生きていたときの名前。例 墓石には俗名も書いてある。対 戒名 ②僧の、出家する前の名前。類 俗称・俗姓 対 法名 ☞❶

俗が下につく熟語 上の字の働き

❶俗＝〈世間のならわし〉のとき
【習俗 風俗 世俗】近い意味。
【民俗 土俗】ドコでのならわしか。

❷俗＝〈上品でない〉のとき
【低俗 卑俗】近い意味。

◆ 還俗 通俗

便

イ−7 総画9 4年 明朝 便 4FBF

音 ベン・ビン 訓 たよ-り

筆順 ノ 亻 仁 佰 佰 佰 便 便 (だささない) (はっきりだす) (はらう)

なりたち [会意] 人(イ)と「かえる」の意味の「更」とを合わせて、人がふつごうなことを変更する意味を表す字。

◀次ページ 保

意味

❶つごうのよい。よいついで。例交通の便。便利・方便

❷たより。手紙。荷物や手紙を送ること。例便りのないのはよい便り。午後の便で送る。便箋・郵便

❸大小べん（便）。はいせつ物。つうじ。例便の検査。便所・用便

❶〈つごうのよい〉の意味で

【便乗】びんじょう ⬇〈―する〉①ほかの人の車などにいっしょに乗せてもらうこと。例友達の車に便乗して駅に行く。②あるできごとを利用して自分につごうのよいことをすること。例便乗値上げ反対！

【便船】びんせん ⬇ちょうどつごうよく利用できる船。例便船があれば荷物を送ります。

【便覧】びんらん｜べんらん ⬇あることがらについて知りたいことが手軽にわかるようにまとめてある本。例学校便覧。

【便宜】べんぎ Ⅲ〈―な〉なにかをするうえでつごうがよくて、得になること。例便宜をはかる。便宜な方法。類利便

【便宜上】べんぎじょう きちんとしたやり方ではないが、そのほうがつごうがよいと考えて。とりあえず。例便宜上の処置。

【便宜的】べんぎてき〈―な〉とりあえずそのときのつごうに合わせてものごとをするようす。例便宜的に名簿の番号で分ける。表現「そんなやり方はあまりにも便宜的だ」のように、よく考えもしないでいいかげんになにかをするようすにも使う。

【便法】べんぽう ⬇かんたんにできる方法。例カロリー計算の便法を思いついた。

【便利】べんり Ⅲ〈―な〉つごうがよくて、役に立つ。例自動車はやはり便利だ。対不便

❷〈たより〉の意味で

【便箋】びんせん ⬇手紙を書くために使う紙。例便箋と封筒のセット。

❸〈大小べん（便）〉の意味で

【便意】べんい ⬇大便を出したいという感じ。例便意をもよおす。類尿意

【便器】べんき ⬇大便や小便をうけるうつわ。例洋式便器。

【便所】べんじょ ⬇大便や小便をする場所。表現ずばりと言うのをさけて、遠まわしにいろいろな言い方をする。古くは「はばかり・手水場・ご不浄・かわや・せっちん」などといっていたが、「WC・手洗い」などとなり、今は「トイレ・化粧室」などが使われる。

【便通】べんつう ⬇大便が出ること。つうじ。例毎日便通がある。

【便秘】べんぴ ▽〈―する〉おなかに大便がたまっていてなかなか出ないこと。

←便が下につく熟語 上の字の働き

❶便＝〈つごうのよい〉のとき
【方便 簡便】近い意味。

❷便＝〈たより〉のとき
【郵便 船便 前便 後便 別便 速達便 定期便】ドノヨウナ便か。

❸便＝〈大小べん（便）〉のとき
【大便 小便】ドノヨウナ便か。
【用便 検便】便をドウスルか。

◆穏便 至便 不便

【保】

イ−7 総画9 5年 明朝 保 4FDD

音ホ 訓たも−つ

筆順 ノ 亻 … 保（ちいさめに）

なりたち 形声「呆」が「おむつをした赤ん坊」の意味と「ホ」という読み方をしめしている。赤ん坊をまもり養う人（亻）を表す字。

意味

❶たもつ。そのままもちつづける。例健康を保つ。保健・確保

❷まもる。たいせつに世話する。例保護

❸うけあう。ひきうける。あずかる。例保管・保証

名前のよみ お・まもる・もり・やす・やすし・より

❶〈たもつ〉の意味で

【保安】ほあん ▲①社会の安全や秩序をたもつこと。例保安官。②工事現場などでの安全を守ること。例保安施設。

【保温】ほおん ▲〈―する〉あたたかさがそのままつ

づくようにすること。例保温設備。

【保健】ほけん ▲ 長くじょうぶなからだでいられるようにすること。例保健室。保健体育。

【保持】ほじ Ⅲ〈―する〉しっかりもちつづけること。例世界記録保持者。類維持

【保守】ほしゅ Ⅲ〈―する〉①古くからのしきたりや考え方を急にかえようとしないこと。例保守党。対革新 ②各設備の手入れをおこたらないこと。例警報機の保守点検。

【保身】ほしん ▲ 自分の身分や地位などを、なによりもたいせつに守ろうとすること。例保身にあけくれる。保身術。

【保線】ほせん ▲ 鉄道線路の安全を守ること。例保線工。保線区。

【保全】ほぜん ↓〈―する〉全体の平和安全をしっかり守ること。例環境保全につとめる。

【保存】ほぞん Ⅲ〈―する〉たいせつにとっておくこと。そのままで長くのこしておくこと。例史跡の保存。保存がきかない食品。類保管

【保有】ほゆう Ⅲ〈―する〉自分のものとしてもっていること。例核保有国。類所有

【保留】ほりゅう Ⅲ〈―する〉すぐに決めないで、そのままのこしておくこと。例態度を保留する。類留保

❷〈まもる〉の意味で

【保育】ほいく ↓〈―する〉小さい子どものせわをして、育てること。例保育園。保育器。

【保育士】ほいくし 保育所や養護施設などで子どものせわをする人。

【保護】ほご Ⅲ〈―する〉こわれたり、あぶないめにあったりしないように、たいせつにまもること。例自然を保護する。保護者。

【保護色】ほごしょく 動物が自分のすがたをかくすために、まわりのものの色やもようと見分けがつかないようにしているからだの色。類警戒色 知識 敵から身を守ったり、気づかれないでえものに近づいたりできる。

【保母】ほぼ ↓ 保育士の女の人の、前の言い方。

【保養】ほよう ↓〈―する〉心やからだを休めること。例温泉で保養する。類静養・休養・養生・療養 表現「目の保養」は、美しいものなどを見て、楽しい思いをすることをいう。

❸〈うけあう〉の意味で

【保管】ほかん Ⅲ〈―する〉あずかったものを、なくしたりこわしたりしないようにしまっておくこと。例保管場所。

【保険】ほけん ▲ 前もってお金をはらいこんでおき、病気やけがや死亡、または事故や火事などのときに、まとまったお金を受け取ることができるしくみ。例保険をかける。

【保釈】ほしゃく ▲〈―する〉わるいことをしたという疑いでとらえた人を、保証金と引きかえに、留置場から出して、外での生活をゆるすこと。例保釈を請求する。保釈金。

【保証】ほしょう ↓〈―する〉「だいじょうぶ」「まちがいない」とうけあうこと。例身元保証人。

例解 使い分け ほしょう《保証・保障・補償》

保証＝まちがいないとうけあうこと。
例身元を保証する。保証つきの時計。

保障＝不安や危険がないように守ること。
例人権を保障する。安全を保障する。

補償＝相手にあたえた損害をお金などでつぐなうこと。
例事故の補償金をはらう。話し合いで補償額を決める。

保証
保証付き
保障
補償

【保障】ほしょう ▲〈―する〉よそから危険やわざわいを受けないように責任をもって守ること。例安全保障。

例解［使い分け］ほしょう［保証・保障・補償］☞みぎにあります

◆確保 担保 留保

【保】 イ-7 総画9 人名 明朝 保 4FE3

◀次ページ 俐 侶 俺 倶 倹 倦 個

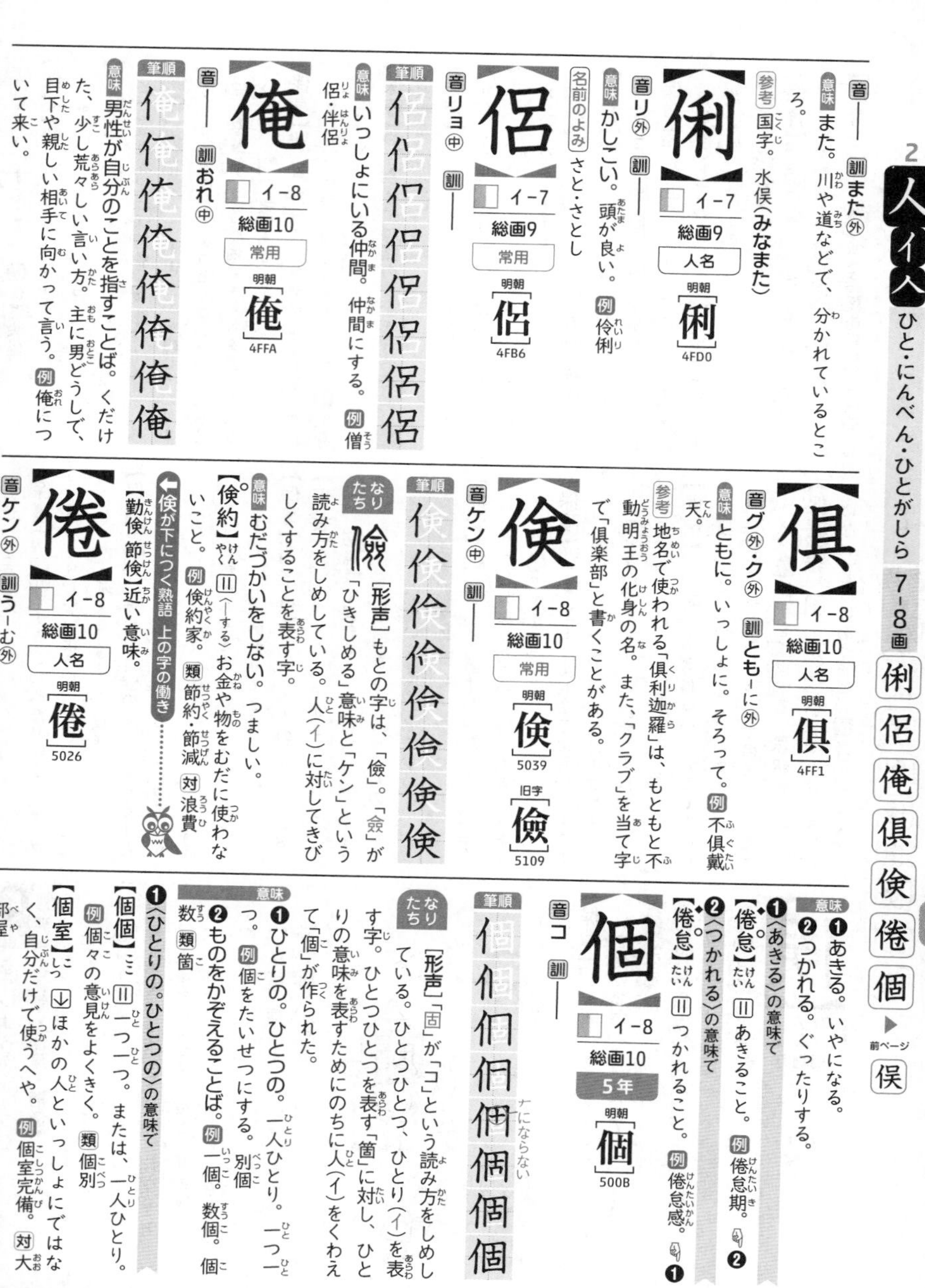

音 ― 訓 また外

意味 また。川や道などで、分かれているところ。

参考 国字。水俣(みなまた)

【俐】

イ-7 総画9 人名 明朝 俐 4FD0

音 リ外 訓 ―

意味 かしこい。頭が良い。例 伶俐

名前のよみ さと・さとし

【侶】

イ-7 総画9 常用 明朝 侶 4FB6

音 リョ中 訓 ―

筆順 亻 仆 佀 佋 侶 侶 侶 侶 侶

意味 いっしょにいる仲間。仲間にする。例 僧侶・伴侶

【俺】

イ-8 総画10 常用 明朝 俺 4FFA

音 ― 訓 おれ中

筆順 亻 仁 佇 俺 俺 俺 俺 俺 俺

意味 男性が自分のことを指すことば。くだけた、少し荒々しい言い方。主に男どうしで、目下や親しい相手に向かって言う。例 俺について来い。

【倶】

イ-8 総画10 人名 明朝 倶 4FF1

音 グ外・ク外 訓 とも-に外

意味 ともに。いっしょに。そろって。例 不倶戴天。

参考 地名で使われる「倶利迦羅」は、もともと不動明王の化身の名。また、「クラブ」を当て字で「倶楽部」と書くことがある。

【倹】

イ-8 総画10 常用 明朝 倹 5039 旧字 儉 5109

音 ケン中 訓 ―

筆順 亻 伶 伶 伶 伶 伶 倹 倹 倹

なりたち ［形声］もとの字は、「儉」。「僉」が「ひきしめる」意味と「ケン」という読み方をしめしている。人(亻)に対してきびしくすることを表す字。

意味 むだづかいをしない。つましい。

【倹約】けんやく Ⅲ(―する) お金や物をむだに使わないこと。例 倹約家。類 節約・節減 対 浪費

← 倹が下につく熟語 上の字の働き

【勤倹 節倹】近い意味。

【倦】

イ-8 総画10 人名 明朝 倦 5026

音 ケン外 訓 う-む外

意味 ❶あきる。いやになる。❷つかれる。ぐったりする。

❶〈あきる〉の意味で

【倦怠】けんたい Ⅲ あきること。例 倦怠期。☞❷

❷〈つかれる〉の意味で

【倦怠】けんたい Ⅲ つかれること。例 倦怠感。☞❶

【個】

イ-8 総画10 5年 明朝 個 500B

音 コ 訓 ―

筆順 亻 们 們 們 個 個 個 個 個 (ナにならない)

なりたち ［形声］「固」が「コ」という読み方をしめしている。ひとつひとつ、ひとり(亻)を表す字。ひとつひとつを表す「箇」に対し、ひとりの意味を表すためにのちに人(亻)をくわえて「個」が作られた。

意味 ❶ひとりの。ひとつの。一人ひとり。一つ一つ。例 個をたいせつにする。別個 ❷ものをかぞえることば。例 一個。数個。個数 類 箇

❶〈ひとりの。ひとつの〉の意味で

【個個】ここ Ⅲ 一つ一つ。または、一人ひとり。例 個々の意見をよくきく。類 個別

【個室】こしつ ↓ ほかの人といっしょにではなく、自分だけで使うへや。例 個室完備。対 大部屋

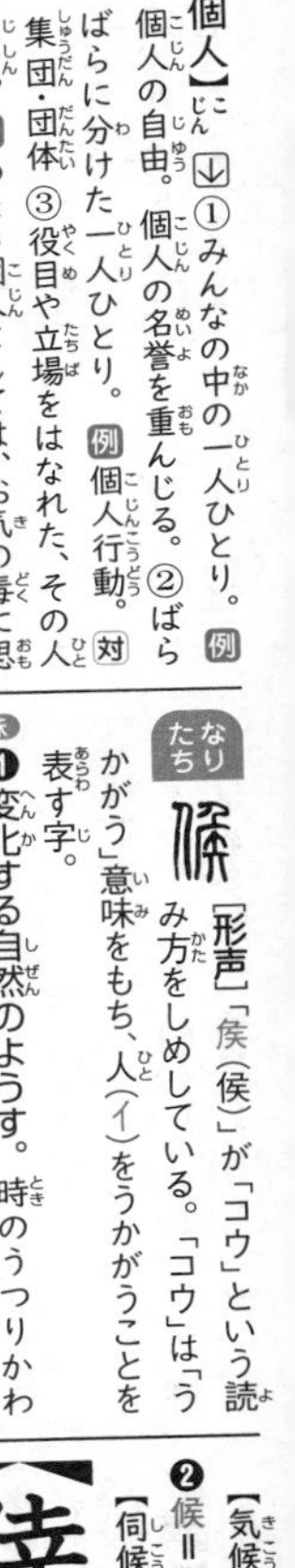

【個人】こじん ↓ ①みんなの中の一人ひとり。例 個人の自由。個人の名誉を重んじる。②ばらばらに分けた一人ひとり。例 個人行動。対 集団・団体 ③役目や立場をはなれた、その人自身。例 わたし個人としては、お気の毒に思っております。

【個人主義】こじんしゅぎ ①社会のもとは一人ひとりの人間であるという理由で、個人の独立と自由をたいせつにしようとする考え方。対 全体主義 ②ほかの人のことを考えない、自分かってな考え方。類 利己主義

【個性】こせい ↓ その人、または、そのものだけがもっているとくべつの性質。例 個性をのばす。個性の尊重。個性的。

【個体】こたい ↓ ほかのものと区別でき、一つのものとして存在しているもの。例 さる山のサルを個体識別する。対 種

【個展】こてん ↓ ひとりだけの作品をならべた展覧会。例 個展をひらく。

【個別】こべつ Ⅲ 一つ一つ、べつべつのようす。例 個別に相談する。類 個個

【候】

イ-8 総画10 4年 明朝 候 5019

音 コウ 訓 そうろう 高

筆順 候 (だす・ださない)

なりたち 候 [形声]「侯(侯)」が「コウ」という読み方をしめしている。「コウ」は「うかがう」意味をもち、人(イ)をうかがうことを表す字。

意味

❶変化する自然のようす。時のうつりかわり。とき。例 秋冷の候。気候・兆候

❷ようすをうかがう。さぐる。まちうける。例 候補・斥候

❸そうろう。…であります。(むかしの手紙の文末のことば) 例 元気に暮らしおり候。

名前のよみ とき・よし

❷〈ようすをうかがう〉の意味で

【候補】こうほ ▲ ①ある役目や仕事につくようにえらばれたいと思い、申し出た人。例 候補者。立候補 ②事実が決まる前に、その可能性があるとして名前がならべられる、いくつかのもの。例 優勝候補。

❸〈そうろう〉の意味で

【候文】そうろうぶん ↓ 文のおわりを「…ます」のかわりに、「…そうろう」ということばでとめた、むかしの文章。知識「…そうろう」というのはていねいなことばで、むかしの手紙は、「家族一同無事に暮らしおり候」などと候文で書くのがふつうであった。

← 候が下につく熟語 上の字の働き

❶候＝〈変化する自然のようす〉のとき
【徴候 兆候】近い意味。
【気候 時候 天候】ナニの変化のようすか。

❷候＝〈ようすをうかがう〉のとき
【伺候 斥候】近い意味。

【倖】

イ-8 総画10 人名 明朝 倖 5016

音 コウ 外 訓 さいわ-い 外

意味 さいわい。思いがけないさいわい。

名前のよみ さち

【借】

イ-8 総画10 4年 明朝 借 501F

音 シャク 訓 か-りる

筆順 借 (ながく)

なりたち 借 [形声]「昔」が「かさねる」意味と「シャク」という読み方をしめしている。人(イ)から不足のところにかりて重ねることを表す字。

意味 かりる。他人のものをかりる。例 あの人には借りがある。借用・拝借 対 貸

発音あんない シャク→シャッ… 例 借金

【借財】しゃくざい ①▲〈-する〉お金を借りること。例 借財を申しこむ。②↓借りたお金。例 借財がふえて倒産した。類 負債

【借地】しゃくち ①▲〈-する〉土地を借りること。例 借地料。②↓借りた土地。例 借地に家

を建てる。

【借家】しゃく-しゃっか ①▲〈―する〉家を借りること。例借家人。②↓借りた家。対貸家

【借用】しゃくよう ↓〈―する〉人の物を借りて使うこと。例借用証書。

【借款】しゃっかん ↓国と国とのあいだのお金の貸し借り。例相手国に借款を申し出る。

【借金】しゃっきん ①▲〈―する〉お金を借りること。例生活にこまって借金する。②↓借りたお金。例借金を返す。類負債

【借景】しゃっけい ▲遠くの山などの景色をとり入れて、庭の背景とすること。例借景庭園。

←借が下につく熟語 上の字の働き

【前借 拝借 寸借】ドノヨウニ借りるか。

◆仮借 租借 貸借

【修】

亻-8 総画10 5年 明朝 修 4FEE

音 シュウ・シュ(中) 訓 おさ-める・おさ-まる

筆順 (だす) (ミにならない)

なりたち [形声]「彡」が「かざり」の意味を表し、「攸(ユウ)」が「きよめる」意味と、「シュウ」とかわって読み方をしめしている。きれいにかざることを表す字。

意味 ❶学んで身につける。一つの方面のことに練習をかさね、よくできるようにする。例学問を修める。修得・研修

❷形をととのえる。かざりつける。例身持ちが修まらない。修辞・補修

❸《その他》例修羅場

例解 [使い分け] おさめる[納・収・修・治] ☞873ページ

注意するよみ シュ…例修行

名前のよみ あつむ・おさ・おさむ・たけ・なお・なが・ながし・のぶ・のり・ひさ・まさ・みち・もと・やす・よし・よしみ

❶〈学んで身につける〉の意味で

【修学】しゅうがく ▲〈―する〉学問を習い、身につけること。例修学旅行。

【修道院】しゅうどういん キリスト教のカトリックの僧や尼僧が、共同生活をする寺院。

【修得】しゅうとく ↓〈―する〉ある学問や技術をひととおり身につけること。例修得した技術をいかす。類習得

【修養】しゅうよう Ⅲ〈―する〉りっぱな人になろうと、いろいろなことを学んで心をみがくようにつとめること。例精神修養。類修練

【修了】しゅうりょう ⊠〈―する〉学問や習いごとのきめられた範囲を学びおえること。例修了証書を授与される。

例解 [使い分け] しゅうりょう[終了・修了] ☞876ページ

【修練】しゅうれん Ⅲ〈―する〉心やからだをきたえ、わざをみがくこと。例剣道の修練をつむ。類鍛錬・修養 表記「修錬」とも書く。

【修行】しゅぎょう ▲〈―する〉①仏教で、仏の教えにしたがって心をみがき、りっぱな僧になれるようにつとめること。例修行をつむ。②わざをみがいたり、心をきたえたりするために努力をすること。例武者修行。

【修業】しゅぎょう・しゅうぎょう ▲〈―する〉学問や技術などを学んで身につけること。例修業証書。

❷〈形をととのえる〉の意味で

【修好】しゅうこう ▲〈―する〉国と国とが、なかよくつきあうこと。例日米修好通商条約。表記「修交」とも書く。

【修辞】しゅうじ ▲ことばをえらび、うまく使って、効果的な表現にすること。レトリック。

【修飾】しゅうしょく Ⅲ〈―する〉①見かけをうまくかざること。例あの人の話は修飾ばかりで中身がない。②文法用語で、あることばが、あとにくることばの内容を、くわしく説明するはたらきをすること。「赤い花」の場合、「赤い」が「花」を修飾しているので、「赤い」を修飾語、「花」を被修飾語という。

【修正】しゅうせい Ⅲ〈―する〉不十分なところやまちがいなどをなおすこと。例字句を修正する。類訂正

【修整】しゅうせい Ⅲ〈―する〉写真などに手をくわえて、ととのえなおすこと。例記念写真を修整してもらう。

【修繕】しゅうぜん Ⅲ〈―する〉こわれたり、具合がわるくなったりしたところをなおすこと。例家の

屋根を修繕する。類 修理・修復・改修

【修復】しゅうふく ↓〈―する〉いたんだところをなおして、もとのようにすること。例 修復工事。類 修繕・修理

【修理】しゅうり Ⅲ〈―する〉こわれているところをなおすこと。例 機械を修理する。修理が必要だ。類 修繕・修復・改修

❸《その他》

【修羅場】しゅらば｜しゅらじょう ① 芝居などで、はげしい戦いの場面。② はげしい戦いや争いの場所。例 人生の修羅場をくぐりぬけてきた。参考「修羅」は「阿修羅」の略。もとインド神話の戦いの神。のち仏教の守護神になった。

修が下につく熟語 上の字の働き

❶ 修＝〈学んで身につける〉のとき
【研修 履修】近い意味。

❷ 修＝〈形をととのえる〉のとき
【改修 補修】ドウヤッテととのえるか。

◆ 監修 専修 必修

倉

へ-8 総画10 4年 明朝 倉 5009

音 ソウ 訓 くら

筆順 倉 倉 倉 倉 倉 倉 倉（はらう／ーにならない）

なりたち 倉 [会意]「食」の省略した形(仓)と「口(かこった場所)」とを合わせて、穀物をしまっておく「くら」を表す字。例 倉が建つ。

意味 くら。物を入れておくくら。倉庫・穀倉

【倉庫】そうこ Ⅲ 物をしまっておく建物。例 倉庫番。米を貯蔵する倉庫。類 倉

◆ 校倉 穀倉 船倉 胸倉

値

イ-8 総画10 6年 明朝 値 5024

音 チ 訓 ね・あたい㊥

筆順 値 値 値 値 値 値 値（ナにならない／きちんとおる）

なりたち 値 [形声]「直」が「当たる」意味と「チ」という読み方をしめしている。人(イ)が物に相当するねうちを表す字。

意味 ❶ ねだん。売り買いするための金額。例 値が上がる。元値 ❷ ねうち。役に立つ度合い。例 賞賛に値する。価値 ❸ 数の大きさ。数のなかみ。例 x の値。数値

例解 [使い分け] あたい[値・価] ☞このページ

❶〈ねだん〉の意味で

【値段】ねだん ↓ 物を売り買いするときの金額。例 値段が安い。類 価格・値｜あたい

【値札】ねふだ ↓ 店の商品についている、ねだんが書いてある小さなふだ。

値が下につく熟語 上の字の働き

❶ 値＝〈ねだん〉のとき
【元値 卸値 売値 買値 高値 安値 半値】ドンナ値段か。

❸ 値＝〈数の大きさ〉のとき
【平均値 近似値】ドンナ数値か。

例解 使い分け あたい《値・価》

値＝もののねうち。また、どれだけあるかを数字で表したもの。例 一見に値する。値千金。未知数の値をもとめる。

価＝売り買いするときのもののねだん。例 商品の価。命に価はつけられない。

倒

イ-8 総画10 常用 明朝 倒 5012

音 トウ㊥ 訓 たお-れる㊥・たお-す㊥

筆順 倒 倒 倒 倒 倒 倒 倒

たちなり [形声]「到」が「いたる」意味と「トウ」という読み方をしめしている。人(イ)が地についてたおれることを表している字。

意味 たおれる。たおす。さかさになる。例 木が倒れる。敵を倒す。倒立・打倒

【倒壊】とうかい Ⅲ〈—する〉建物がたおれてつぶれること。例 地震で家屋が倒壊した。

【倒閣】とうかく ▲〈—する〉内閣の失敗をせめ、大臣を総辞職させること。例 倒閣運動。

【倒産】とうさん ▲〈—する〉会社や店などが、お金のやりくりがつかなくなってつぶれること。例 不景気で会社が倒産する。類 破産

【倒置】とうち ↓〈—する〉①上下をさかさまにして置くこと。例 倒置厳禁。②文法用語で、「だれだ、君は」のように、ことばをぎゃくの順序でならべること。例 倒置法。

【倒木】とうぼく ↓ かれたり、あらしにあったりしてたおれた木。

【倒立】とうりつ ↓〈—する〉さかさまに立つこと。さかだち。例 倒立の練習をする。

◆倒が下につく熟語 上の字の働き

【転倒 昏倒】ドウナッテ倒れるのか。

【圧倒 打倒】ドウヤッテ倒すか。

【卒倒 八倒(七転八倒) 絶倒(抱腹絶倒)】ドノヨウニ倒れるのか。

◆一辺倒 傾倒 主客転倒 本末転倒 面倒

俳

イ-8 総画10 6年 明朝 俳 4FF3

音 ハイ 訓 —

筆順 ノ イ … 俳（まっすぐ）

たちなり [形声]「非」が「ハイ」とかわって読み方をしめしている。「ハイ」は「そむく」意味をもち、ふつうとかわったことをする人(イ)、芸人を表す字。

意味 ❶はいく(俳句)。例 俳人 ❷役者。例 俳優

❶〈はいく(俳句)〉の意味で

【俳諧】はいかい Ⅲ 俳句や連句。参考 もともとは、おかしみのある和歌のこと。

【俳句】はいく ↓「古池やかわず飛びこむ水の音」のように、五・七・五の十七音で作る短い詩。例 俳句を味わう。類 発句 知識 何人かの人が、五・七・五の句と七・七の句をかわるがわる作ってつづけていく連歌の最初の句(発句)が独立したもの。句の中に季節を表すことば(季語)をよみこむという約束がある。

【俳号】はいごう ↓ 俳句を作るときに使う名前。類 俳名

【俳人】はいじん ↓ 俳句を作る人。例 俳人小林一茶。参考 短歌を作る人は「歌人」、詩を作る人は「詩人」。

【俳壇】はいだん ↓ 俳句を作る人たちの集まり。例 新しい句集が俳壇で評判になる。

❷〈役者〉の意味で

【俳優】はいゆう Ⅲ 映画や劇の中で、役を演じる人。例 映画俳優。類 役者

倍

イ-8 総画10 3年 明朝 倍 500D

音 バイ 訓 —

筆順 ノ イ … 倍

たちなり [形声]「咅」が「バイ」とかわって読み方をしめしている。「バイ」は「そむく」意味をもち、人(イ)にそむくことを表す字。借りて、「ばいにふえる」意味に使われている。

意味 ばいにする。もう一つ分大きくなる。例 倍にして返す。前回に倍する支援を願う。倍倍ゲーム

【倍加】ばいか ↓〈—する〉二倍、またはそれ以上にふえること。例 たのしみが倍加する。類 倍増

【倍数】ばいすう ↓ ある数の何倍かの数。例 二十五は五の倍数だ。対 約数

【倍増】ばいぞう ↓〈—する〉二倍にふえること。また、ふやすこと。例 売り上げ倍増。類 倍加

【倍率】ばいりつ ↓ あるものがほかのものの何倍であるかというわりあい。例 当選の倍率。

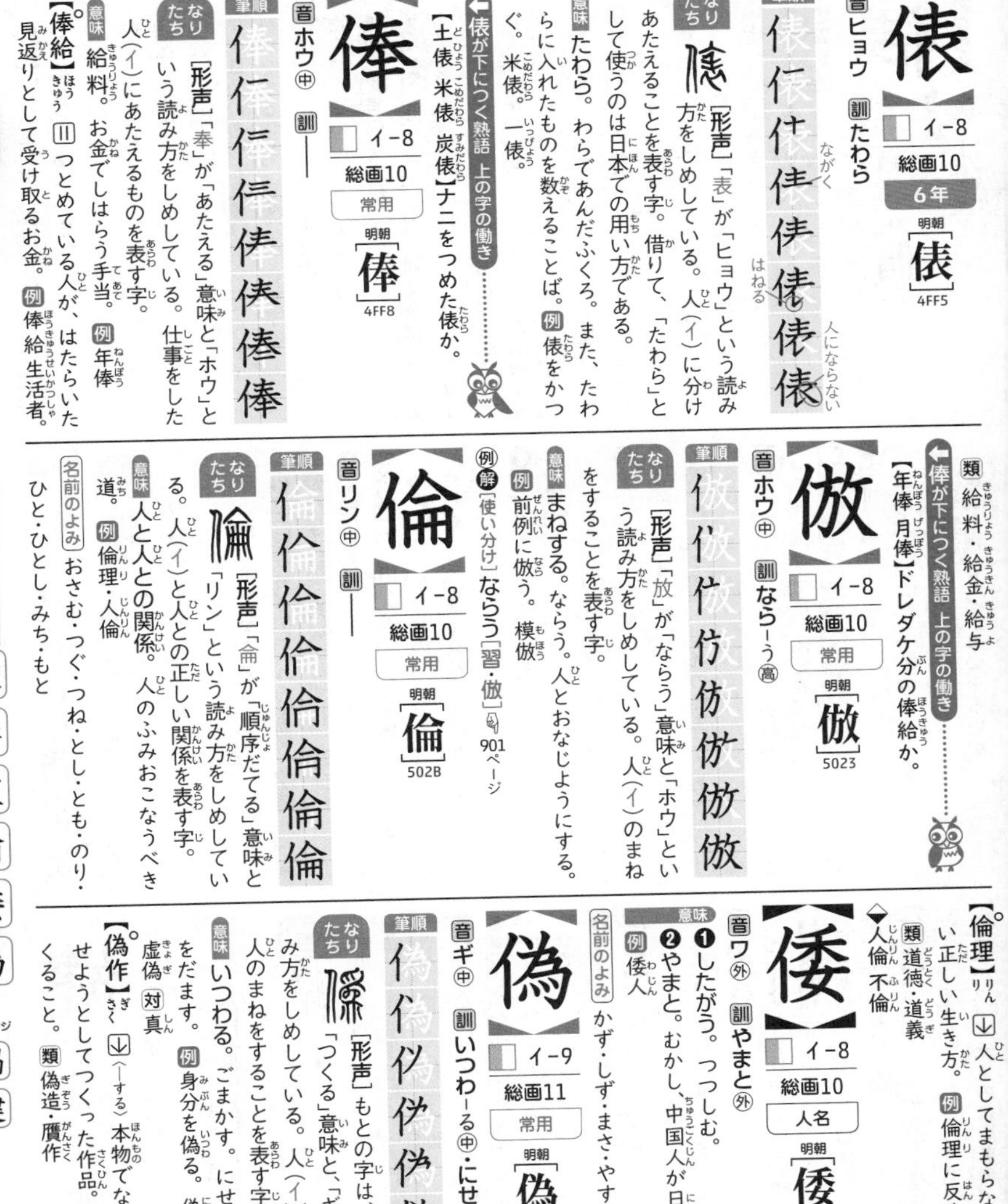

俵

イ-8 総画10 6年 明朝 俵 4FF5

音 ヒョウ 訓 たわら

筆順 （ながく・はねる・人にならない）

なりたち [形声]「表」が「ヒョウ」という読み方をしめしている。人(イ)に分けあたえることを表す字。借りて、「たわら」として使うのは日本での用い方である。

意味 たわら。わらであんだふくろ。また、たわらに入れたものを数えることば。例 俵をかつぐ。米俵。一俵。

←俵が下につく熟語 上の字の働き

【土俵 米俵 炭俵】ナニをつめた俵か。

俸

イ-8 総画10 常用 明朝 俸 4FF8

音 ホウ 中 訓 —

筆順

なりたち [形声]「奉」が「あたえる」意味と「ホウ」という読み方をしめしている。仕事をした人(イ)にあたえるものを表す字。

意味 給料。お金でしはらう手当。例 年俸

【俸給】Ⅱ つとめている人が、はたらいた見返りとして受け取るお金。例 俸給生活者。

類 給料・給金・給与

←俸が下につく熟語 上の字の働き

【年俸 月俸】ドレダケ分の俸給か。

倣

イ-8 総画10 常用 明朝 倣 5023

音 ホウ 中 訓 ならーう 高

筆順

なりたち [形声]「放」が「ならう」意味と「ホウ」という読み方をしめしている。人(イ)のまねをすることを表す字。

意味 まねする。ならう。人とおなじようにする。例 前例に倣う。模倣

例 解 [使い分け] ならう[習・倣] ☞ 901ページ

倫

イ-8 総画10 常用 明朝 倫 502B

音 リン 中 訓 —

筆順

なりたち [形声]「侖」が「順序だてる」意味と「リン」という読み方をしめしている。人(イ)と人との正しい関係を表す字。

意味 人と人との関係。人のふみおこなうべき道。例 倫理・人倫

名前のよみ おさむ・つぐ・つね・とし・とも・のり・ひと・ひとし・みち・もと

【倫理】⬇ 人としてまもらなければならない正しい生き方。例 倫理に反する。倫理学。

類 道徳・道義

◆人倫 不倫

倭

イ-8 総画10 人名 明朝 倭 502D

音 ワ 外 訓 やまと 外

意味 ❶したがう。つつしむ。❷やまと。むかし、中国人が日本をよんだ名。例 倭人

名前のよみ かず・しず・まさ・やす

偽

イ-9 総画11 常用 明朝 偽 507D 旧字 僞 50DE

音 ギ 中 訓 いつわーる 中・にせ 高

筆順

なりたち [形声] もとの字は、「僞」。「爲」が「つくる」意味と、「ギ」とかわって読み方をしめしている。人(イ)がわざとする、人のまねをすることを表す字。

意味 いつわる。ごまかす。にせものを使って人をだます。例 身分を偽る。偽のお金。偽名・虚偽 対 真

【偽作】⬇（―する）本物でないのに本物に見せようとしてつくった作品。また、それをつくること。類 偽造・贋作

【偽証】ぎしょう ↓〈—する〉裁判などで、うその証言をすること。例 偽証罪。

【偽善】ぎぜん ↓ うわべだけをとりつくろって、いいことをしているように見せかけること。例 偽善をにくむ。偽善者。

【偽装】ぎそう ↓〈—する〉相手の目をごまかすために、ほかのものと見分けがつかないようなすがたをすること。例 偽装を見やぶる。

【偽造】ぎぞう ↓〈—する〉人をだまそうとして、本物そっくりのにせものをつくること。例 偽造紙幣。文書偽造。類 偽作

【偽名】ぎめい ↓ うその名前。類 変名・仮名 対 実名・本名 表現「偽名」はべつの人物になりすますためのうその名前。「仮名」はその人がだれであるかわからないようにするためのかりの名前。「犯人は偽名を使っていた」「記事中の人物名はすべて仮名です」などと使われる。

【偽札】にせさつ ↓ 本物そっくりにつくられたにせのお札(紙幣)。類 偽金

【偽物】にせもの―ぎぶつ ↓ 本物と思わせようとしてつくった品物。まがいもの。対 本物

【偽者】にせもの ↓ ある人のふりをして、いかにもその人のように見せかける人物。対 本人

◆虚偽 真偽

【偶】

亻-9 総画11 常用 明朝 偶 5076

音 グウ 中 訓 —

筆順 偶

なりたち [形声]「禺」が「グウ」という読み方をしめしている。「グウ」は「ならびあう」意味をもち、人(亻)がならぶことを表す字。

意味
❶人形。木や土でつくった人形。例 土偶
❷二つそろうこと。二の倍数。例 偶数・配偶
❸たまたま。思いがけずに。例 偶然

❶〈人形〉の意味で

【偶像】ぐうぞう Ⅲ ①まつったりおがんだりするために、神や仏などのすがたをかたどってつくったもの。例 偶像崇拝。②信仰やあこがれの的になる人。

❷〈二つそろうこと〉の意味で

【偶数】ぐうすう ↓ 二・四・六・八のように、二でわりきれる数。例 偶数週(第二・四週)。対 奇数

❸〈たまたま〉の意味で

【偶然】ぐうぜん ⊠〈—に〉思いがけないこと。たまたま。例 駅で偶然、担任の先生にであった。対 必然

【偶発】ぐうはつ ↓〈—する〉思いがけなくおこること。例 偶発事件。偶発的。

←偶が下につく熟語 上の字の働き

❶偶=〈人形〉のとき
【土偶 木偶】ナニでつくった人形か。

❷偶=〈二つそろうこと〉のとき
【配偶 対偶】ドンナ二つぞろいか。

【健】

亻-9 総画11 4年 明朝 健 5065

音 ケン 訓 すこ-やか 中

筆順 健

なりたち [形声]「建」が「ケン」という読み方をしめしている。「ケン」は「つよい」の意味をもち、力づよい人(亻)を表す字。

意味
❶じょうぶ。元気。しっかりしている。例 健やかに育つ。健康・保健
❷さかんに。よく…する。例 健闘・健忘

名前のよみ かつ・きよ・きよし・たけ・たけし・たける・たつ・たて・つよ・つよし・とし・まさる・やす

❶〈じょうぶ〉の意味で

【健気】▲けなげ ◎〈—な〉弱い者やおさない子が、苦労にもくじけず、勇敢に立ち向かっていこうとするようす。例 けなげに努力する。

【健脚】けんきゃく ↓ じょうぶなあし。あしがじょうぶで、よく歩けること。例 健脚の持ち主。

【健康】けんこう Ⅲ〈—に〉①からだも心も元気で、病気がないようす。例 健康をたもつ。②からだのぐあい。例 健康診断。

【健在】けんざい ↓〈—な〉元気で、無事にくらしているようす。例 両親ともに健在だ。

【健児】けんじ ↓ 元気のよい若者。表現 おもに男

ものしり巻物 第3巻

漢字を発明した蒼頡

「漢字を発明したのはだれなんだろう。」こんな疑問をもったことはありませんか。

古代の中国の人びとも、いつも用いていた漢字に対してこんな疑問をいだき、その答えとして、「蒼頡が漢字を作り出した」という伝説を生み出したのです。

そして、漢の時代になると、次のような内容の言いつたえとなっていました。

『そのむかし、蒼頡は、神話上の帝王である黄帝のもとで、記録をつかさどる史官という仕事をしておりました。あるとき蒼頡は、いつもはなにげなく見すごしていた地面の鳥や獣の足跡がとても気になりました。やわらかな土にくっきりとのこされた足跡の形から、それがどの鳥か獣かがよくわかるのです。そこから、なにかを記録したりつたえたりするときに、じっさいのすがたそのものをかかずに、その特徴をうまくとらえた記号によっておこなうことを考えつきました。このとき漢字が誕生したのです。』

漢字の誕生はとても偉大なことであったことから、蒼頡が漢字を作ったとき、天が感動して空から穀物を降らせたといわれています。

また後世の人びとは、蒼頡の天才的な能力をうやまい、目を四つももっていた人であったと想像しました。

じっさいは、もちろん蒼頡ひとりが漢字を作ったわけではありません。

古代の多くの人びとの知恵とくふうの結晶として作り出されてきたものです。このことはすでに中国の古代の人びともちんと知っていました。たとえば、戦国時代の学者である荀子は、「漢字を作るのを好んだ人はおおぜいいたが、蒼頡ひとりが名をのこしたのは、漢字だけに心を打ちこんだからだ」と言っています。

しかし、漢字が鳥や獣の足跡をヒントにして作られたというこの蒼頡伝説の内容は、たしかに、漢字の最初のものは、ものの特徴をとらえて作り出された、というその性格を言いあてているように思われます。

の子についていう。たとえば西小学校の児童のことなら「西小健児」などと使う。

【健勝】Ⅲ からだがじょうぶで元気なこと。類 清勝 表現「ご健勝のことと存じます」のように、おもにあいさつ文に使う。

【健全】Ⅲ〈―な〉〈―に〉① からだも心も元気なようす。例 健全な発育。② 欠点やかたよりがなく、まじめでしっかりしている。例 健全な考え方。

❷〈さかんに〉の意味で

【健闘】⇩〈―する〉力いっぱい、いっしょうけんめいにたたかうこと。例 健闘をたたえる。ご健闘をいのります。類 善戦

【健忘症】ものごとをすっかり、またはところどころわすれてしまう病気。

←健が下につく熟語 上の字の働き

❶ 健＝〈じょうぶ〉のとき

【頑健 強健 剛健 壮健】近い意味。

◆穏健 保健

【偲】

イ－9 総画11 人名 明朝 偲 5072

音 サイ外・シ外 訓 しの-ぶ外

意味 しのぶ。なつかしく思う。例 故人を偲ぶ。

【側】

イ－9 総画11 4年 明朝 側 5074

音 ソク 訓 がわ

筆順 とめる はねる

なりたち [形声]「則」が「ソク」という読み方をしめしている。「ソク」は「かたむく」意味をもち、一方に人(イ)がかたむくことを表す字。

意味 かたわら。そば。がわ。わき。横の面。例 住民の側に立って考える。両側

参考「かわ」とも読む。

【側面】そくめん ↓ ①四角い箱のような形をしたものの、上下の面をのぞく横の面。例 側面図。関連 正面・側面・背面 ②ものの左右両わき。横の方。例 側面から援助する。対 正面 表現「あの人にはそういう側面がある」のように、その人がもっているいろいろな性質のなかの、一つの面を指す使い方もある。

【側近】そっきん Ⅱ 身分の高い人のそば近くにつかえる人。例 首相の側近。

【側溝】そっこう ↓ 道路や線路のわきにそってつくられている、雨水などを流すためのみぞ。

側が下につく熟語 上の字の働き

【右側 左側 両側 片側 北側 南側 内側 外側 一塁側 会社側】ドチラの側か。

◆縁側

停

イ-9 総画11 5年 明朝 停 505C

音 テイ 訓 と-める外・と-まる外

筆順 つにならない はねる

なりたち [形声]「亭」が「とどまる」意味と「テイ」という読み方をしめしている。人(イ)が一か所にとどまることを表す字。

意味 とめる。とどめる。とまる。例 停車

【停学】ていがく ▲ 学生や生徒に対する罰として、ある期間学校に来ることを禁止すること。例 一週間の停学。対 復学

【停止】ていし Ⅱ〈─する〉①動きをとめること。中途でとまること。例 停止線。②活動などを一時やめさせること。例 営業停止。

【停車】ていしゃ ▲〈─する〉電車・自動車などが一時とまること。とめること。例 各駅に停車する。停車場。類 駐車 対 発車

【停職】ていしょく ▲ 仕事のなかでわるいことをした人を、罰としてある期間仕事につくことをとめること。例 停職処分。

【停船】ていせん ▲〈─する〉動いている船をとめること。例 停船命令。

【停戦】ていせん ▲〈─する〉戦争を一時やめること。例 停戦の話し合い。類 休戦

【停滞】ていたい Ⅱ〈─する〉ものごとがうまくすすまないで、とどまること。とどこおる。例 低気圧が停滞している。

【停電】ていでん ▲〈─する〉電気がとまって、電灯が消えたりすること。

【停年】ていねん ↓ 役所や会社などで、つとめをやめることがきめられている年齢。例 停年退職。表記「定年」と書くことが多い。

【停泊】ていはく Ⅱ〈─する〉船がいかりをおろして港にとまること。類 投錨

【停留所】ていりゅうじょ 客の乗り降りのために、バスや路面電車などがとまる、きまった場所。類 停留場・停車場

偵

イ-9 総画11 常用 明朝 偵 5075

音 テイ中 訓 ─

筆順

なりたち [形声]「貞」が「うらなって問いただす」意味と「テイ」という読み方をしめしている。かくれたことをさぐる人(イ)を表す字。

意味 ようすをさぐる。うかがう。例 探偵

【偵察】ていさつ Ⅱ〈─する〉相手のようすをさぐること。例 偵察機。

偵が下につく熟語 上の字の働き

【密偵 内偵】ドノヨウニさぐるのか。

◆探偵

偏

イ-9 総画11 常用 明朝 偏 504F

音 ヘン中 訓 かたよ-る中・ひとえ-に外

筆順 亻 仆 伊 伊 侷 侷 偏 偏

なりたち [形声]「扁」が「ヘン」という読み方をしめしている。「ヘン」は「かたよる」意味をもち、からだが一方にかたむいた人（亻）を表す字。

意味 ❶かたよる。公平でない。例 偏った考え。偏見 対 遍

❷へん。漢字の左がわの部分。例 偏旁 類 扁 対 旁 参考 ふろく「漢字の組み立て」(6ページ)

❶〈かたよる〉の意味で

【偏愛】⬇〈─する〉ある人だけをとくべつにかわいがること。えこひいき。

【偏狭】Ⅲ〈─な〉①土地がせまい。例 山あいの偏狭な土地。対 広大 ②心がせまくて、ほかの人の考えをうけいれない。例 偏狭な性格。類 狭量 対 寛容

【偏屈】Ⅲ〈─な・─に〉くせが強くて、人に合わせようとしない。つむじまがり。例 偏屈な人。

【偏見】⬇かたよった見方や考え方。例 偏見にとらわれる。偏見をすてる。類 先入観・色眼鏡

【偏向】⬇〈─する〉考え方が一方にかたよること。例 あの人の主張には偏向がある。

【偏在】⬇〈─する〉全体にちらばるのでなくて、一部にだけたくさんあること。例 富が社会の一部に偏在する。対 遍在 表現「偏在」と「遍在」は発音がおなじで字も似ているが、意味はまったく正反対である。

【偏差値】テストや検査の結果が、それを受けた人全体の中で、どのくらいのレベルにあるかを表す数値。例 偏差値が高い。

【偏執】⬇ひどくかたよった考えにとらわれてしまっていること。

【偏食】⬇〈─する〉食べ物に好ききらいがあって、好きなものしか食べないこと。

【偏頭痛】頭のかたほうのがわだけに感じるいたみ。例 偏頭痛になやまされる。

【偏西風】地球の温帯のあたりの空をいつもふいている、西から東へ向かう強い風。

知識 赤道付近の貿易風とは風向きが反対。日本付近の天気が西から東へかわるのは偏西風に高気圧・低気圧などが流されるため。

【偏重】⬇〈─する〉そのものだけをとくべつにたいせつにする。例 学歴を偏重する。

偉

亻-10 総画12 常用 明朝 偉 5049

音 イ中 訓 えら-い中

筆順 亻 亻 伫 佮 俈 倍 偉 偉 偉

なりたち [形声]「韋」が「イ」という読み方をしめしている。「イ」は「ふつうではない」の意味をもち、なみはずれて大きい人（亻）を表す字。

意味 えらい。ひじょうにすぐれている。見上げるように大きい。例 偉い学者。偉人

名前のよみ いさむ・たけ・より

【偉業】⬇のちの世にのこるようなりっぱな仕事。例 偉業をなしとげる。

【偉丈夫】からだが大きく、見るからにりっぱな男子。

【偉人】⬇世の中のためになるりっぱなことをした人。例 偉人とあおがれる。

【偉大】Ⅲ〈─な〉ずばぬけて大きくりっぱだ。例 偉大な人物。

【偉容】⬇とても力強く、りっぱなすがた。例 富士の偉容をあおぎ見る。

傘

𠆢-10 総画12 常用 明朝 傘 5098

音 サン高 訓 かさ中

筆順 𠆢 𠆢 仐 仐 仐 傘 傘 傘

なりたち [象形]かさを広げた形をかたどった字。

意味 ❶かさ。頭の上に広げる柄のついたかさ。また、それに似たもの。

例 傘をさす。傘下・落下傘・雨傘

❷《その他》例 傘寿

❶〈かさ〉の意味で

【傘下】⬇大きな力をもつ人や組織の支

配・指図を受ける立場にあること。例大会社の傘下に入る。

❷《その他》

【傘寿】⇩八十歳のこと。参考「傘」を略して書くときの「仐」が「八十」と読めることから。☞【還暦】(464ページ)

備

音ビ 訓そな-える・そな-わる

イ－10 総画12 5年 明朝 備 5099

筆順 亻 亻 亻 亻 備 備 備 備 備 備 備 備 (とめる・はねる)

なりたち 形声 矢を入れる道具(えびら)の形をえがいた「𤰈」が「ビ」という読み方をしめしている。人(亻)がそなえをすることを表す字。

意味 ❶そなえる。あらかじめ用意しておく。持っている。例台風に備える。備品・準備 ❷吉備。今の岡山県付近の古い地名。その後、備前・備中・備後・美作に分かれた。

例解 使い分け そなえる[備・供] ☞ひだりのページ

名前のよみ とも・なり・のぶ・まさ・よし

❶〈そなえる〉の意味で

【備えあれば憂いなし】そなえあればうれいなし ふだんから準備しておけば、万一のことがあっても心配することはない。参考『書経』に出てくることば。

【備考】びこう ▲参考のために書きつけておくこと。また、そのことがら。例備考欄。

【備蓄】びちく Ⅲ(－する)大変なことが起きたときのために、ものをためておくこと。例防災用品を備蓄する。備蓄米。

【備品】びひん ⇩学校や会社などにそなえつけておく棚や机・ロッカーなどの器具。例備品整理。会社の備品。対消耗品

【備忘録】びぼうろく わすれてしまったときの用心のために書きとめておく記録。メモ。

←備が下につく熟語 上の字の働き

❶備＝〈そなえる〉のとき

【設備 装備 警備 具備 準備】近い意味。

【完備 常備 予備 兼備】ドノヨウニ備えるのか。

【軍備 守備 防備】ナニの備えか。

◆整備 不備

傍

音ボウ㊥ 訓かたわ-ら㊤・そば㊥

イ－10 総画12 常用 明朝 傍 508D

筆順 亻 亻 亻 亻 傍 傍 傍 傍 傍 傍 傍 傍

なりたち 形声「旁」が「かたわら」の意味と「ボウ」という読み方をしめしている。人(亻)のそばを表す字。

意味 かたわら。わき。そば。例道の傍らに立つ。傍聴・路傍

【傍観】ぼうかん ⇩(－する)なにもせず、そばでただ見ていること。例傍観者。類黙視・座視・静観

【傍系】ぼうけい ⇩中心の大筋からはずれていること。例傍系の会社。対直系

【傍若無人】ぼうじゃくぶじん 〈－な〉〈－に〉まるで近くに人がいないかのように、かって気ままにふるまうようす。例傍若無人な態度。参考「傍ラニ人無キガ若シ」の意味。『史記』にあることば。

【傍受】ぼうじゅ ⇩(－する)外国の放送や他人がやりとりしている無線電信などをわきからききとること。例外国の放送を傍受する。

【傍線】ぼうせん ⇩たて書きの文字や文章のよこに目印のためにひく線。サイドライン。類下線(アンダーライン)

【傍聴】ぼうちょう ⇩(－する)会議や裁判などを、わきにいてじかに見聞きすること。例国会を傍聴する。傍聴席。

【傍点】ぼうてん ⇩文章の中で、とくに強く言いたいところや、読む人に注意してほしい部分で、字のわきに打つ点。「、」「●」「○」など。例だいじなことばに傍点を打つ。類圏点

【傍役】わきやく ⇩①演劇や映画などで、主役でない役。類助演 ②ものごとの中心となる人や物をささえる役割の人や物。例傍役にまわる。対主役 表記「脇役」とも書く。

僅

イ－11 総画13 常用 明朝 僅 50C5

音 キン中 訓 わず-か中

筆順

意味 わずか。ほんの少し。例 残り時間僅か。

字体のはなし 「僅」(亻部「10画」、総画「12画」)とも書く。ふろく「字体についての解説」〔30ページ〕

【僅差】きんさ ↓ 少しの差。わずかのちがい。例 僅差で負ける。類 小差 対 大差

【僅少】きんしょう Ⅱ ほんの少し。例 在庫僅少。

傾

亻-11 総画13 常用 明朝 傾 50BE

音 ケイ中 訓 かたむ-く中・かたむ-ける中

筆順

なりたち 形声 もともと、頭がかたむくことを表していた「頃(ケイ)」が「ころ」として使われるようになったため、あらためて「亻(人)」をくわえて人がかたむくことを表すようにした字。

意味 かたむく。かたむける。一方へたおれかかる。例 話に耳を傾ける。前傾姿勢。

【傾向】けいこう ↓ ものごとがある方向に向かっていくこと。例 犯罪がふえる傾向にある。

【傾斜】けいしゃ Ⅱ〈―する〉①ななめにかたむくこと。かたむきかげん。例 傾斜のゆるい坂道。②考えがある方向にかたむくこと。類 勾配

【傾注】けいちゅう ↓〈―する〉心や力を一つのことに集中すること。例 作品の完成に全力を傾注する。類 専心・専念

【傾聴】けいちょう ↓〈―する〉耳をかたむけて、熱心にきくこと。例 傾聴にあたいする話。

【傾倒】けいとう Ⅱ〈―する〉ある人やものごとにすっかり心をうばわれ、むちゅうになること。例 宮沢賢治に傾倒する。類 一辺倒

傾が下につく熟語 上の字の働き

【右傾 左傾 前傾】ドチラヘ傾くか。

傑

亻-11 総画13 常用 明朝 傑 5091

音 ケツ中 訓 ―

筆順

なりたち 形声 「桀」が「高くぬき出る」意味と「ケツ」という読み方をしめしている。すぐれた人物(亻)を表す字。

意味 きわだってすぐれている。ずばぬけている。例 傑作・豪傑

名前のよみ たかし・たけし

【傑作】けっさく ↓ ①たいへんすぐれた作品。例 この絵はかれの傑作だ。類 名作・秀作 対 駄作 ②〈―な〉奇妙で、こっけいなようす。

【傑出】けっしゅつ ☒〈―する〉才能や能力などが、とびぬけてすぐれていること。例 傑出した力を発揮する。類 抜群・出色

【傑物】けつぶつ ↓ ずばぬけてすぐれた人物。例 あれは、なかなかの傑物だ。類 大人物

傑が下につく熟語 上の字の働き

【人傑 女傑 快傑】ドノヨウナ豪傑か。

例解 使い分け

そなえる《備える・供える》

備える＝心配のないように、まえもって用意する。例 台風に備える。将来に備えて貯金をする。備えあれば憂いなし。

供える＝神や仏に物をさしあげる。例 おだんごを供える。お神酒を供える。仏前に花を供える。お供え物。

備える

供える

傲

亻-11 総画13 常用 明朝 傲 50B2

音 ゴウ中 訓 ―

筆順

意味 おごる。人をあなどっていばる。

【傲然】☒〈—たる〉人をあなどったようす。例 傲然とかまえている。

【傲慢】二〈—な・—に〉えらそうにして人を見くだすようす。例 態度が傲慢である。

債

イ-11 総画13 常用 明朝 債 50B5

音 サイ中 訓 —

筆順 亻 仁 住 倩 債 債 債 債 債 債

なりたち [形声]「責」が「せめる」意味と、「サイ」とかわって読み方をしめしている。人(イ)が借りたお金のせめを負うことを表す字。

意味 借りたお金のせきにん。貸し借りにともなう権利・義務。例 債務・負債

【債券】↓国や県、会社などが、必要な資金を借り入れるときに発行する証券。国債や地方債など。例 債券を発行する。

【債権】↓貸した品物やお金をとりたてる権利。例 債権者。対 債務

【債務】↓借りている品物やお金を返さなければならない義務。例 債務をかかえる。対 債権

←債が下につく熟語 上の字の働き

【国債 公債 社債 地方債】ドコが発行する債券なのか。

◆負債

催

イ-11 総画13 常用 明朝 催 50AC

音 サイ中 訓 もよお-す中

筆順 亻 イ' 仙 估 催 催 催 催 催

なりたち [形声]「崔」が「サイ」という読み方をしめしている。「サイ」は「いそぐ」意味をもち、人(イ)をせきたてることを表す字。

意味 ❶しむける。活動をさそいだす。せきたてる。例 ねむけを催す。催促

❷行事をおこなう。もよおしものをする。例 記念の催し。開催

❶〈しむける〉の意味で

【催促】二〈—する〉はやくするようにせきたてること。例 返事の催促。類 督促

【催眠術】とくべつなことばや動作によって人をねむったような状態にさせる術。例 催眠術にかける。

【催涙】▲薬物を使って目をしげきし、なみだを出させること。例 催涙ガス。

❷〈行事をおこなう〉の意味で

【催事場】デパートなどで、バーゲンや展覧会のようなとくべつのもよおしものをする場所。例 六階を催事場として使う。

←催が下につく熟語 上の字の働き

❷催＝〈行事をおこなう〉のとき

【主催 共催】ドウヤッテ催すか。

◆開催

傷

イ-11 総画13 6年 明朝 傷 50B7

音 ショウ 訓 きず・いた-む中・いた-める中

筆順 亻 作 作 倬 傷 傷 傷（ながく・はねる）

なりたち [形声]「𥏻」が「ショウ」という読み方をしめしている。「ショウ」は「きずつける」意味をもち、人(イ)がきずをうけることを表す字。

意味 きず。きずつける。きずがつく。いたむ。例 傷を負う。果物が傷む。家の傷みがはげしい。肌を傷める。切り傷。傷心

例解 使い分け いたむ[痛・傷・悼] ☞791ページ

【傷跡】↓きずがなおってからも、消えずにのこっているあと。表現「台風の傷跡」「失恋の傷跡」などと、災害や心のいたでなども表す。表記「傷痕」とも書く。

【傷口】↓けがをして、皮膚や肉のやぶれたところ。例 傷口を消毒する。表現 思い出したくないことなどにふれることを、「傷口にふれる」「傷口をえぐる」などという。

【傷物】↓きずがついて、ねうちの低くなってしまったもの。例 傷物のみかん。

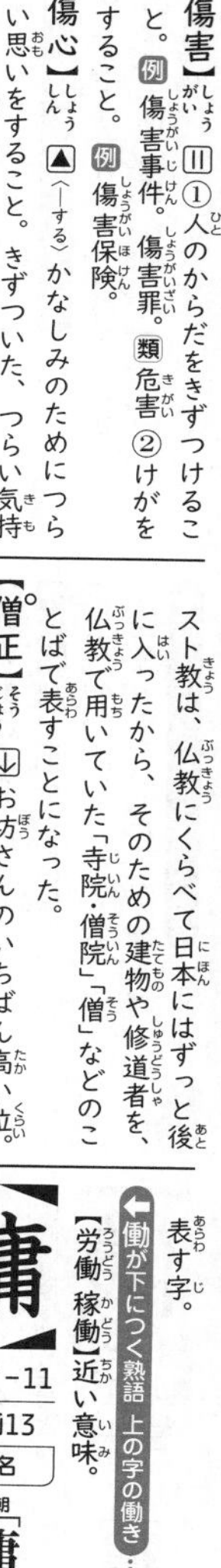

【傷害】Ⅲ ①人のからだをきずつけること。例 傷害事件。傷害罪。類 危害 ②けがをすること。例 傷害保険。

【傷心】▲〈—する〉かなしみのためにつらい思いをすること。きずついた、つらい気持ち。例 傷心のあまりねこむ。

【傷病】Ⅲ けがと病気。例 傷病者。

傷が下につく熟語 上の字の働き

【死傷 殺傷 損傷】近い意味。

【軽傷 重傷 致命傷 外傷 凍傷 裂傷 打撲傷 手傷 古傷 生傷 切傷】ドノヨウナ傷か。

◆感傷 食傷 中傷 負傷 無傷

【僧】

イ−11 総画13 常用

明朝 僧 50E7 旧字 僧 FA31

音 ソウ 中 訓 —

筆順 僧 僧 僧 僧 僧 僧 僧

なりたち 【形声】もとの字は、「僧」。「曾」が「ソウ」という読み方をしめしている。人(イ)をくわえて、古代インドのことば「サンガ(お坊さんの集まり)」を漢字で表すために作られた字。

意味 お坊さん。仏の道に入った人。例 僧侶

【僧衣】⇩ お寺のお坊さんが着る衣服。例 僧衣をまとう。

【僧院】⇩ ①お坊さんの住む建物。類 寺・寺院 ②キリスト教で修道院のこと。知識 キリスト教は、仏教にくらべて日本にはずっと後に入ったから、そのための建物や修道者を、仏教で用いていた「寺院・僧院」「僧」などのことばで表すことになった。

【僧正】⇩ お坊さんのいちばん高い位。知識 僧の位は、僧正・僧都・律師の順。それぞれの下に、「かりの」の意味の「権」をつけた、権僧正・権僧都・権律師がある。

【僧兵】⇩ 武装したお坊さんたちの軍隊。知識 平安時代のすえから戦国時代にかけて、大きな寺院に属して勢力をもっていた。

【僧坊】⇩ お坊さんとその家族が住む家。

【僧侶】⇩「お坊さん」のあらたまった言い方。例 出家して僧侶になる。類 僧・坊主

僧が下につく熟語 上の字の働き

【高僧 名僧 尼僧 修行僧】ドノヨウナ僧か。

◆小僧

【働】

イ−11 総画13 4年

明朝 働 50CD

音 ドウ 訓 はたら-く

筆順 イ 俥 働 働 働 働 働(はねる)

意味 はたらく。仕事をする。例 工場で働く。頭の働き。労働 参考 国字。「イ(人)」と「ドウ」という読み方をしめす「動(うごく)」とを合わせて、人がからだを動かしてはたらくことを表す字。

働が下につく熟語 上の字の働き

【労働 稼働】近い意味。

【傭】

イ−11 総画13 人名

明朝 傭 50AD

音 ヨウ 外 訓 やと-う 外

意味 やとう。お金を出して人に仕事をさせること。例 傭兵

【傭兵】⇩ お金でやとわれた兵士。

【像】

イ−12 総画14 5年

明朝 像 50CF

音 ゾウ 訓 —

筆順 像 像 像 像 像 像 像(はねる)

なりたち 【形声】「象」が「すがた、形」の意味と「ゾウ」という読み方をしめしている。人(イ)のすがた・形を表す字。

意味 すがた、形。そっくりにうつしとったすがた、形。人や物をかたどったもの。人物の像。画像 例 像をむすぶ。

名前のよみ かた・のり

[文字物語] ☞108ページ

像が下につく熟語 上の字の働き

【映像 画像 彫像 塑像 自画像】ドウヤッテつくる像か。

【仏像 神像 群像】ナニをえがいた(かたどった)像か。

【銅像 木像 石像 雪像 氷像】ナニでつくられた像か。

【実像 虚像 残像 肖像 遺像 真像】ドノヨウナ像か。

【胸像 立像 座像 全身像 半身像】ドウイウすがたの像か。

【現像 受像 想像】像をドウスルのか。

◆偶像

僕

音 ボク㊥ 訓 ―

イ-12 総画14 常用 明朝 僕 50D5

筆順 僕

なりたち [形声]「菐」が「ボク」という読み方をしめしている。「ボク」は「粗雑」の意味をもち、粗野な下ばたらきの人(イ)を表す字。

意味 ❶下ばたらきをする男子。しもべ。例 下僕・従僕 ❷男子が自分を指していうことば。例 君と僕。対 君

僕が下につく熟語 上の字の働き

❶僕=〈下ばたらきをする男子〉のとき

【家僕 下僕 公僕 従僕 忠僕 老僕】ドノヨウナ僕か。

文字物語 像

この字は、「下につく熟語」の欄で見るように、下についてたくさんの熟語をつくるが、上についた熟語は見つけるのがむずかしい。こういう性質の字があることもおぼえておこう。

「仏像」「西郷さんの銅像」「キリストの画像」など、たいていの「像」は、はっきりした形があって、目にも見え、手でふれてたしかめることもできるが、現代では、「映像」のように、物の表面にうつしだされるだけで、手でふれることのできない像もでてきた。また、「未来像」「理想像」「理想の父親像」などのように、頭の中にえがくだけで、具体的な形にあらわしにくい像もある。

僚

音 リョウ㊥ 訓 ―

イ-12 総画14 常用 明朝 僚 50DA

筆順 僚

なりたち [形声]「尞」が「美しいかがり火」の意味と「リョウ」という読み方をしめしている。美しい人(イ)を表す字。のちに借りて、「なかま」を表すようになった。

意味 ❶なかま。おなじ仕事をしている人。例 僚友・同僚 ❷役人。政府ではたらく人。つかさ。例 閣僚・官僚

僚が下につく熟語 上の字の働き

❶僚=〈なかま〉の意味で

【僚船】りょうせん ↓ なかまの船。

【僚友】りょうゆう ‖ いっしょに仕事をするなかま。例 僚友をだいじにする。類 同僚

❷僚=〈役人〉のとき

【閣僚 幕僚】ドコの役人か。

◆官僚 同僚

億

音 オク 訓 ―

イ-13 総画15 4年 明朝 億 5104

筆順 億 (とめる はねる)

なりたち [形声]「意」が「思う」意味と、「オク」とかわって読み方をしめしている。人(イ)が心に考えることを表す字。借りて、数の「おく」として使われている。

意味 おく。一万の一万倍。例 一億円。

儀

イ-13 総画15 常用 明朝 儀 5100

名前のよみ はかる・やす

音 ギ 中　訓 ―

筆順 儀

なりたち 儀 [形声]「義」が「正しい道」の意味と「ギ」という読み方をしめしている。手本となる人(亻)のりっぱなおこないを表す字。

意味
❶正しいやり方。きちんとした作法。ぎしき。例 婚礼の儀。儀式・礼儀
❷もけい。基準をしめす器械。例 地球儀
❸こと。ことがら。例 その儀ばかりはお許しください。難儀

名前のよみ ただし・のり・よし

❶〈正しいやり方〉の意味で

【儀式】ぎしき ↓ 結婚式、葬式、卒業式、成人式などの、けじめとしてきまった仕方によっておこなわれる行事。例 婚礼の儀式。

【儀礼】ぎれい Ⅲ 世の中の約束ごととしてやり方や形などのきまっている礼儀。例 儀礼をおもんじる。

儀が下につく熟語 上の字の働き

❶儀＝〈正しいやり方〉のとき
【礼儀 律儀】近い意味。

❷儀＝〈もけい〉のとき
【婚儀 葬儀 祝儀】ナニの儀式か。
【地球儀 天球儀】ナニの模型か。

❸儀＝〈こと〉のとき
【難儀 大儀】ドノヨウナことか。

◆威儀 行儀 流儀

舗

ヘ－13　総画15　常用　明朝 舗 8217

音 ホ 中　訓 ―

筆順 舗

意味
❶しく。一面にしきならべる。例 舗装
❷みせ。例 店舗

特別なよみ 老舗(しにせ)

❶〈しく〉の意味で

【舗装】ほそう ↓〈―する〉道路の表面をアスファルトやコンクリートでかためること。例 アスファルトで舗装する。舗装道路。

【舗道】ほどう ↓ コンクリートやアスファルト、石などで表面をかためた道。例 石の舗道。

◆店舗 老舗(しにせ／ろうほ)

儒

イ－14　総画16　常用　明朝 儒 5112

音 ジュ 中　訓 ―

筆順 儒

なりたち 儒 [形声]「需」が「うるおす」意味と「ジュ」という読み方をしめしている。徳をもって身にうるおいのある学者(亻)を表す字。

意味 孔子の教え。孔子の教えについての学問。例 儒教

【儒学】じゅがく ↓ 中国の孔子の教えをもとにして、人や世の正しいあり方を研究する学問。類 儒教

【儒教】じゅきょう ↓ 中国の孔子の考えによる、人間の生き方や政治についての教え。類 儒学

【儒者】じゅしゃ ↓ 儒教について研究し、その教えをとく人。例 儒者の塾。

儒が下につく熟語 上の字の働き

【先儒 大儒】ドノヨウナ儒者か。

償

イ－15　総画17　常用　明朝 償 511F

音 ショウ 中　訓 つぐな-う 中

筆順 償

なりたち 償 [形声]「賞」が「むくいる」意味と「ショウ」という読み方をしめしている。人(亻)につぐないむくいることを表す字。

意味 つぐないをする。うめ合わせをする。借りたお金や受けた恩を返す。例 罪を償う。償還・弁償

【償還】しょうかん ↓〈―する〉借りたお金を返すこと。類 償却・返却・返済 表現 個人でなく、国や県、会社などについていうのがふつう。

【償却】しょうきゃく ⊠〈―する〉①借りたお金などを返すこと。類 返却・償還 ②「減価償却」の略。機械などは、使うことでねうちが下がるため、

◀次ページ 優

その分を費用としてうめ合わせすること。例 五年で償却する。

償が下につく熟語 上の字の働き

【弁償 賠償 報償】近い意味。
【代償 補償】ドノヨウナうめ合わせか。
◆無償

優

亻-15 総画17 6年 明朝 優 512A

音 ユウ 訓 やさ-しい中・すぐ-れる中

筆順 亻 優 優 優 優 優 優（白にならない・はねる・はらう）

なりたち [形声]「憂」が「おどる」意味と「ユウ」という読み方をしめしている。おどりをする人(亻)を表す字。

意味

❶すぐれる。まさっている。十分である。例 優れた才能。優に一万人は入る会場。優等 対 劣

❷上品でやさしい。ゆったりとしている。思いやりのある。例 優美

❸とくべつにあつかう。手あつい。例 優遇・優待

❹役者。例 俳優・名優・女優

例解 [使い分け]やさしい[易・優]☞589ページ

名前のよみ かつ・ひろ・まさ・まさる・ゆたか

❶〈すぐれる〉の意味で

【優位】↓〈━な〉ほかのものよりすぐれた立場にいること。例 優位に立つ。類 優勢・上位

【優越感】自分が人よりもすぐれていると、得意に思う気持ち。例 優越感にひたる。対 劣等感

【優秀】Ⅱ〈━に〉とくにすぐれている。例 優秀な成績。類 優良 対 劣悪

【優勝】↓〈━する〉競技やコンクールなどで一位になること。例 優勝旗。

【優勝劣敗】生きていくためのあらそいの中で、力やはたらきのまさっているものが勝ち、おとっているものが負けること。

【優性】↓ 親のもっている性質のうち、遺伝によって次の子どもの代にあらわれる性質。例 優性遺伝。対 劣性

【優勢】↓〈━な〉相手より力やいきおいがまさっているようす。例 今のところ赤組が優勢だ。類 優位 対 劣勢

【優先】↓〈━する〉ほかのものよりもそのほうを先にすること。例 宿題よりもクラブ活動を優先する毎日だ。対 劣後

【優先権】ほかの者よりも先にそのことをすることができる権利。例 優先権がある。

【優等】↓ 成績などが、ほかよりもとくにすぐれていること。例 優等生。優等賞。対 劣等

【優良】Ⅱ〈━に〉品質・成績などが、ひじょうによいこと。例 健康優良児。類 優秀 対 劣悪

【優劣】⇔ すぐれていることと、おとっていること。例 両チームは実力伯仲で、優劣をつけがたい。類 甲乙・雌雄

❷〈上品でやさしい〉の意味で

【優男】↓ からだつきや身ぶりなどがあらあらしくなく、やさしい感じのする男。

【優雅】Ⅱ〈━に〉やさしく、ゆったりしていて上品なこと。例 白鳥の優雅なすがた。礼儀正しく優雅にふるまう。対 粗野

【優柔不断】〈━に〉いつまでもまよっていて、きっぱりと決められないこと。判断がおそくたよりないようす。例 優柔不断ではリーダーになれない。

【優美】Ⅱ〈━に〉上品で美しい。例 富士山の優美なすがた。

❸〈とくべつにあつかう〉の意味で

【優遇】↓〈━する〉とくべつによいあつかいをすること。例 有力選手を優遇する。類 優待・厚遇 対 冷遇

【優待】↓〈━する〉とくべつ有利になるようにとりあつかうこと。手あつくもてなすこと。例 映画の優待券。類 優遇

優が下につく熟語 上の字の働き

❹優＝〈役者〉のとき
【女優 男優 声優 名優 怪優 老優】ドウイウ俳優か。
◆俳優 優か。

【儲】 イ－16 総画18 人名 明朝 儲 5132

音 チョ 外 訓 もう-ける 外

意味 ❶もうける。利益を得る。得をする。❷たくわえそなえる。例 儲蓄（↓貯蓄）

2画 儿 [ひとあし][にんにょう] の部

人が立ったり座ったりしているすがたをえがいた象形である「儿」をもとにして作られ、おもに人の行動にかかわることを表す字と、「儿」の形がめやすとなっている字を集めてあります。

この部首の字

2 允…111 元…111 3 兄…112
4 光…112 充…113 先…114 兆…115
5 克…116 児…116 兎…116 売…116
6 尭…117 免…117 8 党…117 9 兜…118
見▼見 962 虎▼虍 936 亮▼亠 54

【允】 ル－2 総画4 人名 明朝 允 5141

音 イン 外 訓 ―

意味 ❶まこと。まことに。❷ゆるす。相手の意見を聞き入れる。例 允可・允許

名前のよみ すけ・ただ・ちか・まこと・まさ・みつ・よし

【元】 ル－2 総画4 2年 明朝 元 5143

音 ゲン・ガン 訓 もと

筆順 一 二 テ 元（ながく・はねる・おらない）

なりたち [指事] 人（儿）に対してそのあたまの部分を「二」のしるしで指しめして、「あたま」を表している字。

意味 ❶おおもと。はじめ。例 元も子もない。元祖・元素・還元 ❷かしら。おさ。例 元首・家元 ❸年号。年代の名前。例 元号・改元

例 解 [使い分け] もと[下・元・本・基] ☞15ページ

名前のよみ あさ・ちか・つかさ・はじめ・はる・まさ・もと・ゆき・よし

❶〈おおもと〉の意味で

【元金】がんきん|もときん ↓ ①利息を生み出すもとになるお金。例 元金が少ないから利子も少ない。対 利息・利子 ②事業をはじめるときの、もとになるお金。類 元本・元手

【元日】がんじつ ↓ 一年のはじめの日。一月一日。例 元日を雑煮で祝う。類 元旦

【元祖】がんそ Ⅲ ①代々つづいている家の最初の人。類 祖先 ②最初にはじめた人。例 元祖草だんごの店。類 創始者・始祖

【元旦】がんたん ↓ 一年の最初の日、一月一日の朝。例 一年の計は元旦にあり。類 元日 表現 年賀状の日付は「元旦」だけでよい。

【元年】がんねん ↓ ある年号を使いはじめた年。例 改元で、平成三十一年が令和元年になった。表現 「Jリーグ元年」などの言い方もできる。

【元本】がんぽん Ⅲ ①事業をはじめるためのお金。もとで。類 元金 ②もうけを生みだすもとになる、土地・建物・株券などの財産。例 元本保証。

【元来】がんらい ⊠ ずっとはじめから。もともと。例 かれは元来動物好きな子だった。類 本来

【元利】がんり ⇕ 元金と利息。例 元利合計。

【元気】げんき ↓ ①なんでもできそうな、心のいきおい。例 元気いっぱい。元気を出す。類 気力・活気 ②〈一な〉健康である。例 お元気ですか。類 達者

【元凶】げんきょう ↓ わるいことのおおもとの原因。例 大気汚染の元凶をつきとめる。☞❷

【元素】げんそ Ⅲ 物を化学的にそれ以上分けられないというところまで分けた一つ一つ。例 酸素と水素、両方の元素が合わさると水になる。知識 原子の種類は、炭素・水素・酸素・金・銀・鉄など百種あまりで、これら一つ一つを元素とよぶ。

【元歌】もとうた ↓ 替え歌のもともとの歌。表記 「本歌」とも書く。

【元栓】もとせん ↓ ガス管や水道管のおおもとのと

次ページ 兄 光

ころのせん。例ガスの元栓をしめる。

【元手】⬇商売をはじめるのにいるお金。例商売をしたくても元手がない。類元金・資金・資本 表現お金のことだけでなく、「人間、なにをするにも体が元手だ」のようにいうことができる。

【元値】⬇商品を買い入れたときのねだん。例元値を割る。類原価 対売値

❷〈かしら〉の意味で

【元凶】⬇悪事の中心人物。例強盗団の元凶をとらえる。☞❶

【元首】⬇大統領や君主など国を代表する人。例一国の元首をむかえる。

【元服】⬇(ーする)男子が一人前の大人になったことを社会がみとめる儀式。知識むかし、公家や武家でおこなわれ、十一歳から十六歳ごろに、衣服をかえ、髪をゆい、冠をかぶるなどした。今の成人式にあたる。

❸〈年号〉の意味で

【元号】⬇明治・大正・昭和・平成・令和のような、その時代につける名前。類年号 知識むかしは、なにかあるたびに元号をかえたが、明治からは天皇一代に一つの元号(一世一元)と定まった。

⬅元が下につく熟語 上の字の働き

❶元＝〈おおもと〉のとき

【火元 湯元 身元 親元 国元 地元 手元 足元 胸元 根元 次元 単元 中元】ドコ・ナニの元か。

❷元＝〈かしら〉のとき

【還元 復元】元にドウナルのか。

【家元 網元 窯元】ナニのかしらか。

◆改元 紀元

兄

ルー3 総画5 2年 明朝 兄 5144

音ケイ中・キョウ 訓あに

筆順 はねる おらない

なりたち [会意]「口」と人(儿)とを合わせて、「口で指図をする年長者」を表している字。

意味

❶あに。自分より年上のきょうだい。例兄たりがたく弟たりがたし(どちらもすぐれている)。兄と弟。兄弟・長兄 対弟

❷年上の人や友人をうやまっていうことば。例諸兄

注意するよみ キョウ…例兄弟

特別なよみ 兄さん(にいさん)

名前のよみ え・しげ・ただ・よし

❶〈あに〉の意味で

【兄弟子】自分より前から師匠の門弟であった人。例兄弟子に聞く。

【兄弟】⇕①父母、または父か母かのどちらかがおなじである子どもどうし。②血のつながりはなくても、おなじような関係をもつことになった人どうし、または、兄弟とおなじくらい親しく思う者どうし。例兄弟のちぎりを結ぶ。義理の兄弟。表記「きょうだい」とかなで書くこともある。

⬅兄が下につく熟語 上の字の働き

❶兄＝〈あに〉のとき

【義兄 実兄 長兄】ドウイウ関係の兄か。

❷兄＝〈年上の人や友人をうやまっていうことば〉のとき

【諸兄 大兄】ドンナ年長者か。

◆貴兄 父兄

光

ルー4 総画6 2年 明朝 光 5149

音コウ 訓ひかーる・ひかり

筆順 たかく はねる おらない

なりたち [会意]人(儿)と頭の上にかざしている「火」とを合わせて、明るくてらす「ひかり」を表している字。

意味

❶ひかり。ひかる。かがやきてらす。例星が光る。太陽の光。日光

❷けしき。美しい景色。例光景・観光

❸ほまれ。かがやかしくすばらしい。例光栄・威光

❹とき。時間。例光陰・消光

名前のよみ あき・あきら・かね・さかえ・てる・ひ

こ・ひろ・ひろし・みつ・みつる

❶〈ひかり〉の意味で

【光輝】こうき Ⅲ 強い光や、かがやき。☞❸

【光源】こうげん ↓ 光の出どころ。

【光合成】こうごうせい ↓ 葉緑素をもった植物が、太陽の光のエネルギーを利用して、二酸化炭素と水から炭水化物をつくるはたらき。

【光彩】こうさい Ⅲ きらきらと美しくかがやく光。例 光彩をはなつ。表現 美しいものやすぐれた才能などをほめるときに使うことが多い。

【光線】こうせん ↓ すじのようにさす光。例 レーザー光線。

【光沢】こうたく Ⅲ 表面に光って見えるかがやき。つや。例 石をみがいて光沢を出す。

【光度】こうど ↓ 物体から出ている光の強さ。知識 たとえば、星の光度は、測定して「カンデラ」で表す。一方、光を受けているものの表面の明るさは「照度」といって「ルクス」という単位で表す。

【光熱費】こうねつひ 光や熱を得るためにかかるお金。電気代やガス代など。

【光年】こうねん ↓ 天文学での距離の単位。一光年は、光が一年間に進む距離。例 地球から織女星までは、約二五光年。

【光明】こうみょう Ⅲ ①明るい光。例 光明につつまれた仏のすがた。②苦しいなかで見つけた、明るい希望。例 ひとすじの光明がさす。

❷〈けしき〉の意味で

【光景】こうけい Ⅲ 景色やようす。例 今でもあのときの光景が目にうかぶ。類 情景・風景

❸〈ほまれ〉の意味で

【光栄】こうえい Ⅲ〈―な〉ほめられて、ほこりに思うこと。ほまれ。例 身にあまる光栄。類 名誉

【光輝】こうき Ⅲ かがやかしさ。例 光輝ある賞。☞❶

❹〈とき〉の意味で

【光陰】こういん Ⅲ 月日、年月などの時間の流れ。例 光陰をおしむ。

【光陰矢のごとし】こういんやのごとし 月日、時間のすぎゆくことが早いたとえ。参考「光」は、太陽または昼、「陰」は、月または夜。

光が下につく熟語 上の字の働き

❶光＝〈ひかり〉のとき

【日光 陽光 月光 電光 眼光】ナニからの光か。

【脚光 逆光 極光 後光】ドコからの光か。

【感光 採光 発光】光をドウスルか。

◆威光 栄光 観光 風光

充

ル-4 総画6 常用 明朝 充 5145

音 ジュウ中 訓 あ-てる高・み-ちる外

筆順

なりたち  [形声]「𠫓」は「育」のもとの字「育」を略した形で、「育つ」意味と、「シュウ・ジュウ」とかわって読み方をしめしている字。「子ども(儿)のからだがのびる」ことを表している字。

意味 ❶あてる。あてはめる。例 余った時間を読書に充てる。充当・補充 ❷みちる。みたす。いっぱいになる。例 充実・拡充

例 解 [使い分け] あてる[当・充・宛] ☞349ページ

名前のよみ あつ・たかし・まこと・み・みち・みつ・みつる

❶〈あてる〉の意味で

【充当】じゅうとう Ⅲ〈―する〉お金や人を、足りないところにあてはめて使うこと。例 あまった予算をクラブの活動費に充当する。

❷〈みちる〉の意味で

【充血】じゅうけつ ▲〈―する〉血管の一か所に血が集まること。例 目が充血する。表現 動脈では「充血」を使い、静脈では「うっ血」という。

【充実】じゅうじつ Ⅲ〈―する〉内容がじゅうぶんにそなわっている。例 充実した毎日をすごす。

【充足】じゅうそく ↓〈―する〉必要をみたすこと。例 この計画では、みんなの要望を充足できない。類 満足

【充電】じゅうでん ▲〈―する〉電池に電気をためこむこと。例 バッテリーに充電する。対 放電

【充分】じゅうぶん ↓〈―な〉〈―に〉たっぷりある。例 予備は充分だ。類 存分 表記「十分」とも書く。

【充満】じゅうまん Ⅲ〈―する〉いっぱいにつまっていること。例 へやにけむりが充満している。

先

音 セン　訓 さき・ま-ず 外

ル-4　総画6　1年　明朝 先 5148

筆順 ノ 𠂉 ⺧ 生 先 先（ながく・はねる・おらない）

なりたち 【会意】「足」を表す「⽌→㞢」と「人」を表す「儿」とからできた字。人の前に足があることから、「さき」として使われている。

意味

❶位置の、さき。進んでいくいちばん前。のびたもののいちばんはし。例 先頭・旅先 対 後

❷時間や順序の、さき。どちら(どれ)がさきかあとかというときの、はやいほう。例 先をあらそう。先着 対 後

❸今より前のとき。すぎ去った時。例 先から知っている。先月

❹今よりのちのとき。これからの時。将来。例 先見

❺相手。相手のがわ。相手の人。例 先様

名前のよみ すすむ・ひろ・ゆき

❶〈位置の、さき〉の意味で

【先先】さきざき Ⅲ 出かけた場所のどこでも。例 行く先々で友達ができる。☞❹

【先棒】さきぼう ↓ぼうを使って二人で荷物をかつぐときの前のほう。表現「お先棒をかつぐ」は、人の手先になって動くこと。

【先鋭】せんえい ▽〈-な〉考え方やすることが、せっかちで、はげしい。類 過激 参考 もとは、刃物の先がするどくとがっていること。

【先陣】せんじん ↓本隊の前にいる部隊。例 先陣をつとめる。類 先鋒 対 後陣 ☞❷

【先達】せんだつ|せんだち ↓先に立って案内をする人。例 先達をつとめる。☞❷

【先端】せんたん Ⅲ 細長いもののいちばんはしのところ。例 さおの先端にトンボがとまっている。類 末端・突端 ☞❷

【先頭】せんとう Ⅲ 列のいちばん前。例 先頭に立つ。対 後尾

【先導】せんどう ↓〈-する〉案内のために先に立って進むこと。例 先導をつとめる。先導車。

❷〈時間や順序の、さき〉の意味で

【先客】せんきゃく ↓先に来ている客。例 先客あり。

【先駆】せんく ↓〈-する〉まっさきに新しいことを始めること。さきがけ。草分け。例 先駆者。

【先決】せんけつ ↓〈-する〉まず決めるべきこと。例 会場よりも日取りが先決だ。先決問題。

【先行】せんこう ↓〈-する〉①ほかより先を行く。例 時代に先行する。対 後続 ②ほかはおいておいて、それだけが進む。例 理論が先行して現実からはなれる。③それよりも前におこなわれていること。例 先行研究。

【先攻】せんこう ↓〈-する〉順番にせめたりまもったりするスポーツで、先のせめをする。対 後攻

【先取】せんしゅ ↓〈-する〉スポーツで、先に点をとること。例 三点を先取する。先取点。

【先住】せんじゅう ↓〈-する〉前からその土地に住んでいること。例 先住民族。

【先進】せんしん ↓文化や技術が進んでいること。例 先進に学ぶ。

【先陣】せんじん ↓まっさきにせめこむこと。例 先陣をきる。先陣あらそい。☞❶

【先生】せんせい ↓①学校などで、学問や技術を教えたり、生き方を指導したりする人。例 先生に相談する。類 教師・教員・師匠・師範 対 児童・生徒・学生 ②教師・医師・芸術家・議員・弁護士・芸ごとの師匠などをうやまってよぶときのことば。例「先生、お願いします」

【先制】せんせい ↓〈-する〉先にせめて、相手より有利になること。例 先制攻撃をかける。

【先祖】せんぞ ↓①血すじをさかのぼっていったいちばんはじめの人。例 先祖が開拓した土地。類 祖先 対 子孫 ②おなじ血すじの、これまでの代々の人びと。例 先祖の墓をまもる。類 祖先 対 子孫

【先達】せんだつ|せんだち ↓学問や芸ごとなどで、すでに力をつけていて、あとの人たちを教えみちびく人。例 先達の教えにしたがう。☞❶

【先端】せんたん Ⅲ 世の中の動きのいちばん進んだところ。例 時代の先端をいく。☞❶

【先着】せんちゃく ↓〈-する〉先に着くこと。先に着いた人。例 先着順。先着百名様。

【先手】せんて ↓①碁や将棋の順番で先に石を

打ったり、こまを進めたりするほう。例先手を打つ。類先番 対後手 ②先にしかけること。例先手必勝。対後手

【先天的】(せんてんてき) 〈—に・—な〉生まれたときすでに、そうなっていること。例先天的にそなわった才能。対後天的

【先入観】(せんにゅうかん) その時以前、すでにできてしまっている見方、考え方。例先入観なしで見てほしい。類先入主

【先輩】(せんぱい)◎ ↓①おなじ学校や会社に、自分よりも先に入った人。おなじ学校を先に卒業した人。

対後輩 ②学問・技芸・年齢・地位などが自分より上の人。例人生の先輩。

【先発】(せんぱつ) ↓〈—する〉先に出発したりはじめたりすること。例先発投手。対後発

【先鞭】(せんべん)◆ ↓だれよりも先に、それにとりかかること。例この分野に先鞭をつけたのが、かれである。類先駆

【先約】(せんやく) ↓①前からの約束。類前約 ②先にしてあった約束。例先約があって、あすのパーティーには行けない。

❸〈今より前のとき〉の意味で

【先頃】(さきごろ)◎ ↓少し前のこと。このあいだ。例先ごろ来日された大使。類先日・過日 表現少しあらたまったときに使うことば。

【先程】(さきほど) ↓少し前。さっき。例先ほどは失礼いたしました。類先刻 対後程 表現少しあらたまったときに使うことば。

【先月】(せんげつ) ↓今の月のすぐ前の月。関連先月・今月・来月 表現「先月」は今月をもとにしていうことば。ある月をもとにするなら「前月」。

【先刻】(せんこく) ↓①少し前。さっき。例先刻、お電話がありました。類先程 対後刻 ②前々から。とっくに。例先刻承知。

【先日】(せんじつ) ↓今日より、少し前の日。例先日は、おせわになりました。類過日

【先週】(せんしゅう) ↓今の週のすぐ前の週。例先週の火曜日。関連先週・今週・来週

【先人】(せんじん) ↓むかしの人。例先人の書を読む。先人の知恵。対後人

【先代】(せんだい) ↓今より一つ前の代の人。例先代にもまさる名優。先代の社長。対当代・当主

【先年】(せんねん) ↓何年か前の年。例先年、引っ越しました。類前年 対後年 表現「先年」は今よりも前のある年をいい、「前年」は話に出ている年の前の年をいう。

【先般】(せんぱん)◎ ↓このあいだ。例先般の件、承知いたしました。類過日 表現あらたまった言い方。

【先例】(せんれい) ↓前からのしきたり。あとの手本となる例。例先例にならう。類前例

❹〈今よりのちのとき〉の意味で

【先先】(さきざき) 三 これから先。例先々のことが心配だ。類将来 ☞❶

【先見】(せんけん) ↓これからのことを前もって見通すこと。例先見の明。

❺〈相手〉の意味で

【先様】(さきさま) ◎ 相手のお方。あちらさま。例先様にもうかがってみます。類先方 表現今、面と向かっている相手ではなく、話の中に出てくる、交渉や相談などの相手をいう。

【先方】(せんぽう) ◎ 相手のがわ。例先方のつごうを聞く。類先様 対当方

先が下につく熟語 上の字の働き

❶先＝〈位置の、さき〉のとき
【口先 舌先 目先 鼻先 手先 小手先 筒先 矛先 軒先 庭先】ナニの先か。
【旅先 出先】ナニゴトの先か。

❷先＝〈時間や順序の、さき〉のとき
【優先 率先】ドノヨウニ先にするか。

◆後先 機先 祖先 春先

兆

儿－4 総画6 4年 明朝 兆 5146

音 チョウ 訓 きざ-す(高)・きざ-し(高)

筆順 はねる おらない

なりたち [象形] うらないのため、動物のほねやかめのこうらを焼いてできたひびわれの形をえがいた字。

意味 ❶きざし。前ぶれ。ものごとが起こりそうなしるし。例春が兆す。景気回復の兆し。兆候・前兆

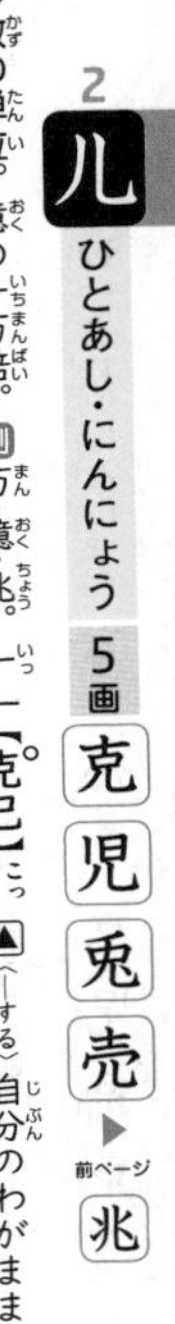

❷数の単位。億の一万倍。例万・億・兆。一兆円。

❶〈きざし〉の意味で

【兆候】Ⅱなにかが起こる前ぶれと思われるようなものごと。きざし。例回復の兆候。表記「徴候」とも書く。

⬅兆が下につく熟語 上の字の働き

❶兆＝〈きざし〉のとき

【吉兆 前兆】ドノヨウナ兆しか。

克

音コク中 訓か-つ外

ル－5 総画7 常用 明朝 克 514B

筆順 一 十 古 古 古 克 克

なりたち [会意]人(儿)とかぶとをつけた頭(古)とを合わせて、重さにたえる意味を表す字。

意味 ❶うちかつ。力をつくしてやりぬく。たえる。例克服 ❷じゅうぶんに。よく。うまく。例克明

発音あんない コク→コッ…例克己

名前のよみ かつ・かつみ・すぐる・なり・まさる・よし

❶〈うちかつ〉の意味で

【克服】⬇〈－する〉がんばってつらいことを乗りこえる。例大きな困難を克服する。類征服

【克己】▲〈－する〉自分のわがままな気持ちなどをおさえること。例克己心。

❷〈じゅうぶんに〉の意味で

【克明】⬇〈－な・－に〉ていねいでくわしく、はっきりしている。例克明に報告する。

児

音ジ・ニ中 訓こ外

ル－5 総画7 4年 明朝 児 5150 旧字 兒 5152

筆順 丨 Ⅱ 卬 旧 旧 児 児（おらない・はねる）

なりたち [象形]もとの字は「兒」で、頭のほねのかたまっていないおさない子どもをえがいた字。

意味 ❶おさない子ども。小さい子。わらべ。例児童・育児 ❷親にとってわが子。例愛児 ❸わかもの。わかい男。例健児・球児

注意するよみ ニ…例小児科

特別なよみ 稚児(ちご)

県名 鹿児島(かごしま)

名前のよみ る

❶〈おさない子ども〉の意味で

【児戯】⬇子どものあそび。例児戯に等しい。表現 考えがあさくてなんの役にも立たないことを、ばかにしていうときに使う。

【児童】Ⅱ子ども。とくに、小学校で学んでいる子ども。例児童文学。類学童 知識 中学生・高校生は生徒、大学生などは学生という。

⬅児が下につく熟語 上の字の働き

❶児＝〈おさない子ども〉のとき

【男児 女児 胎児 乳児 幼児 小児】ドノヨウナ子どもか。

❷児＝〈親にとってわが子〉のとき

【愛児 遺児】ドウシテイル・ドウナッテイル子どもか。

◆育児 園児 健児 孤児

兎

音ト外 訓うさぎ外

ル－5 総画7 人名 明朝 兎 514E

意味 ❶うさぎ。耳が長くて、しっぽの短い小動物。例白兎・脱兎 ❷《その他》例兎角

参考「兔」がもとの字。

売

音バイ 訓う-る・う-れる

ル－5 総画7 2年 明朝 売 58F2 旧字 賣 8CE3

筆順 一 十 士 声 声 売 売（みじかく・おらない・はねる）

なりたち [形声]もとの字は、「賣」。「買」は物をお金にとりかえる意味と、「バ

イ」という読み方をしめしている。もともと「土」の部分は「出」で、「物をうりに出してお金にかえる」ことを表す字。

意味

❶うる。お金と交換して品物をあたえる。例 売店・商売 対 買

❷ひろめる。名が知られるようにする。例 売れない歌手。売れっ子・売名

❸うらぎる。利益のためにうらぎる。例 売国

❶〈うる〉の意味で

【売値】うりね ↓ 品物を売るときのねだん。例 売値を決める。類 売価 対 元値・買値・買価

【売却】ばいきゃく ☒〈―する〉売りはらってしまうこと。例 家を売却する。対 購入

【売店】ばいてん ↓ 駅や劇場などの中で、新聞や雑誌・日用品などを売る小さな店。例 売店で弁当を買う。

【売買】ばいばい ⇕〈―する〉ものを売ったり買ったりすること。例 土地の売買に手を出す。

【売約】ばいやく ↓〈―する〉売る約束をすること。例 この絵は売約済みです。

【売薬】ばいやく ↓ 薬屋で売っている薬。例 売薬で間に合わせる。

❷〈ひろめる〉の意味で

【売名】ばいめい ▲ 自分を有名にすることが目的で、なにかすること。例 売名行為。

❸〈うらぎる〉の意味で

【売国】ばいこく ▲ お金のために自分の国のひみつを敵の国に知らせるようなこと。

⬅売が下につく熟語 上の字の働き

❶売＝〈うる〉のとき

【商売 販売】近い意味。

【発売 直売 競売 専売 即売 転売 特売 密売 廉売】ドウヤッテ・ドノヨウニ売るのか。

尭

音 ギョウ 外　訓 ―

儿－6　総画8　人名

明朝 尭 5C2D　旧字 堯 582F

意味

❶たかい。とおい。たかくとおい。

❷古代中国の伝説上の天子の名。例 尭舜

参考 ふろく「中国書名物語」の「夏の禹王と『書経』」（14ページ）

名前のよみ あき・たか・たかし

免

音 メン 中　訓 まぬか-れる 高

儿－6　総画8　常用

明朝 免 514D　旧字 免 FA32

筆順

なりたち [会意]もとの字は「免」。女の人のからだ（⺈）と人（儿）とを合わせて、子どもが生まれ、「ぬけ出る」意味を表す字。

意味

❶まぬかれる。のがれる。例 責任を免れる。免疫

❷ゆるす。まぬかれさせる。例 免許・放免

❸やめさせる。職からしりぞける。例 職を免じる。免職・任免

❶〈まぬかれる〉の意味で

【免疫】めんえき ▲ ①病気をおこす細菌やウイルスにうちかつ力が体にできること。例 予防接種をして免疫をつける。②なれてしまって気にならなくなること。

❷〈ゆるす〉の意味で

【免許】めんきょ Ⅱ ①政府や役所がしてもよいとゆるすこと。例 運転免許証。②武道や芸ごとなどで、十分に修業をつんだと師匠がみとめること。

【免許皆伝】めんきょかいでん 師匠からすべての技を教えさずかること。例 免許皆伝のうでまえ。

【免除】めんじょ Ⅱ〈―する〉しなくてもよいとゆるすこと。例 授業料を免除する。

【免状】めんじょう ↓ 免許のしるしとなる書きつけ。例 免状をうける。類 免許状

【免税】めんぜい ▲ 税金をかけないこと。例 免税品。類 無税

❸〈やめさせる〉の意味で

【免職】めんしょく ▲〈―する〉職業についている人を、やとい主がやめさせること。例 免職処分。懲戒免職。類 解雇・罷免

◆赦免 任免 放免 罷免

党

音 トウ　訓 ―

儿－8　総画10　6年

明朝 党 515A　旧字 黨 9EE8

筆順 党 党 党 党 党 党 党 党 党（たかく・おらない・はねる）

なりたち 黨 [形声] もとの字は、「黨」。「尚（ショウ）」が「トウ」とかわって読み方をしめしている。「ショウ」は「さえぎる」意味をもち、「黑（黒）」がついて、うすぐらく外からわからない「なかま」の意味に使われている。

意味 なかまの集まり。同志の団体。ある類の人たち。例 新しい党をつくる。党派・政党・甘党

名前のよみ あきら・とも

【党員】とういん ↓ あるなかま、とくに、政党に入っている人。例 党員になる。

【党首】とうしゅ ↓ 政党の代表者。例 党首会談。

【党籍】とうせき ↓ 党員として名簿に名前があること。例 党籍をはなれる。

【党派】とうは Ⅱ 考え方がおなじで、いっしょに行動する人びとの集団。政治上のグループ。例 党派を組む。

党が下につく熟語 上の字の働き

【政党 野党 与党】ドウイウ性格の集まりか。

【悪党 甘党】ドウイウ類の人たちか。

◆徒党 郎党

【兜】

ルー9 総画11 人名 明朝 兜 515C

音 トウ外 訓 かぶと外

意味 かぶと。たたかいのときに頭をまもるためにかぶる防具。例 鉄兜

2画 入［いる］の部

ここには「入」の字だけが入ります。

この部首の字 0 入……118

【入】

入-0 総画2 1年 明朝 入 5165

音 ニュウ・ジュ外 訓 い-る・い-れる・はい-る

筆順 入 入（はらう）

なりたち 入 [指事] 左右から二本の線を山形にして中へ進んでいくことを指しめしている字。

意味

❶はいる。あるものの内がわにはいっていく。例 客の入りがわるい。学校に入る。気に入る。加入 対 出・退

❷いれる。外がわから中におさめる。例 力を入れる。記入・投入 対 出

❸必要である。必要とする。かかる。例 入用

例 解 [使い分け] いる[入・要・居] ☞ ひだりのページ

名前のよみ しお

❶〈はいる〉の意味で

【入院】にゅういん ▲〈―する〉病院にねとまりして治療をうけること。例 入院患者。対 退院

【入園】にゅうえん ▲〈―する〉①幼稚園や保育園にはいること。対 卒園 ②動物園や植物園に入場すること。例 入園料。

【入荷】にゅうか ▲〈―する〉市場や商店などに品物がとどくこと。例 入荷を待つ。対 出荷

【入会】にゅうかい ▲〈―する〉ある会や団体にはいって、その会員になること。例 サークルに入会する。類 加入 対 脱会・退会

【入閣】にゅうかく ▲〈―する〉大臣となって、内閣にくわわること。例 入閣をもとめる。

【入学】にゅうがく ▲〈―する〉学校に、児童・生徒・学生としてはいること。例 入学試験。対 卒業

【入居】にゅうきょ ↓〈―する〉その家で住みはじめること。住んでいること。例 入居者。

【入金】にゅうきん ①▲〈―する〉お金がはいってくること。例 銀行から入金の連絡をうける。対 出金 ②↓ はいったお金。☞❷

【入港】にゅうこう ▲〈―する〉船が港にはいること。例 タンカーが入港する。対 出港

【入国】にゅうこく ▲〈―する〉外国人がある国へはいること。例 不法入国。対 出国

【入山】にゅうざん ▲〈―する〉①山にはいること。②お坊さんが修行のためや住職となるために寺にはいること。

【入試】にゅうし ○「入学試験」の略。入学志願者の中から、入学させる生徒や学生をえらぶた

めの試験。例高校入試。

【入室】にゅうしつ ▲〈―する〉へやの中へはいること。例一人ずつ順番に入室する。対退室

【入社】にゅうしゃ ▲〈―する〉その会社の社員になること。例入社式。対退社

【入賞】にゅうしょう ▲〈―する〉賞をもらえるようなよい成績をとること。例六位入賞。

【入場】にゅうじょう ▲〈―する〉式場・会場・競技場などにはいること。例運動会の入場行進。対退場

【入植】にゅうしょく ↓〈―する〉新しい土地をきりひらき、そこで住民としての生活をはじめること。例新天地に入植する。

【入信】にゅうしん ▲〈―する〉信仰のなかまにくわわること。例入信を決意する。

【入水】一にゅうすい ①↓水が流れこむこと。例入水をふせぐ。②▲〈―する〉体を水に入れること。例入水して水になれる。二じゅすい・にゅうすい ▲〈―する〉水の中に身を投げて死ぬこと。身投げ。類投身

【入選】にゅうせん ▲〈―する〉出品した作品が、多くの中からえらばれて合格すること。例展覧会に入選する。入選作品。対落選

【入団】にゅうだん ▲〈―する〉青年団や野球チームなどの団体にくわわって、その中の一員となること。例少年団に入団する。対退団

【入電】にゅうでん ▲〈―する〉電報・電話などで知らせがとどくこと。その知らせ。

【入道】にゅうどう ▲①出家して、仏門にはいった人。例入道清盛。類出家 ②かみの毛をそった人。例入道頭の大男。③頭のまるい大きなもの。例たこ入道。

【入道雲】にゅうどうぐも むくむくと高くもり上がって出る、入道のような形の夏の雲。理科では積乱雲という。

【入梅】にゅうばい ▲梅雨の季節になること。梅雨入り。

【入部】にゅうぶ ▲〈―する〉部とよばれている集まりにくわわること。対退部

【入幕】にゅうまく ▲〈―する〉すもうで、十両の力士が幕内にあがること。例新入幕。

【入門】にゅうもん ▲①〈―する〉門のなかにはいること。②〈―する〉教えを受けるために弟子になること。③はじめて勉強するための手引きとなる本。例フランス語入門。入門書。

例解 使い分け

いる《入る・要る・居る》

入る＝はいる。その状態になる。
例飛んで火に入る夏の虫。気に入る。おそれ入る。

要る＝必要である。
例人手が要る。お金が要る。何も要らない。

居る＝人や動物がそこにある。
例父は東京に居る。だれも居ない部屋。

参考「居る」はふつう「いる」と仮名で書く。

夕日が山に入る

【入浴】にゅうよく ▲〈―する〉ふろにはいること。例入浴剤。

❷〈いれる〉の意味で

【入金】にゅうきん ▲〈―する〉お金をはらいこむこと。例会費を入金する。☞❶

【入魂】にゅうこん ▲〈―する〉心をこめて、力いっぱいすること。例入魂の作品。

【入札】にゅうさつ ▲〈―する〉品物の買い手や工事の実行者をきめるとき、希望者にねだんの見積もりを書いて出させること。入れ札。例入札制度。

【入手】にゅうしゅ ▲〈―する〉ほしいものを手に入れること。例情報を入手する。

【入籍】にゅうせき ▲〈―する〉結婚相手や、養子になった人を家族の一員として戸籍にのせること。

【入念】にゅうねん ▲〈―な〉〈―に〉心をこめて、こまかいところまでよく気をくばること。例入念な仕上げ。入念に点検する。類丹念

【入力】にゅうりょく ▲〈―する〉コンピューターで、計算

や情報処理などをするために、情報を入れること。インプット。例 新しいデータを入力する。対 出力(アウトプット)

❸〈必要である〉の意味で

【入用】にゅうよう ◎〈―な〉あることをするために、必要なこと。入り用。例 カメラが入用になる。入用の品。対 不用

⬅入が下につく熟語 上の字の働き

❶入＝〈はいる〉のとき
【没入 介入 浸入 潜入 転入 流入】ドウヤッテはいるか。
【侵入 直入(単刀直入) 突入 乱入】ドノヨウニはいるか。

❷入＝〈いれる〉のとき
【移入 記入 吸入 購入 挿入 混入 注入 投入 導入 納入 搬入 封入 編入 輸入】ドウヤッテ入れるか。

◆加入 歳入 算入 収入 四捨五入

2画 八 ハ [はち] [はちがしら] の部

数を表す「八」をもとにして作られた字と、「八」あるいは「ハ」の形がめやすとなっている字を集めてあります。

この部首の字

八

音 ハチ 訓 や・や-つ・やっ-つ・よう

ハ-0 総画2 1年

明朝 八 516B

筆順 たかく はらう

なりたち 【指事】二つのものが分かれていることを、そむいていることを表していた字。借りて、数の「やっつ」として使われるようになった。

意味

❶やっつ。例 八つちがい。八人。八倍。

❷数が多い。いくつも。なんども。例 七転び八起き。八つ当たり・八重

❸《その他》例 八百長

発音あんない ハチ→ハッ…例 八本

注意するよみ よう…例 八日

特別なよみ 八百屋(やおや)・八百長(やおちょう)

名前のよみ かず・わ

❶〈やっつ〉の意味で

【八十八夜】はちじゅうはちや 立春から数えて八十八日めの日。例 夏も近づく八十八夜。知識 五月一日か二日ごろで、霜の心配もなくなり、農家では、種まきの時期とされていた。

【八方】はっぽう 東・西・南・北とそのあいだの北東・北西・南東・南西の八つの方角。☞❷

❷〈数が多い〉の意味で

【八面六臂】◆はちめんろっぴ 一人で何人分ものはたらきができること。例 八面六臂の活躍。知識「面」は顔、「臂」は腕で、八つの顔と六本の腕をもっていること。仏像などに見られる。

【八方】はっぽう ↓ あらゆる方面。例 四方八方。八方ふさがり(すべてが具合わるくてどうにもならない)。八方やぶれ(どこから見てもすきだらけ)。☞❶

【八方美人】はっぽうびじん だれにでも、調子を合わせる人。

【八重】やえ ↓ いくつも重なっていること。例 八重の潮路(長い航路)。八重歯。

【八百屋】やおや 野菜や果物などを売る店。類 青果店・青果商

❸《その他》

【八百長】やおちょう 勝ち負けを前もって決めておきながら、表面はいかにも真剣にあらそっているように見せかける、いんちきな試合。参考 八百屋の長兵衛という、碁の強い人が、すもうの親方を相手に手かげんして碁を打ったことからできたことばという。

◆尺八

【公】

ハ-2 総画4 2年 明朝 公 516C

音 コウ・ク外　訓 おおやけ中

筆順 公 公 公 公（あける・とめる）

なりたち［会意］「八」と「口→ム」からできた字。かこみ(口)をひらいて(八)、「おおやけ」にする意味を表す字。

意味

❶政治にかかわる。国や地方の政治にかかわること。政府や役所。例 公営 対 私・民

❷世の中にかかわる。個人ではなく、社会全体にかかわること。例 公にする。公の場。公表 対 私

❸かたよりがない。正しく、かたよらない。例 公平

❹広くあてはまる。どこでも通用する。例 公算・公式

❺華族の位の一番め。例 公爵

❻人をうやまってよぶときのことば。親しみをこめてよぶときのことば。例 信玄公(武田信玄を尊敬していう)。わん公(犬を親しみをこめてよぶ)。貴公

名前のよみ あきら・いさお・きみ・く・さと・たか・ただ・ただし・とおる・とも・なお・ひと・ひろ・まさ・ゆき

❶〈政治にかかわる〉の意味で

【公家】くげ ↓ むかし、朝廷につかえた身分の高い家がら。その家がらの人。対 武家

【公営】こうえい ▽ 国や県、市町村などが、事業をおこなうこと。例 公営キャンプ場。類 国営 対 私営・民営 知識 国営・都道府県営・市営・町営・村営は、みな公営。

【公金】こうきん ↓ 国や公共団体などのお金。表現 自分ひとりのものではない、みんなのお金の意味でもいう。

【公告】こうこく ↓ (ーする) 国や公共団体が、広く人びとに知らせをすること。類 告示

【公債】こうさい ↓ 国や公共団体が発行する債券。国債や地方債など。

【公使】こうし ↓ 国の代表として外国に行き、両国のあいだの交際や交渉の仕事をする役人。関連 大使・公使・領事

【公示】こうじ ↓ (ーする) 国や公共団体が、決めたことなどを人びとに知らせること。例 衆議院選挙の公示。類 告示

【公社】こうしゃ ↓ 国や地方公共団体がお金を出してつくった会社。知識 以前の日本国有鉄道・日本電信電話・日本専売は民営化された。

【公職】こうしょく ↓ 議員・公務員など、国や県などの仕事をする職業。例 公職選挙法。

【公人】こうじん ↓ 公務員や政治家など、おおやけの仕事をする人。例 公人の身分。対 私人

【公団】こうだん ↓ 社会一般に役立つように、国や公共団体がお金を出してつくった団体。例 公団住宅。

【公聴会】こうちょうかい 国会や地方議会が重要なことを決めるとき、関係する人びとや専門の知識をもつ人から意見をきくために開く会。

【公定】こうてい ↓ 政府機関が世の中全体におこなわれるように、もののねだんや利息の率などを決めること。例 公定料金。公定歩合。

【公費】こうひ ↓ 国や公共団体で使うお金。類 国費・官費 対 私費

【公文書】こうぶんしょ 国や地方公共団体でつくる正式の文書。対 私文書

【公報】こうほう ↓ 役所が出す公式の報告文書。例 選挙公報。

【公務】こうむ ↓ 国や公共団体がおこなう仕事。例 国家公務員。地方公務員。類 公用 ☞❷

【公用】こうよう ↓ ①国や公共団体がおこなう正式な業務。類 公務 対 私用 ②国や公共団体が使うこと。表現 ①は会社などでの用事についてもいう。☞❷

【公立】こうりつ ▽ 都道府県や市町村などが設立し、運営すること。類 国立 対 私立

❷〈世の中にかかわる〉の意味で

【公安】こうあん ↓ 世の中が平和で人びとが安全にくらせること。例 公安委員会。

【公益】こうえき ↓ 社会全体の利益。例 公益事業(鉄道・電話・水道・電気・ガスなど)。

【公園】こうえん ↓ だれもが休んだり楽しんだりできるように設けられた広い場所。知識 町の中

の児童公園などの小さなものから、国立公園・国定公園のような大きなものまである。

【公演】こうえん ↓〈―する〉劇・音楽・おどりなどを、広く一般に向けて演じること。類上演

例解 使い分け　こうえん《公演・講演》

公演＝歌・おどり・劇などを多くの人に見せること。
例劇場公演。音楽の定期公演。東京公演を終えて、地方公演に出る。

講演＝多くの人の前に立って、学問・教養などの話をすること。
例教育問題についての講演会。司会者が講演者を紹介する。

参考 とくに落語・講談などの演芸の場合には「口演」を使う。

【公海】こうかい ↓どの国のものでもなく、だれでも自由に航海などができる海。対領海

【公開】こうかい ↓〈―する〉多くの人が見たり、聞いたり、使ったりできるようにすること。例会議を公開する。類公表 対非公開

【公害】こうがい ↓工場から出るガスや液体、自動車の排気ガス、騒音などが、世の中の人びとにあたえる害。例公害訴訟。

【公会堂】こうかいどう 国や公共団体が建てた、集会用の建物。例市の公会堂で音楽会をする。

【公器】こうき ↓世の中全体の人びとのためのもの。例新聞は社会の公器だ。

【公休】こうきゅう ↓①土・日曜や祝日のほかに、みとめる休日。②同じ業者が申し合わせて決めた休業日。類定休

【公共】こうきょう Ⅱ世の中の人びとみんなに関係すること。例公共施設。公共心。

【公共事業】こうきょうじぎょう 道路や橋の建設、水道事業など、社会全体のために国や地方公共団体がおこなう仕事。対営利事業

【公共団体】こうきょうだんたい 社会全体のために活動する団体。例地方公共団体(都道府県や市区町村など)。

【公共料金】こうきょうりょうきん 国民の生活に関係の深い料金。電気・ガス・郵便・電話などの料金や、鉄道・バスの運賃。

【公言】こうげん ↓〈―する〉責任をもって、みんなの前ではっきり言うこと。例政策の見直しを公言する。類宣言

【公私】こうし ⊕「公」(世の中全体)と「私」(自分一個人)。例公私にわたる活動。

【公式】こうしき ↓〈―な〉〈―に〉世の中全体にみとめられるやり方。例公式の場。対非公式 ☞4

【公衆】こうしゅう ↓世の中のふつうの人びと。例公衆道徳。公衆電話。類大衆・民衆

【公序良俗】こうじょりょうぞく 世の中でよいとされているやり方や習慣。例公序良俗に反する。

【公選】こうせん ↓〈―する〉住民投票でえらぶこと。対官選

【公然】こうぜん ⊠〈―たる〉〈―と〉だれの目にも明らか。例公然と口にする。表現「公然の秘密」とは、おもて向きは秘密だが、じっさいには広く知れわたっていることを表す。

【公的】こうてき ⊠〈―な〉〈―に〉個人のことではなく、国や社会一般にかかわっている。例公的な立場で発言する。公的資金。対私的

【公道】こうどう ↓国道や県道など、国や公共団体がつくって管理している、だれもが通れる道。対私道 ☞4

【公徳心】こうとくしん みんなのめいわくになることはしないという心がけ。例公徳心に欠ける行動が目につく。類公共心

【公認】こうにん ↓〈―する〉国や団体などが正式にみとめること。例公認記録。

【公判】こうはん ↓一般の人も法廷に入れるようにしておこなう裁判。例公判の傍聴に行く。

【公表】こうひょう ↓〈―する〉広く世間に発表すること。例募集人数を公表する。類公開

【公布】こうふ ↓〈―する〉決まった法律・命令などを官報で国民に知らせること。類告示・発布

【公募】こうぼ ↓〈―する〉広く人びとによびかけて集めること。例社員を公募する。

【公僕】こうぼく ↓「国民のためにつくす人」の意味で、公務員をいう。例公僕となる。

【公民】こうみん ↓①政治に参加する権利と義務をもっている人。類市民 ②教科の社会科の中で、政治・経済・法律にかかわる分野。

【公民館】その地域の人が、いろいろなことを学んだり活動したりするためにつくられた集会場。

【公務】↓役所や会社の仕事。☞❶

【公約】↓〈―する〉政府や政治家が世の中にした約束。例公約をかかげる。

【公用】↓世の中でふつうに広く用いられること。例公用語。☞❶

❸〈かたよりがない〉の意味で

【公正】Ⅲ〈―な・―に〉えこひいきがなく正しいこと。例公正な裁判。類公平

【公平】Ⅲ〈―な・―に〉一方にかたよらず、えこひいきがない。例公平無私。類公正・平等

【公明正大】〈―な・―に〉かたよりがなく、正しくてどうどうとしている。

❹〈広くあてはまる〉の意味で

【公算】↓そうなるであろう、そのたしからしさ。見通し。例成功の公算大。類確率

【公式】↓数学で、どんな場合にもあてはまる計算の方法を表す式。☞❷

【公転】↓〈―する〉ある天体が、ほかの天体のまわりを規則的にまわること。対自転

知識 地球は太陽を中心に公転する天体で、その周期は、三六五・二五六日である。

【公道】↓だれにもあてはまる正しい道理。☞❷

【公倍数】二つ以上の数のどれで割っても割りきれる数。たとえば二と三の公倍数には、六、一二、一八などがある。例最小公倍数。対公約数

【公約数】二つ以上の数のどれを割っても割りきることのできる数。たとえば四と六と一〇の公約数は二である。例最大公約数。対公倍数

【公理】↓証明する必要のない、わかりきった真理。根本になる仮定。類定理

❺〈華族の位の一番め〉の意味で

【公爵】↓華族の位の一番上。知識☞【伯爵】(81ページ)

◆貴公 主人公 奉公

【六】

八-2 総画4 1年 明朝 六 516D

音 ロク・リク外　訓 む・むっ・むっつ・むい

筆順 六（とめる）

なりたち  [象形]屋根をえがいた字。借りて、数の「むっつ」として使われるようになった。

意味 むっつ。五と七の間の数「ろく」。例六つ切り。六つちがい。六法

発音あんない ロク→ロッ…例六本

注意するよみ むい…例六日

【六書】↓漢字のなりたち方の六つの種類。象形・指事・会意・形声・転注・仮借の六つをいう。参考☞ふろく「漢字のなりたち」(3ページ)

【六根】↓仏教で、人間の感覚や意識を支配している六つの器官とその能力。目・耳・鼻・舌・身(からだ)・意(こころ)を指す。知識 六根からおこるまよいをたち切って、きよらかになることを「六根清浄」という。

【六法】↓六つの重要な法律。憲法・刑法・民法・商法・刑事訴訟法・民事訴訟法をいう。六法などをしるした本を「六法全書」という。

【共】

八-4 総画6 4年 明朝 共 5171

音 キョウ　訓 とも

筆順 共（ながく・とめる）

なりたち  [会意]物(廿)と両手(廾)とを合わせて、「両手でささげ持っている」ことを表す字。「いっしょにする」意味を表す。

意味 いっしょに。ともにする。例親と子が共に学ぶ。共同・公共

名前のよみ たか

【共学】↓男子と女子がおなじ学校・教室でいっしょに勉強すること。例男女共学。

【共感】↓〈―する〉人の意見に接して「なるほど、そのとおりだ」と思うこと。例読者の共感をよぶ。類共鳴・同感

【共済】きょうさい ↓ おなじ団体の人びとが、生活の面で力を合わせてたがいに助けあうこと。例 共済組合。共済保険。類 互助

【共催】きょうさい ↓〈—する〉二つ以上の団体が、いっしょに一つのもよおしものをおこなうこと。例 小中学校共催の運動会。

【共生】きょうせい ↓〈—する〉種類のちがう生物どうしが、たがいに役にたちながらいっしょに生きていくこと。アリとアリマキ、クマノミとイソギンチャクなどがその例である。表現「自然と共生する」「男女共生の時代」のように、人間社会でも、たがいに助けあいながら生きていくという意味で使われる。

【共存】きょうそん|きょうぞん ↓〈—する〉ちがう立場のものが、あらそったりしないで、いっしょに生きていくこと。類 両立・併存

【共存共栄】きょうぞんきょうえい〈—する〉両方がともにさかえること。例 共存共栄めざし連携する。

【共著】きょうちょ ↓ 二人以上の人が力を合わせて、一冊の本を書くこと。

【共通】きょうつう ↓〈—する・—な・—に〉二つ以上のものごとにあてはまること。例 共通の話題。

【共通語】きょうつうご ①一つの国のなかでどの地方でも通じることば。類 標準語 対 方言 ②ことばの異なる国や地域をこえて通用することば。例 英語は世界の共通語に近い。

【共同】きょうどう Ⅱ〈—する〉二人以上の人や二つ以上の団体が一つのことをいっしょにすること。例 五人の共同研究。対 単独

【共犯】きょうはん ↓ 二人以上で、いっしょになってわるいことをすること。例 共犯者。

【共謀】きょうぼう ↓〈—する〉いっしょになってわるいことをたくらむ。例 共謀者。

【共鳴】きょうめい ↓〈—する〉①あるものの出す音につれて、ほかのものが、いっしょに鳴りだすこと。例 共鳴現象。②人の考えやおこないに心から賛成すること。例 自然をまもる運動に共鳴する。類 賛同・共感・同感

【共有】きょうゆう ↓〈—する〉二人以上の人が、同時に一つの物の持ち主になっていること。例 共有の財産。共有地。対 専有

【共用】きょうよう ↓〈—する〉何人かの人が一つのものをいっしょに使うこと。例 このへやは妹との共用だ。対 専用

【共和国】きょうわこく 国民が選んだ大統領や議会によって政治をおこなう国。対 君主国

兵

ハ-5 総画7 4年 明朝 兵 5175

音 ヘイ・ヒョウ 訓 つわもの(外)

筆順 丿 亻 斤 乒 乓 兵 兵（でる・ながく・とめる）

なりたち [会意] おの(斤)とそれを両手(廾)で持っている形から武器を意味する字。

意味

❶ へいたい。武器を持ってたたかう人。軍人。例 兵をつのる。兵士・番兵

❷ 戦争や軍隊。いくさ。例 兵を挙げる。兵器

名前のよみ たけ・むね

❶〈へいたい〉の意味で

【兵士】へいし ↓ 軍隊の中にいて、たたかいをする人。類 兵卒・兵隊 表現 将校などの身分の高い軍人と区別していう。

【兵舎】へいしゃ ↓ 兵士がねおきする建物。

【兵卒】へいそつ Ⅱ 位の低い兵士。類 兵隊・兵士

【兵隊】へいたい ↓ ①兵士の何人かずつのまとまり。類 軍隊 ②一人ひとりの兵士。類 兵卒 ③ある仕事のためのはたらき手。

❷〈戦争や軍隊〉の意味で

【兵糧】ひょうろう ↓ 軍隊のための食糧。例 兵糧攻め。表現 たんに「食べ物」という意味で、「兵糧がつきた」などという。

【兵役】へいえき ↓ ある期間、義務として自分の国の軍隊に入って、兵士の仕事をすること。例 兵役につく。

【兵器】へいき ↓ 戦争で、敵とたたかうための器械や道具。例 化学兵器。類 武器

【兵法】へいほう|ひょうほう ↓ ①いくさのしかた。例 孫子の兵法(孫子は古代中国の戦術家)。②剣術などの武術。例 生兵法は大けがのもと。

【兵力】へいりょく ↓ 戦争に使える軍隊の力。例 兵力を増強する。類 武力・戦力

←兵が下につく熟語 上の字の働き

❶兵＝〈へいたい〉のとき
【歩兵 騎兵 水兵 憲兵 番兵 伏兵 屯田兵】ドウイウ役割の兵士か。
【徴兵 派兵 出兵 撤兵】兵隊をドウスルか。

其

八-6 総画8 人名 明朝 其 5176

音 キ外 訓 そ-の外・そ-れ外

意味 その。それ。人や物を指すことば。例 其の日。其れがほしい。

具

八-6 総画8 3年 明朝 具 5177

音 グ 訓 そな-わる外

筆順 丨 冂 月 月 目 具 具 具（ながく・とめる）

なりたち [会意] かなえ（鼎→目）と両手（廾）とを合わせて、「両手でそなえる食事用具」を表す字。

意味
❶どうぐ。必要な物。例 政争の具。
❷そなわる。すべてのものがそろっている。例 威厳が具わる。具体・具備
❸《その他》例 雑煮の具。具合

名前のよみ とも

❶〈どうぐ〉の意味で
【具足】ぐそく ⇩ 武士のよろいかぶと。☞❷

❷〈そなわる〉の意味で
【具現】ぐげん ⇩〈─する〉目に見える形であらわれること、あらわすこと。例 理想を具現する。
【具象】ぐしょう ▲ 目で見たり手にとったりできる、はっきりとしたすがた・形をもっていること。例 具象画。類 具体 対 抽象
【具申】ぐしん ⇩〈─する〉目上の人に自分の意見や希望をくわしく申し出ること。例 課長に意見を具申する。類 進言・上申
【具足】ぐそく ⇩〈─する〉十分にそなわっていること。例 円満具足。☞❶
【具体】ぐたい ▲ だれの目にも見えるような形をもっていること。例 具体例を挙げて話す。類 具象 対 抽象
【具体的】ぐたいてき〈─な・─に〉だれにでもわかる形で、はっきりとしているようす。例 具体的に説明する。対 抽象的・観念的
【具備】ぐび Ⅱ〈─する〉ものがきちんとそなわっている。例 必要な条件を具備した書類。類 完備

❸《その他》
【具合】ぐあい ◎ ①うまくいっているかどうかという点から見た、ものごとのようす。例 仕事の進み具合。からだの具合。類 調子 ②ものごとの進め方、やり方。例 キャッチャーはこういう具合にミットをかまえるんだ。③つごう。例 今ことわるのは具合がわるい。表記「工合」とも書く。

←具が下につく熟語 上の字の働き

❶具＝〈どうぐ〉のとき
【器具 機具】近い意味。
【家具 建具 寝具 夜具 武具 雨具 装身具 工具 文房具】ナニの目的や用途の道具か。
◆金具 敬具 道具 農機具

典

八-6 総画8 4年 明朝 典 5178

音 テン 訓 ──

筆順 丨 冂 冂 巾 曲 曲 典 典（だす・とめる）

なりたち [会意] 竹のふだに書きつけた書物（冊）とつくえ（丌）とを合わせて、「たいせつな書物」を表した字。

意味
❶たよるべき書物。もとになる書物。例 典籍・辞典
❷正しい手本。よりどころとなるもの。例 典型・特典
❸きちんとした儀式。おごそかな儀式。例 祝典

名前のよみ おき・すけ・つかさ・つね・のり・ふみ・みち・もり・よし・より

❷〈正しい手本〉の意味で
【典雅】てんが Ⅱ〈─な・─に〉きちんとしていて上品なようす。例 パイプオルガンの典雅な調べ。
【典拠】てんきょ Ⅱ 文章などの、よりどころとなっている文献。例 典拠をしめす。類 出典

【典型】⇩ それらしさをいちばんよく表しているもの。例 典型的な冬型の気圧配置。日本の美の典型。

◆典が下につく熟語 上の字の働き

❶典＝〈たよるべき書物〉のとき
【仏典 法典 事典 字典 辞典】ドウイウ内容の書物か。
【経典 教典 聖典 古典 原典 出典】ドウイウ性格をもつ書物か。

❸典＝〈きちんとした儀式〉のとき
【祭典 祝典】ナニのための儀式か。

◆香典 式典 特典

兼

ソ-8 総画10 常用 明朝 兼 517C

音 ケン中 訓 か-ねる中

筆順 兼

なりたち [会意]もとの字は、「兼」。二本のイネ(秝)と手(ヨ)とをくみ合わせて、二本のイネを持つようすから、「かねる」意味を表している字。

意味 かねる。二つ以上の役割を同時にもつ。例 大は小を兼ねる。社長兼最高経営責任者。兼用

名前のよみ かず・かね・とも

【兼業】⇧ ▲〈－する〉本業のほかに、べつの仕事もすること。例 兼業農家。対 専業

【兼行】⇩〈－する〉昼夜合わせて、仕事を急ぐこと。例 昼夜兼行の突貫工事。

【兼任】⇩〈－する〉一人で二つ以上の役を受けもつこと。かけもち。例 小・中学校の校長を兼任する。類 兼務 対 専任

【兼備】⇩〈－する〉二つ以上の長所を合わせもっていること。例 才色兼備。

【兼務】▲〈－する〉二つ以上の仕事を受けもつこと。例 部長が室長を兼務する。類 兼任・兼職

【兼用】⇩〈－する〉一つのものを、二つ以上のことに役立てて使うこと。例 日傘兼用の雨傘。対 専用

2画 冂 [けいがまえ][どうがまえ] の部

「冂」の形がめやすとなっている字を集めてあります。

この部首の字
2 円……126 内……127 3 冊……129 4 再……129
巾▸巾 367 丹▸丶 36 用▸用 775 両▸一 29
向▸口 211 同▸口 214 肉▸肉 909 周▸口 222
岡▸山 358

円

冂-2 総画4 1年 明朝 円 5186 旧字 圓 5713

音 エン 訓 まる-い

筆順 円 （とめる）（はねる）

なりたち 圓 [形声]もとの字は、「圓」。「員」が「まるい」意味と、「エン」とかわって読み方をしめしている。「口(かこみ)」がついて、「まるいこと」を表している字。

意味
❶まるい。角がない。なめらか。まるい形。全体にいきわたる。例 円く輪になる。円をえがく。関東一円。円周・円満 対 方
❷お金の単位。日本のお金の単位。例 ドルを円にかえる。一万円。百円。円高

例 解 [使い分け] まるい[丸・円] ☞37ページ

名前のよみ かず・つぶら・のぶ・まど・まどか・みつ

❶〈まるい〉の意味で

【円滑】Ⅱ〈－に〉〈－な〉とどこおらず、すらすら進むさま。例 仕事が円滑に運ぶ。

【円形】⇩ まるい形。例 中央に円形の花壇をつくる。対 方形

【円座】⇩ ①まるい形に編んだしきもの。例 円座をしく。②〈－する〉輪になってすわる。例 芝生に円座する。類 車座

【円周】⇩ 円のまわり。また、その長さ。

【円周率】⇩ 円の直径の長さにその数をかけると円周の長さになる数。約三・一四一六。記号πで表す。

【円熟】⇩〈－する〉①わざを十分に身につ

け、ゆとりをもってやりこなす力があること。例円熟した演技を見せる。類熟練 対未熟 ②長い経験から、心に落ち着きができていること。例円熟の境地。

【円陣】じん ↓ 多くの人が集まって、まるい輪の形にならぶこと。例円陣をくむ。

【円錐】◆すい ↓ 底が平らでまるく、先がとがった立体。例円錐形の帽子。関連 円錐・角錐

円錐

【円卓】たく ↓ まるいテーブル。表現 円卓を使って自由な発言を楽しむ会議を「円卓会議」という。

【円柱】ちゅう ↓ ①まるい柱。例古代建築の円柱。②茶づつの形の立体。類円筒 関連 円柱・角柱

円柱

【円筒】とう ↓ まるいつつ。類円柱

【円盤】ばん ↓ ①まるくて平たい形のもの。例空飛ぶ円盤。②陸上競技の「円盤投げ」に使うまるい板の形をしたもの。

【円舞曲】きょく 四分の三拍子のゆったりとしたおどりの曲。ワルツ。

【円満】まん Ⅲ〈一な・一に〉とげとげしさがなく、おだやかな感じ。例円満に解決する。円満な家庭。

❷〈お金の単位〉の意味で

【円高】だか ▽ 世界各国の通貨にくらべて、日本の通貨である円の相場が高めであること。例円高ドル安。対円安 知識 円高だと、外国のものは安く手に入るが、日本のものを外国に売るにはねだんが高くて売りにくくなる。

【円安】やす ▽ 世界各国の通貨にくらべて、日本の通貨である円の相場が安めであること。対円高

←円が下につく熟語 上の字の働き

❶円＝〈まるい〉のとき
【半円 同心円】ドンナ形の円か。

◆一円 大団円

内

冂-2 総画4 2年 明朝 内 5185

音 ナイ・ダイ中 訓 うち

筆順 丨 冂 内 内 (はねる)(とめる)

なりたち 内 [会意] もとの字は「內」。家(冂)と「入」とを合わせて、家の中に入る意味を表す字。

意味
❶うちがわ。くぎられた範囲の中。例福は内。場内・体内 対外
❷おもてに出さない。うちうち。こっそり。例手の内。内輪・内定
❸宮中。皇居の中。例内裏・参内

注意するよみ ダイ…例内裏・参内

名前のよみ ただ・ちか・のぶ・まさ・みつ

❶〈うちがわ〉の意味で

【内側】がわ ↓ 物の中のほう。例内側から鍵をかける。対外側

【内金】きん ↓ 買ったり契約したりする意思をしめすために、代金の一部としてはらうお金。手つけ。例内金を入れておく。

【内弟子】でし 先生(師匠)の家に住んで、教えをうける弟子。例内弟子に入る。

【内弁慶】べんけい 〈一な・一に〉家の中では強いが、外の社会では弱い人。参考 弁慶は源義経の忠実な家来。「強い人」の代表になる。

【内孫】まご ↓ 自分のむすこ夫婦のあいだに生まれた子ども。対外孫

【内輪】わ ↓ 少なめに見た数量。例内輪に見つもる。☞❷

【内訳】わけ ↓ 費用が、何にいくらかかって、全体でいくらなのかをはっきりしめすこと。例代金の内訳を書きなさい。類明細

【内科】か ↓ 肺・胃腸などの内臓の病気を手術なしであつかう医学部門。対外科

【内海】かい うみ ↓ 海が陸地内部に入りこんでいるところ。入り海。例瀬戸内海。対外海・外洋

【内外】がい ⇕ ①うちとそと。例家の内外をそうじする。②国内と国外。例内外の注目をあびる。③ある数量を、こすかこさないかぐらい。例五千円内外の品。類程度・前後

【内角】かく ↓ ①三角形など、多角形のとなり合った二つの辺がつくる内がわの角。例三角

形の内角の和は一八〇度。対外角 ②野球のホームベースで、打者に近いほう。インコーナー。例内角ひくめの球。対外角

【内閣】ないかく ↓国の行政の最高機関で、内閣総理大臣、その他の大臣でつくられる。

【内閣総理大臣】ないかくそうりだいじん 内閣の責任者。国会で国会議員の中から指名され、天皇が任命する。「首相」「総理大臣」ともいう。

【内規】ないき ↓その団体の中でだけ通用するきまり。例会社の内規にしたがう。

【内勤】ないきん ↓〈―する〉外まわりの仕事でなく、建物の中で仕事をすること。対外勤

【内攻】ないこう ↓〈―する〉①病気が外がわに出ないかたちで進むこと。例内攻性疾患。②なやみを心にためこんで苦しみを深めること。例会社への不満が内攻する。

【内在】ないざい ↓〈―する〉それ自身の中にあること。例チームに内在する不満を除く。対外在

【内需】ないじゅ ↓国の中で、商品がほしがられ買われること。例内需の拡大。対外需

【内出血】ないしゅっけつ〈―する〉からだの中で血管がやぶれ、血がたまること。

【内助】ないじょ ↓家庭内での助け。参考「内助の功」は妻が夫のはたらきを助けることをいう。

【内政】ないせい ↓国の中をどうするかの政治。例内政に力を入れる。対外交

【内政干渉】ないせいかんしょう 他国がある国の政治に口を出すこと。

【内戦】ないせん ↓一つの国の中で、自国民どうしでおこなう戦争。類内乱

【内装】ないそう ↓〈―する〉建物などの内部の設備やかざり。インテリア。例内装工事。対外装

【内蔵】ないぞう ↓〈―する〉そのものの中にそなえてあること。例内蔵マイク。

【内臓】ないぞう ↓胸や腹の中にある、胃や腸、心臓、肺、肝臓など。はらわた。類臓物

【内地】ないち ↓国内。例内地留学。対外地 参考第二次世界大戦以前に、日本の本土以外を「外地」といったのに対して使われたことば。

【内燃機関】ないねんきかん 燃料をもやしたとき生じるガスを使って、ピストンやタービンを動かすしくみ。知識ガソリンエンジン・ディーゼルエンジンなど。

【内部】ないぶ ↓ものの内がわの部分。「身体の内部」とか「会社組織の内部」とかいう。対外部

【内服】ないふく ↓〈―する〉薬を飲むこと。例内服薬。類内用・服用 対外用

【内紛】ないふん ↓国や会社などの内部で起きるもめごと。内輪もめ。例内紛がたえない。

【内面】 一ないめん ↓①ものの内がわの面。例内面塗装。類内部 対外面・表面 ②外からは見えない、人の心の中。例内面に力強さをひめる。対外面 二うちづら 家族や親しいなかまにだけ見せる、態度や表情。例内面がいい。対外面

【内野】ないや ↓野球で、ホームベース、一塁、二塁、三塁をむすんだ正方形の内がわ。そこをまもる選手。例内野ゴロ。対外野

【内憂外患】ないゆうがいかん 国内での心配事と、外国から受ける心配事。例内憂外患こもごも〈かわるがわる〉いたる。

【内容】ないよう ↓①文章や絵などで表されている話の中身。例内容を読みとる。類中身 対形式 ②箱や包みなどの中に入っているもの。例内容物。

【内乱】ないらん ↓国の中で起こる、武力によるさわぎ。例内乱をおさめる。類内戦・反乱

【内陸】ないりく ↓陸地の中の、海岸から遠くはなれた地方。例内陸部。内陸性気候。

【内輪山】ないりんざん 火山の大きな火口の中にあとからできた小さな火山。対外輪山

❷〈おもてに出さない〉の意味で

【内気】うちき ↓〈―な〉気が弱くて、思ったことを、なかなか言ったり実行したりできないこと。例内気な性格。類内向的・消極的

【内幕】うちまく ↓かくれた内がわの事情。例内幕をあばく。類内情・楽屋裏 参考むかしのいくさで陣営にはる二重の幕の内がわの幕から。

【内輪】うちわ ↓家族や身うちなど、ごく近いあいだがら。例内輪もめ。類内内・内部 ☞❶

【内意】ないい ↓表には出さずに、心の中にもっている考え。例内意をさぐる。

【内向的】ないこうてき〈―な〉気持ちや考えを表に表さず、とじこもりがちな心のありさま。類内

気 対 外向的

【内示】ないじ ⇩〈―する〉発表する前に、関係者だけに知らせること。例 予算の内示。

【内実】ないじつ ⇩ 外からはわからない、内がわの事情。例 苦しい内実。類 内情

【内緒】ないしょ ⇩ 人にはひみつにしておくこと。例 内緒話。類 内内・内密・内分 参考 もと「内証」であったのが、「ないしょ」とつまって「内緒」になった。

【内情】ないじょう ⇩ 知られていない、内部の事情。例 内情は複雑だ。類 内実・内幕・楽屋裏

【内職】ないしょく ⇩〈―する〉①職業のあいまにちょっとした仕事をすること。アルバイト。例 本業より内職のほうがいそがしい。類 副業 対 本職・本業 ②主婦などが、家事のあいまに仕事をすること。例 あて名書きの内職。

【内心】ないしん ⇩ 心の奥のほんとうの気持ち。例 内心はドキドキだ。類 心中

【内申書】ないしんしょ 成績や人がらについて出身の学校から知らせる書類。類 調査書

【内省】ないせい ⇩〈―する〉自分のおこないや考えなどについて、心の中をじっくりと見つめること。例 内省的。

【内諾】ないだく ⇩〈―する〉正式通知の前に、聞き入れること。例 内諾を得る。

【内通】ないつう ⇩〈―する〉味方のひみつやようすなどをこっそりと敵につたえること。例 敵に内通する。類 内応

【内定】ないてい ⇩〈―する〉おおやけには発表していないが、内々に決めておくこと。例 内定の通知を受ける。

【内偵】ないてい ⇩〈―する〉気づかれないように、ようすをさぐること。例 内偵をすすめる。

【内内】ないない|うちうち Ⅱ〈―に〉なかまや親しい人たちのあいだだけのことにしておくこと。例 内々に話を進める。類 内緒・内輪・内密

【内分】ないぶん ⇩ 関係者のあいだだけのこととすること。例 このことはご内分にねがいます。類 内密 表記「内聞」とも書く。

【内密】ないみつ Ⅱ〈―な・―に〉外にもらさないこと。例 内密に事を運ぶ。類 内緒・内内・内分・秘密

【内覧】ないらん ⇩〈―する〉発表されていないものを、一部の人がとくべつに見ること。例 内覧会。類 内見

❸〈宮中〉の意味で

【内裏】だいり ⇩ ①むかしの天皇の住まい。例 内裏に参上する。類 禁中・禁裏・御所 ②「内裏びな」の略。天皇・皇后のすがたに似せてつくった、男女ひとそろいのひな人形。三月三日、桃の節句にかざる。例 お内裏さま。

内が下につく熟語 上の字の働き

❶内＝〈うちがわ〉のとき
【案内 家内 管内 境内 坑内 室内 場内 体内 胎内 年内 圏内 枠内 構内 湾内 幕内】ドウイウ範囲の内か。

◆以内 参内 不案内 身内

冊

冂-3 総画5 6年 明朝 冊 518A

音 サツ・サク 高 訓 ―

筆順 冂 冊 はねる だす

たちなり 象形 もとの字は「册」。木や竹のふだをならべてひもで編んだ書物の形をえがいた字。

意味
❶本。書きつけ。例 冊子・別冊
❷ものを書きつけるふだ。例 短冊
❸書物を数えることば。例 一冊。冊数

名前のよみ ふみ

❶〈本〉の意味で

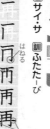

【冊子】さっし ⊠ 本、雑誌など、紙をとじたもの。例 小冊子。参考 もともとは、糸でとじた本のこと。広く「書物」の意味で使われる。

冊が下につく熟語 上の字の働き

❶冊＝〈本〉のとき
【大冊 分冊 別冊】ドウイウ形の一冊の本か。

再

冂-4 総画6 5年 明朝 再 518D

音 サイ・サ 訓 ふたた-び

筆順

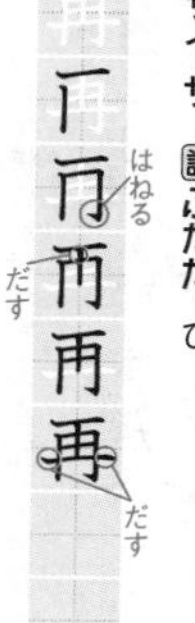

なりたち 再 [指事] 木を組みあげたもの(冓)の略した形(冉)に「一」のしるしをくわえて、もう一つあることを指ししめした字。「かさねる、ふたたび」として使われている。

意味 ふたたび。もう一度。例 再びおとずれる。再会

注意するよみ サ…例 再来年・再来月・再来週

【再演】さいえん ↓〈─する〉二度目の上演をする。例 おなじメンバーで再演する。対 初演

【再会】さいかい ↓〈─する〉しばらく会わなかった人と、また会うこと。例 再会を期して友人と別れる。

【再開】さいかい ↓〈─する〉やめていたことを、またはじめること。例 試合を再開する。

【再起】さいき ↓〈─する〉病気や失敗などのわるい状態からたちなおり、活動をはじめること。例 再起をめざす。類 再挙

【再挙】さいきょ ↓〈─する〉一度だめになってやめていたことを、またはじめること。例 再挙をはかる。類 再起

【再建】さいけん ↓〈─する〉こわれた建物や、だめになった会社などをたてなおすこと。例 倒産した会社を再建する。参考 神社やお寺の場合は「さいこん」と読む。

【再現】さいげん ↓〈─する〉なくなったものが、またあらわれること。あるいは、もう一度つくり出すこと。例 事故の起きた現場の状況を再現する。

【再検討】さいけんとう〈─する〉もう一度調べなおしてよく考えること。例 計画を再検討する。

【再考】さいこう ↓〈─する〉一度決めたことについて、もう一度考えなおすこと。例 再考の余地がある。再考をうながす。

【再興】さいこう ↓〈─する〉おとろえていた家や国、行事などをもう一度さかんにすること。また、さかんになること。類 復興・復活

【再婚】さいこん ↓〈─する〉一度結婚した人が相手とわかれたあと、べつの人と結婚すること。

【再三】さいさん Ⅲ 二度も三度も。何度も。

【再三再四】さいさんさいし 何度も何度もくりかえして。「再三」をさらに強めていう。例 再三再四注意したのに、いたずらをやめない。

【再出発】さいしゅっぱつ〈─する〉出なおすこと。とくに、今までやっていたことを終わりにして、新しくなにかをはじめること。

【再審】さいしん ↓〈─する〉判決の出た事件について、裁判をしなおすこと。例 再審請求。

【再生】さいせい ↓〈─する〉①死にそうだったものが、いきおいを取りもどすこと。例 日本映画界の再生が実現する。②心を入れかえて、新しい生活をはじめること。例 再生をちかって出なおす。類 新生・更生・再起 ③動物や植物のからだの一部分を切りとっても、またできてくること。例 トカゲのしっぽは再生する。④使って古くなったものを、使えるようにつくりかえること。例 再生紙。⑤録音や録画したものを機械にかけて、もとの音や映像を出すこと。

【再選】さいせん ↓〈─する〉前に選んだ人をもう一度選び出すこと。また、かさねて当選すること。例 再選をはたす。

【再度】さいど ↓ もう一度。ふたたび。例 再度のおねがい。金メダルに再度挑戦する。

【再読】さいどく ↓〈─する〉もう一度読むこと。

【再任】さいにん ↓〈─する〉以前つとめた職や地位にもう一度つくこと。例 議長に再任される。

【再認識】さいにんしき〈─する〉前からわかっているはずのことを、もう一度みとめなおすこと。例 平和のたいせつさを再認識する。

【再燃】さいねん ↓〈─する〉終わったはずのことが、また問題になること。例 紛争が再燃する。

【再発】さいはつ ↓〈─する〉以前の病気や事故がまたおこること。例 事故の再発を防止する。

【再発見】さいはっけん〈─する〉前は気づいていなかったよさやねうちを見つけること。

【再評価】さいひょうか〈─する〉そのことのねうちを新たに認めること。例 生徒の力を再評価する。

【再編】さいへん ↓〈─する〉内容を組みかえて新しくすること。例 委員会を再編する。

【再来】さいらい ↓〈─する〉①それがまた、やって来ること。例 好景気の再来を待つ。②過去の人物が、もう一度この世にあらわれること。例 エジソンの再来かという発明家。類 再生

【再来年】さらいねん 来年の次の年。

冖 [わかんむり]の部

物を上からおおう意を表す「冖」をもとに作られた字と、「冖」の形がめやすとなっている字を集めてあります。

この部首の字

【冗】

冖-2　総画4　常用　明朝 冗 5197

音 ジョウ 中　訓 —

筆順 冗 冗 冗 冗

なりたち [会意]もとの字は「宂」。家(宀)の中で人(儿)がじっとしているようすを表し、「ひま、むだ」の意味で使われる。

意味 ❶むだな。必要のない。例 冗談 ❷長すぎてしまりがない。例 冗長

❶〈むだな〉の意味で

【冗舌】じょうぜつ ⇩〈━に・━な〉やたらにしゃべること。類 多弁・多言 対 無口・寡黙 表記「饒舌」とも書く。

【冗談】じょうだん ⇩ ふざけて、本気でないことを言うこと。ジョーク。例 冗談をとばす。対 本気

【冗費】じょうひ ⇩ むだにつかわれるお金。むだづかい。例 冗費節約。

❷〈長すぎてしまりがない〉の意味で

【冗長】じょうちょう Ⅲ〈━に・━な〉むだに長い。例 冗長な文章。類 冗漫

【冗漫】じょうまん Ⅲ〈━に・━な〉ばらばらでしまりがない。例 冗漫な説明。類 冗長 対 簡潔

【写】

冖-3　総画5　3年　明朝 写 5199　旧字 寫 5BEB

音 シャ　訓 うつ-す・うつ-る

筆順 写 写 写 写 写（ノにならない・はねる・だす）

なりたち [形声]もとの字は、「寫」。「舄」が「物を運ぶ」意味と「シャ」という読み方をしめしている。家(宀)の中で物をうつすことを表す字。

意味 ❶書きうつす。文字などを書きうつす。例 ノートに写す。写本・模写 ❷ありのままにうつす。すがたやようすをそのとおりに表す。例 写生・描写 ❸写真をとる。写真をうつす。例 カメラで写す。写真・接写

例解 [使い分け] うつす[写・映] ☞このページ

❷〈ありのままにうつす〉の意味で

【写実】しゃじつ ▲〈━する〉実際のようすをありのままにえがきだすこと。例 写実的な表現。

【写実主義】しゃじつしゅぎ 写実を第一とする、芸術上の立場。リアリズム。

【写生】しゃせい ▲〈━する〉見えるものや、聞こえるものを、そのままうつしとり、えがきだすこと。スケッチ。例 写生文。写生大会。

❸〈写真をとる〉の意味で

【写真】しゃしん ▲ カメラでうつしとった形を印画紙にやきつける技術。そうしてできた画像。例 写真をとる。記念写真。

例解 使い分け　うつす《写す・映す》

写す＝文字や絵・画像などで、そのとおりに表す。例 黒板の字を写す。書類を写す。記念写真を写す。

映す＝光を利用して、物の形や色を表す。例 ビデオを映す。すがたを鏡に映す。障子にかげを映す。

←写が下につく熟語 上の字の働き

❶写＝〈書きうつす〉のとき
【視写 書写 透写 複写 模写 誤写】ドウヤッテ・ドノヨウニ写すか。
【手写 筆写】ナニで書き写すか。

❸写＝〈写真をとる〉のとき
【試写 実写 接写】ドウ写すか。

◆映写 謄写 描写

【冠】

冖-7　総画9　常用　明朝 冠 51A0

音 カン 中　訓 かんむり 中

筆順 冖 冠 冠 冠 冠 冠 冠 冠 冠

なりたち [形声] おおうもの(冖)を手(寸)で頭(元)につけることから、「かんむり」を表している字。「元(ゲン)」が「カン」とかわって読み方をしめしている。

意味

❶かんむり。かんむりをつける。例 冠を曲げる(きげんを悪くする)。王冠

❷成人する。成人したしるしにかんむりをつける。(中国からきた風習) 例 冠婚葬祭。弱冠

❸かぶる。かぶせる。例 冠水

❹いちばん上にある。もっともすぐれている。例 世界に冠たる存在。

❺漢字の上の部分。例 草冠。参考 ☞ふろく「漢字の組み立て」[6]ページ)

❶〈かんむり〉の意味で

【冠省】⇩手紙で、あいさつを略すことば。類 前略 知識 結びは「不一」「草々」など。

❷〈成人する〉の意味で

【冠婚葬祭】成人式・婚礼・葬式・法事。

❸〈かぶる〉の意味で

【冠水】▲〈―する〉田畑や道路などが、大水のために水をかぶること。類 浸水

←冠が下につく熟語 上の字の働き

❶冠＝〈かんむり〉のとき
【王冠 宝冠】ナニの冠か。

◆栄冠 弱冠

【冥】

冖-8　総画10　常用　明朝 冥 51A5

音 メイ 中・ミョウ 高　訓 ―

筆順 冥 冥 冥 冥 冥 冥 冥 冥 冥 冥

意味

❶くらい。例 幽冥

❷あの世。例 冥土・冥福

❸おく深い。

❹神や仏のはたらき。例 冥加・冥利

❺思いにふける。例 冥想

❻《その他》例 冥王星

❷〈あの世〉の意味で

【冥土】⇩死んでから行くところ。あの世。表記「冥途」とも書く。

【冥福】⇩あの世での幸せ。例 故人の冥福をいのる。

❹〈神や仏のはたらき〉の意味で

【冥利】⇩①知らないうちに神や仏から受ける幸せ。②ある立場にいることで受ける幸福や喜び。例 役者冥利につきる。

❺〈思いにふける〉の意味で

【冥想】皿 目をとじてしずかに考える。例 冥想にふける。

❻《その他》

【冥王星】準惑星。太陽のまわりをまわる小さい星。もとは惑星とされていた。

2画 冫 [にすい] の部

氷の意で、気候の寒さにかかわる「冫」をもとに作られた字と、「冫」の形がめやすとなっている字を集めてあります。

この部首の字

5 冴……132　冶……134　冷……134
8 准……135　凄……135　凍……135　凌……135
13 凜……135　14 凝……135
冬▸夂 275　兆▸儿 115　次▸欠 657　弱▸弓 394

【冴】

冫-5　総画7　人名　明朝 冴 51B4

音 コ 外・ゴ 外　訓 さ-える 外

意味

❶さえる。すみわたる。例 月が冴える。例 冬の夜空が

❷ひえる。ひえこむ。さむい。

ものしり巻物 第4巻

甲骨文字と金文

【甲骨文字】 甲骨文字というのは、亀の甲羅や動物のほねにきざみこまれた最古の漢字を指します。

この甲骨文字は、わずかに百年ほど前にぐうぜんのことから発見されました。しかしそれはただ甲骨文字が発見されたということに終わらず、それまでなかば伝説の王朝であった「殷」がほんとうに存在したということの証拠にもなりました。

むかしから殷の都があったと言いつたえられていた土地であった黄河流域の河南省安陽県の小屯という村のあたりでは、大むかしの動物のほねの化石がときどき出土していました。それを漢方薬屋が「竜骨」と名づけ、風邪にきく薬として売っていました。

あるとき、王懿栄という学者は、いつも薬として買わせていた竜骨になにかがきざまれていることに気づきました。そして、それはどうも古代の漢字のすがたではないかと想像したのです。これが甲骨文字発見のきっかけでした。王懿栄は知人の劉鉄雲という学者に自分の考えとともに、きざみきずのついた竜骨を見せました。そこで劉鉄雲は、その後たくさんの竜骨を集め、本格的に研究して、『鉄雲蔵亀』という本を出版して、甲骨文字を世の中に紹介しました。この書物によって甲骨文字が世の中に知れわたり、その解読がおこなわれていきました。その結果、小屯あたりは、伝説とされていた殷王朝（紀元前一三〇〇年ころ）の都の跡であることがわかり、殷王朝の実在が証明されることになったのです。

甲骨文字

殷では、国の政治の重要なことがらはすべて神にたずねました。この神の意志をうらなうために、亀の腹のほうの平らな甲羅や動物のほねを用いました。それらのうらがわに小さなあなを浅くあけて、そこに、やいて熱くした棒をあてます。すると、表がわにひびが入ります。このひびわれの形によって神の意志をうらなったのです。そのうらないの結果をその甲羅やほねにするどい刃物できざみこんだ文字が甲骨文字なのです。（→口絵）

【金文】 殷王朝の次の周王朝は、青銅器の時代ともいわれ、ひじょうに多くの青銅器が発掘されています。銅に錫をまぜ合わせてとかしたものを青銅といい、型にとかし入れてさまざまな形の器に鋳造しやすい金属とされています。

周では、王族や国の実力者は神や祖先をまつるため、また戦争や征伐であげた手柄を記念してながく子孫につたえるために、青銅でりっぱな鼎や鐘などを作りました。このとき、いのりの内容や手柄の中身を文字にして、もようとおなじように鋳込んだものが金文といわれる文字です。むかしは銅のことを「金」と言っていたので、この文字を金文といいます。この金文は甲骨文字とちがって、唐や宋といった古い時代からすでに知られていて研究も進められていました。

金文は、細く直線的な甲骨文字にくらべて、太く丸みのある文字です。

金文

冴える。

【冶】

冫-5 総画7 常用 明朝 冶 51B6

音 ヤ㊥ 訓 —

筆順 冶冶冶冶冶冶冶

意味 ❶金属をとかしてかたどる。金属をとかして器や道具をつくる。例 冶金 ❷りっぱなものにしあげる。例 陶冶

特別なよみ 鍛冶(かじ)

【冷】

冫-5 総画7 4年 明朝 冷 51B7

音 レイ 訓 つめ-たい・ひ-える・ひ-や・ひ-やす・ひ-やかす・さ-める・さ-ます

筆順 冷冷冷冷冷冷冷（はらう・とめる）

なりたち [形声]「令」は「レイ」という読み方をしめし、「レイ」は「すむ」意味をもつ。こおりを表す「冫」をくわえて、氷のつめたさを表している字。

意味 ❶温度が低い。つめたい。ひえる。ひやす。例 からだが冷える。お湯を冷ます。冷たい水。お冷や。冷害・寒冷 対 暖・温・熱 ❷心がつめたい。思いやりがない。例 店を冷やかす。冷淡 ❸落ち着いている。熱が冷める。しずめる。しずまる。例 頭を冷やす。冷静

例解 [使い分け] さます[覚・冷] ☞965ページ

❶〈温度が低い〉の意味で

【冷夏】れいか [↓] ふだんの年ほどに暑くならず、すずしい日のつづく夏。例 冷夏の影響で、お米のできぐあいがよくない。

【冷害】れいがい [↓] ふだんの夏より、気温が低かったり、早めに寒くなったりして農作物が受ける害。例 冷害対策。類 寒害

【冷気】れいき [↓] ひんやりとした空気。例 高原の朝の冷気。対 熱気

【冷却】れいきゃく ⊠〈-する〉あたたかいものや、熱いものをひやすこと。例 冷却装置。表現 あらそっている者どうしが冷静になるのを待つことを、「冷却期間をおく」という。

【冷血】けいけつ [↓] 体温が比較的低いこと。対 温血 例 冷血動物(「変温動物」の古い言い方)。☞❷

【冷水】れいすい [↓] つめたい水。対 温水 表現 相手の熱を一気にさますようなことをいうのを「冷水をあびせる」という。

【冷蔵】れいぞう [↓]〈-する〉食べ物などがくさらないように、温度の低い状態にしてしまっておくこと。例 要冷蔵。

【冷蔵庫】れいぞうこ 食べ物や飲み物などをひやしておく箱形の入れ物。

【冷凍】れいとう [Ⅲ]〈-する〉食べ物などを保存するために、こおらせておくこと。例 冷凍食品。対 解凍

【冷房】れいぼう [▲]〈-する〉機械などで、へやの中をすずしくすること。例 冷房をきかす。対 暖房 参考「房」はへや。

❷〈心がつめたい〉の意味で

【冷遇】れいぐう [↓]〈-する〉相手をつめたくそまつにあつかうこと。対 優遇・厚遇・礼遇

【冷血】れいけつ [↓]〈-な〉人間らしい心をもたないつめたさ。類 非情・冷酷・無慈悲 ☞❶

【冷酷】れいこく [Ⅲ]〈-な〉思いやりの気持ちがなく、ひどいことをするようす。例 冷酷なしうち。類 非情・冷血・無慈悲

【冷笑】れいしょう [↓]〈-する〉人をばかにしてひややかにわらうこと。例 冷笑をかう。類 嘲笑

【冷淡】れいたん [Ⅲ]〈-な〉思いやりがないようす。そっけないようす。例 冷淡な態度。

❸〈落ち着いている〉の意味で

【冷厳】れいげん [Ⅲ]〈-な〉①うわついたところがなく、しずかに落ち着いているようす。例 冷厳な態度。②ごまかしたり、かくしたりできないほど、重々しいようす。例 冷厳な事実。

【冷静】れいせい [Ⅲ]〈-な〉おこったりあわてたりしないで、落ち着いていること。例 冷静をよそおう。冷静な判断。

【冷戦】れいせん [↓] 戦争はしないが、たがいに対立した状態にあること。第二次世界大戦後のアメリカとソ連(今のロシア)の対立をいった。

【冷徹】れいてつ [↓]〈-に〉〈-な〉落ち着いて、深くするどく

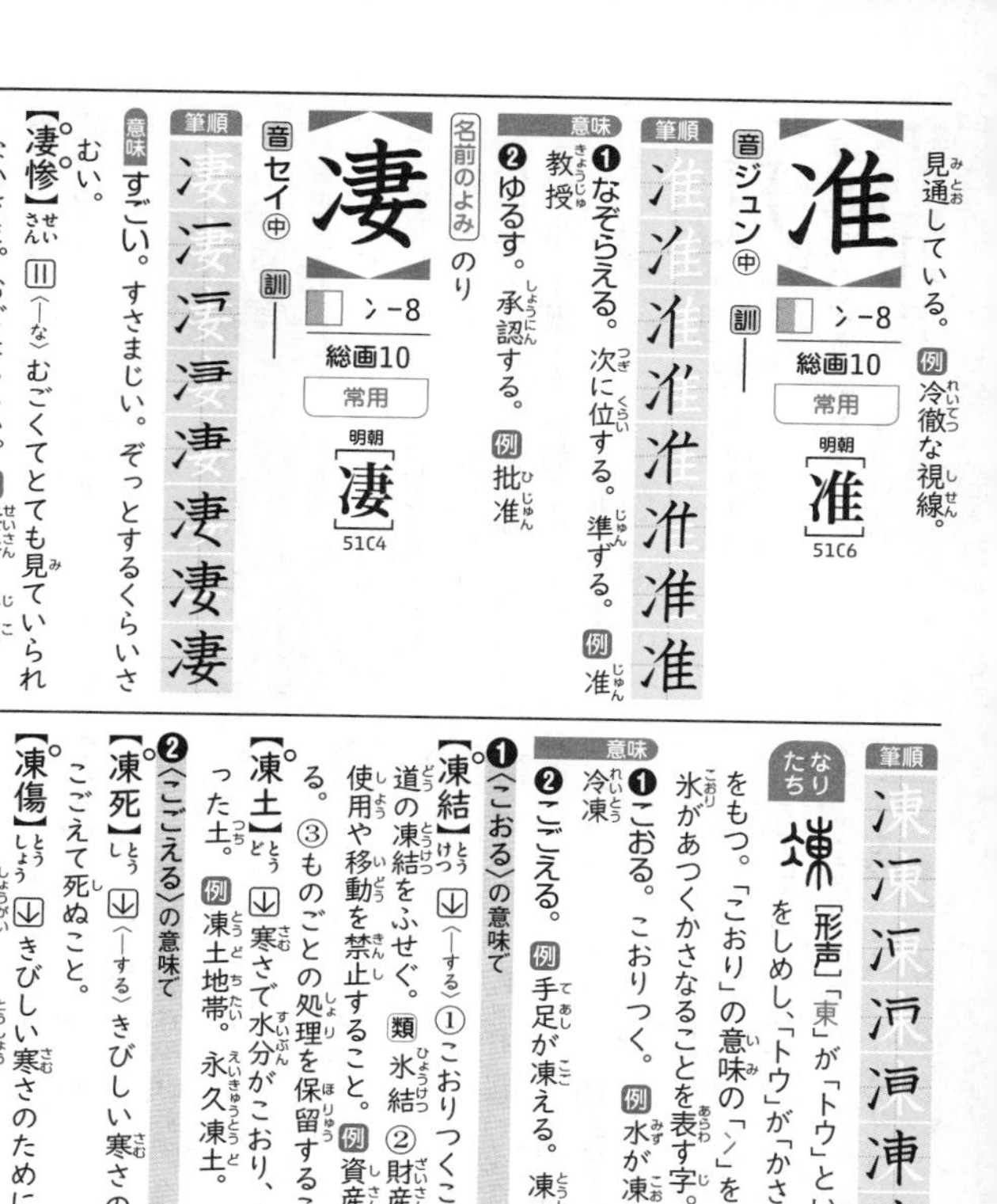

見通している。例冷徹な視線。

【准】

音ジュン中 訓—

冫-8 総画10 常用 明朝 准 51C6

筆順

意味 ❶なぞらえる。次に位する。準ずる。例准教授 ❷ゆるす。承認する。例批准

名前のよみ のり

【凄】

音セイ中 訓—

冫-8 総画10 常用 明朝 凄 51C4

筆順

意味 すごい。すさまじい。ぞっとするくらいさむい。

【凄惨】II〈—な〉むごくてとても見ていられないさま。むごたらしい。例凄惨な事故。

【凄絶】⊠〈—な〉ひじょうにすさまじい。例凄絶なたたかい。

【凍】

音トウ中 訓こお-る中・こご-える中・い-てる外

冫-8 総画10 常用 明朝 凍 51CD

筆順

たなちり [形声]「東」が「トウ」という読み方をしめし、「トウ」が「かさなる」意味をもつ。「こおり」の意味の「冫」をくわえて、氷があつくかさなることを表す字。

意味 ❶こおる。こおりつく。例水が凍る。凍結・冷凍 ❷こごえる。例手足が凍える。凍傷

❶〈こおる〉の意味で

【凍結】↓〈—する〉①こおりつくこと。例水道の凍結をふせぐ。類氷結 ②財産や資金の使用や移動を禁止すること。例資産を凍結する。③ものごとの処理を保留すること。

【凍土】↓寒さで水分がこおり、かたくなった土。例凍土地帯。永久凍土。

❷〈こごえる〉の意味で

【凍死】↓〈—する〉きびしい寒さのために、こごえて死ぬこと。

【凍傷】↓きびしい寒さのために、からだにうける傷害。例凍傷におかされる。知識「しもやけ」はその軽いものをいう。

【凌】

音リョウ外 訓しの-ぐ外

冫-8 総画10 人名 明朝 凌 51CC

意味 ❶しのぐ。こえる。例凌駕 ❷おかす。力ずくでおさえこむ。例凌辱

【凛】

音リン外 訓—

冫-13 総画15 人名 明朝 凛 51DC

意味 りりしい。寒さがきびしい。例凛とした声。勇気凛凛。

参考「凜」の字も、人名用漢字。

【凝】

音ギョウ中 訓こ-る中・こ-らす中

冫-14 総画16 常用 明朝 凝 51DD

筆順

たなちり [形声]「疑」が「とどまる」意味と、「ギョウ」とかわって読み方をしめしている。氷を表す「冫」をくわえて、氷がこおっているようすを表している字。

意味 ❶こりかたまる。こる。例肩が凝る。凝固・凝縮 ❷じっと動かずに集中する。心を集中させる。例目を凝らす。凝視

❶〈こりかたまる〉の意味で

【凝結】II〈—する〉①こりかたまること。②小さなものが集まってかたまりになること。とくに、水蒸気が集まって、しずくになること。類凝縮・凝固

【凝固】II〈—する〉水が氷になるなど、液体が固体になること。例凝固点(液体や気体が

固体にかわるときの温度）。類 凝結・凝縮 対 融解

【凝集】↓〈―する〉ちらばっていたものが、一つにかたまること。例 水銀の凝集力。

【凝縮】↓〈―する〉ぎゅっとまとまって、濃くなったり、かたまったりすること。例 ことわざには先人の知恵が凝縮されている。気体の凝縮。類 凝結・凝固

❷〈じっと動かずに集中する〉の意味で

【凝視】↓〈―する〉じっと見つめること。例 一点を凝視する。類 熟視・注視・注目

2画 几［つくえ］几［かぜがまえ］の部

「几」の形がめやすとなっている字と「几（風を省略した形）」をもとにして作られた字を集めてあります。

この部首の字

1 凡……136　3 処……136　凧……137
4 凪……137　9 凰……137　10 凱……137
冗▸冖 131　机▸木 621　風▸風 1098　鳳▸鳥 1121

凡

几-1　総画3　常用　明朝 凡 51E1

音 ボン中・ハン高　訓 およ-そ外

筆順 丿 几 凡

なりたち【象形】甲骨文字では「H」と書かれ、ひろげた布の形をえがいた字とされる。

意味 ❶ふつうである。なみの。例 凡人・平凡 ❷すべて。おしなべて。例 凡例

参考 ❶では「ボン」と読み、❷では「ハン」と読む。

注意するよみ ハン…例 凡例

❶〈ふつうである〉の意味で

【凡才】↓とくにすぐれたところのない、ごくふつうの才能。また、ふつうの才能しかもっていない人。類 鈍才 対 英才・秀才・俊才・天才

【凡人】↓とりたててすぐれた点のない、ごくふつうの人。類 凡夫

【凡俗】Ⅲ〈―な〉ふつうで、とりえがないこと。例 凡俗な人物。

【凡打】↓〈―する〉野球で、ヒットや犠打にならないこと。例 凡打に終わる。

【凡退】↓〈―する〉野球で、打者が塁に出られず、ひきさがること。例 三者凡退。

【凡夫】↓①仏の教えをさとることができず、迷いから抜け出せない人。例 凡夫のあさましさ。②ふつうの人。例 凡夫のおよぶところではない。類 凡人

【凡庸】Ⅲ〈―に〉これといってすぐれたところもなく、ふつうであるようす。例 凡庸な作品。類 平凡 対 非凡

❷〈すべて〉の意味で

【凡例】↓書物のはじめにある、その本の全体にわたる説明を書いた部分。例 辞書を使う前に凡例を読む。

◆非凡 平凡

処

几-3　総画5　6年　明朝 処 51E6　旧字 處 8655

音 ショ　訓 ところ外

筆順 ノ ク 夂 処（はらう・はねる・おらない）

なりたち【形声】もとの字は、「處」。「虍」が「ショ」とかわって読み方をしめしている。「処」はこしかけ（几）とあし（夊）を合わせた形で、「すわる」ことを表している字。

意味 ❶そのままでいる。はじめのままでいる。❷とりさばく。しまつをつける。例 要領よく事を処する。処置・善処 ❸ところ。「所」とおなじ。

❶〈そのままでいる〉の意味で

【処女】↓①まだ結婚していないおとめ。②だれも手をつけていない。はじめての。最初の。例 処女峰。③処女作。表現 ②③は、ほかのことばの前につけて使う。

【処女作】その人にとってはじめての作品。

【処女地】まだ人がふみこんだり、切り

ひらいたりしたことのない土地(とち)。表現 それまでにだれも調(しら)べたり研究(けんきゅう)したりしたことのないことがらについてもいう。

❷〈とりさばく〉の意味で

【処遇】しょぐう ⇩〈―する〉仕事(しごと)ぶりや力(ちから)などにふさわしい地位(ちい)などをあたえること。類 待遇(たいぐう)

【処刑】しょけい ▲〈―する〉刑罰(けいばつ)をくだすこと。とくに、死刑(しけい)にすること。類 処罰(しょばつ) 表現 ☞【処罰】

しょばつ（ひだりにあります）

【処世】しょせい ▲ 世(よ)の中(なか)でいろいろなできごとに出(で)あったり、人(ひと)とつきあったりして生(い)きていくこと。例 処世術(しょせいじゅつ)。

【処断】しょだん ⇩〈―する〉よいかわるいかをよく判(はん)断(だん)してしまつをつけること。

【処置】しょち ⇩〈―する〉①どうあつかうかを決(き)めて、しまつをつけること。例 処置(しょち)をほどこす。処置(しょち)にこまる。類 処理(しょり)・措置(そち) ②病気(びょうき)やけがなどに対(たい)する手当(てあ)て。例 応急処置(おうきゅうしょち)。

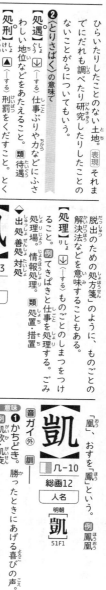

【処罰】しょばつ ▲〈―する〉罰(ばつ)をあたえること。例 関係者(かんけいしゃ)を処罰(しょばつ)する。類 処刑(しょけい)・処分(しょぶん) 表現「処罰(しょばつ)」は「処刑(しょけい)」よりも軽(かる)い意味(いみ)で広(ひろ)くいう。

【処分】しょぶん ▲〈―する〉①人(ひと)を罰(ばっ)すること。例 退学処分(たいがくしょぶん)。類 処罰(しょばつ) ②あまったものやいらないものをしまつすること。例 在庫処分(ざいこしょぶん)。

【処方】しょほう ▲〈―する〉医者(いしゃ)が病人(びょうにん)の症状(しょうじょう)をみて薬(くすり)の種類(しゅるい)や分量(ぶんりょう)を決(き)めること。

【処方箋】しょほうせん 医者(いしゃ)が、患者(かんじゃ)にあたえるべき薬(くすり)の名(な)や量(りょう)などをしるした文書(ぶんしょ)。表現「不況(ふきょう)脱出(だっしゅつ)のための処方箋(しょほうせん)」のように、ものごとの解決法(かいけつほう)などを意味(いみ)することもある。

【処理】しょり ⇩〈―する〉ものごとのしまつをつけること。例 てきぱきと仕事(しごと)を処理(しょり)する。ごみ処理場(しょりじょう)。情報処理(じょうほうしょり)。類 処置(しょち)・措置(そち)

◆出処(しゅっしょ) 善処(ぜんしょ) 対処(たいしょ)

凧

几-3 総画5 人名 明朝 凧 51E7

音 ― 訓 たこ外

意味 たこ。わくに紙(かみ)などをはって糸(いと)をつけ、風(かぜ)にのせて空(そら)にあげるもの。例 凧揚(たこあ)げ。

参考 国字(こくじ)。「風(かぜ)」を省略(しょうりゃく)した「几」と「巾(きれ)」を合(あ)わせた字(じ)。

凪

几-4 総画6 人名 明朝 凪 51EA

音 ― 訓 なぎ外

意味 なぎ。風(かぜ)もなく、波(なみ)もしずか。例 朝凪(あさなぎ)・夕凪(ゆうなぎ)

参考 国字(こくじ)。「風(かぜ)」を省略(しょうりゃく)した「几」と「止(やむ)」を合(あ)わせた字(じ)。

凰

几-9 総画11 人名 明朝 凰 51F0

音 コウ外・オウ外 訓 おおとり外

意味 おおとり。中国(ちゅうごく)で、めでたいときにあらわれると考(かんが)えられていた想像上(そうぞうじょう)の鳥(とり)。めすを「凰(おう)」、おすを「鳳(ほう)」という。例 鳳凰(ほうおう)

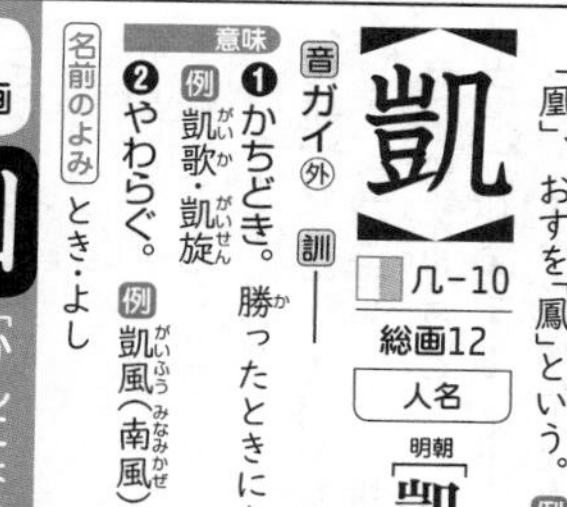

凱

几-10 総画12 人名 明朝 凱 51F1

音 ガイ外 訓 ―

意味 ❶かちどき。勝(か)ったときにあげる喜(よろこ)びの声(こえ)。例 凱歌(がいか)・凱旋(がいせん) ❷やわらぐ。例 凱風(がいふう)(南風(みなみかぜ))

名前のよみ とき・よし

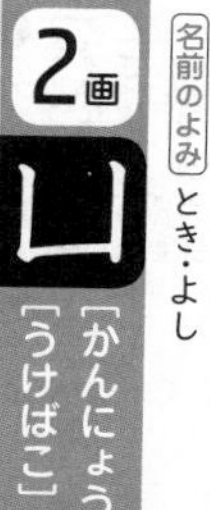

2画 凵 [かんにょう] [うけばこ] の部

箱(はこ)を表(あらわ)す「凵(かんにょう)」をもとに作(つく)られた字(じ)と、「凵(かんにょう)」の形(かたち)がめやすとなっている字(じ)を集(あつ)めてあります。

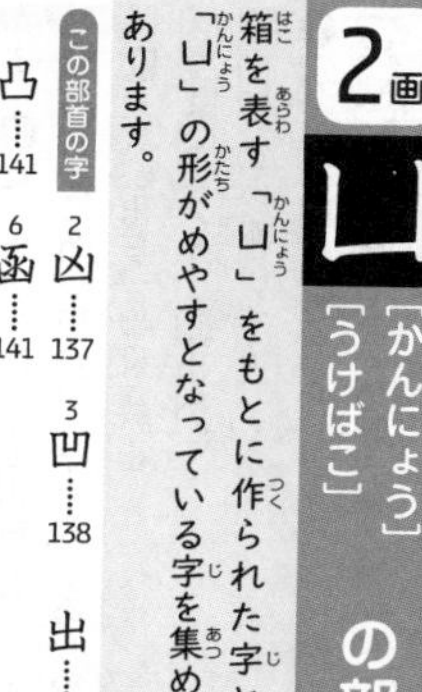

この部首の字

2 凶……137　3 凹……138　出……138
凸……141　6 函……141
画▸田 779　幽▸幺 381　歯▸歯 1126

凶

凵-2 総画4 常用 明朝 凶 51F6

音 キョウ中 訓 ―

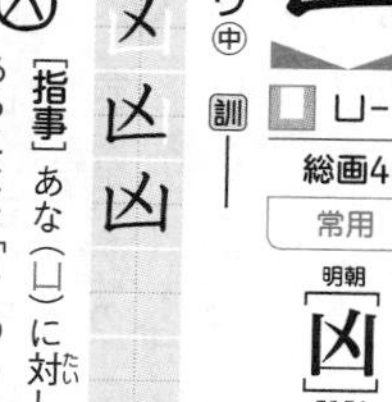

筆順 ノ メ 凶 凶

なりたち [指事]あな(凵)に対(たい)してきけんであることを「メ」のしるしで指(さ)ししめした字(じ)。

◀次ページ 凹 出

意味
❶わざわい。えんぎがわるいこと。例吉と出るか凶と出るか。凶事・凶報 対吉
❷人に害をあたえる。人を殺したり、傷つけたりする。例凶悪・元凶
❸作物のできがわるい。例凶作 対豊

❶〈わざわい〉の意味で
【凶事】きょうじ ↓人が死ぬなど、えんぎのわるいできごと。対吉事・慶事
【凶兆】きょうちょう ↓わるいことが起こる前ぶれ。例凶兆に青ざめる。対吉兆
【凶年】きょうねん ↓わるいことの多い年。☞❸
【凶報】きょうほう ↓人が死んだなどの、わるい知らせ。例突然の凶報にだれもが声をなくした。類悲報 対吉報

❷〈人に害をあたえる〉の意味で
【凶悪】きょうあく Ⅲ〈―に・―な〉ぞっとするほどわるい。例凶悪犯罪。類極悪
【凶器】きょうき ↓人を傷つけたり、殺したりするために使われる道具。例凶器による犯行。
【凶行】きょうこう ↓人を殺したり傷つけたりする、おそろしいおこない。例口論のすえ、凶行におよぶ。
【凶刃】きょうじん ↓人殺しなどに使われた刃物。例凶刃にたおれる。類凶弾
【凶弾】きょうだん ↓悪者がうった弾丸。例凶弾にたおれる。類凶刃
【凶暴】きょうぼう Ⅲ〈―な・―に〉性質がわるくあらあらしい。例凶暴性がある。

❸〈作物のできがわるい〉の意味で
【凶作】きょうさく ↓農作物のできぐあいがひじょうにわるいこと。例冷夏で米が凶作となる。類不作・飢饉 対豊作
【凶年】きょうねん ↓農作物のできが、ひどくわるい年。対豊年 ☞❶
◆吉凶 元凶

凹

凵-3 総画5 常用 明朝 凹 51F9

音オウ㊥ 訓―

筆順

なりたち [象形]中央がくぼんでいる形をえがいた字。

意味 くぼむ。中央がへこんでいる。例凹レンズ。凹面鏡。凹凸 対凸

特別なよみ 凸凹(でこぼこ)

【凹凸】おうとつ ⇕表面がくぼんだり、でっぱったりしていること。例月の表面には凹凸がある。類凸凹
【凹面鏡】おうめんきょう 面の中央がくぼんでいる鏡。光を集める性質があり、反射望遠鏡などに使われる。対凸面鏡

出

凵-3 総画5 1年 明朝 出 51FA

音シュツ・スイ㊥ 訓で-る・だ-す

筆順 たかく

なりたち [会意]足の意味の「止」と、ある地点をしめす「凵」を合わせて、ある地点からでていくことを表している字。

意味
❶外にでる。内から外に行く。例家から出る。水の出がわるい。出港・門出 対入
❷その場にでていく。そこにでむく。例出場 対欠
❸外にだす。とりだす。もちだす。おくりだす。例金を出す。出力・放出 対入
❹おもてにあらわれる。すがたをあらわす。例元気が出る。出没・続出

注意するよみ スイ…例出納

名前のよみ いず・いずる

❶〈外にでる〉の意味で
【出家】しゅっけ ▲〈―する〉仏教を学ぶために、お坊さんになること。また、お坊さん。例出家の身。対在家
【出撃】しゅつげき ↓〈―する〉敵をせめるために、自分の陣地や基地から出ていくこと。例出撃命令。類進撃 対迎撃
【出航】しゅっこう ↓〈―する〉船や飛行機が出発すること。例出航後のキャンセルはできません。類出帆・船出 対欠航
【出港】しゅっこう ▲〈―する〉港から船が出ていくこと。例出港の合図に汽笛を鳴らす。類船出・

出帆 対 入港・帰港

【出国】しゅっこく ▲〈―する〉今いる国を出て、よその国へ行くこと。例 出国手つづき。対 入国

【出所】しゅっしょ ▲〈―する〉刑務所から出ること。類 出獄 対 入獄 ☞❷❹

【出処進退】しゅっしょしんたい 官職につくか、民間にとどまるか、今の地位にとどまるか、やめるか、といった分かれめ。身のふり方。例 出処進退を明らかにする。類 去就

【出陣】しゅつじん ▲〈―する〉戦場や試合に出かけていくこと。例 いざ出陣。出陣式。

【出征】しゅっせい ↓〈―する〉軍隊の一人として戦地へ行くこと。例 出征兵士。

【出立】しゅったつ Ⅱ〈―する〉旅行に出かけること。旅立ち。例 明朝出立する。類 出発・門出

【出発】しゅっぱつ Ⅱ〈―する〉①目的地に向かって出かけること。例 見学に出発する。類 門出・出立 対 到着 ②新しい目的に向かって動きはじめること。スタート。例 再出発。類 門出

【出帆】しゅっぱん ▲〈―する〉船が航海に出ること。類 船出・出航・出港 表現 今のほとんどの船には帆はないが、「出帆」という。

【出奔】しゅっぽん ↓〈―する〉行く先を知らせずににげ出すこと。例 故郷を出奔する。類 家出

【出足】であし ↓①ものが動きだすときの速さやいきおい。例 出足の速い車。②はじまったときの進みぐあい。例 出足でつまずく。☞❷

【出口】でぐち ↓内から外へ出るための場所。例 出口はあちらです。対 入り口

【出鼻】でばな・ではな ◎ものごとをはじめようとした、そのとき。例 出鼻をくじく。表記「出端」とも書く。参考「はな」は「はじめ」の意味で、「鼻」は当て字。

【出不精】でぶしょう 〈―な・―に〉外へ出かけるのをめんどうがること。例 年をとって出不精になった。表記「出無精」とも書く。

❷〈その場にでていく〉の意味で

【出演】しゅつえん ↓〈―する〉舞台や映画、テレビなどに出て、歌をうたったり芝居をしたりすること。例 出演料。

【出勤】しゅっきん ▲〈―する〉①仕事をするために会社などに出かけること。例 出勤時間。対 退勤 ②つとめに出ていること。対 欠勤

【出欠】しゅっけつ ⇕ 出席か欠席か。例 出欠をとる。

【出向】しゅっこう ↓〈―する〉自分が一員となっている会社や役所から命じられて、身分はそのままで、べつの場所につとめること。例 子会社に出向する。

【出社】しゅっしゃ ▲〈―する〉仕事のために会社に出てくること。例 八時に出社する。対 退社

【出所】しゅっしょ ▲〈―する〉事務所や研究所など「所」のつく機関に、つとめのために出かけること。対 退所 ☞❶❹

【出場】しゅつじょう ▲〈―する〉競技会やコンテストなどに参加すること。例 全国大会に出場する。対 欠場・休場

【出世】しゅっせ ▲〈―する〉りっぱな身分の人になること。高い地位につくこと。例 立身出世。類 栄達

【出席】しゅっせき ▲〈―する〉授業や会議・会合などに出ること。例 出席者。対 欠席

【出世作】しゅっせさく その人が世間にみとめられるきっかけになった作品。

【出張】しゅっちょう ◎〈―する〉仕事のために、自分のつとめ先以外のところに出かけること。例 大阪へ出張する。海外出張。参考「出張る(その場に出ていく)」の漢字を音読みしたもの。

【出廷】しゅってい ▲〈―する〉被告・原告・証人などが裁判のために、法廷(裁判所)に出てくること。例 証人として出廷する。対 退廷

【出頭】しゅっとう ▲〈―する〉警察署や裁判所などによび出されてでむくこと。例 出頭命令。

【出動】しゅつどう Ⅱ〈―する〉軍隊や警察、消防隊などが、活動するために出かけること。例 火事の知らせに消防車が出動する。

【出馬】しゅつば ▲〈―する〉①地位の高い人が、自分でその場に出向いてことにあたること。例 社長みずから出馬して交渉にあたる。②選挙に立候補すること。例 出馬表明。

【出漁】しゅつりょう・しゅつぎょ ▲〈―する〉魚をとりに出かけること。例 まぐろ漁船が出漁する。

【出足】であし ↓ある場に出かける人びとの出かた。例 客の出足がよい。☞❶

【出先】でさき ↓①出かけていった先。例出先からの電話。類外出先 ②「出先機関」の略。

【出先機関】でさききかん 政府や役所・会社などが、外国やはなれた土地につくって、そこでの仕事をするようにした支部や出張所。

【出番】でばん ↓①舞台に出ていく順番。例出番を待つ。②自分の力をいかして活躍するチャンス。例いよいよ君の出番だ。

【出前】でまえ ◎料理などを、注文した人の家までとどけること。例出前をとる。類店屋物

3〈外にだす〉の意味で

【出荷】しゅっか ▲〈―する〉商品として市場に送り出すこと。例レタスの出荷。対入荷

【出願】しゅつがん ▲〈―する〉役所や学校などに、許可をねがい出ること。例出願の手つづきをする。出願期間。類申請

【出札】しゅっさつ ▲〈―する〉駅できっぷを売ること。例出札係。出札口。

【出資】しゅっし ▲〈―する〉商売などのもとになるお金を出すこと。例共同出資者。類投資

【出題】しゅつだい ▲〈―する〉①試験やクイズなどの問題を出すこと。例出題傾向。②前もって、詩や歌などの題を決めておくこと。例来月の句会の出題を発表する。

【出店】一しゅってん ▲その場所に新しく店をかまえること。例関西にも出店を計画している。
二でみせ ↓①本店から分かれて、よそにかまえた店。②町中に一時的に出す店。類露店

【出版】しゅっぱん ▲〈―する〉小説、論文、絵などを書物や雑誌などの印刷物にして売り出すこと。例全集を出版する。出版社。類刊行

【出費】しゅっぴ ①↓なにかをするのにかかるお金。例出費がかさむ。②▲〈―する〉お金を出すこと。例むだな出費をなくす。

【出品】しゅっぴん ▲〈―する〉展覧会やバザーなどに、作品や品物を出すこと。例出品作。

【出兵】しゅっぺい ▲〈―する〉国外に軍隊をくり出すこと。類派兵 対撤兵 表現国内の場合には「出動」が使われる。

【出力】しゅつりょく ①↓発電機やエンジンなどの出す力。例もっと出力の大きいエンジンがほしい。②▲〈―する〉コンピューターなどから、電気信号や文字、画像などの形で情報をとり出すこと。アウトプット。対入力（インプット）

4〈おもてにあらわれる〉の意味で

【出納】すいとう ⇕〈―する〉支出と収入。お金や品物の出し入れ。例現金出納帳。

【出火】しゅっか ▲〈―する〉火事を出すこと。例出火の原因を調べる。対鎮火・消火

【出血】しゅっけつ ▲〈―する〉①けがなどをして、血が出ること。例内出血。②商売などで、損をすること。例出血大サービス。

【出現】しゅつげん Ⅲ〈―する〉今までなかったものや、知られていなかったものなどが、あらわれ出ること。例怪獣が出現した。類現出

【出産】しゅっさん Ⅲ〈―する〉子どもがうまれること。また、子どもをうむこと。例出産祝い。類分娩

【出自】しゅつじ Ⅲその人がどのような家庭・家がらの生まれであるかということ。類素性

【出所】しゅっしょ・でどころ ↓ものごとが出てきた、もとのところ。例出所をつきとめる。☞❶❷

【出生】しゅっしょう・しゅっせい Ⅲ〈―する〉人がこの世に生まれ出ること。例出生届。類誕生

【出生率】しゅっしょうりつ・しゅっせいりつ 全人口に対する、その年に生まれた子の数の割合。

【出色】しゅっしょく ▲多くのものの中で、とびぬけてすぐれていること。例出色のできばえ。類抜群・圧巻・傑出

【出身】しゅっしん ▲その人がどこで生まれたか、どういう学校を終え、どういう職場にいたことがあるかなど、これまでのこと。例出身地。

【出水】しゅっすい・でみず ▲〈―する〉川などの水がその外に流れ出ること。類洪水・大水

【出典】しゅってん ↓故事・成語や、引用された文章などの出どころである書物など。例出典を明示する。類典拠

【出土】しゅつど ▲〈―する〉土の中から、化石や、むかしの人びとの生活のあとや道具などがほり出されること。例出土品。

【出没】しゅつぼつ ⇕〈―する〉あらわれたり、かくれたりすること。例「クマ出没注意！」

【出藍の誉れ】しゅつらんのほまれ 生徒が先生よりもす

ぐれること。弟子が師よりもえらくなること。
〔故事のはなし〕→このページ

【出来】でき ◎ ①ものが作り出されること。例 出来高。②作り出されたものや、したことの結果のようす。できばえ。例 出来のいい作品。③その人がもっている性格や力。例 出来のいいむすこをもって幸せだ。④農作物のとれぐあい。例 例年なみの出来。類 作柄 表現 ①の意味では、漢字を音読みして「出来」ということばができ、「一大事が出来した」のようにも使う。

【出来心】できごころ そのとき、ふと起こったよくない考え。例 ほんの出来心でしたこと。

【出来事】できごと じっさいに起こったことがらや事件。例 今日の出来事。

【出窓】でまど ↓ 建物の壁よりも外側に突き出ている窓。張り出し窓。例 出窓のある家。

【出物】でもの ↓ ①持ち主が手ばなして、安く売りに出ているもの。例 よい出物がある。古道具や不動産などをいうことが多い。②おできのようなふきでもの。ときに、おならをもさす。例 出物はれ物所きらわず（おならやふきでものは、時や場所に関係なく出る）。

故事のはなし　出藍の誉れ

青い色の染料はあいぐさから作るが、できた青色はもとのあいぐさよりも青い。（『荀子』勧学篇）

参考 むかしの青い色の原料のあいぐさは、植物であるからそのものはさほど青くはない。あいぐさが先生、できた青色が生徒にあたり、恩師よりもりっぱになることを表している。学問の大切さをいうたとえで、「青は藍より出でて藍より青し」ともいう。原文は「氷は水之を為りて水よりも寒し」とつづく。

出が下につく熟語　上の字の働き

❶出＝〈外にでる〉のとき
【遠出 外出】ドコに出るのか。
【退出 転出 突出 噴出 流出】ドウヤッテ出るのか。

❸出＝〈外にだす〉のとき
【案出 演出 救出 供出 検出 産出 算出 支出 析出 選出 帯出 抽出 提出 摘出 派出 排出 搬出 描出 輸出】ドウヤッテ出すのか。

❹出＝〈おもてにあらわれる〉のとき
【現出 露出】近い意味。
【続出 輩出 百出 嫡出】ドノヨウニ出て来るのか。

◆門出 傑出 歳出 進出 脱出 人出 不世出 船出

凸

凵-3 総画5 常用 明朝 凸 51F8

音 トツ 中 訓 —

筆順

なりたち 【象形】中央がつき出ている形をえがいた字。

意味 出っぱっている。つき出る。例 凸面鏡。凹凸 対 凹

特別なよみ 凸凹（でこぼこ）

【凸凹】でこぼこ ◇〈—する〉表面が高くなったり低くなったりしていること。類 凹凸

【凸版】とっぱん ↓ 出っぱった部分にインクをつけて印刷するための版面。

【凸面鏡】とつめんきょう 面の中央がもりあがっている鏡。うつっているものが小さく見える。カーブミラーなどに使う。対 凹面鏡

函

凵-6 総画8 人名 明朝 函 51FD

音 カン 外 訓 はこ 外

意味 ❶はこ。ものをしまっておく入れ物。手紙を入れるはこ。例 投函 ❷函館。北海道の都市名。例 青函トンネル。

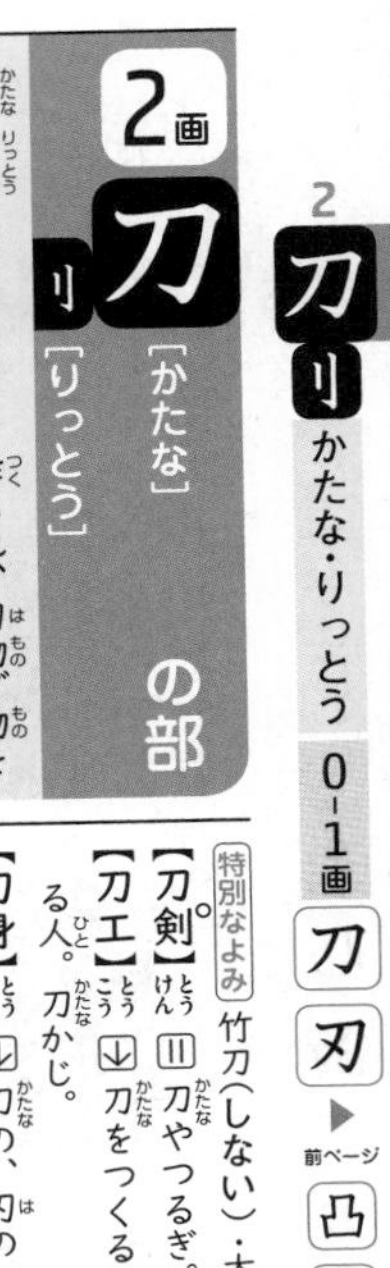

2画 刀 刂 [かたな] [りっとう] の部

「刀(刂)」をもとにして作られ、刃物で物を切ったりけずったりすることを表す字を集めてあります。

この部首の字

0 刀…142
1 刃…142
2 刈…143 切…143 分…144
3 刊…146
4 刑…146 列…147
5 初…147 判…149 別…150 利…151
6 券…152 刻…152 刷…153 刹…153 刺…154 制…154 到…155
7 削…155 前…155 則…158
8 剣…158 剛…158 剤…159 剝…159 剖…159
9 剰…159 副…160
10 割…160 創…161
13 劇…161 劉…162
召▸口 209 忍▸心 485

刀

刀-0 総画2 2年 明朝 刀 5200

音 トウ 訓 かたな

筆順 フ 刀(はねる)

なりたち [象形] かたなの形をえがいた字。

意味 かたな。はもの。例 小刀・木刀

特別なよみ 竹刀(しない)・太刀(たち)

【刀剣】とうけん Ⅲ 刀やつるぎ。

【刀工】とうこう ⇩ 刀をつくることを仕事にしている人。刀かじ。

【刀身】とうしん ⇩ 刀の、刃のついている部分。例 刀身のさびを落とす。

←刀が下につく熟語 上の字の働き

【作刀 執刀 帯刀】刀をドウスルのか。

【短刀 小刀 大刀 太刀 木刀 竹刀 名刀】ドノヨウナ刀か(形や材料や評価)。

刃

刀-1 総画3 常用 明朝 刃 5203

音 ジン 高・ニン 外 訓 は 中・やいば 外

筆順 フ 刀 刃

なりたち [指事]「刀」のよく切れるところを「丶」でしめし、「刀のは」を表している字。

意味

❶刀のは。やいば。例 刃物・白刃 参考 はがねを焼いて「は」を作るから「焼き刃」。それが「やいば」となった。

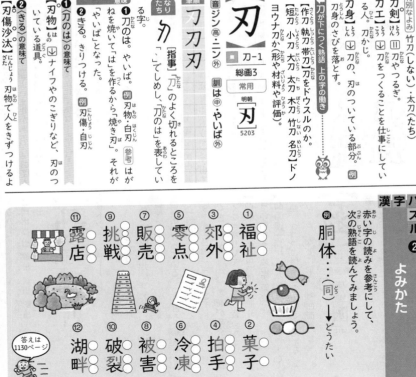

❷きる。きりつける。例 刃傷・自刃

❶〈刀のは〉の意味で

【刃物】はもの ⇩ ナイフやのこぎりなど、刃のついている道具。

❷〈きる〉の意味で

【刃傷沙汰】にんじょうざた 刃物で人をきずつけるよ

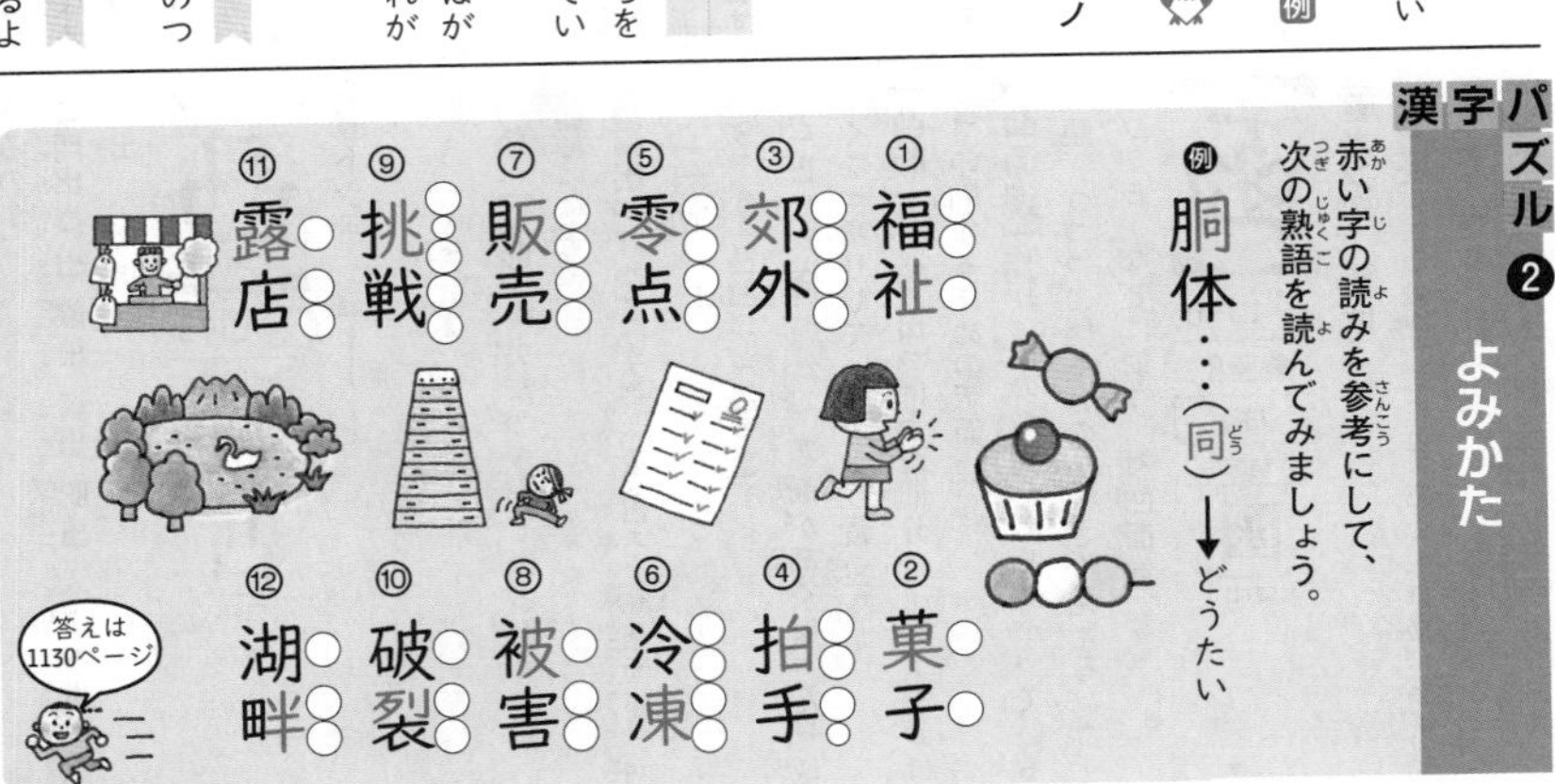

漢字パズル ❷ よみかた

赤い字の読みを参考にして、次の熟語を読んでみましょう。

例 胴体・・・(同)→どうたい

① 福祉 ② 菓子 ③ 郊外 ④ 拍手 ⑤ 零点 ⑥ 冷凍 ⑦ 販売 ⑧ 被害 ⑨ 挑戦 ⑩ 破裂 ⑪ 露店 ⑫ 湖畔

答えは1130ページ

うな事件。例 刃傷沙汰におよぶ。

刃が下につく熟語 上の字の働き

❶刃＝〈刀のは〉のとき
【凶刃 白刃】ドンナ刀の刃か。

刈

リ−2 総画4 常用 明朝 刈 5208

音 — 訓 か-る㊥

筆順 ノ メ 刈 刈

なりたち [形声]「メ(乂)」は草をかりとる大ばさみをかたどり、また「カイ」という読み方をしめす。「刂(刀)」をくわえて、「かりとる」ことを表している字。

意味 かる。かりとる。草やかみの毛などを切りとること。例 稲を刈る。

切

刀−2 総画4 2年 明朝 切 5207

音 セツ・サイ㊥ 訓 き-る・き-れる

筆順 一 七 切 切（はねる）

なりたち [形声]「七」が「きる」意味と、「セツ」とかわって読み方をしめしている。「刀できる」ことを表している字。

意味 ❶きる。きりはなす。例 紙を切る。息が切れる。切れのいい球。切断

❷このうえなく。ぎりぎりまで。てあつい。例 切にいのる。切実・懇切

❸すべて。例 一切

例解 [使い分け] きる[切・斬] ☞このページ

注意するよみ サイ…例 一切

❶〈きる〉の意味で

【切手】◎「郵便切手」の略。郵便料金をはらったしるしとして、郵便物にはる小さな紙のふだ。参考「切符」と「手形」を合わせたことば。はじめ、郵便切手のほかに商品切手もあり、米の切手、酒の切手などいろいろあった。それらは、今は「商品券」といわれる。

【切符】↓ 乗車券や入場券など、お金をはらったしるしのふだ。チケット。例 往復切符。類 券

【切開】↓〈−する〉病気をなおすためにからだの一部を切り開くこと。例 切開手術。

【切磋琢磨】〈−する〉なかまどうし、おたがい努力をして、学問や人格を高め、成長すること。参考「切磋」は石を切り、けずること。「琢磨」はその石をさらにこすり、みがくこと。『詩経』にあることばで、『論語』に引用されている。

【切歯扼腕】〈−する〉奥歯をぎりぎりとならし、自分の腕をにぎって、ひどくくやしがること。表現 力を出してはたらきたいのに、自分がその立場にいないため力の出しようがないくやしさを表す。

【切除】↓〈−する〉切りはなしてとりのぞくこと。例 胃の一部を切除する。

【切断】Ⅱ〈−する〉つながっているものを切りはなすこと。例 針金を切断する。

【切腹】▲〈−する〉自分で腹を切って死ぬこと。はらきり。類 割腹 知識 切腹は、日本の武士に特有のもので、自分の面目を立てるためのものと、罰として受けるものとがあった。

❷〈このうえなく〉の意味で

【切片】↓ ものの切れはし。

例解 使い分け きる《切る・斬る》

切る＝刃物などで傷つける。つながりを断つ。例 野菜を切る。はさみで切る。期限を切る。電話を切る。

斬る＝刀を使って傷つける。例 刀で斬る。敵を斬り捨てる。

参考「切る」の中で、刀を使う場合に「斬る」を用いる。「切る」のままでもよい。

切る

斬る

【切実】せつじつ ▲〈―な〉じかに自分の利害にかかわってくると感じられる。さしせまったこととして、強く気持ちが動かされる。例バス代の値上げは切実な問題だ。類痛切

【切切】せつせつ Ⅲ〈―たる〉〈―と〉思いがみちあふれるようす。例切々とうったえる。

【切迫】せっぱく Ⅲ〈―する〉①ぎりぎりまでおしせまっている。例期日が切迫する。②大事件がおこりそうな、はりつめた状態になっている。例事態が切迫する。類緊迫・急迫

【切望】せつぼう ↓〈―する〉そうなるようにと心からのぞむこと。例平和の到来を切望する。類熱望・渇望・懇望・懇願・懇請

切が下につく熟語 上の字の働き

❷切＝〈この上なく〉のとき
【懇切 親切 適切】この上なくドウデアルか。
◆一切 一切合切 大切 痛切 踏切

【分】

刀−2 総画4 2年 明朝 分 5206

音 ブン・フン・ブ 訓 わ-ける・わ-かれる・わ-かる・わ-かつ

筆順 あける はねる

なりたち 〔会意〕「刀」と「わける」意味の「八」を合わせて、切り分けることを表している字。

意味

❶わける。べつべつになる。わかれる。例紅白に分かれる。たもとを分かつ（縁を切る）。勝敗の分かれめ。分解・半分

❷あるものの一部。全体を構成しているそれぞれのもの。例あなたの分。塩分・成分

❸全体の中での立場。わりあてられた役割。持ち分。例分相応。分際・自分

❹わかる。はっきりする。例答えが分かる。分かりがいい。分別・検分

❺度合やころあい。ほど。例分が有る。この分でいけば。十分・存分・当分

❻時間・角度・長さなどの単位。十分の一の割合。一割の十分の一。例一時間と十五分。一寸五分。五分五分。

例解 [使い分け] わかれる[分・別] ☞ひだりのページ

発音あんない フン→プン…例一分二十秒

県名 大分(おおいた)

名前のよみ ちか

❶〈わける〉の意味で

【分化】ぶんか ↓〈―する〉一つのものが発達して、いくつかに分かれること。例学問の分化。

【分解】ぶんかい Ⅲ〈―する〉①ばらばらにすること。ばらばらになること。例カメラを分解する。空中分解。類解体 ②化合物が二つ以上の物質に分かれること。例電気分解。対合成

【分割】ぶんかつ Ⅲ〈―する〉まとまっているものを、いくつかに分けること。例五分割。類分離

【分岐点】ぶんきてん 道が分かれているところ。分かれめ。表現「人生の分岐点」などと、ものごとのなりゆきの分かれめについてもいう。

【分業】ぶんぎょう ▲〈―する〉一つの仕事をいくつかの部分に分け、手分けして受けもつこと。例分業で作業をすすめる。

【分教場】ぶんきょうじょう 学校の本校からはなれたところにある小さな分校。類分校 対本校

【分極化】ぶんきょくか 〈―する〉集団の中に、対立しあうグループが二つ以上うまれること。

【分家】ぶんけ ▲〈―する〉家族のだれかが家を出て、べつに一家をたてること。また、その家。類別家 対本家

【分権】ぶんけん ▲ 政治の権力や権限が一つのところに集中しないように、いくつかに分けること。例地方分権。対集権

【分校】ぶんこう ↓ 本校から分かれてつくられた学校。類分教場 対本校

【分冊】ぶんさつ ▲〈―する〉書物をいく冊かに分けて製本すること。また、その一冊。

【分散】ぶんさん Ⅲ〈―する〉①まとまっていたものが、ばらばらにちらばること。例分散した書類を集める。対集中 ②光がプリズムを通って、ちがった色の光に分かれること。

【分子】ぶんし ↓ ①物質の性質を失わないままで分けられる、最小のつぶ。②分数の横線の上にある数や式。対分母 ③集団の中で、ある特徴がはっきりしている人間。例危険分子。

【分乗】ぶんじょう ↓〈―する〉何台かの乗り物に分か

れて乗ること。例三台の車に分乗する。

【分譲】ぶんじょう ↓〈—する〉ひとつづきの土地やひとまとまりの建物などを、いくつかに分けて売ること。例分譲地。分譲マンション。

【分身】ぶんしん ↓ 一つのものや、一人のからだから分かれ出たべつのもの。

【分水嶺】ぶんすいれい◆ ふった雨や雪が、べつべつの方向の川に分かれることになる、さかいめの山や、山脈。

【分数】ぶんすう ↓ ある数をほかの数で割るとき、横線の上に割られる数(分子)を、下に割る数(分母)を書いて表したもの。関連整数・小数・分数

【分析】ぶんせき Ⅲ〈—する〉①ものごとをこまかく分け、すじみちにしたがって調べること。例原因を分析する。類解析 対総合 ②化学で、物質の成分を調べること。例薬品の分析。

【分担】ぶんたん ↓〈—する〉仕事や、かかるお金などを何人かで分けて受けもつこと。例費用をきょうだいで分担する。役割分担。

【分断】ぶんだん Ⅲ〈—する〉ひとつながりのものを、ばらばらに切りはなすこと。切りはなされること。例台風で鉄道が分断された。

【分派】ぶんぱ ①Ⅲ〈—する〉大きなグループの中にべつのグループを作り、全体の統制をやぶる動きをすること。例分派行動。②↓あるグループから分かれてできたグループ。類分流

【分配】ぶんぱい ↓〈—する〉分けて、それぞれにくばること。例利益を分配する。類配分

【分泌】ぶんぴ｜ぶんぴつ ↓〈—する〉生物が、あせや消化液・ホルモンなどの液体をからだの中や外に出すこと。例胃液の分泌。

【分布】ぶんぷ ↓〈—する〉広い場所のあちこちに分かれてひろがっていること。例人口分布。

【分別】ぶんべつ Ⅲ〈—する〉種類ごとに分けること。例ごみの分別。☞「ふんべつ」は❹

【分娩】ぶんべん◆ ↓〈—する〉女の人や、動物のめすが子をうむこと。例分娩室。類出産

【分母】ぶんぼ ↓ 算数で、分数の横線の下にある数や式。対分子

【分野】ぶんや ↓ 全体をある考え方によって分けたときの一つ一つ。例得意分野。類領域

【分離】ぶんり Ⅲ〈—する〉①一つであったものを、二つ以上に分けること。分かれること。例油が分離する。中央分離帯。類分割 ②いくつかの物質でできているものの中から、ある物質を取り出すこと。例遠心分離器。

【分類】ぶんるい ▲〈—する〉さまざまなものを、似ているところやちがうところを見て、整理すること。例植物を分類する。類類別

【分裂】ぶんれつ Ⅲ〈—する〉一つのものがばらばらになること。例細胞分裂。対統一・融合

❸〈全体の中での立場〉の意味で

【分際】ぶんざい Ⅲ 世の中でのその人の地位や立場。例学生の分際でぜいたくを言うな。類身分・分限 表現見下した気持ちで用いる。

【分相応】ぶんそうおう〈—な〉〈—に〉その人の身分や能力に対して、そのくらいがちょうどいい。例分相応なくらし。対分不相応

❹〈わかる〉の意味で

【分別】ふんべつ Ⅲ ものごとのよしあしを考え、見分ける力。例分別がある。分別く

例解 使い分け わかれる《分かれる・別れる》

分かれる＝ものがべつべつにはなれる。

例道が分かれる。意見が分かれる。勝敗の分かれ目。

別れる＝いっしょにいた人がべつべつにはなれる。

例友達と別れる。別れのことば。親と別れて住む。

参考「分かれる」「別れる」の送りがなに注意しよう。

2 刀 刂 かたな・りっとう 2画 分 ◀次ページ 刊 刑

さい人。☞「ぶんべつ」は❶

❻〈時間・角度・長さなどの単位〉の意味で

【分速】ふんそく ⇩ 一分間にどれだけの距離を進むかで表した、速さ。関連 秒速・分速・時速

【分銅】ふんどう ⇩ てんびんばかりや、さおばかりなどで重さをはかるときに使う、重さのきまっている金属のおもり。

【分度器】ぶんどき 角度をはかる道具。

【分量】ぶんりょう Ⅱ 重さ・かさなどの、多い少ないの程度。例 薬の分量。目分量。

←分が下につく熟語 上の字の働き

❶分＝〈わける〉のとき
【区分 細分 半分 等分】ドノヨウニ分けるか。
【秋分 春分 節分】イツの分けめか。
【通分 約分】分数をドウスルか。

❷分＝〈あるものの一部〉のとき
【塩分 鉄分 水分 糖分 気分】ナニの要素か。

❸分＝〈全体の中での立場〉のとき
【応分 過分 処分】持ち分に対してドウスルのか、ドウデアルのか。
【子分 親分 身分 自分】ドウイウ資格の持ち分なのか。
【性分 名分(大義名分) 天分 本分】ナニから来る持ち分なのか。

❺分＝〈度合やころあい〉のとき
【十分 十二分 不十分 存分 多分 大分 当分 余分 何分】ドノクライの度合か。
【時分 夜分】イツのころあいか。

◆検分 五分五分 随分 寸分 成分 配分 不可分 部分 領分

刊

音 カン 訓 —

刂-3 総画5 5年 明朝 刊 520A

筆順 一 二 千 刊 刊（はねる）

なりたち ［形声］「干」が「けずる」意味と「カン」という読み方をしめしている。刀(刂)でけずることを表している字。

意味 出版する。新聞・雑誌などを発行する。例 刊行・発刊

【刊行】かんこう ⇩〈—する〉新聞や本などを印刷して、世に出すこと。例 定期刊行物。類 出版・発行

←刊が下につく熟語 上の字の働き

【日刊 週刊 旬刊 月刊 季刊 年刊 朝刊 夕刊】イツ・ドレダケを周期として刊行するのか。
【創刊 発刊 増刊】ドウヤッテ刊行するのか。
【休刊 廃刊 復刊】刊行をドウスルか。
【既刊 新刊】イツの時期に刊行したか。

刑

音 ケイ 中 訓 —

刂-4 総画6 常用 明朝 刑 5211

筆順 一 二 干 开 刑 刑

なりたち ［形声］「井→开」が「わくにはめる」意味と「ケイ」という読み方をしめしている。刀(刂)をくわえて、わくにはめてこらしめることを表す字。

意味 しおき。罰する。例 刑に服する。

【刑期】けいき ⇩ 罰を受ける年月の長さ。とくに、刑務所に入れられている期間。

【刑事】けいじ ⇩ ①どろぼう・殺人・放火など、刑法にふれる事件。例 刑事事件。対 民事 ②刑法にふれた犯人をつかまえたり、事件を調べたりする警察官。例 私服刑事。

【刑場】けいじょう ⇩ 死刑をおこなうところ。例 刑場のつゆと消える。

【刑罰】けいばつ Ⅱ 罪をおかした人に、国があたえる罰。例 刑罰を科す。類 罪科

【刑法】けいほう ⇩ どういうおこないが犯罪となるか、犯罪者にどんな刑罰をあたえるかを決めた法律。例 刑法にふれる。

【刑務所】けいむしょ 裁判で有罪となり、刑が決まった人を、決められた期間入れておくところ。例 刑務所に送られる。類 獄舎

←刑が下につく熟語 上の字の働き

【求刑 減刑 処刑 受刑】刑を(刑に)ドウスルか。
【極刑 死刑 実刑 厳刑 終身刑 流刑】ドウイウ刑か。

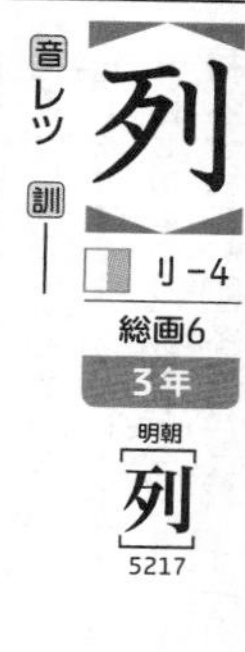

列

音 レツ 訓 ―

リ－4 総画6 3年 明朝 列 5217

筆順 一 ア 歹 歹 列 列（はねない）（はねる）

なりたち 【会意】ほねを意味する「歹」と「刂(刀)」を合わせて、切り分けることを表している字。

意味 ならぶ。ずらりとならぶ。順にならんだもの。たくさんの。例 列をそろえる。大国に列する。列車・列席・整列・参列 参考「一列」「二列」と数えることばにもなる。

名前のよみ つら・のぶ

【列記】れっき ↓〈―する〉いくつかのことを、一つ一つならべて書くこと。類 併記・連記

【列挙】れっきょ ↓〈―する〉いくつかのことを、一つ一つならべあげること。例 問題点を列挙する。類 枚挙

【列強】れっきょう ↓ 強くて大きな力をもつ国々。例 列強の首脳会談。

【列国】れっこく ↓ たくさんの国々。例 列国の代表が居ならぶ。類 諸国

【列車】れっしゃ ↓ ひとつづきになった客車や貨車。例 夜行列車。

【列席】れっせき ▲〈―する〉会議や式典などに出席すること。例 列席者。類 臨席・参列

【列伝】れつでん ▲ 人びとの伝記を書きならべたもの。例 列伝中の人物。戦国武将列伝。

【列島】れっとう ↓ ひとつづきになってならんでいる島々。例 日本列島。類 諸島

列が下につく熟語 上の字の働き

【行列 序列 陳列 羅列】近い意味。

【参列 整列 配列】列に(列を)ドウスルか。

【直列 並列】ドンナ形の列か。

【戦列 隊列】ナニを組んだ列か。

初

音 ショ 訓 はじ-め・はじ-めて・はつ・うい 高・そ-める 中・うぶ 外

刀－5 総画7 4年 明朝 初 521D

筆順 、 ラ ネ ネ ネ 初 初（とめる）（はねる）

なりたち 【会意】「衣(ネ)」と「刀」を合わせて、着物をつくるために布を刀で切りはじめることを表している字。

意味 ❶はじめ。そこからはじまる。第一歩。例 今世紀の初め。初歩・当初 ❷はじめて。第一回め。例 初めて会う。初の仕事。書き初め。初荷・初陣・初演

例解 [使い分け] はじめ[初・始] ☞このページ

名前のよみ もと

❶〈はじめ〉の意味で

【初夏】しょか ↓ 夏のはじめ。五、六月ごろをいう。例 さわやかな初夏の風。関連 初夏・盛夏・晩夏

【初期】しょき ↓ ものごとのはじめのころ。例 初期の飛行機。初期消火。昭和初期。類 早期 関連 初期・前期・中期・後期・末期

【初級】しょきゅう ↓ 勉強やスポーツ、習いごとなどで、はじめのやさしいところ。例 初級英会話。類 初歩・初等 関連 初級・中級・上級

例解 使い分け はじめ《初め・始め》

初め＝時間や時期の前のほうの部分。最初。例 来月の初めに遠足がある。初めて会う。生まれて初めての経験。

始め＝ものごとを新しくやりだすこと。例 事の始め。仕事始めの合図。まず手始めに、この問題に取り組もう。

参考「初」は「はじめる・はじまる・はじまり」とは使わない。

初めまして…。

ようい始め！

【初志】しょし ↓ なにかをしようと思ったときの、最初の決心。例 初志をつらぬく。類 初心

【初秋】しょしゅう｜はつあき ↓ 秋のはじめ。九月ごろ。例 初秋の空。関連 初秋・仲秋・晩秋

【初春】しょしゅん｜はつはる ↓ ①春のはじめ。三月ごろ。類 早春・浅春・春先 関連 初春・仲春・晩春 ②年のはじめ。「正月」のこと。例 初春のおよろこびを申し上げます。類 新春

【初旬】しょじゅん ↓ ひと月を十日ずつ三つに分けたうちの、はじめの十日間。関連 初旬・上旬・中旬・下旬

【初心】しょしん ↓ ①なにかをはじめたときの、最初の気持ち。例 初心にかえる。類 初志 ②学問や技術などの習いはじめで、まだなれていないこと。類 初級・初学

【初心者】しょしんしゃ その分野の学問や技術、習いごとなどを、習いはじめたばかりの人。例 初心者向け講座。

【初代】しょだい ↓ 何代もつづいている家や役職のいちばんはじめの人。例 初代会長。表現 歌舞伎俳優や伝統芸能を受けつぐ人について使われることが多い。

【初段】しょだん ↓ 武道や碁・将棋などのはじめの段位。類 初級

【初手】しょて ↓ ①碁や将棋で、最初にうったり指したりする手。②なにかをするときの、やりはじめのころ。例 初手でつまずく。

【初冬】しょとう｜はつふゆ ↓ 冬のはじめ。十一月下旬ごろ。例 初冬の風がつめたい。対 晩冬

【初等】しょとう ↓ 学問などを勉強するときの、いちばんはじめのところ。例 初等教育。類 初級 対 高等

【初頭】しょとう Ⅲ その年代になったばかりのころ。例 今世紀初頭。類 初期・初年

【初等教育】しょとうきょういく 小学校でおこなわれる教育。参考 中学・高校は「中等教育」、「高等教育」は大学など。

【初七日】しょなのか｜しょなぬか 仏教で、人が死んでから、死んだ日を入れて七日め。その日の法事。

【初日】しょにち ↓ 一 もよおしものの最初の日。例 初日をむかえる。対 千秋楽・楽日 二 はつひ 一月一日の朝の太陽。例 初日をおがむ。表現 すもうで、その場所の二日めよりあとになってはじめて勝つことを、「初日が出る」という。

【初歩】しょほ ↓ ものごとの習いはじめのいちばんやさしいところ。例 スケートを初歩から習う。類 初級

【初老】しょろう ▲ からだがそろそろおとろえ、老人のなかま入りをしたと感じる年ごろ。むかしは四十代からいったが、今は五十代後半から十年ぐらいのあいだを指すことが多い。

❷〈はじめて〉の意味で

【初産】ういざん｜しょさん ↓ 母親がはじめて子どもをうむこと。例 初産婦。

【初陣】ういじん ↓ 戦争やスポーツの試合にはじめて出ること。例 初陣をかざる。

【初孫】ういまご｜はつまご ↓ その人にとってはじめての孫。参考 もともとは、「ういまご」が正しい言い方。今は、「はつまご」と言う人が多い。

【初演】しょえん ↓〈―する〉はじめて上演したり演奏したりすること。また、その上演や演奏。例 本邦初演。対 再演

【初学者】しょがくしゃ その学問を勉強しはじめたばかりの人。類 初心者

【初婚】しょこん ↓ その人にとってはじめての結婚。

【初診】しょしん ↓ その病気になってはじめてみてもらう診察。例 初診料。対 再診

【初対面】しょたいめん はじめて顔を合わせること。例 初対面のときから、気が合った。

【初潮】しょちょう ↓ その女性が経験する、はじめての生理(月経)。

【初犯】しょはん ↓ その人がはじめてやった、犯罪。対 再犯・重犯

【初版】しょはん ↓ その本を印刷するための最初の版による出版。対 重版・再版

【初恋】はつこい ↓ その人が経験する、はじめての恋。例 初恋の人。

【初氷】はつごおり ↓ その冬になって、はじめてはった氷。例 今年の初氷は例年より早い。

【初霜】はつしも ↓ その冬になって、はじめておりた霜。例 けさ、東京でも初霜がおりた。

【初節句】はつぜっく 赤ちゃんがはじめてむかえる節句。男の子は最初の五月五日の端午の節句、

女の子は三月三日の桃の節句（ひな祭り）をいう。例初節句を祝う。

【初荷】はつに ↓ その年になってはじめて送り出される商品。例問屋から初荷がとどいた。知識 正月二日に、美しくかざりつけた初荷を出荷する習慣があった。

【初音】はつね ↓ その年はじめて聞く、小鳥の鳴き声。例ウグイスの初音に春を感じる。

【初場所】はつばしょ その年最初の大相撲。一月にひらかれるから、一月場所ともいう。参考「場所」は大相撲の取組がある期間をいうことば。

【初舞台】はつぶたい はじめて舞台に立ち、客の前で演技をすること。デビュー。例初舞台をふむ。

【初盆】はつぼん ↓ その人が死んでから、はじめてむかえるうら盆。類新盆（にいぼん・あらぼん） 知識「うら盆」は、七月または八月の十三日から十五日にかけての、仏教の行事。死者の霊がもどってくるのをむかえてもてなす。

【初耳】はつみみ ↓ はじめてその話を聞くこと。例その話は初耳だ。

【初詣】はつもうで ↓ 新年になってはじめて神社や寺にお参りすること。はつまいり。

【初物】はつもの ↓ その季節になってはじめてとれた野菜や果物など。はしり。例初物の桃。

【初雪】はつゆき ↓ その冬に、はじめて降った雪。例初雪の観測を伝えるニュース。

【初夢】はつゆめ ↓ 新年にはじめて見る夢。一月一日、または二日の夜に見る夢。知識 初夢に見ると縁起がよいとされているものをならべたことばが「一富士、二鷹、三茄子」である。

◆最初 当初

判

刂-5 総画7 5年

明朝 判 5224

音 ハン・バン 訓 —

筆順 判 判 判 判 半 判 判（やや ながく／はねる）

なりたち [形声]「半」が「二つに分ける」意味と「ハン」という読み方をしめしている。刀（刂）ではんぶん（半）に切り分けることを表している字。

意味

❶はっきりさせる。見分ける。例判定 例判決・裁判

❷さばきをくだす。善悪を決める。

❸はんこ。例判をおす。印判

❹むかしの金貨。例小判

❺紙や本の大きさの規格。例新書判

発音あんない ハン→ホウ… 例判官

名前のよみ さだ・ちか・ゆき

❶〈はっきりさせる〉の意味で

【判然】はんぜん ⊠〈—たる〉〈—と〉はっきりとよくわかるようす。例欠席の理由が判然としない。類歴然・明瞭・明白 対漠然

【判断】はんだん ↓〈—する〉考えて、こうだと思うこと。例判断を下す。

【判定】はんてい ↓〈—する〉どちらが正しいか、どちらが勝ったかを決める立場の人が、全体から判断して決めること。例判定を下す。

【判読】はんどく ↓〈—する〉読みにくい文字や文章を、書きぐせ、前後のつづきぐあいなどを考えながら読むこと。例古文書を判読する。

【判別】はんべつ Ⅲ〈—する〉種類や性質などのちがいを見分けること。例形も色も似ていて判別がむずかしい。類識別・鑑別

【判明】はんめい ↓〈—する〉はっきりわかるようになること。例事故の原因が判明した。

❷〈さばきをくだす〉の意味で

【判官】はんがん・ほうがん ↓ むかしの役人の職務の名で、今の裁判官にあたる。知識 歴史上有名な判官は源義経で、兄頼朝ににくまれてほろぼされたことから、不利な立場の人に同情したくなる気持ちを「判官びいき」という。

【判決】はんけつ ↓〈—する〉裁判所が法律にあてはめて出す決定。例判決を言いわたす。

【判事】はんじ ↓ 裁判官。裁判所で、罪のあるなしなどを決める人。例最高裁判事。

【判例】はんれい ↓ 裁判所がこれまでにおこなった判決の例。例判例にしたがう。

←判が下につく熟語 上の字の働き

❶判＝〈はっきりさせる〉のとき

【審判 談判 批判 評判】ドウヤッテはっきりさせるか。

❹判＝〈むかしの金貨〉のとき

◀次ページ 別

【大判 小判】ドンナ大きさの金貨か。

◆印判 公判 裁判 太鼓判

【別】

リ－5 総画7 4年 明朝 別 5225

音 ベツ 訓 わか－れる

筆順

なりたち [会意]ほねを表す「冎→另」と「刂(刀)」を合わせて、刀でほねをばらばらに分けることを表している字。

意味

❶人とわかれる。はなればなれになる。例 別れのことば。別離・告別

❷くべつする。ある特色や性質でまとめる。例 クラス別。個別・選別

❸ほかの。それとはちがうもの。例 別の仕事を探す。別行動。千差万別。別人

❹ふつうとちがっている。とりわけ。例 別にかわりはない。別あつらえ。特別

例解 [使い分け] わかれる[分・別] ☞145ページ

[文字物語] ☞このページ

❶〈人とわかれる〉の意味で

【別居】べっきょ ↓〈―する〉家族が、べつべつの場所にわかれて住むこと。例 別居生活。対 同居

【別離】べつり Ⅱ〈―する〉人とわかれてはなればなれになること。例 別離の悲しみ。類 離別

❸〈ほかの〉の意味で

【別館】べっかん ↓本館のほかに、べつにつくられた建物。例 ホテルの別館に宿泊する。対 本館

【別記】べっき ↓〈―する〉本文のほかに書きそえた文章。例 くわしくは別記いたします。

【別口】べっくち ↓それまでのものとはちがう、ほかのもの。例 これは別口の話です。

【別掲】べっけい ↓〈―する〉ここでない場所にしめすこと。例 地図は巻末に別掲する。

【別件】べっけん ↓①いま問題とする事件とはちがう事件。例 別件逮捕。②ほかのことがら。

【別個】べっこ ↓それぞれちがうこと。べつのもの。例 各自別個のものを食べる。類 別別

【別行動】べつこうどう 〈―する〉はなれてちがうことをすること。例 一人だけ別行動をとる。

【別冊】べっさつ ↓①雑誌や全集などの付録としてつけくわえられた本。例 別冊付録。②定期的に出る雑誌のほかに、おなじ誌名で臨時に出る雑誌。例 別冊記念特集号。

【別紙】べっし ↓べつの紙。または、それに書いてあることがら。例 別紙参照。

【別室】べっしつ ↓今いるへやではない、ほかのへや。例 面談は別室でおこないます。

【別種】べっしゅ ↓べつの種類。例 別種の植物。

文字物語 別

この字はいろいろのかたちではたらく。

◎音の「ベツ」がすこし仮名の助けを借りると、一字が一単語として、次のようなはたらきをする。

別　例 人間には男女の別がある。
別な　例 別なことに興味がうつる。
別の　例 別の話題にうつる。
別に　例 別にかわったこともない。
別として　例 味は別として、ねだんは手ごろだ。
別になる　例 これから二人は別になって行動しよう。
別だ　例 それとこれとは問題がまったく別だ。

◎「別」は、いろいろのことばの下についてもはたらく。たとえば、人間社会を観察しようとするとき、「男女別」「年齢別」「職業別」「産業別」など、ある基準で分けることが必要になる。店先に置かれた商品も「ねだん別」や「色別」に分けてあると、わかりやすい。

◎「別」は、ことばの上についてもよくはたらく。おなじグループのもののなかで、ある一つのものから見てそれ以外のものはどれも別のもの。だから「別会社」「別部門」「別様式」「別項目」「別問題」などという。また、おなじグループのなかでも、ふつうとはちがったあつかいをするものを「別仕立て」「別あつらえ」などという。

【別人】べつじん ↓ その人ではない、ほかの人。例 今までとはまるで別人のようだ。

【別席】べっせき ↓ ほかの席やほかのへや。例 食事は別席に用意してあります。

【別荘】べっそう ↓ 暑さ寒さをさけてゆっくりするためなどに、いつも住んでいる家とはべつにたてた家。例 夏を別荘ですごす。

【別送】べっそう ↓〈—する〉荷物などをべつの便で送ること。例 果物を別送しました。

【別邸】べってい ↓ ふだん住む家とはべつにもうけてあるやしき。対 本邸 参考「邸」は、やしき。

【別途】べっと ↓ ほかのやり方によること。例 旅費は別途支給する。

【別表】べっぴょう ↓ 文章のほかにそえてある表。例 別表参照のこと。

【別便】べつびん ↓ その郵便物や荷物とはべつに送る郵便や荷物。例 品物は別便で送る。

【別別】べつべつ 〓〈—な・—に〉それぞれにちがっていること。例 別々の道を進む。類 別個

【別棟】べつむね ↓ おもな建物の近くに、べつにたっている建物。例 食堂は別棟になっている。

【別名】べつめい ↓ もともとの名のほかにつけた名前。例 イトトンボは別名をトウシントンボともいう。類 異名・別称

【別問題】べつもんだい そのときにとりあげていることとはあまり関係のないことがら。例 それとこれとは別問題だ。

❹〈ふつうとちがっている〉の意味で

【別格】べっかく ↓ ほかからはなして、とくべつなあつかいをするもの。例 別格の待遇。

【別状】べつじょう ↓ ふだんとちがうようす。例 命に別状はない。類 異状

【別世界】べっせかい ①今までいた世界とはまったくつながりがなく、なにもかも新しくめずらしく感じられるところ。例 夏のホームステイで別世界を体験しました。類 異境 ②ものの見方・考え方などがちがう社会。例 かのじょはわれわれとは別世界の人間だ。

【別段】べつだん ↓ ①ふつうとは程度がちがうこと。例 別段のくふうがいりそうだ。類 特別・格別 ②とくに。とりわけ。例 別段かわったことはない。表現 ①がもともとの言い方だったが、今はあまり言わない。ふつうは、②のように打ち消す言い方になる。

【別天地】べってんち 今生きているところとはまったくちがう世界。例 別天地に羽ばたく。類 新世界

←別が下につく熟語 上の字の働き

❶ 別＝〈人とわかれる〉のとき
【死別 生別】ドウナッテ別れたか。
【告別 惜別 送別】別れをドウスルか。

❷ 別＝〈くべつする〉のとき
【区別 分別 判別 弁別 差別】近い意味。
【鑑別 識別 選別】ドウヤッテ区別したか。
【細別 大別 類別】ドノヨウニ区別するか。
【個別 戸別 種別 性別 学年別 年齢別】ナニを基準に区別するか。

◆格別 千差万別 特別 無分別 離別

利

刂－5 総画7 4年 明朝 利 5229

音 リ 訓 き-く 高

筆順 利 利 禾 利 利 (とめる・はねる)

なりたち [会意] 穀物を表す「禾」とすきを意味する「刂(刀)」を合わせて、穀物を収穫するために、すきでたがやすことを表している字。

意味
❶するどい。よく切れる。例 鋭利
❷すばしっこい。かしこい。例 利発
❸つごうがよい。役立つ。きちんとはたらく。例 気が利く。地の利。便利 対 害
❹得なこと。もうけ。例 利益・権利

例解 [使い分け] きく[効・利] ☞169ページ

特別なよみ 砂利(じゃり)

名前のよみ かが・かず・さと・と・とおる・とし・のり・まさ・みち・よし・より

❶〈するどい〉の意味で

【利器】りき ↓ するどい武器。切れ味のよい刃物。対 鈍器 ☞❸

❷〈すばしっこい〉の意味で

【利口】りこう ▲〈—な〉①理解やもの覚えが早い。例 利口な犬。類 利発 対 馬鹿 ②口先がうま

く、ぬけめがない。例利口に立ちまわる。

【利発】りはつ Ⅱ〈□な〉頭のはたらきがはやい。かしこい。例利発な子。類利口

❸〈つごうがよい〉の意味で

【利益】りえき Ⅱ役に立つこと。ためになること。例公共の利益をはかる。☞❹

【利器】りき ↓便利な道具や機械。例自動車は文明の利器だ。☞❶

【利己】りこ ▲自分のためだけを考えること。例利己的な人。対利他

【利己主義】りこしゅぎ 自分の利益や楽しみだけをだいじにする考え。エゴイズム。

【利他】りた ▲自分のことより、まず相手や他の人のためになるように考えること。対利己

【利点】りてん ↓よい点や役に立つところ。メリット。例利点を生かす。類長所

【利尿】りにょう ▲小便の出をよくすること。例利尿作用がある飲み物。利尿剤。

【利便】りべん Ⅱつごうがよいこと。例乗客の利便をはかる。利便性がいい。類便宜

【利用】りよう ↓〈─する〉①役立つように使うこと。例通学には電車を利用している。類活用 ②自分のつごうだけで、人や物をいいように使うこと。例地位を利用する。

❹〈得なこと〉の意味で

【利益】りえき Ⅱ商業などでのもうけ。得。例大きな利益を上げる。類収益・利潤 対損害・欠損 ☞❸

【利害】りがい ⇔利益と損害。得になるか損になるか。例利害関係。類損得

【利害得失】りがいとくしつ 利益と損害。

【利権】りけん ↓もうけを自分のものにすることができる権利。例利権をあさる。

【利子】りし Ⅱ貸したり、あずけたりしたお金に対して、決まった割合ではらわれるお金。例利子がつく。類利息 対元金

【利潤】りじゅん Ⅱ商売などでのもうけ。売り上げの総額から、かかった費用をさし引いたのこり。例利潤が大きい。類利益

【利殖】りしょく ↓〈─する〉お金をうまく動かして財産をふやすこと。例利殖をはかる。

【利息】りそく Ⅱ利子のこと。例利息が高い。対元金 参考☞【利子】りし（みぎにあります）

【利欲】りよく ↓もうけようとする気持ち。例利欲のために身をほろぼす。

【利率】りりつ ↓貸したりあずけたりしてある元金に対する、利子の割合。利回り。例利率が上がる。知識利率は、年利・月利・日歩で表す。

利が下につく熟語 上の字の働き

❹利＝〈得なこと〉のとき

【巨利 薄利】ドノクライの利益か。

【金利 年利 高利 低利 単利 複利】ドノヨウナ利子か。

【私利 実利】ドウイウ内容の利益か。

◆営利 鋭利 元利 権利 勝利 福利 不利 便利 有利

券

音ケン 訓─

刀-6 総画8 6年

明朝 券 5238

筆順 （ながく／はらう／力にならない）

なりたち ［形声］「龹」が「両手で作業する」意味と「ケン」という読み方をしめしている。「刀」で木にきざみめをつけて証拠とする「ふだ」を表している字。

意味

❶証拠となる書面。そのことを証明する書類。てがた。わりふ。例株券

❷きっぷ。チケット。例券を買う。券売機。乗車券。

券が下につく熟語 上の字の働き

❶券＝〈証拠となる書面〉のとき

【株券 債券 証券 旅券】ナニについての券か。

❷券＝〈きっぷ〉のとき

【乗車券 入場券】ナニができる券か。

◆回数券 整理券 半券

刻

音コク 訓きざ-む

刂-6 総画8 6年

明朝 刻 523B

筆順 （とめる／はねる）

なりたち [形声]「亥（カイ—ガイ）」がかたい意味と、「コク」とかわって読み方をしめしている。かたいものを刀（刂）できざむことを表している字。

意味
❶きざむ。ほりこむ。例 刻みを入れる。刻む。刻印・彫刻
❷ひどい。きびしい。例 深刻
❸とき。時間。例 子の刻。一刻

発音あんない コク→コッ…例 刻苦

名前のよみ とき

❶〈きざむ〉の意味で

【刻印】こくいん ①▲〈—する〉はんこをほること。②↓ほったはん。例 刻印をおす。表現 消し去ることができない、よくない評判などをいうときにも使う。

❷〈ひどい〉の意味で

【刻苦】こっく Ⅱ〈—する〉苦しい思いをして、努力をかさねること。例 刻苦勉励する。

❸〈とき〉の意味で

【刻一刻】こくいっこく〈—と〉時間がたえず過ぎていくようす。例 刻一刻と夕やみがせまる。類 刻刻 こっこく・こくこく・時時刻刻

【刻限】こくげん ↓前もって決めてあった時刻。例 約束の刻限に間に合う。類 定刻

【刻刻】こっこく・こくこく Ⅱ〈—と〉小きざみに休むことなく時がたっていくようす。例 刻々と開始時間がせまる。類 刻一刻

刻が下につく熟語 上の字の働き

❸刻＝〈とき〉のとき
【一刻 寸刻】ドノクライの時か。
【先刻 後刻 即刻 夕刻】イツの時か。
◆時刻 深刻 遅刻 彫刻 定刻 復刻

刷

音 サツ 訓 す-る

刂-6 総画8 4年 明朝 刷 5237

筆順

なりたち [会意]「こすりとる」意味をもつ「㕞」と「刂（刀）」を合わせて、刀でものをけずりとることを表した字。

意味
❶こすりつけてうつす。刷る。刷りがきれいだ。印刷する。刷版・縮刷 例 新聞を刷る。
❷ぬぐってきれいにする。例 刷新

例解 [使い分け] する[刷・擦] ☞ このページ

❷〈ぬぐってきれいにする〉の意味で

【刷新】さっしん ↓〈—する〉これまでのわるいところをなおして、すっかり新しくすること。例 人事を刷新する。類 一新・更新・改新

刷が下につく熟語 上の字の働き

❶刷＝〈こすりつけてうつす〉のとき
【縮刷 増刷】ドウナルように印刷するか。
◆印刷

例解 使い分け する《刷る・擦る》

刷る＝こすりつけて写す。例 名刺を刷る。新聞を刷る。印刷する。版画を刷る。

擦る＝こする。例 マッチを擦る。服が擦り切れる。ひざを擦りむく。擦り傷。

刹

音 サツ高・セツ中 訓 —

刂-6 総画8 常用 明朝 刹 5239

筆順

意味
❶仏教の寺。例 古刹・名刹
❷梵語（古代インドのことば）を近い音で表した字。例 刹那

❷〈梵語（古代インドのことば）を近い音で表した字〉の意味で

【刹那】せつな ◎とても短い時間。例 刹那的な喜び。一刹那。類 瞬間・瞬時・一瞬

刹が下につく熟語 上の字の働き

❶刹＝〈仏教の寺〉のとき
【古刹 名刹】ドンナ寺か。

刺

音 シ㊥ 訓 さ-す㊥・さ-さる㊥

刂-6 総画8 常用 明朝 刺 523A

筆順 一 冂 市 朿 朿 朿 刺 刺

なりたち 【形声】「朿」が「とげ」の意味と「シ」という読み方をしめしている。刀(刂)の先でさすことを表している字。

意味
❶つきさす。例針を刺す。刺激
❷とげ。例有刺鉄線。
❸そしる。なじる。例風刺
❹名を書いたふだ。例名刺

例解[使い分け]さす[差・指・刺・挿]☞365ページ

❶〈つきさす〉の意味で

【刺身】さしみ [↓]魚や貝などをうすく切って、生のままで食べる料理。例アジの刺身。

【刺客】しきゃく・しかく [↓]ある人をつけねらって殺そうとする人。例刺客におそわれる。

【刺激】しげき [↓]〈─する〉感覚や心に外から強くはたらきかけること。例刺激が強い。対反応

【刺殺】しさつ [↓]〈─する〉①刃物で刺し殺すこと。例刺殺体。②野球で、ボールを走者につけてアウトにすること。例刺殺プレー。

【刺繡】ししゅう [↓]〈─する〉布にいろいろな色の糸をぬいつけて、絵やもようなどをえがき出すこと。ぬいとり。例刺繡入りのハンカチ。

◆風刺 名刺

文字物語 前

「ゼン」と音でよまれるときは、いつも、場所をいう「まえ・うしろ」の「まえ」か、時間をいう「まえ・あと」の「まえ」かを表す。

ところが、「まえ」と訓でよむときには、少しようすのちがった「まえ」がある。「一人あたりの分け前」「すし一人前」などというときの「まえ」は、「前後」ということには関係なく、「その人にみあうだけの量」という意味を表す。さらに、この「まえ」は、「自前でごちそうする」の「自前」、「持ち前のねばりづよさでがんばる」の「持ち前」などのことばをつくっていく。古くから、日本語の「まえ」には、このような「その人にあてがわれたもの」という意味もあったのだ。

制

音 セイ 訓 ―

刂-6 総画8 5年 明朝 制 5236

筆順 ノ 𠂉 𠂉 𠂉 𠂔 𠂔 制 制（はねる・だす・はねる）

なりたち 【会意】小えだのある木を表す「𠂔」と「刂(刀)」を合わせて、刀でえだを切りそろえることを表している字。

意味
❶とりきめる。みんなにまもらせるきまり。しくみ。例制度・体制
❷おさえる。おしとどめる。おさめる。例地区大会を制する。制限・規制
❸つくる。こしらえる。例制作・編制

名前のよみ いさむ・おさむ・さだ・ただ・のり

❶〈とりきめる〉の意味で

【制定】せいてい [II]〈─する〉法律やきまりをつくり正式に定めること。例憲法を制定する。

【制度】せいど [II]団体や社会を動かしていくためのしくみやきまり。例議会制度。

【制服】せいふく [↓]学校や団体などで着るように決めてある服装。ユニホーム。対私服

【制帽】せいぼう [↓]学校や団体などでかぶるように決められている帽子。類学帽

❷〈おさえる〉の意味で

【制圧】せいあつ [II]〈─する〉力でおさえつけてしまうこと。例反対派を制圧する。類鎮圧

【制球】せいきゅう [▲]〈─する〉野球などで、投手がボールを思うところに投げること。コントロール。

【制御】せいぎょ [II]〈─する〉①ものごとを自分の思うようにおさえつけたり、動かしたりすること。コントロール。例欲望を制御する。②機械などを思いどおりに動くようにすること。例自動制御装置。類統制

【制限】せいげん [II]〈─する〉ここまでというさかいめを決めること。例速度制限。類制約・限定

【制裁】せいさい [II]〈─する〉わるいことをしたり、き

まりなどをやぶったりした者をこらしめること。例制裁をくわえる。類罰

【制止】せいし Ⅲ〈―する〉しないようにおしとどめること。例制止をふり切る。

【制動】せいどう ▲〈―する〉車輪の回転など、動きをおさえたり止めたりすること。ブレーキ。例制動装置。

【制覇】せいは Ⅲ〈―する〉①相手をたおして、権力をにぎること。類征服 ②スポーツなどで、優勝すること。例全国制覇の夢。

【制約】せいやく Ⅲ〈―する〉行動の範囲をここまでと定めること。例時間の制約がある。類制限

❸〈つくる〉の意味で

【制作】せいさく Ⅲ〈―する〉絵画や彫刻などの芸術作品や工芸品、また、テレビ番組などの作品をつくること。例卒業制作。

例解 ［使い分け］せいさく［製作・制作］☞955ページ

←制が下につく熟語 上の字の働き

❶制＝〈とりきめる〉のとき
【学制 市制 税制 法制】ナニについてのとりきめか。
【旧制 新制】イツのとりきめか。

❷制＝〈おさえる〉のとき
【禁制 節制 抑制】近い意味。
【管制 規制 統制】ドウヤッテ制するか。
【圧制 強制 自制 先制 専制】ドノヨウニ制するか。

◆体制 編制

到

音 トウ 中　訓 いた-る 外

刂−6　総画8　常用　明朝 到 5230

筆順 一 … 至 到 到

なりたち ［形声］「刂(刀)」が「トウ」という読み方をしめしている。いたる意味の「至」をくわえて、「いきつく」ことを表している字。

意味 いたる。たっする。いきとどく。例到着・未到・周到

名前のよみ ゆき・よし

【到達】とうたつ Ⅲ〈―する〉ものごとが進んで、あるところまで行き着くこと。例到達度調査。

【到着】とうちゃく Ⅲ〈―する〉目的地や終点に行き着くこと。例到着時刻。対出発

【到底】とうてい ▲どうやってみても。例この荷物は、一人ではとうてい運べない。表現 下には打ち消す意味のことばがくる。

【到来】とうらい Ⅲ〈―する〉①待っていた時がやってくること。例時節到来。②おくりものがとどくこと。例到来物(いただきもの)。

◆殺到 周到 未到

削

音 サク 中　訓 けず-る 中

刂−7　総画9　常用　明朝 削 524A

筆順 … 肖 肖 削 削

なりたち ［形声］「肖(ショウ)」が「小さくする」意味と「サク」とかわって読み方をしめしている。刀(刂)で小さくけずる意味を表す字。

意味 けずる。けずりとる。例えんぴつを削る。削除・添削

【削減】さくげん ↓〈―する〉人数や金額を少なくすること。例定員削減。赤字削減。類減殺

【削除】さくじょ Ⅲ〈―する〉文章の一部分を消しさること。例三行分を削除する。類抹消

◆掘削 添削

前

音 ゼン　訓 まえ

刂−7　総画9　2年　明朝 前 524D

筆順 … 前 前 前（とめる・はねる・はねる）

なりたち  ［会意］「歬→前」がもと「すすむ」「まえ」をしめす会意の字であった。のちにこの字が使われなくなり、刀(刂)できりそろえることを表す「前」が、借りて、「まえ」として使われている。

意味

❶「うしろ」に対する、まえ。顔を向けているほう。ものの正面。例前へ進め。目の前。前進・眼前 対後

❷「あと」に対する、まえ。時間や順序で、そ

◀次ページ 前

れより、まえ。例前言・直前 対後

③それ以前にまず。中心となるものごとに先立って。例前金・前納

④わりあて。その人に応じた分量。例五人前。分け前。

名前のよみ くま・さき・すすむ・ちか

[文字物語]☞154ページ

❶〈「うしろ」に対する、まえ〉の意味で

【前衛】ぜんえい ↓ ①バレーボール、サッカーなどの競技で、相手方に近いところにいて、守りと攻めをする役。フォワード。対後衛 ②敵にいちばん近い場所を守る部隊。対後衛 ③芸術活動などの先頭に立ち、新しい形を作り出そうとする運動。例前衛画家。

【前傾】ぜんけい ↓〈―する〉からだが、前のめりにかたむくこと。例前傾姿勢で走る。対後傾

【前後】ぜんご ⇕ 前とうしろ。例前後左右の間隔をあける。☞❷

【前進】ぜんしん ↓〈―する〉前へ進むこと。例話し合いが一歩前進した。類向上 対後退

【前線】ぜんせん ↓ ①戦場で、敵といちばん先にふれ合う位置。例前線でたたかう兵士。対後方 ②寒気団（つめたい空気）と暖気団（あたたかい空気）がぶつかる線。例前線が通過する。類不連続線 ③気候のうつりかわりを地上の変化、おもに植物の目立つ変化でうつし出そうとする線。例桜前線。知識②には、寒冷前線や温暖前線などがあり、この付近では大気が不安定となり、天気がわるくなる。

【前途】ぜんと ↓ これから先の道のり、運命。ゆくて。例前途多難。類将来

【前途洋洋】ぜんとようよう〈―たる／―と〉これから先が、どこまでも広がっているようす。例君たちの人生は、前途洋々たるものがある。

【前方】ぜんぽう ↓ 前のほう。進んでいく先のほう。例前方注意。類先方 対後方

【前面】ぜんめん ↓ 前のほう。おもてのがわ。例前面におし出す。類正面 対背面

【前歯】まえば ↓ 口の前面に生えている歯。歯の前中央にある、上下左右八本の歯があたる。類門歯・切歯 対奥歯

❷〈「あと」に対する、まえ〉の意味で

【前科】ぜんか ↓ 前にうけた刑罰。例前科がある。

【前回】ぜんかい ↓ 一つ前の回。関連前回・今回・次回

【前記】ぜんき ↓〈―する〉文章の中で、そこよりも前に書いたこと。類前述・上述 対後記

【前期】ぜんき ↓ 期間を二つか三つに分けたときの最初の期間。例平安時代前期。関連初期・前期・中期・後期・末期

【前掲】ぜんけい ↓〈―する〉本や文章の中で、そのことに関係のある図や表などが、そこよりも前にしめしてあること。例前掲図。前掲書。

【前月】ぜんげつ ↓ ある月の前の月。関連前月・当月・翌月

【前言】ぜんげん ↓ その人が前に言ったことば。例前言撤回。

【前後】ぜんご ⇕ ①ものごとの前とあと。例夏休みの前後で大きな変化が見られる。類後先 ②ものごとのつながり。また、そのものごとがひき起こす結果。例前後の考えもなくさそいに乗るな。③そのころ、そのぐらい。例八時前後。類内外 ④〈―する〉ものごとの順序が逆になること。例話が前後する。類後先 ⑤〈―する〉二つのことがらが、ほとんど間をおかずに引きつづいて起こること。例父と母から前後して連絡が入った。☞❶

【前後不覚】ぜんごふかく 意識がなくなって、あとさきのことがわからなくなること。例前後不覚におちいる。

【前日】ぜんじつ ↓ ある日の、すぐ前の日。例運動会の前日は大雨だった。関連前日・当日・翌日

【前者】ぜんしゃ ↓ 二つかかげたうちの、前のもの。対後者

【前述】ぜんじゅつ ↓〈―する〉文章の中で、前のほうでのべてあること。例理由は前述のとおり。類前記 対後述

【前身】ぜんしん ↓ ①団体や組織が今のかたちになる前のかたち。例この高校の前身は女子校である。②仏教でいう、前世での身のうえ。

【前人未到】ぜんじんみとう 今までだれもやりとげていないこと。そこまでだれも行き着いていないこと。例前人未到の大記録。類人跡未踏

【前世】ぜんせ ↓ 仏教の考え方で、この世に生ま

れてくる前にいた世界。例前世のむくい。関連前世・現世・来世(後世)

【前世紀】今の世紀の一つ前の世紀。例前世紀の遺物。

【前代未聞】これまで一度も聞いたことのないような、めずらしい、かわったこと。例前代未聞の珍事件が起きる。類未曽有・破天荒

【前任】↓①今のすぐ前にその地位や役目にいたこと。例前任者。類先任 対後任 ②その人が前についていた職務。

【前年】↓ある年の前の年。例前年に収穫した米。前年比。関連前年・当年・翌年

【前半】↓二つに分けたときの、前の半分。例前半戦終了。対後半

【前半生】人生を二つに分けた前の部分。対後半生

【前非】↓過去に自分がしてしまったあやまち。例前非をくいる。

【前文】↓前に書いた文章。対後文 ☞❸

【前編】↓書物やテレビ番組などで、全体が二つ、または三つに分かれる場合の前のほう。例前編のあらすじ。対後編

【前夜】↓①きのうの夜。例前夜は失礼しました。類昨夜 ②ある日の、前の日の夜。例出発の前夜はいそがしい。表現「明治維新前夜」のように、「大きなできごとの直前の時期」の意味でも用いる。

【前夜祭】行事のおこなわれる前の晩に、お祝いのためにひらくにぎやかなもよおし。知識クリスマスイブや日本の神社の宵宮のように、元来、むかしは夜から次の日の朝までがひとつながりであり、その中で「まつり」がおこなわれた。

【前略】↓①手紙で、前書きなしですぐに用件に入るときのあいさつのことば。類冠省 ②文章の引用のときなどに、そこよりも前の部分をはぶいたことをしめすことば。関連前略・中略・後略 表現①の場合、むすびは「草々」「不一」など。

【前例】↓じっさいにあったこと。とくに、前からのしきたりやこれから先の手本になるようなやり方。例前例にしたがう。類先例

【前歴】↓その人が、それまでにしてきた仕事やおこない。例前歴をしるす。類履歴

❸〈それ以前にまず〉の意味で

【前座】↓寄席などで、中心となる人の前に出演すること。例前座をつとめる。対真打ち

【前菜】↓コース料理で、最初に出す軽い食べ物。オードブル。例前菜の盛り合わせ。

◆【前哨戦】大きな戦いをする前の小さなあらそい。例大会の前哨戦で腕をためす。

【前奏】↓歌や歌劇のはじめに演奏される音楽。例前奏曲。

【前兆】↓大きなことが起こる前ぶれ。きざし。例火山噴火の前兆。

【前提】↓あるものごとがなりたつためのもとになる条件。例全員の参加を前提として計画を立てる。対結論

【前納】↓〈—する〉お金などを前もっておさめること。前ばらい。対後納

【前文】↓①法律や条約などの本文の前にある文章。例憲法前文。対主文 ②手紙の最初に書くあいさつの文章。例前文ぬきで用件に入る。表現②で、前文を省略するときは、「前略」「冠省」などと書く。☞❷

【前金】↓前もって代金をはらうこと。また、そのお金。前ばらい。例前金でお願いします。前金制。

【前口上】芸や話をする前のあいさつ。前おき。例前口上が長い。

前が下につく熟語 上の字の働き

❶前=〈「うしろ」に対する、まえ〉のとき
【面前 目前 眼前 神前 仏前 墓前 霊前 人前 敵前】ナニの前か。

❷前=〈「あと」に対する、まえ〉のとき
【事前 食前 産前 戦前】ナニの(ナニをする)前か。
【最前 寸前 直前】ドノクライ前なのか。
【空前 同前 従前】前に対してドウデアルか。
【午前 以前】イツの前か。

◆板前 腕前 気前 御前 錠前 生前 丹前 手前 出前 左前

則

リ-7 総画9 5年 明朝 則 5247

音 ソク 訓 すなわ-ち 外

筆順 丨 冂 月 目 貝 貝 貝 則 則 （とめる・はねる）

なりたち 則 [会意]「刀(刂)」と、銅で作ったうつわの「鼎(かなえ)」→「貝」を合わせて、刀でかなえにきざみをつけてきまりとしたことを表す字。

意味 きまり。まもらなければならないとりきめ。てほん。例 法に則して決める。規則正しい生活。反則

名前のよみ つね・とき・のり・みつ

則が下につく熟語 上の字の働き

【法則 規則】近い意味。

【学則 校則 会則】ドコでおこなわれる規則か。

【総則 通則 細則 付則】規則全体の中でドウイウ部分か。

【原則 鉄則】ドノヨウナ性質の規則か。

【反則 変則】規則に対してドウデアルか。

◆罰則

剣

リ-8 総画10 常用 明朝 剣 5263 旧字 劍 528D

音 ケン 中 訓 つるぎ 中

文字物語 剤

現代は生活のあらゆるところにくすりが使われている。ビタミン剤・増血剤・鎮痛剤・精神安定剤など病気の予防・治療に使われるくすりはもちろん、台所には食器の洗剤、おふろには入浴剤、トイレには脱臭剤がある。食品にも防腐剤・酸化防止剤・発色剤などが使われていて、からだに安全かどうかが社会問題にもなる。オリンピック選手が筋肉増強剤を使って失格になる事件もある。いやなニュースが多い今の世の中で、ときに、すかっとするような話を聞くと、「一服の清涼剤のようだ」と言う。いろんな「剤」があるものだ。

筆順 剣

なりたち 劍 [形声] もとの字は、「劍」。「僉(セン)」が「そろう」の意味と「ケン」とかわって読み方をしめしている。両刃のそろったつるぎ(刂)を表す字。

意味 ❶つるぎ。刀。刀を使うこと。例 剣をふるう。剣をとる。もろ刃の剣。剣道・短剣 ❷《その他》例 剣幕

名前のよみ はや

❶〈つるぎ〉の意味で

【剣客】けんかく— ⇩ 剣術が強い人。例 剣客として名高い。類 剣士

【剣山】⇩ 生け花のときに、花の茎を立たせるための道具。上向きにうえつけたたくさんの針に、茎をさしこむようにして使う。

剣山

【剣士】⇩ 剣術を身につけた人。例 少年剣士。類 剣客

【剣術】⇩ 刀または木刀・竹刀で勝負する術。例 剣術の名人。類 剣道・剣法

【剣道】⇩ 面や胴、籠手などの防具をつけて、竹刀で相手と打ち合う競技。類 剣術

❷《その他》

【剣幕】◎ ひどく腹をたてているようす。例 えらいけんまくでおこられた。参考「剣幕」は当て字。

剣が下につく熟語 上の字の働き

❶剣＝〈つるぎ〉のとき

【真剣 短剣】ドノヨウナ剣か。

◆刀剣

剛

リ-8 総画10 常用 明朝 剛 525B

音 ゴウ 中 訓 ―

筆順 丨 冂 冈 冈 冈 岡 岡 岡 剛 剛

なりたち 剛 [形声]「岡」が「かたい」の意味と、「ゴウ」とかわって読み方をしめし

ている。かたくて強い刀(刂)を表す字。

意味 がんこで強い。しっかりしている。例 剛の者。剛健・金剛 対 柔

名前のよみ かた・たか・たかし・たけ・たけし・つよ・つよし・ひさ・まさ・よし

【剛毅】ごうき Ⅱ〈—に〉意志が強くてくじけないこと。例 剛毅な性格。

【剛球】ごうきゅう ↓ 野球で、速くて力の強い投球。例 バットをへしおる剛球。剛球投手。

【剛健】ごうけん Ⅱ〈—に〉心もからだもしっかりしていること。例 質実剛健。類 強健 対 柔弱

【剛胆】ごうたん ↓〈—な〉勇気があってどっしりしている。例 剛胆な男。表記「豪胆」とも書く。

【剛直】ごうちょく ↓〈—な〉自分の考えをつらぬきとおす強さがある。例 剛直な男。

【剛毛】ごうもう ↓ 太くてかたい毛。

【剛勇】ごうゆう ↓〈—な〉たいへんに強くて勇気があること。例 剛勇できこえた将軍。表記「豪勇」とも書く。

◆外柔内剛 金剛

剤

刂-8 総画10 常用 明朝 剤 5264 旧字 劑 5291

音 ザイ㊥ 訓 —

筆順 剤

なりたち [形声]もとの字は、「劑」。「齊（セイ｜サイ）」が「ととのえる」意味と、「ザイ」とかわって読み方をしめしている。刀(刂)で切りそろえることを表す字。

意味 くすり。くすりをまぜあわせる。例 清涼剤。薬剤

[文字物語] ☞ みぎのページ

剤が下につく熟語 上の字の働き

【液剤 散剤 錠剤】ドンナくすりか。

【下剤 洗剤 強心剤 覚醒剤 清涼剤】ドウスルためのくすりか。

【調剤 配剤】くすりをドウスルか。

剥

刂-8 総画10 常用 明朝 剥 525D

音 ハク㊥ 訓 は-がす㊥・は-ぐ㊥・は-がれる㊥・は-げる㊥・む-く㊕

筆順 剥

意味 ❶表面をはぎ取る。皮や膜がはがれる。例 シールを剥がす。剥落する。剥離 ❷うばい取る。例 資格を剥奪する。

字体のはなし 「剝」とも書く。☞ふろく「字体についての解説」(30ページ)

❶〈表面をはぎ取る〉の意味で

【剥製】はくせい ↓ はいだ動物の皮につめものをして、生きているときのすがたにした標本。例 シカの剥製。

【剥片】はくへん ↓ はがれ落ちたかけら。

【剥落】はくらく ↓〈—する〉はがれて落ちること。例 塗装が剥落する。

【剥離】はくり Ⅱ〈—する〉はがれてとれること。はいで離すこと。例 網膜剥離。剥離剤。

❷〈うばい取る〉の意味で

【剥奪】はくだつ Ⅱ〈—する〉強制的に取り上げること。例 市民権を剥奪する。対 付与

剖

刂-8 総画10 常用 明朝 剖 5256

音 ボウ㊥ 訓 —

筆順 剖

なりたち [形声]「咅」が「さいてひらく」意味と「ボウ」という読み方をしめす。刀(刂)で切り分けることを表す字。

意味 切りさいて分ける。例 解剖

剰

刂-9 総画11 常用 明朝 剰 5270 旧字 剩 5269

音 ジョウ㊥ 訓 あま-る㊕

筆順 剰

なりたち [形声]もとの字は、「剩」。「乘」が「あまり」の意味と「ジョウ」という読み方をしめしている。刀(刂)で切ったあまりを表す字。

意味 あまる。余分なものがのこる。あまり。例 剰余・過剰

【剰員】じょういん ↓ あまっている人。余分の人数。

例 仕事がへって剰員が出た。

【剰余】 Ⅱ いるだけのものを取ったあとののこり。例 剰余金。類 余剰

◆過剰 余剰

副

リ－9 総画11 4年 明朝 副 526F

音 フク 訓 そ-える 外

筆順 はねる

なりたち 𠛬 [形声]「畐」が「フク」という読み方をしめしている。「フク」は「ひらく」意味をもち、刀(刂)で半分に切り分けることを表す字。半分にしたものをならべたり合わせたりすることから、「そう、そえる」意味に使われている。

意味 おもなものにそえる。おもなものに対して、二番めのもの。助けるもの。例 正と副。副会長。副業 対 主・正

名前のよみ すえ・すけ・つぎ

【副業】 ↓ おもな仕事のほかにする仕事。類 内職 対 本業・本職

【副作用】 病気をなおすはたらきのほかに、薬が起こすべつのはたらき。例 かぜ薬の副作用でねむくなった。

【副産物】 ①ものを作るときに、その途中でできてくるべつのもの。例 おからは豆腐の副産物だ。対 主産物 ②あるものごとに関係して生じるべつのものごと。例 工業発展の副産物として公害が生じた。

【副詞】 ↓ ことばをはたらきによって分けたときの一つのグループ。「もっと」「ゆっくり」「たぶん」など、おもに動詞や形容詞・形容動詞の前について、そのようすをさらに具体的にのべるはたらきをする、活用しないことば。

【副収入】 おもにしている仕事からの収入とはべつに、ほかから入るお金。例 夜、アルバイトをして副収入を得る。

【副将】 ↓ 主将の次の地位。また、その人。例 副将として主将を助ける。

【副賞】 ↓ 正式の賞にそえておくられる賞金や賞品。例 優勝トロフィーに副賞十万円がそえられた。

【副食】 ↓ 主食のごはんやパンにそえる食べ物。おかず。副食物。対 主食

【副審】 ↓ スポーツの試合で、主審を助けるための審判員。対 主審

【副題】 ↓ 書物や論文などの表題のわきに内容をわかりやすくするためにつける短いことば。サブタイトル。

【副読本】 教科書とはべつに、学習の助けとして使う読み物。例 社会科の副読本。

【副都心】 大きな都会で、中心部とおなじようなはたらきを受けもつ地域。

割

リ－10 総画12 6年 明朝 割 5272

音 カツ 中 訓 わ-る・わり・わ-れる・さ-く 中

筆順 はねる

なりたち [形声]「害(カイ－ガイ)」が「カツ」とかわって読み方をしめしている。「カイ」は「ひらく、わける」意味をもち、刀(刂)で切り開く、切り分けることを表す字。

意味 ❶わる。いくつかに分ける。切りさく。例 卵を割る。時間を割く。割り算・役割 ❷わりあい。そのものが全体に対してしめる量。例 割が合わない。割引・学割 ❸下まわる。以下になる。例 千円を割り込む。❹十分の一。一〇パーセント。例 三割引き。

例解 [使い分け] さく[裂・割] ☞953ページ

❶〈わる〉の意味で

【割愛】 ▲〈－する〉おしいと思うものを思いきってはぶいたり、手ばなしたりすること。例 時間の関係で、説明は割愛します。

【割拠】 ↓〈－する〉それぞれが、自分の土地にたてこもって活動すること。例 群雄割拠の時代。

【割賦】 ↓ ものを買った代金を何回かに分けてしはらうこと。分割ばらい。例 割賦

販売。

【割腹】▲〈―する〉腹を切って死ぬこと。例割腹してはてる。類切腹

【割烹】Ⅱ日本ふうの料理をつくること。そういう料理を出す店。例割烹旅館。

【割烹着】料理やそうじなどをするときに身につける、そでのついた前かけ。和服(着物)の上からでも着られるような形になっている。

割烹着

❷〈わりあい〉の意味で

【割合】Ⅱ①全体の中でそのものがしめている量。例五人に一人の割合で虫歯がある。類比率・割②思ったよりも。例割合早く着いた。表現「安い割合にじょうぶな品物だ」のように、「割合に」の形でも使う。

【割高】↓〈―に―な〉品物の質や量にくらべて、ねだんが高いこと。例特別注文だったので、割高についた。対割安

【割引】↓〈―する〉きまったねだんよりも、安くすること。例団体割引。割引料金。参考値下げの率で「一割引き」「三割引き」などというところからできたことば。

【割安】↓〈―に―な〉品物の質や量にくらべて、ねだんが安いこと。例セットだと割安になります。類徳用 対割高

◆学割 分割 役割

創

音ソウ 訓つく-る

リ-10 総画12 6年 明朝 創 5275

筆順 (とめる / はねる)

なりたち 〔形声〕「倉」が「ソウ」という読み方をしめしている。「ソウ」は「きずつける」意味をもち、刀(刂)で傷つけることを表す字。借りて、「つくる」意味にも使われている。

意味
❶はじめてつくる。新しくつくりだす。はじめる。例創造・創作
❷きず。刀など武器によってできた傷。例創傷・銃創・絆創膏

例解 [使い分け]つくる[作・造・創] 77ページ

名前のよみ はじむ・はじめ

❶〈はじめてつくる〉の意味で

【創案】①▲〈―する〉だれも考えつかなかったことを最初に考えだすこと。例創案者。類創意②↓まったく新しい考え。

【創意】↓新しく生みだした考え。例創意工夫。類創案

【創意工夫】今までになかったものを生みだそうと、あれこれ考えること。例創意工夫をこらす。

【創刊】↓〈―する〉新聞・雑誌などを新しく出すこと。例創刊号。類発刊 対廃刊

【創業】▲〈―する〉新しく事業や店などをはじめること。例明治元年創業。創業十周年記念セール。

【創建】↓〈―する〉建物をはじめてたてること。例創建当時のままの建物。類創立

【創作】Ⅱ〈―する〉①新しくつくりだすこと。例創作舞踊。創作料理。類創造②小説。フィクション。例現代創作集。③作り話。例その話は創作だな。

【創始】Ⅱ〈―する〉事業や仕事などを新しくはじめること。例会社の創始者。類草創

【創世】▲この世界のできはじめ。例創世記。類天地創造

【創設】↓〈―する〉施設や組織などを新しくつくること。例劇団の創設をよびかける。類創立・設立・開設

【創造】Ⅱ〈―する〉今までになかったものを新しくつくりだすこと。例天地創造の物語。類創作 対模倣

【創立】↓〈―する〉学校や会社などを新しくつくること。例学校の創立記念日。類開設・創設・創建・設立

◆銃創 草創 独創

劇

音ゲキ 訓―

リ-13 総画15 6年 明朝 劇 5287

筆順 劇

なりたち 勮 [形声]もともとは「勮」で、「力」があやまって「刂」と書かれた。「豦」が「はげしい」の意味と、「ゲキ」とかわって読み方をしめしている。力をそえてはげしくすることを表す字。

意味 ❶はげしい。はたらきや動きが急である。例 劇変・劇薬
❷しばい。えんげき(演劇)。例 劇に出演する。劇場・歌劇

❶〈はげしい〉の意味で

【劇化】⇩〈―する〉いっそうはげしくなること。表記「激化」とも書く。☞❷

【劇職】⇩ひどくいそがしくて重要な職務。類 劇務 対 閑職 表記「激職」とも書く。

【劇痛】⇩ひどいいたみ。例 背中に劇痛がはしる。表記「激痛」とも書く。

【劇毒】⇩少しでもすぐにききめのあらわれる毒薬。類 猛毒

【劇変】⇩〈―する〉ようすが急に大きくかわること。例 病状が劇変する。表記「激変」とも書く。

【劇務】⇩大変いそがしいつとめ。例 劇務にたえる。類 劇職 表記「激務」とも書く。

【劇薬】⇩分量や使い方をまちがえると、命にかかわるような、ききめの強い薬。

【劇烈】Ⅱ〈―な ―に〉ひどくはげしい。例 劇烈なたたかい。表記「激烈」とも書く。

❷〈しばい〉の意味で

【劇化】⇩〈―する〉小説や事件などを劇の形にして上演すること。ドラマ化。例 漫画を劇化する。類 脚色 ☞❶

【劇画】⇩写実的で物語性の強い長編の漫画。類 漫画

【劇作家】戯曲・脚本を書く仕事をする人。例 古典演劇の劇作家。

【劇場】⇩芝居・映画・歌やおどりなどを多くの客に見せるための建物。例 市民劇場。

【劇団】⇩劇を作ったり演じたりする人たちの集まり。例 劇団に入る。劇団員。

【劇中劇】劇の中で演じられるべつの劇。

【劇的】⊠〈―な ―に〉劇の中の場面のように感動的な展開。ドラマチック。例 劇的な再会。

劇が下につく熟語 上の字の働き

❷劇＝〈しばい〉のとき
【歌劇 喜劇 寸劇 悲劇】ドノヨウナ劇か。
【演劇 観劇】劇をドウするか。

劉

刂-13 総画15 人名 明朝 劉 5289

音 リュウ外 訓 ―

意味 中国の人の姓。例 劉備(三国時代蜀の皇帝)

2画 力 [ちから] の部

「力」をもとにして作られ、田畑での耕作やさまざまな労働、また力をくわえることを表す字を集めてあります。

この部首の字
0 力…162 3 加…164 功…165 4 劣…165 5 劫…166 助…166 努…167 励…167 労…167 6 劾…168 効…168 7 勁…168 勅…168 勃…169 勇…169 8 勉…169 9 勘…170 動…170 務…171 10 勤…171 勝…172 募…172 11 勧…173 勢…173 13 勲…173
幼▶幺 380 肋▶月 910 男▶田 778 協▶十 182 脅▶月 916

力

カ-0 総画2 1年 明朝 力 529B

音 リョク・リキ 訓 ちから

筆順 力

なりたち [象形]農具のすきの形をえがいた字。

意味 ❶ちから。はたらき。例 力をこめる。顔を真っ赤にして力む。力点・体力
❷ちからを入れてはげむ。いっしょうけんめ

ものしり巻物 第5巻

篆書と隷書

【篆書】　周王朝のすえ、戦国時代（紀元前四〇三年～紀元前二二一年）になると、天子の力はおとろえ、実力のある諸侯たちが独立してそれぞれが天下統一をめざしはじめました。諸侯の国々では独自に文化を発展させ、文字も国ごとにかなりちがうものになっていきました。

そうした中で、秦の始皇帝が紀元前二二一年に天下を統一しました。秦では統一王朝にふさわしく、中国全体の政治のしくみや社会のきまりをおなじにしました。そのとき、丞相（総理大臣）であった李斯が中心となって制定したのが篆書といわれる書体です。

これは小篆あるいは秦篆ともいわれるもので、文字全体がおなじ太さのゆったりした線で、ややたて長に曲線を多く用いてまとめられた文字となっています。中国で最初に作られた漢字の字書『説文解字』が見出しとしてかかげて解説しているのは、この篆書の書体についてです。この辞書の[なりたち]欄も、この篆書をもとに解説しています。

篆書

この書体はとても美しく、今でも印鑑の文字などに利用されています。

【隷書】　篆書は速く書くのがむずかしいため、これをかんたんにし、そのうえ直線的に直して、より書きやすくした書体が隷書です。

隷書という名前については、いろいろな説がありますが、国の事務や裁判などの記録を、急いでしかも正確に書くために、隷吏（下級の官吏）たちがくふうして使いはじめたので隷書といわれた、ともいわれています。

この隷書は、現在使われている漢字の書体とかなり似かよってきていて、わたしたちにもだいぶわかりやすい形になっています。

隷書

いつとめる。がんばって……する。[例]力走・努力

[参考]音読みで「力む」のようにも用いる。

[名前のよみ]いさお・いさむ・お・ちか・つとむ・よし

❶〈ちから〉の意味で

【力仕事】ちからしごと　重い物を運んだり持ち上げたりするような、強い力のいる仕事。[類]肉体労働

【力学】りきがく　[↓]物体に、どんな力がはたらいて、どんな動きが起こるかを研究する学問。

【力感】りきかん　[↓]力強い感じ。[例]スポーツのスピード感と力感が好きだ。

【力士】りきし　[↓]すもうとり。[例]幕内力士。

【力点】りきてん　[↓]①とくにだいじだと考えて、力を入れるところ。[例]復習に力点をおく。[類]重点　②てこで物を動かすとき、力をかけるところ。[知識]てこの働きの要点三つ。力点・支点・作用点。[参考]☞【支点】してん（559ページ）

【力量】りきりょう　[↓]その人その人の、ものごとをやりとげる力の大きさ。[例]力量がある。

❷〈ちからを入れてはげむ〉の意味で

【力泳】りきえい　[↓]〈—する〉いっしょうけんめい、力強いおよぎをすること。

【力演】りきえん　[↓]〈—する〉演劇・演芸などで、熱心に演じること。[例]力演をたたえる。[類]熱演

【力作】りきさく　[↓]全力をこめて作りあげた作品。[例]力作を発表する。[類]労作

【力説】りきせつ　[↓]〈—する〉自分の考えを、熱心に主

張したり説明したりすること。例予防の必要を力説する。類強調

【力走】⇩〈―する〉ありったけの力を出して走ること。例四〇〇メートルを力走する。

【力投】⇩〈―する〉力をこめてボールを投げこむこと。表現「全力投球」「続投」など、野球のことばが一般社会のことによく使われる。「力投」もその一つ。

←力が下につく熟語　上の字の働き

❶力＝〈ちから〉のとき

【能力 勢力】近い意味。

【体力 脚力 腕力 眼力 学力 筆力 胆力 精力 国力 武力 兵力 速力】ナニの能力か。

【火力 水力 風力 電力 磁力 重力 魔力 気力 富力 資力 権力 原子力 念力 馬力】ナニによるエネルギーか。

【聴力 視力 握力 動力 弾力 張力 浮力 引力 圧力 活力 労力 戦力 効力 魅力 迫力 神通力】ドウスル力か。

【怪力 強力 微力 非力】ドノクライの力か。

【助力 尽力 協力 極力】力をドウスルか。

【全力 総力 主力 余力 実力 底力】出せる力のドノ部分の力か。

【有力 無力】力の有る無し。

【千人力 独力】ナン人分の力か。

【暴力 死力 威力】ドノヨウナ力か。

◆遠心力 原動力 出力 自力 全速力 努力 無気力

〖加〗

音 カ　訓 くわ-える・くわ-わる

カ-3　総画5　4年　明朝 加 52A0

筆順 フ カ カ 加 加 (はねる)

なりたち

[会意]「力」とことばをしめす「口」を合わせて、「いきおいをつける、くわえる」ことを表す字。

意味

❶くわえる。たしてふやす。手をくわえる。はたらきかける。例危害を加える。いっそうの寒さが加わる。加熱・追加 対減

❷なかまにくわわる。例加入・参加

❸カナダ。「加奈陀」の略。例日加関係。

❹加賀。旧国名。今の石川県の南部。

名前のよみ ます

❶〈くわえる〉の意味で

【加害者】人にけがをさせたり、死なせたり、損害をあたえたりした人。対被害者

【加減】⇕①たし算とひき算。例加減乗除。②〈―する〉ちょうどよくなるように調節すること。例へやの温度をかげんする。③もののようす、やり方の程度。例湯かげん。塩かげん。かげんがよくない（からだの調子が悪い）。表現③は「あのばかさかげんにはおどろいた」のように、上のことばを強めるような使い方と、「顔をうつむきかげんにしている」のように、少しばかりそうであることを表す使い方とがある。

【加護】▲〈―する〉神や仏が、人をまもり助けること。例神仏の加護。類守護

【加工】▲〈―する〉原料や製品に手をくわえて、作りかえること。例木材を加工する。

【加算】⇩①たし算。対減算 ②〈―する〉もとなるものに、ある数や量をくわえること。例消費税を加算する。類合算

【加勢】▲〈―する〉力をかして助けること。すけだち。例加勢をたのむ。類助勢・応援

【加速】▲〈―する〉動いているものが、さらに速さを増すこと。例加速車線。対減速

【加速度】①あるきまった時間のうちで、速さの増す割合。②動く速さや変化するいきおいが、ますます大きくなること。

【加熱】▲〈―する〉熱をくわえてあたためること。例レンジで加熱する。加熱殺菌。

【加筆】▲〈―する〉できあがった文章や絵にさらにかきくわえて、手なおしすること。

【加法】⇩たし算。関連加法・減法（ひき算）・乗法（かけ算）・除法（わり算）

【加味】▲〈―する〉①味をつけくわえること。②あるものに、ほかの要素をくわえること。例反対意見も加味して案をまとめる。

❷〈なかまにくわわる〉の意味で

【加療】▲〈―する〉病気やけがの治療をすることの改まった言い方。例加療を要する。

【加担】(かたん) ↓〈―する〉自分もなかまにくわわること。表記「荷担」とも書く。

【加入】(かにゅう) Ⅱ〈―する〉団体や組織などに入ること。類 加盟・入会 対 脱退

【加盟】(かめい) ▲〈―する〉おなじ目的をもった団体などに入ること。類 加入

⇐加が下につく熟語 上の字の働き

❶加＝〈くわえる〉のとき

【増加 添加 付加】近い意味。

◆参加 追加 倍加

〔功〕

カ-3 総画5 4年 明朝 功 529F

音 コウ・ク高 訓 いさお外

筆順 功 一 T I 功 功 はねる

なりたち [形声]「工」が「しごと」の意味と「コウ」という読み方をしめしている。「力」をこめた仕事や、はたらきを表す字。

意味 てがら。力をつくして得られるりっぱな結果。例 功なり名とげる(りっぱな仕事をして有名になる)。功績・成功 対 罪

注意するよみ ク…例 功徳

【功徳】(くどく) Ⅱ 仏教で、現世や来世でめぐみを受けるもとになるようなよいおこない。例 功徳をつむ。功徳をほどこす。

【功罪】(こうざい) ⇔ ためになるところと害になるところ。例 功罪相半ばする。類 利害得失

【功績】(こうせき) ↓ 世の中や社会などのためになるりっぱなはたらき。例 優勝できたのは、かれの功績によるところが大きい。類 功労

【功名】(こうみょう) ↓ てがらを立てて、名をあげること。表現「功名心(なんとか有名になってやろうという気持ち)」「けがの功名(失敗がかえってよい結果になった)」「ぬけがけの功名(人をだしぬいててがらを立てる)」など、あまりほめていない言い方もする。

【功利的】(こうりてき)〈―な〉得をすることを第一として考えること。例 功利的な考え方。類 打算的

【功労】(こうろう) Ⅱ 長いあいだ努力して、世の中のためになしとげたてがら。例 功労をみとめる。類 功績

◆勲功 成功 年功

故事のはなし 助長(じょちょう)

むかし、宋の国のある農民で、苗が生長しないのを心配して、一本一本ひっぱってやった人がいた。ぐったりして家に帰り、家族に「きょうはつかれたよ、苗を助けて生長させたから」と話した。かれの息子がいそいで畑にかけつけてみると、苗はすっかり枯れてしまっていた。(『孟子』公孫丑上篇)

〔劣〕

カ-4 総画6 常用 明朝 劣 52A3

音 レツ中 訓 おと-る中

筆順 丨 小 少 劣 劣 劣

なりたち [会意]「少」と「力」を合わせて、力が少ないことを表す字。

意味 ❶おとる。力や質がほかより低い。例 体力が劣る。劣勢・拙劣 対 優
❷いやしい。下品である。例 下劣

❶〈おとる〉の意味で

【劣悪】(れつあく) Ⅱ〈―な〉ほかよりひどくわるい。例 劣悪な環境。類 粗悪 対 優良・優秀

【劣化】(れっか) ↓〈―する〉品物の質などが、わるくなっていくこと。例 劣化したプラスチック。

【劣性】(れっせい) ↓ 親のもっている性質のうち、遺伝によって次の子どもの代にはあらわれない性質。例 劣性遺伝。対 優性

【劣勢】(れっせい) ▲〈―な・―に〉相手よりいきおいが弱いこと。例 劣勢をはね返す。対 優勢

【劣等】(れっとう) ↓〈―な〉ほかとくらべて、おとっていること。対 優等

【劣等感】(れっとうかん) 自分がほかの人よりもおとっ

ていると思う気持ち。ひけめ。コンプレックス。例 劣等感をいだく。対 優越感

【劣敗】 ▽ 弱い者、力のおとっている者が、あらそいに負けること。例 優勝劣敗。

◆劣が下につく熟語 上の字の働き

❷劣＝〈いやしい〉のとき
【下劣 卑劣 愚劣】近い意味。

◆拙劣 優劣

【劫】

カ-5　総画7　人名　明朝 劫 52AB

音 ゴウ外・キョウ外　訓 ―

意味
❶はかることができないほどひじょうにながい時間。例 未来永劫
❷おびやかす。おどす。うばう。

【助】

カ-5　総画7　3年　明朝 助 52A9

音 ジョ　訓 たす-ける・たす-かる・すけ中

筆順 丨 П 月 月 且 助 助（だす）（はねる）

なりたち [形声]「且」が「かさねる」意味と、「ジョ」とかわって読み方をしめしている。「力」をくわえて、たすけることを表す字。

意味 たすける。人やものごとに力をそえる。すくう。例 助けをもとめる。命が助かる。助太刀・助力・援助

名前のよみ ひろ・ます

【助演】 ↓〈―する〉映画や演劇で、主役を助ける役わりを演じること。演じる人。例 助演男優賞を受賞する。類 脇役 対 主演

【助言】 ↓〈―する〉こまっていることについて、参考になることを言ってやること。そのことば。アドバイス。例 ご助言おねがいします。表現 助言は、目上の人が目下の人にするのがふつう。

【助詞】 ↓ ことばをそのはたらきによって分けたとき、「窓を開けると富士山が見えるよ」の中の、「を」「と」「が」「よ」のように、他のことばの下について、ことばとことばのつながりをしめしたり意味をそえたりすることば。活用がない。

【助手】じょしゅ（↓）仕事や研究の手助けをする人。アシスタント。

【助成】 ↓〈―する〉おもに金銭面で助けて、仕事や研究などがりっぱに仕上がるようにすること。例 研究の発展を助成する。助成金。

【助勢】 ▲〈―する〉手助けすること。例 たのもしい助勢があらわれた。類 加勢・助力

【助走】 ↓〈―する〉陸上競技などで、とんだり投げたりするいきおいをつけるために、ふみきりのところまで走ること。

【助長】 ▲〈―する〉ものごとの動きなどをよりいっそう進ませること。例 あらそいを助長する。参考 とかく、よくない傾向に力をそえるような場合に使われることが多い。

[故事のはなし] ☞165ページ

【助動詞】 ことばをそのはたらきによって分けたとき、「宿題をやらないとしかられる」の「ない」「れる」、「もう疲れたから帰ります」の「た」「ます」のように、他のことばの下について、そのことばに意味をそえたり、話し手の判断をしめしたりすることば。活用がある。

【助命】 ▲〈―する〉殺されるはずの人の命を助けること。表現「救命」は病気や事故で死にかけている人をすくうこと。

【助役】 ↓ 鉄道で、駅長などの仕事を助ける役。その役の人。もとは市長や町長などの仕事を助ける役のこともいった。

【助力】 ▲〈―する〉力をかして、てつだうこと。手助け。力ぞえ。例 ご助力をおねがいいたします。類 助勢

【助太刀】〈―する〉争っている者の一方を助けて争いにくわわること。例 助太刀はいらない。表現 刀をぬいて争いごとをした時代のことば。今は「手助け」「加勢」の意味で、ふつうに使う。

◆助が下につく熟語 上の字の働き
【援助 救助 補助 扶助 賛助】近い意味。
【互助 内助】ドノヨウニ助けるか。

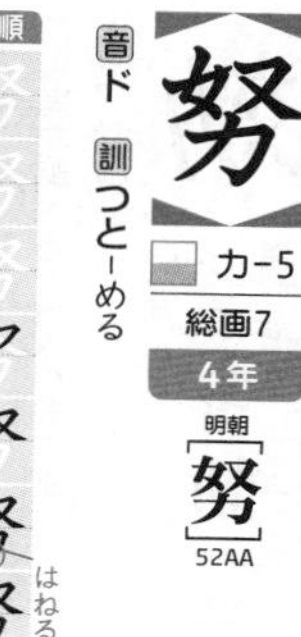

努

カ−5　総画7　4年　明朝 努 52AA

音 ド　訓 つと-める

筆順 く 女 女 奴 奴 努 努（はねる）

なりたち [形声]「奴」が「どれい」の意味と「ド」という読み方をしめしている。「力」がついて、どれいのように力をつくすことを表す字。

意味 つとめる。力をつくす。こつこつとがんばる。例 勉学に努める。努めて健康に注意する。努力

例解 [使い分け] つとめる[努・務・勤] ☞このページ

名前のよみ つとむ

【努力】どりょく Ⅲ〈—する〉力を出し切ってがんばること。例 日ごろの努力がみのる。類 尽力

励

カ−5　総画7　常用　明朝 励 52B1　旧字 勵 52F5

音 レイ 中　訓 はげ-む 中・はげ-ます 中

筆順 一 厂 厅 厉 厉 励 励

なりたち [形声]もとの字は、「勵」。「厲」が「レイ」という読み方をしめしている。「はげしい」の意味と「力」をつくしてはげむことを表す字。

意味 はげむ。はげます。いっしょうけんめいつとめる。他人を力づける。励行・奮励・激励 例 勉強に励む。励ましのことば。

名前のよみ つとむ

【励行】れいこう ↓〈—する〉決まったことを、きちんとまじめにつとめること。例 整理整とんを励行する。

励が下につく熟語 上の字の働き

【精励 奮励】ドノヨウニ励むか。

【激励 奨励 督励】ドノヨウニ励ますか。

◆勉励

労

カ−5　総画7　4年　明朝 労 52B4　旧字 勞 52DE

音 ロウ　訓 —

筆順 ⺍ ⺍ 兴 学 労 労（はねる）

なりたち [会意]もとの字は、「勞」。「𤇾」が家がもえるようすをしめし、消火に「力」を用いほねがおれることを表す字。

意味 ほねおる。ほねおり。はたらく。からだや心のつかれ。例 労をねぎらう。労多くして功少なし。労をいとわない。心を労する。労働・苦労

【労役】ろうえき ↓ ①むりやりさせられる労働。例 三年間の労役を命じる。②つらくて苦しい労働。例 一日の労役を終える。

【労苦】ろうく Ⅲ 仕事や生活での、つらいことや苦しいこと。例 長年にわたり労苦をともにする。類 苦労

【労災】ろうさい ◎「労働災害」をちぢめたことば。労働者が仕事をしているときに受けるけがや病気、死亡などの災害。例 労災保険。

【労作】ろうさく ↓ 苦労をかさねてつくりあげること。苦心してつくった作品。類 力作

【労使】ろうし ⇔ 労働者のがわと労働者をやとっ

例解 使い分け　つとめる《努める・務める・勤める》

努める＝いっしょうけんめいにする。力をつくす。

例 勉学に努める。問題の解決に努める。

務める＝役目を受けもつ。

例 司会を務める。主役を務める。

勤める＝給料をもらってあたえられた仕事をする。

例 役所に勤める。勤め人。

ている使用者のがわ。

【労働】ろうどう Ⅲ〈―する〉賃金をもらうためにはたらくこと。例 労働者。重労働。肉体労働。

【労務】ろうむ Ⅲ 賃金のしはらいを受けてはたらくこと。例 労務管理。類 労働

【労力】ろうりょく ↓ ①仕事のために力を使うこと。ほねおり。例 労力をおしまない。②必要な人手。例 労力を集める。類 労働力

←労が下につく熟語 上の字の働き

【功労 疲労 苦労】近い意味。

【過労 徒労】ドノヨウナほねおりか。

【心労 足労】ナニのほねおりか。

◆慰労 漁労 就労

劾

カ-6 総画8 常用 明朝 劾 52BE

音 ガイ 中 訓 ―

筆順 、 亠 亡 亥 亥 刻 劾

なりたち [形声]「亥」が「ガイ」という読み方をしめしている。「ガイ」は「ひきしめる」意味をもち、「力」をつくして調べることを表す字。

意味 罪を調べる。他人の罪を調べて明らかにする。例 弾劾

効

カ-6 総画8 5年 明朝 効 52B9 旧字 效 6548

音 コウ 訓 き-く

筆順 、 亠 六 六 交 交 効 効 (とめる・はねる)

なりたち [形声] もとの字は、「效」。「攵」が「むりにさせる」ことを、「交」が「コウ」という読み方をしめしている。「コウ」は「まねる、ならう」意味をもち、むりにならわせることを表す字。

意味 ききめ。ききめがある。役に立つ。例 よく効く薬。薬石の効。効果・有効

例解 [使い分け] きく[効・利] ☞ ひだりのページ

【効果】こうか Ⅲ ①使ったり、ためしたりして得たよい結果。ききめ。例 効果があらわれる。逆効果。類 効力・効用・効能 ②演劇や映画などで、音・照明・音楽などを使って、場面をもり上げたり、ほんとうらしく見せたりすること。例 照明効果。効果音。

【効能】こうのう Ⅲ 使うことによって、よい結果が出るというはたらき。例 温泉の効能書き。類 効力・効用・効果

【効用】こうよう ↓ 使って役に立つ用い方。ききめのあるはたらき。例 薬の効用。類 効力・効果・効能

【効率】こうりつ ↓ ある仕事で、それに使った労力や時間と、そのできばえとをくらべたときの割合。例 効率がよい。熱効率。

【効力】こうりょく ↓ じっさいに役に立つはたらき。ききめ。類 効用・効果・効能

←効が下につく熟語 上の字の働き

【有効 無効】ききめが有るか無いか。

◆時効 実効

勁

カ-7 総画9 人名 明朝 勁 52C1

音 ケイ 外 訓 つよ-い 外

意味 つよい。まっすぐに一本とおった強さ。例 簡勁・雄勁

勅

カ-7 総画9 常用 明朝 勅 52C5 旧字 敕 6555

音 チョク 中 訓 みことのり 外

筆順 一 ㄇ 㔾 申 束 束 勅 勅

なりたち [形声] もとの字は、「敕」。「攵」が「むりにさせる」ことを、「束」が「チョク」とかわって読み方をしめしている。「ソク」は「まっすぐ、いましめる」の意味をもち、いましめて正しくさせることを表す字。

意味 みことのり。天皇や皇帝のことば。例 勅語・詔勅

【勅語】ちょくご ↓ 天皇が国民にのべることば。例 教育勅語。表現 今は「おことば」という。

【勅使】ちょくし ↓ 天皇のことばをつたえるつかいの人。例 勅使が派遣された。

【勅命】ちょくめい ↓ 天皇の出す命令。みことのり。

勃

音 ボツ㊥ 訓 ―

カ-7 総画9 常用 明朝 勃 52C3

筆順 一 十 声 孛 孛 孛 孛 勃 勃

意味 急におこるさま。にわかに。突然に。例 産業が勃興する。ローマ帝国の勃興。

【勃興】↓〈—する〉急にさかんになる。

【勃発】↓〈—する〉事件などが突然に起こること。例 内戦が勃発する。

勇

音 ユウ 訓 いさ-む

カ-7 総画9 4年 明朝 勇 52C7

筆順 マ 甬 甬 甬 甬 勇（はねる）勇（だす）

なりたち 【形声】「甬」が「ユウ」とかわって読み方をしめしている。「ヨウ」は「わき出る」意味をもち、「力」がわき出ることを表す字。

意味 いさましい。いさむ。くじけず立ち向かう心。例 勇んで出かける。勇ましいすがた。勇気・武勇

名前のよみ いさお・お・たけし・つよ・とし・はや

【勇敢】Ⅲ〈—な〉〈—に〉自分から立ち向かっていくようす。例 勇敢に戦う。類 果敢

【勇気】↓ なにものをもおそれない心。例 勇気を出す。

【勇士】↓ なにものをもおそれずにたたかう強い人。例 歴戦の勇士。類 勇者

【勇姿】↓ いさましいすがたや活躍するようす。例 さっそうたる勇姿。類 英姿

【勇者】↓ なにものをもおそれず、立ち向かうことのできる強い人。類 勇士

【勇壮】Ⅲ〈—な〉〈—に〉元気がよくていきおいがあるようす。例 勇壮な行進曲。

【勇退】↓〈—する〉あとの人にゆずるために、自分からすすんで役をしりぞくこと。

【勇断】↓ 思い切って決めること。類 英断

【勇名】↓ いさましくて強いという評判。例 勇名をとどろかす。

【勇猛】Ⅲ〈—な〉〈—に〉ものすごく強くて、いさましい。例 勇猛果敢な行動。

【勇躍】↓〈—する〉元気いっぱい、心をはずませること。例 勇躍出発する。

← 勇が下につく熟語 上の字の働き

【剛勇 武勇 蛮勇 義勇 猛勇】ドウイウ勇ましさか。

例解 使い分け

きく《効く・利く》

効く＝よい結果があらわれる。例 宣伝が効く。効き目がある。

利く＝十分にはたらく。できる。例 左手が利く。気が利く。無理が利く。小回りが利く。

勉

音 ベン 訓 つと-める㊕

カ-8 総画10 3年 明朝 勉 52C9 旧字 勉 FA33

筆順 ク 各 各 各 缶 缶 免（はねる）免（おらない）勉

なりたち 【形声】「免」が「ベン」という読み方をしめしている。「ベン」は「りきむ」意味をもち、「力」をくわえて、しいてつとめることを表す字。

意味 いっしょうけんめいつとめる。例 勉強・勤勉

名前のよみ かつ・つとむ・まさる・ます

【勉学】▲〈—する〉学問にせいを出すこと。熱心にまなぶこと。例 勉学にいそしむ。勉学にはげむ。類 勉強

【勉強】Ⅲ〈—する〉①学問や仕事などを身につけるために、はげむこと。類 勉学・学習 ②将来のためになる経験。例 つらかったが、

いい勉強になった。③商品のねだんをできるだけ安くすること。

【勉励】Ⅱ〈―する〉いっしょうけんめい努力すること。例 刻苦勉励（ひどく苦しい思いをして努力をつづけること）。類 精励

勘

音 カン 中　訓 ―

カ-9　総画11　常用　明朝 勘 52D8

筆順 一 廾 甘 甘 其 甚 甚 勘 勘

なりたち 勘 [形声]「甚(ジン)」が「カン」とかわって読み方をしめしている。「ジン」は「ふかい」意味をもち、「力」をくわえて、「ふかく調べる」ことを表す字。

意味 ❶よく考える。考え調べる。例 勘案 ❷ぴんとくる。感じとる心のはたらき。例 勘がいい。勘がにぶる。山勘

名前のよみ さだ・さだむ

❶〈よく考える〉の意味で

【勘案】Ⅱ〈―する〉ほかのことも考え合わせること。例 いろいろな事情を勘案する。

【勘定】↓〈―する〉①ものの数や金額を数えること。類 計算 ②代金をはらうこと。例 勘定をすます。類 会計 表現「勘定ずく（損得だけを考えて行動する）」「勘定高い（損得をすごく気にする）」「勘定に入れる（考えることにふくめる）」などの使い方がある。

【勘当】↓〈―する〉わるいおこないをとがめて、親子や師弟の関係を絶つこと。類 義絶

【勘弁】↓〈―する〉相手の罪やあやまちなどをゆるしてやること。例 どうか勘弁してください。類 堪忍 表現「勘弁」は相手をゆるす気持ちを、「堪忍」は自分のいかりをこらえるはたらきを、おもに表す。

動

音 ドウ　訓 うご-く・うご-かす

カ-9　総画11　3年　明朝 動 52D5

筆順 一 亠 亠 亠 重 重 動 動 はねる

なりたち 動 [形声]「重(チョウ)」が「かさねる」意味と、「ドウ」とかわって読み方をしめしている。「力」をくわえることを表す字。

意味 ❶うごく。うごかす。うごき。例 気持ちが動く。静中動あり。動物・運動 対 静 ❷みだれる。ゆさぶる。世の中のみだれ。さわぎ。例 ものに動じない。動揺・暴動 ❸人のふるまい。例 動機・活動

❶〈うごく。うごかす〉の意味で

【動員】▲〈―する〉①兵士を集めること。対 復員 ②たくさんの人を集めること。例 動員をかける。

【動画】↓①動く画像。ムービー。対 静止画 ②少しずつ変化させた絵や人形を、一こま一こま撮影し、つづけてうつして人物などが動いて見えるように作った映画。アニメーション。アニメ。

【動悸】Ⅱ心臓がどきどきすること。例 動悸がはげしくなる。類 心悸

【動議】▲会議で、その場で新しく議題を出すこと。例 緊急動議

【動向】↓人の心や世の中のなりゆき。例 社会の動向に気を配る。類 動静・情勢

【動産】↓現金や商品など、そのまま持ち運べる財産。対 不動産

【動詞】↓ことばをそのはたらきによって分けたとき、「走る」「思う」「ある」などのように、人やものの動きやはたらき・存在を表すことば。活用があるが、言い切るときの形は五十音図のウ段の音で終わる。

【動静】⇕世の中や人などの動き。例 敵の動静をさぐる。類 動向・消息

【動的】⊠〈□な〉動きや変化が、生き生きとしているようす。例 動的にとらえた描写。対 静的

【動物】↓①生物を大きく二つに分けたときの一つ。ふつう、自分で動くことができ、ほかの生物を食べて栄養を取って生きていくもの。対 植物 ②けものなど、人間以外の動物。対 人間

【動脈】↓①きれいな血を、心臓からからだじゅうに送りとどけるための血管。対 静

脈 ②人やものを運ぶための鉄道や道路。例 地下鉄は都会のかくれた動脈だ。

【動力】⇩ 水力・風力・電力・原子力など、機械の動きを作り出す力。例 太陽エネルギーを動力にかえる。類 原動力

【動輪】⇩ 動力を受けて回転し、機関車などを走らせる車輪。

❷〈みだれる〉の意味で

【動転】Ⅲ〈―する〉びっくりして、落ち着きをうしなうこと。例 気が動転する。

【動揺】Ⅲ〈―する〉①ぐらぐらゆれること。例 船が大きく動揺する。②落ち着かなくなること。例 動揺のあまり仕事が手につかない。対 安定

【動乱】Ⅲ〈―する〉戦争や暴動などで世の中がさわがしくなること。例 動乱の時代。

❸〈人のふるまい〉の意味で

【動機】⇩ ①行動を起こす気にさせたきっかけ。例 志望動機。類 原因・動因 ②音楽で、楽曲の主題となる短い旋律。モチーフ。

【動作】Ⅲ〈―する〉なにかをするときのからだの動き。身のこなし。モーション。例 動作がにぶい。類 所作

← 動が下につく熟語 上の字の働き

❶動＝〈うごく。うごかす〉のとき
【震動 躍動 運動 移動】近い意味。
【振動 変動 流動 異動 連動 反動】ドノヨウニ動くか。
【微動 激動】ドノクライ動くか。
【自動 手動】ナニによって動くか（動かすか）。
【起動 制動 発動】動きをドウスルか。
【波動 鼓動 脈動】ナニのような動きか。

❷動＝〈みだれる〉のとき
【騒動 暴動】ドウヤッテみだれるか。

❸動＝〈人のふるまい〉のとき
【挙動 行動】近い意味。
【策動 出動】ドノヨウナ行動をするか。

◆活動 言動 衝動 扇動 胎動 不動 鳴動 妄動

務

カ-9 総画11 5年 明朝 務 52D9

音 ム 訓 つと-める・つと-まる

筆順 （つにならない）（はねる）

なりたち [形声]「敄」が「しいておこなう」意味と「ム」という読み方をしめしている。「力」をくわえて、しいてつとめることを表す字。

意味 つとめ。やらなければいけない仕事。つとめる。はげむ。例 司会を務める。親としての務めをはたす。任務

例解 [使い分け] つとめる[努・務・勤] ☞167ページ

名前のよみ かね・ちか・つとむ・なか・みち

← 務が下につく熟語 上の字の働き
【業務 勤務 職務 事務 用務 労務】近い意味。
【急務 激務 残務 雑務 実務】ドノヨウナ性質の仕事か。
【国務 公務 税務 総務 外務 庶務】ドウイウ内容の務めか。
【執務 服務】仕事にドウスルか。
【債務 責務 任務 義務】ドノヨウナ務めか。

勤

カ-10 総画12 6年 明朝 勤 52E4 旧字 勤 FA34

音 キン・ゴン 高 訓 つと-める・つと-まる

筆順 （ださない）（はねる）

なりたち [形声] もとの字は、「勤」。「力」が「ちからしごと」を、「堇」が「キン」という読み方をしめしている。仕事をすることを表す字。

意味 ❶力をつくしてはたらく。きちんと自分の仕事をする。例 勤勉・勤行・精勤 ❷会社などにつとめる。会社などではたらく。つとめ。例 会社に勤める。勤めに出る。勤務・通勤

注意するよみ ゴン…例 勤行

例解 [使い分け] つとめる[努・務・勤] ☞167ページ

名前のよみ いそ・いそし・つとむ・のり

❶〈力をつくしてはたらく〉の意味で

【勤王】▲ 天皇のためにつくし、はたらくこと。例 勤王の志士。対 佐幕 表記「勤皇」と

も書く。知識 江戸時代の終わりに、幕府をたおす勢力の中心となった考え方。

【勤勉】きんべん Ⅱ〈―に・―な〉勉強や仕事をいっしょうけんめいすること。例 勤勉な人。対 怠惰

【勤労】きんろう Ⅱ〈―する〉からだを使ってはたらくこと。例 勤労感謝の日。☞❷

【勤行】ごんぎょう ▲〈―する〉お坊さんが仏前でお経をあげたり、念仏をとなえたりすること。おつとめ。

❷〈会社などにつとめる〉の意味で

【勤続】きんぞく ↓〈―する〉おなじつとめ先や職業で、何年もつづけてはたらくこと。

【勤務】きんむ Ⅱ〈―する〉会社などで仕事をすること。例 勤務時間。類 服務・執務・就業

【勤労】きんろう Ⅱ〈―する〉賃金をもらって、仕事をすること。例 勤労者。勤労所得。☞❶

勤が下につく熟語 上の字の働き

❶勤＝〈力をつくしてはたらく〉のとき
【精勤 忠勤】ドノヨウニはたらくか。

❷勤＝〈会社などにつとめる〉のとき
【夜勤 外勤 内勤】イツ・ドコの勤めか。
【出勤 欠勤 通勤 在勤 転勤】勤めに(勤めを)ドウスルか。

◆皆勤 常勤

勝

カ-10 総画12 3年 明朝 勝 52DD

音 ショウ 訓 か-つ・まさ-る中

筆順

なりたち [形声]「朕」が「もちあげる」意味と、「ショウ」とかわって読み方をしめしている。「力」で物を持ち上げることを表す字。

意味

❶かつ。相手をうちまかす。例 勝ってかぶとの緒をしめよ(勝ったからといってゆだんをしてはいけない)。決勝 対 負・敗

❷すぐれる。まさる。すぐれた。例 勝るとも劣らない。景勝・健勝

❸《その他》例 勝手

名前のよみ すぐる・とう・のり・ます・よし

❶〈かつ〉の意味で

【勝因】しょういん ↓たたかいに勝てた原因。例 勝因はあのホームランだ。対 敗因

【勝機】しょうき ↓勝つのにぐあいのいいとき。例 勝機をつかむ。勝機をのがす。

【勝算】しょうさん ↓勝てる見こみ。かちめ。例 勝算のないたたかい。類 成算

【勝者】しょうしゃ ↓たたかいや試合などに勝った人。例 勝者をたたえる。対 敗者

【勝訴】しょうそ ▲〈―する〉裁判に勝つ。対 敗訴

【勝敗】しょうはい ⇕どちらかが勝ち、どちらかが負けること。勝ち負け。例 勝敗を決する。類 勝負

【勝負】しょうぶ ⇕①勝つことと負けること。例 勝負をつける。類 勝敗 ②〈―する〉勝ち負けをあらそうこと。例 真剣勝負。類 試合

【勝利】しょうり Ⅱ〈―する〉たたかいや試合に勝つこと。例 勝利を得る。対 敗北

【勝率】しょうりつ ↓試合などに勝った割合。

❸《その他》

【勝手】かって ◎①〈―に・―な〉自分のしたいようにすること。わがまま。例 勝手な行動が目立つ。②便利かどうかのぐあい。例 このはさみは使い勝手がいい。③台所。例 勝手口。

勝が下につく熟語 上の字の働き

❶勝＝〈かつ〉のとき
【圧勝 完勝 快勝 楽勝 大勝 辛勝 不戦勝】ドノヨウニ勝つか。
【全勝 連勝 優勝】ドノクライ勝つか。

❷勝＝〈すぐれる〉のとき
【健勝 名勝】近い意味。

◆景勝 決勝 殊勝 準決勝 必勝

募

カ-10 総画12 常用 明朝 募 52DF

音 ボ中 訓 つの-る中

筆順

なりたち [形声]「莫」が「ボ」という読み方をしめしている。「ボ」は「もとめる」意味をもち、手に入れようと「力」をこめることを表す字。

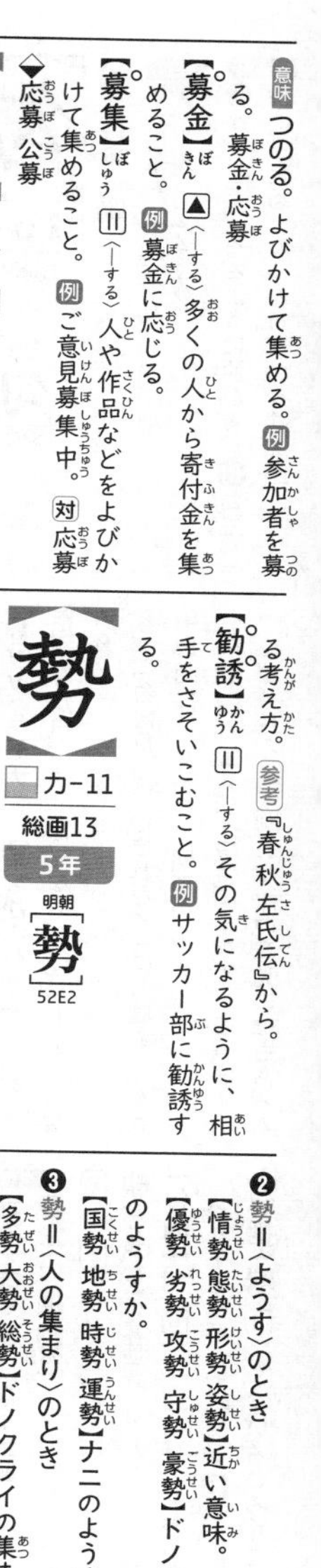

意味 つのる。よびかけて集める。例 参加者を募る。募金・応募

【募金】▲〈―する〉多くの人から寄付金を集めること。例 募金に応じる。

【募集】Ⅱ〈―する〉人や作品などをよびかけて集めること。例 ご意見募集中。対 応募

◆応募 公募

勧

カ-11 総画13 常用 明朝 勧 52E7 旧字 勸 52F8

音 カン中 訓 すす-める中

筆順 勧

なりたち 【形声】もとの字は、「勸」。「雚」が「カン」という読み方をしめしている。「カン」は「はげむ」意味をもち、「力」をこめて仕事にはげむことを表す字。

意味 すすめる。自分がよいと思うことを相手にそうするようにすすめる。例 入会を勧める。勧誘

例 解 [使い分け] すすめる[進・勧・薦] ☞451ページ

【勧告】↓〈―する〉そうするように、強くすすめること。例 避難勧告。

【勧進】Ⅱ〈―する〉寺をたてたり、修理したりするために、人びとに寄付をすすめること。例 勧進帳。勧進元。

【勧善懲悪】よい行いをすすめ、悪をこらしめ、世の中に正義が行われることを求める考え方。参考『春秋左氏伝』から。

【勧誘】Ⅱ〈―する〉その気になるように、相手をさそいこむこと。例 サッカー部に勧誘する。

勢

カ-11 総画13 5年 明朝 勢 52E2

音 セイ 訓 いきお-い

筆順 勢（はねる）

なりたち 【会意】「草木を植える」意味をもつ「埶」と「力」とを合わせて、農業にはげむことを表す字。

意味 ❶いきおい。さかんな力。例 勢いを増す。勢力・威勢 ❷ようす。ありさま。なりゆき。例 形勢・姿勢 ❸人の集まり。例 敵の勢。軍勢 ❹伊勢。旧国名。今の三重県の北部・中部。

❶〈いきおい〉の意味で

【勢力】Ⅱ 他のものをおさえつけて、自分の思うようにする力。世の中を動かす力。例 台風の勢力がおとろえる。類 威勢・威力

←勢が下につく熟語 上の字の働き

❶勢＝〈いきおい〉のとき
【火勢 水勢 気勢 筆勢 権勢】ナニの勢いか。
【威勢 虚勢 余勢】ドノヨウナ勢いか。

❷勢＝〈ようす〉のとき
【情勢 態勢 形勢 姿勢】近い意味。
【優勢 劣勢 攻勢 守勢 豪勢】ドノヨウナ勢いのようすか。
【国勢 地勢 時勢 運勢】ナニのようすか。

❸勢＝〈人の集まり〉のとき
【多勢 大勢 総勢】ドノクライの集まりか。
【軍勢 敵勢 手勢】ドノヨウナ集まりか。

勲

カ-13 総画15 常用 明朝 勲 52F2 旧字 勳 52F3

音 クン中 訓 いさお外

筆順 勲

なりたち 【形声】もとの字は、「勳」。「熏」が「かぐわしい」意味と「クン」という読み方をしめしている。「力」をくわえて、「いさお、てがら」を表す字。

意味 てがら。りっぱなはたらき。例 勲を立てる。勲章・殊勲

名前のよみ いさ・こと・つとむ・ひろ

【勲功】Ⅱ 国や主君のためになるはたらき。いさお。例 勲功を立てる。類 功績・功労

【勲章】↓ 国や社会につくしたことをほめて、国がおくる記章。例 文化勲章。

←勲が下につく熟語 上の字の働き
【殊勲 武勲】ドンナてがらか。

◆叙勲

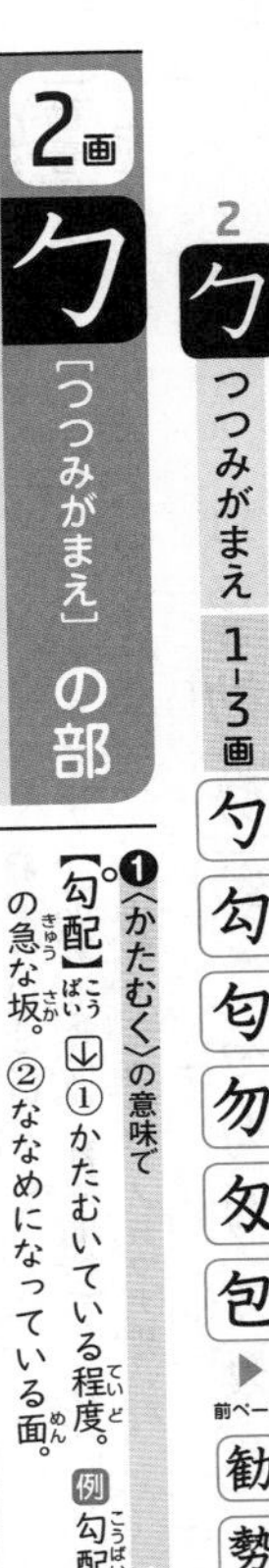

2画 勹［つつみがまえ］の部

人がからだを曲げて物を抱えこむようすをしめす「勹」をもとに作られ、物を包む意味を表す字と、「勹」の形がめやすとなっている字を集めてあります。

この部首の字
1 勺……174 2 勾……174 匂……174
勿……174 匁……174 3 包……174
句▸口 205 旬▸日 586

勺

クー1 総画3 人名 明朝 勺 52FA

音 シャク(外) 訓 ―

意味 ❶ひしゃく。水をくむための道具。❷容積の単位。尺貫法で、一合の十分の一。約〇・〇一八リットル。❸面積の単位。尺貫法で、一坪の百分の一。約〇・〇三三平方メートル。

勾

クー2 総画4 常用 明朝 勾 52FE

音 コウ(中) 訓 ―

筆順 ノ 勹 勾 勾

意味 ❶かたむく。そるように曲がる。例 勾玉 ❷とらえる。ひっかけてつかまえる。

❶〈かたむく〉の意味で

【勾配】こうばい ⬇ ①かたむいている程度。例 勾配の急な坂。②ななめになっている面。

❷〈とらえる〉の意味で

【勾留】こうりゅう Ⅲ〈―する〉法律にしたがって取り調べのためにとどめておくこと。例 勾留期間。

匂

クー2 総画4 常用 明朝 匂 5302

音 ― 訓 にお-う(中)

筆順 ノ 勹 匂 匂

意味 ❶におう。におい。例 匂い袋 ❷美しくはえる。照りかがやいてはなやか。例 咲き匂う。

参考 国字。

例解 [使い分け] におう[匂・臭] ☞ ひだりのページ

勿

クー2 総画4 人名 明朝 勿 52FF

音 ブツ(外)・モチ(外) 訓 なか-れ(外)・な-い(外)

意味 なかれ。するな。なし。例 悲しむこと勿れ。

参考 「勿忘草」は「わすれなぐさ」と読む。「勿来の関」は、むかしの関所の名。

【勿論】もちろん ▲ 論ずるまでもなく。言うまでもなく。むろん。例 あなたの意見にはもちろん賛成だ。

匁

クー2 総画4 人名 明朝 匁 5301

音 ― 訓 もんめ(外)

意味 重さの単位。尺貫法で、一貫の千分の一。約三・七五グラム。

参考 重さの単位「もんめ」を「文メ」と書き、それらを組み合わせてつくった国字という説もある。

包

クー3 総画5 4年 明朝 包 5305

音 ホウ 訓 つつ-む

筆順 ノ 勹 匀 匀 包 （つにならない／あける／はねる）

なりたち [会意]もとの字は、「包」。からだを曲げた人(勹)がおなかの中に子ども(巳)をかかえている形からできた字。

意味 ❶つつむ。中につつみこむ。例 お金を包む。包みをほどく。❷《その他》例 包丁

名前のよみ かね・しげ

❶〈つつむ〉の意味で

【包囲】ほうい Ⅲ〈―する〉にげられないように、まわりをとりかこむこと。例 包囲網をしく。

【包括】ほうかつ Ⅲ〈―する〉いろいろなことがらをひ

っくるめてまとめること。例いろいろな意見を包括して原案を作る。

【包含】ほうがん Ⅱ〈―する〉中につつみこんでいること。例さまざまな問題を包含している。

【包装】ほうそう ↓〈―する〉品物がいたまないようにしたり、きれいに見せたりするために、紙などでつつむこと。例包装紙。類梱包

【包帯】ほうたい ↓傷口をまもるためにまきつけるガーゼや布。例包帯をする。

【包容】ほうよう Ⅱ〈―する〉心が広く、いろいろなことを受け入れること。例包容力がある。

❷《その他》

【包丁】ほうちょう ◎料理のときに材料を切るために使う刃物。例包丁さばき。知識 もとは「庖丁」と書いた。「庖」は調理場、「丁」は人名。丁さんは牛の肉を骨から切りはなす名人で、刃の使い方に無理がないので刃がいたまず、十九年使ってもぴかぴかだった。参考『荘子』養生主篇にある話。

2画 匕［ひ］の部

「匕」の形がめやすとなっている字を集めてあります。

この部首の字

2化……175　3北……176

匂▶勹 174　比▶比 673　旨▶日 585　此▶止 662

老▶老 902　頃▶頁 1088　疑▶疋 786

化

音 カ・ケ㊥　訓 ば-ける・ば-かす

匕-2　総画4　3年　明朝 化 5316

筆順 ノ イ 化 化（はねる・おらない）

なりたち 化［会意］人（亻）と人がさかさまになった形（匕）を合わせて、人がようすをかえることを表す字。

意味

❶べつのものになる。かわる。かえる。例がれきの山と化す。温暖化。化合・消化

❷すがたをかえる。ばける。ばかす。例たぬきに化かされる。化けの皮。権化

❸人びとを教えみちびく。よいほうにかえる。例感化・教化

❹《その他》例文化

❶〈べつのものになる〉の意味で

【化学】かがく ↓物質の性質や変化などを研究する学問。例化学調味料。表現「科学」と区別するために、「ばけ学」と言うこともある。

【化学繊維】かがくせんい 石油などから化学的につくられた繊維。ナイロン・レーヨンなど。

【化合】かごう ↓〈―する〉二つ以上の物質が一つになって、性質のちがう物質になること。例化合物。表現 まざり合っているだけで、べつの物質ができないときには「混合」という。

【化石】かせき ↓大むかしの動物や植物が岩石の中に形をのこしたもの。例化石の発掘。

【化繊】かせん ◎「化学繊維」の略。

【化膿】かのう ▲〈―する〉傷やはれものが、うみをもつこと。例傷口が化膿する。

❷〈すがたをかえる〉の意味で

【化粧】けしょう Ⅱ〈―する〉①顔に粉をつけたり口紅をぬるなどして、美しくすること。例化粧室（トイレ）。うす化粧。②もののうわべをきれいにかざること。例一面の雪化粧。

【化粧箱】けしょうばこ ①化粧の道具を入れておく箱。②おくりもののためにかざった箱。

【化身】けしん ↓神や仏が、人間や動物のすがたになって、この世にあらわれたもの。例神の化身。類権化

例解 使い分け　におう《匂う・臭う》

匂う＝よいかおりが感じられる。例キンモクセイがかすかに匂う。せっけんの匂い。

臭う＝くさく感じる。例腐った臭いがする。ガスのもれた臭い。

←化が下につく熟語 上の字の働き

❶化＝〈べつのものになる〉のとき

【変化 転化】近い意味。

【強化 硬化 軟化 俗化 緑化 美化 浄化 悪化 老化 激化 劇化 電化 同化 温暖化】ドノヨウニなるか。

【気化 炭化 液化 酸化】ナニになるか。

【消化 分化 進化 退化 開化 帰化】ドウナッテかわるか。

【羽化 風化】ナニのようにかわるか。

◆感化 教化 権化 千変万化 道化 文化

北

匕-3　総画5　2年　明朝 北 5317

音 ホク　訓 きた

筆順 北 北 北 北 北（はねる・おらない）

なりたち [会意] 人が背中を向けあっている形からでき、「反対する、そむく」意味を表す字。借りて、「きた」の方角として使われている。

意味 ❶きた。方角のきた。例 北極 対 南 ❷にげる。背中を見せる。例 敗北

発音あんない ホク→ホッ…例 北極

❶〈きた〉の意味で

【北風】きたかぜ・ほくふう ↓ 北のほうからふいてくる冷たい風。例 北風がふきすさぶ。対 南風

【北国】きたぐに・ほっこく ↓ 北の寒い国や地方。対 南国

【北半球】きたはんきゅう ↓ 赤道をさかいにして地球を半分に分けたときの、北の部分。対 南半球 知識 アジア・ヨーロッパ・北アメリカ大陸などがふくまれる。

【北枕】きたまくら ↓ 頭のほうを北に向けた形でねること。知識 北枕をさけるのは、遺体を北枕にしておく風習があるから。

【北緯】ほくい ↓ 赤道を〇度、北極点を九〇度として地球の中心からはかった角度。対 南緯 知識 日本列島は、およそ北緯二四度から四五度に位置している。

【北限】ほくげん ↓ ある動物や植物が自然のままで生きることのできる地域の北のさかいめ。対 南限

【北上】ほくじょう ↓〈―する〉北へ向かって進むこと。例 台風が北上している。

【北端】ほくたん ↓ ある土地の北のはし。対 南端

【北斗】ほくと ↓ 北の空に見える、ひしゃくの形にならんだ七つの星。おおぐま座の一部。例 北斗七星。北斗星。参考「斗」は、ひしゃくを表す。知識 ひしゃくがわのはしにある二つの星をむすぶ方向に北極星がある。

【北辺】ほくへん ↓ 北のあたり。北のはての地。

【北洋】ほくよう ↓ 北のほうの海。対 南洋

【北極】ほっきょく ↓ ①地軸（地球自身の回転軸）の北のはしにあたる所。対 南極 ②北極圏（北緯六六度三三分より北の地域）。対 南極

【北極星】ほっきょくせい こぐま座にある二等星。天の北極に近く、ほとんど動かないので、北の方向を知る目印になる。

【北方】ほっぽう ↓ 北のほう。北の方角。対 南方

◆敗北

2画 匚 ［はこがまえ］の部

箱の形を表す「匚」と、ものを囲ったりくぎったりする意味を表す「匸」とは、もともとべつのものでしたが、常用漢字では字の形を区別していませんので、ここでは「匚」にまとめて、「匚」の形がめやすとなっている字を集めてあります。

この部首の字

2 区……176　匹……177　4 匡……177
匠……177　5 医……177　8 匿……178
巨▸一 35　臣▸臣 1041　欧▸欠 658　殴▸殳 669

区

匚-2　総画4　3年　明朝 区 533A　旧字 區

音 ク　訓 ―

筆順 区 区 区 区（とめる）

なりたち 區 [会意] もとの字は、「區」。「品」が「多くのもの」を、「匚」が「くぎる」意味をしめし、多くのものをくぎることを表す

字。

意味

❶くぎる。くぎり。ものごとにさかいめをつける。そのひとくぎり。例 区分・地区

❷行政区画の「く(区)」。大都市の中をくぎった地域。例 区役所。千代田区。

❶〈くぎる。くぎり〉の意味で

【区域】くいき ↓ あるくぎりの中の場所。エリア。例 危険区域。遊泳禁止区域。

【区画】くかく Ⅱ ①〈—する〉土地などを分けること。例 区画整理。②分けられた土地。

【区間】くかん ↓ 長い距離をいくつかに分けたときの、あるくぎりとあるくぎりとのあいだ。

【区分】くぶん ↓〈—する〉きまった範囲のものを、さかいめをつけて分けること。区分け。

【区別】くべつ ↓〈—する〉形や性質からみたちがいによって分けること。例 もう、いいかわるいかの区別がつく年だ。

❷〈行政区画の「く(区)」〉の意味で

【区民】くみん ↓ ある区の中に住む人びと。

区が下につく熟語 上の字の働き

❶区＝〈くぎる。くぎり〉のとき

【学区 漁区 地区】ナニのひとくぎりか。

匹

匚-2 総画4 常用 明朝 匹 5339

音 ヒツ中 訓 ひき中

筆順 一 兀 兀 匹

たちなり [会意]「儿」が反物二つをしめし、「匚」がそれをかけるものを意味して、布を二本ならべることを表す字。

意味

❶ならぶ。二つのものの力やようすがおなじようであること。例 匹敵

❷動物を数えることば。例 三匹。参考「男一匹」は男を動物あつかいしているのではなく、生き生きと活動する者としてとらえている。

❸布の長さを数える単位。一匹は二反。

❶〈ならぶ〉の意味で

【匹敵】ひってき Ⅱ〈—する〉能力がおなじくらいで、勝負するのにいい相手であること。例 かれのうでまえには、匹敵する者がない。類 比肩

匡

匚-4 総画6 人名 明朝 匡 5321

音 キョウ外 訓 ただ-す外

意味 ただす。たすける。

名前のよみ ただし・まさ・まさし

匠

匚-4 総画6 常用 明朝 匠 5320

音 ショウ中 訓 たくみ外

筆順 一 𠂇 匚 斤 匠

たちなり [会意] さしがね(匚)と手おの(斤)を合わせて、大工のわざを表している字。

意味

❶わざや学問にすぐれた人。職人。先生。例 巨匠・師匠

❷すぐれたくふう。さいく。例 意匠

名前のよみ なる

匠が下につく熟語 上の字の働き

❶匠＝〈わざや学問にすぐれた人〉のとき

【巨匠 名匠 宗匠】ドノヨウナすぐれた人か。

◆意匠 師匠

医

匚-5 総画7 3年 明朝 医 533B 旧字 醫 91AB

音 イ 訓 —

筆順 一 𠂇 𠂆 𠂆 医 医 医 (ださない)

たちなり [会意] もとの字は、「醫」。「酉」が「さけ」を、「殹」が「病人のうめく声」の意味をもち、薬酒で病人をなおす医者を表す字。

意味 病気をなおすこと。病気をなおす人。例 医学・獣医・名医

【医院】いいん ↓ 病気やけがを治療するところ。類 病院 知識 医院は「病院」よりも小さくて、医者が一人か二人ということが多い。

【医学】いがく ↓ 病気の原因やなおし方、予防法を研究する学問。例 西洋医学。

【医局】いきょく ↓ 大きな病院で、治療を受けも

つところ。対薬局

【医師】いし ↓病気やけがをなおすことを仕事としている人。ドクター。表現「医者」よりもあらたまった言い方。

【医者】いしゃ ↓病気やけがをなおすことを仕事としている人。例医者にかかる。

【医術】いじゅつ ↓医者が病気やけがをなおす技術。類医学

【医薬】いやく ①↓病気をなおすくすり。例医薬品。②Ⅱ医療と薬品。例医薬分業。

【医療】いりょう Ⅱ医師の技術やくすりで、病気やけがをなおすこと。例医療費。

医が下につく熟語 上の字の働き

【女医 名医 主治医 開業医】ドウイウ医者か。

【校医 船医 獣医】ナニに関する医者か。

匿

匸-8 総画10 常用 明朝 匿 533F

音トク中 訓かく-す外

筆順

なりたち [形声]「匸」が「かくす」意味を表し、「若(ジャク)」が「したがう」意味と、「トク」とかわって読み方をしめしている。かくれておとなしくしていることを表す字。

意味 かくす。かくれる。例隠匿

【匿名】とくめい ▲文章や手紙などを出すときに、自分の名前をかくすこと。例匿名希望。

匿が下につく熟語 上の字の働き

【隠匿 秘匿】近い意味。

2画 十〔じゅう〕の部

数を表す「十」をもとにして作られた字と、「十」の形がめやすとなっている字を集めてあります。

この部首の字

0 十 178　1 千 179　2 午 181　升 181　3 半 181　6 協 182　卒 183　卓 183　7 単 184　南 185　卑 185　10 博 186

干▶干 375　支▶支 559　古▶口 206　平▶干 376　早▶日 586　克▶儿 116　辛▶辛 1028　尭▶儿 117　幸▶干 379　直▶目 803　阜▶阜 1067　真▶目 809　索▶糸 869　隼▶隹 1068　乾▶乙 44　率▶玄 763　章▶立 846　幹▶干 379　準▶氵 721　韓▶韋 1117

十

十-0 総画2 1年 明朝 十 5341

音ジュウ・ジッ 訓とお・と

筆順 一 十 まんなかに

なりたち [指事]古くは「丨」(甲骨文字)で、「とお」の数のまとまりを指ししめした。のちに「丨」や「十」に字形をかえた。

意味

❶とお。九のつぎの数「じゅう」。十番め。例十進法・数十

❷数が多い。たくさんの。例一を聞いて十を知る。十重二十重。

❸すべて。みちたりている。例十分

❹十の形をしたもの。例十字架

❺《その他》例十手

参考「ジッ」の音は、「ジュッ」とも読む。

特別なよみ 十重二十重(とえはたえ)・二十(はたち)・二十歳(はたち)・二十日(はつか)

名前のよみ かず・しげ・そ・とみ・みつ・みつる

❶〈とお〉の意味で

【十六夜】いざよい ▲新月から数えて十六日め、満月の次の日の夜。その夜の月。参考陰暦八月十六日を指すこともある。

【十干】じっかん ↓むかしの中国で、日づけや順序を表すのに使われた十個の漢字。日本では「木火土金水」の五行をそれぞれ「え(兄)」と「と(弟)」に分けたものと重ねて、年や日、時刻、方角を表すのに用いた。「甲(コウ きのえ)・乙(オツ きのと)・丙(ヘイ ひのえ)・丁(テイ ひのと)・戊(ボ つちのえ)・己(キ つちのと)・庚(コウ かのえ)・辛(シン かのと)・壬(ジン みずのえ)・癸(キ みずのと)」が十干で、これと十二支とを組み合わせると、甲子(カッシ コウシ きのえね)にはじまって癸亥(キ ガイ みずのと い)まで、六十の組ができる。これを「干支」という。参考☞【五行】(50ページ)【十二支】

（ひだりにあります）【干支】かんし｜えと（376ページ）

【十指】じっし｜じゅっし ⇩十本の指。例十指にあまる（両手の指だけでは数えきれないくらいたくさんある）。

【十進法】じっしんほう｜じゅっしんほう　0から9までの十個の文字を使った数の表し方。一・十・百・千・万のように、十倍するごとに、けた数が一つずつふえる。知識十進法以外の「けたあがり」には、ダース→グロスと進む十二進法、秒→分と進む六十進法などがある。なお、コンピューターには、二進法が使われている。

【十中八九】じっちゅうはっく｜じゅっちゅうはっく　十回のうち八回か九回の割合でそうなるだろうというくらいたしかなこと。ほとんど。例合格は十中八九まちがいない。類九分九厘

【十五夜】じゅうごや　毎月十五日の満月の夜。満月。知識陰暦で、陰暦八月十五日の夜の月を「中秋の名月」といって「お月見」をする。

【十三夜】じゅうさんや　新月から数えて十三日めの夜。その夜の月。知識陰暦九月十三日の夜には「お月見」をする風習があった。

【十二支】じゅうにし　方角や時刻、年や日を表すために使う十二種の動物の名。子・丑・寅・卯・辰・巳・午・未・申・酉・戌・亥をいう。十干と組み合わせて使われる。参考☞【五行】ごぎょう（50ページ）【十干】じっかん（みぎのページ）【干支】かんし｜えと（376ページ）

【十二単▲】じゅうにひとえ　むかし、宮廷につかえた女の人の衣服で、色のちがった着物を何枚もかさねて、着かざったもの。

【十人十色】じゅうにんといろ　十人いれば、好みや考え方も十種類ある。人はそれぞれ好みや考えがちがうということ。

【十年一日】じゅうねんいちじつ　長いあいだ、おなじことのくりかえしで、変化のないようす。例十年一日のごとく背広すがたで会社へ行く。

【十年一昔】じゅうねんひとむかし　十年という時がたつといろいろなことがかわって、十年前がむかしのことのように思われてくるということ。

【十八番】じゅうはちばん｜おはこ　もっとも得意な芸。参考歌舞伎の市川家につたわる十八の狂言をいう「歌舞伎十八番」から。

❷〈数が多い〉の意味で

【十重二十重】とえはたえ　ものが何重にもかさなっているようす。例十重二十重にとりかこむ。

❸〈すべて〉の意味で

【十全】じゅうぜん　回すべてがととのっているようす。例十全のそなえ。類完全・万全

【十二分】じゅうにぶん　〈―な〉〈―に〉じゅうぶんのうえにもじゅうぶんであるようす。例もう十二分に食べた。参考「十分」以上だという意味で、「二」をくわえて意味を強めたことば。

【十分】じゅうぶん ⇩〈―な〉〈―に〉不足のないようす。例この案は十分に練られている。対不十分　表記「充分」とも書く。

❹〈十の形をしたもの〉の意味で

【十字】じゅうじ ⇩十の字の形をしていること。例南十字星。類十文字

【十字架】じゅうじか　①むかし、罪人をはりつけにした、十の字の形をした柱。②キリスト教で信仰のしるしとする十字の形。参考イエス・キリストが十字架にかけられたことから生まれたもの。③一生のがれられない大きな苦労やなやみ。

【十字路】じゅうじろ　道路が十の字の形にまじわっているところ。四つ角。類交差点

【十文字】じゅうもんじ　十の字のように、たてとよこの線がまじわった形。類十字

❺《その他》

【十手】じって｜じゅって　回江戸時代、役人が犯罪者をつかまえるときに使った道具。手もとにかぎがついた鉄の棒。

十手

千

十-1　総画3　1年

明朝 千 5343

音セン　訓ち

筆順　ノ　二　千（まんなか）

なりたち　［指事］人（亻）に横線「一」のしるしをして「せん」の数のまとまりを指ししめした。甲骨文字では二千を「[illegible]」、三千を「[illegible]」、五千を「[illegible]」としるしていた。

意味

❶せん。百の十倍。例百・千・万。千円。
❷数が多い。とてもたくさんの。例千万。
❸《その他》例千鳥

名前のよみ かず・ゆき

❷〈数が多い〉の意味で

【千客万来】せんきゃくばんらい 店などに、多くの客があとからあとからつめかけて、はんじょうすること。例開店早々千客万来のにぎわいだ。

【千金】 ↓ たくさんのお金。例千金に値する楽しいひととき。

【千言万語】 とてもたくさんのことば。

【千載一遇】 千年に一回あるかどうかといった、めったに得られない機会のこと。例千載一遇のチャンス。

【千差万別】 どれもこれもちがいのあること。例人の考え方は千差万別だ。

【千秋】 ↓ ひじょうに長い年月。表現「一日千秋」という使い方で、待ち遠しくて一日が千年にも思えるほど時間のたつのがおそく感じられるということを表す。

【千秋楽】 すもうや演劇などの最終日。うちあげの日。略して「楽」「楽日」ともいう。例千秋楽のむすびの一番。対初日 参考何日かつづいた法会の最後の日に、いつも雅楽の「千秋楽」という曲を奏したことから。

【千尋】 ↓ 谷や淵、海などがたいへんに深いこと。例千尋の谷。千尋の海。参考「尋」は両手を左右にのばしたときの長さ。約一・八メートル。

【千人力】 千人で出すほどの大きな力。例きみが手伝ってくれたら千人力だ。

【千羽鶴】 ①折り紙などで作った、たくさんのツルを糸でつないだもの。②たくさんのツルをえがいた、もよう。知識①は、一羽一羽ねがいをこめて折り、千羽になるとそのねがいがかなえられるといわれている。

【千編一律】〈―な〉〈―に〉どれもおなじようで、おもしろみがないこと。類一本調子 参考たくさんの詩が全部おなじ調子で作られていることを批評したことば。「編」は詩を数えることば、「律」はリズム。

【千変万化】〈―する〉いろいろに変化すること。めまぐるしくかわること。

【千万】二 一 数のたいへん多いこと。例千万言をついやす。二 ①こまったことを表すことばのあとにつけて、「たいへんに…だ」という意味を表す。例迷惑千万だ。②なにからなにまで。例千万心をつくす。

【千里眼】 遠くや未来のできごと、人の心などを見通す力。そのような力をもつ人。

【千両役者】 演技がすぐれ、人気もある、すばらしい役者。参考江戸時代、一年に千両ももらうほどの人気俳優を指したことば。表現役者だけでなく、人をあっと言わせるようなことのできる人についてもいう。

❸《その他》

【千草】 ↓ いろいろな種類の草花。

【千代】 ↓ たいへんに長い年月。例千代に八千代に。類千歳

文字物語

半

「半」は「半分」。物の量をいくつかに分けるとき、まず全体を半分にすることから始める。そして、その分けた半分を、量を表すおおざっぱな単位とする。「学校は八時半に始まる」「一キロ半の道のり」「ミルク半カップ」「えんぴつ半ダース」「半時間ほどでもどる」などの言い方はふだんの生活でもよく耳にする。「半」を半分にすると「四半」「四半分」になる。四分の一だ。百年が一世紀なら「半世紀」は五十年、「四半世紀」は二十五年。よく五十周年や二十五周年を祝うのは、「半」と、その半分の「四半」のくぎりをだいじにしているのだ。役所や会社の経理では、一年を、二つに分けて「上半期」「下半期」、四つに分けて「第一四半期」「第二四半期」「第三四半期」「第四四半期」という。英語にも「半」にあたる「ハーフ」、「四半」にあたる「クォーター」ということばがあって、量をとらえるのに共通した考え方、つまり単位があることがわかる。

【千鳥】ちどり ◎ 水べにすむ小形の鳥。砂の上を歩いてジグザグの足あとをのこす。例 浜千鳥。

【千鳥足】ちどりあし 酒によった人の足どりが、千鳥の歩きぶりのようにジグザグになること。

午

十−2 総画4 2年 明朝 午 5348

音 ゴ 訓 うま 外

筆順 ノ ㇒ 㐄 午（ながく）（ださない）

なりたち［象形］もちつきに使うようなきねの形をえがいた字。借りて、十二支の「うま」として使われている。

意味 十二支の七番め。動物では馬。方角では南。時刻では昼の十二時、またはその前後二時間。例 午前・端午 参考 ☞「巽」の「文字物語」（366ページ）

名前のよみ ま

【午後】ごご ↓ ①正午から夜の十二時までのあいだ。②正午から日没ごろまでのあいだ。関連 午前・正午・午後

【午睡】ごすい ↓〈―する〉昼間、横になって少しねむること。ひるね。

【午前】ごぜん ↓ ①夜の十二時から正午までのあいだ。②夜明けごろから正午までのあいだ。関連 午前・正午・午後

◆正午 端午 丙午

升

十−2 総画4 常用 明朝 升 5347

音 ショウ 中 訓 ます 中

筆順 ノ イ 千 升

なりたち［会意］ます（⺘）と手（ノ）とを合わせて、ますで液をくみあげたようすを表した字。

意味 ❶ます。穀物や酒の量をはかる箱形の道具。例 升ではかる。升酒。一合升。❷容積の単位。尺貫法で、一合の十倍。約一・八リットル。例 一升の酒。

半

十−3 総画5 2年 明朝 半 534A

音 ハン 訓 なか-ば

筆順 丶 丷 兰 半（ながく）

なりたち［会意］「牛」と分ける意味の「八」を合わせて、牛を二つに分けることを表す字。

意味 ❶二分の一。なかば。はんぶん（半分）。例 八月の半ば。半径・四半（四分の一）・折半 ❷完全でない。そろっていない。例 半端 ❸奇数。二つのさいころの目の合計が奇数であること。例 丁と半。対 丁

❶〈二分の一〉の意味で ［文字物語］☞ みぎのページ

【半円】はんえん ↓ まるい形を半分にしたもの。

【半音】はんおん ↓ 音楽で、全音の半分にあたる音程。ドレミの音階で「ミ」と「ファ」、「シ」と「ド」のあいだの音程。対 全音

【半壊】はんかい ↓〈―する〉建物などが半分ちかくこわれること。例 半壊家屋。類 全壊

【半額】はんがく ↓ きめられた金額や料金の半分。例 半額セール。類 半値・半価

【半期】はんき ↓ きめられた期間の半分。とくに、一年の半分。例 上半期。下半期。

【半旗】はんき ↓ たいせつな人の死を悲しむ気持ちを表すために、国旗などをはたざおのてっぺんから三分の一ほどさげてかかげること。類 弔旗

【半球】はんきゅう ↓ ①球を半分に分けたものの一つ。例 半球形のドーム。②地球を東西または南北に分けたうちの一つ。例 北半球。

【半径】はんけい ↓ 円や球の中心から、円周や球面までの長さ。直径の半分。例 行動半径。

【半月】↓ 一 はんげつ 円の半分の形をした月。新月や満月から七日すぎたころに見える。二 はんつき 一か月の半分。

【半券】はんけん ↓ 物をあずかったり入場したりしたしるしになる、きりとったのこりの券。

【半減】はんげん ↓〈―する〉半分にへること。

【半紙】 ⇩ たて三四センチ、よこ二四センチくらいの、おもに習字に使う和紙。

【半死半生】 今にも死にそうなようす。例 事故で、半死半生の目にあう。

【半鐘】 ⇩ 火事を知らせるために鳴らすのに使っていた小形のつりがね。例 半鐘を打ち鳴らす。参考 お寺の鐘の半分くらいの大きさということから。

【半身】 ⇩ 一 からだを上下、または左右に分けたときの半分。例 右半身。下半身。対 全身 二 はんみ ①剣道などで、相手に対してからだをななめにかまえること。例 半身のかまえ。②魚を背骨にそって半分に切った一つ。

【半信半疑】 ほんとうのようにも、うそのようにも思えること。例 入選の知らせを半信半疑で聞く。

【半身不随】 脳の中の出血やけがなどがもとで、からだの右か左の半分がうまく動かなくなること。

【半数】 ⇩ 全体の半分の数。例 過半数。

【半生】 ⇩ 生まれてから死ぬまでの半分の年月。または、人生にとってたいせつな年月のほとんど。例 難民救済に半生をささげる。

【半島】 ⇩ 陸地が海に長くつき出したところ。岬より大きいものをいう。例 伊豆半島。表現 「〇〇半島」のかたちで、地名として使われることが多い。

【半年】 ⇩ 一年の半分。六か月。

【半日】 ⇩ 一日の半分。例 半日かけて料理を作る。表現 午前中か、午後の夕方までか、どちらかを指すことが多い。

【半値】 ▲ 定価の半分のねだん。例 市価の半値で売る。類 半額・半価

【半半】 Ⅲ 半分ずつ。例 半々に分ける。勝つか負けるか確率は半々だ。

【半分】 ⇩ ①全体を等しく二つに分けたうちの一つ。②ほかのことばの下について、そういう気持ちもあって、という意味を表す。例 おもしろ半分。ふざけ半分。表現 ②は、その人の言ったことやしたことがまるまる本気でないということを表すときに使う。

【半面】 ⇩ ①顔をたてに分けた半分。②ものごとの片方の面。類 一面 表現 「反面」は反対の面、べつの面のこと。「気の強い反面、涙もろいところもある」などと使う。

❷〈完全でない〉の意味で

【半永久】はんえいきゅうほとんど永久といっていいほどの長い時間。例 半永久的に使える機械。

【半可通】 〈―な・―に〉よく知らないのに、知ったふりをすること。また、そういう人。知ったかぶり。例 半可通なりくつをこねる。

【半熟】 ⇩ ①ゆでたまごが十分にかたまっていない状態。例 半熟たまご。②果物が十分熟していないこと。

【半濁音】 パ・ピ・プ・ペ・ポ、ピャ・ピュ・ピョの八つの音。関連 清音・濁音・半濁音

【半透明】 〈―な・―に〉向こうがわがぼんやりと見える程度にすけて見えること。

【半端】 Ⅲ 〈―な・―に〉①数がそろわないこと。足りないこと。例 どう分けても半端が出る。②いいかげんで、どっちつかずのようす。例 半端な気持ち。表現 ②は、「あの子の絵は半端ではない」のように打ち消して、「ずばぬけている」と感心する意味で使うことが多い。

【半病人】 病気ではないが、からだや気持ちが弱々しくなっている人。

◆折半 大半 夜半

協

十-6 総画8 4年

明朝 協 5354

音 キョウ 訓 ―

筆順 一 十 协 協 協 協（はねる・だす）

なりたち [形声]「劦」が「力を合わせる」意味と「キョウ」という読み方をしめしている。多い意味の「十」をくわえて、多くの人が力を合わせることを表す字。

意味 ❶合わせる。力や心を一つにする。例 協力・妥協・農協（農業協同組合） ❷集まって相談する。話し合う。例 協議

名前のよみ かのう・やす

❶〈合わせる〉の意味で

【協会】 ⇩ ある目的のために、会員が力を

合わせてつくって続けていく会。例日本放送協会。

【協賛】↓〈―する〉成功するように助けること。例文化庁が協賛する映画。類賛助・後援

【協調】Ⅱ〈―する〉考え方や立場がちがっても、ゆずり合い、助け合ってなかよくすること。例協調性に欠ける。

【協同】Ⅱ〈―する〉多くの人が力を出し合うこと。例生活協同組合。表現「共同」はいっしょになっておなじことをすること、「協同」は力を合わせて一つのことをすること。

【協力】▲〈―する〉あることに向けて、力を合わせること。例みんなで協力する。

【協和】Ⅱ〈―する〉①よい協力関係ができること。例協和の精神。②二つ以上の音を同時に出したとき、とけ合って感じのいい音になること。そういう音が「協和音」。表現よく使うのは「不」のついた「不協和音」。「一部に不協和音がきこえる」など。

❷〈集まって相談する〉の意味で

【協議】↓〈―する〉人びとが集まって相談すること。例協議して決める。

【協定】↓〈―する〉協議のすえのとりきめ。例国際協定。類協約

【協約】↓〈―する〉相談の結果とりかわされる約束。例労働協約。類協定

◆妥協 農協

卒

音ソツ 訓―

十-6 総画8 4年 明朝 卒 5352

筆順

なりたち [指事]「衣」にしるし（ノ）をつけ、しるしのある衣服を表す字。むかし、兵士やどれいがしるしのある衣服を着ていたことから、おもに位の低い兵士の意味に使われるようになった。

意味

❶位の低い兵士。例兵卒

❷おわる。おえる。「卒業」の略。例卒園・卒論・高卒

❸だしぬけに。とつぜん。急に。例卒倒

❹《その他》例卒寿

❷〈おわる〉の意味で

【卒園】▲〈―する〉幼稚園や保育園を卒業すること。例卒園式。対入園

【卒業】▲〈―する〉①きめられた学業を終えて、学校を出ること。例卒業式。卒業証書。対入学 ②あることを終わりにすること。例ゲームはそろそろ卒業にしなさい。

【卒論】◎「卒業論文」の略。大学を卒業するとき学生が提出する論文。

❸〈だしぬけに〉の意味で

【卒然】☒〈―と〉〈―として〉急に。にわかに。例卒然としてすがたを消した。類突然 表記「率然」とも書く。

【卒中】↓脳の中の出血などのために、急に意識がなくなったり、手足がまひしたりする病気。脳卒中。

【卒倒】↓〈―する〉急に気をうしなってたおれること。類失神

❹《その他》

【卒寿】↓九十歳のこと。参考「卒」の略字「卆」が「九十」と読めることから。☞【還暦】(464ページ)

◆高卒 新卒 大卒 兵卒

卓

音タク中 訓―

十-6 総画8 常用 明朝 卓 5353

筆順

なりたち [会意]甲骨文字では「𠦝」と作られ、鳥（ヒ）があみ（网）の上にえがかれ、あみがとどかないほど高いという意味を表す字。

意味

❶つくえ。テーブル。例卓球・円卓

❷ぬきんでている。ひときわすぐれている。例卓説

発音あんない タク→タッ…例卓球

名前のよみ たか・たかし・つな・まこと・まさる

❶〈つくえ〉の意味で

【卓上】⇩ つくえやテーブルなどの上。例卓上オルガン。類机上

【卓球】⇩ 長方形の台の中央にネットをはり、ラケットでたまを打ち合って得点をきそう室内球技。ピンポン。

❷〈ぬきんでている〉の意味で

【卓越】Ⅱ〈―する〉とびぬけてすぐれていること。例卓越した力をもつ。類卓絶・傑出

【卓絶】⊠〈―する〉くらべられないくらい、とびぬけてすぐれていること。類卓越・卓抜

【卓抜】Ⅱ〈―な〉まねできないほどずばぬけてすぐれていること。類秀逸

【卓見】⇩ ほかの人が考えおよばないようなすぐれた意見や考え。例これは卓見だ！ 類卓説・卓論・達見

卓が下につく熟語 上の字の働き

❶卓＝〈つくえ〉のとき

【食卓 教卓】ドウスルためのつくえか。

◆円卓

【単】

十-7 総画9 4年

明朝 単 5358 旧字 單 55AE

音タン 訓ひとえ外

筆順 単 単 単 単 単 単 (ながく)

なりたち 單 [形声]もとの字は、「單」。「吅」が「タン」という読み方をしめしている。「甲」は武器の形をえがいた字。借りて、「ひとつ」の意味に使われている。

意味

❶ただひとつ。ひとり。ひとまとまり。例単の着物。単語 対複

❷あっさりしている。ただそれだけ。例単なるうわさにすぎない。単純・簡単

❶〈ただひとつ〉の意味で

【単位】⇩ ①ものをはかったり、数えたりするときのもとになるもの。例長さの単位。②大きな組織をつくるもとになるもの。例班単位で行動する。③高等学校や大学で、学習の量をはかるもとになるもの。例卒業に必要な単位をとる。

【単一】Ⅱ〈―に・―な〉ただ一つであること。例問題の原因は単一ではない。知識乾電池に単一、単二、単三とあるのは「単（乾電池をつなぐときの単位）」の一号・二号・三号で、「たんいつ」とは無関係。

【単価】⇩ 一つあたりのねだん。一単位あたりのねだん。例単価が安い。

【単記】⇩〈―する〉選挙で、一枚の投票用紙に候補者を一人だけ書くこと。対連記

【単元】⇩ 学校などで学習することがらのひとまとまり。ユニット。例単元学習。

【単語】⇩ 一つ一つのことば。知識単語を集めて解説した本が辞書だといえる。

【単行本】⇩ 一冊でまとまった本として発行される本。表現雑誌・全集・文庫などの一冊は単行本といわない。

【単作】⇩〈―する〉おなじ土地に、一年間に一回、一種類の作物をつくること。例水田単作地帯。類一毛作

【単車】⇩ エンジンつきの二輪車。オートバイ。

【単身】⇩ 自分ひとり。例単身赴任。

【単数】⇩ 一つであること。対複数

【単線】⇩ ①一本だけの線。②鉄道で、上りと下りの列車がおなじ線路を通るようになっていること。対複線

【単刀直入】〈―に・―な〉前置きなしで、いきなり言いたいことを話しだすこと。類率直 参考たった一人で敵地に切りこんでいく意味から。『五灯会元』にあることば。

【単独】Ⅱ ただ一人。ただ一つ。例単独行動。単独取材。対共同

【単発】⇩ ①エンジンが一つだけの飛行機。対双発 ②一つだけで終わり、つづきがないこと。例単発に終わる。対連続

【単品】⇩ 一つ、または、一種類だけの品物。

【単利】⇩ 利子を元金にくりいれないで、はじめの元金にだけ一定の利子をつける計算のしかた。対複利

❷〈あっさりしている〉の意味で

【単眼】⇩ 昆虫の目のように、光を感じる程度のはたらきをする、かんたんなしくみの

目。対複眼

【単細胞】細胞一個。または、一個の細胞からできているもの。例単細胞動物。表現考え方や感じ方が単純なことをからかっていうのにも使うことがある。

【単純】Ⅱ〈―な〉①まじりけがない。例単純明瞭。類純一 ②こみいっていない。例単純なしくみ。類簡単 対複雑 ③幼稚でもの足りない。例単純な考え。

【単調】↓〈―な・―に〉いつもおなじような調子で、変化やおもしろみのないようす。例単調な仕事。類平板・一本調子

南

十-7　総画9　2年　明朝 南 5357

音ナン・ナ高　訓みなみ

筆順 一 南 十 南 冇 冇 南 南 南（ナにならない・はねる・ださない）

なりたち ［象形］テントの形をえがいた字。あるいは南方異民族の楽器のかねの形をえがいた字ともいう。借りて、「みなみ」として使われている。

意味 みなみ。方角のみなみ。例南風 対北

注意するよみ ナ…例南無

名前のよみ なみ・みな

【南緯】↓赤道を〇度、南極点を九〇度として地球の中心からはかった角度。対北緯

【南下】↓〈―する〉南へ向かって進むこと。例赤道をこえて南下する。対北上

【南極】↓①地軸（地球自身の回転軸）の南のはしにあたるところ。対北極 ②南極圏（南緯六六度三三分より南の地域）。対北極 ③「南極大陸」の略。

【南船北馬】あちこちを旅行すること。参考中国の南部は川が多いので船で行き、北部は平原が多いので馬で行くという『淮南子』のことばから。

【南端】↓ある土地の南のはし。対北端

【南中】↓〈―する〉太陽や星などの天体が真南にくること。

【南蛮】↓①むかし、中国で南方の異民族を指したことば。対北狄 ②室町時代から江戸時代にかけて、海外貿易をおこなった東南アジアの国々。また、これらの地を経てやってきたスペイン人やポルトガル人の国々を指したことば。例南蛮渡来のギヤマン。

【南洋】↓南のほうの海。南太平洋の赤道近くの海や島々。対北洋

【南十字星】南半球で見られる、四つの星。知識ケンタウルス座の南にあり、向き合っている星をむすぶと十字になる。ならぶ二つの星の延長線が南極を指すので方角の目印になる。

【南半球】赤道をさかいに、地球を半分に分けたときの、南の部分。対北半球

卑

十-7　総画9　常用　明朝 卑 5351　旧字 卑 FA35

音ヒ中　訓いやーしい高・いやーしむ高・いやーしめる高

筆順 ′ 卑 白 卑 由 卑 申 卑 卑

なりたち ［会意］もとの字は、「卑」。「十（もと左手の形）」と「甲（道具の形）」とを合わせて、左手に道具を持って仕事をすることを表す字。むかしは右手をとうとんだことから、「いやしい」として使われている。

意味
❶身分・地位がひくい。対尊
❷品がなくて、おとる。下品である。例卑しいおこない。卑小・卑劣
❸ひくいものとする。みさげる。へりくだる。例みなりだけで人を卑しめるな。卑下・卑屈 対尊

❷〈品がなくて、おとる〉の意味で

【卑怯】◆↓〈―な・―に〉おくびょうであったりずるかったりして、正面から立ちむかうりっぱさがないこと。例卑怯者。類卑劣 対勇敢

【卑近】Ⅱ〈―な〉身近でだれにでもわかりやすい。例卑近な例で説明する。

【卑小】Ⅱ〈―な〉ちっぽけで、ねうちもない。例人は卑小な存在ではない。

【卑俗】Ⅱ〈―な・―に〉下品でいやしいこと。例卑俗なことばづかい。類低俗

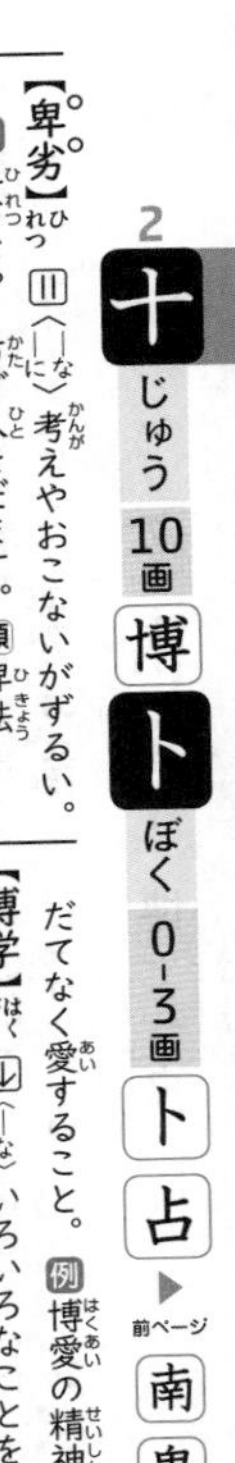

【卑劣】Ⅲ〈—な〉考えやおこないがずるい。例卑劣なやり方で人をだます。類卑怯

③〈ひくいものとする〉の意味で

【卑屈】Ⅲ〈—な〉〈—に〉自信がなくて、相手にへつらうようす。例卑屈になる。

【卑下】Ⅲ〈—する〉自分をおとると考えて、へりくだること。例卑下した態度。

◆尊卑 野卑

【博】

十-10 総画12 4年 明朝 博 535A

音 ハク・バク高 訓 —

筆順 一 十 忄 恒 博 博 博 博（わすれない・はねる）

なりたち [形声]「尃」が「広くしく」意味と、「ハク」とかわって読み方をしめしている。多い意味の「十」をくわえて、たくさんのものが広くいきわたることを表す字。

意味
❶はばひろい。なにごとにも広く通じている。例博識・該博
❷手に入れる。例好評を博す。
❸かけごと。ばくち。例博徒・賭博

注意するよみ バク…例博労・博徒

特別なよみ 博士(はかせ)

名前のよみ とおる・ひろ・ひろし・ひろむ

❶〈はばひろい〉の意味で

【博愛】↓すべての人を、広い心で分けへだてなく愛すること。例博愛の精神。

【博学】↓〈—な〉いろいろなことを学んでよく知っていること。例博学多才(知識が広く、才能が豊かである)。類博識・該博

【博士】↓ある学問を深く研究し、その内容がすぐれているとみとめられた人にあたえる学位。ドクター。例博士号。表現「お天気博士」「漢字博士」のようにその方面についての物知りの意味でも使う。

【博識】↓〈—な〉〈—に〉どんなことでもよく知っていること。物知り。類博学・該博

【博物館】自然や文化、歴史などに関係のある品物をたくさん集めてならべ、人びとに見せるところ。例科学博物館。

【博覧会】あるテーマを決めて、それに関係のある製品や商品などを集め、多くの人たちに見せるもよおし。例万国博覧会。

【博覧強記】広くたくさんの書物を読み、多くの知識をもっていること。

❸〈かけごと〉の意味で

【博徒】↓ばくち打ち。

2画 卜 [ぼく] の部

ここには「卜」「占」「卦」が入ります。

0 卜……186　3 占……186　6 卦……187

この部首の字　上→一 16　止→止 660　外→夕 278　卓→十 183　虎→虍 936　点→灬 736　貞→貝 1000

【卜】

卜-0 総画2 人名 明朝 卜 535C

音 ボク外 訓 うらな-う外・うらな-い外

意味 うらなう。うらない。例卜占

【占】

卜-3 総画5 常用 明朝 占 5360

音 セン中 訓 し-める中・うらな-う中

筆順 丨 卜 占 占 占

なりたち [会意]「卜」が「うらなう」ことを、「口」が「ことば」を意味し、うらないのことばを表す字。

意味
❶うらない。将来や運命をおしはかる。例運勢を占う。星占い。占星術。
❷しめる。物や場所を自分のものにする。例席を占める。ひとり占め。占領・独占

❶〈うらない〉の意味で

【占星術】星の動きに引きあてて、人の運命や将来をうらなう術。星占い。アストロロジー。参考アストロノミーは天文学。

❷〈しめる〉の意味で

【占拠】↓〈—する〉ある場所を自分のものにして、ほかの人を入らせないこと。例不法占拠。類占領

【占有】Ⅲ〈—する〉自分だけのものとしてもっていること。例占有権。類所有

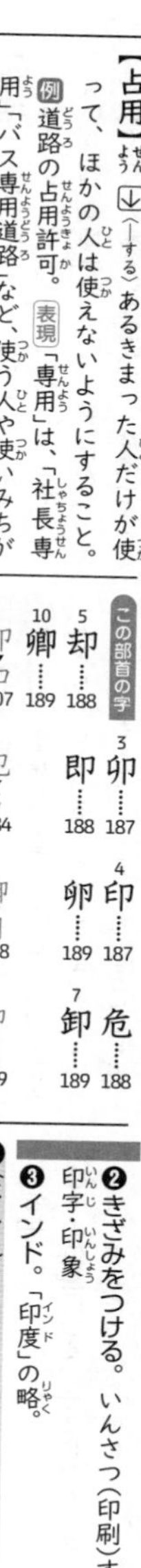

【占用】〔↓〕〈—する〉あるきまった人だけが使って、ほかの人は使えないようにすること。例 道路の占用許可。表現「専用」は、「社長専用」「バス専用道路」など、使う人や使いみちがきまっていること。

【占領】〔↓〕〈—する〉①ある地域を武力で自分のものにして支配すること。②場所をひとりじめにすること。例 荷物で座席を占領する。類 占拠

占が下につく熟語 上の字の働き

❷占=〈しめる〉のとき

【独占 寡占】全体のドノクライを占めるか。

【卦】

卜-6 総画8 表外 明朝 卦 5366

音 カ外・ケ外 訓 —

意味 うらないによる良い・悪いのきざし。例 どんな卦が出るか、うらなってみよう。当たるも八卦、当たらぬも八卦。参考 ☞「巽」の「文字物語」(366ページ)

2画 卩 㔾 ［ふしづくり］の部

人がひざまずくすがたをえがいた象形である「卩」あるいは「㔾」をもとにして作られた字と、「卩」の形がめやすとなっている字を集めてあります。

この部首の字

3 卯…187 4 印…187 危…188 5 却…188 即…188 卵…189 7 卸…189 10 卿…189 叩▶口 207 氾▶氵 684 脚▶月 918 御▶彳 409

【卯】

卩-3 総画5 人名 明朝 卯 536F

音 ボウ外 訓 う外

意味 ❶十二支の四番め。動物ではウサギ。方角では東。時刻では午前六時、またはその前後二時間。参考 ☞「巽」の「文字物語」(366ページ) ❷うつぎ。初夏に、白い小さな花をつける落葉低木。例 卯の花・卯月(陰暦四月)・卯の花くだし(卯月のころの長雨)。

【印】

卩-4 総画6 4年 明朝 印 5370

名前のよみ しげ・しげる

音 イン 訓 しるし

筆順 ［印の筆順］ はねる

なりたち 〔会意〕「E」は手の形、「卩」は人がひざまずいている形で、手で人をおさえつけることを表す字。

意味 ❶はんこ。しるし。例 印をつける。印をおす。印鑑・調印 ❷きざみをつける。いんさつ(印刷)する。例 印字・印象 ❸インド。「印度」の略。

❶〈はんこ〉の意味で

【印鑑】〔‖〕①「はんこ」のあらたまった言い方。類 印・印章 ②本人のものであることを証明するための、役所にとどけ出てある特定のはんこ。または、それをおしたあと。例 印鑑証明。類 実印

【印紙】〔↓〕「収入印紙」の略。税金や手数料をおさめたしるしに証書にはる、切手に似た紙。例 領収書に印紙をはる。

【印章】〔‖〕①「はんこ」のあらたまった言い方。類 印鑑 ②はんこをおしたあとにできる図形。類 印影

【印肉】〔↓〕はんこをおすときに使う、朱などの顔料をしみこませたもの。たんに「にく」ともいう。類 朱肉

【印判】〔‖〕「はんこ」のやや古い言い方。

❷〈きざみをつける〉の意味で

【印画紙】写真を焼きつける用紙。感光紙。

【印刷】〔‖〕〈—する〉文字や写真などを版にして、インクをつけて紙などにすりうつすこと。例 印刷物。カラー印刷。

【印字】〔▲〕〈—する〉コンピューターなどの機械を使って、文字や記号を紙に印刷すること。

【印象】〔▲〕見たり聞いたりしたときに感じたことが心にきざまれ、あとまでのこって

次ページ 危 却 即

いるもの。例第一印象。印象的な絵。

←印が下につく熟語 上の字の働き

❶印＝〈はんこ〉のとき
【押印 調印】はんこをドウスルか。
【封印 消印】ドウシタ印か。
◆実印 旗印

危

㔾-4 総画6 6年 明朝 危 5371

音キ 訓あぶ-ない・あや-うい中・あや-ぶむ中

筆順 ノ ⺈ 产 产 危 危（とめる・はねる）

なりたち [会意]人（⺈）ががけ（厂）の上で、こわがってひざまずいている（㔾）ようすを表している字。

意味 あぶない。あやぶむ。あやうい。あぶないと思う。例危ない橋をわたる。計画の実現を危ぶむ。危惧・危険

【危害】Ⅲ人のからだを傷つけたり、命にかかわるようなことをしたりすること。例危害をくわえる。類傷害

【危機】↓あぶないとき。例危機を脱する。

【危機一髪】大きな危険がすぐ近くにせまっていること。類間一髪 例危機一髪のところで命びろいした。表記「一髪」はかみの毛一本ぐらいの差という意味で、「危機一発」と書くのはまちがい。参考むかしの中国の書物にある「そのあぶないことといったら、一本のかみの毛でとても重いものを引くようなものだ」ということばから。

【危急】Ⅲあぶないことやおそろしいことが、まぢかにせまっていること。例危急存亡のときがせまる。

【危惧】Ⅲ〈―する〉わるい結果になりはしないかと心配して、びくびくすること。おそれ。例危惧の念をいだく。類懸念

【危険】Ⅲ〈―な〉あぶないこと。例危険を察知する。危険物。対安全

【危地】↓あぶない場所や立場。例危地におちいる。危地を脱する。類窮地

【危篤】Ⅲ今にも死んでしまいそうなほど病気がおもいこと。類重体

【危難】Ⅲ命にかかわるようなあぶないめ。例危難をのがれる。類難儀・災難

却

卩-5 総画7 常用 明朝 却 5374

音キャク中 訓 ―

筆順 一 十 土 去 去 却 却

なりたち [形声]「去（キョ）」が「反対の方向に行く」意味と、「キャク」とかわって読み方をしめしている。人がひざまずいている「卩」をくわえて、うしろにもどることを表す字。

意味 ❶もどす。うしろにもどる。しりぞける。例却下・返却
❷しつくす。…してしまう。例焼却

発音あんない キャク→キャッ…例却下

❶〈もどす〉の意味で

【却下】Ⅲ〈―する〉①裁判所や役所などで、申し立てをとりあげないこと。②とりあげないで、しりぞけること。類棄却 例提案を却下する。

←却が下につく熟語 上の字の働き

❶却＝〈もどす〉のとき
【棄却 退却 返却】近い意味。

❷却＝〈しつくす〉のとき
【閑却 困却 焼却 脱却 売却 忘却】ドウしつくすか。

即

卩-5 総画7 常用 明朝 即 5373 旧字 卽 537D

音ソク中 訓すなわ-ち外

筆順 コ ヨ ヨ 艮 艮 即 即

なりたち [会意]もとの字は、「卽」。「皀」が食べ物をもった器の形、「卩」が人がひざまずいた形で、食卓につくことを表している字。

意味 ❶その位置につく。そこにぴたりとつく。例現状に即したやり方。即位

❷その場ですぐに。ただちに。例即答

発音あんない ソク→ソッ…例即刻

❶〈その位置につく〉の意味で

【即位】そくい ⬇ ▲〈—する〉天皇や国王などの位につくこと。例即位の礼。対退位

【即応】そくおう ⬇〈—する〉まわりのようすや、ものごとの変化にぴたりと合わせていくこと。

【即物的】そくぶってき〈—な〉じっさいの物からはなれないようす。例即物的に説明する。

❷〈その場ですぐに〉の意味で

【即座】そくざ ⬇〈—に〉その場ですぐに。例即座に返答する。類即刻・即時

【即死】そくし ⬇〈—する〉事故などでその場ですぐに死んでしまうこと。例即死状態。

【即時】そくじ ⬇そのとき、すぐに。リアルタイムに。例即時返却。類即刻・即座

【即日】そくじつ ⬇すぐ、その日のうちに。例即日開票。類当日

【即製】そくせい ⬇〈—する〉その場ですぐに作ること。例木の枝が即製の箸になった。類即席

例解 [使い分け] そくせい[速成・促成・即製] ☞445ページ

【即席】そくせき ⬇その場ですぐにすること。例即席で班をつくる。即席ラーメン。類即製

【即戦力】そくせんりょく 訓練をしないで、そのままじっさいの仕事に役立つ人材。

【即断】そくだん ⬇〈—する〉その場ですぐに決めること。例即断をせまる。類即決 表現 判断のはやさをいうのは「速断」で、「はやすぎる」の意味にもなる。

【即答】そくとう ⬇〈—する〉その場ですぐに答えること。例即答をさける。類直答

【即売】そくばい ⬇〈—する〉展示してあるその場で、品物を売ること。例展示即売会。

【即興】そっきょう ⬇①その場でおこる興味。類座興 ②思いうかんだことをもとに、その場で表現すること。例即興で演奏する。

【即金】そっきん ⬇買い物の代金を、その場で現金ではらうこと。キャッシュ。

【即決】そっけつ ⬇〈—する〉その場ですぐに決めること。例即決してください。即断即決。

【即効】そっこう ⬇その場ですぐにききめがあらわれること。例即効性のある薬。☞【速効】そっこう（445ページ）

【即刻】そっこく ⬇待ったなしで、すぐに。例工事の即刻中止を求める運動。類即時・即座

卵

卩-5 総画7 6年 明朝 卵 5375

音ラン中 訓たまご

筆順 卵（はらう・はねる）

なりたち [象形] たくさん産みつけられる生物の「たまご」の形をえがいた字。

意味 たまご。例卵に目鼻（色が白くて丸い、かわいらしい顔だち）。卵白・生卵

【卵黄】らんおう ⬇にわとりなどのたまごの中身の、黄色の部分。類黄身 対卵白

【卵殻】らんかく ⬇たまごのから。

【卵子】らんし ⬇めすの体内で作られる、新しい生命のもとになる細胞。類卵・卵細胞 対精子

【卵生】らんせい ⬇魚や鳥のように、子どもがたまごの形で生まれること。対胎生

【卵巣】らんそう ⬇動物のめすの体内で、卵子をつくるとともにホルモンを出すところ。対精巣

【卵白】らんぱく ⬇にわとりなどのたまごの中身の、すきとおった部分。類白身 対卵黄

◆鶏卵 産卵 生卵

卸

卩-7 総画9 常用 明朝 卸 5378

音— 訓おろ-す中・おろし中

筆順 卸

意味 問屋が商品をおろす。問屋が小売店に商品を売る。例小売りへ卸す。卸値

例解 [使い分け] おろす[下・降・卸] ☞11ページ

【卸値】おろしね ⬇問屋が品物を小売りする人に売りわたすときのねだん。対小売値

卿

卩-10 総画12 人名 明朝 卿 537F

音キョウ外・ケイ外 訓—

意味
❶むかし、政治にたずさわった身分の高い役人。例 公卿
❷身分の高い人をうやまって、名前の下につけることば。例 チャーチル卿。

2画 厂［がんだれ］の部

がけの形をえがいた象形である「厂」をもとにして作られ、がけや岩・土地の形状について表す字と、「厂」の形がめやすとなっている字を集めてあります。

この部首の字

2 厄……190　7 厚……190　厘……191
8 原……191　10 厨……192　12 厭……193　厩……193
反▸又 196　圧▸土 251　戌▸戈 515　成▸戈 515
灰▸火 733　辰▸辰 1030　威▸女 305　唇▸口 228
辱▸辰 1030　雁▸隹 1068　暦▸日 601　歴▸止 664

厄

厂-2　総画4　常用　明朝 厄 5384

音 ヤク㊥　訓 —

筆順 厄 厄 厄 厄

なりたち ［会意］「がけ」をしめす「厂」と、人がひざまずいている形の「㔾」とからでき、がけのふちで身をかがめているあぶないようすを表す字。

意味 わざわい。さいなん。例 厄をはらう。厄日・災厄

発音あんない ヤク→ヤッ…例 厄介

【厄年】やくどし ⇩ ①人間の一生のうちで、よくないことが起こりやすいとされる年齢。男では二十五歳と四十二歳、女では十九歳と三十三歳といわれている。②災難の多い年。

【厄日】やくび ⇩ ①いやなことがあったり、災難にあったりする、えんぎのよくない日。②二百十日など、農家などで天候による災害が多いとされている日。

【厄介】やっかい ◎〈—な〉手数がかかり、めんどうであること。手間のかかるせわ。例 厄介をかける。人の厄介になる。

厚

厂-7　総画9　5年　明朝 厚 539A

音 コウ㊥　訓 あつ-い

筆順 厚 厚 厚 厚 厚 厚（はねる）厚（ながく）

なりたち ［形声］「𣆪」が「高い」の意味と「コウ」という読み方をしめしている。「がけ」を意味する「厂」をくわえて、岩が高く重なるようすを表す字。

意味
❶あつみがある。中身がたくさんある。ゆたかだ。例 選手の層が厚い。濃厚 対 薄
❷心がこもっている。他人に対する思いやりがある。例 厚意・温厚

例解 名前のよみ ひろ・ひろし

例解 使い分け あつい［暑・熱・厚］☞597ページ

❶〈あつみがある〉の意味で

【厚着】あつぎ ⇩〈—する〉衣服を何枚も重ねて着ること。対 薄着

【厚地】あつじ ⇩ 布がふつうよりも厚めであること。類 厚手 対 薄地

【厚手】あつで ⇩ 布地や紙・陶器などで、厚みのあるもの。また、厚みのあること。例 厚手のセーター。類 厚地 対 薄手

【厚顔】こうがん ⇩〈—な〉あつかましくて、ずうずうしい。例 厚顔無恥。類 鉄面皮 参考「つらの皮が厚い」ということから。

❷〈心がこもっている〉の意味で

【厚意】こうい ⇩ やさしい思いやりの心。類 厚情・厚志

> 例解 使い分け
> こうい《厚意・好意》
> 厚意＝思いやりのある相手の心。
> 例 厚意に感謝する。厚意にあまえる。ご厚意に報いるよう努力いたします。
> 好意＝相手をこのましく思う気持ち。反対は「悪意」。
> 例 好意的な態度をとる。ひそかに好意をいだく。

【厚情】こうじょう ⇩ 思いやりのある、あたたかい心。例 ご厚情をたまわり、恐縮しておりま

す。

【厚生】▲人びとの健康をまもり、生活をゆたかなものにしていくこと。例会社の厚生施設を利用する。厚生労働省。類厚意・厚志 対薄情

厚が下につく熟語 上の字の働き

❶厚＝〈あつみがある〉のとき
【重厚 濃厚】近い意味。
◆温厚

厘

厂－7 総画9 常用 明朝 厘 5398

音リン 中 訓 ―

筆順

意味 ❶割合の単位。一の千分の一。例九分九厘。❷むかしのお金の単位。一円の千分の一。(一円の百分の一が「一銭」。一銭の十分の一が「一厘」)

原

厂－8 総画10 2年 明朝 原 539F

音ゲン 訓はら

筆順 はねる とめる

なりたち [会意]がけ(厂)と泉(㝹)とを合わせて、泉がわき出る「みなもと」を表している字。

意味 ❶おおもと。もともとの。根本のもの。はじめの。例原因・原形 ❷はら。はらっぱ。例原野・野原・高原

特別なよみ 海原(うなばら)・河原(かわら)・川原(かわら)

名前のよみ はじめ・もと

❶〈おおもと。もともとの〉の意味で

【原案】↓話し合いのもとになる案。例原案を修正して可決。類草案
【原因】Ⅱものごとの起こるもと。例事故の原因を調べる。対結果
【原液】↓うすめたり、別の液体をまぜたりしていない、もとの液。例希釈用原液。
【原価】↓①品物をつくるためにじっさいにかかる、すべての費用。コスト。例原価計算。類生産費 ②商品の仕入れのねだん。例原価を割ったねだんで売る。類元値 表記②は、「元価」とも書く。
【原画】↓複製の絵や印刷した絵に対して、もとの絵。例絵本の原画を見る。
【原義】↓そのことばの、もともとの意味。類本義 対転義
【原形】↓もとの形。例原形をたもつ。
【原型】↓ものをつくるときの、もとになる型。例原型に合わせて布を裁つ。
【原語】↓ほんやくしたものの、もとになっている外国語。対訳語
【原稿】↓公表するために書きしるした文章。例新聞記事の原稿を書く。類草稿
【原告】↓うったえを起こして、裁判を要求した人。対被告 知識刑事裁判では、検事が原告の役割をする。
【原材料】いろいろな製品をつくるもとになるもの。原料と材料。例原材料名。
【原作】↓訳したり、劇や映画にしたりする前の、もとの作品。例この映画の原作は外国の小説だ。
【原産地】①動物や植物が、はじめて生息していた土地。②作物や産物が作られた土地。参考②は、その一類についていうのでなく、今見ている品物がどこでとれたのかということ。
【原子】↓物質のもととなっている、いちばん小さい粒子。アトム。例水素原子。知識原子は、一つの原子核といくつかの電子でできており、原子が集まって分子になる。
【原始】Ⅱ①ものごとのはじまり。例原始時代。類始原 ②自然のままであること。例原始林。類原生
【原子爆弾】ウランやプルトニウムの原子核が分裂するときにできる大きなエネルギーを利用した、破壊力の大きいおそろしい爆弾。原爆。知識一九四五(昭和二〇)年八月六日、世界ではじめて広島に、次いで八月九日、長崎に投下された。
【原住民】後から来た者に対して、もと

◀次ページ 厨

からその土地に住んでいた民族。類先住民 表現 今は「先住民」のほうが多く使われる。

【原書】げんしょ ↓原語で書かれた本。もとになった本。例原書に忠実に訳す。類原本・原典 対訳書・訳本

【原色】げんしょく ↓①もとのままの色。例原色を再現する。②赤・黄・青の三色。まぜ合わせることでさまざまな色をつくることができる。類三原色 対中間色 ③けばけばしくて目立つ強い色。対中間色 知識 絵の具では赤・黄・青が原色だが、「光の三原色」というと、赤・緑・青になる。

【原子力】げんしりょく 原子核が分裂したり融合したりするときに生じるエネルギー。例原子力発電所。

【原子炉】げんしろ 核分裂反応を起こさせる装置。そのとき発生する熱をエネルギーとして発電などに利用している。

【原人】げんじん ↓猿人から進化した段階の、原始時代の人類。例北京原人。

【原寸】げんすん ↓もとのものとおなじ寸法。例原寸大。

【原生動物】げんせいどうぶつ 一つの細胞からできている動物。アメーバ・ゾウリムシ・ミドリムシなど。

【原生林】げんせいりん 大むかしから、自然のままの状態でしげりつづけてきた林。

【原石】げんせき ↓①金や銅などの鉱物をとり出す前の、ほり出したままの鉱石。類原鉱 ②けずったり、みがいたりする前の、まだ材料の状態の宝石。例ダイヤモンドの原石。

【原則】げんそく ↓ものごとについて考えるときのよりどころになる、おおもとのきまり。対例外 表現「原則として」は、「とくべつの場合をのぞいて」の意味で使われることが多い。

【原典】げんてん ↓べつのことばに訳したり、ほかの本に引用したりするとき、そのもとになっている書物。例原典にあたる。類原本・原書

【原点】げんてん ↓①問題になっていることがらがはじまった、いちばんもとのところ。例原点にもどって考えなおす。②距離や位置などをはかるときに、基準になる点。類基点

【原動機】げんどうき 機械を動かすためのエンジンやモーターなどの装置。例原動機付自転車。

【原動力】げんどうりょく ①機械に運動を起こさせるもとになる力。類動力 ②ものごとを活動させるもとになる力。例クラブ活動の原動力。

【原爆】げんばく ◎「原子爆弾」の略。

【原文】げんぶん ↓訳したり、書きあらためたりする前のもとの文章。例原文直訳。対訳文

【原簿】げんぼ ↓いちばんもとになる帳簿。類元帳・台帳

【原本】げんぽん ↓①訳したり、写したりしたもののもとになった本。例写本と原本をてらし合わせる。類原書・原典 対訳本・写本 ②役所などにおいてある、もとになる文書。例戸籍の原本。対抄本・謄本

【原油】げんゆ ↓地下からとったままで精製されていない黒茶色の石油。これから重油・軽油・灯油・ガソリンなどがつくられる。対精油

【原理】げんり ↓おおもととなる理論や法則。例多数決の原理。アルキメデスの原理。

【原料】げんりょう ↓ものをつくったり加工したりするもとになる材料。例原料を海外から輸入する。類材料 表現「原料」は性質がかわる場合、「材料」は形をかえる場合と使い分けることが多い。

❷〈はら〉の意味で

【原野】げんや Ⅲ人の手がくわわっていない自然のままの野原。例原野の保存運動。類荒野

原が下につく熟語 上の字の働き

❷原＝〈はら〉のとき

【高原 平原】ドノヨウナ原か。

【雪原 草原】ナニの原か。

【厨】

厂－10 総画12 人名 明朝 厨 53A8

音チュウ外・ズ外 訓くりや外

意味

❶くりや。台所。料理をするところ。キッチン。

❷ひつ。戸だな。たんす。

❶〈くりや〉の意味で

【厨房】ちゅうぼう ↓台所。料理場。

❷〈ひつ〉の意味で

【厨子】ずし ☒仏像・お経などをおさめる箱。と

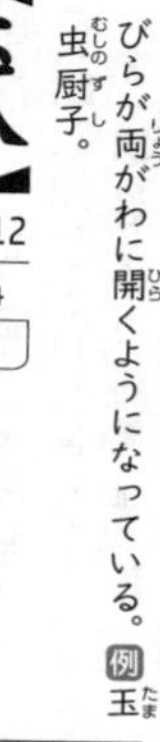

びらが両がわに開くようになっている。例玉虫厨子。

【厭】
厂-12 総画14 表外 明朝 厭 53AD

音エン外 訓いと-う外・あ-きる外

意味 いとう。いやになる。あきる。例どんな苦労も厭わない。

◆【厭世】えんせい ▲世の中がいやになる。

【厩】
厂-12 総画14 人名 明朝 厩 53A9

音キュウ外 訓うまや外

意味 うまや。馬を飼っておく建物。

【厩舎】きゅうしゃ ↓馬小屋。

2画 ム [む] の部

「ム」の形がめやすとなっている字を集めてあります。

3去……193 6参……193

この部首の字

云▶二 49 允▶儿 111 公▶八 121 勾▶勹 174
台▶口 209 弁▶廾 390 怠▶心 491 能▶月 917

【去】
ム-3 総画5 3年 明朝 去 53BB

音キョ・コ 訓さ-る

筆順 一 十 土 去 去（ながく・とめる）

なりたち [会意] ひと（大→土）と穴（ム）を合わせて、人が穴をはなれてたちさる意味を表す字。

意味
❶さる。その場をはなれる。すぎさる。例去る者は追わず。去年・過去 対来
❷とりのぞく。なくする。例除去

❶〈さる〉の意味で

【去就】きょしゅう ↕ある地位や職場から去るか、とどまるか。例去就が注目される。類出処進退

【去年】きょねん ↓ことしの前の年。類昨年 関連去年・今年・来年 表現ある年をもとにしていうときには「前年」を使う。

【去来】きょらい ↕〈-する〉心の中に、うかんだり消えたりすること。例卒業をむかえ、さまざまな思いが去来する。

❷〈とりのぞく〉の意味で

【去勢】きょせい ▲動物のおすから、生殖能力をとりのぞくこと。

去が下につく熟語 上の字の働き

❶去=〈さる〉のとき
【退去 逝去】近い意味。

❷去=〈とりのぞく〉のとき
【除去 撤去】近い意味。

◆過去 死去

【参】
ム-6 総画8 4年 明朝 参 53C2 旧字 參 53C3

音サン 訓まい-る

筆順 参（だす・はらう・ミにならない）

なりたち [形声] もとの字は、「參」。「[illegible]（[illegible]）」が女の人が頭の上に玉のかんざしをつけてかざっているようすを表していた。これに「サン」の音をしめす「彡」をくわえた字。

意味
❶なかまに入る。集まる。くわわる。例参列
❷おまいりする。「行く」「来る」をへりくだっていう言い方。例神社に参る。わたくしが参ります。参拝・持参
❸つきあわせる。ひきくらべる。例参考
❹負ける。例暑さに参る。降参
❺数の三。領収書など、書きかえられてはこまる金額の記入に使う。例金参萬円也。

関連 壱・弐・参

名前のよみ かず・ちか・み・みつ

❶〈なかまに入る〉の意味で

【参加】さんか Ⅲ〈-する〉団体やグループ活動などのなかまに入ること。例クラブ活動に参加する。類加盟

【参会】さんかい ▲〈-する〉会合に出席すること。例参会者。類参列

【参画】さんかく ▲〈―する〉計画をつくったり実行したりするときのなかまに入ること。例開発プロジェクトに参画する。類参与 表現おもに大きな仕事をするときに使う。

【参議院】さんぎいん 衆議院とともに国会をつくる議院。衆議院で決めたことを見なおすところ。参院。対衆議院 知識議員の任期は六年。解散はなく、三年ごとに半数が改選される。

【参集】さんしゅう ↓〈―する〉ある目的のために、人びとが集まること。例ご参集のみなさま。

【参政権】さんせいけん 選挙権や被選挙権など、政治に参加する権利。

【参戦】さんせん ▲〈―する〉戦争にくわわること。

【参入】さんにゅう Ⅱ〈―する〉新しい仕事の分野などに、くわわること。例新規参入。

【参謀】さんぼう ▲①作戦の計画を立てる将校。②方法や計画を考える役の人。例選挙の参謀。

【参与】さんよ Ⅱ〈―する〉あることをいっしょになってすすめること。例参与観察。類参画

【参列】さんれつ ↓〈―する〉儀式・行事などに出席すること。例式に参列する。類列席・参会

❷〈おまいりする〉の意味で

【参賀】さんが ↓〈―する〉皇居に行き、お祝いすること。例正月の一般参賀。

【参観】さんかん ↓〈―する〉その場所へ行って、じっさいに見ること。例授業参観。類見学

【参詣】さんけい Ⅱ〈―する〉神社や寺におまいりすること。例初もうでの参詣者。類参拝

【参上】さんじょう Ⅱ〈―する〉目上の人のところに行くこと。例さっそく参上いたします。表現けんそんした言い方。

【参道】さんどう ↓神社や寺におまいりする人のためにつくられた道。例表参道。

【参拝】さんぱい ↓〈―する〉神社や寺におまいりしておがむこと。例神社に参拝する。類参詣

❸〈つきあわせる〉の意味で

【参考】さんこう ↓考えをまとめたり、学習したりするときに、助けとなること。例おおいに参考になる。参考資料。

【参考書】さんこうしょ 勉強や研究、試験の準備などのために助けとして使う、教科書以外の本。

【参照】さんしょう ↓〈―する〉ほかのものを見たりつき合わせたりして、理解の足しにすること。例資料参照。類照合

参が下につく熟語 上の字の働き

❶参=〈なかまに入る〉のとき
【古参 新参】イツ参じたか。
◆降参 持参 日参 墓参

2画 又［また］の部

「又」をもとにして作られ、手でおこなう動作にかかわることを表す字を集めてあります。

この部首の字
0 又……194
1 叉……194
2 収……195
双……195
反……196
友……199
6 取……199
受……200
叔……201
7 叙……201
14 叡……201
16 叢……202
支▶支 559
皮▶皮 799
隻▶隹 1068

又

又-0 総画2 常用 明朝 又 53C8

音― 訓また㊥

筆順 又 又

なりたち [象形] 右手の形をえがいた字。借りて、「また」として使われるようになった。

意味
❶ふたたび。例又来るよ。
❷おなじように。例それも又よい。
❸一方では。かつ。例画家でもあり、又俳人でもあった。又の名。
❹さらにその上に。例山又山。
❺直接でない。例又貸し・又借り

叉

叉-1 総画3 人名 明朝 叉 53C9

音サ外・シャ外 訓―

意味
❶また。先が分かれているもの。例音叉（楽器の調律などに用いる道具）・三叉路（三本の道に分かれるところ）
❷梵語（古代インドのことば）を写した字。例夜叉

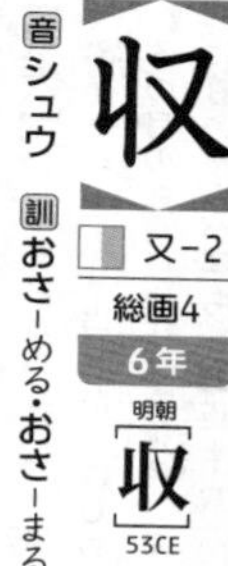

収

又-2 総画4 6年 明朝 収 53CE 旧字 收 6536

音 シュウ　訓 おさ-める・おさ-まる

筆順 （おる・はらう）

なりたち [会意] もとの字は、「收」。「丩」が「よりあわせる」意味をもち、はたらきかける意味の「攵」をくわえて、「あわせおさめる」ことを表す字。

意味
❶おさめる。取り入れる。一か所にまとめる。例成功を収める。回収
❷おさまる。おちつく。まとまる。例あらそいが収まる。収まりがつく。
❸お金を手に入れる。例年収
❹ちぢまる。しぼむ。例収縮

例解 [使い分け] おさめる[納・収・修・治]☞873ページ

名前のよみ おさむ・かず・のぶ・もと

❶〈おさめる〉の意味で

【収穫】しゅうかく Ⅲ〈―する〉①田や畑でつくったものの取り入れ。例秋の収穫祭。②よい結果。みのり。例読書からの収穫は大きい。類成果

【収拾】しゅうしゅう Ⅲ〈―する〉こんがらかったものごとをうまくまとめること。例混乱した事態を収拾する。類収束

【収集】しゅうしゅう Ⅲ〈―する〉①あちこちにあるものを一か所に集めること。例ごみの収集日。②研究や楽しみのために、ものを集めること。コレクション。例切手の収集。

【収納】しゅうのう Ⅲ〈―する〉①家の中の品物を、たんすなどにしまうこと。例収納場所。②役所が税金や公共料金を受けとること。

【収容】しゅうよう Ⅲ〈―する〉人やものを、そのための場所に入れること。例収容人数。

【収録】しゅうろく ⬇〈―する〉①雑誌や本などに記事としてのせること。類掲載 ②放送するためや、記録としてのこすために、録音や録画をすること。例番組を収録する。

【収賄】しゅうわい ▲〈―する〉公務員が地位や立場を不正に利用して、相手に有利になるようとりはからうのと引きかえに、お金や品物を受けとること。例収賄のうたがい。対贈賄

❸〈お金を手に入れる〉の意味で

【収益】しゅうえき ⬇事業などをして得た利益。もうけ。例収益金。類利益

【収支】しゅうし ⇕入るお金と出るお金。収入と支出。例収支のバランス。収支決算。

【収入】しゅうにゅう Ⅲ自分のところに入ってくるお金。類所得 対支出

❹〈ちぢまる〉の意味で

【収縮】しゅうしゅく Ⅲ〈―する〉ふくらんでいたものがちぢまること。ちぢめること。例血管の収縮。対膨張

← 収が下につく熟語 上の字の働き

❶収＝〈おさめる〉のとき
【徴収 領収 没収】近い意味。
【買収 吸収 撤収 回収 接収 押収】ドウヤッテ取り入れるか。

❸収＝〈お金を手に入れる〉のとき
【年収 月収】ドレダケの期間についての収入か。
【増収 減収】収入がドウナルか。

双

又-2 総画4 常用 明朝 双 53CC 旧字 雙 96D9

音 ソウ㊥　訓 ふた㊥

筆順 フ ヌ 双 双

なりたち [会意] もとの字は、「雙」。「隹」が「とり」、「又」が「手」で、つがいのとり（隹）を手に持っているようすを表す字。

意味
❶一組みになる二つのもの。例双のひとみ。双子・双肩・無双 対隻
❷《その他》例双六

❶〈一組みになる二つのもの〉の意味で

【双眼鏡】そうがんきょう 両目にあてて見るようにつくってある望遠鏡。例双眼鏡をのぞく。

【双肩】そうけん ⬇①右の肩と左の肩との両方。②その人のもっている力とはたらき。例研究の将来は、かれの双肩にかかっている。表現「双肩にかかる」という言い方には、たよりにしているから、がんばってほしいという気持

ちがこもっている。

【双生児】おなじ母親から一度に生まれた二人の子ども。例一卵性双生児。類双子

【双発】↓飛行機でエンジンが二つあるもの。例双発機。対単発

【双璧】↓おなじようにりっぱな二つのもの。りっぱなふたりの人。表現「璧」は美しい玉。「双璧」は対になっている美しい玉という意味だから、「双壁」と書いてはまちがい。

【双方】↓相対する当事者の両方。例この事故は双方に責任がある。類両方

【双子】↓双生児。表現双子と双生児はおなじものを指すが、ことばの性質がちがう。「ふたご」は「みつご」「よつご」「いつつご」…とふえていくが、双生児にあたることばは、三人以上にはない。また「双子の兄弟」「双子の星」など、ふつうのことばとして言いやすい。

【双葉】↓草や木が芽を出したばかりのころ、最初にひらく二枚の葉。例栴檀は双葉より芳し（りっぱな人物は小さいころからすぐれたところを見せる）。表記「二葉」とも書く。

知識 最初の葉が双葉である植物と、一枚の葉である植物とがある。

❷《その他》

【双六】◎さいころを使って紙の上であそぶゲーム。「ふり出し」からはじめて、さいころの目の数だけコースを進み、早く「あがり」に着いた人が勝ち。例道中双六。

【反】

音 ハン・ホン高・タン中　訓 そ-る・そ-らす

又-2　総画4　3年　明朝 反 53CD

筆順 一 厂 万 反 はらう

なりたち 【会意】「又」が「手」で、「厂」が「がけ」をしめし、手でがけをおし、くつがえすことを表す字。

意味

❶もとにもどる。かえる。かえす。例反省・反射

❷逆になる。ひっくりかえる。そる。そらす。例反りが合わない（性格や考えがちがって、しっくりいかない）。反転

❸そむく。はむかう。さからう。例規則に反する。反則・違反

❹くりかえす。例反復

❺土地の面積や布の長さの単位。例町・反・歩。反当たり

注意するよみ ホン…例謀反　タン…例反物

❶〈もとにもどる〉の意味で

【反映】↓〈―する〉①光の反射によって、水面などにもののすがたがうつって見えること。反射した光がべつのものにあたること。照りかえし。例夕日が湖に反映する。②ものごとの性質や考え方などが、べつのものに形となってあらわれること。例世相の反映としての事件。類投影

【反響】▲〈―する〉①音がかべなどにあたって、はねかえって聞こえること。例トンネルのなかで声が反響する。②事件がもとになって生じる世間の言論や動き。例新聞の記事が反響をよぶ。

【反撃】↓〈―する〉せめてくる敵に対して、せめかえすこと。類反攻・逆襲

【反作用】くわえた力に対し、おなじ大きさで正反対の方向にはたらく力。類反動 対作用

【反射】▲〈―する〉①光・音・熱・電波などが、ものにあたって、はねかえること。例反射熱。②生物が外からの刺激に反応すること。例反射神経。

【反省】Ⅲ〈―する〉自分のしたことをふりかえって、よいかわるいか考えてみること。例きょうの反省をする。類内省・自省

【反動】↓動きに対して正反対の方向にはたらく力。例衝突の反動。類反作用 表現「自分の考えをおし通すと、あとからの反動が大きいよ」のように、人間関係についてもいう。☞❸

【反応】Ⅲ〈―する〉①はたらきかけに対して、手ごたえがあること。例いくら言っても反応がない。②生物が刺激に応じて動きや変化を起こすこと。例拒否反応。③二つ以上の物質がふれ合ったときに化学変化を起こす

ものしり巻物 第6巻

楷書・行書・草書

この三つの書体は、それぞれをくらべると、楷書が一番かちっとし、次に行書が少しくずれて、草書がもっともくずれたものであるように見えるでしょう。このことから、以前は、楷書から行書が作られ、行書をさらに速く書くためにくずしたのが草書であると考えられてきました。しかし、古代の書体の研究が進んで、以前の理解はあらためられました。

【草書】 漢の時代になると、中国の国力はいっそう強大なものとなり、それにしたがって国の仕事もふえて文書を記録することも多くなってきました。このため隷書(☞「ものしり巻物5」163ページ)をさらに速く書きやすくするくふうがなされ、そのくずし書きがおこなわれるようになりました。これが草書のはじまりです。

草書という名前がつけられた理由は、「草」には、「下書き」「かんたん」「急ぐ」といった意味があるので、正式ではない文章をどんどんかんたんに書くために作られた書体ということからであるといわれています。

【行書】 行書は、六朝時代の晋のころにたいへんさかんになった書体で、この時期にひじょうによく整えられたことから、これまでは、すでに広くおこなわれていた楷書をいくぶんくずして流れ行くような形にした書体と考えられていました。しかしその書体をさかのぼって調べていくと、ほぼ草書が生まれたのとおなじころにまでたどりつけることが明らかになってきました。したがって行書も、草書とおなじく隷書を書きやすくすることから生まれた書体であるということになります。

【楷書】 隷書を速く書くために生まれた草書が、あまりにも字形をくずしすぎてわかりにくくなったため、より読みやすく、また書きやすい書体をもとめて、隷書からまたべつの書体が生まれました。隷書をより直線的にしてかちっと整った書体に整理した楷書です。これは後漢時代のすえころには完成し、当時「今隷」とも「真書」ともよばれ、現在までずっと漢字の標準となる正しい書体として用いられています。

楷書という名前については、言いつたえがあります。山東省にある孔子の霊をまつった廟に、弟子の子貢が楷の木を植えたといわれています。この木は枝ぶりが定規をあてたようにきちんとしているといわれていることから、楷書は、その名を借りて名づけたということです。

日本で孔子をまつっている東京の湯島聖堂にも、この楷の木が植えられています。

隷書	魚	雨
草書	魚	雨
行書	魚	雨
楷書	魚	雨

湯島聖堂の楷の木

こと。例酸アルカリ反応の実験。対刺激

【反問】はんもん ▲〈―する〉人からなにか質問されたときに、逆に問いかえすこと。例質問の意図を反問する。

【反論】はんろん ↓〈―する〉相手の意見や議論に対して、反対の意見を言うこと。例反論をとなえる。類反駁

❷〈逆になる〉の意味で

【反意語】はんいご 対義語のうち、「上」に対する「下」のように、あることばに対して反対の意味を表すことば。類反対語・対義語 対同意語

【反語】はんご ↓①そのまま「できない」と言わずに、「どうしてそんなことができようか」などと疑問の形で表して、かえって意味を強めるような言い方。②言いたいことをわざと反対の表現で言うこと。ひにく。「しごく」ことを「かわいがる」と言うなど。

【反証】はんしょう ↓〈―する〉相手の言うことや証拠を打ち消すための、反対の証拠。例検察側の反証で、アリバイがくずれた。

【反対】はんたい ↓一方が一方に対して逆であること。さかさま。あべこべ。類逆 ☞❸

【反対語】はんたいご 「大きい」と「小さい」、「あかるい」と「くらい」のように表す意味がたがいに反対であるようなことば。類反意語・対義語

表現 「男」と「女」、「白」と「黒」のように二つならべて対になることばは、反対語といわず、「対義語」「対語」という。

【反転】はんてん Ⅲ〈―する〉①ひっくりかえること。ひっくりかえすこと。例左右反転。②反対の方向へ向きをかえること。例旅客機は、機首を反転させ、空港へもどった。

【反比例】はんぴれい 〈―する〉一方の量がふえたりへったりするのにつれて、おなじ割合でもう一方の量がへったりふえたりすること。例面積が一定な長方形の、たての長さと横の長さは反比例する。類逆比例 対比例・正比例

【反面】はんめん ↓①反対がわの面。②もう一方では。例べんりな反面、こわれやすい。

【反面教師】はんめんきょうし これではいけない、このようではこまるというような、わるい手本。

❸〈そむく〉の意味で

【反感】はんかん ↓人に対する、腹立たしいとか、いやだとかいう感じ。例反感をかう。類反発

【反旗】はんき ↓仕えている人にそむいた人たちが立てるはたじるし。例反旗をひるがえす。

【反逆】はんぎゃく Ⅲ〈―する〉主君や政府、世間のやり方などにそむくこと。例反逆をくわだてる。類謀反・反乱・造反

【反抗】はんこう Ⅲ〈―する〉親や目上の人などの言うことをきかないで、はむかうこと。例反抗的な態度。反抗期。類反発 対服従

【反骨】はんこつ ↓大きな力にしたがわず、自分をとおす気持ち。例反骨精神。

【反社会】はんしゃかい 道徳、慣習にさからったおこないをすること。例反社会的な行動。

【反戦】はんせん ▲戦争に反対すること。例反戦運動が全国に広がる。対主戦

【反則】はんそく ▲〈―する〉スポーツなどで規則をやぶること。例反則をおかす。

【反対】はんたい ↓〈―する〉ある意見や行動に対してさからうこと。例反対意見をのべる。類敵対・対立 対賛成 ☞❷

【反動】はんどう ↓世の中の進歩にさからって、むかしに逆もどりしようとすること。☞❶

【反駁】◆はんばく Ⅲ他人の意見に反対して言い返すこと。例批評に対して反駁する。類反論

【反発】はんぱつ ↓〈―する〉外からのおさえつける力をはねかえそうとすること。例強引なやり方に反発する。

【反目】はんもく ↓〈―する〉たがいに仲がわるく、はり合うこと。例反目がつづく。類対立

【反乱】はんらん ↓〈―する〉国や政府にそむいて、たたかいやさわぎを起こすこと。例反乱を鎮圧する。類謀反・反逆・暴動

❹〈くりかえす〉の意味で

【反芻】◆はんすう ▲〈―する〉①牛などの草食動物が、いちど飲みこんだ食べ物をまた口にもどしてよくかむこと。②くりかえし考えたり味わったりすること。例教訓をよく反芻する。

【反復】はんぷく Ⅲ〈―する〉おなじことを何度もくりかえしてすること。例反復練習。

❺〈土地の面積や布の長さの単位〉の意味で

【反物】たんもの ↓和服をつくるための織物。類呉

服。参考 もとは、一反の布という意味のことば。長さが約一〇メートルで、ちょうど大人の着物一枚分。

反が下につく熟語 上の字の働き

❸反＝〈そむく〉のとき
【違反 背反】近い意味。
◆謀反 離反

友

又－2 総画4 2年 明朝 友 53CB

音 ユウ 訓 とも

筆順 一 ナ 方 友（はらう）

なりたち [会意]手(ナ)と、手(又)をとりあって助けることを表している字。

意味 ❶なかよし。なかま。心がかよう関係。例 心の友。友達・友人・親友
❷《その他》例 友禅

特別なよみ 友達(ともだち)

名前のよみ すけ

❶〈なかよし〉の意味で
【友達】ともだち ⊠ 親しくつきあっている人。例 友達になる。友達づきあい。類 友人・仲間
【友愛】ゆうあい ⇩ 相手を友達としてたいせつに思う気持ち。例 友愛の精神。類 友情
【友軍】ゆうぐん ⇩ 味方の軍隊。対 敵軍
【友好】ゆうこう Ⅱ 国家間や団体間などの、仲のよいつきあい。例 友好団体。類 親善
【友情】ゆうじょう ⇩ 友達に対する思いやり、まごころ。例 友情をはぐくむ。類 友愛
【友人】ゆうじん ⇩ 友達。例 友人を紹介します。表現「友達」よりあらたまった言い方。
【友邦】ゆうほう ⇩ たがいに親しくしている国。類 友好国

❷《その他》
【友禅】ゆうぜん ◎「友禅染」の略。絹布などに花や鳥、風景などをいろどりゆたかに染め出した染め物や染め方。参考 江戸時代、京都の宮崎友禅が考え出したもの。

友が下につく熟語 上の字の働き

❶友＝〈なかよし〉のとき
【良友 親友 旧友 悪友】ドノヨウナ友達か。
【学友 級友 戦友】ドコでの友達か。
◆交友 僚友

取

又－6 総画8 3年 明朝 取 53D6

音 シュ 訓 と-る

筆順 一 厂 F F 耳 耳 耳 取（だす）（ださない）

例解 使い分け とる《取る・捕る・採る・執る・撮る》

取る＝手に持つ。手に入れる。書きしるす。つながる。とりのぞく。
例 本を手に取る。魚を取る。メモを取る。連絡を取る。よごれを取る。

捕る＝つかまえる。
例 ネズミを捕る。虫を捕る。生け捕る。

採る＝選んでとりあげる。
例 山菜を採る。血を採る。社員を採る。

執る＝手に持って使う。仕事をする。
例 筆を執る。事務を執る。指揮を執る。式を執りおこなう。

撮る＝写真や映画などを写しとる。
例 カメラで撮る。映画を撮る。

参考「魚を捕る」とも書く。

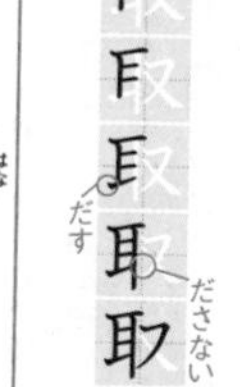

なりたち [会意]「耳」と手(又)とからなり、戦争で手がらをしめすために敵の耳を切りとることを表している字。

意味 とる。手に持つ。自分のものにする。例 手に取る。取得・奪取 対 捨

例解 [使い分け] とる[取・捕・採・執・撮] ☞199ページ

【取材】しゅざい ▲〈―する〉①報道するために、関係する人から話を聞いたりようすを調べたりすること。例 商店街を取材する。取材メモ。②作品の題材を、ある事件や問題の中から取り上げること。

【取捨選択】しゅしゃせんたく〈―する〉よいものや役に立つものをのこし、わるいものやいらないものはすてるようにして、うまくえらびとること。例 情報を取捨選択して記事を書く。

【取水】しゅすい ▲〈―する〉飲用水や農業用水などを川や湖から取りこむこと。例 取水口。取水制限。

【取得】しゅとく Ⅲ〈―する〉あるものを手に入れ、自分のものとすること。例 資格を取得する。類 入手

【取締役】とりしまりやく 会社の重役で、会社全体を動かしていく責任のある役目。

←取が下につく熟語 上の字の働き

【採取 摂取】近い意味。

【受取 詐取 搾取 奪取 窃取 進取 聴取】ドウヤッテ取るか。

◆関取 先取 頭取

受

又−6 総画8 3年 明朝 受 53D7

音 ジュ 訓 う-ける・う-かる

筆順 (つにならない・はらう)

なりたち [形声] 下向きの手(爫)と、上向きの手(又)とが、手から手へ物をうけわたすことを表す字。「舟→冖」が「ジュ」とかわって読み方をしめしている。

意味 うけとる。もらう。うけいれる。こうむる。例 注文を受ける。受けがいい。試験に受かる。受付・受験・受信・享受

例解 [使い分け] うける[受・請] ☞ひだりのページ

名前のよみ しげ・つぐ

【受付】うけつけ ↓①よそから来た人から、まず用件を聞き、取りつぎをする役目。例 受付係。②申しこみや注文などを受け入れること。例 願書受付をしめきる。

【受取】うけとり ↓受け取ったしるしに出す文書。レシート。類 受領証・領収書

【受益者】じゅえきしゃ そのことで得をする立場の人。例 受益者負担。

【受験】じゅけん ▲〈―する〉試験を受けること。

【受講】じゅこう ▲〈―する〉講義・講習を受けること。

【受章】じゅしょう ▲〈―する〉勲章などを受けること。例 文化勲章の受章者。対 授章

【受賞】じゅしょう ▲〈―する〉賞をもらうこと。例 書きぞめ展で金賞を受賞する。対 授賞

【受信】じゅしん ▲〈―する〉①通信やラジオ・テレビの放送を受けること。例 海外からの電波を受信する。類 受像 対 送信 ②郵便物を受け取ること。例 受信人。対 発信

【受診】じゅしん ▲〈―する〉医者に診察してもらうこと。例 受診者カード。

【受精】じゅせい ▲〈―する〉めすのからだでつくられた卵子に、おすのからだでつくられた精子がむすびつき、新しく生まれる子のもとになる細胞ができること。例 受精卵。知識 植物の場合は、おしべの花粉がめしべにつき種子となるので、「受粉」と受精が同じことになる。

【受像】じゅぞう ▲〈―する〉電波を受けとめて、テレビに映像をうつし出すこと。類 受信

【受諾】じゅだく Ⅲ〈―する〉相手の意見や要求などを聞き入れること。例 ポツダム宣言を受諾する。類 承諾 対 拒絶

【受注】じゅちゅう ▲〈―する〉仕事や商品の注文を受けること。例 大量受注。対 発注

【受難】じゅなん ▲〈―する〉なにもわるいことをしていないのに、ひどい苦しみやつらいめにあうこと。例 受難の時代。表現 とくに、キリストが罪なく十字架にかけられたことを指す。

【受納】じゅのう Ⅲ〈―する〉受け取っておさめること。例 つまらない物ですが、どうかご受納ください。

【受粉】じゅふん ▲〈―する〉おしべの花粉が風や虫などに運ばれて、めしべにつくこと。参考「授粉」は、栽培のためにおしべの花粉をめしべにつけてやること。

【受容】じゅよう Ⅱ〈―する〉受け入れてとりこむこと。例 外国の文化を受容する。

【受理】じゅり ↓〈―する〉書類などを正式に受け取ること。例 辞表を受理する。

【受領】じゅりょう Ⅱ〈―する〉品物やお金を受け取ること。例 受領証。類 領収

【受話器】じゅわき 電話機についている、相手の話を聞くための器械。こちらの話を送る「送話器」と一つになって、その部分全体を受話器という。

◆甘受 享受 授受 傍受

叔

又-6 総画8 常用 明朝 叔 53D4

音 シュク 中 訓 ―

筆順 丨 上 卡 未 叔 叔

なりたち 形声「又」が「手」を、「尗」が「みのっている豆」の意味と「シュク」という読み方をしめしている。手で豆をとることを表す字。借りて、きょうだいの順序をしめす。

意味 父母の年下のきょうだい。例 叔父

特別なよみ 叔父(おじ)・叔母(おば)

名前のよみ よし

【叔父】おじ ↓ 父母の弟。また、叔母の夫。例 母方の叔父がたずねてくる。対 叔母 表記 父母の兄は「伯父」と書く。

【叔母】おば ↓ 父母の妹。また、叔父の妻。例 東京に父方の叔母がいる。対 叔父 表記 父母の姉は「伯母」と書く。

叙

又-7 総画9 常用 明朝 叙 53D9 旧字 敍 654D

音 ジョ 中 訓 ―

筆順 ノ 𠆢 亼 令 余 余 叙 叙

なりたち 形声 もとの字は、「敍」。「攴」が「むりにさせる」ことを、「余」が「ジョ」とかわって読み方をしめしている。「順序」の意味をもち、順序づけることを表す字。

意味 ❶順序だててのべる。例 叙述・叙情 ❷順序をつける。位をさずける。例 叙勲

例解 使い分け うける《受ける・請ける》

受ける＝あたえられる。応じる。好まれる。例 相談を受ける。試験を受ける。引き受ける。大衆に受ける。

請ける＝仕事などを行う約束をする。例 仕事を請ける。下請けの工場。

❶〈順序だててのべる〉の意味で

【叙景】じょけい ▲ 自然の景色のようすを、詩や文章に表現すること。風景描写。例 叙景歌。

【叙事】じょじ ▲ 人物の行動やものごとのようすなどを、感情をまじえないで表現すること。例 叙事詩。対 叙情

【叙述】じょじゅつ Ⅱ〈―する〉ものごとを、順を追って文章に書き表すこと。類 記述

【叙情】じょじょう ▲ 気持ちや心の動きをことばで表現すること。例 叙情詩。対 叙事 参考 以前は「抒情」と書いていた。

❷〈順序をつける〉の意味で

【叙勲】じょくん ▲ 国や社会のためにつくした人に勲章をさずけること。例 春の叙勲。

叡

又-14 総画16 人名 明朝 叡 53E1

音 エイ 外 訓 あき-らか 外

意味 ❶あきらか。例 叡智(↓英知) ❷天子の言動につけることば。例 叡聞・叡慮

名前のよみ あきら・さとし・ただ・とおる・とし・まさ・よし

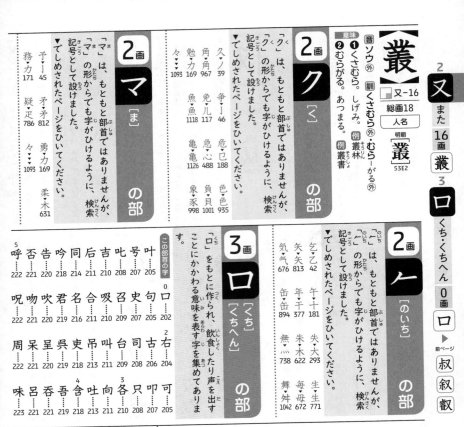

【叢】

又-16 総画18 人名

明朝 叢 53E2

音 ソウ(外) 訓 くさむら(外)・むら-がる(外)

意味 ❶くさむら。しげみ。例 叢林(そうりん) ❷むらがる。あつまる。例 叢書(そうしょ)

2画 ク [く] の部

「ク(く)」は、もともと部首(ぶしゅ)ではありませんが、「ク(く)」の形(かたち)からでも字(じ)がひけるように、検索(けんさく)記号(きごう)として設(もう)けました。

▼でしめされたページをひいてください。

久▼ノ 39 争▼亅 46 危▼㔾 188 色▼色 935
角▼角 967 免▼儿 117 急▼心 488 負▼貝 1001
勉▼力 169 魚▼魚 1118 亀▼亀 1126 象▼豕 998
々▼▼▼ 1093

2画 マ [ま] の部

「マ(ま)」は、もともと部首(ぶしゅ)ではありませんが、「マ(ま)」の形(かたち)からでも字(じ)がひけるように、検索(けんさく)記号(きごう)として設(もう)けました。

▼でしめされたページをひいてください。

予▼亅 45 矛▼矛 812 勇▼力 169 柔▼木 631
務▼力 171 疑▼疋 786 々▼▼▼ 1093

2画 𠂉 [のいち] の部

「𠂉(のいち)」は、もともと部首(ぶしゅ)ではありませんが、「𠂉(のいち)」の形(かたち)からでも字(じ)がひけるように、検索(けんさく)記号(きごう)として設(もう)けました。

▼でしめされたページをひいてください。

乞▼乙 42 午▼十 181 失▼大 293 生▼生 771
矢▼矢 813 年▼干 377 朱▼木 622 毎▼母 672
気▼气 676 缶▼缶 894 無▼灬 738 舞▼舛 1042

3画 口 [くち] [くちへん] の部

「口(くち)」をもとに作(つく)られ、飲食(いんしょく)したり声(こえ)を出(だ)すことにかかわる意味(いみ)を表(あらわ)す字(じ)を集(あつ)めてあります。

この部首の字

0 口 202
2 右 204 可 205 叶 205 句 205 古 206 叩 207 号 207 史 207 司 208 只 208 叱 208 召 209 台 209
3 各 210 吉 210 吸 210 叫 211 向 211 后 211 合 211 吊 213 吐 213 同 214 名 216 吏 218
4 含 218 吟 218 君 219 呉 219 吾 219 告 220 吹 220 呈 220 呑 221 否 221 吻 221 呆 221 呂 221
5 呼 222 呪 222 周 222 味 223 命 223 和 224
6 哀 226 咽 226 咳 226 哉 226 咲 226 品 226
7 員 227 唄 228 唆 228 哨 228 唇 228 啄 228 哲 228 唐 228 哺 229 哩 229
8 喝 229 啓 229 商 230 唱 231 唾 232 問 232 唯 232
9 営 233 喚 233 喜 233 喫 234 喬 234 喧 234 喉 234 喰 234 善 234 喪 235 喋 235 喩 235
10 嘩 236 嗅 236 嗣 236 嘆 236
11 嘉 237 嘗 237
12 噂 237 器 237 嘘 238 嘱 238 噌 238 嘲 238 噴 238
14 嚇 239

中▼丨 32 兄▼儿 112 加▼力 164 占▼卜 186
四▼囗 239 石▼石 816 回▼囗 241 舌▼舌 931
虫▼虫 939 串▼丨 35 杏▼木 622 谷▼谷 997
足▼足 1015 舎▼人 86 尚▼⺌ 349 知▼矢 813
鳴▼鳥 1121

【口】

口-0 総画3 1年

明朝 口 53E3

音 コウ・ク 訓 くち

筆順

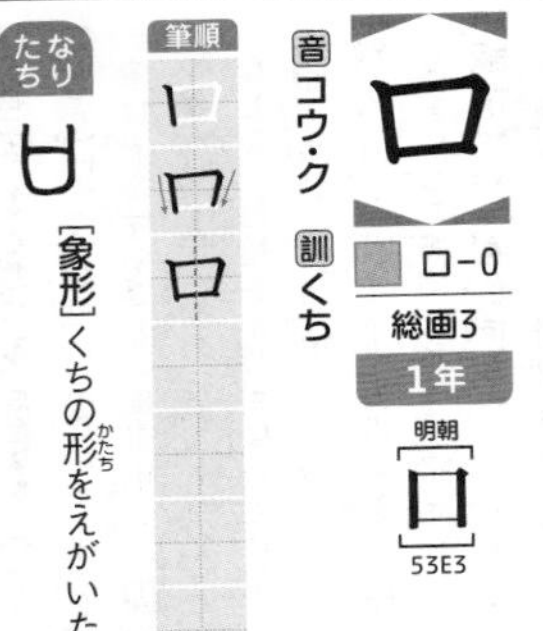

なりたち [象形]くちの形(かたち)をえがいた字(じ)。

意味

❶くち。人や動物の、食べたり声を出したりするところ。例口先・口角・経口

❷出入りするところ。人や物が出たり入ったりするところ。例非常口・河口

❸ことば。口に出して言うこと。発言。例口がすべる。口癖・口述・悪口

❹はじめ。はじまり。ものごとの最初のところ。例口絵・糸口

❺分類したひとまとまり。ものごとをいくつかに分けた一つ。例大口・辛口・別口

[文字物語]☞204ページ

❶〈くち〉の意味で

【口先】くちさき ↓くちびるの先のあたり。例口先をとがらせる。☞❸

【口笛】くちぶえ ↓くちびるをすぼめ、息を出して、笛のような音を出すこと。例口笛をふく。

【口紅】くちべに ↓くちびるに色をつけてきれいに見せる化粧品。

【口元】くちもと ↓口のあたり。例口元がゆるむ。表記「口許」とも書く。

【口角】こうかく ↓口の両はしのあたり。例口角あわをとばす(いきおいこんで、ものを言う)。

❷〈出入りするところ〉の意味で

【口金】くちがね ↓さいふなど、ものを入れる道具の口につけて口をしめる金具。

【口径】こうけい ↓つつの形をしたもののあなの大きさ。例口径の大きい天体望遠鏡。

❸〈ことば〉の意味で

【口裏】くちうら ↓話の表面には出していない、おくの意味。例口裏を合わせる(話がくいちがわないように、前もって打ち合わせておく)。

【口数】くちかず ↓話す回数や長さ。ことばかず。例口数少なく答える。☞❺

【口癖】くちぐせ ↓何かといえば、その人が口にすることば。例口癖のように言う。

【口口】くちぐち Ⅱ〈—に〉めいめいがなにかを言うようす。例思いつくことを口々に言う。

【口車】くちぐるま ↓つい賛成し同意してしまいそうな、調子のいい話し方。表現「口車にのる、のせる、のせられる」の形で使われる。

【口先】くちさき ↓心にもない、うわべだけのことば。例口先だけの人。☞❶

【口八丁】くちはっちょう 〈—な〉口のきき方がじょうずで、はやいこと。例口八丁手八丁。

【口真▲似】くちまね ↓人の話し方や声などのまねをすること。例先生の口まねをする。

【口約束】くちやくそく 〈—する〉書類ではなく、口に出して言っただけでする約束。

【口調】くちょう ↓①言い方・話し方にあらわれる、その人らしさや、考え方・感じ方の特徴。例きびしい口調。②言いやすいか言いにくいか、聞いたときになめらかかどうか、などの感じ。例口調がいい。

【口伝】くでん ↓仕事や芸のもっともだいじなことを口づたえで教えること。口づたえの教え。

【口外】こうがい ↓〈—する〉かくしておかなければならないことを、関係のない人に話してしまうこと。例口外無用。類他言

【口語】こうご ↓①話すときのことば。話しことば。対文章語 ②現代人がふつうに話したり書いたりしていることば。例口語体。対文語

【口実】こうじつ ↓なにかをしたり言いのがれたりするために考え出したもっともらしい理由。例病気を口実にして欠席する。類名目

【口述】こうじゅつ ↓〈—する〉文章に書かずに口で話して聞かせること。例口述筆記。口述試験。

【口上】こうじょう ↓①口で申しのべること。例にげ口上。②芝居で、出演者が舞台から観客にあいさつや演目の紹介などをすること。例前口上。参考口で言うかわりに書いたものを「口上書き」という。

【口承文芸】こうしょうぶんげい 人びとが口づてで人から人へと語りついできた、物語や伝説などの文芸。

【口頭】こうとう ↓書かないで口に出して言うこと。例口頭試問。対文書

【口論】こうろん ↓〈—する〉言いあらそうこと。例ちょっとした口論から大げんかになった。

❹〈はじめ。はじまり〉の意味で

【口絵】くちえ ↓本や雑誌のはじめにある絵や写真。例口絵写真。

【口火】くちび ↓①火薬に点火するための火。例導火線に口火をつける。②ガス器具に火をつけるもとになる小さい火。③ものごとが動き

だすきっかけ。例発言の口火を切る。

❺〈分類したひとまとまり〉の意味で

【口数】すう|かず ↓申しこみの数。☞❸

【口座】こうざ ↓銀行が、利用者からあずかったお金を管理するために用意しておく元帳。例口座をひらく。口座に給料を振りこむ。振込口座。

⬅口が下につく熟語 上の字の働き

❷口＝〈出入りするところ〉のとき
【戸口 窓口 門口】近い意味。
【河口 火口 坑口】ナニの出入り口か。
【入口 出口】ドウスルための口か。

❸口＝〈ことば〉のとき
【悪口 陰口 軽口 早口 大口】ドノヨウナ物言いか。
【閉口 無口 利口】物言う口をドウスルか、物言いがドウデアルか。

❺口＝〈分類したひとまとまり〉のとき
【一口 小口 大口】ドノクライの口か。
【辛口 別口】ドウイウ区分に属する口か。
◆糸口 裏口 蛇口 人口 手口 間口

右

口-2 総画5 1年 明朝 右 53F3

音ウ・ユウ 訓みぎ

筆順 ノ ナ 右 右 右 ややみじかく

文字物語 口

意味の❶は、食べ物や飲み物をとり入れる口。その「口」は、また、ひとりの人間を代表している。その国や町などに住んでいる人の数を「人口」というのも、「食べる口をもった人間の数」の意味だ。昔、生活が苦しくて子どもを働きに出すなどしたことを「口べらし」といったのも、その家から食べる人の数をへらすためであった。❸は、声を出して話をする「口」。「口ぐちにさけぶ」と言えば、おなじことを、大勢の人びとが、それぞれに大きな声を出して言っているようすが目にうかんでくる。❺の「口」は、「寄付金は、一口千円です、なん口でもどうぞ」「大口の注文」のように、申しこみや、取り引きの単位にもなる。

なりたち [形声]「ナ(又)」がみぎ手の意味と「ユウ」という読み方をしめしている。「口」をくわえて、「口ぞえしてたすける」意味の字。もとは、「又(ヌ)」の字が「みぎ」の意味に使われていたが、「また」の意味に用いられてしまったので、「又」に代わって「右」の字が使われるようになった。

意味
❶みぎ。みぎがわ。例右手・右岸 対左
❷今のままがよいとする考え方。これまでのやり方をまもろうとする考えや立場。保守派。例右派 対左

名前のよみ あき・あきら・これ・すけ・たか

❶〈みぎ〉の意味で

【右往左往】うおうさおう（ーする）どうしたらよいかわからなくて、うろうろすること。例はじめてのできごとに右往左往してしまう。

【右岸】うがん ↓川の下流にむかって右がわの岸。例船を右岸につける。対左岸

【右舷】うげん ↓船の右がわの船べり。対左舷

【右顧左眄】◆うこさべん（ーする）まわりの人のようすや言うことばかりを気にして、自分の考えでものごとを進めることができないこと。例右顧左眄してためらう。類左顧右眄

【右折】うせつ ↓（ーする）交差点で道を右へ曲がること。例右折禁止。右折車線。対左折

【右翼】うよく ↓①飛行機などの、右のはね。例右翼のエンジン。対左翼 ②左右にひろがっているものの、右がわの部分。例敵の右翼をせめる。対左翼 ③野球で、本塁から見て右がわの外野。ライト。例右翼手。対左翼 ☞❷

【右腕】↓一 うわん|みぎうで 右のうで。例勝敗はかれの右腕にかかっている。対左腕 二 みぎうで いちばんたよりにできる部下。例社長の右腕となってはたらく。類腹心

【右側】みぎがわ ↓進む方向の右のほう。例右側通行。対左側

【右手】みぎて ↓①右の手。例けがで右手が使えない。類右腕 対左手 ②右の方向。例右手

にあるビル。右手に曲がる。対左手

❷〈今のままがよいとする考え方〉の意味で

【右派】⇩今までの政治のやり方や社会のしくみをまもろうという考えをもつ人びとの集まり。類右翼・保守派 対左派

【右翼】⇩政治のあり方や社会のしくみを古いまままもろうとする考え方。また、自分の国がとくべつにとうといとする考え方。類右派 対左翼 ☞❶

◆左右 座右

可

口-2 総画5 5年 明朝 可 53EF

音カ 訓ベ-し外

筆順 可 可 可 可 可（はねる）

なりたち [形声]「[illegible]」は、「丂」の反転した形で、すらすらいく意味と、「カ」という読み方をしめしている。「口」をくわえて、声がのびやかに出ることを表す。

意味
❶よい。よろしい。許される。例可もなく不可もなし。可決・許可
❷できる。そうなりやすい。例可能
❸《その他》例可哀相

名前のよみ とき・よし

❶〈よい〉の意味で

【可決】⇩〈―する〉会議などで出された、案をよいと決めること。対否決

【可否】⇕①よいか、よくないか。類是非・良否 ②賛成か反対か。例議案の可否を問う。類賛否

❷〈できる〉の意味で

【可及的】なるべく。できるだけ。例可及的速やかに実施する。

【可視】⊠人間の目で見ることができること。例可視光線。対不可視

【可燃】⊠もえること。もえやすいこと。例可燃性。可燃物。対不燃

【可能】Ⅱ〈―な〉やればできること。例可能なかぎり努力する。対不可能・不能

【可能性】できるかどうか。そうなるだろうという見こみ。例可能性をためす。

◆【可憐】⊠〈―な〉よわよわしく、たよりなさそうで、思わずいたわりたくなるようなようす。例可憐な少女。

❸《その他》

◆【可哀相】〈―な〉あわれで、こちらの心までいたくなる。例かわいそうな子犬たち。

表現「気の毒」に対して「かわいそう」には、相手を自分より力のよわい者と見る感じがある。

可が下につく熟語 上の字の働き

❶可＝〈よい〉のとき
【許可 認可】近い意味。

◆不可

叶

口-2 総画5 人名 明朝 叶 53F6

音キョウ外 訓かな-う外

意味 かなう。思いどおりになる。

句

口-2 総画5 5年 明朝 句 53E5

音ク 訓―

筆順 句 句 句 句 句（はねる）

なりたち [形声]「勹（[illegible]）」が曲がる意味と「ク」という読み方をしめしている。「口」をくわえて、ことばがとどこおりくぎられることから、「ことばや文のひとくぎり」の意味として使われている。

意味
❶ことばのくぎり。ことばや文のひとくぎりのまとまり。例句点・語句・文句
❷はいく（俳句）。例一句ひねる。句会
❸《その他》例節句

❶〈ことばのくぎり〉の意味で

【句点】⇩一つの文の終わりにつける「。」のしるし。対読点（「、」）

【句読点】句点と読点。句点「。」は文の終わりにつけ、読点「、」は文中の意味の切れめにつける。

❷〈はいく（俳句）〉の意味で

◀次ページ 古

【句会】くかい ↓ 俳句をつくって発表しあったり、批評しあったりする集まり。

【句集】くしゅう ↓ 俳句を集めて本にしたもの。

⬅句が下につく熟語 上の字の働き

❶句＝〈ことばのくぎり〉のとき

【語句 文句】近い意味。

【対句 俳句 禁句 警句 慣用句 半句（一言半句）麗句（美辞麗句）】ドノヨウナ句か。

◆字句 節句 絶句

古

音 コ　訓 ふる-い・ふる-す・いにしえ 外

口-2　総画5　2年　明朝 古 53E4

筆順 一 十 十 古 古（ながく）

なりたち 【会意】「十」と「口」とを合わせて、十代ものあいだ口で言いつたえられた「むかし」の、古い」ことがらを表している字。

意味

❶むかし。今に対して、ずっと前のこと。例 古人・古風・復古 対 今

❷ふるい。時間がずいぶんたってしまっているもの。ふるびている。例 古い話。使い古しのぞうきん。古参・古本 対 新

名前のよみ たか・ひさ

❶〈むかし〉の意味で

【古希】こき ◎ 七十歳。例 古希を祝う。知識 中国の詩人、杜甫の詩の中の「人生七十、古来稀なり（七十歳まで生きる人はむかしからめったにいない）」からできたことば。表記「古稀」とも書く。参考 ☞【還暦】（464ページ）

【古語】こご ↓ むかし使われていたことば。ふつう、江戸時代までのことばを指す。

【古今】ここん ⇕ むかしと今。むかしから今までのあいだ。例 古今に例をみない話。

【古今東西】ここんとうざい むかしから今までと、東から西まで。あらゆる時代とあらゆる地方。

【古式】こしき ↓ むかしからおこなわれてきた正しいやり方。例 古式にのっとる。

【古書】こしょ ↓ むかしにつくられた本。☞❷

【古人】こじん ↓ むかしの人。例 ことわざには、古人のちえが生きている。

【古跡】こせき ↓ 歴史にのこるできごとがあったり、有名な建物があったりしたところ。類 旧跡・遺跡・史跡・名跡

【古戦場】こせんじょう むかしたたかいがあった場所。類 戦跡

【古代】こだい ↓ ①大むかし。例 古代魚の化石。②歴史の時代区分の中で、いちばんふるい時代。関連 古代・中世・近世・近代・現代

【古典】こてん ↓ ①むかしから人びとに読まれてきたすぐれた本。例 世界の古典を読む。②古くからの価値ある文化。例 古典芸能。

【古都】こと ↓ むかし、都であったところ。ふるくからの都。例 古都への旅。

【古風】こふう ↓〈―な〉むかしが今にのこっている感じ。例 古風なやり方。

【古墳】こふん ↓ 土を高くもりあげてつくった大むかしの権力者の墓。例 古墳時代。知識 日本では、三世紀から七世紀ごろにつくられた。

【古文】こぶん ↓ むかしの文章。文語体で書かれた文章。類 文語文 対 現代文

【古文書】こもんじょ むかし書かれたままでのこっている手紙や記録。

【古来】こらい ☒ むかしから今までずっとつづけて。例 日本古来の風習。類 旧来

【古老】ころう ↓ むかしのことをよく知っている年より。表記「故老」とも書く。

【古巣】ふるす ↓ ①前にいた巣。例 ツバメが古巣にもどった。②前にくらしていたところや、もといた職場。例 転勤で古巣にもどる。

❷〈ふるい〉の意味で

【古豪】こごう ↓ 経験と実力をもっている人やチーム。例 古豪対新鋭の決勝戦。

【古参】こさん ↓ ずっと前からその仕事場にいる人。例 会社の最古参。類 古顔・古株 対 新参

【古書】こしょ ↓ だれかが読んだ本。例 古書市。類 古本 対 新本 ☞❶

【古城】こじょう ↓ ふるい城。むかし建てられて、今も姿をのこしている城。

◆【古色蒼然】こしょくそうぜん〈―たる―と〉いかにもふるいという感じ。例 古色蒼然たる建物。

【古木】こぼく ↓ 長い年月、立ちつづけている木。

◀次ページ 司 只 叱

類 老木

【古本】こほん・ふるほん ↓ 一度人の手にわたったことのある本。例 古本屋。類 古書 対 新本

【古米】こまい ↓ 秋に収穫してから一年以上たった米。対 新米

【古顔】ふるがお ↓ 会社やグループにふるくからいる人。類 古株・古参 対 新顔

【古株】ふるかぶ ↓ 木のふるい株。例 古株をほる。表現 ふるくからいる人という意味でも使う。

【古着】ふるぎ ↓ だれかが着た衣服。例 古着屋。

【古傷】ふるきず ↓ ①何年も前の傷のあと。例 雨の日は古傷がいたむ。対 生傷 ②過去の事件や、いやな思い出。例 古傷にふれる。

◆【古狸】ふるだぬき ↓ 世なれていて、なかなか本心を人に見せない、したたかな人物。

【古道具】ふるどうぐ 使いふるした家具などの品物。参考 古道具を売る人は「古物商」。

← 古が下につく熟語 上の字の働き

❶古＝〈むかし〉のとき

【最古 太古 中古】ドノクライむかしか。

【懐古 復古】むかしを(むかしに)ドウスルか。

【叩】

口-2 総画5 表外 明朝 叩 53E9

音 コウ外 訓 たた-く外

意味 たたく。打つ。例 門を叩く。

参考 魚などをほうちょうで細かくたたいて作る料理を「叩き」という。例 アジの叩き。

【号】

口-2 総画5 3年 明朝 号 53F7 旧字 號 865F

音 ゴウ 訓 ―

筆順 ながく はねる

なりたち [形声]もとの字は、「號」。「号」がさけぶ意味と「ゴウ」という読み方をしめしていた。「虎」をくわえて、虎がほえる意味を表した字。今の字はその略された形で、のびやかであったものがとどこおる意味の「丂」と「口」を合わせて、高い声をあげることを表す会意文字であった。

意味

❶さけぶ。大声でよぶ。例 号令・怒号

❷しるし。合図。例 号砲・暗号

❸名前。㋐よび名。例 号を南洲という。元号・屋号 ㋑乗り物や動物などの名前の下につけることば。例 のぞみ号。

❹順序をしめすことば。例 次の号につづく。号外・一号・番号

❶〈さけぶ〉の意味で

【号泣】ごうきゅう ↓(―する) かなしみのあまり、大声をあげて泣くこと。類 慟哭

【号令】ごうれい Ⅲ(―する) ①おおぜいの人を指図するときの大きなかけ声。例 号令をかける。②支配者が命令を出して指図すること。例 天下に号令する。

❷〈しるし〉の意味で

【号砲】ごうほう ↓ 合図のためにならす、大砲や銃。例 号砲一発、スタートをきった。

❹〈順序をしめすことば〉の意味で

【号外】ごうがい ↓ 大きな事件などを知らせるために臨時に出す新聞。例 号外をくばる。

【号数】ごうすう ↓ つながりの中の何番めかをしめす番号。例 雑誌の号数。シャツの号数。

← 号が下につく熟語 上の字の働き

❷号＝〈しるし〉のとき

【記号 信号】近い意味。

【符号 暗号】ドウイウ種類のしるしか。

❸号＝〈名前〉のとき

【院号 屋号 元号 年号 雅号 俳号】ドウイウ種類の名前か。

◆称号 怒号 番号

【史】

口-2 総画5 5年 明朝 史 53F2

音 シ 訓 ―

筆順 すこしだす はらう

なりたち [会意]数の記録をする計数棒を入れる器をしめす「中」と「手(又)」とを合わせて、記録をつかさどる役目を意味する字。記録することから、「歴史」を表している。

意味 れきし(歴史)。世の中の移りかわりやできごとを記録したもの。例 史をひもとく。史実・国史

[文字物語] ☞ このページ

名前のよみ ちか・ちかし・ひと・ふみ・み

【史学】しがく ↓ 歴史のしるし方を研究する学問。例 史学者。類 歴史学

【史実】しじつ ↓ 歴史のなかでじっさいにあったこと。例 史実にもとづいた小説。

【史書】ししょ ↓ 歴史を書いた本。例 史書に学ぶ。類 史籍

【史上】しじょう ↓ これまでの歴史のなかで。例 史上最高の人出。観測史上最大の積雪。

【史跡】しせき ↓ 歴史の上で有名なできごとがあったところ。例 史跡をめぐる。類 旧跡・古跡

【史料】しりょう ↓ 歴史を書くのに必要な、記録文書・手紙・日記、伝承、遺物・遺跡などの材料。例 史料を集める。

史が下につく熟語 上の字の働き

◆女史 歴史

【哀史 国史】ドノヨウナ歴史か。

【司】

口-2 総画5 4年

明朝 司 53F8

音 シ 訓 つかさ外・つかさど-る外

筆順 司(はねる) 司 司 司 司

文字物語 史

むかし、宮廷につかえて、文書を読み、だいじなできごとを記録する役職に「史」というのがあった。「文の人」という意味で、学問と広い知識とが必要な職だったから、「ふびと」は教養のある文化人として尊敬された。これは、当時のほかの多くの役職がそうであったように、男性の役職であった。最近はあまり使われないが、「ヘレン・ケラー女史」とか「与謝野晶子女史」などのように、女性を男性とおなじように評価し、尊敬していうことばがある。ここには、古い時代の「史」の背景がある。

なりたち 司 【会意】「人→⺈」と穴の意味の「口」を合わせて、穴を通して「うかがう」意味を表す字。そこからものごとをよく見ぬくことから、「つかさどる(役目をもつ)」として使われる。

意味 つかさどる。役目としてとりしきる。しきる人。例 司会・司令・行司

名前のよみ おさむ・かず・つとむ・もと・もり

【司会】しかい ▲〈-する〉予定を立てて、会を進行させること。例 座談会の司会者。

【司教】しきょう ▲ カトリック教会で、僧の位の一つ。大司教の下、司祭の上にあたる。

【司祭】しさい ▲ カトリック教会で、僧の位の一つ。司教の下にあたる。類 神父

【司書】ししょ ▲ 図書館で、本の整理や貸し出しのせわをする役目の人。

【司法】しほう ▲ 裁判官が、法律をもとにして、人びとのあらそいごとや罪をおかした人をさばくこと。関連 立法・行政・司法

【司令】しれい ▲〈-する〉警察や消防、軍隊などを指図して動かす職務。例 司令部。類 指揮

司が下につく熟語 上の字の働き

【宮司 行司】ナニの役目の人か。〔「行」は行事。すもうが、むかし宮廷の行事だったので〕

【只】

口-2 総画5 人名

明朝 只 53EA

音 シ外 訓 ただ外

意味 ❶それだけ。ただそれだけの。❷ただ。無料。例 ただ券。

【叱】

口-2 総画5 常用

明朝 叱 20B9F

音 シツ中 訓 しか-る中

筆順 叱 叱 叱 叱 叱

意味 しかる。強くたしなめる。とがめる。ののしる。

【叱責】しっせき Ⅱ〈-する〉他人のあやまちなどをしかってせめること。

【叱咤】 ⅡⅡ〈—する〉①大声でしかること。②大声ではげますこと。例叱咤激励（大きな声で強くはげます）。

【召】

口-2 総画5 常用 明朝 召 53EC

音ショウ中 訓め-す中

筆順 召

なりたち 形声「刀」が「ショウ」とかわって読み方をしめし、「口」をくわえて、ことばでよびよせる意味を表している字。

意味 よびよせる。目上の立場のものが下のものをよぶ。めす。例召喚・召集

【召喚】 ⅡⅡ〈—する〉裁判所が、日時を決めてよびだすこと。類喚問

【召還】 ↓〈—する〉外国に行かせた人などを、よびもどすこと。例大使を本国に召還する。

【召集】 ↓〈—する〉①軍隊に入るように命令を出すこと。例召集令状。②国会議員を議院によび集めること。例国会が召集された。表現②の「召集」は国会だけで、地方の議会などには「招集」を使う。

【台】

口-2 総画5 2年 明朝 台 53F0 旧字 臺 81FA

音ダイ・タイ 訓—

筆順 台（おる・とめる）

なりたち 会意 もとの字は、「臺」。「土」と「高」の省略形と「至」を合わせて、土をきずいてつくった高い物見やぐらを表した字。常用漢字の「台」はその代わりとして使われている字。

意味

❶高い土地や建物。高く平たい土地。例台地・舞台

❷ものをのせるもの。だい。例台の上に乗る。台座

❸もののもと。例台本・土台

❹数量のおおまかなくぎり。年やねだんなどのおおよその範囲を表す。例千円台。大台

❺車や機械などをかぞえることば。例車三台。

❻《その他》例台頭・台風

名前のよみ もと

❶〈高い土地や建物〉の意味で

【台地】 ↓まわりよりも高くて、上が平らになっている土地。例町はずれの台地。

❷〈ものをのせるもの〉の意味で

【台形】 ↓向かいあった二辺が、一組みだけ平行な四辺形。例台形の面積。類梯形

【台座】 ↓ものをすえおく台。とくに仏像をのせておく台。例観音像を台座にすえる。

【台紙】 ↓ものをはりつける厚い紙。

【台所】 ↓家の中で、食事のしたくや後かたづけをする場所。キッチン。例台所用品。類炊事場・勝手 表現「台所がくるしい」のように、会計の意味で使われることもある。

❸〈もののもと〉の意味で

【台詞】 ↓①舞台などで俳優が言うことば。例せりふをおぼえる。②人に向かって言うときのことば。言いぐさ。例そんなせりふは聞きあきた。表記「科白」とも書く。

【台帳】 ↓①商店などで、売り上げやお金の出し入れなどを書いておく帳簿。例収支を台帳につける。類元帳 ②もとになる帳簿。例住民基本台帳。類原簿

【台本】 ↓劇・映画などをつくるもとになる、せりふや動作などを書いたもの。シナリオ。例台本の読み合わせをする。類脚本

❻《その他》

【台頭】 ▲〈—する〉新しい勢力が、いきおいをつけてあらわれてくること。例若手グループが台頭してきた。

【台風】 ◎夏から秋にかけて熱帯の海上で起こり、日本や中国をおそう暴風雨。

台が下につく熟語 上の字の働き

❶台＝〈高い土地や建物〉のとき
【屋台 高台 露台】ドンナかっこうの建物か。
【灯台 舞台】ナニのための建物か。

❷台＝〈ものをのせるもの〉のとき
【鏡台 寝台 飯台 砲台】ナニのための台か。

◆縁台 大台 土台

【各】

口−3 総画6 4年 明朝 各 5404

音 カク 訓 おのおの 高

筆順 ノ ク 夂 各 各 各（はらう）

なりたち [会意]足(夂)をさかさにした「夂」と、ある場所を表す「口」を合わせて、ある場所に至る意味を表す字。借りて、「おのおの」の意味を表す。

意味 おのおの。一つ一つ。それぞれ。例 各意見をのべる。各学校。各自

発音あんない カク→カッ…例 各国

名前のよみ まさ

【各位】かくい ↓ みなさま。みなさまがた。例 会員各位のご協力に感謝します。表現 あらたまった場での話や書類のあて名などに使う。「各位様」「各位殿」のように「様」「殿」をつけるのは正しくない。

【各員】かくいん ↓ めいめい。一人ひとり。例 各員の努力に期待する。

【各界】かっかい|かくかい ↓ 政界・財界・学界・スポーツ界など、それぞれの方面。例 パーティーには各界の名士が集まった。

【各紙】かくし ↓ それぞれの新聞社の新聞。例 各紙ともトップにその事件の記事をのせた。

【各自】かくじ ↓ めいめい。一人ひとり。おのおの。例 各自で用意すること。類 各人

【各種】かくしゅ ↓ いろいろな種類。例 花のたねを各種とりそろえて売っている。類 種種

【各人各様】かくじんかくよう それぞれにちがったようすや、やり方をしていること。例 夏休みのすごしかたも各人各様だ。

【各地】かくち ↓ いろいろなところ。例 各地を旅する。

【各派】かくは ↓ それぞれのグループやなかま。例 野党各派がいっせいに反対した。

【各様】かくよう ↓ いろいろ。さまざま。例 おなじ反対でも、理由は各様だ。

【各論】かくろん ↓ 一つ一つのことがらをとりあげて、くわしくのべた意見や論説。例 全体としては賛成だが、各論では反対だ。対 総論

【各国】かっこく ↓ それぞれの国。例 世界各国の代表が集まった。

【吉】

口−3 総画6 常用 明朝 吉 5409

音 キチ 中・キツ 中 訓 ―

筆順 一 十 士 吉 吉 吉

なりたち [会意]「口」とふた(士)を合わせて、口いっぱいに物を入れてふさぐことを表している。なかみがたくさんあることから、「よい、めでたい」の意味で使われる字。

意味 よい。めでたい。さいわい。例 吉と出るか凶と出るか。吉日・不吉 対 凶

名前のよみ さち・よし

【吉事】きちじ|きつじ ↓ めでたいこと。えんぎのよいこと。例 吉事がつづく。類 慶事 対 凶事

【吉日】きちじつ|きちにち|きつじつ ↓ めでたい日。物事をするのにえんぎのよい日。例 大安吉日。対 凶日

【吉例】きちれい|きつれい ↓ めでたいしきたり。例 吉例にしたがって、初もうでに行く。

【吉凶】きっきょう ⇕ えんぎのよいことと、わるいこと。例 吉凶をうらなう。類 禍福

【吉兆】きっちょう ↓ よいことが起こる前ぶれ。例 吉兆があらわれる。類 瑞兆・瑞祥 対 凶兆

【吉報】きっぽう ↓ めでたい知らせ。例 合格の吉報がとどいた。類 朗報 対 凶報

◆小吉 末吉 大吉 不吉

【吸】

口−3 総画6 6年 明朝 吸 5438

音 キュウ 訓 す-う

筆順 丨 口 口 叨 吸 吸（ちいさめに・おる・はらう）

なりたち [形声]「及」がつかまえる意味と「キュウ」という読み方をしめしている。「口」をくわえて、「口ですう」意味を表した字。

意味 すう。すいこむ。ひきいれる。例 息を吸う

う。吸引・呼吸 対呼

【吸引】Ⅱ〈―する〉①すいこむこと。例水をポンプで吸引する。②人をひきつけること。例吸引力が強いイベント。

【吸気】▲口からすいこむ息。対呼気

【吸血】▲〈―する〉ほかの生き物の血をすうこと。例吸血鬼。

【吸湿性】しめりけや水分をすいとる性質。例吸湿性のあるシャツ。

【吸収】↓〈―する〉①外がわにあるものを中にとりこむこと。例養分を吸収する。②とり入れて自分のものにすること。例知識を吸収する。吸収合併。

【吸着】↓〈―する〉すいつくこと。

【吸入】↓〈―する〉口からすいこむこと。すい入れること。例吸入器。酸素吸入。

【吸盤】↓①タコやイカなどのあしにある、ものにすいつくいぼ。②タイルやガラスなどにすいつかせるのに使う道具。

叫

口-3 総画6 常用 明朝 叫 53EB

音キョウ中 訓さけ-ぶ中

筆順

なりたち [形声]「丩」が「キョウ」とかわって読み方をしめし、「口」で大声を出すことを表している字。

意味 さけぶ。大声を出す。例口々に叫ぶ。叫喚・絶叫

【叫喚】Ⅱ〈―する〉大声で泣きさけぶこと。例阿鼻叫喚（人びとが苦しさのあまり助けをもとめて泣きさけぶようす）。

向

口-3 総画6 3年 明朝 向 5411

音コウ 訓む-く・む-ける・む-かう・む-こう

筆順 はねる

なりたち [象形]家の高い所につけた明かりとりの窓をえがいた字。「嚮（むかう）」に代わって「むかう」として使われるようになった。

意味 むかう。むき。そちらの方へすすむ。方向。例気が向く。顔を向ける。快方に向かう。山の向こう。向上・転向・風向

名前のよみ ひさ

【向学】▲勉強したい気持ち。例向学心。

【向寒】▲冬の寒さが近づいてくること。対向暑 表現「向寒の折、おからだをたいせつに」など手紙に使う。

【向日性】植物が日光のある方向に生長する性質。対背日性

【向暑】▲夏の暑さが近づいてくること。対向寒 表現手紙のむすびのことばに、「向暑の折、ご自愛専一に」などと使う。

【向上】▲〈―する〉よくなること。例成績が向上する。類進歩・前進・発展・進化 対低下

向が下につく熟語 上の字の働き

【傾向 趣向 方向】近い意味。

【回向 指向】ドウヤッテ向かうのか。

【意向 動向 風向】ナニの向きか。

【内向 外向 偏向】ドチラへの向きか。

◆一向 転向

后

口-3 総画6 6年 明朝 后 540E

音コウ 訓きさき外

筆順 𠂆にならない

なりたち [会意]甲骨文字では「𠂤」と書かれ、「人」と「子」を合わせて、育てる意味を表す字であった。借りて、「きさき」や「あと」の意味に用いられる。

意味 ❶きさき。天子の妻。例皇后 ❷あと。例午后

名前のよみ きみ・み

合

口-3 総画6 2年 明朝 合 5408

音ゴウ・ガッ・カッ 訓あ-う・あ-わす・あ-わせる

筆順 ノ 人 亼 合 合 合 （はらう）

なりたち 合 【会意】「亼」がふたを表し、容器を表す「口」と合わせて、いれものにふたをきちっと合わせる意味を表す字。

意味

❶あわせる。多くのものを一つにまとめる。いっしょになる。例手を合わす。合わせる顔がない。合併・合戦・連合 対離

❷あてはまる。かなう。一致する。例答えが合う。合図・合致・合格・適合

❸数量をはかることば。㋐容積の単位。一升の十分の一。例米一合。㋑山の頂上までの距離の十分の一。例一合目。

❹二つのあいだ。二つのものの中間。例合着・合間

参考 ❹の意味は「合」の字の本来の意味ではなく、「あいだ」の意味を表す「あい（間）」に「あい」と読む「合」をあてたもの。

例解 [使い分け] あう[合・会・遭] ☞ ひだりのページ

例解 [使い分け] あわせる[合・併] ☞ 215ページ

注意するよみ カッ…例合戦

❶〈あわせる〉の意味で

【合作】がっさく ↓〈—する〉何人かの人が力を合わせて一つのものをつくること。例二人の合作。

【合算】がっさん ↓〈—する〉全部をたし合わせること。例支出を合算する。類合計・加算

【合宿】がっしゅく ↓〈—する〉勉強や練習などのために、いっしょにとまりこむこと。

【合唱】がっしょう ↓〈—する〉①おおぜいの人が声をそろえていっしょに歌うこと。②高い声、低い声などいくつかのグループが一つの歌になるように歌うこと。例混声合唱。関連独唱・斉唱・輪唱・合唱 表現「反対の大合唱」のような言い方にも発展する。

【合掌】がっしょう ▲〈—する〉①両方のてのひらを合わせて、おがむこと。例仏前で合掌する。②「合掌組み」の略。木材を山形に組み合わせたもの。例合掌づくりの家。

【合戦】かっせん ↓〈—する〉敵と味方が出あってたたかうこと。いくさ。例川中島の合戦。表現むかしの戦争をいうことば。今は「歌合戦」など、きそい合う意味で使うことが多い。

【合奏】がっそう ↓〈—する〉いくつかの楽器で一つの曲を演奏すること。アンサンブル。対独奏

【合体】がったい ▲〈—する〉べつべつのものが、合わさって一つになること。類合併・併合

【合評】がっぴょう ↓みんなでおなじことについて、それぞれ批評をすること。

【合併】がっぺい Ⅲ〈—する〉いくつかのものを一つに合わせること。一つになること。例町村合併。類合体・併合

【合議】ごうぎ ↓〈—する〉集まって相談すること。例合議制。類協議

【合金】ごうきん ↓金属に別の金属などをくわえてつくった新しい金属。もとの金属とはちがう性質をもつ。例軽合金。

【合計】ごうけい ↓〈—する〉さいごにぜんぶ合わせて数えること。トータル。関連小計・合計・総計・累計 知識必要によっては途中に「小計」を入れる。そのとき、全体の合計を「総合計」または「総計」という。

【合成】ごうせい ↓〈—する〉①二つ以上のものを合わせて、一つのものにすること。例合成した写真。②化学で、二つ以上の物質を合わせて、新しい化合物をつくること。例合成樹脂。対分解

【合同】ごうどう ↓〈—する〉二つ以上のものを合わせて一つにすること。一つになること。例合同で開催する。類合体 ☞❷

【合板】ごうはん・ごうばん ↓うすい板を何枚もはり合わせてつくった板。ベニヤ板。

【合流】ごうりゅう ▲〈—する〉①川と川とがいっしょになって一つの流れになること。例合流点。②いくつかの団体などが、集まって一つになること。例先発組と山のふもとで合流する。

❷〈あてはまる〉の意味で

【合図】あいず ◎〈—する〉前もって決めておいたやり方で知らせること。例おたがいに目で合図する。

【合致】がっち Ⅲ〈—する〉ぴったり合うこと。例言うこととすることが合致しない。類一致

【合点】がてん ↓〈—する〉一がってん わけがわかって、「ああそうか」と思うこと。例ひとり合点。早

合点。類納得 二「よし」と承知すること。例合点だ、まかせておけ。

【合意】▲〈―する〉おたがいの意見が合うこと。例停戦合意。類同意

【合格】▲〈―する〉①必要な条件や基準にあてはまること。例この水は、水質検査に合格した。②学校や会社などの試験にうかること。例合格発表。類及第 対落第

【合憲】▲憲法に決められていることに合っていること。例合憲判断。対違憲

【合同】Ⅱ〈―な〉二つの図形がかたちも大きさもおなじこと。例三角形の合同。☞❶

【合法】▲〈―に〉法律や規則に合っていること。類適法・順法 対非合法・違法・不法

【合理】▲理屈に合っていること。例合理的。対不合理・非合理

❹〈二つのあいだ〉の意味で

【合着】↓①春や秋のころに着る服。類合服 ②上着と下着のあいだに着る服。表記「間着」とも書く。

【合服】↓春や秋のころに着る服。類合着 表記「間服」とも書く。

【合間】↓次のことがはじまるまでのあいだ。切れ目。例番組の合間にCMが入る。

←合が下につく熟語 上の字の働き

❶合＝〈あわせる〉のとき

【総合 統合 併合 連合 糾合 集合 混合 会合】近い意味。

【化合 結合 接合 調合 配合 複合 縫合 融合 組合】ドウヤッテ合わせるか・ドウナッテ合わさるか。

❷合＝〈あてはまる〉のとき

【迎合 照合 談合】ドウヤッテあてはまるようにするか。

❸合＝〈数量をはかることば〉のとき

【割合 歩合】近い意味。

◆試合 都合 適合 投合 場合 符合 離合

吊

口-3 総画6 表外 明朝 吊 540A

音 チョウ外 訓 つ-る外

意味 つるす。上からつって下げる。例吊り革。吊り橋。宙吊り。

吐

口-3 総画6 常用 明朝 吐 5410

音 ト中 訓 は-く中

筆順 丨 ロ ロ ロ一 叶 吐

なりたち 吐［形声］「土」が「ト」という読み方をしめしている。「ト」は出す意味をもち、「口」がついて、口からはき出すことを表している字。

意味 はく。口からものやことばをはき出す。例息を吐く。吐息・吐血

【吐息】↓ほっとしたときや、がっかりしたときにつく息。ため息。例青息吐息。

【吐血】▲〈―する〉胃や食道から出た血を口

例解 使い分け

あう《合う・会う・遭う》

合う＝おなじになる。一つになる。ぴったりする。たがいにする。
例どの答えも合っている。意見が合う。気が合う。会議で話し合う。

会う＝人と人とが顔をあわせる。
例三時に会う約束になっている。また会う日まで。会うはわかれの始め。

遭う＝思いがけないこと、よくないことにであう。
例あらしに遭う。とんだ災難に遭う。帰るとちゅうで事故に遭う。

からはきだすこと。表現 肺や気管支からの血をはきだすときは「喀血」という。

【吐瀉】としゃ◆ Ⅱ〈―する〉食べたものをはいたり、下痢をしたりする。はきくだし。例 吐瀉物。

【吐露】とろ Ⅱ〈―する〉心の中をかくさずにうちあけて話すこと。例 真情を吐露する。

同

口-3 総画6 2年 明朝 同 540C

音 ドウ 訓 おな-じ

筆順 同同同同同同 (とめる・はねる)

なりたち [会意]「冂」は「凡」のかわった形で、すべてのものを表す「口」と合わせて、すべてのものをまとめ合わせることを表す字。

意味 おなじ。おなじにする。おなじ一つの。いっしょにする。例 同一・共同

名前のよみ あつ・とも・ひとし

【同意】どうい ①▲〈―する〉人の意見に賛成すること。例 同意を得る。類 賛同・合意 ②↓おなじ意味。類 同義

【同意語】どういご おなじ意味をあらわすことば。類 同義語・類義語 対 対義語・反対語

知識「本」と「書物」、「来年」と「明年」などは、同意語といえるが、ことばの感じや使い方には、ちがいがある。

【同一】どういつ Ⅱ〈―に〉①まったくおなじであること。例 同一人物。②分けへだてがないようす。例 同一にあつかう。

【同一視】どういっし〈―する〉区別しないで、おなじようにあつかうこと。例 同一視できない。類 平等・無差別

【同音】どうおん ↓①発音(読み方)がおなじであること。例 同音語。②おなじ高さの音や声。

【同音異義語】どうおんいぎご 発音(読み方)がおなじで、意味がちがうことば。「記者と汽車」「私立と市立」「機会と機械と器械」などをいう。

参考 ☞ものしり巻物30(1031ページ)

【同化】どうか ↓〈―する〉①まわりにとけこむ。例 クラスに同化する。②理解したことを自分のものにする。例 自国の文化に同化する。③生物が、外からとり入れたものを、自分のからだのものにするはたらき。例 同化作用。

【同格】どうかく ↓資格・程度・立場などがおなじであること。例 同格にあつかう。類 同等・同列

【同感】どうかん ↓〈―する〉おなじように考えて、賛成する。例 私も同感です。類 共感・共鳴

【同期】どうき ↓①おなじ時期。例 去年の同期。②入学や入社、卒業などの年度がおなじであること。例 同期生。

【同義】どうぎ ↓おなじ意味。例 同義語。類 同意・類義 対 異義

【同級】どうきゅう ↓①おなじ学級または学年。例 同級生。②おなじ等級。例 習字では同級のでまえ。

【同居】どうきょ ↓〈―する〉一つの家にいっしょに住むこと。例 祖父母と同居する。対 別居

【同郷】どうきょう ▲故郷がおなじであること。例 わたしはあの先生と同郷です。同郷人。

【同業】どうぎょう ↓職業や商売がおなじであること。例 同業者の競争がはげしい。

【同慶】どうけい◦ ▲相手にとってめでたいことが、自分にとってもうれしいこと。例 ご同慶のいたりです。

【同権】どうけん ↓おなじ権利をもっていること。

【同好】どうこう ▲趣味がおなじであること。例 同好の士。同好会。

【同行】どうこう ↓〈―する〉だれかについていっしょに行く。例 遠征に同行する。類 同道・同伴

【同工異曲】どうこういきょく ちょっと見た感じではちがっているようだが、中身がほとんどおなじであること。にたりよったり。

【同罪】どうざい ↓わるいのはおなじだということ。例 とめなかった君も同罪だ。

【同士】どうし ↓①おなじなかま。例 同士うち(味方と味方のあらそい)。②おなじ種類のものであることを表す。例 いとこどうし。

【同志】どうし ↓おなじ目的や考えをもつ人。例 同志を集めて、会をつくる。類 仲間・盟友

【同時】どうじ ↓①おなじ時間。例 山田君と同時に学校に着いた。②「…と同時に」の形で、「…とともに」の意味を表す。例 部活動には、苦しみがあると同時によろこびもある。

【同室】どうしつ ▲〈―する〉おなじへやにいること。

また、とまること。例宿で同室する。

【同日】どうじつ ↓①おなじ日。例衆参同日選挙。②そのとき話題になっている日とおなじ日。類当日 表現「同日の論でない」「同日には論じられない」は、いっしょにあつかえない、くらべものにならないという意味を表す。

【同宿】どうしゅく ▲〈―する〉おなじ宿にとまること。

【同上】どうじょう ▲前に書いたことがらとおなじ。類同右 表現横書きの書類などで、「上に書いてあることとおなじ」という意味で使う。

【同乗】どうじょう ↓〈―する〉おなじ乗り物にいっしょに乗ること。例同乗者。

【同情】どうじょう ▲〈―する〉人の気持ちになって、かわいそうだと思うこと。思いやる気持ち。例同情してなみだをながす。

【同心円】どうしんえん 中心がおなじで、大きさのちがう円。例水面に同心円をえがく。

同心円

【同数】どうすう ↓数がおなじであること。例多数決の結果は同数だった。男女同数。類同点

【同姓】どうせい ↓みょうじがおなじ。例同姓同名。

【同性】どうせい ↓どちらも男、どちらも女と、性がおなじであること。対異性

【同席】どうせき ▲〈―する〉会合でいっしょになること。例座談会で、かれと同席した。

【同然】どうぜん ☒〈―に〉おなじようなものである。例もう、勝ったも同然だ。類同様

【同窓】どうそう ↓卒業した学校がおなじであること。例同窓会。類校友・学友

【同族】どうぞく ↓血すじや種族がおなじであること。例同族会社。類一族

【同調】どうちょう ▲〈―する〉①人の考えに賛成すること。例かれの意見に同調する。②テレビやラジオの受信機で、周波数を合わせること。チューニング。

【同点】どうてん ↓おなじ点数。例同点に追いつく。

【同等】どうとう Ⅱ〈―に〉おなじ程度。例高校卒業と同等の学力をもつ。類同格・同列

【同道】どうどう ▲〈―する〉つれだって、いっしょに行くこと。例妻を同道する。類同行・同伴

【同人】↓ 一 どうにん おなじ人物。その人。例同人のゆくえをさがす。二 どうじん｜どうにん おなじ趣味やこころざしをもつなかま。例同人雑誌。

【同輩】どうはい ↓年や身分、立場、経歴などがおなじなかま。関連先輩・同輩・後輩

【同伴】どうはん ↓〈―する〉人をつれていっしょに行く。例夫人同伴。類同行・同道・帯同

【同病】どうびょう ↓おなじ病気。おなじ病気の人。例同病あいあわれむ（おなじ苦労をするものは、おたがいのつらさがよくわかって、たがいにいたわりの気持ちをもつ）。

【同封】どうふう ↓〈―する〉一つの封筒の中に、いっしょに入れること。例写真を同封する。

【同文】どうぶん ↓①おなじ文章。例以下同文。②おなじ文字。例日本と中国は同文の国。

【同胞】どうほう｜どうぼう ↓①おなじ母から生まれた子どもどうし。きょうだい。はらから。②おなじ国の国民。例海外の同胞。表現今は、②の意味で言うことが多い。

【同盟】どうめい ↓〈―する〉国や団体が、おなじ目的のために、力を合わせて行動する約束をすること。例同盟をむすぶ。同盟国。類連盟

【同門】どうもん ↓おなじ先生のもとで勉強したという関係。おなじ流派。例同門の友。

【同様】どうよう ↓〈―な｜―に〉ほとんどおなじである。例きのうと同様に暑い。類同然

例解 使い分け

あわせる
《合わせる・併せる》

合わせる＝別々のものを足して一まとめにする。
例手を合わせる。数を合わせる。調子を合わせる。

併せる＝別々のものをならべて一つにする。
例二つの会社を併せる。両方を併せて考える。二つの働きを併せ持つ。

力を合わせる

両者の意見を併せ考える

【同僚】⇩おなじ職場ではたらく、おなじ地位の人。類僚友 対上司

【同類】⇩おなじなかまのもの。例同類項。

【同列】⇩程度や地位などがおなじであること。例二つの問題を同列に考えることはできない。類同等・同格

同が下につく熟語 上の字の働き

【共同 協同 合同 帯同】近い意味。

【賛同 混同 雷同(付和雷同)】ドウヤッテいっしょにするか。

◆一同 異同

名

口-3 総画6 1年 明朝 名 540D

音メイ・ミョウ 訓な

筆順 ノ ク タ タ 名 名 名

なりたち [会意]夕方暗いので、名前を口で言わなければわからないことから、「夕」と「口」を合わせて、「名前」を表している字。

意味

❶なまえ。なづける。ことばで表す。例姓と名。名札・名状・記名

❷ひょうばん。よくしられている。すぐれているとされる。例名高い。名曲・有名

❸なごや。「名古屋市」の略。例名神

❹人数をかぞえることば。例賛成十名。

❺《その他》例名残

特別なよみ 仮名(かな)・名残(なごり)

名前のよみ あきら・かた

❶〈なまえ。なづける〉の意味で

【名主】⇩江戸時代に、今の村長のような仕事をしていた人。参考おもに東日本でのよび名。西日本では「庄屋」。☞「めいしゅ」は❷

【名札】⇩名前を書いたふだ。

【名前】⓪①ほかの人やものとの区別をするためにそれぞれにつけられたよび方。例名前をおぼえる。②一つの家族ぜんたいが使う「みょうじ」のほかに、ひとりずつべつにあるよび名。例姓は大山、名前は花子。表現みょうじと名前を合わせた全体を、「姓名」「氏名」というが、「名前」ということも多い。

【名字】⇩「山本」「中村」のような、家の名。類姓 表記「苗字」とも書く。

【名跡】⇩先祖から代々つたわってきた、みょうじや伝統あるよび名。例長男が名跡をついだ。☞「めいせき」は❷

【名代】⇩ある人のかわりをすること。類代理 表現「代理」よりも、あらたまった言い方。☞「なだい」は❷

【名義】Ⅲおおやけの書類などに使う表向きの名前。例名義変更。名義人。

【名刺】⇩職業・身分・名前・住所などが印刷してあるカード。例名刺を交換する。知識むかし、中国で竹や木をけずって、姓名を書

漢字パズル❸ かがみたて

……のところに鏡を立てて、のぞきこむと、漢字がうかびあがります。どんな漢字でしょう。

例 林 ① ② ③ ④ ⑤ ⑥ ⑦ ⑧ ⑨

はやしだ。

答えは1130ページ

いたものを「刺」といった。

【名詞】めいし ⇩ ことばをそのはたらきによって分けたものの一つ。「学校」「えんぴつ」「先生」など、もの・こと・人・数などを表すことば。

【名称】めいしょう Ⅱ よび名。なまえ。

【名状】めいじょう ▲〈―する〉ものごとのようすを、ことばで言い表すこと。例 名状しがたい。

【名簿】めいぼ ⇩ 関係する人たちの名前や住所などが書いてある帳簿。例 会員名簿。

【名目】めいもく|みょうもく Ⅱ ①じっさいとはちがう、形だけの名前。例 名目だけの会長。対 実質・実体 ②表向きのもっともらしい理由。例 病気を名目に会社を休む。類 口実

❷〈ひょうばん〉の意味で

【名代】なだい ◎ 多くの人に名が知られている。例 これが名代のさくらもちだ。類 有名・著名 ☞「みょうだい」は❶

【名案】めいあん ⇩ うまい考え。よい思いつき。例 それは名案だ。類 妙案

【名医】めいい ⇩ すぐれた医者。名高い医者。

【名家】めいか ⇩ むかしからつづいているりっぱな家がら。例 名家のあととり。類 名門

【名歌】めいか ⇩ すぐれた歌。有名な歌。例 名歌百首。

【名画】めいが ⇩ ①すぐれた絵画。有名な絵画。②人びとを感動させるような映画。

【名器】めいき ⇩ 茶わん・花びん・楽器など、すばらしい道具。例 家宝の名器。

【名曲】めいきょく ⇩ すばらしい音楽作品。

【名句】めいく ⇩ ①ものごとの性質を短いことばでみごとに表現したもの。気のきいたことば。例 名句をはく。類 名言・名文句 ②すぐれた俳句。有名な俳句。例 古今の名句。類 名吟

【名君】めいくん ⇩ すぐれた殿様。りっぱな君主。例 名君の名が高い。類 名主・明君

【名月】めいげつ ⇩ 空にうかぶ美しい月。陰暦八月十五夜の月(中秋の名月)や九月十三夜の月(後の月)。類 明月

【名言】めいげん ⇩ 真実をみごとに言い表していることば。例 名言集。類 名句・名文句 表現 はっきり言うのは「明言」。

【名工】めいこう ⇩ 建築・彫刻・刀などをつくるうでが、とくにすぐれた人。例 現代の名工。

【名作】めいさく ⇩ 文学・絵画・彫刻・音楽などで、とくにすぐれている作品。類 傑作・秀作

【名産】めいさん ⇩ その土地でできる有名な産物。例 丹波名産の栗。類 名物

【名士】めいし ⇩ りっぱな人として、名が知れわたっている人。例 町の名士。

【名実】めいじつ ⇕ 評判と実体。例 名実ともに日本一のギタリスト。

【名手】めいしゅ ⇩ すぐれたうでまえの人。例 射撃では百発百中の名手だ。類 名人・達人

【名主】めいしゅ ⇩ すぐれた主君。例 名主としてしたわれる。類 名君 ☞「なぬし」は❶

【名所】めいしょ ⇩ 景色のよさなどで、広く知られているところ。観光スポット。例 名所旧跡。

【名将】めいしょう ⇩ 名の通った、りっぱな武将。例 名将の名をはせた真田幸村。

【名勝】めいしょう Ⅱ 景色のよさで有名なところ。例 日本の三名勝。類 景勝

【名人】めいじん ⇩ ①その方面で、すぐれたうでまえをもつ人。例 つりの名人。類 名手・達人 ②碁や将棋で、最高の位。例 名人位。

【名声】めいせい ⇩ すぐれている、りっぱだという評判。例 名声が高い。名声を博する。類 声価・盛名・令名

【名跡】めいせき ⇩ 世の中に広く知られた、むかしのできごとや建物のあと。類 古跡・旧跡 ☞「みょうせき」は❶

【名僧】めいそう ⇩ りっぱなお坊さん。

【名探偵】めいたんてい ⇩ 物語などで、むずかしい事件や問題をみごとに解決する探偵。

【名著】めいちょ ⇩ すぐれていて、評判も高い本。

【名店街】めいてんがい ⇩ ①有名な店がならんでいる町の通り。例 駅前の名店街。②有名な店がたくさん支店を出す売り場。例 味の名店街。

【名答】めいとう ⇩ 質問や問題にぴたりと合った、すぐれた答え。例 ご名答!

【名品】めいひん ⇩ すばらしい品物。名高い品。例 九谷焼の名品。類 逸品

【名物】めいぶつ ⇩ その土地でとれる有名な産物。例 名物のそば。類 名産

【名文】めいぶん ⇩ ①人を感動させる、すぐれた文

章。対悪文 ②むかしから評判の高い、有名な文章。例名文の一節を暗記する。

【名門】めいもん ↓むかしからつづいていて、多くの人に知られている家がらや学校。例名門の出。野球の名門校。類名家

【名文句】めいもんく うまい言い方だと、みんなが感心する表現。類名言・名句

【名訳】めいやく ↓すぐれた翻訳。例原作のニュアンスをそのままつたえるのが名訳だ。

【名優】めいゆう ↓すぐれた演技で知られる俳優。あじわいのある演技をする俳優。

【名誉】めいよ Ⅱ〈一な〉①すぐれたもの、りっぱなものとして、人びとからみとめられ、ほこりに思うこと。例学校の名誉を高める。類体面・面目 ②りっぱなはたらきをした人をうやまうしるしとしておくられるよび名。例名誉教授。名誉市民。

【名誉職】めいよしょく 給料を受けずに務める仕事。

【名論】めいろん ↓聞いてなるほどと思うりっぱな意見。例名論をはく。名論卓説。

❺《その他》

【名残】なごり ◎①ものごとが終わったあとまで、なにかのこっていること。例夏の名残の日焼け。類余韻・余波 ②わかれるときがきても、ずっとそばにいたい、わかれたくないと思う気持ち。例名残がつきない。

←名が下につく熟語 上の字の働き

❶名＝〈なまえ。なづける〉のとき

【氏名 姓名】近い意味。

【書名 地名 病名 罪名】ナニの名前か。

【高名 芳名】ドノヨウナ名前か。

【本名 異名 仮名 偽名 芸名 別名 俗名 戒名 学名 和名 題名】ドウイウ種類の名前か。

【改名 記名 指名 襲名 署名 除名 知名 匿名 売名 命名 連名】名前をドウスルか。

❷名＝〈ひょうばん〉のとき

【悪名 汚名 功名 勇名 雷名 令名】ドノヨウナ評判か。

【無名 有名 著名】世間に対して評判がドウデアルか。

◆大名

吏

口-3 総画6 常用 明朝 吏 540F

音リ中 訓—

筆順

なりたち [指事]甲骨文字では、はじめ史・吏・事の三字はおなじ形であった。のちに役目を表す「史」に対して、役人という意味を区別するためのしるし(V→一)がくわえられてできた字。

意味 役人。役所につとめておおやけの仕事をする人。例吏員・官吏

【吏員】りいん ↓役人。県や市町村の仕事をする職員の古い言い方。類公務員

含

口-4 総画7 常用 明朝 含 542B

音ガン中 訓ふく-む中・ふく-める中

筆順

なりたち [形声]「今」は「ガン」とかわって読み方をしめしている。「キン」は「こめる」意味をもち、「口」がついて、物を口の中に入れることを表す字。

意味 ふくむ。中に入れてたもっていること。例水を口に含む。かんで含める。包含

【含意】がんい ↓あることばのうらに、べつの意味がふくまれていること。

【含蓄】がんちく Ⅱことばにこもるおく深い意味や味わい。例含蓄のあることば。

【含有】がんゆう Ⅱ〈一する〉何かの成分を、中にふくんでいること。例含有量。

吟

口-4 総画7 常用 明朝 吟 541F

音ギン中 訓—

筆順

なりたち [形声]「今」が「ギン」とかわって読み方をしめしている。「キン」はふさぐ意味をもち、「口」がついて、口をふさい

で「うめく」ことを表している字。

意味

❶口ずさむ。詩や歌を低い声でうたう。例 詩を吟じる。吟詠・詩吟

❷うめく。苦しげな声をあげる。例 呻吟

❸しらべる。念入りに調べる。こまかく味わってたしかめる。例 吟味

❶〈口ずさむ〉の意味で

【吟詠】ぎんえい Ⅱ〈―する〉①詩や歌を、ふしをつけてよむこと。例 朗々と吟詠する。②詩や歌の作品。類 朗詠

【吟行】ぎんこう ↓〈―する〉①詩や歌を口ずさみながら歩くこと。②俳句や和歌をつくるために、でかけて行くこと。例 吟行にくわわる。

❸〈しらべる〉の意味で

【吟醸】ぎんじょう ↓〈―する〉よくえらんだ材料を使い、たっぷり手間をかけて酒・しょうゆ・みそなどをつくること。例 吟醸酒。

【吟味】ぎんみ ↓〈―する〉①念を入れてよく調べること。例 料理の材料を吟味する。②江戸時代のことば。罪があるかどうかよく調べること。類 詮議

【君】

口-4 総画7 3年 明朝 君 541B

音 クン 訓 きみ

筆順 フ ヨ ヨ 尹 君 君 君

たなり 【形声】「尹(イン)」が人をおさめる意味をもち、「クン」とかわって読み方をしめしている。「口」がついて、「号令を出して世の中をおさめる人」を表している字。

意味

❶天子や支配者。国や領地をおさめる人。例 君に仕える。君臨・主君 対 臣

❷人をうやまっていうことば。例 君とぼく。源氏の君。君子・母君

❸名前のあとにつけてよぶことば。例 山下君。

名前のよみ なお・よし

❶〈天子や支配者〉の意味で

【君主】くんしゅ Ⅱ 王や皇帝など、国をおさめる位にある人。例 君主の位。類 天子 対 臣下

【君臨】くんりん ↓〈―する〉①君主として国のいちばん上に立つこと。例 王として君臨する。②ある方面で、ずばぬけた力を見せつけること。例 プロ野球界に君臨する。

❷〈人をうやまっていうことば〉の意味で

【君子】くんし ↓ 人がらもおこないもりっぱな人。類 聖人・大人

【君子危うきに近寄らず】くんしあやうきにちかよらず すぐれた人物は、つねに身をつつしみ、危険だとわかっていることには近づかない。

君が下につく熟語 上の字の働き

❶君＝〈天子や支配者〉のとき

【名君 明君 暴君】ドノヨウナ君主か。

❷君＝〈人をうやまっていうことば〉のとき

【諸君 父君 母君 姫君】ダレをうやまってよぶのか。

◆主君

【呉】

口-4 総画7 常用 明朝 呉 5449

音 ゴ 中 訓 くれ 外・く-れる 外

筆順 ｀ 口 口 吕 呉 呉 呉

たなり 【会意】「口」と、頭をかたむけている人の形(夨)からでき、人が耳をそむけるほどの大声を表す字。のちに中国にあった国名に借りて使われるようになった。

意味 むかしの中国の国名。むかしの中国にあった国の名。その国から日本につたわってきたもの。例 呉と越の戦い。呉服

【呉越同舟】ごえつどうしゅう 敵や、仲のわるい者どうしが、しかたなくおなじ場所にいること。

〔故事のはなし〕☞221ページ

【呉音】ごおん ↓ 漢字の音の一種で、「人」を「にん」、「生」を「しょう」と読むような読み方。仏教のことばに多く使われている。参考 ☞ものしり巻物9(301ページ)

【呉服】ごふく ↓ 和服用の織物。類 反物

【吾】

口-4 総画7 人名 明朝 吾 543E

音 ゴ 外 訓 われ 外・あ 外

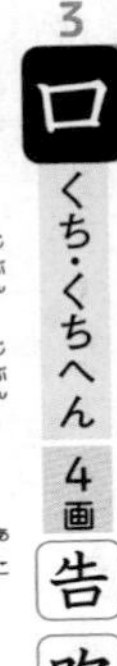

意味 わたし。自分。自分の。例 吾子(あこ)

名前のよみ あき・みち

告

口−4 総画7 5年 明朝 告 544A

音 コク 訓 つ-げる

筆順 ながく

なりたち [会意] いけにえにする「牛」と「口」を合わせて、神に「つげる」意味を表す字。

意味 ❶つげる。人に知らせる。つたえる。例 わかれを告げる。告白・報告 ❷うったえる。裁判所や警察にうったえ出る。例 告発・被告

❶〈つげる〉の意味で

【告示】(こくじ) ↓〈-する〉国や公共団体が決めたことを、広く知らせること。例 市長選挙が、あす告示される。類 公告・公示・公布

【告知】(こくち) ↓〈-する〉必要なことを関係者に知らせる。例 患者に病名を告知する。類 通知・通告

【告白】(こくはく) Ⅲ〈-する〉心のおくにあることを、人にうちあける。例 愛を告白する。類 白状

【告別】(こくべつ) ▲〈-する〉わかれをつげる。さいごのわかれをする。例 告別式。

❷〈うったえる〉の意味で

【告訴】(こくそ) Ⅲ〈-する〉被害を受けた人などが、警察や裁判所などにうったえ出ること。例 自分をだました相手を告訴する。類 提訴

【告発】(こくはつ) ↓〈-する〉①犯罪に関係のない人が、犯罪のあったことを知り、それを警察などにうったえ出ること。例 汚職を告発する。②世に知られないでいる不正や真実のすがたをみんなに知らせること。例 内部告発。

告が下につく熟語 上の字の働き

❶告＝〈つげる〉のとき

【宣告 報告 申告 通告】近い意味。

【戒告 勧告 急告 警告 広告 公告 忠告 布告 密告 予告】ドノヨウニつげ知らせるか。

◆原告 被告 論告

吹

口−4 総画7 常用 明朝 吹 5439

音 スイ 中 訓 ふ-く 中

筆順

なりたち [会意]「口」と口をあけている形の「欠」とを合わせて、口をあけて息を出すことを表している字。

意味 ふく。ふき鳴らす。口から息をふっと出す。ふいて音を出す。風がうごく。例 木がらしが吹く。吹雪・吹奏・鼓吹

例 解 [使い分け] ふく[噴・吹] ☞239ページ

特別なよみ 息吹(いぶき)・吹雪(ふぶき)

【吹奏】(すいそう) ↓〈-する〉笛やらっぱなどの管楽器を演奏する。例 吹奏楽。

【吹聴】(ふいちょう) ◎〈-する〉人に言いふらす。例 自分のてがらを吹聴して歩く。表現 話のなかみが大げさになってくると、「ほらを吹く」になる。

【吹雪】(ふぶき) ↓ 強い風にふかれて、よこなぐりにはげしくふる雪。例 花吹雪(サクラの花びらが風にふかれていっせいにちるようす)。

表現「吹雪」がふるのが、「ふぶく」。

◆鼓吹

呈

口−4 総画7 常用 明朝 呈 5448

音 テイ 中 訓 —

筆順

なりたち [形声]「口」と読み方をしめす「𡈼(テイ)」とからできた字。「テイ」は、はっきりしめす意味をもち、口ではっきり言うことを表す。

意味 ❶さしだす。さし上げる。例 贈呈 ❷見せる。すっかり見せる。例 活況を呈する。露呈

名前のよみ すすむ

呈が下につく熟語 上の字の働き

❶呈＝〈さしだす〉のとき

【献呈 進呈 贈呈】近い意味。

◆謹呈 露呈

◀次ページ 呼 呪 周

【呑】

口－4 総画7 人名 明朝 呑 541E

音ドン外 訓の－む外

意味 のむ。かまずにのみこむ。

【否】

口－4 総画7 6年 明朝 否 5426

音ヒ 訓いな高・いや外

筆順 一 ア 不 不 不 否 否（不にならない）（とめる）

なりたち 【形声】「不」が「反対」の意味と、「ヒ」にかわって読み方をしめしている。「口」で反対することを表す字。

意味 うちけす。そうであることをみとめない。否めない事実。例 提案を否とする。賛成か否か。否決・拒否 対 諾・肯

【否応】いやおう ⇕「いやだ」という返事と、「よし、わかった」という返事。例 いやおうなしに（どんな返事をしようがおかまいなく）。

【否決】ひけつ ⊠（－する）会議で、みとめないと決めること。例 反対多数で否決。対 可決

【否定】ひてい ⊠（－する）そうではないと、みとめないこと。うちけすこと。類 否認 対 肯定

【否認】ひにん ⊠（－する）あることがらを、事実とはちがうと言ってみとめないこと。例 容疑者は犯行を否認している。類 否定 対 是認・承認

故事のはなし　呉越同舟（ごえつどうしゅう）

呉の国の人と越の国の人とは、たがいにかたきどうしとしてにくみ合い、たいへん仲がわるかった。たまたまおなじ舟に乗り合わせて長江を渡っていたところ、急に暴風に見まわれた。そこで日ごろの恨みもわすれ、心を一つにして助け合った。（『孫子』九地篇）

ライバルとして長年死闘をくりひろげていた。それで呉と越といえば、仲のわるいあいだがらの代表となった。もともとは、たがいに反目し合うかたきどうしでも、舟が転覆するような危難にあうと、日ごろのにくしみもわすれて協力するものだという意味を表すことばであった。

参考 春秋時代の呉の国の王夫差と越の国の王句践とは、「臥薪嘗胆」や「会稽の恥をすすぐ」の語でも知られるように、宿命の

←否が下につく熟語 上の字の働き

【安否 可否 採否 賛否 正否 成否 諾否 適否】ドウスル・ドウデアルということに対して、そうかそうでないかどちらかと考えさせる形。

【吻】

口－4 総画7 人名 明朝 吻 543B

音フン外 訓―

意味 ❶くちびる。例 接吻 ❷くちさき。例 口吻（はなしぶり）

【呆】

口－4 総画7 表外 明朝 呆 5446

音ホウ外・ボウ外 訓おろ－か外・あき－れる外

意味 ❶おろか。知恵や考えが足りない。例 痴呆 ❷あきれる。あっけにとられる。例 呆れてものが言えない。呆然

【呂】

口－4 総画7 常用 明朝 呂 5442

音ロ中・リョ外 訓―

筆順 ｌ ｍ ロ ロ 呂 呂 呂

意味 音楽の調子。例 呂律

【呂律】ろれつ ⅠⅡ ❶りょりつ 音楽の調子。❷ろれつ ものを言う調子。例 呂律が回らない（舌がよく動かなくて、話すことばがはっきりしない）。

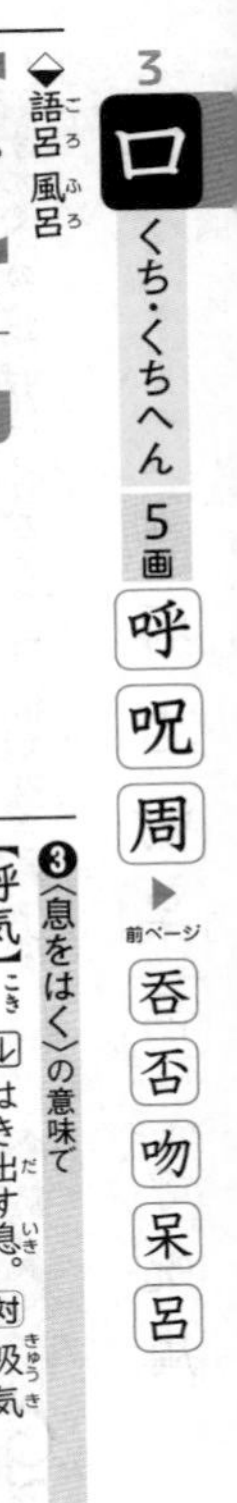

◆語呂 風呂

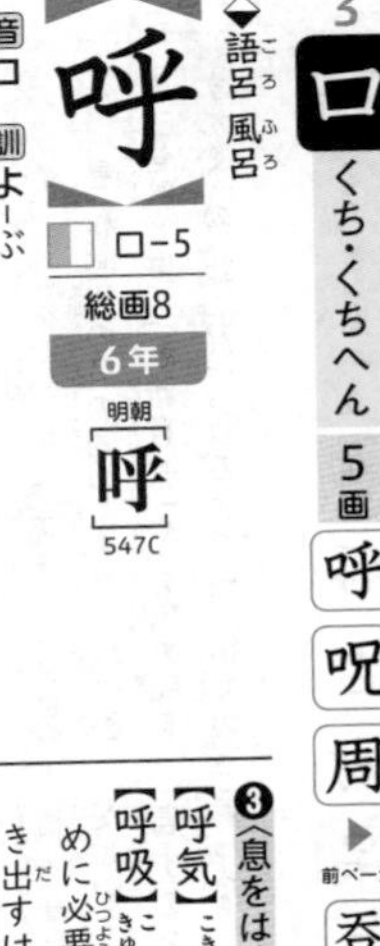

呼

ロ−5 総画8 6年 明朝 呼 547C

音コ 訓よ-ぶ

筆順 ながく はねる

なりたち [形声]「乎」がはき出す意味と「コ」という読み方をしめし、「口」から息をはく意味を表す字。

意味 ❶よぶ。よびかける。さそいだす。例名前を呼ぶ。呼び水。呼応・歓呼 ❷名づける。名前をつける。例呼称 ❸息をはく。息をはき出す。はく息。例呼気・呼吸 対吸

❶〈よぶ〉の意味で

【呼応】こおう ⇕〈―する〉①一方がよびかけると、もう一方がこたえること。例合図に呼応する。②おたがいに気持ちや意志をしめし合わせること。例与野党が呼応して反対する。③文章の中で、「たぶん…だろう」「もし…ならば」「けっして…ない」などのように、上のことばに対して下のことばがきまった表現をとること。例呼応の関係。

❷〈名づける〉の意味で

【呼称】こしょう Ⅱ〈―する〉ものに名前をつけて、その名でよぶこと。そのよび名。

❸〈息をはく〉の意味で

【呼気】こき ⇩はき出す息。対吸気

【呼吸】こきゅう ⇕〈―する〉①生物が、生きていくために必要な酸素をすいこみ、二酸化炭素をはき出すはたらき。例深呼吸。類息・気息 ②ものごとをうまくするための、調子やこつ。例カーブを投げる呼吸をつかむ。③いっしょになにかをするときの、人と人とのあいだの調子。例チームの呼吸がぴったり合う。④短い時間。例ひと呼吸おいて話しはじめる。

呼が下につく熟語 上の字の働き

❶呼＝〈よぶ〉のとき
【点呼 連呼】ドウヤッテ呼ぶか。

◆歓呼

呪

ロ−5 総画8 常用 明朝 呪 546A

音ジュ㊥ 訓のろ-う㊥

筆順

意味 のろう。まじないをする。例呪いをかける。

【呪文】じゅもん ⇩のろいやまじないのことば。例呪文をとなえる。

周

ロ−5 総画8 4年 明朝 周 5468

音シュウ 訓まわ-り

筆順 はらう はねる ながく

なりたち [形声]「シュウ」と読んで田いっぱいに作物ができている形（[illegible]）の字に、かこいを表す「口」をくわえて「いきわたる」意味を表す字。

意味 ❶まわり。もののそとまわり。例周りの人。池の周り。周辺・円周 ❷めぐる。ひとまわりする。まわりあるく。例周期・周航 ❸いきわたる。全体にいきわたる。いきとどく。例周知・周到

例解 [使い分け] まわり[回・周] ☞243ページ

名前のよみ あまね・ちか・なり・のり・まこと

❶〈まわり〉の意味で

【周囲】しゅうい Ⅱ①ものの外がわのふち。例湖の周囲は二キロある。②まわりをとりまいている人やもの。例周囲の意見を聞く。

【周辺】しゅうへん Ⅱそのまわりいったい。例工場の周辺。対中心・中央

❷〈めぐる〉の意味で

【周忌】しゅうき ⇩人が死んでから毎年めぐってくる命日を表すことば。類回忌・年忌 表現死んで一年がたったときを「一周忌（一回忌）」、次の年（二年め）を「三回忌（三周忌）」という。

【周期】しゅうき ⇩①ひとまわりするのにかかる時間。例地球が太陽をまわる周期。②おな

じ運動をくり返すものが、一回の運動にかかる時間。例火山活動の周期を調べる。

【周航】しゅうこう ↓〈─する〉船であちこちをめぐること。例琵琶湖周航の船に乗る。

【周章狼狽】しゅうしょうろうばい ◆〈─する〉ひどくあわてて、うろたえること。

【周旋】しゅうせん ⊟〈─する〉人と人とのあいだにたって、商売や交渉などがうまくいくようにせわをすること。なかだち。類斡旋

【周年】しゅうねん ↓数字の下につけて、まる何年たったかを表す。例学校創立三十周年。

【周波数】しゅうはすう 電波や音波・交流電流などの、一秒間に振動する回数。ヘルツで表す。

【周遊】しゅうゆう ↓〈─する〉あちこちまわったあと、出発したところへもどるように旅行すること。例四国周遊の旅。周遊切符。類回遊

❸〈いきわたる〉の意味で

【周知】しゅうち ↓みんなが知っている。

例解 使い分け しゅうち《周知・衆知》

周知＝多くの人に知れわたっていること。例周知の事実。周知徹底させる。

衆知＝多くの人びとの知恵。例衆知を集める。

周知

衆知

【周到】しゅうとう ↓〈─な〉よくいきとどいていて、ぬかりがない。例用意周到。

味

口-5 総画8 3年 明朝 味 5473

音ミ 訓あじ・あじ-わう

筆順 味 味 味 味 味 味 味 味（ながく・はらう）

なりたち [形声]「未」が「ミ」という読み方をしめし、「美」の意味を表している。「口」がついて「あじ」の意味を表す字。

意味

❶あじ。あじわう。舌に感じるあじわい。舌にあじを感じる。例味がいい。味をしめる。味覚・美味

❷なかみ。心に感じとるものごとのようす。内容。例意味・気味・興味

❸感じとる。ものごとのおもむきをじっくりと感じとる。例幸せを味わう。吟味

❹《その他》例味方・一味

特別なよみ 三味線(しゃみせん)

名前のよみ ちか

❶〈あじ。あじわう〉の意味で

【味見】あじみ ↓料理のあじをたしかめること。例味見をする。類毒見・試食

【味覚】みかく ↓うまい・あまい・からいなどの、食べ物のあじを感じとる舌のはたらき。例秋の味覚。関連視覚(目)・聴覚(耳)・嗅覚(鼻)・味覚(舌)・触覚(皮膚)

❸〈感じとる〉の意味で

【味読】みどく ↓〈─する〉内容をよく考え、そのよさを感じとりながら読むこと。例詩をくりかえし味読する。

❹《その他》

【味方】みかた ↓①自分のほうのなかま。例味方につける。対敵 ②〈─する〉力をかして助けること。例兄はいつも妹に味方する。

味が下につく熟語 上の字の働き

❶味＝〈あじ。あじわう〉のとき
【後味 酸味 滋味 大味 珍味 美味 薬味】ドノヨウナ味か。

❷味＝〈なかみ〉のとき
【興味 趣味】近い意味。
【意味 気味 嫌味 強味 弱味 新味 正味 地味 風味 妙味 涼味】ドノヨウナ内容か。

◆一味 加味 吟味 賞味 毒味 不気味 無意味 無味

命

口-5 総画8 3年 明朝 命 547D

音メイ・ミョウ(中) 訓いのち・みこと(外)

筆順 命 命 命 命 命 命 命 命（はらう・はねる）

たなり 命 [会意]「口」としたがわせる意味の「令」を合わせて、ことばでめいれいすることを表している字。

意味

❶言いつける。さしずする。言いつけ。例 命令・任命

❷天のさだめ。まさにそうなるべきめぐりあわせ。例 命運・宿命

❸いのち。生きていること。例 命を落とす。致命傷。命日・寿命

❹名づける。名前を登録した籍。例 命名・亡命

❺めあて。ねらうところ。例 命中

名前のよみ あきら・とし・なが・のぶ・のり・まこと・みこと・みち・もり・よし

❶〈言いつける〉の意味で

【命令】めいれい Ⅱ〈―する〉かならずそうするよう強く言いつける。言いつけ。例 命令にしたがう。類 指令

❷〈天のさだめ〉の意味で

【命運】めいうん Ⅱ 天がその人にあたえた厳粛な運命。例 命運がつきる。社の命運をかける。類 運命 表現「運命」も「命運」も意味は似ているが、「命運」は、生と死の分かれめなどが決まるぎりぎりのときをいうのに使われる。

❸〈いのち〉の意味で

【命綱】いのちづな ↓ 高いところや水中など、あぶない場所ではたらく人の命をまもるために、その人の体につけるつな。表現「家からの送金が命綱だ」のような言い方もできる。

【命日】めいにち ↓ 人が死んだ日。その人が死んだ日とおなじ日づけの日。例 母の命日。類 忌日 表現 一年に一度まわってくるおなじ月おなじ日づけの日を「祥月命日」という。たとえば、三月七日になくなった人の命日は毎月の七日で、祥月命日は毎年の三月七日だが、このごろは、「命日」というだけで「祥月命日」を指すことが多い。

【命脈】めいみゃく ↓ つづいている命。例 命脈をたもつ。

❹〈名づける〉の意味で

【命題】めいだい ↓ 一つの判断をことばで表したもの。参考「課題」の意味で用いることがある。

【命名】めいめい ▲〈―する〉名前をつける。名づける。

❺〈めあて〉の意味で

【命中】めいちゅう ↓〈―する〉ねらったとおりにあたる。例 矢はずばり命中した。類 的中

←命が下につく熟語 上の字の働き

❶命＝〈言いつける〉のとき

【拝命 復命 革命】言いつけを(言いつけに)ドウスルか。〔「革命」は、天命をあらたに受けるという意味〕

【任命 厳命 特命】ドノヨウナ言いつけか。

❷命＝〈天のさだめ〉のとき

【使命 宿命】ドノヨウナさだめか。

❸命＝〈いのち〉のとき

【一命 短命 長命 余命】ドウイウ命か。

【救命 懸命 助命 絶命 存命 落命】命をドウスルか。

◆運命 寿命 人命 生命 勅命 天命 薄命 亡命 用命

和

口-5 総画8 3年 明朝 和 548C

音 ワ・オ高 訓 やわ-らぐ中・やわ-らげる中・なご-む中・なご-やか中・あ-える外

筆順 和 和 和 和 和 和 和 和（とめる）

たなり 味 [形声]「禾」が「ワ」とかわって読み方をしめし、「カ」には合わせる意味があり、「口」がついて、声を合わせることから、「ほどよく調和する」ことを表す字。

意味

❶よく合う。うまくとけこんでいる。いっしょになる。例 和音・調和

❷かかわりがうまくいく。仲がよい。例 和を講じる。和解・不和

❸やわらぐ。やわらげる。たいどやようすがおだやかである。例 寒さが和らぐ。気持ちが和む。和やかな雰囲気。温和

❹たし算の結果。合わせた数。例 和と差。総和 対 差

❺日本。むかしからの日本。例 和語・英和

❻《その他》例 和尚

注意するよみ オ…例 和尚

特別なよみ 日和(ひより)・大和(やまと)

名前のよみ あい・かず・たか・ちか・とし・とも・な・のどか・ひとし・まさ・ます・やす・やすし・よし・より・わたる

❶〈よく合う〉の意味で

【和音】わおん ↓ 高さのちがう二つ以上の音が、ほどよくひびき合ってできる音。表現「不協和音」は、調和しないで、耳ざわりな音の組み合わせをいう。

【和声】わせい ▲ 音楽で、きまりどおりに組み合わされた和音のつらなり。知識 旋律(メロディー)・拍子(リズム)とともに、音楽のたいせつな三つの要素の一つ。

❷〈かかわりがうまくいく〉の意味で

【和解】わかい ↓ (―する) あらそいをやめて、なかなおりする。例 和解が成立する。

【和議】わぎ ↓ あらそいをやめて、なかなおりするための相談。例 和議を申し入れる。

【和親】わしん Ⅲ なかよくすること。例 和親条約。表現 おもに国と国との関係に使う。

【和戦】わせん ⇕ なかよくするか、たたかうか。例 和戦両様のかまえ。

【和平】わへい Ⅲ なかなおりして、平和になること。例 和平条約。類 平和 対 戦争

❸〈やわらぐ〉の意味で

【和睦】わぼく Ⅲ (―する) なかなおり。

【和気藹藹】わきあいあい (―たる) (―と) なごやかなふんいきがみちている。例 和気藹々のクラス会。

❺〈日本〉の意味で

【和英】わえい ⇕ 「和英辞典」の略。日本語から英語をひく辞典。対 英和(英和辞典)

【和歌】わか ↓ 日本にむかしからある定型詩。五音と七音を組み合わせてつくる。五・七・五・七・七のかたちの「短歌」がその代表。五・七をくりかえして、五・七・七でしめくくる「長歌」や五・七・七・五・七・七の「旋頭歌」もある。

【和漢】わかん ⇕ 日本と中国。例 和漢の書。

【和語】わご ↓ 中国から漢語がつたわってくる前から日本で使われていたことば。やまとことば。参考 ☞ ものしり巻物19(667ページ)

【和裁】わさい ↓ 和服をぬうこと。日本風の着物をしたてる技術。対 洋裁

【和紙】わし ↓ 日本でむかしからつくられてきた紙。コウゾやミツマタなどを原料にし、手すきでつくる。類 日本紙 対 洋紙

【和式】わしき ↓ 日本独特の形ややり方。例 和式トイレ。類 和風・日本式 対 洋式

【和室】わしつ ↓ たたみや障子、ふすまなどのある日本風のへや。例 このホテルには和室もある。類 日本間・座敷 対 洋室・洋間

【和書】わしょ ↓ 日本語で書かれた本。関連 和書・漢籍・洋書

【和食】わしょく ↓ さしみ・てんぷら・焼き魚・煮物などの日本風の食事。類 日本食 対 洋食

【和製】わせい ↓ 「日本でつくった」ということ。例「ナイター」は和製英語だ。類 日本製

【和船】わせん ↓ 日本のむかしからのつくり方でつくった木の船。

【和装】わそう ↓ ①日本風の服装をすること。対 洋装 ②むかしから日本にある、本のとじ方。例 和装本。対 洋装

【和風】わふう ↓ 日本のむかしからのならわしやり方。例 和風建築。和風旅館。類 日本風・日本式・和式 対 洋風・洋式

【和服】わふく ↓ 日本式の衣服。類 着物 対 洋服

【和文】わぶん ↓ 日本語の文章。例 和文英訳。類 邦文 対 欧文・漢文

【和名】わめい・わみょう ↓ 日本で通用している、ものの名前。おもに動植物についていう。例「ポピー」の和名は「ひなげし」だ。類 日本名

【和訳】わやく ↓ (―する) 外国語を日本語に言いかえること。例 英文和訳。類 邦訳

【和洋】わよう ⇕ 日本と西洋。例 和洋の家具。

【和洋折衷】わようせっちゅう 日本風と西洋風をとりあわせること。例 和洋折衷の家。

❻〈その他〉

【和尚】おしょう ↓ お寺のお坊さん。表現 お坊さんのあいだでは、弟子が師の僧をうやまってよぶのに使う。また、宗派により「かしょう」「わじょう」といろいろに読む。

← 和が下につく熟語 上の字の働き

❶ 和=〈よく合う〉のとき

【唱和 調和 融和】ドウヤッテ和するか。

【中和 飽和】ドノヨウニ和するか。

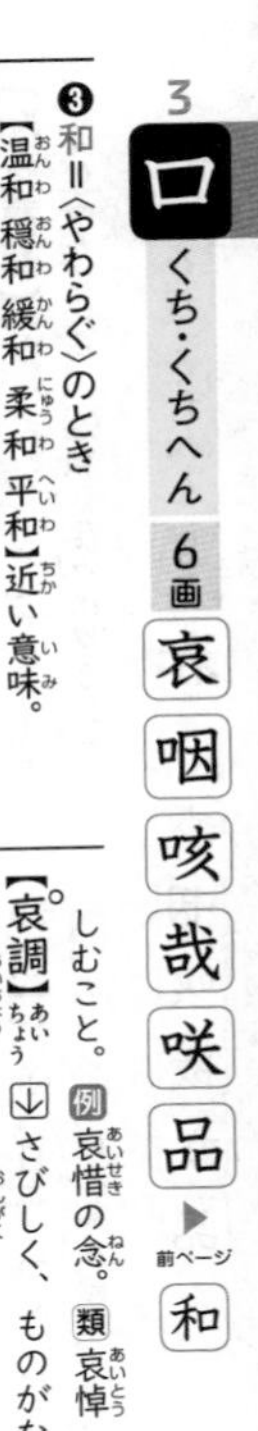

❸和＝〈やわらぐ〉のとき
【温和 穏和 緩和 柔和 平和】近い意味。
◆協和 講和 不和 総和 英和

【哀】

口－6 総画9 常用 明朝 哀 54C0

音アイ㊥ 訓あわ-れ㊥・あわ-れむ㊥

筆順 亠 亠 亠 亣 亣 亨 亨 哀 哀

なりたち 哀 [形声]「衣」が「つつむ」意味と、「アイ」とかわって読み方をしめしている。「口」をくわえて、おさえるようなかなしい声を表している字。

意味 かなしい。あわれむ。あわれだ。見ていてかわいそうに思う。例 哀れなすがたで帰る。不幸な人を哀れむ。喜怒哀楽。悲哀

【哀歌】↓かなしい気持ちをうたった歌。かなしい感じの歌。エレジー。類 悲歌
【哀感】↓なんとなくかなしい感じ。例 哀感にみちた曲。類 哀愁
【哀歓】⇕かなしみとよろこび。例 人生の哀歓をあじわう。類 悲喜
【哀願】↓〈―する〉ただただ「おねがいします」とたのむこと。類 嘆願
【哀史】↓かなしみにみちた物語。
【哀愁】Ⅱしみじみとした、ものがなしい感じ。例 哀愁がただよう。類 哀感
【哀惜】Ⅱ〈―する〉人の死をおしんで、かなしむこと。例 哀惜の念。類 哀悼
【哀調】↓さびしく、ものがなしい調子。例 哀調をおびた音楽。
【哀悼】Ⅱ〈―する〉人の死をかなしみ、心をいためること。例 哀悼の意。類 哀惜・追悼
【哀話】↓かわいそうな話。類 悲話

【咽】

口－6 総画9 常用 明朝 咽 54BD

音イン㊥・エン㊦・エツ㊦ 訓のど㊦

筆順 丨 口 口 叮 叮 叮 叮 咽 咽

意味 ❶のど。のみこむ。例 咽喉 ❷むせぶ。息や声がつまる。例 嗚咽

❶〈のど〉の意味で
【咽喉】Ⅱのど。例 耳鼻咽喉科。

【咳】

口－6 総画9 表外 明朝 咳 54B3

音ガイ㊦ 訓せき㊦

意味 せき。せきをする。例 空咳

【哉】

口－6 総画9 人名 明朝 哉 54C9

音サイ㊦ 訓かな㊦・や㊦

意味 ❶…だなあ。…かな。（感動を表す）例 快哉・善哉 ❷…であろうか。…や。（疑問を表す）

【咲】

名前のよみ すけ・ちか・とし・はじめ

口－6 総画9 常用 明朝 咲 54B2

音― 訓さ-く㊥

筆順 丨 口 口 口 口 咲 咲 咲 咲

なりたち 咲 [形声]もとの正しい字は「咲」。「芺（ショウ）」はしなをつくるようすと読み方をしめし、「口」がついて、口もとにしなをつくってわらう意味の字。のちに、人がわらう意味には「笑」の字が使われ、「咲」は花が「さく」として使い分けられるようになった。

意味 さく。花が開く。例 花が咲く。五分咲きのサクラ。

【品】

口－6 総画9 3年 明朝 品 54C1

音ヒン 訓しな

筆順 丨 口 口 口 口 品 品 品（ちいさめに） 品

なりたち 品 [会意]「口」を三つならべて多くの人、多くの物を表す字。

意味 ❶しなもの。作ったり、やりとりしたり、売り買いしたりするもの。例 食料品。❷種類や等級。ものを種類や等級に分けた一つ一つ。例 手をかえ品をかえ。品種

❸内容のねうち。人やものの質の高さ、よさ。ひん。例品がいい。品位・品評・気品

名前のよみ かず・ただ・のり

❶〈しなもの〉の意味で

【品薄】▽〈—な〉買い手が多いのに、品物が少ない。例日照りで野菜が品薄になる。

【品物】Ⅱ使うために用意されるもの。売ったり買ったりするもの。類品・商品

【品質】↓使ってわかる品物のよしあし。例品質を保証する。品質管理。高品質。

【品名】↓品物の名前。

❷〈種類や等級〉の意味で

【品詞】↓単語を、文の中で受けもつ役目によって分類したものの一つ一つ。日本語では、ふつう、「名詞」「代名詞」「動詞」「形容詞」「形容動詞」「副詞」「連体詞」「接続詞」「感動詞」「助詞」「助動詞」の十一の品詞に分ける。

【品種】Ⅱ動物・植物の種類。例品種改良。

【品目】↓品物の種類ごとについている名前。例商品を品目ごとにならべる。

❸〈内容のねうち〉の意味で

【品位】↓その人にそなわっている品のよさ。上品さ。類品・品格

【品格】↓人やもののもっている感じのよさやりっぱさ。例品格がそなわっている人。類気品・品位・格調

【品行】↓ふだんの行いや態度のよしあし。類素行・操行・行状

【品行方正】〈—な〉行いがきちんとしていて正しいこと。例品行方正なふるまい。

【品性】↓人間としてりっぱかどうかという点から見た人がら。例品性がいやしい。

【品評】↓〈—する〉できのよしあしを、みんなで批評する。例品評会。

品が下につく熟語 上の字の働き

❶品＝〈しなもの〉のとき

【新品 小品 逸品 絶品 珍品 名品 粗品】ドンナ品か。

【金品 商品 景品 賞品 食品 薬品 部品 洋品】ドウイウ種類の品か。

【現品 作品 製品 盗品 遺品 廃品 備品 用品】ドウシタ・ドウナッテイル品か。

【出品 納品 返品】品をドウスルか。

❸品＝〈内容のねうち〉のとき

【上品 下品】ドンナねうちか。

【気品 人品】ナニの品か。

◆手品 天下一品 物品

員

口-7 総画10 3年 明朝 員 54E1

音イン 訓—

筆順 員 員 員 員 員 員 員 員 員 員 とめる

なりたち ［会意］まるをしめすしるしの「口」と「かなえ（鼎→貝）」を合わせて、煮る容器である鼎が円形であることを表す字。例員数

意味

❶かず。例員数・満員

❷人。ある仕事や役目を分担する人。メンバー。例人員・全員・店員

❸はば。ひろさ。例幅員

名前のよみ かず

❶〈かず〉の意味で

【員数】Ⅱきめられている人やものの数。そなえておくべき数。例そうじ用具の員数を調べる。員数あわせ。表現「質を無視した数だけ」という意味がつよい。「員数はそろっている」や「員数がいるだけだ」などの言い方で使われる。

員が下につく熟語 上の字の働き

❶員＝〈かず〉のとき

【欠員 剰員 定員】ドンナ数か。

❷員＝〈人〉のとき

【駅員 教員 乗員 船員 店員 吏員 乗務員 乗組員】ドウイウ仕事をする人員か。

【委員 議員 係員 雇員 職員 随員 役員 要員】ドウイウ役割や立場の人員か。

【会員 社員 隊員 団員 党員】ナニに属する人員か。

【一員 各員 全員】全体の人員のなかのドノ部分か。

【増員 動員】人員をドウスルか。

◆人員 幅員 満員

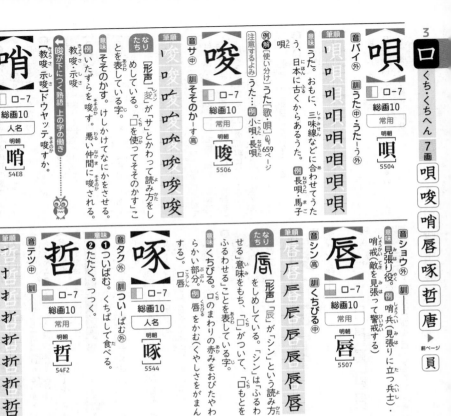

唄

口−7 総画10 常用 明朝 唄 5504

音 バイ 外 訓 うた 中・うた-う 外

筆順 丨 口 叩 叩 唄 唄 唄 唄

意味 うた。おもに、三味線などに合わせてうたう、日本に古くからあるうた。例 長唄・馬子唄

例 解 [使い分け] うた[歌・唄] ☞659ページ

注意するよみ うた…例 小唄・長唄

唆

口−7 総画10 常用 明朝 唆 5506

音 サ 中 訓 そそのか-す 高

筆順 丨 口 口' 吣 唆 唆 唆 唆

なりたち [形声]「夋」が「サ」とかわって読み方をしめしている。「口を使ってそそのかす」ことを表している字。

意味 そそのかす。けしかけてなにかをさせる。例 いたずらを唆す。悪い仲間に唆される。教唆・示唆

唆が下につく熟語 上の字の働き

[教唆 示唆] ドウヤッテ唆すか。

哨

口−7 総画10 人名 明朝 哨 54E8

音 ショウ 外 訓 ―

意味 見張り役。例 哨兵(見張りに立つ兵士)・哨戒(敵を見張って警戒する)

唇

口−7 総画10 常用 明朝 唇 5507

音 シン 高 訓 くちびる 中

筆順 一 厂 戸 辰 辰 唇 唇 唇 唇

なりたち [形声]「辰」が「シン」という読み方をしめしている。「シン」は「ふるわせる」意味をもち、「口」がついて、「口もとをふるわせる」ことを表している字。

意味 くちびる。口のまわりの赤みをおびたやわらかい部分。例 唇をかむ(くやしさをがまんする)。口唇

啄

口−7 総画10 人名 明朝 啄 5544

音 タク 外 訓 ついば-む 外

意味 ❶ついばむ。くちばしで食べる。❷たたく。つつく。

哲

口−7 総画10 常用 明朝 哲 54F2

音 テツ 中 訓 ―

筆順 一 寸 扌 扩 折 折 哲 哲

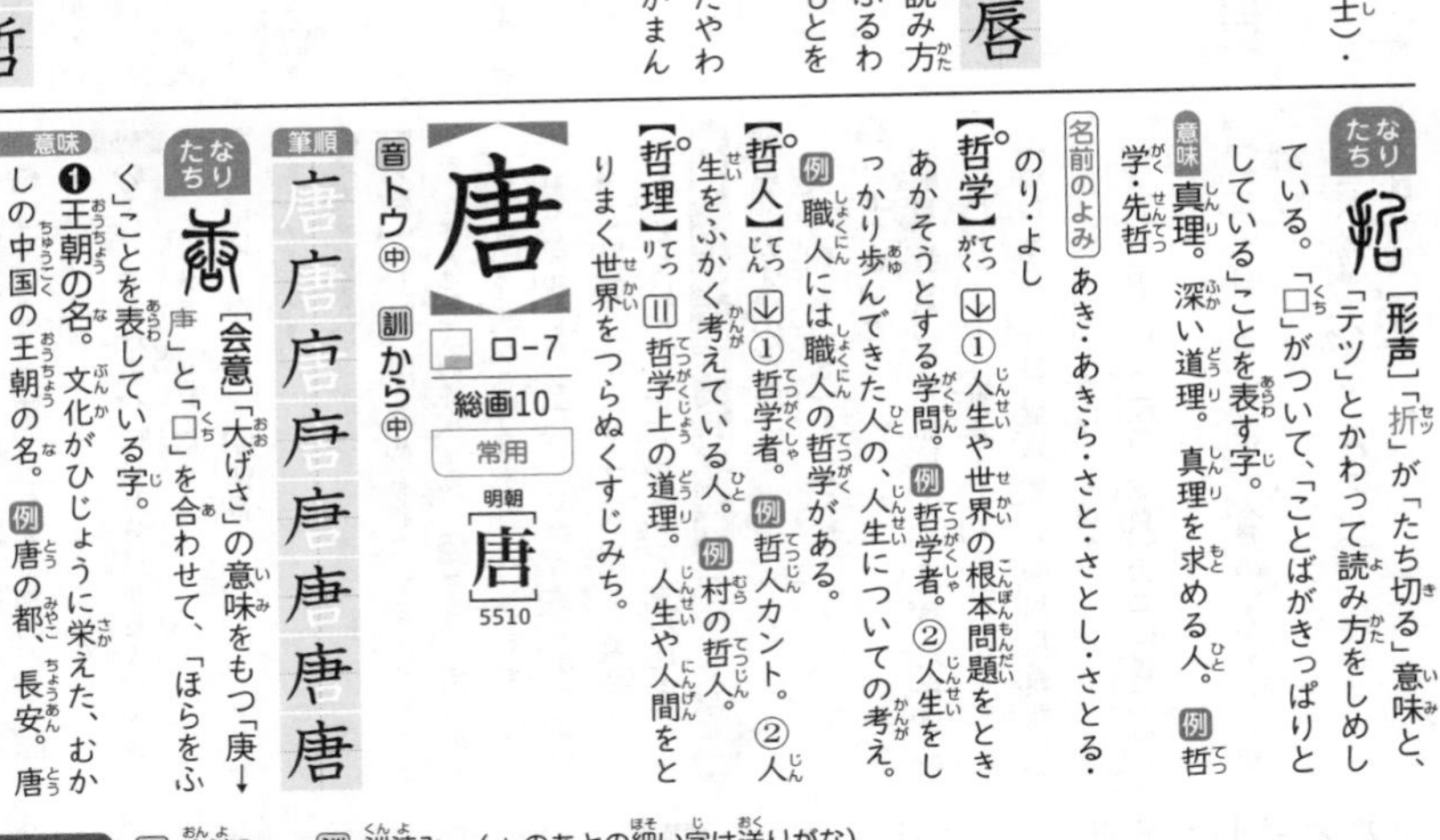

なりたち [形声]「折」が「テツ」とかわって読み方をしめしている。「たち切る」意味と、「口」がついて、「ことばがきっぱりとしている」ことを表す字。

意味 真理。深い道理。真理を求める人。例 哲学・先哲

名前のよみ あき・あきら・さと・さとし・さとる・のり・よし

【哲学】てつがく ⇩ ①人生や世界の根本問題をときあかそうとする学問。例 哲学者。②人生をしっかり歩んできた人の、人生についての考え。例 職人には職人の哲学がある。

【哲人】てつじん ⇩ ①哲学者。例 哲人カント。②人生をふかく考えている人。例 村の哲人。

【哲理】てつり Ⅲ 哲学上の道理。人生や人間をとりまく世界をつらぬくすじみち。

唐

口−7 総画10 常用 明朝 唐 5510

音 トウ 中 訓 から 中

筆順 亠 广 户 声 唐 唐 唐 唐

なりたち [会意]「大げさ」の意味をもつ「庚」→「声」と「口」を合わせて、「ほらをふく」ことを表している字。

意味 ❶王朝の名。文化がひじょうに栄えた、むかしの中国の王朝の名。例 唐の都、長安。唐詩・遣唐使

❷中国や外国。むかし日本で、中国、さらにはその他の外国を指していったことば。からくに。例唐の国。唐人・唐土

❸《その他》例唐突

❶《王朝の名》の意味で

【唐詩】とうし ↓ 中国の唐の時代につくられた詩。例唐詩選。

❷《中国や外国》の意味で

【唐傘】からかさ ↓ 竹のほねに油紙をはってつくる雨がさ。じゃのめがさ・番がさなどをいう。参考 むかし、頭にかぶる「すげがさ」と区別して、柄のあるかさをこうよんだ。

【唐紙】からかみ ↓ 美しい色合いの、いろいろなもようのついた紙。また、それをはったふすま。

【唐草模様】からくさもよう つる草のはいまわるようすをもようにしたもの。知識 唐草模様は中国より西、シルクロードの国々から伝わったもの。

唐草模様

【唐獅子】からじし◆ 中国的なすがたのライオン。知識 むかしの日本では実物のライオンを見ることができなかったので、想像によっていろいろなすがたにえがかれている。

【唐音】とうおん ↓ 漢字の音の一種。「行」を「アン」、「外」を「ウイ」、「和」を「オ」と読むような読み方。呉音や漢音よりもあとになって日本に入ってきた。宋音。参考 ☞ものしり巻物9（301ページ）

【唐人】とうじん ↓ ①中国の人。例唐人服。②外国人。

【唐土】とうど ↓ むかし、日本から中国大陸を指していったことば。もろこし。類唐

❸《その他》

【唐突】とうとつ ◎〈―な〉思いがけなくものごとが起こるようす。だしぬけ。例唐突に指名されてどぎまぎした。類不意・突然

【唐変木】とうへんぼく 勘がにぶくて、ものわかりのわるい、まぬけな人。表現「この唐変木め！」などと、人をわるくいうときに使う。

哺

口–7 総画10 常用 明朝 哺 54FA

音ホ中 訓―

筆順 丨 口 口 叮 叮 咟 哺 哺

意味 ふくむ。食べ物を口にふくませて育てる。口の中にふくんだ食べ物。

【哺乳】ほにゅう ▲ 母乳を子に飲ませて育てること。例哺乳類。

哩

口–7 総画10 人名 明朝 哩 54E9

音リ外 訓マイル外

意味 マイル。イギリスやアメリカなどで用いられる長さの単位。一哩は、約一・六キロメートル。

喝

口–8 総画11 常用 明朝 喝 559D 旧字 喝 FA36

音カツ中 訓―

筆順 丨 口 口 口口 喝 喝 喝 喝

なりたち [形声] もとの字は、「喝」。「曷」が「とどめる」意味と「カツ」という読み方をしめしている。「口」がついて、「大声でしかる」ことを表している字。

意味 大声でずばりと言う。大きな声でつよく言う。どなる。例喝采・一喝・恐喝

【喝采】かっさい ↓〈―する〉大声をあげ、手をたたいてほめること。例拍手喝采する。

【喝破】かっぱ ⊠〈―する〉ものごとのかんじんな点をずばり言いあてること。

◆一喝 恐喝 大喝

啓

口–8 総画11 常用 明朝 啓 5553

音ケイ中 訓―

筆順 ヨ ヨ 戸 戸 戸 启 启 啓

なりたち [形声] もとの字は、「啓」。「攵」が「ケイ」という読み方と「戸をおしひらく」意味を表している。「口」がついて、「口をひらく」として使われている字。

意味

❶ひらく。人の心をひらいて道理をわからせる。例啓示・啓発

❷もうしあげる。つつしんでのべる。例啓上・拝啓

名前のよみ あきら・さとし・たか・のぶ・のり・はじめ・はる・ひら・ひらく・ひろ・ひろし・ひろむ・よし

❶〈ひらく〉の意味で

【啓示】⬇〈─する〉人の知恵ではわからないことを、神があらわししめすこと。

【啓蟄】◆ ▲ 二十四気の一つで、冬ごもりしていた虫が、地上に出てくるとされるころ。三月のはじめにあたる。

【啓発】Ⅲ〈─する〉いろいろなことに気づかせ、ものを見る力や考える力を高めること。例啓発をうける。交通安全の啓発ポスター。類啓蒙

【啓蒙】◆ ▲〈─する〉まだものがよくわかっていない人に考え方を教えて、一つ一つわからせていくこと。例啓蒙活動。類啓発

❷〈もうしあげる〉の意味で

【啓上】⬇〈─する〉申し上げること。表現手紙の最初に「一筆啓上」とか「一筆啓上いたします」などと書くことがある。

⬅啓が下につく熟語 上の字の働き

❷啓＝〈もうしあげる〉のとき

【謹啓 拝啓 粛啓】ドウイウ態度で申し上げるか。

商

ロ-8 総画11 3年 明朝 商 5546

音ショウ 訓あきな-う中

筆順 （はねる・おらない）

なりたち 【形声】「𠫤（高い台地）」と「ショウ」という読み方をしめす「章→辛」からできた字で、「高い台地」を表した字。「あきない」の意味に借りて使われるようになった。

意味

❶あきなう。ものの売り買いをすること。あきない。例衣料品を商う。商いは牛のよだれ（商売では、牛のよだれのように細長く気長にしんぼうすることが大切）。商人・通商

❷わり算の結果。わり算をして出た数。例商をもとめる。対積

❶〈あきなう〉の意味で

【商家】⬇商売をしている家。類商店

【商会】⬇商業活動をしている会社。類商社・商事・商店 表現「○○商会」のように会社の名前のあとにつけて使う。

【商業】⬇仕入れた商品を売ってもうけを出す仕事。あきない。類商売

【商魂】⬇少しでも多くもうけようとする商人の心がまえ。例商魂たくましい人。

【商才】⬇商売をうまくやる才能。例商才にたける。

【商事会社】売りたい人と買いたい人とのあいだで、品物の売り買いをする会社。

【商社】⬇品物の売り買いを仕事にしている会社。とくに貿易会社をいうことが多い。例商社マン。類商会

【商船】⬇人やものを運んでかせぐのが目的の船。例商船会社。

【商戦】⬇商売をするうえでの、ほかの店や会社との競争。例歳末商戦。

【商談】⬇〈─する〉品物の売り買いを決める話し合い。例大きな商談をまとめる。

【商店】⬇商品を売るための店。例商店街。類商家・店舗

【商人】⬇品物を買い入れて、それを売ることを仕事にしている人。あきんど。

【商売】Ⅲ〈─する〉①仕入れた品物を売ってもうけを出すこと。例こんなに安く売ったら商売にならない。類商業 ②くらしをたてるための仕事。例漫才師は人をわらわせるのが商売だ。類職業・稼業

【商売柄】その職業をしているということで身についている人の性質。例商売柄、一度会った人の顔はわすれません。

【商売気】①もうけようと思う気持ち。例商売気をはなれて言います。②その職業に特有の気質。例商売気を出す。

【商標】⬇生産者や会社などが、自分のところの品物につけるしるし。トレードマーク。

ものしり巻物 第7巻

漢字の形

漢字は、時代の流れに沿ってさまざまに変化してきました。

漢字の起源は、亀の甲羅や獣の骨などに刻まれた**甲骨文字**とされ、銅に鋳込んだ**金文**(☞「ものしり巻物4」133ページ)となり、さらに発展して**篆書**や**隷書**という書体が生まれました(☞「ものしり巻物5」163ページ)。

時代がくだると、隷書で速く多くの文書を書くために**草書**や**行書**がくふうされました。しかし、あまりにも形をくずしすぎたため、今度は、整った書きやすい書体として**楷書**が生まれました(☞「ものしり巻物6」197ページ)。

さらに中国では、一九五〇年代以降の改革により、複雑な字形を簡略化した漢字「**簡化字**」(簡体字とも)が生みだされます。これは字形の一部をとったり、草書体を楷書体のようにしたりするなどのくふうをしてつくられました。現在の中国では、この簡化字が正式に使われています。簡化字に対して、もとの字を**繁体字**といいます。

日本でもまた、中国とは異なる展開があります。一九四六(昭和二一)年に発表された「当用漢字表」では、漢字に親しみやすくするためにと、字形の難しい漢字にそれまで一般の間で使われていた略字体を採用するなど、字体の整理が行われました。これを**新字体**と呼び、それまでに使われていた字を**旧字体**といいます。一九八一(昭和五六)年の「常用漢字表」も当用漢字の流れを受けて制定されました(☞「ものしり巻物14」471ページ)。

二〇一〇(平成二二)年に改定された「常用漢字表」では、新しく追加した漢字に対して、当用漢字のような字体の整理は行わず、一部の漢字にそのまま、むかしからの字体を採用しています。これは、わたしたちの身の回りに、パソコンや携帯電話などの情報機器が普及し、すでにその中で使われていた字体であったということも理由の一つでしょう。

とはいえ、「常用漢字表」の前文にもふれられているように、それら一部の字を手で書くときには、手書きの習慣がありますので、活字とまったく同じに書く必要はありません。この辞典ではそのような説明を 字体のはなし として、注意の必要な項目につけてあります。ふろくの「字体についての解説」(30ページ)も参考にしてください。

ブランド。例登録商標。

【商品】しょうひん ↓売るための品物。例目玉商品。

【商法】しょうほう ↓①商売のやり方。②商売のやり方について決めた法律。例悪徳商法。

【商用】しょうよう ↓①商売のための用事。例商用で北海道に行く。②商売のために使うもの。例商用の風船をたくさん仕入れる。

◆隊商 通商

唱

音ショウ 訓とな-える

口-8 総画11 4年 明朝 唱 5531

筆順 丨 ㅁ 口 口l 口口 口日 口冃 口昌 唱 唱 (ややちいさく)(おおきく)

なりたち 【形声】「昌」が「ショウ」という読み方をしめしている。「ショウ」は高くあげる意味をもち、「口」がついて、「声を高くはりあげる」ことを表している字。

意味 となえる。うたう。声に出して言う。歌をうたう。例念仏を唱える。合唱

【唱歌】しょうか ▲歌をうたうこと。また、うたうための歌。例文部省唱歌。

【唱道】しょうどう Ⅲ(ーする)自分から先に立って言うこと。参考「道」も、「言う」という意味。

【唱和】しょうわ ↓(ーする)一人の人が言うのに合わせて、ほかの人びとがおなじことばを言うこと。例「乾杯」の音頭に唱和する。

←唱が下につく熟語 上の字の働き

【愛唱 詠唱 絶唱 独唱 斉唱 合唱 輪唱 二重唱】ドウイウ仕方でうたうか。

◆万歳三唱 復唱

唾

口-8 総画11 常用 明朝 唾 553E

音 ダ㊥ 訓 つば㊥・つばき㊇

筆順

意味 つば。口の中に出る消化液の一種。例 生唾・唾液・唾棄

特別なよみ 固唾(かたず)

問

口-8 総画11 3年 明朝 問 554F

音 モン 訓 と-う・と-い・とん

筆順 (とめる) (はねる)

なりたち 形声「門」が「モン」という読み方をしめしている。「モン」は「たずねる」意味を表し、「口」がついて、「といただす」ことを表している字。

意味

❶とう。わからないことをたずねる。といただす。例 責任を問う。問題・質問 対 答

❷おとずれる。人をたずねる。例 訪問

❸《その他》例 問屋

注意するよみ とん…例 問屋

❶〈とう〉の意味で

【問診】↓〈―する〉医者が患者に、からだのぐあいをたずねること。例 問診票。関連 問診・打診・触診・聴診・視診

【問題】↓①その答えによって、どのくらいの学力や知識があるかをためすために出す問い。例 試験問題。対 解答 ②研究したり話し合ったりして、解決しなければならないことがら。例 環境問題。③人びとの注目を集めているもの。例 問題の本を読んだが、あまりおもしろくない。

【問題点】考えたり、話し合ったりするときのいちばん中心になることがら。

【問答】⇕〈―する〉①問うことと答えること。また、そのやりとり。例 問答をかわす。問答形式。②たがいに意見をのべて話し合うこと。例 問答無用。

❸《その他》

【問屋】↓品物をつくる人や会社からたくさん買い入れて、それを小売店に売るなかつぎの店。例 呉服問屋。表現 問屋が小売店に品物を売ることを「卸す」といい、小売店が問屋から買うときには「仕入れる」という。

←問が下につく熟語 上の字の働き

❶問＝〈とう〉のとき

【諮問 質問 尋問 詰問】近い意味。

【学問 疑問 喚問 拷問 検問 査問 試問】ドウヤッテ問うか。

【愚問 難問】ドンナ問いか。

【設問 反問】問いをドウスルか。

❷問＝〈おとずれる〉のとき

【慰問 弔問】ドウスルためにおとずれるか。

◆訪問

唯

口-8 総画11 常用 明朝 唯 552F

音 ユイ㊥・イ㊢ 訓 ただ㊇

筆順

なりたち 形声「隹」が「ユイ・イ」とかわって読み方をしめしている。「スイ」は「はい」という返事の「はい」のことで、「口」がついて、「はい」という返事」の意味で使われている字。

意味

❶ただ。ただ…だけ。例 唯一

❷「はい」と答える返事。例 唯唯諾諾

注意するよみ イ…例 唯唯諾諾

❶〈ただ〉の意味で

【唯一】↓ただ一つだけ。例 唯一の手段。

【唯一無二】たった一つだけで、二つとはないこと。例 この子は唯一無二の宝だ。

【唯我独尊】自分だけがすぐれていると、思いあがること。参考 釈迦が生まれたとき、一方の手は天を指し、もう一方の手は地を指して、「天上天下唯我独尊」と言ったという。これは自分の価値を自覚したことばで、

自分をえらいとほめたことばではない。

❷〈「はい」と答える返事〉の意味で

【唯唯諾諾】[Ⅱ]〈―と〉なにを言われても「はいはい」と人の言うとおりになるようす。例 どんな命令にも唯々諾々としたがう。

営

口-9 総画12 5年 明朝 営 55B6 旧字 營 71DF

音 エイ 訓 いとな-む

筆順 （はねる・ややおおきく）

なりたち [形声] もとの字は、「營」。「呂」が建物の連なった形を、「𤇾(ケイ)」が「かこむ、めぐらす」意味と、「エイ」とかわって読み方をしめしている。「四方をかこんだすまい」を表す字。

意味 ❶軍隊のいるところ。例 陣営 ❷いとなむ。生活や仕事のための、必要なことをする。例 生活を営む。日々の営み。営業・経営 ❸建物をつくる。例 営繕

❷〈いとなむ〉の意味で

【営営】[Ⅱ]〈―たる〉〈―と〉休むひまもなくはたらきつづけるようす。例 毎日、営々とはたらく。

【営業】[▲]〈―する〉仕事や商売をすること。例 日曜も休まず営業します。営業時間。

【営巣】[▲]〈―する〉動物が、子を育てるための巣をつくること。例 野鳥の営巣地。

【営利】[▲] 利益があがるように仕事をすること。例 営利を目的とする。営利事業。

❸〈建物をつくる〉の意味で

【営繕】[Ⅱ]〈―する〉建物を新しくつくったり直したりすること。例 営繕係。

【営造】[Ⅱ]〈―する〉大きな建物をつくること。類 造営・建造

営が下につく熟語 上の字の働き

❷営＝〈いとなむ〉のとき

【運営 経営】近い意味。

◆陣営 夜営

喚

口-9 総画12 常用 明朝 喚 559A

音 カン 中 訓 よ-ぶ 外

なりたち [形声]「奐」が「カン」という読み方をしめしている。「口」がついて、「カン」は「わめく」意味をもち、「口」がついて、「よびさけぶ」ことを表している字。

意味 ❶大声でよぶ。よびかける。さけぶ。例 喚声・叫喚 ❷よび出す。よびよせる。例 喚問・召喚

❶〈大声でよぶ〉の意味で

【喚起】[↓]〈―する〉人の心の中に注意や関心をよびおこすこと。例 注意を喚起する。

【喚声】[↓] さけび声。例 喚声をあげて敵陣にきりこむ。表現 喜びの声は「歓声」。

❷〈よび出す〉の意味で

【喚問】[↓]〈―する〉おおやけの場によび出して問いただすこと。例 国会に証人を喚問する。類 召喚

喜

口-9 総画12 5年 明朝 喜 559C

音 キ 訓 よろこ-ぶ

筆順 （みじかく・ながく・でない）

なりたち [会意]「壴」は耳をよろこばせるつづみ(鼓)の形で、「口」と合わせて、「よろこぶ」ことを表している字。

意味 ❶よろこぶ。よろこび。おもしろい。例 喜びを分かち合う。喜劇・狂喜 対 悲・憂 ❷《その他》例 喜寿

名前のよみ のぶ・はる・ひさ・よし

❶〈よろこぶ〉の意味で

【喜悦】[Ⅱ]〈―する〉心からよろこんでうれしく思うこと。例 喜悦の表情。

【喜劇】[↓] 見ている人をわらわせるような、こっけいな劇。コメディー。対 悲劇

【喜捨】[↓]〈―する〉自分からすすんで、神社や寺、あるいはこまっている人にお金や品物を寄付すること。例 喜捨を申し出る。

【喜色】きしょく ↓ 顔つきなどにあらわれるうれしそうなようす。例 喜色満面（よろこびの気持ちを顔全体にあらわすこと）。対 憂色

【喜怒哀楽】きどあいらく ↓ よろこび・いかり・かなしみ・たのしみなど、心の中に起こるさまざまな気持ち。

❷〈その他〉

【喜寿】きじゅ ↓ 七十七歳のこと。参考「喜」という字の草書体の「㐂」が七十七に見えることからいう。☞【還暦】かんれき（464ページ）

喜が下につく熟語 上の字の働き

❶喜＝〈よろこぶ〉のとき

【狂喜 驚喜】ドンナニよろこぶか。

◆悲喜

喫

口−9 総画12 常用 明朝 喫 55AB

音 キツ中 訓 すーう外

筆順 口 口 叶 吽 喫 喫 喫 喫

なりたち 喫 [形声]「契」がきずをつける意味と、「キツ」とかわって読み方をしめしている。「口」がついて、「歯でかんで食べる」ことを表している字。

意味 ❶ものを口にする。食べたり飲んだり吸ったりすること。例 喫茶・満喫

❷身にうける。こうむる。例 大敗を喫する。喫水

❶〈ものを口にする〉の意味で

【喫煙】きつえん ▲〈−する〉たばこをすうこと。例 喫煙室。対 禁煙

【喫茶】きっさ ▲ お茶をのむこと。例 喫茶店。

❷〈身にうける〉の意味で

【喫水】きっすい ▲ 船の、水につかっている部分の深さ。例 喫水線。類 船脚

喬

口−9 総画12 人名 明朝 喬 55AC

音 キョウ外 訓 たかーい外

意味 背が高い。高くそびえる。例 喬木

名前のよみ たかし・もと

【喬木】きょうぼく ↓ 幹がかたく、背の高い木。高木。対 灌木

喧

口−9 総画12 人名 明朝 喧 55A7

音 ケン外 訓 かまびすーしい外

意味 かまびすしい。うるさい。やかましい。例 喧嘩・喧騒

喉

口−9 総画12 常用 明朝 喉 5589

音 コウ中 訓 のど中

筆順 丨 口 叩 叩 喉 喉 喉

意味 のど。のどぶえ。例 咽喉

喰

口−9 総画12 人名 明朝 喰 55B0

音 サン外 訓 くーらう外・くーう外

意味 くう。くらう。食べる。

善

口−9 総画12 6年 明朝 善 5584

音 ゼン 訓 よーい

筆順 善 善 善（だす） 善 善（ながく） 善 善

なりたち 譱 [会意] うまい意味の「羊」とたくさんの「言→口」を合わせて、「りっぱなことば」を表している字。

意味 ❶ただしい。人のおこないとして正しくてよい。例 善は急げ。改善 対 悪

❷うまく。よい結果をめざして。例 善処

❸なかよくする。よいかかわりあいをもつ。例 善隣・親善

例 解 [使い分け] よい[良・善] ☞933ページ

名前のよみ ただし

❶〈ただしい〉の意味で

【善悪】ぜんあく ⇕ よいことと、わるいこと。例 善悪をわきまえる。類 是非・理非

【善意】ぜんい ↓ ①人のためを思うやさしい心。例 これもみなかれが善意でやったことだ。類 好意 対 悪意 ②よい意味。例 人の言うことを

なんでも善意にとる。対悪意

【善行】↓よいおこない。例ごみを拾うのも小さな善行だ。類徳行 対悪行

【善政】↓人びとが幸福になるようなよい政治。例善政をしく。類仁政・徳政 対悪政

【善玉】↓善人。よい人。対悪玉 参考☞【悪玉】(497ページ)

【善導】↓〈─する〉よくなるように教えみちびくこと。例非行少年の善導につとめる。

【善男善女】心のよい人たち。まじめに生活している平凡な人たちを、仏の慈悲の心から見ていうことば。

【善人】↓うそをついたり、人をだましたりできない人。例根っからの善人。対悪人

【善良】Ⅱ〈─な〉すなおで、まじめなこと。例善良な市民。

❷〈うまく〉の意味で

【善後策】事件などが起きたとき、うまくあとしまつをする方法。例善後策を講じる。

【善処】↓〈─する〉うまくいくよう、とりはからうこと。例要望にそうよう善処します。

【善戦】↓〈─する〉力を十分に出しきって、りっぱにたたかうこと。例善戦したが、おしくもやぶれた。類健闘 表現負けたほうをほめることばで、勝ったときには使わない。

【善用】↓〈─する〉よいことに役立つように、うまく使うこと。例科学の力は善用してこそ意味がある。対悪用

❸〈なかよくする〉の意味で

【善隣】▲となり近所となかよくすること。例善隣友好。善隣外交。表現人と人より、国と国の関係にいうことが多い。

◆改善 偽善 慈善 親善

喪

口-9 総画12 常用 明朝 喪 55AA

音 ソウ中 訓 も中

筆順

なりたち [会意]「死ぬこと」を表す「亡」と「なく」を表す「哭」を合わせて、「人の死んだことをかなしむ」意味を表す字。

意味

❶も。人が死んだとき、悲しみを表すために、ある期間生活をつつしむ礼儀。例喪に服す。喪中・服喪

❷うしなう。なくしてしまう。例阻喪

❶〈も〉の意味で

【喪主】↓葬式をおこなうとき、その代表となる人。例喪主のあいさつ。類施主

【喪章】↓喪服のかわりに、ふつうの衣服につける黒や灰色の布やリボン。

【喪中】↓喪に服している期間。人が死んだとき、家族が他人との交際をひかえ、家にこもってつつしんでいる期間。例喪中につき、新年のごあいさつをえんりょいたします。類忌中 知識期間は多くは一年間で、そのあいだは、晴れがましい行事などはしないし、年賀状なども出さない。

【喪服】↓葬式や喪中に着る衣服。例喪服に身をつつむ。知識喪服は、黒がふつうで、ハンドバッグや靴も黒い色のものにする。

❷〈うしなう〉の意味で

【喪失】Ⅱ〈─する〉すっかりなくなってしまうこと。例自信喪失。記憶喪失。表現おもに心のはたらきについて使う。

喋

口-9 総画12 人名 明朝 喋 558B

音 チョウ外 訓 しゃべ-る外

意味 しゃべる。口数多く話す。

喩

口-9 総画12 常用 明朝 喩 55A9

音 ユ中 訓 さと-す外・たと-える外

筆順

意味

❶さとす。教えさとす。わからせる。例教喩(↓教諭)

❷たとえる。ほかのものにたとえて説明する。例比喩

表記 今は「さとす」は「諭す」、「たとえる」は「例える」で書くことが多い。

字体のはなし「喩」とも書く。☞ふろく「字体についての解説」(30ページ)

【嘩】

口−10　総画13　人名　明朝 嘩 5629

音 カ 外　訓 かまびす-しい 外

意味 かまびすしい。やかましい。わいわいと、うるさい。例 喧嘩

【嗅】

口−10　総画13　常用　明朝 嗅 55C5

音 キュウ 中　訓 か-ぐ 中

筆順

意味 ❶かぐ。においを感じとる。例 においを嗅ぐ。嗅覚 ❷ものごとをさぐる。例 嗅ぎ回る。

字体のはなし 「嗅」(口部「9画」、総画「12画」)とも書く。☞ふろく「字体についての解説」(30ページ)

❶〈かぐ〉の意味で

【嗅覚】きゅうかく ↓ 鼻でにおいを感じとるはたらき。関連 視覚(目)・聴覚(耳)・嗅覚(鼻)・味覚(舌)・触覚(皮膚)

【嗣】

口−10　総画13　常用　明朝 嗣 55E3

音 シ 中　訓 つ-ぐ 外

筆順

なりたち [形声]「冊」は竹のふだをつないだ形からでき、「司」が「シ」という読み方をしめしている。「シ」は「ととのえる」意味をもち、竹のふだをきちんとつなぐことを表している字。

意味 つぐ。あとをつぐ。例 嗣子(家のあとをつぐ子)

文字物語 器

「器」は、「うつわ」。「うつわ」がもつ、それぞれの形とはたらきとが中心になって、意味がひろがっていく。

意味の❶うつわは、中に物を入れるのに使う道具、つまり、入れ物としてはたらく「容器」「器物」だ。「食器」「洗面器」など、いろいろある。

❷は、何かをするときに使う道具をいう。目的にはたらかなければ道具ではない。よって、「計器」「計算器」「炊飯器」「湯わかし器」などいくらでも「…器」がつくられる。

❸は、生き物のからだの中ではたらく「うつわ」、つまり「器官」だ。「呼吸器」「消化器」「循環器」、どれも生きていくのにだいじなはたらきをもっている。

❹は、人間ひとりひとりがもっている、はたらき・能力を表すもの。大きな「器量」をもった人が「大器」で、「大器晩成」の言い方でよく使われる。

【嘆】

口−10　総画13　常用　明朝 嘆 5606　旧字 嘆 FA37

音 タン 中　訓 なげ-く 中・なげ-かわしい 中

筆順

なりたち [形声] もとの字は、「嘆」。「𦰩」が「なやむ」意味と、「タン」とかわって読み方をしめしている。「口」がついて、「なやんでためいきをつく」ことを表している字。

意味 ❶なげく。ためいきが出る。がっかりする。例 不運を嘆く。嘆息・悲嘆 ❷ほめたたえる。感動してほめたたえる。例 嘆声・感嘆

❶〈なげく〉の意味で

【嘆願】たんがん ↓〈―する〉つらくこまっている事情をうったえて、いっしょうけんめいにたのむこと。例 嘆願書。類 懇願・哀願

【嘆声】たんせい ↓ 悲しんだり苦しかったりするときに思わず出るためいき。☞❷

【嘆息】たんそく ↓〈―する〉こまったり、心配したりして、ためいきをつくこと。例 嘆息をもらす。

❷〈ほめたたえる〉の意味で

【嘆声】たんせい ↓ 感心したとき、思わず出す声。例 すばらしい演奏に嘆声がもれた。☞❶

嘆が下につく熟語 上の字の働き

❶嘆＝〈なげく〉のとき

【慨嘆 悲嘆】近い意味。
❷嘆＝〈ほめたたえる〉のとき
【感嘆 驚嘆 賛嘆】ドウヤッテほめたたえるか。
◆詠嘆 三嘆 痛嘆

【嘉】
口-11 総画14 人名 明朝 嘉 5609

音 カ外 訓 よ-い外

意味 よい。よいとみとめる。めでたい。例 嘉運

名前のよみ ひろ・よしみ

【嘗】
口-11 総画14 人名 明朝 嘗 5617

音 ショウ外 訓 な-める外・かつ-て外

意味 ❶なめる。味をみる。例 臥薪嘗胆。嘗味(味わいながら食べる) ❷かつて。これまでに。以前。むかし。

【噂】
口-12 総画15 人名 明朝 噂 5642

音 ― 訓 うわさ外

意味 うわさ。寄り集まってしゃべる。例 噂が流れる。噂通り。噂話

【器】
口-12 総画15 4年 明朝 器 5668 旧字 器 FA38

音 キ 訓 うつわ中

筆順 器 （はらう）

なりたち [会意]もとの字は「器」。「犬」と多くの口のうつわを表す「口」を合わせてできた字。犬は多くの器物をまもるものとしてくわえられたとする説がある。

意味
❶入れ物。例 ガラスの器。器物・食器
❷はたらく道具。例 器具・楽器
❸からだの中ではたらくもの。人や動植物で、生きるためのはたらきをする組織。例 器官・臓器
❹人間のはたらき。すぐれた素質や能力。例 器用

[文字物語]☞みぎのページ

❶〈入れ物〉の意味で
【器物】Ⅲ 入れ物。うつわや道具。例 器物破損。

❷〈はたらく道具〉の意味で
【器械】Ⅲ 人の力でしかけを動かすような、かんたんな道具。例 器械体操。
例解 [使い分け] きかい[機械・器械] ☞653ページ
【器楽】⇩ピアノやバイオリンなどの楽器を使って演奏する音楽。例 器楽曲。対 声楽
【器機】Ⅲ 器具・器械・機械をまとめていうことば。表記「機器」とも書く。
【器具】Ⅲ ふだんの生活で使う、かんたんな器械や道具。例 照明器具。類 道具
【器材】Ⅲ 道具と材料。例 実験用の器材。

❸〈からだの中ではたらくもの〉の意味で
【器官】Ⅲ 生物のからだの中で、生きていくためのあるきまったはたらきを受けもつところ。例 消化器官。呼吸器官。

❹〈人間のはたらき〉の意味で
【器用】Ⅲ〈―な〉①仕事をしたり物を作るときの、手のはこび、指の動かし方などがいかにもうまい。例 器用な手つき。対 不器用 ②気がきき、要領がよく、仕事をうまくかたづける。例 器用にたちまわる。対 不器用
【器用貧乏】器用であるために、いろいろな仕事に手を出したり、人からたのまれたりして、かえって大きな仕事ができず成功しないこと。
【器量】⇩①ある役目について、その仕事をやりとげるだけの能力。例 部長としての器量を見こまれる。②顔かたち。例 器量のよいむすめ。類 容姿・容色・見目

←器が下につく熟語 上の字の働き
❶器＝〈入れ物〉のとき
【磁器 漆器 土器 陶器 陶磁器】ナニでできている器か。
【食器 容器】ドウスルための器か。
❷器＝〈はたらく道具〉のとき
【兵器 武器 楽器 便器 分度器 受話器 補聴器】ドウスルための道具か。
【銀器 石器 青銅器 鉄器】ナニでできている道

具か。
【公器 什器 名器 利器 鈍器 凶器】ドノヨウナ道具か。
❸器＝〈からだの中ではたらくもの〉のとき
【臓器 呼吸器 消化器】ナニの器官か。
◆大器

【嘘】
口−12 総画15 表外 明朝 嘘 5653

音 キョ外 訓 うそ外

意味 うそ。ほんとうではないこと。人をだますためにする話。例 嘘をつく。嘘八百をならべる。

【嘱】
口−12 総画15 常用 明朝 嘱 5631 旧字 囑 56D1

音 ショク中 訓 ―

筆順 口 叩 呢 呢 嗎 嗎 嘱 嘱

なりたち ［形声］もとの字は「囑」。「屬」が「くっつける」意味と「ショク」という読み方をしめしている。「口」がついて、「口で言いつける」ことを表している字。

意味 たのむ。のぞむ。「こうしてくれ」と言う。「こうなってくれよ」と思う。例 将来を嘱する。嘱託・嘱望・委嘱

【嘱託】しょくたく Ⅲ ①そのことだけにかぎって、仕事をしてもらうこと。例 嘱託医。類 委嘱 ②正式の社員や職員にはならないで、仕事の一部をうけもつ人。例 嘱託社員。

【嘱望】しょくぼう ▲〈―する〉きっと立派になるだろうとのぞみをかけ、楽しみに待つこと。例 画家として嘱望されている。類 期待

【噌】
口−12 総画15 人名 明朝 噌 564C

音 ソウ外・ソ外 訓 かまびす-しい外

意味 ❶かまびすしい。やかましい。❷調味料の「味噌」に使われる字。

【嘲】
口−12 総画15 常用 明朝 嘲 5632

音 チョウ中 訓 あざけ-る中

筆順 口 叶 叶 咕 咭 嘲 嘲 嘲

意味 あざける。からかう。例 嘲るような態度。嘲笑・自嘲

字体のはなし 「嘲」とも書く。☞ふろく「字体についての解説」［30］ページ）

【嘲笑】ちょうしょう ↓〈―する〉ばかにして笑うこと。あざけり。あざ笑う。例 嘲笑をあびる。類 冷笑 対 称賛

◆自嘲

【噴】
口−12 総画15 常用 明朝 噴 5674

音 フン中 訓 ふ-く中

筆順 口 吖 吽 吽 嘈 嘈 噴 噴

なりたち ［形声］「賁」が「ふきでる」意味と「フン」という読み方をしめしている。「口」がついて、「口からふき出す」ことを表している字。

意味 ふく。いきおいよくふき出す。例 火を噴く。噴火

例 解 ［使い分け］ふく［噴・吹］☞ひだりのページ

【噴煙】ふんえん ↓ 火山などからふき出しているけむり。例 浅間山の噴煙が見える。

【噴火】ふんか ▲〈―する〉火山が爆発して、溶岩・火山灰などをふき出すこと。例 噴火口。

【噴射】ふんしゃ ↓〈―する〉液体や気体をすごいいきおいでふき出させること。

【噴出】ふんしゅつ ↓〈―する〉水や火、また、気持ちなどがいきおいよくふき出すこと。また、ふき出ること。例 火山が噴出する。不満が噴出する。

【噴水】ふんすい ▲ 公園や広場などにつくってある、水を高くふき出すしかけ。

【噴飯】ふんぱん ▲ 食べかけのものを口からふき出すほどに笑ってしまうこと。表現 口の中に何もなくても「そいつは噴飯ものだ」などと言う。ほんとうにゆかいで笑うときよりも、ばかにして笑うときに言うことが多い。

【噴霧】ふんむ ▲ 液体などを、きりのように細か

いつぶにしてふき出すこと。例噴霧器。

嚇

口−14 総画17 常用 明朝 嚇 5687

音 カク㊥ 訓 ―

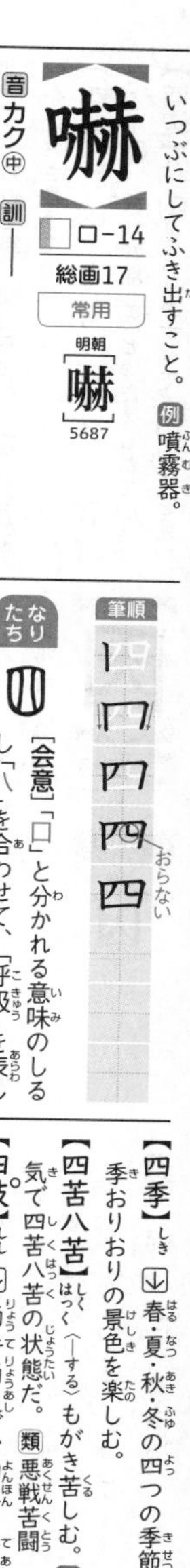

筆順

なりたち [形声]「赫」が「まっかになる」意味と「カク」という読み方をしめしている。「口」がついて、「はげしくおこる」ことを表している字。

意味 ❶いかる。はげしくおこる。かっとなる。❷おどす。おどかす。例威嚇。

3画 口 [くにがまえ] の部

周囲を囲う意味を表す「口」をもとに作られ、ものの周りを囲み、取り巻くことにかかわる字を集めてあります。

四

口−2 総画5 1年 明朝 四 56DB

音 シ 訓 よ・よ-つ・よっ-つ・よん

筆順 おらない

なりたち [会意]「口」と分かれる意味のしるし「八」を合わせて、「呼吸」を表していた字。借りて、数の「よっつ」として使われるようになった。

意味 ❶よっつ。三と五の間の数「し」。よん。例四たす四は八。四つちがい。四人。四日。四輪。❷まわりのどこも。まわり。四方。例四海 ❸四国。「四国地方」の略。例本四架橋。

❶〈よっつ〉の意味で

【四角】しかく ↓〈―な〉四つのかどがあり、四本の直線にかこまれた形。四角形。例四角な空間。真四角。

【四角四面】しかくしめん〈―な〉まじめいっぽうでかたくるしく、おもしろみがない。例かれの性格は四角四面で、ちっともおもしろくない。

例解 使い分け ふく《噴く・吹く》

噴く＝気体や液体をいきおいよく外へ出す。例火を噴く。黒煙を噴く。蒸気を噴き出す。

吹く＝息を外へ出す。空気が流れ動く。出る。例笛を吹く。ほらを吹く。風が吹く。芽吹く。

【四季】しき ↓春・夏・秋・冬の四つの季節。例四季おりおりの景色を楽しむ。

【四苦八苦】しくはっく〈―する〉もがき苦しむ。例不景気で四苦八苦の状態だ。類悪戦苦闘

【四肢】しし ↓両手両足で、四本の手足。

【四捨五入】ししゃごにゅう〈―する〉算数で、もとめようとする位のすぐ下の位の数が、四以下のときは切りすてにし、五以上のときはもとめる位の数に一をくわえること。たとえば、「三四」は「三〇」にし、「三五」は「四〇」にすること。例一〇円未満の端数は四捨五入する。

【四十九日】しじゅうくにち 人が死んでから四十九日めにあたる日。その日におこなう仏教の法事。七七日。

【四重奏】しじゅうそう 四つの楽器による演奏。カルテット。例弦楽四重奏。

【四則】しそく ↓数の計算の四種類。たし算・ひき算・かけ算・わり算。類加減乗除

【四天王】してんのう ①仏教で、四つの方角をまもる神。持国天・増長天・広目天・多聞天をいう。②いっしょに学んだり仕事をしたりするな

◀次ページ 囚 因

かまの中で、とくにすぐれた四人。例この道場の四天王のひとりだ。

【四分六】しぶろく 四対六の割合。例この試合は、四分六で、こちらが不利だ。表現 五対五のときは「五分五分」、七対三なら「七三」という。

【四分五裂】しぶんごれつ〈―する〉まとまりがなくなって、ばらばらになること。例一人の離反から、組織は四分五裂の状態になってしまった。

【四辺】しへん ⇩ 四角形の四つの辺。例平行四辺形。☞❷

【四方】しほう ⇩ 東・西・南・北の四つの方向。☞❷

【四民】しみん ⇩ 江戸時代の、士・農・工・商という四つの身分。例四民平等。

【四面】しめん ⇩ 四つの面。例四面体。☞❷

【四六時中】しろくじちゅう 一日じゅう。二十四時間ずっと。例四六時中、本ばかり読んでいる。

参考 四かける六は二十四だから。むかしは「二六時中」と言った。

【四隅】よすみ ⇩ 四角いものの、四つのすみ。また、かどの部分。例へやの四隅。

【四輪】よんりん ⇩ 四つの車輪。例四輪駆動。

❷〈まわりのどこも〉の意味で

【四海】しかい ⇩ まわりの海や、それにつながる広い世界の全部。例四海波静か(世の中が平和におさまっている)。

【四散】しさん ⇩〈―する〉ちりぢりばらばらになる。例一族は四散したとつたえられている。

【四辺】しへん ⇩ まわりのすべて。例四辺を見わたす。類周囲☞❶

【四方】しほう ⇩ あらゆる方面。まわり全部。例四方から人がおしよせる。

【四方八方】しほうはっぽう あらゆる方面。☞❶ どこもかしこも。例四方八方、手をつくしてさがす。

【四面】しめん ⇩ まわり。周囲。例四面を海でかこまれた国。類四方☞❶

【四面楚歌】しめんそか まわりが自分に反対する人ばかりで、味方する人がだれもいないこと。例わたしの計画は、みんなに反対されて四面楚歌の状態だ。類孤立無援

[故事のはなし]☞ひだりのページ

囚

口–2 総画5 常用

明朝 囚 56DA

音 シュウ中 訓 とら-われる外

筆順

なりたち [会意]「人」がかこみ(口)の中にいる形で、とりこになっているようすを表している字。

意味 とらわれる。とらえられた人。例囚人・虜囚

【囚人】しゅうじん ⇩ 刑務所に入れられている人。類服役者・受刑者

因

口–3 総画6 5年

明朝 因 56E0

音 イン 訓 よ-る高・ちな-む外

筆順

なりたち [会意]人(大)がしきもの(口)の上にあおむけになっているようすを表す字。

意味

❶これまでどおりにする。例因習

❷げんいん(原因)。ものごとをひきおこすもと。例不注意に因る事故。原因 対 果

❸因幡。旧国名。今の鳥取県東部。

❶〈これまでどおりにする〉の意味で

【因習】いんしゅう ⇩ むかしからのしきたりや習慣。例因習が村の発展をさまたげている。類旧習 表記「因襲」とも書く。表現 ほとんどよくない意味で使われる。

❷〈げんいん(原因)〉の意味で

【因果】いんが ⇕ ①原因と結果。例因果関係を調べる。②仏教の考えで、前世にあったことのむくい。例なんの因果で、こんなひどい目にあうのだろうか。③〈―な〉運が悪い。例因果な身の上を悲しむ。

【因果応報】いんがおうほう 前に行ったよいこと、悪いことの結果が、今の自分にむくいとなってあらわれること。とくに、今つらく苦しいことがあるのはむかしの悪い行いのためだという考え方。

【因業】いんごう ⇕〈―な〉参考 もとは仏教のことば。欲が深くて、思いやりや

さしさがまるで感じられないようす。

【因子】いんし ↓あることがらをひき起こすもとになるもの。原因となるもの。例遺伝因子を分析する。

【因縁】いんねん Ⅱ①仏教で、ものごとが起こるもとになると思われるすべての原因。例前世の因縁。②生まれる前から決まっている、その人の運命。例あなたとここでめぐり合ったのも、なにかの因縁だろう。類宿縁 ③人にいやがらせをするための言いがかり。もんく。例身におぼえのない因縁をつけられる。

←因が下につく熟語 上の字の働き

❷因＝〈げんいん(原因)〉のとき

【原因 素因】近い意味。

【遠因 外因 起因 内因 誘因 要因】ドノヨウナもとか。

【死因 勝因 敗因】ドウナル結果のもとか。

故事のはなし 四面楚歌

秦の滅亡後、漢の劉邦と楚の項羽が天下を争っていた。やがて項羽はしだいに追いつめられ、垓下で漢軍に包囲されてしまった。夜になると、まわりをいくえにも包囲した漢軍の中から、項羽の故郷である楚の民謡が聞こえてきた。項羽は、最後のたのみの綱としていた出身地が漢に降伏して、楚の人びとまでもが自分を討ちにきたのかと大いに驚き、もはやこれまでと思った。そこで、愛する虞美人と名馬の騅にわかれをつげて、烏江亭で人生をおえた。（『史記』項羽本紀）

回

口 ロ-3 総画6 2年 明朝 回 56DE

音カイ・エ高 訓まわ-る・まわ-す

筆順 丨 冂 冂 回 回 回（まんなかに）

たなちり [象形]水がぐるぐるまわるようすをえがいた字。

意味

❶まわる。まわす。ぐるりとめぐる。外まわりを動く。べつのところへ移る。例急がば回れ。目を回す。回転・回避・巡回

❷もとにもどる。もとの所にかえす。例回収・奪回

❸度数。ものごとが起こった度数をかぞえることば。例回を重ねる。数回。

❹《その他》例回教

例解 注意するよみ エ…例回向

使い分け まわり[回・周] ☞243ページ

❶〈まわる〉の意味で

【回向】えこう ↓〈-する〉仏教でお経をあげたり、念仏をとなえたりして、死んだ人のあの世での幸福をいのること。類供養

【回状】かいじょう ↓一通だけ書いて、じゅんじゅんにまわして読む書きつけ。

【回診】かいしん ↓〈-する〉病院などで、入院している病人を、医者が診察してまわること。

【回線】かいせん ↓電気や情報の通りみち。電線だけでなく、光ケーブルや無線の場合もある。例電話回線。

【回送】かいそう ↓〈-する〉①送ってきたものを、そのままべつのところへ送りとどけること。例手紙を引っこし先に回送する。類転送 ②電車や車などを、乗客や荷物などをのせないでべつのところにまわすこと。例回送車。

【回転】かいてん Ⅱ〈-する〉①くるりとまわること。例回転木馬。②流れるように、たえず入れかわること。例品物の回転がいい。③頭のはたらき。例頭の回転がはやい。④スキーやスノーボードの種目の一つ。スラローム。

【回避】かいひ Ⅱ〈-する〉向きをかえたり、にげたりして、そうならないようにすること。例責任回避。類忌避・逃避

【回遊】かいゆう ↓〈-する〉①あちこち旅行してまわること。例北海道を回遊する。類周遊 ②魚

のむれなどが、季節によって、きまったところに移動していくこと。例回遊魚。

【回覧】かいらん ↓〈―する〉じゅんじゅんにまわして見ること。例回覧板。

【回路】かいろ ↓電気やエネルギーなどがひとまわりしてもとのところにもどるようにつくられた通りみち。例電子回路。

【回廊】かいろう ↓神社やお寺などの建物をとりかこむようにつくってあるろうか。

❷〈もとにもどる〉の意味で

【回帰】かいき ↓〈―する〉ひとまわりしたあと、またもとのところにもどること。または、ほかのところへ行っていたものが、もとのところへもどること。例原点回帰。

【回帰線】かいきせん 地球に対して太陽がもっとも北または南に来るときの緯線。知識北緯二三度二七分に北回帰線、南緯二三度二七分に南回帰線がある。

【回顧】かいこ Ⅱ〈―する〉人がすぎさったことをふりかえって、いろいろ思い出すこと。例回顧録。類回想・追憶

【回収】かいしゅう ↓〈―する〉一度配ったものやちらばったものを、もとのところにもどすこと。例答案用紙を回収する。廃品回収。

【回想】かいそう ↓〈―する〉むかしのことをふりかえって、あれこれと思い出すこと。例子ども時代を回想する。類回顧・追想・追憶

【回答】かいとう ▲〈―する〉要求や問い合わせに対して返事すること。その返事。例ご回答をお願いします。回答者。類返答 表現出された問題にこたえる「解答」とは別。

例解 使い分け かいとう《回答・解答》

回答＝質問や要求に対するこたえ。
例アンケートに回答する。回答をもとめる。こんな回答には納得できない。

解答＝問題をといて出したこたえ。
例クイズの解答。この解答は正しい。試験問題の解答集。

アンケートへの回答

正しい解答

【回復】かいふく Ⅱ〈―する〉①よくない状態になっていたものが、もとどおりになること。例天気の回復を待つ。景気が回復する。②病気やけががなおること。例手術後、回復には二週間はかかる。類治癒・快復

【回文】かいぶん ↓ことばあそびの一つで、「たけやぶやけた」のように、上から読んでも下から読んでもおなじになることばや文。

❸〈度数〉の意味で

【回忌】かいき ↓仏教で、人が死んでから毎年めぐってくる、その人が死んだ日とおなじ月日。また、それが何回めであるかをかぞえることば。類周忌・年忌 表現☞【周忌】(222ページ)

【回数券】かいすうけん 何枚かのきっぷをまとめて買って、一回ごとに使えるようにしたもの。ふつうよりもねだんが少し安いことが多い。

❹《その他》

【回教】かいきょう ↓アラーの神を唯一絶対のものとして信仰する宗教。イスラム教ともいう。例回教徒。知識仏教・キリスト教とともに世界三大宗教の一つ。七世紀のはじめ、アラビアでマホメットが説いた。

←回が下につく熟語 上の字の働き

❶回＝〈まわる〉のとき
【巡回 旋回 転回】近い意味。

❷回＝〈もとにもどる〉のとき
【奪回 撤回】ドウヤッテもどらせるか。

❸回＝〈度数〉のとき
【今回 次回 毎回 数回】イクツの・イクツメの回か。

団

□ 口－3 総画6 5年

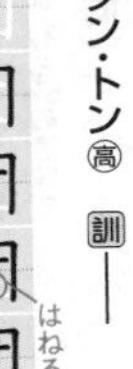

明朝 団 56E3

旧字 團 5718

音ダン・トン高 訓――

筆順

はねる

なりたち 團 [形声]もとの字は、「團」。「口」がかこみを表し、「專」が「まるめる」意味と、「ダン・タン」とかわって読み方をしめしている。「まるめる、ひとかたまり」を表す字。

意味 ❶まるい。円形の。まるいもの。例 団子 ❷集まり。人や物のひとまとまり。例 団体・集団

注意するよみ トン…例 布団

名前のよみ まどか・まる

❶〈まるい〉の意味で

【団扇】うちわ ↓ 柄をにぎってあおぎ、風をおこす道具。竹などの細いほねに紙や布をはってつくる。知識 柄がなくて、たためるようになっているのは扇子という。

【団子】だんご ⊠ 米やムギのこなを水でこね、小さくまるめて、焼くかむすかした食べ物。例 花見団子。きび団子。表現「花より団子」は、お花見に行って、花を見るより団子を食べるたのしみをいう。見て美しいものよりも、実際に役に立つもののほうがよいということ。

【団栗】どんぐり ↓ クヌギ・ナラ・カシなどの木の、まるくかたい実。表記「どんぐり」とかなで書いてよい。表現「どんぐりの背くらべ」は、どれも平凡で、ほとんど差がないこと。

❷〈集まり〉の意味で

【団員】だんいん ↓ その団体をつくっている一人ひとり。例 スポーツ少年団の団員。

【団塊】だんかい ‖ 大きなかたまり。例 団塊の世代(昭和二十年代前半に生まれた人たち。おなじ年齢の人口が一番多い)。

【団結】だんけつ ‖〈―する〉人びとがおなじ心で一つにまとまること。例 団結をかためる。一致団結。類 結束

【団交】だんこう ◎〈―する〉「団体交渉」の略。労働者の団体と経営者の団体とが話し合うこと。

【団体】だんたい ↓ おなじ目的で集まった人びとのまとまり。例 団体競技。類 集団 対 個人

【団地】だんち ↓ 住宅や工場などを、計画的に一つの場所に集めてつくったところ。

【団長】だんちょう ↓ 一つの団体を代表する人。例 応援団長。

【団欒】だんらん ↓〈―する〉家族や親しい人たちが集まって、なごやかに時をすごすこと。例 夕食後、一家だんらんの時をすごす。

団が下につく熟語 上の字の働き

❶団＝〈まるい〉のとき
【炭団 布団(蒲団)】ナニでつくったまるいものか。

❷団＝〈集まり〉のとき
【楽団 劇団 球団】ナニのための集団か。
【結団 入団】団を(団に)ドウスルか。

◆集団 船団

囲

口-4 総画7 5年 明朝 囲 56F2 旧字 圍 570D

音 イ 訓 かこ-む・かこ-う

筆順

なりたち 韋 [形声]もとの字は、「圍」。「口」がかこみを表し、「韋」がめぐる意味と「イ」という読み方をしめしている。「かこむ、

例解 使い分け まわり《回り・周り》

回り＝丸の形に動くこと。身のまわり。
例 見回る。ひと回りする。火の回りが早い。身の回りを整とんする。

周り＝物の外がわ。物をとりかこんでいる所。
例 池の周り。家の周りに塀をめぐらす。周りの人。

参考「回」は「回る」とも使うが、「周」は「まわる」とは使わない。

一回り
12 3 6 9
池の周り

「かこみ」として使われている字。

意味 かこむ。まわり。とりまく。かこみ。例 敵陣を囲む。周囲・包囲・雰囲気

【囲碁】いご ▲ たてよこ十九本の線を引いた盤の上に、白と黒の丸い碁石をならべて陣地をつくりあうゲーム。類 碁

【囲炉裏】いろり ゆかを四角に切りぬき、中で火をたく場所。からだをあたためたり、食べ物を煮たり焼いたりする。例 囲炉裏ばた。

囲が下につく熟語 上の字の働き

◆【範囲 包囲】近い意味。

◆胸囲 周囲

困

口-4 総画7 6年 明朝 困 56F0

音 コン 訓 こま-る

筆順

なりたち [会意]「木」が、かこみ(口)の中でのびられないでこまっているようすを表している字。

意味 こまる。苦しむ。例 生活に困る。困難・貧困

【困窮】こんきゅう Ⅱ〈─する〉お金がなくて家庭・家族の生活がひどく苦しいこと。例 困窮世帯。

【困苦】こんく Ⅱ〈─する〉生活が苦しいこと。

【困難】こんなん Ⅱ〈─な〉成功のさまたげになるものが多いこと。例 困難をきわめる。困難にうち勝つ。類 難儀・苦難 対 容易

【困惑】こんわく Ⅱ〈─する〉どうしてよいかわからずこまってしまうこと。例 とつぜん外国語で話しかけられて困惑した。類 困却・当惑

図

口-4 総画7 2年 明朝 図 56F3 旧字 圖 5716

音 ズ・ト 訓 はか-る 中

筆順 (てん、ななめ) (とめる)

なりたち [会意]もとの字は、「圖」。すぐれない意味を表す「鄙→啚」と、計画の範囲を表す「口」を合わせて、「あれこれはかりめぐらす」意味を表す字。

意味 ❶ず。え。形をえがいたもの。しるし。例 図をかく。図画・地図・合図・指図 ❷計画する。具体的な方法を考えて実行する。くわだて。例 解決を図る。意図

例解 [使い分け] はかる[図・計・量・測・謀・諮] ☞ひだりのページ

❶〈ず。え〉の意味で

【図案】ずあん ↓ 色や形を組み合わせて作ったもよう。デザイン。類 設計

【図画】ずが Ⅱ 絵。絵をかくこと。類 絵画

【図解】ずかい ↓〈─する〉図にかいて、わかりやすく説明すること。絵とき。例 棚の組み立て方を図解する。類 図説

【図柄】ずがら Ⅱ 織物や染め物にえがき出すもよう。例 図柄の美しい着物。類 絵柄

【図鑑】ずかん ↓ 動物や植物、あるいは社会生活に必要ないろいろなものについて、おなじ種類のものの絵や写真を集め、説明をつけくわえて、知りたいことが目で見てわかるようにしてある本。例 植物図鑑。乗り物図鑑。

【図形】ずけい ↓ ①ものの形を線や色で表したもの。例 波をデザインした図形。②算数で、点や線や面などによって、ある形や位置などを表したもの。例 平面図形。立体図形。

【図工】ずこう Ⅱ「図画・工作」の略。絵をかくことやものを作ること。小学校の教科の一つ。

【図示】ずし ↓〈─する〉見てわかるように図にかき表すこと。例 道順を図示する。

【図式】ずしき ↓ ものごとのつながりぐあいを、目で見てわかるように図で表したもの。例 文章の組み立てを図式にまとめる。図式化。

【図説】ずせつ ↓〈─する〉図を使って説明すること。例 漢字のしくみを図説した本。類 図解

【図版】ずはん ↓ 本の中に印刷してある図や絵や写真。例 色ずりの図版を入れる。

【図表】ずひょう Ⅱ 数や分量の大小や変化のようすを、線や数字を使って、目で見てわかるようにまとめたもの。グラフ。

【図星】ずぼし ↓ ①弓矢の的のまん中の黒い丸。例 矢が図星を射ぬく。②いちばんかんじんな

ところ。例図星をさされる。類急所

【図面】ずめん ↓機械の組み立てや、家のつくりなどたくさんの部品や材料の組み合わせ方を図に表したもの。例図面をひく。類設計図

【図録】ずろく ↓図や絵などを集めた目録。例美術展の図録。類図譜

【図書】としょ Ⅲ本。書物。出版物。例図書室。参考図書。類書籍

図が下につく熟語 上の字の働き

❶図＝〈ず。え〉のとき
【縮図 略図 鳥瞰図】ドウヤッテかいた図か。
【構図 系図 海図 地図】ナニをかいた図か。
【作図 製図】図をドウスルか。
【合図 指図】ドウイウしるしか。

❷図＝〈計画する〉のとき
【意図 企図】近い意味。
【壮図 雄図】ドンナくわだてか。

◆版図 原図 五十音図

固

口−5 総画8 4年 明朝 固 56FA

音コ 訓かた-める・かた-まる・かた-い

筆順 （十にならない）

なりたち [形声]「口」が都のまわりの城壁を表し、「古」が「かたい」意味と「コ」という読み方をしめしている。「城のまもりをかためる」意味を表す字。

意味

❶かたい。しっかりしている。かたくする。例土を固める。のりが固まる。固い決意。固体・頑固

❷もともとの。もとからある。例固有

❸《その他》例固唾

例解[使い分け]かたい[固・堅・硬]☞247ページ

例解[使い分け]かたまり[固・塊]☞249ページ

特別なよみ 固唾(かたず)

名前のよみ たか・もと

❶〈かたい〉の意味で

【固形】こけい ↓かたまっていて、ある形をもっているもの。例固形燃料。

【固持】こじ ↓〈―する〉考えなどをかえないで、がんこにもちつづけること。例自分の説を固持してゆずらない。類堅持

【固辞】こじ ↓〈―する〉いくらすすめられても、つよくことわること。例推薦を固辞する。

【固執】こしつ・こしゅう ↓〈―する〉どこまでも自分の考えにこだわって、それを曲げないこと。例自分の案に固執する。

例解 使い分け はかる《図る・計る・量る・測る・謀る・諮る》

図る＝うまくいくようにと、考えをめぐらす。計画する。
例解決を図る。合理化を図る。便宜を図る。

計る＝時間や数などをかぞえる。どのくらいかを考えてみる。
例所要時間を計る。タイミングを計る。計り知れない恩恵。

量る＝重さやかさを調べる。推量する。
例体積を量る。心中を推し量る。

測る＝長さ・高さ・深さ・広さ・程度などを調べる。推測する。
例距離を測る。深さを測る。面積を測る。血圧を測る。真意を測りかねる。

謀る＝たくらむ。もくろむ。
例悪事を謀る。脱走を謀る。

諮る＝相談する。意見をたずねる。
例審議会に諮る。委員会に諮って決める。

解決を図る
時間を計る 
体重を量る 
身長を測る 
悪事を謀る 
会議に諮る

【固守】こしゅ ↓ かたくまもること。ゆずらないこと。例 自説を固守する。

【固体】こたい ↓ あるきまった形や大きさをもち、その形がかんたんにはかわらないもの。関連 気体・液体・固体

【固定】こてい ↓〈―する〉①形やようすがきまっていて、かわらないこと。例 固定票。固定客。②ある場所にくっつけて、動かないようにすること。例 壁にかがみを固定する。

【固定観念】こていかんねん 「こうだ」と信じこんでしまっていて、かんたんにはかえられない考え。例 固定観念にとらわれる。

❷〈もともとの〉の意味で

【固有】こゆう ↓〈―な〉〈―に〉ほかのものにはなくて、それにだけあること。例 どの花にも固有のかおりがある。固有名詞。類 独特・特有

❸《その他》

【固唾】かたず ◎ きんちょうしたときに、口の中にたまるつば。例 かたずをのんで見まもる（いったいどうなるのかと、見つめる）。

←固が下につく熟語 上の字の働き

❶固＝〈かたい〉のとき

【凝固 堅固 頑固 強固 禁固 確固】近い意味。

◆断固

国

口-5 総画8 2年

明朝 国 56FD 旧字 國 570B

音 コク 訓 くに

筆順

ながく このばしょに

なりたち 國 [形声] もとの字は、「國」。「口」がかこみを表し、「或（ワク）」がさかいのある地域の意味と、「コク」とかわって読み方をしめしている。「くに」として使われている字。

意味

❶くに。一つの政府のもとにまとめられた国民と領土。例 日本の国。外国・自国

❷日本のくに。わが国。例 国語・国字

❸ふるさと。生まれ育ったところ。むかしの日本の地域名。例 武蔵国。国元・東国

発音あんない コク→コッ…例 国会 コク→ゴク…例 本国

名前のよみ とき

❶〈くに〉の意味で

【国柄】くにがら ↓ それぞれの国の、その国らしさ。例 選手団の行進に国柄のちがいがよく出ている。表現「お国柄」というと、❸の意味にもなる。

【国威】こくい ↓ 国の勢いや力。例 国威発揚。

【国運】こくうん ↓ 国がさかえたり、おとろえたりするなりゆき。例 国運がかたむく。

【国営】こくえい ▽ 国が引き受けてその仕事をすること。例 国営放送。類 公営 対 民営・私営 関連 国営・県営・市営・町営・村営

【国益】こくえき ↓ 国にとって、得になること。例 国益をまもる。

【国王】こくおう ↓ 国をおさめる王。

【国外】こくがい ↓ 国の領土の外。類 海外 対 国内

【国技】こくぎ ↓ その国を代表するスポーツ・武術など。例 すもうは日本の国技だ。国技館。

【国語】こくご ↓ それぞれの国で使われているその国のことば。対 外国語 ☞❷

【国債】こくさい ↓ 国が国民などからお金を借りること。そのときに出す、借金の証書。

【国際】こくさい ↓ 国と国とのかかわり。例 国際空港。国際結婚。対 国内

【国際色】こくさいしょく いろいろな国のようすが表れていること。例 国際色ゆたかな行事。

【国際連合】こくさいれんごう 一九四五年、世界の平和をまもり、国際協力をおしすすめるため、多くの国が集まってつくったしくみ。略して「国連」。知識 本部はアメリカのニューヨークにある。日本は一九五六年にくわわった。

【国策】こくさく ↓ ある目的のための、国の政治のやり方。例 国策にそった計画。類 国是

【国産】こくさん ↓ 自分の国でつくること。例 国産の自動車。国産品。対 舶来

【国情】こくじょう ↓ 政治・経済・文化などの面からみたその国のようす。

【国辱】こくじょく ↓ 国全体の恥になること。

【国粋主義】こくすいしゅぎ 自分の国の歴史や伝統が、世界の中でも特別にすぐれたものと信じ、それがおかされてはならないとする考え方。

【国是】こくぜ ↓ 国の方針として国民の共通理解

が得られているもの。例平和主義は日本の国是である。

【国政】こくせい ↓国をおさめる仕事。例選挙によって国政に参加する。

【国勢】こくせい ↓人口・産業などの面からみた国のようす。例国勢調査。

【国税】こくぜい ↓国が、国としての仕事をするために集める税金。例国税局。対地方税

【国籍】こくせき ↓①その国の国民であるという身分・資格。例二重国籍。②船や飛行機が、その国のものであるという資格。例国籍不明の飛行機。

【国葬】こくそう ↓国のためにとくにりっぱなはたらきをした人のために、国の主催でおこなう葬式。

【国賊】こくぞく ↓自分の国に損害をあたえるような悪人。

【国体】こくたい ①↓だれが主となって国をおさめるかという政治のやり方からみた国のすがた。例君主制から共和制へと国体がかわる。②◎「国民体育大会」の略。毎年、都道府県代表がきそうスポーツの大会。

【国定】こくてい ▽国が決めること。また、国で決めたもの。例国定公園。

【国土】こくど ↓くに。その国の土地。例日本は国土がせまいのに、人口が多い。

【国道】こくどう ↓国の費用でつくり、国が手入れする道路。参考県が管理するものは「県道」。地方公共団体が管理するものをひっくるめて「公道」という。

【国内】こくない ↓その国のなか。その国のなかだけのこと。例国内旅行。対国外・海外・国際

【国費】こくひ ↓国の費用として国がしはらうお金。類公費・官費 対私費

【国賓】こくひん ↓国が客としてまねき、もてなしをする外国人。例国賓待遇。

【国宝】こくほう ↓国のたから。たいせつな古い建物・彫刻・絵などを国がえらんで、保護し、管理しているもの。重要文化財のうち、とくに価値の高いものをいう。例国宝「姫路城」。

【国法】こくほう ↓国の法律。国のきまり。

【国防】こくぼう ↓外からせめてくる敵に対して国をまもること。

【国民】こくみん ↓国をつくっている人びと。その国に籍があって、その国のきまりにしたがってくらしている人。例日本国民。類人民

【国民性】こくみんせい その国の人びとが、いっぱんにもっている性質。例勤勉な国民性。

【国務】こくむ ↓国の政治を進めるための仕事。

【国有】こくゆう ▽国のもちものであること。例国有林。類官有 対民有・私有

【国立】こくりつ ▽国のお金でつくり、国が管理しているもの。例国立劇場。参考県(県立)や市(市立)など地方公共団体が管理するものを合わせて「公立」という。

【国力】こくりょく ↓国のいきおい。人口・土地・産業・軍備など、その国のいろいろなものを合わせた力。例国力をたくわえる。

例解 使い分け　かたい《固い・堅い・硬い》

固い＝しっかりしていて、変わらない。むすびつきが強い。
例団結が固い。決心が固い。固く信じる。固くむすぶ。

堅い＝しっかりしていて強い。たしかである。
例堅い材木。口が堅い。堅い職業につく。勝利は堅い。

硬い＝かちかちにこわばっている。対軟らかい
例硬い石。硬い表情。表現が硬い。緊張して体が硬くなる。

参考「固」は「固める・固まる」とも使うが、「堅」や「硬」は「かためる・かたまる」とは使わない。「かたい」の反対は「やわらかい」。

【国連】こくれん ◎「国際連合」の略。例国連加盟国。

【国花】こっか ↓その国の多くの人びとに愛され、その国のしるしとされている花。知識 日本はサクラとキク、イギリスはバラ、韓国はムクゲ、中国はボタンが国花とされている。

【国家】こっか Ⅲ あるきまった土地と、そこに住んでいる人びとから成り、一つの政治によっておさめられている社会。例独立国家。類国

【国歌】こっか ↓儀式のときなどに歌われる、その国を代表する歌。例国歌を歌う。

【国会】こっかい ↓国民の選挙によってえらばれた国会議員が集まり、法律や国の予算、政治のやり方など、国のもっともだいじなことを決めるところ。知識 日本の国会は、二院制で衆議院と参議院の二つから成りたつ。

【国旗】こっき ↓その国のしるしとなる旗。

【国教】こっきょう ↓国が国民に信じさせようとして、とくべつの保護をあたえている宗教。知識 日本では、憲法で信仰の自由がうたわれていて、国教はない。

【国境】こっきょう・くにざかい ↓国と国との領土のさかいめ。例国境線をこえる。☞❸

【国禁】こっきん ↓国の法律で禁止されていること。例国禁をおかす。

【国権】こっけん ↓国をおさめる権力。国としての権力。例国権を発動する。対私権

【国庫】こっこ ↓国のお金をあずかり、出し入れするところ。例国庫補助。

文字物語 圏

わたしたちの住んでいるこの地球は、岩圏（岩石圏ともいう地球の大地をなすかたい部分）と、水圏（地球上の海・川・湖などの水の部分）と、大気圏（気圏ともいう地球をとりまいている大気のあるところ）とから成る。大気圏はさらに、地上に近いほうから対流圏・成層圏・中間圏・熱圏に分けられる。地上から発射されたロケットは、大気圏をぬけ、地球の引力圏からもはなれて宇宙へと飛び出していく。

また、車の多い通りでは、歩行者専用道路は人の安全圏を確保するものだ。

このように「圏」の字は、ほかのことばの下について、それがしめる範囲とか、わくとかを表している。だから、その「圏内」にはいるか、「圏外」にあるかが大きな問題となる。選挙に立候補した人は、何票とれれば当選圏内にはいれるかと票よみをするし、大相撲で千秋楽近くになると、どの力士が優勝圏内にのこっているかがもっぱらの話題となる。

【国交】こっこう ↓国と国とのつきあい。例国交を樹立する。

❷〈日本のくに〉の意味で

【国学】こくがく ↓大むかしの日本人がもっていた文化や心をあきらかにしようとする学問。江戸時代に賀茂真淵や本居宣長が中心になり、「古事記」「万葉集」などの研究を進めた。関連 国学・漢学・洋学

【国語】こくご ↓①日本語。例国語学。国語辞典。対外国語 ②「国語科」の略。学校の教科の一つ。例国語の時間。☞❶

【国史】こくし ↓日本の歴史。

【国字】こくじ ↓「峠」「畑」「辻」「凧」「凩」など、漢字のなりたちをまねて、日本でつくられた文字。参考 ☞ものしり巻物18（607ページ）知識 国語国字問題というときの「国字」は日本語を書きしるすための文字全体を指し、漢字、仮名、ローマ字などをすべてふくめていう。

【国文】こくぶん ↓日本語で書かれた文章。類和文・日本文 対漢文・英文

❸〈ふるさと〉の意味で

【国言葉】くにことば ↓その地方独特のことばづかいや話し方。例お国言葉で話す。類方言

【国境】くにざかい ↓むかし、日本がいくつもの国に分かれていたときの、国と国とのさかい。例国境の峠。☞❶

【国元】くにもと ↓①自分が生まれた土地。ふるさと。例国元の母。類故郷 ②江戸時代、自分の藩の領地があるところ。例国元からの急使。類本国

【国司】こくし ↓奈良時代から平安時代に、朝廷から派遣されて地方をおさめた役人。

国が下につく熟語 上の字の働き

❶国＝〈くに〉のとき
【故国 祖国 母国 本国 自国 異国 外国 他国】自分にとってドンナ関係の国か。
【王国 帝国】ドンナ体制の国か。
【属国 敵国】その国から見て、ドンナ関係の国か。
【隣国 天国】ドコにある国か。
【愛国 建国 鎖国 開国 出国 入国 出入国 帰国 亡国 憂国】国を(国に)ドウスルか。

❸国＝〈ふるさと〉のとき
【山国 雪国】ドンナ特徴のある国か。
【西国 東国】京都から見てドチラにある国か。

◆島国 諸国 全国 大国 万国 列国

【圃】
口-7 総画10 人名 明朝 圃 5703

音 ホ 外 訓 ―

意味 はたけ。その。菜園。例 圃場

【圏】
口-9 総画12 常用 明朝 圏 570F 旧字 圈 5708

音 ケン 中 訓 ―

筆順

なりたち [形声]もとの字は、「圈」。「口」がかこみを表し、「巻」がまるくする意味と「ケン」という読み方をしめしている。「まわりをとりかこむ」の意味で使われる字。

意味 はんい。あるかぎられた広がり。例 首都圏。暴風圏。

[文字物語] みぎのページ

【圏外】↓ある広がりのはんいの外がわ。例 三敗して、優勝圏外に去る。対 圏内

【圏内】↓ある広がりのはんいの内がわ。例 合格圏内にある。対 圏外

【園】
口-10 総画13 2年 明朝 園 5712

音 エン 訓 その 中

筆順

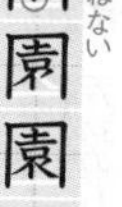

はねない

なりたち [形声]「口」がかこみを表し、「袁」が「エン」という読み方をしめしている。「エン」は「かこむ」意味をもち、「かこいでくぎられた場所」を表している字。

意味 ❶かこいをしたところ。人を楽しませるための庭や場所。花壇や畑などのある場所。例 花園・園芸・公園

❷人を集めて教育するところ。子どもの教育のための施設。例 学びの園。園児・学園・幼稚園

参考「薗」の字も、人名用漢字。

❶〈かこいをしたところ〉の意味で
【園芸】↓草木や、野菜、果物などを植えて育てること。例 日曜園芸。
【園丁】↓庭づくりをする人。庭園や植木のせわをする人。類 庭師
【園遊会】庭園で人びとが食べたり飲んだり話したりして楽しくすごす会。

❷〈人を集めて教育するところ〉の意味で
【園児】↓幼稚園・保育園にかよう子ども。
【園長】↓学園・幼稚園・保育園・動物園などの、いちばん上の責任者。

園が下につく熟語 上の字の働き

❶園＝〈かこいをしたところ〉のとき

例解 使い分け かたまり《固まり・塊》

固まり＝集まったもの。
例 めだかの固まり。若者の固まり。見物人の固まり。

塊＝かたまったもの。
例 砂糖の塊。氷の塊。欲の塊のような人。

【庭園 田園】近い意味。【花園 桑園 菜園 農園 果樹園 植物園 茶園 梅園】ナニの園か。

◆学園 公園 造園 入園 楽園

3画 土［つち］［つちへん］の部

大地の意味を表す「土」をもとに作られ、土地や地形にかかわる字を集めてあります。

この部首の字

土

土－0 総画3 1年

明朝 土 571F

音 ド・ト 訓 つち

筆順 一 十 土（ながく）

なりたち 土［象形］地面にもりあげた「つち」のかたちをえがいた字。

意味

❶つち。大地をおおう細かい砂のようなもの。どろ。例 土がつく（すもうで負けることもいう）。土器・粘土

❷地方。人が生活する土地や地域。ふるさと。くに。例 土着・国土

❸五行の一つ。古代中国で、万物のもとと して考えられていた木・火・土・金・水の三番め。例 土星

❹土佐。旧国名。今の高知県。例 土州。薩長土肥。

❺《その他》ことばの頭につけて、意味を強める。例 土根性 参考「土」は「どえらい」「どでかい」「どつく」などの「ど」とおなじで、ことばを強く言うための、調子づけの発音であり、「土」とは関係がない。

特別なよみ 土産（みやげ）

名前のよみ ただ

❶〈つち〉の意味で

【土筆】つくし ◎ 春先、スギナの地下茎から出る、胞子をもった茎。つくしんぼ。参考 土から出た筆のようなので、「土筆」と書く。

【土気色】つちけいろ 青ざめて血の気のない顔色。類 土色

【土煙】つちけむり ⇩ 土や細かい砂がけむりのようにまいあがったもの。例 土煙があがる。

【土方】どかた ⇩ 建物や道路などの土木工事ではたらく人。例 土方仕事。表現 古いことばで、今はあまり使わない。

【土管】どかん ⇩ ねんどを焼いてつくったくだ。煙突や下水管などに使う。コンクリートのものもある。

【土器】どき ⇩ ねんどで形をつくり、うわぐすりをかけないで焼いたうつわ。知識 土器は、その形やもように民族と時代があらわれている。日本の土器は、古い順に、縄文土器・弥生土器・土師器・須恵器などがある。

【土偶】どぐう ⇩ ねんどで形をつくり、焼いてかためた人形。日本ではおもに縄文時代につくられた。例 遮光器土偶。類 土人形

【土下座】どげざ（―する）地面や床にひざをつけてすわり、深々と頭を下げること。現在では、なりふりかまわず、相手に謝罪・頼みごとをする動作とされる。例 土下座してあやまる。

【土建】どけん ◎ 土木と建築。例 土建業。

【土砂】どしゃ Ⅲ 土とすな。例 土砂くずれ。

【土壌】どじょう Ⅲ ①作物を育てるための田畑の土。例 アルカリ性土壌。②そのような結果

を生み出す環境。例金権政治の土壌。

【土石】どせき Ⅱ 土や石。

【土石流】どせきりゅう 土や石まじりの水が猛烈ないきおいでどっと流れるもの。

【土葬】どそう ↓〈—する〉死体を焼かないで、そのまま土にうめてほうむること。関連 火葬・土葬・水葬・風葬

【土蔵】どぞう ↓ 防火などのために、かべを土やしっくいでぬりかためて、その中に大切なものをしまっておけるようにした建物。

【土足】どそく ↓ ①はきものをはいたままの足。例土足厳禁。②どろのついたままの足。

【土台】どだい ① ↓ 建物や橋などのいちばん下にあって、上のものをささえている石やコンクリートなど。類基礎・基盤 ② ↓ ものごとのもとになる大切なところ。例ことばの勉強はすべての教科の土台になる。類基礎 ③ ◎ もともと。どう考えても。例あのチームに勝つなんて、どだいむりな話だ。

【土壇場】どたんば ものごとがいよいよこれで終わりという、せっぱつまった最後の場面。例土壇場で逆転する。参考 もとは、罪人の首をきるための、土をもりあげた場所。

【土地】とち Ⅱ ①生物、とくに人間が生きる場所としての大地。例土地を切りひらく。②なにかに利用するための、ある大きさの地面。例郊外に土地を買う。類地所 ☞❷

【土手】どて ◎ 水や波・風などをふせぐために、川岸や海岸などに土などを高くもりあげたもの。類堤・堤防

【土俵】どひょう ↓ ①土をつめたたわら。②すもうをとるために、土をつめたたわらで、まるくかこんだ場所。例土俵入り。③勝負などをおこなう場所。例相手の土俵にのる。

【土瓶】どびん ↓ 湯やお茶をそそぐときに使う、つるのついた陶製のうつわ。

【土木】どぼく Ⅱ 道路や港・ダム・橋・水路などをつくる仕事。例土木技師。土木工事。

【土間】どま ↓ 家の中で、床をはらずに地面のままになっているところ。

【土塁】どるい ↓ 土をもりあげてつくった小さな陣地。例土塁をきずく。

【土鈴】どれい ↓ ねんどを焼いてつくった鈴。

❷〈地方〉の意味で

【土地】とち Ⅱ その地方。例土地の人の話を聞く。☞❶

【土地柄】とちがら 人びとのくらし方、話し方、接した感じなどでわかるその土地らしさ。

【土着】どちゃく ↓〈—する〉その土地に生まれて、ずっと住みついていること。例土着の人。

【土産】みやげ ↓ ①出かけた先で買って帰る、その土地の産物や品物。例土産話(旅行中に見たり聞いたりしたことを、帰ってから話して聞かせるもの)。②よその家をたずねていくときに持っていくおくり物。例手土産。

❸〈五行の一つ〉の意味で

【土星】どせい ↓ 太陽系の第六惑星。まわりに氷などが集まってできた輪がある。参考☞【太陽系】(289ページ)

【土用】どよう ◎ 立春・立夏・立秋・立冬のそれぞれの前の十八日間。とくに、一年じゅうでもっとも暑い立秋の前の「夏の土用」をいうことが多い。例土用波(夏の土用のころに来る大波。台風のうねりがつたわってきたもの)。土用の丑の日。

❺《その他》

【土根性】どこんじょう 「根性」を強めていうことば。

【土性骨】どしょうぼね 生まれつきの性質。例土性骨をたたきなおす。

← 土が下につく熟語 上の字の働き

❶ 土=〈つち〉のとき
【凍土 粘土 陶土】ドノヨウナ土か。

❷ 土=〈地方〉のとき
【焦土 浄土】ドンナようすの土地か。
【本土 領土 郷土 国土 唐土】ドウイウ所属の土地か。

◆ 全土 風土

圧

土-2　総画5　5年

明朝 圧 5727　旧字 壓 58D3

音 アツ　訓 —

筆順 圧（ながく）

なりたち 壓 [形声]もとの字は、「壓」。「厭」が「おさえる」意味と、「アツ」とかわって読み方をしめしている。「土」でおして「おさえる、おしつぶす」意味を表す字。

意味 おさえる。おさえる力。重みや力をかけておさえつける。例 相手を圧するいきおい。圧がかかる。気圧・弾圧

【圧巻】▲ いくつかある中で、いちばん心にのこるもの。例 今日の圧巻は、あのホームランだ。類 出色 参考 むかし、中国の役人の試験で、もっともすぐれた巻(答案)をいちばん上にのせたことからいう。

【圧搾】↓〈—する〉強い力で中の物をおしちぢめること。例 圧搾式ジューサー。類 圧縮

【圧死】↓〈—する〉おしつぶされて死ぬこと。例 地震で、多くの圧死者が出た。

【圧縮】↓〈—する〉①強い力でおしちぢめること。例 圧縮ガス。類 圧搾 ②内容を整理してちぢめること。例 レポートを半分に圧縮する。類 縮小・縮約 ③コンピューターで、データを小さくすること。対 解凍

【圧勝】↓〈—する〉相手をまったくよせつけないで勝つこと。例 地力の差で圧勝。類 快勝・完勝・大勝・楽勝 対 辛勝・惨敗

【圧政】↓ 力で人民をおさえつけ、むりやりしたがわせる政治。例 圧政に苦しむ。

【圧倒】↓〈—する〉だんちがいの力で、相手をおさえつけたり、うちまかしたりすること。例 敵を圧倒する。

【圧迫】↓〈—する〉①力をくわえて強くおしつけること。例 胸が圧迫されて息ができなかった。②おさえつける力がはたらいて、自由な動きをうばうこと。例 物価の上昇が、家計を圧迫する。

【圧力】↓ ①おさえつける力。例 圧力釜。②人の考えや意見を力でおさえこもうとすること。例 多数派の圧力に負ける。

⬅圧が下につく熟語 上の字の働き

【制圧 鎮圧 抑圧】近い意味。

【威圧 弾圧】ドウヤッテおさえるか。

【気圧 血圧 水圧 電圧 風圧 油圧】ナニの圧力か。

◆高圧 高気圧 指圧 低気圧

【圭】

土-3 総画6 人名 明朝 圭 572D

音 ケイ 外 訓 ―

意味 たま。玉のかど。例 圭角

名前のよみ か・かど・きよ・きよし・たま・よし

【在】

土-3 総画6 5年 明朝 在 5728

音 ザイ 訓 あ-る

筆順 すこしだす ながく

なりたち [形声]「才」が「ザイ」とかわって読み方をしめしている。「サイ」は「ふせぐ」意味をもち、「土」がつもってふさがることから、「動かずにある、そこにいる」意味を表す。

意味 ❶ある。いる。ある場所に位置をしめている。ある立場にいる。例 在庫・健在 ❷いなか。町からはなれたところ。例 在に住む。東京の在。在所・近在

例解 [使い分け] ある[有・在] ☞611ページ

名前のよみ あき・あきら・すみ・みつる

❶〈ある。いる〉の意味で

【在位】▲〈—する〉国王や皇帝などが、その位についていること。例 在位五十年。

【在外】▲ 外国にあること。外国にいること。例 在外公館(外国におかれている大使館・公使館・領事館など)。在外邦人。

【在学】▲〈—する〉学生・生徒・児童として、その学校で学んでいること。例 兄は高校に在学中だ。在学証明書。類 在校

【在京】▲〈—する〉首都に住んでいること。例 在京の同級生が集まる。

【在勤】▲〈—する〉つとめについていること。例 本店在勤中のなかま。類 在職

【在庫】▲ 商品が倉庫にあること。倉庫にある商品。例 在庫一掃セール。

【在校】▲〈—する〉学生・生徒・児童として、その学校で学んでいること。例 在校生。類 在

学。

【在室】▲〈―する〉へやの中にいること。対外出・他出

【在住】Ⅱ〈―する〉その土地に住んでいること。例ブラジル在住の日本人。類居住

【在職】▲〈―する〉ある職場ではたらいていること。例在職中はいろいろとおせわになりました。類在勤

【在世】▲この世に生きていること。

【在籍】▲〈―する〉学校や会社、スポーツ競技のチームなどの団体に属していて、名簿に名前がのっていること。例在籍者。

【在宅】▲〈―する〉外出しないで、自分の家にいること。例あすは在宅の予定です。対外出

【在中】▲〈―する〉封筒やさいふなどの中に、そのものが入っていること。表現封筒の表に「写真在中」のように書く。

【在日】▲〈―する〉外国人が、日本に住んでいたり、来ていたりすること。例在日外国人。

【在任】▲〈―する〉その役についていること。例在任中はありがとうございました。

【在野】▲①おおやけの仕事につかないで、民間にいること。例在野の歴史家。②内閣をつくっていない、野党の立場にあること。

【在来】⊠前からあること。例在来線。

【在留】Ⅱ〈―する〉しばらくその土地(とく

◀次ページ 地

に外国)にとどまって住むこと。

❷〈いなか〉の意味で

【在所】ⓥ①都会からはなれたところ。いなか。②ふるさと。出身地。例在所に帰る。

⬅在が下につく熟語 上の字の働き

❶在＝〈ある。いる〉のとき

【介在 健在 現在 自在 実在 潜在 滞在 駐在 点在 内在 伏在 偏在 遍在】ドノヨウニあるか。

◆所在 存在 不在

地

土-3 総画6 2年 明朝 地 5730

音チ・ジ 訓―

筆順 はねる おらない

なりたち [形声]「也」が「うねうねとつづく」意味と「チ」という読み方をしめしている。「土」がついて、うねうねとつづく「大地」を表す字。

意味

❶大地。天の下に広がる土地。例地の果て。山地 対天

❷ある土地。ある地域や地方。目的や性格のきまっている土地。例地主・領地

❸立場。その人の立場や身分、境遇や状態など。例地位・境地

❹もとにあるもの。もともと全体に広がっていてふつうは目立たないもの。例地が出る。地の文。地金・素地

❺材料としての、ぬの。衣服にする織物。例地の厚いもめん。生地・布地

特別なよみ 意気地(いくじ)・心地(ここち)

名前のよみ くに・ただ

❶〈大地〉の意味で

【地獄】ⓥこの世以外の世界として考えられるもののうち、暗く、おそろしく、救いのない世界。対天国・極楽 知識仏教では、この世での悪行のむくいのある場所として説かれ、無間地獄・焦熱地獄・血の池地獄などが語られたり絵にかかれたりした。その影響で、火山や温泉の熱湯がふき出しているところに「地獄谷」などの名がつくし、この世でも、のがれがたい苦しみのあるところを、「借金地獄」「受験地獄」などという。

【地獄耳】①一度聞いたら、いつまでもわすれないこと。②人のひみつなどを、ふしぎにすばやく聞きつけること。例母は地獄耳で、家ではないしょ話もできない。

【地震】▽火山の爆発や地殻のずれなどの地球の内部の急な変化によって、地面がゆれうごくこと。例地震、雷、火事、親父(むかしの人がおそろしいものとしてならべたことば)。知識地震のゆれの強さは震度(0から7まである)で表し、地震そのものの大きさはマグニチュードで表す。

【地蔵】じぞう ◎「地蔵菩薩」の略。子どもをまもるといわれている仏。道ばたにもよくまつってある丸い坊主頭の石の像。例お地蔵様。

【地団太】じだんだ・たんだ ↓くやしかったり、はらが立ったりして、両足を強くふみならすこと。例地団太をふんでくやしがる。

【地肌】じはだ ↓むき出しになった大地の表面。例雪がとけて地肌があらわれた。類地表 ☞❹

【地盤】○じばん ↓建物などの土台となる土地。例地盤が弱い土地。☞❸

【地面】じめん ↓むき出しのままの土地の表面。例地面がぬれている。類地表

【地雷】○じらい ↓土の中にうめておき、その上を人や車が通ると爆発するようになっている兵器。例地雷除去活動。地雷原。

【地衣類】ちいるい 岩や木の幹などの表面にうすくつくこけに似た生物のあつまり。イワタケ・サルオガセなど。

【地温】ちおん ↓大地の温度。関連気温・水温・地温

【地下】ちか ↓地面の下。例地下水。地下道。対地上 表現「地下組織」「地下にもぐる」のように、人びとの目にふれないところという意味に使うこともある。☞「じげ」は❸

【地階】○ちかい ↓建物で、地面より下の階。

【地殻】○ちかく ↓地球の表面に近い、かたいところ。例地殻変動。知識地球の中はやわらかいマグマで、そのまわりをたまごのからのように地殻がおおっている。地殻の厚さは大陸では、約三〇～五〇キロあるが、海底では五～一〇キロしかない。

【地下茎】○ちかけい 植物の地中にある茎。根茎・塊茎・球茎・鱗茎などがある。

【地下水】ちかすい 地中にたまったり、地下の水脈にそって流れたりしている水。

【地球】ちきゅう ↓わたしたち人間が住んでいる天体。太陽系の第三惑星。知識地球は一日に一回自転し、約三六五・二五日で太陽のまわりをまわる。直径は約一万二千七百キロ。

【地球儀】○ちきゅうぎ 球の表面に世界地図をえがき、ぐるぐるまわして見られるようにした地球のもけい。

【地形】ちけい ↓山・川・平野・海岸など、形のうえから見た土地のようす。例地形図。類地勢

【地磁気】○ちじき 地球がもっている磁気。

【地軸】○ちじく ↓地球の北極と南極をつらぬく線。地球はこれを軸にして一日に一回、西から東へまわっている。

【地質】ちしつ ↓その土地をかたちづくる岩石や地層のようす。例地質調査。

【地上】ちじょう ↓①地面の上。例地上十六階、地下二階のビル。対地下・地中 ②この世。例地上の楽園。対天上

【地図】ちず ↓①山や川・平野などの土地のありさまを一定の割合でちぢめて、文字や記号・線などを使って紙の上にかき表したもの。例世界地図。②建物のある場所や道順などをわかりやすくかき表したもの。例家までの地図をかく。

【地勢】ちせい ↓山や川・平野などの、土地全体のようす。例けわしい地勢。類地形

【地層】ちそう ↓長い年月をかけてできあがった岩や土のつみかさなり。例地層によって化石の年代がわかる。

【地中】ちちゅう ↓地面の下。地下。例地中深くうめる。対地表

【地底】ちてい ↓地面の下のずっと深いところ。

【地熱】ちねつ・じねつ ↓地球の内部の熱。例地熱を利用した温室。地熱発電。

【地表】ちひょう ↓大地の表面。例火山灰が地表をおおっている。類地面・地肌 対地中

【地平線】ちへいせん はるか遠くに見える、地面と空とのさかいめの線。例地平線のむこうに太陽がしずむ。

【地味】ちみ ↓作物にとっての、土地のよしあし。例地味が肥えている。☞「じみ」は❹

【地理】ちり ↓①土地のようす。例おじはこのあたりの地理にくわしい。②地形や気候・人口・産業・交通などについての知識・学問。

❷〈ある土地〉の意味で

【地酒】じざけ ↓その土地でできる酒。

【地所】じしょ Ⅲ土地。建物をたてるための土地。例別荘用に地所をさがす。類土地・地面

【地代】（じだい・ちだい）↓ 土地の借り賃。

【地鎮祭】（じちんさい）新しい建物をたてる前に、その土地の神をまつって工事の無事や建物の安全をいのる行事。

【地頭】（じとう）↓ 鎌倉時代に、荘園をとりしまり、年貢のとりたてや、警察の仕事などをした役人。例 泣く子と地頭には勝てぬ（泣いてだだをこねる子どもをだまらせることも、権力者に反抗して勝つこともできないので、言われるとおりにするほかない）。

【地主】（じぬし）↓ 土地のもち主。例 大地主。

【地元】（じもと）↓ ①そのことにかかわりのある地方。例 地元の意向を聞く。②自分が住んでいる土地。例 買い物は地元の商店でする。

【地域】（ちいき）↓ あるかぎられた範囲の土地。例 地域の子ども会。危険地域。類 地区

【地価】（ちか）↓ 土地を売り買いするときのねだん。例 地価が下がる。

【地区】（ちく）↓ いくつかにくぎられた土地の一つ一つ。例 地区大会。類 地域

【地租】（ちそ）↓ むかしの法律で、土地にかけた税金。参考 そのおさめ方を改めることを「地租改正」という。

【地帯】（ちたい）↓ ある程度の広がりをもったひとつづきの土地。例 水田地帯。

【地点】（ちてん）↓ あることが起きる、またはおこなわれる、その場所。例 目標地点に達する。

【地方】（ちほう）↓ ①国などを大きくいくつかに分けたときの一つ。例 東北地方。②そのあたり一帯。例 山ぞいの地方。③都会からはなれたところ。例 工場を地方にうつす。対 中央 ☞「じかた」は❹

【地方自治】（ちほうじち）都道府県・市町村が、住民の意思によって運営されること。

【地方色】（ちほうしょく）その地方の自然や人びとのくらし方などの全体がもっている、独特な感じ。例 地方色ゆたか。類 郷土色

【地名】（ちめい）↓ その土地につけられた名前。

【地目】（ちもく）↓ 土地を、田・畑・宅地・山林など、その使い方によって種類ごとに分けたときの名前。

❸〈立場〉の意味で

【地下】（じげ）↓ むかし、宮中の御殿にのぼることをゆるされなかった身分の低い役人。例 地下の者。☞「ちか」は❶

【地盤】（じばん）↓ 自分が仕事などをするときの足場になるところ。例 選挙地盤。☞❶

【地位】（ちい）Ⅲ ①その社会のなかでの身分。例 会社での地位をあらそう。②おかれている立場。例 地域で指導的な地位にある。

❹〈もとにあるもの〉の意味で

【地方】（じかた）↓ おどりで、音楽を受けもつ人。対 立方 ☞「ちほう」は❷

【地金】（じがね）↓ ①めっきをしたり、細工をしたりした物の下地になっている金属。例 めっきがはげて地金が見える。②その人が、もともともっている性質。例 かくしても地金が出る。類 本性

【地声】（じごえ）↓ ふだんふつうに出している、生まれつきの声。例 地声が大きい。対 裏声

【地肌】（じはだ）↓ けしょうをしていない、そのままの肌。類 素肌 表記「地膚」とも書く。☞❶

【地味】（じみ）↓〈□な〉落ち着いていて、ぱっと目立つところがないようす。例 地味に生きる。地味な服。対 派手 ☞「ちみ」は❶

【地道】（じみち）↓〈□に〉むりをせず、こつこつとまじめにやるようす。目立たなく、手がたいようす。例 地道な努力。類 着実・堅実

【地力】（じりき）↓ いそいで身につけた力やわざではなく、もともともっていた実力。例 地力がある。類 実力・底力

← 地が下につく熟語 上の字の働き

❶ 地＝〈大地〉のとき
【山地 平地 湿地 沼地 台地 低地 盆地 大地 陸地】ドノヨウナ大地か。

❷ 地＝〈ある土地〉のとき
【内地 外地 局地 極地 現地 実地 当地 辺地】ドノアタリの地域か。
【産地 任地 領地 緑地 余地 植民地 扇状地 遊園地 基地 陣地 敵地 宅地 団地 田地 農地 耕地 墓地 聖地 路地】ドウイウ土地か。

❸ 地＝〈立場〉のとき
【借地 敷地 用地 立地 露地】ドウシテイル・ドウナッテイル土地か。

【窮地 死地】ドンナ立場か。

❹地＝〈もとにあるもの〉のとき

【生地 下地 素地】近い意味。

【意地 心地】ナニの下地か。

❺地＝〈材料としての、ぬの〉のとき

【厚地 薄地 白地】ドンナぐあいのぬのか。

【服地 裏地】ナニにするぬのか。

◆境地 見地 戦地 底意地 転地 土地 布地 番地 別天地

均

土-4 総画7 5年 明朝 均 5747

音 キン 訓 ―

筆順 一 十 圵 圴 均 均 均（はねる）

なりたち 形声「匀」が「平らにする」意味と「キン」という読み方をしめしている。「土」がついて、土を平らにすることを表している字。

意味 ひとしい。かたよりがない。すべてひとしくする。平らにする。例 平均

名前のよみ ただ・なお・なり・ひとし・ひら・まさ

【均一】Ⅲ〈―な〉どれもおなじで差がないこと。例 均一料金。百円均一。

【均衡】Ⅲ〈―する〉二つ以上のもののあいだで、力などのつりあいがとれていること。バランス。例 0対0の均衡がやぶれた。均衡をたもつ。

【均質】↓〈―に〉一つの物体のどこをとっても性質や成分がおなじであるようす。また、いくつかのものが、むらがなくてまったくおなじであるようす。例 均質な溶液。類 等質

【均整】Ⅲすがたかたちが、つりあいがとれていて、美しくととのっていること。例 均整のとれたからだ。表記「均斉」とも書く。

【均等】Ⅲ〈―な〉二つ以上のもののあいだで、数や量の差がないようす。例 ケーキを均等に切り分ける。機会均等。類 平等

【均分】↓〈―する〉ひとしく分けること。類 等分

坑

土-4 総画7 常用 明朝 坑 5751

音 コウ㊥ 訓 あな㊤

筆順 一 十 圡 圹 圹 坑 坑

なりたち 形声 もとの字は、「阬」。「亢」が「から」の意味の「コウ」という読み方をしめしている。小高いおかを表す「阝」がついて、「大きなあな」を表している字。

意味 あな。石炭や鉱石をとるために地下にほったあな。例 炭坑

【坑口】↓石炭や鉱石をほりだすためのあなの入り口。

【坑道】↓鉱山や炭鉱などで人が出入りしたり、鉱物・石炭などを運びだしたりするためにつくった地下道。

【坑内】↓石炭や鉱石をほりだすためのあなの中。例 坑内作業員。対 坑外

【坑夫】↓石炭や鉱石をほりだす仕事をする人。類 鉱員 参考 古いことばで、今はあまり使わない。

◆炭坑 廃坑

坐

土-4 総画7 人名 明朝 坐 5750

音 ザ㊤ 訓 すわ-る㊤

意味 すわる。ひざまずく。じっとしている。

表記「坐」のつくことばは、今はすべて「座」におきかえる。☞【座】(385ページ)

坂

土-4 総画7 3年 明朝 坂 5742

音 ハン㊢ 訓 さか

筆順 一 十 圡 圿 坂 坂 坂（はらう）

なりたち 形声 もとの字は、「阪」。「反」がそりかえる意味と「ハン」という読み方をしめしている。小高いおかを表す「阝」がついて、そりかえってかたむいた「さか」を表している字。

意味 さか。ななめになった面。ななめにかたむ

いている道。例 坂を上る。急坂

【坂道】↓ 坂になっている道。例 急な坂道。

【坊】

土-4 総画7 常用 明朝 坊 574A

音 ボウ㊥・ボッ㊥ 訓 ―

筆順 一 十 圡 圹 圹 坊 坊

なりたち 坊 [形声]「方」が「方形(四角)」の意味と、「ボウ」とかわって読み方をしめしている。「土」がついて、区画された「まち」の意味を表していた字。おぼうさんの住むところ。

意味
❶僧の住む建物。例 宿坊・僧坊
❷僧。おぼうさん。お寺の主。例 坊主
❸人をよぶことば。人を親しみやからかう気持ちをこめてよぶことば。例 坊や。坊ちゃん。あわてん坊。寝坊

注意するよみ ボッ…例 坊ちゃん

❷〈僧〉の意味で

【坊主】↓ ①お寺のお坊さん。もとは、僧坊のあるじである人の意。例 坊主にくけりゃ袈裟までにくい(その人がにくいと、その人に関係のあるものまでが全部にくくなる)。類 僧・僧侶・出家 ②お坊さんのようにかみの毛を短く切ったり、そったりしたさま。例 坊主頭。③男の子を、親しみをこめたり、からかったりしていうことば。例 うちの三番めの坊主です。三日坊主(なにをやっても、長つづきしない人)。類 小僧 ④表面をおおっているはずのものがないこと。例 山が坊主になる。

◆宿坊 僧坊 寝坊

【坤】

土-5 総画8 表外 明朝 坤 5764

音 コン㊈ 訓 ひつじさる㊈

意味
❶つち。易のことばで、地を表す。例 乾坤 対 乾
❷南西の方位。ひつじさる。

参考 ☞「巽」の「文字物語」(366ページ)

【垂】

土-5 総画8 6年 明朝 垂 5782

音 スイ 訓 た-れる・た-らす

筆順 一 二 三 乒 乓 垂 垂 垂 (ながく)(だす)(ながく)

なりたち [形声]草木の花や葉のたれさがったようすを表す「𠂹」が「スイ」という読み方をしめしている。「土」がついて、遠くはなれた地方を表すことになった字。

意味
❶たれる。ぶらりと下にさがる。上から下にたらす。例 よだれを垂らす。垂涎・懸垂
❷上の者がしめす。立場の上の者が教える。例 垂範
❸たれ。漢字の上と左をかこむ部分。例 雁垂(厂)・麻垂(广)・病垂(疒) 参考 ☞ふろく「漢字の組み立て」(6ページ)

❶〈たれる〉の意味で

【垂線】↓ 数学で、直線や平面に直角にまじわる直線。垂直線。例 三角形の頂点から底辺に垂線を引く。

【垂涎】▲〈―する〉どうしてもほしくてたまらないこと。例 垂涎の的。参考「涎」はよだれ。よだれが垂れるほどほしいことから。

【垂直】↓〈―な〉①物を糸でつりさげたときのまっすぐにたれさがった糸の方向。例 垂直にきりたったがけ。類 鉛直 対 水平 ②数学で、直線と直線、直線と平面、または平面と平面が直角にまじわること。

❷〈上の者がしめす〉の意味で

【垂範】▲〈―する〉ほかのものの手本になるようなことをする。例 率先垂範(自分からすすんで、ほかの手本になる)。

◆胃下垂 懸垂

【坦】

土-5 総画8 人名 明朝 坦 5766

音 タン㊈ 訓 ひろ-い㊈・たい-ら㊈

意味
❶たいら。たいらか。例 平坦
❷ひろい。ゆったりと広い。例 虚心坦懐。

名前のよみ あきら・かつ・たいら・ひら・ひろ・ひろむ・やす・ゆたか

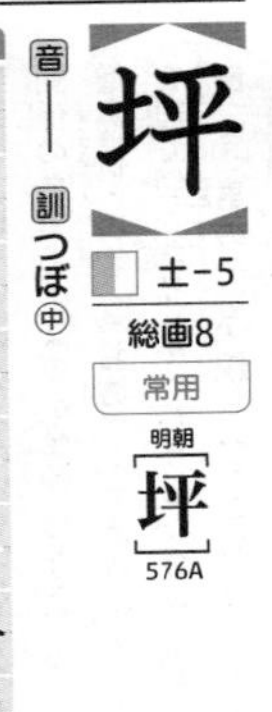

坪

音 —— 訓 つぼ 中

土-5 総画8 常用 明朝 坪 576A

筆順 一 十 圹 圹 圻 坪 坪 坪

なりたち 坪 [形声]「平」が「たいら」の意味と「へイ」という読み方をしめしている。「土」がついて、平らな土地を表す。日本では、面積の単位として使われる。

意味 つぼ。土地や建物の面積をしめす単位。約三・三平方メートル。例 建坪

【坪数】つぼすう ↓ 坪（約三・三平方メートル、たたみ約二枚分）を単位として数えた広さ。土地や建物の広さを表すのに使う。知識 むかしは土地の広さを表すのに三〇坪で一畝、一〇畝で一反、一〇反で一町歩（約一ヘクタール）という単位を使った。

垣

音 —— 訓 かき 中

土-6 総画9 常用 明朝 垣 57A3

筆順 一 十 圹 圻 垣 垣 垣 垣 垣

なりたち 垣 [形声]「亘」がめぐらす意味と、「エン」とかわって読み方をしめしている。「土」がついて、土地のまわりにめぐらした「かき」を表す字。

意味 かき。家のある土地のまわりにつくるしきり。かきね。例 垣をつくる。石垣

【垣根】かきね ◯ 敷地のくぎりをしめすために木を植えたり、竹を組んだりしてつくった囲い。例 垣根ごしに見る。

垣が下につく熟語 上の字の働き

【人垣 石垣】ナニでできた垣か。

型

音 ケイ 訓 かた

土-6 総画9 5年 明朝 型 578B

筆順 二 チ 开 刑 刑 型 型 型（はねる）（ながく）

なりたち 型 [形声]「刑」がきまりの意味と「ケイ」という読み方をしめしている。「土」を使ってつくった「鋳型」を表す字。

意味 かた。タイプ。きまった形に作るためのわくぐみ。同じ種類のものを何がた何がたと分ける「かた」。例 型に入れて作る。型にはまった考え方。型通り。新型・典型

参考 「型録」は、「カタログ」の発音と意味の両方に合わせて当てた表記。

例解 [使い分け] かた[形・型] ☞399ページ

【型紙】かたがみ ↓ ① 染め物をするときに使う、もようの形を切りぬいた紙。② 服を作るとき、布地を切りわける形がわかるようにした紙。例 型紙に合わせて生地を裁つ。

型が下につく熟語 上の字の働き

【鋳型 原型 模型 典型 類型 旧型 小型 新型 大型】ドウイウ型か。

◆体型

城

音 ジョウ 訓 しろ

土-6 総画9 4年 明朝 城 57CE

筆順 一 圹 圹 圻 城 城 城 城（つにならない）（はねる）

なりたち 城 [形声]「成」がまもる意味と「ジョウ」という読み方をしめしている。「土」がついて、土をかためてめぐらした「とりで、しろ」として使われる字。

意味 しろ。むかし、敵の攻撃からまもるためにきずいた大がかりな建物。例 城をきずく。城跡・築城

県名 茨城（いばらき）・宮城（みやぎ）

名前のよみ き・くに・しげ・なり・むら

【城下】じょうか ↓ 城のまわり。例 城下町。

【城郭】じょうかく Ⅱ ① 城と、それをまもるための外囲い。② 町や村を敵からまもるためにつくった囲い。例 城郭都市。

【城主】じょうしゅ ↓ ① その城のいちばんの大将。例 城主とともに城をまもる。② 江戸時代、自分の国に城をもっていた大名。

【城代】じょうだい ↓ 城主にかわって城をまもる

人。江戸時代、大名がるすのあいだ政治をまかせられていた、いちばん上の家来。

【城壁】⇩城の外まわりのかべ。類塁壁

【城門】⇩城に出入りするための門。

【城跡】⇩むかし城があった跡。類城址

←城が下につく熟語 上の字の働き

【築城 登城 落城】城を(城に)ドウスルか・城がドウナルか。

◆根城

埋

土-7 総画10 常用 明朝 埋 57CB

音 マイ㊥ 訓 う-める㊥・う-まる㊥・う-もれる㊥

筆順 一 十 圵 坦 坦 埋 埋 埋 埋

なりたち 薶 [形声]もとの字は、「薶」。「埋」は、「薶」の省略した形で、「マイ」とかわって読み方をしめしている。「貍」が「土」に身をかくすことを表している字。

意味 うめる。土やなにかの中にうずめること。うまっている。うもれる。例穴を埋める。会場は人で埋まった。埋め立て地。

【埋設】⇩〈―する〉電線や水道管などを地下にとりつけること。例下水管を埋設する。

【埋葬】⇩〈―する〉死者を土の中にうめること。例遺骨を墓地に埋葬する。

【埋蔵】⇩〈―する〉①地下にうめてかくすこと。また、うずもれてかくれていること。例埋蔵文化財。②金・銀・銅などの鉱物が地中にうまっていること。例銅の埋蔵量。

【埋没】Ⅲ〈―する〉①土や砂などにうもれて見えなくなること。例がけくずれで、家屋が土砂に埋没した。②世の中に知られていないこと。例埋没した人材を発掘する。

域

土-8 総画11 6年 明朝 域 57DF

音 イキ 訓 ―

筆順 一 圵 圹 圽 垣 垣 域 域(はねる) 域 域

なりたち 域 [形声]「或」がさかいのある場所を表し、「イキ」とかわって読み方をしめしている。「土」がついて、土地の「くぎり、さかい、ところ」の意味で使われている字。

意味 範囲。かぎられた場所。かぎられた広がり。例素人の域を出ない。域内・地域。

名前のよみ くに

◆音域 区域 芸域 西域 地域 領域

基

土-8 総画11 5年 明朝 基 57FA

音 キ 訓 もと㊥・もとい㊗

筆順 一 卄(だす) 甘 甘(ながく) 其 其(はらう) 基 基 基

なりたち 基 [形声]「其」が「キ」という読み方をしめしている。「キ」ははじめの意味をもち、「土」がついて、「ものごとをはじめる土台」の意味を表す字。

意味

❶もと。もとにするところ。ものごとの土台。例資料を基にする。事実に基づく。国の基。基点・基本

❷大きな物をかぞえることば。どっかりすえられたものを数えるのに使う。例クレーン一基。

例解 使い分け もと[下・元・本・基] ☞15ページ

名前のよみ のり・はじめ

❶〈もと〉の意味で

【基幹】Ⅲいちばんもとになる中心のことがら。例基幹産業。類根幹

【基金】⇩あることのために用意したり、つみたてておいたりするお金。例奨学基金。

【基準】Ⅲものごとを決めるときのよりどころとなるもの。類標準

【基礎】Ⅲ①その上にたてる建物などをささえる根元の部分。例基礎工事。類土台 ②そのことのもとになる大事な部分。例基礎体力。基礎学力。類基本・根本・下地・素地

【基地】⇩そなえがあって、なにかをするときのよりどころとなる場所。例南極観測

基地。類根拠地

【基調】↓①音楽で、その曲の中心になっている音階。例この曲の基調は八長調だ。類主調 ②ある思想や行動、作品などの根本になっているもの。例青を基調にして、黄色でアクセントをつける。基調報告。

【基点】↓距離などをはかったりするときのもとになるところ。例学校を基点として、家までの時間をはかる。類原点

【基盤】↓ものごとの、いちばんのもとになるもの。例生活基盤。類土台

【基本】Ⅱものごとのおおもと。例科学の基本を学ぶ。基本方針。類基礎・土台・根本 対応用

埼

土-8 総画11 4年 明朝 埼 57FC

音 ― 訓 さい・さき(外)

筆順 一 十 ‡ 圹 垰 埼 埼 埼 (とめる・だす・はねる)

意味 みさき。陸地から海や湖につき出ている部分。半島より小さいものをいう。

県名 埼玉(さいたま)

執

土-8 総画11 常用 明朝 執 57F7

音 シツ中・シュウ中 訓 と-る中

筆順 + 土 去 幸 幸 幸 執 執 執

なりたち [会意]「卒→幸」が刑罰の道具を表し、「丮→丸」が手でつかむ形を表し、これらを合わせて、罪人をとらえることを表している字。

意味 ❶手に持つ。手にとってなにかをする。例執筆 ❷おこなう。じっさいに仕事をする。とりあつかう。例事務を執る。執行 ❸こだわる。思いこむ。例固執(こしつ|こしゅう)

例解 [使い分け] とる[取・捕・採・執・撮] ☞199ページ

名前のよみ もり

❶〈手に持つ〉の意味で

【執刀】▲〈─する〉医者が手術や解剖などでメス(手術用の小刀)を手に持つこと。例執刀医。

【執筆】▲〈─する〉手に筆を持って文章を書くこと。現在では、たんに原稿などを書くこと。例執筆者。

❷〈おこなう〉の意味で

【執権】▲鎌倉幕府の将軍を助けた役目。知識 北条氏のとき、将軍より執権が政治の実権をもった。

【執行】Ⅱ〈─する〉決定したことを、じっさいにおこなうこと。例執行猶予。

【執事】▲名門の家や宗教団体などで、事務をあつかう人。類幹事

【執務】▲〈─する〉事務をとること。類勤務

❸〈こだわる〉の意味で

【執拗】Ⅱ〈─な〉しつこくて、すぐにはあきらめない。例執拗にたのむ。対淡白

【執心】▲〈─する〉あることから心がはなれず、そのことばかり考えていること。例かれは切手集めにご執心だ。類執着

【執着】⊠〈─する〉そのことだけを深く思いつめて、なかなかあきらめないこと。例地位に執着する。類執心

【執念】↓深く思いこんで、そのことにこだわりつづける心。例執念をもやす。執念深い。類熱意

埴

土-8 総画11 人名 明朝 埴 57F4

音 ショク(外) 訓 はに(外)

意味 はに。粘土。陶器などの原料にするきめの細かい土。例埴輪

【埴輪】↓人や動物、家や道具の形に作った焼き物。古墳の周囲などに置かれた。

堆

土-8 総画11 常用 明朝 堆 5806

音 タイ中 訓 ―

筆順 一 十 ‡ 圠 圵 坩 堆 堆

意味 うずたかい。うず高いおか。つもりつもっ

辞書のミカタ 県名 都道府県名に使われるとき、特別な読み方をするもの 名前のよみ 名前として使われる読み方

て、こんもり高くなっている。

【堆積】↓〈―する〉うず高くつもる。つみ重なる。例土砂が堆積する。堆積物。

【堆肥】↓雑草やごみをつみ重ねてくさらせた肥料。例堆肥用の落ち葉を集める。

【堂】

土－8 総画11 5年 明朝 堂 5802

音ドウ 訓―

筆順 堂 堂 堂 堂 堂 堂（たかく／つにならない／ながく）

なりたち ［形声］「尚」が高い意味と、「ドウ」とかわって読み方をしめしている。土台の上にたった「高い建物」を表す字。

意味
❶大きな建物。人が集まるための大きな建物。例堂に入る（よく慣れて、身についている）。殿堂
❷神や仏をまつった建物。お堂。例聖堂・本堂
❸りっぱなようす。はじいることがなくりっぱなこと。例堂堂
❹人の母親をうやまうことば。例母堂

名前のよみ たか

❸〈りっぱなようす〉の意味で

【堂堂】Ⅲ〈―たる〉①力づよく、りっぱなようす。例堂々とした体格。堂々たる入場行進。②おそれたり、ためらったりしないようす。例堂々と意見を発表する。正々堂々。

←堂が下につく熟語 上の字の働き

❶堂＝〈大きな建物〉のとき
【講堂 食堂】ナニをするための建物か。
❷堂＝〈神や仏をまつった建物〉のとき
【聖堂 本堂】ドウイウ堂か。
◆一堂 正正堂堂 殿堂 母堂

【培】

土－8 総画11 常用 明朝 培 57F9

音バイ中 訓つちか-う高

筆順 一 十 土 圹 圹 垃 垃 培 培 培 培

なりたち ［形声］「音」が「重ねる」意味と、「バイ」とかわって読み方をしめしている。「土」をよせて「草木を育てる」ことを表す字。

意味 つちかう。草木をやしない育てる。例知性を培う。栽培

【培養】Ⅲ〈―する〉①草や木をやしない育てること。例培養土。②研究のために、細菌などを育ててふやすこと。③能力・精神力などをやしない高めること。

【堀】

土－8 総画11 常用 明朝 堀 5800

音― 訓ほり中

筆順 十 土 圸 坭 坭 堀 堀 堀

なりたち ［形声］「屈」が「あな」の意味と「クッ」という読み方をしめしている。土をほってつくった「ほらあな」を表す字。

意味 ほり。地面に大きなみぞをほって、水を通したり、水をためたりしたところ。例堀をめぐらす。釣堀

←堀が下につく熟語 上の字の働き

【内堀 外堀】ドコの堀か。

【堰】

土－9 総画12 人名 明朝 堰 5830

音エン外 訓せき外

意味 せき。水の流れを止めたり調整したりするために、川などにつくるしきり。

【堺】

土－9 総画12 人名 明朝 堺 583A

音カイ外 訓さかい外

意味 さかい。土地のさかい。くぎり。

【堪】

土－9 総画12 常用 明朝 堪 582A

音カン高・タン外 訓た-える中

筆順 一 十 土 圹 坩 堪 堪 堪

なりたち 堪 [形声]「甚」が「カン」とかわって読み方をしめしている。「ジン」は「もりあがる」意味をもち、「土」がついて、「高くもりあがった土」を表していた字。

意味 たえる。がまんする。果たすことができる。例 重い任務に堪える。

例解 [使い分け] たえる[耐・堪] ☞905ページ

【堪忍】かんにん Ⅲ（―する）①じっとこらえて、がまんすること。例 ならぬ堪忍、するが堪忍。堪忍袋の緒が切れる。②おこりたい気持ちをおさえて人をゆるす。例 ごめん、堪忍してね。

類 勘弁 表現☞【勘弁】（170ページ）

【堪能】一 たんのう 一 かんのう Ⅲ（―に・―な）あることがじょうずにできる。例 ピアノに堪能な人。類 達者 二 たんのう 〇（―する）十分に満足する。例 久しぶりのごちそうを堪能する。参考 一は、もともとは「かんのう」といったが、今は「たんのう」ということが多い。

堅

土-9 総画12 常用 明朝 堅 5805

音 ケン 中 訓 かた-い 中

筆順 丨 厂 戸 臣 臤 臤 堅 堅

なりたち 堅 [形声]「臤」がかたい意味と「ケン」という読み方をしめしている。「土」がついて、「かたい土」を表している字。

意味 かたい。こわれにくい。しっかりしている。たしかである。例 堅い人。堅気・堅実・中堅

例解 [使い分け] かたい[固・堅・硬] ☞247ページ

名前のよみ たか・つよし・みつ・よし

【堅気】かたぎ ↓（―な・―に）まじめでしっかりした職業や性格。例 堅気な商売。

【堅物】かたぶつ ↓ まじめすぎるほどまじめで、まわりの人がちょっとこまるような人。例 あの堅物には、じょうだんは通じないよ。

【堅固】けんご Ⅲ（―な・―に）しっかりしていて、かんたんにこわれたり、くずれたりしない。例 堅固な城。堅固な意志。類 堅牢

【堅持】けんじ ↓（―する）自分の考えや立場をかたくまもってゆずらないこと。例 一度決めた方針を堅持する。類 固持

【堅実】けんじつ ↓（―な・―に）たしかで、まちがいがない。例 あの人の考え方は堅実だ。類 着実

【堅牢】けんろう Ⅲ（―な・―に）じょうぶで、こわれにくいようす。例 堅牢な建物。類 堅固

場

土-9 総画12 2年 明朝 場 5834

音 ジョウ 訓 ば

筆順 一 十 坦 坦 場 場 場 場（ながく）（はねる）

なりたち 場 [形声]「昜」が日ののぼる意味と、「ジョウ」とかわって読み方をしめしている。「土」がついて、「日のあたる土地」を表した字。

意味
❶ところ。なにかがおこなわれる場所。例 場をふさぐ。場末・会場
❷そのとき。そのおり。劇や映画などの一くぎり。例 この場におよんで（ここまできてしまった今になって）。一幕三場。冬場・山場

特別なよみ 波止場（はとば）

❶〈ところ〉の意味で

【場外】じょうがい ↓ 会場など、くぎられた場所のそと。例 場外ホームラン。対 場内

【場内】じょうない ↓ 会場など、くぎられた場所の中。例 場内放送。対 場外

【場数】ばかず ↓ そのことをじっさいにやった回数。例 場数をふむ（経験をかさねる）。

【場所】ばしょ Ⅲ ①ものを置いたり、なにかをしたりするところ。例 遊ぶ場所。居場所。②ある広さ。例 場所をとる大きなつくえ。

【場所柄】ばしょがら その場所が、どういう性質のところなのか。例 場所柄をわきまえた服装。☞❷

【場末】ばすえ ↓ にぎやかな町の中心からはなれたところ。町はずれ。例 場末の店。

❷〈そのとき〉の意味で

【場合】ばあい 〇 ①そのようなとき。例 雨が降った場合は中止だ。②そのときのようすや事情。例 場合によっては欠席する。

【場所】ばしょ Ⅲ 大相撲がおこなわれる期間。例 春場所がはじまった。☞❶

【場面】二 ①あることが起こったり、おこなわれたりしている、その場のようす。例 場面に応じた話し方をする。②劇や映画・物語などの中の、小さな一くぎり。シーン。例 親子の別れの場面。

←場が下につく熟語 上の字の働き

❶ 場＝〈ところ〉のとき

【会場 球場 刑場 劇場 斎場 式場 戦場 道場 農場 浴場 霊場 酒場 宿場 職場 帳場 馬場 飯場 役場 工場（じょう・ば） 市場（じょう・いちば） 牧場（じょう・まきば） 漁場（ぎょじょう・ぎょば・りょうば）】ナニのための場所か。

【広場 砂場 岩場 穴場】ドウイウ場所か。

【開場 休場 欠場 満場 出場 登場 入場 来場 退場】その場所に（場所を・場所から）ドウスルのか。

【現場 足場 立場】ドウイウ意味のある場所か。

◆魚市場 急場 相場 独壇場 山場

堕

土-9 総画12 常用 明朝 堕 5815 旧字 墮 58AE

音 ダ㊥ 訓 ―

筆順

なりたち 墮 [形声]もとの字は、「墮」。「隋(タ)」が「ダ」とかわって読み方をしめしている。「ダ」はくずれる意味をもち、「土」をくずす」ことを表す字。

意味 おちる。わるくなっていく。

【堕落】二（―する）人がらやおこないが、よくしようとする気持ちをなくして、どんどんわるくなること。例 堕落した生活。自堕落。

塚

土-9 総画12 常用 明朝 塚 585A 旧字 塚 FA10

音 ― 訓 つか㊥

筆順

なりたち [形声]もとの字は、「塚」。「冢」がつみあげる意味と「チョウ」という読み方をしめしている。「土」をもりあげた「つか」を表している字。

意味 ❶つか。土をこんもりともりあげたところ。例 一里塚・貝塚 ❷はか。土をもりあげてつくったはか。例 塚をきずく。筆塚

堤

土-9 総画12 常用 明朝 堤 5824

音 テイ㊥ 訓 つつみ㊥

筆順

なりたち 堤 [形声]「是(シ)」が「テイ」とかわって読み方をしめしている。「シ」は長くのびる意味を表し、「土」がついて、「土手、つつみ」として使われている字。

意味 つつみ。川の岸などに石や土を高くもりあげたもの。土手。例 堤が切れる。

【堤防】二 川の水があふれ出たり、海の波がおそってきたりしないように、川の岸や海岸に土やコンクリートでつくった土手。つつみ。例 大雨で堤防が決壊する。類 土手

◆突堤 防波堤

堵

土-9 総画12 人名 明朝 堵 5835

音 ト㊀・ド㊀ 訓 ―

意味 かきね。家のまわりを囲むしきり。例 安堵（かきねの内側の安全なところにいる意味から、安心する）

塔

土-9 総画12 常用 明朝 塔 5854

音 トウ㊥ 訓 ―

筆順

なりたち 塔 [形声]「土」と「荅(トウ)」とを合わせ、墓の意味のインドのことば「ストーバー(卒塔婆)」を表すために作られた字。

意味 ❶寺の建物。寺で、仏の骨などをまつるために建てた高い建物。例 三重の塔。❷高くそびえ立つ建物。例 電波塔。鉄塔

◆金字塔 鉄塔

塀

土-9 総画12 常用 明朝 塀 5840 旧字 塀 FA39

音 ヘイ中 訓 ―

筆順 一 十 土 圹 坭 坭 坪 坪 塀 塀

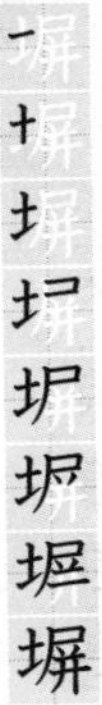

なりたち [形声]もとの字は「塀」。「屛」がおおいかくす意味と「ヘイ」という読み方をしめしている。「土」をくわえて、「かこい」を表す字。例 塀

意味 へい。家や土地のまわりを囲うもの。板塀をめぐらす。

←塀が下につく熟語 上の字の働き

【板塀 土塀】ナニで作った塀か。

報

土-9 総画12 5年 明朝 報 5831

音 ホウ 訓 むく-いる中

筆順 一 土 圡 圭 幸 幸 幸 幸 報 報（つにならない・ださない・とめる）

なりたち  [会意]「幸」が刑罰の道具を表し、「𠬝」がひざまずいた罪人と手を表し、これらを合わせて、罪人に罰をむくいることを表す字。

意味 ❶むくいる。されたことに対してお返しをすること。例 労に報いる。恩に報じる。悪事の報いを受ける。果報

❷知らせる。人に告げ知らせること。知らせ。例 死去の報に接する。事件を報じる。

名前のよみ つぐ

文字物語 塩

「塩」は、食べ物の味つけに必要な第一のもの。「料理の味かげん」を「あんばい」ということばは、もともとは「塩梅」からでたことばで、塩のからさと梅のすっぱさが味つけの基本であることをしめしていた。

むかし、ローマ帝国で、兵士にはらう給料を「サラリウム」といった。これは、「塩のためのお金」という意味のことばである。今でいうサラリーマンの「サラリー」がこれだ。塩が人びとの生活にとってどんなにたいせつだったかが、これでわかる。

「塩」ということばは、化学の世界でたいへん活躍している。「塩酸」「塩素」「塩化マグネシウム」など、たくさん「塩」のつくことばを聞くが、とくに「塩基」というものは大事で、やがて上の学校へ進んだとき化学の授業で、その重要さ、また、それがどう「塩」と結びついているかを学ぶだろう。

❶〈むくいる〉の意味で

【報恩】▲〈―する〉自分が受けたあたたかいめぐみに対して、お返しをすること。恩がえし。例 報恩の精神。対 忘恩

【報酬】Ⅲ はたらいたことに対する、お礼のお金や品物。例 報酬を受ける。

【報奨】↓〈―する〉りっぱな成果をあげたことに対して、お金や品物などを出して、ほめはげますこと。例 報奨金。類 奨励

【報償】Ⅲ〈―する〉あたえた損害に対して、うめあわせをすること。例 報償金。

【報復】Ⅲ〈―する〉しかえしをすること。例 報復措置。類 復讐

❷〈知らせる〉の意味で

【報告】Ⅲ〈―する〉ものごとのなりゆきや結果などを知らせること。その知らせの内容。例 報告を受ける。中間報告。

【報知】Ⅲ〈―する〉事が起こったことを知らせること。例 火災報知器。類 通報・通知

【報道】Ⅲ〈―する〉世の中のできごとを広く知らせること。その内容。例 選挙報道。

【報道機関】新聞・テレビなど、世の中の動きを広く知らせるためのしくみ。マスコミ。

←報が下につく熟語 上の字の働き

❷報＝〈知らせる〉のとき

【会報 官報】ナニについての知らせか。

【吉報 朗報 悲報 凶報】ドノヨウナ内容の知らせか。

【急報 警報 誤報 広報 公報 詳報 情報 速報 予報 第一報】ドウイウ性格をもつ知らせか。

【月報 時報 週報】ドレダケを周期とする知らせか。

◆因果応報 果報 通報 電報

【塁】

土-9 総画12 常用 明朝 塁 5841 旧字 壘 58D8

音 ルイ 中 訓 ―

筆順

なりたち 壘 [形声]もとの字は、「壘」。「畾(ライ)」が「ルイ」とかわって読み方をしめしている。「重ねる」意味と、「土」がついて、土をつみ重ねてつくった「とりで」を表す字。

意味 ❶とりで。小さなとりで。石や土をつみ上げてつくった小さな城。例 塁壁・土塁 ❷ベース。野球のベース。例 塁をふむ。本塁打。

❶〈とりで〉の意味で

【塁壁】↓ とりでや城の外まわりのかべ。例 石をつみ上げて塁壁をきずく。類 城壁

❷〈ベース〉の意味で

【塁審】↓ 野球で、一塁・二塁・三塁のそばにいて審判をする人。

←塁が下につく熟語 上の字の働き

❷塁＝〈ベース〉のとき

【一塁 二塁 三塁】イクツめの塁か。

◆盗塁 本塁 満塁

【塩】

土-10 総画13 4年 明朝 塩 5869 旧字 鹽 9E7D

音 エン 訓 しお

筆順

なりたち [形声]もとの字は、「鹽」。「監(カン)」が「エン」とかわって読み方をしめしている。「カン」は「からい」意味をもち、「鹵」はしおけで、「しお」の意味を表す字。

意味 ❶しお。調味料や化学製品の原料となる、しおからい物質。例 敵に塩をおくる。塩分・食塩 ❷塩素。化学元素の一つ。例 塩化ナトリウム（塩のこと）。

[文字物語] みぎのページ

❶〈しお〉の意味で

【塩害】↓ 海の水や、塩分をふくんだ風のせいで起こる、農作物や電線などの被害。

【塩素】↓ 黄緑色で、毒のある気体。元素の一つ。刺激性のにおいがする。色のついたものを白くしたり、ばいきんをころしたりするのに使う。参考 これを塩の成分と考えてつけられた名前。

【塩田】↓ 砂浜をしきって海水を引き入れ、蒸発させて塩をとるところ。

【塩分】↓ ものの中にふくまれる塩の分量。例 塩分ひかえめのしょうゆ。類 塩気

【塩辛】↓ いかや魚などの、身やはらわたを塩づけにした食品。例 いかの塩辛。

【塩気】↓ 食物などにふくまれている塩の分量。例 このスープは塩気が足りない。類 塩分

❷〈塩素〉の意味で

【塩酸】↓ 塩化水素を水にとかしたもの。鼻をさすような強いにおいがする。酸性が強く、化学工場などで広く使われている。

◆岩塩 食塩 製塩

【塊】

土-10 総画13 常用 明朝 塊 584A

音 カイ 中 訓 かたまり 中

筆順

なりたち [形声]「鬼(キ)」が「カイ」とかわって読み方をしめしている。「キ」は「かたまり」の意味をもち、「土」がついて、土の「かたまり」を表している字。

意味 かたまり。土やほかのものがひとかたまりになったもの。例 雪の塊。金塊

例解 [使い分け] かたまり[固・塊] 249ページ

【塊茎】↓ 植物の地下茎で、養分をたくわえてかたまりになっているもの。ジャガイモが、その代表。

【塙】

土-10 総画13 人名 明朝 塙 5859

音 カク 外 訓 はなわ 外

意味 ❶土がかたい。❷はなわ。山の少し高くつき出たところ。

塞

土−10 総画13 常用 明朝 塞 585E

音 サイ中・ソク中 訓 ふさーぐ中・ふさーがる中・とりで外

筆順

意味 ❶ふさぐ。ふさがる。とざす。例 閉塞(とじる。通じなくなる)・梗塞 ❷とりで。例 要塞

❷〈とりで〉の意味で

【塞翁が馬】人の世の運命、幸不幸はさだめがなく、予測できない。「人間万事塞翁が馬」とも。参考 とりで(塞)の近くに住む老人(翁)の馬ということ。

[故事のはなし] ☞ ひだりのページ

塑

土−10 総画13 常用 明朝 塑 5851

音 ソ中 訓 ―

筆順

なりたち [形声]「朔」が「ソ」とかわって読み方をしめしている。「ソ」は「けずる」意味をもち、「土をこねて物の形をつくる」ことを表している字。

意味 こねて、つくる。ねんどをこねて物の形をつくること。例 塑像・彫塑

【塑像】↓ ねんどや石膏をかためてつくった、人や動物などの形。対 彫像

塡

土−10 総画13 常用 明朝 塡 5861

音 テン中 訓 ―

筆順

意味 ふさぐ。うずめる。例 塡充・補塡

字体のはなし 「填」とも書く。☞ふろく「字体についての解説」(30ページ)

◆充塡 装塡 補塡

塗

土−10 総画13 常用 明朝 塗 5857

音 ト中 訓 ぬーる中

筆順

なりたち [形声]「涂」が「どろ」の意味と「ト」という読み方をしめす。かべにぬる「どろ土」を表している字。

意味 ❶ぬる。物の表面にぬりつける。例 薬を塗る。塗装 ❷どろにまみれる。よごれる。例 塗炭

❶〈ぬる〉の意味で

【塗装】↓〈―する〉見た目を美しくしたり、さびるのをふせいだりするために、塗料をぬったり、ふきつけたりすること。例 塗装工事。

【塗布】↓〈―する〉薬や塗料などを一面にぬりつけること。例 日やけ止めを塗布する。

【塗料】↓ 金属や木材がさびたりくさったりするのをふせぐためや、美しく見せるために、その表面にぬるもの。ペンキ・ラッカー・ニス・うるしなど。例 油性塗料。

❷〈どろにまみれる〉の意味で

【塗炭】Ⅲ どろの中に落ちてもがき、さらに炭火の火に焼かれること。表現「塗炭の苦しみ」という形で使い、ひどい苦しみを表す。

墓

土−10 総画13 5年 明朝 墓 5893

音 ボ 訓 はか

筆順 (ながく・はらう)

なりたち [形声]「莫」が「おおう」意味と「ボ」という読み方をしめしている。「土」がついて、土でおおった「はか」を表している字。

意味 はか。死者をまつって、その遺体や遺骨をうめるところ。例 墓に参る。墳墓

【墓穴】↓ 死んだ人のからだや骨をうめるあな。表現「墓穴をほる」は、自分のしたことがもとで身をほろぼすことをいう。

【墓参】↓〈―する〉墓に行って先祖や死者の冥福をいのること。墓参り。例 墓参団。

【墓誌】↓ 死者について墓石に記してあることがら。例 墓標の背面の墓誌を読む。

【墓石】↓ 墓のしるしとして立てる石。例 墓石に名をきざむ。類 墓標・墓碑

【墓前】↓ 墓の前。例 墓前にぬかずく。

【墓地】↓ 墓のあるところ。墓のための土地。はかば。例 共同墓地。類 霊園

【墓碑】↓ 死者の名前や死んだ年などを書いてたてる墓石。例 墓碑銘。類 墓石

【墓標】↓ 墓のしるしとして立てる木や石。類 墓石 表記「墓表」とも書く。

故事のはなし 塞翁が馬

国境のとりでの近くに住む人で、占いの得意な人がいた。その人の馬が理由もなく、とりでの外の異民族の土地へ逃げてしまった。人々が見舞うと、その老人は「これが福となるだろう」と言った。数か月すると、逃げた馬が異民族の名馬を引き連れて帰ってきた。人々が祝うと、その老人は「これがわざわいとなるだろう」と言った。家に名馬が増えたので、その息子が乗馬を好み、落馬して股の骨を折ってしまった。人々が見舞うと、その老人は「これが福となるだろう」といった。一年たつと、異民族が大挙してとりでに攻め込んできた。働き盛りの者は弓をとって戦い、その九割が戦死してしまった。しかし、息子だけは足が不自由だったので、父とともに無事だった。したがって、福がわざわいとなり、わざわいが福となる、その変化は極めることができず、奥深さは予測できないものなのである。（『淮南子』人間訓）

←墓が下につく熟語 上の字の働き

【墳墓 陵墓】近い意味。

境

土－11 総画14 5年 明朝 境 5883

音 キョウ・ケイ(中) 訓 さかい

筆順 境 境 境 境 境 境 境 おらない はねる

なりたち 形声「竟」が「さかい」の意味と「キョウ」という読み方をしめしている。「土」がついて、「土地のさかい」を表している字。

意味

❶さかい。ほかの土地や国とのさかいめ。ものとものが接するところ。例 生死の境をさまよう。国境。

❷ある場所。ところ。例 辺境

❸人がおかれているところ。まわりの状態やようす。例 無我の境。境地・環境

注意するよみ ケイ…例 境内

❶〈さかい〉の意味で

【境界】‖ 土地などのさかいめ。例 境界線を引く。類 境目 ☞「きょうがい」は❸

【境内】↓ 寺や神社の敷地のなか。

【境目】↓ ちょうど分かれめになっているところ。類 境・境界

❸〈人がおかれているところ〉の意味で

【境界】‖ 仏教のことばで、前世でしたことのむくいとして受けるこの世でのめぐりあわせ。☞「きょうかい」は❶

【境涯】‖ 生きていくうえで、その人の身分や立場。例 幸福な境涯。類 境遇

【境遇】‖ 生きていくうえで、その人のおかれた立場。例 めぐまれた境遇に育つ。類 境涯

【境地】‖ ①その人がおかれている立場。②その人の心の状態。例 さとりの境地。

←境が下につく熟語 上の字の働き

❷境＝〈ある場所〉のとき

【異境 秘境 辺境】ドノヨウナところか。

❸境＝〈人がおかれているところ〉のとき

【環境 順境 逆境 苦境 老境】ドノヨウナ状態か。

◆越境 国境｜心境 進境 見境

【塾】

土−11 総画14 常用 明朝 塾 587E

音 ジュク 中 訓 —

筆順

なりたち [形声]「孰」が「つきかためる」意味と「ジュク」という読み方をしめしている。「土」がついて、土でつきかためた「へい」を表している字。

意味 学問を教えるところ。例 塾にかよう。学習塾。私塾

【塾生】↓ 塾で勉強している生徒。例 塾生募集。

【塾長】↓ 塾のいちばん上の責任者。類 塾頭

塾が下につく熟語 上の字の働き

【私塾 村塾】ドコがたてている塾か。

【塵】

土−11 総画14 表外 明朝 塵 5875

音 ジン 外 訓 ちり 外

意味 ちり。ほこり。例 塵も積もれば山となる。塵取り・砂塵(すなぼこり)

◆【塵芥】＝ ちりやごみ。役に立たないもの。

◆【塵紙】↓ そまつでやわらかい紙。

【増】

土−11 総画14 5年 明朝 増 5897 旧字 增 589E

音 ゾウ 訓 ま-す・ふ-える・ふ-やす

筆順 うえよりほそめ

なりたち [形声]もとの字は「增」。「曾」が「かさなる」意味と、「ゾウ」とかわって読み方をしめしている。「土」がついて、「土をつみかさねる」ことを表している字。

意味
❶ます。数が多くなる。量がふえる。ふやす。例 水かさが増す。体重が増える。三パーセントの増。倍増 対 減
❷つけあがる。態度が大きくなる。

例解 [使い分け] ふえる[増・殖] ☞ひだりのページ

❶〈ます〉の意味で

【増員】▲〈-する〉人数をふやすこと。例 係員を増員する。対 減員

【増援】▲〈-する〉人数をふやして助けること。例 増援部隊をいそいで送る。

【増加】＝〈-する〉ふえること。例 人口が増加する。類 増大 対 減少

【増額】▲〈-する〉お金の額をふやすこと。例 福祉の費用を増額する。対 減額

【増刊】↓〈-する〉雑誌などで、臨時の号を出すこと。例 春の増刊号。

【増強】↓〈-する〉人や物の数をふやして、いきおいを強くすること。例 生産能力を増強する。類 増進 対 減退

【増結】↓〈-する〉列車や電車にべつの車両をつなぎたすこと。例 客車を増結する。

【増減】⇕〈-する〉ふえることと、へること。ふやすことと、へらすこと。例 人口の増減。

【増刷】↓〈-する〉本などを、ある部数だけ印刷したあとで、さらに追加して印刷すること。増し刷り。

【増産】▲〈-する〉生産するものの量をふやすこと。例 米の増産にとりくむ。対 減産

【増収】▲〈-する〉手にはいるお金や作物のとれ高がふえること。対 減収

【増殖】＝〈-する〉ふやすこと。ふえて多くなること。生物や細胞が、生殖や分裂によってふえること。例 がん細胞が増殖する。

【増進】＝〈-する〉力やいきおいがいっそう強まること。強めること。例 食欲増進の秋。健康増進。類 増強 対 減退

【増水】▲〈-する〉雨などのために、川などの水がふえること。対 減水

【増税】▲〈-する〉税金をふやすこと。例 反対意見が強く、増税を見送る。対 減税

【増席】▲〈-する〉席をふやすこと。

【増設】↓〈-する〉今まであるものにつけくわえて、建物や設備などを、新しくつくるこ

と。例学校に理科室を増設する。

【増大】↓〈―する〉ふえて大きくなること。大きくすること。例ごみの量は、増大する一方だ。類増加 対減少

【増築】↓〈―する〉家や建物などをたてますこと。

【増発】▲〈―する〉列車・電車・バスなどの発車回数をふやすこと。例バスを増発する。

【増幅】▲〈―する〉電波や電流・音・光などの振幅をふやして、大きな出力をとり出すこと。例増幅装置。

【増補】↓〈―する〉前に出した本のたりないところをつけたすこと。例増補版。

【増量】▲〈―する〉ものの量をふやすこと。ふえること。例えさを増量する。対減量

❷〈つけあがる〉の意味で

【増長】‖〈―する〉調子にのってつけあがること。例先生にほめられて、増長する。

⬅増が下につく熟語 上の字の働き

❶増＝〈ます〉のとき

【急増 激増 漸増 倍増 微増】ドノヨウニ増えるか。

墨

土―11 総画14 常用

明朝 墨 58A8 旧字 墨 FA3A

音 ボク㊥ 訓 すみ㊥

筆順

たなり 墨 [形声]もとの字は、「墨」。「黒」が「くろい」意味と、「ボク」とかわって読み方をしめしている。「黒い土」ということから、「すみ」を表している字。

意味

❶すみ。文字や絵をかくための黒いすみ。赤・白・青などのものもある。例墨をする。白墨

❷墨子。むかしの中国の思想家、墨翟のこと。例墨守

発音あんない ボク→ボッ…例墨痕

❶〈すみ〉の意味で

【墨絵】↓黒いすみだけでかいた絵。例雪舟の墨絵。類水墨画

【墨汁】↓そのまま使えるようにしてあるすみの汁。例墨汁を筆にふくませる。

【墨痕】↓すみで書いた、筆づかいのあと。例墨痕あざやかな書。類筆跡

❷〈墨子〉の意味で

【墨守】▽〈―する〉自分の考え方をかたくまもって変えないこと。例旧習を墨守する。

例解 使い分け ふえる《増える・殖える》

増える＝数や量が多くなる。例人数が増える。損害が増える。

殖える＝とくに、生物が(つぎつぎと生まれて)多くなる。財産が多くなる。例細菌が殖える。貯金が殖える。

参考「殖える」も「増える」と書くことが多い。

参考 もともとは、城をまもり敵を防ぐことの強固さから出たことば。表現 がんこに古いやり方を変えないということで、よくない意味に使うことが多い。

[故事のはなし]☞271ページ

◆白墨

墜

土―12 総画15 常用

明朝 墜 589C

音 ツイ㊥ 訓 ―

筆順

たなり 墜 [形声]「隊」が「落ちる」意味と、「ツイ」とかわって読み方をしめしている。「土」がついて、「土がくずれ落ちる」ことを表している字。

意味 落ちる。落とす。高いところから落下する。例墜落・失墜

【墜死】↓〈―する〉高いところから落ちて死ぬこと。例がけから三人の人が墜死した。

【墜落】‖〈―する〉高いところから落ちるこ

◀次ページ 墳 壊 墾 壌 壇

と。例 飛行機が墜落した。墜落事故。

◆撃墜 失墜

墳

土−12 総画15 常用 明朝 墳 58B3

音 フン 中 訓 ―

なりたち [形声]「賁」が「もりあがる」意味と「フン」という読み方をしめしている。「土」がついて、「土がもりあがる」ことを表す字。

意味 はか。土を高くもりあげてつくった墓。例 古墳

【墳墓】Ⅱ はか。例 墳墓の地(先祖の墓のあるところ、ふるさと)。

壊

土−13 総画16 常用 明朝 壊 58CA 旧字 壞 58DE

音 カイ 中・エ 外 訓 こわ-す 中・こわ-れる 中

なりたち [形声]もとの字は、「壞」。「褱」が「こわす」意味と「カイ」という読み方をしめしている。「土」がついて、「土がくずれる」ことを表している字。

意味 こわす。形あるものをくずしてしまう。こわれる。例 家を壊す。物が壊れる。決壊

表記「カイ」と読むときは「潰」とも書く。

【壊死】えし ↓〈―する〉けがや病気などのために、からだの一部分が死んでしまうこと。

【壊滅】かいめつ ↓〈―する〉もとの形がまったくのこらないほど、つぶれたりこわれたりすること。例 壊滅的な被害を受ける。類 崩壊

壊が下につく熟語 上の字の働き

【破壊 崩壊 決壊】近い意味。
【損壊 倒壊】ドウヤッテ壊れたか。
【全壊 半壊】ドノクライ壊れたか。

墾

土−13 総画16 常用 明朝 墾 58BE

音 コン 中 訓 ―

なりたち [形声]「貇」が「つとめる」意味と「コン」という読み方をしめしている。「土」がついて、「土地を切りひらく」ことを表す字。

意味 田や畑にする。あれた土地をたがやして田や畑にする。例 墾田・開墾

【墾田】こんでん ↓ 新しく切りひらいた田地。とくに、大化の改新のあと、耕地をふやすために切りひらいた土地。

壌

土−13 総画16 常用 明朝 壌 58CC 旧字 壤 58E4

音 ジョウ 中 訓 ―

なりたち [形声]もとの字は、「壤」。「襄」が「やわらかい」意味と「ジョウ」という読み方をしめしている。「土」がついて、「やわらかなよく肥えた土」を表す字。

意味 つち。肥えた土。例 土壌

壇

土−13 総画16 常用 明朝 壇 58C7

音 ダン 中・タン 高 訓 ―

なりたち [形声]「亶」が「もりあげて平らにする」意味の「タン」という読み方をしめしている。「土」がついて、土をもりあげて平らにした「だん」を表す字。

意味 ❶だん。まわりよりも高くしたところ。例 壇に上がる。花壇 ❷人びとの集まり。あることを専門にしている人たちの集まり。例 文壇

注意するよみ タン…例 土壇場

❶〈だん〉の意味で

【壇上】だんじょう ↓ 話などをするために、いちだんと高くこしらえた台の上。例 壇上に立ってあいさつする。

壇が下につく熟語 上の字の働き

❶壇＝〈だん〉のとき【演壇 教壇 祭壇】ナニをするための壇か。【花壇 仏壇】ナニのための壇か。
❷壇＝〈人びとの集まり〉のとき【歌壇 文壇】ナニのための集まりか。

【壁】

土−13 総画16 常用 明朝 壁 58C1

音 ヘキ中 訓 かべ中

筆順 壁壁壁壁壁壁壁壁

なりたち 壁［形声］「辟」が「とりかこむ」意味と「ヘキ」という読み方をしめしている。「土」がついて、土でまわりをかこんだ「へい」を表している字。

意味 かべ。へやをくぎったり建物のまわりをおおったりするかべ。かべのように立ちふさがるもの。例 壁に耳あり。壁画・岸壁

【壁紙】かべがみ ↓ ①かべがくずれるのをふせいだり、美しく見せたりするために、かべにはる紙。例 壁紙をはりかえる。②パソコンなどの待ち受け画面のかざり画像。

【壁新聞】かべしんぶん 身近なできごとなどを、新聞の形にまとめて、掲示板などにはり出すもの。

【壁画】へきが ↓ 建物のかべや天井などに、かざりのためにかいた絵。例 古墳の壁画を修復する。

【壁面】へきめん ↓ 壁や岩壁の表面。

壁が下につく熟語 上の字の働き

【城壁 岸壁 障壁 絶壁】ドノヨウナ壁面か。

◆鉄壁

【壕】

土−14 総画17 人名 明朝 壕 58D5

音 ゴウ外 訓 ほり外

意味 ほり。地面をほってつくったみぞ。例 防空壕。塹壕

故事のはなし 墨守（ぼくしゅ）

戦国時代はじめの墨翟は、墨子とよばれ、諸子百家の一つ墨家の始祖である。兼愛（自分を愛するように他人を愛すること）や非攻（たたかいをしかけないこと）のスローガンをかかげて侵略戦争の否定をうったえた。楚国の軍師の公輸盤が雲梯という道具を使って宋国を攻めようとしたとき、机上の模擬戦で九回も撃退してみせ、ついに戦争をやめさせた。（『墨子』公輸篇）

知識 墨家には反戦をとなえるだけでなく、じっさいに籠城して防戦を請け負ったグループもいたらしい。

3画 士［さむらい］の部

「士」をもとに作られた字と、「士」の形がめやすとなっている字を集めてあります。

この部首の字

0 士……271
1 壬……272
3 壮……272
4 壱……274
声……274
吉▸口 210
売▸儿 116
志▸心 484
喜▸口 233
嘉▸口 237

【士】

土−0 総画3 5年 明朝 士 58EB

音 シ 訓 —

筆順 一 十 士（みじかく）

なりたち 士［象形］地上にぼうを立てた形をえがいた字。のちに「おとこ」として使われるようになった。

意味
❶おとこ。りっぱな男子。例 紳士
❷さむらい。軍隊にかかわる人。例 兵士
❸資格をもった人。例 学士

特別なよみ 海士（あま）・居士（こじ）・博士（はかせ）

名前のよみ あき・あきら・お・おさむ・つかさ・と・のり・ひと・まもる

❷〈さむらい〉の意味で

【士官】しかん ↓ 軍隊で、兵隊を指図する位の人。例 士官学校。陸軍士官。類 将校

【士気】しき ↓ ①兵士のいさみたった気持ち。②人びとがなにかやろうとするときの意気ごみ。例 チームの士気を高める。類 意気

【士族】しぞく ↓ 明治時代のはじめまで、武士であった家がら。例 士族の商法。知識 一九四七(昭和二二)年まで、華族・士族・平民という身分の区別があり、士族は平民より一段上のものとしてあつかわれていた。

【士農工商】しのうこうしょう 武士と農民と職人と商人。参考 江戸時代に、人びとをその職業によって四つの身分に区別し、上から順番にならべたことば。

士が下につく熟語 上の字の働き

❶士＝〈おとこ〉のとき
【志士 闘士 烈士 義士 名士 勇士 同士 紳士】ドノヨウナ士か。

❷士＝〈さむらい〉のとき
【騎士 戦士 武士】ドウスルさむらいか。

❸士＝〈資格をもった人〉のとき
【学士 修士 博士】ドウイウ資格をもつ人か。
【文士 棋士 弁士 力士】ナニを専門とする人か。

◆藩士 兵士

【壬】

士-1 総画4 人名 明朝 壬 58EC

音 ジン外・ニン外 訓 みずのえ外

意味 十干の九番め。みずのえ。参考 六七二年、天皇の位をめぐって起きた内乱を、その年が干支の壬申にあたることから「壬申の乱」という。

【壮】

士-3 総画6 常用 明朝 壮 58EE 旧字 壯 58EF

音 ソウ中 訓 ―

筆順 丨 丬 丬 壮 壮 壮

なりたち 壯 [形声] もとの字は、「壯」。「爿」がソウ」とかわって読み方をしめしている。「ソウ」は「大きい」意味をもち、「士」をくわえて、「大きい男」を表す字。

意味 ❶さかん。意気さかんで元気である。例 志を壮とする。壮年・強壮・勇壮 ❷大きい。大きくりっぱである。例 壮観・豪壮

名前のよみ あき・たけ・たけし・まさ・もり

❶〈さかん〉の意味で

【壮快】そうかい ↓〈―な〉力がみなぎるようす。じつに壮快な活躍だった。表現 さわやかで気持ちいいというときは、「爽快」を使う。例

【壮健】そうけん Ⅲ〈―な〉からだがじょうぶで、元気なようす。例 祖父は、とても壮健だ。類 達者・強壮

【壮行】そうこう ↓ なにかのために出かける人をはげまして、送り出すこと。例 オリンピック選手の壮行会。類 歓送

【壮者】そうしゃ・そうじゃ ↓ はたらきざかりの人。

【壮絶】そうぜつ ☒〈―な〉このうえなく、はげしくいさましい。例 壮絶な戦い。類 壮烈

【壮年】そうねん ↓ はたらきざかりの年ごろ。その年ごろの人。ふつう、三十歳から五十歳くらいまでのことをいう。関連 幼年・少年・青年・壮年・中年・熟年・老年

【壮烈】そうれつ ↓〈―な〉いさましくて、はなばなしい。例 壮烈な最期をとげる。類 壮絶

❷〈大きい〉の意味で

【壮観】そうかん ↓〈―な〉すばらしく雄大なながめ。例 海で見る日の出は壮観だ。類 盛観

【壮挙】そうきょ ↓ やりとげるのが難しい、大がかりな計画。例 壮挙をなしとげる。

【壮大】そうだい Ⅲ〈―な〉規模が大きくすばらしい。例 アルプスの山は壮大だ。類 雄大

【壮図】そうと ↓ いさましく大がかりな計画。例 この計画は、まさに壮図だ。類 雄図

【壮途】そうと ↓ りっぱなことをなしとげるための門出。例 壮途を祝う。

【壮麗】そうれい ↓〈―な〉大きく、りっぱで、美しい。例 壮麗な富士のすがた。

◆悲壮 勇壮

ものしり巻物 第8巻

「音読み」と「訓読み」

わたしたちの身のまわりで、おなじものをべつのことばを使って表すことがあることに気がつきませんか。

たとえば、「チョーク」と「はくぼく」、「ノート」と「ちょうめん」、「ペンケース」と「ふでばこ」、「テスト」と「しけん」、「スプーン」と「さじ」など、ほかにもまだありますね。

これらは、いっぽうは外国での言い方をだいたいそのまま用いたことばであり、もういっぽうはわたしたちの日本語としてのことばであることがすぐにわかるでしょう。

漢字を学習していて、いくつもの読み方があることに気づきますね。その理由も、じつは今いくつかあげたことばの例とおなじなのです。

もともと漢字は古代の中国で作られた文字です。この漢字が日本に最初にもたらされたのは三世紀ごろといわれています。その当時は、漢字を外国語、つまり中国語として学び、中国の人たちが読んでいる読み方をそのまま用いていました。

たとえば、漢字の「白」と「墨」とは、むかしの中国での言い方のまま、それぞれ「ハク」と「ボク」というように学びましたが、日本語としてのことばでは「しろ」であり、「すみ」であることに気づいていきました。そこで「白」という漢字に対しては、中国での読み方のままの「ハク」と日本語としての「しろ」、そして「墨」という漢字に対しては「ボク」と「すみ」というように、それぞれに二とおりの読み方ができたのです。「ハク」や「ボク」のような読み方を音読み、「しろ」や「すみ」のような読み方を訓読みといいます。

ところで、この「音読み」や「訓読み」は一つずつとはかぎりません。たとえば、「下」という漢字では、「音読み」は「カ・ゲ」の二つ、「訓読み」は「した・しも・もと・さげる・くだる・おりる・おろす」などたくさんあります。なぜこんなに「訓読み」があるのかというと、「下」という漢字が表す日本語としての意味が、これらすべてのことばにあたるからなのです。

なかには、「訓読み」だけで、「音読み」がなかったり、ほとんど使われないものもあります。「届ける」「咲く」「貝」などがそれです。反対に「菊」「茶」「肉」などは「音読み」で「訓読み」はないのですが、今ではすっかりもともとの日本のことばのようになってしまっています。さらに、「馬」「絹」「梅」などは、もともとは「音読み」であったものが、はるかむかし、それがわすれられてしまい、もともとあった日本のことばのように思われて「訓読み」とされたものです。

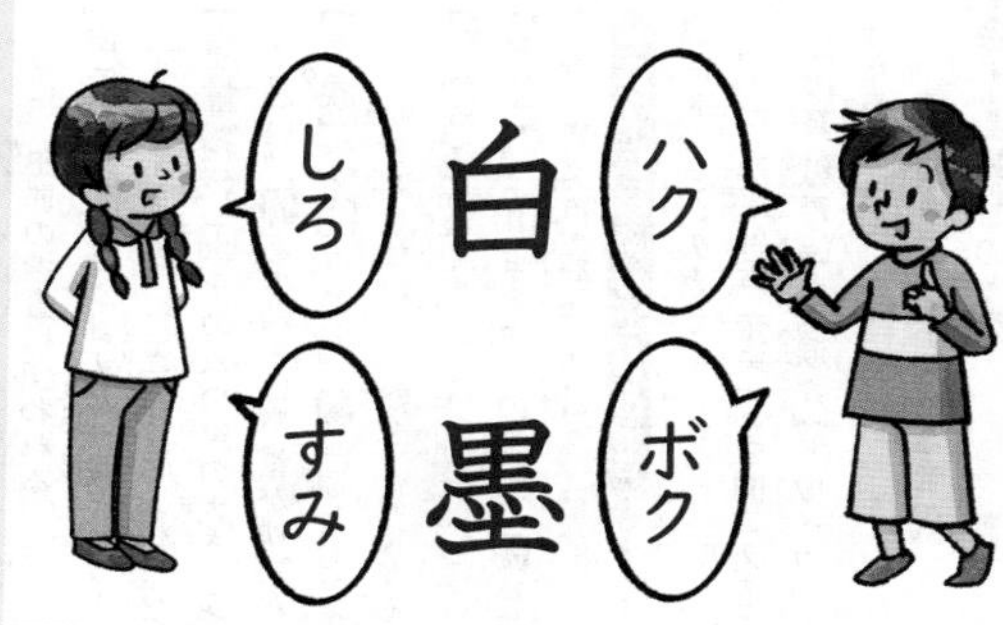

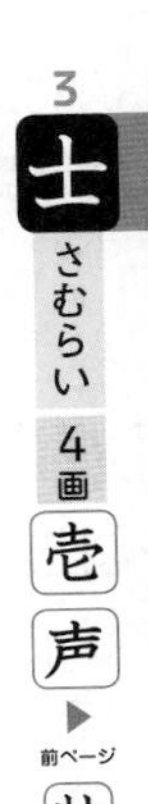

【壱】

士-4 総画7 常用

明朝 壱 58F1 旧字 壹 58F9

音 イチ㊥ 訓 ―

筆順 壱 壱 壱 壱 壱 壱 壱

なりたち 𡔷 [形声] もともとは「つぼ(壺)」の形と「いっぱいになる」意味の「吉」とからできた字。「吉」が「イチ」とかわって読み方をしめしている。酒がつぼの中にいっぱいつまるようすを表していた字。のちに、数の「一」の意味に使われるようになった。

意味 数の一。領収書など、書きかえられてはこまる金額の記入などに使う。例 壱萬円。

関連 壱・弐・参

【声】

士-4 総画7 2年

明朝 声 58F0 旧字 聲 8072

音 セイ・ショウ㊯ 訓 こえ・こわ㊥

筆順 声 声 声 声 声 声 声（はらう）

なりたち 聲 [形声] もとの字は、「聲」。「殸(ケイ)」が打楽器を鳴らすことを表し、「セイ」とかわって読み方をしめしている。「耳」がついて、「耳に聞こえてくる音」を表した字。

意味 ❶こえ。人や動物などが口から出す音。声を出すこと。例 虫の声。音声

❷評判。うわさ。例 声価・名声

注意するよみ ショウ…例 大音声　こわ…例 声色

名前のよみ な・もり

❶〈こえ〉の意味で

【声色】こわいろ ↓ ①その人独特の声の調子や口調。②役者などのせりふの調子・声をまねること。例 先代の声色をつかう。

【声高】こわだか ▽〈―な〉〈―に〉話すときの声が、ふつうより高く、大きいこと。例 声高に話す。

【声域】せいいき ↓ 歌うときに出る低い声から高い声までの範囲。例 声域が広い。

【声援】せいえん ↓〈―する〉声を出してはげますこと。例 選手に声援をおくる。類 応援

【声楽】せいがく ↓ 人の声で表す音楽。独唱・重唱・合唱がある。例 声楽家。対 器楽

【声帯】せいたい ↓ のどのまん中にあって、声を出すところ。両がわに帯のようなものがついていて、その合わせ目を息がとおるときにふるえて声になる。知識 ことばを表す音には、声帯をふるわせて出す有声音と、声帯をふるわせないで出す無声音とがある。

【声明】↓ 一 せいめい〈―する〉広く世間の人びとに向かって、意見や考えを発表すること。その意見や考え。政治や外交についての意見の発表をいう。例 共同声明。二 しょうみょう 仏教で、お経にふしをつけて、歌のようにとなえるもの。

【声紋】せいもん ↓ 機械を使って、人の声をしまもようのパターンで表したもの。知識 指紋とともに、犯罪の捜査に使われる。

【声優】せいゆう ↓ ラジオの放送劇や、テレビ・映画などのふきかえに出演する、声だけの俳優。

【声量】せいりょう ↓ その人の声の大きさやひびきぐあい。例 あの歌手は声量がゆたかだ。

【声涙】せいるい ‖ 声と涙。例 声涙ともに下る名演説(涙を流しながら、熱をこめてする話)。

❷〈評判〉の意味で

【声価】せいか ‖ 世の中での評判。例 声価を高める。類 名声・評価・世評

声が下につく熟語 上の字の働き

❶声＝〈こえ〉のとき
【美声 悪声 奇声 蛮声】ドウ聞こえる声か。
【喚声 歓声 嘆声 涙声】ドウイウ心のこもった声か。
【銃声 砲声】ナニから出る音か。

❷声＝〈評判〉のとき
【悪声 名声】ドウイウ評判か。

◆産声 音声 地声 肉声 発声 鼻声

3画 夂 [ふゆがしら] の部

「夂」の形がめやすとなっている字を集めてあります。

この部首の字

冬

音 トウ 訓 ふゆ

夂-2 総画5 2年

明朝 冬 51AC

筆順 ノ ク 夂 冬 冬（はらう／ンにならない）

なりたち [会意]こおりを表す「冫」と終わりを表す「夂」を合わせて、一年の終わりの寒い「ふゆ」を表す字。

意味 ふゆ。四季の一つで、もっとも寒い季節。例 夏と冬。冬山・冬眠・立冬 対 夏

【冬季】↓ 冬の季節。例 冬季オリンピック。関連 春季・夏季・秋季・冬季

【冬期】↓ 冬のあいだ。例 冬期はバスが運休になる。関連 春期・夏期・秋期・冬期 表現「冬季」は「冬の季節」、「冬期」は「冬の期間」と区別があるが、区別しないことも多い。

【冬至】↓ 一年のうちで、太陽がもっとも南により、北半球では一年のうちでもっとも昼が短く、夜が長い日。十二月二十二日ごろ。対 夏至 知識 冬至の日には、健康をねがって、ゆず湯に入る、かぼちゃを食べるなどの習慣がある。

【冬眠】↓（―する）ヘビやカエル・クマなどの動物が、土やあなの中に入って、食べ物もとらず、活動もやめて冬をすごすこと。表現「このクラブは今、冬眠中」のように、ある組織の活動がほとんどおこなわれていないという意味に使うこともある。

【冬将軍】きびしい寒さの冬のこと。参考 ロシアに攻めこんだナポレオンの軍隊が、冬の寒さに負けてにげ帰ったことから、この言い方ができた。

【冬場】↓ 冬のあいだ。対 夏場

【冬物】↓ 冬に着る衣服やそれをつくるための布地。類 冬着 対 夏物

【冬山】↓ ①冬が来て、木の葉がちり、草がかれてしまった山。②冬の登山。対 夏山

←冬が下につく熟語 上の字の働き

【越冬 立冬】冬をドウスルか・冬がドウナルか。

◆初冬 暖冬

変

音 ヘン 訓 か-わる・か-える

夂-6 総画9 4年

明朝 変 5909

旧字 變 8B8A

筆順 亠 亣 亦 亦 亦 変 変 変 変（はねる／はらう）

なりたち [形声]もとの字は、「變」。「攵」が「しいておこなう」ことを表し、「䜌(レン)」が「みだれる」意味をもち、合わせて、「かえる」意味を表す字。

意味 ❶かわる。かえる。ちがったものやようすになる。例 予定が変わる。変化・一変

例解 使い分け かわる《変わる・代わる・替わる・換わる》

変わる＝そのものが前とちがった状態になる。
例 色が変わる。気が変わる。声変わり。

代わる＝ある役目をほかのものがする。
例 父に代わって応対する。代わる代わる。身代わり。

替わる＝ある決まった範囲で、新しく別のものになる。
例 社長が替わる。日替わりの定食。

換わる＝もとのものと同等の別のものになる。
例 名義が換わる。

◀次ページ 変

❷ふつうでない。ふつうとはちがったようすやできごと。例変な味。事変

例解［使い分け］かわる［変・代・替・換］☞275ページ

❶〈かわる〉の意味で

【変圧】へんあつ ▲〈―する〉圧力の強さ、とくに電圧の高さをかえること。例変圧器（トランス）。

【変温動物】へんおんどうぶつ 爬虫類や魚類など、まわりの気温や水温につれて体温も変化する動物。類冷血動物 対定温動物・恒温動物

【変化】Ⅲ〈―する〉㊀へんか かわること。ある状態からべつの状態になること。例山の天候は変化がはげしい。類推移 ㊁へんげ 動物などがいろいろにすがたをかえてあらわれること。化け物。例妖怪変化。七変化。

【変革】へんかく Ⅲ〈―する〉政治や社会のしくみなどが大きくかわること。類改革・改変

【変換】へんかん Ⅲ〈―する〉べつのものにそっくりかえること。例ひらがなを漢字に変換する。

【変形】へんけい ▲〈―する〉形がかわること。例プラスチックの容器が熱で変形した。

【変幻】へんげん Ⅲ〈―する〉すがたをあらわしたかと思うと、またすぐに消えてしまったりして、その正体がつかめないこと。例変幻自在。

【変更】へんこう Ⅲ〈―する〉前に決めてあったことや、これまでそうであったことを、べつのものにかえること。例計画を急に変更する。

【変質】へんしつ ▲〈―する〉ものの性質がかわること。例バターが変質してしまった。☞❷

【変色】へんしょく ▲〈―する〉色がかわること。例変色した古い写真。

【変心】へんしん ▲〈―する〉気持ちや考えがかわること。心がわり。例親友の変心をせめる。

【変身】へんしん ▲〈―する〉すがたをほかのものにかえること。例青虫がチョウに変身した。

【変声期】へんせいき 子どもの声からおとなの声にかわる時期。知識 小学校上級学年から中学二年くらいの間で、男子にいちじるしい。

【変遷】へんせん Ⅲ〈―する〉時がたつにつれて、だんだんにかわっていくこと。例時代の変遷のあとをたどる。類推移・変転・沿革

【変装】へんそう ▲〈―する〉べつの人に見えるように身なりをかえること。類仮装

【変造】へんぞう ↓〈―する〉手をくわえて形や内容をかえること。例変造防止。

【変速】へんそく ▲〈―する〉速さをかえること。

【変態】へんたい ▲〈―する〉生物が生育する時期にしたがって形をかえること。例水生昆虫の変態。☞❷

【変調】へんちょう ▲〈―する〉音楽で、調子をかえること。類移調 ☞❷

【変転】へんてん Ⅲ〈―する〉ものごとがうつりかわること。例めまぐるしく変転する。類変遷

【変電所】へんでんしょ 発電所から送られてくる電流の電圧を変えて、工場や家庭へ送りとどける設備のある所。

【変動】へんどう ↓〈―する〉ようすがいろいろにかわること。例地殻変動。対安定

【変貌】へんぼう ▲〈―する〉すがたやようすがかわること。例変貌をとげる。類変容

【変名】へんめい ↓本名をかくすために使うべつの名前。類仮名・偽名

【変容】へんよう ▲〈―する〉全体のようすが、かわること。例変容しつつある都市生活。類変貌

❷〈ふつうでない〉の意味で

【変異】へんい Ⅲ①ほうっておけないようなかわったできごと。例自然界に変異が起きている。類異変 ②〈―する〉おなじ種類の生物の中で、それまでと形や性質のかわったものがあらわれること。例突然変異。

【変死】へんし ↓〈―する〉事故や自殺などで死ぬこと。類横死

【変事】へんじ ↓ふつうでない、たいへんなできごと。例一大変事。類異変・事変

【変質】へんしつ ↓性格や行動がふつうの人とひどくちがっていること。例変質者。☞❶

【変種】へんしゅ ↓おなじ種類の中で、かわった性質をもったもの。かわりだね。対原種

【変人】へんじん ↓することや言うことが、ほかの人とずいぶんちがう人。かわりもの。類奇人

【変則】へんそく ↓〈―な・―に〉ふつうのやり方でないこと。きまりにはずれていること。例変則的な生活。対正則

【変態】へんたい ↓心やからだのはたらきがふつうとひどくちがっていること。☞❶

【変調】↓いつもとちがって、ようすがおかしいこと。例からだに変調をきたす。☞❶

【変哲】◎ほかとくらべて、とくにかわったところ。表現「なんの変哲もない」と打ち消して、「ありふれている」の意味に使う。

←変が下につく熟語 上の字の働き

❶変＝〈かわる〉のとき
【一変 急変 激変】ドノヨウニ変わるか。

❷変＝〈ふつうでない〉のとき
【異変 事変】近い意味。

◆政変 大変 不変

夏

夂-7 総画10 2年 明朝 夏 590F

音 カ・ゲ 中 訓 なつ

筆順 一 丆 百 百 百 頁 夏 夏 夏 夏（ながく・はらう）

なりたち 【象形】人が大きな仮面をかぶっておどっているようすをえがいた字。のちに、「なつ」として借りて使われるようになった。

意味 なつ。四季の一つで、気温がいちばん高くなる季節。例飛んで火に入る夏の虫(なにも知らないで、自分から危険なことに飛びこむこと)。夏物・夏至・初夏 対冬

注意するよみ ゲ…例夏至

【夏季】↓夏の季節。例夏季研修会。関連 春季・夏季・秋季・冬季

【夏期】↓夏のあいだ。例夏期休暇。関連 春期・夏期・秋期・冬期 表現「夏季」は「夏の季節」、「夏期」は「夏の期間」と区別があるが、区別しないことも多い。

【夏至】↓太陽がもっとも北により、北半球では一年のうちで、もっとも昼が長く、夜が短い日。六月二十二日ごろ。対冬至

【夏場】↓夏のあいだ。例夏場にぎわう行楽地。対冬場

【夏物】↓①夏の季節に使うもの。夏に出まわる商品。②夏に着る衣服やそれをつくるための布地。対冬物

【夏山】↓①夏の青葉のしげった山。②夏の登山。例夏山登山。対冬山

←夏が下につく熟語 上の字の働き

【初夏 盛夏】イツの部分の夏か。

◆常夏 立夏

3画 夕 [ゆうべ][ゆう] の部

暮れ時を表す「夕」をもとに作られ、暮れ時や夜にかかわる字と、「夕」の形がめやすとなっている字を集めてあります。

夕

夕-0 総画3 1年 明朝 夕 5915

音 セキ 中 訓 ゆう

筆順 ノ ク 夕（うえよりながく）

なりたち 【象形】三日月の形をえがいた字。もともとは「月」とおなじ字で「夜」の意味を表していたが、のちに「夜のはじめ、ゆうがた」として使われるようになった。

意味 ゆうがた。日がしずみかかってうす暗くなった時分。ひぐれどき。例朝な夕な。夕日・七夕 対朝

特別なよみ 七夕(たなばた)

名前のよみ ゆ

【夕方】↓日が暮れて、あたりがだんだん暗くなるころ。夕暮れ。類夕刻 対朝方

【夕刊】↓毎日、夕方に発行される新聞。対朝刊

【夕餉】↓ばんごはん。参考「け」は古いことばで食事を表す。類夕食・夕飯 関連 朝餉・昼餉・夕餉

【夕刻】↓日がしずんで、暗くなりはじめるころ。類夕方

【夕食】↓夕方の食事。ばんめし。類夕飯・夕餉 関連 朝食・昼食・夕食・夜食

【夕立】↓夏の午後や夕方、急にはげしく

ふりだして、まもなくやむ雨。

【夕月夜】ゆうづくよ｜ゆうづきよ あたりにまだ明るさがのこっていて、出ている月の光がそれほどに感じられない夕方。

【夕凪】◆ゆうなぎ ↓夕方、いちじ波がおさまること。対朝凪 知識 海に近いところでは、風が日中は海から、夜は陸からふく。海風と陸風が入れかわるときに、朝凪、夕凪になる。

【夕飯】ゆうはん｜ゆうめし ↓夜の食事。ばんごはん。類夕食・夕餉 表現「ゆうめし」は「ゆうはん」より少しぞんざいな感じになる。「ゆうげ（夕餉）」というと文学的になる。

【夕日】ゆうひ ↓夕方、西の空にしずもうとする太陽。または、その光。入り日。例夕日がしずむ。類落日 対朝日 表記「夕陽」とも書く。

【夕闇】ゆうやみ ↓夕方になって、あたりが暗くなること。例夕闇がせまる。類宵闇

◆一朝一夕 七夕

【外】

夕-2 総画5 2年 明朝 外 5916

音ガイ・ゲ中 訓そと・ほか・はず-す・はず-れる

筆順 ノ ク（はらう） タ 外 外

なりたち 外 ［形声］「夕」と「月」はもとおなじ字で、「ゲツ」が「欠ける（ケツ）」意味と、「ガイ」とかわって読み方をしめしている。「卜」はカメのこうらを焼いて、おもてにできるひびわれでうらなう意味であることから、「おもて、そとがわ」として使われる字。

意味

❶そと。ある範囲から出たところ。ほか。よそ。そとがわ。例鬼は外。思いの外。町の外れ。外出・海外 対内

❷はずす。はずれる。その範囲から出す。とりのぞく。例ねらいが外れる。除外

❸外国。外国にかかわるものごと。例外来語。外地・在外

例解 使い分け ほか［外・他］ ☞ひだりのページ

❶〈そと〉の意味で

【外圧】がいあつ ↓外がわからくわえられる力。例外圧が高まる。対内圧

【外界】がいかい ↓自分をとりまいている、まわりのようす。例外界の変化に応じる。

【外角】がいかく ↓①多角形で、ある辺の延長と、そのとなりの辺とがつくる角。②野球で、バッターから見てホームベースの遠いがわ。アウトコーナー。

【外郭団体】がいかくだんたい 官庁などの役所と深いつながりをもって、その仕事を助ける団体。

【外観】がいかん ↓外から見たようす。おもてに見えるようす。みかけ。類外見・外面

【外気】がいき ↓家の外の空気。

【外勤】がいきん ↓〈―する〉集金やセールス・配達など、外まわりの仕事をすること。対内勤

【外形】がいけい ↓外から見た形やようす。

【外見】がいけん｜そとみ ↓外から見たようす。みかけ。類外観・外面

【外交】がいこう ↓商店や会社で、外に出て注文をとったり、商品を売ったりすること。例保険の外交員。類渉外 ☞❸

【外交辞令】がいこうじれい 人づきあいのうえで使う、相手を喜ばせるおせじ。類社交辞令 ☞❸

【外向的】がいこうてき 〈―な〉〈―に〉どんどん外へ出て人と親しくつきあったり、進んで仕事を引き受けたりするような性格である。対内向的

【外柔内剛】がいじゅうないごう 見かけはやさしそうだが、心の中はしっかりしていて、しんが強いこと。対内柔外剛

【外出】がいしゅつ ↓〈―する〉外に出かけること。例外出中。対在宅・在社・在室

【外傷】がいしょう ↓外からからだに受けた傷。

【外食】がいしょく ↓〈―する〉食堂・レストランなどで食事をすること。

【外戚】がいせき ↓母方の親戚。母や妻の、父母・兄弟（姉妹）などをいう。

【外線】がいせん ↓学校や会社などで、外部に通じている電話。対内線

【外注】がいちゅう ↓〈―する〉その仕事を、外部の業者に注文すること。

【外的】がいてき ⊠〈―な〉〈―に〉ものごとの外部にかかわるようす。例気象などの外的条件。対内的

【外敵】がいてき ↓外からせめてくる敵。例外敵を

ふせぐ。

【外泊】がいはく ⇩〈—する〉自分の家やふだん住んでいるところでないところにとまること。

【外部】がいぶ ⇩①ものの外がわ。例家の外部工事をする。対内部 ②なかまでない人。例秘密が外部にもれた。対内部

【外聞】がいぶん ⇩世間の評判。とくに名誉にかかわるうわさ。例外聞を気にする。類世間体

【外面】がいめん ⇩一 がいめん ①ものの外がわの面。類表面 対内面 ②外から見たようす。うわべ。みかけ。例外面をとりつくろう。類外観・外見 対内面 二 そとづら よその人むけの態度や顔つき。例外面がいい。対内面

【外野】がいや ⇩野球で、ベースラインの外がわの地帯。例外野フライ。外野手。対内野

【外洋】がいよう ⇩陸地から遠くはなれた広い海。類外海・遠洋 対近海・内海

【外用薬】がいようやく 皮膚やねんまくなど、からだの表面にぬって使う薬。対内服薬

【外来】がいらい ⇩①よそから来ること。例外来者の立ち入りを禁ずる。②「外来患者」の略。通院して診察を受けに来る人。☞❸

【外輪山】がいりんざん 火口の中に新しく火山ができたとき、それをとり囲むもとの火口の尾根。

【外科】げか ⇩医学の部門の一つ。けがの治療をしたり、手術によって病気をなおしたりするのが役目。例外科医。対内科

【外道】げどう ⇩①仏教で、仏教以外の教え。また、その教えを信じる人びと。②人をののしっていったり、表現仏教に関係がなくて言うことば。ひどくむごいしうちを「外道のしわざ」といったりする。つりで目当ての魚でない魚がかかったときに「また外道だ」といったりする。

【外側】そとがわ ⇩物の外のほう。おもてのほう。例へいの外側。対内側

【外堀】そとぼり ⇩城の外まわりにあるほり。対内堀 表記「外濠」とも書く。

【外孫】そとまご|がいそん ⇩よめに行ったむすめが産んだ子ども。対内孫

【外様】とざま ◎将軍の親類でも、もとからの家臣でもない武士。とくに、関ケ原の戦いのあとで徳川家につきしたがった大名。関連親藩・譜代・外様

❸〈外国〉の意味で

【外貨】がいか ⇩①外国のお金。例外貨をかせぐ。対邦貨 ②外国からの品物。

【外患】がいかん ⇩外国との関係で、心配なこと。例内憂外患。類外憂 対内患・内憂

例解 使い分け　ほか《外・他》

外＝範囲のそと。例もっての外。思いの外。想像の外。

他＝それ以外のもの。例この他に必要なものをさがす。他の人の意見も聞こう。

【外交】がいこう ⇩外国とのつきあいや交渉。例外交交渉。外交官 対内政 ☞❶

【外交辞令】がいこうじれい 国と国との外交文書などで使う、儀礼的なことばづかい。☞❶

【外国】がいこく ⇩自分の国でない、ほかの国。例外国人。外国語。類異国・異邦・他国

【外資】がいし ◎「外国資本」の略。国内の仕事のために、外国から入れたお金のこと。例外資系の会社。外資導入。

【外車】がいしゃ ⇩外国の自動車会社がつくった車。例外車を輸入する。対国産車

【外需】がいじゅ ⇩品物を買いたいという注文が国外から来ること。対内需

【外相】がいしょう ⇩外務大臣。

【外人】がいじん ⇩外国人。よその国の人。類異人 対邦人 表現今は、「外国人」という。

【外地】がいち ⇩外国の土地。対内地・本土 知識第二次世界大戦までの日本では、「外地」は、本国(内地)に対して台湾・樺太(今のサハリン)・朝鮮半島などを指すことばであった。

【外電】がいでん ⇩外国から打ってくる電報。とくに、外国の通信社からつたわるニュース。

【外米】がいまい ↓ 外国から輸入した米。対 内地米

【外務】がいむ ↓ 外国とのつきあい、交渉などの仕事。例 外務省。対 内務

【外遊】がいゆう ↓〈―する〉外国へ旅行したり学んだりすること。例 外遊の途にのぼる。類 洋行

【外来】がいらい ↓ 外国から来ること。例 外来文化。外来語。類 舶来・伝来 ☞❶

←外が下につく熟語 上の字の働き

❶外＝〈そと〉のとき

【案外 意外 心外 存外 望外 慮外】ドウイウ心の外か。

【屋外 戸外 窓外 郊外 国外 海外 場外 野外 欄外】ドコの外か。

【課外 圏外 言外 口外 号外 等外 番外 法外 例外 論外】ナニの外か。

❷外＝〈はずす〉のとき

【除外 疎外】近い意味。

◆以外 在外 渉外 内外

【多】

タ-3 総画6 2年 明朝 多 591A

音 タ 訓 おお-い

筆順 ノ ク タ 多 多 多（ややおおきめに）

なりたち [会意]「夕」を重ねて、日数の重なりを表している字。

意味 おおい。おおくする。量がたっぷりあること。例 人数が多い。雑多 対 少・寡

名前のよみ かず・まさ・まさる

【多寡】たか ⇕ 多いか少ないか。例 寄付するお金の多寡は問題でない。類 多少

【多額】たがく ↓ お金の額が多いこと。例 多額の借金を抱えて倒産。類 巨額・高額 対 少額

【多角形】たかくけい・たかっけい 三つ以上の角をもっていて、直線でかこまれた図形。類 多辺形

【多角経営】たかくけいえい 一つの会社が、いろいろな分野の事業を同時におこなうこと。

【多角的】たかくてき〈―に〉いろいろな方面に関係をもつようす。例 多角的な分析。類 多面的

【多感】たかん ▲〈―な〉心がゆたかで感じやすい。例 多感な青年の心。多情多感。

【多岐】たき ↓〈―に〉ものごとがこまかく分かれて、しかも入り組んでいるようす。例 問題は多岐にわたっている。

【多義】たぎ ↓ たくさんの意味。例 多義語。

【多極化】たきょくか〈―する〉なにかが中心になるのではなく、いくつものものが対立しながら存在するようになること。

【多芸】たげい ▲〈―に〉いろいろなことができること。例 多芸は無芸。対 無芸

【多元的】たげんてき〈―に〉ものごとを形づくっているもとが、いくつもあるようす。対 一元的

【多幸】たこう ▲ 幸せがいっぱい。表現「ご多幸をいのります」のように手紙などに使う。

【多才】たさい ▲〈―な〉いろいろなことをうまくやりこなす能力があること。例 多芸多才。

【多彩】たさい ↓〈―に〉いろいろな種類や変化があって見るからににぎやかだ。例 多彩な顔ぶれ。類 多種多様

【多事】たじ ▲ ①仕事が多くて、いそがしいこと。②事件が多くて、世間がさわがしいこと。例 多事多用。例 多事多難。

【多士済済】たしせいせい〈―たる〉すぐれた人物がたくさんそろっていること。例 この研究会は多士済々でたのもしい。参考「たしさいさい」ともいわれるが、「たしせいせい」が正しい。

【多事多端】たじたたん 仕事がたくさんあって、とてもいそがしい。

【多事多難】たじたなん 事件があいついで起こり、むずかしいことがたくさんあること。

【多湿】たしつ ▲〈―な〉しっけが多い。類 湿潤

【多種多様】たしゅたよう〈―に〉それぞれにちがうものが、いろいろ、さまざまある。類 多彩

【多趣味】たしゅみ〈―に〉たのしみとして、することをたくさんもっていること。

【多少】たしょう ⇕ ①多いことと少ないこと。多いか少ないかの程度。例 多少にかかわらず、注文に応じます。類 多寡 ②いくらか。少し。例 多少の不都合はがまんする。類 少少・若干

【多情】たじょう ▲〈―な〉①心がやさしく、感じやすいこと。例 多情多感な少女時代をすごす。②異性に対する愛情がかわりやすく、うつり気であること。

【多数】たすう ▲ 人数やものの数が多いこと。例 多数の人々。多数決。対 少数

【多勢】たぜい ⇩ 多くの人。例 多勢に無勢(相手がおおぜいなのに対して、こちらの数が少ないこと)。類 大勢

【多多】たた Ⅲ たくさん。例 言いたいことは多々ありますが、一つだけ申します。

【多大】ただい Ⅲ〈―に〉ひじょうに多いこと。例 多大な恩恵をうける。

【多端】たたん ▲〈―な〉用事がたくさんあって、いそがしいこと。例 多事多端。類 多忙・多用

【多読】たどく ⇩〈―する〉たくさん本を読むこと。

【多難】たなん ▲〈―な〉苦しいことやむずかしいことが多いようす。例 前途多難。

【多年】たねん ⇩ 長い年月。例 多年の研究が実をむすぶ。類 長年・永年・積年

【多年草】たねんそう 地上の茎や葉がかれても、根などがのこって、毎年また芽を出す植物。キク・ユリなど。関連 一年草・多年草・宿根草

【多発】たはつ ⇩〈―する〉たびたび起こること。例 事故の多発をふせぐ。類 頻発・続発

【多分】たぶん ⇩ ①たくさん。例 多分のご寄付をいただいた。類 過分 ②おそらく。例 明日はたぶん雪だろう。表現 ①は「ご多分にもれず(世間の多くの例のように)」の言い方もある。

【多弁】たべん ⇩〈―な〉よくしゃべること。例 多弁を要しない。類 冗舌 対 寡黙

【多忙】たぼう ⇩〈―に〉たいへんいそがしいこと。

【多面的】ためんてき〈―な〉いくつもの面をもっている。いくつものことに関係がある。例 多面的に考える必要がある。類 多角的

【多目的】たもくてき〈―な〉一つのものが、いくつもの目的に使えること。例 多目的ダム。

【多用】たよう ①⇩〈―する〉たくさん使うこと。例 外来語を多用する。②▲〈―な〉用事が多くて、いそがしいこと。例 ご多用中のところ、ありがとうございます。類 多忙・多端・多事

【多様】たよう ⇩〈―な〉いろいろであること。対 一様

【多量】たりょう ▲ 分量が多いこと。例 水力発電には多量の水がいる。類 大量 対 少量

多が下につく熟語 上の字の働き

【幾多 最多】ドノクライ多いか。

◆過多 雑多

夜

夕-5 総画8 2年 明朝 夜 591C

音 ヤ 訓 よ・よる

筆順

なりたち [形声]「亦」と「夕」からできた字。「エキ」が「ヤ」とかわって読み方をしめしている。「エキ」は「月が白い」意味をもち、月が白く光る「よる」を表している字。

意味 よる。よ。よなか。日が暮れてから朝までの暗い時分。例 夜を日につぐ(夜となく、昼となく、休みなくつづける)。昼と夜。夜空・夜間・深夜 対 昼・日

【夜陰】やいん ⇩ 夜の暗やみ。例 夜陰に乗じる(夜の暗やみを利用する)。

【夜営】やえい ⇩〈―する〉軍隊が、夜そこで休むために、野外に陣をはること。

【夜学】やがく ⇩ 夕方から夜にかけて授業をする学校。

【夜間】やかん ⇩ 暗くなってから明るくなるまでの夜のあいだ。例 夜間人口。対 昼間

【夜勤】やきん ⇩ 夜間に職場で仕事をすること。

【夜具】やぐ ⇩ ふとん・まくら・ねまきなど、ねるときに使うもの。類 寝具

【夜景】やけい ⇩ 夜にながめるけしき。

【夜警】やけい ⇩ 夜のあいだに事件が起こらないよう、見まわりをすること。夜まわり。

【夜光】やこう ⇩ 暗い中で光って見えること。

【夜行】やこう ⇩ ①夜のあいだに活動すること。例 夜行性動物。②夜のあいだに運転される列車やバス。例 夜行に乗る。

【夜襲】やしゅう ⇩〈―する〉夜、やみにまぎれて敵をせめること。夜うち。例 夜襲をかける。

【夜食】やしょく ⇩ 夜おそくにとる、軽い食事。関連 朝食・昼食・夕食・夜食

【夜半】やはん ⇩ 夜なか。夜ふけ。

【夜分】やぶん ⇩ 夜になって。夜おそく。例 夜分おそくのお電話、申しわけありません。表現 あらたまった場面で使うことが多い。

【夜来】やらい ⊠前の日の夜から次の朝にかけて。例夜来の雨があがった。

【夜話】やわ｜よばなし ↓夜、人びとが集まってする話。例文学夜話。夏の夜話。

【夜汽車】よぎしゃ 夜のあいだも走りつづける汽車。類夜行列車

【夜霧】よぎり ↓夜にたちこめるきり。対朝霧

【夜毎】よごと ◎毎日、夜が来るたびに。例夜毎の夢に出る。日毎夜毎。類毎晩

【夜桜】よざくら ↓夜の暗い中でながめる桜の花。

【夜寒】よさむ ↓夜の寒さ。とくに、秋の終わりごろの夜の寒さ。例夜寒が身にしみる。

【夜空】よぞら ↓夜の空。例夜空にまたたく星。

【夜露】よつゆ ↓夜のあいだにおりる露。対朝露

【夜長】よなが ▽夜の時間が長いこと。その季節。例秋の夜長に読書を楽しむ。対日長

【夜店】よみせ ↓夜、道ばたなどに出る店。例夜店で金魚すくいをする。

【夜目】よめ ↓夜、暗い中でものを見ること。例満開の桜が、夜目にもあざやかだ。

【夜昼】よるひる ⇕①夜と昼。②夜も昼もずうっと。類日夜

← 夜が下につく熟語 上の字の働き

【今夜 昨夜 前夜】今（または、そのとき）から考えてイツの夜か。

【除夜 聖夜 白夜（はくや｜びゃくや）】ドウイウ夜か。〔「除」は一年の終わりを表す〕

【通夜 徹夜 連夜】夜をドウスルか。

文字物語 大

「大」。なんと書きやすく、したしみやすい字だろう。一字のことばとしては、「声を大にしてうったえる」「台風が上陸する可能性が大だ」のように使われ、「大は小をかねる」「大なり小なり」のように「小」と対にしても使われる。また、「大の男」「大のなかよし」など「大の」という言い方もある。

ことばの上について、「とびぬけて大きい」の意味で、「大会社」「大都会」「大事件」のようにいう。強く言いたい気持ちを、「大賛成」「大反対」「大至急」のようにいって表す。人の名の上につけて「大西郷」「大ナポレオン」などというのは、尊敬の気持ちをこめたもの。また、「偉大な」の意味で、親子ともにりっぱな小説家だったフランスのアレキサンダー・デュマの、父のほうを「大デュマ」、子を「小デュマ」といって、親と子を区別していう習慣もある。

ことばの下について、「ゴルフボール大のひょうが降った」「等身大の人形」など、物の大きさを具体的に表すときにも使われる。

◆七夜 十五夜 終夜 深夜 月夜 日夜 八十八夜 星月夜（ほしづきよ｜ほしづくよ） 夕月夜（ゆうづきよ｜ゆうづくよ）

夢

音 ム 訓 ゆめ

タ-10 総画13 5年 明朝 夢 5922

筆順 一 夢 夢 夢 夢 夢 夢 夢 夢（四にならない）（はねる）

なりたち 【形声】もとの字は、「夢」。「瞢」が「くらい」意味と「ボウ」という読み方をしめしている。「夕」がついて、「夜のくらいこと」を表す字。「ゆめ」の意味に借りて使われている。

意味 ゆめ。ねむっているときに見えたり聞こえたりするもの。ゆめのようなこと。大きな希望。例夢を見る。夢から覚める。将来の夢を語る。夢物語。初夢・悪夢

【夢幻】むげん｜ゆめまぼろし Ⅲ①ゆめとまぼろし。例夢幻の世界をさまよう。②ゆめやまぼろしのように、はかないもの。

【夢想】むそう ↓〈―する〉ゆめのような、あてもないことを思うこと。類空想

【夢中】むちゅう ↓①ゆめの中。ゆめを見ているあいだ。②〈―な〉そのことだけにいっしょうけんめいになること。例無我夢中。類熱中

【夢遊病】むゆうびょう ねむっている人が、起きあがって歩きまわったりする病気。

【夢心地】ゆめごこち まるでゆめを見ているときのような、うっとりとしたふしぎな気持ち。夢見

心地。例 夢心地で一日をすごす。

【夢路】↓ゆめを見つづけることを、道を行くのにたとえた言い方。例 夢路をたどる（ゆっくりねむる）。

【夢見】↓ねむっているあいだにゆめを見ること。また、見たゆめ。例 夢見がわるい。

【夢物語】①ゆめに見たことを、目が覚めてから話すこと。②空想の世界での話。

3画 大［だい］の部

「大」をもとに作られ、人の立っているようすにかかわる字と、「大」の形がめやすとなっている字を集めてあります。

この部首の字

0 大…283 1 太…289 天…290 夫…292 2 央…293 失…293 3 夷…294 5 奄…294 奇…294 奈…295 奉…295 奔…296 6 契…296 奎…296 奏…296 7 套…296 9 奥…297 10 奨…297 11 奪…297 13 奮…297

犬▶犬 755 尖▶小 347 戻▶戸 520 春▶日 591 美▶羊 895 臭▶自 928 泰▶氺 691 秦▶禾 834 爽▶爻 749 器▶口 237

【大】

大-0 総画3 1年 明朝 大 5927

音 ダイ・タイ 訓 おお・おお-きい・おお-いに

筆順 一 ナ 大（はらう）

なりたち ［象形］人が両手両足をおおきく広げて立っている形をえがいた字。

意味

❶おおきい。形や規模がふつう以上あること。例 大は小をかねる（大きいものは小さいものの代わりをすることができる）。大型・大会 対 小

❷多い。数や量がふつう以上に多い。例 大金・大量

❸なみなみでない。おおいに。例 大いにけっこう。

❹とくにだいじな。重要な。りっぱな。最高の。「大学」の略。例 偉大・私大

❺およそ。おおまかな。だいたいの。全体的な。例 大筋・大局 対 細

❻《その他》例 大和

［文字物語］☞みぎのページ

特別なよみ 大人（おとな）・大和（やまと）

名前のよみ おおき・たかし・たけし・とも・なが・はる・ひろ・ひろし・ふと・ふとし・まさ・まさる・もと・ゆたか

❶〈おおきい〉の意味で

【大穴】↓①大きいあな。②大きな損。例 株で大穴をあける。③競馬・競輪などで、予想もしなかった結果が出ること。番くるわせ。例 大穴をあてる。

【大海原】はるか遠くまで広がる海。例 大海原へこぎだす。

【大形】↓〈—な・—に〉もののかたちが大きいこと。例 大形の動物。対 小形

【大型】↓〈—な・—に〉おなじ種類のものの中で、形が大きいこと。例 大型バス。対 小型 関連 大型・中型・小型

【大柄】↓〈—な・—に〉①からだつきがふつうより大きいこと。例 わたしのきょうだいはみんな大がらだ。対 小柄 ②布などのもようが大きいこと。例 大柄のゆかたがよくにあう。

【大仰】↓〈—な・—に〉身ぶりや、することが大げさで、わざとらしい。例 大仰におどろく。

【大口】↓①大きな口。例 大口をあけてわらう。②えらそうでおおげさなこと。例 大口をたたく。☞❷

【大声】↓大きな声。あたり一面に聞こえるような声。例 大声でどなる。対 小声

【大路】↓広い道。大通り。例 都大路をねり歩く。対 小路

【大潮】↓潮のみちひきの差が、いちばん大きくなるとき。そのときの潮。対 小潮 知識 月の引力と太陽の引力がいっしょになったときに起こる現象で、一月に二回ある。一回は満月のとき、もう一回は新月のとき。

【大空】↓大きい広々とした空。例 大空へとはばたく。

【大台】おおだい ⇩ 金額や数量などで、くぎりになる数。例 一億円の大台をわる。

【大粒】おおつぶ ⇩〈—な〉つぶが大きいようす。また、大きいつぶ。例 大粒の涙。対 小粒

【大手】おおて ⇩ 一 規模の大きい会社。例 大手の私鉄。二 両手を大きく広げたようす。例 大手をふって歩く(人にえんりょしないで、いばっている)。☞4

【大道具】おおどうぐ 劇の舞台で使う、家や木などの大がかりな道具。対 小道具

【大鉈】◆おおなた ⇩ 木を切ったりわったりする大型の刃物。表現「大鉈をふるう」は、いらないものを思い切って取りのぞくことをいう。

【大幅】おおはば ⇩ ①〈—に〉かわる前とかわったあとの差が大きいようす。例 計画を大幅に変更する。対 小幅 ②布や紙などで、ふつうよりもはばが広いもの。例 大幅の反物。対 小幅

【大判】おおばん ⇩ ①紙や本などがふつうより大きいこと。②おもに江戸時代に使われた、だえん形の金貨。一つが十両。対 小判

【大船】おおぶね ⇩ 大きな船。例 大船に乗った気持ち(強い人や大きな組織などを信じ、安心してまかせきる気持ち)。

【大風呂敷】おおぶろしき 大きなふろしき。表現「大ぶろしきを広げる」は、できそうもないような大きなことを言うこと。

【大部屋】おおべや ①病院や旅館などで、何人かの人がいっしょに使う大きなへや。対 個室 ②あまり有名でない俳優が、何人もいっしょに使うひかえ室。その俳優。例 大部屋俳優。

【大水】おおみず ⇩ 大雨のために、川や湖の水がふえてあふれ出ること。類 洪水・出水

【大文字】おおもじ ローマ字で、文のはじめや人名・地名の書きはじめに使う文字。たとえば、a の大文字はA。キャピタル。対 小文字 ☞「だいもんじ」は6

【大物】おおもの ⇩ ふつうのものよりとくに大きなもの。対 小物 ☞4

【大人】おとな ⇩ ①一人前に成長した人。類 成人 対 子供 ②ものの道理がよくわかり、おこないがきちんとしていること。例 年はわかいが考え方が大人だ。☞「たいじん」は4

【大音声】だいおんじょう 強く大きくひびきわたる声。例 大音声で名のる。参考「音声」はふつう「おんせい」と読むが、この場合はべつ。

【大火】たいか ⇩ 大きな火事。類 大火事

【大家】たいか ⇩ 大きな建物。☞4

【大過】たいか ⇩ 大きな失敗。表現「大過なく終えられたのはみなさんのおかげです」のように、自分がわのことをいうことば。

【大河】たいが ⇩ はばが広く、水量の多い川。対 小川 表現「大河小説」「大河ドラマ」などと、大がかりで長くつづくものについてもいう。

【大会】たいかい ⇩ ①おおぜいの人が集まる会。例 テニス大会。②おなじようなもよおしの中で、いちばん大きな会。例 全国大会。類 総会

【大願】たいがん|だいがん ⇩ 大きなねがい。例 大願成就(大きなねがいごとがかなう)。類 大志・大望

【大気】たいき ⇩ 地球をとりまいている空気。例 大気汚染(空気がよごれること)。類 空気

【大規模】だいきぼ〈—な〉建物のつくり、もよおしものや仕事などが、大がかりなようす。例 大規模な開発計画。類 大大的 対 小規模

【大群】たいぐん ⇩ 動物などの、大きな群れ。

【大系】たいけい ⇩ ある方面の全体を、一つのすじを通してとらえること。例 日本文学大系。

【大国】たいこく ⇩ 大きな力をもつ国。例 経済大国。類 強国 対 小国

【大根】だいこん ⇩ ①畑で栽培される野菜。白くて太い根や葉を食べる。春の七草の一つ。すずしろ。②演技のへたな役者。例 大根役者。

【大差】たいさ ⇩ 大きなちがい、差。例 相手のチームに大差をつけて勝った。対 小差・僅差

【大罪】だいざい|たいざい ⇩ 大きく重い罪。例 大罪をおかす。類 重罪 対 微罪

【大作】たいさく ⇩ 大がかりな作品。対 小品 表現 大きさや力の入れぐあいで「大作・力作・労作」、できのよいものを「名作・傑作・秀作・佳作」、よくないものを「凡作・駄作・愚作」などという。

【大志】たいし ⇩ りっぱなことをなしとげようとする強い気持ち。例「少年よ、大志をいだけ」。類 大願・大望

【大字】だいじ ↓ 一 ①大きく書いてある字。②漢数字の「一、二、三、…」の代わりに書く「壱、弐、参、…」などの字。二 おおあざ 町村の中の大きな区画。対小字

【大自然】だいしぜん 大きな力をもつ自然を強めていうことば。

【大蛇】だいじゃ｜おろち ↓ とくべつ大きなヘビ。うわばみ。参考「おろち」は古い日本語。「やまたのおろち」などと、神話にも出てくる。

【大車輪】だいしゃりん ①車の輪の大きなもの。②器械体操の一つ。鉄棒をにぎり、からだ全体をのばしたまままわるわざ。③いっしょうけんめいにやること。例大車輪でがんばる。

【大小】だいしょう ⇕ ①大きいことと小さいこと。例事の大小をわきまえる。②大きい刀と、そのわきにさす小さな刀。例大小をさす。

【大上段】だいじょうだん ①剣道で、刀を頭の上に高くかざすかまえ。例大上段にふりかぶる。②相手をおさえつけて、おどかすような態度。例大上段からものを言う。

【大所高所】たいしょこうしょ ものごと全体を広く大づかみにとらえる立場。例大所高所に立つ。

【大豆】だいず ↓ 畑で作られる豆のなかま。みそ・しょうゆ・豆腐・納豆・きなこの原料となる。わかい豆は、ゆでて枝豆として食べる。

【大成】たいせい ↓〈―する〉多くのものを集めて一つにまとめること。例集大成。☞❹

【大西洋】たいせいよう 南北アメリカとヨーロッパ・アフリカのあいだにあって、北極と南極につながる大きな海。

【大戦】たいせん ↓ 大規模な戦争。表現 ふつう、たんに「大戦」といえば第二次世界大戦を指す。

【大前提】だいぜんてい 考えを進めていくときに、いちばんもとになる条件。知識「大前提」→「小前提」→「結論」というすじみちを「三段論法」という。

【大胆】だいたん ↓〈―な〉ものごとをおそれず、びくびくしないようす。例大胆にふるまう。類豪胆・果敢 対小胆・小心

【大団円】だいだんえん 物語や劇などで、すべてきまりがついた最後の場面。

【大胆不敵】だいたんふてき〈―な〉度胸がよくて、平気で立ちむかっていくようす。

【大地】だいち ↓ はてしなくひろがる地面。例大地のめぐみ。大地をふみしめる。

【大腸】だいちょう ↓ 小腸と肛門のあいだにある長い管状の消化器官。おもに水分を吸収する。

【大敵】たいてき ↓ ひじょうに強い敵。手ごわい相手。例油断大敵。類強敵 対小敵

【大刀】だいとう ↓ 大きい刀。とくに、武士が持つ二本の刀のうちの長いほう。対小刀・短刀

【大道】だいどう ↓ たくさんの人が通る広い道。例大道芸。

【大動脈】だいどうみゃく 心臓からきれいな血を送り出す太い血管。対大静脈 表現「新幹線は日本の大動脈だ」のように、ひじょうにたいせつな交通路をいうこともある。

【大脳】だいのう ↓ 脳の大部分をしめる器官。ものを考えたり覚えたりするほか、からだの運動や感覚をつかさどる。

【大部】たいぶ ↓ 本のページ数や冊数が多いこと。例千ページをこえる大部の本。

【大仏】だいぶつ ↓ 大きな仏像。知識 奈良の東大寺の大仏と鎌倉の長谷の大仏が名高い。

【大便】だいべん ↓ 肛門から出される、食べ物を消化したかす。対小便

【大砲】たいほう ↓ 太いつつから、大きな弾丸を遠くにとばす兵器。

【大木】たいぼく ↓ 大きな木。例うどの大木（体が大きいばかりで、役に立たない人）。類巨木

【大望】たいもう｜たいぼう ↓ 大きな望み。類大願・大志

【大洋】たいよう ↓ 広々とした大きな海。類大海

【大陸】たいりく ↓ 広く大きな陸地。表現 日本では中国、イギリスではヨーロッパの意味で使われることがある。知識 アジア・アフリカ・ヨーロッパ・北アメリカ・南アメリカ・オーストラリア・南極で七つの大陸というが、じっさいはアジアとヨーロッパはひとつづきのユーラシア大陸にある。

【大陸棚】たいりくだな 大陸のまわりで、深さ二〇〇メートルまでの、傾斜のゆるやかな海底。

❷〈多い〉の意味で

【大輪】たいりん｜だいりん ↓ 花などの大きさがふつうよりも大きいこと。例大輪のバラ。

【大雨】↓ ある時間、強く、たくさん降る雨。どしゃぶりの雨。類豪雨 対小雨

【大口】↓ 金額や数量が大きいこと。例大口の寄付。対小口 ☞❶

【大勢】↓ 人数が多いこと。例人が大勢ならんでいる。類多勢 対小勢 表記「多勢」と書くのはまちがい。☞「たいせい」は❺

【大人数】人数が多いこと。例大人数で出かける。類大勢・多人数 対小人数

【大雪】↓ 一 ①はげしく降る雪。例大雪をついて出かける。②たくさんつもった雪。例大雪で木の枝が折れる。対小雪 二 二十四気の一つ。十二月八日ごろ。

【大挙】↓ 〈ーする〉おおぜいの人がそろって物事をすること。例大挙しておしかける。

【大金】↓ たくさんのお金。額の大きなお金。例大金をつかむ。

【大軍】↓ たくさんの人数の軍隊。例大軍を率いる。

【大衆】↓ 世の中にいるごくふつうのおおぜいの人びと。類民衆・庶民・公衆

【大食】↓ 〈ーする〉たくさん食べること。おおぐい。例大食漢。対小食・少食

【大枚】↓ お金の額が多いこと。例大枚をはたいて車を買う。

【大量】↓ たくさんであること。例大量の原油が海に流れた。類多量 対少量

【大漁】↓ 魚がたくさんとれること。例大漁で港に帰る。類豊漁 対不漁

❸〈なみなみでない〉の意味で

【大昔】↓ はるかに遠いむかし。

【大安】↓ なにをするにもえんぎがよいとされている日。例大安吉日。対仏滅

【大寒】↓ 二十四気の一つ。小寒につづく一月後半で、一年のうちでいちばん寒い時期。つぎが立春になる。

【大器】↓ なみより上の能力をもった人。例未完の大器。類大人物・大物

【大器晩成】ほんとうにすぐれた力をもち、りっぱな仕事のできる人は、若いころは目立たないが、年をとってから力を発揮しはじめるものだ。参考『老子』にある大きな器は完成するのがおくれる、というたとえから。

【大工】↓ 家をたてたり直したりする職業の人。その仕事。例日曜大工。

【大言壮語】〈ーする〉できそうもないことを、いばって大げさに言うこと。

【大暑】↓ 二十四気の一つ。七月二十三日ごろの、一年のうちでいちばん暑い時期。小暑のあとで、立秋の前。

【大正】◎ 明治の次、昭和の前の元号。一九一二年から一九二六年まで。例大正時代。参考『易経』の「大亨以正、天之道也(大いに亨りて以て正しきは、天の道なり)」による。

【大勝】↓ 〈ーする〉大きな差をつけて勝つこと。類完勝・圧勝・快勝 対大敗

漢字パズル ❹ くみあわせ

風がふいて、ぼうしが飛んでしまいました。どのぼうしが、どの人のでしょう。

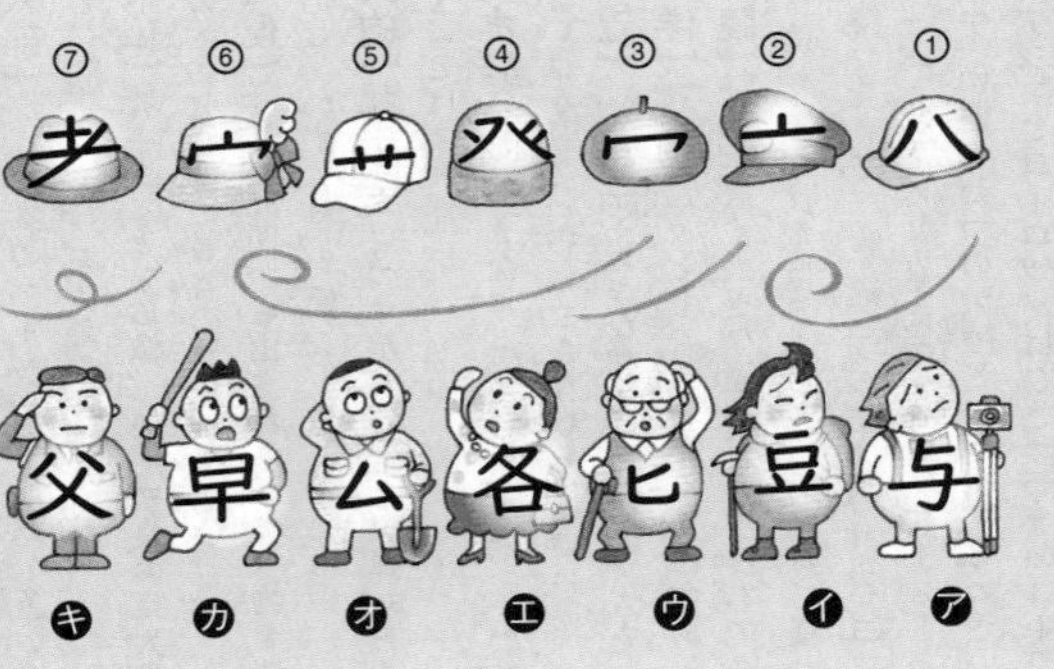

【大層】↓①〈―に〉おおげさだ。例かれの大層な話にはうんざりする。②ふつうよりも、もっと。ひじょうに。はなはだ。おおいに。例この花はたいそうきれいだ。

【大大的】〈―な・―に〉大がかりなようす。例大々的に宣伝する。類大規模

【大破】↓〈―する〉ひどくこわれること、こわすこと。例台風のために、漁船が大破した。

【大敗】↓〈―する〉さんざんに負けること。例決勝で大敗した。類惨敗 対大勝

【大病】↓〈―する〉ひどく重い病気。例この冬、妹が大病をわずらった。類重病

【大変】↓①〈―な・―に〉そのままにしておけないほど、ひどい。例大変な目にあった。②ふつうの程度よりはるかに。ひじょうに。たいそう。例大変失礼しました。

❹〈とくにだいじな〉の意味で

【大御所】ある分野で大きな勢力をもっている人。例政界の大御所。参考徳川家康が、いんきょしたあとも大きな勢力をもっていて「大御所」といわれたことから。

【大関】↓すもうで、横綱の次の位。知識もとは、最高の位であった。

【大掃除】ふだんよりも念入りにする掃除。表現「体内の大掃除」のようにすっかりきれいにすることを比喩的に言うのにも使う。

【大手】◎①城のおもてぐち。例大手門。②敵を正面からせめる部隊。対搦手 ☞❶

【大晦日】◆一年の最後の日。十二月三十一日。知識毎月、月の終わりの日が「晦日」で、一年の終わりだから「大晦日」という。「晦」は月が完全に見えなくなる闇夜のことで、陰暦の三十日にあたるから「三十日」という。

【大麦】↓穀物の一つで、みそや麦茶などの原料になる。類小麦 参考むぎわら細工にも利用される。

【大本】↓ものごとのいちばんもとになるたいせつなところ。類根本・根源

【大物】↓①なかまのうちで、大きな力をもつ人。例大物政治家。対小物 ②とくにすぐれた気力や才能をもつ人。類大器 ☞❶

【大王】↓王をうやまっていうことば。

【大往生】〈―する〉苦しみも心のみだれもなく、やすらかに死ぬこと。例祖父は、九十歳で大往生をとげた。参考もとは仏教のことばだが、今は十分に長生きしてから死ぬことをいうようになった。

【大家】↓一 たいか 学問や芸術などでりっぱな仕事をしている人。例書道の大家。類巨匠 二 たいけ ゆたかで、家がらのよい家。三 おおや 家やへやを人に貸している人。類家主 ☞❶

【大学】↓高等学校のさらに上の学校。二年制の短期大学と四年制の大学とがある。

【大義名分】①人間としてまもらなければならない道や、つとめ。②すじのとおったもっともな理由。例こっちには大義名分がある。参考「大義」と「名分」はもともとべつべつのことば。①は「大義」、②は「名分」の意味がつよい。

【大兄】↓男どうしで、年上、または同じくらいの年齢の人をうやまっていうことば。例これも大兄のご指導のおかげです。表現おもに手紙で使う。本文の中だけでなく、「〇〇大兄」などと、「様」の代わりに名前の下につける使い方もある。

【大綱】↓ものごとのもとになる大事な点。例政策の大綱をしめす。対細目

【大使】↓国の代表として相手の国につかわされる、いちばん上の位の外交官。その国とのつきあいや、その国にいる自分の国の人をまもる仕事をする。関連大使・公使・領事

【大事】↓一 だいじ・おおごと そのままにはすまされないこと。そのままではすみそうもないこと。例大事をまねく。二 だいじ ①重要な仕事。例大事をなしとげるためには、小事の一つ一つに気をくばることが必要だ。対小事 ②〈―な・―に〉重要である。例大事なことをメモする。類大切・重要 ③〈―な・―に〉気をくばって、ていねいにあつかう。例からだを大事にする。類大切

【大将】↓①軍隊、将官のいちばん上の位。②集団の中で、いちばん上に立って指図する人。例お山の大将。③相手の男をからかったり、親しみをこめたりしてよびかけ

ることば。例「おい、大将、元気か」。

【大丈夫】だいじょうぶ ⇩〈―な〉心配しなくてもよい。例 戸じまりは大丈夫ですか。参考 もとは「だいじょうふ」といって、「たよれる、りっぱな男」のこと。それから、安心してまかせられるという意味になった。

【大人】たいじん ⇩ 人がらがりっぱな人。例 大人の風格がある。類 大人物・君子 ☞「おとな」は❶

【大臣】だいじん ⇩ ①「国務大臣」のこと。国の政治をおこなう中心となる内閣に入っている人。例 総理大臣。外務大臣。類 閣僚 ②むかし、国をおさめていた上の役人。太政大臣・左大臣・右大臣・内大臣など。

【大人物】だいじんぶつ 大きな能力をもった、りっぱな人。例 大人物中の大人物。類 傑物

【大成】たいせい ⇩〈―する〉①才能をのばして、りっぱな人になること。例 学者として大成する。②ものごとをりっぱにやりとげること。例 苦心のすえ、研究を大成した。☞❶

【大切】たいせつ ⇩〈―に〉①なくてはならないほど大事だ。例 大切な本。類 大事・重要 ②あつかい方に気をつけていて、ていねいである。例 からだをたいせつにする。類 大事 表現「大切な」のときには①の意味になり、「大切に」のときには②の意味になることが多い。

【大統領】だいとうりょう 共和制の国で、その国の政府のいちばん上に立つ人。

【大任】たいにん ⇩ 責任の重い、たいせつな役目。例 ぶじに大任をはたす。類 大役・重責

【大名】だいみょう ⇩ 武士が政治をとっていた時代、広い領地をもち、そこに住んでいる人を支配していた人。江戸時代では、一万石以上の領地をもっていた武士。例 大名行列。類 藩主

【大役】たいやく ⇩ 責任のある、重い役目。例 会長という大役をおおせつかる。類 大任・重責

❺〈おおよそ〉の意味で

【大味】おおあじ ⇩〈―に〉①こまやかなうまみがないようす。例 この桃は大味だ。②こまやかなおもむきがないようす。例 大味のドラマ。

【大方】おおかた ⇩ ①ほとんど。例 大方の家が停電した。類 大部分 ②ふつうの人たち。例 大方の予想に反して、新人が優勝した。③たぶん。例 おおかた、そんなことだろうと思った。

【大雑把】おおざっぱ〈―な〉こまかいことを気にしないようす。例 見方が大雑把だ。

【大筋】おおすじ ⇩ ①だいたいのほねぐみ。あらまし。例 話の大筋。類 大略 ②だいたいのところ。例 このやり方で大筋まちがいない。

【大意】たいい ⇩ 長い文章や話の、だいたいの内容。例 大意をとる。類 要旨・大要

【大概】たいがい Ⅱ ①ほとんど。例 このことは、たいがいの人が知っている。②ほどほど。いいかげん。例 ふざけるのもたいがいにしろ。

【大局】たいきょく ⇩ 全体のなりゆき。例 大局を見うしなう。類 大勢

【大勢】たいせい ⇩ だいたいのなりゆき。例 世界の大勢を知る。大勢に影響はない。類 趨勢・大局 ☞「おおぜい」は❷

例解 [使い分け] たいせい［態勢・体勢・体制・大勢］☞510ページ

【大体】だいたい ⇩ ①おおすじ。例 大体の話。②ほとんど。例 宿題はだいたいできた。③もとはといえば。もともと。例 こうなったのも、だいたいおまえがわるいからだ。

【大多数】だいたすう ほとんど全部、または全員に近いこと。例 大多数が賛成した。類 大部分

【大抵】たいてい ⇩ ①ほとんど。たいがい。例 明日はたいてい家にいる。②（あとに打ち消しのことばがついて）ごくふつうの程度。例 たいていのことではおどろかない。③ほどほど。例 夢中になるのもたいていにしなさい。

【大同小異】だいどうしょうい 小さなちがいはあるが、ほとんどはおなじであること。例 どの案も大同小異だ。類 五十歩百歩

【大半】たいはん ⇩ 半分よりもずっと多いこと。例 仕事の大半はかたづいた。類 大部分

【大分】だいぶ・だいぶん ⇩「ひじょうに」というほどではないが、それに近い程度に。かなり。よほど。例 雨も大分やんできた。類 相当

【大別】たいべつ ⇩〈―する〉大ざっぱに分けること。例 生物は動物と植物に大別される。対 細別

【大要】たいよう ⇩ 長い文章や話のおおすじ。あらまし。例 物語の大要を話す。類 概要

【大略】たいりゃく Ⅱ おおすじ。例 計画の大略を説

明する。類大筋・概要

6《その他》

【大黒柱】①家の中心にあって、屋根をささえている太い柱。②家や団体の中心となってはたらく、もっとも大事な人。

【大文字】「大」という文字。例大文字の火（八月十六日に、京都の東山などで、「大」の字の形にたくかがり火）。☞「おおもじ」は❶

【大理石】建築・彫刻などに使われる、美しい模様のある白や灰色の岩石。参考中国雲南省の大理という所で多くとれるので、この名がある。

【大和】◎①「日本」を指す古いことば。むかしからの日本。例大和ことば。②今の奈良地方のむかしの名前。例大和路。

【大和魂】自然や四季のおもむきを大事にする日本人らしい心。知識明治から昭和のはじめにかけては、強くいさましい心を指したこともあったが、もともとは、和歌でやしなわれる心情を意味していた。

【大和撫子】◆日本の女の人をほめていうことば。

←大が下につく熟語 上の字の働き

❶大＝〈おおきい〉のとき
【遠大 壮大】近い意味。
【巨大 強大 広大 重大 盛大 尊大 寛大 多大 雄大】ドノヨウニ大きいか。
【最大 甚大 絶大 過大 等身大 無限大】ドノクライ大きいか。
【拡大 誇大 増大 肥大 膨大】ドウヤッテ大きくする（大きくなる）か。
◆公明正大 細大 針小棒大

太

大-1 総画4 2年 明朝 太 592A

音タイ・タ 訓ふと-い・ふと-る

筆順 一 ナ 大 太（はらう）

なりたち [形声]「大」が「おおきい」意味と「タイ」の読み方をしめしている。「、」をくわえて、「大」と区別して「ひじょうに大きい」ことを表した字。

意味

❶ふとい。大きい。でっぷりと大きい。例からだが太る。太目・丸太 対細

❷いちばんの。おおもと。大いに。例太古・太初・太祖

❸とうとい。たっとい。例太子

特別なよみ 太刀(たち)

名前のよみ おお・たか・ひろ・ふとし・ます・もと

❶〈ふとい。大きい〉の意味で

【太陰暦】月が地球を一周する期間を一か月としてつくったこよみ。類旧暦・陰暦 対太陽暦 知識「太陰」とは月のこと。大の月は三十日、小の月は二十九日で、一年は十二か月。日本では明治のはじめまで、四年ごとに閏の月を入れる太陰暦を使っていた。

【太鼓】↓ふとい筒の形をした胴の両方の口にかわをはり、ばちでたたいてならす楽器。例太鼓をたたく。大太鼓。

【太鼓判】大きなはんこ。例太鼓判をおす（責任をもってうけあう）。

【太陽】↓太陽系の中心にある高い熱と光を出す大きな天体。お天道さま。日。例太陽光発電。類日輪 知識地球からの距離は約一億五千万キロメートル。質量は地球の約三十三万倍。

【太陽系】太陽を中心とする天体の集まり。八つの惑星(水星・金星・地球・火星・木星・土星・天王星・海王星)と準惑星、そのまわりをまわる衛星・小惑星などからできている。

【太陽暦】地球が太陽を一周する期間を一年とするこよみ。類新暦・陽暦 対太陰暦 知識一年は三六五日。四年に一度、三六六日の閏年がある。日本では、一八七二(明治五)年から使いはじめた。

【太刀】↓むかし、たたかいや儀式に使った、大ぶりのかたな。例黄金づくりの太刀。

❷〈いちばんの〉の意味で

【太古】↓大むかし。とくに、記録されたものがなにものこっていない遠いむかし。

【太初】↓この世のはじまり。例太初以来。

【太祖】↓その国をおこしたいちばんはじめの帝王。例太祖を祭る。

【太平】たいへい ↓〈—な〉世の中がよくおさまっていて平和なようす。例天下太平。太平の世。類平和 表記「泰平」とも書く。

【太平洋】たいへいよう アジア・北アメリカ・南アメリカ・オーストラリア・南極の五つの大陸にかこまれた、世界でいちばん広い海。

【太平楽】たいへいらく のんきな気分で、すきかってなことを言ったりしたりすること。例太平楽な男だ。知識 もとは、日本の古い音楽の名前。ゆったりとした曲の感じから、のんびりしたようすを表すことばとして使われる。

❸〈とうとい〉の意味で

【太閤】たいこう ↓①摂政や太政大臣のこと。②前の関白のこと。とくに、豊臣秀吉を指すことが多い。

【太公望】たいこうぼう 魚釣りをする人。魚釣りの好きな人。

［故事のはなし］☞ひだりのページ

【太子】たいし ↓王、または天皇のあとをつぐ王子。皇太子。例聖徳太子 表現 今は、「立太子の礼（正式に皇太子であることをしめす儀式）」などというときしか使わない。「太子像」「太子廟」のようにいうときは、ほとんどの場合、聖徳太子を指している。

← 太が下につく熟語 上の字の働き

❶太＝〈ふとい。大きい〉のとき
【肉太 骨太】ナニが太いか。

◆丸太

天

音 テン 訓 あめ 高・あま

大-1 総画4 1年

明朝 天 5929

筆順 一 二 チ 天（はらう）

なりたち 天 ［指事］甲骨文字では、人（大）の頭の部分に「二」「口」などのしるし（のちに一）をつけて指ししめした字で、「頭」を表していた。いちばん高い所にあることから、のちに「てん」として使われるようになった。

意味
❶おおぞら。上空の広い世界。例天をあおぐ。天体・雨天 対地
❷自然のまま。人の手がくわわっていないもの。生まれつき。例天然・楽天
❸神のいるところ。宇宙全体を支配する力。例天命・召天
❹上。いちばん上。例天井・脳天
❺《その他》例天王山

注意するよみ あま…例天の川・天下り

名前のよみ たか・たかし

❶〈おおぞら〉の意味で

【天下】てんか ↓①空の下にあるこの世界。対天上 ②全国。世の中。例金は天下のまわりもの。③この世で第一流の。例今や天下の学者だ。④思うままにふるまうこと。

【天涯孤独】てんがいこどく この広い世の中に、身よりが一人もいないこと。例天涯孤独の身。

【天下一品】てんかいっぴん ほかにくらべるものがないほどすぐれていること。また、そういう品物。

【天気】てんき ↓①晴れ・雨・くもりなどの空のようす。例天気予報。類天候 ②空が晴れていること。例お天気つづき。天気雨。

【天球】てんきゅう ↓地球のまわりに広がっている空や宇宙を、地球を中心とする大きな球としてとらえたもの。

【天空】てんくう ↓はてしなく広がる大空。

【天候】てんこう ↓天気のぐあい。空もよう。例天候不順。悪天候。類天気・気候・気象

【天日】てん ↓ 一 じつ 太陽。二 ぴ 太陽の光線。太陽の熱。例天日ぼしのするめ。

【天守閣】てんしゅかく 城の中心にある、大きく高いやぐら。例五層の天守閣。

【天上】てんじょう ↓空の上。大空。また、天の世界。対天下

【天体】てんたい ↓宇宙にある太陽・月・星などの物体。例天体観測。

【天地】てんち ⇕①天と地。あめつち。②世の中。例新天地をもとめる。☞❹

【天地神明】てんちしんめい 天や地の神々。例天地神明にちかう。

天守閣

【天動説】てんどうせつ 宇宙の中心に地球があり、太陽や星がそのまわりをまわっている、という考え方。対 地動説 知識 コペルニクスの「地動説」がみとめられるまでの考え方。

【天変地異】てんぺんちい 空に起こるかみなり・日食・月食や、地上に起こる地震・洪水など、ふだんとはちがうできごとや災害。

【天文】てんもん ↓ 星の動きや月の満ち欠けなど、天体に関係するさまざまな現象。例 天文学。天文台。

❷〈自然のまま〉の意味で

【天才】てんさい ↓ 生まれつきずばぬけた才能をもつ人。例 音楽の天才。対 凡才

【天災】てんさい ↓ 大水・地震・台風などの、自然の力で起こるわざわい。例 天災はわすれたころにやってくる。類 災禍 対 人災

【天真爛漫◆】てんしんらんまん〈―な・―に〉 気どったりせず、むじゃきで明るい。類 天衣無縫

【天成】てんせい ↓ 生まれつきそなわっていること。例 天成の画家。類 天性

【天性】てんせい ↓ 学習や努力の結果身につけたのでなく、生まれつきもっている才能や性質。類 天分・天成・本性・素質・資質

【天敵】てんてき ↓ アリマキに対するナナホシテントウのように、ある動物にとって、おそろしい敵になる生物。

【天然】てんねん ↓ 人の力がくわわっていない、自然のままのもの。例 天然の美。天然記念物。類 自然・天成 対 人為・人工・人造

【天賦】てんぷ ↓ 生まれながらにそなわっていること。例 天賦の才能。類 天与

【天分】てんぶん ↓ 生まれつきもっている才能・性質。例 水泳の天分がある。類 天性・素質

❸〈神のいるところ〉の意味で

【天衣無縫】てんいむほう〈―に〉 作品や人がらなどに努力してそうしているようすがなく、いかにも自然で美しいようす。類 天真爛漫 参考 天女や天人の衣は縫い目がないという意味。

【天界】てんかい ↓ 天上の世界。

【天狗◆】てんぐ ↓ ①山おくにすみ、顔が赤く、鼻が高いかいぶつ。太刀や鳥の羽のうちわを持ち、つばさで空も飛べる。②うぬぼれること。例 天狗になる。天狗の鼻をおる。

【天国】てんごく ↓ ①天上にあるという理想の国。類 極楽 対 地獄 ②思いどおりにできてすばらしいと感じられるところ。例 歩行者天国。類 楽園

【天子】てんし ↓ 一国の王。類 君主・皇帝 参考 天の命令によって国をおさめる人という意味。

【天使】てんし ↓ ①天の神の使いとして地上におりてくるといわれるもの。多く、つばさをもった女の人や子どものすがたで表されている。エンゼル。②心がやさしく、いたわりの気持ちをもっている人。例 白衣の天使。

【天寿】てんじゅ ↓ その人に天からあたえられた命の長さ。例 天寿をまっとうする。類 天命

【天職】てんしょく ↓ 天からあたえられた職業。

【天女】てんにょ ↓ 天の世界に住むとされる美しい女性。類 天人

【天人】てんにん ↓ 仏教で、天上の世界に住むという人。羽衣を着て空を自由に飛びまわり、音楽や舞がよくできるという。類 天女 参考 女

故事のはなし

太公望（たいこうぼう）

古代中国の殷の末期、周の文王が、たよりになる、りっぱな人物に会えるという占いによって狩りに出たところ、渭水の北岸で魚釣りをする呂尚と出会い、あなたこそ太公（文王の祖父）の待ち望んだ人物だとよろこび、「太公望」とよんで師事した。はたして太公望は文王の子、武王をたすけて殷をほろぼし、斉の国に封じられた。（『史記』斉太公世家）

参考 この故事から、魚釣りをする人のことを太公望とよぶようになった。

性のすがたでえがかれるほうが多い。

【天皇】⇩日本国憲法で、日本国および日本国民統合の象徴とされる地位。また、その地位にある人。

【天罰】⇩天がくだす罰。例天罰てきめん（わるいことをすると、そのむくいがすぐにあらわれる）。天罰があたる。

【天命】⇩①天が定めた運命。例人事をつくして天命を待つ（できるだけのことをして、結果は天の定めにしたがう）。類天運・宿命 ②天からあたえられた命。例天命がつきる。類天寿・寿命

【天網恢恢】天にいる神のはりめぐらす網は、はてしなく大きい。参考「天網恢恢、疎にして漏らさず（天網は、目があらいようでも、にげることはできない）」は、わるいことをしたものはかならず天罰を受けるという意味。（『老子』）

❹〈上〉の意味で

【天井】⇩①屋根裏をかくすためや保温のために、へやの上のほうに一面に板をはったもの。例天井が高いへや。②ものの値段などがいちばん高いところ。例天井を打つ。天井知らず。

【天地】⇕本・紙・荷物などの上と下。☞❶

【天地無用】荷物の上下をさかさまにしてはいけないという注意のことば。

【天火】⇩上下から熱をくわえて、全体をむし焼きにする料理の道具。オーブン。

【天袋】⇩おしいれや床の間の上のほうにつくられている、小さな戸だな。

【天窓】⇩屋根にとりつけた窓。光をとり入れたり、空気を入れかえたりする。

❺《その他》

【天竺】◎インドの古い呼び方。例孫悟空は、天竺へと経文を求める旅に出た。

【天王山】ここで勝ち負けが決まるという、だいじな分かれめ。例この試合が天王山だ。知識豊臣秀吉と明智光秀が戦った土地の名。秀吉は、ここを先に手に入れることによって戦いを勝ちにみちびくことができた。

【天秤】⇩重さをはかる道具。棒のまん中をささえ、片方に重さのわかっているおもり、もう一方に品物をのせて、つりあうようにしてはかる。表現「天秤にかける」で、どちらがよいかをくらべる意味にも使う。

←天が下につく熟語 上の字の働き

❶天＝〈おおぞら〉のとき
【晴天 青天 曇天 雨天 炎天 寒天 干天 荒天 暁天】ドウイウようすの空か。
【仰天 満天 昇天】天をドウスルか・天にドウナルか。
◆有頂天 中天 野天 脳天 楽天 露天

夫

大-1 総画4 4年 明朝 夫 592B

音フ・フウ 中 訓おっと

筆順 ながく はらう

なりたち ［象形］成人したしるしの冠とかんざしをつけた人のすがたをえがいた字。

意味
❶おっと。結婚している夫婦の、男のほう。例夫と妻。夫妻 対婦・妻
❷男の人。一人前の男子。例凡夫 対婦
❸はたらく人。労働する人。例工夫

注意するよみ フウ…例夫婦・工夫

名前のよみ お・すけ

❶〈おっと〉の意味で

【夫婦】⇩結婚している一組みの男女。夫と妻。例夫婦になる。おしどり夫婦。夫婦茶碗。類夫妻

【夫妻】⇕他人の夫婦をあらたまっていう言い方。類夫婦

【夫唱婦随】夫の言ったことに妻がしたがうこと。夫の考えに妻が協力すること。

❷〈男の人〉の意味で

【夫人】⇩身分ある人の妻。類妻女 表現他人の妻をていねいにいうことば。

←夫が下につく熟語 上の字の働き

❷夫＝〈男の人〉のとき
【丈夫 凡夫】ドウイウ男子か。〔「丈」は古代中国の男子の平均身長を表す〕

❸夫＝〈はたらく人〉のとき【農夫 工夫 坑夫 水夫】ナニの仕事に従事する人か。

◆工夫

【央】

大−2 総画5 3年 明朝 央 592E

音オウ 訓—

筆順 央 央 央（だす） 央 央（はらう）

なりたち ［会意］人が立っている形の「大」と「冂」とを合わせて、人がなにかのもののまん中に立っていることを意味する字。

意味 まんなか。ものの中心。例 中央・震央・期央

名前のよみ あきら・ちか・てる・なか・ひさ・ひさし・ひろ・ひろし

【失】

大−2 総画5 4年 明朝 失 5931

音シツ 訓うしな-う・う-せる外

筆順 失 失 失（はっきりだす） 失 失（はらう）

なりたち ［形声］「乙(イツ)」が「シツ」とかわって読み方をしめしている。「イツ」は「うしなう」意味をもち、手をくわえて、「手からおとす」ことを表す字。

意味 ❶うしなう。なくす。失望・損失 対得 例 気を失う。機会を失する。
❷あやまち。やりそこない。例 失敗・過失

❶〈うしなう〉の意味で

【失意】しつい ▲ あてがはずれたり、のぞみがかなわなかったりして、がっくりしていること。例 失意のどん底にある。対 得意

【失格】しっかく ▲〈—する〉きまりをやぶったりして、資格をなくすこと。対 適格

【失脚】しっきゃく ▲〈—する〉失敗して、地位をうしなうこと。参考 もとは「脚をふみはずす」という意味。

【失業】しつぎょう ▲〈—する〉仕事をうしなうこと。また、仕事につくことができないこと。例 失業率。類 失職 対 就業・就職

【失禁】しっきん ▲〈—する〉年をとったり病気にかかったりなどが原因で、自分で気づかないうちに小便や大便をもらしてしまうこと。

【失敬】しっけい ▲①〈—な〉礼儀にはずれている。例 失敬なことを言わないように。類 失礼 ②〈—する〉人のものをだまって自分のものにする。例 弟のおやつを失敬する。③〈—する〉人とわかれる。例 今夜はここで失敬する。

【失効】しっこう ▲〈—する〉法律や規則などが、力をなくしてしまうこと。対 発効

【失神】しっしん ▲〈—する〉気をうしなうこと。意識がなくなって、一時なにもわからなくなること。類 気絶・卒倒

【失速】しっそく ▲〈—する〉①飛んでいる飛行機が、急にスピード不足で揚力をうしなうこと。②急にスピードやいきおいがなくなること。例 ゴール前で失速。

【失地】しっち ↓ うしなってしまった土地や領地。例 失地回復をはかる。表現 地位や足がかりとなる勢力をなくす意味でも使う。

【失調】しっちょう ▲ つりあいがとれなくて、調子がくるうこと。例 栄養失調。

【失墜】しっつい Ⅲ〈—する〉名誉や信用などをなくすこと。

【失点】しってん ↓ ①競技や試合で相手にとられた点数。例 失点ゼロで勝つ。対 得点 ②仕事での失敗。例 失点をかさねる。

【失念】しつねん ▲〈—する〉うっかりしてわすれること。例 約束を失念する。

【失望】しつぼう ▲〈—する〉望みをうしなうこと。あてがはずれがっかりすること。例 失望を禁じ得ない。類 絶望・落胆

【失明】しつめい ▲〈—する〉視力がなくなること。

【失礼】しつれい ▲①〈—な〉礼儀を欠いている。例 失礼な態度をとる。類 不作法・無礼・非礼 ②〈—する〉わかれるときやあやまるときに使うあいさつのことば。例 今日はこれで失礼します（わかれるとき）。失礼いたしました（あやまる

とき）。類失敬

【失恋】▲〈—する〉好きになった人への思いがかなわないこと。対得恋

❷〈あやまち〉の意味で

【失火】▲〈—する〉不注意から起こった火事。例昨夜の火事は失火だそうだ。対放火

【失言】↓〈—する〉言ってはいけないことを、つい、うっかり言ってしまうこと。

【失策】▲やりそこない。しくじり。エラー。類失敗 表記「失錯」とも書く。

【失笑】↓〈—する〉あきれて、ついわらってしまうこと。例失笑を買う。

【失政】▲政治のやり方の失敗。

【失態】↓人にわらわれるような見苦しい失敗。例とんだ失態をしでかしてしまった。類醜態

【失敗】Ⅱ〈—する〉やりそこなうこと。しくじること。例失敗は成功のもと。類失策・過失 対成功

◆失が下につく熟語 上の字の働き

❶失＝〈うしなう〉のとき

【消失 喪失 遺失 損失】近い意味。

【焼失 紛失】ドウナッテなくなるか。

◆過失 自失 得失

【夷】

大–3 総画6 人名 明朝 夷 5937

音イ外 訓えびす外

意味

❶えびす。むかし、都から遠くはなれた未開の地に住んでいた人びと。

❷たいらげる。ほろぼす。はらう。例焼夷弾（建物などを焼きはらうために使う爆弾）。

参考 蝦夷（えぞ）

【奄】

大–5 総画8 人名 明朝 奄 5944

音エン外 訓—

意味

❶おおう。

❷ひさしい。長びくこと。

参考 奄美諸島（あまみしょとう）

名前のよみ ひさ

【奇】

大–5 総画8 常用 明朝 奇 5947

音キ中 訓—

筆順

なりたち [形声]「可」が「キ」とかわって読み方をしめしている。「カ」は「かたよる」意味をもち、人が立っている形（大）をくわえて、人がふつうではない立ち方をしていることを表す字。

意味

❶かわっている。めずらしい。ふつうでない。例奇をてらう。奇行・奇声・珍奇

❷ふしぎである。あやしげな。例怪奇

❸すぐれている。なみはずれている。例奇才

❹二で割りきれない。例奇数 対偶

特別なよみ 数奇屋（すきや）

❶〈かわっている〉の意味で

【奇異】Ⅱ〈—な〉ふつうとはかわっていてふしぎな感じがすること。類奇妙・異様

【奇観】↓じつにめずらしいながめ。かわった景色。例天下の奇観。

【奇形】↓動物や植物などで、生まれつきふつうとちがった形をしたもの。例奇形種。

【奇計】↓あっとおどろくようなみごとな計略。例奇計を用いる。類奇策

【奇行】↓ふつうの人ならやらない、ふうがわりなおこない。例奇行にあきれる。

【奇策】↓ふつうには考えつかない、かわったはかりごと。類奇計 対正攻法

【奇習】↓ふうがわりなしきたり。

【奇襲】↓〈—する〉敵の不意をついたやり方で、せめかかること。不意打ち。類急襲

【奇人】↓することや考えが、ふつうの人とひどくちがう、ふうがわりな人。類変人

【奇声】↓ふつうとかわった、とっぴょうしもない声。例奇声をあげる。

【奇想天外】ひどくふうがわりなようす。例奇想天外の物語。類奇抜

【奇抜】Ⅱ〈—な〉考えやおこないが、ひどくかわっていてふつうの人には考えつかない。例奇抜なアイデア。類奇想天外

【奇病】↓今までにほとんどなかったよ

うな、めずらしい病気。

【奇妙】きみょう Ⅲ〈―な〉じつにかわっている。例 奇妙な話。類 奇異・珍奇・珍妙・異様

❷〈ふしぎである〉の意味で

【奇縁】きえん ↓ 思いもかけないふしぎなめぐりあわせ。例 同姓同名だなんて奇縁だ。

【奇怪】きかい|きっかい Ⅲ〈―に〉ふしぎで気味がわるい。類 不思議・異様

【奇奇怪怪】ききかいかい 〈―に〉とてもあやしくてふしぎなようす。参考「奇怪」を強めたことば。

【奇遇】きぐう ↓ 思いがけない出会い。例 こんなところで出会うとは奇遇だね。

【奇術】きじゅつ ↓ 見物人にふしぎだなと思わせることをしてみせて、みんなをたのしませる術。マジック。類 手品・魔術

【奇跡】きせき ↓ ふつうにはありえないようなふしぎなできごと。例 奇跡的に助かる。

【奇談】きだん ↓ ふつうにはありそうもない、ふしぎな話。例 土地の人からさまざまの奇談を聞いた。類 奇聞・珍談

❸〈すぐれている〉の意味で

【奇才】きさい ↓ 人があっとおどろくような、みごとなことをしてみせる才能。

【奇特】きとく|きどく Ⅲ〈―に〉心がけやおこないがとくにすぐれていて感心だ。例 奇特な人。類 殊勝

【奇麗】きれい Ⅲ〈―な〉①すがたかたちが、ととのっていて、美しい。例 きれいな字。類 端正 ②よごれがなくて、きよらか。例 きれいな水。類 清潔 対 不潔 ③のこるものがなく、さっぱりしている。例 きれいにだまされた。類 完全 表記「綺麗」とも書く。

❹〈二で割りきれない〉の意味で

【奇数】きすう ↓ 一・三・五・七・九など、二で割りきれない数。対 偶数

◆怪奇 数奇 珍奇

奈

大-5 総画8 4年 明朝 奈 5948

音 ナ 訓 ―

筆順 一 ナ 大 杢 李 奈 奈 奈（はらう／はねる）

意味 ❶いかなる。どんな。例 奈辺（どこ。どのあたり） ❷奈良。「奈良市」「奈良県」の略。

奉

大-5 総画8 常用 明朝 奉 5949

音 ホウ中・ブ中 訓 たてまつ-る高

筆順 一 二 三 声 夫 表 秦 奉

なりたち ［形声］上部の「」は、「丰」がしげった草と「ホウ」という読み方をしめし、「廾」が両手で草をささげることを表しているが、さらに「手」（下部の「扌」）をくわえて、「たてまつる」として使われる字。

意味 ❶たてまつる。尊敬の気持ちをこめておこなう。例 供物を奉る。奉納・信奉 ❷つかえる。ほかの人のために仕事をする。例 職を奉じる。奉仕 ❸うける。上から言いつかる。例 奉行

注意するよみ ブ…例 奉行

名前のよみ とも・よし

❶〈たてまつる〉の意味で

【奉祝】ほうしゅく ▲〈―する〉つつしんで祝うこと。例 奉祝行事。

【奉納】ほうのう ↓〈―する〉神や仏にさし出すこと。例 絵馬を奉納する。類 寄進

❷〈つかえる〉の意味で

【奉公】ほうこう ▲〈―する〉①君主に仕えること。国家・社会のためにつくすこと。②よその家ではたらくこと。例 年季奉公（何年間と期間をきめて奉公すること）。奉公人。

【奉仕】ほうし Ⅲ〈―する〉①世の中や人のためにつくすこと。例 社会に奉仕する。奉仕活動。②商店などがねだんを安くすること。サービス。例 奉仕価格。

【奉職】ほうしょく ▲〈―する〉学校や役所など、おおやけの仕事や役目につくこと。

❸〈うける〉の意味で

【奉行】ぶぎょう ↓ 江戸時代、幕府の中で、将軍から言いつかって仕事をした役所の責任者。例 町奉行。寺社奉行。奉行所。

奔

大-5 総画8 常用 明朝 奔 5954

音 ホン㊥ 訓 ―

筆順 一 ナ 大 太 本 夲 奔 奔

なりたち [会意]もとの字は、「奔」。左右の手をふり足を広げて走っている形と、たくさんの足あとの形とからできた字で、いそいで走ることを表している。

意味 急いで走る。いきおいがよい。

【奔走】ほんそう Ⅲ〈―する〉あちこち走りまわること。例 公演の寄付集めに奔走する。類 東奔西走

【奔放】ほんぽう Ⅲ〈―な・―に〉きまりなどにとらわれないで、気ままにふるまうようす。例 奔放に生きる。自由奔放。

【奔流】ほんりゅう ↓ はやくて、はげしい水の流れ。類 急流・激流

契

大-6 総画9 常用 明朝 契 5951

音 ケイ㊥ 訓 ちぎ-る㊀高

筆順 一 十 丰 㓞 㓞 㓞 契 契 契

なりたち [形声]刃物できずをつけることを表す。「切」が「ケイ」という読み方をしめしている。「大」をつけて、木にきざみをつけた大きな「わりふ」を表した字。

意味 ちぎる。約束する。しるしをつける。例 契りをむすぶ。契約・黙契

名前のよみ ひさ

【契機】けいき ↓ なにかがはじまったりかわったりする、もとになるものごと。きっかけ。例 活躍の契機となった。

【契約】けいやく Ⅲ〈―する〉売り買いや、貸し借りなどの約束をすること。また、その約束。とくに、法律にもとづいた約束をいう。

奎

大-6 総画9 人名 明朝 奎 594E

音 ケイ㊀外 訓 ―

意味 文筆の星。中国古代の星座の名。とかきぼし。

奏

大-6 総画9 6年 明朝 奏 594F

音 ソウ 訓 かな-でる㊀高

筆順 一 三 夫 夫 奏 奏 奏 奏 奏（ながく・ださない・とめる）

なりたち [会意]けだもの、または草を両手に持って神にささげるようすを表している字。

意味 ❶かなでる。音楽を演奏する。例 曲を奏でる。奏楽・伴奏 ❷さしあげる。申し上げる。例 奏上 ❸なしとげる。結果を出す。例 効を奏する。奏功・奏効

❶〈かなでる〉の意味で

【奏楽】そうがく ▲〈―する〉楽器を使って音楽をかなでること。例 入学式で校歌を奏楽する。

【奏法】そうほう ↓ 楽器の演奏のしかた。例 三味線の奏法を伝授する。奏法解説。

❷〈さしあげる〉の意味で

【奏上】そうじょう ▲〈―する〉天皇・国王などに申し上げること。類 上奏

❸〈なしとげる〉の意味で

【奏功】そうこう ▲〈―する〉しようと思ったことがうまくなしとげられること。類 奏効

【奏効】そうこう ▲〈―する〉ききめがあらわれること。例 新しい治療法が奏効する。

奏が下につく熟語 上の字の働き

❶奏＝〈かなでる〉のとき

【演奏 弾奏】近い意味。

【吹奏 独奏 合奏 協奏 伴奏 二重奏 三重奏 四重奏】ドノヨウニ奏するか。

套

大-7 総画10 人名 明朝 套 5957

音 トウ㊀外 訓 ―

意味 ❶おおうもの。例 外套 ❷今までどおりのきまったやり方。手段。例 常套

奥

大-9 総画12 常用 明朝 奥 5965 旧字 奧 5967

音 オウ 高 訓 おく 中

筆順 ノ 𠂆 冂 內 內 內 奥 奥

なりたち [会意] 家の形(宀)とまるめる意味をもつ「釆」を合わせて、家の中のまがりくねってふかまったところを意味する字。

意味 ❶おく。入り口から深く遠いところ。例 山の奥。深奥 ❷陸奥。旧国名。今の東北地方の大部分にあたる。

名前のよみ おき

❶〈おく〉の意味で

【奥義】おうぎ・おくぎ ⇩ 学問・武術・芸術などで、いちばんおく深くて、だいじなところ。例 茶道の奥義をきわめる。類 極意・神髄

【奥方】おくがた ⇩ 身分の高い人の妻。参考 やしきの奥のほうにいる人という意味。

【奥様】おくさま ⊠ よその人の妻をうやまっていうことば。例 名家の奥様。

【奥底】おくそこ Ⅱ おく深いところ。例 心の奥底の思い。

【奥地】おくち ⇩ 大きな町や海岸からずっとはいりこんだ遠いところ。

【奥付】おくづけ ⇩ 本の終わりのページにある、その本の著者・発行者・発行年月日などをまとめてしめした部分。

【奥歯】おくば ⇩ 口のおくのほうにあって、ものをかみくだく歯。類 臼歯 対 前歯

奨

大-10 総画13 常用 明朝 奨 5968 旧字 獎 596C

音 ショウ 中 訓 ―

筆順 丨 丬 丬 丬 将 将 将 奨

なりたち [形声]「将」が「けしかける」意味の「ショウ」という読み方をしめしている。「大」はもと「犬」で、犬をけしかけることから、「すすめる」として使われる字。

意味 すすめる。はげましてすすめる。例 奨励・推奨

名前のよみ すすむ・つとむ

【奨学金】しょうがくきん 生徒や学生に学費としてあたえたり貸したりするお金。

【奨励】しょうれい Ⅱ (―する) よいことだから、そうするようにはげまして言うこと。

◆推奨 報奨

奪

大-11 総画14 常用 明朝 奪 596A

音 ダツ 中 訓 うば-う 中

筆順 大 奁 夲 奞 奞 奪 奪

なりたち [会意]「大」と「鳥(隹)」と「寸(手)」を合わせて、鳥が大きくはばたいて手からにげることを表している字。

意味 うばう。むりやりに取りあげる。例 自由を奪う。奪回・争奪

【奪回】だっかい ⇩ (―する) うばいかえすこと。例 優勝旗の奪回をちかう。類 奪還

【奪還】だっかん ⇩ (―する) うばい去られたものをとりかえすこと。例 チャンピオンのタイトルを奪還した。類 奪回

【奪取】だっしゅ ⇩ (―する) むりやりにうばいとること。例 敵の陣地を奪取する。類 略奪・強奪

奪が下につく熟語 上の字の働き

【強奪 争奪】ドウヤッテ奪うか。

◆略奪

奮

大-13 総画16 6年 明朝 奮 596E

音 フン 訓 ふる-う

筆順 大 奞 奞 奞 奞 奮 奮 奮 (はらう・おおきめに)

なりたち [会意]「大」と「鳥(隹)」と「田」を合わせて、田の上を鳥が大きくはばたいてとびさるようすを表している字。

意味 ふるいたつ。元気をいっぱいに出す。例 勇気を奮う。奮闘・興奮

例 解 [使い分け] ふるう[振・震・奮] ☞ 543ページ

【奮起】(↓)〈―する〉心をふるいたたせること。例奮起一番、優勝をはたした。類発奮

【奮迅】(↓)はげしいいきおいで、つきすすむこと。例獅子奮迅のはたらきをする。

【奮戦】(↓)〈―する〉力をふりしぼってたたかうこと。類奮闘

【奮然】☒〈―たる〉気力をふるい起こすようす。例奮然と立ち向かう。

【奮闘】(↓)〈―する〉力のかぎりがんばること。例孤軍奮闘(だれの助けもなく、たったひとりでがんばること)。類奮戦

【奮発】(↓)〈―する〉①元気をふるい起こすこと。例もうひと奮発して宿題をやってしまおう。類発奮 ②思い切ってお金をつかったり、ものを買ったりすること。例奮発して弟へのプレゼントを買う。

【奮励】(↓)〈―する〉元気を出していっしょうけんめいにとりくむこと。例奮励努力。

◆興奮 発奮

3画 女 の部

〔おんな〕〔おんなへん〕

「女」をもとに作られ、女の人の容姿や性質にかかわる字を集めてあります。

この部首の字

女

音 ジョ・ニョ(中)・ニョウ(高)
訓 おんな・め(中)

女−0　総画3　1年　明朝 女 5973

筆順 く 女 女 (とめる)

なりたち [象形] 女の人が手を組み合わせ、ひざまずいているすがたをえがいた字。

意味 ❶おんな。女性。例女王・少女 対男 ❷むすめ。親からみたおんなの子ども。例長女 対男

注意するよみ ニョウ…例女房

特別なよみ 海女(あま)・乙女(おとめ)・早乙女(さおとめ)

名前のよみ こ・たか

❶〈おんな〉の意味で

【女手】(↓)①女のはたらき。例女手ひとつで四人の子どもを育てる。対男手 ②女の人が書いた字。例女手の手紙。対男手

【女物】(↓)女の人が使うようにつくられている品物。類婦人用 対男物

【女医】(↓)女の医者。

【女王】(↓)①女の王様。クイーン。類女帝 対王 ②第一人者、あるいは花形である女性。例フィギュアスケート界の女王。

【女官】(↓)宮中に仕えている女性。

【女系】(↓)一家の中で、母親からむすめというつながり。例女系家族。対男系

【女傑】(↓)すぐれた知恵や、勇気のある女性。類女丈夫

【女権】(↓)女性が、男性とおなじように教育を受けたり、仕事をしたり、政治に参加したりする権利。

【女子】(↓)①女の子。例女子高校。対男子 ②女の人。類女性・婦人 対男子

【女史】(↓)社会で活躍している、りっぱな女の人をよぶときに名前の下につけることば。参考☞「史」の「文字物語」(208ページ)

【女児】(↓)おさない女の子。対男児

【女丈夫】(↓)しっかりとした、意志の強い女の人。男まさり。類女傑

【女声】(↓)声楽で、女の人の声。ソプラノ・アルトなど。例女声合唱。対男声

【女性】(↓)女の人。ふつう、成人した女を指す。類女子・婦人 対男性

辞書のミカタ　特別なよみ　ほかの字と組み合わさったときに特別な読み方をするもの(「常用漢字表」の付表の語)

【女婿】じょせい ↓ むすめが結婚した相手。類 娘婿

【女装】じょそう ↓〈―する〉男が女の服装をすること。対 男装

【女中】じょちゅう ◎ ①よその家に住みこんで、家事の手伝いをする女の人。②旅館や料理屋で、料理を出したり客をもてなしたりする女の人。表現 古い言い方。今は①は「家政婦」「お手伝いさん」、②は「仲居さん」などという。

【女帝】じょてい ↓ 女の皇帝。類 女王

【女優】じょゆう ↓ 劇や映画に出て、演技する女の人。例 主演女優。対 男優

【女流】じょりゅう ↓ 仕事のうえで活躍している女性。例 女流画家。女流作家。

【女房】にょうぼう ↓ ①「妻」の少しくだけた言い方。対 亭主 ②むかし、宮中に仕え、へやをあたえられていた身分の高い女官。

【女人】にょにん ↓ 女の人。表現 古い言い方。女子に来てもらってはこまる場所を表すことばが「女人禁制」。けわしい山で修行をする修験道には、このことばがまだのこっている。

【女神】めがみ ↓ 女の神様。例 自由の女神。

← 女が下につく熟語 上の字の働き

❶ 女＝〈おんな〉のとき
【淑女 処女 魔女 織女】ドノヨウナ女性か。
【幼女 童女 少女 老女】年ごろがドノクライの女性か。

❷ 女＝〈むすめ〉のとき
【長女 次女】何番めのむすめか。

◆ 彼女 子女 婦女 息女 養女 善男善女

奴

女-2 総画5 常用 明朝 奴 5974

音 ド 中 訓 やっこ 外・やつ 外

筆順

なりたち [会意]「女」と「又(手)」を合わせて、はたらく女を表している字。

意味 ❶めしつかい。どれい。人にこき使われる者。例 農奴 ❷人を見下げていうことば。例 守銭奴。

❶〈めしつかい〉の意味で

【奴隷】どれい Ⅲ むかし、自由も権利もすべてうばわれてまるで家畜のようにはたらかされ、お金で売り買いまでされていた人びと。

好

女-3 総画6 4年 明朝 好 597D

音 コウ 訓 この-む・す-く

筆順 とめる はねる

なりたち [会意]「女」と「子」を合わせて、女の人が子どもをかわいがることを表している字。

意味 ❶このむ。このましく思う。すく。あるものがすきである。親しみをもつ。例 読書を好む。好きこそ物の上手なれ(好きなことは進んでするので上達する)。愛好・友好 ❷よい。じょうず。このましい。例 好ましい人物。好調・良好

名前のよみ すみ・たか・よし・よしみ

❶〈このむ〉の意味で

【好意】こうい ↓ ①人のことを好きだと思う気持ち。例 好意をよせる。対 敵意 ②気に入った人のために、親切にしてあげたいと思う心。例 好意を無にする。類 善意 対 悪意

例解 使い分け こうい[厚意・好意] ☞190ページ

【好悪】こうお ⇕ すききらい。すききらい。

【好学】こうがく ▲ 勉強をこのむこと。例 好学の士。

【好奇】こうき ▲ めずらしいものごとに対して、見たい、知りたいと思うこと。例 好奇の目。

【好奇心】こうきしん かわったことや、新しいものに対して、見たい、知りたいと思う気持ち。例 好奇心旺盛。

【好戦的】こうせんてき 〈―な〉なにかあると、すぐにたたかいやあらそいにもちこもうとする。例 好戦的な態度を見せる。

❷〈よい〉の意味で

【好物】こうぶつ ↓ 好きな食べ物や飲み物。

【好一対】こういっつい よい組み合わせになる二人。よくつり合う二つ。例 好一対の夫婦。

【好運】こううん ↓〈―な〉ものごとのめぐりあわせが、ぐうぜん自分にとってうまくいくこと。

表記「幸運」とも書く。

【好演】こうえん [↓]〈―する〉十分よい演技・演奏をして、客をひきつけること。

【好感】こうかん [↓]感じがいい、このましいと思う気持ち。例好感をあたえる。

【好漢】こうかん [↓]さっぱりしていて気持ちのよい、りっぱな男子。

【好機】こうき [↓]「やるなら今だ」というような、よい機会。チャンス。例好機をのがす。

【好況】こうきょう [↓]お金のうごきが活発で、人びとがゆたかなこと。類好景気 対不況

【好好爺】◆こうこうや 優しく人のよいおじいさん。

【好人物】こうじんぶつ すなおで、気だてのよい人。

【好男子】こうだんし ①顔かたちが美しくりっぱな男の人。類美男子 ②性格が明るくさわやかで、人によい感じをあたえる男の人。

【好調】こうちょう [↓]〈―に〉ものごとの進みぐあいがよいこと。例好調な出だし。絶好調。類快調 対不調・低調

【好都合】こうつごう [↓]〈―な〉なにかをするのにぐあいがよいこと。例万事好都合だ。対不都合

【好適】こうてき [II]〈―な〉なにかをするのにぴったりだ。

【好敵手】こうてきしゅ ちょうどよい相手。ライバル。

【好天】こうてん [↓]よい天気。例好天にめぐまれる。類晴天・上天気 対悪天

【好転】こうてん [↓]〈―する〉よい方向へかわっていくこと。例事情が好転する。対悪化

【好評】こうひょう [↓]〈―な〉評判がよいこと。例先日の手みやげは好評だった。対不評・悪評

【好例】こうれい [↓]説明したり、たとえたりするのにぴったりの例や見本。

◆愛好 修好 絶好 同好 友好 良好

如

女-3 総画6 常用 明朝 如 5982

音 ジョ中・ニョ高 訓 ごと-し外

筆順

なりたち [形声]「女」がすなおの意味と「ジョ」という読み方をしめしている。ことば(口)にしたがうことを表している字。

意味 ❶…のようである。…のようにする。例突如 ❷《その他》例如才

名前のよみ なお・ゆき・よし

❶〈…のようである〉の意味で

【如意】にょい [▲]ものごとが思いどおりになること。例如意棒。対不如意 表現「手もと不如意」(お金がなくて思うようにならない)など、「不如意」の形で使うことが多い。

【如実】にょじつ [▲]じっさいのようすのまま。例楽しそうな顔が、思いを如実に表している。

❷《その他》

【如才】じょさい [◎]不十分なところ。例如才なく立ちまわる。表現「如才ない」の形で、ぬかりがないことを表す。

【如来】にょらい [◎]仏教で、悟りをひらいた人。仏。例釈迦如来

如が下につく熟語 上の字の働き

❶如＝〈…のようである〉のとき

【欠如 突如 躍如】ドノヨウナようす・状態か。

妃

女-3 総画6 常用 明朝 妃 5983

音 ヒ中 訓 きさき外

筆順

なりたち [形声]「己」が「ヒ」とかわって読み方をしめしている。「ヒ」は「ならぶ」意味をもち、「女」がついて、「夫とならぶ女」を表している字。

意味 きさき。皇族や貴族の妻。例王妃

名前のよみ き

【妃殿下】ひでんか 皇族・王族の妻である妃をうやまっていうことば。対殿下

妄

女-3 総画6 常用 明朝 妄 5984

音 モウ中・ボウ高 訓 ―

筆順

なりたち [形声]「亡」がくらい意味と「モウ」という読み方をしめしている。「女」をくわえて、「心がみだされる」意味を表

ものしり巻物 第9巻

呉音・漢音・唐音

「カルタ」や「カード」は、よく知っていることばですね。「カルテ」はどうでしょうか。

これはお医者さんが、診察した患者さんの病状や手当てした内容を記録するものです。

この三つのことばは、まったく関係ないことばのようですが、もともとはおなじものを指していたことばなのです。これらのことばがそれぞれちがうことばとして用いられているわけは、日本に入ってきた時代やもとになった国が異なったからです。「カルタ」は、ポルトガル語がもとになってもっとも古く日本のことばになり、「カルテ」はドイツ語から、「カード」は英語から、それぞれ入ってきました。

漢字についても、これと似たような事情があります。漢字には「音読み」というものがあり、なかには「日（ジツ・ニチ）」「月（ゲツ・ガツ）」のようにいくつもの読み方をもっているものもあります。これら複数の「音読み」の中には、中国での地域のちがいや日本へつたえられた時代のちがいによって読みが異なるようになったものがあります。これらのつたわり方のちがいによって生まれた読み方のちがいを大きく分けて、呉音・漢音・唐音として区別します。

呉音は、もっとも古く、飛鳥・奈良時代までにつたわっていた読み方とされ、中国の六朝時代の南朝の国々があった揚子江の下流域である呉の地方の発音がもとになったといわれます。今でも仏教関係のことばや地名などの読み方に多く用いられています。

漢音は、奈良・平安時代に遣隋使や遣唐使を送って中国と交流した結果、北方の黄河中流域の、当時都であった長安あたりの発音がもとになってつたえられたものです。こんにちでは、漢字の「音読み」としてこの漢音が広く用いられています。

もっとも新しくつたえられた発音が唐音です。鎌倉・室町時代から江戸時代にかけて、中国の宋代以降の発音がわずかずつつたえられたもので、唐音で読まれることばはひじょうにわずかしかありません。

	行	経	外	和
呉音	ギョウ（行事）	キョウ（経典）	ゲ（外科）	ワ（平和）
漢音	コウ（行動）	ケイ（経営）	ガイ（外国）	カ（和楽）
唐音	アン（行灯）	キン（看経）	ウイ（外郎）	オ（和尚）

す字。

意味 でたらめに。みだりに。きちんとした理由や根拠がない。

°【妄言】もうげん|ぼうげん ↓ 理由も証拠もない、でまかせのことば。例 妄言をはく。類 妄語

°【妄信】もうしん ↓〈―する〉よく考えもしないで、むやみに信じこむこと。例 広告を妄信して大損した。類 狂信 表記「盲信」とも書く。

°【妄想】もうそう ↓〈―する〉ありもしないことを心にえがき、それを事実のように思いこんでしまうこと。例 被害妄想。

°【妄動】もうどう ↓〈―する〉よく考えないで、軽はずみな行動をとること。表記「盲動」とも書く。

妥

女-4 総画7 常用 明朝 妥 59A5

音 ダ中 訓 ―

筆順

なりたち [会意]手を表す「爫(⺥)」と「女」を合わせて、手で女の人をなだめることを表す字。

意味 おだやか。安定している。例 妥協

°【妥協】だきょう ↓〈―する〉自分の意見や立場などを、相手に合わせてゆずること。例 妥協をはかる。類 譲歩

°【妥結】だけつ ↓〈―する〉意見や立場のちがう両方がゆずり合って、話がまとまること。例 交渉がようやく妥結した。

°【妥当】だとう ↓〈―する・―な〉じっさいの場面にうまく当てはまり、正しいと思われること。例 妥当な方法。類 適切・適当・穏当

妊

女-4 総画7 常用 明朝 妊 598A

音 ニン中 訓 ―

筆順

なりたち [形声]「壬」が「ニン」とかわって読み方をしめしている。「ニン」は「みごもる」意味をもち、「女」の人がおなかに「子どもをやどす」ことを表している字。

意味 みごもる。おなかに子どもをやどす。例 妊娠・懐妊

°【妊娠】にんしん Ⅱ〈―する〉おなかの中に、子どもができること。例 妊娠八か月。類 懐妊

°【妊婦】にんぷ ↓ おなかに子どものいる女の人。

◆懐妊 避妊 不妊

妨

女-4 総画7 常用 明朝 妨 59A8

音 ボウ中 訓 さまた-げる中

筆順

なりたち [形声]「方」が「左右をはり出す」意味と「ボウ」という読み方をしめしている。「女」の人が両手を広げて行く手をさえぎることを表す字。

意味 さまたげる。じゃまをする。例 通行を妨げる。

°【妨害】ぼうがい Ⅱ〈―する〉なにかをしようとしているのを、じゃまをすること。例 営業妨害。

妙

女-4 総画7 常用 明朝 妙 5999

音 ミョウ中 訓 たえ外

筆順

なりたち [会意]「こまやか」の意味の「少」と「女」を合わせて、こまやかな女の美しさを表している字。

意味 ❶すぐれている。たくみである。よくできている。とても美しい。例 巧妙 ❷どうもへんだ。どこかおかしい。例 妙な出来事。奇妙

名前のよみ ただ・よし

❶〈すぐれている〉の意味で

°【妙案】みょうあん ↓ たいへんすぐれた考え。例 妙案を思いつく。類 名案

°【妙技】みょうぎ ↓ だれもが感心するようなすばらしいわざ。例 手品師の妙技に見とれる。

°【妙手】みょうしゅ ↓ ①わざやうでまえが、たいへんすぐれた人。例 ピアノの妙手。②碁や将棋などで、ふつうでは思いつかないようなうま

い手。

【妙味】↓かんたんには言い表せないようなおもしろみやすぐれた味わい。

【妙薬】↓ふしぎなほどのききめのある、すばらしい薬。例 秘伝の妙薬。

【妙齢】↓一生のうちでいちばん美しく見えるわかい年ごろ。例 妙齢の女性。表現 ふつう、二十歳すぎの女の人についていう。

妙が下につく熟語 上の字の働き

❶妙＝〈すぐれている〉のとき
【巧妙 神妙 霊妙】近い意味。
【軽妙 絶妙】ドノヨウニすぐれているか。

❷妙＝〈どうもへんだ〉のとき
【奇妙 珍妙】近い意味。

◆当意即妙 微妙

妖

女-4 総画7 常用 明朝 妖 5996

音 ヨウ 中 訓 あや-しい 中

筆順

意味
❶あやしい。ばけもの。例 妖怪
❷なまめかしい。あでやか。例 妖艶

例解 [使い分け] あやしい [怪・妖] → 489ページ

❶〈あやしい〉の意味で

【妖怪】Ⅱばけもの。例 妖怪変化。

【妖精】↓西洋の伝説などに出てくる、人のすがたをした精。フェアリー。

委

女-5 総画8 3年 明朝 委 59D4

音 イ 訓 ゆだ-ねる

筆順 （はねない）（とめる）

たなちり 【会意】しなやかに穂をたれた形の「禾」と「女」を合わせて、女がからだをなよなよさせることを表す字。

意味
❶まかせる。人に、代わりをしてくれるようにたのむ。「委員会」の略。例 教委（教育委員会）。委託・委員
❷こまかい。くわしい。例 委細

名前のよみ とも

❶〈まかせる〉の意味で

【委員】↓ある集まりの中でえらばれ、その集まりのための仕事や役目をまかせられた人。例 学級委員にえらばれる。委員会。

【委譲】↓（ーする）権利や仕事などを、ほかの人にゆずって、すべてをまかせること。例 権限を次の会長に委譲する。

【委嘱】↓（ーする）ある仕事を人にたのんで、やってもらうこと。例 委員を委嘱する。類 委託・嘱託

【委託】Ⅱ（ーする）仕事をほかの人や団体にたのんでやってもらうこと。例 委託販売。類 委嘱・委任

【委任】Ⅱ（ーする）自分の権利や仕事を、ほかの人にすっかりまかせること。例 交渉を代理人に委任する。委任状。類 委託

❷〈こまかい〉の意味で

【委細】Ⅱこまごまとしたくわしい事情。例 委細面談（くわしいことは会ったときに話します）。委細承知のうえで、引き受ける。類 詳細・子細

妻

女-5 総画8 5年 明朝 妻 59BB

音 サイ 訓 つま

筆順 （だす）（ださない）（とめる）

たなちり 【会意】「女」が手（ヨ）でかんざし（十）をさして、人の「つま」になったことを表している字。

意味 つま。夫婦のうちの女のほう。例 夫と妻。夫妻 対 夫

【妻子】Ⅱつまと子。例 妻子を養う。

【妻帯】↓（ーする）男の人が結婚してつまをもつこと。例 二十代で妻帯する。妻帯者。

◆夫妻 愛妻 良妻 稲妻

姉

女-5 総画8 2年 明朝 姉 59C9

音 シ 中 訓 あね

筆順 く 女 女' 女 女 妒 姉 姉

たちなり [形声]「市」が「上の方」の意味と「シ」という読み方をしめしている。「女」がついて、年上の女のきょうだい。「あね」を表している字。

意味 ❶あね。例 姉と妹。長姉 対 妹 ❷女の人をうやまうことば。例 諸姉

特別なよみ 姉さん(ねえさん)

❶〈あね〉の意味で
【姉妹】しまい ⇕ ①あねといもうと。女のきょうだい。例 三人姉妹。②つながりの深い、似たところの多いもの。例 姉妹都市。姉妹編。

始

女-5 総画8 3年 明朝 始 59CB

音 シ 訓 はじ-める・はじ-まる

筆順 く 女 女 女 始 始 始 始

たちなり [形声]「台」が「シ」とかわって読み方をしめしている。「シ」は「はじめ」の意味をもち、最初に「女」が子をはらむことを表した字。

意味 はじめる。はじめ。はじまる。ものごとのおこり。例 仕事を始める。新学期が始まる。始めと終わり。開始・原始 対 終

例解 [使い分け] はじめ[初・始] ☞147ページ

名前のよみ とも・はる・もと

【始業】しぎょう ▲〈―する〉一日の仕事や学校の授業をはじめること。例 学校で、その学期の授業をはじめること。例 始業式。対 終業

【始終】しじゅう ⇕ ①ものごとのはじめから終わりまで。例 事件の一部始終を話す。②いつも。とぎれることなく。例 この道は始終大型トラックが走っている。類 終始

【始祖】しそ Ⅱ ①あるなかまのうちの、いちばんはじめのもの。例 始祖鳥。②あるものごとを、最初にはじめた人。類 元祖・開祖

【始動】しどう ▲〈―する〉機械をはじめて動かすこと。機関が動きはじめること。例 エンジンを始動する。類 起動

【始発】しはつ ↓ ①その一日のうちで、最初に運転をはじめる電車やバス。例 始発電車。対 終発 ②その電車やバスがお客を乗せて運転をはじめる出発点。例 始発駅。対 終着

【始末】しまつ ⇕ ①〈―する〉しめくくりをきちんとすること。例 火の始末。後始末。②終わり方。類 結末 ③〈―する〉むだづかいしないこと。例 始末屋。始末のいい人。表現 ②は、「注意していたのにこの始末だ!」のように言って、その結末のわるさをなげく使い方が多い。

始が下につく熟語 上の字の働き
◆【開始 創始】近い意味。
原始 終始 年始

姓

女-5 総画8 常用 明朝 姓 59D3

音 セイ㊥・ショウ㊥ 訓 かばね㊕

筆順 く 女 女 女' 女 姓 姓 姓

たちなり [形声]「生」が「うまれる」意味と「セイ」という読み方をしめしている。「女」がついて、女から生まれた子どもの「血すじの名」を表す字。

意味 みょうじ。家ごとの名前。例 姓氏・改姓

【姓氏】せいし Ⅱ「みょうじ」の古い言い方。

【姓名】せいめい Ⅱ みょうじと名前。家の名である姓と、その人だけの名を合わせたもの。例 姓名判断。類 氏名

姓が下につく熟語 上の字の働き
【旧姓 同姓】ドノヨウナ姓か。

妬

女-5 総画8 常用 明朝 妬 59AC

音 ト㊥ 訓 ねた-む㊥

筆順 く 女 女 女 妬 妬 妬 妬

意味 ねたむ。例 二人の仲を妬む。㋐やきもちをやく。男女の仲をねたむ。㋑他人をうらやむ。例 才能を妬む。

【妬心】としん ↓ ねたましく思う気持ち。例 妬心を起こす。

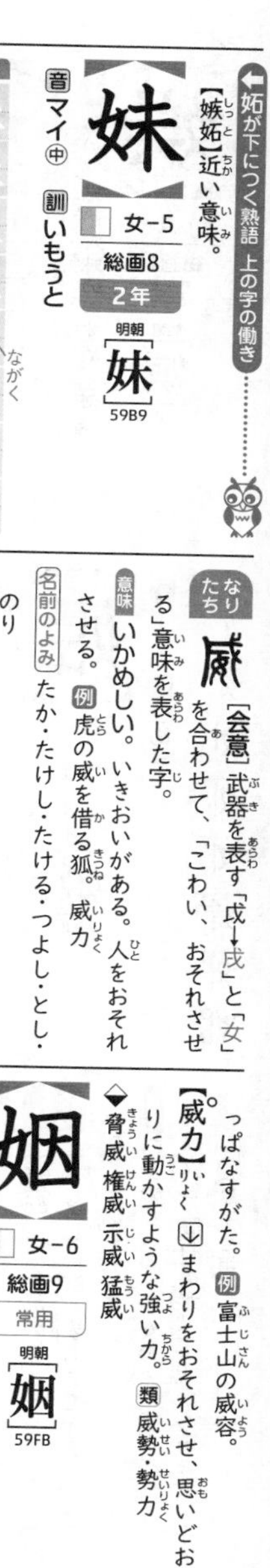

← 妬が下につく熟語 上の字の働き
【嫉妬】近い意味。

妹
女-5 総画8 2年 明朝 妹 59B9

音 マイ中 訓 いもうと

筆順 （とめる）（ながく）

なりたち [形声]「わかい」意味の「未(ミ)」が、「マイ」とかわって読み方をしめしている。「女」がついて、あとに生まれた女「いもうと」を表している字。

意味 いもうと。年下の女のきょうだい。例 兄と妹。姉妹 対 姉

【妹婿】いもうとむこ ↓ 妹の結婚相手。妹の夫。

娃
女-6 総画9 人名 明朝 娃 5A03

音 アイ外・ア外 訓 ―

意味 ❶美しい女性。❷おとめ。

威
女-6 総画9 常用 明朝 威 5A01

音 イ中 訓 おどーす外

筆順

なりたち [会意] 武器を表す「戉→戌」と「女」を合わせて、「こわい、おそれさせる」意味を表した字。

意味 いかめしい。いきおいがある。人をおそれさせる。例 虎の威を借る狐。威力

名前のよみ たか・たけし・たける・つよし・とし・のり

【威圧】いあつ ↓〈—する〉強い力を見せつけておどし、相手の気持ちをすくませてしまうこと。例 大声を出して相手を威圧する。類 圧迫

【威嚇】いかく Ⅱ〈—する〉自分の力を見せつけて、相手をおどすこと。例 威嚇射撃。

【威儀】いぎ ↓ 礼儀にかなった、おごそかなようす。例 威儀を正す。

【威厳】いげん Ⅱ おごそかで近よりがたいようす。例 威厳がある。類 威信・威光・威風・貫禄

【威光】いこう ↓ 人からおそれられ、したがわせてしまうような力。例 親の威光をかさにきる。類 威信・威厳・威勢・権威

【威信】いしん ↓ 人におそれられ、たよられること。例 威信にかかわる。類 威厳・威光・権威

【威勢】いせい ↓ いきおいのさかんなようす。さかんないきおい。例 威勢をはる。威勢のよい声。類 元気・景気・威光・威風・威力

【威風】いふう ↓ まわりのものをすべてしたがわせてしまうような、力づよく、いかめしいようす。例 威風堂々。類 威厳・威勢

【威容】いよう ↓ 近よりがたいほど堂々としたりっぱなすがた。例 富士山の威容。

【威力】いりょく ↓ まわりをおそれさせ、思いどおりに動かすような強い力。類 威勢・勢力

◆脅威 権威 示威 猛威

姻
女-6 総画9 常用 明朝 姻 59FB

音 イン中 訓 ―

筆順

なりたち [形声]「因」が「たよる」意味と「イン」という読み方をしめしている。「女」がついて、女のたよるところの「むこの家」を表す字。

意味 結婚する。よめいり。えんぐみ。例 婚姻・姻戚・

【姻戚】いんせき ↓ 結婚によってできた新しい親戚。たがいに相手の親戚を指していう。

姿
女-6 総画9 6年 明朝 姿 59FF

音 シ 訓 すがた

筆順 （つにならない）（とめる）

なりたち [形声]「次」が「ととのえる」意味と「シ」という読み方をしめしている。「女」の、身をととのえた「すがた」を表してい

妹 娃 威 姻 姿 ◀次ページ 姥 姪 娯 娠 姫 娩 娘

ている字。

意味 すがた。からだの形やようす。例 姿を消す。姿勢・容姿

【姿勢】↓ ①人のからだの、全体としてのすがた。かまえ方や力の入れぐあい。例 正しい姿勢をとる。類 体勢 ②物事に対する心がまえや態度。例 会社の姿勢が問われる。類 態度

【姿態】Ⅱ からだ全体の形やようす。例 美しい姿態。

【姿見】↓ 全身を映せる、大きなかがみ。

姿が下につく熟語 上の字の働き

【勇姿 雄姿】ドンナ姿か。

◆容姿

【姥】

女−6 総画9 人名 明朝 姥 59E5

音 ボ外 訓 うば外

意味 うば。おうな。年をとった女性。

【姪】

女−6 総画9 人名 明朝 姪 59EA

音 ― 訓 めい外

意味 めい。兄弟姉妹のむすめ。対 甥

【娯】

女−7 総画10 常用 明朝 娯 5A2F

音 ゴ中 訓 ―

筆順

なりたち 【形声】「呉」が「人が口をあけてわらう」意味を表し、また「ゴ」という読み方をしめしている。「女」をくわえて、「たのしむ」ことを表している字。

意味 たのしむ。たのしい。

【娯楽】Ⅱ 人の心をたのしくさせ、気分やくつろいだ気持ちにさせるもの。例 娯楽施設。

【娠】

女−7 総画10 常用 明朝 娠 5A20

音 シン中 訓 ―

筆順

なりたち 【形声】「辰」が「ふるえる」意味をもち、「シン」という読み方をしめしている。「女」の人の「みごもった子どもがうごく」ことを表す字。

意味 みごもる。おなかに子どもができる。例 妊娠

【姫】

女−7 総画10 常用 明朝 姫 59EB

音 ― 訓 ひめ中

筆順

なりたち 【形声】もとの字は、「姬」。「𦣝」が「キ」という読み方をしめしている。「女」がついて、中国古代の周王朝の姓を表した。

意味 ひめ。身分ある人のむすめ。女性を指していうことば。小さくかわいいものにつけることば。例 お姫さま。姫ゆり・歌姫

【姫君】↓ むかし、身分の高い人のむすめを、うやまってよんだことば。お姫さま。

◆乙姫 舞姫

【娩】

女−7 総画10 人名 明朝 娩 5A29

音 ベン外 訓 う-む外

意味 うむ。子どもを産む。例 分娩(子どもを産む)

【娘】

女−7 総画10 常用 明朝 娘 5A18

音 ― 訓 むすめ中

筆順

なりたち 【会意】「よい」意味の「良」と「女」を合わせて、美しい女を表したことから、「むすめ」として使われる字。

意味 むすめ。㋐わかい女の人。例 村の娘。㋑親からみた女の子ども。例 息子と娘。

【娘心】むすめごころ ↓ 年わかい女の人の、感じやすくういういしい心。例 娘心に恋が芽生える。
【娘婿】むすめむこ ↓ 自分のむすめの夫。類 女婿
◆愛娘 村娘

婚

音 コン 中　訓 ―
女-8　総画11　常用
明朝 婚 5A5A

筆順

なりたち 【形声】「日ぐれ」の意味を表す「昏」が「コン」という読み方をしめしている。中国では、結婚式が夕ぐれにおこなわれたことから、「女のよめいり」を表している字。

意味 夫婦となる。結婚する。例 婚約・未婚

【婚姻】こんいん Ⅱ（―する）法律での手つづきをして、正式に夫婦になること。例 婚姻届。表現 おもに法律で使われることば。
【婚家】こんか ↓ よめ、またはむことして入った先の家。対 実家
【婚期】こんき ↓ 結婚するのに、ちょうどよいと思われる年ごろ。結婚適齢期。
【婚約】こんやく ↓（―する）結婚することを約束しあうこと。その約束。例 婚約指輪。
【婚礼】こんれい ↓ 結婚式。例 婚礼の衣装。類 祝言

婚が下につく熟語 上の字の働き
【既婚 未婚】結婚の状態にあるかないか。
【求婚 結婚 離婚】婚をドウスルか。
【早婚 晩婚】ドノヨウナ結婚か。
◆新婚

婆

音 バ 中　訓 ばあ 外・ばば 外
女-8　総画11　常用
明朝 婆 5A46

筆順

意味 おばあさん。年をとった女の人。ばば。例 老婆 対 爺

婦

音 フ　訓 ―
女-8　総画11　5年
明朝 婦 5A66

筆順 とめる　ださない　はねる

なりたち 【会意】「帚」はほうきで、ほうきを持った形から、家のそうじをする女を表した字。

意味 ❶女の人。女性。例 家政婦。婦人 対 夫 ❷妻。結婚した女の人。例 主婦 対 夫

❶〈女の人〉の意味で
【婦女】ふじょ Ⅱ 女の人。類 婦人
【婦人】ふじん ↓ おとなの女の人。例 婦人服。類 女性・女子・婦女 対 殿方・紳士

婦が下につく熟語 上の字の働き
❷婦＝〈妻〉のとき
【主婦 新婦 妊婦 寡婦】ドウイウ妻か。
◆夫婦

媛

音 エン 中　訓 ひめ 外
女-9　総画12　4年
明朝 媛 5A9B

筆順 とめる　はらう

意味 ひめ。わかく美しい女性。例 才媛
県名 愛媛（えひめ）

婿

音 セイ 高　訓 むこ 中
女-9　総画12　常用
明朝 婿 5A7F

筆順

なりたち 【形声】「胥」が「セイ」とかわって読み方をしめしている。「ショ」は「つれあい」の意味をもち、むすめ（女）の相手である「むこ」を表す字。

意味 むこ。むすめの夫。夫である男性。例 婿をとる。花婿

【婿養子】むこようし 養子縁組でむこになった人。

婿が下につく熟語 上の字の働き
【姉婿 妹婿 娘婿】ダレの婿か。

媒

女-9 総画12 常用 明朝 媒 5A92

音 バイ㊥ 訓 —

筆順

なりたち [形声]「はかる」意味の「某」が、「バイ」とかわって読み方をしめしている。「女」のための「えんぐみをとりはからう」ことを表す字。

意味 なかをとりもつ。結婚のなかだちをする人。二つのものごとをむすびつけるはたらきをするもの。例 虫媒花。媒酌・触媒

【媒介】ばいかい Ⅱ〈—する〉二つのもののあいだにたって、両方をむすびつけたり、一方から一方へなにかをうつす橋わたしをしたりすること。例 虫が媒介して受粉する。類 仲介

【媒酌】ばいしゃく ↓〈—する〉結婚のなかだちをすること。例 媒酌人。類 仲人

【媒体】ばいたい ↓ ものともものとをむすびつけたり、変化を起こさせたりするための、なかだちをするもの。メディア。例 伝達の媒体。記憶媒体。

◆触媒 霊媒

嫁

女-10 総画13 常用 明朝 嫁 5AC1

音 カ㊒ 訓 よめ㊥・とつ-ぐ㊥

筆順

なりたち [形声]「家」が「カ」という読み方をしめし、「女」がついて、家にむかえた女「よめ」を表している字。

意味 ❶よめ。とつぐ。息子の妻。とつぐ女性。よめ入りする。例 嫁に行く。嫁ぎ先。
❷なすりつける。他になすりつける。例 責任転嫁。

嫌

女-10 総画13 常用 明朝 嫌 5ACC

音 ケン㊥・ゲン㊥ 訓 きら-う㊥・いや㊥

筆順

なりたち [形声]「兼」が「あきる」意味と「ケン」という読み方をしめしている。「女」がついて、「女の人に不満を感じる」ことを表している字。

意味 ❶きらう。いやに思う。すきではない。例 好き嫌い。嫌悪・機嫌
❷うたがう。うたがい。まぎらわしい。

注意するよみ ゲン…例 機嫌

❶〈きらう〉の意味で

【嫌気】いやけ・いやき ↓ いやだ、もうたくさんだと思う気持ち。例 なにごとも失敗つづきで嫌気がさす。

【嫌味】いやみ ↓〈—な〉相手に対する不満を、それとなくぶつけるようなことばや態度。例 嫌味を言う。類 皮肉

【嫌悪】けんお Ⅱ〈—する〉いやでたまらないというくらい、きらうこと。例 嫌悪感をいだく。

❷〈うたがう〉の意味で

【嫌疑】けんぎ Ⅱ わるいことをしたのではないかという、うたがい。例 嫌疑がかかる。

嫉

女-10 総画13 常用 明朝 嫉 5AC9

音 シツ㊥ 訓 —

筆順

意味 ねたむ。人をうらやましく思ってにくむ。例 嫉視・嫉妬

【嫉妬】しっと Ⅱ〈—する〉やきもちをやく。例 嫉妬深い。

嫡

女-11 総画14 常用 明朝 嫡 5AE1

音 チャク㊥ 訓 —

筆順

なりたち [形声]「啇」が「チャク」とかわって読み方をしめしている。「テキ」は「対等の相手」の意味をもち、「女」がついて、夫と対等である女「正妻」を表している字。

意味 正式の妻。本妻。正しい系統やあととり。

例 嫡出・嫡流

【嫡子】↓①正式に結婚している妻が生んだ子。嫡出子。②あととり。

【嫡出】↓正式に結婚している妻から子が生まれること。例 嫡出子。

【嫡男】↓正式に結婚している妻が生んだ、一人めの男の子。類 嫡子

【嫡流】↓代々、本家をついできた血すじ。例 源氏の嫡流。類 直系

【嬉】

女-12 総画15 人名 明朝 嬉 5B09

音 キ外 訓 うれ-しい外

意味 うれしい。たのしむ。

名前のよみ よし

【嬢】

女-13 総画16 常用 明朝 嬢 5B22 旧字 孃 5B43

音 ジョウ中 訓 —

筆順

なりたち 【形声】もとの字は、「孃」。「襄」が「ジョウ」という読み方をしめしている。「女」がついて「母」を表す字であったが、のちに、「娘」と混用して「むすめ」として使われるようになった。

意味 おじょうさん。結婚前の女の人。例 案内嬢。令嬢。

【嬰】

女-14 総画17 表外 明朝 嬰 5B30

音 エイ外 訓 あかご外・みどりご外

意味 あかご。あかんぼう。ちのみご。

【嬰児】◆ Ⅱ あかんぼう。参考「みどりご」とも読む。「みどりご」は、新芽のような生まれたばかりの赤ん坊のこと。

3画 子 [こ] [こへん] の部

「子」をもとに作られ、子どもや子孫にかかわる字を集めてあります。

この部首の字

【子】

子-0 総画3 1年 明朝 子 5B50

音 シ・ス 訓 こ・ね外

筆順 はねる

なりたち 【象形】おさない子が手を広げている形をえがいた字。

意味 ❶こども。親からみた子。おさない子。子のようなもの。例 子孫・妻子・利子 対 親

❷たね。み。たまご。例 種子・卵子

❸男の人。人。例 君子

❹小さいもの。要素。例 粒子

❺ものの名前につけることば。例 障子 参考 中国では、「帽子」「扇子」「椅子」のように、身のまわりのものに「子」をつけて表すことが多い。

❻十二支の一番め。ね。動物ではネズミ。方角では北。時刻では夜の十二時、またはその前後二時間。例 子の刻。子年。子午線。参考「巽」の「文字物語」(366ページ)

❼華族の位の四番め。例 子爵

発音あんない シ→ジ…例 王子

特別なよみ 迷子(まいご)・息子(むすこ)

名前のよみ しげ・しげる・ただ・ちか・つぐ・とし・ね・み・やす

❶〈こども〉の意味で

【子会社】もとになる会社がお金を出してべつにつくった会社。対 親会社

【子宝】Ⅱ たからもののようにたいせつな、かわいい子ども。例 子宝にめぐまれる。

【子供】◎ ①親から生まれた、次の世代の人。むすこやむすめ。類 子 対 親 ②年がわかくて、まだおとなになっていない人。例 子どもっぽい。対 大人

【子分】↓人の下にくっついて、その命令どおりに動く人。例 子分をしたがえる。類 手下・部下・家来 対 親分

【子煩悩】〈—な・—に〉自分の子どもをとてもかわいがり、たいせつにすること。

【子守】↓〈—する〉小さい子どもがきげんよく安全にすごせるように、めんどうをみること。そのためにやとわれた人。例 子守歌。

【子役】↓ 劇や映画の中で、子どもの役がらや役者。例 天才的な子役。

【子音】↓ 声の出し方（発音）を大きく二つに分けたときの一つ。はく息が歯や舌、くちびるなどにさえぎられて出る音。たとえば、サクラ（sakura）では、s、k、rの音が子音にあたる。対 母音

【子子孫孫】子や孫からずっとつづいていく子孫たち。類 子孫

【子女】Ⅲ ①男の子や女の子。例 帰国子女。類 子弟 ②女の子。例 良家の子女。

【子息】Ⅲ ある人のむすこ。類 令息 対 息女

表現 うやまっていうことば。「ご子息」と、「ご」をつけることが多い。

【子孫】Ⅲ 血のつながっている、あとの世代の人たち。子や孫、ひ孫たちなど。類 孫子 対 先祖・祖先・父祖

【子弟】Ⅲ まだ親のもとにいる年のわかい者。類 子女

❷〈たね〉の意味で

【子房】↓ 被子植物で、めしべの下のふくらんだ部分。受粉して果実になる。

【子葉】↓ 植物の種の中にあって、発芽するとき最初に出る葉。

❹〈小さいもの〉の意味で

【子細】Ⅲ ものごとのくわしい事情。めんどうな、こみいった事情。例 子細を語る。類 委細

❻〈十二支の一番め〉の意味で

【子午線】↓ 地球上のある位置の真上を通り、真北と真南をむすぶ線。類 経線 参考「子」と「午」は、それぞれ北と南を表す。知識 子午線も経線もりくつで考えた線で、目に見えるものではない。子午線は天体の位置を、経線は地球の上の場所をいうのに使う。

❼〈華族の位の四番め〉の意味で

【子爵】↓ 貴族の位の一つ。上から四番め。知識 ☞【伯爵】（81ページ）

←子が下につく熟語 上の字の働き

❶子＝〈こども〉のとき
【天子 王子 皇子】ダレの子か。
【長子 末子 嫡子 実子 養子 孝子 里子 迷子】ドウイウ子か。
【父子 母子】反対の意味。

❷子＝〈たね〉のとき
【精子 卵子 胞子】ナニのたねか。

❸子＝〈男の人〉のとき
【君子 才子 太子（皇太子） 貴公子 弟子 馬子】ドノヨウナ男子か。

❹子＝〈小さいもの〉のとき
【因子 粒子 分子 原子 電子】ナニの要素か、ドンナ要素か。

❺子＝〈ものの名前につけることば〉のとき
【菓子 団子 骨子 冊子 調子 拍子 様子 鳴子 障子 格子 扇子 帽子】上の字がおもな意味。

◆妻子 種子 女子 男子 童子 利子

孔

子-1 総画4 常用 明朝 孔 5B54

音 コウ中 訓 あな外

筆順 孑 孔

なりたち [象形] 金文は「[illegible]」となっていて、子どもが乳房から乳をすう形をえがき、乳の出るあなを表す字。

意味 ❶あな。つきぬけているあな。例 鼻孔 ❷孔子。中国古代の思想家。

名前のよみ ただ・みち・よし

❷〈孔子〉の意味で

【孔孟】Ⅲ 孔子と孟子。ともにむかしの中国のすぐれた思想家。例 孔孟の教え。

◆気孔 瞳孔 鼻孔

字

子-3 総画6 1年 明朝 字 5B57

音 ジ 訓 あざ中

筆順 字 字 字 字 字 （とめる）（はねる）

なりたち 字 [形声]「子シ」が「ジ」とかわって読み方をしめしている。「ジ」は「生む」意味をもち、家を表す「宀」をくわえて家で子どもを生んで育てることを表す字。子どもが生まれるように、文字が次々とつくられてふえることから、「もじ」の意味に使われている。

意味
❶もじ。ことばを書きしるすための記号。例 字を書く。字を習う。漢字
❷あざ。町村の中の区画。例 大字
❸あざな。よび名。例 名字

❶〈もじ〉の意味で
【字音】⇩一つ一つの漢字の表す音。「山」を「サン」と読み、「川」を「セン」と読むなど、中国からつたえられた発音をもとにした、音読み。類 音 対 字訓
【字画】⇩漢字の形をつくりあげている線や点。例 字画を数える。
【字義】⇩漢字の表す意味。類 語義
【字句】Ⅱ文字とことば。
【字訓】⇩「山」を「やま」と読み、「川」を「かわ」と読むなど、意味にあわせた読み方。類 訓 対 字音
【字形】⇩文字のかたち。参考☞ものしり巻物12(403ページ)
【字源】⇩漢字ができたなりたち。
【字書】⇩漢字のことを調べるための本。類 字引・字典
【字体】⇩①それぞれの文字の(標準となる)点画の骨組み。参考☞ものしり巻物12(403ページ)②その人のくせの出た字の形。類 筆跡
【字面】⇩①字の形やならび方・書きぐせなど、書かれた文字から受ける感じ。類 文字面 ②文章の表面だけの意味。例 字面どおりにとらえる。
【字典】⇩漢字について読み方、意味、使い方などを説明した本。類 字引・字書・辞書
【字引】⇩国語辞典・漢字辞典・外国語辞典などを指すことば。ことばの辞典にかぎられ、百科事典や各教科の事典のことはいわない。表現 なんでもよく知っている人を「生き字引」ともいう。
例解❗[使い分け][辞典・事典]☞1029ページ
【字幕】⇩映画やテレビで、外国語のせりふの意味などを文字でうつし出すもの。

字が下につく熟語 上の字の働き
❶字=〈もじ〉のとき
【漢字 国字 略字 俗字 数字 大字 太字 細字 活字 誤字 脱字 点字 赤字 黒字 十字 題字】ドノヨウナ字か。
【習字 植字】字をドウスルか。
◆名字 文字

存

子-3 総画6 6年 明朝 存 5B58

音 ソン・ゾン 訓 ―

筆順 一 ナ 才 存 存 存（すこしだす）（はねる）

なりたち [会意]「才」は「才」とおなじで、「とどめる」ことを表し、「子」と合わせて、子どもをなだめ落ち着かせる意味を表した字。

意味
❶ある。いる。生きている。例 存在・生存 対 亡
❷考え。思う。知っている。例 よく存じている。存分・異存

名前のよみ あきら・あり・すすむ・たもつ・つぎ・なが・のぶ・のり・まさ・やす・やすし

❶〈ある〉の意味で
【存在】Ⅱ〈―する〉人がそこにいる、ものがそこにある、ということ。例 存在感。
【存続】⇩〈―する〉なくならずに、そのままつづいていくこと。例 この試合にはクラブの存続がかかっている。類 持続・継続
【存廃】⇕規則や施設などを、これまでどおりにのこしておくか、なくしてしまうかということ。例 存廃を論じる。類 存否
【存否】⇕①あるかないか、いるかいないかということ。類 有無・存廃 ②生きているかいないかということ。類 安否
【存亡】⇕このままのこれるか、ほろんでしまうか。例 危急存亡のとき。
【存命】▲〈―する〉生きていること。例 祖父

が存命中おせわになった先生。類生存

【存立】↓〈―する〉なりたっていくこと。例会社の存立をおびやかす。

❷〈考え〉の意味で

【存外】↓それまで考えていたこととはちがって。例存外かんたんだった。類案外

【存念】▲もっている考え。

【存分】↓〈―な・―に〉えんりょなく、思いどおりに。例思う存分楽しむ。類十分・充分

存が下につく熟語 上の字の働き

❶存＝〈ある〉のとき

【保存 生存】近い意味。

【依存 共存 現存 残存 温存】ドウヤッテ今、あるのか。

❷存＝〈考え〉のとき

【異存 一存】ドノヨウナ考えか。

◆所存

【孝】

子-4 総画7 6年 明朝 孝 5B5D

音 コウ 訓 ―

筆順 一 十 土 耂 耂 孝 孝（ながく・つきだす・はねる）

なりたち 【会意】老人を表す「耂」と「子」を合わせて、子が年よりや親につかえ、せわすることを表す字。

意味 親をうやまい、たいせつにすること。例孝をつくす。孝行・不孝

名前のよみ あつ・たか・たかし・なり・のり・もと・ゆき・よし

【孝行】↓〈―する・―な〉子が親をたいせつにし、心からつくすこと。例親孝行。対不孝

【孝子】↓親をたいせつにする子。

【孝心】↓親のためにいっしょうけんめいつくそうとする心。

【孝養】↓〈―する〉子が親をたいせつにし、よくめんどうを見ること。例孝養をつくす。

◆忠孝 不孝

【孜】

子-4 総画7 人名 明朝 孜 5B5C

音 シ 外 訓 ―

意味 つとめる。集中する。例孜々（ひたすら集中してはげむこと）

名前のよみ あつ・ただす・つとむ

【学】

子-5 総画8 1年 明朝 学 5B66 旧字 學 5B78

音 ガク 訓 まな-ぶ

筆順 学 学 学 学 学 学 学 学（とめる・つにならない・はねる）

なりたち 【形声】もとの字は、「學」。「子」と、身ぶりを表す両手の形（臼）と、「爻」とからでき、「爻（コウ）」が「ガク」とかわって読み方をしめしている。「コウ」は「ならう」意味をもち、子どもがまなぶことを表す字。

意味

❶まなぶ。勉強する。例よく学びよく遊べ。学習・見学

❷がくもん。ものごとについての知識や理論。例学がある。学科・文学

❸がっこう。学問や技術を習うところ。例学園・通学

発音あんない ガク→ガッ…例学校

名前のよみ あきら・さと・さとる・たか・つとむ・のり・ひさ・みち

❶〈まなぶ〉の意味で

【学業】↓学校でまなぶ勉強。

【学才】↓学問をするうえでの才能。

【学資】↓学校で勉強をするためにかかるお金。例学資をかせぐ。類学費

【学習】‖〈―する〉知らないこと、できなかったことをくりかえし習って、身につけること。類勉強・習得

【学習漢字】常用漢字のうち、「学年別漢字配当表」にある一〇二六字の漢字。小学校六年間でまなぶようにと定められている。「教育漢字」「配当漢字」ともいう。

【学生】↓学校にかよって勉強している人。とくに大学生。表現 小学生は児童、中学生・高校生は生徒という。

【学徒】↓学生と生徒。例学徒動員（戦争中、学生や生徒を工場などで働かせたこと）。

【学童】がくどう ↓ 小学校にかよって勉強している子ども。例学童保育。類小学生・児童

【学年】がくねん ↓ ①学校で決めた一年ごとの学習の期間。例学年末テスト。②一年ごとにくぎった児童・生徒の集まり。

【学費】がくひ ↓ 勉強をしていくためにかかるお金。また、学校でまなぶために必要な費用。例学費をおさめる。類学資

【学友】がくゆう ↓ 学問をするうえで知りあった友達。☞❸

【学用品】がくようひん えんぴつやノートなど、勉強に使う道具。類文房具・文具

【学力】がくりょく ↓ 勉強して身につけた、考える力や知識。例学力をつける。

【学齢】がくれい ↓ ①義務教育をうける年齢。六歳から十五歳までをいう。②小学校に入る年齢。満六歳。例学齢に達する。

❷〈がくもん〉の意味で

【学位】がくい ↓ 到達した学力の高さに応じてあたえられるよび名。学士・修士・博士など。

【学芸】がくげい Ⅲ 学問と芸術。例学芸会。

【学際的】がくさいてき Ⅲ 〈―な〉ある研究が、いくつかの分野のちがう学問にまたがっているようす。

【学士】がくし ↓ 大学を卒業した人にあたえられるよび名。

【学識】がくしき Ⅲ 学問して得た、すぐれた知識やものの考え方。例高い学識のある人。

【学者】がくしゃ ↓ 学問の研究を仕事にしている人。深い知識を身につけた人。類学究

【学術】がくじゅつ ↓ 専門的で高度な学問。類学問

【学説】がくせつ ↓ あることについての学問的な意見や考え方。例注目すべき学説。

【学部】がくぶ ↓ 大学で、学問の種類によって分けたそれぞれのまとまり。文学部・理学部・医学部など。

【学風】がくふう ↓ 学問研究のしかたの特色。例恩師の学風をうけつぐ。☞❸

【学名】がくめい ↓ 動物や植物につける、世界共通の専門的な名前。知識 たとえば、トキをニッポニアニッポンと名づけるなど。学名は、ラテン語という古い西洋のことばを使う。

【学問】がくもん ↓ ①さまざまな分野のことがらについて、専門的に深く研究してまとめあげた知識や理論。類学術 ②いろいろな知識やものの考え方などをまなぶこと。まなんで身につけた知識や力。例学問にはげむ。

【学科】がっか ↓ 学問や勉強を、その中身によって分けた科目。学校で勉強する科目。

【学課】がっか ↓ 学習課程。あるきめられた期間に学習する内容。

【学会】がっかい ↓ 専門の学問の研究を深めるためにつくられた研究者の団体。その団体が開く会合。例天文学会。

【学界】がっかい ↓ 学問の世界。学者なかまでつくっている社会。例学界の権威。

【学究】がっきゅう ↓ 学問の研究にうちこんでいる人。例学究肌の人。類学者

❸〈がっこう〉の意味で

【学園】がくえん ↓ 学校。例学園の名を高める。

【学制】がくせい ↓ 学校や教育についてのきまり。

【学籍】がくせき ↓ その学校の学生・生徒・児童であることをしめす書類上の記載。例学籍簿。

故事のはなし

孟母三遷

戦国時代、孟子の家は、墓場の近くにあった。そのため、おさないころの孟子はお葬式ごっこばかりして遊んでいた。孟母(孟子の母親)は、ここは住むところではないと言って市場のそばへ引っこした。今度は商売ごっこをして遊んだ。ここも住むところではないと言って学校のそばへ引っこした。すると、礼儀作法のまねをするようになったので、やっと住まいを定めた。こうして成長した孟子は、ついには学問をおさめて、大学者となった。（『列女伝』鄒孟軻母）

【学窓】がくそう ⇩学校。自分たちが勉強した校舎。例学窓を巣立つ。

【学則】がくそく ⇩生徒・学生がまもらなければいけない学校の規則。例学則を見直す。類校則

【学長】がくちょう ⇩大学で、いちばん上の地位にいて、責任をおう人。小学校の校長先生にあたる立場。類総長

【学閥】がくばつ ⇩おなじ学校を卒業した人たちだけでできた、つながりの強いなかま。

【学風】がくふう ⇩その学校の学び方や考え方の特徴。例自由な学風。☞❷

【学帽】がくぼう ⇩生徒や児童がかぶるようにできている帽子。類制帽

【学友】がくゆう ⇩おなじ学校でいっしょに勉強している友達。☞❶

【学歴】がくれき ⇩どこの学校で、どのような勉強をしたかということ。例学歴社会。

【学期】がっき ⇩学校生活の一年間を三つまたは二つにくぎった、その一つ。例新学期。

【学級】がっきゅう ⇩学校で勉強やその他の活動をするためのまとまり。クラス。類組

【学区】がっく ⇩その学校に通学する児童・生徒を決める住まいの区域。類校区

【学校】がっこう ⇩学生や児童・生徒を集めて、先生が教育をするところ。

←学が下につく熟語 上の字の働き

❶学＝〈まなぶ〉のとき
【苦学 見学 共学 独学 博学 晩学 遊学 留学】ドウヤッテ学ぶか。

❷学＝〈がくもん〉のとき
【医学 化学 科学 語学 国学 史学 儒学 神学 数学 哲学 美学 文学 法学 薬学 洋学 力学 考古学】ナニの学問か。
【修学 勉学 篤学 無学】学問を(学問に)ドウスルか・学問がドウデアルか。

❸学＝〈がっこう〉のとき
【進学 入学 就学 在学 通学 休学 退学 停学 復学】学校を(学校に)ドウスルか。
【私学 大学】ドウイウ学校か。

季

子－5　総画8　4年　明朝 季 5B63

音 キ　訓 ―

筆順 一 二 千 禾 禾 季 季 季（はねない・はねる）

なりたち [形声]「禾」は「おさない」の意味の「稚」の省略した形で、「キ」とかわって読み方をしめしている。「子」をくわえて、兄弟の一番「すえ」を表す字。

意味 きせつ。春、夏、秋、冬。時期。期間。例四季・年季

名前のよみ すえ・とき・とし・ひで・みのる

【季刊】きかん ⇩雑誌などを、一年に四回、春・夏・秋・冬に出すこと。例季刊誌。関連日刊・週刊・旬刊・月刊・季刊・年刊

【季語】きご ⇩俳句中に、かならずよみこむ約束になっている、季節を表すことば。たとえば、「雪とけて村いっぱいの子どもかな」の季語は「雪とけて」で、春を表す。類季題

【季節】きせつ ⇩春・夏・秋・冬という、ことなる気候と特徴をもつ時期。シーズン。例季節がめぐる。類時節

【季節風】きせつふう いつもその季節がくるときまってふく、ある方角からの風。モンスーン。知識 日本では、冬は北東の風、夏は南西の風。

【季題】きだい ⇩俳句の中に季節を表すためによみこまれたことば。類季語

←季が下につく熟語 上の字の働き
【春季 夏季 秋季 冬季】イツの季節か。
【雨季 乾季】ドウイウ期間か。

孟

子－5　総画8　人名　明朝 孟 5B5F

音 モウ外　訓 ―

意味
❶かしら。いちばん上。長男・長女。
❷はじめ。例孟春
❸孟子。中国古代の思想家。例孔孟

名前のよみ おさ・たけ・たけし・つとむ・とも・はじめ・はる・もと

❸〈孟子〉の意味で
【孟母三遷】もうぼさんせん 子どもの教育にはよい環境が大切だというたとえ。例孟母三遷の教え。

[故事のはなし]☞313ページ

【孟母断機】もうぼだんき 学問を中途でやめてはいけないという戒め。[故事のはなし]☞このページ

孤

子-6 総画9 常用 明朝 孤 5B64

音 コ 中 訓 ―

筆順 了 子 … 孤

なりたち [形声]「瓜」が「コ」という読み方をしめしている。「コ」は「ひとり」の意味をもち、「身よりのない子」を表す字。

意味 ❶みなしご。親がいない子ども。例 孤児 ❷ひとりぼっち。一つだけの。例 孤独

❶〈みなしご〉の意味で

【孤児】こじ ↓ 両親と死にわかれて、身寄りのない子ども。みなしご。

❷〈ひとりぼっち〉の意味で

【孤軍奮闘】こぐんふんとう〈―する〉助ける者もなく、ただひとりでけんめいにがんばりつづけること。参考 敵中で孤立した少数で力のかぎりたたかうというのが、もともとの意味。

【孤絶】こぜつ Ⅲ〈―する〉まわりとのつながりを絶たれて孤立すること。

【孤島】ことう ↓ 陸からもほかの島からも遠くはなれて、ぽつんと一つある島。類 離島 表現 陸地でも、交通が不便で、人がめったに行けない場所を「陸の孤島」ということがある。

【孤独】こどく Ⅲ〈―な〉〈―に〉話し相手やなかまなどがいなくて、ひとりぼっちであること。例 天涯孤独(広い世界中でも身寄りがいないこと)。

【孤立】こりつ ↓〈―する〉助けやなかまがなく、ぽつんとひとりでいること。

【孤立無援】こりつむえん ひとりぼっちで、助けてくれるなかまもいないこと。類 四面楚歌

故事のはなし 孟母断機

孟子がわかいころ、遊学なかばで家へ帰ってきた。ちょうど糸をつむいでいた母親は「学業はどこまで進みましたか」とたずねた。孟子が「もとのままです」と答えると、母親はいきなり刀で、機織りにあった織りかけの布をたち切ってしまった。その理由をたずねると、「あなたが学業をとちゅうでやめるのは、わたしが織りかけの布を切るのとおなじことです。学問修養をおこたるならば、どろぼうかめし使いになるしかありません」と母親は言った。これにおそれをなした孟子は、朝に夕に学問につとめ、子思に師事して、りっぱな学者となった。(『列女伝』鄒孟軻母)

孫

子-7 総画10 4年 明朝 孫 5B6B

音 ソン 訓 まご

筆順 了 子 … 孫 (はねる・とめる)

なりたち [会意]「子」と、糸をつなぐことを表す「系」とからでき、子のあとにつづく「まご」を表している字。

意味 まご。子どもの子ども。血筋をひくもの。一つとんで次。例 孫引き・子孫

【孫子】まご Ⅲ ①孫と子。②子孫たち。類 子孫 参考 孫の子は「曽孫(そうそん|ひまご)」、孫の孫は「玄孫(げんそん|やしゃご)」という。

3画 宀 [うかんむり] の部

家の形をえがいた象形である「宀」をもとに作られ、家屋や住むことにかかわる字を集めてあります。

この部首の字

5 宗……322 宙……323 定……323 宕……324 宝……324
6 客……325 室……326 宣……326 宥……326
7 宴……326 家……327 害……328 宮……329 宰……329 宵……329 容……329
8 寄……330 寇……331 寂……331 宿……331 寅……332 密……332
9 寒……334 寓……335 富……335
10 寛……335 寝……335
11 寡……336 察……336 寧……336 寮……337
12 審……337
16 寵……337

穴▼穴 840 字▼子 310 牢▼牛 752 究▼穴 840 空▼穴 841 突▼穴 842 窃▼穴 843 案▼木 633 窓▼穴 843 塞▼土 266 窟▼穴 844 蜜▼虫 941 窮▼穴 844 窯▼穴 844 賓▼貝 1009 憲▼心 512

安

音 アン 訓 やす-い

宀-3 総画6 3年 明朝 安 5B89

筆順 安 安 安 安 安 安 （とめる）

なりたち 【会意】「家(宀)」と「女」とからでき、女が家の中でしずかにすわっているようすを表している字。「やすらか」として使われる。

意味
❶やすらか。おだやかで、心配がない。例 気持ちが安らぐ。安心・平安 対 危
❷やすい。たやすい。例 ねだんが安い。安易・格安
❸外来語の音にあてる字。例 安山岩(安山はアンデス山)。硫安(硫酸アンモニア)

名前のよみ さだ

❶〈やすらか〉の意味で

【安閑】あんかん Ⅲ〈—たる〉のんきで気楽なようす。

【安産】あんざん ↓〈—する〉わりあいに苦しまず、ぶじに出産すること。対 難産

【安住】あんじゅう ↓〈—する〉①なんの心配も危険もなく、安心してくらすこと。例 安住の地。②自分の地位や立場などに満足して、このままでよいと思っていること。例 今の生活に安住していては、進歩はのぞめない。

【安心】あんしん ▲〈—する・—な〉気にかかることがなく、心がゆったりと落ち着いている。類 安堵 対 心配

【安静】あんせい Ⅲ〈—に〉からだをたいせつにして、しずかにねていること。例 絶対安静。

【安全】あんぜん ↓〈—な〉あぶない目にあう心配がないこと。例 交通安全。対 危険

【安息】あんそく ↓〈—する〉からだも心もともにやすらかに休むこと。例 安息日(仕事を休み、神にいのることにしている日)。

【安泰】あんたい Ⅲ〈—な〉なにごともなく、どっしりと落ち着いていること。例 一生安泰。

【安置】あんち ↓〈—する〉その場所にしっかりすえおくこと。おもに、遺体や仏像についていう。

【安定】あんてい ↓〈—する〉①ものごとのようすや人の気持ちに、かたよりや大きな変化がなく落ち着いていること。例 安定した体調。対 不安定 ②もののすわりがよく、かんたんにたおれないこと。例 安定感がある。対 不安定

【安堵】あんど◆ ▲〈—する〉心配していたことが解決して、ほっとすること。例 安堵のむねをなでおろす。類 安心

【安穏】あんのん Ⅲ〈—な・—に〉心配ごとがなく、おだやかであること。例 安穏にくらす。類 平穏

【安否】あんぴ ⇕ ぶじか、ぶじでないか。例 安否を気づかう。類 存否

【安眠】あんみん ↓〈—する〉ぐっすりと気持ちよくねむること。例 安眠妨害。類 熟睡 対 不眠

【安楽】あんらく Ⅲ〈—な・—に〉心配も苦しみもなく、ゆったりしている。例 安楽にくらす。

❷〈やすい〉の意味で

【安易】あんい Ⅲ〈—な・—に〉①かんたんにすむこと。例安易な方法をとる。類 容易 ②深く考えることもなく、いいかげんだ。例 安易に判断するな。類 安直

【安価】あんか ↓〈—な・—に〉①ねだんが安い。類 低廉 対 高価 ②いいかげんで、安っぽい。例 安価な同情はごめんだ。

【安直】あんちょく Ⅲ〈—な・—に〉手間をかけないようす。例 安直に仕上げた作品。類 安易

【安手】やすで ↓〈—な〉①ねだんが安めのもの。例 安手の商品。②安っぽく、ちゃちなようす。例

【安値】やすね ↓ ふつうより、また、ふだんより

安い。

ねだん。

【安普請】やすぶしん　あまりお金をかけないで、安上がりに家をたてること。

【安物】やすもの　⇩ねだんが安いだけに、できもわるいもの。例安物買いの銭うしない（安物はすぐにだめになって、けっきょく損をする）。

←安が下につく熟語　上の字の働き

❶安＝〈やすらか〉のとき
【慰安 治安 平安】近い意味。

❷安＝〈やすい〉のとき
【格安 割安】ドノクライ安いか。
◆公安 大安 不安 保安 硫安

宇

宀-3
総画6
6年
明朝 宇 5B87

音ウ　訓―

筆順 宇 宇 宇 宇 宇 宇（とめる・ながく・はねる）

なりたち［形声］「于」が「ウ」という読み方をしめしている。「ウ」は「おおう」意味をもち、家（宀）をおおう屋根を表す字。

意味
❶そら。天地四方の広がり。例宇宙
❷やね。屋根のある家。例一宇の堂。
❸心のひろさ。例気宇

名前のよみ　たか

❶〈そら〉の意味で
【宇宙】うちゅう　Ⅱすべての天体をつつんでいる、はてしない広がり。例宇宙の神秘。
【宇宙船】うちゅうせん　宇宙空間を運航する乗り物。
【宇宙線】うちゅうせん　宇宙からふりそそぐ放射線。

守

宀-3
総画6
3年
明朝 守 5B88

音シュ・ス　訓まも-る・も-り・かみ外

筆順 守 守 守 守 守 守（とめる・はねる）

なりたち［会意］「寸（手）」と家（宀）を合わせて、家を「まもる」ことを表す字。

意味　まもる。外から害をくわえられないようにふせぐ。例規則を守る。守りをかためる。守備・子守・保守・留守　対攻

参考　むかしの政治で「知事」の役目を表すときには「伊豆守」のように「かみ」と読む。

注意するよみ　ス…例留守

【守衛】しゅえい　Ⅱ会社などで、人の出入りを調べたり、建物を見まわったりする役目の人。
【守護】しゅご　Ⅲ〈―する〉①たいせつな人や場所をまもること。例守護神。類加護 ②鎌倉時代の制度で、地方にいてその土地の安全をまもる役目の人。例守護職・守護大名。
【守株】しゅしゅ▲くいぜをまもる　▲世の中がかわったのに、前と同じやり方を続けていること。
〔故事のはなし〕このページ
【守勢】しゅせい　⇩敵の攻撃に対して、自分をまもろうとする、受け身のかまえ。例守勢にまわる。対攻勢
【守銭奴】しゅせんど　お金をためることばかりに心をうばわれた、けちんぼう。
【守備】しゅび　⇩〈―する〉相手の攻撃に対して、まもり、ふせぐこと。例守備をかためる。好守備。類防御　対攻撃

←守が下につく熟語　上の字の働き
【遵守 保守】近い意味。
【看守 厳守 死守 鎮守】ドウヤッテ・ドノヨウ

故事のはなし
守株

宋の国の人が畑仕事をしていると、思いがけずウサギが走ってきて畑の木の株にぶつかって死んでしまった。これはもうかったと、その人は、はたらくことをわすれ、またウサギを手に入れようと毎日株を見まもっていた。しかし、当然ながら待ちぼうけに終わり、ウサギは二度と手に入らず、宋の国の笑いものとなった。（『韓非子』五蠹篇）

▶前ページ 宇 守

二守るか。
◆居留守 攻守 墨守 留守

【宅】

宀-3 総画6 6年
明朝 宅 5B85

音 タク 訓 —

筆順 宅 宅 宅 宅 宅 宅（とめる・はねる・おらない）

なりたち 宅 [形声]「乇」が「タク」という読み方をしめしている。「タク」は「よせる」意味をもち、身をよせる家(宀)のことから、「すまい」として使われる字。

意味 いえ。すまい。例 宅(自分の家)に居る。宅(自分の夫)はるすです。お宅(あなた。あなたの家)。宅地・住宅

【宅地】↓ 家をたてるための土地。家がたっている土地。

【宅配】↓〈―する〉荷物や商品・新聞などを、客の家まで配達すること。例 宅配便。

宅が下につく熟語 上の字の働き

【帰宅 在宅】宅にドウスルか。

【自宅 拙宅 社宅 住宅 別宅】ドウイウ宅か。

◆邸宅

【完】

宀-4 総画7 4年
明朝 完 5B8C

音 カン 訓 —

筆順 完 完 完 完 完 完 完（とめる・はねる・おらない）

なりたち 完 [形声]「元」が「カン」とかわって読み方をしめしている。「ガン」は「めぐる」意味をもち、家(宀)のまわりにめぐらしたかきねを表す字。

意味 ❶すっかりそろっている。欠けたところがない。例 完全 ❷おわらせる。最後までやりとげる。おわり。例 完成・未完

名前のよみ さだ・たもつ・ひろ・ひろし・まさ・みつ・ゆたか

❶〈すっかりそろっている〉の意味で

【完熟】↓〈―する〉木の実や草の種が、すっかり熟すこと。類 成熟 対 未熟

【完勝】↓〈―する〉あぶなげなく、大きな差で勝つこと。類 圧勝・大勝 対 完敗

【完全】||〈―な〉たりないところがなく、なにもかもそろっていること。例 完全看護。類 完璧・万全・十全 対 不完全

【完全無欠】〈―な〉なにもかもそろっていて、欠けたところがないこと。類 完璧

【完治】↓〈―する〉けがや病気がすっかりなおること。類 根治・全治

【完敗】↓〈―する〉まったくいいところがなく、負けること。類 惨敗 対 完勝

【完備】↓〈―する〉必要なものが全部そろっていること。例 冷暖房完備。対 不備

【完膚】↓ 傷のない肌。例 完膚なきまでに、打ちのめす(傷のないところなどないくらいに、てってい的にやっつける)。

【完封】↓〈―する〉①相手の動きを完全におさえこみ、手も足もでない状態にしてしまうこと。②野球で、投手が相手チームに一点もあたえずに勝つこと。シャットアウト。

【完璧】◎〈―な〉完全で欠けたところがないこと。少しの欠点もなくりっぱなこと。例 完璧を期す。類 完全・完全無欠・万全 参考「璧」は宝玉の一種で、平たく丸い形をして中央に丸いあなのあいたもの。もともと完璧とは、宝玉の璧を無傷のまま完全にしっかり守り通したという意味である。

【完訳】↓〈―する〉外国のことばや、むかしのことばで書かれた作品を、すっかり全部訳すこと。類 全訳 対 抄訳

[故事のはなし] ひだりのページ

❷〈おわらせる〉の意味で

【完結】↓〈―する〉長くつづいてきたものが、すっかり終わること。例 完結編。

【完工】▲〈―する〉建物などの工事がすべて終わること。例 完工式。対 起工

【完済】↓〈―する〉借りていたお金などを、全部返し終えること。例 ローンを完済する。

【完遂】↓〈―する〉仕事などをすっかりやりとげること。例 任務を完遂する。

【完成】かんせい ↓〈―する〉全部できあがること。すっかりしあげること。対未完成

【完走】かんそう ↓〈―する〉マラソンや競走、自動車レースなどで、ゴールまで走りぬくこと。

【完納】かんのう ↓〈―する〉おさめなければならないお金や品物などを、すべておさめること。例税金を完納する。類全納 対未納

【完了】かんりょう ||〈―する〉物事がなにもかもすっかり終わること。例工事が完了する。準備完了。類終了

【宏】

宀－4 総画7 人名 明朝 宏 5B8F

音コウ外 訓ひろ-い外

意味 ひろい。大きい。例宏壮・宏大

名前のよみ あつ・ひろ・ひろし

故事のはなし 完璧

戦国時代に趙の恵文王が「和氏の璧」という宝玉を手に入れた。それを聞いた秦の昭王はほしくてたまらず、十五の城市(まち)と交換したいと申しこんできた。弱い趙としては、璧を渡せばただでとられてしまうだろうし、渡さないのを口実に攻撃されるのも心配だった。趙の使者に立った藺相如は、交換できなければ、渡さずに持ち帰ると約束して出かけた。はたして秦王に約束をまもる気がないのを知ると、命をかけて璧を取り返し、無事に趙まで持ち帰るという大手柄をたてた。

(『史記』廉頗藺相如列伝)

【宋】

宀－4 総画7 人名 明朝 宋 5B8B

音ソウ外 訓―

意味 昔の中国の国の名。

参考 歴史の上ではいろいろな「宋」があるが、日本にもっとも関係があるのは、九六〇年から一二七九年まで、中国を統一していた宋王朝(「唐」のつぎ、「元」の前)である。

【宛】

宀－5 総画8 常用 明朝 宛 5B9B

音― 訓あ-てる中

筆順

意味 あてる。手紙や荷物などをさしむける。例宛て名

例 解 [使い分け]あてる[当・充・宛] ☞349ページ

【官】

宀－5 総画8 4年 明朝 官 5B98

音カン 訓―

筆順 とめる やや、おおきく

なりたち [会意]もと「宀(家)」と「𠂤」とからできた字。「𠂤」は「たくさん集まる」ことを表し、人がたくさん集まって仕事をする「役所」の意味を表す字。

意味 ❶役所。役人。おおやけの仕事をするところ。そこにつとめている人。例官を辞する。官僚・長官 対民
❷からだの中で、あるはたらきをうけもつ部分。きかん。例器官・五官

❶〈役所。役人〉の意味で

【官営】かんえい ▽政府が、国の仕事としてすること。国が経営すること。対民営 表現今は、「国営」という。

【官軍】かんぐん ↓国内のあらそいで、朝廷や政府のがわの軍隊。例勝てば官軍、負ければ賊軍(たたかいは、勝ったほうが正しく、負けたほうがわるかったということになってしまう)。類政府軍 対賊軍・朝敵

【官公庁】かんこうちょう 国の仕事をする官庁と、地方

の仕事をする県庁・市庁などの役所。

【官舎】かんしゃ ↓役人やその家族が住むために役所が用意した住宅。類公務員住宅

【官女】かんじょ｜かんにょ ↓むかし、宮中につかえた女性の役人。例おひなさまの三人官女。

【官職】かんしょく ↓役人としての地位や役割。例官職につく。

【官製】かんせい ▽政府がつくること。対私製

【官庁】かんちょう ‖国の仕事をうけもつ役所。類役所 知識 財務省・文部科学省などの省庁のほか、都道府県庁などもふくむ。

【官邸】かんてい ↓総理大臣などが国の仕事をするための建物。例首相官邸。類公邸 対私邸

【官費】かんぴ ↓政府から出ている費用。例官費留学。類国費・公費 対私費

【官報】かんぽう ↓政府が国民に知らせることがらをのせて、毎日出している印刷物。

【官民】かんみん ⇕政府といっぱんの国民。役人と民間の人びと。例官民一体。

【官吏】かんり ‖国の役所につとめる人。表現 古い言い方。今は「公務員」という。

【官僚】かんりょう ‖国の行政の仕事をする人。とくに、地位の高い国家公務員。

❷〈からだの中で、あるはたらきをうけもつ部分〉の意味で

【官能】かんのう ↓光・音・味・におい・触感などを感じとるはたらき。とくに、性的なしげきを感じるはたらき。

官が下につく熟語 上の字の働き

❶官＝〈役所。役人〉のとき

【高官 長官 次官 女官 神官 士官 武官 文官】ドウイウ役人か。

【仕官 退官】役所に（役所を）ドウスルか。

◆器官 五官

宜

宀－5 総画8 常用 明朝 宜 5B9C

音 ギ中 訓 よろ－しい外

筆順

なりたち 【会意】「且」は神へのそなえものを重ねてのせるうつわの形で、家（宀）でそなえものをして神をまつることを表す字。

意味 よろしい。ちょうどよい。例宜しくお願いします。時宜・便宜

名前のよみ たか・なり・のぶ・のり・やす・よし

宜が下につく熟語 上の字の働き

【適宜 便宜】近い意味。

実

宀－5 総画8 3年 明朝 実 5B9F 旧字 實 5BE6

音 ジツ 訓 み・みの－る

筆順 とめる だす

なりたち 【会意】もとの字は、「實」。「みちる」意味の「毌」と家（宀）と財宝（貝）を合わせて、家に財がみちていることを表す字。

意味

❶みのる。みちる。たねがなる。中身がつまっている。木や草のみ。例実を結ぶ。努力が実る。木の実。果実・結実・充実

❷まこと。まごころ。例実のある人。実直・誠実

❸ほんとうのもの。じっさいの。例名を捨て実を取る。実の親子。実物・事実 類真 対虚

名前のよみ これ・さね・ちか・つね・のり・まこと・みつ

❷〈まこと〉の意味で

【実直】じっちょく ↓〈―な〉まじめで、正直であること。例謹厳実直。類律儀・朴訥

❸〈ほんとうのもの〉の意味で

【実印】じついん ↓役所にとどけて、自分の印鑑であると証明できるはんこ。類印鑑

【実益】じつえき ↓じっさいに形のあるものとなって手に入る利益。類実利 対実害

【実演】じつえん ↓〈―する〉①その場でじっさいにかをしてみせること。例実演販売。②俳優や歌手などが、観客の前で歌やおどり、劇などをなまで見せること。ライブ。

【実家】じっか ↓自分が生まれ育った家。類里・生家 対婚家・養家 表現 とくに、結婚したり養子に行ったりして家を出た人が使う。

【実害】じつがい ↓金銭的、物的、身体的などでの、

はっきりとした被害や損害。例実害はない。対実益・実利

【実学】じつがく ↓ 生活に役に立つようなことを研究する学問。農学・工学・医学などを指す。

【実感】じっかん ↓〈―する〉心とからだ全体で受けとめた感じ。例急なことで、実感がわかない。

【実技】じつぎ ↓ 身につけた技術を、じっさいにおこなうこと。例体育の実技。

【実況】じっきょう ↓ その場の、なまのありさま。例実況を中継でつたえる。実況放送。

【実業】じつぎょう ↓ 農業・工業・鉱業・商業など、物をつくったり、売ったりすることを仕事にしている事業。類事業

【実刑】じっけい ↓ 執行猶予がつかず、じっさいに刑務所に入って服役しなければならない刑罰。例実刑判決が出る。

【実権】じっけん ↓ 名前や見かけだけではなく、ほんとうに社会や人を動かすことのできる強い力。例会社の実権をにぎる。

【実験】じっけん ↓〈―する〉頭の中で考えたことが正しいかどうか、じっさいに目に見える形でためしてみること。例実験でたしかめる。

【実現】じつげん ↓〈―する〉計画していたことやのぞんでいたことが、ほんとうにそうなること。例何年かかっても、夢を実現させたい。

【実験台】じっけんだい 実験の材料に使われるものや人。例新薬の実験台になる。

【実行】じっこう ↓〈―する〉じっさいにおこなうこと。例実行にうつす。類実践・実施・履行

【実効】じっこう ↓ たしかめることのできるちゃんとしたききめ。例実効をもたらす。

【実行力】じっこうりょく 物事をじっさいに行う力。

【実際】じっさい ↓ ①そのときその場で起こった本当のこと。例心配していたことが実際となった。②真実のようす。例はでにしているが、実際はお金に困っているらしい。③本当に。まったく。例実際、どうしたらよいのか。

【実在】じつざい ↓〈―する〉この世の中にほんとうにあること。例実在の人物。類実存・現存（げんそん｜げんぞん） 対架空

【実子】じっし ↓ 血のつながったほんとうの子。養子や継子と区別していうことば。

【実施】じっし ↓〈―する〉前に決めてあったことや計画していたことがらを、じっさいにとりおこなうこと。例新しい交通規則が実施される。類実行・施行（しこう｜せこう）

【実質】じっしつ ↓ ほんとうの中身や性質。例実質がともなわない。類正味 対形式・名目

【実質的】じっしつてき〈―な・―に〉見た目よりも、しっかりした中身がある。例実質的な活動ができた。対形式的

【実写】じっしゃ ↓〈―する〉じっさいのできごとのようすや景色などを、写真や映画に写しとること。また、写したもの。例アニメの実写版。

【実社会】じっしゃかい 仕事などを通して多くの人とふれあうじっさいの世の中。例実社会に出る。

【実習】じっしゅう ↓〈―する〉教わったことがらを、じっさいにやってみて学ぶこと。例調理実習。

【実証】じっしょう ↓〈―する〉たしかな証拠によってほんとうであることを証明すること。例理論を実証する。類証明・立証

【実状】じつじょう ↓ 物事のじっさいのありさま。例実状をまのあたりにする。類実情・実態

【実情】じつじょう ↓ かんたんに知ることのできない、じっさいのすがたやわけ。例実情をうったえる。類実態・実状・真相

【実生活】じっせいかつ じっさいの現実の生活。例実生活に役立つ知識。

【実績】じっせき ↓ それまでにつみ上げてきた、仕事の結果やりっぱな成績。例実績をあげる。

【実戦】じっせん ↓ 訓練や練習でなく、じっさいのたたかいや試合。例実戦にそなえる。

【実践】じっせん ↓〈―する〉ある考えにしたがってじっさいにおこない、結果まで出すこと。例主義主張を実践にうつす。類実行 対理論

【実線】じっせん ↓ 線のうち、切れ目のないふつうの線。「――」対点線（……）・破線（------）

【実像】じつぞう ↓ ①理科で、凸レンズや凹面鏡で集められた光が、スクリーンなどの上にうつし出したすがた。対虚像 ②見かけや評判とはちがう、ものごとのほんとうのすがた。例作家の実像にせまる。類実体 対虚像

【実測】じっそく ↓〈―する〉長さ・重さ・広さなどを、

図面の上や計算だけではなく、じっさいにはかること。例校庭の広さを実測する。対目測

【実存】↓〈―する〉今、この場にたしかにあること。例実存的。実存主義。類実在

【実体】↓そのもののほんとうのすがたや中身。類正体・実像 対名目

【実態】↓物事のありのままのようす。例校内のごみの実態調査。類実状・実情

【実弾】↓ピストル・大砲などの、ほんものの弾丸。例実弾射撃。対空砲

【実地】↓①あるものごとがおこなわれたり起きたりした、じっさいの場所。例実地調査。実地検証。類現場・現地 ②想像やりくつではなく、じっさいの場。じっさいにおこなうこと。例実地試験。

【実働】↓〈―する〉つとめの中で、じっさいに仕事をしていること。例実働時間。

【実費】↓じっさいにかかった費用。もうけや手数料などはふくまない、ほんとうにかかったお金。例実費負担。

【実父】↓血のつながっている、ほんとうの父親。対義父・養父・継父

【実物】↓写真や模型ではなく、そのもの。例実物見本。実物大。

【実母】↓自分を生んでくれた母親。対義母・養母・継母

【実務】↓外部と交渉したり、物資をととのえるなど、現実にものごとを進めていく仕事。例実務経験がある。

【実名】↓役所にとどけてあるほんとうの名前。類本名 対仮名・偽名 表現「仮名」に対しては「実名」、「筆名・芸名」に対しては「本名」ということが多い。

【実用】↓じっさいの場できちんと役に立つこと。例実用化をはかる。実用品。

【実利】↓じっさいに手に入るもうけや利益。類実益 対実害

【実力】↓①じっさいにもっている力量やうでまえ。例実力を発揮する。類地力 ②相手とあらそうときの武力や腕力。例実力にうったえる。

【実例】↓りくつや説明でなく、見本としてしめすことのできるじっさいのものごと。例実例をあげて説明する。

【実話】↓ほんとうにあったことを、そのままにつたえる話。例実話にもとづいた小説。

←実が下につく熟語 上の字の働き

❶実＝〈みのる〉のとき
【果実 充実】近い意味。
【口実 史実】ナニの中身か。〔「口実」の「口」は、口で言うこと〕

❷実＝〈まこと〉のとき
【誠実 忠実 篤実 着実】近い意味。

❸実＝〈ほんとうのもの〉のとき
【真実 事実 確実】近い意味。
【名実 虚実】反対の意味。

◆結実 堅実 現実 写実 情実 切実 内実 如実 無実

宗

音 シュウ・ソウ中　訓 ―

宀-5　総画8　6年　明朝 宗 5B97

筆順 宗 宗 宗 宗 宗 宗 宗 宗（とめる・はねる・とめる）

なりたち ［会意］神（示）と建物（宀）を合わせて、神をまつるみたまやを表す字。

意味 ❶神や仏の教え。その一つ一つの流派。例宗教・禅宗 ❷おおもと。つながりの中心。例宗家

名前のよみ かず・たかし・とき・とし・のり・ひろ・むね・もと

❶〈神や仏の教え〉の意味で

【宗教】↓人間の力をこえた神や仏などを信じ、その教えをまもって、心のやすらぎを得たり、罪から救われたいと願ったりする、人間の生き方、考え方。知識キリスト教・仏教・イスラム教を世界の三大宗教という。

【宗旨】↓①宗教でその考え方の中心となっている教え。類教義 ②一つの宗教の中で、考え方のちがう別々の流派。類宗派・宗門 ③自分が信じる考え方や生き方。

【宗徒】↓その宗教を信じ、教えをまも

っている人。類信徒・信者

【宗派】⇩おなじ宗教から分かれてできた、いくつかのグループ。類宗門・宗旨

【宗門】⇩もとはおなじ宗教から分かれてできた、考え方などの一部分がことなるグループ。類宗派・宗旨

❷〈おおもと〉の意味で

【宗家】⇩①その一族の中で、いちばんのもととなっている家すじ。例徳川宗家。類本家 ②茶道・生け花・おどりなどで、一つの流派のおおもとの家。例宗家のあとつぎになる。類家元

【宗匠】⇩日本に古くからある芸道や芸ごと、俳句・茶道などの先生。

◆改宗 禅宗

宙

宀-5 総画8 6年 明朝 宙 5B99

音 チュウ 訓 ―

筆順 とめる はっきりだす

なりたち [形声]「由(ユウ)」が「チュウ」とかわって読み方をしめしている。「ユウ」は「おおう」意味をもち、家(宀)をおおう屋根を表す字。

意味 そら。空中。例宙にうく。宙に迷う。宇宙

定

名前のよみ おき・ひろし・みち

宀-5 総画8 3年 明朝 定 5B9A

音 テイ・ジョウ 訓 さだ-める・さだ-まる・さだ-か㊥

筆順 とめる はらう

なりたち [形声]「正(セイ)」がただしい意味と、「テイ」とかわって読み方をしめしている。家(宀)の中を正しくおさめることを表す字。

意味 きめる。きまっている。おちつく。いつもおなじ。例ねらいを定める。法の定め。生死は定かでない。定着・指定

名前のよみ やす

【定規】⇩直線や曲線をかくときに使う道具。例三角定規。表記「定木」とも書く。

表現 一つの考え方でおし通そうとするやり方を「杓子定規」ともいう。

【定石】⇩①碁で、ある場面でいちばんよいとされている、きまった打ち方。表記将棋の場合は、「定跡」と書く。②なにかをするときに、いちばんよいとされている、きまったやり方。例定石通りに事を運ぶ。

【定宿】⇩いつもとまる旅館やホテル。表記「常宿」とも書く。

【定連】⇩①その店や劇場などに、いつもよく来るお客。類常客 ②ふだんからいつもいっしょに行動しているなかま。例ご定連がそろう。表記「常連」とも書く。

【定員】⇩あらかじめきめられた人数。学校などの集団や、人の集まる場所・乗り物などで、これだけの人数ときまっている場合にいう。例定員をオーバーする。乗車定員。

【定価】⇩作り手や売り手が決めたねだん。例定価の二割引き。類正価

【定款】⇩会社や団体などの、目的・しくみ・仕事などを定めたきまり。

【定期】⇩①期間や時間がきまっていること。例定期便。類定例 対不定期・臨時 ②「定期乗車券」「定期預金」の略。例通学定期。

【定義】▲〈―する〉ある物事やことばについて、意味や内容をはっきりと決めること。

知識 定義は、「三角形とは、直線上にない三つの点を直線でむすんだ図形である」のように、ふつう「…とは…である」という形で表される。

【定休】⇩店や美術館などの施設などで、あらかじめきめられている休み。例定休日。類公休

【定形】⇩きまった形。例定形郵便物。

【定型】⇩きまった型。例定型詩。定型文。

【定見】⇩しっかりした考え方・意見。

【定刻】⇩「いつ」ということにきまってい

る時刻。例列車は定刻に着いた。類定時

【定時】↓①前からきまっている時刻。例仕事を定時に終える。類定刻 ②きまった時期。対臨時

【定時制】学校教育で、夜または特定の時期に授業をする制度。対全日制

【定住】↓〈—する〉ある場所を住まいとして、そこに長く住むこと。例定住者。

【定食】↓食堂やレストランなどが、内容・組み合わせを決めておいて出す料理。

【定職】↓きまった職業。例定職につく。

【定数】↓①規則などで、これだけときまっている数、または人数。例議員定数。②数学で、一つの式の中で、その値がかわらない文字や数。類常数・恒数 対変数

【定説】↓多くの人びとが正しいとみとめている学説や意見。対異説

【定着】↓〈—する〉①ある場所にしっかりとくっついて、そこをはなれないこと。②新しいやり方や考え方が世の中にしっかりと受け入れられて、あたりまえのことになること。例環境への配慮が定着しはじめた。

【定点】↓そこで時間を追って観測などをする、あるきまった地点。例定点観測。

【定年】↓会社や役所などで、その年齢になるとつとめをやめることにきまっている年齢。例定年制。定年退職。表記「停年」とも書く。

【定評】↓多くの人びとがみとめている、たしかな評判。例味に定評がある店。

【定理】↓学問で、だれにもわかることをもとにして、正しいということを証明できるきまりごと。例ピタゴラスの定理。

【定量】↓きめられている分量。

【定例】↓いつもどおりのこととして、おこなわれるようにきまっているものごと。例定例議会。類恒例・定期 対臨時

定が下につく熟語 上の字の働き

【決定 制定 断定】近い意味。

【仮定 改定 確定 勘定 鑑定 規定 協定 検定 限定 公定 肯定 査定 裁定 算定 指定 推定 設定 選定 想定 測定 特定 内定 認定 判定 評定 平定 予定】ドウヤッテ・ドノヨウニ定めるか。

【安定 一定 既定 固定】ドノヨウニ定まっているか。

◆国定 所定 否定 不定 法定 未定

文字物語 客

「客」は、よそからおとずれてくる人。それを中でむかえるのが、その家の「主」すなわち主人だ。「客」は「外から」のもの、「主」は「うちにいる」もの。こうして「主」と「客」とが相対するものとなる。

ものの見方に「主観」と「客観」の二つがある。ことばはむずかしそうだが、決してむずかしくない。「主観」は、うちから見る見方、「客観」は、外から見る見方だ。うちからの「主観」は、その人自身の考えや気持ちが中心になるし、外からの「客観」は、前からもうしろからも、上からも下からもななめからも、あらゆる角度から全体を見ようとする。

ケーキ店の主人が、「このケーキはわたしが心をこめて作ったものだから、ぜったいおいしいですよ」と言うのは主観。お客が「このケーキは手がこんでいてきれいだし、おいしそうに見える、けれども、ちょっと小さいし、ほかの店にくらべてねだんが高いのも事実だ」と言うのは客観。おなじものを見ても、主観と客観とでは、だいぶちがったとらえ方になるものだ。

【宕】

宀-5 総画8 人名 明朝 宕 5B95

音 トウ 外 訓 ——

意味 あちこちただよう。

参考 愛宕（あたご）

【宝】

宀-5 総画8 6年 明朝 宝 5B9D 旧字 寶 5BF6

音 ホウ 訓 たから

筆順 宝 (とめる・このばしょにながく)

なりたち 寶 【形声】もとの字は、「寶」。「缶」が「ホウ」とかわって読み方をしめしている。「フ」は「たもつ」意味をもち、家(宀)にたいせつにしまっておくたから(玉・貝)を表している字。

意味 たからもの。だいじなもの。例 宝の持ちぐされ。宝物・財宝

名前のよみ たか・たかし・とみ・とも・みち・よし

【宝船】↓ たからものと七福神を乗せた船。参考 ☞【七福神】(10ページ)

【宝庫】↓ ①たからものをしまっておく、くら。②よいもの、役に立つものがたくさんあるところ。例 辞書は知識の宝庫だ。

【宝石】↓ ダイヤモンドやルビーなど、ひじょうに美しくてねうちのある石。身のまわりをかざるのに使う。例 宝石店。類 宝玉

【宝典】↓ 便利で必要な知識を集めた本。

【宝刀】↓ たからものとしてたいせつにしている刀。例 伝家の宝刀。

【宝物】↓ ひじょうにたいせつな、ねうちのあるもの。

←宝が下につく熟語 上の字の働き

【家宝 国宝】ドコの宝か。

【財宝 至宝 重宝 秘宝 名宝】ドノヨウナ宝か。

【客】

宀-6 総画9 3年 明朝 客 5BA2

音 キャク・カク㊥ 訓 —

筆順 客 (とめる・はらう)

なりたち 【形声】「各」が「いたる、来る」の意味と「カク・キャク」という読み方をしめしている。家(宀)に来る人を表す字。

意味

❶よそからたずねてきた人。まねかれて来た人。お客さん。例 来客 対 主

❷取引の相手。例 店の客。旅客

❸自分に相対するもの。例 客観・主客 対 主

❹たびさきの人。旅人。例 過客

❺うでまえのある人。例 論客

発音あんない キャク→キャッ…例 客観

[文字物語] ☞みぎのページ

❶〈よそからたずねてきた人〉の意味で

【客員】↓ 会社や大学などで、客としてとくべつな立場でくわわっている人。

【客演】↓〈―する〉俳優や音楽家などが、自分の劇団や楽団とはべつのグループにまねかれて、ゲストとして出演・演奏すること。

【客人】↓ 客としてまねかれた人。お客さま。表現 やや古めかしいことば。

【客土】↓ よそからよい土をもってきて農地に入れること。

【客間】↓ 客をもてなしたり、とめたりするへや。類 応接間 対 居間 表現 旅館やホテルなどでは「客室」という。

❷〈取引の相手〉の意味で

【客足】↓ 店やもよおしものなどに来る客の集まりぐあい。例 客足がとだえる。

【客室】↓ 客に使ってもらうためのへや。とくに、旅館やホテルなどの、客がとまるへや。表現 ふつうの家で客を通すためのへやは「客間」とよばれることが多い。

【客車】↓ 鉄道の車両のうち、乗客を乗せて運ぶためのもの。対 貨車

【客筋】↓ その店に客としてやってくる人びとの、職業や年代などの種類。類 客種

【客席】↓ 劇場や映画館などで、客がすわる席。表現 競技場なら、「観客席」。

【客船】↓ 船のうち、客を乗せて運ぶ船。例 豪華客船。対 貨物船 参考 おもに大型で長い航海をするものを指す。

【客種】↓ 店に来る客の種類。例 客種がいい。類 客筋・客層

❸〈自分に相対するもの〉の意味で

【客観】↓ ①ものごとを見たり考えたりする心のはたらきとは関係なく、その外がわに存在しているもの。心のはたらきの相手となるもの。対 主観 ②自分の考えをいれないで、ものごとを公正に見ること。対 主観

【客観的】きゃっかんてき〈―な〉〈―に〉自分ひとりの考えでものごとを見るのではなく、いつだれが見ても、なるほどそうだと考えられるようす。例 客観的な立場で考える。対 主観的

❹〈たびさきの人〉の意味で

【客死】きゃくし・かくし ↓〈―する〉旅行で行った遠方の土地で、病気や事故で死ぬこと。

客が下につく熟語 上の字の働き

❶客＝〈よそからたずねてきた人〉のとき
【来客 先客】ドウシテイル客か。

❷客＝〈取引の相手〉のとき
【観客 乗客 船客 顧客 旅客】ドウスル客か。

❺客＝〈うでまえのある人〉のとき
【論客 刺客 剣客】ナニのうでまえのある人か。

◆過客 主客 珍客 賓客

室

宀-6 総画9 2年 明朝 室 5BA4

音 シツ 訓 むろ 中

筆順 室 室 室 室 室 室 室 室 室

なりたち [形声]「至」が「シツ」とかわって読み方をしめしている。「シ」は「とどまる」意味をもち、家(宀)の中で人がとどまる「へや」を表す字。

意味 ❶へや。建物の中のくぎられた空間。例 室に野菜をしまう。室内 ❷家すじ。一族。例 王室・皇室

❶〈へや〉の意味で

【室温】しつおん ↓へやの中の温度。

【室内】しつない ↓へやの中。屋根のある建物の中。インドア。例 室内プール。類 屋内

室が下につく熟語 上の字の働き

❶室＝〈へや〉のとき
【暗室 温室 客室 個室 船室 茶室 別室 病室 密室 洋室 和室】ドノヨウナ室か。
【居室 寝室 浴室 教室 談話室】ドウスルための室か。
【同室 入室】室を(室に)ドウスルか。

❷室＝〈家すじ〉のとき
【王室 皇室】ドウイウ家すじか。

宣

宀-6 総画9 6年 明朝 宣 5BA3

音 セン 訓 ―

筆順 宣 宣 宣 宣 宣 宣 宣 宣 宣

なりたち [形声]「亘(エン)」が「セン」とかわって読み方をしめしている。「エン」は「へい」の意味をもち、へいをめぐらした家(宀)を表す字。

意味 広く知らせる。つげ知らせる。例 開会を宣する。宣伝・託宣

名前のよみ あきら・たか・のぶ・のり・ひさ・ふさ・よし

【宣教】せんきょう ▲〈―する〉宗教を人びとにつたえ広めること。例 宣教師。類 伝道

【宣言】せんげん ＝〈―する〉世の中の多くの人にむけて、意見や態度、めざしていることなどを発表すること。例 開会宣言。類 公言

【宣告】せんこく ＝〈―する〉重い意味をもつことがらを、裁判官・医者など権威ある者の立場から相手に知らせること。例 がんを宣告される。

【宣誓】せんせい ▲〈―する〉人びとの前でちかいのことばをはっきりのべること。例 選手宣誓。

【宣戦】せんせん ▲〈―する〉戦争をはじめることを相手の国に宣言すること。例 宣戦布告。

【宣伝】せんでん ↓〈―する〉ものごとの内容やそのよさなどを、多くの人びとに対して説明し、広めようとすること。類 広告

宥

宀-6 総画9 人名 明朝 宥 5BA5

音 ユウ 外 訓 ゆる-す 外・なだ-める 外

意味 ❶ゆるす。おおめにみる。❷なだめる。やわらげる。例 宥和

名前のよみ すけ・ひろ

宴

宀-7 総画10 常用 明朝 宴 5BB4

音 エン 中　訓 ―

筆順 宴宴宴宴宴宴宴宴宴宴

なりたち 【形声】「晏」が「エン」という読み方をしめしている。「エン」は「やすらかにする」意味をもち、家(宀)の中で楽しむことを表す字。

意味 うたげ。集まって飲んだり食べたりして楽しむこと。例 花見の宴。宴会・祝宴

【宴会】↓人が集まって、飲んだり食べたりして楽しむ会。類 酒宴・酒席

【宴席】↓お酒や食事などを楽しむ会が開かれているところ。例 宴席によばれる。

←宴が下につく熟語 上の字の働き

【酒宴 祝宴】ドウイウ宴か。

家

宀-7　総画10　2年　明朝 家 5BB6

音 カ・ケ　訓 いえ・や

筆順 家家家家家家家家家家（とめる）（はねる）

なりたち 【会意】家畜のブタを表す「豕」と屋根の意味を表す「宀」を合わせて、神にささげるいけにえをおく建物(宀)を表す字。

意味 ❶いえ。人の住む建物。例 家を建てる。家屋・貸家・人家

❷かぞく。血のつながりのある人たちのあつまり。一家。一族。例 家を出る。本家

❸その道の人。例 小説家。家元・画家

例解 【使い分け】や【家・屋】→このページ

特別なよみ 母家(おもや)

❶〈いえ〉の意味で

【家路】↓自分の家に帰るみちすじ。帰りみち。例 家路につく。類 帰路・帰途

【家屋敷】家とその敷地。例 家屋敷を手ばなす。

【家屋】Ⅱ人の住まいとして建てられた建物。例 地震による家屋倒壊。類 家・住宅

【家具】↓家の中で使う、テーブル・たんす・つくえなどのわりあい大きな道具。

【家財】↓家にある、その家のもち物。家具や衣類などをまとめていう。例 家財道具。

【家作】↓貸すためにたてた家。類 貸家

【家宅】Ⅱ人の住んでいる家。例 家宅捜索。

【家畜】↓ウシ・ウマ・ブタ・ニワトリ・ヒツジなど、人間が生活に役立てるために飼っている動物。表現 かわいがるために飼っているペットのことは家畜とは言わない。

【家賃】↓住まいを人や会社から借りて住んでいる場合にはらう、家の借り賃。

【家主】↓人に住まいを貸している、建物の持ち主。類 大家

❷〈かぞく〉の意味で

【家柄】↓その一家の、世の中での格。例 りっぱな家柄。

【家出】↓(ーする)もうもどって来ないつもりで、行き先も知らせずに、住んでいた家を出ること。例 家出人。類 出奔

【家運】↓一家や一族のなりゆき。

【家業】↓①その一家の収入のもとになっている職業。例 うちの家業は魚屋です。類 渡世 ②親から子へと代々受けつがれてきた職業。例 家業をつぐ。

【家訓】↓その一家につたわり、たいせつにされている教え。例 代々の家訓をまもる。

【家系】↓むかしから今まで、親から子へと代々にわたる血のつながり。例 家系図。類 血筋・血統

例解 使い分け や《家・屋》

家＝「建物」で、おもに人が生活する住まい。例 一軒家。貸家。家賃をはらう。

屋＝建物。また、ことばの下について職業や性質をあらわす。例 長屋。屋敷。酒屋。がんばり屋。

わが家

山小屋

【家計】かけい ⬇ 一つの家庭がくらしていくための、入ってくるお金と出ていくお金のようす。例 家計簿。類 生計

【家事】かじ ⬇ 家族が気持ちよくくらせるように、家の中でおこなわれるいろいろな仕事。そうじ・せんたく・台所仕事などをひっくるめていう。例 家事を手伝う。

【家臣】かしん ⬇ 大名などに仕えた武士。類 家来

【家人】かじん ⬇ いっしょに生活している家族。表現 おもに一家の主人が家族を指していう。

【家政婦】かせいふ よその家にやとわれて、その家の家事をすることを仕事としている女の人。

【家族】かぞく ⬇ 親子・夫婦・きょうだいなど、血のつながった者どうしのひとまとまりの人びと。例 家族旅行。核家族。

【家長】かちょう ⬇ むかしの法律のことばで、一家の主人。類 戸主・世帯主

【家庭】かてい Ⅲ 夫婦・親子などの家族がいっしょに生活しているところ。例 幸せな家庭をきずく。

【家伝】かでん ⬇ むかしからその家につたわっていること。例 家伝の妙薬。類 伝家

【家督】かとく ⬇ むかしのことばで、一家の主人としての地位。例 家督をゆずる。

【家内】かない ⬇ ①家の中やそこに住む家族。例 家内安全。家内工業。②妻。男の人が自分の妻のことをよその人にいうときのことば。表現 妻自身が人に「山田の家内でございます」のように言うこともある。

【家風】かふう ⬇ その家につたわっている、生活のしきたりやものの考え方・やり方など。

【家宝】かほう ⬇ その家のたからもの。

【家名】かめい ⬇ ①その家の名字。②家の名誉。例 家名をけがしたくない。

【家紋】かもん ⬇ その家のしるしとしてつたえられている図案。類 紋所・紋章

【家老】かろう ⬇ 江戸時代の武士の身分の一つ。大名に仕える家来のうち、地位がいちばん高い人。じっさいの政治をとりおこなった。

【家来】けらい ⊙ 君主や主人に仕え、その命令にしたがってはたらく者。類 家臣・子分・臣下 表記 もとは「家礼」「家頼」とも書いた。

❸〈その道の人〉の意味で

【家元】いえもと ⬇ 茶道・生け花・おどりなどの、それぞれの流派の本家。その本家の主人。例 家元をつぐ。類 宗家・本家

⬅家が下につく熟語 上の字の働き

❶家＝〈いえ〉のとき
【人家 民家 生家 隣家 町家 商家 農家 借家 貸家】ドウイウ家か。

❷家＝〈かぞく〉のとき
【名家 旧家 良家 宗家 本家 分家 実家 養家 武家】ドノヨウナ家か。

❸家＝〈その道の人〉のとき
【画家 作家 書家 芸術家】ナニの道の人か。

◆国家 出家 大家

害

宀−7 総画10 4年 明朝 害 5BB3

音 ガイ 訓 そこ-なう 外

筆順 害（とめる・ながく）

なりたち 【会意】かぶりものの形（宀）と、頭を表す「古」とからでき、頭にかぶるかさを表している字。

意味

❶そこなう。さまたげる。例 気分を害する。害悪・公害 対 益

❷わざわい。わるいできごと。例 からだに害がある。損害 対 利

❶〈そこなう〉の意味で

【害悪】がいあく Ⅲ 人やものを傷つけたりこわしたりするようなわるいこと。類 害毒

【害虫】がいちゅう ⬇ カ・ハエ・アブラムシなど、人の生活に害をあたえる虫。対 益虫

【害鳥】がいちょう ⬇ 農作物を食べあらしたりする鳥。例 害鳥を追いはらう。対 益鳥

【害毒】がいどく Ⅲ 人に害になるもの。社会にわるい影響をあたえるもの。例 害毒を流す。

⬅害が下につく熟語 上の字の働き

❶害＝〈そこなう〉のとき
【障害 阻害 妨害 殺害 傷害】近い意味。
【侵害 迫害】ドノヨウニ害するか。

❷害＝〈わざわい〉のとき

◀次ページ 寄

【災害 損害 弊害】近い意味。
【干害 水害 雪害 霜害 冷害 虫害 病虫害】ナニによる災害か。
【一害(一利一害) 百害】ドノクライの害か。
【有害 無害】害の有る無し。
◆危害 公害 実害 被害 利害

【宮】

宀−7 総画10 3年 明朝 宮 5BAE

音 キュウ・グウ中・ク高 訓 みや

筆順 （とめる／やや、おおきく）

なりたち [会意]家(宀)と建物がつらなっている形(呂)とからできている。いくつも建物がならんでいる大きな家を表している字。

意味
❶ごてん。王さまなどのやしき。例 宮仕え。宮殿・王宮
❷神社。やしろ。例 宮司・神宮

注意するよみ ク…例 宮内庁

❶〈ごてん〉の意味で
【宮城】Ⅲ 皇居。表現 古い言い方。
【宮中】↓ 天皇の住まいの中。皇居の中。例 宮中に仕える。類 宮廷・禁中
【宮廷】◦ ↓ 天皇や国王の住まい。類 宮中
【宮殿】◦ Ⅲ 天皇や国王の住む大きくりっぱな建物。例 バッキンガム宮殿。

❷〈神社〉の意味で
【宮司】↓ 神社に仕える神官の中でいちばん位の高い人。

宮が下につく熟語 上の字の働き
❶宮＝〈ごてん〉のとき
【王宮 離宮 東宮 竜宮】ダレの宮か、ドノヨウナ宮か。
◆神宮 遷宮

【宰】

宀−7 総画10 常用 明朝 宰 5BB0

音 サイ中 訓 —

筆順

なりたち [形声]「辛」が「罪人」の意味と、「サイ」とかわって読み方をしめしている。「宀」をくわえて、めし使いにされて家(宀)の中ではたらくことを表す字。

意味 とりしきる。つかさどる。例 宰相・主宰

名前のよみ おさむ・すず・ただ・つかさ

【宰相】↓ 国の政治をとりおこなういちばんの責任者。総理大臣。首相。

【宵】

宀−7 総画10 常用 明朝 宵 5BB5

音 ショウ高 訓 よい中

筆順

なりたち [形声]「肖」が「ショウ」という読み方をしめしている。「ショウ」は「ちいさい」、または「くらい」意味をもち、日の光がわずかに家(宀)の中にさしこんで、うすぐらいようすを表す字。

意味 よい。ゆうがた。暗いあいだ。例 宵の口。宵宮・春宵

【宵闇】◦ ↓ ①太陽がしずんだあと、月もまだ出てこないあいだの暗さ。②夕方の暗さ。例 宵闇がせまる。類 夕闇

【容】

宀−7 総画10 5年 明朝 容 5BB9

音 ヨウ 訓 —

筆順 （とめる／とめる／はらう）

なりたち [形声]「谷」が「ヨウ」とかわって読み方をしめしている。「コク」は「ゆとりがある」意味をもち、家(宀)の中があいていることを表す字。

意味
❶いれる。中に入れる。例 容積・内容
❷すがた。かたち。ようす。例 容姿・全容
❸ゆるす。受けいれる。例 容認・寛容
❹ゆったりしている。ゆとりがある。例 容易・従容

名前のよみ かた・なり・ひろ・ひろし・まさ・もり・やす・よし

❶〈いれる〉の意味で

【容器】ようき ↓ ものを入れておく入れ物。類 器

【容疑】ようぎ ▲ わるいことをしたといううたがいがあること。例 容疑を否認する。容疑者。

【容積】ようせき ↓ ①その入れ物がいっぱいになるまでの、入る分量。類 容量 ②ものの大きさ。例 立方体の容積を計算する。類 体積

【容量】ようりょう ↓ その入れ物の中にぎりぎり入れることのできる分量。類 容積

❷〈すがた〉の意味で

【容姿】ようし Ⅲ 人の顔だちやからだつき。例 容姿端麗。類 器量・容色

【容色】ようしょく Ⅲ おもに女の人の、顔の形や色つや。例 容色がおとろえる。類 器量・容姿

【容体】ようだい・ようたい Ⅲ 病人の、からだのぐあい。例 容体が急変する。類 病状 表記「容態」とも書く。

【容貌】ようぼう Ⅲ 顔の形やようす。顔だち。例 容貌が別人のようになる。類 風貌

❸〈ゆるす〉の意味で

【容赦】ようしゃ Ⅲ〈―する〉①失敗や罪、たりないところなどをゆるして、せめたてたりしないこと。例 いきとどかぬ点は、ご容赦ください。②相手のことを思いやって、手かげんすること。例 容赦なくしかりつける。

【容認】ようにん Ⅲ〈―する〉それでよいとみとめること。例 不正は容認できない。類 是認・許容

❹〈ゆったりしている〉の意味で

【容易】ようい Ⅲ〈―に・―な〉なにかをするのに、かんたんにできる。例 パソコンを使いこなすのは容易ではない。類 簡易 対 困難

←容が下につく熟語 上の字の働き

❶容＝〈いれる〉のとき
【収容 包容】近い意味。

❷容＝〈すがた〉のとき
【威容 全容】ドノヨウナすがたか。
【山容 陣容】ナニのすがたか。
【形容 美容 理容】すがたをドウスルか。

❸容＝〈ゆるす〉のとき
【寛容 許容】近い意味。

◆内容

寄

宀-8 総画11 5年 明朝 寄 5BC4

音 キ 訓 よ-る・よ-せる

筆順 （とめる）（はねる）

なりたち 形声「奇」が「キ」という読み方をしめしている。「キ」は「よせる」意味をもち、家(宀)に身をよせることを表す字。

意味

❶よりかかる。たよる。たちよる。例 寄り道。寄港・寄生

❷あたえる。おくる。あずける。例 寄付

❸あつまる。集める。近づく。近づける。例 しわが寄る。波が寄せる。客寄せ

❹《その他》例 寄席

特別なよみ 数寄屋(すきや)・最寄り(もより)・寄席(よせ)

❶〈よりかかる〉の意味で

【寄港】きこう ▲〈―する〉航海のとちゅうで、船が港にたちよること。例 ホノルルに寄港する。

【寄宿】きしゅく ↓〈―する〉学校や会社にかようために、自分の家をはなれて宿舎などにねとまりし、くらすこと。例 寄宿舎。

【寄生】きせい ↓〈―する〉生物がべつの種類の生物のからだにとりつき、そこから栄養分をすいとって生きていくこと。例 寄生虫。

❷〈あたえる〉の意味で

【寄稿】きこう ▲〈―する〉たのまれて、新聞や雑誌などに原稿を送ること。表現 自分のほうから一方的に原稿を送る場合は「投稿」という。

【寄進】きしん Ⅲ〈―する〉神社やお寺に、お金や品物を寄付すること。例 大口の寄進者。

【寄贈】きぞう・きそう Ⅲ〈―する〉お金や品物をおくりものとしてわたすこと。例 卒業生一同からピアノが寄贈された。類 贈呈

【寄付】きふ Ⅲ〈―する〉みんなのためになるように、自分のお金や品物をさし出すこと。カンパ。例 寄付を受ける。寄付金。類 寄進・献金 表記「寄附」とも書く。

【寄与】きよ ↓〈―する〉あることに役立つこと。例 人類の平和に寄与する。類 貢献

❹《その他》

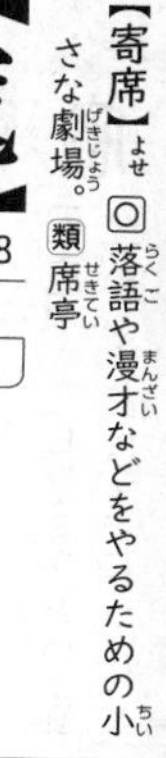

【寄席】よせ ◎ 落語や漫才などをやるための小さな劇場。類 席亭

寇

表外　宀−8　総画11　明朝 寇 5BC7

音 コウ外　訓 あだ外

意味 あだ。害をくわえる。かたき。外国からせめてくる敵。例 元寇・倭寇

寂

常用　宀−8　総画11　明朝 寂 5BC2

音 ジャク中・セキ高　訓 さび中・さびーしい中・さびーれる中

筆順

なりたち [形声]「叔」が「ジャク・セキ」とかわって読み方をしめしている。「シュク」は「しずか」の意味をもち、家(宀)の中のしずかなことを表す字。

意味 ❶さびしい。しずか。例 町が寂れる。寂しい夜道。静寂 ❷死ぬ。例 寂滅

注意するよみ セキ…例 寂として。寂然

❶〈さびしい〉の意味で

【寂寞】せきばく・じゃくばく Ⅲ〈―たる〉ひっそりとしたものさびしさ。例 寂寞とした風景。類 索漠

【寂寥】せきりょう Ⅲ〈―たる〉ひっそりとしずまりかえって、ものさびしいようす。

❷〈死ぬ〉の意味で

【寂滅】じゃくめつ Ⅲ 仏教のことばで、人が死ぬこと。類 入寂

→寂が下につく熟語 上の字の働き

❶寂＝〈さびしい〉のとき

【閑寂 静寂】近い意味。

宿

3年　宀−8　総画11　明朝 宿 5BBF

音 シュク　訓 やど・やどーる・やどーす

筆順 とめる

なりたち [会意] この「百」のもとの形は「→西(むしろ)」で、人(亻)が家(宀)の中のむしろで寝ることを表す字。

意味 ❶やどる。やどす。泊まる。やど。泊まるところ。例 草の葉に露が宿る。品川の宿。宿直 ❷ずっと前からの。前世からの。例 宿命

❶〈やどる〉の意味で

【宿舎】しゅくしゃ ↓ ①旅行などのときに、とまるところ。例 国民宿舎。類 旅館・宿屋 ②公務員などが住むようにつくられた住宅。

【宿題】しゅくだい ↓ ①家で勉強するようにと、出される課題。②その場では解決できず、あとまわしにしてのこしておく問題。例 これは宿題にして、次の議題にうつります。

【宿直】しゅくちょく ↓〈―する〉会社や学校などで、夜のあいだの安全をまもるために、そこにつとめる人が交代でとまりこみ、みはり番となること。例 宿直室。類 当直 対 日直

【宿場】しゅくば ↓ むかし、大きな街道で、旅人のための宿屋がいくつもあったところ。例 宿場町。

【宿泊】しゅくはく Ⅲ〈―する〉旅先などで、宿屋やホテルにとまること。例 宿泊施設。類 投宿

【宿帳】やどちょう ↓ 旅館で、お客の住所や名前などを記録しておく帳面。

【宿賃】やどちん ↓ 宿屋やホテルなどにとまったときにはらうお金。類 宿泊料

【宿屋】やどや ↓ 旅の人をとめるのを仕事としている家。類 宿舎・旅館

❷〈ずっと前からの〉の意味で

【宿縁】しゅくえん ↓ 仏教の考えで、その人が生まれる前からそうなると決まっていた、人やものごととの出会いやつながり。例 前世からの宿縁。類 因縁・運命・宿命

【宿願】しゅくがん ↓ 長いあいだずっともちつづけてきた、つよいねがい。類 宿望・念願・本懐

【宿根】しゅっこん・しゅくこん ↓ 植物で、地上の茎や葉がかれても、地下の根は生きのこっている根。例 宿根草。

【宿敵】しゅくてき ↓ ずっと前からの敵。例 宿敵をたおす。

【宿望】しゅくぼう ↓ 長いあいだずっともちつづけ

◀次ページ 寅 密

てきた、つよい望み。例 積年の宿望をはたす。類 宿願

【宿命】↓ どうしてもこうなることになっていためぐりあわせ。例 宿命のライバル。これも宿命か。類 天命・運命・宿縁

⇦宿が下につく熟語 上の字の働き

❶宿＝〈やどる〉のとき

【寄宿 合宿 野宿】ドノヨウニ宿るか。

【民宿 定宿】ドノヨウナ宿か。

【下宿 投宿】宿にドウスルか。

◆同宿

寅

宀-8 総画11 人名 明朝 寅 5BC5

音 ― 訓 とら外

意味 十二支の三番め。動物ではトラ。方角では東北東。時刻では午前四時、またはその前後二時間。参考 ☞「巽」の「文字物語」(366ページ)

名前のよみ とも・のぶ・ふさ

密

宀-8 総画11 6年 明朝 密 5BC6

音 ミツ 訓 ひそ-か外

筆順 とめる はねる とめる

なりたち [形声]「宓」が「ヒツ・ミツ」という読み方をしめしている。「ヒツ」は「しずか」の意味をもち、「山」の中のひっそりしているようすを表す字。

意味 ❶すきまがない。ぴったりくっついている。細かい。例 連絡を密にする。密室・精密 対 疎

❷ひそかに。こっそり。例 密かに会う。密告・秘密

❶〈すきまがない〉の意味で

【密室】↓ 出入り口を全部しめきって、どこからも出入りできないへや。☞❷

【密集】↓〈―する〉たくさんのものが、すきまのないくらいにくっつき合って集まっていること。例 人家が密集している。

【密生】↓〈―する〉草や木などが、すきまがないほどぎっしりと生えること。例 密生地。

【密接】↓ ①〈―する〉すきまがないくらいにぴったりとくっつきあっている。②〈―な〉〈―に〉ものごとが、深くつながり合っている。例 食事と健康は密接な関係がある。類 緊密

【密着】↓〈―する〉ぴったりとくっつくこと。例 シールをガラスに密着させる。表現「密着取材」「生活に密着した商品」など、人と人、人と物の関係についても使う。

【密度】↓ ①ある広さの中に、どれだけの人や物が入っていて、つまりぐあいはどれくらいか、ということ。例 人口密度。②内容がどのくらいしっかりしているか、ということ。例 密度のこい授業。③物質の、体積に対する質量の度合い。例 空気は、ぼうちょうすると、そのぶん密度が小さくなる。

【密封】↓〈―する〉すきまのないように、ぴったりとふさぐこと。例 びんを密封する。

【密閉】↓〈―する〉すきまがないよう、ぴったりととじること。例 へやを密閉する。

【密林】↓ 植物がびっしりとおいしげった広い森。ジャングル。例 熱帯の密林。

❷〈ひそかに〉の意味で

【密会】↓〈―する〉人に見つからないようにこっそりと会うこと。

【密議】↓〈―する〉ほかの人に知られないようにこっそりとおこなう相談。類 密談

【密航】↓〈―する〉正しい手つづきをせず、船や飛行機などでこっそり外国へ行くこと。

【密告】↓〈―する〉他人のわるいおこないやかくしごとを、その人にはわからないように、警察などに知らせること。

【密使】↓ だれにも知られないようにこっそりとつかわされる使いの人。

【密室】↓ ひみつのへや。☞❶

【密書】↓ ひみつの書類や手紙。

【密葬】↓〈―する〉身内の者だけですませる葬式。対 本葬

【密造】↓〈―する〉法律で禁じられているものを、こっそりとつくること。

【密談】↓〈―する〉ほかの人に知られないように、こっそりと話し合うこと。類 密議

【密偵】↓ こっそり敵のようすをさぐり出

ものしり巻物 第10巻

漢字は表語文字

わたしたちが口にする、日本のことばの音は、「ア・イ・ウ・エ・オ・カ…ン」で、それぞれが一つの音であることがわかりますね。

そしてこの発音の種類は、「五十音図」の表からもわかるように、もっとも中心となるものは約五十あります。その一つ一つの音「ア・イ・ウ・エ・オ・カ…ン」に対して、それぞれを書き表すのにつごうがよいようにくふうされたのが、わたしたちの国の独自の文字である四十八文字の「かな(ひらがな・かたかな)」なのです。

この「かな」は、「つ・く・え」「あ・ら・た・め・る」「ち・い・さ・い」のように、いくつかをひとまとまりにしてはじめて意味のあることば、つまり「単語」になります。一文字だけでは、ふつうはなんの意味も表しません。ただ、「て(手)」「め(目)」「は(歯)」など一音の単語がすこしあります。しかし「て」や「め」という「かな」は、「手」や「目」という意味そのものを表すわけではなく、ふつうただその音をしめすだけなのです。

この「かな」とおなじようななかまの文字が、ヨーロッパやアメリカで使われている二十六文字の「アルファベット(abc…)」で、その一字一字には意味がなく、ある発音の仕方だけを表します。このような文字を**表音文字**といいます。

「かな」は四十八文字、「アルファベット(abc…)」は二十六文字で、数も少ないし文字もかんたんです。しかしたった二十六文字しかない英語でも、それだけおぼえればもういいわけではなく、たとえば、country(国)、listen(聞く)のような長い単語をおぼえなければなりませんし、また発音とつづりとがぴたりと合っているわけでもないようです。アメリカで、ある高校のフットボールの選手が、コーヒーのつづり(coffee)を正しく書いたら試験に合格点をあげると言われて、がんばってみたけれどけっきょく正しく書けなかったというわらい話があるくらいなのです。

じつは、漢字というのは、英語や日本語のcountryやlisten、「つくえ」「あらためる」など、いくつかの文字で書き表さなければならない単語を、たった一文字ですませている文字なのです。

この漢字はもともと中国で作られましたが、それは中国のことばを書き表すのにつごうがよいようにくふうされてできあがったものなのです。むかしの中国のことば、つまり単語は、ほとんどが一音でした。キ(机)、カイ(改)、ショウ(小)など、なかには音読みすると二音に見えるものもありますが、中国語の発音では一回の発音で、それぞれ「つくえ」「あらためる」「ちいさい」の意味の単語を表しているのです。

ところで、中国のことばは、一音がある意味を表す単語となっているので、おなじ音でいろいろの単語を表すこととなって不便なことがあります。たとえば、シュは「て」「まもる」「くび」、セイは「はれ」「なさけ」「しずか」というまったくべつな意味の単語となりますが、区別しにくいので、漢字としてそれぞれに「手」「守」「首」や「晴」「情」「静」を作ったのです。

つまり、漢字は、中国ではもともと、意味をもった音のかたまりである単語を表すためにくふうされた文字であったのです。そこで、このような漢字を表語文字といいます。以前までは、漢字が意味を表しているという部分だけに注目して「表意文字」といっていましたが、今では「表語文字」というほうが適切であると考えられています。

す役目の者。スパイ。例密偵をはなつ。

【密入国】〈—する〉法律できめられた手つづきをしないで、こっそりとその国に入ること。対密出国

【密売】⇩〈—する〉法律で売ってはいけないことになっているものを売ること。

【密約】⇩〈—する〉約束し合った人たちだけが知っている約束。例密約をかわす。

【密輸】⇩〈—する〉法律で決められた手つづきをせずに、品物を外国へ売ったり、外国から買ったりすること。

【密猟】⇩〈—する〉猟を禁じられている場所や時期に、けものや鳥などをとること。禁止されている種類のけものや鳥をとること。

【密漁】⇩〈—する〉漁が禁じられている場所や時期に、魚や貝などをとること。禁止されている種類の魚や貝をとること。

←密が下につく熟語 上の字の働き

❶密＝〈すきまがない〉のとき
【緊密 厳密 細密 親密 精密 濃密 綿密】近い意味。

❷密＝〈ひそかに〉のとき
【内密 秘密 機密】近い意味。

◆粗密

【寒】

宀-9 総画12 3年 明朝 寒 5BD2

音 カン 訓 さむ-い

筆順 とめる サにならない ミにならない

なりたち [会意]人が草をしきつめた家の中で横たわっている意味の「寒」と、氷(冫)を合わせて、さむいようすを表している字。

意味

❶さむい。つめたい。さむい時期。例暑さ寒さも彼岸まで。寒の入り。夜寒・大寒 対暖・温・暑

❷さびしい。さむざむとしている。

❶〈さむい〉の意味で

【寒気】⇩〔一〕かん 寒さ。例寒気がゆるむ。対暑気 〔二〕さむけ 病気のときや、ひどくおそろしい思いをしたときなどに感じる、背中がぞくぞくするような、いやな寒さ。類悪寒

【寒稽古】〈—する〉一年でいちばん寒い寒の時期におこなう武道などの練習。

【寒月】⇩寒さのきびしい冬の夜空に、いかにもひえびえと光っている月。

【寒色】⇩寒そうな感じの色。青やそのなかまの色をいう。対暖色

【寒心】▲ぞっとする思い。表現 多く「寒心にたえない」の形で使い、「実になげかわしい」という意味を表す。

【寒帯】⇩地球の表面を気候によっていくつかに分けた中で、北極と南極を中心とする、いちばん寒さのきびしい地帯。関連 熱帯・温帯・寒帯

【寒暖】⇔寒さと暖かさ。例寒暖の差がはげしい。寒暖計。

【寒中】⇩①冬の寒さのきびしい期間。②小寒のはじめから大寒のおわりまでの約三十日間。寒の内。例寒中見舞い。対暑中

【寒天】⇩①冬の最中の、さむざむとした空。類寒空 ②食品の名。海藻の「テングサ」をにてとかし、そのしるをこおらせたあと、かわかしたもの。それを使ってつくったゼリーのような食べ物。

【寒波】⇩冬、北からやってくるつめたい空気の大きなかたまり。類寒気団

【寒風】⇩冬のつめたい風。例寒風にさらされて、からだのしんまでひえてしまった。

【寒流】⇩寒帯から赤道のほうにむかって流れる、温度のひくい海水の流れ。対暖流
知識 日本の近くを流れる寒流が「親潮」。

【寒冷】Ⅲ気候がとても寒くてひえこむこと。例寒冷地。寒冷前線。対温暖

【寒空】⇩①いかにも寒そうな冬の空。類寒天 ②冬のいかにもさむざむとした天候。

❷〈さびしい〉の意味で

【寒村】⇩あまり活気の感じられない、さびれた村。例山おくの寒村にくらす。

←寒が下につく熟語 上の字の働き

❶寒＝〈さむい〉のとき
【厳寒 酷寒 余寒 夜寒】ドノヨウナ寒さか。

【小寒 大寒】ドノクライ寒い時期か。
【防寒 耐寒】寒さをドウスルか。
◆悪寒

【寓】

宀-9 総画12 人名 明朝 寓 5BD3

音 グウ 外 訓 —

意味 ❶よる。かりに住む。例 寓居・寄寓
❷よせる。たとえる。かこつける。例 寓話

❷〈よせる〉の意味で
【寓話】ぐうわ ↓ 教えなどをふくんだ、たとえ話。

【富】

宀-9 総画12 4年 明朝 富 5BCC

音 フ・フウ 高 訓 と-む・とみ

筆順 富 富 富 富 富 富 富（とめる・おおきく）

なりたち [形声]「畐」が「ゆたか」の意味と、「フ・フウ」とかわって読み方をしめしている。家（宀）がゆたかなことを表す字。

意味 ゆたか。とんでいる。財産が多い。とみ。財産。例 経験に富む。富をたくわえる。豊富

対 貧

参考「富」の字も、人名用漢字。

注意するよみ フウ…例 富貴

県名 富山（とやま）

名前のよみ あつ・あつし・さかえ・とし・とよ・ひさ・みつ・みつる・ゆたか・よし

【富貴】ふうき・ふっき Ⅲ〈—な〉財産がたくさんあって、そのうえ身分が高いこと。

【富豪】ふごう Ⅲ ひじょうに多くの財産をもつ人。大金持ち。例 大富豪。類 長者

【富国強兵】ふこくきょうへい 国をゆたかにし、軍隊を強くすること。類 軍国主義

【富裕】ふゆう Ⅲ〈—な・—に〉お金や物をたくさんもっていて、生活にゆとりがあること。例 富裕層。類 裕福

◆貧富 豊富

【寛】

宀-10 総画13 常用 明朝 寛 5BDB 旧字 寬 5BEC

音 カン 中 訓 —

筆順 寛 寛 寛 寛 寛 寛 寛 寛 寛

なりたち [形声]もとの字は、「寬」。「萈」が「カン」という読み方をしめしている。「カン」は「ひろい」の意味をもち、家（宀）のひろいことを表す字。

意味 心がひろい。ゆったりしている。例 寛大

名前のよみ とも・のぶ・のり・ひろ・ひろし・むね・もと・ゆたか・よし

【寛大】かんだい Ⅲ〈—な・—に〉心が広く、思いやりがある。例 寛大な処置。類 寛容

【寛容】かんよう Ⅲ〈—な・—に〉広い心でゆったりと受けとめること。失敗などをとがめずゆるすこと。例 寛容の精神。類 寛大 対 偏狭

【寝】

宀-10 総画13 常用 明朝 寝 5BDD 旧字 寢 5BE2

音 シン 中 訓 ね-る 中・ね-かす 中

筆順 寝 寝 寝 寝 寝 寝 寝 寝

なりたち [形声]もとの字は、「寢」。「㝵」が「シン」という読み方をしめしている。「シン」は「きよめる」意味をもち、病気をはらいきよめるために家（宀）のねどこ（爿）でねていることを表す字。

意味 ねる。ねどこにつく。例 子どもを寝かす。寝ても覚めても。寝言・就寝

【寝具】しんぐ ↓ 人がねるときに使う、ふとんやまくらなどの道具。類 夜具

【寝室】しんしつ ↓ 家の中で、おもにねるために使っているへや。ベッドルーム。

【寝食】しんしょく Ⅲ 人のくらしのうちで、いちばんもとになる、ねることと食べること。例 寝食をわすれて没頭する。

【寝台】しんだい ↓ 床よりすこし高くなっている、ねるための台。ベッド。例 寝台車。

【寝殿】しんでん ↓ 平安時代の貴族の屋敷の中心にある、主人が生活する建物。例 寝殿造り。

【寝汗】ねあせ ↓ ねていてかくあせ。とくに、からだの具合が悪くてかくあせ。類 盗汗

【寝息】ねいき ↓ ねむっているときの呼吸。例 や

すらかな寝息をたてている赤ん坊。

【寝顔】ねがお ↓ ねむっているときの顔。例 かわいい寝顔。

【寝癖】ねぐせ ↓ ①ねているうちにそうなってしまって、すぐにはなおらないかみの毛の形。②ねているあいだに、からだをあちこちに動かすくせ。例 寝癖がわるい。類 寝相

【寝心地】ねごこち ねるとき、また、ねているあいだの気分。例 このベッドは寝心地がいい。

【寝言】ねごと ↓ ねむっているあいだに、本人は知らずに言うことば。表現 意味不明とか見当ちがいの発言に対し、「なにを寝言言ってるんだ」などということもある。

【寝相】ねぞう ↓ ねむっているときの、からだ全体のかっこう。例 寝相がわるい。類 寝癖

【寝床】ねどこ ↓ ①ねるためにしいてあるふとん。②ベッド。寝台。

【寝袋】ねぶくろ ↓ ふくろのようになったうすいふとん。キャンプのとき使う。シュラフ。

【寝坊】ねぼう ↓〈―する〉朝おそくまでねていること。朝ねぼう。

【寝間着】ねまき ねるときに着る服。パジャマ。表記「寝巻き」とも書く。

【寝物語】ねものがたり ふとんの中に横になってする話。例 寝物語に昔話を聞かせる。

【寝技】ねわざ ↓ 柔道で、ねた姿勢で相手をせめ、おさえこむわざ。対 立ち技 表現「寝技を使う」などと、裏のほうでおこなうかけひきの意味でも使う。

◆就寝 空寝

寡

宀-11 総画14 常用 明朝 寡 5BE1

音 カ 中 訓 ―

筆順

たちなり [会意]「寡」は「ひとり」の意味をもち、家（宀）の中でひとりでいることを表す字。

意味 ❶すくない。すこし。例 多寡 対 多・衆 ❷夫に死にわかれた。例 寡婦

❶〈すくない〉の意味で

【寡作】かさく ▲〈―な〉作家や画家などが、少ししか作品をつくらないこと。例 寡作の作家。対 多作

【寡占】かせん ↓ 少数の会社が、ある商品のほとんどを作ったり売ったりすること。例 寡占状態。寡占価格。

【寡聞】かぶん ▲ 聞き知っていることが、わずかであること。表現「寡聞にして存じません」と言ってけんそんする。

【寡黙】かもく Ⅲ〈―な〉〈―に〉口数が少ないこと。例 寡黙な人。類 無口 対 多弁・冗舌

❷〈夫に死にわかれた〉の意味で

【寡婦】かふ ↓ 夫が先に死んだ女の人。例 寡婦年金。

察

宀-11 総画14 4年 明朝 察 5BDF

音 サツ 訓 ―

筆順 とめる はらう はねる

たちなり [形声]「宀」が「おおい」を表し、「祭サイ」が「サツ」とかわって読み方をしめしている。「サイ」は「こまかい」の意味をもち、おおわれてはっきりしないものをくわしく調べることを表す字。

意味 よく見てなかみを知る。こまかく見る。見えないところまでおしはかる。例 気持ちを察する。察しがいい。察知・観察・考察

名前のよみ あき・あきら

【察知】さっち ↓〈―する〉まわりのようすなどから、おしはかって知ること。例 危険を察知する。類 感知

←察が下につく熟語 上の字の働き

【観察 診察 監察 検察 査察 偵察 考察 省察 洞察】近い意味。

【賢察 拝察 明察 推察 視察】ドノヨウニ見ぬくか。

◆警察

寧

宀-11 総画14 常用 明朝 寧 5BE7

音 ネイ㊥ 訓 —

筆順

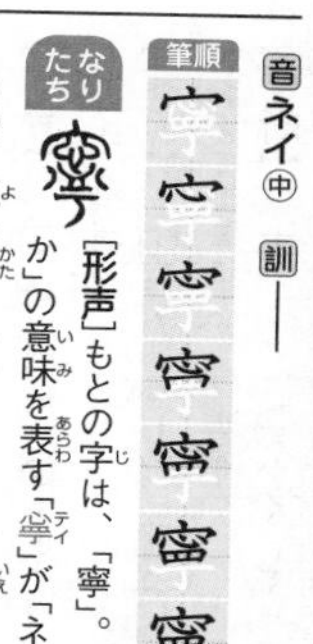

なりたち [形声]もとの字は、「寧」。「やすらか」の意味を表す「寍(ネイ)」が「ネイ」とかわって読み方をしめしている。家(宀)の中がやすらかなことを表す字。

意味 やすらか。おだやか。おちついている。例 寧日・安寧・丁寧

名前のよみ さだ・しず・やす・やすし

【審】

宀−12 総画15 常用 明朝 審 5BE9

音 シン㊥ 訓 —

筆順

なりたち [形声]「宀」が「おおい」を表し、「番(ハン)」が「シン」とかわって読み方をしめしている。「ハン」は「見分ける」意味をもち、おおわれているものを見分けて明らかにすることを表す字。

意味 くわしく調べる。はっきりさせる。あきらかにする。例 控訴審。審議・不審・主審

【審議】しんぎ ↓(—する) 問題になっていることをくわしく調べ、それがよいかどうか話し合うこと。例 予算案の審議。審議会。

【審査】しんさ Ⅱ(—する) くわしく調べ、よいかわるいか、どのくらいすぐれているかを決めること。例 審査の結果を発表する。

【審判】しんぱん ↓(—する) ①その人のしたことをよく調べて、よいかわるいか、正しいか正しくないか、罪があるかないかをはっきりさせること。例 選挙で国民の審判がくだる。②競技で、試合を進めながら、反則の有無や勝ち負けを決めること。

【審美眼】しんびがん 美しいものとみにくいものを見分ける力。例 審美眼をやしなう。

【審理】しんり ↓(—する) 裁判所で、法律にしたがって、事件の真相を調べ、明らかにすること。例 事件の審理を進める。

審が下につく熟語 上の字の働き

【誤審 再審】ドノヨウニ審理するか。

【球審 線審 塁審】ナニについての審判か。

【主審 陪審】ドウイウ立場の審判か。

◆不審

【寮】

宀−12 総画15 常用 明朝 寮 5BEE

音 リョウ㊥ 訓 —

筆順

なりたち [形声]「尞」が「リョウ」という読み方をしめしている。「リョウ」は「つらなる」の意味をもち、「つらなった建物(宀)」を表す字。

意味 寄宿舎。学校や会社などの共同宿舎。例 大学の寮。寮生活。寮歌・寮生・寮母

◆学寮 独身寮

【寵】

宀−16 総画19 人名 明朝 寵 5BF5

音 チョウ㊥外 訓 —

意味 かわいがる。めぐむ。とくに気に入る。例 寵愛(気に入ってかわいがる)・寵児(人気者)

3画 寸 [すん] の部

「寸」をもとに作られ、おもに手でおこなう動作にかかわる字を集めてあります。

この部首の字

0 寸 337 / 3 寺 338 / 4 寿 338 / 対 339 / 6 専 340 / 封 341 / 7 射 341 / 将 342 / 8 尉 342 / 9 尋 342 / 尊 343 / 12 導 343

肘→月 911 / 耐→而 904 / 辱→辰 1030 / 奪→大 297

【寸】

寸−0 総画3 6年 明朝 寸 5BF8

音 スン 訓 —

筆順 一 寸 寸 (はねる)

なりたち [指事]「又(手)」と手首の脈をはかるところをしめすしるしの「一」か

らできた字。

意味
❶長さの単位。尺貫法で、一尺の十分の一。約三・〇三センチメートル。
❷長さ。例寸法・原寸
❸ほんのわずか。すこし。短い。例寸時

❷〈長さ〉の意味で

【寸法】すんぽう ⇩ ①ものの長さや大きさ。例寸法をはかる。類尺度 ②計画。もくろみ。例ものごとは寸法どおりには進まない。

❸〈ほんのわずか〉の意味で

【寸陰】すんいん ⇩ 短い時間。例寸陰もむだにできない。表現「一寸の光陰」を短くしたことば。

【寸暇】すんか ⇩ ほんのちょっとの自由にできる時間。例寸暇をおしんで学ぶ。

【寸劇】すんげき ⇩ 短い軽い劇。例寸劇を演じる。

【寸言】すんげん ⇩ 短いが、意味の深いことば。例寸言人を刺すものがある。

【寸刻】すんこく ⇩ 過ぎていく時間の中のあっという間。例寸刻の余裕もない。類寸時

【寸志】すんし ⇩ 人にお金やものをおくるときに、けんそんして使うことば。「わずかですが、お礼の気持ちです」という意味。のし紙に書いたりする。目上の人に対しては使わない。

【寸時】すんじ ⇩ 短い時間。例寸時も休まずはたらく。類寸刻

【寸前】すんぜん ⇩ ほんの少し前。例ゴール寸前で転んでしまった。類直前

【寸断】すんだん ⇩〈―する〉こまかく、ずたずたにたち切ること。例台風で道路が寸断された。

【寸鉄】すんてつ ⇩ ①短い刃物。例身に寸鉄もおびず(武器を持っていない)。②短いが、人の心をつよくうごかすことば。例寸鉄人を刺す(短いが適切なことばで急所を突く)。

【寸秒】すんびょう ⇩ ほんのわずかな時間。例寸秒をあらそう。

【寸描】すんびょう ⇩〈―する〉さらっとかんたんにかいた絵や短い文章。スケッチ。例寸描画。

【寸評】すんぴょう ⇩〈―する〉短い批評。類短評

【寸分】すんぶん Ⅲ ほんのちょっと。例寸分のちがいもない。表現「寸分の…もない」と、あとに打ち消しのことばをつけて使う。

◆原寸 採寸

寺

寸-3 総画6 2年 明朝 寺 5BFA

音ジ 訓てら

筆順 一 十 土 寺 寺 寺（ながく）（はねる）

なりたち [形声]「止」と「寸(手)」とからでき、「止」が「ジ」とかわって読み方をしめしている。「シ」は「つかう」意味をもち、手を使って仕事をする「役所」を表していた字。

意味 てら。例お寺参り。寺院

【寺院】じいん ⇩ 寺。仏をまつり、僧が修行するための建物。例寺院の境内。類僧院

【寺社】じしゃ Ⅲ 寺と神社。例寺社めぐり。

【寺子屋】てらこや 江戸時代、ふつうの家の子どもたちに、読み書きやそろばんなどを教えたところ。参考教育を受けるために寺にかよった子どもである「寺子」からできたことば。

◆尼寺 社寺

寿

寸-4 総画7 常用 明朝 寿 5BFF 旧字 壽 58FD

音ジュ㊥ 訓ことぶき㊥

筆順 一 二 三 丰 寿 寿 寿

なりたち [形声]もとの字は、「壽」。もともとは「耂」と「𠷎」とからでき、「𠷎」が「ジュ」とかわって読み方をしめしている。「チュウ」は「長い」意味をもち、また「耂」は年よりを表すことから、年老いるまでの長い年月を表している字。

意味
❶長生き。年齢。例寿を保つ。寿命・賀寿・長寿
❷祝い。ことほぐ。めでたい。例寿詞・喜寿

名前のよみ かず・たもつ・つね・とし・なが・のぶ・ひさ・ひさし・ひで・ひろし・やすし・よし

❶〈長生き〉の意味で

【寿命】じゅみょう Ⅲ ①生き物が生まれてから死ぬまでの命の長さ。例寿命がつきる。類天命・天寿 ②道具や機械が役に立って使える期間。例この電球も寿命だ。

寿が下につく熟語 上の字の働き

❶寿＝〈長生き〉のとき
【長寿 天寿】ドンナ寿命か。
❷寿＝〈祝い〉のとき
【喜寿 傘寿 米寿 卒寿 白寿】イクツの年齢の祝いか。

対

寸−4 総画7 3年
明朝 対 5BFE
旧字 對 5C0D

音 タイ・ツイ㊥ 訓 ―

筆順 丶 ナ 文 対 対 対 対（とめる）（はねる）

なりたち 對 【会意】もとの字は、「對」。「丵」は鐘をつるす台の形で、台を二つ手（寸）で向かいあわせることを表す字。

意味
❶むかいあう。相手をする。例 敵と対する。対岸・反対
❷つきあわせる。つりあう。二つで一組みになる。例 対等・対句
❸対馬。旧国名。今の長崎県の一部となっている島。例 対州。

❶〈むかいあう〉の意味で

【対応】たいおう ↓〈―する〉①たがいに向かいあうこと。例 四角形で対応する二つの角。②相手の動きやまわりのようすに応じて行動すること。例 対応策。類 対処 ☞❷

【対外】たいがい ▲ 外部や、外国を相手にすること。例 対外貿易。対 対内

【対角線】たいかくせん 四つ以上の角をもつ図形の、となりあわない二つの角の頂点をむすぶ線。

【対岸】たいがん ↓ 川や湖などの向こうがわの岸。例 池の対岸までボートでいく。

【対局】たいきょく ▲〈―する〉碁や将棋で、向かいあって勝負をすること。例 名人と対局する。

【対極】たいきょく ↓ まったく正反対で、かけはなれていること。例 対極に立つ。

【対決】たいけつ ↓〈―する〉相手と向かいあって、どちらが強いか、正しいか、などをあらそって決めること。例 ライバルどうしの対決。

【対向】たいこう ↓〈―する〉向きが反対であること。例 対向車に道をゆずる。

【対抗】たいこう ↓〈―する〉相手に負けないようにと、がんばること。例 対抗意識が強い。

【対校】たいこう ▲ 学校どうしが試合などでたがいに競争しあうこと。

【対座】たいざ ↓〈―する〉向かいあってすわること。

【対策】たいさく ↓ 全体のなりゆき、相手の動きなどに応じてとる、自分のがわの手段や方法。例 対策を練る。類 方策

【対処】たいしょ ↓ 相手やそのときのようすに応じて、しなければならないことをすること。例 前向きに対処する。類 対応

【対象】たいしょう ↓ こちらからはたらきかけるときの相手。目的。例 対象年齢。

例解 使い分け たいしょう《対象・対称・対照》

対象＝目標にするもの。相手となるもの。例 小学生を対象とした本。観察の対象はアサガオ。
対称＝二つのものがつり合っていること。例 左右対称の図形。
対照＝二つのものをつき合わせてくらべること。例 白と黒の対照的な色合い。

子ども対象の本

左右対称

対照的な色

【対陣】たいじん ↓〈―する〉敵と向かいあって、陣をとること。例 川をはさんで対陣する。

【対戦】たいせん ↓〈―する〉相手とたがいに向かいあって戦うこと。その戦い。例 対戦相手。

【対談】たいだん ↓〈―する〉二人の人が向かいあって話し合うこと。表現 三人の人の話し合いは「鼎談」という。「鼎」は三本足のうつわ。

【対日】たいにち ▲ 日本に対する。例 対日貿易。

【対面】たいめん ▲〈―する〉①相手とじかに会うこと。例 かれとはじめて対面する。類 面会 ②両方が向かいあうこと。例 対面交通。

◀次ページ 専

【対立】たいりつ ↓〈―する〉たがいにはりあうこと。例意見が対立する。類反対・反目

【対話】たいわ ↓〈―する〉向かいあって話のやりとりをすること。やりとりした話の内容。例住民との対話をはかる。類会話

❷〈つきあわせる〉の意味で

【対応】たいおう ↓〈―する〉二つのものごとがつりあうこと。例支出に対応する収入。類匹敵

☞❶

【対義語】たいぎご ①「広い」と「せまい」、「売る」と「買う」など、たがいの意味が反対になることば。類反対語・反意語・反義語 対同義語・類義語・類語 ②「男」と「女」など、たがいに対になることば。類対語

【対語】たいご・ついご ↓「父」と「母」のように、たがいに対になることば。類対義語

【対称】たいしょう ↓〈―な〉〈―に〉二つの点や線・図形が、一つの点や一本の直線を中心にして、ぴったりとかさなりあうようにむかいあっていること。シンメトリー。例左右対称。

例解 [使い分け] たいしょう[対象・対称・対照] ☞339ページ

【対照】たいしょう ↓①〈―する〉二つのものごとをならべてくらべること。例訳文を原文と対照しながら読む。類対比・照合 ②二つをくらべてみたとき、そのちがいがはっきりと目立つこと。例対照的な性格。

例解 [使い分け] たいしょう[対象・対称・対照] ☞339ページ

【対等】たいとう Ⅲ〈―な〉〈―に〉たがいの力や立場・身分などに差がないこと。例対等な立場。

【対比】たいひ ↓〈―する〉二つのものをくらべあわせること。例二つの意見を対比して決める。類比較・対照

【対訳】たいやく ↓〈―する〉外国語や古いことばなどで書かれた原文と、それを自国語や現代語に訳した文とを、ならべてしめすこと。

【対流】たいりゅう ↓〈―する〉液体や気体があたためられると下から上へとあがり、入れかわりに温度の低いものが下にさがることによっておきる流れ。知識 熱のつたわり方の一つ。ほかに、伝導・輻射がある。

【対句】ついく ↓「うさぎ追いしかの山、こぶな釣りしかの川」のように、意味やことばの調子などがつりあう二つの句をならべたもの。

◀対が下につく熟語 上の字の働き

❶対＝〈むかいあう〉のとき

【敵対 反対】ドノヨウニむかいあうか。

◆一対 応対 好一対 絶対

専

寸-6 総画9 6年

明朝 専 5C02 旧字 專 5C08

音セン 訓もっぱ-ら(中)

筆順 てんなし ながく はねる

たちなり [形声] もとの字は、「專」。「叀」が糸まきの形で、「セン」という読み方をしめしている。「寸」がついて、糸まきを手(寸)でまわすことを表す字。

意味

❶ただそれだけ。例専門

❷自分かってにする。ひとりじめにする。例権力を専らにする。専制

❶〈ただそれだけ〉の意味で

【専一】せんいつ Ⅲ〈―な〉〈―に〉そのことだけを考え、ほかを考えないこと。表現「ご自愛専一に(体をたいせつにすることを第一にお考えください)」のように、手紙の終わりにそえる。

【専科】せんか ↓学校で、一つのことがらだけを勉強するコース。例外国語専科。

【専業】せんぎょう ▲その仕事だけを職業としてやっていること。例専業農家。対兼業

【専攻】せんこう ↓〈―する〉一つのことがらや分野にかぎって研究すること。例専攻科目。

【専修】せんしゅう ↓〈―する〉そのことを中心に勉強すること。例専修学校。

【専従】せんじゅう ↓〈―する〉そのことだけを仕事にしてはたらくこと。例専従の運転士。

【専心】せんしん ▲〈―する〉一つのことに気持ちを集中させること。例一意専心。類専念・傾注

【専属】せんぞく ↓〈―する〉一つの会社や団体と契約して、そこの仕事だけをすること。例当社の経験豊かな専属スタッフが担当します。

【専任】せんにん ↓〈―する〉その仕事だけを受けもっ

てすること。例専任コーチ。対兼任

【専念】▲〈―する〉ただ一つのことに気持ちを集中させること。例仕事に専念する。類専心・没頭・傾注・熱中

【専売】↓〈―する〉ある品物を、政府だけが、あるいは、きまった人や会社だけが売ることに決めること。例専売特許。

【専務】↓①その仕事だけを受けもつこと。例専務車掌。②「専務取締役」の略。社長を助け、会社全体をとりしまる役目。

【専門】↓ある一つのことがらだけをとりあつかうこと。例専門家。

【専有】↓〈―する〉ひとりじめすること。例利益を専有する。類独占 対共有

【専用】↓〈―する〉①一つのきまった役目にだけ、使うことになっていること。例自転車専用道路。対兼用 ②その人だけが使うことになっていること。例社長専用車。対共用

❷〈自分かってにする〉の意味で

【専横】Ⅲ〈―な・―に〉自分の立場が強いことに気をよくして、わがままをおしとおすこと。例専横をきわめる。類横暴

【専制】↓自分だけの考えで、物事を決めたりおこなったりすること。例専制政治。

【封】

寸-6 総画9 常用 明朝 封 5C01

音フウ中・ホウ中 訓―

筆順

なりたち [会意]「圭」はさかいに植える木の形からでき、手(寸)で木を植えてさかいを作ることを表す字。

意味 ❶ふさぐ。とじこめる。例封書・密封 ❷領地をあたえる。例封建

❶〈ふさぐ〉の意味で

【封印】↓〈―する〉とじた封じめに、はんこをおすこと。封じたことをしめすしるし。封をする。例現金書留の封筒に封印をおす。

【封鎖】Ⅲ〈―する〉出入り口をふさいで出入りできないようにすること。例道路が封鎖される。海上封鎖。

【封書】↓封筒に入れて中が見えないようにした手紙。例一通の封書がとどいた。

【封筒】↓手紙や書類などを入れるための、紙のふくろ。例二重封筒。

【封入】↓〈―する〉ふくろなどの中に物を入れて、封をすること。例封筒に写真を封入する。

❷〈領地をあたえる〉の意味で

【封建】↓むかし、君主が自分の領土を家来に分けあたえて、そこをおさめさせたこと。例封建制度。封建時代。

【封建的】〈―な・―に〉封建時代のように、身分などの上下を重く考え、個人の権利や自由をたいせつにしない考え方。対民主的

←封が下につく熟語 上の字の働き

❶封＝〈ふさぐ〉のとき
【同封 密封 完封】ドノヨウニ封じるか。
◆開封

【射】

寸-7 総画10 6年 明朝 射 5C04

音シャ 訓い-る

筆順 はねる だす はねる

なりたち [会意]「身」の部分はもともと弓に矢をつがえた形で、手(寸)で弓をいることを表している字。

意味 ❶矢をはなってあてる。銃をうつ。例矢を射る。的を射る。射撃・発射 ❷いきおいよく出す。例注射

❶〈矢をはなってあてる〉の意味で

【射撃】Ⅲ〈―する〉銃や大砲でたまをうつこと。例一斉射撃。

【射幸心】苦労なしで幸運が手に入らないかとねがう心。例射幸心をあおる。

【射殺】↓〈―する〉銃で相手をころすこと。

【射手】↓弓を射る人や銃をうつ人。

【射程】↓弓で射た矢や、大砲などのたまがとどく距離。例射程距離。

【射的】▲①的をねらって、銃や弓を発射させること。例射的競技。②空気銃で的を

ねらいうちする遊び。例射的屋。

❶射＝〈矢をはなってあてる〉のとき
【掃射 速射 連射 乱射】ドノヨウニ発射するか。
❷射＝〈いきおいよく出す〉のとき
【照射 注射 直射 噴射 放射】ドウヤッテ出すか。
◆発射 反射

将

音ショウ 訓―

寸-7 総画10 6年

明朝 将 5C06

旧字 將 5C07

筆順 丨 丬 丬 丬 丬 丬 将 将（はねる）将 将

なりたち 將 [形声]もとの字は、「將」。「爿」が読み方をしめしている。「ショウ」という読み方をしめしている。「すすめる」意味の「ショウ」という読み方をしめしている。「夕」は肉（夕）を手（寸）でもっている形で、「爿」と合わせて、神に肉をそなえることを表す字。

意味

❶軍隊をひきいる人。例将を射んとせばまず馬を射よ（めざすものを手に入れるには、まず手近のものからせめていくのがよい）。将軍・大将

❷これから…しようとする。例将来

名前のよみ すすむ・ただし・たもつ・のぶ・ひとし・まさ・ゆき

［文字物語］このページ

❶〈軍隊をひきいる人〉の意味で
【将棋】しょうぎ ↓ たて・よこ九ますずつ、八十一のます目に、八種類四十枚のこまを交互に動かして相手の王将を取り合うゲーム。例将棋を指す。
【将軍】しょうぐん ▲①大きな軍隊を指図する人。例将軍と兵。②「征夷大将軍」の略。幕府のいちばん上に立つ人。例将軍家。
【将校】しょうこう ↓ 少尉から上の軍人。例青年将校。類士官
【将兵】しょうへい Ⅱ 将校と兵士。軍人。

❷〈これから…しようとする〉の意味で
【将来】しょうらい ↓ これから先のこと。例将来の夢について語り合う。類未来・先先

将が下につく熟語 上の字の働き
❶将＝〈軍隊をひきいる人〉のとき
【大将 武将 名将】ドノヨウナ将軍か。
【主将 副将】ドノヨウナ統率者か。

文字物語 将

高等学校で漢文を学ぶと、「将」の字が「まさに…せんとす」とよまれることを知るだろう。「今にも…になろうとしている」という意味で、手のとどきそうな近い未来のことをいっている。だから、「将来」ということばは、「わたしは将来、宇宙飛行士になりたい」というように、今という時から考えることのできるところにある未来をいうのにふさわしい。

「未来」ということばは、かぎりなくつづく時間を、「過去（過ぎ去ってしまった時）」「現在（今のこの時）」「未来（まだ来ていない時）」と三つにくぎって考えるときにいうことばだ。「近い未来」から「はるかに遠い未来」まで「未来」ははてしなくつづいている。

尉

音イ中 訓―

寸-8 総画11 常用

明朝 尉 5C09

筆順 尸 尸 尸 尉 尉 尉 尉 尉

なりたち 㷉 [会意]「尸」と「火」と「寸」とからできた字。「尸」が「おさえる」意味をもち、手（寸）で火のしを持って布をたいらにすることを表している字。

意味 軍人や自衛官の階級の名。例尉官 大尉・中尉・少尉・一尉など。

名前のよみ やす

尋

音ジン中 訓たず-ねる中

寸-9 総画12 常用

明朝 尋 5C0B

筆順 ヨ ヨ 㝷 㝷 㝷 㝷 尋 尋

なりたち [会意]右手(又)と左手(ナ)とを組み合わせ、両手を広げた長さを表す字。

意味 ❶たずねる。例道を尋ねる。尋問 ❷長さの単位。ひろ。両手を左右に広げた長さ。例千尋(せんじん・ちひろ)

例解[使い分け]たずねる[尋・訪]☞このページ

名前のよみ ちか・つね・のり・ひろ・ひろし

❶〈たずねる〉の意味で

【尋問】Ⅲ〈―する〉裁判官や警察官が、質問をしてとりしらべること。例証人尋問。誘導尋問。

❷〈長さの単位〉の意味で

【尋常】Ⅲ〈―な〉〈―に〉①ごくふつうであること。あたりまえ。例あのあわてかたは尋常ではない。類通常 ②すなおなこと。例尋常に勝負しろ。

尊

寸-9 総画12 6年 明朝 尊 5C0A

音ソン 訓たっと-い・とうと-い・たっと-ぶ・とうと-ぶ・みこと外

筆順 尊 尊 丷 酋 酋 尊 尊 (はねる)

なりたち [会意]酒だる(酋)を手(廾→寸)に持って神にささげることを表している字。

意味 ❶とうとい。うやまいたいせつにする。例祖先を尊ぶ。尊敬 対卑 ❷相手をとうとんでいうことば。例尊顔

例解[使い分け]たっとい・とうとい[尊・貴]☞345ページ

名前のよみ たか・たかし

❶〈とうとい〉の意味で

【尊敬】Ⅲ〈―する〉りっぱだ、すばらしい、と心からうやまうこと。例尊敬の念。対軽蔑

【尊厳】↓とてもたいせつで、おごそかであること。例生命の尊厳。尊厳死。

【尊称】↓人をうやまう気持ちを表すためのよび名。類敬称

【尊崇】Ⅲ〈―する〉神仏などをうやまい、たっとぶこと。

【尊属】↓身内や親戚のうち、父母・祖父母・おじ・おばなどの目上の人。対卑属

【尊大】Ⅲ〈―な〉えらそうに、むやみにいばるようす。例尊大な態度。類高慢・不遜

【尊重】Ⅲ〈―する〉だいじなものとしてあつかうこと。例人命を尊重する。対軽視

【尊卑】⇕身分や地位の、高いことと、低いこと。例今や身分に尊卑はない。類貴賤

❷〈相手をとうとんでいうことば〉の意味で

【尊顔】↓あなたのお顔。(うやまった言い方)例ご尊顔を拝す(お会いする)。

【尊父】↓あなたの父上。(うやまった言い方)例ご尊父さまにはたいへんおせわになっております。類父上 対尊母・母堂

【尊名】↓あなたのお名前。(うやまった言い方)例ご尊名はかねがねうかがっておりました。類高名

◆本尊 唯我独尊

導

寸-12 総画15 5年 明朝 導 5C0E

音ドウ 訓みちび-く

筆順 導 導 丷 首 首 道 (はらう) 導 (ながく) 導 (はねる)

例解 使い分け たずねる《尋ねる・訪ねる》

尋ねる＝わからないことを人にきく。例道を尋ねる。安否を尋ねる。由来を尋ねる。真理を尋ねる。

訪ねる＝会いに行く。例知人を訪ねる。会社を訪ねる。史跡を訪ねる。

たちなり 導 [形声]「道」が「みち」の意味と「ドウ」という読み方をしめしている。手(寸)を引いて道を行くことを表す字。

意味 ❶みちびく。案内する。手引きする。例 チームを優勝へ導く。導入・指導
❷つたえる。例 導体・伝導

名前のよみ みち

❶〈みちびく〉の意味で

【導入】↓〈—する〉①とりいれること。例 最新技術を導入する。②音楽や文学作品などのはじめの部分で、聴く人・読む人をひきこもうとすること。例 導入部。

❷〈つたえる〉の意味で

【導火線】火薬につなぎ、火をつけると爆発が起きるようにする線。表現 事件などの直接のきっかけの意味で使うこともある。

【導線】↓電気を通すための針金。

【導体】↓銅・アルミニウムなど、熱や電気をつたえやすい物質。類 良導体・伝導体 対 不導体・絶縁体 知識 電気の通し方が導体と絶縁体の中間である物質を半導体という。

導が下につく熟語 上の字の働き

❶導＝〈みちびく〉のとき
【指導 先導 補導 誘導】ドウヤッテ導くか。

3画 ⺌ 小［しょう］の部

「小」をもとに作られ、小さい意味を表す字と、「小」あるいは「⺌」の形がめやすとなっている字を集めてあります。

この部首の字
0 小……344　1 少……347　3 尖……347
当……348　5 尚……349
光▸儿 112　劣▸力 165　肖▸月 910　省▸目 807
党▸儿 117　堂▸土 261　常▸巾 372　雀▸隹 1068
掌▸手 546　嘗▸口 237　裳▸衣 955　賞▸貝 1009

小

音 ショウ　訓 ちい-さい・こ・お

小-0　総画3　1年　明朝 小 5C0F

筆順 はねる とめる

たちなり [指事] もともとは小さい三つの点からできた字で、小さくこまかいことを表している。

意味 ❶ちいさい。わずか。こまかい。すくない。「小学校」の略。例 家が小さい。小の虫をころして大の虫を助ける(大きなことをなしとげるために、小さなことを犠牲にする)。小物・小川・縮小 対 大
❷すこしばかり。例 小粋
❸じゅうぶんとはいえない。例 小事
❹けんそんしていうことば。自分に関係のあることに使う。例 小生
❺《その他》例 小正月

特別なよみ 小豆(あずき)

名前のよみ さ

❶〈ちいさい。わずか〉の意味で

【小豆】↓小粒で赤い豆。赤飯や和菓子のあんの材料にする。例 ゆで小豆。

【小川】↓小さな川。例 小川のせせらぎ。対 大河

▲【小路】↓町の中の幅のせまい道。例 袋小路。対 大路

【小形】↓〈—な〉ものの形が小さいこと。例 小形の花もよう。小形の魚。対 大形

【小型】↓〈—に〉おなじ種類のものの中で、形が小さいこと。例 小型カメラ。小型自動車。関連 大型・中型・小型

【小柄】↓〈—な〉①からだがふつうよりも小さい。例 小柄な人。類 小粒 対 大柄 ②着物などの、しまやもようが細かいこと。例 小柄な花をあしらう。対 大柄

【小口】↓量や金額が少ないこと。例 小口の預金がある。対 大口 ☞❺

【小声】↓小さな声。声をひそめて話す声。例 小声でつぶやく。対 大声

【小細工】手先でする細かい仕事。☞❸

【小魚】↓小さい魚。類 雑魚 対 大魚

【小潮】↓潮のみちひきの差が、もっとも小さくなるとき。対 大潮 参考 月に二回、半月のころにみられる。

【小銭】こぜに ↓ 一円・十円・百円などの細かいお金。ばら銭。例 小銭入れ。

【小僧】こぞう ↓ 年のわかい僧。☞❸

【小包】こづつみ ↓ ①小さなつつみ。②「小包郵便」の略。郵便で送る小さな荷物。

【小粒】こつぶ ↓〈―な〉①粒が小さいこと。例 さんしょうは小粒でもぴりりとからい。対 大粒 ②からだが小さいこと。例 小粒ながら長打力のある選手。類 小柄・小兵

【小道具】こどうぐ ①劇などで使う、小さい道具。例 小道具係。対 大道具 ②身のまわりのこまごまとした道具。例 小道具入れ。

【小鳥】ことり ↓ スズメやウグイスなど、小形の鳥。例 小鳥がさえずる。

【小荷物】こにもつ 手で持って歩けるほどの小さな荷物。例 小荷物預り所。

【小人数】こにんずう〈―にんず〉少ない人数。例 小人数のグループ。類 少人数 対 大人数

【小糠雨】こぬかあめ 音もなく、やわらかにふる粒の細かい雨。類 霧雨・小雨〈―さめ〉・細雨・煙雨

【小鼻】こばな ↓ 鼻の下部の、左右にふくらんだところ。例 小鼻をふくらませる。類 鼻翼

【小幅】こはば ↓ ①〈―に〉〈―な〉数や量、ねだんなどの、変化の幅が小さいこと。例 小幅なねあげにとどまる。対 大幅 ②布地の織り幅が約三六センチのもの。類 並幅 対 大幅

【小判】こばん ↓ ①おもに江戸時代に使われたお金。小さいだえん形の金貨で、一枚が一両。例 小判形のコロッケ。対 大判 ②紙などの判が小さいこと。また、その大きさのもの。例 小判のノート。対 大判

【小人】↓ ❶こびと〈―じん〉小さな人間。物語や童話に出てくる小さな人間。例 白雪姫と七人の小人。対 巨人 ❷しょうにん 子ども。対 大人 ☞❸

【小兵】こひょう ↓ からだつきの小さいこと。小さい男の人。例 小兵力士。類 小柄・小男

【小麦】こむぎ ↓ 穀物の一つ。実を粉にひいた小麦粉は、パン・パスタ・うどん・お好み焼きなどの材料となる。表現 日焼けした肌を「小麦色」というのは、熟した実が茶色いことによる。

【小文字】こもじ ①小さな文字。②アルファベットの「ABC」に対して「abc」の文字。対 大文字

【小物】こもの ↓ ①身のまわりのこまごまとした品物。例 小物入れ。②小さな魚。例 小物しか釣れない。対 大物 ☞❸

【小屋】こや ↓ ①小さくて、かんたんな建物。物を置いたり家畜を飼ったりするのに使う。例 物置小屋。②芝居や見せ物などをするための建物。例 見せ物小屋。

【小雪】↓ ❶こゆき 少しふる雪。対 大雪 ❷しょうせつ 二十四気の一つ。十一月二十三日ごろ。

【小指】こゆび ↓ 五本の指のはしにある、いちばん小さい指。表記「子指」と書かないように注意。関連 親指・人差指・中指・薬指・小指

【小雨】しょうう〈―こさめ〉↓ 少しふる雨。例 小雨がぱらつく。類 小糠雨 対 大雨〈たいう・おおあめ〉

【小額】しょうがく ↓ 単位が小さいお金。対 高額 表現 お金の多い少ないをいうときには「少額」を使う。例 小額貨幣。

【小学生】しょうがくせい 小学校にかよう児童。

【小学校】しょうがっこう 六歳から十二歳までの六年間、児童がかよう義務教育の学校。

【小寒】しょうかん ↓ 二十四気の一つ。一月五日、六日ごろの、寒さがきびしくなりはじめるころ。大寒の前の十五日間をいう。

【小休止】しょうきゅうし〈―する〉ちょっと休むこと。例 五十分歩いて十分間の小休止をとる。

例解 使い分け たっとい・とうとい《尊い・貴い》

尊い＝うやまうべきである。
例 師の尊い教えをまもる。尊い犠牲をはらう。

貴い＝ねうちがある。位が高い。
例 貴い資料。貴い体験。

参考「尊い・貴い」の反対は「卑しい」。

【小計】しょうけい ↓〈―する〉一部分の合計。例 小計をまとめる。関連 小計・合計・総計・累計

【小康】しょうこう ↓ あらそいごとや病気が、少しのあいだおさまっておだやかなこと。例 小康状態をたもつ。

【小差】しょうさ ↓ ほんの少しのちがい。例 小差でにげきる。対 大差

【小冊子】しょうさっし 小さくてうすい本。パンフレット。例 観光地を紹介する小冊子。

【小銃】しょうじゅう ↓ 肩にかけたりして持ちはこびできる銃。例 自動小銃。類 鉄砲

【小食】しょうしょく ↓ 食事の量が少ないこと。対 大食 表記「少食」とも書く。

【小心】しょうしん ↓〈―な〉気が小さいこと。例 小心者。類 小胆 対 大胆

【小心翼翼】しょうしんよくよく〈―たる〉小さなことにも心をびくつかせて、おくびょうなようす。「翼翼」はびくびくすること。参考 もとはよい意味で、細かく気をくばること。

【小水】しょうすい ↓「小便」を、少し遠まわしに、上品にいうことば。例 小水をとる。表現「お小水」という言い方で使われることが多い。

【小数】しょうすう ↓ 一よりも小さい数。〇・一、〇・〇一などと表したときの「.」のあと。例 小数点。関連 整数・小数・分数

【小節】しょうせつ ↓ ①文章の小さい一くぎり。②音楽で、楽譜の中のたて線でくぎられたひとこま。例 六小節の前奏。☞「こぶし」は❷

【小腸】しょうちょう ↓ 胃と大腸の間にあって食べた物を消化・吸収する消化器官。

【小刀】↓ ❶しょうとう 短い刀。ふつう、大刀に対するわきざしを指す。類 短刀 対 大刀 ❷こがたな 小さな刃物。ナイフ。例 小刀でけずる。

【小児】しょうに ↓ おさない子ども。例 小児科。

【小脳】しょうのう ↓ 大脳と延髄の間にある器官。運動や平衡をつかさどる。

【小品】しょうひん ↓ 芸術や文学などの、ちょっとした作品。例 小品を発表する。対 大作

【小便】しょうべん ↓ おしっこ。尿。対 大便

【小用】しょうよう|こよう ↓ 小便。おしっこ。例 小用に立つ。☞❸

❷〈すこしばかり〉の意味で

【小粋】こいき ↓〈―に〉なんとなくかっこうよく、しゃれた感じがすること。例 ぼうしを小粋にかぶる。表記「小意気」とも書く。

【小金】こがね ↓ 多くはないが、それなりにまとまった金額のお金。例 小金をためこむ。

【小奇麗】こぎれい〈―な〉さっぱりとした感じで、こころよいようす。例 小ぎれいな部屋。

【小癪】◆こしゃく ↓〈―な〉なまいきで、いらいらさせるようす。例 こしゃくなまねをするな。

【小話】こばなし ↓ ちょっとした、おもしろい話。

【小節】こぶし ↓ 楽譜には書き表せないような、ちょっとしたふしまわし。例 小節をきかす。☞「しょうせつ」は❶

【小利口】こりこう〈―な〉ちょっとしたことによく気がきいて、要領がいいようす。こざかしい。例 小利口にたちまわる。表現 あまりよくない意味に使われる。

❸〈じゅうぶんとはいえない〉の意味で

【小唄】こうた ↓ 三味線のばんそうに合わせてうたう、短いうたの一種。例 江戸小唄。

【小言】こごと ↓ ①ぶつぶつと不平や不満を言うこと。例 小言をならべる。②しかること。例 お小言をいただく。

【小細工】こざいく〈―する〉うわべだけのつまらないごまかし。例 小細工を見やぶられる。☞❶

【小僧】こぞう ↓ なまいきでやんちゃな少年や若者。例 いたずら小僧。類 坊主 ☞❶

【小手先】こてさき ↓ ①手の先の部分。例 小手先を働かす仕事。②少ない努力でできるやり方。例 小手先仕事でごまかす。

【小半日】こはんにち だいたい一日の半分ちかくの時間。例 小半日でできる仕事。

【小娘】こむすめ ↓ まだ一人前とはいえない年若い女の人。類 少女

【小物】こもの ↓ 力も地位もない、とるにたりない人。類 小人物・雑魚 対 大物 ☞❶

【小事】しょうじ ↓ あまりだいじでない、小さなこと。例 大事の前の小事。類 細事 対 大事 ☞

【大事】だいじ（287ページ）

【小市民】しょうしみん それほど金持ちでもなく、びんぼうでもない、ごくふつうの人びと。例 小市民の一員。

【小人】しょうじん ↓ 心や考え方のせまい人。例 小人閑居して不善をなす(心のせまい人は、ひまだとついよくないことをしてしまう)。☞❶

【小説】しょうせつ ↓ 世の中のできごとや、登場人物の行動や心理をいろいろに想定し、ありありとえがきだすことによって、人間や社会を書き表そうとする文学作品。例 長編小説。類 物語 参考「小説」とは、いかめしい議論でなく、なぐさみの文章という意味。

【小用】しょうよう|こよう ↓ ちょっとした、かんたんな用事。例 小用で外出する。☞❶

❹〈けんそんしていうことば〉の意味で

【小生】しょうせい ↓ 男性が、自分をへりくだっていうことば。例 小生、このたびぶじに大学を卒業できました。参考 手紙文などで使う。

❺《その他》

【小切手】こぎって 銀行にお金をあずけている人が、金額を書いて、受取人にしはらうようたのむ書きつけ。例 小切手ではらう。

【小口】こぐち ◎ ほそ長いものを横に切った切り口。例 ねぎを小口からきざむ。☞❶

【小作】こさく ↓ 人から田畑を借りて作物をつくること。例 小作農。知識 地主から土地を借り、小作料を米などの作物ではらった。

【小正月】こしょうがつ 一月十五日、またはその前後を入れた三日間。本当の正月(大正月)とは別の正月として祝った古い行事。陰暦を使っていたころの習慣。

【小春】こはる ↓ 初冬のころ。あたたかな春のような天気がつづくのでいう。例 小春日和。参考 陰暦十月の異名であった。

【小間物】こまもの 女の人の化粧品や身につけるこまごまとした品物。例 小間物をあきなう。参考 この「小間」は「細かい」の意味。

小が下につく熟語 上の字の働き

❶小＝〈ちいさい。わずか〉のとき
【過小 最小】ドノクライ小さいか。
◆群小 弱小 縮小 大小

【少】

小-1 総画4 2年 明朝 少 5C11

音 ショウ 訓 すく-ない・すこ-し

筆順 (はねる)(とめる)

なりたち [指事] 小さな点を四つ書いて、小さくこまかいことを表している字。のちに、「小」と区別して、「すくない」として使われるようになった。

意味

❶すくない。わずか。例 実りが少ない。もう少しほしい。少数・減少 対 多

❷わかい。例 少年・幼少 対 老

❶〈すくない〉の意味で

【少額】しょうがく ▲ お金の額が少ないこと。例 少額でもはらえない。類 低額 対 多額

【少少】しょうしょう ‖ 少しばかり。しばらく。例 少々お待ちください。類 多少

【少食】しょうしょく ▲〈―な〉食事の量が少ないこと。対 大食 表記「小食」とも書く。

【少数】しょうすう ▲ 数が少ないこと。例 少数意見。対 多数 表記 小数点以下は、一より「小さい」数だから「小数」。「少数の人」は、人の数が「少ない」のだから「少数」。

【少量】しょうりょう ▲ 分量が少ないこと。例 少量の塩をくわえる。対 大量・多量

❷〈わかい〉の意味で

【少女】しょうじょ ↓ 年のわかい女の子。おとめ。例 少女時代。類 小娘 対 少年

【少壮】しょうそう ‖ まだわかくて元気があること。例 少壮気鋭の学者。類 若手

【少年】しょうねん ↓ ①年のわかい男の子。小学生から中学生くらいの男の子をいう。例 少年期。対 少女 ②法律で、二十歳未満、または満十八歳までの男女。対 成年 関連 幼年・少年・青年・壮年・中年・熟年・老年

少が下につく熟語 上の字の働き

❶少＝〈すくない〉のとき
【希少 軽少 微少】近い意味。
【過少 最少】ドノクライ少ないか。
◆減少 多少 年少 幼少

【尖】

小-3 総画6 人名 明朝 尖 5C16

音 セン 外 訓 とが-る 外

意味 とがる。細くするどくなる。例 尖鋭(↓先鋭)・尖端(↓先端)

【尖端】↓ ①とがったものの、いちばん先の部分。類 突端 ②世の中の動きのいちばん進んだところ。例 流行の尖端をいく。表記「先端」とも書く。

当

⺌-3 総画6 2年 明朝 当 5F53 旧字 當 7576

音 トウ 訓 あ-たる・あ-てる

筆順 当（たかく／ださない）

なりたち 當 [形声]もとの字は、「當」。「尚」が「トウ」とかわって読み方をしめしている。「ショウ」は「つりあう」の意味をもち、「田」とつりあうほどのねうちがあることを表す。

意味
❶あたる。あてはまる。担当する。「当選」の略。例 予想が当たる。的に当てる。当然・適当 対 否
❷その。この。まさに問題としている。例 当の本人。当日

例解 使い分け あてる[当・充・宛] ☞ ひだりのページ

名前のよみ たえ・まさ

❶〈あたる〉の意味で

【当意即妙】〈―な〉その場に合わせて、すばやく頭をはたらかせるのがうまい。

【当該】＝ そのことにあたっている。例 当該団体。当該官庁。

【当事者】 そのことに、ちょくせつ関係のある人。例 当事者どうしで話し合う。類 当人・本人 対 第三者

【当選】▲〈―する〉①選挙でえらばれること。例 市長に当選する。対 落選 ②宝くじなど、くじに当たること。例 当選番号。

【当然】☒ そうなったり、そうしたりするのが当たり前である。例 当然の結果。

【当直】▲〈―する〉日直・宿直などの番にあたること。また、その人。例 当直看護師。類 日直・宿直

【当番】▲ わりあてられた順番が回ってきて、その仕事をすること。する人。例 そうじ当番。対 非番

【当面】↓〈―する〉今、目の前にせまっていること。例 当面の課題。類 直面 ☞❷

【当落】⇕ 当選か落選か。例 当落線上の候補者。

【当惑】↓〈―する〉どうしてよいかわからなくてこまること。例 当惑顔。類 困惑

❷〈その。この〉の意味で

【当局】↓ そのことを責任をもってとりあつかう人や役所。

【当月】↓ その月。関連 前月・当月・翌月

【当今】＝ このごろ。例 当今、いやな事件が多い。類 当節

【当座】↓ ①その場。例 当座の難をしのぐ。②しばらくのあいだ。例 当座の住まい。類 当分・当面 ③「当座預金」の略。

【当時】↓ そのころ。そのことがあったころ。例 戦争当時の話を聞く。

【当日】↓ その日。例 当日は、とてもいい天気だった。類 同日 関連 前日・当日・翌日

【当社】↓ ①この会社。例 これは当社の製品だ。②この神社。

【当初】↓ はじめのころ。例 入学当初はようすがわからず、こまることが多かった。

【当世】↓ 今の世の中。例 当世めずらしい親孝行者だ。類 現代・当代

【当節】↓ このごろ。類 当今

【当代】↓ 今の時代。例 当代の名力士。

【当地】↓ 自分が今いるこの土地。例 当地に来て三年になる。ご当地料理。

【当人】↓ その人自身。例 まわりはとにかく、当人は平気な顔だ。類 本人 対 他者

【当年】↓ その年。関連 前年・当年・翌年

【当分】↓ しばらくのあいだ。例 この寒さは当分つづくらしい。類 当座・当面

【当方】↓ 自分のほう。こちら。例 送料は当方で負担します。対 先方

【当面】↓ 今のところ。例 当面の計画を知らせる。類 当分・当座 ☞❶

【当用】↓ ふだんの生活の中でいつも使うこと。そのようなもの。例 当用日記。

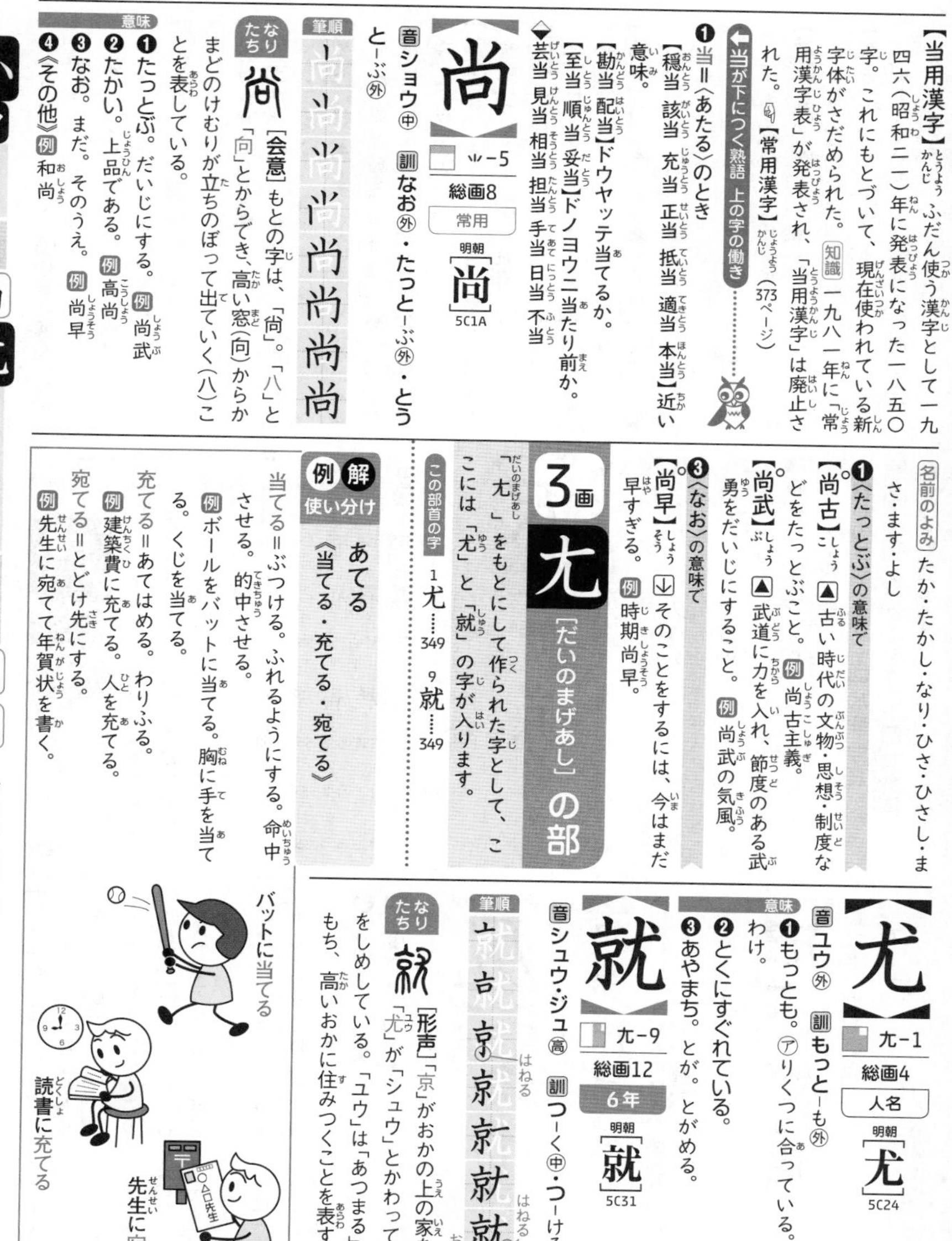

【当用漢字】ふだん使う漢字として一九四六（昭和二一）年に発表になった一八五〇字。これにもとづいて、現在使われている新字体がさだめられた。知識 一九八一年に「常用漢字表」が発表され、「当用漢字」は廃止された。☞【常用漢字】（373ページ）

当が下につく熟語 上の字の働き

❶当＝〈あたる〉のとき
【穏当 該当 充当 正当 抵当 適当 本当】近い意味。
【勘当 配当】ドウヤッテ当てるか。
【至当 順当 妥当】ドノヨウニ当たり前か。
◆芸当 見当 相当 担当 手当 日当 不当

尚

⺌-5 総画8 常用 明朝 尚 5C1A

音 ショウ中 訓 なお外・たっと-ぶ外・とうと-ぶ外

筆順

なりたち 尚 [会意]もとの字は、「尚」。「八」と「向」とからでき、高い窓(向)からかまどのけむりが立ちのぼって出ていく(八)ことを表している。

意味
❶たっとぶ。だいじにする。例 尚武
❷たかい。上品である。例 高尚
❸なお。まだ。そのうえ。例 尚早
❹《その他》例 和尚

名前のよみ たか・たかし・なり・ひさ・ひさし・まさ・ます・よし

❶〈たっとぶ〉の意味で
【尚古】▲古い時代の文物・思想・制度などをたっとぶこと。例 尚古主義。
【尚武】▲武道に力を入れ、節度のある武勇をだいじにすること。例 尚武の気風。

❸〈なお〉の意味で
【尚早】↓そのことをするには、今はまだ早すぎる。例 時期尚早。

3画 尢［だいのまげあし］の部

「尢」をもとにして作られた字として、ここには「尤」と「就」の字が入ります。

この部首の字 1 尤……349 9 就……349

例解 使い分け あてる《当てる・充てる・宛てる》

当てる＝ぶつける。ふれるようにする。命中させる。的中させる。
例 ボールをバットに当てる。胸に手を当てる。くじを当てる。

充てる＝あてはめる。わりふる。
例 建築費に充てる。人を充てる。

宛てる＝とどけ先にする。
例 先生に宛てて年賀状を書く。

尤

尢-1 総画4 人名 明朝 尤 5C24

音 ユウ外 訓 もっと-も外

意味
❶もっとも。㋐りくつに合っている。㋑とりわけ。
❷とくにすぐれている。
❸あやまち。とが。とがめる。

就

尢-9 総画12 6年 明朝 就 5C31

音 シュウ・ジュ高 訓 つ-く中・つ-ける中

筆順 はねる はねる おらない

なりたち [形声]「京」がおかの上の家を表し、「尤」が「シュウ」とかわって読み方をしめしている。「ユウ」は「あつまる」意味をもち、高いおかに住みつくことを表す字。

次ページ 尺 尻 尼

意味

❶とりかかる。つく。例 仕事に就く。就任 対 退・辞

❷なしとげる。できあがる。例 成就

例解 [使い分け] つく[付・着・就] ☞65ページ

注意するよみ ジュ…例 成就

名前のよみ なり・ゆき

❶〈とりかかる〉の意味で

【就学】▲〈─する〉学校に、とくに小学校に入ることをいう。例 就学年齢。

【就業】▲〈─する〉①仕事にとりかかること。例 就業時刻。就業規則。類 勤務 ②仕事についていること。例 就業人口。就業支援。類 就労 対 失業

【就航】▲〈─する〉船や飛行機が、はじめて航路につくこと。例 就航式。

【就職】▲〈─する〉つとめ先を見つけて、そこではたらくようになること。例 就職活動。対 退職・辞職・失職・失業

【就寝】▲〈─する〉ねどこに入ること。例 昨日は九時に就寝した。類 就眠・就床 対 起床

【就任】▲〈─する〉ある役目につくこと。例 就任式。対 離任・退任・辞任

【就眠】▲〈─する〉横になって、ねむりにつくこと。例 就眠時間。類 就寝

【就労】▲〈─する〉仕事にとりかかること。仕事をしていること。例 就労時間。不法就労。類 就業

3画 尸 [しかばね] の部

人の横たわるすがたをえがいた象形である「尸」をもとに作られ、人のからだにかかわる字と、「尸」の形がめやすとなっている字を集めてあります。

この部首の字

1 尺…350　2 尻…350　尼…350　3 尽…351　4 局…351　尿…351　尾…352　5 居…352　屈…353　届…353　6 屋…353　屍…354　7 屑…354　展…354　9 属…355　11 層…355　12 履…355

刷▶刂 153　昼▶日 593　尉▶寸 342　殿▶殳 671

尺

音 シャク　訓 ──

尸-1　総画4　6年

明朝 尺 5C3A

筆順 (つける・はらう)

なりたち [象形] 親指とほかの四本の指とのあいだを開いた形をえがいた字。

意味

❶長さの単位。尺貫法で、十寸。約〇・三〇三メートル。例 尺八

❷ものさし。長さ。例 尺度・縮尺

発音あんない シャク→シャッ…例 尺貫法

❶〈長さの単位〉の意味で

【尺八】↓竹で作ったたて笛。おもてに四つ、うらに一つあながある。参考 長さが一尺八寸(約五五センチメートル)であることからこの名がついた。例 琴と尺八の合奏。

【尺貫法】ものをはかるのに、長さを「尺」、重さを「貫」、容積を「升」の単位で表すはかり方。知識 一尺は〇・三〇三メートル、一貫は三・七五キログラム、一升は一・八リットル。日本では長く尺貫法が使われていたが、一九五九年からメートル法になった。

❷〈ものさし〉の意味で

【尺度】Ⅲ ①長さを測る道具。ものさし。②ねうちを決める基準。③長さ。類 寸法

尻

音 ──　訓 しり 中

尸-2　総画5　常用

明朝 尻 5C3B

筆順

意味 しり。うしろのほう。終わりのほう。例 尻餅をつく。目尻・帳尻

特別なよみ 尻尾(しっぽ)

尼

音 ニ 高　訓 あま 中

尸-2　総画5　常用

明朝 尼 5C3C

筆順

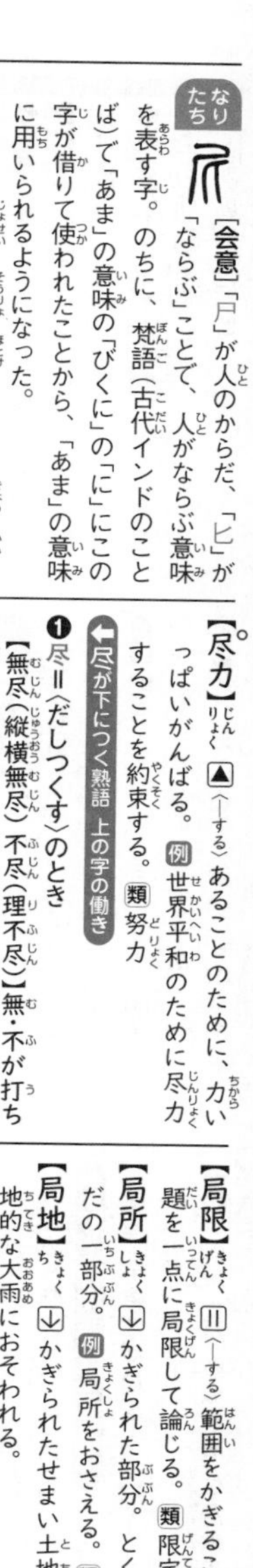

なりたち 尼 [会意]「尸」が人のからだ、「匕」が「ならぶ」ことで、人がならぶ意味を表す字。のちに、梵語(古代インドのことば)で「あま」の意味の「びくに」の「に」にこの字が借りて使われたことから、「あま」の意味に用いられるようになった。

意味 あま。女性の僧侶。仏やキリスト教の神につかえる女性。例 尼僧・禅尼

【尼寺】あまでら ↓ 尼が住職である寺。

【尼僧】にそう ↓ かみの毛をそって、仏に仕える女のお坊さん。また、キリスト教での修道女。

類 尼

尽

尸-3 総画6 常用 明朝 尽 5C3D 旧字 盡 76E1

音 ジン 中 訓 つ-くす 中・つ-きる 中・つ-かす 中

筆順

なりたち 盡 [形声] もとの字は、「盡」。「𦘔」が「つきる」意味と「ジン」という読み方をしめし、「皿」の中の物をからにすることを表す字。「なくなる、つくす」として使われる。

意味 ❶だしつくす。つきる。なくなる。例 全力を尽くす。愛想を尽かす。❷すべて。全部。例 一網打尽。

❶〈だしつくす〉の意味で

【尽力】じんりょく ▲〈-する〉あることのために、力いっぱいがんばる。例 世界平和のために尽力することを約束する。類 努力

尽が下につく熟語 上の字の働き

❶尽=〈だしつくす〉のとき

【無尽(縦横無尽) 不尽(理不尽)】無・不が打ち消しを表す。

◆ 一網打尽 焼尽

局

尸-4 総画7 3年 明朝 局 5C40

音 キョク 訓 つぼね 外

筆順 ふさぐ はねる

なりたち 局 [形声]「句」がくぎることを表し、また「キョク」とかわって読み方をしめしている。「尸(からだ)」をくわえて、からだをかがめることを表す字。

意味 ❶くぎられた部分。つぼね(宮中や貴族の家の中のへや)。役所などの組織の一部門。例 局地・支局 ❷そのときの状況。例 局面・難局 ❸碁や将棋の勝負。例 対局・終局

名前のよみ ちか

❶〈くぎられた部分〉の意味で

【局外】きょくがい ↓ そのことに直接関係のないこと。例 局外者。類 部外・外野

【局限】きょくげん Ⅲ〈-する〉範囲をかぎること。例 問題を一点に局限して論じる。類 限定

【局所】きょくしょ ↓ かぎられた部分。とくに、からだの一部分。例 局所をおさえる。類 局部

【局地】きょくち ↓ かぎられたせまい土地。例 局地的な大雨におそわれる。

【局番】きょくばん ↓ その地域の電話局につけられた番号。例 市内局番。

【局部】きょくぶ ↓ かぎられた部分。とくに、からだの一部分。例 局部麻酔。類 局所

❷〈そのときの状況〉の意味で

【局面】きょくめん ↓ ものごとのなりゆき。例 いきづまった局面を打開する。☞❸

❸〈碁や将棋の勝負〉の意味で

【局面】きょくめん ↓ 碁や将棋で勝負しているときの盤の上のようす。例 三手目の局面。☞❷

局が下につく熟語 上の字の働き

❶局=〈くぎられた部分〉のとき

【当局 支局 医局 薬局】ドウイウ部門か。

❷局=〈そのときの状況〉のとき

【時局 政局 戦局】ナニの状況か。

【大局 難局 破局 結局】ドンナ状況か。

❸局=〈碁や将棋の勝負〉のとき

【対局 終局】勝負をドウスルか。

尿

尸-4 総画7 常用 明朝 尿 5C3F

音 ニョウ 中 訓 ―

筆順

なりたち [会意]しりを表す「尾→尸」と「水」とからできた字で、「にょう」を表している。

意味 にょう。おしっこ。小便。小水。例 尿の検査。尿意・検尿

【尿意】にょうい ↓ 小便をしたいなという感じ。例 尿意をもよおす。類 便意

【尿道】にょうどう ↓ 小便が、ぼうこうからからだの外へ出るときに通るくだ。

◆検尿

尾

尸-4 総画7 常用 明朝 尾 5C3E

音 ビ 中 訓 お 中

筆順

なりたち [会意]しりを表す「尸」と「毛」とからでき、しりに生えた毛を表している字。

意味

❶しっぽ。お。例 尾をふる。尾骨

❷いちばんうしろ。あとのほう。例 尾行

❸尾張。旧国名。今の愛知県の西部。例 尾州。濃尾。

❹魚をかぞえることば。例 カツオ一尾。

❺《その他》例 尾根

特別なよみ 尻尾(しっぽ)

❷〈いちばんうしろ〉の意味で

【尾行】びこう ↓〈—する〉そっとあとをつけて行くこと。

【尾灯】びとう ↓ 電車・自動車などの後部につける赤いあかり。テールライト。テールランプ。

【尾翼】びよく ↓ 飛行機の胴体のうしろについているつばさ。例 水平尾翼。垂直尾翼。対 主翼

❺《その他》

【尾根】おね ◎ 山頂と山頂をむすんでつづく、馬の背のような部分。例 尾根道。類 稜線

尾が下につく熟語 上の字の働き

❷尾＝〈いちばんうしろ〉のとき

【語尾 船尾】ナニのうしろか。

◆首尾 末尾 徹頭徹尾 竜頭蛇尾

居

尸-5 総画8 5年 明朝 居 5C45

音 キョ 訓 い-る・お-る 外

筆順

なりたち [形声]「尸」が人がうずくまっている形で、「古」が「キョ」とかわって読み方をしめしている。「コ」は「動かない」意味をもち、「とどまっている」ことを表す字。

意味 いる。すわる。住む。すまい。例 居ても立ってもいられない。居間・住居

例解 [使い分け]いる[入・要・居] ☞119ページ

特別なよみ 居士(こじ)

【居心地】いごこち ある場所や立場にいるときに感じる気分。例 居心地のいい家。

【居酒屋】いざかや 気軽に、あまり高くないねだんでお酒を飲める店。類 大衆酒場

【居候】いそうろう ◎〈—する〉ただで他人の家に住んで食べさせてもらっている人。類 食客

【居丈高】いたけだか 〈—な・—に〉おどしつけるようにして相手に接すること。例 居丈高にでる。類 高圧的・高飛車・高姿勢

【居場所】いばしょ いるところ。いどころ。例 居場所をつきとめる。類 居所

【居間】いま ↓ 家族がふだんいるへや。リビングルーム。類 居室 対 客間

【居留守】いるす 家にいるのに、いないようにみせること。例 居留守を使う。

【居室】きょしつ ↓ ふだんいるへや。類 居間

【居住】きょじゅう Ⅲ〈—する〉そこに住みつくこと。例 居住地。居住者。類 在住

【居所】きょしょ・いどころ ↓ その人が今いるところ。例 犯人の居所をつきとめた。類 居場所

【居留】きょりゅう Ⅲ〈—する〉①しばらくのあいだ、ある土地に住むこと。②条約によって、外国のみとめられた地域内に住むこと。

居が下につく熟語 上の字の働き

【隠居 閑居 雑居 同居 別居】ドノヨウニシテ居るか。

◆起居 穴居 皇居 敷居 芝居 住居 新居 転居 鳥居

居(い) 長居(ながい) 入居(にゅうきょ)

屈

尸-5 総画8 常用 明朝 屈 5C48

音 クツ 中 訓 ―

筆順 （はね／はっきりだす）

なりたち ［形声］「出(シュツ)」が「クツ」とかわって読み方をしめしている。「シュツ」は「おじける」意味をもち、「尾→尸(しっぽ)」をくわえて犬などがおじけてしっぽをひっこめることを表す字。

意味
❶おれまがる。かがむ。例 屈折 対 伸
❷くじける。負けてしたがう。例 屈服
❸がんじょうだ。力強い。例 屈強
❹いきづまる。例 窮屈・退屈

❶〈おれまがる〉の意味で

【屈曲】(くっきょく) Ⅲ（―する）おれまがること。例 屈曲した山道を登る。

【屈指】(くっし) ▲ たくさんある中で、指をおって数える中に入るほどすぐれていること。指おり。例 世界屈指の美しい山だ。

【屈伸】(くっしん) ⇕（―する）からだをちぢめたり、のばしたりすること。例 屈伸運動。

【屈折】(くっせつ) Ⅲ（―する）①おれまがること。例 屈折した道路。②光や音などが、ほかの物質へ入るさかいめで、進む方向をかえること。例 屈折率。

【屈託】(くったく) ⇩（―する）思いなやみ、くよくよと気にすること。例 屈託のない顔。

❷〈くじける〉の意味で

【屈従】(くつじゅう) ⇩（―する）自分の考えをまげ、がまんして力の強い相手にしたがうこと。例 武力によって屈従をしいられる。類 屈服

【屈辱】(くつじょく) ⇩ ひどく恥をかかされた、という思い。例 屈辱をはらす。類 恥辱・汚辱

【屈服】(くっぷく) ⇩（―する）相手の力に負けて、言いなりになること。例 敵に屈服する。類 屈従・降伏 表記「屈伏」とも書く。

❸〈がんじょうだ〉の意味で

【屈強】(くっきょう) Ⅲ（―な）強い。例 屈強の若者。

◆窮屈 退屈 卑屈 不屈 理屈

届

尸-5 総画8 6年 明朝 届 5C4A 旧字 屆 5C46

音 ― 訓 とど-ける・とど-く

筆順 （はっきりだす）

なりたち ［形声］もとの字は、「屆」。「尸」が人のからだを表し、「凷(カイ)」が「カイ・タイ」という読み方をしめしている。「カイ・タイ」は「なえる」意味をもち、からだがなえて動けないようすを表す字。借りて、「とどける」の意味に使われている。

意味 とどける。とどく。とどけ。例 品物を届ける。届けを出す。手が届く。

屋

尸-6 総画9 3年 明朝 屋 5C4B

音 オク 訓 や

筆順 （とめる／ながく）

なりたち ［会意］もとは「尸」と「至」とからできた字。「尸」はからだを横たえている形、「屋」は「室(へや)」とおなじで、人のねる寝室を表している字。

意味
❶いえ。たてもの。例 屋敷・屋上・家屋
❷商店などのよび名。例 屋号・問屋(といや／とんや)
❸そのような性質をもつ人。例 始末屋。

例解［使い分け］や［家・屋］☞327ページ

特別なよみ 母屋(おもや)・部屋(へや)・数寄屋(すきや)・数奇屋(すきや)・八百屋(やおや)

❶〈いえ〉の意味で

【屋外】(おくがい) ⇩ 家や建物の外。そと。アウトドア。例 屋外で遊ぶ。屋外運動場。類 戸外 対 屋内

【屋舎】(おくしゃ) Ⅲ 家や建物。例 駅の屋舎。

【屋上】(おくじょう) ⇩ ①屋根の上。例 屋上屋を架す（よけいなことを重ねてする）。②ビルなどのいちばん上の平らになっているところ。

【屋内】(おくない) ⇩ 家や建物の中。インドア。例 屋内プール。類 室内 対 屋外・野外

【屋形船】(やかたぶね) 日本にむかしからある、屋根の

ある船。例屋形船ですずむ。

【屋敷】やしき ↓①家のまわりの一くぎりの土地。例池もある広い屋敷。類敷地 ②大きくてりっぱな家。例武家屋敷。類邸宅・豪邸

【屋台】やたい ↓①車のついた、屋根つきの台。物を売るのに使う。例夜店の屋台。②演奏やおどりなどをする台に屋根をつけたもの。祭りのとき広場に設ける。例屋台ばやし。

【屋根】やね ◎雨・風・雪などをふせぐために、建物の上につくられたおおい。例屋根裏部屋。表現「世界の屋根ヒマラヤ」のように、いちばん高い所を指すこともある。

❷〈商店などのよび名〉の意味で

【屋号】やごう ↓家の名字とは別につける店のよび名。類商号 知識歌舞伎役者に客席から声をかける「音羽屋」「成駒屋」なども屋号。

←屋が下につく熟語 上の字の働き

❶屋＝〈いえ〉のとき
【小屋 長屋 平屋 廃屋】ドノヨウナ家か。

❷屋＝〈商店などのよび名〉のとき
【質屋 問屋】ドンナ商店か。

❸屋＝〈そのような性質をもつ人〉のとき
【理屈屋 御天気屋 一発屋】ドノヨウナ人か。

◆家屋 社屋 寺子屋 母屋 納屋 岩屋 山小屋

【屍】

尸-6 総画9 表外 明朝 屍 5C4D

音シ外 訓しかばね外

意味 しかばね。なきがら。死体。

文字物語 層

「地層」は、地球の表面に長い長い年月をかけてできあがった土や岩のつみかさなり。その一つ一つの層の性質とか、かさなりぐあいとかから、何億年も前の地球のありさまや生物の進化のようすがわかってくる。人間の社会でも、そのしくみを考えるときに、人びとをある観点から段階的にいくつかのグループに分けて、「支配者層(王・貴族など、国をおさめるがわのグループ)と被支配者層(おさめられるがわの人びと)」といったり、年齢の段階で分けて「若年層・中高年層・高年齢層」、収入の段階で分けて、「高所得者層と低所得者層」といったりする。「層」は物のなりたちや構造と深く関係するのだ。

【屑】

尸-7 総画10 人名 明朝 屑 5C51

音セツ外 訓くず外

意味 くず。役に立たないもの。例紙屑

【展】

尸-7 総画10 6年 明朝 展 5C55

音テン 訓―

筆順 一 尸 尸 屏 屏 屏 展 展 展（はねる）（人にならない）

なりたち 展 [形声]「襄→㠭」が衣をひきのばす意味と「テン」という読み方をしめしている。「尸」をくわえて、人が物を下にしいてのばすことを表している字。

意味 ❶広げてならべる。広がってのびる。例展開・展示・発展 ❷展覧会。例夏休み工作展。

名前のよみ のぶ・ひろ

❶〈広げてならべる〉の意味で

【展開】てんかい Ⅲ〈―する〉①目の前に大きく広がって見えること。例眼下に展開する大海原。②場面が、次々にうつりかわっていくこと。例試合は、息づまるような展開を見せた。類発展 ③立体を切りひらいて、一つの平面の上に広げること。例展開図。

【展翅】てんし ▲〈―する〉標本にするために、昆虫の羽を広げてとめること。例展翅板。

【展示】てんじ ↓〈―する〉ものをならべて人に見せること。例卒業制作作品の展示会。類展覧・陳列

【展望】てんぼう ↓〈―する〉①はるか遠くまで見わたすこと。見はらし。例展望台。類眺望 ②社会の動きなどを、先の方まで見とおすこと。例将来への展望がひらける。

【展覧会】てんらんかい 作品や生産物などをならべ

会て、おおぜいの人に見せるもよおし。類展示

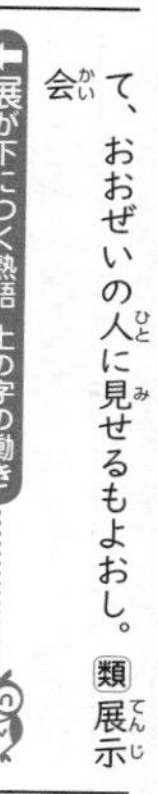

展が下につく熟語 上の字の働き

❶展＝〈広げてならべる〉のとき
【伸展 進展 発展】近い意味。
◆個展 親展

属

尸-9 総画12 5年
明朝 属 5C5E 旧字 屬 5C6C

音ゾク 訓—

筆順 はねる ムにならない

なりたち [形声]もとの字は、「屬」。「尾」が「尾」のことで「うしろ」の意味を表し、「蜀」が「ショク・ゾク」という読み方をしめしている。「ショク」は「つづく」意味をもち、「あとにつづく」ことを表す字。

意味 ❶つきしたがう。くっつく。例属性・所属 ❷…のなかま。分類区分の名。例ネコ属。金属 知識 生物学では、生物の種類を、…目、…科、…属などの順序で、大区分から小区分へと区分けをほどこしている。

❶〈つきしたがう〉の意味で
【属性】↓そのものがもともともっている性質。例銅の属性を調べる。
【属国】↓独立しておらず、よその国の支配をうけている国。対独立国

属が下につく熟語 上の字の働き

❶属＝〈つきしたがう〉のとき
【付属(附属) 従属 隷属】近い意味。
【専属 直属】ドノヨウニ属するか。
◆帰属 金属 所属 尊属 配属

層

尸-11 総画14 6年
明朝 層 5C64 旧字 層 FA3B

音ソウ 訓—

筆順 うえよりほそめ

なりたち [形声]もとの字は、「層」。「曾」が「かさなる」意味と「ソウ」という読み方をしめしている。「家」の略された形の「尸」をくわえて、「かさねた建物」を表す字。

意味 ❶かさなり。かさねる。例層雲・地層 ❷はんい。年齢や階級などで分けた集まり。例中間層。読者層。階層

[文字物語] ☞みぎのページ

層が下につく熟語 上の字の働き

❶層＝〈かさなり〉のとき
【高層 上層 断層】ドノヨウナ層か。
◆一層 大層 階層 地層

履

尸-12 総画15 常用
明朝 履 5C65

音リ中 訓は-く中

筆順

なりたち [会意]「旨」の部分はもと「舟」。「夂」は「あし」で、人(尸)が舟の形の木ぐつをはいて道(彳)を行くことを表している字。

意味 ❶はきもの。足にはく。例くつを履く。草履 ❷ふみおこなう。実行する。例履行

特別なよみ 草履(ぞうり)

❶〈はきもの〉の意味で
【履物】↓くつ・サンダル・げた・ぞうりなど、足にはくもの。例履物店。類下足

❷〈ふみおこなう〉の意味で
【履行】Ⅱ〈―する〉約束したことをきちんとおこなうこと。例契約を履行する。類実行
【履修】↓〈―する〉きめられた学課や課程の勉強をすませること。例履修科目を届ける。
【履歴】↓①その人が、それまでに勉強してきた学校ややってきた仕事などの歴史。例履歴書。類経歴・前歴・来歴 ②それまでにおこなわれた記録。例着信履歴。

3画 屮 [てつ] の部

「屮」をもとにして作られた字として、ここには「屯」の字だけが入ります。

この部首の字
1 屯……356

▶前ページ 属 層 履

屯

音 トン 中　訓 ―

屮-1　総画4　常用　明朝 屯 5C6F

筆順

なりたち [象形]かたくむすんだ草木の芽がやっと出ようとしているところをえがいた字。

意味 むらがる。たむろする。例 駐屯・屯田兵

【屯田兵】(とんでんへい) ふだんは農業をして、事件が起こると武器を持って守りにつく兵隊。明治時代、北海道開発に大きな役割をはたした。

3画 山 [やま][やまへん] の部

「山」をもとに作られ、山や地形にかかわる字を集めてあります。

この部首の字

0 山……356　4 岐……357　5 岡……358　岳……358　岩……358　岸……358　岬……359　6 峡……359　峠……359　7 峨……359　峻……359　島……360　峰……359　8 崖……360　崎……360　崇……361　崩……360　崚……361　9 嵐……361　10 嵯……361　嵩……361　14 嶺……361　17 巌……361

出▶凵 138　幽▶幺 381　炭▶火 735　凱▶几 137

山

音 サン　訓 やま

山-0　総画3　1年　明朝 山 5C71

筆順 (たかく)

なりたち [象形]やまの形をえがいた字。

意味
❶やま。もりあげたもの。例 山が見える。山頂・火山
❷鉱山。鉱石をほるところ。例 金山
❸《その他》例 山車

発音あんない サン→ザン…例 氷山

特別なよみ 山車(だし)・築山(つきやま)

名前のよみ たか・たかし・のぶ

❶〈やま〉の意味で

【山河】(さんが・さんか) Ⅲ 山や川。自然のけしき。例 国破れて山河在り。類 山川・山水

【山岳】(さんがく) Ⅲ 高く、けわしい山。例 山岳地帯。

【山間】(さんかん・やまあい) ↓ 山々の中。例 山間部。

【山系】(さんけい) ↓ いくつかの山脈が、一つのまとまりになってつながっているもの。例 ヒマラヤ山系。類 山脈

【山菜】(さんさい) ↓ 山に生えるわらび・ぜんまい・ふきのとうなどの、食べられる植物。例 山菜料理。

【山紫水明】(さんしすいめい) 山々はうすむらさきに見え、川は清らかに流れている美しいありさま。

【山上】(さんじょう) ↓ 山のいただき。

【山水画】(さんすいが) 山や川などの自然のけしきをえがいた中国風の絵。例 雪舟の山水画。

【山積】(さんせき) ↓〈―する〉山のようにたくさんつもり、たまること。例 課題が山積している。

【山川草木】(さんせんそうもく) 山や川、草や木などをひっくるめた自然のけしき。

【山荘】(さんそう) ↓ ①山の中にある別荘。例 山荘にこもって自然を楽しむ。②登山者やスキー客を泊めるための宿。類 山小屋

【山賊】(さんぞく) ↓ 山にいて、旅人などをおそい、金品をうばう盗賊。類 海賊

【山村】(さんそん) ↓ 山の中の村。例 山村留学。類 山里・山家

【山地】(さんち) ↓ ①山の多い地域。例 北上山地。対 平野 ②地形が山になっている土地。例 山地に木を植える。対 平地

【山中】(さんちゅう) ↓ 山の中。例 山中に分け入る。

【山頂】(さんちょう) ↓ 山のいちばん高いところ。山のいただき。例 山頂に立つ。類 頂上

【山道】(さんどう・やまみち) ↓ 山の中の道。類 山路

【山腹】(さんぷく) ↓ 山の中ほど。山の頂上とふもとのあいだのところ。例 山腹に広がる花畑。類 中腹

【山脈】(さんみゃく) ↓ たくさんの山が一つづきにつながっている地形。例 奥羽山脈。類 山系

【山門】(さんもん) ↓ 寺の正面にある門。参考 寺はも

とは山の中に建てることが多く、その山の名前を「山号」としてつけ、「××山〇〇寺」のように言った。それで、寺の門を「山門」という。

【山野】さんや ⊟ 山や野原。例 チョウを追って山野をかけまわる。類 野山・林野

【山容】さんよう ↓ 山のかたちやすがた。例 代々の植林で、やっともとの山容をとりもどした。

【山林】さんりん ① ⊟ 山や林。② ↓ 山の中の林。

【山麓】さんろく ↓ 山のふもと。例 山麓の村。類 山裾

【山奥】やまおく ↓ 山のおく深いところ。例 山奥に分け入る。

【山男】やまおとこ ↓ ①きこりや猟師など、山をすみかにしてはたらいている男。②山が好きで、しょっちゅう山登りに出かける男。③山の奥にすんでいるという男の怪物。

【山家】やまが ↓ 山深い村里の家。例 山家育ち。

【山風】やまかぜ ↓ ①山の中を吹く風。②夜、山の空気がひえて、吹き下ろしてくる風。

【山際】やまぎわ ↓ ①山のすぐ近く。山のすそ。山のふもと。類 山辺 ②山の、空に接するあたり。類 山の端

【山国】やまぐに ↓ 山の多い地方。例 雪深い山国。

【山気】やまけ ↓ 山で鉱脈をさがしあてるような、あてにならないことをあてにして、大もうけをしようと思う気持ち。例 山気が多い。

【山小屋】やまごや ↓ 登山者が泊まったり、休んだりするために、山に作られた小屋。ヒュッテ。例 山小屋にひなんする。類 山荘

【山里】やまざと ↓ 山の中にある小さな集落。例 山里の分校。類 山村・村里

【山師】やまし ↓ ①山を歩いて、鉱脈を見つけたり、木の売り買いをしたりする人。②あてにならない計画をもちかけて人をだます人。

【山路】やまじ ↓ 山の中の細い道。類 山道 例 山路を歩きながら小鳥の声を聞く。

【山裾】やますそ ↓ 山のふもとの、なだらかに広がった斜面。例 山裾の雑木林。類 山麓

【山手】やまて｜やまのて ↓ ①山に近いほう。②都会の高台の住宅地域。対 下町

【山場】やまば ↓ ものごとのいちばんもりあがるところ。クライマックス。例 ドラマの山場。

【山肌】やまはだ ↓ 木も草も生えていない、地面がむき出しの山の表面。例 いたいたしい山肌。

◆【山彦】やまびこ ↓ 声や音が山の斜面に当たってはねかえり、少しおくれて聞こえてくるもの。こだま。エコー。例 山彦がかえってくる。知識「こだま」は「木霊」「木魂」「木精」などとも書かれ、「山彦」は人の口まねをする男の精と考えられていた。

【山伏】やまぶし ↓ 野や山にねたりしながらめぐり歩き、からだや心をきたえる修験者。

【山懐】やまふところ｜やまぶところ ↓ 山にかこまれた、おく深い土地。例 山懐の村。類 山奥

【山道】やまみち ↓ 山の中の道。例 けわしい山道。

❸《その他》

【山車】だし ◎ お祭りのときに町をねり歩く、きれいにかざった大きな車。例 山車を引く。

←山が下につく熟語 上の字の働き

❶ 山＝〈やま〉のとき
【治山 登山 下山 遊山】山を（山に）ドウスルか。
【火山 氷山】ナニの山か。
【深山 全山 連山】ドノヨウナ山か。
【夏山 冬山】イツの山か。

❷ 山＝〈鉱山〉のとき
【金山 銀山 銅山】ナニをほる鉱山か。

◆黒山 鉱山

岐

山-4　総画7　4年　明朝 岐 5C90

音 キ中　訓 ―

筆順 丨 山 山 山' 山ᅩ 屵 岐 岐（たかく・でない）

なりたち [形声]「支」が「キ」とかわって読み方をしめしている。もと、「岐山」という「山」の名。

意味 わかれみち。例 岐路・分岐

県名 岐阜（ぎふ）

名前のよみ また・みち

【岐路】きろ ↓ 道が分かれているところ。分かれ目。例 人生の岐路に立つ。

◆多岐 分岐

岡

山−5 総画8 4年 明朝 岡 5CA1

音 コウ 外　訓 おか

筆順 岡 岡 岡 岡 岡 岡 岡 岡（とめる・はねる・ださない）

意味 おか。小高くなっている場所。

県名 岡山（おかやま）・静岡（しずおか）・福岡（ふくおか）

岳

山−5 総画8 常用 明朝 岳 5CB3 旧字 嶽 5DBD

音 ガク 中　訓 たけ 中

筆順 岳 岳 岳 岳 岳 岳 岳 岳

なりたち 【会意】「岳」はもと「嶽」の古い字形。「山」の上にさらに「丘」のある大きな山を表している字。「嶽」は、「山」と「獄」が「ガク」とかわって読み方をしめしている形声文字。

意味 高くて大きな山。例 岳人・山岳

名前のよみ おか・たか・たかし

【岳父】ふがく ⇩ 妻の父。しゅうと。参考 高い山のように尊敬すべき父という意味。

岩

山−5 総画8 2年 明朝 岩 5CA9

音 ガン　訓 いわ

筆順 岩 岩 岩 岩 岩 岩 岩 岩（ややたかく）

なりたち 【会意】「山」と「石」を合わせて、山にある大きな石「いわ」を表している字。

意味 いわ。大きな石。例 岩場・岩石・溶岩・水成岩

名前のよみ いわお・かた・たか

【岩場】いわば ⇩ 山の斜面で、むき出しの岩の多い場所。例 岩場を登る。

【岩屋】いわや ⇩ ①岩にあなをあけて作ったすまい。例 岩屋にとじこもる。②岩にできたほらあな。例 岩屋の中をさぐる。類 岩窟

【岩塩】がんえん ⇩ 陸地の岩石のあいだからとれる塩。塩分をふくんだ水が蒸発して、塩が地中でかたまったもの。

【岩窟】がんくつ ⇩ 岩にできたほらあな。類 岩穴・岩屋

【岩礁】がんしょう Ⅱ 海の中にかくれている大きな岩。例 引き潮で岩礁があらわれる。類 暗礁

【岩石】がんせき Ⅱ ①岩。大きな石。例 岩石をくだく。②地殻を形作っている鉱物のかたまり。

【岩盤】がんばん ⇩ 地面の下の岩石でできた地盤。例 山くずれで岩盤がむき出しになる。

【岩壁】がんぺき ⇩ かべのようにけわしく切り立った大きな岩。例 岩壁をよじ登る。表現 船つき場の「がんぺき」は「岸壁」。

文字物語 峠

「上と下」の意味を表すつくり「卡」をもった国字が、「峠」のほかにも、以下のように三つある。

(一)「桛」。訓「かせ」。つむいだ糸を巻き取る「エ」の字の形をした道具。糸を上下二本の木の棒にかけるものだから。

(二)「裃」。訓「かみしも」。武士の着物。上半身に着るかたぎぬと下半身につけるはかまとの一組の衣をいうから。

(三)「鞐」。訓「こはぜ」。足袋の合わせめをとめる、爪の形をした金具。もと、足袋の上前と下前とを革（なめしがわ）のひもで結んでいたから。

岸

山−5 総画8 3年 明朝 岸 5CB8

音 ガン　訓 きし

筆順 岸 岸 岸 岸 岸 岸 岸 岸（ノにならない・ながく）

なりたち 【形声】「厂」が高いがけを表し、「干」が「ガン」とかわって読み方をしめしている。「ガン」は「高くつき出る」意味をもち、「山」をくわえて、高く切り立ったがけを表す字。

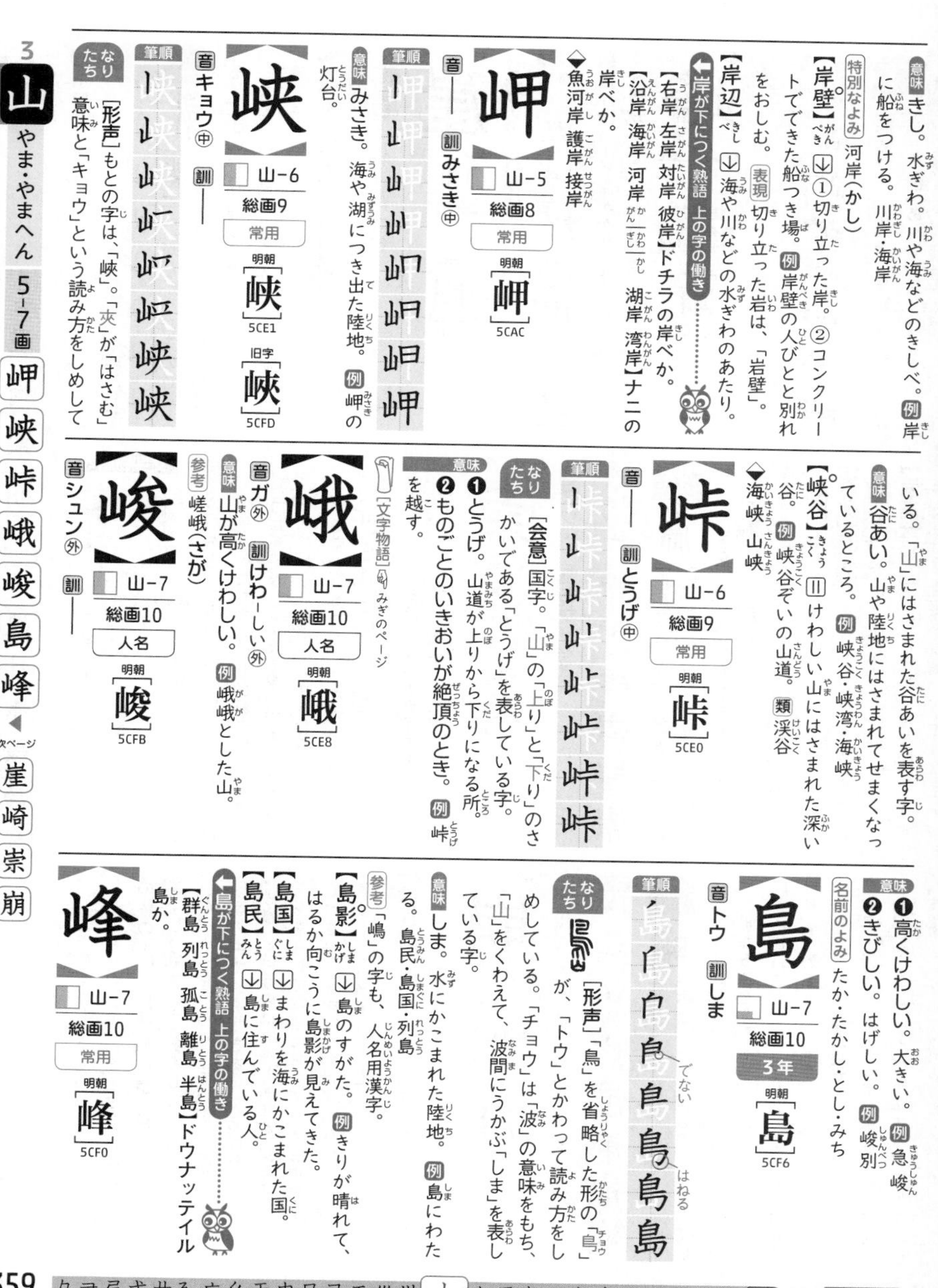

意味 きし。水ぎわ。川や海などのきしべ。例 岸に船をつける。川岸・海岸

特別なよみ 河岸(かし)

【岸壁】↓①切り立った岸。②コンクリートでできた船つき場。例 岸壁の人びとと別れをおしむ。表現 切り立った岩は、「岩壁」。

【岸辺】↓海や川などの水ぎわのあたり。

←岸が下につく熟語 上の字の働き

【右岸 左岸 対岸 彼岸】ドチラの岸べか。

【沿岸 海岸 河岸 湖岸 湾岸】ナニの岸べか。

◆魚河岸 護岸 接岸

岬

山-5 総画8 常用 明朝 岬 5CAC

音 — 訓 みさき中

筆順 岬

意味 みさき。海や湖につき出た陸地。例 岬の灯台。

峡

山-6 総画9 常用 明朝 峡 5CE1 旧字 峽 5CFD

音 キョウ中 訓 —

筆順 峡

なりたち [形声]もとの字は、「峽」。「夾」が「はさむ」意味と「キョウ」という読み方をしめしている。「山」にはさまれた谷あいを表す字。

意味 谷あい。山や陸地にはさまれてせまくなっているところ。例 峡谷・峡湾・海峡

【峡谷】↓Ⅱ けわしい山にはさまれた深い谷。例 峡谷ぞいの山道。類 渓谷

◆海峡 山峡

峠

山-6 総画9 常用 明朝 峠 5CE0

音 — 訓 とうげ中

筆順 峠

なりたち [会意]国字。「山」の「上り」と「下り」のさかいである「とうげ」を表している字。

意味 ❶とうげ。山道が上りから下りになる所。例 峠を越す。❷ものごとのいきおいが絶頂のとき。

[文字物語] みぎのページ

峨

山-7 総画10 人名 明朝 峨 5CE8

音 ガ外 訓 けわ-しい外

意味 山が高くけわしい。例 峨峨とした山。

参考 嵯峨(さが)

峻

山-7 総画10 人名 明朝 峻 5CFB

音 シュン外 訓 —

意味 ❶高くけわしい。大きい。例 急峻 ❷きびしい。はげしい。例 峻別

名前のよみ たか・たかし・とし・みち

島

山-7 総画10 3年 明朝 島 5CF6

音 トウ 訓 しま

筆順 島 (でない) (はねる)

なりたち [形声]「鳥」を省略した形の「鳥」が、「トウ」とかわって読み方をしめしている。「チョウ」は「波」の意味をもち、「山」をくわえて、波間にうかぶ「しま」を表している字。

意味 しま。水にかこまれた陸地。例 島にわたる。島民・島国・列島

参考 「嶋」の字も、人名用漢字。

【島影】↓島のすがた。例 きりが晴れて、はるか向こうに島影が見えてきた。

【島国】↓まわりを海にかこまれた国。

【島民】↓島に住んでいる人。

←島が下につく熟語 上の字の働き

【群島 列島 孤島 離島 半島】ドウナッテイル島か。

峰

山-7 総画10 常用 明朝 峰 5CF0

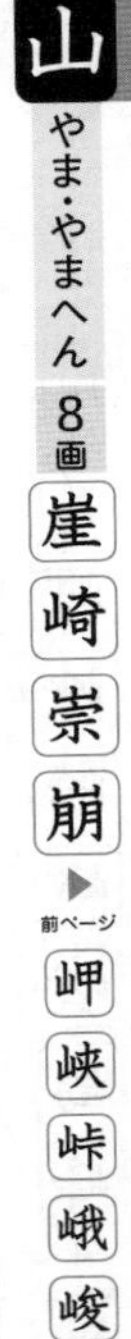

音 ホウ中 訓 みね中

筆順 丨 山 山' 岁 峉 峰 峰

なりたち 【形声】「夆」がとがった先の意味と「ホウ」という読み方をしめしている。「山」のいただきを表す字。

意味 みね。山の高くとがった所。例 山の峰。連峰

参考 「峯」の字も、人名用漢字。

名前のよみ たか・たかし・ね

◆最高峰 秀峰 霊峰 連峰

崖

山−8 総画11 常用 明朝 崖 5D16

音 ガイ中 訓 がけ中

筆順 崖 崖 崖 崖 崖 崖

意味 がけ。山や岸がかべのように切り立っている部分。例 崖くずれ。崖っぷち。断崖

崎

山−8 総画11 4年 明朝 崎 5D0E

音 ― 訓 さき

筆順 丨 山 山 崎 崎 崎 崎（たかく・とめる・はねる・だす）

なりたち 【形声】「奇」が「キ」という読み方をしめす。「キ」は「あぶない」の意味をもち、「山」がつき出ているけわしい所を表す字。

意味 海中につき出た陸地。例 観音崎。

文字物語 嵐

平安時代、文屋康秀という歌人の作った歌に「吹くからに秋の草木のしおるればむべ山風をあらしというらん」というのがある。「山の風が吹いたとたんに、秋の草木がたちまちにしおれていく。ほんとうに手荒なことをする山の風。なるほど、それだからこそ山から吹きおろすはげしい風を嵐というのだろうな」と、「嵐」の字を「山」と「風」とに分けて考えることによって、真実感をだしている。

もともと中国での「嵐」の字の意味は「山の中の気」をいった。「嵐」は日本に来て荒々しい風をいう「あらし」という訓を得てから、ずっとかつやくの場がひろがった。砂漠の中で砂をまきあげてあばれる風を「砂嵐」というのはもっともだが、空中の磁気を荒らして電波に害をあたえる現象を、じっさいに風が吹くわけでもないのに「磁気嵐」というのもおもしろい。

崇

山−8 総画11 常用 明朝 崇 5D07

音 スウ中 訓 あが−める外

筆順 丨 山 山 岀 崇 崇 崇

なりたち 【形声】「宗」が「スウ」とかわって読み方をしめしている。「シュウ」は「あつまる、重なる」意味をもち、「山」が重なって高いことを表す字。

意味 けだかい。うやまう。例 崇高・崇拝

名前のよみ たかし・たけ

【崇敬】すうけい Ⅱ〈—する〉とうとび、うやまうこと。例 崇敬の念にうたれる。類 崇拝

【崇高】すうこう Ⅱ〈—な・—に〉とうとくけだかいようす。

【崇拝】すうはい Ⅱ〈—する〉心のそこから深くうやまうこと。例 崇拝する人物。類 崇敬

崩

山−8 総画11 常用 明朝 崩 5D29

音 ホウ中 訓 くず−れる中・くず−す中

筆順 丨 山 山 崩 崩 崩 崩 崩

なりたち 【形声】もとの字は、「崩」。「朋」が「ホウ」という読み方をしめしている。「ホウ」は「くずれる」意味をもち、「山」がくずれることを表す字。

意味 くずれる。くずれてなくなる。例 がけが崩れる。列を崩す。崩壊

特別なよみ 雪崩(なだれ)

【崩壊】ほうかい Ⅱ〈—する〉くずれてなくなること。例 古くなったビルが崩壊する。モラルの崩

壊。類壊滅

【崩御】◎〈―する〉天皇や皇后などがなくなること。

崚
山-8 総画11 人名 明朝 崚 5D1A

音 リョウ外 訓 ―

意味 高い山。高くけわしい。

名前のよみ たかし

嵐
山-9 総画12 常用 明朝 嵐 5D50

音 ラン外 訓 あらし中

筆順 嵐

意味 ❶はげしく吹く風。例砂嵐 ❷山にたちこめる空気。例青嵐（せいらん・あおあらし）（初夏にふきわたる風）

[文字物語] みぎのページ

嵯
山-10 総画13 人名 明朝 嵯 5D6F

音 サ外 訓 ―

意味 けわしい山。岩がごろごろしていてけわしい。例嵯峨

嵩
山-10 総画13 人名 明朝 嵩 5D69

音 スウ外 訓 かさ外

意味 ❶高い。山が高くそびえるようす。例嵩高・水嵩 ❷かさ。体積。

嶺
山-14 総画17 人名 明朝 嶺 5DBA

音 レイ外 訓 ね外・みね外

意味 山のみね。例高嶺の花。銀嶺

名前のよみ たか・たかし・たけ

巌
山-17 総画20 人名 明朝 巌 5DCC 旧字 巖 5DD6

音 ガン外・ゲン外 訓 いわ外・いわお外

意味 大きな岩。ごつごつした岩。例奇巌・碧巌

名前のよみ みち・みね・よし

3画 川 巛 [かわ] の部

「川」あるいは「巛」をもとに作られ、川の流れにかかわる字を集めてあります。

この部首の字 0 川……361 3 州……362 巡……362 災▶火733 順▶頁1089

川
川-0 総画3 1年 明朝 川 5DDD

音 セン中 訓 かわ

筆順 川（とめる）

なりたち [象形]「川」が流れるようすをえがいた字。

意味 ❶かわ。水の流れ。例川遊び。小川・河川・山川 ❷《その他》例川柳

特別なよみ 川原（かわら）

❶〈かわ〉の意味で

【川魚】かわうお・かわざかな ⇩ コイ・フナ・ヤマメなどの、川にいる魚。例川魚料理。

【川上】かわかみ ⇩ 川の水が流れてくるほう。川の源のあたり。類上流・上手・水上 対川下

【川下】かわしも ⇩ 川の水が流れていくほう。川口に近いあたり。類下流・下手 対川上

【川床】かわどこ ⇩ 川の底の地面。類河床

【川端】かわばた ⇩ 川のすぐそばのあたり。例川端の家なみ。類川岸・川辺

【川辺】かわべ ⇩ 川のそば。類川端・川岸

【川面】かわも ⇩ 川の水面。例川面にふく風。

【川原】かわら ⇩ 川すじで、ふだんは水がなくて、石や砂などが水面より上に出ているところ。例川原で遊ぶ。表記「河原」とも書く。

❷《その他》

【川柳】せんりゅう ◎ こっけいなことや皮肉なことをうたう、五・七・五の十七音でできている短い詩。参考 この句の選者だった「柄井川柳」の

崚 嵐 嵯 嵩 嶺 巌 川 巛 かわ 0画 川 ◀次ページ 州 巡 工

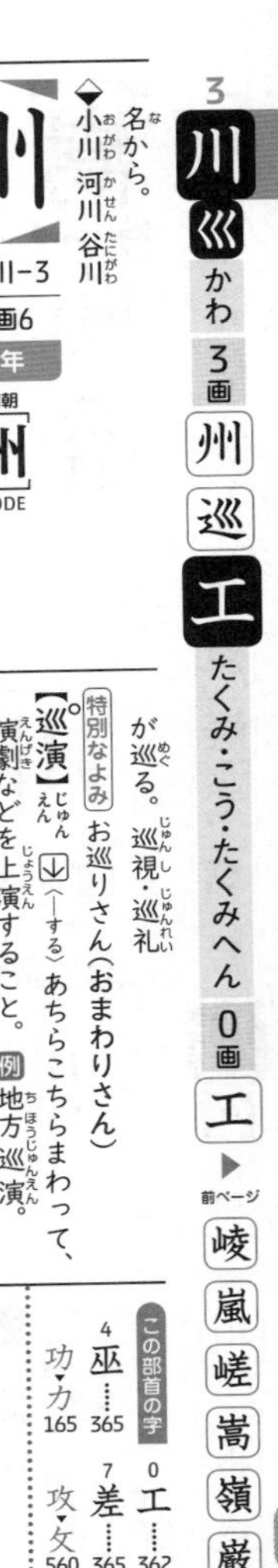

名から。

◆小川・河川・谷川

州

川-3 総画6 3年 明朝 州 5DDE

音 シュウ 訓 す㊥

筆順 はらう とめる

なりたち [象形] 川にかこまれた陸地をえがいて、「なかす」を表している字。

意味 ❶川のなかす。流れのとちゅうに土砂がたまってできた島。例 三角州。❷陸地。大陸。行政上の広い地域。例 欧州・信州・九州・ワシントン州

名前のよみ くに

巡

巛-3 総画6 常用 明朝 巡 5DE1

音 ジュン㊥ 訓 めぐ-る㊥

筆順

なりたち [形声]「辶」が道を行くことを表し、「川」のもとの形「巛」が「ジュン」とかわって読み方をしめしている。「セン」は「めぐる」意味をもち、めぐりあるくことを表す字。

意味 まわってあるく。ひとめぐりする。例 季節が巡る。巡視・巡礼

特別なよみ お巡りさん（おまわりさん）

【巡演】じゅんえん ↓〈-する〉あちらこちらまわって、演劇などを上演すること。例 地方巡演。

【巡回】じゅんかい Ⅲ〈-する〉①場所から場所へとじゅんじゅんにまわっていくこと。パトロール。例 巡回図書館。②見回りをすること。例 警官が巡回している。類 巡視

【巡業】じゅんぎょう ↓〈-する〉芸や競技を見せるために、各地をまわって営業すること。

【巡航】じゅんこう ↓〈-する〉船や飛行機が、あちこちをまわること。例 巡航船。

【巡査】じゅんさ ↓警察官の階級の一つ。おまわりさん。例 交通巡査。

【巡視】じゅんし ↓〈-する〉あるきまった範囲の場所を調べながらまわること。パトロール。例 巡視船。類 巡回

【巡礼】じゅんれい ↓〈-する〉あちこちの寺や神社におまいりしながら歩くこと。例 巡礼の旅。類 巡拝・遍路 表記「順礼」とも書く。

【巡歴】じゅんれき ↓〈-する〉あちこちを次々とまわって歩くこと。例 全国の城跡を巡歴する。

3画 工 の部

[たくみ] [こう] [たくみへん]

「工」をもとに作られ、工作にかかわる字と、「工」の形がめやすとなっている字を集めてあります。

この部首の字

0 工……362　2 巧……364　左……364　4 巫……365　7 差……365

功▸力 165　攻▸攵 560　貢▸貝 1001　項▸頁 1089

工

工-0 総画3 2年 明朝 工 5DE5

音 コウ・ク 訓 ―

筆順 ながく

なりたち [象形] 工作の道具の定規をかたどり、物をつくることを表している字。

意味 ❶ものをつくる。なにかを作るしごと。うまく作る技術。例 工夫・工業・細工 ❷ものをつくる人。例 整備工。大工・刀工

名前のよみ たくみ・ただ・つとむ・のり

❶〈ものをつくる〉の意味で

【工夫】[一]くふう ↓〈-する〉いい方法をいろいろ考えること。例 工夫をこらす。[二]こうふ 工事をする人。作業員。参考 [二]は古い言い方。

【工面】くめん ◎〈-する〉手だてを考えて、お金や品物をそろえること。類 算段・調達・才覚

【工員】こういん ↓工場ではたらく人。類 職工

【工学】こうがく ↓物を作る技術などを研究する学問。例 工学部。土木工学。

【工業】こうぎょう ↓原料を加工して、必要な品物を

ものしり巻物 第11巻

漢字の数

小学校の六年間で、読み書きができるように学ぶ漢字の数を知っていますか。全部で一〇二六字と決められていて、それらをしっかり学習することになります。これらは、毎日の身のまわりの生活に直接関係するものやことがらを言い表すことばを書く、もっともだいじな漢字ばかりが集められていて、学習漢字といいます。

それでは、みなさんがおとなになるまでにいったいどれほどの漢字が必要になると思いますか。この点については、「常用漢字表」によって、ふだんの生活で用いる漢字の目やすがしめされています。

学習漢字…一〇二六字
（一年　八〇字、二年一六〇字、三年二〇〇字、四年二〇二字、五年一九三字、六年一九一字）
常用漢字…二一三六字（学習漢字をふくむ）
人名用漢字…八六三字

ほぼ三千字くらいの漢字が、いちおう一般の社会生活を送るのに不自由しない数とされているようです。

かなり前のある調査によると、新聞などはとくべつなことがらを記事にすることがあるために、数としては三千字近い漢字が使われるそうですが、使われた漢字すべてをたし合わせた漢字の総数のうち、その九〇パーセントは学習漢字であったとされています。

しかし、こんにちでは、みなさんもパソコンやスマートフォン・携帯電話をじっさいに使っている人もいるでしょうが、漢字変換するとかなりむずかしい漢字でも文章にどんどん取りこめるようになっていますから、常用漢字の目やすではおさまらなくなってきていることでしょう。変換できる漢字は、今ではさらにふえ、国際基準のユニコードでは、数万の漢字が登録されています。

パソコンなどで用いる漢字
JISコード
第一水準……二九六五字
第二水準……三三九〇字
第三・四水準…三六九五字

つぎに、漢字が現在までにどれほど作り出されたかについて、部首を考え出して漢字を整理した最初の字書である『説文解字』から、少し前に中国で完成された『漢語大字典』までのいくつかの字書を調べてみましょう。

『説文解字』（一〇〇年ごろ）	九三五三字
『玉篇』（五四三年ごろ）	一六九一七字
『字彙』（一六一五年）	三三一七九字
『康熙字典』（一七一六年）	四七〇四三字
『大漢和辞典』（一九六〇年）	四九九六四字
『漢語大字典』（一九九〇年）	約五六〇〇〇字

時代が進むにつれて漢字はふえています。今では約五万六千字にもなっています。このように気の遠くなるほどの数がありますが、そのすべてが使われるわけではありません。むかしの中国の文献にたった一度だけ書かれたというような漢字まで記録しているので、こうした数になるのです。

たとえば『論語』という、孔子のことばや行動が書かれている書物には、わずかに一三五五種類の漢字しか使われていません。

このように、中国においてもじっさいに使われる漢字の種類はむやみに多いというわけではないのです。

作りだす産業。例自動車工業。

【工具】こうぐ ↓ かなづちなど、工作に使う道具。

【工芸】こうげい ↓ ぬりもの・やきもの・おりものなど、ふだんの生活に使う物を芸術的に美しく作る技術。例工芸品。

【工作】こうさく Ⅱ〈―する〉①かんたんな道具を使って物を作ること。例工作機械。②ある目的のために、前もってはたらきかけること。例裏で工作する。

【工事】こうじ ↓〈―する〉道路・橋・建物などを造ったり、なおしたりする仕事。例水道工事。

【工場】こうじょう・こうば ↓ 機械を使って物を作りだすところ。例自動車工場。町工場。

【工賃】こうちん ↓ 物を作る仕事に対して支払うお金。例内職の工賃。類手間賃

【工程】こうてい ↓ ①物を作るときの仕事の順序。例工程表。②物を作る作業のすすみぐあい。例工程がおくれる。

【工費】こうひ ↓ 物を作ったり、なおしたりするのにかかるお金。例工費を見積もる。

工が下につく熟語 上の字の働き

❶工＝〈ものをつくる〉のとき
【加工 施工 起工 着工 完工】工事や作業をドウスルか。

❷工＝〈ものをつくる人〉のとき
【刀工 陶工 石工】ナニの工作職人か。
【名工 大工】ドノヨウナ工作者か。

◆細工 人工 図工 木工

巧

エ−2 総画5 常用 明朝 巧 5DE7

音 コウ 中　訓 たく-み 中

筆順

なりたち 巧 [形声]「わざ」の意味の「工」が「曲げる」意味と「コウ」という読み方をしめしている。「丂」を合わせて、物をまげて工作することを表す字。

意味 じょうず。すぐれたわざ。例巧みにあやつる。巧妙・技巧 対拙

名前のよみ よし

【巧言令色】こうげんれいしょく 口先でうまいことを言い、あいそのいい顔つきをすること。参考中国の孔子が言った「巧言令色鮮し仁(巧言令色の人にりっぱな人はいない)」がもとのことば。

【巧拙】こうせつ ⇕ じょうずかへたか。例表現の巧拙より、内容がだいじだ。

【巧妙】こうみょう Ⅱ〈―な〉〈―に〉ひじょうにじょうずだ。例巧妙に仕組まれたわな。対拙劣

巧が下につく熟語 上の字の働き

【精巧 老巧】ドノヨウニすぐれているか。

◆技巧

左

エ−2 総画5 1年 明朝 左 5DE6

音 サ　訓 ひだり

筆順 （ながく）

なりたち [形声]「工」が「わざ」を表し、ひだり手の形の「ナ」が「サ」という読み方をしめしている。「サ」は「たすける」意味をもち、仕事をたすけることを表す字。

意味
❶ひだり。例右と左。左折 対右
❷ひくい地位。よくない地位。例左遷
❸今のようすをかえようとする考え方。革新的。例左派 対右
❹《その他》例左官

名前のよみ すけ

❶〈ひだり〉の意味で

【左岸】さがん ↓ 川下にむかって左がわの岸。例船を左岸につける。対右岸

【左記】さき ↓ たて書きの文章で、そこよりもあとに書いてあることがら。例左記のとおり。表現横書きの文章では「下記」を使う。

【左舷】さげん ↓ 船の進む方向にむかって左がわの船べり。対右舷

【左折】させつ ↓〈―する〉道を左へ曲がること。例十字路を左折する。対右折

【左右】さゆう ⇕ ①左と右。例前後左右をよく確認する。②その人のそば近く。側近。③あっちこっち。例言を左右にしてごまかす。④〈―する〉思うように動かす。例運命を左右するで

きごと。

【左翼】さよく ↓ ①飛行機などの左のはね。対右翼 ②左右に広がってならんでいるものの左がわの部分。例敵の左翼をせめる。対右翼 ③野球で、本塁から見て左がわの外野。レフト。例左翼手。対右翼 ☞❸

【左団扇】ひだりうちわ はたらかなくても、楽にくらしていけること。例左うちわでくらす。

【左側】ひだりがわ ↓ 進む方向の左のほう。対右側

【左手】ひだりて ↓ ①左の手。例左手で投げる。類左腕 対右手 ②左の方向。例次の角を左手に曲がる。対右手

【左前】ひだりまえ ↓ ①和服を着るとき、ふつうとは反対に、右のえりを上にすること。②商売などがうまくいかなくなって、お金のやりくりが苦しくなること。例店が左前になる。

左前

❷〈ひくい地位〉の意味で

【左遷】させん ↓〈―する〉低い地位におとすこと。例地方の支社に左遷される。対栄転・昇進 参考むかし、中国で、右を上位、左を下位としたところからできたことば。

❸〈今のようすをかえようとする考え方〉の意味で

【左派】さは ↓ 政治のあり方や社会のしくみを新しいものにかえていこうとする考えをもつ人びとの政治的な集まり。類左翼 対右派

【左翼】さよく ↓ 政治のあり方や社会のしくみを根本からあらためようという考え方。その考えをもつ人びとの集まり。類左派・革新 対右翼 参考フランス革命のとき、急進派ジャコバン派が議会で左がわの席をしめたことから使われるようになったことば。☞❶

❹《その他》

【左官】さかん ◎ かべに土やしっくい・セメントなどをぬることを仕事とする人。

【巫】

エ-4 総画7 人名 明朝 巫 5DEB

音フ外 訓―

意味 みこ。神につかえる女性。例巫女

【差】

エ-7 総画10 4年 明朝 差 5DEE

音サ 訓さ-す

筆順 ながく このばしょに ながく

なりたち [形声] イネやムギの穂(𠂹)と「左」とからでき、「左」が「サ」という読み方をしめしている。「サ」は「ふぞろい」の意味をもち、イネやムギの穂のふぞろいなようすを表している字。

意味

❶ちがい。量や質のへだたり。例実力の差。差異・交差

❷さしひき。ひらき。例差額 対和

❸つかわす。人をさしむける。例差配

❹そちらへ進める。さす。例刀を差す。手

例解 使い分け

さす《差す・指す・刺す・挿す》

差す=はさみこむ。そそぐ。かざす。生じる。
例刀を差す。日が差す。目薬を差す。傘を差す。顔に赤みが差す。魔が差す。

指す=指で方向やものごとをしめす。
例時計の針が六時を指す。先生に指されて答える。頂上を目指して進む。

刺す=先のとがったものでつき通す。
例注射の針を刺す。ハチが刺す。串刺し。

挿す=とくに、細長いものをさしこむ。
例花びんに花を挿す。髪にかんざしを挿す。一輪挿し。

刺す 差す 指す 挿す

を差し出す。差し入れ

例 解 [使い分け] さす[差・指・刺・挿] ☞365ページ

特別なよみ 差し支える(さしつかえる)

❶〈ちがい〉の意味で

【差異】さい ⊟ ちがい。例 大きな差異はない。
類 相違・異同

【差別】さべつ ⊕〈—する〉あつかい方に分けへだてをすること。対 平等

【差別化】さべつか〈—する〉ほかとのちがいをきわだたせること。例 差別化をはかる。

❷〈さしひき〉の意味で

【差益】さえき ⊕ さし引きして出る利益。

【差額】さがく ⊕ 多いほうから少ないほうを引いたのこりの金額。例 精算して差額を返す。

❸〈つかわす〉の意味で

【差配】さはい ⊕〈—する〉中心になって指図すること。それをする人。例 作業を差配する。

差が下につく熟語 上の字の働き

❷ 差=〈さしひき〉のとき
【格差 時差】ナニの差か。
【小差 大差】ドレホドノ差か。
◆交差 誤差 落差

3画 己 [おのれ] 巳 [み] の部

「己」の形がめやすとなっている字を集めてあります。

この部首の字

0 己…366 巳…367 已…367
6 巻…367 巷…367 9 巽…367
1 巴…367
包▸勹 174 忌▸心 484 改▸攵 560 起▸走 1013
配▸酉 1033

己

己-0 総画3 6年

明朝 己 5DF1

音 コ・キ中 訓 おのれ中

筆順 おらない はねる

なりたち 己 [象形] 糸の先の曲がりくねった形からでき、「さき」の意味を表している字。借りて、「おのれ」として使われている。

意味
❶じぶん。わたし。おのれ。例 己を知る。己に克つ。自己・知己
❷十干の六番め。つちのと。

己が下につく熟語 上の字の働き

❶ 己=〈じぶん〉のとき
【利己 知己 克己】自分を(自分に)ドウスルか。
◆自己 他己

文字物語 巽

中国のいちばん古い書物の一つに『易経』というのがある。天地自然と人間社会とのあらゆる現象を説いた書で、その根本原理は「陰」と「陽」の二つの気から成るとする。陰はマイナス、陽はプラスだ。陽だけの集まりを「乾」とし、陰だけの集まりを「坤」とする。乾と坤のあいだに、陰陽の配合のぐあいで六段階を入れ、全部で八段階とし、これを「八卦」という。八卦は次のとおり。乾・兌・離・震・巽・坎・艮・坤。いっぽう「子・丑・寅・卯・辰・巳・午・未・申・酉・戌・亥」の「十二支」というのがある。八卦と十二支を、それぞれ東西南北の方位にあてて配置すると図のようになる。これで見ると、「巽」が「辰巳(東南)」にあたり、「乾」が「戌亥(西北)」にあたることがわかる。姓に「たつみ」「いぬい」がめずらしくないのは、こういう背景があるのだ。

【已】 己−0 総画3 人名 明朝 已 5DF2

音 イ外 訓 すで-に外・や-む外・のみ外

意味 ❶すでに。もう。もはや。(完了を表す) ❷やむ。やめる。おわる。例 已むを得ない。 ❸のみ。だけ。(強調・限定を表す)

【巳】 巳−0 総画3 人名 明朝 巳 5DF3

音 シ外 訓 み外

意味 十二支の六番め。動物ではヘビ。方角では南南東。時刻では午前十時、または、その前後二時間。例 巳年生まれ。参考 ☞「巽」の「文字物語」(みぎのページ)

【巴】 巳−1 総画4 人名 明朝 巴 5DF4

音 ハ外 訓 ともえ外

意味 ともえ。うずまき。例 三つ巴

名前のよみ とも

【巻】 己−6 総画9 6年 明朝 巻 5DFB 旧字 卷 5377

音 カン 訓 ま-く・まき

筆順 巻 巻 巻 巻 巻 巻 巻 巻 巻 (はっきりだす・はらう・㔾・已にならない)

なりたち 形声 もとの字は、「卷」。「龹(ケン)」がごはんを両手でまるめている意味と「カン・ケン」という読み方をしめし、ひざまずく形(㔾)をくわえて、ひざをまるめることを表している字。

意味 ❶まく。まるめる。例 糸を巻く。巻紙・鉢巻き ❷書物。書物を数えることば。例 巻の一。第一巻。巻末・圧巻

❶〈まく〉の意味で

【巻物】まきもの ↓書きしるした紙を横ながにつないで、軸になる心棒に巻きつけて、片手でつかみやすい太さにしたもの。例 絵巻物。参考 これが書物のはじめの形で、現在でも「巻」が書物を数えることばとして使われている。

❷〈書物〉の意味で

【巻頭】かんとう ↓本や雑誌の、いちばんはじめの部分。例 巻頭特集。巻頭言。類 巻首 対 巻末

【巻末】かんまつ ↓本や雑誌の終わりのところ。例 巻末付録。類 巻尾 対 巻頭・巻首

◆圧巻 全巻

【巷】 巳−6 総画9 人名 明朝 巷 5DF7

音 コウ外 訓 ちまた外

意味 ちまた。世の中。まちなか。路地。例 巷の声。巷間

【巷間】こうかん ↓世の中。例 巷間をにぎわす事件。

【巷説】こうせつ ↓世の中のうわさ。例 巷説にまどわされる。

【巽】 己−9 総画12 人名 明朝 巽 5DFD

音 ソン外 訓 たつみ外

意味 たつみ。東南の方角。

☞[文字物語] みぎのページ

3画 巾 [はば] [はばへん] の部

「巾」をもとに作られ、織物にかかわる字と、「巾」の形がめやすとなっている字を集めてあります。

この部首の字

0 巾……367　2 市……368　布……368　3 帆……369　4 希……369　5 帖……370　6 帥……370　帝……370　7 帰……370　師……371　席……371　帯……372　8 常……372　帳……373　9 幅……374　帽……374　10 幌……374　幕……374　幣……375　12 幡……375　凧▸几 137　吊▸口 213

【巾】 巾−0 総画3 常用 明朝 巾 5DFE

音 キン中 訓 —

筆順 巾 巾 巾

意味
❶きれ。ぬの。ぬのきれ。例 雑巾・布巾
❷おおい。かぶりもの。例 頭巾

市

巾-2　総画5　2年　明朝 市 5E02

音 シ　訓 いち

筆順 （とめる）（はねる）

なりたち [形声]とどまることを表す「止」が「シ」という読み方をしめしている。たいらなことを表す「→平」をくわえて物のねだんの安定している「いちば」を表している字。

意味
❶いちば。品物を売買するところ。例 市が立つ。市価・朝市
❷まち。都会。例 市街・都市
❸し(市)。地方公共団体の一つ。例 市制

名前のよみ なが・まち

❶〈いちば〉の意味で

【市場】↓ ❶いちば・しじょう 毎日、またはきまった日に、魚や野菜などを競争で値をつけあって、売り買いするところ。例 魚市場。❷いちば 日用品・食料品などを売る店が集まっているところ。マーケット。例 駅前の市場。❸しじょう 品物が売り買いされるところ。そこでの取り引きのようす。例 市場を開拓する。

【市価】しか ↓ いっぱんの店で、ふつうに売り買いされているねだん。類 時価・相場

【市況】しきょう ↓ 商品や株の取り引きのようす。例 商品市況。株式市況。

【市販】しはん ↓〈―する〉ふつうの店で売っていること。例 市販品。

❷〈まち〉の意味で

【市街】しがい Ⅲ 人家や店がたくさんあってにぎやかなところ。例 市街地。

【市井】しせい ↓ ふつうの人たちが集まって住んでいるところ。例 市井の人。参考 むかし、井戸のあるところに人が集まって市ができたところから生まれたことば。

【市民】しみん ↓ 国政に参加する資格をもつ人びと。例 小市民。市民権。☞❸

❸〈し(市)〉の意味で

【市営】しえい ▽ 市がその仕事を行うこと。例 市営バス。市営住宅。関連 国営・県営・市営・町営・村営

【市制】しせい ↓ 市としての政治をしていくうえでのしくみやきまり。例 市制をしく。

【市政】しせい ↓ 市の政治。例 市政だより。

【市民】しみん ↓ 市制をしく都市に住む人。例 市民会館。☞❷

【市立】しりつ ▽ 市がつくり、運営もしていること。例 市立図書館。

布

巾-2　総画5　5年　明朝 布 5E03

前ページ 巳 已 巴 巻 巷 巽 巾

漢字パズル ❺ まちがいさがし

漢字のまちがいをさがしましょう。

① 入場券を買う
② 神社にお参りする
③ 太平洋と太西洋
④ 手を挙げて質問する
⑤ 過去と現在と末来
⑥ 弓で失を射る
⑦ 博士は動物の専門家

答えは1130ページ

音 フ　訓 ぬの

筆順 ノ ナ 右 布 布（ややみじかく）（はねる）

なりたち 〔形声〕「巾」は布のことで、「ナ(父)」が「フ」という読み方をしめしている。

意味
❶ぬの。おりもの。例 布を織る。毛布
❷広くゆきわたらせる。例 布告・流布
❸いちめんにならべる。例 布陣
❹《その他》例 昆布

名前のよみ しき・のぶ・よし

❶〈ぬの〉の意味で

【布地】ぬのじ Ⅲ 服や着物などを作るための布。例 絹の布地でブラウスを作る。類 生地

【布目】ぬのめ ↓ 布を織ったとき、たてよこの糸でできる織り目。例 布目のあらいシーツ。

【布巾】ふきん Ⅲ 食器やよごれをふくのに使う、小形の布。例 台ぶきん。

【布団】ふとん ◎ ぬい合わせた布の中に綿や羽毛を厚く平らに入れたもの。ねるときや座るときに使う。例 座布団。表記「蒲団」とも書く。

❷〈広くゆきわたらせる〉の意味で

【布教】ふきょう ▲〈―する〉宗教を教え広めること。例 布教活動。類 伝道

【布告】ふこく ↓〈―する〉人びとに広く知らせること。とくに、国家がその方針を公式に広く知らせること。例 宣戦布告。

【布施】ふせ ▲ お経をあげてもらったお礼としてお坊さんにわたすお金や品物。例 お布施をつつむ。

❸〈いちめんにならべる〉の意味で

【布陣】ふじん ▲〈―する〉戦いのために軍隊を配置すること。その配置。陣がまえ。例 万全の布陣をしく。

【布石】ふせき ▲〈―する〉①碁で、序盤に打つ石のならべ方。②これからのことを考えて、前もってしておく準備や用意。例 布石を打つ。

←布が下につく熟語 上の字の働き

❶布＝〈ぬの〉のとき
【絹布 綿布 毛布 麻布】ナニの布か。

❷布＝〈広くゆきわたらせる〉のとき
【配布 流布】近い意味。
【散布 塗布 頒布 分布】ドウヤッテゆきわたらせるか。

◆財布 敷布 湿布 発布 公布 昆布

帆

巾-3　総画6　常用　明朝 帆 5E06

音 ハン 中　訓 ほ 中

筆順 丨 冂 巾 帆 帆 帆

なりたち 〔形声〕「風」の省略された形の「凡」が「ハン」という読み方をしめしている。布を表す「巾」をくわえて、風をはらむ布の意味。

意味 ふねの「ほ」。例 帆を上げる。出帆

【帆船】はんせん・ほぶね ↓ 帆に受ける風の力で走る船。帆かけ船。例 大型の帆船。対 汽船

【帆走】はんそう ↓〈―する〉帆船が、帆に風を受けて走ること。例 帆走を楽しむ。

【帆布】はんぷ・ほぬの ↓ 帆に使う布。

【帆柱】ほばしら ↓ 船の帆をはる柱。マスト。

◆出帆 順風満帆 白帆

希

巾-4　総画7　4年　明朝 希 5E0C

音 キ　訓 ―

筆順 ノ メ 产 产 肴 希 希（とめる）（ややみじかく）（はねる）

なりたち 〔会意〕まじわることを表す「爻」と布を表す「巾」を合わせて、糸をまぜあわせて織った布を表している。借りて、「ねがう、まれ」として使われる。

意味
❶ねがう。のぞむ。例 希望
❷すくない。まれ。うすい。例 希少

名前のよみ のぞむ・まれ

❶〈ねがう〉の意味で

【希求】ききゅう Ⅲ〈―する〉心からねがい求めること。例 世界平和を希求する。類 熱望

【希望】きぼう Ⅲ〈―する〉こうありたい、こうなってほしいとねがうこと。望み。ねがい。例 将来への希望。類 願望・志望

❷〈すくない〉の意味で

【希少】Ⅱ〈—な〉少ししかなくてたいへんにめずらしい。例希少価値。

【希代】▲ 一〈—な〉めったにないこと。例希代の英雄。二〈—に〉どうもふしぎであること。例希代な現象が起きる。

【希薄】Ⅱ〈—な〉①気体や液体などがうすいこと。対濃厚 ②熱意などが少ないこと。例反省の念が希薄だ。

帖

巾-5 総画8 人名 明朝 帖 5E16

音 チョウ外・ジョウ外 訓 —

意味 ❶ふだ。書きつけ。帳面(ノート)。❷紙・のりなどの一たばを表すことば。「一帖」は半紙二十枚、のり十枚。

表記 「帳面(ノート)」の意味で「画帖」「手帖」などと使うことがある。

帥

巾-6 総画9 常用 明朝 帥 5E25

音 スイ中 訓 —

筆順

なりたち [形声]「巾」は布のことで、「𠂤」が「スイ」という読み方をしめしている。「スイ」は「たれる」意味をもち、こしにたらす布を表す字。

意味 ひきいる。軍隊をひきいる人。かしら。例総帥

名前のよみ そつ

◆元帥 総帥 統帥

帝

巾-6 総画9 常用 明朝 帝 5E1D

音 テイ中 訓 みかど外

筆順

なりたち [象形]天の神をまつるときのささげ物を置くつくえの形をえがいた字。借りて、「天の神」の意味に使われる。

意味 みかど。天子。世の中をおさめる人。例帝王・皇帝・女帝

【帝位】↓ 帝王・天子の位。類王位

【帝王】Ⅱ ①国をおさめる君主。類皇帝 ②ずばぬけた力をもっていて、思いのままにふるまう人。例サッカー界の帝王。

【帝国】↓ 皇帝がおさめる国。例大英帝国。ローマ帝国。

【帝政】↓ 皇帝が政治をとる制度。

帰

巾-7 総画10 2年 明朝 帰 5E30 旧字 歸 6B78

音 キ 訓 かえ-る・かえ-す

筆順 (ださない・つにならない・はねる)

なりたち [形声]もとの字は、「歸」。よめの意味を表す「婦→帚」と、「行く」意味の「止」を組み合わせた字。「𠂤」が「キ」とかわって読み方をしめしている。よめが夫にしたがって夫の家にかえることを表す字。

意味 ❶かえる。もとのところにもどる。かえす。例家へ帰る。家に帰す。帰省 ❷おちつく。本来行きつくところにおさまる。例帰結 ❸したがう。なつく。例帰依

例解 [使い分け] かえる[返・帰] ☞439ページ

❶〈かえる〉の意味で

【帰還】Ⅱ〈—する〉外国や戦地などから自分の国や家族のもとにもどってくること。

【帰京】▲〈—する〉みやこ(東京または京都)に帰ること。例きのう、帰京しました。

【帰郷】▲〈—する〉ふるさとに帰ること。例帰郷して職につく。類帰省・帰国

【帰港】▲〈—する〉船が出発した港に帰ってくること。例帰港の途につく。対出港 表現 港に立ち寄るときは、「寄港」。

【帰国】▲〈—する〉①外国から自分の国に帰ること。例父は、あす帰国する。類帰朝 ②ふるさとに帰ること。類帰郷・帰省

【帰心】↓ ふるさとや家などに早く帰りたいと思う気持ち。例帰心矢のごとし(矢のようにまっしぐらに飛んで帰りたいと思う)。

【帰省】↓〈—する〉ふるさとに帰ること。例

お盆の帰省ラッシュ。類帰郷・帰国 表現「一時父母のもとに帰って、元気かどうかをたずねる」という意味。

【帰巣】きそう ▲〈―する〉鳥や虫などが、自分の巣にもどること。例帰巣性。帰巣本能。

【帰宅】きたく ▲〈―する〉自分の家に帰ること。

【帰着】きちゃく ↓〈―する〉出発したところに帰りつくこと。例全員ぶじ帰着。☞❷

【帰朝】きちょう ▲〈―する〉外国から日本に帰ること。例帰朝報告。類帰国 表現「帰国」より古めかしい言い方。

【帰途】きと ↓帰り道。帰るとちゅう。例帰途につく。類帰路・家路

【帰任】きにん ▲〈―する〉一時はなれていた任務や任地にもどること。例帰任をのぞむ。

【帰路】きろ ↓帰り道。例帰路、書店に立ち寄る。類帰途・家路・復路 対往路

❷〈おちつく〉の意味で

【帰結】きけつ ↓〈―する〉考えやできごとが、あるところに落ち着くこと。例当然の帰結だ。類結末・決着・落着・帰着

【帰着】きちゃく ↓〈―する〉考えや話し合いなどが、ある点に落ち着くこと。類帰結 ☞❶

❸〈したがう〉の意味で

【帰依】きえ Ⅲ〈―する〉神や仏により、その教えにしたがうこと。例仏教に帰依する。

【帰化】きか ↓〈―する〉①もともとの国籍をはなれて、よその国の国民になること。②よその国から運ばれた動物や植物が、来た国で自然にふえるようになること。例帰化植物。

【帰順】きじゅん Ⅲ〈―する〉心をあらためて相手にしたがうこと。例帰順の意を表す。

【帰属】きぞく Ⅲ〈―する〉財産や権利が、ある人や団体・国のものになること。なっていること。

師

音 シ　訓 ―

巾－7　総画10　5年　明朝 師 5E2B

筆順

なりたち [会意]多い意味を表す「𠂤」と、あまねくゆきわたる意味を表す「帀」を合わせて、軍隊を表す字。

意味

❶みちびく人。先生。手本となる人。例師とあおぐ。師の恩。師範・恩師 対弟

❷技能をつかって仕事をする人。例医師

❸軍隊。いくさ。例師団・出師

❹《その他》例師走

特別なよみ 師走(しわす)

名前のよみ かず・つかさ・のり・みつ・もろ

❶〈みちびく人〉の意味で

【師事】しじ ↓〈―する〉その人を先生として、教えを受けること。例わたしが師事して学んだ先生。

【師匠】ししょう Ⅲ学問や技術・芸などを教える人。例日本舞踊の師匠。師匠の教え。類先生・師範 対弟子

【師弟】してい ⊕師匠と弟子。教える人と教えを受ける人。例師弟関係。

【師範】しはん Ⅲ勉強やけいこごとを教える人。例師範代。類先生・師匠

❹《その他》

【師走】しわす ◎一年の最後の月、十二月。むかしのこよみの上の名前。

師が下につく熟語 上の字の働き

❶師＝〈みちびく人〉のとき
【恩師 法師 老師】ドノヨウナみちびき手か。
【教師 講師 牧師】ドウスルみちびき手か。

❷師＝〈技能をつかって仕事をする人〉のとき
【医師 看護師 技師 庭師 山師 猟師 漁師】ナニの仕事をする人か。

席

音 セキ　訓 ―

巾－7　総画10　4年　明朝 席 5E2D

筆順

なりたち [形声]「庐」は「庶」を略した形で、「セキ」とかわって読み方をしめしている。「セキ」は「しく」意味をもち、布(巾)をしくことから、「すわる場所」として使われている字。

意味 すわる場所。会場。地位や順位。例 席に着く。席順・座席・着席

発音あんない セキ→セッ…例 席巻

特別なよみ 寄席(よせ)

【席次】⇩ ①会合で、すわる席の順序。例 席次表。類 席順 ②成績などの順位。

【席順】⇩ すわる席の順序。類 席次

【席上】⇩ 会合や集会がひらかれている場。例 会議の席上で意見を言う。

【席巻】▲⇩〈—する〉次から次へと相手をせめほろぼして、自分の領土を広げていくこと。例 近隣諸国を席巻する。参考 この「席」は、すわるための「むしろ」で、むしろを巻いていくようにかたはしから巻きこむことをいう。

席が下につく熟語 上の字の働き

【議席 座席 打席 寄席】ドウスルための席か。

【空席 隣席】ドンナ席か。

【主席 首席 次席 末席】ドンナ順位か。

【出席 欠席 着席 退席 臨席 列席 同席】席を(席に)ドウスルか。

◆客席 即席 陪席

帯

巾-7 総画10 4年

明朝 帯 5E2F 旧字 帶 5E36

音 タイ 訓 お-びる・おび

筆順 一 ⺊ 卄 卄 卅 帯 帯 帯 帯 帯（つにならない・はねる）

なりたち 【会意】もとの字は、「帶」。布を表す「巾」と、いろいろなかざりをこしにさげている形の「𢂇」を合わせて、「おび、身につける」意味を表している字。

意味

❶おび。細長いもの。ひとつづきのところ。例 帯に短したすきに長し(中途半端で役に立たない)。地帯・包帯

❷おびる。ともなう。身につけてもつ。例 刀を帯びる。携帯

❶〈おび〉の意味で

【帯封】⇩ おびのようにまわりを巻く紙。お札のたばをまとめるときなどに使う。

❷〈おびる。ともなう〉の意味で

【帯出】⇩〈—する〉その場所から本などを持ち出すこと。例 禁帯出。

【帯電】▲〈—する〉物が電気をおびること。

【帯刀】▲〈—する〉刀をこしにつけて持ち歩くこと。こしにつけた刀。例 帯刀をゆるされる。

【帯同】Ⅱ〈—する〉いっしょにつれていくこと。例 部下を帯同する。類 同伴

【帯分数】1 2/3(いちとさんぶんのに)のように、整数(この場合は1)と分数(この場合は2/3)を一組みにしたもの。

帯が下につく熟語 上の字の働き

❶帯＝〈おび〉のとき

【声帯 地帯】ナニの帯か。

【一帯 寒帯 温帯 熱帯】ドノヨウナ地域か。

❷帯＝〈おびる。ともなう〉のとき

【携帯 連帯】近い意味。

◆包帯 妻帯 所帯 世帯

常

巾-8 総画11 5年

明朝 常 5E38

音 ジョウ 訓 つね・とこ(高)

筆順 常 常 常 常 常 常 常（たかく・はねる・はねる）

なりたち 【形声】「尚(ショウ)」が「長い」の意味と、「ジョウ」とかわって読み方をしめしている。長い布(巾)でスカートを表す字。

意味

❶いつも。いつもかわらない。ふだん。例 常に忘れない。常夏・常食・無常

❷ふつう。とくべつではない。例 常識・正常

❸常陸。旧国名。今の茨城県の大部分。

名前のよみ とき・のぶ・ひさ・ひさし

❶〈いつも〉の意味で

【常勤】⇩〈—する〉臨時ではなく、毎日きまった時間、会社や工場などではたらくこと。例 常勤講師。対 非常勤

【常時】⇩ どんなときでもずっと。いつも。例 へやの温度を常時たもつ。

【常習】⇩〈—する〉くせになって、くり返されるわるい習慣。例 すりの常習犯。

【常食】⇩〈—する〉毎日の食事に、いつもとっている食べ物。例 パンを常食にしている。

【常設】↓〈―する〉いつでも使えるように、建物や設備などを用意しておくこと。例常設の市場。常設展。類常置 対仮設
【常態】↓ふだんのようす。例渋滞していた道路が常態にもどった。
【常駐】↓〈―する〉ある役目の人が、きまった場所にいつもいること。例警備員が常駐している。
◆【常套手段】いつもどおりの決まりきったやり方。例こまると、だまりこむのがあの人の常套手段だ。
【常任】↓〈―する〉ずっとつづけてその役目や地位にいること。例常任理事国。

【常備】↓〈―する〉いつでも使えるように準備しておくこと。例消火器を常備する。常備薬。類常置・常設
【常夜灯】夜のあいだ、ずっとつけたままにしておく明かり。例玄関の常夜灯。

【常用】↓〈―する〉毎日の生活の中でふつうに使うこと。例ビタミン剤を常用する。

【常用漢字】日常に使う漢字のめやすとして、政府が発表した漢字。知識 一九八一（昭和五六）年には一九四五字が告示されたが、情報機器の普及やコミュニケーションの変化を背景に見直され、二〇一〇（平成二二）年に二一三六字に改定された。

【常緑樹】マツやスギなど、葉が落ちず、一年じゅう、緑の葉がしげっている木。対落葉樹
【常連】↓①飲食店や劇場などに、いつもきまって来るお客。例この店の常連。類常客 ②いつもいっしょにいて、おなじことをやっているなかま。例おなじみの常連が集まる。表記「定連」とも書く。

【常夏】↓冬の季節がなく、いつでも夏のような気候であること。例常夏の島。

❷〈ふつう〉の意味で

【常温】↓①自然のままの温度。例直射日光をさけ、常温で保存してください。②一定した温度。類恒温
【常軌】↓ごくふつうのやり方。例常軌を逸する（ふつうではない）。
【常識】↓だれもがふつうにもっているような知識や考え方。例常識をうたがう。常識はずれ。類良識 対非常識
【常人】↓ふつうの人。例あの人の勉強ぶりは、常人にはまねができない。
【常体】↓文の終わりに「です」「ます」などのていねいなことばを使わず、「だ」「である」などを使う文章のかたち。対敬体
【常道】↓ごくふつうの、正しいやり方。例政治の常道。

← 常が下につく熟語 上の字の働き

❷常＝〈ふつう〉のとき
【尋常 通常 平常】近い意味。
【異常 非常】ふつうとくらべてドウデアルか。
【正常 日常】ドノヨウニふつうであるか。
◆恒常 無常

帳

巾－8 総画11 3年 明朝 帳 5E33

音チョウ 訓―

筆順 はねる ながく 人にならない

なりたち [形声]「長」が「チョウ」という読み方をしめしている。「チョウ」は「はる」意味を表し、寝台の上にはった布（巾）を表す字。

意味 ❶たれまく。例蚊帳・開帳・緞帳 ❷記入用に紙をとじたもの。ノート。例帳面・通帳

特別なよみ 蚊帳（かや）

❷〈記入用に紙をとじたもの〉の意味で

【帳場】↓旅館や商店などで、お金の出し入れをしたり、帳簿をつけたりするところ。

【帳簿】Ⅱお金や品物の出し入れなどを書く帳面。例売り上げを帳簿につける。

【帳面】↓文書をしるすために紙をとじたもの。ノート。例帳面をつける。

← 帳が下につく熟語 上の字の働き

❷帳＝〈記入用に紙をとじたもの〉のとき

【手帳 台帳 通帳 捕物帳】ドノヨウナ帳面か。

◆開帳 蚊帳 記帳

幅

巾-9 総画12 常用 明朝 幅 5E45

音 フク(中) 訓 はば(中)

筆順

なりたち 【形声】「畐」が「フク」という読み方をしめしている。「フク」は「はば」の意味をもち、布(巾)のはばを表す字。

意味 ❶はば。横の長さ。例 幅が広い。横幅 ❷かけじくをかぞえることば。例 一幅

❶〈はば〉の意味で

【幅員】⊟ 道路や橋などの横の長さ。横はば。例 幅員三メートルの橋。

←幅が下につく熟語 上の字の働き

❶幅＝〈はば〉のとき

【全幅 大幅】ドノクライの幅か。

【拡幅 増幅】幅をドウスルか。

◆振幅

帽

巾-9 総画12 常用 明朝 帽 5E3D

音 ボウ(中) 訓 ―

筆順

なりたち 【形声】「冒」が「おおう」意味と「ボウ」という読み方をしめしている。頭にかぶる布(巾)を表している字。

意味 かぶりもの。ぼうし。例 脱帽

【帽子】⊠ 暑さや寒さをしのいだり、日光や危険から身を守ったりするために頭にかぶるもの。例 麦わら帽子。

←帽が下につく熟語 上の字の働き

【制帽 赤帽】ドンナ帽子か。

文字物語 幕

どちらも「莫」からなりたつ「幕」と「膜」は、ともにカバーとなるうすいものを指す。布を表す「巾」がついて布でつくる「幕」となり、肉を表す「月」がついて動物の臓器をおおう「膜」となった。「幕」も「膜」も、字音の「マク」が日本でそのまま意味になってしまったから訓はない。

むかし中国で、戦場で幕をまわりにめぐらしてつくった陣営、とくに将軍のいる本営を「幕府」といったが、日本では、武家政治で将軍が政治をおこなうところをいうようになった。時代によって、鎌倉幕府・室町幕府・江戸幕府という。この「幕府」の「幕」の字から「幕政」「幕臣」「幕末」などの漢語が生まれた。すもうの「幕内」に関連してできた「入幕」なども、日本生まれの漢語である。

幌

巾-10 総画13 人名 明朝 幌 5E4C

音 コウ(外) 訓 ほろ(外)

意味 ほろ。日や雨をふせぐおおい。

【幌馬車】ほろをかけた馬車。

幕

巾-10 総画13 6年 明朝 幕 5E55

音 マク・バク 訓 ―

筆順 ながく はらう はねる

なりたち 【形声】「莫」が「おおう」意味と「バク」という読み方をしめしている。上をおおう布(巾)を表す字。

意味 ❶たれまく。カーテン。芝居のくぎり。例 幕を張る。幕を下ろす。第一幕。暗幕 ❷将軍の本陣。政治をおこなうところ。例 幕府・佐幕 ❸まくうち。大相撲の「幕内」の略。例 幕下・入幕

[文字物語] このページ

❶〈たれまく〉の意味で

【幕間】⊡ 芝居の一くぎりで幕がしまり、休憩となっている時間。参考「まくま」と読むのはまちがい。

❷〈将軍の本陣〉の意味で

【幕府】↓ 日本の武家政治で、将軍が政治をおこなった役所。鎌倉・室町・江戸のそれぞれの時代におかれた。

【幕末】↓ 徳川幕府が日本をおさめていた、江戸時代の終わりごろ。例 動乱の幕末。幕末の志士。

❸〈まくうち〉の意味で

【幕内】↓ すもうで、前頭以上の力士。また、そのうち。例 幕内力士。

【幕下】↓ すもうで、十両と三段目のあいだの力士。例 幕下優勝。

← 幕が下につく熟語 上の字の働き

❶幕＝〈たれまく〉のとき
【暗幕 黒幕 内幕】ドノヨウナ幕か。
【開幕 閉幕】幕をドウスルか。

❷幕＝〈将軍の本陣〉のとき
【佐幕 倒幕】幕府をドウスルか。

【幡】

巾-12 総画15 人名 明朝 幡 5E61

音 ハン外 訓 はた外

意味 はた。細長く下に垂らした旗。のぼり。

参考 八幡(やはた・やわた・はちまん)

【幣】

巾-12 総画15 常用 明朝 幣 5E63

音 ヘイ中 訓 ―

筆順

なりたち [形声] もとの字は、「幣」。「敝」が「ヘイ」という読み方をしめしている。「ヘイ」は「ささげる」意味をもち、神にささげる絹の布(巾)を表す字。

意味 ❶神へのささげもの。ぬさ。天子へのみつぎもの。例 幣物・御幣 ❷おかね。金銭。例 貨幣・紙幣

❶〈神へのささげもの〉の意味で

【幣物】へいもつ・へいぶつ ①神にささげるもの。②おくりもの。

3画 干 [かん] の部

「干」の形がめやすとなっている字を集めてあります。

この部首の字
0 干…375　2 平…376　3 年…377　5 幸…379　10 幹…379　刊→刂146　栞→木636

【干】

干-0 総画3 6年 明朝 干 5E72

音 カン 訓 ほ-す・ひ-る中

筆順 一 二 干 (ながく)

なりたち [象形] 武器のふたまたの矛の形をえがいた字。

意味 ❶かかわる。おかす。例 干渉 ❷かわく。かわかす。ほす。ひでり。例 洗濯物を干す。干上がる。干物・干害 ❸えと。十干。例 干支(かんし・えと) ❹てすり。例 欄干 ❺《その他》例 若干(きまっていない数)

❶〈かかわる〉の意味で

【干渉】＝〈―する〉直接関係のない人が、立ち入ってよけいなことを言ったりしたりすること。例 内政干渉。類 介入

❷〈かわく〉の意味で

【干害】↓ 長いあいだ雨がふらないために、農作物がとれない災害。例 干害になやむ。

【干拓】↓〈―する〉湖や海辺の水をほし、うめたてて、農地や宅地にすること。例 干拓地。

【干潮】↓ 引き潮。一日に二回、海の水がひいて海面が低くなること。対 満潮

【干天】↓ ひでりつづきの空。例 干天の慈雨(こまっているときのありがたい助け)。

【干満】⇕ 海の水がひいたりみちたりすること。干潮と満潮。例 干満の差。

【干菓子】↓ 水分が少ない和菓子。対 生菓子

【干潟】↓ 遠浅の海岸で、引き潮のときにあらわれる砂浜。例 干潟で潮干狩りをする。

【干物】↓ 魚や貝をほして、長もちするようにした食べ物。例 アジの干物。類 乾物

❸〈えと〉の意味で

【干支】えと Ⅲ ①十干と十二支のそれぞれ一字ずつを順番に組み合わせてできる、「甲子」「乙丑」から「癸亥」までの六十種類の組み合わせ。②子年・丑年のように十二支だけで表した年。表記「えと」のときは、かなで書いてもよい。参考☞「巽」の「文字物語」(366ページ)

【十干】(178ページ)【十二支】(179ページ)

【五行】(50ページ)

平

チ-2 総画5 3年 明朝 平 5E73

音 ヘイ・ビョウ 訓 たい-ら・ひら

筆順 平

なりたち [象形] 水面にひらたく浮かぶ水草の形をえがいた字。

意味

❶たいら。ひらたい。例 平坦・平屋・水平

❷おだやか。しずめる。おちついている。無事。例 敵を平らげる。平和・太平

❸ひとしい。かたよらない。例 平等・公平

❹ふつうの。わかりやすい。例 平易

❺《その他》例 平家

名前のよみ おさむ・たか・つね・とし・ひとし

❶〈たいら〉の意味で

【平手】ひらて ↓ 開いた手のひら。例 蚊を平手でたたく。

【平屋】ひらや ↓ 一階建ての建物。例 平屋建ての家。表記「平家」とも書く。

【平原】へいげん ↓ 平らで広々とした野原。類 平野 例 見わたすかぎり平原がつづいている。

【平行】へいこう ↓〈―する〉二つの直線や平面がどこまでいっても交わらないこと。例 平行線。

例解 使い分け へいこう《平行・並行》

平行＝二つの線や面がどこまでのびても交わらないこと。例 両者の意見は平行線をたどっている。平行四辺形。

並行＝並んで進むこと。例 線路に並行して国道が走っている。二つの種目を並行しておこなう。

【平身低頭】へいしんていとう〈―する〉からだを低くし、頭をふかく下げて、わびたり、たのんだりすること。例 平身低頭してわびる。

【平坦】へいたん Ⅲ〈―な・―に〉土地などが平らなようす。例 平坦な道。

【平地】へいち ↓ 平らな土地。対 山地

【平板】へいばん ↓〈―な・―に〉平らな板のようで、どこにももりあがりがないこと。例 平板な文章。類 単調・一本調子

【平伏】へいふく ↓〈―する〉両手をつき、頭を地につけるぐらいにしておじぎすること。例 平伏して殿様をむかえる。

【平方】へいほう ↓ ①面積を表すことば。長さを表すことばの前につければ面積の単位になり、長さを一辺とする正方形の面積を表す。例 一メートル平方。②〈―する〉おなじ数をかけ合わせること。そうしてできる数。類 自乗・二乗

【平面】へいめん ↓ 平らな面。例 平面図。対 立体

【平野】へいや ↓ 平らな土地がつづく地形。例 関東平野。類 平原 対 山地

❷〈おだやか〉の意味で

【平安】へいあん Ⅲ〈―な・―に〉なにごともなく、おだやかなこと。例 平安な生活。類 平穏

【平穏】へいおん Ⅲ〈―な・―に〉なにごともなく、安らかなようす。例 平穏無事。類 平安・安穏・無事

【平気】へいき ↓〈―な・―に〉気にしないで、いつもの気持ちや態度でいるようす。例 なにを言われても平気だ。類 平静・平然・無頓着

【平成】へいせい ◎ 昭和の次、令和の前の元号。一九八九年から二〇一九年まで。参考『書経』の「地平天成(地平かにして天成る)」、『史記』の「内平外成(内平かにして外成る)」による。

【平静】へいせい Ⅲ〈―な・―に〉しずかに落ち着いているようす。例 平静をよそおう。類 平穏・平気

【平然】へいぜん ⊠〈―たる・―と〉あわてないで落ち着いているようす。例平然とした態度。類平気

【平定】へいてい ↓〈―する〉抵抗する人をうち負かして、世の中をおさめること。類鎮圧

【平和】へいわ Ⅲ〈―な・―に〉争いごとも心配ごともなくおだやかなようす。例平和を祈念する。類和平・太平 対戦争

❸〈ひとしい〉の意味で

【平等】びょうどう Ⅲ〈―な・―に〉わけへだてがなく、みなおなじであるようす。例平等なあつかい。類公平・均等 対差別

【平均】へいきん Ⅲ①〈―する〉大小・多少などのふぞろいがないこと。例稲の苗が平均にのびている。②〈―する〉いくつかの数量の中間のあたい。例平均点。③つりあいがとれていること。バランス。例平均台。類平衡

【平衡】へいこう Ⅲ〈―する〉一方にかたよらず、つりあいがとれていること。例平衡感覚。類平均

❹〈ふつうの〉の意味で

【平仮名】ひらがな かなの一つ。漢字をくずした形からできた字。参考☞ものしり巻物2(67ページ)

【平易】へいい Ⅲ〈―な〉やさしくて、わかりやすい。例平易な説明。類平明 対難解

【平時】へいじ ↓戦争とか大きな行事とか、とくべつのことがない、ふつうのとき。例平時のそなえがだいじだ。類平常

【平日】へいじつ ↓土曜日・日曜日・祝日でないふつうの日。ウイークデー。例電車の平日ダイヤ。類週日 対休日・祝日

【平常】へいじょう Ⅲいつもとおなじであること。例平常運転。類平時・平素・経常

【平生】へいぜい ↓ふだんの生活。日ごろ。例平生の努力がみのった。類平素

【平素】へいそ Ⅲつね日ごろ。例平素から健康に気をつけている。類平生・平常

【平熱】へいねつ ↓ふだんの健康なときの体温。例平熱にもどる。対高熱

【平年】へいねん ↓①ふつうの年。いつもの年。例平年並みのでき。類例年 ②一年が三六五日の年。対閏年

【平服】へいふく ↓ふだん着ている、ふつうの服。とくに、略装のこと。例平服でお越しください。対式服・礼装

【平平凡凡】へいへいぼんぼん〈―たる・―と〉ありふれている。参考「平凡」を強めたことば。

【平凡】へいぼん Ⅲ〈―な・―に〉ありふれていて、とくにかわったところもすぐれたところもないこと。例平凡な毎日を送る。類凡庸 対非凡

【平民】へいみん ↓地位も権力もないふつうの人。明治時代から第二次世界大戦後に身分制度が廃止されるまでの、華族でも士族でもないふつうの人。類庶民

【平明】へいめい ↓〈―な・―に〉わかりやすく、はっきりしている。例平明な文章を心がける。類平易

❺《その他》

【平家】へいけ ↓平安時代の終わりごろに力をふるった武家、平の一族。平氏。例平家物語。

⬅平が下につく熟語 上の字の働き

❷平＝〈おだやか〉のとき

【泰平 和平】近い意味。

◆公平 水平 太平 不平

年

干-3 総画6 1年

明朝 年 5E74

音ネン 訓とし

筆順 ながく ださない

なりたち [形声] 穀物を表す「禾」と、「人」または「千」とからできた字。「人」または「千」が「ネン」とかわって読み方をしめしている。「ネン」は「みのる」意味をもち、穀物がみのる期間を表す。

意味

❶とし。十二か月をひとまとまりとするくぎり。とき。時代。例年をこす。年に一度の行事。年月・年号

❷ねんれい。とし。よわい。例年少

特別なよみ 今年(ことし)

名前のよみ かず・すすむ・みのる

❶〈とし〉の意味で

【年男】としおとこ ↓その年の干支と、おなじ干支の年に生まれた男の人。

【年子】としご ↓一歳ちがいのきょうだい。

【年越】としこし ◎〈―する〉前の年をすごし、新年を

むかえること。また、大みそかの夜。例 年越そば。類 越年

【年玉】としだま ◎ 新年を祝って、大人が子どもなどにあたえるお金。例 お年玉。

【年月】としつき・ねんげつ Ⅲ 何年にもわたる、長い時間。例 年月を重ねる。類 月日・歳月・時日

【年賀】ねんが ↓ 年のはじめのお祝い。新年のあいさつ。例 年賀の客。年賀状。

【年刊】ねんかん ↓ 雑誌などを一年に一回出すこと。関連 日刊・週刊・旬刊・月刊・季刊・年刊

【年間】ねんかん ↓ その年の一年間。例 年間計画。年間雨量。関連 週間・旬間・月間・年間

【年鑑】ねんかん ↓ 一年間の、おもなできごと・統計・調査などをまとめて、毎年一回ずつ出す本。例 学習年鑑。スポーツ年鑑。

【年季】ねんき Ⅲ むかしの、人をやとい入れるときの、約束の年数。例 年季奉公。

【年金】ねんきん ↓ 厚生年金、国民年金など、その人が、毎年きまってうけとることのできるお金。また、そのためにはらうお金。

【年貢】ねんぐ ↓ ①江戸時代まで、田畑や土地などをもっている人にわりあてられた、一年ごとの税。米などで納めた。例 年貢をとりたてる。②むかし、地主から田畑を借りて作物をつくっていた農民が、地主に対してしはらった土地の借り賃。例 年貢米。類 小作料 表現「年貢の納め時」とは、これまで悪いことをしてきた者がついにつかまって罰をうけるとき、また、満足できなくても、あきらめておとなしくしたほうがよいとき、などをいう。

【年限】ねんげん ↓ 何年間ときめた年数。

【年功】ねんこう ↓ ①長いあいだのほねおりやてがら。例 年功によって賃金を決める。②長年その仕事をすることによって身についたうでまえ。例 年功をつむ。

【年号】ねんごう ↓ 明治・大正・昭和・平成・令和など、一人の天皇が位についている期間を表すよび名。類 元号

【年功序列】ねんこうじょれつ 職場などで、つとめはじめてからの期間や年齢によって、地位や給料が決まること。

【年始】ねんし ↓ ①年のはじめ。例 年末年始の休み。類 年頭・年初 対 年末 ②年のはじめを祝う行事。例 年始まわり。類 年賀

【年次】ねんじ ↓ ①一年を単位とする順序。例 卒業年次。類 年度 ②その年ごと。例 輸出量の年次統計。

【年収】ねんしゅう ↓ 一年間の収入の合計。関連 日収・月収・年収

【年中】ねんじゅう ↓ ①一年のあいだ、ずっと。例 年中無休。②いつも。例 年中いそがしい。

【年代】ねんだい Ⅲ 時の流れを、一年またはそれ以上のまとまりでくぎって考えたときの、一くぎり。例 昭和の年代。同年代の人。

【年中行事】ねんちゅうぎょうじ・ねんじゅうぎょうじ 毎年きまった時期におこなわれるもよおし。

【年度】ねんど ↓ 役所・会社・学校などで、仕事のつごうでくぎる一年の期間。ふつう、四月一日から翌年の三月三十一日まで。例 年度末。

【年頭】ねんとう ↓ 年のはじめ。例 年頭あいさつ。類 年始・年初 対 年末

【年内】ねんない ↓ その年が終わるまでのあいだ。例 年内無休で営業いたします。

【年年】ねんねん Ⅲ ①いつの年も。毎年毎年。例 年々めぐってくる季節。②年がたつにつれていっそう。例 年々猛暑日が多くなる。

【年年歳歳】ねんねんさいさい 毎年毎年。例 年々歳々おなじことのくり返しだ。類 歳歳年年

【年表】ねんぴょう ↓ おもなできごとを、年のじゅんに書きならべた表。例 歴史年表。

【年譜】ねんぷ ↓ ある人の一生のできごとやした仕事などを、年月のじゅんにならべて書いたもの。

【年俸】ねんぽう ↓ 一年間でいくらと定められた給料。例 年俸制。類 年給 関連 時給・日給・週給・月給・年俸

【年報】ねんぽう ↓ 一年に一度出される、事業などの報告書。

【年末】ねんまつ ↓ 一年の終わりのころ。例 年末大売り出し。類 歳末 対 年始・年頭・年初

【年来】ねんらい ☒ 何年も前からずっと。例 年来ののぞみがかなった。類 長年

【年利】ねんり ↓ 一年間でいくらときめた利息。参考 一か月あたりの利息は「月利」、一日あた

りは「日歩」。

【年輪】ねんりん ↓ 木を切ったとき、その切り口に見られる輪。一年に輪が一つできるので、木の年齢がわかる。類 木目 表現 人についても「人生の年輪を重ねる」などと言える。

【年齢】ねんれい Ⅲ 生まれてから今までの年数。とし。よわい。例 年齢制限。表記「年令」とも書かれる。

❷〈ねんれい〉の意味で

【年上】としうえ ▽ 年が上であること。また、その人。年かさ。例 二つ年上のいとことあそぶ。類 年長 対 年下・年少

【年格好】としかっこう その人のようすなどから、だいたいこのくらいだろうと見当をつけた年齢。例 母とおなじくらいの年格好の女性。

【年頃】としごろ ↓ ①なにかをするのに、またそうなるのにちょうどよい年齢。とくに、女の人の結婚してもよさそうな年齢。例 年ごろの娘。類 適齢期 ②だいたいの年齢。年のころ。例 年ごろ五十くらいの男。

【年波】としなみ ↓ 人がだんだん年をとっていくことを、打ち寄せてくる波にたとえたことば。例 寄る年波には勝てない。

【年端】としは ↓ 年齢の程度。表現 ほとんどの場合、「年端もいかぬ子ども」という言い方で、少年少女を指す。

【年少】ねんしょう ▽〈—に〉年が下であること。例 わたしは兄よりも三つ年少だ。年少組。類 年下・弱小 対 年長

【年長】ねんちょう ▽〈—な〉年が上であること。例 年長者の意見を聞く。類 年上 対 年少

【年配】ねんぱい ↓ ①その人のようすからみた、だいたいの年齢。年ごろ。例 四十年配の男の人。②だいぶ年をとって、世の中のだいたいのことがわかるようになる年ごろ。例 年配の女性。類 中年 ③としうえ。例 三年年配のかれ。表記「年輩」とも書く。

← 年が下につく熟語 上の字の働き

❶ 年＝〈とし〉のとき
【越年 隔年】年をドウスルか。
【往年 積年】ドウナッタ年か。
【今年 本年 去年 昨年 先年 来年 明年 翌年 新年 旧年 毎年 例年 平年 元年】ドンナ年か。
【凶年 豊年】作柄がドノヨウナ年であるか。
【光年 暦年】ナニを単位とした年か。

❷ 年＝〈ねんれい〉のとき
【享年 生年 停年 没年】ドウスル・ドウシタ年齢か。
【幼年 少年 若年 弱年 青年 成年 壮年 中年 晩年 老年 厄年】ドノヨウナ年齢か。
◆永年 周年 多年

幸

干-5 総画8 3年 明朝 幸 5E78

音 コウ 訓 さいわ-い・さち㊥・しあわ-せ

筆順 一 十 土 圭 圭 幸 幸 幸（ながく）（ださない）

なりたち 幸 [象形] 罪人の両手をおさえつける手かせの形をえがいた字。

意味 ❶さいわい。しあわせ。よいめぐりあわせ。例 幸いにも助かる。幸多かれといのる。幸せな一生を送る。幸か不幸か。❷天皇のおでまし。例 行幸

名前のよみ さい・さき・たか・とみ・とも・ひで・みゆき・ゆき・よし

❶〈さいわい〉の意味で

【幸運】こううん ↓〈—に〉運がよいこと。ラッキー。例 幸運をいのる。対 不運・非運・悪運 表記「好運」とも書く。

【幸福】こうふく Ⅲ〈—に〉心がみちたりているようす。しあわせ。例 幸福をもたらす。幸福な人生。対 不幸

← 幸が下につく熟語 上の字の働き

❶ 幸＝〈さいわい〉のとき
【多幸 薄幸 不幸】幸いがドウデアルか。

❷ 幸＝〈天皇のおでまし〉のとき
【行幸 巡幸 還幸】ドウヤッテおでましになるか。

幹

干-10 総画13 5年 明朝 幹 5E79

音 カン 訓 みき

筆順 幹

なりたち 【形声】「𠦝」と「木→干」とからできた字。「𠦝」が「カン」という読み方をしめしている。「カン」は「ねもと」の意味をもち、木のねもとの太いみきを表す字。

意味 みき。中心部。例 木の幹。幹部・根幹

名前のよみ たかし・つね・つよし・とし・とも・み・もと・もとき・よし・より

【幹事】かんじ ▲ 団体や会合の中心となってせわをする役。例 クラス会の幹事。

【幹線】かんせん ↓ 鉄道・道路・電線などの、おもな道すじになる線。例 幹線道路。新幹線 類 本線 対 支線

【幹部】かんぶ ↓ 会社や団体などで、中心になってはたらく人。類 役員

◆基幹 根幹 主幹 体幹

3画 幺 の部 [いとがしら] [よう]

細い糸をより合わせた形をえがいた象形である「幺」をもとに作られ、細かい・小さいことにかかわる字を集めてあります。

幻

音 ゲン 中　訓 まぼろし 中

幺-1　総画4　常用　明朝 幻 5E7B

筆順 幻

なりたち 【象形】はたおりの横糸を通す杼という道具をさかさまにえがいた字で、「かわる」意味を表している。

意味 まぼろし。あやしげなもの。例 幻の世界。幻想・変幻

【幻影】げんえい ↓ じっさいにはなにもないのに、その場にあるかのように見えるもの。まぼろし。例 幻影におびえる。

【幻覚】げんかく ↓ じっさいにはなにもないのに、なにかが見えたり聞こえたりすること。例 幻覚になやまされる。類 幻聴

【幻想】げんそう ↓ じっさいのこととは関係なく、ゆめでも見ているように心の中に思いえがくこと。ファンタジー。例 幻想をいだく。幻想的な絵。類 空想

【幻聴】げんちょう ↓ じっさいにはない音が聞こえるように感じること。例 幻聴になやまされる。類 幻覚・空耳

【幻灯】げんとう ↓ フィルムやガラスの板にかいた絵に光をあてて、白い幕に大きく映しだして見せるもの。スライド。例 幻灯機。

【幻滅】げんめつ ▽〈―する〉頭の中で、美しいもの、すばらしいものと思っていたことが、じっさいにはそれとちがっていて、がっかりすること。例 幻滅を感じる。

【幻惑】げんわく Ⅲ〈―する〉心がまどわされること。例 うまいことばに幻惑される。

◆変幻 夢幻

幼

音 ヨウ　訓 おさな-い

幺-2　総画5　6年　明朝 幼 5E7C

筆順 幼（はねる・はっきりだす）

なりたち 【形声】「幺」が「小さい」意味と「ヨウ」という読み方をしめしている。「力」が弱いことから、「おさない」として使われている字。

意味 おさない。年が小さい。生まれてまもない。例 幼い子ども。幼児 対 老

【幼心】おさなごころ ↓ まだものごとの意味がよくわからない子どもの心。例 幼心にもおぼえているほどのできごと。類 子供心

【幼児】ようじ ↓ 満一歳から学校へ入るまでの子ども。おさなご。例 幼児期。類 稚児 表現 幼児よりも年下の子どもを「乳児」、年上の子どもを「児童」という。

【幼時】ようじ ↓ 小さい子どものころ。

【幼女】ようじょ ↓「少女」より、もっとおさない女

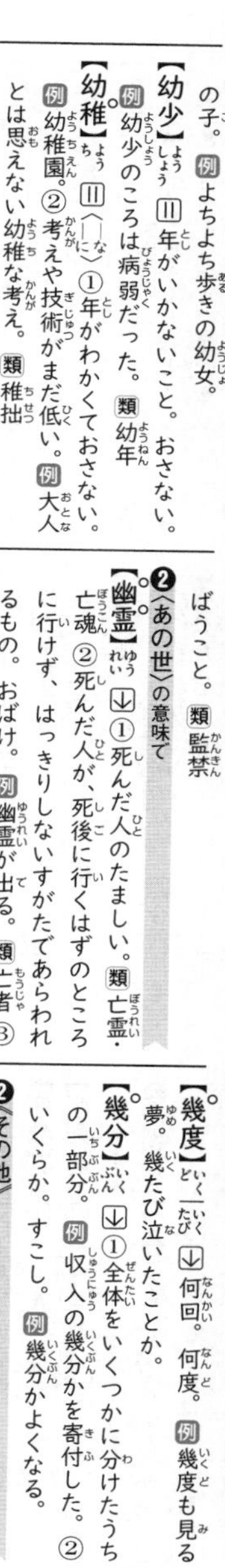

の子。例よちよち歩きの幼女。

【幼少】⊟ 年がいかないこと。おさない。例幼少のころは病弱だった。類幼年

【幼稚】⊟〈―な〉①年がわかくておさない。例幼稚園。②考えや技術がまだ低い。例大人とは思えない幼稚な考え。類稚拙

【幼虫】↓ たまごからかえって、まだ成虫にならない昆虫。例セミの幼虫。対成虫

【幼年】↓ おさない年ごろ。類幼少 関連 幼年・少年・青年・壮年・中年・熟年・老年

幽

幺-6 総画9 常用 明朝 幽 5E7D

音 ユウ中 訓 ―

筆順

なりたち 【形声】「𢆶」が「かすか」の意味と「ユウ」という読み方をしめしている。「山」をくわえて、山がおく深くかすかで見えないことを表す字。

意味 ❶おくがふかくて暗い。かすかな。例幽玄 ❷あの世。死後の世界。例幽霊

❶〈おくがふかくて暗い〉の意味で

【幽玄】⊟〈―な〉おく深くて、しみじみとしたおもむきがあること。例幽玄の美。

【幽谷】↓ 底のほうがかすんで見えるような深い谷。例深山幽谷をさまよう。

【幽閉】↓〈―する〉人をとじこめて自由をうばうこと。類監禁

❷〈あの世〉の意味で

【幽霊】↓ ①死んだ人のたましい。類亡霊・亡魂 ②死んだ人が、死後に行くはずのところに行けず、はっきりしないすがたであらわれるもの。おばけ。例幽霊が出る。類亡者 ③じっさいにはないのに、あるように見せかけたもの。例幽霊会社。

幾

幺-9 総画12 常用 明朝 幾 5E7E

音 キ中 訓 いく中

筆順

なりたち 【会意】かすかの意味を表す「𢆶」と、武器でまもる意味の「戍」を合わせて、かすかな危険のきざしを表す字。

意味 ❶いくつ。いくら。どれほど。例幾つあるか数える。幾多 ❷《その他》例幾何学

名前のよみ ちか・のり・ふさ

❶〈いくつ〉の意味で

【幾重】⊟↓ ①たくさん重なっていること。例幾重にも重なってつづく山なみ。②二度も三度も。かさねがさね。例失礼の段、幾重にもおわびいたします。

【幾多】↓ 数えられないほどたくさん。例幾多の困難をのりこえる。

【幾度】↓ 幾たび。何回。何度。例幾度も見る夢。幾たび泣いたことか。

【幾分】↓ ①全体をいくつかに分けたうちの一部分。例収入の幾分かを寄付した。②いくらか。すこし。例幾分かよくなる。

❷《その他》

【幾何学】図形や空間の性質を研究する数学。例ユークリッド幾何学。

3画 广 [まだれ] の部

屋根の形をえがいた象形である「广」をもとに作られ、家屋や建物にかかわる字と、「广」の形がめやすとなっている字を集めてあります。

この部首の字

4 序…382	底…383	7 庫…385	康…386	廊…388	応▸心 483	麻▸麻 1124	磨▸石 823	
2 広…381	床…383	店…384	座…385	庶…387	10 廉…388	唐▸口 228	腐▸肉 920	磨▸麻 1124
庁…382	庇…383	府…384	庭…386	庸…387	12 廟…388	席▸巾 371	慶▸心 511	魔▸鬼 1117
3 庄…382	5 庚…383	6 度…384	8 庵…386	9 廃…387	鹿▸鹿 1123	摩▸手 556	鷹▸鳥 1123	

広

广-2 総画5 2年 明朝 広 5E83 旧字 廣 5EE3

音 コウ 訓 ひろ-い・ひろ-まる・ひろ-める・ひろ-がる・ひろ-げる

筆順 広 広 広 広 広（はらう・とめる）

なりたち 廣 [形声]もとの字は、「廣」。「黄」が「コウ」という読み方をしめしている。「コウ」は「がらんとしてなにもない」意味をもち、ひろい家(广)を表している字。

意味 ひろい。ひろげる。ひろめる。例 広い海原。うわさが広まる。名声を広める。病気が広がる。両手を広げる。広告 対 狭

名前のよみ みつ

【広域】↓ 広い範囲。例 台風の被害が広域におよんでいる。

【広義】↓ そのことばの広いほうの意味。例 広義に解釈する。対 狭義 知識 ことばは、使われ方しだいで、意味する範囲が広くなったりせまくなったりする。たとえば、「動物と植物」といったときの動物は広い意味で、人間をふくむが、「動物園」の動物はせまい意味で、人間をふくまない。

【広言】↓〈-する〉自分の力ではできないような大きなことを言うこと。例 広言をはく。類 大言・豪語

【広告】↓〈-する〉商品やもよおしものなどを、ちらし・新聞・テレビなどで、広く知らせること。コマーシャル。類 宣伝

【広大】Ⅲ〈-な〉とても広い。例 広大な土地。広大無辺。対 狭小・偏狭

【広範】↓〈-な〉いきわたっている範囲が広い。例 広範に情報を集める。

【広報】↓ 役所などが人びとに広く伝えようとする知らせ。例 広報車。

【広野】↓ 広々とした野原。

【広葉樹】サクラ・キリなど、はばのあるひらたい葉をもつ樹木。対 針葉樹

【広場】↓ 人びとが集まったり、遊んだりするための広い場所。例 駅前広場。

【広間】↓ おおぜいの人が集まるための広いへや。例 旅館の大広間。

◆背広 幅広 広広

庁

广-2 総画5 6年 明朝 庁 5E81 旧字 廳 5EF3

音 チョウ 訓 ―

筆順 庁 庁 庁 庁 庁（はらう・はねる）

なりたち 廳 [形声]もとの字は、「廳」。「きく」意味を表す「聽」が「チョウ」という読み方をしめしている。人びとの意見やうったえをきく建物(广)である役所を表す字。

意味 役所。例 庁舎・官庁

【庁舎】↓ 役所の建物。例 合同庁舎。

◆官公庁 官庁 県庁

庄

广-3 総画6 人名 明朝 庄 5E84

音 ショウ 外 訓 ―

意味 いなか。村ざと。例 庄屋

【庄屋】↓ 江戸時代に村や町をおさめ、税などを集めていた役。また、その人。参考 おもに西日本での呼び名。東日本では「名主」。

序

广-4 総画7 5年 明朝 序 5E8F

音 ジョ 訓 ―

筆順 序 序 序 序 序 序 序（はらう・つにならない・はねる）

なりたち [形声]「予」が「ジョ」とかわって読み方をしめしている。「ヨ」は「かべ」の意味をもち、四方がかべだけの、しきりのない家(广)を表す字。

意味 ❶じゅんばん。例 序列・順序 ❷はじめの部分。いとぐち。例 序文

名前のよみ つぐ・つね・のぶ・ひさし

❶〈じゅんばん〉の意味で

【序数】↓ 順序をしめす数。

【序列】Ⅲ 身分・地位・成績などの順序。例 序列をあらそう。年功序列。

❷〈はじめの部分〉の意味で

【序曲】↓ オペラなどがはじまる前に演

奏される曲。類前奏曲 表現「悲劇の序曲」のように「はじまり」の意味でも使う。

【序章】↓ ①小説や論文などで、はじめにくる部分。類序論 対終章 ②ものごとのはじめ。類序曲

【序説】↓論文などで、本論に入る前に研究のきっかけなどをのべる部分。類序論

【序盤】↓碁や将棋で、たたかいのはじめのころの形勢。試合や事業のはじめのころ。例序盤戦。関連序盤・中盤・終盤

【序文】↓本のはじめにつける文章。はしがき。まえがき。類緒言

【序幕】↓①劇で、はじまりのひと幕。類第一幕 対終幕 ②ものごとのはじまり。

【序論】↓論文などで、本論に入る前に、なにを、なぜ、どのように取り上げるかをのべた部分。類緒論・序説 関連序論・本論・結論

←序が下につく熟語 上の字の働き

❶序＝〈じゅんばん〉のとき
【順序 秩序】近い意味。

床

广-4 総画7 常用 明朝 床 5E8A

音ショウ中 訓とこ中・ゆか中

筆順

なりたち 【会意】もとの字は、「牀」。「爿」は寝台の形で、「木」の寝台を表している字。今の字形「床」は家（广）の中の寝台を表す字。

意味
❶寝台。とこ。例床につく。寝床・起床
❷ゆか。板をしいたところ。例床上
❸とこのま（床の間）。例床柱
❹土台。底にあってささえとなるもの。例川床・苗床・温床

❷〈ゆか〉の意味で
【床屋】↓おもに男性の髪の毛を刈ったり、髪形をととのえたりする店。類理髪店
参考むかし、かんたんな床をはった仕事場で仕事をしたことから。
【床板】↓建物の床にはってある板。
【床上】↓床の上。例床上浸水。対床下
【床下】↓床の下。縁の下。対床上

❸〈とこのま（床の間）〉の意味で
【床柱】↓床の間のはしに立てるかざりの柱。例杉丸太の床柱。

←床が下につく熟語 上の字の働き

❶床＝〈寝台〉のとき
【起床 臨床】床から（床に）ドウスルか。
【病床 寝床】ドウスルための床か。

❹床＝〈土台〉のとき
【苗床 温床】ドノヨウナ床か。

庇

广-4 総画7 人名 明朝 庇 5E87

音ヒ外 訓おお-う外・かば-う外・ひさし外

意味
❶かばう。おおうようにまもる。例庇護
❷ひさし。建物の出入り口や窓の上に作った小さい屋根。

❶〈かばう〉の意味で
【庇護】Ⅱ〈－する〉強い者が弱い者をかばってまもること。例親の庇護。

庚

广-5 総画8 人名 明朝 庚 5E9A

音コウ外 訓かのえ外

意味 十干の七番め。かのえ。

底

广-5 総画8 4年 明朝 底 5E95

音テイ 訓そこ

筆順 （はらう）（はねる）（はねる）

なりたち 【形声】「氐」が「ひくい」意味と「テイ」という読み方をしめしている。家（广）の中のもっとも低いところを表す字。

意味 いちばん下。おくそこ。例底をつく（なくなる）。底力・谷底・底辺

【底意】↓心のおくにかくしている、なんらかの考え。例底意が感じられることば。
【底意地】↓心の中にかくしている気持ち。
【底力】↓ふだん見えなくても、いざというときにあらわれる強い力。類地力

【底値】（そこね）↓これ以上下がらないと思われる値段。例株は今が底値だ。
【底辺】（ていへん）↓①いろいろな図形の底にあたる辺。三角形の頂点に対する辺。例台形の底辺。②いちばん下のほう。例社会の底辺。
【底面】（ていめん）↓立体の底にある面。
【底流】（ていりゅう）↓①川や海の底のほうのながれ。②表面には出ていない動きやいきおい。例政治不信が社会の底流にある。

← 底が下につく熟語 上の字の働き
【根底 奥底】近い意味。
【海底 水底 地底 谷底】ナニの底か。
【眼底 心底】ナニの奥底か。
【徹底 払底】奥底までドウスルか。

店

广-5 総画8 2年 明朝 店 5E97

音テン 訓みせ

筆順 店 店 店 店 店 店 店 店（はらう）

なりたち 【形声】「占」が「テン」とかわって読み方をしめしている。「セン」は「ならべておく」意味をもち、品物をならべておく家（广）を表す字。

意味 商品を売るみせ。例店を開ける。店をたたむ（商売をやめる）。店番・商店

【店員】（てんいん）↓店ではたらく人。
【店主】（てんしゅ）↓店の主人。
【店頭】（てんとう）↓店の前の入り口あたり。類店先
【店舗】（てんぽ）Ⅲ 商品を売るための店の建物。例いくつもの店舗が並ぶ商店街。類店・商店
【店屋物】（てんやもの）↓飲食店から届けてもらう食事。
【店先】（みせさき）↓店の前。類店頭
【店番】（みせばん）↓店にいて、品物の番をしたり、売ったりすること。例店番を手伝う。

← 店が下につく熟語 上の字の働き
【開店 出店 閉店】店をドウスルか。
【本店 支店 書店 露店 夜店】ドウイウ店か。
【商店 売店】ドウスル店か。

府

广-5 総画8 4年 明朝 府 5E9C

音フ 訓—

筆順 府 府 府 府 府 府 府 府（はらう）（はねる）

なりたち 【形声】「付」が「フ」という読み方をしめしている。「フ」は「集まる」意味をもち、物が集まって入っている建物（广）の「くら」を表す字。

意味 ❶役所。ものごとの中心地。例学問の府。首府・政府 ❷ふ（府）。地方公共団体の一つ。大阪府と京都府がある。例府下

❷〈ふ（府）〉の意味で
【府下】（ふか）↓その府のなか。
【府立】（ふりつ）▽府のお金でつくり、府が管理しているもの。例府立図書館。

← 府が下につく熟語 上の字の働き
❶府＝〈役所〉のとき
【政府 幕府】ドウイウ役所か。
◆学府 首府

度

广-6 総画9 3年 明朝 度 5EA6

音ド・ト高・タク中 訓たび中

筆順 度 度 度 度 度 度 度 度 度（はらう）

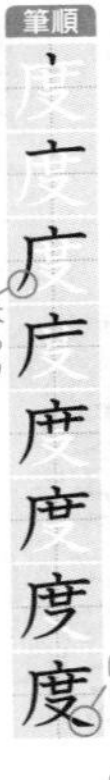

なりたち 【形声】「庶」は「置く」意味の「庶（ショ）」の省略した形で、「ド」とかわって読み方をしめしている。手（又）を広げて物の長さをはかることを表す字。

意味 ❶ものさし。数量の大きさのめやす。単位。例度量衡・角度 ❷きまり。基準。規則。例法度・限度 ❸心の大きさ。例度胸・度量 ❹回数。たび。例度重なる。年度

注意するよみ ト…例法度 タク…例支度

名前のよみ のり・わたる

❶〈ものさし〉の意味で
【度合】（どあい）◎程度。ほどあい。例親密さの度合を増す。強弱の度合。

【度量】どりょう ＝ 長さや分量などをはかる、ものさしと、ます。☞❸

【度量衡】どりょうこう ①物をはかるのに使う、ものさしと、ますとはかり。②物の大きさと分量と重さ。それらの単位。知識☞【尺貫法】しゃっかんほう（350ページ）

❷〈きまり〉の意味で

【度外視】どがいし 〈―する〉大事なことであっても、今は無関係として、それを問題にしないこと。例もうけを度外視したサービス。類無視

❸〈心の大きさ〉の意味で

【度胸】どきょう ↓ものごとをおそれない強い心。例度胸だめし。類胆力

【度量】どりょう ＝ 人の言うことをよく受け入れる心の広さ。例度量がせまい。☞❶

❹〈回数〉の意味で

【度数】どすう ↓ものごとの回数。例度数分布。

⬅度が下につく熟語 上の字の働き

❶度＝〈ものさし〉のとき
【緯度 経度 温度 湿度 強度 硬度 純度 濃度 密度 角度 光度 高度 深度 震度 速度】ナニの単位か。

❷度＝〈きまり〉のとき
【制度 法度】近い意味。
【極度 限度 節度 適度】ドノヨウナ度合いか。
【感度 進度 鮮度】ドウナル・ドウデアル度合いか。

❹度＝〈回数〉のとき
【再度 毎度 都度 今度】イクツめの回か。
◆過度 支度 仕度 尺度 態度 調度 程度 年度 頻度 零度

庫

広−7 総画10 3年 明朝 庫 5EAB

音 コ・ク高 訓 くら外

筆順 庫 庫 庫 庫 庫 庫 庫 庫 庫 庫（はらう・ながく）

なりたち 【会意】「車（兵車・戦車など）」と建物（广）を合わせて、車を入れる「くら」を表す字。

意味 くら。物をしまっておく所。例倉庫

注意するよみ ク…例庫裏

【庫裏】くり ↓①寺の台所。②寺の住職やその家族が住むへや。表記「庫裡」とも書く。

⬅庫が下につく熟語 上の字の働き

【金庫 書庫 文庫 艇庫 車庫 宝庫】ナニを入れるくらか。
◆国庫 在庫 倉庫

例解 使い分け すわる《座る・据わる》

座る＝腰を下ろす。ある位置や地位につく。
例いすに座る。たたみに座る。社長のポストに座る。

据わる＝動かなくなる。
例腹の据わった人物。目が据わる。

座

广−7 総画10 6年 明朝 座 5EA7

音 ザ 訓 すわ-る中

筆順 座 座 座 座 座 座 座 座 座 座（はらう・とめる・ながく）

なりたち 【形声】もとの字は「坐」であったが、のちに「广」がくわえられ、新たにべつの字として作られた。「すわる」意味の「坐」が「ザ」という読み方をしめしている。家（广）の中に人が集まってすわる所を表す字。

意味
❶すわる。腰をおろす。すわる場所。位置。例いすに座る。座席・王座
❷あつまり。仲間が集まる場所。例講座
❸劇場。芸能をする集団。例座長

例解 [使い分け] すわる[座・据] ☞このページ

❶〈すわる〉の意味で

【座高】ざこう ↓こしかけたときの、いすの面から頭の上までの高さ。例座高計。

【座視】ざし ↓〈―する〉見ているだけで、なにも

しないこと。類傍観・静観・黙過・黙視

【座敷】ざしき ⬇たたみをしいたへや。客間を指すことが多い。例客を座敷に通す。上座敷。奥座敷。類和室・日本間

【座礁】ざしょう ▲〈―する〉海中にかくれている岩や砂浜に船が乗り上げて、動けなくなること。

【座席】ざせき ⬇すわるところ。例座席表。

【座禅】ざぜん ⬇禅宗で、足を組んですわり、まよいをはらって仏の教えに近づこうとする修行。例座禅をくむ。

【座像】ざぞう ⬇すわっているすがたの像。例仏の座像。対立像

【座卓】ざたく ⬇たたみやゆかにすわって使う、ひくいテーブル。例座卓をかこむ。

【座談】ざだん ⬇〈―する〉何人かが席について、自由に話し合うこと。例座談会。

【座標】ざひょう ⬇平面や空間にある点の位置を、もととなる点や線からの距離などで表したもの。例座標軸。

【座布団】ざぶとん ゆかにしいて、その上にすわる小さいふとん。例座布団をすすめる。

【座薬】ざやく ⬇おしりのあなにさしこんで使う薬。例座薬で熱を下げる。

【座右】ざゆう―ざう ⬇自分のすぐそば。例座右の銘(いつも自分のそばにおくような感じで自分のいましめにすることば)。

❷〈あつまり〉の意味で

【座興】ざきょう ⬇その場におもしろさをそえるための遊びや芸。また、その場かぎりの冗談。

【座長】ざちょう ⬇座談会や会議などで中心になって話を進めていく役目の人。類議長 ☞❸

❸〈劇場〉の意味で

【座長】ざちょう ⬇劇団などの一座のかしら。例正月公演の座長をつとめる。類座頭 ☞❷

座が下につく熟語 上の字の働き

❶座=〈すわる〉のとき

【車座 対座】ドノヨウニすわるか。

【王座 玉座 上座 下座 台座】ドノヨウナ座席か。

【即座 当座】そこにすわっているあいだにドウスルか。

◆口座 高座 講座 星座 前座 中座 鎮座 土下座 満座 連座

庭

广-7 総画10 3年 明朝 庭 5EAD

音テイ 訓にわ

筆順 庭 (はらう) (みじかく) (はらう)

なりたち 庭 [形声]人がまっすぐに立ってならぶ場所を表す「廷」が「テイ」という読み方をしめしている。臣下が立ちならんで天子のまつりごとをきいた場所のことで、建物(广)にかこまれた「にわ」として使われている字。

意味 にわ。敷地のなかの空地で、木や草花を植えたりしてある場所。なにか決まったことをするための場。例庭石・校庭

【庭園】ていえん Ⅱ見たり歩いたりして楽しめるようにつくられた庭。例洋風の庭園。

【庭球】ていきゅう ⬇テニス。例軟式庭球。

【庭木】にわき ⬇庭に植えるための木。庭に植えてある木。例庭木の手入れをする。

【庭木戸】にわきど 庭の出入り口に作った木戸。

【庭先】にわさき ⬇庭の、建物に近いほう。例庭先におりる。庭先で遊ぶ。

【庭師】にわし ⬇庭をつくることや、庭の手入れを仕事とする人。類植木屋・園丁

庭が下につく熟語 上の字の働き

【中庭 校庭】ドコの庭か。

◆家庭 箱庭

庵

广-8 総画11 人名 明朝 庵 5EB5

音アン(外) 訓いおり(外)

意味 ❶いおり。草ぶきの小さい家。例草庵 ❷人や住まいなどにそえることば。例芭蕉庵

康

广-8 総画11 4年 明朝 康 5EB7

音コウ 訓―

筆順（はらう・だす・だす・はねる）

なりたち [形声]きねを両手で持っている形の「庚」が「コウ」という読み方をしめしている。「米」をくわえて、きねで脱穀した「ぬか」を表す字。

意味 すこやか。やすらか。例 健康・小康

名前のよみ しずか・ひろ・みち・やす・やすし・ゆき・よし

庶

音 ショ中 訓 —

广-8 総画11 常用 明朝 庶 5EB6

筆順

なりたち [会意]「炗」は物を煮る形で、家(广)の中でけむりを立てることを表す字。

意味 もろもろの。多くの。例 庶民

【庶民】⬇ ふつうのくらしをしている人びと。例 庶民の生活。類 大衆・民衆・平民

【庶務】⬇ 会社や役所などのさまざまの事務。会計や営業などのとくべつな仕事はふくまない。

庸

广-8 総画11 常用 明朝 庸 5EB8

音 ヨウ中 訓 —

筆順

なりたち [形声]「用」が「ヨウ」という読み方をしめしている。「ヨウ」は「あげる」意味をもち、きねを両手で持っている形の「庚」をくわえて、きねを持ちあげることを表す。「もちいる」意味に使われている字。

意味
❶やとう。人を使う。例 登庸
❷ふつう。なみ。ふだん。例 中庸・凡庸
❸むかしの税の一つ。例 租調庸

名前のよみ いさお・つね・のぶ・のり・みち・やす

廃

广-9 総画12 常用 明朝 廃 5EC3 旧字 廢 5EE2

音 ハイ中 訓 すた-れる中・すた-る中

筆順

なりたち [形声]もとの字は、「廢」。「發(ハツ)」が「ハイ」とかわって読み方をしめしている。「ハツ」は「やぶれる」意味をもち、こわれた家(广)を表す字。「すたれる」として使われている。

意味 だめになる。やめる。例 流行が廃れる。廃止・廃品・荒廃・撤廃

【廃案】⬇ 提出はされたが、取りやめになった議案。例 反対多数で廃案になる。

【廃液】⬇ 工場で、使ったあとにすてられる薬品などのまじっている液。類 廃水

【廃屋】⬇ 住む人がいなくなって、あれはてた家。例 過疎地の廃屋。類 廃家

【廃刊】▲〈—する〉それまで出していた新聞や雑誌の発行をやめること。例 雑誌の廃刊をおしむ。類 絶版 対 創刊・発刊

【廃棄】Ⅱ〈—する〉使うのをやめてすてること。例 古くなった自転車を廃棄する。廃棄物。

【廃墟】◆ ⬇ あれはてた、建物や町などのあと。例 廃墟と化す。

【廃業】▲〈—する〉今までの仕事や商売をやめること。例 魚屋を廃業する。対 開業

【廃坑】⬇ ほり出すのをやめた鉱山や炭鉱。例 この鉱山も今年で廃坑になる。

【廃校】▲ それまであった学校をなくすこと。例 分校を廃校にする。対 開校

【廃止】Ⅱ〈—する〉続けてきたことをやめること。例 古い制度を廃止する。

【廃車】▲ だめになって、使わなくなった自動車。例 廃車処分。

【廃水】⬇ 使ったあとにすてられる、きたない水。例 工場廃水。

【廃絶】Ⅱ〈—する〉①家のあとつぎがなくて、血すじがたえること。②すっかりなくすこと。例 核兵器を廃絶する。

【廃品】⬇ 役に立たなくなったもの。いらなくなった品物。例 廃品回収。類 廃物

【廃物】⬇ もう使えなくなったもの。例 廃

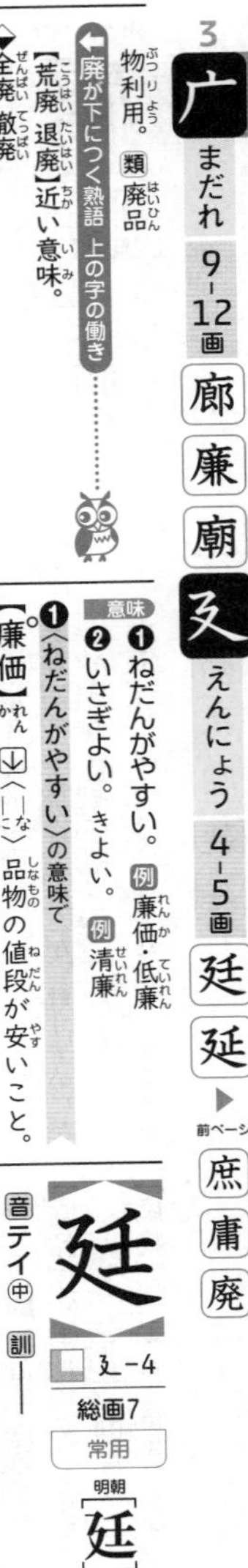

物利用。類 廃品

←廃が下につく熟語 上の字の働き
【荒廃 退廃】近い意味。
◆全廃 撤廃

廊

音 ロウ 中　訓 ―
广－9　総画12　常用　明朝 廊 5ECA　旧字 廊 F928

筆順 广 庐 庐 盾 庙 廊 廊

なりたち [形声]もとの字は、「廊」。「郎」が「ロウ」という読み方をしめしている。「ロウ」は「からっとつきぬけている」意味をもち、屋根(广)の下があいている通路を表す字。

意味 ろうか。家の中の通路。例 廊下・回廊・歩廊
【廊下】ろうか ↓へやからへや、建物から建物への通路。例 渡り廊下。

廉

音 レン 中　訓 ―
广－10　総画13　常用　明朝 廉 5EC9

筆順 广 庐 庐 庐 廉 廉 廉

なりたち [形声]「兼」が「レン」とかわって読み方をしめしている。「ケン」は「かどばる」意味をもち、家(广)の曲がりかどを表す字。

意味 ❶ねだんがやすい。例 廉価・低廉
❷いさぎよい。きよい。例 清廉

❶〈ねだんがやすい〉の意味で
【廉価】れんか ↓〈―な〉品物の値段が安いこと。例 廉価品。類 安値 対 高価・高値
【廉売】れんばい ↓〈―する〉安く売ること。安売り。
❷〈いさぎよい〉の意味で
【廉潔】れんけつ 〓〈―な〉自分の利益を考えず、けがれがなく、いさぎよいようす。例 廉潔の士。類 清廉潔白
【廉直】れんちょく ↓〈―に〉欲がなく、曲がったことをしないこと。例 廉直な人。
◆清廉 低廉

廟

音 ビョウ 外　訓 みたまや 外
广－12　総画15　人名　明朝 廟 5EDF

意味 みたまや。先祖の霊をまつる建物。例 廟堂・宗廟

3画 廴［えんにょう］の部

道の形にもとづいた「廴」をもとに作られ、歩行にかかわる字と、「廴」の形がめやすとなっている字を集めてあります。

この部首の字

廷

音 テイ 中　訓 ―
廴－4　総画7　常用　明朝 廷 5EF7

筆順 ノ 二 千 壬 廷 廷 廷

なりたち [形声]土の上に人が立っている意味の「壬(古い形は、壬)」は「テイ」という読み方をしめす。「のばす」意味の「廴」をくわえて、人びとが立っている庭を表している字。

意味 ❶政治をおこなうところ。役所。例 朝廷
❷裁判所。「法廷」の略。例 出廷

←廷が下につく熟語 上の字の働き
❶廷＝〈政治をおこなうところ〉のとき
【宮廷 朝廷】近い意味。
❷廷＝〈裁判所〉のとき
【出廷 閉廷】裁判所に(裁判所を)ドウスルか。

延

音 エン　訓 の-びる・の-べる・の-ばす
廴－5　総画8　6年　明朝 延 5EF6

筆順 ノ 亻 千 正 延 延 延 延 (だす)(はらう)

なりたち [形声]「丿」が「エン」とかわって読み方をしめしている。「エイ」は「遠く」の意味をもち、「廴」は道、「止」は足のこと

で、遠くへ行くことを表す字。

意味 のびる。のばす。おくれる。例 寿命が延びる。出発を延ばす。延べ五〇人。

例解 [使い分け] のびる[伸・延] ☞79ページ

【延延】えんえん Ⅲ〈―と〉どこまでもつづくようす。

【延期】えんき ▲〈―する〉きめられた日取りを先にのばすこと。日延べ。くり延べ。例 出発を延期する。

【延焼】えんしょう ↓〈―する〉火事が、よそへ燃えうつること。例 延焼をまぬがれる。類 類焼

【延滞】えんたい Ⅲ〈―する〉お金のしはらいや品物などをおさめるのが、おくれること。類 滞納

【延着】えんちゃく ↓〈―する〉乗り物などが、おくれて着くこと。例 雪で列車が三十分延着した。

【延長】えんちょう Ⅲ〈―する〉①時間や距離などをつぎたしてのばすこと。例 延長戦。対 短縮 ②形はちがっても、あることの「つづき」と見てよい部分。例 読書は学習の延長だ。③合計した長さ。例 延長五〇メートルの垣根。

【延命】えんめい ▲より長く生かすようにすること。例 延命措置。

◆順延 遅延

【廻】

廴-6 総画9 人名 明朝 廻 5EFB

音 カイ外・エ外 訓 めぐ-る外・まわ-る外・めぐ-らす外

意味 めぐる。まわる。ぐるぐるまわる。もとにもどる。例 廻船・廻文

表記 「カイ」と読むとき、代わりに「回」で書くことがある。

【建】

廴-6 総画9 4年 明朝 建 5EFA

音 ケン・コン高 訓 た-てる・た-つ

筆順

なりたち [形声] 道を行くことを表す「廴(エン)」が「ケン」とかわって読み方をしめしている。「聿」はふでを持っている形で、ふでを立てて書きすすめることを表している字。

意味 ❶家をたてる。新しく作る。例 家を建てる。小屋が建つ。建国・建築・建立・創建 ❷申し上げる。例 建議・建白

例解 [使い分け] たてる[立・建] ☞845ページ

注意するよみ コン…例 建立

名前のよみ たけ・たけし・たける・のぶ・はじめ

❶〈家をたてる〉の意味で

【建国】けんこく ▲〈―する〉新しく国をつくること。例 建国記念の日。類 開国

【建設】けんせつ Ⅲ〈―する〉ビル・ダム・道路などをつくること。例 建設工事。類 建造・建築 対 破壊

表現 「平和日本の建設」のように、大きなしくみをつくることについてや、「建設的な意見」のように、ものごとをさらによくしていこうとするさまについてもいう。

【建造】けんぞう Ⅲ〈―する〉大きな建物や船などをつくること。類 建設・建築・造営・営造

【建築】けんちく Ⅲ〈―する〉家などをつくること。例 建築業。類 建造・建設・普請・造作

【建立】こんりゅう Ⅲ〈―する〉寺・塔・神社などをたてること。例 都の寺に五重の塔が建立された。

【建具】たてぐ ↓ 障子やふすまなど、開けたり閉めたりしてへやのしきりにするもの。

【建物】たてもの ↓ 家・小屋・ビルなど、そこで人が住んだり、仕事をしたりするためのもの。類 建築物

❷〈申し上げる〉の意味で

【建議】けんぎ ▲〈―する〉政府や役所などに、意見をのべること。例 建議書。類 建言

【建白書】けんぱくしょ 高い地位の人や大きな組織に対して、このようにすべきだという意見を書いた文書。類 建議書

建が下につく熟語 上の字の働き

❶建＝〈家をたてる〉のとき

【創建 再建】ドノヨウニ建てるか。

◆封建

3画 廾 [にじゅうあし][こまぬき]の部

「廾」の形がめやすとなっている字を集めてあります。

この部首の字 1 廿…390 2 弁…390 4 弄…390

廿

廾-1 総画4 人名

明朝 廿 5EFF

音 ジュウ(外) 訓 にじゅう(外)

意味 にじゅう。数の二十。

参考 廿日市(はつかいち)

弁

廾-2 総画5 5年

明朝 弁 5F01

旧字 辨 8FA8 瓣 74E3 辯 8FAF

音 ベン 訓 ―

筆順 ム ム 厶(ながく) 弁 弁

なりたち [会意]両手(廾)でかんむり(ム)を持ちあげている形からでき、「かんむり」を表している字。「ベン」という読み方がおなじなところから「辯(のべる)」「辨(見わける)」「瓣(花びら)」の字の代わりとして使われるようになった。

意味
❶のべたてる。論じる。話しぶり。例 弁が立つ。弁解・弁論・答弁
❷見わける。くべつする。例 弁別
❸用にあてる。役立てる。例 弁償
❹花びら。例 五弁の花。花弁
❺液体や気体の流れを調節するもの。バルブ。例 弁をひねる。安全弁。

❶〈のべたてる〉の意味で

【弁解】べんかい ↓〈―する〉人からとがめられたときなどに、言いわけをすること。例 弁解の余地がない。類 釈明・弁明

【弁護】べんご ↓〈―する〉その人の事情や理由などを申し立てて、かばうこと。例 弁護人。

【弁護士】べんごし 裁判などのとき、依頼人の権利や名誉をまもるために、弁護をする職業の人。例 弁護士を立てて、法廷であらそう。

【弁士】べんし ↓①おおぜいの人の前で、話をする人。例 選挙の応援弁士。②むかし、映画に音がなかったころ、場面に合わせて説明した人。類 活弁

【弁舌】べんぜつ Ⅱ 話をするときのことばの流れ、口の動き。例 弁舌さわやか。

【弁明】べんめい ↓〈―する〉どうしてこうなったか、自分の正当性などをくわしくのべたり、主張したりすること。申しひらき。例 弁明をもとめる。類 弁解・釈明

【弁論】べんろん Ⅱ〈―する〉①おおぜいの人の前で、すじみちを立てて意見をのべること。例 弁論大会。②裁判で、事件に関係のある人たちが、事情を説明し、意見をのべること。例 最終弁論。類 陳述

❷〈見わける〉の意味で

【弁別】べんべつ Ⅱ〈―する〉ちがいを見わけること。例 よい悪いを弁別する。類 識別

❸〈用にあてる〉の意味で

【弁償】べんしょう Ⅱ〈―する〉損をさせた相手に、かわりの品物やお金をさし出すこと。つぐない。類 賠償 表現☞【賠償】(1009ページ)

【弁当】べんとう ◎ よそで食べるために、入れ物に入れて持って行く食事。例 弁当を使う(食べる)。弁当箱。

←弁が下につく熟語 上の字の働き

❶弁=〈のべたてる〉のとき
【代弁 答弁】ドウヤッテのべるか。
【雄弁 多弁】ドノヨウニのべるか。
【関西弁 東北弁】ドコの方言か。
❸弁=〈用にあてる〉のとき
【支弁 自弁】ドウあてるか。
❹弁=〈花びら〉のとき
【合弁 離弁】花びらがドウナッテイルか。
❺弁=〈液体や気体の流れを調節するもの〉のとき
【安全弁 調節弁】ナニのためのバルブか。
◆能弁

弄

廾-4 総画7 常用

明朝 弄 5F04

音 ロウ(中) 訓 もてあそ-ぶ(中)

筆順 一 T 干 王 王 弄 弄

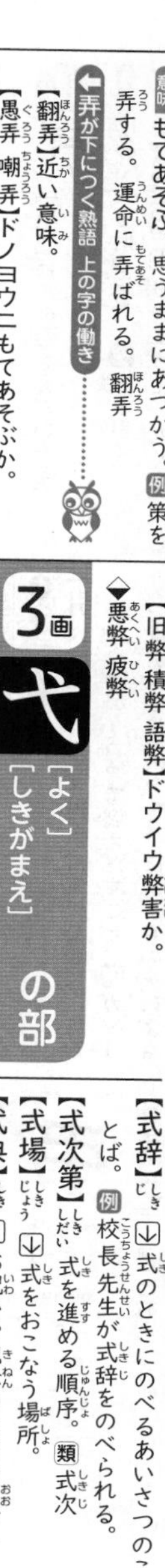

意味 もてあそぶ。思うままにあつかう。例 策を弄する。運命に弄ばれる。翻弄

弄が下につく熟語 上の字の働き

【翻弄】近い意味。

【愚弄 嘲弄】ドノヨウニもてあそぶか。

弊

廾-12 総画15 常用 明朝 弊 5F0A

音 ヘイ中 訓 —

筆順 丶 丷 尚 尚 尚 敝 敝 弊

なりたち 獘 [形声]もとの字は、「獘」。「敝」が「ヘイ」という読み方をしめしている。「ヘイ」は「たおれる」意味をもち、つかれきった「犬」を表していた字。

意味 ❶わるい。だめになる。例 弊害・疲弊 ❷けんそんしていうことば。例 弊社

❶〈わるい〉の意味で

【弊害】Ⅱ わるいこと。わるい影響。例 弊害が生じる。類 悪弊

【弊風】⇩ よくないならわし。例 弊風を打破する。類 悪風・悪習

❷〈けんそんしていうことば〉の意味で

【弊社】⇩ わたくしどもの会社(へりくだった言い方)。例 送料は弊社で負担いたします。類 小社 対 御社・貴社

弊が下につく熟語 上の字の働き

❶弊=〈わるい〉のとき

【旧弊 積弊 語弊】ドウイウ弊害か。

◆悪弊 疲弊

3画 弋 [よく] [しきがまえ] の部

杭の形をえがいた象形である「弋」をもとに作られ、棒や杭にかかわる字と、「弋」の形がめやすとなっている字を集めてあります。

この部首の字 3 式……391 弐……391 武▸止 662 鳶▸鳥 1121

式

弋-3 総画6 3年 明朝 式 5F0F

音 シキ 訓 —

筆順 一 二 亍 弍 式 式 (はねる)(わすれない)

なりたち 㢽 [形声]「工」が仕事の意味を表し、「弋(ヨク)」が「シキ」とかわって読み方をしめしている。「ヨク」は「きまり」の意味をもち、仕事のきまりを表す字。

意味 ❶きまった形の行事。例 式場・儀式 ❷やり方。スタイル。例 形式・書式 ❸計算のやり方。例 数式

名前のよみ つね・のり

❶〈きまった形の行事〉の意味で

【式次】⇩ 式を進める順序。類 式次第

【式辞】⇩ 式のときにのべるあいさつのことば。例 校長先生が式辞をのべられる。

【式次第】式を進める順序。類 式次

【式場】⇩ 式をおこなう場所。

【式典】Ⅱ お祝いや記念のための大がかりな式。例 創立百周年の式典。類 祭典

【式服】⇩ 式に出るときに着る紋付きやモーニングなど、あらたまった服。例 式服で参列する。類 礼服 対 平服

式が下につく熟語 上の字の働き

❶式=〈きまった形の行事〉のとき

【金婚式 銀婚式 結婚式 葬式 開会式 閉会式】ナニの式典か。

❷式=〈やり方〉のとき

【格式 形式 方式 様式】近い意味。

【株式 書式】ナニのやり方か。

【旧式 新式 本式 正式 公式 略式 神式 仏式 硬式 軟式 単式 複式 和式 洋式 日本式 西洋式】ドンナやり方か。

◆儀式 挙式 数式 図式

弐

弋-3 総画6 常用 明朝 弐 5F10 旧字 貳 8CB3

音 ニ中 訓 —

筆順 一 二 三 弌 弍 弐

なりたち 貳 [形声]もとの字は、「貳」。「弋」が「くい」を表し、「二」が「ふたつ」の意

◀次ページ 弓 引 弔

味と「二」という読み方をしめしている。「貝（財産）」をくわえて、財産を二倍にすることを表す字。

意味 数の二。領収書など、書きかえられてはこまる金額の記入などに使う。例 弐萬円。

関連 壱・弐・参

3画 弓［ゆみ］［ゆみへん］の部

「弓」をもとに作られ、弓の性質や部分にかかわる字と、「弓」の形がめやすとなっている字を集めてあります。

この部首の字

0 弓…392　1 引…392　弔…392
2 弘…393　弗…393　3 弛…393　4 弟…393
5 弦…393　弥…394　6 弧…394　7 弱…394
8 強…395　張…396　9 弾…397

弓

弓-0　総画3　2年　明朝 弓 5F13

音 キュウ㊥　訓 ゆみ

筆順 はねる

なりたち ［象形］ゆみの形をえがいた字。

意味 ゆみ。矢を射る道具。例 弓を引く。

【弓形】きゅうけい・ゆみがた ⇩ 弓のように、丸くそった形。弓なり。例 からだを弓形にそらす。

【弓道】きゅうどう ⇩ 的をめがけて、弓で矢を射る日本の武道。例 弓道部。類 弓術

【弓矢】ゆみや ⇔ 弓と矢。例 弓矢をとる（武器を手にしてたたかう）。

◆半弓 洋弓 石弓

引

弓-1　総画4　2年　明朝 引 5F15

音 イン　訓 ひ-く・ひ-ける

筆順 はねる

なりたち ［形声］「｜」が「シン」とかわって読み方をしめしている。「シン」は「のばす」意味をもち、「弓」のつるをひくことを表す字。

意味
❶ひく。ひきよせる。みちびく。例 線を引く。気が引ける。引力・吸引
❷ひきだす。ひきぬく。例 引き算・引用
❸ひきうける。負う。例 引責
❹ひっこむ。さがる。例 引退

例解 ［使い分け］ひく［引・弾］☞ひだりのページ

名前のよみ のぶ

❶〈ひく〉の意味で

【引火】いんか ▲〈ーする〉燃えやすいものに、ほかの火や熱がうつって燃えだすこと。例 ガソリンは引火しやすい。表現 ほかからの火によらないで燃えだすことは「発火」という。

【引見】いんけん ⇩〈ーする〉身分の高い人が、人をよんで会うこと。類 接見

【引率】いんそつ Ⅲ〈ーする〉おおぜいの人を引きつれて行くこと。例 生徒を引率して行く。

【引導】いんどう Ⅲ 死んだ人のたましいをあの世へみちびくために、僧がお経をとなえること。表現 よくいう「引導をわたす」は、「もうだめだ」と宣告すること。

【引力】いんりょく ⇩ 物と物とが、たがいに引き合う力。例 万有引力の法則。対 斥力

❷〈ひきだす〉の意味で

【引用】いんよう ⇩〈ーする〉自分の話や文章の中に、ほかの人が言ったり書いたりしたことばを使うこと。例 引用文。類 援用 知識 引用をするときは、(1)どこからどこまでが引用か、(2)だれのことばか、(3)どこにのっていたものか、などをはっきりしめすこと。

❸〈ひきうける〉の意味で

【引責】いんせき ▲〈ーする〉自分で責任をとること。

❹〈ひっこむ〉の意味で

【引退】いんたい Ⅲ〈ーする〉役目や仕事などをやめること。例 引退を表明する。

◆吸引 強引 索引 字引 割引

弔

弓-1　総画4　常用　明朝 弔 5F14

音 チョウ㊥　訓 とむら-う㊥

◀次ページ 弥 弧 弱

筆順

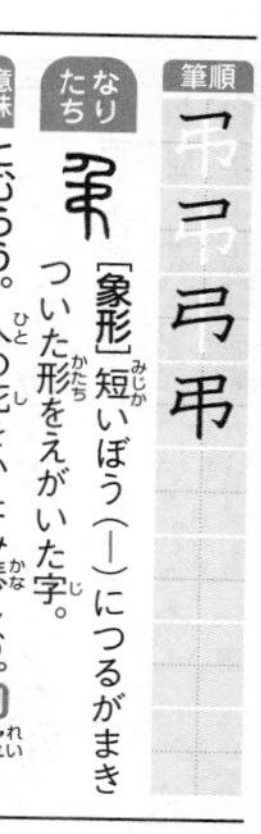

なりたち [象形] 短いぼう(丨)につるがまきついた形をえがいた字。

意味 とむらう。人の死をいたみ悲しむ。例 霊を弔う。弔問 対 慶・祝

【弔意】↓ 人の死を悲しみ、おしむ気持ち。例 弔意を表す。対 祝意

【弔慰】↓ (ーする) 人の死をいたみ、遺族をなぐさめること。

【弔詞】↓ 死んだ人をおしみ、悲しみの気持ちをのべることば。おくやみ。例 弔詞をのべる。類 弔辞・弔文 対 祝詞

【弔辞】↓ 人の死をおしみ、悲しみの気持ちを表した文章。類 弔詞・弔文 対 祝辞

【弔電】↓ 人の死を悲しむ気持ちをつたえる電報。例 弔電を打つ。対 祝電

【弔文】↓ 人の死を悲しみ、おくやみの気持ちをのべる文章。類 弔辞・弔詞

【弔問】↓ (ーする) 死んだ人の家をたずねて、悲しみとおくやみのことばをのべること。例 弔問客。類 弔慰

【弘】

弓-2 総画5 人名 明朝 弘 5F18

音 コウ外 訓 ひろ-い外

意味 ひろい。大きい。ひろめる。

名前のよみ ひろし・みつ

【弗】

弓-2 総画5 表外 明朝 弗 5F17

音 フツ外 訓 ドル外

意味 ドル。アメリカのお金の単位。

参考 ドルの記号「$」に似ていることから、日本で「ドル」として使う。

【弛】

弓-3 総画6 人名 明朝 弛 5F1B

音 シ外 訓 ゆる-む外

意味 ゆるむ。ゆるめる。たるむ。例 弛緩

◆【弛緩】‖ (ーする) (緊張していなければならないものが)ゆるむこと。例 精神が弛緩する。対 緊張

【弟】

弓-4 総画7 2年 明朝 弟 5F1F

音 テイ中・ダイ・デ中 訓 おとうと

例解 使い分け ひく《引く・弾く》

引く=ものや思いを自分のほうへ寄せる。線をかく。参考にする。減らす。しりぞく。
例 同情を引く。かぜを引く。線を引く。辞書を引く。引き算。身を引く。

弾く=楽器を鳴らす。
例 ピアノを弾く。三味線を弾く。

筆順 弟 (つにならない/ださない)

なりたち [指事] ぼう(丨)に順序よくなめしがわをまいた形のいちばん下に「ノ」のしるしをつけて下の兄弟を表す字。

意味
❶おとうと。年下の者。例 兄弟 対 兄
❷でし。教えを受ける者。例 門弟 対 師

注意するよみ ダイ…例 兄弟 デ…例 弟子

名前のよみ おと

❷〈でし〉の意味で

【弟子】☒ 先生について、教えを受ける人。類 門人・門下・門弟・門下生 対 師匠

弟が下につく熟語 上の字の働き

❷弟=〈でし〉のとき
【子弟 徒弟】近い意味。
【高弟 門弟】ドノヨウナ弟子か。

◆義弟 兄弟 師弟

【弦】

弓-5 総画8 常用 明朝 弦 5F26

音 ゲン 中 訓 つる 高

筆順 弦弦弦弦弦弦弦弦

なりたち [形声] 糸の意味の「玄」が「ゲン」という読み方をしめしている。「弓」のつるを表す字。

意味
❶ゆみのつる。弓に張るつる。例 弦を引きしぼる。
❷楽器に張った糸。例 弦をはじく。管弦
❸半月。半円形の月。例 弦月(弓形の月)

❷〈楽器に張った糸〉の意味で
【弦楽器】がんがっき バイオリン・ギター・琴など、糸をこすったりはじいたりして音を出す楽器。表記「絃楽器」とも書く。関連 管楽器・弦楽器・打楽器

弦が下につく熟語 上の字の働き
❸弦＝〈半月〉のとき
【上弦 下弦】イツの弦月か。〔上弦は満月以前の半月、下弦は満月以後の半月をいう〕

弥

弓-5 総画8 常用 明朝 弥 5F25 旧字 彌 5F4C

音 ビ 外・ミ 外 訓 や 中・いや 外

筆順 弥弥弥弥弥弥弥弥

意味
❶ますます。いよいよ。例 弥生
❷ひろがる。つづく。いきわたる。
❸《その他》例 弥勒

特別なよみ 弥生(やよい)

名前のよみ ひさ・ひさし・ひろ・ます・みつ・やす・よし・わたる

❶〈ますます〉の意味で
【弥生】やよい ◎ 陰暦の三月。例 弥生の空。参考 草木がいっそう生長する月という意味。

❷〈ひろがる〉の意味で
【弥漫】びまん Ⅱ〈―する〉風潮などがすみずみまで広がる。はびこる。

❸《その他》
【弥勒】みろく ◎ 仏教で、人びとをみちびく菩薩の一つ。釈迦の死後五十六億七千万年後にこの世にあらわれるという。
【弥生土器】やよいどき 弥生時代(紀元前四世紀～紀元後三世紀ごろ)に使われた、うすでの素焼きの土器。弥生式土器。参考 東京都文京区弥生で発掘されたことから。

弧

弓-6 総画9 常用 明朝 弧 5F27

音 コ 中 訓 ―

筆順 弧弧弧弧弧弧弧弧弧

なりたち [形声]「瓜」が「コ」とかわって読み方をしめしている。「力」は「曲がる」意味をもち、「弓」の曲がった形を表している字。

意味 弓なりに曲がった線。例 弧をえがいて飛ぶ。括弧

弱

弓-7 総画10 2年 明朝 弱 5F31

音 ジャク 訓 よわ-い・よわ-る・よわ-まる・よわ-める

筆順 弱弱弱弱弱弱弱弱弱弱（はねる）

なりたち [会意] かざる意味の「冫(彡)」と「弓」を合わせ、さらに二つならべることで、「よわい」ことを表す字。

意味
❶よわい。よわる。例 力が弱い。風が弱まる。火を弱める。弱気・病弱 対 強
❷年がわかい。年少である。例 弱年
❸…より少ない。少し足りない。例 一時間弱。対 強

❶〈よわい。よわる〉の意味で
【弱視】じゃくし ↓ 視力が弱いこと。
【弱者】じゃくしゃ ↓ ほかの人よりも力がなくて、弱い立場にいる人。例 情報弱者。対 強者
【弱小】じゃくしょう Ⅱ〈―な〉力が弱くて、小さいこと。例 弱小チーム。対 強大
【弱体】じゃくたい ↓〈―な〉しくみなどがきちんとしていなくて、力不足でたよりないこと。例 経済が弱体化する。
【弱点】じゃくてん ↓ ① 弱いところ。十分でないところ。例 弱点をさらけだす。類 欠点・短所 ②

知られると困るところ。弱み。例弱点をつく。

【弱肉強食】じゃくにくきょうしょく 弱いものの肉が強いものの食べ物になるという意味から、弱いものが強いものに征服されること。参考中国の韓愈の書物にあることば。

【弱気】よわき ↓〈―に〉よわよわしい、いくじのない気のもち方。例弱気を出すな。弱気な発言。対強気

【弱腰】よわごし ↓〈―な〉力強く向かっていく元気がないこと。例前の失敗が気にかかっていて弱腰になる。類軟弱 対強腰

【弱音】よわね ↓苦しさやつらさにがまんできなくなって言う、いくじのないことば。泣き言。例弱音をはく。類悲鳴

【弱火】よわび ↓火力の弱い火。例弱火でにこむ。関連強火・中火・弱火

【弱虫】よわむし ↓いくじのない人をあざけっていうことば。泣き虫。

❷〈年がわかい〉の意味で

【弱年】じゃくねん ↓年がわかいこと。わかい人。類若者・弱小 表記「若年」とも書く。

【弱輩】じゃくはい ↓年がわかくてまだ経験が浅い人。例弱輩者。類青二才 表記「若輩」とも書く。表現自分のことをけんそんしたり、目下の人を軽く見たりしていうときに使う。

【弱冠】じゃっかん ↓年がわかいこと。知識むかしの中国で、数え年で二十歳を「弱」といい、その年に元服をして冠をつけた。

弱が下につく熟語 上の字の働き

❶弱＝〈よわい。よわる〉のとき
【虚弱 衰弱 柔弱 軟弱 薄弱 貧弱】近い意味。

◆病弱

強

弓-8 総画11 2年 明朝 強 5F37

音キョウ・ゴウ中 訓つよ-い・つよ-まる・つよ-める・し-いる中

筆順 はねる とめる

なりたち [形声]強い弓の意味と「キョウ」という読み方をしめしている「彊」の省略した形（弘）に「虫」をくわえて、米の中の小虫を表した字。

意味

❶つよい。力がある。例強い体。いきおいが強まる。警戒を強める。強気・補強 対弱

❷むりにする。しいる。つとめる。例寄付を強いる。強引・勉強

❸…より多い。例百人強。対弱

名前のよみ かつ・たけ・たけし・つとむ・つよし

❶〈つよい〉の意味で

【強運】きょううん ↓幸運にめぐまれつづけること。例強運のもち主。

【強化】きょうか ↓〈―する〉弱いところや、たりないところをおぎなって、いっそう強くすること。例取りしまりを強化する。対弱化

【強肩】きょうけん ↓肩の力が強く、遠くまで投げることができること。例キャッチャーの強肩が、チームをすくった。

【強健】きょうけん Ⅱ〈―な〉からだががっちりしていて、じょうぶなこと。例身体強健な若者。類剛健 対虚弱

【強権】きょうけん ↓警察や軍の力で国民をおさえる、国や支配者の強い権力。例強権発動。

【強固】きょうこ Ⅱ〈―に〉強くて、しっかりしているようす。例強固な意志。類確固

【強硬】きょうこう Ⅱ〈―な〉自分の意見をどこまでもおし通そうとするようす。例強硬に主張する。対柔軟・軟弱

【強豪】きょうごう Ⅱ強くてごわい人。またはチーム。例相手は全国一の強豪だ。

【強弱】きょうじゃく ⇔強いことと弱いこと。例強弱をつけて演奏する。

【強襲】きょうしゅう ↓〈―する〉はげしいいきおいでおそいかかること。例三塁強襲のヒット。

【強靱】◆きょうじん Ⅱ〈―に〉強くしなやかで、ねばりのあるようす。例強靱な筋肉。

【強壮】きょうそう Ⅱ〈―に〉からだがじょうぶで元気なようす。例強壮剤。類壮健

【強打】きょうだ ↓〈―する〉①強く打ちつけること。例転んで、腰を強打した。②ボールを、力をこめて打つこと。例直球を強打する。

【強大】きょうだい [Ⅱ]〈―な〉ひじょうに強くて大きい。例 力の強大な国。類 富強 対 弱小

【強調】きょうちょう [↓]〈―する〉①とくに力を入れて、そのことを言うこと。例 チームワークのたいせつさを強調する。類 力説 ②その部分が目立つようにすること。例 明暗を強調する。

【強敵】きょうてき [↓] 強くて、てごわい相手。例 強敵にぶつかる。類 大敵・難敵 対 弱敵

【強度】きょうど [↓] ①どのくらい強いかということ。例 柱の強度を調べる。②心やからだの具合のわるさがひどいこと。例 強度の近視。類 極度 対 軽度

【強風】きょうふう [↓] 強く、はげしくふく風。例 強風注意報。類 大風・烈風・暴風 対 微風

【強兵】きょうへい ① [↓] 強い兵隊。② [▲] 軍事力を強くすること。例 富国強兵。

【強力】[↓] 一 きょうりょく〈―な〉力が強いようす。例 強力打線。二 ごうりき ①人なみはずれて力の強い人。②山に荷物を運び上げたり、道案内をしたりする人。

【強烈】きょうれつ [Ⅱ]〈―な・―に〉強くてはげしいようす。例 夏の日ざしは強烈だ。類 激烈

【強情】ごうじょう [↓]〈―な・―に〉意地をはって自分の考えをかえようとしないようす。例 強情をはる。類 意固地・片意地

【強欲】ごうよく [↓]〈―な・―に〉ひじょうに欲が深いこと。例 強欲非道。類 貪欲 対 無欲

【強気】つよき [↓]〈―な・―に〉きっとうまくいくと思って、積極的にものごとをおこなう気持ち。例 強気な作戦をとる。対 弱気

【強腰】つよごし [↓] 自分の考えをはっきりと出して、相手の言うとおりにならないこと。例 強腰で会談にのぞむ。対 弱腰

【強火】つよび [↓] 火力の強い火。例 強火でいためる。関連 強火・中火・弱火

❷〈むりにする〉の意味で

【強圧的】きょうあつてき〈―な・―に〉相手を、力でおさえつけようとするようす。例 強圧的な態度。

【強行】きょうこう [↓]〈―する〉むりだと思うようなことを、思い切っておこなうこと。例 強行手段。類 決行・断行・敢行

【強行軍】きょうこうぐん ①早く目的地に着くための、きつい行軍。②短い日程で行事をこなすこと。例 先日の旅行は、かなりの強行軍だった。

【強制】きょうせい [↓]〈―する〉腕力や権力を使って、むりにさせること。例 強制労働。類 強要

【強迫観念】きょうはくかんねん 打ち消しても打ち消しても頭からはなれない不安な気持ち。例 強迫観念にとらわれてよくねむれない。

【強要】きょうよう [↓]〈―する〉むりにさせようとすること。例 寄付を強要する。類 強制

【強引】ごういん [↓]〈―な・―に〉むりやりにするようす。例 強引に売りつける。

【強奪】ごうだつ [↓]〈―する〉力ずくでうばいとること。例 金品を強奪する。類 略奪・奪取・強盗

【強盗】ごうとう [↓] おどして、むりやりに金や品物をうばいとる者。類 泥棒・窃盗・強奪

⇐強が下につく熟語 上の字の働き

❶強＝〈つよい〉のとき
【頑強 屈強 富強】近い意味。
【増強 補強】ドウヤッテ強くするか。
◆最強 勉強 列強

張

弓-8 総画11 5年 明朝 張 5F35

音 チョウ 訓 は-る

筆順 張 はねる ながく 人にならない

なりたち [形声]「長」が「チョウ」という読み方をしめしている。「チョウ」は「ふくれる」意味をもち、「弓」をはることを表す字。

意味
❶ひろがる。ひろげる。大きくなる。はりめぐらす。例 根を張る。張りのある声。張力・拡張
❷言いはる。例 誇張・主張
❸弓・琴・幕・提灯などをかぞえることば。例 弓一張。

例解 [使い分け] はる[張・貼] ☞ひだりのページ

❶〈ひろがる〉の意味で

【張本人】ちょうほんにん 事件を起こす、いちばんもとになった人。例 いたずらの張本人はだれだ。

類 首謀者・主謀者 参考「張本」は「本をつくっておく」という意味で、首謀者の意味。

【張力】ちょうりょく ↓ 物体の中ではたらく、ひっぱり合う力。例 水の表面張力。

張が下につく熟語 上の字の働き

❶張＝〈ひろがる〉のとき
【拡張 膨張】近い意味。
◆緊張 誇張 主張 出張

弾

弓-9 総画12 常用

明朝 弾 5F3E　旧字 彈 5F48

音 ダン 中　訓 ひ-く 中・はず-む 中・たま 中・はじ-く 外

筆順

なりたち 彈 [形声] もとの字は、「彈」。「單(タン)」が「ダン」とかわって読み方をしめしている。「タン」は「丸いたま」の意味をもち、たまをはじき出す「弓」を表す字。

意味
❶たま。鉄砲のたま。例 弾をこめる。弾丸・爆弾
❷はずむ。はねかえる。例 弾力
❸楽器をひく。例 ピアノを弾く。弾奏
❹たたきのめす。強く非難する。例 弾圧・糾弾

例解 使い分け たま［玉・球・弾］☞765ページ
例解 使い分け ひく［引・弾］☞393ページ

❶〈たま〉の意味で

【弾丸】だんがん Ⅲ 鉄砲や大砲のたま。例 弾丸が雨あられと飛んでくる。類 砲弾・銃弾 表現「弾丸列車」「弾丸ライナー」のようにひじょうに速いもののたとえにも使う。

【弾痕】だんこん ↓ 大砲や銃のたまのあたったあと。例 弾痕が壁にのこっている。

【弾道】だんどう ↓ 発射されたたまが、飛んでいく道すじ。例 弾道をえがいて飛ぶ。

【弾薬】だんやく ↓ 鉄砲や大砲などの、たまと火薬。

❷〈はずむ〉の意味で

【弾性】だんせい ↓ 力をくわえると形がかわり、その力を取り去ると、またもとにもどる性質。対 塑性

【弾力】だんりょく ↓ ①物が外からの力で変形したとき、もとの形にもどろうとする力。例 ボールが弾力で高くはね上がった。②その場に合わせてやり方をかえることができるやわらかさ。例 弾力的な判断を求める。

❸〈楽器をひく〉の意味で

【弾奏】だんそう Ⅲ〈―する〉ギターやハープなどの弦をはじいて演奏すること。表現 直接手ではじくのではないが、ピアノについても言う。

❹〈たたきのめす〉の意味で

【弾圧】だんあつ ↓〈―する〉力でおさえつけること。例 反対派を弾圧する。類 抑圧

【弾劾】だんがい ↓〈―する〉責任のある立場の人の罪や不正を調べあげて、問いつめること。例 弾劾裁判。類 糾弾

弾が下につく熟語 上の字の働き

❶弾＝〈たま〉のとき
【銃弾 砲弾】ナニの弾丸か。
◆糾弾 実弾 爆弾 連弾

3画 ヨ 彑 ［けいがしら］の部

「ヨ」や「彑」の形がめやすとなっている字を集めてあります。

この部首の字
8 粛……398　彗……398
10 彙……398
争→亅46　君→口219　書→曰604　群→羊899

例解 使い分け はる《張る・貼る》

張る＝のばしてひろげる。おおう。たるまず、ひきしまっている。かまえる。押し通す。
例 氷が張る。クモの巣が張る。声に張りがある。意地を張る。

貼る＝くっつける。
例 封筒に切手を貼る。貼り紙。貼り薬。

【粛】 ヨ-8 総画11 常用
明朝 粛 7C9B 旧字 肅 8085

音 シュク中 訓 —

筆順

なりたち [会意]もとの字は、「肅」。筆を手に持つ意味の「聿」を略した形の「⺻」が深いふちの意味の「𣶒」の上にあるようすから、身がかしこまることを表す字。

意味 つつしむ。きびしくひきしめる。例 粛正・静粛・自粛

名前のよみ きよし・すすむ・とし

【粛粛】[Ⅲ]〈─たる・─と〉おごそかで、ものしずかなようす。例 雨のなか、粛々と葬列が進む。

【粛正】[Ⅲ]〈─する〉きびしくとりしまって、不正などをとりのぞくこと。例 綱紀を粛正する。

【粛然】[☒]〈─たる〉つつしんだ気持ちになって、静かに落ち着くようす。例 粛然としてえりを正す。

粛が下につく熟語 上の字の働き

【厳粛 静粛】近い意味。

【彗】 ヨ-8 総画11 人名
明朝 彗 5F57

音 スイ外 訓 —

意味 ほうき。ほうき星。例 彗星

名前のよみ あきら・さとし

【彙】 彑-10 総画13 常用
明朝 彙 5F59

音 イ中 訓 —

筆順

意味 あつめる。また、集めたもの。例 語彙

字体のはなし 「彙」とも書く。☞ふろく「字体についての解説」(30ページ)

彙が下につく熟語 上の字の働き

【語彙】ナニを集めたものか。

3画 彡 [さんづくり]の部

美しいかざりの意を表す「彡」をもとに作られ、かざりやいろどりにかかわる字を集めてあります。

この部首の字 4形…398 6彦…399 8彩…399 彫…400 彪…400 彬…400 11彰…400 12影…400 参▶厶193 修▶亻96 須▶頁1090

【形】 彡-4 総画7 2年
明朝 形 5F62

音 ケイ・ギョウ 訓 かた・かたち

筆順 (はねない)

なりたち [形声]「井→幵」が「ケイ」とかわって読み方をしめしている。「セイ」は「ととのう」意味をもち、かざりを表す「彡」をくわえて、きちんとととのえるかたを表す字。

意味 ❶物のかたち。すがた。例 服の形がくずれる。影も形もない。手形・形式 ❷かたどる。あらわす。かたちづくる。例 形成

例解 使い分け かた[形・型] ☞ひだりのページ

❶〈物のかたち〉の意味で

【形見】[↓] 死んだ人や別れた人がのこした記念の品物。例 形見分け。類 遺品・遺物

【形相】[Ⅲ] 気持ちがはげしく表に出たときの顔つき。例 形相がかわる。

【形骸】[Ⅲ] ①命や心のないからだ。②中身がなくなり、ほねぐみや外形だけになっているもの。例 形骸を残すだけの建物。形骸化。

【形式】[Ⅲ] ①あることをするときの、決まった手つづきややり方。例 形式どおりにことを進める。類 方式・様式 ②外がわから見た、ものの形や見かけ。例 形式にとらわれる。対 内容・実質

【形式的】〈─な〉中身がなくて、形だけであるようす。対 実質的

【形状】Ⅱ ものの形やようす。例 こなごなになって、もとの形状がわからない。

【形勢】↓ かわっていくものごとの、そのときそのときのようす。なりゆき。例 形勢逆転。類 情勢・旗色

【形跡】↓ ものごとがあったことをしめすあと。例 人がいた形跡がある。類 跡形・痕跡

【形態】Ⅱ そのもののすがた。例 魚類の形態。

❷〈かたどる〉の意味で

【形成】↓〈―する〉つくり上げること。例 人間形成。

【形声】Ⅱ 意味を表す文字と音を表す文字とを組み合わせて一つの漢字をつくる方法。形声文字。漢字の六書の一つ。参考 ふろく「漢字のなりたち」(3ページ)

【形容】▲〈―する〉ものの形・ようす・性質などをことばを使って言い表すこと。例 この美しさは、形容しがたい。

【形容詞】ことばをそのはたらきによって分けたとき、「赤い」「強い」「悲しい」のように、ものごとの性質や人の感情などを表すことば。活用があり、言い切るときの形は「い」で終わる。

【形容動詞】ことばをそのはたらきによって分けたとき、「きれいな」「きれいなへやは快適だ」の「きれいな」「快適だ」のような、ものごとの性質や状態を表すことば。言い切るときの語尾は「だ」「です」となり、名詞があとにくるときの語尾は「な」となる。

形が下につく熟語 上の字の働き

❶形＝〈物のかたち〉のとき

【円形 方形(長方形) 扇形 台形 弓形 原形 固形 花形】ドノヨウナ形か。

【有形 無形】形の有る無し。

【字形 図形 体形 地形 人形 手形】ナニの形か。

【整形 造形 変形】形をドウスルか。

◆外形

彦

彡−6 総画9 人名 明朝 彦 5F66

音 ゲン外 訓 ひこ外

意味 美しい男。りっぱな男性。例 彦星

名前のよみ ひろ・よし

彩

彡−8 総画11 常用 明朝 彩 5F69

音 サイ中 訓 いろど-る高

筆順 彩

なりたち 彩 [形声]「采」が「サイ」という読み方をしめしている。「サイ」は「かさねる」意味をもち、美しくかざる意味をしめす「彡」をくわえて、いくつも色をかさねて美しくすることを表す字。

意味 ❶いろどる。例 彩りをそえる。彩色・光彩 ❷ようす。目につくすがた。例 異彩

名前のよみ あや

❶〈いろどる〉の意味で

【彩色】Ⅱ〈―する〉色をつけて美しくすること。いろどり。例 彩色をほどこす。

【彩度】↓ 色のあざやかさの度合い。色の三要素の一つ。

彩が下につく熟語 上の字の働き

❶彩＝〈いろどる〉のとき

【色彩 光彩】近い意味。

【多彩 淡彩】ドノヨウナ彩りか。

❷彩＝〈ようす〉のとき

【異彩 生彩 精彩】ドンナようすか。

例解 使い分け かた《形・型》

形＝目に見える物のかたち。
例 三日月形。大形の花。形崩れした服。柔道の形。水泳の自由形。跡形もない。

型＝とくにきまったかたち。
例 型にはまる。大型の台風。血液型。

彫

音 チョウ(中) 訓 ほ-る(中)

彡-8 総画11 常用 明朝 彫 5F6B

筆順

なりたち 彫 [形声]「周(シュウ)」がゆきわたる意味と、「チョウ」とかわって読み方をしめしている。美しくかざることをしめす「彡」をくわえて、もようを全体につけることを表す字。

意味 ほる。きざむ。ほって形を作る。例 版木を彫る。浮き彫り・透かし彫り・彫工・彫刻・木彫

【彫刻】(ちょうこく) 二(—する) 木や石・金属などをほったりけずったりして、文字や人やものの形などを作ること。また、作ったもの。例 彫刻刀。

【彫像】(ちょうぞう) ↓ 木や石・金属などにほった、人や動物などの像。対 塑像

◆木彫

彪

音 ヒョウ(外) 訓 —

彡-8 総画11 人名 明朝 彪 5F6A

意味 あや。虎の皮のもよう。

名前のよみ あきら・あや・たけ・たけし・つよし・とら

彬

音 ヒン(外) 訓 —

彡-8 総画11 人名 明朝 彬 5F6C

意味 外見・内容ともりっぱである。

名前のよみ あき・あきら・あや・もり・よし

彰

音 ショウ(中) 訓 —

彡-11 総画14 常用 明朝 彰 5F70

筆順

なりたち 彰 [形声]美しくかざる意味をしめす「彡」と、「あきらか」の意味と「ショウ」という読み方をしめす「章」とからでき、「はっきりとあらわす」意味に使われている字。

意味 あらわす。あきらかにする。例 顕彰・表彰

名前のよみ あき・あきら・あや・てる

影

音 エイ(中) 訓 かげ(中)

彡-12 総画15 常用 明朝 影 5F71

筆順

なりたち [形声]美しい意味の「彡」と、日の光の意味の「景(ケイ)」とからでき、「景」が「エイ」とかわって読み方をしめしている。美しい日の光を表す字。

文字物語 影

「影」は、訓の「かげ」の意味と、漢字「影」そのものとの意味がちょうどかさなっている。

「かげ」は、光があたった物のうしろにできた黒い部分(かげぼうし)をいうばかりではない。「日影」「月影」「火影」というときは「日の光」「月の光」「火の光」の意味、「人影」「面影」は「人のすがた」「かおかたち」の意味だ。「かげ」だけでも、「うわさをすれば影がさす(人のうわさをしているとその人本人がそこへひょっこりあらわれることがよくあるものだ)」「影もかたちもない」などのようにいう。もちろん、黒い部分であるかげぼうしのほうも、そのもののすがた・かたちをよく表している。

漢字の「影」にもおなじような事情がある。左がわの「景」は「光」また「自然のけしき・すがた・ようす」の意味をもっている。それにかざりものを表す「彡」がついて、「影」の字ができた。字の二つの要素はどちらも明るいものなのに、作られた「影」の字に「暗いかげ」の意味があるのがおもしろい。そして「影」にも、「光」と、ものの「すがた・かたち」という意味がある。

意味

❶かげ。光が、物にさえぎられてできた影。例影をおとす。影絵・投影

❷すがた。うつったすがた。例影も形もない。幻影・撮影

❸ひかり。例日影・火影・灯影

例解 [使い分け] かげ[影・陰] ☞このページ

[文字物語] ☞みぎのページ

❶〈かげ〉の意味で

【影響】えいきょう ⊡(ーする) あるもののはたらきが、ほかのものにもおよんで、変化を引きおこすこと。例影響が出る。影響をおよぼす。悪影響。類波及

【影法師】かげぼうし 地面や障子などに映った人のかげ。例影法師をふむ。

【影武者】かげむしゃ ①敵の目をごまかすために、大将などの身がわりをつとめる武士。②かげで指図する人。

⬅影が下につく熟語 上の字の働き

❷影=〈すがた〉のとき

【遺影 近影】ドンナすがた(写真)か。

【面影 人影 島影 機影 魚影 幻影】ナニのすがたか。

❸影=〈ひかり〉のとき

【星影 日影】ナニのひかりか。

◆陰影 撮影 投影

3画 彳 [ぎょうにんべん] の部

十字路の形をえがいた象形の一部にもとづく「彳」をもとに作られ、交通や行動にかかわる字を集めてあります。

この部首の字

例解 使い分け

かげ《影・陰》

影=光のはたらきによってできる黒い部分。また、目にうつるすがた・形。
例影ふみ。影がうすい。影も形もない。人影まばら。

陰=光が当たらない所。なにかの後ろになって目に見えない所。
例木の陰にかくれる。陰でささえる。陰で人をあやつる。

役

音ヤク・エキ㊥ 訓―

彳-4 総画7 3年

明朝 役 5F79

筆順 役 はねる おらない はらう

なりたち [会意] 道を行く意味の「彳」と、武器を手にした形の「殳」とを合わせて、歩きまわって警戒することを表す字。

意味

❶わりあてられたしごと。役目。しなければならないつとめ。例役所・役牛・大役

❷とくべつな地位。例役職・上役

❸しばいなどでのやくわり。例役者・配役

❹いくさ。戦争。例西南の役。戦役

名前のよみ まもる

❶〈わりあてられたしごと〉の意味で

【役牛】えきぎゅう ⊡ 荷物運びや、農作業をさせるために飼う牛。関連肉牛・役牛・乳牛

【役柄】やくがら ⊡ わりあてられた仕事の性質や内容。例役柄にふさわしい人物。☞❸

【役所】やくしょ ⊡ 国や都道府県・市町村などの、おおやけの仕事をするところ。例市役所。類

官庁・役場 ☞「やくどころ」は❸

【役人】やくにん ↓ 役所につとめて、国や地方自治の仕事をする人。例県庁の役人。類公務員

【役場】やくば ↓ 町や村のおおやけの仕事をするところ。例町役場。村役場。類役所

【役目】やくめ ↓ やらなければならない仕事。つとめ。例役目をはたす。類任務・役割・役

【役割】やくわり ↓ わりあてられた仕事。例役割を決める。類役目・任務

❷〈とくべつな地位〉の意味で

【役員】やくいん ↓ ①とくに決められた仕事を受けもつ人。例PTAの役員。②会社や団体などで、そこを代表するような責任ある地位の人。類重役・幹部

【役職】やくしょく ↓ 会社や組合などで、上に立ってまとめていく仕事をする役目。役づき。例役職につく。類管理職

【役得】やくとく ↓ その役目についていることで手にはいる特別の利益。例役得が多い。類余禄・余得

❸〈しばいなどでのやくわり〉の意味で

【役柄】やくがら ↓ 劇に出てくる人物の種類や性格。例役柄に合わせた演技をくふうする。

☞❶

【役者】やくしゃ ↓ ①劇や映画に出て役を演じる人。例千両役者(演技力のある役者)。類俳優 ②やり方のじょうずな人。例役者が一枚上だ(やり方がうまくて、とても太刀打ちできない)。

【役所】やくどころ ↓ その人にあたえられる役割。適した役割。例この役は、かれにはぴったりの役どころだ。☞「やくしょ」は❶

【役不足】やくぶそく〈―な〉あたえられた役や仕事が、その人には軽くてもの足りないこと。例役不足をかこつ(不満で不平を言う)。表現 もともとは、「もっといい役がついていいはずだ」という不満の気持ちを表すことば。反対に、役目が重くてとてもできそうもないときには「力不足」という。

← 役が下につく熟語 上の字の働き

❶役＝〈わりあてられたしごと〉のとき
【大役 適役 一役】ドノヨウナ役か。
【苦役 雑役 懲役 労役】ドノヨウナつとめか。
【退役 服役】つとめを(つとめに)ドウスルか。

❷役＝〈とくべつな地位〉のとき
【上役 顔役 三役 重役】ドノヨウナ役か。
【助役 取締役】ナニをする役か。

❸役＝〈しばいなどでのやくわり〉のとき
【主役 端役 子役 悪役 敵役 代役】ドノヨウナ役か。

◆現役 使役 荷役 配役 賦役

往

イ-5 総画8 5年 明朝 往 5F80

音 オウ 訓 ゆ-く 外

筆順 往 ながく

なりたち 往 [形声]もとの字は、「㞷」。「止」が足を、「王」が「オウ」という読み方をしめしている。「オウ」は「行く」意味をもち、足で歩いて行くことを表す字。のちに「彳」がくわわり、「㞷」が「主」の形になった。

意味 ❶行く。目的地へ向かって進む。例右往左往。往路。対復・来 ❷時間がすぎ去る。去った時。例往年

名前のよみ なり・ひさ・ゆき・よし

❶〈行く〉の意味で

【往往】おうおう Ⅲ たびたび。しばしば。ともすれば。例あせると、往々にして失敗する。

【往生】おうじょう ↓〈―する〉①仏教で、あの世へ行って、そこで生まれかわること。とくに、極楽に生まれかわること。例極楽往生。②死ぬこと。例大往生。③どうにもしようがなくなること。例立ち往生。

【往生際】おうじょうぎわ 命がなくなろうとしているとき。死にぎわ。例往生際がわるい(思いきりがよくない)。類臨終・最期

【往信】おうしん ↓ ①返事を求めて出す手紙。②往復はがきの行きの部分。対返信

【往診】おうしん ↓〈―する〉医者が、病人の家に行って診察すること。例医者に往診をたのむ。類来診

ものしり巻物 第12巻

漢字の字形・字体

「大」「天」の字を見てみましょう。左右対称にできています。バランスがとれて安定感があり、見る人に落ち着きをあたえます。人間のからだも、頭の先から足の先まで左右対称にできているので、安定感があります。「大」も「天」も、人間のからだに合わせているのですね。

このように、漢字の「字形」は、バランスを第一に考えてできています。「山」も「川」も「木」も左右対称です。「典」の字も、左右対称です。「典」の下の部分はもともと机で、机の二本の脚(八)がふんばっているので、上の物が落ちないのです。また、ころがりそうな丸い太陽も、いつも形をかえている月も、左右対称の四角い「日・月」にして安定感を出しています。

絵文字からできた象形文字は一字なので左右対称を意識して作ることができますが、形声文字のように二字以上が組み合わさった場合は、字形はどのようにくふうされているでしょうか。

「心」と「生」とを組み合わせ、新しい字を作ろうとして、二つを横にならべてみましょう。横にはみ出してしまいます。そこで、偏になっている「心」が遠慮してからだを細め、「忄」になります。できあがった字は「性」です。これなら、横にはみ出さないで、きちんとますの中に入って落ち着きます。「水→氵」「人→亻」「手→扌」「犬→犭」も、それぞれ字形を考えて、落ち着きを出すために変身しているのです。

心生
↓
性

たての組み合わせの場合はどうでしょうか。「隹」と「火」とを組み合わせ、たてにかさねると、下にはみ出してしまいます。そこで、「火」が遠慮して平らになり、「灬」になります。できあがった字は「焦」です。これなら、下にはみ出さないで、きちんとますの中に入って落ち着きます。「恭」「慕」に使われている「心→㣺」も、落ち着きを出すために変身しているのです。

字形に対して、点画の長さ・数・方向、はねる・はねない、出る・出ないに関係したことがらを「字体」といいます。

「天・天」の上の二本の横棒のどちらを長くするかは、字体に関係するもので、今は上の部分を長くして「天」です。とくに、今のきまりにしたがってできている字体を「標準字体」とよんでいます。

「土」と「士」は、横棒の長さのちがいによってちがう意味の字になります。「矢」も、上がつき出ると字体がかわり、べつの意味の「失」になります。

「からだ」は「体」ですが、もともとは「體」というちがう字体でした。そこで、「体」のほうを「新字体」とよび、「體」のほうを「旧字体」とよんでいます。(☞「ものしり巻物14」471ページ)

また、字体と似ていることばに「書体」があります。(☞「ものしり巻物13」437ページ)

参考 漢字の字形・字体については、「字体」を文字の骨組み、「字形」をその文字の形の表現の仕方とする考え方もあります。その考え方では、「土」と「士」はべつの文字ですから、「字体」がちがうということになります。いっぽう、「字形」は、字の太い・細い、大きい・小さいや点画の方向・長短、まげるかまっすぐにするか、つけるかはなすか、はねるかとめるかなどのことです。「天」と「天」は字としてはおなじ「天」ですから、「字形」がちがうということになります。

【往復】おうふく ⇔ ①〈―する〉行って、また帰ること。行き来。例 秋田と東京を一日で往復する。②行きと帰り。例 往復切符。対 片道 ③ことばや手紙のやりとり。例 何度も手紙の往復があって、やっと話がまとまった。

【往来】おうらい ⇔ ①〈―する〉人や車が行ったり来たりすること。行き来。例 車の往来がはげしい。類 交通 ②人や車が通るところ。例 あぶないから、往来であそぶな。類 道路

【往路】おうろ ↓ 目的地に行くときに通る道。例 往路は急行で行く。対 復路・帰路

❷〈時間がすぎ去る〉の意味で

【往時】おうじ ↓ 遠くすぎ去ったむかし。例 城跡に立って往時をしのぶ。類 往年・昔日

【往年】おうねん ↓ すぎ去った、むかしのころ。例 往年の名選手。類 往時・昔日

◆右往左往 既往

径

彳-5 総画8 4年 明朝 径 5F84 旧字 徑 5F91

音 ケイ 訓 ―

筆順 （はらう）（ながく）

なりたち 形声 もとの字は、「徑」。「巠」が「まっすぐ」の意味と「ケイ」という読み方をしめしている。「彳」をくわえて、「こみち」を表す字。

意味 ❶さしわたし。直径。例 半径 ❷こみち。細い道。例 小径 ❸まっすぐに。例 直情径行。

名前のよみ みち

径が下につく熟語 上の字の働き

❶径＝〈さしわたし〉のとき

【直径 半径 長径 短径】ドノヨウナさしわたしか。

◆口径 小径

征

彳-5 総画8 常用 明朝 征 5F81

音 セイ 中 訓 ゆ-く 外

筆順

なりたち 形声「正」がある場所に行く意味と「セイ」という読み方をしめしている。「彳」をくわえて、道を足で歩いていくことを表す字。

意味 行く。せめこむ。例 征服・遠征

名前のよみ ただし・まさ・もと・ゆき

【征討】せいとう Ⅱ〈―する〉出かけていって敵をうつこと。例 征討軍。類 征伐

【征伐】せいばつ Ⅱ〈―する〉わるものや、したがわないものをせめて、こらしめること。例 鬼を征伐する。類 征討・討伐・退治

【征服】せいふく ↓〈―する〉①相手を負かして、言うとおりにさせること。例 世界を征服する。類 制覇 ②むずかしいことをやりとげること。例 最高峰を征服する。類 克服

◆遠征 出征

彼

彳-5 総画8 常用 明朝 彼 5F7C

音 ヒ 中 訓 かれ 中・かの 中

筆順

なりたち 形声「彳」が「道」を、「皮」が「ヒ」という読み方をしめしている。「ヒ」は、「はなれる、わかれる」意味をもち、道のはるか向こうを表す字。

意味 ❶あれ。あの。かの。向こうの。例 彼岸 ❷かれ。あの人。例 彼ら。

注意するよみ かの…例 彼女

❶〈あれ〉の意味で

【彼女】かのじょ ↓ ①話し手・相手以外の女の人を指すことば。例 彼女の家族。対 彼 ②特別にしたしい女友だち。例 ぼくの彼女。対 彼・彼氏

【彼我】ひが ⇔ むこうとこちら。例 彼我の区別もつかないほどのはげしいたたかい。

【彼岸】ひがん ↓ ①春分・秋分の日を中心とする七日間。例 暑さ寒さも彼岸まで。②仏教でいう、生死の世をこえ、なやみ苦しみをぬけて到達する、向こう岸の世界。知識 お寺では、①の春秋二度の七日間に「彼岸会」の法要を

して、墓参りなどをおこなう。その初日が「彼岸の入り」、中心の日が「彼岸の中日」という。

後

イ-6 総画9 2年 明朝 後 5F8C

音 ゴ・コウ 訓 のち・うしーろ・あと・おくーれる 中

筆順 後 (とめる・はらう)

なりたち [会意]「彳」が「道」をしめし、「夊」が「しりぞく」意味を表し、「幺」が「わずか」の意味をもつことから、全体で「うしろに向かって進む」ことを表す字。

意味

❶あと。のち。例 後でくやむ。後の世。気後れ。後悔・最後 対 先・前

❷うしろ。例 後ろを向く。後退 対 前

例解 [使い分け] あと[跡・後・痕] ☞1019ページ

例解 [使い分け] おくれる[遅・後] ☞457ページ

❶〈あと。のち〉の意味で

【後味】あとあじ ↓ ①ものを食べたり飲んだりしたあと、口の中にのこる味。例 この紅茶は後味がよい。類 後口 ②ものごとがすんだあとにのこる気持ちや感じ。例 相手のミスで勝つなんて後味がわるい。類 後口

【後先】あとさき ⇔ ①ものごとの先のこととあとのこと。その順序。例 後先も考えないでやりはじめる。類 前後 ②〈―する〉順序が入れかわること。あとのことが先になること。例 話が後先になりますが…。類 前後 ③一つのものの前のほうとうしろのほう。例 おりた車の後先を見て道をわたる。

【後始末】あとしまつ ↓〈―する〉ものごとが終わったあとの整理をすること。あとかたづけ。例 後始末をきちんとする。表記「跡始末」とも書く。

【後遺症】こういしょう 病気やけがなどがいちおうなおったあとに、まだからだにのこっている具合のわるさ。例 後遺症が出る。

【後悔】こうかい ↓〈―する〉ものごとがすんだあとで、あれこれ考えて残念がること。悔い。例 後悔先に立たず。類 悔恨

【後学】こうがく ↓ ①あとあとためになる知識や学問。例 後学のために質問する。②あとから学問の道に入る人。例 後学の徒。対 先学

【後記】こうき ↓ ①あとがき。例 編集後記。②〈―する〉そこよりもあとに書くこと。書いたこと。例 要領は後記のとおり。対 前記

【後期】こうき ↓ ある期間を二つ、または三つに分けたときの最後の期間。例 奈良時代後期。関連 初期・前期・中期・後期・末期

【後継】こうけい ↓〈―する〉役目や仕事などを受けつぐこと。あとつぎ。例 後継者。類 継承

【後顧】こうこ ↓ ふりかえること。あとにのこしてきた肉親や仕事が気にかかること。例 後顧の憂い(あとあとの心配)。

【後者】こうしゃ ↓ 二つならべてのべたもののうち、あとのほう。例 洋食と和食では、ぼくは、後者が好きだ。対 前者

【後述】こうじゅつ ↓〈―する〉もう少し先へいってのべること。例 その理由は後述する。対 前述

【後進】こうしん ↓ 自分よりもあとから進んでくる人たち。例 後進の指導にあたる。類 後輩・後生 ☞❷

【後世】↓ 一 こうせい のちの世。例 戦争のおそろしさを後世につたえる。類 後代・後年 二 ごせ 仏教で、自分が死んで生まれかわったあとの世。関連 前世・現世・来世(後世)

【後生畏るべし】こうせいおそるべし これからのわかい人は、(どれほど成長するかわからないので)うやまうべきだ。参考『論語』の「後生畏るべし。焉んぞ来者の今に如かざるを知らんや」から。表現「後生」は、自分よりあとから生まれる人。「後世」と書くのは誤り。

【後続】こうぞく ↓〈―する〉あとにつづくこと。例 後続の到着を待つ。後続部隊。対 先行

【後天的】こうてんてき〈―な〉〈―に〉生まれてからあとに、その人の身につくようす。対 先天的

【後難】こうなん ↓ あとになってふりかかってくるわざわい。例 後難をおそれる。

【後任】こうにん ↓ 前の人の役目をつぐこと。つぐ人。例 後任者。類 後釜 対 前任

【後輩】こうはい ↓ ①おなじ学校や会社などに、あとから入った人。例 後輩のめんどうをみる。対 先輩 ②学問や仕事などで、そのことをあ

とからはじめた人。[類]後進・後生 [対]先輩
【後発】(こうはつ) [↓]〈―する〉あとから出発すること。[例]後発部隊。[対]先発
【後半】(こうはん) [↓]大きく二つに分けたものの、あとの半分。[例]試合の後半戦。[対]前半
【後半生】(こうはんせい) 人生を二つに分けたあとの部分。[対]前半生
【後便】(こうびん) [↓]この次に出す手紙。[対]前便
【後編】(こうへん) [↓]書物やテレビ番組などで、全体が二つ、または三つに分かれる場合のあとのほう。[対]前編
【後略】(こうりゃく) [↓]〈―する〉文章などで、あとの部分をはぶくこと。多く、かっこに入れて「(後略)」のようにして使う。[類]下略 [関連]前略・中略・後略
【後刻】(ごこく) [↓]少し時間がたってから。[例]具体的には後刻お知らせします。[類]後程 [対]先刻
【後日】(ごじつ) [↓]①何日かたったあと。[例]写真は、後日おとどけします。②あることが終わったあと。[例]後日談(あることが終わったあとのことをつたえる話)。[類]他日
【後生】(ごしょう) [↓][一]仏教で、人が死んでから、生まれかわる次の世。[例]後生を願う。[類]後世・来世 [対]今生 [二](こうせい) あとから生まれる人。あとから学ぶ人。[例]発展を後生にたくす。[類]後輩・後進
【後生大事】(ごしょうだいじ) いつか役に立つと思って、ひじょうにたいせつにすること。[例]古い証文を後生大事にしまっておく。[参考]もともとは、極楽に生まれかわることを願う意味。
【後手】(ごて) [↓]①相手に先をこされて、受け身になること。[例]後手にまわる。②碁・将棋の勝負で、相手のあとから石を置いたり、こまを進めたりすること。[対]先手

❷〈うしろ〉の意味で

【後援】(こうえん) [↓]〈―する〉背後にいて力をかすこと。うしろだて。[例]後援会。[類]協賛・支援
【後見】(こうけん) [↓]〈―する〉①背後にいて、必要なせわをし、めんどうをみること。おさない子どもの親がわりになること。[例]後見人。②舞台のうしろのほうにいて、役者の手助けをする役。後見役。[例]おどりの後見。
【後進】(こうしん) [↓]〈―する〉うしろ向きに進むこと。バック。[類]後退 [対]前進 ☞❶
【後退】(こうたい) [↓]〈―する〉①うしろへ下がること。[例]一歩後退してかまえる。[類]退却・後進 [対]前進・進撃 ②ものごとの状態がわるくなること。[例]景気が後退する。
【後背地】(こうはいち) 大きな都市や港などのまわりにあって、産業や交通などで深いつながりのあるところ。
【後方】(こうほう) [↓]うしろのほう。[対]前方
【後光】(ごこう) [↓]仏や菩薩のからだから出ている光。また、その光を表すために、仏像のうしろにつけるかざり。[例]後光がさす。[類]光背

←後が下につく熟語 上の字の働き

❶後＝〈あと。のち〉のとき
【以後 事後 午後 今後 生後 術後 老後 死後 没後 戦後】イツからあとか。
◆空前絶後 最後 前後 直後 背後 落後

待

彳-6 総画9 3年

明朝 待 5F85

音 タイ 訓 ま-つ

筆順

なりたち

[形声]「彳」が「道」を、「寺」が「タイ」とかわって読み方をしめしている。「シ」は「とまる」意味をもち、道に立ちどまってまつことを表す字。

意味

❶やってくるのをまつ。まちうける。[例]機会を待つ。待機・期待
❷他人をもてなす。あつかう。[例]招待

❶〈やってくるのをまつ〉の意味で

【待機】(たいき) [▲]〈―する〉いつでも動きだせるように、準備をととのえて待つこと。

【待避】(たいひ) [↓]〈―する〉わきによけて、ほかのものが通りすぎるのを待つこと。[例]待避線。[表現]危険をさけるために、安全なところへにげることは「退避」という。

【待望】(たいぼう) [↓]〈―する〉楽しみにして待ちこがれること。[例]待望の大型新人。

❷〈他人をもてなす〉の意味で

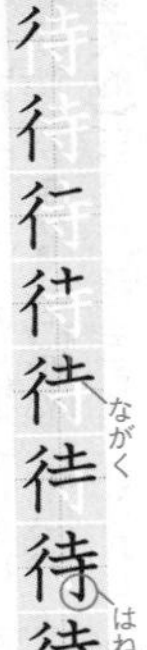

◀次ページ 徐 徒

【待遇】Ⅲ〈―する〉①人や客をもてなすこと。例 待遇のよいホテル。②会社が社員にあたえる給料や地位。例 待遇を改善する。類 処遇

待が下につく熟語 上の字の働き

❷待＝〈他人をもてなす〉のとき
【招待 歓待 優待 特待 虐待】ドノヨウニあつかうか。
◆期待 接待

律

イ-6 総画9 6年 明朝 律 5F8B

音 リツ・リチ高 訓 ―

筆順 ノ 彳 彳 彳 彳 彳 律 律 律

なりたち [形声]「彳」が「道」を、「聿」が筆の意味と「リツ」とかわって読み方をしめしている。道をきちんと記録することを表す字。

意味 ❶きまり。規則。例 自分の考えで人を律する（こうだろうと決めつける）。法律 ❷リズム。音の調子。例 律動

注意するよみ リチ…例 律儀

名前のよみ ただし・のり

❶〈きまり〉の意味で
【律儀】Ⅲ〈―な〉まじめで、義理がたいこと。類 実直 表記「律義」とも書く。
【律令】Ⅲ むかしの中国の法律。例 律令制。律令国家。知識 日本で律令ができたのは、大化の改新ののち。「律」は刑罰、「令」は政治の仕組みを決めたもの。

❷〈リズム〉の意味で
【律動】↓〈―する〉規則正しく、ある運動がくりかえされること。リズム。例 律動感。

律が下につく熟語 上の字の働き

❶律＝〈きまり〉のとき
【戒律 規律 法律】近い意味。
❷律＝〈リズム〉のとき
【旋律 一律】ドノヨウナリズム（音）か。
◆韻律 自律 調律 不文律

従

イ-7 総画10 6年 明朝 従 5F93 旧字 從 5F9E

音 ジュウ・ショウ高・ジュ高 訓 したが-う・したが-える

筆順 ノ 彳 彳 彳 彳 従 従 従 従 従

なりたち [形声]もとの字は、「從」。「从」が人のうしろを歩くことを、「従」が道についていくことを表し「ショウ」という読み方をしめしている。前の人にしたがって歩いていく意味の字。

意味 ❶したがう。ついて行く。家来。例 命令に従う。部下を従える。従者 対 主 ❷たずさわる。仕事につく。例 専従 ❸ゆるめる。ゆったりする。例 従容 ❹…から。…より。例 従来

注意するよみ ショウ…例 従容 ジュ…例 従三位

名前のよみ しげ・つぐ・より

❶〈したがう〉の意味で
【従軍】▲〈―する〉軍隊について、戦地に行くこと。例 従軍記者。
【従者】↓ おともをする人。
【従順】Ⅲ〈―な〉おとなしくて、さからわないようす。類 温順・素直
【従心】▲ 心にしたがう（思うままに行動する）。参考『論語』の「七十にして心の欲するところに従いて、矩をこえず（人の道をはずれない）」から。七十歳についてもいう。☞【而立】（904ページ）
【従属】Ⅲ〈―する〉自分よりも強いものにしたがうこと。類 隷属

❷〈たずさわる〉の意味で
【従業員】会社や商店・工場などではたらいている人。
【従事】▲〈―する〉ある仕事についていること。たずさわる。例 両親は農業に従事している。

❸〈ゆるめる〉の意味で
【従容】◎〈―たる〉ゆったりとして落ち着いているようす。例 従容として死地におも

▶前ページ 律 従

むく。

❹〈…から〉の意味で

【従前】じゅうぜん ▲ 以前から今まで。例 入学式は、従前どおりにおこなう。類 従来

【従来】じゅうらい ☒ これまで。例 従来のやり方をあらためる。類 旧来・従前

← 従が下につく熟語 上の字の働き

❶従＝〈したがう〉のとき
【服従 侍従】近い意味。
【屈従 忍従 盲従 追従（ついじゅう・ついしょう）】ドノヨウニ従うか。
◆主従 専従

【徐】

イ－7 総画10 常用 明朝 徐 5F90

音 ジョ 中 訓 おもむろ－に 外

筆順 ノ 彳 彳 彸 徐 徐 徐 徐 徐 徐

なりたち 【形声】「彳」が道を行くことを、「余ヨ」が「ジョ」とかわって読み方をしめしている。「ヨ」は「ゆっくり、ゆるやか」の意味をもち、ゆっくり行くことを表す字。

意味 ゆっくり。ゆるやかに。例 徐行

名前のよみ やす

【徐行】じょこう ⊻〈－する〉車や電車が、ゆっくりした速度で走ること。例 徐行運転。

【徐徐】じょじょ Ⅲ〈－に〉ゆっくりとすこしずつ。例 徐々に成績が上がってきた。

文字物語

御

「御」は、音の「ギョ」「ゴ」も、訓の「お」「おん」「み」も、ことばの上につけて、そのことをする人・そのことにかかわる人、に対する尊敬を表すのに使われる。「御製（天皇の作った歌）」「御覧になる」、「御父上様」「御みずから（ご自分で）」「御子」など。そのなかで、「お」は、もともと日本のことばの上につく「お札」「お顔」「おはなし」「お使い」、また、漢語の上についたときでも「お札」「お邪魔」「お大事に」のように、「お」と書かれるのがふつうだ。漢語の上につく「御」も、「御苦労様」「御心配なく」「御返事お待ちしています」など、日ごろあまりかたくるしくなく、気楽に使っていることばのときは、かなの「ご」を使って、「ご苦労さま」「ご心配なく」「ご返事お待ちしています」のように書くのが今ではふつうになっている。しかし、本文の中にあげられている「御所」「御殿」などのような熟語の場合は、漢字で書かないとかっこうがつかない。

【徒】

イ－7 総画10 4年 明朝 徒 5F92

音 ト 訓 いたずら－に 外

筆順 ノ 彳 彳 往 往 往 往 徒 徒 徒（ながく・はらう）

なりたち 【形声】「辵」が道を歩くことを、「土」が「ト」という読み方をしめしている。「ト」は「ふむ」意味をもち、道を足でふんで歩いていくことを表す字。

意味
❶なにもない。なにも持たない。例 徒手
❷したがうなかま。つきしたがう者。教えをうける者。弟子。例 生徒

❶〈なにもない〉の意味で

【徒競走】ときょうそう 速く走ることをきそうこと。かけっこ。例 徒競走で一等になった。

【徒手】としゅ ⊻ 手になにも持っていないこと。例 徒手体操。類 素手・空手

【徒食】としょく ⊻〈－する〉これという仕事もせず、ぶらぶらしてくらすこと。例 無為徒食。

【徒歩】とほ Ⅲ 乗り物に乗らないで、歩いていくこと。例 徒歩で十五分の距離。

【徒労】とろう ⊻ むだなほねおり。ほねおり損。例 今までの努力は徒労に終わった。

❷〈したがうなかま〉の意味で

【徒弟】とてい Ⅲ ①親方の家に住みこんで、仕事や商売の見習いをする人。例 左官の徒弟になる。類 丁稚・小僧 対 親方 ②門人。弟子。

【徒党】ととう Ⅲ わるいことをするために集まったなかま。例 徒党を組む。類 一味

← 徒が下につく熟語 上の字の働き

❷徒＝〈したがうなかま〉のとき
【教徒 宗徒 信徒 学徒 生徒 暴徒】ドウイウなかまか。

得

イ−8 総画11 5年 明朝 得 5F97

音 トク 訓 え−る・う−る(中)

筆順 得 得 得 得 得 得 得（ながく）（はねる）

なりたち 得 [形声]「㝵」は貝と「寸(手)」とからなり、貝(お金)を拾う意味と「トク」という読み方をしめしている。「彳」をくわえて、出かけて手に入れることを表す字。

意味 ❶自分のものにする。手に入れる。例 許しを得る。得るところが大きい。得点・取得 対 失・損 ❷心におちつく。わかる。例 得意・説得

名前のよみ あり・なり・のり・やす

❶〈自分のものにする〉の意味で

【得手】えて ↓〈―に〉〈―な〉得意なわざ。得意なようす。例 計算は得手ではない。対 不得手

【得手勝手】えてかって 自分のしたいようにして、ほかの人のめいわくを考えないこと。

【得策】とくさく ↓ 得になりそうな、うまいやり方。例 今は、だまっているほうが得策だ。

【得失】とくしつ ⇔ 得することと、損すること。利益と損失。例 利害得失ぬきで働く。

【得点】とくてん ▲〈―する〉テストや試合などで点数をとること。とった点数。例 得点をかさねる。対 失点

【得票】とくひょう ▲〈―する〉選挙で票をとること。選挙でとった票。例 得票数をかぞえる。

❷〈心におちつく〉の意味で

【得意】とくい ▲①のぞみがかなって、満足すること。例 得意の絶頂。対 失意 ②〈―な〉〈―に〉じょうずにできて、自信をもっているようす。例 得意な教科。対 不得意・苦手 ③ひいきにしてくれる客。例 得意先。類 顧客

【得心】とくしん ▲〈―する〉人の言うことや事情などがよくわかること。例 得心がいく。類 納得

得が下につく熟語 上の字の働き

❶得＝〈自分のものにする〉のとき
【獲得 取得】近い意味。
【会得 修得 習得 体得 拾得】ドノヨウニして自分のものにするか。
◆一挙両得 心得 自業自得 所得 説得 損得 納得 役得

徠

イ−8 総画11 人名 明朝 徠 5FA0

音 ライ(外) 訓 ―

意味 くる。こちら側に来る。

御

イ−9 総画12 常用 明朝 御 5FA1

音 ギョ(中)・ゴ(中) 訓 おん(中)・お(外)・み(外)

筆順 御 御 御 御 御 御

なりたち 御 [形声]「⿰彳止」が道を歩くことを、「⿰午卩」が「ゴ」という読み方をしめしている。「ゴ」は「出むかえる」意味をもち、位の高い人を道で出むかえることを表す字。

意味 ❶尊敬を表す。例 御中・御所・崩御 ❷うごきをおさえる。あやつる。例 制御

[文字物語] みぎのページ

❶〈尊敬を表す〉の意味で

【御曹子】おんぞうし 身分の高い人や金持ちの家のむすこ。表記「御曹司」とも書く。

【御中】おんちゅう ↓ 会社・商店・学校など、団体にあてた郵便物のあて名の下に書くことば。例 編集部御中。

【御身】おんみ ↓ おからだ。例 御身おたいせつに。表現 古いことばだが、手紙には使う。

【御意】ぎょい ↓ ①お考え。例 御意のまま。②お指図。例 御意にしたがう。

【御家人】ごけにん 将軍直属の家来のうち、身分の低い者。

【御三家】ごさんけ 江戸幕府の藩のうち、尾張・紀伊・水戸の三つの家柄。将軍家の一門として特別にあつかわれた。表現 その分野での有力な三つのものの意味で、「政界御三家」などと使う。

【御所】ごしょ ↓ 天皇・皇太子などのお住まい。例

◀次ページ 循 復

東宮御所。類内裏
【御前】ご ぜん ↓①天皇など、ひじょうに身分の高い人の前。例御前会議。②むかし、身分の高い人をうやまっていったことば。例御前さま。③むかし、女性をとうとんで、名前の下につけて使ったことば。例静御前。
【御足労】ご そく ろう 来ていただくこと。行っていただくこと。例御足労をおかけします。
【御殿】ご てん ↓身分の高い人の住む建物。大きくてりっぱな家。
【御破算】ご は さん ①そろばんで、おいていた数をはらって、ゼロにすること。例御破算で願いましては…。②それまでしていたことをとりやめて、はじめる前の状態にもどすこと。例計画を御破算にする。
【御法度】ご はっ と してはいけないときめられていること。例遅刻は御法度。参考「法度」は、武家時代の法律。
【御無沙汰】ご ぶ さ た 〈―する〉相手に会ったり、手紙を出したりしないでいること。例長いあいだ御無沙汰いたしました。
【御用】ご よう ↓①用事をていねいにいうことば。例御用のある方は受付へお越しください。②宮中や政府の用事。例御用始め。③権力のある人にへつらって、その言いなりになること。例御用学者。④お上の命令で犯人をつかまえることをいった、むかしのことば。つかまえるときに犯人にかけたことば。
【御用達】ごよう たつ ごよう たし 皇室など、とくべつのところに品物をおさめること。おさめる商人。例御利益】ご り やく 神や仏がさずけるめぐみ。類霊験
【御陵】ご りょう ↓天皇・皇后などのお墓。みささぎ。

❷〈うごきをおさえる〉の意味で
【御者】ぎょ しゃ ↓馬車に乗って、馬をあつかう人。

御が下につく熟語 上の字の働き
❷御＝〈うごきをおさえる〉のとき
【制御 防御】近い意味。
◆統御 崩御

循
亻-9 総画12 常用 明朝 循 5FAA

音ジュン中 訓―

筆順 亻 彳 𢓡 𢓡 循 循

なりたち 【形声】「亻」が道を、「盾」が「ジュン」という読み方をしめしている。「ジュン」は「めぐる」意味をもち、道にそっていくことを表す字。

意味 めぐる。ぐるぐる回る。例循環
【循環】じゅん かん Ⅱ〈―する〉ひとまわりしてもとに帰り、それをくり返すこと。例循環バス。

復
亻-9 総画12 5年 明朝 復 5FA9

音フク 訓―

筆順 亻 彳 𢓡 𢓡 復 復 復（はらう）

なりたち 【形声】「复」が「重ねる」意味と「フク」という読み方をしめしている。「亻」をくわえて、もと行った道を重ねて帰ってくることを表す字。

意味 もどる。例復習 対往
発音あんない フク→フッ…例復活
【復員】ふく いん ▲〈―する〉軍人としての任務をはなれて、家に帰ること。例復員軍人。対動員
【復縁】ふく えん ▲〈―する〉一度切った縁をもとにもどすこと。例復縁をせまる。
【復学】ふく がく ▲〈―する〉休学や停学中の学生・生徒が、またもとの学校にもどること。例復学の許可が出た。対休学・停学
【復元】ふく げん ▲〈―する〉もとのすがたにもどすこと。表記「復原」とも書く。
【復習】ふく しゅう ↓〈―する〉一度習ったことを、くり返して勉強すること。その勉強。おさらい。例復習に力を入れる。対予習
【復讐】ふく しゅう ▲〈―する〉しかえしをすること。例復讐をおそれる。類報復
【復唱】ふく しょう ↓〈―する〉言われたことをたしかめるために、その場でそのとおりにくり返して言うこと。例命令を復唱する。
【復職】ふく しょく ▲〈―する〉一度仕事をやめた人や

◀次ページ 徳 徹

病気で休んでいた人が、もとの職にもどること。例 復職を願い出る。対 休職

【復調】ふくちょう ▲〈―する〉からだなどの調子がもとにもどること。例 復調のきざしが見える。

【復命】ふくめい ▲〈―する〉命令されたことの結果を、命令した人に報告すること。

【復路】ふくろ ↓ 帰るときに通る道。帰り道。例 復路は船にする。類 帰路 対 往路

【復活】ふっかつ ↓〈―する〉①死んだ人が生きかえること。例 キリストの復活。類 蘇生 ②一度すたれたものが、またさかんになること。例 祭りが復活した。類 復興・再興

【復刊】ふっかん ▲〈―する〉発行がとぎれていた新聞や雑誌を、また発行すること。対 休刊

【復帰】ふっき Ⅱ〈―する〉もとの状態や仕事にもどること。例 社会復帰。

【復旧】ふっきゅう ▲〈―する〉こわれたりくずれたりしたものを、もとどおりになおすこと。なおること。例 復旧工事。

【復権】ふっけん ▲〈―する〉いったんうしなった権利や資格をとりもどすこと。公民権や財産権などについていうことが多い。

【復古】ふっこ ▲〈―する〉むかしの状態や、やり方にもどること。参考 明治維新の「王政復古」は、幕府の武家政治から、本来の天皇の政治にもどったという意味。

【復興】ふっこう ↓〈―する〉おとろえたものが、もとのようにさかんになること。さかんにすること。例 復興支援。類 再興・中興・復活

←復が下につく熟語 上の字の働き

【反復 回復 報復】近い意味。

【修復 拝復】ドウヤッテもどすか。

◆往復

微

彳-10 総画13 常用 明朝 微 5FAE

音 ビ中 訓 かす-か外

筆順

なりたち 【形声】「彳」が道を行くことを、「敚」が「見えるか見えないほど」の意味と「ビ」という読み方をしめしている。人にかくれてこっそり行くことを表す字。

意味 ごく小さい。こまかい。かすか。例 顕微鏡・微細

【微温】びおん ↓ 少しだけあたたかいこと。

【微細】びさい Ⅱ〈―な・―に〉ひじょうにこまかいようす。例 微細なことまで調べる。類 微小

【微罪】びざい ↓ ほんのかるい罪。対 重罪・大罪

【微視的】びしてき〈―な・―に〉①人間の目で見分けられないほど小さい。例 微視的な世界。②ひじょうにこまかなところに目を向けている。例 微視的な見方。対 巨視的

【微弱】びじゃく Ⅱ〈―な・―に〉ひじょうに力が弱いようす。例 微弱な電波。

【微小】びしょう Ⅱ〈―な・―に〉たいへんこまかくて小さい。例 微小な生物。類 微細 対 巨大

【微少】びしょう Ⅱ〈―な・―に〉ひじょうに少ない。

【微笑】びしょう ↓〈―する〉声を出さず、にっこりわらうこと。ほほえみ。例 微笑をうかべる。

【微生物】びせいぶつ 細菌や原生動物など、顕微鏡でないと見えない、ひじょうに小さな生物。

【微調整】びちょうせい〈―する〉こまかい手なおしをすること。例 あとは微調整するだけでいい。

【微動】びどう ↓〈―する〉わずかに動くこと。例 どっしりとかまえて微動だにしない。

【微熱】びねつ ↓ ふだんより少し高い体温。

【微微】びび Ⅱ〈―たる〉ほんの少しである。例 もうけは微々たるものだった。

【微風】びふう ↓ かすかにふく風。そよ風。対 強風・烈風

【微妙】びみょう Ⅱ〈―な・―に〉一口では言い表せないほど、こまかくこみいっているようす。例 二人の意見は微妙にくいちがっている。

【微量】びりょう ↓ ほんの少しの量。

【微力】びりょく ↓ 力が弱いこと。わずかな力。表現 「微力ながらお手伝いします」のように、けんそんしていうのに使う。

←微が下につく熟語 上の字の働き

【機微 軽微 衰微】近い意味。

徴

彳-11 総画14 常用 明朝 徴 5FB4 旧字 徵 5FB5

音 チョウ中 訓 ―

筆順 徴

たちなり [形声]「壬」が「チョウ」とかわって読み方をしめしている。「テイ」が「しめす」意味をもち、「かすかに」の意味の「微」を省略した形「𢼸」をくわえて、かすかにそれとなくしめすことを表す字。

意味 ❶とりたてる。もとめる。例 徴収 ❷しるし。例 象徴・特徴

名前のよみ あき・あきら・よし

❶〈とりたてる〉の意味で

【徴収】Ⅲ〈—する〉税金や、料金・会費などを集めること。とりたてること。例 PTAの会費を徴収する。

【徴集】Ⅲ 必要な人や品物を、もれなく集めること。

【徴税】▲〈—する〉税金をとりたてること。例 消費税を徴税する。対 納税

【徴発】Ⅲ〈—する〉戦争のときなどに、軍隊で使うために、物をとりあげたり、人をかり集めたりすること。

【徴兵】▲〈—する〉国家が、国民の義務として、ある年齢になった人をある期間軍隊に入れること。例 徴兵制。類 徴用・接収

【徴用】↓〈—する〉戦争のときなどに、国家が国民をむりやりにある仕事につかせること。類 徴発

❷〈しるし〉の意味で

【徴候】Ⅲ なにかの起こる前ぶれ。きざし。例 回復の徴候。類 前兆 表記「兆候」とも書く。

◆追徴 象徴 特徴

徳

彳-11 総画14 4年 明朝 徳 5FB3 旧字 德 5FB7

音 トク 訓 —

筆順 徳（四にならない・とめる・はねる）

たちなり [形声]もとの字は、「德」。「彳」が道を行くことを、「悳→㥁」がりっぱなおこないの意味と「トク」という読み方をしめしている。「彳」をくわえて、すぐれた行為を表す字。

意味 ❶人としてりっぱなこと。例 徳育・道徳 ❷利益。例 早起きは三文の徳。徳用

名前のよみ あつ・あつし・いさお・さと・ただし・とみ・なり・のぼる・のり・めぐむ・やす・よし

❶〈人としてりっぱなこと〉の意味で

【徳育】↓ 道徳をまもる心をそだてる教育。道徳教育。関連 知育・徳育・体育

【徳望】Ⅲ おこないがりっぱで、人びとからしたわれていること。例 徳望の高い人。

【徳目】↓ 人としておこなうべきことを、一つ一つ項目の形でしめしたもの。

❷〈利益〉の意味で

【徳用】↓〈—な〉値段が安いわりに量が多くて得なこと。例 徳用品。類 割安 表記「得用」とも書く。

徳が下につく熟語 上の字の働き

❶徳＝〈人としてりっぱなこと〉のとき

【功徳 福徳 道徳】近い意味。

【遺徳 高徳 美徳】ドノヨウナ徳か。

◆悪徳 公徳 人徳 背徳

徹

彳-12 総画15 常用 明朝 徹 5FB9

音 テツ 中 訓 —

筆順 徹

たちなり [形声]「彳」が道を行くことを、「𢿇」が「つらぬき通す」意味と「テツ」という読み方をしめしている。どこまでも行き通すことを表す字。

意味 とおす。つきとおす。例 徹底・貫徹

名前のよみ あきら・いたる・おさむ・とおる・ひとし・みち・ゆき

【徹底】▲〈—する〉①すみずみまで行きとどくこと。例 連絡を全員に徹底させる。②考えやおこないなどを、どこまでもつらぬき通すこと。例 徹底した努力家。

【徹底的】〈—に〉中途半端でなく、最後までやり通すようす。例 徹底的にやっつけられた。

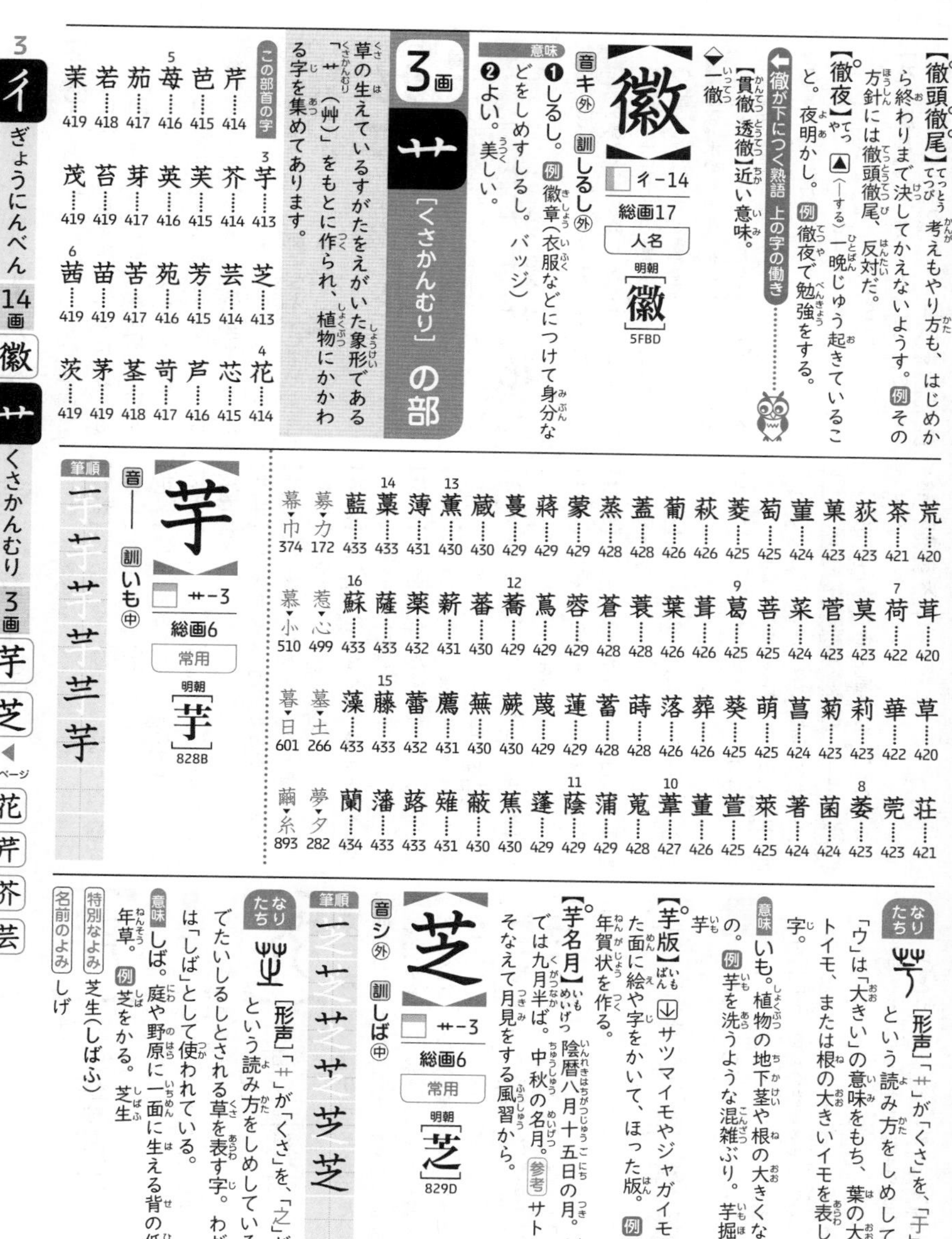

【徹頭徹尾】てっとうてつび 考えもやり方も、はじめから終わりまで決してかえないようす。例その方針には徹頭徹尾、反対だ。

【徹夜】てつや ▲(―する) 一晩じゅう起きていること。夜明かし。例徹夜で勉強をする。

徹が下につく熟語 上の字の働き

◆【貫徹 透徹】近い意味。

◆一徹

徽

イ－14 総画17 人名 明朝 徽 5FBD

音 キ㊥ 訓 しるし㊥

意味 ❶しるし。例徽章(衣服などにつけて身分などをしめすしるし。バッジ)
❷よい。美しい。

3画 艹 ［くさかんむり］の部

草の生えているすがたをえがいた象形である「艹(艸)」をもとに作られ、植物にかかわる字を集めてあります。

この部首の字

芹414	芭415	5 苺416	茄417	若418	茉419	
3 芋413	芥414	芙415	英416	芽417	苔419	茂419
芝413	芸414	芳415	苑416	苦417	苗419	6 茜419
4 花414	芯415	芦416	苛417	茎418	茅419	茨419

荒420	茶421	荻423	菓423	菫424	萄425	菱425	萩426	葡426	蓋428	蒸428	蒙429	蔣429	蔓429	蔵430	13 薫430	薄431	14 藁433	藍433	募▼力172	幕▼巾374
茸420	7 荷422	莫423	菅423	菜424	菩425	9 葛425	葺426	葉426	蓑428	蒼428	蓉429	蔦429	12 蕎429	蕃430	薪431	薬432	薩433	16 蘇433	惹▼心499	慕▼小510
草420	華422	莉423	菊423	菖424	萌425	葵425	葬426	落426	蒔428	蓄428	蓮429	蔑429	蕨430	蕪430	薦431	蕾432	15 藤433	藻433	墓▼土266	暮▼日601
荘421	莞423	8 萎423	菌424	著424	莱425	萱425	董426	10 葦427	蒐428	蒲429	11 蔭429	蓬429	蕉430	蔽430	薙431	蕗433	藩433	蘭434	夢▼夕282	繭▼糸893

芋

艹－3 総画6 常用 明朝 芋 828B

音 ― 訓 いも㊥

筆順

なりたち 芋 ［形声］「艹」が「くさ」を、「于」が「ウ」という読み方をしめしている。「ウ」は「大きい」の意味をもち、葉の大きいサトイモ、または根の大きいイモを表している字。

意味 いも。植物の地下茎や根の大きくなったもの。例芋を洗うような混雑ぶり。芋掘り。種芋。

【芋版】いもばん ⊕ サツマイモやジャガイモを切った面に絵や字をかいて、ほった版。例芋版で年賀状を作る。

【芋名月】いもめいげつ 陰暦八月十五日の月。太陽暦では九月半ば。中秋の名月。参考 サトイモをそなえて月見をする風習から。

芝

艹－3 総画6 常用 明朝 芝 829D

音 シ㊥ 訓 しば㊥

筆順

なりたち 芝 ［形声］「艹」が「くさ」を、「之」が「シ」という読み方をしめしている。めでたいしるしとされる草を表す字。わが国では「しば」として使われている。

意味 しば。庭や野原に一面に生える背の低い多年草。例芝をかる。芝生

特別なよみ 芝生(しばふ)

名前のよみ しげ

◀次ページ 花 芹 芥 芸

【芝居】しばい ↓ ①舞台の上で、役者が動きやことばによって物語を演じて、人に見せるもの。例 芝居見物。紙芝居。類 演劇 ②人をだまそうとしてわざとなにかをして見せること。例 ひと芝居うつ。類 演技 参考 もと、能楽などで、一般の人の見物席が芝生にあったことから。

【芝生】しばふ ▽ 芝が一面に生えているところ。例 芝生にねころぶ。類 芝原・芝地

【花】

艹-4 総画7 1年 明朝 花 82B1

音 カ 訓 はな

筆順 （はねる）（おらない）

なりたち [形声]「艹」が「くさ」を、「化」が「カ」という読み方をしめしている。「カ」は「はな（華）」のことで、草のはなの意味。「はなやか」の「華」と区別してできた字。

意味 はな。木や草の花。花のように美しいもの。（日本では桜を指すことが多い）例 花がさく。花の都。両手に花。火花・開花

例 解 使い分け はな[花・華] ☞ひだりのページ

【花壇】かだん ↓ 土をもり上げたり、しきりをしたりして草花を植えてあるところ。

【花鳥風月】かちょうふうげつ 花、小鳥、風、空の月などに見られる自然の美しさ。例 花鳥風月を楽しむ。類 雪月花

【花瓶】かびん ↓ 花をいける、つぼやびん。例 ガラスの花瓶。花瓶に花をいける。

【花粉】かふん ↓ 花のおしべの先にできるこなのようなもの。めしべについて実をむすばせる。例 花粉症。

【花弁】かべん ↓ 花びら。例 花弁の数を調べる。

【花形】はながた ↓ 人気があり、注目を集めるはなやかな人やもの。例 花形選手。

【花園】はなぞの ↓ 草花をたくさん植えてある庭や公園。例 まるで花園のようだ。

【花束】はなたば ↓ 草花をたばねたもの。ブーケ。

【花火】はなび ↓ 火薬をまぜ合わせて、美しい火花が出るようにしたもの。例 花火大会。

【花吹雪】はなふぶき 桜の花びらが風にふかれていっせいにみだれちるようす。

【花婿】はなむこ ↓ 結婚したばかりの男の人。類 新郎 対 花嫁

【花見】はなみ ↓ 桜の花をながめて楽しむこと。

【花嫁】はなよめ ↓ 結婚したばかりの女の人。例 花嫁衣装。類 新婦 対 花婿

【花輪】はなわ ↓ 生花や造花などをつけて、まるい大きな輪になるようにしたもの。葬式や開店祝いなどに使う。表記「花環」とも書く。

◆花が下につく熟語 上の字の働き

【生花 造花 雄花 雌花 国花 綿花】ドウイウ花か。

◆開花 草花 火花

【芹】

艹-4 総画7 人名 明朝 芹 82B9

音 キン外 訓 せり外

意味 せり。水辺に生える多年草。かおりがつよい。春の七草の一つ。

【芥】

艹-4 総画7 人名 明朝 芥 82A5

音 ケ外・カイ外 訓 からし外・あくた外

意味 ❶からし。かおりやからみをつける調味料。表記「からし」は「芥子」「辛子」とも書く。❷あくた。ごみ。例 塵芥（じんかい・ちりあくた）（ちりや、ごみ）

【芸】

艹-4 総画7 4年 明朝 芸 82B8 旧字 藝 85DD

音 ゲイ 訓 ―

筆順 （ながく）（とめる）

なりたち [会意]もとの字は「藝」。「くさ」の意味の「艹」と、人がしゃがんで木を植えている形の「埶」と、田畑の雑草をとりのぞく意味の「耘」を略した「云」とからでき、草木などを植える農作業を表す字。のちに、「わざ」の意味にも使われている。常用漢字の「芸」は「云」が「ウン」という読み方をしめす形声文字で、ま

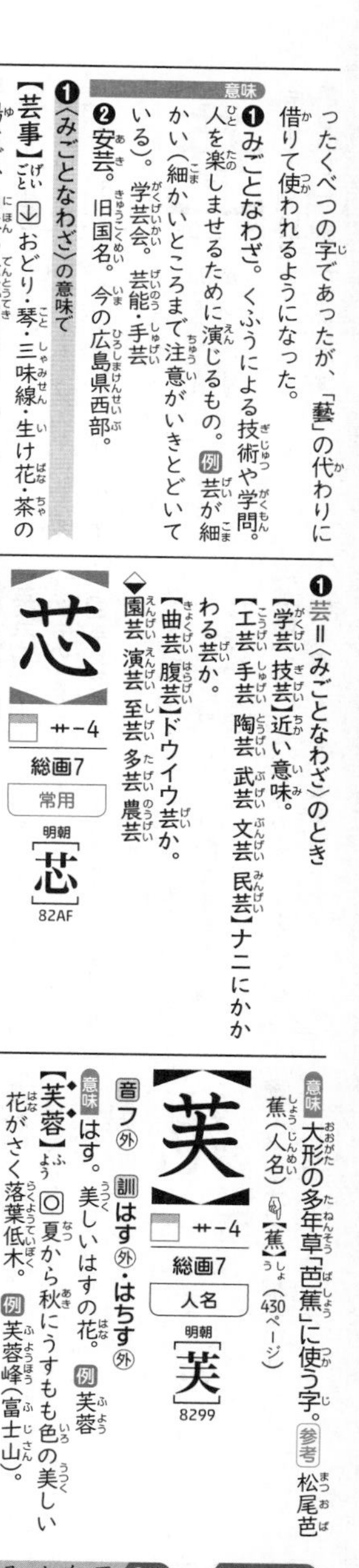

ったくべつの字であったが、「藝」の代わりに借りて使われるようになった。

意味 ❶みごとなわざ。くふうによる技術や学問。人を楽しませるために演じるもの。例 芸が細かい（細かいところまで注意がいきとどいている）。学芸会。芸能・手芸 ❷安芸。旧国名。今の広島県西部。

❶〈みごとなわざ〉の意味で

【芸事】げいごと ↓ おどり・琴・三味線・生け花・茶の湯など、日本の伝統的なけいこごと。

【芸術】げいじゅつ ↓ 心に感じた美しさを作品にまとめる活動。それによって生みだされるもの。文学・絵画・彫刻・音楽・演劇・映画などがある。例 芸術祭。

【芸当】げいとう ↓ ふつうではとてもできそうもないわざを人に見せ、おどろかせること。

【芸人】げいにん ↓ ①歌手・俳優・落語家など、芸を人に見せることを仕事としている人。②歌やものまねなど、芸のうまい人。例 かれはなかなかの芸人だ。

【芸能】げいのう Ⅲ 映画・演劇・音楽・おどり・落語などをまとめていうことば。例 郷土芸能。

【芸風】げいふう ↓ 音楽・演劇・おどり・落語などで、その人だけがもっている芸のやり方や味わい。例 先代の芸風をうけつぐ。

【芸名】げいめい ↓ 歌手や俳優・落語家などが、芸能活動をするうえで使う名前。対 本名

芸が下につく熟語 上の字の働き

❶芸＝〈みごとなわざ〉のとき

【学芸 技芸】近い意味。

【工芸 手芸 陶芸 武芸 文芸 民芸】ナニにかかわる芸か。

【曲芸 腹芸】ドウイウ芸か。

◆園芸 演芸 至芸 多芸 農芸

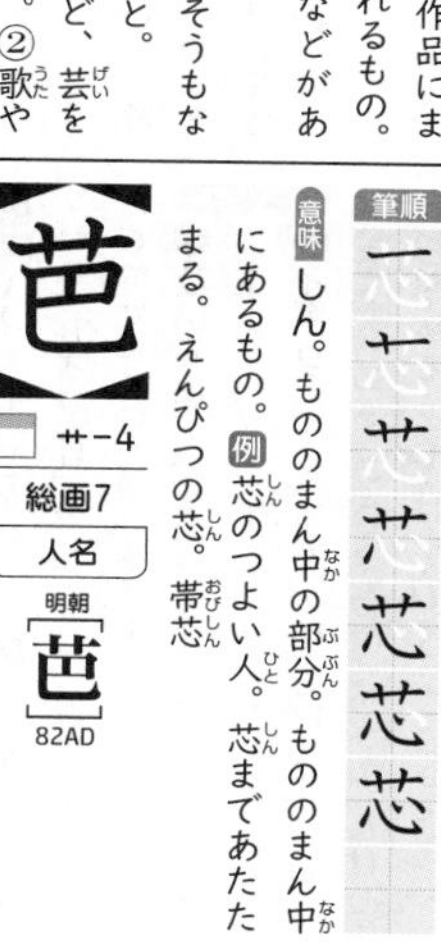

【芯】

艹-4 総画7 常用 明朝 芯 82AF

音 シン 中 **訓** ――

筆順 芯 芯 芯 芯 芯 芯 芯

意味 しん。もののまん中の部分。もののまん中にあるもの。例 芯のつよい人。芯まであたたまる。えんぴつの芯。帯芯

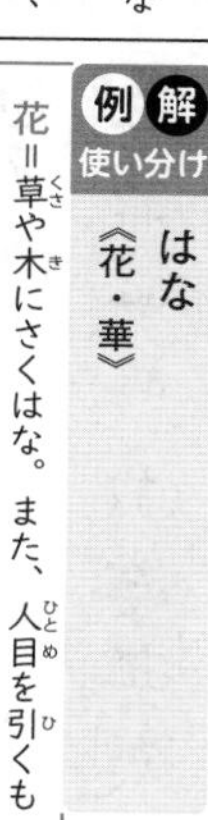

【芭】

艹-4 総画7 人名 明朝 芭 82AD

音 ハ 外・バ 外 **訓** ――

意味 大形の多年草「芭蕉」に使う字。☞【蕉】（430ページ） **参考** 松尾芭

例 解 使い分け はな《花・華》

花＝草や木にさくはな。また、人目を引くもの。
例 桜の花。花がさく。花を生ける。花形選手。

華＝花のように美しいもののたとえ。
例 王朝文化の華。

【芙】

艹-4 総画7 人名 明朝 芙 8299

音 フ 外 **訓** はす 外・はちす 外

意味 はす。美しいはすの花。例 芙蓉

◆【芙蓉】ふよう ◎ 夏から秋にうすもも色の美しい花がさく落葉低木。例 芙蓉峰（富士山）。

【芳】

艹-4 総画7 常用 明朝 芳 82B3

音 ホウ 中 **訓** かんば-しい 高

筆順 芳 芳 芳 芳 芳 芳 芳

なりたち [形声]「艹」が「くさ」を、「方」が「ホウ」という読み方をしめしている。「ホウ」は「かおりがよい」の意味をもち、かおりのよい草を表す字。

意味 ❶よいかおりがする。例 芳しい花のかおり。芳香

❷尊敬を表すことば。例 芳名

名前のよみ かおり・かおる・みち・もと・よし

❶〈よいかおりがする〉の意味で

【芳紀】⇩年ごろの女の人の年齢。

【芳香】⇩よいかおり。類 香気

【芳醇】⇩〈―な〉かおりが高く、味のよいようす。多く酒にいう。例 芳醇なかおり。芳醇な酒。

❷〈尊敬を表すことば〉の意味で

【芳志】⇩相手の親切な気持ちにたいしてうやまっていうことば。例 ご芳志をいただき、あつくお礼申し上げます。

【芳名】⇩お名前。（うやまった言い方）例 芳名録。表現「御芳名」と「御」をつけるのは敬語がかさなるが、じっさいはそのように使うことが多い。

【芦】

艹-4 総画7 人名 明朝 芦 82A6

音 ロ外 訓 あし外

意味 あし。よし。水辺に生えるススキに似た多年草。編んでしきものやすだれを作ったりする。

【苺】

艹-5 総画8 人名 明朝 苺 82FA

音 ― 訓 いちご外

意味 いちご。赤または黄色の実をつけ、食べられるものが多い。キイチゴ・クサイチゴなどがある。例 苺ジャム。木苺

【英】

艹-5 総画8 4年 明朝 英 82F1

音 エイ 訓 ―

筆順

なりたち 形声「艹」が「くさ」を、「央」が「エイ」とかわって読み方をしめしている。「オウ」は「あざやか」の意味をもち、あざやかにさいた草花を表す字。

意味 ❶ひいでた。群をぬいてすぐれた。例 英才・俊英 ❷イギリス。「英吉利」の略。例 英文・渡英

名前のよみ あき・あきら・あや・すぐる・たけし・つね・てる・とし・はな・ひで・ふさ・よし

❶〈ひいでた〉の意味で

【英気】⇩①いきいきしてすぐれた気性。②ものごとをすすんでしようとする気持ち。例 英気をやしなう（やる気が出せるように休養をとる）。

【英才】⇩すぐれた才能をもつ人。おもにわかい人についていう。例 英才教育。類 俊才・秀才 対 鈍才・凡才

【英断】⇩思い切りのよい、すぐれた決心。例 英断をくだす。類 勇断

【英知】⇩すぐれた深い知恵。例 英知をあつめる。

【英明】Ⅱ〈―な〉かしこくて、ものごとの道理がよくわかっていること。例 英明な君主。対 暗愚

【英雄】⇩才能と勇気があって、大きなことをなしとげた人。ヒーロー。例 国民的英雄。

【英霊】⇩死んだ人のたましい。戦争で死んだ兵士の霊をうやまっていうことが多い。類 英魂

❷〈イギリス〉の意味で

【英語】⇩イギリスをはじめアメリカ・カナダ・オーストラリアなど、世界の広い地域で使われていることば。

【英国】⇩イギリス。例 英国製の服。

【英文】⇩①英語で書いた文章。例 英文の手紙。②「英文学」「英文学科」の略。

【英訳】⇩〈―する〉ほかの国のことばや文章を英語に訳すこと。

【英和】⇧①イギリスと日本。英語と日本語。類 日英 ②「英和辞典」の略。英語を日本語に訳すための辞書。対 和英

◆育英 俊英 渡英 和英 石英

【苑】

艹-5 総画8 人名 明朝 苑 82D1

音 エン外・オン外 訓 その外

意味 にわ。その。例 御苑

◆外苑 御苑 内苑

苛

艹−5　総画8　常用　明朝 苛 82DB

音カ㊥　訓――

筆順

意味 きびしい。むごい。例 苛酷

【苛酷】かこく [Ⅲ]〈―な・―に〉思いやりがなくてきびしい。例 苛酷な労働条件。

【苛性】かせい [↓] 動植物の組織にはげしくはたらいておかす性質。例 苛性ソーダ。

【苛政】かせい [↓] きびしくむごい政治。

【苛政は虎よりも猛し】かせいはとらよりもたけし きびしくむごい政治は、人を食い殺す虎よりもおそろしい。参考『礼記』にあることば。

【苛烈】かれつ [Ⅲ]〈―な・―に〉きびしくはげしい。例 苛烈なたたかい。類 激烈

茄

艹−5　総画8　人名　明朝 茄 8304

音カ㊀　訓なす㊀・なすび㊀

意味 なす。なすび。むらさき色の実をつける野菜。その実。例 茄子

芽

艹−5　総画8　4年　明朝 芽 82BD

音ガ　訓め

筆順 ながく だす はねる

なりたち [形声]「艹」が「くさ」を、「牙」が「かみあう」意味と「ガ」という読み方をしめしている。草木のふた葉がたがいにかみあっているめを表す字。

意味 ❶草木の、め。例 芽が出る。木の芽。発芽 ❷ものごとのはじまり。例 萌芽

◆麦芽 発芽 萌芽 若芽

苦

艹−5　総画8　3年　明朝 苦 82E6

音ク　訓くる-しい・くる-しむ・くる-しめる・にが-い・にが-る

筆順 ながく

なりたち [形声]「艹」が「くさ」を、「古」が「ク」とかわって読み方をしめしている。「コ」は「ひきしまる」意味をもち、口がひきしまるようなにがい味の草を表す字。

意味 ❶くるしい。つらい。思うようにいかない。ほねをおる。例 苦しいときの神だのみ。病気に苦しむ。心を苦しめる。楽あれば苦あり。苦心 対 楽
❷にがい。受け入れるのがむずかしい。例 苦い薬。苦りきった顔。苦言

❶〈くるしい〉の意味で

【苦役】くえき [↓] はげしく、つらい仕事。また、刑罰として労働させられること。

【苦学】くがく [↓]〈―する〉はたらきながら、苦労して勉強をつづけること。例 苦学生。

【苦境】くきょう [↓] むずかしく苦しい立場。例 苦境に立たされる。類 逆境・窮地

【苦行】くぎょう [↓]〈―する〉苦しい修行。例 苦行僧。

【苦渋】くじゅう [Ⅲ]〈―する〉ひじょうにつらい苦しみ。例 苦渋にみちた表情。

【苦心】くしん [▲]〈―する〉うまくいくように、あれこれと心をくだいて考えること。例 苦心談。苦心惨憺。類 苦慮・腐心

【苦節】くせつ [↓] 苦しみに負けないで、自分の考えや信じたことをまもり通すこと。例 苦節十年、やっと入選をはたした。

【苦戦】くせん [↓]〈―する〉負けそうな苦しいたたかい。例 苦戦を強いられる。類 苦闘

【苦衷】くちゅう [↓] つらく苦しい心の中。例 苦衷を察する。

【苦痛】くつう [Ⅲ] 心やからだの苦しみやいたみ。

【苦闘】くとう [↓]〈―する〉苦しいたたかいをすること。むずかしいことに苦しみながら取り組むこと。例 悪戦苦闘。類 苦戦

【苦難】くなん [Ⅲ] 苦しみやつらさ。それらをあたえるできごと。例 苦難にたえる。類 困難

【苦悩】くのう [Ⅲ]〈―する〉どうしていいかわからなくて、なやみになやむこと。例 苦悩の色がに

◀次ページ 茎 若

じむ。類苦悶・煩悶

【苦悶】◆くもん ↓〈─する〉ひどい苦しみにもだえること。例苦悶の表情。類苦悩・煩悶

【苦楽】くらく ⇕苦しみと楽しみ。例苦楽をともにする(いっしょに苦労したり楽しんだりすること)。

【苦慮】くりょ ↓〈─する〉いい方法がないかと思いなやむこと。類苦心・腐心

【苦労】くろう Ⅱ〈─する〉ものごとがうまくいくように、努力したり、心配したりすること。例親に苦労をかける。類労苦・難儀

【苦労性】くろうしょう〈─な〉〈─に〉なんでもないことまで心配し、自分で苦労をつくっているような性質。

❷〈にがい〉の意味で

【苦言】くげん ↓言われたときはいやな気がするが、その人にとってためになることば。例苦言を呈する。類忠告 対甘言

【苦汁】くじゅう ↓にがい汁。例苦汁をなめる(つらい経験やいやな思いをする)。

【苦笑】くしょう ↓〈─する〉心の中ではこまったことだと思いながら、しかたなくわらうこと。にがわらい。例思わず苦笑する。

【苦情】くじょう ↓損をしたりめいわくをかけられたりしたことに対する、不満やいかりの気持ち。例苦情が出る。類文句・不平・不満

【苦杯】くはい ↓つらい、いやな経験。例苦杯をなめる。苦杯をきっする。参考「にがい飲み物を入れたさかずき」がもとの意味。

【苦手】にがて ↓〈─な〉〈─に〉①あつかい方がわからず、あまり好きでないこと。あつかいにくい相手。例どうもあの人は苦手だ。②身につけにくいわざ。得意でないこと。例水泳は苦手だ。類不得手 対得意

【苦味】にがみ ↓にがい味。例苦味のある薬。

⬅苦が下につく熟語 上の字の働き

❶苦＝〈くるしい〉のとき
【困苦 労苦 辛苦(粒粒辛苦)】近い意味。
【病苦 貧苦】ナニによる苦か。
◆四苦八苦

茎

艹-5 総画8 常用 明朝 茎 830E 旧字 莖 8396

音ケイ中 訓くき中

筆順 一 十 艹 艾 芝 茎 茎 茎

なりたち 莖 [形声]もとの字は、「莖」。「艹」が「くさ」を、「巠」が「まっすぐ」の意味と「ケイ」という読み方をしめし、まっすぐにのびた草のくきを表す字。

意味 草木のくき。例バラの茎。根茎

◆塊茎 地下茎 歯茎

若

艹-5 総画8 6年 明朝 若 82E5

音ジャク中・ニャク高 訓わか-い・も-しくは高

筆順 一 十 艹 艹 若 若 若 若 ながく

なりたち [形声]「𦭝→艹」が「ジャク」という読み方をしめしている。「ジャク」は「したがう」意味をもち、「口」をくわえて、口ですなおに「はい」と言うことを表す字。日本では借りて「わかい」の意味に使われる。

意味 ❶わかい。例若者・老若 対老 ❷あるいは。または。例本人若しくはその代理の者。❸《その他》例若干

注意するよみ ニャク…例老若

特別なよみ 若人(わこうど)

❶〈わかい〉の意味で

【若年】じゃくねん ↓年のわかいこと。わかい人。類若者 対老年 表記「弱年」とも書く。

【若輩】じゃくはい ↓年がわかくて、経験があさく、力もじゅうぶんについていない人。表記「弱輩」とも書く。

【若草】わかくさ ↓芽を出したばかりの草。

【若気】わかげ ↓深く考えないで、いきおいにまかせて行動する、わかものにありがちな気持ち。表現わかさにまかせてついやってしまったことを、あとになって悔やむときに、「若気のいたりで」などと使う。

【若手】わかて ↓わかくてはたらきざかりの人。全体の中でわかいほうの人たち。例若手の活

◀次ページ 荒 茸 草

躍が目立つ。類少壮

【若年寄】わかどしより ①江戸幕府で、老中をたすけ、旗本のとりしまりにあたった役目。②わかいのに、ふけて見える人。わかいのに年寄りのようなふるまいをする人。表記②は、ふつう「若年寄り」と書く。

【若芽】わかめ ↓生えてまもない草や木の芽。例萌え出たばかりの若芽をつみとる。類新芽

【若者】わかもの ↓年のわかい人。例元気な若者。類青年・若人・若年・弱年

【若人】わこうど ↓年のわかい人。類青年・若者

③《その他》

【若干】じゃっかん Ⅱいくらか。少し。例まだ若干の空きがある。若干名。類多少

苔

⺾-5 総画8 人名 明朝 苔 82D4

音タイ外 訓こけ外

意味 こけ。例苔がむす。

参考「海苔」は「のり」と読む。

苗

⺾-5 総画8 常用 明朝 苗 82D7

音ビョウ高 訓なえ中・なわ中

筆順

なりたち [会意]「くさ」をしめす「艹」と「田」とからでき、田に生える小さな草「なえ」を表している字。

意味 なえ。育ちはじめた若い草木。例トマトの苗。苗木・種苗

注意するよみ なわ…例苗代

特別なよみ 早苗(さなえ)

名前のよみ え・なり・みつ

【苗木】なえぎ ↓ほかの場所に植えるためのわかく小さな木。例桜の苗木を用意する。

【苗床】なえどこ ↓種をまいて、苗を育てるところ。表現イネの苗の場合は「苗代」という。

【苗代】なわしろ ↓イネの籾種をまいて苗を育てる田。例苗代のしろかきをする。

◆育苗 早苗 種苗 痘苗

茅

⺾-5 総画8 人名 明朝 茅 8305

音ボウ外 訓かや外・ち外・ちがや外

意味 かや。野原に生える背の高い草。ススキ・チガヤ・スゲなど。例茅ぶきの屋根。

茉

⺾-5 総画8 人名 明朝 茉 8309

音マツ外・バツ外 訓ま外

意味 まつり(茉莉)。強いかおりの白い花をさかせる常緑低木。ジャスミンの一種。

茂

⺾-5 総画8 常用 明朝 茂 8302

音モ中 訓しげ-る中

筆順

なりたち [形声]「艹」が「くさ」を、「戊」が「モ」とかわって読み方をしめしている。「モ」は「しげる」意味をもち、草がしげることを表す字。

意味 草木がおいしげる。さかんに生える。例青葉が茂る。繁茂

名前のよみ あり・しげみ・たか・とも・もち・もと・ゆたか

◆繁茂

茜

⺾-6 総画9 人名 明朝 茜 831C

音— 訓あかね外

意味 あかね。根から赤い染料をとるつる草。あかね色。例茜色の空。

茨

⺾-6 総画9 4年 明朝 茨 8328

音— 訓いばら

筆順 （冫にならない）

意味 いばら。野バラやカラタチなど、とげのある低木。例茨の道。

県名 茨城(いばらき)

【荒】

艹-6 総画9 常用 明朝 荒 8352

音 コウ㊥ 訓 あら-い㊥・あ-れる㊥・あ-らす㊥

筆順 一 十 艹 芒 芒 芹 荒 荒 荒

なりたち 〔形声〕「艹」が「くさ」を、「巟」が「コウ」という読み方をしめしている。「コウ」は「ぼうぼうと草がみだれて生える」意味をもち、草が地面をおおってあれはてるようすを表す字。

意味
❶あらい。らんぼうだ。例荒波・荒天
❷あれはてる。わびしい。例生活が荒れる。庭を荒らす犬。荒廃
❸でたらめ。とりとめがない。例荒唐無稽。

例解〔使い分け〕あらい〔荒・粗〕☞ひだりのページ

❶〈あらい〉の意味で

【荒海】あらうみ ↓風や波であれている海。例荒海に乗り出す。

【荒行】あらぎょう ↓お坊さんなどが自分をきたえるために、滝にうたれたり、山を歩いたりするきびしい修行。例荒行にいどむ。

【荒波】あらなみ ↓はげしいいきおいでおしよせる波。例荒波にもまれる。表現「世間の荒波」のように世の中のきびしさなどを表すこともある。

【荒療治】あらりょうじ〈―する〉①手あらなやり方でけがや病気をなおすこと。②思い切ったやり方で、よくないことをあらためるため、解決すること。例政治改革には荒療治が必要だ。

【荒技】あらわざ ↓格闘技で、はげしい動きをともなう思い切ったわざ。例荒技をきめる。

【荒業】あらわざ ↓力にたよるはげしい仕事。類荒仕事

【荒天】こうてん ↓雨や風のはげしい、あれた天気。例荒天で遠足が中止になる。類悪天候

❷〈あれはてる〉の意味で

【荒廃】こうはい 三〈―する〉建物や土地、人の心などがあれはてること。

【荒野】こうや ↓あれはてた野原。荒れ野。例荒野をさまよう。類原野

【荒涼】こうりょう ↓〈―たる〉〈―と〉あれはてて、さびしいようす。例荒涼とした風景。

❸〈でたらめ〉の意味で

【荒唐無稽】こうとうむけい〈―な〉よりどころがなく、でたらめなこと。参考『荘子』にある「荒唐之言」（よりどころのないことば）と『書経』にある「無稽之言」（たしかな考えがないことば）がいっしょになった四字熟語。

◆手荒 破天荒

【茸】

艹-6 総画9 人名 明朝 茸 8338

音 ジョウ㊕ 訓 きのこ㊕・たけ㊕

意味 きのこ。たけ。例毒茸

【草】

艹-6 総画9 1年 明朝 草 8349

音 ソウ 訓 くさ

筆順 一 十 艹 芍 苩 苜 草 草 草

なりたち 〔形声〕「艹」はもともと「艸」で「くさ」の意味を表す象形文字であったが、これにあらためて読み方をしめす「早」をくわえた字。

意味
❶くさ。植物の草。例草原・雑草
❷じゅうぶんととのっていない。例草案
❸はじめ。はじまる。例草創

特別なよみ 草履（ぞうり）

名前のよみ しげ

❶〈くさ〉の意味で

【草花】くさばな 三花のさく草。または、草にさく花。例植物採集で草花を集める。

【草笛】くさぶえ ↓草木の葉や茎を口に当て、ふえのようにふき鳴らすもの。例草笛をふく。

【草枕】くさまくら ↓草をまくらにしてねるという意味で、旅をすること。旅先でねること。

【草野球】くさやきゅう アマチュアの人たちが集まって、楽しみでする野球。

【草原】くさはら ↓❶そうげん 草が一面に生えている広々とした野原。例大草原。❷くさはら 木がなく草が生えている原っぱ。例草原にねころぶ。

【草食】〈―する〉動物が草をおもな食べ物とすること。関連 肉食・草食・雑食

【草木】Ⅲ 草や木。例 山川草木。

【草履】↓ わら、竹の皮などを編んで、はなおをつけた底が平らなはき物。ビニールやゴムなどでできたものも指す。

❷〈じゅうぶんととのっていない〉の意味で

【草案】↓ おおやけにしめす文を書く前に、とりあえずしるした、もとになる案。例 憲法の草案をねる。類 草稿・原案・文案

【草稿】↓ 詩や文章などの下書き。例 スピーチの草稿。類 原稿・草案

【草書】↓ 漢字の書体の一つ。点や画をつづけたり、くずしたりして、なめらかに書く書体。関連 楷書・行書・草書 参考 ものしり巻物6（197ページ）

【草草】Ⅲ 手紙の最後に書くことば。「いそいで走り書きをしたため、文も字もみだれておりますが、これで失礼します」という意味を表す。類 不一 表現 手紙の最初に「前略」「冠省」などと書いたときのむすびのことば。

❸〈はじめ〉の意味で

【草創】Ⅲ 新しい仕事やものごとのはじまり。草分け。例 会社の草創に関与する。類 創始

←草が下につく熟語 上の字の働き

❶草＝〈くさ〉のとき

【海草 牧草 雑草 薬草 若草】ドウイウ草か。

◆起草 除草 千草 七草

荘

艹-6 総画9 常用 明朝 荘 8358 旧字 莊 838A

音 ソウ中・ショウ外 訓 ―

筆順 荘 荘 荘 荘 荘 荘

なりたち 莊 [形声] もとの字は、「莊」。「艹」が「くさ」を、「壯」が「さかん」の意味と「ソウ」という読み方をしめしている。草のいきおいよくしげるようすを表す字。

意味 ❶いなか。いなかの住居。旅館や店の名につけることば。例 荘園・別荘 ❷おごそか。いかめしい。例 荘重

名前のよみ たか・たかし・ただし・まさ

❶〈いなか〉の意味で

【荘園】↓ むかし、貴族や神社・寺などが、自分のものとしてもっていた土地。表記「庄園」とも書く。

❷〈おごそか〉の意味で

【荘厳】Ⅲ〈―な〉おごそかで重々しいようす。例 教会には荘厳なふんいきがただよっていた。

【荘重】Ⅲ〈―に〉おごそかで重々しい。例 荘重なパイプオルガンの音。類 厳粛

◆山荘 別荘

例解 使い分け あらい《荒い・粗い》

荒い＝いきおいがはげしい。乱暴である。例 波が荒い。鼻息が荒い。気性が荒い。

粗い＝粒やすきまが大きい。そまつである。雑である。例 肌が粗い。目の粗い布。作り方が粗い。

茶

艹-6 総画9 2年 明朝 茶 8336

音 チャ・サ中 訓 ―

筆順 茶 茶 茶 茶 茶 茶（はらう）（とめる）

なりたち 荼 [形声] もとの字は、「荼」。「艹」が「くさ」を、「余ヨ→ト」がかわって読み方をしめしている。「ヨ」は「にがい」の意味をもち、にがみのある飲み物に用いる植物を表す字。

意味 ❶おちゃ。飲み物の、おちゃ。例 茶器・茶室・茶道・番茶・抹茶 ❷《その他》例 茶目

❶〈おちゃ〉の意味で

【茶菓】Ⅱ お茶と菓子。

【茶道】↓ 抹茶をたてて客とともに味わうための作法。茶の湯。

【茶飯事】↓ お茶を飲んだり、ごはんを食べたりするような、毎日やっているごくふつうのこと。例 日常茶飯事。

【茶色】↓ かれ葉の色のような黒みがかった赤黄色。

【茶会】↓ 茶道で、客をまねいてお茶を出してもてなす会。例 茶会にまねかれる。

【茶菓子】お茶を飲むときに食べる菓子。茶うけ。例 お茶菓子にようかんを出す。

【茶器】↓ お茶を飲むのに使う道具。とくに、茶道で使う道具。茶道具。

【茶室】↓ 茶道のためのへや。

【茶番】↓ 底の見えすいた、ばかばかしいできごと。例 とんだ茶番だ。知識 もともとは、楽屋で茶の番をする者がした座興（茶番狂言）のこと。その場でつくる短い芝居で、ありふれたものを材料にしてことばや身ぶりなどでおどけたことをして見せた。

【茶話会】お茶を飲んだり、菓子を食べたりしながら、くつろいで話し合う会。

◆【茶碗】↓ お茶をついだり、ごはんをもったりする焼き物のうつわ。例 湯飲み茶碗。

❷《その他》

【茶目】◎〈―な〉あいきょうがあって、いたずらがすきな人。例 ちゃめっけがある。

⬅茶が下につく熟語 上の字の働き

❶茶＝〈おちゃ〉のとき

【渋茶 粗茶 番茶 抹茶 紅茶 緑茶 麦茶】ドウイウお茶か。

◆喫茶

荷

艹－7 総画10 3年 明朝 荷 8377

音 カ中 訓 に

筆順

なりたち [形声]「艹」が「くさ」を、「何」が「カ」という読み方をしめし、植物の「ハス」を表していた字。

意味 にもつ。荷物をかつぐ。例 荷をおろす。荷札・入荷

【荷重】↓ 橋や機械・トラックなどにかかる力。例 橋げたの荷重を計算する。

【荷担】Ⅱ〈―する〉力をかして、助けること。例 悪事に荷担する。類 加勢 表記「加担」とも書く。表現 よいことにはあまり使わない。

【荷札】↓ 受取人や差出人の住所と氏名を書いて、荷物につける札。

【荷物】↓ もち運んだり、送ったりするように、まとめてある品物。例 手荷物。表現「お荷物になる」は、めいわくをかけること。

【荷役】↓ 船の荷物のつみおろしをする仕事。

⬅荷が下につく熟語 上の字の働き

【出荷 入荷 集荷】荷をドウスルか。

【重荷 初荷】ドウイウ荷か。

華

艹－7 総画10 常用 明朝 華 83EF

音 カ中・ケ高 訓 はな中

筆順

なりたち [形声]「艹」が「くさ」を、「華」が「カ」という読み方をしめしている。「カ」は「つぼみが美しくひらく」意味をもち、「はな、はなやか」として使われている字。

意味 ❶はな。はなやか。例 華やかな衣装。華道・華麗・栄華・香華 ❷中国。中国人が自分の国を指すことば。例 華僑・中華

例解 [使い分け] はな[花・華] ☞415ページ

発音あんない ケ→ゲ…例 香華

注意するよみ ケ…例 香華・散華

名前のよみ はる

❶〈はな〉の意味で

【華道】↓ 花をいけるわざや作法。生け花。例 華道展。表記「花道」とも書く。

【華美】Ⅱ〈―な〉はなやかで美しいこと。はでなこと。例 華美な服装。類 華麗

【華麗】かれい Ⅲ〈―な〉はなやかで美しく、きりっとしている。例 華麗な演技。類 華美

【華奢】きゃしゃ Ⅲ〈―な〉ほっそりしていて、弱々しいようす。例 きゃしゃな体つき。

❷〈中国〉の意味で

【華僑】かきょう ↓ 中国出身で外国に住んでいる商人。

← 華が下につく熟語 上の字の働き

❶ 華＝〈はな〉のとき

【栄華 繁華】近い意味。

◆ 豪華 中華

【莞】

艹－7 総画10 人名 明朝 莞 839E

音 カン外 訓 ―

意味 ❶いぐさ。い。むしろを編むのに用いる多年草。❷にっこりわらうようす。例 莞爾

【荻】

艹－7 総画10 人名 明朝 荻 837B

音 テキ外 訓 おぎ外

意味 おぎ。水べに生えるススキに似た植物。

参考 「萩」の字と形が似ているので注意。

【莫】

艹－7 総画10 人名 明朝 莫 83AB

音 ボ外・モ外・バク外 訓 な－かれ外

意味 ない。なかれ。してはいけない。例 なげくこと莫かれ。

参考 「莫大小」は「メリヤス」と読む。(メリヤスは伸びちぢみが自由で、大小がないから)

【莫大】ばくだい ↓ この上なく大きい。例 莫大な費用がかかる。

【莉】

艹－7 総画10 人名 明朝 莉 8389

音 リ外 訓 ―

意味 まつり(茉莉)。強いかおりの白い花をさかせる常緑低木。ジャスミンの一種。

【萎】

艹－8 総画11 常用 明朝 萎 840E

音 イ中 訓 な－える中・しお－れる外・しぼ－む外

筆順 一 萎 萎 萎 萎 萎 萎 萎

意味 力が弱くなっておとろえる。また、植物がしおれる。例 気持ちが萎える。花が萎む。

【萎縮】いしゅく ↓〈―する〉ものがしぼんで小さくなること。また、いきおいがなくなること。例 筋肉が萎縮する。気持ちが萎縮する。

【菓】

艹－8 総画11 常用 明朝 菓 83D3

音 カ中 訓 ―

筆順 一 菓 菓 菓 菓 菓

なりたち [形声]くだものを表す「果」に、さらに草木を表す「艹」をくわえた字。「果」が「カ」という読み方をしめしている。

意味 かし(菓子)。例 製菓

【菓子】かし ☒ 食事のとき以外におやつとして食べる食べ物。例 和菓子。参考 むかしは「くだもの」を指した。今は、「菓」は「おかし」、「果」は「くだもの」と使い分けている。

◆ 茶菓 製菓 銘菓

【菅】

艹－8 総画11 人名 明朝 菅 83C5

音 カン外 訓 すげ外

意味 すげ。植物の名。カヤの一種。葉を編んで、笠や、みのを作る。例 菅笠

【菊】

艹－8 総画11 常用 明朝 菊 83CA

音 キク中 訓 ―

筆順 一 菊 菊 菊 菊 菊 菊

なりたち [形声]「艹」が「くさ」を、「匊」が「キク」という読み方をしめしている。「キク」は「まるい」意味をもち、まるい花をつける「キク」を表す字。

意味 きく。秋を代表する美しい花。例 菊の節

句。野菊

【菊人形】たくさんのキクの花を着物のようにかざりつけた人形。

【菌】

艹−8 総画11 常用 明朝 菌 83CC

音 キン㊥ 訓 ―

筆順

なりたち [形声]「艹」が「くさ」を、「囷」が「キン」という読み方をしめしている。「キン」は「ひかげ」の意味をもち、日かげに生える「きのこ」を表す字。

意味 ❶きのこ。例 菌類 ❷ばいきん。バクテリア。微生物の一つ。例 菌を培養する。細菌

❶〈きのこ〉の意味で

【菌類】⬇キノコやカビ・酵母などをまとめていうことば。

菌が下につく熟語 上の字の働き

❷菌＝〈ばいきん〉のとき

【殺菌 滅菌】菌をドウスルか。

【細菌 雑菌】ドノヨウナ菌か。

◆病原菌 無菌

【菫】

艹−8 総画11 人名 明朝 菫 83EB

音 キン㊫ 訓 すみれ㊫

意味 すみれ。春、青むらさきや白の小さな花をさかせる多年草。例 菫色

【菜】

艹−8 総画11 4年 明朝 菜 83DC

音 サイ 訓 な

筆順

なりたち [形声]「艹」が「くさ」を、「采」が「とる」意味と「サイ」という読み方をしめしている。つみとって食べる草を表している字。

意味 ❶あおな。葉や茎を食用にする野菜。例 菜の花。菜種・山菜 ❷食事のおかず。副食。例 総菜

❶〈あおな〉の意味で

【菜園】⬇野菜をつくるための小さな土地。例 家庭菜園。学校菜園。

【菜食】⬇〈―する〉肉や魚などを食べないで、野菜類を食べること。例 菜食主義。対 肉食

【菜種】⬇アブラナ。また、そのたね。例 菜種油。

菜が下につく熟語 上の字の働き

❶菜＝〈あおな〉のとき

【山菜 野菜】ドコでとれる野菜か。

◆前菜 総菜

【菖】

艹−8 総画11 人名 明朝 菖 83D6

音 ショウ㊫ 訓 ―

意味 あやめ。菖蒲。剣状の葉で、長い茎の上に美しい花をさかせる植物。

【著】

艹−8 総画11 6年 明朝 著 8457 旧字 著 FA5F

音 チョ 訓 あらわ−す㊥・いちじる−しい㊥

筆順

なりたち [形声]もとは「箸」で、「者」が「チョ」とかわって読み方をしめしている。物をはさむ「竹のはし」を表す字。「著」は「箸」の俗字で、のちに「あらわす」意味に借りて使われるようになった。

意味 ❶本を書く。書いた本。例 本を著す。樋口一葉の著。著作・名著 ❷めだつ。はっきりあらわれる。例 進歩が著しい。著名・顕著

例解 [使い分け] あらわす[表・現・著] ☞949ページ

名前のよみ あき・あきら・つぐ

❶〈本を書く〉の意味で

【著作】Ⅱ〈―する〉本を書きあらわすこと。本になった書き物。例 著作集。

【著者】⬇その本を書いた人。例 著者紹

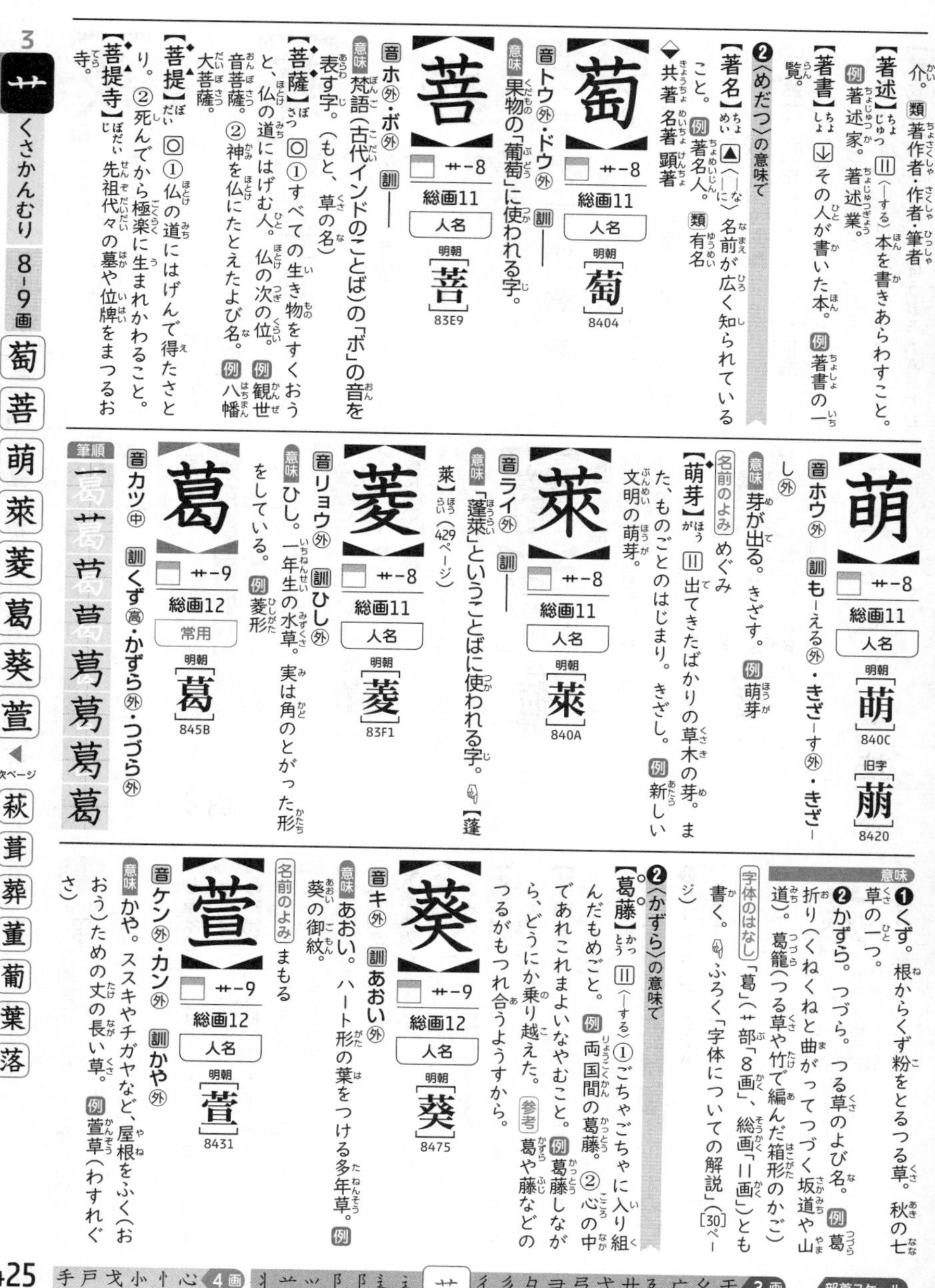

介。類 著作者・作者・筆者

【著述】ちょじゅつ 三〈—する〉本を書きあらわすこと。例 著述家。著述業。

【著書】ちょしょ ↓ その人が書いた本。例 著書の一覧。

❷〈めだつ〉の意味で

【著名】ちょめい ▲〈—な〉名前が広く知られていること。例 著名人。類 有名

◆共著 名著 顕著

萄

艹-8 総画11 人名 明朝 萄 8404

音 トウ外・ドウ外 訓 ——

意味 果物の「葡萄」に使われる字。

菩

艹-8 総画11 人名 明朝 菩 83E9

音 ホ外・ボ外 訓 ——

意味 梵語(古代インドのことば)の「ボ」の音を表す字。(もと、草の名)

【菩薩】ぼさつ ◎ ①すべての生き物をすくおうと、仏の道にはげむ人。仏の次の位。例 観世音菩薩。②神を仏にたとえたよび名。例 八幡大菩薩。

【菩提】ぼだい ◎ ①仏の道にはげんで得たさとり。②死んでから極楽に生まれかわること。

【菩提寺】ぼだいじ 先祖代々の墓や位牌をまつるお寺。

萌

艹-8 総画11 人名 明朝 萌 840C 旧字 萠 8420

音 ホウ外 訓 も-える外・きざ-す外・きざ-し外

意味 芽が出る。きざす。例 萌芽

名前のよみ めぐみ

【萌芽】ほうが 三 出てきたばかりの草木の芽。また、ものごとのはじまり。きざし。例 新しい文明の萌芽。

萊

艹-8 総画11 人名 明朝 萊 840A

音 ライ外 訓 ——

意味 「蓬萊」ということばに使われる字。☞【蓬萊】(429ページ)

菱

艹-8 総画11 人名 明朝 菱 83F1

音 リョウ外 訓 ひし外

意味 ひし。一年生の水草。実は角のとがった形をしている。例 菱形

葛

艹-9 総画12 常用 明朝 葛 845B

音 カツ中 訓 くず高・かずら外・つづら外

筆順 一 葛 葛 葛 葛 葛 葛 葛

意味 ❶くず。根からくず粉をとるつる草。秋の七草の一つ。❷かずら。つづら。つる草のよび名。例 葛折り(くねくねと曲がってつづく坂道や山道)。葛籠(つる草や竹で編んだ箱形のかご)

字体のはなし 「葛」(艹部「8画」、総画「11画」)とも書く。☞ふろく「字体についての解説」(30ページ)

❷〈かずら〉の意味で

【葛藤】かっとう 三〈—する〉①ごちゃごちゃに入り組んだもめごと。例 両国間の葛藤。②心の中であれこれまよいなやむこと。例 葛藤しながら、どうにか乗り越えた。参考 葛や藤などのつるがもつれ合うようすから。

葵

艹-9 総画12 人名 明朝 葵 8475

音 キ外 訓 あおい外

意味 あおい。ハート形の葉をつける多年草。例 葵の御紋。

名前のよみ まもる

萱

艹-9 総画12 人名 明朝 萱 8431

音 ケン外・カン外 訓 かや外

意味 かや。ススキやチガヤなど、屋根をふく(おおう)ための丈の長い草。例 萱草(わすれぐさ)

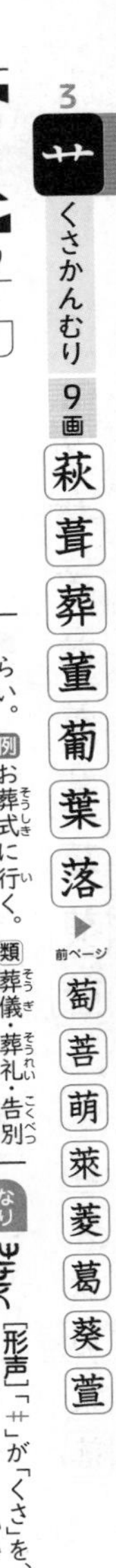

【萩】
艹-9 総画12 人名 明朝 萩 8429

音 シュウ外 訓 はぎ外

意味 はぎ。秋、ふさ状に、赤紫や白などの小さな花をつける落葉低木。秋の七草の一つ。

【葺】
艹-9 総画12 人名 明朝 葺 847A

音 シュウ外 訓 ふ-く外

意味 ふく。チガヤなどで屋根をおおう。

【葬】
艹-9 総画12 常用 明朝 葬 846C

音 ソウ中 訓 ほうむ-る高

筆順 茻 茻 葬 葬 葬 葬 葬

なりたち [会意]「艹」を二つ重ねて「くさむら」を表す「茻」と「死」とからできていて、くさむらに死体をほうむることを表す字。

意味 ほうむる。死者をうめる。とむらう。例 なきがらを葬る。葬式・火葬

【葬儀】そうぎ ↓ 死んだ人をほうむる儀式。とむらい。例 葬儀に参列する。類 葬式・葬礼・告別式 表現「葬式」のあらたまった言い方。

【葬祭】そうさい Ⅱ 葬式と祖先の霊をまつること。

【葬式】そうしき ↓ 死んだ人をほうむる儀式。とむらい。例 お葬式に行く。類 葬儀・葬礼・告別式

【葬送】そうそう ↓〈-する〉死者を墓地まで送ること。表記「送葬」とも書く。

【葬列】そうれつ ↓ 葬式の行列。例 葬列を見送る。

◆葬が下につく熟語 上の字の働き

【火葬 土葬 埋葬】ドノヨウニ葬るか。

◆会葬 国葬 本葬 密葬

【董】
艹-9 総画12 人名 明朝 董 8463

音 トウ外 訓 —

意味 ❶ただす。正しくする。監督する。❷古い物。例 骨董

【葡】
艹-9 総画12 人名 明朝 葡 8461

音 ブ外・ホ外 訓 —

意味 果物の「葡萄」に使われる字。

参考 国名「ポルトガル」を「葡萄牙」と表すことがある。例 日葡(日本とポルトガル)

【葉】
艹-9 総画12 3年 明朝 葉 8449

音 ヨウ 訓 は

筆順 一 艹 芒 苹 茾 葉 葉 葉（ながく）

なりたち [形声]「艹」が「くさ」を、「枼」が「うすい木のふだ」の意味と「ヨウ」という読み方をしめしている。草木のはを表す字。

意味 ❶草木のは。例 葉が散る。木の葉。葉脈・青葉・落葉 ❷時代。世。時期。例 中葉・末葉 ❸紙などをかぞえることば。例 写真一葉。❹千葉。「千葉県」の略。例 京葉地帯。

特別なよみ 紅葉(もみじ)

名前のよみ のぶ

❶〈草木のは〉の意味で

【葉桜】はざくら ↓ 花が散って若葉が出はじめたころの桜の木。例 葉桜の季節。

【葉脈】ようみゃく ↓ 葉のすじ。葉をささえ、水や養分の通りみちになる。

【葉緑素】ようりょくそ 植物の葉などにふくまれる緑色の色素。光を吸収してデンプンを作る光合成をおこなう。クロロフィル。

◆葉が下につく熟語 上の字の働き

❶葉=〈草木のは〉のとき

【青葉 紅葉 黄葉】ドンナ色の葉か。

◆言葉 子葉 枝葉 落葉

【落】
艹-9 総画12 3年 明朝 落 843D

音 ラク 訓 お-ちる・お-とす

筆順 落 落 落 落 落 落（はらう）

なりたち 落 [形声]「艹」が「くさ」を、「洛」が「ラク」という読み方をしめしている。「ラク」は「おちる」意味をもち、葉のおちることを表す字。

意味
❶おちる。おとす。おちぶれる。例 猿も木から落ちる。命を落とす。落下・没落
❷おさまる。おちつく。できあがる。例 落成
❸まとまり。人びとが集まり住んでいるところ。ひとまとまり。例 村落

発音あんない ラク→ラッ…例 落下

❶〈おちる〉の意味で

【落後】らくご ▲〈―する〉なかまについていけなくなって、とりのこされること。例 落後者。

【落語】らくご ↓ ひとりで舞台にすわって、おもしろおかしい話をし、最後をしめくくる「落ち」で終わる演芸。例 落語家。

【落差】らくさ ↓ ①水が落ちはじめるところと、落ちたところとの高さのちがい。例 落差の大きい滝。②二つのもののあいだにあるへだたり。例 理想と現実との落差がはげしい。

【落日】らくじつ ↓ しずんでゆく太陽。入り日。例 西の海に落日を見る。類 夕日

【落城】らくじょう ▲〈―する〉敵に城をせめ落とされること。例 落城のうきめにあう。類 陥落

【落石】らくせき ▲〈―する〉山の上や、がけなどから石が落ちてくること。例 落石注意。

【落選】らくせん ▲〈―する〉①選挙などに落ちること。例 おしくも落選した。対 当選 ②展覧会やコンクールなどで、出品した作品や出場した人がえらばれないこと。対 入選

【落第】らくだい ▲〈―する〉①成績がわるくて上の学年に進めないこと。例 落第生。類 留年 対 進級・及第 ②試験に合格しないこと。例 入学試験に落第する。類 不合格 対 合格・及第 ③基準に達せず、だめであること。例 リーダーとしては落第だ。類 不適格 対 合格

【落胆】らくたん ▲〈―する〉がっかりして元気をなくすこと。気落ち。例 落胆のあまり、声も出ない。類 失望

【落丁】らくちょう ▲ 本の一部のページがぬけ落ちていること。例 落丁本。類 乱丁

【落馬】らくば ▲〈―する〉乗っていた馬から落ちること。例 騎手の落馬で失格になる。

【落盤】らくばん ▲〈―する〉鉱山などで、坑内の天井やまわりの岩や土がくずれ落ちること。例 落盤事故。

【落命】らくめい ▲〈―する〉思いがけないことに出あって、死ぬこと。例 突然の落命。

【落葉】らくよう ▲〈―する〉木の葉がかれて落ちること。落ち葉。例 落葉樹。

【落葉樹】らくようじゅ 桜やイチョウなど、秋から冬にかけて葉が落ち、春にまた新しい葉のもえ出る木。例 落葉樹林。対 常緑樹

【落雷】らくらい ▲〈―する〉かみなりが落ちること。

【落涙】らくるい ▲〈―する〉なみだを流すこと。例 みなみな落涙におよんだ。

【落下】らっか ↓〈―する〉高いところから落ちること。例 落下地点。落下傘。類 降下

❷〈おさまる〉の意味で

【落成】らくせい Ⅱ〈―する〉建物などの工事が終わって、すっかりできあがること。例 落成式。類 竣工 対 着工・起工

【落着】らくちゃく ↓〈―する〉ものごとのきまりがつくこと。例 これで一件落着だ。類 結着・帰結・決着

【落款】らっかん ▲〈―する〉絵や書が完成したとき、自分が作ったことを証明するために、作者が押印したり署名したりすること。またその印や署名。

落が下につく熟語 上の字の働き

❶落＝〈おちる〉のとき
【下落 陥落 堕落 脱落 墜落 没落】近い意味。
【転落 暴落】ドノヨウニ落ちるか。
【及落 当落】反対の意味。

❸落＝〈まとまり〉のとき
【群落 集落 村落 部落 段落】近い意味。

【葦】

艹-10 総画13 人名 明朝 葦 8466

音 イ 外 訓 あし 外

意味 あし。よし。秋にススキに似た大きな穂を

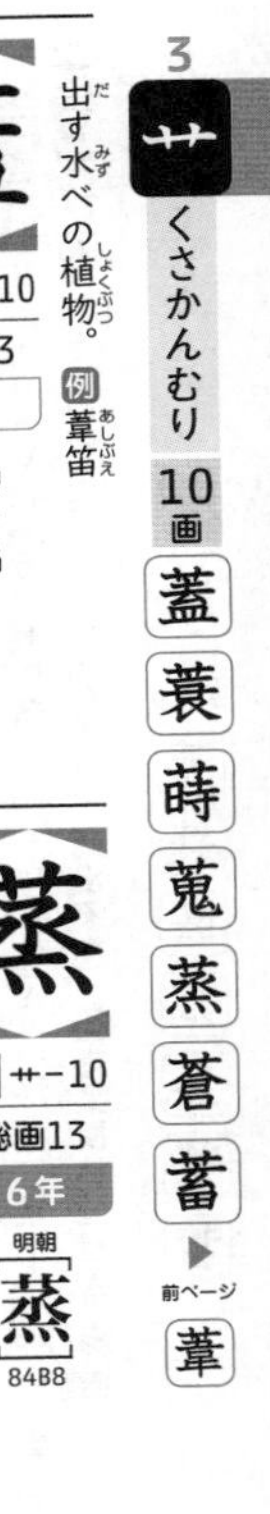

出す水べの植物。例 葦笛

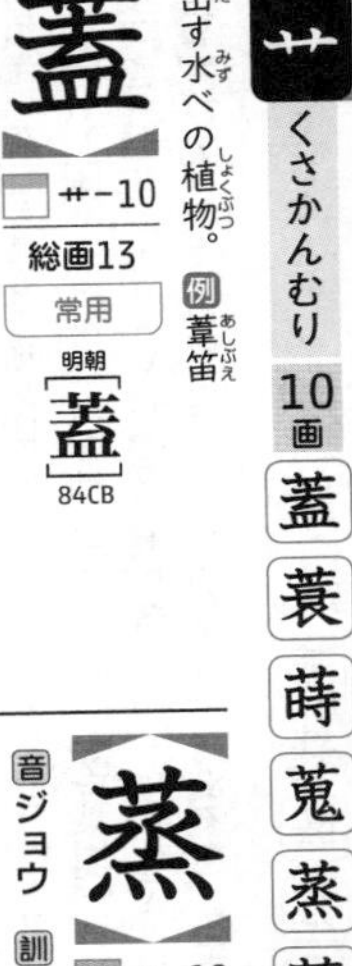

【蓋】
艹-10 総画13 常用 明朝 蓋 84CB

音 ガイ中 訓 ふた中・おおーう外

筆順

意味 ❶ふた。例 なべの蓋。❷おおう。おおいかくす。例 蓋世・頭蓋骨

【蓑】
艹-10 総画13 人名 明朝 蓑 84D1

音 サ外 訓 みの外

意味 みの。カヤなどの植物を編んで作った雨具。例 蓑笠・蓑虫

【蒔】
艹-10 総画13 人名 明朝 蒔 8494

音 シ外 訓 まーく外

意味 うえる。種をまく。例 蒔絵

【蒔絵】◆ ↓ 漆器の表面に金・銀などの粉でえがいた絵。例 蒔絵のお盆。

【蒐】
艹-10 総画13 人名 明朝 蒐 8490

音 シュウ外 訓 あつーめる外

意味 あつめる。収集する。例 蒐集

表記 「シュウ」と読むとき、今は「収」を使う。

【蒸】
艹-10 総画13 6年 明朝 蒸 84B8

音 ジョウ 訓 むーす中・むーれる中・むーらす中

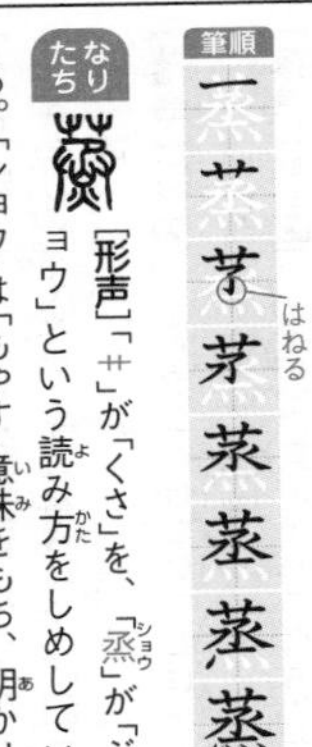

筆順 （はねる）

なりたち ［形声］「艹」が「くさ」を、「烝(ショウ)」が「ジョウ」という読み方をしめしている。「ショウ」は「もやす」意味をもち、明かりをとるためにもやす麻がらを表す字。

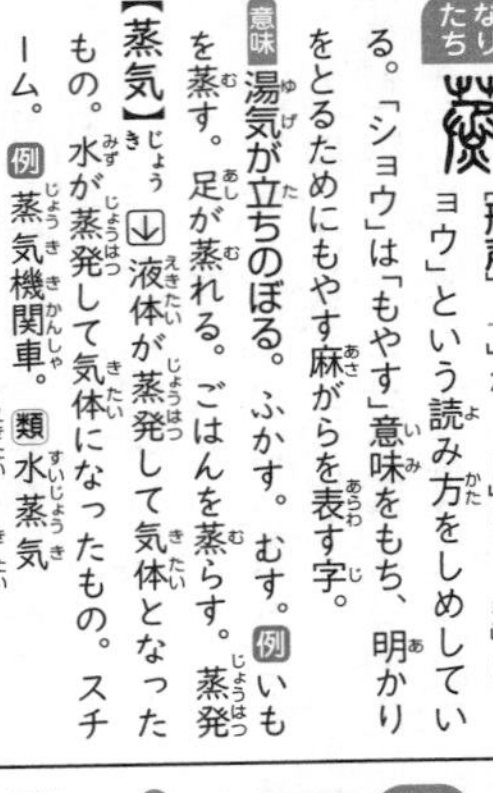

意味 湯気が立ちのぼる。ふかす。むす。例 いもを蒸す。足が蒸れる。ごはんを蒸らす。蒸発

【蒸気】↓ 液体が蒸発して気体となったもの。水が蒸発して気体になったもの。スチーム。例 蒸気機関車。類 水蒸気

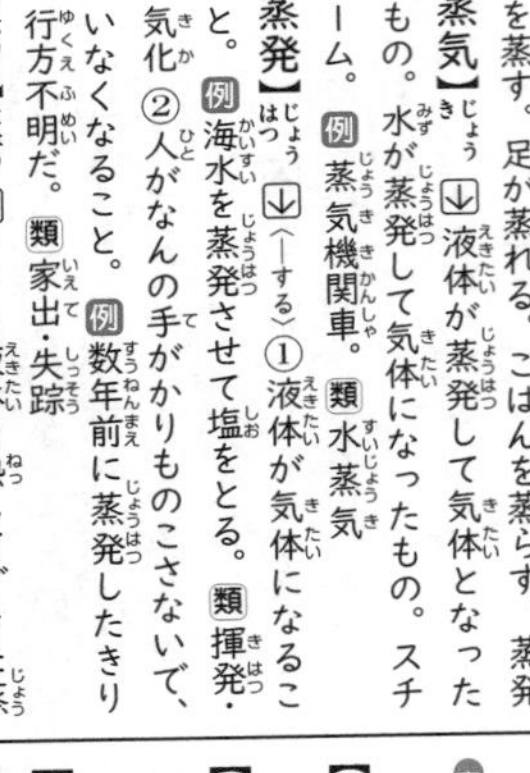

【蒸発】↓〈—する〉①液体が気体になること。例 海水を蒸発させて塩をとる。類 揮発・気化 ②人がなんの手がかりものこさないで、いなくなること。例 数年前に蒸発したきり行方不明だ。類 家出・失踪

【蒸留】↓〈—する〉液体を熱してできた蒸気をひやして、まじりけのない液体にすること。例 蒸留水。

【蒼】
艹-10 総画13 人名 明朝 蒼 84BC

音 ソウ外 訓 あお外・あおーい外

意味 あおい。例 蒼白・鬱蒼

名前のよみ しげる

【蓄】
艹-10 総画13 常用 明朝 蓄 84C4

音 チク中 訓 たくわーえる中

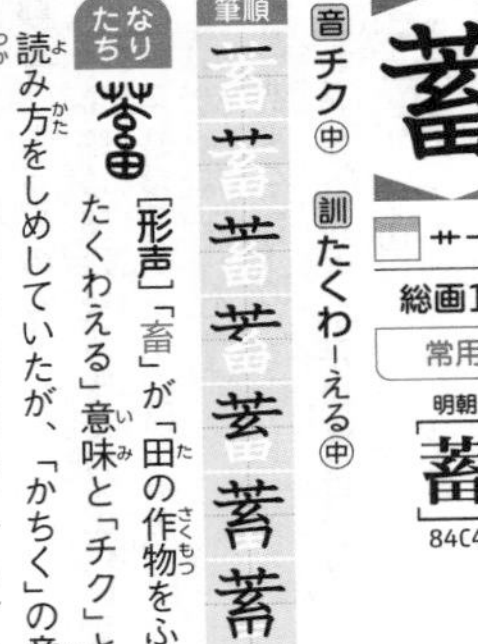

筆順

なりたち ［形声］「畜」が「田の作物をふやす、たくわえる」意味と「チク」という読み方をしめしていたが、「かちく」の意味に使われたため、あらためて「艹(くさ)」をくわえて「たくわえる」を表した字。

意味 たくわえる。物を集めてしまっておく。例 燃料を蓄える。蓄積・貯蓄

【蓄財】▲〈—する〉お金や財産をためること。例 蓄財にはげむ。

【蓄積】Ⅲ〈—する〉少しずつためて、ふやしていくこと。だんだんたまってふえること。ふえてたまったもの。例 疲労が蓄積する。

【蓄電器】二枚の金属板のあいだに電気をたくわえるしかけ。コンデンサー。

【蓄電池】電気をたくわえておいて、必要なときにとりだせるようにした電池。バッテリー。例 蓄電池に充電する。

蓄が下につく熟語 上の字の働き

【貯蓄 備蓄】近い意味。

◆含蓄

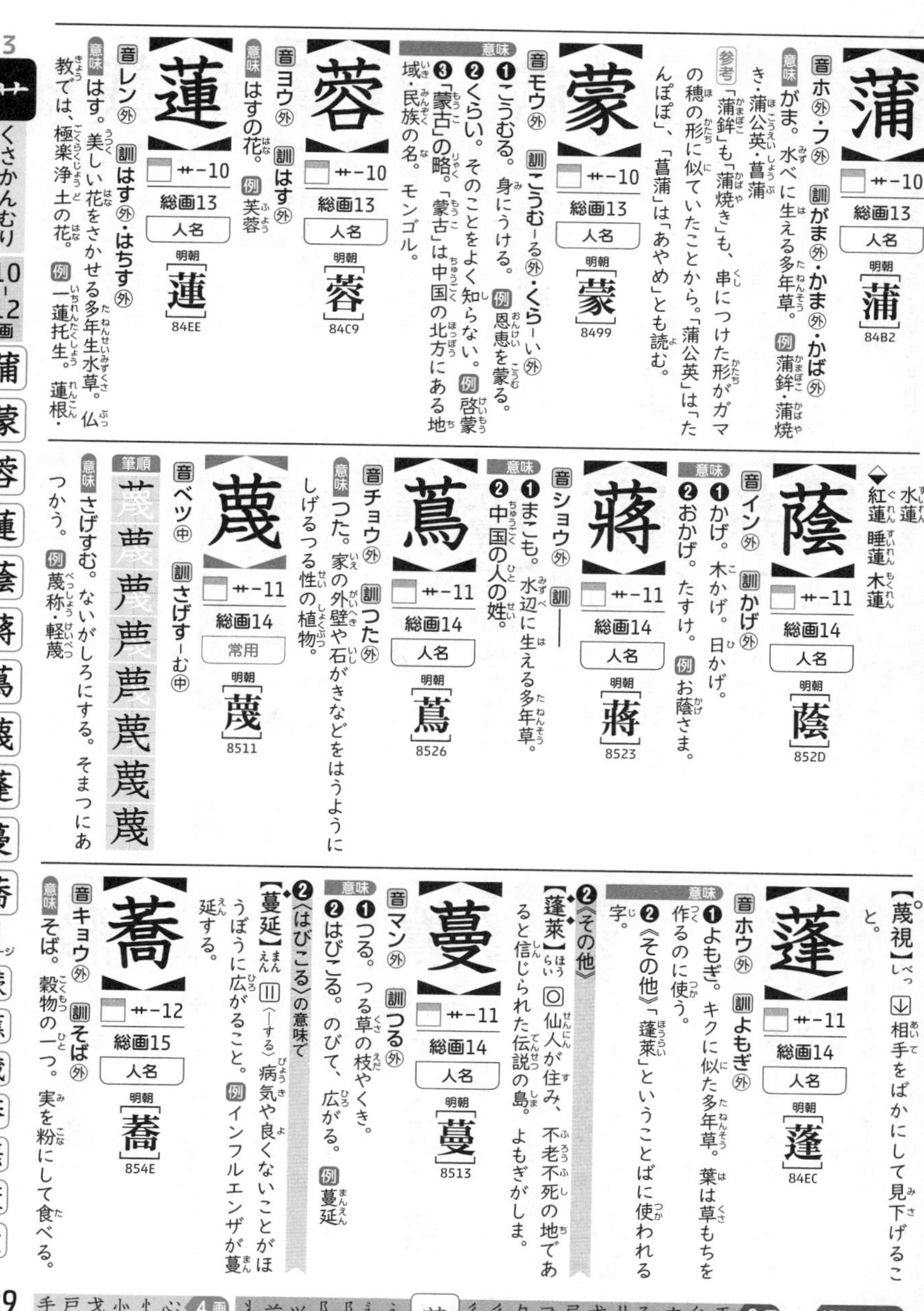

【蒲】
艹-10 総画13 人名 明朝 蒲 84B2

音 ホ(外)・フ(外) 訓 がま(外)・かま(外)・かば(外)

意味 がま。水べに生える多年草。例 蒲鉾・蒲焼き・蒲公英・菖蒲

参考 「蒲鉾」も「蒲焼き」も、串につけた形がガマの穂の形に似ていたことから。「蒲公英」は「たんぽぽ」、「菖蒲」は「あやめ」とも読む。

【蒙】
艹-10 総画13 人名 明朝 蒙 8499

音 モウ(外) 訓 こうむ-る(外)・くら-い(外)

意味
❶こうむる。身にうける。例 恩恵を蒙る。
❷くらい。そのことをよく知らない。例 啓蒙
❸「蒙古」の略。「蒙古」は中国の北方にある地域・民族の名。モンゴル。

【蓉】
艹-10 総画13 人名 明朝 蓉 84C9

音 ヨウ(外) 訓 はす(外)

意味 はすの花。例 芙蓉

【蓮】
艹-10 総画13 人名 明朝 蓮 84EE

音 レン(外) 訓 はす(外)・はちす(外)

意味 はす。美しい花をさかせる多年生水草。仏教では、極楽浄土の花。例 一蓮托生。蓮根・水蓮

◆紅蓮 睡蓮 木蓮

【蔭】
艹-11 総画14 人名 明朝 蔭 852D

音 イン(外) 訓 かげ(外)

意味
❶かげ。木かげ。日かげ。
❷おかげ。たすけ。例 お蔭さま。

【蒋】
艹-11 総画14 人名 明朝 蒋 8523

音 ショウ(外) 訓 —

意味
❶まこも。水辺に生える多年草。
❷中国の人の姓。

【蔦】
艹-11 総画14 人名 明朝 蔦 8526

音 チョウ(外) 訓 つた(外)

意味 つた。家の外壁や石がきなどをはうようにしげるつる性の植物。

【蔑】
艹-11 総画14 常用 明朝 蔑 8511

音 ベツ(中) 訓 さげす-む(中)

筆順 蔑 蔑 蔑 蔑 蔑 蔑 蔑 蔑

意味 さげすむ。ないがしろにする。そまつにあつかう。例 蔑称・軽蔑

【蔑視】べっし Ⓛ 相手をばかにして見下げること。

【蓬】
艹-11 総画14 人名 明朝 蓬 84EC

音 ホウ(外) 訓 よもぎ(外)

意味
❶よもぎ。キクに似た多年草。葉は草もちを作るのに使う。
❷《その他》「蓬萊」ということばに使われる字。

❷《その他》
【蓬萊】ほうらい ◎ 仙人が住み、不老不死の地であると信じられた伝説の島。よもぎがしま。

【蔓】
艹-11 総画14 人名 明朝 蔓 8513

音 マン(外) 訓 つる(外)

意味
❶つる。つる草の枝やくき。
❷はびこる。のびて、広がる。例 蔓延

❷〈はびこる〉の意味で
【蔓延】まんえん Ⅲ〈-する〉病気や良くないことがほうぼうに広がること。例 インフルエンザが蔓延する。

【蕎】
艹-12 総画15 人名 明朝 蕎 854E

音 キョウ(外) 訓 そば(外)

意味 そば。穀物の一つ。実を粉にして食べる。

蒲 蒙 蓉 蓮 蔭 蒋 蔦 蔑 蓬 蔓 蕎 ◀次ページ 蕨 蕉 蔵 蕃 蕪 蔽 薫

蕨 蕉 蔵 蕃 蕪 蔽 薫 ▶前ページ 蒲 蒙 蓉 蓮 蔭 蒋 蔦 蔑 蓬 蔓 蕎

例 蕎麦(そばの粉で作る食べ物)

【蕨】
艹－12 総画15 人名 明朝 蕨 8568

音 ケツ外 訓 わらび外

意味 わらび。山野に生え、わかい芽を山菜として食べる。

【蕉】
艹－12 総画15 人名 明朝 蕉 8549

音 ショウ外 訓 ―

意味 ❶ばしょう(芭蕉)。大形の多年草。❷松尾芭蕉。江戸時代の俳人。例 蕉門

参考 ☞ものしり巻物28(957ページ)

【蔵】
艹－12 総画15 6年 明朝 蔵 8535 旧字 藏 85CF

音 ゾウ 訓 くら中

筆順 一 蔵 蔵 蔵 蔵 蔵 蔵 蔵 (だす)(はねる)

なりたち [形声]もとの字は、「藏」。「艹」が「くさ」を、「臧」が「ゾウ」とかわって読み方をしめしている。「ゾウ」は「しまいこむ」意味をもち、作物をしまいこむことを表す字。

意味 ❶しまいこむ。例 蔵書・貯蔵・内蔵 ❷くら。物をしまっておくための建物や場所。例 穴蔵・土蔵

名前のよみ おさむ・ただ・とし・まさ・よし

❶〈しまいこむ〉の意味で

【蔵書】↓ 図書館や個人がもっている本。例 蔵書を整理する。蔵書印。

蔵が下につく熟語 上の字の働き

❶蔵＝〈しまいこむ〉のとき

【愛蔵 死蔵 秘蔵 埋蔵 冷蔵 無尽蔵】ドノヨウニしまいこむか。

【内蔵 腹蔵】ドコにしまいこむか。

❷蔵＝〈くら〉のとき

【土蔵 穴蔵】ドンナ蔵か。

◆地蔵 所蔵 貯蔵

【蕃】
艹－12 総画15 人名 明朝 蕃 8543

音 バン外 訓 しげ-る外

意味 ❶しげる。草木が生いしげる。❷ふえる。繁殖する。❸未開であるようす。外国の。例 蕃書

名前のよみ しげ・しげり・ふさ・みつ・もり

【蕪】
艹－12 総画15 人名 明朝 蕪 856A

音 ブ外 訓 かぶ外

意味 ❶あれる。雑草が生いしげる。❷かぶ。かぶら。野菜として球形の根や葉を食べる。

【蔽】
艹－12 総画15 常用 明朝 蔽 853D

音 ヘイ中 訓 おお-う外

筆順 一 蔽 蔽 蔽 蔽 蔽 蔽 蔽

意味 おおう。上からかぶせてかくす。おおい。例 隠蔽(おおいかくす)・遮蔽(見えないようにおおう)

字体のはなし 「蔽」とも書く。☞ふろく「字体についての解説」(30ページ)

【薫】
艹－13 総画16 常用 明朝 薫 85AB 旧字 薰 85B0

音 クン高 訓 かお-る中

筆順 一 薫 薫 薫 薫 薫 薫 薫

なりたち [形声]もとの字は、「薰」。「艹」が「くさ」を、「熏」が「かおりのよい」意味と「クン」という読み方をしめしている。かおりのよい草を表す字。

意味 ❶かおる。よいにおいがする。例 風薫る五月。薫風 ❷かおりをしみこませる。人によい影響をあたえる。例 薫製・薫陶

例 解 [使い分け] かおる[香・薫] ☞1107ページ

名前のよみ しげ・ただ・ふさ・まさ・ゆき

❶〈かおる〉の意味で

【薫風】くんぷう ↓ 若葉のかおりをのせてふく、さわやかな初夏の風。例 薫風の候。

❷〈かおりをしみこませる〉の意味で

【薫製】くんせい ↓ 塩づけにした肉や魚を、けむりでいぶしてかわかした保存のきく食べ物。例 チーズの薫製。

【薫陶】くんとう Ⅱ〈―する〉人格でみちびくこと。例 先生の薫陶をうける。参考 香をたいてかおりをしみこませた上で、ねんどをこねて形をととのえ、陶器をつくることをいったことば。

薪

艹-13 総画16 常用 明朝 薪 85AA

音 シン 中 訓 たきぎ 中・まき 外

筆順 薪 薪 薪 薪 薪 薪 薪

なりたち 〔形声〕もともと「新」は「おので切りそろえたたきぎ」を表していたが、「あたらしい」の意味に借りて使われたため、あらためて「艹」をくわえて「たきぎ」として作った字。「新」が「シン」という読み方をしめしている。

意味 まき。たきぎ。例 薪をくべる。薪拾い。

【薪炭】しんたん Ⅲ 燃料にするたきぎとすみ。

薦

艹-13 総画16 常用 明朝 薦 85A6

音 セン 中 訓 すす-める 中

筆順 薦 薦 薦 薦 薦 薦

意味 すすめる。役につくようにおしだす。例 候補者として薦める。推薦

例 解 〔使い分け〕すすめる〔進・勧・薦〕☞451ページ

名前のよみ のぶ

← 薦が下につく熟語 上の字の働き

【自薦 他薦】ダレが推薦するか。

薙

艹-13 総画16 人名 明朝 薙 8599

音 テイ 外 訓 な-ぐ 外

意味 なぐ。刈る。(草を)切りはらう。例 薙刀(長い柄の先に幅の広い刀をつけた武器)

薄

艹-13 総画16 常用 明朝 薄 8584

音 ハク 中 訓 うす-い 中・うす-める 中・うす-まる 中・うす-らぐ 中・うす-れる 中

筆順 薄 薄 薄 薄 薄 薄

なりたち 〔形声〕「艹」が「くさ」を、「溥」が「ハク」という読み方をしめしている。「ハク」は「くっつく」意味をもち、草がびっしりくっついて生えるようすを表していた字。

意味 ❶うすい。あわい。例 水で薄める。味が薄まる。悲しみが薄らぐ。記憶が薄れる。薄い板。薄氷 対 厚・濃

❷すくない。とぼしい。例 手薄・薄謝

❸心がこもっていない。考えがあさい。例 薄情・軽薄

❹せまる。近づく。例 薄暮・肉薄

発音あんない ハク→ハッ… 例 薄幸

❶〈うすい〉の意味で

【薄着】うすぎ ↓〈―する〉衣服をほんの一枚か二枚だけ身につけること。対 厚着

【薄地】うすじ ↓ うすい布地。類 薄手 対 厚地

【薄手】うすで ↓ 布地や紙・陶器などの厚みがないこと。例 薄手のセーター。類 薄地 対 厚手

【薄氷】はくひょう ↓ うすくはった氷。例 薄氷をふむ思い(今にもだめになりそうで、ひやひやする気持ち)。池に薄氷がはる。

【薄明】はくめい ↓ 夜明け前や日がしずんだ直後に空がうっすらと明るいこと。

❷〈すくない〉の意味で

【薄日】うすび ↓ 少しくもった空からさす、弱い日の光。例 雲間から薄日がもれている。

【薄謝】はくしゃ ↓ ほんの少しのお礼。(へりくだった言い方) 類 薄志

【薄弱】はくじゃく Ⅲ〈―な〉①からだや気持ちなどが弱い。例 意志薄弱。②しっかりしていない。例 根拠が薄弱だ。

【薄命】はくめい ▲ ①命が短いこと。例 薄命をおしむ。②不幸せ。運がわるいこと。例 薄命に泣く。類 薄幸

【薄利】はくり ↓少ないもうけ。例薄利多売（一つ一つのもうけを少なくして、たくさん売ることによって利益を得ること）。

【薄給】はっきゅう ↓少ない給料。

【薄幸】はっこう ▲〈□に□な〉運がわるく、幸せが少ないこと。例薄幸の詩人。類薄命

❸〈心がこもっていない〉の意味で

【薄情】はくじょう ▲〈□に□な〉思いやりの気持ちが少なく、つめたいようす。例薄情なことを言うな。類無情 対厚情

❹〈せまる〉の意味で

【薄暮】はくぼ ▲日没にせまるころ。夕暮れ。たそがれ。例薄暮試合。

←薄が下につく熟語 上の字の働き

❷薄＝〈すくない〉のとき
【手薄 品薄】ナニが少ないか。

❸薄＝〈心がこもっていない〉のとき
【軽薄 浅薄 浮薄】近い意味。

◆希薄 肉薄

【薬】

艹－13 総画16 3年 明朝 薬 85AC 旧字 藥 85E5

音ヤク 訓くすり

筆順 一 艹 苩 莒 蒁 蓰 薬

たなり 藥 [形声]「艹」が「くさ」を、「楽」が「ヤク」とかわって読み方をしめしている。「ラク」は「なおす」意味をもち、病気をなおす草を表す字。

意味

❶くすり。病気やけがをなおすためのくすり。例毒にも薬にもならない。医薬

❷化学的にはたらく材料。例薬品・火薬

発音あんない ヤク→ヤッ…例薬局

❶〈くすり〉の意味で

【薬玉】くすだま ↓①五月五日の端午の節句に、魔よけとして柱にかけたもの。かおりのよいものを中に入れ、造花や五色の糸などのかざりをつける。②二つにわると、中に入れてあった紙ふぶきやテープが一度にちって落ちるようにした玉。

【薬指】くすりゆび ↓親指から数えて四番めの指。関連親指・人差指・中指・薬指・小指 参考粉薬をまぜるときに使ったので、この名がある。

【薬学】やくがく ↓くすりのつくり方やききめなどを研究する学問。例大学で薬学の勉強をする。

【薬剤】やくざい ↓くすり。とくに、いくつかのくすりをまぜ合わせてつくったくすり。例薬剤師。類薬品

【薬草】やくそう ↓ゲンノショウコ、センブリなど、くすりになる草。例薬草茶。

【薬品】やくひん ↓くすり。例医薬品。類薬剤 ☞❷

【薬物】やくぶつ ↓くすり。とくに、病気をなおすよりも、からだになにかの変化を起こさせるもの。例尿から薬物が検出される。

【薬味】やくみ ↓ねぎ・しょうが・わさび・からし・とうがらしなど、食べ物に少しそえて、味をひきたたせるもの。例薬味をきかせる。類香辛料

【薬用】やくよう ↓くすりとして使うこと。例薬用植物。

【薬局】やっきょく ↓①病院などで、くすりを調合するところ。対医局 ②くすりを売る店。例薬局でかぜぐすりを買う。類薬屋

【薬効】やっこう ↓くすりのききめ。例薬効があらわれる。

❷〈化学的にはたらく材料〉の意味で

【薬品】やくひん ↓化学変化を起こさせるために使う材料。例化学薬品。☞❶

←薬が下につく熟語 上の字の働き

❶薬＝〈くすり〉のとき
【医薬 丸薬 劇薬 毒薬 売薬 麻薬 妙薬 鼻薬】ドンナ薬か。
【製薬 投薬】薬をドウスルか。

❷薬＝〈化学的にはたらく材料〉のとき
【火薬 農薬 弾薬 爆薬】ナニに使う材料か。

【蕾】

艹－13 総画16 人名 明朝 蕾 857E

音ライ外 訓つぼみ外

意味 つぼみ。花の芽がふくらんでこれからさこうとしているもの。

蕗

艹-13 総画16 人名 明朝 蕗 8557

音 ロ 外 訓 ふき 外

意味 ふき。山野に生える多年草。まっすぐなくきの先に、一枚の大きな葉をつける。食用・薬用にする。例 蕗のとう

藁

艹-14 総画17 人名 明朝 藁 85C1

音 コウ 外 訓 わら 外

意味 わら。イネやムギの茎をほしたもの。

薩

艹-14 総画17 人名 明朝 薩 85A9

音 サツ 外 訓 —

意味 ❶菩薩。仏の位につぐもの。❷薩摩。旧国名。今の鹿児島県西部。例 薩州。薩長。

藤

艹-15 総画18 常用 明朝 藤 85E4

音 トウ 中 訓 ふじ 中

筆順

意味 ふじ。つるになってのび、五月ごろ、ふさ状にたれさがる、紫や白などの美しい花をさかせる落葉低木。例 藤棚。葛藤

藩

艹-15 総画18 常用 明朝 藩 85E9

音 ハン 中 訓 —

筆順

なりたち [形声]「艹」が「くさ」を、「潘」が「ハン」という読み方をしめしている。「ハン」は「かきね」の意味をもち、草やしばでつくったかきねを表す字。

意味 江戸時代に大名がおさめた土地。例 藩の家老。藩主・親藩

【藩校】はんこう ↓ 江戸時代、藩で藩士の子どもの教育のためにつくった学校。類 藩学

【藩士】はんし ↓ 江戸時代、各藩の大名に仕えた家来。例 藩士の身分。

【藩主】はんしゅ ↓ 江戸時代、藩をおさめた殿様。例 藩主の命にしたがう。類 大名

【藩邸】はんてい ↓ 江戸時代、各地の大名が江戸につくったやしき。

◆親藩 脱藩

藍

艹-15 総画18 常用 明朝 藍 85CD

音 ラン 高 訓 あい 中

筆順

意味 あい。葉や茎から青色の染料をとる一年生植物。あい色。例 藍染め。出藍

蘇

艹-16 総画19 人名 明朝 蘇 8607

音 ソ 外 訓 よみがえ-る 外

意味 よみがえる。生きかえる。元気をとりもどす。元にもどる。例 記憶が蘇る。

【蘇生】そせい ⊞（ーする）生きかえる。

藻

艹-16 総画19 常用 明朝 藻 85FB

音 ソウ 中 訓 も 中

筆順

なりたち [形声]「艹」が「くさ」、「氵」が「みず」の意味を、「喿」が「ソウ」という読み方をしめしている。「ソウ」は「むらがりあつまる」意味をもち、むらがって生える水草を表す字。

意味 ❶も。水草。例 藻が生える。海藻 ❷美しくかざった文章。例 文藻

❶〈も〉の意味で

【藻類】そうるい ↓ 海の中や池の中などで生活するコンブやワカメ、アオミドロのような水草など。光合成を行う生物。

【藻屑】もくず ↓ 海藻がちぎれて海中をただよっているもの。海の中のごみ。表現「海の藻屑と消えた」「海の藻屑となる」は、事故やたたか

蕗 藁 薩 藤 藩 藍 蘇 藻 ◀次ページ 蘭 込 辻 辺

いなどで死んで海中にしずむことをいう。

【蘭】

艹-16 総画19 人名 明朝 蘭 862D

音 ラン外 訓 ——

意味

❶らん。美しくかおり高い花をさかせる観賞用植物。例 春蘭・胡蝶蘭

❷オランダ。「和蘭」の略。例 蘭学

◆❷〈オランダ〉の意味で

【蘭学】↓ オランダ語をとおして、西洋の文明、とくに医学を研究しようとした学問。江戸時代の中ごろにはじまり幕末までつづいた。類 洋学

3画 辶 ［しんにょう］［しんにゅう］の部

道を行く意を表す「辶(辵)」をもとに作られ、歩行や行動にかかわる字を集めてあります。

この部首の字

2 込…434 辻…434 辺…434
3 迂…435 迄…435 迅…435 辿…435
4 近…435 迎…436 返…438
5 迦…438 述…438 迪…439 迭…439 迫…439
6 逆…439 送…440 退…441 追…442 逃…443 迷…444
7 這…444 逝…444 造…444 速…445 逐…446 通…446 逓…448 逞…448 途…448 透…448 逗…448 逢…449 連…449
8 逸…450 週…450 進…451 逮…452
9 運…452 過…453 遇…455 遂…455 達…455 遅…456 道…456 遁…458 遍…458 遊…458 遥…459
10 違…459 遠…459 遣…460 遡…460 遡…460 遜…460 遜…460
11 遮…460 遭…461 適…461
12 遺…462 遵…463 選…463 遷…463 遼…464
13 還…464 避…464

巡▶巛…362 導▶寸…343

【込】

辶-2 総画5 常用 明朝 込 8FBC

音 —— 訓 こ-む中・こ-める中

筆順

なりたち ［会意］国字。「いれる」意味の「入」と、「道を行く」意味の「辶」とを合わせて、「はいりこむ」ことを表す字。

意味 中にはいる。人や物がたくさん集まる。例 予定が込む。心を込める。飛び込み。

例解 ［使い分け］こむ［込・混］☞ ひだりのページ

【辻】

辶-2 総画6 人名 明朝 辻 8FBB

音 —— 訓 つじ外

意味 つじ。十字路。交差点。道の交わったところ。道ばた。例 辻説法。四つ辻。

参考 国字。十字路の形を表す「十」と「道を行く」意味の「辶」を合わせて「つじ」を表す字。

【辺】

辶-2 総画5 4年 明朝 辺 8FBA 旧字 邊 908A

音 ヘン 訓 あた-り・べ

筆順 はねる はらう

なりたち ［形声］もとの字は、「邊」。「辶」が「道を行く」ことを、「臱」が「ヘン」という読み方をしめしている。「ヘン」は「はし」の意味をもち、行きついたはしを表す字。

意味

❶ふち。ほとり。多角形を作っている線。例 辺りを見まわす。浜辺・底辺

❷はて。かぎり。さかいめ。例 辺境

◆❷〈はて〉の意味で

【辺境】↓ 国ざかい。また、国の中心から遠くはなれた不便な土地。例 さびしい辺境の地。類 僻地・辺地・辺土

【辺地】↓ 都会から遠くはなれた不便な土地。類 辺土・辺境・僻地・片田舎

←辺が下につく熟語 上の字の働き

❶辺＝〈ふち〉のとき

【斜辺 底辺】ドンナふちか。

【身辺 炉辺 岸辺 水辺 浜辺】ナニ・ドコのほとりか。

◆近辺 周辺

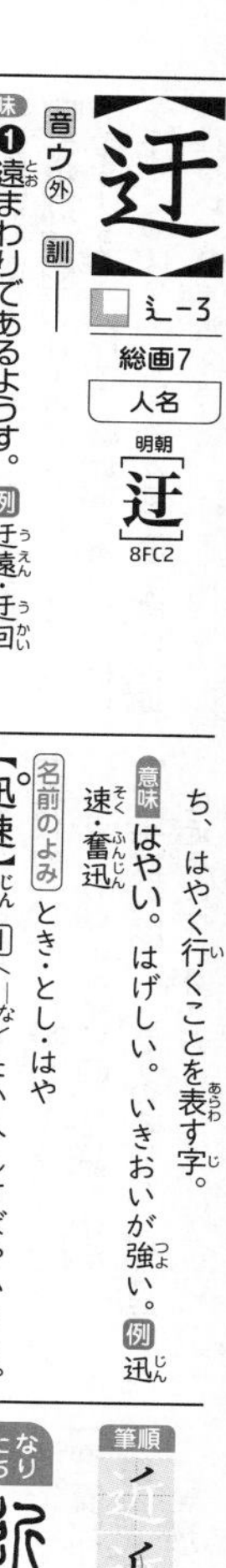

【迂】

辶-3 総画7 人名 明朝 迂 8FC2

音 ウ 外 訓 —

意味 ❶遠まわりであるようす。例 迂遠・迂回 ❷うとい。実際には合わない。例 迂闊

❶〈遠まわりであるようす〉の意味で

【迂遠】うえん Ⅲ〈—な〉遠まわりなようす。

【迂回】うかい Ⅲ〈—する〉遠まわりすること。例 迂回コース。

❷〈うとい〉の意味で

【迂闊】うかつ Ⅲ〈—に〉ぼんやりしておろそかなようす。

【迄】

辶-3 総画7 人名 明朝 迄 8FC4

音 キツ 外 訓 まで 外・いた-る 外・およ-ぶ 外

意味 まで。行き着く場所・時間・程度などの限度をしめす。例 京都まで行く。

【迅】

辶-3 総画6 常用 明朝 迅 8FC5

音 ジン 中 訓 —

筆順

なりたち [形声]「辶」が「道を行く」ことを、「卂」が「ジン」とかわって読み方をしめしている。「シン」は「はやい」の意味をもち、はやく行くことを表す字。

意味 はやい。はげしい。いきおいが強い。例 迅速・奮迅

名前のよみ とき・とし・はや

【迅速】じんそく Ⅲ〈—な〉たいへんすばやいこと。例 ものごとを迅速に処理する。類 敏速

◆奮迅 獅子奮迅

【辿】

辶-3 総画7 人名 明朝 辿 8FBF

音 テン 外 訓 たど-る 外

意味 たどる。道にそって進む。筋道を追って探す。

【近】

辶-4 総画7 2年 明朝 近 8FD1

音 キン 訓 ちか-い

筆順 （ナにならない）（はらう）

なりたち [形声]「辶」が「道を歩く」ことを、「斤」が「キン」という読み方をしめしている。「キン」は「わずか」の意味をもち、道のりがわずかであることを表す字。

意味 ❶ちかい。距離や関係がちかい。ちかよる。ちかづく。例 近道・接近 対 遠 ❷ちかごろ。時間のへだたりが少ない。例 近い将来。近代・最近

❶〈ちかい〉の意味で

【近火】きんか ↓ 近所に起こった火事。例 近火見舞い。

【近海】きんかい ↓ 陸地に近い海。例 近海漁業。類 沿海・沿岸 対 遠海・遠洋・外洋

【近眼】きんがん ↓ 近くのものははっきり見えるが、遠くのものはぼんやりとしか見えない目。類 近視・近視眼 対 遠視

例解 使い分け　こむ《込む・混む》

込む＝ぎっしりとつまる。重なる。入り組む。例 仕事が立て込む。負けが込む。手の込んだ細工。

混む＝人や物でいっぱいになる。例 電車が混む。混み合う店内。人混み。

参考 もともと、人や物が重なるように集まるようすから、「込む」と使われていた。そのため「電車が込む」「込み合う店内」「人込み」とも書く。

8:00〜 ○○○○○○ 11:00〜11:30 ○○○
8:05〜8:25 ○○○○ 11:40〜12:00 ○○
8:30〜8:40 ○○○○
8:45〜8:55 ○○○○
9:00〜9:50 ○○○○
10:00〜11:00 ○

予定が込む

電車が混む

【近景】きんけい ⇩ 近くのけしき。とくに、絵や写真で、手前のほうのようす。対 遠景

【近県】きんけん ⇩ 近くの県。例 近県の大学に入る。

【近郊】きんこう ⇩ 都市のまわりで、わりあい近いところ。類 郊外・近在

【近郷】きんごう ⇩ 都市や大きな町のまわりにある村々。例 近郷の農家。類 近在

【近在】きんざい ⇩ 都市の近くのいなか。類 近郷・近郊 表現 「近郷近在から人が集まる」のように、「近郷」といっしょに言うことが多い。

【近視】きんし ⇩ 近くのものははっきり見えるが、遠くのものはぼんやりとしか見えないこと。類 近眼・近視眼 対 遠視 知識 凹レンズの眼鏡をかけることなどによって矯正できる。

【近似】きんじ Ⅱ〈―する〉数量がひじょうに近いこと。例 近似値(かわりに使えるほど近い値)。類 類似 表現 数でない場合は「類似」を使う。

【近所】きんじょ ⇩ 近いところ。類 近隣・付近・近辺

【近親】きんしん ⇩ 親やきょうだいなど、血のつながりの深い人。例 近親者。

【近接】きんせつ ⇩〈―する〉近くにあること。例 工場に近接する土地。類 隣接 対 遠隔

【近辺】きんぺん ⇩ 近いところ。類 付近・近所・界隈

【近隣】きんりん ⇩ となり近所。例 近隣諸国。

【近道】ちかみち ⇩ ①ほかの道よりはやくそこに行き着ける道。ぬけ道。例 近道を通って学校に行く。②はやくしあげる方法。例 学問に近道はない。類 早道

❷〈ちかごろ〉の意味で

【近影】きんえい ⇩ ある人物の、近ごろのすがたを写した写真。例 恩師の近影。

【近刊】きんかん ⇩ 近いうちに本として売り出すこと。表現 ☞【新刊】しんかん (577ページ)

【近況】きんきょう ⇩ 近ごろのようす。例 近況を報告する。

【近近】きんきん｜ちかぢか Ⅱ 近いうちに。例 父は近々、退院する予定です。類 近日

【近日】きんじつ ⇩ 近いうち。今日から数えて、二、三日のうち。例 近日開店。類 近近

【近世】きんせい ⇩ ①近ごろ。②歴史のうえで、古代・中世につづく時期。ふつう、日本では江戸時代、西洋ではルネサンスから近代までの時代をいう。例 近世文学。関連 古代・中世・近世・近代・現代

【近代】きんだい ⇩ ①近ごろの世の中。例 近代まれな事件。②歴史のうえで、近世のあとの時代。ふつう、日本では明治時代から昭和二十年まで、西洋では十七世紀後半から二十世紀はじめまでをいう。例 近代史。関連 古代・中世・近世・近代・現代 知識 世界史では「古代・中世・近代」の三つに分けることが多い。その場合は「近世」は中世に入り、「現代」は近代に入る。

【近代的】きんだいてき〈―な―に〉新しくて、このごろの世の中らしいようす。例 近代的な建築。

【近年】きんねん ⇩ ここ数年のあいだ。例 今年の夏は近年にない暑さだ。

【近来】きんらい ⊠ 少しむかしから今まで。例 今大会は、近来まれに見る盛況だった。

近が下につく熟語 上の字の働き

❶近＝〈ちかい〉のとき
【側近 卑近 付近 接近】近い意味。
【至近 身近】ドンナニ近いか。
◆遠近 最近 間近

迎

辶-4 総画7 常用 明朝 迎 8FCE

音 ゲイ中 訓 むか-える中

筆順

なりたち [形声]「卬」が「出むかえる」意味と、「ゲイ」とかわって読み方をしめしている。これに、さらに「道を行く」意味の「辶」をくわえて、出むかえることを表す字。

意味 むかえる。相手に合わせる。例 客を迎える。迎合・歓迎 対 送

【迎撃】げいげき ⇩〈―する〉せめてくる敵をむかえうつこと。例 迎撃態勢。対 出撃

【迎合】げいごう ⇩〈―する〉相手に調子をあわせて、その人のごきげんをとるようにつとめる。

【迎春】げいしゅん ▲ 新年をむかえること。表現 年賀状によく使われる。

【迎賓】げいひん ▲ たいせつな客をむかえること。例 迎賓館(外国の元首などをむかえてもてなす建物)。

ものしり巻物 第13巻

書体について

みなさんは、どんな字を書くでしょうか。教科書の字のように一画一画きちんと書くこともあれば、つづけ字で流れるように書くこともあるでしょう。

教科書の字の形と新聞や雑誌の字の形のちがいに気がついている人もいるでしょう。また、おなじ新聞や雑誌でも、本文の字と見出しの字がちがう場合もあります。広告の字もちがいますね。

これらのように、筆記による文字の形や活字のデザイン上のくふうによる形を書体といいます。

書体は、なぜ数多くあるのかといえば、それぞれの字の使われる目的がちがうからです。読みやすくわかりやすく見える、美しく見える、よく目立つ…など、いろいろな目的によって、いろいろな書体がえらばれるのです。たとえば、教科書に使われる字は、小学生が習う字の手本となる形でできていなければなりません。そこで、教科書は、教科書に向いた書体の活字を使っているのです。

筆記体では、ふつう、書体は三種類に分けられます。一画一画がきちんとした書体を楷書といいます。みなさんが習って書くのは、最初は楷書です。楷書より少しくずれたように見える書体を行書といい、さらにくずれたり、省略されたりしたように見える書体を草書といいます。（☞「ものしり巻物6」197ページ）

楷書　楷書日本

行書　行書日本

草書　草書日本

活字体では、教科書で使われている書体を、教科書体とよびます。そして、新聞や雑誌の本文に使われている書体の多くは明朝体です。明朝体にもいろいろあり、新聞社や出版社によって、それぞれ少しちがいます。太くぬりつぶしたような活字の書体はゴシック体です。ゴシック体にも、いろいろデザインのちがいがあります。

あらためて、あちらこちらに書かれている文字を見てみましょう。数えきれないほどの書体があるはずです。そして、それぞれ、なぜその書体がえらばれているのかを考えると、おもしろくなります。

教科書体　人・子・北・令・言

明朝体　人・子・北・令・言

ゴシック体　人・子・北・令・言

宋朝体　人・子・北・令・言

◆歓迎 送迎

返

辶-4 総画7 3年 明朝 返 8FD4

音 ヘン 訓 かえ-す・かえ-る

筆順 一 厂 反 反 反 返 返（はらう）

なりたち 形声「辶」が「道を行く」ことを、「反」が「ヘン」とかわって読み方をしめしている。「ハン」は「かえる」意味をもち、もとの道をもどってくることを表す字。

意味 かえす。もどす。こたえる。例 恩をあだで返す。落とし物が返る。返事

例解［使い分け］かえる［返・帰］☞ ひだりのページ

【返還】Ⅱ〈ーする〉一度手に入れたものをかえすこと。例 優勝旗返還。類 返却

【返却】Ⅱ〈ーする〉借りたものやあずかったものをかえすこと。類 返還・償還・償却

【返金】▲〈ーする〉借りたり、あずかったりしていたお金をかえすこと。

【返済】↓〈ーする〉借りたお金や品物をかえすこと。例 借金を返済する。類 償還

【返事】↓①〈ーする〉相手のよびかけや問いかけに答えること。答えのことば。例 大きな声で返事する。類 返答・回答 ②相手からの手紙にこたえる手紙。例 返事を書く。類 返信

【返上】↓〈ーする〉もらったものなどをかえすこと。例 休日を返上して会社に出る。

【返信】↓〈ーする〉もらった手紙やメールに対する返事。またそれを送ること。例 かれに返信する。返信用はがき。類 返事 対 往信

【返送】↓〈ーする〉送ってきたものを、もとのところへ送りかえすこと。例 まちがった住所を書いた手紙が返送されてきた。

【返答】Ⅱ〈ーする〉聞かれたことに答えること。例 返答につまる。類 返事・回答

【返納】↓〈ーする〉借りていたものを持ち主やもとの場所にかえすこと。表現 公共のものを借りたときにいうことが多い。

【返品】▲〈ーする〉一度買い入れた品物を、もとのところにかえすこと。また、かえされた品物。例 不良品を返品する。

【返本】▲〈ーする〉本屋が、仕入れた本を出版元にかえすこと。また、かえした本。例 返本の山。

【返礼】▲〈ーする〉おくりものやあいさつを受けたとき、それにこたえてお礼をすること。お礼のあいさつや品物。お返し。例 病気見舞いの返礼の品を送る。類 答礼

迦

辶-5 総画9 人名 明朝 迦 8FE6

音 カ 外 訓 ―

意味 梵語（古代インドのことば）の「カ」の音を表す字。例 釈迦

述

辶-5 総画8 5年 明朝 述 8FF0

音 ジュツ 訓 の-べる

筆順 一 十 才 木（とめる） 术 术 述 述（はらう）

なりたち 形声 もとの字は、「述」。「辶」が「道を行く」ことを、「朮」が「ジュツ」という読み方をしめしている。「ジュツ」は「したがう」意味をもち、人のあとにしたがって行くことを表す字。

意味 のべる。言い表す。例 意見を述べる。述語・記述

名前のよみ あきら・のり

【述懐】▲〈ーする〉心に思っていることや、思い出などを話すこと。例 述懐を聞く。

【述語】↓ 一つの文の中で、「雨がふる」の「ふる」、「花が美しい」の「美しい」、「海はおだやかだ」の「おだやかだ」などの、「どうする」「どうだ」ということを表している部分。日本語では、述語は文の終わりにあるのがふつう。知識 文法用語。前の例の「雨」「花」「海」の部分は主語という。

←述が下につく熟語 上の字の働き

【記述 叙述 著述 陳述 論述 供述】近い意味。

【口述 詳述】ドノヨウニ述べるか。

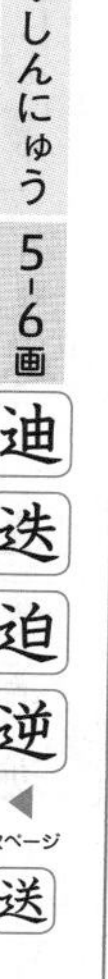

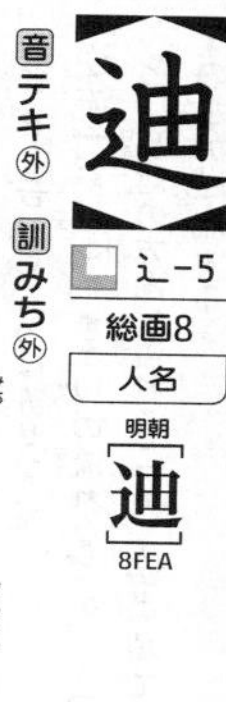

【迪】

⻌-5 総画8 人名 明朝 迪 8FEA

音 テキ 外 訓 みち 外

意味 みち。みちびく。道をたどって前進する。

名前のよみ すすむ・ただ・ふみ

【迭】

⻌-5 総画8 常用 明朝 迭 8FED

音 テツ 中 訓 —

筆順 丿 𠂉 乍 失 失 迭 迭 迭

意味 いれかえる。いれかわる。例 更迭

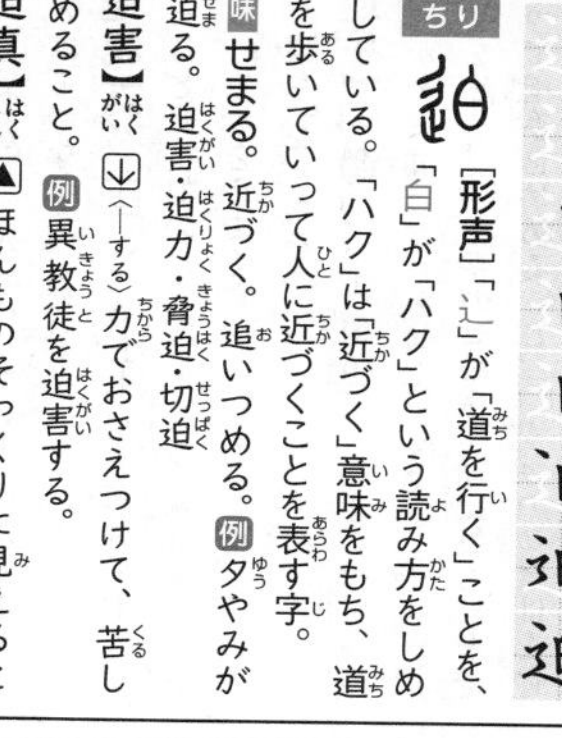

【迫】

⻌-5 総画8 常用 明朝 迫 8FEB

音 ハク 中 訓 せま-る 中

筆順 丿 亻 白 白 白 泊 迫 迫

なりたち [形声]「⻌」が「道を行く」ことを、「白」が「ハク」という読み方をしめしている。「ハク」は「近づく」意味をもち、道を歩いていって人に近づくことを表す字。

意味 せまる。近づく。追いつめる。例 夕やみが迫る。迫害・迫力・脅迫・切迫

【迫害】↓〈—する〉力でおさえつけて、苦しめること。例 異教徒を迫害する。

【迫真】▲ほんものそっくりに見えること。例 迫真の演技。

【迫力】↓人の心に強くはたらきかける力。例 かれのうったえには迫力があった。

迫が下につく熟語 上の字の働き

【緊迫 切迫】近い意味。

【気迫 急迫】ドノヨウニ迫るか。

【圧迫 脅迫】ドウヤッテ追いつめるか。

【逆】

⻌-6 総画9 5年 明朝 逆 9006

音 ギャク・ゲキ 外 訓 さか・さか-らう

筆順 丷 䒑 屰 屰 屰 逆 逆 逆（だささない）（はらう）

なりたち [形声]「⻌」が「道を行く」ことを、「屰」が「ギャク・ゲキ」という読み方をしめしている。「ギャク・ゲキ」は「むかえる」意味をもち、行って人を出むかえることを表す字。のちに、「屰」のもともとの意味を取り入れて「さからう・さかさ」を表すようになった。

意味 さかさ。さからう。そむく。順番・位置などが反対になる。さからう。例 逆さにつるす。流れに逆らう。逆転・反逆 対 順

発音あんない ギャク→ギャッ… 例 逆行

【逆効果】ねがっていることとは反対の、わるい結果になること。例 ここでしかるのはかえって逆効果になる。

【逆算】↓〈—する〉ふつうの順序と反対に、終わりのほうから前のほうへ計算すること。例 おつりから逆算して、ねだんを知る。

【逆襲】↓〈—する〉せめられていたほうが、せめかえすこと。例 逆襲に転じる。類 反撃

【逆上】↓〈—する〉いかりやくやしさのためにかっとなること。

【逆接】↓二つの句や文が予想とくいちがう意味で、前から後へつながっていくこと。「急いで行ったが、乗り遅れた」のように、ふ

例解 使い分け

かえる《返る・帰る》

返る＝もとにもどる。例 貸したお金が返る。こだまが返る。正気に返る。

帰る＝とくに、人や動物がもとの場所にもどる。対 行く 例 五時に帰る。帰るしたくをする。帰らぬ人となる。

つう「しかし」「が」「のに」「けれども」などのことばでつながる。対 順接

【逆説】↓ ふつう正しいと考えられていることと反対のようでも、よく考えると、正しいことをうまく言っていることば。「負けるが勝ち」などもその一つ。

【逆手】↓ 一 ① 柔道で、相手の関節を反対がわに曲げて、動けなくすること。② 相手のせめ手を逆にこちらが使って相手をせめること。例 相手のことばを逆手にとって言い返す。③ 相手が考えていたのとちがう、反対のせめ方。例 逆手に出る。二 ふつうとは反対の持ち方をすること。例 逆手に持ちかえる。

【逆転】↓〈―する〉① 進む方向や回転の向きが、反対になること。例 モーターが逆転する。② それまでのなりゆきやようすが逆になり、優劣の関係などがかわること。例 逆転勝ち。形勢逆転。

【逆風】↓ 進んでいこうとするほうからふいてくる風。向かい風。例 逆風をついて走る。対 順風

【逆用】↓〈―する〉もともとの目的とは反対のことに利用すること。例 法律を逆用して弱者を苦しめるのは許せない。

【逆流】↓〈―する〉川の流れなどが、ふつうとは反対の方向に流れること。例 満潮で、川の水が逆流する。

【逆境】↓ 立場や身の上が、苦しくつらいものであること。例 逆境に負けないで、たくましく生きてほしい。類 苦境 対 順境

【逆光】↓ 向かいあったもののうしろのほうから、自分のほうにさす光。類 逆光線

【逆行】↓〈―する〉全体の流れやまわりの動きと反対の方向にすすむこと。例 時代の流れに逆行する。

【逆鱗に触れる】目上のえらい人のいかりを買う。参考 天子のいかりを買うことを、竜にたとえていったもの。

［故事のはなし］☞ ひだりのページ

送

音 ソウ 訓 おく-る

辶-6 総画9 3年 明朝 送 9001

筆順 ださない とめる はらう

なりたち ［会意］「辶」が「道を行く」ことをしめし、「关」が「両手で物をささげ持つ」意味をもっている。合わせて人をおくっていくことを表す字。

意味 おくる。おくりだす。見おくる。おくりとどける。例 荷物を送る。送迎・送付・直送・発送 対 迎

例解 ［使い分け］おくる［送・贈］☞ 443ページ

【送還】↓〈―する〉もといたところへ人を送りかえすこと。例 強制送還。

【送金】▲〈―する〉お金を送ること。また、そのお金。例 子どもに学費を送金する。

【送迎】⇕〈―する〉人を送ったりむかえたりすること。送りむかえ。例 送迎バス。

【送検】▲〈―する〉罪をおかしたうたがいのある人を検察庁に送ること。例 書類送検。

【送辞】↓ 出て行く人へのおわかれのことば。卒業式で在校生が卒業生を送ることば。例 在校生代表の送辞。対 答辞

【送信】▲〈―する〉電波で通信を送ること。例 メールを送信する。類 発信 対 受信

【送電】▲〈―する〉発電所から変電所へ、変電所から工場や家庭へ電気を送ること。例 送電線。

【送付】↓〈―する〉品物や書類などを送りとどけること。例 合格通知を送付する。

【送風】▲〈―する〉風などをふき送ること。

【送別】▲〈―する〉旅に出る人や、わかれていく人を見送ること。例 送別会。

【送料】↓ 品物や手紙などを送るのにかかるお金。送り賃。例 送料を負担する。

←送が下につく熟語 上の字の働き

【運送 輸送 発送】近い意味。

【歓送 葬送】ドウヤッテ送りだすか。

【急送 護送 託送 直送 回送 転送 返送 放送】ドノヨウニ送りとどけるか。

【電送 郵送】ナニによって送りとどけるか。

◀次ページ 追

【退】

⻌-6 総画9 6年 明朝 退 9000

音 タイ 訓 しりぞ-く・しりぞ-ける

筆順 (はねる・人にならない・はらう)

なりたち 𢓊 [会意]「日」と「反対に行く」意味の「夂」と「彳」とからでき、日がしずむことを表す字。のちに「彳」が「⻌」になる。

意味 しりぞく。しりぞける。ひきさがる。いなくなる。おとろえる。例 現役を退く。反対を退ける。引退・早退 対 進・入・就

特別なよみ 立ち退く(たちのく)

故事のはなし　逆鱗に触れる

そもそも竜という動物は、かいならして乗ることもできる。しかし、のどの下にさかさに生えた直径一尺ほどのうろこがあり、もし、人がそれにさわると、かならずその人をころしてしまう。君主にもやはりこのさかさうろこがあるのだ。

(『韓非子』説難篇)

【退位】たいい ▲〈―する〉国王が位をしりぞくこと。例 国王が退位した。対 即位

【退院】たいいん ▲〈―する〉病気やけがで病院に入っていた人が、治療を終えて病院を出ること。対 入院

【退役】たいえき ▲〈―する〉士官以上の軍人が兵役からはなれること。例 退役軍人。

【退化】たいか ↓〈―する〉①進歩がとまって、もとの状態にもどること。例 文明が退化する。類 退歩 対 進化 ②クジラの後足やヒトの尾骨などのように、生物のからだの一部が、使われないで何世代もすごすうちに、小さくなったりなくなったりすること。

【退会】たいかい ▲〈―する〉会からぬけて、会員でなくなること。例 研究会を退会する。対 入会

【退学】たいがく ▲〈―する〉学生・生徒が、とちゅうで学校をやめること。学校のほうからやめさせる場合もいう。例 中途退学。類 退校・中退

【退官】たいかん ▲〈―する〉役人の地位や仕事からしりぞくこと。対 任官

【退却】たいきゃく ‖〈―する〉負けてにげること。たたかいが不利になって、しりぞくこと。類 後退・退陣・撤収・撤退 対 進撃

【退去】たいきょ ‖〈―する〉ある場所からたちのくこと。例 退去命令。

【退屈】たいくつ ‖〈―する・―な・―に〉①なにもすることがなくて、ひまでこまること。②つまらなくてあきあきすること。例 雨の日曜日は退屈だ。退屈な話で、あくびがでる。

【退校】たいこう ▲〈―する〉学校を卒業する前にやめること。やめさせられること。類 退学・中退

【退散】たいさん ↓〈―する〉①その場からひきあげること。例 もうおそいから退散しよう。②にげ去ること。例 悪霊退散。

【退治】たいじ ↓〈―する〉悪人や人間の害になるものをほろぼすこと。例 害虫を退治する。桃太郎の鬼退治。類 征伐

【退室】たいしつ ▲〈―する〉用がすんで、へやから出ること。対 入室

【退社】たいしゃ ▲〈―する〉①その日の仕事を終わって、会社から外に出ること。例 退社時刻。対 出社 ②それまでつとめていた会社をやめること。例 円満退社。対 入社

【退出】たいしゅつ ↓〈―する〉あらたまった場所や、目上の人の前からひきさがること。例 式場から退出する。

【退場】たいじょう ▲〈―する〉会場・競技場・舞台などから出ていくこと。例 審判が退場を命じた。対 入場・登場

【退職】たいしょく ▲〈―する〉今までつとめていた職をやめること。例 定年退職。対 就職

【退陣】たいじん ▲〈―する〉①軍隊を後方へ下げること。例 退陣命令が出る。類 退却 ②大臣や役員など、高い地位の人が、その地位を去るこ

と。例社長が退陣した。類辞任

【退席】たいせき ▲〈―する〉会場や式場から外へ出ること。例とちゅうで退席する。類退座

【退団】たいだん ▲〈―する〉劇団・球団などの団体からぬけること。例退団届。対入団

【退潮】たいちょう ▲〈―する〉①潮がひくこと。②いきおいがおとろえること。例景気退潮のきざし。

【退任】たいにん ▲〈―する〉それまでの役目をやめること。類離任 対就任・着任

【退廃】たいはい Ⅱ〈―する〉人びとの気持ちからまじめさが消えて、だらしなくなること。例退廃した生活。退廃的。類不健全

【退避】たいひ Ⅱ〈―する〉危険を避けるために、その場所から安全なところへうつること。例退避命令。類避難

【退歩】たいほ ▲〈―する〉ものごとが、前よりわるい状態になること。例年をとって、うでまえが退歩している。対進歩

【退路】たいろ ↓ にげ道。例退路を断つ。対進路

◆退が下につく熟語 上の字の働き

【引退 辞退 脱退】近い意味。

【撤退 敗退 凡退】ドノヨウニしりぞくか。

◆撃退 減退 後退 衰退 早退 勇退

【追】

辶-6 総画9 3年 明朝 追 8FFD

音 ツイ 訓 お-う

筆順 ノ 亻 𠂉 户 𠂤 自 追 追 （やや、おおきく）（はらう）

たちなり 形声「辶」が「道を行く」ことを、「𠂤（タイ）―（スイ）」が「ツイ」とかわって読み方をしめしている。「スイ」は「したがう」意味をもち、前の人のあとについていくことを表す字。

意味

❶おいかける。なにかをおってゆく。おいはらう。例追いつ追われつ。追跡・追放

❷さかのぼる。過去をふりかえる。例追憶・追想

❸つけくわえる。あとから重ねてする。例追加・追伸

❶〈おいかける〉の意味で

【追及】ついきゅう Ⅱ〈―する〉相手の責任をきびしく問いつめること。

例解 使い分け ついきゅう《追及・追求・追究》

追及＝どこかに悪事があるとうたがい、それをあばき出すために事実を調べ、白と黒をはっきりさせようと追いせまっていくこと。例犯人を追及する。責任を追及する。

追求＝利益とか幸福とかほしいものがあって、それを手に入れようと追い求めていくこと。例利益を追求する。永遠の平和を追求する。

追究＝利益などには関係なく、ただただ真理がどこにあるかが知りたくて、もっと深く究めようと追っていくこと。例真理を追究する。

【追求】ついきゅう ↓〈―する〉めざしているものをどこまでも追い求めて、手に入れようとすること。類探求・探索

例解［使い分け］ついきゅう［追及・追求・追究］☞うえにあります

【追究】ついきゅう ↓〈―する〉深くつきつめて研究すること。類探究

例解［使い分け］ついきゅう［追及・追求・追究］☞うえにあります

【追撃】ついげき ↓〈―する〉にげる敵を追いかけて、せめたてること。例追撃をかわす。

【追従】 ↓〈―する〉一 ついじゅう 人の言うことやすることにそのまましたがったり、それまでにあったものを、そのままねたりすること。例他人の意見に追従する。類追随 二 ついしょう 人によく思われようとして、きげんをとったり、おせじを言ったりすること。例お追従を言う。

【追随】ついずい ↓〈―する〉人のしたことややり方を、そのとおりにまねること。あとからついていくこと。例他の追随をゆるさない（ほかのものがまねしてついていくことができない

ほどすばらしい)。類追従

【追跡】ついせき ▲〈―する〉①にげるもののあとをつけて、追いかけること。例犯人を追跡する。②あるものが、その後どうなったかを調べること。例追跡調査。

【追突】ついとつ ⇩〈―する〉あとからきた車が、前を行く車にぶつかること。例追突事故。

【追放】ついほう Ⅲ〈―する〉①追いはらうこと。追い出すこと。例暴力追放運動。②役職をやめさせること。

❷〈さかのぼる〉の意味で

【追憶】ついおく ⇩〈―する〉むかしのことを思い出してなつかしむこと。例追憶にふける。追憶のかなた。類回想・回顧・追想

【追想】ついそう ⇩〈―する〉これまでにあったことなどをしみじみと思い出すこと。例わかき日を追想する。類追憶・追懐・回想

【追悼】ついとう ⇩〈―する〉死んだ人のことをいろいろ思いおこして、その人の死をかなしむこと。例追悼文。類哀悼

❸〈つけくわえる〉の意味で

【追加】ついか ⇩〈―する〉あとからつけくわえること。例料理の追加をたのむ。類付加

【追記】ついき ⇩〈―する〉あとからつけたして、末尾に書きくわえること。また、そのつけたしたもの。

【追試】ついし ⇩〈―する〉①人のやった実験をそのとおりにやって、結果をたしかめること。②「追試験」の略。試験を受けられなかった人や不合格者のために、あとでおこなう試験。例追試を受ける。

【追伸】ついしん ⇩ 手紙を書き終えたあとに、べつのことを書きくわえること。追って書き。類二伸 表現ふつう、書きくわえる文の前に「追伸」と記す。

【追体験】ついたいけん〈―する〉ほかの人が体験したことを理解するために、自分でもおなじことをしてみること。表現物語を読んで、その場その場のようすを生き生きと想像してみることも、追体験という。

【追徴】ついちょう ⇩〈―する〉一度お金をとったあとで、たりない分をとりたてること。例追徴課税。

【追認】ついにん ⇩〈―する〉前のことを、あとになってからみとめること。例余罪を追認する。

【追肥】ついひ ⇩ 作物が育つとちゅうであたえる肥料。おいごえ。対元肥

例解 使い分け　おくる《送る・贈る》

送る=人や物をほかの場所へとどける。見送る。すごす。順に移す。
例手紙を送る。拍手を送る。卒業生を送る。楽しい日々を送る。順に席を送る。

贈る=品物などを人にあげる。
例花束を贈る。感謝状を贈る。

逃

⻌-6　総画9　常用　明朝 逃 9003

音トウ中　訓に-げる中・に-がす中・のが-す中・のが-れる中

筆順 ノ 丿 ｽ 兆 兆 兆 逃 逃

なりたち 形声「⻌」が「道を行く」ことを、「兆」が左右にはなれる意味と「トウ」とかわって読み方をしめしている。にげていくことを表す字。

意味 にげる。例逃げるが勝ち。機会を逃す。罪を逃れる。逃がした魚は大きい。

【逃走】とうそう Ⅲ〈―する〉にげ出すこと。例逃走経路を追跡する。類逃亡

【逃避】とうひ Ⅲ〈―する〉そのことに取り組まなければいけないのに、それをいやがってさけてしまうこと。例現実から逃避する。

【逃亡】とうぼう Ⅲ〈―する〉にげて、どこへ行ったかわからなくなること。例逃亡をはかる。逃亡者。類逃走

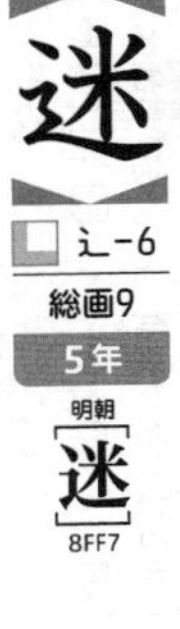

迷

⻌-6 総画9 5年 明朝 迷 8FF7

音 メイ 中 訓 まよ-う

筆順 とめる はらう

なりたち [形声]「⻌」が「道」を、「米」が「メイ」とかわって読み方をしめしている。「マイ」は「はっきりしない」の意味をもち、道を見うしなってまようことを表す字。

意味 まよう。まよわせる。どうしたらいいかわからなくなる。例 道に迷う。迷いが生じる。迷信・低迷

特別なよみ 迷子(まいご)

【迷子】[↓] 道にまよったり、つれの人とはぐれたりした子ども。

【迷宮】[↓] 一度入ると出口がわからないで出られなくなる建物。類 迷路 表現 事件が解決できなくなって終わってしまうことを「迷宮入り」という。

【迷彩】[↓] 戦車や服などにえがく、敵の目をくらますためのもよう。例 迷彩服。

【迷信】[↓] 信じるねうちのない、ばかげた言いつたえ。例 ただの迷信にすぎない。

【迷路】[↓] 入りこんだらなかなか出られないような、いりくんだ道。類 迷宮

【迷惑】[Ⅲ]〈―する・―に〉こまることや、やっかいなこと。例 人に迷惑をかける。

← 迷が下につく熟語 上の字の働き

【混迷 低迷】ドノヨウニ迷うか。

這

⻌-7 総画11 人名 明朝 這 9019

音 ゲン 外 訓 は-う 外

意味 ❶はう。腹ばいになって手と膝を使って進む。例 這いつくばる。這い這い ❷これ。この。

逝

⻌-7 総画10 常用 明朝 逝 901D

音 セイ 中 訓 ゆ-く 高・い-く 高

筆順

なりたち [形声]「⻌」が「道を行く」ことを、「折」が「きれる」意味と、「セイ」とかわって読み方をしめしている。遠くへ行ったまま消息がとぎれることを表す字。

意味 ゆく。去って、二度ともどらない。死ぬ。例 若くして逝く。逝去・急逝

例 解 [使い分け]いく[行・逝] ☞945ページ

【逝去】[Ⅲ]〈―する〉この世から去る。人が死ぬことをていねいにいうことば。例 父上のご逝去をいたみ、おくやみ申し上げます。類 永眠・死去・物故

◆急逝

造

⻌-7 総画10 5年 明朝 造 9020

音 ゾウ 訓 つく-る

筆順 ながく はらう

なりたち [形声]「⻌」が「道を歩く」ことをしめし、「告」が「つく」意味と「ゾウ」という読み方をしめしている。歩いていって席につくことを表す字。

意味 ❶つくる。形のあるものをこしらえる。例 船を造る。造花・製造 ❷いたる。きわめる。例 造詣

例 解 [使い分け]つくる[作・造・創] ☞77ページ

❶〈つくる〉の意味で

【造営】[Ⅲ]〈―する〉神社・寺院などの大きな建物をつくること。類 建造・築造・営造

【造園】[▲]〈―する〉木を植えたり池をほったりして、庭や公園をつくること。例 造園業。

【造花】[↓] 紙や布などを使ってこしらえた花。例 バラの造花。対 生花

【造形】[▲]〈―する〉絵や彫刻などの、形のある芸術作品をつくりだすこと。例 造形美術。表記「造型」とも書く。

【造語】[▲]〈―する〉新しくことばをつくること。新しくつくられたことば。例 造語力。参考 ☞まえがき(3)ページ

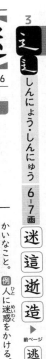

【造作】ぞうさく [三] 一〈—する〉①つくること。とくに、家をたてること。例新しい家の造作にとりかかる。類建築 ②たたみ・ふすま・障子・戸・たななど、家の中につくりつけられたもの。例家の形はできたが、中の造作はまだだ。③目鼻だちなどの顔のつくり。例造作のはっきりした顔。二 ぞうさ なにかと手間がかかること。例造作ない(かんたんだ)。

【造成】ぞうせい [三]〈—する〉土地などに手をくわえて利用できるようにすること。例宅地造成。

【造船】ぞうせん [▲]〈—する〉船をつくること。

【造反】ぞうはん [▲]〈—する〉中からの反対で組織をひっくりかえすこと。例造反分子。類反逆

【造林】ぞうりん [▲]〈—する〉山野に木を植えて森や林に育て上げること。例造林事業。類植林

❷〈いたる〉の意味で

【造詣】ぞうけい [三] 学問や芸術に、深い理解や能力をもつこと。例美術に造詣が深い。

造が下につく熟語 上の字の働き

❶造=〈つくる〉のとき

【建造 構造 製造 創造】近い意味。

【改造 偽造 醸造 鋳造 変造 密造 模造 乱造】ドウヤッテつくるか。

◆人造 木造

◀次ページ 逐 通

【速】

辶-7 総画10 3年 明朝 速 901F

音ソク 訓はや-い・はや-める・はや-まる・すみ-やか㊥

筆順 一 𠮛 𠮛 申 束（とめる） 束 速 速（はらう）

たちなり [形声]「辶」が「道を行く」ことを、「束」が「ソク」という読み方をしめしている。「ソク」は「いそがせる」意味をもち、道をいそいで行かせることを表す字。

意味 はやい。はやさ。動きがはやい。例足が速い。速やかに解決する。速度 対遅

例解 [使い分け] はやい[早・速] ☞587ページ

発音あんない ソク→ソッ… 例速攻

【速射】そくしゃ ↓〈—する〉弾丸をたてつづけにうち出すこと。例速射砲。

【速成】そくせい ↓〈—する〉短期間でしあげること。

例解 使い分け そくせい《速成・促成・即製》

速成=短い期間でしあげること。例速成教育。

促成=植物などを人工的にはやく生長させること。例促成栽培。

即製=その場ですぐにつくること。例即製食品。

【速戦即決】そくせんそっけつ〈—する〉短時間のたたかいで勝負を決めること。例速戦即決の方針。

【速達】そくたつ ↓ 特別の料金をとって、ふつうの郵便よりはやく配達すること。速達郵便。

【速断】そくだん ↓〈—する〉①すばやく決めること。例速断をもとめる。②十分考えないで決めてしまうこと。例速断して失敗する。表現 その場ですぐ決めるのは、「即断」。

【速度】そくど ↓ はやさの度合い。スピード。例速度を落とす。制限速度。類速力 表現「時速」「秒速」などで表す。

【速答】そくとう ↓〈—する〉さっさと答えること。表現「その場ですぐ」なら、「即答」。

【速読】そくどく ↓〈—する〉文章の内容を大きくとらえながら、はやく読むこと。対熟読・味読

【速報】そくほう ↓〈—する〉すばやく知らせること。例開票速報。ニュース速報。類急報

【速力】そくりょく ↓ 動きのはやさ。スピード。例全速力で走る。類速度

【速記】そっき ↓〈—する〉特別の記号を使って、人の話をそのまま書きとること。例速記録。

【速攻】そっこう ↓〈—する〉先手をとって、すばやくせめこむこと。例速攻で先取点をあげた。

【速効】そっこう ↓ききめが、はやくあらわれること。例速効性の肥料。☞【即効】(189ページ)

速が下につく熟語 上の字の働き

【急速 迅速 早速 敏速】近い意味。

【音速 風速】ナニの速さか。

【快速 高速】ドンナ速さか。

【時速 分速 秒速】単位時間ドレダケごとの速さか。

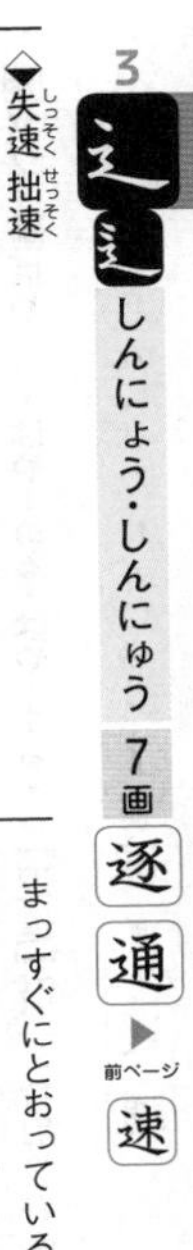

◆失速・拙速

逐

音 チク 中 訓 ―

辶－7 総画10 常用

明朝 逐 9010

筆順 一 ア 丂 豕 豖 豕 逐 逐

なりたち 【会意】「辶」が「足」を、「豕」がイノシシなどのけものの意味をしめし、合わせて狩りでけものをおいかけることを表す字。

意味 おう。順序をおう。おいかける。おいはらう。例逐次・駆逐

【逐一】ちくいち ▲ 一つずつくわしくていねいに。例学校でのできごとを逐一話す。

【逐次】ちくじ ▲ じゅんじゅんに。例問題を逐次解決していく。類順次

◆駆逐

通

音 ツウ・ツ 高 訓 とお-る・とお-す・かよ-う

辶－7 総画10 2年

明朝 通 901A

筆順 マ 乃 甬 甬 涌 通 通（はねる・とめる・はらう）

なりたち 【形声】「辶」が「道」を、「甬」が「トウ」とかわって読み方をしめしている。「ヨウ」は「つきとおる」意味をもち、道がまっすぐにとおっていることを表す字。

意味

❶とおる。とおす。かよう。行ったり来たりする。例人が通る。意地を通す。血が通う。通学・開通

❷いきわたる。全体におよぶ。広く知られている。よく知っている。例通しの切符。通算・通用・精通

❸知らせる。相手につたえる。例通信・文通

❹手紙などをかぞえることば。例一通。

発音あんない ツウ→ズウ…例融通

注意するよみ ツ…例通夜

名前のよみ なお・みち・みつ・ゆき

❶〈とおる〉の意味で

【通院】つういん ▲〈―する〉病気やけがをなおすために、病院にかようこと。

【通運】つううん ↓ 貨物をはこぶこと。類運送

【通過】つうか ↓〈―する〉①とまらずに通りすぎること。例通過駅。②さまたげられないで、次に進むこと。例予選を通過する。

【通学】つうがく ▲〈―する〉学校にかようこと。例バスで通学する。通学路。

【通気】つうき ▲ 空気が内から外へ、外から内へ通じること。例通気口。類通風

【通勤】つうきん ▲〈―する〉役所や会社など、つとめ先にかようこと。例通勤電車。

【通行】つうこう ↓〈―する〉人や車などが道を行き来すること。例通行人。一方通行。類交通

【通商】つうしょう ▲〈―する〉外国と品物の取り引き

漢字パズル ❻ よみかた

次の熟語をさかさにすると、どんな言葉になりますか。

例 牛乳（ぎゅうにゅう）⇔ 乳牛（にゅうぎゅう）

① 上陸（じょうりく）⇔ ○○
② 水着（みずぎ）⇔ ○○
③ 金賞（きんしょう）⇔ ○○
④ 規定（きてい）⇔ ○○
⑤ 女王（じょおう）⇔ ○○
⑥ 花火（はなび）⇔ ○○
⑦ 本日（ほんじつ）⇔ ○○
⑧ 曜日（ようび）⇔ ○○

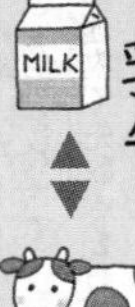

答えは1130ページ

をすること。例通商条約。

【通帳】つうちょう ⇩ 銀行・商店などで、お金や品物の出し入れ・貸し借りなどを書き入れておく帳面。例預金通帳。

【通風】つうふう ▲〈—する〉風を通すこと。風通し。例通風口。類換気・通気

【通用】つうよう ⇩〈—する〉ふだん出入りすること。例通用門。☞❷

【通路】つうろ ⇩ 行き来するための道。例通路をふさぐ。

【通話】つうわ ▲〈—する〉電話で話すこと。例通話記録。通話料。

❷〈いきわたる〉の意味で

【通貨】つうか ⇩ 国や地域が決めて使っているお金。日本なら「円」、アメリカなら「ドル」。

【通暁】つうぎょう ⇩〈—する〉あることがらについて、とてもよく知っていること。

【通算】つうさん ⇩〈—する〉全体を通してかぞえること。例通算五つめの金メダル。

【通称】つうしょう ⇩〈—する〉正しい名ではないが、世の中でふつうに使われているよび名。類愛称・俗称・俗名

【通常】つうじょう Ⅱ ふだんのままであること。例通常どおり営業します。類普通・尋常・本来

【通性】つうせい ⇩ おなじなかまがふつうにもっている性質。

【通説】つうせつ ⇩ 世間で広くみとめられている考え方。例通説をくつがえす発見があった。類俗説 対異説

【通則】つうそく ⇩ 全体を通してのきまり。全体に通じる規則。類総則 対細則

【通俗】つうぞく Ⅱ〈—な〉わかりやすくて、世間の人に受け入れられること。例通俗小説。

【通読】つうどく ⇩〈—する〉文章をはじめから終わりまで、ひととおり読み通すこと。類一読

【通念】つうねん ⇩ 多くの人びとがあたりまえだと思っている考え。例社会通念。

【通分】つうぶん ▲〈—する〉分母のちがう分数の計算をするとき、分数の値をかえないで、分母をおなじ数にそろえること。たとえば、$\frac{1}{2}$と$\frac{1}{3}$を、$\frac{3}{6}$と$\frac{2}{6}$にすること。

【通用】つうよう ⇩〈—する〉①効力がみとめられること。例通用期間。②広く世の中にみとめられること。例今では、そんな考え方は通用しない。③あるものごとが、べつのものごとにも当てはまって役に立つこと。例このカードは外国でも通用する。☞❶

【通例】つうれい ⇩ ①いつものやり方。例祝賀会は通例にしたがって進めます。②ふつう。いっぱんに。例このあたりの商店は、通例、一月三日に初売りをする。

【通夜】つや ▲ 人が死んだときに、家族やしたしかった人たちが集まって、一晩じゅう死んだ人のそばにつきそうこと。おつや。

❸〈知らせる〉の意味で

【通告】つうこく Ⅱ〈—する〉役所などで決めたことをちゃんとした方法で知らせること。また、その知らせ。例処分を通告する。類告知・通達・通知

【通信】つうしん Ⅱ〈—する〉①知らせを送ること。例通信社。②知らせ合ったり話し合ったりすること。例通信衛星。類交信

【通達】つうたつ Ⅱ〈—する〉知らせること。とくに、役所から役所へ、役所からいっぱんの人に知らせること。類通告・通知

【通知】つうち Ⅱ〈—する〉知らせること。また、知らせ。例合格通知。類通告・通達・告知・報知・通報

【通報】つうほう Ⅱ〈—する〉できごとやようすなどを知らせること。例一一〇番通報。類通知・報知・連絡

【通訳】つうやく ⇩〈—する〉ちがうことばを話す人のあいだに立って、それぞれに通じることばに言いかえてつたえること。また、つたえる人。例同時通訳。

通が下につく熟語 上の字の働き

❶通＝〈とおる〉のとき

【開通 貫通 融通 疎通】近い意味。「「疎」には「まばら」のほかに「とおる」の意味がある」

【交通 全通 直通】ドノヨウニ通るか。

❷通＝〈いきわたる〉のとき

【共通 普通 流通 精通】ドノヨウニいきわたるか。

◆食通 内通 不通 文通 便通

逓

辶-7 総画10 常用

明朝 逓 9013　旧字 遞 905E

音 テイ㊥　訓 ——

筆順

なりたち 遞 [形声]もとの字は、「遞」。「辶」が「道を行く」ことを、「虒」が「テイ」という読み方をしめしている。「テイ」は「かわる」意味をもち、次々と送ることを表す字。

意味 つぎつぎに。しだいに。少しずつ。

【逓減】ていげん [↓]〈―する〉しだいにへっていくこと。へらしていくこと。対 逓増

【逓信】ていしん [↓] 手紙などをある場所からべつの場所へと次々に送りとどけること。

【逓増】ていぞう [↓]〈―する〉しだいにふえていくこと。ふやしていくこと。対 逓減

逞

辶-7 総画11 人名

明朝 逞 901E

音 テイ㊥　訓 たくま-しい㊥

意味 ❶たくましい。力強い。❷ほしいままにする。思う通りにする。例 不逞(勝手にふるまう人)

名前のよみ たくま・とし・ゆき

途

辶-7 総画10 常用

明朝 途 9014

音 ト㊥　訓 みち㊥

筆順

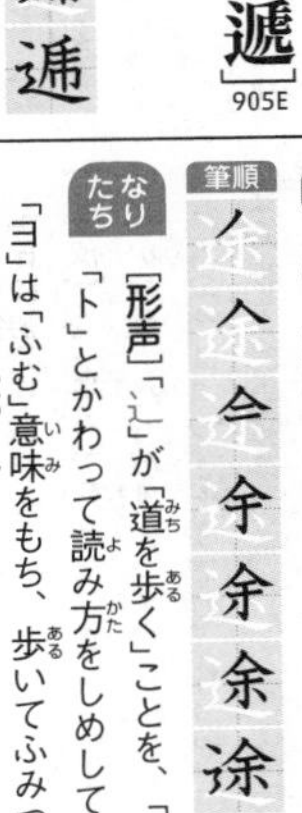

なりたち [形声]「辶」が「道を歩く」ことを、「余」が「ト」とかわって読み方をしめしている。「ヨ」は「ふむ」意味をもち、歩いてふみつけてできた道を表す字。

意味 みち。たどるべきみちすじ。使いみち。例 帰国の途につく。途中・前途・用途

【途上】とじょう [↓] ものごとが進んでいく、そのとちゅう。例 発展途上国。

【途絶】とぜつ [↓]〈―する〉通じていたもの(通信や交通)がぷっつり切れて通じなくなること。例 大雪で、交通が途絶した。

【途端】とたん [◎] ちょうどそのとき。それから急に。例 校舎から出たとたん、雨がふりだした。

【途中】とちゅう [↓] ①めざす所へ行く道のなかほど。例 行く途中で忘れ物に気づいた。類 中途 ②はじまってからまだ終わりにならないあいだ。そのなかば。例 途中で仕事を投げ出すのはよくない。類 中途・中道

【途方】とほう [Ⅲ] やり方。方法。例 途方にくれる(どうしてよいかわからずこまりきる)。途方もない(理解のしようがない)。

←途が下につく熟語 上の字の働き

【帰途 使途 前途 壮途 別途 用途 中途 一途】ドウイウみちか。

透

辶-7 総画10 常用

明朝 透 900F

音 トウ㊥　訓 す-く㊥・す-かす㊥・す-ける㊥

筆順

なりたち 透 [形声]「辶」が「道を行く」ことを、「秀」が「トウ」とかわって読み方をしめしている。「シュウ」は「とおす」意味をもち、とおりぬけていくことを表す字。

意味 すきとおる。とおりぬける。例 明かりに透かして見る。透明・浸透

名前のよみ とおる・ゆき

【透視】とうし [↓]〈―する〉ものの中や向こうがわをすかして見ること。

【透写】とうしゃ [↓]〈―する〉うすい紙をとおして、下においた絵や文字などをうつしとること。トレース。例 透写紙。

【透徹】とうてつ [Ⅲ]〈―する〉すじみちがはっきりしていて、あいまいなところがないこと。例 透徹した理論。参考 きれいにすきとおっているという意味。

【透明】とうめい [Ⅲ]〈―な・―に〉すきとおっている。例 無色透明。対 不透明

逗

辶-7 総画11 人名

明朝 逗 9017

音 トウ㊥・ズ㊥　訓 ——

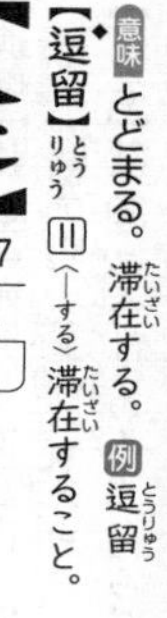

意味 とどまる。滞在する。例 逗留

◆【逗留】Ⅲ〈—する〉滞在すること。

【逢】

辶-7 総画11 人名 明朝 逢 9022

音 ホウ外 訓 あ-う外

意味 あう。出会う。めぐり会う。

【連】

辶-7 総画10 4年 明朝 連 9023

音 レン 訓 つら-なる・つら-ねる・つ-れる

筆順 ながく はらう

なりたち [会意]「辶」が「道を行く」ことをしめし、「車」がつづいて道を通ることを表す字。

意味 つながる。いっしょになる。なにかをするなかま。「連盟」「連合」の略。例 車が連なる。名を連ねる。子どもを連れる。関連

名前のよみ まさ・やす

【連歌】↓ 何人かで、上の句五七五と下の句七七をかわるがわるに作ってつづけていく和歌の形式。知識 鎌倉時代から江戸時代にかけてさかんに作られた。最初の五七五を発句といって、これが俳句のもとになった。

【連関】Ⅲ〈—する〉ものごとが、たがいにつながりあっていること。例 この二つの事件には深い連関がある。類 関連

【連記】↓〈—する〉いくつかをならべて書くこと。例 役員の選挙は二名連記だ。対 単記

【連休】↓ 日曜・祝日などの休日がつづくこと。例 連休には人出が多い。三連休。

【連係】Ⅲ〈—する〉つながりがあること。例 連係プレー。

【連携】Ⅲ〈—する〉つながりをつけ、力を合わせて仕事をすること。例 連携事業。

【連結】↓〈—する〉二つ以上のものをつないで、ひとつづきにすること。例 客車を連結する。連結器。類 接続

【連呼】↓〈—する〉短いことばを何度もくりかえして大声で言うこと。例 候補者の名前を連呼する。

【連行】↓〈—する〉むりやりにつれていくこと。例 犯人を警察に連行する。

【連合】Ⅲ〈—する〉二つ以上の団体が手をむすび、協力すること。例 国際連合(国連)。

【連鎖】↓〈—する〉べつべつのものがくさりの輪のようにからみあいながら、つながってつづいていくこと。例 連鎖反応。

【連座】▲〈—する〉他人のしたことにまきこまれて罰を受けること。例 連座制。

【連載】↓〈—する〉小説などを、何回かにくぎって新聞や雑誌などにのせること。例 連載小説。新連載。

【連作】↓〈—する〉①農業で、おなじ土地におなじ作物を何年もつづけて作ること。対 輪作 ②おなじ題材で、何人かの作者がそれぞれ一部分をうけもって作り、全体で一つの作品にすること。③短歌・俳句・絵などで、一人の作者があるテーマで作品をいくつもつづけて作ること。その作品。

【連山】↓ いくつもつづいている山々。例 穂高の連山を縦走する。類 連峰

【連日】↓ いく日もつづくこと。例 連日連夜。連日の雪空。

【連勝】↓〈—する〉たたかいや試合などで、つづけて勝つこと。例 連勝優勝。対 連敗

【連戦連勝】〈—する〉次々とたたかって、そのたびに勝つこと。

【連想】↓〈—する〉あることから、それにつながりのある、ほかのことを思いうかべること。例 連想がはたらく。

【連続】Ⅲ〈—する〉次から次へといくつもつづくこと。例 連続ドラマ。対 単発・断続

【連打】↓〈—する〉つづけて打つこと。例 ピッチャーが連打をあびる。

【連帯】Ⅲ〈—する〉二人以上の人が、なかまになること。類 団結

【連帯感】みんながおなじ目的にむかって一つにむすびついていると思う気持ち。例 チームの連帯感を強める。

【連帯責任】二人以上の人がいっしょになって、おなじようにもつ責任。

【連中】れんちゅう・れんじゅう ◎なかまをつくっている人たち。例あんな連中とは口もききたくない。

表現「連中」には、したしみをこめていう場合と、軽くみていう場合とがある。

【連動】れんどう ⇩〈─する〉ある部分が動くと、それにつながってほかの部分も動くこと。例カメラのシャッターとフラッシュが連動する。

【連破】れんぱ ⇩〈─する〉たたかいや試合などで、つづけて相手をうちまかすこと。例強敵を連破して首位に立つ。

【連覇】れんぱ ⇩〈─する〉つづけて優勝すること。例三連覇を達成した。連覇をのがす。

【連敗】れんぱい ⇩〈─する〉たたかいや試合などで、つづけて負けること。対連勝

【連発】れんぱつ ⇩〈─する〉①おなじような事件がつづいて起こる。類続発 ②何発かつづけて弾丸を発射する。例連発銃。③しきりにあびせかける。例ギャグを連発する。

【連邦】れんぽう ⇩いくつかの国、または州が集まって、一つの国をつくっているもの。例連邦国家。知識「連邦」は、それにくわわっている国や州が、それぞれに自分たちの政治をしながら、一つにまとまっている。アメリカ合衆国は、外国に対しては一つの国だが、国内では州ごとにかなりのちがいがある。

【連峰】れんぽう ⇩一列になってつづいている高い山々。例アルプス連峰。類連山

【連名】れんめい ▲二人以上の人が、ならべて名前を書くこと。例連名で手紙を書く。類連署

【連盟】れんめい ⇩ある目的にむかって、いっしょに行動しようと約束すること。その約束をした団体。例国際サッカー連盟。類同盟

【連綿】れんめん ◎〈─たる〉〈─と〉切れることなく長々とつづくようす。例連綿とつづく伝統。

【連夜】れんや ▲何夜もつづくこと。例連夜の会合で寝不足になる。類毎夜・毎晩

【連絡】れんらく Ⅲ〈─する〉①ほかのものとつながりがある。つながりをつける。例連絡船。類接続 ②用事やようすを知らせる。知らせ。例緊急連絡。連絡網。類通報

【連立】れんりつ ⇩〈─する〉いくつかのものがいっしょになって一つの組織をなりたたせること。例連立内閣(二つ以上の政党でつくる内閣)。

◆一連 関連 国連

【逸】

辶-8 総画11 常用 明朝 逸 9038 旧字 逸 FA67

音 イツ 中　訓 そ-れる 外・そ-らす 外

筆順

なりたち 【会意】もとの字は、「逸」。「辶(道を行く)」と「兔(ウサギ)」とが組み合わさって、ウサギが手からすりぬけることを表している字。

意味 ❶すりぬける。それる。のがす。例好機を逸する。逸脱 ❷うしなわれた。よく知られていない。例逸話・散逸 ❸すぐれている。ぬきんでている。例逸材・秀逸

名前のよみ すぐる・とし・はや・まさ・やす

❶〈すりぬける〉の意味で

【逸脱】いつだつ Ⅲ〈─する〉ほんすじや決められた道すじからはずれること。例本来の目的から逸脱する。類脱線

❷〈うしなわれた〉の意味で

【逸話】いつわ ⇩世間にあまり知られていない話。エピソード。類逸聞

❸〈すぐれている〉の意味で

【逸材】いつざい ⇩人なみすぐれた才能をもっている人。例天下の逸材。

【逸品】いっぴん ⇩ひじょうにすぐれた品物。得がたい芸術品。例自慢の逸品。類絶品・名品

◆後逸 散逸 秀逸

【週】

辶-8 総画11 2年 明朝 週 9031

音 シュウ　訓 ─

筆順 (はねる)(はらう)

なりたち 【形声】「辶」が「道を歩く」ことを、「周」が「めぐらす」意味と「シュウ」という読み方をしめしている。道を歩いてまわることを表

す字。

意味 日曜日から土曜日までの七日間。例 次の週。週刊・毎週

【週刊】しゅうかん ↓ 新聞や雑誌などを一週間に一回発行すること。例 週刊誌。関連 日刊・週刊・旬刊・月刊・季刊・年刊

【週間】しゅうかん ↓ ①日曜日から土曜日までの七日間。例 週間天気予報。②七日間を単位にして、日を数えることば。例 あと二週間で冬休みだ。③七日間をくぎって、とくべつな行事をおこなうこと。例 読書週間。関連 週間・旬間・月間・年間

【週休】しゅうきゅう ↓ 一週間ごとに休みの日があること。例 週休二日制。

【週給】しゅうきゅう ↓ 一週間を一くぎりにしてしはらわれる給料。例 週給制。関連 時給・日給・週給・月給・年俸

【週日】しゅうじつ ↓ 日曜日以外の日。ウイークデー。例 週日は家にいない。類 平日

【週番】しゅうばん ↓ 一週間ごとに代わりあってする当番。例 今週の週番。

【週報】しゅうほう ↓ ①一週間ごとにする報告。②一週間ごとに出す新聞や雑誌など。

【週末】しゅうまつ ↓ 一週間の終わり。ふつう、金曜日の夜から日曜日にかけてをいう。ウイークエンド。例 週末を別荘ですごす。

← 週が下につく熟語 上の字の働き

【今週 先週】イツの一週間か。

【毎週 隔週】ドウイウつづき方の週間か。

進

辶-8 総画11 3年 明朝 進 9032

音 シン 訓 すす-む・すす-める

筆順 イ 亻 什 仹 隹 隹 進 進

なりたち 進 [会意]「辶」が「道を行く」ことを、「隹」が「とり」をしめし、鳥が飛びすすんでいくことを表す字。

意味

❶前にすすむ。先に行く。すすみ出る。例 話を進める。勝ち進む。進行・直進 対 退

❷上へあがる。よくなる。上の級にのぼる。例 進歩・増進 対 退

❸さし上げる。相手にわたす。例 寄進

例解 [使い分け] すすめる[進・勧・薦] ☞ このページ

例解 使い分け すすめる《進める・勧める・薦める》

進める＝前のほうや上のほうへ行かせる。
例 車を前へ進める。計画を進める。時計を進める。

勧める＝相手にそうするようにさそう。
例 入会を勧める。食事を勧める。

薦める＝自分がよいと思うことがらを、相手に取り上げるようにはたらきかける。
例 候補者として薦める。よい本を薦める。

名前のよみ のぶ・みち・ゆき

❶〈前にすすむ〉の意味で

【進軍】しんぐん ▲〈―する〉軍隊が、敵にむかって進むこと。類 行軍

【進撃】しんげき ↓〈―する〉敵をうってさらに先へ進むこと。例 進撃をつづける。類 進攻・出撃 対 退却・後退

【進行】しんこう ↓〈―する〉①ある方向にむかって進んでいくこと。例 発車進行。②はかどること。例 進行係。類 進展 ③ある状態が深まっていくこと。例 病気が進行する。

【進攻】しんこう ↓〈―する〉どんどん進んでいって敵をせめること。例 進攻作戦。類 進撃

【進取】しんしゅ ↓ 自分から進んで、新しいものごとにとりくむこと。例 進取の気性。

【進出】しんしゅつ ↓〈―する〉いっそう大きくなったり強くなったりするために、新しい場に乗り出していくこと。例 決勝に進出する。

【進水】しんすい ▲〈―する〉新しくつくった船を、は

じめて水にうかべること。例進水式。

【進退】しんたい ⇕ ①進むことと退くこと。例進退きわまる。②毎日の行動やふるまい。例進退をつつしむ。③そのつとめをつづけるかやめるかということ。例進退を明らかにする。

【進駐】○しんちゅう ↓〈―する〉軍隊がよその国の領土に行って、そこにとどまること。例進駐軍。類駐留・駐屯

【進展】しんてん Ⅱ〈―する〉事態が新しく進むこと。

【進度】しんど ↓ 進みぐあい。例進度がはやい。

【進入】しんにゅう ↓〈―する〉ある場所にはいりこむこと。例車両の進入を禁止する。

【進路】しんろ ↓ 進んでいく方向や方面。例卒業後の進路を考える。類針路 対退路

❷〈上へあがる〉の意味で

【進化】しんか ↓〈―する〉①生物のからだのしくみが、世代がかわっていくあいだに、まわりの自然環境に合ったものへとかわっていくこと。例進化の法則。進化論。②ものごとがだんだんにいいほうにかわっていくこと。例コンピューターはかぎりなく進化する。類進歩・発展・発達・向上 対退化 知識①については、ダーウィンの進化論が有名。

【進学】しんがく ▲〈―する〉上の段階の学校に進むこと。例大学へ進学する。

【進級】しんきゅう ▲〈―する〉学年や等級が進むこと。例五年生に進級した。対落第・留年

【進境】しんきょう ↓ 進歩や上達のようす。例進境いちじるしい。

【進歩】しんぽ ▲〈―する〉だんだんによいほうに進むこと。例医学の進歩はめざましい。類発達・発展・向上・上達・進化 対退歩

【進歩的】しんぽてき 〈―な・―に〉世の中のしくみの、かえたほうがいいところをかえていこうとする考え方。例進歩的な政治家。対保守的

❸〈さし上げる〉の意味で

【進言】しんげん ▲〈―する〉目上の人に、自分の考えや意見を申し上げること。類具申・上申

【進上】しんじょう Ⅱ〈―する〉人にものをさしあげること。例地域の名産品を進上する。類進呈・献上

【進呈】○しんてい Ⅱ〈―する〉人にものをさしあげること。例先着三十名様に粗品を進呈します。類進上・献上・献呈・贈呈

【進物】しんもつ ↓ 祝いごとや歳暮・中元などのときに、人におくる品物。例進物用にのしをかけてもらう。類贈答品

進が下につく熟語 上の字の働き

❶進＝〈前にすすむ〉のとき
【行進 推進】近い意味。
【前進 新進 漸進 促進 直進 突進 躍進】ドノヨウニ進むか。

❷進＝〈上へあがる〉のとき
【昇進 増進】近い意味。
【精進 累進】ドノヨウニあがるか。

❸進＝〈さし上げる〉のとき
【寄進 勧進】近い意味。
◆後進 注進

逮

辶-8 総画11 常用 明朝 逮 902E

音タイ中 訓―

筆順 逮

なりたち 形声「辶」が「道を行く」ことをしめしている。「隶」が「タイ」という読み方をしめし、「タイ」は「およぶ」意味をもち、前の人においつくことを表す字。

意味 おいついてつかまえる。例逮捕

【逮捕】○たいほ Ⅱ〈―する〉警察が犯人や犯罪容疑者をつかまえること。例逮捕状を執行する。類検挙

運

辶-9 総画12 3年 明朝 運 904B

音ウン 訓はこ-ぶ

筆順 運（ながく）（はらう）

なりたち 形声「辶」が「道を歩く」ことを、「軍（グン）」が「ウン」とかわって読み方をしめしている。「グン」は「まるい」の意味をもち、ぐるぐる回って歩くことを表している字。

◀次ページ 過

意味
❶うごかす。はたらかせる。めぐっていく。例足の運び。運営・運動
❷はこぶ。人や荷物を別の所にうつす。例荷物を運ぶ。運送・通運
❸めぐりあわせ。さだめ。例運がいい。運勢・幸運

名前のよみ かず・やす・ゆき

❶〈うごかす〉の意味で
【運営】うんえい Ⅲ〈─する〉しくみなどをうまくはたらかせて、仕事を進めていくこと。例運営委員会。類経営
【運休】うんきゅう ◎〈─する〉「運転休止」「運航休止」の略。列車やバス・船などの運転をとりやめること。例一部区間運休。類欠航
【運行】うんこう ↓〈─する〉①電車・バスなどが、決まったコースを進むこと。例道が混んでバスの運行におくれが出る。②太陽や月・星が、決まった道を進むこと。
【運航】うんこう ↓〈─する〉航路にそって、船や飛行機が進むこと。例船の運航を見合わせる。
【運針】うんしん ▲手で布をぬうときの針の動かし方。例運針の練習。
【運転】うんてん Ⅲ〈─する〉①乗り物や大きな機械を動かすこと。例自動車を運転する。②お金などをうまく役立たせて使うこと。例運転資金。類運用 表現①で、飛行機や船を動かすことは「操縦」という。
【運動】うんどう Ⅲ〈─する〉①ものが動くこと。例ふりこの運動。対静止 ②きたえたり楽しんだりするために、からだを動かすこと。スポーツ。例運動会。③目的のために、人びとにはたらきかけること。例選挙運動。類活動
【運筆】うんぴつ ▲字を書くときの筆の動かし方。筆づかい。例この辞書は運筆の注意を赤字でしめしてある。類筆法
【運用】うんよう ↓〈─する〉お金やきまりなどを、うまく役立てて使うこと。例資金を運用して危機を乗り切る。類運転

❷〈はこぶ〉の意味で
【運河】うんが ↓水を引いたり、船を通したりするために、陸地をほってつくった水路。例スエズ運河。パナマ運河。
【運送】うんそう Ⅲ〈─する〉荷物を車や船で運ぶこと。例運送業。類輸送・運搬・運輸・通運
【運賃】うんちん ↓人やものを、乗り物にのせて運ぶときの料金。例バスの運賃表。
【運搬】うんぱん Ⅲ〈─する〉荷物を運ぶこと。例車で木材を運搬する。類運送・輸送・運輸
【運輸】うんゆ Ⅲ人やものなどを、列車・自動車・船などで運ぶこと。類輸送・運送・運搬

❸〈めぐりあわせ〉の意味で
【運勢】うんせい ↓その人の、幸不幸のめぐりあわせ。例運勢をうらなう。
【運命】うんめい Ⅲ①人を幸福にしたり不幸にしたりする、人の力ではどうにもならないめぐりあわせ。例運命にはさからえない。類宿命・宿縁 ②これから先のなりゆき。類命運 例国の運命にかかわる大事件が起きた。

運が下につく熟語 上の字の働き
❷運＝〈はこぶ〉のとき
【海運 陸運】ドコを通って運ぶか。
❸運＝〈めぐりあわせ〉のとき
【好運 幸運 悪運 非運 悲運 不運】ドンナめぐりあわせか。
【気運 命運】ナニによるめぐりあわせか。
【家運 国運 社運 武運】ナニの運か。
◆開運 機運 通運

過

辶-9 総画12 5年
明朝 過 904E

音カ 訓す-ぎる・す-ごす・あやま-つ高・あやま-ち高

筆順 冂 冂 冎 咼(はねる) 咼 咼 過 過(はらう)

なりたち  【形声】「辶」が「道を行く」ことを、「咼」が「カ」という読み方をしめしている。「カ」は「多い」の意味をもち、行きすぎることを表す字。

意味
❶すぎていく。とおりすぎる。時がたつ。ある場所をとおりぬける。例春が過ぎる。時を過ごす。過去・経過・通過
❷度をこす。程度をこえる。例過多・過労・超過

❸あやまち。まちがい。例身を過つ。過ちをおかす。過失

[文字物語] このページ

❶〈すぎていく〉の意味で

【過去】かこ Ⅱ ①すぎさったとき。むかし。例過去をふりかえる。類以前 ②その人が今までにしてきたこと。例過去を問題にする。類経歴 関連過去・現在・未来

【過日】かじつ ↓すぎさったある日。このあいだ。例過日はごくろうさま。類先日・先頃・先般

【過程】かてい ↓ものごとが進んでいくみちすじ。プロセス。例結果より過程がだいじだ。類経過・経緯

【過渡期】かとき ものごとのかわり目にあたっている時期。例近代化への過渡期。

❷〈度をこす〉の意味で

【過激】かげき ↓〈―な〉度をすぎたはげしさ。例過激な運動はひかえてください。対穏健

【過酷】かこく ↓〈―な〉ひどくきびしいようす。

【過言】かごん ↓言いすぎ。表現多く、「…と言っても過言ではない」の形で使われる。

【過重】かじゅう ↓〈―に〉もちこたえるには重すぎること。例過重な労働。

【過小】かしょう ↓〈―な〉小さすぎること。例相手の力を過小に見てはいけない。対過大

【過少】かしょう ↓〈―な〉少なすぎること。例もうけを過少に見つもる。対過多

【過剰】かじょう ↓〈―に〉ありあまること。度をこすこと。例自信過剰。類過多 対不足

【過小評価】かしょうひょうか〈―する〉じっさいよりもひくく小さく見ること。対過大評価

【過信】かしん ↓〈―する〉信用しすぎること。例自分を過信すると、失敗する。

【過疎】かそ ↓ある地域の人口がひじょうに少なくなること。例過疎の村。対過密

【過多】かた ↓〈―に〉多すぎること。例栄養過多。類過剰 対過少

【過大】かだい ↓〈―な〉大きすぎること。例過大な期待を受けて苦しむ。対過小

【過大評価】かだいひょうか〈―する〉じっさいよりも高く大きく見ること。例わたしの力を過大評価しないでください。対過小評価

【過度】かど ▲〈―に〉ちょうどいいところをこえてやりすぎになること。例過度の運動でからだをこわした。類過当 対適度

【過熱】かねつ ↓〈―する〉①こげたりもえだしたりするほど、熱くなること。例火事はストーブの過熱が原因だ。②程度がはげしくなりすぎること。例安売り競争が過熱ぎみだ。

【過半数】かはんすう 全体の半分をこえる数。

【過敏】かびん ↓〈―に〉感じる力が必要以上にするどい。例過敏に反応する。神経過敏。

【過不足】かふそく 多すぎることと、たりないこと。例全員に過不足なくくばる。

文字物語 過

「過」の字の意味は、大きく分けると、訓にある「すぎる」と「あやまち」とになる。

「すぎる」には、「すぎていく」動作をいう意味と、「度がすぎる」状態をいう意味とがある。

「すぎていく」には、「時がすぎていく」のと、「場所を通りすぎる」のと、二つの場合がある。

表に整理すると、おぼえやすい。

〈枝わかれ〉			〈整理すると〉	〈漢語例〉	〈訓の例〉
過	過ぎる	過ぎていく…	時間の「過ぎる」	過去・経過	過ぎし日の思い出。
			場所の「過ぎる」	通過	列車が通り過ぎた。
		度が過ぎる…	程度の「過ぎる」	過度・過保護・超過	過ぎたるはなお及ばざるがごとし。言い過ぎてごめんね。
	過ち……		行為の「過ち」	過失・罪過	過ちはくり返しません。

【過分】かぶん ▲〈―な〉自分のねうち以上であること。例過分のおほめをいただく。参考つつしみの心から出ることば。

【過保護】かほご〈―に〉〈―な〉子どもを育てるのに、必要以上にめんどうを見てしまうこと。

【過密】かみつ ↓〈―に〉〈―な〉どうにもならないほど、こみすぎていること。例過密な日程。対過疎

【過労】かろう ↓はたらきすぎて、つかれがたまること。例過労から病気になる。

【過ぎたるはなお及ばざるがごとし】すぎたるはなおおよばざるがごとし やりすぎは、足りないのと同じようによくない（どちらもかたよっていて、中庸を得ていないため）。

〔故事のはなし〕☞このページ

故事のはなし

過ぎたるはなお及ばざるがごとし

弟子の子貢が孔子に、子張と子夏とではどちらがすぐれているかと尋ねた。孔子は「子張は度がすぎている。子夏は足りない」と答えた。そこで子貢は「それでは子張のほうがまさっているのですか」と聞くと、孔子は「ゆきすぎたのは、足りないのと同じようだ」と言われた。（『論語』）

❸〈あやまち〉の意味で

【過失】かしつ Ⅱうっかりやってしまったまちがい。よくないおこない。しくじり。例過失をおかす。類失敗 対故意

過が下につく熟語 上の字の働き

❶過＝〈すぎていく〉のとき
【通過 一過 看過 黙過】ドノヨウニ通りすぎるか。

◆経過 大過 超過

遇

音グウ中 訓あ-う外

⻌-9 総画12 常用 明朝 遇 9047

筆順 口 日 目 禺 禺 禺 遇 遇

なりたち 〔形声〕「⻌」が「道を行く」ことを、「禺」が「グウ」という読み方をしめしている。「グウ」は「二つのものが対になる」意味をもち、道で出会うことを表す字。

意味 ❶であう。出くわす。例遭遇 ❷もてなす。あつかう。例待遇

遇が下につく熟語 上の字の働き

❶遇＝〈であう〉のとき
【奇遇 千載一遇】ドンナ出会いか。

❷遇＝〈もてなす〉のとき
【厚遇 優遇 善遇 知遇 冷遇 酷遇】ドンナもてなしか。

◆境遇 処遇 遭遇 待遇 不遇

遂

音スイ中 訓と-げる中・つい-に外

⻌-9 総画12 常用 明朝 遂 9042

筆順 丷 䒑 䒑 豕 豕 豕 遂 遂

なりたち 〔形声〕「⻌」が「道を行く」ことを、「豕」が「スイ」とかわって読み方をしめしている。「シ」は「たどりつく」意味をもち、道をどこまでも行くことを表す字。

意味 やりとげる。なしとげる。例目的を遂げる。遂行・未遂

【遂行】すいこう Ⅱ〈―する〉さいごまでやりとげること。例任務を遂行する。

◆完遂 未遂

達

音タツ 訓―

⻌-9 総画12 4年 明朝 達 9054

筆順 一 十 幸（ながく） 幸 幸（ださない） 達 達（はらう）

なりたち 〔形声〕もともとは、「⻌」と「羍」とでき、「⻌」が「道」を、「羍」が「タツ」という読み方をしめしている。「タツ」は「とおる」意味をもち、通りぬけることを表す字。

意味 ❶とどく。とどける。行きつく。例目的を達する。達成・配達

❷深く通じている。すぐれた境地にある。例達人・熟達

特別なよみ 友達(ともだち)

名前のよみ いたる・かつ・さと・さとし・さとる・すすむ・たて・とおる・のぶ・ひろ・みち・よし

❶〈とどく。とどける〉の意味で

【達意】▲ 言いたいことが十分につたわること。例達意の文章。

【達成】⇩〈ーする〉決めたことを、やりとげること。例目標を達成する。類成就

❷〈深く通じている〉の意味で

【達観】⇩〈ーする〉①目の前の小さなことがらにとらわれないで、ほんとうにたいせつなことを知り、落ち着いた気持ちでいること。例人生を達観する。②広く全体を見通すこと。例世の中の流れを達観する。類大観

【達見】⇩遠くの深いところまでよく見通した、すぐれた考えや意見。例あなたの意見は、まさに達見だ。類卓見

【達者】⇩〈ーな・ーに〉①ひじょうにじょうずで、よくできること。例彼女は英語が達者だ。類堪能・巧者 ②からだがじょうぶで、元気なこと。例どうぞお達者で。類元気・丈夫・壮健

【達人】⇩一つの道に、とくにすぐれている人。例剣道の達人。類名人・名手

【達筆】⇩〈ーな〉字をじょうずに書くこと。じょうずに書かれた字。例達筆な手紙。類能書・能筆 対悪筆

←達が下につく熟語 上の字の働き

❶達＝〈とどく。とどける〉のとき

【通達 伝達 到達】近い意味。

【速達 調達 配達】ドノヨウニとどけるか。

❷達＝〈深く通じている〉のとき

【栄達 熟達 練達 上達 発達 先達】ドウヤッテすぐれるか。

遅

辶-9 総画12 常用 明朝 遅 9045 旧字 遲 9072

音 チ中 訓 おく-れる中・おく-らす中・おそ-い中

筆順

なりたち 遲 [形声] もとの字は、「遲」。「辶」が「道を歩く」ことを、「犀」が「チ」という読み方をしめしている。「チ」は「ゆっくり」の意味をもち、ゆっくり歩くことを表す字。

意味 おそい。おくれる。動きがゆっくりしている。時間に間に合わない。例出発を遅らす。出足が遅い。遅刻 対速

例解 [使い分け] おくれる[遅・後] ☞ひだりのページ

【遅延】Ⅲ〈ーする〉予定よりもおくれること。例大雪で列車が遅延する。

【遅刻】▲〈ーする〉決められている時刻におくれること。例ねぼうで遅刻する。対早退

【遅滞】Ⅲ〈ーする〉進めたいことがおくれがちで、はかどらないこと。例期日までに遅滞なくとどけてください。

【遅遅】Ⅲ〈ーたる・ーと〉ものごとがのろのろして、うまくはかどらないようす。例宿題が遅々として進まない。

【遅配】⇩〈ーする〉配達や配給がおくれること。

道

辶-9 総画12 2年 明朝 道 9053

音 ドウ・トウ高 訓 みち

筆順 (はらう)

なりたち 䢖 [形声] 「辶」が「みち」を、「首シュ・シュウ」が「トウ」とかわって読み方をしめしている。「シュウ」は「まっすぐとおる」意味をもち、まっすぐとおったみちを表す字。

意味

❶みち。とおりみち。例道をたずねる。坂道・道路・沿道

❷人のおこなうべきみち。人がまもるべき生き方。例道徳・伝道

❸やり方。専門の技術。方法。例道具・書道

❹言う。となえる。例報道

❺北海道。例道立。都道府県。

❻《その他》例道化

注意するよみ トウ…例神道

名前のよみ おさむ・つね・のり・まさ・ゆき・より・わたる

❶〈みち〉の意味で

【道中】どうちゅう ↓ 旅。旅をしているあいだ。例 長い道中、病気ひとつしなかった。

【道程】どうてい ↓ ある場所までの道のり。類 行程

【道標】どうひょう ↓ 道のそばに、その道の行き先やそこまでの距離・時間などを書いて立てるふだ。道しるべ。表現「人生の道標」のようにたとえに使われることもある。

【道路】どうろ Ⅲ 人や車などが通るための道。例 道路標識。高速道路。類 往来

【道順】みちじゅん ↓ ある場所までの通っていく道の順序。例 道順を確かめる。類 順路

【道筋】みちすじ ↓ ①通っていく道。例 道筋にそって川がある。②ものごとをつなげるすじみち。例 議論の道筋をたどる。類 筋道

【道端】みちばた ↓ 道にそったところ。道のわき。例 道端のタンポポの花。類 路傍

【道道】みちみち Ⅲ 道を行きながら。道すがら。

❷〈人のおこなうべきみち〉の意味で

【道義】どうぎ Ⅲ 人間としてしなければならない、正しいおこない。例 道義をたいせつにする。類 道徳・人道・人倫・倫理

【道徳】どうとく Ⅲ 人としてまもらなければならない正しいおこない。モラル。例 道徳に反する。類 道義・倫理・人倫・人道

【道理】どうり Ⅲ ものごとの正しいすじみち。例 道理にかなう。類 理屈・義理・条理 表現「そのようなわけで」「だから」の意味で、「道理で君がおこるわけだ」などとも言う。

❸〈やり方〉の意味で

【道具】どうぐ ↓ ①ものをつくったり動かしたりするために使うもの。例 大工道具。類 用具・器具 ②目的をはたすために利用するもの。例 ことばは考えるための道具だ。

【道場】どうじょう ↓ ①剣道・柔道などの武芸を学ぶための場所。②仏の道を修行するところ。

【道楽】どうらく ↓ ①仕事以外に、気晴らしや楽しみのためにすること。例 道楽は魚つりだ。類 趣味 ②酒やばくちなどの、よくないことにむちゅうになること。例 道楽息子。

▲❺〈北海道〉の意味で

【道産子】どさんこ ①北海道産の馬。②北海道で生まれた人。

❻《その他》

【道化】どうけ ◎ 人をわらわせるためにするしぐさやことば。それをする人。例 道化師。

例解 使い分け　おくれる《遅れる・後れる》

遅れる＝決まっている時期や時刻に間に合わない。進み方がゆっくりしている。
例 電車が遅れる。学校に遅れる。完成が遅れる。時計が遅れる。

後れる＝あとになる。取りのこされる。
例 先頭から後れる。人に後れをとる。気後れする。

参考「先頭から遅れる」「人に遅れをとる」とも書く。

道が下につく熟語 上の字の働き

❶道＝〈みち〉のとき
【街道 坑道 林道 山道(さんどう/やまみち)】ドコを通る道か。
【沿道 旧道 舗道 桟道 鉄道 近道 細道 坂道 片道】ドウイウ道か。
【国道 県道 公道 私道】ドコの道か。
【参道 農道 歩道】ドウスル道か。
【車道 水道 赤道 弾道 尿道 糧道】ナニが通る道か。

❷道＝〈人のおこなうべきみち〉のとき
【人道 神道 仏道】ナニの道か。
【伝道 入道】道にドウデアルか・道をドウスルか。

❸道＝〈やり方〉のとき
【武道 弓道 剣道 柔道 書道 華道 茶道(さどう/ちゃどう)】ナニの技術か。

◀次ページ 遁 遍 遊

【王道 常道 正道 邪道】ドウイウやり方か。

❹道＝〈言う〉のとき
【唱道 報道】近い意味。
◆軌道 外道 中道 非道

【遁】

辶-9 総画13 人名 明朝 遁 9041

音 トン外 訓 のが-れる外

意味 ❶のがれる。にげる。例 遁走（にげさる）
❷かくれる。例 隠遁

【遍】

辶-9 総画12 常用 明朝 遍 904D

音 ヘン中 訓 あまね-く外

筆順 ヨ 戸 肩 肩 扁 遍 遍

なりたち 徧 [形声]もとの字は、「徧」。「(彳→辶)」が「道を行く」ことを、「扁」が「ヘン」という読み方をしめしている。「ヘン」は「ひろがる」意味をもち、あますところなくいきわたることを表す字。

意味 ❶いきわたる。全体に広がる。例 遍歴・普遍
❷回数をかぞえることば。例 読書百遍。
対 偏

❶〈いきわたる〉の意味で
【遍在】へんざい ↓〈―する〉広くどこにでも存在していること。対 偏在
【遍歴】へんれき ↓〈―する〉①広くあちこちをめぐり歩くこと。例 ヨーロッパ諸国を遍歴する。②いろいろな経験をすること。
【遍路】へんろ ↓ 弘法大師が修行したという四国八十八か所の寺をめぐり歩くこと。類 巡礼

【遊】

辶-9 総画12 3年 明朝 遊 904A

音 ユウ・ユ高 訓 あそ-ぶ

筆順 方（はねる） 方 斿（はねる） 斿 斿 遊 遊

なりたち [形声]「辶」が「道を歩く」ことを、「斿」が「ユウ」という読み方をしめしている。「ユウ」は「のんびり」の意味をもち、のんびり道を歩くことから、「あそぶ」として使われている字。

意味 ❶あそぶ。楽しむ。役に立たない。例 友達と遊ぶ。遊山・豪遊
❷あちこちへ行く。めぐり歩く。例 周遊

注意するよみ ユ…例 遊山

❶〈あそぶ〉の意味で
【遊園地】ゆうえんち 子どもたちが楽しく遊ぶことができるようにつくられた公園。
【遊技】ゆうぎ ↓ パチンコやビリヤードなど、技をきそう遊び。例 遊技場。
【遊戯】ゆうぎ Ⅲ〈―する〉①楽しく遊ぶこと。例 室内遊戯。②幼稚園や小学校などで、子どもたちが音楽に合わせておこなうおどりや運動。
【遊休】ゆうきゅう Ⅲ 建物や土地などが、使われないで、役に立っていないこと。例 遊休施設。
【遊興】ゆうきょう Ⅲ〈―する〉遊んで楽しむこと。料理屋や酒場などで、食べたり飲んだりして遊ぶこと。例 遊興にふける。遊興費。
【遊芸】ゆうげい ↓ 歌やおどりなど、自分が楽しんだり人を楽しませたりする芸ごと。
【遊歩道】ゆうほどう 歩く人のために、まわりの風景などが楽しめるようにできている道。
【遊山】ゆさん ▲〈―する〉野や山などに遊びに出かけること。ピクニック。例 物見遊山。類 行楽

❷〈あちこちへ行く〉の意味で
【遊泳】ゆうえい ↓〈―する〉泳ぐこと。例 遊泳禁止。
【遊学】ゆうがく ↓〈―する〉自分の家をはなれ、よその土地や国に行き勉強すること。類 留学
【遊撃】ゆうげき ↓ ①〈―する〉とくに持ち場を決めないで、機会をとらえて敵を攻撃すること。例 遊撃隊。②「遊撃手」の略。野球で二塁と三塁のあいだをまもる人。ショート。
【遊水池】ゆうすいち 川の水がふえたときに、洪水をふせぐために水をためる池。
【遊星】ゆうせい ↓ 惑星の別の言い方。対 恒星 知識 惑星は恒星とちがって、自由に動くように見えるので、遊星ともいう。
【遊説】ゆうぜい ↓〈―する〉政治家などがあちこちで自分の考えを説明してまわること。
【遊牧】ゆうぼく ↓〈―する〉水や草のある土地をもとめてあちこちにうつり住みながら、ウシやウ

◀次ページ 遣 遡 遡 遜 遜 遮

マ・ヒツジなどを飼うこと。例遊牧民。

【遊覧】ゆうらん ⇩〈―する〉あちこちを見物してまわること。例遊覧船。遊覧飛行。

【遊離】ゆうり Ⅱ〈―する〉①ほかのものとのつながりがなくなって、はなれてしまうこと。例その計画は、現実から遊離している。②化学で、化合物が分離すること。ほかのものと化合しないでいること。例遊離物質。類分離

遊が下につく熟語 上の字の働き

❷遊＝〈あちこちへ行く〉のとき
【回遊 周遊 漫遊 外遊】ドウヤッテめぐるか。
◆豪遊 浮遊 来遊

遥

⻌-9 総画12 人名 明朝 遥 9065 旧字 遙 9059

音ヨウ外 訓はる-か外

意味 ❶さまよう。さまよい歩く。例逍遥 ❷はるか。遠い。例遥拝

違

⻌-10 総画13 常用 明朝 違 9055

音イ中 訓ちが-う中・ちが-える中

筆順

なりたち [形声]もともと「韋」は「逆方向に進む」意味と「イ」という読み方をしめしている会意文字であった。これにさらに「道を歩く」意味の「⻌」をくわえて、そむき進むことを表す字。

意味 ちがう。そむく。例筋を違える。違反・相違 対同

【違憲】いけん ▲憲法にそむくこと。憲法違反。対合憲 例違憲のうたがいがある。

【違反】いはん Ⅱ〈―する〉きまりや約束などにそむくこと。例選挙違反。類背反

【違法】いほう ▲〈―な〉法律にそむくこと。例違法駐車。類不法・非合法 対合法・適法・順法

【違約】いやく ▲〈―する〉約束どおりにしないこと。例違約金。類破約

【違和感】いわかん ちぐはぐでしっくりしない感じ。例新しい眼鏡にはまだ違和感がある。

遠

⻌-10 総画13 2年 明朝 遠 9060

音エン・オン高 訓とお-い

筆順 とめる はらう

なりたち [形声]「⻌」が「道を歩く」ことを、「袁」が「エン」という読み方をしめしている。「エン」は「ながい」の意味をもち、道を歩くのが長いことを表す字。

意味 ❶距離がとおい。はなれている。とおざける。とおざかる。関係がうすい。例当たらずといえども遠からず。遠縁・遠方 対近 ❷時間が長い。久しい。例その日は遠からず来るだろう。遠い昔。遠大・久遠 ❸遠江。旧国名。今の静岡県西部。

注意するよみ オン…例久遠

❶〈距離がとおい〉の意味で

【遠因】えんいん ⇩直接ではないが、どこかでつながっている原因。例この病気は、わかいころのむりが遠因になっている。対近因

【遠泳】えんえい ⇩〈―する〉海や湖で、長い距離を泳ぐこと。例兄は遠泳が得意だ。

【遠隔操作】えんかくそうさ〈―する〉はなれたところから機械を動かすこと。リモートコントロール（略してリモコン）。

【遠近】えんきん ⇕遠いところと近いところ。

【遠景】えんけい ⇩遠くに見えるけしき。絵や写真などで、遠くのほうのようす。対近景

【遠視】えんし ⇩近くのものが見えにくい状態。また、その目。類遠視眼 対近視・近眼

【遠心力】えんしんりょく ものがまわっているとき、その中心から遠ざかって外へとびだそうとする力。対求心力・向心力

【遠征】えんせい ⇩〈―する〉遠くまでたたかいに出て行くこと。例遠征軍。遠征試合。

【遠足】えんそく ⇩見学や運動のために、遠くまで出かけること。

【遠望】えんぼう ⇩〈―する〉遠くまで見わたすこと。例山頂から太平洋を遠望する。類眺望

【遠方】えんぽう ⇩遠いところ。例遠方の友。

【遠来】えんらい ⇩遠くから来ること。例遠来の客。

【遠路】えんろ ↓ 遠い道のり。例 遠路はるばる。

【遠浅】とおあさ ↓ 海が、岸から沖のほうまであさくなっていること。例 遠浅の海。

【遠縁】とおえん ↓ 親戚ではあっても、血のつながりがうすいこと。例 母の遠縁にあたる。

【遠出】とおで ↓〈―する〉遠くへ出かけること。

❷〈時間が長い〉の意味で

【遠大】えんだい Ⅱ〈―な〉〈―に〉考えや計画が遠い先のことまで見通した、たいへん大きなものであるようす。例 遠大な理想をかかげる。

【遠慮】えんりょ ↓〈―する〉①遠い先のことまで考えること。例 深謀遠慮（「深謀」は深い計略）。②ことばや行いをひかえめにすること。例 遠慮しないでどんどん食べなさい。③ことわること。例 出席を遠慮する。類 辞退

遠が下につく熟語 上の字の働き

❷ 遠＝〈時間が長い〉のとき

【永遠 久遠】近い意味。

◆ 高遠 深遠

遣

辶−10 総画13 常用 明朝 遣 9063

音 ケン中 訓 つか−う中・つか−わす中

筆順 ⼀ 中 冉 𠳋 貴 遣 遣

なりたち [形声]「辶」が「道を行く」ことを、「𠳋」が「ケン」という読み方をしめしている。「ケン」は「さし出す」意味をもち、物を持って行かせることを表す字。

意味 ❶さしむける。使いに出す。例 使者を遣わす。派遣 ❷はたらかせる。あやつる。例 気遣い。

例 解 [使い分け] つかう[使・遣] ☞85ページ

❶〈さしむける〉の意味で

【遣唐使】けんとうし 奈良時代から平安時代にかけて、唐（中国の古い国名）の文化をとりいれるために、日本から唐に行った使い。六三〇年に始まり、八九四年までに十六回派遣された。知識「遣隋使」は、六〇〇年ごろ、聖徳太子の時代に隋に行った使い。小野妹子が有名。

遡

辶−10 総画14 常用 明朝 遡 9061

遡 辶−10 総画13

音 ソ高 訓 さかのぼ−る中

筆順 丷 䒑 屰 朔 朔 遡 遡 遡

意味 さかのぼる。例 川を遡る。㋐流れにさからってすすむ。㋑過ぎたコースを逆にたどる。例 時代を遡る。

字体のはなし 手書きでは「遡」（総画「13画」）と書く。☞ふろく「字体についての解説」（30ページ）

【遡上】そじょう Ⅱ〈―する〉川の流れをさかのぼっていくこと。例 サケの遡上。

遜

辶−10 総画14 常用 明朝 遜 905C

遜 辶−10 総画13

音 ソン中 訓 ゆず−る外・へりくだ−る外

筆順 了 子 孫 孫 孫 遜 遜

意味 ❶ゆずる。自分のことをあとまわしにする。❷へりくだる。自分をひくくする。例 遜った態度をとる。謙遜・不遜 ❸おとる。およばない。例 遜色

字体のはなし 手書きでは「遜」（総画「13画」）と書く。☞ふろく「字体についての解説」（30ページ）

❸〈おとる〉の意味で

【遜色】そんしょく ↓ ほかよりおとっていること。見おとりすること。例 遜色がない。

遮

辶−11 総画14 常用 明朝 遮 906E

音 シャ中 訓 さえぎ−る中

筆順 亠 广 庐 庶 庶 庶 遮 遮

なりたち [形声]「辶」が「道を行く」ことを、「庶」が「シャ」とかわって読み方をしめしている。「ショ」は「へだてる、さえぎる」意味をもち、道をさえぎることを表す字。

意味 さえぎる。通り道をふさぐ。例 行く手を遮る。遮断。

【遮光】しゃこう ▲〈―する〉光を通さないようにすること。例 遮光カーテン。

【遮断】しゃだん Ⅱ〈―する〉ものの流れや、通り道などをさえぎって止めること。例 遮断機。

【遭】

⻌-11 総画14 常用 明朝 遭 906D

音 ソウ 中 訓 あ-う 中

筆順 一 冂 曲 曹 曹 遭 遭

なりたち [形声]「⻌」が「道を行く」ことを、「曹」が「ふたつならぶ」意味と「ソウ」という読み方をしめしている。道でめぐりあうことを表す字。

意味 出あう。思いがけなくあう。例 災難に遭う。遭遇。

例解 [使い分け] あう[合・会・遭] ☞213ページ

【遭遇】そうぐう Ⅱ〈―する〉思いがけなく出あうこと。表現 とかく、よくない出あいにいう。

【遭難】そうなん ▲〈―する〉山や海などで、災難にあうこと。例 遭難者が救助されたことを伝えるニュース。

【適】

⻌-11 総画14 5年 明朝 適 9069

音 テキ 訓 ―

筆順 亠 产 商 商 商 適 適（はねる・はらう）

なりたち [形声]「⻌」が「道を行く」ことを、「啇」が「テキ」という読み方をしめしている。「テキ」は「まっすぐ」の意味をもち、道をまっすぐ行くことを表す字。

意味 ふさわしい。ちょうどよい。うまく当てはまる。例 気候に適した作物。好適

【適応】てきおう Ⅱ〈―する〉①まわりのようすなどにうまく合っていること。また、合わせること。類 同化・順応 ②動物や植物が、まわりのようすに合わせて、からだの形や生き方をかえていくこと。知識 ②は、「適者生存」という生物の進化につながるもの。

【適格】てきかく・てっかく ▲〈―な・―に〉必要な資格や条件に当てはまっていること。対 不適格

【適確】てきかく・てっかく Ⅱ〈―な・―に〉たしかで、まちがいのないようす。例 適確な判断。類 確実

【適宜】てきぎ Ⅱ〈―な・―に〉その時その時に、うまく合っているようす。例 味を見て適宜塩こしょうの量を調節する。類 適当・随意

【適合】てきごう Ⅱ〈―する〉ぴったりとうまく当てはまること。例 血液型が適合する。

【適材適所】てきざいてきしょ 適格な人が適格な所にいることで、その人の人がらや力が、仕事とうまく合うこと。例 適材適所に人を配置する。

【適者生存】てきしゃせいぞん まわりのようすにうまく合っている者だけが生きのこり、そうでない者はほろびていくこと。類 優勝劣敗・自然選択

【適正】てきせい Ⅱ〈―な・―に〉合っていて正しいと思えるようす。例 適正価格。

【適性】てきせい ↓ そのことをするのにむいている性質。例 適性検査。

【適切】てきせつ ☒〈―な・―に〉よく当てはまっている。例 適切な処置。類 適当・妥当・適宜 対 不適切

【適中】てきちゅう ↓〈―する〉予想などがぴたりと当たること。例 天気予報が適中した。表記「的中」とも書く。

【適度】てきど ↓〈―な・―に〉ちょうどいい。例 適度の運動は健康によい。対 過度

【適当】てきとう Ⅱ〈―な・―に〉①ちょうどいいくらいだ。例 持ちはこぶのに適当な大きさの荷物だ。類 適切・妥当・適宜 対 不適当・過当 ②まじめでなく、いいかげんだ。例 つかれたから、適当にやっておこう。類 無責任

【適任】てきにん ▲ その仕事にむいた性質や力をもっている。例 かれなら適任だ。類 適役

【適否】てきひ ⇕ 当てはまるか当てはまらないか。例 場所の適否を調べる。類 適不適

【適不適】てきふてき 当てはまるか当てはまらないか、ということ。類 適否

【適役】てきやく ↓ 劇や仕事などで、その人にぴったり当てはまった役。はまり役。例 かれには委員長が適役だ。類 適任

【適用】てきよう ↓〈―する〉法律やきまりなどを、じ

っさいのことに当てはめて使うこと。例災害救助法を適用する。

【適量】てきりょう ⇩ちょうどよい分量。

【適例】てきれい ⇩ぴったり当てはまる例。例この文章は、心のこもった手紙文の適例だ。

【適齢】てきれい ⇩あることにちょうど当てはまる年齢。例適齢期をむかえる。表現結婚にちょうどよい年ごろをいうことが多い。

◆適が下につく熟語 上の字の働き

【快適 好適】近い意味。

◆最適 悠悠自適

遺

⬜辶−12 総画15 6年 明朝 遺 907A

音 イ・ユイ中 訓 のこ-す外・のこ-る外

筆順 遺 遺 遺 遺 遺 遺（だす・とめる・はらう）

なりたち [形声]「辶」が「道を行く」ことを、「貴」が「イ」とかわって読み方をしめしている。「キ」は「あとにのこす」意味をもち、道に物を落とすことを表す字。

意味 ❶あとにのこす。あとにのこる。例遺言・遺棄 ❷おきわすれる。うちすてる。

注意するよみ ユイ…例遺言

❶〈あとにのこす〉の意味で

【遺影】いえい ⇩死んだ人の、生きていたときの写真。例仏壇に遺影をかざる。

【遺骸】いがい ⇩死んだ人のからだ。なきがら。類遺体・死骸・死体

【遺憾】いかん ▲〈―な〉思いどおりにいかなくて、ざんねんだ。例実力を遺憾なく(思うぞんぶん)発揮する。類残念

【遺業】いぎょう ⇩死んだ人が、死ぬ前にやった仕事。または、未完成のままのこしていった仕事。例先代の遺業をつぐ。

【遺訓】いくん ⇩なくなった人や先祖がのこした教え。例父の遺訓をまもる。類遺風

【遺稿】いこう ⇩生きているうちに発表されずに、死んだあとにのこされた詩・歌・文章などの作品。例遺稿が発見される。類遺作

【遺骨】いこつ ⇩死んだ人のほね。

【遺恨】いこん ▲いつまでもわすれられないうらみ。例遺恨試合。

【遺作】いさく ⇩死んだ人があとにのこした絵・彫刻・文学・映画などの芸術作品。

【遺産】いさん ⇩①死んだ人があとにのこした財産。例遺産相続。②前の時代の人があとの時代の人にのこしたもの。例文化遺産。

【遺志】いし ⇩死んだ人がやりとげようとしてできなかったのぞみ。してほしいとあとの人にのこした思い。例父の遺志をつぐ。

【遺児】いじ ⇩親が死んで、あとにのこされた子ども。わすれがたみ。例交通遺児。

【遺書】いしょ ⇩死ぬ人が、あとにのこる人にあてて書いてのこすもの。書きおき。類遺言状

【遺跡】いせき ⇩むかしの建物や、歴史にのこるような大きなできごとのあったあと。例遺跡を発掘する。類古跡・旧跡

【遺族】いぞく ⇩人が死んで、そのあとにのこされた家族。例遺族を支援する。

【遺体】いたい ⇩死んだ人のからだ。なきがら。例ゆくえ不明の人が、遺体で発見された。類遺骸・死骸・死体 表現「死骸」「死体」よりもなくなった人をたいせつにする気持ちをこめたことばで、「ご遺体」と敬語で言える。

【遺伝】いでん ⇩〈―する〉親の性質や体質などが、子や孫につたわること。例遺伝子。

【遺徳】いとく ⇩死んだのちまでしたわれるような、その人のおこないや人がら。例先代の遺徳をしのぶ。類遺風

【遺品】いひん ⇩死んだ人が、生きているときに使っていた品。例父の遺品。類形見・遺物

【遺風】いふう ⇩むかしからつたわるならわし。先人がのこした教え。例百年来の遺風。父の遺風をつたえる。類遺訓・遺徳

【遺物】いぶつ ⇩①むかしの人が使ったもので、今ものこっているもの。例前世紀の遺物。②なくなった人が生前使っていたもの。例母の遺物は、どれもなつかしい。類形見・遺品

【遺留】いりゅう Ⅱ〈―する〉死んだあとにのこしておくこと。☞❷

【遺言】ゆいごん・いごん ⇩〈―する〉死ぬ人が、自分の死後のことについて言いのこすこと。言いのこし

たことば。「いごん」という。例 遺言状。表現 法律用語では、

❷〈おきわすれる〉の意味で

【遺棄】いき Ⅲ〈─する〉そのままにしておいてはいけないものを、ほうっておいたり、ほかの場所にすてたりすること。例 死体遺棄。

【遺失】いしつ Ⅲ〈─する〉わすれたり落としたりして、なくすこと。例 遺失物。対 拾得

【遺留】いりゅう Ⅲ〈─する〉おきわすれること。そこにのこしておくこと。例 犯人の遺留品が見つかった。

【遺漏】いろう Ⅲ〈─する〉必要なことがぬけおちること。手ぬかり。例 万事遺漏なく手配する。☞❶

遵

辶－12 総画15 常用 明朝 遵 9075

音 ジュン 中 訓 ─

筆順 遵

なりたち [形声]「辶」が「道を行く」ことを、「尊」が「ジュン」とかわって読み方をしめしている。「ソン」は「したがう」意味をもち、道なりに歩いていくことを表す字。

意味 したがう。きそくをまもる。例 遵守

【遵守】じゅんしゅ Ⅲ〈─する〉きまりや命令などをかたくまもること。例 憲法を遵守する。類 厳守 表記「順守」とも書く。

【遵法】じゅんぽう ▲ 法律を正しくまもること。例 遵法精神。表記「順法」とも書く。

選

辶－12 総画15 4年 明朝 選 9078

音 セン 訓 えら－ぶ

筆順 選（おらない・はねる・はらう）

なりたち [形声]「辶」が「道を行く」ことを、「巽」が「セン」とかわって読み方をしめしている。「ソン」は「そろえる」意味をもち、えらぶことを表す字。

意味 えらぶ。えらび出す。例 代表を選ぶ。選挙・当選

【選外】せんがい ↓ 展覧会やコンクールに出した作品が入選しないこと。例 選外佳作。表現 入選に近いところで、おしくも入らなかったときに使うことが多い。

【選挙】せんきょ ↓〈─する〉ある地位や役目につく人をえらぶこと。例 選挙権。選挙運動。

【選考】せんこう ↓〈─する〉能力や人がら、できぐあいなどをよく調べて、ふさわしい人や作品をえらび出すこと。例 選考委員。

【選者】せんじゃ ↓ 多くの作品の中から、すぐれたものをえらぶ人。例 俳句の選者。類 審査員

【選手】せんしゅ ↓ おおぜいの人の中からえらばれて、運動競技に出る人。例 野球選手。

【選手権】せんしゅけん 競技会などで、優勝したチームや選手にあたえられる第一位の資格。例 世界選手権大会。

【選出】せんしゅつ ↓〈─する〉多くの中からえらび出すこと。例 議長を選出する。

【選択】せんたく Ⅲ〈─する〉いくつかある中から、いいと思うものをえらぶこと。例 取捨選択。

【選択肢】せんたくし その中からえらぶようになっているいくつかの答え。例 次の選択肢の中から正しいと思うものを選びなさい。

【選定】せんてい ↓〈─する〉えらんで、決めること。

【選抜】せんばつ ↓〈─する〉多くの中から、これだというものをえらび出すこと。例 選抜チーム。

【選別】せんべつ ↓〈─する〉なにかを基準にしてえらび分けること。例 大きさによって選別する。

選が下につく熟語 上の字の働き

【抽選 互選 公選 改選 再選 精選 厳選 特選 予選】ドノヨウニ選ぶか。

【当選 入選 落選】選んでドウナルか。

◆人選

遷

辶－12 総画15 常用 明朝 遷 9077

音 セン 中 訓 うつ－る 外

筆順 遷

なりたち [形声]「辶」が「道を行く」ことを、「䙴」が「セン」という読み方をしめしている。「セン」は「高い所にのぼる」意味を

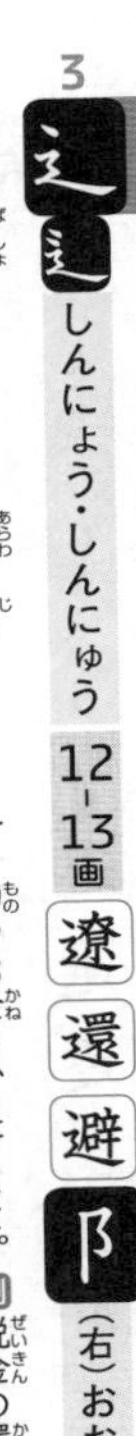

もち、場所をかえることを表す字。例 遷都・変遷

【遷宮】せんぐう ▲〈―する〉神社をたてかえて、ご神体をうつすこと。例 遷宮祭。類 遷座

【遷都】せんと ▲〈―する〉都をほかの土地にうつすこと。例 平安遷都。

◆左遷 変遷

【遼】

辶-12 総画15 人名 明朝 遼 907C

音 リョウ外 訓 はる-か外

意味 とおい。はるか。例 前途遼遠。

【還】

辶-13 総画16 常用 明朝 還 9084

音 カン中 訓 かえ-る外

筆順

なりたち [形声]「辶」が「道を行く」ことを、「睘」が「めぐる、かえる」意味と「カン」という読み方をしめしている。ぐるっとひとめぐりしてかえってくることを表す字。

意味 かえる。もどる。もどす。もとにかえる。例 還元・返還

【還元】かんげん ▲〈―する〉①もとにもどすこと。例 利益を社会に還元する。②化学で、酸化物から酸素をとりさること。対 酸化

【還付】かんぷ Ⅲ〈―する〉国などがもとの持ち主に物やお金をかえすこと。例 税金の還付。

【還暦】かんれき ▲ 数え年で六十一歳(満六十歳)のこと。知識 干支(えと)がひと回りして生まれたときの干支にもどることからきたことば。七十歳は「古希」、七十七歳は「喜寿」、八十歳は「傘寿」、八十八歳は「米寿」、九十歳は「卒寿」、九十九歳は「白寿」という。

【還俗】げんぞく ▲〈―する〉僧侶などをやめて、ふつうの世間にもどること。

← 還が下につく熟語 上の字の働き

【帰還 返還】近い意味。

【償還 召還 送還】ドウヤッテもどすか。

◆生還

【避】

辶-13 総画16 常用 明朝 避 907F

音 ヒ中 訓 さ-ける中

筆順

なりたち [形声]「辶」が「道を行く」ことを、「辟」が「ヒ」とかわって読み方をしめしている。「ヘキ」は「かたよる」意味をもち、よけていくことを表す字。

意味 さける。よける。例 危険を避ける。避難・回避

【避暑】ひしょ ▲〈―する〉暑さをさけて、すずしい土地に行くこと。例 避暑地。対 避寒

【避難】ひなん ▲〈―する〉あぶない場所をはなれて、ほかへ行くこと。例 避難訓練。類 退避

【避雷針】ひらいしん かみなりの被害をふせぐために、高い建物などの上に取りつけた金属の棒。かみなりの電流はこの棒をつたって地中に流される。かみなりよけ。

← 避が下につく熟語 上の字の働き

【回避 忌避 退避 逃避】近い意味。

◆待避 不可避

3画 阝 (右)[おおざと] の部

居住する場所の意を表す「阝(邑)」をもとに作られ、町や村の居住地にかかわる字を集めてあります。

この部首の字

【那】

阝-4 総画7 常用 明朝 那 90A3

音 ナ中 訓 なん-ぞ外

筆順

意味 どの。いずれの。例 那辺(どのあたり)

名前のよみ とも

邦

阝-4 総画7 常用 明朝 邦 90A6

音 ホウ中 訓 くに外

筆順

なりたち 形声 もとの字は、「邦」。「阝」が「むらざと」を、「丰」が「ホウ」という読み方をしめしている。「ホウ」は「くいき、ちいき」の意味をもち、「くに」の意味を表す字。

意味 ❶くに。国家。例 連邦 ❷日本の国。日本の。例 邦人

❷〈日本の国〉の意味で

【邦貨】↓ 日本のお金。対 外貨

【邦画】↓ ①日本でつくった映画。対 洋画 ②日本画。例 近代邦画展。対 洋画

【邦楽】↓ 雅楽・謡曲・長唄など、むかしからの日本の音楽。例 邦楽鑑賞。対 洋楽

【邦人】↓ 日本人。とくに、外国にいる日本人。例 在留邦人。対 外国人

【邦文】↓ 日本の文字。日本語の文。類 和文 対 欧文

邦が下につく熟語 上の字の働き

❶邦＝〈くに〉のとき

【異邦 本邦 友邦 連邦】ドノヨウナ国か。

邪

阝-5 総画8 常用 明朝 邪 90AA

音 ジャ中 訓 よこしま外

筆順

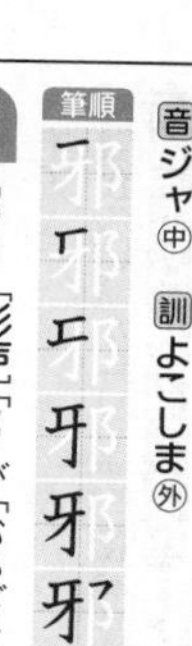

なりたち 形声「阝」が「むらざと」を、「牙」が「ジャ」とかわって読み方をしめしている。地名を表す字。借りて、「よこしま」の意味に使われている。

意味 正しくない。例 邪道 対 正

特別なよみ 風邪(かぜ)

【邪悪】Ⅱ〈―な〉心がねじけていて、正しくないこと。例 邪悪な心。

【邪険】Ⅱ〈―な〉やさしさがなく、意地がわるいようす。例 邪険にあつかう。

【邪心】↓ ねじまがった、わるい心。例 邪心がはたらく。邪心をいだく。

【邪推】↓〈―する〉人が言ったりしたりしたことを、わるい意味にとること。例 意図を邪推する。類 曲解

【邪道】↓ 正しくないおこないやり方。例 金もうけだけを考えるような商売は邪道だ。類 異端 対 正道

【邪念】↓ よくない考え。例 邪念をふりはらって修行にはげむ。類 雑念

【邪魔】↓〈―する・―な〉さまたげをすること。例 勉強の邪魔をする。参考 もとは仏道修行のさまたげをする魔物を指した。表現「お邪魔します」は、他人の場所に入るとき、「お邪魔しました」は、そこから帰るときのあいさつのことば。

◆風邪 正邪

邸

阝-5 総画8 常用 明朝 邸 90B8

音 テイ中 訓 やしき外

筆順

なりたち 形声「阝」が「むらざと」を、「氐」が「テイ」という読み方をしめしている。「テイ」は「とどまる」意味をもち、村の有力者のとどまるやしきを表す字。

意味 やしき。りっぱな家。例 邸宅・豪邸

【邸宅】Ⅱ 大きくてりっぱな家。例 邸宅をかまえる。類 屋敷・豪邸

邸が下につく熟語 上の字の働き

【官邸 公邸 私邸 藩邸 別邸 豪邸】ドウイウやしきか。

郁

阝-6 総画9 人名 明朝 郁 90C1

音 イク外 訓 ―

意味 かぐわしい。かおりが高い。文化的である。

名前のよみ かおる・たかし・ふみ

郊

阝-6 総画9 常用 明朝 郊 90CA

音 コウ中 訓 ―

◀次ページ 郎 郡 郭 郷

筆順 丶 亠 六 㐅 交 交 交ㇷ 郊 郊

なりたち 郊 [形声]「阝」が「むらざと」を、「交」が「コウ」という読み方をしめしている。「コウ」は「ひろい」の意味で、村はずれの広々とした所を表す字。

意味 まちはずれ。大きな都会のまわり。例 郊外・近郊

【郊外】こうがい ↓ 都市の近くで、田畑や森などの多い所。例 郊外に越す。類 近郊 対 都心

◆近郊

郎

阝-6 総画9 常用 明朝 郎 90CE 旧字 郞 90DE

音 ロウ 中 訓 —

筆順 丶 ㇇ ㇀ 自 良 良ㇷ 郎

なりたち [形声]もとの字は、「郞」。「阝」が「むらざと」を、「良」が「ロウ」とかわって読み方をしめしている。もと地名で、借りて「おとこ」の意味に使われている字。

意味 ❶おとこ。わかい男性。例 郎党・新郎 ❷家の人びと。

名前のよみ お

❷〈家の人びと〉の意味で

【郎党】ろうとう・ろうどう ↓ 武士の家の人びと。例 一族郎党。表記「郎等」とも書く。

◆新郎 野郎

郡

阝-7 総画10 4年 明朝 郡 90E1

音 グン 訓 こおり 外

筆順 フ ヲ(だす) ヨ 尹 君 君ㇷ(はねる) 郡

なりたち [形声]「阝」が「むらざと」を、「君」が「グン」とかわって読み方をしめしている。「グン」は「あつまる」意味をもち、村の集まった地域を表す字。

意味 ぐん(郡)。都道府県のなかで、市や区以外の地域。地理上の区画。例 市と郡。

【郡部】ぐんぶ ↓ 市ではなく、郡にふくまれている地域。例 郡部の町村。対 市部

郭

阝-8 総画11 常用 明朝 郭 90ED

音 カク 中 訓 —

筆順 亠 亡 享 享 享ㇷ 郭

なりたち [形声]「むらざと」の意味の「阝」と、やぐらのある城がこいの形の「享」とからでき、「享」が「カク」とかわって読み方をしめしている。住民をまもる外がこいを表す字。

意味 かこい。かこいの中。例 輪郭

←郭が下につく熟語 上の字の働き

【城郭 輪郭】近い意味。

郷

阝-8 総画11 6年 明朝 郷 90F7 旧字 鄕 9115

音 キョウ・ゴウ 中 訓 さと 外

筆順 ㄑ 乡 乡 乡(つけない) 乡ヨ 乡艮(とめる) 乡艮ㇷ(はねる) 郷

なりたち [会意]もとの字は、「鄕」。食器に食べ物をもり(皀)、二人(乡・阝)が向かいあって食べている形からでき、村の人が集まってさかもりをする所を表す字。

意味 ひとざと。人の住んでいる土地。ふるさと。例 郷に入っては郷に従え(その土地に行ったときはその土地の習慣に従え)。郷土・近郷・故郷

名前のよみ あき・あきら・さと・のり

【郷愁】きょうしゅう ↓ 遠いふるさとやすぎさった日々をなつかしく思う、しみじみとした気持ち。例 郷愁にひたる。類 里心

【郷土】きょうど ↓ ①人の住んでいる、それぞれの土地。②わがふるさと。例 郷土愛。

【郷土色】きょうどしょく それぞれの土地にある、その地方らしさ。例 郷土色ゆたか。類 地方色

【郷里】きょうり Ⅱ 生まれ育った所。ふるさと。例 郷里に帰る。類 故郷・郷土

←郷が下につく熟語 上の字の働き

【異郷 仙郷 桃源郷 理想郷】ドノヨウナと

ころか。【帰郷 在郷 同郷 望郷】ふるさとに〈ふるさとも〉ドウスルか。
◆近郷 故郷 水郷

都

音 ト・ツ 訓 みやこ

⻏-8 総画11 3年

明朝 都 90FD　旧字 都 FA26

筆順 一 十 土 耂 者 者 都（つきだす） 都（はねる）

なりたち 都 [形声]もとの字は、「都」。「⻏」が「人の集まる所」を、「者シャ─チョ」が「シャ」という読み方をしめしている。「チョ」は「たくさん集まる」意味をもち、人の多く集まる「みやこ」を表す字。

意味
❶みやこ。天子のいるまち。政治の中心地。大きな町。例 住めば都(どんな所でも住みなれると、そこがよくなってくるものである)。都会・首都
❷すべて。全部集める。例 都合
❸東京都。例 都の施設。都立。

名前のよみ いち・くに・さと・ひろ

❶〈みやこ〉の意味で
【都会】とかい ⇩ 人がおおぜい集まって住んでいる大きな町。例 大都会。類 都市 対 田舎
【都市】とし Ⅱ 人が多く住み、経済や文化などのさかんな所。例 商業都市。都市交通。類 都会 対 農村

❷〈すべて〉の意味で
【都合】つごう ⇩ ①ぐあい。例 都合がわるくて、欠席する。②〈─する〉お金や時間などを、やりくりしてつくること。例 時間を都合して会に出る。③全部合わせて。例 参加者は都合五百人をこえた。
【都度】つど ⇩ あることをする、そのたびごと。例 食事の都度、歯をみがく。

❸〈東京都〉の意味で
【都営】とえい ▽ 東京都がお金を出して施設をつくったり事業をおこなったりしていること。例 都営住宅。都営バス。関連 国営・県営(都営・道営・府営)・市営・町営・村営
【都心】としん ⇩ 東京都の中心部。対 郊外 表現 大都市でもいうようになっている。
【都道府県】とどうふけん 東京都・北海道・大阪府・京都府と、四十三の県をまとめていうことば。
【都立】とりつ ▽ 東京都がお金を出してつくり、運営していること。例 都立高校。

都が下につく熟語 上の字の働き
❶都＝〈みやこ〉のとき
【古都 首都 東都】ドウイウみやこか。
◆遷都

部

音 ブ 訓 べ 外

⻏-8 総画11 3年

明朝 部 90E8

筆順 亠 立 咅 咅 咅 部 部（はねる） 部

なりたち 部 [形声]「⻏」が「むらざと」を、「音ホウ─フ」が「ブ」とかわって読み方をしめしている。部族の名、または地名を表す字。借りて、「ぶぶん」の意味に使われている。

意味
❶わける。くわけ。役所や会社などでの区分。おなじ活動をする仲間。例 営業部。部署・部品・全部・内部
❷新聞・本などをかぞえることば。例 五部。部数

特別なよみ 部屋(へや)

❶〈わける。くわけ〉の意味で
【部下】ぶか ⇩ ある人の下にあって、命令や指図を受ける人。類 配下・手下 対 上司
【部会】ぶかい ⇩ ①総会に対して、いくつかの部門に分かれてする集会。例 学年ごとに部会を開く。類 分科会 対 総会 ②その部の人たちが集まってする集会。例 テニス部の部会。
【部首】ぶしゅ ⇩ 漢和辞典などで漢字を調べるときに、目印になる漢字の共通の部分。へん・つくり・かんむりなど。参考 この辞典では部首の一覧「部首さくいん」を表紙の見返しに、左ページの下には開いている左右のページの部首とその前後のページの部首をしめしています。
【部署】ぶしょ Ⅱ わりあてられた仕事や役目、持ち

ち場。例自分の部署をまもる。

【部族】ぞく ↓ あるきまった地域に住み、共通のことばや宗教・習慣などをもっている人びとの集団。類種族

【部隊】たい ↓ ①軍隊のなかの一つの隊。例戦車部隊。②おなじ目的をもった人びとの集まり。例救護部隊。

【部品】ひん ↓ 機械などの組み立ての材料になる、一つ一つの品物。例プラモデルの部品。

【部分】ぶん Ⅱ 全体をいくつかに分けたうちの一つ一つ。対全体・総体

【部門】もん ↓ 全体を種類などによって大きく分けた一つ一つ。例販売部門。

【部落】らく ↓ そこに住む人びとがなかまのように力をあわせてくらしている、いくつかの人家の集まり。類村落・集落

【部類】るい ↓ 種類によって分けたひとまとまり。例この本は小説の部類に入る。

【部屋】へや ↓ ①家の中を障子やふすま・かべなどで、いくつかにくぎったものの一つ。例勉強部屋。類室 ②すもうで、各力士が属するそれぞれの親方の家。例おなじ部屋の兄弟子。

❷〈新聞・本などをかぞえることば〉の意味で

【部数】すう ↓ 新聞や雑誌・本などの数。例発行部数をふやす。

←部が下につく熟語 上の字の働き

❶部＝〈わける。くわけ〉のとき

【一部 全部】分けて、そのドレダケか。

【内部 外部 局部 細部 腹部 患部】ドコの部分か。

【幹部 軍部 郡部 本部 支部】ドンナ部署か。

◆大部 入部

【郵】

阝-8 総画11 6年 明朝 郵 90F5

音ユウ 訓―

筆順 はねる

たなちり 郵 [会意]「国のはて」をしめす「垂」と、「むらざと」をしめす「阝」とからでき、国ざかいに置かれた宿場や駅を表す字。

意味 ゆうびん。手紙などを送りとどけるしくみ。例郵送

【郵送】ゆうそう ↓〈―する〉郵便で送ること。

【郵便】ゆうびん ↓ 手紙や小包などを名あての人のところに送りとどける仕事。それによって送りとどけられるもの。例郵便局。

【鄭】

阝-12 総画15 人名 明朝 鄭 912D

音テイ外・チョウ外 訓―

意味 ❶むかしの中国の国名。例鄭重 ❷ていねい。

表記 ❷で「テイ」と読むとき、今はふつう「丁」を使う。例鄭重→丁重

3画 阝(左)[こざと][こざとへん]の部

土を積み重ねた小高いおかの意を表す「阝(阜)」をもとに作られ、土地や地形にかかわる字を集めてあります。

この部首の字

阻…469 7院…470 陣…473 陳…475 隆…476 随…477 隈…478 際…479 堕▼土263

4阪…468 陀…470 陥…472 陛…473 陶…475 陵…476 隋…477 10隔…478 障…480 墜▼土269

防…469 附…470 降…472 8陰…474 陪…475 9階…476 隊…477 隙…479 13隣…480

5阿…469 6限…470 除…472 険…474 陸…475 隅…477 陽…478 11隠…479

【阪】

阝-4 総画7 4年 明朝 阪 962A

音ハン中 訓さか外

筆順 はねる はらう

意味 ❶坂。上り下りのある道。❷大阪。例阪神・京阪

参考 そりかえる意味の「反」に、小高いおかを表

す「阝」がついて、そりかえってかたむいた「さか」を表している字。☞【坂】なりたち（256ページ）

県名 大阪（おおさか）

【防】

阝-4 総画7 5年 明朝 防 9632

音 ボウ 訓 ふせ-ぐ

筆順 防 はねる はねる

なりたち 防 ［形声］「阝」が「もりあげた土」を、「方」が「ボウ」とかわって読み方をしめしている。「ホウ」は「かたわら」の意味をもち、川の両側にもりあげたつつみを表す字。

意味
❶ふせぐ。ふせぎとめる。害がおよばないように守る。例 事故を防ぐ。消防 対 攻
❷周防。旧国名。今の山口県東部。

❶〈ふせぐ〉の意味で

【防衛】Ⅱ〈-する〉ほかからの力に対して、自分や自分のたいせつなものをまもること。例 正当防衛。類 防御・防護・防戦

【防疫】▲ 感染症が起こったり、広がったりするのをふせぐこと。例 防疫対策。

【防音】▲〈-する〉うるさい音がへやに入ったり、へやの中の音が外へもれたりしないようにすること。例 防音装置。

【防火】▲〈-する〉①火事が起こらないようにすること。例 防火週間。②火事が燃え広がるのをふせぎとめること。例 防火建築。

【防寒】▲ 寒さをふせぐこと。例 防寒具。

【防御】Ⅱ〈-する〉敵の攻撃をくいとめて、味方をまもること。例 防御をかためる。類 防衛・守備 対 攻撃

【防護】Ⅱ〈-する〉災害をふせぎ、危険から身をまもること。例 防護服。類 防衛

【防災】▲ 台風・地震・噴火などによる災害をふせぐこと。例 防災訓練。

【防止】Ⅱ〈-する〉よくないことが起こらないように、ふせぎとめること。例 危険防止。

【防除】Ⅱ〈-する〉農作物の病気をふせいだり、害虫をとりのぞいたりすること。

【防水】▲〈-する〉水がしみこむのをふせぐこと。例 防水加工。

【防雪林】ふぶきやなだれなどの害をふせぐための林。

【防戦】↓〈-する〉敵がせめてくるのをふせいで、たたかうこと。類 防衛・防御

【防波堤】海からの大波をさえぎり、港をまもるための堤防。例 防波堤を築く。

【防犯】▲ 犯罪が起こらないようにすること。例 防犯ベル。防犯カメラ。

【防備】↓〈-する〉敵の攻撃や災害などをふせぐための用意をきちんとしておくこと。

【防腐】▲ 薬などを使ってくさらないようにすること。例 防腐剤。

【防風林】風の害をふせぐための林。

防が下につく熟語 上の字の働き

❶防＝〈ふせぐ〉のとき
【消防 予防】ドウヤッテ防ぐか。
◆攻防 国防 水防 堤防

【阿】

阝-5 総画8 人名 明朝 阿 963F

音 ア㊀ 訓 くま㊀・おもね-る㊀・お㊀

意味
❶まがる。まげる。へつらう。例 曲学阿世（学問の真理をまげてまで世におもねる）
❷親しみをこめて人をよぶことば。名前の上につける。例 阿国
❸阿波。旧国名。今の徳島県。例 阿州。
❹《その他》例 阿片

【阻】

阝-5 総画8 常用 明朝 阻 963B

音 ソ㊥ 訓 はば-む㊢

筆順 阻

なりたち 阻 ［形声］「阝」が「山」を、「且」が「重なる」意味と「ソ」という読み方をしめしている。山が重なってけわしいようすを表す字。

意味 さまたげる。じゃまをする。はばむ。例 行く手を阻む。阻止・険阻

【阻害】Ⅱ〈-する〉じゃまをすること。

。【阻止】そし ＝〈―する〉さえぎること。くいとめること。例 外敵の侵入を阻止する。

【陀】

阝-5 総画8 人名 明朝 陀 9640

音 タ外・ダ外 訓 ―

意味 梵語(古代インドのことば)の「ダ」の音を表す字。例 阿弥陀(仏の名)・仏陀

【附】

阝-5 総画8 常用 明朝 附 9644

音 フ中 訓 つ-く外

筆順

なりたち [形声]「阝」が「小高いおか」を、「付」が「フ」という読み方をしめしている。「フ」は「高くなる」意味をもち、土の高くもりあがったところを表す字。借りて、「付」とおなじ「つく」意味に使われている。

意味 ❶つける。つく。そえる。例 附属 ❷あたえる。ゆだねる。例 寄附

参考 「附」とだいたいおなじ意味・使い方の字に「付」があり、今はほとんど「付」が使われている。熟語は、【付】(64ページ)を参照。

【限】

阝-6 総画9 5年 明朝 限 9650

音 ゲン 訓 かぎ-る

筆順 はねる はねる 人にならない

なりたち [形声]「阝」が「山」を、「艮 コン｜ガン」が「ゲン」とかわって読み方をしめしている。「コン」は「じっとしている」意味をもち、山がけわしくて進めないようすを表す字。

意味 かぎる。かぎり。さかいめ。例 人数を限る。限りがない。限界・期限

【限界】げんかい ＝ もうこれ以上はないというさかいめ。例 体力の限界。類 限度・極限

【限定】げんてい ↓〈―する〉範囲や数・量を、ここまでと決めること。例 先着百名に限定販売。類 制限・局限

【限度】げんど ↓ これ以上はもうないという、ぎりぎりのところ。かぎり。例 がまんの限度をこえる。類 限界

限が下につく熟語 上の字の働き

【局限 極限 際限 制限】近い意味。

【下限 上限 北限 最小限 最大限 最低限】ドレホドのかぎりか。

【期限 刻限 時限 日限 年限 権限 門限】ナニのかぎりか。

【有限 無限】かぎりの有る無し。

【院】

阝-7 総画10 3年 明朝 院 9662

音 イン 訓 ―

筆順 はねる はねる

なりたち [形声]「阝」が「もりあげた土」を、「完 カン」が「イン」とかわって読み方をしめしている。「カン」は「めぐる」意味をもち、家のまわりにめぐらした土べいを表す字。

意味 ❶大切なたてもの。国会や病院・学院など、だいじな目的をもつ施設や機関。例 奥の院(本堂の奥にある建物)。寺院・入院 ❷上皇・法皇の御殿。上皇・法皇をうやまっていうことば。例 院政 ❸戒名での位。例 院号

❶〈大切なたてもの〉の意味で

【院長】いんちょう ↓ 病院や学院など、「院」というつくところで、いちばん上に立つ人。

❷〈上皇・法皇の御殿〉の意味で

【院号】いんごう ↓ むかし、位をしりぞいた天皇や皇太后などにつけた名。☞❸

【院政】いんせい ↓ 天皇の位をゆずって、上皇や法皇となった人が、天皇にかわっておこなった政治。知識 平安時代、白河上皇が一〇八六年にはじめた。

❸〈戒名での位〉の意味で

【院号】いんごう ↓ 仏教で、戒名としてつける「〇〇院」の名。☞❷

院が下につく熟語 上の字の働き

❶院＝〈大切なたてもの〉のとき

ものしり巻物
第14巻

新字体と旧字体

「はは」は「母」ですね。中に「：」がついています。では、「まい」といえば…「毎」です。「母」にあった「：」が、「ノ」になっています。「海」も「ノ」です。「：」は、どうなってしまったのでしょうか。

もともとは、「母」のついている字は、みんな「：」がついていました。けれど、「：」を入れるのは手数がかかるので、略して「ノ」にしてしまったのです。

一九四六（昭和二一）年に「当用漢字」が制定され、たくさんの新字体が生まれました。新字体には、二つの種類があります。

その一つは、もともと略字だった字体が新しく正式の字体として昇格したものです。「区」はもともと「區」だったのですが、中の「口」を三つも書くのがたいへんなので、「メ」にしてしまいました。一挙に七画の減少です。「区」は新字体で、「區」は旧字体です。先に挙げた「毎・海」も新字体です。

もう一つの種類は、べつの字を借りてきた新字体です。今、三画で書いている「万」は新字体で、旧字体は十二画の「萬」です。では、「万」と「萬」は関係があるのかといえば、ありません。たまたま「万」が「まん」と読むので、数の「萬」の代わりに使われたのです。「台」もかんたんなので、借りられた新字体です。もとは「臺」です。

新字体が採用された理由は、むずかしい漢字をよりやさしい形にして、より多くの人が漢字に親しめるように、漢字を自由に使いこなせるようにするためです。今、日本じゅうのほとんどの人が漢字交じりの新聞を不自由なく読めるようになったのも、新字体に負うところが大きいのです。

さて、話をはじめにもどしましょう。なぜ、「毎・海」は新字体になったのに、「母」だけが旧字体のままでのこったのでしょうか。「母」の「：」は、母の二つの乳房です。人間の命のみなもとです。だいじなだいじな点なので、この字だけ「：」をのこしたのです。

【学院 寺院 書院 僧院 病院】ナニのための建物か。
【衆議院 参議院 両院】国会の中でのドウイウ院か。
【入院 退院 通院】病院に(病院を)ドウスルか。

陥

音 カン中 訓 おちいーる中・おとしいーれる高

阝-7 総画10 常用 明朝 陥 9665 旧字 陷 9677

筆順

なりたち [形声]もとの字は、「陷」。「阝」が「小高いおか」を、「臽」が「カン」という読み方をしめしている。「カン」は「おちこむ」意味をもち、高い所から下に落ちることを表す字。

意味 おちいる。おちこむ。ぬけおちている。おとしいれる。例 危機に陥る。人を陥れる。陥没・陥落・欠陥

【陥没】Ⅲ〈―する〉地面が落ちこみ、ぽっかりとあながあくこと。対 隆起。

【陥落】Ⅲ〈―する〉①守っているところがせめ落とされること。例 城が陥落する。類 落城 ②何度もしつこく言われて、やむを得ず承知すること。例 反対していた父がついに陥落した。③成績や地位などが下がること。例 幕内から陥落する。

降

音 コウ 訓 おーりる・おーろす・ふーる

阝-7 総画10 6年 明朝 降 964D

筆順 はねる はらう だす

なりたち [形声]両足が下むきになっている形の「夅」が山道をおりることと「コウ」という読み方をしめす会意文字であった。これにさらに「山」の意味の「阝」をくわえた字。

意味 ❶おりる。くだる。おちてくる。おろす。ふる。例 車から降りる。荷を降ろす。雨が降る。降雨・降下・降車・下降 対 昇・乗

❷まけてしたがう。例 降参・投降

例解 [使い分け]おろす[下・降・卸] ☞11ページ

❶〈おりる〉の意味で

【降雨】▲ 雨が降ること。降った雨。例 降雨量。

【降下】Ⅲ〈―する〉高いところから下におりること。類 下降・落下 対 上昇

【降格】▲〈―する〉地位を下げること。例 補欠に降格される。対 昇格

【降車】▲〈―する〉電車や自動車からおりること。例 降車場。類 下車 対 乗車

【降水量】地上に降った雨や雪の量。ミリメートルで表す。例 一日の降水量が三〇〇ミリをこえた。類 雨量

【降雪】▲ 雪が降ること。降った雪。例 降雪期。類 積雪

【降誕】↓〈―する〉神・仏・聖人などがこの世に生まれること。例 降誕祭。

【降板】▲〈―する〉野球の試合で、投手がとちゅうで交代してひっこむこと。対 登板

❷〈まけてしたがう〉の意味で

【降参】↓〈―する〉①たたかいに負けて敵の言うとおりになること。例 鬼どもが桃太郎に降参した。類 降伏 ②やっかいなことが起こって、こまりはてること。お手あげ。例 この大雪にはもう降参だ。類 閉口

【降伏】Ⅲ〈―する〉負けをみとめて、敵の言うとおりになること。例 無条件降伏。類 降参・屈服 表記「降服」とも書く。

◆以降 下降 滑降 乗降 投降

除

音 ジョ・ジ中 訓 のぞーく

阝-7 総画10 6年 明朝 除 9664

筆順 はねる はらう はねる とめる

なりたち [形声]「阝」が「かいだん」を、「余」が「いえ」の意味と、「ジョ」とかわって読み方をしめしている。家のかいだんを表す字。

意味
❶とりのぞく。取り去る。どかす。例 障害を除く。除雪・掃除
❷わる。わり算をする。例 除法 対 乗

注意するよみ ジ…例 掃除

❶〈とりのぞく〉の意味で

【除外】じょがい Ⅱ（―する）その中に入れないで、べつにすること。例 いたんだ物を除外する。

【除去】じょきょ Ⅱ（―する）いらないものやじゃまなものを取り去ること。例 不純物を除去する。

【除湿】じょしつ ▲（―する）空気中のしめりけをとりのぞくこと。例 除湿器。除湿剤。

【除籍】じょせき ▲（―する）名簿や戸籍などから、名前を消すこと。例 除籍処分。類 除名

【除雪】じょせつ ▲（―する）屋根や道路に降りつもった雪をとりのぞくこと。雪かき。例 除雪車。

【除草】じょそう ▲（―する）田畑や庭などの雑草をとりのぞくこと。草取り。例 除草作業。

【除幕】じょまく ▲（―する）銅像や記念碑などができあがったとき、おおってあった幕をはずして、人びとに見せること。例 除幕式。

【除名】じょめい ▲（―する）名簿からその人の名を消し去ること。その人をなかまから追い出すこと。例 除名処分。類 除籍

【除夜】じょや ↓ おおみそか（十二月三十一日）の夜。知識 お寺の除夜の鐘には、百八回鳴らして、人間がもっている百八のまよいをとりのぞくという意味がある。

❷〈わる〉の意味で

【除数】じょすう ↓ わり算の、わるほうの数。「12÷6＝2」という式では、「6」が除数で、わられるほうの数「12」を被除数という。

【除法】じょほう ↓ わり算。関連 加法（たし算）・減法（ひき算）・乗法（かけ算）・除法

←除が下につく熟語 上の字の働き

❶除＝〈とりのぞく〉のとき
【解除 駆除 控除 削除 防除 排除 免除】近い意味。
【切除 掃除】ドウヤッテ除くか。
◆乗除

陣

⻖−7 総画10 常用 明朝 陣 9663

音 ジン 中 訓 ―

筆順 ７ ⻖ 阝 阝 阡 陌 陣 陣

なりたち 「形声」もとの字は、「敶」。「攵」が「…させる」意味を、「陳」が「ジン」とかわって読み方をしめしている。「チン」は「ならべる」意味をもち、兵や車をならべていくさにそなえることを表す字。

意味
❶軍隊のそなえ。たたかうために人などを配置したところ。例 陣をかまえる。敵陣
❷ひとしきり。例 一陣の風。陣痛

❶〈軍隊のそなえ〉の意味で

【陣営】じんえい Ⅱ ①軍隊が、たたかいにそなえて集まっているところ。例 敵の陣営にせめ入る。②ほかのグループとたたかうために、おなじ考え方でむすびついている人びとの集まり。類 軍営 例 革新陣営。

【陣地】じんち ↓ たたかいの準備をととのえた軍隊のいる場所。例 陣地をまもる。

【陣中】じんちゅう ↓ ①たたかっている軍隊がいるところ。②たたかっている最中。例 陣中見舞い（たたかっている人をはげますために、食べ物や飲み物などをさしいれること）。

【陣頭】じんとう ↓ たたかっている軍隊の先頭。例 陣頭指揮。類 最前線 表現 たたかいだけでなく、仕事をするときなどにも使う。

【陣容】じんよう ↓ ①たたかいをするときの、それぞれの部隊のたたかう力やかまえ方。例 陣容をたてなおす。②会社や団体などで、それぞれの人の力やその役割。

❷〈ひとしきり〉の意味で

【陣痛】じんつう ↓ 赤ちゃんが生まれるときにくりかえし起こる、母親のおなかの痛み。

←陣が下につく熟語 上の字の働き

❶陣＝〈軍隊のそなえ〉のとき
【円陣 先陣 敵陣 論陣】ドンナ陣か。
【出陣 布陣 退陣】陣をドウスルか。
◆初陣 殺陣 対陣

陛

⻖−7 総画10 6年 明朝 陛 965B

音 ヘイ 訓 ―

◀次ページ 陰 険

筆順 （はねる）（はねる）（おらない）

なりたち 陛 [形声]「阝」が「かいだん」を、「坒」が「ヘイ」という読み方をしめす。「ヘイ」は「ならぶ」意味をもち、土をつみならべたかいだんを表す字。

意味 きざはし。宮殿の階段。例 陛下

【陛下】↓ 天皇や皇后、国王をうやまってよぶことば。例 天皇陛下。類 殿下 参考 むかし中国で、皇帝になにかを申し上げるときは、御殿にのぼる階段の下で、おつきの人をとおして申し上げたことから。

陰

阝-8 総画11 常用 明朝 陰 9670

音 イン㊥ 訓 かげ㊥・かげ-る㊥

筆順

なりたち 陰 [形声]「阝」が「山」を、「侌」が「イン」という読み方をしめしている。「イン」は「くらい」の意味をもち、日のあたらない山かげを表す字。

意味

❶かげ。日のあたらないところ。じめじめしている。例 陰とひなた。夜陰 対 陽

❷「陽」と対になるほう。受け身になるほう。例 陰極 対 陽 参考 易の陰陽は、「巽」の「文字物語」(366ページ)参照。

❸すぎゆく時。例 光陰・寸陰

例解 [使い分け] かげ[影・陰] ☞401ページ

❶〈かげ〉の意味で

【陰影】Ⅲ ①光があたらなくて暗くなっているところ。かげ。例 絵に陰影をつける。②作品などから感じとれる深みやこまやかな味わい。ニュアンス。例 陰影にとむ作品。

【陰気】↓〈─な〉天気・気持ち・ふんいきなどが暗くて、はればれしないようす。対 陽気

【陰険】Ⅲ〈─に〉〈─な〉ほかからはわからないようにして、かげでひどいことをする。

【陰惨】Ⅲ〈─に〉〈─な〉ぞっとするほどむごたらしいようす。例 陰惨な事件。類 凄惨

【陰湿】Ⅲ〈─に〉〈─な〉暗くじめじめしていて、いやな感じである。例 陰湿な事件。

【陰性】↓〈─な〉暗くて、じめじめとした性質。対 陽性 ☞❷

【陰謀】↓ こっそりと立てた計画。わるだくみ。例 陰謀をめぐらす。

【陰口】↓ その人のいないところで言う悪口。例 陰口をたたく。

❷〈「陽」と対になるほう〉の意味で

【陰画】↓ 写真で、現像されて明暗が実物と反対になっているフィルム。ネガ。対 陽画

【陰極】↓ 電池などで、電流が流れこむマイナスの極。類 負極 対 陽極

【陰性】↓ 病気の検査をして、反応があらわれないこと。例 陰性反応。対 陽性 ☞❶

【陰暦】↓ 月のみちかけをもとにしてつくった暦。日本ではふつう「太陰太陽暦」をいう。類 旧暦 対 陽暦

陰が下につく熟語 上の字の働き

❶陰＝〈かげ〉のとき
【緑陰 日陰】ナニの陰か。

◆光陰 寸陰 夜陰

険

阝-8 総画11 5年 明朝 険 967A 旧字 險 96AA

音 ケン 訓 けわ-しい

筆順 （はねる）（はらう）（だす）

なりたち 險 [形声]もとの字は、「險」。「阝」が「山」を、「僉」が「ケン」という読み方をしめしている。「ケン」は「くるしい」の意味をもち、登るのに苦しいけわしい山を表す字。

意味 あぶない。けわしい。わるい。例 険しい道のり。天下の険。険悪・危険

【険悪】Ⅲ〈─に〉〈─な〉①よくないことが起こりそうな感じだ。例 険悪なムード。類 不穏 ②おこりだしそうな顔や態度のようす。

【険阻】Ⅲ〈─な〉山がけわしいこと。けわしい場所。例 険阻な山道。

険が下につく熟語 上の字の働き

【陰険 邪険】近い意味。
【保険 冒険】危険に対してドウスルか。

陳

音 チン 中　訓 ―

阝-8　総画11　常用　明朝 陳 9673

筆順

なりたち [形声]もとの字は「敶」で、「陣」とおなじ字であった。「攴」が「…させる」意味を、「陳」が「チン」という読み方をしめし、「ならべる」意味を表す字であったが、のちに「攴」が省略された。

意味 ❶ならべる。ならべて見せる。例 陳列 ❷のべる。考えをのべる。例 陳情・開陳 ❸ふるい。例 新陳代謝。陳腐

名前のよみ のぶ・のり・ひさ・よし

❶〈ならべる〉の意味で

【陳列】Ⅱ〈―する〉品物や作品などを、人に見せるためにならべること。例 商品を陳列する。類 展示

❷〈のべる〉の意味で

【陳謝】↓〈―する〉はっきりとおわびのことばを言ってあやまること。類 謝罪・深謝

【陳述】Ⅱ〈―する〉意見や考えを正式にのべること。例 陳述書。類 弁論

【陳情】▲〈―する〉役所などに行って、ありのままのようすを話し、よい方法をとってくれるようにたのむこと。類 請願

❸〈ふるい〉の意味で

【陳腐】Ⅱ〈―な〉新しさがなく、つまらない。例 陳腐なデザインだ。対 新鮮・清新

陶

音 トウ 中　訓 ―

阝-8　総画11　常用　明朝 陶 9676

筆順

なりたち [形声]「阝」が「山」を、「匋」が「トウ」という読み方をしめしている。「トウ」は「かさなる」意味をもち、重なった山を表す字。

意味 ❶やきもの。陶磁器。せともの。例 陶器 ❷楽しむ。うっとりする。例 陶酔

名前のよみ すえ

❶〈やきもの〉の意味で

【陶器】↓ねんどで形をつくり、うわぐすりをぬって窯で焼いたうつわ。やきもの。

【陶芸】↓ねんどをこねて、やきものをつくる芸術。例 陶芸品。陶芸家。

【陶工】↓陶磁器をつくることを仕事にしている人。類 陶芸家

【陶磁器】陶器と磁器。類 瀬戸物

【陶土】↓陶器の原料になる質のよい土。

【陶冶】Ⅱ〈―する〉才能や性質などをみがいて、りっぱな人物に育てあげること。参考 陶器を焼くことと、とかした金属を型に流し入れて鋳物をつくることが、もとの意味。

❷〈楽しむ〉の意味で

【陶酔】Ⅱ〈―する〉すっかりいい気持ちになること。例 バイオリンの音色に陶酔する。

【陶然】⊠〈―たる〉〈―と〉気持ちよく酔うようす。うっとり。例 名曲に陶然となる。

陪

音 バイ 中　訓 ―

阝-8　総画11　常用　明朝 陪 966A

筆順

なりたち [形声]「阝」が「山」を、「咅」が「バイ」とかわって読み方をしめしている。「ホウ」は「くっつく」意味をもち、大きな山によりそった小山を表す字。

意味 よりそう。つきそう。例 陪席

【陪臣】↓ある人の家来のそのまた家来。対 直参 知識 江戸時代の大名に仕えていた武士は、将軍の「陪臣」にあたる。

【陪審】↓法律の専門家でない、ふつうの人を裁判に参加させて、有罪・無罪の意見をきくこと。例 陪審制。

【陪席】↓〈―する〉身分の高い人といっしょの席につくこと。

陸

音 リク　訓 おか 外

阝-8　総画11　4年　明朝 陸 9678

筆順 （はねる）（ながく）

なりたち 陸 [形声]「阝」が「おか、山」を、「坴」が「リク」とかわって読み方をしめしている。「ロク」は「つらなる」意味をもち、おかが連なることを表す字。

意味
❶りくち。地球の表面で、水におおわれていないところ。例 陸上・着陸 対 海
❷陸奥。旧国名。今の福島・宮城・岩手・青森県と秋田県の一部。例 三陸（陸前・陸中・陸奥）海岸。

発音あんない リク→リッ…例 陸橋

名前のよみ あつし・たか・たかし・みち・むつ

❶〈りくち〉の意味で

【陸運】りくうん ↓ 人や荷物などを、自動車や鉄道ではこぶこと。類 陸送 対 海運・水運

【陸軍】りくぐん ↓ 陸上でたたかう軍隊。関連 陸軍・海軍・空軍

【陸上】りくじょう ↓ ①陸地の上。例 陸上交通。対 水上・海上 ②「陸上競技」の略。

【陸地】りくち ↓ 地球の表面にあって水におおわれていないところ。陸。おか。

【陸稲】りくとう ↓ 水田ではなく、畑でつくるイネ。おかぼ。対 水稲

【陸路】りくろ ↓ 陸上の道。陸上の道を通って行くこと。関連 陸路・海路・空路

【陸橋】りっきょう ↓ 鉄道線路や広い道路と立体交差するための橋。類 歩道橋・跨線橋

陸が下につく熟語 上の字の働き

❶陸＝〈りくち〉のとき
【上陸 着陸 離陸】陸に（陸を）ドウスルか。
【大陸 内陸】ドンナ陸か。
◆水陸

隆

音 リュウ(中) 訓 ―
阝-8 総画11 常用
明朝 隆 9686
旧字 隆 F9DC

筆順

なりたち [形声]もとの字は、「隆」。「阝」が「山」を、「夅」が「リュウ」という読み方をしめしている。「リュウ」は「高くもりあがる」意味をもち、山のように高くもりあがることを表す字。

意味 もりあがる。そのところが高くなる。いきおいがさかんになる。例 興隆

名前のよみ おき・たか・たかし・とき・なが・もり・ゆたか

【隆起】りゅうき Ⅲ（―する）土地などが高くもりあがること。対 沈下・沈降・陥没

【隆盛】りゅうせい Ⅲ（―な）いきおいがよく、のぼり調子なこと。例 隆盛をきわめる。対 衰退・衰微

【隆隆】りゅうりゅう Ⅲ〈―たる・―と〉①いきおいがさかんだ。例 隆々とさかえる。②たくましく、もりあがっている。例 筋骨隆々。

陵

音 リョウ(中) 訓 みささぎ(高)
阝-8 総画11 常用
明朝 陵 9675

筆順

なりたち [形声]「阝」が「おか」を、「夌」が「リョウ」という読み方をしめしている。「リョウ」は「大きい」の意味をもち、大きなおかを表す字。

意味
❶おか。大きなおか。例 丘陵
❷お墓。天皇などの墓。例 陵墓

❷〈お墓〉の意味で

【陵墓】りょうぼ Ⅱ 天皇・皇后・皇太后などの墓。類 陵・御陵

階

音 カイ 訓 ―
阝-9 総画12 3年
明朝 階 968E

筆順 （はねる）（はねる）（おらない）

なりたち [形声]「阝」が「だんだん」を、「皆」が「カイ」という読み方をしめしている。「カイ」は「ならぶ」意味をもち、だんがならぶことを表す字。

意味 かさなっているものの一つ一つ。上下のち

がい。例 階級・段階

【階下】↓ 建物で、その階よりも下の階。例 階下がさわがしい。対 階上

【階級】Ⅱ ①身分や地位などの、高い低いの順序づけ。例 階級があがる。類 等級 ②社会で、おなじような地位や条件にある人びとの集まり。例 知識階級。類 階層

【階上】↓ 建物で、その階より上の階。例 階上からものが落ちてきた。対 階下

【階層】Ⅱ 社会の人びとを、身分・地位・職業・年齢などによって分けた、それぞれの集団。類 階級

【階段】Ⅱ 建物の上の階と下の階をつなぐ、段々になった通路。また、そのような形状のもの。例 非常階段。類 梯子段

◆位階 音階 段階 地階

隅

阝-9 総画12 常用 明朝 隅 9685

音 グウ中 訓 すみ中

筆順

なりたち [形声]「阝」が「小高いおか」を、「禺」が「グウ」とかわって読み方をしめしている。「グ」は「まがる」意味をもち、おかの下の曲がったせまい所を表す字。

意味 すみ。かたすみ。はずれ。かど。例 隅に置けない。片隅・一隅

随

阝-9 総画12 常用 明朝 随 968F 旧字 隨 96A8

音 ズイ中 訓 —

筆順

なりたち [形声]もとの字は、「隨」。「辶」と「隋」からでき、「辶」が「道を行く」ことを、「隋」が「ズイ」という読み方をしめしている。「ズイ」は「したがう」意味をもち、あとからついていくことを表す字。

意味 つきしたがう。…のままにする。例 随行・随想・付随

【随意】▲〈―に・な〉自分のしたいようにすること。例 随意にえらぶ。類 任意・適宜

【随一】▲ 多くの中で、いちばんすぐれていること。例 県内随一の観光地。

【随員】↓ 身分の高い人につきしたがっていくお供の人。例 首相の随員。

【随行】↓〈―する〉お供をして行くこと。例 会長の訪米に随行する。類 随伴

【随時】▲ 時間をかぎらず、いつでも。例 入会は随時受けつけます。

【随所】▲ いたるところ。例 京都には、随所に寺院がある。表記「随処」とも書く。

【随想】▲ ふとしたときに心にうかんだ思いや考え。それを書きとめた文章。エッセー。例 随想録を読む。類 随感・随筆

【随伴】Ⅱ〈―する〉①いっしょについていくこと。例 父に随伴する。類 随行 ②あるできごとにつられて、べつのことが起こること。例 温暖化に随伴して起こる災害。

【随筆】▲ 見たり聞いたり思ったりしたことを、心のおもむくままに書きとめた文章。エッセー。類 随想

【随分】▲ ①思ったよりもよけいに。たいそう。かなり。だいぶ。例 宿題をするのにずいぶん時間がかかった。②〈―に・な〉思いやりがなくて、ひどい。例 約束をやぶってひとりで行くなんて、随分な人だ。参考 もともとは、「分にしたがう」「それ相当に」の意味の語。

◆追随 付随

隋

阝-9 総画12 表外 明朝 隋 968B

音 ズイ外・スイ外 訓 —

意味 五八一年から六一八年まで中国を治めた王朝の名。参考 日本から隋につかわされた使節を「遣隋使」という。

隊

阝-9 総画12 4年 明朝 隊 968A

音 タイ 訓 —

筆順 はねる 丁にならない

◀次ページ 陽 隈 隔

なりたち 隊 [形声]「阝」が「小高いおか」を、「㒸」が「タイ」という読み方をしめしている。「タイ」は「たれさがる、おちる」意味をもち、おかの上から下に落ちることを表す字。

意味 まとまりのある一団。おなじ目的をもった人びとの集まり。例 隊列・編隊

【隊員】いん ↓ 隊をつくっている人びと。その中のひとり。例 隊員を集める。

【隊形】けい ↓ おおぜいの人がまとまって動くときにつくる隊のかたち。

【隊商】しょう ↓ ラクダに荷物をのせ、まとまりになって砂漠を旅する商人。キャラバン。

【隊長】ちょう ↓ 一つの隊のいちばん上の人。例 隊長をつとめる。

【隊列】れつ ↓ おおぜいの人が、きちんとならんでつくった列。例 隊列をととのえる。

←隊が下につく熟語 上の字の働き

【楽隊 軍隊】ナニのための一団か。

【艦隊 兵隊】ナニの一団か。

【横隊 縦隊】ドンナならびの隊列か。

◆部隊 編隊

【陽】

阝-9 総画12 3年 明朝 陽 967D

音 ヨウ 訓 ひ外

筆順 阝 阝 阝 阝 陽 陽 陽 陽 (はねる・ながく・はねる)

なりたち 陽 [形声]「阝」が「山」を、「昜」が「日がのぼる」意味と「ヨウ」という読み方をしめしている。山の日のあたる側を表す字。

意味 ❶お日さま。例 陽光・太陽 ❷明るい。あたたかい。めだつ。ひなた。例 陽気 対 陰 ❸「陰」と対になるほう。はたらきかけるほう。例 陽極 対 陰 参考 易の陰陽は、「巽」の「文字物語」(366ページ)参照。

名前のよみ あき・あきら・きよ・きよし・たか・なか・はる

❶〈お日さま〉の意味で

【陽光】こう ↓ 太陽の光。類 日光

❷〈明るい〉の意味で

【陽気】き ↓ ①気候。例 春らしい陽気になった。②〈一な〉明るくほがらかなようす。例 陽気にさわぐ。類 明朗 対 陰気

【陽春】しゅん ↓ ぽかぽかとあたたかい春。表現 「陽春の候となりました」のように、手紙のあいさつのことばとして使う。

【陽性】せい ↓〈一に・一な〉明るくほがらかな性質。例 根が陽性な人。対 陰性 ☞❸

❸〈「陰」と対になるほう〉の意味で

【陽画】が ↓ 写真のネガを感光紙に焼きつけたもの。明暗や色合いが実物とおなじに見える。ポジ。対 陰画

【陽極】きょく ↓ 電池などで、電流が流れ出るほうの極。プラス極。対 陰極

【陽性】せい ↓ 病気などの検査で反応が出ること。例 陽性の反応をしめす。対 陰性 ☞❷

【陽転】てん ↓〈一する〉陰性だった人が陽性にかわること。とくにツベルクリン反応で、結核菌がからだに入ったことをいう。

【陽暦】れき ↓ 「太陽暦」の略。地球が太陽のまわりをひとまわりする時間を一年としてつくった暦。今、ほとんどの国で使われている。類 新暦・太陽暦 対 陰暦

←陽が下につく熟語 上の字の働き

❶陽＝〈お日さま〉のとき

【太陽 斜陽】ドンナお日さまか。

【隈】

阝-9 総画12 人名 明朝 隈 9688

音 ワイ外 訓 くま外

意味 くま。山や川の入りこんだ所。おく深い所。例 隈無くさがす。界隈

【隔】

阝-10 総画13 常用 明朝 隔 9694

音 カク中 訓 へだてる中・へだたる中

筆順 阝 阝 阝 隔 隔 隔 隔 隔

なりたち 隔 [形声]「阝」が「おか、山」を、「鬲」が「カク」とかわって読み方をしめしている。「レキ」は「へだてる、くぎる」意味を

もち、おかでへだてること。また、くにざかいの山を表す字。

意味 へだたる。へだてる。一つおきの。例 遠く隔たった地。隔離・間隔

【隔月】▲ 一月おき。例 隔月集金。

【隔日】▲ 一日おき。

【隔週】▲ 一週間おき。例 隔週連載。

【隔世】▲ ①時代が大きくかけはなれていること。例 隔世の感(世の中が大きくかわってしまったという感じ)。②血のつながりで、あいだに一世代あること。例 隔世遺伝。

【隔絶】Ⅲ〈—する〉遠くはなれていて、ほかとのつながりがないこと。

【隔年】▲ 一年おき。例 隔年にさく花。

【隔離】Ⅲ〈—する〉ほかからひきはなすこと。例 患者を隔離する。

←隔が下につく熟語 上の字の働き

【間隔 懸隔】近い意味。

隙

阝-10 総画13 常用 明朝 隙 9699

音 ゲキ 高 訓 すき 中

筆順 阝 阝 阝 阝 阝 隙 隙

意味 ❶すきま。さけめ。わずかなあいだ。例 隙間・間隙

❷ちょっとした気のゆるみ。ゆだん。例 隙をつく。

隠

阝-11 総画14 常用 明朝 隠 96A0 旧字 隱 96B1

音 イン 中 訓 かく-す 中・かく-れる 中

筆順 阝 阝 阝 阝 阝 隠 隠 隠 隠 隠

なりたち 隱 [形声]もとの字は、「隱」。「阝」が「山」を、「㥯」が「イン」という読み方をしめしている。「イン」は「おおいかくす」意味をもち、山におおわれて見えないようすを表す字。

意味 ❶かくれる。かくす。例 姿を隠す。雲に隠れる。隠居

❷隠岐。旧国名。今の島根県の北の諸島。

❶〈かくれる〉の意味で

【隠居】↓〈—する〉①年をとった人が、仕事をやめるなどして、のんびりしたくらしにはいること。例 隠居生活。②年をとって、仕事からしりぞいた人。例 ご隠居。

【隠語】↓ あるなかまだけにわかる、特別な意味をもったことば。かくしことば。

【隠然】☒〈—たる〉〈—と〉おもてだってはわからないが、かげで強い力をもっているようす。

【隠匿】Ⅲ〈—する〉人に見つからないようにかくすこと。ふつう、不正なものをかくす意味に使う。例 隠匿物資。

【隠忍自重】〈—する〉じっとがまんして、はでに動かないようにすること。

【隠滅】↓〈—する〉あとものこらないように、完全になくすること。例 証拠隠滅。

際

阝-11 総画14 5年 明朝 際 969B

音 サイ 訓 きわ 高

筆順 阝 阝 阝 際 際 際 際 際 (はねる・でる・はねる)

なりたち 際 [形声]「阝」が「山」を、「祭」が「サイ」という読み方をしめしている。「サイ」は「出あう」意味をもち、山と山とが接する所を表す字。

意味 ❶きわ。ふち。さかいめ。例 際限・窓際

❷おり。機会。場合。例 いまわの際(死ぬぎわ)。危急の際。際物・実際

❸であう。つきあう。例 際会・交際・国際

[文字物語] 480ページ

❶〈きわ〉の意味で

【際限】Ⅲ そこで終わりというところ。きり。例 あの人のおしゃべりは際限がない。

表現 「際限がない」「際限なくつづく」のように、あとに打ち消しのことばがくる。

❷〈おり〉の意味で

【際物】↓ ①ひな人形やこいのぼりのように、ある時期だけ売れる商品。②話題になっているものごとを題材にして、人びとの興味や関心がさめないうちにとつくった商品

や、劇・映画・小説などの作品。例際物映画。

❸〈であう〉の意味で

【際会】さいかい Ⅱ〈—する〉事件などにばったりと出くわすこと。例危機に際会する。

◆交際 国際 金輪際 実際 瀬戸際 手際 一際 分際 水際

障

音ショウ 訓さわ-る高

阝-11 総画14 6年 明朝 障 969C

筆順 障 阝 障 障 障 障 障（はねる・ながく）

なりたち 障 [形声]「阝」が「山」を、「章」が「ショウ」という読み方をしめしている。「ショウ」は「さえぎる、へだてる」意味をもち、行く手をさえぎる山を表す字。

意味 さえぎる。へだてる。さしつかえる。例気に障る。障りがある。障子・故障

例解 [使い分け]さわる[触・障] ☞969ページ

【障害】しょうがい Ⅱ①なにかをするときに、そのさまたげや、じゃまになるものやこと。例障害物。類障壁 ②からだにぐあいのわるいところがあること。例胃腸障害。③障害物競走(途中に置いたじゃまな物をとびこして走る競走)。

【障子】しょうじ ☒和室をしきる紙ばりの建具。やわらかい光をとり入れる効果がある。

文字物語 際

「際」の訓「きわ」は、そこを越えるとほかの世界に入ってしまう、ぎりぎりのさかいめのところ。それで、「水際」「瀬戸際」「窓際」などのことばができる。また、その時を過ぎるとべつの状態になってしまう、ぎりぎりの時点を「去り際」「別れ際」「死に際」などという。「往生際」も、「死に際」の意味だが、「往生際がわるい」というのは、追いつめられても自分の負けをみとめず思い切りがわるいこと。人は、たずさわることからきっぱりと引退する「引き際」がだいじなのだ。

今日、「際」の字をいちばんよく見るのは、「国際」ということばにおいてだろう。国と国とが国境を越えて、いろいろな接触をもつことをいうのが「国際」ということば。今はグローバルな時代ともいうように、環境問題をはじめ、地球規模で国際協力しなければ解決できない問題ばかりだ。

【障壁】しょうへき ↓①しきりの壁。例防火障壁。②なにかをしようとするときにじゃまになるもの。例ことばの障壁をこえる。類障害

←障が下につく熟語 上の字の働き

【故障 支障】近い意味。

◆気障 万障 保障

隣

音リン中 訓とな-る中・となり中

阝-13 総画16 常用 明朝 隣 96A3

筆順 阝 阝 阝 隣 隣 隣 隣

なりたち 鄰 [形声]もとの字は、「鄰」。「阝」が「むらざと」を、「粦」が「リン」という読み方をしめしている。「リン」は「つらなる」意味をもち、村の中でならんでいるどうしの「となり」を表す字。

意味 となり。となりあう。例隣の家。隣り合わせ。隣人・近隣

【隣家】りんか ↓となりの家。

【隣国】りんごく ↓となりの国。類隣邦

【隣人】りんじん ↓となりの家の人。自分の近くにいる人。例隣人愛。

【隣席】りんせき ↓となりの席。例隣席の人。

【隣接】りんせつ ↓〈—する〉となりあってつづいていること。例学校に隣接する公園。類近接

◆近隣 善隣

3画 ッ [つ] の部

「ッ」は、もともと部首ではありませんが、「ッ」の形からでも字がひけるように、検索記号として設けました。

▼でしめされたページをひいてください。

労▼力 167 学▼子 312 単▼十 184 栄▼木 629
挙▼手 538 巣▼木 640 蛍▼虫 940 営▼口 233
覚▼見 964 誉▼言 981 厳▼攵 569

3画 丷［そいち］の部

「丷(そいち)」は、もともと部首ではありませんが、検索(けんさく)記号(きごう)として設(もう)けました。▼でしめされたページをひいてください。

羊▼羊 895 並▼一 30 前▼刂 155 美▼羊 895
首▼首 1106 兼▼ソ 126 差▼工 365 益▼皿 800
瓶▼瓦 770 善▼口 234 尊▼寸 343 普▼日 599
着▼羊 896 慈▼心 507 煎▼灬 743 義▼羊 897
養▼食 1105

3画 丬［しょうのへん］の部

「丬(しょうのへん)」は、もともと部首ではありませんが、検索(けんさく)記号(きごう)として設(もう)けました。▼でしめされたページをひいてください。

壮▼士 272 状▼犬 756 将▼寸 342 装▼衣 952
奨▼大 297

4画 心 忄 ⺗［こころ］［りっしんべん］［したごころ］の部

「心(こころ)」をもとに作(つく)られ、考(かんが)えたり感情(かんじょう)を表(あらわ)したりする心(こころ)のはたらきにかかわる字(じ)を集(あつ)めてあります。

この部首の字

0 心…481 1 必…483 3 応…483
忌…484 志…484 忍…485 忘…485
忙…485 4 快…485 忽…486 忠…486
念…487 5 怨…487 怪…487 急…488
思…489 性…490 怠…491 怒…491
怖…491 怜…491 6 恩…491 悔…492
恢…493 恰…493 恐…493 恭…493
恵…494 恒…494 恨…494 恣…494
恕…495 息…495 恥…495 恋…495
7 悪…496 悦…497 患…498 悟…498
悉…498 悌…498 悩…498 悠…498
8 惟…499 惧…499 惚…499 惨…499
惹…499 情…499 惜…500 惣…501
悼…501 惇…502 悲…502 悶…502
惑…502 9 愛…503 意…504 感…505
愚…506 慌…507 慈…507 愁…508
惺…508 想…508 惰…508 愉…509
10 慨…509 慎…509 態…509 慕…510
慄…510 11 慰…510 慣…510 慶…511
慧…511 憎…511 慢…511 憂…512
慮…512 12 憩…512 憬…512 憲…512
憧…513 憤…513 13 憶…513 懐…513
憾…514 懇…514 憐…514 14 懲…514
16 懸…515
芯▼艹 415 窓▼穴 843

心

音 シン 訓 こころ

心-0 総画4 2年 明朝 心 5FC3

筆順 とめる はねる たかく

たなちり ［象形］心臓(しんぞう)の形(かたち)をえがいた字(じ)。「こころ」として使(つか)われている。

意味 ❶こころ。こころのはたらき。気持(きも)ち。精神(せいしん)。意識(いしき)。例 心(こころ)が温(あたた)かい。心(こころ)の広(ひろ)い人(ひと)。心(こころ)を閉(と)ざす。心理(しんり)・本心(ほんしん) ❷しんぞう(心臓(しんぞう))。例 心電図(しんでんず)。心音(しんおん) ❸まんなか。中心(ちゅうしん)。例 心棒(しんぼう)・重心(じゅうしん)

特別なよみ 心地(ここち)

名前のよみ なか・むね・もと

❶〈こころ〉の意味で

【心地】ここち ⇩ ①なにかを感(かん)じたときの、心(こころ)の中(なか)のようす。気持(きも)ち。心持(こころも)ち。例 天(てん)にものぼる心地(ここち)。類 気分(きぶん) ②あることをしているような気分(きぶん)。あることをしているときの感(かん)じ。例 寝心地(ねごこち)がいい。夢心地(ゆめごこち)。参考 ②は、ほかのこ

◀次ページ 心

とばの下につき、「…ごこち」とにごる。

【心意気】自分からものごとにとりくみ、やりとげようとする強い気持ち。例心意気をしめす。

【心得】↓①なにかをする際の心の準備。例旅の心得。②習いごとなどを、ある程度身につけていること。たしなみ。

【心外】↓〈―な・―に〉相手のすることやものごとのなりゆきが思ったとおりでなくて残念だ。例君にうたがわれるとは、心外だ。類意外 表現 思っていたのとちがう点では、「意外」もおなじだが、「心外」には、うらぎられたという不満がこもる。

【心眼】↓ほんとうのすがたを見ぬく心のはたらき。例心眼をひらく。

【心機一転】〈―する〉なにかのきっかけで、がらりと新しい気持ちになること。例心機一転、次の仕事でがんばりたい。

【心境】↓心の中のようす。気持ち。例心境を語る。心境の変化。

【心血】Ⅲ気持ちとからだ。例心血をそそぐ(ありったけの力をこめる)。

【心証】↓その人から受ける感じ。例相手の心証を害する。

【心象】↓見たり聞いたりしたものがもとになって、心の中にかたちとなってうかぶもの。例心象風景。

【心情】Ⅲ心の中の思い。例主人公の心情を想像する。類胸中

【心身】⇕心とからだ。例心身ともに健康な子ども。表記「身心」とも書く。

【心酔】▽〈―する〉ある人や考え方などをすばらしいと思い、夢中になること。

【心中】↓■一 心の中のほんとうの気持ち。例心中おだやかでない。類胸中・内心 ■二〈―する〉生きる希望を失って、二人以上の人がいっしょに死ぬこと。例一家心中。

【心痛】▽〈―する〉ひどく心配して心をいためること。

【心底】↓■一 心の底のほんとうの気持ちや考え。例心底を見ぬく。■二 心の奥底から。例心底野球がすきだ。

【心配】↓〈―する・―な・―に〉①これから先のことが不安になり、あれこれなやむこと。例心配のたね。対安心 ②相手のためを考えて、せわをすること。例いろいろご心配くださりありがとうございます。

【心服】↓〈―する〉深く尊敬して、心からその人にしたがうこと。例監督に心服する。

【心理】↓心のありさま、気持ちの動き。例群集心理。

【心労】↓〈―する〉心配や気づかいで心がもみくちゃになること。気づかれ。例心労がたえない。類気苦労

❷〈しんぞう(心臓)〉の意味で

【心音】↓心臓が一定のリズムで血液を送りだすときの音。

【心室】↓心臓の下半分で、左右二つに分かれている。血液を動脈に送りだすところ。

【心臓】↓動物の内臓の一つ。血液を送りだすポンプの役目をするもの。例心臓まひ。参考 元来の意味は「心のはたらきを受けもつ臓器」。心の動揺で心拍がみだれるところから、心のはたらきと心臓とは大いに関係がある。英語でも心臓を表す「ハート」が、心の意味を表している。

【心拍】↓血液を送りだすための、こきざみな心臓の動き。例心拍数。

【心房】↓心臓の上半分で、血液を心室に送るところ。左右二つに分かれている。

❸〈まんなか〉の意味で

【心棒】↓①ぐるぐるまわるものの軸となる棒。②活動の中心になる人やもの。

←心が下につく熟語 上の字の働き

❶心＝〈こころ〉のとき

【身心 物心】反対の意味。

【安心 一心 改心 苦心 決心 発心 専心 腐心 変心 放心 用心 乱心】心をドウスルか。

【感心 関心 執心 得心 会心】心にドウスルか。

【無心 初心 童心 孝心 私心 野心 邪心 内心 本心 良心 悪心 虚心 熱心 慢心 小心 細心 傷心 信心 好奇心 自尊心 老婆心 射幸心】ドノヨウナ心か。

❷心＝〈しんぞう（心臓）〉のとき
【肝心・腹心】近い意味。
❸心＝〈まんなか〉のとき
【中心・核心】近い意味。
【都心・重心】ナニのまんなか。
◆以心伝心 帰心 人心 衷心 手心

【必】

心-1 総画5 4年 明朝［必］5FC5

音 ヒツ 訓 かなら-ず

筆順 ソ 义 义 必 （はねる・とめる・とめる）

なりたち ［象形］武器の柄にする木の棒（弋↓）にひも（八）をまきつけた形をえがいた字。きつくまくことから、「かならず」の意味に使われている。

意味 かならず。まちがいなく。…しなければならない。例 約束は必ずまもりなさい。名選手が必ずしも名監督ではない（「必ずしも…ない」は「…とはかぎらない」「…でないこともある」という意味を表す）。必要

名前のよみ さだ

【必携】ひっけい ⬇ ①いつも持っていなければならないこと。そういうもの。②ある方面について、たいせつなことをまとめた本。例 受験生必携の参考書。類 便覧

【必見】ひっけん ⬇ かならず見たり読んだりしなければならないこと。例 必見の書。

【必殺】ひっさつ ⬇ かならず相手をたおすこと。例 必殺の一撃。必殺技。

【必死】ひっし ⬇〈—な〉〈—に〉死ぬ気になるほど全力をつくすこと。例 必死になって勉強する。類 一生懸命

【必至】ひっし ⬇〈—な〉〈—に〉かならずそうなること。例 このまま日照りが続けば水不足は必至だ。類 必定

【必修】ひっしゅう ⬇ 学校で、かならず学習するようにきまっているもの。例 必修科目。対 選択

【必需品】ひつじゅひん なくてはならないもの。例 生活必需品。

【必勝】ひっしょう ⬇ かならず勝つと心に思うこと。例 必勝を期する。

【必定】ひつじょう Ⅲ きっとそうなるにちがいないこと。例 死ぬるは必定。類 必至 表現 少しむかしふうのことば。

【必須】ひっす Ⅲ なくてはならないこと。例 水分は植物にとって必須のものだ。類 必要

【必然】ひつぜん ⊠ かならずそうなるようになっていること。例 必然の結果。必然性。対 偶然

【必着】ひっちゃく ⬇ 特定の日までに着くようにすること。例 一月十日必着のこと。

【必読】ひつどく ⬇ かならず読まなければならないこと。例 必読図書。

【必要】ひつよう Ⅲ〈—な〉〈—に〉どうしてもそれがいること。なくてはならないこと。類 必須 対 不要

【必要悪】ひつようあく よくないことだが、現実の社会の中では、あってもしかたがないこと。

【応】

心-3 総画7 5年 明朝［応］5FDC 旧字［應］61C9

音 オウ 訓 こた-える

筆順 广 応 応 応 （はらう・とめる・はねる・とめる）

なりたち ［形声］もとの字は、「應」。「䧹」が「オウ」という読み方をしめしている。「オウ」は「うけこたえる」意味をもち、相手の言うことを「心」でうけこたえることを表す字。

意味 こたえる。おうじる。ふさわしい。例 必要に応じて備える。応答・反応

例解 ［使い分け］こたえる［答・応］☞855ページ

発音あんない オウ→ノウ… 例 反応・順応

名前のよみ かず・たか・のぶ・のり・まさ

【応援】おうえん ⬇〈—する〉①ものごとがうまくいくように力をかすこと。例 応援を求める。類 加勢 ②スポーツの試合のとき、声をかけたり手をふったりして、選手をはげますこと。例 応援団。類 声援

【応急】おうきゅう ▲ 突然のできごとに、とりあえずなんとかすること。例 応急手当て。応急の処置。

【応酬】おうしゅう Ⅲ〈—する〉相手に負けずに自分も

やりかえすこと。例パンチの応酬。

【応召】▲〈―する〉国からのよびだしをうけて、軍隊に入ること。例応召兵。

【応接】↓〈―する〉客に会い、相手をすること。例応接室。類応対

【応戦】▲〈―する〉敵からしかけてきたのに対して、自分のほうからもたたかうこと。

【応対】↓〈―する〉人の相手になって、その場その場でうけこたえをすること。例きちんとした応対をする。類応接

【応答】Ⅱ〈―する〉質問やよびかけに対して、うけこたえをすること。

【応分】▲力や身分にちょうどつりあっていること。例応分の寄付をする。類分相応

【応募】▲〈―する〉人や物を集めようとするよびかけにこたえて、申しこみをすること。例懸賞クイズに応募する。対募集

【応用】↓〈―する〉考えたり学んだりしたことがらを、じっさいの場面にあてはめて使うこと。例応用問題。類活用 対基礎

応が下につく熟語 上の字の働き

【適応 順応 反応】近い意味。

【対応 即応 一応 供応 相応】ドノヨウニ応じるか。

◆呼応

忌

心-3 総画7 常用 明朝 忌 5FCC

音キ中 訓い-む高・い-まわしい高

筆順 忌 忌 己 己 忌 忌 忌

なりたち [形声]「己」が「キ」という読み方をしめしている。「キ」は「おそれる」意味をもち、「心」の中でおそれて遠ざけることを表す字。

意味 ❶おそれてさける。いやがる。例忌まわしい事件。忌避・禁忌

❷身内が死んで喪に服すること。例忌が明ける。忌中・忌日

❶〈おそれてさける〉の意味で

【忌憚】◆Ⅱまわりや相手に対する遠慮。例忌憚なく意見を言う。表現「忌憚なく」「忌憚のない」の打ち消しの形で使う。

【忌避】Ⅱ〈―する〉いやがって、さけること。類回避

❷〈身内が死んで喪に服すること〉の意味で

【忌中】↓死後、のこされた家族が世間とのつきあいをつつしむ期間。類喪中 知識ふつうは、四十九日間。

【忌日】↓月や年はかわっても、その人が死んだ日とおなじ日づけの日。類命日

忌が下につく熟語 上の字の働き

❷忌=〈身内が死んで喪に服すること〉のとき

【…周忌 …回忌】イクツめの忌日か。☞【周忌】(222ページ)

【芭蕉忌 西行忌】ダレの忌日か。

志

心-3 総画7 5年 明朝 志 5FD7

音シ 訓こころざ-す・こころざし

筆順 一 十 士 志 志 志 志（みじかく とめる はねる とめる）

なりたち [形声]「之→士」が「ゆく」意味と「シ」という読み方をしめしている。「心」が向かってゆくところを表す字。

意味 こころざす。めざす。こころざし。目標に向かう気持ち。相手に対する気持ち。例政治家を志す。志を貫く。志願・意志

参考 人にものをさし上げるとき、表に「志」と書くのは、相手に対する厚意を表す。

名前のよみ むね・ゆき

【志学】▲学問をしようと決意する。参考『論語』にある「われ、十有五にして学に志す（わたしは、十五歳で学問をしようと決意した）」から。十五歳のこともいう。☞【而立】(904ページ)

【志願】Ⅱ〈―する〉あるなかまに入りたい、あることをやりたいと、自分から進んで申しでること。例女優志願。類志望

【志気】↓ものごとをするときの意気ごみ。例志気があがる。類意気

【志向】↓〈―する〉あることに向かって、気持ちが動くこと。例エリート志向。類指向 気

表現 「志向」は心のこと、「指向」はものごとの方向、と使い分ける。

【志士】しし ↓ 強い信念をもって、国や社会のためにつくそうという気持ちの人。類 義士

【志望】しぼう Ⅲ〈—する〉自分の将来について、こうなりたい、こういうことをしたいとのぞむこと。例 第一志望の大学。類 希望・志願

志が下につく熟語 上の字の働き

【大志 初志 遺志 闘志 芳志 寸志】ドノヨウナ志か。

【有志 同志】志 をドウスルか。

忍

心-3 総画7 常用 明朝 忍 5FCD

音 ニン中 訓 しの-ぶ中・しの-ばせる中

筆順 フ 刀 刃 刃 忍 忍 忍

なりたち [形声]「刃」が「ニン」という読み方をしめしている。「ニン」は「たえる」意味をもち、「心」の中でじっとたえることを表す字。

意味
❶がまんする。気づかれないようにする。例 人目を忍ぶ。足音を忍ばせて近づく。忍従・忍術・堪忍
❷むごい。思いやりがない。例 残忍

名前のよみ おし

❶〈がまんする〉の意味で

【忍者】にんじゃ ↓ むかし、忍術を使って、スパイのような活動をした人。しのびの者。

【忍従】にんじゅう ↓〈—する〉つらい立場や苦しい生活に、じっとがまんしつづけること。

【忍術】にんじゅつ ↓ こっそりと行動して敵のようすをさぐったり、相手をうちまかしたりする術。例 忍術使い。類 忍法

【忍耐】にんたい Ⅲ〈—する〉つらいこと、苦しいことをじっとがまんすること。例 忍耐を要する。忍耐強い。類 辛抱

【忍法】にんぽう ↓ 忍術。例 伊賀流忍法。

◆堪忍 残忍

忘

心-3 総画7 6年 明朝 忘 5FD8

音 ボウ中 訓 わす-れる

筆順 亠 亡 亡 忘 忘 忘 忘（おらない・とめる・はねる・とめる）

なりたち [形声]「亡」が「なくなる」意味と「ボウ」という読み方をしめしている。「心」の中にあったものが見えなくなることを表す字。

意味 わすれる。心の中からなくなる。例 恩を忘れる。我を忘れて見入る。忘却・備忘

【忘恩】ぼうおん ▲ 自分の受けた恩への感謝の心をなくしてしまうこと。例 忘恩の徒。対 報恩

【忘我】ぼうが ▲ 熱中したり、うっとりして、ぼうっとなること。例 忘我の境地。類 無我・没我

【忘却】ぼうきゃく ⊠〈—する〉すっかりわすれてしまうこと。例 忘却のかなた。

忙

忄-3 総画6 常用 明朝 忙 5FD9

音 ボウ中 訓 いそが-しい中

筆順 忄 忄 忄 忙 忙 忙

なりたち [形声]「亡」が「ボウ」という読み方をしめしている。「ボウ」は「あちらこちらに向かう」意味をもち、いろいろなことに心(忄)が飛んで落ち着かないことを表す字。

意味 いそがしい。ひまがない。例 目が回るほど忙しい。忙殺・多忙 対 閑

【忙殺】ぼうさつ ⊠〈—する〉たいへんいそがしいこと。例 仕事に忙殺されて、休むひまもない。

忙が下につく熟語 上の字の働き

【多忙 繁忙】ドノクライ忙しいか。

快

忄-4 総画7 5年 明朝 快 5FEB

音 カイ 訓 こころよ-い

筆順 忄 忄 忄 忄 快 快 快（とめる・だす）

なりたち [形声]「夬」が「カイ」という読み方をしめしている。「カイ」は「ひらく」意味をもち、心(忄)がはればれとするようす

◀次ページ 忽 忠

を表す字。

意味 ❶こころよい。気分がよい。病気がなおる。例 春風がはだに快い。快く引き受ける。快適・明快

❷はやい。スピードがある。例 快速

名前のよみ はや・やす・よし

❶〈こころよい〉の意味で

【快活】Ⅲ〈―な〉明るく生き生きとしているようす。例 快活にふるまう。快活な少女。

【快感】↓ いい気持ち。例 快感を味わう。

【快挙】↓ むねがすっとするような、すばらしいおこない。例 快挙をなしとげる。

【快哉】◆ ⊠ すっきりしたよろこびを表すことば。例 快哉をさけぶ。

【快勝】↓〈―する〉気持ちよく、あざやかに勝つこと。類 圧勝・大勝・楽勝 対 辛勝

【快晴】↓ 空に雲もなく、気持ちよく晴れていること。例 快晴にめぐまれる。知識 理科の用語としては、雲が空全体の十分の一より少ないときをいい、記号は○。

【快諾】↓〈―する〉たのまれごとを、気持ちよく聞き入れること。例 快諾を得る。

【快男児】さっぱりしてさわやかな男子。

【快調】↓〈―な〉からだやものごとの調子がすばらしくいい。例 快調に進む。類 好調 対 不調

【快適】Ⅲ〈―に〉とても気持ちよい。例 快適なへや。

【快刀乱麻を断つ】よく切れる刀でもつれた麻を切るように、こじれたものごとをあざやかに解決するたとえ。参考 中国の書物にあることばから。

【快復】↓〈―する〉病気やけががなおって、健康な状態にもどること。類 回復・快癒

【快方】↓ 病気やけががなおっていくこと。例 快方にむかう。

【快癒】↓〈―する〉病気やけががすっかりよくなること。類 全快・全治・快復・快気

【快楽】Ⅲ おもにからだで感じる気持ちのよさや楽しみ。例 快楽におぼれる。類 悦楽

❷〈はやい〉の意味で

【快走】↓〈―する〉すばらしい速さで走ること。例 風を切って快走するヨット。

【快足】↓ すばらしく速く走れること。例 快足のランナー。

【快速】↓ ①すばらしく速いこと。例 快速船。②「快速電車」の略。とまる駅を少なくして、早く目的地につくように運転する電車。

快が下につく熟語 上の字の働き

❶快＝〈こころよい〉のとき

【軽快 明快 愉快】近い意味。

【壮快 豪快 痛快】ドノヨウニ快いか。

◆全快 不快

【忽】

心-4 総画8 人名 明朝 忽 5FFD

音 コツ外 訓 たちまち外・ゆるがせ外

意味 ❶たちまち。あっという間に。急に。

❷ゆるがせにする。おろそかにする。例 粗忽

❶〈たちまち〉の意味で

【忽然】⊠ とつぜん。例 忽然と消える。

忠

心-4 総画8 6年 明朝 忠 5FE0

音 チュウ 訓 ―

筆順 忠（とめる・はねる・とめる）

なりたち [形声]「中」が「なか」の意味と「チュウ」という読み方をしめしている。「心」のまんなかにあるもの「まごころ」を表す字。

意味 ❶まごころ。心から相手を思う気持ち。例 忠告

❷主君につくす。例 忠ならんと欲すれば孝ならず(主君のためにつくそうとすれば、親のためにつくすことができない)。忠臣

名前のよみ あつ・あつし・きよし・ただ・ただし・なり・のり

❶〈まごころ〉の意味で

【忠言】↓ 相手のためを思って、注意することば。忠告のことば。例 忠言耳に逆らう。

【忠告】↓〈―する〉相手のためを思って、よくないところを注意すること。例 忠告にし

◀次ページ 急

たがう。類苦言

【忠実】ちゅうじつ Ⅱ〈―な・―に〉①上の立場の人に言われたとおりに、まじめにつとめをはたすようす。例忠実な社員。類誠実 ②もとになっているものを勝手にかえないようす。例楽譜に忠実に演奏する。

❷〈主君につくす〉の意味で

【忠義】ちゅうぎ ↓〈―な・―に〉主人や国のためにまごころからつかえ、つとめをはたすこと。例忠義をつくす。類忠節・忠誠 対不忠

【忠勤】ちゅうきん ↓会社などのために、まごころをこめて仕事をすること。例忠勤をはげむ。

【忠犬】ちゅうけん ↓飼い主をたいせつに思い、よく言うことをきく犬。例忠犬ハチ公。

【忠孝】ちゅうこう Ⅱ忠義と孝行。主君にまごころをつくしてつかえることと、親をたいせつにすること。

【忠臣】ちゅうしん ↓まごころをこめて主君につかえる家来。忠義な家臣。類義臣

【忠誠】ちゅうせい Ⅱ〈―な〉まごころをこめて主人のためにはたらくこと。例忠誠をちかう。忠誠心。類忠義・忠節

【忠節】ちゅうせつ ↓なにがあってもかわることなく、国や主人のためにまごころをこめてつかえること。例忠節の人。類忠義・忠誠

念

心-4 総画8 4年 明朝 念 5FF5

音ネン 訓―

筆順

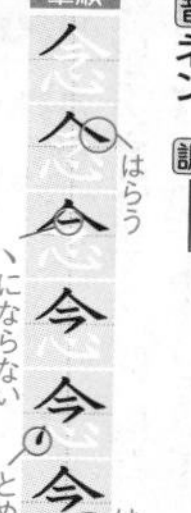

なりたち [形声]「今(キン)」が「ネン」とかわって読み方をしめしている。「キン」は「かたくとどめる」意味をもち、「心」にしっかりととどめておくことを表す字。

意味 ❶心にとどめる。強く思う。考え。ねがい。例念には念を入れよ。念頭・入念 ❷心をこめてとなえる。例み仏の名を念ずる。念仏

❶〈心にとどめる〉の意味で

【念願】ねんがん Ⅱ〈―する〉そうなってほしいと、心の中で強くのぞむこと。そののぞみ。例念願がかなう。類宿願・願望

【念書】ねんしょ ↓相手と約束したことを書いた文書。例念書をとる。念書をかわす。

【念頭】ねんとう ↓心のなか。例注意されたことがらを念頭におく。

【念力】ねんりき ↓いっしょうけんめいに思いをこらすことによって生まれてくる力。

❷〈心をこめてとなえる〉の意味で

【念仏】ねんぶつ ▲〈―する〉仏の名をとなえること。とくに「南無阿弥陀仏」ととなえること。

← 念が下につく熟語 上の字の働き

❶念＝〈心にとどめる〉のとき
【観念 祈念】近い意味。
【信念 理念 一念 丹念 執念 概念 雑念 邪念 疑念 余念】ドウイウ思いか。
【残念 無念】思いにドウデアルか。
【入念 専念 記念 懸念 失念 断念】念を(念に)ドウスルか。

怨

心-5 総画9 常用 明朝 怨 6028

音エン高・オン中 訓うら-む外

筆順 ノ ク タ タ 夗 夗 怨 怨 怨

意味 うらむ。うらみ。うらめしい。例怨恨・怨念

表記「うらむ」は、「恨む」で表すことが多い。

【怨恨】えんこん Ⅱうらみ。

【怨念】おんねん ↓人をうらむ気持ち。例強い怨念をいだく。

怪

忄-5 総画8 常用 明朝 怪 602A

中 音カイ中・ケ外 訓あや-しい中・あや-しむ中

筆順 丶 忄 忄 忄 怪 怪 怪 怪

なりたち [形声]「圣」が「カイ」という読み方をしめしている。「カイ」は「ふつうでない」の意味をもち、ふつうでないことに対して心(忄)の中でうたがうことを表す字。

意味 あやしい。ふつうでない。へんに思う。例 警官が怪しむ。怪人・奇怪

例解 [使い分け] あやしい[怪・妖] ☞ ひだりのページ

【怪異】 Ⅱ〈―な〉りくつでは説明できない、ふしぎなこと。例 怪異伝説。

【怪奇】 Ⅱ〈―に〉おそろしい感じのする、あやしくふしぎなこと。例 怪奇現象。複雑怪奇。類 伝奇

【怪気炎】 ほんとうかどうか心配になるような、調子のよさ。例 怪気炎をあげる。

【怪傑】 ↓ ひとなみはずれた力をもつ、ふしぎな人。例 怪傑黒頭巾。

【怪獣】 ↓ ふしぎなすがたで、正体がわからない動物。例 怪獣映画。

【怪人】 ↓ 正体のよくわからない人物。

【怪談】 ↓ お化けやゆうれいなどの出てくる、ぞっとするような話。

【怪盗】 ↓ 正体がわからない、ふしぎなどろぼう。例 怪盗ルパン。

【怪物】 ↓ 正体がわからない、あやしい生き物。化け物。表現 「政界の怪物」のように、ふつうの人とはちがった大きな力や才能をもつ人をいうこともある。

【怪文書】 だれが書いたかわからない、悪口やひみつが書いてある文書。

【怪力】 ↓ ひとなみはずれた、強い力。例 怪力を発揮する。類 大力

【怪我】 ◎ ①〈―する〉傷をうけること。また、その傷。例 けがが人。けがをする。類 負傷 ②小さなあやまちやわざわい。例 けがの功名（失敗だと思ったことが、思いがけずよい結果になること）。

【怪訝】 Ⅱ〈―な〉ほんとうだろうか、とへんに思うようす。例 怪訝な顔。

◆奇怪 奇奇怪怪

急

心−5 総画9 3年 明朝 急 6025

音 キュウ 訓 いそ-ぐ・せ-く(外)

筆順 （だささない・はねる・とめる）

なりたち [形声]「及→刍」と「心」とからでき、及が「追いつく」意味と「キュウ」という読み方をしめしている。追いつこうとする心を表す字。

意味 ❶いそぐ。いそぎの。さしせまっている。例 急ぎの用。急を要する。緊急 対 緩
❷とつぜん。にわかに。不意に。例 急に止まる。急変
❸はやい。スピードがはやい。例 急ピッチで進行する。急行・急流
❹けわしい。かたむきがきつい。例 急な階段。急坂

❶〈いそぐ〉の意味で

【急行】 ↓〈―する〉いそいで行くこと。例 事故現場へ急行する。☞❸

【急告】 ↓〈―する〉いそいで知らせること。その知らせ。例 急告が入る。

【急使】 ↓ 急の用事のためのいそぎの使い。例 急使をたてる。

【急所】 ↓ ①からだの中で、命にかかわるところ。例 急所をはずれる。②ものごとにとって、いちばんたいせつなところ。例 急所をつく。類 要点・要所

【急進】 ↓〈―する〉いそいで進むこと。とくに、ものごとのしくみや規則などをどんどんとかえようとすること。例 急進派。対 漸進

【急先鋒】 人びとの先頭に立って、いきおいよくものごとをおし進めようとする人。例 市民運動の急先鋒。

【急送】 ↓〈―する〉いそいで送ること。例 救援物資を急送する。

【急造】 ↓〈―する〉いそいでつくること。急ごしらえ。例 急造の小屋。

【急場】 ↓ すぐになんとかしなければならない場面。例 急場をしのぐ。

【急迫】 ↓〈―する〉ものごとが、さしせまってくること。類 切迫・緊迫

【急募】 ↓〈―する〉大いそぎで募集すること。例 従業員急募。

【急報】 ↓〈―する〉いそいで知らせること。いそぎの知らせ。例 急報が入る。類 速報

【急務】 ↓ いそいでしなければならない

さしせまった仕事。例 目下の急務。
【急用】↓ いそぎの用事。例 急用ができた。

❷〈とつぜん〉の意味で
【急患】↓ いそいで手当てをする必要がある患者。類 急病人
【急激】Ⅲ〈―な・―に〉とつぜんに大きくかわるようす。例 物価が急激に上がった。
【急死】↓〈―する〉とつぜん死ぬこと。例 急死の知らせを聞く。類 急逝
【急襲】↓〈―する〉相手がゆだんしているときをねらって、とつぜんおそいかかること。例 敵の背後を急襲する。類 奇襲
【急性】↓ 病気で、急にはじまって、どんどん具合がわるくなるもの。例 急性肺炎。対 慢性
【急逝】↓〈―する〉とつぜん死ぬこと。例 昨夜急逝されました。類 急死 表現 ていねいであらたまった言い方。
【急増】↓〈―する〉急にふえること。例 人口が急増する。対 急減
【急転】↓〈―する〉ものごとのようすがとつぜんかわること。例 事態が急転する。
【急転直下】ものごとのなりゆきがいっぺんにかわって、あっという間に解決すること。例 事件は急転直下解決した。
【急騰】↓〈―する〉もののねだんなどが、急に上がること。類 暴騰・高騰 対 急落
【急病】↓ とつぜんかかった病気。例 急病にかかる。急病人。
【急変】↓ ①〈―する〉ものごとのようすが、急にわるいほうにかわること。例 病人の容体が急変する。類 激変 ②とつぜん起きた、思いがけないできごと。とくに、政治や軍事にかかわるものをいう。
【急落】↓〈―する〉もののねだんなどが、急に下がること。例 株価が急落する。類 暴落 対 急騰

❸〈はやい〉の意味で
【急行】↓「急行列車」の略。おもな駅だけにとまり、速く進む列車。類 快速 ☞❶
【急速】Ⅲ〈―な・―に〉ものごとの進み方が、とてもはやいようす。例 急速な進歩をとげる。
【急流】↓ 川の流れが急なこと。流れのはやい川。類 早瀬・激流・奔流

❹〈けわしい〉の意味で
【急降下】↓〈―する〉飛行機が、機首を下げ、急角度でおりること。対 急上昇 表現「人気が急降下する」のような言い方もされる。
【急峻】◆ Ⅲ〈―な〉山やがけ、坂道などのかたむきがとても急で、けわしいこと。例 急峻な山道を登る。
【急坂】↓ かたむきが大きく、けわしい坂。例 やっとのことで急坂を登る。

⬅ 急が下につく熟語 上の字の働き
❶ 急＝〈いそぐ〉のとき
【火急 緊急 早急】近い意味。
【応急 救急】急な事態に対してドウスルか。
◆ 緩急 至急 性急

思

心－5 総画9 2年 明朝 思 601D

音 シ 訓 おも－う

例解 使い分け あやしい 《怪しい・妖しい》

怪しい＝ふつうとちがう。うたがわしい。はっきりしない。
例 怪しい人影。怪しい物音。約束が守られるか怪しい。空模様が怪しい。

妖しい＝なまめかしい。心がひきつけられるような、ふしぎな感じがする。
例 妖しい美しさ。妖しくかがやく瞳。宝石が妖しく光る。

筆順 はねる とめる とめる

なりたち [会意]「囟」が「脳」をしめし、「心」を合わせて、頭や心でおもうことを表す字。

意味 おもう。心の中にえがく。考える。例 思わぬ結果。思いのほか。思考・意思

【思惑】おもわく ◎ ①ものごとがこの先どうなるかについての、予想。例 思わくどおり。②まわりの人びとの思うこと。評判。例 世間の思わくを気にする。

【思案】しあん Ⅲ〈―する〉①どうしたらよいかと、あれこれ考えること。例 思案にくれる。類 料簡 ②心配すること。例 思案顔。

【思考】しこう Ⅲ〈―する〉じっくりと頭をはたらかせて考えること。例 思考力をつける。

【思索】しさく Ⅲ〈―する〉ものごとの深い意味などをねばりづよく考えること。例 思索にふける。

【思春期】ししゅんき 子どもの時期をすぎて、心もからだもおとなに近づく年ごろ。とくに、異性への関心が高まるころ。

【思想】しそう Ⅲ 一つのまとまりをもった考え。例 思想家。類 主義

【思潮】しちょう ↓ その時代にいきわたっている考え方。例 文芸思潮。

【思慕】しぼ Ⅲ〈―する〉相手の人をしたい思うこと。例 思慕の情。

【思慮】しりょ Ⅲ〈―する〉じっくりとよく考えること。例 思慮深い人。思慮分別。

←思が下につく熟語 上の字の働き

【熟思 沈思 相思】ドノヨウニ思うか。

性

忄-5 総画8 5年 明朝 性 6027

音 セイ・ショウ 中 訓 ―

筆順 はねない ながく

なりたち [形声]「生」が「うまれる」意味と「セイ」という読み方をしめしている。「心(忄)」をくわえて、生まれながらもっている心を表す字。

意味 ❶せいしつ。生まれつきの心。ものごとの性質。例 性に合わない。性分・個性 ❷男と女の別。例 性別・異性

発音あんない ショウ→ジョウ…例 根性

❶〈せいしつ〉の意味で

【性根】しょうね Ⅲ ❶ なにかをするときのささえとなる心がまえ。例 性根をすえる。類 根性 ❷ 一つのことを最後までやりぬく根気。例 性根つきる。類 精根

【性分】しょうぶん ↓ 人が生まれつきもっている、考え方や行動のしかたなどの特徴。例 きちょうめんな性分。類 性質・性格

【性悪説】せいあくせつ 人間の本性はよくないが、教育や環境によって、りっぱになっていくという考え方。中国古代の思想家荀子の説。対 性善説

【性格】せいかく ↓ ①人がそれぞれにもつ、感じ方や考え方、行動のしかたなどのようす。例 おだやかな性格。類 性質・性分・人柄・気質 ②そのものだけがもっている、ほかとはちがう中身。例 商品の性格をよく理解して使う。

【性急】せいきゅう ▽〈―な〉わけもなく先をいそぐ態度。せっかち。例 性急に結論を出すな。

【性向】せいこう ↓ もともともっている、そうなりやすい性質。例 かれにはともすれば楽をしようとする性向がある。

【性行】せいこう Ⅲ その人の性質やおこない。類 気質

【性質】せいしつ Ⅲ ①生まれつきのたち。考え方や行動のしかたなどに見られる、その人らしさ。例 ほがらかな性質。類 性格・性分 ②そのものがもともともっている特色。例 金属には熱を伝えやすい性質がある。類 特性・特質

【性善説】せいぜんせつ 人間の本性は善良なものであるが、わるい性質があとから身についてしまうのだという考え方。中国古代の思想家孟子の説。対 性悪説

【性能】せいのう ↓ 道具や機械などのもっている性質や能力。例 高性能。

【性癖】せいへき ↓ あまりよくない性質やくせ。

❷〈男と女の別〉の意味で

【性教育】男と女はどこがどうちがうか、おたがいにどう接すればいいかなど、性について正しい知識や考え方を教える教育。

【性別】⇩ 男と女、雄と雌の区別。

←性が下につく熟語 上の字の働き

❶性＝〈せいしつ〉のとき

【個性 特性 本性 理性 知性 品性 野性 習性 属性 国民性 感受性 気性 素性 相性】ナニの面での性質か。

【陽性 陰性 真性 急性 慢性 悪性 優性 惰性 弾性 酸性 魔性 夜行性 凶暴性 先天性 一過性 吸湿性】ドノヨウナ性質か。

❷性＝〈男と女の別〉のとき

【男性 女性 中性 異性】ドノ性か。

◆根性

怠

心－5　総画9　常用　明朝 怠 6020

音 タイ㊥　訓 おこた-る㊥・なま-ける㊥

筆順 厶 厶 台 台 台 怠 怠

なりたち [形声]「台」が「タイ」という読み方をしめしている。「タイ」は「ゆるむ」意味をもち、「心」がゆるむことを表す字。

意味 おこたる。なまける。例 注意を怠る。仕事を怠ける。怠惰

【怠惰】㊁〈―な〉なまけて、だらしなくしていること。例 怠惰な生活。対 勤勉 表現 ☞【怠慢】(ひだりにあります)

【怠慢】㊁〈―に・―な〉なまけて、するべきことをしないこと。例 職務怠慢。表現「怠惰」は人の性質の問題なので、すぐになおるとは期待できないが、「怠慢」はやり方しだいで、なおすことができる。

怒

心－5　総画9　常用　明朝 怒 6012

音 ド㊥・ヌ㊐　訓 いか-る㊥・おこ-る㊥

筆順 く 女 女 奴 奴 怒 怒 怒 怒

なりたち [形声]「奴」が「ド」という読み方をしめしている。「ド」は「こみあげる」意味をもち、「心」がむらむらといきり立つことを表す字。

意味 おこる。はらがたつ。いきおいがはげしい。例 真っ赤になって怒る。喜怒哀楽。怒気・怒号・激怒

【怒気】⇩ いかりの気持ち。例 怒気をふくんだ声。

【怒号】⇩〈―する〉おこってさけぶ、どなり声。例 怒号がとびかう。

【怒濤】⇩ すさまじくあれくるう波。例 怒濤のようにおしよせる。

【怒髪】⇩ いかりで逆立ったかみの毛。例 怒髪天をつく(激しくおこったようす)。

◆激怒 憤怒 ふんぬ・ふんど

怖

忄－5　総画8　常用　明朝 怖 6016

音 フ㊥　訓 こわ-い㊥

筆順 忄 忄 忄 怖 怖 怖 怖 怖

なりたち [形声]「布フ→ホ」が「フ」という読み方をしめしている。「ホ」は「おそれる」意味をもち、「心(忄)」の中でおそれることを表す字。

意味 こわい。おそろしい。こわがる。おそれる。例 怖いもの知らず。恐怖

怜

忄－5　総画8　人名　明朝 怜 601C

音 レイ㊐　訓 さと-い㊐

意味 かしこい。りこうな。

恩

心－6　総画10　6年　明朝 恩 6069

音 オン　訓 ―

筆順 丨 冂 冃 因 因 因 因 恩 恩 恩（とめる・はねる・とめる）

なりたち [形声]「因イン」が「オン」とかわって読み方をしめしている。「イン」は「いたむ」意味をもち、他人をあわれむ「心」を表す字。

◀次ページ 悔

意味
❶人からうけためぐみ。例恩を返す。恩に着る。恩義・謝恩
❷人に対するあたたかい心。例恩恵

名前のよみ おき・めぐみ

❶〈人からうけためぐみ〉の意味で

【恩義】おんぎ ⇩受けたなさけに対して、おかえしをしなければならないと思う気持ち。

【恩師】おんし ⇩自分が教わった先生。

【恩人】おんじん ⇩せわになったありがたい人。例命の恩人。

❷〈人に対するあたたかい心〉の意味で

【恩愛】おんあい・おんない Ⅲ親子・夫婦のあいだの愛情。例断ちがたい恩愛のきずな。

【恩給】おんきゅう ⇩一定期間つとめた公務員が、仕事をやめたり、死亡したりしたあとに、本人やその家族に国がしはらっていたお金。

【恩恵】おんけい Ⅲ受けた側が得をしたり、しあわせになったりするもの。例恩恵を受ける。

【恩賜】おんし ⇩天皇・君主が、国民にものをあたえること。例恩賜の金杯。

【恩赦】おんしゃ ⇩国に祝いごとがあったときなどに、犯罪人を、とくべつにゆるしたり、罰を軽くしたりすること。例恩赦にあずかる。

【恩賞】おんしょう ⇩天皇・君主がてがらをほめて、お金やものなどをあたえること。ほうびの品。

【恩情】おんじょう ⇩なさけのこもった、思いやりの心。例恩情が身にしみる。類温情

【恩沢】おんたく Ⅲ目下への愛情や思いやり。例恩沢をあたえる。

【恩寵】おんちょう Ⅲ神や君主からあたえられるめぐみ。例恩寵にあずかる。神の恩寵。

【恩典】おんてん ⇩ありがたい、とくべつなとりあつかい。例学費免除の恩典に浴する。

恩が下につく熟語 上の字の働き

❶恩＝〈人からうけためぐみ〉のとき
【旧恩 大恩】ドノヨウナ恩か。
【謝恩 忘恩 報恩】恩を(恩に)ドウスルか。

悔

忄-6 総画9 常用 明朝 悔 6094 旧字 悔 FA3D

音 カイ中 訓 く-いる中・く-やむ中・くや-しい中

文字物語

悔

「悔」の字の意味は、その熟語「後悔」の意味とだいたいかさなる。自分のしたことを「あんなこと、しなければよかった」と、あとになって残念に思ったり、くやしく思ったり。

訓の「くいる」「くやむ」もおなじような意味を表す。だから「弟にいじわるしたことを悔いている」「テストの成績を見て、もっと勉強しておけばよかったと悔やむ」などという。「悔いる」からできた名詞の「悔い」は、「悔いがのこる(後悔の気持ちが消えずにあとにまでのこる)」「悔いをのこす」のように使うが、「悔やむ」からできた名詞「悔やみ」は、もっぱら「お悔やみ」の言い方で、人が亡くなったときにその家族などに言うなぐさめのことばとして使う。ここでは自分の「後悔」ではなく、その人を失ったことを残念に思う、という気持ちを表している。

「くやしい」は、後悔する気持ちよりも、「一点差で負けたのがくやしくてならない」のように、残念で、あきらめきれない、と思う気持ちを表すことばだ。

筆順

なりたち [形声]「毎」が「カイ」という読み方をしめしている。「カイ」は「ひっかかる」意味をもち、あきらめきれず「心(忄)」にひっかかることを表す字。

意味 くいる。しなければよかったとくやしく思う。例罪を悔いる。悔やんでも悔やみきれない。悔しい思い。悔悟・後悔

[文字物語]☞このページ

【悔悟】かいご ⇩〈―する〉自分のしたことがわるかったと気づいて、あらためようと思うこと。例悔悟のなみだ。類悔悛

【悔恨】かいこん Ⅲ〈―する〉自分のおこないがまちがっていたことがわかり、悲しみくやむこと。

例 悔恨の日々をおくる。類 後悔

【悔悛】かいしゅん ↓〈—する〉自分のおこないがまちがっていたことに気づいて、心をいれかえること。類 改心・悔悟 表記「改悛」とも書く。

【恢】

忄−6 総画9 人名 明朝 恢 6062

音 カイ外 訓 ひろ-い外

意味 ひろい。おおきく広い。例 天網恢恢。

【恰】

忄−6 総画9 人名 明朝 恰 6070

音 カツ外・コウ外 訓 あたか-も外

意味

❶ちょうどよい。例 恰好

❷あたかも。ちょうど。

❸《その他》例 恰幅

❶〈ちょうどよい〉の意味で

【恰好】かっこう ◎ ①すがた。形。体裁。例 恰好が悪い。②〈—な〉ちょうどよい。例 恰好なおくり物。表記「格好」とも書く。

❸《その他》

【恰幅】かっぷく ◎ からだつき。例 恰幅がいい。

【恐】

心−6 総画10 常用 明朝 恐 6050

音 キョウ中 訓 おそ-れる中・おそ-ろしい中

筆順 工 玑 巩 巩 巩 恐 恐

なりたち 【形声】「巩」が「キョウ」という読み方をしめしている。「キョウ」は「すくむ」意味をもち、「心」がすくむことを表す字。

意味 おそれる。おそろしい。例 失敗を恐れる。恐ろしい病気。恐怖

例解 使い分け おそれる［恐・畏］☞このページ

【恐喝】きょうかつ Ⅱ〈—する〉相手のよわみやひみつにつけこんで、金などをおどしとること。例 恐喝罪。表記「脅喝」とも書く。

【恐慌】きょうこう ↓ ①不安やおそれにとらわれ、わけのわからない行動をすること。パニック。例 恐慌をきたす。②急に景気が悪くなり、たくさんの会社や銀行がつぶれたりして、人びとの生活が苦しくなること。パニック。例 金融恐慌。

【恐縮】きょうしゅく ↓〈—する〉身がちぢむほどおそれいること。例 ごめいわくをおかけし、恐縮しております。表現「恐縮ですが」「恐れ入りますが」は、人にものをたのむときなどに、「すみませんが」よりもていねいな感じで使う。

【恐怖】きょうふ Ⅱ ぞっとするようなおそろしさを感じること。例 恐怖におののく。

【恐竜】きょうりゅう ↓ 大むかしにさかえた巨大な爬虫類。

◆戦戦恐恐

例解 使い分け おそれる《恐れる・畏れる》

恐れる＝おそろしいと思う。心配する。
例 失敗を恐れていたらなにもできない。死への恐れ。

畏れる＝力のおよばないものをうやまう。かしこまる。
例 師を畏れうやまう。自然に対する畏れ。畏れ多いことば。

参考「恐れ多い」とも書く。また、「心配」の意味で「虞」と書くこともある。

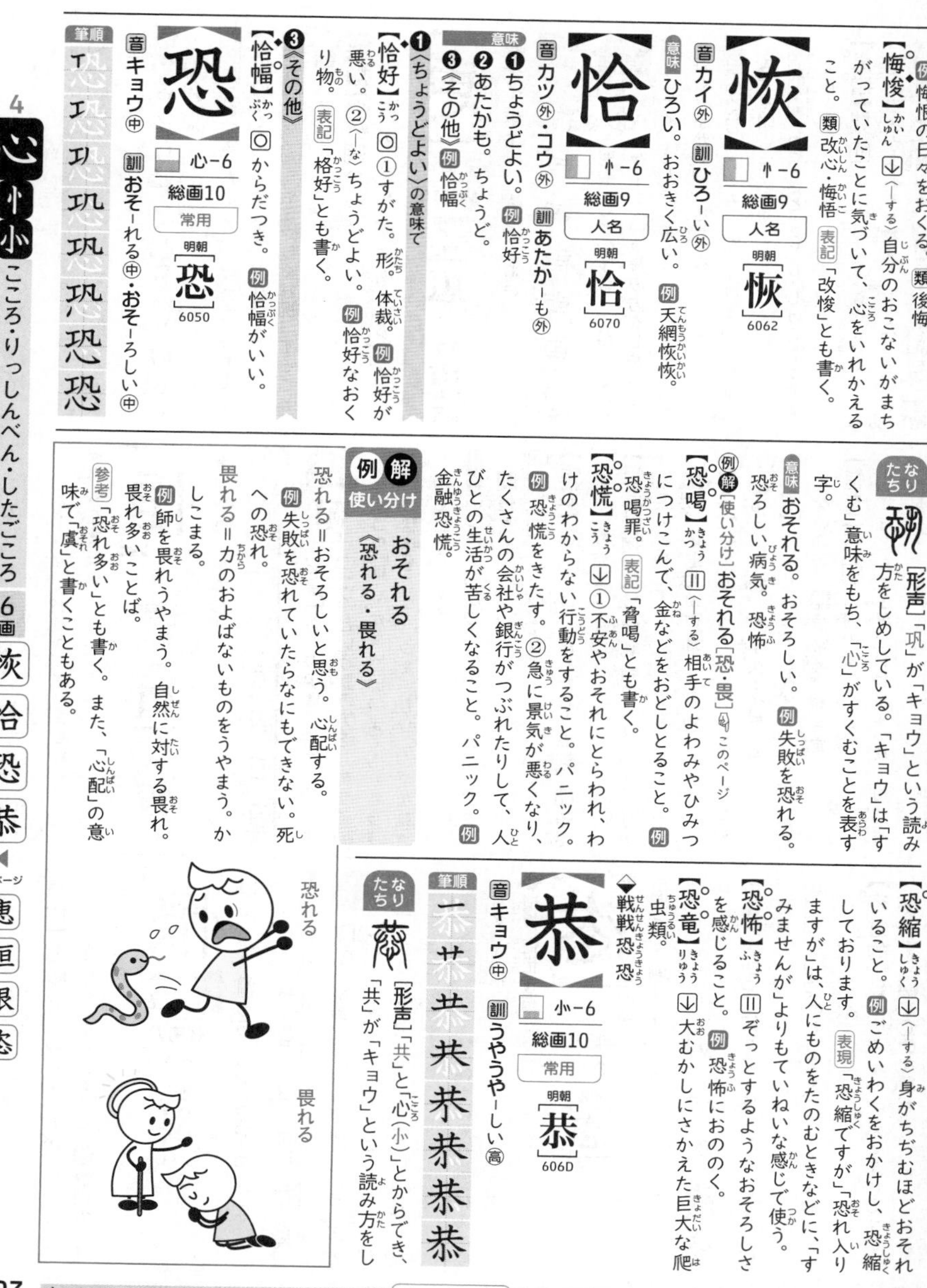

【恭】

小−6 総画10 常用 明朝 恭 606D

音 キョウ中 訓 うやうや-しい高

筆順 一 艹 共 共 恭 恭 恭 恭

なりたち 【形声】「共」と「心(小)」とからでき、「共」が「キョウ」という読み方をし

めしている。「キョウ」は「うやまいつつしむ」意味をもち、うやうやしくする気持ちを表す字。

意味 うやうやしい。つつしみぶかい。例 恭しく頭を下げる。恭順

名前のよみ すみ・たか・たかし・ただ・ただし・ちか・のり・みつ・やす・やすし・ゆき・よし

【恭賀】↓うやうやしくお祝いすること。例 恭賀新年。

【恭順】↓〈―な〉上からの命令に、おとなしくしたがうこと。例 恭順の意を表す。

恵

心-6 総画10 常用 明朝 恵 6075 旧字 惠 60E0

音 ケイ中・エ中 訓 めぐ-む中

筆順 恵

なりたち [形声]もとの字は、「惠」。「叀」が「ケイ」という読み方をしめしている。「ケイ」は「人に物をあたえる」意味をもち、めぐみぶかい「心」を表す字。

意味 めぐむ。めぐみ。めぐまれる。例 自然の恵み。恵贈・恩恵・知恵

名前のよみ あや・さと・さとし・しげ・とし・やす・よし

【恵贈】II〈―する〉好意をこめて物をおくること。人からおくり物をもらったとき、お礼のことばに用いる。例 なによりの品をご恵贈くださり、ありがとうございました。

◆恩恵 互恵 知恵

恒

忄-6 総画9 常用 明朝 恒 6052 旧字 恆 6046

音 コウ中 訓 つね外

筆順 恒

なりたち [形声]もとの字は、「恆」。「亙」が「コウ」という読み方をしめしている。「コウ」は「動かない、いつまでもかわらない」の意味をもち、いつまでも心(忄)がかわらないことを表す字。

意味 いつまでもかわらない。いつでもおなじ。例 恒久

名前のよみ ちか・のぶ・ひさ・ひさし・ひとし

【恒温】↓一定にたもたれた温度。例 恒温動物。類 定温 対 変温

【恒温動物】哺乳類のように、まわりの温度がかわっても、体温があまりかわらない動物。類 定温動物 対 変温動物

【恒久】II いつまでもかわることがない。例 恒久の平和。類 永久・永遠

【恒常】II いつでもおなじようすで、かわらないこと。例 恒常性。類 一定

【恒星】↓太陽のように自分から光をだし、ほとんど位置のかわらない星。対 惑星・遊星

【恒例】↓行事やもよおしが、いつもきまったときにおこなわれること。例 恒例の盆踊り。類 定例

恨

忄-6 総画9 常用 明朝 恨 6068

音 コン中 訓 うら-む中・うら-めしい中

筆順 恨

なりたち [形声]「艮」が「コン」という読み方をしめしている。「コン」は「深く根ざす」意味をもち、心(忄)の中でいつまでも根にもつことを表す字。

意味 うらむ。うらみ。残念に思う。例 恨みを晴らす。遺恨

◆遺恨 悔恨 痛恨

恣

心-6 総画10 常用 明朝 恣 6063

音 シ中 訓 ―

筆順 恣

意味 好きかってにする。ほしいままにする。例 恣意

字体のはなし 「恣」とも書く。☞ふろく「字体についての解説」(30ページ)

【恣意的】〈―な〉かって気ままにしているようす。例 恣意的な解釈。

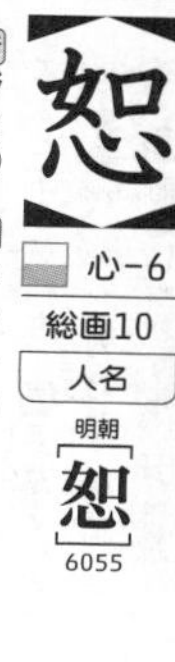

【恕】

心-6 総画10 人名 明朝 恕 6055

音 ジョ外 訓 ゆる-す外

意味 ゆるす。おおめにみる。思いやる。例 寛恕

名前のよみ くに・しの・しのぶ・のり・ひろ・ひろし・みち・ゆき・よし

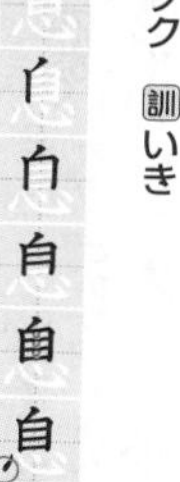

【息】

心-6 総画10 3年 明朝 息 606F

音 ソク 訓 いき

筆順 ′ 亻 白 自 自 自 息 息（とめる・はねる）

なりたち [会意]「自」が「はな」、「心」が「むね」のことで、鼻とむねでいきをすることを表す字。

意味 ❶いき。呼吸。いきづく。例 息がつまる。虫の息。消息 ❷やすむ。はたらきを止める。例 休息 ❸子。生まれたもの。例 息女・利息

特別なよみ 息吹(いぶき)・息子(むすこ)

名前のよみ おき・やす

❶〈いき〉の意味で

【息吹】いぶき ⇩ 生き生きとしたけはい。例 春の息吹。参考 もとは息をはくこと、息づかいを表すことば。

❷〈やすむ〉の意味で

【息災】そくさい ▲ なにごともなく元気でいること。例 無病息災。

❸〈子〉の意味で

【息女】そくじょ Ⅱ 人のむすめをうやまっていうときのことば。類 令嬢 対 子息 表現 敬意を確実に表したいときは「ご息女」という。

【息子】むすこ Ⅱ 親にとって、自分の、男の子ども。例 うちの息子。対 娘

息が下につく熟語 上の字の働き

❶息=〈いき〉のとき
【嘆息 寝息 吐息】ドウスル息か。
【鼻息 青息 一息】ドンナ息か。

❷息=〈やすむ〉のとき
【休息 終息】近い意味。

❸息=〈子〉のとき
【子息 利息】近い意味。

◆消息 安息 生息 絶息 窒息 令息 愚息

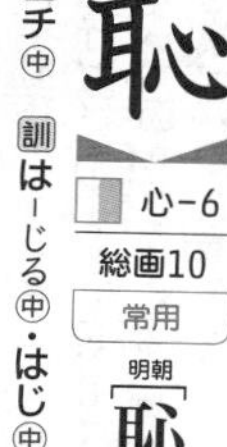

【恥】

心-6 総画10 常用 明朝 恥 6065

音 チ中 訓 は-じる中・はじ中・は-じらう中・は-ずかしい中

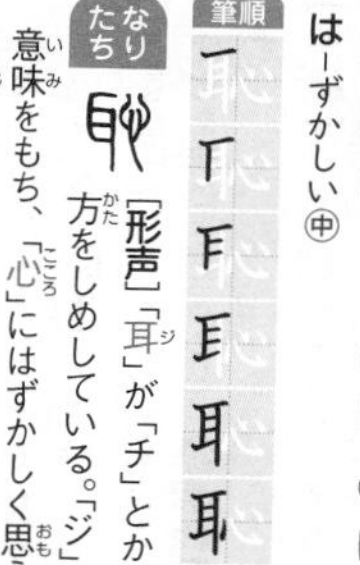

筆順 一 丅 F E 耳 耳 耳 恥 恥

なりたち [形声]「耳」が「チ」とかわって読み方をしめしている。「ジ」は「はじる」意味をもち、「心」にはずかしく思うことを表す字。

意味 はじ。はずかしく思う。例 不明を恥じる。恥をさらす。赤恥・恥辱

【恥辱】ちじょく Ⅱ 心がひどく傷つくほどの、はずかしい思いをすること。類 屈辱・汚辱

◆赤恥 破廉恥 無恥

【恋】

心-6 総画10 常用 明朝 恋 604B 旧字 戀 6200

音 レン中 訓 こ-う中・こい中・こい-しい中

筆順 亠 亣 亦 亦 恋 恋

なりたち [形声]もとの字は、「戀」。「䜌」が「レン」という読み方をしめしている。「レン」は「ひかれる」意味をもち、「心」がひかれることを表す字。

意味 男と女のあいだの愛情。人を好きになる気持ち。例 人を恋う。ふるさとが恋しい。初恋・恋愛

【恋敵】こいがたき ⇩ 恋人になろうとして競争しあっている相手。ライバル。

【恋路】こいじ ⇩ 恋する心を深めようとする道筋。類 恋愛

【恋仲】こいなか ⇩ おたがいに恋しあう男女の間柄。例 あの二人は恋仲だ。

【恋人】こいびと ⇩ 恋している相手の人。例 恋人どうし。永遠の恋人。類 愛人

【恋文】こいぶみ ⇩ 恋する気持ちを書いて出す手紙。ラブレター。例 恋文をしたためる。

【恋愛】れんあい Ⅱ〈—する〉男女のあいだで、相手がすきになり、いつもいっしょにいたいと思う気持ちになること。例 恋愛結婚。類 恋

【恋歌】れんか|こいうた ↓ 人を恋する気持ちをうたった詩や歌。例 恋歌をおくる。

【恋恋】れんれん Ⅱ〈—たる〉①恋しくてわすれられないようす。例 恋々たる思い。②思いきりのわるいようす。例 地位に恋々としがみつく。

悪

心-7 総画11 3年

明朝 悪 60AA 旧字 惡 60E1

音 アク・オ高 訓 わる-い・あ-し外

筆順 はねる とめる とめる

なりたち [形声] もとの字は、「惡」。「亞(ア)」が「アク」とかわって読み方をしめしている。「ア」は「みにくい」の意味をもち、「心」ににくしみをもつことを表す字。

意味 ❶わるい。よくない。例 天気が悪い。悪の道に走る。悪者・害悪 対 善・良 ❷にくむ。いやだと思う。例 嫌悪

発音あんない アク→アッ…例 悪化

❶〈わるい〉の意味で

【悪意】あくい ↓ ①人の不幸をよろこび、傷つけようとする気持ち。例 悪意をいだく。類 悪気・毒気 対 好意・善意 ②わるい意味。例 悪意に解釈する。対 善意

【悪運】あくうん ↓ ①運がわるいこと。類 不運 対 幸運 ②わるいことをしても、罰もあたらないでいる運命。例 悪運の強いやつ。

【悪影響】あくえいきょう まわりのものごとにわるい変化を起こさせること。例 悪影響をおよぼす。

【悪縁】あくえん ↓ 別れようとしても別れられない、関係。くされ縁。例 悪縁をたち切る。

【悪行】あくぎょう ↓ 人として、してはいけないおこない。例 悪行を重ねる。類 悪事 対 善行

【悪業】あくごう ↓ 仏教でいう、この世でむくいをうけるような前世でおかしたわるい行い。

【悪事】あくじ ↓ 社会的に許されないようなわるいおこない。例 悪事をはたらく。類 悪行

【悪事千里を走る】あくじせんりをはしる わるいおこないは、うわさがすぐに遠方まで伝わるものである。「悪事千里を行く」とも。参考 中国の書物にある「好事門を出でず、悪事千里を行く(よいおこないの評判はなかなか広まらないが、わるいうわさはすぐに遠くまで伝わる)」ということばから。

【悪質】あくしつ ↓〈—な〉①とても許せない、たちがわるいこと。例 悪質ないたずら。②品物などの、質がわるいこと。例 悪質な化粧品。類 悪性 対 良質

【悪臭】あくしゅう ↓ 気分がわるくなるようないやなにおい。例 悪臭を放つ。類 異臭

【悪習】あくしゅう ↓ 世の中のわるいならわし。身についてしまったわるいくせ。例 悪習にそまる。類 悪風・悪癖・弊風

【悪趣味】あくしゅみ〈—な〉①人がいやがることをわざとして、おもしろがるような、よくないくせ。例 人のあらばかりさがすのは悪趣味だよ。②このみが下品で、センスがよくないこと。例 なんとも悪趣味な服装だ。

【悪循環】あくじゅんかん〈—する〉ある一つがわるくなると、もう一つがわるくなり、そのためにいっそうもとのものごとをわるくするというように、かぎりなくわるくなっていくこと。例 悪循環をたち切る。対 好循環

【悪書】あくしょ ↓ 読むとわるい影響が出そうな本。例 悪書追放運動。対 良書

【悪条件】あくじょうけん ものごとをするのにさまたげとなる、まわりのようすやしくみ。例 悪条件を克服する。悪条件がかさなる。

【悪声】あくせい ↓ ①いやな感じをあたえる声。対 美声 ②わるい評判。例 悪声が広まる。

【悪性】あくせい ↓ 病気などのたちがわるい。例 悪性のかぜがはやる。類 悪質 対 良性

【悪政】あくせい ↓ わるい政治。例 悪政に苦しむ。類 暴政 対 仁政・善政

【悪銭】あくせん ↓ よくない方法で手に入れたお金。例 悪銭身につかず(わるいことをしてかせいだお金は、すぐになくなってしまう)。

【悪戦苦闘】あくせんくとう〈—する〉自分に不利なたたかいを、死にものぐるいでたたかうこと。例 悪

戦苦闘をしいられる。類四苦八苦

【悪態】あくたい ↓にくまれぐち。例悪態をつく。

【悪玉】あくだま ↓悪人。芝居などの悪役をいう。類悪党 対善玉 参考江戸時代の庶民向け読み物のさしえに、作中人物の善心・悪心のすがたを、顔のかわりに㊚善や㊚悪と書いた人物略画でかき入れた。そこから「善玉」「悪玉」ということばができてきた。

【悪天候】あくてんこう 雨だったり、風が強かったりする荒れもようの天候。類荒天

【悪党】あくとう ↓許されないようなわるいことをする人。類悪人・悪者・悪漢・悪玉

【悪童】あくどう ↓いたずらっ子。悪たれ。

【悪徳】あくとく ↓人の道に反するようなわるいおこないや、心がけ。例悪徳商人。対美徳

【悪人】あくにん ↓わるいやつ。例悪人をこらしめる。類悪者・悪漢・悪党 対善人

【悪筆】あくひつ ↓字がへたなこと。対達筆・能筆

【悪評】あくひょう ↓わるい評判。例悪評がたつ。類不評 対好評

【悪平等】あくびょうどう〈―な〉形のうえでは公平のようでも、実際にはかえって不公平なこと。

【悪風】あくふう ↓よくないならわしや考え方。例悪風にそまる。類悪習・弊風 対良風・美風

【悪文】あくぶん ↓意味のわかりにくい文章。対名文。

【悪弊】あくへい ↓その社会に広まっている、わるい習慣。例悪弊に手をやく。

【悪癖】あくへき ↓その人のもっている、わるいくせ。例ぬすみの悪癖を直す。類悪習

【悪魔】あくま ↓人を悪へとみちびく魔物。例悪魔にとりつかれる。類魔物

【悪夢】あくむ ↓いやな夢やこわい夢、気味のわるい夢。例悪夢にうなされる。表現いやな体験をしたあと、ふりかえって、「悪夢のようなできごとだった」と言ったりする。

【悪名】あくめい｜あくみょう ↓わるいことをする人としてよく知られた名前。例悪名が高い。

【悪役】あくやく ↓劇の中の悪人の役。類敵役

【悪友】あくゆう ↓つきあう相手に、わるい影響をあたえる友だち。例悪友と縁を切る。対良友 表現仲のよい友だちのことを親しみをこめて言うときに使うことがある。

【悪用】あくよう ↓〈―する〉わるい目的のために、正しい使い方とはちがう使い方をすること。例地位を悪用して、金をもうける。対善用

【悪例】あくれい ↓あとにわるい影響をおよぼすような前例。例悪例をのこす。

【悪化】あっか ↓〈―する〉ものごとがわるくなっていくこと。例病状が悪化する。対好転

【悪漢】あっかん ↓いかにもわるいやつ。

【悪口】あっこう｜わるくち ↓人のことをわるく言うこと。わるく言うことば。例かげで悪口を言う。悪口雑言(いろいろな悪口を、言いたいほうだいに言うこと)。

【悪寒】おかん ↓熱が出たときのぞくぞくとするような、気分のよくない寒気。例かぜを引いたのか悪寒がする。

【悪気】わるぎ ↓人をこまらせたり、だましたりしてやろうとするわるい気持ち。類悪意 表現「悪気はなかったので、許してください」のように打ち消す形で使うことが多い。

【悪知恵】わるぢえ わるいことを思いついたり考え出したりする才能。例悪知恵のはたらくやつだ。類奸知・邪知

【悪者】わるもの ↓悪事をはたらく者。例悪者あつかい。類悪人・悪党・悪漢 対善人

←悪が下につく熟語 上の字の働き

❶悪＝〈わるい〉のとき
【凶悪 邪悪 醜悪 粗悪 害悪 俗悪 険悪 罪悪】近い意味。
【極悪 最悪】ドノクライ悪いか。

❷悪＝〈にくむ〉のとき
【憎悪 嫌悪】近い意味。

◆意地悪 改悪 勧善懲悪 善悪

悦

忄-7 総画10 常用 明朝 悦 60A6

音エツ中 訓よろこ-ぶ外

筆順

なりたち [形声]「兌」が「エツ」という読み方をしめしている。「エツ」は「とける」意味をもち、心(忄)がときほぐれることを表す字。

◀次ページ 患 悟 悉 悌 悩 悠

意味 よろこぶ。たのしむ。例 悦に入る。悦楽・喜悦

◆喜悦 満悦

名前のよみ のぶ・よし

【悦楽】[二]〈―する〉よろこびや楽しみに、うっとりとひたること。例 悦楽にふけって身をほろぼす。類 歓楽・快楽・享楽

患

心-7 総画11 常用 明朝 患 60A3

筆順

音 カン 中 訓 わずら-う 高

なりたち [形声]「串」が「つらぬく」意味と「カン」という読み方をしめしている。「心」のつき通されるような苦しい思いを表す字。

意味 わずらう。病気にかかる。苦しむ。例 胃を患う。患者・疾患

例解 [使い分け] わずらう[煩・患] ☞745ページ

【患者】[↓] 病気やけがなどをなおすために医者にかかっている人。類 病人

【患部】[↓] からだの中で、病気になっていたり傷ついたりしているところ。

◆外患 急患 疾患

悟

忄-7 総画10 常用 明朝 悟 609F

筆順

音 ゴ 中 訓 さと-る 中

なりたち [形声]「吾」が「ゴ」という読み方をしめしている。「ゴ」は「あきらか」の意味をもち、心(忄)が明らかになることを表す字。

意味 さとる。はっきりとわかる。例 真理を悟る。覚悟

名前のよみ さとし・のり

悉

心-7 総画11 人名 明朝 悉 6089

音 シツ 外 訓 ことごと-く 外

意味 ❶ことごとく。すべて。例 出たごちそうを悉く食べた。❷つくす。すべてきわめつくす。例 知悉(知りつくしていること)

悌

忄-7 総画10 人名 明朝 悌 608C

音 テイ 外 訓 ―

意味 兄弟仲がいい。やわらぐ。

名前のよみ とも・やす・やすし・よし

悩

忄-7 総画10 常用 明朝 悩 60A9 旧字 惱 60F1

筆順

音 ノウ 中 訓 なや-む 中・なや-ます 中

なりたち [形声] もとの字は「惱」。「𡿺」が「ノウ」という読み方をしめしている。「ノウ」は「みだす」意味をもち、心(忄)をみだすことを表す字。

意味 なやむ。なやます。心が苦しみみだれる。例 悩みを打ち明ける。騒音に悩まされる。悩殺・苦悩

【悩殺】⊠〈―する〉女の人が、その美しさで男の人の心をかきみだすこと。

悩が下につく熟語 上の字の働き

【苦悩 煩悩】近い意味。

悠

心-7 総画11 常用 明朝 悠 60A0

筆順

音 ユウ 中 訓 ―

なりたち [形声]「攸」が「長くつづく」意味と「ユウ」という読み方をしめしている。「心」に思いがつづくことを表す字。

意味 ゆったりしている。時間が長くつづく。例 悠長

名前のよみ はるか・ひさ・ひさし

【悠久】[二]〈―に〉考えられないほど長い年月がつづくようす。例 悠久のむかしに思いをはせる。悠久の歴史。類 永久

【悠然】ゆうぜん ⊠〈—たる〉ゆったりと落ち着いているようす。例 悠然とした態度。類 泰然

【悠長】ゆうちょう Ⅲ〈—な〉のんびりしているようす。例 悠長な話。表現 落ち着きをほめるよりも、おそすぎるとあきれたり、いらいらする気持ちで言うことが多い。

【悠悠】ゆうゆう Ⅲ〈—たる・—と〉①十分余裕がある。落ち着いている。例 悠々と歩く。悠々間に合う。②ゆったりと、はてしなくつづくようす。例 悠々たる川の流れ。

【悠悠自適】ゆうゆうじてき〈—する〉自分のしたいことをして、心しずかに日をおくること。例 会社をやめてからは、悠々自適の毎日だ。類 晴耕雨読

【悠揚】ゆうよう Ⅲ〈—たる〉どっしりと落ち着いて、少しもあわてたり、さわいだりしないようす。例 悠揚せまらず(あわてずさわがず)。

惟

忄−8 総画11 人名 明朝 惟 60DF

音 イ 外 訓 おも-う 外

意味 ❶思う。よく考える。例 思惟 ❷これ。この。ただこれだけ。

名前のよみ これ・ただ・たもつ・のぶ・よし

惧

忄−8 総画11 常用 明朝 惧 60E7

音 グ 中 訓 —

筆順

意味 おそれる。心配する。例 危惧の念をいだく。

字体のはなし 「懼」とも書く。☞ふろく「字体についての解説」(30ページ)

惧が下につく熟語 上の字の働き

【危惧】近い意味。

惚

忄−8 総画11 人名 明朝 惚 60DA

音 コツ 外 訓 ほ-れる 外・ぼ-ける 外・とぼ-ける 外

意味 ❶ほれる。うっとりする。好きになる。夢中になる。例 恍惚 ❷ぼける。頭のはたらきがおとろえる。❸とぼける。知らないふりをする。

惨

忄−8 総画11 常用 明朝 惨 60E8 旧字 慘 6158

音 サン 中・ザン 高 訓 みじ-め 高

筆順

なりたち [形声]もとの字は、「慘」。「參」が「サン」という読み方をしめしている。「サン」は「しみこむ」意味をもち、心(忄)にしみこむような思いを表す字。

意味 ひどい。目もあてられないほどむごい。いたましい。みじめだ。例 惨めな生活。惨事・惨敗・悲惨

【惨禍】さんか ↓ 火事・風水害・戦争などのいたましい災害。類 惨害

【惨劇】さんげき ↓ むごたらしいできごとや事件。例 目をおおう惨劇。

【惨殺】ざんさつ ↓〈—する〉むごいやり方でころすこと。例 惨殺死体。類 虐殺

【惨事】さんじ ↓ 死者が何人もでるような、ひどいできごと。例 惨事をまねく。

【惨状】さんじょう ↓ 心がいたむような、むごたらしいありさま。例 惨状をうったえる。

【惨憺】さんたん Ⅲ ①〈—たる〉目もあてられないほど、ひどい。例 火事のあとは、惨憺たるものだった。②たいへんな努力をすること。例 苦心惨憺して仕上げる。

【惨敗】ざんぱい ↓〈—する〉みじめな、ひどい負けかたをすること。例 惨敗を喫する。類 完敗・大敗 対 惜敗

◆陰惨 悲惨

惹

心−8 総画12 人名 明朝 惹 60F9

音 ジャク 外 訓 ひ-く 外

意味 ひく。ひきつける。例 惹起(ひき起こす)

情

忄−8 総画11 5年 明朝 情 60C5

音 ジョウ・セイ高 訓 なさ-け

筆順 情 情 情 情 情 情 情 情（とめる・ながく・とめる・はねる）

なりたち 情 [形声]「青」が「すみきった」意味と「セイ」という読み方をしめしている。生まれたままの心(忄)のありかたを表す字。

意味
❶感じる心。心のはたらき。おもいやりの心。例 情けは人のためならず（人に情けをかけると、めぐりめぐって自分もよいむくいを受ける）。情が移る。情愛・感情
❷おもむき。しみじみとしたあじわい。例 情趣・風情
❸ありさま。ようす。例 情報・事情

注意するよみ セイ…例 風情

❶〈感じる心〉の意味で

【情愛】Ⅲ 家族など、親しい人に対する、深い愛や思いやり。類 愛情 表現「愛情」は、あつく強い感情、「情愛」は、おだやかで、こまやかにはたらく心をいう。

【情感】↓ 人の心にしみじみとつたわってくる感じ。例 情感をこめて歌をうたう。

【情実】Ⅲ 公平さのじゃまになる、個人的な気持ちや事情。例 情実人事。

【情操】Ⅲ やさしさや美しさをすなおに感じとることのできる心。例 情操教育。

【情緒】Ⅲ よろこび、悲しみ、いかりなどの感情。例 情緒不安定。類 情調 参考 もとは、「じょうしょ」と読んだ。☞❷

【情熱】↓ ものごとに対する強くはげしい気持ち。例 情熱をもやす。類 熱意・熱情

【情念】↓ 心に感じて消えない思い。例 強い情念。

【情味】↓ 人を思いやるあたたかい気持ち。例 情味あふれる人。類 人情味

❷〈おもむき〉の意味で

【情趣】↓ しみじみとした感じをもたせるもの。あじわい。おもむき。例 情趣に富む。類 情緒・風情・情味

【情緒】Ⅲ そのものがもっている独特のふんいき。例 下町情緒。類 情趣 ☞❶

❸〈ありさま〉の意味で

【情況】Ⅲ ものごとの、そのときそのときのようす。例 情況をつかむ。類 情勢 表記「状況」と書くほうが多い。

【情景】Ⅲ なにか心をうつようなその場のようす。例 心温まる情景。類 光景・風景

【情状酌量】（―する）裁判の判決で、罪をおかした理由を考え、しかたがなかった面もあるとみとめて、刑を軽くすること。例 情状酌量の余地がある。

【情勢】Ⅲ ものごとの今のようすやこれからのなりゆき。例 情勢を判断する。類 情況・形勢・状態・様子・動向

【情報】↓ 人の知りたいことや人に知らせたいことを、伝達できるかたちにまとめたもの。ニュース。インフォメーション。例 情報が入る。情報を流す。

情が下につく熟語 上の字の働き

❶情＝〈感じる心〉のとき
【感情 心情】近い意味。
【人情 温情 厚情 薄情 熱情 激情 真情 純情 私情 愛情 慕情 友情 強情】ドウイウ情か。
【同情 表情 叙情】情をドウスルのか。

❷情＝〈おもむき〉のとき
【物情 旅情 詩情 風情 余情】ナニにかかわるおもむきか。

❸情＝〈ありさま〉のとき
【事情 実情 世情 国情 敵情 内情】ナニのありさまか。

◆苦情 陳情 無情

惜

忄-8 総画11 常用 明朝 惜 60DC

音 セキ中 訓 お-しい中・お-しむ中

筆順 惜 惜 惜 惜 惜 惜 惜

なりたち 惜 [形声]「昔」が「日が重なる」意味と「セキ」という読み方をしめしている。心(忄)にいつまでものこる思いを表す字。

意味 おしい。おしむ。残念に思う。例 時間が惜しい。別れを惜しむ。惜別・愛惜

ものしり巻物 第15巻

似ている漢字

「田」と「由」は、形がたいへんよく似ていますが、まちがえて使う人はあまりいません。読みも、意味もちがうからです。けれど、「宇ちゅう」と書くとき、「ちゅう」は「宀」の下に「田」?「由」?…と、よくまよいます。また、「複・腹・復」も、よくまちがえます。どれも「复」がついていて、「ふく」と読むからです。

まよったときは、音と意味のどちらかで考えます。先の例の「宇ちゅう」の「ちゅう」は、「チュー」と「ユー」の音が似ているので、「由」が入ります。「複・腹・復」は、大きな意味のまとまりを表す部首のほうで考えます。衣(衤)をたくさん着こんでいるのは「ふく雑」の「複」です。からだを表す肉(月)のついているのは「腹」です。「往ふく」に使う「ふく」は、かえり道を表すので、道の形(彳)がつく「復」です。

このように、おなじ字を何度もまようようだったら、その字のなりたちを勉強し、音や意味を表す部分の役割をたしかめれば、二度とまちがえなくなります。

ことばでおぼえてしまう方法もあります。有名なのは、「牛に角あり、午に角なし」です。上に出ている部分が角です。「午」は、時刻をしめす十二支の「うま」の刻を表す字です。うまの前が「午前」、うまの後が「午後」、そして、正にうまのときが「正午」です。

【惜春】せきしゅん ▲すぎさっていく春をおしむこと。例 惜春の情。

【惜敗】せきはい ↓〈―する〉あともう少し、というおしいところで負けること。例 試合は、六対五で惜敗した。対 惨敗・大敗

【惜別】せきべつ ▲〈―する〉別れたくない人との別れを、残念に思うこと。

←惜が下につく熟語 上の字の働き

【哀惜 愛惜】近い意味。

惣

心-8 総画12 人名 明朝 惣 60E3

音 ソウ 外 訓 ―

意味 ぜんたい。すべて。まとめる。

悼

忄-8 総画11 常用 明朝 悼 60BC

音 トウ 中 訓 いた-む 高

筆順

なりたち [形声]「卓」が「トウ」とかわって読み方をしめしている。「タク」は「ゆるがす」意味をもち、心(忄)がゆれ動くことを表す字。

意味 人の死をかなしむ。いたむ。例 友人の死を悼む。哀悼

例解 [使い分け] いたむ[痛・傷・悼] ☞791ページ

【悼辞】とうじ ↓人の死に対する悲しみを表すこ

▶前ページ 惣 悼

とばや文章。類 弔辞

◆哀悼 追悼

【惇】

忄-8 総画11 人名 明朝 惇 60C7

音 トン(外)・ジュン(外) 訓 ―

意味 思いやりがある。ねんごろである。

名前のよみ あつ・あつし・とし・まこと

【悲】

心-8 総画12 3年 明朝 悲 60B2

音 ヒ 訓 かな-しい・かな-しむ

筆順 悲（はねる・とめる・とめる）

なりたち [形声]「非」が「ヒ」という読み方をしめしている。「ヒ」は「ひきさく」意味をもち、「心」のひきさかれるような思いを表す字。

意味 かなしい。かなしむ。あわれむ。かなしみ。例 悲しい思い出。人の死を悲しむ。悲願・悲劇・慈悲 対 喜

【悲哀】ひあい [Ⅲ] 心に深く感じられるかなしさ。例 人生の悲哀を味わう。対 歓喜

【悲運】ひうん [↓] かなしい不幸なめぐりあわせ。

【悲観】ひかん [↓]〈―する〉ものごとが自分の思うようにならず、がっかりして希望をなくしてしまうこと。例 将来を悲観する。対 楽観

【悲観的】ひかんてき〈―な・―に〉ものごとのなりゆきを、なんでもわるく考えがちなようす。対 楽観的

【悲願】ひがん [↓] ①仏教で、生きるもののすべてを苦しみからすくおうとする仏のねがい。②やりとげたいと、心の底からのぞんでいるねがい。例 長年の悲願。

【悲喜】ひき [⊕] かなしみとよろこび。例 悲喜こもごも(かなしみとよろこびとが入れかわりにあらわれること)。類 哀歓

【悲劇】ひげき [↓] かなしみや不幸で終わる劇。対 喜劇 表現 現実の不幸な事件を、たとえば「一家離散の悲劇」のように言い表すことがある。

【悲惨】ひさん [Ⅲ]〈―な・―に〉見るにたえず聞くにもたえない、ひどいようす。例 悲惨な戦争。

【悲壮】ひそう [↓]〈―な・―に〉かなしさのなかにも、いさましさが感じられるようす。例 悲壮な決意。

【悲愴】ひそう [Ⅲ]〈―な・―に〉かなしくて、心がいたむようす。例 悲愴感がただよう。

【悲嘆】ひたん [Ⅲ]〈―する〉つらいできごとにあって、深く傷つきなげくこと。例 悲嘆にくれる。

【悲痛】ひつう [Ⅲ]〈―な〉大きなかなしみで、心がいたんで苦しい。例 悲痛な表情。

【悲憤】ひふん [↓]〈―する〉ひどくかなしみ、いきどおること。例 悲憤慷慨(世の中の不正やみにくいありさまをなげき、いかること)。

【悲報】ひほう [↓] かなしい知らせ。多く、人がなくなった知らせをいう。例 悲報に接する。対 朗報・吉報

【悲鳴】ひめい [↓] おそろしさや、おどろき・いたみ・苦しみなどのために、思わず出るさけび声。例 悲鳴をあげる。類 弱音

【悲恋】ひれん [↓] かなしい結末に終わった恋。

【悲話】ひわ [↓] かなしい物語。類 哀話

◆慈悲 無慈悲

【悶】

心-8 総画12 表外 明朝 悶 60B6

音 モン(外) 訓 もだ-える(外)

意味 もだえる。思いなやむ。苦しんで体を動かす。例 身悶えして泣く。苦悶

【悶絶】もんぜつ [↓]〈―する〉もだえ苦しんで気を失うこと。

【悶着】もんちゃく [⊠] あらそい。もめごと。例 ひと悶着起きる。

【悶悶】もんもん [Ⅲ]〈―たる・―と〉心配ごとやなやみがあって苦しむようす。例 悶々とすごす。

【惑】

心-8 総画12 常用 明朝 惑 60D1

音 ワク(中) 訓 まど-う(中)

筆順

なりたち [形声]「或」がうたがう意味と「ワク」という読み方をしめしている。「心」でうたがうことを表す字。

意味 まどう。まよう。まどわす。例 人心を惑わ

す。惑乱・困惑

【惑星】わくせい ⇩ 恒星のまわりを公転する、自分では光を出さない星。遊星。対 恒星 知識 水星・金星・地球・火星・木星・土星・天王星・海王星の八つが太陽系の惑星。

【惑溺】わくでき Ⅲ〈―する〉ひどくまよって落ち着きを失うこと。

惑が下につく熟語 上の字の働き

【困惑 迷惑 疑惑 魅惑 幻惑】近い意味。

◆思惑 当惑 不惑 誘惑

愛

心-9 総画13 4年 明朝 愛 611B

音 アイ 訓 め-でる 外・まな 外

筆順 (はねる・とめる・はらう)

なりたち [形声]もとの字は、「愛」。「夂」が足あとの下向きの形を、「㤅」が「アイ」という読み方をしめしている。「アイ」は「かすか」の意味をもち、こっそり歩くことを表す字。借りて、「いとしく思う」意味に使われている。

意味 あいする。大好きだ。気に入っている。だいじにする。好んでする。好きな気持ち。例 スポーツを愛する。愛をはぐくむ。人類愛。

例 愛情・愛用・慈愛・恋愛

県名 愛媛(えひめ)

名前のよみ あき・ちか・つね・なり・なる・のり・ひで・めぐむ・やす・よし

【愛育】あいいく ⇩〈―する〉愛情をこめて、子どもを育てること。

【愛飲】あいいん ⇩〈―する〉その飲み物を、いつも好んで飲んでいること。

【愛玩】あいがん Ⅲ〈―する〉(小さな動物などを)かわいがること。例 愛玩動物。

【愛郷】あいきょう ▲ 自分のふるさとを愛すること。

【愛敬】あいきょう Ⅲ ①にこにこしてかわいらしいようす。類 愛想 ②まわりにいる人をよろこばせるような、おもしろみのあるサービス。例 愛敬をふりまく。類 愛想 表記「愛嬌」とも書く。

【愛犬】あいけん ⇩ かわいがっている飼い犬。

【愛顧】あいこ Ⅲ〈―する〉客が商店などをひいきにすること。表現 ふつうは、「ご愛顧いただいております」のように、店がお客に礼を言うときのあいさつのことばとして使う。

【愛護】あいご ⇩〈―する〉たいせつにし、まもってやること。例 動物愛護運動。

【愛好】あいこう Ⅲ〈―する〉好きで、楽しみ親しむこと。例 テニス愛好会。

【愛国】あいこく ▲ 自分の国をたいせつに思うこと。

【愛妻】あいさい ①▲ 妻を愛し、たいせつにする。例 愛妻家。②⇩ 愛する妻。例 愛妻弁当。

【愛児】あいじ ⇩ かわいいわが子。

【愛称】あいしょう ⇩ 親しみをこめたよび名。あだ名。ニックネーム。

【愛唱】あいしょう ⇩〈―する〉その歌がとても好きで、いつもうたうこと。例 愛唱歌。

【愛誦】あいしょう ⇩〈―する〉好きな詩や和歌・文章などをいつも声に出して言ってみること。

【愛情】あいじょう ⇩ ①たいせつに思い、とても好きだと感じる気持ち。例 草花に愛情をそそぐ。類 情愛 ②男女がたがいに、恋いしたう気持ち。例 愛情がめばえる。類 情愛

【愛惜】あいせき Ⅲ〈―する〉たいせつに思って、うしないたくないと思うこと。なごりおしく思う。例 すぎゆく時を愛惜する。愛惜の情。

【愛想】あいそ・あいそう ⇩ ①まわりの人がよい感じをうける親しみあふれた態度。例 愛想がいい。類 愛敬 対 無愛想 ②相手の人を好ましく思う気持ち。例 愛想をつかす。

【愛憎】あいぞう ⇕ 愛することと、にくむこと。

【愛蔵】あいぞう ⇩〈―する〉気に入っていて、注意ぶかくしまっておくこと。例 愛蔵の品。

【愛着】あいちゃく・あいじゃく ☒〈―する〉いつまでも心ひかれ、はなれがたく感じること。例 この品には愛着があってすてられない。

【愛読】あいどく ⇩〈―する〉とくにすきで、いつも読んでいること。例 愛読者。愛読書。

【愛撫】あいぶ ⇩〈―する〉なでたりさすったりしてかわいがること。

【愛用】あいよう ⇩〈―する〉とても気に入って、いつ

◀次ページ 意

も使っていること。例 愛用の品。

【愛弟子】まなでし とくにかわいがって、目をかけている弟子。例 かれはA先生の愛弟子だ。

【愛娘】まなむすめ ⇩ かわいくてしかたがない娘。

意

音 イ　訓 ―

心-9　総画13　3年　明朝 意 610F

筆順 意 意 意 意 意 意 意（ながく・とめる・はねる）

なりたち [形声]「音」と「心」とでき、「音」が「イ」とかわって読み方をしめしている。「ヨク」は「おさえる」意味をもち、心におさえてとどめることを表す字。

意味 ❶思い。考え。例 意に介しない。実現させようとするこころざし。例 意を決する。意見・意欲・決意・任意 ❷ものごとの意味。わけ。内容。例 意義・大意

特別なよみ 意気地(いくじ)

名前のよみ おき・のり・むね・もと・よし

❶〈思い〉の意味で

【意外】いがい ⇩〈―に・な〉思っていたのと、まるでちがっている。思いのほか。例 意外な結果に終わる。類 案外・心外・予想外・不慮 表現 ☞【心外】(482ページ)

例解 [使い分け] いがい[以外・意外] ☞61ページ

文字物語　感

この字には訓がない。意味は、人が外からの刺激を受けて、それに反応すること。感動したり、感激したり、なげき悲しんだり、リンゴをあまいと感じたり、水をつめたいと感じたりすること。

その人自身の心の中からおこる心のはたらきをいう「思」や「想」の字には、「おもう」という、ちょうどいい日本語があったが、「あつい」「さむい」「あまい」「からい」「あかるい」「くらい」など、外からの刺激を身に受けたときの感じを全部ひっくるめていう「感じる」にあたることばとしてぴったりのものが日本語にはなかったとみえて、「感」の字音「カン」を、そのままに「かんじる」というようになった。

こうして日本語のなかにはいりこんだ「感」は、あらゆる場面で日本人にとってなくてはならない字となった。ことばの下について、「幸福感」「満足感」「正義感」「緊張感」「信頼感」「存在感」「不安感」「読後感」など、さまざまな感情や感覚や感想を、具体的なものとして表現するのにもおおいにかつやくしている。

【意気】いき Ⅱ さあ、やるぞ、というさかんな気持ち。例 意気があがる。意気揚々。

【意気軒昂】いきけんこう〈―たる・―と〉やる気にみちあふれたようす。

【意気消沈】いきしょうちん〈―する〉さあ、やるぞ、という元気が、すっかりなくなってしまうこと。

【意気投合】いきとうごう〈―する〉おたがいの気持ちや考えがぴったりあうこと。

【意気揚揚】いきようよう〈―たる・―と〉元気いっぱいで、とくいそうなようす。例 勝って意気揚々と引きあげる。

【意気地】いくじ｜いきじ 思うことをやりぬこうとする気持ち。例 意気地なし。類 意地

【意見】いけん Ⅱ ①あることがらについて考えたり感じたりしていること。例 意見を出しあう。②〈―する〉人のまちがいやわるいところを注意すること。例 人に意見する。類 説教 例

【意向】いこう ⇩ こうしよう、と思う気持ち。例 意向を聞く。

【意固地】いこじ〈―に・な〉意地をはって、自分の考えをかえないようす。かたくな。例 意固地になる。類 頑固・強情

【意志】いし Ⅱ こうしようと思う、強い気持ち。こころざし。例 意志をつらぬく。

【意思】いし Ⅱ 心に思っている考え。例 賛成の意思を表す。

【意地】いじ ⇩ ①自分の考えを、どこまでもおし通そうとする気持ち。例 意地をはる。②人のおこないのもとになる考え方や心がまえ。例 意地がわるい。類 根性

【意識】いしき ↓ ①知ったり気がついたりわかったりする心のはたらき。自分が今どういう状態であるか、なにをしているかがわかっていること。例意識がもどる。類自覚 ②〈―する〉特別に気にすること。例異性を意識する。

【意思表示】いしひょうじ〈―する〉心の中に思っていることをはっきり外にしめすこと。

【意匠】いしょう Ⅲ ①考えやくふう。例意匠をこらす。類趣向 ②製品や工芸品などを美しく見せるためのくふう。デザイン。

【意地悪】いじわる〈―な・―に〉人をこまらせるようなことをしたがる、ひねくれた性分。

【意中】いちゅう ↓ 心の中にしまってある考え。例意中の人(心の中でこの人だと決めている人)。意中をさぐる。意中をあかす。

【意図】いと Ⅲ〈―する〉こうしようと、はっきり考えていること。例作者の意図。

【意表】いひょう ↓ 人がまるで思いもしなかったこと。例人の意表をつく。

【意欲】いよく Ⅲ 自分からすすんでやろうとする、はりきった気持ち。例意欲をもやす。

❷〈ものごとの意味〉の意味で

【意義】いぎ Ⅲ ①それがあることや、それをすることのねうち。例意義のある仕事をしたい。類価値・意味 ②ことばの意味。内容。

【意味】いみ ↓〈―する〉①ことばや記号などが表している中身。例ことばの意味を調べる。②人が言ったことやしたことのうらがわにある、ほんとうの気持ちやわけ。例意味ありげな態度。類意図 ③するだけのねうち。例こんなことをしても意味がない。類意義・価値

【意味深長】いみしんちょう〈―な〉おもてにはあらわれない、深くこみいったわけがありそうなようす。例意味深長な発言。

【意訳】いやく ↓〈―する〉一語一語にこだわらず、全体の意味を効果的に表すように訳すこと。対直訳

意が下につく熟語 上の字の働き

❶意＝〈思い〉のとき
【悪意 善意 厚意 好意 敬意 熱意 誠意 懇意 賛意 辞意 謝意 創意 極意 内意 本意 真意 民意 総意 尿意】ドノヨウナ思いか。
【合意 同意 失意 得意 翻意 用意 留意 注意】思いをドウスルか。
【随意 任意】思いにドウスルか。
【決意 鋭意】意をドウスルか。
【故意 作意 殺意 敵意 戦意 底意】ドノヨウナこころざしか。

❷意＝〈ものごとの意味〉のとき
【題意 文意 来意】ナニの意味か。
【大意 他意】ドノヨウナ意味か。
◆趣意 如意 不意

感

心－9 総画13 3年

明朝 感 611F

音カン 訓―

筆順 (はねる・とめる・はねる)

なりたち [形声]「咸」が「カン」という読み方をしめしている。「カン」は「動く」意味をもち、「心」が動くことを表す字。

意味
❶心にかんじる。例今昔の感がある。ありがたく感じる。実感
❷からだにかんじる。例感覚・感電・音感

[文字物語] みぎのページ

❶〈心にかんじる〉の意味で

【感化】かんか ↓〈―する〉ふれあいを通して、相手の考え方やおこないなどをかえること。例先生に感化されて、絵がすきになった。

【感慨】かんがい Ⅲ ものごとについての、深くしみじみとした気持ち。例感慨にひたる。

【感慨無量】かんがいむりょう はかりしれないほど、心に深く感じること。類感無量

【感泣】かんきゅう ↓〈―する〉心をはげしく動かされて、泣きだすこと。

【感激】かんげき ↓〈―する〉すばらしい物事や、人のりっぱな行いに接して心をはげしく動かされること。例感激に声をふるわせる。類感動

【感謝】かんしゃ ↓〈―する〉ありがたく思うこと。ありがたく思って礼を言うこと。例感謝にたえない。心から感謝します。

【感受性】かんじゅせい 外からのはたらきかけを感じとることのできる力。例感受性が強い。

◀次ページ 愚

【感傷】かんしょう ↓ ものごとに心を動かされて、さびしくなったり、悲しくなったりすること。例 感傷にふける。感傷的になる。

【感情】かんじょう Ⅱ よろこび・いかり・悲しみ・楽しさ・すき・きらいなど、そのときそのときに変わっていく心の動き。気持ち。対 理性

【感情論】かんじょうろん 感情が先走ってしまった意見。例 感情論に走る。

【感心】かんしん ▲〈―する・―な・―に〉りっぱなおこないやすぐれたものごとを見たり聞いたりして、たいしたものだと心を動かされること。

例 解 [使い分け] かんしん[歓心・関心・感心] ☞660ページ

【感性】かんせい ↓ りくつではなく、感じや気持ちでとらえる心のはたらき。対 理性

【感想】かんそう Ⅱ ものごとを見たり聞いたりして、心に感じたこと。例 感想を聞く。感想文。

【感嘆】かんたん ↓〈―する〉すばらしいと、強く感じてほめること。例 感嘆の声をあげる。類 驚嘆。詠嘆。

【感嘆符】かんたんふ 「!」の符号。その語句や文にこめられた気持ちが強いことを表す。エクスクラメーションマーク。

【感動】かんどう Ⅱ〈―する〉すばらしいものごとにふれて、心がはげしくゆさぶられること。例 感動のあまりわれをわすれる。類 感激

【感動詞】かんどうし ことばをそのはたらきによって分けたもののうち、よびかけ・受けこたえ・おどろきなどを表すことば。「おい」「いいえ」「さあ」「おや」「あら」などをいう。

【感服】かんぷく ↓〈―する〉とてもかなわない、りっぱなものだと、心から感心すること。例 ねばり強い仕事ぶりには感服させられる。類 敬服

【感無量】かんむりょう〈―な・―に〉しみじみとした思いが、胸いっぱいにこみあげてくるようす。例 優勝できて感無量だ。類 感慨無量

【感銘】かんめい ↓〈―する〉強く感動して、深く心にきざみこまれること。例 感銘を受けた話。

【感涙】かんるい ↓ はげしく心を動かされて流すなみだ。例 感涙にむせぶ。

❷〈からだにかんじる〉の意味で

【感覚】かんかく Ⅱ ①目・耳・鼻・舌・皮膚を通して、感じるはたらき。そうして感じとったもの。例 感覚がまひする。平衡感覚。②ものごとのよしあしや小さなちがいなどを感じとるはたらき。センス。例 言語感覚がいい。

【感光】かんこう ▲〈―する〉物質が光にあたって変化を起こすこと。

【感触】かんしょく Ⅱ ①手ざわりやはだざわり。②相手のようすなどから受け取った感じや手ごたえ。例 よい感触を得る。

【感染】かんせん ↓〈―する〉①病気がうつること。例 感染経路。類 伝染 ②よくないようすや動きが、ほかのものに広がること。例 悪風に感染する。類 伝染・感化

【感染症】かんせんしょう ウイルスなどの感染によってうつる病気。

【感知】かんち ↓〈―する〉感じとること。例 煙感知器。類 察知

【感電】かんでん ▲〈―する〉電気にふれてショックを受けること。例 感電死。

【感度】かんど ↓ しげきを受けとめる敏感さの度合い。例 感度の高いフィルム。

【感冒】かんぼう ↓ のどや鼻などがいたんだり、熱が出たりする病気。例 感冒薬。類 風邪

⇐感が下につく熟語 上の字の働き

❶感=〈心にかんじる〉のとき
【実感 直感 痛感 共感 同感 予感 霊感】ドノヨウニ感じるか。
【好感 反感 快感 雑感 万感】ドンナ感じか。
【優越感 罪悪感】ドウデアルという感じか。

❷感=〈からだにかんじる〉のとき
【音感 語感 色感 量感 五感 第六感】ナニについての感覚か。
【敏感 鈍感】感覚がドウなのか。

◆情感 所感 多感 流感

愚

心-9 総画13 常用

明朝 愚 611A

音 グ 中
訓 おろ-か 中

筆順 禺 禺 禺 禺 禺 愚 愚

なりたち [形声]「禺」が「グ」という読み方をしめしている。「グ」は「まわりくど

い」の意味をもち、「心」のはたらきののろいことを表す字。

意味
❶おろか。ばかげている。例愚かな考え。愚の骨頂。愚劣・暗愚 対賢
❷ばかにする。例愚弄
❸けんそんしていうことば。例愚見

❶〈おろか〉の意味で
【愚公山を移す】まごころをこめて努力しつづければ、どんなにむずかしい大きなことも、なしとげることができる。
〔故事のはなし〕☞このページ
【愚策】↓おろかな計画。へたなやり方。
【愚痴】Ⅱ言ってもどうしようもないようなことを、くどくどと言ってなげくこと。例愚痴をこぼす。

故事のはなし

愚公山を移す

北山の愚公という九十歳近い老人が、太行山と王屋山のそばに住んでいた。この二つの大きな山が通行のじゃまになっていつも苦労していたので、家族を集めて、山をけずって平らにしようと提案した。みんなは賛成し、石や土をほりくずし、もっこで渤海へと運んだ。河曲の智叟という人がこれを見て「なんとおろかなことか。残り少ない寿命ではどうにもなるまい」と笑った。

愚公は「わしが死んでも子がいる。子が孫を生み、孫がさらに子を生み、子々孫々つきることはない。一方、山はふえることがないのだから、平らにできないはずはない」と言いかえした。天の神は、愚公の真心に感動して、二つの山をよそへ移してやった。（『列子』湯問篇）

【愚直】↓〈—な〉正直すぎて器用に態度を変えられないようす。例愚直な人。
【愚鈍】Ⅱ〈—な〉ものを考える力もよわく、行動もにぶくて、なにをやってもうまくはできないようす。例愚鈍な男。
【愚問】↓答えるだけの価値のないような、ばかばかしい質問。例愚問愚答。
【愚劣】Ⅱ〈—な〉ばかげていて、まったくねうちのないこと。例愚劣なやり方。
【愚論】↓くだらない意見。☞❸

❷〈ばかにする〉の意味で
【愚弄】Ⅱ〈—する〉他人をばかにしてからかうこと。例人を愚弄した態度。

❸〈けんそんしていうことば〉の意味で
【愚見】↓わたくしの考え・意見。（へりくだったいい方）類愚考
【愚妻】↓わたくしの妻。（へりくだったいい方）表現「愚妻」も「愚息」も、今はあまり使わない。
【愚息】↓わたくしのむすこ。（へりくだったいい方）
【愚論】↓わたくしの意見。（へりくだったいい方）例以上、愚論を記しました。☞❶

慌

忄−9 総画12 常用 明朝 慌 614C

音コウ高 訓あわ−てる中・あわ−ただしい中

筆順

意味 あわてる。あわただしい。例とつぜんの来客に慌てる。慌ただしい毎日。恐慌

慈

心−9 総画13 常用 明朝 慈 6148

音ジ中 訓いつく−しむ高

筆順

なりたち [形声]「茲」が「ジ」という読み方をしめしている。「ジ」は「はぐくみ育てる」意味をもち、いつくしみの「心」を表す字。

意味 いつくしむ。例子を慈しむ。いたわりだいじにする。めぐむ。慈愛

名前のよみ しげ・しげる・ちか・なり・やす・よし

【慈愛】Ⅱ やさしくいたわること。例 慈愛にみちたまなざし。類 仁愛

【慈雨】↓ かわいた地面をほどよくしめらせる、めぐみの雨。例 干天の慈雨（日照りがつづいて、地面がからからになっているときにふる、めぐみの雨）。

【慈善】Ⅱ こまっている人や不幸な人のために、お金や物を寄付したりして助けること。例 慈善家。慈善事業。

【慈悲】Ⅱ 苦しみをもつ人を気の毒に感じ、救いたいと思う心。例 慈悲深い行い。

【慈父】↓ 愛情深い父。

【慈母】↓ 愛情深い母。

愁

心-9 総画13 常用 明朝 愁 6101

音 シュウ中 訓 うれ-える高・うれ-い高

筆順 ニ 千 禾 秒 秋 秋 愁

なりたち 形声「秋」が「シュウ」という読み方をしめしている。「シュウ」は「うれえる」意味をもち、「心」がうれえることを表す字。

意味 うれえる。悲しむ。例 愁いにしずむ。愁傷・哀愁

例解 [使い分け]うれい[憂・愁] ☞513ページ

【愁傷】Ⅱ 親しい人の不幸せや死を悲しみ、なげくこと。表現「ご愁傷さまです」は、死んだ人の家族にむかって、悲しみを思いやっていうあいさつのことば。

【愁嘆】Ⅱ〈—する〉人との別れや死などを、心からなげき悲しむこと。例 愁嘆場（芝居で、なげき悲しむ場面）。

愁が下につく熟語 上の字の働き

【哀愁 憂愁】近い意味。

【郷愁 旅愁】ナニにともなう愁いか。

惺

忄-9 総画12 人名 明朝 惺 60FA

音 セイ外 訓 さと-る外

意味 ❶さとる。はっきりと分かる。❷かしこい。

想

心-9 総画13 3年 明朝 想 60F3

音 ソウ・ソ高 訓 おも-う外

筆順 一 十 木 札 相 相 想 想（とめる・はねる）

なりたち 形声「相」が「ソウ」という読み方をしめしている。「ソウ」は「すがた・形」の意味をもち、「心」にすがた・形を思いうかべることを表す字。

意味 思いえがく。心に広がる思い。例 想がわく。想を練る。想起・想像・仮想・予想

注意するよみ ソ…例 愛想

【想起】↓〈—する〉前にあったことを思いおこすこと。例 戦争の悲惨さを想起する。

【想像】▲〈—する〉目の前にはない物事を頭の中に思いうかべること。例 想像を絶する。

【想定】↓〈—する〉じっさいのようすとはちがうことがらを考えだして、かりにこうだったら、と決めてみること。例 火災を想定した避難訓練。類 仮定

【想念】Ⅱ 心にうかんだ思いや考え。

想が下につく熟語 上の字の働き

【思想 感想】近い意味。

【連想 追想 回想 空想 幻想 夢想 妄想 黙想 予想】ドノヨウニ思いえがくか。

【構想 発想】想をドウスルか。

【着想 随想】想にドウスルか。

◆愛想 無愛想 理想

惰

忄-9 総画12 常用 明朝 惰 60F0

音 ダ中 訓 —

筆順 忄 忄 忄 惰 惰 惰 惰 惰 惰

なりたち 形声「育」が「ダ」という読み方をしめしている。「ダ」は「くずれ落ちる」意味をもち、心（忄）がだらりとすることを表す字。

意味 だらしがない。だらけている。なまける。

例 惰性・怠惰

【惰気】だき ↓ しまりのない、だらけた気分。

【惰性】だせい ↓ ①今までの動きや状態をそのままつづけようとする性質。類 慣性 ②今まで意味もなくつづいていた習慣やくせ。例 習いごとを惰性でつづける。

【惰眠】だみん ↓ なまけて、ねむってばかりいること。例 惰眠をむさぼる。

【惰力】だりょく ↓ 物がそれまでとおなじ動きをつづけようとする力。惰性の力。

愉

忄−9 総画12 常用 明朝 愉 6109

音 ユ 中 訓 たの-しい 外

筆順

なりたち [形声]「兪」が「ユ」という読み方をしめしている。「ユ」は「やわらぐ」意味をもち、心（忄）がやわらいでたのしいようすを表す字。

意味 たのしい。たのしむ。例 愉快

【愉悦】ゆえつ Ⅱ 楽しみながらよろこぶこと。心から楽しむこと。

【愉快】ゆかい Ⅱ〈—な〉楽しさやおもしろさで、心がうきうきとはずむようす。対 不愉快

慨

忄−10 総画13 常用 明朝 慨 6168 旧字 慨 FA3E

音 ガイ 中 訓 —

筆順

なりたち [形声] もとの字は、「慨」。「既」が「ガイ」とかわって読み方をしめしている。「キ」は「ためいき」の意味をもち、ためいきをもらして心（忄）でなげくことを表す字。

意味 なげく。ふかく感じる。例 憤慨

【慨嘆】がいたん Ⅱ〈—する〉いかりつつ悲しむこと。

←慨が下につく熟語 上の字の働き

【感慨 憤慨】近い意味。

慎

忄−10 総画13 常用 明朝 慎 614E 旧字 愼 613C

音 シン 中 訓 つつし-む 中

筆順

なりたち [形声] もとの字は、「愼」。「眞」が「シン」という読み方と「こまかい」という意味をもち、心（忄）をこまかくつかうことを表す字。

意味 つつしむ。ひかえめにする。例 身を慎む。慎重・謹慎

例解 [使い分け] つつしむ [慎・謹] ☞このページ

名前のよみ ちか・のり・まこと・みつ・よし

【慎重】しんちょう Ⅱ〈—な〉注意ぶかく考え、軽はずみな行動をしないようす。対 軽率

◆謹慎 不謹慎

例解 使い分け

つつしむ 《慎む・謹む》

慎む＝行いに気をつける。ひかえめにする。例 身を慎む。ことばを慎む。暴飲暴食を慎む。

謹む＝かしこまる。敬う気持ちを示す。例 謹んで承る。謹んで祝う。

態

心−10 総画14 5年 明朝 態 614B

音 タイ 訓 —

筆順 （とめる はねる はねる）

なりたち [形声]「能ノウ・ドウ」が「タイ」とかわって読み方をしめしている。「ノウ」は「いろいろなことができる」意味をもち、いろいろなことができる「心」のはたらきを表す字。

意味 ありさま。身がまえ方。例 態度・状態

【態勢】たいせい Ⅱ あるものごとに対してとる身がまえやそなえ。例 万全の態勢でのぞむ。

使い分け たいせい《態勢・体勢・体制・大勢》

態勢＝ものごとに対するかまえ。例 防災についての態勢を協議する。難民の受け入れ態勢をととのえる。

体勢＝からだの位置や姿勢。例 体勢がくずれる。体勢が入れかわる。

体制＝国や団体の組織のしくみ。例 国家体制。戦時体制。

大勢＝全体のなりゆきやようす。例 大勢を決する。天下の大勢。

【態度】たいど Ⅱ ①心の中にある考えや気持ちがあらわれた、動作や表情など。例 なまいきな態度。②あることに対する心のもち方。例 賛成か反対か、態度を決めてほしい。類 姿勢

←態が下につく熟語 上の字の働き

【状態 様態 形態 姿態 容態】近い意味。

【実態 常態 生態 醜態 失態 変態 悪態】ドンナありさまか。

◆事態

慕

⺗−10 総画14 常用 明朝 慕 6155

音 ボ中 訓 した-う中

筆順

なりたち [形声]「莫」が「ボ」という読み方をしめしている。「ボ」は「さぐる」意味をもち、心(⺗)でさぐりもとめることを表す字。

意味 したう。人をこのましく思う気持ち。例 母を慕う。慕情・思慕

【慕情】ぼじょう ↓ こいしく、そばにいたいと思う気持ち。例 母への慕情がつのる。

←慕が下につく熟語 上の字の働き

【思慕 恋慕】近い意味。

◆敬慕

慄

忄−10 総画13 常用 明朝 慄 6144

音 リツ中 訓 —

筆順

意味 おそろしくて、体がふるえる。

【慄然】りつぜん ☒〈—たる〉〈—と〉おそろしくてふるえるようす。例 話を聞くだけで慄然とする。

←慄が下につく熟語 上の字の働き

【戦慄】近い意味。

慰

心−11 総画15 常用 明朝 慰 6170

音 イ中 訓 なぐさ-める中・なぐさ-む中

筆順

なりたち [形声]「尉」が「おさえてのばす」意味と「イ」という読み方をしめしている。「心」をやわらげることを表す字。

意味 なぐさめる。やさしくいたわる。例 友を慰める。心が慰む。慰安・弔慰

【慰安】いあん Ⅱ〈—する〉ふだんの苦労をいたわるために、ゆっくりたのしんでもらうこと。例 慰安旅行。類 慰労

【慰謝料】いしゃりょう 相手に苦しみをあたえたことに対して、つぐないのためにしはらうお金。

【慰問】いもん ↓〈—する〉苦しんでいる人や不幸な人をたずねて、なぐさめ、はげますこと。例 慰問品。

【慰留】いりゅう ↓〈—する〉仕事をやめようとしている人をなだめて、思いとどまらせること。

【慰霊】いれい ▲〈—する〉死んだ人のたましいをなぐさめること。例 戦没者の慰霊碑。

【慰労】いろう ▲〈—する〉今までの苦労をいたわり、感謝すること。例 慰労会。類 慰安

慣

忄−11 総画14 5年 明朝 慣 6163

音 カン 訓 な-れる・な-らす

筆順 （にならない）（だす）（とめる）

なりたち [形声]「貫」が「カン」という読み方をしめしている。「カン」は「つみかさねる」意味をもち、心(忄)にくり返しかさねてなれることを表す字。

意味 なれる。なれしたしむ。ならわし。例 習うより慣れろ。肩を慣らす。慣例・習慣

【慣行】⬇〈―する〉むかしからつづけられてきているしきたり。ならわし。例 慣行にしたがう。

【慣習】Ⅱ 世間の人々の間に、むかしから広くおこなわれていること。例 慣習をやぶる。類 習慣・習俗・風習

【慣性】⬇ 外からほかの力をくわえなければ、物は今までの状態をそのままつづける、という性質。例 慣性の法則。類 惰性

【慣用】⬇〈―する〉世の中で、習慣として使われること。例 慣用語。

【慣用句】「目にする(見かける)」「手を焼く(てこずる)」などのように二つ以上のことばがまとまって、特別な意味で使われているもの。イディオム。類 成句

【慣例】⬇ 前から何回もおこなわれてきて、もうそうするのが習慣になっていることがら。例 慣例を重んじる。

慶

心−11 総画15 常用 明朝 慶 6176

音 ケイ 中 訓 よろこ-ぶ 外

筆順 慶 慶 慶 慶 慶 慶 慶

なりたち [会意] 神にささげる鹿皮を表す「鹿」と「心」と行く意味の「夂」とからでき、祝賀のために鹿皮の礼物をもって行くことを表す字。

意味 よろこぶ。よろこばしい。めでたい。いわう。例 慶賀・同慶 対 弔

名前のよみ ちか・のり・みち・やす・よし

【慶賀】Ⅱ〈―する〉「おめでとう」と祝うこと。例 慶賀にたえない。類 慶祝・祝賀

【慶事】⬇ 結婚や子が生まれるなどの、めでたいこと。類 吉事 対 凶事

【慶祝】Ⅱ〈―する〉めでたいことを、よろこび祝うこと。例 慶祝パレード。類 慶賀

【慶弔】⬍ めでたいことと、悲しいこと。例 慶弔電報。

慧

心−11 総画15 人名 明朝 慧 6167

音 ケイ 外・エ 外 訓 ―

意味 かしこい。さとい。例 慧眼

名前のよみ あきら・さと・さとし・さとる

憎

忄−11 総画14 常用 明朝 憎 618E 旧字 憎 FA3F

音 ゾウ 中 訓 にく-む 中・にく-い 中・にく-らしい 中・にく-しみ 中

筆順 憎 憎 憎 憎 憎 憎 憎

なりたち [形声] もとの字は、「憎」。「曾」が「ソウ」という読み方をしめしている。「ソウ」は「きずつける」意味をもち、相手をきずつけたいと心(忄)で思うことを表す字。

意味 にくむ。きらう。にくしみ。例 不正を憎む。憎しみを感じる。憎悪・愛憎

【憎悪】Ⅱ〈―する〉はげしく憎みきらうこと。例 いつまでも憎悪の念が消えない。

慢

忄−11 総画14 常用 明朝 慢 6162

音 マン 中 訓 ―

筆順 慢 忄 慢 慢 慢 慢 慢

なりたち [形声]「曼」が「マン」という読み方をしめしている。「マン」は「ゆるい」の意味をもち、心(忄)にしまりがないようすを表す字。

意味 ❶なまける。しまりがない。だらだらつづく。例 慢性・怠慢 ❷思いあがる。人を見下げてとくいになる。例 慢心・高慢

❶〈なまける〉の意味で

【慢性】⬇ 病気で、急な変化はないが、なおらないで長びくこと。例 慢性の痛み。慢性

◀次ページ 憂 慮 憩 憬 憲

鼻炎。対急性

❷〈思いあがる〉の意味で

【慢心】↓〈―する〉自分の能力や地位を、たいしたものだと思いあがり、いい気になること。例つい慢心して失敗した。

←慢が下につく熟語 上の字の働き

❶慢＝〈なまける〉のとき

【怠慢 緩慢】近い意味。

◆我慢 高慢 自慢

憂

心－11 総画15 常用 明朝 憂 6182

音ユウ中 訓うれ－える中・うれ－い中・う－い高

筆順

なりたち [形声]「夊」が「足」の意味を、「𢝊」が「ユウ」という読み方をしめしている。「ユウ」は「ゆっくり」の意味をもち、ゆっくり歩くことを表す字。

意味 うれえる。心配する。心配。例将来を憂える。備えあれば憂いなし。憂き世・憂愁・内憂 対喜

例 解 [使い分け]うれい[憂・愁] ☞ひだりのページ

【憂鬱】○ Ⅱ〈―な〉心がしずんで、はればれとしないこと。例毎日雨がつづいて憂鬱だ。

【憂国】▲自分の国の今のありさまやこれからについて心配すること。例憂国の士。

【憂愁】○ Ⅱ 心配ごとや悲しみで心がはればれとしない。例憂愁の思いにしずむ。

【憂色】↓心配そうなようす。対喜色

【憂慮】↓〈―する〉悪いことが起きるのではないかと心配すること。例憂慮にたえない。

◆一喜一憂

慮

心－11 総画15 常用 明朝 慮 616E

音リョ中 訓おもんぱか－る外

筆順

なりたち [形声]「盧」を略した「虍」が「ならべる、多い」などの意味と、「リョ」とかわって読み方をしめしている。「心」の中であれこれと思いめぐらすことを表す字。

意味 よく考える。思いをめぐらす。思い。例先を慮る。考慮・熟慮

←慮が下につく熟語 上の字の働き

【思慮 考慮 顧慮】近い意味。

【遠慮 熟慮 苦慮 憂慮 焦慮】ドノヨウニ思いめぐらすか。

【浅慮 短慮】ドノヨウナ思慮か。

◆配慮 無遠慮 不慮

憩

心－12 総画16 常用 明朝 憩 61A9

音ケイ中 訓いこ－い中・いこ－う高

筆順

なりたち [形声]「舌」が「ケイ」とかわって読み方をしめしている。「カツ」は「とまる」意味をもち、とまって「息」をつくことを表す字。

意味 いこう。休む。例木陰に憩う。憩いの場。休憩

憬

忄－12 総画15 常用 明朝 憬 61AC

音ケイ中 訓―

筆順

意味 あこがれる。心をひかれる。例憧憬をいだく。

憲

心－12 総画16 6年 明朝 憲 61B2

音ケン 訓―

筆順

なりたち [形声]「𡨄」が「ケン」とかわって読み方をしめしている。「ベン」は「はやい」の意味をもち、「心」のはたらきがすばやく「さとい」ことを表す字。

意味 社会のおおもととなるきまり。「憲法」の略。例立憲

り

名前のよみ あきら・かず・さだ・ただし・とし・のり

【憲章】けんしょう ⇩このようでありたいとねがって、国家間で決めた、おおもとのきまり。例 児童憲章。国連憲章。

【憲法】けんぽう ⇩国にとって、いちばんの基本となる最高の法律。例 憲法を制定する。

← 憲が下につく熟語 上の字の働き

【合憲 違憲】憲法に対してドウデアルか。

◆改憲 立憲

憧

忄−12 総画15 常用 明朝 憧 61A7

音 ショウ㊥・ドウ㊋ 訓 あこが−れる㊥

筆順 憧 憧 憧 憧 憧 憧

意味 あこがれる。思いこがれる。例 憧れの人。

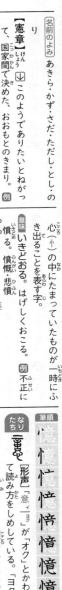

【憧憬】しょうけい・どうけい Ⅱ〈−する〉あこがれること。強く心をひかれること。例 憧憬のまなざしを向ける。

憤

忄−12 総画15 常用 明朝 憤 61A4

音 フン㊥ 訓 いきどお−る㊫

筆順 憤 憤 憤 憤 憤 憤

なりたち [形声]「賁」が「ふき出す」意味と「フン」という読み方をしめしている。心(忄)の中にたまっていたものが一時にふき出ることを表す字。

意味 いきどおる。はげしくおこる。例 不正に憤る。憤慨・悲憤

【憤慨】ふんがい Ⅱ〈−する〉正しくないことやなっとくできないことに対して、ひどくおこること。例 憤慨にたえない。類 立腹・憤激

【憤死】ふんし ⇩〈−する〉はげしいいかりをいだいて死ぬこと。

【憤然】ふんぜん ☒〈−たる〉ひどくおこっているようす。例 憤然と席を立つ。

【憤怒】ふんぬ・ふんど Ⅱ 腹の底からのはげしいいかり。例 憤怒の形相。類 激怒

← 憤が下につく熟語 上の字の働き

【義憤 公憤】ドノヨウナ憤りか。

◆悲憤

憶

忄−13 総画16 常用 明朝 憶 61B6

音 オク㊥ 訓 ——

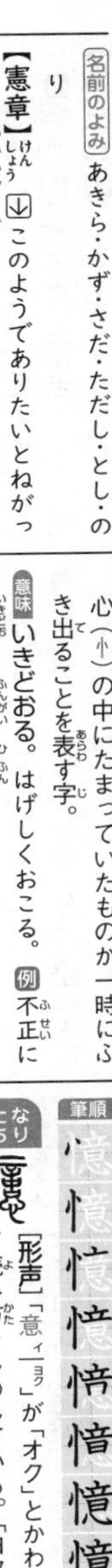

なりたち [形声]「意ィ—ヨク」が「オク」とかわって読み方をしめしている。「ヨク」は「おさえる」意味をもち、「心(忄)」にしっかりおさえておぼえることを表す字。

意味 ❶心にしるす。おぼえる。例 記憶 ❷おしはかる。かってに考える。例 憶測

❷〈おしはかる〉の意味で

【憶説】おくせつ ⇩かってな想像による意見。例 憶説がとびかう。表記「臆説」とも書く。

【憶測】おくそく Ⅱ〈−する〉たぶんこうだろうと考えること。例 憶測でものを言う。表記「臆測」とも書く。

◆記憶 追憶

例 解 使い分け

うれい《憂い・愁い》

憂い＝心配。不安。
例 災害を招く憂いがある。備えあれば憂いなし。

愁い＝もの悲しいようす。
例 愁いに沈む。愁いを帯びる。

懐

忄−13 総画16 常用 明朝 懐 61D0 旧字 懷 61F7

音 カイ㊥ 訓 ふところ㊫・なつ−かしい㊫・なつ−かしむ㊫・なつ−く㊫・なつ−ける㊫

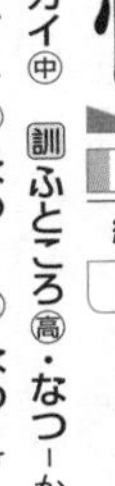
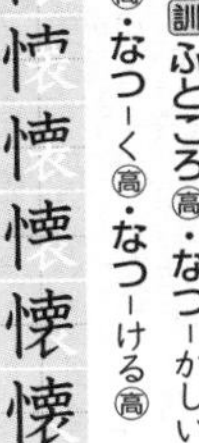

筆順 懐 懐 懐 懐 懐 懐 懐

▶前ページ 憧 憤 憶 懐

たちなり 「形声」もとの字は、「懷」。「褱」が「カイ」という読み方をしめしている。「カイ」は「くり返す」意味をもち、心（忄）にくり返し思うことを表す字。

意味 ❶ふところ。ふところに持つ。例 懐が深い。懐中
❷思いをいだく。なつかしく思う。例 懐かしいふるさと。懐疑・述懐
❸なつく。なつかせる。例 犬が懐く。懐柔

❶〈ふところ〉の意味で

【懐紙】かいし ↓ たたんで、ふところに入れて持ち歩く、白い和紙。

【懐石料理】かいせきりょうり 茶の湯の席で、茶の前に出すかんたんな料理。「茶懐石」ともいう。

【懐中】かいちゅう ↓ ふところや、内ポケットの中。例 懐中時計。懐中電灯。

【懐妊】かいにん ↓〈—する〉女の人のおなかに子どもができること。（あらたまった言い方）類 妊娠

【懐炉】かいろ ↓ 服の中などに入れて、からだをあたためる小さな道具。例 使いすて懐炉。

【懐刀】ふところがたな ↓ ①むかしの人が身をまもるために懐に入れて持ち歩いた短刀。②たよりにしている有能な部下。例 社長の懐刀。

❷〈思いをいだく〉の意味で

【懐疑】かいぎ ▲〈—する〉うたがいをもつこと。

【懐旧】かいきゅう ▲ しみじみなつかしく思うこと。例 懐旧の情。懐旧談。類 懐古

【懐古】かいこ ▲〈—する〉すぎさったむかしをなつかしく思うこと。例 懐古趣味。類 懐旧

❸〈なつく〉の意味で

【懐柔】かいじゅう ↓〈—する〉なれしたしませて、さからわないようにしむけること。例 懐柔策。

◆述懐 本懐

憾

忄−13 総画16 常用 明朝 憾 61BE

音 カン 中 訓 —

筆順 忄 忄 怇 怋 惐 惐 憾 憾

たちなり 「形声」「感」が「カン」という読み方をしめしている。「カン」は「うらむ」意味をもち、心（忄）にうらみをいだくことを表す字。

意味 心のこりに思う。ざんねんな思い。例 遺憾

懇

心−13 総画17 常用 明朝 懇 61C7

音 コン 中 訓 ねんご-ろ 高

筆順 豸 豸 豸 豤 貇 貇 懇 懇

たちなり 「形声」「貇」が「コン」という読み方をしめしている。「コン」は「いっしょうけんめいにつとめる」意味をもち、「心」をこめてつくすことを表す字。

意味 ねんごろ。まごころをこめる。例 懇ろにもてなす。懇切

【懇意】こんい ↓〈—な〉うちとけ合って親しくつき合っているようす。例 懇意にしている間柄。類 親密

【懇願】こんがん ↓〈—する〉いっしょうけんめいにたのみこむこと。類 懇請・懇望・切願・切望・嘆願

【懇親】こんしん ↓ たがいにうちとけてなかよくすること。例 懇親会。類 親睦

【懇請】こんせい ↓〈—する〉たのみやのぞみをきいてくれるように、けんめいにたのむこと。例 懇請に応じる。類 懇願・懇望・切願・切望

【懇切】こんせつ ⊠〈—な〉たいへん親切で、気配りがいきとどいているようす。例 懇切ていねい。

【懇談】こんだん ↓〈—する〉うちとけて気楽に話し合うこと。例 懇談会。

【懇望】こんもう｜こんぼう ↓〈—する〉心からのぞむこと。しきりにたのむこと。類 懇願・懇請

【懇話】こんわ ↓ 心からうちとけて話すこと。

憐

忄−13 総画16 人名 明朝 憐 6190

音 レン 外 訓 あわ-れむ 外・あわ-れみ 外

意味 ❶あわれむ。かわいそう、気の毒だと思う。例 憐憫
❷いとしく思う。かわいいと思う。例 可憐

参考 もと忄部「12画」、総画「15画」。

懲

心−14 総画18 常用 明朝 懲 61F2 旧字 懲 FA40

辞書のミカタ ‖ ⇕ ↓ ▽ ▲ ⊠ ◪ ○ 熟語の組み立て（☞ふろく「熟語の組み立て」[8]ページ）

音 チョウ 中　訓 こ-りる 中・こ-らす 中・こ-らしめる 中

筆順 彳 徉 徉 徴 徴 懲 懲

なりたち 懲 [形声]もとの字は、「懲」。「徴」が「チョウ」という読み方をしめしている。「チョウ」は「打ちたたく」意味をもち、「心」にいたでをあたえることを表す字。

意味 こらしめる。こりる。例 失敗に懲りる。いたずらを懲らしめる。懲罰

【懲役】↓ 罪をおかした人を刑務所に入れて、労働をさせる刑罰。類 禁錮

【懲戒】↓〈―する〉わるいおこないをした人を、しかったり、罰したりすること。例 懲戒処分。懲戒免職。類 懲罰

【懲罰】↓〈―する〉わるいおこないに、こらしめの罰をあたえること。類 懲戒

懸

心−16　総画20　常用　明朝 懸 61F8

音 ケン 中・ケ 高　訓 か-ける 中・か-かる 中

筆順 ㅁ 目 県 県 県 縣 縣 懸

なりたち [形声]「縣」が「かける」意味と「ケン」という読み方をしめしている。「心」にかけることを表す字。

意味 ❶かける。かかる。例 命を懸ける。賞金が懸かる。懸賞・懸念

❷かけはなれる。へだたる。例 懸隔

例 解 [使い分け] かける[掛・懸・架] ☞547ページ

注意するよみ ケ…例 懸念・懸想

❶〈かける〉の意味で

【懸念】▲〈―する〉よくないことが起きるのではないかと心配すること。気がかり。例 計画の先行きに強い懸念をいだく。類 危惧

【懸案】↓ 前から問題になっていて、まだ解決されていないことがら。例 懸案事項。

【懸賞】▲ ほうびを出すことを約束して、試合をさせたり、作品やクイズの答えなどをもとめること。例 懸賞金。

【懸垂】Ⅱ〈―する〉①重みで下へたれさがること。②鉄棒にぶらさがり、うでをまげのばしする運動。

【懸命】▲〈―に〉〈―な〉自分のもっている力を出しきって、がんばるようす。例 懸命にはげむ。

❷〈かけはなれる〉の意味で

【懸隔】Ⅱ〈―する〉遠くへだたること。

4画 戈 [ほこ][ほこがまえ][ほこづくり] の部

古代の武器であるやりに似た「ほこ」の形をえがいた象形である「戈」をもとに作られ、武器や戦いにかかわる字を集めてあります。

この部首の字

1 戊…515　2 戌…515　成…515
3 我…517　戒…517　4 或…517　7 戚…517
8 戦…517　9 戦…518　11 戯…519　13 戴…519

哉▸口 226　威▸女 305　栽▸木 637　裁▸衣 952
載▸車 1026

戊

戈−1　総画5　人名　明朝 戊 620A

音 ボ 外　訓 つちのえ 外

意味 十干の五番め。つちのえ。例 戊辰戦争。

参考 「茂」に通じる。

名前のよみ さかる・しげ・しげる

戌

戈−2　総画6　表外　明朝 戌 620C

音 ジュツ 外　訓 いぬ 外

意味 十二支の十一番め。動物では犬。方角では西北西。時刻では午後八時、またはその前後二時間。参考 ☞「巽」の「文字物語」(366ページ)

成

戈−2　総画6　4年　明朝 成 6210

音 セイ・ジョウ 高　訓 な-る・な-す

筆順 丿 厂 万 成（つにならない）（はねる） 成 成

なりたち [形声]もとの字は、「成」。「丁」が「テイ」とかわって読み方をしめしている。「うつ」意味と、武器のほこ(戊)をくわえて、敵をうち平らげることを表す字。

▶前ページ 懸 戊 戌 戍 成

意味

❶**なる。** なしとげる。例為せば成る。名を成す。成就・成功・達成

❷**つくりあげる。** 集まってなりたたせる。例成分・形成・合成

❸**そだつ。** そだてる。例成育・養成

❹**《その他》** 例成敗

注意するよみ ジョウ…例成就・成仏

名前のよみ あき・あきら・おさむ・さだ・しげ・しげる・のり・ひで・ひら・ふさ・まさ・みち・みのる・よし

❶〈なる〉の意味で

【成就】じょうじゅ Ⅱ〈―する〉のぞんでいたことが、そのとおりになしとげられること。例大願成就。類達成

【成仏】じょうぶつ ▲〈―する〉①仏教で、人がなやみからぬけだして、さとりをひらくこと。②死んで仏になること。

【成果】せいか ↓ 努力をかさねてつかんだ、よい結果。例大きな成果をおさめる。類収穫

【成句】せいく ↓ ①むかしから広く知られている詩文のことばやことわざ。例故事成句。②二つ以上のことばでできていて、全体でまとまって特別な意味を表すことば。「口がすべる」「さじをなげる」などをいう。類慣用句

【成功】せいこう ▲〈―する〉①思っていたとおりにうまくいくこと。例実験はみごと成功した。対失敗 ②世の中で、りっぱな地位や財産を得ること。例成功者。類出世

【成算】せいさん ↓ うまくいくはずだという見通し。例この計画には成算がある。類勝算

【成績】せいせき ↓ 仕事や勉強などのできぐあい。それに対するほかの人の評価。

【成層圏】せいそうけん 地上約一〇キロから五〇キロくらいまでの空気の層。気温はほぼ一定で、決まった方向に風がふいている。対対流圏

【成否】せいひ ⇕ うまくいくか、失敗するか。

【成文】せいぶん ▲ 決められた約束ごとなどを、きちんとした文章に書き表した文書。

【成立】せいりつ Ⅱ〈―する〉あるものごとができあがること。例今年度の予算が成立した。

【成金】なりきん ▲ ①将棋で、敵陣まで入って金将になった駒。②急に金持ちになった人。(けいべつした言い方)

❷〈つくりあげる〉の意味で

【成員】せいいん ↓ 団体をつくりあげている、一人ひとりの人間。メンバー。類構成員

【成分】せいぶん ↓ あるものをつくりあげている、一つ一つの物質や部分。類要素

❸〈そだつ〉の意味で

【成育】せいいく Ⅱ〈―する〉人や動物が育ち、からだが大きくなること。例子どもの成育を見まもる。類成長・発育・生育 表現 ふつう動物について使い、植物の場合は「生育」を使う。

【成熟】せいじゅく Ⅱ〈―する〉①農作物や果物などが十分に実ること。類完熟 対未熟 ②人間の心とからだが成長して、一人前になること。

【成人】せいじん ↓〈―する〉成長して、社会的に一人前になること。おとな。例成人式。類成年 対未成年 知識 日本の法律では満二十歳以上と決められている。

【成虫】せいちゅう ↓ 成長して、親とおなじ大きさ、おなじ形になった昆虫。対幼虫

【成長】せいちょう Ⅱ〈―する〉人や動物が育って大きくなること。類成育・発育・生長 表現 生き物だけでなく、ものごとの進歩についても「経済成長」などと使う。

例解 使い分け せいちょう《成長・生長》

成長＝生き物などが育って大きくなること。
例子どもの成長を楽しみにしている。経済の成長がいちじるしい。

生長＝とくに、植物が生えて大きくなること。
例草木が生長する。

成長
生長

【成長株】せいちょうかぶ ①大きくのびると思われる会社の株。②将来性のある人物。ホープ。

【成年】せいねん ↓ 一人前のおとなとして社会から

みとめられる年齢。類成人 対未成年

❹《その他》

【成敗】◎〈―する〉白黒をはっきりさせて悪い者に罰をあたえること。例けんか両成敗。

←成が下につく熟語 上の字の働き

❶成＝〈なる〉のとき
【完成 落成 達成 造成】近い意味。

❷成＝〈つくりあげる〉のとき
【結成 合成 混成 編成】ドウヤッテ成り立たせるか。

❸成＝〈そだつ〉のとき
【育成 養成 醸成 錬成】近い意味。
【促成 速成 晩成】仕上がる早さや時期の点で、ドノヨウニ育つ（育てる）か。

◆既成 形成 構成 集大成 助成

【我】

戈−3 総画7 6年 明朝 我 6211

音ガ中 訓われ・わ中

筆順 ノ 二 于 手 我 我 我（はねる わすれない）

なりたち  ［象形］ぎざぎざの刃（手）のついたほこ（戈）をえがいた字。借りて、「われ」の意味に使われている。

意味 自分。自分の。例我を忘れる。我を張る。我が国。我慢・我流・自我

【我執】◯ ↓ 自分だけの考えにとらわれて、そこからぬけだせないこと。

【我田引水】〈―する〉自分につごうのいいように、話やことを進めようとすること。参考自分のたんぼだけに水をひき入れる、というたとえからできたことわざ。

【我慢】◯ ↓〈―する〉苦しみや、痛みなどをこらえて、がんばること。例我慢づよい。

【我欲】↓ 自分だけの利益をもとめようとする欲望。

【我流】↓ 自分勝手なやり方。類自己流

◆自我 彼我 忘我

【戒】

戈−3 総画7 常用 明朝 戒 6212

音カイ中 訓いまし-める中

筆順 一 二 干 开 戒 戒 戒

なりたち ［会意］武器のほこ（戈）と、左右の手を合わせた形（廾）からでき、ほこを両手に持ってまもることを表す字。借りて、「つつしむ、いましめる」として使われている。

意味 ひきしめる。悪いことが起こらないように、とりしまる。例非行を戒める。戒告・警戒・厳戒・自戒

【戒告】◯ ↓〈―する〉きまりや命令にしたがわなかった者を注意すること。例戒告処分。

【戒名】↓ 仏教で、死んだ人につける名。類法名 対俗名

【戒律】◯ ‖ おなじ宗教を信じる人たちがまもらなければならないきまり。

◆警戒 厳戒 斎戒 懲戒

【或】

戈−4 総画8 人名 明朝 或 6216

音ワク外 訓あ-る外・ある-いは外

意味 ❶ある。どれかしらの。例或る時。
❷あるいは。㋐または。例曇り、或いは、雨。㋑もしかしたら。例或いは負けるかもしれません。

【戚】

戈−7 総画11 常用 明朝 戚 621A

音セキ中 訓―

筆順 ノ 厂 厈 厈 戚 戚 戚 戚

意味 みうち。血すじのつながった人。親類。例親戚

【戟】

戈−8 総画12 人名 明朝 戟 621F

音ゲキ外 訓ほこ外

意味 ❶ほこ。古代の武器で、横に突き出た刃を付けたやり。
❷さす。刺激する。例刺戟

表記 「ゲキ」と読むときは、今はふつう「激」を使

◀次ページ 戦

う。例刺戟↓刺激。

戦

戈−9 総画13 4年 明朝 戦 6226 旧字 戰 6230

音 セン 訓 いくさ中・たたか-う

筆順 （ソにならない）（はねる）（このばしょに）

なりたち 戰［形声］もとの字は、「戰」。「單」が「セン」とかわって読み方をしめしている。「たたかう、まじえる」意味と、ほこ（戈）をまじえてたたかうことを表す字。

意味 ❶たたかう。あらそう。いくさ。試合。例戦に出る。敵と戦う。戦争・合戦 ❷おののく。こわくてふるえる。例戦慄

例解［使い分け］たたかう［戦・闘］☞ひだりのページ

❶〈たたかう〉の意味で

【戦意】せんい ↓たたかおうとする、ふるいたった気持ち。例戦意をうしなう。

【戦雲】せんうん ↓戦争がはじまりそうな、世の中のようす。例戦雲がたれこめる。

【戦役】せんえき Ⅲ戦争。例日露戦役。

【戦火】せんか ↓①戦争のとき、攻撃をうけて起こる災害。例戦火にみまわれる。②戦争。例戦火をまじえる。

【戦果】せんか ↓たたかいや試合をして手にいれたよい結果。例戦果があがる。

【戦禍】せんか ↓戦争によってうけた被害。例戦禍をこうむる。類戦災

【戦艦】せんかん ↓大砲をそなえた大きな軍艦。

【戦記】せんき ↓戦争のことを書きとめた記録。類軍記

【戦況】せんきょう ↓たたかいの、その場そのときのようす。例戦況を見きわめる。類戦局

【戦局】せんきょく ↓戦争の全体としてのなりゆき。例戦局を左右する決戦。類戦況

【戦後】せんご ↓戦争が終わったあと。とくに第二次世界大戦が終わったあと。対戦前

【戦国】せんごく ↓①戦争でみだれた世の中。②「戦国時代」の略。日本で、十五世紀なかばの応仁の乱のあと、いくさがくりかえされたおよそ百年間の時代。

【戦災】せんさい ↓戦争による被害。例戦災孤児。類戦禍

【戦士】せんし ↓戦争にくわわって、たたかう兵士。類闘士 表現「企業戦士」などと、きびしい仕事や活動などで、先頭に立ってがんばっている人をいうこともある。

【戦死】せんし ↓〈─する〉戦争にでかけて戦場で死ぬこと。例戦死者をいたむ。類戦没

【戦時】せんじ ↓国が戦争をしているとき。例戦時体制。対平時

【戦車】せんしゃ ↓全体を厚い鉄板でおおい、大砲をそなえる戦争用の車。タンク。例重戦車。

【戦術】せんじゅつ ↓たたかいに勝つための計画。また、目的を達するために考えだした方法や手段。例戦術を練る。類戦略・戦法・作戦 表現☞【戦略】せんりゃく（ひだりのページ）

【戦勝】せんしょう ↓〈─する〉たたかいに勝つこと。例戦勝祝い。戦勝国。対敗戦

【戦場】せんじょう ↓じっさいにたたかいのおこなわれている場所。例古戦場。類戦地

【戦績】せんせき ↓たたかいや試合の成績。

【戦線】せんせん ↓戦争のとき、敵と味方とが直接たたかっているところ。類前線

【戦前】せんぜん ↓戦争が起きる前。とくに、第二次世界大戦が起きる前。対戦後

【戦争】せんそう Ⅲ〈─する〉国と国とが、軍隊を使ってたたかうこと。対平和・和平 表現「交通戦争」「受験戦争」のように、人びとがたいへんきびしい状態に置かれている意味にも使う。

【戦端】せんたん ↓たたかいのはじまり。例戦端をひらく。

【戦地】せんち ↓戦争がおこなわれているあたりの地。例遠く戦地へおもむく。類戦場

【戦闘】せんとう Ⅲ〈─する〉戦争のとき、目の前の敵とたたかうこと。例戦闘機。

【戦犯】せんぱん ◎「戦争犯罪人」の略。戦争を起こしたり、戦争中に捕虜や人民を苦しめるなどの罪をおかした人。

【戦法】せんぽう ↓勝つためのたたかい方。類戦術

【戦没】せんぼつ ↓〈─する〉戦場で死ぬこと。戦場でのけがや病気がもとで死ぬこともいう。類戦死 表現「戦死」よりもあらたまった言い方。

【戦友】⇩ 戦場でいっしょに敵とたたかったなかま。例 戦友の死を悲しむ。

【戦乱】⇩ 戦争が起きて、世の中がみだれること。例 戦乱の世。

【戦利品】 戦争に勝って得た品物。

【戦略】⇩ ①戦争で勝つための全体的な計画や方法。類 戦術 ②大きな活動や仕事で、うまく目的をはたすための全体的な計画や方法。類 戦術 表現「戦術」は、かぎられたその場その場のたたかい方を指し、「戦略」は戦争の全体を考えたたたかい方を指す。

【戦力】⇩ ①軍隊や武器など、戦争をするための力。類 兵力・武力 ②仕事や活動を進めるためのはたらき手。例 即戦力を求める。

【戦列】⇩ ①敵とたたかうためにならんだ兵士たちの列。例 負傷のため戦列をはなれる。②闘争のために組まれた組織。例 戦列をととのえる。

❷〈おののく〉の意味で

【戦戦恐恐】〈―と〉〈―たる〉たいへんなことが起こるのではないかと、びくびくしているようす。例 戦々恐々と日をおくる。

【戦慄】Ⅲ〈―する〉おそろしさのためにからだがふるえること。例 戦慄がはしる。

⬅戦が下につく熟語 上の字の働き

❶戦＝〈たたかう〉のとき

【激戦 実戦 接戦 熱戦 冷戦 混戦 乱戦 決戦】ドノヨウナ戦いか。

【苦戦 善戦 奮戦】ドノヨウニ戦うか。

【合戦 対戦 交戦 抗戦】ドウヤッテ戦うか。

【応戦 開戦 観戦 参戦 宣戦 挑戦 休戦 停戦 終戦 敗戦 反戦 歴戦】戦いを（戦いに）ドウスルか。

【海戦 内戦】ドコでの戦いか。

【舌戦 論戦】ナニによる戦いか。

◆作戦 雪合戦 和戦

戯

戈-11 総画15 常用 明朝 戯 622F 旧字 戲 6232

音 ギ 中 訓 たわむ-れる 高

筆順 戯

なりたち [形声] もとの字は、「戲」。「虛(キ)」が「わざをする」意味の「ギ」とかわって読み方をしめしている。ほこ(戈)を使って「いくさのわざをする」意味を表していたが、のちに借りて「たわむれる」として使われるようになった。

意味 ❶あそび。たわむれ。ふざける。例 子犬と戯れる。戯画・遊戯 ❷しばい。演劇。例 戯曲

❶〈あそび〉の意味で

【戯画】⇩ 世の中や人を、それとなくからかったり皮肉を言ったりするためにかかれた絵。例 鳥獣戯画。類 風刺画

❷〈しばい〉の意味で

【戯曲】Ⅲ 演劇の台本として書かれた文学作品。例 シェークスピアの戯曲。

戴

戈-13 総画17 常用 明朝 戴 6234

音 タイ 中 訓 いただ-く 外

筆順 戴

意味 いただく。㋐頭の上に物をのせる。例 雪を戴いた山。㋑ありがたく受ける。例 頂戴

例解 使い分け

たたかう《戦う・闘う》

戦う＝相手や敵に勝つためにあらそう。例 敵軍と戦う。紅白に分かれて戦う。選挙戦を戦いぬく。意見を戦わせる。

闘う＝苦しいことなどに立ち向かい、がんばる。例 病気と闘う。自然の力と闘う。自分との闘い。

【戴冠式】たいかんしき 皇帝や国王が位についたしるしとして冠をかぶる儀式。

4画 戸の部 [と][とかんむり][とだれ]

「戸」をもとに作られ、とびらや家にかかわる字を集めてあります。

この部首の字
0 戸…520 3 戻…520 4 所…521
房…521 6 扇…522 8 扉…522
肩▸月 911 啓▸口 229 雇▸隹 1068 肇▸聿 909

戸

音 コ 訓 と
戸-0 総画4 2年 明朝 戸 6238

筆順 一 ㇇ 三 戸 (はらう)

なりたち [象形]もとの字は、「戶」。「門」のかたほうのとびらをえがいた字。

意味
❶と。とびら。出入り口。例 戸を開ける。戸袋・瀬戸・門戸
❷いえ。家を数えることば。例 全戸 南向き。戸数

❶〈と〉の意味で
【戸口】とぐち ↓家の出入り口。☞「ここう」は❷
【戸棚】とだな ↓中にたなをつくり、前に戸をつけた、物を入れる家具。例 食器戸棚。
【戸袋】とぶくろ ↓雨戸をしまっておくところ。

❷〈いえ〉の意味で
【戸外】こがい ↓建物のそと。類 屋外・野外
【戸口】ここう ↓家の数と人の数。例 戸口調査。☞「とぐち」は❶
【戸主】こしゅ ↓一家の主人。類 家長 知識 むかしの法律のことば。今は、「戸籍筆頭者」「世帯主」などを使う。
【戸数】こすう ↓住む場所としての家の数。類 軒数 表現 建物ではなく、一家族がくらすひとまとまりの場所を家と考えて数える。
【戸籍】こせき ↓家族ごとに、全員の名前や生年月日、性別、関係などを書いた役所の書類。例 戸籍謄本。類 籍
【戸別】こべつ ↓家一軒一軒。家ごと。例 戸別訪問。寄付金を戸別にわりあてる。

←戸が下につく熟語 上の字の働き
❶戸=〈と〉のとき
【雨戸 網戸 木戸】ドンナ戸か。
◆下戸 瀬戸 納戸 門戸

戻

音 レイ高 訓 もど-す中・もど-る中
戸-3 総画7 常用 明朝 戻 623B 旧字 戾 623E

筆順 一 ㇇ 三 戸 戸 戸 戻

なりたち [会意]もとの字は、「戾」。「犬」が「戸」をくぐりぬけることを表して

漢字パズル ⑦ かきじゅん

上から順に書いていくと、どんな字ができあがりますか。

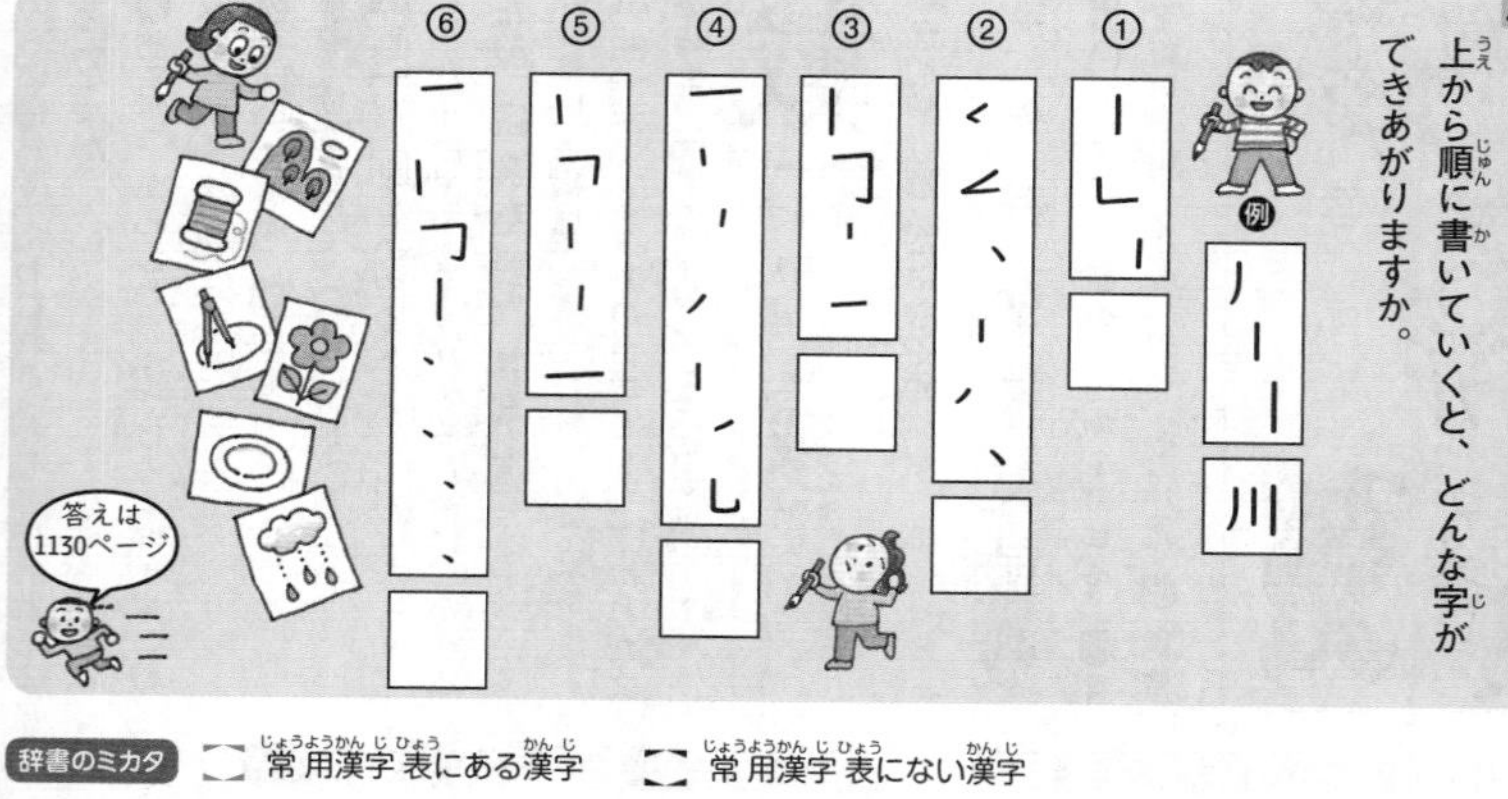

例 川

① ② ③ ④ ⑤ ⑥

答えは1130ページ

いた字。

意味 もどる。もどす。例 白紙に戻す。席に戻る。返戻

所

戸-4 総画8 3年

明朝 所 6240

音 ショ　訓 ところ

筆順 所 所 所 所 所 所 所 所（戸にならない）

なりたち ［形声］「戸」が「ショ」とかわって読み方をしめしている。おの（斤）でコツコツと木を切ることを表していた字。

意味

❶ところ。場所。部分。例 所かわれば品かわる。近所・住所

❷ある仕事や目的のためにつくられた施設。例 所長・役所・研究所

❸…するところ。…されるもの。…されること。例 所有

発音あんない ショ→ジョ…例 洗面所

❸〈…するところ〉の意味で

【所轄】⊠〈―する〉ある範囲をうけもって、せわをしたり取りしまったりすること。例 所轄の警察署。類 所管・管轄

【所感】⊠ 感じたこと。類 感想

【所管】⊠〈―する〉ある範囲の仕事を引き受け、責任をもってせわをすること。類 所轄

【所期】⊠ そうしようと前もって考えること。例 所期の目標を達成する。

【所業】⊠ その人のおこない。ふるまい。表現 よくないおこないをいうことが多い。

【所見】⊠ 見たり調べたりしたことにもとづいてまとめた意見や考え。

【所作】⊠ 人の動作。しぐさやふるまい。

【所載】⊠ 文章や写真などが、新聞や雑誌などにのっていること。例 五月号所載。

【所在】⊠ 人の居場所やもののある場所。例 県庁所在地。責任の所在。

【所産】⊠ あることの結果としてつくり出されたもの。例 長年の努力の所産。

【所持】⊠〈―する〉身につけて持っていること。例 所持品。類 携帯

【所信】⊠ あることがらについての、自分の考え。例 所信を表明する。

【所詮】⊠ どうこうしてみても。どうせ。例 しょせん、人は死ぬものだ。類 結局

【所蔵】⊠〈―する〉自分のものとして、たいせつにしまっていること。

【所属】⊠〈―する〉ある団体やグループに入っていること。

【所存】⊠ 心の中で考えていること。つもり。例 全力をあげる所存でございます。表現 いくらか古めかしい、かたい言い方。

【所帯】⊠ いっしょに生活する家族のまとまり。例 所帯をもつ。参考「世帯」のもとになったことば。

【所帯主】⊠ 一家を代表する人。類 世帯主

【所定】⊠ 前もって決まっていること。例 所定の用紙に記入する。

【所得】⊠ 入ってきたお金。類 収入

【所望】⊠〈―する〉こうしてほしいと人にたのむこと。例 ご所望の品。

【所有】⊠〈―する〉自分のものとしてもっていること。例 所有権。類 保有・占有

【所用】⊠ しなければならない仕事。例 父は所用で外出しております。類 用事

【所要】⊠ あることをするのに必要なこと。それに要するものごと。例 所要時間。

所が下につく熟語 上の字の働き

❶所＝〈ところ〉のとき

【場所 地所】近い意味。

【高所 近所 難所 名所】ドウイウ場所か。

【居所 住所 便所】ドウスル場所か。

【長所 短所 要所 急所 局所 箇所 見所】ドウイウ部分か。

❷所＝〈ある仕事や目的のためにつくられた施設〉のとき

【役所 関所 刑務所 託児所】ナニのための施設か。

◆米所 随所 台所 適材適所 紋所

房

戸-4 総画8 常用

明朝 房 623F

音 ボウ㊥　訓 ふさ㊥

◀次ページ 扇 扉

▶前ページ 所 房

筆順 一 ㇕ 戸 戸 戸 房 房 房

なりたち 房 [形声]「方（ホウ）」が「かたわら」の意味の「ボウ」とかわって読み方をしめしている。いえ(戸)のかたわらのこべやを表している字。

意味 ❶へや。家。例 暖房・女房 ❷ふさ。例 ぶどうの房。乳房・花房 ❸安房。旧国名。今の千葉県南部。例 房総半島。房州。

扇

戸-6 総画10 常用 明朝 扇 6247

音 セン 中 訓 おうぎ 中

筆順 一 ㇕ 戸 戸 扇 扇 扇 扇

なりたち 扇 [会意]「戸」と「羽」を合わせて、羽のように開いたり閉じたりするとびらを表した字。

意味 ❶おうぎ。せんす。例 扇のかなめ。扇子 ❷あおぐ。あおる。あおいで風を起こす。あおっていきおいづかせる。例 扇風機。扇動

❶〈おうぎ〉の意味で

【扇形】せんけい・おうぎがた ↓ おうぎを開いたときの形。数学の図形としては、二つの半径と円の一部(弧という)でかこまれたもの。

【扇状地】せんじょうち 川が山から平地へと流れでる場所に、小石や土砂がつもってできる、おうぎ形の土地。

【扇子】せんす ☒ 持ち運びにべんりなように、おりたたみできる、風を起こす用具。おうぎ。

❷〈あおぐ〉の意味で

【扇情的】せんじょうてき 〈—に・—な〉気持ちや欲望をあおりたてるようす。例 扇情的なポスター。

【扇動】せんどう ↓〈—する〉人の気持ちをあおりたてて、行動を起こさせるようにしむけること。例 人びとを扇動して、さわぎを起こす。

【扇風機】せんぷうき モーターの力で羽根をまわして風を起こす機械。

扉

戸-8 総画12 常用 明朝 扉 6249

音 ヒ 高 訓 とびら 中

筆順 ㇕ 戸 戸 戸 扉 扉 扉

なりたち 扉 [形声]「非」が左右に開く意味を表し、「ヒ」という読み方をしめしている。おして開く出入り口(戸)の「とびら」を表す字。

意味 とびら。開き戸。例 扉をたたく。門扉

文字物語 手

手は、人のからだのなかで、いちばんよく使われ、いろんな仕事をしてくれるところ。だから、「手」という字も、たくさんの意味をもっている。

訓で「て」とよむときは、「手を洗う」「手にとる」のように「て」を独立のことばとして使うほか、ことばの上について「手紙」「手帳」「手仕事」「手助け」となり、また、「右手」「先手」「はたらき手」のように下にもつく。音の「シュ」は、独立のことばとしては使われないが、上にも下にもついて、いろいろなことばをつくる。ただ、「て」は意味の広がりが多いのにくらべ、「シュ」は、「からだの手、また、そのはたらき」のほかは、大部分がことばの下について「人」、とくに「その仕事を専門に職業とする人」の意味に使われている。「歌手」「騎手」「投手」「運転手」など。「て」も、おなじようにことばの下について、「歌い手」「書き手」「話し手」「聞き手」「売り手」「買い手」のようにいうが、「手」より広く「その動作をする人一般」を表す。

4画 手 扌 [て][てへん] の部

「手」をもとにして作られ、手でおこなう動作にかかわる字を集めてあります。

この部首の字

4 手 扌 て・てへん 0画 手

◀次ページ 手

手

音 シュ　訓 て・た 中

手-0　総画4　1年　明朝 手 624B

筆順　ながく　はねる

なりたち [象形] 五本の指を開いたてのひらの形をえがいた字で、「て」の意味を表す。

意味

❶て。㋐手のひら。うで。例 手を出す。手形・手綱・挙手 ㋑手を使ってする。例 手品・手記 ㋒手に持つ。手の中に入れる。例 手帳・入手

❷やること。やり方。仕事。うでまえ。例 手を下す。奥の手。手段・手腕・苦手・着手

❸仕事をする人。労働力。…する人。例 聞き手・男手・歌手・運転手

❹お金。代金。例 元手

❺方向。位置。例 行く手。上手

❻きず。受けた傷。例 痛手・深手

❼状態を表すことば。例 厚手

❽調子づけのことば。例 手狭

[文字物語] ☞みぎのページ

注意するよみ た…例 手繰る。手綱

特別なよみ 上手(じょうず)・手伝う(てつだう)・下手(へた)

❶〈て〉の意味で

【手記】しゅき ↓自分の体験などについて書きしるしたもの。例 手記を発表する。

【手芸】しゅげい ↓編み物や刺繍・粘土細工など、手先を使う工芸。例 手芸教室。

【手工業】しゅこうぎょう 機械よりも人の手をよく使う工業。例 伝統的手工業。対 機械工業

【手術】しゅじゅつ ↓〈―する〉患者のからだを切りひらいて、わるいところを処置すること。

【手中】しゅちゅう ↓手の中。例 手中におさめる(自分のものにする)。類 掌中

【手動】しゅどう ↓動力でなく人の手で器械を動かすこと。例 手動ミシン。対 自動・電動

【手話】しゅわ ↓手の形や動きによって思っていることを伝えることばの一つ。例 手話通訳。

【手綱】たづな ↓乗馬のとき、馬のくつわにつけ、手に持って馬をあやつるつな。例 手綱さばき。表現 手綱を「しめる」「ゆるめる」は、人が人を動かすのにもいう。

【手足】てあし Ⅱ ①手と足。例 手足を動かす。②その人の思いどおりに動く人。例 部長の手足となる。

【手当】てあて ◎ ①病気やけがをなおすための処置。例 応急手当て。②給料のほかにしはらわれるお金。例 通勤手当。③はたらいてもらったお礼に出すお金。表記 ①は、「手当て」と「て」をつけて書く。

【手薄】てうす ▽〈―な〉備えが十分でない。例 商品の在庫が手薄になってきた。☞❸

【手鏡】てかがみ ↓手に持って使う小さなかがみ。

【手形】てがた ↓①手のひらに墨などをぬり、紙におしつけて手のかたちをつけたもの。例人気力士の手形をもらう。②約束の日にこの金額をしはらうと書いた証書。

【手紙】てがみ ↓用事やあいさつを書いて、人におくる文書。たより。ふつう、封筒に入れて出すものをいう。類書状・書簡・書面

【手首】てくび ↓うでと手のひらとのつなぎめの部分。例手首を使ってボールを投げる。

【手頃】てごろ ↓〈二な〉①手に持つのにちょうどよい。例手ごろな品。②条件に合っている。例手ごろな物件。

【手先】てさき ↓手の指や指先。そのはたらきぐあい。例手先が器用だ。☞❸

【手塩】てしお ↓つけ物をつけるときなどに、手につける塩。表現「手塩にかける」は、野菜など一つ一つにていねいに塩をすりこんでつけ物をつけることで、子どもの時からせわをして、自分の手でたいせつに育てることを表す。

【手仕事】てしごと 裁縫や編み物など、手先を使ってする仕事。例手仕事にたよる。

【手品】てじな ◎手先を器用に動かして見ている人の目をごまかし、ふしぎな芸をしてみせること。マジック。例手品師。類奇術

【手錠】てじょう ↓警官などが容疑者をとりおさえたとき、相手の手首にはめる金属の輪。

【手製】てせい ↓人の手でつくったもの。自分の手でつくったもの。手作り。例手製のかばん。

【手相】てそう ↓人の運勢がわかるといわれる、手のひらのすじのようす。類人相

【手玉】てだま ↓布でつくった小さいふくろにあずきなどを入れてつかみやすくしたもの。お手玉。次々に投げ上げては受けとめて遊ぶ。例お手玉。表現「手玉に取る」は、人を自分の思うようにあやつること。

【手近】てぢか ☒〈二な〉手がとどくほど近くにあること。例手近な材料で料理する。類身近

【手帳】てちょう ↓予定や心おぼえを書く、小さなノート。例電話番号を手帳にメモする。

【手荷物】てにもつ 自分が手に持って運ぶ荷物。

【手拍子】てびょうし 手をたたいて、リズムをとること。例かけ声に合わせて手拍子を打つ。

【手袋】てぶくろ ↓寒さをふせぐため、手をまもるため、美容・礼儀のため、手をおおうために、手にはめるふくろ。毛糸や布・革でつくる。

【手弁当】てべんとう ①自分の弁当を持って仕事に行くこと。②お礼やお金をもらわないで、人のためにはたらくこと。

【手前】てまえ ↓①自分に近い「こちら」。例一つ手前の駅でおりる。②他人から自分がどう見えるかということ。例世間の手前、はずかしい。③わたくし。自分のことをへりくだっていうことば。例手前どもは存じません。④茶道でのきまった作法。⑤おまえ。相手を見くだしていうときに使う。らんぼうにいえば「てめえ」。例手前はひっこんでいろ。表記④は、ふつう「点前」と書く。

【手前味噌◆】てまえみそ 自分のしたことやつくったものを、本人がほめること。例手前味噌をならべる。参考むかしは、それぞれの家でみそをつくったことから出たことば。

【手真似▲】てまね 手の動きで、なにかの意味やようすを表すこと。例手まねをまじえて話す。

【手鞠◆】てまり ↓手でついて遊ぶまり。参考むかしは、綿を芯にして色糸をまいてつくった。

【手土産】てみやげ 人をたずねていくときに持っていく、ちょっとしたおくりもの。

【手元】てもと ↓①手がとどくくらい近いところ。②手のはたらきぐあい。例手元がくるう。③すぐに使えるお金。例手元不如意(お金がなくて思うようにならない)。

【手料理】てりょうり 自分でつくった料理。

❷〈やること〉の意味で

【手段】しゅだん Ⅱ目的を実現する方法。やり方。例手段を講じる。類方法・策・方策 対目的

【手法】しゅほう Ⅱ芸術作品などをつくるときのやり方。テクニック。類技法・筆法

【手練】しゅれん ↓練習できたえた、武道などのみごとなうでまえ。例手練の早わざ。

【手腕】しゅわん Ⅱすぐれたうでまえ。ものごとをうまくやりとげる力。例手腕が問われる。手腕を発揮する。類技量

【手荒】てあら ▽〈二な〉あつかい方の乱暴さ。

【手加減】てかげん〈—する〉相手やその時のようすを見て、とりあつかいをあまくすること。例手かげんをくわえる。

【手柄】てがら ↓りっぱなはたらき。例手柄をたてる。類功績・殊勲

【手軽】てがる ▽〈—な・—に〉かんたんで、てっとりばやい。例昼食を、手軽にすませる。

【手際】てぎわ ↓ものごとをするときのやり方や、そのうでまえ。手なみ。例手際がいい。

【手口】てぐち ↓悪いことをするときのやり方。

【手心】てごころ ↓あつかい方をゆるやかにすること。例手心をくわえる。類手加減

【手順】てじゅん ↓ものごとをする中での、細かな一つ一つの順序。段どり。例手順がくるう。

【手数】てすう・てかず ↓ものごとをする時間や手間。類世話 表現「お手数ですが」「お手数をおかけしました」など、人にものをたのむときやお礼を言うときに使う。

【手数料】てすうりょう 時間や手間をかけてしてもらった仕事に対してしはらうお金。

【手配】てはい ↓〈—する〉①仕事や行事などをうまく進めるために、手順を決め、役をわりふるなどの準備をすること。例タクシーの手配をする。②警察が犯人をつかまえるように命令を出すこと。例指名手配。

【手本】てほん ↓①字や絵のかき方をならうとき、見ならったりまねをしたりするもとになるもの。類標準 ②見ならってまねをするとよいような、りっぱなものごとやおこない。例上級生が下級生に手本をしめす。

【手間】てま ↓一つの仕事をやり終えるのにかかる時間や労力。例手間がかかる。

❸〈仕事をする人〉の意味で

【手薄】てうす ▽〈—な・—に〉そのことにあたる人数が少ないこと。例警備が手薄で心配だ。☞❶

【手先】てさき ↓人のいいつけどおりに、よくないことでも実行する者。例暴力団の手先をつとめる。類手下 ☞❶

【手下】てした ↓主人に服従し、いうとおりになる者。類子分・配下・部下・手先

【手勢】てぜい ↓部下として使える兵力。

【手不足】てぶそく〈—な・—に〉仕事をするのにはたらく人の数がたりないこと。類人手不足

❻〈きず〉の意味で

【手傷】てきず Ⅱたたかいでうけた傷。例手傷を負う。

❽〈調子づけのことば〉の意味で

【手狭】てぜま ☒〈—な〉なにかをするのに、その場所がせまくて不便なようす。例子どもが生まれて家が手狭になった。

【手短】てみじか ☒〈—な・—に〉話や文章を、短く、かんたんにすませること。例手短に話そう。

手が下につく熟語 上の字の働き

❶手＝〈て〉のとき
【右手 左手 上手 下手】ドチラの手か。
【徒手 素手 空手 義手】ドンナ手か。
【握手 挙手 拍手】手をドウスルか。
【隻手 両手】イクツの手か。

❷手＝〈やること〉のとき
【下手 着手】仕事する手をドウスルか。
【魔手 妙手 新手】ドンナやり方か。
【上手 下手 得手(不得手) 苦手】ドウイウうでまえか。
【先手 後手】イツやるか。
【男手 女手】ダレの手で書いたか。

❸手＝〈仕事をする人〉のとき
【歌手 騎手 旗手 助手 投手 捕手 相手】ドウスル人か。
【名手 選手 好敵手】ドンナ人か。
【男手 女手 新手 人手】ドウイウ働き手か。

❺手＝〈方向〉のとき
【右手 左手 上手 下手】ドチラの方向か。

❼手＝〈状態を表すことば〉のとき
【厚手 薄手 大手 若手】大きく分けてドウイウ状態か。
【上手 下手】相手に対してドウイウ態度か。

◆勝手 切手 軍手 土手 入手 派手 深手 元手

才

扌-0 総画3 2年 明朝 才 624D

音サイ 訓—

筆順 一 才(はねる) 才(すこしだす)

なりたち 扌 ［象形］川の流れをせきとめるくいの形をえがいた字。のちに、「さいのう」の意味に借りて使われるようになった。

意味
❶頭のはたらき。すぐれた知恵。例 才におぼれる。才能・英才
❷年齢をかぞえることば。（「歳」のかわりに使う）例 三才。

名前のよみ とし

❶〈頭のはたらき〉の意味で

【才媛】さいえん ↓ 頭がよく、学問のある女の人。類 才女

【才覚】さいかく ↓〈―する〉その場その場で必要なものをととのえ、うまく処置すること。そのための知恵。例 才覚のある人。類 工面・算段

【才気】さいき ↓ すぐれた頭のはたらき。例 才気あふれるスピーチ。

【才気煥発】さいきかんぱつ 頭のよさが、ことばやふるまいに生き生きと表れていること。例 才気煥発な青年。

【才子】さいし ↓ 頭がよくて、よく気がつく人。類 才人 表現「軽薄才子」ということばがあるように、とかく才気ばしっておこないが軽いという印象があることば。

【才女】さいじょ ↓ 頭のはたらきがよく、教養ゆたかな女の人。例 才女のほまれが高い。類 才媛

【才色】さいしょく Ⅲ 女の人の、頭のよさと顔かたちの美しさ。例 才色兼備（才能と美しさの両方が身についていること）。

文字物語 扱

「扱」の字は、「おもちゃをらんぼうに扱う」「お金を扱う仕事」「こんどの事件を扱う」「ひどい扱いを受ける」などと、「あつかう」「あつかい」にあてて、いろいろの場面でよく使われている。だから「扱」の字は常用漢字表に入れられていて、「あつかう」の訓をもっているが、ふしぎなことに音はしめされていない。常用漢字表内で音をもっていない字は、「峠」や「枠」のような日本でつくられた漢字（国字という）をのぞけば、そう多くはない。「働」などは、国字なのに「ドウ」の音をもっている。

「扱」は、中国から来た漢字だから「及」とおなじ「キュウ」の字音をもっていて、「収める」とか「手がそこに至る」とかの意味を表していた。しかし、「扱」がほかの漢字といっしょになって漢語の熟語をつくることがなかったので、音は利用されなかった。それで、日本では、中国での意味とは関係なく、「扱」の字が一字で「あつかう」を表す字として使われたのだ。「あつかう」のほかにも、「稲をこく」の「こく（脱穀する）」や「稲の穂をしごく」「下級生をしごく」の「しごく」にこの漢字をあてて、「扱く」「扱く」と書いたが、今はほとんど使われない。

【才人】さいじん ↓ 頭のはたらきがすぐれている人。例 かれはなかなかの才人だ。類 才子

【才能】さいのう Ⅲ ものごとをじょうずにやりとげる力。例 音楽の才能がある。

⬅才が下につく熟語 上の字の働き

❶才＝〈頭のはたらき〉のとき
【英才 秀才 俊才 鬼才 凡才】ドンナ能力のある人か。
【商才 文才】ナニについての才能か。
◆青二才 多才 漫才

打

音 ダ　訓 う-つ

扌-2　総画5　3年

明朝 打 6253

筆順 打 扌 扌 扌 打（はねる）

なりたち 扌丁 ［形声］「丁」が「ダ」とかわって読み方をしめしている。「テイ」は「うつ」意味をもち、手（扌）でうつことを表している字。

意味
❶うつ。たたく。例 くぎを打つ。乱打
❷意味を強めることば。他のことばの上につく。例 打開・打算

例 解 ［使い分け］うつ［打・討・撃］☞ ひだりのページ

❶〈うつ〉の意味で

【打楽器】だがっき たたいて音を出す楽器。太鼓・カスタネット・木琴など。関連 管楽器・弦楽器・

打楽器

【打球】だきゅう ⇩ボールを打つこと。また、打ったボール。例するどい打球。

【打撃】だげき Ⅱ①強く打つこと。②ショック。損害。例台風で農家は大打撃を受けた。③野球・ソフトボールなどで、ボールをバットで打つこと。バッティング。例打撃戦。

【打者】だしゃ ⇩野球で、ボールを打つ人。バッター。例打者一巡。

【打順】だじゅん ⇩野球で、打席に立つ順番。

【打診】だしん ⇩〈―する〉①医者が、患者の胸や背を指先でかるくたたき、反応で内臓の状態を知ること。関連 問診・打診・触診・聴診・視診 ②相手の考えを知るために、少しはたらきかけてみること。例先方の意向を打診する。

【打席】だせき ⇩野球で、打者が立つ場所。バッターボックス。その回数。例打席に立つ。

【打線】だせん ⇩野球で、順番に出てくる打者とその打力。

【打点】だてん ⇩野球で、ヒットなどで得た点数。

【打電】だでん ▲〈―する〉電報をおくること。

【打撲】だぼく Ⅱ〈―する〉からだを強く打ったりぶつけたりすること。例打撲傷を負う。

【打率】だりつ ⇩打数に対するヒットの割合。

❷〈意味を強めることば〉の意味で

【打開】だかい ⊠〈―する〉先へ進めない状態をきりひらき、解決すること。例打開策をさぐる。

【打算】ださん ⊠〈―する〉あらかじめ損得の計算をすること。例打算に走る。

【打算的】ださんてき〈―に・な〉ものごとを、損になるか得になるかで、するしないを決める考え方。例打算的な人。類功利的

【打倒】だとう ⊠〈―する〉相手を負かすこと。

【打破】だは ⊠〈―する〉①たたかいや試合で、相手を負かすこと。例強敵を打破する。②行きづまりの状態をきりひらくこと。例悪習を打破する。

打が下につく熟語 上の字の働き

❶打＝〈うつ〉のとき

【強打 連打 乱打】ドンナニ打つか。

◆殴打

例解 使い分け　うつ《打つ・討つ・撃つ》

打つ＝たたく。当てる。

例くぎを打つ。心を打つ話。バットで球を打つ。転んで頭を打つ。

討つ＝攻めてほろぼす。

例あだを討つ。不意を討つ。敵の大将を討ち取る。

撃つ＝鉄砲などでたまをとばす。

例鳥を撃つ。イノシシを撃つ。敵を迎え撃つ。

打つ

討つ

BANG!

撃つ

払

扌－2　総画5　常用　明朝 払 6255　旧字 拂 62C2

音フツ 高　訓はら－う 中

筆順

なりたち 拂 [形声]もとの字は、「拂」。「弗」が「はらう」意味の「フツ」という読み方をしめしている。手(扌)ではらいのけることを表す字。

意味 はらう。はらいのける。例ほこりを払う。代金・料金などをわたす。例月払い。払拭・払底

【払拭】ふっしょく Ⅱ〈―する〉きれいさっぱりとりのぞくこと。例不信感を払拭する。

【払底】ふってい ▲〈―する〉ほとんどなくなること。例食料が払底する。

扱

扌－3　総画6　常用　明朝 扱 6271

音―　訓あつか－う 中

筆順 扱

なりたち [形声]「及」が「キュウ」という読み方をしめしている。「キュウ」は「おさめ入れる」意味をもち、手(扌)でとり入れることを表している字。

意味 あつかう。手を動かして処理する。例 事件を扱う。取り扱い。

[文字物語]☞526ページ

【托】

扌-3 総画6 人名 明朝 托 6258

音 タク 外 訓 ―

意味 ❶手のひらに物をのせる。❷たよる。たのむ。まかせる。例 托鉢 ❸器を置く皿。例 茶托(茶碗をのせる皿)

❶〈手のひらに物をのせる〉の意味で

【托鉢】たくはつ [▲] お坊さんが、鉢を持って家々を回り、お経を唱えてお金や米をもらうこと。

【技】

扌-4 総画7 5年 明朝 技 6280

音 ギ 訓 わざ 中

筆順 一 扌 扌 扩 抆 技 技 (はねる・はらう)

なりたち [形声]「支」が「ギ」とかわって読み方をしめしている。「シ」は「しごと」の意味をもち、手(扌)で仕事をすることから、「わざ、うでまえ」として使われている字。

意味 わざ。うでまえ。はたらき。例 技をみがく。技術・演技

例解 [使い分け] わざ[技・業] ☞ ひだりのページ

【技芸】ぎげい [Ⅱ] 美術・工芸などの専門的なわざ。例 技芸をみがく。類 技術

【技巧】ぎこう [↓] なにかを表現したりつくったりするときの、すぐれた方法やくふう。テクニック。例 技巧をこらす。

【技師】ぎし [↓] 専門的な技術の仕事をうけもってはたらく人。エンジニア。例 設計技師。レントゲン技師。類 技術者

【技術】ぎじゅつ [Ⅱ] ①ものをつくったりあつかったりするための方法やわざ。テクニック。例 高度な技術が必要な仕事。類 技能・技法 ②科学知識をじっさいに役立つように応用する手段。テクノロジー。例 科学技術。

【技能】ぎのう [↓] なにかをつくったり、おこなったりするときに必要な能力。うでまえ。例 特殊技能の持ち主。類 技術

【技法】ぎほう [↓] ものをつくるときのやり方やわざ。例 工作の技法を学ぶ。類 手法

【技量】ぎりょう [↓] なにかをしたりつくったりする能力の程度。例 技量をためす。類 手腕

← 技が下につく熟語 上の字の働き

【演技 競技】技をドウスルか。

【妙技 特技 余技 実技】ドウイウ技か。

◆国技 【球技 遊技】ドウイウ運動か。

【抗】

扌-4 総画7 常用 明朝 抗 6297

音 コウ 中 訓 ―

筆順 一 扌 扌 扌 扩 抗 抗

なりたち [形声]「亢」が「高くあげる」意味の「コウ」という読み方をしめしている。手(扌)で高く持ちあげることを表す字。

意味 さからう。はむかう。さまたげる。例 抗する。抗議・反抗

【抗議】こうぎ [↓] (―する) 相手の言ったことやしたことに対して、反対の意見や苦情を言うこと。例 審判に抗議する。

【抗菌】こうきん [▲] わるい細菌がふえるのをふせぐこと。例 抗菌まないた。

【抗原】こうげん [↓] からだに入って、抗体をつくり出すようにするもの。

【抗生物質】こうせいぶっしつ カビや細菌がつくり出す物質で、ほかの細菌がふえるのをおさえるもの。代表はペニシリン。

【抗戦】こうせん [↓] (―する) 受けた攻撃にたちむかってたたかうこと。例 徹底抗戦のかまえ。

【抗争】こうそう [↓] (―する) たがいにいがみあってあらそうこと。例 内部抗争をくりかえす。

【抗体】こうたい [↓] 抗原(細菌)がからだに入るとで

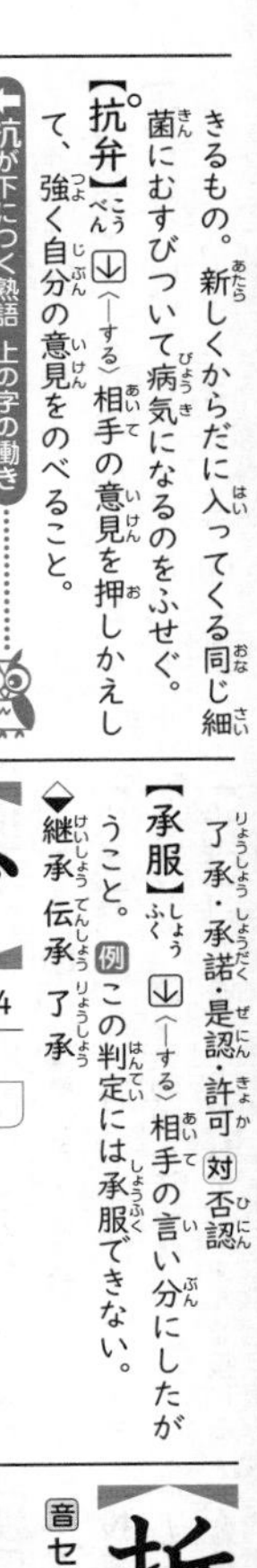

きるもの。新しくからだに入ってくる同じ細菌にむすびついて病気になるのをふせぐ。

【抗弁】⇩〈―する〉相手の意見を押しかえして、強く自分の意見をのべること。

⇦抗が下につく熟語 上の字の働き

【抵抗 反抗】近い意味。

◆対抗

承

手-4 総画8 6年 明朝 承 627F

音 ショウ 訓 うけたまわ-る㊥

筆順 はねる はらう

なりたち [会意]「手」とひざまずいている人(卩)と両手(廾)を合わせて、人がささげられたものをうけることを表す字。

意味 うける。うけとめる。ひきうける。例 ご用を承る。承知・継承

名前のよみ すけ・つぎ・つぐ・よし

【承諾】⇩〈―する〉ひきうけること。例 出演を承諾する。類 承知・承認・受諾・許諾

【承知】⇩〈―する〉①よく知っていること。例 それは承知の上だ。②相手のたのみやねがいを聞き入れること。例 OK、承知した。類 承諾・了解

【承認】⇩〈―する〉それでよいとみとめて、うけいれること。例 決算報告を承認する。類 了承・承諾・是認・許可 対 否認

【承服】⇩〈―する〉相手の言い分にしたがうこと。例 この判定には承服できない。

◆継承 伝承 了承

抄

扌-4 総画7 常用 明朝 抄 6284

音 ショウ㊥ 訓 ―

筆順

なりたち [形声]「少」が「すこし」の意味と「ショウ」という読み方をしめしている。全体から手(扌)で一部をぬき出すことを表す字。

意味 ぬき書きする。ぬき書きしたもの。例 抄本

【抄本】⇩もとになる書類や書物の、一部分をぬき書きしたもの。例 戸籍抄本。知識 戸籍の全部を写したものは「謄本」。

【抄訳】⇩〈―する〉原作の一部分をぬきだして翻訳すること。対 全訳・完訳

例解 使い分け わざ《技・業》

技=身につけたうでまえ。例 技をみがく。技をかける。柔道の技。

業=はたらき。おこない。例 至難の業。神業。軽業。人間業とは思えない。

技が決まる

はなれ業

折

扌-4 総画7 4年 明朝 折 6298

音 セツ 訓 お-る・おり・お-れる

筆順 はねる はらう ノにならない

なりたち [会意] おの(斤)と、木が切られた形(→扌)を合わせ、おので木をたち切ることを表している字。

意味 ❶おる。おりまげる。おれる。おれまがる。くじく。くじける。例 骨を折る。枝が折れる。折衝・折半・右折・骨折
❷その時。さかい目のとき。機会。場合。例 折も折(ちょうどそのとき)。折節

❶〈おる〉の意味で

【折角】▲わざわざすること。めったにない。例 せっかくの休み、ゆっくりしよう。

【折衝】▲〈―する〉損得のくいちがう者が、解決のために話し合うこと。類 交渉

【折衷】▲〈―する〉二つのちがったもののよいところをとって、一つにまとめること。

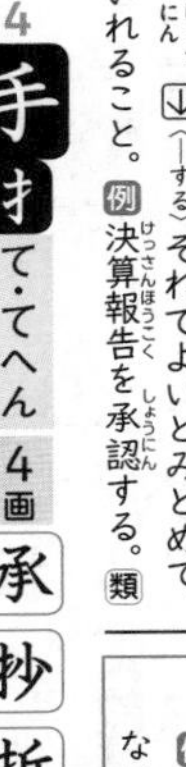

例 折衷案。和洋折衷。

【折半】せっぱん ▲〈—する〉お金やものを半分ずつに分ける。例 もうけを二人で折半する。

❷〈その時〉の意味で

【折柄】おりから ○ ①ちょうどそのとき。例 折からの雨で試合中止となった。②…のときであるので。例 諸事節約の折から、会は中止だ。

【折節】おりふし Ⅱ ①季節。例 折節のうつりかわり。②ちょうどそのとき。例 折節かみなりが鳴りだした。③なにかのひょうしに。ときどき。例 折節思い出す。

折が下につく熟語 上の字の働き

❶折＝〈おる〉のとき
【屈折 曲折】近い意味。
【右折 左折】ドチラへ曲がるか。

択

扌-4 総画7 常用 明朝 択 629E 旧字 擇 64C7

音 タク 中 訓 —

筆順 一 十 扌 扌 扌 択 択

なりたち 【形声】もとの字は、「擇」。「睪」が「わける」意味と「タク」という読み方をしめし、「手(扌)」がついて、手でえらびとることを表している字。

意味 えらぶ。よりわける。

【択一】たくいつ ▲〈—する〉二つ以上のものごとの中から、一つをえらびとること。例 択一・選択 例 二者択一。

択が下につく熟語 上の字の働き

【採択 選択】近い意味。

投

扌-4 総画7 3年 明朝 投 6295

音 トウ 訓 な-げる

筆順 一 十 扌 扌 扌 投 投（はねる・几にならない・はらう）

なりたち 【形声】「殳」が「トウ」とかわって読み方をしめしている。「シュ」は「なげつける」意味をもち、手(扌)でなげつけることを表す字。

意味
❶なげる。なげいれる。身をなげだす。例 球を投げる。投球・投降・力投
❷おくりこむ。あたえる。つぎこむ。例 票を投じる。投稿・投書・投薬
❸あう。あわせる。例 投合
❹身をよせる。泊まる。例 投宿

特別なよみ 投網(とあみ)

❶〈なげる〉の意味で

【投網】とあみ ↓ 魚をとるために、大きく広がるように作った投げあみ。例 投網を打つ。

【投下】とうか ↓〈—する〉高いところから投げ落とすこと。例 原子爆弾の投下。☞❷

【投棄】とうき ↓〈—する〉ほうり出すようにしてすてること。例 廃棄物の不法投棄。

【投球】とうきゅう ▲〈—する〉野球で、ボールを投げること。また、投げたボール。例 全力投球。

【投降】とうこう Ⅱ〈—する〉たたかいに負け、たたかうことをあきらめて、自分のほうから敵の前へ出ていくこと。例 白旗を上げて投降する。

【投手】とうしゅ ↓ 野球で、バッターにむかってボールを投げる役目の人。ピッチャー。対 捕手

【投身】とうしん ▲〈—する〉死のうとして、高いところからとびおりたり、水中や乗り物にとびこんだりすること。身投げ。例 投身自殺。

【投石】とうせき ▲〈—する〉石を投げつけること。

【投入】とうにゅう ↓〈—する〉投げ入れること。☞❷

❷〈おくりこむ〉の意味で

【投映】とうえい ↓〈—する〉スライドなどをスクリーンに映しだすこと。例 投映機。

【投影】とうえい ▲〈—する〉あるものごとを他のものの上にうつしだすこと。例 現代への危機感を投影した作品。類 反映

【投影図】とうえいず ものの形をある方向から見て、そのとおりの形を図にしたもの。知識 正面図・側面図・平面図の三つで、全体を示す。

【投下】とうか ↓〈—する〉事業をはじめたり、大きくしたりするために、お金をつぎこむこと。例 工事に資本を投下する。☞❶

【投函】とうかん ▲〈—する〉郵便ポストに手紙やはがきを入れること。

【投稿】とうこう ▲〈—する〉新聞や雑誌などにのせてもらえるように、自分の原稿を送ること。例 雑誌に投稿する。

【投獄】とうごく ▲〈―する〉ろうやに入れること。
【投資】とうし ▲〈―する〉利益を得るために、仕事のもとでになるお金を出すこと。類 出資
【投書】とうしょ ▲〈―する〉新聞社や役所などに、意見や苦情を書いて送ること。例 投書欄。
【投入】とうにゅう ↓〈―する〉事業に、お金や人・力をつぎこむこと。例 資金を投入する。☞❶
【投票】とうひょう ▲〈―する〉選挙や話し合いの採決のときに、自分がえらんだ人の名や、賛成・反対などの意見を紙に書いて、箱に入れること。
【投薬】とうやく ▲〈―する〉患者に薬をあたえること。例 投薬の効果をみる。類 投与
【投与】とうよ Ⅱ〈―する〉医者が患者に薬をあたえること。例 抗生物質の投与。類 投薬

❸〈あう〉の意味で
【投機】とうき ▲ うまくいけば大きくもうかるような、かけ。例 土地投機。
【投合】とうごう Ⅱ〈―する〉二つのものがぴったりと合うこと。例 意気投合(すっかり気が合う)。

❹〈身をよせる〉の意味で
【投宿】とうしゅく ▲〈―する〉旅館などに泊まること。類 宿泊

把

扌-4 総画7 常用 明朝 把 628A

音 ハ中 訓 ―

筆順 一 十 扌 扌 扣 把 把

たちなり [形声]「巴」が「つかむ」意味と「ハ」という読み方をしめしている。手(扌)でつかむことを表している字。

意味
❶手でにぎる。つかむ。例 把握
❷たばねたものをかぞえることば。例 なっぱ一把。

発音あんない ハ→ワ…例 一把いちわ

❶〈手でにぎる〉の意味で
【把握】はあく Ⅱ〈―する〉ものごとのようすや中身などを、正しくしっかりと理解すること。例 災害の状況を把握する。

抜

扌-4 総画7 常用 明朝 抜 629C 旧字 拔 62D4

音 バツ中 訓 ぬ-く中・ぬ-ける中・ぬ-かす中・ぬ-かる中

筆順 一 十 扌 扩 扐 扐 抜

たちなり [形声]もとの字は、「拔」。「犮ハツ」が「バツ」とかわって読み方をしめし、「ハツ」は「引き出す」意味をもち、「手(扌)」がついて、手でひきぬくことを表している。

意味
❶ぬく。ぬきとる。ぬける。ぬけおちる。例 くぎを抜く。底が抜ける。腰を抜かす。抜歯・抜粋・選抜
❷ぬきんでる。すぐれている。例 抜群

❶〈ぬく〉の意味で
【抜糸】ばっし ▲〈―する〉手術の切り口をぬいあわせた糸をとること。
【抜歯】ばっし ▲〈―する〉歯をぬくこと。
【抜粋】ばっすい ▲〈―する〉書物や文章などの中から、たいせつな部分だけをぬき出すこと。例 要点を抜粋する。ぬき出したもの。
【抜擢】ばってき Ⅱ〈―する〉おおぜいの中からえらびだして、重い役目につかせること。例 新人を主役に抜擢する。類 起用・登用
【抜本的】ばっぽんてき 〈―に〉根元のところまでさかのぼって。例 制度を抜本的に見直す。

❷〈ぬきんでる〉の意味で
【抜群】ばつぐん ▲〈―な・―に〉ずばぬけている。例 抜群の成績で合格する。類 傑出・出色

抜が下につく熟語 上の字の働き
❷抜＝〈ぬきんでる〉のとき
【奇抜 卓抜】近い意味。
◆海抜 選抜

批

扌-4 総画7 6年 明朝 批 6279

音 ヒ 訓 ―

筆順 一 十 扌 扌 扎 扎 批 (はねる・おる・おらない・はねる)

たちなり [形声]「比」が「ならべる」意味と「ヒ」という読み方をしめしている。手(扌)でならべくらべることを表す字。

意味 よいわるいをきめる。品定めをする。例 批

判。

【批准】↓〈—する〉政府が外国と話しあってつくった条約を、国がよいと認めること。

知識 どんな条約も、国会で批准されなければ成立しない。

【批判】↓〈—する〉人の行いや考え、また、ものごとのよくないところをとらえて意見を言うこと。例 批判に耳をかたむける。類 批評

【批判的】〈—な・—に〉あるものごとについて、そのことに賛成できないという考えをもっている。例 批判的な態度をとる。

【批評】↓〈—する〉ものごとのよいところ、わるいところについて、意見を言うこと。類 批判

扶

扌−4 総画7 常用 明朝 扶 6276

音 フ中 訓 たすーける外

筆順

なりたち [形声]「夫」が「そえる」意味と「フ」という読み方をしめしている。手(扌)をそえてたすけることを表す字。

意味 たすける。力をかす。せわをする。例 扶助

【扶助】Ⅲ〈—する〉助けること。とくに、お金の面で力をかすこと。例 相互扶助。

【扶養】↓〈—する〉生活できるようにせわをすること。例 扶養控除。家族を扶養する。

抑

扌−4 総画7 常用 明朝 抑 6291

音 ヨク中 訓 おさーえる中

筆順

なりたち [会意]「卬」は手で人をおさえつけている形で、さらに「手(扌)」をくわえて、「おさえる」として使われる字。

意味 おさえる。おさえつける。おさえてとめる。例 感情を抑える。抑圧

例解 [使い分け] おさえる[押・抑] ☞ひだりのページ

【抑圧】↓〈—する〉人の考えや行動などをおさえつけること。例 言論の自由を抑圧する。類 弾圧

【抑止】Ⅲ〈—する〉おさえつけて、動きをとめること。例 核の使用を抑止する。抑止力。

【抑制】Ⅲ〈—する〉行きすぎないように、いきおいを弱めること。例 痛みを抑制する。

【抑揚】⇕ ことばを発声するのに、おさえて低く言うところと、高くのびのび言うところをはっきりさせること。例 抑揚をつける。

【抑留】↓〈—する〉むりにひきとめておくこと。とくに、外国の人や船をひきとめておくこと。例 長い抑留生活をおくる。

押

扌−5 総画8 常用 明朝 押 62BC

音 オウ高 訓 おーす中・おーさえる中

筆順

なりたち [形声]「甲」が「オウ」とかわって読み方をしめしている。「オウ」は「おさえる」意味をもち、手(扌)でおさえることを表している字。

意味 おす。さしおさえる。例 印を押す。証拠を押さえる。押印・押収

例解 [使い分け] おさえる[押・抑] ☞ひだりのページ

例解 [使い分け] おす[押・推] ☞535ページ

【押印】▲〈—する〉はんこをおすこと。例 書類に押印する。類 捺印・押捺

【押収】↓〈—する〉裁判所や検察官が犯罪の証拠となる物をさしおさえること。例 証拠物件を押収する。類 没収

【押捺】◆Ⅲ〈—する〉はんこや指紋をおすこと。例 調書に押捺する。類 押印・捺印

拐

扌−5 総画8 常用 明朝 拐 62D0

音 カイ中 訓 —

筆順

意味 だましとる。だましてつれていく。例 誘拐

【拐帯】↓〈—する〉他人のお金や品物を持ってにげること。持ちにげ。例 公金を拐帯する。

拡

音 カク　訓 ―

扌-5　総画8　6年

明朝 拡 62E1　旧字 擴 64F4

筆順

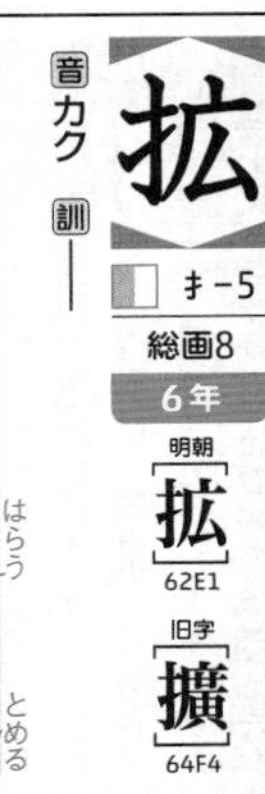

なりたち 【形声】もとの字は「擴」。「廣」が「ひろげる」意味と「コウ」という読み方をしめしている。手(扌)でひろげることを表す字。

意味 ひろげる。ひろがる。ひろめる。ひろまる。
例 拡張

名前のよみ ひろ・ひろし

【拡散】↓〈―する〉あちこちに広がること。例 核兵器の拡散をふせぐ。対 集中

【拡充】↓〈―する〉規模を大きくして、中身をいっそうよいものにすること。例 図書館の拡充をはかる。

【拡声器】声や音を大きくする器具。スピーカー。例 拡声器でよびかける。

【拡大】↓〈―する〉形や大きさを大きくすること。例 図面を拡大する。類 拡張 対 縮小

【拡張】||〈―する〉大きさや範囲をさらに大きく広げること。例 拡張工事。類 拡大

拒

音 キョ中　訓 こば-む中

扌-5　総画8　常用

明朝 拒 62D2

筆順

なりたち 【形声】「巨」が「キョ」という読み方をしめしている。「キョ」は「ふせぐ」意味をもち、手(扌)でふせぐことを表す字。

意味 こばむ。ことわる。例 要求を拒む。拒否

【拒絶】||〈―する〉まったく受け入れず、ことわること。例 拒絶反応。類 拒否 対 受諾
表現 「拒否」よりも強いことわり。

【拒否】||〈―する〉相手ののぞみやたのみを、はねつけること。例 要求を拒否する。取材拒否。類 拒絶

拠

音 キョ中・コ中　訓 よ-る外

扌-5　総画8　常用

明朝 拠 62E0　旧字 據 64DA

筆順

なりたち 【形声】もとの字は、「據」。「豦」が「キョ」という読み方をしめしている。「キョ」は「よりすがる」意味をもち、手(扌)でなにかによりかかることを表す字。

意味 よりどころ。よりどころにする。例 拠点・根拠

【拠出】↓〈―する〉お金や品物を出し合うこと。例 被災者への見舞い金を拠出する。

【拠点】↓ 活動を進めていくためのよりどころ。例 拠点をつくる。類 足場・根拠

拠が下につく熟語 上の字の働き

【根拠 典拠 準拠】近い意味。
【証拠 論拠】ドウスルためのよりどころか。
【占拠 割拠(群雄割拠)】ドウヤッテよりどころにするか。
◆本拠

例解 使い分け おさえる《押さえる・抑える》

押さえる＝力をくわえて動かないようにする。つかむ。手をあてる。
例 とびらを押さえる。泥棒を取り押さえる。要点を押さえる。耳を押さえる。

抑える＝勢いをくいとめる。こらえる。
例 相手の反撃を抑える。病気の広がりを抑える。涙を抑える。

帽子を押さえる

怒りを抑える

拘

音 コウ中　訓 ―

扌-5　総画8　常用

明朝 拘 62D8

4 手 扌 て・てへん 5画 拡 拒 拠 拘 ◀次ページ 招 拙 拓

筆順 一 十 扌 扚 扚 拘 拘 拘

なりたち [形声]「とめる」意味をもつ「句」が、「コウ」という読み方をしめしている。手(扌)で引きとどめることを表す字。

意味 とらえる。とらわれる。例 拘束・拘泥

【拘禁】こうきん ⇩〈―する〉とらえて留置場などにとじこめること。例 容疑者を拘禁する。

【拘束】こうそく ⇩〈―する〉人の自由をうばい、ある場所にいさせること。例 身柄を拘束する。

【拘置】こうち ⇩〈―する〉犯罪者や容疑者をとらえて、とじこめておくこと。例 拘置所。

【拘泥】こうでい Ⅲ〈―する〉一つのことにとらわれて、こだわりつづける。例 規則に拘泥する。

【拘留】こうりゅう ⇩〈―する〉罪をおかした人に対して、一日以上三十日未満のある期間、拘置所にとどめておく刑罰。

招

扌-5 総画8 5年 明朝 招 62DB

音 ショウ 訓 まね-く

筆順 一 十 扌 扌 扨 招 招 招 (はねる・ださない)

なりたち [形声]「よぶ」意味をもつ「召」が、「ショウ」という読み方をしめしている。手(扌)でまねきよせることを表す字。

意味 まねく。手をふってよびよせる。例 うたがいを招く。招きを受ける。招待

【招集】しょうしゅう ⇩〈―する〉会議などのために、関係者をよび集めること。例 委員を招集する。

表現 ☞【召集】(209ページ)

【招請】しょうせい ⇩〈―する〉おねがいして来てもらうこと。例 講師を招請する。類 招聘

【招待】しょうたい ⇩〈―する〉客としてまねくこと。例 招待を受ける。招待状。

【招致】しょうち ⇩〈―する〉まねいて来てもらうこと。例 オリンピックを招致する。類 誘致

【招来】しょうらい ⇩〈―する〉あることを引き起こしてしまうこと。例 インフレを招来する。

拙

扌-5 総画8 常用 明朝 拙 62D9

音 セツ中 訓 つたな-い中

筆順 一 十 扌 扎 扎 拙 拙 拙

なりたち [形声]「出」が「セツ」とかわって読み方をしめしている。「シュツ」は「おとる」意味をもち、手(扌)のわざがおとることを表す字。

意味 ❶つたない。へたである。おとっている。例 拙劣・稚拙 対 巧 ❷わたくしの。自分をへりくだっていうことば。例 拙宅

❶〈つたない〉の意味で

【拙策】せっさく ⇩ へたな計略。どうみてもまずいやり方。例 それは拙策というべきだろう。

【拙速】せっそく ⇩ 仕上がりぐあいはわるいが、仕事のスピードは速いこと。例 拙速にすぎる判断。対 巧遅

【拙劣】せつれつ Ⅲ〈―な〉〈―に〉とても、へたであること。例 拙劣きわまる作品だ。対 巧妙

❷〈わたくしの〉の意味で

【拙作】せっさく ⇩ わたくしの作品。(へりくだったいい方) 例 拙作をお目にかけます。

【拙者】せっしゃ ⇩ わたくし。むかし、武士が自分のことをへりくだっていったことば。類 身共

【拙宅】せったく ⇩ わたくしの家。(へりくだったいい方) 例 ぜひ拙宅へもお出かけください。

【拙文】せつぶん ⇩ わたくしの文章。(へりくだったいい方) 例 拙文をお目にかけます。

◆巧拙 稚拙

拓

扌-5 総画8 常用 明朝 拓 62D3

音 タク中 訓 ひら-く外

筆順 一 十 扌 扩 扩 拓 拓 拓

なりたち [形声]「石」が「タク」とかわって読み方をしめしている。「セキ」は「ひろう」意味をもち、手(扌)で取りあげることを表す字。「きりひらく」として使われている。

意味 ❶きりひらく。未開の土地を利用できるようにする。例 拓殖・開拓

❷うつしとる。石碑などの上に墨をつけ、紙などをおしあてて形やもようを紙に写す。例 拓本・魚拓

名前のよみ ひろ・ひろし

❶〈きりひらく〉の意味で

【拓殖】⇩〈―する〉自然のままの土地をきりひらき、住みつくこと。類 開拓

❷〈うつしとる〉の意味で

【拓本】⇩ 石碑などにきざまれた文字やもようを、上にあてた紙に写しとったもの。墨をふくませたものでたたくなどしてすりとる。例 歌碑の拓本をとる。

拓本

◆開拓 干拓 魚拓 未開拓

担

扌-5 総画8 6年 明朝 担 62C5 旧字 擔 64D4

音 タン 訓 かつ-ぐ(高)・にな-う(高)

筆順 はねる ながく

なりたち [形声] もとの字は、「擔」。「詹」が荷物をかつぐ意味と「タン」という読み方をしめす。荷物をかつぐことを表す字。

意味 かつぐ。になう。受けもつ。例 荷物を担う。責任を担う。担架・担当・分担

【担架】⇩ 病人やけが人をのせて運ぶ道具。

【担当】⇩〈―する〉係として、仕事や役割を受けもつこと。例 学級新聞を担当する。

【担任】▲〈―する〉教師が一つのクラスを受けもつこと。例 担任の先生。

【担保】▲ お金を借りるとき、保証として貸す人にさしだしておくもの。類 抵当

◆荷担 負担 分担

抽

扌-5 総画8 常用 明朝 抽 62BD

音 チュウ(中) 訓 ―

筆順

なりたち [形声]「由」が「チュウ」とかわって読み方をしめしている。「ユウ」は「引く」意味をもち、手(扌)で引きぬくことを表す字。

意味 ぬきだす。例 抽出

【抽出】⇩〈―する〉そこにあるものから目当てのものをぬき出すこと。例 エキスを抽出する。類 析出

【抽象】▲〈―する〉いくつかの中から、共通するものを引き出すこと。対 具象・具体

【抽象的】〈―に〉〈―な〉①いくつかのものごとに共通する点をぬき出して、ひとまとめにとらえている。対 具体的 ②細かいことが、はっきりとしないようす。類 観念的 対 具体的

【抽選】⇩〈―する〉くじを引くこと。くじ引き。例 代表を抽選で決める。

例解 使い分け

おす《押す・推す》

押す＝向こうのほうへ力を入れる。例 ボタンを押す。横車を押す。判を押す。念を押す。押し花。

推す＝すすめる。知っていることをもとにして、わかっていないことを考える。例 会長に推す。計画を推し進める。推して知るべし。

車を押す

学級委員に推す

抵

扌-5 総画8 常用 明朝 抵 62B5

音 テイ(中) 訓 ―

筆順

4 手 扌 て・てへん 5画 担 抽 抵 ◀次ページ 拝

なりたち [形声]「氐」が「テイ」という読み方をしめしている。「テイ」は「あたる」意味をもち、手(扌)をあててこばむことを表す字。

意味 ❶さからう。こばむ。例抵抗 ❷あたる。ふれる。例抵触・抵当

❶〈さからう〉の意味で

【抵抗】ていこう Ⅲ①〈—する〉外からの力にさからい、おされたらおし返すこと。例空気抵抗。抵抗力。②受け入れまいとする気持ち。例負けをみとめるには抵抗がある。③電気の流れをさまたげる性質。例抵抗の小さい導線。

❷〈あたる〉の意味で

【抵触】ていしょく Ⅲ〈—する〉してはいけないというきまりにぶつかること。例規則に抵触する。

【抵当】ていとう Ⅲ お金を借りるとき、その額にあたるものとして、貸す人にわたしておく物。例土地を抵当に入れて借金する。類担保

◆大抵

拝

扌−5 総画8 6年

明朝 拝 62DD　旧字 拜 62DC

音ハイ 訓おが-む

筆順 一 扌(はねる) 扌一 扌二 扌三 拝(ながく・ださない)

なりたち [会意]もとの字は「拜」。ささげ物と手を合わせて、ささげ物を持って礼をすることを表す字。

文字物語 抱

「抱く」は、「だく」とも「いだく」ともよめる。「だく」はもともと「いだく」から出てきたことばだから、どちらもおなじ動作をいったが、今では使い方にずいぶんちがいがある。「だく」は、「赤ちゃんをだく」「小犬をだく」「人形をだく」のように、人や物についていうが、「いだく」というときは、「希望をいだく」「好意をいだく」「疑問をいだく」のように、精神的なものについていう。だから、「少年よ大志を抱け」を、「大志をだけ」とよんだら、ひどく品がなくなってしまうし、「山ふところに抱かれた村里」のような文学的な感じのする文章のときは、「いだかれた」とよまないと調子がしっくりとしない。

意味 ❶おがむ。うやまう。おじぎをする。例神を拝む。拝礼・参拝 ❷相手に対してへりくだる気持ちを表すことば。…させていただく。つつしんで受ける。例尊顔を拝する。拝見

❶〈おがむ〉の意味で

【拝殿】はいでん ↓ 神社で、本殿の前にある、神をおがむための建物。

【拝礼】はいれい Ⅲ〈—する〉頭をさげて神や仏などをおがむこと。例神前で拝礼する。

❷〈相手に対してへりくだる気持ちを表すことば〉の意味で

【拝謁】はいえつ ↓〈—する〉つつしんでお目にかかること。例拝謁をたまわる。類謁見

【拝観】はいかん ↓〈—する〉神社や寺、また、そこの宝物などを見せてもらうこと。例拝観料。

【拝顔】はいがん ▲〈—する〉お目にかかること。例拝顔の栄に浴する。

【拝啓】はいけい ↓「つつしんで申し上げます」の意味で手紙の最初に書くことば。類謹啓

【拝見】はいけん ↓〈—する〉見せていただくこと。例お手紙を拝見しました。

【拝察】はいさつ ↓〈—する〉相手の気持ちやようすを「こうだろう」と考えること。例ご活躍のことと拝察します。

【拝借】はいしゃく ↓〈—する〉お借りする。貸していただくこと。例お手洗いを拝借します。

【拝受】はいじゅ ↓〈—する〉お受けする。いただくこと。

【拝聴】はいちょう ↓〈—する〉お聞きする。聞かせていただくこと。例お話を拝聴いたしました。

【拝読】はいどく ↓〈—する〉読ませていただくこと。例ご本、拝読いたしました。

【拝復】はいふく ↓「つつしんでお返事いたします」という意味で、返事の手紙の最初に書くことば。例拝復 お達者でなによりです。

【拝命】はいめい ▲〈—する〉お役目をいただくこと。

重い役目につくときに使う。例所長を拝命いたしました。

【拝領】▲〈―する〉身分の高い人からものをいただくこと。例拝領のお品。

⇐拝が下につく熟語 上の字の働き

❶拝＝〈おがむ〉のとき
【崇拝 礼拝】近い意味。
◆参拝 三拝九拝

拍

音ハク㊥・ヒョウ㊥ 訓―

扌-5 総画8 常用 明朝 拍 62CD

筆順

なりたち [形声]「百→白」が「ハク」という読み方をしめしている。「ハク」は「うつ」意味をもち、手(扌)をうって音を出すことを表す字。

意味 うつ。手をたたいて音を出す。音楽のリズムの単位。例一拍。拍手・拍子木

注意するよみ ヒョウ…例拍子

【拍車】↓乗馬のとき、くつのかかとにつけるぎざぎざの金具。馬の腹におしつけて走らせる。表現「拍車をかける」は、進みぐあいを速くすること。「拍車がかかる」は、進みぐあいが速くなること。

【拍手】▲〈―する〉手をたたく。賛成やはげまし、お祝いの気持ちを表すときにたたく。例拍手を送る。

【拍子】⊠①音楽やおどりに合わせて、手を打ったりかけ声をかけたりすること。例拍子をとる。②リズムのもとになる音の強弱の組み合わせ。例ワルツは三拍子だ。表現「つまずいた拍子に、本を落とした」のように「したはずみに」という意味の使い方もある。

【拍子木】両手に持って打ち合わせる二本の木。火の用心の夜まわりや芝居の合図などに使う。

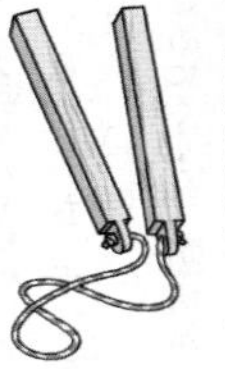

拍子木

⇐拍が下につく熟語 上の字の働き
【心拍 脈拍】ナニが規則的に打つか。

披

音ヒ㊥ 訓―

扌-5 総画8 常用 明朝 披 62AB

筆順

なりたち [形声]「皮」が「ヒ」という読み方をしめしている。「ヒ」は「ひらく」意味をもち、手(扌)でおしひらくことを表す字。

意味 ひらく。ひろめる。明らかにする。例披見・披露

【披見】↓〈―する〉手紙や本などをひらいて見ること。例披見におよぶ。

【披瀝】↓〈―する〉心の中の思いを、つつまず話すこと。例かたい決意を披瀝した。

【披露】Ⅱ〈―する〉よいニュースや新しいものごとなどを多くの人に見せて、知ってもらうこと。例新作を披露しよう。結婚披露宴。

◆直披 じきひ・ひちょく

抱

音ホウ㊥ 訓だ-く㊥・いだ-く㊥・かか-える㊥

扌-5 総画8 常用 明朝 抱 62B1

筆順

なりたち [形声]「つつむ」意味をもつ「包」が「ホウ」という読み方をしめしている。手(扌)でつつみこむことから、「だく」として使われている字。

意味 だく。だきかかえる。心に思う。例子どもを抱く。希望を抱く。荷物を抱える。抱負・介抱・辛抱

[文字物語] みぎのページ

【抱懐】Ⅱ〈―する〉思いや考えをもちつづける。

【抱負】↓心の中でふくらましている希望や計画。例抱負を語る。

【抱腹絶倒】〈―する〉腹をかかえ、ころげまわって大わらいすること。

【抱擁】Ⅱ〈―する〉親しみや愛情をこめて人をだきしめること。

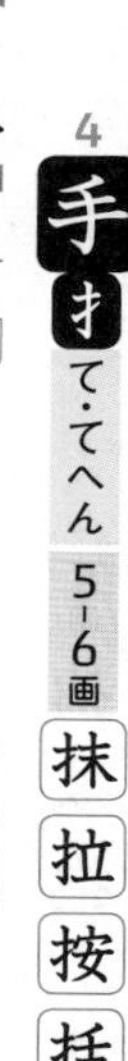
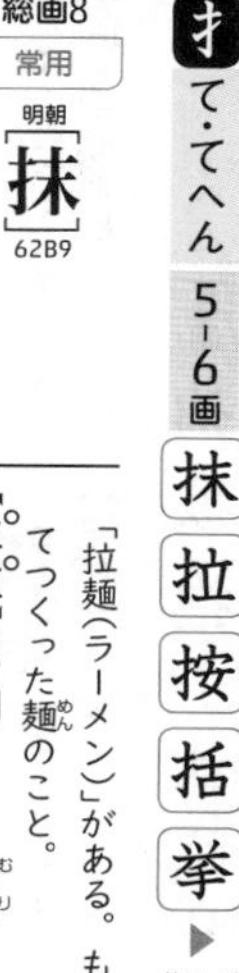

抹

音 マツ 中　訓 ―

扌-5　総画8　常用　明朝 抹 62B9

筆順 一 十 扌 扌 扌 抹 抹 抹

なりたち [形声]「末」が「マツ」という読み方をしめしている。「マツ」は「ぬぐう」意味をもち、手(扌)でぬぐい消すことを表す字。

意味 こする。する。ぬりつける。例 抹消・抹茶・一抹

【抹香】⇩シキミの葉や皮をこなにしてつくった香。仏前でたくのに使う。類 線香

【抹殺】⇩〈―する〉①書いてあるものを消すこと。例 氏名を名簿から抹殺する。類 抹消 ②なかったことにすること。例 事件を歴史から抹殺する。

【抹消】⇩〈―する〉いらない文字や文章を消すこと。類 削除・抹殺

【抹茶】⇩お茶の葉をこなにしたもの。それを湯にとかした飲み物。ひき茶。

拉

音 ラ 中　訓 ―

扌-5　総画8　常用　明朝 拉 62C9

筆順 一 十 扌 扌 扌 扌 拉 拉

意味 ひっぱる。参考 この字を使ったことばには「拉麺(ラーメン)」がある。もとはひきのばしてつくった麺のこと。

【拉致】Ⅲ〈―する〉無理やりつれていくこと。例 拉致監禁。

按

音 アン 外　訓 ―

扌-6　総画9　人名　明朝 按 6309

意味 ❶おさえる。手でおさえつける。例 按摩 ❷しらべる。

括

音 カツ 中　訓 くく-る 外

扌-6　総画9　常用　明朝 括 62EC

筆順 扌 扌 扌 扌 扌 括 括 括 括

なりたち [形声]「舌」は「昏」のかわった形で、「カツ」という読み方をしめしている。「カツ」は「くくる」意味をもち、手(扌)でくくることを表す字。

意味 くくる。ひとまとめにくくる。例 括弧・統括

【括弧】⇩〈―する〉文字を両方からかこんで、別にあつかうための記号。例 括弧に入れる。知識 ( )、〈 〉、「 」、『 』などがあり、それぞれだいたいの使い方(表す意味)がきまっている。

← 括が下につく熟語 上の字の働き

【概括 一括 総括】ドノヨウニくくるか。

◆包括

挙

音 キョ　訓 あ-げる・あ-がる

手-6　総画10　4年　明朝 挙 6319　旧字 擧 64E7

筆順 丶 丷 丷 兴 兴 兴 举 举 挙 挙（⺍にならない・はらう・はねる）

なりたち [形声]もとの字は、「擧」。「與」が「キョ」とかわって読み方をしめしている。「ヨ」は「あげる」意味をもち、「手」をあげることを表す字。

意味 ❶あげる。高くあげる。例 手を挙げる。❷とりたててもちいる。例 挙用・選挙 ❸とりあげてならべる。例 列挙 ❹おこなう。おこない。動作。例 反逆の挙に出る。挙行・挙動・快挙 ❺とらえる。めしとる。例 犯人が挙がる。検挙 ❻すべて。全部。のこらず。例 大挙

例解 [使い分け] あげる[上・挙・揚] ☞19ページ

❶〈あげる〉の意味で

【挙手】▲〈―する〉①片手をあげること。例 賛成のかたは挙手をおねがいします。②右手を顔の横やななめ上にあげておこなう敬礼。例 挙手の礼。

❷〈とりたててもちいる〉の意味で

ものしり巻物 第16巻

漢字の画数

「一」は1、「二」は2、「三」は3、「四」は5、「五」は4…これは、何でしょうか。何回で書くかという「総画数」ですね。「四」や「五」にある「𠃌」の部分は、二本の棒でできていますが、一回で書きます。折れている部分は一画です。

「口」は、「丨・𠃌・一」と数えて三画です。

「刀」の「𠃌」のように、一度折れて、さいごにはねる場合も、一回で書くので、「刀」は二画の字です。これが、画数の数え方です。どの字もこのように数えていけば、正しい画数がわかります。

漢字（漢和）辞典を使うとき、この正しい画数の数え方が役立ちます。

まず、「総画さくいん」では、「一」から始まって、画数順に漢字がならんでいます。もし、「可」の字をさがしたかったら、五画のところを開けば見つかります。

「音訓さくいん」でおなじ音訓の字も、画数順にならんでいます。「カ」と読む漢字はたくさんありますが、「可」は五画なので、その中の前のほうをさがせば、すぐ見つかります。

辞典にのっている漢字全体は、部首の画数順です。「可」の部首は三画の「口」なので、どの辞典でも前のほうです。「部首さくいん」の三画のところの「口」をさがし、ここを開いて「可」を見つけます。「可」の下には「口−2」と書いてあります。この「2」は、「口」以外の部分（丁）の画数です。「口」のなかまの字も、やはりこの画数順にならんでいることがわかります。

このように、漢字辞典を引くときは、正しい画数の数え方が“かぎ”となります。

じっさいに、小学校で習う字で画数の数え方のむずかしいのは「吸」です。「及」の部分は一画で書きます。ただし、形の似ている「えんにょう（廴）」の「廴」は二画です。

正しい画数は、正しい筆順にも関係します。「臣」という字は、六画のようにも見えますが、正しい筆順で書くと、「臣」は、七画なのです。

参考 一画の漢字は、「一」のほかに「乙」もあります。画数のきわめて多い漢字は、この辞典では「鷺ロ―さぎ」「鷹ヨウ―たか」「麟リン」「鱗リン―うろこ」の四つが二十四画、さらに二十九画の「鬱ウツ―ふさぐ」があります。おとな用の辞典では、三十三画の「麤」というのもあります。「ソ」と読んで、ばらばらになった鹿のむれを表す字です。

【挙用】Ⅲ〈―する〉とりたてて、だいじな地位につけて人をつかうこと。類登用

❹〈おこなう〉の意味で

【挙行】Ⅲ〈―する〉式や行事などをとりおこなうこと。例開会式が挙行された。

【挙式】▲〈―する〉結婚式をおこなうこと。

【挙動】Ⅲ 人の動作や行動。例挙動不審（あやしいようすであること）。挙動を見まもる。

【挙兵】▲〈―する〉兵を集めて反乱を起こすこと。

❻〈すべて〉の意味で

【挙国】▲ 国民がみんないっしょになってなにかをすること。例挙国一致。

挙が下につく熟語 上の字の働き

❷挙＝〈とりたててもちいる〉のとき
【推挙 選挙】ドウヤッテとりたてるか。

❸挙＝〈とりあげてならべる〉のとき
【枚挙 列挙】ドノヨウニならべるか。

❹挙＝〈おこなう〉のとき
【快挙 壮挙 軽挙 暴挙 義挙 再挙】ドノヨウナおこないか。

◆一挙 検挙 大挙

挟

扌-6 総画9 常用 明朝 挟 631F 旧字 挾 633E

音キョウ高 訓はさ-む中・はさ-まる中

筆順

なりたち 【形声】もとの字は、「挾」。「夾」は「人(大)」が両がわから二人にはさまれている形で、「コウ」が「キョウ」とかわって読み方をしめしている。手(扌)ではさむことを表す字。

意味 はさむ。はさまる。両がわからはさむ。例はしで挟む。指が挟まる。挟撃

【挟撃】⬇〈―する〉はさみうち。例敵の挟撃にあう。

拳

手-6 総画10 常用 明朝 拳 62F3

音ケン中 訓こぶし中

筆順

意味 こぶし。げんこつ。例拳をにぎる。拳法・鉄拳

【拳闘】⬇ グラブをはめ打ち合いをする競技。ボクシング。例拳闘の選手。

【拳法】⬇ こぶしでついたり、足でけったりすることを中心にする中国の武術。

◆鉄拳 徒手空拳

拷

扌-6 総画9 常用 明朝 拷 62F7

音ゴウ中 訓―

筆順

なりたち 【形声】「考」が「ゴウ」とかわって読み方をしめしている。「コウ」は「ぼうでたたく」意味をもち、手(扌)でたたくことを表す字。

意味 うつ。たたいてせめる。例拷問

【拷問】⬇〈―する〉いためつけて、白状させること。例拷問にかける。

拶

扌-6 総画9 常用 明朝 拶 62F6

音サツ中 訓―

筆順

意味 せまる。近づく。おしよせる。例挨拶

指

扌-6 総画9 3年 明朝 指 6307

音シ 訓ゆび・さ-す

筆順 はねる はねる

なりたち 【形声】「旨」が「シ」という読み方をしめしている。「シ」は「分かれる」意味をもち、手(扌)の先の分かれたところの「ゆび」を表す字。

意味
❶ゆび。手の先の指。例指輪・屈指
❷さししめす。指図する。例南の方角を指さす。指示

例解 [使い分け] さす[差・指・刺・挿] 365ページ

❶〈ゆび〉の意味で

【指圧】しあつ ↓〈−する〉指先やてのひらでからだをおして血行をよくすること。例 指圧療法。

【指紋】しもん ↓ 指先の内がわの皮膚のもよう。例 指紋認証。知識 指紋は人により全部ちがうので、身もとの確認などに役立つ。

【指輪】ゆびわ ↓ かざりとして手の指にはめる小さな輪。例 婚約指輪。

❷〈さししめす〉の意味で

【指図】さしず ▲〈−する〉ああしろ、こうしろと言って、人を動かすこと。類 指示

【指揮】しき Ⅱ〈−する〉つぎつぎに指図して、全体を動かすこと。例 合唱の指揮者。類 司令

【指向】しこう ↓〈−する〉あるきまった方向にむかうこと。類 志向 表現☞【志向】(484ページ)

【指示】しじ Ⅱ〈−する〉やり方を、しめして教えること。例 指示にしたがう。類 指図

【指事】しじ ▲ 数や方向など、その形を写すことのできないものごとを漢字として表す方法。漢字の六書の一つ。参考☞ふろく「漢字のなりたち」(3ページ)

【指針】ししん ↓ ①時計や計器の目もりをしめす針。②考えや進め方のガイド。例 行動指針。

【指数】しすう ↓ ①もののねだんなどの変化のようすや、ものごとの程度などを、もとになる値とくらべて表す数。②数学で、数字の右上に書く小さな数字。大きな字のほうを何回かけ合わせるかをしめすもので、「5^3」なら、5×5×5の意味になる。知識 ①は、もとになるものを一〇〇と考え、それに対するちがいを計算して出す。たとえば、ある年の物価指数の一〇三は、もとになっている年から物価が三パーセント上がったことを表す。

【指定】してい ↓〈−する〉ものや、とき・ところなどを、はっきりわかるように決めてしめすこと。

【指摘】してき ↓〈−する〉知らせたいことをはっきりしめして告げること。例 問題点の指摘。

【指導】しどう ↓〈−する〉目的にむかって、教えみちびくこと。例 指導を受ける。指導者。

【指南】しなん ▲〈−する〉教えみちびくこと。例 剣道指南。参考 むかしの中国に「指南車」といって台の上の人形が磁石の力でつねに南を指ししめすしかけの車があったことから。

【指標】しひょう ↓ ものごとのようすや、進んでいく方向などをしめす目印。バロメーター。

【指名】しめい ▲〈−する〉人の名を、はっきりと指ししめすこと。名指し。例 委員に指名する。

【指令】しれい Ⅱ〈−する〉上から下へ命令して、させること。例 指令を発する。類 命令

持

音 ジ　訓 も-つ

扌−6　総画9　3年　明朝 持 6301

筆順 （はねる・ながく・はねる）

なりたち  [形声]「寺」が「とどめもつ」意味と「ジ」という読み方をしめしている。手(扌)で「もつ」ことを表す字。

意味 もつ。手で持つ。ずっともっている。例 責任をもつ。持ち歩き。持続・所持・保持

【持久】じきゅう ↓〈−する〉その状態を、ずっともちこたえること。例 持久力。類 耐久

【持参】じさん ↓〈−する〉持って行くこと。持ってくること。例 弁当持参で出かける。持参金。

【持説】じせつ ↓ 前からもちつづけている考え。類 持論

【持続】じぞく ↓〈−する〉おなじようすが長くつづくこと。例 関係を持続する。類 存続

【持病】じびょう ↓ 長いあいだなおらずにいる病気。例 持病の発作が起きる。

【持論】じろん ↓ いつももっている考え。類 持説

←持が下につく熟語 上の字の働き

【固持 堅持 維持 支持】ドノヨウニたもっているか。

拾

音 シュウ㊥・ジュウ㊥　訓 ひろ-う

扌−6　総画9　3年　明朝 拾 62FE

筆順 （はねる・はらう）

なりたち  [形声]もと「シュウ」とも読んだ「合」が読み方をしめしている。「シ

4 手 扌 て・てへん 6画 持 拾 ◀次ページ 拭 挑 挨 挫 振

ユウ」は「あつめる」意味をもち、手(扌)であつめることを表す字。

意味

❶ひろう。ひろい集める。例お金を拾う。拾得・収拾 対捨

❷数の十。領収書など大事な書類で、書きかえられてはこまる金額の記入に使う。例金六拾萬円也。

❶〈ひろう〉の意味で

【拾遺】▲もれたりぬけ落ちたりしているものを、ひろい集めること。

【拾得】↓〈―する〉落とし物をひろうこと。例拾得物。類取得 対遺失

拭

扌-6 総画9 常用 明朝 拭 62ED

音ショク高 訓ふ-く中・ぬぐ-う中

筆順 拭

意味 ぬぐう。ふきとる。例あせを拭く。手拭い・払拭

挑

扌-6 総画9 常用 明朝 挑 6311

音チョウ中 訓いど-む中

筆順 挑

なりたち [形声]「兆」が「チョウ」という読み方をしめしている。「チョウ」は「かきみだす」意味をもち、手(扌)でかきみだすことを表す字。

意味 いどむ。けしかける。例試合を挑む。挑戦

【挑戦】▲〈―する〉①強い相手にたたかいをしかけること。例挑戦者。②困難に立ちむかっていくこと。例挑戦こそ人生だ。

【挑発】↓〈―する〉相手がかっとなってなにかしてしまうように、相手をしげきすること。例敵の挑発にのるな。

○挨

扌-7 総画10 常用 明朝 挨 6328

音アイ中 訓―

筆順 挨

意味 おす。おし進める。せまる。

【挨拶】Ⅱ〈―する〉人に会ったり別れたりするときにかわす、おじぎやことば。例来賓のあいさつ。

挫

扌-7 総画10 常用 明朝 挫 632B

音ザ中 訓くじ-く外・くじ-ける外

筆順 挫

意味 くじく。くじける。いきおいが弱まる。例頓挫(とちゅうでだめになる)

【挫折】Ⅱ〈―する〉目的が果たせずだめになること。例計画が挫折する。

◆頓挫 捻挫

振

扌-7 総画10 常用 明朝 振 632F

音シン中 訓ふ-る中・ふ-るう中・ふ-れる中

筆順 振

なりたち [形声]「辰」が「シン」という読み方をしめしている。「シン」は「ゆれ動く」意味をもち、手(扌)をふり動かすことを表す字。

意味

❶ふり動かす。ゆれ動く。例手を振る。

❷さかんにする。活気づける。例商売が振るわない。振興・不振

❸わりあてる。例振替

例解 [使い分け]ふるう[振・震・奮] ☞ひだりのページ

❶〈ふり動かす〉の意味で

【振動】↓〈―する〉細かく速くゆれ動くこと。表現 どちらかといえば小さなゆれ動き。地震のように大規模なゆれは「震動」。

【振幅】↓ものがゆれ動いているときのゆれはば。ゆれの中心からはしまでの長さで表す。例振り子の振幅。

❷〈さかんにする〉の意味で

【振興】Ⅱ〈―する〉活動のいきおいをさかんにすること。例学術の振興を図る。

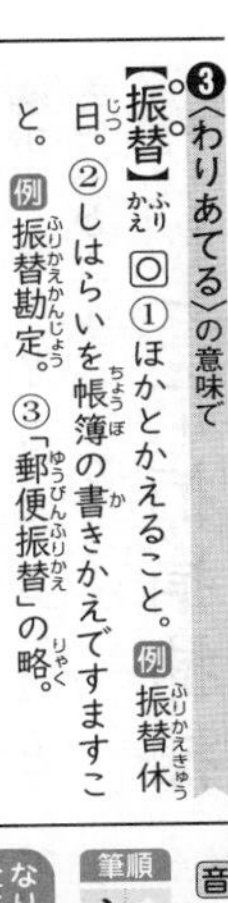

❸〈わりあてる〉の意味で

【振替】ふりかえ ◎ ①ほかとかえること。例 振替休日。②しはらいを帳簿の書きかえですますこと。例 振替勘定。③「郵便振替」の略。

捜

‡-7 総画10 常用

明朝 捜 635C 旧字 搜 641C

音 ソウ中 訓 さが-す中

筆順

なりたち [形声]もとの字は、「搜」。もともと家(宀)の中でたいまつ(火)を手(又)に持ってさがす意味の「叜」であったが、「叜」が「叟」とかわり、さらに「手(扌)」がくわわって、「さがす」として使われるようになった字。

意味 さがす。どこにいったかわからない人や物をさがす。例 落とし物を捜す。捜査

例解 [使い分け] さがす[探・捜] ☞551ページ

【捜査】そうさ Ⅲ(ーする) 警察官が犯人をさがしたり、犯罪の証拠を集めたりすること。

【捜索】そうさく Ⅲ(ーする) ①行方不明の人や、見えなくなったものをさがすこと。例 遭難者を捜索する。②警察官や検察官が、職務上の取り調べをおこなうこと。例 家宅捜索。

挿

‡-7 総画10 常用

明朝 挿 633F 旧字 插 63D2

音 ソウ中 訓 さ-す中

筆順

なりたち [形声]もとの字は、「插」。「臿」がきね(千)とうす(臼)とからでき、きねをうすにさし入れて打つ意味をもち、「ソウ」という読み方をしめしている。手(扌)をさし入れることから、「さしこむ」として使われる字。

意味 さしこむ。さしはさむ。例 花を挿す。挿入

例解 [使い分け] さす[差・指・刺・挿] ☞365ページ

【挿絵】さしえ ↓ 文章で書かれた内容を補うために入れる絵。類 挿画

【挿入】そうにゅう ↓(ーする) ものごとのとちゅうや、ものとものとのあいだにさしこむこと。例 テレビドラマの挿入歌。

【挿話】そうわ ↓ 本すじの話のとちゅうに、はさみこむ短い話。エピソード。類 余話

例解 使い分け

ふるう《振るう・震う・奮う》

振るう＝勢いよく動かす。さかんになる。例 刀を振るう。うでを振るう。商売が振るわない。

震う＝こまかくゆれ動く。例 地震で大地が震う。身震いする。

奮う＝元気を出す。勇み立つ。例 気力を奮う。奮い立つ。奮って参加する。

熱弁を振るう

身震いする

勇気を奮う

捉

‡-7 総画10 常用

明朝 捉 6349

音 ソク中 訓 とら-える中

筆順

意味 とらえる。つかまえる。例 要点を捉える。捕捉

例解 [使い分け] とらえる[捕・捉] ☞545ページ

捗

‡-7 総画10 常用

明朝 捗 6357

音 チョク中 訓 —

筆順

意味 はかどる。例 作業の進捗状況。

字体のはなし 「捗」(扌部「8画」、総画「11画」)とも書く。☞ふろく「字体についての解説」(30ページ)

4 手 扌 て・てへん 7画 捜 挿 捉 捗 ◀次ページ 挺 挽 捕 掛 掬 掘

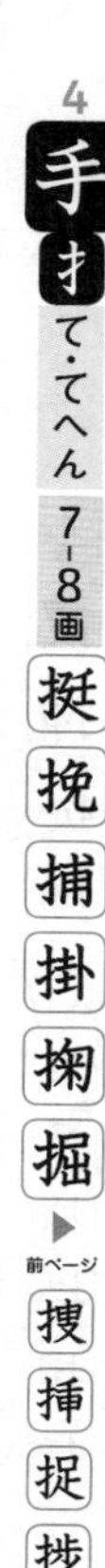

挺

扌-7　総画10　人名　明朝 挺 633A

音 テイ外・チョウ外　訓 ——

意味 ❶ひきぬく。❷ぬきんでる。ほかよりすぐれる。❸まっすぐ前へすすむ。例 挺身・挺進 ❹ちょう。農具や武器、楽器などで、細長い道具を数えることば。例 一挺。

挽

扌-7　総画10　人名　明朝 挽 633D

音 バン外　訓 ひ-く外

意味 ❶ひく。㋐ひっぱる。例 挽回 ㋑道具を使ってこまかくする。例 挽き肉 ❷死んだ人のことを思ってなげき悲しむ。例 挽歌

❶〈ひく〉の意味で

【挽回】Ⅲ〈―する〉ひきもどすこと。とりもどすこと。例 名誉挽回。勉強のおくれを挽回する。

捕

扌-7　総画10　常用　明朝 捕 6355

音 ホ中　訓 と-らえる中・と-らわれる中・と-る中・つか-まえる中・つか-まる中

筆順 扌 扌 扩 扪 扪 捕 捕 捕

たちなり ［形声］「甫」が「ホ」という読み方をしめしている。「ホ」は「おおってとる」意味をもち、手(扌)でとらえることを表す字。

意味 とらえる。つかまえる。例 魚を捕る。虫を捕まえる。犯人が捕まる。捕獲・逮捕

例解 ［使い分け］とる［取・捕・採・執・撮］☞199ページ

例解 ［使い分け］とらえる［捕・捉］☞ひだりのページ

【捕獲】Ⅲ〈―する〉①魚・けものなどの生き物をつかまえること。②敵の船などをつかまえること。例 密漁船を捕獲する。類 拿捕

【捕鯨】▲ クジラをとること。例 捕鯨船。

【捕手】↓ 野球のキャッチャー。対 投手

【捕食】↓〈―する〉生物が他の生物をとらえて食べること。

【捕捉】Ⅲ〈―する〉つかまえること。

【捕虫網】昆虫をつかまえるために使う、ふくろになったあみ。

【捕縛】↓〈―する〉人をつかまえて、しばりあげること。

【捕虜】↓ 戦争で、敵にとらえられた人。例 捕虜を収容する。

掛

扌-8　総画11　常用　明朝 掛 639B

音 ——　訓 か-ける中・か-かる中・かかり中

筆順 一 扌 扌 扌 扌 挂 挂 掛

たちなり ［形声］もとの字は、「挂」。「圭・卦」が「ケイ・カイ」という読み方をしめしている。「ケイ・カイ」は「かける」意味をもち、手(扌)にかけることを表す字。

意味 ❶かける。ぶらさげる。ひっかける。例 表札を掛ける。壁に掛かった絵。掛け軸 ❷かけあわせる。例 掛け算 ❸かかり。うけもち。例 出納掛。

参考 ❸の意味では「係」とも書く。

例解 ［使い分け］かける［掛・懸・架］☞547ページ

掬

扌-8　総画11　人名　明朝 掬 63AC

音 キク外　訓 すく-う外

意味 すくう。（両手で）すくいあげる。例 水を掬う。金魚掬い。

掘

扌-8　総画11　常用　明朝 掘 6398

音 クツ中　訓 ほ-る中

筆順 扌 扌 扌 扌 扌 扌 掘 掘

たちなり ［形声］「屈」が「クツ」という読み方をしめしている。「クツ」は「ほりおこす」意味をもち、手(扌)であなをほることを表す字。

意味 ほる。ほりだす。例 穴を掘る。採掘

【掘削】Ⅲ〈―する〉土や岩などをほってあな

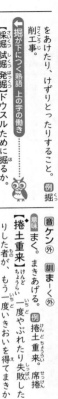

をあけたり、けずりとったりすること。例 掘削工事。

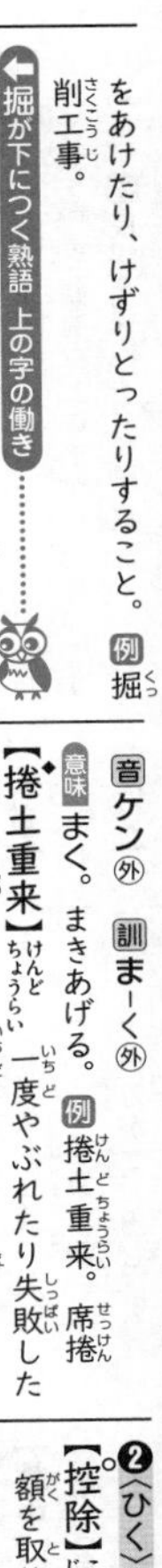

掘が下につく熟語 上の字の働き

【採掘 試掘 発掘】ドウスルために掘るか。

【掲】

扌-8 総画11 常用 明朝 掲 63B2 旧字 揭 63ED

音 ケイ 中 訓 かか-げる 中

筆順 一 扌 扌 扌 扌 掲 掲 掲 掲

なりたち [形声]もとの字は、「揭」。「曷(カツ)」が「ケイ」とかわって読み方をしめしている。「カツ」は「高くあげる」意味をもち、手(扌)でかかげることを表す字。

意味 かかげる。高くあげる。雑誌などにのせる。例 旗を掲げる。掲載・掲揚

【掲載】Ⅱ〈―する〉新聞や雑誌などに文章や写真、広告をのせること。例 役立つコラムが多数掲載された辞典。

【掲示】↓〈―する〉広く知らせたいことを紙などにかいて、目立つところにかかげること。例 断水の掲示を見る。掲示板。

【掲揚】Ⅱ〈―する〉旗などを高いところにあげること。例 国旗が掲揚される。

◆前掲 別掲

【捲】

扌-8 総画11 人名 明朝 捲 6372

音 ケン 外 訓 ま-く 外

意味 まく。まきあげる。例 捲土重来。席捲

◆【捲土重来】一度やぶれたり失敗したりした者が、もう一度いきおいを得てまきかえすこと。

【控】

扌-8 総画11 常用 明朝 控 63A7

音 コウ 高 訓 ひか-える 中

筆順 一 扌 扌 扌 扌 控 控 控 控

なりたち [形声]「空」が「コウ」という読み方をしめしている。「コウ」は「ひく」意味をもち、手(扌)でひきとめることから、「ひかえる」として使われる字。

意味
❶ひかえる。少なめにする。その場で待つ。例 発言を控える。控え室。
❷ひく。さしひく。例 控除
❸うったえる。つげる。例 控訴

❷〈ひく〉の意味で

【控除】Ⅱ〈―する〉計算する金額からある金額を取りのぞくこと。例 医療費控除。

❸〈うったえる〉の意味で

【控訴】Ⅱ〈―する〉裁判で、第一審の判決に不服があるとき、上級の裁判所にうったえること。例 控訴に踏み切る。

【採】

扌-8 総画11 5年 明朝 採 63A1

音 サイ 訓 と-る

筆順 一 扌 扌 扌 扌 採 採 採 採（はねる）

なりたち [形声]「采」が木の果実をつみとることを表し、「サイ」という読み方をしめしている。手(扌)でとりいれる意味に使われる字。

意味 とる。とりいれる。えらびとる。つみとる。例 社員を採る。採集・伐採

例解 [使い分け]とる[取・捕・採・執・撮] →199ページ

【採掘】Ⅱ〈―する〉鉱物を地下からほり出す

例解 使い分け とらえる《捕らえる・捉える》

捕らえる＝とりおさえる。つかまえる。例 犯人を捕らえる。ネコがネズミを捕らえる。

捉える＝しっかりつかむ。きちんと理解する。例 要点を捉える。問題を正しく捉える。

どろぼうを捕らえる

特徴を捉える

こと。類採鉱

【採血】さいけつ ▲〈―する〉検査や輸血のため、血をとること。

【採決】さいけつ ▲〈―する〉出席者の賛成・反対を調べて結論を出すこと。例採決をとる。

【採光】さいこう ▲〈―する〉外の光をとりいれて、室内を明るくすること。

【採鉱】さいこう ▲〈―する〉地中から鉱石をほり出すこと。類採掘

【採算】さいさん ▲かかったお金につり合うだけのもうけが出ること。例採算がとれない。

【採取】さいしゅ Ⅱ〈―する〉目的のものを取り出し、ひろい集めること。例砂利を採取する。

【採集】さいしゅう ↓〈―する〉研究のために、資料や標本を集めること。例昆虫採集。

【採石】さいせき ▲〈―する〉山や地中から石を切り出すこと。例採石場。

【採択】さいたく Ⅱ〈―する〉これならよいというものをえらんで採用すること。類採用

【採点】さいてん ▲〈―する〉点数をつけること。

【採否】さいひ ⇕ 採用するか、しないか。例採否はのちほど通知します。

【採用】さいよう ↓〈―する〉これならよいとして、使うことに決めること。例意見を採用する。採用試験。類採択

【採録】さいろく ↓〈―する〉あるものごとをとりあげて文章・録画・録音などの形で記録にのこすこと。例民謡を採録する。類収録

捨

扌－8 総画11 6年 明朝 捨 6368

音 シャ 訓 す-てる

筆順 はねる だす ださない

なりたち [形声]もとの字は、「捨」。「舍」が「シャ」という読み方をしめしている。「シャ」は「おく」意味をもち、手(扌)からはなしてほうっておくことを表す字。

意味 すてる。なげだす。さしだす。例ごみを捨てる。四捨五入・取捨 対取・拾

授

扌－8 総画11 5年 明朝 授 6388

音 ジュ 訓 さず-ける中・さず-かる中

筆順 はねる はねる はらう

なりたち [形声]「受」が「うける」意味と「ジュ」という読み方をしめしている。手(扌)でうけさせる、さずけることを表す字。

意味 さずける。あたえる。例学位を授ける。子どもを授かる。授業・伝授 対受

【授業】じゅぎょう ▲〈―する〉先生が生徒に勉強や技術などを教えること。例授業参観。

【授受】じゅじゅ ⇕〈―する〉一方がさし出し、もう一方がそれを受けとること。例金銭の授受。

【授章】じゅしょう ▲〈―する〉勲章や記章をあたえること。例授章式。対受章

【授賞】じゅしょう ▲〈―する〉ほうびとして賞をあたえること。例ノーベル賞の授賞式。対受賞

【授乳】じゅにゅう ▲〈―する〉乳を飲ませること。

【授粉】じゅふん ▲〈―する〉おしべの花粉を、めしべにつけて実をならせること。例人工授粉。

【授与】じゅよ Ⅱ〈―する〉賞状などをあたえること。例卒業証書を授与する。

授が下につく熟語 上の字の働き

【教授 伝授】ドウヤッテさずけるか。

掌

手－8 総画12 常用 明朝 掌 638C

音 ショウ中 訓 たなごころ外

筆順

なりたち [形声]「尚」が「ショウ」という読み方をしめしている。「ショウ」は「あたる」意味をもち、「手」の中で物にあたる部分の「てのひら」を表す字。

意味 ❶てのひら。例掌中・合掌 ❷つかさどる。管理する。例掌握・車掌

❶〈てのひら〉の意味で

【掌中】しょうちゅう ↓手のひらの中。例掌中におさめる(自分のものにする)。類手中

❷〈つかさどる〉の意味で

【掌握】しょうあく ↓〈—する〉全体の中心点や人の心をしっかりつかむこと。

◆合掌 車掌

【捷】

扌-8 総画11 人名 明朝 捷 6377

音 ショウ外 訓 かーつ外・はやーい外

意味 ❶かつ。たたかいに勝つ。例 捷報 ❷はやい。すばやい。例 敏捷

名前のよみ さとし・すぐる・とし・まさる

【推】

扌-8 総画11 6年 明朝 推 63A8

音 スイ 訓 おーす中

筆順 推 推 扌(はねる) 扌 扌 扌 扌 推 推

なりたち [形声]「隹」が「スイ」という読み方をしめしている。「スイ」は「おしやる」意味をもち、手(扌)でおしやることを表す字。

意味 ❶おす。おしすすめる。例 推進 ❷人にすすめる。例 推薦 ❸おしはかる。こうだろうと考える。例 推測・類推

例解 [使い分け] おす[押・推] ☞535ページ

❶〈おす〉の意味で

【推移】すいい Ⅱ〈—する〉時がたつにつれてうつりかわること。例 時代の推移。類 変化・変遷

【推敲】◆すいこう ◎〈—する〉詩や文章のことばづかいや表現を、何度もよく考えてねりなおすこと。例 推敲を重ねる。

[故事のはなし] ☞549ページ

【推進】すいしん Ⅱ〈—する〉①スクリューやプロペラで前へすすめること。例 推進力。②仕事をおしすすめること。例 緑化運動を推進する。

【推力】すいりょく ↓ 飛行機や船を前に進める力。例 ロケットの推力を高める。類 推進力

❷〈人にすすめる〉の意味で

【推挙】すいきょ ↓〈—する〉その地位や仕事にふさわしい人物だ、とすすめること。類 推奨・推薦

【推奨】◎すいしょう Ⅱ〈—する〉品物のよさや人がらのりっぱさをほめて、人にすすめること。例 友人推奨の辞書を買う。

【推賞】すいしょう Ⅱ〈—する〉よいと思うものをほめて、人にすすめること。類 推挙・推薦

【推薦】すいせん Ⅱ〈—する〉よいと思う人や物などを、人にすすめること。例 推薦図書。類 推挙・推奨

❸〈おしはかる〉の意味で

【推計】すいけい ↓〈—する〉今わかっている数量をもとにして、全体や今後の数量の動きをおしはかること。

【推察】すいさつ ↓〈—する〉あらわれていることをもとにして、事情や気持ちを、こうではないか、と思いめぐらすこと。例 悲しみの深さを推察

例解 使い分け かける《掛ける・懸ける・架ける》

掛ける＝ひっかけて落ちないようにする。物の上にのせる。かぶせる。およぼす。

例 時計をかべに掛ける。めがねを掛ける。ふとんを掛ける。ことばを掛ける。めいわくを掛ける。

懸ける＝目あてとしてしめす。目あてのためについやす。

例 賞金を懸ける。命を懸けてたたかう。

架ける＝二つの物のあいだにわたす。

例 鉄橋を架ける。電線を架ける。

参考 かけごとの「かける」は「賭ける」と書く。また「かかる」には、「かける」とは使わないが、つながりの意味を表す「係る」もある。

する。類 推測・推量・推理・推論

【推測】すいそく Ⅱ〈―する〉わかっていることをもとにして、どうもこんなことだろうとようすを思いえがいてみること。例 大きな困難が推測される。類 推量・推察・推理・推論

【推定】すいてい ↓〈―する〉わかっていることをもとに、わかっていないことを、こうだろうとおしはかること。

【推理】すいり ▲〈―する〉わかっている事実から、わからないことがらを、こうではないかと考えること。例 推理小説。類 推察・推測・推量・推論

【推量】すいりょう Ⅱ〈―する〉相手の事情や人の心の中などを、こうではないかとおしはかること。例 当て推量。類 推察・推測・推理

【推論】すいろん ↓〈―する〉まだわかっていないことについて、わかっていることをもとにして、すじみちを立てて考えを組み立てていくこと。類 推察・推測・推理

← 推が下につく熟語 上の字の働き

❸ 推＝〈おしはかる〉のとき

【邪推 類推】ドノヨウニ推しはかるか。

据

扌-8 総画11 常用 明朝 据 636E

音 ― 訓 すーえる 中・すーわる 中

筆順

なりたち [形声]「居」が「キョ」という読み方をしめしている。「キョ」は「小さくちぢむ」意味をもち、「手(扌)」がついて、「ひじをまげてかかえ持つこと」を表していた字。日本では、「扌」と「居(おく)」から、「すえておく」として使われるようになった。

意味 すえる。動かないようにしておく。例 機械を据えつける。度胸が据わる。

例解 [使い分け] すわる[座・据] ☞385ページ

接

扌-8 総画11 5年 明朝 接 63A5

音 セツ 訓 つーぐ 高

筆順 はねる とめる

なりたち [形声]「妾」が「ショウ」とかわって読み方をしめしている。「ショウ」は「とる」意味をもち、手(扌)をとってつなぐことを表す字。

意味

❶ つなぐ。ふれる。例 骨を接ぐ。接合・密接

❷ ちかづく。近寄る。例 接戦・近接

❸ 人とあう。であう。もてなす。例 まだ接する機会がない。接待・面接

❹ とる。とりあげる。例 接収

例解 [使い分け] つぐ[次・接・継] ☞657ページ

❶〈つなぐ〉の意味で

【接岸】せつがん ▲〈―する〉船が岸に横づけになること。例 波が高くて接岸できない。

【接合】せつごう ↓〈―する〉つなぎあわせること。例 部品をはんだで接合する。類 接着

【接骨】せっこつ ▲ はずれた関節などを、つなぎあわせること。ほねつぎ。例 接骨院。類 整骨

【接種】せっしゅ ▲〈―する〉病気予防のため、病原菌を体内に入れること。例 予防接種。

【接触】せっしょく Ⅱ〈―する〉①物と物がふれること。例 接触事故。②人と人、国と国がつながりをもつこと。例 接触をたもつ。類 交渉

【接線】せっせん ↓ 曲線や曲面のただ一つの点とふれあう直線。表記「切線」とも書く。

【接続】せつぞく Ⅱ〈―する〉二つのもののつながり。例 マイクを接続する。類 連結・連絡

【接地】せっち ▲〈―する〉①地面につくこと。例 接地面積。②電気器具と地面との間を導線でつなぎ、電流を地中に流すしかけ。アース。

【接着】せっちゃく Ⅱ〈―する〉二つのものをぴったりとくっつけること。例 接着剤。類 接合

【接点】せってん ↓①二つのものごとがふれあうところ。例 話し合いの接点をさがす。②曲線や曲面が直線とふれあうただ一つの点。

【接吻】◆せっぷん ▲〈―する〉愛情の表現としてのキス。キッス。

❷〈ちかづく〉の意味で

【接近】せっきん Ⅱ〈―する〉すぐそばまで近づくこと。例 台風が接近しつつある。

【接写】せっしゃ ↓〈―する〉写すものにカメラを近づ

けて写真をとること。例 接写モード。

【接戦】↓ いい勝負のたたかい。例 接戦のすえ、一点差で勝った。

❸〈人とあう〉の意味で

【接客】▲〈ーする〉客をもてなすこと。

【接見】Ⅱ〈ーする〉高い地位の人が、公式に人に会うこと。類 引見

【接待】Ⅱ〈ーする〉お客として、もてなしをすること。例 客の接待におわれる。類 供応

❹〈とる〉の意味で

【接収】↓〈ーする〉国家などが法にもとづき、個人のもち物をとりあげること。例 土地が接収される。類 徴発・没収

接が下につく熟語 上の字の働き

❶ 接＝〈つなぐ〉のとき
【間接 直接 密接 隣接】ドンナつながりか。

❸ 接＝〈人とあう〉のとき
【応接 面接】ドウヤッテ接するか。
◆近接 溶接

故事のはなし 推敲

唐の時代の賈島という人が試験を受けるために都の長安に行った。ロバに乗りながら、試験勉強のために詩を作り、「僧は推す月下の門」という句を思いついた。しかし、「推す」を「敲く」にあらためようかとまよい、手でおしたり、たたいたりするしぐさをしてみたが、なかなか決まらなかった。夢中になって、そうこうしているうちに、都の長官の韓愈の行列にぶつかってしまった。とがめられてわけを話したところ、韓愈は「敲の字がよい」と言った。そこで二人は意気投合し、そのままくつわをならべて進みながら詩について話し合った。『唐詩紀事』

措

音 ソ中　訓 おーく外

扌−8　総画11　常用　明朝 措 63AA

筆順 一 十 扌 扌 扌 拱 措 措 措 措 措

なりたち 【形声】「昔セキ・シャ・ク」が「かさなる」意味を表し、「ソ」とかわっておくことをしめす。手（扌）で物をかさねておくことから、「おく」として使われる。

意味 おく。かたをつける。例 措置

【措置】Ⅱ〈ーする〉なんとか手当てをすること。例 すぐに措置を講じる。類 処置・処理

掃

音 ソウ中　訓 はーく中

扌−8　総画11　常用　明朝 掃 6383

筆順 一 十 扌 扌 扌 扫 掃 掃 掃 掃 掃

なりたち 【形声】もとの字は「掃」。「帚シュウ」が「ほうきを持つ」意味と、「ソウ」とかわって読み方をしめしている。手（扌）できよめることを表す字。

意味 はらいのける。例 へやを掃く。清掃

【掃除】↓〈ーする〉ごみやほこりをとりのぞいてきれいにすること。例 大掃除。類 清掃

【掃射】↓〈ーする〉銃などで、なぎたおすようにうちまくること。例 機銃掃射。

【掃討】↓〈ーする〉たたかいで、敵を一人のこらずうちとること。例 掃討作戦。

探

音 タン　訓 さぐーる中・さがーす

扌−8　総画11　6年　明朝 探 63A2

筆順 一 十 扌 扌 扌 扩 探 探 探 探 探（はねる）

なりたち 【形声】「罙」はもと「穾」で、あな（穴）の中の火だねを手（又）でさぐることを表し、「タン」という読み方をしめしている。手（扌）がついて、手でふかいところを

さがす意味に使われる。

意味 さぐる。さがしもとめる。わからないことを明らかにしようとする。探りを入れる。職を探す。例 ひみつを探る。探究

例解 [使い分け] さがす[探・捜] ☞ ひだりのページ

【探求】たんきゅう ⇩〈─する〉手に入れようと探しもとめること。例 幸福を探求する。類 追求

【探究】たんきゅう ⇩〈─する〉真実を探り、明らかにしようとすること。例 真理の探究。類 追究

【探検】たんけん ⇩〈─する〉危険があっても、まだ知られていないことを明らかにするため、調べること。類 冒険 表記「探険」とも書く。

【探査】たんさ ⇩〈─する〉まだ知られていない場所をくわしく調べること。例 海底探査。類 踏査

【探索】たんさく Ⅱ〈─する〉かくされていることやものを探し出そうとすること。類 追求

【探照灯】たんしょうとう 遠くまで強い光で照らしだせるようにした電灯。サーチライト。

【探知】たんち ⇩〈─する〉かくれているものや見えないものを探り、つきとめること。例 探知機。

【探偵】たんてい Ⅱ〈─する〉人の行動などをひそかに探り調べること。また、それを仕事にしている人。例 探偵事務所。

【探訪】たんぼう ⇩〈─する〉そこのようすが知りたくて、その場にでかけていくこと。例 史跡探訪。

捺

扌-8 総画11 人名 明朝 捺 637A

音 ナツ 外 訓 お-す 外

意味 おす。おさえつける。例 捺印・押捺

【捺印】なついん ▲〈─する〉はんこをおすこと。例 書類に署名捺印する。類 押印

捻

扌-8 総画11 常用 明朝 捻 637B

音 ネン 中 訓 ─

筆順 扌 扌 扴 拎 捻 捻

意味 ねじる。ひねる。例 捻挫

【捻挫】ねんざ ⇩〈─する〉関節をくじいてけがをすること。例 転んで捻挫した。

【捻出】ねんしゅつ ⇩〈─する〉どうにかしてひねり出すこと。例 資金を捻出する。

【捻転】ねんてん ⇩〈─する〉ねじれて位置がかわること。例 腸捻転。

排

扌-8 総画11 常用 明朝 排 6392

音 ハイ 中 訓 ─

筆順 扌 扌 扌 扌 排 排 排

なりたち [形声]「非」が左右に開くことを表し、「ハイ」とかわって読み方をしめしている。手(扌)でおしあけることから、「おしのける」として使われている字。

意味 おしのける。外へおし出す。しりぞける。例 万難を排する。排気

【排気】はいき ▲〈─する〉①中の空気やガスを外がわへ出すこと。例 排気口。②エンジンのはき出すガス。例 排気ガス。

【排撃】はいげき ⇩〈─する〉じゃまなものをとりのぞくために、攻撃すること。類 排斥

【排出】はいしゅつ ⇩〈─する〉じゃまなものを、外へ出すこと。

【排除】はいじょ Ⅱ〈─する〉おしのけ、とりのぞくこと。例 じゃまなものを排除する。

【排水】はいすい ▲〈─する〉中にたまったいらない水を外へ出すこと。例 排水溝。対 給水

【排斥】はいせき Ⅱ〈─する〉じゃまだ、出て行けとなかまからはずすこと。例 排斥運動。類 排撃

【排泄】はいせつ Ⅱ〈─する〉からだの中にあっていらなくなったものを、大便・小便として外へ出すこと。例 排泄物。

【排他】はいた ▲ なかま以外の人や考え方のちがう人を受け入れないこと。例 排他的。

【排便】はいべん ▲〈─する〉大便をすること。

【排卵】はいらん ▲〈─する〉哺乳類が卵巣から卵子を出すこと。例 排卵期。

【排列】はいれつ Ⅱ〈─する〉ものごとを決まった順序にならべること。表記「配列」とも書く。

描

扌-8 総画11 常用 明朝 描 63CF

音 ビョウ 中 訓 えが-く 中・か-く 中

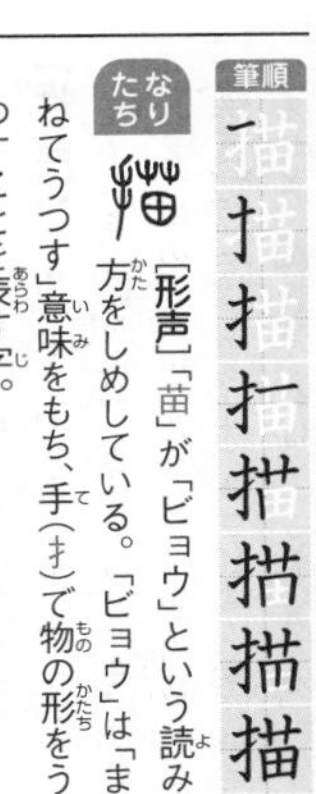

たちなり 描 ［形声］「苗」が「ビョウ」という読み方をしめしている。「ビョウ」は「まねてうつす」意味をもち、手（扌）で物の形をうつすことを表す字。

意味 えがく。形やありさまをうつす。例 人物を描く。描写・素描

例解 使い分け かく［書・描］☞605ページ

【描写】ⓘ〈—する〉ものごとのようす、人の動作や思いをうつし出すこと。例 情景描写。

【描出】↓〈—する〉感じたことや考えたことなどを、文章や音楽、絵などで表すこと。

描が下につく熟語 上の字の働き

【素描 点描】ドノヨウニ描くか。

【捧】

扌−8 総画11 人名 明朝 捧 6367

音 ホウ外 訓 ささ-げる外

意味 ❶ささげる。さしあげる。両手を高く上げてうやうやしく持つ。例 賞状を捧げる。医学に一生を捧げる。❷両手でかかえる。

【掠】

扌−8 総画11 人名 明朝 掠 63A0

音 リャク外 訓 かす-める外

意味 かすめる。奪い取る。例 掠奪

表記「リャク」と読むとき、今はふつう「略」を使う。

【握】

扌−9 総画12 常用 明朝 握 63E1

音 アク中 訓 にぎ-る中

筆順

たちなり ［形声］「屋」が「アク」とかわって読み方をしめしている。「オク」は「つかむ、にぎる」意味をもち、手（扌）でつかむ、にぎるとして使われる。

意味 にぎる。つかんで手の中におさめる。例 手にあせを握る。握手・把握

【握手】▲〈—する〉親しみをしめすため、たがいに手をにぎりあうこと。例 握手を求める。

【握力】↓ にぎりしめる手の力。例 握力が強い。握力計。

◆掌握 把握

例解 使い分け さがす《探す・捜す》

探す＝ほしいものを見つけようとする。例 職を探す。獲物を探す。宝物を探す。

捜す＝見えなくなったものを見つけようとする。例 落とし物を捜す。犯人を捜す。

【援】

扌−9 総画12 常用 明朝 援 63F4

音 エン中 訓 たす-ける外

筆順

たちなり ［形声］「爰」が「エン」という読み方をしめしている。「エン」は「ひく」意味をもち、手（扌）でひく、たすけることを表す字。

意味 たすける。助けとする。例 援助・援用・応援

【援軍】↓ 味方を助けるための軍勢。例 援軍を送る。

【援護】ⓘ〈—する〉ひどい状態からすくいあげること。例 援護の手をさしのべる。

【援護射撃】〈—する〉味方がたたかいやすくなるように、わきから敵を攻撃すること。

表現「君の援護射撃がとてもありがたかった」のように、なかまが有利になるように行動するときにも使う。

【援助】ⓘ〈—する〉こまっている人に力をかして助けること。例 経済援助。類 救援・支援

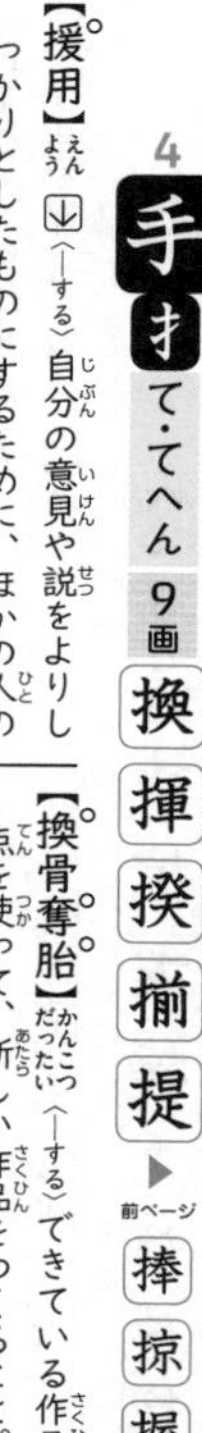

【援用】えんよう ↓〈―する〉自分の意見や説をよりしっかりとしたものにするために、ほかの人の説や例などをとり上げてしめすこと。例先達の理論を援用する。類引用

援が下につく熟語 上の字の働き
【救援 支援】近い意味。
【応援 後援 声援】ドウヤッテ助けるか。

【換】
音カン中 訓か-える中・か-わる中
扌-9 総画12 常用 明朝 換 63DB

筆順

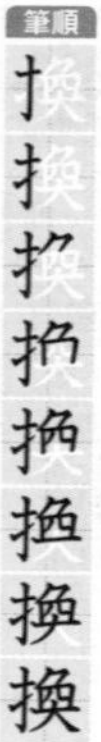

なりたち  【形声】「奐」が「カン」という読み方をしめしている。「カン」は「とりかえる」意味をもち、手(扌)でとりかえることから、「かえる」として使われる字。

意味 かえる。べつの物ととりかえる。かわる。例作物を金に換える。土地が金に換わる。換気・交換

例解 [使い分け] かわる[変・代・替・換] ☞275ページ

【換気】かんき ▲〈―する〉室内のよごれた空気を出して、外の空気を入れること。例換気扇。

【換金】かんきん ▲〈―する〉①品物を売ってお金にかえること。例在庫品を売って換金する。②お金を外国の通貨にかえること。類両替

【換言】かんげん ▲〈―する〉ほかのことばに言いかえること。例換言すれば、…とも言える。

【換骨奪胎】かんこつだったい〈―する〉できている作品の要点を使って、新しい作品をつくること。

【換算】かんさん ↓〈―する〉数量を、べつの単位にして表すこと。例ドルを日本円に換算する。

換が下につく熟語 上の字の働き
【交換 転換 変換】近い意味。
◆置換

【揮】
音キ 訓ふる-う外
扌-9 総画12 6年 明朝 揮 63EE

筆順 はねる ながく

なりたち  【形声】「軍」が「キ」とかわって読み方をしめしている。「ウン」は「ふるい動かす」意味をもち、手(扌)をふることを表す字。

意味 ふるう。手をふりまわす。まきちらす。例揮発・指揮・発揮

【揮発】きはつ ↓〈―する〉ふつうの温度で、液体が気体になること。例揮発油。類蒸発・気化
◆指揮 発揮

【揆】
音キ外 訓―
扌-9 総画12 表外 明朝 揆 63C6

意味 はかる。くわだてる。はかりごと。例農民一揆。

【揃】
音セン外 訓そろ-う外・そろ-える外
扌-9 総画12 人名 明朝 揃 63C3

意味 そろう。そろえる。例人数が揃う。足なみを揃える。

【提】
音テイ 訓さ-げる中
扌-9 総画12 5年 明朝 提 63D0

筆順 はねる はらう

なりたち  【形声】「是」が「テイ」とかわって読み方をしめしている。「シ」は「さげ持つ」意味をもち、手(扌)にさげて持つことを表す字。

意味 ❶手にさげる。手をつなぐ。例かばんを提げる。手提げ・提携 ❷さしだす。かかげる。例提案・前提

例解 [使い分け] さげる[下・提] ☞13ページ

❶〈手にさげる〉の意味で

【提灯】ちょうちん ↓竹ひごで作ったいくつもの輪を骨組みとして紙をはり、中にろうそくをともす、おりたためる照明器具。

【提携】ていけい Ⅲ〈―する〉別々の組織が、協力して一つの仕事をすること。例業務提携。

【提督】↓ 海軍の、艦隊をひきいる司令官。

❷〈さしだす〉の意味で

【提案】▲〈—する〉こうしたらどうかと、新しい意見を出すこと。また、出された案。例 提案理由を説明する。類 発案・発議

【提起】↓〈—する〉新しく問題をもち出すこと。例 重要な問題を提起する。

【提供】Ⅱ〈—する〉力や知識、お金、物などを、さし出すこと。類 供給

【提言】▲〈—する〉こうしたらどうかと、考えを出すこと。

【提示】↓〈—する〉みんなによく見えるようにかかげること。類 呈示

【提出】Ⅱ〈—する〉さし出すこと。相手にわたすこと。例 書類を提出する。

【提唱】↓〈—する〉考えを発表し、広くよびかけること。例 自然保護運動を提唱する。

【提訴】▲〈—する〉うったえを起こすこと。例 提訴にふみ切る。類 告訴・起訴

搭

扌-9 総画12 常用 明朝 搭 642D

音 トウ㊥ 訓 —

筆順 扌 拌 搭 搭 搭 搭 搭

なりたち [形声]「荅」が「トウ」という読み方をしめしている。「トウ」は「上にのせる」意味をもち、手(扌)で上にのせることを表す字。

意味 乗り物にのる。のせる。つむ。例 搭乗

【搭載】Ⅱ〈—する〉飛行機や船などに備品をそなえ、荷物をつむこと。例 新型レーダーを搭載した護衛艦。

【搭乗】Ⅱ〈—する〉乗り物、とくに飛行機に人が乗りこむこと。例 搭乗券。

揚

扌-9 総画12 常用 明朝 揚 63DA

音 ヨウ㊥ 訓 あ-げる㊥・あ-がる㊥

筆順 扌 扌 担 押 揚 揚 揚 揚 揚

なりたち [形声]「昜」が「日が高くあがる」意味と「ヨウ」という読み方をしめしている。手(扌)でもちあげることを表す字。

意味 ❶高くあげる。あがる。例 花火が揚がる。掲揚・高揚・称揚
❷油の中で熱する。例 揚げ物。

例解 [使い分け] あげる[上・挙・揚] ☞19ページ

名前のよみ あき・あきら・のぶ

❶〈高くあげる〉の意味で

【揚水】▲〈—する〉水を上へくみあげること。

【揚揚】Ⅱ〈—たる〉〈—と〉得意な気分がおもてにあらわれているようす。例 意気揚々。

【揚力】↓ 物を上へおし上げるようにはたらく力。

←揚が下につく熟語 上の字の働き

❶揚＝〈高くあげる〉のとき

【掲揚 高揚 悠揚】近い意味。

【称揚 賞揚 発揚】ドノヨウニしてもち上げるか。

◆抑揚

揺

扌-9 総画12 常用 明朝 揺 63FA 旧字 搖 6416

音 ヨウ㊥ 訓 ゆ-れる㊥・ゆ-る㊥・ゆ-らぐ㊥・ゆ-るぐ㊥・ゆ-する㊥・ゆ-さぶる㊥・ゆ-すぶる㊥

筆順 扌 扌 打 揺 揺 揺 揺 揺 揺

なりたち [形声]もとの字は、「搖」。「䍃」が「ヨウ」という読み方をしめしている。「ヨウ」は「ゆれる」意味をもち、手(扌)でゆりうごかすことを表す字。

意味 ゆれる。ゆりうごかす。例 船が揺れる。自信が揺らぐ。からだを揺すぶる。動揺

【揺籃】↓ ゆりかご。表現「揺籃期」は、幼児期や、ものごとの起こりはじめの時期。

携

扌-10 総画13 常用 明朝 携 643A

音 ケイ㊥ 訓 たずさ-える㊥・たずさ-わる㊥

筆順 扌 扌 扌 扌 推 携 携

なりたち [形声]もとの字は、「攜」。「巂」が「ケイ」という読み方をしめしてい

る。「ケイ」は「つなぐ、さげる」意味をもち、手(扌)にさげることから、「たずさえる、たずさわる」として使われる字。

意味
❶手にさげる。身につけて持ち歩く。例携帯・必携
❷手をひく。ひきつれる。例手を携える。提携
❸たずさわる。例教育に携わる。

❶〈手にさげる〉の意味で
【携行】けいこう ↓〈―する〉身のまわりの物として、持っていくこと。例携行品。類携帯
【携帯】けいたい Ⅲ〈―する〉身につけて持ち歩くこと。例携帯電話。類携行・所持

携が下につく熟語 上の字の働き
❷携＝〈手をひく〉のとき
【提携 連携】近い意味。

搾

扌-10 総画13 常用 明朝 搾 643E

音 サク高 訓 しぼ-る中

筆順

なりたち [形声]「窄」が「しぼる」意味と「サク」という読み方をしめしている。手(扌)でしぼることを表す字。

意味 しぼる。しぼりとる。おしちぢめる。例乳を搾る。搾取・圧搾

例解 [使い分け]しぼる[絞・搾] ☞881ページ

【搾取】さくしゅ ↓〈―する〉やとい主が、不当にもうけをしぼりとること。例中間搾取。
【搾乳】さくにゅう ▲〈―する〉ちぶさから乳をしぼり出すこと。例搾乳機。

摂

扌-10 総画13 常用 明朝 摂 6442 旧字 攝 651D

音 セツ中 訓 と-る外

筆順

なりたち [形声]もとの字は、「攝」。「あつめる」意味を表す「聶」が「セツ」とかわって読み方をしめしている。手(扌)にあつめることから、「とりいれる、とりおこなう」として使われる。

意味
❶とりいれる。例摂取
❷かわりにおこなう。代理をする。例摂政
❸やしなう。ととのえる。例摂生
❹摂津。旧国名。今の大阪府と兵庫県にまたがる地域。例摂州
❺《その他》例摂氏

❶〈とりいれる〉の意味で
【摂取】せっしゅ Ⅲ〈―する〉自分のからだにとりいれること。例栄養の摂取。

❷〈かわりにおこなう〉の意味で
【摂政】せっしょう ▲天皇がおさないときや病気などのときに、かわって政治をおこなう役目。

❸〈やしなう〉の意味で
【摂生】せっせい ▲〈―する〉食事に気をつけ、むちゃなことをしないようにして、健康をたもつように心がけること。類養生 対不摂生
【摂理】せつり ↓大自然や神が全宇宙の運行をとりしきるはたらき。例神の摂理。

❺《その他》
【摂氏】せっし ↓水がこおる温度を〇度、沸騰する温度を一〇〇度と決め、そのあいだを百等分した温度のはかり方。Cの記号で表す。セ氏。知識 この温度のはかり方を考えたスウェーデン人、セルシウスの名からとった名称。

損

扌-10 総画13 5年 明朝 損 640D

音 ソン 訓 そこ-なう中・そこ-ねる中

筆順 (はねる)(とめる)

なりたち [形声]「員(イン―エン)」が「ソン」とかわって読み方をしめしている。「ソン」は「とりさる」意味をもち、手(扌)でとりさることを表す字。

意味 へる。へらす。うしなう。だめにする。例気分を損なう。きげんを損ねる。骨折り損。損害・損失・破損 対得・益

【損益】そんえき ⇕ 損失と利益。事業にかかった出費と収益。例損益を計算する。類損得
【損壊】そんかい ↓〈―する〉家や道路・橋などが、くず

れたりこわれたりすること。類破損・破壊

【損害】Ⅱ災害や事故で物がこわれて、損失となること。例大きな損害を受ける。類損失 対利益

【損失】Ⅱ利益をなくすこと。損をすること。類損害

【損傷】Ⅱ〈―する〉物がこわれたり、からだが傷ついたりすること。

【損得】⇕損をすることと得をすること。例損得ぬきではたらく。類損益・利害

【損耗】Ⅱ〈―する〉使って、いたんだりへったりすること。例体力の損耗。類消耗

【損料】↓物を借りたときにはらう料金。借り賃。例車の損料をはらう。

◆破損 丸損

搬

扌-10 総画13 常用 明朝 搬 642C

音 ハン中 訓 ―

筆順

なりたち [形声]「うつす」意味を表す「般」が、「ハン」という読み方をしめしている。手(扌)でうつすことから、「もちはこぶ」として使われる字。

意味 もちはこぶ。うつす。例搬出・運搬

【搬出】↓〈―する〉品物などをはこび出すこと。例作品を会場から搬出する。

【搬送】Ⅱ〈―する〉品物などをはなれた場所まではこぶこと。例大道具を搬送する。

【搬入】↓〈―する〉品物などをはこびいれること。例会場に搬入する。

摑

扌-11 総画14 人名 明朝 摑 6451

音 カク外 訓 つか-む外

意味 つかむ。しっかりとにぎって持つ。手に入れる。理解する。

撃

手-11 総画15 常用 明朝 撃 6483 旧字 擊 64CA

音 ゲキ中 訓 う-つ中

筆順

なりたち 擊 [形声]もとの字は、「擊」。「ぶつかる」意味を表す「毄」が「ゲキ」とかわって読み方をしめしている。「手」がついて、手でうつことを表す字。

意味 強くうつ。せめる。ぶつかる。敵をせめる。弾を相手にうちこむ。例鉄砲を撃つ。撃退・撃破・射撃・打撃

例解 [使い分け]うつ[打・討・撃] ☞527ページ

【撃退】↓〈―する〉せめてくる敵を追いかえすこと。例敵の戦車を撃退する。

【撃沈】↓〈―する〉敵の船を攻撃して、しずめること。例戦艦が撃沈された。

【撃墜】↓〈―する〉敵の飛行機をうちおとすこと。例爆撃機を撃墜する。

【撃破】↓〈―する〉敵をうちやぶること。

【撃滅】↓〈―する〉敵を徹底的にやっつけること。例敵艦を撃滅する。

撃が下につく熟語 上の字の働き

【攻撃 襲撃 打撃 衝撃 射撃】近い意味。

【一撃 直撃】ドンナニ撃つか。

【出撃 進撃 突撃 追撃 反撃 挟撃 迎撃】ドウヤッテせめるか。

【砲撃 銃撃 爆撃】ナニを使ってせめるか。

◆排撃 目撃

摯

手-11 総画15 常用 明朝 摯 646F

音 シ中 訓 ―

筆順

意味 親切なようす。まじめなようす。例真摯(まじめでひたむきなようす)

摺

扌-11 総画14 人名 明朝 摺 647A

音 ショウ外 訓 す-る外

意味 ❶おりたたむ。❷する。版木などに墨や絵の具をつけ、布や紙をあてて、上からこすって色や文様を写す。印刷する。

【摘】

扌-11 総画14 常用 明朝 摘 6458

音 テキ中 訓 つ-む中

筆順

なりたち 形声「啇」が「テキ」という読み方をしめしている。「テキ」は「ひろいあつめる」意味をもち、手(扌)でつまみとることを表す字。

意味 つまみとる。つまみ出す。例 花を摘む。摘果・摘出・指摘

【摘出】↓〈—する〉①体内のわるい部分を手術で取り出すこと。例 患部を摘出する。②ある部分だけをとり出して見せること。例 問題点を摘出する。

【摘発】↓〈—する〉悪事を見つけて、世に知らせること。例 不正な取り引きを摘発する。

【摘要】▲ だいじなところをぬき出してしるしたもの。例 会議の摘要をつくる。

【摩】

手-11 総画15 常用 明朝 摩 6469

音 マ中 訓 —

筆順

なりたち 形声「麻」を「手」でさいてもむことを表す字で、「麻」が「マ」という読み方をしめしている。

意味 こする。こすれる。例 摩擦

【摩擦】Ⅲ〈—する〉①物と物とがこすれあうこと。例 摩擦熱。②考えが合わず、うまくいかないこと。例 貿易摩擦。

【摩天楼】天までとどくかと思われるほど高い建物。超高層ビル。例 ニューヨークの摩天楼。

【摩滅】↓〈—する〉ほかの物とこすれて、表面がすりへってなくなること。表記「磨滅」とも書く。

【摩耗】↓〈—する〉ほかの物とこすれて、すりへること。例 タイヤが摩耗する。表記「磨耗」とも書く。

【撮】

扌-12 総画15 常用 明朝 撮 64AE

音 サツ中 訓 と-る中

筆順

なりたち 形声「最」がもともと「つまみとる」意味をもち、「サツ」とかわって読み方をしめしている。手(扌)でつまみとることを表す字。

意味 写真にとる。例 映画を撮る。撮影

例 解 [使い分け] とる[取・捕・採・執・撮] ☞199ページ

【撮影】▲〈—する〉写真や映画・ビデオなどをとること。例 記念撮影。撮影所。

【撒】

扌-12 総画15 人名 明朝 撒 6492

音 サツ外・サン外 訓 ま-く外

意味 まく。まきちらす。例 撒布

表記「サン」と読むとき、今はふつう「散」を使う。

【撰】

扌-12 総画15 人名 明朝 撰 64B0

音 セン外 訓 えら-ぶ外

意味 えらぶ。えらんで作品を作る。

表記 今は「選」におきかえて表す。例 撰ぶ→選ぶ・撰者→選者

【撤】

扌-12 総画15 常用 明朝 撤 64A4

音 テツ中 訓 —

筆順

なりたち 形声「散」が「とりのぞく」意味と「テツ」という読み方をしめしている。手(扌)でとりのぞくことを表す字。

意味 とりさる。ひきあげる。ひっこめる。例 撤回・撤去

【撤回】↓〈—する〉一度は出したものを、ひっこめること。例 発言を撤回する。

【撤去】Ⅲ〈—する〉その場から取り去るこ

と。例放置自転車を撤去する。

【撤収】てっしゅう ↓〈―する〉①その場から取り去って、しまいこむこと。例撤収作業。②軍隊などがひきあげること。類退却・撤退

【撤退】てったい ↓〈―する〉軍隊が陣地をすてて、後方へひきあげること。類退却・撤収

【撤廃】てっぱい Ⅱ〈―する〉今のやり方をやめること。例制度を撤廃する。類廃止

【撤兵】てっぺい ▲〈―する〉出していた軍隊をひきあげること。対出兵

撞

扌-12 総画15 人名 明朝 撞 649E

音 ドウ外 訓 つ-く外

意味 つく。たたく。突き当たる。例鐘を撞く。撞着

【撞着】どうちゃく ☒〈―する〉くいちがうこと。矛盾すること。例意見が撞着する。自己撞着。

播

扌-12 総画15 人名 明朝 播 64AD

音 ハ外・ハン外・バン外 訓 ―

意味 ❶まく。種をまく。例播種・伝播 ❷しく。広くおよぼす。❸播磨。旧国名。今の兵庫県の南西部。

撫

扌-12 総画15 人名 明朝 撫 64AB

音 ブ外・フ外 訓 な-でる外

意味 ❶なでる。手でさする。かわいがる。例ほおを撫でる。愛撫 ❷しずめる。なだめる。例慰撫・鎮撫

参考 「撫子」は「なでしこ(植物の名)」と読む。

撲

扌-12 総画15 常用 明朝 撲 64B2

音 ボク中 訓 なぐ-る外

筆順 扌 扌 扌 扌 撲 撲 撲 撲

なりたち [形声]「菐」が「ボク」という読み方をしめしている。「ボク」はたたくときの音で、手(扌)でたたくことを表す字。

意味 つよくうつ。なぐる。例撲滅・打撲

特別なよみ 相撲(すもう)

【撲殺】ぼくさつ ↓〈―する〉なぐりころすこと。

【撲滅】ぼくめつ ↓〈―する〉すっかりなくしてしまうこと。例貧困撲滅をめざす。類絶滅・根絶

操

扌-13 総画16 6年 明朝 操 64CD

音 ソウ 訓 みさお高・あやつ-る中

筆順 扌 扌 扌 扌 操 操 操 (はねる・ちいさめに)

なりたち [形声]「喿」が「ソウ」という読み方をしめしている。「ソウ」は「しっかりと持つ」意味をもち、手(扌)でしっかりと持つことを表す字。

意味 ❶あやつる。思うとおりに動かす。例人形を操る。操作・体操 ❷かわらない心。みさお。例操を立てる。操行・情操

❶〈あやつる〉の意味で

【操業】そうぎょう ▲〈―する〉工場などで機械を動かして仕事をすること。例二十四時間操業。

【操作】そうさ Ⅱ〈―する〉目的を果たすために、うまいやり方で動かすこと。例遠隔操作。

【操車】そうしゃ ▲〈―する〉鉄道で、車両の入れかえや列車の編成をすること。例操車場。

【操縦】そうじゅう Ⅱ〈―する〉機械や人などを、自分の思うように動かすこと。例操縦士。

❷〈かわらない心〉の意味で

【操行】そうこう ↓ふだんの生活態度。類素行・品行

←操が下につく熟語 上の字の働き

❷操＝〈かわらない心〉のとき

【節操 貞操 情操】近い意味。

擁

扌-13 総画16 常用 明朝 擁 64C1

音 ヨウ中 訓 ―

筆順 扌 扌 扌 扌 擁 擁 擁 擁

なりたち [形声]もとの字は、「擁」。「雝」が「とりかこむ」意味と「ヨウ」という

読み方をしめしている。手(扌)でつつむことから、「だく、たすけあう」として使われる字。

意味 だきかかえる。かかえもつ。たすける。例 大軍を擁する。擁護・抱擁

【擁護】Ⅱ〈—する〉だめにされないようにだいじにまもること。例 人権を擁護する。

【擁立】↓〈—する〉ある人に力をそえて、表面におし出すこと。例 候補者を擁立する。

擬

扌-14 総画17 常用

明朝 擬 64EC

音 ギ中 訓 —

筆順 擬

なりたち ［形声］「疑」が「まぎらわしい」意味を表し、「ギ」という読み方をしめしている。手(扌)まねでにせることから、「にせる、なぞらえる」として使われる字。

意味 にせる。本物になぞらえる。かりにあてはめてみる。例 みずからを作家に擬する。擬音・模擬

【擬音】↓じっさいの物音や動物の鳴き声などをまねてつくり出す音。

【擬人法】「春が目をさました」のように、人間でないものを人間に見たてて表現する方法。

【擬声語】「けらけら」「ゴロゴロ」「カランコロン」など、音や声をまねたことば。類 擬音語。

表現 「ドンドン戸をたたく」の「ドンドン」は擬声語、「どんどん燃やす」の「どんどん」は擬態語。

【擬態】▲動物が、敵から自分の身を守ったり、えものをねらったりするために、からだの色や形、動きなどをまわりのものに似せること。

【擬態語】「きらきら」「よろよろ」「てきぱき」「にっこり」など、ようすや動きの感じをことばに表したもの。表現 ☞【擬声語】(うえにあります)

◆模擬

文字物語 支

「支」の意味の分かれ方はおもしろい。「支」は、木偏をつければ「枝」であることからもわかるように、本体から分かれ出た「えだ」を意味する。

意味 ❶の「支流」は、そういう流れのこと。おおもとから分かれ出させれば、❷の分けあたえることになる。「支給」「支出」はそのあらわれ。だから、❶と❷とは組みになる。

❸の「ささえる」と❹の「さしつかえ」とは意味が別々のようだが、たがいに逆の立場から見ているだけで、もとはいっしょである。たとえば壁をたおれないようにささえている「支柱」は、壁がたおれようとするのをじゃましているわけで、たおれようとするものにとっては「さしつかえ」となる。

❺の干支は、まったく別のものだ。

擦

扌-14 総画17 常用

明朝 擦 64E6

音 サツ中 訓 す-る中・す-れる中

筆順 擦

なりたち ［形声］「察」が「サツ」という読み方をしめしている。「サツ」は「こする」意味をもち、手(扌)でこする、さすることを表す字。

意味 こする。する。例 マッチを擦る。角が擦れて丸くなる。摩擦

【擦過傷】すり傷。

例解 使い分け する［刷・擦］☞153ページ

◆摩擦

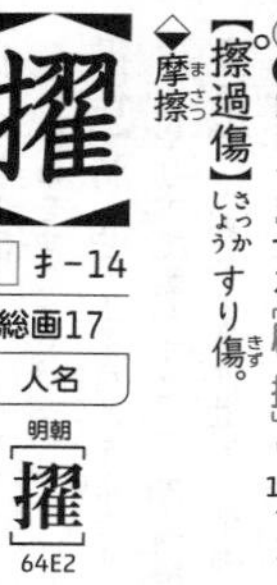

擢

扌-14 総画17 人名

明朝 擢 64E2

音 テキ外 訓 ぬ-く外・ぬき-んでる外

意味 ぬく。ぬきんでる。引きぬく。選び出す。例 抜擢

4画 支 [し] [しにょう] の部

ここには「支」の字だけが入ります。

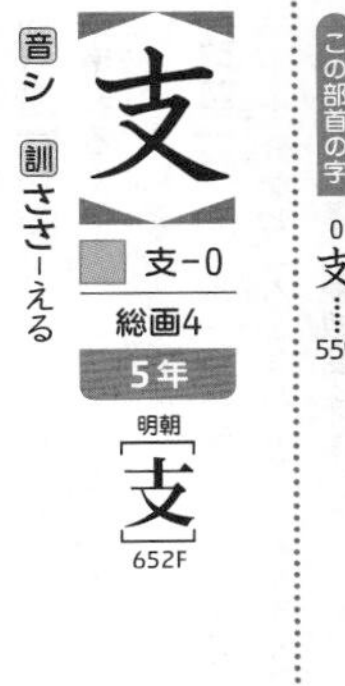

支

支－0 総画4 5年 明朝 支 652F

音 シ 訓 ささ－える

筆順 一 十 支 支 はらう

なりたち [会意]手(又)に枝(十)を持っている形からでき、「ささえる、わける」などの意味を表している。

意味

❶えだ。えだ分かれする。分かれ出る。例 支線・支流・気管支

❷わけあたえる。わりあてる。例 支給・支出・収支

❸ささえる。つっかい棒になる。例 生活を支える。心の支え。支持・支柱

❹さしつかえ。例 支障

❺えと。ね・うし・とら…。例 十二支

[文字物語] みぎのページ

特別なよみ 差し支える(さしつかえる)

❶〈えだ〉の意味で

【支局】しきょく ↓ 本局や本社から分かれて、受けもちの地域の仕事をするところ。例 各地に支局をおく。類 支社 対 本局

【支社】ししゃ ↓ 本社から分かれて、別の場所で仕事を受けもつ事業所。例 支社長。類 支店・支局 対 本社

【支線】しせん ↓ 鉄道の本線から分かれ出た線。例 対 本線・幹線

【支店】してん ↓ 本店から分かれてできた店。例 支店を出す。類 支社 対 本店

【支部】しぶ ↓ 本部から分かれて、一部の地域の仕事をとりあつかうところ。対 本部

【支離滅裂】しりめつれつ〈―な〉ばらばらでまとまりがない。例 話が支離滅裂でわからない。

【支流】しりゅう ↓ ①大きな川に流れこんでいる、小さな川。本流から分かれ出た流れ。対 本流 ②中心から分かれたグループ。類 分派・分家 対 主流

❷〈わけあたえる〉の意味で

【支給】しきゅう ↓〈―する〉お金や品物などをあたえること。例 現物支給。類 給与

【支出】ししゅつ ↓〈―する〉つかって出ていくお金。例 今月は支出が多かった。対 収入

【支度】したく ◎〈―する〉これからすることに必要な用意をすること。例 帰りの支度をする。旅支度。類 準備 表記「仕度」とも書く。

【支配】しはい ↓〈―する〉上に立つ人や部局が組織を思うように動かすこと。例 一極支配。支配者。表現「農作物は、天候に支配される」のような言い方もできる。

❸〈ささえる〉の意味で

【支援】しえん Ⅲ〈―する〉力をそえて、助けること。例 支援の手をさしのべる。類 援助・後援

【支持】しじ ↓〈―する〉賛成してあとおしすること。サポート。例 国民の支持を得る。

【支柱】しちゅう ↓ ①支えの柱。つっかい棒。例 植木に支柱を立てる。②支えとなるだいじな人物。例 一家の支柱。

【支点】してん ↓ てこやシーソーを一点で支えるところ。参考 てこがはたらくのにだいじな場所が三か所ある。それぞれを「点」で表して「力点」「支点」「作用点」という。力をくわえる所が力点、動かしたいものに接する所が作用点で、小さな力を大きな力に変えるのにもっともだいじな所が支点である。

支点
力点
作用点

❹〈さしつかえ〉の意味で

【支障】ししょう Ⅲ ものがうまくいかなくなるような、具合のわるいこと。さしつかえ。例 支障をきたす。類 故障

◆干支 収支 十二支

4画 攵 [ぼくづくり][ぼくにょう][のぶん] の部

手に棒を持つ意を表す「攴」をもとに作られ、強制しておこなわせる動作や行為にかかわる字を集めてあります。「攵」は「攴」の形がかわったものです。

この部首の字

3 改……560 攻……560 4 放……561 5 故……562 政……562 6 敏……563 7 救……564 教……564 敗……565 8 敢……565 敬……566 散……566 敦……567 9 数……567 11 敵……568 數……568 12 整……569 13 厳……569 孜▼子 312 枚▼木 628 牧▼牛 753 致▼至 929 赦▼赤 1012

改

音 カイ 訓 あらた-める・あらた-まる

攵-3 総画7 4年 明朝 改 6539

筆順

なりたち 「形声」「己(キ)」が「カイ」とかわって読み方をしめしている。「キ」は「かわる」の意味をもち、「棒を持つ」意味の「攵」がついて、「あらためる」ことを表している字。

意味 ❶あらためる。例年が改まる。改正 ❷しらべる。検査する。例改札

❶〈あらためる〉の意味で

【改悪】↓〈―する〉なおしたために、かえってわるくなること。例憲法の改悪に反対する。対改善・改良・改正

【改革】Ⅲ〈―する〉国や社会のしくみなどの不十分なところをなおして、よくすること。例政治改革。類改変・変革

【改行】▲〈―する〉次の行へうつって書きだすこと。知識 文章の流れのかわるところや、箇条書きの条がかわるところで改行する。改行したら、一字下げて書くのがふつう。

【改元】▲〈―する〉元号をかえること。例平成が令和に改元された。知識☞【元号】(112ページ)

【改作】↓〈―する〉小説・脚本などに手をくわえて、つくりかえること。

【改修】↓〈―する〉道路や建物などをつくりなおすこと。例改修工事。類改築・修理

【改称】▲〈―する〉よび名をかえること。例社名を改称する。類改名

【改心】▲〈―する〉自分がわるかったと心から思うこと。例改心して出なおす。類改悛

【改新】↓〈―する〉それまでのやり方や制度などをかえて、新しくすること。例大化の改新。類刷新

【改正】↓〈―する〉社会のきまりをかえること。例規約改正。類改定・改善・是正 対改悪

【改姓】▲〈―する〉名字をかえること。

【改選】↓〈―する〉役員や議員などを新しくえらびなおすこと。例委員を改選する。

【改善】↓〈―する〉わるいところをよくすること。例待遇改善。類改良 対改悪

【改装】▲〈―する〉建物の設備やていさいをかえること。例改装工事。類改造・新装

【改造】↓〈―する〉建物・機械・組織などをつくりかえること。例内閣を改造する。

【改築】↓〈―する〉家の全部または一部をたてなおすこと。例自宅を改築する。類改修

【改定】↓〈―する〉今のきまりを、決めなおすこと。例運賃改定。類改正

【改訂】↓〈―する〉世に出た本や文書のまちがいを正しくしたり、古い資料を新しくしたりして、よりよくして出しなおすこと。

【改変】Ⅲ〈―する〉中身を新しいものにかえること。

【改名】▲〈―する〉名前をかえること。類改姓・改称

【改良】↓〈―する〉もっとよいものにすること。例品種改良。類改善 対改悪

❷〈しらべる〉の意味で

【改札】▲〈―する〉駅で乗客の乗車券・特急券などを調べること。例自動改札。改札口。

表現 車内で車掌が調べるのは「検札」。

攻

音 コウ 中 訓 せ-める 中

攵-3 総画7 常用 明朝 攻 653B

筆順

なりたち  「形声」棒を持つ形の「攵」が「うつ」意味を表し、「工」が「コウ」という読み方をしめしている。「コウ」も「うつ」意味をもち、「敵をうつ」ことを表している字。

意味

❶せめる。せめかかる。例 敵を攻める。攻撃・進攻 対 守・防

❷みがく。研究する。例 専攻

例解 [使い分け] せめる [攻・責] ☞このページ

名前のよみ おさむ・よし

❶〈せめる〉の意味で

【攻撃】↓〈―する〉①敵側に打撃を与えようとして力をつくすこと。例 攻撃の手をゆるめない。対 防御・守備 ②相手の悪いところ、弱いところをとりあげてことばでせめること。例 個人攻撃。

【攻守】⇕ せめることとまもること。例 攻守に活躍する。類 攻防

【攻勢】↓ せめの姿勢。例 攻勢に転じる。対 守勢

【攻防】⇕ せめる側と防ぐ側との戦い。例 攻防戦。類 攻守

【攻略】↓〈―する〉せめ勝って敵の陣地などをうばいとること。類 占領

◆進攻 専攻 速攻 内攻

放

攵-4 総画8 3年 明朝 放 653E

音 ホウ 訓 はな-す・はな-つ・はな-れる・ほう-る

筆順 放 方 方 方 方 放 放 放（はねる・でる・はらう）

たなちり [形声] 棒を持つ形の「攵」が「うつ」意味をもち、「方」が「ホウ」という読み方をしめしている。「ホウ」は「おいはらう」意味を表し、「うって追いはらう」ことを表している字。

意味

❶ときはなす。はなれさせる。はなつ。ほうりだす。例 魚を池に放す。火を放つ。矢がつるを放れる。放水・放送・開放・追放

❷思うようにする。ほしいままにする。例 放言・奔放

例解 [使い分け] はなす [放・離] ☞563ページ

❶〈ときはなす〉の意味で

【放映】▲〈―する〉テレビで放送すること。とくに、映画を放送するときにいう。

【放火】▲〈―する〉火をつけて火事を起こすこと。つけ火。対 失火

【放課後】学校で、その日の日課が終わったあと。例 放課後のクラブ活動。

【放棄】‖〈―する〉①もっていたものをすてる。例 権利放棄。②しなければいけないことをしないこと。例 仕事を放棄する。

【放射】↓〈―する〉①物体が光・熱などのエネルギーを外に出すこと。例 放射線。放射冷却。類 輻射 ②一点から線などが四方八方に広がること。例 放射状にのびる道路。

【放出】↓〈―する〉①いきおいよく外に出すこと。例 エネルギーを放出する。②国や大きな団体などが、ためてあった品物を広く社会に提供すること。例 放出物資。

【放心】▲〈―する〉気がぬけてぼんやりしてしまうこと。例 放心したように立ちつくす。

【放水】▲〈―する〉①川の水やダムの水などをよそへみちびいて流すこと。例 放水路。類 放流 ②ホースなどからいきおいよく水を出すこと。例 消防車が放水をはじめた。

【放送】↓〈―する〉ラジオやテレビで電波を出して、ニュース・劇・音楽などをおおぜいの人びとに送ること。例 放送局。放送劇。

【放置】↓〈―する〉無責任にほうっておくこと。例 放置自転車。

【放電】▲〈―する〉①電池などにたまっていた電気が流れ出すこと。対 充電 ②プラスと

例解 使い分け

せめる《攻める・責める》

攻める＝戦いをしかける。例 敵の陣地を攻める。城を攻め落とす。質問攻めにする。

責める＝失敗や罪などをとがめる。例 過ちを責める。不注意を責める。

◀次ページ 故 政

マイナスの電極のあいだで、空気などを通して電流が流れること。例放電管。

【放任】ほうにん ⇩〈―する〉したいようにさせて、ほうっておくこと。例いたずらを放任する。

【放念】ほうねん ▲〈―する〉気にしないでわすれてしまうこと。類休心 表現「この件はどうかご放念ください（もう気にしないでください）」のように使う。

【放物線】ほうぶつせん なため上にむかってものを投げたときに、投げられたものがえがく曲線。例打球は、放物線をえがいて右翼席へ。

【放牧】ほうぼく ⇩〈―する〉牛・馬・羊などを、広い草原で放し飼いにすること。例放牧地。

【放免】ほうめん ⇩〈―する〉とき放して、自由な身にすること。例無罪放免。類釈放

【放流】ほうりゅう ▲〈―する〉①たまごからかえった稚魚を川に放すこと。②ダムや河川で、せきとめていた水を流すこと。類放水

❷〈思うようにする〉の意味で

【放言】ほうげん ⇩〈―する〉まわりの事情など考えず、思うままに言うこと。例放言癖。

【放題】ほうだい ◎したいことを、したいだけするようす。例言いたい放題。食べ放題の店。

【放談】ほうだん ⇩〈―する〉思ったことをえんりょなく自由に話すこと。例新春放談。放談会。

【放漫】ほうまん Ⅲ〈―に〉〈―な〉計画性がなく、しまりがない。例放漫経営。

【放浪】ほうろう ⇩〈―する〉あてもなくさまよい歩くこと。例放浪の旅に出る。類流浪・漂泊

放が下につく熟語 上の字の働き

❶放＝〈ときはなす〉のとき
【解放 釈放】近い意味。
◆開放 豪放 追放 奔放

故

攵-5 総画9 5年 明朝 故 6545

音 コ 訓 ゆえ㊥

筆順

なりたち 【形声】「攵」が「むりにさせる」意味を表し、「古」が「コ」という読み方をしめしている。「コ」は「かたい」意味をもち、「むりにかたくする」ことを表す字。「わざと」などの意味に使われる。

意味
❶むかしからの。すぎたむかし。もとの。例故郷・縁故
❷死ぬ。もう死んでしまった。例物故
❸思いがけない。意外なできごと。例故障・事故
❹わざと。ことさら。例故意
❺理由。わけ。例何故（なぜ｜なにゆえ）

❶〈むかしからの〉の意味で

【故郷】こきょう｜ふるさと ⇩生まれ育った土地。例故郷に錦をかざる（成功して晴れがましく故郷へ帰る）。類郷里・郷土 対異郷 表現長く住んだ場所や、深い関係のある場所を「第二の故郷（ふるさと）」などという。

【故国】ここく ⇩①自分の生まれ育った国。例なつかしい故国の土をふむ。類母国・祖国 ②自分の生まれた地方。類故郷

【故事】こじ ⇩むかしからつたえられている話やいわれ。例故事にちなむ。

【故事成語】こじせいご いわれのある、ことばやことわざ。「矛盾」「漁夫の利」など。中国伝来のものが多いが、「敵は本能寺にあり」「外堀をうめる」など、日本でできたものもある。

【故事来歴】こじらいれき 古いいわれや、それまでの歴史。類由来

❷〈死ぬ〉の意味で

【故人】こじん ⇩死んだ人。例故人の遺志。

❸〈思いがけない〉の意味で

【故障】こしょう Ⅲ〈―する〉機械やからだが、うまくはたらかなくなること。例エンジンの故障。

❹〈わざと〉の意味で

【故意】こい ⇩〈―に〉わざとすること。類意識的・意図的 対過失

政

攵-5 総画9 5年 明朝 政 653F

音 セイ・ショウ㊢ 訓 まつりごと㊢

筆順

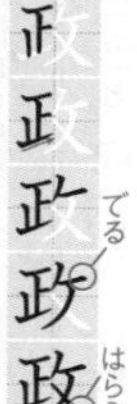

たちなり 政 【形声】棒を持つ形の「攵」が「うつ」意味と意味を表し、「正」が「ただす」意味と「セイ」という読み方をしめしている。力をくわえて、ただしくすることを表す字。

意味 世の中をおさめる。きりもりする。まつりごと。例 政をおこなう。政治・国政・財政

参考 政治をなぜ「まつりごと」というかは、「朝」の「文字物語」(614ページ)参照。

注意するよみ ショウ…例 摂政

名前のよみ かず・ただ・ただし・つかさ・なり・のぶ・のり・まさ・まさし・ゆき

【政界】せいかい ↓ 政治にかかわる人びとの社会。政治の世界。例 政界に入る。政界人。

【政局】せいきょく ↓ 政治のなりゆき。例 政局の安定をはかる。類 政情

【政見】せいけん ↓ 政治についての、政治家自身の意見。例 政見放送。

【政権】せいけん ↓ 政府をつくって政治をおこなう権利・権力。例 政権をにぎる。

【政策】せいさく ↓ 政治をおこなうための方針と方法。例 政策論争をいどむ。類 施策

【政治】せいじ Ⅲ 国民が幸福に生活できるように国のあゆみを管理運営していく仕事。例 政治家。民主政治。知識 政治には、(1)法律を定める、(2)法律をとりしまる、(3)法律にそって社会をうごかす、という三つの仕事がある。これが立法・司法・行政。立法は議会、司法は裁判所、行政は政府がおこなう。

【政情】せいじょう ↓ 政治のようすやなりゆき。例 政情不安。類 政局

【政争】せいそう ↓ 政治を進めるうえでの考え方のあらそい。政治権力のうばいあい。

【政敵】せいてき ↓ 政治上の競争相手。

【政党】せいとう ↓ 政治をするうえで、おなじ意見をもつ人びとの作った団体。例 政党政治。

【政府】せいふ ↓ 国の政治をする機関。知識 日本では、内閣と内閣のもとにある各省庁。

【政変】せいへん ↓ 内閣が急にかわるなど、政治上の急な変化。

【政務】せいむ ↓ 国をおさめるためのいろいろな仕事。例 政務に専念する。

【政略】せいりゃく ↓ 政治のためのかけひき。

【政令】せいれい ↓ 法律で決まったことを実行するために、内閣が出す命令。例 政令指定都市。

←政が下につく熟語 上の字の働き

【悪政 圧政 仁政 善政】ドンナ政治か。
【国政 市政 内政】ドコをおさめる政治か。
【行政 施政 摂政】政治をドウスルか。
【院政 帝政】ドウイウ制度の政治か。
【財政 家政】ナニをととのえるか。

例解 使い分け　はなす《放す・離す》

放す＝自由に動けるようにする。例 コイを池に放す。小鳥を空に放す。牧場で牛を放し飼いにする。

離す＝くっついていたものを分ける。あいだをあける。例 手を離す。目を離す。机を離してならべる。

犬を放す

机を離す

敏

音 ビン 中　訓 さと-い 外

攵-6　総画10　常用

明朝 敏 654F　旧字 敏 FA41

筆順 敏

たちなり 【形声】「攵」が「むりにさせる」意味をもち、「毎マイ―バイ」が「ビン」とかわって読み方をしめしている。「バイ」は「はやい」意味をもち、「はやくさせる」ことを表す字。

意味 すばやい。さとい。例 機を見るに敏。敏速・機敏 対 鈍

名前のよみ さと・さとし・すすむ・つとむ・とし・はや・はる・ゆき・よし

【敏感】びんかん ↓〈―な〉わずかな変化にも反応し

やすい。例 季節の変化を敏感に感じとる。類 鋭敏・繊細 対 鈍感

【敏捷】びんしょう Ⅱ〈―な・―に〉動作がきびきびしていてすばやいこと。例 敏捷な動き。類 機敏

【敏速】びんそく Ⅱ〈―な・―に〉てきぱきとすばやいこと。例 敏速な対応。類 迅速

【敏腕】びんわん ↓〈―な〉ものごとをてきぱきとさばく、すぐれたうでまえ。例 敏腕記者。

←敏が下につく熟語 上の字の働き

【鋭敏 俊敏 明敏 機敏】近い意味。

◆過敏

救

攵−7 総画11 5年 明朝 救 6551

音 キュウ 訓 すく-う

筆順 一 才 求 求 求 救 救（はねる・とめる・でる）

なりたち 【形声】「攵」が「むりにさせる」意味を表し、「求」が「キュウ」という読み方をしめしている。「キュウ」は「とめる、やすむ」意味をもち、「とめてやすませる」ことを表す字。

意味 すくう。こまっている人を助ける。例 命を救う。救いの手。救出

【救援】きゅうえん Ⅱ〈―する〉災害にあったりしてこまっている人を助けること。例 救援物資。類 援助・救済・救難

【救急】きゅうきゅう ▲ 急病人やけが人の手当てを急いですること。例 救急車。救急箱。

【救護】きゅうご Ⅱ〈―する〉その場でけが人や病人の手当てをして助けること。例 救護班。

【救済】きゅうさい Ⅱ〈―する〉人びとを苦しみや悩みからすくうこと。例 難民救済。

【救出】きゅうしゅつ ↓〈―する〉危険な状態から人をすくい出すこと。例 人質の救出。類 救助

【救助】きゅうじょ Ⅱ〈―する〉あぶない状態にある人を助けること。例 人命救助。類 救出・救難

【救世主】きゅうせいしゅ 望みのなかったところにすくいの道を開き、闇に光をもたらす人。

【救難】きゅうなん ▲ 危険や災難にあっている人を助けること。例 救難物資。類 救援・救助

【救命】きゅうめい ▲ 人の命をすくうこと。例 救命具。救命ボート。

教

攵−7 総画11 2年 明朝 教 6559

音 キョウ 訓 おし-える・おそ-わる

筆順 一 + 土 耂 孝 孝 教 教（つきだす・はねる・でる）

なりたち 【形声】もとの字は、「敎」。「攵」がむりにさせる意味を表し、「孝」が子どもがならうことと、「キョウ」とかわって読み方をしめしている。しいてならわせることから、「おしえる」として使われる字。

意味 おしえる。おしえ。例 学問を教える。教えをこう。英語を教わる。教育・宗教

名前のよみ かず・たか・なり・のり・みち・ゆき

【教育】きょういく ↓〈―する〉知識や技術・教養などをさずけ、訓練して力をのばすこと。

【教育漢字】きょういくかんじ 小学校の六年間に習うように指定されている漢字。「学習漢字」「配当漢字」ともいう。知識 常用漢字二一三六字のうちの一〇二六字が、学習指導要領の中で、六つの学年に配当されている。参考 ☞「学年別漢字さくいん」(72ページ)

【教員】きょういん ↓ 専門の資格をもち、学校で教育を担当する人。学校の先生。類 教師・教諭

【教化】きょうか Ⅱ〈―する〉人を教えてよいほうにみちびくこと。例 教化活動。

【教科】きょうか ↓ 国語や社会というような、学校で教える科目。

【教会】きょうかい ↓ キリスト教などの礼拝をする場所と、そこに作られる信者の組織。

【教科書】きょうかしょ 学校で各教科を教えるときに、第一に必要な、教材用の本。

【教義】きょうぎ ↓ 宗教の教えの内容。例 教義に反する。類 教理・宗旨・信条

【教具】きょうぐ ↓ 黒板・標本など、授業に使う道具。例 教具を整備する。

【教訓】きょうくん Ⅱ〈―する〉教えさとすこと。その教え。例 教訓を生かす。

【教唆】きょうさ Ⅱ〈―する〉人をそそのかして悪い

ことをさせること。例盗みを教唆する。

【教材】きょうざい ↓ 授業や学習の材料として使うもの。例実物を教材にする。類教具

【教師】きょうし ↓ 勉強や技術を教える人。類教員・先生

【教室】きょうしつ ↓ ①学校で、授業をするためのへや。②習いごとの技法を教えるところ。例そろばん教室。

【教授】きょうじゅ ↓ ①〈―する〉学問や芸ごとなどを教えさずけること。②大学などで、教えたり研究したりする地位。その地位の人。

【教習】きょうしゅう ↓〈―する〉技術を教えて、身につけさせること。例自動車教習所。

【教職】きょうしょく ↓ 学校で、学生・生徒・児童を教える職業。例教職につく(先生になる)。

【教祖】きょうそ ↓ ある宗教・宗派をはじめた人。例新興宗教の教祖。類開祖

【教団】きょうだん ↓ ある宗教・宗派の信者による組織。例教団の代表者。

【教壇】きょうだん ↓ 教室で教師が立つだん。表現 教師になることを「教壇に立つ」、教師をやめることを「教壇を去る」という。

【教徒】きょうと ↓ ある宗教を信じている人たち。例仏教徒。類信徒・信者

【教頭】きょうとう ↓ 小学校・中学校・高等学校で、校長を助けて学校をまとめる役目の教師。

◆【教鞭】きょうべん ↓ 教室で黒板を指すのに使ったむち。例教鞭をとる(先生になって教える)。

【教諭】きょうゆ ↓ 幼稚園・小学校・中学校・高等学校の教員の職業名。例養護教諭。

【教養】きょうよう Ⅱ 広い学びからできてくる人がらや心のゆたかさ。例教養をつむ。

【教理】きょうり ↓ それぞれの宗教の教えや理論。例イスラム教の教理。類教義

⬅教が下につく熟語 上の字の働き

【仏教】ナニにもとづく教えか。

【説教 布教 信教】教えをドウスルか。

◆国教 宗教 殉教 調教 文教

敗

攵－7 総画11 4年 明朝 敗 6557

音 ハイ 訓 やぶ-れる

筆順 とめる でる はらう

なりたち [形声]「攵」が「うつ」意味を表し、「貝」が「ハイ」とかわって読み方をしめしている。「バイ」は「こわす」意味をもち、「うちこわす」ことを表す字。

意味 まける。やぶれる。しくじる。だめになる。例戦いに敗れる。敗戦・失敗 対勝

例解 [使い分け]やぶれる[破・敗]☞819ページ

発音あんない ハイ→パイ…例失敗

【敗因】はいいん ↓ たたかいや試合に負けた原因。例敗因を分析する。対勝因

【敗軍】はいぐん ↓ たたかいに負けること。たたかいに負けた軍隊。例敗軍の将は兵を語らず。

【敗者】はいしゃ ↓ たたかいや試合などに負けたほう。例敗者復活戦。対勝者

【敗色】はいしょく ↓ 負けそうな感じ。例敗色濃厚。

【敗戦】はいせん ▲〈―する〉たたかいや試合に負けること。例敗戦投手。対勝利・戦勝

【敗訴】はいそ ▲〈―する〉裁判で負けること。例原告の敗訴が決まった。対勝訴

【敗走】はいそう ↓〈―する〉たたかいに負けてにげること。例敗走する敵を追う。

【敗退】はいたい ↓〈―する〉試合に負けて、引き下がること。例初戦で敗退した。

【敗北】はいぼく Ⅱ〈―する〉相手に負けること。例敗北感。対勝利 参考「北」は敵にせなかを見せてにげる意味。

⬅敗が下につく熟語 上の字の働き

【完敗 惨敗 大敗 惜敗 全敗 連敗】ドノクライ負けるか。

◆失敗 勝敗 成敗 腐敗 劣敗

敢

攵－8 総画12 常用 明朝 敢 6562

音 カン中 訓 あ-えて外

筆順

なりたち [会意]もとの字は「敢」で、金文では「□」と書かれる。「爫」と「又」は手を表し、もの(ㅂ)を両人がむりやりにあらそい

取ることを表す字。「あえてする」意味に使われている。

意味 思いきって。わざわざ。例 敢行・勇敢

名前のよみ いさむ

【敢行】 ↓〈—する〉困難があるとわかっていても、思い切っておこなうこと。例 冬山登山を敢行する。類 決行・断行・強行

【敢然】 ☒〈—たる〉〈—と〉危険も困難もおそれずに思い切ってするようす。例 難局に敢然と立ち向かう。

【敢闘】 ↓〈—する〉力いっぱいたたかうこと。例 敢闘精神。敢闘賞。

←敢が下につく熟語 上の字の働き

【果敢 勇敢】近い意味。

敬

文−8 総画12 6年 明朝 敬 656C

音 ケイ 訓 うやま-う

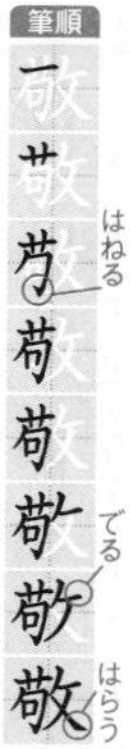

なりたち [形声]「文」が「むりにさせる」意味を表し、「苟」が「ケイ」とかわって読み方をしめしている。「キョウ」はからだを前に曲げる意味をもち、うやうやしく礼をさせることを表す字。

意味 うやまう。とうとぶ。例 神を敬う。敬して遠ざける〈うわべはうやまうようすをして近づけないようにする〉。敬意・尊敬

名前のよみ あき・あつ・さとし・たか・たかし・とし・のり・はや・ひろ・ひろし・ゆき・よし

【敬愛】 ↓〈—する〉人に対してうやまう気持ちと同時に、親しみの気持ちをもつこと。例 敬愛の念。敬愛してやまない。類 敬慕

【敬意】 ↓ 相手をうやまう気持ち。例 敬意をいだく。敬意を表す。

【敬遠】 ↓〈—する〉①だいじにするふりをして、なるべくかかわらないようにすること。②野球で、わざとフォアボールにすること。

【敬具】 ↓ 手紙の終わりに書くことばで、「つつしんで申し上げました」の意味。知識「拝啓」を受けることば。「謹啓」なら「敬白」、「前略」なら「草々」とするのがふつう。

【敬虔】◆ ↓〈—な〉人間をこえた大きな力に対するつつしみ。例 敬虔な祈り。

【敬語】 ↓ うやまう気持ちや自分を低くあつかう気持ちを表すために、用いることば。知識「いらっしゃる」「おっしゃる」などの尊敬語、「うかがう」「申し上げる」などの謙譲語、「です」「ます」などの丁寧語、「お花」「ごほうび」など美化語の四種類がある。

【敬称】 ↓「さん・くん・様・氏・殿」など、人名の下につけて、その人をうやまう気持ちを表すことば。例 敬称略。

【敬体】 ↓「です・ます・ございます」などを使って、ていねいな気持ちを表す文章。「ですます体」ともいう。対 常体

【敬服】 ↓〈—する〉人のおこないを知って、「りっぱだなあ」と心を打たれること。類 感服

【敬慕】 ↓〈—する〉心からうやまい、したわしく思うこと。例 敬慕の念。類 敬愛

【敬礼】 ↓〈—する〉敬意を表すために、おじぎや挙手などをすること。例 最敬礼。

【敬老】 ▲ 年とった人をうやまい、たいせつにすること。例 敬老の日。

←敬が下につく熟語 上の字の働き

【尊敬 崇敬】近い意味。

散

文−8 総画12 4年 明朝 散 6563

音 サン 訓 ち-る・ち-らす・ち-らかす・ち-らかる

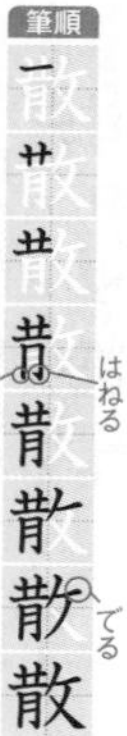

なりたち  [形声]「㪔」と「月(肉)」からできた字。「サン」は「ばらばらにする」意味をもち、肉をばらばらにすることを表す字。

意味

❶ ちる。ちらかす。ばらばらになる。こな。例 花が散る。火花を散らす。机の上を散らかす。散在・散薬

❷ しばられていない。気まま。ざっくばらん。例 散策・散文

❶〈ちる。ちらかす〉の意味で

【散逸】さんいつ ↓〈―する〉散らばってなくなること。例資料の散逸を防ぐ。

【散会】さんかい ▲〈―する〉会合が終わること。例次回の日時を決めてから散会する。類閉会

【散見】さんけん ↓〈―する〉あちらこちらに、見えること。例反対の意見も散見された。

【散在】さんざい ↓〈―する〉あちこちに散らばっていること。例山あいに散在する農家。類点在

【散財】さんざい ▲〈―する〉あれこれと、お金を使い散らす。例だいぶ散財してしまった。

【散散】さんざん Ⅱ ①ひどいめにあうようす。例さんざんなめにあう。②いやになるほど。例さんざん悪口を言う。

【散水】さんすい ▲〈―する〉水をまくこと。例散水車。

【散発】さんぱつ ↓〈―する〉ぽつり、ぽつりと発生すること。例その後も余震が散発する。散発的。

【散髪】さんぱつ ▲〈―する〉かみそりやはさみで頭髪をととのえること。類調髪・理髪

【散布】さんぷ ↓〈―する〉まき散らすこと。

【散薬】さんやく ↓こなぐすり。散剤。関連丸薬・水薬・散薬

【散乱】さんらん ↓〈―する〉ばらばらに散らばること。例ガラスの破片が散乱している。

❷〈しばられていない〉の意味で

【散策】さんさく ↓〈―する〉気ままにあたりを歩くこと。例散策を楽しむ。類散歩

【散文】さんぶん ↓リズムをととのえることなど考えないで書きたいように書く文章。対韻文

【散文的】さんぶんてき〈―な〉①詩的なリズムをもっていない。例散文的な詩。②平凡でつまらない。例散文的な表現。

【散歩】さんぽ ↓〈―する〉気の向くままに歩くこと。そぞろ歩き。類散策・漫歩

【散漫】さんまん Ⅱ〈―な〉ばらばらでまとまりがないようす。例注意が散漫だ。

散が下につく熟語 上の字の働き

❶散＝〈ちる。ちらかす〉のとき

【分散 離散 解散】近い意味。

【拡散 四散 退散 発散 飛散】ドノヨウニ散らばるか。

◆胃散 一散 閑散 集散

【敦】

攵-8 総画12 人名 明朝 敦 6566

音 トン 外 訓 ―

意味 てあつい。ねんごろである。例敦厚

名前のよみ あつ・あつし・おさむ・つとむ・のぶ

【数】

攵-9 総画13 2年 明朝 数 6570 旧字 數 6578

音 スウ・ス 高 訓 かず・かぞ-える

筆順 米(はねない) 米 米(とめる) 娄 娄 数(はらう)

なりたち [形声]もとの字は、「數」。「攵」が手に棒を持っている形で、「婁」が「スウ」とかわって読み方をしめしている。「ロウ」は「かぞえる」意味をもち、手に棒を持ってかぞえることを表す字。

意味

❶かず。かずをかぞえる。例数が多い。指折り数えて待つ。数字・算数・少数

❷いくつかの。一つ二つではない。例数ある中でも。数段・数等

❸めぐりあわせ。運命。例数奇

❹《その他》例数寄

注意するよみ ス…例人数(ふつうは「にんずう」と読む)

特別なよみ 数珠(じゅず)・数寄屋(すきや)・数奇屋(すきや)

❶〈かず〉の意味で

【数学】すうがく ↓数・量・図形などについて研究する学問。

【数詞】すうし ↓一つ・一個・三本のように数量や、一番・第四回のように順序を表すことば。

【数字】すうじ ↓①数を表す記号・文字。②数量でしめされる知識。例数字に強い。知識「1・2・3・4…」はアラビア数字(算用数字)、「一・二・三・四…」は漢数字、古い時計などに使ってある「Ⅰ・Ⅱ・Ⅲ・Ⅳ…」はローマ数字である。

【数式】すうしき ↓数と数の関係を数字や記号で表したもの。例難解な数式。

【数値】すうち ↓①数学で、式のなかの文字の部分に当てはまる数。例 x の数値は8だ。②計算や測定で出てきた数。

◀次ページ 敵 數

【数量】 ⊟ 数と量。数で表した量。例 注文の数量をたしかめる。

❷〈いくつかの〉の意味で

【数珠】 ↓ たくさんの丸い玉に糸をとおして、輪にしたもの。手首にかけて仏をおがむときに使う。例 数珠つなぎになる。

【数段】 ↓ 程度に、ぐっと差がある。一段どころか何段も。例 前よりできばえが数段あがった。類 数等

【数等】 ↓ 差がはっきりある。例 こちらのほうが数等上だ。類 数段

❸〈めぐりあわせ〉の意味で

【数奇】 ↓〈―な〉幸、不幸のうきしずみのはげしさ。例 数奇な運命。☞「すき」は❹

❹《その他》

【数寄】 ◎ 風流をこのむこと。とくに茶の湯や和歌などに熱心なこと。例 数寄をこらす（建物や道具などに風流なくふうをたくさんとりいれる）。表記「数奇」とも書く。「好き」に当て字をしたもの。☞「すうき」は❸

【数寄屋】 茶の湯用の建物。一棟のなかに、茶席と茶の湯の用意をするところとがある。例 数寄屋造り。表記「数奇屋」とも書く。

⬅数が下につく熟語 上の字の働き

❶ 数＝〈かず〉のとき

【画数 件数 軒数 戸数 人数 坪数 点数 度数 頭数 部数】ナニという単位でかぞえる数か。〔漢字の書き方は一画・二画、事件の数は一件・二件とかぞえるように〕

【場数 口数 手数】ナニの数か。

【奇数 偶数 正数 負数 整数 小数 分数】ドノヨウナ性質の数か。

【単数 複数 倍数 約数 半数 定数 総数 概数 端数 除数 指数 係数】ドウイウ数か。

【算数 計数】数をドウスルか。

【多数 少数】数がドノクライか。

敵

音 テキ 訓 かたき㊥

攵－11 総画15 6年

明朝 敵 6575

筆順 はねる でる はらう

なりたち [形声]「攵」が「うつ」意味を表し、「啇」が「テキ」という読み方をしめしている。「テキ」は「むかいあう」意味をもち、「うちあう相手」を表す字。

意味

❶たたかいの相手。戦争・試合などをする相手。例 敵とたたかう。敵国・強敵

❷うらみのある相手。かたき。例 親の敵。敵役・宿敵

❸くらべる相手。対等である。例 匹敵

❶〈たたかいの相手〉の意味で

【敵国】 ↓ 戦争をしている相手の国。

【敵情】 ↓ 敵のようす。例 敵情をさぐる。

【敵陣】 ↓ 敵の陣地。例 敵陣にせめこむ。

【敵前】 ↓ 敵の陣地のすぐ前。例 敵前上陸。

【敵対】 ↓〈―する〉相手を敵として立ちむかうこと。例 敵対関係。類 対立

【敵地】 ↓ 敵の勢力下にある土地。

❷〈うらみのある相手〉の意味で

【敵役】 ↓ ①演劇で、悪人の役。類 悪役 ②人にきらわれるようなことをする役目。例 敵役にまわる。

【敵意】 ↓ 相手をにくいと思う気持ち。例 敵意をいだく。対 好意

【敵視】 ↓〈―する〉相手を敵と考えて、にくむこと。

⬅敵が下につく熟語 上の字の働き

❶ 敵＝〈たたかいの相手〉のとき

【強敵 大敵 外敵】ドンナ敵か。

❷ 敵＝〈うらみのある相手〉のとき

【天敵 宿敵】ドンナ関係の敵か。

❸ 敵＝〈くらべる相手〉のとき

【無敵 不敵】打ち消し。

敷

音 フ㊥ 訓 し-く㊥

攵－11 総画15 常用

明朝 敷 6577

筆順

なりたち [形声] もとの字は「敷」。「尃」は「専」のかわった形で、「フ」という読み

方をしめしている。「フ」は「しく」意味をもち、「うつ」ことを表す「攵」がついて、うってしきのばすことを表している字。

意味 しく。しきひろめる。しきのばす。例 ふとんを敷く。座敷・敷設

特別なよみ 桟敷(さじき)

名前のよみ のぶ

【敷居】↓ 障子やふすまをすべらせるみぞとなる横木。対 鴨居 表現「敷居が高い」は、めいわくをかけたり失礼なことをしたりして、その人の家に行きにくいという気持ちをいう。

【敷石】↓ 道路や庭などで、地面にしきならべた平らな石。例 歩道の敷石。

【敷金】↓ 家やへやを借りる人が、借り賃の保証として家主にあずけるお金。

【敷地】↓ 建物をたてたり、庭や道などにしたりする、くぎられた土地。類 屋敷・用地

【敷布】↓ しきぶとんの上にしく布。シーツ。例 新しい敷布にとりかえる。

【敷設】↓〈─する〉鉄道・水道管・ガス管・電線などの設備を設置すること。例 敷設工事。表記「布設」とも書く。

◆座敷 屋敷

整

攵-12 総画16 3年 明朝 整 6574

音 セイ 訓 ととの-える・ととの-う

筆順

なりたち 整 [形声]「敕」が「いましめる」ことを表し、「正」が「ととのえる」意味と「セイ」という読み方をしめしている。きちんと、ととのえることを表す字。

意味 ととのえる。きちんとそろっている。例 列を整える。準備が整う。整理・調整

例解 [使い分け] ととのえる[整・調] ☞このページ

名前のよみ おさむ・なり・ひとし・まさ・よし

【整形】▲〈─する〉ものの形をきちんとしたものにすること。

【整合】↓〈─する〉よくそろって、ぴったり合うこと。例 論に整合性がある。

【整数】↓ 小数や分数以外の数。0と、1・2・3のようなふつうの数を表したものと、それにマイナスの記号をつけたもの-1・-2・-3をいう。関連 整数・小数・分数

例解 使い分け ととのえる《整える・調える》

整える＝みだれないように、そろえる。例 呼吸を整える。調子を整える。

調える＝必要なものをそろえる。まとめる。ちょうどいいぐあいにする。例 旅行のしたくを調える。交渉を調える。味を調える。楽器の音を調える。

【整然】☒〈─たる〉〈─と〉きちんとしている。例 整然とならんでいる。対 雑然

【整地】▲〈─する〉建築や耕作にそなえて、土地をならすこと。地ならし。

【整頓】Ⅱ〈─する〉きちんとかたづけること。例 へやの中を整頓する。類 整理

【整髪】▲〈─する〉みだれたかみの毛の形をきちんとととのえること。例 整髪料。類 理髪・理容・調髪

【整備】↓〈─する〉きちんと手入れをしていつでも使えるようにしておくこと。例 自動車の整備。飛行機を整備する。

【整理】Ⅱ〈─する〉①ごたごたがないように、まとめて、きちんとすること。例 家の中を整理する。交通整理。類 整頓 ②いらないものをすてること。例 人員整理。

【整列】↓〈─する〉列をつくってきちんとならぶこと。例 運動場に整列する。

厳

攵-13 総画17 6年 明朝 厳 53B3 旧字 嚴 56B4

音ゲン・ゴン高 訓おごそ-か中・きび-しい

筆順 厳 厳 厳 厳 厳 厳 厳（だださない・でる・はらう）

なりたち 嚴 [形声]もとの字は、「嚴」。「吅」が「きびしくいいたてる」意味を表す会意文字であったが、これに「ゲン」の読み方をしめす「𠪚」をくわえて、形声文字にしたもの。

意味

❶きびしい。いいかげんにしない。例寒さが厳しい。厳しく取りしまる。厳重・厳選・冷厳

❷おごそか。いかめしい。例厳かな式典。厳粛・荘厳

注意するよみ ゴン…例荘厳

名前のよみ いわ・かね・たか・よし

❶〈きびしい〉の意味で

【厳戒】げんかい ↓〈－する〉絶対にかわったことが起こらないように、厳重に警戒すること。

【厳格】げんかく ↓〈－な〉いけないことを決してゆるさないきびしさ。例厳格なしつけ。

【厳寒】げんかん ↓寒さの絶頂。例厳寒の候くれぐれもお大事に。類酷寒・極寒 対炎暑

【厳禁】げんきん ↓〈－する〉絶対にしてはいけないと止めること。例火気厳禁。立ち入り厳禁。

【厳守】げんしゅ ↓〈－する〉きまりや約束などをかたくまもること。例時間厳守。類遵守

【厳重】げんじゅう Ⅱ〈－な・－に〉少しのことも見のがさず、念入りでしっかりしているようす。例厳重に戸じまりをする。厳重注意。

【厳正】げんせい ↓〈－な・－に〉少しのわるいこともゆるさない。例厳正に審査する。厳正な裁判。

【厳選】げんせん ↓〈－する〉本当にいいものだけをえらぶこと。例材料を厳選する。類精選

【厳冬】げんとう ↓いつもの冬より寒さのきびしい冬。また、冬のうちでもとくに寒さがきびしい時期。例厳冬期。

【厳罰】げんばつ ↓きびしく罰すること。きびしい罰。例飲酒運転は厳罰に処する。

【厳密】げんみつ Ⅱ〈－な・－に〉一つも見落としをしないかまえ。例厳密に調査する。

【厳命】げんめい ↓〈－する〉ぜったいに果たせとの命令。例厳命を受ける。類厳令

❷〈おごそか〉の意味で

【厳粛】げんしゅく Ⅱ〈－な・－に〉おごそかで、心がひきしまるようす。例批判を厳粛に受けとめる。類荘重

【厳然】げんぜん ⊠〈－たる・－と〉近づきがたい重々しさである。例厳然たる事実(動かすことのできない事実)。

【厳父】げんぷ ↓威厳にみちた父親。対慈母 表現 他人の父をうやまっていうことばにもなる。

←厳が下につく熟語 上の字の働き

❶厳＝〈きびしい〉のとき
【冷厳 戒厳】近い意味。

❷厳＝〈おごそか〉のとき
【威厳 謹厳 尊厳 森厳 荘厳】近い意味。

4画 文[ぶん]の部

えりもとの美しさを表す「文」と、それにもとづく字を集めてあります。

この部首の字
0 文……570
8 斑……572
斐……574
対→寸339
斉→斉1084
斎→斉1084

文

文-0 総画4 1年 明朝 文 6587

音ブン・モン 訓ふみ中・あや外

筆順 文 文 文 文（はらう・はらう）

なりたち [象形]胸の前でまじわっているえりもとの美しい線からできた字。「あや、もよう」の意味を表している。

意味

❶あや。もよう。例縄文

❷ことば。もじ。文章。例文をつかわす(手紙を送る。古風な言い方)。作文

❸学問や芸術。人間の知恵によって生み出されるもの。例人文

❹むかしの単位。㋐お金の単位。一貫の千分の一。例一文銭。㋑長さの単位。約二・四センチメートル。

❺《その他》例文楽

参考 ❶❹ではつねに「モン」と読まれる。

名前のよみ あき・とも・のぶ・のり・ひさ・ひとし・やす・ゆき・よし

❶〈あや〉の意味で

【文様】もんよう Ⅲ もよう。表記「紋様」とも書く。

❷〈ことば。もじ。文章〉の意味で

【文案】ぶんあん ↓ 文章の下書き。例 文案を作る。文案を練る。類 草案

【文意】ぶんい ↓ 文や文章が表そうとしている意味。例 文意を読みとる。

【文学】ぶんがく ↓ ①詩・小説・戯曲など、人が心の中に作り出す世界をことばで表す芸術。それを研究する学問。類 文芸 ②哲学・歴史学・言語学など、文科の学問をまとめていうことば。

【文具】ぶんぐ ↓ えんぴつ・消しゴム・ノートなど、ものを書いたり勉強したりするときに必要な道具。類 文房具・学用品

【文芸】ぶんげい ↓ 詩・小説・戯曲など、ことばによって表される芸術。類 文学 ☞❸

【文献】ぶんけん ↓ 研究していることを調べるのに役立つ書類や書物。例 参考文献。

【文庫】ぶんこ ↓ ①本をしまっておくところ。そこにおいてある本。例 学級文庫。②書類や筆記具などを入れて、手もとにおく箱。類 手文庫 ③小型で、おなじ表紙をつけてシリーズにして出版される、ねだんの安い本。例 文庫本。表現 ③は、出版社の名をつけて、「○○文庫」とすることが多い。

【文語】ぶんご ↓ おもに、文章を書くときだけに使うことば。明治以前に使っていた古語・古文を指すこともある。書きことば。例 文語文。文語体。文語文法。類 文章語 対 口語

【文豪】ぶんごう ↓ りっぱな文学作品を数多く作った人。例 文豪ゲーテ。

【文才】ぶんさい ↓ すばらしい文章や小説などを書く才能。例 文才にめぐまれる。

【文士】ぶんし ↓ 文章を書くことを仕事にしている人。おもに、小説を書く人をいう。

【文集】ぶんしゅう ↓ 詩や文章などを集めて一冊にまとめたもの。例 卒業記念文集。

【文書】ぶんしょ｜もんじょ ↓ 文字や文章を書きしるしたもの。例 公文書。類 書面・書類 参考「もんじょ」は、古文書を指すときにいう。

【文章】ぶんしょう Ⅲ ことばの流れが一つのまとまった内容を表しているもの。

【文飾】ぶんしょく ↓ 文章をかざりたてること。

【文責】ぶんせき ↓ その文章についての責任。表現 文章には署名をして、書いた人の責任をしめすが、講演や談話などを別の人が文章としてまとめる場合は、その文章の責任をしめすために「文責速記者」のように書くことがある。

【文節】ぶんせつ ↓ 文を、自然な発音でくぎっていった場合の、いちばん小さな意味のまとまり。たとえば、「庭に赤い花がさいた」という文は、「庭に」「赤い」「花が」「さいた」という四つの文節からできている。

【文体】ぶんたい ↓ ①口語体・文語体、です・ます体、だ・である体など、ことばの形式から見た文章の種類分け。②作者の文章の特徴。おもに、文学作品についていう。

【文壇】ぶんだん ↓ 作家や批評家たちの社会。類 文学界 参考 俳句を作る人たちの社会は「俳壇」、短歌を作る人たちの社会は「歌壇」。

【文鎮】ぶんちん ↓ 習字の紙や書類などが動いたり飛んだりしないようにおさえるおもし。

【文通】ぶんつう ↓〈―する〉手紙をやりとりすること。

【文筆】ぶんぴつ Ⅲ 新聞や雑誌などにのせる詩歌・小説・評論などを書くこと。例 文筆業。

【文法】ぶんぽう ↓ 考えを言い表すための、単語の結びつき方のきまり。例 日本語の文法。

【文房具】ぶんぼうぐ えんぴつ・ペン・ノート・用紙・定規など、ものを書いたり勉強したりするのに使う道具。類 文具

【文末】ぶんまつ ↓ 文の終わりの部分。対 文頭 知識 文末には句点「。」をうつ。

【文脈】ぶんみゃく ↓ 文のつながりぐあい。文章のすじみち。例 文脈をたどる。

【文面】ぶんめん ↓ 文章に文字として書き表されていることがら。

【文例】ぶんれい ↓ 文章の作り方や書き方の見本。

【文字】もじ｜もんじ Ⅲ ことばを書き表す記号。類 字

【文字面】もじづら ①文字のならびぐあいから受ける感じ。例 漢字ばかりで文字面がかたい。類

字面②文章の表面上の意味。例文字面だけの謝罪で誠意が感じられない。

【文句】もんく Ⅲ ①文章の中の語句。いくつかの語がつづいたもの。②不平や不満など、相手に言ってやりたいこと。例文句をつける。

❸〈学問や芸術〉の意味で

【文化】ぶんか ↓ ①人間の考えやくふうで、世の中がひらけて、生活が便利でゆたかであること。類文明 ②学問・芸術・宗教・法律・経済など、人間の心のはたらきによって作り出されたもの。例日本の文化。表現「言語文化」「物質文明」などのことばでもわかるように、文化は心の問題もふくめた広いもの、文明は物中心という使い分けをすることが多い。

【文科】ぶんか ↓ ①学問を大きく二つに分けたとき、哲学・歴史学・文学・法律学・経済学などの学問。対理科 ②大学で、文学部のこと。

【文化遺産】ぶんかいさん むかしの人がのこしたすぐれた学問・芸術作品・建物など。

【文化財】ぶんかざい 学問・芸術など、文化という面から見て、ねうちがあると考えられるもの。

知識 国は、とくに価値が高い文化財をまもっていくために、建物や美術工芸品などを「重要文化財」、古来の演劇・音楽・工芸などのわざを「無形文化財」に指定している。

【文化人】ぶんかじん 学問や芸術などの仕事をする人。また、高い教養を身につけた人。

【文官】ぶんかん ↓ 軍事以外の司法、行政などの仕事を受けもつ役人。対武官

【文教】ぶんきょう Ⅲ 学問や教育に関すること。例文教政策。文教地区。

【文芸】ぶんげい Ⅲ 学問と芸術。例文芸復興（ルネサンス）。☞❷

【文人】ぶんじん ↓ ①学問や芸術などの仕事をする人。対武人 ②詩や俳句などにしたしむ風流な人。例文人墨客。文人画（絵を専門としない文人が趣味でかく、あじわいの深い絵）。

【文武】ぶんぶ ⇔ 学問と武芸。例文武両道。

【文物】ぶんぶつ ↓ 文化のあらわれとしての、書物や芸術作品を中心とするいろいろなもの。例歴史的な文物にふれる。

【文明】ぶんめい ↓ 世の中が開け、人間の知恵が進んで生活がゆたかになること。とくに、技術や実用に重点をおいた物質的な文化をいうことが多い。例古代文明発祥の地。類文化

【文明開化】ぶんめいかいか 新しい知識や技術をとり入れて、世の中が進歩すること。とくに、明治時代のはじめ、日本で西洋の文明をとり入れたときのことを指す。

❺《その他》

【文楽】ぶんらく ◎ 義太夫にあわせて、人形を使ってする芝居。一体の人形を三人であやつるのが特徴。参考 江戸時代後期に、人形浄瑠璃の一座をおこした、「植村文楽軒」の名から出た語。

←文が下につく熟語 上の字の働き

❷文＝〈ことば。もじ。文章〉のとき

【英文 欧文 漢文 国文 和文 邦文】ドコの国のことばの文章か。

【原文 訳文】ドウイウ文章か。

【散文 韻文 候文】ドウイウ形式の文章か。

【序文 前文 本文 全文 例文】文章全体の中の、ドノ部分の文章か。

【作文 成文 案文】文章をドウスルか・ドウシタ文章か。

【経文 証文 誓文 論文】ナニのための文章か。

【長文 短文 名文 悪文 条文】ドノヨウナ文章か。

【碑文 銘文 電文】ドコに書かれる文章か。

❹文＝〈むかしの単位〉のとき

【二束三文 無一文】上につく字は数字。

◆縄文 人文

斑

文-8 総画12 常用

明朝 斑 6591

音 ハン中 訓 まだら外・ぶち外

筆順 斑

意味 まだら。表面とちがう色が点々と入りまじっているもよう。ぶち。

参考 法隆寺のある「斑鳩」は「いかるが」と読む。

【斑点】はんてん ↓ ちらばっている点。まだら。例うでに斑点のようなものが出る。

漢字の筆順

「一」の字を書いてみましょう。

右ききの人の場合、左から右へ書いていくのと、右から左へ書いていくのと、どちらが書きやすいでしょうか。左から右へですね。それは、筆を持つ右手の骨格や筋肉が、左から右へ動きやすいようにできているからです。

次に、たて棒の「｜」を書いてみましょう。上から下へ書いていくのと、下から上へ書いていくのと、どちらが書きやすいでしょうか。上から下へですね。手の骨格や筋肉が、上から下へ動きやすいようにできているからです。

筆順は、このような手の動きやすさによって決まります。そのため、筆順の大原則は、「左から右へ」「上から下へ」です。

では、「一」と「｜」とを組み合わせた「十」の字を書いてみましょう。「一」と「｜」のどちらを先に書けばよいのでしょうか。

「十」の字がもっとも安定して美しく見えるのは、「一」の真ん中に「｜」が通り、「一」の左と右の長さが等しく分けられているときです。「｜」を書いてから、左右の長さをおなじに分けようとしながら「一」を書くのはむずかしいことです。それより、「一」を先に書いてから、「一」の真ん中にねらいをつけて「｜」を書けば、やさしくきちんと書けます。そのため、「十」の筆順は「一→十」となります。

このように、筆順は、美しい字をきちんと書くためにも必要なのです。

小学校で習う一〇二六字の漢字の筆順は、このようにして決められています。急にだれかが決めたのではなく、長い長い歴史のあいだに、数多くの人びとがいろいろな書き方をためし、このように書いていくのがもっともよいとして決まってきたものなのです。ですから、わたしたちは、先人たちの努力の結晶をそのまま受けつげば、美しい字がきちんと書けるのです。

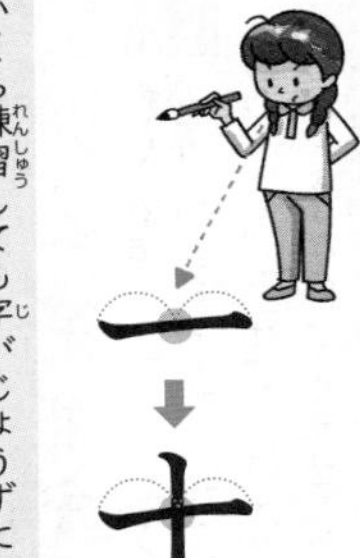

いくら練習しても字がじょうずにならない、力強い字が書けない、手がすぐつかれるなどという人は、正しい筆順でちゃんと書いているかどうか、たしかめてみましょう。

さいごに、「上」の字の筆順を紹介します。「｜」から？「一」から？……よくまよう人がいますが、むずかしくありません。「上はうえから」とおぼえて、「｜」から書けばよいのです。

4 文 ぶん 8画 斑 ◀次ページ 斐 斗 料 斜

斐

文-8 総画12 人名 明朝 斐 6590

音 ヒ外 訓 —

意味 あや。美しいもよう。

参考 旧国名の「甲斐」と、「甲斐がある」の「甲斐」とでよく使われる。

4画 斗 [と] [とます] の部

「斗」をもとにして作られ、ます目やはかることにかかわる字を集めてあります。

この部首の字　0 斗……574　6 料……574　7 斜……574　10 斡……575　科▶禾 833

斗

斗-0 総画4 常用 明朝 斗 6597

音 ト中 訓 —

なりたち [象形]酒をくむひしゃくの形をえがいた字。「ひしゃく、ます」を表す。

意味 ❶ひしゃく。柄のついたます。例 北斗七星。漏斗

❷容積の単位。尺貫法で、一斗は一升の一〇倍、約一八リットル。

❷〈容積の単位〉の意味で

【斗酒】⇩たくさんの酒。表現「斗酒なお辞せず」は、酒ならいくらでも飲むこと。

料

斗-6 総画10 4年 明朝 料 6599

音 リョウ 訓 —

筆順（とめる・でる）

なりたち [会意]「ひしゃく」を表す「斗」と「米」を合わせて、米をはかることから、物をはかる意味に使われる字。

意味 ❶はかる。おしはかる。きりもりする。❷もとになるもの。なにかに使うためのもの。例 資料・材料 ❸はらうお金。代金。例 料金・給料

❶〈はかる〉の意味で

【料簡】⇩考え。類 思案 表記「了見」「了簡」とも書く。表現「こんなことをするとはどういう料簡なんだ」など、よくない考えという意味で使われることが多い。

【料亭】⇩高級な日本料理店。類 割烹

【料理】⇩〈―する〉肉・魚・野菜などの材料に手をくわえて食べ物をつくること。そうしてできあがったもの。類 調理・炊事 表現「強打者を料理する」などと、うまくあしらってのける意味にも使う。

❸〈はらうお金〉の意味で

【料金】⇩なにかを使ったり役立てたりしたときにはらうお金。例 公共料金。

料が下につく熟語 上の字の働き

❷料＝〈もとになるもの〉のとき

【原料 材料 資料】近い意味。

【食料 飲料 飼料 染料 塗料 燃料 肥料 衣料】ドウスルためのものか。

【史料 顔料 香料 香辛料】ナニの材料か。

❸料＝〈はらうお金〉のとき

【送料 損料 香料】ナニに対する代金か。

【有料 無料】料金の有る無し。

斜

斗-7 総画11 常用 明朝 斜 659C

音 シャ中 訓 なな-め中

なりたち [形声]「斗」が「ひしゃく」を表し、「余」が「シャ」とかわって読み方をしめしている。「ヨ」は「くみ出す」意味をもち、ひしゃくをななめにかたむけて酒をくみ出すことを表す字。

意味 ななめ。かたむいている。例 ごきげん斜め。道路の斜め横断はやめよう。斜に構える。斜滑降。傾斜

【斜視】⇩ものを見るとき、一方の目がべ

つの方向を見ているように見える目。

【斜線】しゃせん ⇩ ななめの線。

【斜辺】しゃへん ⇩ かたむいているななめの辺。とくに、直角三角形の三つの辺のうちで直角とむかいあう辺。

【斜面】しゃめん ⇩ かたむいている面。坂。例 山の斜面。急斜面。

【斜陽】しゃよう ⇩ 西にかたむいた太陽。その光。
参考 太宰治が小説『斜陽』で没落貴族をえがいたことから、「斜陽族」のような言い方ができ、おとろえゆくものを表すようになった。

斡

斗-10 総画14 人名 明朝 斡 65A1

音 アツ外 訓 めぐ-る外

意味 めぐる。めぐらす。例 斡旋

名前のよみ はる・まる

【斡旋】あっせん ⇩〈─する〉人と人との間に入ってうまくいくように世話をすること。例 仕事を斡旋する。

故事のはなし 断腸の思い

桓温が蜀の国を攻めたとき、長江の三峡で部下が子猿を捕らえた。母猿が岸づたいに悲しげに鳴きながら百里あまりも追いかけて、ついに船中に飛び込んで死んだ。その腹の中を見てみると、腸が細かくちぎれていた。（『世説新語』）

4画 斤 [おの] [おのづくり] の部

「斤」をもとにして作られ、おのや切ることにかかわる字を集めてあります。

この部首の字
0 斤……575　1 斥……575　4 斧……575
7 斬……575　断……576　8 斯……577　9 新……577
匠▸匚 177　所▸戸 521　欣▸欠 658　質▸貝 1008

斤

斤-0 総画4 常用 明朝 斤 65A4

音 キン中 訓 ─

筆順

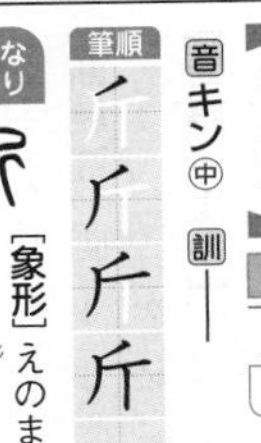

なりたち

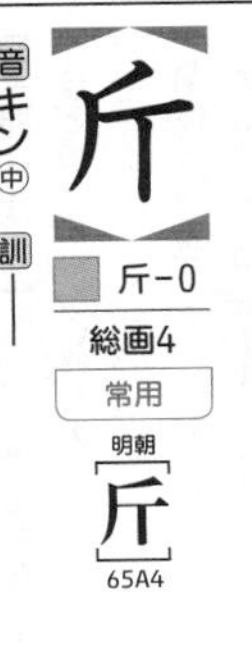

[象形] えのまがったおのの形をえがいた字。

意味 重さの単位。一斤は、尺貫法で百六十匁、約六〇〇グラム。

【斤量】きんりょう ⇩ はかりではかった量。

斥

斤-1 総画5 常用 明朝 斥 65A5

音 セキ中 訓 しりぞ-ける外

筆順

なりたち [会意] もとの字は、「㡿」。「屰」は「しりぞける」意味をもち、家(广)をとりのぞくことを表す字。「斥」は「㡿」の略字。

意味 ❶しりぞける。おしのける。例 排斥 ❷ようすをさぐる。うかがう。例 斥候

発音あんない セキ→セッ…例 斥候

❷〈ようすをさぐる〉の意味で

【斥候】せっこう ⇩ 敵のようすをさぐること。そのために出ていく兵隊。

斧

斤-4 総画8 人名 明朝 斧 65A7

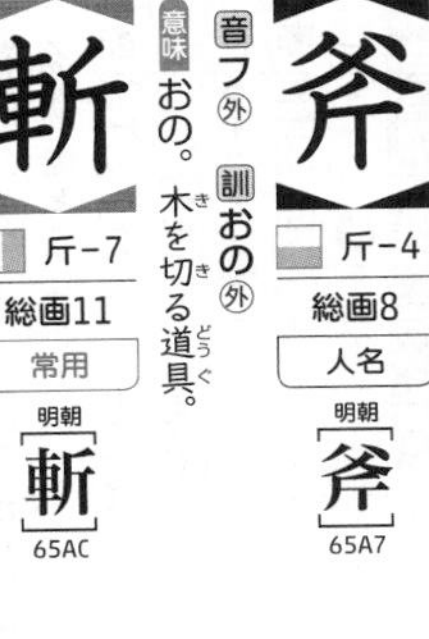

音 フ外 訓 おの外

意味 おの。木を切る道具。

斬

斤-7 総画11 常用 明朝 斬 65AC

音 ザン中 訓 き-る中

筆順

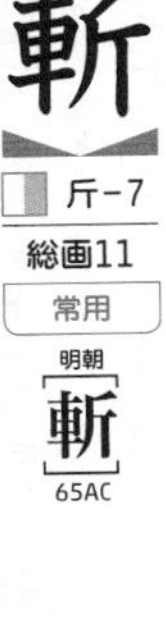

意味 ❶きる。刀できる。きりころす。例 敵を斬り捨てる。斬殺 ❷きわだつ。はなはだしい。例 斬新
解 [使い分け] きる[切・斬] ☞143ページ

❷〈きわだつ〉の意味で

【斬新】ざんしん ⇩〈─な〉考えなどが、今までになく新しい。例 斬新なアイデア。

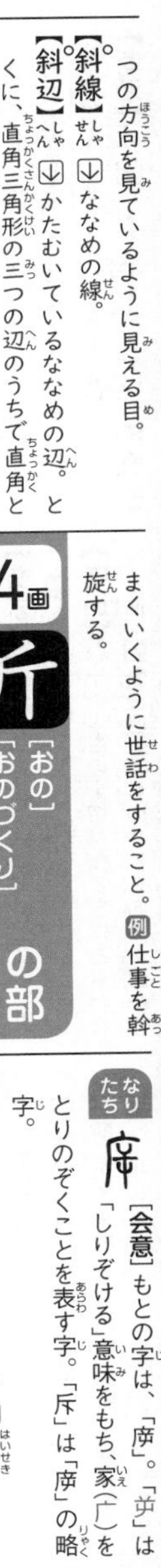

断

斤-7 総画11 5年

明朝 断 65AD　旧字 斷 65B7

音 ダン　訓 た-つ 中・ことわ-る

筆順 とめる アにならない

なりたち 斷 [会意] もとの字は、「斷」。「㡭」が糸を切ることを表し、おの(斤)でたちきる意味を表す字。

意味

❶たつ。たちきる。例 敵の退路を断つ。断絶・横断 対 続

❷きっぱりきめる。さだめる。例 断を下す。是非を断じる。判断

❸ことわる。前もって知らせる。例 申し出を断る。断りもなく。無断

例 解 [使い分け] たつ[断・絶・裁] ☞ ひだりのページ

❶〈たつ〉の意味で

【断崖】だんがい ⬇ きりたった、がけ。類 絶壁

【断交】だんこう ▲〈―する〉つきあいをやめること。国家間のつきあいをやめること。類 絶交

【断食】だんじき ▲〈―する〉あるきまった期間、食べ物を口にすることをやめること。類 絶食

知識 もとは、修行のための断食が多かったが、今は、なにかへの抗議とか、意見主張のための断食もある。これはふつう「ハンガーストライキ」、略して「ハンスト」という。

【断酒】だんしゅ ▲〈―する〉酒を飲まないと決め、実行すること。例 断酒をちかう。類 禁酒

【断水】だんすい ▲〈―する〉工事や水不足などのために水道の水がとまること。

【断絶】だんぜつ Ⅲ〈―する〉①それまでつづいてきた流れや関係が切れること。たち切ること。例 国交断絶。②まったくつながりがないこと。とくに、考え方や気持ちのつながりがなくなること。例 世代の断絶が生まれる。

【断層】だんそう ⬇ ①地盤が、ある面をさかいにして上下または水平方向にずれていること。②考え方などのくいちがい。ギャップ。

【断続】だんぞく ⇕〈―する〉とぎれたりつづいたりすること。例 雨が断続的にふる。対 連続

【断腸の思い】だんちょうのおもい はらわたがちぎれるほどのたえがたい悲しみ。

[故事のはなし] ☞ 575ページ

【断熱】だんねつ ▲〈―する〉熱がつたわらないようにすること。例 断熱材。断熱シート。

【断念】だんねん ▲〈―する〉したいと思っていたことをやむを得ずあきらめること。

【断片】だんぺん ⬇ もとはひとまとまりになっていたものの一部分。きれはし。

【断片的】だんぺんてき〈―な・―に〉とぎれとぎれで、まとまりのないようす。例 断片的な記憶。

【断末魔】だんまつま 死にぎわ。死にぎわの苦しみ。例 断末魔のさけび。

【断面】だんめん ⬇ ①ものを切ったときにあらわれる面。例 断面図。②ものごとをある一面から見たとき、そこにあらわれたようす。

❷〈きっぱりきめる〉の意味で

【断言】だんげん ⬇〈―する〉疑問をのこさずきっぱりと言い切ること。例「それはちがう」と断言する。類 明言・確言

【断固】だんこ ⬇〈―たる・―と〉なにがあっても意志をまげずにするようす。例 断固反対する。

【断行】だんこう ⬇〈―する〉まよわず、はっきりした形でおこなうこと。例 値下げを断行する。類 敢行

【断罪】だんざい ▲〈―する〉裁判で、たしかに罪があると判断をくだすこと。

【断然】だんぜん ⊠〈―たる・―と〉①きっぱりとおこなうようす。例 断然これに決めた。②ずばぬけているようす。例 こっちが断然いい。

【断定】だんてい Ⅲ〈―する〉こうだとはっきり決めつけること。例 本物であると断定する。

← 断が下につく熟語 上の字の働き

❶断＝〈たつ〉のとき

【裁断 遮断 切断】近い意味。

【横断 縦断 寸断 中断 両断(一刀両断)】ドノヨウニ断ち切るか。

❷断＝〈きっぱりきめる〉のとき

【英断 果断 勇断 独断 速断 即断 予断】ドノヨウニ断じるか。

【判断 裁断 処断 診断】ドウヤッテ断じるか。

◆易断 禁断 決断 言語道断 誤断 不断 無断 油断

◀次ページ 新

【斯】

斤−8 総画12 人名 明朝 斯 65AF

音 シ外 訓 か−く外・これ外・こ−の外・ここ

意味 かく。これ。この。ここ。

【新】

斤−9 総画13 2年 明朝 新 65B0

音 シン 訓 あたら−しい・あら−た・にい

筆順 亠 立 辛 辛 亲 新 新 新（とめる）（ナにならない）

なりたち 形声「辛」と「木」と「斤」とでできている字。「辛」は「シン」という読み方をしめしている。「シン」は「切りそろえる」意味をもち、おの（斤）で切りそろえた木「たきぎ」を表す字。のちに、「あたらしい」の意味に借りて使われるようになった。

意味 あたらしい。あたらしくする。あらたに。例 思いを新たにする。新しい服。改新 対 旧・古

名前のよみ あきら・すすむ・ちか・はじめ・よし・わか

【新手】あらて ↓ ①まだそのことをしないでひかえている人たち。例 新手をくり出す。②新しくなかまに入ってきた人。類 新顔 対 古手 ③新しいやり方。例 新手の詐欺。表現 ③や碁・将棋で、今までになかったやり方や打ち方、指し方を「新手」ということがある。

【新案】しんあん ↓ 新しく考え出されたくふう。

【新鋭】しんえい ↓〈―な〉新しく出てきて、いきいきとしている人やもの。類 新進 対 古豪

【新顔】しんがお ↓ 新しくなかまに入ってきた人。ニューフェース。類 新人・新手 対 古顔

【新型】しんがた ↓ 今までに見られない新しい型。

【新刊】しんかん ↓ 新しく出た本。例 新刊書。類 新版 表現「近く出る予定の本」を「近刊」、「新しく出た本」を「新刊」と区別している。

【新幹線】しんかんせん JRの高速鉄道の名前。例 東海道新幹線。

【新規】しんき ↓〈―な・―に〉それまでとはべつに、新しくおこなうこと。例 新規まきなおし。

【新機軸】しんきじく 今までになかった新しい計画やくふう。例 新機軸を打ち出す。

【新旧】しんきゅう ⇔ 新しいことと古いこと。新しいものとその前のもの。例 新旧入れかえ。

【新居】しんきょ ↓ 新しくたてたり、うつったりした住まい。とくに、結婚してはじめて住むところ。例 新居をかまえる。対 旧居

【新教】しんきょう ↓ キリスト教の二大教派の一つ。十六世紀にルターらがローマ旧教による信仰に抗議してできた新しい教派。プロテスタント。対 旧教

【新記録】しんきろく それまでの成績を上まわる記録。例 新記録を樹立する。類 レコード

【新月】しんげつ ↓ ①陰暦一日の月。②陰暦で、月のはじめ三日、四日ごろまでに見られる細い

例解 使い分け たつ《断つ・絶つ・裁つ》

断つ＝続いているものごとを切りはなして、続かなくさせる。例 敵の退路を断つ。水の補給源を断つ。酒を断つ。国交を断つ。関係を断つ。

絶つ＝続いているものごとを終わりにする。例 交際を絶つ。消息を絶つ。命を絶つ。

裁つ＝布や紙をきまった形に切る。例 着物を裁つ。型どおりに裁つ。

参考「断つ」は復活する可能性があるが、「絶つ」の場合はない。「国交を絶つ」「関係を絶つ」とも書く。

月。類三日月 対満月

【新語】↓ 新しくつくられたり、新たに外国から入ってきたりして使われるようになったことば。

【新興】↓ 今までになかったものが新しくあらわれ、いきおいをもつこと。例新興勢力。

【新婚】↓ 結婚したばかり。例新婚旅行。

【新作】↓ 新しくできた作品。対旧作

【新参】↓ 新しくなかまに入った人。新入り。例新参者。類新米・新入り 対古参

【新式】↓ 新しいやり方や型。対旧式

【新時代】新しい時代。画期的な局面。例独自の技術で新時代を切り開いた。

【新種】↓ 新しく見つかった、また新しくつくり出された種類。例新種のサクランボ。

【新出】↓〈―する〉はじめて出ること。例新出漢字。新出史料。類初出

【新春】↓ 年のはじめ。類初春・新年

【新書】↓ ①新しく出た本。新刊書。②新書判。縦約一八センチ横約一一センチの本。

【新進】↓ その分野で、新しくうでまえや才能がみとめられだした人。類新鋭

【新人】↓ ①その分野に新しくあらわれた人。ニューフェース。ルーキー。②新しくなかまに入ってきた人。新入り。類新顔

【新進気鋭】その世界に進出してきたばかりで、新鮮さと、さかんないきおいをもっていること。例新進気鋭の画家。

【新星】↓ ①新しく見つかった星。②とつぜん明るくかがやき、そのあとしだいに暗くなっていく星。星が爆発したものと考えられている。表現「歌謡界の新星」のように、有力な新人スターを表すことばにもなる。

【新生児】生まれてから四週間くらいまでの赤ちゃん。

【新生面】これまでになかった新しい見方や領域。例新生面を開く。

【新設】↓〈―する〉設備や施設などを新しくつくること。例新設校。類開設

【新雪】↓ 新しくふりつもった雪。

文字物語

方

「前方にそびえる山は富士山、後方に広がる海は太平洋です」「古墳の形に、前方後円墳と前方後方墳がある」。どちらにも「前方」「後方」のことばが入っているが、もちろん意味は同じではない。はじめの例の「前方」と「後方」は、「まえのほう」「うしろのほう」と方向を指すし、あとの例の「前方」と「後方」は、「まえが四角形」「うしろが四角形」の意味だ。このように「方」の字には、まったくちがう二つの意味があることがわかる。それが意味❶の「方向・方角・方面」の意味と、❷の「四角」の意味だ。❶の「きちんと決まっている方向・方角」の意味から❸の「決まったやり方、すなわち方法」の意味がでてくるし、❶の「方面」の意味から❹の「人を尊敬していうことば」が出てくることになる。❸と❹は、訓の「かた」でもよく使われる。❸は、動作を表すことばの下につけて「ものの見方や考え方」「歩き方」「食べ方」のようにいくらでもことばがつくられる。❹は、「この方はどなた?」「これをあの方にさしあげて」「名前をご存じの方はいらっしゃいませんか」などのように言う。直接「この人」「あの人」などと指すように言うのは失礼だから、そのかわりに方面とか場所とかのことばを使ってやわらげて言う、昔からの習慣があったのだ。

【新説】↓ ①今までだれも出したことのない新しい学説や意見。②はじめて聞く話。

【新鮮】Ⅲ〈―な〉①肉・魚・野菜などが、まだ新しくて生き生きとしている。例新鮮な野菜。類生鮮 ②よごれていなくてすがすがしい。例新鮮な空気。③今までにない新しさが感じられる。フレッシュ。対陳腐

【新装】↓〈―する〉建物などの内や外をつくりかえて見ばえをよくしたり、設備を新しいものにとりかえたりすること。例新装開店。

【新卒】↓ その年に学校を卒業する者、卒業した者。例新卒採用。

【新大陸】新しく発見された大陸。南北

アメリカとオーストラリアをいう。参考 十五、六世紀にヨーロッパ人が航海して、ヨーロッパ以外にも大陸があると新たに発見したので、ヨーロッパ人の立場で「新」という。

【新築】しんちく ↓〈—する〉新しく建物をたてること。

【新茶】しんちゃ ↓その年の新芽でつくったお茶。

【新調】しんちょう ↓〈—する〉新しく買ったり、あつらえてつくったりすること。例 新調のスーツ。表現 おもに衣服についていう。

【新陳代謝】しんちんたいしゃ 〈—する〉新しいものが古いものと入れかわっていくこと。表現 もともとは生物のからだについていうことばだが、広く、新旧交替をいうことばになった。

【新天地】しんてんち それまで生活していたのとはまったくべつの、初めての土地や環境。例 新天地をもとめて旅立つ。類 新世界

【新入】しんにゅう ↓会社や学校などに、新しく入ること。新入り。例 新入社員。類 新参

【新任】しんにん ↓〈—する〉その役目についたばかりであること。例 新任の先生。対 先任・前任

【新年】しんねん ↓新しい年。一月七日までをいうことが多い。類 正月・新春 対 旧年

【新発見】しんはっけん 新たに初めて見つけること。

【新発売】しんはつばい 新たに初めて売り出すこと。売り出したばかり。例 新発売記念のフェア。

【新版】しんぱん ↓①今まで出ている本の内容や形を新しくして出版したもの。対 旧版 ②新しく出版した本。類 新刊

【新品】しんぴん ↓まだ使っていない、新しい品物・製品。例 新品ととりかえる。対 中古品

【新婦】しんぷ ↓結婚して妻になったばかりの女性。例 新郎新婦。類 花嫁 対 新郎 表現 結婚式や披露宴で使うことば。

【新風】しんぷう ↓これまでとはちがって、人びとに期待されているような新しいやり方や考え方。例 政界に新風をふきこむ。

【新聞】しんぶん ↓ニュースや話題などをすばやく読者につたえる定期刊行物。日刊がふつう。

【新米】しんまい ①↓その年にとれた米。対 古米 ②◎その仕事についたばかりで、まだなれていない人。新入り。類 新参 参考 ②は、「新前」が「しんまい」になり、「新米」と書かれるようになった。

【新味】しんみ ↓今までにない新しい感じ。新しみ。例 新味にとぼしい作品。

【新芽】しんめ ↓草木の新しく出てきた芽。例 春は新芽の季節。

【新薬】しんやく ↓新しく開発された薬。

【新緑】しんりょく ↓五月のころの、新しくもえでた若葉の美しいみどり。例 新緑の候。

【新暦】しんれき ↓地球が太陽のまわりをひとまわりする時間を一年とするこよみ。太陽暦。類 陽暦 対 旧暦・陰暦 知識 一年を三六五日とし、四年に一度、三六六日のうるう年をつくって、ずれをなくす。日本では、一八七三(明治六)年一月一日から使われるようになった。

【新郎】しんろう ↓結婚して、夫になったばかりの男性。例 新郎新婦。類 花婿 対 新婦 表現 結婚式や披露宴で使うことば。

【新盆】にいぼん ↓その人が死んでから初めてむかえるお盆。類 初盆

⬅新が下につく熟語 上の字の働き

【更新 革新】近い意味。

◆維新 一新 温故知新 改新 最新 刷新 清新

4画 方の部 [ほう][ほうへん][かたへん]

「方」の字と、「方」の形がその一部となっている旗にかかわる字を集めてあります。

この部首の字

0 方……579　4 於……580　5 施……580　6 旅……581　7 旋……581　族……582　10 旗……582

房▸戸 521　放▸攵 561

方

方−0　総画4　2年

明朝 方 65B9

音 ホウ　訓 かた

筆順 方 方 方 方（はねる）

なりたち [象形] 取っ手が左右にはり出した鋤の形をえがいた字。のちに、方角の意味に借りて使われるようになった。

意味

❶むき。方向。方角。ある地域。例西の方。東方・他方・八方

❷四角。四角い。きちんとしている。例方形・平方 対円

❸やりかた。きまったコース。例書き方。処方

❹人をうやまっていうことば。例あのような方。おえらい方がた。あなた方。奥方

特別なよみ 行方(ゆくえ)

[文字物語]☞578ページ

名前のよみ しげ・すけ・たか・ただし・たもつ・つね・のり・ふさ・まさ・まさし・みち・やす

❶〈むき〉の意味で

【方位】ほうい ↓東西南北などの方向。例方位磁石。類方角 参考☞「巽」の「文字物語」(366ページ)

【方角】ほうがく ↓①東西南北の位置。類方位 ②その場所から見て目的のものの向き。例火事は学校の方角だ。類方向

【方言】ほうげん ↓その地方その地方でのことば。お国ことば。対共通語・標準語

【方向】ほうこう Ⅲ①進んでいく向き。方角。類方角 ②どちらに向かって進むべきかについての考えやめあて。例将来の方向が決まらない。

【方面】ほうめん ↓①場所を表すことばのあとにつけて、その方向にある地域を指すことば。例東京方面行きのバス。②仕事や学問などを、その中でいくつかに分けた一つ一つ。例将来はどの方面に進みたいと思いますか。

❷〈四角〉の意味で

【方眼紙】ほうがんし こまかい真四角のますめを印刷した紙。グラフや設計図などに使う。

【方形】ほうけい ↓四角い形。四角形。例正方形。長方形。対円形

❸〈やりかた〉の意味で

【方正】ほうせい Ⅲ〈—な〉おこないや心のもち方がきちんとしていて正しいこと。例品行方正。

【方策】ほうさく Ⅲこまったことなどを解決するための手だて。例方策を練る。類対策

【方式】ほうしき Ⅲこれをするにはこうするときまっているやり方。例新方式。

【方針】ほうしん ↓めざす方向。参考もともとは、南北をしめす磁石の針を指したことば。

【方途】ほうと Ⅲものごとの進め方や進むべき方向。例和解の方途をさぐる。類方法

【方便】ほうべん Ⅲ目的に合わせて使い分けるやり方。例うそも方便。参考もとは仏教で、人をすくうための手だて。

【方法】ほうほう Ⅲなにかをしたり、つくったりするときのやり方。類手段・方途

❹〈人をうやまっていうことば〉の意味で

【方方】かたがた Ⅲ人びと。(うやまった言い方)例お集まりの方がたに申し上げます。

←方が下につく熟語 上の字の働き

❶方=〈むき〉のとき

【前方 後方 四方 八方】ドノ方向か。

【一方 他方 双方 両方】ドチラの方か。

【父方 母方】ダレの方か。

【当方 先方】自分から見てドチラの方か。

❹方=〈人をうやまっていうことば〉のとき

【奥方 殿方】屋敷の中のドコであるか。

◆裏方 遠方 親方 快方 処方 地方 平方 味方 夕方 立方

【於】

方-4 総画8 人名

明朝 於 65BC

音 オ外 訓 お-いて外・お-ける外

意味 …において。例二十一世紀に於ける環境問題。

【施】

方-5 総画9 常用

明朝 施 65BD

音 シ中・セ高 訓 ほどこ-す中

筆順 施

なりたち [形声]「㫃」が「はた」を表し、「也」が「シ」という読み方をしめしている。「シ」は「ゆらゆらなびく」意味をもち、はたがなびくことを表す字。

意味

❶おこなう。実行する。例実施

❷ほどこしをする。めぐみあたえる。例恩恵を施す。施主・布施

❶〈おこなう〉の意味で

【施工】しこう・せこう ▲〈－する〉工事をすること。
【施行】しこう・せこう Ⅱ〈－する〉①決まったことなどをじっさいにおこなうこと。類実施 ②新しく決まった法律がじっさいに適用されるようになること。例施行細則。
【施策】しさく ▲〈－する〉国民のために、行政担当者が計画や対策をたてて実施すること。その計画や対策。例国語施策。類政策
【施政】しせい ▲ じっさいに政治をおこなうこと。例議会で施政方針をしめす。
【施設】しせつ Ⅱ〈－する〉ある目的のためにつくる建物などの大がかりな設備。例公共施設。
【施錠】せじょう ▲〈－する〉錠をかけること。
❷〈ほどこしをする〉の意味で
【施主】せしゅ ↓ ①お寺に、金品をさし出す人。②葬式や法事のとき、主人の役をつとめる人。類喪主 ③家をたてるときのたてぬし。
【施肥】せひ ▲〈－する〉作物に肥料をあたえること。

旅

方－6　総画10　3年　明朝 旅 65C5

音 リョ　訓 たび

筆順 （はねる）（人にならない）

なりたち 【会意】「はた」を表す「㫃」と、たくさんの人を表す「从」とからできた字で、はたの下に集まる軍隊の意味。

意味 たび。たびをする。例旅に出る。旅行・船旅

【旅先】たびさき ↓ 旅のとちゅう。旅をして着いた土地。例旅先からのたより。
【旅路】たびじ ↓ 旅していく道すじ。また、旅そのもの。例旅路につく。
【旅寝】たびね ↓〈－する〉旅先でとまること。例旅寝をかさねる。
【旅客】りょかく・りょきゃく ↓ 旅をしている人。とくに、列車・汽船・飛行機などに乗っている客。例旅客列車。旅客機。
【旅館】りょかん ↓ 旅行する人をとめてせわをすることを仕事にしている家。ふつう、日本風の宿屋をいう。例温泉旅館。類宿舎
【旅券】りょけん ↓ 外国に行く人の国籍と身分を証明し、相手の国にその人の安全をたのむために政府が出す書類。パスポート。
【旅行】りょこう ↓〈－する〉旅をすること。よその土地に出かけること。例修学旅行。海外旅行。
【旅愁】りょしゅう ↓ 旅で感じる、なんとなくさびしいような気持ち。類旅情
【旅情】りょじょう ↓ 旅先で感じる、しみじみとした気持ち。例旅情にひたる。類旅愁
【旅装】りょそう ↓ 旅行をするための服装。例旅装をとく。
【旅程】りょてい ↓ ①旅行の道のり。②旅行の日程。例旅程表。
【旅費】りょひ ↓ 旅行をするのにかかるお金。

旋

方－7　総画11　常用　明朝 旋 65CB

音 セン 中　訓 ―

なりたち 【会意】「疋」が「あし」を表し、「㫃」（はた）と合わせて、はたが風にひるがえるように、行った道を歩いてもどることを表す字。

意味 ぐるぐるまわる。もどる。いったりきたりする。例周旋

【旋回】せんかい Ⅱ〈－する〉円をかくようにまわること。例上空を飛行機が旋回する。
【旋盤】せんばん ↓ 軸にとりつけた金属の材料をまわしながら刃物をあててけずったり、穴をあけたりする機械。
【旋風】せんぷう ↓ ①気圧の低いところに、まわりからうずまきのようにふきこむはげしい風。つむじかぜ。②とつぜん、世の中をさわがせたりおどろかせたりすること。例政界に旋風をまき起こす。知識 ①で、旋風の大きなものが「たつまき」。
【旋律】せんりつ ↓ 音の高低とリズムが組み合わさってうまれる音の流れ。歌や曲のふし。メロディー。例どこかで聞いた旋律だ。
◆周旋 螺旋

族

方-7 総画11 3年 明朝 族 65CF

音 ゾク 訓 ―

筆順 族（はねる・ださない）

なりたち [会意]「はた」を表す「㫃」と、「矢」とからできた字で、はたの下に矢が集まるように、おなじものが集まることを表している字。

意味
❶おなじ祖先から出た人びと。血のつながりのある人びと。例 家族・種族
❷なかま。おなじ種類のなかま。例 貴族・水族館

❶〈おなじ祖先から出た人びと〉の意味で
【族長】ぞくちょう ↓種族や一族のリーダー。

族が下につく熟語 上の字の働き
❶族＝〈おなじ祖先から出た人びと〉のとき
【家族 親族 血族 氏族 同族 民族】ドウイウつながりの身内か。
❷族＝〈なかま〉のとき
【王族 皇族 貴族 士族 豪族】ドウイウ身分の族か。
◆遺族 種族 蛮族

旗

方-10 総画14 4年 明朝 旗 65D7

音 キ 訓 はた

筆順 旗（はねる・だす）

なりたち [形声]「㫃」が「はた」を表し、「其」が「キ」という読み方をしめしている。「キ」は「集める」意味をもち、人を集める合図のはたを表す字。

意味 はた。例 旗を立てる。国旗

【旗手】きしゅ ↓団体の印となるはたを持つ役の人。表現「新文学の旗手」のように、ある運動や団体の先頭をいく人のたとえにも使う。
【旗色】はたいろ ↓戦争や試合などの勝ち負けのようす。例 旗色がわるい。類 形勢
【旗印】はたじるし ↓①むかし、戦場で、武士が目印のはたにつけた紋所など。②社会運動などで、行動の目標や合いことばとしてかかげるもの。例 民族独立の旗印をかかげる。
【旗本】はたもと ↓江戸時代に、将軍にじきじきに仕え、将軍に会う資格があった武士。

旗が下につく熟語 上の字の働き
【校旗 国旗】ドコを代表する旗か。
◆弔旗 手旗 反旗 半旗

4画 日 [ひ] [ひへん] の部

「日」をもとにして作られ、天体や気象、時間や明るさにかかわる字を集めてあります。

この部首の字

2 旭 585	4 易 587	昆 588	昔 589	春 591	昼 593	晃 594	晟 596	景 597	智 598	暇 600	暮 601	12 曇 602	15 曝 603
0 日 582	旨 585	旺 587	昏 588	明 589	昭 592	昴 594	晒 594	7 晦 596	暑 597	晩 598	暉 600	暦 601	13 曖 602
1 旧 584	旬 586	昂 587	昇 588	5 映 590	是 592	昧 594	時 594	晨 596	晶 598	普 599	暖 600	11 暫 601	曙 602
旦 585	早 586	昊 587	昌 588	昨 591	星 593	6 晏 594	晋 596	8 暁 596	晴 598	9 暗 599	10 暢 600	暴 601	14 曜 603

白▶白 794	百▶白 796	冒▶目 809	曹▶曰 605	量▶里 1040
亘▶二 51	更▶曰 604	音▶音 1086	曽▶曰 605	照▶灬 742
曳▶曰 603	沓▶水 688	香▶香 1107	最▶曰 606	魯▶魚 1119
曲▶曰 603	者▶耂 903	書▶曰 604	替▶曰 608	

日

日-0 総画4 1年 明朝 日 65E5

音 ニチ・ジツ 訓 ひ・か

筆順 日

日

なりたち【象形】太陽の形をえがいた字。

意味
❶太陽。太陽の光。日。例 日がのぼる。日光・夕日・落日
❷ひるま。例 日中・日夜 対 夜
❸いちにち。日にち。あるきまった日。例 日を数える。三日目。三日間。休日
❹まいにちの。日々の。例 日常
❺日本。例 日米・来日
❻七曜の一つ。例 日曜

発音あんない ニチ→ニッ…例 日本

特別なよみ 明日(あす)・昨日(きのう)・今日(きょう)・一日(ついたち)・二十日(はつか)・日和(ひより)・二日(ふつか)

名前のよみ あき・はる

❶〈太陽〉の意味で

【日月】じつげつ Ⅲ 太陽と月。☞❸

【日没】にちぼつ ▽ 太陽がしずむこと。日の入り。

【日輪】にちりん ↓ 太陽。表現 宗教的な気持ちをこめたり、詩のことばとして使うことが多い。

【日光】にっこう ↓ 太陽の光。例 日光浴。類 陽光

【日射病】にっしゃびょう ↓ 強い日ざしに長く当たったときに起こる病気。

【日照】にっしょう ▽ 太陽の光が当たること。例 日照時間。類 日射

【日章旗】にっしょうき 日の丸のはた。日本の国旗。

【日食】にっしょく ↓ 太陽と地球のあいだに月が入って、太陽の一部または全部が月のかげになって見えなくなること。参考 部分日食・皆既日食・金環食の区分がある。

【日脚】ひあし ↓ ①東から西へとうつる太陽の動き。例 日脚がはやい。②太陽が出てから、しずむまでの時間。例 日脚がのびる。表記「日足」とも書く。

【日陰】ひかげ ↓ 太陽の光が当たらないところ。対 日向 表現「日陰の人生」などと、世の中に出られないこと、世の中からとりのこされていることをいうこともある。

【日影】ひかげ ↓ 日が当たってできるかげ。参考「影」は光線のこと。

【日傘】ひがさ ↓ 夏などに、強い太陽の光をさえぎるためにさす傘。

【日向】ひなた ↓ 日当たりのよい場所。対 日陰

【日和】ひより ◎ ①天気のようす。例 今日はいい天気だ。②おだやかに晴れわたったいい天気。例 小春日和。③なにかをするのにちょうどよい天気。例 運動会日和。

【日和見】ひよりみ なりゆきをうかがっていて、態度をはっきり決めないこと。参考 もともとは、船頭がその日、船が出せるかどうか空ものようを見て決めたことから。

❷〈ひるま〉の意味で

【日夜】にちや ⇕ ①昼と夜。②昼も夜も。明けても暮れても。類 昼夜・夜昼

【日中】にっちゅう ↓ 日が出ていて、明るいあいだ。類 昼日中・白昼 ☞❺

❸〈いちにち〉の意味で

【日月】じつげつ Ⅲ つきひ。または、としつき。☞❶

【日限】にちげん ↓ 前もっていつまでと決めてある日。例 日限をきる。類 期限・期日

【日時】にちじ Ⅲ ①会合や行事・出発予定などの日と時刻。日取り。類 時日 ②日数と時間。類 時日

【日刊】にっかん ↓ 毎日発行すること。例 日刊新聞。関連 日刊・週刊・旬刊・月刊・季刊・年刊

【日給】にっきゅう ↓ 一日当たりいくらと決めてしはらわれる給料。類 日当 関連 時給・日給・週給・月給・年俸

【日産】にっさん ↓ 工場などで一日につくり出す品物の数や量。

【日収】にっしゅう ↓ 一日の収入。関連 日収・月収・年収

【日数】にっすう ↓ 日の数。日にちの数。例 出席日数。表現「ひかず」と読んで使うこともある。

【日直】にっちょく ↓ その日その日の当番。

【日程】にってい ↓ 何日かつづく仕事・会議・旅行などの一日ごとの予定。スケジュール。

【日当】にっとう ↓ 一日分の仕事に対してはらうお金。例 日当をはらう。類 日給

【日柄】ひがら ↓ その日が、こよみのうえでえんぎがいいか、わるいかということ。例 本日はよいお日柄で…。日柄をえらぶ。

【日銭】ひぜに ↓ 毎日手もとに入るお金。

【日付】ひづけ ↓ 書類などに書きこむ年月日。

【日付変更線】ひづけへんこうせん そこをこえるとき、日付をかえることになっている東経一八〇度を基準にした線。知識 この線をこえて、東へ行くときはおなじ日をくりかえし、西へ行くときは一日とばす。

【日歩】ひぶ ↓ 元金百円に対する一日当たりの利息。知識 率ではなく、「〇銭△厘」と金額でしめす。

❹〈まいにちの〉の意味で

【日常】にちじょう ↓ 特別なことのないふつうの毎日。ふだん。常日頃。例 日常生活。

【日常茶飯事】にちじょうさはんじ 毎日の食事のようにあたりまえで、めずらしくもないこと。

【日用】にちよう ↓ 毎日の生活の中で、いつも使うこと。例 日用雑貨。

【日用品】にちようひん 毎日の生活に使う品物。

【日課】にっか ↓ 毎日かかさずすることにしている仕事や勉強。例 夕方の散歩が日課だ。

【日記】にっき ↓ その日その日のできごとや感じたことを書きとめたもの。表現 ☞【日誌】(にっし)

(ひだりにあります)

【日参】にっさん ↓〈―する〉① 神社や寺に毎日おまいりすること。② たのみごとなどがあって毎日たずねていくこと。例 日参してたのみこむ。

【日誌】にっし ↓ あとで資料にするために、その日その日のできごとやしたことなどを書きしるしたもの。類 日記 表現 「日誌」はおおやけの組織や団体で、当番の人が書くことが多く、「日記」は個人の書くものである。

【日進月歩】にっしんげっぽ 〈―する〉日ごとに月ごとに、目に見えて進歩すること。

【日頃】ひごろ ↓ ふだん。いつも。例 日頃の勉強の成果が出た。常日頃。

【日日】ひび Ⅲ 一日一日。毎日。例 日々、努力する。日々のくらし。

❺〈日本〉の意味で

【日米】にちべい Ⅲ 日本とアメリカ合衆国。

【日系】にっけい ↓ 日本人の血すじを引いていること。引いている人。例 日系アメリカ人。

【日中】にっちゅう Ⅲ 日本と中国。☞❷

【日本】にほん・にっぽん ↓ わが国の名。アジア大陸の東のはしにある、弓の形にならんだ島々を国土とする国。首都は東京。知識 大むかし、わが国の名としては「おおやしま」「やまと」があった。一方、わが国から中国への手紙には、中国の東にある国、日の本の国であるので「日本」と書いたものもあった。奈良時代になって、その「日本」が正式の国号となった。読み方は、古くから「にほん・にっぽん」の両方がある。

← 日が下につく熟語 上の字の働き

❶ 日＝〈太陽〉のとき

【朝日 夕日】イツの日光か。

【白日 落日 薄日 西日】ドノヨウナ日光か。

❸ 日＝〈いちにち〉のとき

【時日 月日】近い意味。

【一日 一両日 初七日 四十九日 旬日】イクツの・イクツめの日か。

【今日 昨日 先日 過日 昔日 明日 後日 近日】今日から見てイツの日か。

【当日 即日 翌日】ある日から見てイツの日か。

【初日 中日 末日】一定期間のなかのドコの部分の日か。

【元日 大晦日】一年のうちのドコの日か。

【毎日 連日 隔日】一週間のつづき方のドウイウ日か。

【平日 週日 曜日】一週間のドウイウ日か。〔「週日」は以前は一週間すべての曜日を指すことばだったが、現在はウイークデーに当たることばとなって、(土曜と)日曜以外の曜日を指すようになった〕

【休日 祝日 祭日 縁日 命日】ドウスル・ドウアル日か。

【吉日 厄日】よい・わるいで分けてドウイウ日か。

◆期日 終日 来日

旧

日-1 総画5 5年

音 キュウ 訓 ふる-い 外

明朝 旧 65E7

旧字 舊 820A

筆順

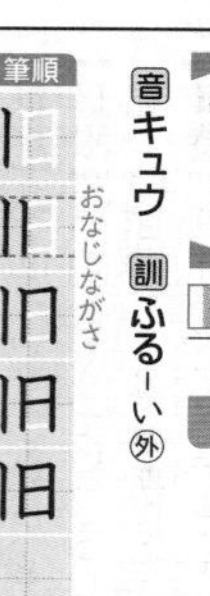

たちなり 舊 ［形声］もとの字は、「舊」。「萑」が頭に毛のあるとりを表し、「臼」が「キュウ」という読み方をしめしている。ふくろうを表していた字。のちに「ふるい」として借りて使われるようになる。「旧」は「臼」の部分を略したもの。

意味 ふるい。むかし。古くからの。例 旧の正月。復旧 対 新

【旧悪】きゅうあく ↓ かなり前のわるいおこない。

【旧恩】きゅうおん ↓ むかし受けた恩。

【旧家】きゅうか ↓ ①その土地に古くからつづいている家がら。例 旧家の出。類 名門 ②もと住んでいた家。類 旧居

【旧教】きゅうきょう ↓ キリスト教の二大教派の一つである、カトリック。対 新教

【旧交】きゅうこう ↓ むかしのつきあい。例 旧交をあたためる。

【旧式】きゅうしき ↓〈―な・―に〉ものの形やものごとの考え方が古いこと。例 旧式の車。対 新式

【旧習】きゅうしゅう ↓ むかしからつづいている習慣。例 旧習を打破する。類 因習

【旧正月】きゅうしょうがつ ↓ むかしのこよみ（旧暦）のうえでの正月。今のこよみでは一月のすえごろから二月のはじめに来る。

【旧姓】きゅうせい ↓ 結婚したり、養子になったりして姓がかわった人の、もとの姓。

【旧跡】きゅうせき ↓ 歴史にのこるようなできごとや大きな建物などがあったところ。類 史跡・古跡・名跡・遺跡

【旧態依然】きゅうたいいぜん〈―たる〉むかしのとおりで少しもよくなっていない。対 面目一新

【旧知】きゅうち ↓ むかしからの知り合い。

【旧道】きゅうどう ↓ 新しくできた道に対して、おなじ地点をむすぶ古くからある道。対 新道

【旧年】きゅうねん ↓ 去年。例 旧年中はいろいろとおせわになりました。類 昨年 対 新年 表現 年賀状や新年のあいさつに使うことば。

【旧聞】きゅうぶん ↓ 前に聞いたことのある話。例 旧聞にぞくする。

【旧弊】きゅうへい ↓ ①古くからおこなわれている、よくないしきたり。例 旧弊をあらためる。②〈―な・―に〉古いしきたりをどこまでもまもっている。例 旧弊な考え方。

【旧盆】きゅうぼん ↓ 旧暦でおこなうお盆。陰暦七月十五日に、祖先のみたまをなぐさめる。

【旧友】きゅうゆう ↓ ずっと前からの友達。

【旧来】きゅうらい ⊠ 古くからずっとつづいていること。例 旧来のやり方。類 従来・古来

【旧暦】きゅうれき ↓ 日本で一八七二（明治五）年まで使っていたこよみ。新月から新月までを一か月とし、元日を立春のころに決めてつくったもの。季節とのずれを、四年に一回のうるう月で調整する。類 陰暦・太陰暦 対 新暦

← 旧が下につく熟語 上の字の働き

【懐旧 復旧】むかしをドウスルか・むかしにドウナルか。

旦

日－1 総画5 常用 明朝 旦 65E6

音 タン㊥・ダン㊥ 訓 あさ㊊・あした㊊

筆順 丨 冂 日 日 旦

意味 あさ。あけがた。例 元旦

名前のよみ あき・あきら・あさ

旭

日－2 総画6 人名 明朝 旭 65ED

音 キョク㊊ 訓 あさひ㊊

意味 あさひ。例 旭日

名前のよみ あき・あきら・あさ・てる

旨

日－2 総画6 常用 明朝 旨 65E8

音 シ㊥ 訓 むね㊭・うま－い㊊

筆順 旨 旨 旨 旨 旨 旨

たちなり ［会意］「日」は、もと「甘」で、口の中にふくむことを表し、「匕」はさじの形で、合わせて、口に入れて味わうことを表す字。

意味 ❶考え。意味。内容。例 主旨 ❷味がよい。うまい。例 旨煮 ❸主とする。中心とする。例 質素を旨とする。

← 旨が下につく熟語 上の字の働き

❶旨＝〈考え〉のとき

【主旨 要旨】全体の中でドウイウ部分に当たる考えか。

【宗旨 論旨】ナニの中心思想か。

◆趣旨 諭旨

旬

日－2 総画6 常用 明朝 旬 65EC

音 ジュン㊥・シュン㊥ 訓 ―

筆順 ノ 勹 勹 旬 旬 旬

なりたち [形声]「匀→勹」が「めぐる」意味と、「シュン・ジュン」とかわって読み方をしめしている。十干の「日」のひとめぐりである、「十日間」を表す字。

意味 ❶十日間。一か月の十日間ごとのくぎり。例 初旬

❷さかりの時。例 カツオは今が旬だ。

参考 ❶では「ジュン」と読み、❷では「シュン」と読む。

注意するよみ シュン…例 旬の野菜。

❶〈十日間〉の意味で

【旬刊】じゅんかん ↓ 新聞や雑誌を十日ごとに発行すること。例 旬刊誌。関連 日刊・週刊・旬刊・月刊・季刊・年刊

【旬間】じゅんかん ↓ 十日間。とくに、もよおしなどのおこなわれる十日間。例 交通安全旬間。関連 週間・旬間・月間・年間

【旬日】じゅんじつ ↓ 十日間。

旬が下につく熟語 上の字の働き

❶旬＝〈十日間〉のとき

【上旬(初旬) 中旬 下旬】一か月のうちのドコの十日間か。

早

日－2 総画6 1年 明朝 早 65E9

音 ソウ・サッ㊥ 訓 はや-い・はや-まる・はや-める

筆順 早 早 早 早 早 早 (ながく)

なりたち [会意]「十」はもと「甲」で、「ひらく」意味をもち、「日」がさしはじめる夜明けを表す字。

意味 ❶時刻・時期がはやい。例 予定が早まる。尚早 対 晩

❷速度がはやい。いそいで。例 生長を早める。足早

例解 [使い分け] はやい[早・速] ☞ひだりのページ

注意するよみ サッ…例 早速・早急

特別なよみ 早乙女(さおとめ)・早苗(さなえ)

名前のよみ さき

❶〈時刻・時期がはやい〉の意味で

【早乙女】さおとめ 田植えをする女性。とくに、わかい女性をいう。例 早乙女姿。

【早苗】さなえ ↓ 苗代から水田に植えかえるイネのなえ。

【早期】そうき ↓ 早い時期。類 初期 対 晩期

【早暁】そうぎょう Ⅲ 夜が明けはじめるころ。夜明け。明け方。例 早暁に目覚める。類 未明

【早計】そうけい ↓ あさはかな早まった考えや行動。例 ここであきらめるのは早計にすぎる。

【早熟】そうじゅく ↓〈―な〉①果物などの熟し方がふつうのものよりも早いこと。わせ。対 晩熟 ②年のわりにおとなびていること。

【早春】そうしゅん ↓ 春のはじめのころ。例 早春の田おこし。類 初春・春先 対 晩春

【早世】そうせい ↓〈―する〉わかく死ぬこと。類 夭折

【早退】そうたい ↓〈―する〉つとめ先や学校を、決められた終わりの時刻より早く出ること。早びけ。早びき。例 早退届。対 遅刻

【早朝】そうちょう ↓ 朝の早いうち。例 早朝練習。

【早晩】そうばん ⇕ おそかれ早かれ。どっちみち。例 早晩結論が出るだろう。

【早場】はやば ↓ 農作物がほかよりも早くとれる場所。

【早耳】はやみみ ↓ うわさや情報をすぐに聞きつけること。

❷〈速度がはやい〉の意味で

【早急】さっきゅう・そうきゅう Ⅲ〈―な〉時間をかけずに、さしせまっているものごとをするようす。急いで。例 早急に手配する。類 至急

【早速】さっそく Ⅲ 時間をおかないで。すぐに。例 ご注文の品は早速おとどけします。表現「早

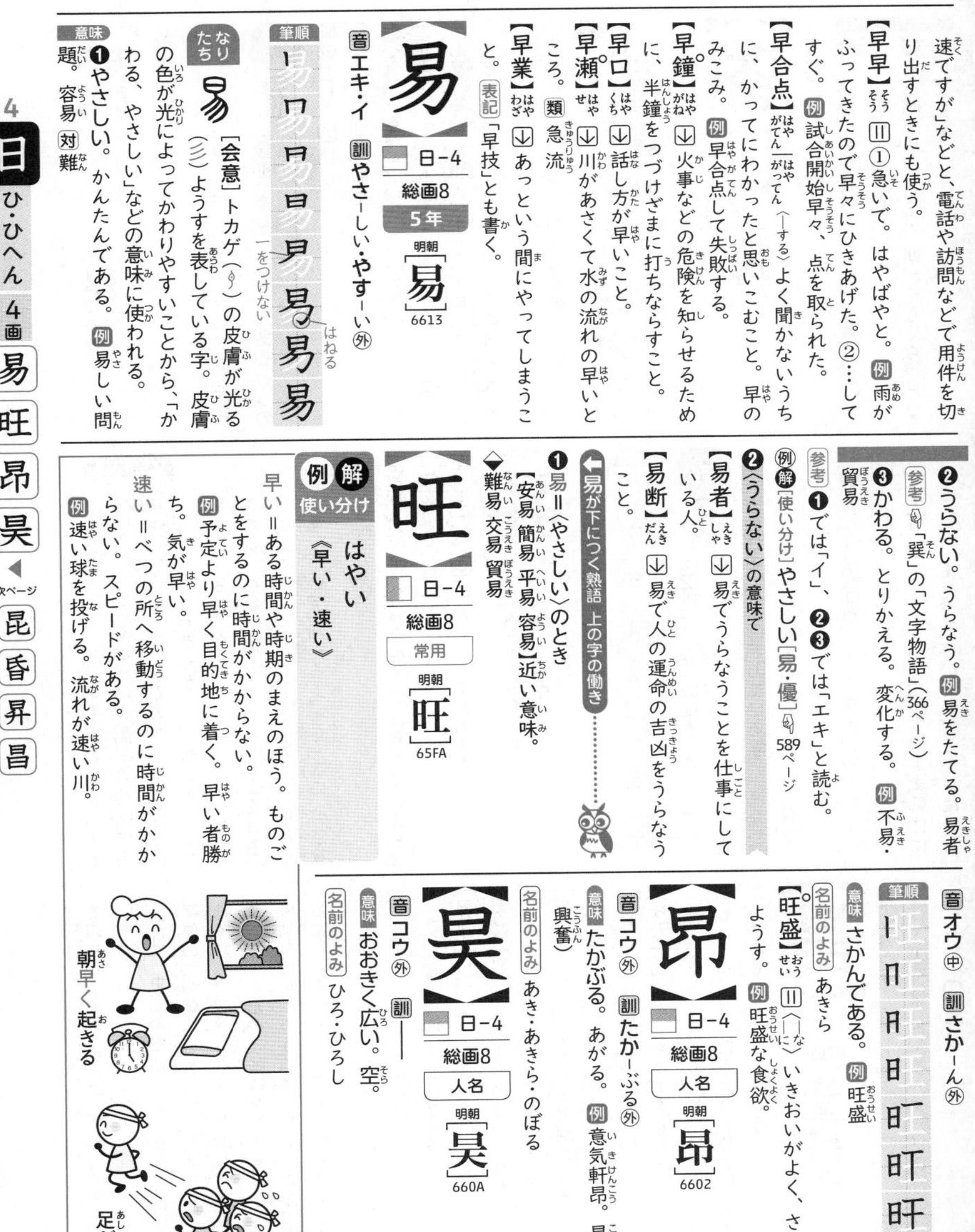

速ですが」などと、電話や訪問などで用件を切り出すときにも使う。

【早早】そうそう Ⅲ ①急いで。はやばやと。例 雨がふってきたので早々にひきあげた。②…してすぐ。例 試合開始早々、点を取られた。

【早合点】はやがてん・はやがってん〈―する〉よく聞かないうちに、かってにわかったと思いこむこと。早のみこみ。例 早合点して失敗する。

【早鐘】はやがね ↓ 火事などの危険を知らせるために、半鐘をつづけざまに打ちならすこと。

【早口】はやくち ↓ 話し方が早いこと。

【早瀬】はやせ ↓ 川があさくて水の流れの早いところ。類 急流

【早業】はやわざ ↓ あっという間にやってしまうこと。表記「早技」とも書く。

易

日－4 総画8 5年 明朝 易 6613

音 エキ・イ 訓 やさ－しい・やす－い外

筆順 易（一をつけない・はねる）

なりたち ［会意］トカゲ（）の皮膚が光る（彡）ようすを表している字。皮膚の色が光によってかわりやすいことから、「かわる」、「やさしい」などの意味に使われる。

意味 ❶やさしい。かんたんである。例 易しい問題。容易 対 難

❷うらない。うらなう。例 易をたてる。易者

❸かわる。とりかえる。変化する。例 不易・貿易

参考 ☞「巽」の「文字物語」（366ページ）

参考 ❶では「イ」、❷❸では「エキ」と読む。

例解 使い分け［やさしい［易・優］］☞589ページ

❷〈うらない〉の意味で

【易者】えきしゃ ↓ 易でうらなうことを仕事にしている人。

【易断】えきだん ↓ 易で人の運命の吉凶をうらなうこと。

易が下につく熟語 上の字の働き

❶易＝〈やさしい〉のとき

【安易 簡易 平易 容易】近い意味。

◆難易 交易 貿易

旺

日－4 総画8 常用 明朝 旺 65FA

音 オウ中 訓 さか－ん外

筆順 旺

意味 さかんである。例 旺盛

名前のよみ あきら

【旺盛】おうせい Ⅲ〈□な・□に〉いきおいがよく、さかんなようす。例 旺盛な食欲。

昂

日－4 総画8 人名 明朝 昂 6602

音 コウ外 訓 たか－ぶる外

意味 たかぶる。あがる。例 意気軒昂。昂奮（↓興奮）

名前のよみ あき・あきら・のぼる

昊

日－4 総画8 人名 明朝 昊 660A

音 コウ外 訓 ―

意味 おおきく広い。空。

名前のよみ ひろ・ひろし

例解 使い分け はやい《早い・速い》

早い＝ある時間や時期のまえのほう。ものごとをするのに時間がかからない。

例 予定より早く目的地に着く。早い者勝ち。気が早い。

速い＝べつの所へ移動するのに時間がかかからない。スピードがある。

例 速い球を投げる。流れが速い川。

【昆】

日-4 総画8 常用 明朝 昆 6606

音 コン 中 訓 ―

筆順

なりたち [象形]あしのたくさんあるむしの形をえがいた字。

意味 ❶むし。例 昆虫 ❷《その他》例 昆布

❶〈むし〉の意味で

【昆虫】こんちゅう [Ⅱ] トンボ・チョウ・セミなどのむし類。知識 成虫は、からだが頭・むね・腹にはっきり分かれ、ふつう、むねに三対(六本)のあしがある。アオムシがチョウになるように、成長のとちゅうで変態するものが多い。

❷《その他》

【昆布】こんぶ・こぶ [◎] 寒い地方の海の中の岩につく茶褐色の長い海藻。食べたりヨードをとったりする。

【昏】

日-4 総画8 人名 明朝 昏 660F

音 コン 外 訓 くら-い 外

意味 ❶くらい。日が暮れてくらい。夕暮れ。例 黄昏(「たそがれ」とも読む) ❷くらむ。目がくらむ。頭がくらくらっとなる。例 昏倒

❷〈くらむ〉の意味で

【昏睡】こんすい [↓] 意識を失って目覚めないこと。例 昏睡状態におちいる。

【昏倒】こんとう [↓] めまいがしてたおれること。

文字物語 明

この字のなりたちからもわかるように、「明」の意味するところはひたすら「あかるく」「あきらか」で、なんのくもりもない。音は「メイ」「ミョウ」「ミン」と三つあるが、熟語では多く「メイ」とよまれる。「ミョウ」は「明日」「明年」のように、年月や季節について「あくる」つまり「次の」の意味を表す場合と、「明星」「光明」「灯明」など、いくつかのことばとにかぎられている。「ミン」は、中国の王朝のよび名。今日でも、字体の「明朝体」などのことばとして使われている。「明」の字は、上にも下にもつけて、たくさんのことばをつくるほか、九つの訓も日常ふつうに使われる。また、人の名にも、男女を問わずよく使われている。

【昇】

日-4 総画8 常用 明朝 昇 6607

音 ショウ 中 訓 のぼ-る 中

筆順

なりたち [形声]「升」が「のぼる」意味と「ショウ」という読み方をしめしている。「日がのぼる」ことを表している字。

意味 のぼる。上にあがる。例 日が昇る。昇進・上昇 対 降

例 解 使い分け のぼる[上・登・昇] ☞21ページ

名前のよみ すすむ・のり

【昇華】しょうか [↓]〈―する〉固体がそのまま気体になること。また、気体がそのまま固体になること。例 ドライアイスを昇華させる。

【昇格】しょうかく [▲]〈―する〉階級・位などがあがること。類 昇任・昇進 対 降格

【昇給】しょうきゅう [▲]〈―する〉給料があがること。

【昇降】しょうこう [⇕]〈―する〉のぼったりおりたり、あがったりさがったりすること。例 昇降口。

【昇進】しょうしん [Ⅱ]〈―する〉上の地位にあがること。例 昇進を果たす。昇進試験。類 栄達・栄転・昇任・昇格 対 左遷

【昇天】しょうてん [▲]〈―する〉天高くのぼること。表現 「死んでたましいが天にのぼる」という意味でもいうが、とくにキリスト教では「召天」と書いて信者が死ぬことをいう。

【昌】

日-4 総画8 人名 明朝 昌 660C

音 ショウ 外 訓 ―

意味 さかえる。あきらか。かがやかしい。うつくしい。例 隆昌

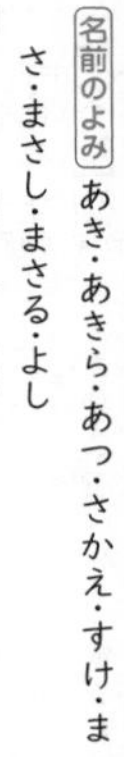
名前のよみ あき・あきら・あつ・さかえ・すけ・まさ・まさし・まさる・よし

昔

日-4 総画8 3年 明朝 昔 6614

音 セキ(高)・シャク(中) 訓 むかし

筆順 一 艹 廾 昔 昔 昔 昔 昔 （ながく）

なりたち 【形声】「艹」が「セキ」という読み方をしめしている。「セキ」は「つみかさねる」意味をもち、「日」をつみかさねたむかしを表す字。

意味 むかし。今からずっと前。いにしえ。例 昔と今。昔話・昔日・今昔 対 今

注意するよみ シャク…例 今昔

【昔日】せきじつ ↓ むかしのころ。例 年をとって昔日のおもかげがない。類 往時・往年

【昔気質】むかしかたぎ〈二な〉考え方やすることが古めかしく、がんこでりちぎなこと。

【昔話】むかしばなし ↓ ①むかしから言いつたえられてきた物語。おとぎばなし。②ずっと前に自分たちがしたり見たりしたことの話。

◆今昔 一昔

明

日-4 総画8 2年 明朝 明 660E

音 メイ・ミョウ・ミン(外) 訓 あ-かり・あか-るい・あか-るむ・あか-らむ・あき-らか・あ-ける・あ-く・あ-くる・あ-かす

筆順 丨 ⺆ 日 日 明 明 明 明 （はらう）（はねる）

なりたち 【会意】もとは「朙」で、明かりとりのまどを表す「囧」と「月」を合わせて、「あかるい」意味を表す字。

意味

❶あかるい。あかるくなる。光。例 明るい気持ち。東の空が明らむ。夜が明ける。明けの明星。灯明 対 暗

❷はっきりさせる。あきらかである。例 真相を明らかにする。明白・説明

❸かしこい。りこうである。例 先見の明。明敏・賢明

❹つぎの。次の日、次の年など。例 明十日。明くる十三日。明朝

❺神。神聖なもの。例 神明

❻中国の王朝の名。例 明の時代。明朝

例解 [使い分け] あからむ[赤・明] ☞1011ページ

例解 使い分け やさしい《易しい・優しい》

易しい＝簡単である。対 難しい

例 易しいことばを使って説明する。易しい仕事。

優しい＝思いやりがあってあたたかい。

例 優しいことばをかける。優しい物腰。

易しい問題

優しい人

例解 [使い分け] あける[開・空・明] ☞1063ページ

特別なよみ 明日(あす)

[文字物語] ☞みぎのページ

名前のよみ きよし・てる・とおる・とし・のり・はる・ひろ・みつ・よし

❶〈あかるい〉の意味で

【明星】みょうじょう ↓ 明るくかがやく星。明け方東の空に、夕方西の空にかがやいて見える金星。例 明けの明星。宵の明星。

【明暗】めいあん ⇕ ①明るいことと暗いこと。幸せと不幸せ。例 明暗を分けた一瞬。②絵や写真などで、明るいところと暗いところのとりあわせ。例 明暗をつける。

【明月】めいげつ ↓ ①くもりなく、すみきった月。②陰暦八月十五日夜の月。類 名月

【明治】めいじ ◎ 慶応の次、大正の前の元号。一八六八年から一九一二年まで。西洋の文化をとりいれて、近代的な国家がつくられていった時代。例 明治維新。参考『易経』の「聖人南面而聴天下、嚮明而治(聖人南面して天下を聴き、明に嚮ひて治む)」による。

【明滅】めいめつ ⇕〈―する〉光が明るくなったり暗く

なったりすること。類点滅

❷〈はっきりさせる〉の意味で

【明快】めいかい Ⅱ〈—な〉すじが通って内容がはっきりしているようす。例明快な答え。単純明快。類明確・明白

【明解】めいかい ↓はっきりとよくわかるように説明すること。はっきりとした説明。

【明確】めいかく Ⅱ〈—な〉はっきりしていてまちがいがない。類明快・明白 対不明確

【明記】めいき ↓〈—する〉はっきりと書きしるすこと。例住所・氏名を明記する。

【明言】めいげん ↓〈—する〉はっきり言い切ること。例明言をさける。類断言

【明細】めいさい ↓①〈—に〉こまかいところまでくわしくわかるようす。②「明細書」の略。こまかいところまで、くわしく書いた書類。例支出の明細を見せる。類内訳

【明示】めいじ ↓〈—する〉はっきりとしめすこと。例食品の添加物を明示する。対暗示

【明晰】◆めいせき Ⅱ〈—な〉はっきりしてすじみちが通っているようす。例頭脳明晰。

【明答】めいとう ↓〈—する〉はっきり答えること。はっきりした返答。例明答をさける。表現「うまい答え」「正解」のときは「名答」。

【明白】めいはく Ⅱ〈—な〉はっきりしていて、うたがわしいところがない。例理由は明白だ。類明瞭・明確・明快

【明文化】めいぶんか ↓〈—する〉決まったことを書きとめて文書にすること。

【明明白白】めいめいはくはく 〈—な〉まったくうたがわしいところがない。例明々白々の事実。表現「明白」を強めた言い方。

【明瞭】めいりょう Ⅱ〈—な〉はっきりしている。例簡単明瞭。類明白 対不明瞭

【明朗】めいろう Ⅱ〈—な〉①性格が明るくほがらかである。例明朗快活。類陽気 ②うそやごまかしがない。例明朗会計。

❸〈かしこい〉の意味で

【明君】めいくん ↓多くの人からしたわれる、すぐれた君主。例明君の名が高い。類名君 対暗君

【明察】めいさつ ↓〈—する〉実際のことを正しく見ぬくこと。表現「ご明察のとおり」などと、相手の見とおしの正しさをうやまっていうときに使う。

【明敏】めいびん Ⅱ〈—な〉頭のはたらきがするどく、理解がはやいようす。例明敏な頭脳。

❹〈つぎの〉の意味で

【明後日】みょうごにち—あさって あすの次の日。

【明春】みょうしゅん ↓来年の春。類来春

【明朝】みょうちょう ↓あすの朝。☞「みんちょう」は❻

【明日】みょうにち—あす—あした ↓今日の次の日。関連昨日・本日・今日・明日。昨日・今日・明日 表現「みょうにち」は、あらたまった言い方。

【明年】みょうねん ↓今年の次の年。類来年 関連昨年・本年・今年・明年 表現「来年」よりあらたまった言い方。

【明晩】みょうばん ↓あすの晩。関連昨晩・今晩・明晩 表現ややあらたまった言い方。

❻〈中国の王朝の名〉の意味で

▲【明朝】みんちょう ↓①中国の王朝の名（一三六八年～一六四四年）。②「明朝体」の略。よく使われる和文用の活字の書体で、たて線が太く、よこ線が細いもの。参考☞ものしり巻物13（437ページ）☞「みょうちょう」は❹

明が下につく熟語 上の字の働き

❶明＝〈あかるい〉のとき
【光明 灯明 透明】近い意味。

❷明＝〈はっきりさせる〉のとき
【解明 釈明】近い意味。
【究明 糾明 証明 説明 弁明】わからないことをドウヤッテ明らかにするか。
【言明 声明 表明】自分の考えをドウヤッテ明らかにするか。
【簡明 平明 克明 自明】ドノヨウニ明らかであるか。

❸明＝〈かしこい〉のとき
【英明 賢明】近い意味。
◆山紫水明 失明 照明 鮮明 天地神明 発明 判明 不明 文明 未明

映

日－5 総画9 6年 明朝 映 6620

音エイ 訓うつ-る・うつ-す・は-える㊥

筆順 映 映 映 映 映 映 映 映 映（だす）

なりたち 映 [形声]「央」が「エイ」とかわって読み方をしめしている。「オウ」は「光りかがやく」意味をもち、「日」がかがやくことから、「はえる」として使われる字。

意味 ❶うつる。物のすがたや形がうつる。うつしだす。例目に映る。スライドを映す。水面に映じる朝日。映像・反映

❷はえる。ひきたつ。例夕日に映える山なみ。夕映え

例解 [使い分け]うつす[写・映]☞131ページ

例解 [使い分け]はえる[映・栄]☞このページ

名前のよみ あき・あきら・てる・みつ

❶〈うつる〉の意味で

【映画】えいが ↓ フィルムの画像を動画としてスクリーンにうつしだして見せるもの。シネマ。ムービー。例映画館。

【映写】えいしゃ ‖〈―する〉映画やスライド写真などをスクリーンにうつすこと。例映写機。

【映像】えいぞう ↓ ①光でうつしだされる、物のすがたや形。テレビや映画の中のすがた。例テレビの映像がみだれる。②心にうかぶすがたや形。イメージ。

←映が下につく熟語 上の字の働き

❶映=〈うつる〉のとき

【上映 放映】映像をドウスルか。

◆反映

昨

音 サク　訓 ―

日-5　総画9　4年　明朝 昨 6628

筆順 昨 昨 昨 昨 昨 昨 昨 昨 昨（𠂉にならない）

なりたち 昨 [形声]「乍」が「サク」という読み方をしめしている。「サク」は「つみかさねる」意味をもち、「日」のつみかさなりから、すぎさった日を表す字。

意味 ひとつ前の。前の日の。例昨十五日の夕。昨夜・昨今

発音あんない サク→サッ… 例昨今

特別なよみ 昨日(きのう)

【昨日】さくじつ きのう ↓ 今日の前の日。例昨日はおせわになりました。きのうはいい天気だった。

関連 昨日・本日・今日・明日。昨日・今日・明日

表現「さくじつ」は、「きのう」よりもあらたまった言い方。表記「きのう」と読んでほしいときはかなで書いたほうがよい。

【昨年】さくねん ↓ 今年の前の年。類去年・旧年 関連 昨年・本年・今年・明年

【昨晩】さくばん ↓ きのうの晩。ゆうべ。類昨夜・昨夕 関連 昨晩・今晩・明晩 表現 あらたまった言い方。

【昨夜】さくや ↓ きのうの夜。類昨晩 関連 昨夜・今夜・明夜 表現 あらたまった言い方。「昨晩」より、いくぶんおそい時刻をいう。

【昨今】さっこん ⇕「きのうきょう」というような、つい最近のこと。このところ。近ごろ。例昨今の社会情勢。

春

音 シュン　訓 はる

日-5　総画9　2年　明朝 春 6625

筆順 春 春 春 春 春 春 春 春 春（ながく）（はらう）

例解 使い分け

はえる《映える・栄える》

映える=光に照らされてかがやく。引き立って見える。例朝日に映える山々。夕映え。

栄える=りっぱに見える。りっぱに感じられる。例見栄えがする。栄えない服装。

夕日に映える紅葉

栄えある勝利

たちなり [形声]もとの字の「𡴭→屯(チュン)」がかたい土をやぶって芽ぶく意味と、「シュン」とかわって読み方をしめしている。「艹」と「日」をくわえて、草の芽ぶく「はる」を表している字。

意味 はる。四季の一つ。新年。人生のわかくて元気なころ。例 春の訪れ。思春期。早春・青春 対 秋

名前のよみ あつ・かず・はじめ

【春季】しゅんき ⇩春の季節。類 春期 関連 春季・夏季・秋季・冬季 表現 「春季」は「春という季節」、「春期」は「春の時期」と区別する。

【春期】しゅんき ⇩春の時期。類 春季 関連 春期・夏期・秋期・冬期

【春秋】しゅんじゅう ⇕①春と秋。②一年間。年月。例 春秋をへる。類 星霜

【春秋に富む】しゅんじゅうにとむ 年がまだわかくて、将来が長いこと。参考 『史記』にあることば。春と秋とで一年をあらわすので、年月や年齢の意味にもなる。

【春色】しゅんしょく ⇩春らしい感じやけしき。例 春色に心がなごむ。類 春景

【春風駘蕩】しゅんぷうたいとう 〈―たる〉〈―と〉春風がおだやかにふき、あたりが平和でのどかなようす。表現 「春風駘蕩たる人物」のように、おだやかで、ゆったりした人がらにもいう。

【春分】しゅんぶん ⇩一年に二度の、昼と夜の長さがおなじになる日のうちの春のほうの日。三月二十一日ごろで、春の彼岸の中日にあたる。例 春分の日。対 秋分

【春眠】しゅんみん ⇩春の夜のここちよいねむり。例 春眠暁をおぼえず(春の夜はねごこちがよく、いつ朝になったのかもわからずにねむってしまう。中国の孟浩然の詩の一節。☞ものしり巻物26(887ページ))。

【春雷】しゅんらい ⇩春先に鳴るかみなり。例 遠く春雷を聞く。

【春先】はるさき ⇩春のはじめ。類 早春・初春

【春雨】はるさめ ⇩①しずかにふる、春のこまかい雨。②でんぷんを糸のようにかためて、かんそうさせた食べ物。

←春が下につく熟語 上の字の働き

【賀春 迎春 惜春】春をドウスルか。

【初春 早春 晩春 明春 来春】イツゴロの春か。

【陽春 新春】ドウイウ春か。

◆回春 青春

昭

日－5 総画9 3年 明朝 昭 662D

音 ショウ 訓 ―

筆順 昭 (はねる・ださない)

たちなり [形声]「召」が「ショウ」という読み方をしめしている。「ショウ」は「あきらか」の意味をもち、「日」の光のあきらかなことを表す字。

意味 あきらか。世の中がよくおさまっている。例 昭和

名前のよみ あき・あきら・てる・はる

【昭和】しょうわ ◎大正の次、平成の前の元号。一九二六年から一九八九年まで。参考 『書経』の「百姓昭明、協和万邦(百姓昭明にして、万邦を協和す)」による。

是

日－5 総画9 常用 明朝 是 662F

音 ゼ 中 訓 こ-れ 外

筆順 是

たちなり [象形]さじの形をえがいた字。「これ、この、正しい」などの意味に借りて使われている。

意味 ただしい。よいとみとめる。例 是が非でも。是正・国是 対 非

【是正】ぜせい Ⅲ〈―する〉わるいところやまちがったところを直して、正しいものにすること。例 不公平を是正する。類 改正

【是是非非】ぜぜひひ 「よいものはよく、わるいものはわるい」と、公平に考える態度。

【是認】ぜにん ⇩〈―する〉それでよい、その通りであるとみとめること。類 容認・承認 対 否認

【是非】ぜひ ⇕①正しいことと正しくないこ

と。例是非を問う。類理非・曲直・善悪・可否
②どうしても。あとに願望や命令のことばをつけて、強くねがう気持ちを表す。例ぜひお会いしたい。ぜひ行きなさい。表現「是非もない」は、いいもわるいも言っていられない、しかたがないということ。

星

日-5 総画9 2年

明朝 星 661F

音セイ・ショウ㊥ 訓ほし

筆順 ながく

なりたち [形声]「日」は、もと「晶」で、多くのほしをえがいたもの。「生」は「セイ」という読み方をしめしている。「セイ」は「きよらか」の意味をもち、きよらかな光をはなつ「ほし」を表す字。

意味
❶ほし。宇宙にある天体。例衛星
❷としつき。例星霜
❸めあて。ねらったところ。例本星・目星
❹試合などの勝ち負け。例黒星

注意するよみ ショウ…例明星

名前のよみ とし

❶〈ほし〉の意味で

【星雲】せいうん ↓銀河系の内にある、ガスやちりの集まり。表現 以前は、星の集まりのこともいったが、今はそれは「銀河」という。

【星座】せいざ ↓夜空に見える星と星とをむすび、なにかの形を想像して名前をつけたもの。知識 星座の名は、ギリシャ神話によるものが多いが、国や文化がちがえば、星座のとらえ方もちがう。西洋の「おおぐま座」は中国の「北斗」。

【星団】せいだん ↓多くの恒星がかたまって見えるもの。恒星の集団。

【星影】ほしかげ ↓星の光。例きらめく星影。

【星屑】◆ほしくず ↓夜空に光る、小さな数多くの星。

【星月夜】ほしづきよ・ほしづくよ 星の光で、月夜ほどに明るい夜。

❷〈としつき〉の意味で

【星霜】せいそう 川年月。長いとしつき。例星霜をへる。幾星霜。類春秋 参考星は一年で天を一周し、霜は年ごとにおりることから。

星が下につく熟語 上の字の働き

❶星＝〈ほし〉のとき
【恒星 衛星 惑星 遊星 流星 明星 巨星】ドウイウ星か。
【土星 北極星 南十字星】ナニという名の星か。

❹星＝〈試合などの勝ち負け〉のとき
【白星 黒星 金星】ドウイウ勝ち負けか。

◆図星 目星

昼

日-5 総画9 2年

明朝 昼 663C

旧字 晝 665D

音チュウ 訓ひる

筆順

なりたち 晝 [会意]もとの字は、「晝」。「𦘒」が「くぎる」意味を表し、夜と区別して、「日」のでっている「ひる」として使われている字。

意味
❶ひるま。一日のうちの明るいあいだ。例昼と夜。昼日中。昼夜・白昼 対夜
❷正午。おひるどき。ひるめし。例昼の時報。お昼にしよう。昼飯・昼食

❶〈ひるま〉の意味で

【昼夜兼行】ちゅうやけんこう ひるも夜も休まずに、仕事などを進めること。例昼夜兼行の突貫工事。

【昼日中】ひるひなか 類白昼・日中・真昼 朝でも夕方でもない、まさにひるま。

【昼間】ひるま・ちゅうかん ↓朝から夕方までの明るいあいだ。例真っ昼間。類白昼 対夜間

❷〈正午〉の意味で

【昼食】ちゅうしょく・ちゅうじき ↓ひるの食事。ひるめし。ランチ。関連朝食・昼食・夕食・夜食

【昼餉】◆ひるげ ↓昼ごはん。参考「け」は食事を表す古いことば。関連朝餉・昼餉・夕餉

昼が下につく熟語 上の字の働き

❶昼＝〈ひるま〉のとき
【白昼 真昼】ドウイウ昼か。

◆夜昼

【昴】

日-5 総画9 人名 明朝 昴 6634

音 ボウ外 訓 すばる外

意味 すばる。おうし座にあるプレアデス星団。

[文字物語] ☞ このページ

名前のよみ あきら

【昧】

日-5 総画9 常用 明朝 昧 6627

音 マイ中 訓 くら-い外

筆順 丨 冂 日 日一 日二 日キ 昧 昧

意味 くらい。あかるくない。うすぐらい。例 曖昧(はっきりしないようす)

【晏】

日-6 総画10 人名 明朝 晏 664F

音 アン外 訓 —

意味 やすらか。静かで安らかである。

名前のよみ さだ・はる・やす・やすし

【晃】

日-6 総画10 人名 明朝 晃 6643

音 コウ外 訓 あき-らか外

意味 あきらか。光る。例 晃晃

参考 「晄」の字も、人名用漢字。

名前のよみ あき・てる・ひかる・みつ

文字物語 昴

牡牛座にある星団の名「昴」。小さな六つの星がてんてんとつながって輪になっているように肉眼には見えるが、じつは三百ほどの星の集まりである。

「すばる」といえば、明治のすえから大正のはじめにかけて出版された、森鷗外・北原白秋・高村光太郎などのかつやくする文芸雑誌『スバル』がとくに有名である。

「スバル」とかたかなで書かれることが多いから、てっきり西洋から来たことばかと思うと、そうではなく、わが国に大昔からあった、れっきとした日本語なのである。「統べる(たくさんのものを一つにまとめる)」ということばの古い形「すぶ」に対する「すばる(たくさんのものが一つにまとまっている)」ということばからきているという。

「すばるぼし」、何だか夢のあることば。

【晒】

日-6 総画10 人名 明朝 晒 6652

音 サイ外 訓 さら-す外

意味 さらす。日光にあてて乾かす。

【時】

日-6 総画10 2年 明朝 時 6642

音 ジ 訓 とき

筆順 丨 冂 日 日一 日十 日土 時 時 時 時（ながく・はねる）

なりたち [形声]「寺」が「ジ」という読み方をしめしている。「ジ」は「うつる」意味をもち、「日」のうつりかわりから、「季節、とき」として使われる字。

意味

❶とき。月日のうつりかわりや時間のくぎり。例 時は金なり。時刻・日時

❷一時間。一日の二十四分の一。六十分。例 午後二時。十四時。時速

❸そのとき。そのときどきの。その時期・時代。例 時の運。時世・当時

❹《その他》例 時化

特別なよみ 時雨(しぐれ)・時計(とけい)

名前のよみ はる・ゆき・よし

❶〈とき〉の意味で

【時間】じかん ↓ ①止まることなくうつっていく「時」の流れ。対 空間 ②内容があって、まとまっているある長さの「時」。例 食事の時間。類 時限 ③時の流れの中のある一点。例 約束の時間。類 時刻 参考 ☞【時刻】(ひだりのページ)❷

【時限】じげん ↓ ①時間をかぎること。例 時限爆弾(ある時間がたつと、爆発するしかけの爆弾)。②学校の授業時間のくぎり。例 第二時限。類 校時・時間

【時効】じこう ↓ 法律で、一定の期間がすぎたために問題にすることができなくなること。例 時効が成立する。表現 ふつうの会話でも、「その話はもう時効だよ」などと、古いことだからもう責任をとったりひみつをまもったりしなくてもよいという意味に使う。

【時候】じこう ↓ 季節ごとの気候。類 時節 例 手紙は時候のあいさつから書き始める。

【時刻】じこく ↓ 時の流れの中のある一点。例 発車時刻。表現 時の流れをものさしと見れば、「時刻」はめもりで、「時間」はめもりからめもりまでの長さだといえる。しかし、じっさいには、「時刻」というべきところを「時間」ということも多い。

【時差】じさ ↓ ①地球上の各地で使われる標準時をくらべたときの時刻の差。例 時差ぼけ。②時刻をずらすこと。例 時差出勤。

【時時刻刻】じじこっこく 時間がたつにつれて。例 時々刻々変化する。類 刻一刻

【時日】じじつ Ⅲ ①ある決まった日と時刻。日取り。例 時日は追ってお知らせします。類 日時 ②ある長さの時間。類 日時・年月・歳月

【時節】じせつ Ⅲ 季節。類 時候 ☞❸

【時点】じてん ↓ 時間の流れの中のある一点。例 現時点ではまだ解決していない。

【時報】じほう ↓ 標準時刻をラジオなどで知らせること。例 正午の時報。☞❸

【時折】ときおり Ⅲ ときどき。ときたま。

【時計】とけい ↓ 時刻を知ることができるようにした器械。

❷〈一時間〉の意味で

【時間】じかん ↓ 時間の長さをはかる単位として、一日を二十四等分した、その一つ一つの長さ。六十分。☞❶

【時給】じきゅう ↓ 一時間いくらと決めた給料。時間給。関連 時給・日給・週給・月給・年俸

【時速】じそく ↓ 速さの単位。一時間に進む距離で表す。関連 秒速・分速・時速

❸〈そのとき。そのときどきの〉の意味で

【時価】じか ↓ そのときどきの品物のねだん。とくに、今のねだん。相場がかわりやすいものについていう。類 相場・市価

【時期】じき Ⅲ なにかをするときの、いつごろとか、いつからいつまでとかのある長さの時間。例 時期尚早(まだ、それをするときではない)。時期がわるい。類 時分

【時機】じき ↓ 今がちょうどよいという、ぴったりのとき。チャンス。例 時機をうかがう。類 潮時・機会・好機・時節

【時局】じきょく ↓ そのときの社会の動きやなりゆき。例 時局に対応する。

【時雨】しぐれ ↓ 秋の終わりから冬にかけての、ふったりやんだりする雨。

【時事】じじ ↓ そのときどきの世界の動きや社会のできごと。例 時事問題。

【時世】じせい ↓ ときとともにうつりかわる世の中。例 けっこうなご時世だ。類 時代 表現「時世時節」のように、「ときよ」ともいう。

【時勢】じせい ↓ うつりかわる世のなりゆき。世の中の動き。例 時勢におくれる。

【時節】じせつ ↓ そのことをするのにちょうどよいとき。チャンス。例 時節到来。類 時機 表現「時機」よりやや長い期間をいう。☞❶

【時代】じだい Ⅲ ①歴史のうえで、長い年月をそれぞれの特徴によってくぎったもの。類 年代 ②あるまとまりをもった、ひとくぎりの期間。例 少年時代。③時とともに動いている世の中。例 時代の先端をいく。類 時流・時世 ④むかしの世の中。例 時代劇。時代物。

【時代劇】じだいげき 武家の時代に題材をとった映画や演劇。まげもの。対 現代劇

【時代考証】じだいこうしょう 映画や演劇などで、衣装や道具などがその時代に合っているかを調べること。

【時代錯誤】じだいさくご ①時代のちがうものごとをおなじ時代のものごとだと考えてしまうこと。②考えが古くて、今の時代に合わないこと。時代おくれ。

【時評】じひょう ↓ ①世の中の動きのなかでの批評。例 文芸時評。②あることについての、そのころの評判。例 時評にのぼる。

【時分】じぶん ↓ ①とき。ころ。例 若い時分。類 時期 ②ちょうどいいとき。例 時分を見る。

【時報】じほう ↓ そのときどきのできごとの知ら

せ。それをのせた新聞や雑誌。☞❶

【時流】↓その時代の動きや、考え方。例時流にのる。類風潮・潮流・時代

【時時】‖①そのときそのとき。そのときごと。例時々の話題。類刻刻 ②たまに。ときおり。例祖母に時々電話をかける。

❹《その他》

【時化】◎①はげしい風や雨のために海があれること。②海があれて、魚がとれないこと。類不漁

⬅時が下につく熟語 上の字の働き

❶時＝〈とき〉のとき
【一時 片時 瞬時 暫時】ドノクライの長さの時か。
【同時 定時】ドウイウ時か。

❸時＝〈そのとき。そのときどきの〉のとき
【今時 近時 当時 往時 常時】時が進むなかでイツの時期か。
【戦時 平時】社会的にドウイウ時期・時代か。
【臨時 随時】その時にドウスルのか。
【災害時 緊急時】ドノヨウナ場合か。
◆潮時 日時 毎時 幼時 零時

【晋】
日-6 総画10 人名 明朝 晋 664B

音シン外 訓すす-む外

意味 すすむ。すすみのぼる。

名前のよみ あき・くに・ゆき

【晟】
日-6 総画10 人名 明朝 晟 665F

音セイ外 訓 ―

意味 あかるい。

名前のよみ あきら・てる・まさ

【晦】
日-7 総画11 人名 明朝 晦 6666

音カイ外 訓みそか外・くら-い外

意味 ❶みそか。月の終わりの日。つごもり。例晦日 対朔 ❷くらい。

【晨】
日-7 総画11 人名 明朝 晨 6668

音シン外 訓あした外

意味 夜明け。朝。例晨星

【暁】
日-8 総画12 常用 明朝 暁 6681 旧字 曉 66C9

音ギョウ高 訓あかつき中

筆順

なりたち 【形声】もとの字は、「曉」。「堯」が「ギョウ」という読み方をしめしている。「ギョウ」は「あきらか」の意味をもち、「日」があかるくなる「夜あけ」を表す字。

漢字パズル ⑧ かきじゅん

正しい筆順は、どちらの道でしょうか。

① イ ア
② イ ア
③ イ ア
④ イ ア

答えは1130ページ

意味 夜明け。あけがた。あかつき。例 暁の空。暁天・通暁

名前のよみ あき・あきら・さとし・さとる・とき・とし

。【暁天】⇩ 明け方の空。表現「暁天の星」は、見つけるのに苦労するほど数が少ないことをいう。

◆早暁 通暁

景

日−8 総画12 4年

明朝 景 666F

音 ケイ 訓 ―

筆順 （ながく・はねる・とめる）

なりたち [形声]「京」が「ケイ」という読み方をしめしている。「ケイ」は「あきらか」の意味をもち、あきらかな「日」の光を表す字。

意味 ❶けしき。ようす。例 景気・風景 ❷おもむきをそえるもの。例 景物

特別なよみ 景色(けしき)

名前のよみ あきら・かげ・ひろ

❶〈けしき〉の意味で

【景観】Ⅲ 目に入ってくる景色。

【景気】Ⅲ ①世の中の金のまわりぐあい。例 不景気。②商売がうまくいっているかどうか。例 景気がよい。③ものごとのいきおい。例 景気のいいよび声。類 元気・威勢

【景勝】▽ 景色がよいこと。例 景勝の地。類 名勝

【景物】⇩ 春夏秋冬、そのおりおりの景色におもむきをそえるもの。例 風鈴も夏の景物の一つだ。☞❷

【景色】Ⅲ 山や川・海などの自然のながめ。例 冬景色。類 風景・風光

❷〈おもむきをそえるもの〉の意味で

【景品】⇩ ①売る品物にそえる「おまけ」の品。類 景物 ②行事に参加したり、ゲームで得点した人におくる品物。例 福引きの景品。

【景物】⇩ そえもの。類 景品 参考 ❶の「景物」の「おもむきをそえるもの」という意味から、日本では、そえものとして出す品物をいうようになった。さらに、「景品」ということばも日本でできた。☞❶

←景が下につく熟語 上の字の働き

❶景＝〈けしき〉のとき

【光景 情景 風景】近い意味。

【近景 遠景 背景 全景 点景 絶景 殺風景】ドノヨウナ風景か。

◆叙景

暑

日−8 総画12 3年

明朝 暑 6691 旧字 暑 FA43

音 ショ 訓 あつ-い

筆順

なりたち [形声]「者」が「ショ」とかわって読み方をしめしている。「シャ」は「もえる」意味をもち、太陽(日)が「あつい」として使われる字。

例解 使い分け

あつい《暑い・熱い・厚い》

暑い＝気温が高い。対 寒い
例 日ざしが暑い。むし暑い。ことしの夏はとくに暑い。

熱い＝そのものの温度が高い。対 冷たい
例 熱い湯を注ぐ。鉄は熱いうちに打て。熱いまなざしを向ける。熱い思い。

厚い＝物の表と裏のへだたりが大きい。心がこもっている。対 薄い
例 厚い辞典。厚い紙を折る。情が厚い。

意味 あつい。あつさ。暑い日。暑気・残暑 対寒 例暑さ寒さも彼岸まで。

例解［使い分け］あつい［暑・熱・厚］☞597ページ

【暑気】↓夏のあつさ。例暑気あたり。暑気ばらい。対寒気

【暑中】↓夏のあついあいだ。とくに、夏の土用の十八日間。例暑中見舞い。対寒中

◆暑が下につく熟語 上の字の働き

【酷暑 猛暑】ドノクライの暑さか。

◆炎暑 残暑 避暑

晶

音ショウ㊥ 訓―

日－8 総画12 常用 明朝 晶 6676

筆順

なりたち 晶 ［会意］「日」を三つかさねて、「あかるい」ことを表している字。

意味 規則正しくならんで、きらきらかがやくもの。例結晶・水晶

名前のよみ あき・あきら・てる・まさ

晴

音セイ 訓は－れる・は－らす

日－8 総画12 2年 明朝 晴 6674

筆順 とめる はねる

なりたち ［形声］もとの字は「晴」。「青」が「すみきる」意味と「セイ」という読み方をしめしている。「はれてすみきった日」を表している字。

意味 はれる。天気がよい。すみきる。例晴れのちくもり。晴天・快晴

名前のよみ きよし・てる・はる

【晴雨】↕晴れと雨ふり。例晴雨計。晴雨兼用のかさ。

【晴耕雨読】〈―する〉晴れた日には田畑をたがやし、雨の日には家で読書をすること。職業にしばられない気ままな生活。例晴耕雨読の日々。類悠悠自適

【晴天】↓よく晴れた空。天気のよいこと。例運動会は晴天にめぐまれた。類好天

【晴朗】↓〈―な〉空が気持ちよく晴れわたっているようす。例天気晴朗。

智

音チ㊖ 訓―

日－8 総画12 人名 明朝 智 667A

意味 頭のはたらき。知恵。例叡智

名前のよみ あきら・さと・さとし・さとる・とし・とみ・とも・のり・まさる・もと

晩

音バン 訓おそ－い㊖

日－8 総画12 6年 明朝 晩 6669 旧字 晩 665A

筆順 はねる おらない

なりたち 晩 ［形声］「免メン→バン」が「ぬけ出る」ことを表し、「バン」とかわって読み方をしめしている。「日」が見えなくなることから、夕暮れを表す字。

意味 ❶日暮れ以後。夜。例晩のご飯。昨晩 ❷おそい。時期がおそいこと。例晩年・早晩 対早

❶〈日暮れ以後〉の意味で

【晩餐】↓りっぱな夕食。例晩餐会。参考「餐」は、ごちそう。

【晩酌】↓家で夕食のときに酒を飲むこと。例晩酌を楽しむ。

【晩鐘】ばんしょう ↓ 夕方に鳴らす寺院・教会などの鐘。入り相の鐘。

❷〈おそい〉の意味で

【晩夏】↓夏の終わりのころ。関連初夏・盛夏・晩夏

【晩学】↓年をとってから学問を始めること。例晩学の人。

【晩婚】↓ふつうの人よりおそく、年をとってから結婚すること。対早婚

【晩秋】↓秋の終わりのころ。類暮秋 関連初秋・仲秋・晩秋

【晩春】↓春の終わりのころ。類暮春 対早春 関連初春・仲春・晩春

【晩成】ばんせい ↓ ほかの人よりおそく、年をとってからりっぱになること。例 大器晩成。
【晩冬】ばんとう ↓ 冬の終わりのころ。対 初冬
【晩年】ばんねん ↓ 一生の終わりの、死に近い時期。例 作者の晩年の作品。

←晩が下につく熟語 上の字の働き
❶晩＝〈日暮れ以後〉のとき【昨晩 明晩 翌晩】イツの晩か。
◆早晩 毎晩

普

日－8 総画12 常用 明朝 普 666E

音 フ 中　訓 —

筆順 普 普 普 普 普 普 普

なりたち ［形声］もとの字は、「普」。「竝」が「ならぶ」意味と「フ」とかわって読み方をしめしている。「日」の光がいきわたることを表す字。「いきわたる」意味に借りて使われる。

意味
❶広くいきわたっている。例 普及
❷《その他》例 普段

名前のよみ ひろ・ひろし・ゆき

❶〈広くいきわたっている〉の意味で
【普及】ふきゅう ↓〈―する〉広くいきわたること。
【普請】ふしん ↓〈―する〉家をつくる工事や土木工事をすること。例 安普請。類 建築
【普通】ふつう ↓〈―な〉〈―に〉いつもの場合や、ほかのものとおなじで、かわったところのないこと。例 普通の人。類 通常 対 特別・特殊
【普遍】ふへん Ⅲ 広く、すべてのものに当てはまること。例 普遍性がある。対 特殊

❷《その他》
【普段】ふだん ◎ いつも。ひごろ。例 ふだんの服装。類 平生・日常 表記「不断」とも書く。

暗

日－9 総画13 3年 明朝 暗 6697

音 アン　訓 くら-い

筆順 暗 暗 暗 暗 暗 暗 暗

なりたち ［形声］「音（イン―オン）」が「アン」とかわって読み方をしめしている。「イン」は「かげ」の意味をもち、「日かげ」のくらいことを表す字。

意味
❶くらい。はっきりしない。黒ずんでいる。例 見通しが暗い。暗黒・明暗 対 明
❷おろか。例 暗愚・暗君
❸おもてにあらわれない。かくされている。それとはなしに。例 暗におわせる。
❹そらんじる。頭の中でする。例 暗記

❶〈くらい〉の意味で
【暗雲】あんうん ↓ 今にも雨がふり出しそうな黒い雲。表現「暗雲がただよう」は、戦争など、なにかよくないことが起こりそうな、重苦しいふんいきやようすを表す。
【暗黒】あんこく Ⅲ〈―な〉①まっくら。類 暗闇 ②文化もなく、悪がはびこること。例 暗黒街。
【暗室】あんしつ ↓ 光が入らないようにした暗いへや。写真の現像や理科の実験などに使う。
【暗然】あんぜん ☒〈―たる〉悲しみでむねがいっぱいになっている。例 暗然たる気分。
【暗中模索】あんちゅうもさく〈―する〉なんの手がかりもないまま、答えをもとめてあれこれやってみること。例 研究は暗中模索の状態だ。参考 中国でのもともとの意味は、よく知っているものは、暗いところで手さぐりすることになってもはっきりわかる、というものであった。
【暗転】あんてん ↓〈―する〉劇で、幕をおろさずに舞台を暗くして次の場面にかえること。
【暗幕】あんまく ↓ へやを暗くするために引く、黒く厚いカーテン。
【暗闇】くらやみ Ⅲ まっくら。まっくらな所。類 闇

❷〈おろか〉の意味で
【暗愚】あんぐ Ⅲ〈―な〉〈―に〉ものごとがよくわからず、おろかなこと。例 暗愚な王。対 英明
【暗君】あんくん ↓ おろかな君主。対 明君

❸〈おもてにあらわれない〉の意味で
【暗号】あんごう ↓ なかまのあいだだけで、とり決めたひみつの符号。類 符丁
【暗合】あんごう ↓〈―する〉思いがけなくぴったり合うこと。例 二つの事件の暗合におどろく。
【暗殺】あんさつ ↓〈―する〉政治や思想のうえで反対

◀次ページ 暇 暉 暖 暢

の立場の人を、すきをねらって殺すこと。

【暗示】あんじ ↓〈―する〉①はっきり言わずに、それとなくしめすこと。ヒント。類示唆 対明示 ②知らず知らずのうちに、ある気持ちを起こさせるようなはたらきかけをすること。例暗示にかける。自己暗示。

【暗証】あんしょう ↓本人だけが知っている文字や数字。例暗証番号。

【暗礁】あんしょう ↓水面の下にかくれている岩。類岩礁 表現「暗礁に乗り上げる」は、思わぬ困難にあって、いきづまることをいう。

【暗黙】あんもく Ⅱなにも言わずにだまっていること。例暗黙のうちにみとめる。

【暗躍】あんやく ↓〈―する〉かげで動きまわり、なにかしくんだりたくらんだりすること。類策動

❹〈そらんじる〉の意味で

【暗記】あんき ↓〈―する〉書いたものを見ないで、言ったり書いたりできるようにおぼえること。例丸暗記。

【暗算】あんざん ↓〈―する〉紙やそろばんなどを使わず、頭の中だけでする計算。例暗算でできるかんたんな問題。対筆算

【暗唱】あんしょう ↓〈―する〉文章などをよくおぼえていて、書いたものを見ないで口に出して言うこと。例詩を暗唱する。

【暇】

日-9 総画13 常用 明朝 暇 6687

音カ中 訓ひま中

筆順

なりたち 暇 [形声]「叚」が「カ」という読み方をしめしている。「カ」は「すきま」の意味（一説に「いる」意味）をもち、なにごともない「日」を表す字。

意味 ひま。いとま。仕事をしない時間。やることがない時間。例暇をつぶす。休暇

◆休暇 寸暇 余暇

【暉】

日-9 総画13 人名 明朝 暉 6689

音キ外 訓かがや-く外

意味 かがやく。光る。

名前のよみ あき・あきら・てる

【暖】

日-9 総画13 6年 明朝 暖 6696

音ダン 訓あたた-か・あたた-かい・あたた-まる・あたた-める

筆順（ながく・ださない・はらう）

なりたち [形声]「爰」が「ダン」とかわって読み方をしめしている。「エン」は「あたたかい」意味をもち、「日」のあたたかいことを表す字。

意味 あたたかい。あたためる。例へやを暖める。暖をとる。温暖。あたたかい 対寒・冷

例解 [使い分け] あたたかい[暖・温] ☞ひだりのページ

名前のよみ はる

【暖色】だんしょく ↓赤・だいだい・黄など、あたたかい感じがする色。対寒色

【暖冬】だんとう ↓いつもの年よりあたたかい冬。

【暖房】だんぼう ▲〈―する〉へやの中をあたためること。対冷房

【暖流】だんりゅう ↓赤道付近から南北にむかって流れる、まわりの水温より温度が高い海流。メキシコ湾流・日本海流（黒潮）などがある。対寒流

【暖炉】だんろ ↓暖房用に火をもやす場所。ふつう、洋間のかべの一部に作りつける。

【暖簾】のれん ↓①店の名前や品物の名前などをそめぬいて店先にさげる布。②へやをかんたんにしきったり、かざりにしたりするために、入り口にさげる布。表現 暖簾には商店の屋号を書いたから、「暖簾を分ける」が、長く店ではたらいた店員に支店を作ることをゆるす意味になった。「暖簾にかかわる」は、店の信用を左右する大問題であること。

◆温暖 寒暖

【暢】

日-10 総画14 人名 明朝 暢 66A2

音チョウ外 訓の-びる外

意味 のびのびしている。よくとおる。例流暢

名前のよみ いたる・とおる・なが・のぶ・まさ・みつ・みつる

暮

音 ボ中 訓 く-れる・く-らす

日-10 総画14 6年

明朝 暮 66AE

筆順 一 艹 莫 暮 暮 暮 暮 暮（ながく）（はらう）

なりたち 形声「莫(ボ)」が「日が暮れる」ことを表す会意文字であったが、「ない」意味に使われるようになったため、さらに「日」をくわえて形声文字として「日暮れ」を表した字。

意味
❶日が暮れる。夕暮れ。例暮色・薄暮
❷季節や年がおわりになる。例年の暮れ。暮春・歳暮
❸くらす。生活する。例暮らし向き。

❶〈日が暮れる〉の意味で
【暮色】ぼしょく ↓夕暮れの景色。夕やみ。例暮色につつまれる。

❷〈季節や年がおわりになる〉の意味で
【暮秋】ぼしゅう ↓秋の終わりごろ。類晩秋
【暮春】ぼしゅん ↓春の終わりごろ。類晩春

暦

音 レキ中 訓 こよみ中

日-10 総画14 常用

明朝 暦 66A6 旧字 曆 66C6

筆順 一 厂 厈 厤 厤 厤 暦 暦

なりたち 形声 もとの字は、「曆」。「厤」が「そろえる」意味と「レキ」という読み方をしめしている。「日」をそろえてかぞえることから、「こよみ」として使われている字。

意味 こよみ。例暦をめくる。西暦

【暦年】れきねん ↓こよみのうえで決めた一年。太陽暦では、平年は三六五日、うるう年は三六六日。
【暦法】れきほう ↓こよみを作る方法。こよみについてのきまり。

←暦が下につく熟語 上の字の働き
【陽暦(太陽暦) 陰暦(太陰暦)】ナニを基準にした暦か。
【新暦 旧暦】イツ使われた暦か。
◆還暦 西暦

例解 使い分け あたたかい《暖かい・温かい》

暖かい＝寒くもなく暑くもない。気温・気象がほどよい。
例暖かい春。暖かいへや。みかんは暖かい地方でとれる。

温かい＝冷たくもなく熱くもなく、ぬくもりがほどよい。愛情や思いやりが感じられる。
例温かい料理。温かい心。温かいもてなしを受ける。

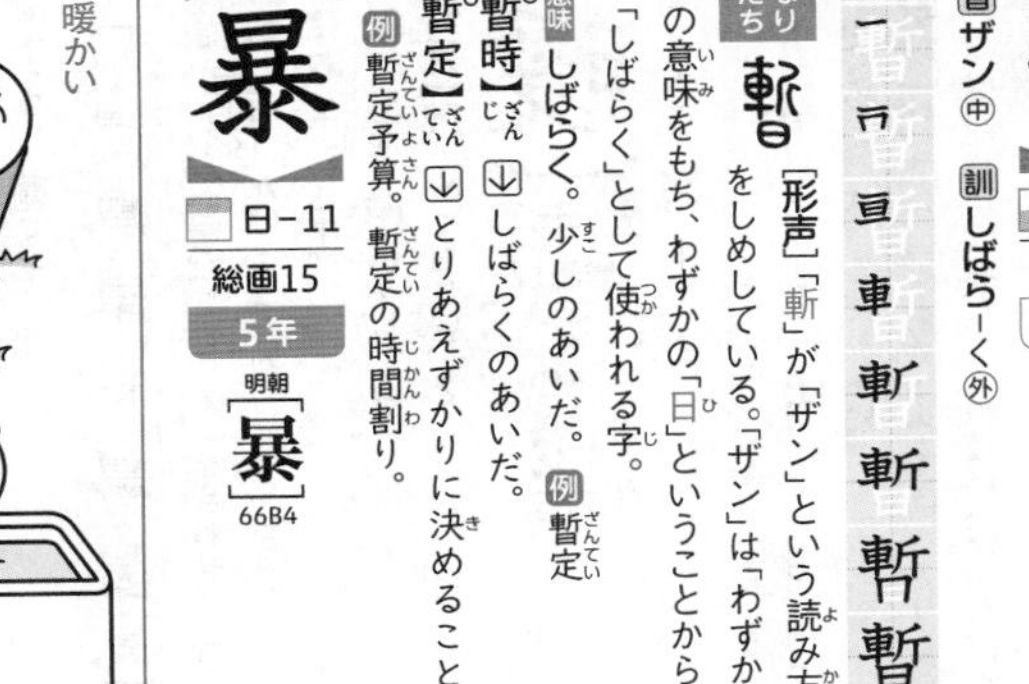

暫

音 ザン中 訓 しばら-く外

日-11 総画15 常用

明朝 暫 66AB

筆順 一 亘 亘 車 斬 斬 暫 暫

なりたち 形声「斬」が「ザン」という読み方をしめしている。「ザン」は「わずか」の意味をもち、わずかの「日」ということから、「しばらく」として使われる字。

意味 しばらく。少しのあいだ。例暫定

【暫時】ざんじ ↓しばらくのあいだ。
【暫定】ざんてい ↓とりあえずかかりに決めること。例暫定予算。暫定の時間割り。

暴

日-11 総画15 5年

明朝 暴 66B4

音 ボウ・バク 中 訓 あば-く 高・あば-れる

筆順 （ながく／はらう／水にならない）

たちなり [会意]もと「氺」は「米」で、両手(廾)で米を「日」に「出」してさらすことを表した字。

意味 ❶あばれる。むちゃくちゃになにかをする。あらあらしい。急に。例 馬が暴れる。暴をもって暴に報いる。暴力・乱暴

❷あばく。日にさらす。あかるみに出す。例 ひみつを暴く。暴露

注意するよみ バク…例 暴露

❶〈あばれる〉の意味で

【暴飲暴食】〈—する〉めちゃくちゃに飲んだり食べたりすること。

【暴漢】↓らんぼうなことをする悪い男。

【暴挙】↓実にひどい、むちゃくちゃなおこない。例 暴挙に出る。

【暴君】↓むちゃくちゃなやり方で人民を苦しめる君主。例 暴君の悪政に泣く。

【暴言】↓礼儀からはずれた、むちゃくちゃなことば。例 暴言をはく。

【暴行】↓〈—する〉力ずくで人をいじめること。類 乱暴

【暴政】↓国民を苦しめるひどい政治。類 悪政

【暴走】↓〈—する〉①バイクや車でむちゃくちゃに走る。例 暴走族。②車や機械などがかってに動きだす。例 電車が暴走して脱線する。③まわりのことを考えず、かってにおし進める。例 やり方が暴走気味だ。類 独走

【暴徒】↓集まってさわぎを起こした人たち。例 暴徒を鎮圧する。暴徒と化す。

【暴騰】↓〈—する〉もののねだんが、急に大きくあがること。例 物価が暴騰する。類 急騰 対 暴落

【暴動】↓集まった人たちがひとかたまりになってあばれること。類 反乱

【暴発】↓〈—する〉①なにかのはずみで銃弾がとび出すこと。例 暴発事故。②事件などが急に起こること。

【暴風雨】はげしい雨と風。あらし。

【暴落】↓〈—する〉もののねだんが、急に大きく下がること。例 株価が暴落する。類 急落 対 暴騰

【暴利】↓よくないやり方をしてでも手に入れる大きな利益。例 暴利をむさぼる。

【暴力】↓力ずくのらんぼうなふるまい。例 暴力をふるう。暴力ざた。

【暴論】↓すじみちの通らない、むちゃくちゃな意見。例 暴論をはく。

❷〈あばく〉の意味で

【暴露】Ⅲ〈—する〉人がかくしていたことを世間に知れわたるようにすること。例 正体を暴露する。不正を暴露する。

暴が下につく熟語 上の字の働き

❶暴＝〈あばれる〉のとき

【凶暴 粗暴 横暴】近い意味。

【狂暴 乱暴】ドノヨウニあらあらしいか。

曇

日-12 総画16 常用 明朝 曇 66C7

音 ドン 中 訓 くも-る 中

筆順

たちなり [会意]「日」と「雲」を合わせて、日がかげることから、「くもる」として使われている字。

意味 くもる。例 曇り日。曇天

【曇天】↓くもり空。くもった天気。

曖

日-13 総画17 常用 明朝 曖 66D6

音 アイ 中 訓 —

筆順

意味 くらい。はっきりしない。

【曖昧】Ⅲ〈—な・—に〉あやふやではっきりしない。例 記憶が曖昧だ。曖昧模糊（模糊もぼんやりしてはっきりしないようす）。

曙

日-13 総画17 人名 明朝 曙 66D9

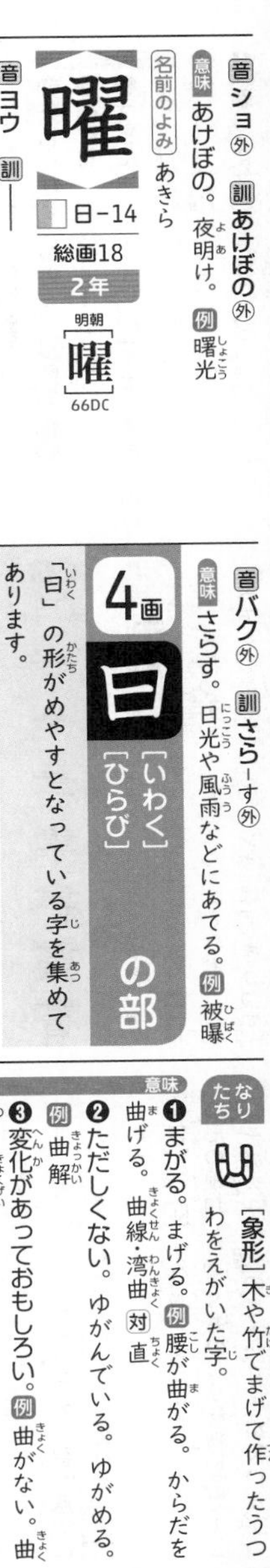

音 ショ(外) 訓 あけぼの(外)

意味 あけぼの。夜明け。例 曙光

名前のよみ あきら

曜

日-14 総画18 2年 明朝 曜 66DC

音 ヨウ 訓 —

筆順 日 旿 曜 曜 曜 曜 曜（羽にならない）

なりたち [形声]もとの字は、「曜」。「翟」が「ヨウ」とかわって読み方をしめしている。「テキ」は「てりかがやく」意味をもち、「日」のてりかがやくことを表す字。

意味 ❶ひかる。かがやく。かがやく日や月や星。例 黒曜石。❷週の七つの曜日。例 七曜表。月曜

名前のよみ あきら・てる

❷〈週の七つの曜日〉の意味で

【曜日】↓ 日曜日から土曜日までの一週間のそれぞれの日。

←曜が下につく熟語 上の字の働き

❷曜＝〈週の七つのようび〉のとき

【月曜 火曜 水曜 木曜 金曜 土曜 日曜】一週間のうちのナニの曜日か。

曝

日-15 総画19 人名 明朝 曝 66DD

音 バク(外) 訓 さら-す(外)

意味 さらす。日光や風雨などにあてる。例 被曝

4画 日 [いわく][ひらび] の部

「日」の形がめやすとなっている字を集めてあります。

この部首の字 2 曳…603 曲…603 3 更…604 6 書…604 7 曹…605 曽…605 8 最…606 替…608

甲▸田776 申▸田777 由▸田777 昌▸日588 冒▸目809 香▸香1107 智▸日598 量▸里1040

曳

日-2 総画6 人名 明朝 曳 66F3

音 エイ(外) 訓 ひ-く(外)

意味 ひく。引っぱる。引きずる。例 曳航

名前のよみ とお・のぶ

【曳航】↓〈-する〉船が、綱をつけて別の船を引くこと。

曲

日-2 総画6 3年 明朝 曲 66F2

音 キョク 訓 ま-がる・ま-げる

筆順 丨 冂 巾 由 曲 曲（はっきりだす）

なりたち [象形]木や竹でまげて作ったうつわをえがいた字。

意味 ❶まがる。まげる。例 腰が曲がる。からだを曲げる。曲線・湾曲 対 直 ❷ただしくない。ゆがんでいる。ゆがめる。例 曲解 ❸変化があっておもしろい。例 曲がない。曲乗り・曲芸 ❹音楽のメロディーや作品。例 名曲

発音あんない キョク→キョッ… 例 曲解

❶〈まがる〉の意味で

【曲折】Ⅲ〈-する〉①曲がりくねっていること。例 曲折した山道。②こみいったなりゆきや、わけ。例 紆余曲折。

【曲線】↓ なめらかな丸みをもった線。例 双曲線。対 直線

❷〈ただしくない〉の意味で

【曲学阿世】学者が学問上の真理をゆがめても、世の流れに調子を合わせ、人気取りをすること。例 曲学阿世の徒。

【曲直】⇕ 正しくないことと正しいこと。例 曲直を明らかにする。類 理非・是非

【曲解】↓〈-する〉ものごとの意味をわざとゆがめて受けとめること。例 曲解もはなはだしい。類 邪推・誤解

❸〈変化があっておもしろい〉の意味で

【曲芸】↓ つなわたりや玉乗りなど、おもしろいわざを見せる芸。類 芸当

◀次ページ 更 書

【曲馬団】サーカス。

❹〈音楽のメロディーや作品〉の意味で

【曲目】⬇ 音楽の曲の名前。

⬅曲が下につく熟語 上の字の働き

❶曲＝〈まがる〉のとき

【屈曲 湾曲】近い意味。

❹曲＝〈音楽のメロディーや作品〉のとき

【作曲 編曲】曲をドウスルか。

【序曲 組曲 交響曲 舞曲 歌曲】ドウイウ形式の曲か。

◆戯曲 名曲 謡曲

更

日–3 総画7 常用 明朝 更 66F4

音 コウ㊥ 訓 さら㊥・ふ–ける㊂・ふ–かす㊂

筆順

なりたち [形声]「丙」と「攴」とからできた字。「ヘイ」が「コウ」とかわって読み方をしめしている。「ヘイ」は「かわる」意味をもち、「攴」はむりにさせる意味を表すことから、「むりにかえる」ことを表す字。

意味 ❶新しくなる。かえる。例 更生・変更

❷ふける。例 夜が更ける。深更

❸さらに。そのうえに。例 更なる発展を期待する。殊更

例解 [使い分け] ふける[老・更] ☞903ページ

❶〈新しくなる〉の意味で

【更衣】▲ 服を着がえること。例 更衣室。

【更改】Ⅱ〈–する〉契約を、期限切れに合わせて、新しくし直すこと。例 契約の更改。

【更新】Ⅱ〈–する〉新しいものにかえること。また、かわること。例 記録を更新する。

【更正】▲〈–する〉税の申告や登記などの書面のあやまりを直すこと。

【更生】▲〈–する〉①立ち直って、もとのよい状態にもどること。類 再生 ②役に立たなくなったものを、もう一度使えるようにすること。リサイクル。例 更生品。類 再生

【更迭】Ⅱ〈–する〉入れかわること。とくに、ある地位や役目についている人をほかの人にかえること。例 大臣を更迭する。

【更地】⬇ 建物がなく、すぐに家がたてられるような土地。表記「新地」とも書く。

◆今更 殊更 深更 変更

書

日–6 総画10 2年 明朝 書 66F8

音 ショ 訓 か–く

筆順 だす ださない

なりたち [形声]「聿」と「者」とからでき、「者」が略されて「曰」となった字。「聿」はふでを持つ形で、「者」が「ショ」とかわって読み方をしめしている。「シャ」は「かきうつす」意味をもち、ふででかくことを表す字。

意味 ❶文字をかく。例 手紙を書く。書を習う。書写・書体・行書・清書

❷文字でかかれたもの。文字。筆跡。手紙。例 葉書

❸本。例 書をひもとく。書物・読書

例解 [使い分け] かく[書・描] ☞ひだりのページ

❶〈文字をかく〉の意味で

【書留】⬇「書留郵便」の略。郵便物をまちがいなくとどけるために別料金をとって、受取人から印鑑をもらうなどの特別あつかいをする郵便物。

【書家】⬇ 毛筆で文字を芸術的に書くことを仕事にしている人。

【書画】⇕ 文字を毛筆で書いた美術作品と絵。例 書画の展覧会。

【書記】Ⅱ〈–する〉会議の記録や、事務的な仕事をしたりすること。その役の人。

【書式】⬇ 証明書や願書などの、きまった書き方。例 書式にしたがう。

【書写】⬇〈–する〉①字を書くこと。書き写すこと。②小学校や中学校の国語科の学習内容のうちの、習字。毛筆も硬筆もある。類 筆写 表現 ふつう、字の書き方を習う意味に使い、文章などを書き写すときには、「筆写」という。

【書体】⬇ ①楷書・行書・草書などの、文字の形の種類。参考 ☞ものしり巻物13(437ページ) ②その人その人の書きぶりの出ている字の

形。

【書道】しょどう ↓ 毛筆で文字を美しく書く芸術。類 習字

❷〈文字でかかれたもの〉の意味で

【書簡】しょかん ↓ 手紙。類 書状・信書・書信 表現「手紙」よりあらたまった言い方。

【書状】しょじょう ↓ 手紙。類 書簡・書信 表現「手紙」よりあらたまった言い方。

【書信】しょしん ↓ 手紙。類 書簡・書状 表現「手紙」よりあらたまった言い方。

【書面】しょめん ↓ あることがらをつたえるために書きしるしたもの。例 書面で通知する。類 書状・手紙・文書

【書類】しょるい ↓ 伝票・帳簿・記録など事務として必要なことを書いた文書。例 重要書類。

❸〈本〉の意味で

【書院】しょいん ↓ ①本を読んだり、ものを書いたりするへや。類 書斎 ②書院造りの中心になる座敷。書斎や客間として使った。知識「書院造り」は、室町時代から安土桃山時代にかけて成立した、武家屋敷のつくり方の決まった形。今の和風住宅のもとになった。

【書架】しょか ↓ 本をのせるたな。類 本棚

【書庫】しょこ ↓ 本をしまっておく建物やへや。類 文庫

【書斎】しょさい ↓ 本を読んだりものを書いたりするためのへや。例 書斎にこもる。類 書院

【書籍】しょせき Ⅲ 本。類 書物・図書・典籍

【書店】しょてん ↓ 本や雑誌を売る店。本を出版する会社。類 本屋・出版社

【書評】しょひょう ↓ 新しく出た本の内容を紹介し批評する文章。例 新聞の書評欄。

【書名】しょめい ↓ 本の題名。類 書目

【書目】しょもく ↓ 本の題名。それを書きならべたもの。類 書名・図書目録

【書物】しょもつ ↓ 本。類 図書・書籍

書が下につく熟語 上の字の働き

❶書＝〈文字をかく〉のとき
【浄書 清書 能書 代書】ドノヨウニ書くか。
【楷書 行書 草書 隷書】ドウイウ書体の字か。

❷書＝〈文字でかかれたもの〉のとき
【願書 証書 調書】ドウスルための書類か。
【遺書 親書 投書 密書】ドウヤッテ先方につたえる書類か。

❸書＝〈本〉のとき
【文書】ドンナ書類か。
【聖書 古書 類書】ドウイウ性質の書物か。
【字書 辞書 史書】ナニの書物か。
【原書 洋書】ドノヨウナ書物か。
【蔵書 著書】ドウスル書物か。
【読書 司書】書物をドウスルか。
◆血書 詔書 図書 白書 板書

例解 使い分け　かく《書く・描く》

書く＝文字や文章を記す。
例 漢字を書く。手紙を書く。感想文を書く。

描く＝絵や図に表す。えがく。
例 油絵を描く。地図を描く。イラストを描く。

曹

音 ソウ㊥　訓 ―

日-7　総画11　常用　明朝 曹 66F9

筆順

なりたち 【会意】「棘」と「曰」とからできた字。「棘」が「ならび立つ」意味をもち、「曰」が「言う」意味で、二人で言いあらそうことを表している字。

意味 ❶役人。例 法曹 ❷軍隊の階級の一つ。例 軍曹

曽

音 ソウ㊥・ゾ㊥・ソ外　訓 かつ-て外

日-7　総画11　常用　明朝 曽 66FD　旧字 曾 66FE

筆順

▶前ページ 曹 曽

意味

❶かつて。これまで。例未曽有(これまでになかった)

❷血のつながりの三代前、また三代後。

参考 木曽(地名)

注意するよみ ゾ…例未曽有

❷〈血のつながりの三代前、また三代後〉の意味で

【曽祖父】そうそふ おじいさん(祖父)・おばあさん(祖母)の父。ひいおじいさん。

【曽祖母】そうそぼ おじいさん(祖父)・おばあさん(祖母)の母。ひいおばあさん。

【曽孫】そうそん ↓まごの子。ひまご。

最

日-8 総画12 4年 明朝 最 6700

音サイ 訓もっと-も

筆順 最 最 最 最 最 最（ながく）（でない）

なりたち 【会意】「日」はおおいを表す「冃」からでき、おおいを「つまみ取る」ことを表していた字。のちに、「もっとも」として借りて使われるようになった。

意味 もっとも。いちばん。この上なく。例最も優れる。最たるもの。最年少。最大

特別なよみ 最寄り(もより)

【最愛】さいあい ↓いちばん愛していること。

【最悪】さいあく ↓〈—な・—に〉いちばんわるいこと。例最悪の事態をまねく。対最良・最善

【最強】さいきょう ↓いちばん強いこと。

【最近】さいきん ↓現在よりほんの少し前から今までの時期。近ごろ。このごろ。また、少し前。

【最恵国】さいけいこく 通商条約をむすんでいる国で、いちばん有利なあつかいを受ける国。

【最敬礼】さいけいれい〈—する〉頭を深くさげる、いちばんていねいなおじぎ。

【最古】さいこ ↓いちばん古いこと。対最新

【最後】さいご ↓①いちばん終わり。例最後までやりぬく。対最初 ②いちばんうしろ。対先頭 ③いったん…したら。例あの人は言い出したら最後、決してゆずらない。表現③は、「…したら最後」の形で使う。

【最期】さいご ↓死ぬまぎわ。死にぎわ。いまわのきわ。例悲惨な最期をとげる。類末期・臨終・終焉・往生際

【最高】さいこう ↓〈—な・—に〉高さや程度などが、いちばん上であること。質などがいちばんいいこと。例最高気温。類最上・極上・至上 対最低

【最高潮】さいこうちょう その場の人びとの気持ちがいちばん高まったとき。クライマックス。例祭りは最高潮に達した。類山場

【最高峰】さいこうほう ①いちばん高い山。近くにまとまってある山々とくらべていうことが多い。例北アルプスの最高峰。②おなじなかまのなかで、いちばんすぐれている人やもの。例現代文学の最高峰といわれる作品。

【最終】さいしゅう ↓①いちばん終わり。例最終回。対最初 ②列車・電車・バスなどで、その日のいちばん終わりのもの。例最終に乗りそこなう。対始発

【最初】さいしょ ↓いちばんはじめ。対最後・最終

【最小】さいしょう ↓いちばん小さいこと。対最大

【最少】さいしょう ↓いちばん少ないこと。対最多

【最上】さいじょう ↓①いちばん上にあること。例最上階。類最高 対最下 ②いちばんすぐれていること。例最上の方法。類最良・最高・極上 対最低

【最小限】さいしょうげん できるかぎり小さいこと。例被害を最小限にくいとめる。対最大限 表現「できるかぎり少ない」という意味にも使うが、ふつう「最少限」とは書かない。

【最新】さいしん ↓いちばん新しいこと。対最古

【最盛期】さいせいき いきおいがいちばんさかんな時期。さかり。類絶頂

【最前】さいぜん ↓①いちばん前。例最前列。対最後 ②ほんのちょっと前。さっき。例最前申し上げましたように…。

【最善】さいぜん ↓①いちばんよいこと。例最善の策。類最良 対最悪 ②できるかぎりのこと。ベスト。例最善をつくす。類全力 表現「最善」の次にすぐれているのが「次善」。

【最前線】さいぜんせん 戦場で、敵にいちばん近いところ。例最前線でたたかう。類第一線・陣頭 表現「営業の最前線に立つ」のように、みんな

ものしり巻物 第18巻

国字

平ら(一)なみち(辶)を走っていたら、つるりとすべってしまいました。こうしてできた字が「辷る」です。しばらく行くと、十字路になりました。十字路のことを、日本では「つじ」といいます。そこで、できあがった字が「辻」です。

じつは「辷」も「辻」も、日本で作った漢字です。この場合漢字の「漢」は、中国を指します。中国でできた字が「漢字」なので、日本で作った「漢字」という言い方はへんに聞こえます。そこで、このような日本で作った字を、とくに国字(和製漢字)とよんでいます。

神(神)にそなえる木は「榊」です。これも国字です。山の上りと下りのさかいは「峠」です。これも国字です。上下そろった武士の衣服(ネ)は「裃」です。これも国字です。

これらのように、国字は意外とたくさんあります。日本人は中国から漢字を取り入れてそれらを使うだけでなく、漢字をもとにして平仮名・片仮名を作り、さらに漢字まで作ってしまったのです。たいへん勉強熱心な民族といえます。

小学校で習う一〇二六字の漢字の中に、国字はあるでしょうか。あります。中国では「た」と「はたけ」を区別する字がなかったので、水のある水田に対して、水のないはたけを火田と考え、「畑」という国字を作りました。四年生で出てくる「働」の字を見てみましょう。人(亻)が動いて…「働く」です。

今までに紹介した「辷・辻・榊・峠・裃・畑」などは、どれも、意味を表す字と意味を表す字とを組み合わせた「会意文字」です。日本語に合わせて作った字なので、どれも訓読みで、音読みはもっていません。

ところが、例外もあります。それは、「働」です。この字は、「ドウ」という音ももっています。そして、「労働」という熟語にも使われています。さらに、「働」は親元の中国にぎゃくに輸出され、「働」として、どうどうと使われています。

日本人の知恵も、すばらしいですね。

で仕事を進めるときにもつかう。

【最多】さいた ⇩ いちばん多いこと。対最少

【最大】さいだい ⇩ いちばん大きいこと。対最小 例

【最大限】さいだいげん できるかぎり大きいこと。最大限の努力をする。対最小限

【最短】さいたん ⇩ いちばんみじかいこと。例最短距離。最短コース。対最長

【最中】さいちゅう ⇩ 一 ものごとがおこなわれている、ちょうどそのとき。例会議の最中。真っ最中。二 もなか 和菓子の名。もち米のこなをこねてうすくのばして皿のような形に焼き、あいだにあんを入れて二枚をかさね合わせたもの。参考 二は、「最中の月(十五夜の月)」をかたどったことから。

【最低】さいてい ⇩ 高さや程度などが、いちばん下であること。質や内容などがいちばんわるいこと。例最低のでき。対最高・最上

【最低限】さいていげん 低いほうのぎりぎりのところ。最低限度。例この線が最低限だ。

【最適】さいてき ⇩〈―な・―に〉いちばんぴったり合っていること。うってつけ。例最適の人材をさがす。

【最良】さいりょう ⇩ いちばんよいこと。例最良の方法。類最上・最善・絶好 対最悪

替

日-8 総画12 常用 明朝 替 66FF

音 タイ㊥ 訓 か-える㊥・か-わる㊥

筆順 ニ 夫 夫 扶 扶 替 替

なりたち 【会意】もとの字は「朁」。二人が立っている「竝」と、「言う」意味の「曰」とを合わせて、二人がことばを交わすことを表す字。

意味 かえる。かわる。例商売が替わる。振り替え休日。代替物。両替・交替

特別なよみ 為替(かわせ)

例解 [使い分け] かわる[変・代・替・換] 275ページ

◆替が下につく熟語 上の字の働き

【交替 代替】近い意味。

◆為替 振替 両替

4画 月 の部 [つき][つきへん]

「月」をもとにして作られ、天体や時間にかかわる字と、「月」の形がめやすとなっている字を集めてあります。肉や身体の形・器官にかかわる「にくづき」(909ページ)とはべつです。

この部首の字

0 月……608　2 有……609　4 服……611
朋……612　朕……612　朗……612
6 朔……612　7 望……612　朝……613
8 期……613

肌▸月 909　肋▸月 910　肝▸月 910　肛▸月 910
肖▸月 910　肘▸月 911　明▸日 589　育▸月 911
肩▸月 911　股▸月 911　肯▸月 911　肢▸月 912
肥▸月 912　肪▸月 912　青▸青 1080　前▸刂 155
胃▸月 912　胆▸月 913　胸▸月 915　脊▸月 916　骨▸骨 1112　脳▸月 919　脹▸月 920　腺▸月 921　膏▸月 923　膳▸月 923　臓▸月 924
胤▸月 913　背▸月 914　脅▸月 916　胴▸月 916　脚▸月 918　豚▸豕 998　腕▸月 920　腸▸月 921　膜▸月 923　膨▸月 923　鵬▸鳥 1122
胡▸月 913　肺▸月 914　脇▸月 916　能▸月 917　脩▸月 918　勝▸力 172　腫▸月 921　腹▸月 921　膝▸月 923　臆▸月 924　騰▸馬 1111
胎▸月 913　胞▸月 915　脂▸月 916　脈▸月 917　脱▸月 918　腔▸月 920　腎▸月 921　腰▸月 922　膚▸月 923　謄▸言 994

月

月-0 総画4 1年 明朝 月 6708

音 ゲツ・ガツ 訓 つき

筆順 丿 月 月 月 (はらう)(はねる)

なりたち 【象形】欠けているつきの形をえがいた字。

意味 ❶空にあるつき。例月の光。月光・新月・満月 ❷一年を十二に分けた一つ。例大の月。小の月。月給・今月 ❸七曜の一つ。例月曜

特別なよみ 五月(さつき)・五月雨(さみだれ)

❶〈空にあるつき〉の意味で

【月下氷人】げっかひょうじん 結婚のなかだちをする人。

類 仲人・媒酌人

［故事のはなし］→このページ

【月光】げっこう ↓ 月の光。例 月光がさしこむ。類 月影 参考 仏教関係では「月光菩薩」など、「がっこう」と読むことがある。

【月食】げっしょく ↓ 太陽と月のあいだに入った地球の影が、月の一部または全部を見えなくする現象。参考 部分月食と皆既月食がある。

【月齢】げつれい ↓ 月のみちかけのようすを表す日数。新月を〇とし、満月は一五で表される。

【月夜】つきよ ↓ 月が出ていて明るい夜。例 月夜に提灯(むだなもののたとえ)。対 闇夜

❷〈一年を十二に分けた一つ〉の意味で

【月日】⊞ ❶ がっぴ こよみのうえの月と日。例 生年月日。❷ つきひ 時の流れ。時間。例 月日のたつのは早いものだ。類 歳月・年月

【月額】げつがく ↓ 毎月いくらと決めたときの一か月あたりの金額。

【月刊】げっかん ↓ 毎月一回発行すること。例 月刊誌。関連 日刊・週刊・旬刊・月刊・季刊・年刊

【月間】げっかん ↓ 一か月間。とくに、行事や活動のために決められた一か月。例 月間行事予定。関連 週間・旬間・月間・年間

【月給】げっきゅう ↓ 給料として毎月しはらわれるお金。関連 時給・日給・週給・月給・年俸

【月産】げっさん ↓ 工場などで一か月につくり出す品物の数量。

【月謝】げっしゃ ↓ 学校や塾、けいこ事などの授業料として毎月しはらうお金。

【月収】げっしゅう ↓ ひと月を単位として入ってくるお金。関連 日収・月収・年収

【月評】げっぴょう ↓ その月その月のできごとや文芸作品などについての批評。

【月賦】げっぷ ↓ お金を一度にはらわないで、いくつかに分け、毎月決まった金額を決まった日までにはらうこと。

【月報】げっぽう ↓ 毎月一回出す報告書。

【月末】げつまつ・つきずえ ↓ 月の終わりごろ。例 月末には来月の予定がわかる。

【月例】げつれい ↓ 毎月一回おこなうように決めてあること。例 月例実力テスト。月例会。

故事のはなし

月下氷人（げっかひょうじん）

中国の古い書物にある男女縁結びの話二つをつないでできたことば。一つは、月の光のもとで本を読んでいたふしぎな老人が、袋の中に縁結びの赤いひもを持っていて、それは何かとたずねた青年に、これで結んだから君のおよめさんはもうきまっていると言い、はたして十四年後、月下の老人が言ったとおりの女性と結婚したという話。もう一つは、夢で、氷の上に立ち氷の下の人と会話した人が、そのことを夢解きの人にたずねると、氷上は「陽」、氷下は「陰」、陰陽和合ゆえ君は人の縁結びをすることになると言い、そのとおりになったという話。「月下の老人」と「氷人」とを結んで「月下氷人」とし、縁結びをする人を指すことになった。（『続幽怪録』『晋書』索紞伝）

← 月が下につく熟語 上の字の働き

❶ 月＝〈空にあるつき〉のとき
【新月 満月 三日月】ドウナッタ月か。
【名月 明月】見る目にドンナ月か。

❷ 月＝〈一年を十二に分けた一つ〉のとき
【年月 歳月 日月】近い意味。
【先月 今月 来月】今を基準にしてイツの月か。
【毎月 ◆正月 翌月 隔月】ドウイウつづき方の月か。

有

月-2　総画6　3年

明朝 有 6709

音 ユウ・ウ㊥　訓 あ-る

筆順 ノ ナ 有 有 有 有 （ややみじかく・とめる・はねる）

なりたち 「形声」「又」が「手」の意味と「ユウ」という読み方をしめしている。「肉(月)」を手にとってすすめることを表す字。「ある、たもつ」として使われる。

意味 ある。もっている。いる。例 無から有を生じる。権利を有する。有ること無いこと。一万有余(一万あまり)。所有 対 無

例解 [使い分け] ある[有・在] ☞ ひだりのページ

名前のよみ すみ・たもつ・とも・なお・なり・みち・もち

【有象無象】うぞうむぞう ①仏教で、この世にあるすべてのものごと。②数ばかり多くてなんの役にも立たない人やものの集まり。

【有頂天】うちょうてん〈―な・―に〉うれしくてたまらず、すっかりいい気になっているようす。例 大学に合格して、有頂天になる。

【有無】うむ ①あるかないか。例 資格の有無を問わない。②承知するかしないか。例 有無を言わせず、取りあげる。

【有為】▲ ㊀ゆうい〈―な〉能力や才能がゆたかで、これから先、りっぱな仕事をやりとげる希望があること。例 前途有為の青年。㊁うい 仏教で、この世のうつりかわっていくもの。例 有為転変。対 無為

【有意義】ゆういぎ ▲〈―な・―に〉意味やねうちがあること。例 有意義な一日だった。対 無意義・無意味

【有益】ゆうえき ▲〈―な・―に〉役に立つこと。ためになること。例 有益な話。類 有用 対 無益

【有価】ゆうか ▲ お金とおなじようなねうちがあること。例 有価証券。

【有害】ゆうがい ▲〈―な・―に〉害になること。ためにならないこと。例 有害物質。対 無害

【有害無益】ゆうがいむえき ものごとを悪くするだけで、なんの役にも立たないこと。

【有機】ゆうき ▲ 動物や植物のように、生きていくはたらきをもっていること。例 有機栽培。有機物。対 無機

【有機的】ゆうきてき〈―な・―に〉生物のからだの中のように、全体が統一された組織になっている。例 有機的な結合。対 無機的

【有給】ゆうきゅう ▲ 給料がしはらわれること。例 有給休暇。対 無給

【有形】ゆうけい ▲ 形があること。形があって目に見えるもの。例 有形無形の恩恵を受けた。対 無形

【有限】ゆうげん ▲〈―な・―に〉ここまでというかぎりがあること。対 無限

【有権者】ゆうけんしゃ 選挙権をもっている人。

【有効】ゆうこう ▲〈―な・―に〉目的の結果を生みだすはたらきがあること。例 時間を有効に使う。類 効果的 対 無効

【有罪】ゆうざい ▲ 裁判所が、罪があるとみとめること。例 有罪の判決。対 無罪

【有史】ゆうし ▲ 歴史として記録されていること。例 有史以前。有史以来の大事件。

【有志】ゆうし ▲ いっしょにやる気のある人。例 有志をつのる。

【有事】ゆうじ ▲ 事件や戦争など、ふだんとかわったことが起こること。

【有識者】ゆうしきしゃ 学問や知識があって、しっかりした考えをもっている人。例 有識者の意見を聞く。類 学識経験者

【有刺鉄線】ゆうしてっせん たくさんの短い針金をとげになるようにからませた鉄線。

【有終】ゆうしゅう ▲ ものごとの終わりにすぐれた結果があること。例 有終の美をかざる。

【有償】ゆうしょう ▲ 仕事や品物に対してお金をはらうこと。対 無償

【有色人種】ゆうしょくじんしゅ 皮膚の色が黄色や褐色の人種。対 白色人種

【有数】ゆうすう ▲〈―な・―に〉取りたてて数えあげられるほどにきわだっている。例 全国でも有数の企業。

【有線】ゆうせん ▲ 電線を通して通信をおこなうもの。例 有線放送。対 無線

【有毒】ゆうどく ▲〈―な・―に〉毒をもっていること。毒になること。例 有毒ガス。対 無毒

【有能】ゆうのう ▲〈―な〉すぐれた才能や力があること。例 有能な人材。対 無能

【有望】ゆうぼう ▲〈―な・―に〉これから先、十分にのぞみがもてる。例 有望な新人が入部してきた。前途有望。

【有名】ゆうめい ▲〈―な・―に〉だれにでも知られていること。例 有名になる。有名校。類 高名・著名

対無名
【有名無実】▲〈―な〉名前だけがあって、中身がないようす。例有名無実の団体。
【有用】▲〈―な〉使い道があって、役に立つようす。例有用な人材。類有益 対無用
【有利】▲〈―な〉得になったり、つごうがよかったりする。例有利な条件。対不利
【有料】▲使うのにお金がいること。例有料道路。対無料・無償
【有力】▲〈―な〉①人をしたがわせる力や、勢いがある。例町の有力者。対無力 ②たしかな見こみがある。例有力な証拠。

◆有が下につく熟語 上の字の働き
【保有 占有 含有】近い意味。
【国有 私有】ダレがもっているか。
【共有 専有 特有 固有 領有 享有】ドウイウ持ち方でもっているか。
◆所有 未曽有

服

月-4 総画8 3年 明朝 服 670D

音 フク 訓 ―

筆順 服 服 服 服 服 服 服 服（はねる つにならない とめる）

なりたち 【形声】「月」はもと舟の形を表し、「𠬝」は人（卩）に手（又）をそえるようすと「フク」という読み方をしめし、船べりにそえる板を表す字。のちに着る「ふく」として借りて使われるようになった。

意味
❶ふく。ようふく。きもの。身につけるもの。例服を着る。服装・衣服
❷したがう。したがえる。例命令に服する。屈服
❸薬や茶などを飲む。例服用・内服

❶〈ふく〉の意味で
【服地】↓洋服を作るための布。類布地・生地
【服飾】Ⅲ衣服や身につけるかざり。
【服装】Ⅲ身につけた衣服など。身なり。よそおい。例はでな服装をする。

❷〈したがう〉の意味で
【服役】▲〈―する〉①罪をおかした人が刑務所の中で仕事につくこと。②兵隊になって軍の仕事をすること。
【服従】Ⅲ〈―する〉人の言うとおりにすること。例命令に服従する。対反抗
【服務】▲〈―する〉つとめとして決められた仕事をすること。例服務規程。類勤務
【服喪】▲〈―する〉人が死んだとき、家族や親類の人が、ある期間お祝いごとなどの場に出ないで、身をつつしむこと。

❸〈薬や茶などを飲む〉の意味で
【服毒】▲〈―する〉毒を飲むこと。
【服用】↓〈―する〉薬を飲むこと。例一日三回、食後に服用する。類服薬

◆服が下につく熟語 上の字の働き
❶服＝〈ふく〉のとき
【和服 洋服 呉服】ドコ（国や地域）の服か。
【式服 礼服 喪服】ナニのための服か。
【制服 私服】ドウイウ服か。
❷服＝〈したがう〉のとき
【感服 承服 屈服 敬服】ドウナッテしたがうか。
【克服 征服】ドウヤッテしたがえるか。
◆一服 衣服 元服 着服 内服 被服 不服

例解 使い分け
ある《有る・在る》

有る＝持っている。
例財産が有る。有り金をはたいて買う。

在る＝物や人がその場所を占めている。
例田舎に在る家。学生としての在り方。

参考「財産が有る」「田舎に在る家」のような使い方の場合は、ふつう「ある」とかなで書く。

有り余る力

在りし日をしのぶ

◀次ページ 朋 朔 朕 朗 望

【朋】

月－4 総画8 人名 明朝 朋 670B

音 ホウ(外) 訓 とも(外)

意味 友だち。なかま。例 朋友

【朔】

月－6 総画10 人名 明朝 朔 6714

音 サク(外) 訓 ついたち(外)

意味 ❶ついたち。月の第一日。例 朔日(さくじつ・ついたち) ❷北。北の方角。例 朔風

【朕】

月－6 総画10 常用 明朝 朕 6715

音 チン(中) 訓 ―

筆順 ノ 刀 月 月 胖 朕 朕

意味 天皇・天子が自分のことを指していうことば。

【朗】

月－6 総画10 6年 明朝 朗 6717 旧字 朗 F929

音 ロウ 訓 ほが-らか(中)

筆順 丶 ㇇ ョ 自 良 郎 朗 朗（とめる・はねる）

なりたち [形声]「良(良)」が「リョウ」という読み方をしめしている。「リョウ」は「あきらか」の意味をもち、「月」の光の明るいことを表す字。

意味 ❶ほがらか。例 朗報・明朗 ❷声がよくとおる。例 朗読

名前のよみ あき・あきら・お・さえ

❶〈ほがらか〉の意味で

【朗報】ろうほう ↓ うれしい知らせ。例 合格の朗報に接する。類 吉報 対 悲報

❷〈声がよくとおる〉の意味で

【朗詠】ろうえい ↓〈―する〉漢詩や和歌にふしをつけて、声高らかにうたうこと。類 吟詠

【朗読】ろうどく ↓〈―する〉詩歌や文章などを声に出して読むこと。例 詩を朗読する。類 音読

【朗朗】ろうろう ‖〈―たる〉〈―と〉声がはっきりしていて、よく通るようす。例 朗々とうたいあげる。

◆ 晴朗 明朗

【望】

月－7 総画11 4年 明朝 望 671B

音 ボウ・モウ(中) 訓 のぞ-む・もち(外)

筆順 亡 亡 切 胡 望 望 望（ノにならない）

なりたち [形声] もと、目をみはり遠くをのぞむ意味の「朢」(省略して「壬」)と「月」からなり、月をのぞむことを表す字であった。のちに「亡」をくわえて、「ボウ」という読み方をしめした。

意味 ❶遠くをみる。ながめる。例 山山を望み見る。望郷・展望 ❷ねがう。こうなってほしいと強く思う。のぞむ。例 望みがかなう。希望 ❸よい評判。人気。例 人望 ❹十五夜の月。満月。例 望月

例解 [使い分け] のぞむ[望・臨] ☞ひだりのページ

❶〈遠くをみる〉の意味で

【望遠鏡】ぼうえんきょう 丸い筒にレンズまたは反射鏡をとりつけて、遠くのものが大きく見えるようにするしくみ。遠めがね。例 天体望遠鏡。

【望郷】ぼうきょう ▲ 遠いふるさとをなつかしく思うこと。例 望郷の念にかられる。類 里心

【望楼】ぼうろう ↓ 遠くを見わたすための高い建物。物見やぐら。火の見やぐら。

❷〈ねがう〉の意味で

【望外】ぼうがい ↓ 自分がのぞんでいたことより、もっとよいこと。例 望外のよろこび。

❹〈十五夜の月〉の意味で

【望月】もちづき ↓ 満月。とくに、陰暦八月十五日の月。例 望月の夜。

← 望が下につく熟語 上の字の働き

❶ 望＝〈遠くをみる〉のとき
【遠望 展望】ドノヨウニ望み見るか。

❷ 望＝〈ねがう〉のとき
【願望 欲望 希望】近い意味。
【渇望 懇望 切望 熱望 待望】ドノヨウニ望むか。

【野望 大望 宿望 本望】ドノヨウナ望みか。
【嘱望 失望 絶望】望みをドウスルか。
❸望＝〈よい評判〉のとき
【名望 信望 徳望】近い意味。
【人望 衆望】ダレに評判があるか。
◆一望 所望 眺望 有望

期

月−8 総画12 3年 明朝 期 671F

音 キ・ゴ(高) 訓 ―

筆順 一 十 廾 甘 其 期 期（とめる・はねる）

なりたち [形声]「其」が「キ」という読み方をしめすほか、「ひとめぐり」の意味で、「月」のひとめぐりを表す字。

意味
❶きめられた日時。くぎられた時間。例 この期におよんで。期日・学期
❷あてにして待つ。例 必勝を期する。期せずして再会する。予期

注意するよみ ゴ…例 この期におよんで。最期

❶〈きめられた日時〉の意味で
【期間】↓ なにかをするための、はじまりから終わりまでのあいだ。例 工事期間。
【期限】↓ いつまでと決めておく月日や期間。例 期限をきる。賞味期限。類 期日・日限
【期日】↓ 前もって決めてある日。例 期日厳守。類 期限・日限
【期末】↓ ある期間の終わり。学期の終わり。例 期末手当。期末テスト。

❷〈あてにして待つ〉の意味で
【期待】Ⅱ〈―する〉そうなってほしいと、あてにして待つこと。例 期待はずれ。類 希望

期が下につく熟語 上の字の働き
❶期＝〈きめられた日時〉のとき
【春期 夏期 秋期 冬期】季節のうえでイツの時期か。
【初期 早期 前期 中期 後期 末期 最期】くぎられた期間のなかで、イツの時期か。
【長期 短期 半期】ドノクライの期間か。
【先期 今期 次期】今からみてイツにあたる時期か。
【任期 刑期 会期 学期 雨期 漁期 思春期 過渡期 最盛期 農繁期】ナニの期間か。
【周期 納期 死期 婚期 変声期】ドウスル・ドウナル時期か。
【定期 無期】ドウナッテイル期間か。
◆延期 時期 所期 同期 満期 予期

朝

月−8 総画12 2年 明朝 朝 671D

音 チョウ 訓 あさ・あした(外)

筆順 一 十 吉 直 卓 朝 朝 朝（とめる・はねる）

なりたち [形声]「𠦝」と「舟」とからできた字。「舟(シュウ)」が「チョウ」とかわって読み方をしめしている。「シュウ」は「のぼる」意味をもち、「𠦝」も「高くのぼる」意味を、日がのぼる「あさ」を表す字。

意味
❶あさ。一日のうちの早い時間。例 朝早く起きる。朝と夕。朝市・早朝 対 夕
❷天子が政治をとる場所。国。時代。例 朝廷・王朝・帰朝・来朝

[文字物語] ☞614ページ

特別なよみ 今朝(けさ)

名前のよみ さ・とき・とも・のり

❶〈あさ〉の意味で
【朝市】↓ 朝ひらく、野菜・魚などの市。

例解 使い分け のぞむ《望む・臨む》

望む＝遠くを見る。願う。例 遠くの山々を望む。平和を望む。成功を望む。

臨む＝目の前にする。その場に出る。例 海に臨む地域。試合に臨む。式に臨む。

▶前ページ 期 朝

【朝餉】◆ あさげ ↓朝ごはん。参考「け」は食事の古い言い方。関連 朝餉・昼餉・夕餉

【朝露】あさつゆ ↓朝、草の葉などにたまっている小さな水玉。例 朝露がおりる。対 夜露

【朝凪】あさなぎ ↓海岸地方で、朝のひととき、風がやむこと。対 夕凪 知識 海岸では、昼は海から陸へ、夜は陸から海へ風がふく。あいだに「凪」が起きる。

【朝飯前】あさめしまえ 朝食を食べる前の短い時間でもやってしまえるほどかんたんなこと。例 こんなことは朝飯前だ。

【朝刊】ちょうかん ↓毎日発行する新聞で、朝出すもの。対 夕刊

【朝三暮四】ちょうさんぼし 目先の損得にとらわれて、結局はおなじになることに気がつかないこと。ことばたくみに口先で人をだますこと。

〔故事のはなし〕☞ひだりのページ

【朝食】ちょうしょく ↓朝の食事。例 朝食をとる。類 朝飯 関連 朝食・昼食・夕食・夜食

【朝礼】ちょうれい ↓仕事や授業が始まる前に集まって、あいさつや連絡をすること。類 朝会

【朝令暮改】ちょうれいぼかい〈─する〉朝出した命令が、その日の夕方にはあらためられること。法律や命令がすぐにかわって、あてにならないこと。参考 中国の古代の歴史書『漢書』による。

❷〈天子が政治をとる場所・国・時代〉の意味で

【朝廷】ちょうてい ↓むかし、天皇が政治をおこなったところ。

【朝敵】ちょうてき ↓天皇の敵。

【朝野】ちょうや ⇔政府と民間。一国全体。

← 朝が下につく熟語 上の字の働き

❶朝＝〈あさ〉のとき

【今朝 明朝 翌朝】イツにあたる朝か。

◆王朝 帰朝 早朝 本朝 毎朝

文字物語 朝

むかし日本で、天皇が政治の仕事をつとめることを、「まつりごと」といった。朝早くから表の御殿に出て「まつりごと」をするので「朝まつりごと」ともいった。上代では、農作物の豊作をねがって、朝早く天地の神々や祖先の神たちをまつること、つまり「まつり」がもっともだいじな政治の仕事だったので、こういわれたのだ。その政治のおこなわれる場所が「朝廷」、その中心となる人が「天皇」「天子」。「天皇」「天子」がみずから政治をおこなう体制、また、その時代を「王朝」といって、日本では奈良時代から平安時代がこれにあたる。だから、平安時代の文化や文学を、とくに「王朝文化」「王朝文学」などという。「朝廷」「王朝」は国家を代表するものだから、当時の文化人たちは、中国をいう「震旦」、インドをいう「天竺」など外国に対して、日本のことを、「わが国の朝廷」ということを強く意識して「本朝」といっていた。現在では、もうわが国のことを「本朝」とはいわないが、外国人がわが国にやって来ることをいう「来朝」、外国に行っていた人が帰ってくることをいう「帰朝」は、今でもよく使われていることばである。

4画 木 [き] [きへん] の部

「木」をもとにして作られ、樹木の種類や木材から作られたものにかかわる字を集めてあります。

この部首の字

0 木 615
1 札 616 本 617 末 619 未 620
2 机 621 朽 621 朱 622 朴 622
3 杞 622 杏 622 材 622 条 623 杖 624 杉 624 束 624 村 624 杜 624 来 625 李 625
4 果 625 杭 626 枝 626 杆 626 松 627 枢 627 析 627 東 627 杷 628 杯 628 板 628 枇 628 枚 628 枕 628 林 629 枠 629
5 栄 629 架 630 柿 630 柑 630 枯 630 査 630 柵 631 柘 631 柊 631 柔 631 染 632 柱 632 栃 632 柏 632 柄 632 某 633 柾 633 柚 633 柳 633
6 案 633 桜 634 格 634 核 635 株 635 栞 636 桓 636 桔 636

榛	榎	楢	椿	業	椀	椎	植	棺	梶	梛	梗	梅	栓	栽	桂
649	648	648	647	647	645	644	643	641	641	640	639	639	638	637	636
槇	概	楊	楠	楯	9 楷	棟	森	棋	椛	梯	梓	栗	桑	柴	桁
649	648	648	648	647	645	645	644	641	641	640	640	639	638	638	636
槍	構	楼	楓	楚	楽	棒	棲	極	梁	桶	梢	7 械	桃	桟	校
649	649	648	648	647	645	645	644	641	641	640	640	639	638	638	636
槌	榊	10 樺	椰	楕	棄	椋	棚	検	8 椅	梨	巣	梧	桐	栖	根
649	649	648	648	647	646	645	644	642	641	640	640	639	639	638	637

集▼隹	呆▼口	15 櫛	13 檎	橋	標	権	模
1069	221	655	655	654	652	651	650
禁▼示	采▼爫	櫓	檀	樹	12 樫	樟	様
829	748	655	655	654	653	652	650
築▼竹	相▼目	16 欄	檜	樽	機	槽	11 横
859	807	655	655	655	653	652	650
麓▼鹿	彬▼彡		14 櫂	橙	橘	樋	槻
1123	400		655	655	654	652	651

木

音 ボク・モク
訓 き・こ

木-0　総画4　1年

明朝 木 6728

筆順 一 十 才 木（はらう・はらう）

たなちり ［象形］立っている木をえがいた字。

意味

❶き。立ち木。例 木に登る。木の葉。木立・樹木・大木

❷ざいもく。材料にする木。例 木材・木戸・土木

❸五行の一つ。古代中国で万物のもととして考えられていた木・火・土・金・水によって、ものの順序を表す。例 木星・木曜

注意するよみ こ…例 木立・木陰

特別なよみ 木綿（もめん）

❶〈き〉の意味で

【木陰】こかげ ↓ 木の下で、日かげになっているところ。例 木陰に入って汗をぬぐう。

【木立】こだち ↓ 何本か、かたまって生えている木のむれ。例 木立の中の小さな家。

【木石】ぼくせき Ⅱ 木や石のように心がないもの。表現「人は木石ではないので…」のように、どんな人にも情はあることをいう。

【木目】もくめ・きめ ↓ 木をたてに切ったとき切り口にあらわれるすじ。まっすぐな「柾目（正目）」と、波形や山形の「板目」とがある。類 年輪

【木綿】もめん ↓ ワタの実からとった糸。その糸でおった布。例 木綿のハンカチ。

❷〈ざいもく〉の意味で

【木口】↓ 一 こぐち 二 きぐち 一 長い木材を横に切ったときの切り口。二 建築に使う木材の種類や

故事のはなし

朝三暮四（ちょうさんぼし）

宋の国の狙公という人は、サルがすきでたくさん飼っていた。サルの気持ちを理解できたし、サルのほうも狙公と心が通じていた。家族の食べ物をへらしてまでサルに食べさせていたが、あるとき急に貧乏になり、食料が乏しくなった。サルの食事をへらしたいが、サルどもが自分になつかなくなるのが心配だった。そこで計略をねって、「おまえたちにどんぐりをやるのに、朝に三つで暮れに四つで足りるだろうか」とたずねた。サルどもは立ち上がって怒った。すかさず「朝に四つで、暮れに三つなら、十分だろうか」と聞いた。すると、サルどもはひれふして喜んだという。

（『列子』黄帝篇）

性質。例いい木口を使った家。

【木戸】きど ↓①庭の入り口やうら門などの、木でできたかんたんな開き戸。例裏木戸。②城の門。例大木戸。③すもう・芝居などを見せるところの入り口。例木戸銭。

【木刀】ぼくとう ↓木でつくった、刀の形をしたもの。例木刀で立ち合う。類木剣 対真剣

【木魚】もくぎょ ↓お経を読むときに、たたいてならす道具。木をくりぬいた丸い形をし、おもてに魚のうろこのもようが彫ってある。

木魚

【木材】もくざい ↓家や道具をつくるために切ってある木。例上質の木材。類材木

【木製】もくせい ↓木でつくってあること。例木製の家具。表現家・船・橋などの大きなもののときは「木造」という。

【木造】もくぞう ↓家や船、橋などを木でつくること。表現道具などのときは「木製」という。

【木像】もくぞう ↓木をほってつくった、人や仏などの像。例仁王の木像。

【木炭】もくたん ↓①木をむしやきにしてつくった燃料。炭。②デッサンなどに使う、細くやわらかい炭。例木炭画。

【木馬】もくば ↓木でつくった馬の形をしたもの。乗って遊んだりする。例回転木馬。

【木版】もくはん ↓印刷するために、字や絵などをほりつけた木の板。その板で刷った印刷物。例木版画。

【木管楽器】もっかんがっき フルート・オーボエ・クラリネットなど、木でつくった管楽器。知識フルートなどは、今は金属でつくっても、「木管楽器」とよばれる。

【木琴】もっきん ↓かたい木でつくった長さのちがう細長い板を、ピアノの鍵盤のようにならべて、たたいて音を出す楽器。シロホン。

【木工】もっこう ↓木を使って道具などをつくること。また、つくる人。例木工細工。類大工

❸〈五行の一つ〉の意味で

【木星】もくせい ↓太陽系でいちばん大きい惑星。太陽から五番めにある。

←木が下につく熟語 上の字の働き

❶木＝〈き〉のとき
【草木 樹木】近い意味。
【苗木 植木 雑木 並木】ドンナさまの木か。

❷木＝〈ざいもく〉のとき
【丸木 生木 白木】ドンナさまの材木か。
【棟木 材木 版木 拍子木】ナニに使う木か。

◆土木

文字物語 札

「札」の字は、音の「サツ」で使うときと、訓の「ふだ」で使うときとでは、思いうかべるものがずいぶんちがってしまう。「ふだ」は、種類もたくさんあって、ことばもいろいろある。名前を書いたふだは「名札」、番号が書いてあるのは「番号札」、ねだんを書いたのは「値札」。かべにはれば「はり札」、掛ければ「掛け札」、道ばたに立てると「立て札」になる。材料も紙・板・プラスチックなどさまざまだ。音をそのままことばとして使う「札」は、「おさつ」で、紙幣の意味にかぎられている。札を束にしたものが「札束」、紙幣の金額について「千円札」「五千円札」「一万円札」「10ドル札」などとなる。だが、「札」も漢語の熟語になると、「表札」「門札」「入札」など、「ふだ」の意味でも使われる。乗客のきっぷをチェックすることをいう「改札」や「検札」の「札」は、乗り物用のふだである乗車券を指す。まえは「出札所」で売られていたから「札」が乗車券だとわかったが、「自動券売機」にかわって、「札」の意味がわかりにくくなってしまった。

札

木-1 総画5 4年

明朝 札 672D

音サツ 訓ふだ

筆順 一 十 才 木 札 (とめる・はねる・おらない)

なりたち 札 [会意]「うすくそぐ」意味の「乚」と「木」を合わせて、木をうすくけずった「ふだ」を表す字。

意味
❶ふだ。文字などをかく小さい紙きれや板きれ。例木の札。名札・門札
❷きっぷ。例改札
❸かきつけ。手紙。例一札・手札
❹紙のお金。例千円札。札束

[文字物語] ☞みぎのページ

❶〈ふだ〉の意味で
【札所】ふだしょ ↓おまいりしたしるしとして、ふだをさずけてくれるお寺やお堂。知識 巡礼のための「札所」としては、西国三十三所、四国八十八か所などが有名。

❹〈紙のお金〉の意味で
【札束】さつたば ↓紙のお金をかさねてたばにしたもの。例札束をわたす。

←札が下につく熟語 上の字の働き
❶札＝〈ふだ〉のとき
【表札 門札】ドコにかかげる札か。
【鑑札 標札 名札 荷札】ナニのための札か。
❷札＝〈きっぷ〉のとき
【改札 検札 出札】きっぷをドウスルか。
◆赤札 一札 入札

【本】

木-1 総画5 1年 明朝 本 672C

音ホン 訓もと

筆順 一 十 才 木 本 (はらう・つけない)

なりたち 本 [指事]「木」のねもとに「一」のしるしをつけて、「もと」の意味をしめしている字。

意味
❶おおもと。中心となるもの。もとになる。例本と末。本質・基本 対末
❷もとからある。もともとの。例本能
❸正式である。ほんとうの。例本気
❹この。当の。自分の。例本件
❺書物。文書。例本を読む。絵本
❻細長いものをかぞえることば。例一本線。四本柱。五本指。

例解 [使い分け] もと[下・元・本・基] ☞15ページ

発音あんない ホン→ボン…例三本 ホン→ポン…例一本

名前のよみ なり・はじめ

❶〈おおもと〉の意味で
【本位】ほんい ↓①なにかをするとき、考え方のもとにするもの。例人物本位で投票する。自分本位。②「本位貨幣」の略。その国のお金のねうちを決める、いちばんもとになるお金。例金本位制。表現 ①も②も、「〇〇本位」と、もとになるものの下につけて使う。
【本館】ほんかん ↓おなじ施設の中でいくつかある建物のうち、中心となる建物。対別館
【本給】ほんきゅう ↓基本給。基本になる給料。手当などをくわえないものをいう。類本俸
【本拠】ほんきょ ↓なにかをするための中心となる場所。例東京に本拠をおく。類根城
【本業】ほんぎょう ↓その人の生活をささえている、おもな職業。類本職 対副業・内職
【本家】ほんけ ↓①一族の中で、おおもとになっている家。対分家 ②茶道・生け花などの流派のいちばんもとになる家。類宗家・家元 ③商店などのおおもとの家。類元祖
【本校】ほんこう ↓「分校」に対して、中心となる学校。対分校・分教場 ☞❹
【本国】ほんごく ↓その人の国籍のある国。また、生まれ育った国。類祖国・母国
【本山】ほんざん ↓仏教で、一つの宗派の中心となる寺。
【本誌】ほんし ↓雑誌で、付録や別冊などではない、本体の部分。対付録 ☞❹
【本質】ほんしつ ↓あるものやことがらの、根本となるだいじな性質や条件。例問題の本質をつかむ。
【本州】ほんしゅう ↓日本列島の中心となる、もっとも大きな島。青森県から山口県までの地域で、細長い弓形をしている。
【本職】ほんしょく ↓その人がやっているいくつかの仕事の中で、いちばん中心になる職業。類本業 対内職・副業 ☞❸
【本筋】ほんすじ ↓物語や話などで、中心となるすじ。例本筋をそれる。

【本籍】ほんせき ↓ 戸籍のある場所。例 本籍地。

【本線】ほんせん ↓ 鉄道で、大都市をむすんでいる線。例 東海道本線。類 幹線 対 支線

【本尊】ほんぞん ↓ その寺に祭ってある中で、いちばん中心になる仏像。表現「みんなで心配しているのに、ご本尊はのんきなものだ」などと、「当人」の意味で使うこともある。

【本体】ほんたい ↓ ①おもてに出ていない、そのもののほんとうのすがた。例 ふしぎな音の本体をつきとめる。類 正体 ②そのものの中心となる、たいせつな部分。例 ケースはこわれたが本体はぶじだった。類 中身 ③寺の本尊や神社のご神体。

【本題】ほんだい ↓ 話や文章などの中心になる内容。例 さて、いよいよ本題にはいります。

【本店】ほんてん ↓ ある店が、いくつか店を出しているときの、中心になる店。対 支店

【本殿】ほんでん ↓ 神社で、ご神体を祭ってある建物。例 本殿に向かって頭を下げる。

【本土】ほんど ↓ 中心になる国土。とくに、日本の本州。例 島と本土を結ぶ橋。対 離島・属国

【本堂】ほんどう ↓ 寺で、本尊を祭ってある建物。例 さすがに本堂は大きい。類 金堂

【本場】ほんば ↓ そのことがおこなわれたり、そのものが作られたりする中心地。

【本部】ほんぶ ↓ その活動の中心になるところ。例 国連本部。災害対策本部。対 支部

【本文】ほんぶん・ほんもん ↓ ①本や文章で、前書きや後書きでない、中心の部分。②注釈などをつけるまえのもとの文。類 原文

【本末転倒】ほんまつてんとう 〈—する〉たいせつなことと、どうでもよいことをとりちがえること。例 乗客の安全よりもスピードアップを第一に考えるのは本末転倒だ。類 主客転倒

【本流】ほんりゅう ↓ ①その川で、中心となる流れ。対 支流 ②一つの団体や活動で、中心になっているグループ。例 現代美術の本流を行く。類 主流

【本塁】ほんるい ↓ 野球で、キャッチャーの前にある五角形のベース。ホームベース。

【本論】ほんろん ↓ 論文や議論などで、中心となる部分。関連 序論・本論・結論

❷〈もとからある〉の意味で

【本意】ほんい ↓ もとからある、こうしたいという気持ち。例 本意ではない。類 真意 対 不本意

【本懐】ほんかい ↓ こうしたいと前々から願っていた気持ち。例 本懐をとげる。類 本望・宿願

【本心】ほんしん ↓ 人がもともともっている正しい心。例 本心に立ちかえる。類 本性 ☞❸

【本性】↓ ㊀ほんせい もともとその人にそなわっている性質。例 人間の本性は善である。類 天性 ㊁ほんしょう ①ふだんは見えないほんとうのすがた。例 本性をむきだしにする。類 地金 ②まともで、たしかな心。例 本性をとりもどす。類 正気・本心

【本能】ほんのう ↓ 動物が、生まれつきもっている性質。例 帰巣本能。

【本能的】ほんのうてき 〈—な・—に〉考えたりまよったりすることなく、生まれつきでしぜんに動作をするようす。例 本能的に反応する。

【本分】ほんぶん ↓ その立場の人がしなければならないつとめ。例 本分をつくす。類 本務

【本望】ほんもう ↓ ①前からこうしたいと思っていたのぞみ。例 ついに本望を果たした。類 本懐 ②のぞみがかなって満足すること。例 オリンピックに出場できて本望だ。

【本来】ほんらい ⊠ そのものごとのはじめから。もともと。もとから。例 人間は本来身一つのものだ。類 元来 ☞❸

【本領】ほんりょう ↓ ①もとからもっているすぐれた特色。例 本領を発揮する。類 真価・真骨頂・真面目 ②代々うけついできた領地。

❸〈正式である〉の意味で

【本格的】ほんかくてき 〈—な・—に〉「これはほんものだ」と思えるようす。例 本格的な夏のおとずれ。

【本気】ほんき ↓ 〈—な・—に〉心からいっしょうけんめいであること。例 本気で取り組む。類 真剣 対 冗談 表現「本気にする」は、じょうだんなどをほんとうのことだと受けとめること。「真にうける」とおなじ。

【本腰】ほんごし ↓ 本気になってものごとに取り組むこと。例 勉強に本腰をいれる。

【本式】ほんしき ↓ 〈—な・—に〉正しいやり方。類 正式 対

略式

【本職】ほんしょく ⇩ その仕事を専門にやっている人。例 さすが本職の料理人だ。☞❶

【本心】ほんしん ⇩ 心の中のほんとうの気持ち。例 本心をうちあける。類 真意 ☞❷

【本葬】ほんそう ⇩ 正式の葬式。対 密葬・仮葬。

【本調子】ほんちょうし ものごとがうまくいくときの、動き方や進みぐあい。参考 もとは、三味線で基本となる調子を指すことば。

【本当】ほんとう Ⅲ〈―に〉うそや見せかけでないようす。真実であること。例 本当にうれしい。

【本音】ほんね ⇩ その人のほんとうの考えや気持ちから出たことば。例 本音をはく。類 真意

【本番】ほんばん ⇩ 映画や演劇・テレビなどで、練習でなく、じっさいに人に見せたり撮影したりすること。例 ぶっつけ本番（練習なしで本番に入ること）。対 練習 表現 ふだんの生活のなかでも、「いよいよ春本番だ」「本番の入試」などと使われる。

【本名】ほんみょう ⇩ 戸籍にのっている、ほんとうの名前。類 実名 対 芸名・偽名・仮名

【本命】ほんめい ⇩ ①競馬や競輪などで、一着になるだろうと思われている馬や選手。みんなから、いちばん有力だと考えられている人。例 やはり本命が勝った。②いくつかある候補のうち、一番にねらいをつけているもの。例 受験したなかで、本命はこの学校だ。

【本物】ほんもの ⇩ ①ほんとうのもの。例 本物のダイヤモンド。対 偽物 ②たしかなもの。例 あの人のうでまえは本物だ。

【本来】ほんらい ☒ ふつう、そうするのが正しいやり方であること。例 本来なら自分でやるべきであった。類 通常 ☞❷

❹〈この〉の意味で

【本件】ほんけん ⇩ このこと。この事件。

【本校】ほんこう ⇩ この学校。わが校。例 本校の教育方針。類 当校 対 他校 ☞❶

【本誌】ほんし ⇩ この雑誌。☞❶

【本日】ほんじつ ⇩ きょう。例 本日中にお召しあがりください。本日開店。関連 昨日・本日・今日・明日 表現 書きことばやあいさつなど、あらたまった言い方をするときに使う。

【本人】ほんにん ⇩ その人自身。類 当人・当事者

【本年】ほんねん ⇩ ことし。例 本年もよろしくおねがいします。類 当年 関連 昨年・本年・今年・明年 表現 あらたまったときに使うことば。ふだんの会話などでは、「ことし」という。

【本邦】ほんぽう ⇩ 私たちの国。例 本邦初公開。

❺〈書物〉の意味で

【本棚】ほんだな ⇩ 本をならべて入れておく棚。類 書棚

【本箱】ほんばこ ⇩ 本をしまっておく家具。

【本屋】ほんや ⇩ 本を売る店。類 書店

本が下につく熟語 上の字の働き

❶本＝〈おおもと〉のとき
【基本 根本】近い意味。〔「基」も「根」も「もとづくもと」〕
【資本 元本】近い意味。〔「資」も「元」も「もとで」〕

❺本＝〈書物〉のとき
【絵本 手本】ナニがのっている本か。〔「手」は「手習いのための文字」〕
【種本 原本】ナニになる本か。
【読本 古本 豆本 脚本 台本】ドウイウ本か。
【拓本 謄本 抄本】ドウヤッテ作った文書か。
◆製本 標本 見本

末

木-1 総画5 4年 明朝 末 672B

音 マツ・バツ（高） 訓 すえ

筆順 一 二 キ 末 末（みじかく）（はらう）

なりたち 末 ［指事］「木」の上のはし（こずえ）に「一」のしるしをつけて、「すえ」の意味をしめしている字。

意味
❶はしのほう。えだの先。例 本と末。場末・末節・末端・粗末 対 本
❷おわりのほう。さいご。例 今週の末。末代・結末 対 始
❸こまかいもの。粉や粒。例 粉末

❶〈はしのほう〉の意味で

【末梢】まっしょう Ⅲ ①枝分かれのいちばん先。例 末梢神経（脳や脊髄から出て、全身にはしっ

ている神経）。類末端②小さくて、たいせつでないものごと。例末梢にこだわる。類枝葉

【末席】まっせき・ばっせき ↓地位の低い人がすわる出入り口に近い席。類下座 対上席・上座 表現自分がある会の会員であったり、会に出席していたりすることを、「末席をけがしております」などと、へりくだっていう。

【末節】まっせつ ↓ものごとの中心からはずれた、つまらないことがら。例枝葉末節。

【末端】まったん Ⅲ①いちばんはしの部分。類先端・末梢 対中央・中心 ②会社や団体などで、中心からもっとも遠くはなれたところ。

❷〈おわりのほう〉の意味で

【末裔】まつえい ↓ずっとあとの子孫。例源氏の末裔。類後裔・末孫・末流

【末期】まっき ↓ 一 まっき ①全体をいくつかの時期に分けたときの終わりに近いころ。例江戸時代の末期。関連初期・前期・中期・後期・末期 ②ものごとがいよいよだめになる時期。例末期症状。二 まつご 人が死ぬまぎわ。例末期の水。類臨終・最期・終焉

【末期的】まっきてき〈一に・一な〉ものごとがだめになってきて終わりに近いようす。例末期的症状。

【末子】まっし・ばっし ↓きょうだいの中でいちばん年下の子。すえっ子。類季子 対長子

【末日】まつじつ ↓ある期間の終わりの日。月の最後の日。例しめきりは九月末日です。

【末世】まっせ ↓仏の教えがわすれられて、すくいがたい世の中になる時代。末法の世。

【末代】まつだい ↓①ずっとのちの時代。例人は一代、名は末代。②何代もつづいた家の、最後の人。例末代将軍。対初代

【末尾】まつび Ⅲつながっているものの最後の部分。例列の末尾につく。対冒頭

【末筆】まっぴつ ↓手紙で、終わりにくわえる文。表現「末筆ながら、みなさまによろしくお伝えください」などとつけくわえる。

【末流】まつりゅう ↓①ある血すじの子孫。例源氏の末流。類末裔 ②古典芸能などで、もとから分かれた後のほうの流派。類末派

【末路】まつろ ↓さかんだったものが、ほろびていく最後のとき。例末路を見とどける。

←末が下につく熟語 上の字の働き

❷末＝〈おわりのほう〉のとき
【終末 結末】近い意味。
【週末 月末 期末 歳末 年末 文末 巻末 幕末】ナニの終わりか。
◆始末 粗末 場末 粉末

未

木-1 総画5 4年 明朝 未 672A

音ミ 訓いま-だ外・ひつじ外

筆順

なりたち 【象形】木のわかいえだや葉が出はじめた形をえがいた字。「いまだ」などの意味に借りて使われる。

意味
❶まだ…していない。例未開 対既
❷十二支の八番め。動物ではヒツジ。方角では南南西。時刻では午後二時、または、その前後二時間。参考☞「巽」の「文字物語」(366ページ)

❶〈まだ…していない〉の意味で

【未開】みかい ☒①人間がまだ文明をもっていない状態。例未開社会。類野蛮 ②土地に人間の手がくわわらないで、自然のままであること。例未開の原野。

【未解決】みかいけつ〈一な・一に〉事件などに、まだ決着がついていないこと。

【未開拓】みかいたく〈一な・一に〉①土地が自然のままで、まだたがやされていないこと。例未開拓地。②研究や仕事などで、まだだれも手をつけていないこと。例未開拓の分野。

【未確認】みかくにん まだ、たしかにそうだとはわからないようす。例未確認情報。

【未完】みかん ☒まだ全部はできあがっていないこと。例未完の大器。類未完成

【未完成】みかんせい〈一な・一に〉まだすっかりできあがっていない。例未完成の建物。類未完

【未経験】みけいけん〈一な・一に〉今までにやったことがない。例未経験のスポーツ。未経験者。

【未決】みけつ ☒①どうするか、まだ決まってい

ないこと。対既決 ②裁判でまだ判決が出ていないこと。例未決囚。対既決

【未婚】みこん ⊠まだ結婚していないこと。類独身 対既婚

【未熟】みじゅく ⊠〈―な・―に〉①穀物や果物が、まだ十分に実っていない。例未熟なリンゴ。対完熟 ②育ち方がふつうより足りない。例未熟児。対成熟 ③学問や技術などが十分にみがかれていない。対円熟 表現③は、「未熟者でございますが…」と、けんそんしてあいさつするときにも使う。

【未詳】みしょう ⊠まだはっきりとわかっていないこと。例年代未詳。類不詳・不明

【未遂】みすい ⊠計画などを、やりとげずにいること。例未遂事件。対既遂

【未成年】みせいねん まだ一人前のおとなになっていない年代。その年代の人。対成年・成人

【未然】みぜん ⊠まだそうなっていないこと。あるいは、まだ事が起こっていないこと。例事故を未然にふせぐ。

【未曽有】みぞう 今までに一度もなかった。例未曽有の大災害。古今未曽有。類空前・前代未聞・破天荒

【未知】みち ⊠まだ知らないこと。よくわかっていないこと。例未知の世界。対既知

【未着】みちゃく ⊠来るはずなのに、まだ着かないこと。例荷物が未着で仕事ができない。

【未定】みてい ⊠〈―に〉まだ決まっていないこと。例クラス会の日取りは未定です。対既定

【未到】みとう ⊠まだそこまで行きついた人がいないこと。例前人未到の記録。表現「未到」は、「前人未到」の言い方でなしとげた仕事や記録などについて使い、「未踏」は、「人跡未踏」の言い方で場所について使う。

【未踏】みとう ⊠まだだれも足を踏み入れたことがないこと。例人跡未踏の密林。表現☞【未到】みとう（みぎにあります）

【未納】みのう ⊠おさめなければならないお金や品物などを、まだおさめていないこと。例授業料が未納だ。類滞納 対既納・完納

【未発達】みはったつ 〈―な・―に〉まだ十分に成長したり大きくなったりしていない。

【未亡人】みぼうじん 夫に死なれてあとにのこされた妻。やもめ。類寡婦

【未満】みまん ⊠その数に達していないこと。類以下 表現「未満」はその数を入れないが、「以下」はその数をふくめていう。

【未明】みめい ⊠夜がまだ明けない暗いころ。類払暁・黎明・早暁

【未聞】みもん ⊠まだ聞いたことがないこと。例前代未聞のできごと。

【未来】みらい ⊠これから先の時。例未来像。近未来。類将来 関連過去・現在・未来 参考☞「将」の「文字物語」（342ページ）

【未来永劫】みらいえいごう◆ これから先、いつまでも。例未来永劫平和をねがう。

【未了】みりょう ⊠まだすっかり終わっていないこと。例審議未了。

【未練】みれん ⊠〈―な・―に〉心のこりがして、あきらめられない。例未練がましい。未練がある。

机

木－2 総画6 6年 明朝 机 673A

音キ中 訓つくえ

筆順 一 十 才 木 朷 机（とめる・はねる・おらない）

なりたち [形声]「几」が「つくえ」を表し、「キ」という読み方をしめしている。「木」で作ったつくえを表す字。

意味 つくえ。例机に向かう。机上

【机下】きか ⊠手もとのつくえの下。類侍史 表現手紙のあて名の左下に書きそえることば。「そっと、おつくえの下にさし出します」と、ひかえめな気持ちを表す敬語。

【机上】きじょう ⊠つくえの上。類卓上

【机上の空論】きじょうのくうろん 頭の中で考えただけのじっさいには役に立たないりくつ。

朽

木－2 総画6 常用 明朝 朽 673D

音キュウ中 訓く-ちる中

筆順 一 十 才 木 朽 朽

なりたち 朽 [形声]「丂(コウ)」が「キュウ」とかわって読み方をしめしている。「コウ」は「くさる」意味をもち、「木」がくさることを表す字。

意味 くちる。くさる。おとろえて役に立たなくなる。例 木が朽ちる。不朽・老朽

朱

音 シュ 中　訓 あか 外　木-2　総画6　常用　明朝 朱 6731

筆順 ノ 𠂉 牛 牛 朱 朱

なりたち [指事]「木」のあいだに「一」のしるしを入れて、木の切り口をしめしている字。木の切り口のしんがあかいことから、「あか」として使われる。

意味 あか。黄色がかった赤。赤い色の顔料。例 朱を入れる(文字や文章を赤い字で直したり書きくわえたりする)。朱肉

名前のよみ あけ・あけみ

【朱印船】江戸幕府から朱肉ではんをおした書きつけ(朱印状)をもらい、外国との貿易をゆるされた船。

【朱肉】↓はんこをおすときに使う赤色の顔料をしみこませたもの。類 印肉

【朱に交われば赤くなる】人は、交際する仲間の影響でよくも悪くもなる。参考 中国の書物にあることばから。よくない意味で使われることが多い。

【朱筆】↓①赤い色のすみをつけて書く筆。②文字や文章を直したり、その文について意見をつけくわえたりする、赤い字で書いた書き入れ。例 朱筆を入れる。

朴

音 ボク 中　訓 —　木-2　総画6　常用　明朝 朴 6734

筆順 一 十 才 木 朴 朴

なりたち [形声]「卜」が「ボク」という読み方をしめす。「ボク」は「はぐ」意味をもち、皮をはいだ「木」を表す字。

意味 かざりけがない。すなお。例 素朴

【朴訥】Ⅲ〈―な―に〉かざりけがなく正直で無口である。例 朴訥な人物。類 実直・素朴

【朴念仁】口数が少なくて、人づきあいの悪い人。

朴が下につく熟語 上の字の働き

【質朴 純朴(淳朴) 素朴】近い意味。

杞

音 キ 外　訓 —　木-3　総画7　表外　明朝 杞 675E

意味 むかし中国にあった国の名。

【杞憂】無用の心配。取りこし苦労。

[故事のはなし] ☞ ひだりのページ

杏

音 キョウ 外・アン 外　訓 あんず 外　木-3　総画7　人名　明朝 杏 674F

意味 あんず。春、白またはもも色の花をつける落葉高木。果実はジャム・砂糖づけなどにして食べる。例 杏ジャム。銀杏

材

音 ザイ　訓 —　木-3　総画7　4年　明朝 材 6750

筆順 一 十 才 木(とめる) 村 材(はねる) 材(すこしだす)

なりたち [形声]「才(サイ)」が「ザイ」とかわって読み方をしめしている。「サイ」は「きる」意味をもち、切ってなにかに用いる「木」を表す字。

意味 ❶ものをつくるもとになるもの。家を建てるのに使う木をはじめとして、いろいろなものがある。例 材木・材料・木材・資材 ❷役に立つひと。能力のある人物。例 有用の材。逸材・人材

❶〈ものをつくるもとになるもの〉の意味で

【材質】↓材木など、ものをつくる材料の性質。例 材質がかたい。

【材木】↓建物や家具などの材料にする木。例 工事現場へ運ぶ材木。類 木材

【材料】ざいりょう ↓ものをつくったり、調査したり、作品を仕上げたりするときの、もとになるもの。例材料をそろえる。類原料・素材
表現「材料」は形だけをかえる場合をいい、性質までかわる場合を「原料」と使い分けることが多い。

←材が下につく熟語 上の字の働き

❶材＝〈ものをつくるもとになるもの〉のとき
【機材 器材 資材 素材 用材】近縁の関係。
【鉄材 木材】ナニでできたものか。

◆人材 逸材 取材 製材

故事のはなし

杞憂

杞の国に、天地が崩れ落ちて、身の置き場がなくなるのではないかと心配して、夜も眠れず、食事ものどを通らなくなった人がいた。その人が心配しているのを見て、またそれを心配する人がいた。そこで出かけていって、彼にさとして言った。「天は大気の積み重ねにすぎない。どこにでも大気はある。屈伸したり呼吸したりして、天の中で一日中動いている。どうして天が落ちてくるのを心配するのか」と。すると、その人は、「天が大気の積み重なりだとしても、日や月や星が落ちてくる心配はないのか」と言った。さとす者は、「日や月や星も大気の積み重なりの中で光っているものだから、たとえ落ちてもぶつかってけがをすることはない」と言った。すると、その人は、「大地が崩れるのをどうしよう」と言う。さとす者は、「大地は、土のかたまりの積み重ねにすぎない。四方までいっぱいに満ちて、どこにでも土のかたまりはある。歩いたり踏んだりして、大地の上で一日中動いている。どうして大地が崩れるのを心配するのか」と言った。心配していた人はすっきりとして大いに喜んだ。さとした者もすっきりして大いに喜んだ。列子はそれを聞いて、笑って言った。「天地が崩れ落ちるというのもまちがっているが、天地が崩れ落ちないというのもまちがっている。崩れ落ちるかどうかは、我々には到底わからないことである」と。

（『列子』天瑞篇）

条

木-3 総画7 5年

明朝 条 6761

旧字 條 689D

音 ジョウ 訓 ―

筆順 はらう

なりたち [形声]もとの字は、「條」。「攸（ユウ）」が「ジョウ」とかわって読み方をしめしている。「ユウ」は「小さい」の意味をもち、「木」の小えだを表した字。

意味
❶すじ。すじみち。例条理・線条
❷項目。一つ一つをならべあげること。一つずつしめした、その文。例条文・箇条

❶〈すじ〉の意味で
【条理】じょうり ＝ものごとの正しいすじみち。例条理がとおっている。類道理・理屈

❷〈項目一つ一つをならべあげること〉の意味で
【条件】じょうけん ↓①あることがなりたつために、その前になりたっていなければならない、ほかのこと。例条件がととのう。必要条件。②とりきめをするにあたって、ぜったいに必要な事項。例条件をつける。
【条件反射】じょうけんはんしゃ ある決まった条件のもとで刺激をあたえることをくりかえすと、やがて、その条件だけでおなじ反射がおこること。うめぼしを食べなくても、見たり、思い出したりしただけでつばが出てくるのもその一つ。知識ロシアのパブロフという学者が、犬で実験して発見した。
【条項】じょうこう ↓ことがらを箇条書きにしたときの、その一つ一つ。類箇条・項目・事項
【条文】じょうぶん ↓法律などの、箇条書きにした文章。例憲法の条文。条文による。
【条約】じょうやく ↓国と国とのあいだで決めた約束。例条約をむすぶ。平和条約。

◀次ページ 杖 杉 束 村 杜

▶前ページ 条

【条例】じょうれい ↓ 都道府県や市町村が決めた、その地域の中だけのきまり。

◆箇条 金科玉条 信条 線条

【杖】 木-3 総画7 人名 明朝 杖 6756

音 ジョウ 外 訓 つえ 外

意味 つえ。例 杖をつく。転ばぬ先の杖。松葉杖。頬杖

【杉】 木-3 総画7 常用 明朝 杉 6749

音 サン 外 訓 すぎ 中

筆順 一 十 才 木 杉 杉 杉

なりたち [形声]「はり」を表す「彡」が、「サン」という読み方をしめしている。はりのような葉をもっている「木」、「スギ」を表している字。

意味 すぎ。細かい針状の葉をつける常緑高木。質のよい材木になる。例 杉花粉。

【束】 木-3 総画7 4年 明朝 束 675F

音 ソク 訓 たば・つか 外

筆順 一 戸 戸 戸 申 束 束 （はらう はらう）

なりたち 象形 [象形]切った木をたばねた形をえがいた字。

意味 たばねる。しばる。たば。例 古新聞を束にする。髪を束ねる。花束・拘束

【束縛】そくばく Ⅲ〈ーする〉思うような動きができないようにすること。例 自由を束縛する。

【束髪】そくはつ ▲ かみの毛を一つにたばねて結う、女性の髪形。明治から大正時代にかけて西洋風として流行した。

束髪

束が下につく熟語 上の字の働き

【結束 約束】近い意味。
【花束 札束】ナニの束か。

◆拘束 装束

【村】 木-3 総画7 1年 明朝 村 6751

音 ソン 訓 むら

筆順 一 十 才 木 村 村 村 （とめる はねる このばしょに）

なりたち [形声]「寸（スン）」が「ソン」とかわって読み方をしめしている。もと「木」の名であったが、「ソン」の読み方を借りて、「むら」として使われるようになった。

意味 ❶むら。地方公共団体の一つで、町より小さいもの。例 町と村。村の外れ。農村
❷《その他》例 村雨

❶〈むら〉の意味で

【村民】そんみん ↓ その村に住む人。類 村人

【村落】そんらく Ⅲ 村の中の、家が集まっているところ。例 山間の村落。類 村里・集落

【村里】むらざと ↓ いなかで、家が集まっているところ。例 村里の春。類 村落・山里・集落・人里

【村八分】むらはちぶ 村のきまりをまもらなかったとき、村全体が申し合わせをして、その家の人といっさいつきあいをしなかったこと。

❷《その他》

【村雨】むらさめ ◎ ひとしきり強くふって、すぐにやむ雨。とおり雨。類 驟雨

村が下につく熟語 上の字の働き

❶村＝〈むら〉のとき
【漁村 山村 農村】ドンナ村か。

【杜】 木-3 総画7 人名 明朝 杜 675C

音 ト 外・ズ 外 訓 もり 外

意味 ❶もり。神社の森。例 鎮守の杜。
❷ふさぐ。とじる。例 杜絶
❸《その他》例 杜撰

❸《その他》

【杜撰】ずさん ◎〈ーな〉詩文や著作に誤りが多いこと。やり方がいいかげんで、ぞんざいなこと。例 杜撰な工事。参考 北宋の杜黙が作った詩は規則はずれが多かったという故事から。

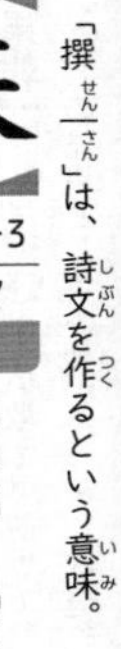

「撰」は、詩文を作るという意味。

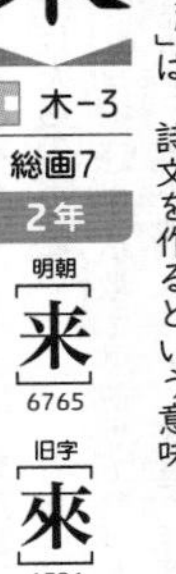

来

木-3 総画7 2年 明朝 来 6765 旧字 來 4F86

音 ライ 訓 く-る・きた-る㊥・きた-す㊥

筆順 一 ㇒ ㇒ 平 平 来 来 (ながく・はらう)

なりたち 來 [象形]もとの字は、「來」。麦の穂がみのった形をえがいた字。「くる」の意味に借りて使われている。

意味

❶こちらへくる。そうなってくる。例 春が来る。支障を来す。来場・未来 対 往・去

❷このつぎにくる。きたる。例 来る十五日。来春

❸それから今までずっと。これまで。例 昨年来。以来

❶〈こちらへくる〉の意味で

【来意】らいい ↓ たずねてきたわけや目的。

【来館】らいかん ▲〈―する〉映画館・図書館・博物館などに人が来ること。

【来客】らいきゃく ↓ 客がやってくること。来た客。例 今日は来客がある。

【来航】らいこう ↓〈―する〉船で外国から来ること。例 港に客船が来航する。

【来社】らいしゃ ▲〈―する〉会社などによそから人が来ること。例 十時にご来社ください。

【来襲】らいしゅう ↓〈―する〉やってきて、害をあたえること。例 敵機来襲。類 襲来

【来場】らいじょう ▲〈―する〉その場所や会場に来ること。例 ご来場のみなさま。来場者。

【来店】らいてん ▲〈―する〉店に客が来ること。

【来日】らいにち ▲〈―する〉外国人が日本に来ること。類 訪日 対 離日 表現 ふつうの旅行者でなく、ある特定の人についていう。

【来賓】らいひん ↓ 式やもよおしものなどに客としてまねかれてきた人。例 来賓席。

【来訪】らいほう ↓〈―する〉人がたずねてくること。

【来遊】らいゆう ↓〈―する〉レジャーで来ること。

【来臨】らいりん ↓〈―する〉人が会や式に出席する。(来てもらう立場でいうやまった言い方) 例 ご来臨をあおぐ。

【来歴】らいれき ↓ そのものごとが、これまでどんなふうにすぎてきたかということ。いわれ。例 故事来歴。類 由来・由緒・履歴

❷〈このつぎにくる〉の意味で

【来月】らいげつ ↓ 今月の次の月。類 翌月 関連 先月・今月・来月

【来春】らいしゅん/らいはる ↓ 来年の春。類 明春 表現 「春」には正月という意味もあるので、「来春」が翌年の正月を指すこともある。「来春早々」といえば、とくに翌年の正月を指す。

【来世】らいせ ↓ 仏教でいう、自分が、死んでから次に生まれかわって行く世。類 後生 関連 前世・現世・来世(後世)

【来年】らいねん ↓ ことしの次にくる年。類 明年・翌年 関連 去年・今年・来年

来が下につく熟語 上の字の働き

❶来=〈こちらへくる〉のとき

【往来 去来】反対の意味。

【伝来 渡来 飛来 襲来 由来】ドウヤッテ来るのか。

【将来 未来 再来】ドウ来るか。

【遠来 外来 舶来】ドコから来るか。〔「舶」は「船で外国から」を表す〕

❸来=〈それから今までずっと〉のとき

【元来 本来 生来 在来】ドノ状態からこれまでか。

【旧来 古来 近来 以来 従来 年来】イツからこれまでか。

◆家来 千客万来 到来

李

木-3 総画7 人名 明朝 李 674E

音 リ㊉ 訓 すもも㊉

意味 すもも。春、白い花をさかせる落葉高木。初夏に、ウメの実よりやや大きめの、かおり高くあまずっぱい果実をつける。プラム。例 李下

[文字物語] ☞626ページ

果

木-4 総画8 4年 明朝 果 679C

音 カ 訓 は-たす・は-てる・は-て

筆順 果 果 果 果 果 果 果 果（ながく）

なりたち 【象形】くだものが木の上になっている形をえがいた字。借りて、「はたす」意味にも使われる。

意味
❶木の実。くだもの。例果実・青果
❷なしとげたもの。なしとげる。なるようにしてなった結果。例目的を果たす。果報・結果 対因
❸思いきりがよい。例果断
❹思ったとおり。例果たして。果たせるかな。果然
❺おわり。おわる。おわらせる。例人通りが果てる。地の果て。

特別なよみ 果物(くだもの)

❶〈木の実〉の意味で
【果実】かじつ Ⅲ 植物の実。とくに、リンゴ・モモなどの、くだもの。例果実がみのる秋。
【果樹】かじゅ ↓ ミカン・ナシなどの、くだものがなる木。例果樹の手入れをする。果樹園。
【果汁】かじゅう ↓ くだものをしぼったしる。
【果肉】かにく ↓ くだものの、食べられる部分。
【果物】くだもの ↓ リンゴやイチゴなど、木や草の実で、食べられるもの。フルーツ。類水菓子

❷〈なしとげたもの〉の意味で
【果報】かほう ↓〈―に〉①仏教で、前世でやったことの結果としてふりかかってくる運命。類宿縁 ②ひとりでにやってくる幸せ。例果報は寝て待て。果報者。

❸〈思いきりがよい〉の意味で
【果敢】かかん Ⅲ〈―な〉思いきりよく、勇気を出してものごとをするようす。例果敢に向かっていく。勇猛果敢。類勇敢・大胆
【果断】かだん ↓〈―な〉まよわず、思いきってするようす。例果断な処置をとる。
◆因果 結果 効果 成果 青果 戦果

文字物語 李

「李」の字で思いうかぶのは、「李下」ということば。中国の古いことばに「瓜田に履を納れず、李下に冠を正さず」というものがある。「瓜のはたけでくつがぬげても、かがんではきなおすな、瓜をぬすんでいるように見えるから。李の木の下で頭に手をやってかんむりをかぶりなおすな、李をぬすんでいるように見えるから」という意味。「どんな場合でも、人にあやしまれたり、うたがわれたりするようなおこないはするな」ということで、今でもなるほどとうなずかれる教えだ。

ついでに、「瓜」の字には似たような「爪」の字があるので、「うり(瓜)につめ(ヽ)あり、つめ(爪)につめなし」といって、両方の字をおぼえてきた。

【杭】

木-4 総画8 人名 明朝 杭 676D

音 コウ外 訓 くい外

意味 くい。目じるしや支柱にするために土の中に打ちこむ棒。例杭を打つ。橋杭

【枝】

木-4 総画8 5年 明朝 枝 679D

筆順 一 十 才 木 村 村 枝 枝（とめる）（ちにならない）（はらう）

音 シ高 訓 えだ

なりたち 【形声】「支」が「分かれる」ことを表し、「シ」という読み方をしめしている。「木」から分かれ出る「えだ」を表す字。

意味 木のえだ。分かれ出たもの。例枝を下ろす。木の枝。枝道・枝葉(しよう/えだは)・小枝・高枝

名前のよみ え・しげ

【枝葉】しよう/えだは Ⅲ ①木のえだや葉。②ものごとの中心からはずれた、それほどたいせつでないこと。例枝葉のことは後まわしだ。
【枝葉末節】しようまっせつ ほんすじに関係のない、ささいなこと。例枝葉末節にこだわる。

【杵】

木-4 総画8 人名 明朝 杵 6775

音 ショ 外 訓 きね 外

意味 きね。うすに入れた米などをついて、もちを作る道具。例 杵柄

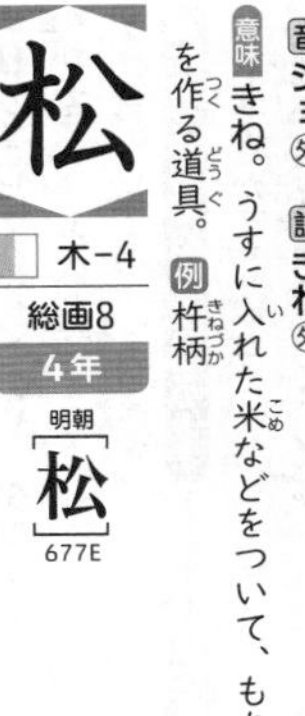

松

木-4 総画8 4年 明朝 松 677E

音 ショウ 訓 まつ

筆順 一 十 才 木 木 松 松 松

なりたち 「形声」「公」が「ショウ」とかわって読み方をしめす。「コウ」は「はり」の意味をもち、はりのようなとがった葉をもつ「木」、「マツ」を表す字。

意味 まつ。長い針のような葉をつける常緑樹。寿命が長く、一年じゅう葉の色がかわらないところから、常磐木ともよばれる。例 松の木。門松・松竹梅

【松竹梅】(しょうちくばい) 寒さに強く、おめでたいものとされている、松と竹と梅。表現 松・竹・梅の順で、一・二・三の等級を表すことがある。

【松明】(たいまつ) ◎ むかし、松や竹などをたばねて火をつけてもやし、明かりにしたもの。

◆門松 白砂青松

枢

木-4 総画8 常用 明朝 枢 67A2 旧字 樞 6A1E

音 スウ 中 訓 ―

筆順 一 十 才 木 朩 杧 枢 枢

なりたち 「形声」もとの字は、「樞」。「區」が「シュ・スウ」とかわって読み方をしめしている。「ク」は「あな」の意味をもち、「木」で作った戸の軸をうけるあな「とぼそ」を表す字。

意味 たいせつなところ。中心となるところ。例 枢軸・中枢

【枢機】(すうき) Ⅲ ものごとの中心になるひじょうにたいせつなところ。類 肝要

【枢軸】(すうじく) Ⅲ 動きの中心となるたいせつなところ。政治的な活動の中心。類 中枢

【枢要】(すうよう) Ⅲ〈―な〉ものごとの中心となるたいせつなところ。例 枢要な地位につく。

析

木-4 総画8 常用 明朝 析 6790

音 セキ 中 訓 ―

筆順 一 十 才 木 木 析 析 析

なりたち 「会意」「木」と「おの(斤)」とを合わせて、おので木を細かく分けることを表す字。

意味 こまかく分ける。例 分析

【析出】(せきしゅつ) ↓〈―する〉液体の中にとけこんでいるものをとりだすこと。例 工場廃水から有害物質を析出する。類 抽出

東

木-4 総画8 2年 明朝 東 6771

音 トウ 訓 ひがし・あずま 外

筆順 一 ｢ 戸 戸 百 申 東 東

なりたち 「象形」底のないふくろに物を入れ、両はしをくくった形をえがいた字。「ひがし」の意味に借りて使われる。

意味 ひがし。太陽の出てくる方角。例 東の風。東西南北・東洋・関東 対 西

名前のよみ あきら・はじめ・はる・ひで・もと

【東宮】(とうぐう) ↓ 皇太子の御所。また、皇太子。参考 東は春を表すので、「春宮」とも書く。

【東経】(とうけい) ↓ イギリスの旧グリニッジ天文台を通る子午線を〇度として、それから東へはかった経度。一八〇度まである。対 西経

【東国】(とうごく) ↓ むかし、都のあった奈良や京都から遠い東のほうの国。だいたい今の中部地方から関東地方。あずま。対 西国

【東西】(とうざい) ⇕ ①東と西。例 東西につらなる山脈。対 南北 ②東の地方と西の地方。

【東上】(とうじょう) ↓〈―する〉西の地方から東にある東京に向かうこと。類 上京 対 西下

【東都】(とうと) ↓ 東の都。京都に対して、東京。

【東風】(とうふう・ひがしかぜ・こち) ↓ 東からふいてくる風。春風。例 馬耳東風。

松 枢 析 東 ◀次ページ 杷 杯 板 枇 枚 枕

【東奔西走】(―する) ある目的や仕事のために、あちらこちらいそがしくかけまわること。例 東奔西走の毎日だ。類 奔走

【東洋】↓ インド・中国・日本など、アジアの東部と南部の地方。例 東洋医学。対 西洋

【把】

木-4 総画8 人名 明朝 把 6777

音 ハ外 訓 え外

意味 果実の「枇杷」ということばに使われる字。

☞【枇】(したにあります)

【杯】

木-4 総画8 常用 明朝 杯 676F

音 ハイ中 訓 さかずき中

筆順 一 十 才 木 杯 杯 杯 杯

なりたち [形声]「不」が「ハイ」とかわって読み方をしめしている。「フ」は「ふくらむ」意味をもち、胴のふくらんだ酒をくみとる「木」のうつわ、「さかずき」を表す字。

意味 ❶さかずき。例 杯を交わす。乾杯 ❷うつわに入れたものや、タコ・イカなどをかぞえることば。例 イカ三杯。

参考「盃」の字も、人名用漢字。

←杯が下につく熟語 上の字の働き

❶杯＝〈さかずき〉のとき

【乾杯 賜杯】杯をドウスルか。

【天皇杯】ダレがあたえる杯か。

◆祝杯 水杯

【板】

木-4 総画8 3年 明朝 板 677F

音 ハン・バン 訓 いた

筆順 一 十 才 木 板 板 板 板 (とめる)(はらう)

なりたち [形声]「反」が「ハン」という読み方をしめしている。「ハン」は「平ら」の意味をもち、「木」をうすく平らに切った「いた」を表す字。

意味 いた。木をうすく平らにしたもの。(金属やガラス、石についてもいう) 例 板ガラス。板書・胸板

【板前】↓ 日本料理をつくる料理人。類 調理師 参考「板」は「まないた」の略。

【板書】↓(―する) 黒板に字や図などをかくこと。例 板書をうつす。

←板が下につく熟語 上の字の働き

【登板 降板】投手板に(投手板を)ドウスルか。

【床板 胸板】ドコの板か。

【黒板 甲板】ドンナ板か。

◆看板 羽子板 平板

【枇】

木-4 総画8 人名 明朝 枇 6787

音 ビ外 訓 ―

意味「枇杷」ということばに使われる字。

【枇杷】回 形が楽器の琵琶に似た実を、果物として食べる常緑高木。参考「杷」は「わ」と読む。

【枚】

木-4 総画8 6年 明朝 枚 679A

音 マイ 訓 ―

筆順 一 十 才 木 枚 枚 枚 枚 (とめる)(だす)(はらう)

なりたち [会意]「攵」は手にむちを持っている形で、「木」のえだのむちを表す字。

意味 ❶一つ一つかぞえる。例 枚挙 ❷うすい物をかぞえることば。例 一枚の紙。二枚の皿。❸すもうの番付の順をかぞえることば。例 番付が三枚上がる。前頭五枚目。

名前のよみ かず・ひら

❶〈一つ一つかぞえる〉の意味で

【枚挙】↓(―する) 一つ一つ数え上げること。例 枚挙にいとまがない(たくさんありすぎて、いちいち数えきれない)。類 列挙

【枕】

木-4 総画8 常用 明朝 枕 6795

音 チン外 訓 まくら中

筆順 一 十 才 木 木 杪 枕 枕

意味 ❶まくら。ねるとき、頭をのせるためのもの。例 枕が高い。枕木・夢枕
❷話の前おき。例 枕をふる。枕詞

❶〈まくら〉の意味で

【枕石漱流】ちんせきそうりゅう 石をまくらにして眠り、川の流れで口をすすぐような、自然の中で自由な生活をすることのたとえ。参考 ☞【漱石枕流】（725ページ）

【枕木】↓ レールの下にしく木材。今はコンクリート製が多い。

【枕元】↓ ねているときのまくらのそば。表記「枕許」とも書く。

❷〈話の前おき〉の意味で

【枕詞】↓ 和歌で、あることばの前において、調子をよくし、色合いをそえることば。たとえば、「あしひきの」は「山」の、「くさまくら」は「旅」の枕詞。

林

木-4 総画8 1年 明朝 林 6797

音 リン 訓 はやし

筆順 一 十 才 木 木 村 杆 林 林（とめる・はらう）

たなちり [会意]「木」を二つならべて、木のたくさん生えている「はやし」を表す字。

意味 はやし。木や竹がたくさん集まっているところ。例 森と林。林野・山林

名前のよみ しげ・しげる・もと・もり・よし

【林間】↓ 林の中。例 林間学校。

【林業】↓ 森林のせわをして、木材などをうみだす仕事。苗木を植え、よぶんな枝を切りおとすなどの仕事をする。

【林檎】◎ 寒い地方でつくられる落葉高木の果樹。春に白やうすい赤色の花が咲き、秋から冬に赤や黄緑色の甘ずっぱくて香りのよい実をつける。

【林道】↓ 林の中の道。山林の手入れや木材はこびのための道。例 中部開発林道。

【林野】Ⅱ 森林と原野。例 林野庁。類 山野

【林立】↓〈─する〉細長いものが、林のようにたくさんならんで立っていること。例 高層ビルが林立している。

林が下につく熟語 上の字の働き

【山林 森林 農林】近縁の関係。
【営林 植林 造林】林をドウスルか。
【防雪林 防風林】ドウスルための林か。

枠

木-4 総画8 常用 明朝 枠 67A0

音 ─ 訓 わく 中

筆順 一 十 才 木 朴 杵 枠 枠

たなちり [会意] 国字。糸を巻く道具を表す「卆」と「木」とを合わせて、糸を巻く木のわくを表している字。

意味 わく。外がわをかこむもの。例 枠を組む。枠内・窓枠

【枠内】↓ ①枠の内がわ。例 枠内に氏名を記入してください。対 欄外・枠外 ②ここまでと決められたくぎりの中。例 予算の枠内で計画をたてる。対 枠外

栄

木-5 総画9 4年 明朝 栄 6804 旧字 榮 69AE

音 エイ 訓 さか-える・は-え 高・は-える 高

筆順 ⺍ ⺍ ⺍ 𫝀 𫝀 学 栄 栄 栄（とめる・はねる）

たなちり [形声] もとの字は、「榮」。「𤇾」がまわりをかこみかがやく意味と、「エイ」とかわって読み方をしめしている。「木」にいっぱいにさく花を表す字。

意味 ❶さかえる。さかんになる。いきおいがいい。例 国が栄える。栄華・栄養・繁栄 対 枯
❷ほまれ。名誉。引き立つ。例 受賞の栄にかがやく。栄えある勝利。栄光・見栄え

例解 [使い分け] はえる[映・栄] ☞591ページ

名前のよみ しげ・しげる・たか・てる・とも・なが・ひさ・ひさし・ひで・ひろ・まさ・よし

❶〈さかえる〉の意味で

【栄華】° Ⅱ お金も地位も手に入れて、はなばなしいこと。例 栄華をきわめる。

【栄枯】° ⇔ 国や家などが、さかえることとおとろえること。類 興亡・興廃・盛衰・消長

【栄枯盛衰】° 国や家などが、さかえたり、おとろえたりすること。

【栄養】 Ⅱ 生物が育ち活動するために、とり入れなければならない成分。例 栄養をとる。類 養分・滋養

❷〈ほまれ〉の意味で

【栄冠】 ↓ 競技に勝った人が手に入れる名誉。例 勝利の栄冠にかがやく。類 栄誉・名誉・栄光 知識 むかしギリシャで、競技に優勝した者に月桂樹のえだでつくったかんむりをあたえたことから生まれたことば。

【栄光】 Ⅱ かがやかしい名誉。例 栄光にかがやく。類 光栄・名誉・栄冠・栄誉

【栄達】 ↓〈―する〉高い地位につくこと。類 出世・栄進・昇進

【栄転】 ↓〈―する〉高い地位にうつること。例 ご栄転を祝す。類 昇進 対 左遷

【栄誉】 Ⅱ 晴れがましくほめられること。ほまれ。例 国民栄誉賞。類 名誉・栄光・栄冠

◆ 虚栄 光栄 繁栄

架

木-5 総画9 常用 明朝 架 67B6

音 カ中 訓 か-ける中・か-かる中

筆順

なりたち [形声]「加」が「カ」という読み方をしめしている。「カ」は「つみかさねる」意味をもち、「木」をかさねて組み立てることを表す字。

意味 ❶かける。電線・橋などをかけわたす。例 橋を架ける。架線・高架

❷たな。ものをかけたりのせたりするたなや台。例 書架

例 解 [使い分け] かける[掛・懸・架] ☞547ページ

❶〈かける〉の意味で

【架橋】 ▲〈―する〉橋をかけること。

【架空】 ▲ ①空中にかけわたすこと。例 架空ケーブル。②想像してつくりだすこと。例 架空の人物。類 虚構 対 実在

【架設】° ↓〈―する〉かけわたすこと。橋や電線などをかけること。例 電線を架設する。

【架線】° ①▲〈―する〉送電線・電話線などをかけわたすこと。②↓ かけわたされた電線。

◆ 高架 書架 担架

柿

木-5 総画9 常用 明朝 柿 67FF

音 シ外 訓 かき中

筆順

意味 かき。秋に赤い実をつける落葉高木。

柑

木-5 総画9 人名 明朝 柑 67D1

音 カン外 訓 ―

意味 みかん。みかんのなかま。こうじ。例 金柑・蜜柑

枯

木-5 総画9 常用 明朝 枯 67AF

音 コ中 訓 か-れる中・か-らす中

筆順

なりたち [形声]「古」が「コ」という読み方をしめしている。「コ」は「かれる、ひからびる」意味をもち、「木」がかれることを表す字。

意味 かれる。草木がかれる。水分がなくなる。おとろえる。例 花が枯れる。枯渇・栄枯 対 栄

【枯渇】° Ⅱ〈―する〉①水がなくなって、からからにかわくこと。②お金などのたくわえがなくなること。例 資金が枯渇する。

【枯死】° ↓〈―する〉草や木が、かれてだめになること。例 渇水で稲が枯死する。

【枯淡】° Ⅱ よぶんなものがなく、あっさりした味わいがあること。例 枯淡の趣。

査

木-5 総画9 5年 明朝 査 67FB

音 サ　訓 —

筆順 一 十 木 杏 杳 査 査 査 査（日にならない）

なりたち 【形声】「且シャ→ソ」が「サ」とかわって読み方をしめしている。「シャ」は「かさねる」意味をもち、「木」をならべ重ねたいかだを表している字。借りて、「しらべる」意味に使われている。

意味 しらべる。調べてたしかめる。例 査察・調査

【査察】ささつ ＝〈—する〉役所の人などが、実際のようすを見て調べること。例 査察を受ける。

【査証】さしょう ↓〈—する〉調べて証明すること。とくに、入国したいという外国人に対して、身元や入国の目的などを調べて、入国許可の証明をすること。その証明書。ビザ。

【査定】さてい ↓〈—する〉くわしく調べて、金額や等級などを決めること。例 査定額。

【査問】さもん ↓〈—する〉事件などを調べるとき、関係者に問いただすこと。例 査問に応じる。

査が下につく熟語 上の字の働き

【監査 検査 審査 捜査 調査】近い意味。

【巡査 踏査】ドウヤッテ調べるか。

【柵】

木−5　総画9　常用　明朝 柵 67F5

音 サク中　訓 —

筆順 一 十 木 木 杋 杋 柵 柵 柵

意味 木などをならべて作ったかこい。例 柵で囲う。鉄柵

【柘】

木−5　総画9　人名　明朝 柘 67D8

音 シャ外　訓 やまぐわ外

意味 ❶やまぐわ。葉は蚕のえさに、木材は家具などの材料になる落葉高木。

❷《その他》例 柘植・柘榴

❷《その他》

【柘植】つげ ◎くしや将棋の駒の材料になる常緑小高木。

【柘榴】ざくろ ◎初夏に赤い花が咲き、実は熟すとさけて種があらわれる落葉小高木。種のまわりは甘ずっぱく、食べられる。

【柊】

木−5　総画9　人名　明朝 柊 67CA

音 シュウ外　訓 ひいらぎ外

意味 ひいらぎ。ふちがとげとげになった葉をつける常緑高木。

【柔】

木−5　総画9　常用　明朝 柔 67D4

音 ジュウ中・ニュウ中　訓 やわ-らか中・やわ-らかい中

筆順 フ マ ヌ 予 矛 矛 柔 柔 柔

なりたち 【形声】「矛ボウ」が「ジュウ」とかわって読み方をしめしている。「ボウ」は「やわらかい」意味をもち、新芽の出るころのしなやかな「木」を表す字。

意味 ❶やわらか。しなやか。やわらかにする。ソフト。例 柔らかな体。柔軟 対 剛

例解 使い分け

やわらかい《柔らかい・軟らかい》

柔らかい＝ふわっと「やわらかい」。しなやかである。おだやかである。

例 柔らかいふとん。柔らかい身のこなし。頭が柔らかい。柔らかな物腰。

軟らかい＝ぐちゃぐちゃと「やわらかい」。形が変わりやすい。かた苦しくない。対 硬い

例 軟らかいごはん。軟らかい地面。表情が軟らかい。

次ページ 染 柱 栃 柏 柄

❷やさしい。おとなしい。心がしっかりしていない。例 柔順・柔和・柔弱

例解 [使い分け] やわらかい[柔・軟] ☞631ページ

❶〈やわらか〉の意味で

【柔道】↓ 日本で生まれた、格闘競技。相手ととりくみ、投げたり組みふせたりして勝ち負けを決める。類 柔・柔術

【柔軟】Ⅲ〈━な〉①やわらかで、しなやか。例 柔軟体操。対 硬直 ②考え方や態度をこだわりなく自由にかえることができる。例 柔軟に対処する。類 順応 対 硬直

❷〈やさしい〉の意味で

【柔順】Ⅲ〈━な〉おとなしくて、すなお。例 柔順な性質。類 温順

【柔弱】Ⅲ〈━な〉からだや気持ちに力強さがなくて、たよりない。類 軟弱 対 剛健

【柔和】Ⅲ〈━な〉やさしくおとなしい。例 柔和な性格。柔和な笑顔。類 温和

染

木－5 総画9 6年 明朝 染 67D3

音 セン㊥ 訓 そ-める・そ-まる・し-みる㊄・し-み㊄

筆順 氵 氿 氿 氿 氿 染 染 染 染（丸にならない）

なりたち [会意]「木」と「水(氵)」と、「何度も」の意味を表す「九」を合わせて、糸や布を木のしるに何度もひたして「そめる」ことを表す字。

意味 ❶そめる。(液体にひたして)色をつける。例 布を染める。西の空が赤く染まる。色がつく。しみがつく。例 染料 ❷わるいものがうつる。例 伝染

❶〈そめる〉の意味で

【染色】▲〈━する〉布や糸をそめること。

【染色体】細胞の中にある、生物の遺伝に関係する物質。

【染料】↓ 布や糸などに、色をそめつけるための材料。水や油などにとかして使う。

染が下につく熟語 上の字の働き

❷染＝〈わるいものがうつる〉のとき

【汚染 伝染 感染】ドウナッテうつるか。

柱

木－5 総画9 3年 明朝 柱 67F1

音 チュウ 訓 はしら

筆順 一 十 才 木 木 杧 杧 柱 柱（とめる）（ながく）

なりたち [形声]「主」が「チュウ」とかわって読み方をしめしている。「シュ」は「まっすぐ立つ」意味をもち、まっすぐ立つ「木」を表す字。

意味 ❶はしら。まっすぐ立ったもの。例 一家の柱。建物の屋根などをささえるもの。茶柱・支柱 ❷神をかぞえることば。例 二柱の神。

柱が下につく熟語 上の字の働き

❶柱＝〈はしら〉のとき

【門柱 床柱】ドコの柱か。

【帆柱 電柱】ナニをささえる柱か。

【貝柱 茶柱】ナニの中の柱か。

◆円柱 支柱 霜柱 大黒柱

栃

木－5 総画9 4年 明朝 栃 6803

音 ― 訓 とち

筆順 一 十 才 木 木 杤 杤 栃 栃（とめる）（𠂇にならない）（はねる）

意味 とちのき。夏に白い花をさかせる落葉高木。実は食用。例 栃の実だんご。

参考 国字。

県名 栃木(とちぎ)

柏

木－5 総画9 人名 明朝 柏 67CF

音 ハク㊇ 訓 かしわ㊇

意味 かしわ。大きめの葉をつける落葉高木。葉は餅をつつむのに使う。例 柏餅

柄

木－5 総画9 常用 明朝 柄 67C4

音 ヘイ 高 訓 がら 中・え 中・つか 外

筆順 一 十 木 朾 杤 柄 柄 柄 柄

なりたち [形声]「丙」が「ヘイ」という読み方をしめしている。「ヘイ」は「手にとる」意味をもち、「木」でできたにぎりの部分を表す字。

意味

❶とって。その道具を持つための棒の部分。え。つか。例 ほうきの柄。

❷動かす力。例 横柄

❸からだつき。性質。それらしさ。例 柄にもなく。家柄・大柄・身柄

❹布地のもよう。例 はでな柄。柄物・図柄

❹〈布地のもよう〉の意味で

【柄物】がらもの ↓ 布や紙などでもようのついているもの。例 柄物のワンピース。対 無地

柄が下につく熟語 上の字の働き

❷柄＝〈動かす力〉のとき
【横柄 権柄】近い意味。

❸柄＝〈からだつき〉のとき
【大柄 小柄】ドノヨウナからだつきか。
【家柄 人柄 役柄 国柄 事柄 銘柄 場所柄 時節柄】ナニのそれらしさか。
【作柄 手柄】ナニのできぐあいか。

◆間柄 図柄 身柄

某

木−5 総画9 常用 明朝 某 67D0

音 ボウ 中 訓 なにがし 外

筆順 一 十 卄 甘 甘 茸 茸 某 某

なりたち [会意] 口にふくむことを表す「甘」と「木」とを合わせて、実のなるウメの木を表していた字。

意味 なにがし。人や物・場所・日時などをぼかして言うことば。例 某氏。山田某。

【某国】ぼうこく ↓ ある国。その国の名をはっきり言えないときや、言いたくないときに使う。

【某氏】ぼうし ↓ ある人。その人の名前がわからないときや、言いたくないときに使う。類 某

【某所】ぼうしょ ↓ あるところ。場所をはっきり言えないときや、言いたくないときに使う。例 都内某所。

柾

木−5 総画9 人名 明朝 柾 67FE

音 ― 訓 まさ 外・まさき 外

意味 まさめ。木目がまっすぐにとおっていること。例 柾目

柚

木−5 総画9 人名 明朝 柚 67DA

音 ユウ 外 訓 ゆず 外

意味 ゆず。初夏、白い花をつける常緑小高木。すっぱい実は、料理のかおりづけなどに使う。例 柚みそ。柚湯。柚胡椒。

柳

木−5 総画9 常用 明朝 柳 67F3

音 リュウ 中 訓 やなぎ 中

筆順 一 十 木 朾 杪 枊 枊 柳 柳

なりたち [形声]「丣→卯」が「リュウ」という読み方をしめしている。「リュウ」は「流れる」意味をもち、えだが流れるようにたれている「木」、「ヤナギ」を表す字。

意味 やなぎ。ヤナギの木。ヤナギのように細くてしなやかなもの。例 柳眉

【柳眉】りゅうび ↓ ヤナギの葉のように、細くてやさしい形の眉。例 柳眉をさかだてる（美しい人がいかりを顔にだす）。

◆川柳

案

木−6 総画10 4年 明朝 案 6848

音 アン 訓 ―

筆順 丶 宀 宀 安 安 安 宰 案 案 案（とめる）（とめる）

なりたち [形声]「安」が「アン」という読み方をしめしている。「アン」は「置く」意味をもち、物を置く「木」のつくえを表している字。「考える」の意味に借りて使われている。

意味

❶考えをめぐらす。考え。文書・書類やその下書き。例案を出す。案ずるより産むがやすし(むずかしく見えるものも、じっさいにやってみると、思いのほかやさしくできるものである)。案件・思案

❷《その他》例案山子

❶〈考えをめぐらす〉の意味で

【案外】あんがい ↓〈一な〉思いのほか。例案外うまくいった。類意外・存外・予想外

【案件】あんけん ↓考えて処理すべきこと。会議の議題となることがら。例重要案件。

【案出】あんしゅつ ↓〈一する〉くふうして考え出す。

【案内】あんない ↓〈一する〉①道や場所がわからない人に行き方を教えたり、そこへ連れていったりすること。例校内を案内する。②ようすを知らせること。手引き。例入学案内。③知らせ。例案内を出す。表現「ご案内のとおり」は、「ご存じのように」という意味。

【案文】あんぶん ↓一つの案として書いた文章。

❷《その他》

【案山子】かかし ▲▲ 農作物を鳥やけものからまもるために田や畑に立てる、かんたんな人形。

案山子

← 案が下につく熟語 上の字の働き

❶案＝〈考えをめぐらす〉のとき

【勘案 考案 思案】近い意味。

【創案 立案 発案 提案 翻案】考えをドウスルか。

【名案 妙案 新案 私案 腹案 原案 草案 試案 懸案 代案 廃案】ドノヨウナ案か。

【法案 文案 図案 答案 議案】ナニについての案か。

桜

音 オウ 高　訓 さくら

木－6　総画10　5年

明朝 桜 685C　旧字 櫻 6AFB

筆順 一 十 木 木' 木'' 桜 桜 桜 桜 桜（とめる）

なりたち 櫻 [形声] もとの字は、「櫻」。「嬰(エイ)」が「オウ」とかわって読み方をしめしている。「エイ」は「小さい」の意味をもち、小さな実のなる「木」を表す字。サクラとして使われている。

意味 さくら。春、うすもも色の小さな花を木いっぱいにさかせる落葉高木。むかしから、日本人に愛され、日本を代表する花とされている。例桜花・葉桜

【桜花】おうか ↓サクラの花。例桜花爛漫。

【桜桃】おうとう ↓サクランボ。サクランボのなるサクラの木。

【桜色】さくらいろ ↓サクラの花のような、うすいもも色。ピンク。例ほおを桜色にそめる。類淡紅色

格

音 カク・コウ 高　訓 ―

木－6　総画10　5年

明朝 格 683C

筆順 一 十 木 木 杦 枚 格 格 格 格（とめる・はらう）

なりたち [形声]「各(カク)」が「カク・コウ」という読み方をしめしている。「コウ」は「高い」の意味をもち、「木」が高く立つことを表す字。

意味

❶きまり。わくぐみ。基準。例格式・規格・性格・体格

❷位置づけ。身分。程度。例格がちがう。格が上がる。格づけ。格調

❸木を方形に組み合わせたもの。例格子

❹手でうつ。なぐる。例格闘

❺文の中での位置。例主格

注意するよみ コウ…例格子

名前のよみ いたる・ただし・つとむ・のり・まさ

❶〈きまり〉の意味で

【格言】かくげん ↓「論より証拠」「人のふり見てわがふり直せ」など、ものごとの真理や、生きていくうえでの教えなどを、短く言い表したことば。類警句・金言

【格式】かくしき Ⅱ 身分や家がらに合わせた、それぞれの生活のきまり。例格式が高い。

❷〈位置づけ〉の意味で

【格差】↓ もののねだんや資格・等級などのちがい。例 格差をつける。

【格段】↓〈—と〉程度のちがいがとても大きいようす。例 格段の進歩。類 格別

【格調】↓ 文章や詩歌・絵画・音楽などの芸術作品がもっている、上品な感じ。例 格調の高い文章。類 品格

【格納】↓〈—する〉きちんとしまいこむこと。例 飛行機を格納する。格納庫。

【格別】↓〈—な〉ふつうとは、大きくちがうようす。例 遠足で食べるおにぎりは、格別な味がする。類 特別・格段・別段

【格安】↓〈—に〉ねだんが、ふつうよりとくに安い。例 格安のねだんで売る。格安品。

【格好】◎ ①すがた。形。服装。例 背格好。②〈—な〉ちょうどよい。例 格好な値段。

❸〈木を方形に組み合わせたもの〉の意味で

【格子】⊠ 細い木や竹などを、あいだをあけて組んだもの。例 格子縞。鉄格子。

【格子戸】細い木や竹を、すきまをあけて、たてよこに組んでつくった戸。

❹〈手でうつ〉の意味で

【格闘】↓〈—する〉力をつくしてたたかう。例 難問題と格闘する。格闘技。

← 格が下につく熟語 上の字の働き

❶格＝〈きまり〉のとき
【骨格 体格】ナニのわくぐみか。
【合格 適格 破格】基準に対してドウデアルか。

❷格＝〈位置づけ〉のとき
【本格 厳格】ドウイウ位置づけか。
【人格 性格 風格 品格 価格 資格】ナニの位置づけか。
【同格 別格】位置づけが他に対してドウデアルか。
【降格 失格 昇格】位置づけをドウスルか。

❺格＝〈文の中での位置〉のとき
【主格 目的格 修飾格】ドノヨウナ位置か。

◆規格

核

木−6 総画10 常用 明朝 核 6838

音 カク 中 訓 —

筆順 一 十 木 木 杧 杧 核 核 核 核

なりたち [形声]「亥」が「カク」とかわって読み方をしめしている。「ガイ」は「かたい」の意味をもち、かたい「木」の「たね」を表す字。

意味 ❶たね。ものごとの中心となるところ。例 組織の核となって働く。核心・中核 ❷原子核。例 核爆発。核兵器。

❶〈たね〉の意味で

【核家族】夫婦と子どもだけの少人数の家族。例 核家族化。

【核心】Ⅱ ものごとの中心となる、いちばんだいじなところ。例 事件の核心にふれる。核心にせまる。

❷〈原子核〉の意味で

【核兵器】原子核が分裂したり融合したりするときの力を使った、原子爆弾や水素爆弾。それらを装着したミサイルなどの兵器。

◆結核 中核

株

木−6 総画10 6年 明朝 株 682A

音 — 訓 かぶ

筆順 一 十 木 朩(とめる) 杧 杵 桙 株(だす) 株

なりたち [形声]「朱」が「シュ」という読み方とともに、「根を下ろしてしっかりと立つ」の意味を表し、はえている「木」の「かぶ」をしめす。

意味 ❶植物の根もとの部分。きりかぶ。樹木を数えることば。例 木の株。古株 ❷かぶけん（株券）。株式会社の株式。例 株が上がる。持ち株。成長株。優良株。

❷〈かぶけん（株券）〉の意味で

【株価】↓ 株券のねだん。例 株価が上がる。

【株券】↓ 株式会社が、元手のお金を出してもらったしるしとする証券。類 株・株式

【株式】↓ 株券を買ってもらって集めた元

◀次ページ 栞 桓 桔 桂 桁 校

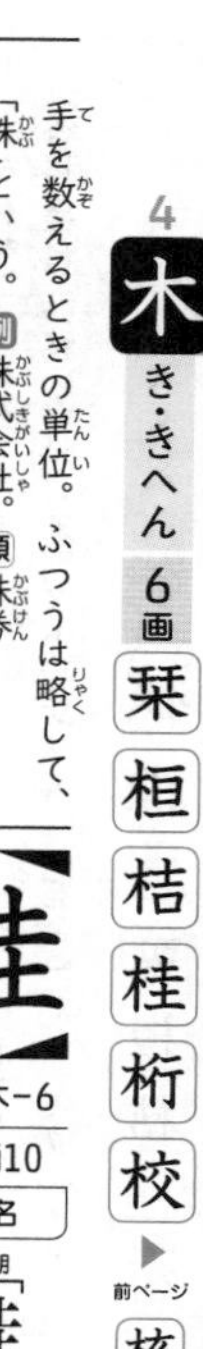

手を数えるときの単位。ふつうは略して、「株」という。例株式会社。類株券

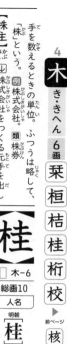

【株主】↓株式会社をつくる元手を出して、その株式をもっている人。例株主総会。

栞

木−6　総画10　人名　明朝 栞 681E

音カン外　訓しおり外

意味 しおり。㋐道の目じるし。㋑目じるしにするもの。本のしおり。㋒手引き。例遠足の栞。

参考「しおり」は「枝折り」で、山道で、木の枝を折って道しるべとすること。

桓

木−6　総画10　表外　明朝 桓 6853

音カン外　訓—

意味 はしら。しるしとして立てた木。

参考 桓武天皇（七九四年、はじめて京都に都を定めた天皇）

桔

木−6　総画10　人名　明朝 桔 6854

音キツ外　訓—

意味 植物の「桔梗」ということばに使われる字。

【桔梗】◎つりがねの形をしたむらさきや白の花が咲く多年草。秋の七草の一つ。根を薬に用いる。

桂

木−6　総画10　人名　明朝 桂 6842

音ケイ外　訓かつら外

意味 かつら。ハート形でふちにぎざぎざのある葉をつける落葉高木。材は家具や彫刻に使う。例桂材。

桁

木−6　総画10　常用　明朝 桁 6841

音コウ外　訓けた中

筆順

意味 ❶けた。㋐家の柱や橋のくいにかけわたす横木。例橋桁 ㋑そろばんの玉を通すたての棒。例桁がちがう（大きな差がある）。❷着物をかける家具。例衣桁

校

木−6　総画10　1年　明朝 校 6821

音コウ　訓—

筆順　とめる　とめる　はらう

なりたち 【形声】「交」が「まじわる」意味と「コウ」という読み方をしめす。「木」の交差でかきねを表す字。

意味 ❶くらべる。まちがいをなおす。例校正 ❷がっこう。児童や生徒・学生が勉強するところ。例校舎・登校 ❸軍隊の指揮官。例将校 ❹木を組み合わせたもの。あぜ。例校倉

❶〈くらべる〉の意味で

【校閲】↓〈—する〉原稿や文書などを、まちがいや不十分な点を調べてなおすこと。

【校正】↓〈—する〉もとになったものとくらべて、まちがいをなおすこと。

【校訂】↓〈—する〉一つの作品の、古くからつたわってきた本をいくつかくらべあわせて、文章の正しい形を決めること。

❷〈がっこう〉の意味で

【校医】↓その学校の児童・生徒の健康をみたり、衛生指導をしたりする医者。

【校歌】↓その学校の校風や精神を表すものとして作られた歌。

【校規】↓その学校のきまり。類校則

【校旗】↓その学校のしるしとして定めた旗。例校旗を先頭に行進する。

【校訓】↓その学校の教育で、いちばんたいせつなものと考えている心構え。

【校舎】↓学校の建物。

【校章】↓その学校の紋章。

【校則】↓その学校の児童・生徒がまもらなければならないきまり。類学則・校規

【校長】↓学校の全部について責任をも

ち、学校を代表する先生。例校長講話。

【校庭】↓学校の運動場や庭。

【校風】↓その学校の特色になっている気風。スクールカラー。例自由な校風。

❹〈木を組み合わせたもの〉の意味で

【校倉】↓三角形の長い木材を井の字形にくみ、それをつみ重ねて壁にしてできた倉。

校が下につく熟語 上の字の働き

❷校＝〈がっこう〉のとき

【本校 分校 母校】ドウイウ部分にあたる学校か。

【登校 下校 転校 在校 退校】学校に（学校から）ドウスルか。

【開校 休校】学校をドウスルか。

◆将校 対校

根

木－6 総画10 3年 明朝 根 6839

音コン 訓ね

筆順 根 一 十 木 村 村 根 根 根 根（とめる・はねる・人にならない）

なりたち 形声「艮」が「コン」という読み方をしめしている。「コン」は「ねもと」の意味をもち、「木」のねもとを表す字。

意味

❶草木のねっこ。例根をはる。球根

❷ものごとの基本となるもの。例根本

❸その人の精神力のもと。気力。例根をつめる。

❹《その他》例屋根

❶〈草木のねっこ〉の意味で

【根毛】↓植物の根の先にある細い毛のような根。水分や養分を地中からすいとる。

【根元】↓①木のみきや草のくきと、根とのさかいめのところ。②つけねの部分。例台風で電柱が根元からたおれた。表記「根本」とも書く。☞「こんげん」は❷

❷〈ものごとの基本となるもの〉の意味で

【根幹】＝ものごとのいちばんもとになるたいせつなところ。例民主主義の根幹。類根本・中枢・基幹 対枝葉・末梢

【根拠】＝考えや行動のもとになる理由や事実。行動の足がかりになる場所。よりどころ。例根拠のないうわさ。根拠地。類拠点

【根元】＝ものごとのおおもと。表記「根源」とも書く。☞「ねもと」は❶

【根源】＝ものごとのおおもと。例諸悪の根源。類根本・根底・本源・源泉・大本 表記「根元」とも書く。

【根治】↓〈―する〉病気が、そのもとのところからすっかりなおること。類完治・全治

【根絶】↓〈―する〉根本からすっかりなくすこと。根だやし。例いじめの根絶をめざす。類絶滅・全滅・撲滅

【根底】＝ものごとをなりたたせている土台。例根底からくつがえす。類根本・根源・根拠・基底・基盤

【根本】＝ものごとのもとになるいちばんたいせつなことがら。例根本から考え直す。類根源・根底・根幹・基本・土台・基礎・大本

【根城】↓なにかをするときの、よりどころにする場所。類根拠地・拠点・本拠 参考もとは、むかし、武将が本拠にした城。

【根太】◎建物の床板をささえる横木。

【根雪】↓つもって、春までとけない雪。

❸〈その人の精神力のもと〉の意味で

【根気】↓一つのことをねばり強くつづける気力。例根気がない。根気のいる仕事。

【根性】＝①苦しくても、やりとげようとする強い心。例根性がある。類意地 ②生まれつきの性質。例島国根性。類性根・土性骨 表現②は、とかくよくない性質にいう。

根が下につく熟語 上の字の働き

❶根＝〈草木のねっこ〉のとき

【球根 毛根 大根】ドンナ形の根っこか。

❹根＝〈その他〉のとき

【屋根 尾根 垣根】上の字が、意味の基本部。

◆禍根 性根 精根 病根

栽

木－6 総画10 常用 明朝 栽 683D

音サイ中 訓―

筆順 栽 一 十 土 丰 未 栽 栽 栽

4 木 き・きへん 6画 根 栽 ◀次ページ 柴 桟 栖 栓 桑 桃

なりたち [形声]「𢦏」が「サイ」という読み方をしめしている。「サイ」は「しっかり立てる」意味をもち、「木」を立てることから、植物を植えることを表す字。

意味 植物を植える。例 栽培・盆栽

【栽培】Ⅲ（―する）野菜や草花、果物のなる木などを植えて育てること。例 水栽培。対 自生 表現 魚の養殖も栽培漁業という。

【柴】

木-6 総画10 人名 明朝 柴 67F4

音 サイ外 訓 しば外

意味 しば。野山に生える雑木やその小えだ。例 柴の戸。柴かり。

【桟】

木-6 総画10 常用 明朝 桟 685F 旧字 棧 68E7

音 サン中 訓 ―

筆順 一 十 木 杧 杧 栈 栈 桟 桟 桟

なりたち [形声]もとの字は、「棧」。「戔」が「小さい」意味と「サン」という読み方をしめしている。「木」を小さくして作った「かけはし」を表す字。

意味 ❶かけはし。けわしい山道や水の上などにかけわたした橋。例 桟橋 ❷さん。戸や障子のわくの内がわにわたしてある細い木。例 障子の桟。桟敷

特別なよみ 桟敷(さじき)

❶〈かけはし〉の意味で

【桟道】↓ がけにそって、橋をかけるように板などをならべてつくった道。かけ橋。

【桟橋】Ⅲ つないである船にわたっていけるように、岸から海へつき出すようにつくった橋。荷物の積みおろしにも使う。

❷〈さん〉の意味で

【桟敷】↓ 土間よりも高く、板をしきならべて、見物客がすわれるようにしたところ。例 桟敷席。天井桟敷。

【栖】

木-6 総画10 人名 明朝 栖 6816

音 セイ外 訓 す-む外

意味 ❶すむ。(鳥や動物が)すむ。❷す。(鳥や動物の)すむところ。すみか。

参考「棲」におなじ。

【栓】

木-6 総画10 常用 明朝 栓 6813

音 セン中 訓 ―

筆順 一 十 木 木 朩 栓 栓 栓 栓 栓

なりたち [形声]「全」が「セン」という読み方をしめしている。「セン」は「つきとおす」意味をもち、穴にさしこむ「木」を表す字。

意味 小さな出入り口をふさぐもの。例 ビールの栓をぬく。消火栓。耳栓。

【桑】

木-6 総画10 常用 明朝 桑 6851

音 ソウ高 訓 くわ中

筆順 フ ヌ 叒 叒 叒 桑 桑 桑 桑 桑

なりたち [象形]やわらかい芽の出ているクワの木をえがいた字。

意味 くわの木。葉をカイコのえさにする落葉高木。例 桑の実。桑畑・桑園

【桑園】↓ カイコのえさにするクワの木を植えた畑。類 桑畑

【桃】

木-6 総画10 常用 明朝 桃 6843

音 トウ中 訓 もも中

筆順 一 十 木 村 村 材 杉 桃 桃 桃

なりたち [形声]「兆」が「われる」ことを表し、「トウ」とかわって読み方をしめしている。二つにわれたような形の「木」の実「モモ」を表す字。

意味 もも。春にうすべに色の花をさかせ、夏に甘い果実をつける落葉高木。その果実。例 桃の節句。桃色・桜桃

【桃源郷】とうげんきょう この世界とはまったくべつの、なやみや苦しみなどのない、楽しくすば

らしい世界。ユートピア。類理想郷 知識中国の詩人、陶淵明の文章「桃花源記」から。山の中で道を見うしなって桃の林にまよいこんだ人が、そこに、人びとが戦乱をさけて平和にくらしている別天地を見たという話。

【桃色】↓モモの花のような、うすべに色。ピンク。

◆桜桃 白桃

桐

木−6 総画10 人名 明朝 桐 6850

音トウ外 訓きり外

意味 きり。葉は大きく、初夏にうすむらさき色の花がさく落葉樹。木材は軽くじょうぶで、家具に使われる。例桐たんす。

梅

木−6 総画10 4年 明朝 梅 6885 旧字 梅 FA44

音バイ 訓うめ

筆順 梅 梅 梅 梅 梅 梅（とめる はねる ミにならない）

なりたち [形声]もとの字は、「梅」。「毎」が「バイ」という読み方をしめしている。「ウメの木」を表す字。

意味 ❶うめ。春のはじめ、美しい花をさかせ、夏にすっぱい実をつける落葉高木。その花や実。例梅の花が開く。梅酒・梅林・紅梅

❷つゆ。ウメの実がなるころにふりつづく雨。その時期。例入梅

特別なよみ 梅雨(つゆ)

名前のよみ め

❶〈うめ〉の意味で

【梅酒】↓焼酎に青梅と氷砂糖をつけこんだ果実酒。

【梅林】↓ウメの木の林。類梅園

❷〈つゆ〉の意味で

【梅雨】ばいう・つゆ ↓夏の前、ウメの実が熟すころに、しとしととふりつづく雨。例梅雨があける。類五月雨 知識「ばいう」はおもに雨を指し、「つゆ」はおもにその時期を指す。

◆青梅 紅梅 松竹梅 入梅

栗

木−6 総画10 人名 明朝 栗 6817

音リツ外 訓くり外

意味 くり。秋、とげのあるイガにはいった実をつける落葉高木。その実。例栗まんじゅう。甘栗・団栗

械

木−7 総画11 4年 明朝 械 68B0

音カイ 訓―

筆順 械 械 械 械 械 械（とめる はねる わすれない）

なりたち [形声]「戒」が「いましめる」意味を表し、「カイ」という読み方をしめしている。罪人をいましめるための「木」の道具「かせ」を表す字。

意味 しかけのある道具。例機械

械が下につく熟語 上の字の働き

【器械 機械】近い意味。

梧

木−7 総画11 人名 明朝 梧 68A7

音ゴ外 訓あおぎり外

意味 あおぎり。大きな葉をつける落葉高木。木材は琴などをつくるのに使う。

梗

木−7 総画11 常用 明朝 梗 6897

音コウ中 訓―

筆順 梗 梗 梗 梗 梗 梗

意味 ❶ふさぐ。ものがつまってとおらない。例梗塞 ❷おおよそ。だいたいのことがら。例梗概

❶〈ふさぐ〉の意味で

【梗塞】Ⅱ(−する) 血管などがつまって通らない。例心筋梗塞。脳梗塞。

❷〈おおよそ〉の意味で

【梗概】Ⅱ 小説や論文などのだいたいのすじ。あらすじ。

【梓】
木−7 総画11 人名 明朝 〖梓〗 6893

音 シ外 訓 あずさ外・きささげ外

意味 あずさ。木材は細工がしやすく、木工の材料や版木とされる。落葉高木。例 上梓(本を出版すること)

【梢】
木−7 総画11 人名 明朝 〖梢〗 68A2

音 ショウ外 訓 こずえ外

意味 こずえ。木の先の部分。例 末梢

【巣】
木−7 総画11 4年 明朝 【巣】 5DE3 旧字 〖巢〗 5DE2

音 ソウ高 訓 す

筆順 (ながく)

なりたち [会意]もとの字は、「巢」。「甾」はかごで、「木」の上の鳥のすを表す字。

意味 ❶す。鳥や動物のすみか。例 巣をかける。小鳥の巣。巣箱・古巣
❷わるいものの集まるところ。例 巣窟・病巣

❶〈す〉の意味で

【巣箱】すばこ ⇩ ①鳥が巣をつくりやすいようにこしらえて、木にとりつける箱。②ミツバチを飼う木の箱。

❷〈わるいものの集まるところ〉の意味で

【巣窟】そうくつ Ⅲ 悪者などがかくれてすんでいるところ。かくれが。例 悪の巣窟。類 巣・根城

◆病巣 卵巣

【梛】
木−7 総画11 人名 明朝 〖梛〗 689B

音 ダ外 訓 なぎ外

意味 なぎ。暖かい地方の山に生える常緑高木。昔から神社の境内に植えられてきた。

【梯】
木−7 総画11 人名 明朝 〖梯〗 68AF

音 テイ外 訓 はしご外

意味 ❶はしご。高い場所に上り下りするための道具や設備。例 梯子・雲梯
❷(ある目標までの)過程。段階。例 階梯

【桶】
木−7 総画11 人名 明朝 〖桶〗 6876

音 トウ外 訓 おけ外

意味 おけ。木などで作った円筒形のうつわ。例 手桶・湯桶(ゆとう)

【梨】
木−7 総画11 4年 明朝 【梨】 68A8

音 リ外 訓 なし

筆順 (とめる)(はねる)

意味 なし。春に白い花を一面につけ、秋に水分の多い果実をつける落葉高木。その果実。例 梨の花。西洋梨。梨園

▲【梨園】りえん ⇩ 俳優の社会。とくに、歌舞伎役

文字物語 棋 碁

今わたしたちは碁(囲碁)と将棋をまったくべつのゲームだと思っているが、文字からいえば、「碁」と「棋」の漢字は古くさかのぼっていくとおなじ漢字「棊」にゆきあたる。「碁」も「棋」も「其」に「石」がついたか「木」がついたかのちがいだけで、どちらも「棊」の異体字(おなじ字だが見た目にはちがった形をしている字)だという関係にあった。もともと「棊」は、囲碁や将棋など盤の上でするゲーム、また、その盤やこまをいう字。囲碁も将棋もどちらも「棊」であった。今では、「碁」の音は「ゴ」、「棋」の音は「キ」と分かれて、それぞれべつの字とされているが、ルーツはおなじだから、将棋をさす人だけでなく碁を打つ人も「棋士」というし、プロの棋士の団体は、碁のほうを「日本棋院」、将棋のほうを「日本将棋連盟」といっている。

者の世界。

梶

木−7 総画11 人名 明朝 梶 68B6

音 ビ外 訓 かじ外

意味 かじ。㋐かじのき。樹皮を和紙の原料にする落葉高木。㋑船や乗り物の進む方向を変える装置。

椛

木−7 総画11 人名 明朝 椛 691B

音 — 訓 もみじ外

意味 もみじ。㋐紅葉。㋑葉が紅葉するカエデなどの樹木をいうことば。

参考 国字。

梁

木−7 総画11 人名 明朝 梁 6881

音 リョウ外 訓 はり外

意味

❶はし。かけはし。川や谷などの両側にかけわたした橋。例 橋梁

❷はり。うつばり。屋根の重さを支えるために柱の間に横にわたした部材。「棟」とともに建物を支える重要な部分。例 棟梁

❸やな。川のなかに竹などをならべて流れをさえぎり魚をとる道具。

❹体や物などの中ほどが高くなったところ。例 鼻梁

❺むかしの中国の王朝の名。

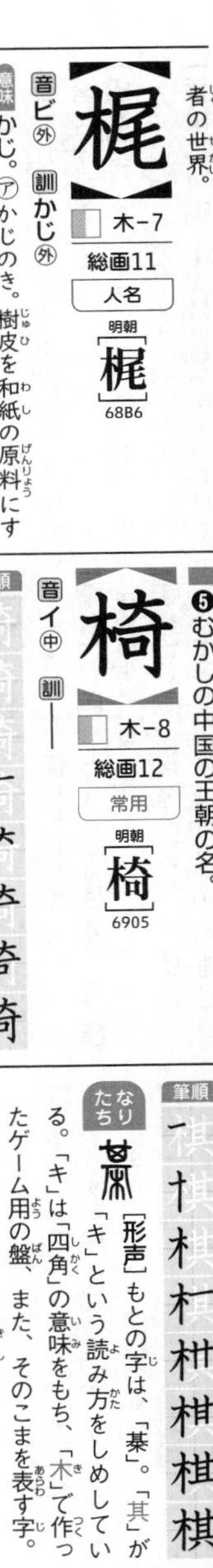

椅

木−8 総画12 常用 明朝 椅 6905

音 イ中 訓 —

筆順 一 十 木 木 柞 椅 椅 椅 椅

意味 こしかけ。

【椅子】いす ⊠ こしをかける道具。こしかけ。例 長椅子。

棺

木−8 総画12 常用 明朝 棺 68FA

音 カン中 訓 —

筆順 一 十 木 柠 棺 棺 棺 棺 棺

なりたち [形声]「官」が「カン」という読み方をしめしている。「カン」は「おおう」意味をもち、死体をおおう「木」のはこを表す字。

意味 ひつぎ。死体を納める箱。例 棺をおおう。納棺

【棺桶】かんおけ ↓ 死体を納める木のおけ。類 棺

◆出棺 納棺 石棺

棋

木−8 総画12 常用 明朝 棋 68CB

音 キ中 訓 —

筆順 一 十 木 村 柑 棋 棋 棋

なりたち [形声]もとの字は、「棊」。「其」が「キ」という読み方をしめしている。「キ」は「四角」の意味をもち、「木」で作ったゲーム用の盤、また、そのこまを表す字。

意味 ご。しょうぎ。例 棋士

[文字物語] みぎのページ

【棋院】きいん ↓ 碁を職業とする人の団体。

【棋士】きし ↓ 碁を打つことや将棋をさすことを職業とする人。

【棋譜】きふ ↓ 碁や将棋の勝負で、石やこまのならべ方を図や記号で記録したもの。

◆将棋

極

木−8 総画12 4年 明朝 極 6975

音 キョク・ゴク中 訓 きわ-める中・きわ-まる中・きわ-み中

筆順 一 十 木 (とめる) 朾 (ひとふでで) (はねる) 柯 極 極 (とめる)

なりたち [形声]「亟」が「キョク」という読み方をしめしている。「キョク」は「もっとも高い所」の意味をもち、家のもっとも高い所にある「むな木」を表す字。

意味 きわみ。果て。きわめる。きわめて。例 頂上を極める。混乱の極にある。極めて重

要な問題。極度・極力・極秘・究極

例解 [使い分け] きわめる [極・窮・究] ☞ひだりのページ

発音あんない キョク→キョッ…例極刑 ゴク→ゴッ…例極寒

【極言】▲〈―する〉思い切った言い方をする。類極論

【極限】Ⅱ これ以上はない、ぎりぎりのところ。はて。きわみ。例極限状態。類限界

【極端】↓〈―な〉考え方ややり方が、これ以上はないというほど、かたよっているようす。例極端にはしる。類極度

【極地】↓いちばんはての土地。南極・北極のあたり。例極地探検。

【極致】↓これ以上はないというすばらしさ。例美の極致ともいうべき絵。

【極点】↓①行き着くことのできる最後のところ。類頂点 ②北極点または南極点。

【極度】↓これより先はないという、最後のところ。例選手は極度に緊張していた。

【極東】↓ヨーロッパから見て、アジアの東のはしのほうの地域。日本・朝鮮・中国などを指す。参考ヨーロッパに近い地域を「近東」、近東と極東の間を「中東」という。まとめて「中近東」とも。

【極力】▲できるかぎり。例ご期待にそうよう、極力努力します。

【極論】↓〈―する〉思い切って強い言い方をすること。おおげさすぎる意見。類極言

【極刑】↓もっとも重い罰である、死刑。類死刑・死罪

【極光】↓極地のあたりの空にあらわれる、帯や幕のような形で赤や緑・黄・青などに見える美しい光。オーロラ。

極光

【極悪】↓〈―な〉この上なくわるいようす。例極悪非道。類凶悪

【極意】↓武術や芸などで、いちばんおく深いわざと心。類奥義・秘訣

【極印】↓金貨・銀貨・器物などが、たしかによいものであることを証明するために打つしるし。表現「うらぎり者の極印をおされる」のように、周囲がわるいほうに決めつける意味にも使われる。

【極彩色】↓はでな色を使ってぬり分けた、あざやかないろどり。

【極上】↓いちばん上等なこと。例極上のウイスキー。類最高・最上

【極秘】↓ぜったいにひみつにしなければならないこと。例極秘に調査する。

【極貧】↓ひじょうにびんぼうなこと。例極貧の生活。類赤貧

【極楽】↓「極楽浄土」の略。仏教でいう、平和で苦しみのない理想の世界。例聞いて極楽、見て地獄。極楽往生(安らかに死ぬこと)。類浄土・天国・楽園 対地獄

【極寒】↓この上なくひどい寒さ。例極寒の地。類厳寒 対極暑

極が下につく熟語 上の字の働き

【窮極 究極 至極】近い意味。

【南極 北極 陽極 陰極 両極】ドチラのはてか。

◆磁極 電極

検

木-8 総画12 5年

明朝 検 691C 旧字 檢 6AA2

音ケン 訓―

筆順 一 十 木 木 ... 检 検 検 (とめる はらう だす)

なりたち [形声] もとの字は、「檢」。「僉」が「ケン」という読み方をしめしている。「ケン」は「とじる、おさめる」意味をもち、物をしまう「木」の箱を表す字。のちに、「しらべる」意味に借りて使われている。

意味 しらべる。取りしまりのために調べる。例検査・検束・点検

【検印】↓①検査をしたしるしにおす印。②その本を書いた人が、発行をみとめるしるしに奥付におす印。例検印省略。

【検疫】▲〈―する〉外国から感染症がはいるのをふせぐために、空港や港で、人・動物・植

物などを調べること。例 検疫所。

【検閲】けんえつ ↓〈―する〉役所が、本や新聞・映画・手紙などの内容を調べ、取りしまること。知識 日本国憲法は、言論の自由をまもるために、検閲を禁止している。

【検温】けんおん ▲〈―する〉体温をはかること。

【検眼】けんがん ▲〈―する〉視力を調べること。

【検挙】けんきょ ↓〈―する〉警察が、罪をおかしたうたがいのある人を、取り調べのためにつかまえること。類 逮捕

【検査】けんさ Ⅲ〈―する〉よいかわるいか、まちがいや異常があるかないかなどを調べること。例 身体検査。血液検査。類 点検

【検索】けんさく Ⅲ〈―する〉辞書や本の索引を調べたり、コンピューターを使ったりして、知りたいことをさがし出すこと。

【検札】けんさつ ▲〈―する〉乗り物の中で、係の人が客の乗車券を調べること。例 検札係。

【検察】けんさつ Ⅲ 犯罪について調べ、事実をはっきりさせること。その仕事をする役所や役人。例 検察庁。検察官。知識 検察官が犯罪の事実があると判断すれば、裁判所にうったえる。

【検算】けんざん ▲〈―する〉計算の答えをたしかめるため、もう一度計算すること。類 試算

【検事】けんじ ▲ 検察官のうち、犯罪を取り調べて裁判所にうったえる役目の人。

【検出】けんしゅつ ↓〈―する〉ものの中にふくまれているものを調べて見つけ出すこと。

【検証】けんしょう ↓〈―する〉じっさいに調べて事実をはっきりさせること。例 実地検証。

【検針】けんしん ▲〈―する〉電気・ガス・水道などを使った量をしめすめもりを調べること。

【検診】けんしん Ⅲ〈―する〉病気があるかを調べるために医師が診察すること。例 定期検診。

【検地】けんち ▲〈―する〉田畑を調べて、その広さや作物のとれ高などを決めること。知識 豊臣秀吉による太閤検地が有名。

【検定】けんてい ↓〈―する〉基準を決めて、そこにとどいているか、能力がどのくらいかを調べ、合格・不合格や等級別を決めること。

【検討】けんとう ↓〈―する〉いろいろな面からくわしく調べ、あれこれ考えること。

【検分】けんぶん ↓〈―する〉じっさいにその場に立ち会って見とどけること。例 実地検分。

【検便】けんべん ▲〈―する〉寄生虫や細菌がいるかどうかを調べるために、大便を検査すること。

【検問】けんもん ↓〈―する〉あやしい点がないか、問いただして調べること。

◆首実検 探検 点検

植

木-8 総画12 3年

明朝 植 690D

音 ショク 訓 う-える・う-わる

筆順 一 十 木 木 朾 杭 植 植 植 植（とめる・ナにならない）

なりたち 【形声】「まっすぐ」の意味をもつ「直（チョク）」が、「ショク」とかわって読み方をしめしている。まっすぐに「木」を立てることから、「うえる」として使われている字。

例解 使い分け きわめる《極める・窮める・究める》

極める＝最上・最高のところまで行きつく。例 山頂を極める。極めて優秀な成績。

窮める＝行けるところまで行きつく。例 真理を窮める。

究める＝奥深いところに達する。例 学問を究める。

参考「真理をきわめる」「学問をきわめる」などは、「窮める・究める」のどちらも使う。「進退きわまる」は「窮」、「失礼きわまる」「感きわまる」などは「極」と書く。

意味
❶草や木をうえる。草や木。例木を植える。植木・植物・移植
❷人をうつす。外国などに人をうつす。例植民地。
❸印刷するために活字をならべる。例植字

❶〈草や木をうえる〉の意味で
【植木】↓庭や公園・はちなどに植えてある木。また、植えるための木。例植木鉢。
【植樹】▲〈─する〉木を植えること。例開校記念の植樹式。類植林
【植物】↓生物を二つに分けたときの一つ。木や草、菌類などをまとめていうことば。ほとんどが、土に根をおろして養分をとり、太陽の光をうけて生長する。対動物
【植林】▲〈─する〉森や林を育てるために、山や野になえ木を植えること。例植林を奨励する。類植樹・造林
❷〈人をうつす〉の意味で
【植民地】外国の領土にされ、その外国の支配をうける土地。参考「植民」は、自分の国の国民をよその土地にうつし植えるという意味。送りこむ国の立場でいうことば。
❸〈印刷するために活字をならべる〉の意味で
【植字】▲〈─する〉印刷するために活字をならべて版に組むこと。

森

木－8 総画12 1年 明朝 森 68EE

音 シン 訓 もり

筆順 とめる

なりたち [会意]「木」を三つ合わせて、木がもりあがってしげるようすを表している字。

意味
❶もり。木がたくさん生いしげっているところ。例深い森。森と林。森林
❷ひっそりとおごそか。例森閑

名前のよみ しげる

❶〈もり〉の意味で
【森羅万象】この世に存在する、あれもこれもすべて。類万物 参考「森羅」は、木々がしげりならぶようす。

【森林】Ⅲ大きな木がたくさん生いしげっているところ。例森林地帯。

【森林浴】森林の中で、自然の空気をすって心とからだを健康にすること。
❷〈ひっそりとおごそか〉の意味で
【森閑】Ⅲ〈─たる〉〈─と〉ひっそりとしずまりかえっているようす。例森閑とした神社の境内。

【森厳】Ⅲ〈─な〉身も引きしまる、おごそかなようす。例神社の森厳なたたずまい。

棲

木－8 総画12 人名 明朝 棲 68F2

音 セイ外 訓 す-む外

意味
❶すむ。(鳥や動物が)すむ。
❷す。(鳥や動物の)すむところ。すみか。

参考「栖」におなじ。

棚

木－8 総画12 常用 明朝 棚 68DA

音 ─ 訓 たな中

筆順

なりたち [形声]「ならぶ」意味を表す「朋」が、「ホウ」という読み方をしめしている。「木」をならべてわたした「たな」を表す字。

意味 たな。板などをわたして物をのせるようにしたもの。また、そのような形をしたもの。例棚に上げる。棚をつる。棚からぼたもち(思いがけない幸運)。書棚

←棚が下につく熟語 上の字の働き
【書棚 本棚 神棚】ナニをのせる棚か。
【網棚 大陸棚】ナニの棚か。

椎

木－8 総画12 常用 明朝 椎 690E

音 ツイ中・スイ外 訓 しい外・つち外

筆順

意味
❶つち(槌)。つちで打つ。
❷せぼね。例脊椎

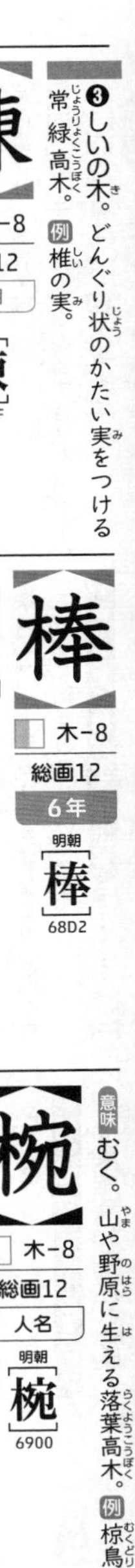

❸しいの木。どんぐり状のかたい実をつける常緑高木。例椎の実。

【棟】

木-8 総画12 常用 明朝 棟 68DF

音トウ(中) 訓むね(中)・むな(高)

筆順 一 十 木 … 棟

なりたち [形声]「東」が「トウ」という読み方をしめしている。「トウ」は「まんなか」、または「とおす」意味をもち、屋根のいちばん高いところの中央をとおしている「むな木」を表す字。

意味 ❶屋根のいちばん高いところ。屋根のいちばん高いところにわたす木。例上棟式。棟木 ❷長い建物。建物をかぞえることば。例新しい棟が建つ。一棟。三号棟。病棟

注意するよみ むな…例棟木

❶〈屋根のいちばん高いところ〉の意味で

【棟梁】とうりょう Ⅱ かしら。とくに、大工のかしら。参考 建物のいちばん高いところにある棟と梁から。

【棟木】むなぎ ↓ 屋根のいちばん高いところに横にわたして、棟をつくる太くて長い木。

棟木

【棒】

木-8 総画12 6年 明朝 棒 68D2

音ボウ 訓—

筆順 一 十 木 … 棒（とめる・はらう・だす）

なりたち [形声]「奉」が「ボウ」とかわって読み方をしめしている。「ホウ」は「たたく」意味をもち、ものをたたく「木」のぼうを表している字。

意味 ぼう。手に持てるくらいの大きさの、細長くかたいもの。ぼうのようにまっすぐなもの。例木の棒。棒立ち。鉄棒

【棒暗記】ぼうあんき〈—する〉意味や内容を考えないで、文章や語句をそのとおりにおぼえること。類丸暗記

【棒線】ぼうせん ↓ まっすぐに引いた線。例書きまちがいを棒線で消す。類直線

棒が下につく熟語 上の字の働き

【鉄棒 金棒 綿棒】ナニでできた棒か。

【心棒 先棒 相棒 片棒 用心棒】ドノヨウナ棒か。

◆泥棒

【椋】

木-8 総画12 人名 明朝 椋 690B

音リョウ(外) 訓むく(外)

意味 むく。山や野原に生える落葉高木。例椋鳥

【椀】

木-8 総画12 人名 明朝 椀 6900

音ワン(外) 訓—

意味 わん。食べ物や飲み物をもるうつわ。おわん。

参考「きへん(木)」がついているように、木のおわん。「茶わん」など、焼き物の場合は「碗」の字を使う。

【楷】

木-9 総画13 常用 明朝 楷 6977

音カイ(中) 訓—

筆順 十 木 … 楷

意味 ❶かいの木。孔子の墓に植えたという木の名(この木は、枝がななめでなく、まよこへ、まうえへと、四角ばって出るので、四角ばった書体を「楷書」という)。❷漢字の書体の一つ。一点一画をくずさず、きちんと書く書き方。楷書。関連 楷(楷書)・行(行書)・草(草書)

参考 ものしり巻物6(197ページ)

【楽】

木-9 総画13 2年 明朝 楽 697D 旧字 樂 6A02

音ガク・ラク 訓たの-しい・たの-しむ

筆順

なりたち [会意] もとの字は、「樂」。「木」に「糸」をはった楽器と「つめ(白)」とを合わせ、楽器をかなでることを表す字。「おんがく」の意味から、「たのしむ」として使われている字。

意味
❶おんがく。音楽を演奏すること。例 楽の音。楽譜・器楽
❷たのしい。たのしむ。たやすい。ゆったりしている。例 休日を楽しむ。楽あれば苦あり。楽園・安楽・快楽 対 苦
❸千秋楽。ものごとの終わり。例 楽日

参考 ❶では「ガク」、❷❸では「ラク」と読む。
発音あんない ガク→ガッ…例 楽器 ラク→ラッ…例 楽観
特別なよみ 神楽(かぐら)
名前のよみ もと・よし

❶〈おんがく〉の意味で
【楽章】がくしょう ↓ 交響曲など長い曲の、大きなひとくぎり。例 第一楽章。
【楽聖】がくせい ↓ とくにすぐれた大音楽家。例 楽聖ベートーベン。
【楽隊】がくたい ↓ 隊を組んで楽器を演奏する人たちの集まり。類 音楽隊
【楽団】がくだん ↓ いろいろな楽器で音楽を演奏する人たちの集まり。例 交響楽団。
【楽譜】がくふ ↓ 記号を使って、音楽の曲を書き表したもの。類 音譜・五線譜・譜面
【楽屋】がくや ↓ 舞台のうらがわにあって、出演者が準備をしたり休んだりするためのへや。
【楽屋裏】がくやうら 外からはわからない、内部の事情。類 内幕・内情・舞台裏・内実・裏面
【楽器】がっき ↓ 音楽を演奏するための音を出す器具。例 弦楽器。管楽器。打楽器。
【楽曲】がっきょく ↓ 音楽で、声楽・器楽・管弦楽などの曲。

❷〈たのしい〉の意味で
【楽隠居】らくいんきょ つとめなどをやめたあと、気楽に老後の生活をすること。
【楽園】らくえん ↓ なんの心配もなく楽しく幸せにくらせるところ。パラダイス。類 極楽・天国
【楽勝】らくしょう ↓〈―する〉苦労しないで勝つこと。類 快勝・圧勝 対 辛勝
【楽天】らくてん ▲ ものごとを明るくよいほうに考えること。例 楽天主義。
【楽天家】らくてんか ものごとをよいほうへ考え、心配したりくよくよしたりしない人。
【楽観】らっかん ↓〈―する〉ものごとがうまくいくと明るく考えて、楽な気分でいること。例 病状は楽観をゆるさない。対 悲観

❸〈千秋楽〉の意味で
【楽日】らくび ↓ すもうや芝居などの最後の日。
参考「千秋楽の日」という意味。

←楽が下につく熟語 上の字の働き
❶楽＝〈おんがく〉のとき
【洋楽 邦楽】ドコの音楽か。
【声楽 器楽 吹奏楽】ナニによる音楽か。
【雅楽 交響楽 室内楽】ドウイウ種類の音楽か。
❷楽＝〈たのしい〉のとき
【安楽 快楽 歓楽 悦楽 娯楽】近い意味。
【苦楽 哀楽(喜怒哀楽)】反対の意味。
◆音楽 享楽 気楽 行楽 極楽 千秋楽 奏楽 道楽 能楽

棄

木-9 総画13 常用 明朝 棄 68C4

音 キ 中 訓 す-てる 外

筆順

なりたち [会意] 子ども(去)と、ちりとりを両手に持っている形(𠦒)とを合わせ、子どもをすてることを表す字。

意味 すてる。ほったらかしにする。例 破棄
【棄却】ききゃく Ⅲ〈―する〉裁判所が、申し立ての内容を調べたうえで、うったえをとりあげないこと。例 控訴を棄却する。類 却下
【棄権】きけん ▲〈―する〉自分の権利をすてて、使わないこと。例 投票を棄権する。競技を棄権する。

←棄が下につく熟語 上の字の働き
【遺棄 廃棄 放棄】近い意味。

【投棄 破棄】ドウヤッテすてるか。
◆自暴自棄

【業】 木−9 総画13 3年 明朝 業 696D

音 ギョウ・ゴウ 高　訓 わざ 中

筆順 たかく ださない

なりたち 業 [象形] 楽器をかける台をえがいた字。

意味
❶しごと。つとめ。身についたわざ。例 至難の業。業を修める(学問を身につける)。出版業。業務・職業
❷しわざ。おこない。例 業績・所業
❸善悪のむくいをうむ大もと。仏教でいう、ごう。例 業が深い。自業自得。罪業

参考 ❶❷では「ギョウ」、❸では「ゴウ」と読む。

例解 使い分け わざ[技・業] ☞529ページ

名前のよみ おき・かず・なり・のぶ・のり・はじめ・ふさ

❶〈しごと〉の意味で
【業界】ぎょうかい ↓ おなじ仕事や商売をしている人たちの社会。例 建築業界。業界紙。
【業者】ぎょうしゃ ↓ ①事業や商売をしている人。②同じような仕事や商売をしている人たち。例 出入りの業者。類 同業者
【業務】ぎょうむ Ⅱ 会社や役所などでつとめとしておこなう仕事。例 業務分担。類 職務

❷〈しわざ〉の意味で
【業績】ぎょうせき ↓ 事業や研究などでなしとげた仕事。例 すぐれた業績をうみだす。業績一覧。

❸〈善悪のむくいをうむ大もと〉の意味で
【業火】ごうか ↓ 地獄におちた人を苦しめる火。
【業腹】ごうはら ↓(−な) しゃくにさわってたまらないようす。例 弟に負けるとは業腹だ。
【業病】ごうびょう ↓ つらく、なおりにくい病気。

業が下につく熟語 上の字の働き

❶業=〈しごと〉のとき
【職業 事業 作業】近い意味。
【漁業 農業 乳業 林業 窯業 鉱業 工業 商業 産業】ナニをする業務か。
【開業 企業 兼業 創業 操業 始業 終業 営業 休業 就業 失業 転業 廃業 分業 専業】業務を(業務に)ドウスルか。
【巡業 残業】ドウイウやり方で仕事をするのか。
【本業 副業 現業 実業 家業 稼業 生業 同業 偉業 遺業】ドウイウやり方での仕事か。
【授業 修業 卒業】学問のわざをドウスルのか。

❸業=〈善悪のむくいをうむ大もと〉のとき
【悪業 罪業】ドンナ大もとか。

◆学業 神業 所業 仕業 非業

【楯】 木−9 総画13 人名 明朝 楯 696F

音 ジュン 外　訓 たて 外

意味 たて。敵の攻撃を防ぎ、身をまもるための武具。

参考「盾」におなじ。

【楚】 木−9 総画13 人名 明朝 楚 695A

音 ソ 外　訓 いばら 外

意味
❶いばら。ノバラなど、えだにとげのある小さい木をいうことば。
❷きちんと整っているようす。例 清楚
❸むかしの中国の国名。

【楕】 木−9 総画13 人名 明朝 楕 6955

音 ダ 外　訓 —

意味 細長い円の形。こばんの形。

◆【楕円】だえん ↓ 横またはたてに長い円。長円。

【椿】 木−9 総画13 人名 明朝 椿 693F

音 チン 外　訓 つばき 外

意味
❶つばき。春のはじめに赤い花をさかせる常緑広葉樹。木はあまり大きくならないが、実からは油がとれる。

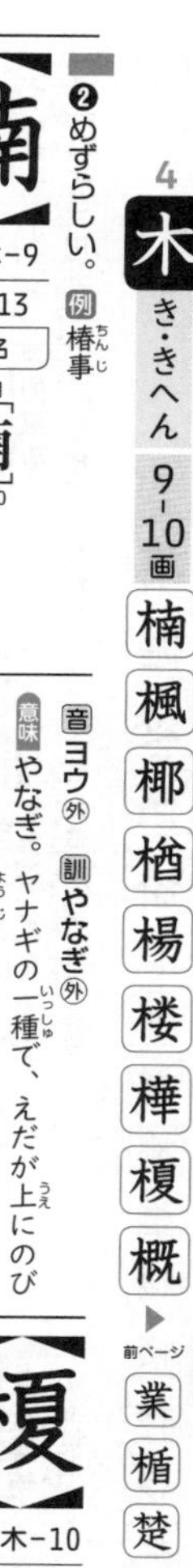

❷めずらしい。例 椿事

【楠】
木-9 総画13 人名 明朝 楠 6960

音 ナン外 訓 くす外・くすのき外

意味 くすのき。暖地に自生する常緑高木。木材からは樟脳をとる。

【楓】
木-9 総画13 人名 明朝 楓 6953

音 フウ外 訓 かえで外

意味 かえで。カエルの手の形に似た葉をつける落葉高木。秋に美しく紅葉する。

【椰】
木-9 総画13 人名 明朝 椰 6930

音 ヤ外 訓 やし外

意味 やし。熱帯産の常緑高木。食用にする実がなる。例 椰子

【楢】
木-9 総画13 人名 明朝 楢 6962

音 ユウ外 訓 なら外

意味 なら。コナラやミズナラなどの高木をいうことば。家具などの材料になる。

【楊】
木-9 総画13 人名 明朝 楊 694A

音 ヨウ外 訓 やなぎ外

意味 やなぎ。ヤナギの一種で、えだが上にのびるもの。例 楊枝

【楼】
木-9 総画13 常用 明朝 楼 697C 旧字 樓 6A13

音 ロウ中 訓 —

筆順 十 木 朩 术 桜 楼 楼 楼 楼

なりたち 【形声】もとの字は、「樓」。「婁」が「かさなる」意味と「ロウ」という読み方をしめしている。「木」を組んで高くかさねた建物を表す字。

意味 高い建物。たかどの。やぐら。ものみやぐら。例 大廈高楼。楼閣・鐘楼

【楼閣】ろうかく Ⅱ 高くてりっぱな建物。例 砂上の楼閣(くずれやすくてなりたたないこと)。空中楼閣(思いえがくだけのもの)。

【楼門】ろうもん ↓ お寺などにある二階造りの門。

◆楼が下につく熟語 上の字の働き

◆【高楼 摩天楼】ドノヨウナ建物か。

◆鐘楼 望楼

【樺】
木-10 総画14 人名 明朝 樺 6A3A

音 カ外 訓 かば外・かんば外

意味 かば。シラカバ・ダケカンバなどの落葉樹。例 樺細工。

【榎】
木-10 総画14 人名 明朝 榎 698E

音 カ外 訓 えのき外

意味 えのき。ケヤキに似た落葉高木。むかしは街道の一里塚に植えられていた。

【概】
木-10 総画14 常用 明朝 概 6982 旧字 槪 69EA

音 ガイ中 訓 おおむ-ね外

筆順 木 木 杙 杙 根 根 概 概 概

なりたち 【形声】もとの字は「槪」。いっぱいにもることを表す「既」が、「ガイ」とかわって読み方をしめしている。ますにもった穀物などをこすって平らにならす「木」の棒(ますかき棒)を表す字。

意味 おおむね。だいたいのところ。例 概してできは良い。概算・一概

【概括】がいかつ ↓〈─する〉全体の内容をおおまかにまとめること。類 要約

【概観】がいかん ↓〈─する〉全体のようすをざっと見ること。例 日本の歴史を概観する。

【概況】がいきょう ↓ だいたいのようす。例 市場の概況をお知らせします。

【概算】がいさん ↓〈─する〉ざっと計算してだいたいの答えを出すこと。対 精算

【概数】がいすう ↓ だいたいこのくらいという数。

おおよその見当でいう場合と、こまかいところをはぶいていう場合との両方がある。

【概説】がいせつ ↓〈—する〉全体を見とおして、だいたいの説明をすること。例 日本史概説。類 概論 対 詳説

【概念】がいねん ↓ なにかをとりあげて、「…とはなにか」と考えたとき、おおまかな答えとして頭にえがかれる考え。例 美の概念。

【概要】がいよう ↓ ことがらのだいじなところをとり出してまとめた、だいたいの内容。あらまし。類 概略・大略・大要

【概略】がいりゃく Ⅲ ものごとのだいたいのようす。あらまし。類 概要・大略

【概論】がいろん ↓〈—する〉ある学問のおおよその内容を、ひとどおりのべること。例 哲学概論。

◆一概 気概 大概

構

木−10 総画14 5年

明朝 構 69CB

音 コウ 訓 かま-える・かま-う

筆順 构 构 棈 構 構 構 構 構（とめる・だす・だす）

なりたち 冓 [形声] 組み合わせることを表す「冓」が、「コウ」という読み方をしめしている。「木」を組み合わせることを表す字。

意味 ❶組み立てる。しくみ。例 家を構える。上段の構え。構成・機構
❷建物のかまえ。かこい。例 構内
❸相手になる。かまう。例 お構いなし。
❹漢字の部首の一つ。字の外がわをかこむもの。例 国構え。行構え。参考 ☞ふろく「漢字の組み立て」(6ページ)

❶〈組み立てる〉の意味で

【構図】こうず ↓ 絵や写真などで、画面の中のものの形や位置など全体としての組み立て。

【構成】こうせい Ⅲ〈—する〉いくつかの部分を組み合わせて、一つにまとめあげること。また、その組み立て。類 構築・構造・組織

【構想】こうそう ▲ これからしようとすることの、全体のしくみや、内容をどうするかという考え方。例 小説の構想を練る。

【構造】こうぞう Ⅲ 全体を形づくる、もののしくみ。例 内部構造。類 構成

【構築】こうちく Ⅲ〈—する〉組み立ててつくること。例 理論を構築する。類 構成

❷〈建物のかまえ〉の意味で

【構内】こうない ↓ 大きな建物や、さくなどでしきられた土地の中。例 駅の構内。対 構外

◆機構 虚構 結構

榊

木−10 総画14 人名

明朝 榊 698A

音 — 訓 さかき 外

意味 さかき。神社にも植えられ、枝を神様に供える常緑小高木。

参考 国字。神にささげられる木の意味から。

榛

木−10 総画14 人名

明朝 榛 699B

音 シン 外 訓 はしばみ 外・はり 外・はん 外

意味 ❶はしばみ。山地に自生する落葉低木。ドングリに似た実は、菓子の材料になる。
❷はりの木。ハンの木。湿原によく生える落葉高木。実は染料にする。

名前のよみ はる

槙

木−10 総画14 人名

明朝 槙 69D9 旧字 槇 69C7

音 シン 外 訓 まき 外

意味 まき。イヌマキ・ラカンマキなどの常緑高木。

槍

木−10 総画14 人名

明朝 槍 69CD

音 ソウ 外 訓 やり 外

意味 やり。長い棒の先にとがった刃物をつけた武器。例 槍術・竹槍

槌

木−10 総画14 人名

明朝 槌 69CC

音 ツイ 外 訓 つち 外

意味 つち。たたき打つための木や金属の道具。例 木槌・金槌・鉄槌

模

音 モ・ボ 訓 —

木-10 総画14 6年 明朝 模 6A21

筆順 一 十 木 木ー 栉 栉 栉 模 模 模 模（とめる・はらう）

なりたち 【形声】「莫」が「モ・ボ」という読み方をしめしている。「ボ」は「型」の意味をもち、「木型」を表す字。

意味
❶かた。ひながた。型見本。例模範・規模
❷にせる。まねして作る。例花の形を模したデザイン。模型
❸手さぐりをする。例模索

❶〈かた〉の意味で

【模範】もはん Ⅲ 手本になるもの。例模範をしめす。模範演技。

【模様】もよう Ⅲ ①かざりとしてつけるいろいろな形や絵。類柄・文様 ②だいたいのようす。例事故の模様を話す。類状況 ③…らしく思われる。例雨は夕方にはあがる模様です。

❷〈にせる〉の意味で

【模擬】もぎ Ⅲ 本物ではないが、本物のつもりのもの。例模擬試験。模擬店。

【模型】もけい ↓ 実物の形をまねして、それらしく作ったもの。例模型飛行機。類雛型

【模作】もさく ↓〈―する〉まねて作ること。

【模写】もしゃ ↓〈―する〉①もとの実物そっくりのものをえがきだすこと。例壁画を模写する。②音や人の声・話しぶりなどをまねてみせること。例声帯模写。

【模造】もぞう ↓〈―する〉本物に似せて作ること。例模造紙。類複製

【模倣】もほう Ⅲ〈―する〉まねをしたり似せたりすること。類真似 対創造・独創 表現「まねる」は「まなぶ(学ぶ)」で、けっしてわるくないが、「模倣」はよい意味には使いにくい。

❸〈手さぐりをする〉の意味で

【模索】もさく Ⅲ〈―する〉なにかをもとめて、手がかりもないままに、いろいろとためしてみること。例暗中模索。

様

音 ヨウ 訓 さま

木-10 総画14 3年 明朝 様 69D8 旧字 樣 6A23

筆順 木 样 样 样 様 様 様（とめる・ださない・はねる）

なりたち 【形声】もとの字は、「樣」。「羕」が「ヨウ」という読み方をしめしている。「トチの木」を表す字。「ありさま」として借りて使われている。

意味
❶ありさま。ようす。もよう。例様にならない。様式・様相・模様
❷うやまう気持ちを表すことば。人の名前などの下につけて使う。例お客様。鈴木様。王様・奥様

❶〈ありさま〉の意味で

【様式】ようしき Ⅲ 形や順序などのきまったやり方。例伝統的な様式。様式美。類形式

【様子】ようす ⊠ ①ものごとの状態やありさま。例街のようすがすっかりかわった。類情勢・状況 ②人の身なりやすがたかたち。例だらしのないようす。類風采 ③表情や動作などから受ける感じ。態度。そぶり。例ようすが変だ。④目に見えない、特別の事情。例いかにもようすありげだ。

【様相】ようそう Ⅲ 外に表れたようす。ありさま。例様相が一変する。類外見

【様態】ようたい Ⅲ ものごとがどうであるか、そのようす。例社会の様態を調べる。

様が下につく熟語 上の字の働き

❶様＝〈ありさま〉のとき
【一様 多様 両様 各様 異様 同様】ドノヨウナようすか。

❷様＝〈うやまう気持ちを表すことば〉のとき
【奥様 殿様】ダレ様か。〔「奥」も「殿」も、もとは場所を表すことばで、そこにいる人を間接的に指している〕

◆様様 模様 仕様

横

音 オウ 訓 よこ

木-11 総画15 3年 明朝 横 6A2A 旧字 橫 6A6B

筆順 木 栱 栱 横 横 横 横（とめる・だす・とめる）

なりたち 橫 [形声]もとの字は、「橫」。「黃（コウ—オウ）」が「オウ」という読み方をしめしている。「コウ」は「ふせぐ」意味をもち、門があかないようによこにさす「木」、「かんぬき」を表す字。

意味
❶よこ。よこの動きをする。例 首を横にふる。横顔・横隊 対 縦
❷きまりにしたがわない。ふつうでない。例 横着・横領・専横

❶〈よこ〉の意味で
【横隊】おうたい ↓ 横にならんで列をつくる形。例 横隊のまま前に進む。対 縦隊
【横断】おうだん ↓〈—する〉①道や川などを横切って向こうにわたること。例 横断歩道。②広い海や大陸を東西の方向にわたっていくこと。例 太平洋をヨットで横断する。対 縦断 ③横の方向に切ること。例 横断面。対 縦断
【横顔】よこがお ↓①横から見た顔。例 横顔が美しい。②その人の、あまり知られていない一面。例 かれの意外な横顔を発見した。
【横綱】よこづな ↓すもうで、力士のいちばん上の位。その位にいる力士。参考 土俵入りのとき、腰にしめる太い綱からきた名前。
【横手】よこて ↓横のほう。例 建物の横手の階段。
【横腹】よこばら｜よこっぱら ↓①はらの横の部分。わきばら。②ものの横がわ。例 船の横腹。
【横笛】よこぶえ ↓フルートや篠笛など、横にかまえて吹く楽器。対 縦笛
【横道】よこみち ↓①大通りと横にまじわる小さな道。類 脇道 ②ほんすじからはずれていくこと。例 話が横道にそれる。類 脇道
【横目】よこめ ↓顔の向きはかえないで、目だけ動かして横を見ること。例 横目でにらむ。
【横文字】よこもじ ↓横書きでしか書かない文字。西洋のことばで書かれた文章。

❷〈きまりにしたがわない〉の意味で
【横行】おうこう ↓〈—する〉悪者などが、いばってすきかってなことをすること。わるいことが平気でおこなわれること。例 汚職の横行。
【横死】おうし ↓〈—する〉思いがけない災難にあって、ふつうでない死に方をすること。例 横死をとげる。類 変死
【横着】おうちゃく ⊠〈—する・—な・—に〉やるべきことをやらずにすませようとするずうずうしい態度。例 横着者。
【横柄】おうへい ↓〈—な・—に〉人を見くだして、いばりかえっているようす。例 横柄な口をきく。
【横暴】おうぼう Ⅲ〈—な・—に〉力のある者がむりをとおすこと。例 横暴なふるまい。類 専横
【横領】おうりょう ↓〈—する〉人のものやみんなのものを、かってに自分のものにすること。ねこばば。横どり。例 公金横領。類 着服

◆縦横 専横

【槻】

木－11 総画15 人名 明朝 槻 69FB

音 キ 外 訓 つき 外

意味 つき。ケヤキの一種。落葉高木。

【権】

木－11 総画15 6年 明朝 権 6A29 旧字 權 6B0A

音 ケン・ゴン 高 訓 —

筆順 木 栫 栫 栫 栫 権 権（とめる・ださない）

なりたち 權 [形声]もとの字は、「權」。「雚（カン）」が「ケン・ゴン」とかわって読み方をしめしている。きいろの花のさく「木」を表す字。のちに、「ちから」の意味に借りて使われている。

意味
❶人をしたがわせる力。例 権威・政権
❷かりのもの。その場に応じてかわる。例 権化

注意するよみ ゴン…例 権化・権現

❶〈人をしたがわせる力〉の意味で
【権威】けんい Ⅲ①人びとをおさえつけてしまう、いきおいのある力。例 政治家の権威をかさにきる。類 威光・威信 ②学問や技術などで、多くの人にすばらしいとみとめられている人。例 その道の権威。
【権益】けんえき Ⅲ もっている権利と、そこからう

まれる利益。例既得の権益をまもる。

【権限】↓ 人や団体が、法律やきまりによって、そこまではやってもよいとされている力。例審判の権限で退場を命じる。

【権勢】↓ 人をおさえつけ、自分の思うように動かす強い力。例権勢をふるう。

【権利】Ⅲ ①自分の考えで自由にものごとをおこなうことができる資格。例わたしにも言う権利がある。対義務 ②法律で、ほかの人に対して自分の利益をもとめたり守ったりすることができる力。対義務

【権力】↓ ほかの人を自分の思いどおりにしたがわせる力。例絶大な権力をにぎる。権力者。

❷〈かりのもの〉の意味で

【権謀術数】人をだますためのひみつの計画。類権謀術策

【権化】↓ ①神や仏が人びとをすくうために、かりにすがたをかえてこの世にあらわれること。類化身・権現 ②考えや性格といった形のないものが、実際にすがたをもってあらわれたと思われるような人。例悪の権化。

【権現】↓ 仏が日本の神としてすがたをあらわすこと。そういう神を権現さまという。例熊野権現。知識 神と仏は、本来、べつのものであるが、両方をほとんどおなじものと思う人の多い時代もあった。

← 権が下につく熟語 上の字の働き

❶権＝〈人をしたがわせる力〉のとき

【強権 金権 実権 特権 全権 主権 同権】ドウイウ性質の権利・権力か。

【人権 親権 職権 国権 覇権】ナニにそなわる権利か。

【政権 債権 利権】ナニにかんする権利・権力か。

【参政権 発言権 主導権】ドウスルことのできる権利・権力か。

【越権 棄権】権利をドウスルか。

【樟】

木−11 総画15 人名 明朝 樟 6A1F

音 ショウ外 訓 くす外・くすのき外

意味 くすのき。くす。根や枝から医薬品などに用いる樟脳をとる常緑高木。

【槽】

木−11 総画15 常用 明朝 槽 69FD

音 ソウ中 訓 —

筆順

なりたち [形声]「曹」が「ソウ」という読み方をしめしている。「ソウ」は「あつめる」の意味をもち、家畜のえさをあつめて入れる「木」の「おけ」を表す字。

意味 おけ。家畜のえさを入れる、かいばおけ。おけの形をしたもの。例水槽

【樋】

木−11 総画15 人名 明朝 樋 6A0B

音 トウ外 訓 とい外・ひ外

意味 ❶とい。建築で、屋根の雨水を地面に流すための設備。❷ひ。竹や木でつくった、水を流すための長い管。

【標】

木−11 総画15 4年 明朝 標 6A19

音 ヒョウ 訓 しるし外

筆順 とめる 西にならない はねる

なりたち [形声]「票」が「ヒョウ」という読み方をしめしている。「ヒョウ」は「こずえ」の意味をもち、「木」のこずえを表す字。

意味 しるし。めじるし。目につくように高くかかげたもの。例標識・目標

【標語】↓ 意見や主張などをつたえるために、言いやすくおぼえやすいように短く言い表したことば。スローガン。モットー。

【標高】↓ 海面からの高さ。類海抜

【標札】↓ 住んでいる人の名前を書いて家の門や戸口にかけるふだ。類門札 表記「表札」とも書く。

【標示】Ⅲ〈—する〉目についてよくわかる

ようにしめすこと。また、しめしたもの。

【標識】ひょうしき Ⅲ あることを知らせるための目じるし。例 追い越し禁止の交通標識。

【標準】ひょうじゅん Ⅲ ①比較したり考えを決めたりするときのよりどころ。類 基準・水準 ②いちばんふつうの程度であること。例 標準サイズ。

【標準語】ひょうじゅんご その国の正式のことばとしてみとめられている、全国に通じることば。類 共通語・公用語 対 方言

【標題】ひょうだい ↓ 書物や文章・講演などの最初にかかげる題。タイトル。表記「表題」とも書く。

【標的】ひょうてき Ⅲ ①射撃や弓などの、たまや矢を当てる目印。②攻撃のまと。

【標榜】ひょうぼう Ⅲ〈―する〉自分の考えや主張をはっきりとみんなにしめすこと。

【標本】ひょうほん ↓ 動物・植物・鉱物の実物を、研究のために保存した見本。サンプル。

標が下につく熟語 上の字の働き

【道標 墓標 商標 座標】ナニの目じるしか。

◆指標 浮標 目標

樫

木-12 総画16 人名 明朝 樫 6A2B

音 ― 訓 かし 外

意味 かし。ドングリのなる常緑高木。材質はかたく、器具をつくるのに使う。

参考 国字。材質のかたさを表す「堅」と「木」とを合わせて、「かし」を表す。もと木部「11画」、総画「15画」。

機

木-12 総画16 4年 明朝 機 6A5F

音 キ 訓 はた 中

筆順 (とめる・はっきりだす・はねる・わすれない)

なりたち 機 [形声]「幾」が「キ」という読み方をしめしている。「キ」は「こまかい」意味をもち、「木製」のこまかいしくみを表す。

意味

❶はた。布地をおるための機械。例 機を織る。機織り。
❷からくり。しかけ。しくみ。例 機構
❸だいじなところ。例 機密
❹動きが起こるきっかけ。例 機を見る。
❺心のこまやかな動き。例 機敏
❻飛行機。例 機体

❷〈からくり〉の意味で

【機械】きかい Ⅲ 動力によって、決まった動きをくりかえして、ある仕事をするしかけ。

例解 使い分け きかい《機械・器械》

機械＝「動かす力がある」「動きをつたえるしくみがある」「いくらでも仕事をする」「大きさにかぎりがない」などの条件をそなえている装置。例 機械文明。工作機械。

器械＝「機械」より規模が小さく、人の手などで動かせるもの。例 医療器械。器械体操。

【機械的】きかいてき〈―な〉①機械のようにおなじ動作をくりかえして仕事をするようす。例 羽根が機械的に回っている。②気持ちを入れずに、型にはまった行動をするようす。

【機関】きかん Ⅲ ①火力・電力・水力などで機械を動かすしかけ。例 機関車。機関銃。内燃機関。②組織や団体を、その目的やはたらきから見ていうことば。例 機関誌。報道機関。

【機器】きき Ⅲ 機械と器械を合わせていう。例 教育機器。表記「器機」とも書く。

【機具】きぐ Ⅲ 機械や道具。かんたんな器械もふくめていうことが多い。例 農機具。

【機構】きこう Ⅲ ①ものを形づくるしくみ。例 人体の機構。②会社、団体などが仕事をするときのしくみ。例 経済協力開発機構(OECD)。類 組織

【機材】きざい Ⅲ 機具や材料。例 撮影機材。

【機軸】きじく ↓ 機械や車輪の心棒の意から、だいじなしくみや工夫。例 新機軸

【機能】きのう ↓〈―する〉そのものがもっているはたらき。例 手の機能を高める運動。

❸〈だいじなところ〉の意味で

【機密】きみつ Ⅲ 国や会社が外部に知られないよ

うにしていることがら。例 機密費。表現「秘密」より、おおやけのことにいう。

❹〈動きが起こるきっかけ〉の意味で

【機運】⬇ それをするのにちょうどよいめぐりあわせになってくること。チャンス。例 独立の機運が熟する。類 好機

【機縁】Ⅱ ふれあうきっかけ。

【機会】Ⅱ ちょうどよいとき。チャンス。例 絶好の機会をのがす。類 折・時機

【機先】⬇ ものごとの始まろうとする、その直前。やさき。例 機先を制する。

❺〈心のこまやかな動き〉の意味で

【機嫌】◎ いい気分かわるい気分かという、心のようす。例 機嫌がいい。上機嫌。

【機知】⬇ その場に合わせてとっさに出る知恵。ウイット。例 機知にとんだ答え。

【機転】⬇ 変化に合わせて、すばやく解決できる頭のはたらき。例 機転がきく。

【機微】Ⅱ 外からはとらえにくい、心のおくの、ことがら。例 人情の機微にふれる話。

【機敏】Ⅱ〈―に〉変化に合わせて、すばやく行動できること。例 機敏な処置。

【機略】⬇ そのときその場のようすに合わせたはかりごと。例 機略にとむ。

❻〈飛行機〉の意味で

【機首】⬇ 飛行機のいちばん前の部分。

【機上】⬇ 飛んでいる飛行機の中。

【機体】⬇ 飛行機の胴体。また、飛行機のエンジン以外の大部分。

機が下につく熟語 上の字の働き

❷ 機＝〈からくり〉のとき
【織機 航空機 起重機 扇風機 輪転機】ドウスル機械か。

❹ 機＝〈動きが起こるきっかけ〉のとき
【好機 危機】ドンナ時機か。
【転機 契機 動機】ドウスルきっかけか。
【待機 投機】時機を(時機に)ドウスルか。

❻ 機＝〈飛行機〉のとき
【旅客機 戦闘機】ナニのための飛行機か。

【橘】

木－12 総画16 人名 明朝 橘 6A58

音 キツ 外 訓 たちばな 外

意味 たちばな。ミカンに似た小さな実をつける常緑小高木。例 柑橘類。

【橋】

木－12 総画16 3年 明朝 橋 6A4B

音 キョウ 訓 はし

筆順 一 十 木 桥 橋 橋 橋 橋（とめる・はらう・はねる）

なりたち [形声]「たかい」意味を表す「喬」が、「キョウ」という読み方をしめしている。アーチ型に高くなった「木」の「はし」を表す字。

意味 はし。川や谷・道路などの上にわたしてつくった通り道。例 橋をかける。橋をわたる。橋脚・架橋

【橋脚】⬇ 橋をささえる柱。

橋が下につく熟語 上の字の働き

【船橋 丸木橋】ナニでできた橋か。

◆架橋 桟橋 陸橋

【樹】

木－12 総画16 6年 明朝 樹 6A39

音 ジュ 訓 き 外

筆順 木 杧 桔 桔 樹 樹 樹 樹（とめる・はねる）

なりたち [形声]「手で立てる」ことを表す「尌」が「ジュ」という読み方もしめす。まっすぐに立つ「木」を表す字。

意味 立ち木。地面に生えている木。しっかりと立てる。例 樹木・樹立・果樹

名前のよみ いつき・しげ・たつ・みき・むら

【樹液】⬇ ①樹木の中をめぐる水分。例 昆虫が樹液をすう。②樹木の皮からしみ出るしる。ゴムの木からとる白い液など。

【樹海】⬇ 森林が、海のように広くつづいているところ。例 山麓に樹海が広がる。

【樹脂】⬇ 木のみきなどから出る、ねばねばしたもの。やに。知識 木の中にあるときは液体だが、空気にふれるとかたまりになる。

まつやにやゴムも樹脂。今は人間がつくる合成樹脂もある。

【樹氷】↓冬、霧のこまかいつぶが樹木のえだにこおりついて、白い花がいっぱいさいたように見えるもの。

【樹木】Ⅱ立ち木。例樹木を切りたおす。

【樹立】Ⅱ〈—する〉しっかりつくってうち立てること。例新政権を樹立する。

【樹齢】↓木の年齢。例樹齢三百年のスギ。知識 年輪の数で知ることができる。

樹が下につく熟語 上の字の働き

【果樹 針葉樹 広葉樹】ドウイウ木か。

◆植樹

樽

木−12 総画16 人名 明朝 樽 6A3D

音 ソン外 訓 たる外

意味 たる。酒・しょうゆ・みそなどを入れておく、木で作ったふたつきの大きな筒形の入れ物。例酒樽

橙

木−12 総画16 人名 明朝 橙 6A59

音 トウ外 訓 だいだい外

意味 ❶だいだい。ミカンに似たまん丸の実がなる常緑小高木。実を食べたり、正月のかざりに用いたりする。（冬に熟して色づいた実が、木についたまま次の年の夏に緑色にもどるので、「代々」としてえんぎがよいとされる）❷だいだい色。赤みがかった黄色。

檎

木−13 総画17 人名 明朝 檎 6A8E

音 ゴ外 訓 —

意味 果実の「林檎」ということばに使われる字。

☞【林檎】（629ページ）

檀

木−13 総画17 人名 明朝 檀 6A80

音 ダン外・タン外 訓 まゆみ外

意味 ❶まゆみ。あまり大きくならない落葉樹。材は弓をつくるのに用いた。❷かおりのある木。香木。例栴檀・白檀 ❸ほどこし。（もとは古代インドのことば、梵語）例檀家

檜

木−13 総画17 人名 明朝 檜 6A9C

音 — 訓 ひのき外

意味 ひのき。幹が直立し、細かい葉をつける常緑高木。例檜の柱。檜風呂。

参考「桧」の字も、人名用漢字。

櫂

木−14 総画18 人名 明朝 櫂 6AC2

音 トウ外 訓 かい外

意味 かい。水をかいてふねを進める道具。

櫛

木−15 総画19 人名 明朝 櫛 6ADB

音 シツ外 訓 くし外

意味 くし。髪をとかす道具。

櫓

木−15 総画19 人名 明朝 櫓 6AD3

音 ロ外 訓 やぐら外

意味 ❶ろ。水をかいてふねを進める道具。❷やぐら。木材などを組み上げてつくった、高い建物や台。例火の見櫓。

欄

木−16 総画20 常用 明朝 欄 6B04 旧字 欄 F91D

音 ラン中 訓 —

筆順 木 杆 桐 桐 椚 椚 欄 欄 欄

なりたち [形声]もとの字は「欄」。「闌」が「ラン」という読み方をしめしている。「ラン」は「まわりをかこむ」意味をもち、「木」でまわりをかこんだ「てすり」を表す字。

意味 ❶てすり。例欄干 ❷かこい。わく。線でかこんだ部分。例投書欄。欄外・空欄

❶〈てすり〉の意味で

【欄干】Ⅱ橋や縁側などのふちにつける手

すり。例橋の欄干。

❷〈かこい。わく〉の意味で

【欄外】らんがい ↓本や印刷物で、本文のまわりのあいているところ。

【欄間】らんま ↓天井と鴨居のあいだの、格子やすかし彫りの板をはめたところ。

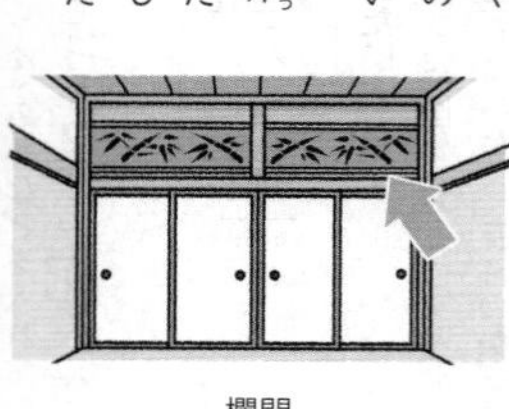

欄間

4画 欠［あくび］［けんづくり］の部

「欠」をもとに作られ、声を出したり口を開ける動作にかかわる字を集めてあります。

この部首の字

0 欠……656　2 次……657　4 欧……658
欣……658　7 欲……658　8 款……658　欺……658
欽……659　10 歌……659　11 歓……659　歎……660
軟▶車1024　飲▶食1103

欠

欠−0　総画4　4年

明朝 欠 6B20　旧字 缺 7F3A

音 ケツ　訓 か-ける・か-く

筆順 ノ ケ ケ 欠（つにならない）（はらう）

文字物語

「欠」の意味を大きくとらえると、「そこにあるべきものがなくなっている状態」ということになる。

何がなくなっているか、なくなってどうなっているか、をいうのが、意味❶の「かける」の意味。「欠員」は、人がいなくなって定員に不足ができていること、「欠本」は、本がなくなって全集などが全部そろっていないこと、「欠損」は、ものの一部がなくなって全体としてこまった状態になっていること、「欠乏」は、なくてはならない必要なものがなくなってこまった状態になっていることをいう。「欠」をほかのことばの下につけて「酸欠」「ガス欠」などということばもつくられた。人にとってなくてはならない酸素や車の運転になくてはならないガソリンが欠乏していることを表す。ふざけて「金欠病」などともいう。「欠陥」は、もののだいじなところが欠けていてつかいものにならない状態になっていること。「欠陥車」「欠陥住宅」が問題になることもある。

「欠」が「出」と組みになって、反対の意味を表すことがある。ほんとうは「出る」のが当然なのに、「出るのをやめる」のが❷の意味。「出席」に対して「欠席」、「出勤」に対して「欠勤」、船の「出航」に対して「欠航」、選手の「出場」に対して「欠場」などがその例。

なりたち ［象形］人が大きな口をあけてあくびをしている形からできた字。かめがかけることを表す「缺」の字の代わりに、「かける」意味で使われている。

意味

❶かける。そこにあるべきものがない。ぬけおちる。空白をつくる。例茶わんが欠ける。礼儀を欠く。欠を補う。補欠

❷出るのをやめる。やすむ。例欠席・出欠 対出

［文字物語］☞このページ

❶〈かける〉の意味で

【欠員】けついん ↓きめられた人数に足りないこと。たりない人数。例欠員をおぎなう。

【欠陥】けっかん Ⅱ はたらきのさまたげとなる不十分なところがあること。例欠陥商品。類不備・欠点

【欠如】けつじょ ☒〈―する〉必要なものやあるはずのなにかが、ないこと。例想像力の欠如。

【欠損】けっそん Ⅱ〈―する〉①一部分がこわれたりなくなったりして、不完全になること。例部品に欠損箇所が見つかる。②お金を損すること。例多額の欠損が出た。対利益

【欠点】けってん ↓不十分で、よくないところ。例欠点をおぎなう。類短所・弱点・欠陥 対長所・美点

【欠番】けつばん ↓つづいている番号の中で、ぬけ

ている番号。

【欠乏】けつぼう Ⅲ〈—する〉必要なものが足りないこと。例 鉄分が欠乏する。類 不足

【欠落】けつらく Ⅲ〈—する〉必要なものがぬけおちていること。例 記憶が欠落している。

【欠礼】けつれい ▲〈—する〉礼儀として必要なあいさつなどを、しないですますこと。例 欠礼をわびる。

❷〈出るのをやめる〉の意味で

【欠勤】けっきん ▲〈—する〉はたらくべき日に勤めを休むこと。例 欠勤届。対 出勤

【欠航】けっこう ▲〈—する〉船や飛行機の出航がとりやめになること。類 運休 対 出航

【欠場】けつじょう ▲〈—する〉出場すると思われていた人が出ないこと。類 休場 対 出場

【欠席】けっせき ▲〈—する〉学校や会合の席に出ないこと。例 つごうで欠席する。対 出席

◆完全無欠 出欠 不可欠 補欠

次

欠-2 総画6 3年 明朝 次 6B21

音 ジ・シ 中 訓 つ-ぐ・つぎ

筆順 次 次 次 次 次 次 （つにならない）（はらう）

なりたち [会意]もとの字は、「次」。「欠」が人が口をあけて言うようすを表し、「冫(→冫)」がものが二つならぶことを表し、合わせて、順序をいう意味を表す字。

意味

❶つぎの。あとにつづく。二番めの。例 富士山に次ぐ山。次から次へ。次週・次点

❷ならび方。順番や回数をかぞえることば。例 第二次世界大戦。次第・目次

例解 [使い分け] つぐ[次・接・継] ☞このページ

❶〈つぎの〉の意味で

【次回】じかい ↓ つぎの回。関連 前回・今回・次回

【次官】じかん ↓ 大臣の次の位で、大臣をたすける役。例 事務次官。

【次期】じき ↓ つぎの時期・期間。類 来期

【次女】じじょ ↓ 女のきょうだいの中で、二番めに生まれた子。参考 役所の書類では「二女」と書く。一番めは「長女」、三番めからは、三女・四女…となる。

【次席】じせき ↓ 二番めの地位。例 次席検事。

【次善】じぜん ↓ いちばんよい(最善)とはいえないが、その次によい。例 次善の策。

【次長】じちょう ↓ 長官、部長など長のつく人の次の位。

【次点】じてん ↓ 選挙や賞などで、当選した人の次の順位。

【次男】じなん ↓ 男のきょうだいの中で、二番めに生まれた子。参考 役所の書類では「二男」と書く。一番めは「長男」、三番めからは、三男・四男…となる。

❷〈ならび方〉の意味で

【次元】じげん ↓ ①空間の広がりを数えることば。②ものを考えるときの立場。レベル。例 次元の低い話。知識 ①では、直線は長さだけの一次元、平面は横とたてで二次元、空間は横とたてと高さで三次元。

【次第】しだい Ⅲ ①順序。例 式次第。②どうしてそうなったかという事情。わけ。なりゆき。例 事と次第によってはゆるさない。③〈—に〉だんだんに。例 しだいに暗くなる。④その状

例解 使い分け

つぐ《次ぐ・接ぐ・継ぐ》

次ぐ＝すぐあとにつづく。例 富士山に次ぐ山。事件が相次ぐ。

接ぐ＝つなぎ合わせる。例 骨を接ぐ。木に竹を接ぐ。接ぎ木。

継ぐ＝あとを受けてつづける。例 家業を継ぐ。ことばを継ぐ。布を継ぐ。

参考「お茶をつぐ」「酒をつぐ」などは、ほかのことばなので、かなで書く。

態によって決まる。例山登りに行くかどうかは、天気しだいだ。⑤あることが終わったら、すぐに。例駅に着きしだい、電話する。

❷次＝〈ならび方〉のとき
【式次 席次 目次 年次】ナニの順番か。
◆順次 漸次 逐次 野次

欧

音オウ㊥ 訓――

欠－4 総画8 常用 明朝 欧 6B27 旧字 歐 6B50

筆順 一 ア ヌ 区 区 区 欧 欧

なりたち [形声]もとの字は、「歐」。「欠」が口をあけることを表し、「區」が「オウ」となって読み方をしめす。口をあけて食べ物をもどすことを表す字。

意味 ヨーロッパ。「欧羅巴（ヨーロッパ）」の略。例北欧

【欧州】おうしゅう ↓ヨーロッパ。例欧州諸国。
【欧風】おうふう ↓ヨーロッパのようなようすや、やり方。例欧風の建物。類西洋風
【欧文】おうぶん ↓英語・ドイツ語・フランス語など、欧米諸国の言語による文章。例欧文タイプ。類横文字 対和文・邦文
【欧米】おうべい Ⅱヨーロッパとアメリカ。類西洋

←欧が下につく熟語 上の字の働き
【東欧 西欧 南欧 北欧】ヨーロッパのドノ方向の地域か。

欣

音キン㊕・ゴン㊕ 訓よろこ－ぶ㊕・よろこ－び㊕

欠－4 総画8 人名 明朝 欣 6B23

意味 よろこぶ。例欣喜雀躍。欣然

欲

音ヨク 訓ほっ－する㊝・ほ－しい㊥

欠－7 総画11 6年 明朝 欲 6B32

筆順 ハ 　 ダ 谷 谷 谷 谷 欲 (とめる) (つにならない)

なりたち [形声]「欠」が口をあけることを表し、「谷」が「あながあいている」意味と、「ヨク」とかわって読み方をしめしている。口をあけて食べ物をほしがることを表す字。

意味 ほしいと思う。ねがいもとめる。例時間が欲しい。欲が深い。平和を欲する。欲張り。

発音あんない ヨク→ヨッ…例欲求
欲望・意欲

【欲得】よくとく ▲利益ばかりほしがる心。
【欲望】よくぼう Ⅱなにかをほしい、したいと強く思う気持ち。例欲望をおさえる。
【欲目】よくめ ↓よいものと思いたい気持ちで見るため、じっさいよりよいものに見てしまうこと。ひいき目。例親の欲目。
【欲求】よっきゅう Ⅱ〈―する〉なにかをほしがったり、したがったりする強い気持ち。例欲求不満

←欲が下につく熟語 上の字の働き
【食欲 物欲】ナニの欲か。
【強欲 無欲】ドノクライの欲か。
◆意欲 我欲 禁欲 私欲

款

音カン㊥ 訓――

欠－8 総画12 常用 明朝 款 6B3E

筆順 一 士 款 圭 圭 款 款 款

意味 ❶箇条書きの文。例定款 ❷書画などにおす印。例落款をおす。きざみこまれた文や文字。

欺

音ギ㊥ 訓あざむ－く㊥

欠－8 総画12 常用 明朝 欺 6B3A

筆順 一 廾 甘 甘 其 其 欺 欺

なりたち [形声]「欠」があくびを表し、「其」が「ギ」とかわって読み方をしめしている。あざむくことを表す字。

意味 あざむく。人をだます。うそをつく。例敵を欺く。欺瞞・詐欺

【欺瞞】ぎまん Ⅱ〈―する〉うそをついて人をだますこと。例欺瞞にみちた世の中。

【欽】

欠-8 総画12 人名 明朝 欽 6B3D

音 キン外 訓 つつし-む外

意味
❶つつしむ。例 欽慕
❷天子がする。(うやまった言い方) 例 欽定憲法。

名前のよみ ただ・ひとし・よし

【歌】

欠-10 総画14 2年 明朝 歌 6B4C

音 カ 訓 うた・うた-う

筆順 はねない つにならない はねる

なりたち [形声]「哥」が大きな声を出す意味と「カ」の読み方をしめす。口をあけた形の「欠」をくわえて、うたうことを表す字。

意味
❶うた。うたう。例 小鳥が歌う。校歌
❷和歌や短歌。例 歌人
❸《その他》例 歌舞伎

例 解 [使い分け] うた[歌・唄] ☞このページ
例 解 [使い分け] うたう[歌・謡] ☞661ページ

❶〈うた〉の意味で

【歌曲】⇩ 詩にメロディーをつけて歌うようにした曲。おもに、西洋のものをいう。

【歌劇】⇩ 歌と音楽を中心にして演じられる劇。オペラ。例 歌劇を上演する。

【歌詞】⇩ ふしをつけて歌うためのことば。

【歌手】⇩ 歌をうたうことを職業とする人。歌い手。例 オペラ歌手。

【歌集】⇩ 歌を集めた本。☞❷

【歌唱】Ⅱ (—する) 歌をうたうこと。

【歌謡曲】多くの人びとに親しまれている日本のはやり歌。類 流行歌・演歌

❷〈和歌や短歌〉の意味で

【歌心】⇩ 和歌のよさがわかる風流な心。和歌をつくろうという気持ち。例 美しい景色に歌心をそそられる。

【歌集】⇩ 和歌を集めた本。☞❶

【歌人】⇩ 和歌をつくる人。歌詠み。

【歌壇】⇩ 和歌をつくる人たちの社会。

【歌碑】⇩ 和歌などをほりこんだ石碑。参考 俳句をほった石碑は「句碑」。

【歌風】⇩ 和歌のつくり方の特色。

❸《その他》

【歌舞伎】江戸時代に生まれた日本の伝統的な演劇の一つ。独特の型をたいせつにした演技と音楽やおどりを合わせたもの。参考 ひどくはでな身なりなどをする意味の「かぶく」から。それに漢字をあてたもの。

歌が下につく熟語 上の字の働き

❶歌=〈うた〉のとき
【和歌 国歌 校歌】ドコの歌か。
【軍歌 舟歌 哀歌 聖歌 恋歌(かれん/こいうた) 短歌 鼻歌】ドウイウ歌か。
◆詠歌 詩歌 四面楚歌

例 解 使い分け うた《歌・唄》

歌=節をつけて声に出すことば。例 子ども向きの歌。美しい歌声がひびく。

唄=「歌」のうち、おもに三味線などに合わせてうたう、日本に古くからあるうた。例 小唄。馬子唄が聞こえる。

参考「歌」は和歌や詩もふくめる。また、民謡も「唄」の一種。

子守歌

長唄

【歓】

欠-11 総画15 常用 明朝 歓 6B53 旧字 歡 6B61

音 カン中 訓 よろこ-ぶ外

筆順

なりたち [形声] もとの字は、「歡」。「欠」が口をあけることを表し、「雚」が「カン」

という読み方をしめしている。「カン」は飲食物の意味をもち、飲食物にむかって口をあけていることを表す字。

意味 よろこぶ。楽しむ。例 歓声・交歓

【歓喜】かんき ＝〈－する〉うれしくてしかたがないこと。大よろこび。例 歓喜にわく。対 悲哀

【歓迎】かんげい ↓〈－する〉よろこんでむかえること。例 歓迎会。対 歓送

【歓呼】かんこ ↓〈－する〉よろこんで大声をあげること。例 歓呼の声で選手をむかえる。

【歓心】かんしん ↓うれしいと思う心。例 歓心を買う（気に入られようとする）。

例解 使い分け かんしん《歓心・関心・感心》

歓心＝うれしいと思う心。よろこぶ心。例 上役の歓心を買う。

関心＝心をひきつけられること。例 政治に関心をもつ。関心が集まる。

感心＝りっぱなことに深く心を動かされること。例 感心してうなる。感心な子ども。

歓心を買う　関心がある　感心な子

【歓声】かんせい ↓よろこんで出す、さけび声。例 歓声をあげる。

【歓送】かんそう ↓〈－する〉祝福し、はげまして送り出すこと。例 歓送会をひらく。類 壮行 対 歓迎

【歓待】かんたい ↓〈－する〉おおよろこびでもてなすこと。例 思わぬ歓待を受ける。

【歓談】かんだん ↓〈－する〉うちとけて楽しく話し合うこと。例 歓談のときをすごす。類 談笑

【歓楽】かんらく ＝遊びや酒などで、楽しみにひたること。例 歓楽街。類 享楽・悦楽

歎

欠－11　総画15　人名　明朝 歎 6B4E

音 タン外　訓 なげ-く外

意味 ❶なげく。ため息をつく。例 歎息・歎願・悲歎 ❷ほめたたえる。例 感歎

表記 今はふつう「嘆」を使う。例 歎く→嘆く・感歎→感嘆

4画 止 ［とめる］［とめへん］の部

「止」をもとに作られ、歩行にかかわる字を集めてあります。

この部首の字
0 止……660　1 正……660　2 此……662　4 武……662　歩……663　9 歳……664　10 歴……664　企▸人 68　凪▸几 137　肯▸月 911　紫▸糸 880
歯▸歯 1126　雌▸隹 1071　頻▸頁 1094

止

止－0　総画4　2年　明朝 止 6B62

音 シ　訓 と-まる・と-める

筆順 丨 卜 止 止

なりたち [象形]足あとの形をえがいた字。「とまる、とめる」として使われている。

意味 とまる。とめる。やめる。動かないようにする。例 時計が止まる。血を止める。止血・禁止・静止・中止

例解 使い分け とめる［止・留・泊］☞663ページ

特別なよみ 波止場（はとば）

【止血】しけつ ▲〈－する〉傷口から血が出るのをとめること。ちどめ。例 包帯で止血する。止血剤。

止が下につく熟語 上の字の働き

【停止 休止 終止 静止 抑止】近い意味。

【禁止 制止 防止 阻止】ドウヤッテ止めるか。

◆笑止 中止 廃止

正

止－1　総画5　1年　明朝 正 6B63

音 セイ・ショウ　訓 ただ-しい・ただ-す・まさ

筆順 一 丅 下 正 正 ながく だす

なりたち 【会意】「一」が目あてを表し、「止」があるく意味で、合わせて、まっすぐにあるくことを表す字。「ただしい」として使われている。

意味

❶ただしい。ただしくする。例 正しい答え。誤りを正す。正義・改正 対 邪・誤

❷ちょうど。ぴったり。まさしく。例 正にそのとおり。正午

❸本来の。ほんとうの。例 正式 対 副

❹ゼロよりも大きい数。プラス。例 正の整数。正数 対 負

❺年のはじめ。例 正月

❻もっとも上の位。長官。例 検事正。

❼《その他》例 正念場。

名前のよみ あきら・きみ・さだ・たか・なお・のぶ・よし

❶〈ただしい。ただしくする〉の意味で

【正直】しょうじき Ⅲ〈―な〉〈―に〉正しくすなおで、うそやごまかしがないこと。例 正直に話す。表現「正直、こまるのです」などというときには、「ほんとうのことを言えば」という意味でつかう。

【正解】せいかい ↓〈―する〉正しい答えや解釈。例 正解を出す。類 正答

【正確】せいかく Ⅲ〈―な〉〈―に〉正しく、たしかなこと。例 正確な時刻を知らせる。類 精確

【正義】せいぎ ↓人間がまもらなければならない正しい道。例 正義を重んじる。

【正誤】せいご ⇕正しいことと、あやまっていること。例 正誤を判断する。正誤表。

【正邪】せいじゃ ⇕正しいことと、わるいこと。類 理非・曲直

【正常】せいじょう ↓〈―な〉〈―に〉かわったところがなく、ふつうであること。例 血圧は正常。対 異常

【正正堂堂】せいせいどうどう〈―たる〉〈―と〉①きちんとしていていきおいさかんなようす。例 正々堂々の入場行進。②態度や行いがりっぱなようす。例 正々堂々とたたかう。

【正当】せいとう Ⅲ〈―な〉〈―に〉正しくて、すじがとおっていること。例 正当な理由。対 不当 表現「正当化する」というと、理屈をつけてむりに正しくしてしまう、よくない意味になる。

【正答】せいとう ↓〈―する〉正しく答えること。正しい答え。例 正答を発表する。類 正解

例解 使い分け うたう《歌う・謡う》

歌う＝節をつけて声に出す。
例 校歌を歌う。童謡を歌う。ピアノに合わせて歌う。
謡う＝「歌う」のうち、特に謡曲(能楽のことばに節をつけてうたうもの)をうたう。
例 祝いの謡を謡う。謡曲を謡う。

歌う
謡う

【正道】せいどう ↓ものごとの正しいやり方。人としての正しい生き方。例 正道を行く。対 邪道

【正当防衛】せいとうぼうえい 自分をまもるため、やむを得ず暴力を用いること。法律上、罪にはならない。例 正当防衛が成立する。

【正否】せいひ ⇕正しいか、正しくないか。例 正否の問題だ。

【正論】せいろん ↓道理にあった正しい意見。例 ただ一人正論をはく。表現 正しいが現実とは合わない場合もあって、「それは正論だ」は、全面的にほめた言い方ではない。

❷〈ちょうど〉の意味で

【正午】しょうご ↓昼の十二時。午後零時。関連 午前・正午・午後 参考「午」は、十二支の「うま」で、午の刻は、昼の十二時の前後二時間。

【正反対】せいはんたい〈―な〉〈―に〉まったく逆であること。

【正比例】せいひれい〈―する〉数学で、二つの数の一方がふえたりへったりするにつれて、もう一方もおなじ割合でふえたりへったりすること。類 比例 対 反比例

【正方形】せいほうけい 四つの角が直角で、四つの辺

の長さがどれもおなじ長さの四角形。正四角形。真四角。

【正夢】↓夢で見たとおりのことがじっさいに起こる夢。対逆夢

❸〈本来の〉の意味で

【正気】↓〈—な〉心や頭のはたらきが正常であること。類本性 対狂気

【正真正銘】たしかでまちがいがないこと。例正真正銘のダイヤモンド。類真正

【正体】↓①ほんとうのすがた。類実体・本体 ②ふつうのときの、しっかりした気持ち。例正体なくねむりこける。

【正札】↓正価を書いて商品につける札。

【正味】↓①入れ物やつつみ紙などをのぞいた、中身の重さ。例正味一〇〇グラム ②ほんとうの数や量。類実質

【正面】↓そのもののおもてがわ。相手とまっすぐ向きあう面。例正面からとりくむ。類前面 関連正面・側面・背面

【正価】↓かけ値や割引なしの、ほんとうのねだん。例正価販売。類定価

【正課】↓正式の授業として、かならず受けなければならない学科。対課外

【正規】↓きちんときまりにあっていること。例正規の手続きをふむ。

【正攻法】堂々と真正面から敵とたたかうやり方。対奇策

【正座】↓〈—する〉おしりを両足くびの上にのせてひざをそろえ、背すじをのばしたきちんとしたしせいですわること。類端座

【正視】↓〈—する〉まともに目を向けて見ること。例正視して答える。類直視

【正式】↓〈—な・—に〉きまりどおりの正しいやり方。例正式にみとめる。類本式 対略式

【正装】↓〈—する〉儀式などのときに着る正式な服装。類礼装 対略装 表現美しく着かざるのは「盛装」。「盛装」は個人のこのみによるが、「正装」にはきまりがある。

【正調】↓むかしから伝えられてきた正しい節まわし。例正調木曽節。

【正統】↓〈—な〉①血すじなどいくつかに分かれて出たもののうち、中心になるもの。例源氏の正統。②おおもとの精神を正しく受けついでいるもの。例正統派。対異端

【正門】↓正面の門。類表門 対裏門

❹〈ゼロよりも大きい数〉の意味で

【正数】↓0より大きい数。対負数

❺〈年のはじめ〉の意味で

【正月】↓①一年がはじまる月。一月。②新年のお祝いをする三が日、または七日までの期間。例正月気分。類新年

❼《その他》

【正念場】心をひきしめて立ちむかわなければならない、だいじな場面。例今が受験勉強の正念場だ。参考歌舞伎で、その役の本質的性格をしめすだいじな場面である「性根場」から出たことば。

正が下につく熟語 上の字の働き

❶正＝〈ただしい。ただしくする〉のとき

【公正 端正 中正 方正 矯正 修正 訂正 粛正 是正 適正】近い意味。

【改正 補正 校正】ドウヤッテ正しくするか。

◆賀正 厳正 僧正 不正

【此】

止-2 総画6 人名 明朝 此 6B64

音シ外 訓ここ外・これ外・こ—の外

意味 これ。この。ここ。例此岸

【武】

止-4 総画8 5年 明朝 武 6B66

音ブ・ム 訓—

筆順 一 二 亍 亍 正 正 武 武（ながく・だす・はねる・わすれない）

なりたち [会意]ほこ(弋)と、足の形の「止」とからでき、ほこを持っていさましく進むことを表す字。

意味

❶いくさ。たたかいにかんする。たたかう強さ。例武をとうとぶ。武器・武勇・武者

❷武蔵。旧国名。今の東京都と埼玉県のほぼ全体と神奈川県の一部。

❸《その他》例武骨

名前のよみ いさむ・たけ・たけし・たける

❶〈いくさ〉の意味で

【武運】ぶうん ↓ たたかいでの勝ち負けの運。例 武運つたなく敗れる。武運長久。

【武官】ぶかん ↓ 軍事関係の仕事をする役人。対 文官

【武器】ぶき ↓ 刀・銃など、たたかいに使う道具。類 兵器 表現「ペンが武器だ」のように、たのもしい道具の意味でも使う。

【武具】ぶぐ ↓ よろい・かぶとなど、たたかいに使う道具。例 武具をつける。

【武勲】ぶくん ↓ いくさでのてがら。類 武功

【武家】ぶけ ↓ ①武士の家がら。類 武門 対 公家 ②さむらい。例 お武家さま。類 武士

【武芸】ぶげい ↓ 弓・やり・剣術・馬術など、たたかいのためのわざ。類 武術・武道

【武士】ぶし ↓ むかし、武芸を身につけ、たたかうことを専門にして主君につかえた人。農民や町人の上の身分で、日本を支配した階級。さむらい。例 武士道。類 武家

【武術】ぶじゅつ ↓ 弓・やり・剣術・馬術など、たたかうためのわざ。類 武芸・武道

【武将】ぶしょう ↓ 指揮官の立場にある武士や軍人。例 戦国時代の武将。

【武人】ぶじん ↓ 武士や軍人などいくさに関係する人びと。対 文人

【武装】ぶそう ↓〈―する〉たたかいにそなえて、武器を身につけて用意すること。

【武道】ぶどう ↓ ①武士のまもるべき生き方。武士道。②剣道・柔道・弓道などをまとめていうことば。類 武芸・武術

【武門】ぶもん ↓ 武士の家がら。類 武家

【武勇】ぶゆう ↓ 武術にすぐれ、強くて勇ましいこと。例 武勇のほまれ。

【武勇伝】ぶゆうでん ①武術にすぐれた人の伝記。②いさましいてがらばなし。例 強盗をつかまえたという武勇伝。

【武力】ぶりょく ↓ 戦争をするための、軍隊の力。類 戦力・兵力

【武者】むしゃ ↓ 武士。よろい・かぶとを身につけた武士。例 武者人形。影武者。

❸《その他》

【武骨】ぶこつ ◎〈―な〉ごつごつしていて、なめらかさやスマートさがないが、素朴であること。例 武骨者。表記「無骨」とも書く。

歩

止－4 総画8 2年

明朝 歩 6B69　旧字 歩 6B65

音 ホ・ブ㊥・フ㊢　訓 ある－く・あゆ－む

筆順 （だす・はねる・とめる）

なりたち ［会意］左右の足あとを組み合わせた字で、「あるく」意味を表している。

意味

❶あるく。すすんでいく。あゆみぐあい。例 歩みがおそい。歩を進める。歩行・散歩

❷わりあい。利率。例 歩に合わない。歩合・日歩

❸将棋のこまの一つ。歩兵。

発音あんない ホ→ポ…例 一歩

注意するよみ フ…例（将棋のこまの）歩

名前のよみ すすむ

❶〈あるく〉の意味で

【歩行】ほこう ↓〈―する〉歩くこと。例 歩行者。

【歩測】ほそく ↓〈―する〉一歩一歩歩いて、その一歩のはばの長さと歩数とのかけ算で距離をはかること。そのはかり方。

【歩調】ほちょう ↓ ①歩きの速さや足の動かし方。

例解 使い分け　とめる《止める・留める・泊める》

止める＝動いているものを動かなくする。
例 息を止める。車を止める。電気を止める。

留める＝はなれないように動かなくする。
例 心に留める。書き留める。書留郵便。

泊める＝夜をすごさせる。
例 お客さんを泊める。船を港に泊める。

車を止める　ボタンを留める　友達を泊める

あしなみ。例歩調をとる。②大ぜいでいっしょに行動するときのやり方や進めぐあい。あしなみ。例仕事の歩調をあわせる。

【歩道】ほどう ↓ 歩く人のための道。対車道

【歩兵】ほへい ↓ 歩いてたたかう兵士。

❷〈わりあい〉の意味で

【歩合】ぶあい ↓ ①ある数を、他の数とくらべたときのわりあい。②取り引きのあつかい高におうじて出す手数料。例歩合制。

←歩が下につく熟語 上の字の働き

❶歩=〈あるく〉のとき

【散歩 漫歩 牛歩】ドウ歩くか。

【進歩 退歩】ドウナッテいくか。

◆競歩 五十歩百歩 初歩 譲歩 徒歩 日進月歩 日歩

歳

止-9 総画13 常用 明朝 歳 6B73

音 サイ中・セイ中 訓 とし外

筆順 歳

なりたち 歲 [会意]もとの字は、「歲」。めぐる意味の「歩」と、刈り取る刃物を表す「戉」からでき、作物を刈り取ってからひとめぐりの年を表す字。

意味 ❶一年。月日。例歳月・歳暮 ❷ねんれいを表すことば。例満十歳。参考「才」を代わりに使うこともある。

文字物語 死

生き物にとって「死」はさけられないもの。とくに人の死については、何が原因で死んだのか、その死因が問題になる。病気による「病死」はしかたないかもしれないが、難民などの飢えによる「餓死」はいたましい。また、新聞の紙面をにぎわすのは、事故による「事故死」。それも「転落死」「窒息死」「ガス中毒死」「感電死」「ショック死」などのことばからは、現代社会にひそんでいる危険を思い知らされる。最近では、働きすぎによる「過労死」や「虐待死」は、まさに社会問題である。また、どういう状態で死ぬかをいう「自然死」「安楽死」ということばも、医学が発達した今日、人間の尊厳という観点から生まれたものだ。

注意するよみ セイ…例歳暮

特別なよみ 二十歳(はたち)

名前のよみ とせ

❶〈一年〉の意味で

【歳月】さいげつ Ⅱ としつき。例歳月人を待たず(時は、人の思いなどにかまわず、どんどんすぎていく)。類年月・月日・時日

【歳時記】さいじき ①俳句の季語を季節ごとに集めて説明し、例句をのせた本。季寄せ。②一年じゅうの季節ごとの行事や自然のようすなどを書いた本。

【歳出】さいしゅつ ↓ 国や都道府県、市町村などが一年間にしはらうお金の合計。対歳入

【歳入】さいにゅう ↓ 国や都道府県、市町村などに一年間に入ってくるお金の合計。対歳出

【歳費】さいひ ↓ 国会議員の一年間の手当。

【歳末】さいまつ ↓ 年の暮れ。例歳末大売り出し。類年末・歳暮

【歳暮】せいぼ ↓ ①年の暮れ。類年末・歳末 ②年の暮れに、せわになった人などにお礼の気持ちをこめておくるおくりもの。表現 ②は、「お」をつけて「お歳暮」ということが多い。

歴

止-10 総画14 5年 明朝 歴 6B74 旧字 歷 6B77

音 レキ 訓 ―

筆順 歴 (とめる はらう だす)

なりたち 歷 [形声]もとの字は、「歷」。「レキ」と読んで順序よくならぶ意味の「厤」と、歩く意味の「止」とからでき、順序よくあるくことを表す字。

意味 ❶つぎつぎとへていく。すぎてきたあと。例歴史・歴任・歴訪・学歴・巡歴 ❷はっきりしている。例歴然

名前のよみ つぐ

❶〈つぎつぎとへていく〉の意味で

【歴史】れきし ↓ むかしから今までの、うつりかわりのようす。また、それを書きしるしたもの。例 日本の歴史。歴史に学ぶ。歴史を重ねる。類 沿革

【歴戦】れきせん ↓ 何度もたたかいをしてきていること。例 歴戦の勇士。

【歴代】れきだい ↓ はじまってから今までつづいてきたすべての代。例 歴代大統領。歴代二位の好記録。類 代代

【歴任】れきにん ↓〈―する〉つぎつぎに責任ある職や役目についてきたこと。

【歴訪】れきほう ↓〈―する〉多くの土地や人びとをつぎつぎに訪問すること。例 ヨーロッパ諸国を歴訪する。

❷〈はっきりしている〉の意味で

【歴然】れきぜん ⊠〈―たる〉はっきりしている。例 歴然たる事実。類 判然

【歴歴】れきれき ◎ ①〈―たる〉〈―と〉はっきりと。ありありと。例 たたかいのあとが歴々としている。②身分や家がらが高い人びと。例 お歴々の集まる会合。表現 ②は、ふつう「お歴々」の形で使われる。

⬅歴が下につく熟語 上の字の働き

❶歴＝〈つぎつぎとへていく〉のとき
【経歴 履歴 来歴】近い意味。
【学歴 職歴】ナニの経歴か。
【巡歴 遍歴】ドノヨウニまわるか。
◆前歴 略歴

4画 歹［がつへん］の部

人の骨の形にもとづいた「歹」をもとに作られ、死や傷害にかかわる字を集めてあります。

この部首の字
2 死……665　5 殆……666　6 残……666
殊……668　殉……668　8 殖……668
列▸刂 147

死

音 シ　訓 し-ぬ
歹-2　総画6　3年
明朝 死 6B7B

筆順 一 厂 歹 歹 歹 死（おらない・はねる）

なりたち ［会意］人（匕）とほねの形（歹）とからでき、人の命がつきてほねになることを表す字。

意味
❶しぬ。命がなくなる。例 死んでも死にきれない。死亡・急死 対 生
❷生きていない。役に立たない。例 死蔵
❸しにものぐるい。命がけ。例 死力・必死

［文字物語］☞ みぎのページ

❶〈しぬ〉の意味で

【死因】しいん ↓ 死んだ原因。例 死因を調べる。

【死骸】しがい ↓ 人間・動物・虫などの、死んだからだ。類 死体・遺体・遺骸・亡骸・屍 表現☞

【死体】したい（ひだりにあります）

【死活】しかつ ⇕ 死ぬか、生きるか。だめになるか、ならないか。例 死活問題。類 生死

【死期】しき ↓ 死ぬとき。例 死期がせまる。

【死去】しきょ Ⅱ〈―する〉人が死ぬこと。例昨夜死去いたしました。類 永眠・逝去 表現「死亡」よりあらたまった言い方だが、多く身内のことに使う。

【死刑】しけい ↓ 罪をおかした人の命をうばう、いちばん重い刑罰。類 死罪・極刑

【死後】しご ↓ 死んだあと。類 没後 対 生前

【死罪】しざい ↓ 罪をおかした人の命をうばう刑罰。例 死罪にあたいする。類 死刑・極刑

【死者】ししゃ ↓ 死んだ人。類 死人

【死傷】ししょう Ⅱ〈―する〉事故などで、死者と負傷者とが出ること。例 死傷者がでる。

【死線】しせん ↓ 生きるか死ぬかのさかいめ。例 高熱がつづき、三日間死線をさまよった。

【死体】したい ↓ 死んだ人や死んだ動物のからだ。表現「死体」「死骸」は人にも動物にも使う。「遺体」「遺骸」は人だけに使う。

【死地】しち ↓ ①ここが自分の死ぬところだと見こんだ場所。例 死地をもとめて敵陣にきりこむ。②生きて帰れるとは思えないところ。例 死地を脱する。

【死人】しにん ↓ 死んだ人。類 死者

【死別】しべつ ↓〈―する〉相手の人が死んで、いなくなってしまうこと。死にわかれ。例 幼いと

きに母親と死別した。類永別 対生別

【死亡】しぼう Ⅱ〈─する〉人が死ぬこと。対生存

表現 役所などで使う言い方。うやまう気持ちの多い少ないで、「逝去」「死去」「物故」など、いろいろに使い分ける。

【死滅】しめつ Ⅱ〈─する〉全部死んでしまうこと。死にたえること。類絶滅

❷〈生きていない〉の意味で

【死角】しかく ↓ ①弾丸のとどく近さなのに、さえぎる物があるためにたまをうちこめないところ。②もののかげになっていて見えないところ。例運転席からは死角になる。

【死語】しご ↓ むかしは使われていたが、今は使われなくなったことば。一つ一つの単語についていう場合と、それを話す人たちがいなくなった一つの言語全体を指す場合とがある。

【死蔵】しぞう ↓〈─する〉役に立つものを、使わないまま、しまいこんでむだにしておくこと。

❸〈しにものぐるい〉の意味で

【死守】ししゅ ↓〈─する〉命がけで守ること。

【死闘】しとう ↓〈─する〉死にものぐるいでたたかうこと。命がけのたたかい。類血戦

【死力】しりょく ↓ 死にものぐるいで出す、ありったけの力。例死力をつくしてたたかう。

← 死が下につく熟語 上の字の働き

❶死＝〈しぬ〉のとき

【餓死 枯死 焼死 凍死 水死 戦死 圧死 墜死 殉死】ドウイウことで死ぬか。

【変死 急死 即死 惨死】ドノヨウニ死ぬか。

【客死 獄死】ドコで死ぬか。

◆仮死 決死 生死 致死 必死 不老不死

殆

歹-5 総画9 人名 明朝 殆 6B86

音タイ外 訓ほとん-ど外

意味 ほとんど。もう少しで。ほぼ。（ある事情や程度に近づいているようすをいう）

残

歹-6 総画10 4年 明朝 残 6B8B 旧字 殘 6B98

音ザン 訓のこ-る・のこ-す

筆順 （つける・はねる・だす・わすれない）

なりたち 形声 もとの字は、「殘」。「歹」がほねを表し、「戔」がこまかくけずる意味と、「ザン」とかわって読み方をしめしている。ほねをけずることから、「きずつける」意味を表したが、のちに「のこる」としても使うようになった。

意味 ❶のこる。のこす。のこったもの。例名を残す。三百円の残。残雪・敗残

❷むごい。きずつける。例残酷

特別なよみ 名残(なごり)

❶〈のこる〉の意味で

【残骸】ざんがい ↓ すっかりこわれて、ひどい形になってのこっているもの。例事故車の残骸。

【残額】ざんがく ↓ のこりのお金や数量。類残高

【残響】ざんきょう ↓ ある音が鳴りおわったあとも、ひきつづいて聞こえるひびき。

【残業】ざんぎょう ↓〈─する〉決められた時間のあとまでのこって仕事をすること。その仕事。

【残金】ざんきん ↓ ①手もとにのこっているお金。例おこづかいの残金はわずかだ。②はらうはずなのに、まだはらっていないお金。例残金は来月十五日にしはらいます。

【残月】ざんげつ ↓ 夜が明けてからも、西の空に白くのこっている月。有明の月。

【残暑】ざんしょ ↓ 立秋（八月七日ごろ）をすぎてものこっている夏の暑さ。例残暑がきびしい。残暑見舞い。対余寒

【残照】ざんしょう ↓ 夕日が沈んだあとも山や雲などにまだのこっている光。例山の端の残照が美しい。類残光

【残雪】ざんせつ ↓ 春になっても消えないでのこっている雪。例例年より残雪が多い。

【残像】ざんぞう ↓ 見ているものが目の前からなくなっても、目にそのすがたがのこること。

知識 フィルム一コマ一コマの動かない画像が、映画でなめらかな動きに見えるのは、このはたらきによる。

【残存】ざんそん｜ざんぞん ↓〈─する〉まだうしなわれないでのこっていること。例残存勢力。

ものしり巻物 第19巻

和語・漢語・外来語①

日本語には、数えきれないほどたくさんのことばがあります。日本語をじょうずに使いこなせるようになるためには、たくさんあることばを、いくつかのグループに分けて考えてみるのもよいことです。グループ分けのしかたにはいろいろありますが、ここで学習するのは、日本語を和語・漢語・外来語の三つのグループに分けるやり方です。この分け方は、そのことばが、もともとどこの国で生まれたものであるか、どのようにできあがったものであるかという点に注目する方法です。

和語とは、外国から入ってきたことばではない、日本で作り出されたことばのことです。**大和ことば**ともよばれます。「やま」「かわ」「そら」「あそぶ」「はしる」「たのしい」「あかるい」など、日本語にはたくさんの和語があります。これらのことばは、「山」「川」「空」「遊ぶ」「走る」「楽しい」「明るい」などのように、漢字を使って書くこともできます。その場合、その漢字の読み方は訓読みになるのがふつうです（当て字の場合には、音読みするものもあります）。

漢語とは、中国から入ってきたことばのことです。「学校」「先生」「音楽」「愛」などのことばがそうです。中国から入ってきたことばなので、すべて漢字で書くことができます。そして、その漢字の読み方は音読みになるのが原則です。また、「僕」「肉」「菊」「絵」などは、日本語によくなじんでいるので、和語のような感じがしますが、どれも音読みのことばで、正真正銘の漢語です。「編集（←編輯）」「不憫（←不便）」「笑止（←勝事）」などのように、中国から入ってきたことばでも、日本で使われているうちに、ちがう漢字で書くようになり、中国にはない形になってしまったことばもあります。これらのことばも漢語とよびます。

また、「返事」「大根」「野球」「哲学」などは日本で作られたことばですが、漢字を音読みすることばなので、見た目は、中国で作られたことばとそっくりです。これらは、**和製漢語**とよばれ、日本で作られたことばであるけれども、やはり漢語の中にふくめて考えます。

これらに共通するのは、漢字を音読みすることばであるということです。そこで、中国から入ってきたのではないことばまで「漢語」とよぶのを避けたい場合には、これらをまとめて**字音語**とよぶこともあります。ただし、「輿論→世論」のように、もともと音読みの語であったものが、日本でちがう漢字で書くようになってしまったために、訓読みを交えるようになった「字音語」もあります。

外来語とは、外国から入ってきたことばということです。「テレビ」「ラジオ」「チャイム」「チョーク」「ズボン」「スカート」など、外国から入ってきた物の名前などによく見られます。これらのことばは、ふつうはかたかなで書かれるので、**かたかな語**ともよばれます。ただし、「煙草」「倶楽部」「浪漫」などのように漢字でも書ける外来語もあります。

漢語の多くも、中国という外国から入ってきたことばなのですから、本来なら外来語のはずです。しかし、漢語の場合は、日本に入ってきてから長い年月がたっており、日本語の中にすっかりとけこんでいるので、とくべつあつかいをして外来語には入れないのです。

677ページも見てね

【残高】ざんだか ⇩ さし引きしてのこったお金。例 預金通帳の残高。類 残額

【残党】ざんとう ⇩ たたかいにまけて、なかまのほとんどが死んでしまったあとに、なお生きのこった人。例 豊臣の残党。

【残念】ざんねん ▲〈―な・―に〉思うようにならず、心がおさまらない。例 残念な結果。類 無念・遺憾

【残飯】ざんぱん ⇩ 食べのこりのごはん。

【残務】ざんむ ⇩ かたづかないで、のこってしまった仕事。例 残務整理におわれる。

【残留】ざんりゅう Ⅲ〈―する〉①ほかの者が行ってしまったあとも、そこにのこること。②消えないで、そのままそこにあること。例 農薬が残留している。

【残塁】ざんるい ▲〈―する〉野球で回が終わるとき、走者が塁にのこっていること。

❷〈むごい〉の意味で

【残虐】ざんぎゃく Ⅲ〈―な・―に〉いじめ方やいためつけ方がひどい。むごたらしい。目もあてられない。例 残虐行為。表現 おなじ「むごさ」でも、「残虐」はいためつけ方のひどさ、「残酷」はやり方のひどさや思いやりのなさ、「残忍」は性格のおそろしさを表す。

【残酷】ざんこく Ⅲ〈―な・―に〉思いやりも手かげんもなく、ひどい。例 残酷なしうち。類 無残・酷薄・無慈悲 表現 ☞【残虐】(みぎにあります)

【残忍】ざんにん Ⅲ〈―な・―に〉むごいことをして平気だ。例 残忍な性格。表現 ☞【残虐】(みぎにあります)

殊

歹-6 総画10 常用 明朝 殊 6B8A

音 シュ中 訓 こと中

筆順

なりたち [形声]「歹」が死ぬことを表し、「朱」が「シュ」という読み方をしめしている。「シュ」は「たち切る」意味をもち、ころすことを表す字。

意味 とくべつな。とりわけて。例 殊にすぐれる。殊勲・特殊

【殊勲】しゅくん ⇩ 特別にりっぱなはたらき。例 最高殊勲選手。殊勲賞。類 手柄

【殊勝】しゅしょう ⇩〈―な〉心がけやおこないがよくて感心だ。例 殊勝な心がけ。殊勝なことを言う。類 奇特

殉

歹-6 総画10 常用 明朝 殉 6B89

音 ジュン中 訓 ―

筆順

なりたち [形声]「歹」が死ぬことを表し、「旬」が「ジュン」という読み方をしめしている。「ジュン」はあとを追う意味をもち、死者にしたがって死ぬことを表す字。

意味 そのために死ぬ。例 祖国に殉じる。殉教・殉死

【殉教】じゅんきょう ▲〈―する〉信じる宗教のために命をなげうつこと。例 殉教者。

【殉死】じゅんし ⇩〈―する〉なくなった主君・主人のあとを追って死ぬこと。

【殉職】じゅんしょく ▲〈―する〉つとめをはたそうとして、命を落とすこと。

殖

歹-8 総画12 常用 明朝 殖 6B96

音 ショク中 訓 ふ-える中・ふ-やす中

筆順

なりたち [形声]「歹」が死ぬことを表し、「直(チョク)」とかわって読み方をしめしている。「ショク」は「むしばむ」意味をもち、くさる意味を表す字。借りて、「ふやす」として使われている。

意味 ふやしそだてる。例 ネズミが殖える。財産を殖やす。殖産・養殖

例 解 [使い分け] ふえる[増・殖] ☞269ページ

【殖財】しょくざい ▲ 財産をふやすこと。類 殖産

【殖産】しょくさん ▲ ①産業をさかんにして、つくり出すものをふやすこと。②財産をふやすこと。類 殖財

←殖が下につく熟語 上の字の働き

【増殖 繁殖】近い意味。

【生殖 養殖】ドウヤッテふえる(ふやす)か。
◆拓殖 利殖

4画 殳 [るまた][ほこづくり] の部

手に武器を持つ意味を表す「殳」をもとに作られ、打撃をくわえる動作にかかわる字を集めてあります。

この部首の字
4 殴……669 5 段……669 6 殺……669
7 殻……670 9 毀……670 殿……671 11 毅……671
股▸月 911 般▸舟 932 穀▸禾 837

殴

殳-4 総画8 常用
明朝 殴 6BB4
旧字 毆 6BC6

音 オウ 高 訓 なぐ-る 中

筆順

なりたち [形声]もとの字は、「毆」。「殳」が打つことを表し、「區」が「オウ」とかわって読み方をしめしている。「オウ」もまた「打つ」意味をもち、「打ちたたく」ことを表す字。

意味 なぐる。強く打つ。例 顔を殴る。

【殴打】おうだ Ⅲ〈―する〉強くなぐること。

段

殳-5 総画9 6年
明朝 段 6BB5

音 ダン 訓 ―

筆順

なりたち [形声]「殳」が打つことを表し、「[illegible]」が「ダン」とかわって読み方をしめしている。「タン」は上から下へ打ちおろす意味をもち、「たたく」ことを表す字。

意味
❶だんだん。階段やはしご段。例 段差・階段
❷ひとくぎり。例 段階・段落・値段
❸うでまえを表す等級。例 段が上がる。段位・初段
❹やり方。方法。例 段取り。手段

❶〈だんだん〉の意味で
【段差】だんさ ⇩ 道路などで、段になっていて、高低の差のあるところ。例 段差に注意。☞❸
【段段】だんだん Ⅲ ①階段。そのような形のもの。例 段々畑。②〈―に・と〉少しずつ。しだいに。例 空がだんだん明るくなる。

❷〈ひとくぎり〉の意味で
【段階】だんかい Ⅲ ①ものごとが進んでいくときの、ひとくぎり。例 研究から実用の段階に入った。発達段階。②力やわざがあがっていく順序をしめす目もり。例 五段階で評価する。
【段落】だんらく ⇩ ①文章の中の、ひとまとまりの内容をもつ、それぞれの部分。例 段落ごとに内容を要約する。②ものごとのくぎり。例 仕事が一段落する。知識 ①は、原稿用紙に書くときや印刷するときは、ふつう、段落の最初の文字を一字分さげる。

❸〈うでまえを表す等級〉の意味で
【段位】だんい ⇩ 武道・碁・将棋などで、わざや力の程度を表すもの。例 段位試験。類 級位
【段差】だんさ ⇩ 碁や将棋などで、力のちがい。例 初段と五段くらいの段差がある。☞❶

段が下につく熟語 上の字の働き
❷段=〈ひとくぎり〉のとき
【上段 中段 下段 別段】ドウイウ段か。
【一段 数段 格段】ドレダケの段のへだたりか。〔二つのものの差をいう〕
◆階段 算段 手段 値段

殺

殳-6 総画10 5年
明朝 殺 6BBA
旧字 殺 F970

音 サツ・サイ 高・セツ 高 訓 ころ-す

筆順

なりたち [形声]ころす意味の「杀」が「サツ」とかわって読み方をしめしている。「殳」をくわえて、「ころす」として使われる。

意味
❶ころす。命をうばう。例 虫も殺さない顔をしている。殺害・暗殺
❷なくす。そぎとる。へらす。例 息を殺す。抹殺・相殺
❸意味を強めることば。例 殺到・忙殺

◀次ページ 殻 毀

注意するよみ サイ…例相殺　セツ…例殺生

❶〈ころす〉の意味で

【殺意】さつい ↓人をころそうとする気持ち。例殺意をいだく。

【殺害】さつがい ＝〈―する〉人をころすこと。例殺害におよぶ。類殺人

【殺気】さっき ↓人をころそうとでもするような、ぞっとする気配。例殺気を感じる。

【殺菌】さっきん ▲〈―する〉熱や薬を使って、ばい菌をころすこと。例殺菌剤。類滅菌・消毒

【殺傷】さっしょう ＝〈―する〉ころしたり、きずつけたりすること。例殺傷事件。

【殺人】さつじん ▲人をころすこと。例殺人犯。殺人事件。類殺害

【殺陣】さつじん・たて ◎映画や演劇で、刀やからだでたたかう場面の演技。立ちまわり。例殺陣師。

【殺生】せっしょう ▲①〈―する〉生き物をころすこと。例殺生をつつしむ。②〈―な〉むごい。

❷〈なくす〉の意味で

【殺伐】さつばつ ＝〈―たる〉〈―と〉あらあらしくすさんだようす。例殺伐とした光景。

❸〈意味を強めることば〉の意味で

【殺風景】さっぷうけい 〈―な〉〈―に〉おもしろみやうるおいが、まるでない。例殺風景なへや。

【殺到】さっとう ↓〈―する〉たくさんの人やものごとが一度におしよせる。例注文が殺到する。

←殺が下につく熟語　上の字の働き

❶殺＝〈ころす〉のとき

【絞殺 撲殺 射殺 銃殺 毒殺】ドウヤッテ殺すか。

【自殺 他殺】ダレによって殺されるか。

【虐殺 惨殺 暗殺】ドノヨウニ殺すか。

❷殺＝〈なくす〉のとき

【抹殺 黙殺 相殺】ドウヤッテなくすか。

❸殺＝〈意味を強めることば〉のとき

【笑殺 悩殺 忙殺】ナニがはなはだしいのか。

◆減殺

殻

殳－7　総画11　常用　明朝 殻 6BBB　旧字 殼 6BBC

音 カク中　訓 から中

筆順

なりたち 㱿 [形声]もとの字は、「殼」。「殳」が打つことを、「売」が「カク」という打つ時の音を表している。打ちたたく意味の字であったが、のちに「から」として使われるようになった。

意味 から。外がわをおおっているかたい部分。例もぬけの殻。甲殻類。貝殻・地殻

←殻が下につく熟語　上の字の働き

【地殻 卵殻】ナニの外がわの部分か。

毀

殳－9　総画13　常用　明朝 毀 6BC0

音 キ中　訓 ―

漢字パズル 9 くみあわせ

じょうずに組み合わせて、漢字を作ってみましょう。

例 ① ② ③ ④ ⑤ ⑥ ⑦

答えは1130ページ

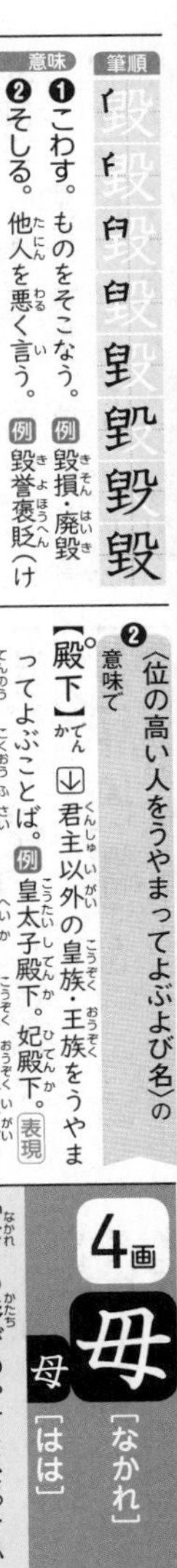

筆順

意味
❶こわす。ものをそこなう。例 毀損・廃毀
❷そしる。他人を悪く言う。例 毀誉褒貶（けなしたりほめたりすること）。

❶〈こわす〉の意味で
【毀損】きそん Ⅲ〈―する〉こわしたり傷つけたりすること。例 名誉毀損。

◆廃毀

殿

殳-9 総画13 常用 明朝 殿 6BBF

音 デン㊥・テン㊥ 訓 との㊥・どの㊥

筆順

なりたち [形声]「殳」が打つことを、「展」がしりの意味と「デン」という読み方を表し、しりを打つことを表す字。高い建物の意味に借りて使われるようになった。

意味
❶大きな建物。神仏や位の高い人の住まい。ごてん。例 殿堂・宮殿
❷位の高い人をうやまってよぶよび名。人名にそえて敬意を表すことば。例 殿の命令。田中殿。殿様・殿下

❶〈大きな建物〉の意味で
【殿堂】でんどう Ⅲ ①大きくて美しく、りっぱな建物。②神や仏をまつってある建物。③ある分野の中心となっている建物や場所。

❷〈位の高い人をうやまってよぶよび名〉の意味で
【殿下】でんか ↓ 君主以外の皇族・王族をうやまってよぶことば。例 皇太子殿下。妃殿下。表現 天皇や国王夫妻には「陛下」、皇族・王族以外の身分の高い人には「閣下」を使う。
【殿方】とのがた ↓ 男の人。男の人たち。類 紳士 対 婦人 表現 おもに、女性が男性を指していう、ていねいで古めかしいことば。
【殿様】とのさま ↓ 江戸時代の大名など、身分の高い人をうやまってよぶことば。表現「殿様育ち」や「殿様商売」などと、育ちがよくて世間知らずの人を、ややばかにしていうことがある。

←殿が下につく熟語 上の字の働き
❶殿＝〈大きな建物〉のとき
【社殿 神殿】ナニ・ダレの御殿か。
【湯殿 拝殿 本殿】ドウイウ建物か。
◆宮殿 御殿 沈殿

毅

殳-11 総画15 人名 明朝 毅 6BC5

音 キ㊈ 訓 つよ-い㊈

意味 つよい。意志がつよい。例 毅然

名前のよみ かた・さだむ・しのぶ・たか・たかし・たけし・とし・のり・よし

◆【毅然】きぜん ⊠〈―たる〉〈―と〉意志がつよくて、しっかりしているようす。例 毅然とした態度。

4画 母 母［なかれ］［はは］の部

「母」（なかれ）の形がめやすとなっている字を集めてあります。

この部首の字

母

母-0 総画5 2年 明朝 母 6BCD

音 ボ 訓 はは

筆順 はねる ノにならない

なりたち [象形]「女」にちぶさ（:）をくわえて、子どもを育てる「ははおや」をえがいた字。

意味
❶ははおや。おんなおや。例 父と母。母方・祖母 対 父
❷もととなるもの。ものを生みだすもの。出どころ。よりどころ。例 母国・分母

特別なよみ 乳母（うば）・叔母（おば）・伯母（おば）・母屋（おもや）・母家（おもや）・母さん（かあさん）

❶〈ははおや〉の意味で
【母親】ははおや ↓ 母。類 女親 対 父親

◀次ページ 毎 毒

【母方】ははかた ↓ 母親のほうの血のつながり。例母方の祖母。

【母系家族】ぼけいかぞく 母かたの血すじをもとにしてあととりなどを決める家族。対父系家族

【母子】ぼし ↕ 母親とその子ども。対父子

【母性愛】ぼせいあい 母親が生まれつきもっている子どもへの愛情。類母性本能 対父性愛

【母体】ぼたい ↓ 出産する母親のからだ。例母体の安全が第一。☞❷

【母堂】ぼどう ↓ ほかの人の母親。（うやまった言い方）例ご母堂様。類母上・母君 対尊父・父君

【母乳】ぼにゅう ↓ 母親の乳。例母乳で育てる。

❷〈もととなるもの〉の意味で

【母屋】おもや ↓ 離れ・物置などに対して、その家の家族の生活の中心になる建物。表記「母家」とも書く。

【母音】ぼいん ↓ ことばを音に出すとき、いちばんもとになっている音。日本語ではア・イ・ウ・エ・オの五つの音をいう。対子音

【母校】ぼこう ↓ 自分がそこで学び、卒業した学校。例母校を訪問する。

【母港】ぼこう ↓ その船が、根拠地にしている港。例母港に帰港する。

【母国】ぼこく ↓ 自分が生まれた国。例母国の土をふむ。母国語。類祖国・本国・故国 対異国

【母体】ぼたい ↓ ものが生まれたり、分かれて出たりするときのもとになるもの。例愛好会が母体となって部ができた。☞❶

←母が下につく熟語 上の字の働き

❶母＝〈ははおや〉のとき

【継母 養母 伯母 叔母 祖母】ドウイウ関係の母か。

【慈母 聖母 老母】ドノヨウナ母親か。

◆雲母 酵母 父母 分母 寮母

毎

母-2 総画6 2年 明朝 毎 6BCE 旧字 每 6BCF

音マイ 訓ごと外・ごと-に外

筆順 はねる にならない

なりたち ［象形］もとの字は、「每」。「母」の頭にかんざし（𠂉）をつけた形をえがいた字。「母」とおなじ意味を表していたが、借りて「…のたびに」の意味に使われるようになった。

意味 そのたびに。いつも。…ごとに。例毎日・夜毎

【毎朝】まいあさ ▲ 朝ごとに。対毎晩

【毎回】まいかい ▲ 一回ごとに。例毎回おなじことを言われる。類毎度

【毎時】まいじ ▲ 一時間ごとに。例毎時三〇キロのスピード。

【毎週】まいしゅう ▲ 一週間ごとに。

【毎月】まいつき|まいげつ ▲ 一月ごとに。

【毎度】まいど ▲ ①そのたびごとに。例行くと、毎度せわになる。類毎回・毎毎 ②いつも。例毎度ありがとうございます。

【毎日】まいにち ▲ 一日ごとに。例毎日の生活に追われる。類日日・日毎

【毎年】まいねん|まいとし ▲ 年ごとに。例水不足は毎年のことだ。類年年・例年・年毎

【毎晩】まいばん ▲ 晩ごとに。例毎晩遅く帰る。類毎夜・夜毎・連夜 対毎朝

毒

母-4 総画8 5年 明朝 毒 6BD2

音ドク 訓―

筆順 ながく はねる にならない

なりたち ［会意］くさ（屮）とそこなう意味の「毐」を合わせて、人に害をあたえるくさを表す字。

意味 からだを害する物質。悪い影響をあたえるもの。例毒にも薬にもならない。社会を毒する。毒舌・毒素・害毒・消毒

【毒牙】どくが ↓ 獲物にかみついたときに毒を出す、きば。表現「毒牙にかかる」といって、悪い人の悪だくみにやられることを表す。

【毒気】どくけ|どっけ|どっき ↓ ①からだによくない成分。例ガスの毒気にやられる。②人をひどいめにあわせようとする気持ち。例毒気にあて

られる。毒気をぬかれる(相手の意外な出方に気をくじかれて、おとなしくなってしまう)。
類 悪気・悪意

【毒殺】↓〈—する〉毒をのませて殺すこと。
類 薬殺

【毒蛇】↓マムシなど毒牙をもつヘビ。

【毒性】↓生物に害をあたえる性質。例 毒性の強い農薬。

【毒舌】↓聞きようによっては、ずいぶんひどいと思われることをえんりょなく言うこと。例 毒舌をはく。毒舌家。

【毒素】↓生物にとって害になる成分。

【毒草】↓トリカブト・チョウセンアサガオなど毒のある草。

【毒物】↓毒をふくんだものや薬。例 死因は毒物による中毒。類 毒薬 表現 薬として使う場合は「毒薬」という。

【毒味】↓〈—する〉①その食べ物に毒が入っていないかどうか、人に出す前に食べて確かめること。②料理の味をみること。類 試食・味見 表記「毒見」とも書く。

【毒薬】↓命をうばったり、からだをだめにしてしまったりする薬。類 毒物

← 毒が下につく熟語 上の字の働き

【解毒 消毒 服毒 中毒】毒をドウスルか・毒でドウナルか。

【有毒 無毒】毒の有る無し。

◆害毒 鉱毒 猛毒

4 比 ならびひ・くらべる・ひ 0画 比 ◀次ページ 昆 毛 毬

4画 比 [ならびひ][くらべる][ひ] の部

ここには「比」と「昆」の字が入ります。

比

比-0 総画4 5年 明朝 比 6BD4

音 ヒ 訓 くら-べる

筆順 比 比 比 比 (おる おらない はねる)

なりたち [会意]「人」をふたつならべて、「ならぶ、くらべる」意味を表す字。

意味
❶くらべる。なぞらえる。例 大きさを比べる。比較・対比
❷同等のものがならぶ。同等のもの。例 比類・無比
❸わりあい。二つのものをくらべたときのわりあい。例 前年比。比率

❶〈くらべる〉の意味で

【比較】Ⅱ〈—する〉あるものごとを、ほかのものごととくらべあわせること。例 よく比較して、よいほうをえらぶ。類 対比

【比較的】〈—に〉ほかとくらべて。わりあいに。例 今年の冬は比較的あたたかい。

【比喩】Ⅱ「まるい月」を「おぼんのような月」などと、ある物事のようすを、ほかのものにたとえて表すこと。表記「譬喩」とも書く。

知識 冷たい手を「氷」を喩えに使って言い表すのに、「氷のように冷たい手」と「氷の手」の二つの言い方がある。前の言い方は、「氷」「冷たい」「手」と、三つのことばが表現面にあらわれているので、この喩え方を「直喩」という。後の「氷の手」は、「冷たい」がかくれているので「隠喩」という。直喩はわかりやすいぶん、すこしくどくなる。隠喩はかんけつだが、わかりにくいこともある。

❷〈同等のものがならぶ〉の意味で

【比肩】▲〈—する〉どちらもおなじくらいで差がないこと。類 匹敵 参考「肩を比べる」の意味。表現「暗算では、かれに比肩する者がない」のように打ち消して使い、その人やものがナンバーワンであることを表す。

【比類】Ⅱ同類のものの中で、それとならべることのできるもの。表現「比類ない美しさ」のように打ち消しの形で使う。

❸〈わりあい〉の意味で

【比重】ひじゅう ↓ ①セ氏四度の水の重さを一として、その水とおなじ体積のものの重さをくらべた割合。例 水銀の比重は一三・六だ。②ほかとくらべたときの重要さの程度。例 勉強より体力づくりに比重をかける。

【比率】↓二つ以上のものの数や量をくら

べたときの割合。例合格者の比率。

【比例】⇩〈―する〉一方がふえたりへったりすると、関係するもう一方もおなじ割合でふえたりへったりすること。例正比例。反比例。

◆対比 無比 類比

【毘】 比－5 総画9 人名 明朝 毘 6BD8

音ビ外 訓―

意味 梵語(古代インドのことば)を写した字。例毘沙門天。茶毘

【毘沙門天】①仏教の四天王の一つ。②日本では、七福神の一つ。「多聞天」「北方天」ともいう。

4画 毛［け］の部

「毛」にもとづく字を集めてあります。

この部首の字 0毛……674 7毬……674 尾▶尸352 耗▶耒905

【毛】 毛－0 総画4 2年 明朝 毛 6BDB

音モウ 訓け

筆順 ながく はねる おらない

なりたち 毛 ［象形］けの生えているようすをえがいた字。

意味 ❶け。人や動物のからだに生えている糸のようなもの。例毛が生える。毛糸・羊毛 ❷草や木が生えること。例二毛作。不毛 ❸小数の単位。一の一万分の一。厘の十分の一。例三厘五毛。 ❹毛野。古い地名。例両毛線。参考旧国名の上野・下野は、今の群馬県・栃木県にあたる地域。はじめは上毛野・下毛野であったが、後に国名は二字で書くこととなり、「毛」が落ちて、上野・下野となった。

❶〈け〉の意味で

【毛糸】⇩ヒツジなどの毛を、より合わせてつくったやわらかい糸。

【毛色】⇩動物などの毛の色。表現「毛色のかわった人物」は、なかまの中でも、ふうがわりなところが目立つ人物という意味。

【毛織物】ヒツジなどの毛で織った布。

【毛皮】⇩毛がついたままの、けものの皮。

【毛玉】⇩毛糸であんだ服や毛織物の表面に、こすれてできた小さな毛の玉。

【毛虫】⇩チョウやガの幼虫で、全身に毛が生えている虫。表現「毛虫のようにきらわれる」などと、いやなものの例に使われる。

【毛根】⇩毛の根元の、皮膚の中に入っている部分。例毛根がよわってぬけ毛が多い。

【毛細】⇩毛のように細いこと。例毛細管。

【毛頭】⇩毛の先ほども。少しも。例やめるつもりは毛頭ない。類全然 表現打ち消しの形で、「少しも…ない」の意味に使う。

【毛髪】Ⅲかみの毛。類頭髪

【毛筆】⇩タヌキなどけものの毛をたばねて作った書道用の筆。例毛筆習字。対硬筆

【毛布】⇩寝具などに使う、地のあつい毛織物。

毛が下につく熟語 上の字の働き

❶毛＝〈け〉のとき

【羽毛 羊毛】ナニの毛か。

【産毛 純毛 三毛 綿毛】ドノヨウナ毛か。

◆根毛 脱毛 不毛

【毬】 毛－7 総画11 人名 明朝 毬 6BEC

音キュウ外 訓まり外・いが外

意味 ❶まり。まりのように丸いもの。例手毬 ❷いが。するどいとげにおおわれた木の実の外皮。例毬栗

4画 氏［うじ］の部

「氏」の形がめやすとなっている字を集めてあります。

この部首の字 0氏……675 1民……675 邸▶阝465 昏▶日588

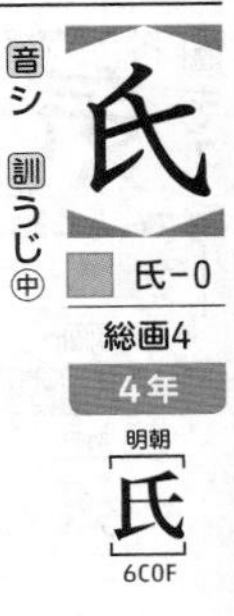

氏

音 シ　訓 うじ 中

氏−0　総画4　4年　明朝 氏 6C0F

筆順　ノにならない　はねる　はねる

なりたち　［象形］さじの形をえがいた字。借りて、「うじ」として使われている。

意味

❶うじ。名字。家系を表すよび名。例 氏より育ち（人は家がらより、育った環境がだいじである）。氏神・氏名・源氏

❷人をていねいによぶことば。おもに、男性を指す。例 山本氏。

❶〈うじ〉の意味で

【氏神】うじがみ ↓ ①一族の祖先として祭る神。②産土神や鎮守の神など、その土地の人びとの守り神。例 秋の実りを氏神様に供える。

【氏子】うじこ ↓ その土地の氏神を祭る人びと。

【氏族】しぞく ↓ おなじ先祖から出た人たちのなかま。例 氏族制度。知識 古代の日本では、どの氏族の人かがだいじであった。

【氏名】しめい Ⅱ 名字と名前。例 氏名を記入する。類 姓名

← 氏が下につく熟語 上の字の働き

❷氏＝〈人をていねいによぶことば〉のとき

【華氏 摂氏 某氏】ダレという人か。

◆姓氏 杜氏 諸氏 彼氏

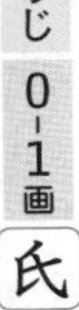

4 氏 うじ 0-1画 氏 民

◀次ページ 気

民

音 ミン　訓 たみ 中

氏−1　総画5　4年　明朝 民 6C11

筆順　ノにならない　はねる　はねる

なりたち　［象形］目を針でさしたようすをえがいた字。むかし奴隷は目をつぶしたことから、奴隷を表していた。借りて、「たみ」として使われている。

意味

❶ふつうの人びと。その土地の人びと。例 民の声。民衆・民話・国民

❷おおやけではない。公営・官営ではない。例 官と民。民営 対 官・公

❶〈ふつうの人びと〉の意味で

【民意】みんい ↓ 国民の考えや気持ち。例 選挙で民意を問う。

【民家】みんか ↓ その地域に住むふつうの人の家。

【民間】みんかん ↓ いっぱんの人びとの社会。例 民間療法。類 世間 ☞❷

【民具】みんぐ ↓ 人びとがむかしからつくり、使ってきた、たんす・なべ・かま・茶わんなど日常生活の道具。例 民具展。

【民芸】みんげい ↓ 人びとの生活の中で生まれ、受けつがれてきた、身近な道具や美術品・おもちゃなどをつくる技術。例 民芸品。

【民衆】みんしゅう Ⅱ 国・社会をつくっている、ふつうの人びと。類 大衆・公衆・庶民・人民

【民宿】みんしゅく ↓ ふつうの家で、客をとめることを商売にしているところ。

【民主主義】みんしゅしゅぎ 国民が国をおさめる権利をもち、自分たちの手で自分たちの幸福のために政治をおこなう、という考え方。デモクラシー。例 民主主義国家。

【民主的】みんしゅてき 〈―な・―に〉権力者の独裁をゆるさず、みんなで相談しながらやっていくという考え方の。対 封建的

【民俗】みんぞく ↓ 人びとのあいだに古くからつたわってきた、くらしぶりや行事・言いつたえなど。例 民俗学。民俗芸能。

【民族】みんぞく ↓ おなじ土地におこり、おなじことばや文化をもち、一つのまとまりをもった人びとの集まり。例 民族の独立。

【民謡】みんよう ↓ その土地の人びとが、むかしから仕事や祭りのときなどに歌いつたえてきた歌。

【民話】みんわ ↓ その土地の人びとのくらしのなかから生まれ、語りつたえられてきたむかし話。

❷〈おおやけではない〉の意味で

【民営】みんえい ▽ 国や県・市町村などではなく、いっぱんの人や会社などが経営すること。例 民営に移管する。類 私営 対 国営・公営・官営

【民間】みんかん ↓ おおやけの機関に属していない

こと。例民間放送。☞❶

【民事】⇩お金の貸し借りや、土地の売買など、人と人とのあいだの義務や権利についてのことがら。例民事裁判。対刑事

【民需】⇩民間で、物を買いたいともとめること。例民需拡大。対軍需・官需

【民法】⇩国民の財産や身分について、権利や義務などを定めた法律。

【民有】▽いっぱんの人や会社などのものであること。例民有地。民有林。類私有 対国有・官有

←民が下につく熟語 上の字の働き

❶民＝〈ふつうの人びと〉のとき

【国民 市民 村民 島民】ドコの範囲内の人びとか。

【農民 漁民】ナニでくらす人びとか。

【難民 平民 庶民 公民】ドウイウ人びとか。

◆移民 官民 住民 臣民 人民 半官半民 万民

4画 气［きがまえ］の部

ここには「気」の字だけが入ります。

この部首の字 2気……676

【気】

气－2 総画6 1年

明朝［気］6C17 旧字［氣］6C23

音キ・ケ 訓—

筆順

なりたち ［形声］もとの字は、「氣」。「气」がゆげのたつようすを表し、「キ」という読み方をしめしている。「米」をくわえて、米をたくときのゆげを表す字。

意味

❶きたい。ガス。空気のような物質。例気温・湯気

❷いき。呼吸。例気管・一気

❸心のはたらき。精神活動の原動力。例気を失う。気性・病気

❹ようす。ふんいき。例風邪の気がある。気品・活気

❺自然現象。自然のエネルギー。例気候・電気

特別なよみ 意気地（いくじ）・浮気（うわき）

❶〈きたい〉の意味で

【気圧】⇩①大気の圧力。ヘクトパスカルで表す。例低気圧。気圧配置。②気圧をはかる単位。一気圧は、約一〇一三ヘクトパスカル。知識 気圧は、高いところへ行くほど低く、また、天候によってもかわる。「ヘクト」は、「百」を表す接頭語。圧力の単位「パスカル」は、「人間は考える葦である」という名言で知られるフランスの学者パスカルにちなむ。

【気温】⇩大気の温度。例気温が下がる。関連 気温・水温・地温

【気化】⇩〈—する〉液体や固体が気体にかわること。例水が気化して蒸気になる。気化熱。類蒸発・揮発 関連 液化・昇華

【気球】⇩空気より軽い気体や熱した空気を入れて空中にあげる、大きな丸いふくろ。それを使った乗り物。例熱気球。

【気体】⇩空気など、決まった形や体積がなく、流れるように動く物質。ガス。関連 気体・液体・固体

【気団】⇩おなじ気温・湿度などをもって広い範囲にわたって広がる大きな空気のかたまり。例寒気団。小笠原気団。

【気泡】⇩液体や氷などの中に、空気がはいってできるあわ。例気泡ガラス。類水泡

【気密】⇩ぴったりしめきって、中の空気をもらさないこと。例気密をたもつ。気密室。

【気流】⇩大気中に起こる空気の流れ。例上昇気流に乗る。乱気流。

❷〈いき〉の意味で

【気管】⇩のどから肺につながっていて、すったりはいたりする息を通すくだ。

【気管支】口からつづく気管から分かれて、左右の肺につながる二本のくだ。人間はこのくだを通して呼吸する。例気管支炎。

【気孔】⇩植物の葉や茎にある小さなあな。植物はこのあなで呼吸をしたり、水分を空気中に出したりする。

【気息】Ⅲいきづかい。例気息奄々（息もた

ものしり巻物 第20巻

和語・漢語・外来語②

（667ページからつづく）

したがって、外来語とは、おもにヨーロッパやアメリカから入ってきた、かたかなで書かれることばのことを指します。

また、「ナイター」「ガソリンスタンド」「サラリーマン」などは、見たところ英語のようですが、日本で作られたことばで、英語にはないことばです。これらのことばは、**和製英語・和製外来語**などとよばれます。

「ラーメン」「ワンタン」「シューマイ」などは、かたかなでも書きますが、それぞれ、「拉麺」「雲呑」「焼売」のように漢字で書くこともできます。音読みのことばなので、広い意味では漢語なのですが、これらのことばのように、比較的新しく入ってきた中国語で、かたかなで書くのがふつうであるものは、外来語としてあつかうべきかもしれません。

このように、日本語にあることばは、和語・漢語・外来語の三つに分けることができます。そして、これらのうちの二つ以上のことばが組み合わさってできていることばもたくさんあります。

「王様」「本棚」「番組」（漢＋和）、「場所」「夕刊」「古本」（和＋漢）、「勉強する」「愛する」「奇麗な」「堂堂と」（漢＋和）などは、和語と漢語がまざってできたことばです。

「ドライブする」「サボる」「キュートな」（外＋和）、「おニュー」「乙女チック」（和＋外）などは、外来語と和語がまざってできたことばです。

「ビール瓶」「テレビ塔」（外＋漢）、「携帯ラジオ」「個人タクシー」（漢＋外）などは、漢語と外来語がまざってできたことばです。

「ニュース番組」（外＋漢＋和）、「椅子取りゲーム」（漢＋和＋外）、「段ボール箱」（漢＋外＋和）などは、和語と漢語と外来語がまざってできたことばです。

和語・漢語・外来語は、このように、そのことばがどこで生まれたものであるか、どのようにできあがったものであるか、という点に注目した分け方です。しかし、ちがいはそれだけではありません。和語と漢語と外来語では、そのことばから受ける印象もちがってくるのです。たとえば、「速さ・速度・スピード」「ほほえみ・微笑・スマイル」「きまり・規則・ルール」は、それぞれ順に、和語・漢語・外来語ですが、意味はだいたいおなじです。しかし、ことばの感じはずいぶんちがいます。

和語はやわらかでやさしい感じ、漢語はかたくてまじめな感じ、外来語はおしゃれで新しい感じのすることの多いことばなのです。

えだえのようす)。類呼吸

❸〈心のはたらき〉の意味で

【気合】きあい ◎やろうとする強い意気ごみ。また、そのかけ声。例気合を入れる。

【気鋭】きえい ⇩やる気にあふれ、意気ごみがするどいこと。例新進気鋭の作家。

【気炎】きえん ⇩元気のいい話し方で、さかんな意気ごみをしめすこと。例気炎をあげる。

【気概】きがい ⇩なにがあってもくじけない強い意気ごみ。例気概を見せる。類気骨・気迫

【気軽】きがる ▽〈—に〉めんどうがらずにおこなうようす。例気軽に引き受ける。類気楽

【気位】きぐらい ⇩自分はすぐれているという思い。プライド。例気位が高い。類自尊心

【気苦労】きぐろう あちこちに気をつかったり、心配したりすること。例子をもつ親は気苦労がたえない。類気骨・心労

【気心】きごころ Ⅲその人の気持ちや考え方。例気心の知れた友人。

【気骨】⇩㊀きこつ 自分の信じることをまもりとおそうとする強い心。例気骨のある青年。類気概 ㊁きぼね いろいろと気をつかうこと。例気骨がおれる。類気苦労

【気障▲】きざ ◎〈—な〉ことばづかい・態度などが、わざとらしく、いやな感じのするようす。例気障な人。表記「きざ」とかなで書いてよい。参考「気障り」を短くしたことば。

【気質】⇩㊀きしつ それぞれの人がもっている性質。気だて。類気性・性向 ㊁かたぎ その職業や身分などに特有な性格、性質。例職人気質。類気風

【気性】きしょう ⇩行動にあらわれる、生まれつきの性質。例気性のあらい馬。類気質

【気丈】きじょう ▽〈—に〉気持ちがしっかりしていて、心をみださないようす。類気丈夫

【気勢】きせい ⇩はりきってやろうとする意気ごみ。例気勢をあげる。

【気絶】きぜつ ▽〈—する〉気をうしなうこと。例おどろきのあまり気絶する。類失神

【気付】▽㊀きつけ 気絶した人を正気に返らせること。また、その薬。例気付け薬(やく|ぐすり)。㊁きづけ|つけ 手紙などを、その人の住所にではなく、立ち寄り先などに送るとき、そのあて先の下に書くことば。例〇〇旅館気付、春野花子様。

【気長】きなが ▽〈—に〉のんびりして、あわてないようす。例気長に待つ。対気短・短気

【気迫】きはく ⇩なにかをなしとげようとする、強い気持ち。例気迫にみちた文章。類気概

【気風】きふう Ⅲその環境にいる人びとに共通する考え方や性質。例気風にそまる。類気質

【気分】きぶん ⇩①そのときそのときの気持ち。例気分をかえる。類心地 ②からだの具合。例気分がすぐれない。☞❹

【気前】きまえ ◎お金や物を出しおしみしない性質。例気前がいい。表現「気前がよくない」とはいえるが、「気前がわるい」とはいわない。

【気味】きみ ⇩心に受ける感じ。例気味がわるい。☞❹

【気短】きみじか ▽〈—な〉すぐにいらいらして、ゆっくり待っていられない性格である。例気短な父はすぐにおこりだす。類短気 対気長

【気弱】きよわ ▽〈—に〉ちょっとしたことにも自信をなくしたり、おじけづいたりするようす。

【気楽】きらく ▽〈—に〉心配なことや気をつかうことがなく、のんきなようす。例気楽な生活。気楽に遊ぶ。類気軽

【気力】きりょく ⇩ものごとをなしとげようとする気持ち。例気力にあふれる。気力が充実する。類精神力・元気 対体力

【気色】⇩㊀けしき 顔つきや態度に見られるようす。例だれをおそれる気色もない。類気配 ㊁きしょく 顔にあらわれた心のようす。例相手の気色をうかがう。類顔色 表現「気色がわるい」は、腹立たしい、気味がわるいなど、いやな感じをいう。☞❹

❹〈ようす〉の意味で

【気運】きうん ⇩ある方向に向かおうとするいきおい。例戦争反対の気運が高まる。

【気品】きひん ⇩人がらや芸術作品などから受ける上品な感じ。例気品がある。類品格

【気分】きぶん ⇩その場の感じやふんいき。例町はもう正月気分だ。☞❸

【気味】きみ ⇩そのようなようすが少し感じら

れること。例かぜぎみ。言いすぎの気味がある。参考「かぜ気味」などとあとにつけていうときは、「ぎみ」とにごり、ふつう、かなで書く。☞❸

【気色】Ⅲなんとなく感じられるようす。例雨のやむ気色もない。類気配☞❸

【気配】◎まわりのようすからなんとなくそうらしいと感じとれるもの。例人の気配がする。秋の気配を感じる。類気色

❺〈自然現象〉の意味で

【気候】↓ある土地の長いあいだを通して見た、気温・雨量などのようす。例温暖な気候。類気象・天候

【気象】↓天候・気温・風など、大気のようす。例気象情報。類気候・天候

気が下につく熟語 上の字の働き

❶気＝〈きたい〉のとき

【熱気 冷気】ドウイウ温度の空気か。

【香気 臭気】ナニのある空気か。

【外気 空気】ドコにある気体か。

【換気 排気】空気をドウスルか。

❷気＝〈いき〉のとき

【呼気 酒気】ドウイウ息か。

❸気＝〈心のはたらき〉のとき

【悪気 強気 弱気 内気 鋭気 覇気 血気 勇気 熱気 堅気 怒気 短気 若気 男気 無邪気 一本気】ドウイウ性質・性格か。

【狂気 本気 正気 平気】ドウイウ状態の心か。

【元気 根気】心のドノ部分か。

【士気 人気】ダレの心のさまか。

【上気 中気 病気】気がドウナルか。

❹気＝〈ようす〉のとき

【塩気 火気 水気 湿気 生気 人気】ナニがある感じか。

【陽気 陰気 鬼気 殺気 毒気 活気】ドウイウふんいきか。

【暑気 寒気】肌に感じるドンナ気か。

❺気＝〈自然現象〉のとき

【天気 陽気 電気 磁気】ドノヨウナ自然現象か。

◆意気 一気 嫌気 景気 心意気 才気 蒸気 生意気 雰囲気 湯気

◀次ページ 水

4画 水 [みず] 氺 氵 [さんずい] [したみず] の部

「水」をもとにして作られ、川や液体にかかわる字を集めてあります。

12 漬……727 漑……727 潟……727 潔……727
潤……727 潜……728 潮……728 澄……728
13 激……729 濁……729 濃……730 澪……730
14 濡……730 濯……730 15 濫……730 16 瀬……731
瀕……731 17 灌……731 19 灘……731

尿▶尸 351 染▶木 632 酒▶酉 1032 婆▶女 307
塗▶土 266 黎▶黍 1126 鴻▶鳥 1122

水

音 スイ 訓 みず

水－0 総画4 1年

明朝 水 6C34

筆順 はねる はらう

なりたち ［象形］みずの流れをえがいた字。

意味

❶みず。液体。川や湖や海。例水を浴びる。水鳥・水物・水道・香水・増水・防水

❷五行の一つ。古代中国で、万物のもとと考えられていた木・火・土・金・水によって、ものの順序を表す。例水星・水曜

発音あんない スイ→ズイ…例洪水

特別なよみ 清水(しみず)

名前のよみ な

❶〈みず〉の意味で

【水圧】すいあつ ⇩水が物をおしつける力。例水圧にたえる構造。知識 ふつう、水圧は気圧を単位にしてはかり、「水深一〇メートルでは水圧は二気圧になる」などという。

【水位】すいい ⇩川・湖・ダムなどの水面の高さ。例川が警戒水位に達する。

【水域】すいいき ⇩川や海などの、あるかぎられたところ。例遊泳禁止水域。類海域

【水運】すいうん ⇩人や荷物などを川や海を利用して船ではこぶこと。類海運 対陸運

【水泳】すいえい ⇩およぐこと。また、およぐ速さや飛びこみの技をきそうスポーツ。例水泳大会。

【水温】すいおん ⇩水の温度。関連気温・水温・地温

【水害】すいがい ⇩大水による災害。類水難

【水魚の交わり】すいぎょのまじわり きわめて親密な交際。水をはなれて魚は生きられないように、切っても切れない関係。参考 もともとは君主と臣下の緊密な関係をいった。

［故事のはなし］ひだりのページ

【水銀】すいぎん ⇩ふつうの温度で液体になっているただ一つの金属。銀白色で、蛍光灯・温度計などに使う。例水銀灯。

【水源】すいげん ⇩川の水が流れ出るもと。みなもと。例水源をつきとめる。類源泉・源流

【水郷】すいごう・すいきょう ⇩川や湖のほとりに広がる、けしきのよい土地。例水郷をたずねる。

【水彩画】すいさいが 水にとける絵の具でかいた絵。対油絵

【水産】すいさん ⇩海や川・湖などからとれること。とれた魚や貝など。例水産業。水産物。類海産 対陸産

【水死】すいし ⇩〈─する〉水におぼれて死ぬこと。例水死者が出た。類溺死

【水質】すいしつ ⇩その水の成分や性質。例水質検査。

【水車】すいしゃ・みずぐるま ⇩川の流れや落ちる水を利用して車をまわし、米をついたり、機械を動かしたりするしかけ。例水車小屋。

【水準】すいじゅん ⇩全体の平均的な高さ・程度。レベル。例生活水準。教育水準。

【水晶】すいしょう ⇩石英が結晶して六角形の柱になっている鉱物。はんこ・かざり物などに使う。例水晶のネックレス。紫水晶。

【水上】 ⇩㊀すいじょう 広い水面。例水上スキー。対陸上 ㊁みなかみ 川の上流。類川上

【水蒸気】すいじょうき 水が蒸発して気体になったもの。目に見えない。類湯気・蒸気 知識「湯気」は、水蒸気が空気中で冷やされてできた小さな水のつぶで目に見える。

【水深】すいしん ⇩水面からの深さ。とくに、底までの深さ。例水深一〇〇メートルの湖。

【水性】すいせい ⇩水にとける性質。例水性インク。対油性

【水勢】すいせい ⇩水の流れるいきおい。

【水仙】すいせん ⇩早春に、長い茎の先に黄色や白の花をさかせる多年草。葉は細長く球根で増える。参考 中国で、水の仙人という意味で

名づけられた。

【水洗】すいせん ↓ 水であらい流すこと。例 水洗トイレ。

【水素】すいそ ↓ 色・味・においがなく、燃えると水になる、もっとも軽い元素。知識 自然のままで水素だけがあることはほとんどなく、水を分解してとりだす。

【水槽】すいそう ↓ 水をためておく入れ物。例 水槽で金魚を飼う。防火用水槽。

【水族館】すいぞくかん 水の中にすむ生き物を集めて飼い、生きたすがたを人びとに見せるようにした所。調査研究もおこなわれる。

【水中】すいちゅう ↓ 水の中。水面よりも下の位置。例 水中カメラ。

【水底】すいてい｜みなそこ ↓ 川・海・湖などの底。類 川底・海底・湖底

【水滴】すいてき ↓ ①水のしずく。例 水滴がぽとぽとと落ちる。②すずりにさす水を入れておく、小さな入れ物。水さし。

故事のはなし

水魚の交わり

三国時代に蜀の皇帝劉備と諸葛亮とが日に日に親しくなり、前からいた関羽や張飛などはおもしろくなかった。劉備が釈明して、わたしに孔明（諸葛亮の字）がいるのは、ちょうど魚に水があるようなものだから、文句を言わないでくれ、と言った。それで、関羽や張飛もだまってしまった。（『三国志』蜀書諸葛亮伝）

【水田】すいでん ↓ 水を引き入れて、イネなどをつくる田。みずた。たんぼ。対 畑｜はたけ

【水筒】すいとう ↓ 飲み水を入れて持ち歩けるようにした入れ物。

【水稲】すいとう ↓ 水田でつくるイネ。対 陸稲

【水道】すいどう ↓ ①飲み水や下水を通すためのみち。ふつうに「水道」といえば、飲み水を通す上水道を指す。例 水道管。②海で、両がわを陸地にはさまれてせまくなったところ。例 紀伊水道。類 海峡

【水難】すいなん ↓ ①水におぼれたり、船がしずんだりする災難。例 水難救助隊。②洪水や津波などによる災難。類 水害

【水爆】すいばく ○ 「水素爆弾」の略。核兵器の一種で、水素原子の核融合によって生じる力を利用したもの。関連 水爆・原爆

【水夫】すいふ ↓ 船内の下ばたらきをする船員。

【水分】すいぶん ↓ 中にふくまれている水。類 水気

【水平】すいへい ↓ 〈―な｜―に〉①しずかな水面のようにたいらなこと。例 水平な面。②鉛直に対して直角であること。例 糸を水平にはる。対 鉛直・垂直

【水兵】すいへい ↓ 海軍の兵士。例 水兵帽。

【水平線】すいへいせん ↓ ①海面と空とのさかいめのたいらな線。例 水平線の向こうに日がしずむ。②水平な面に平行な直線。対 鉛直線

【水辺】すいへん｜みずべ ↓ 湖・川・海などのそば。例 水辺の植物。類 水際

【水泡】すいほう ↓ 水面にできるあわ。みなわ。例 水泡に帰する（努力してやったことがむだになる）。

【水防】すいぼう ↓ 川の水があふれるのをふせぐこと。例 水防訓練。

【水墨画】すいぼくが 墨の濃淡を生かしてえがいた絵。墨絵。

【水没】すいぼつ ↓ 〈―する〉水の中にしずんで、すがたが見えなくなること。

【水脈】すいみゃく ↓ 地下水が流れる道筋。表現 「日本文化の水脈」のようにおもてだたない部分で、長く受け継がれてきているものをいうことがある。

【水面】すいめん｜みなも ↓ 水の表面。表現 「水面下で工作する」のように、「水面下」を目に見えないところという意味に使うことがある。

【水門】すいもん ↓ 貯水池や水路などで、水の量や流れを調節するための門。例 水門を開く。

【水薬】すいやく｜みずぐすり ↓ 液体のくすり。関連 丸薬・

水薬・散薬

【水溶液】すいようえき ある物質を水にとかした液体。食塩水・砂糖水など。

【水陸】すいりく ⇕ 海と陸。海上と陸上。例 水陸両用車。

【水流】すいりゅう ↓ 川の流れ。例 水流にのる。

【水量】すいりょう ↓ 水の量。類 水嵩

【水力】すいりょく ↓ 流れる水の力。とくに、流れ落ちる水の力。例 水力発電。

【水路】すいろ ↓ ①水が流れるみち。水を通すためのみち。例 農業用の水路をつくる。②川や湖・海などで、船の通るみち。対 陸路

【水色】みずいろ ↓ うすい青。絵の具の青に白をまぜた色。類 空色 参考「水の色」という意味であるが、水のように透明でもなく、海や湖の水面の色よりもうすい青色をいう。

【水菓子】みずがし 果物の、すこし古い言い方。今は水ようかん・フルーツゼリーなど水気の多い菓子をいうことが多い。参考 もともとは「菓子」が、果物を指すことばだった。

【水着】みずぎ ↓ 水泳のとき着る服。類 海水着

【水際】みずぎわ ↓ 海や川の水が陸地に接しているところ。例 水際で遊ぶ。類 水辺 表現「水際だったプレー」のように、「水際だつ」は、みごとさがめだつこと。

【水気】みずけ ↓ 中にふくまれていたり、表面についていたりする水。例 水気たっぷりの果物。水気をふきとる。類 水分

【水杯】みずさかずき ↓ 酒のかわりに水をさかずきについで飲みかわすこと。二度と会えない別れのときにする。例 水杯をかわす。

【水先案内】みずさきあんない 港に船が出入りするとき、タグボートなどで水路の案内をすること。

【水仕事】みずしごと 洗濯や炊事など、水を使ってする仕事。例 冬の水仕事で手があれる。

【水商売】みずしょうばい 飲食店や酒場など、客の人気しだいで大きく収入がかわる商売。類 接客業

【水玉】みずたま ↓ ①水のつぶが丸くなっているもの。水滴。②小さなまるをたくさんちらしてある模様。例 水玉のネクタイ。水玉模様。

【水鳥】みずとり ↓ アヒル・カモ・ハクチョウなど、水の上や水べで生活する鳥。

【水場】みずば ↓ 山や野原で、飲食に使える水のある場所。例 野生動物の水場。

【水物】みずもの ↓ ①飲み物や果物など水分の多い食べ物。例 夏はつめたい水物がいい。②そのときそのときで、かわりやすく、あてにならないもの。例 勝負は水物。

❷〈五行の一つ〉の意味で

【水星】すいせい ↓ 太陽のまわりをまわる惑星のなかで、太陽にいちばん近い星。

←水が下につく熟語 上の字の働き

❶水＝〈みず〉のとき

【上水 下水 硬水 軟水 真水 淡水 生水 汗水 海水 湖水 泉水 洪水 大水】ドウイウ水か。

【行水 用水】ドウスル水か。

【給水 散水 貯水 排水 放水 噴水 覆水 脱水 防水 引水（我田引水） 冠水 喫水 治水 進水 潜水】水を（水に）ドウスルか。

【断水 漏水 渇水 出水 増水 浸水】水がドウナルか。

◆雲水 香水 湯水

永

水-1 総画5 5年 明朝 永 6C38

音 エイ 訓 ながーい

筆順 はねる はらう

なりたち [象形] 川の本流から支流が分かれている形をえがいた字。支流をいくつもつ長い川を表し、「ながい」の意味に使われている。

意味 ながくつづく。いつまでもつづく。例 永の別れ。永遠。

例解 [使い分け] ながい[長・永] ☞1057ページ

名前のよみ つね・のぶ・のり・はるか・ひさ・ひさし

【永遠】えいえん Ⅲ〈一に〉いつまでもつづいて、終わりがないこと。とこしえ。例 永遠の愛をちかう。類 永久・恒久・久遠

【永久】えいきゅう｜とわ Ⅲ かぎりなく、そのままいつまでもつづくこと。例 永久の平和。類 永遠・

恒久・悠久・長久・久遠

【永久歯】えいきゅうし 子どものときの歯(乳歯)がぬけたあと、六、七歳ごろから生える歯。ふつう、上下全部で三十二本ある。対 乳歯

【永住】えいじゅう ↓〈─する〉その土地に死ぬまで住むこと。例 ここを永住の地とさだめる。

【永続】えいぞく ↓〈─する〉いつまでもつづくこと。例 友情の永続をねがう。

【永代】えいたい ↓ 代々いつまでも。例 永代供養料。類 永世

【永年】えいねん ↓ 長い年月。類 多年

【永眠】えいみん ↓〈─する〉死ぬこと。例 昨夜、永眠いたしました。類 死去・逝去 表現 「死」をさけた、あらたまった言い方。

氷

水-1 総画5 3年 明朝 氷 6C37

音 ヒョウ 訓 こおり・ひ 高

筆順 はねる 一にならない はらう

なりたち [会意]もとの字は、「冰」。こおりを表す「冫」と「水」を合わせて、「こおり」の意味を表す字。

意味 こおり。こおる。例 氷がはる。氷雨・初氷・氷結

【氷柱】↓ 一 つらら 水のしずくがこおって、軒先からぼうのようにたれさがったもの。二 ひょうちゅう 夏、へやをすずしく感じさせるために立てる、大きな氷のかたまり。

【氷雨】ひさめ ↓ ①ひょうやあられ。②みぞれに近いつめたい雨。表現 ①は古い言い方。

【氷河】ひょうが ↓ 一年じゅうとけない雪が大きな氷のかたまりになり、その重みで低いほうへ少しずつ動いていくもの。ヒマラヤやアルプスなどの高山、南極や北極に近い地方に見られる。例 氷河期。

【氷解】ひょうかい ↓〈─する〉氷がとけるように、心の中のわだかまりやうたがいがすっかり消えること。例 長年の疑問が氷解する。

【氷結】ひょうけつ ↓〈─する〉こおりつくこと。類 凍結

【氷山】ひょうざん ↓ 海に浮いている大きな氷のかたまり。南極や北極に近い海に多い。例 氷山の一角(全体のごく一部分)。

【氷点】ひょうてん ↓ 水がこおったり、とけたりするさかいめの温度。セ氏〇度。例 氷点下一度。

氷が下につく熟語 上の字の働き

【薄氷 霧氷 流氷 樹氷 初氷】ドノヨウナ氷か。

求

氺-2 総画7 4年 明朝 求 6C42

音 キュウ 訓 もと-める

筆順 はねる

なりたち [象形]もとの字は「裘」で、毛皮をつり下げた形をえがいた字。のちに、「もとめる」の意味に使われるようになった字。

意味 ほしいともとめる。してくれとたのむ。例 助けを求める。求人・要求

【求愛】きゅうあい ▲〈─する〉わたしはあなたが好きだから、あなたもわたしを愛してくれるようにともとめること。例 動物の求愛行動。

【求刑】きゅうけい ▲〈─する〉裁判で、検察官が裁判官に対して、被告人に刑罰をあたえるよう、もとめること。例 懲役三年を求刑する。

【求婚】きゅうこん ▲〈─する〉相手に、自分と結婚してほしいと申しこむこと。プロポーズ。

【求職】きゅうしょく ▲〈─する〉仕事やはたらき口をもとめること。例 求職者。対 求人

【求人】きゅうじん ▲〈─する〉はたらいてくれる人をもとめること。例 求人広告。対 求職

【求心力】きゅうしんりょく ▲ 物体が円をえがいてまわるときに、その物体を、円の中心にひきつけるようにはたらく力。類 向心力 対 遠心力

求が下につく熟語 上の字の働き

【希求 請求 要求 欲求】近い意味。

【探求 追求】ドウヤッテ求めるか。

汁

氵-2 総画5 常用 明朝 汁 6C41

音 ジュウ 中 訓 しる 中

◀次ページ 汀 氾 汚 汗

筆順 汁 汁 汁 汁 汁

なりたち 汁 【形声】「氵」が水を表し、「十」がしみ出る意味の「ジュウ」という読み方をしめしている。「しる」として使われる字。

意味 しる。水のような液体。すいもの。おつゆ。例 うまい汁を吸う。一汁一菜。味噌汁。汁粉・果汁

【汁粉】↓ あんこをとかして煮た汁に、もちや白玉などを入れたあまい食べ物。

汁が下につく熟語 上の字の働き

【果汁 胆汁 墨汁】ナニからの汁か。

【汀】

氵-2 総画5 人名 明朝 汀 6C40

音 テイ 外 訓 なぎさ 外・みぎわ 外

意味 なぎさ。海などの、波がうちよせるところ。水ぎわ。波打ちぎわ。

【氾】

氵-2 総画5 常用 明朝 氾 6C3E

音 ハン 中 訓 ―

筆順 氾 氾 氾 氾 氾

意味 あふれる。ひろがる。例 氾濫

【氾濫】Ⅲ〈―する〉①川の水があふれ出て洪水になること。例 台風で川が氾濫した。②好ましくないものが多く出まわる。例 正しくない情報が氾濫する。

【汚】

氵-3 総画6 常用 明朝 汚 6C5A

音 オ 中 訓 けが-す 高・けが-れる 高・けが-らわしい 高・よご-す 中・よご-れる 中・きたな-い 中

筆順 汚 汚 汚 汚 汚 汚

なりたち 汚 【形声】「氵」が水を表し、「于→亐」が「オ」とかわって読み方をしめしている。「ウ」は「くぼみ」の意味をもち、よごれたたまり水を表している字。

意味 きたない。きたなくする。けがす。けがれ。例 名誉を汚す。手を汚す。汚れた金。汚い部屋。油汚れ。汚染・汚名

【汚職】▲ 政治家や役人などが地位を利用して、不正にお金やものを受けとること。例 汚職事件。

【汚辱】Ⅲ 名誉をけがされる、はずかしさ。例 汚辱にまみれる。類 恥辱・屈辱

【汚水】↓ よごれた、きたない水。例 汚水処理場。類 廃水・下水 対 浄水

【汚染】↓〈―する〉空気・水・食物などが、薬やガス、放射能などでよごれること。例 大気汚染。

【汚損】Ⅲ〈―する〉よごす、こわすなどすること。例 万一、汚損品がとどいた場合は…。

【汚濁】Ⅲ〈―する〉きたなくにごっていること。例 洗剤による水質汚濁。

【汚点】↓ 失敗や不名誉なこと。

【汚物】↓ 大便・小便・ごみなど、きたないもの。例 汚物処理場。

【汚名】↓ よくない人間だという評判。例 汚名をすすぐ。類 悪評

【汗】

氵-3 総画6 常用 明朝 汗 6C57

音 カン 中 訓 あせ 中

筆順 汗 汗 汗 汗 汗 汗

なりたち 汗 【形声】「氵」が水を表し、「干」が「カン」という読み方をしめしている。「カン」は「上に出る」の意味をもち、皮膚から出る「あせ」を表している字。

意味 あせ。あせをかく。例 汗を流す。発汗

【汗水】↓ 水のように流れ出るあせ。例 汗水たらしてはたらく（いっしょうけんめいはたらく）。

【汗顔】▲ 顔にあせが出るほどはずかしいこと。例 汗顔のいたりです。類 赤面

【汗牛充棟】書物がたいへん多いこと。

知識 中国の柳宗元のことば。家の中におくと、屋根の棟木のところまでいっぱいになり、持ち出すと重くて、荷車を引く牛馬があせをかくほど大量の書物、という意味。（柳宗元

『陸文通先生墓表』

【汗腺】かんせん ↓ 皮膚にある、あせを出すほそいくだ。体温を調節するはたらきをする。

←汗が下につく熟語 上の字の働き

【脂汗 寝汗】ドンナ汗か。

【江】

氵-3 総画6 常用 明朝 江 6C5F

音 コウ 中 訓 え 中

筆順 江江江江江江

なりたち 形声 「氵」が川を表し、「工」が「コウ」という読み方をしめしている。「コウ」は「ひろい」の意味をもち、大きな川を表す字。もと、「長江(揚子江)」を指していた。

意味 ❶大きな川。とくに、長江。例 江湖

❷いりえ。海や湖が陸地に深く入りこんだところ。例 入り江

❸近江。旧国名。今の滋賀県。例 江州。

❶〈大きな川〉の意味で

【江湖】こうこ 皿 広い世間。参考 大きな川(長江)と大きな湖(洞庭湖)とで世間全体を表した中国のことばをそのまま使ったもの。

【汝】

氵-3 総画6 人名 明朝 汝 6C5D

音 ジョ 外 訓 なんじ 外

意味 なんじ。おまえ。参考 位が同じか目下の人に使う古いよび方。

【汐】

氵-3 総画6 人名 明朝 汐 6C50

音 セキ 外 訓 しお 外・うしお 外

意味 しお。うしお。夕しお。例 潮汐

【池】

氵-3 総画6 2年 明朝 池 6C60

音 チ 訓 いけ

筆順 池池池池池池 (たかく・はねる・おらない)

なりたち 形声 「氵」が水を表し、「也」が「チ」とかわって読み方をしめしている。「ヤ」は「つつみ」の意味をもち、つつみでかこまれた水を表す字。

意味 いけ。水などをためておくところ。例 池をほる。庭の池。用水池。池畔・電池

【汎】

氵-3 総画6 常用 明朝 汎 6C4E

音 ハン 中 訓 ―

筆順 汎汎汎汎汎汎

意味 あまねく。㋐ひろい。大きく広がったさま。例 広汎な分野。汎用品。汎用性。㋑すべてにわたる。英語のpanにあたる。例 汎太平洋(パンパシフィック)。

【汎用】はんよう ↓〈-する〉広くいろいろな用途に使うこと。例 汎用コンピューター。

←汎が下につく熟語 上の字の働き

【広汎】近い意味。

【汽】

氵-4 総画7 2年 明朝 汽 6C7D

音 キ 訓 ―

筆順 汽汽汽汽汽汽汽 (てにならない)

なりたち 形声 「氵」が水を表し、「气」が蒸気の意味と「キ」という読み方をしめしている。「水のじょうはつしたもの」を表す字。

意味 ゆげ。水の蒸発したもの。水蒸気。例 汽車

【汽車】きしゃ ↓ 蒸気機関車に引かれて走る列車。例 夜汽車。

【汽船】きせん ↓ 蒸気の力で進む大型の船。ディーゼルエンジンで動くものについてもいう。類 蒸気船 対 帆船

【汽笛】きてき ↓ 蒸気をふきこんで鳴らす、汽車や汽船などのふえ。例 汽笛を鳴らす。

【汲】

氵-4 総画7 人名 明朝 汲 6C72

音 キュウ 外 訓 く-む 外

意味 くむ。すくいとる。例 水を汲む。

表現「相手の気持ちを汲む」のように、人の心を思いやる場合にも使う。

【決】

氵-4 総画7 3年 明朝 決 6C7A

音 ケツ 訓 き-める・き-まる

筆順 決 決 決 決 決 決 決（だす）（はらう）

なりたち [形声]「氵」が川を表し、「夬」が「ケツ」という読み方をしめしている。「ケツ」は「くずれる」意味をもち、川の堤が切れることを表す字。

意味

❶きめる。ものごとを定める。きまる。例 意を決する。方針を決める。役が決まる。決を採る。決心

❷思いきってする。例 決行

❸さけて切れる。こわれる。やぶれる。例 決裂・決壊

❶〈きめる〉の意味で

【決意】▲〈―する〉自分の考えをはっきりきめること。例 決意をかためる。類 決断

【決議】▲〈―する〉会議や集会で話し合って、ものごとをきめること。そのきめたことがら。例 決議にしたがう。決議案。決議文。

【決済】↓〈―する〉お金や品物の受けわたしをして、売り買いの取り引きを終えること。

【決裁】Ⅱ〈―する〉会社や役所で、責任ある地位の人が、部下の出した案を取りあげるかどうかきめること。例 社長の決裁をあおぐ。

【決算】↓〈―する〉会社や団体などが、きめられた期間（一年または半年）内の収入や支出をまとめて計算し、損益を明らかにすること。例 決算期。決算報告。表現「人生の総決算」などと、しめくくりの意味でも使う。

【決勝】▲ ①競技で、最終の勝ち負けをきめること。その試合。例 決勝戦。②勝ちをきめること。例 決勝点をあげる。

【決心】▲〈―する〉はっきり心にきめること。そのきめたこと。例 決心がつく。

【決戦】↓ 最後の勝敗をきめるためにたたかうこと。そのたたかい。例 決戦をいどむ。

【決選投票】最初の投票で当選者がきまらないとき、得票の多い二名の中で当選者をきめるためにおこなう投票。

【決着】↓〈―する〉ものごとのきまりがつくこと。例 決着がつく。類 落着・帰結

【決定】Ⅱ〈―する〉はっきりときめること。きまったことがら。類 確定

【決定版】これ以上なおすところがないという出版物。いままでで最高のもの。表現 本の宣伝によく使われることば。

【決闘】↓〈―する〉あらそいやうらみなどに決着をつけるために、命をかけてたたかうこと。はたしあい。例 決闘をいどむ。

❷〈思いきってする〉の意味で

【決起】↓〈―する〉決意をかためて、行動をおこすこと。例 決起集会。

【決行】↓〈―する〉きめたことを実行すること。例 雨天決行。類 敢行・強行

【決死】▲ 目的をはたすためには、死んでもかまわないという強い気持ちをもつこと。例 決死の覚悟で打って出る。決死隊。

【決然】⊠〈―たる〉〈―と〉まよいのない、きっぱりしたようす。例 決然たる態度。

【決断】Ⅱ〈―する〉思いきって、はっきりきめること。例 決断をせまられる。類 決意

【決別】↓〈―する〉もう二度と会わないという気持ちでわかれること。例 決別の朝。

❸〈さけて切れる〉の意味で

【決壊】Ⅱ〈―する〉堤防などが切れてくずれること。例 大水で土手が決壊する。

【決裂】Ⅱ〈―する〉互いの意見が合わず、交渉などが失敗に終わること。ものわかれ。

⬅決が下につく熟語 上の字の働き

❶決＝〈きめる〉のとき

【先決 即決 未決】ドノヨウニ決めるか。〔「未」は「今はまだ…ない」と打ち消す〕

【議決 裁決 判決 票決 評決 表決】ドウヤッテ決定するか。

【可決 否決】ドウダと決めるか。

【解決 自決 対決】ドウヤッテ決するか。

◆採決

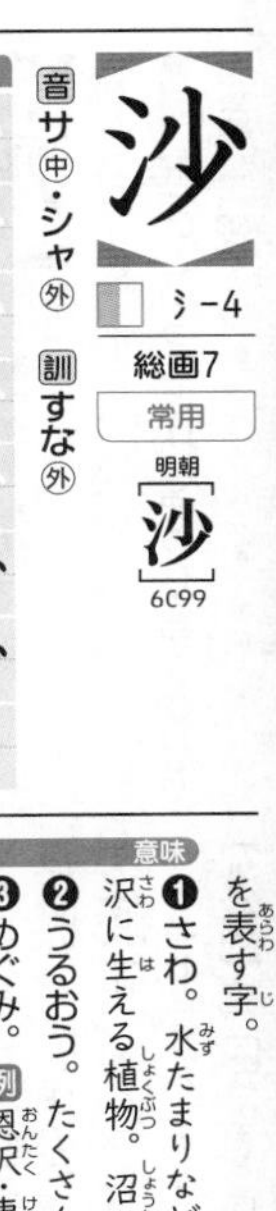

沙

氵-4 総画7 常用 明朝 沙 6C99

音 サ中・シャ外 訓 すな外

筆順 沙

意味 ❶すな。水の中の小さな砂つぶ。例 沙汰

❷えらびわける。よりわける。例 地獄の沙汰も金次第。

【沙汰】Ⅲ ①さばき。処置。例 なんの沙汰もない。②たより。③おこない。例 正気の沙汰とは思えない。

汰

氵-4 総画7 常用 明朝 汰 6C70

音 タ中 訓 ―

筆順 汰

意味 えらびわける。よりわける。例 沙汰・淘汰

沢

氵-4 総画7 常用 明朝 沢 6CA2 旧字 澤 6FA4

音 タク中 訓 さわ中

筆順 沢

なりたち 澤 [形声]もとの字は、「澤」。「氵」が水を表し、「睪」が「タク」という読み方をしめしている。「タク」は「入りまじる」意味をもち、草木が入りまじって生えている湿地を表す字。

意味 ❶さわ。水たまりなどのある、低い草地。例 沢に生える植物。沼沢

❷うるおう。たくさんある。例 潤沢

❸めぐみ。例 恩沢・恵沢

❹つや。例 光沢

❺《その他》例 沢山

❺《その他》

【沢山】〇 ①数や量が多いこと。例 たくさんの客が来た。②これ以上は、いらない。例 お説教はもうたくさんだ。

沖

氵-4 総画7 4年 明朝 沖 6C96

音 チュウ高 訓 おき

筆順

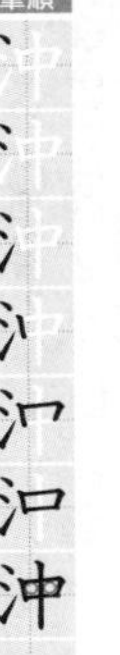

なりたち [形声]「氵」が水を表し、「中」が「チュウ」という読み方をしめしている。水がわきだして流れるようすを表す字。わが国で、この字を「おき」の意味に用いる。

意味 ❶おき。陸地から遠くはなれた海や湖の水面。例 沖へこぎ出す。沖釣り。

❷流れが注ぐ。例 沖積

❷〈流れが注ぐ〉の意味で

【沖積】↓〈―する〉水の流れに運ばれた土や砂が、川べりや河口にしだいにつみかさなること。例 沖積平野。沖積土。

沈

氵-4 総画7 常用 明朝 沈 6C88

音 チン中 訓 しず-む中・しず-める中

筆順 沈

なりたち 沊 [形声]「氵」が水を表し、「冘」が「深くしずめる」意味と「チン」という読み方をしめしている。水にしずむことを表す字。

意味 ❶しずむ。しずめる。例 船が沈む。気が沈む。沈下・撃沈 対 浮

❷しずかにおちついている。活気がない。例 沈着・沈滞・消沈

例解［使い分け］しずめる［静・鎮・沈］☞1083ページ

❶〈しずむ〉の意味で

【沈下】↓〈―する〉土地などがしずんで、地面が低くなること。例 地盤沈下。類 沈降 対 隆起・浮上

【沈降】Ⅲ〈―する〉下のほうにさがっていくこと。例 沈降速度。類 沈下 対 隆起

【沈潜】Ⅲ〈―する〉①水底に深くひそむ。例 オオサンショウウオは清流にだけ沈潜している。②ものごとに熱中して深く考える。例 詰将棋に沈潜する。

【沈殿】↓〈―する〉液体にまざっているものが、底にしずんでたまること。例 沈殿物。

【沈没】ちんぼつ 二〈―する〉水中にしずんでしまうこと。例船が沈没する。

❷〈しずかにおちついている〉の意味で

【沈思黙考】ちんしもっこう〈―する〉だまって深く考えこむこと。例沈思黙考ののち、口を開いた。

【沈静】ちんせい 二〈―する〉さわぎなどが、おちついて静かになること。例インフレが沈静する。

【沈滞】ちんたい ↓〈―する〉おちこんだままで、物事に活気がみられないこと。例沈滞ムード。

【沈着】ちんちゃく 二〈―な〉〈―に〉あわてず、おちついていること。例冷静沈着。類冷静

【沈痛】ちんつう ↓〈―な〉深い悲しみや心配で、心をいためているようす。例沈痛な面もち。

【沈黙】ちんもく ↓〈―する〉なにも言わないで、だまっていること。例沈黙を守る。類無言

◆意気消沈 撃沈 浮沈

沓

水－4 総画8 人名 明朝 沓 6C93

音トウ外 訓くつ外

意味 ❶かさなりあう。例雑沓(→雑踏) ❷くつ。靴。

沌

氵－4 総画7 人名 明朝 沌 6C8C

音トン外 訓―

意味「混沌」ということばに使われる字。☞【混沌】(708ページ)

没

氵－4 総画7 常用 明朝 没 6CA1

音ボツ中 訓―

筆順 没 没 没 没 没 没 没

なりたち [形声]もとの字は、「沒」。「氵」が水を表し、「𠬛」が「見えなくなる」意味と「ボツ」という読み方をしめしている。水中にしずんでなくなることを表す字。

意味 ❶しずんで見えなくなる。なくする。まったくない。例太陽が没する。没落・日没 ❷ふかくはいりこむ。例没頭・没入 ❸死ぬ。例没年・戦没

❶〈しずんで見えなくなる〉の意味で

【没却】ぼっきゃく ⊠〈―する〉すっかりなくしてしまうこと。すっかり忘れること。

【没交渉】ぼっこうしょう｜ぼつこうしょう〈―な〉〈―に〉つきあいもかかわりもないこと。

【没収】ぼっしゅう ↓〈―する〉①むりやり取りあげること。②国家が法律によって個人の持ち物を取りあげること。類押収・接収

【没落】ぼつらく 二〈―する〉さかえていたものが、おちぶれること。例平家の没落。

❷〈ふかくはいりこむ〉の意味で

【没我】ぼつが ▲一つの物事にうちこんで、ほかのことは考えなくなること。類無我・忘我

【没頭】ぼっとう ▲〈―する〉ほかのことを忘れて、そのことにうちこむこと。例制作に没頭する。類没入・専念

【没入】ぼつにゅう ↓〈―する〉ほかのことを忘れてその世界にはいりこむこと。類没頭

❸〈死ぬ〉の意味で

【没後】ぼつご ↓その人が死んだのち。例没後十年を数える。類死後 対生前

【没年】ぼつねん ↓①その人の死んだ年。例没年不明。対生年 ②死んだときの年齢。例没年八十二。類享年・行年

→没が下につく熟語 上の字の働き

❶没＝〈しずんで見えなくなる〉のとき
【陥没 沈没 埋没】近い意味。

◆出没 戦没 日没

沃

氵－4 総画7 常用 明朝 沃 6C83

音ヨク中 訓―

筆順 沃 沃 沃 沃 沃 沃 沃

意味 肥える。土地に栄養があって、作物がよくできる。例肥沃な大地。沃土・沃野

→沃が下につく熟語 上の字の働き
【肥沃 豊沃】近い意味。

泳

氵－5 総画8 3年 明朝 泳 6CF3

音エイ 訓およ-ぐ

筆順 （はねる）（はらう）

なりたち ［形声］「氵」が水の流れを表し、「永」が「エイ」という読み方をしめしている。「エイ」は「つづく」意味をもち、流れにそっておよぐことを表す字。

意味 およぐ。およぎ。水面に体をうかせて進むこと。例 海で泳ぐ。泳法・水泳

【泳法】えいほう ↓ 泳ぎ方。泳ぎのかた。知識 クロール・背泳ぎ・平泳ぎ・バタフライなどのかたがある。

←泳が下につく熟語 上の字の働き

【遠泳 遊泳 力泳】ドノヨウニ泳ぐか。

◆競泳 水泳 背泳

沿

氵-5 総画8 6年 明朝 沿 6CBF

音 エン 訓 そ-う

筆順 （あける）

なりたち ［形声］「氵」が川の流れを表し、「㕣」が「エン」という読み方をしめしている。「エン」は「よりそう」意味をもち、川の流れにそうことを表す字。

意味 そう。続いているものやことがらのそばからはなれない。例 川に沿って歩く。沿岸

例解［使い分け］そう［沿・添］☞このページ

【沿海】えんかい ▲ ①海に近い陸地。海ぞい。例 沿海地方。②陸地に近い海。類 近海

【沿革】えんかく ◇ 物事の移りかわり。類 歴史・変遷

【沿岸】えんがん ▲ ①陸地が海・湖・川などに接しているところ。例 東京湾沿岸の工業地帯。②海や湖の、陸地に近いあたり。類 海岸・臨海 例 沿岸漁業。類 近海 対 遠洋

【沿岸漁業】えんがんぎょぎょう 海岸の近くでする漁業。近海漁業。

【沿線】えんせん ▲ 鉄道の線路にそったところ。線路ぞい。例 私鉄沿線。沿線の風景。

【沿道】えんどう ▲ 道にそったところ。道路ぞい。例 沿道の人びとの応援を受けて走る。

例解 使い分け

そう 《沿う・添う》

沿う＝長くつづいているものからはなれない。物のふちに長くならんでいる。

例 川に沿った家々。線路に沿った道。

添う＝そばについている。

例 病人に付き添う。連れ添う。より添う。

参考 どちらも「そこからはなれない」という意味をもつため、「希望にそう」「方針にそう」などは「沿う」「添う」のどちらを使ってもよい。

河

氵-5 総画8 5年 明朝 河 6CB3

音 カ 訓 かわ

筆順 （はねる）（でる）

なりたち ［形声］「氵」が川を表し、「可」が「カ」という読み方をしめしている。もと「黄河」を表した字。のちに、「広く大きな川」の意味にも使われるようになった。

意味 ❶かわ。大きな川。例 河口・運河 ❷河内。旧国名。今の大阪府東部。

特別なよみ 河岸（かし）・河原（かわら）

❶〈かわ〉の意味で

【河岸】かがん ↓ 一 かがん・かわぎし 川のほとり。川辺。例 河岸段丘。船を河岸につける。二 かし ①川の岸にある船つき場。②川や海のほとりにもうけられた魚市場。例 魚河岸。

【河口】かこう ↓ 川が海や湖に流れこむところ。

【河川】かせん Ⅱ 川。例 河川が氾濫する。河川敷。

【河童】かっぱ ↓ ①むかし話などに出てくる泳ぎ

が得意な生き物。人間の子どもくらいの大きさで、頭に皿があり、川にすむという。②泳ぎの得意な子ども。

【河畔】かはん ⇩ 川のほとり。川ばた。類 川岸

【河原】かわら ⇩ 川すじで、ふだんは水の流れていない、砂や石などが水面より上に出ているところ。表記「川原」とも書く。

河が下につく熟語 上の字の働き

❶河＝〈かわ〉のとき

【銀河 氷河】ナニの河か。

◆運河 山河 大河 渡河

泣

氵−5 総画8 4年 明朝 泣 6CE3

音 キュウ 中 訓 な−く

筆順 泣 泣 泣 泣 泣 泣 泣 泣（ながく）

なりたち 〔形声〕「氵」が水を表し、「立(リュウ)」が「キュウ」とかわって読み方をしめす。「リュウ」は「つぶ」の意味をもち、流すなみだを表す字。

意味 なく。例 泣く子は育つ。うれし泣き。感泣・号泣

例解 〔使い分け〕なく〔泣・鳴〕 ☞ ひだりのページ

況

氵−5 総画8 常用 明朝 況 6CC1

音 キョウ 中 訓 ―

筆順 況 況 況 況 況 況 況 況

意味 ようす。ありさま。例 状況

況が下につく熟語 上の字の働き

【情況 状況】近い意味。

【概況 実況】ドウとらえたようすか。

【活況 好況 盛況 不況】ドノヨウナようすか。

【漁況 市況 戦況 病況】ナニのようすか。

◆近況

治

氵−5 総画8 4年 明朝 治 6CBB

音 ジ・チ 訓 おさ−める・おさ−まる・なお−る・なお−す

筆順 治 治 治 治 治 治 治 治（とめる）

なりたち 〔形声〕「氵」が川を表し、「台(イ)」が「チ」とかわって読み方をしめしている。川の名。借りて、「おさめる」として使われている。

意味
❶おさめる。正しい状態にととのえる。おさまる。例 国を治める。治にいて乱をわすれず（平和なときも、いざというときにそなえておくべきである）。治安・政治
❷なおる。病気がよくなる。なおす。例 いたみが治まる。けがが治る。病気を治す。治療・全治

例解 〔使い分け〕おさめる〔納・収・修・治〕 ☞ 873ページ

例解 〔使い分け〕なおす〔直・治〕 ☞ 805ページ

名前のよみ さだ・つぐ・のぶ・はる

❶〈おさめる〉の意味で

【治安】ちあん Ⅱ 国や社会のきまりが守られ、平和なこと。例 治安の悪化をふせぐ。

【治外法権】ちがいほうけん 外国人が、今住んでいる国の法律にしたがわなくてもいいという権利。ふつう、外交官などがもつ特別な権利をいう。

【治山】ちさん ▲〈−する〉山が荒れないように、木を植えたり、手入れをしたりすること。

【治水】ちすい ▲〈−する〉ダムや堤防をきずいて、水害をふせぎ、川の水をいろいろに利用できるようにすること。例 治水工事。

【治世】ちせい ①⇩ よい政治がいきわたっている平和な世の中。対 乱世 ②▲ ある君主が、世をおさめた時期。例 玄宗皇帝の治世。

❷〈なおる〉の意味で

【治癒】ちゆ Ⅱ〈−する〉病気やけががなおること。例 難病がすっかり治癒した。

【治療】ちりょう Ⅱ〈−する〉病気やけがをなおすこと。例 治療をほどこす。類 療治

治が下につく熟語 上の字の働き

❶治＝〈おさめる〉のとき

【自治 法治】ナニで治めるか。

【退治 統治】ドウヤッテ治めるか。

❷治＝〈なおる〉のとき
【完治 根治 全治 不治（ふじ｜ふち）】ドノクライに治るか。
◆政治 湯治 療治

沼
氵-5　総画8　常用
明朝 沼 6CBC

音 ショウ 高　訓 ぬま 中

筆順 沼 沼 沼 沼 沼 沼 沼 沼

なりたち 【形声】「氵」が水を表し、「召」が「ショウ」という読み方をしめしている。「ショウ」は「小さい」の意味をもち、小さな水たまりを表す字。

意味 ぬま。どろ地にしぜんに水がたまった所。例 池と沼。沼地・湖沼

【沼地】ぬまち ↓沼や水たまりの多い、じめじめした土地。類 沼沢地

◆湖沼 泥沼

泉
水-5　総画9　6年
明朝 泉 6CC9

音 セン　訓 いずみ

筆順 泉 泉 泉 泉 泉 泉 泉 泉 泉（はねる）（はらう）

なりたち 【象形】岩のわれめから水がしたたり落ちる形をえがいた字。

意味 ❶いずみ。地中からわき出る水。また、その場所。例 泉がわき出る。泉水・温泉 ❷和泉。旧国名。今の大阪府南部。例 泉州。

名前のよみ きよし・もと

❶〈いずみ〉の意味で

【泉水】せんすい ↓①わき水。いずみ。②庭につくられた池。例 泉水のコイ。

泉が下につく熟語 上の字の働き

❶泉＝〈いずみ〉のとき
【温泉 鉱泉】ドウイウ泉か。
◆源泉

泰
氺-5　総画10　常用
明朝 泰 6CF0

音 タイ 中　訓 ―

筆順 泰 泰 泰 泰 泰 泰 泰 泰 泰 泰

なりたち 【形声】「水（氺）」と「大」と両手の形（廾）からでき、「大」が「タイ」という読み方をしめしている。手でたくさんの水をすくうことを表す字。借りて「やすらか」として使われるようになった。また、「太」に通じて、「はなはだ」の意味にも使われている。

意味 ❶やすらか。おちついた。例 泰平・安泰 ❷いちばんの。おおいに。例 泰西

名前のよみ あきら・とおる・ひろ・ひろし・やす・やすし・ゆたか・よし

❶〈やすらか〉の意味で

【泰然】たいぜん ⊠〈―たる〉なにごとにもあわてず、ゆったりとおちついているようす。例 泰然たる態度をくずさない。泰然自若（「自若」は、「思いのまま」という意味）。類 悠然

【泰平】たいへい Ⅲ〈―な〉世の中が平和におさまっていること。例 天下泰平。表記「太平」とも書く。

❷〈いちばんの〉の意味で

【泰西】たいせい ↓西洋。ヨーロッパの国々。例 泰西の名画。参考 西のいちばんのはて、という意味。

例解 使い分け　なく《泣く・鳴く》

泣く＝人がなみだを流す。
例 悲しみに泣く。さめざめと泣く。泣きわらいの人生。

鳴く＝動物が声を出す。
例 鳥が鳴く。牛が鳴く。鳴かず飛ばず。

注
氵-5　総画8　3年
明朝  注 6CE8

◀次ページ 泥

音 チュウ 訓 そそ-ぐ

筆順 注

なりたち 形声「氵」が水を表し、「主」が「チュウ」とかわって読み方をしめしている。「シュ」は「つづく」意味をもち、水を流しこむことを表す字。

意味
❶そそぐ。ものの口から液体を流しこむ。コップに水を注ぐ。例 注射
❷一つに集中する。例 注意・傾注
❸書き入れる。説明を入れる。書き入れ。「注文」の略。例 注をつける。注記・注文・脚注・発注

❶〈そそぐ〉の意味で

【注射】ちゅうしゃ ↓〈―する〉管になった細い針を皮膚にさして、薬の液をからだの中に入れること。例 予防注射。注射器。

【注水】ちゅうすい ▲〈―する〉ホースなどで、水をそそぎ入れること。また、そそぎかけること。

【注入】ちゅうにゅう ↓〈―する〉そそぎ入れること。

【注油】ちゅうゆ ▲〈―する〉機械などに油をさすこと。例 歯車に注油する。類 給油

❷〈一つに集中する〉の意味で

【注意】ちゅうい ▲〈―する〉①だいじなことを見のがさないよう、心をそこに集中すること。②用心すること。例 健康に注意する。類 留意 ③気をつけなさいと、人に言うこと。例 あやまちを注意された。

【注視】ちゅうし ▲〈―する〉じっと見つめること。例 なりゆきを注視する。類 注目・凝視

【注目】ちゅうもく ▲〈―する〉関心をもって、じっと見守ること。例 注目をあびる。注目の的。類 注視・凝視

❸〈書き入れる〉の意味で

【注記】ちゅうき ↓〈―する〉文章の内容がよくわかるように、ことばの説明などを書きそえること。書きそえたもの。例 注記を参考にして読む。

【注°釈】ちゅうしゃく Ⅲ〈―する〉本の中の文章やことばについて、意味や使い方などを説明すること。その説明。例 古典の注釈書。類 注解

【注進】ちゅうしん ↓〈―する〉事件が起こったとき、そのことをいそいで上の人に知らせること。例 ご注進におよぶ。参考 事件をしるして上の人に申し上げるという意味。

【注文】ちゅうもん ↓〈―する〉①種類や数・形・ねだんなどを言って、品物をつくらせたり、とどけさせたりすること。オーダー。例 出前を注文する。②このようにしてほしいと条件や希望を言うこと。例 うるさく注文をつける。

注が下につく熟語 上の字の働き

❸注＝〈書き入れる〉のとき
【頭注 脚注】ドコにつく注か。
【発注 受注】注文をドウスルか。
◆外注 傾注 特注 補注

泥

氵-5 総画8 常用 明朝 泥 6CE5

音 デイ高 訓 どろ中

筆順 泥

なりたち 形声「氵」が水を表し、「尼」が「デイ」とかわって読み方をしめしている。「ジ」は「どろどろ」の意味をもち、どろ水を表す字。

意味
❶どろ。細かい土と水とがまじりあったもの。例 泥にまみれる。泥沼・泥土・雲泥
❷こだわる。動きがとれない。例 拘泥
❸《その他》例 泥棒

❶〈どろ〉の意味で

【泥°酔】でいすい ↓〈―する〉なにもわからなくなるほど酒にようこと。例 泥酔状態。類 酩酊

【泥°流】でいりゅう ↓火山の爆発や山くずれなどでおこる、泥土のものすごい流れ。

【泥°仕合】どろじあい たがいに相手の悪口を言ったり、ひみつをあばいたり、あげあしをとったりする、みにくいあらそい。例 選挙戦は泥仕合の様相をていしてきた。

【泥°沼】どろぬま ↓どろの深い沼。表現「泥沼にはまる」「泥沼からぬけ出す」など、どうにもならないこまった状態という意味でも使う。

❸《その他》

【泥縄式】どろなわしき なにかことが起きてから、あ

わてて準備したり、対策をたてたりするやり方。例今ごろ泥縄式に勉強しても間に合わない。参考「泥棒をつかまえてから縄をなう」をちぢめたことば。

【泥棒】◎〈―する〉ぬすみをすること。また、ぬすみをする人。例泥棒が入る。類盗人・盗賊・強盗

波

氵-5 総画8 3年 明朝 波 6CE2

音ハ 訓なみ

筆順 波 波 波 波 波 波 波 波（つにならない）（はらう）

なりたち 【形声】「氵」が水を表し、「皮」が「ハ」とかわって読み方をしめしている。「ヒ」は「飛ぶ」意味をもち、水が飛ぶように上がったり下がったりするようすを表す字。

意味 なみ。なみがつたわる。なみの動き。例波が立つ。波間・波乱・電波・風波

特別なよみ 波止場（はとば）

【波風】Ⅱ波と風。強い風が吹いて、あらい波が立つこと。類風波 表現「波風をたてる」「世間の波風にもまれる」のように、もめごとやつらくて苦しいことの意味で使われる。

【波間】⇩波と波のあいだ。例波間にうかぶ水鳥。

【波及】⇩〈―する〉あることが波のようにつぎつぎとつたわって、広がっていくこと。例波及効果。類伝播・影響

【波状】⇩①波のようにうねった形。例波状の線。②波がよせては返すように、一定の間隔をおいてくり返すようす。例波状攻撃。

【波長】⇩光や音・電波などの、波の動きの山から山（谷から谷）までの長さ。例波長が長い。表現「波長が合う」「波長が合わない」の形で、たがいの気持ちが通じ合うか合わないかをいうときにも使う。

【波頭】⇩波の高くもりあがったところ。例波頭が白くくだける。

【波動】⇩①水の波や地震の波、音波・電磁波など、あるところで起こった動きが、つぎからつぎへとつたわっていくこと。例波動がつたわる。②波の動きのように高くなったり低くなったりすること。例景気の波動。

【波止場】港で、船をつなぎ、人が乗り降りしたり荷物をつみおろしたりする場所。ふつう、その両側に船をつけることができるように、海につき出た形になっている。類埠頭

【波紋】⇩水に石を投げたとき、水面にまるくいくえにも広がってゆく波のもよう。表現「波紋を投じる」「波紋が広がる」は、つぎつぎとまわりに影響していくこと。

【波乱】⇩①大きなうきしずみ。例波乱に満ちた一生。波乱万丈の人生。②もめごとやさわぎ。例ひと波乱あった。

【波浪】Ⅱ波。例波浪注意報。

←波が下につく熟語 上の字の働き

【金波 白波 荒波 余波 寒波 短波】ドノヨウナ波か。

【音波 電波 脳波 人波 穂波】ナニの波か。

◆津波 風波

泊

氵-5 総画8 常用 明朝 泊 6CCA

音ハク中 訓と-まる中・と-める中

筆順 泊 泊 泊 泊 泊 泊 泊 泊

なりたち 【形声】「氵」が水を表し、「白（←百）」が「ハク」という読み方をしめしている。「ハク」は「うすい」の意味をもち、水のあさくなった所を表す字。

意味 ❶船が港にとまる。例停泊 ❷宿をとる。旅先で夜をすごす回数。例旅館に泊まる。二泊三日の旅。宿泊 ❸あっさりしている。例淡泊

例解 [使い分け]とめる[止・留・泊]☞663ページ

◆宿泊 停泊 外泊 漂泊 淡泊

泌

氵-5 総画8 常用 明朝 泌 6CCC

音ヒツ中・ヒ高 訓――

◀次ページ 沸 法

筆順 泌 泌 泌 泌 泌 泌 泌 泌

なりたち 〔形声〕「氵」が水を表し、「必」が「しめつける」意味と「ヒツ」という読み方をしめしている。にじみ出る水を表す字。

意味 しみだす。しるなどがしみ出す。にじみ出る。例 分泌（ぶんぴつ・ぶんぴ）

。【泌尿器】ひにょうき 尿をつくり、それをからだの外に出す、腎臓・膀胱・尿道などの器官。

沸

音 フツ 中　訓 わ-く 中・わ-かす 中

氵-5　総画8　常用　明朝 沸 6CB8

筆順 沸 沸 沸 沸 沸 沸 沸 沸

なりたち 〔形声〕「氵」が水を表し、「弗」が「ふき出る」意味と「フツ」という読み方をしめしている。湯がわくことを表す字。

意味 わく。わきたつ。湯になってにえたつ。例 ふろが沸く。湯を沸かす。沸点・煮沸

例 解 〔使い分け〕わく〔沸・湧〕 ☞ ひだりのページ

〔文字物語〕 ☞ このページ

。【沸点】ふってん ↓ 「沸騰点」の略。液体がにえたつ温度。例 沸点に達する。知識 水は一気圧のときセ氏一〇〇度で沸騰する。気圧の低いところでは沸点はさがる。

。【沸騰】ふっとう ↓〈―する〉液体がにえたつこと。例 湯が沸騰する。類 煮沸 表現「世論が沸騰する」「人気が沸騰する」のように、ものごとがはげしくもり上がるようすにも使う。

文字物語

日本語で、「わく」ということばには、「わき返る」と「わき出る」という二つの意味がある。「わき返る」のは、水などの上下のはげしい動き、「わき出る」のは、水などのおし出されるようなおだやかな動き。漢字では「わき返る」のが「沸（音は「フツ」）」、「わき出す」のが「湧（音は「ユウ」）」で、どちらの字にも「わく」の訓をあてている。だから、漢字を使って「わく」を書き分けるなら、「湯が沸く」「血沸き、肉躍る」であり、「泉が湧く」「興味が湧く」となる。でも、ふつうには、どちらも「わく」とひらがなで書いて、なんの問題もない。だが、漢語では、「湧水」「湧泉」と「沸騰」「煮沸」は、はっきりと持ち分が分かれていて、けっして通用することはないのだ。

法

音 ホウ・ハッ 高・ホッ 高　訓 のり 外

氵-5　総画8　4年　明朝 法 6CD5

筆順 法 法 法 法 法 法 法 法（ながく・とめる）

なりたち 〔会意〕もとの字は「灋」で、「法」はその略したもの。水平となることから公平さを表す「水（氵）」と、悪を「のけ去る」といわれる珍獣「廌」とを合わせて、「おきて」を表す字。

意味
❶おきて。さだめ。社会や国でのさだめ。例 法律
❷やり方。きまり。例 法則・方法
❸宗教。おもに仏教の教えやきまり。例 法を説く。法事・説法

注意するよみ ハッ…例 法度　ホッ…例 法主

名前のよみ かず・つね・のり

❶〈おきて。さだめ〉の意味で

【法度】はっと Ⅲ ①武家時代の法律。例 武家諸法度。②（「ご法度」の形で）してはいけないとされていること。禁令。例 言いわけはご法度だ。類 禁制

【法案】ほうあん ↓ 法律のもとになる案。

【法学】ほうがく ↓ 法律を研究する学問。例 法学部。

【法規】ほうき Ⅲ 法律や、法律のようにまもらなくてはならない規則。例 交通法規。類 法令

【法人】ほうじん ↓ 法律のうえで、ひとりの人間とおなじような権利や義務をあたえられた、会社や団体。財団法人・NPO法人など。

【法治】ほうち ↓ 法律にもとづいて、政治をおこ

なうこと。例 法治国家。

【法廷】ほうてい ↓ 裁判がおこなわれるところ。例 法廷であらそう。法廷に立つ。類 裁判所

【法定】ほうてい ↓ 法律で決められていること。例 自転車も法定速度を守って走ろう。

【法的】ほうてき ⊠〈―な・―に〉法律にもとづいている。法律にかんする。例 法的根拠。

【法律】ほうりつ Ⅱ 国会で決められ、政府や国民が守らなければならないきまり。

【法令】ほうれい Ⅱ 国会で決まった法律と、それを実行するために政府が出した命令。類 法規

❷〈やり方。きまり〉の意味で

【法外】ほうがい ↓〈―な・―に〉ふつうの程度をはるかにこえている。例 法外なねだんをつける。

【法則】ほうそく Ⅱ ものごとにおいて、いつでもなり立つ関係。例 引力の法則。法則性。

❸〈宗教〉の意味で

【法衣】ほうい・ほうえ ↓ お坊さんや尼さんが着る衣服。例 法衣をまとう。類 法服・僧服

【法王】ほうおう ↓ ローマカトリック教会の最高の位。ローマ法王。類 教皇

【法皇】ほうおう ↓ むかし、天皇が位をゆずってお坊さんになったときのよび名。例 後白河法皇。類 上皇

【法師】ほうし ↓ ①仏の教えにしたがって修行し、その教えを広める人。お坊さん。例 三蔵法師。②(「…法師」の形で)人の形をしたもの。例 影法師。一寸法師。

【法事】ほうじ ↓ 死んだ人をなぐさめ、あの世での幸せを祈るために、命日などにおこなう仏教の行事。例 三回忌の法事。類 法会・法要

【法名】ほうみょう ↓ ①出家してお坊さんになった人にあたえられる名。②仏教の信者が死んだとき僧からあたえられる名。類 戒名 対 俗名

【法要】ほうよう ↓ 死んだ人をなぐさめるための仏教の行事。類 法会・法事・供養

【法話】ほうわ ↓ 人びとに仏の教えをわかりやすく説き聞かせる話。例 法話集。

法が下につく熟語 上の字の働き

❶ 法=〈おきて。さだめ〉のとき
【刑法 民法 商法 税法】ナニにかんする法か。
【立法 司法 遵法(順法) 合法 違法 不法 無法】法を(法に)ドウスルか。

❷ 法=〈やり方。きまり〉のとき
【技法 手法 方法】近い意味。
【便法 秘法 正攻法】ドンナやり方か。
【用法 戦法 兵法 泳法 筆法 論法 療法 製法】ナニのやり方か。
【作法 寸法 文法 暦法 加法 減法 乗法 除法】ナニのきまりか。

◆擬人法 憲法 国法 十進法 尺貫法 説法 仏法 六法

例解 使い分け　わく《沸く・湧く》

沸く=水などが熱くなる。興奮してさわぐ。例 お湯が沸く。観客が沸きに沸く。

湧く=地中からふき出る。生じる。例 温泉が湧く。石油が湧き出す。勇気が湧く。拍手が湧く。

泡

氵-5　総画8　常用　明朝 泡 6CE1

音 ホウ 中　訓 あわ 中

筆順 泡 泡 泡 泡 泡 泡 泡 泡

なりたち [形声]もとの字は、「泡」。「氵」が水を表し、「包」が「つつむ」意味と「ホウ」という読み方をしめしている。空気をつつんでいる水の「あわ」を表す字。

意味 あわ。水などの液体が空気をつつんでできたもの。例 泡が立つ。水泡

【泡沫】ほうまつ Ⅱ あわ。あぶく。表現 「泡沫候補」「泡沫会社」などと、あらわれてすぐに消えてしまうようなものをいうときにも使う。

泡が下につく熟語 上の字の働き
【水泡 気泡】ナニの泡か。

◆発泡

【沫】

氵-5 総画8 人名 明朝 沫 6CAB

音 マツ外・バツ外 訓 あわ外・しぶき外

意味 ❶あわ。水のあわ。例 泡沫 ❷しぶき。とびちる水のつぶ。例 飛沫

【油】

氵-5 総画8 3年 明朝 油 6CB9

音 ユ 訓 あぶら

筆順 油 油 油 油 油 油 油 油（はっきりだす）

なりたち 【形声】「氵」が川を表し、「由」が「ユ」という読み方をしめしている。もと川の名で、「あぶら」として借りて使われている。

意味 あぶら。動物や植物または鉱物にふくまれる、燃えやすい液体。例 油を売る（むだ話などをして時間をついやす）。油絵・石油

例解 [使い分け] あぶら[油・脂] ☞ひだりのページ

【油絵】あぶらえ ⊻ 顔料を油で練った絵の具でかいた絵。類 油彩 対 水彩画

【油紙】あぶらがみ ―ゆし ⊻ 油や柿しぶをしみこませて、水がとおらないようにしたじょうぶな紙。

【油煙】ゆえん ⊻ 油やろうそくなどが燃えるときに出る、黒いけむり。すすを多くふくむ。

【油彩】ゆさい ⊻ 油で練った絵の具で色をぬることと。そうしてかいた絵。例 油彩画。類 油絵 対 水彩

【油脂】ゆし Ⅱ 動物や植物からとったあぶら。食用にするほか石けんなどの原料にする。

【油断】ゆだん ◎（―する）気をゆるして、注意しないでいること。例 油断もすきもない。

【油断大敵】ゆだんたいてき 油断すると思わぬ失敗をしてしまうので、そのような自分の心こそなによりもこわい敵である。

【油田】ゆでん ⊻ 石油がとれるところ。

← 油が下につく熟語 上の字の働き

【鯨油 石油】ナニからとれた油か。

【原油 重油 灯油 軽油 精油】ドウイウ種類の油か。

◆ 給油

【洩】

氵-6 総画9 表外 明朝 洩 6D29

音 エイ外 訓 も-れる外・も-らす外

意味 もれる。もらす。例 漏洩（ひみつなどがもれること）

【海】

氵-6 総画9 2年 明朝 海 6D77 旧字 海 FA45

音 カイ 訓 うみ

筆順 海 海 海 海 海 海 海 海 海（はねる）（ここにならない）

なりたち 【形声】「氵」が水を表し、「毎」が「カイ」とかわって読み方をしめしている。「マイ」は「くらい」の意味をもち、くろぐろと深いうみを表す字。

意味 うみ。地球表面の三分の二をしめる、塩けのある水。海のような大きな広がり。例 海をわたる（外国に行く）。海の幸。海岸・雲海・航海

特別なよみ 海女（あま）・海士（あま）・海原（うなばら）

名前のよみ み

【海女】あま ⊻ 海中にもぐり、魚や貝、海藻などをとる仕事をする女の人。例 海女漁。

【海原】うなばら ⊻ ひろびろとした海。例 青海原。

【海千山千】うみせんやません 世の中の経験をたくさんつみ、世間のうらもおもても知った、わるがしこい人。例 海千山千のつわもの。参考 海に千年、山に千年すんだ蛇は竜になる、という言いつたえから。

【海運】かいうん ⊻ 船で、人や荷物をはこぶこと。例 海運業。対 陸運

【海外】かいがい ⊻ 海の向こうにある外国。例 海外旅行。類 国外

【海岸】かいがん ⊻ 陸と海とのさかいめのところ。例 リアス式海岸。類 海辺・海浜・沿岸

【海峡】かいきょう ⊻ 陸地にはさまれて、せまくなっている海。例 関門海峡。類 瀬戸・水道

【海軍】かいぐん ⊻ 海のまもりと攻撃を受けもつ軍

隊。関連 陸軍・海軍・空軍

【海溝】かいこう ↓海の底が細長いみぞのように深くなっているところ。例 マリアナ海溝。類 海淵

【海産物】かいさんぶつ ↓魚・貝・海藻など、海からとれるもの。例 海産物問屋。

【海上】かいじょう ↓海の上。例 海上交通。類 洋上 対 陸上

【海図】かいず ↓海岸線や海の深さ、海水の流れる方向など、航海に必要な海のようすを表した地図。例 海図を見て船を進める。

【海草】かいそう ↓アマモなど、海の中に生えて花をつける植物。海藻のこともいう。

【海藻】かいそう ↓ワカメ・コンブ・アオノリなど、海の中に生える藻のなかま。

【海賊】かいぞく ↓船に乗ってあちこちにあらわれ、船や海ぞいの村などをおそって金品などをうばう悪者たち。例 海賊船。類 山賊 表現 つくった人のゆるしを得ないで本や音楽・映像・プログラムなどのソフトウェアなどを複製したものを「海賊版」という。

【海底】かいてい ↓海の底。例 海底トンネル。

【海難】かいなん ↓海上で起こる、思いがけない事故。船がしずんだり、岩にのりあげたり、衝突したりすること。例 海難事故。

【海抜】かいばつ ↓海面を基準として、そこからはかった陸地や山などの高さ。例 海抜三千メートルの山頂。類 標高

【海浜】かいひん ↓海辺。砂浜になっているところ。例 海浜公園。類 浜・海岸

【海面】かいめん ↓海の表面。例 海面に浮かぶ。

【海綿】かいめん ↓①「海綿動物」の略。からだに筋肉や神経がなく、海中の岩についている動物。②海綿動物の一種をかわかしたもの。やわらかくてあながたくさんあり、水をよく吸うので、事務用品・化粧用品として使う。スポンジ。

【海洋】かいよう 〓海。ひろびろとした大きな海。例 海洋性気候。海洋漁業。類 大洋

【海里】かいり ↓海上での距離を表す単位。一海里は一八五二メートル。知識 船の速さを表す「一ノット」は一時間に一海里進む速さ。

【海流】かいりゅう ↓いつもきまった方向に流れる大きな海水の流れ。知識 南から流れてくるあたたかい暖流と、北から流れてくるつめたい寒流がある。

例解 使い分け　あぶら《油・脂》

油＝おもに植物性・鉱物性の「あぶら」。例 油でいためる。水と油。油を売る。火に油を注ぐ。

脂＝肉についている、また、肉からにじみ出る「あぶら」。例 牛肉の脂。脂ぎった顔。脂あせをかく。仕事に脂がのる。

参考 液体(氵)になっているほうが「油」で、肉(月)に関係するほうが「脂」とおぼえる。

【海路】かいろ ↓船の通る道。そこを通っていくこと。例 海路インドへ向かう。待てば海路の日和あり(気長に待っていればよいこともある)。類 船路・潮路 関連 陸路・海路・空路

【海苔】のり ↓①アサクサノリやアオノリなど、海中の岩などに、こけのようにつく海藻。②アサクサノリを紙のようにすいて、干して作った食品。例 海苔まき。

海が下につく熟語 上の字の働き

【近海 内海 深海 荒海】ドウイウ海か。
【公海 領海】法律から見てドウイウ海か。
【雲海 樹海】ナニの広がりか。
◆沿海 航海 四海

活

氵-6 総画9 2年 明朝 活 6D3B

音 カツ 訓 い-きる外・い-かす外

筆順 活 活 活 活 活 活 活 活 活

なりたち 活 [形声]「氵」が水を表し、「昏→舌」が「カツ」という読み方をしめしている。「カツ」は「いきおいよく動く」意味をもち、水がさかんに動くことを表す字。

意味 ❶生きる。生きている。生かす。生き生きしている。例 活を入れる。活動・生活 ❷固定しない。動かせる。例 活字

❶〈生きる〉の意味で

【活火山】かっかざん 今もけむりや溶岩を出して活動している火山や、近い将来に噴火が予想される火山。日本では浅間山・桜島・三原山などが有名。参考☞【火山】（732ページ）

【活気】かっき ↓ 生き生きとして元気があること。例 活気づく。類 元気・生気・生彩

【活況】かっきょう ↓ 商売などが、景気よくにぎわっているようす。例 活況を呈する。類 盛況

【活写】かっしゃ ↓〈—する〉ものごとのようすを文章や絵に生き生きと書き表すこと。例 世相を活写した小説。

【活性化】かっせいか 社会や組織などを活発にすること。例 活性化をはかる。

【活断層】かつだんそう 今も活動していて、将来、地震をおこす可能性のある断層。

【活動】かつどう ↓〈—する〉生き生きとよく動いて、元気にはたらくこと。例 活動の場を広げる。ボランティア活動。類 運動

【活発】かっぱつ ↓〈—な〉生き生きとして、いきおいがあること。例 活発な議論。

【活躍】かつやく ↓〈—する〉自分からどんどん動いてりっぱなはたらきをすること。例 今後の活躍に期待する。

【活用】かつよう ↓〈—する〉①ものや人の特色を生かして使うこと。例 辞書を活用する。類 利用・応用 ②ことばの一部が、あとにつづくことばによって形をかえること。たとえば「読む」の「む」のところが「読ま（ない）・読み（ます）・読む・読め（ば）・読も（う）」のように形をかえること。知識 ②は、動詞・形容詞・形容動詞に見られ、この三つをまとめて「用言」という。活用は助動詞にも見られる。

【活力】かつりょく ↓ 動きをつくりだす力。エネルギー。バイタリティー。例 明日への活力。活力をたくわえる。類 精力

【活路】かつろ ↓ 追いつめられたところを、切りぬけて生きのびる方法。例 活路を開く。

❷〈固定しない〉の意味で

【活字】かつじ ↓ ①金属でできた一字一字の文字のはんこ。活版印刷に使う。例 活字を組む。②印刷した文字。書物。例 活字に親しむ。

←活が下につく熟語 上の字の働き

❶活＝〈生きる〉のとき
【自活 復活】ドノヨウニ生きるか。

◆快活 死活 生活

洪

氵-6 総画9 常用 明朝 洪 6D2A

音 コウ㊥ 訓 —

筆順 洪 洪 洪 洪 洪 洪

なりたち 洪 [形声]「氵」が水を表し、「共」が「コウ」とかわって読み方をしめしている。「キョウ」は「さかんで大きい」の意味をもち、大水を表す字。

意味 おおみず。川のはんらん。例 洪水

【洪水】こうずい ↓ 大雨や雪どけなどのため、川の水がふえて、あふれでること。例 大洪水。類 大水・出水 表現「イベント会場は人の洪水だ」「インターネットはまるで情報の洪水だ」のように、あふれでるほど多いことにもいう。

洸

氵-6 総画9 人名 明朝 洸 6D38

音 コウ㊈ 訓 —

意味 わき水が光る。清く、広く深い。

名前のよみ たけ・ひろ・ひろし

洲

氵-6 総画9 人名 明朝 洲 6D32

音 シュウ㊈・ス㊈ 訓 しま㊈

意味 なかす。川の中に土砂がたまって、水面上にあらわれたところ。

表記 「洲」のつく熟語は、今はふつう「州」を使う。例 中洲→中州・三角洲→三角州

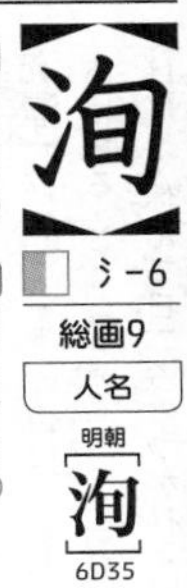

シ-6 総画9 人名 明朝 洵 6D35

音 ジュン外 訓 まこと-に外

意味 まさに。まことに。

名前のよみ のぶ・まこと

浄

シ-6 総画9 常用 明朝 浄 6D44 旧字 淨 6DE8

音 ジョウ中 訓 きよ-い外

筆順

なりたち [形声]もとの字は、「淨」。「氵」が水を表し、「爭」が「ジョウ」とかわって読み方をしめしている。「ソウ」は「きよい」の意味をもち、水のきよくすむことを表す字。

意味 きよい。きよめる。例 浄土・洗浄

【浄化】↓〈―する〉よごれを取りのぞいてきれいにすること。例 川の水を浄化する。

表現 「政界を浄化する」「社内の浄化にのりだす」など、人間社会の悪いところをただすことにもいう。

【浄財】↓ ①神社やお寺などに寄付するお金。②こまっている人を助けたいという気持ちで出すお金。

【浄書】↓〈―する〉下書きの文章などをきれいに書き直すこと。また、その書き直したもの。例 原稿を浄書する。類 清書

【浄水】▲ きれいな水にすること。清潔な水。例 浄水場。浄水器。

【浄土】↓ 仏や菩薩のいる、きよらかなところ。例 西方浄土。類 極楽 対 穢土

◆清浄 洗浄 不浄 六根清浄

津

シ-6 総画9 常用 明朝 津 6D25

音 シン高 訓 つ中

筆順

なりたち [形声]「氵」が川を表し、「聿」が「シン」という読み方をしめしている。「シン」は「すすめる」意味をもち、川の向こうへ船をわたす「わたしば」を表す字。

意味 ❶みなと。わたしば。例 津波 ❷わきでる。しみでる。例 津津

❶〈みなと〉の意味で

【津津浦浦】全国いたるところ。参考「津」は港、「浦」は海岸の意味。字をかさねて「行く所、行く所どこでも」の意味を表す。

【津波】↓ 地震などのために、とつぜん大きな波が陸におしよせてくること。例 津波警報。類 高潮

❷〈わきでる〉の意味で

【津津】Ⅲ〈―たる〉(「興味津々」の形で)おもしろさがつきないこと。

浅

シ-6 総画9 4年 明朝 浅 6D45 旧字 淺 6DFA

音 セン中 訓 あさ-い

筆順 ながく だす はねる わすれない

なりたち [形声]もとの字は、「淺」。「氵」が水を表し、「戔」が「わずか」の意味と「セン」という読み方をしめしている。水が少ないことを表す字。

意味 ❶あさい。水面やものの表面に近いこと。例 浅瀬・遠浅 対 深 ❷あさはか。ものごとにおくゆきがない。例 考えが浅い。浅薄 対 深 ❸あっさりしている。色や味がうすい。例 浅緑・浅漬け 対 深

❶〈あさい〉の意味で

【浅瀬】↓ 川や海で、水のあさいところ。例 浅瀬をわたる。

❷〈あさはか〉の意味で

【浅学】↓ 勉強が足りないこと。自分をへりくだっていうことば。例 浅学非才の身。

【浅薄】Ⅲ〈―な〉考えや学問が、うすっぺらなようす。あさはか。例 浅薄な人間。

【浅慮】↓ あさはかな考え。例 浅慮のいたすところ。類 短慮 対 深慮

❸〈あっさりしている〉の意味で

【浅緑】あさみどり ⇩ うすい緑色。類 草色・若葉色・黄緑 対 深緑
◆深浅 遠浅

洗

氵-6 総画9 6年 明朝 洗 6D17

音 セン 訓 あら-う

筆順 洗 洗 洗 洗 洗 洗 洗 洗 洗（ながく・はねる・おらない）

なりたち [形声]「氵」が水を表し、「先」が「あらう」という読み方をしめしている。足に水をかけてあらうことを表す字。

意味 あらう。水などでよごれを流しおとす。例 足を洗う。洗いに出す。洗濯・水洗

名前のよみ きよ・きよし

【洗眼】せんがん ▲〈―する〉水や薬の液で目をあらうこと。例 眼科医に洗眼してもらう。

【洗顔】せんがん ▲〈―する〉顔をあらうこと。例 洗顔クリーム。類 洗面

【洗剤】せんざい ⇩ 衣服や食器・野菜などのよごれをあらいおとすために使う薬。例 中性洗剤。

【洗浄】せんじょう Ⅲ〈―する〉水や薬などできれいにすること。例 洗浄力のある洗剤。

【洗濯】せんたく Ⅲ〈―する〉衣類などをあらってきれいにすること。例 洗濯機。表現「命の洗濯」は、よく休んで日ごろのつかれをいやすこと。

【洗髪】せんぱつ ▲〈―する〉髪をあらうこと。例 美容院で洗髪してもらった。洗髪料。

【洗面】せんめん ▲〈―する〉顔をあらうこと。例 洗面器。洗面所。類 洗顔

【洗礼】せんれい ⇩ キリスト教で、正式の信者になるための儀式。例 洗礼をうける。表現 一人前になるために経験しなければならない試練を「…の洗礼をうける」のようにいう。

【洗練】せんれん Ⅲ〈―する〉すぐれたものにみがきあげていくこと。例 洗練された文章。

洞

氵-6 総画9 常用 明朝 洞 6D1E

音 ドウ 中 訓 ほら 中

筆順 洞 洞 洞 洞 洞 洞 洞 洞 洞

なりたち [形声]「氵」が水を表し、「同」が「ドウ」という読み方をしめしている。「ドウ」は「うつろ、つきぬける」の意味をもち、水によってあけられたほらあなを表している字。

意味 ❶ほらあな。例 鍾乳洞。空洞 ❷おくまで見る。見とおす。例 洞察

❶〈ほらあな〉の意味で

【洞窟】どうくつ Ⅲ がけや岩などにできた、おくゆきの深い大きなあな。ほらあな。類 洞穴

【洞穴】どうけつ Ⅲ 岩やがけにあいた、大きくておくゆきの深いあな。類 洞窟

❷〈おくまで見る〉の意味で

【洞察】どうさつ Ⅲ〈―する〉ふつうではわからないところをするどく見ぬいたり、先のことまで見とおしたりすること。例 洞察力。

派

氵-6 総画9 6年 明朝 派 6D3E

音 ハ 訓 —

筆順 派 派 派 派 派 派 派 派 派（はらう・とめる・はらう）

なりたち [形声]「氵」が川を、「𠂢」が本流から支流が分かれる形を表し、また「ハ」という読み方をしめしている。川の支流が分かれることを表す字。

意味 ❶分かれる。分かれてできた集まり。例 三つの派に分かれる。派生・派閥・党派 ❷人をやる。さしむける。例 派遣・特派 ❸《その他》例 派手・立派

❶〈分かれる〉の意味で

【派生】はせい ⇩〈―する〉もとのものごとから、新しくべつのものごとが生じてくること。例 新たな問題が派生する。

【派閥】はばつ Ⅲ 政党や会社などの中で、考えや利害がおなじ者が集まってつくったグループ。例 派閥あらそい。

❷〈人をやる〉の意味で

【派遣】はけん Ⅲ〈―する〉ある目的のために人をさ

しむけること。例使節を派遣する。

【派出】はしゅつ ↓〈―する〉仕事のために、人をあちこちへ行かせること。例派出所。

【派兵】はへい ▲〈―する〉軍隊を国外へおくりこむこと。例海外派兵。

❸《その他》

【派手】はで ◎〈―な〉〈―に〉身なりや行動が、はなやかだったり、おおげさだったりして、人目をひくようす。例はでな服装。対地味

⬅派が下につく熟語 上の字の働き

❶派＝〈分かれる〉のとき

【分派 流派 党派】近い意味。

【右派 左派 硬派 軟派】ドンナグループか。

◆一派 各派 宗派 特派 立派

【洋】

氵-6 総画9 3年 明朝 洋 6D0B

音ヨウ 訓―

筆順 ながく ださない

なりたち 洋 [形声]「氵」が川を表し、「羊」が「ヨウ」という読み方をしめしている。もと川の名で、借りて「大海」の意味に使われている。

意味 ❶広い海。例洋上・外洋

❷世界。地球を東と西に分けて、東洋と西洋とにする。例洋の東西を問わず。

❸西洋。ヨーロッパやアメリカ。例和洋折衷。洋式 対和

名前のよみ なみ・ひろ・ひろし・み

❶〈広い海〉の意味で

【洋上】ようじょう ↓広い海の上。類海上

【洋洋】ようよう ||〈―たる〉〈―と〉ひろびろとはてしなく広がっているようす。例前途洋々。

❸〈西洋〉の意味で

【洋画】ようが ↓①油絵など、西洋のかき方によってかかれた絵画。例洋画家。対邦画・日本画 ②ヨーロッパやアメリカなどでつくられた映画。例洋画劇場。対邦画

【洋学】ようがく ↓西洋の学問。江戸時代に日本に入ってきた西洋の学問や語学、西洋事情の研究など。類蘭学 関連国学・漢学・洋学

【洋楽】ようがく ↓西洋の音楽。対邦楽

【洋館】ようかん ↓西洋風の建物。おもに明治・大正時代に建てられたものを指す。

【洋弓】ようきゅう ↓西洋式の弓。アーチェリー。

【洋行】ようこう ↓〈―する〉ヨーロッパやアメリカに旅行や留学をすること。例洋行帰り。類外遊 表現外国に行くことがむずかしく、とびきりすばらしいことと思われていた時代のことばで、現代ではあまり使われない。

【洋裁】ようさい ↓洋服をしたてること。その技術。例洋裁学校。対和裁

【洋式】ようしき ↓西洋風のやり方やスタイル。例洋式トイレ。類洋風 対和風・和式

【洋室】ようしつ ↓西洋風につくったへや。例バス・トイレ付き洋室。類洋間 対和室・日本間

【洋酒】ようしゅ ↓西洋風のつくり方による酒。ウイスキーやブランデーなど。対日本酒

【洋書】ようしょ ↓西洋で出版された本。関連和書・漢籍・洋書

【洋食】ようしょく ↓西洋風に料理した食事。例洋食でもてなす。類西洋料理 対和食

【洋装】ようそう ↓①〈―する〉西洋風の服装をすること。対和装 ②西洋式の本のつくり方やとじ方。例洋装本。対和装

【洋品】ようひん ↓シャツやネクタイなど、西洋風の身のまわりの品物。例洋品店。

【洋風】ようふう ↓〈―な〉〈―に〉形式ややり方などが西洋風であること。例洋風建築。類洋式・欧風 対和風

【洋服】ようふく ↓西洋風の衣服。対和服

【洋間】ようま ↓西洋風につくったへや。例洋間にソファーをおく。類洋室 対日本間・和室

⬅洋が下につく熟語 上の字の働き

❶洋＝〈広い海〉のとき

【外洋 大西洋 太平洋】ドウイウ海か。

❷洋＝〈世界〉のとき

【西洋 東洋】ドチラの世界か。

【洛】

氵-6 総画9 人名 明朝 洛 6D1B

音ラク外 訓―

◀次ページ 浦 浩 消

意味 ❶洛陽。むかしの中国のみやこ。❷京都。例 洛中・上洛

浦

氵-7 総画10 常用 明朝 浦 6D66

音 ホ 外 訓 うら 中

筆順 浦 浦 浦 浦 浦 浦 浦

なりたち [形声]「氵」が水を表し、「甫」が「ホ」という読み方をしめしている。「ホ」は「つらなる」意味をもち、水辺につらなったところを表す字。

意味 うら。㋐水辺。海辺。例 田子の浦。㋑入り江。湾のように陸地に入りこんだところ。例 津津浦浦。

浩

氵-7 総画10 人名 明朝 浩 6D69

音 コウ 外 訓 ひろ-い 外

意味 ひろくて大きい。さかん。例 浩然

名前のよみ はる・ひろし・ゆたか

消

氵-7 総画10 3年 明朝 消 6D88

音 ショウ 訓 き-える・け-す

筆順 消 消 消 消 消 消 消（ッにならない・とめる・はねる）

なりたち [形声]「氵」が水を表し、「肖」が「ショウ」という読み方をしめしている。「ショウ」は「すくない」の意味をもち、水の少なくなることを表す字。

意味 ❶きえる。けす。姿かたちが見えなくなる。つきはてる。例 火が消える。姿を消す。消失・解消 ❷ひきさがる。例 消極的。

❶〈きえる。けす〉の意味で

【消印】けしいん ↓ 消したしるしとしておす印。とくに、郵便局で、使ったしるしとして切手やはがきにおす印。例 応募は一月三十日の消印まで有効。

【消化】しょうか ↓〈―する〉①動物が食べたものを胃や腸で分解し、吸収しやすいものにすること。例 消化剤。②学んだことをよく理解して自分のものにすること。例 一度に教わっても消化できない。③わりあて分をしあげること。例 スケジュールを消化する。

【消火】しょうか ▲〈―する〉火事の火を消すこと。例 消火活動。初期消火。類 鎮火 対 出火・発火・点火。

【消却】しょうきゃく ⊠〈―する〉①消してなくしてしまうこと。類 消去 ②お金などを使いきること。例 予算を消却する。

【消去】しょうきょ Ⅱ〈―する〉消してなくしてしまうこと。例 データを消去する。類 消却

【消失】しょうしつ Ⅱ〈―する〉それまであったものが消えてなくなること。例 権利が消失する。文化の消失。

【消息】しょうそく ⇕ ①生活のようすや安否を知らせるたより。それでわかる、その人のようすや安否。例 消息不明。消息をたつ。類 音沙汰 ②ものごとの事情やなりゆき。例 政界の消息に通じる。類 動静

【消息筋】しょうそくすじ その方面の事情をよく知っている人。類 消息通 表現 新聞などで、情報元がだれなのかを明らかにできないときに、「消息筋によれば」のように使う。

【消息通】しょうそくつう その方面の事情をよく知っていること。また、知っている人。例 政界の消息通。類 消息筋

【消長】しょうちょう ⇕〈―する〉おとろえたり、さかえたりすること。例 消長をくりかえす。勢力の消長。類 盛衰・栄枯

【消沈】しょうちん ↓〈―する〉元気をなくして、しょんぼりすること。例 意気消沈。

【消灯】しょうとう ▲〈―する〉電灯などのあかりを消すこと。例 消灯時間。対 点灯・点火

【消毒】しょうどく ▲〈―する〉ばい菌を熱や薬でころすこと。例 煮沸消毒。類 殺菌・滅菌

【消費】しょうひ Ⅱ〈―する〉お金やもの、時間などを使ってしまうこと。例 電力の消費量。消費者。類 消耗 対 生産

【消防】しょうぼう ↓ 火事を消しとめること。例 消防士。消防署。

【消滅】Ⅱ〈―する〉それまであったものが、なくなってしまうこと。例 消滅の危機にひんする。自然消滅。

【消耗】Ⅱ〈―する〉①ものを使いきってなくしてしまうこと。例 消耗品。類 消費 ②体力や気力を使いはたしてしまうこと。例 一日じゅう歩いて、すっかり消耗した。類 損耗 参考 もともとの読みは「しょうこう」。

❷〈ひきさがる〉の意味で

【消極的】〈―な〉ひかえめで、自分からすすんでものごとをしようとしないようす。例 消極的な性格。対 積極的

⬅消が下につく熟語 上の字の働き

❶消＝〈きえる。けす〉のとき
【解消 抹消】ドウヤッテ消すか。
◆雲散霧消

浸

氵-7 総画10 常用 明朝 浸 6D78

音 シン 中 訓 ひた-す 中・ひた-る 中

筆順 浸浸浸浸浸浸浸浸

なりたち 形声 もとの字は、「浸」。「氵」が水を表し、「𠬶(←𡨄)」が「シン」という読み方をしめしている。「シン」は「つける」意味をもち、水につけることを表す字。

意味 ❶ひたす。ひたる。水などにつかる。例 水に浸す。湯に浸る。浸水
❷しみこむ。じわじわ入りこむ。例 浸食

❶〈ひたす〉の意味で

【浸水】▲〈―する〉大水などで通りや建物などが水びたしになること。水が入りこむこと。例 浸水家屋。床下浸水。

❷〈しみこむ〉の意味で

【浸食】↓〈―する〉水や風などが、岩や大地を少しずつけずったり、くずしたりすること。例 海水の浸食作用。

【浸透】↓〈―する〉①液体が中までしみとおること。例 雨水が地中に浸透する。②考え方ややり方が、人びとのあいだにいきわたること。例 イメージが浸透する。③こさのちがう液体どうしが、うすいまくを通してまじり合うこと。例 浸透圧。

【浸入】↓〈―する〉建物や土地の中に水が流れこんでくること。

例 解 使い分け しんにゅう［侵入・浸入］

👉90ページ

浜

氵-7 総画10 常用 明朝 浜 6D5C 旧字 濱 6FF1

音 ヒン 中 訓 はま 中

筆順 浜浜浜浜浜浜浜

なりたち 形声 もとの字は「濱」。「氵」が水を表し、「賓」が「ヒン」という読み方をしめしている。「ヒン」は「ほとり」の意味をもち、水のほとりを表している字。

意味 ❶はま。海辺。水ぎわ。例 浜のまさご（砂）。浜辺・砂浜・海浜
❷横浜。例 浜っ子（横浜生まれで、横浜育ちの人）。京浜

❶〈はま〉の意味で

【浜辺】↓海や湖の波うちぎわのあたり。例 浜辺の千鳥。類 海辺

浮

氵-7 総画10 常用 明朝 浮 6D6E

音 フ 中 訓 う-く 中・う-かれる 中・う-かぶ 中・う-かべる 中

筆順 浮浮浮浮浮浮浮

なりたち 形声「氵」が水を表し、「孚」が「フ」という読み方をしめしている。「フ」は「ただよう」意味をもち、水にうかぶことを表す字。

意味 ❶うく。水上や空中にうかんでいる。表面にあらわれる。例 宙に浮く。雲が浮かぶ。涙を浮かべる。浮力 対 沈
❷よりどころがない。はかない。あてにならない。例 浮世・浮説
❸うわつく。かるがるしい。例 浮かれた気分。浮薄

特別なよみ 浮気（うわき）・浮つく（うわつく）

❶〈うく〉の意味で

【浮上】↓〈―する〉水面にうかび出ること。

対 沈下 表現 「最下位から三位に浮上」など、わるい状態からぬけ出すことや、「計画が急浮上する」のように、それまで出ていなかったものが表にあらわれることにもいう。

【浮沈】ふちん ⇕〈—する〉さかえることと、おとろえること。うきしずみ。例 会社の浮沈にかかわる。

【浮標】ふひょう ↓ 水面にうかべる目じるし。船の通りみちや危険な場所、漁のあみなどの位置をしめす。ブイ。

【浮遊】ふゆう ↓〈—する〉水面や水中・空中をふわふわとただようこと。例 浮遊生物(プランクトン)。

【浮力】ふりょく ↓ 液体や気体が、中にある物をうかせようとする力。例 浮力がはたらく。

❷〈よりどころがない〉の意味で

【浮世】うきよ ↓ はかないこの世。現世。例 浮き世のしがらみ。参考 つらくて悲しいという意味の「憂き世」からできたことば。

【浮世絵】うきよえ 江戸時代にさかんだった、美人や役者などをかいた絵。例 浮世絵師。参考 「今の世相をえがいた絵」という意味。

【浮説】ふせつ ↓ 根拠のはっきりしないうわさ。

【浮動票】ふどうひょう 選挙のとき、どの政党、どの候補者に投票するのかきまっていない人の票。例 浮動票の獲得をねらう。対 固定票

❸〈うわつく〉の意味で

【浮気】うわき ↓〈—する〉気がかわって、ほかに心をうつすこと。とくに、男女の愛情についていう。例 浮気心。

【浮薄】ふはく Ⅲ〈—な/—に〉心がうわついていてたよりない。例 軽佻浮薄。対 重厚

文字物語

浴

「浴」は、「浴場」「浴室」「入浴」「水浴」などの二字の熟語のほか、「海水浴」「日光浴」などのことばもつくられる。海べに出かけて、泳いだり、からだを日に焼いたりして遊ぶ「海水浴」、健康のために、戸外に出て日の光を浴びる「日光浴」。都会人のレジャー志向が生んだことばだ。ところがある時期から紫外線の皮膚にあたえる害が問題となってきて、今ではむしろ日光浴はさけられるようになり、野山の森や林に行って、樹木から出される精気を浴びる「森林浴」がもてはやされている。時代がかわり、人の考えがかわって、新しいことばが生まれ、それまでのことばが消えていく。

浴

氵-7 総画10 4年 明朝 浴 6D74

音 ヨク 訓 あ-びる・あ-びせる

筆順 浴 浴 浴 浴 浴 浴 浴 浴 浴 浴 (とめる・はらう)

なりたち 浴 [形声]「氵」が水を表し、「谷コク→ヨク」が「ヨク」という読み方をしめしている。「コク」は「ふりかける」意味をもち、水をあびることを表す字。

意味 あびる。あびせる。水や湯をからだにかける。身に受ける。例 日を浴びる。非難を浴びせる。恩恵に浴す。浴室・入浴

[文字物語] ☞ このページ

特別なよみ 浴衣(ゆかた)

【浴衣】ゆかた ↓ おもに夏に着る、もめんで作ったひとえの着物。例 浴衣すがた。

【浴室】よくしつ ↓ 入浴をするところ。ふろ場。バスルーム。例 浴室のそうじ。類 湯殿

【浴場】よくじょう ↓ ① 一度に何人も入浴できるふろ場。② ふろ屋。例 公衆浴場。類 銭湯

【浴槽】よくそう ↓ ふろ場のゆぶね。ふろおけ。

浬

氵-7 総画10 人名 明朝 浬 6D6C

音 リ外 訓 かいり外・ノット外

意味 かいり。海上での距離の単位。一浬は、一八五二メートル。

参考 ☞【海里】かいり(697ページ)

流

氵-7 総画10 3年 明朝 流 6D41

音 リュウ・ル高 訓 なが-れる・なが-す

筆順 流流流流流流流流（はねる・おらない）

なりたち 【形声】もとの字は、「流」。「水」をしめす「氵」と、子どもが頭を下にして生まれ出てくるようすをかたどった「㐬」が「リュウ」という読み方をしめしている。水がながれることを表す字。

意味
❶ながれる。ながれ。例 川が流れる。車の流れ。汗を流す。流水・気流
❷ながれをうけつぐ。うけついだやり方。つながり。例 流儀・女流
❸ひろまる。世の中にいきわたる。例 流行・流布
❹さまよう。遠くへ追いやる。例 流しのタクシー。流転・流罪
❺ながれてきえる。例 流会
❻《その他》例 流石

注意するよみ ル…例 流布・流転・流罪

❶〈ながれる〉の意味で

【流域】りゅういき ↓ 川の流れにそった地域。

【流血】りゅうけつ ▲ あらそいごとや事故などで、人の血が流れること。例 流血の惨事。

【流失】りゅうしつ ↓〈―する〉流されてなくなること。例 洪水で、橋が流失した。

【流出】りゅうしゅつ ↓〈―する〉外へ流れ出ること。例 タンカーの石油が、海に流出した。対 流入 表現 「頭脳の流出」のように貴重な人材や物がよそに移ってしまうことにもいう。

【流星】りゅうせい ↓ 夜の空に、線をえがくように光って、すぐ消えてしまう星。流れ星。知識 宇宙の小さな天体が地球の大気の中に飛びこんで、空気とのまさつでもえて光るもの。

【流線形】りゅうせんけい 動くときに空気や水の抵抗の少ない、流れるような曲線でできた形。

【流暢】◆りゅうちょう Ⅲ〈―な〉ことばが、すらすらとよどみがなく出てくるようす。表現 「フランス語を流暢にしゃべる」のように、外国語を話しているときのようすによく使う。

【流通】りゅうつう ↓〈―する〉止まっていないでよく流れること。例 空気の流通がよい。☞❸

【流動】りゅうどう ↓〈―する〉一か所に止まったり、かたまったりしないで、流れるように動くこと。例 情勢が流動的で予想がむずかしい。

【流入】りゅうにゅう ↓〈―する〉そとから流れこんでくること。例 外国資本の流入。対 流出

【流氷】りゅうひょう ↓ 寒いところから流れてくる海の氷のかたまり。知識 日本では春さき、宗谷海峡やオホーツク海などで見られる。

【流木】りゅうぼく ↓ ①海や川などに流れている木材。そうして岸にうち上げられた木材。②山から切りだして、川にうかべて流す木材。

【流麗】りゅうれい ↓〈―な〉文字の形や文章・音楽の流れなどが、なめらかで美しいようす。

❷〈ながれをうけつぐ〉の意味で

【流儀】りゅうぎ ↓ 学問や技芸など、その流派やその人独特のやり方。例 師匠の流儀をうけつぐ。

【流派】りゅうは ↓ 学問や芸術・芸能などで、考え方ややり方のちがいをもった、それぞれのグループ。類 系統・系列

❸〈ひろまる〉の意味で

【流感】りゅうかん ◎ 「流行性感冒」の略。インフルエンザウイルスによって感染するかぜ。

【流言飛語】りゅうげんひご 根拠のない、いいかげんなうわさ。例 流言飛語にまどわされる。

【流行】りゅうこう Ⅲ〈―する〉①服装や持ち物、歌やことばなど、あるものごとが、多くの人びとにもてはやされ、世の中にひろがること。例 流行を追う。②感染性の病気が、一時的に世の中にひろがって、多くの病人が出ること。例 流行性耳下腺炎。

【流通】りゅうつう Ⅲ〈―する〉①商品が生産者からいろいろな人の手によって消費者にとどくこと。例 流通機構。②世の中に広く通用すること。例 むかし流通した十円札。☞❶

【流用】りゅうよう ↓〈―する〉お金や品物を、もとの目的とはちがうことに使うこと。例 あまった資材を流用する。類 転用

【流布】るふ Ⅲ〈―する〉世の中に広くいきわたり、知れわたること。類 伝播

❹〈さまよう〉の意味で

【流罪】るざい ↓ むかしの刑罰で、罪人を遠くはなれた土地や島へ送ること。類 流刑・遠島

【流転】(るてん) ↓〈—する〉とどまることなく、たえず移りかわること。例 流転の世界。

【流人】(るにん) ↓ 流罪になった人。例 流人の島。

【流浪】(るろう) ‖〈—する〉すむ家をもたないで、あてもなくあちこちの地を歩きまわること。例 流浪の民。流浪の旅。類 放浪・漂泊

❺〈ながれてきえる〉の意味で

【流会】(りゅうかい) ▲〈—する〉予定してあった会がとりやめになること。

【流産】(りゅうざん) ↓〈—する〉おなかの中の子どもが七か月にならないうちに死んで、母体から出てしまうこと。表現 計画が実現しないままとりやめになることのたとえにも使う。

❻《その他》

【流石】(さすが) ◎ ①そうはいうもののやはり。例 さすがにそれだけはできない。②いかにも。評判どおり。例 さすが名人は強い。

← 流が下につく熟語 上の字の働き

❶流＝〈ながれる〉のとき
【源流 本流 支流 上流 中流 下流】ドノあたりの流れか。
【主流 急流 激流 奔流 清流 濁流 寒流 暖流】ドウイウ流れか。
【渓流 底流】ドコの流れか。
【海流 気流 時流 水流 潮流 電流】ナニの流れか。
【貫流 逆流 交流 直流 対流 漂流】ドノヨウニ流れるか。

❷流＝〈ながれをうけつぐ〉のとき
【亜流 一流 女流 嫡流】ドウイウつながりか。
【我流 風流】ドウイウやり方か。
◆合流 放流

涙

氵-7 総画10 常用 明朝 涙 6D99 旧字 淚 6DDA

音 ルイ中 訓 なみだ中

筆順

なりたち 【形声】もとの字は、「淚」。「氵」が水を表し、「戻」が「ルイ」という読み方をしめしている。「ルイ」は「重なる」意味をもち、目の中にたまるなみだを表す字。

意味 なみだ。悲しさやうれしさなど気持ちがこみあげたとき目から流れ出る液体。例 涙を流す。涙声・感涙

【涙雨】(なみだあめ) ↓ ①悲しいときにふる、人のなみだとも思えるような雨。②ほんの少しの雨。例 ふるにはふっても、涙雨に終わった。

【涙金】(なみだきん｜なみだがね) ↓ あわれむ気持ちであたえる、わずかばかりのお金。

【涙声】(なみだごえ) ↓ 涙につまりながら語る声。例 涙声でうったえる。

← 涙が下につく熟語 上の字の働き
【催涙 落涙】涙をドウスルか。
◆感涙 血涙

浪

氵-7 総画10 常用 明朝 浪 6D6A

音 ロウ中 訓 なみ外

筆順

なりたち 【形声】「氵」が水を表し、「良(リョウ)」が「ロウ」とかわって読み方をしめしている。「もり上がる」意味をもち、大きななみを表す字。

意味
❶大きななみ。例 波浪
❷さまよう。さすらう。例 浪人・放浪
❸みだりに。節度なく。例 浪費
❹《その他》例 浪花節。

❷〈さまよう〉の意味で

【浪士】(ろうし) ↓ つかえていた主家からはなれた武士。例 赤穂浪士。類 浪人

【浪人】(ろうにん) ↓〈—する〉①浪士。②卒業しても上の学校の入学試験に落ちて、次の年も試験を受けるつもりの人。例 浪人して志望校に入る。対 現役

❸〈みだりに〉の意味で

【浪費】(ろうひ) ↓〈—する〉お金やものや時間などをむだに使うこと。むだづかい。例 時間の浪費。類 乱費・空費 対 倹約・節約

❹《その他》

【浪花節】(なにわぶし) 三味線にあわせて、独特のふしをつけて物語を語り聞かせる演芸。例 浪花節

を語る。類 浪曲 参考「なにわ」は大阪地方の古くからの地方名で、「浪速」「浪花」「難波」のように書いた。そこで始まった演芸なので「浪花節」という。

【浪曲】↓なにわぶし(浪花節)のこと。

◆放浪 流浪

淫

音 イン 中　訓 みだ-ら 高

氵-8　総画11　常用　明朝 淫 6DEB

筆順 淫 淫 淫 淫 淫 淫 淫

意味 みだら。(とくに男女のことについて)つつしみがない。だらしがない。

字体のはなし 「淫」とも書く。ふろく「字体についての解説」(30ページ)

【淫行】↓みだらなおこない。

液

音 エキ　訓 ―

氵-8　総画11　5年　明朝 液 6DB2

筆順 液 液 液 液 液 液 液(でる・はらう)

なりたち 【形声】「氵」が水を表し、「夜ヤ」が「エキ」とかわって読み方をしめしている。「ヤ」は「一つ一つ続く」意味をもち、ひとつぶずつ落ちるしずくを表す字。

意味 えき。水のような状態のもの。例 液にひたす。液体・血液

【液化】↓〈―する〉気体や固体が液体にかわること。かえること。例 液化ガス。

【液剤】↓液体になっている薬剤。関連 錠剤・液剤・散剤(散薬)

【液晶】⇕ 液体と固体の中間的な状態の物質。テレビやパソコンのディスプレイなどに使われる。

【液状】↓液体の状態。例 液状化(地震で地盤が液状になること)。

【液体】↓水や油のように、形は自由にかわるが、体積はかわらないもの。熱すると気体になり、冷やすと固体になる。例 どろどろの液体。液体肥料。関連 気体・液体・固体

液が下につく熟語 上の字の働き

【胃液 血液 樹液】ナニの液か。

【乳液 粘液】ドノヨウナ液か。

【廃液 溶液】ドウナッタ液か。

例解 使い分け　かわく《渇く・乾く》

渇く=のどにしめり気がなくなり、水が飲みたくなる。うるおいがなくなる。

例 口が渇く。暑さで、のどが渇く。心が渇く。

乾く=中にふくまれている水分がなくなる。

例 空気が乾いている。洗濯物がよく乾く。

のどが渇く

洗濯物が乾く

涯

音 ガイ 中　訓 はて 外

氵-8　総画11　常用　明朝 涯 6DAF

筆順 涯 涯 涯 涯 涯 涯 涯

なりたち 【形声】「氵」が水を表し、「厓」が「切り立った岸、がけ」の意味と、「ガイ」という読み方をしめしている。「水ぎわ」を表す字。

意味 ❶水辺。水ぎわ。みぎわ。❷はて。おわり。かぎり。例 生涯

渇

音 カツ 高　訓 かわ-く 中

氵-8　総画11　常用　明朝 渇 6E07　旧字 渴 6E34

筆順 渇 渇 渇 渇 渇 渇 渇

なりたち 【形声】もとの字は、「渴」。「氵」が水を表し、「曷」が「カツ」という読み方をしめしている。「カツ」は「なくなる」意味を

◀次ページ 渓 混

もち、水がつきることを表す字。

意味 ❶かわく。かれる。水気や水分がなくなる。例渇水・枯渇 ❷のどがかわく。とてもほしがる。例渇きをいやす。渇望・飢渇

例解 [使い分け] かわく [渇・乾] ☞707ページ

❶〈かわく〉の意味で

【渇水】かっすい ▲〈―する〉雨が少なくて、川や貯水池の水がなくなること。例渇水期。

❷〈のどがかわく〉の意味で

【渇望】かつぼう ↓〈―する〉のどがかわいた人が水をほしがるように、なにかを心から強くのぞむこと。類切望・熱望

渓

氵-8 総画11 常用 明朝 渓 6E13 旧字 溪 6EAA

音ケイ 中 訓 ―

筆順 渓 渓 渓 渓 渓 渓 渓

なりたち [形声] もとの字は「谿」で、のちに「溪」にかわる。「氵」が川を表し、「奚」が「ケイ」という読み方をしめしている。「たに川」を表す字。

意味 たに。たに川。山と山とのあいだを流れる川。例渓谷・雪渓

【渓谷】けいこく Ⅱ 山と山とにはさまれて、急な川があるところ。例谷川渓谷。類谷間・峡谷

【渓流】けいりゅう ↓ 谷間を流れる川。類谷川

混

氵-8 総画11 5年 明朝 混 6DF7

音コン 訓ま-じる・ま-ざる・ま-ぜる・こ-む

筆順 混 混 混 混 混 混 混 (おる おらない はねる)

なりたち [形声]「氵」が水を表し、「昆」が「コン」という読み方をしめしている。「コン」は「わきかえる」意味をもち、水がわきかえることを表す字。

意味 まじる。まざる。まぜる。べつべつのものがいりまじっている。例雑音が混じる。色を混ぜる。混んだ電車。混合・混同

例解 [使い分け] こむ [込・混] ☞435ページ

例解 [使い分け] まじる [交・混] ☞53ページ

【混血】こんけつ ▲〈―する〉人種のちがう両親の子どもに両方の特色がまじりあうこと。対純血

【混交】こんこう Ⅱ〈―する〉性質のちがうものがまじりあうこと。例玉石混交(ねうちのあるものとないものとが入りまじること)。

【混合】こんごう Ⅱ〈―する〉いろいろなものがまじりあうこと。まぜあわせること。例二つの液体を混合する。

【混在】こんざい ↓〈―する〉種類や性質のちがうものが入りまじっていること。例不安と楽しみが混在した気分。

【混雑】こんざつ Ⅱ〈―する〉人やものが多く、ごたごたとこみ合うこと。例混雑する会場。

【混成】こんせい ↓〈―する〉種類などのちがうものをまぜ合わせて、一つのものをつくること。例子どもと大人の混成チーム。

【混声合唱】こんせいがっしょう 女声と男声による合唱。

【混戦】こんせん ↓〈―する〉敵味方が入りみだれてたたかうこと。力のおなじくらいの者がせり合って、勝ち負けがどうなるかわからないこと。例混戦状態がつづく。類乱戦

【混線】こんせん ▲〈―する〉①電話・電信などにべつの通話や通信がまじって入ってくること。②いろいろな話が入りまじって、わけがわからなくなること。例話が混線している。

【混然】こんぜん ⊠〈―たる〉〈―と〉べつべつのものが一つにとけあって、区別がつかないようす。例混然一体。

【混濁】こんだく ↓〈―する〉①なにかがまじって、すき通っているはずのものがにごること。例川の水が白く混濁する。②意識がはっきりしなくなること。例意識が混濁する。

【混同】こんどう ↓〈―する〉べつべつにしておかなければいけないものを、おなじようにあつかってしまうこと。例公私混同。

【混沌】こんとん ◎〈―たる〉〈―と〉ものごとが入りまじって、どうなっているのか、どうなるのかわからないようす。例政情は混沌としている。表記「渾沌」とも書く。

【混入】こんにゅう ↓〈―する〉あるものの中に、べつの

ものがまじること。また、まぜること。例パンの中に異物が混入する。

【混迷】↓〈―する〉いろいろなことが、入りまじってわけがわからなくなること。例政局はますます混迷の度をましている。

【混乱】↓〈―する〉ものごとが入りみだれて順序もすじみちもなくなること。例頭が混乱する。混乱が生じる。

済

氵-8　総画11　6年　明朝 済 6E08　旧字 濟 6FDF

音 サイ　訓 す-む・す-ます

筆順 済（はらう）（はねない）

なりたち ［形声］もとの字は、「濟」。「氵」が川を表し、「齊」が「サイ・セイ」という読み方をしめしている。「セイ」は「きよらか」の意味をもち、水のきよらかな川を表す字。

意味 ❶すむ。すます。やることをやってしまう。例気が済む。用事を済ます。決済 ❷すくう。こまっている状態からたすけだす。例救済

名前のよみ ただ・とおる・なり・まさ・わたる

←済が下につく熟語 上の字の働き

❶済＝〈すむ〉のとき

【決済 返済】ドウヤッテ済ませるか。

◆救済 経済

渋

氵-8　総画11　常用　明朝 渋 6E0B　旧字 澁 6F81

音 ジュウ中　訓 しぶ中・しぶ-い中・しぶ-る

筆順 渋

なりたち ［形声］もとの字は、「澁」。なかなか進まないようすを表す。「歰」が「ジュウ」とかわって読み方をしめしている。水（氵）がなめらかに流れないことを表す字。

意味 ❶しぶい。舌がしびれるような味がする。しぶ（しぶ柿から取るしぶい液）。例渋いお茶。渋紙・茶渋 ❷不快。にがりきったようす。例渋い顔。 ❸しぶる。なめらかでない。すらすらといかない。例返事を渋る。渋滞・難渋

❶〈しぶい〉の意味で

【渋紙】↓重ねてはりあわせた紙に、柿のしぶをぬって、じょうぶにしたもの。つつみ紙や敷物などに使う。例渋紙をしく。

【渋皮】↓木やくだものなどの、いちばん外がわの皮の下にある、うすくて、しぶい味のする皮。例栗の渋皮をむく。

【渋茶】↓しぶいお茶。例渋茶をすする。

【渋味】↓①しぶい味。例渋みがつよい。②おちついたあじわいや美しさ。例この絵には渋みがある。

❷〈不快〉の意味で

【渋面】↓気にいらないといった、きげんのわるい顔つき。例渋面をつくる。

❸〈しぶる〉の意味で

【渋渋】Ⅱ〈―と〉いやなことを、しかたなくするようす。例しぶしぶ引き受ける。

【渋滞】Ⅱ〈―する〉途中でつかえてすらすらと進まないこと。例高速道で渋滞にまきこまれる。

◆苦渋 難渋

淑

氵-8　総画11　常用　明朝 淑 6DD1

音 シュク中　訓 ―

筆順 淑

なりたち ［形声］「氵」が水を表し、「叔」が「シュク」という読み方をしめしている。「シュク」は「きよらか」の意味をもち、きよらかな水を表す字。

意味 ❶よい。しとやかである。例淑女・貞淑 ❷よいとする。よいと思ってしたう。例私淑

名前のよみ きよ・きよし・すみ・とし・ひで・よし

❶〈よい〉の意味で

【淑女】↓上品でしとやかな女性。レディー。例淑女のたしなみ。対紳士

◆私淑 貞淑

◀次ページ 淳 渚 渉 深

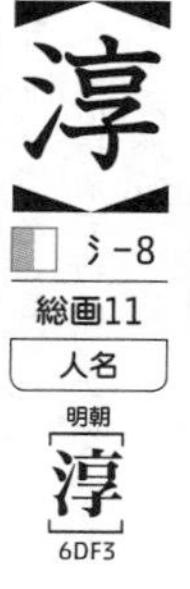

【淳】

氵-8 総画11 人名 明朝 淳 6DF3

音 ジュン外 訓 あつ-い外

意味 ❶なさけがあつい。例淳厚 ❷かざりけがない。すなお。例淳朴

名前のよみ あき・あつし・きよ・きよし・ただし・とし・まこと・よし

【渚】

氵-8 総画11 人名 明朝 渚 6E1A 旧字 渚 FA46

音 ショ外 訓 なぎさ外

意味 なぎさ。波打ちぎわ。

【渉】

氵-8 総画11 常用 明朝 渉 6E09 旧字 涉 6D89

音 ショウ中 訓 わた-る外

筆順

なりたち [会意]川を表す「氵」と「歩」とからでき、川を歩いてわたることを表している字。

意味 ❶わたる。川を歩いてわたる。例渉猟 ❷かかわる。ほかとの関係をもつ。例渉外・交渉

❶〈わたる〉の意味で

【渉猟】⇩〈―する〉①なにかをもとめてあちこちを歩きまわること。②多くの書物を読みあさること。例古代史を渉猟する。

❷〈かかわる〉の意味で

【渉外】▲外部の人や外国と連絡をとったり話し合ったりすること。類外交

◆干渉 交渉

【深】

氵-8 総画11 3年 明朝 深 6DF1

音 シン 訓 ふか-い・ふか-まる・ふか-める

筆順 はねる

なりたち [形声]「罙」のもとの形は「窔」で、「ふかい」意味と「シン」という読み方をしめしている。水(氵)のふかいことを表す字。

意味 ❶ふかい。ふかさ。例深いみぞ。深さを測る。深みにはまる。目深・深海 対浅 ❷おくふかい。内容がかんたんにはわからない。例知識が深まる。深遠 対浅 ❸程度が大きい。色がこい。いいかげんでない。はじまりから時間がかなりたつ。例秋の深まりを感じる。深緑・深夜

名前のよみ み

❶〈ふかい〉の意味で

【深海】⇩深い海。海の深いところ。例深海魚。

【深呼吸】〈―する〉大きく息を吸い、十分はきだすこと。例深呼吸をくりかえす。

【深浅】⇕深いか浅いか。深さ浅さ。

【深度】⇩深さの度合い。例深度測定器。

❷〈おくふかい〉の意味で

【深遠】Ⅱ〈―な〉はかりしれないほど、内容がおく深いこと。例深遠な考え。

【深奥】Ⅱ〈―な〉ちょっとやそっとでは中身をつかみきれないほど、おく深いこと。例芸の深奥をきわめる。

【深閑】⇩〈―たる〉〈―と〉ひっそりとしずまりかえっているようす。表記「森閑」とも書く。

【深山】⇩人里を遠くはなれたおく深い山。例深山幽谷。

【深長】Ⅱ〈―に〉〈―な〉おく深くて、大きな広がりがあるようす。例意味深長なことば。

【深慮】⇩深く思いめぐらすこと。例深慮遠謀。類熟考・熟慮 対浅慮

❸〈程度が大きい〉の意味で

【深更】⇩夜のとてもおそい時間。真夜中。夜ふけ。例交渉は深更におよんだ。類深夜

【深刻】⇩〈―な〉〈―に〉ひどすぎて、どうすることもできないようす。例事態は深刻だ。

【深謝】⇩〈―する〉①心からありがたく思うこと。例ご厚情に深謝いたします。②ていねいに心をこめてあやまること。類陳謝

【深夜】⇩ま夜中。夜ふけ。類深更

【深緑】⇩こいみどり色。対浅緑

【深手】⇩深いきず。大けが。例戦場で深

手を負う。 類 重傷・痛手 対 浅手
◆水深 目深

清

氵-8 総画11 4年 明朝 清 6E05

音 セイ・ショウ高・シン外 訓 きよ-い・きよ-まる・きよ-める

筆順 清 清 清 清 清 清 清（ながく・とめる・はねる）

なりたち 形声 もとの字は、「淸」。「靑」がきれいにすむ意味と「セイ」という読み方をしめしている。よくすんだ水（氵）を表す字。

意味

❶きよい。きよらか。にごりなどがなく、すんでいること。例 清い交際。清らかな流れ。清潔・血清 対 濁

❷きれいにする。きまりをつける。例 身を清める。清掃・粛清

❸さわやか。すがすがしい。例 心が清まる。清新

❹相手をうやまうことば。例 清聴

❺中国の最後の王朝の名。例 清朝

参考 「シン」と読むのは❺のときだけ。

注意するよみ ショウ…例 六根清浄

特別なよみ 清水(しみず)

名前のよみ さや・すが・すみ

❶〈きよい〉の意味で

【清水】しみず ⬇ 地中や岩のあいだからわき出る、すんだきれいな水。例 清水がわく。

【清音】せいおん ⬇ 日本語で「カ・サ・タ・ハ」など、濁音の記号(゛)や半濁音の記号(゜)をつけないかなで表される音。関連 清音・濁音・半濁音

【清潔】せいけつ Ⅲ〈—に〉①よごれがなく、きれいなこと。例 清潔な手。対 不潔 ②心がきれいで、やり方が正しいこと。例 清潔な人がら。

【清純】せいじゅん Ⅲ〈—に〉きよらかで、けがれがない。表現 おもに、わかい人の心やおこない、それをえがく物語について使われることば。

【清浄】せいじょう・しょうじょう Ⅲ〈—な〉きれいできよらかなこと。例 空気清浄器。対 不浄

【清濁】せいだく ⇕ すんできれいなものと、よごれてにごったもの。例 清濁あわせのむ(いいものもわるいものも、ともに受け入れる。大人物の心の広さを表す)。

【清澄】せいちょう Ⅲ〈—に〉きれいにすみきっている。例 清澄な山の空気をすう。

【清貧】せいひん ⬇ 欲ばらず、きよく正しい生活をして、しぜん貧乏になるならそれでいいのだということ。例 清貧をむねとする。

【清流】せいりゅう ⬇ きれいにすんだ水の流れ。例 清流でアユをつる。対 濁流

◆【清冽】せいれつ Ⅲ〈—に〉水がきれいで、つめたいようす。例 清冽なわき水。

【清廉潔白】せいれんけっぱく 〈—な〉心にけがれがなく、良心にはじるところがないこと。類 廉潔

❷〈きれいにする〉の意味で

【清算】せいさん ▲〈—する〉①たがいの貸し借りを計算して、きれいに整理すること。②これまでの関係にけじめをつけること。

例解 使い分け せいさん《清算・精算》

清算＝おたがいの貸し借りや、これまでの関係にけじめをつけること。例 借金を清算する。過去の生活を清算する。

精算＝お金を細かく計算してはっきりさせること。例 乗りこし料金を精算する。精算所。

【清書】せいしょ ⬇〈—する〉下書きしたものをきれいに書きなおすこと。例 作文を清書する。類 浄書

【清掃】せいそう Ⅲ〈—する〉きれいにそうじをすること。例 清掃当番。清掃車。類 掃除

❸〈さわやか〉の意味で

【清新】せいしん ⬇〈—に〉さわやかで、いきいきしている。例 清新の気をふきこむ。対 陳腐

◆【清楚】せいそ ⬇〈—に〉かざりけがなく、さっぱりしたようす。例 清楚な身なり。表現 女性の服装やすがたについていう。

【清涼】せいりょう Ⅲ〈—に〉ひんやりとして、さわやかなようす。例 清涼飲料。清涼な水。

❹〈相手をうやまうことば〉の意味で

◀次ページ 淡 添 淀 涼

【清聴】せいちょう ↓〈―する〉相手が聞いてくれること。（うやまった言い方）例ご清聴をたまわり、感謝いたします。

淡

音タン㊥ 訓あわ-い㊥

氵-8 総画11 常用 明朝 淡 6DE1

筆順

なりたち 淡 [形声]「氵」がしるを表し、「炎(エン)」が「タン」とかわって読み方をしめしている。「エン」は「すくない」の意味をもち、味のうすいしるを表す字。

意味
❶あわい。味や色や中身などがあっさりしている。例淡い光。淡雪・濃淡 対濃
❷心がさっぱりしている。こだわらない。例淡泊・冷淡
❸塩分がない。例淡水
❹淡路。旧国名。瀬戸内海にあって、今の兵庫県にふくまれる島。例淡州。紀淡海峡。

❶〈あわい〉の意味で

【淡雪】あわゆき ↓春先にふる、消えやすい雪。

【淡彩】たんさい ↓あっさりした、うすいいろどり。

【淡色】たんしょく ↓うすい色。例淡色野菜。対濃色

【淡泊】たんぱく Ⅲ〈―な〉色や味などがうすくて、あっさりしていること。例味つけが淡泊なのがいい。対濃厚 表記「淡白」とも書く。☞❷

❷〈心がさっぱりしている〉の意味で

【淡淡】たんたん Ⅲ〈―たる〉さっぱりしていてこだわらないようす。例淡々と語る。

【淡泊】たんぱく Ⅲ〈―な〉欲がなくて気持ちがさっぱりしている。例淡泊な性格。対執拗 表記「淡白」とも書く。☞❶

❸〈塩分がない〉の意味で

【淡水】たんすい ↓湖や川などの、塩分をふくまない水。例淡水魚。類真水 対鹹水

淡が下につく熟語 上の字の働き

❷淡＝〈心がさっぱりしている〉のとき
【枯淡 冷淡 平淡】近い意味。

◆濃淡

添

音テン㊥ 訓そ-える㊥・そ-う㊥

氵-8 総画11 常用 明朝 添 6DFB

筆順

なりたち 沾 [形声]もとの字は、「沾」。「占(セン)」が「テン」とかわって読み方をしめしている。「セン」は「うるおす」意味をもち、水(氵)がじゅうぶんにあることを表す字。「添」は「忝」が「占」のかわりに「テン」という読み方をしめしている字。

意味 そえる。つけくわえる。例手紙を添える。付き添う。添加

例解 [使い分け]そう[沿・添]☞689ページ

【添加】てんか Ⅲ〈―する〉あるものにほかのものをつけくわえること。例食品添加物。

【添削】てんさく ⇕〈―する〉人の作文・詩歌、テストの答案などで、足りないところをくわえたり、よぶんなところをけずったりして直すこと。例通信添削。赤ペンで添削する。

【添乗】てんじょう ↓〈―する〉団体旅行などで、旅行会社の人が、せわや案内をするためにつきそって行くこと。例添乗員。

【添付】てんぷ ↓〈―する〉書類などに、ほかのものをつけくわえること。例添付資料。

淀

音テン㊋・デン㊋ 訓よど㊋・よど-む㊋

氵-8 総画11 人名 明朝 淀 6DC0

意味
❶よどむ。水や空気などの流れが止まったままの状態になる。ものごとがすらすら進まない。例水が淀む。淀みなく話す。
❷よど。水が流れないでたまっている所。よどみ。

涼

音リョウ㊥ 訓すず-しい㊥・すず-む㊥

氵-8 総画11 常用 明朝 涼 6DBC

筆順

なりたち 涼 [形声]「氵」が水を表し、「京(ケイ)」が「リョウ」とかわって読み方をしめし

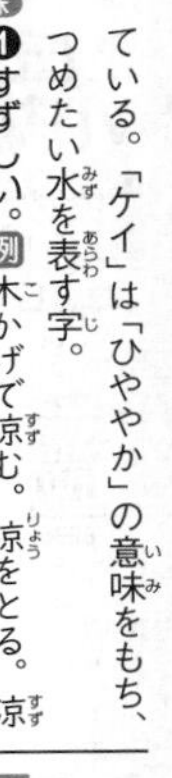

ている。「ケイ」は「ひややか」の意味をもち、つめたい水を表す字。

意味

❶すずしい。例 木かげで涼む。涼をとる。涼しい風。夕涼み。清涼

❷ものさびしい。すさまじい。例 荒涼

参考「涼」の字も、人名用漢字。

❶〈すずしい〉の意味で

【涼感】りょうかん ↓さっぱりしてすずしい感じ。例 涼感をよぶ。

【涼風】りょうふう｜すずかぜ ↓すずしい風。

【涼味】りょうみ ↓すずしい感じ。すずしさ。例 涼味満点。

◆荒涼 清涼 納涼

【淋】

氵-8 総画11 人名 明朝 淋 6DCB

音 リン外 訓 さび-しい外

意味 さびしい。心細い。

【渥】

氵-9 総画12 人名 明朝 渥 6E25

音 アク外 訓 あつ-い外

意味 てあつい。うるおう。

【淵】

氵-9 総画12 人名 明朝 淵 6DF5

音 エン外 訓 ふち外

意味 ふち。川や海などで、水が深くよどんでいる所。おく深い所。例 悲しみの淵にしずむ。海淵・深淵

【温】

氵-9 総画12 3年 明朝 温 6E29 旧字 溫 6EAB

音 オン 訓 あたた-か・あたた-かい・あたた-まる・あたた-める

筆順 （おおきく）（だす）

なりたち ［形声］もとの字は、「溫」。「𥁕」が「オン」という読み方をしめしている。「氵」が川を表し、もと川の名で、借りて「あたたかい」として使われる。

意味

❶あたたかい。あたたまる。あたためる。例 ふろで温まる。スープを温める。温かい料理。温室・気温 対 冷・寒

❷おだやかでやさしい。なごやか。性格などがすなおである。例 温かな家庭。温和

❸じっくりとたいせつにする。例 温故知新。温存

例解［使い分け］あたたかい［暖・温］☞601ページ

名前のよみ あつ・あつし・なが・はる・まさ・みつ・やす・ゆたか・よし

❶〈あたたかい〉の意味で

【温室】おんしつ ↓寒さに弱い草花や季節を先取りした野菜などを育てるのに使う、ガラスやビニールでかこったへやや建物。例 温室栽培。

表現「温室育ち」は、人がだいじにされすぎて、世の中の苦労を知らないで育つこと。

【温床】おんしょう ↓①寒いときに植物の苗を育てるために、中の空気や土があたたかくなるようにかこった場所。②（よくない）ものごとを起こりやすくする原因のあるところ。

【温水】おんすい ↓あたたかい水。例 温水プール。電気温水器。対 冷水

【温泉】おんせん ↓①地中からわき出る温水。例 温泉をほりあてる。②地中からわき出る温水を利用して浴場などにした場所。例 温泉旅館。

知識 セ氏二五度以上の鉱泉を「温泉」という。同様の成分をふくんでいても、温度の低い鉱泉は「冷泉」ということが多い。

【温帯】おんたい ↓熱帯と寒帯とのあいだのところ。四季の変化が見られる。日本もここにある。例 温帯低気圧。関連 熱帯・温帯・寒帯

【温暖】おんだん Ⅲ〈―な〉気候があたたかで、おだやかなこと。例 温暖な気候。対 寒冷

【温度】おんど ↓熱さ冷たさの度合い。例 温度計。

知識 温度を表す単位は「度」で、ふつう、セ氏（℃）を使う。

❷〈おだやかでやさしい〉の意味で

【温顔】おんがん ↓おだやかな人がらが表れた、親しみやすい顔つき。例 温顔に接する。

【温厚】おんこう ↓〈―な〉人がらが、はげしさ、きびしさ、冷たさなどを感じさせず、おちつきのある感じ。例 温厚な紳士。類 温和

◀次ページ 渦 減

【温順】おんじゅん ⇩〈―な〉①性質がおとなしくて、人にさからったりしない。例温順な人。類温和・従順・柔順 ②気候が、おだやかですごしやすい。例温順な気候。

【温情】おんじょう ⇩あたたかく、思いやりのある心。例温情あふれることば。類恩情

【温和】おんわ Ⅲ〈―な〉①暑さ寒さの変化が少なく、おだやかである。例温和な気候。②おとなしくて、やさしい。例温和な性質。類温順・柔和・温厚

❸〈じっくりとたいせつにする〉の意味で

【温故知新】おんこちしん むかしからの考え方ややり方をじっくりと調べて学び、その中から新しい行き方、やり方を見つけだしていくこと。参考『論語』(為政第二)にある孔子のことば。「故きを温ねて、新しきを知る」と読まれてきたが、「故きを温めて」と読んでもよい。

【温存】おんぞん ⇩〈―する〉もとのままにたもつこと。例後半戦にそなえて体力を温存する。

⬅温が下につく熟語 上の字の働き

❶温＝〈あたたかい〉のとき
【気温 水温 体温】ナニの温度か。
【検温 保温】温度をドウスルか。
【常温 高温 低温】ドレクライの温かさか。

◆三寒四温

渦

氵-9 総画12 常用 明朝 渦 6E26

音カ高 訓うず中

筆順 渦

なりたち 【形声】「氵」が水を表し、「咼」が「カ」という読み方をしめしている。「カ」は「まるい」の意味をもち、まるくうずまく水を表す字。

意味 うず。水や空気が中心の一点に向けて回りこんでいく状態。うずまき。例渦を巻く。渦潮・渦中

【渦潮】うずしお ⇩せまい海峡で、潮のかわりめに起こる、海水がうずをまく現象。徳島県鳴門の渦潮が有名。

【渦中】かちゅう ⇩うずまきのなか。事件やさわぎのまっただなか。例渦中の人。

◆戦渦

減

氵-9 総画12 5年 明朝 減 6E1B

音ゲン 訓へ-る・へ-らす

筆順 減 (はねる)

なりたち 【形声】「氵」が水を表し、「咸カン―ケン」が「ゲン」とかわって読み方をしめしている。「ケン」は「すくない」の意味をもち、水のすくなくなることを表す字。

意味 へる。へらす。さしひく。例体重が減る。人数を減らす。格差を減じる。昨年度より二割の減。減少・軽減 対増・加

【減額】げんがく ▲〈―する〉金額をへらすこと。例予算を減額する。対増額

【減刑】げんけい ▲〈―する〉罰を軽くすること。

【減殺】げんさい Ⅲ〈―する〉程度を下げたり量をへらしたりすること。類削減・減少 参考「殺」は、「なくす」の意味で、「さい」と読む。

【減産】げんさん ▲〈―する〉生産がへること。計画的に生産をへらすこと。対増産

【減収】げんしゅう ▲〈―する〉収入や収穫がへること。例前年より一割の減収だ。対増収

【減少】げんしょう Ⅲ〈―する〉数や量がへって、少なくなること。例人口が減少する。類減殺 対増加・増大

【減食】げんしょく ▲〈―する〉食事の量をへらすこと。例体調を考えて減食する。類節食

【減税】げんぜい ▲〈―する〉税金を安くすること。例特別減税。対増税

【減速】げんそく ▲〈―する〉動きをおそくすること。おそくなること。例カーブの手前で減速する。対加速

【減退】げんたい Ⅲ〈―する〉体力や気力が弱まること。例食欲の減退。対増進・増強

【減反】げんたん ▲〈―する〉その年の農作物をつくる田畑の面積をへらすこと。例減反政策。

【減点】げんてん ▲〈―する〉点数をへらすこと。例漢字をまちがえて減点される。対加点

ものしり巻物 第21巻

熟語の読み方（音と訓をまぜるもの）

訓読みとは、もともとの日本語にもとづいた漢字の読み方です。そして、音読みとは、その漢字の中国での発音にもとづいた読み方です。たとえば、「山」という漢字を「やま」と読むのは訓読み、「サン」と読むのは音読みです。

二字の熟語を読むとき、上の字が訓読みならば、下の字も訓読み、上の字が音読みならば、下の字も音読みになるのがふつうです。

たとえば、「塩味（しおあじ）」「道草（みちくさ）」「砂場（すなば）」は上の字も下の字も訓読みです。そして、「学校（ガッコウ）」「黒板（コクバン）」「算数（サンスウ）」は、上の字も下の字も音読みです。

ところが、なかには訓読みと音読みがまざった熟語もあります。

「重箱（ジュウばこ）」「王様（オウさま）」「本箱（ホンばこ）」「毎朝（マイあさ）」「台所（ダイどころ）」などは、上の字を音読みし、下の字を訓読みします。こういう読み方を重箱読みといいます。「重箱」は、食べ物を入れる箱の形の器です。

「湯桶（ゆトウ）」「手帳（てチョウ）」「場所（ばショ）」「夕刊（ゆうカン）」「切符（きップ）」などは、上の字を訓読みし、下の字を音読みします。こういう読み方を湯桶読みといいます。「湯桶」とは、むかし、食事のときに飲むお湯を入れた、木でできた器です。現在でも、おそばやさんなどで使われています。

以上のような「重箱読み」「湯桶読み」のことばは、日本語と中国語が合体してできたことばなのです。

【減法】↓ひき算。対 加法 関連 加法（たし算）・減法・乗法（かけ算）・除法（わり算）。

【減免】Ⅱ〈―する〉税金や刑罰などをへらしたり許したりすること。例 高齢者の入場料を減免する。

【減量】▲〈―する〉①重さや量をへらすこと。例 ごみの減量計画。対 増量 ②体重をへらすこと。例 減量に成功する。

減が下につく熟語 上の字の働き

【加減 増減】反対の意味。

【激減 漸減 逓減 半減】ドノヨウニ減るか。

【軽減 削減 節減】ドウヤッテ減らすか。

湖

音 コ 訓 みずうみ

氵-9 総画12 3年

明朝 湖 6E56

筆順 湖（はねる）

なりたち 〔形声〕「氵」が水を表し、「胡」が「コ」という読み方をしめしている。「コ」は「大きい」の意味をもち、大きな「みずうみ」を表す字。

意味 みずうみ。例 湖のほとり。湖水

【湖沼】Ⅱ みずうみやぬま。

【湖水】↓みずうみ。みずうみの水。例 湖水をくむ。

【湖底】↓みずうみの底。対 湖面

◀次ページ 港 渾 滋 湿 湘

【湖畔】〔↓〕みずうみに面した土地。例 湖畔の宿。類 湖岸

港

氵-9 総画12 3年 明朝 港 6E2F

音 コウ 訓 みなと

筆順 港 港 港 港 港 港 港 港（はらう／巳・已にならない）

なりたち 〔形声〕もとの字は、「港」。「氵」が水を表し、「巷」が「通り道」の意味と「コウ」という読み方をしめしている。船の通る水路を表す字。「みなと」として使われている。

意味 みなと。船や飛行機などの発着する場所。例 船が港に入る。港町・空港

【港湾】〔Ⅱ〕船がとどまって、人の乗り降りや荷物のつみおろしができるところ。

【港町】〔↓〕港があることで発展してきた町。例 古くからの港町。

港が下につく熟語 上の字の働き

【寄港 帰港 入港 出港 築港】港に（港を）ドウスルか。

【漁港 空港 軍港】ナニのための港か。

◆良港

渾

氵-9 総画12 人名 明朝 渾 6E3E

音 コン（外） 訓 すべ-て（外）

意味 ❶すべて。みな。まったく。例 渾身 ❷まじる。まざる。いりまじる。例 渾沌

滋

氵-9 総画12 4年 明朝 滋 6ECB

音 ジ（中） 訓 ―

筆順 滋 滋 滋 滋 滋 滋 滋 滋（とめる／とめる）

なりたち 〔形声〕「氵」が水を表し、「兹」が「ジ」という読み方をしめしている。「ジ」は「やしない育てる」の意味をもち、作物を育てる雨や水を表す字。

意味 栄養がある。うるおう。うるおす。例 滋養

県名 滋賀（しが）

名前のよみ しげ・しげる

【滋味】〔↓〕①食べ物の栄養分。おいしさ。例 山菜の滋味。②心をうるおす味わい。例 滋味あふれる文章。

【滋養】〔Ⅱ〕からだを育て、じょうぶにする成分。例 滋養強壮剤。類 栄養・養分

湿

氵-9 総画12 常用 明朝 湿 6E7F 旧字 濕 6FD5

音 シツ（中） 訓 しめ-る（中）・しめ-す（中）

筆順 湿 湿 湿 湿 湿 湿 湿 湿

なりたち 〔形声〕もとの字は、「濕」。「氵」が川を表し、「㬎」が「シツ」という読み方をしめしている。もと川の名で、借りて「しめる」として使われている。

意味 しめる。しめらせる。しめっぽい。例 水でのどを湿す。湿った空気。湿地・陰湿 対 乾

【湿気】〔↓〕しめりけ。例 湿気が多い土地。

【湿原】〔↓〕水が流れこんでじめじめしている草原。

【湿潤】〔Ⅱ〕〈―な〉しめりけが多く、じめじめしているようす。例 湿潤な土地。類 多湿 対 乾燥

【湿疹】〔↓〕皮膚の表面にできる赤いはれや、ただれなどのぼつぼつ。

【湿地】〔↓〕しめりけの多い土地 例 湿地帯。

【湿度】〔↓〕しめりけの度合い。例 湿度計。

【湿布】〔↓〕〈―する〉薬などをふくませた布をいたみやはれのある部分にあてること。また、あてる布。例 湿布をはる。

湘

氵-9 総画12 人名 明朝 湘 6E58

音 ショウ（外） 訓 ―

意味 中国にある川の名。例 湘南（神奈川県南部の海岸地帯。むかし相模川を中国風に湘水と書いたことから、国名「相模」の南部を「湘」と表現したもの）

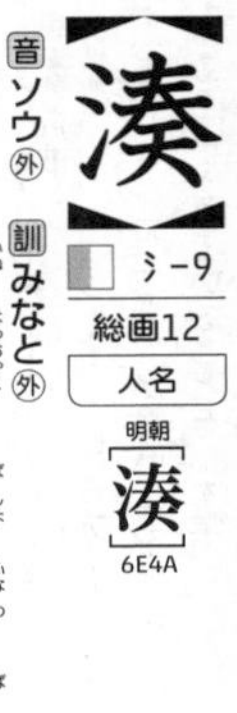

【湊】 氵-9 総画12 人名 明朝 湊 6E4A

音 ソウ㊥外 訓 みなと㊥外

意味 みなと。船の発着する場所。船着き場。

【測】 氵-9 総画12 5年 明朝 測 6E2C

音 ソク 訓 はか-る

筆順 測 測 沪 泪 浿 浿 測 測（とめる・はねる）

なりたち [形声]「氵」が水を表し、「則」が「きまりにのっとる」意味と、「ソク」という読み方をしめしている。水の深さをはかることを表す字。

意味 はかる。長さ・広さなどを調べる。見当をつける。例 深さを測る。測定・推測

例解 [使い分け] はかる[図・計・量・測・謀・諮] ☞245ページ

【測地】そくち ▲〈-する〉土地の広さ・位置・高さなどをはかること。類 測量

【測定】そくてい ↓〈-する〉道具や機械で、大きさ・重さ・量・速さ・温度などをはかること。例 体重測定。類 測量

【測量】そくりょう Ⅱ〈-する〉土地や川などの広さや位置や高さをはかること。類 測定・測地

【測候所】そっこうじょ その地域の天候を調べるところ。知識 天気予報や警報を出し、地震の観測もおこなう。

測が下につく熟語 上の字の働き

【観測 実測 目測 憶測 推測】ドウヤッテ測るか。

◆不測 予測

【湛】 氵-9 総画12 人名 明朝 湛 6E5B

音 タン㊥外 訓 たた-える㊥外

意味 ❶たたえる。水などが、いっぱいに満ちる。❷水がきよく澄んださま。

【渡】 氵-9 総画12 常用 明朝 渡 6E21

音 ト㊥ 訓 わた-る㊥・わた-す㊥

筆順 渡 渡 浐 浐 渡 渡 渡 渡

なりたち [形声] はしからはしまで指をわたしてはかる意味の「度」が、「ト」という読み方をしめしている。水（氵）をわたることを表す字。

意味 わたる。わたす。川や海などをこえて向こうがわへ行く、移す。例 橋を渡る。お金を渡す。渡航・譲渡

【渡航】とこう Ⅱ〈-する〉船や飛行機で外国へ行くこと。例 渡航の準備。類 渡海

【渡世】とせい ▲①世の中を生きていくこと。世わたり。②くらしを立てるための職業。なりわい。例 大工を渡世にする。類 生業・家業 表現 古い言い方。

【渡来】とらい ↓〈-する〉海をわたって外国からやってくること。例 南蛮渡来の品。多くの外国人が渡来した。類 伝来・舶来

【湯】 氵-9 総画12 3年 明朝 湯 6E6F

音 トウ 訓 ゆ

筆順 湯 湯 渇 渇 湯 湯 湯 湯（ながく・はねる）

なりたち [形声]「氵」が水を表し、「昜」が「トウ」とかわって読み方をしめしている。「ヨウ」は「熱い」の意味をもち、水の熱くなった「ゆ」を表す字。

意味 ❶ゆ。水をわかしたもの。薬草をせんじたもの。例 葛根湯。湯気・熱湯・薬湯 ❷ふろ。温泉。例 湯治・銭湯

❶〈ゆ〉の意味で

【湯気】ゆげ ↓水蒸気が小さな水のつぶになって白いけむりのように見えるもの。例 鍋から湯気が出る。類 水蒸気

【湯桶】ゆとう ↓飲むための湯などを入れる、注ぎ口と柄のある木で作った桶。知識「湯桶読み」☞ものしり巻物21（715ページ）

【湯水】ゆみず Ⅱ湯や水。表現「金を湯水のように

使う」の湯水は、どこにでもあるもののたとえで、お金をどんどん使うこと。「湯水ものどを通らない」の湯水は、いちばん飲みやすいものという意味で、それさえのどを通らないほど病気が重いこと。

❷〈ふろ〉の意味で

【湯治】↓〈―する〉温泉に入って、病気やつかれをいやすこと。例 湯治客。湯治場。

【湯桶】◆ ↓ 湯を入れるおけ。☞❶

【湯殿】↓ 湯に入るためのへや、建物。類 浴室 表現 古風なことば。

【湯元】↓ 温泉の湯がわき出しているもとのところ。類 源泉 表記「湯本」とも書く。

湯が下につく熟語 上の字の働き

❶湯＝〈ゆ〉のとき
【熱湯 重湯 白湯】ドンナ湯か。

◆産湯 給湯 銭湯

満

氵-9 総画12 4年 明朝 満 6E80 旧字 滿 6EFF

音 マン 訓 み-ちる・み-たす

筆順 満 満 満 満 満 満（はねる・だす）

なりたち [形声] もとの字は、「滿」。「㒼」が「マン」という読み方をしめしている。「マン」は「おおう」意味をもち、水（氵）がみちあふれていることを表す字。

意味

❶みちる。みたす。いっぱいになる。ある時期に達して終わりになる。条件を満たす。満員・満了・干満 例 潮が満ちる。
❷すべて。ぜんぶ。例 満開
❸みちたりている。十分にある。例 満を持す。満足・円満

名前のよみ ます・まろ・みつ

❶〈みちる〉の意味で

【満員】▲ ①人がそれ以上入れないほどこみあうこと。例 満員電車。②きめられた人数いっぱいであること。例 満員御礼。

【満願】▲ 神仏に、願をかける期間の終わりに達すること。例 満願の日。類 結願

【満期】▲ きめられた期間の終わりに達すること。例 預金が満期になる。

【満月】↓ まんまるにかがやく月。陰暦十五夜の月をいう。類 望月 対 新月

【満載】↓〈―する〉①荷物をいっぱいにつみこむこと。例 満載の荷物。②新聞や雑誌に特定の記事をたくさんのせること。

【満作】▲ 作物が十分に実ること。例 豊年満作。類 豊作 対 不作・凶作

【満室】▲ ホテルや旅館などに、空いているへやがないこと。例 どのホテルも満室だ。

【満車】▲ 駐車場がいっぱいで、車を入れる場所がないこと。対 空車

【満水】▲〈―する〉川やダム、水槽などが、水でいっぱいになること。例 ダムが満水だ。

【満潮】↓ 潮がみちて、海面の高さがいちばん高くなること。みちしお。対 干潮

【満腹】▲〈―する〉おなかがいっぱいになること。例 もう満腹だ。対 空腹

【満満】Ⅲ〈―たる〉〈―と〉みちあふれるほど、いっぱいなようす。例 満々と水をたたえる。

【満了】Ⅲ〈―する〉きめられた期間がすっかり終わること。例 任期が満了する。

❷〈すべて〉の意味で

【満開】↓〈―する〉花が全部開くこと。たくさんの花がさきそろうこと。例 満開の桜。

【満艦飾】お祝いのときに、軍艦が旗や電灯で船全体をかざること。

【満座】↓ 集まっている人全員。例 満座の中ではじをかく。類 満場

【満場】▲ 会場が人でいっぱいになること。また、そこにいる人全員。例 満場一致で決まる。類 満座

【満身】↓ からだ全体。例 満身の力をこめる。類 全身 表現「満身創痍」は、からだじゅう傷だらけになるほどがんばるさまに使われる。「全身の力」は「ぬける」こともあるが、「満身の力」は「こめる」しかない。

【満天】まんてん ▲空いっぱい。例 満天の星。

【満点】まんてん ▲きめられた点数の中の最高点。これ以上はないということ。例 百点満点。スリル満点。

【満天下】世の中全体。

前ページ 湊 測 湛 渡 湯

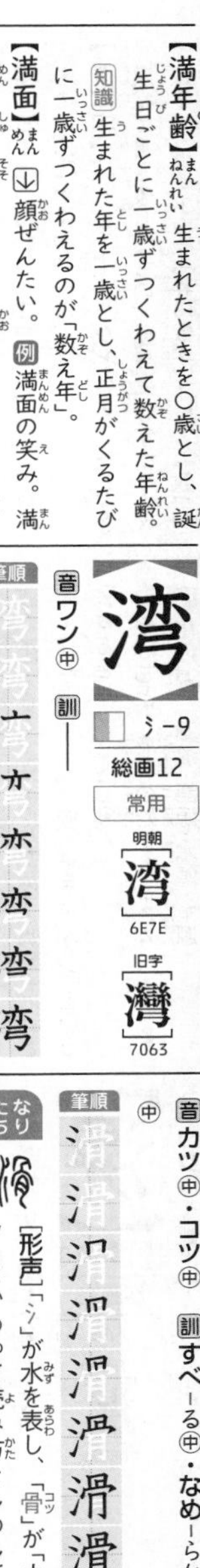

【満年齢】生まれたときを〇歳とし、誕生日ごとに一歳ずつくわえて数えた年齢。知識 生まれた年を一歳とし、正月がくるたびに一歳ずつくわえるのが「数え年」。

【満面】↓ 顔ぜんたい。例 満面の笑み。満面に朱を注ぐ（おこって顔をまっかにする）。

❸〈みちたりている〉の意味で

【満悦】↓〈―する〉満足してよろこぶこと。表現 頭に「ご」をつけて使うことが多い。

【満喫】↓〈―する〉満足するまで味わうこと。例 心ゆくまで満喫する。

【満足】Ⅲ ①〈―する〉思いどおりにうまくいって、これで最高だと思う。例 満足できる結果が出る。②〈―な〉十分で、たりないところがない。類 充足

満が下につく熟語 上の字の働き

❸ 満＝〈みちたりている〉のとき

【円満 豊満】近い意味。

◆干満 充満 肥満 不満 未満

湧

氵-9 総画12 常用 明朝 湧 6E67

音 ユウ中・ヨウ外 訓 わ-く中

筆順 湧 湧 湧 湧 湧 湧 湧

意味 わき出る。例 勇気が湧く。湧泉

例解 [使い分け] わく「沸・湧」→ 695ページ

[文字物語] → 694ページ

湾

氵-9 総画12 常用 明朝 湾 6E7E 旧字 灣 7063

音 ワン中 訓 ―

筆順 湾 湾 湾 湾 湾 湾 湾

なりたち 灣 [形声]もとの字は、「灣」。「氵」が水を表し、「彎」が曲がる意味と「ワン」という読み方をしめしている。陸地に曲がって入りこんでいる水辺を表す字。

意味 ❶いりえ。入り海。海が陸地に弓なりに入りこんだところ。例 湾岸・港湾 ❷弓なりにまがっている。例 湾曲

❶〈いりえ〉の意味で

【湾岸】↓ 入り海にそった海岸。

【湾内】↓ 入り海の内がわ。対 湾外

❷〈弓なりにまがっている〉の意味で

【湾曲】Ⅲ〈―する〉ひきしぼった弓のような形にまがっていること。例 湾曲した道。

溢

氵-10 総画13 人名 明朝 溢 6EA2

音 イツ外 訓 あふ-れる外

意味 あふれる。いっぱいになってこぼれる。例 なみだが溢れる。

滑

氵-10 総画13 常用 明朝 滑 6ED1

音 カツ中・コツ中 訓 すべ-る中・なめ-らか中

筆順 滑 滑 滑 滑 滑 滑 滑

なりたち 滑 [形声]「氵」が水を表し、「骨」が「カツ」とかわって読み方をしめしている。「コツ」は「流れ出る」意味をもち、水がなめらかに流れることを表す字。

意味 すべる。なめらか。なめらかに動く。例 滑らかな口調。滑走・円滑

【滑空】▲〈―する〉グライダーや飛行機が、エンジンを使わず、気流に乗って飛ぶこと。

【滑降】↓〈―する〉スキーで、雪の上をすべりおりること。例 滑降競技。

【滑車】↓ 車輪のみぞにかけた綱の力で回る道具。重い物を持ち上げるのに使う。

【滑走】↓〈―する〉地面や氷の上などを、すべるように走ること。例 滑走路。

◆円滑 潤滑

漢

氵-10 総画13 3年 明朝 漢 6F22 旧字 漢 FA47

音 カン 訓 ―

筆順 漢 漢 漢 漢 漢 漢 漢 (だささない) (はらう)

なりたち 漢 [形声]もとの字は、「漢」。「氵」が川を表し、「𦰩」が「カン」という読み方

◀次ページ 源 溝 滉

をしめしている。もと、川の名。のちに広く中国のよび名として使われている。

意味

❶中国。中国に関係すること。むかしの中国の王朝の名。例 漢民族。漢字・和漢

❷男。「…漢」の形で使う。例 悪漢

❶〈中国〉の意味で

【漢音】かんおん ⬇ 漢字の音の一種。「行」を「コウ」、「明」を「メイ」、「人」を「ジン」と読む読み方。漢字の音読みで、もっとも多く用いられている。参考 ☞ものしり巻物9(301ページ)

【漢学】かんがく ⬇ 漢文を学ぶことで、中国の文化などを研究する学問。例 漢学の素養がある。関連 国学・漢学・洋学

【漢語】かんご ⬇ 漢字を音読みで書き表したことば。中国からつたわったものもあれば、日本でつくられたものもある。参考 ☞ものしり巻物19(667ページ)

【漢詩】かんし ⬇ 中国語の詩。字数や音の配列の形式にならって、日本でもつくられた。類 唐詩 知識 四つの句からなるものを「絶句」、八句のものを「律詩」という。☞ものしり巻物26(887ページ)

【漢字】かんじ ⬇ むかしの中国でつくられた文字。日本につたわってきたのち、日本独自のもの(国字)がくわわった。

【漢数字】かんすうじ 「一・十・百」などのように、数を漢字で書き表したもの。関連 漢数字・ローマ数字・アラビア数字(算用数字) 知識 ☞【数字】。(567ページ)

【漢籍】かんせき ⬇ 中国の書物。関連 和書・漢籍・洋書

【漢文】かんぶん ⬇ 中国の古い書物の文章。日本人が漢字だけで書いた詩や文章もいう。例 漢文を訓読する。対 和文・国文

【漢方薬】かんぽうやく 中国からつたわってきた薬。草の根や葉などを用いたものが多い。

【漢和】かんわ ⬆ ①中国と日本。中国語と日本語。類 和漢 ②「漢和辞典」の略。

漢が下につく熟語 上の字の働き

❷漢＝〈男〉のとき

【悪漢 巨漢 好漢 酔漢 痴漢 暴漢 門外漢 大食漢】ドノヨウナ男か。

源

音 ゲン　訓 みなもと

氵-10　総画13　6年

明朝 源 6E90

筆順 はねる　とめる

なりたち [形声]もともと「原」が「みなもと」を表していたが、「はら」として使われたため、「氵(水)」をくわえてあらためて「みなもと」として作りあげた字。「原」はまた「ゲン」という読み方をしめしている。

意味 みなもと。流れの始まるところ。大もと。例 川の源。源流・語源・水源・本源

名前のよみ はじめ・もと・よし

【源泉】げんせん ⬇ ①水や温泉などがわき出ているところ。類 源流・水源・湯元 ②ものごとが生じるおおもと。例 活力の源泉。類 根源

【源流】げんりゅう ⬇ ①川の流れの始まるところ。類 水源・源泉 ②ものごとの起こりはじめ。例 文学の源流。類 起源

源が下につく熟語 上の字の働き

【起源 根源 本源】近い意味。

【語源 字源 光源 水源 電源 財源】ナニのおおもとか。

溝

音 コウ 中　訓 みぞ 中

氵-10　総画13　常用

明朝 溝 6E9D

筆順

なりたち [形声]「氵」が水を表し、「冓」が「入り組む」意味と「コウ」という読み方をしめしている。田畑のあいだに水を流すため、たてよこにほったみぞを表す字。

意味 みぞ。㋐細長くほった水路。例 排水溝。㋑細いくぼみ。例 しきいの溝。㋒人との気持ちのへだたり。例 溝が深まる。

滉

音 コウ 外　訓 ―

氵-10　総画13　人名

明朝 滉 6EC9

意味 水が深く広いようす。
名前のよみ あきら・ひろ・ひろし

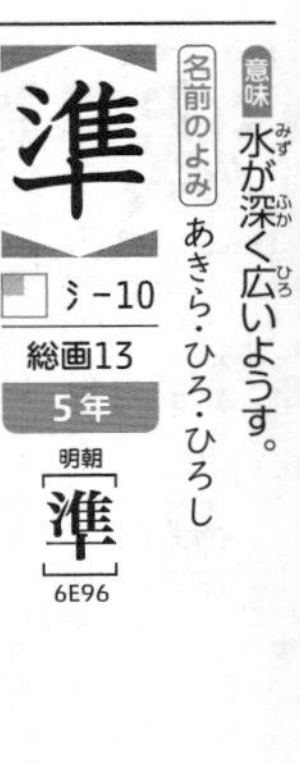

準

氵-10 総画13 5年 明朝 準 6E96

音 ジュン 訓 ―

筆順

なりたち 形声「氵」が水を表し、「隼」が「ジュン」とかわって読み方をしめす。「シュン」は「平ら」の意味で、水平をはかる「みずもり」を表す字。

意味
❶みずもり。水平をはかる道具。例 水準器。
❷めやす。手本。よりどころにする。例 前年度に準じる。準拠・標準
❸そなえる。用意する。例 準備
❹ほんものの次。例 準決勝。

名前のよみ とし・のり・ひとし

❷〈めやす〉の意味で
【準拠】Ⅲ〈―する〉あるものをよりどころにして、ものごとをおこなうこと。例 教科書に準拠した参考書。

❸〈そなえる〉の意味で
【準備】Ⅲ〈―する〉前もって用意をすること。したく。例 準備運動。

❹〈ほんものの次〉の意味で
【準決勝】決勝戦に出る選手やチームを決めるための試合。
【準優勝】優勝の次の位置。第二位。

準が下につく熟語 上の字の働き
❷準＝〈めやす〉のとき
【基準 標準】近い意味。
◆照準 水準

滞

氵-10 総画13 常用 明朝 滞 6EDE 旧字 滯 6EEF

音 タイ 中 訓 とどこお-る 中

筆順

なりたち 形声 もとの字は、「滯」。「氵」が水を表し、「帶」が「タイ」という読み方をしめしている。「タイ」は「とどまる」意味をもち、水がとどまって流れないことを表す字。

意味
❶とどこおる。つかえて動かない。例 支払いが滞る。滞納・渋滞
❷とどまる。おなじ場所にいる。例 滞在

❶〈とどこおる〉の意味で
【滞貨】⇩〈―する〉売れなかったり、輸送ができなかったりして、たまってしまった品物。
【滞納】▲〈―する〉期限がすぎても、お金や品物をおさめないでいること。例 家賃を二か月分滞納する。類 延納・未納
【滞留】⇩〈―する〉流れがわるくなって、物がつかえること。類 停滞 ☞❷

❷〈とどまる〉の意味で
【滞空】▲ 空中を飛びつづけること。物体が空中にあること。例 滞空時間。
【滞在】⇩〈―する〉よその土地に行って、ある期間そこにいること。類 滞留・逗留
【滞留】⇩〈―する〉よその土地に行って、やや長い期間とどまること。類 滞在 ☞❶

滞が下につく熟語 上の字の働き
❶滞＝〈とどこおる〉のとき
【延滞 渋滞 遅滞 停滞】近い意味。
◆沈滞

滝

氵-10 総画13 常用 明朝 滝 6EDD 旧字 瀧 7027

音 ― 訓 たき 中

筆順

なりたち 形声 もとの字は、「瀧」。「氵」が水を表し、「龍」が「ロウ」とかわって読み方をしめしている。「リュウ」は「落ちる」意味をもち、雨がかすむようにふるようすを表す字。日本では「たき」として使われている。

意味 たき。流れおちる水。例 滝に打たれる。
【滝壺】⇩ 流れ落ちる滝のいきおいで底がえぐれ、水が深くたまっているところ。

溺

氵-10 総画13 常用 明朝 溺 6EBA

音 デキ 中 訓 おぼ-れる 中

4 水 氵 氺 みず・さんずい・したみず 10画 準 滞 滝 溺 ◀次ページ 漠 滅 溶

筆順

意味 おぼれる。㋐水の中で死ぬ。例 溺死 ㋑ほかのことが目に入らないほどむちゅうになる。例 溺愛

字体のはなし 「溺」とも書く。☞ふろく「字体についての解説」(30ページ)

【溺愛】⬇〈—する〉むちゃくちゃにかわいがること。例 初孫を溺愛する。

【溺死】⬇〈—する〉おぼれて死ぬこと。類 水死

◆耽溺 惑溺

漠

氵-10 総画13 常用 明朝 漠 6F20

音 バク 中 訓 —

筆順

なりたち [形声]「莫」が「ない」意味と「バク」という読み方をしめしている。水(氵)のないさばくを表す字。

意味 はても、くぎりもない。はっきりしない。例 広漠・砂漠・索漠

【漠然】⊠〈—たる〉〈—と〉考えや話などの内容がはっきりしない。例 漠然と想像する。

滅

氵-10 総画13 常用 明朝 滅 6EC5

音 メツ 中 訓 ほろ-びる 中・ほろ-ぼす 中

筆順

なりたち [形声]「氵」が水を表し、「威(ベツ)」が「メツ」とかわって読み方をしめしている。水がなくなることを表す字。

意味 ほろびる。なくなる。ほろぼす。なくする。たやす。きえる。例 国が滅びる。敵を滅ぼす。滅亡・破滅

【滅却】⊠〈—する〉すっかり消しさる。例 座禅をくんで心の迷いを滅却する。

【滅菌】▲〈—する〉熱や薬などで、すべての細菌をころすこと。例 滅菌処理。類 殺菌・消毒

【滅亡】Ⅱ〈—する〉ほろびてしまうこと。例 人類の滅亡をふせぐ。

【滅法】▲①〈—な〉めちゃくちゃなこと。例 めっぽうなことを言う。②たいへんに。例 めっぽう強い。知識 もとは仏教のことばで、きまりにあわないことを表す。

滅が下につく熟語 上の字の働き

【壊滅 破滅 死滅 消滅 絶滅 衰滅】近い意味。

【点滅 明滅】反対の意味。

【磨滅(摩滅) 撃滅 撲滅 隠滅】ドウナッテなくなるか、ドウシテなくするか。

【自滅 全滅】ドノヨウニなくなるか。

◆幻滅 仏滅 不滅

溶

氵-10 総画13 常用 明朝 溶 6EB6

音 ヨウ 中 訓 と-ける 中・と-かす 中・と-く 中

筆順

なりたち [形声]「氵」が水を表し、「容」が「入れる」意味と「ヨウ」という読み方をしめしている。水があふれることを表す字。借りて、「とける」として使われる。

意味 とける。とかす。とく。固体を液体にする。液体どうしをまぜあわせる。例 鉄が溶ける。水に溶かす。絵の具を溶く。

例解 [使い分け] とける[溶・解] ☞ひだりのページ

【溶液】⬇物質がとけこんでいる液体。

【溶解】Ⅱ〈—する〉①物質が液体にとけこむ。②金属が熱でとける。

【溶岩】⬇火山からふき出す、どろどろにとけた岩石。それが冷えてかたまった岩。

【溶鉱炉】鉱石を熱でとかし、鉄や銅などをとりだすための炉。

【溶質】⬇溶液で、とけている物質。☞【溶媒】(ひだりにあります)

【溶接】⬇〈—する〉熱でとかして、金属と金属をつなぎ合わせること。例 溶接工。

【溶媒】⬇溶液で、他の物質をとかしているもの。食塩水なら水が溶媒、食塩が溶質。

☞【溶質】(みぎにあります)

【溜】

シ－10　総画13　人名

明朝 溜 6E9C

音 リュウ㊕　訓 たーまる㊕・ためる

意味 たまる。ためる。水がたまる。例 溜め池。

【演】

シ－11　総画14　5年

明朝 演 6F14

音 エン　訓 ―

筆順 演 演 演 演 演 演 演（だす・とめる）

なりたち [形声]「氵」が水の流れを表し、「寅」が「エン」とかわって読み方をしめしている。「イン」は「のびる」意味をもち、長くのびた川を表す字。

意味 ❶口でのべる。例 演説・講演 ❷わざを見せる。人の前でやって見せる。例 役を演じる。演技・公演

名前のよみ のぶ・ひろ・ひろし

❶〈口でのべる〉の意味で

【演説】えんぜつ ↓〈―する〉おおぜいの人の前で自分の意見や考えを話して聞かせること。類 講演

【演題】えんだい ↓演説や講演などの題名。

【演壇】えんだん ↓話をする人が立つ、一段高くなったところ。例 演壇に上がる。

❷〈わざを見せる〉の意味で

【演技】えんぎ ▲〈―する〉①劇や映画で、その中の人物を表現して見せること。②体操などの競技で、わざを見せること。例 迫真の演技。

【演芸】えんげい ▲人に見せる歌・おどり・落語・漫才・曲芸などの芸。例 演芸場。

【演劇】えんげき ▲一つの物語を、俳優がその中の人物になって見せることで、目の前に起こっているできごとのように感じさせる芸術。類 劇・芝居

【演習】えんしゅう ↓〈―する〉①じっさいとおなじつもりでする練習。例 運動会の予行演習。類 訓練 ②学生が、指導を受けながら自分たちで研究や討議をすること。ゼミナール。③実戦の練習。例 実弾演習。

【演出】えんしゅつ ↓〈―する〉①脚本をもとに、俳優の演技などすべての面を指導し、劇や映画をつくりあげること。例 演出家。類 監督 ②式や会などをもり上げるために、いろいろとくふうをすること。

【演奏】えんそう Ⅱ〈―する〉楽器を使って、音楽を人に聞かせること。例 ピアノを演奏する。

演が下につく熟語 上の字の働き

❷演＝〈わざを見せる〉のとき

【上演 開演 休演】演劇(演奏)をドウスルか。

【公演 口演 実演 初演 主演 客演 独演 共演 助演 熱演】ドンナ立場や仕方で演じるか。

◆好演 講演 出演

例解 使い分け　とける《溶ける・解ける》

溶ける＝ある物が液体の中にまじりこむ。固まっていた物が液状になる。

例 砂糖が水に溶ける。雪が溶ける。氷が溶ける。なまりが溶ける。

解ける＝ばらばらになる。ゆるむ。答えが出る。

例 ひもが解ける。雪解け。うたがいが解ける。なぞが解ける。

参考「雪がとける・氷がとける」の場合は、ゆるむ意味で「解ける」とも書く。「雪どけ」も、ゆるむ意味と考えて「雪解け」と書くことが多い。

【漁】

シ－11　総画14　4年

明朝 漁 6F01

音 ギョ・リョウ　訓 あさーる㊕

筆順 漁 漁 漁 漁 漁 漁 漁 漁（はらう・とめる）

なりたち [形声]「魚」が「さかな」の意味と「ギョ」という読み方をしめしている。水中（氵）で魚をとることを表す字。

◀次ページ 漆 漸

意味 魚をとる。魚や貝・海藻類をとって生活すること。例 漁に出る。漁業・豊漁

【漁火】いさりび ぎょか ↓ 漁船が夜、魚を集めるためにともす明かり。例 沖に漁火がゆれる。

【漁獲】ぎょかく ‖〈―する〉魚や貝などをとること。例 漁獲高が年々へる。類 漁労

【漁期】ぎょき りょうき ↓ 魚や貝をとるのに適した期間。また、とってよい時期。

【漁業】ぎょぎょう ↓ 魚や貝をとったり育てたりする仕事。類 水産業

【漁区】ぎょく ↓ 魚をとってもよいとされている区域。対 禁漁区

【漁港】ぎょこう ↓ 漁船が出入りする港。

【漁場】ぎょじょう ぎょば ↓ 漁をする場所。魚や貝などがたくさんとれる場所。例 ゆたかな漁場にめぐまれる。

【漁船】ぎょせん ↓ 漁業をするための船。いさり船。

【漁村】ぎょそん ↓ 漁業をおもな仕事とする人びとが集まって住んでいる村。対 農村

【漁夫の利】ぎょふのり 他人のあらそいに乗じて、ほかの者がなんの苦労もなく利益を横どりすること。参考「漁夫」は「漁師」の古い言い方。表記「漁父」とも書く。

[故事のはなし] ☞ ひだりのページ

【漁民】ぎょみん ↓ 漁業を仕事とする人びと。類 漁師・漁夫

【漁師】りょうし ↓ 魚や貝をとって、生計をたてている人。類 漁民・漁夫

文字物語 漬

「漬」の字は、わが国ではもっぱら訓の「つける」「つかる」だけが使われ、音の「シ」がほかの漢字といっしょになって熟語をつくらないので、常用漢字表にも字音の「シ」は入れられていない。

「漬ける」といえば、なんといっても野菜や肉を漬けた食品の漬物。冷蔵庫のなかったむかしでは、塩に漬けたり酢に漬けたりした「漬物」は貴重な保存食品であった。今日でも、ごはんによく合う漬物はいちばんポピュラーな食品の一つで、日本全国どこにでも名物の漬物がある。その名前は、何に漬けるかで「塩漬け」「酢漬け」「みそ漬け」「粕漬け」、何を漬けるかで「なす漬け」「わさび漬け」「らっきょう漬け」、漬け方によって「浅漬け」「一夜漬け」「千枚漬け」、また、それらを組み合わせて「なすの芥子漬け」「きゅうりの酢漬け」「牛肉のみそ漬け」「貝柱の粕漬け」「だいこんの浅漬け」などいろいろある。どこにでもある「たくあん漬け」は、有名なお坊さん「沢庵和尚」の名から、「奈良漬け」は地名から。そのほか「はりはり漬け」「かりかり漬け」「べったら漬け」などというおもしろい名前のものもある。

←漁が下につく熟語 上の字の働き

【禁漁 出漁】漁を(漁に)ドウスルか。

【大漁 豊漁 不漁】ドノクライのとれ方か。

◆密漁

漆

氵-11 総画14 常用 明朝 漆 6F06

音 シツ中 訓 うるし中

筆順 氵 氵 汁 汼 沐 涞 涞 漆

なりたち [形声]「桼」が木と左右三つずつの水滴からでき、木から出るしる「うるし」を表し、また「シツ」という読み方をしめす。「氵」をくわえた「漆」はもと川の名。のちに「桼」に代わって、「うるし」として使われるようになった。

意味 うるし。うるしの木の樹液から作った黒い塗料。例 漆をぬる。漆器

【漆器】しっき ↓ うるしをぬってつくった器。うるしぬり。

【漆黒】しっこく ↓ うるしをぬったように、つやのある深い黒色。例 漆黒の髪の毛。

漸

氵-11 総画14 常用 明朝 漸 6F38

音 ゼン中 訓 ようや-く外

筆順 氵 沪 沪 浐 湮 渐 渐 漸

なりたち 漸 [形声]「斬」が「ゼン」という読み方をしめし、「氵」が川を表す。もと川の名。借りて、「ようやく、すこしずつ」の意味に使われている。

意味 しだいに。少しずつ。例 漸次

【漸減】ぜんげん ↓〈―する〉だんだんに少なくなること。例 収入の漸減が心配だ。対 漸増

【漸次】ぜんじ 副 だんだんと。しだいに。例 症状は漸次快方にむかう。

【漸進】ぜんしん ↓〈―する〉少しずつすすむこと。対 急進

【漸増】ぜんぞう ↓〈―する〉少しずつふえること。例 人口が漸増する。対 漸減

漱

氵-11 総画14 人名 明朝 漱 6F31

音 ソウ外 訓 すすーぐ外

意味 すすぐ。水で口をゆすぐ。

【漱石枕流】そうせきちんりゅう 負けおしみが強いこと。参考「枕石漱流」(河原の石を枕にし、川の流れで口をすすぐ風流な生活)と言おうとして、まちがえて「漱石枕流」と言った人がまちがいをみとめずに、「石で歯をみがき、流れで耳をあらうのだ」と屁理屈をこねた話。夏目漱石の筆名のもとになったことば。☞【枕石漱流】(629ページ)

故事のはなし 漁夫の利

ドブガイ(大きな二枚貝)が日なたぼっこをしていたところ、シギ(水鳥の一種)が飛んできて肉をついばんだので、ドブガイはあわてて貝を閉じてそのくちばしをはさんだ。シギは「今日も明日も雨が降らなければ、おまえは死ぬぞ」と言い、ドブガイは「今日も明日も放さなければ、おまえは死ぬだろう」と言い、たがいに意地をはって放そうとはしなかった。そこへたまたま通りかかった漁師が、まんまと両方ともつかまえてしまった。(『戦国策』燕策上)

漕

氵-11 総画14 人名 明朝 漕 6F15

音 ソウ外 訓 こーぐ外

意味 ❶はこぶ。船で物を運ぶ。❷こぐ。例 舟を漕ぐ。

❷〈こぐ〉の意味で

【漕艇】そうてい ▲(競技用の)ボートをこぐこと。

漬

氵-11 総画14 常用 明朝 漬 6F2C

音 ― 訓 つーける中・つーかる中

筆順

なりたち 漬 [形声]もともとは「氵」と「責」とからでき、「責」が「かさねる」意味と「シ」という読み方をしめしている。水(氵)につけることを表す字。

意味 水にひたす。つける。例 たくあんを漬ける。漬物が漬かる。お茶漬け。

[文字物語] ☞ みぎのページ

滴

氵-11 総画14 常用 明朝 滴 6EF4

音 テキ中 訓 しずく中・したたーる高

筆順

なりたち 滴 [形声]「氵」が水を表し、「啇」が「まとまる」意味と「テキ」という読み方をしめしている。水がしたたることを表す字。

意味 しずく。水などがしたたる。また、その小さなつぶ。例 あせが滴る。水滴

【滴下】てきか ↓〈―する〉水などがしたたり落ちること。しずく状にして落とすこと。

← 滴が下につく熟語 上の字の働き

【雨滴 水滴 油滴】ナニの滴か。
◆点滴

漂

音 ヒョウ 中　訓 ただよ-う 中

氵-11　総画14　常用　明朝 漂 6F02

筆順 漂漂漂漂漂漂漂漂漂

なりたち 【形声】「氵」が水を表し、「票」が「ヒョウ」という読み方をしめしている。「ヒョウ」は「うく」意味をもち、水にういてただようことを表す字。

意味 ❶ただよう。水面にうかび流れのままになること。例 波間に漂う。漂流 ❷さらす。白くすること。例 漂白

❶〈ただよう〉の意味で

【漂着】(ひょうちゃく) ↓〈—する〉海や川をただよっていたものが、岸にたどり着くこと。例 浜にうちよせられた漂着物。

【漂泊】(ひょうはく) ⇕〈—する〉あてもなく、ただようこと。例 漂泊の旅。類 放浪・流浪

【漂流】(ひょうりゅう) ↓〈—する〉船などが動く力をうしなって、水や潮の流れのままにただようこと。例 漂流物。

❷〈さらす〉の意味で

【漂白】(ひょうはく) ↓〈—する〉布などを水にさらしたり、薬の液にひたしたりして白くすること。例 漂白剤。類 脱色

漫

音 マン 中　訓 —

氵-11　総画14　常用　明朝 漫 6F2B

筆順 漫漫漫漫漫漫漫漫漫

なりたち 【形声】「氵」が水を表し、「曼」が「マン」という読み方をしめしている。「マン」は「ひろがる」意味をもち、水がはてしなくひろがることを表す字。

意味 ❶とりとめがない。けじめがない。なんとはなしに。例 漫然・散漫 ❷気楽でたのしい。例 漫画

❶〈とりとめがない〉の意味で

【漫然】(まんぜん) ☒〈—たる・—と〉これといった目的もなく、とりとめのないようす。例 漫然とすごす。

【漫歩】(まんぽ) ↓〈—する〉楽しみながら、のんびりと歩くこと。そぞろ歩き。類 散歩

【漫遊】(まんゆう) ↓〈—する〉あちらこちら、気ままに旅してまわること。例 諸国を漫遊する。

❷〈気楽でたのしい〉の意味で

【漫画】(まんが) ↓ 世の中のできごとや人間を、おもしろくえがいた絵。また、それに文をそえた物語。例 漫画本。風刺漫画。類 劇画

【漫才】(まんざい) ↓ 主に二人の芸人が、こっけいなことを言いあう演芸。例 漫才師。

【漫談】(まんだん) ↓ 世の中のことなどをおもしろい話にして客に聞かせる話芸。

← 漫が下につく熟語 上の字の働き

❶漫＝〈とりとめがない〉のとき
【散漫 冗漫 放漫】近い意味。
◆天真爛漫

漣

音 レン 外　訓 さざなみ 外

氵-11　総画14　人名　明朝 漣 6F23

意味 さざなみ。水面の小さな波紋。

漏

音 ロウ 中　訓 も-る 中・も-れる 中・も-らす 中

氵-11　総画14　常用　明朝 漏 6F0F

筆順 漏漏漏漏漏漏漏漏漏

なりたち 【形声】「氵」が水を表し、「屚」が雨が屋根からもれて落ちる意味と「ロウ」という読み方をしめしている。水がもることを表す字。

意味 もれる。もる。ぬけおちている。例 選に漏れる。不平を漏らす。雨漏り。漏水

【漏洩】(ろうえい) Ⅱ〈—する〉ひみつを人に知られること、知らせること。例 機密が漏洩する。

【漏水】(ろうすい) ▲〈—する〉水がもれること。

【漏電】(ろうでん) ▲〈—する〉電気が、流れてはいけないところに流れること。例 漏電による火事。

【漏斗】(ろうと・じょうご) ↓ 口の小さな入れ物に、水や液をこぼさずに入れるための先がほそく、上

がひろがった形の道具。

←漏が下につく熟語 上の字の働き

【遺漏 疎漏】近い意味。

潰

氵-12 総画15 常用 明朝 潰 6F70

音 カイ㊥ 訓 つぶ-す㊥・つぶ-れる㊥

筆順

意味 力をくわえてものをこわす。また、組織や建物がこわれる。例 会社が潰れる。

参考 音が同じで意味も似ている「壊」で書くものが多い。例 潰滅→壊滅・倒潰→倒壊

【潰瘍】↓ 皮膚や内臓に傷がついて深いところまでこわれること。例 胃潰瘍。

漑

氵-12 総画15 表外 明朝 漑 6F11

音 ガイ㊕・カイ㊕ 訓 そそ-ぐ㊕

意味 そそぐ。水をそそぎこむ。田畑に水を引く。例 灌漑

潟

氵-12 総画15 4年 明朝 潟 6F5F

音 ― 訓 かた

筆順 あける あける

なりたち [形声]「氵」が海の水を表し、「舄」が「セキ」という読み方をしめしている。「セキ」は「むき出し」の意味をもち、潮が引くとむき出しになる「かた」を表す字。

意味 かた。㋐潮のみち引きであらわれたりしずんだりする所。例 干潟 ㋑むかし、海とつながっていた湖や沼。例 八郎潟。

潔

氵-12 総画15 5年 明朝 潔 6F54

音 ケツ 訓 いさぎよ-い㊢

筆順 だす ださない ださない

なりたち [形声]「絜」がきれいでよごれがない意味と「ケツ」という読み方をしめしている。きよらかな水（氵）を表す字。

意味 きよい。けがれがない。さっぱりとして美しい。例 潔く身を引く。潔白・清潔

名前のよみ きよ・きよし・ゆき・よし

【潔白】Ⅲ〈─な〉〈─に〉おこないが正しく、うたがわれるようなことをしていない。例 潔白の身。

【潔癖】↓〈─な〉①度がすぎるほどにきれいずきなこと。②正しくないことやまちがったことをきらうこと。

←潔が下につく熟語 上の字の働き

【簡潔 高潔 純潔 清潔】近い意味。

◆不潔

潤

氵-12 総画15 常用 明朝 潤 6F64

音 ジュン㊥ 訓 うるお-う㊥・うるお-す㊥・うる-む㊥

筆順

なりたち [形声]「氵」が水を表し、「閏」が「あまりある」意味と「ジュン」という読み方をしめしている。十分に水があることを表す字。

意味 ❶うるおう。ゆたか。水気がある。たっぷりある。例 生活が潤う。目が潤む。利潤 ❷美しくととのえる。例 潤色

名前のよみ さかえ・ひろ・ひろし・まさる・ます

❶〈うるおう。ゆたか〉の意味で

【潤滑】↓〈─な〉〈─に〉うるおいがあって、なめらかなようす。例 潤滑油。

【潤沢】Ⅲ〈─な〉〈─に〉物がたくさんあるようす。例 潤沢な資金。類 豊富

❷〈美しくととのえる〉の意味で

【潤色】Ⅲ〈─する〉話をおもしろくするために、事実とちがうことをつけくわえたりすること。例 潤色して話す。類 脚色 参考 もともとは、ただ用件を書くだけでなく、文章に人間らしいゆたかさや味わいをつけくわえることをいうことば。

◆湿潤 豊潤 利潤

潜

氵-12 総画15 常用 明朝 潜 6F5C 旧字 潛 6F5B

音 セン中 訓 ひそ-む中・もぐ-る中・くぐ-る外

筆順

なりたち [形声]もとの字は、「潛」。「朁(サン)」が「セン」とかわって読み方をしめしている。「サン」は「つらぬく」意味をもち、水(氵)にもぐることを表す字。

意味

❶水にもぐる。例 海に潜る。潜水

❷見えないところにひそむ。かくれる。例 物かげに潜む。潜伏・沈潜

❶〈水にもぐる〉の意味で

【潜行】せんこう ↓〈―する〉水にもぐったまま進むこと。類 潜航 ☞❷

【潜航】せんこう ↓〈―する〉潜水艦などが、水中にもぐったまま航海すること。類 潜行

【潜水】せんすい ▲〈―する〉水の中にもぐること。例 潜水服。潜水艦。

【潜望鏡】せんぼうきょう もぐっている潜水艦が海上のようすを見るための、筒の長い望遠鏡。

❷〈見えないところにひそむ〉の意味で

【潜行】せんこう ↓〈―する〉人の目にふれないところで、行動すること。例 地下に潜行する。類 潜伏 ☞❶

【潜在】せんざい ↓〈―する〉外から見えないおく深いところにあること。例 潜在能力。対 顕在

【潜在意識】せんざいいしき 本人の知らないうちに、その人のおこないを左右している心のはたらき。

【潜入】せんにゅう ↓〈―する〉こっそりと入りこむ。例 敵地に潜入する。潜入取材。

【潜伏】せんぷく Ⅱ〈―する〉①みつからないようにかくれていること。例 犯人の潜伏先をさがす。類 潜行 ②病原菌が入っているのに、発病しないでいること。例 潜伏期間。

潮

氵-12 総画15 6年 明朝 潮 6F6E

音 チョウ 訓 しお

筆順 （はねる）

なりたち [形声]もとの字は、「淖」。「𠦝(のちに朝)」が「のぼる」意味と「チョウ」という読み方をしめしている。「氵」は海水で、海水のおしよせることを表す字。「しお」として使われている。

意味

❶しお。海水。海水の満ち引き。例 潮風・潮流・満潮

❷世のなりゆき。大きな流れ。例 風潮

❶〈しお〉の意味で

【潮風】しおかぜ ↓ 海からふいてくる風。類 海風

【潮騒】しおさい ◎ 海の水が満ちてくるときの波の音。例 潮騒で目がさめる。

【潮路】しおじ ↓ ①潮流の通る道すじ。②船の通る道すじ。類 海路

【潮時】しおどき ↓ ①海水の満潮または干潮の時刻。②ちょうどよい時。チャンス。例 潮時をみてとりかかる。類 時機

【潮位】ちょうい ↓ 海水の満ち引きによって変化する海面の高さ。例 潮位があがる。

【潮汐】ちょうせき ⇕ 海水の満ち引き。参考「潮」はあさしお、「汐」はゆうしお。

【潮流】ちょうりゅう ↓ 潮の満ち引きで起きる海水の流れ。例 潮流がうずまく。☞❷

❷〈世のなりゆき〉の意味で

【潮流】ちょうりゅう ↓ 世の中のなりゆき。例 時代の潮流に乗る。類 時流 ☞❶

←潮が下につく熟語 上の字の働き

❶潮＝〈しお〉のとき

【黒潮 親潮 赤潮】ドノヨウナ潮か。

【満潮 干潮 高潮 大潮 小潮 渦潮】ドウナッテイル潮か。

◆紅潮 思潮 血潮 風潮

澄

氵-12 総画15 常用 明朝 澄 6F84

音 チョウ高 訓 す-む中・す-ます中

筆順

なりたち 【形声】もとの字は、「澂」。「數」が「すきとおる」意味と「チョウ」という読み方をしめす。「澄」は「澂」の代わりとして用いられた字で、「登」が「チョウ」とかわって読み方をしめしている。水(氵)がきれいにすきとおることを表す字。

意味 すむ。すます。すきとおる。例 水が澄む。澄まし汁。清澄

激

音 ゲキ 訓 はげ-しい

氵-13 総画16 6年

明朝 激 6FC0

筆順 激 激 激 激 激 激（はねる・だす・はらう）

なりたち 【形声】「氵」が水を表し、「敫(ヤク-キョウ)」が「ゲキ」とかわって読み方をしめしている。「ヤク・キョウ」は「とびあがる」意味をもち、水しぶきがあがることを表す字。

意味 ❶はげしい。いきおいがひじょうに強い。例 激しく雨が降る。激戦・過激 ❷心を強くうごかす。気持ちを高ぶらせる。例 激した口調。激励・感激

❶〈はげしい〉の意味で

【激化】げっか・げきか ↓〈-する〉いっそうはげしくなること。例 競争が激化する。

【激減】げきげん ↓〈-する〉急に大きくへること。例 人口が激減する。対 激増

【激賞】げきしょう ↓〈-する〉ありったけのことばでほめること。例 激賞をあびる。類 絶賛

【激職】げきしょく ↓ 休むひまがないほどいそがしいつとめ。例 激職につく。類 激務 対 閑職 表記「劇職」とも書く。

【激甚】げきじん Ⅲ〈-な〉被害などがひじょうにひどいこと。例 激甚な災害にみまわれた。表記「劇甚」とも書く。

【激戦】げきせん ↓〈-する〉はげしいたたかい。

【激増】げきぞう ↓〈-する〉急にひどくふえること。例 都市部でカラスが激増する。対 激減

【激痛】げきつう ↓ はげしいいたみ。例 腰に激痛がはしる。対 鈍痛 表記「劇痛」とも書く。

【激動】げきどう ↓〈-する〉はげしくゆれ動いたり、急に変化したりすること。例 激動の十年。

【激突】げきとつ ↓〈-する〉①強いいきおいでぶつかること。②はげしくたたかうこと。例 優勝をかけて、両チームが激突した。

【激変】げきへん ↓〈-する〉急に大きくかわること。類 急変 表記「劇変」とも書く。

【激務】げきむ ↓ きつくていそがしい仕事。例 激務におわれる。類 激職 表記「劇務」とも書く。

【激流】げきりゅう ↓ はげしいいきおいで流れる水。例 激流にのまれる。類 急流・奔流

【激烈】げきれつ Ⅲ〈-な〉たいへんはげしいようす。類 猛烈・熾烈・強烈・苛烈・激甚 表記「劇烈」とも書く。

【激論】げきろん ↓〈-する〉はげしい意見をやりとりすること。例 激論をたたかわす。

❷〈心を強くうごかす〉の意味で

【激高】げっこう・げきこう ↓〈-する〉ひどくおこっていきりたつこと。類 激怒

【激情】げきじょう ↓ はげしくわきたつ気持ちの動き。例 激情にかられる。類 熱情

【激怒】げきど ↓〈-する〉ひどくおこること。例 失礼な態度に激怒する。類 憤激・激高

【激励】げきれい Ⅲ〈-する〉はげまし元気づける。

◆ 過激 感激 急激 刺激

濁

音 ダク㊥ 訓 にご-る㊥・にご-す㊥

氵-13 総画16 常用

明朝 濁 6FC1

筆順 濁 濁 濁 濁 濁 濁 濁

なりたち 【形声】「氵」が水を表し、「蜀(ショク)」が「ダク」とかわって読み方をしめしている。「ショク」は「にごる」意味をもち、水がにごることを表す字。

意味 にごる。にごす。よごれている。例 水が濁る。言葉を濁す。濁流・混濁 対 清

【濁音】だくおん ↓「が・ざ・だ・ば」など、かなで書くとき濁点をつけて表す音。関連 清音・濁音・半濁音

【濁世】だくせい・じょくせ ↓ 一 政治もわるく、道徳もみだれた世の中。類 現世 二 仏教のことばで、人間の住む、けがれた世界。類 末世

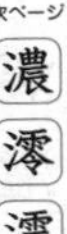

【濁点】↓ かなの右肩につけて、濁音であることを表す点々のしるし。「゛」。にごり点。類 濁音符

【濁流】↓ にごった水の流れ。例 濁流にのまれる。対 清流

◆汚濁 混濁 清濁 白濁

濃

音 ノウ 中 訓 こ-い 中
氵-13 総画16 常用 明朝 濃 6FC3

筆順

なりたち [形声]「氵」が水を表し、「農」が「ノウ」という読み方をしめしている。「ノウ」は「多い」の意味をもち、水分が多くこいことを表す字。

意味 ❶こい。色や味が強く、こってりしている。例 塩気が濃い。濃縮 対 淡 ❷美濃。旧国名。今の岐阜県の南半分。例 濃州。濃尾平野。

名前のよみ あつ・あつし

❶〈こい〉の意味で

【濃厚】Ⅲ〈―な〉①色・味などが、こってりとしている。例 濃厚なクリームのケーキ。類 濃密 対 淡泊・希薄 ②そのようなようすがはっきり見える。例 敗色濃厚。

【濃縮】↓〈―する〉煮つめるなどの方法で、液体を濃いものにすること。例 濃縮果汁。

【濃淡】⇕ 濃いこととうすいこと。例 濃淡をつける。類 深浅

【濃度】↓ 液体や気体の中に、ほかのものがどれだけふくまれているかの度合い。

【濃密】Ⅲ〈―な〉色・味などの濃いようす。例 濃密な味。類 濃厚

【濃霧】↓ 近くが見えないほど濃い霧。

澪

音 レイ 外 訓 みお 外
氵-13 総画16 人名 明朝 澪 6FAA

意味 みお。船の通れる道。水脈。例 澪標

濡

音 ジュ 外 訓 ぬ-れる 外・うるお-う 外
氵-14 総画17 人名 明朝 濡 6FE1

意味 ぬれる。うるおう。ぬらす。うるおす。うるおい。水がかかったり、水をふくんだりする。例 雨に濡れる。

濯

音 タク 中 訓 すす-ぐ 外
氵-14 総画17 常用 明朝 濯 6FEF

筆順

なりたち [形声] もとの字は、「濯」。「氵」が水を表し、「翟」が「タク」とかわって読み方をしめしている。「テキ」は「打つ」意味をもち、水にひたし、たたいてよごれを落とすことを表す字。

意味 すすぐ。あらう。水でよごれを落とすこと。例 洗濯

濫

音 ラン 中 訓 みだ-りに 外
氵-15 総画18 常用 明朝 濫 6FEB

筆順

なりたち [形声]「氵」が水を表し、「監」が「ラン」とかわって読み方をしめしている。「カン」は「あふれる」意味をもち、水がいっぱいになってあふれることを表す字。

意味 ❶あふれ出る。例 氾濫 ❷みだりに。やたらに。度をこしてむやみにすること。例 濫伐

参考 音が同じで意味も似ているので「乱」と書かれることが多くなった。例 濫費→乱費・濫用→乱用

❷〈みだりに〉の意味で

【濫獲】↓〈―する〉鳥・けもの・魚などをやたらにとること。例 濫獲で魚がへる。

【濫造】↓〈―する〉むやみにたくさんつくること。例 粗製濫造。

【濫読】↓〈―する〉手あたりしだいにたくさんの本を読むこと。類 多読

【濫伐】↓〈―する〉山林の木を無計画に切り

たおすこと。例 濫伐で山があれる。

【濫発】らんぱつ ↓〈―する〉お札・手形などをやたらに発行すること。例 手形を濫発する。

【濫費】らんぴ ↓〈―する〉お金や品物をむやみに使うこと。むだづかい。

【濫用】らんよう ↓〈―する〉よいわるいを考えず、むやみやたらに使うこと。例 職権濫用。

【濫立】らんりつ ↓〈―する〉いろいろなものがむやみやたらにあらわれること。例 候補者の濫立。

【瀬】

音 ―　訓 せ 中

氵－16　総画19　常用

明朝 瀬 702C　旧字 瀨 7028

筆順

なりたち ［形声］もとの字は、「瀨」。「氵」が水の流れを表し、「賴」が「ライ」という読み方をしめしている。「ライ」は「はげしい」の意味をもち、川の水のはやく流れる所を表す字。

意味

❶流れのはげしい所。例 瀬戸・浅瀬

❷たちば。場所。例 立つ瀬がない。

❸とき。機会。例 逢瀬

❹《その他》例 瀬戸物。

❶〈流れのはげしい所〉の意味で

【瀬戸】せと ◎ 陸と陸にはさまれて、海がせまくなった所。類 海峡 ☞❹

【瀬戸際】せとぎわ ものごとが、どちらかに決まるぎりぎりの分かれめ。例 生死の瀬戸際。参考「海が瀬戸になるまぎわ」の意味。

❹《その他》

【瀬戸】せと ◎「瀬戸物」の略。☞❶

【瀬戸物】せともの 粘土をやいてつくった器。類 陶磁器 参考 愛知県瀬戸市が陶磁器のおもな産地であったことからいう。

←瀬が下につく熟語 上の字の働き

❶瀬＝〈流れのはげしい所〉のとき

【浅瀬 早瀬】ドノヨウナ瀬か。

【瀕】

音 ヒン 外　訓 せま-る 外

氵－16　総画19　人名

明朝 瀕 7015

意味 せまる。近づく。例 死に瀕する。

【瀕死】ひんし ▲ 今にも死にそうなこと。例 瀕死の重傷を負う。

【灌】

音 カン 外　訓 そそ-ぐ 外

氵－17　総画20　表外

明朝 灌 704C

意味

❶そそぐ。水をそそぎこむ。例 灌漑

❷むらがり生える。例 灌木

❶〈そそぐ〉の意味で

【灌漑】かんがい ‖ 田畑に水を引くこと。

❷〈むらがり生える〉の意味で

【灌木】かんぼく ↓ 背が低く、根もとから枝がむらがり生えている木。低木。対 喬木

【灘】

音 タン 外　訓 なだ 外

氵－19　総画22　人名

明朝 灘 7058

意味 なだ。風が強く波があらくて船を進めるのが難しい場所。例 玄界灘。

4画 火 灬 の部 ［ひ］［ひへん］［れんが］［れっか］

「火」をもとにして作られ、火や明るさ、熱にかかわる字と、「灬」の形がめやすとなっている字を集めてあります。

この部首の字

0 火…732　2 灰…733　灯…733　3 灸…733　災…733　灼…734　4 炎…734　炊…735　炉…735　5 為…735　炭…735　点…736　6 烏…737　烈…737　8 焰…737　煮…737　焼…737　焦…738　然…738　焚…738　無…738　9 煙…742　煌…742　照…742　煎…743　煤…743　煩…743　煉…744　10 熊…744　11 熙…744　熟…744　熱…745　12 燕…746　燃…746　燎…746　13 燦…746　燭…746　燥…746　14 燿…746　15 爆…746

畑▸田 780　秋▸禾 833　馬▸馬 1108　魚▸魚 1118　鳥▸鳥 1121　黒▸黒 1125　蒸▸艹 428　勲▸力 173　無▸艹 430　黙▸黒 1125　黛▸黒 1126

◀次ページ 火

【火】

音 カ　訓 ひ・ほ高

火−0　総画4　1年　明朝 火 706B

筆順

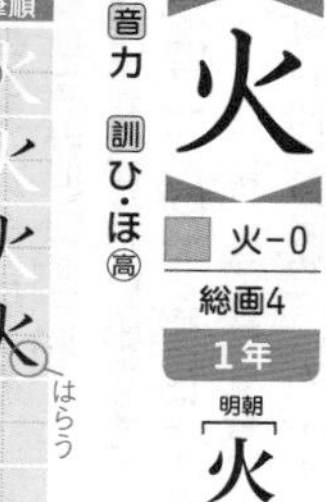

なりたち 火 [象形]ひのもえるようすをえがいた字。

意味

❶ひ。ほのお。明かり。かじ(火事)。もえる。やける。例火の用心。野火・点火

❷さしせまる。せわしい。例火急

❸五行の一つ。古代中国で万物のもととして考えられていた木・火・土・金・水によって、ものの順序を表す。例火星・火曜

注意するよみ ほ…例火影

❶〈ひ〉の意味で

【火炎】かえん Ⅱもえる火のほのお。

【火気】かき ↓①火の気。例火気厳禁。②火がもえるいきおい。類火勢

【火器】かき ↓①鉄砲・大砲など、火薬を使ってたまをうちだすもの。例重火器。②火ばちなど、火をいれる器具。

【火口】↓㊀かこう①火山の、ガスや溶岩がふき出しているあな。例火口から噴煙が上がる。②火をたく口。例ボイラーの火口。㊁ひぐち①ランプや灯籠などで、火をつけるようにしてあるところ。②火事のもえはじめたところ。出火場所。類火元 ㊂ほくち 火打ち石で出した火をうつしとるのに使うもえやすい材料。

【火災】かさい ↓火事や火事による災害。例森林火災が発生する。

【火山】かざん ↓地下の、ガスや溶岩が地表にふき出し、つみかさなってできた山。知識 現在、活動しているものや、近い将来に噴火の可能性があるものは「活火山」という。以前は「休火山」「死火山」の区別もあったが、今は使わない。

【火事】かじ ↓建物・立ち木・草などがもえる事故。例火事場。山火事。類火災

【火傷】かしょう／やけど ↓〈─する〉火など温度の高いものにふれて、皮膚がただれること。

【火勢】かせい ↓もえている火のいきおい。例火勢が強まる。類火気

【火葬】かそう ↓〈─する〉死体を火でやいて、骨にしてほうむること。例火葬場。関連 土葬・火葬・水葬・風葬

【火薬】かやく ↓銃の弾丸をとばしたり、岩石を爆破したり、花火の材料にしたりする薬品。類爆薬

【火力】かりょく ↓火のもつエネルギー。火のいきおい。例火力が弱まる。火力発電。

【火加減】ひかげん 火のもえぐあいや、火力の強さ。例火かげんに気をつけて魚をやく。

【火種】ひだね ↓炭火をおこしたり、まきをもやしたりするときの、もとになる火。表現「対立の火種となる」のように、争いのもとになることをいうこともある。

【火柱】ひばしら ↓いきおいよく、まっすぐにもえあがる火。例火柱があがる。

【火花】ひばな ↓①かたいものどうしがはげしくぶつかったときに出る光。②放電のときに出る光。スパーク。表現 はげしい争いやたたかいのようすを「火花をちらす」という。

【火蓋】ひぶた ↓火縄銃の火皿にかぶせてあるふた。安全装置の役目をする。表現 火縄銃を点火するときは、まず火蓋を開くことから、「熱戦の火蓋を切る(たたかいをはじめる)」のような言い方もする。

【火元】ひもと ↓①火の気のあるところ。②火事が出たいちばんもとのところ。例火元は台所だ。類火口 表現「けんかの火元は君か」のように、さわぎを起こしたおおもとの意味にも使う。

【火影】ほかげ ↓①ともしびの光。②あかりに映しだされたもののすがた。

❷〈さしせまる〉の意味で

【火急】かきゅう Ⅱ〈─な〉ひじょうに急ぐこと。例火急の用。類至急・緊急

❸〈五行の一つ〉の意味で

【火星】かせい ↓太陽をまわる惑星のなかで、太陽から四番めにあって赤く見える星。

←火が下につく熟語 上の字の働き

❶火＝〈ひ〉のとき

【引火 着火 点火 発火 噴火 放火 失火 導火(導火線) 耐火】火を(火に)ドウスルか。
【口火 聖火 砲火 石火(電光石火)】ナニの火か。
【鉄火 野火】ナニがやける火か。
【猛火 烈火】ドノヨウナ火か。
【鬼火 漁火】ナニの明かりか。
【近火 大火 下火】ドノヨウナ火事か。
【出火 消火 鎮火 防火】火事をドウスルか。
◆戦火 灯火 花火

灰

火-2　総画6　6年　明朝 灰 7070

音 カイ㊥　訓 はい

筆順

なりたち 【形声】もとの字は、「灰」。「又(ユウ)→ナ」と「火」とからでき、「ユウ」が「カイ」とかわって読み方をしめしている。「ユウ」は「くろい」の意味をもち、火のもえたあとにのこるくろいものを表す字。

意味 はい。物がもえたあとに残るかす。例 灰になる。灰色・石灰

【灰汁】あく ◎ ①水の中に灰を入れてつくる上ずみの水。②食べ物にふくまれるにがみやしぶみ。③人の性質や文章などからうける、しつこい感じ。あくどさ。例 あくの強い人。

【灰燼】かいじん Ⅱ 灰と、もえかす。例 灰燼に帰す(やけてあとかたもなくなる)。

【灰色】はいいろ ↓ ①白にうすい黒のまじった色。ねずみ色。グレー。②はっきりしないようす。例 イエスかノーかまだ灰色のままだ。③ねうちやおもしろみがないようす。類 不透明

【灰皿】はいざら ↓ たばこの灰やすいがらを入れるためのうつわ。

◆石灰 火山灰

灯

火-2　総画6　4年　明朝 灯 706F　旧字 燈 71C8

音 トウ　訓 ひ㊋・ともしび外

筆順

なりたち 【形声】もとの字は「燈」。「登」が「ろうそくたて」の意味と「トウ」という読み方をしめしている。ろうそくたてに立てられた「火」を表す字。

意味 ひ。ともしび。明かり。明るくてらすもの。例 灯がともる。灯火・電灯

【灯火】とうか Ⅱ 火や電灯の明かり。ともしび。例 灯火親しむべき候(読書にふさわしい季節)。

【灯台】とうだい ↓ ①港の出入り口や岬などにあって、船が安全に航海できるよう、海をてらすしかけのある建物。②むかしの照明器具で、台に皿をのせたもの。類 燭台

【灯台下暗し】とうだいもとくらし 身近なことは、かえって気づきにくいたとえ。参考 灯台は、むかしの部屋の照明器具。真下は灯油の皿のかげになって暗くなる。

【灯明】とうみょう Ⅱ 神や仏にそなえる明かり。みあかし。例 灯明をあげる。

【灯油】とうゆ ↓ ストーブなどの燃料にする油。古くは灯火用の油のこともいった。

【灯籠】とうろう ↓ 木・石や金属などで台やわくを作り、中に明かりをともすようにしたもの。例 灯籠流し。石灯籠。つり灯籠。

灯が下につく熟語 上の字の働き

【街灯 尾灯】ドコの明かりか。
【点灯 消灯】明かりをドウスルか。
◆行灯 幻灯 走馬灯 探照灯 電灯

灸

火-3　総画7　人名　明朝 灸 7078

音 キュウ外　訓 やいと外

意味 キュウ。やいと。皮膚の上にヨモギの葉から作ったもぐさを置いて火をつけ、その熱で病気を治療すること。例 灸をすえる(きつくく注意する)。鍼灸

災

火-3　総画7　5年　明朝 災 707D

音 サイ　訓 わざわ-い㊥

筆順 災 (とめる・はらう)

なりたち 【会意】もとの字は、「災」。「𡿧→巛」は川のふさがるようすをえがいた形で、「わざわい」の意味を表す。「火」と合わせて、火のわざわいを表す字。

意味 わざわい。不幸なできごと。例 災いを転じて福となす(災いをうまく利用して、幸せになるようにする)。火災

【災禍】さいか Ⅲ 自然の力や、事故などによるわるいできごと。例 災禍をこうむる。類 災害・天災

【災害】さいがい Ⅲ 自然の異変や事故による被害。例 自然災害。類 災禍

【災難】さいなん Ⅲ 思わぬ不幸なできごと。例 とんだ災難だ。類 危難

災が下につく熟語 上の字の働き

【火災 震災 人災 天災】ナニによる災いか。

【息災 被災 防災】災いをドウスルか。

灼

火-3 総画7 人名 明朝 灼 707C

音 シャク㊥外 訓 やーく外

意味 ❶やく。あぶる。例 灼熱 ❷あかるい。明るく照らす。はっきりとしている。

❶〈やく〉の意味で

【灼熱】しゃくねつ Ⅲ ぎらぎらと輝き、真っ赤に焼けるように熱いこと。例 灼熱の太陽。

文字物語 為

「為替」と書いて「かわせ」とよむ。「かわせ」は、遠くにお金を送るとき、手形とか証書などの書きつけを作って、それを現金の代わりにすること。だから、「替わりと為す」つまり「替わりにする」の意味で「為替」と書かれるのだ。

こういうしはらい方法は、鎌倉時代からあったが、江戸時代に「為替」と書く「かわせ」ということばができた。明治時代に、国が正式に認めるしはらいの方法の一つとなった。今では、銀行がその仲介をしている。

為替には、同一国内で用いられる「内国為替」と、国際間で用いられる「外国為替」とがある。「外国為替」を略して、「為替」の「為」の字をわざわざ訓で「ため」とよんで、「外為」という習慣がある。

炎

火-4 総画8 常用 明朝 炎 708E

音 エン中 訓 ほのお中

筆順 炎

なりたち 炎 【会意】「火」を重ねて、火がさかんにもえたっていることを表している字。

意味 ❶ほのお。もえあがる火。さかんにもえあがる。例 炎につつまれる。炎上・火炎 ❷あつい。焼けつくようにあつい。例 炎天・炎暑 ❸熱やいたみをおこす病気。例 炎症

❶〈ほのお〉の意味で

【炎炎】えんえん Ⅲ〈―たる〉火がさかんにもえるようす。例 炎々ともえあがるほのお。

【炎上】えんじょう ⇩〈―する〉大きな建物や船などが火事でもえること。例 炎上中のタンカー。

【炎熱】えんねつ ⇩ もえあがる火の熱気。☞❷

❷〈あつい〉の意味で

【炎暑】えんしょ Ⅲ 夏の、たいへんな暑さ。例 炎暑がつづく。類 酷暑・猛暑・炎熱 対 酷寒・厳寒

【炎天】えんてん ⇩ 焼けつくような夏の日ざし。例 炎天下ではたらく。

【炎熱】えんねつ Ⅲ きびしい夏の暑さ。類 炎暑・暑熱 ☞❶

❸〈熱やいたみをおこす病気〉の意味で

【炎症】えんしょう ⇩ からだの一部が熱をもったり、赤くはれたりして、いたくなること。例 傷口が炎症を起こす。

炎が下につく熟語 上の字の働き

❸炎＝〈熱やいたみをおこす病気〉のとき

【肺炎 脳炎】ドコの病気か。

炊

火-4 総画8 常用 明朝 炊 708A

音 スイ 中 訓 た-く 中

筆順

なりたち 〔形声〕「吹（スイ）」を省略した形の「欠（ふく）」が「スイ」という読み方をしめしている。「火」であたためて蒸気をふき出させることを表す字。

意味 たく。ごはんや食べ物を煮たきする。例 赤飯を炊く。炊き出し。炊事・雑炊

【炊事】↓〈―する〉食事をつくること。台所仕事。例 炊事洗濯。炊事場。類 料理

【炊飯器】電気やガスの熱でごはんがたけるようになっている器具。

◆自炊 雑炊

炉

火-4 総画8 常用 明朝 炉 7089 旧字 爐 7210

音 ロ 中 訓 ―

筆順

なりたち 〔形声〕もとの字は、「鑪」。のちに「爐」とかわる。「盧」が「入れておく」意味と「ロ」という読み方をしめしている。「火」を入れておく所の「ろ」を表す字。

意味 ろ。いろり。火をもやして高い温度にしておく所。例 炉を囲む。原子炉。暖炉

【炉端】↓いろりや暖炉のそば。いろりばた。例 炉端焼き。類 炉辺

【炉辺】↓いろりや暖炉のそば。類 炉端

→炉が下につく熟語 上の字の働き

【暖炉 香炉 溶鉱炉】ドウスルための炉か。

◆懐炉

為

灬-5 総画9 常用 明朝 為 70BA 旧字 爲 7232

音 イ 中 訓 ため 外・な-す 外・な-る 外

筆順

なりたち 〔会意〕手と象の形とを合わせ、象を手なずけることを表している字。「手をくわえておこなう、する」意味に使われる。

意味 する。なす。意識しておこなう。例 行為・人為

〔文字物語〕みぎのページ

特別なよみ 為替（かわせ）

【為政者】政治を進める立場の人。

【為替】◎ 現金のかわりに、手形や小切手などの書きつけにして送るしくみ。その書きつけ。例 為替を組む。為替相場。

→為が下につく熟語 上の字の働き

【行為 作為】近い意味。

【有為 無為】行為の有る無し。

炭

火-5 総画9 3年 明朝 炭 70AD

音 タン 訓 すみ

筆順 ややたかく ① はらう

なりたち 〔形声〕「屵」が「タン」という読み方をしめしている。「タン」は「かえす」意味をもち、いったん消してまた「火」にかえす「消しずみ」を表す字。

意味
❶すみ。木をむし焼きにしてつくった燃料。例 炭を焼く。炭火・木炭
❷せきたん。例 炭田・採炭
❸たんそ（炭素）。元素の一つ。例 炭酸

❶〈すみ〉の意味で

【炭火】↓炭でおこした火。例 炭火焼き。

❷〈せきたん〉の意味で

【炭坑】↓①石炭をほり出すために地中につくったあな。②石炭の鉱山。

【炭田】↓地中に石炭がたくさんあってほり出せる地域。例 炭田地帯。

❸〈たんそ（炭素）〉の意味で

【炭化】↓〈―する〉①炭素と化合すること。例 炭化水素。②物が焼けて黒いかたまりになること。

【炭酸】↓二酸化炭素（炭酸ガス）が水にとけてできる弱い酸。例 炭酸水。

◀ 次ページ 点

【炭水化物】でんぷんや砂糖など、炭素・水素・酸素の化合物。生物が生きていくためのたいせつな栄養の一つ。類含水炭素

【炭素】↓炭や石炭のもとになっている元素の一つ。生物のからだにもふくまれる。

←炭が下につく熟語 上の字の働き

❷炭＝〈せきたん〉のとき

【黒炭 泥炭 無煙炭】ドンナ石炭か。

◆採炭 薪炭 石炭 木炭 練炭

点

灬−5 総画9 2年

明朝 点 70B9 旧字 點 9EDE

音テン 訓つ−ける外

筆順

なりたち 點 [形声]もとの字は、「點」。「黒(黒)」と「占」とからでき、「占」が「テン」とかわって読み方をしめしている。「セン」は「こまかい」の意味をもち、小さい黒いしるしを表す字。

意味

❶てん。小さなちょんのしるし。場所や時間の一点。例交差点。点線・頂点・読点

❷問題となる箇所。あることをとりあげていう、そのこと。例その点は確かだ。視点

❸評価のしるし。試験や試合の成績をしめす値。例点をつける。点数・得点

❹さす。例一滴一滴おとす。例点眼

❺火や明かりをつける。ともす。例点火

❻しらべる。一つ一つ確かめる。例点検

❼ものをかぞえることば。数の下につける。例紅一点。

❶〈てん〉の意味で

【点画】Ⅱ漢字を形づくっている点や線。例点画に気をつけて書く。

【点在】↓〈−する〉あちらこちらに散らばってあること。例点在する島々。類散在

【点字】↓目を使わなくても、指先でさわって読めるようにした字。紙などの表面に小さな点をもりあがらせ、その点の組み合わせで、それぞれの音を表すようにしてある。

【点線】↓点をならべて書いた線。例点線にそって切り取る。類破線 対実線

【点点】Ⅱ〈−と〉あちらこちらに散らばっているようす。例しみが点々とつく。☞❹

【点描】↓〈−する〉①絵のかき方の一つ。絵の具を広くぬりつけるのではなく、こまかい点だけでかくこと。例点描画。②人物やものごとの特徴を取り出して、短い文章で書き表すこと。寸描。例時局点描。

【点訳】↓〈−する〉ふつうの文字で書かれたものを、点字になおすこと。例点訳を読む。

❸〈評価のしるし〉の意味で

【点数】↓できぐあいを数字で表したもの。例テストの点数。類得点 ☞❼

❹〈さす〉の意味で

【点眼】▲〈−する〉目薬をさすこと。例点眼薬。類点薬

【点景】↓風景の絵や写真のおもしろみをますために入れた、人や動物。例点景人物。表記「添景」とも書く。

【点滴】①↓ぽつんぽつんと落ちる水のしずく。例点滴石をうがつ。類水滴・雨滴 ②Ⅱ〈−する〉薬の液や栄養分をゆっくり一滴ずつからだの中に入れる注射の方法。

【点点】Ⅱ〈−と〉ぽたぽたとつづけて落ちるようす。例点々としずくが落ちる。☞❶

❺〈火や明かりをつける〉の意味で

【点火】▲〈−する〉火や明かりをつけること。類着火・発火・点灯 対消火・消灯

【点灯】▲〈−する〉明かりをつけること。例各室いっせいに点灯する。類点火 対消灯

【点滅】⇕〈−する〉明かりがついたり消えたりすること。例青信号が点滅する。類明滅

❻〈しらべる〉の意味で

【点検】↓〈−する〉正常かどうか、一つ一つ調べること。例機械の定期点検。類検査

【点呼】↓〈−する〉全員がそろっているか、一人ひとりの名前や番号を呼んで調べること。例点呼をとる。

❼〈ものをかぞえることば〉の意味で

【点数】↓品物のかず。例出品点数。☞❸

←点が下につく熟語 上の字の働き

❶点＝〈てん〉のとき

【交点 接点 黒点 焦点 支点 力点 基点 起点 拠点 極点 終点 頂点 定点 分岐点】ドノヨウナ点か。
【時点 地点】ナニの中の一点か。
【氷点 沸点 融点】ドウナル温度の点か。
【濁点 句点 読点(句読点) 合点】ドウスルしるしの点か。

❷点＝〈問題となる箇所〉のとき
【汚点 疑点 弱点 失点 重点 争点 難点 美点 盲点 要点 利点 論点 観点 視点】ドウイウことの中心部か。

❸点＝〈評価のしるし〉のとき
【減点 採点 得点】点をドウスルか。
【満点 同点 次点 打点 失点】ドノヨウナ点か。

◆紅一点

【烏】

灬−6 総画10 人名 明朝 烏 70CF

音 ウ外 訓 からす外

意味 からす。全身が黒い雑食性の鳥。まじないなどで、特別な力をもつ鳥とみなされることもある。例 三羽烏。烏合

【烈】

灬−6 総画10 常用 明朝 烈 70C8

音 レツ中 訓 はげ-しい外

筆順 烈

なりたち [形声]「灬」が火を表し、「列」が「レツ」という読み方をしめしている。「レツ」は「はじける」意味をもち、火がもえてはじけることを表す字。

意味 はげしい。いきおいがよい。信念が強い。例 烈火・烈士・熱烈

名前のよみ いさお・たけ・たけし・やす・よし

【烈火】れっか ⇩はげしくもえる火。例 烈火のごとくいかる。類 猛火

【烈士】れっし ⇩正しいと思うことを、どこまでもやりぬこうとする、気性のはげしい男の人。対 烈女・烈婦

【烈風】れっぷう ⇩まともに立って歩けないくらいの強い風。類 暴風・強風 対 微風

←烈が下につく熟語 上の字の働き
【激烈(劇烈) 猛烈 強烈 熱烈】近い意味。
【壮烈 痛烈】ドノヨウニはげしいか。

【焰】

火−8 総画12 人名 明朝 焰 7130

音 エン外 訓 ほのお外

意味 ほのお。もえている火の先。

表記 今は「炎」を使って表す。例 ろうそくの焰→ろうそくの炎。火焰→火炎

【煮】

灬−8 総画12 常用 明朝 煮 716E 旧字 煮 FA48

音 シャ高 訓 に-る中・に-える中・に-やす中

筆順 煮

なりたち [形声]「灬」が火を表し、「者」が「シャ」という読み方をしめしている。「シャ」は「ゆっくり」の意味をもち、火でゆっくりにつめることを表す字。

意味 にる。にえる。食べ物を火にかけ、湯や汁でやわらかくすること。例 豆を煮る。業を煮やす。煮えきらない。煮沸・雑煮

【煮沸】しゃふつ Ⅲ(─する) にえたたせること。例 煮沸消毒。類 沸騰

【煮物】にもの ①▲食べ物をにること。②⇩材料をにて、味つけをした料理。

【焼】

火−8 総画12 4年 明朝 焼 713C 旧字 燒 71D2

音 ショウ中 訓 や-く・や-ける

筆順 焼（とめる・はねる・おらない）

なりたち [形声] もとの字は、「燒」。「堯」が「ギョウ」とかわって読み方をしめしている。「ギョウ」は「高い」の意味をもち、「火」が高くもえあがることを表す字。

意味 やく。もやす。やける。もえる。例 落ち葉を焼く。焼きが回る(にぶくなる。ぼける)。日に焼ける。焼失・全焼・燃焼

【焼却】しょうきゃく ⊠(─する) 焼いてしまうこと。例

焼却炉。

【焼香】しょうこう ▲〈―する〉死んだ人をとむらうために香をたくこと。例お焼香をする。

【焼死】しょうし ↓〈―する〉やけ死ぬこと。

【焼失】しょうしつ ↓〈―する〉やけてなくなること。

←焼が下につく熟語 上の字の働き

【全焼 延焼 類焼】ドノヨウニ燃えるか。

焦

灬−8 総画12 常用 明朝 焦 7126

音 ショウ中 訓 こ-げる中・こ-がす中・こ-がれる中・あせ-る高

筆順

なりたち [形声]「灬」が火を表し、「隹」が「雧(ソウ)」の省略形で、「ショウ」とかわって読み方をしめしている。「ソウ」は「きずつける」意味をもち、火でやきこがすことを表す字。

意味

❶こげる。こがす。やく。物が焼けて炭のように黒くなる。例魚を焦がす。焦げたパン。焦土

❷あせる。気がせく。例遅れはしないかと焦る。待ち焦がれる。焦燥

❶〈こげる〉の意味で

【焦点】しょうてん ↓①レンズで屈折した光や、凹面鏡で反射した光が一つに集まる点。例焦点距離。②ものの中心。人の関心や注意の集まるところ。例焦点のぼけた話。

【焦土】しょうど ↓戦争や災害で、焼け野原となったところ。例戦火で、町は焦土と化した。

❷〈あせる〉の意味で

【焦心】しょうしん ▲〈―する〉心配やあせりで気がもめること。類焦燥・焦慮

【焦燥】しょうそう Ⅱ〈―する〉時間はすぎるが、どうにもならず、いらいらすること。例焦燥にかられる。焦燥感。類焦心・焦慮

【焦慮】しょうりょ ▲〈―する〉いくら考えても、どうにもできずに気をもむこと。類焦燥・焦心

然

灬−8 総画12 4年 明朝 然 7136

音 ゼン・ネン 訓 しか-し外・しか-り外

筆順 わすれない

なりたち [形声]「灬」が火を表し、「肰(ゼン→エン)」が「ゼン・ネン」という読み方をしめしている。「エン」は「もえあがる」意味をもち、火がもえあがることを表す字。借りて、「そうであること」として使われている。

意味

❶そうである。そのとおりであること。例天然・当然

❷じつに…らしいようすで。例平然

←然が下につく熟語 上の字の働き

❶然＝〈そうである〉のとき

【自然 天然 当然 必然 偶然 未然】ドノヨウニそうであるのか。〔未然〕は「まだそうでない」

❷然＝〈じつに…らしいようすで〉のとき

【暗然 依然 隠然 敢然 決然 厳然 公然 雑然 釈然 純然 整然 全然 騒然 泰然 端然 断然 超然 同然 突然 漠然 判然 憤然 平然 漫然 猛然 黙然 悠然 歴然 瞭然(一目瞭然) 蒼然(古色蒼然)】ドノヨウナようすか。

焚

火−8 総画12 人名 明朝 焚 711A

音 フン外 訓 や-く外・た-く外

意味 やく。たく。火を燃やす。例焚き火。焚書(書物を焼く)

無

灬−8 総画12 4年 明朝 無 7121

音 ム・ブ 訓 な-い

筆順 はらう

なりたち [象形]人がたもとにかざりをつけておどっている形をえがいた字。「まい」を表す。のちに、借りて「ない」として使われるようになった。「無」がほかの意味に借りて使われたため、「灬」の代わりに両足の

形をつけて「まい」を表す字として新しく作ったのが「舞」。

意味

❶ない。物やことがらがない。あることをしない。例 無いものは無い。好意を無にする。無事 対 有

❷《その他》例 無駄

例解［使い分け］ない［無・亡］☞このページ

❶〈ない〉の意味で

【無愛想】ぶあいそう〈—な・—に〉そっけない、ぶっきらぼう、つっけんどん、などの感じを人にあたえること。例 無愛想な返事。

【無気味】ぶきみ〈—な・—に〉なんとなくおそろしい感じがする。例 無気味なしずけさ。表記「不気味」とも書く。

【無骨】ぶこつ ◎〈—な・—に〉することやようすに、なめらかさやスマートさがない。例 無骨者。表記「武骨」とも書く。

【無事】ぶじ ☒〈—な・—に〉病気も事故もなく順調である。例 無事終わった。類 平穏 対 有事

【無精】ぶしょう ☒〈—する・—な・—に〉めんどうがってなまけること。ものぐさ。例 無精ひげ。筆無精。表記「不精」とも書く。

【無粋】ぶすい ☒〈—な・—に〉まじめなばかりで、人情のこまやかなところや風流の味がわからない。やぼ。類 無風流 表記「不粋」とも書く。

【無勢】ぶぜい ☒ 人数が少ないこと。例 多勢に無勢。対 多勢

【無難】ぶなん ☒〈—な・—に〉①とくべつよいともいえないがこれという欠点もないこと。例 無難なでき。②安全でまちがいがないこと。例 まわり道をしたほうが無難でしょう。

【無礼】ぶれい ☒〈—な・—に〉礼儀にはずれること。例 無礼講（上下関係などを抜きにして自由な雰囲気を楽しむ集まり）。類 失礼・非礼

【無意識】むいしき ①心のはたらきがなくなっていること。例 無意識の状態。類 人事不省・失神 ②〈—に〉自分でも気づかずになにかをしてしまうようす。例 無意識に手が出る。

【無一物】むいちもつ／むいちぶつ お金や品物など、なに一つもっていないこと。類 裸一貫

【無一文】むいちもん お金をまったくもっていないこと。一文なし。

【無意味】むいみ〈—な〉中身がない。してもねうちがない。例 いくら言っていても実行しなければ無意味だ。対 有意義

例解 使い分け ない《無い・亡い》

無い＝もっていない。存在していない。対 有る・在る

例 やる気が無い。無い物ねだり。

亡い＝死んでこの世にいない。

例 病気で亡くなる。亡き友をしのぶ。

参考「時間がない」「お金がない」などのような使い方の場合は、ふつう「ない」とかなで書く。

【無益】むえき ☒〈—な・—に〉得になることが一つもない。例 無益な議論。類 無用・無駄 対 有益

【無縁】むえん ☒〈—な・—に〉①つながりもかかわりもない。例 出世とは無縁の人生。類 無関係 ②家族や身よりがいない。例 無縁仏。

【無我】むが ☒ ①自分の損得を考えないこと。例 無我の愛。②自分というものさえわすれてしまうこと。例 無我の境地。類 忘我・没我

【無害】むがい ☒〈—な〉わるいはたらきがない。害がない。例 人畜無害。対 有害

【無学】むがく ☒〈—な〉勉強をしたことがなく、なにも知らないでいること。例 無学な人。

【無我夢中】むがむちゅう 自分のこともわすれてしまうほど、いっしょうけんめいになること。例 無我夢中で泳ぎつづけた。類 熱中

【無感覚】むかんかく〈—な・—に〉①からだや心がなにも感じとれないようす。例 指先が無感覚になる。②相手の気持ちやまわりのようすをなにも考えようとしないこと。類 無神経

【無関係】むかんけい〈―な/―に〉かかわりがないこと。例事件とわたしとは無関係です。類無縁

【無関心】むかんしん〈―な/―に〉まったく気にかけないこと。例無関心をよそおう。

【無期】むき ⊠ いつまでと期限を決めないこと。例無期延期。類無期限

【無機】むき ⊠ 無機化合物や無機物の略。対有機

【無期限】むきげん いつまでというくぎりがないこと。類無期

【無機質】むきしつ ①カルシウムやマグネシウムなどの栄養素。ミネラル。②無機物のように命を感じられないようす。例無機質な声。

【無傷】むきず ⊠〈―な〉①からだに傷がないこと。例事故にあったが、無傷ですんだ。②失敗や負けがないこと。例無傷で決勝に進む。

【無機的】むきてき〈―な〉無機物のように命が感じられない。対有機的

【無軌道】むきどう ①レールがないこと。例無軌道電車。②〈―な/―に〉考えやおこないが気まぐれで、でたらめなようす。

【無機物】むきぶつ 水・空気・鉱物など、命のない物質。無機化合物ともいう。対有機物

【無記名】むきめい 自分の名前を書かないこと。例無記名投票。対記名

【無休】むきゅう ⊠ 休まないこと。休みのないこと。例年中無休。

【無給】むきゅう ⊠ 給料をもらわないこと。例無給の奉仕活動。対有給

【無気力】むきりょく〈―な/―に〉なにかをしようとする元気がないこと。例無気力でこまる。

【無菌】むきん ⊠ 病気のもとになるような細菌がいないこと。例病院の無菌室。

【無垢】◆むく ⊠ ①〈―な/―に〉けがれがないようす。例無垢なたましい。類純潔・純真 ②なにもまじっていないこと。例金無垢の指輪。③全体が一色で無地の着物。例白無垢。

【無口】むくち ⊠〈―な/―に〉しゃべろうとしないで、だまっているときが多いこと。類寡黙 対冗舌

【無形】むけい ⊠ はっきりした形をもたないこと。例無形文化財。対有形

【無芸】むげい ⊠〈―な〉これといった芸や技をもっていないこと。例無芸大食。対多芸

【無限】むげん ⊠〈―な/―に〉かぎりがないこと。例無限の宇宙。類無窮 対有限

【無限大】むげんだい〈―な/―に〉これで終わりということがない大きさ。例夢は無限大に広がる。

【無効】むこう ⊠〈―な/―に〉役に立たないようす。効力がないこと。例無効投票。対有効

【無根】むこん ⊠〈―な〉これという根拠がなにもないこと。例事実無根。

【無言】むごん ⊠ ものを言わないこと。例無言でうなずく。類沈黙

【無罪】むざい ⊠ 罪がないこと。対有罪

【無作為】むさくい〈―な/―に〉特別のことをしないで、自然のなりゆきにまかせること。例無作為にえらぶ。類無為 対作為

【無差別】むさべつ〈―な/―に〉差別をしないこと。差別がないこと。例無差別爆撃。

【無残】むざん ⊠〈―な/―に〉こわれ方、傷つき方がひどくて、まともには見られないほどである。例見るも無残な焼けあと。

【無私】むし ⊠〈―な〉自分のつごうや損得を考えないこと。例公平無私。

【無視】むし ⊠〈―する〉なにかがあっても、まったく問題にしないで、ないのとおなじようにふるまうこと。例信号無視。類度外視

【無地】むじ ⊠ 紙や布地で、もようなどがはいっていなくて全体が一色のこと。対柄物

【無実】むじつ ⊠ ①罪をおかした事実がないこと。例無実の罪。②中身がないこと。例有名無実。

【無慈悲】むじひ〈―な/―に〉弱いものをやさしく思いやる気持ちがないこと。類冷酷・残酷・冷血

【無邪気】むじゃき〈―な/―に〉すなおで、かわいらしい。例無邪気な寝顔。類無心・天真爛漫

【無臭】むしゅう ⊠ においがないこと。例無味無臭。

【無重力】むじゅうりょく 地球の引力を受けない状態。例無重力空間。

【無償】むしょう ⊠ お礼をもらわないこと。無料であること。例無償奉仕。対有償・有料

【無上】むじょう ⊠ これより上はないこと。例無上の喜び。類最高・最上・至上

【無常】むじょう ⊠〈—な〉①仏教で、この世のすべてのものは、生まれほろびるのであって、いつまでもつづくものは一つもないということ。例諸行無常。対常住 ②はかなく、むなしいこと。例人生の無常を感じる。

【無情】むじょう ⊠①〈—な〉人間らしい思いやりの心がないこと。例無情なしうち。類薄情・不人情 ②人間のような心のはたらきをもたないこと。例無情の木石。対有情

【無条件】むじょうけん 〈—な〉注文や文句を一つもつけくわえないこと。例無条件で決める。

【無色】むしょく ⊠色がついていないこと。例無色透明。

【無職】むしょく ⊠つとめや仕事をもたないこと。

【無印】むじるし ⊠①しるしのないこと。②注目されていない選手やチーム。例無印の選手がなんと優勝した。類ノーマーク

【無心】むしん ⊠①〈—に〉よけいなことはいっさい考えないようす。例無心に遊ぶ子ども。類一心・無邪気 ②〈—する〉お金や物をねだる。

【無人】むじん ⊠人が住んでいないこと。人がまったくいないこと。例無人島。無人駅。

【無神経】むしんけい 〈—な〉こまかい心づかいがないようす。例無神経なことば。類無感覚

【無尽蔵】むじんぞう 〈—に〉いくらとってもなくならないようす。例資源は無尽蔵にはない。

【無数】むすう ⊠〈—な〉数えきれない多さ。例夜空に輝く無数の星。

【無制限】むせいげん 〈—な〉どれだけと決めてないこと。例回答時間は無制限とする。

【無責任】むせきにん 〈—な〉することがいいかげんで、どんな結果になっても平気でいること。例無責任な発言。

【無節操】むせっそう 〈—な〉しっかりした自分の考えがなく、その場その場で考えや態度を簡単にかえること。例意見を無節操にかえる。

【無線】むせん ⊠電線をひかずに電波だけで通信をおこなうこと。例無線電話。対有線

【無造作】むぞうさ 〈—な〉気軽に考えて、かんたんにやってのけること。例無造作に答える。

【無題】むだい ⊠作品に題がないこと。

【無断】むだん ⊠ことわりなしになにかをすること。無届け。例無断で持っていかないこと。

【無知】むち ⊠〈—な〉①それについてなにも知らないこと。例相手の無知につけこむ。②考えがたりないこと。例無知をさらけだす。

【無定見】むていけん 〈—な〉その場その場で考えがかわって、しっかりとした考えがないこと。

【無抵抗】むていこう 〈—な〉相手の攻撃や圧力にてむかいをしないようす。例無抵抗で従う。

【無敵】むてき ⊠〈—な〉相手になるものがないくらい強いこと。例天下無敵。

【無鉄砲】むてっぽう 〈—に〉結果も考えず、むやみやたらに行動してしまうこと。向こう見ず。例無鉄砲な性格。類無謀

【無電】むでん ◎「無線電信」「無線電話」の略。例無電を打つ。類無線

【無添加】むてんか ⊠防腐剤や着色料などを使っていないこと。例無添加食品。

【無頓着】むとんちゃく・むとんじゃく 〈—に〉なにも気にしないこと。例身なりに無頓着な人。類平気

【無二】むに ⊠くらべるものがないこと。例無二の親友。唯一無二。類無比・無双・無類

【無念】むねん ⊠①なにも考えていないこと。例無念無想。②〈—に〉とてもくやしい。類残念

【無能】むのう ⊠〈—に〉役に立つような力がなにもないこと。例無芸無能。対有能

【無比】むひ ⊠ほかにくらべるものがないほどすぐれている。類無二・無類・無双

【無病】むびょう ⊠病気にかからないでいること。例無病息災。類達者

【無風】むふう ⊠①風がないこと。②おだやかで、なにも起きないこと。例無風選挙区。

【無分別】むふんべつ 〈—な〉なにをしたらよいかの見きわめがつかないこと。例無分別なおこない。類無思慮

【無法】むほう ⊠〈—な〉①法律やきまりがなく、あっても守られていないさま。例無法地帯。②乱暴。例無法をはたらく。類非道

【無謀】むぼう ⊠〈—な〉あとさきのことを考えないで、むちゃなことをするようす。例無謀な計画。類無鉄砲・無思慮

【無味】むみ ⊠〈—な〉①味がないこと。例無味

▶前ページ 無

無臭。②おもしろみがないこと。例無味乾燥なあいさつ。

【無名】⊠①名前が書いてないこと。例無名の答案。類無記名 ②名前がわからないこと。例無名戦士の墓。③人に名前が知られていないこと。例無名の新人。対有名

【無用】⊠〈―に・―な〉①用事がない。例無用の者入るべからず。②必要でない。してはいけない。例心配ご無用。天地無用。③役に立たない。例無用の長物。類無益

【無欲】⊠〈―に・―な〉なにかがほしい、なにかをしたいと思う欲がないようす。例無欲の勝利。類少欲・小欲 対貪欲・強欲

【無理】⊠①〈―に・―な〉すじみちがとおらないこと。例無理を言う。類無体・無法 ②〈―な〉とてもむずかしいこと。例子どもにはとても無理だ。③〈―する・―に・―な〉できそうもないことを、なんとしてでもやろうとすること。例無理をかさねる。無理におしきる。

【無理難題】とてもできそうもないむずかしい注文や、理屈に合わない言いがかり。例無理難題をふっかける。

【無料】⊠料金がただのこと。例無料駐車場。類無代 対有料

【無力】⊠〈―に・―な〉実行力や勢力・財力などがないこと。例無力な存在。類非力 対有力

【無類】⊠〈―に・―な〉くらべるものもない。例無類のお人よし。類無比・無双・無二

【無論】⊠いうまでもなく。例無論、ぼくも行くよ。類勿論

❷《その他》

【無駄】◎〈―に・―な〉役に立たないこと。例むだ口。努力がむだになる。類無益

【無闇】◎〈―に・―な〉よく考えないでものごとをするようす。でたらめ。やみくも。やたら。例むやみに約束するな。

⬅無が下につく熟語 上の字の働き

❶無=〈ない〉のとき

【皆無 絶無】ドノクライに無いか。

◆有無 虚無

煙

火-9 総画13 常用 明朝 煙 7159

音 エン中 訓 けむ-る中・けむり中・けむ-い

筆順 煙 煙 煙 煙 煙 煙 煙

なりたち 形声 もとの字は、「煙」。「垔」が香炉からけむりがたちのぼる意味と、「エン」とかわって読み方をしめしている。「火」をくわえて、「けむり」を表す字。

意味 ❶けむり。けむりのようにたちこめたもの。もや。かすみ。例雨に煙る。煙草が煙い。煙突・土煙・煤煙・噴煙

❷たばこ。たばこをすう。例禁煙

❶〈けむり〉の意味で

【煙雨】⇩つぶがこまかくて、まるで煙のように見える雨。類霧雨・小糠雨

【煙害】⇩工場などから出る煙によって、人や動植物・作物などが受ける害。

【煙突】⇩煙を外へ出すための長いつつ。

【煙幕】⇩こちらのようすをかくすために空中にまきちらす煙。表現「煙幕をはる」は、関係のないことを言って、自分につごうがわるいことをかくす意味にも使う。

❷〈たばこ〉の意味で

【煙草】⇩火をつけてその煙を吸うもの。タバコという植物の葉から作られる。

⬅煙が下につく熟語 上の字の働き

❷煙=〈たばこ〉のとき

【喫煙 禁煙】たばこをドウスルか。

◆硝煙 噴煙 油煙

煌

火-9 総画13 人名 明朝 煌 714C

音 コウ外 訓 かがや-く外

意味 かがやく。きらめく。明るく光り輝く。例煌煌

名前のよみ あき・あきら・てる

照

灬-9 総画13 4年 明朝 照 7167

音 ショウ 訓 て-る・て-らす・て-れる

筆順 照照照照照照照照照

なりたち 照 【形声】「灬」が火を表し、「昭」が「あきらか」の意味と「ショウ」という読み方をしめしている。火の光のあきらかなことを表す字。

意味 ❶てる。てらす。光がかがやく。光をあてる。例日が照る。照りがつづく。ほめられて照れる。照明・日照
❷見くらべる。照らし合わせる。例前例に照らす。照合・参照

名前のよみ あき・あきら・とし・のぶ・みつ

❶〈てる〉の意味で

【照射】しょうしゃ ↓〈―する〉光線などをあてること。

【照明】しょうめい ↓〈―する〉①明かりで照らすこと。例へやの照明。②舞台などで、雰囲気をもりあげる光、その使い方。例照明効果。

❷〈見くらべる〉の意味で

【照会】しょうかい ↓〈―する〉はっきりわからないことなどを問い合わせること。例残高照会。

例解 使い分け しょうかい《照会・紹介》

照会＝問い合わせること。例不明な点を電話で照会する。照会の件で回答する。

紹介＝人を引き合わせること。例友人を紹介する。自己紹介。新製品を人に紹介する。

照会

紹介

【照合】しょうごう ↓〈―する〉そのとおりかどうか照らし合わせてたしかめること。例残金を帳簿と照合する。類参照・対照

【照準】しょうじゅん ▲①銃などのねらいをつけること。例的に照準を合わせる。②目標を決めること。例照準は来月の大会だ。

照が下につく熟語 上の字の働き

❷照＝〈見くらべる〉のとき
【参照 対照】ドノヨウニ見くらべるか。

煎

音 セン中　訓 い-る中

灬-9　総画13　常用　明朝 煎 714E

筆順 煎煎煎煎煎煎煎

意味 ❶せんじる。草や葉を煮て、味や成分を出す。例煎じ薬。湯煎
❷いる。火にあぶる。例ごまを煎る。

字体のはなし 「煎」とも書く。☞ふろく「字体についての解説」(30ページ)

❶〈せんじる〉の意味で

【煎茶】せんちゃ ↓茶の葉を湯でせんじた飲み物。それに使う茶の葉。

❷〈いる〉の意味で

【煎餅】せんべい ↓米や小麦の粉を水でこねて焼いた菓子。

◆湯煎 焙煎

煤

音 バイ外　訓 すす外

火-9　総画13　人名　明朝 煤 7164

意味 すす。煙にまじり、天井などにくっついた黒い粉。例煤煙

【煤煙】ばいえん Ⅲ石炭や石油などを燃やしたときに出る、すすやけむり。

煩

音 ハン中・ボン高　訓 わずら-う中・わずら-わす中

火-9　総画13　常用　明朝 煩 7169

筆順 煩煩煩煩煩煩煩

なりたち 煩 【会意】「頁」があたまを表し、「火」をくわえて、あたまに熱をもってもやもやする思いを表している字。

意味 ❶わずらわしい。めんどうくさい。例手を煩わす。煩をさけて省く。煩雑
❷思いなやむ。くるしむ。例思い煩う。

例解 [使い分け] わずらう[煩・患] ☞745ページ

注意するよみ ボン…例煩悩

❶〈わずらわしい〉の意味で

【煩雑】Ⅱ〈—に・—な〉ごたごたしていてめんどうなようす。例手つづきが煩雑でわかりにくい。類煩瑣・繁雑

❷〈思いなやむ〉の意味で

【煩悶】Ⅱ〈—する〉なやみ苦しむこと。例将来を考えて、日夜煩悶する。類苦悶・苦悩

【煩悩】Ⅱ 仏教で、人間のなやみや苦しみのもとになるいろいろな欲。例煩悩をすてる。煩悩に苦しむ。

【煉】

火-9 総画13 人名 明朝 煉 7149

音 レン外 訓 ね-る外

意味 ねる。熱をくわえて質を良くしたり強度を高めたりする。例煉瓦・煉炭・煉乳

表記 今は「練」を使うことがある。例煉乳→練乳・煉成→練成

【熊】

灬-10 総画14 4年 明朝 熊 718A

音 ユウ外 訓 くま

筆順 （はねる・とめる・おらない）熊

なりたち 【形声】「炎」からかわった「灬」が「ユウ」という読み方をしめしている。「ユウ」はクマを意味し、「クマ」のすがたをえがいた「能」をともなって「クマ」を表している字。

意味 くま。野生で大形の雑食動物。日本では、ツキノワグマ・ヒグマが在来種。例熊の胆・熊手

【熙】

灬-11 総画15 人名 明朝 熙 7199

音 キ外 訓 —

意味 ❶ひかる。かがやく。❷やわらぐ。たのしむ。

名前のよみ てる・のり・ひろ・ひろし・よし

【熟】

灬-11 総画15 6年 明朝 熟 719F

音 ジュク 訓 う-れる中

筆順 （はねる・おらない・はねる）熟

なりたち 【形声】「孰」が、やわらかくなるまでにることを表す字で、「ジュク」という読み方をしめしている。これにさらに「火（灬）」をくわえたもの。

意味 ❶じゅうぶんにみのる。果物がじゅくす。すっかりできあがる。十分に身につく。例木の実が熟れる。機が熟す。熟語・熟練・習熟・成熟・半熟 ❷よくよく。じっくりとそのことをする。例熟読・熟考

発音あんない ジュク→ジュッ…例熟考

❶〈じゅうぶんにみのる〉の意味で

【熟語】↓ 二つ以上の漢字がむすびついてできあがったことば。例四字熟語。

【熟字訓】「明日」を「あす」、「二十歳」を「はたち」と読むなど、二字以上の漢字を組み合わせた語で、一字一字の読み方とはちがう、全体としてのとくべつな読み方。

【熟成】↓〈—する〉十分によくできあがること。例チーズの熟成を待つ。

【熟達】↓〈—する〉すっかり技術を身につけて、じょうずにできるようになること。例熟達の技。類熟練・習熟・練達

【熟年】↓ 人生経験ゆたかで、よい判断をして若い世代をみちびくことができる年代。老年の前の人。関連幼年・少年・青年・壮年・中年・熟年・老年

【熟練】↓〈—する〉経験をつみかさね、その仕事によくなれていること。例熟練を要する作業。類熟達・習熟・円熟・練達

❷〈よくよく〉の意味で

【熟議】↓〈—する〉十分に議論・相談をすること。

【熟睡】↓〈—する〉ぐっすりねむること。例熟睡したのでつかれがとれた。類安眠

【熟知】↓〈—する〉十分によく知っている

こと。例 熟知のあいだがら。

【熟読】↓⟨—する⟩ていねいにじっくり読むこと。例 反復熟読。類 精読 対 速読

【熟慮】↓⟨—する⟩よくよく考えること。例 熟慮のすえ決断した。類 深慮・熟考

【熟考】↓⟨—する⟩時間をかけてじっくりと考えること。例 熟考をうながす。類 熟慮・深慮

熟が下につく熟語 上の字の働き

❶熟=⟨じゅうぶんにみのる⟩のとき
【完熟 早熟 半熟】ドノクライ熟したか。
【習熟 未熟】ドウ身についたか。

◆成熟

熱

灬-11 総画15 4年

明朝 熱 71B1

音 ネツ 訓 あつ-い

筆順

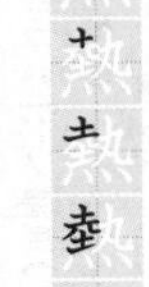

なりたち 【形声】「灬」が火を表し、「埶(ゲイ)」が「ネツ」とかわって読み方をしめしている。「ゲイ」は「あつい」の意味をもち、火のあたたかさを表す字。

意味 ❶あつい。温度が高い。あつさ。ねつ。例 熱い湯。熱帯・発熱 対 冷

❷うちこむ心。夢中になる。例 熱のこもった講演。熱がさめる。熱意・情熱

例解 [使い分け] あつい [暑・熱・厚] ☞597ページ

❶⟨あつい⟩の意味で

【熱気】↓高温の空気。例 熱気がふき出す。類 熱風 対 冷気 ☞❷

【熱帯】↓赤道近くの一年じゅう気温の高い地帯。例 熱帯植物。関連 熱帯・温帯・寒帯

【熱帯夜】夜間の最低気温がセ氏二五度以下に下がらない暑い夜。

【熱湯】↓煮えたった熱い湯。例 熱湯消毒。

【熱病】↓マラリア・チフスなど、ひじょうに高い熱の出る病気。例 熱病にかかる。

【熱量】↓物がもえるときや、食べた物がからだの中で出す熱エネルギーの量。単位はジュールのほかカロリーも使う。

❷⟨うちこむ心⟩の意味で

【熱意】↓どうしても目的を達したいと思う強い気持ち。例 熱意がつたわる。類 情熱・熱情・執念

【熱演】↓⟨—する⟩演技や演奏に打ちこむこと。いっしょうけんめいさにあふれていること。例 少女の熱演にひきこまれる。類 力演

【熱気】↓高ぶった気持ち。例 会場の熱気に圧倒される。☞❶

【熱狂】Ⅱ⟨—する⟩むちゅうになって、ほかのことがわからなくなってしまうこと。例 熱狂的なファン。

【熱血】↓血がわきたつようなはげしい情熱。例 熱血漢(情熱的な人)。

【熱情】↓あるものごとに対する、強くはげしい気持ち。類 情熱・激情

【熱心】↓⟨—な⟩ものごとにうちこむ度合いが強い。例 熱心に勉強する。類 専心・専念・一心

【熱戦】↓力のこもったはげしいたたかいや試合。例 熱戦を展開する。類 激戦・激闘

【熱中】↓⟨—する⟩一つのことに心を打ちこみ、むちゅうになること。例 ゲームに熱中する。類 夢中・専念・没頭・没入

【熱弁】↓気持ちをこめた、力づよい話しぶり。例 熱弁をふるう。

【熱望】↓⟨—する⟩強くねがうこと。類 切望

例解 使い分け

わずらう 《煩う・患う》

煩う=思いなやむ。
例 思い煩う。心に煩いがない。

患う=病気にかかる。
例 胸を患う。三年ほど患う。大病を患う。

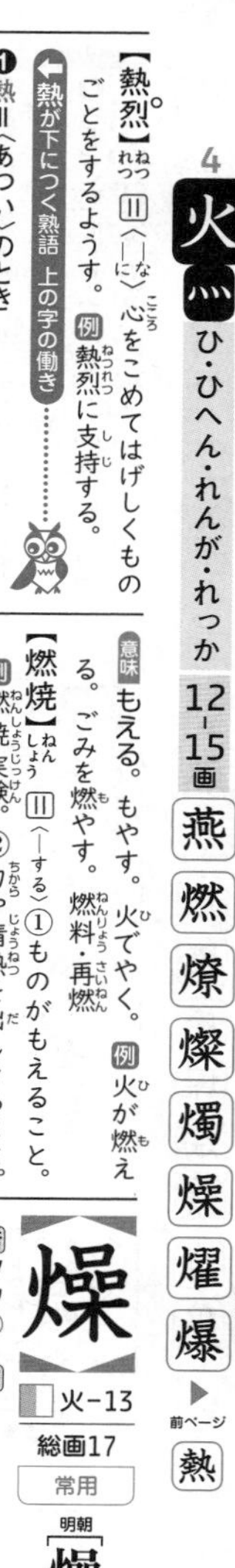

【熱烈】＝〈━な〉心をこめてはげしくものごとをするようす。例熱烈に支持する。

熱が下につく熟語 上の字の働き

❶熱＝〈あつい〉のとき
【白熱 過熱 余熱】ドノヨウナ熱さか。
【加熱 解熱 発熱 耐熱】熱を(熱に)ドウスルか。
【地熱 電熱】ナニの熱か。
【微熱 平熱】ドノ程度の熱か。
◆炎熱 情熱

燕

灬-12 総画16 人名 明朝 燕 71D5

音 エン外 訓 つばめ外

意味 つばめ。春、南から日本にやってきて、秋に帰るわたり鳥。例飛燕

燃

火-12 総画16 5年 明朝 燃 71C3

音 ネン 訓 も-える・も-やす・も-す

筆順 とめる わすれない

なりたち [形声]もともと「然」がもえる意味を表し、「ネン」という読み方をしめしていたが、ほかの意味に借りて使われたため、さらに「火」をつけて、あらためて「もえる」とした字。

意味 もえる。もやす。火でやく。例火が燃える。ごみを燃やす。燃料・再燃

【燃焼】＝〈━する〉①ものがもえること。例燃焼実験。②力や情熱を出しきること。例若さを燃焼させる。
【燃費】↓自動車が一リットルのガソリンで走れる距離。例燃費のいい車。
【燃料】↓炭・たきぎ・石油・石炭・ガスなど、もやして熱や動力をえるための材料。例固形燃料。
◆再燃 不燃

燎

火-12 総画16 人名 明朝 燎 71CE

音 リョウ外 訓 ━

意味 火をたく。かがり火。野火。例燎原の火のように(すごいいきおいで)広がる。

燦

火-13 総画17 人名 明朝 燦 71E6

音 サン外 訓 あき-らか外

意味 光りかがやく。例燦然とかがやく。燦燦

燭

火-13 総画17 人名 明朝 燭 71ED

音 ショク外・ソク外 訓 ともしび外

意味 ともしび。あかり。ろうそく。例燭台(ろうそくを立てる台)・蠟燭

燥

火-13 総画17 常用 明朝 燥 71E5

音 ソウ中 訓 ━

筆順

なりたち 燥 [形声]「喿」が「はらう」意味と「ソウ」という読み方をしめしている。「火」で水気をはらうことを表す字。

意味 かわく。水気がなくなって、からからになる。例乾燥

燥が下につく熟語 上の字の働き

【乾燥 焦燥】近い意味。

燿

火-14 総画18 人名 明朝 燿 71FF

音 ヨウ外 訓 かがや-く外

意味 かがやく。ひかり。例栄燿栄華。

爆

火-15 総画19 常用 明朝 爆 7206

音 バク中 訓 ━

筆順

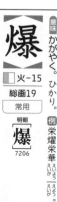

なりたち 爆 [形声]「暴」が「はじける」意味と「バク」という読み方をしめしている。「火」によって物がはじけることを表す字。

意味 ばくはつする。はじける。ばくだん(爆弾)。

ものしり巻物 第22巻

熟語の読み方（音がかわるもの）

漢字が二字以上組み合わさって熟語になった場合、もとの漢字の音とは、少しちがった音で読むようになることがあります。

たとえば、「学」は、ふつうは「ガク」と読みますが、「学校」という熟語の場合は、「ガッ」と読みます。おなじように、「石（セキ）」は、「石器（セッキ）」というときは「セッ」になります。「一（イチ）」は、「一等（イットウ）」というときは「イッ」になります。「発（ハツ）」は、「発表（ハッピョウ）」というときは「ハッ」になります。「合（ゴウ）」のように、「合唱（ガッショウ）」というときに、「ガッ」という、まったくちがう音にかわることもあります。

つまり、漢字の音が「キ」「ク」「チ」「ツ」「ウ」で終わるとき、熟語の中で、その終わりの部分が、促音（小さい「ッ」で表します）にかわることがあるのです。

また、「一本（イッポン）」「二本（ニホン）」「三本（サンボン）」のように、「本（ホン）」の字が、「ポン」や「ボン」の音にかわることがあります。おなじように、「登山（トザン）」「洪水（コウズイ）」「人間（ニンゲン）」「黄金（オウゴン）」なども、それぞれ、「山（サン）」「水（スイ）」「間（ケン）」「金（コン）」が、熟語の中で濁音にかわったものです。

つまり、清音（カ行・サ行・タ行・ハ行の音）で始まる漢字音は、熟語の中で濁音（ガ行・ザ行・ダ行・バ行の音）や半濁音（パ行の音）にかわることがあるのです。

このほかにも、「天皇（テンノウ）」「反応（ハンノウ）」のように「皇（オウ）」「応（オウ）」が「ノウ」と読まれる熟語もあります。

こうした熟語の中にだけ出てくるとくべつな音は、漢字（漢和）辞典の音訓欄に全部はのっていないのがふつうです。この辞書では、発音あんない欄で、そのうちのいくつかをあげてあります。あげきれなかった音がまだまだたくさんあるので、みなさんさがしてみてください。

イッポン
ニホン
サンボン

例 爆撃・爆発・原爆・自爆

【爆音】ばくおん ⇩ ①火薬が爆発するときの大きな音。例 爆音で耳ががんがんする。②飛行機・自動車・オートバイなどのエンジンが出す大きな音。例 爆音をのこして走り去る。

【爆撃】ばくげき ⇩〈―する〉飛行機から爆弾を落として攻撃すること。例 爆撃機。

【爆笑】ばくしょう ⇩〈―する〉おおぜいの人がどっと大声で笑うこと。例 爆笑のうず。類 哄笑

【爆心】ばくしん ⇩ 爆発があったところの中心。

【爆弾】ばくだん ⇩ 中に火薬をつめ、爆発させて建物をこわしたり人を殺したりする兵器。例 原子爆弾。表現 突然人をおどろかすようなことを言うのが「爆弾発言」、いつ起こるかわからない病気や心配ごとがあることを「爆弾をかかえている」という。

【爆竹】ばくちく ⇩ 紙の筒に火薬をつめてつなぎ、次々に爆発するようにしたしかけ。おもに中国などでお祝いのときに鳴らす。

【爆破】ばくは ⇩〈―する〉建造物を、爆薬を使ってこわすこと。例 ビルの爆破作業。類 発破

【爆発】ばくはつ ⇩〈―する〉①強い熱や大きな音を出すなどして、はげしい勢いで破裂すること。例 ガス爆発。②たまっていた気持ちや感情が一度にふき出すこと。例 怒りが爆発した。

【爆風】ばくふう ⇩ 爆発によっておこるはげしい風。

【爆薬】ばくやく ⇩ 火薬など、爆発する力をもつ化

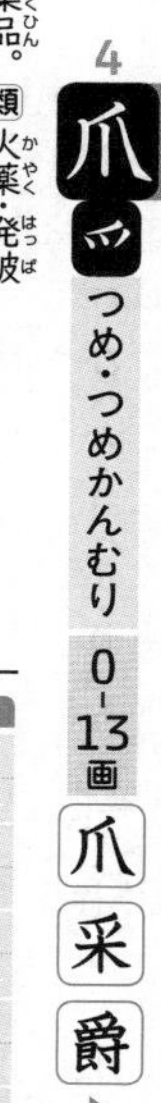

学薬品。 類 火薬・発破

← 爆が下につく熟語 上の字の働き
【原爆 水爆】ナニの爆弾か。
◆空爆 自爆

4画 爪 ⺤ [つめ][つめかんむり] の部

手の先を下に向けてものをつかむようすをえがいた「爪」「⺤」の形がめやすとなっている字を集めてあります。

この部首の字
0 爪……748
4 采……748
13 爵……748
妥▸女 302
受▸又 200
愛▸心 503
舜▸舛 1042

爪

音 ― 訓 つめ中・つま中
爪-0 総画4 常用 明朝 爪 722A

筆順 ノ 厂 爪 爪

意味 つめ。指先にはえている、かたいもの。例 爪を切る。爪をとぐ。爪先・爪跡

参考 ☞「李」の「文字物語」(626ページ)

注意するよみ つま…例 爪先・爪弾く

采

音 サイ中 訓 ―
⺤-4 総画8 常用 明朝 采 91C7

筆順 一 ⺤ 丆 平 平 采 采 采

意味
❶手に取る。えらびとる。例 采配
❷すがた。ようす。例 風采
❸さいころ。例 喝采(ほめそやす。もと、かけ声をかけてさいころをふる意味)

❶〈手に取る〉の意味で
【采配】↓ むかし、大将が手に持って、兵を指図するのに使った道具。例 采配を振る(指図して全体を動かす)。

爵

音 シャク中 訓 ―
⺤-13 総画17 常用 明朝 爵 7235

筆順 爵 爵 爵 爵 爵 爵 爵 爵

なりたち 【会意】酒(䍃→㫐)とさかずき(罒)と手(寸)からできていて、「さかずき」を表す字。むかしはさかずきの大きさで位を区別したことから、位を表すことばとして使われている。

意味 貴族の位を表すことば。古代中国で、諸侯につけた階級名。例 公爵

【爵位】↓ 貴族の階級。公爵・侯爵・伯爵・子爵・男爵の五つがある。 知識 かつては日本でもこの制度があり、この身分の人たちを華族といった。

← 爵が下につく熟語 上の字の働き

漢字パズル ⑩ むしくい

あいているところ(■)に、一週間の曜日を入れて、漢字を完成させましょう。

① 自 ② 口 ③ 失 ④ 昔 ⑤ 当 ⑥ 学 ⑦ 径 ⑧ 沽 ⑨ 市 ⑩ 然 ⑪ 巛 ⑫ 十 ⑬ 其 ⑭ 岸 ⑮ 丶 ⑯ 翟

土 木 水 月 日 金 火

答えは1130ページ

【公爵 侯爵 伯爵 子爵 男爵】ドウイウ位の貴族か。

4画 父 〔ちち〕の部

「父」の字と、「父」をもとにして作られた「爺」の字が入ります。

この部首の字　0 父……749　9 爺……749
斧▶斤 575　釜▶金 1045

父
父-0　総画4　2年　明朝 父 7236

音 フ　訓 ちち

筆順（とめる・あける・はらう）

なりたち 〔象形〕手に石のおのを持ったすがたをえがいて、「ちち」を表した字。

意味 ちち。ちちおや。親である男。例 父と母。父母・祖父 対 母

特別なよみ 叔父(おじ)・伯父(おじ)・父さん(とうさん)

【父親】ちちおや ↓ 父。類 父・男親 対 母親
【父子】ふし ⇕ 父親と子ども。対 母子
【父祖】ふそ Ⅱ 祖先。例 父祖の代からつづく。対 子孫
【父母】ふぼ ⇕ 父と母。例 父母の恩。類 両親・二親

⬅父が下につく熟語 上の字の働き
【祖父 伯父 叔父 養父 岳父】自分を中心としてドウイウ関係の父か。
【厳父 慈父 老父】ドウイウようすの父か。
◆神父 尊父

爺
父-9　総画13　表外　明朝 爺 723A

音 ヤ外　訓 じい外・じじ外

意味 おじいさん。男の老人。例 好好爺。対 婆

4画 爻 〔こう〕の部

「爻」の形がめやすとなっている字を集めてあります。

この部首の字　7 爽……749　10 爾……749

爽
爻-7　総画11　常用　明朝 爽 723D

音 ソウ中　訓 さわ-やか中

筆順

意味 すがすがしい。さわやか。例 爽快・颯爽

爾
爻-10　総画14　人名　明朝 爾 723E

音 ジ外・ニ外　訓 なんじ外・しか-り外・のみ

意味 ❶なんじ。おまえ。❷それ。例 爾来(それ以来) ❸…というようす。例 卒爾ながら(とつぜんですが)。

4画 片 〔かた〕〔かたへん〕の部

「片」の形がめやすとなっている字を集めてあります。

この部首の字　0 片……749　4 版……750　9 牒……751

片
片-0　総画4　6年　明朝 片 7247

音 ヘン中　訓 かた

筆順（おる・はねない）

なりたち 〔象形〕「木」を半分に切った右がわの形の字で、「かたほう、きれはし」の意味を表す。

意味 ❶かたほう。二つのうちの一方。例 片道 ❷完全でない。きれはし。はし。少し。例 片付く。片言・破片

❶〈かたほう〉の意味で
【片腕】かたうで ↓ ① 左右どちらかの腕。類 片手・隻

腕 対 両腕 ②もっとも頼りになる相談相手や部下。例 社長の片腕となる。類 右腕・腹心・股肱・一翼。

【片端】↓ 一方のはし。例 片端からかたづける。対 両端 表現「かたっぱしから」ということが多い。

【片棒】↓ かごなどをかつぐ棒の一方。それをかつぐ人。例 片棒をかつぐ(あまりよくない仕事のなかまに入る)。参考 棒をかつぐそれぞれが片棒で、おたがいを相棒とよんだ。前が先棒で、うしろが後棒。

【片道】↓ 行きか帰りか、どちらか一方。例 片道だけ飛行機にする。対 往復

❷〈完全でない〉の意味で

【片意地】〈―な〉がんこに自分の考えをかえずにおしとおすこと。例 片意地をはる。類 強情

【片田舎】都会から遠くはなれていて、交通の不便なところ。類 僻村・僻地・辺地

【片仮名】かなの一つ。漢字の一部をとって作った文字。現在は、外国人名・地名、外来語、擬声語などを書き表すのに使う。参考 ものしり巻物2(67ページ)

【片言】↓ ❶ おさない子や外国人などのたどたどしいことばつき。例 片言の英語。❷ ことばのほんの一部分。例 片言も聞きもらさない。

【片隅】↓ すみっこのほう。例 頭の片隅に入れておいてください。類 一隅・一角

【片手間】仕事のあいま。例 そんな大仕事は、片手間ではできない。

【片時】↓ ほんの少しのあいだ。例 片時も手放さない。類 一時・瞬時

【片鱗】↓ それだけでも全体のスケールの大きさをうかがわせる、ほんのわずかな部分。例 大器の片鱗を見せる。類 一端

片が下につく熟語 上の字の働き

❷片＝〈完全でない〉のとき

【一片 断片 破片】ドノヨウナきれはしか。

文字物語 版

小説・詩や絵などを印刷し、本として世に出すのが「出版」だが、「版」はまた、同じ出版物をある部数まとめて印刷する回数を表す。はじめに印刷したものが「初版」、二回目が「第二版」…となっていく。こうして、本がよく売れて、次々と印刷回数がふえていくことを、「版を重ねる」という。同じ本の、内容をかえたり、よそおいをあらたにしたりして出した本を「改訂版」「新版」という。もとの本は「旧版」となる。この言い方を本でないものに応用して「日本版ミュージカル」「ゴジラのアメリカ版」「現代版シンデレラ」などという。もとの作品やその主人公をべつの国や時代にもってきてつくりなおしたもの、という意味だ。本のつくりがりっぱで、値段が高いのが「豪華版」や「愛蔵版」、逆に実用的なつくりで、安いのが「普及版」「廉価版」だ。最近、コンピューターの世界では、ソフトの「バージョンアップ」「セカンドエディション」などの言い方で「バージョン」や「エディション」が進出し、この方面では「版」は、すこしおくれをとった。

版

片-4 総画8 5年 明朝 版 7248

音 ハン 訓 ―

筆順 版 (おる・はらう)

なりたち [形声]「片」が木のきれはしを表し、「反」が「ハン」という読み方をしめしている。「ハン」は「うすい」の意味をもち、平たい木のいたを表す字。

意味
❶印刷する板。印刷するために字や絵をほった板。印刷して本を出す。例 版を重ねる。版画・版木・出版・図版
❷戸籍簿。例 版籍奉還。版図

[文字物語] このページ

❶〈印刷する板〉の意味で

【版画】↓ 木や銅などの板にほりつけた絵に、墨やインクをつけ、紙に写しとった絵。

前ページ 父 爺 爽 爾 片

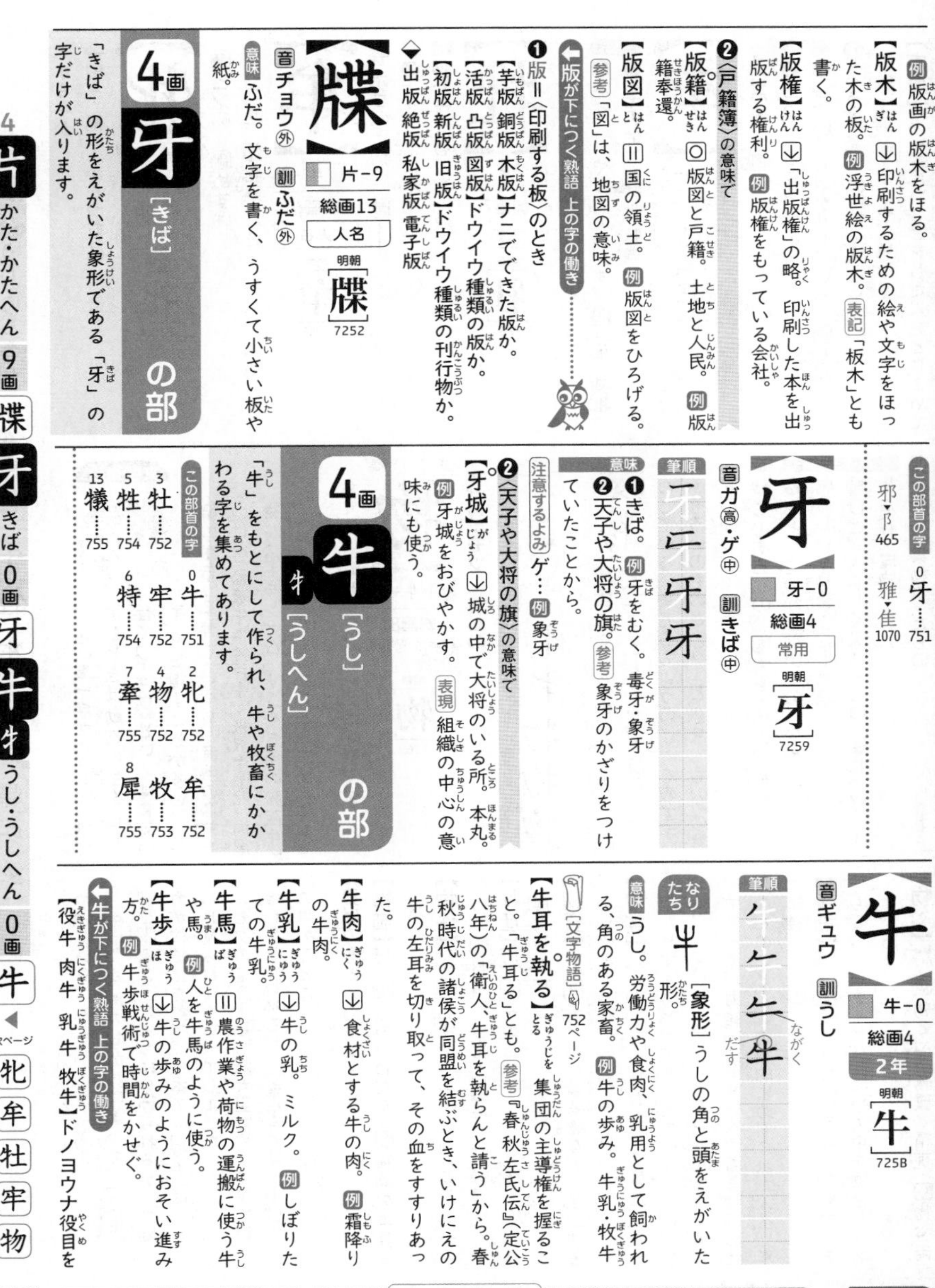

例 版画の版木をほる。

【版木】↓ 印刷するための絵や文字をほった木の板。例 浮世絵の版木。表記「板木」とも書く。

【版権】↓「出版権」の略。印刷した本を出版する権利。例 版権をもっている会社。

❷〈戸籍簿〉の意味で

【版籍】◎ 版図と戸籍。土地と人民。例 版籍奉還。

【版図】Ⅱ 国の領土。例 版図をひろげる。参考「図」は、地図の意味。

版が下につく熟語 上の字の働き

❶版＝〈印刷する板〉のとき
【芋版 銅版 木版】ナニでできた版か。
【活版 凸版 図版】ドウイウ種類の版か。
【初版 新版 旧版】ドウイウ種類の刊行物か。
◆出版 絶版 私家版 電子版

牒

片-9 総画13 人名 明朝 牒 7252

音 チョウ外 訓 ふだ外

意味 ふだ。文字を書く、うすくて小さい板や紙。

4画 牙［きば］の部

「きば」の形をえがいた象形である「牙」の字だけが入ります。

この部首の字 0 牙……751 邪→阝465 雅→隹1070

牙

牙-0 総画4 常用 明朝 牙 7259

音 ガ高・ゲ中 訓 きば中

筆順

意味 ❶きば。例 牙をむく。毒牙・象牙 ❷天子や大将の旗。参考 象牙のかざりをつけていたことから。

注意するよみ ゲ…例 象牙

❷〈天子や大将の旗〉の意味で

【牙城】↓ 城の中で大将のいる所。本丸。例 牙城をおびやかす。表現 組織の中心の意味にも使う。

4画 牛 牜［うし］［うしへん］の部

「牛」をもとにして作られ、牛や牧畜にかかわる字を集めてあります。

この部首の字 0 牛……751 2 牝……752 牟……752 3 牡……752 牢……752 4 物……752 牧……753 5 牲……754 6 特……754 7 牽……755 8 犀……755 13 犠……755

牛

牛-0 総画4 2年 明朝 牛 7258

音 ギュウ 訓 うし

筆順

なりたち［象形］うしの角と頭をえがいた形。

意味 うし。労働力や食肉、乳用として飼われる、角のある家畜。例 牛の歩み。牛乳・牧牛

【牛耳を執る】集団の主導権を握ること。「牛耳る」とも。参考『春秋左氏伝』（定公八年）の「衛人、牛耳を執らんと請う」から。春秋時代の諸侯が同盟を結ぶとき、いけにえの牛の左耳を切り取って、その血をすりあった。

［文字物語］752ページ

【牛肉】↓ 食材とする牛の肉。例 霜降りの牛肉。

【牛乳】↓ 牛の乳。ミルク。例 しぼりたての牛乳。

【牛馬】Ⅱ 農作業や荷物の運搬に使う牛や馬。例 人を牛馬のように使う。

【牛歩】↓ 牛の歩みのようにおそい進み方。例 牛歩戦術で時間をかせぐ。

牛が下につく熟語 上の字の働き

【役牛 肉牛 乳牛 牧牛】ドノヨウナ役目を

する牛か。
◆闘牛　蝸牛(かたつむり)

【牝】
牛-2　総画6　表外　明朝 牝 725D

音 ヒン(外)　訓 めす(外)

意味 めす。例 牝鶏　対 牡

【牟】
牛-2　総画6　人名　明朝 牟 725F

音 ボウ(外)・ム(外)　訓 ―

意味 ❶ます。倍に増やす。❷むさぼる。奪い取る。

【牡】
牛-3　総画7　人名　明朝 牡 7261

音 ボ(外)　訓 おす(外)

意味 ❶おす。鳥やけもののおす。例 牡馬　対 牝 ❷《その他》例 牡丹・牡蠣

【牢】
牛-3　総画7　表外　明朝 牢 7262

音 ロウ(外)　訓 ―

意味 ❶ろう。ひとや。例 牢獄 ❷かたい。しっかりしている。例 堅牢

❶〈ろう〉の意味で

◆【牢獄】ろうごく Ⅲ ろうや。類 牢屋

◆【牢屋】ろうや ↓ 悪いことをした人をとじこめておく所。例 牢屋に入れられる。類 牢獄

文字物語

牛

「牛」を一字で「うし」と訓よむときは動物の牛を指し、音で「ギュウ」といえば食品の牛肉を指すことが多い。「牛鍋」「牛缶」「牛丼」というし、産地の名前をつけた「松阪牛」「神戸牛」「米沢牛」も、肉屋やレストランでは「すきやき用の松阪牛」「神戸牛のステーキ」などといって、はくをつけている。

牛は、利用のしかたによって、「役牛」「乳牛」「肉牛」と三つに分けられるが、労力が機械化されて、日本では「役牛」はほとんど見られなくなってしまった。

七夕の「牽牛星」「織女星」は、「彦星」「織姫」ともいわれるが、「牽牛」とは、牛引きの男のことだ。

【物】
牛-4　総画8　3年　明朝 物 7269

音 ブツ・モツ　訓 もの

筆順 ノ ㇐ 牛 牛 牜 物 物 物（だす・はねる）

なりたち [形声]「まだら」の意味を表す「勿」が、「ブツ」とかわって読み方をしめしている。まだらもようの「牛」を表す字。ふぞろいのものということから、「もの」の意味に使われている。

意味 ❶形のあるもの。例 物を大切に。物体 ❷形としてつかめないもの。なんとなく。例 物悲しい。物語・物情・物騒 ❸ひと。人らしく見えるもの。例 物の怪。人物・傑物・魔物

特別なよみ 果物(くだもの)

❶〈形のあるもの〉の意味で

【物価】ぶっか ↓ もののねだん。例 物価が上昇する。

【物件】ぶっけん ↓ 品物や、土地・建物などの一つ一つ。例 日当たりのよい物件。証拠物件。

【物産】ぶっさん ↓ その土地でできる品物。例 物産展。類 産物

【物資】ぶっし Ⅲ 食べ物や着る物など、生活するのに必要な品物。例 救援物資。

【物質】ぶっしつ ↓ ①形も量もあって見たりさわったりすることができ、大きい、小さい、多い、少ないなどがわかるもの。例 物質を構成する元素。対 精神 ②食べ物や着る物、お金などのこと。例 物質的にめぐまれた人生。対 精神

【物色】ぶっしょく ▲〈―する〉よいものはないかとあちこちさがすこと。例 へやの中を物色したあとがある。

【物心】ぶっしん ⇕ 物と心。物質と精神。例 物心両

面の援助が必要だ。☞「ものごころ」は❷

【物体】⬇ 見たりさわったりでき、それぞれの形をもってこの世にあるもの。

【物的】⊠〈―な・―に〉物としての形があるようす。類 物質的 対 精神的・心的・人的

【物品】Ⅲ 品物。例 物品税。

【物物交換】〈―する〉お金を使わないで、物と物とをとりかえる取り引き。

【物欲】⬇ お金や物をほしいと思う気持ち。例 物欲をおさえる。類 物質欲

【物理的】〈―な・―に〉ものごとの法則や、状態に合っている。例 一人の人間が同時に二か所にいることは物理的に不可能だ。

【物量】⬇ 品物の量。

【物音】⬇ なにかの立てる音。例 あやしい物音に耳をそばだてる。

【物事】Ⅲ 世の中のいろいろなものやことがら。例 どんな物事にもおどろかない。

❷〈形としてつかめないもの〉の意味で

【物議】▽ 人びとがいろいろと意見を言ったり、批評したりすること。例 物議をかもす（人びとの議論をひきおこす）。

【物故】Ⅲ〈―する〉人が死ぬこと。例 物故者。類 死去・死亡・逝去 表現 名簿などで使う。

【物情】⬇ 世の中のようすや人びとの心。例 物情騒然。

【物騒】◎〈―な〉なにかあぶないことが起こりそうなようす。例 物騒な世の中だ。参考「ものさわがしい」を漢字で書いて音読みしたことば。

【物語】⬇ ①すじのあるまとまった話。例 恋物語。②日本文学で、平安時代から室町時代までのあいだに生まれた小説ふうの作品。類 小説

【物心】⬇ 世の中のことや人の気持ちなどがわかる心。例 まだ物心のつかない年齢。類 分別 ☞「ぶっしん」は❶

【物腰】◎ ことばつきや態度。例 物腰のやわらかい人。

⬅物が下につく熟語 上の字の働き

❶物＝〈形のあるもの〉のとき
【鉱物 穀物 臓物 薬物 荷物 貨物 景物 宝物（ほうもつ・たからもの）】ナニというものか。
【金物 軸物 刃物 柄物 鉢物 反物 水物 私物 風物 文物】ナニに関係したものか。
【異物 汚物 現物 実物 静物 名物 大物 小物 青物 安物 際物 無機物】ドノヨウナものか。
【干物 乾物 煮物 書物 織物 鋳物 獲物 作物 産物 廃物 生物 動物 植物 供物 進物 置物 着物 遺物 禁物 食物 見世物】ドウスルものか・ドウシタものか。
【夏物 冬物 初物】イツのものか。

❸物＝〈ひと〉のとき
【堅物 鈍物 傑物 難物 俗物 大物 小物 怪物 魔物】ドノヨウナ人間か。

◆絵巻物 器物 小間物 品物 事物 人物 本物

牧

音 ボク 訓 まき 中

牛-4 総画8 4年 明朝 牧 7267

筆順 牧 牧 牧 牧 牧 牧 牧 牧（だす・でる・はらう）

なりたち [形声]「ぼうで打つ」ことを表す「攵」が「ボク」という読み方をしめしている。「牛」を打って追いやることから、「家畜をかう」意味を表す字。

意味 原野で家畜をかう。牛や馬などの家畜を放し飼いにする。例 牧場

発音あんない ボク→ボッ…例 牧歌的

【牧牛】⬇ 放し飼いにしている牛。

【牧師】⬇ プロテスタント教会で信者をみちびく人。参考 羊飼いが羊のめんどうを見るように、人のなやみをほうっておかない人という意味。

【牧場】⬇ 牛や馬などを放し飼いできるようにした広い草地。

【牧草】⬇ 家畜のえさにする草。

【牧畜】⬇ 牛や馬などを飼い、皮・肉・乳などを生産する仕事。例 牧畜を営む。

【牧童】⬇ 牧場で牛や馬などのせわをする男や少年。カウボーイ。類 牧夫

【牧歌】⬇ 牧童がうたう歌。例 牧歌調。

【牧歌的】〈―な〉牧歌が聞こえてきそうな

◀次ページ 牲 特

のどかなふんいきの。

⬅牧が下につく熟語 上の字の働き

【放牧 遊牧】ドウヤッテ飼うか。

牲

牛－5 総画9 常用 明朝 牲 7272

音 セイ㊥ 訓 ―

筆順 ノ 𠂉 牛 牛 牜 牪 牲 牲

なりたち 牲 [形声]「生」が「いきる」意味と「セイ」という読み方をしめしている。「いけにえ」の「牛」を表す字。

意味 いけにえ。祭礼などに生きたままささげられる生き物。例 犠牲

特

牛－6 総画10 4年 明朝 特 7279

音 トク 訓 ―

筆順 𠂉 牛 牜 特 特 特 特（だす・はねる）

なりたち 特 [形声]「寺」が「トク」とかわって読み方をしめしている。「牛」がついて、りっぱなおすの牛を表していた字。

意味 とりわけ。ほかのものからとびぬけている。例 特に注意する。特別

発音あんない トク→トッ…例 特価

【特異】↓〈―に〉ふつうとはちがっていることが目立つ。例 特異体質。類 特殊

【特技】↓その人にしかできないような技。その人がとくにじまんできる技。

【特産】↓その土地のすぐれた産物。その土地でしかできない産物。例 特産品。類 名産

【特使】↓特別な役目をもって現地に出向く使者。例 特使を派遣する。

【特質】↓それだけがもっている性質。例 日本文学の特質。類 特性

【特赦】↓刑の決まっている罪人のうち、範囲を決めて、刑をゆるすこと。類 恩赦

【特殊】Ⅱ〈―な〉ふつうとちがって、めったにない。例 特殊な材料を使う。類 特別・特異 対 普通・一般・普遍

【特集】↓〈―する〉新聞・雑誌などで、ある一つのことをとくべつに力を入れてとり上げること。例 特集を組む。

【特賞】↓とくべつにもうけた賞。

【特色】↓①ほかとちがっているところ。例 特色のある学校。類 特徴・特性・特質 ②ほかとくらべてすぐれているところ。例 特色をアピールする。類 特長

【特性】↓ほかにはない、そのものだけがもつ性質。類 特質 対 通性 表現「特性を生かす」「特性を利用する」などと、よい面に目をつけていう。

【特製】↓とくべつなつくり方でつくること。例 当店特製のあんみつ。対 並製

【特設】↓〈―する〉ふだんはないものを、そのときだけ、つくったり用意したりすること。

【特選】↓〈―する〉①とくべつの意味をこめてえらび出すこと。例 ご進物用の特選コーナー。②とくにすぐれたものとしてえらばれること。例 展覧会で特選になる。

【特注】◎〈―する〉ふだんとちがう注文を出して品物をつくってもらうこと。例 家具を特注する。特注品。

【特長】↓とくにすぐれたところ。例 社員の特長を生かす。類 特色・美点 表現 ☞【特徴】(ひだりにあります)

【特徴】↓ほかのものにはないような、とくに目立つところ。例 特徴のある顔。類 特色 表現「特徴」は、よいわるいに関係なく使うが、「特長」は長所を指す。

【特定】↓①範囲がかぎられていること。②〈―する〉「これだ」と一つのものに決めること。例 まだ犯人の特定はできない。

【特典】↓ある人たちだけにあたえられる有利なあつかい。例 会員特典。類 特権

【特等】↓一等より上の等級。例 特等席。

【特派】↓〈―する〉新聞記者などを、ある目的でとくべつにさしむけること。例 特派員。

【特売】↓〈―する〉ふだんより、もっと安く売ること。例 特売日。

【特筆】↓〈―する〉そのことを、とくに力を入れて書くこと。例 特筆すべき事項。類 特記

【特別】[↓]〈―な・―に〉ふつうとちがっていること。スペシャル。例特別に注意する。特別列車。類別段・格別・特殊 対普通

【特報】[↓]〈―する〉ふつうとはちがうあつかいの放送や記事。例選挙特報。

【特命】[↓]とくべつの命令。例特命全権大使。

【特約】[↓]〈―する〉とくべつな条件で、商売などの約束をすること。例特約をむすぶ。

【特有】[↓]〈―な・―に〉ほかにはなくて、そのものだけがもっていること。例ガス特有のにおい。類固有・独特

【特例】[↓]その場合だけということにして、みとめられた例外。例特例で許可する。

【特価】[↓]ふつうよりも、もっと安いねだん。例特価で販売する。

【特級】[↓]一級よりも上の等級。類最上級

【特許】[↓]〈―する〉発明などに対して、ほかの者がおなじものを作ったり利用したりすることができないように決めた権利。特許権。例特許申請。

【特訓】[〇]〈―する〉目的を決めて、とくに効果のある方法でおこなう訓練。

【特権】[↓]ある人たちだけがもっている、とくべつな権利。例特権階級。類特典

【特効薬】その病気や傷などをなおすのにぴったりあっている薬。

← 特が下につく熟語 上の字の働き

【奇特 独特】近い意味。

牽

牛-7 総画11 人名 明朝 牽 727D

音 ケン 外 訓 ひ-く 外

意味 ひく。ひっぱる。

【牽引】Ⅱ〈―する〉引っぱる。例牽引車。

【牽牛】[▲]①牛を引く。②「牽牛星」のこと。わし座の星アルタイル。対織女

【牽制】[↓]〈―する〉引きつけて自由に動けないようにする。例走者を牽制する。

犀

牛-8 総画12 人名 明朝 犀 7280

音 セイ 外・サイ 外 訓 さい 外

意味 さい。鼻の上か額に一本か二本の角をもつ大型の動物。インドやアフリカにすむ。

犠

牛-13 総画17 常用 明朝 犠 72A0 旧字 犧 72A7

音 ギ 中 訓 ―

筆順

なりたち 犧 [形声]もとの字は、「犧」。「羲」が「りっぱなすがた」の意味と「ギ」という読み方をしめしている。神にささげるりっぱな「牛」を表す字。

意味 いけにえ。祭礼などに生きたままささげられる生き物。例犠牲

【犠牲】Ⅱ①神に供え物としてさしだす生き物。②ある目的のために、生命やだいじなものをささげること。例わが身を犠牲にする。③災害や事故による死者。例犠牲者。

4画 犬 [いぬ] 犭 [けものへん] の部

「犬」をもとにして作られ、犬や動物にかかわる字を集めてあります。

この部首の字

0 犬…755 2 犯…756 3 状…756
4 狂…757 5 狗…757 狙…758 6 狭…758
狐…758 狩…758 独…758 7 狸…759
狼…759 8 猪…759 猫…760 猛…760
猟…760 9 献…760 猶…761 10 猿…761
獅…761 11 獄…761 12 獣…762 13 獲…762

犬

犬-0 総画4 1年 明朝 犬 72AC

音 ケン 訓 いぬ

筆順 一 ナ 大 犬 （はらう）（わすれない）

なりたち [象形]いぬの形をえがいた字。

意味
❶いぬ。古くから家畜化されてきた小形の動物。忠誠心が強く、猟犬や番犬、ペットとしても親しまれている。例 介助犬。愛犬
❷つまらないもの。ねうちのないものや、むだなことをいう。例 犬死に。犬畜生。

[文字物語] このページ

❶〈いぬ〉の意味で
【犬猿】⇔ 犬と猿。仲の悪いものの代表。例 二人は犬猿の仲だ。

❷〈つまらないもの〉の意味で
【犬馬】Ⅱ よくはたらく犬や馬。表現 だれかのために身をつくしてはたらくことを「犬馬の労をとる」「犬馬の労をいとわない」のようにいう。

←犬が下につく熟語 上の字の働き
❶犬＝〈いぬ〉のとき
【愛犬 駄犬 名犬 猛犬】人の評価がドノヨウナ犬か。
【闘犬 番犬 猟犬 盲導犬 警察犬 軍用犬】ドウイウ役目をする犬か。
◆子犬 小犬 狛犬

犯

犭-2 総画5 5年 明朝 犯 72AF

音 ハン 訓 おか-す 中

筆順 はねる ださない にならない おらない はねる

文字物語 犬

「盲導犬」「警察犬」をはじめとして、人はおおいに犬の能力をたよりにし、そのおかげをこうむっている。けっして主人をうらぎらない存在として「忠犬」とほめ、「愛犬」のせわをし、ペットとしてかわいがる。それなのに、いっぽうでは、むだな死に方を「犬死に」と言って軽蔑するし、ほかの人の秘密をかぎまわって調べる人のことを「スパイだ、犬だ」と言っておそれたり、きらったりする。また、似てはいるけれども価値がひくいものだという意味をこめて、植物の名の上に「犬」をつけて、「犬山椒」「犬つげ」などと言ったりする。

ものには、見方によって、まったくちがった両面があることを知る。

なりたち [形声]「犭」が犬を表し、「㔾」が「ハン」という読み方をしめしている。「ハン」は「きずつける」意味をもち、犬が人をおそってきずつけることを表す字。

意味 おかす。してはいけないことをする。例 罪を犯す。犯人・防犯

例解 [使い分け] おかす[犯・侵・冒] ひだりのページ

【犯行】⇩ 法律にそむくおこない。例 犯行におよぶ。類 犯罪
【犯罪】▲ 罪になる悪いおこない。類 犯行
【犯人】⇩ 罪になるようなことをした人。例 犯人をつきとめる。

←犯が下につく熟語 上の字の働き
【主犯 共犯】ドンナ立場で罪を犯したか。
◆再犯 侵犯 防犯

状

犬-3 総画7 5年 明朝 状 72B6 旧字 狀 72C0

音 ジョウ 訓 ―

筆順 はらう わすれない

なりたち [形声] もとの字は、「狀」。「爿」が「ジョウ」とかわって読み方をしめしている。「犬」のすがたを表す字。

意味
❶ようす。ありさま。すがた。例 形状
❷書きつけ。手紙や文字を書きつけたもの。例 賞状

❶〈ようす〉の意味で
【状況】Ⅱ うつりかわっていくものごとの、そのときどきのようす。ありさま。例 状況を見て判断する。類 情勢・状態
【状態】Ⅱ そのときの、ものごとのようす。ありさま。例 からだの状態がおかしい。心理状態。類 情態・状況・情勢

←状が下につく熟語 上の字の働き
❶状＝〈ようす〉のとき

【異状 別状 窮状 惨状】ドノヨウナようすか。
【行状 罪状 症状 病状】ナニのようすか。
【白状 名状】ようすをドウスルか。

❷状＝〈書きつけ〉のとき
【賞状 訴状 令状 免状 礼状 賀状】ドウスル内容の書きつけか。

◆液状 回状 形状 書状 波状

【狂】

犭－4　総画7　常用　明朝 狂 72C2

音キョウ中　訓くる－う中・くる－おしい中

筆順 ノ 犭 犭 犴 犴 狂

なりたち 形声 もとの字は、「[illegible]」。「犭」が犬を表し、「㞷」が「キョウ」とかわって読み方をしめしている。「コウ」は「むやみに走りまわる」意味をもち、走りまわる狂犬を表す字。

意味
❶くるう。はたらきがおかしくなる。例時計が狂う。狂おしいほどの愛。怒り狂う。狂乱
❷ふつうでない。なみはずれて熱中する人。マニア。例野球狂。狂喜・熱狂
❸たわむれる。おもしろおかしくする。例狂言・粋狂

❶〈くるう〉の意味で
【狂気】きょうき ↓心のはたらきがふつうではないこと。例狂気のさた。対正気
【狂乱】きょうらん Ⅱ〈―する〉正気をうしなって、ことばやすることがめちゃめちゃであること。

❷〈ふつうでない〉の意味で
【狂喜】きょうき ↓〈―する〉めちゃめちゃに大よろこびすること。例狂喜乱舞。
【狂信】きょうしん ↓〈―する〉ほかはなにも考えられなくなるほど、強く信じこむこと。類妄信
【狂騒】きょうそう ↓度をこした大さわぎ。例一部のファンの狂騒ぶりにあきれる。類喧騒
【狂暴】きょうぼう ↓〈―な〉おそろしいいきおいであばれるようす。例狂暴なふるまい。
【狂奔】きょうほん ↓〈―する〉一つの目的のために、目の色をかえて動きまわること。例金集めに狂奔する。類奔走

❸〈たわむれる〉の意味で
【狂歌】きょうか ↓江戸時代の中ごろからはやった、こっけいな短歌。知識 しゃれを中心にしたものもあれば、世の中のできごとを皮肉るものもあった。
【狂言】きょうげん ↓①日本の伝統的な演劇の一つ。能とともに室町時代にできあがり、当時の日常生活を素材にした、おかしみのあるものが多い。能狂言。②歌舞伎で演じる劇。歌舞伎狂言。③人をだますために、自分がそうなったように見せかけること。例どろぼうに入られたというのは、かれの狂言だった。

◆粋狂 酔狂 熱狂

【狗】

犭－5　総画8　表外　明朝 狗 72D7

音コウ外・ク外　訓いぬ外

意味 いぬ。いやしいもののたとえ。

参考 想像上の怪物「天狗」としても使う。また、羊の頭をかんばんにかかげて犬の肉を売るような、表面だけりっぱに見せかけることを「羊頭狗肉」という。

例解 使い分け　おかす《犯す・侵す・冒す》

犯す＝きまりにそむく。わるいことをする。例あやまちを犯す。法を犯す。

侵す＝よその国や土地などに、むりに入りこむ。例国境を侵す。権利を侵す。

冒す＝むりにする。害をあたえる。例危険を冒して進む。病に冒される。尊厳を冒す。

国境を侵す

罪を犯す

危険を冒す

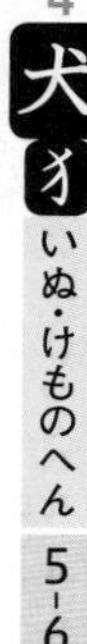

狙

犭-5 総画8 常用 明朝 狙 72D9

音 ソ中 訓 ねら-う中

筆順

意味 ❶さる。手ながざる。❷ねらう。まとをねらう。うかがう。例 狙い撃ち。

❷〈ねらう〉の意味で

【狙撃】⇩〈—する〉銃などで狙い撃つこと。例 狙撃手。

狭

犭-6 総画9 常用 明朝 狭 72ED 旧字 狹 72F9

音 キョウ高 訓 せま-い中・せば-める中・せば-まる中

筆順

なりたち [形声] もとの字は「狹」。「夾」が「はさむ」意味と「キョウ」という読み方をしめしている。山にはさまれたせまい所を表す字。もともと「峡・陜」の字であったが、まちがえて「狭」が使われるようになった。

意味 せまい。きゅうくつで、よゆうがない。例 狭い道。先頭との距離を狭める。選択のはばが狭まる。狭量・偏狭 対 広

【狭義】⇩ 一つのことばの意味で、そのはんいをせまく考えたときの意味。例 狭義の「動物」に人間はふくまれない。対 広義

【狭小】⇩〈—な〉せまくて小さいようす。例 狭小住宅。対 広大

【狭量】⇩〈—に〉心がせまくて、人の考えを受け入れるゆとりがないこと。類 偏狭

狐

犭-6 総画9 表外 明朝 狐 72D0

音 コ外 訓 きつね外

意味 きつね。体は犬に似て、太く長い尾をもつ動物。ずるがしこく、人を化かすとされてきた。例 狐につままれる。狐色

参考 もと犭部「5画」、総画「8画」。

狩

犭-6 総画9 常用 明朝 狩 72E9

音 シュ中 訓 か-る中・か-り中

筆順

なりたち [形声]「犭」が犬を表し、「守」が「シュ」という読み方をしめしている。「シュ」は「とりかこむ」意味で、犬でけものをとらえることを表す字。

意味 鳥やけものをとらえる。例 キツネを狩る。潮干狩り。紅葉狩り。狩猟

【狩人】⇩ 野生の鳥やけものをとることを仕事にしている人。類 猟師

【狩猟】Ⅱ〈—する〉野生の鳥やけものをとること。狩り。例 狩猟民族。

独

犭-6 総画9 5年 明朝 独 72EC 旧字 獨 7368

音 ドク 訓 ひと-り

筆順 はねる ださない とめる

なりたち [形声] もとの字は、「獨」。「犭」が犬を表し、「蜀」が「ドク」とかわって読み方をしめしている。「ショク」は「たたかう」意味をもち、たたかいをこのむ犬は一匹でいることから「ひとり」の意味を表す字。

意味 ❶ひとつだけの。ひとりだけの。例 独り暮らし。独り立ち。独自・独立・単独 ❷ドイツ。「独逸」の略。例 独和辞典。

❶〈ひとつだけの〉の意味で

【独楽】◎ 軸を中心にして、くるくるまわるようにつくったおもちゃ。例 こま回し。

【独演】⇩〈—する〉ひとりで見物人の前に出て、芸を見せること。例 落語独演会。

【独学】⇩〈—する〉学校にも行かず、先生にもつかず、本などで自分ひとりで学ぶこと。例 独学で法律の勉強をする。類 独習

【独語】⇩〈—する〉相手なしで、ひとりでしゃべること。ひとり言。☞❷

【独裁】⇩〈—する〉①集団の中で、ひとりで

ものごとを決めること。②ひとり、または一部の人たちだけが力をにぎって、思いどおりに政治をおこなうこと。例独裁者。独裁政治。独裁的。

【独自】どくじ Ⅱ〈─な〉①ほかからの助けもかりず、影響も受けないこと。例独自の判断で投票した。類単独 ②ほかにはなくて、そのものだけにあること。例独自のスタイルをつらぬく。類独特

【独習】どくしゅう ↓〈─する〉自分ひとりで勉強したり練習したりして身につけること。例独習者用教本。類独学

【独唱】どくしょう ↓〈─する〉ひとりでうたうこと。ソロ。例音楽会で独唱をする。関連独唱・斉唱・輪唱・合唱

【独身】どくしん ↓結婚していないこと。独り者。例独身生活。類未婚

【独占】どくせん ↓〈─する〉ひとりじめにすること。例富を独占する。類専有

【独善】どくぜん ↓人の考えを受け入れず、自分だけが正しいと思いこむこと。ひとりよがり。例独善的な態度。

【独走】どくそう ↓〈─する〉①ほかの競争相手を大きく引き離して先頭を走ること。例マラソンは、先頭の選手の独走となった。②ひとりだけで走ること。③ほかの人の意見をきかず、自分かってに行動すること。類暴走

【独奏】どくそう ↓〈─する〉ひとりで楽器を演奏すること。ソロ。例ピアノ独奏会。対合奏

【独創】どくそう ↓〈─する〉人のまねではなく、自分だけの考えで新しいものをつくりだすこと。例独創的な作品。対模倣

【独断】どくだん ↓〈─する〉人と相談せず、自分の考えだけで決めること。例担当者の独断で許可をあたえる。

【独壇場】どくだんじょう その人だけが思うままに活躍できるところ。参考「独擅場」の「擅」を「壇」とよみまちがえてできたことば。今は「独壇場」のほうがよく使われる。

【独特】どくとく Ⅱ〈─な〉そのものだけがもっていて、ほかではまねができないこと。例独特の味わい。類独自・特有・固有 表記「独得」とも書く。

【独白】どくはく ↓〈─する〉①劇の中でひとりでせりふを言うこと。そのせりふ。モノローグ。②ひとり言。

【独立】どくりつ ↓〈─する〉①ほかからの助けもかりず指図もされないで、自分の力でやっていくこと。例親から独立する。独立心。類自立 ②ほかのものから、一つだけはなれていること。例独立家屋。

【独力】どくりょく ↓自分ひとりだけの力。例独力でやりとげる。類自力

❷〈ドイツ〉の意味で

【独語】どくご ↓ドイツ語。☞❶

← 独が下につく熟語 上の字の働き

❶独＝〈ひとつだけの〉のとき
【孤独 単独】近い意味。

狸

犭-7 総画10 表外 明朝 狸 72F8

音 リ外 訓 たぬき外

意味 たぬき。日本の里山にすむ動物。人を化かすが、キツネよりまがぬけているとされてきた。例狸寝入り。古狸・狐狸

狼

犭-7 総画10 人名 明朝 狼 72FC

音 ロウ外 訓 おおかみ外

意味 ❶おおかみ。イヌに似た食肉動物。人や家畜をおそう猛獣。例一匹狼。狼藉
❷あわてる。例狼狽

❷〈あわてる〉の意味で

【狼狽】ろうばい Ⅱ〈─する〉思いがけないことに、あわてうろたえること。例狼狽の色を見せる。周章狼狽（あわてうろたえる）。

猪

犭-8 総画11 人名 明朝 猪 732A 旧字 猪 FA16

音 チョ外 訓 いのしし外

意味 いのしし。ブタの原種とされる野獣。毛は黒褐色で、するどいきばをもつ。い。例猪突猛進（いのししが突進するように、がむしゃらに進むたとえ）。

猫

音 ビョウ 高 訓 ねこ 中
犭-8 総画11 常用 明朝 猫 732B

筆順 ノ 犭 犭 犭 犭 犭 猎 猫 猫 猫 猫

なりたち 貓 [形声]もとの字は、「貓」。「豸」がけものを表し、「苗」が「ビョウ」という鳴き声をしめしている。ネコを表す字。

意味 ねこ。むかしから人間に飼われてきた小形の動物。しなやかなからだにするどい爪をもつ。例 猫の額ほどにせまい。猫背

【猫舌】ねこじた ↓ネコに似て、熱いものを食べたり飲んだりするのが苦手なこと。

【猫背】ねこぜ ↓ネコのように、背中が丸くなって、首が前のほうに出ている姿勢。

猛

音 モウ 中 訓 たけ-し 外
犭-8 総画11 常用 明朝 猛 731B

筆順 ノ 犭 犭 犭 犭 犭 猛 猛 猛 猛 猛

なりたち 猛 [形声]「犭」が犬を表し、「孟」が「強い」の意味と「モウ」という読み方をしめしている。強い犬を表す字。

意味 たけだけしい。強くはげしい。勇ましくあらあらしい。例 猛練習。猛獣・勇猛

特別なよみ 猛者(もさ)

名前のよみ たか・たけお・たける

【猛威】もうい ↓はげしいいきおい。例 台風が猛威をふるう。類 暴威

【猛火】もうか ↓はげしいいきおいでもえる火。例 猛火に包まれる。類 烈火

【猛犬】もうけん ↓性質のあらい犬。

【猛獣】もうじゅう ↓ライオン・トラなど性質があらくてほかの動物の肉を食べるけもの。例 猛獣使い。

【猛暑】もうしょ ↓夏のはげしい暑さ。類 炎暑・酷暑

【猛進】もうしん ↓〈─する〉はげしいいきおいでつき進むこと。例 猪突猛進(あとさきを考えず、ひたすら前へ進む)。

【猛省】もうせい ↓〈─する〉強く反省すること。例 猛省をうながす。

【猛然】もうぜん ⊠〈─たる〉〈─と〉いきおいがものすごい。例 猛然とおそいかかる。

【猛毒】もうどく ↓ひじょうに強い毒。

【猛烈】もうれつ Ⅱ〈─な〉〈─に〉いきおいがとてもはげしいこと。例 猛烈にいそがしい。猛烈な台風。類 激烈・痛烈

【猛者】もさ ↓人なみ以上の体力とわざをもつ勇ましい人。例 空手の猛者。類 豪傑

猟

音 リョウ 中 訓 ─
犭-8 総画11 常用 明朝 猟 731F 旧字 獵 7375

筆順 ノ 犭 犭 犭 犭 犭 猟 猟 猟 猟 猟

なりたち 獵 [形声]もとの字は、「獵」。「犭」が犬を表し、「巤」が「リョウ」という読み方をしめしている。「リョウ」は「あつめてとる」意味をもち、犬がえものを追いかけてつかまえることを表す字。

意味 鳥やけものをとる。りょうをする。さがしもとめる。例 猟に出る。猟師・狩猟

【猟奇】りょうき ▲ふしぎなこと、あやしげなものをさがしもとめること。例 猟奇趣味。

【猟期】りょうき ↓①鳥やけものをとるのにちょうどよい時期。②「狩猟期」の略。けものや鳥をとることがゆるされる期間。

【猟犬】りょうけん ↓狩りに使う犬。

【猟師】りょうし ↓野生の鳥やけものをとることを仕事にしている人。類 狩人

【猟銃】りょうじゅう ↓狩猟用の銃。

◆禁猟 狩猟 渉猟 密猟

献

音 ケン 中・コン 中 訓 ─
犬-9 総画13 常用 明朝 献 732E 旧字 獻 737B

筆順 一 十 卢 南 南 南 献 献

なりたち 獻 [形声]もとの字は、「獻」。「鬳」が「ケン」という読み方をしめしている。「ケン」は「すすめる」意味をもち、神前に

そなえる「犬」を表す字。目上の人や神仏にさしあげる。

意味

❶ささげる。例 貢ぎ物を献じる。献立・献身・貢献

❷かしこい人。「賢」とおなじ意味に使って、記録や言いつたえを指す。例 文献

注意するよみ コン…例 献立・一献

❶〈ささげる〉の意味で

【献花】▲〈─する〉死んだ人をいたんで花をささげること。例 白菊を献花する。

【献金】▲〈─する〉すすんでお金をさしだすこと。例 政治献金。類 寄付

【献血】▲〈─する〉病人やけが人の輸血用に、自分の血液をさしだすこと。

【献上】Ⅱ〈─する〉身分の高い人に、物をさしあげること。例 献上品。類 進上・進呈

【献身】▲〈─する〉あることに自分のすべてをささげてつくすこと。例 献身的な努力がみられる。

【献呈】Ⅱ〈─する〉目上の人に、物をさしあげること。例 献呈本。類 贈呈・進呈

【献立】↓ 食事に出す料理の種類や組み合わせ。メニュー。例 献立を決める。一週間の献立。献立表。

◆一献 貢献 文献

猶

犭-9 総画12 常用 明朝 猶 7336

音 ユウ中 訓 なお外

筆順

なりたち [形声]「犭」がけものを表し、「酋」が「ユウ」という読み方をしめしている。サルの一種の名で、性質がうたがいぶかいことから、「ためらう」意味に使われている。

意味 まよいためらう。ぐずぐず引きのばす。例 猶予

【猶予】◎〈─する〉①決定や実行をぐずぐずのばすこと。例 一刻の猶予もゆるされない。②決められた日時をのばすこと。例 執行猶予。

猿

犭-10 総画13 常用 明朝 猿 733F

音 エン中 訓 さる中

筆順

なりたち [形声]「犭」がけものを表し、「袁」が「エン」という読み方をしめしている。「エン」は「手で引く」意味をもち、手ながざるを表す字。

意味 さる。森にすむ、人間によく似た動物。例 猿も木から落ちる。

【猿人】↓ 四〇〇万年から一五〇万年前にアフリカにいたとされる、いちばん古い人類。二本足で立って歩き、石器を使っていた。

【猿芝居】①サルに芸をしこんで、芝居をさせる見せもの。②へたな芝居やたくらみをばかにしていうことば。

【猿知恵】利口なようで、まのぬけた考え。

【猿真似】他人のすることを、考えもなく、そのまままねすること。

◆犬猿 類人猿

獅

犭-10 総画13 人名 明朝 獅 7345

音 シ外 訓 しし外

意味 しし。けものの王者とされる猛獣。ライオン。例 獅子

獄

犭-11 総画14 常用 明朝 獄 7344

音 ゴク中 訓 ─

筆順

なりたち [会意]二ひきのいぬ(犭・犬)と、ことばを表す「言」を合わせて、二ひきの犬がほえあうことを表す字。言いあらそうことから、「裁判」の意味にも使われるようになった。

意味 ろうや。罪人をとらえておくところ。例 獄につながれる。獄門・地獄

【獄死】↓〈─する〉ろうやの中で死ぬこと。

【獄舎】↓ 罪人をとじこめておくところ。類 刑務所・監獄・牢屋

◀次ページ 獣 獲 玄

【獄門】ごくもん ↓ ①ろうやの門。②むかしの刑罰の一つ。死刑になった罪人の首をろうやの門などにさらすこと。例はりつけ獄門の刑。

◆監獄 疑獄 地獄 出獄 脱獄 投獄

獣

犬-12 総画16 常用 明朝 獣 7363 旧字 獸 7378

音ジュウ中 訓けもの中

筆順 獣 獣 獣 獣 獣 獣 獣

なりたち 【形声】もとの字は、「獸」。「嘼」が「ジュウ」という読み方をしめしている。「ジュウ」は「狩り」の意味をもち、「犬」を使った狩りでとらえられる「けもの」を表す字。

意味 けもの。野生動物。けだもの。例獣を追う。獣道。獣医・野獣

【獣医】じゅうい ↓動物の病気やけがをなおすことを専門とする医者。類獣医師

獣が下につく熟語 上の字の働き

【怪獣 猛獣 野獣】ドノヨウナ獣か。

◆鳥獣 珍獣 百獣

獲

犭-13 総画16 常用 明朝 獲 7372

音カク中 訓え-る中

筆順 獲 獲 獲 獲 獲 獲 獲 獲

なりたち 【形声】「犭」が犬を表し、「蒦」が「つかまえる」意味と「カク」という読み方をしめしている。犬を使って鳥やけものをとることを表す字。

意味 とらえる。手に入れる。例賞金を獲る。獲得・捕獲

【獲物】えもの ↓狩りや漁でとったけものや魚など。例獲物が多い。類収獲

【獲得】かくとく Ⅱ(─する) 努力して手にいれること。例待望の金メダルを獲得する。

◆漁獲 捕獲 濫獲(乱獲)

4画 丰 [あおのかんむり] の部

「丰」あおのかんむりは、もともと部首ではありませんが、「丰」の形からでも字がひけるように、検索記号として設けました。

▼でしめされたページをひいてください。

麦▶麦 1043　毒▶母 672　表▶衣 949　青▶青 1080

契▶大 296　素▶糸 870　責▶貝 1002

5画 玄 [げん] の部

細い糸の意を表す「玄」の字と、それにもとづく「率」とが入ります。

この部首の字 0 玄……762　6 率……763　畜▶田 780　舷▶舟 932

玄

玄-0 総画5 常用 明朝 玄 7384

音ゲン中 訓―

筆順 玄 玄 玄 玄 玄

なりたち 【会意】もともと黒い糸(幺)を表していたが、のちに、覆い(亠)がくわえられて、見えるか見えないほどの細い糸として使われ、さらに「くらい、おく深い」の意味をもつようになった。

意味 ❶おく深い。例玄関・幽玄 ❷黒い。例玄米

特別なよみ 玄人(くろうと)

名前のよみ くろ・しず・しずか・つね・のり・はじめ・はる・はるか・ひろ

❶〈おく深い〉の意味で

【玄関】げんかん ↓建物の正式な出入り口。例玄関先。対勝手口・裏口 参考もとは、禅寺の入り口を指した。

❷〈黒い〉の意味で

【玄人】くろうと ↓ある方面の専門技能をもつ人。参考なにも特別なものがないことを「白」で表し、「ふつうの人」を「しろうと」といったから、特別の技能をもつ人を「白」の反対の「黒」で「くろうと」といった。こうしてできた日本語を「素人」「玄人」と書いた。

【玄米】げんまい ↓もみがらを取り去った、皮のつ

いたままの米。くろごめ。対 白米・精米

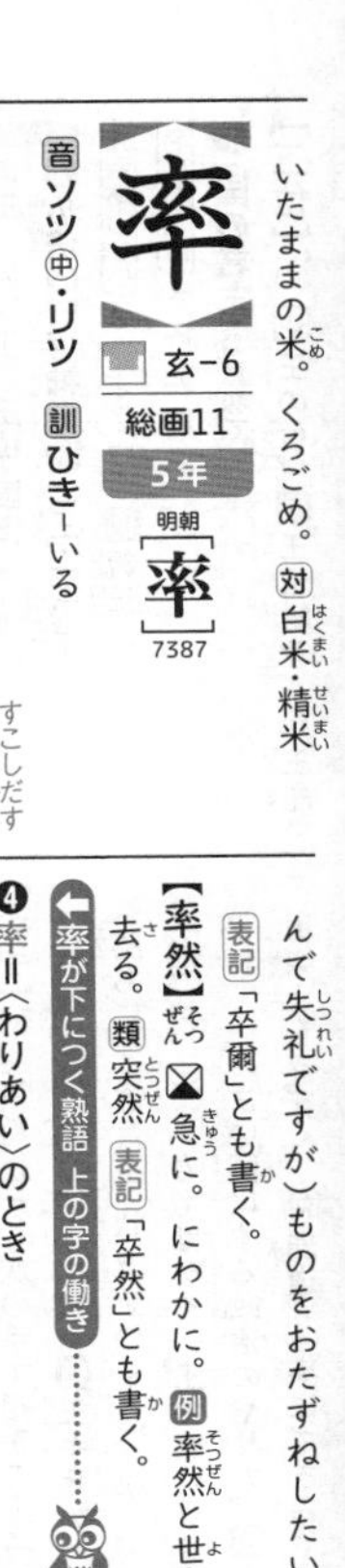

率

玄−6 総画11 5年 明朝 率 7387

音 ソツ 中・リツ 訓 ひき-いる

筆順 すこしだす

なりたち 象形 甲骨文字では「⺢」と書かれ、鳥をとらえる網の形をえがいた字。借りて、「ひきいる」「わりあい」の意味に使われる。

意味
❶ひきいる。つれていく。例 生徒を率いる。率先・引率
❷ありのまま。すなお。例 率直
❸あわただしい。かるがるしい。例 軽率
❹わりあい。全体の中でしめる割合。例 雨がふる率が高い。伸び率。倍率

参考 ❶❷❸では「ソツ」と読み、❹では「リツ」と読む。

❶〈ひきいる〉の意味で

【率先】そっせん ▲〈―する〉人の先に立ってものごとをおこなうこと。例 率先して救助に向かう。

❷〈ありのまま〉の意味で

【率直】そっちょく Ⅲ〈―な・―に〉ありのままの、正直なようす。例 君の率直な意見が聞きたい。

❸〈あわただしい〉の意味で

【率爾】そつじ ⊠ とつぜん。例 率爾ながら(とつぜんで失礼ですが)ものをおたずねしたい。 表記「卒爾」とも書く。

【率然】そつぜん ⊠ 急に。にわかに。例 率然と世を去る。類 突然 表記「卒然」とも書く。

率が下につく熟語 上の字の働き

❹率＝〈わりあい〉のとき
【税率 利率 確率】ナニの割合か。
【勝率 打率 効率 能率 仕事率 視聴率】ナニの起こる割合か。
【比率 倍率 百分率】ドウイウ割合か。
◆引率 軽率 低率 統率 円周率

5画 玉 王 [たま] [おうへん] の部

「玉」をもとにして作られ、宝石や美しい物にかかわる字と、「王」の形がめやすとなっている字を集めてあります。

この部首の字

0 玉 763　王 764　3 玖 764　4 玩 764　5 珂 764　珈 765　珊 765　珍 765　珀 765　玲 765　6 珠 765　班 766　7 球 766　現 766　琢 766　理 768　琉 768　8 瑛 769　琴 769　琥 769　琶 769　琵 769　琳 769　9 瑚 769　瑞 769　瑶 769　10 瑳 769　瑠 769　11 璃 769　13 環 770　璧 770　14 璽 770

主・丶 37　全・入 70　呈・口 220　弄・廾 390　宝・宀 324　旺・日 587　斑・文 572　聖・耳 906　皇・白 798　望・月 612

玉

玉−0 総画5 1年 明朝 玉 7389

音 ギョク 訓 たま

筆順 ながく このばしょに

なりたち 王 象形 たまを三つひもで通した形をえがいた字。点をくわえて「王」と区別した。

意味
❶うつくしい宝石。みごとなたま。まるいもの。例 玉を転がす。玉にきず。玉露・珠玉・繭玉
❷天子。一国の王。例 玉座
❸人物。例 親玉・善玉

例解 使い分け たま[玉・球・弾] ☞765ページ

❶〈うつくしい宝石〉の意味で

【玉石混交】ぎょくせきこんこう 宝石のようにりっぱなものと、ただの石のようにつまらないものとが入り交じっていること。例 この展覧会の作品は玉石混交だ。表記「玉石混淆」とも書く。

【玉露】ぎょくろ ⇩ 最上級のお茶。参考 玉のように美しい露(水滴)という意味。

【玉虫】たまむし ⇩ 美しい色つやの羽をもつ甲虫。

【玉虫色】たまむしいろ 光のあたりぐあいで、むらさ

き色・緑色・金色と、いろいろに見える玉虫の羽の色。見方によっていろいろに見えるので、あいまいな態度の意味に使う。例 玉虫色の返事。

❷〈天子〉の意味で

【玉座】ぎょくざ ↓ 天子や天皇のすわる座席。類 王座

⬅玉が下につく熟語 上の字の働き

❸ 玉＝〈人物〉のとき

【善玉 悪玉 親玉】ドンナ人物か。

◆紅玉 珠玉 繭玉

王

王-0 総画4 1年 明朝 王 738B

音 オウ 訓 —

筆順 一 丁 干 王（ながく）

なりたち 王 [象形] 大きなおのの形（王）をえがいた字。大きな力を表し、「君主」の意味に使われる。

意味 ❶国の君主。その方面で最高の人。例 百獣の王。発明王。王位・国王

❷仏法の守護神。例 仁王・四天王

発音あんない オウ→ノウ… 例 親王

名前のよみ きみ・たか

❶〈国の君主〉の意味で

【王位】おうい ↓ 王の位。例 王位継承。類 王座・帝位・皇位

【王冠】おうかん ↓ ①王であるしるしとしてかぶる冠。②ジュースなどのびんの口がね。

【王宮】おうきゅう ↓ 王が住む宮殿。類 王城

【王国】おうこく ↓ 王がおさめる国。類 君主国 対 共和国 表現「動物王国」「自動車王国」のように「…王国」の形で、あるものがさかえているところを表す。

【王座】おうざ ↓ ①王のすわる座席。例 王座につく。類 王位・玉座 ②最高の地位。例 テニス界の王座をしめる。類 首位

【王子】おうじ ↓ 王のむすこ。対 王女

【王室】おうしつ ↓ 国王の一家。例 イギリス王室。類 王家・皇室

【王者】おうじゃ ↓ ①王である人。例 王者として君臨する。類 国王 ②その世界でいちばん強いもの。例 ジャングルの王者。類 覇者

【王女】おうじょ ↓ 王のむすめ。対 王子

【王将】おうしょう ↓ 将棋の駒の名。いちばんたいせつな駒で、これをとられると負けになる。

【王朝】おうちょう ↓ 王や天皇が直接、政治を行う時代。日本では、奈良時代・平安時代を指す。

【王手】おうて ↓ 将棋で、次の手で相手の王将をとれるように駒を使うこと。例 王手をかける（勝ちになるという状況をつくる）。

【王道】おうどう ↓ ①力ではなく、王の徳によって平和で住みよい国にする政治のやり方。例 王道楽土をきずく。対 覇道 ②楽にできるやり方。例 学問に王道なし。類 近道

【王妃】おうひ ↓ 王の妻。類 妃・皇后

⬅王が下につく熟語 上の字の働き

❶ 王＝〈国の君主〉のとき

【国王 法王 魔王】ナニの王か。

【女王 大王】ドンナ王か。

◆四天王 親王 帝王 仁王

玖

王-3 総画7 人名 明朝 玖 7396

音 キュウ外・ク外 訓 —

意味 たま。黒い石の玉。

玩

王-4 総画8 常用 明朝 玩 73A9

音 ガン中 訓 もてあそ-ぶ外

筆順 一 丁 干 王 王 玗 玩 玩

意味 ❶もてあそぶ。なぐさみものにする。例 玩具・愛玩 ❷深く味わう。例 玩味

❶〈もてあそぶ〉の意味で

【玩具】がんぐ ↓ 子どもの遊び道具。おもちゃ。

珂

王-5 総画9 人名 明朝 珂 73C2

音 カ外 訓 —

意味 白めのう。宝石の名。

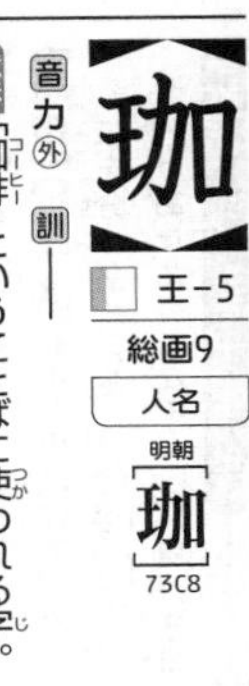

【珈】

王−5 総画9 人名 明朝 珈 73C8

音 カ(外) 訓 —

意味 「珈琲」ということばに使われる字。

【珈琲】コーヒー ◎ 苦い味の飲み物であるコーヒーに漢字を当てたもの。

【珊】

王−5 総画9 人名 明朝 珊 73CA

音 サン(外) 訓 —

意味 「珊瑚」ということばに使われる字。

【珊瑚】さんご ◎ 暖かい海で、サンゴ虫が集まって海底の石に付着して作った、木の枝のような骨格のもの。加工して装飾品を作る。

【珍】

王−5 総画9 常用 明朝 珍 73CD

音 チン(中) 訓 めずら-しい(中)

筆順 一 T 王 王 珍 珍 珍 珍 珍

なりたち [形声]「王」は玉のことで、「㐱(シン)」が「チン」とかわって読み方をしめしている。「シン」は「まじりけのない色」の意味をもち、まじりけのない貴い玉を表す字。

意味 めずらしい。めったにない。とうとい。おもしろい。例 珍しい宝。珍奇・珍品

【珍奇】ちんき Ⅱ〈—な・—に〉かわっていて、めったにない。例 珍奇な話。類 珍妙・奇妙・奇態

【珍客】ちんきゃく ↓ めったに来ることのない、たいせつな客。例 とつぜんの珍客におどろく。

【珍事】ちんじ ↓ 思いがけないできごと。例 最近にない珍事。表記「椿事」とも書く。

【珍獣】ちんじゅう ↓ めずらしいけもの。

【珍説】ちんせつ ↓ あまり聞かない、めずらしい考えや意見。例 それは珍説だね。

【珍重】ちんちょう Ⅱ〈—する〉たいせつにすること。例 わが家で代々珍重してきた薬です。

【珍品】ちんぴん ↓ めったにない貴重な品物。

【珍味】ちんみ ↓ めったに食べられないおいしい食べ物。例 山海の珍味でもてなす。

【珍妙】ちんみょう Ⅱ〈—な・—に〉ふつうとかわっていて、なんとなくおもしろい。例 珍妙なしぐさで人びとを笑わせた。類 奇妙・珍奇

【珍無類】ちんむるい〈—な〉ほかには例がないほど、ふうがわりなようす。例 珍無類な話。

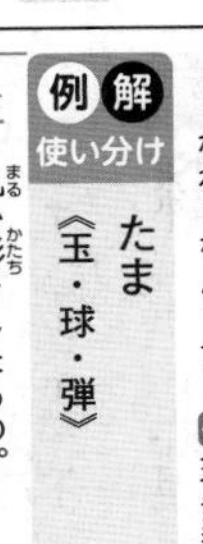

例解 使い分け たま《玉・球・弾》

玉＝丸い形をしたもの。例 玉にきず。玉と石。玉のあせをかく。シャボン玉。

球＝とくに、ボールのような形をした「たま」。例 速い球を投げる。電灯の球。

弾＝鉄砲などで撃って飛ばす「たま」。例 ピストルの弾。大砲の弾。

【珀】

王−5 総画9 人名 明朝 珀 73C0

音 ハク(外) 訓 —

意味 宝石の「琥珀」ということばに使われる字。

☞【琥】こ (769ページ)

【玲】

王−5 総画9 人名 明朝 玲 73B2

音 レイ(外) 訓 —

意味 玉のふれあう美しい音。例 玲瓏

【珠】

王−6 総画10 常用 明朝 珠 73E0

音 シュ(中) 訓 たま(外)

筆順 一 T 王 王 玗 玝 珠 珠 珠 珠

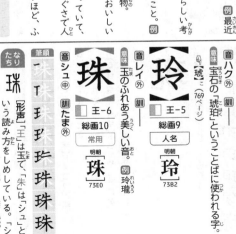

なりたち [形声]「王」は玉で、「朱」は「シュ」という読み方をしめしている。「シュ」は「小さい」の意味をもち、小さい玉を表し

ている字。

意味 貝の中の美しい玉。小さい玉。例 珠算・真珠

発音あんない シュ→ジュ…例 真珠

特別なよみ 数珠(じゅず)

【珠玉】しゅぎょく 皿 ① 美しい宝石。② 小さいが、すばらしいもの。例 珠玉の短編。

【珠算】しゅざん ↓ そろばんを使ってする計算。たまざん。

班

王-6 総画10 6年 明朝 班 73ED

音 ハン 訓 —

筆順 一 T Ŧ 王 玎 玏 班 班 班 班 (、にならない)

なりたち [会意]二つの「王(玉)」と「刀(刂)」を合わせて、玉を分けることを表す字。

意味 ❶ 分ける。分配する。小分けにしたグループ。例 それぞれの班が協力する。研究班。班田 ❷ 順序。地位。例 首班

❶〈分ける〉の意味で

【班長】はんちょう ↓ グループの責任者。

【班田】はんでん ① ▲ むかしの法律で、人びとにたんぼを分けあたえること。② ↓ 法律によって分けあたえられた田んぼ。類 口分田

← 班が下につく熟語 上の字の働き

❶ 班=〈分ける〉のとき

【調査班 救護班 実行班】ナニをする班か。

球

王-7 総画11 3年 明朝 球 7403

音 キュウ 訓 たま

筆順 一 T Ŧ 王 玎 玗 玗 球 球 球 (はねる)

なりたち [形声]「王」は玉で、「求」は「キュウ」という読み方をしめしている。「キュウ」は「丸い」の意味をもち、丸い玉を表す字。

意味 ❶ まんまるの。まり。例 球形・地球 ❷ ボール。例 球を投げる。ピンポン球。球技 ❸ 野球。例 球場

例解 使い分け たま[玉・球・弾] ☞765ページ

❶〈まんまるの〉の意味で

【球形】きゅうけい ↓ どこから見ても丸い立体。

【球根】きゅうこん ↓ たまのような形をした植物の根や地下のくき。知識 おなじ「球根」でも、ダリアやサツマイモなどは根がたまになったもの、カンナやジャガイモ・ユリなどはくきの一部がふくらんだもの。

球根

❷〈ボール〉の意味で

【球技】きゅうぎ ↓ 野球・サッカー・卓球など、ボールを使うスポーツ。例 球技大会。

❸〈野球〉の意味で

【球場】きゅうじょう ↓「野球場」をちぢめた言い方。例 甲子園球場。表現 サッカーやラグビーなどをする場所は「球技場」ということが多い。

【球審】きゅうしん ↓ 野球で、中心になって判定をする審判員。キャッチャーのうしろにたつ。例 球審がストライクと判定した。類 主審

【球団】きゅうだん ↓ プロ野球のチームをもっていて、それを動かしている会社。

← 球が下につく熟語 上の字の働き

❶ 球=〈まんまるの〉のとき

【地球 気球 眼球 赤血球】ナニの球か。

【半球 北半球 南半球】ドノヨウナ球か。

❷ 球=〈ボール〉のとき

【硬球 軟球 直球】ドンナ球か。

【卓球 庭球 野球】ドコでやる球技か。

【送球 投球 捕球 返球】球をドウスルか。

◆ 打球

現

王-7 総画11 5年 明朝 現 73FE

音 ゲン 訓 あらわ-れる・あらわ-す

筆順 一 T Ŧ 王 玑 玥 現 現 現 現 現 (はねる おらない)

なりたち [形声]「王」は玉で、「見」が「ゲン」とかわって読み方をしめしている。

「ケン」は「はっきりする」意味をもち、玉をみがいて光がはっきりと出てくることを表す字。

意味

❶すがたをあらわす。あらわれる。例英雄が現れる。正体を現す。現象・出現

❷いまある。目の前にある。じっさいにある。例現に証人がいる。現物

例解 [使い分け]あらわす[表・現・著] 949ページ

❶〈すがたをあらわす〉の意味で

【現出】げんしゅつ Ⅱ〈―する〉じっさいにあらわれ出ること。例目の前にふしぎな光景が現出した。類出現

【現象】げんしょう ▲見たり聞いたりさわったりすることができるような、形のあるものやできごと。例自然現象。社会現象。類事象

【現像】げんぞう ▲〈―する〉カメラで写したフィルムなどを薬品にひたして、画像があらわれるようにすること。例現像液。

❷〈いまある〉の意味で

【現役】げんえき ↓①現在、じっさいの仕事や役目があってはたらいていること。例現役をしりぞく。類現職 ②在学中に、上の学校の入試を受けること。例現役で合格する。対浪人

【現下】げんか ↓ただ今。現在。例現下の急務。類目下・現今・時下

【現況】げんきょう ↓今のじっさいの状況。例現況を報告する。類現状

【現業】げんぎょう ↓工場や作業場などの現場でする仕事。例現業にたずさわる。

【現金】げんきん ↓①現在手もとにあるお金。②お札や硬貨など、そのまま使えるお金。例現金でしはらう。③〈―に〉自分の損得を考えて急に態度をかえるようす。例お菓子をもらったとたん泣きやむなんて、げんきんなやつだ。

【現行】げんこう ↓今じっさいにおこなわれていること。例現行の法律。

【現行犯】げんこうはん 今、目の前でしているわるいおこない。例スリの現行犯をとらえる。

【現在】げんざい ↓①いま。ただ今。例現在の時刻は三時十分です。②むかしでもこれからでもない、今という時間。例現在の日本のすがた。③あるときを今ととらえて、そのとき。例四月一日現在。関連過去・現在・未来

【現実】げんじつ ↓今のじっさいのものごとや、そのようす。例現実はきびしい。現実逃避。対理想・空想

【現実的】げんじつてき〈―な〉考えやおこないが、じっさいとむすびついている。例現実的な人。

【現時点】げんじてん 今という、このとき。例現時点では判断できない。

【現状】げんじょう ↓今のじっさいのようす。例現状を調査する。類現況

【現職】げんしょく ↓今、ある職業についていること。今の職業。例現職の警官。類現役

【現世】げんせ｜げんぜ ↓今、自分が生きているこの世。例現世に絶望する。参考「げんぜ」は仏教での読み方。仏教では、前世・現世・来世(後世)の三世があるとされている。関連前世・現世・来世(後世)

【現存】げんそん｜げんぞん ↓〈―する〉今あること。今生きていること。例現存する最古の木造建築。類実在

【現代】げんだい ↓①今の時代。例現代っ子。類当世・今日 ②歴史で、近代の次の時代。日本史では、第二次世界大戦以後現在までをいう。関連古代・中世・近世・近代・現代

【現代的】げんだいてき〈―な〉今の時代にうまくあっている。モダン。例現代的な感覚。

【現地】げんち ↓あることがじっさいにおこなわれている、その土地。例現地からのリポート。現地調査。類現場・実地

【現場】↓一 げんば｜げんじょう そのことがじっさいにおこなわれている場所。例事故現場。類現地 二 げんば 工事などのおこなわれている場所。例建築現場。

【現品】げんぴん ↓①じっさいの品物。類現物 ②今、ここにある品物。例現品かぎり三割引き。

【現物】げんぶつ ↓①じっさいの品物。例現物を見てから買うかどうか決める。類現品 ②お金のかわりとする、品物。例現物支給。

現が下につく熟語 上の字の働き

❶現＝〈すがたをあらわす〉のとき

【出現 表現】近い意味。

【再現 実現】ドノヨウニ現れるか。

【琢】

王−7 総画11 人名 明朝 琢 7422 旧字 琢 FA4A

音 タク外 訓 みが-く外

意味 みがく。玉をみがく。例 彫琢・切磋琢磨

【理】

王−7 総画11 2年 明朝 理 7406

音 リ 訓 ―

筆順 理（ながく）

なりたち 理 [形声]「王」は玉で、「里」は「リ」という読み方をしめしている。「リ」は「すじめ」の意味をもち、玉にあるすじめを表す字。

意味

❶ すじみち。ものごとのすじみち。道理。例 理にかなう。理由・真理

❷ ととのえる。うまくおさめる。例 理容・修理

❸ 自然科学。例 理系。理工学部。対 文

名前のよみ あや・おさむ・さだむ・たか・ただ・ただし・とし・のり・まさ・みち・よし

❶〈すじみち〉の意味で

【理科】りか ↓ ①自然について科学的に学ぶ学科・教科。②大学などで自然科学を専門に勉強する分野。類 理系 対 文科

【理解】りかい ↓〈―する〉①内容やすじみち・やり方などがわかること。例 計算のしかたを理解する。類 了解 ②人の気持ちや事情などをくみとること。例 理解をしめす。

【理屈】りくつ ↓ ①ものごとのすじみち。例 理屈に合わない。類 道理・条理 ②自分の立場や考えをみとめさせるための、もっともらしい考えや理由。例 理屈をこねる。類 付会

【理性】りせい ↓ すじみちを立ててものごとを考え、正しく判断する力。例 かっとなって理性をうしなう。類 知性 対 感性・感情

【理想】りそう ↓ 人が、こうあるべきだとして心にえがくもの。例 理想を高くもつ。対 現実

【理想郷】りそうきょう こうなればいいと人びとが夢見たとおりのすばらしい世の中ができあがっている場所。ユートピア。類 桃源郷

【理想的】りそうてき〈―な〉そうなればいちばんよいというようす。例 理想的な住まい。

【理知】りち ↓ ものごとのよしあしを、すじみちを立てて考えることのできる知恵や力。

【理念】りねん ↓ どうあるべきかという、いちばんもとになる考え方。例 教育の理念。

【理非】りひ ⇕ 道理に合っていることと合わないこと。例 理非をただす。理非曲直。類 是非・正邪・善悪・曲直

【理不尽】りふじん〈―な〉道理に合わないむちゃくちゃなこと。例 理不尽な要求にはこたえられない。類 非道

【理由】りゆう Ⅱ なぜそのように行動するか、そのわけ。例 反対する理由をのべる。類 事由

表現 何がもとでこういう結果になったかという、事実と事実の関係をいうときは「原因」。

【理路整然】りろせいぜん〈―たる〉考えのすじみちが、きちんとよく通っているようす。例 理路整然と意見をのべる。

【理論】りろん ↓ すじみちにしたがって、まとめあげた考え。例 理論を組み立てる。理論づけ。対 実践

❷〈ととのえる〉の意味で

【理事】りじ ▲ 団体をとりしまり、その代表となる立場の人。例 理事長。

【理髪】りはつ ▲〈―する〉かみの毛を切って形をととのえること。類 理容・調髪・整髪・散髪

【理容】りよう Ⅱ 理髪と美容。類 調髪・整髪・理髪

⬅理が下につく熟語 上の字の働き

❶ 理＝〈すじみち〉のとき

【義理 条理 節理 哲理 道理】近い意味。

【一理 原理 真理 定理】ドノヨウナ理か。

【心理 生理 地理 物理 倫理 論理】ナニについての理か。

❷ 理＝〈ととのえる〉のとき

【管理 修理 整理】近い意味。

【受理 処理 摂理 総理 代理 料理】ドウヤッテととのえるか。

◆審理 推理 不合理 無理

【琉】

王−7 総画11 人名 明朝 琉 7409

音 リュウ外・ル外　訓 —

意味 ❶るり。青い色の宝石。七宝の一つ。例 琉璃 ❷琉球。むかしの国の名。今の沖縄県。例 琉歌

【瑛】

王−8　総画12　人名　明朝 瑛 745B

音 エイ外　訓 —

意味 光りかがやく玉。玉のかがやき。

名前のよみ あき・あきら・てる

【琴】

王−8　総画12　常用　明朝 琴 7434

音 キン中　訓 こと中

筆順 一 T 王 王王 琴 琴 琴 琴

なりたち 【形声】もとは、琴の胴の断面をえがいた象形文字。胴の部分が「今」となって「キン」という読み方をしめす字。

意味 こと。胴に張った何本かの糸をはじいて音を出す楽器。例 琴をかなでる。木琴

【琴線】↓人の心にある、ものに感じるはたらきを、琴の糸にたとえたことば。例 心の琴線にふれる（深い感動をあたえる）。

【琥】

王−8　総画12　人名　明朝 琥 7425

音 コ外　訓 —

意味 「琥珀」ということばに使われる字。

【琥珀】◎宝石の名。木のやにが地中で化石になったもの。すき通った黄や薄茶色で、良質のものは加工して装飾品を作る。

【琶】

王−8　総画12　人名　明朝 琶 7436

音 ハ外　訓 —

意味 楽器の「琵琶」ということばに使われる字。

☞【琵】（ひだりにあります）

【琵】

王−8　総画12　人名　明朝 琵 7435

音 ビ外　訓 —

意味 楽器の「琵琶」ということばに使われる字。

【琵琶】◎弦をばちではじいて鳴らす楽器の一種。参考「琵琶湖」の名は、形が琵琶に似ていることから。

【琳】

王−8　総画12　人名　明朝 琳 7433

音 リン外　訓 —

意味 うつくしい玉。

【瑚】

王−9　総画13　人名　明朝 瑚 745A

音 コ外・ゴ外　訓 —

意味 「珊瑚」ということばに使われる字。

☞【珊瑚】（765ページ）

【瑞】

王−9　総画13　人名　明朝 瑞 745E

音 ズイ外　訓 みず外

意味 ❶めでたい。めでたいしるし。例 瑞兆 ❷みずみずしい。例 瑞穂

【瑶】

王−9　総画13　人名　明朝 瑶 7476

音 ヨウ外　訓 たま外

意味 美しい玉。玉のように美しい。

【瑳】

王−10　総画14　人名　明朝 瑳 7473

音 サ外　訓 —

意味 美しくみがく。例 切瑳琢磨

☞【切磋琢磨】（143ページ）

【瑠】

王−10　総画14　常用　明朝 瑠 7460

音 ル中・リュウ外　訓 —

筆順 T 王 玐 珋 瑠 瑠 瑠 瑠

意味 るり。青い色の宝石。例 瑠璃

【璃】

王−11　総画15　常用　明朝 璃 7483

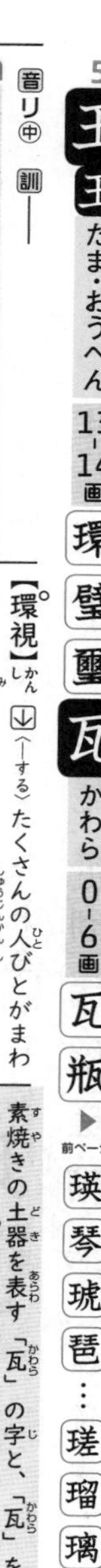

音リ㊥ 訓―

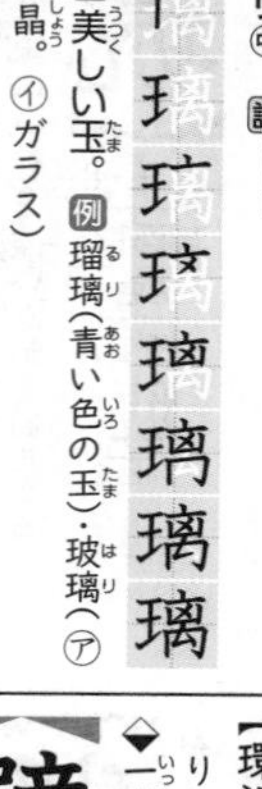

筆順 璃

意味 美しい玉。例 瑠璃（青い色の玉）・玻璃（㋐水晶。㋑ガラス）

環

音カン㊥ 訓―

王-13 総画17 常用 明朝 環 74B0

筆順 環

なりたち 形声 もとの字は、「環」。「王」は玉で、「睘」は「めぐる」意味と「カン」という読み方をしめしている。輪の形をした玉を表す字。

意味 ❶まるい輪。例 環状 ❷まわりをかこむ。めぐる。例 循環

名前のよみ たま・たまき

❶〈まるい輪〉の意味で

【環礁】かんしょう ⇩ 輪のような形をしている水面すれすれの島。サンゴでできている。

【環状線】かんじょうせん 輪のような形になっている、道路や線路。

❷〈まわりをかこむ〉の意味で

【環境】かんきょう ⇩ 人間やほかの生物をとりまき、いろいろにはたらきかけているまわりのようす。自然環境・社会環境・教育環境などがある。例 環境に左右される。環境問題。

【環視】かんし ⇩〈―する〉たくさんの人びとがまわりから見ていること。例 衆人環視。

◆一環 循環

璧

音ヘキ㊥ 訓―

玉-13 総画18 常用 明朝 璧 74A7

筆順 璧

意味 平たい円形で、中央に穴のあいた宝玉。美しいもの、りっぱなものにたとえる。例 完璧・双璧

璧が下につく熟語 上の字の働き

【完璧】璧をドウシタか。

【双璧】イクツの璧か。

璽

音ジ㊥ 訓―

玉-14 総画19 常用 明朝 璽 74BD

筆順 璽

なりたち 形声 「爾」は「おさえる」意味と「ジ」という読み方をしめしている。「玉」で作った「はんこ」を表す字。

意味 はんこ。天子の印。例 御璽

5画 瓦［かわら］の部

素焼きの土器を表す「瓦」の字と、「瓦」をもとにして作られた「瓶」の字とが入ります。

瓦

音ガ㊣ 訓かわら㊥

瓦-0 総画5 常用 明朝 瓦 74E6

筆順 瓦

意味 かわら。屋根をふくのに用いる、ねんどを固め、かまで焼いたもの。例 屋根瓦。瓦解・瓦礫

参考 もと、「グラム」としても使われていた。

【瓦解】がかい ▽〈―する〉瓦がくずれるように、がらがらとくずれてしまうこと。

瓶

音ビン㊥ 訓―

瓦-6 総画11 常用 明朝 瓶 74F6 旧字 甁 7501

筆順 瓶

なりたち 形声 もとの字は、「缾」。素焼きのうつわを表す「缶」が、のちに意味の近い「瓦」にかわり、「并」が「ビン」とかわって読み方をしめしている。「ヘイ」は「ならぶ」意味をもち、うつわを両はしにつけ、上下させて水をくむ道具「つるべ」を表す字。「びん」

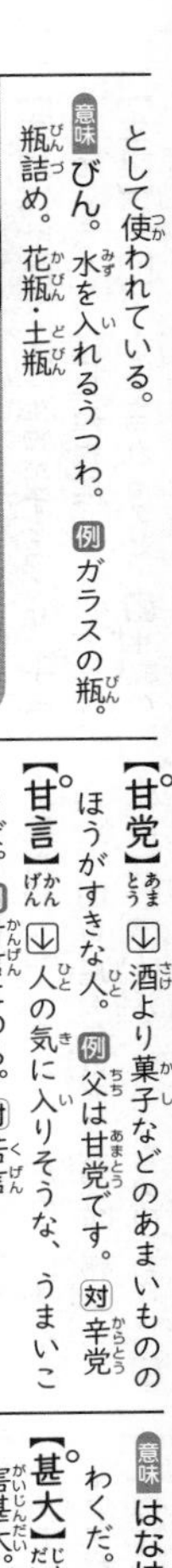

として使われている。

意味 びん。水を入れるうつわ。例ガラスの瓶。瓶詰め。花瓶・土瓶

5画 甘［あまい］の部

「甘」の字と、「甘」の形がめやすとなっている「甚」の字とが入ります。

この部首の字 0 甘……771 4 甚……771
某→木 633

甘

音 カン㊥ 訓 あま-い㊥・あま-える㊥・あま-やかす㊥

甘-0 総画5 常用 明朝 甘 7518

筆順 一 十 廾 甘 甘

なりたち ［指事］「口」の中に物（一）をふくんで味わう意味を表している字。

意味 ❶あまい。うまい。気持ちよい。受け入れる。例甘い汁をすう。甘んじる。甘酒・甘露・甘言・甘受

❷きびしくない。だらしがない。例甘い考え。甘える。甘やかす。

❶〈あまい〉の意味で

【甘酒】あまざけ ↓米こうじや酒かすでつくるあまい飲み物。

【甘党】あまとう ↓酒より菓子などのあまいもののほうがすきな人。例父は甘党です。対辛党

【甘言】かんげん ↓人の気に入りそうな、うまいことば。例甘言にのる。対苦言

【甘受】かんじゅ ↓〈-する〉しかたがないこととして、がまんして受け入れること。例つらいしうちを甘受する。

【甘美】かんび ↓〈-な・-に〉①あまくておいしい。例甘美なくだもの。②うっとりするようにここちよい。例甘美なメロディー。

【甘味】↓ 一 かんみ あまい味。あまい味のする食品。例甘味料。 二 あまみ あまさの程度。対辛味

【甘味料】かんみりょう 砂糖・水あめなど、食品にあまみをつけるための調味料。例人工甘味料。

【甘露】かんろ ↓①あまくておいしい味。例甘露煮。②あまいつゆ。中国には、天子がよい政治をすると天があまいつゆを降らせるという言いつたえがある。

甚

音 ジン㊫ 訓 はなは-だ㊥・はなは-だしい㊥

甘-4 総画9 常用 明朝 甚 751A

筆順 一 十 廾 甘 其 其 甚

なりたち ［会意］「匹」が男と女（夫婦）、「甘」が楽しみで、男女の楽しみを表している字。

意味 はなはだしい。たいへんに。例甚だめいわくだ。誤解も甚だしい。甚大

【甚大】じんだい ↓〈-な・-に〉ひじょうに大きい。例被害甚大。類莫大・絶大 表現「莫大」や「絶大」とくらべて、よくないことに使われる。

5画 生［うまれる］の部

「生」をもとにして作られ、命やうまれることにかかわる字を集めてあります。

この部首の字 0 生……771 6 産……774 7 甥……775

生

音 セイ・ショウ 訓 い-きる・い-かす・い-ける・う-まれる・う-む・お-う㊥・は-える・は-やす・き㊥・なま

生-0 総画5 1年 明朝 生 751F

筆順 ノ 𠂉 牛 生 生（ながく）

なりたち ［象形］草木の生えでた形をえがいた字。

意味 ❶うまれる。はえる。うみだす。例この世に生まれる。新記録を生む。雑草が生える。ひげを生やす。問題が生じる。明治の生まれ。生い立ち・生育・生産・誕生

❷いきる。いきている。いきいきしている。

例 生きるか死ぬか。才能を生かす。花を生ける。生と死。生活

❸なまの。まだ加工していない。中途半端の。例 生で食べる。生物・生返事

❹まじりけのない。真の。例 生で飲む。生一本

❺学ぶ人。例 生徒・学生

例 解 [使い分け] うむ[生・産] ☞ ひだりのページ

特別なよみ 芝生(しばふ)・弥生(やよい)

名前のよみ あり・すすむ・たか・なり・のり・よ

❶〈うまれる〉の意味で

【生育】せいいく Ⅱ〈―する〉植物が生え育つこと。例 イネの生育に適した環境。類 生長

【生家】せいか ↓その人が生まれた家。類 実家

【生後】せいご ↓生まれてのち。乳児について、あとに期間を表すことばをつけて使う。例 生後二週間。

【生産】せいさん Ⅱ〈―する〉自然のものに手をくわえて、生活に必要なものをつくり出すこと。例 大量生産。類 産出 対 消費

【生産性】せいさんせい ものをつくり出すための手間や費用と、つくり出されたものの量やねうちとの割合。例 生産性を高める。

【生産的】せいさんてき〈―な〉ものを生み出す力をもっている。例 生産的な意見。類 建設的

【生殖】せいしょく ↓〈―する〉生物が子をつくり、子孫をのこすこと。例 生殖機能。

【生誕】せいたん Ⅱ〈―する〉生まれること。例 生誕の地。類 誕生

【生地】せいち ↓その人が生まれた土地。類 出生地・出身地 ☞「きじ」は❸

【生長】せいちょう Ⅱ〈―する〉植物が生え育つこと。例 竹は生長がはやい。類 生育・成長

例 解 [使い分け] せいちょう[成長・生長] ☞ 516ページ

【生年】せいねん ↓その人の生まれた年。対 没年

【生来】せいらい ☒ 生まれたときに、身についていること。生まれつき。例 生来手先が器用だ。

❷〈いきる〉の意味で

【生涯】しょうがい ↓その人が生まれてから死ぬまでのあいだ。例 幸せな生涯を送る。生涯学習。類 一生・終生・人生 表現「トンボの一生」など、「一生」は人以外にもいうが、「生涯」は人以外あまり使わない。

【生花】せいか ↓ ㊀せいか 生きている自然の花。例 生花をそなえる。対 造花 ㊁せいか・いけばな 華道。お花。例 生花を習う。

【生活】せいかつ Ⅱ〈―する〉生きて日々のくらしをすること。例 豊かな生活を送る。

【生還】せいかん ↓〈―する〉①ぶじに生きて帰ること。②野球で、塁に出た人が、本塁にかえって点を入れること。ホームイン。

【生気】せいき ↓いきいきとした感じ。例 生気のない顔。類 活気・元気・生彩・精気・精彩

【生業】せいぎょう ↓生活していくための仕事。なりわい。例 魚屋を生業とする。類 職業

【生計】せいけい ↓生活していくための手だて。例 アルバイトで生計をささえる。類 家計

【生彩】せいさい ↓いきいきとした元気なありさま。例 ひときわ生彩をはなつ。類 生気・活気・精彩

【生死】せいし・しょうじ ⇕ 生きることと死ぬこと。生きているか死んでいるか。例 生死不明。生死にかかわるだいじな問題。類 死活 参考「しょうじ」は仏教での言い方。

【生鮮】せいせん Ⅱ〈―な〉新しくていきがいいこと。例 生鮮野菜を食べる。類 新鮮

【生前】せいぜん ↓死んだ人が、まだ生きていたとき。例 祖父は生前よく昔話をしてくれた。類 存命中 対 死後・没後

【生息】せいそく Ⅱ〈―する〉動物などがすみついて生活している。例 めずらしいチョウの生息地。

【生存】せいぞん Ⅱ〈―する〉生きていること。生きのこること。例 生存を確認する。類 存命 対 死亡

【生存競争】せいぞんきょうそう 生きのびて子孫をのこそうとするために起こる生物間のあらそい。強いものや、環境に合ったものが生きのこる。表現「業者間の生存競争がはげしい」など、人間社会での競争についてもいう。

【生体】せいたい ↓生きているからだ。対 死体

【生態】せいたい ↓①生物が自然の中で生きているようす。例 クマの生態。②人びとのなまなましいすがた。例 高校生の生態にせまる。

【生物】せいぶつ ↓①命をもち、成長したりふえた

りするもの。動物・植物をまとめていう。いきもの。例海の生物。②「生物学」の略。生物について研究する学問。

【生別】せいべつ ⇩〈—する〉長い間別れ別れになってしまうこと。生き別れ。対死別

【生命】せいめい ⇩①生きるということの、いちばんもとになっているもの。いのち。例生命をまもる。②もっともたいせつな力やはたらき。例選手生命をかけて取り組む。

【生理】せいり ⇩①生物が生きていくうえでの、からだのはたらき。例生理現象。②女性が子どもをうむ準備として、一か月に一度起こるからだの内部のはたらき。類月経

【生理的】せいりてき〈—な〉からだのはたらきのうえでの。例生理的現象。

【生木】なまき ⇩地に生えて、生きている木。例生木を裂く（家族や恋人など親しいあいだがらの者をむりに別れさせること）。☞❸

【生身】なまみ ⇩血もかよい息もしている、生きているからだ。例生身の人間なのだから、かぜもひくよ。

❸〈なまの〉の意味で

【生糸】きいと ⇩カイコのまゆから取ったままの、精練していない絹糸。類蚕糸・絹糸

【生地】きじ ⇩①着物や服などをつくるための布。例ワンピースの生地。類布地 ②もって生まれた性質。例おこりっぽいのがあの人の生地だ。☞「せいち」は❶

【生硬】せいこう ⇩〈—な〉かたくてぎこちないようす。例こなれていない生硬な文章。

【生食】せいしょく・なましょく ⇩〈—する〉なまのままで食べること。例生食用の牡蠣。対加熱

【生意気】なまいき〈—な〉年齢や力が不十分であるのに、えらそうなふるまいをすること。例生意気な口をきく。

【生菓子】なまがし クリーム・あんなどの、長持ちしない材料を使ってつくった菓子。対干菓子

【生木】なまき ⇩切ったばかりで、水分を多くふくんだ木。例生木はもえにくい。☞❷

【生傷】なまきず ⇩できたばかりで、まだなおっていない状態の傷。例生傷がたえない。対古傷

【生卵】なまたまご ⇩加熱していないたまご。

【生半可】なまはんか〈—な〉ものごとがいいかげんで、中途半端なようす。例生はんかな知識。

【生兵法】なまびょうほう ほんのちょっと身につけただけの不十分な知識や技術。例生兵法は大けがのもと（よく知らないことをすると、大きなまちがいを起こす）。参考「兵法（ひょうほう・へいほう）」は剣道などの武術。

【生返事】なまへんじ はっきりしない、いいかげんな返事。例生返事なら、するな。

【生水】なまみず ⇩わかしたりしていない水。例生水でおなかをこわさないように。

❹〈まじりけのない〉の意味で

【生一本】きいっぽん ①まじりけがないこと。とくに、酒についていう。②〈—な〉かざりけがなく、心がまっすぐなこと。例生一本な人がら。類一本気

【生粋】きっすい Ⅲまじりけがなく純粋なこと。例生粋の江戸っ子。

【生真面目】きまじめ〈—に〉ひじょうにまじめなようす。例きまじめに仕事をする。

❺〈学ぶ人〉の意味で

【生徒】せいと ⇩学校などで学ぶ人。とくに、中学校・高校で学んでいる人。例生徒会。対先生 表現 小学校の場合は「児童」、大学では「学生」という。

例解 使い分け　うむ《生む・産む》

生む＝生命をあたえる。ものごとを新しくつくる。
例英雄を生んだ土地。新記録を生む。

産む＝母体からたまごや子どもを出す。
例ニワトリがたまごを産む。産みの苦しみ。

新記録を生む

たまごを産む

生が下につく熟語 上の字の働き

❶生＝〈うまれる〉のとき
【出生 誕生 発生】近い意味。
【卵生 胎生 往生 畜生 派生】ドウイウ生まれ方か。
【自生 密生】ドノヨウニ生えるか。
❷生＝〈いきる〉のとき
【衛生 摂生 養生 回生（起死回生） 更生】生をドウスルか。
【寄生 群生 野生】ドノヨウニして生きていくか。
【人生 一生 半生 終生 余生 平生】ドウイウ生か。
【一年生 二年生 多年生】草がドレダケ生きるか。〔「一年生草本」などの略〕
❺生＝〈学ぶ人〉のとき
【学生 塾生 書生 寮生 先生 小生 後生 衆生 上級生 一年生 練習生】ドンナ人か。
◆芝生 写生 誕生

産

生－6 総画11 4年 明朝 産 7523

音 サン 訓 う-む・う-まれる・うぶ 高

筆順 産

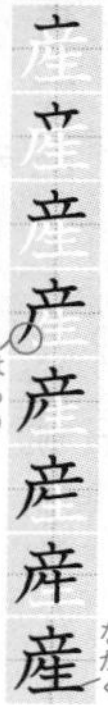

なりたち  【形声】もとの字は、「產」。「彦」の省略した形「产」が「サン」とかわって読み方をしめしている。「ゲン」も「生まれる」意味をもち、「生」をくわえてうまれることを表す字。

意味

❶子どもやたまごをうむ。例卵を産む。ひなが産まれる。産声・出産
❷ものをうみ出す。新しくつくり出す。例リンゴを産する。北海道の産。産業・産出・生産
❸うみ出されたものやお金。例資産・財産

例解 [使い分け]うむ[生・産] ☞773ページ

特別なよみ 土産(みやげ)

❶〈子どもやたまごをうむ〉の意味で

【産着】うぶぎ ↓ 生まれたばかりの子どもに着せる着物。ベビーウエア。

【産毛】うぶげ ↓ ①生まれたばかりの子どもの毛。②ほおや首すじなどに生えている、ごく短く、やわらかい毛。例産毛をそる。

【産声】うぶごえ ↓ 生まれた子どもがはじめて出す泣き声。例産声を上げる。表現「新しく三つのクラブが産声を上げた」のように、ものが生まれ出る場合にも使う。

【産湯】うぶゆ ↓ 生まれたばかりの子どもを入れてあらう湯。類初湯

【産院】さんいん ↓ お産のための病院。お産をする女の人や生まれたばかりの子どものせわをする。例産院に入院する。

【産後】さんご ↓ 女の人が子どもをうんだあとの時期。例産後の肥立ち。産前産後。

【産婆】さんば ↓ お産の手助けやせわすることを仕事にしている女の人。おさんばさん。表現古いことばで、今は「助産師」という。「産婆」を比喩的に使って、たとえば、新しい会社や仕事を始めるときに、そのせわをすることを「産婆役をつとめる」などという。

【産婦】さんぷ ↓ もうすぐ子どもが生まれる人。また、子どもをうんだばかりの人。

【産卵】さんらん ▲〈―する〉たまごをうむこと。例サケの人工産卵床。

❷〈ものをうみ出す〉の意味で

【産額】さんがく ↓ つくり出されるものの量やその金額。類生産高・生産量・産出量

【産業】さんぎょう ↓ 人間に必要なものをつくり出す仕事。例産業革命。日本のおもな産業。知識 自然の中からものをうみ出す農業・林業などは「第一次産業」、材料からものをつくる工業は「第二次産業」、ものを運んだり売ったりするのは「第三次産業」。

【産出】さんしゅつ ↓〈―する〉自然の中から役に立つものをとり出したりつくり出したりすること。例大理石を産出する。類生産

【産地】さんち ↓ そのものがつくり出される土地。例産地直送。リンゴの産地。類生産地

【産物】さんぶつ ↓ ①その土地でつくられたりとれたりするもの。例この町の産物を調べる。類物産 ②あることの結果として生じたものごと。例財産は勤勉の産物。

←産が下につく熟語 上の字の働き

❶産＝〈子どもやたまごをうむ〉のとき
【安産 難産 流産】ドノヨウナお産か。
❷産＝〈ものをうみ出す〉のとき
【日産 月産】ドレダケの期間の生産か。
【減産 増産 殖産】生産をドウスルか。
【国産 外国産】ドコの産か。
【特産 名産】ドノヨウナ産物か。
❸産＝〈うみ出されたものやお金〉のとき
【財産 資産】近い意味。
【遺産 動産 不動産】ドノヨウナ財産か。
【倒産 破産】財産がドウナルか。
◆出産 水産 生産 畜産 量産

【甥】

生−7 総画12 人名 明朝 甥 7525

音 ― 訓 おい 外

意味 おい。兄弟姉妹のむすこ。おいご。おいっこ。対 姪

5画 用 [もちいる] の部

「用」の字と、「用」の形がめやすとなっている「甫」の字とが入ります。

この部首の字 0 用……775 2 甫……776

【用】

用−0 総画5 2年 明朝 用 7528

音 ヨウ 訓 もち−いる

筆順 はねる

なりたち 用 [象形] おけの形をえがいた字。借りて、「もちいる」として使われている。

意味 ❶もちいる。つかう。役立たせる。例 器具を用いる。用心・利用
❷はたらき。ききめ。例 効用・作用・通用
❸仕事。しなければならないこと。例 用を済ます。用事・急用・費用

❶〈もちいる〉の意味で

【用意】▲〈−する〉あることのため、前もって気をくばり、こまらないようにしておくこと。例 雨具の用意がいる。類 準備

【用意周到】〈□−な〉計画や準備が手ぬかりなくよくできているようす。例 用意周到な人。用意周到に準備する。

【用具】↓ なにかをするときに使う道具。例 筆記用具。キャンプ用具。

【用語】↓ ①会話や文章で使うことば。例 用語のまちがいをなおす。②学問の世界などで、とくべつの意味をもたせて使うことば。例 医学用語。類 術語

【用材】↓ 建築や土木などの仕事に使う材木。例 用材の手配をする。建築用材。

【用紙】↓ あることのために使うようにできている紙。例 画用紙。原稿用紙。

【用心】▲〈−する〉わるいことが起きないように気をつけること。例 用心深い人。火の用心。類 注意・警戒・戒心

【用心棒】自分の身や財産をまもるためにやとう人。ボディーガード。ガードマン。例 用心棒をやとう。参考 もとの意味は、武器としての棒や戸じまりのしんばり棒。

【用水】↓ なにかのために、よそから引いてきたりためておいたりする水。例 用水路。防火用水。

【用地】↓ ある目的のために使う土地。例 工場の建設用地。類 敷地

【用途】↓ お金やものの使い道。類 使途

【用品】↓ あることのために使う品物。例 事務用品。調理用品。

【用法】↓ そのものを役立てるための使い方。例 ことばの用法を調べる。類 使用法

【用量】↓ これだけ使うという、決められた分量。例 薬の用量をへらす。

【用例】↓ ことばの使い方の例。例 用例をあげて説明する。類 実例

❸〈仕事〉の意味で

【用件】↓ しなければならないこと。とくに、その中身。用向き。類 用事

例解 使い分け ようけん《用件・要件》

◀次ページ 甫 田 甲

用件＝用事の中身。例 用件を話す。どんなご用件でしょうか。用件は以上です。
要件＝たいせつなことがら。必要なこと。例 要件を書きとめる。要件を満たす。

【用事】ようじ ↓ しなくてはならない仕事。例 父の用事で役所に行く。類 用・所用・用件

【用談】ようだん ↓〈―する〉仕事のことで人と話し合うこと。例 用談に入る。

【用便】ようべん ▲〈―する〉大便や小便をすること。

【用命】ようめい ↓ 用事を言いつけること。店に品物を注文すること。例 ご用命の品。

← 用が下につく熟語 上の字の働き

❶ 用＝〈もちいる〉のとき
【使用 雇用 貴用 服用】近い意味。
【愛用 悪用 引用 運用 援用 応用 活用 起用 逆用 兼用 誤用 採用 試用 実用 借用 常用 信用 占用 専用 善用 代用 着用 徴用 適用 転用 登用 盗用 当用 徳用 日用 任用 共用 併用 利用 流用 濫用（乱用）】ドウヤッテ用いるか。
【食用 飲用 薬用 軍用 自家用 小児用】ナニに用いるか。

❷ 用＝〈はたらき〉のとき
【器用 作用】近い意味。
【通用 両用 効用】ドノヨウニはたらくか。

❸ 用＝〈仕事〉のとき
【私用 公用 社用 商用 急用 御用 雑用】ドンナ仕事か。

◆所用 土用 入用 不用 無用 有用

甫

用−2 総画7 人名 明朝 甫 752B

音 ホ 外 訓 はじ−め 外

意味 ❶平らで広い。広い田んぼ。❷はじまり。はじめて。

名前のよみ すけ・とし・なみ・のり・まさ・もと・よし

5画 田 [た] [たへん] の部

「田」をもとにして作られ、田地や農耕にかかわる字と、「田」の形がめやすとなっている字を集めてあります。

この部首の字

0 田……776 甲……776 申……777
由……777 2 男……778 町……778 3 画……779
4 畏……780 界……780 畑……780 5 畝……780
畜……780 畠……781 畔……781 留……781
6 異……782 畢……783 略……783 7 畳……784
番……784 10 畿……785
里▸里 1037 果▸木 625 思▸心 489 毘▸比 674
胃▸月 912 累▸糸 877 塁▸土 265 奮▸大 297

田

田−0 総画5 1年 明朝 田 7530

音 デン 訓 た

筆順 （まんなか）

なりたち 田 [象形] 耕作地の形をえがいた字。「たはた」の意味を表している。

意味 たんぼ。イネをつくる田んぼ。ものがとれる土地。例 田を耕す。田と畑。田園・水田・塩田

特別なよみ 田舎(いなか)

【田舎】いなか ◎ ①都会とちがって、田畑や山林の多いところ。例 定年後は、田舎でのんびりくらしたい。対 都会 ②地方から都会へ出てきてくらしている人が、出身地を指していうことば。例 田舎へ帰る。

【田畑】たはた・でんぱた Ⅱ 田や畑。例 田畑を耕す。田畑を人手にわたす。表現「でんぱた」というと、財産の感じが強くなる。

【田園】でんえん Ⅱ 森・林・田・畑などが広がっているところ。いなか。例 のどかな田園風景。

【田地】でんち ↓ 田んぼ。例 田地田畑。

← 田が下につく熟語 上の字の働き
【墾田 水田 美田 青田】ドノヨウナ田か。
【塩田 炭田 油田】ナニがとれる土地か。

甲

田−0 総画5 常用 明朝 甲 7532

音 コウ 中・カン 中 訓 きのえ 外・かぶと 外

筆順 甲 甲 甲 甲 甲

なりたち [象形]たねのからがさけた形をえがいた字。かたいからを表す。

意味
❶かたいから。よろい。かたいから。ものの外の面。例手の甲。甲虫・甲板
❷十干の一番め。きのえ。ものごとの一番め。例甲種・甲乙
❸甲斐。旧国名。今の山梨県。例甲州。
❹《その他》例甲斐がある。

❶〈かたいから〉の意味で

【甲板】かんぱん・こうはん ↓ 船体の上部の平らなところ。デッキ。例甲板は風が強い。甲板員。

【甲骨文字】こうこつもじ 亀の甲羅や牛の骨などにきざまれた、中国のもっとも古い時代の文字。亀甲文字。参考☞ものしり巻物4(133ページ)

【甲虫】こうちゅう ↓ 一 カブトムシ・コガネムシ・ホタルなどのように、かたい羽がからだをおおっている昆虫のなかま。二 かぶとむし 黒くてかたいからにつつまれた大形の昆虫。おすは頭に角がある。

【甲羅】こうら ↓ 亀やカニの背中をおおっているかたいから。類甲 表現「浜辺で甲羅を干す」などと、人間の背中のこともいう。

❷〈十干の一番め〉の意味で

【甲乙】こうおつ Ⅲ ①一番めと二番め。②すぐれているものと、おとっているもの。例甲乙つけがたい(どっちがすぐれているか決められない)。類優劣

❹《その他》

【甲斐】かい ◎ やってよかったと思えるようなよい結果。例生きがいを見つける。苦心のかいがあった。

【甲斐性】かいしょう ものごとを本気になってやりとげようとするしっかりした気持ち。例家族をやしなうかいしょうがない。類意気地

申

音シン中 訓もう-す・さる外

田-0 総画5 3年 明朝 申 7533

筆順 申 申 申 申 申 (はっきりだす)

なりたち [象形]甲骨文字では「[illegible]」と作り、いなびかりの形をえがいた字。

意味
❶もうす。ものを言う。例もの申す。お願い申します。申告
❷十二支の九番め。動物ではサル。方角では西南西。時刻では午後四時、またはその前後二時間。例庚申・壬申 参考☞「巽」の「文字物語」(366ページ)

❶〈もうす〉の意味で

【申告】しんこく Ⅲ (ーする)法律にしたがって、役所にとどけ出ること。例確定申告。

【申請】しんせい ↓ (ーする)役所に、許可してくれという書類を出すこと。例許可を申請する。電子申請。類出願

←申が下につく熟語 上の字の働き

❶申＝〈もうす〉のとき
【具申 答申 内申】ドノヨウニ申すか。
◆上申

由

音ユ・ユウ・ユイ高 訓よし高

田-0 総画5 3年 明朝 由 7531

筆順 由 由 由 由 由 (はっきりだす)(まんなか)

なりたち [象形]酒をしぼるためのかごの形をえがいた字。借りて、「わけ」として使われている。

意味
❶おこったところ。そこをとおってくる。例由緒・経由
❷わけ。事のしだい。例知る由もない。無事お帰りの由、うかがいました。理由

注意するよみ ユイ…例由緒

名前のよみ ゆき・より

❶〈おこったところ〉の意味で

【由緒】ゆいしょ Ⅲ ものごとのおこりやそのいわれ。例由緒ある寺。類由来・来歴・素性

【由来】ゆらい ↓ ①ものごとがおこりたどってきた道すじ。例古い絵巻物の由来を調べる。類由緒・故事来歴 ②(ーする)大もとになっていること。例俳句は和歌に由来する。類来歴

◆経由 自由 理由

男

田−2 総画7 1年 明朝 男 7537

音 ダン・ナン 訓 おとこ

筆順 男（はねる）

なりたち 【会意】「田」と「力」を合わせて、田で力仕事をする者を表す字。

意味 ❶おとこ。例 男と女。年男・男子 対 女 ❷むすこ。親からみたおとこの子ども。例 一男一女。長男 対 女 ❸華族の位の五番め。例 男爵

名前のよみ お

❶〈おとこ〉の意味で

【男気】↓ 一 おとこぎ 不正なことは見のがせないとか、人がこまっていれば助けずにいられないとかいう気質。例 男気を見せる。類 侠気・義侠心・任侠 二 おとこけ 男の人がいること。男っけ。対 女気

【男手】↓ はたらき手としての男性。例 力仕事なので男手がほしい。対 女手

【男前】↓〈―な〉男子としての、すがたや顔かたちのよさ。類 美男子・美男・好男子

【男子】↓ ①男の子。対 女子 ②男の人。例 男子マラソン。類 男性・男児 対 女子

【男児】↓ ①男の子。対 女児 ②男の人。例 九州男児。類 男子・男性

【男女】だんじょ・なんにょ ⇕ 男と女。例 男女同権。老若男女。参考「なんにょ」は「老若」のあとにつづいたときの読み方。

【男声】↓ 声楽で、男の人の声。テノール・バリトン・バス。例 男声合唱。対 女声

【男性】↓ 二つの性のうち、男のほう。ふつう、おとなの男の人をいう。類 男・男子・男児 対 女性

【男性的】〈―な〉男の特徴がよく出ている。男らしい。雄々しい。例 ごつごつした男性的な岩山。対 女性的 表現 ふつう、たくましさ、力強さ、決断のはやさなどが男性の特徴と考えられている。

【男装】↓〈―する〉女が男の身なりをすること。例 男装して劇に出る。対 女装

【男優】↓ 男の俳優。対 女優

❸〈華族の位の五番め〉の意味で

【男爵】↓ むかしの貴族（華族）の位の五番め。知識 ☞【伯爵】（81ページ）

← 男が下につく熟語 上の字の働き

❶男＝〈おとこ〉のとき

【山男 年男】ドウイウ男か。

❷男＝〈むすこ〉のとき

【長男 次男】ドウイウ息子か。

町

田−2 総画7 1年 明朝 町 753A

音 チョウ 訓 まち

筆順 町（はねる）

なりたち 【形声】「丁」が「チョウ」という読み方をしめしている。「テイ」は「まっすぐ通る」意味をもち、「田」のあいだをまっすぐ通る道「あぜ道」を表す字。日本では、家のあいだの道の意味がくわわり、「まち」として使われている。

意味 ❶家がたくさん集まったところ。地方公共団体の一つ。例 小さな町。町会・町人・市町村 ❷むかしの距離や面積の単位。距離の一町は六十間で、約一〇九メートル。面積の一町は十反で、約一アール。

例解［使い分け］まち［町・街］☞ ひだりのページ

❶〈家がたくさん集まったところ〉の意味で

【町家】↓ 町人の家。おもに商家を指す。例 町家の出。表現 武士と町人の身分が分かれていた、むかしの言い方。

【町会】↓ ①町の中のことを話し合うために、その地域の人たちで作っている会。類 町内会 ②「町議会」の略。町という地方公共団体の議会。

【町内】↓ その町の中。例 町内会。

【町人】↓ 江戸時代のことばで町に住む商人や職人。

【町医者】大きな病院につとめず、自分で

小さな医院を開いている医者。類 開業医

【町工場】まちこうば 町なかにある小さな工場。

← 町が下につく熟語 上の字の働き

❶ 町＝〈家がたくさん集まったところ〉のとき

【港町 裏町】ドウイウ町か。

画

■ 田−3 総画8 2年

明朝 画 753B 旧字 畫 756B

音 ガ・カク 訓 ―

筆順 一 画 百 币 両 亜 画 画 (だす) (でない)

なりたち 畫 [会意]もとの字は、「畫」。「かく」意味の「聿」と「田」と田の境界線をしめしている「一」を合わせて、田の境界線をかくことを表す字。

意味

❶くぎり。例 一線を画する。区画

❷はかりごと。しようと考える。例 画策・計画

❸漢字の点や線。例 画数・点画

❹絵。絵をかく。例 画家・絵画

❺映画。画像。例 洋画

❶〈くぎり〉の意味で

【画一】かくいつ ▲〈―な〉全部をおなじようにすること。例 やり方を画一にする。画一的なつくりの建物。類 杓子定規

【画然】かくぜん ☒〈―たる〉はっきりと区別できるようす。例 画然と区別される。

【画期的】かっきてき 〈―な〉そのことで、ものごとの流れがかわると思えるほど、新しくてすばらしい。例 パソコンの出現は画期的であった。

❷〈はかりごと〉の意味で

【画策】かくさく ▲〈―する〉なにかをしようと考えて、あれこれ動きまわること。例 かげでいろいろと画策する。類 策動・策謀・策略 表現 あまりよくないことに使うことが多い。

❸〈漢字の点や線〉の意味で

【画数】かくすう ↓ 漢字をかたちづくっている線や点の数。参考 ☞ ものしり巻物16(539ページ)

❹〈絵〉の意味で

【画家】がか ↓ 絵をかくことを職業にしている人。絵かき。類 画工・画伯・絵師

【画材】がざい ↓ ①風景や人物・静物などの、絵になる題材。例 花を画材にえらぶ。類 題材・素材 ②筆や絵の具など、絵をかく道具や材料。

【画集】がしゅう ↓ たくさんの絵を印刷してのせた本。例 ゴッホの画集。

【画像】がぞう ↓ ①絵にかいてある人やもののすがた。②テレビやパソコンなどの画面に映っている人やもののすがた。例 鮮明な画像。

【画伯】がはく ↓ すぐれた絵かき。画家をうやまっていうときに使う。例 藤田画伯。類 画家

【画風】がふう ↓ 絵のかき方の特色。例 画風で時代がわかる。類 作風

【画面】がめん ↓ ①絵がかかれている、ある広がり。その上の絵。②テレビや映画などで、映し出された像。例 画面がぼやける。

【画用紙】がようし 絵をかくための厚手の紙。

【画竜点睛】がりょうてんせい 重要な最後の仕上げをすること。完成のためのだいじな仕上げ。例 画竜点睛を欠く。参考「点」は書き入れること。「睛」はひとみの意味だから、日偏でなく目偏である。

[故事のはなし] ☞ 781ページ

【画廊】がろう ↓ 絵・彫刻などの美術品をならべてかざり、人に見せたり売ったりするところ。ギャラリー。例 画廊で個展をひらく。

← 画が下につく熟語 上の字の働き

❷ 画＝〈はかりごと〉のとき

【企画 計画】近い意味。

例解 使い分け

まち《町・街》

町＝人の住む家がたくさん集まっている所。例 村から町へ移る。城下町。町はずれ。

街＝店がたくさんならんでいるにぎやかな所。例 街の明かりが美しい。学生の街。

❸画＝〈漢字の点や線〉のとき
【字画 総画】ナニの画か。
❹画＝〈絵〉のとき
【絵画 図画】近い意味。
【原画 陰画 壁画 版画 漫画 戯画 劇画 山水画 水彩画】ドウイウ絵か。
❺画＝〈映画〉のとき
【邦画 洋画】ドコの映画か。
◆映画 区画 参画 点画 録画

畏

田-4 総画9 常用 明朝 畏 754F

音 イ㊥ 訓 おそ-れる㊥・かしこ-まる㊦

筆順 畏畏畏畏畏畏畏畏畏

意味 おそれつつしむ。かしこまる。

例 解 [使い分け] おそれる[恐・畏] ☞493ページ

【畏敬】いけい Ⅲ〈—する〉おそれ多い気持ちをもち、尊敬すること。例 畏敬の念をいだく。

【畏怖】いふ Ⅲ〈—する〉おそれ多い気持ちをもつこと。例 畏怖の念をいだく。

界

田-4 総画9 3年 明朝 界 754C

音 カイ 訓 —

筆順 界界界界界界界(はらう)界界(はねない)

なりたち [形声]「介」が「分ける」意味と「カイ」という読み方をしめしている。「田」のさかいを表す字。

意味 さかい。くぎりの中。そのせかい。例 境界・政界

【界隈】かいわい Ⅲ そのあたり。例 この界隈は寺が多い。浅草界隈。類 近辺・付近

◆界が下につく熟語 上の字の働き
【境界 限界】近い意味。
【世界 各界 外界 他界 下界 視界 霊界】ドウイウ世界か。
【政界 財界 業界 角界(かくかい・かっかい) 自然界 芸能界】ナニの世界か。
◆結界

畑

田-4 総画9 3年 明朝 畑 7551

音 — 訓 はた・はたけ

筆順 畑(とめる)畑(とめる)畑畑畑畑畑畑畑

なりたち [会意] 国字。「火」と「田」を合わせて、火で焼いてひらいた「はたけ」を表す字。

意味 はたけ。例 畑を耕す。畑仕事。畑作・田畑 ㋑専門の分野。例 畑ちがい。

【畑作】はたさく ⇩ 畑で作物をつくること。また、その作物。

畝

田-5 総画10 常用 明朝 畝 755D

音 — 訓 うね㊥・せ㊦

筆順 畝畝畝畝畝畝畝畝畝畝

なりたち [会意]「田」と「十」と人を表す「久」を合わせて、一辺の長さが十歩ある田の面積を表す字。

意味 ❶うね。畑に作物を作るために、ほそ長く土をもり上げたところ。例 畝伝い。❷面積の単位。尺貫法で、一畝は一反の十分の一。約一アール。

畜

田-5 総画10 常用 明朝 畜 755C

音 チク㊥ 訓 —

筆順 畜畜畜畜畜畜畜畜畜畜

なりたち [会意]「玄」は、ふやす意味の「茲」を略した形で、「田」がついて、田の作物をふやす、たくわえることを表す字。

意味 動物を飼う。飼っている動物。例 家畜・牧畜

【畜産】ちくさん ⇩ ウシ・ヒツジ・ニワトリなどの家畜を飼って、乳・肉・毛などを生産する産業。例 畜産農家。

【畜舎】ちくしゃ ⇩ 家畜を飼うための小屋。

。【畜生】ちくしょう ↓ ①人間以外のけもの。②人間ではないという意味で、人をののしっていうことば。例 畜生め、今に見てろ。③いまいましい気持ちを表すときのことば。例 ちくしょう、なんということだ。表現 ②③は、品のわるい使い方。「ちきしょう」とも発音する。

畜が下につく熟語 上の字の働き

【鬼畜 人畜】近縁の関係。

畠

田-5 総画10 人名 明朝 畠 7560

音 ―― 訓 はた外・はたけ外

意味 はたけ。はた。

参考 「白く」かわいたはたけ（田）を表す国字。

畔

田-5 総画10 常用 明朝 畔 7554

音 ハン中 訓 あぜ外・ほとり外

筆順 丨 冂 冊 田 畔

なりたち [形声]「半」が「分ける」意味と「ハン」という読み方をしめし、「田」と田を分けるさかいのあぜ道を表す字。

意味 田畑のあぜ。水のほとり。水ぎわ。例 畔道・湖畔

畔が下につく熟語 上の字の働き

【河畔 湖畔】ドコの畔か。

留

田-5 総画10 5年 明朝 留 7559

音 リュウ・ル 訓 と-める・と-まる

筆順 （とめる・はねる・ださない） 留

なりたち [形声]「卯」と「田」とからでき、「卯」が「リュウ」という読み方をしめしている。「リュウ」は「かこう」意味をもち、田畑の中に作物をかこうことを表している字。

意味 とどめる。とどまる。とめる。とまる。例 留置・留守・書留

注意するよみ ル…例 留守

例 解 [使い分け] とめる[止・留・泊] ☞663ページ

【留意】りゅうい ▲〈―する〉心にとめて、気をつけること。例 留意点。類 注意 表現 「注意」は心を向けること、「留意」は心にとめおく意味合いが強い。

【留学】りゅうがく ↓〈―する〉外国に行って、そこの大学などで学ぶこと。例 留学生。類 遊学

【留置】りゅうち ↓〈―する〉わるいことをしたうたがいのある者を、警察にとどめておくこと。

【留鳥】りゅうちょう ↓ スズメ・オナガ・ハトなど、季節による移動をしない鳥。対 候鳥（わたり鳥）

【留任】りゅうにん ▲〈―する〉今の役職をやめないで、そのままつづけること。類 再任

【留年】りゅうねん ▲〈―する〉次の学年に進めず、おなじ学年の勉強をもう一度やること。例 病気で、一年留年する。類 落第 対 進級

【留保】りゅうほ ↓〈―する〉あることを決めもせず、終わらせもせずに、そのままにしておくこと。例 決定を留保する。類 保留

【留守】るす ↓ ①人が出かけたとき、あとにのこって家の番をすること。例 家を留守にする。例 留守番。②家にいないこと。類 不在 ③

故事のはなし 画竜点睛（がりょうてんせい）

南朝梁の時代の画家、張僧繇が金陵（現在の南京）の安楽寺に四匹の白竜をえがいたが、ひとみをかかず、「ひとみを入れると、飛んで行ってしまう」と話していた。人びとはそれをでたらめだと思い、ぜひにと頼んでひとみをかき入れてもらった。すると、雷が鳴っていなずまが壁をこわし、二匹の竜が雲に乗り天に昇ってしまい、まだひとみを入れていない二匹の竜の絵だけが残った。『歴代名画記』七

ほかのことに気をとられて、ほったらかしになること。例勉強がお留守になる。

←留が下につく熟語 上の字の働き

【居留 在留 保留 遺留 残留】近い意味。

【慰留 蒸留 係留 滞留 拘留 抑留 書留】ドウ留めるか。

異

田-6 総画11 6年 明朝 異 7570

音イ 訓こと

筆順 ながく とめる

なりたち [象形]人がお面をかぶった形をえがいた字。べつの人になることから、「ことなる」意味に使われている。

意味

❶べつの。ちがう。例意見を異にする。成分が異なる。異を唱える。異質・差異 対同

❷ふつうでない。めずらしい。例異なことを言う。異常・奇異

❶〈べつの〉の意味で

【異義】⇩意味がちがうこと。例同音異義。対同義 参考「異議」とのちがいに注意。

【異議】⇩べつの考えや反対意見。例異議を唱える。類異存・異論

【異郷】⇩ふるさとから遠くはなれた土地。類他郷・異国・他国 対故郷

【異境】⇩よその国。類異国・他国

【異口同音】おおぜいの人が、口々におなじことを言うこと。例異口同音に不満を言いたてた。

【異見】⇩ほかの人とちがった見方・考え方。例異見をのべる。類異論・異説

【異国】⇩よその国。例異国情緒。類外国・異邦・異境・異郷・他国 対母国・自国

【異国情緒】いかにも外国らしいふんいきや感じ。例異国情緒たっぷりの街。

【異質】⇩〈—な〉もともとの質がちがうこと。例異質な文化におどろく。対同質・等質

【異字同訓】ちがう漢字が、おなじ訓をもっていること。たとえば、「贈」も「送」も訓が「おくる」だが、意味用法にちがいがある。参考この辞典では、「同訓異字」ともいう。左のページにあるコラム「例解使い分け」に異字同訓の意味用法のちがいが書いてある。

【異種】⇩ちがう種類。対同種

【異人】⇩①異国の人。類異邦人・外国人 ②べつの人。表現①は古い言い方。とくに西洋人を指す。②は、「同名異人」と使うときだけの意味。

【異性】⇩ちがう性。男性にとっての女性、女性にとっての男性。対同性

【異説】⇩それまでの説とはちがう考え。例異説を出す。類異論・異見 対通説・定説

【異存】⇩反対の意見。例どう決まってもべつに異存はない。類異議・異論

【異同】⇕ちがうところ。例二つの資料の異同を調べる。類差異・相違 表現よく似ているものをくらべるときにいうことが多い。

【異動】⇩〈—する〉会社や役所の中で、地位や仕事の配置がかわること。例春の人事異動。

【異邦°人】どこかよその国の人。類外国人・異人

例解 [使い分け] いどう[移動・異動] ☞836ページ

【異名】いみょう―いめい ⇩本名以外のべつの名前やあだな。例「弥生」は三月の異名だ。博士の異名をとる。類別名

【異論】⇩まわりとちがう意見。例異論を唱える。類異議・異説・異存・異見

❷〈ふつうでない〉の意味で

【異彩】⇩ほかとちがっていて、よく目立つこと。例異彩をはなつ。類異色

【異臭°】⇩なんともいえない、いやなにおい。例異臭がただよう。類悪臭

【異状】⇩ふだんとちがうようす。例今のところ異状はない。類異常・別状

【異常】⇩▲〈—な・—に〉ふつうとはいえないようす。「よくない」という意味をこめて使う。例異常気象。類異状・病的 対正常

【異色】⇩ほかのものにはない、かわったよさ。例異色の作品。類異彩

【異端°】⇩おおもとの精神から外れ、排除される立場や主張。例異端の教義。対正統

ものしり巻物 第23巻

とくべつな読み方
熟字訓・当て字

「明日」と書いて、「あす」と読むことがあります。これは「明」を「あ」と読み、「日」を「す」と読んでいるのではありません。中国語の「明日」という熟語が、日本語の「あす」ということばと、だいたいおなじ意味であったため、「明日」を二字まとめて、「あす」と読むことにしたのです。こういう読み方・書き方を熟字訓といいます。熟字訓のほかにも、漢字を使ってとくべつな書き方や読み方をすることがあるので、漢字の、そういうとくべつな使い方を広くふくめて、当て字といっています。

わたしたちの祖先は、さまざまな日本語、ときには西洋から入ってきたことばを、なんとか漢字で書き表そうと努力してきましたので、「熟字訓」や「当て字」にも、いろいろな種類のものがありました。「すてき↓素敵」「セビロ↓背広」「クラブ↓倶楽部」など、もともとは漢字で書かないことばに、ちょくせつは関係のない漢字の音や意味を借りて、当てた例もたくさんあります。

「常用漢字表」の「付表」は、このような「熟字訓」や「当て字」など、「常用漢字表」の「本表」の中では認められていない、とくべつな読み方をすることばを集めたものです。この辞書では 特別なよみ 欄でしめしていますが、次のことばは、その中でもとくにだいじなものです。

明日(あす)、大人(おとな)、母さん(かあさん)、河原・川原(かわら)、昨日(きのう)、今日(きょう)、果物(くだもの)、今朝(けさ)、景色(けしき)、今年(ことし)、清水(しみず)、上手(じょうず)、七夕(たなばた)、一日(ついたち)、手伝う(てつだう)、父さん(とうさん)、時計(とけい)、友達(ともだち)、兄さん(にいさん)、姉さん(ねえさん)、博士(はかせ)、二十日(はつか)、一人(ひとり)、二人(ふたり)、二日(ふつか)、下手(へた)、部屋(へや)、迷子(まいご)、真面目(まじめ)、真っ赤(まっか)、真っ青(まっさお)、眼鏡(めがね)、八百屋(やおや)

【異物】⇩ まわりとうまく合わない、じゃまなもの。例 異物が混入する。

【異分子】集団の中で、多くの人と考えがちがっている人。類 異端者

【異変】Ⅱ ふつうとはちがう何かが起こること。例 気候の異変。類 変事・変異

【異様】⇩〈―な〉ふつうとちがっていて、ふしぎな感じがする。例 異様な風体の男があらわれた。類 奇妙・奇怪・奇異

【異例】⇩〈―な〉これまでになかったようなこと。例 異例の出世。

←異が下につく熟語 上の字の働き

❷異=〈ふつうでない〉のとき

【奇異 変異 怪異】近い意味。

◆驚異 差異 特異

畢

田-6 総画11 人名 明朝 畢 7562

音 ヒツ 外 訓 ―

意味 おわる。おえる。すべてがつきはてる。例 畢竟・畢生

◆【畢竟】Ⅱ 結局。しょせん。つまるところ。例 畢竟、おなじ結果になる。

◆【畢生】▲ その人の、死ぬまでのすべての期間。一生涯。終生。例 畢生の大作。

略

田-6 総画11 5年 明朝 略 7565

音 リャク 訓 ―

筆順

なりたち [形声]「各(カク)」が「リャク」とかわって読み方をしめしている。「カク」は「区切る」意味をもち、「田」を区切ってととのえることを表す字。

意味

❶はぶく。こまかいところをはぶいた、あらましのところ。例 略して書く。以下は略する。略図・大略

❷はかりごと。たくらみ。例 計略

❸うばい取る。おかす。例 略奪・攻略

発音あんない リャク→リャッ…例 略記

❶〈はぶく〉の意味で

【略画】⇩こまかいところははぶいてざっとかいた絵。例 略画をかいて説明する。

【略語】⇩一部分をはぶいて短くしたことば。たとえば、「部活動」を「部活」というなどがある。

【略号】⇩かんたんに、見てすぐわかるようにした記号。たとえば、駐車場を「P」(「パーキング」の略)、郵便局を「〒」で表すなどがある。

【略字】⇩漢字の点や画の一部分をはぶいたり形をかえたりして、かんたんにした字。たとえば「学」「価」「沢」は、「學」「價」「澤」の略字であった。類 略体・俗字 対 本字・正字

【略式】⇩正式な方法ではなく、はぶいたり、かんたんにしたりするやり方。例 略式礼服。類 略儀 対 正式・本式

【略称】⇩(―する)正式な名前をかんたんな言い方にしたもの。たとえば、国際連合を「国連」、文部科学省を「文科省」、日本放送協会を「NHK」などがある。

【略図】⇩おもなものだけをかき入れた、かんたんな図。例 駅までの略図。

【略装】⇩気軽な服装。例 略装でおいでください。類 略服・平服 対 礼装・正装

【略伝】⇩おもだったことがらだけを書いたかんたんな伝記。対 詳伝

【略歴】⇩その人の、おおまかな履歴。

【略記】⇩(―する)かんたんに書くこと。例 理由を略記する。対 詳記

❸〈うばい取る〉の意味で

【略奪】Ⅱ(―する)むりにうばい取ること。類 略取・強奪・奪取

略が下につく熟語 上の字の働き

❶略=〈はぶく〉のとき
【省略 簡略 粗略(疎略)】近い意味。
【概略 大略】ドノヨウニ略すか。
【前略 中略 後略】ドコを略すか。

❷略=〈はかりごと〉のとき
【計略 策略 謀略】近い意味。

❸略=〈うばい取る〉のとき
【攻略 侵略】ドウヤッテうばうか。

◆政略 戦略

畳

田-7 総画12 常用 明朝 畳 7573 旧字 疊 758A

音 ジョウ㊥ 訓 たた-む㊥・たたみ㊥

筆順

なりたち [会意] もとの字は、「疊」。「晶(のちに畾)」が「多い」の意味を、「宜」が「重なる(宜)」の意味をもち、たくさん重ねることを表している字。

意味

❶たたむ。例 折り畳む。畳語

❷たたみ。日本式の家のへやにしく、ぶあついしきもの。例 畳の上で死ぬ(おだやかに死ぬ)。畳表・青畳・石畳

❸たたみの数をかぞえることば。例 八畳の客間。

❶〈たたむ〉の意味で

【畳語】⇩「人びと」「ますます」など、おなじことばが二つ重なって、一つのことばになっているもの。

番

田-7 総画12 2年 明朝 番 756A

音 バン 訓 ―

筆順

たなりち 番 [会意]「釆」はてのひらに穀物の種を持っている形で、「田」と合わせて、田に種をまくことを表している字。

意味
❶じゅんばん。例番を待つ。君の番だ。一番。番号・順番
❷順にかわってする仕事。例当番
❸見はり。例家の番をする。番人・門番

❶〈じゅんばん〉の意味で
【番外】ばんがい ↓ ①決められたプログラムにないもの。とび入り。例番外編。②決まった番号以外のもの。例番外地。③他とはべつあつかいされるもの。例かれは番外だ。
【番組】ばんぐみ ↓ 放送・試合・演芸などの出し物の組み合わせ。その一つ一つ。プログラム。例番組表。テレビ番組。
【番号】ばんごう ↓ 順番を表す数。ナンバー。例番号順にならぶ。電話番号。
【番地】ばんち ↓ こまかく分けた土地につけた番号。例一丁目一番地。類地番・住所
【番茶】ばんちゃ ↓ よいところをつみとったあとの、かたい葉でつくったお茶。参考一番茶、二番茶とつんでいった、さいごの番のお茶。
【番付】ばんづけ ↓ すもうで、力士の名を、横綱・大関などの地位の順番に書きならべたもの。例番付表。表現「長者番付」など、すもう以外のことについても使う。

❸〈見はり〉の意味で
【番犬】ばんけん ↓ 家の番をさせるために飼う犬。表現人間の世界で「資本家の番犬」のようにいうと、忠実なボディーガードの意味。
【番頭】ばんとう ↓ 店や旅館などで、やとわれている人の中で、位がいちばん上の人。
【番人】ばんにん ↓ 見はりをする人。はり番。例倉庫の番人。

←番が下につく熟語 上の字の働き
❷番＝〈順にかわってする仕事〉のとき
【当番 非番】番にドウデアルか。
【交番 輪番】ドウイウ番か。
❸番＝〈見はり〉のとき
【店番 門番】ドコの番をするか。
◆順番 茶番 出番 不寝番 本番 留守番

畿

田－10 総画15 常用 明朝 畿 757F

音キ中 訓―

筆順 く 幺 幺幺 幺幺 畿 畿 畿 畿 畿

意味 都を中心とした地域。例畿内・近畿
【畿内】きない ↓ 王城の周りの地域。日本では、京都に近い山城・大和・河内・和泉・摂津の五か国。これを「五畿内」という。

5画 疋 [ひき] 匹 [ひきへん] の部

「疋」の形がめやすとなっている字を集めてあります。

この部首の字
0 疋……785
7 疎……785
9 疑……786
疏……786
楚▸木 647

疋

疋－0 総画5 人名 明朝 疋 758B

音ヒツ外 訓ひき外

意味 ひき。㋐織物などの長さの単位。㋑家畜を数えることば。

表記 今はふつう「匹」と書く。

疎

𤴔－7 総画12 常用 明朝 疎 758E

音ソ中 訓うと-い高・うと-む高・おろそ-か外

筆順 𠃌 𠃌 下 下 正 𤴔 𤴔 𤴔 疎 疎

なりたち 䟽 [形声] もとの字は、「疏」。「㐬」が水の流れ、「𤴔 ショ ソ」が「ソ」という読み方をしめしている。水の流れをよく通すことを表す字。のちに、「㐬」が「束」と書かれた。

意味
❶目があらい。おおまか。ちらばっている。例疎略・空疎 対密
❷うとい。うとんじる。親しくない。例世間に疎い。上司に疎まれる。疎遠

❸とおる。とおす。例疎水

❶〈目があらい〉の意味で

【疎略】そりゃく Ⅱ〈―な〉〈―に〉あつかいが、おおざっぱで心がこもっていない。類粗雑・疎漏 対丁重 表記「粗略」とも書く。

【疎漏】そろう Ⅱ〈―な〉〈―に〉手ぬかりがあること。例疎漏がないように注意する。類疎略

❷〈うとい〉の意味で

【疎遠】そえん Ⅱ〈―な〉〈―に〉行き来や手紙のやりとりがなく、つながりがうすいこと。例しばらく会わないうちに疎遠になる。対親密

【疎外】そがい Ⅱ〈―する〉なかまはずれにしてよせつけないこと。例疎外感を受ける。

❸〈とおる〉の意味で

【疎水】そすい ↓生活や発電に必要な水を通すために、土地を切りひらいてつくった水路。例琵琶湖疎水。類用水

【疎通】そつう Ⅱ〈―する〉考えや気持ちが相手によく通じること。例意思の疎通をはかる。

◆過疎 空疎

疏

疋-7 総画12 人名 明朝 疏 758F

音ソ外 訓うと-い外・うと-む外・あら-い外・とお-す外

意味 ❶うとむ。うとい。いやがる。遠ざける。親しくない。例疏遠 ❷あらい。まばら。例疏密 ❸とおす。水の流れが通る。例疏水

表記 今は「疎」を使うことがある。例疏遠↓疎遠・疏密↓疎密

疑

疋-9 総画14 6年 明朝 疑 7591

音ギ 訓うたが-う

筆順 (はねる)(つにならない)(はらう)

なりたち [形声]「疋」はもとは「[illegible]」で、子どもが立ちどまることを表し、「𠤕」は立ちどまってうろうろしているようすと、「ギ」という読み方をしめしている。子どもが立ちどまってうろうろすることを表す字。

意味 うたがう。うたがわしい。例人を疑う。疑問・質疑

【疑似】ぎじ Ⅱほんものによく似ていること。例疑似餌。類仮性 対真性

【疑心】ぎしん ↓うたがう気持ち。類疑念

【疑心暗鬼】ぎしんあんき うたがいの心で見ると、ありもしない恐れを抱くようになる。例疑心暗鬼を生ず。参考『列子』から出たことば。

【疑点】ぎてん ↓うたがわしいところ。例疑点がのこる。類疑問点・疑義

【疑念】ぎねん ↓あやしいと思う気持ち。類疑心

【疑問】ぎもん ↓はっきりしないことがら。また、よくわからないと思うことがら。類不審

【疑惑】ぎわく Ⅱなにかわるいことがかくされているのではないか、という思い。

◆疑が下につく熟語 上の字の働き

【質疑 容疑】疑いをドウスルか。

◆嫌疑 半信半疑

5画 疒 [やまいだれ] の部

寝台に人がふせる意を表す「疒」をもとに作られ、病気や苦痛にかかわる字を集めてあります。

この部首の字

4 疫…786
5 疾…787 症…787 疹…787 疲…787 病…788
6 痕…788
7 痩…788 痛…789 痘…789 痢…790
8 痴…790
9 瘍…790
12 癌…790 療…790
13 癖…790 癒…790

疫

疒-4 総画9 常用 明朝 疫 75AB

音エキ中・ヤク高 訓―

筆順

なりたち [形声]「疒」が「やまい」を、「役」の略の「殳」が「エキ・ヤク」という読み方をしめしている。「エキ」は「うつる」意味をもち、「感染症」を表す字。

意味 感染症。例疫病 えきびょう・やくびょう・検疫

注意するよみ ヤク…例疫病神

【疫病】えきびょう—やくびょう Ⅲ 人から人にうつるおそろしい病気。はやりやまい。類流行病

【疫痢】えきり ↓ 小さい子どもが赤痢菌に感染したときに起こる重い病気。高熱や下痢、ひきつけを起こし、死ぬことも多かった。

【疫病神】やくびょうがみ ①病気をはやらせるというわるい神。②きらわれ、いやがられる人。

←疫が下につく熟語 上の字の働き
【検疫 防疫 免疫】感染症をドウスルか。

疾

疒-5 総画10 常用 明朝 疾 75BE

音 シツ中 訓 —

筆順

なりたち 形声「疒」が「やまい」を、「矢(シ)」が「シツ」とかわって読み方をしめしている。矢で受けた傷を表す字。

意味 ❶病気。やまい。例疾患 ❷はやい。すばやい。例疾風

❶〈病気〉の意味で

【疾患】しっかん Ⅲ 病気にかかっているところ。医学で使うことば。ふつうは、「病気」という。例内臓疾患。類疾病 表現☞【疾病】(ひだりにあります)

【疾病】しっぺい Ⅲ 病気。類疾患 表現「疾患」が病気のからだのほうをいうのに対して、「疾病」は病気そのものを指すことが多い。

❷〈はやい〉の意味で

【疾駆】しっく ↓〈—する〉車や馬が速く走ること。例大草原を疾駆する馬。類疾走 表現「疾駆」は車や馬にだけ使い、人には使わない。「疾走」は人・馬・車のどれにも使う。

【疾走】しっそう ↓〈—する〉たいへん速く走ること。例全力疾走する。類疾駆 表現☞【疾駆】(みぎにあります)

【疾風】しっぷう ↓ 強くふく風。はやて。気象用語としては、木のえだを動かしたり、白波を立たせたりするくらいの風をいう。例疾風のごとくかけぬける。

【疾風迅雷】しっぷうじんらい 強い風と、はげしいかみなり。行動のはげしくすばやいこと。

症

疒-5 総画10 常用 明朝 症 75C7

音 ショウ中 訓 —

筆順

なりたち 形声「疒」が「やまい」を、「正」が「ショウ」という読み方をしめしている。「ショウ」は「しるし」の意味をもち、病気のあらわれを表す字。

意味 病気のあらわれ。病気のようす。例症状・炎症

【症候群】しょうこうぐん いくつかの症状がいっしょにあらわれる病気の状態。シンドローム。

【症状】しょうじょう ↓ 病気やけがのようす。例症状が軽い。類病状

←症が下につく熟語 上の字の働き
【炎症 軽症 重症 急症 後遺症】ドノヨウナ症状か。
◆発症 花粉症 熱中症

疹

疒-5 総画10 表外 明朝 疹 75B9

音 シン外 訓 —

意味 ふきでもの。皮膚にぶつぶつができる病気。例湿疹・発疹・風疹・麻疹(はしか)

疲

疒-5 総画10 常用 明朝 疲 75B2

音 ヒ中 訓 つか-れる中・つか-らす外

筆順

なりたち 形声「疒」が「やまい」を、「皮」が「ヒ」という読み方をしめしている。「ヒ」は「つかれる」意味をもち、からだがつかれることを表す字。

意味 つかれる。力がおとろえる。例目が疲れる。からだを疲らす。疲労

【疲弊】ひへい Ⅲ〈—する〉つかれて弱ること。とくに、戦争などで国がびんぼうになること。

【疲労】ひろう Ⅲ〈—する〉つかれること。例疲労が

かさなる。表現 金属が使い古されて質が弱くなることを「金属疲労」という。

【疲労困憊】〈―する〉くたくたにつかれはてること。例 徹夜作業で、疲労困憊した。

参考「困」も「憊」も、つかれを表す字。

病

音 ビョウ・ヘイ 高　訓 や-む 中・やまい

疒-5　総画10　3年　明朝 病 75C5

筆順（はねる・とめる）

なりたち [形声]「疒」が「やまい」を、「丙」が「ヘイ」という読み方をしめしている。「ヘイ」は「くわわる」意味をもち、病気にかかることを表す字。

意味 びょうき。やまい。やむ。例 気に病む。病は気から。病院・疾病

注意するよみ ヘイ…例 疾病

【病院】⇩ 病気やけがの人が治療してもらうところ。例 総合病院。類 医院 知識 入院患者のためのベッドが二十以上のものを病院といい、それ以下は診療所とよぶ。

【病害】⇩ 農作物などの、病気によって受ける害。例 消毒して病害を防ぐ。

【病気】▲ ①からだや心の具合が悪くなること。例 病気にかかる。類 疾病・疾患 ②悪いくせ。例 またいつもの病気が出た。

【病苦】⇩ 病気がもとの苦しみ。例 病苦になやまされる。

【病原菌】病気のもとになる細菌。

【病根】⇩ ①病気の原因。例 病根をつきとめる。類 病因 ②世の中の悪い習慣やしきたり。例 病根をとりのぞく。

【病死】⇩〈―する〉病気で死ぬ。類 病没

【病室】⇩ 病院で、病人のいるへや。

【病弱】⇩〈―な〉〈―に〉からだがよわく病気になりやすいこと。

【病床】⇩ 病人のねどこ。

【病状】⇩ 病気のようす。例 病状が悪化する。類 容体・病勢・症状

【病身】⇩ 病気にかかっているからだ。例 病身の親をかかえている。類 病体

【病巣】⇩ からだの中の、病気におかされているところ。例 病巣を切りとる。

【病虫害】病気や害虫による植物の被害。例 病虫害に強い品種。

【病的】⊠〈―な〉〈―に〉病気かと思うほど、ふつうでないようす。類 異常

【病棟】⇩ 病院内の建物のうち、病室のある建物。例 第一病棟。類 病舎

【病人】⇩ 病気にかかっている人。例 病人を看護する。類 患者

【病没】⇩〈―する〉病気で死ぬこと。例 祖父は八十三歳で病没した。類 病死

【病魔】⇩ 病気という魔物。例 病魔におかされる。

【病名】⇩ 病気の名前。例 病名がつく。

【病歴】⇩ これまでにかかった病気の名前やようすの記録。例 病歴を記す。

【病膏肓に入る】①病気が、なおる見こみがなくなること。②趣味などにのめりこんで、どうしようもないようす。

[故事のはなし] ☞ ひだりのページ

病が下につく熟語 上の字の働き

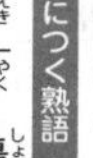

【疫病 傷病 疾病】近い意味。

【仮病 急病 持病 重病 大病 難病 奇病 熱病 万病 夢遊病】ドウイウ病気か。

【看病 闘病】病を(病と)ドウスルか。

◆発病 無病

痕

音 コン 中　訓 あと 中

疒-6　総画11　常用　明朝 痕 75D5

筆順

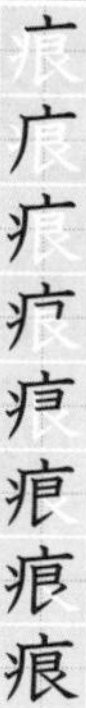

意味 あと。あとに残った形。きずあと。あとかた。例 爪痕・血痕・弾痕

例解 [使い分け] あと[跡・後・痕] ☞1019ページ

【痕跡】Ⅲ 以前になにかがあったことを示すしるし。あとかた。例 事件の痕跡をたどる。

痩

疒-7　総画12　常用　明朝 痩 75E9　旧字 瘦 7626

音 ソウ 高 訓 や-せる 中

筆順

意味 やせる。からだがほそいようす。

【痩身】そうしん ↓ やせたからだ。類 痩軀

痛

疒-7 総画12 6年 明朝 痛 75DB

音 ツウ 訓 いた-い・いた-む・いた-める

筆順 （とめる）（はねる）

なりたち [形声]「疒」が「やまい」を、「甬」が「ツウ」とかわって読み方をしめしている。「トウ」は「つきぬく」意味をもち、つきとおされたようないたみを表している字。

意味
❶いたむ。いたみ。いたい。例 痛い目にあう。傷口が痛む。歯の痛みをこらえる。心を痛める。痛ましい事件。苦痛・鎮痛
❷おおいに。ひどく。例 痛感

例解 [使い分け] いたむ[痛・傷・悼] ☞791ページ

❶〈いたむ〉の意味で

【痛手】いたで ↓ ①からだや心に受けたひどく重い傷。例 痛手を負う。類 深手・重傷 ②大きな損害。例 地震の痛手から立ちなおる。

【痛痒】つうよう Ⅱ いたみやかゆみ。例 なんの痛痒も感じない（いっこうに平気だ）。

❷〈おおいに〉の意味で

【痛快】つうかい ↓〈—な〉胸がすっとして、とても気持ちがいい。例 痛快な話を聞いた。

【痛感】つうかん ↓〈—する〉身にしみて強く感じること。例 自分の力のなさを痛感する。

【痛恨】つうこん ↓ ひどくくやしく思うこと。例 痛恨のきわみ。痛恨にたえない。

【痛切】つうせつ Ⅱ〈—に〉身にしみて感じるようす。例 力不足を痛切に感じる。類 切実

【痛烈】つうれつ ↓〈—な〉徹底的にきびしくあたるようす。例 痛烈な批判をあびる。類 猛烈・辛辣

痛が下につく熟語 上の字の働き

❶痛＝〈いたむ〉のとき
【苦痛 悲痛】近い意味。
【激痛（劇痛） 鈍痛 陣痛 沈痛】ドンナ痛みか。
【心痛 頭痛 腹痛 腰痛】ドコが痛む（ドコの痛み）か。

故事のはなし 病膏肓に入る

春秋時代、晋の君主の景公が病気になり、秦から医者をよぶことにした。すると、病気が二人の童子になって話し合っている夢を見た。「名医だからやられそうだ。どこへかくれよう」「肓の上、膏の下ならだいじょうぶだ」と言う。やがて医者が到着して、「この病気はなおせません。肓の上、膏の下では、薬石もおよばないのです」と言ったので、景公は、「名医である」と、手あつく礼をして帰らせた。（『春秋左氏伝』成公十年）

参考 「肓の上」は横隔膜の上、「膏の下」は心臓の下で、人体のもっとも深いところという。

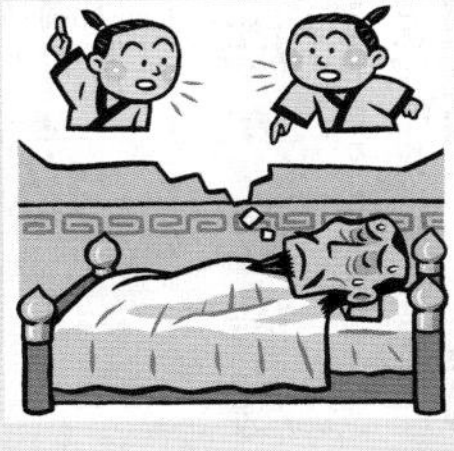

痘

疒-7 総画12 常用 明朝 痘 75D8

音 トウ 中 訓 —

筆順

なりたち [形声]「疒」が「やまい」を、「豆」が「トウ」という読み方と「まめ」をしめし、皮膚に豆形のぶつぶつができる病気「ほうそう」を表す字。

意味 ほうそう。例 痘苗・種痘

【痘苗】とうびょう ↓ 天然痘にかからないようにするためのワクチン。知識 天然痘は、一九八〇年に絶滅が宣言された。

痢

疒−7 総画12 常用 明朝 痢 75E2

音 リ 中 訓 —

筆順 痢痢痢痢痢痢痢

なりたち [形声]「疒」が「やまい」を、「利」が「リ」という読み方と「流れ下る」意味を表し、腹が下る病気を表す字。

意味 腹くだし。例 下痢・疫痢

痢が下につく熟語 上の字の働き

【疫痢 赤痢】ドンナ下痢か。

痴

疒−8 総画13 常用 明朝 痴 75F4 旧字 癡 7661

音 チ 中 訓 —

筆順 痴痴痴痴痴痴痴

なりたち [形声] もとの字は、「癡」。「疒」が「やまい」を、「疑」が「とどこおる」意味と、「チ」とかわって読み方をしめしている。知能がとどこおって発達しないことを表す字。

意味 おろか。頭のはたらきが悪い。例 音痴

【痴漢】ちかん ↓ 女性にみだらなことをする男。

【痴呆】ちほう Ⅱ 頭のはたらきがふつうではなくなること。

◆音痴 愚痴

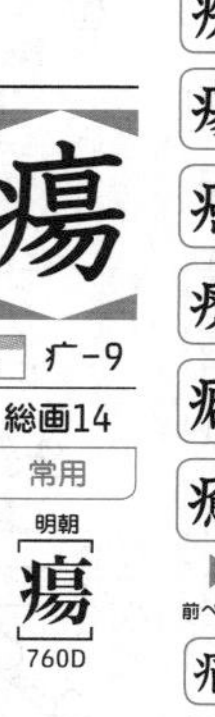

瘍

疒−9 総画14 常用 明朝 瘍 760D

音 ヨウ 中 訓 —

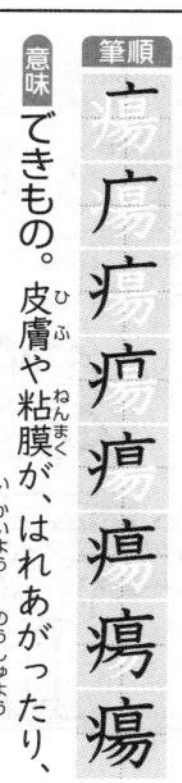

筆順 瘍瘍瘍瘍瘍瘍瘍

意味 できもの。皮膚や粘膜が、はれあがったり、ただれたりしたもの。例 胃潰瘍。脳腫瘍。

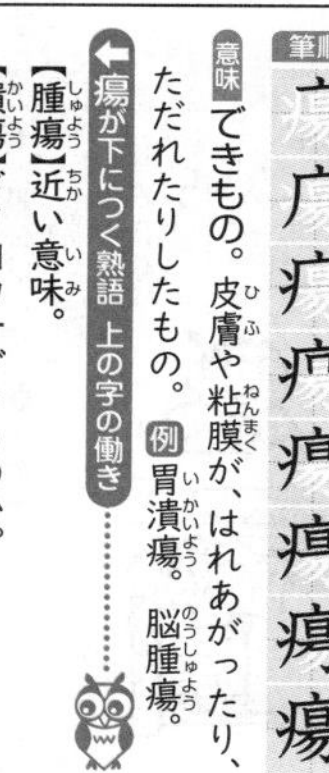

瘍が下につく熟語 上の字の働き

【腫瘍】近い意味。

【潰瘍】ドノヨウナできものか。

癌

疒−12 総画17 表外 明朝 癌 764C

音 ガン 外 訓 —

意味 がん。ア 内臓や骨・皮膚・粘膜にできる悪性のはれもの。例 胃癌。イ 集団の中で、全体に悪い影響をあたえる人や物。

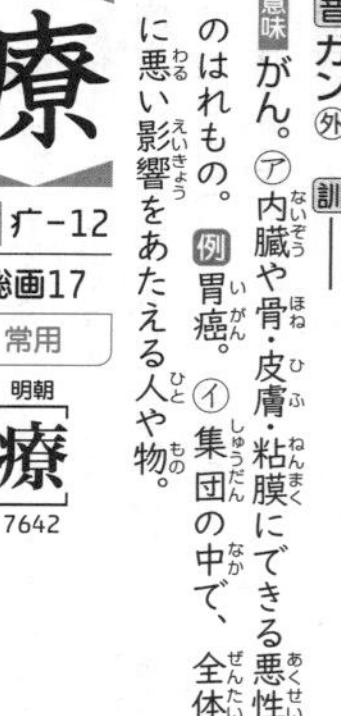

療

疒−12 総画17 常用 明朝 療 7642

音 リョウ 中 訓 —

筆順 療療療療療療療

なりたち [形声]「疒」が「やまい」を、「尞」が「リョウ」という読み方をしめしている。「リョウ」は「おさめる」意味をもち、病気をなおすことを表す字。

意味 病気をなおす。例 療養・診療

【療治】りょうじ Ⅱ〈—する〉専門的な技術で、病気やけがをなおすこと。例 荒療治。類 治療

【療法】りょうほう ↓ 病気やけがをなおす方法。

【療養】りょうよう ↓〈—する〉病気やけがをなおすために、医療をほどこしたり、よい環境でからだを休ませたりすること。類 静養・保養

療が下につく熟語 上の字の働き

【医療 治療】近い意味。

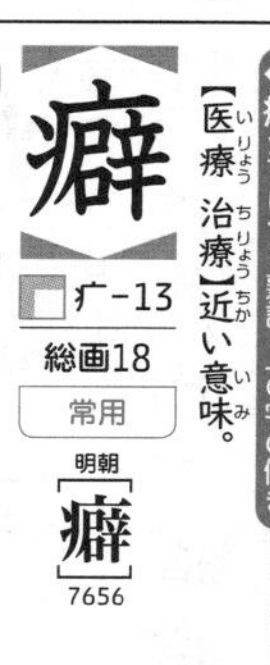

癖

疒−13 総画18 常用 明朝 癖 7656

音 ヘキ 中 訓 くせ 中

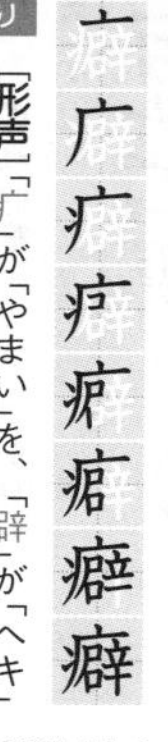

筆順 癖癖癖癖癖癖癖

なりたち [形声]「疒」が「やまい」を、「辟」が「ヘキ」という読み方をしめしている。「ヘキ」は「かたよる」意味をもち、好みがかたよることを表す字。

意味 くせ。身についてしまった習性。例 癖になる。難癖・悪癖

癖が下につく熟語 上の字の働き

【潔癖 悪癖 盗癖 浪費癖】ドンナ癖か。

◆性癖

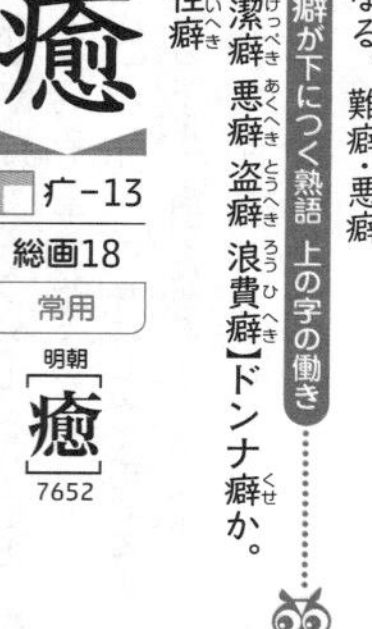

癒

疒−13 総画18 常用 明朝 癒 7652

音 ユ 中 訓 い−える 中・い−やす 中

◀次ページ 発

筆順 癒

なりたち 癒 [形声]もとの字は、「瘉」。「疒」が「やまい」を、「俞」が「ユ」という読み方をしめしている。「ユ」は「ぬけ出る」の意味をもち、病気がなおることを表す字。

意味 病気や傷がなおる。例 傷を癒やす。癒着・治癒

【癒着】ゆちゃく ↓〈―する〉①からだの中で、はなれていた部分が、傷やただれのためにくっついてしまうこと。②べつべつの役目のものが、金もうけのためによくない関係をもつこと。例 政治家と企業との癒着。

5画 癶［はつがしら］の部

足ぶみする意を表す「癶」をもとに作られ、両足で進む動作にかかわる字を集めてあります。

この部首の字

発

癶－4 総画9 3年
明朝 発 767A
旧字 發 767C

音 ハツ・ホツ㊥
訓 た－つ㊕

筆順 発（はらう・はねる・おらない）

なりたち 發 [形声]もとの字は、「發」。「癹」が「ハツ」という音をしめしている。「弓」を射るときの「ハツ」という音をしめしている。弓を射ることを表す字。

意味
❶外に向かって出す。しはじめる。起こす。あらわす。例 光を発する。声を発する。発信・発明・活発・突発
❷出かける。例 発車・始発・出発
❸のびていく。大きくひろがっていく。例 発育・発展

発音あんない ハツ→ハッ…例 発表　ハツ→パツ…例 一発

名前のよみ あきら・のぶ

❶〈外に向かって出す〉の意味で

【発案】はつあん ▲〈―する〉①新しい考えや案を出すこと。②会議に議案を提出すること。例 休会を発案する。類 提案・発議

【発煙筒】はつえんとう 危険を知らせたりするために、けむりが出るようなしかけをした筒。

例解 使い分け いたむ《痛む・傷む・悼む》

痛む＝いたみを感じる。例 かぜでのどが痛む。傷口が痛む。心が痛む。

傷む＝きずつく。こわれる。例 果物が傷む。家が傷む。道路が傷む。

悼む＝人の死をなげき悲しむ。例 友人の死を悼む。故人を悼む。

【発音】はつおん ▲〈―する〉音や声を出すこと。声の出し方。例 発音記号。

【発火】はっか ▲〈―する〉火がもえだすこと。例 発火装置。自然発火。類 引火・点火 対 消火

【発芽】はつが ▲〈―する〉植物のたねから芽が出ること。芽生え。例 アサガオが発芽する。

【発覚】はっかく Ⅲ〈―する〉かくしていたことやわるいことが見つかること。例 問題が発覚する。類 露見

【発刊】はっかん ↓〈―する〉本や雑誌を新しく出すこと。類 創刊・発行 対 廃刊

【発汗】はっかん ▲〈―する〉からだの中からあせが出ること。例 発汗作用のある薬。

【発揮】はっき ↓〈―する〉もっている力やはたらきを外に向けて十分に表すこと。例 実力を発揮する。

【発議】はつぎ・ほつぎ ▲〈―する〉会議で、最初に意見をのべたり案をもち出したりすること。例 条例制定が発議された。類 提案・発案

【発狂】はっきょう ▲〈―する〉気がくるうこと。例 恐

怖のあまり発狂した。類乱心・狂気

【発禁】はっきん ◎「発売禁止」の略。本や雑誌を売り出すことをさしとめること。

【発掘】はっくつ Ⅲ〈—する〉①土の中にうまっていたものをほり出すこと。例発掘調査。②かくれているものを見つけ出すこと。例才能を発掘する。

【発見】はっけん ↓〈—する〉今まで知られていなかったものを新しく見つけ出すこと。例新種を発見する。

【発言】はつげん ▲〈—する〉自分の考えや意見を口に出して言うこと。例学級会で発言する。

【発光】はっこう ▲〈—する〉光を出すこと。例発光ダイオード。

【発行】はっこう ↓〈—する〉①本・雑誌などの出版物や、新聞・お札などを印刷して世の中に出すこと。類刊行・上梓・発刊 ②証明書や許可証などの書類をつくってわたすこと。例入場許可証を発行する。

【発効】はっこう ▲〈—する〉法律やきまりなどがその効力をもちはじめること。対失効

【発散】はっさん ↓〈—する〉中にこもっているものを外に出すこと。外に出ること。例エネルギーを発散する。類放散

【発射】はっしゃ Ⅲ〈—する〉鉄砲・大砲のたまやロケットなどをうち出すこと。

【発祥】はっしょう ▲〈—する〉ものごとが新しくはじまること。例文明発祥の地。

【発色】はっしょく ▲〈—する〉カラー写真や染め物などに色がつくこと。そのしあがり具合。例色インクの発色を見る。

【発信】はっしん ▲〈—する〉郵便や電信を送り出すこと。類送信 対受信・着信

【発生】はっせい Ⅲ〈—する〉①事件・事故などが起こること。例交通事故が発生する。類出来 ②生き物などが生まれ出ること。あらわれること。例シロアリが発生する。

【発声】はっせい ▲〈—する〉①声を出すこと。例歌う前に発声練習をする。②おおぜいでいっせいに声を出そうというとき、その音頭を取ること。例ばんざいの発声をたのまれる。

【発送】はっそう Ⅲ〈—する〉荷物などを送り出すこと。例地方発送うけたまわります。

【発想】はっそう ▲〈—する〉考えのもとになる最初の思いつき。考え方。例発想の転換。類着想

【発注】はっちゅう ▲〈—する〉注文を出すこと。例部品を発注する。対受注

【発電】はつでん ▲〈—する〉電気を起こすこと。例発電所。火力発電。

【発動】はつどう〈—する〉①▲動力を作り出すこと。例発動機。②↓はたらきはじめること。③↓法律にもとづいて力をはたらかせること。例強権を発動する。

【発熱】はつねつ ▲〈—する〉①熱を生み出すこと。例発熱体。②病気などで熱が出ること。

【発売】はつばい ↓〈—する〉品物を売り出すこと。例新発売。

【発病】はつびょう ▲〈—する〉病気にかかって、からだの具合がわるくなること。例発病率。

【発表】はっぴょう Ⅲ〈—する〉①できごとや考えを外に向けて知らせること。例意見を発表する。②作ったものや、できるようになったことを人びとに見せること。例ピアノの発表会。

【発布】はっぷ ↓〈—する〉新しくできた法律などを、広く世の中に知らせること。類公布

【発奮】はっぷん ↓〈—する〉あることをきっかけにして、心をふるい立たせること。類奮起・奮発 表記「発憤」とも書く。

【発砲】はっぽう ▲〈—する〉銃などをうつこと。

【発明】はつめい Ⅲ①〈—する〉今までなかったものを新しく作り出すこと。②〈—な〉かしこい。例生まれつき発明な子。類聡明・利発

【発令】はつれい ▲〈—する〉命令や警報などを出すこと。例転勤の辞令を発令する。

【発露】はつろ Ⅲ〈—する〉その人の心や気持ちが、自然に動作やおこないにあらわれ出ること。例感情の発露。類発現・流露

【発起】ほっき Ⅲ〈—する〉①新しく計画を立てて、ものごとをはじめること。例発起人。②神や仏を信じようとする気持ちを起こすこと。例一念発起して仏の道に入る。類発心

【発句】ほっく ↓俳句。知識もとは、五・七・五に七・七をつけ、その七・七にべつの五・七・五をつけてつづけていく「くさり連歌」の最初の

◀次ページ 白

五・七・五をいった。これが独立して俳句になった。

【発作】‖ 病気で、急にはげしいいたみや苦しみなどが起こること。例ぜんそくの発作が起こる。

【発心】▲〈―する〉なにかをしようと思い立つこと。例発心した日から一日もかかさずに日記を書いている。参考もともとは一念発起して仏門に入るという意味。

【発足】▲〈―する〉団体などの活動がはじめられること。例新チームが発足する。

【発端】▲ものごとのはじまり。ことのおこり。例事件の発端をあきらかにする。類端緒 対結末

❷〈出かける〉の意味で

【発車】▲〈―する〉電車や車などが動き出すこと。例バスの発車時刻。対停車

【発進】↓〈―する〉出発すること。車や船・飛行機などが動き出すこと。例緊急発進。

【発着】⇕〈―する〉乗り物などが出発したり到着したりすること。例発着所。

❸〈のびていく〉の意味で

【発育】‖〈―する〉だんだんに大きく育つこと。例発育測定。類成育・成長・発達

【発酵】▲〈―する〉酵素のはたらきで、物質が分解され変化すること。知識酒・ビール・みそ・しょうゆなど、すべて発酵によってできるものである。

【発達】↓〈―する〉①成長して、内容が高度になること。例心身の発達。類発育・発展・進歩 ②規模が大きくなること。例発達した低気圧。

【発展】‖〈―する〉いきおいがよくなって、大きくのび広がること。例大きな発展をとげる。ますますのご発展をお祈りします。類発達・展開・進化・進歩・向上

故事のはなし

登竜門

後漢の李膺は、高い見識をもち、名声をえていたため、かれとの交際をゆるされた士人がいると、その人は、「登竜門(竜門を登った人)」とよばれた。(『後漢書』李膺伝)

参考 竜門は、黄河の上流にある急流の名前で、山西省河津県と陝西省韓城県のあいだに位置する。その由来は、「大河や海にいる大魚がこの難所の下に数千も集まっているが、登れない。ここを登れたら、竜になる」という伝説からくる。(『三秦記』)

【発展途上国】 産業・文化・経済などで、これから力をつけようとしている国。第二次世界大戦後に独立した国に多い。対先進国

【発揚】↓〈―する〉いきおいをさかんにすること。いきおいを見せつけること。類宣揚

発が下につく熟語 上の字の働き

❶発＝〈外に向かって出す〉のとき

【開発 徴発】近い意味。

【乱発 連発】ドンナニ発するか。

【告発 摘発】ドウヤッテあらわすか。

【揮発 蒸発 爆発】ドウナッテ発するか。

【再発 続発 併発 突発 偶発 暴発】ドノヨウニ起こるか。

【散発 多発 頻発】ドレホド起こるか。

【触発 挑発 誘発】ドウヤッテ起こすか。

【単発 双発】イクツの発動機か。

❷発＝〈出かける〉のとき

【始発 先発】ドノヨウニ出発するか。

◆活発 啓発 才気煥発 出発 増発 反発 不発 奮発 利発

登

癶-7 総画12 3年

明朝 登 767B

音 トウ・ト 訓 のぼ-る

筆順 （はらう・ながく）

なりたち 登 [形声]「癶」が両足をふんばっている形を表し、「豆」が「トウ」という読み方をしめしている。「トウ」は「高い所にのぼる」意味をもち、両足でのぼることを表す字。

意味

❶のぼる。その場に出る。例 山を登る。木登り。登場・登山

❷記録にのせる。例 登録

例解 [使い分け] のぼる[上・登・昇] ☞21ページ

名前のよみ たか・とみ・なり・のり・みのる

❶〈のぼる〉の意味で

【登校】とうこう ▲〈―する〉児童や生徒が学校に行く。例 登校時間。対 下校

【登場】とうじょう ▲〈―する〉①役者が、映画や舞台の場面にあらわれ出ること。例 主役が登場する。対 退場 ②世の中にすがたをあらわすこと。例 新しいモデルの車が登場する。

【登頂】とうちょう ▲〈―する〉山の頂上にのぼりつくこと。例 初の登頂に成功する。

【登板】とうばん ▲〈―する〉野球で、投手として試合に出ること。例 エースが登板する。対 降板

表現 野球以外でも、「急きょ登板することになった新しい社長」など、だいじな役割をもった立場に立つことをいうときもある。

【登用】とうよう ⇩〈―する〉人をそれまでよりも高い地位につけること。例 部長に登用する。類 起用・抜擢 表記「登庸」とも書く。

【登竜門】とうりゅうもん そこを通れば、かならず成功して出世するといわれる関門。

[故事のはなし] ☞793ページ

【登山】とざん ▲〈―する〉山にのぼること。対 下山

【登城】とじょう ▲〈―する〉武士が主君の城へ行くこと。例 急いで登城する。対 下城

❷〈記録にのせる〉の意味で

【登記】とうき Ⅲ〈―する〉土地や建物などの権利をおおやけにしめすため、役所の帳簿に書いておくこと。例 家の登記をすませる。

【登録】とうろく Ⅲ〈―する〉役所などにとどけ出て、公式の帳簿にのせること。例 防犯登録。

5画 白 [しろ][しろへん] の部

色のしろを表す「白」をもとにして作られた字と、「白」の形がめやすとなっている字を集めてあります。

この部首の字

0 白…794　1 百…796　3 的…797　4 皆…798　皇…798　6 皐…798　7 皓…799

臼▼臼 929　泉▼水 691　畠▼田 781　兜▼儿 118　習▼羽 900　楽▼木 645

白

白−0　総画5　1年　明朝 白 767D

音 ハク・ビャク高　訓 しろ・しら・しろ-い

筆順

なりたち 白 [象形] ドングリの実をえがいた字。実のしろいことから、「しろい」として使われている。

意味

❶しろい。けがれがない。例 白いシャツ。赤と白。白星・白衣 対 黒

❷明るい。くもりがない。はっきりしている。例 東の空が白む。白夜・明白

❸なにもない。なにも書かれたり、ぬられたりしていない。例 白を切る(知らないふりをする)。白木・白紙・空白

❹申す。言う。例 白状・告白

❺《その他》例 白寿・腕白

発音あんない ハク→ハッ…例 白骨 ハク→パク…例 純白

注意するよみ しら…例 白壁。白む。白ける。

特別なよみ 白髪(しらが)

名前のよみ あき・あきら・きよ・きよし

❶〈しろい〉の意味で

【白粉】おしろい ⇩顔の化粧に使う白やはだの色に似た色のこな。それをとかした液体。

【白波】しらなみ ⇩あわだって白く見える波。例 風で白波が立つ。表記「白浪」とも書く。参考「白波(白浪)」が盗賊を指すことがあるのは、むかし、中国で白波谷という所が賊軍の陣地になったことがあるため。

【白帆】しらほ ⇩ほかけ船の白い帆。

【白黒】しろくろ ⇕①白い色と黒い色。②写真や映画などで、色のついていないものをい

う。モノクロ。②よいかわるいか。罪があるかないか。例 裁判で白黒をはっきりさせる。類 黒白 表現「目を白黒させる」は、びっくりしたり、苦しんだりするようすを表す。

【白地】しろじ ↓ 布・紙などで、絵や柄以外の部分が白いこと。例 白地のゆかた。

【白装束】しろしょうぞく 和服で、白一色の服装。けがれのないことを表す。

【白星】しろぼし ↓ すもうで、勝ちを表すしるし。勝ち星。例 白星をあげる。対 黒星

【白無垢】しろむく 白いままで何色にも染めてない布地。白装束のすがた。

【白亜】はくあ ↓ ①白い土。石灰岩の一つで、白壁やチョークの原料に使う。②白い壁。例 白亜の殿堂。

故事のはなし　白眼視

竹林の七賢の一人、晋の阮籍は、白眼(しろめ)と青眼(くろめ)を使い分けることができた。礼儀作法にとらわれている人には白眼で応対した。阮籍の母のとむらいに嵆喜がおとずれたとき、阮籍は白眼を表したので、不愉快になって帰った。弟の嵆康がそれを聞いて、酒と琴をたずさえて行くと、阮籍は大いに喜んで青眼を表した。それから礼法を守る人びとはかれをかたきのようににくんだ。

(『晋書』阮籍伝)

参考 阮籍は、世俗の礼儀作法にとらわれず、母親が亡くなったときも、囲碁の勝負がつくまでつづけ、二斗の酒を飲み、号泣して数升の血をはいた。ほうむるときもおなじで、表面的な礼法の体裁よりも自己の真実の感情をだいじにして行動した。

【白衣】はくい ↓ 医師や看護師・化学者などが着る白いうわっぱり。例 白衣を着用する。

【白眼視】はくがんし〈—する〉冷たい目つきで、人を見ること。冷たくあつかうこと。

故事のはなし ☞ このページ

【白銀】はくぎん ↓ しろがね。銀の別名。表現「白銀の世界」「白銀は招くよ」のように、降りつもった雪の形容にも使われる。

【白菜】はくさい ↓ 四〇センチぐらいの葉が重なって生え、秋の終わりから冬にかけて収穫される野菜。鍋料理・漬け物などにして食べる。

【白砂青松】はくしゃせいしょう・はくさせいしょう 白い砂浜と青い松林。美しい海べのようすをいう。

【白書】はくしょ ↓ 政府が、いろいろな分野のじっさいのようすをまとめて、人びとに報告する文書。例 子ども白書。知識 イギリス政府が外交報告書に白い表紙を使ったことからの名。日本では、一九四七年の「経済白書」が最初。

【白色人種】はくしょくじんしゅ 人種を三つに分けたとき、はだの色が明るい人種。関連 黄色人種・黒色人種・白色人種

【白刃】はくじん ↓ 白く光る抜き身の刀。

【白濁】はくだく〈—する〉白くにごること。

【白鳥】はくちょう ↓ 首の長い白く大きな水鳥。寒い地方にすむ渡り鳥で、秋にシベリアから日本の湖や川に渡ってくる。スワン。

【白銅】はくどう ↓ 銅にニッケルをくわえた合金。

【白熱】はくねつ ↓〈—する〉①鉄などがひじょうに高い温度で熱せられて、白色に近い光を出すこと。②はげしくぶつかりあってもりあがること。例 白熱した議論。

【白髪】はくはつ・しらが ↓ 白いかみの毛。類 銀髪 知識「白髪三千丈」は、心配ごとや悲しみのためにかみの毛が白くなり、長くのびてしまったことを大げさにいうことば。

【白眉】はくび ◎ 多くのなかでもっともすぐれたもの。

故事のはなし ☞ 797ページ

【白票】はくひょう ↓ 白い色の票。国会で記名投票のときに賛成を表すために使う。対 青票

☞ ❸

【白兵戦】はくへいせん 刀や槍、銃剣などをふるって、入りまじってたたかうこと。参考「白兵」は白

刃のこと。

【白墨】はくぼく ↓ 黒板に字や線をかくためにこなを棒の形にかためたもの。チョーク。白以外にもいろいろな色のものがある。

【白米】はくまい ↓ もみがらを取った米をついて、皮や胚芽を取り去り、白くした米。類 精米 対 玄米

【白金】はっきん ↓ 一 元素の一つ。金よりも重く、白くてつやのある金属で、薬品にも強く、化学器具や装身具に使われる。プラチナ。二 しろがね 銀のこと。

【白血球】はっけっきゅう 血液の中にある色のない細胞で、細菌をとらえてころすはたらきをするもの。対 赤血球

【白骨】はっこつ ↓ 死体が雨や風にさらされて、肉がとれ、白くなったほね。例 白骨死体。

❷〈明るい〉の意味で

【白日】はくじつ ↓ ①明るく照りかがやく太陽。例 事件を白日のもとにさらす。②明るい真昼。例 白日夢。類 白昼・日中 表現 少しもうしろぐらさがないことを「青天白日の身」という。

【白昼】はくちゅう ↓ 昼ひなか。類 真昼・昼間・日中・白日 対 暗夜

【白夜】はくや・びゃくや ↓ 真夜中でも日が沈まないか、沈んでも空がうす明るいままである現象。北極または南極に近い地方の夏に見られる。

❸〈なにもない〉の意味で

【白湯】さゆ ↓ わかしただけで、なにもまぜていない湯。例 白湯で薬をのむ。

【白木】しらき ↓ 皮をはいだり、けずったりしたままで、なにもぬってない木。例 白木の柱。

【白紙】はくし ↓ ①必要なことが書いていない紙。例 白紙投票。②意見や考えをもっていない状態。例 白紙の状態で会議にのぞむ。③なにもなかった、最初の状態。例 計画を白紙にもどす。

【白地図】はくちず 陸地・島・川などの形や、くぎりめだけが線でかかれていて、いろいろなことがかきこめるようになっている地図。

【白票】はくひょう ↓ 白紙のままで投票される票。表現 「白票を投ずる」には、棄権はしないが、賛成も反対もしないとか、どの候補者にも票を入れないとかの意味がある。☞❶

❹〈申す〉の意味で

【白状】はくじょう ▲〈―する〉かくしていたことをうちあけること。類 自白・告白

❺《その他》

【白寿】はくじゅ ↓ 九十九歳。参考 「白」の字が、「百」より「一」だけ少ないことから。☞【還暦】かんれき(464ページ)

←白が下につく熟語 上の字の働き

❹ 白＝〈申す〉のとき

【自白 独白 関白】ドノヨウニ申すか。〔「関白」の「関」は「国政のだいじなことにかかわる」の意味〕

◆空白 潔白 純白 告白 黒白 漂白 明白 卵白 腕白

百

白-1 総画6 1年 明朝 百 767E

音 ヒャク 訓 ―

筆順 一 丆 丅 百 百 百

なりたち 百 [形声]「一」と、読み方をしめす「白」とを合わせて、数の「いっぴゃく(ひゃく)」を表している字。

意味 ❶ひゃく。十の十倍。例 百に一つ。百分率。❷数が多い。たくさんの。例 百科

発音あんない ヒャク→ヒャッ…例 百回 ヒャク→ビャク…例 三百 ヒャク→ピャク…例 六百

特別なよみ 八百長(やおちょう)・八百屋(やおや)

名前のよみ も・もも

❶〈ひゃく〉の意味で

【百人一首】ひゃくにんいっしゅ 百人の歌人の歌を一つずつえらんで集めたもの。ふつう、藤原定家が京都の小倉山でえらんだという「小倉百人一首」を指す。

【百分率】ひゃくぶんりつ 全体を一〇〇としたとき、そのうちのいくつになるかの割合。パーセント(%)で表す。たとえば、二分の一は百分率で

表すと五〇パーセント。類百分比

【百発百中】①うてば必ずあたる射撃のうでまえ。②予想がみなあたること。することなすこと、みな成功すること。例百発百中のうらない。

❷〈数が多い〉の意味で

【百害】⇩たくさんのよくないこと。例百害あって一利なし。

【百獣】⇩あらゆるけものたち。例百獣の王ライオン。

【百出】⇩〈—する〉たくさんのものが、つぎつぎに出てくること。例議論百出。

【百姓】⇩㊀農業をして生活をしている人。例百姓一揆。類農民 ㊁むかしのことばで、すべての人民。

【百戦錬磨】多くのたたかいやむずかしいことを経験して、きたえられていること。

故事のはなし

白眉

三国時代、蜀の馬家の兄弟五人は、いずれも才能がすぐれていた。郷里の人びとは、中でも馬良を「馬氏五常、白眉最も良し」と評した。馬家の兄弟はみな字に常がつくので五常といい、良（字は季常）の眉毛に白毛が交じっていたから、白眉とよんだのである。（『三国志』蜀書馬良伝）

参考もともとは、優秀な兄弟の中でも、とりわけすぐれたものを指すことば。なお、「泣いて馬謖を斬る」の馬謖（字は幼常）は、馬良の弟である。

【百人力】たいそう力が強いこと。

【百聞は一見にしかず】何度も話を聞くよりも、実際に見たほうがよくわかる。参考『漢書』（趙充国伝）にあることば。

【百面相】かんたんな道具だけで、いろいろなすがたや顔つきの人に早がわりして見せる芸。例百面相で笑わせる。

【百葉箱】気象観測のために屋外におく木の箱。白くぬったよろい戸の中に、温度計や湿度計がある。

百葉箱

【百科】⇩あらゆることがら。例動物百科。百科事典。

【百貨店】いろいろの種類の商品を、それぞれ売り場を分けて売っている大きな店。デパート。例大型百貨店。

【百鬼夜行】化け物どもが夜中に出歩くこと。悪者たちがのさばり歩くこと。例。

【百般】⇩あらゆる方面のものごと。例武芸百般に通じる。

的

白-3 総画8 4年 明朝 的 7684

音テキ 訓まと

筆順 ノ 亻 冂 白 白 的 的(はねる) 的

なりたち [形声] もともとは「日」と「勺」とからでき、「勺」が「テキ」とかわって読み方をしめしている。「シャク」は「明らか」の意味をもち、日の光の明らかなことを表している字。借りて、「まと」として使われている。

意味
❶まと。めあて。例的を射る。的中・目的
❷…の性質をもった。いかにも…らしい。…に関係がある。例一方的。社会的。劇的

[文字物語] 798ページ

❶〈まと〉の意味で

【的確】⇩〈—な〉なにがたいせつかがよくわかっていて、たしかでまちがいがないようす。例的確な判断。類確実

【的中】⇩〈—する〉①たまや矢が的にあたること。類命中 ②こうなるだろうと思ったことが、そのとおりになること。例事前の予想がみごとに的中した。表記②は、「適中」と

▶前ページ 的

も書く。

的が下につく熟語 上の字の働き

❷的＝〈…の性質をもった〉のとき
【私的 劇的 詩的 端的 知的 病的 機械的 事務的 抽象的 具体的 一方的 比較的 画期的 全面的 抜本的 本格的 意欲的 自発的 積極的 消極的 能動的 受動的 功利的 封建的】ナニの性質をもつか。
◆標的 目的

【皆】

白-4 総画9 常用 明朝 皆 7686

音 カイ㊥ 訓 みな㊥

筆順 皆皆皆皆皆皆皆皆皆

なりたち [会意]「比」は人がならんでいる形、「白」は「言う」意味で、みなおなじように言うことを表している字。

意味 みな。全部。例 皆さん。皆勤

【皆既食】かいきしょく 日食や月食のとき、太陽または月が全部かくれて見えなくなること。対 部分食

【皆勤】かいきん ↓〈―する〉学校や会社などを一日も休まないこと。例 皆勤賞。

【皆無】かいむ ↓まったくないこと。例 見つかる可能性は皆無に近い。類 絶無

【皆目】かいもく ↓（あとに打ち消しのことばがついて）まったく。ぜんぜん。例 皆目見当がつかない。

文字物語 的

この字ぐらい、どんなことばの下にでもつけて、便利に使える字はめずらしい。「的が下につく熟語」にしめしたことば以外にも「…的」ということばはいくらでもある。

中国語でも「的」はよく使われるが、日本とは意味と使い方にちがいがある。「日本的」は、中国語では「日本の」の意味だが、日本語では「いかにも日本らしい」「日本の特徴をもった」という意味で使う。

「…的」の意味を大きくまとめてみよう。

㋐「いかにも…らしい」の意味で。例 男性的な（ごつごつした）山のすがた。女性的な（なだらかな）山のすがた。

㋑「まさに…といえるほどの」の意味で。例 理想的な（まさに理想の）家。病的に（まさに病気といえるほど）神経質な人。

㋒「…に関係する」の意味で。例 知的（知性に関する）能力。社会的な（社会に関係する）問題。

㋓「…の面から見て」の意味で。例 内容的に（内容の面から見て）すぐれた作品。教育的（教育の面から見た）配慮。

【皇】

白-4 総画9 6年 明朝 皇 7687

音 コウ・オウ 訓 ―

筆順 皇皇皇皇皇皇皇皇皇

なりたち 皇 [形声]「白」の部分はかんむりの形からでき、「王」が「大きい」の意味と「オウ」という読み方をしめしている。大きなかんむりを表す字。

意味 天子。みかど。例 皇帝・天皇

発音あんない オウ→ノウ…例 天皇

【皇子】おうじ ↓天皇の男の子。対 皇女

【皇位】こうい ↓天皇の位。類 王位

【皇居】こうきょ ↓天皇の住居。類 宮城・禁中

【皇后】こうごう ↓天皇の妻。きさき。類 王妃

【皇室】こうしつ ↓天皇とその家族。類 皇族・王室

【皇女】こうじょ｜おうじょ ↓天皇の女の子。対 皇子

【皇族】こうぞく ↓天皇の一族。類 皇室

【皇太后】こうたいごう｜たいこう 前の天皇のきさきであった女性。

【皇太子】こうたいし 次の天皇になる皇子。類 東宮

【皇帝】こうてい Ⅲ 帝国の君主。類 帝王・天子

皇が下につく熟語 上の字の働き

【上皇 天皇】ドンナ天子か。

【皐】

白-6 総画11 人名 明朝 皐 7690

音 コウ外 訓 ―
意味 ❶さわ。水ぎわ。❷さつき。旧暦で、五月のこと。例 皐月

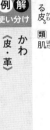

【皓】

白-7 総画12 人名 明朝 皓 7693

音 コウ外 訓 しろ-い外

意味 しろい。きよらか。例 月が皓皓と照っている。皓歯(まっ白できれいな歯)

5画 皮 [けがわ] の部

ここには「皮」の字だけが入ります。

この部首の字 0 皮……799 頗▸頁 1091

【皮】

皮-0 総画5 3年 明朝 皮 76AE

音 ヒ 訓 かわ

筆順 皮 皮 皮 皮 皮（つにならない）（はらう）

なりたち [会意]手(又)とけもののかわとを合わせて、手でけもののかわをはぎとるようすを表している字。

意味 ❶動植物のかわ。例 皮をはぐ。木の皮。毛皮・皮膚 ❷うわべ。例 化けの皮。皮相

例解［使い分け］かわ［皮・革］☞このページ

❶〈動植物のかわ〉の意味で

【皮算用】〈―する〉まだそうなってもいないのに、そうなったつもりで、あれこれ考えること。例 皮算用がはずれた。参考「とらぬたぬきの皮算用」ということわざから使われるようになったことば。

【皮下】⇩ 皮膚のすぐ下。例 皮下注射。皮下脂肪。

【皮革】Ⅲ 動物の毛皮やなめしたかわ。例 皮革製品。

【皮肉】Ⅲ〈―な〉①遠まわしにいじ悪く言うこと。あてこすり。例 皮肉を言う。皮肉な笑い。類 嫌味 ②あてがはずれて、具合の悪いことになるようす。例 皮肉なめぐりあわせ。

【皮膚】Ⅲ 人や動物のからだをおおっている皮。類 肌

例解 使い分け かわ《皮・革》

皮＝動物や植物の外側をおおうもの。中身をおおうもの。例 虎の皮。木の皮。面の皮が厚い。

革＝動物の皮から毛やあぶらをのぞいてやわらかくしたもの。例 革のかばん。革ジャンパー。革靴。

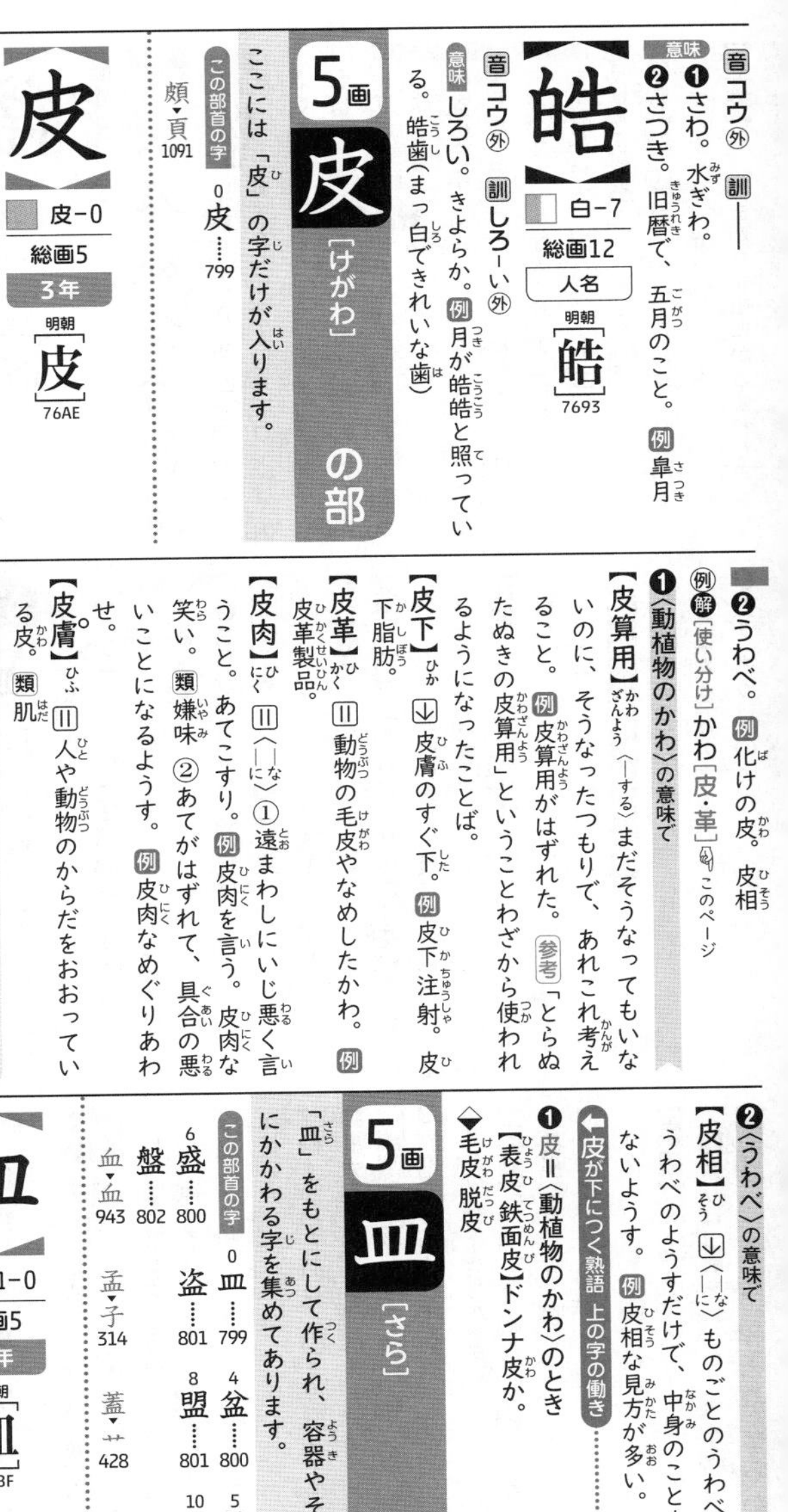

❷〈うわべ〉の意味で

【皮相】⇩〈―な〉ものごとのうわべ。また、うわべのようすだけで、中身のことまで考えないようす。例 皮相な見方が多い。

皮が下につく熟語 上の字の働き

❶皮＝〈動植物のかわ〉のとき
【表皮 鉄面皮】ドンナ皮か。
◆毛皮 脱皮

5画 皿 [さら] の部

「皿」をもとにして作られ、容器やその使用にかかわる字を集めてあります。

この部首の字 0 皿……799 4 盆……800 5 益……800 6 盛……800 盗……801 8 盟……801 10 監……801 盤……802 血▸血 943 孟▸子 314 蓋▸艹 428 藍▸艹 433

【皿】

皿-0 総画5 3年 明朝 皿 76BF

音 ― 訓 さら

筆順（だす）

たちなり [象形] 食物を盛り入れる容器の形をえがいた字。

意味 さら。平らなうつわ。例 皿に盛る。小皿・大皿・洋皿

盆

皿-4 総画9 常用 明朝 盆 76C6

音 ボン中 訓 ―

筆順

たちなり [形声]「分」が「ボン」とかわって読み方をしめしている。「フン」は「大きい」の意味をもち、大きい「皿」を表す字。

意味

❶ぼん。食器・食品をのせて運ぶための、平らでまわりにやや高いふちのついた台。例 盆のような月。盆栽

❷盆の行事。祖先をまつる仏教行事である盂蘭盆。旧暦の七月十三日から十五日(地域によっては、新暦の八月十三日から十五日)まで行われる。例 盆踊り・新盆

❶〈ぼん〉の意味で

【盆栽】↓見て楽しむために、鉢に植えて育てた木や草。類 鉢物

【盆地】↓まわりを山にかこまれた平らなところ。

益

皿-5 総画10 5年 明朝 益 76CA

音 エキ・ヤク高 訓 ―

筆順（はらう・だす）

たちなり [会意] 容器(皿)から水があふれ出るようすを表している字。「ふえる」意味に使われる。

意味

❶役立つ。ためになる。例 世に益する。なんの益もない。益体もない(くだらない)。益虫・有益 対 害

❷もうけ。得する。例 利益 対 損

注意するよみ ヤク…例 御利益

名前のよみ すすむ・のり・ます・みつ・やす・よし

❶〈役立つ〉の意味で

【益虫】↓害虫を食べたり花粉をはこんだりして、人間のために役に立つ昆虫。ミツバチなど。対 害虫

【益鳥】↓農作物や家畜に害をあたえる虫などを食べて、人間のために役に立つ鳥。ツバメやムクドリなど。対 害鳥

益が下につく熟語 上の字の働き

❶益=〈役立つ〉のとき

【無益 有益】益の有る無し。

❷益=〈もうけ〉のとき

【収益 実益 純益】ドウイウもうけか。

◆権益 公益 損益 利益

盛

皿-6 総画11 6年 明朝 盛 76DB

音 セイ中・ジョウ高 訓 も-る・さか-る中・さか-ん中

筆順（一にならない・はねる・だす）

たちなり [形声]「成」が読み方をしめしている。「セイ・ジョウ」は「盛り上げる」意味をもち、容器(皿)の上に物を高く盛って神にそなえることを表す字。

意味

❶もる。高くつみあげる。例 土を盛る。盛りがいい。

❷さかんである。例 夏の盛り。盛んな拍手。盛大・繁盛 対 衰

注意するよみ ジョウ…例 繁盛

名前のよみ しげ・しげる

❷〈さかんである〉の意味で

【盛夏】↓夏のいちばん暑いころ。類 真夏 関連 初夏・盛夏・晩夏

【盛会】↓出席者が多くて、にぎやかにもりあがった会。例 ご盛会をいのる。

【盛観】↓りっぱで、はなやかなながめ。例 祭りは盛観を呈した。類 壮観

【盛況】↓式や会などがにぎやかで、もり

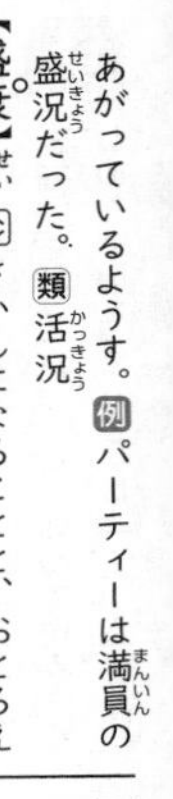

あがっているようす。例パーティーは満員の盛況だった。類活況

【盛衰】せいすい ⇕ さかんになることと、おとろえること。例栄枯盛衰。類興亡・消長

【盛装】せいそう ↓〈－する〉はなやかに美しく着かざること。表現 儀式のための正式な服装は「正装」。

【盛大】せいだい Ⅲ〈－な〉〈－に〉会や式などが大がかりで、りっぱなようす。例盛大な結婚式。

【盛名】せいめい ↓りっぱだ、すばらしいという評判。例盛名をはせる。類名声

盛が下につく熟語 上の字の働き

❷盛＝〈さかんである〉のとき

【隆盛 繁盛】近い意味。

◆全盛

盗

皿-6 総画11 常用 明朝 盗 76D7 旧字 盜 76DC

音 トウ中 訓 ぬす-む中

筆順

なりたち [会意]もとの字は、「盜」。「次」がうらやんでよだれを流すようすを表し、容器（皿）の中の食べ物をほしがってよだれを流すことから、「ぬすむ」として使われている。

意味 ぬすむ。人のものを、勝手にとって自分のものにする。例金を盗む。盗難・強盗

【盗作】とうさく ↓〈－する〉他人の作品の全部または一部をその作者にことわらないで、自分のものとして発表すること。類剽窃

【盗賊】とうぞく ↓ぬすみをはたらく者ども。例盗賊の首領。類泥棒・盗人

【盗聴】とうちょう ↓〈－する〉他人の話をこっそりきくこと。例盗聴器。

【盗難】とうなん ↓お金やものをぬすまれること。例盗難事件。盗難にあう。

【盗品】とうひん ↓ぬすんだ品物。類贓品・贓物

【盗癖】とうへき ↓思わずぬすみをしてしまう悪いくせ。

【盗用】とうよう ↓〈－する〉人のものを、ゆるしを得ないで使うこと。例デザインを盗用する。

【盗塁】とうるい ▲〈－する〉野球のランナーが相手のすきを見て次の塁へ進むこと。スチール。

【盗人】ぬすっと・ぬすびと ↓ぬすみをはたらく者。例盗人たけだけしい（悪いことをしていながら、かえってひどくずうずうしい）。類泥棒・盗賊

◆怪盗 強盗 窃盗

盟

皿-8 総画13 6年 明朝 盟 76DF

音 メイ 訓 ちか-う外

筆順（はねる はらう だす）

なりたち [形声]「皿」が容器、または血で、「明」が「あきらかにする」意味と「メイ」という読み方をしめしている。神にそなえたいけにえの血を受けてすすり合い、約束をあきらかにすることを表す字。

意味 ちかう。かたい約束をする。例加盟

【盟主】めいしゅ ↓同盟をむすんだ人びとや国々の中で、中心となる人や国。

【盟約】めいやく Ⅲ〈－する〉かたく約束すること。かたい約束。例盟約をむすぶ。

【盟友】めいゆう ↓かたい約束でむすばれた友。例盟友として助けあう。類同志

盟が下につく熟語 上の字の働き

【同盟 連盟】ドウイウなかまか。

監

皿-10 総画15 常用 明朝 監 76E3

音 カン中 訓 ―

筆順

なりたち [会意]「皿」が水がめ、「臣」が大きく見開いた目、「𠂉」がうつむいている人で、人が水がめをのぞきこんでいるようすを表す字。「よく見て調べる」意味に使われている。

意味 とりしまる。見はる。とりしまる人。例監督・総監

【監禁】かんきん ↓〈－する〉ある場所にとじこめて、

自由にさせないこと。例 監禁罪。類 軟禁・幽閉

【監獄】かんごく Ⅱ「刑務所・拘置所」の古い言い方。類 牢屋・牢獄・獄舎

【監査】かんさ Ⅱ〈―する〉会社や団体などの仕事やお金の出し入れがきちんとしているかどうか調べること。例 会計監査。

【監察】かんさつ Ⅱ〈―する〉ものごとがきまりどおりにおこなわれているかどうかを調べて、とりしまること。例 監察官。

【監視】かんし ↓〈―する〉よくないことが起こらないように、気をつけて見はること。例 プールの監視をする。

【監修】かんしゅう ↓〈―する〉本の編集を責任をもって監督すること。例 監修者。

【監督】かんとく Ⅱ〈―する〉仕事の指図やとりしまりをすること。製作や実行の責任者。例 映画を監督する。現場監督。類 演出

監が下につく熟語 上の字の働き
【舎監 総監】ドコをとりしまる人か。

盤

音 バン 中　訓 ―

皿-10　総画15　常用　明朝 盤 76E4

筆順 ⺆ 舟 舟 般 般 盤 盤 盤

たちなり [形声]「般」が「バン」とかわって読み方をしめしている。「ハン」は「平たく大きい」の意味をもち、大きい「皿」を表す字。

意味 大きな皿。平らな、しっかりした台。例 盤石・円盤・碁盤・地盤

【盤石】ばんじゃく Ⅱ ①動かない大岩。②強いこと。例 盤石のかまえ。表記「磐石」とも書く。

【盤面】ばんめん ↓ ①レコードやCDの表面。②碁盤や将棋盤の表面。その上の碁石やこまの配置。例 有利な盤面。

盤が下につく熟語 上の字の働き
【円盤 銀盤 鍵盤 水盤 吸盤 旋盤】ドノヨウナ盤か。
【碁盤 算盤 羅針盤】ナニに使う盤か。
【序盤 中盤 終盤】盤上でおこなわれるたたかいのドノクライの段階か。
◆基盤 地盤 落盤

5画 目 [め][めへん] の部

「目」をもとにして作られ、目や視力にかかわる字と、「目」の形がめやすとなっている字を集めてあります。

この部首の字

0 目…802	3 直…803	盲…805	4 看…806	県…806
盾…807	省…807	相…807	冒…809	眉…809
5 真…809	眠…810	眺…811	6 眼…811	眸…811
8 睡…811	督…812	睦…812	12 瞳…812	瞭…812
13 瞬…812	瞥…812	具→八 125	自→自 924	見→見 962
貝→貝 1000	着→羊 896			

目

音 モク・ボク 中　訓 め・ま 高

目-0　総画5　1年　明朝 目 76EE

筆順 丨 冂 月 月 目

たちなり [象形] めの形をえがいた字。

意味
❶ものを見る目。目で見る。目のようなもの。例 目が回る。優勝候補と目される選手。目前・注目
❷目のつけどころ。めあてにするだいじなところ。例 目標・眼目
❸くぎった一つ一つ。くぎり。例 分かれ目。目次・節目
❹順序の位置づけ。例 二枚目

注意するよみ ボク…例 面目　ま…例 目の当たり。目深

特別なよみ 真面目(まじめ)

❶〈ものを見る目〉の意味で

【目深】まぶか ↓〈―に〉帽子などを、目がかくれるほど深くかぶるようす。

【目上】めうえ ↓ 地位や年齢などが自分よりも上であること。上の人。例 目上の人をうやまう。対 目下

【目顔】めがお ↓ 考えや気持ちを表す目の動き。例 わかったと目顔で知らせる。

【目頭】めがしら ↓ 目の、鼻に近いほうのはし。ここからなみだが出そうになる。例 目頭があつくなる（なみだが出そうになる）。対 目尻

【目先】めさき ↓ ①目の、すぐ前。例 目先にちらつく。類 眼前 ②その場だけのこと。例 目先の損得に左右される。類 目前 ③ものごとの先を見とおす力。例 目先がきく。④ぱっと見たときの感じ。例 目先をかえる。

【目分量】めぶんりょう 目で見て、このくらいと思う量。例 目分量で水をくわえる。

【目撃】もくげき Ⅲ〈─する〉そのときその場にいて、じかに見る。例 目撃者。

【目算】もくさん ↓〈─する〉①くわしい計算はしないで、だいたいの数量を見さだめること。例 費用を目算する。②大まかな見こみ。例 目算がはずれる。類 見当

【目前】もくぜん ↓ ①すぐ近くのところ。例 ほんの目前で落石事故があった。類 眼前・鼻先・目先 ②じきにそのときが来ること。例 テストが目前にせまる。

【目測】もくそく ↓〈─する〉目で見るだけで長さ・高さ・広さなどの見当をつけること。対 実測

【目礼】もくれい ↓〈─する〉目の動きであいさつの気持ちを表すこと。例 目礼をかわす。

【目下】もっか ↓ 一 もっか ちょうど今。今のところ。例 目下原因を究明中です。類 現下 二 めした 地位や年齢などが自分よりも下であること。下の人。例 目下のめんどうを見る。対 目上

❷〈目のつけどころ〉の意味で

【目印】めじるし ↓ 見たときにすぐわかるようにつけるしるし。例 目印に棒を立てる。

【目星】めぼし ↓ だいたいの目あて。例 犯人の目星がついた。

【目安】めやす ◎ だいたいの目標や基準。おおよその見当。めど。類 目標

【目的】もくてき ↓ このことのために、それをするのだと、心に目指すもの。例 目的のためには手段をえらばない。対 手段・方法

【目標】もくひょう ↓ 目指していく目じるし。そうなりたいと思って目指すもの。例 駅を目標にして歩く。学級の目標。

❸〈くぎった一つ一つ〉の意味で

【目次】もくじ ↓ 本や雑誌で、内容の見出しをならべ、のっているページをしめしたところ。

【目録】もくろく ↓ ①品物の名を順序よくならべて書いたもの。類 一覧 ②おくる品物の名を書いたもの。例 記念品の目録をわたす。

目が下につく熟語 上の字の働き

❶目＝〈ものを見る目〉のとき
【耳目 面目】近縁の関係。
【衆目 人目 鳥目】ダレの目か。
【着目 注目】目をドウスルか。
【夜目 横目】イツ見るか・ドノヨウニ見るか。
【布目 木目】ナニの目か。

❷目＝〈目のつけどころ〉のとき
【糸目 役目】ナニのだいじなところか。

❸目＝〈くぎった一つ一つ〉のとき
【科目 項目 種目】近い意味。
【課目 綱目 題目 曲目 品目】ナニに目をつけて小分けにしたものか。
【境目 節目】ナニのくぎりか。

❹目＝〈順序の位置づけ〉のとき
【二枚目 三枚目】順にかぞえてイクツめか。

◆跡目 網目 多目 皆目 金目 眼目 駄目 反目 名目 盲目 量目

直

目-3 総画8 2年 明朝 直 76F4

音 チョク・ジキ 訓 ただ-ちに・なお-す・なお-る・じか外・す-ぐ外

筆順 一 十 冇 冇 有 直 直 直（まっすぐ、つく／ながく）

なりたち [会意] 甲骨文字では「|」と「目」に直線をつけ、まっすぐに見る意味を表した。のちに「|」が「十」にかわり、さらに「L」がくわわり、目で見て曲がったものをまっすぐに正すことを表している字。

意味 ❶まっすぐ。心がすなお。例 直進・垂直・正直 対 曲 ❷じかに。あいだになにもない。すぐ。そのまま。例 直ちに出発する。直接

❸番にあたる。例日直

❹もとどおりにする。例あやまりを直す。時計を直しに出す。故障が直る。

例解 使い分け [なおす[直・治]] ☞ひだりのページ

名前のよみ ちか・まさ

❶〈まっすぐ〉の意味で

【直言】ちょくげん ↓〈―する〉相手がだれであろうと、自分の思うことをえんりょなくずばりと言うこと。例校長に直言する。

【直視】ちょくし ↓〈―する〉目をそむけず、まともに見つめる。例現実を直視せよ。類正視

【直情径行】ちょくじょうけいこう〈―な〉自分が思ったら、そのとおりに行動すること。例直情径行の人。参考「径」も、まっすぐを表す。

【直進】ちょくしん ↓〈―する〉まっすぐ前に進む。例交差点を直進する。

【直線】ちょくせん ↓まっすぐな線。対曲線

【直腸】ちょくちょう ↓大腸の終わりの部分。結腸から肛門への間。

【直方体】ちょくほうたい 六つの長方形の面にかこまれている立体。類立方体

【直立】ちょくりつ ↓〈―する〉まっすぐに立つこと。例直立不動の姿勢をとる。

【直流】ちょくりゅう ↓①〈―する〉まっすぐに流れること。②いつもおなじ方向に流れる電流。対交流

【直列】ちょくれつ ↓①まっすぐ一列にならぶこと。②「直列接続」の略。電池のプラス極にべつの電池のマイナス極をつなぐなどのつなぎ方。対並列

【直角】ちょっかく ↓〈―な〉直線が、もう一本の直線に、かたむかずに交わったときにできる角の大きさ。九〇度。例直角定規。

【直球】ちょっきゅう ↓野球で、投手が投げるまっすぐに進むボール。ストレート。例直球勝負。対変化球

【直径】ちょっけい ↓円の中心を通る直線が、両方で円周に交わる二つの点のあいだの長さ。さしわたし。例円の直径をはかる。

❷〈じかに〉の意味で

【直談判】じかだんぱん〈―する〉ほかの人をあいだに入れないで、ちょくせつ相手と話し合うこと。例仕事のことで社長とじか談判する。

【直訴】じきそ ↓〈―する〉決められた手つづきをとらず、最高権力者に直接うったえ出ること。知識 江戸時代、将軍や藩主などに直訴したものは、死刑になるというきまりがあった。

【直弟子】じきでし 技能や知識を、その先生や親方からちょくせつ教わった門人。

【直伝】じきでん ↓師匠や先生が、弟子や生徒にじかに教えること。例師匠直伝の早業。

【直筆】じきひつ ↓その人自身が書いたもの。例直筆の手紙。類自筆・直書 対代筆

【直営】ちょくえい ↓〈―する〉会社などが、外部の人にたのまないで、自分たちの手で店や工場などを経営すること。例直営工場。直営店。

【直撃】ちょくげき ↓〈―する〉爆弾や台風などが、まともにあたること。例台風が九州を直撃した。

【直後】ちょくご ↓①ものごとが起こったすぐあと。対直前 ②もののすぐうしろ。例車の直前直後の横断は危険だ。対直前

【直射】ちょくしゃ ↓〈―する〉光がじかに当たること。例直射日光。

【直接】ちょくせつ ↓①ほかのものを通さないで、じかに。例直接選挙。対間接 ②〈―する〉あいだになにもなくて、じかにつながる。例玄関に直接する応接室。類直結・隣接

【直前】ちょくぜん ↓①ものごとが起きるすぐまえ。例テストの直前。類寸前 対直後 ②もののすぐまえ。例車の直前。対直後

【直送】ちょくそう ↓〈―する〉あいだに販売業者が入らず、生産者から消費者にちょくせつ品物を送ること。例産地直送の野菜。

【直属】ちょくぞく ↓〈―する〉仕事の指図などをじかに受ける関係にあること。例直属の上司。

【直通】ちょくつう ↓〈―する〉①乗り物が、乗りかえなしに目的地へ行くこと。例直通バス。②ちょくせつ相手と通じること。例直通電話。

【直売】ちょくばい ↓〈―する〉生産者が、じかに消費者に売ること。例産地直売。類直販

【直面】ちょくめん ↓〈―する〉めんどうなことやいやなことに、まともにぶつかってしまうこと。例困難に直面する。類当面

【直訳】ちょくやく ↓〈―する〉もとの文の一語一語の

類 逐語訳 対 意訳 知識 直訳は、名文にはならないが、原文を伝えるためには必要である。

【直喩】ちょくゆ ↓「まるで砂漠だ」「山のようなごちそう」「貝のごとく口をとざす」などのように、たとえるものとたとえられるものを、「まるで」「ようだ」「ごとく」などのことばでむすびつけるたとえ方。対 隠喩・暗喩

【直下】ちょっか ↓ ものや場所のまっすぐ下。例 赤道直下。表現「急転直下」というときは、「直下に落ちる」という意味になり、「急転直下、事件は解決した」のように使われる。

【直轄】ちょっかつ ↓〈―する〉国や役所がちょくせつ経営すること。例 政府直轄の研究所。

【直感】ちょっかん ↓〈―する〉りくつぬきで、じかに心に感じること。例 直感がはたらく。これはへんだと直感した。類 第六感・勘

【直観】ちょっかん ↓〈―する〉全体を一度にとらえて理解すること。例 真理を直観する。類 直覚

【直観的】ちょっかんてき〈―な・―に〉全体を一度にとらえるというやり方で。例 問題の意味を直観的に理解する。類 直覚的

【直系】ちょっけい ↓ ①親から子、子から孫へとまっすぐにつながる血すじ。例 直系親族。類 嫡流 対 傍系 ②師匠から弟子へと受けつぐなかで、いちばん中心となるつながり。例 直系の弟子。対 傍系

【直結】ちょっけつ ↓〈―する〉じかにつながっていること。例 産地と直結する。類 直接

【直行】ちょっこう ↓〈―する〉まっすぐ目的地へ行くこと。例 現地直行。

直が下につく熟語 上の字の働き

❶直＝〈まっすぐ〉のとき
【率直 正直 素直】近い意味。
【硬直 垂直】ドノヨウニまっすぐか。
【愚直 剛直 実直】ドノヨウニまじめか。
❸直＝〈番にあたる〉のとき
【宿直 日直】イツの番か。
◆安直 曲直 当直

盲

目-3 総画8 常用 明朝 盲 76F2

音 モウ 中 訓 ―

筆順

なりたち [形声]「亡」が「うしなう」意味をもち、「モウ」という読み方もしめしている。「目」が見えないことを表す字。

意味 ❶目が見えない。例 盲点 ❷よく考えないで。むやみに。例 盲従 ❸ふさがっている。例 盲腸

❶〈目が見えない〉の意味で

【盲人】もうじん ↓ 目の見えない人。

【盲点】もうてん ↓ ①眼球のおくの、ものがうつっても見えない部分。②うっかりしていて多くの人が見落としたり、気づかないでいたりするところ。例 盲点をつかれる。

【盲導犬】もうどうけん 目の不自由な人の道案内などをするように訓練された犬。

【盲目】もうもく ↓ 目が見えないこと。

❷〈よく考えないで〉の意味で

【盲愛】もうあい ↓〈―する〉むやみにかわいがること。類 溺愛

【盲従】もうじゅう ↓〈―する〉自分でいいもわるいも考えずに人の言うままになること。例 師の説に盲従するな。

【盲信】もうしん ↓〈―する〉よく考えもしないで、ただただ信じること。例 盲信する弟子たち。

例解 使い分け　なおす《直す・治す》

直す＝わるいところを正しくする。こわれたところをもとどおりにする。例 あやまりを直す。故障を直す。服装のみだれを直す。

治す＝病気やけがを「なおす」。例 かぜを治す。きずを治す。

❸〈ふさがっている〉の意味で

【盲腸】もうちょう ↓ 腸の一部で、大腸のはじめの部分。虫垂という細いくだがついている。

知識 虫垂に細菌が入って炎症を起こす「虫垂炎」を「盲腸炎」ということがある。

看

目-4 総画9 6年 明朝 看 770B

音 カン 訓 み-る 外

筆順 ながく ださない

なりたち 会意「手(手)」と「目」とからできていて、目の上に手をかざして遠くを見ることを表している字。

意味 よく見る。見まもる。例 看病

【看過】かんか ↓〈―する〉見て知っているのに、そのままにしておくこと。みのがすこと。例 看過できない問題。

【看護】かんご ↓〈―する〉けが人や病人の手当てやせわをすること。例 看護にあたる。看護師。類 看病・介抱

【看守】かんしゅ ↓ 刑務所で、囚人を見はって、生活や仕事のせわをする役目の人。類 刑務官

【看破】かんぱ ⊠〈―する〉うそやごまかしなど、かくされていることを見やぶること。

【看板】かんばん ↓ ①店の品物や店の名前などを書いて目立つようにかかげたもの。例 看板を出す。②劇場などで、俳優の名・題目・場面などを人目をひくような絵や文字で表したもの。③食堂などがその日の営業を終えること。例 本日はもう看板です。参考 ③は「看板をおろす(しまう)」の意味。

【看病】かんびょう ▲〈―する〉病人のせわをすること。例 母の看病をする。類 看護・介抱

文字物語 省

「省」の字は、音が「セイ」では「かえりみる」、「ショウ」なら「はぶく」「分担」の意味、というようによみ分けられている。

「セイ」の「かえりみる」は、ふりかえって「これでよかったか」とよく考えてみる心のはたらきをいう。「省察」「内省」「反省」などの熟語になる。この辞典を出版している三省堂の「三省」も、中国の古典『論語』にある「吾日三省吾身(吾日に吾身を三省す。または、吾日に三たび吾身を省みる)」の「三省(一度だけでなく、なん度も反省すること。または、三つの面から反省すること)」からきている。「帰省」というのは、生まれ故郷に帰って、親が元気かどうかをたずねること、「人事不省」の「不省」は、心のはたらきがなくなってしまった状態をいう。

「ショウ」は、「はぶく」の意味では、むだなエネルギーとか人手とかをなくそうとする「省エネ」「省力化」などのことばに使われるし、「分担」の意味では、国家の仕事を分担する機関の名前を「財務省」「経済産業省」のように表すのに用いられる。中国では、広い国土を統治するためにいくつかの地方に分けたそれぞれの区画を「河北省」「四川省」のようにいう。

県

目-4 総画9 3年 明朝 県 770C 旧字 縣 7E23

音 ケン 訓 ―

筆順 とめる

なりたち 会意 もとの字は、「縣」。「県」は首をさかさにした形。「かける」意味の「系」と合わせて、首をさかさまにかけることを表す字。むかし中国で大きい行政区画であった郡の下にかかる行政区画の名として用いられた。

意味 けん(県)。地方公共団体の一つ。例 県の施設。県大会。県道。参考 地方公共団体は、都・道・府・県が同列にならび、それぞれの下に市・区・郡・町・村がある。また、郡と県の関係は中国と日本とでは反対になっている。

【県営】けんえい ▽ 県が経営すること。例 県営運動場。関連 国営・県営・市営・町営・村営

【県下】けんか ↓ 県の中の地域。例 県下全域に大

雨注意報が出た。類県内

【県庁】↓県全体をおさめるための仕事をする役所。例県庁所在地。関連県庁・市役所・町村役場

【県道】↓県が管理する道路。

【県民】↓その県に住む人びと。

【県立】▽県がつくり、維持すること。

盾

目−4 総画9 常用 明朝 盾 76FE

音ジュン中 訓たて中

筆順 盾

なりたち 盾 [象形]かぶとのひさしが目をおおっている形をえがいた字。目をまもることから、身をまもる「たて」として使われている。

意味 たて。敵の矢や刀から身をまもる武具。例盾に取る。矛盾

省

目−4 総画9 4年 明朝 省 7701

音セイ・ショウ 訓かえり-みる中・はぶ-く

筆順 省（はねる・とめる）

なりたち 省 [形声]「少」が、「セイ・ショウ」という読み方をしめしている。「セイ・ショウ」は、「あきらか」の意味をもち、よく「目」で見てあきらかにすることを表している字。

意味

❶かえりみる。一つ一つ見てあきらかにする。こまかくたずねる。みまう。例自分自身を省みる。省察・帰省・反省

❷はぶく。節約する。例むだを省く。省略

❸国の役所。例省令・外務省

❹中国のもっとも大きな行政区画。例山東省

例解 [使い分け] かえりみる[顧・省] ☞1099ページ

[文字物語] ☞みぎのページ

❶〈かえりみる〉の意味で

【省察】Ⅱ（ーする）自分について、考え方やおこないのよいところわるいところなどをよくよく考えること。例自己省察。類反省

❷〈はぶく〉の意味で

【省略】Ⅱ（ーする）文章や仕事などの一部分をはぶいてかんたんにすること。例こまかいところは、説明を省略します。

【省力】▲（ーする）機械などを使って、仕事に必要な人手をへらすこと。例作業の省力化をはかる。

❸〈国の役所〉の意味で

【省令】↓大臣がそれぞれの省の政務をおこなううえで出す命令。知識 法律をおぎなうために出す命令で、法律ほどの力はない。

◆帰省 内省 反省

相

目−4 総画9 3年 明朝 相 76F8

音ソウ・ショウ中 訓あい

筆順 相

なりたち 相 [会意]「木」と「目」を合わせて、木をあいてとしてよく見ぬくことを表す字。

意味

❶ようす。ものごとのあらわれ。例剣難の相。手相

❷おたがいに。いっしょに。例相対する意見。相手・相談

❸大臣。例首相・外相

❹相模。旧国名。今の神奈川県の南西部。例相州。武相。

特別なよみ 相撲(すもう)

❶〈ようす〉の意味で

【相場】↓品物や株券などの、そのときそのときのねだん。例為替相場。類時価・市価 表現 世の中のふつうの評価ということを「通り相場」というし、「そのへんが相場だろう」のような言い方もある。

❷〈おたがいに〉の意味で

【相客】↓①旅館などでおなじへやにとまりあわせる客。②食堂などでおなじテーブルにつく客。類相席

【相性】あいしょう ↓ 相手と性格が合うかどうかということ。例相性がいい。相性をうらなう。

【相手】あいて ↓ ①いっしょになにかをするもう一方の人。例話し相手。②競争や勝負で顔を合わすもう一方。例試合の相手。③商売のお客。例子ども相手の店。

【相棒】あいぼう ↓ 二人でいっしょになって仕事をするなかまの片方。例いい相棒が見つかった。知識☞【片棒】(750ページ)

【相伴】しょうばん ↓〈―する〉客をもてなすために、自分もいっしょになってごちそうを味わうこと。例お相伴をする。お相伴にあずかる。

【相撲】すもう ↓ 土俵の上でおし合ったり組み合ったりして、二人が力やわざをあらそう競技。土俵の外に出るか、足以外のどこかが土につくかしたほうが負けになる。例相撲をとる。表記「角力」とも書く。

【相愛】そうあい ↓〈―する〉男女がたがいに愛し合っていること。例相思相愛の二人。

【相違】そうい ↓〈―する〉それぞれのあいだに見られるちがい。例相違点。表現「…に相違ない」(…にちがいない)の形でよく使う。

【相応】そうおう ↓〈―する・―な・―に〉おたがいにつりあいがとれていること。例実力相応。類相当

【相関】そうかん ↓〈―する〉一方がかわると、もう一方もおなじようにかわるという関係があること。例相関性がある。相関関係。

【相互】そうご Ⅲ ①二つのものが、どちらからも相手にはたらきかけること。例相互に乗り入れる。②かわるがわるすること。例無線で相互に話す。類交互

文字物語

眉

「眉」は、人の顔のなかで意外に目立つものなので、「眉」を使って、表情を表す言い回しやことばがいろいろにある。

「眉をしかめる」は不快な表情、「眉をひそめる」は、人のすることが感心できなくて非難する表情。美人の眉を「柳眉」と言ってほめたことから、「柳眉をさかだてる」は、美人がおこるようすをいう。

眉と眉とのあいだのひたいの中央を「眉間」というが、「眉間にしわをよせる」は、「眉(眉ね)をよせる」とおなじように、不快であったり、考えこんだりする表情にいう。

心配ごとがなくなってほっと安心することを「愁眉をひらく」といい、「眉をひらく」ともいう。

「眉目秀麗」は、男子の、顔立ちのととのった、美しいようすをいうことば。

【相殺】そうさい ↓〈―する〉もうけと損、貸しと借りなどをさしひきすること。帳消し。参考「殺」は「なくす」の意味で、「さい」と読む。

【相似】そうじ ↓ ①〈―する〉二つのものがたがいによく似ていること。類酷似 ②幾何学では、大きさがちがっても形がおなじである関係。

【相続】そうぞく ↓〈―する〉人が死んで残ったものをあとの人が受けつぐこと。例遺産相続。

【相対的】そうたいてき〈―な・―に〉ほかとくらべたとき、はじめて「どうだ」といえる関係。たとえば、「大きい」か「小さい」かは、ほかのものとくらべないといえないから相対的だ。ところが、「ある」「ない」はくらべなくても、見たらすぐわかる。このようにくらべなくても決まることを「絶対的」という。例相対的な見方。対絶対的

【相談】そうだん ↓〈―する〉①あることがらについて、たがいに考えを出し合って話し合うこと。例みんなと相談して決める。類会議 ②こまっていることを話して、助言してもらうこと。例相談にのる。身の上相談。

【相当】そうとう ↓ ①〈―する〉当てはまること。例魚のえらは人間の肺に相当する。類該当 ②〈―する〉おなじくらいで、つりあうこと。例それ相当の待遇。類相応 ③〈―な・―に〉ふつうよりも、ずっと程度が上であるようす。かなり。例けさは相当寒い。類大分

相が下につく熟語 上の字の働き

❶相=〈ようす〉のとき
【形相 様相】近い意味。
【世相 人相 面相 手相 血相】ナニの相か。
【真相 皮相】ドンナ相か。

❸相=〈大臣〉のとき
【首相 宰相 外相】ドノヨウナ任務の大臣

か。

◆寝相・貧相

眉

目-4 総画9 常用 明朝 眉 7709

音 ビ(高)・ミ(中) 訓 まゆ(中)

筆順 眉眉眉眉眉眉眉眉眉

意味 まゆ。例 眉目・眉間・愁眉・柳眉

〔文字物語〕みぎのページ

注意するよみ ミ…例 眉間

【眉目】びもく Ⅲ まゆと目。顔かたち。例 眉目秀麗(顔のつくりがととのっている)

冒

目-4 総画9 常用 明朝 冒 5192

音 ボウ(中) 訓 おか-す(中)

筆順 冒冒冒冒冒冒冒冒冒

なりたち [形声]もとの字は、「冐」。「冃」は頭にかぶるものをえがいた形で、「ボウ」という読み方をしめしている。「目」をおおうことを表す字。

意味 ❶かぶる。かぶりもの。はじめ。例 冒頭 ❷おかす。むりにする。害をあたえる。例 危険を冒す。冒険・感冒

例解〔使い分け〕おかす〔犯・侵・冒〕☞757ページ

❶〈かぶる〉の意味で

【冒頭】ぼうとう Ⅲ ものごとのはじめ。話や文章の最初の部分。例 冒頭に述べる。対 文末・末尾

❷〈おかす〉の意味で

【冒険】ぼうけん ▲〈—する〉あぶないとわかっていることをおしきってやること。例 冒険家。類 探検

◆感冒

真

目-5 総画10 3年 明朝 真 771F 旧字 眞 771E

音 シン 訓 ま・まこと(外)

筆順 一 十 古 吉 直 直 真 真(ナにならない・ながく・とめる)

なりたち [会意]もとの字は、「眞」。さじ(匕)と鼎(かなえ)の省略形(具)を合わせて、かなえをみたす意味を表していたが、のちに「まこと」として借りて使われるようになる。

意味 ❶ほんとう。まこと。うそもごまかしもない。例 真に受ける。真にせまる。真理・真剣・写真 対 偽

❷まったくの。まじりけがない。純粋の。例 真昼・真紅・純真

❸《その他》例 真似

特別なよみ 真面目(まじめ)・真っ赤(まっか)・真っ青(まっさお)

名前のよみ ただ・ただし・ちか・なお・まさ

❶〈ほんとう〉の意味で

【真意】しんい ↓ 心のおくにしまってある、ほんとうの気持ち。例 真意をさぐる。類 本心・本意・本音

【真因】しんいん ↓ ほんとうの原因。

【真価】しんか ↓ ほんとうのねうち。例 真価が問われる。類 本領・真骨頂・真面目

【真偽】しんぎ ⇕ ほんとうか、うそか。例 ことの真偽をたしかめる。類 真否・真贋

【真剣】しんけん ↓ ①ほんものの刀。例 真剣勝負。対 木刀・竹刀・竹光 ②〈—に・—な〉まじめでいっしょうけんめいなようす。例 真剣に話し合う。類 本気・一生懸命

【真骨頂】しんこっちょう そのもののほんとうのすがたやすぐれたところ。例 打者としての真骨頂を発揮する。類 真面目・真価・本領

【真実】しんじつ Ⅲ ①ほんとうのこと。例 真実をつたえる。類 事実・真相 対 虚偽 ②ほんとうに。心から。例 真実、申しわけなく思う。

【真珠】しんじゅ ↓ アコヤガイなどの貝がらの内面にできる、銀白色の美しい玉。パール。

【真情】しんじょう ↓ うそいつわりのないほんとうの気持ち。例 真情を吐露する。

【真髄】しんずい ↓ ものごとの中心にある、いちばんたいせつなこと。例 茶道の真髄にふれる。類 精髄

【真正】しんせい Ⅲ〈—に・—な〉うそでもまちがいでもないようす。類 正真正銘

【真性】しんせい ↓ ほんとうにその病気であること。例 真性チフス。対 疑似 ☞❷

【真相】しんそう ↓ 事件のほんとうのすがた。世間向けの発表ではわからないかくれた実態、という意味をこめて使われる。例 真相をさぐる。類 事実・真実・実情

【真面目】㊀しんめんもく―しんめんぼく ありのままのほんとうのねうち。例 真面目を発揮する。類 真骨頂・真価・本領 ㊁まじめ〈―な〉〈―に〉真剣であること。まごころがあること。うそでないこと。例 まじめにはたらく。

【真理】しんり ↓ だれもがみとめるほかない、正しいすじみち。例 真理を探究する。

❷〈まったくの〉の意味で

【真紅】しんく ↓ 真っ赤。例 真紅のばら。

【真空】しんくう ↓ 空気もなにもないこと。からっぽの状態。例 真空保存。

【真性】しんせい ↓ 生まれついたままの性質。類 本性(ほんしょう―ほんせい) ☞❶

【真一文字】まいちもんじ 「一」の字のままに。例 真一文字にすすむ。類 一直線

【真顔】まがお ↓ まじめな顔つき。例 真顔で話す。

【真心】まごころ ↓ 心のそこからその人やそのことをたいせつに思う気持ち。例 真心をつくす。料理に真心をこめる。類 誠意

【真正面】ましょうめん まん前の、向かい合う場所。真向かい。例 真正面から見る。

【真人間】まにんげん まじめにはたらき、きちんとした生き方をしている人。例 真人間になる。

【真昼】まひる ↓ ひるのさいちゅう。まっぴるま。類 白昼・昼日中 対 真夜中

【真水】まみず ↓ 塩分も、ほかのまじり物もない水。類 淡水 対 塩水・海水

【真夜中】まよなか 夜のいちばんふけたとき。ふつう、夜の十二時から二時までくらいを指す。夜ふけ。類 深夜 対 真昼

❸《その他》

【真似】まね ◎〈―する〉ほかのものに似せて、おなじようにすること。例 泣きまね。類 模倣

◆青写真 写真 純真 迫真

眠

目-5 総画10 常用 明朝 眠 7720

音 ミン 中 訓 ねむ-る 中・ねむ-い 中

筆順 眠 眠 眠 眠 眠 眠

なりたち [形声] もとの字は、「瞑」。「眠」は「民」が「ミン」という読み方と「まぶたを合わせる」意味とを表し、「目」をつぶってねむることを表す字。

意味 ねむる。例 ぐっすり眠った子ども。眠りに落ちる。眠い目。安眠

眠が下につく熟語 上の字の働き

【安眠 永眠 惰眠】ドウ眠るか。

【冬眠 春眠】イツ眠るか。

◆睡眠 不眠

漢字パズル ⓫ くみあわせ

じょうずに組み合わせて、熟語を作ってみましょう。

例 ネ ネ 申 土 → 神 社

① 日 寺 リ 亥

② 木 木 莫 羕

③ 金 木 失 奉

④ 月 其 艮 阝

⑤ 唐 少 米 石

⑥ 亲 門 斤 耳

⑦ 扌 扌 軍 旨

答えは1130ページ

眼

目-6 総画11 5年 明朝 眼 773C

音 ガン・ゲン高 訓 まなこ中・め外

筆順 はねる 人にならない

なりたち [形声]「艮(コン)」が「ガン」とかわって読み方をしめしている。「コン」は「まるい」の意味をもち、まるい「目玉」を表す字。

意味 ❶まなこ。目。見ぬく。よく見る。例 眼を見開く。眼球・眼力
❷だいじなところ。例 眼目・主眼

注意するよみ ゲン…例 開眼

特別なよみ 眼鏡(めがね)

❶〈まなこ〉の意味で

【眼下】↓高いところから見下ろした下のほう。例 眼下に広がる大海原。

【眼科】↓医学で、目のことをとりあつかう分野。例 眼科医。

【眼球】↓目のたま。例 眼球運動。類 目玉

【眼光】↓①目のかがやき。例 眼光がするどい。②ものごとを見ぬく力。例 眼光紙背に徹す(文章のおく深い意味まで読みとる)。

【眼前】↓目のまえ。類 目前・目先

【眼帯】↓目のけがや病気のとき、目をおおうもの。例 眼帯をかける。

【眼中】↓考えたり気にかけたりする範囲の中。例 眼中にない(気にしていない)。

【眼底】↓眼球の内がわのいちばん後ろのところ。例 眼底出血。

【眼力】↓ほんとうかうそか、よいかわるいかなどを見ぬく力。例 にせ物をひと目で見ぬく眼力がある。

【眼鏡】↓①レンズを使ってものがよく見えるようにしたり、目をまもったりするために、目のところにつける器具。例 眼鏡をかける。②もののよしあしを見わける力。例 眼鏡にかなう(みとめられる。気に入られる)。

❷〈だいじなところ〉の意味で

【眼目】Ⅱいちばんたいせつなところ。例 研究の眼目。類 主眼

眼が下につく熟語 上の字の働き

❶眼＝〈まなこ〉のとき

【開眼 着眼 検眼 点眼】目を(目に)ドウスルか。

【近眼 老眼 酔眼 千里眼】見え方がドノヨウナ目か。

【隻眼 複眼】目がイクツあるか。

【肉眼 心眼 義眼 血眼】ドウイウ目か。

◆主眼

眺

目-6 総画11 常用 明朝 眺 773A

音 チョウ中 訓 なが-める中

筆順

なりたち [形声]「兆」が「チョウ」という読み方をしめしている。「チョウ」は「遠い」の意味をもち、「目」で遠くをながめることを表す字。

意味 ながめる。例 遠くを眺める。眺望

【眺望】Ⅱ遠くまで見わたしたながめ。見はらし。例 すばらしい眺望がひらける。類 展望・遠望

眸

目-6 総画11 人名 明朝 眸 7738

音 ボウ外 訓 ひとみ外

意味 ひとみ。例 双眸・明眸

睡

目-8 総画13 常用 明朝 睡 7761

音 スイ中 訓 ねむ-る外

筆順

なりたち [形声]たれる意味の「垂」が「スイ」という読み方をしめしている。まぶたがたれて、「目」をつぶってねむることを表す字。

意味 ねむる。例 睡眠・熟睡

【睡魔】↓人をねむりに引きこむ力。強いねむけ。例 睡魔におそわれる。

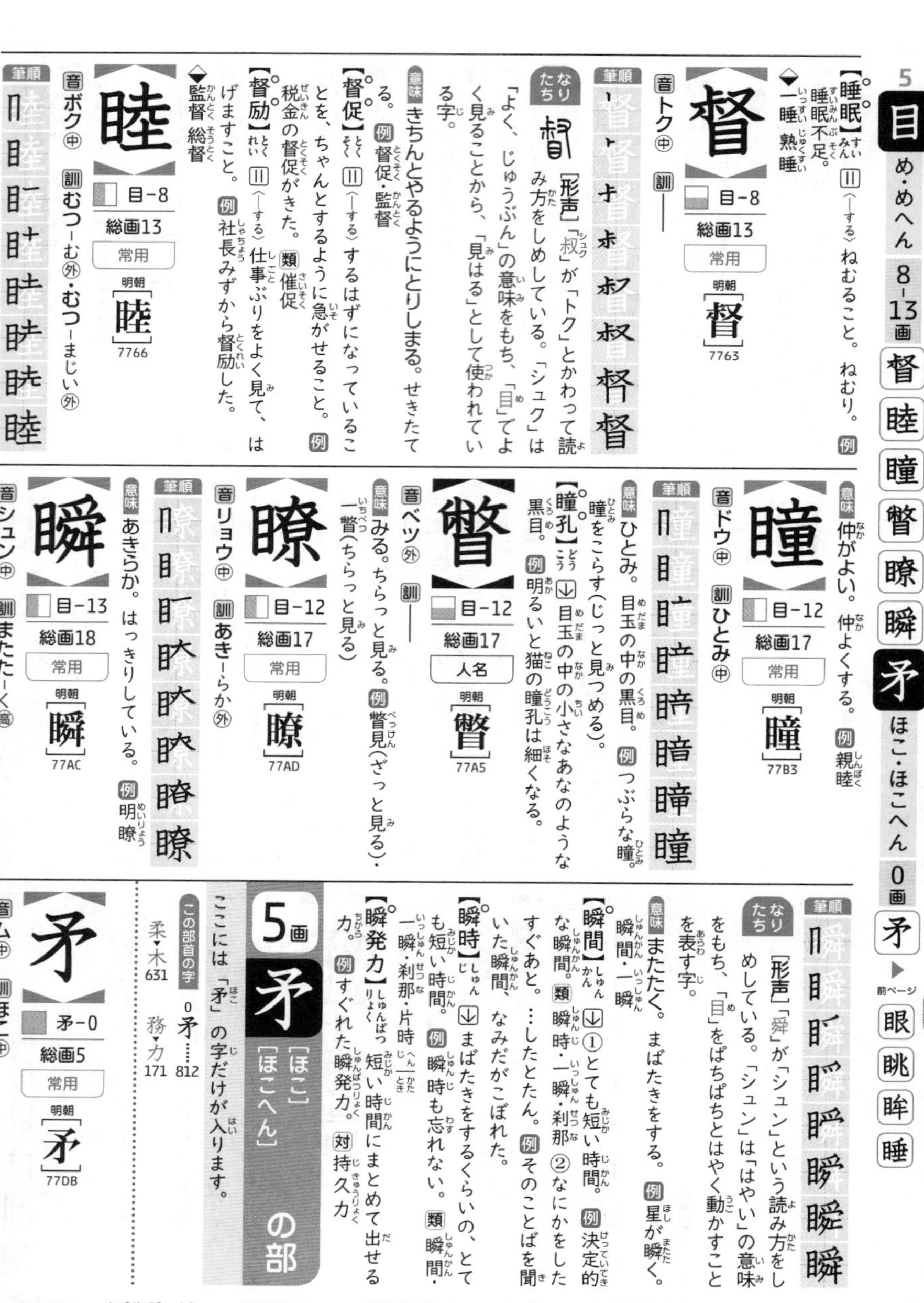

【睡眠】 [Ⅱ]〈―する〉ねむること。ねむり。例 睡眠不足。
◆一睡 熟睡

督

目-8 総画13 常用 明朝 督 7763

音 トク中 訓 ―

筆順 督 督 督 督 督 督 督 督 督

なりたち [形声]「叔(シュク)」が「トク」とかわって読み方をしめしている。「シュク」は「よく、じゅうぶん」の意味をもち、「目」でよく見ることから、「見はる」として使われている字。

意味 きちんとやるようにとりしまる。せきたてる。例 督促・監督

【督促】 [Ⅱ]〈―する〉するはずになっていることを、ちゃんとするように急がせること。例 税金の督促がきた。類 催促

【督励】 [Ⅱ]〈―する〉仕事ぶりをよく見て、はげますこと。例 社長みずから督励した。

◆監督 総督

睦

目-8 総画13 常用 明朝 睦 7766

音 ボク中 訓 むつ-む外・むつ-まじい外

筆順 睦 睦 睦 睦 睦 睦 睦 睦

意味 仲がよい。仲よくする。例 親睦

瞳

目-12 総画17 常用 明朝 瞳 77B3

音 ドウ中 訓 ひとみ中

筆順 瞳 瞳 瞳 瞳 瞳 瞳 瞳 瞳

意味 ひとみ。目玉の中の黒目。例 つぶらな瞳。瞳をこらす(じっと見つめる)。

【瞳孔】 [↓] 目玉の中の小さなあなのような黒目。例 明るいと猫の瞳孔は細くなる。

瞥

目-12 総画17 人名 明朝 瞥 77A5

音 ベツ外 訓 ―

意味 みる。ちらっと見る。例 瞥見(ざっと見る)・一瞥(ちらっと見る)

瞭

目-12 総画17 常用 明朝 瞭 77AD

音 リョウ中 訓 あき-らか外

筆順 瞭 瞭 瞭 瞭 瞭 瞭 瞭 瞭

意味 あきらか。はっきりしている。例 明瞭

瞬

目-13 総画18 常用 明朝 瞬 77AC

音 シュン中 訓 またた-く高

筆順 瞬 瞬 瞬 瞬 瞬 瞬 瞬 瞬 瞬

なりたち [形声]「舜」が「シュン」という読み方をしめしている。「シュン」は「はやい」の意味をもち、「目」をぱちぱちとはやく動かすことを表す字。

意味 またたく。まばたきをする。例 星が瞬く。瞬間・一瞬

【瞬間】 [↓] ①とても短い時間。例 決定的な瞬間。類 瞬時・一瞬・刹那 ②なにかをしたすぐあと。…したとたん。例 そのことばを聞いた瞬間、なみだがこぼれた。

【瞬時】 [↓] まばたきをするくらいの、とても短い時間。例 瞬時も忘れない。類 瞬間・一瞬・刹那・片時(へんじ/かたとき)

【瞬発力】 短い時間にまとめて出せる力。例 すぐれた瞬発力。対 持久力

5画 矛 [ほこ] [ほこへん] の部

ここには「矛」の字だけが入ります。

この部首の字 0 矛……812 柔▶木 631 務▶力 171

矛

矛-0 総画5 常用 明朝 矛 77DB

音 ム中 訓 ほこ中

筆順

なりたち 〔象形〕武器のほこをえがいた字。

意味 ほこ。長い柄の先に、両刃の短いつるぎをつけた、やりのような武器。例 矛を交える。矛先・矛盾

【矛先】↓ ①ほこの刃の先のとがったところ。②とがめたり問いかけたりするときの、方向やいきおい。例 質問の矛先をむける。

【矛盾】◎〈—する〉はじめにしたことや言ったことと、あとになってしたり言ったりしたこととのつじつまが合わないこと。また、二つがくいちがって、同時にはなりたたないこと。例 矛盾した二つの感情。自己矛盾。類 背反

〔故事のはなし〕☞このページ

故事のはなし

矛盾

楚の国に、盾と矛を売る人がいた。盾を自慢して「この盾は、どんな物でも突き通せない」と言い、また、矛を自慢して「この矛なら、どんな物でも突き通せる」と言った。そこで、客の一人が「その矛でその盾を突いたらどうなるか」とたずねたところ、答えにつまってしまった。（『韓非子』難一篇）

5画 矢 〔や〕〔やへん〕の部

「矢」をもとにして作られた矢にかかわる字と、「矢」の形がめやすとなっている字を集めてあります。

この部首の字
0 矢……813
3 知……813
5 矩……814
7 短……814
12 矯……816

矢

矢-0 総画5 2年 明朝 矢 77E2

音 シ 高 訓 や

筆順 ながく ださない はらう

なりたち 〔象形〕やの形をえがいた字。

意味 や。弓で飛ばす細長い棒状の武器。例 矢を射る。矢面・一矢

名前のよみ ただ・なお

【矢面】↓ ①敵の矢が飛んでくる正面。例 敵の矢面に立つ。類 矢先 ②質問や文句をあびせかけられる立場。例 非難の矢面に立たされる。

【矢先】↓ なにかをしようとした、ちょうどそのとき。例 出かける矢先に知らせがきた。参考 もとは「矢の先」「矢おもて」の意味。

【矢印】↓「↓」など、矢の形で方向をしめすしるし。例 順路を矢印でしめす。

◆一矢 弓矢

知

矢-3 総画8 2年 明朝 知 77E5

音 チ 訓 し-る

筆順 ださない とめる

なりたち 〔会意〕「口」と「矢」を合わせて、ことばが口から矢のようにはやく出ることを表す字。借りて、「しる」として使われている。

意味
❶しる。よく知っている。しらせる。しらせ。例 天知る地知るわれ知る人知る（悪い行いをいましめることば）。知覚・通知
❷ちえ。頭のはたらき。考えたり、理解したりする力。例 知能・理知
❸おさめる。例 知事

名前のよみ あき・あきら・おき・かず・さと・さとし・さとる・つぐ・とし・とも・のり・はる

❶〈しる〉の意味で

【知音】ちいん ◎ 心から理解しあえる親友。例 趣味を通して知音にめぐり会えた。類 断琴

【知覚】ちかく ⇩〈―する〉見る・聞く・かぐ・味わう・さわるなどして、外のものごとを感じたり区別したりするはたらき。例 知覚作用。

〔故事のはなし〕☞ひだりのページ

【知己】ちき ▲ ①自分のことをほんとうによくわかってくれる、親しい人。類 親友 ②前から知っている人。類 知人

【知遇】ちぐう ⇩ 人がらや才能をみとめられて、たいせつにされること。例 知遇をえる。

【知見】ちけん Ⅱ じっさいに見て知ったこと。例 知見を広める。

【知識】ちしき Ⅱ ものごとについて知っていること。例 知識が豊富だ。

【知人】ちじん ⇩ たがいに知り合っている人。知り合い。例 知人が多い。類 知己

【知日】ちにち ▲ 外国の人が、日本についてよく知っていること。例 知日家。類 親日

【知名】ちめい ▲ 世間に名前がよく知られていること。例 知名人。知名度。類 有名

【知命】ちめい ▲ 天命を知ること。参考『論語』に「五十にして天命を知る(五十歳で、天から与えられた自分の使命を知る)」とあることから、五十歳のこともいう。☞【而立】じりつ(904ページ)

❷〈ちえ〉の意味で

【知育】ちいく ⇩ 知能をのばし、広い知識を身につけさせる教育。関連 知育・体育・徳育

【知恵】ちえ Ⅱ やり方などをくふうし、ものごとをうまくなしとげるのに役立つ頭のはたらき。例 知恵がつく。類 知能・才覚

【知恵袋】ちえぶくろ いろいろなことをよく知っていて、頭のはたらきのよい人。

【知者】ちしゃ ⇩ ものの道理をよく知り、深く考える力のある人。例 知者の言を聞く。

【知性】ちせい ⇩ ものごとをよく知り、よく考え、正しく判断する頭のはたらき。例 するどい知性。類 理性・知力

【知的】ちてき ⊠〈―な〉①すじみちを立てて考える力がある。例 知的な女性。類 理知的・理性的・知性的 ②知のはたらきに関する。例 知的環境にめぐまれる。

【知能】ちのう ⇩ ものごとを見分けたり、考えたり、おぼえたりするための頭の力。類 知恵

【知能犯】ちのうはん わるぢえをはたらかせておこなう犯罪。対 強力犯

【知力】ちりょく ⇩ おぼえたり考えたりする頭のはたらき。例 知力を生かす。類 知性

❸〈おさめる〉の意味で

【知事】ちじ ▲ 都道府県の行政のいちばん上に立つ人。住民の選挙でえらばれ、任期は四年。例 都知事・県知事

← 知が下につく熟語 上の字の働き

❶ 知＝〈しる〉のとき

【通知 報知】近い意味。

【未知 無知】打ち消し。

【関知 察知 探知】ドノヨウニして知るか。

【予知 旧知】イツ知るか。

❷ 知＝〈ちえ〉のとき

【英知 機知 理知】ドンナ知恵か。

【衆知 人知】ダレの知恵か。

◆ 告知 周知

矩

矢−5 総画10 人名 明朝 矩 77E9

音 ク外 訓 さしがね外・のり外

意味

❶ものさし。さしがね。かねじゃく。

❷四角。長方形。例 矩形

❸きまり。規則。例 規矩

短

矢−7 総画12 3年 明朝 短 77ED

音 タン 訓 みじか-い

筆順 短 短 短 短 短 短 短（とめる・ながく）

なりたち 〔形声〕「豆」が「タン」とかわって読み方をしめしている。「トウ」は「小さい」の意味をもち、小さな「矢」を表す字。「みじかい」として使われている。

意味

❶みじかい。例 気が短い。最短 対 長

❷たりない。おとっている。例 短所 対 長

❶〈みじかい〉の意味で

【短音階】↓ ラからはじまる音階で、ラ・シ・ド・レ・ミ・ファ・ソ・ラとならぶもの。悲しげなメロディーになる。

【短歌】↓ 日本の古くからの定型詩。五・七・五・七・七の計三十一音でできており、「みそひともじ」ともいう。類和歌 対長歌 知識 はじめは、和歌の中で、五・七の音を何度もくりかえす長歌に対して短歌といっていたが、今では和歌の代表になっている。

【短気】↓〈―な〉すぐにいらいらしておこりたくなる気持ちや、すぐにはらを立てる性格。例短気は損気(短気を起こすとけっきょく自分の損になる)。類気短・短慮 対気長

【短期】↓ 短い期間。例短期決戦。類短期間 対長期

【短剣】↓ 短いつるぎ。類短刀

【短冊】↓ 和歌や俳句などを書く細長い紙。例ねがいごとを短冊に書く。表現「短冊切り」は、細い長方形のこと。

【短銃】↓ つつの短い銃。ピストル。例短銃を発射する。類拳銃

故事のはなし

知音

春秋時代、楚の国の伯牙が琴を弾くと、友人の鍾子期がそれを聴くのだった。そして伯牙が泰山に登る思いで琴を演奏すると、鍾子期は「素晴らしい、立派な山が思い浮かぶ」と感想を述べ、また伯牙が流水を思って奏でると、鍾子期は「素晴らしい、ゆったりとした江河のようである」と言い、伯牙の音楽の思いを、鍾子期は必ず理解するのだった。

また、伯牙が泰山に遊びにでた時、にわかに嵐になり、崖の下に避難したが、心細く悲しくなり、その思いを曲にした。のちに、鍾子期にその楽曲を聴かせると、嵐の時の伯牙の心情をきちんとくみとってくれたのだった。そこで伯牙は琴を置くと「なんとうれしいことかな、君が音楽を聴いてくれて、私の心情をわかってくれるさまは、まるで私の心そのものです。私は君に私の心の声をかくしようがない」と感慨深く言うのだった。(『列子』湯問篇)

参考 この二人のその後について、『呂氏春秋』という書物には、鍾子期が亡くなると、伯牙は、もうこの世には自分の音楽を理解してくれる人がいなくなったので、琴を弾く意味がないと考え、琴をこわして弦を切ってしまった、と伝えている。

【短縮】↓〈―する〉短くすること。例勤務時間を短縮する。対延長

【短針】↓ 時計の、「時」をしめす短い針。ふつう、十二時間でひとまわりする。類時針 対長針

【短調】↓ 短音階でつくられた調子。暗くて悲しい感じがする。マイナー。対長調

【短刀】↓ 短い刀。例短刀できりつける。類短剣・小刀 対大刀・長刀

【短波】↓ 遠いところとの通信に使われる、波長が一〇〇メートルから一〇メートルまでの電波。参考☞【超短波】(1015ページ)

【短評】↓〈―する〉作品などについて、短い意見や感想をのべること。のべた意見や感想。例小説の短評。類寸評

【短文】↓ 短い文や文章。対長文

【短編】↓ 小説や映画などの短い作品。例短編小説。短編映画。対長編

【短命】↓〈―に〉〈―な〉①年がわかいうちに死ぬこと。例祖父も父も短命だった。対長命・長寿 ②ものごとが、思ったほど長くつづかないで終わってしまうこと。例短命な内閣。

❷〈たりない〉の意味で

【短所】↓ 人やものの性質などで、おとっているところやたりない点。類欠点・弱点 対長所

【短絡】↓〈―する〉すじみちを追って考えず

▶前ページ 短

に、いきなり結論を出すこと。例 短絡的な考え。

【短慮】たんりょ ▲ 考えが足りないこと。例 短慮からの失敗。類 浅慮

◆一長一短 最短 長短

矯

音 キョウ 中　訓 た-める 高

矢-12　総画17　常用　明朝 矯 77EF

筆順

なりたち 矯 [形声]「喬」が「キョウ」という読み方をしめしている。「キョウ」は「はさむ」意味をもち、「矢」をはさんでまっすぐにする道具を表す字。

意味 まっすぐにする。正しくする。例 枝を矯める。矯正

【矯正】きょうせい Ⅱ〈―する〉わるいところやまがったところをなおすこと。例 矯正歯科。

【矯正視力】きょうせいしりょく めがねやコンタクトレンズなどで矯正した視力。

5画 石 の部 [いし][いしへん]

「石」をもとに作られ、岩石や鉱物にかかわる字を集めてあります。

この部首の字
0 石……816　4 研……817　砂……818　砕……818　5 砥……818　砧……818　破……819　砲……820　6 砦……820　7 硯……820　硬……820　硝……821　硫……821　8 碍……821　碁……821　碓……821　碗……821　9 磁……822　碩……822　碑……822　碧……822　10 確……822　磐……823　11 磨……823　12 磯……823　礁……823　13 礎……823

岩▶山 358

石

音 セキ・シャク・コク 中　訓 いし

石-0　総画5　1年　明朝 石 77F3

筆順（ださない）

なりたち [会意]「厂」ががけをしめし、「口」が石で、合わせて「いしころ」を表している字。

意味
❶いし。いわ。碁で使う石。例 石を投げる。石器・磁石・碁石・定石
❷鉱物。例 石炭・鉱石
❸容積の単位。尺貫法で、一石は一斗の十倍。約一八〇リットル。例 石高
❹石見。旧国名。今の島根県の西部。

発音あんない セキ→セッ…例 石器

注意するよみ シャク…例 磁石　コク…例 石高・千石船

名前のよみ いわ

❶〈いし〉の意味で

【石臼】いしうす ↓ 石でつくったうす。米などをひくのに使う。

【石畳】いしだたみ ↓ 石を平らにしきつめたところ。例 石畳の歩道。

【石像】せきぞう ↓ 石をほって、神仏・人物・動物などのかたちを表したもの。例 一対の狛犬の石像。関連 木像・石像・銅像

【石塔】せきとう ↓ ①石をつみ上げてつくった塔。例 五輪の石塔。②石の墓。類 石碑

【石碑】せきひ ↓ ①記念のために、文字や文章などをきざみこんでたてた石。いしぶみ。例 城跡に立つ石碑。②石の墓。類 石塔

【石仏】せきぶつ｜いしぼとけ ↓ 石でつくった仏像。岩や石にほりつけた仏像。例 石仏をきざむ。

【石器】せっき ↓ 大むかしの人が石でつくった、いろいろな道具。おの・やじり・食器などがある。例 石器時代。関連 石器・青銅器・鉄器

【石鹸】せっけん ↓ あかやよごれを落とすために使う洗剤。シャボン。例 洗濯石鹸。

【石工】せっこう｜いしく ↓ 石を切り出したり、石に細工をしたりする職人。類 石屋

❷〈鉱物〉の意味で

【石炭】せきたん ↓ 黒い石のような燃料。知識 大むかしの植物が長いあいだ地中にうもれ、地熱と圧力で変化してできたもので、化学工業の原料としても使われる。

【石油】せきゆ ↓ 地中にある、黒いどろどろした油(原油)。燃料やビニール・プラスチックな

ものしり巻物 第24巻

読み方によって意味がかわる熟語

「人気のない店で買い物をする」という文は、「人気」という熟語の読み方をかえると、まったくべつの意味になってしまいます。「にんき」と読めば、品物のねだんが高かったりして、みんなの評判がわるい店で買い物をするという意味になります。「ひとけ」と読めば、ほかのお客さんがだれもいないような、がらんとした店で買い物をするという意味になります。

こうば
こうじょう
工場
ふうしゃ
かざぐるま
風車
くさはら
そうげん
草原

上手(かみて・うわて・じょうず)、下手(しもて・したて・へた)など、読み方によってまったくべつの意味になってしまう熟語は、ほかにもいろいろあります。

また、工場(こうじょう・こうば)、風車(ふうしゃ・かざぐるま)、草原(そうげん・くさはら)のように、よく似たものを指していながら、指すものの大きさによって、読み方をかえる熟語もあります。

牧場(ぼくじょう・まきば)の場合は、指すものはほとんどかわりませんが、「まきば」と言ったほうがのどかな感じですね。

どの原料にする。知識 地下からほり出したままのものを原油といい、これを重油・軽油・灯油・ナフサ・ガソリンなどに製油して使う。

【石灰】せっかい｜いしばい 消石灰。↓石灰岩からつくる生石灰や消石灰。知識 生石灰は水とまざると熱を出す。消石灰は肥料やライン引きに使う。

石が下につく熟語 上の字の働き

❶石＝〈いし〉のとき

【岩石 盤石(磐石)】近い意味。

【化石 胆石 宝石 落石 磁石 軽石】ドノヨウナ石か。

【礎石 庭石 敷石 碁石 墓石 試金石】ナニに使う石か。

【採石 砕石 投石】石をドウスルか。

◆隕石 鉱石 定石 布石 木石

研

石-4 総画9 3年

明朝 研 7814

旧字 硏 784F

音 ケン 訓 と-ぐ(中)

筆順 研 研 研 研 研 研 研 研 研 (ながく) (はねない)

なりたち [形声] もとの字は、「硏」。「幵」が「ケン」という読み方をしめしている。「ケン」は「平らにする」意味をもち、「石」の表面を平らにすることを表す字。

意味

❶とぐ。みがく。例 刀を研ぐ。研磨

❷きわめる。追究する。例 研究

名前のよみ あき・あきら

❶〈とぐ〉の意味で

【研磨】けんま ⊡〈—する〉刃物・宝石・レンズなどをみがいたり、形をととのえたりすること。例 研磨材。

❷〈きわめる〉の意味で

【研究】けんきゅう ⊡〈—する〉事実をよく調べ、なぜそうなるか、その中にどういう原因・結果がひそんでいるかなどを明らかにしていくこと。例 研究にいそしむ。自由研究。

【研修】けんしゅう ↓〈—する〉必要な知識や技術を身につけるため、とくべつに勉強すること。例 研修会。新入社員研修。

砂

石-4 総画9 6年 明朝 砂 7802

音 サ・シャ㊥ 訓 すな

筆順 (はねる・とめる)

なりたち [形声]「少」は「沙」を略した形で、「サ」という読み方をしめしている。「サ」は「こまかい」の意味をもち、こまかい「石」のつぶを表す字。

意味 すな。岩石のこまかいつぶ。すなのようにこまかいもの。例 砂をほる。砂をかける。砂丘・砂金・土砂

特別なよみ 砂利(じゃり)

【砂丘】さきゅう ↓海岸や砂漠などで、砂や小石が風にふきよせられてできた小さい山。類 砂山

【砂金】さきん ↓川底や海岸などの砂や小石にまじっている、こまかい金のつぶ。

◆【砂塵】さじん ↓砂ぼこりや砂けむり。

【砂州】さす ↓水の流れや風で運ばれてきた砂や小石がつもって、海岸や湖岸につき出た細長い砂地。

【砂鉄】さてつ ↓砂の中にまじっているこまかな鉄鉱石のつぶ。例 磁石で砂鉄を集める。

【砂糖】さとう ↓サトウキビやテンサイ(サトウダイコン)などからつくる、あまい調味料。例 黒砂糖。白砂糖。

【砂漠】さばく ↓雨が少なくて、木や草がほとんど育たず、砂や岩ばかりが広がっているところ。表記「沙漠」とも書く。

【砂防】さぼう ↓山や海・川などで、土砂がくずれるのをふせぐこと。例 砂防ダム。

【砂利】じゃり ◎小石の集まり。例 玉砂利。

【砂場】すなば ↓運動や遊びのためにつくった、砂を入れた場所。例 砂場で山をつくって遊ぶ。

【砂浜】すなはま ↓砂地が広がっている海岸・湖岸。例 砂浜に波がうちよせる。

◆黄砂 土砂

砕

石-4 総画9 常用 明朝 砕 7815 旧字 碎 788E

音 サイ㊥ 訓 くだ-く㊥・くだ-ける㊥

筆順

なりたち [形声] もとの字は、「碎」。「卒(ソツ)」が「サイ」とかわって読み方をしめしている。「ソツ」は「こまかい」の意味をもち、「石うす」でこまかくくだくことを表している字。

意味 くだく。こまかにする。例 氷を砕く。波が砕ける。砕石・粉砕

【砕石】さいせき ▲〈—する〉岩や石を小さくくだくこと。くだいた石。例 砕石場。

【砕氷船】さいひょうせん 海面の氷をくだいて進むことができるようにした船。

◆玉砕 粉砕

砥

石-5 総画10 人名 明朝 砥 7825

音 シ㊕ 訓 と-ぐ㊕

意味 ❶といし。刃物をとぎ、みがくための石。例 砥石 ❷とぐ。刃物をみがく。

砧

石-5 総画10 人名 明朝 砧 7827

音 チン㊕ 訓 きぬた㊕

意味 きぬた。布をやわらかくしたりつやを出したりするために布をのせて打つ台。

破

音ハ　訓やぶ-る・やぶ-れる

石-5　総画10　5年

明朝 破 7834

筆順　一 石 石 矿 矿 矿 破 破 破（つにならない・はらう）

なりたち 形声「皮」が「ハ」とかわって読み方をしめしている。「ヒ」は「さける」意味をもち、「石」がさけることから、かたいものがこわれることを表す字。

意味

❶こわす。こわれる。だめになる。やっつける。例約束を破る。紙が破れる。撃破

❷わくからはずれる。はみ出す。例破格

❸やりとげる。例走破

例解[使い分け]やぶれる[破・敗] ☞このページ

❶〈こわす〉の意味で

【破壊】はかい Ⅲ〈―する〉むりに力を加えて、うちこわすこと。例環境破壊。類損壊 対建設

【破顔一笑】はがんいっしょう〈―する〉顔つきをやわらげて、にっこりわらうこと。

【破棄】はき ↓〈―する〉①手紙や書類などをやぶりすてること。例不要な書類を破棄する。②決めてあった約束などを取り消すこと。例婚約を破棄する。③上級の裁判所がまえの裁判の判決を取り消すこと。例一審の判決を破棄する。

【破局】はきょく ↓ものごとがいきづまって、どうにもならなくなり、たいへんな結果になること。例破局に追いやられる。

【破産】はさん ▲〈―する〉全財産をなくしてしまうこと。例事業に失敗して破産する。類倒産

【破損】はそん Ⅲ〈―する〉ものがこわれたり傷ついたりすること。例器物破損。類損壊

【破綻】はたん Ⅲ〈―する〉ものごとがいきづまって、うまくいかなくなること。例建設計画が破綻する。経営破綻。

【破談】はだん ▲まとまりかけていた約束ごとがだめになること。

【破片】はへん ↓ものがこわれてできた小さいかけら。例われたガラスの破片をかたづける。

【破魔矢】はまや 正月や棟上げのときに、魔よけとしてかざる矢。例神社で破魔矢を買う。

【破滅】はめつ Ⅲ〈―する〉立ちなおれないほど、だめになること。例身の破滅をまねく。

【破門】はもん ▲〈―する〉①先生や師匠が、それまで弟子であった者を、弟子としてあつかわないことにすること。対入門 ②宗教で、信者のなかまから追い出すこと。

【破約】はやく ▲〈―する〉①約束を取り消すこと。類解約 ②約束をやぶって、実行しないこと。類違約 キャンセル。

【破裂】はれつ Ⅲ〈―する〉内側からの強い力で勢いよくやぶれること。例水道管が破裂した。

❷〈わくからはずれる〉の意味で

【破格】はかく ▲①〈―に〉それまでのしきたりから見て、考えられないほどであること。例破格のあつかい。②詩や文章などが、きまりにしたがっていないこと。例破格の詩。

【破天荒】はてんこう〈―な〉今までだれもしなかったような、大胆でかわったことをするようす。例破天荒な計画。類前代未聞・未曽有 参考「天荒」は「未開の地」という意味。中国の書物にあることばから。

【破廉恥】はれんち〈―な・―に〉恥を恥とも思わない厚かましさ。はじしらず。例破廉恥な行為。

←破が下につく熟語 上の字の働き

❶破＝〈こわす〉のとき

例解 使い分け

やぶれる《破れる・敗れる》

破れる＝こわれてだめになる。
例ズボンが破れる。障子が破れる。夢が破れる。調和が破れる。

敗れる＝負ける。
例試合に敗れる。勝負に敗れる。人生に敗れる。

破れる　敗れる

【撃破 打破 突破 爆破 連破 論破】ドウヤッテこわすか。

❸破＝〈やりとげる〉のとき

【走破 踏破 読破 喝破 看破】ドウイウことをしてやりとげるか。

◆大破 難破

砲

石－5 総画10 常用 明朝 砲 7832

音 ホウ 中 訓 ―

筆順

なりたち [形声]もとの字は「砲」。「包」が「ホウ」という読み方をしめしている。「ホウ」は「はじきとばす」意味をもち、「石」を遠くへとばす器械を表す字。

意味 たいほう。例 砲弾・鉄砲

【砲火】⇩大砲から弾丸をうち出すときに出る火。例 砲火をまじえる（戦闘する）。

【砲丸】⇩陸上競技の砲丸投げで使う、丸い鉄の玉。

【砲撃】⇩〈－する〉大砲をうって、敵をせめること。例 敵の陣地を砲撃する。

【砲声】⇩大砲を発射する音。類 銃声

【砲台】⇩大砲がうちやすいようにつくった陣地。例 山の上に砲台をきずく。

【砲弾】⇩大砲のたま。類 弾丸

◆砲が下につく熟語 上の字の働き

【号砲 礼砲】ナニのための発砲か。

◆銃砲 鉄砲 発砲 無鉄砲

砦

石－6 総画11 人名 明朝 砦 7826

音 サイ 外 訓 とりで 外

意味 とりで。敵を防ぐための小さい城。例 城砦

硯

石－7 総画12 人名 明朝 硯 786F

音 ケン 外 訓 すずり 外

意味 すずり。墨をする道具。すずり石。

硬

石－7 総画12 常用 明朝 硬 786C

音 コウ 中 訓 かた－い 中

筆順

なりたち [形声]「更」が「コウ」という読み方をしめしている。「コウ」は「かたい」の意味をもち、「かたい石」を表す字。

意味 かたい。かんたんにくだけない。てごわい。例 硬い石。硬球・硬派・強硬 対 軟

例 解 [使い分け] かたい[固・堅・硬] ☞247ページ

【硬化】⇩〈－する〉①やわらかいものが、かたくなること。例 動脈硬化。対 軟化 ②相手の言うことを受けつけず、自分の考えをおしとおそうとする態度を強めること。例 態度を硬化させる。対 軟化

【硬貨】⇩金貨・銀貨・銅貨など、金属でつくったお金。コイン。対 紙幣

【硬球】⇩野球やテニスなどで使う、かたいほうのボール。対 軟球

【硬骨】⇩①かたい骨。例 硬骨魚類。対 軟骨 ②正しいと信じていることをまげない意志をもっていること。例 硬骨漢。類 反骨

【硬式】⇩野球やテニスなどで、硬球を使ってするやり方。例 硬式野球。対 軟式

【硬質】⇩ふつうのものより質がかたいこと。例 硬質ガラス。対 軟質

【硬水】⇩カルシウムやマグネシウムなどがたくさんとけこんでいて、飲み水や洗濯にはむかない水。対 軟水

【硬直】⇩〈－する〉①からだがこわばって、まがらないこと。例 硬直した手足をマッサージする。対 柔軟 ②考え方や態度がこりかたまって、ゆうずうがきかない。例 硬直した頭ではむりだ。対 柔軟

【硬度】⇩①金属や鉱物などのもののかたさの度合い。②水がカルシウムやマグネシウムなどをふくむ度合い。多くふくむものを硬水、少ないものを軟水という。

【硬派】⇩①手あらな考え方ややり方で、ものごとを進めようとするなかま。その中の人。対 軟派 ②異性や流行などにとらわれな

い人。とくにそういう若者。対軟派

【硬筆】↓ペンやえんぴつなど、紙にふれるところがかたい筆記用具。例硬筆習字。対毛筆

◆強硬 生硬

硝

石−7 総画12 常用 明朝 硝 785D

音ショウ中 訓―

筆順

なりたち [形声]「肖」が「ショウ」という読み方をしめしている。「ショウ」は「焼ける」意味をもち、火をつければ燃える「鉱石」を表す字。

意味 しょうせき(硝石)。火薬や肥料などの材料にする鉱石。例硝煙・硝酸

参考 以前はガラスを「硝子」と書いた。

【硝煙】↓銃をうったときなどに出る、火薬のけむり。例硝煙反応。

【硝酸】↓無色で強い酸性の、鼻をつくようなにおいのする液体。肥料・火薬・染料などの原料となる。例硝酸銀。

硫

石−7 総画12 常用 明朝 硫 786B

音リュウ中 訓―

筆順

なりたち [形声]「㐬」が「リュウ」という読み方をしめしている。「リュウ」は「とける」意味をもち、もろくてとけやすい「鉱石」である「いおう」を表す字。

意味 いおう(硫黄)。火山から流れ出る黄色い鉱物。例硫酸

特別なよみ 硫黄(いおう)

【硫黄】↓元素の一つ。黄色にかたまり、もやすと青白いほのおを出す物質。火薬、硫酸、薬の原料になる。例硫黄泉。

【硫安】◎「硫酸アンモニウム」の略。肥料などに使われる。

【硫酸】↓硫黄・酸素・水素が化合した、ねばりけのある無色で強い酸性の液体。化学工業の分野で使われている。例濃硫酸。

碍

石−8 総画13 表外 明朝 碍 788D

音ゲ外 訓―

意味 さまたげる。さしさわりになる。例融通無碍(なにものにもとらわれず、のびのびと自由であること)

碁

石−8 総画13 常用 明朝 碁 7881

音ゴ中 訓―

筆順

なりたち [形声]「其」が「ゴ」とかわって読み方をしめしている。「キ」は四角の意味をもち、四角い盤の上で遊ぶ「石」のこま「ごいし」を表す字。

意味 いご(囲碁)。たてよこそれぞれ十九本の線が引かれた盤の上で、交互に黒と白の石を置いて陣取りをするゲーム。例碁を打つ。碁盤

【碁石】↓碁を打つときに使う平たくて円形の石。白石と黒石とがある。 [文字物語]☞640ページ

【碁盤】↓碁を打つときに使う四角い台。表面に、たてよこそれぞれ十九本の線が引いてある。例碁盤にむかう(碁を打つ)。

◆囲碁

碓

石−8 総画13 人名 明朝 碓 7893

音タイ外 訓うす外

意味 うす。米や穀物を杵でついて脱穀したり粉にする道具。

碗

石−8 総画13 人名 明朝 碗 7897

音ワン外 訓―

意味 わん。焼き物でつくった、食べ物を入れるうつわ。例茶碗

表記 木でつくったものは「椀」と書く。

磁

石-9 総画14 6年
明朝 磁 78C1

音 ジ　訓 ―

筆順 一 ア 石 石 磁 磁 磁 磁（とめる）

なりたち 「形声」「茲」が「ジ」という読み方をしめす。「ジ」は「ひきつける」意味をもち、鉄をすいつける「鉱石」を表す字。

意味 ❶鉄を引きつける性質。南北を指ししめす性質。例 磁気・磁石 ❷白くてかたいやきもの。土ではなく石を原料とする焼き物。例 磁器・青磁

❶〈鉄を引きつける性質〉の意味で

【磁気】じき ↓ 鉄を引きつけたり、磁針を南北に向けさせたりする力のもとになっているもの。例 磁気をおびる。

【磁石】じしゃく ↓ ①鉄を引きつける性質をもっているもの。マグネット。②方角を知るための道具。中にある磁針が、地球の磁気に引かれて南北を指す。コンパス。例 方位磁石。

知識 磁石には、N極とS極があり、ちがう極どうしでは引きつけ合い、おなじ極ではしりぞけ合う。

【磁針】じしん ↓ 方角を知るのに使う、針のようにした磁石。真ん中でささえ、自由に動くようにしておくと、南北を指してとまる。

【磁場】じば・じじょう ↓ 磁力がはたらいている場所。磁石のまわりや電流の流れている電線のまわりにできる。類 磁界

【磁力】じりょく ↓ 磁石が鉄などを引きつけたり、磁石どうしが引き合ったりしりぞけ合ったりするときにはたらく力。例 磁力計。

❷〈白くてかたいやきもの〉の意味で

【磁器】じき ↓ くだいた石を原料とする、白くてかたい焼き物。例 磁器の花びん。

碩

石-9 総画14 人名
明朝 碩 78A9

音 セキ外　訓 ―

意味 大きい。りっぱである。例 碩学

碑

石-9 総画14 常用
明朝 碑 7891
旧字 碑 FA4B

音 ヒ中　訓 ―

筆順 一 石 石 砷 砷 碑 碑

なりたち 「形声」「卑」が「ヒ」という読み方をしめしている。「ヒ」は「立てる」意味をもち、地上に立てる「石」を表す字。

意味 いしぶみ。文字をほって記念とした石。例 碑を建てる。碑文・石碑・記念碑

【碑文】ひぶん ↓ 石碑にほりつけられた文字や文章。

◆ 歌碑 石碑

碧

石-9 総画14 人名
明朝 碧 78A7

音 ヘキ外　訓 あお外

意味 青みがかった石。青く美しい玉。青い色。あおみどり。例 碧玉・紺碧

名前のよみ きよし・みどり

確

石-10 総画15 5年
明朝 確 78BA

音 カク　訓 たし-か・たし-かめる

筆順 一 ア 石 矿 確（だす） 砩 碓 確

なりたち 「形声」「隺」が「カク」という読み方をしめしている。「カク」は「かたい」の意味をもち、「かたい石」を表す字。

意味 たしか。まちがいない。しっかりしている。確かに引き受ける。答えを確かめる。確たる証拠。例 確実・正確

名前のよみ あきら・かた

【確言】かくげん ↓〈―する〉はっきりと言い切ること。例 確言をさける。類 断言

【確執】かくしつ ↓〈―する〉それぞれが自分の考えにこだわって、ゆずろうとしないために起こるあらそい。例 むかしからの確執。

【確実】かくじつ Ⅲ〈―な〉たしかでまちがいがないようす。例 確実な情報。類 的確・適確

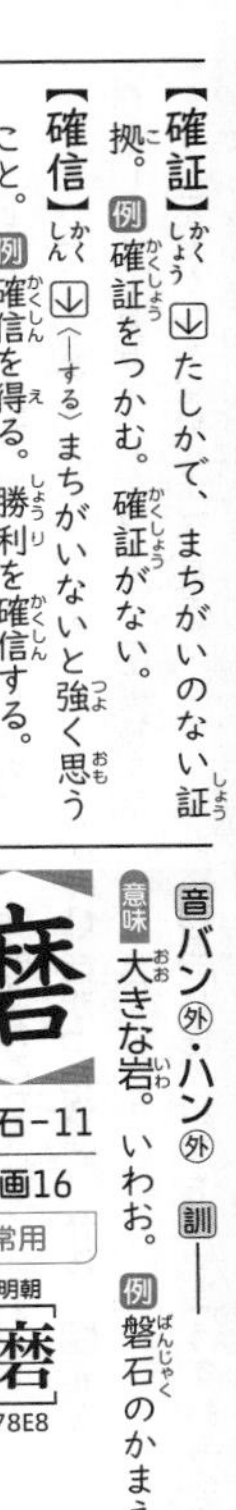

【確証】↓ たしかで、まちがいのない証拠。例 確証をつかむ。確証がない。

【確信】↓〈―する〉まちがいないと強く思うこと。例 確信を得る。勝利を確信する。

【確定】↓〈―する〉はっきり決まること。はっきり決めること。例 日時が確定した。類 決定

【確答】↓〈―する〉責任をもって、はっきりと答えること。例 市長の確答をえる。

【確認】↓〈―する〉ほんとうにそうかどうかをたしかめること。例 在庫を確認する。

【確保】↓〈―する〉なくならないように、しっかりともっていること。例 災害にそなえて食糧を確保する。犯人の身がらを確保する。

【確約】↓〈―する〉かならずまもると約束すること。例 確約を得ている。

【確立】↓〈―する〉しっかりしたものにつくること。例 友好関係を確立する。類 樹立

【確率】↓ あることが、そうなる割合。例 確率が高いほうをえらぶ。類 公算

【確固】Ⅲ〈―たる〉考えや気持ちなどがしっかりしていて、ぐらぐらしないようす。例 確固たる信念。類 強固 表記「確乎」とも書く。

確が下につく熟語 上の字の働き

【正確 明確】近い意味。

◆的確 適確

【磐】

石-10 総画15 人名 明朝 磐 78D0

音 バン外・ハン外 訓 ―

意味 大きな岩。いわお。例 磐石のかまえ。

【磨】

石-11 総画16 常用 明朝 磨 78E8

音 マ中 訓 みが-く中

筆順

なりたち [形声]もとの字は、「礳」。「磨」は略した形で、「麻」が「マ」という読み方をしめしている。「マ」は「こする」意味をもち、「石」をこすってみがくことを表す字。

意味 みがく。こする。例 歯を磨く。研磨

【磨滅】↓〈―する〉すりへること。すりへってなくなること。例 石碑の文字が磨滅して見えにくい。表記「摩滅」とも書く。

【磨耗】↓〈―する〉ほかのものにこすれて、すりへること。表記「摩耗」とも書く。

磨が下につく熟語 上の字の働き

【研磨 錬磨】近い意味。

【磯】

石-12 総画17 人名 明朝 磯 78EF

音 キ外 訓 いそ外

意味 いそ。波うちぎわ。例 磯辺・荒磯

【礁】

石-12 総画17 常用 明朝 礁 7901

音 ショウ中 訓 ―

筆順

なりたち [形声]「焦」が「ショウ」という読み方をしめしている。「ショウ」は「さえぎられて見えない」の意味をもち、水中にかくれて見えない「岩石」を表す字。

意味 水中の岩。かくれ岩。例 珊瑚礁

礁が下につく熟語 上の字の働き

【暗礁 環礁 魚礁】ドノヨウナ礁か。

◆岩礁 座礁

【礎】

石-13 総画18 常用 明朝 礎 790E

音 ソ中 訓 いしずえ高

筆順

なりたち [形声]「楚」が「ソ」という読み方をしめしている。「ソ」は「はじめ」の意味をもち、はじめに置く「石」、「いしずえ」を表す字。

意味 いしずえ。土台石。例 国の礎を築く。礎石・基礎

【礎石】↓ ①建物の柱の下にすえて、土台にする石。類 土台石・礎 ②もののもとになる力や人。例 この研究は新しい学問の礎石になるだろう。類 礎

◆基礎 定礎

5画 示 ネ ［しめす］［しめすへん］の部

「示」をもとに作られ、神や祭礼にかかわる字を集めてあります。

この部首の字

0 示…824　1 礼…824　3 祁…825　社…825　4 祈…825　祇…826　祉…826　5 祝…826　神…826　祖…827　祐…828　6 祭…828　祥…828　票…828　8 禁…829　禄…829　9 禍…829　禅…830　禎…830　福…830　14 禰…831　禱…831　奈▼大 295　視▼見 964　崇▼山 360　榊▼木 649

示

示-0　総画5　5年　明朝 示 793A

音 ジ・シ 中　訓 しめ-す

筆順 示 示 示 示 示（ながく・はねる・とめる）

なりたち 示 ［会意］つくえ(丁)と、その上にのせられたいけにえ(一)と、したたる血(八)とからでき、いけにえを神にそなえることを表している字。神にいけにえをしめすことから、「しめす」として使われる。

意味 しめす。見せて、わからせる。例 模範を示す。示しがつかない。示唆・展示

名前のよみ とき

【示威】じい ▲〈―する〉力やいきおいがあることを見せつけること。例 示威運動(デモ)。

【示唆】しさ ↓〈―する〉それとなく教えること。ヒント。例 示唆に富むことば。類 暗示

【示談】じだん ↓ 争いごとを、裁判ではなく、話し合いで解決すること。例 示談が成立する。

← 示が下につく熟語 上の字の働き

【指示 表示 標示】近い意味。

【明示 暗示 公示 内示】ドノヨウニ示すか。

【訓示 啓示 掲示 告示 指示 提示 展示】ドウヤッテ示すか。

【例示 図示】ナニによって示すか。

礼

ネ-1　総画5　3年　明朝 礼 793C　旧字 禮 79AE

音 レイ・ライ 高　訓 ―

筆順 礼 ネ ネ ネ 礼（はねる・おらない）

なりたち 禮 ［形声］もとの字は、「禮」。「示」が「神」を、「豊(もとは「ゆたか」の「豊」とはことなる)」が「レイ」という読み方をしめしている。「レイ」は「おこなう」意味をもち、神前でおこなう動作を表す字。

意味 ❶きまった儀式。作法。例 礼をつくす。礼儀・祭礼・失礼 ❷おじぎ。相手をうやまう気持ちを表す動作。例 立って礼をする。礼拝 ❸感謝のしるし。おれい。例 礼金・謝礼

名前のよみ あき・あきら・あや・のり・ひろ・ひろし・まさ・まさし・みち・ゆき・よし

❶〈きまった儀式〉の意味で

【礼儀】れいぎ Ⅱ 相手をうやまいたいせつに思う気持ちを表す、ことばづかいやふるまい。エチケット。マナー。例 礼儀正しくあいさつする。礼儀作法。

【礼節】れいせつ Ⅱ 相手をうやまい、ものごとのけじめをたいせつにしようとする気持ちや態度。例 衣食足りて礼節を知る(礼節は生活が成り立ってからわきまえるようになるものだ)。

【礼装】れいそう ↓ 式や会などに出るときに着るきちんとした服装。類 正装・礼服 対 略装

【礼服】れいふく ↓ 儀式のときに着る、あらたまった服。例 礼服着用のこと。類 式服 対 平服

【礼法】れいほう ↓ 人に接するときの態度や日常の動作の一つ一つについてのきまり。礼儀作法。例 礼法を学ぶ。

【礼砲】れいほう ↓ 儀式として軍隊などが空砲をうつこと。例 礼砲とともに式典がはじまった。

❷〈おじぎ〉の意味で

【礼賛】らいさん Ⅱ〈―する〉すばらしさをほめたたえること。例 東洋の美を礼賛する。類 賛美 表記「礼讃」とも書く。

【礼拝】れいはい｜らいはい Ⅱ〈―する〉神や仏をおがむこと。

参考 ふつう、キリスト教では「れいはい」、仏教では「らいはい」という。

❸〈感謝のしるし〉の意味で

【礼金】↓ ①お礼としてさし出すお金。例 礼金はいりません。類 謝金 ②家やへやを借りるとき、家主にはらうようにもとめられるお金。例 大家さんに、敷金と礼金をはらう。

【礼状】↓ お礼の手紙。例 礼状を出す。

礼が下につく熟語 上の字の働き

❶礼＝〈きまった儀式〉のとき
【非礼 無礼】打ち消し。
【婚礼 祭礼 洗礼】ナニのための儀式か。

❷礼＝〈おじぎ〉のとき
【一礼 敬礼 巡礼 黙礼 目礼】ドノヨウニおじぎをするか。

◆虚礼 失礼 謝礼 答礼 返礼

【祁】

示-3 総画8 人名 明朝 祁 7941

音 キ 外 訓 ——

意味 さかんなようす。大きいようす。

【社】

ネ-3 総画7 2年 明朝 社 793E 旧字 社 FA4C

音 シャ 訓 やしろ

筆順 社 ラ ネ ネ ネ一 补 社（ながく）

なりたち 社 ［形声］もとの字は、「社」。「示」が「神」を、「土」が「シャ」とかわって読み方をしめしている。「土地の神」を表す字。

意味 ❶やしろ。お宮。例 社の境内。社殿・神社 ❷人の集まり。例 社会・公社 ❸会社。例 社員・商社

発音あんない シャ→ジャ…例 神社

❶〈やしろ〉の意味で

【社寺】Ⅱ 神社と寺。例 社寺めぐりの旅。

【社殿】↓ 神体を祭る神社の建物。

❷〈人の集まり〉の意味で

【社会】Ⅱ ①いっしょになって生活をしている人びとの集まり。例 国際社会。②世の中。世間。例 社会の荒波。③なかま。おなじ仕事をしている人や、おなじ年ごろの人たちなどの集まり。例 芸能人の社会。

【社会人】世の中に出て、自立して生活をしている人。

【社会性】①多くの人たちとなかよくやっていく力や性質。例 社会性が身につく。類 社交性 ②その世の中で広く通じる性質。例 社会性のある題材で映画をつくる。

【社交】↓ 世間の、人と人とのつきあい。人づきあい。例 社交的。

【社交辞令】つきあいのための、あいさつやほめことば。おせじ。類 外交辞令

❸〈会社〉の意味で

【社員】↓ その会社につとめている人。例 新入社員。

【社運】↓ 会社が上向くか下向くか、そのなりゆき。例 新製品に社運をかける。

【社屋】↓ その会社の建物。

【社説】↓ 新聞社が、自分の会社を代表する意見としてのせる文章。類 論説

【社宅】↓ 社員とその家族を住まわせるために、会社が用意した家。例 社宅に入る。

【社風】↓ その会社の人びとに共通する考え方ややり方。例 社風に合わない。

【社用】↓ 会社の仕事や用事。

社が下につく熟語 上の字の働き

❷社＝〈人の集まり〉のとき
【結社 会社 公社】ドノヨウナ集団か。

❸社＝〈会社〉のとき
【商社 支社 弊社】ドウイウ会社か。
【入社 退社】会社を（会社に）ドウスルか。

◆寺社 神社

【祈】

ネ-4 総画8 常用 明朝 祈 7948 旧字 祈 FA4E

音 キ 中 訓 いの-る 中

筆順 ラ ネ ネ ネ 祈 祈 祈 祈

なりたち 祈 ［形声］もとの字は、「祈」。「示」が「神」を、「斤」が「キ」という読み方をしめしている。「キ」は「ねがう」意味をもち、神にねがうことを表す字。

祇 祉 祝 神 ▶前ページ 祁 社 祈

意味 いのる。神や仏にねがう。例 神に祈る。祈願・祈念

【祈願】Ⅱ〈—する〉神や仏に、願いごとがかなうよういのること。例 合格を祈願する。類 祈念

【祈念】Ⅱ〈—する〉のぞみがかなうように、心の中でじっといのること。例 平和を祈念する。類 祈願

祇

示-4 総画9 人名 明朝 祇 7947

音 キ外・ギ外 訓 ―

意味 ❶地の神。❷《その他》例 祇園精舎

◆❷《その他》

【祇園精舎】むかしのインドで、釈迦が説法をおこなった寺。

祉

ネ-4 総画8 常用 明朝 祉 7949 旧字 祉 FA4D

音 シ中 訓 ―

筆順 ` ラ ネ ネ 礻 礻卜 礻止 祉

なりたち [形声]もとの字は、「祉」。「示」が神を、「止」が「シ」という読み方をしめす。「シ」は「たまわる」意味をもち、神からのたまわりものを表す字。

意味 しあわせ。さいわい。例 福祉

祝

ネ-5 総画9 4年 明朝 祝 795D 旧字 祝 FA51

音 シュク・シュウ高 訓 いわ-う

筆順 ` ラ ネ ネ 祀 祀 祝 祝 祝（はねる・おらない）

なりたち [会意]もとの字は、「祝」。「示」が神、「口」がくち、「儿」が人がひざまずいている形で、みこが神に向かってよびとめているようすを表す字。

意味 いわう。よろこびの気持ちを表す。例 門出を祝う。勝利を祝す。祝典・祝言

注意するよみ シュウ…例 祝儀・祝言

特別なよみ 祝詞(のりと)

名前のよみ とき・のり・はじめ・よし

【祝儀】↓①おいわいの儀式。おもに結婚式をいう。例 祝儀にまねかれる。類 祝言 対 不祝儀 ②おいわいの気持ちを表しておくるお金や品物。例 祝儀ぶくろ。③人のはたらきに対して、お礼としてあげるお金や品物。心づけ。チップ。例 祝儀をはずむ。

【祝言】↓結婚式の古めかしい言い方。例 祝言をあげる。類 祝儀・婚礼

【祝宴】↓おいわいの酒もり。

【祝賀】Ⅱ〈—する〉おめでたいことをよろこんで、いわうこと。例 祝賀会。類 慶賀

【祝祭日】祝日と祭日。

【祝詞】一しゅくし ↓おいわいのことば。類 祝辞 対 弔詞 二のりと ◎神主が神に申しあげることば。例 地鎮祭で祝詞をあげる。

【祝辞】↓おいわいの気持ちをのべるあいさつのことば。例 来賓が祝辞をのべる。類 祝詞 対 弔辞

【祝日】↓いわいの日。国で決めた、いわいの日(国民の祝日)。類 祭日・祝祭日・旗日

【祝勝】▲戦争やスポーツなどの勝利をいわうこと。例 祝勝会。祝勝パレード。

【祝典】↓おいわいの儀式。

【祝電】↓おいわいの電報。例 祝電をうつ。対 弔電

【祝杯】↓おいわいの酒を飲むさかずき。例 祝杯をあげる。

【祝福】▲〈—する〉幸福をいわうこと。幸福をいのること。例 前途を祝福する。

◆慶祝 奉祝

神

ネ-5 総画9 3年 明朝 神 795E 旧字 神 FA19

音 シン・ジン 訓 かみ・かん中・こう高

筆順 ` ラ ネ ネ 礻口 礻日 礻申 神（はっきりだす）

なりたち [形声]もとの字は、「神」。「示」が「神」を、「申」が稲光の形と「シン」という読み方をしめしている。雷神を表す字

で、広く「かみ」として使われている。

意味

❶かみ。神様。例神にいのる。技、神に入る（神わざと思うほどすぐれている）。神主・神話・神社・女神

❷ふしぎな力。人間わざでない。例神秘

❸こころ。例神経・精神

❹神戸。兵庫県神戸市。例阪神・名神

注意するよみ かん…例神主 こう…例神々しい

特別なよみ お神酒（おみき）・神楽（かぐら）

県名 神奈川（かながわ）

❶〈かみ〉の意味で

【神楽】かぐら ◎神を祭るための、日本古来の音楽と舞。例神楽を奉納する。

【神業】かみわざ ↓人間の力ではとてもできないような、ふしぎなおこない。類奇跡 対人間業

【神主】かんぬし ↓神社にいて、神を祭ることを仕事にしている人。類神官

【神学】しんがく ↓キリスト教の研究をする学問。

【神官】しんかん ↓神社にいて、神を祭ることを仕事にしている人。類神主

【神宮】じんぐう ↓とくべつに格式の高い神社のよび名。例伊勢神宮。明治神宮。

【神事】しんじ ↓おそなえや祝詞をあげたりして、神を祭る儀式。例神事がおこなわれる。

【神式】しんしき ↓神道のきまりによっておこなう、結婚式や葬式などの儀式。対仏式

【神社】じんじゃ ↓神を祭ってあるところ。例神社の境内。類社

【神出鬼没】しんしゅつきぼつ 鬼や神のように、思わぬとき急にあらわれ、いるかと思えばいないというように、とらえがたいこと。参考中国の書物にあることば。

【神聖】しんせい Ⅲ〈ーな〉少しのけがれもない、とうとくきよらかなこと。例神聖な場所。

【神前】しんぜん ↓祭ってある神の前。例神前で結婚式をあげる。

【神体】しんたい ↓神がやどるものとして神社などに祭られているもの。鏡・剣・玉などが多い。

【神殿】しんでん ↓神を祭ってある大きな建物。例ギリシャの古い神殿。

【神道】しんとう ↓日本に古くからある信仰。神々をうやまい、祖先をとうとぶことを中心にする宗教。

【神父】しんぷ ↓キリスト教のカトリックで、神の教えをとく人。類司祭 知識プロテスタントの「牧師」にあたる。

【神話】しんわ ↓その民族がむかしからつたえてきた、神々の話。例日本の神話。

❷〈ふしぎな力〉の意味で

【神通力】じんつうりき｜じんずうりき 神のように、どんなことでもできるふしぎな力。

【神童】しんどう ↓ずばぬけて頭のよい子ども。例小さいころは神童といわれていた。

【神秘】しんぴ Ⅲ〈ーな〉人の知恵では考えおよばないようなふしぎなこと。例自然の神秘。

【神妙】しんみょう Ⅲ〈ーな〉①なんともふしぎである。例神妙不可思議。②すなおで、おとなしいようす。例神妙な顔で注意をきく。

❸〈こころ〉の意味で

【神経】しんけい ↓①動物のからだの中にひろがっていて、いろいろな感じを脳やせきずいに知らせたり、脳からの命令をからだのすみずみまでつたえたりするはたらきをするすじ。例視神経。②こまかく感じ、こまかく気づかう心のはたらき。例神経がいきとどく。

【神経質】しんけいしつ 〈ーに〉ものごとに感じやすくて、ちょっとしたことでも気にする性質。

【神髄】しんずい ↓ものごとの、もっとも中心となるだいじなところ。例学問の神髄をきわめる。類精髄・奥義 表記「真髄」とも書く。

神が下につく熟語 上の字の働き

❶神＝〈かみ〉のとき

【魔神 鬼神 竜神 七福神 女神】ドウイウ神か。

【祭神 氏神】ナニの神か。

◆失神 精神

祖

ネ－5　総画9　5年

明朝 祖 7956　旧字 祖 FA50

音ソ　訓―

筆順 祖 ネ ネ ネ ネ 祁 祖 祖 祖

次ページ 祐 祭 祥 票

なりたち 祖 [形声]もとの字は、「祖」。「示」が「神」を、「且」が「重なる」の意味と「ソ」という読み方をしめしている。いく代も重なる先祖を表す字。

意味 血すじのもと。おおもと。つながりのはじまり。例 医術の祖。開山の祖。元祖

【祖国】そこく ↓ 自分が生まれ育った国。祖先からずっと住みつづけてきた国。例 祖国をなつかしく思う。類 故国・母国・本国

【祖先】そせん ‖ ①その家のいちばんはじめの人。今よりも前の代の人びと。例 祖先の墓をまもる。類 先祖・元祖 対 子孫 ②生物が進化してきた、そのおおもと。例 人類の祖先。

【祖父】そふ ↓ 父母の父。おじいさん。対 祖母

【祖母】そぼ ↓ 父母の母。おばあさん。例 母方の祖母。対 祖父

←祖が下につく熟語 上の字の働き

【元祖 始祖】ドウイウおおもとか。

◆先祖 父祖

祐

ネ−5 総画9 人名 明朝 祐 7950 旧字 祐 FA4F

音 ユウ外 訓 たす−ける外

意味 たすける。例 天祐

名前のよみ さち・すけ・まさ・むら・よし

祭

示−6 総画11 3年 明朝 祭 796D

音 サイ 訓 まつ−る・まつ−り

筆順 ノ ク タ … 祭（すこしでる・とめる・はねる）

なりたち 祭 [会意]「肉(月)」と「手(又)」と「神(示)」とからできていて、いけにえの肉を手に取り、神にささげまつることを表している字。

意味 まつり。記念の行事。例 神を祭る。神社の祭り。祭典・祭礼・葬祭

【祭日】さいじつ ↓ ①神の祭りをおこなう日。②国民の祝日。例 祝祭日。

【祭神】さいじん|さいしん ↓ 神社に祭ってある神。数は、「一柱」「二柱」とかぞえる。

【祭壇】さいだん ↓ 祭りに必要な供え物などを置く壇。例 祭壇をしつらえる。

【祭典】さいてん ↓ 祭りの儀式。にぎやかにおこなうお祝いや行事。フェスティバル。例 スポーツの祭典。類 式典

【祭礼】さいれい ↓ 神社の祭り。例 祭礼のおはやしが聞こえてくる。

←祭が下につく熟語 上の字の働き

【例祭 生誕祭】ドウイウ祭りか。

◆冠婚葬祭

祥

ネ−6 総画10 常用 明朝 祥 7965 旧字 祥 FA1A

音 ショウ中 訓 —

筆順 、 ラ ネ ネ … 祥

なりたち 祥 [形声]もとの字は、「祥」。「示」が神を、「羊」が「ショウ」とかわって読み方をしめしている。「ヨウ」は「よい」の意味をもち、神のたまわるよいことを表す字。

意味 ❶めでたいこと。よいことのしるし。きざし。例 吉祥 ❷とむらいのまつりの名。例 祥月

名前のよみ あきら・さき・さち・ただ・なが・やす・よし

❷〈とむらいのまつりの名〉の意味で

【祥月命日】しょうつきめいにち 人が死んだ、その月その日。例 祥月命日には墓参りに行く。

◆発祥 不祥

票

示−6 総画11 4年 明朝 票 7968

音 ヒョウ 訓 —

筆順 一 … 票（西にならない・はねる・とめる）

なりたち [会意]もとの字は、「㶾」。「[illegible]」が「高くかかげる」意味をもち、「火」と合わせて、火の飛びまうことを表す字。借りて、「ふだ、しるし」として使われている。なお、「火」が、あやまって「示」と書かれてしまった。

意味 ❶書きつけのふだ。例通知票。伝票 ❷選挙に使うふだ。例票を投じる。十五万票。票決・投票

❷〈選挙に使うふだ〉の意味で

【票決】ひょうけつ ↓〈－する〉一人ひとりの投票で、ものごとを決めること。例票決に入る。

【票田】ひょうでん ↓選挙で、その候補者がたくさんの票を取れると見こんだ地域。例大票田。

票が下につく熟語 上の字の働き

❷票＝〈選挙に使うふだ〉のとき

【開票 投票 得票】票をドウスルか。

◆決選投票 伝票 白票

禁

示-8 総画13 5年 明朝 禁 7981

音 キン 訓 ―

筆順 一 十 オ 木 林 林 禁 禁(はねる) 禁

なりたち 〔形声〕「示」が神を、「林」が「キン」とかわって読み方をしめしている。「リン」は「いむ(不吉なことをきらったりさけたりする)」意味をもち、神のいみきらうことを表す字。

意味 ❶なにもさせない。とどめる。とじこめる。例禁をおかす。外出を禁じる。禁止・禁帯出(持ち出し禁止)・解禁
❷天子のいるところ。例禁中

❶〈なにもさせない〉の意味で

【禁煙】きんえん ▲〈－する〉たばこをすうことをゆるさないこと。また、たばこをすうことをやめること。例禁煙車。対喫煙

【禁忌】きんき ‖〈－する〉①その社会でよくないこととして、禁じたりさけたりすること。タブー。例禁忌をおかす。②ウナギと梅ぼしのように、食べ合わせることをさけること。

【禁句】きんく ↓ここではそのことばは口にしないと決めていることば。忌みことば。タブー。例練習中は「できない」は禁句だ。

【禁錮】きんこ ‖〈－する〉①へやの中にとじこめて外へ出さないようにすること。②法律で、刑務所に入れておくが、労働をさせないでとじこめておくだけの刑罰。例禁錮刑。類懲役
表記「禁固」とも書く。

【禁止】きんし ‖〈－する〉してはいけないととめること。例駐車禁止。類禁断

【禁酒】きんしゅ ▲〈－する〉酒を飲むことをやめること。また、酒を飲むことをゆるさないこと。類断酒

【禁制】きんせい ‖〈－する〉命令や規則で、してはいけないとさしとめること。例禁制品。類法度

【禁足】きんそく ▲〈－する〉外出をさしとめること。外出禁止。例三日間の禁足をくらう。

【禁断】きんだん ‖〈－する〉かたく禁じること。例禁断の木の実(禁じられるだけに誘惑が大きいもの)。類禁止

【禁物】きんもつ ↓してはならないこと。例油断禁物。

【禁欲】きんよく ▲〈－する〉したいと思うことをがまんすること。例禁欲生活。

【禁猟】きんりょう ▲〈－する〉鳥やけものなどをとることを、法律で禁じること。例禁猟期。

【禁漁】きんりょう ▲〈－する〉魚・貝・海藻などをとることを、法律で禁じること。例禁漁区。

【禁令】きんれい ↓してはいけないという命令。例幕府の禁令をやぶる。類禁止令

❷〈天子のいるところ〉の意味で

【禁中】きんちゅう ↓天皇が住んでいるところ。類皇居・宮中・内裏

◆解禁 監禁 厳禁 軟禁

禄

ネ-8 総画12 人名 明朝 禄 7984 旧字 祿 797F

音 ロク㊐ 訓 ―

意味 いただきもの。ありがたくいただくもの。俸給。例禄高・貫禄

禄が下につく熟語 上の字の働き

【家禄 高禄】ドノヨウナいただきものか。

禍

ネ-9 総画13 常用 明朝 禍 798D 旧字 禍 FA52

音 カ㊥ 訓 わざわ-い㊐

筆順 ネ ネ 祁 祀 禍 禍 禍 禍

なりたち 禍 [形声]もとの字は、「禍」。「示」が神を、「咼」が「カ」という読み方をしめしている。「カ」は「とがめる」意味をもち、神のとがめを表す字。

意味 わざわい。わるいできごと。例 禍根・災禍 対 福

【禍根】かこん ↓ よくないことが起こるもと。例 あとに禍根をのこさないようにしよう。

【禍福】かふく ⇕ 不幸と幸福。例 禍福はあざなえる縄のごとし(幸福と不幸とはちょうど縄のように一つにより合わさっていて、幸が不幸に、不幸が幸にかわるというように、どんどんかわっていくものである)。類 吉凶

【禍いを転じて福となす】わざわいをてんじてふくとなす 不利や失敗をうまく処置して、逆に成功のきっかけとする。

禍が下につく熟語 上の字の働き

【災禍 舌禍 輪禍】ナニによるわざわいか。

◆惨禍 大禍

禅

ネ-9 総画13 常用 明朝 禅 7985 旧字 禪 79AA

音 ゼン 中 訓 —

筆順 ネ ネ ネ' ネ'' 禅 禅 禅

なりたち 禪 [形声]もとの字は、「禪」。「示」が神を、「單」が「ゼン」とかわって読み方をしめしている。「タン」は「平ら」の意味をもち、地面を平らにならして神をまつることを表す字。仏教では、古代インドで使われた梵語に漢字を当てた「禅那」の略として使っている。

意味 ❶ゆずる。位をゆずる。例 禅譲 ❷仏教の修行。その修行を中心とする仏教の宗派。例 禅宗・座禅

❶〈ゆずる〉の意味で

【禅譲】ぜんじょう Ⅲ ①天子が子孫以外の、徳の高い者に位をゆずること。対 革命 ②支配者がその権力を話し合いで人にわたすこと。

❷〈仏教の修行〉の意味で

【禅宗】ぜんしゅう ↓ 仏教の宗派の一つ。座禅をくんでさとりをひらき、仏の心に近づこうとするもの。インドから達磨が中国につたえ、栄西と道元が鎌倉時代に日本につたえた。

【禅問答】ぜんもんどう 禅宗の僧が、さとりをひらくためにする問答。表現 話している人はわかっていても、聞いているまわりの人にはさっぱりわからない会話を、「あの人たちの話は禅問答だ」などということがある。

◆座禅 友禅

禎

ネ-9 総画13 人名 明朝 禎 798E 旧字 禎 FA53

音 テイ 外 訓 —

意味 さいわい。めでたいしるし。例 禎祥

名前のよみ さだ・さち・ただ・ただし・とも・よし

福

ネ-9 総画13 3年 明朝 福 798F 旧字 福 FA1B

音 フク 訓 —

筆順 ラ ネ ネ 福 福 福 福 福

なりたち 福 [形声]もとの字は、「福」。「示」が神、「畐」が酒を入れるかめで、「フク」という読み方をしめしている。神からたまわる酒を表す字。神のあたえてくれるしあわせの意味に使われている。

意味 しあわせ。さいわい。例 福は内、鬼は外。福の神。福音・幸福 対 禍

名前のよみ さき・さち・たる・とし・とみ・もと・よし

【福音】ふくいん ↓ ①よろこばしい知らせ。②キリスト教で説く、キリストが人間の罪をせおって罰を受けてくれたという知らせ。例 福音書。

【福運】ふくうん Ⅲ しあわせと幸運。

【福祉】ふくし Ⅲ 多くの人びとのしあわせ。例 公共の福祉。社会福祉。

【福徳】ふくとく Ⅲ 幸福と財産。例 福徳円満の人。

【福利】ふくり Ⅲ 幸福と利益。例 福利厚生施設。

福が下につく熟語 上の字の働き

【幸福 裕福】近い意味。

◆禍福 祝福

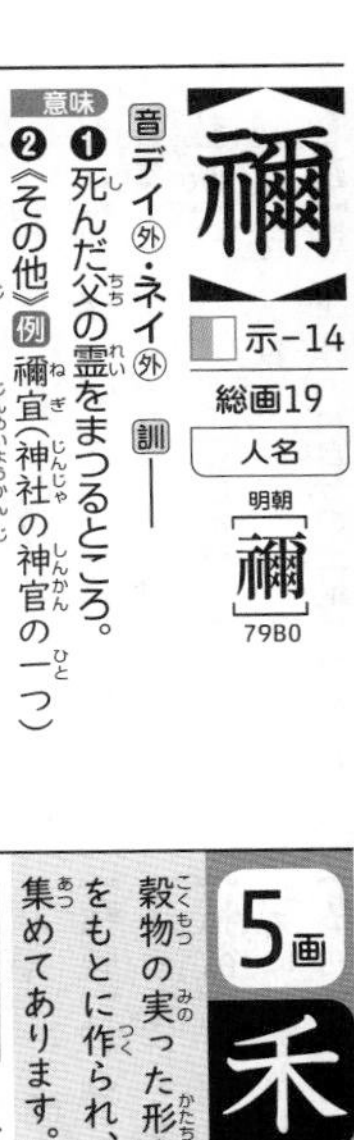

【禰】 示-14 総画19 人名 明朝 禰 79B0

音 デイ(外)・ネイ(外) 訓 ——

意味 ❶死んだ父の霊をまつるところ。❷《その他》例 禰宜(神社の神官の一つ)

参考 「祢」の字も、人名用漢字。

【禱】 示-14 総画19 人名 明朝 禱 79B1

音 トウ(外) 訓 いの-る(外)

意味 いのる。いのり。神や仏にねがう。例 祈禱・黙禱

参考 「祷」の字も、人名用漢字。

5画 内 [ぐうのあし] の部

けものの足あとをあらわす「内」をもとにして作られた「禽」の字だけが入ります。

この部首の字 8 禽……831

【禽】 内-8 総画13 人名 明朝 禽 79BD

音 キン(外) 訓 とり(外)

意味 とり。鳥類。例 禽獣・猛禽(ワシやタカなど、肉食の鳥)

◆【禽獣】きんじゅう 鳥や、けもの。類 鳥獣

5画 禾 [のぎ][のぎへん] の部

穀物の実った形をえがいた象形である「禾」をもとに作られ、イネや穀物にかかわる字を集めてあります。

この部首の字

0 禾……831　2 私……831　秀……832　4 科……833　秋……833　秒……833　5 称……834　秦……834　租……834　秩……834　秘……834　秤……835　6 移……835　7 稀……836　税……836　程……836　8 稚……837　稔……837　稟……837　稜……837　9 穀……837　種……837　稲……838　10 稼……838　稽……838　稿……839　穂……839　11 穏……839　積……839　13 穫……840　穰……840　利▼リ 151　和▼口 224　委▼女 303　季▼子 314　香▼香 1107　梨▼木 640　愁▼心 508　黎▼黍 1126

【禾】 禾-0 総画5 人名 明朝 禾 79BE

音 カ(外) 訓 のぎ(外)

意味 ❶のぎ。イネなどの実の外皮にある針のような毛。❷米やアワなどの穀物。

【私】 禾-2 総画7 6年 明朝 私 79C1

音 シ 訓 わたくし・わたし

筆順 とめる とめる

なりたち [会意]「ム」はもともとは「口」で、「かこむ」意味をしめしている。イネ(禾)をかこみこんで自分のものにすることを表す字で、「わたくし」として使われている。

意味 ❶おおやけでない。わたくし。個人の。民間の。例 私の用件。私案・私立・私事(しじ／わたくしごと)・公私 対 公

❷自分だけの。自分かってな。例 政治を私する。私利私欲。私腹

❸ひそかに。こっそり。例 私語

❹わたし。わたくし。自分を指す。例 私(わたくし／わたし)の家族。私共。

❶〈おおやけでない〉の意味で

【私案】しあん ⇩ 自分ひとりでつくった計画や考え。表現「ためしにつくった案」というときは「試案」を使う。

【私営】しえい ▽ 民間の人が事業をおこなうこと。例 私営の病院。類 民営 対 公営・国営

【私学】しがく ⇩ 民間の人たちでつくった学校。私立学校。対 官学

【私見】しけん ⇩ 立場や肩書きをはなれた、ひとりの人間としての意見。例 私見をのべる。

【私財】しざい ⇩ 自分のもっている財産。例 私財をなげうつ。

【私事】しじ／わたくしごと ⇩ ①自分の身や自分の家族

に関係したこと。例 私事で欠席する。②他人に知られたくない、その人だけのこと。プライバシー。例 私事をあばく。

【私情】しじょう ⇩ 役目や立場をはなれた、個人的な心の動き。例 私情をおさえる。☞❷

【私小説】ししょうせつ 作者自身を主人公にして、その経験や身のまわりのできごとを材料にして書かれた小説。日本独特のもので、大正時代から昭和のはじめにかけてさかんになった。「わたくし小説」ともいう。

【私書箱】ししょばこ 個人や団体が、自分あての郵便物をまとめて受け取るために、郵便局においてもらうはこ。

【私信】ししん ⇩ 個人的な用事を書いた手紙。個人として出す手紙。類 私書・信書

【私人】しじん ⇩ おおやけの地位や立場をはなれた、ただの人。対 公人

【私製】しせい ▽ 官庁でなく、個人や民間でつくったもの。例 私製はがき。対 官製

【私生活】しせいかつ つとめや立場をはなれた、個人としての生活。例 人の私生活をのぞく。

【私設】しせつ ▽ 個人や民間でつくっていること。例 私設図書館。私設保育所。対 公設

【私的】してき ⊠〈―な〉その人だけのもの。例 私的な用事で外出する。類 個人的 対 公的

【私鉄】してつ ◎「私有鉄道」の略。民間の会社が経営している鉄道。

【私道】しどう ⇩ 個人が自分の土地につくった道路。例 私道につき、進入禁止。対 公道

【私費】しひ ⇩ 自分で出すお金。例 私費留学。類 自費・身銭 対 公費・官費・国費

【私服】しふく ⇩ 学校や会社・役所などで決めた服に対して、個人の服。ふだん着。対 制服

【私物】しぶつ ⇩ おおやけのものでない、個人の持ち物。例 会社に私物を持ちこむ。対 官物

【私有】しゆう ▽〈―する〉自分のものとしてもっていること。例 私有地。対 国有・公有

【私用】しよう ⇩ ①役所や会社の用事でなく、その人自身の用事。例 私用で外出する。対 公用 ②〈―する〉役所や会社のものを、自分のために使うこと。例 公用車の私用を禁じる。

【私立】しりつ ▽ ①国や県・市などでなく、民間でつくって運営していること。例 私立中学。対 国立・公立 ②「私立学校」の略。表現「市立」と区別するため、「市立」を「いちりつ」、「私立」を「わたくしりつ」と読むことがある。

❷〈自分だけの〉の意味で

【私情】しじょう ⇩ 自分だけの利益やつごうを考える気持ち。例 私情をすてる。☞❶

【私心】ししん ⇩ 自分だけのつごうや損得を考える気持ち。例 私心のない人。類 利己心

【私腹】しふく ⇩ 自分の利益や財産。例 私腹を肥やす(地位を悪用して自分の財産をふやす)。

【私欲】しよく ⇩ 自分の得になることだけを考える心。例 私利私欲にはしる。

【私利】しり ⇩ 自分だけの利益。例 私利をはかる。表現「私利私欲」のかたちで使うことが多い。

❸〈ひそかに〉の意味で

【私刑】しけい ⇩ ちゃんとした裁判をせず、なかまどうしでかってにくわえる罰。

【私語】しご ⇩〈―する〉講演や授業・会議などのとき、なかまどうしでひそひそと話すこと。ひそひそ話。例 授業中は私語をつつしむ。

【私淑】ししゅく ⇩〈―する〉じかにその人から教えを受けないが、心の中でその人を先生として尊敬し、書物などを通して学ぶこと。表現 じかに教わる先生には「師事」を使う。

◆公私

秀

禾-2 総画7 常用 明朝 秀 79C0

音 シュウ㊥ 訓 ひい-でる㊫

筆順

なりたち [形声] もともとは「禿」で、「はげ」の意味の「禿」と書き分けられて「秀」となった。「禾」は「イネ」で、「儿」が「シュウ」という読み方をしめしている。「シュウ」は「出る」意味をもち、イネの穂がのびることを表す字。

意味 すぐれる。ぬきんでる。ひいでる。例 一芸に秀でる。秀才・優秀

名前のよみ さかえ・しげる・すえ・ひで・ほ・みつ・

みのる・よし

【秀逸】 ⊟〈―に・―な〉とびぬけてすぐれていること。例 秀逸のでき。類 秀抜

【秀才】 ↓ たいそう頭のいい人。とくに学校の勉強ですぐれている人。例 秀才の名が高い。類 俊才・英才 対 凡才

【秀作】 ↓ すぐれた作品。類 名作・傑作

【秀麗】 ⊟〈―な・―に〉じつにすっきりと美しい。例 眉目秀麗(顔だちがとても美しい)。

科

音 カ　訓 ―

禾-4　総画9　2年　明朝 科 79D1

筆順 ノ 二 千 禾(とめる) 禾' 禾˜(二・シにならない) 科

なりたち [形声]「禾」がイネの意味と「カ」という読み方をしめしている。「斗」がはかることで、イネをたばねてかぞえることを表す字。

意味
❶分類の名目。区分。例 放射線科。科目・学科
❷つみ。とが。例 罰を科する。前科

❶〈分類の名目〉の意味で

【科学】 ↓ ①観察や実験を通して、ものごとのしくみやなりたち、そこにはたらく法則を明らかにしようとする学問。例 人文科学。②科学のうちの自然科学。例 科学者。

【科学的】 ⊟〈―な・―に〉事実をよく調べて正確にとらえ、すじみちをたててものごとにとりくむようす。例 科学的な捜査。対 非科学的

【科目】 ⊟ ①ものごとをいくつかに分けた一つ一つのまとまり。例 収入を科目ごとに分類する。②算数・理科・図工などの、学科の一つ一つ。表記 ②は、「課目」とも書く。

科が下につく熟語 上の字の働き

❶科=〈分類の名目〉のとき
【学科 教科 専科 文科 理科 内科 外科 眼科 歯科】ナニという分類科目か。
◆罪科 前科 百科

秋

音 シュウ　訓 あき

禾-4　総画9　2年　明朝 秋 79CB

筆順 ノ 二 千 禾(とめる) 秒(とめる) 秋 秋(はらう)

なりたち [形声]「禾」がイネで、「火」が「龜」の省略で「シュウ」という読み方をしめしている。「シュウ」の音を借り、「禾」をくわえてイネをとりいれる「あき」を表す字。

意味
❶あき。四季の一つ。例 春と秋。秋の七草。秋分・立秋 対 春
❷一年。としつき。例 千秋・春秋

名前のよみ おさむ・とき・とし・みのる

❶〈あき〉の意味で

【秋刀魚】さんま 秋に日本の近海でとれる細長い形のさかな。

【秋季】 ↓ 秋の季節。例 秋季大運動会。関連 春季・夏季・秋季・冬季 表現 【秋期】(ひだりにあります)

【秋期】 ↓ 秋の期間。関連 春期・夏期・秋期・冬期 表現「秋季」と「秋期」は、じっさいには使い分けできないことが多く、「秋季大運動会」を「秋期大運動会」と書いてもよい。

【秋色】 ↓ 秋らしさの感じ。例 十月に入って秋色が深まった。秋らしいけしき。

【秋分】 ↓ 一年に二度の、昼と夜の長さがおなじになる日のうちの秋のほうの日。九月二十三日ごろで、秋の彼岸の中日にあたる。例 秋分の日。対 春分

秋が下につく熟語 上の字の働き

❶秋=〈あき〉のとき
【初秋 中秋 仲秋 晩秋】秋の中でイツゴロの秋か。
◆一日千秋 錦秋 春秋 爽秋 麦秋 立秋

秒

音 ビョウ　訓 ―

禾-4　総画9　3年　明朝 秒 79D2

筆順 ノ 二 千 禾(とめる) 利(はねる) 秒(とめる) 秒

なりたち 秒 [形声]「禾」がイネで、「少」が「ごく小さい」の意味と、「ビョウ」とかわって読み方をしめしている。イネの穂先を表す字。

意味 時間・角度の単位。一分の六十分の一。例 秒を刻む。秒速・寸秒

【秒針】びょうしん ⬇ 時計の、秒のめもりを指ししめす針。例 秒針を見て脈をはかる。

【秒速】びょうそく ⬇ 一秒間にどれだけの距離を動くかで表す速さ。例 秒速一五メートルの強い風がふく。関連 秒速・分速・時速

称

禾-5 総画10 常用 明朝 称 79F0 旧字 稱 7A31

音 ショウ 中 訓 たた-える 外

筆順

なりたち 稱 [形声]もとの字は、「稱」。「禾」がイネで、「爯」が「ショウ」という読み方をしめしている。「ショウ」は「上げる」意味をもち、イネのたばを取り上げ、口に出して数をかぞえることを表す字。

意味
❶よび名。名づける。となえる。例 名称
❷ほめあげる。たたえる。例 功績を称する。称賛
❸向きあう。つり合う。例 対称

❶〈よび名〉の意味で

【称号】しょうごう Ⅲ その人の身分や資格を表す名前。例 学士の称号。

❷〈ほめあげる〉の意味で

【称賛】しょうさん Ⅲ〈─する〉ほめたたえること。例 称賛の的となる。類 賛美・称揚 表記「賞賛」とも書く。

【称揚】しょうよう Ⅲ〈─する〉ほめること。類 称賛 表記「賞揚」とも書く。

←称が下につく熟語 上の字の働き

❶称＝〈よび名〉のとき
【呼称 名称】近い意味。
【仮称 詐称 自称 総称 俗称 通称 略称 愛称 尊称 敬称】ドウイウよび名か。
【一人称 二人称 三人称】文法で自分・相手・他人と三つに分けた中のイクツめか。
◆改称 対称

秦

禾-5 総画10 人名 明朝 秦 79E6

音 シン 外 訓 はた 外

意味 むかしの中国の国名。例 秦の始皇帝。

租

禾-5 総画10 常用 明朝 租 79DF

音 ソ 中 訓 ─

筆順

なりたち 租 [形声]「禾」がイネで、「且」が「ソ」という読み方をしめしている。「ソ」は「おさめる」意味をもち、国におさめるイネを表す字。

意味
❶税金。年貢。例 租税
❷借りる。借り賃。例 租借

❶〈税金〉の意味で

【租税】そぜい Ⅲ 国や都道府県・市町村などが、その運営のために必要だとして、住民から取り立てるお金。類 税金

❷〈借りる〉の意味で

【租借】そしゃく Ⅲ〈─する〉国が、他国の土地の一部を、期間を決めて借りること。例 租借権。

秩

禾-5 総画10 常用 明朝 秩 79E9

音 チツ 中 訓 ─

筆順

なりたち 秩 [形声]「禾」がイネで、「失」が「チツ」とかわって読み方をしめす。「シツ」は「積む」意味をもち、イネをきちんと積み重ねることを表す字。

意味 ものの順序。例 秩序

【秩序】ちつじょ Ⅲ 全体が安定するために必要なきちんとした順序。例 秩序をたもつ。

秘

禾-5 総画10 6年 明朝 秘 79D8 旧字 祕 7955

音 ヒ 訓 ひ-める 中

筆順 秘（とめる・はねる・とめる・とめる）

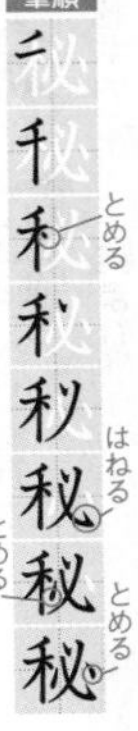

なりたち 祕 [形声]もとの字は、「祕」。「示」が神を、「必」が「ヒ」とかわって読み方をしめしている。「ヒ」は「見えない」の意味をもち、見えないかくれた神を表す字。

意味 ❶かくす。知られていない。例 名を秘す。悲しみを胸に秘める。秘密・極秘・神秘 ❷とどこおる。つまる。例 便秘

❶〈かくす〉の意味で

【秘境】ひきょう ⇩ 人がほとんど行ったことがなく、知られていないところ。例 秘境探検。

【秘訣】ひけつ ⇩ あることをうまくやるための、人の知らないよい方法。おくの手。例 字をきれいに書く秘訣。類 奥義・極意

【秘策】ひさく ⇩ だれにも知られないように、こっそり考えた計画。例 秘策を練る。

【秘術】ひじゅつ ⇩ 一部の人だけが知っていて、ほかの人に見せたり、教えたりしない術。おくの手。例 秘術をつたえる。類 秘法

【秘書】ひしょ ⇩ 重い役目をもつ人のそばにいて、外との連絡や記録などの事務をおこなう人。

【秘蔵】ひぞう ⇩〈―する〉めったに人に見せず、たいせつにしまっておくこと。例 秘蔵の絵。

【秘伝】ひでん ⇩ 秘密にしているたいせつなことを、とくべつな人にだけ教えること。例 秘伝の妙薬。類 奥義

【秘宝】ひほう ⇩ 人に見せないで、たいせつにしまってある宝物。例 秘宝を公開する。

【秘法】ひほう ⇩ 秘密にしているとくべつのやり方やわざ。例 秘法をさずかる。類 秘術

【秘密】ひみつ Ⅲ〈―な〉①人に知らせないでかくしておくこと。かくしてあるものごと。例 秘密文書。秘密をまもる。類 内密・機密 ②おくの手。例 成功の秘密を教えてくれ。類 秘訣

【秘話】ひわ ⇩ いっぱんの人びとに知られていない話。例 幕末の秘話。類 裏話

◆極秘 神秘 便秘 丸秘 黙秘

秤

禾-5 総画10 人名 明朝 秤 79E4

音 ヒョウ外・ビン外・ショウ外 訓 はかり外

意味 はかり。重さをはかる器具。例 天秤

移

禾-6 総画11 5年 明朝 移 79FB

音 イ 訓 うつ-る・うつ-す

筆順 移（とめる・ややおおきく）

なりたち 移 [形声]「禾」がイネで、「多」が「イ」とかわって読み方をしめしている。「イ」は「ゆれ動く」意味をもち、イネのゆれ動くことを表す字。

意味 うつる。うつす。例 季節が移る。住居を移す。移動・転移

【移管】いかん ▲〈―する〉仕事やもののとりあつかいを、ほかの役所などがおこなうようにすること。例 県の文化財を国に移管する。

【移行】いこう ⇩〈―する〉今の状態から次の状態にうつっていくこと。例 新制度に移行する。

【移住】いじゅう ⇩〈―する〉今まで住んでいた土地をはなれて、よその土地に行ってくらすこと。例 外国へ移住する。

【移出】いしゅつ ⇩〈―する〉国内のある地方からほかの地方へ産物や商品を送り出すこと。対 移入 表現 外国に送り出すのは「輸出」という。

【移植】いしょく ⇩〈―する〉①植物をほかの場所に植えかえること。例 苗を移植する。②からだの一部分を切りとって、ほかの部分やほかの人にうつしかえること。例 臓器移植。

【移籍】いせき ▲〈―する〉①戸籍をほかのところへうつすこと。類 転籍 ②所属する団体をかえること。トレード。例 移籍選手。

【移送】いそう ⇩〈―する〉あるところからほかのところへ、送りとどけること。例 患者をほかの病院に移送する。

【移築】いちく ⇩〈―する〉建物を解体して、場所をうつし、もとの形になるようにたてなおすこと。

【移転】いてん Ⅲ〈―する〉住まいや建物などを、ほかの場所にかえること。例 店を移転する。類 移

転通知。類転居・転移

【移動】いどう Ⅲ〈ーする〉場所をかえること。

例解 使い分け いどう《移動・異動》

移動＝場所をかえること。例車を移動する。移動図書館。

異動＝職場で、地位やはたらき場所がかわること。例春の人事異動が発表になる。異動にともなって辞令が出た。

参考 ほかに「異同」もあるが、これは「異なる」か「同じ」かということで、まったくべつのことば。

【移入】いにゅう ↓〈ーする〉①国内のある地方からほかの地方へ産物や商品を運び入れること。対移出 ②考え方や感じ方などをとりこむこと。例感情移入。文化の移入。表現①で、外国から運び入れるのは「輸入」という。

【移民】いみん ↓〈ーする〉外国ではたらくためにうつり住むこと。うつり住んだ人。例移民の受け入れ。

←移が下につく熟語 上の字の働き

【推移 転移】近い意味。

【稀】

禾-7 総画12 人名 明朝 稀 7A00

音 キ外・ケ外 訓 まれ外

意味

❶まれ。めずらしい。めったにない。例稀少・稀有

❷うすい。例稀薄

表記 今は「希」と書くことが多い。

【税】

禾-7 総画12 5年 明朝 税 7A0E

音 ゼイ 訓 ―

筆順 （とめる・はねる・おらない）

なりたち [形声]「禾」がイネで、「兌」が「ゼイ」とかわって読み方をしめしている。「ダ」は「分けて取る」意味をもち、小作人が取り入れたイネの中から分けておさめるイネを表す字。

意味 ぜいきん。例税を納める。税関

【税関】ぜいかん ↓港や空港・国境で、出入りする品物を調べ、税金をかけたりする役所。

【税金】ぜいきん ↓国や都道府県・市町村などが、そこに住むみんなの生活のために必要だとして、住民から取り立てるお金。類租税

【税収】ぜいしゅう ↓税金による収入。

【税制】ぜいせい ↓税金についてのきまりやしくみ。

【税法】ぜいほう ↓税金のわりあてや、取り立てについて決めた法律。例税法を改正する。

【税務】ぜいむ ↓税金をわりあてたり、取り立てたりする仕事。例税務署。

【税理士】ぜいりし 税金をおさめる事務をとりあつかう資格をもつ人。

【税率】ぜいりつ ↓もとの金額に対して税金がどれだけになるかを計算するための割合。例消費税の税率。

←税が下につく熟語 上の字の働き

【課税 徴税 納税 増税 減税 免税 脱税】税をドウスルか。

【国税 関税 重税 血税】ドウイウ税か。

◆租税

【程】

禾-7 総画12 5年 明朝 程 7A0B

音 テイ 訓 ほど中

筆順 （とめる・ながく）

なりたち [形声]「禾」がイネで、「呈」が「まっすぐのびる」意味と「テイ」という読み方をしめしている。イネののびるぐあいを表す字。

意味

❶どあい。ほど。きまり。例身の程を知る。程度・規程

❷進みぐあい。みちのり。例行程・日程

❶〈どあい〉の意味で

【程度】ていど Ⅲ①高い低い、強い弱い、よいわるいなどの度合い。例テスト問題の程度が高

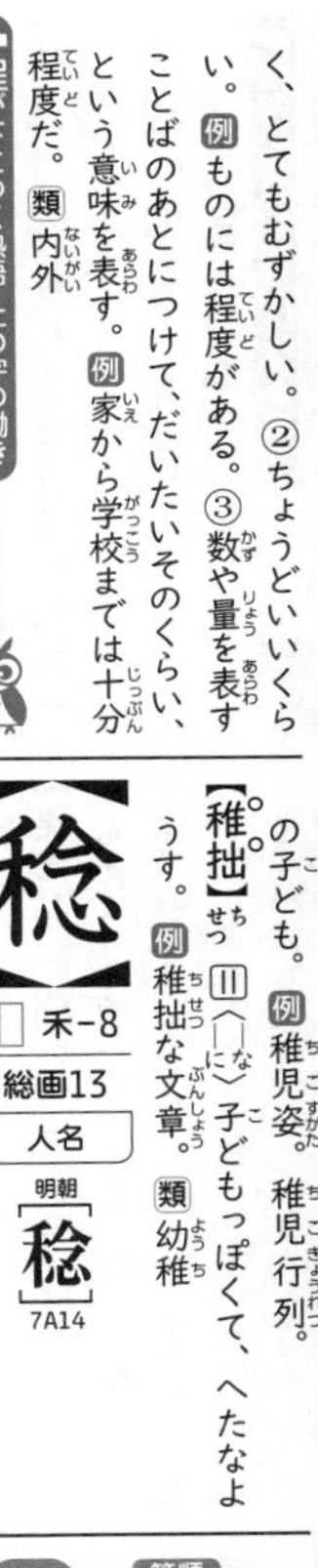

く、とてもむずかしい。②ちょうどいいくらい。例ものには程度がある。③数や量を表すことばのあとにつけて、だいたいそのくらい、という意味を表す。例家から学校までは十分程度だ。類内外

程が下につく熟語 上の字の働き

❷程＝〈進みぐあい〉のとき
【工程 航程 旅程 課程】ナニの進み具合か。
【道程 里程 日程】ナニではかる進み具合か。
◆音程 過程 規程 行程 先程 射程 余程

稚

禾-8 総画13 常用 明朝 稚 7A1A

音チ中 訓—

筆順 ニ 千 禾 禾 秆 秆 秆 稚 稚

なりたち 穉 [形声]もとの字は、「穉」。「禾」がイネで、「犀(セイ)→隹(スイ)」が「チ」とかわって読み方をしめしている。「スイ」は「小さい」の意味をもち、小さいイネを表す字。

意味 おさない。未熟だ。例稚魚・幼稚

特別なよみ 稚児(ちご)

【稚気】ちき ↓ 子どものような気持ち。例稚気あふれる。
【稚魚】ちぎょ ↓ たまごからかえったばかりの小さなさかな。例稚魚を放流する。類幼魚
【稚児】ちご ↓ ①おさない子ども。類幼児 ②神社や寺の祭りに、着かざって行列する男女の子ども。例稚児姿。稚児行列。
【稚拙】ちせつ Ⅱ〈―な〉子どもっぽくて、へたなようす。例稚拙な文章。類幼稚

稔

禾-8 総画13 人名 明朝 稔 7A14

音ネン外 訓みの-る外

意味 みのる。穀物がみのる。

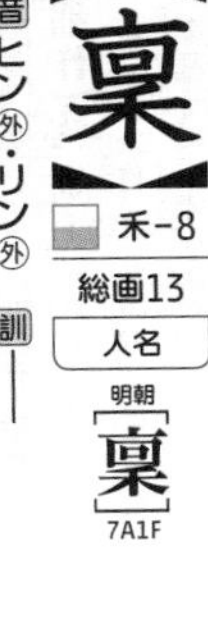

稟

禾-8 総画13 人名 明朝 稟 7A1F

音ヒン外・リン外 訓—

意味 ❶うけとる。天から授けられる。❷生まれながらの性質。例天稟(生まれつきそなわったすぐれた才能) ❸上の位の人に述べる。例稟議(りんぎ/ひんぎ)(役所や会社などで、関係者に案を書いた文書を回して承認を求める)

稜

禾-8 総画13 人名 明朝 稜 7A1C

音リョウ外 訓—

意味 かど。すみ。例稜線
◆【稜線】りょうせん ↓ 山のみねとみねとをむすんだ線。例山の稜線。

穀

禾-9 総画14 6年 明朝 穀 7A40 旧字 穀 FA54

音コク 訓—

筆順 一 士 吉 声 声 売 榖 穀 穀 (みじかく・几にならない・はらう)

なりたち 穀 [形声]もとの字は、「穀」。「禾」がイネで、「殻(カク)」はかたい外皮の意味と、「コク」とかわって読み方をしめしている。イネのもみを表す字。

意味 こくもつ。からのついた食べ物。例穀倉・穀物・雑穀

【穀倉】こくそう ↓ ①穀物をためておく倉。②穀物のよくとれる地方。例日本の穀倉地帯。
【穀物】こくもつ ↓ 米・ムギ・トウモロコシ・アワ・豆など、人間の主食になる作物。類穀類

穀が下につく熟語 上の字の働き

【米穀 五穀 雑穀】ドンナ穀物か。
◆脱穀

種

禾-9 総画14 4年 明朝 種 7A2E

音シュ 訓たね

筆順 ニ 千 禾 (とめる) 秆 秆 秤 種 種 種

なりたち 種 [形声]「禾」がイネで、「重(チョウ)」が「シュ」とかわって読み方をしめしている。「チョウ」は「長い」の意味をもち、長いあいだかかって実る(おくての)イネを表す字。

借りて、「たね」として使われている。

意味

❶たね。たねをうえる。例種をまく。種子・接種

❷分類の区分。例この種のものはあつかっていない。種類・人種

名前のよみ かず・しげ・ふさ

❶〈たね〉の意味で

【種子】しゅし Ⅲ 植物のたね。例種子植物。

【種痘】しゅとう ▲ 天然痘にかからないようにするために、ワクチンをからだにうえること。

知識 ウシの天然痘の病原体をワクチンとするこの方法は、イギリスのジェンナーが一七九六年に発見した。

【種本】たねほん ↓ ものを書いたり、話したりするときのもとになる本。例民話を種本にする。

❷〈分類の区分〉の意味で

【種種】しゅじゅ Ⅲ〈―な〉いろいろ。さまざま。例種々雑多。類各種

【種族】しゅぞく ↓ おなじ祖先から出て、ことばや風俗・習慣がおなじである人の集まり。類部族

【種別】しゅべつ ↓〈―する〉種類によって分けること。例種別に昆虫の標本をつくる。類類別

【種目】しゅもく Ⅲ 種類によって分けた区分。例競技種目。

【種類】しゅるい Ⅲ おなじような形や性質をもっているものの集まり。例種類が多い。

←種が下につく熟語 上の字の働き

❷種＝〈分類の区分〉のとき

【一種 雑種 変種】ドンナ種か。

【職種 人種 品種】ナニの種か。

◆接種 特種 菜種

稲

禾-9 総画14 常用 明朝 稲 7A32 旧字 稻 7A3B

音 トウ中 訓 いね中・いな中

筆順

なりたち [形声]もとの字は、「稻」。「禾」がイネで、「舀」が「トウ」という読み方と「こねる」意味を表し、こねてもちにするイネを表す字。

意味 いね。米を実らせる植物。例稲を刈る。稲作・水稲

注意するよみ いな…例稲作・稲穂

【稲作】いなさく ↓ ①イネをつくること。例稲作農家。類米作 ②イネのできぐあい。例ことしの稲作は平年なみだ。

【稲妻】いなずま ◎ かみなりが鳴る前に、いっしゅん大空を走る強い光のすじ。例稲妻が走る。類稲光

【稲光】いなびかり ◎ かみなりが鳴る前に、いっしゅんあたりを明るくする強い光。例稲光がする。類稲妻 参考 かみなりとイネの育ちぐあいとは関係があると思われていたので、「稲妻」「稲光」という。

【稲穂】いなほ ↓ イネの実がつらなってついているところ。例実って重たげにたれた稲穂。

←稲が下につく熟語 上の字の働き

【水稲 陸稲】ドコで作る稲か。

◆早稲

稼

禾-10 総画15 常用 明朝 稼 7A3C

音 カ高 訓 かせ-ぐ中

筆順

なりたち [形声]「禾」がイネで、「家」が「カ」という読み方をしめしている。「カ」は「よい」の意味をもち、よく実ったイネを表す字。

意味 かせぐ。仕事をする。例学費を稼ぐ。稼業

【稼業】かぎょう ↓ 生活のためのお金を得ている仕事。例人気稼業。類商売・職業・仕事 表現 その家がむかしからひきついできた商売をいうときは「家業」を使う。

【稼働】かどう Ⅲ〈―する〉①お金を得るために働くこと。例稼働日数。②仕事をするために機械を動かすこと。表記「稼動」とも書く。

稽

禾-10 総画15 常用 明朝 稽 7A3D

音 ケイ中 訓 かんが-える外

筆順 稽 稽 稽 稽 稽 稽

意味 くらべる。くらべて考える。

字体のはなし 「稽」(禾部「11画」、総画「16画」)とも書く。☞ふろく「字体についての解説」(30ページ)

【稽古】けいこ ▲〈—する〉武術・芸能などのわざを身につけるために練習すること。例 稽古にはげむ。寒稽古。

稿

禾−10 総画15 常用 明朝 稿 7A3F

音 コウ 中 訓 —

筆順 稿 稿 稿 稿 稿 稿

なりたち [形声]「禾」がイネで、「高」が「たかい」の意味と「コウ」という読み方をしめしている。高くのびるイネのくき「わら」を表す字。

意味 詩や文章の下書き。例 原稿

【稿料】こうりょう ↓ 文章を書いてくれた人にしはらうお金。類 原稿料

稿が下につく熟語 上の字の働き
【寄稿 投稿 脱稿】稿をドウスルか。
【原稿 遺稿】ドウイウ稿か。

穂

禾−10 総画15 常用 明朝 穂 7A42 旧字 穗 7A57

音 スイ 高 訓 ほ 中

筆順 穂 穂 穂 穂 穂 穂

なりたち [形声]もとの字は、「穗」。「禾」がイネで、「惠」が「スイ」とかわって読み方をしめしている。「ケイ」は「たれる」意味をもち、イネのたれさがった「ほ」を表す字。

意味 イネや麦の、ほ。例 穂が出る。穂波・稲穂

【穂波】ほなみ ↓ たんぼのイネなどの穂が、風をうけて、まるで波のように見えるもの。

穏

禾−11 総画16 常用 明朝 穏 7A4F 旧字 穩 7A69

音 オン 中 訓 おだ-やか 中

筆順 穏 穏 穏 穏 穏 穏

なりたち [形声]もとの字は、「穩」。「禾」はイネ。「㥯」は「オン」とかわった読み方のほか、「やわらかくする」意味を表し、イネなどの穂先をふんでやわらかくすることを表す字。

意味 おだやか。やすらか。例 穏やかな天気。穏和・平穏

【穏健】おんけん Ⅲ〈—な〉おだやかで、落ち着いている。例 穏健な考え方。穏健派。対 過激

【穏当】おんとう Ⅲ〈—に〉おだやかで、むりがない。例 だれもが納得できる穏当なやり方。類 妥当・穏便 対 不穏当

【穏便】おんびん Ⅲ〈—に・—な〉おだやかで、あらだてないようす。例 事を穏便にすます。類 穏当

【穏和】おんわ Ⅲ〈—に・—な〉おだやかで、やさしい。例 穏和な人。表記「温和」とも書く。

穏が下につく熟語 上の字の働き
【安穏 静穏 平穏】近い意味。
◆不穏

積

禾−11 総画16 4年 明朝 積 7A4D

音 セキ 訓 つ-む・つ-もる

筆順 積 積(とめる) 積 積(ながく) 積 積(とめる)

なりたち [形声]「禾」がイネで、「責」が「セキ」という読み方をしめしている。「セキ」は「集める」意味をもち、イネを集めてつみ上げることを表す字。

意味
❶つみかさなる。つもる。つむ。例 努力を積む。雪が積もる。積雪
❷大きさ。例 面積
❸かけ算の結果。かけ算をして出た数。例 積を求める。対 商

名前のよみ かず・かつ・もり

❶〈つみかさなる〉の意味で
【積載】せきさい Ⅲ〈—する〉船や車が荷物をのせること。例 積載量。
【積算】せきさん ↓〈—する〉じゅんじゅんに小計を足

し合わせて、全体の数を出すこと。類累計

【積雪】↓ふりつもった雪。例積雪は二メートルをこえた。積雪量。類降雪

【積年】↓それまでの長い年月のあいだ。例積年の苦労がむくわれる。類多年

【積極的】〈―に〉自分から進んでものごとをするようす。例積極的にとりくむ。対消極的

←積が下につく熟語 上の字の働き

❶積＝〈つみかさなる〉のとき
【集積 蓄積 累積】近い意味。

❷積＝〈大きさ〉のとき
【面積 体積 容積】ナニの大きさか。
◆山積 沖積

穫

禾−13 総画18 常用 明朝 穫 7A6B

音カク中 訓―

筆順 穫 穫 穫 穫 穫 穫 穫

なりたち [形声]「禾」がイネで、「蒦」が「カク」という読み方をしめしている。「カク」は「手に取る」意味をもち、イネをとりいれることを表す字。

意味 かり入れる。とりいれる。例収穫

穰

禾−13 総画18 人名 明朝 穰 7A63 旧字 穰 7A70

音ジョウ外 訓みの−る外

意味 ゆたかに実る。例豊穣

5画 穴 [あな] [あなかんむり] の部

「穴」をもとに作られ、洞窟や空間にかかわる字を集めてあります。

この部首の字

0 穴…840	2 究…840	3 穹…841	空…841
突…842	窃…843	穿…843	5 窄…843
6 窓…843	室…843	8 窟…844	9 窪…844
10 窮…844	窯…844	11 窺…844	容▸宀 329

穴

穴−0 総画5 6年 明朝 穴 7A74

音ケツ中 訓あな

筆順 穴 穴 穴 穴 穴 (とめる・あける)

なりたち [形声]「宀」がすまいで、「八」が「ケツ」とかわって読み方をしめしている。「ハツ」は「ほりあける」意味をもち、地面をほりあけてつくったすまいを表す字。「あな」として使われている。

意味 あな。ほらあな。例穴をあける。穴をほる。穴蔵・墓穴

【穴蔵】↓土の中に穴をほって、品物をしまっておくようにしたところ。

【穴場】↓よいところなのに、まだあまり人に知られていない場所。例つりの穴場。

【穴居】↓〈―する〉ほらあなの中に住むこと。例大むかしの穴居生活のあと。

◆大穴 洞穴 墓穴

究

穴−2 総画7 3年 明朝 究 7A76

音キュウ 訓きわ−める中

筆順 究 究 究 究 究 究 究 (とめる・とめる・おらない・はねる)

なりたち [形声]「穴」があなぐらを表し、「九」が「ク・キュウ」という読み方をしめしている。「ク」は「まがる」意味をもち、まがりくねったせまいあなぐらを表す字。

意味 きわめる。つきとめる。例学問を究める。究明・研究

例解 [使い分け] きわめる[極・窮・究] ☞643ページ

【究極】Ⅲいきつく最後のところ。例究極の目的。表記「窮極」とも書く。

【究明】↓〈―する〉わからなかったことをよく調べて、はっきりさせること。例事件の真相を究明する。類解明 表現 罪を問いただして、白黒をはっきりさせるというときは「糾明」を使う。

←究が下につく熟語 上の字の働き

【探究・追究】ドウヤッテ究めるか。
◆学究 研究

【穹】

穴-3 総画8 人名 明朝 穹 7A79

音 キュウ 外 訓 ―

意味 ❶弓のように盛り上がった形。アーチ形。❷空。例 蒼穹

【空】

穴-3 総画8 1年 明朝 空 7A7A

音 クウ 訓 そら・あ-く・あ-ける・から・むな-しい 外

筆順 空 空 空 空 空 空 空 空（とめる・おらない・とめる）

なりたち 𥥆 [形声]「穴」と「工」からでき、「工」が「クウ」とかわって読み方をしめしている。「コウ」も「クウ」も「あな」の意味をもち、からっぽなことを表す字。

意味
❶からっぽ。中身がない。例 席が空く。家を空ける。空を切る。空の箱。真空
❷むだな。役に立たない。例 空に帰する。空費
❸そら。例 青い空。空中・空路・青空

例解 [使い分け] あける[開・空・明] ☞1063ページ

名前のよみ たか

❶〈からっぽ〉の意味で

【空景気】からげいき うわべだけ景気がよいように見えること。例 空景気をあおる。

【空元気】からげんき 見えすいたうわべだけの元気。

【空梅雨】からつゆ 梅雨の季節なのに雨がふらないこと。例 農家泣かせの空梅雨。

【空手】からて ↓ ①手になにも持っていないこと。手ぶら。例 空手では人の家をたずねにくい。類 徒手 ②武器を持たず、からだだけでたたかう武術。例 空手道場。表記 ②は、中国から来たので「唐手」とも書く。

【空位】くうい ↓ 国王などの、定められた地位にだれもついていないこと。

【空間】くうかん ↓ ①なにもないところ。すきま。スペース。例 おしいれの空間を利用する。②前後・左右・上下すべての方向にあるはてしない広がり。類 宇宙空間 対 時間

【空虚】くうきょ Ⅲ〈―な〉①中身がなにもなくて、からっぽなこと。類 空疎 ②心がみたされず、生きるはりあいがないこと。例 空虚な生活。

【空車】くうしゃ ↓ ①客や荷物をのせていない車。例 空車のタクシーをさがす。対 実車 ②駐車場にあきがあること。対 満車

【空席】くうせき ↓ ①あいている座席。②その地位に人がついていないこと。例 空席をうめる。

【空前】くうぜん ▲ そんな例が今までにないこと。例 空前の大ヒット曲。類 未曽有

【空前絶後】くうぜんぜつご あとにも先にも、こんな例はないというほどめずらしいこと。例 空前絶後の大事件。

【空疎】くうそ Ⅲ〈―な〉形だけで、中身がなにもないこと。例 空疎な演説。類 空虚

【空想】くうそう ↓〈―する〉心の中の世界で、自由気ままに思いえがくこと。例 空想にふける。類 夢想・幻想

【空白】くうはく Ⅲ ①なにも書きこまれていない白いところ。ブランク。例 ノートの空白をうめる。類 余白 ②〈―な〉内容といえるものがなにもないこと。ブランク。例 政治の空白。

【空腹】くうふく ▲ おなかがすいていること。例 仕事に夢中で空腹をわすれる。対 満腹

【空欄】くうらん ↓ 書類で、ことばが書きこめるようにあけてあるところ。例 空欄をうめる。

【空似】そらに ↓ 血のつながりがないのに、顔かたちがよくにていること。例 他人の空似。

【空寝】そらね ↓〈―する〉ねむっているふりをすること。たぬき寝入り。ねたふり。

❷〈むだな〉の意味で

【空転】くうてん ↓〈―する〉むだな動きばかりあって、必要なことはなにも進まないこと。からまわり。例 議論が空転する。

【空費】くうひ ↓〈―する〉むだに使うこと。例 道をまちがえて、三十分時間を空費した。類 浪費
表現 ふつう、時間は「空費」、お金は「浪費」を使うが、「時間の浪費」ということはできる。

【空文】くうぶん ↓ 書いてあっても、じっさいにはなんの役にも立たないきまりや文章。例 憲法

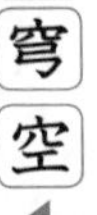

◀次ページ 突

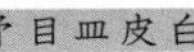

を空文にしてはならない。

【空理】↓役に立たないりくつ。例空理空論。

【空論】↓じっさいには役に立たない考え。例机上の空論。

❸〈そら〉の意味で

【空気】↓①地球をとりまく、色も味もにおいもない、すき通った気体。おもに酸素と窒素からなっている。例新鮮な空気をすう。類大気 ②その場のようすから受ける感じ。例なごやかな空気。類雰囲気

【空軍】↓飛行機やロケットを使って、空からせめる軍隊。関連陸軍・海軍・空軍

【空港】↓飛行機の出発や到着、旅行者や荷物のとりあつかいをする施設。例国際空港。類飛行場

【空襲】↓〈―する〉飛行機で、空から敵をせめること。例空襲警報。

【空中】↓地上をはなれたところ。例こいのぼりが空中を泳いでいる。空中転回。

【空中分解】〈―する〉①飛行機が、事故のために空中でばらばらにこわれること。②計画や組織などが、とちゅうでだめになってしまうこと。例計画が空中分解した。

【空輸】○〈―する〉飛行機で人や荷物を運ぶこと。空中輸送。例食品を空輸する。

【空路】↓①飛行機が飛んでいく空の道すじ。例空路をはずれる。類航路 ②飛行機に乗っていくこと。例首相は、空路帰国の途についた。関連陸路・海路・空路

【空模様】①空のようすから見た、天気の具合。雲ゆき。例雨がふりそうな空模様。

空が下につく熟語 上の字の働き

❸空＝〈そら〉のとき

【航空 滑空 滞空】空を(空に)ドウスルか。

【上空 中空 低空 領空 寒空 青空 夜空】ドウイウ空か。

◆架空 虚空 真空 防空

突

穴-3 総画8 常用

明朝 突 7A81　旧字 突 FA55

音 トツ中　訓 つ-く中

筆順

なりたち  [会意]もとの字は、「突」。「犬」が「穴」からとび出すことを表す字。

意味 ❶つきでる。つきだす。つきすすむ。つきあたる。例針で突く。突出・突進・激突 ❷だしぬけ。急に。例突然・唐突

❶〈つきでる〉の意味で

【突貫】↓〈―する〉①大声をあげて、敵の陣地につき進むこと。類突撃 ②休みもとらずに仕事を進めること。例突貫工事。

【突起】Ⅱ〈―する〉ある部分がつき出ていること。つき出たもの。例表面に小さな突起がたくさんある。

【突撃】↓〈―する〉はげしいいきおいでつき進み、敵をせめること。類突貫・突進

【突出】↓〈―する〉①高く、または、長くつき出る。②一つだけがとくにすぐれていて、目立つ。例成績が突出している。

【突進】↓〈―する〉はげしいいきおいでつき進むこと。例ゴールめがけて突進する。類突撃

【突端】↓つき出たものの先のほう。例岬の突端に灯台がある。類先端

【突堤】↓岸から海や川につき出した長い土手。例突堤でつりをする。

【突入】↓〈―する〉いきおいよく入りこむこと。例宇宙船が大気圏に突入する。表現「ストライキに突入する」のように、その場のなりゆきがたいへんなことになってしまうこともいう。

【突破】↓〈―する〉①つきやぶること。例突破口 ②むずかしいところを通りぬけること。例難関を突破する。③数量がある範囲をこえること。例応募者が定員を突破した。

❷〈だしぬけ〉の意味で

【突如】⊠思わぬとき、急になにかが起こるようす。だしぬけに。例突如、非常ベルが鳴りだした。類突然

【突然】⊠いきなりなにかが起こるようす。例突然声をかけられる。類突如・唐突

【突然変異】親とはちがう形や性質をも

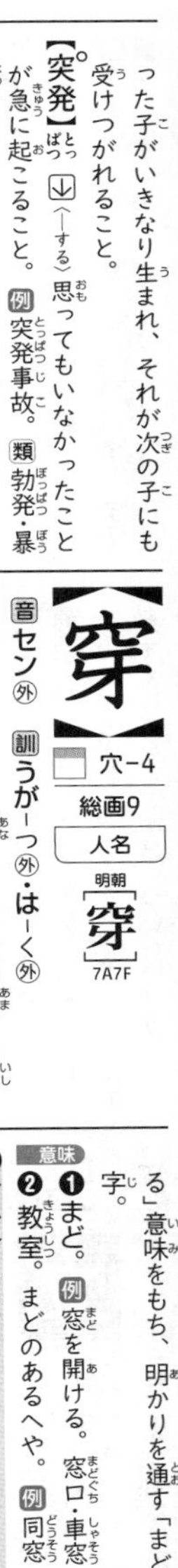

った子がいきなり生まれ、それが次の子にも受けつがれること。

【突発】とっぱつ ↓〈―する〉思ってもいなかったことが急に起こること。例 突発事故。類 勃発・暴発

【突風】とっぷう ↓ 急に強くふいて、すぐやんでしまう風。例 突風で屋根がわらがとんだ。

⬅突が下につく熟語 上の字の働き

❶突＝〈つきでる〉のとき

【激突 追突】ドノヨウニつきあたるか。

◆煙突 衝突 唐突

窃

穴-4 総画9 常用 明朝 窃 7A83 旧字 竊 7ACA

音 セツ 中 訓 ―

筆順

なりたち [形声]もとの字は、「竊」。「窃」は「穴」が「すまい」を、「切」が「セツ」という読み方をしめしている。「セツ」は「かすめとる」意味をもち、他人のすまいから物をかすめとることを表す字。

意味 ぬすむ。かすめとる。例 窃盗

【窃取】せっしゅ ↓〈―する〉人のものをこっそりぬすみ取ること。類 窃盗

【窃盗】せっとう Ⅱ 人のものをぬすむこと。また、ぬすんだ人。例 窃盗事件。類 泥棒・窃取

◆剽窃

穿

穴-4 総画9 人名 明朝 穿 7A7F

音 セン 外 訓 うが-つ 外・は-く 外

意味 ❶うがつ。ほる。穴をあける。例 雨だれ石を穿つ。❷ものごとの深いところまでとらえる。うがった見方をする。穿鑿 ❸はく。腰から下に衣類をつける。例 ズボンを穿く。

❶〈うがつ〉の意味で

【穿鑿】せんさく Ⅱ〈―する〉①穴をあける。②細かく調べる。表記「詮索」とも書く。

窄

穴-5 総画10 人名 明朝 窄 7A84

音 サク 外 訓 せま-い 外

意味 せまい。すぼめる。せまくする。例 狭窄

窓

穴-6 総画11 6年 明朝 窓 7A93

音 ソウ 訓 まど

筆順 (とめる・おらない・とめる・はねる)

なりたち [形声]もとの字は、「窗」。「穴」があなのすまいを、「囱→怱」が「ソウ」という読み方をしめしている。「ソウ」は「よく通る」意味をもち、明かりを通す「まど」を表す字。

意味 ❶まど。例 窓を開ける。窓口・車窓 ❷教室。まどのあるへや。例 同窓

❶〈まど〉の意味で

【窓外】そうがい ↓ まどの外。

【窓際】まどぎわ ↓ まどのすぐそば。

【窓口】まどぐち ↓ ①役所・郵便局・銀行・駅などで、書類を受けつけたり、お金の出し入れをしたりするところ。例 受付窓口。②外部と連絡をとる係。

【窓辺】まどべ ↓ まどのちかく。まどのそば。

⬅窓が下につく熟語 上の字の働き

❷窓＝〈教室〉のとき

【学窓 同窓】ドウイウ教室か。

◆車窓 出窓 天窓

窒

穴-6 総画11 常用 明朝 窒 7A92

音 チツ 中 訓 ―

筆順

なりたち [形声]「至」が「チツ」とかわって読み方をしめしている。「シ」は「ふさがる」意味をもち、「穴」がふさがることを表す字。

意味 ❶つまる。ふさがる。例 窒息 ❷ちっそ(窒素)。元素の一つ。

◀次ページ 窟 窪 窮 窯 窺

❶〈つまる〉の意味で

【窒息】▲〈—する〉のどがつまったり、空気がなくなったりして、息ができなくなること。例けむりで窒息しそうだ。窒息死。

❷〈ちっそ（窒素）〉の意味で

【窒素】↓元素の一つ。味・におい・色のない気体。例窒素肥料。知識空気の体積の五分の四が窒素。肥料や火薬の原料に使う。

【窟】

穴-8 総画13 常用 明朝 窟 7A9F

音クツ中 訓―

筆順

意味 ❶あな。ほらあな。あなぐら。例洞窟 ❷すみか。例巣窟

【窪】

穴-9 総画14 人名 明朝 窪 7AAA

音― 訓くぼ外・くぼ-む外

意味 くぼみ。地面などの、まわりより低くなっている部分。例窪地

【窮】

穴-10 総画15 常用 明朝 窮 7AAE

音キュウ中 訓きわ-める高・きわ-まる高

筆順

なりたち 【形声】「躬」が「まげる」意味と「キュウ」という読み方をしめしている。からだを曲げて入るせまい「穴」を表す字。

意味 ❶きわめる。例窮極 ❷ゆきづまる。こまる。例進退窮まる。窮地・困窮

例解 [使い分け] きわめる[極・窮・究] ☞643ページ

❶〈きわめる〉の意味で

【窮極】Ⅱゆきつく最後のところ。例窮極の目的。表記「究極」とも書く。

❷〈ゆきづまる〉の意味で

【窮屈】Ⅱ〈—な〉①せまくて、ゆとりがなく、動きにくい。例窮屈な服。②かたくるしくて気づまりだ。例窮屈に考えすぎだ。③お金が足りなくて、思うようにならない。例食費が窮屈だ。

【窮状】↓たいへんこまっているようす。例被災地の窮状をうったえる。

【窮地】↓どうにもしようがない、こまった立場。例窮地に追いこまれる。類苦境・逆境・危地

【窮迫】Ⅱ〈—する〉お金が足りなくて苦しいこと。例財政が窮迫する。類窮乏・逼迫

【窮乏】Ⅱ〈—する〉お金が足りなくて、生活にこまること。例窮乏生活。類窮迫

【窮余】↓どうにもならなくなったあげくの苦しまぎれ。例窮余の一策（こまりはてたすえに、なんとか思いついたやり方）。

窮が下につく熟語 上の字の働き

❷窮=〈ゆきづまる〉のとき

【困窮 貧窮】近い意味。

【窯】

穴-10 総画15 常用 明朝 窯 7AAF

音ヨウ高 訓かま中

筆順

なりたち 【形声】「羔」が「ヨウ」とかわって読み方をしめしている。「コウ」は「焼く」意味をもち、焼き物を焼く「穴」を表している字。

意味 陶磁器を焼くかま。例窯業

例解 [使い分け] かま[釜・窯] ☞1045ページ

【窯元】↓陶磁器を焼いてつくるところ。

【窯業】↓かまを使って、陶磁器・ガラス・れんが・かわらなどをつくる仕事。

【窺】

穴-11 総画16 人名 明朝 窺 7ABA

音キ外 訓うかが-う外

意味 うかがう。㋐のぞく。小さい穴やすき間から見る。㋑観察して機会を待つ。

5画 立 [たつ][たつへん] の部

「立」をもとに作られ、立つ動作にかかわる

字と、「立」の形がめやすとなっている字を集めてあります。

この部首の字
0 立……845　6 章……846　7 竣……846
童……846　9 竪……847　端……847　15 競……847
辛→辛 1028　音→音 1086　竜→竜 1118
彦→彡 399　商→口 230　産→生 774　翌→羽 901　意→心 504
靖→青 1081　颯→風 1100

立

立-0　総画5　1年　明朝 立 7ACB

音 リツ・リュウ(高)　訓 た-つ・た-てる

筆順 立 立 立 立 立（ながく）

なりたち [象形] 人が地面に立っている形をえがいた字。

意味
❶たつ。まっすぐにたつ。その地位につく。例 柱が立つ。旗を立てる。立場・立候補・独立・擁立
❷なりたつ。はじまる。例 立春・成立
❸《その他》例 立派

例解 [使い分け] たてる[立・建] →このページ

注意するよみ リュウ…例 建立
特別なよみ 立ち退く(たちのく)
名前のよみ たか・たかし・はる

❶〈たつ〉の意味で

【立場】たちば ↓ ①その人の置かれている地位や状態。例 相手の立場になって考える。②ものの見方や考え方のよりどころ。例 自然をまもる立場からの発言。

【立脚】りっきゃく ▲〈-する〉考えのよりどころを定めること。例 民主主義に立脚した考え。

【立候補】りっこうほ 〈-する〉選挙のときに、候補者として名乗り出ること。例 立候補者。

【立食】りっしょく ↓〈-する〉立ったままで食べること。とくに洋式の宴会で、テーブルの上の飲食物を自由にとって食べる形式。例 立食パーティー。

【立像】りつぞう ↓ 立っているすがたの像。対 座像

【立体】りったい ↓ 箱や筒などのように、高さ・はば・おくゆきがあるもの。例 立体感がある。立体交差。対 平面

【立地】りっち ↓〈-する〉事業をおこなう土地を決めること。その土地。例 立地条件。

【立腹】りっぷく ▲〈-する〉おこること。腹をたてること。例 ご立腹はもっともです。類 憤慨

【立方】りっぽう ▲ ①おなじ数を三回かけあわせること。例 二の立方は八だ。類 三乗 ②長さの単位の前につけて、体積の単位を表すことば。例 九立方メートル。③長さの単位のあとにつけて、その長さを一辺とする立方体を表すことば。例 十センチ立方の箱。

【立方体】りっぽうたい おなじ大きさの六つの正方形の面で囲まれてできている立体。類 直方体

❷〈なりたつ〉の意味で

【立案】りつあん ▲〈-する〉①計画や案をつくること。例 運動会のプログラムを立案する。②案を書いて原稿にすること。類 起案・起草

【立夏】りっか ▲ 五月六日、七日ごろの、こよみのうえで夏がはじまる日。

【立憲】りっけん ▲ 憲法を定めること。例 立憲君主制。

【立志】りっし ▲ 目的を見定め、よしやろうと、心を決めること。

【立志伝】りっしでん 「立志」を成功させた人の一生を書いた作品。例 発明家の立志伝を読む。

【立秋】りっしゅう ▲ 八月七日、八日ごろの、こよみ

例解 使い分け　たてる《立てる・建てる》

立てる＝垂直にすえる。まえもってきめる。ひびかせる。
例 旗を立てる。つめを立てる。計画を立てる。目標を立てる。足音を立てる。

建てる＝建物や国などをつくる。
例 銅像を建てる。国を建てる。一戸建て。

▶前ページ 立

のうえで秋がはじまる日。知識 この日以後の暑さが「残暑」。

【立春】りっしゅん ▲ 二月三日、四日ごろの、こよみのうえで春がはじまる日。知識 立春の前の日が「節分」。「八十八夜」や「二百十日」は、立春からかぞえた日数。

【立証】りっしょう ▲〈―する〉証拠をあげて、事実であることをはっきりさせること。例 無罪を立証する。類 証明・実証・論証

【立身出世】りっしんしゅっせ〈―する〉世に出て成功し、高い地位を得ること。

【立冬】りっとう ▲ 十一月七日、八日ごろの、こよみのうえで冬がはじまる日。

【立法】りっぽう ▲〈―する〉法律を定めること。例 立法機関。関連 立法・行政・司法

❸《その他》

【立派】りっぱ ◎〈―な／―に〉だれの目にも、すばらしい。例 りっぱな建物。

←立が下につく熟語 上の字の働き

❶立＝〈たつ〉のとき

【自立 中立 共立 群立 孤立 独立 並立 対立 林立 直立 倒立】ドノヨウニ立つか。

❷立＝〈なりたつ〉のとき

【樹立 成立 設立 建立】近い意味。

【確立 創立 存立 乱立 両立 連立】ドノヨウニなりたっているか。

【公立 国立 都立 府立 県立 道立 私立】ダレがなりたたせているか。

◆脚立 起立 木立 献立 出立 夕立 擁立

【章】

立-6 総画11 3年 明朝 章 7AE0

音 ショウ 訓 ―

筆順 章

なりたち  【象形】いれずみ用のはりの形をえがいた字。身分を明らかにするために、どれいや罪人にいれずみをしたことから、「明らか、しるし」の意味に使われている。

意味 ❶ひとくぎり。例 三つの章に分ける。文章や音楽のひとまとまり。章を改める。章節・文章・楽章

❷しるし。例 記章

名前のよみ あき・あきら・たか・とし・のり・ふみ・ゆき

❶〈ひとくぎり〉の意味で

【章節】しょうせつ Ⅱ 長い文章の中で、章や節などでくぎられたまとまり。

←章が下につく熟語 上の字の働き

❷章＝〈しるし〉のとき

【印章 記章 紋章】近い意味。

【勲章 喪章 褒章 校章】ナニを意味するしるしか。

【肩章 腕章】ドコにつけるしるしか。

◆楽章 憲章 文章

【竣】

立-7 総画12 人名 明朝 竣 7AE3

音 シュン 外 訓 お-わる 外

意味 おわる。おえる。例 竣工

【竣工】しゅんこう ▲〈―する〉建築や土木の工事が終わって、建造物ができること。例 竣工式。類 落成 対 起工・着工 表記「竣功」とも書く。

【童】

立-7 総画12 3年 明朝 童 7AE5

音 ドウ 訓 わらべ 中・わらわ 外

筆順 童

なりたち  【形声】「辛」と「重」とでできている。「辛」がいれずみ用のはりで、「重(チョウ)」が「ドウ」とかわって読み方をしめしている。「チョウ」は「どれい」の意味をもち、いれずみをしたどれいを表す字。

意味 子ども。わらべ。例 童歌・児童

【童顔】どうがん ↓ ①子どもの顔。②子どもっぽい顔つき。例 童顔なので、年がわからない。

【童子】どうじ Ⅱ おさない子ども。類 童

【童女】どうじょ ↓ おさない女の子。類 幼女

【童心】どうしん ↓ おさない子どもの、むじゃきな心。例 童心にかえって孫とあそぶ。

【童謡】どうよう ↓ 子どもの心でうたう歌や詩。例

童謡歌手。類 童歌

【童話】↓ 子どもの心で語る物語。おとぎばなし。メルヘン。例 童話集。

【童歌】↓ むかしから子どもたちのあいだでうたいつがれてきた歌。類 童謡

童が下につく熟語 上の字の働き

【学童 神童 牧童 悪童】ドウイウ童か。

◆児童 河童

竪

立–9 総画14 人名 明朝 竪 7AEA

音 ジュ(外) 訓 たて(外)

意味

❶たて。垂直であること。例 竪琴・竪穴

❷子ども。例 竪子

端

立–9 総画14 常用 明朝 端 7AEF

音 タン(中) 訓 はし(中)・は(高)・はた(中)

筆順 端 端 端 端 端 端

なりたち [形声]「耑」が「タン」という読み方をしめしている。「タン」は「まっすぐ」の意味をもち、まっすぐに「立つ」ことを表す字。

意味

❶きちんと整う。まっすぐ。例 端正

❷はしっこ。例 道路の端。山の端。池の端。端数・片端

❸はじめ。いとぐち。例 端緒・発端

❶〈きちんと整う〉の意味で

【端座】↓〈─する〉正しい姿勢できちんとすわること。例 端座して本を読む。類 正座

【端正】Ⅱ〈─な〉〈─に〉動作や形などにみだれたところがなく、きちんと整っている。例 端正な顔だち。類 端麗・奇麗

【端然】⊠〈─たる〉〈─と〉動作やすがたが、じつにきちんとしている。例 端然と座っている。

【端的】⊠〈─な〉〈─に〉ずばり、要点をついて。例 端的に言えば、この計画は無理だ。

【端麗】Ⅱ〈─な〉〈─に〉すがたかたちが整っていて、美しい。例 端麗な容姿。類 端正

❷〈はしっこ〉の意味で

【端末】Ⅱ ①はしっこ。②コンピューターにつなげて、情報の出し入れをする装置。キーボードやディスプレーなど。端末装置。

【端境期】前の年にとれた作物はなくなりかけ、次の年のものはまだ出ないころ。米でいえば八月末から九月はじめごろ。

【端数】↓ はんぱな数。例 端数切りすて。

【端役】↓ 劇で、ほんのちょっと出るだけの役。例 端役にありつく。対 主役

❸〈はじめ〉の意味で

【端午】↓ 五月五日の、男の子の節句。よろい・かぶと・こいのぼりなどで祝う。今の子どもの日。例 端午の節句。参考「午」は「五」で、はじめの五の日を指す。

【端緒】Ⅱ 始まるきっかけ。解決のいとぐち。例 端緒をつかむ。類 発端・糸口

端が下につく熟語 上の字の働き

❷端＝〈はしっこ〉のとき

【先端 末端】近い意味。

【突端 北端 極端】ドウイウはしっこか。

【一端 片端 両端 万端】イクツのはしっこか。

◆途端 半端 発端

競

立–15 総画20 4年 明朝 競 7AF6

音 キョウ・ケイ 訓 きそ–う(中)・せ–る(高)

筆順 競 競 競 競 競 競

なりたち [会意]「音」はもと「言」で、ふたり(儿)が言いあらそっているようすを表す字。

意味 きそう。せりあう。勝ち負けをあらそう。ねだんを競る。競りにかける。例 技を競う。競技・競馬

【競泳】▲〈─する〉水泳の速さをきそう競技。例 競泳用水着。競泳の選手。

【競演】↓〈─する〉①役者たちが芸をきそうように演じること。例 二大スターの競演。②おなじような作品を上演して、できばえをきそう形になること。表現 主役級の人が二人以上いっしょに出演するのは、「共演」。

【競技】▲〈─する〉スポーツでわざをきそ

次ページ 罪 署

い、勝ち負けをあらそうこと。例競技場。陸上競技。

【競合】きょうごう ↓〈―する〉競争になること。せりあう。例三つの会社が競合するバス路線。

【競争】きょうそう Ⅱ〈―する〉たがいに相手に勝とうとしてあらそうこと。例生存競争。競争力。

【競走】きょうそう ▲〈―する〉走る速さをくらべあうこと。その競技。かけっこ。かけくらべ。

【競売】きょうばい ↓〈―する〉品物を買いたい人たちにねだんをつけさせ、そのなかでいちばん高いねだんをつけた人にそれを売ること。せり。せり売り。例土地を競売にかける。参考ふつう、法律用語では「けいばい」という。

【競歩】きょうほ ▲陸上競技の一つ。歩く速さをきそうもの。

【競馬】けいば ▲騎手が馬を走らせる競走。どの馬がいちばん速いかを予想して、お金をかけるのがふつう。例競馬場。

5画 罒 ［あみがしら］の部

あみの形をえがいた象形である「罒」をもとに作られ、あみの種類やその用法にかかわる字を集めてあります。

この部首の字

罪

音 ザイ　訓 つみ

罒-8　総画13　5年

明朝 罪 7F6A

筆順

なりたち

［会意］「罪」はもと、「罒」があみで、「非」が読み方をしめし、魚をとるあみを表す形声字であった。しかし、もともと「つみ」を表す字の「辠」が、「皇」と似ていたため、秦の始皇帝がこれをさけ、「罪」の字を借りてとらえるあみ(罒)とわるい人(非)とを意味する会意文字の「つみ」として使うようになった。

意味 悪いおこない。つみ。つみに対するばつ。例罪を犯す。罪悪・犯罪・流罪 対功

【罪悪】ざいあく Ⅱしてはならないわるい行い。罪。とが。例ぬすみは罪悪だ。

【罪悪感】ざいあくかん 自分がわるいことをしていると思えてならないときの、その気持ち。例罪悪感にせめられる。罪悪感がうすい。

【罪科】ざいか Ⅱ①法律や道徳にそむく行い。罪。とが。例罪科がある。②法律によって刑罰をあたえること。しおき。類刑罰 参考「科」も罪を表す字。

【罪業】ざいごう ↓仏教のことばで、人間に罪をおかさせる、どうにもならないわるい行い。

【罪状】ざいじょう ↓どんなわるいことをしたか、そのわけやようす。例罪状を読み上げる。

【罪人】ざいにん・つみびと ↓①罪をおかした人。②裁判で有罪と決まった人。犯罪者。知識 判決が出るまでは、「容疑者」または「被告人」であっても、「罪人」とはいわない。

【罪名】ざいめい ↓おかした罪を表す名。

←罪が下につく熟語 上の字の働き

【謝罪 断罪 犯罪】罪をドウスルか。

【重罪 大罪 同罪 余罪】ドウイウ罪か。

【死罪 流罪】ナニに相当する罪か。

【有罪 無罪】罪の有る無し。

◆功罪

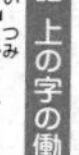

署

音 ショ　訓 ―

罒-8　総画13　6年

明朝 署 7F72　旧字 署 FA5A

筆順

なりたち

［形声］もとの字は、「署」。「罒」があみで、「者」が「ショ」とかわって読み方をしめす。「シャ」は「おく」意味をもち、あみをしかけるために人をあちらこちらにおくことを表す字。

意味 ❶役所。役割を手分けする。わりあてられた役目。「警察署」の略。例署長。部署 ❷名を書きしるす。例署名

❶〈役所〉の意味で

【署長】↓ 警察署・消防署・税務署など、署という名のつく役所のいちばん上の役。

❷〈名を書きしるす〉の意味で

【署名】① ▲〈―する〉自分の名前を書きしるすこと。例 署名運動。類 記名 ② ↓ 自分で書いた名前。サイン。

◆部署 連署

置

音 チ 訓 おーく

罒-8 総画13 4年 明朝 置 7F6E

筆順 （四にならない）（つきだす）

なりたち 【形声】「罒」があみで、「直」が「チ」とかわって読み方をしめしている。「チョク」は「立てる」意味をもち、あみを立てることを表す字。

意味 おく。そなえつける。とりはからう。例 留守番を置く。置物・位置

【置物】↓ たなの上などにおく、かざりにするもの。

【置換】↓〈―する〉順序をかえたり、ほかのものとおきかえたりすること。

←置が下につく熟語 上の字の働き

【措置 装置】近い意味。

【設置 配置 安置 処置 放置 拘置 留置】ドウヤッテ置くか。

罰

音 バツ中・バチ中 訓 ―

罒-9 総画14 常用 明朝 罰 7F70

筆順

なりたち 【会意】ののしる意味の「詈」と「刀（刂）」を合わせて、とらえて、ことばで責め、刀で切ることを表す字。「しおきする」意味に使われている。

意味 ばつ。しおき。例 罰をあたえる。罰が当たる。罰金・刑罰

【罰金】↓ ①法律をおかした人から、罰として取り立てるお金。例 罰金を科す。②罰として出させるお金。

【罰則】↓ 規則や法律を守らなかった人に、どういう罰をあたえるかを決めたもの。

←罰が下につく熟語 上の字の働き

【懲罰 体罰】ナニによる罰か。

◆刑罰 厳罰 賞罰 信賞必罰 天罰

罵

音 バ中 訓 ののしーる中

罒-10 総画15 常用 明朝 罵 7F75

筆順

意味 大声で悪口を言う。相手をせめ、はずかしめる。例 口汚く罵る。罵詈雑言。

【罵声】↓ 大声で言う悪口。例 罵声をあびせる。

【罵倒】⊠〈―する〉ひどい悪口で相手をやりこめる。例 人前で罵倒する。

←罵が下につく熟語 上の字の働き

【面罵 痛罵】ドノヨウニののしるか。

罷

音 ヒ中 訓 ―

罒-10 総画15 常用 明朝 罷 7F77

筆順

なりたち 【会意】「罒」があみで、「能」が力のあるけものをしめす。合わせて、あみでとらえて力を取り去ることを表す字。

意味 やめる。やめさせる。しりぞける。例 罷免

【罷免】Ⅲ〈―する〉役目やつとめをやめさせること。例 裁判官を罷免する。類 免職

羅

音 ラ中 訓 ―

罒-14 総画19 常用 明朝 羅 7F85

筆順

なりたち 【会意】あみの意味の「罒」と「つなぐ」意味の「維」を合わせ、あみをつないでめぐらすことを表す字。

◀次ページ 既 竹

意味
❶あみ。あみにかける。例網羅
❷つらねる。ならべる。例羅列・星羅
❸うすもの。うすぎぬの織物。例一張羅

❷〈つらねる〉の意味で

【羅針盤】らしんばん 船や飛行機などで、磁石を利用して方角を知る道具。コンパス。類羅針儀

【羅列】られつ Ⅲ〈—する〉数字や文字などを、ずらずら書き並べること。表現「ただならんでいるだけ」という意味でよく使われ、「文字の羅列」は、おもしろくないという意味になる。

◆森羅（森羅万象）星羅 網羅

5画 旡［むにょう］の部

ここには「既」の字だけが入ります。

この部首の字 5 既……850

既

旡−5 総画10 常用 明朝〔既〕65E2 旧字〔旣〕FA42

音キ中 訓すで-に中

筆順

なりたち［形声］もとの字は、「旣」。「皀」が食べ物をうつわにもった形、「旡」はおなかいっぱいに食べている形で、「キ」という読み方もしめしている。十分に食べ終わることを表す字で、ものごとの終わった意味に使われる。

意味 すでに。もはや。例既に手おくれだ。既定 対未

【既往症】きおうしょう 今は治っているが、前にかかったことのある病気。

【既刊】きかん ↓ 雑誌や本などが、これまでにもう発行されていること。対未刊

【既決】きけつ ↓ ①もう決まっていること。②裁判で、判決が出ていること。対未決

【既婚】きこん ↓ 結婚していること。対未婚

【既出】きしゅつ ↓ もう出ていること。例既出の漢字を復習する。

【既成】きせい ↓ ものごとがもうそのようになってしまっていること。例既成の事実。表現☞

【既製】（ひだりにあります）

【既製】きせい ↓ 注文で作るのでなく、前もってできあがっていること。例既製服。表現品物なら「既製」、事件や事実なら「既成」。

【既成概念】きせいがいねん あることがらについて、前からもっている考えや知識。

【既存】きそん・きぞん ↓〈—する〉そのときよりも前からあること。例既存のものでまにあわせる。

【既知】きち ↓ その前から知られていること。例既知の事実。対未知

【既定】きてい ↓ もう決まってしまっていること。例既定の方針に合わせる。対未定

【既得】きとく ↓ それまでに手に入れていること。例既得権。

5画 夫［はるのかんむり］の部

「夫」は、もともと部首ではありませんが、「夫」の形からでも字がひけるように、検索記号として設けました。

奉▸大295 奏▸大296 春▸日591 泰▸氺691

6画 竹［たけ］［たけかんむり］の部

「竹」をもとに作られ、竹の種類やその加工品にかかわる字を集めてあります。

この部首の字

0 竹……850
2 竺……851
3 竿……851
4 笈……851
笑……851
5 笹……851
笙……851
第……851
笛……852
符……852
笠……852
6 筈……852
筋……852
策……854
筑……854
答……854
等……855
筒……855
筆……856
7 節……856
8 箇……857
管……857
箕……858
算……858
箋……858
箔……859
9 箱……859
箸……859
範……859
篇……859
10 築……859
篤……860
11 篠……860
12 簡……860
箪……860
13 簿……860
簾……861
14 籍……861
16 籠……861

竹

竹−0 総画6 1年 明朝〔竹〕7AF9

音チク 訓たけ

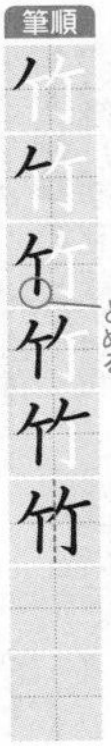

筆順 ノ ⺈ ⺮ 竹 竹 竹 (とめる)

なりたち [象形] 小さい「ささだけ」をえがいた字。

意味 たけ。節のある筒状の茎に葉をつける多年性植物。例 竹とんぼ。竹馬

特別なよみ 竹刀(しない)

【竹刀】↓ 剣道で使う、竹でつくった刀。対 真剣

【竹馬】↓ 二本の竹の棒にそれぞれ足をのせる台をつけ、それに乗って歩く遊び道具。例 竹馬の友(竹馬で遊んだ、子どものころからの友達)。

【竺】 竹-2 総画8 人名 明朝 竺 7AFA

音 トク外・チク外・ジク外 訓 ―

意味 インドの古いよび方「天竺」に使われる字。

【竿】 竹-3 総画9 人名 明朝 竿 7AFF

音 カン外 訓 さお外

意味 さお。竹などで作った長い棒。例 物干し竿。釣り竿。

【笈】 竹-4 総画10 人名 明朝 笈 7B08

音 キュウ外 訓 おい外

意味 おい。竹で作った背負うかご。書物などを入れる。

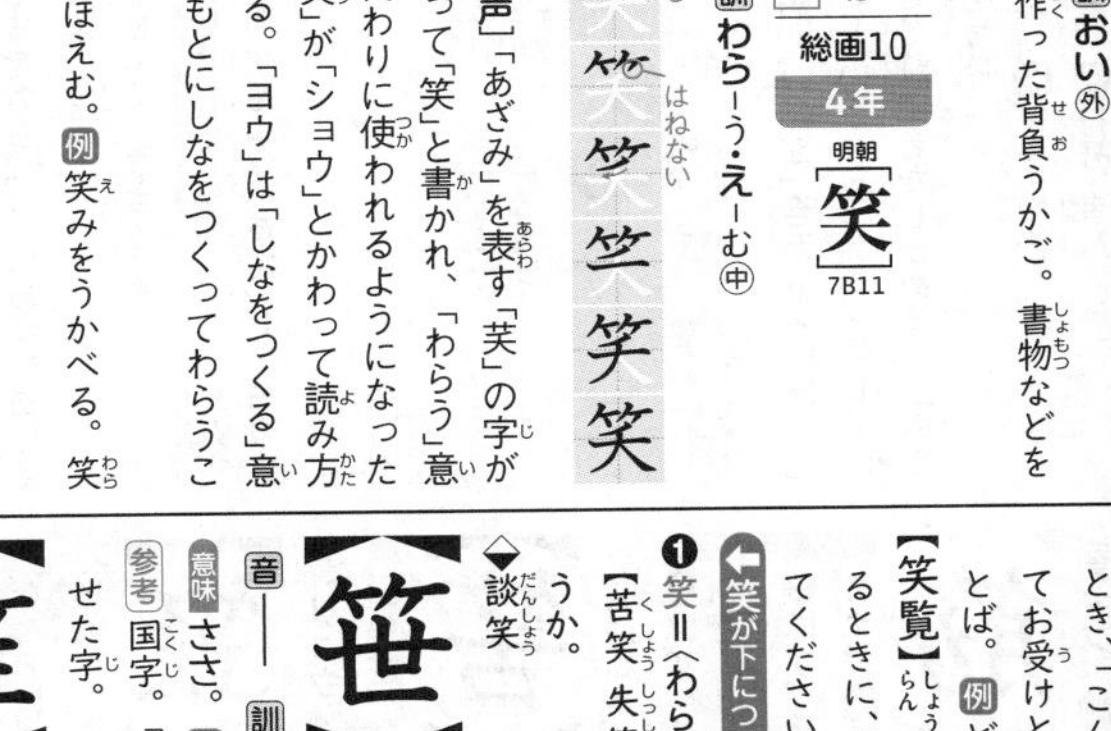

【笑】 竹-4 総画10 4年 明朝 笑 7B11

音 ショウ中 訓 わら-う・え-む中

筆順 ノ ⺈ ⺮(とめる) ⺮ ⺮(はねない) 笁 竺 笑 笑

なりたち  [形声]「あざみ」を表す「芺」の字が誤って「笑」と書かれ、「わらう」意味の「咲」の代わりに使われるようになった字。「咲」は「芺」が「ショウ」とかわって読み方をしめしている。「ヨウ」は「しなをつくる」意味をもち、口もとにしなをつくってわらうことを表す字。

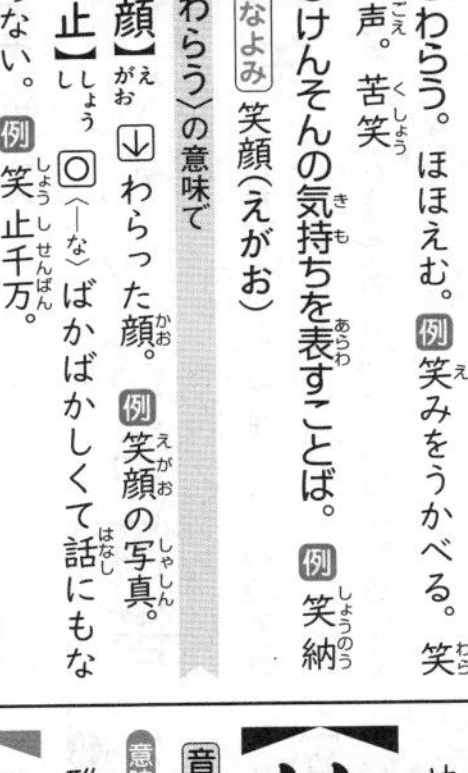

意味 ❶わらう。ほほえむ。例 笑みをうかべる。笑い声。苦笑 ❷けんそんの気持ちを表すことば。例 笑納

特別なよみ 笑顔(えがお)

❶〈わらう〉の意味で

【笑顔】↓ わらった顔。例 笑顔の写真。

【笑止】◎〈―な〉ばかばかしくて話にもならない。例 笑止千万。

【笑話】↓ わらいばなし。おもしろい話。

❷〈けんそんの気持ちを表すことば〉の意味で

【笑納】↓〈―する〉人におくりものをするとき、「こんなつまらないものですが、わらってお受けとりください」という意味で使うことば。例 どうぞご笑納ください。

【笑覧】↓〈―する〉自分のものを人に見せるときに、「つまらないものなのでわらって見てください」と、けんそんしていうことば。

笑が下につく熟語 上の字の働き

❶笑＝〈わらう〉のとき
【苦笑 失笑 爆笑 微笑 冷笑】ドノヨウニ笑うか。

◆談笑

【笹】 竹-5 総画11 人名 明朝 笹 7B39

音 ― 訓 ささ外

意味 ささ。例 笹舟・熊笹

参考 国字。「竹」と、「葉」を略した「世」とを合わせた字。

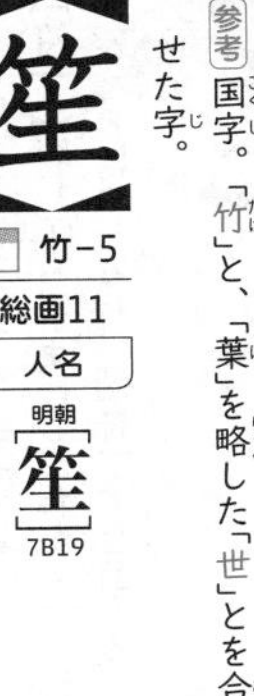

【笙】 竹-5 総画11 人名 明朝 笙 7B19

音 ショウ外 訓 ―

意味 しょうのふえ。長短の竹筒を立てならべた雅楽の楽器。

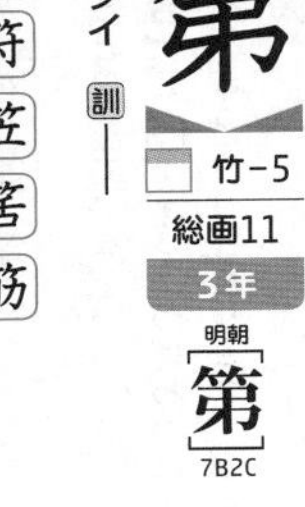

【第】 竹-5 総画11 3年 明朝 第 7B2C

音 ダイ 訓 ―

竺 竿 笈 笑 笹 笙 第 ◀次ページ 笛 符 笠 筈 筋

筆順 第 （はねない・はねる・ださない）

なりたち 【形声】「弟」が順序の意味と「ダイ」という読み方をしめしている。巻いた「竹簡（竹のふだでつくった書物）」の順序を表している字。

意味 ❶順序。例第三者・次第 ❷試験。例及第

❶〈順序〉の意味で

【第一人者】ある方面や、おなじなかまの中で、もっともすぐれている人。

【第一線】①会社や組織の中で、先頭に立ってたいせつな仕事を受けもつところ。新聞社の第一線で活躍する。②戦場で、敵とじかに向かいあって、たたかうところ。例戦場の第一線に向かう。類最前線

【第一歩】最初のひと足。ものごとの出だし。例社会生活の第一歩をふみだす。

【第三者】そのことに直接関係のない人。例第三者の意見。類他人 対当事者

【第六感】目・耳・鼻・口・皮膚の五つの感覚のほかに、ものごとの本質を感じとる心のはたらき。例第六感をはたらかせる。類直感・勘

←第が下につく熟語 上の字の働き

❷第＝〈試験〉のとき

【及第 落第】試験の結果、ドウナルか。

笛

音テキ 訓ふえ

竹－5 総画11 3年 明朝 笛 7B1B

筆順 笛 （はねない・はっきりだす）

なりたち 【形声】「由」が「テキ」とかわって読み方をしめしている。「ユウ」は「あなをあける」意味をもち、「竹」にあなをあけてつくった楽器を表す字。

意味 ふえ。例笛をふく。草笛・汽笛

←笛が下につく熟語 上の字の働き

【汽笛 警笛 霧笛 横笛 角笛 草笛】ドノヨウナ笛か。

◆口笛 鼓笛

符

音フ中 訓―

竹－5 総画11 常用 明朝 符 7B26

筆順 符

なりたち 【形声】「付」が「合わせる」意味と「フ」という読み方をしめしている。つき合わせて証拠をたしかめる「竹」のふだ「わりふ」を表す字。

意味 ❶ふだ。わりふ。例符合・切符 ❷しるし。記号。例符号・音符

❶〈ふだ〉の意味で

【符合】↓（―する）二つにわったふだどうしが合うように、ぴったり合う。例事実と符合する。

❷〈しるし〉の意味で

【符号】Ⅱ文章や算数の式の中などで使われる、文字以外の記号。たとえば、「＋」はプラス、「－」はマイナスを表す符号。

【符丁】↓なかまにしかわからない特別なことばやしるし。例符丁で合図する。類暗号

笠

音リュウ外 訓かさ外

竹－5 総画11 人名 明朝 笠 7B20

意味 かさ。頭にかぶるかさ。例陣笠・花笠

筈

音カツ外 訓はず外

竹－6 総画12 人名 明朝 筈 7B48

意味 ❶はず。弓の弦に引っかけるために、矢の最後部につけた溝。例矢筈 ❷はず。そうなるにちがいないという意味を表す。例かれは必ず来る筈だ。

筋

音キン 訓すじ

竹－6 総画12 6年 明朝 筋 7B4B

第25巻

四字の熟語

四字の熟語の中には、「喜怒哀楽」「春夏秋冬」「士農工商」のように、おなじ種類のことばを四つ組み合わせて作られたものがあります。また、「五里霧中」（「五里霧＋中」）「言語道断」（「言語道＋断」）のように、三字の熟語に漢字が一字くわわったものもあります。

しかし、多くの場合、四字の熟語は、前の二字からなる部分と後の二字からなる部分に分けることができます。

①それぞれの部分がおなじ漢字をくり返すもの。

明明白白　奇奇怪怪　正正堂堂　三三五五

②それぞれの部分におなじ漢字が一つずつ入るもの。

自画自賛、自給自足、自由自在、自業自得、半信半疑、多種多様、不老不死、無為無策、一進一退、一朝一夕、一長一短、一喜一憂、百発百中、適材適所、誠心誠意、独立独歩、以心伝心、右往左往、四苦八苦

③それぞれの部分に異なる数字の漢字が一つずつ入るもの。

一石二鳥、一刀両断、一挙両得（両は二という意味です）一日千秋、三寒四温、四苦八苦、五臓六腑、七転八倒、千客万来、千変万化、朝三暮四

④それぞれの部分に似た意味の漢字が入るもの。

千変万化、七転八倒、独立独歩、明明白白、奇奇怪怪、沈思黙考

⑤それぞれの部分に反対の意味の漢字が入るもの。

三寒四温、半信半疑、自問自答、一進一退、一朝一夕、一長一短、一喜一憂、朝三暮四、晴耕雨読、右往左往

「一朝一夕」（②と⑤）のように二か所にでてくる熟語がたくさんありますね。四字の熟語は、このようにしてみると、似たような組み立てのものが多いことがわかります。

もちろん、これらのほかにも、前の二字と後の二字との関係には、まだまだいろいろな種類があります。

◀次ページ 策 筑 答

筆順 ノ ⺧ 筋 筋 筋 筋 筋 筋 筋 （はねない はねる はねる）

なりたち 筋 [会意]「竹」と「月(肉)」と「力」とからできている字。「肋」は力を入れるとぴんとはるすじを表し、「竹」をくわえて、竹のすじを表している。

意味 すじ。からだの中のすじ。骨組みのすじ。通るすじ。長いすじ。例 話の筋。筋道・筋肉・鉄筋

【筋骨】きんこつ [＝] 肉づきと骨組み。例 筋骨たくましい青年。

【筋肉】きんにく [＝] 細いすじが集まってできている肉。のびちぢみしてからだを動かすはたらきをする。

【筋力】きんりょく [↓] 筋肉の力。例 筋力をつける。

【筋金】すじがね [↓] ものをじょうぶにするために、中にはめこむ金属の線や棒。例 筋金入り。

【筋道】すじみち [↓] 話や考えを進めていくつながりや順序。例 筋道をたてて説明する。類 筋目・道筋

←筋が下につく熟語 上の字の働き

【一筋 大筋 本筋】ドノヨウナ筋か。

【血筋 道筋 鼻筋 背筋】ナニの筋か。

策

竹－6 総画12 6年 明朝 策 7B56

音 サク 訓 ―

筆順 ノ ⺧ 策 策 策 策 策 策 策 （はねない つにならない）

なりたち 策 [形声]「朿」が「サク」とかわって読み方をしめしている。「シ」は「うつ」意味をもち、「竹」のむちを表す字。

意味 はかりごと。例 策を練る。策略・対策

【策士】さくし [↓] はかりごとのじょうずな人。例 策士、策におぼれる(策士は、策を使いすぎて、かえって失敗するものだ)。

【策動】さくどう [↓]〈―する〉こっそりとよくないことを考えて、かげで動きまわること。例 策動家。類 暗躍・画策・裏工作

【策謀】さくぼう [＝] こっそりしくんで、相手をだまそうとするたくらみ。例 策謀をめぐらす。類 策略・計略・謀略

【策略】さくりゃく [＝] 事をやりとげるための計画・方法。はかりごと。例 策略を練る。類 策謀・計略・謀略

←策が下につく熟語 上の字の働き

【術策 方策】近い意味。

【奇策 対策 得策 秘策 善後策】ドウイウ策か。

【一策 万策】イクツの策か。

【金策 国策 政策】ナニのための策か。

【画策 施策 失策】策をドウスルか。

筑

竹－6 総画12 人名 明朝 筑 7B51

音 チク 外 訓 ―

意味 ❶ちく。琴に似た楽器の名。❷筑前・筑後。旧国名。だいたい今の福岡県にあたる。例 筑州。

参考「筑紫」「筑波」など、「ツク」とも読む。

答

竹－6 総画12 2年 明朝 答 7B54

音 トウ 訓 こた-える・こた-え

筆順 ノ ⺧ 答 答 答 答 答 答 答 （はねない はらう）

なりたち 答 [会意]「竹」と「合」を合わせて、竹のふたつき容器がぴたりと合うことから、こたえを表す字となった。

意味 こたえ。こたえる。例 質問に答える。答えを確かめる。答案・解答 対 問

例解 [使い分け] こたえる[答・応] ☞ ひだりのページ

【答案】とうあん [↓] 問題の答え。また書いた紙。

【答辞】とうじ [↓] おもに卒業式で、在校生からの「送辞(送り出すことば)」に卒業生が答えることば。対 送辞

【答申】とうしん [↓]〈―する〉大臣や上役などの質問に対して考えや意見をまとめ、書いてさし出すこと。例 答申案。対 諮問

【答弁】とうべん [↓]〈―する〉議会などで質問に答えて説明すること。例 答弁に立つ。

【答礼】とうれい [▲]〈―する〉相手のあいさつに対し

て、あいさつをかえすこと。類返礼

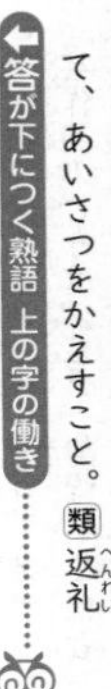

←答が下につく熟語 上の字の働き

【応答 解答】近い意味。

◆回答 確答 自問自答 贈答 問答

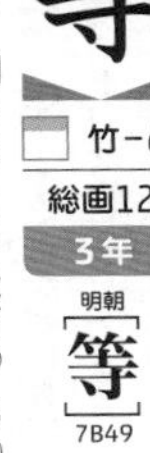

等

音トウ 訓ひと-しい・など外・ら外

竹-6 総画12 3年

明朝 等 7B49

筆順 等 等 等 等 等 等 等（はねない／ながく／はねる）

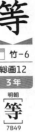

なりたち 【形声】「寺シ→ジ」が「トウ」とかわって読み方をしめしている。「シ」は「そろう」意味をもち、「竹」のふだ（書物）をそろえてととのえることを表す字。

意味

❶ひとしい。おなじである。例等しい長さ。等分・平等

❷順位。段階。ランク。例等級・上等

❸なかま。…など。そのほかをふくむこと。例電車やバス等の交通機関。郎等

名前のよみ とし・とも

❶〈ひとしい〉の意味で

【等圧線】天気図で、気圧のひとしいところをむすんだ線。

【等価】↓価値がひとしいこと。

【等号】↓二つの数や式がひとしいことを表す記号。「＝」。イコール。

【等高線】地図で、陸地のおなじ高さの地点をむすんだ線。類等深線

【等式】↓数学で、二つ、またはそれ以上の数や式を、等号（＝）でむすんである式。

【等質】↓〈―な〉性質や材質がおなじであること。例等質の製品。等質になるようにまぜる。類同質・均質 対異質

【等身大】人のからだとおなじくらいの大きさ。例等身大の仏像。

【等分】↓〈―する〉おなじ数や量に分けること。例材料を五等分する。

❷〈順位〉の意味で

【等外】↓決められた等級や順位に入らないこと。

【等級】Ⅱ位の上下や、品質のよしあしを区別した段階。ランク。例等級をつける。等級が上がる。類階級

←等が下につく熟語 上の字の働き

❶等＝〈ひとしい〉のとき

【均等 平等 対等 同等】近い意味。

❷等＝〈順位〉のとき

【特等 優等 高等 上等 初等 劣等】ドノヘンの順位か。

◆親等 不等

筒

音トウ中 訓つつ中

竹-6 総画12 常用

明朝 筒 7B52

筆順 筒 筒 筒 筒 筒 筒 筒

なりたち 【形声】「同」が「通る」意味と「トウ」という読み方をしめしている。ふしをぬいた「竹づつ」を表す字。

意味 つつ。例竹の筒。筒先・円筒

【筒先】↓①筒の形をしたものの先っぽ。②大砲や鉄砲などの、たまがとび出す口。例筒先をむける。③消火ホースの先。消火のとき筒の先を持つ消防士。

←筒が下につく熟語 上の字の働き

例解 使い分け

こたえる《答える・応える》

答える＝返事をする。問いかけや呼びかけにかえす。例名前を呼ばれて答える。回答用紙に答えを記入する。

応える＝むくいる。反応をしめす。例期待に応える。観客の声援に応える。手応えがある。

◀次ページ 筆 節

【円筒 封筒】ドウイウ筒か。

筆

竹−6 総画12 3年 明朝 筆 7B46

音 ヒツ 訓 ふで

筆順 （はねない・だす・だす）

なりたち 【形声】「聿(イツ—リツ)」はふでを持っている形で、「ヒツ」とかわって読み方をしめしている。「竹」をくわえて、竹のふでを表す字。

意味

❶ふで。字を書く道具。例 絵筆・毛筆

❷ふでで書く。ものを書く。書かれた文字や文章。例 筆をふるう。筆者・筆順・代筆

❶〈ふで〉の意味で

【筆墨】ひつぼく Ⅱ ふでとすみ。ものを書く道具。知識 筆墨硯紙(筆墨硯紙)を文房四宝という。

❷〈ふでで書く〉の意味で

【筆記】ひっき ↓(—する) 書きしるすこと。書きしるしたもの。例 筆記用具。

【筆算】ひっさん ↓(—する) 紙などに数字を書いて計算すること。その計算。対 暗算

【筆写】ひっしゃ ↓(—する) 書きうつすこと。類 書写 表現 ☞【書写】(604ページ)

【筆者】ひっしゃ ↓ その文章や書物を書いた人。例 筆者の考えを読みとる。類 作者・著者 表現 文芸作品のときは「作者」、論説なら「筆者」、また、一冊の本では「著者」ということもある。「筆者」というのがふつう。

【筆順】ひつじゅん ↓ 文字を書くときの、点や線を書く順序。書き順。例 筆順をおぼえる。参考 ☞ものしり巻物17(573ページ)

【筆勢】ひっせい ↓ 文字や絵にあらわれたふでづかいのいきおい。例 力強い筆勢。類 筆力

【筆跡】ひっせき ↓ 書かれた文字。文字の書きぶり。例 美しい筆跡の手紙。

【筆舌】ひつぜつ Ⅱ 文章に書くことと口に出して言うこと。例 筆舌につくしがたい苦しみ。

【筆談】ひつだん ↓(—する) 口で話すかわりに、文字を書いて気持ちや考えをつたえあうこと。例 筆談具あります。

【筆頭】ひっとう ↓ 書きならべてある名前のなかで、いちばんはじめの人。ふつう、いちばん地位が上のことをいう。例 優勝候補の筆頭。

【筆法】ひっぽう ↓ ①ふでの動かし方。ふでづかい。例 筆法伝授。類 運筆 ②ことばの言いまわしや文章の書きぶり。③ものごとの進め方。例 いつもの筆法で進めよう。類 手法

【筆名】ひつめい ↓ 文章、とくに文学作品などを発表するときに使う本名以外の名前。ペンネーム。類 雅号

【筆力】ひつりょく ↓ ①書画にあらわれている、ふではこびのいきおい。例 見る者を圧倒する筆力。類 筆勢 ②読み手をひきつける文章を書く力。例 筆力のある文章。類 文章力

【筆不精】ふでぶしょう 〈—な〉 手紙を書くことをめんどうがること。表記「筆無精」とも書く。

←筆が下につく熟語 上の字の働き

❶筆＝〈ふで〉のとき
【運筆 執筆】筆をドウスルか。
【毛筆 硬筆 鉛筆 朱筆 絵筆】ドウイウ筆か。

❷筆＝〈ふでで書く〉のとき
【一筆 代筆 特筆】ドノヨウニ書くか。
【能筆 達筆 乱筆 悪筆】ドノヨウナ筆づかいか。
【絶筆 乱筆 末筆】ドウイウ文章か。
◆随筆 肉筆 文筆

節

竹−7 総画13 4年 明朝 節 7BC0 旧字 節 FA56

音 セツ・セチ 高 訓 ふし

筆順 （はねない・とめる・はねる）

なりたち 【形声】もとの字は、「節」。「即(ソク)」が「セツ」とかわって読み方をしめしている。「ソク」は「へだてる」意味をもち、「竹」のみきにしきりをつけている「ふし」を表す字。

意味

❶ふしめ。くぎりめ。ひとくぎり。例 竹の節。その節。節穴・節分・関節・章節

❷けじめ。みさおをまもる。例 節操・節度

❸むだをはぶく。ほどよくする。例 節約・調

節 ❹ふしまわし。メロディー。例浪花節。❺身分をしめすしるし。わりふ。例使節

注意するよみ セチ…例お節料理

名前のよみ さだ・たか・たかし・たけ・とき・とも・のり・まこと・みさお・よし

❶〈ふしめ〉の意味で

【節句】せっく ↓ 古くからおこなわれてきた、季節のかわりめなどのお祝いの日。例初節句を祝う。知識 一月七日の七草、三月三日の桃、五月五日の端午、七月七日の七夕、九月九日の菊の五節句。

【節分】せつぶん ↓ 季節がうつりかわるさかいめ。立春・立夏・立秋・立冬の前の日。とくに立春の前の日をいう。例節分の豆まき。

【節理】せつり Ⅱ 岩石にできたわれめ。柱をならべたような柱状節理、板をならべたような板状節理などがある。

【節穴】ふしあな ↓ 木の板のふしがぬけて、あとにできた穴。例その目は節穴か(穴があるだけでなにも見えていないのか)。

【節目】ふしめ ↓ ①木や竹などのふしのあるところ。②ものごとのくぎり。例人生の節目。

❷〈けじめ〉の意味で

【節操】せっそう Ⅱ 正しいと思うことをどこまでもまもりつづけること。例節操がない。

【節度】せつど ↓ けじめとして、ちょうどよいくらいのところ。例節度をまもる。

❸〈むだをはぶく〉の意味で

【節倹】せっけん Ⅱ むだをはぶいて、使えるものをだいじに使うこと。類節約・倹約

【節減】せつげん ↓〈―する〉お金やものの使い方に気をつけて、できるだけ少なくすること。例経費を節減する。類節約・倹約

【節食】せっしょく ▲〈―する〉食事を少なめにすること。例節食して体重をへらす。類減食

【節水】せっすい ▲〈―する〉水をたいせつにして、むだに使わないこと。例節水につとめる。

【節制】せっせい Ⅱ〈―する〉やりすぎにならないように少なめにすること。例節制を心がける。

【節約】せつやく Ⅱ〈―する〉むだをはぶいてたいせつに使うこと。例時間の節約。類倹約・節減 対浪費

節が下につく熟語 上の字の働き

❶節＝〈ふしめ〉のとき
【関節 季節 時節 当節】ドノヨウナふしめか。
【一節 小節 末節】ドノヨウナひとくぎりか。

❷節＝〈けじめ〉のとき
【苦節 忠節】ドノヨウナけじめか。

◆使節 調節 礼節

箇

竹－8 総画14 常用 明朝 箇 7B87

音 カ中 訓 ―

筆順

たちなり 箇 [形声]「固」が「カ」とかわって読み方をしめしている。「竹」をかぞえることばを表す字。

意味 一つ一つものを指してかぞえることば。例箇所

【箇所】かしょ ↓ ①そのところ。例危険箇所を調べる。類場所 ②場所の数をかぞえることば。例まちがいが二箇所ある。表記 ②は「か所」「カ所」「ケ所」「個所」とも書く。

【箇条】かじょう ↓ ①書くことをいくつかに分けたときの、一つ一つ。例箇条書き。類条項 ②条文をかぞえるときのことば。表記 ②は「か条」「カ条」「ケ条」「個条」とも書く。

管

竹－8 総画14 4年 明朝 管 7BA1

音 カン 訓 くだ

筆順 はねない つにならない

たちなり 管 [形声]「官」が「カン」という読み方をしめしている。「カン」は「つらぬく」意味をもち、ふしのつらぬき通った「竹」のくだを表す字。

意味 ❶くだ。中がからっぽの細長いもの。例ゴムの管。血管 ❷つかさどる。責任をもつ。例管理・保管

❶〈くだ〉の意味で

【管楽器】フルートなど、管に息をふきこんで音を出す楽器。木管と金管とがある。
関連 管楽器・弦楽器・打楽器

【管弦楽】管楽器・弦楽器・打楽器などを使って、おおぜいの人で演奏する音楽。オーケストラ。

❷〈つかさどる〉の意味で

【管轄】Ⅱ〈—する〉政府や役所が、ある範囲の仕事のとりしまりに責任をもつこと。また、その範囲。例 管轄区域。類 所轄

【管制】↓〈—する〉①政府が、とりしまって制限をすること。例 報道管制。②飛行機の発着を指図すること。例 管制塔。

【管内】↓とりしまりをする役所の、受けもち範囲のなか。例 管内を見まわる。

【管理】Ⅱ〈—する〉責任をもってとりしまり、めんどうをみること。例 貴重品は自分で管理すること。管理職。

管が下につく熟語 上の字の働き

❶管＝〈くだ〉のとき
【鉛管 鉄管 土管】ナニでできた管か。
【気管 血管 下水管 水道管】ナニを通す管か。
◆移管 所管 配管 保管 雷管

【箕】

竹−8 総画14 人名 明朝 箕 7B95

音 キ 外 訓 み 外

意味 み。穀物の殻やごみなどを取りのぞくために使う、竹で編んだ道具。ふるい。

【算】

竹−8 総画14 2年 明朝 算 7B97

音 サン 訓 —

筆順 はねない ながく

なりたち  【会意】「そろえる」意味の「具」と「竹」を合わせて、竹のぼうでかぞえることを表す字。

意味 かぞえる。見こむ。見つもる。例 算数・算段・計算・打算

名前のよみ かず

【算出】↓〈—する〉計算によって数をはっきりさせること。例 工事費を算出する。

【算術】↓計算のしかた。むかし小学校などで教えた初歩の数学。今の「算数」。

【算数】▲数をかぞえること。小学校で教える初歩の数学。例 算数はおもしろい。

【算段】▲〈—する〉必要なものをなんとか用意すること。例 当面の生活の算段がつく。類 工面・才覚

【算定】↓〈—する〉計算して決めること。例 二酸化炭素排出量を算定する。

【算入】↓〈—する〉勘定に入れること。例 校舎改築費を、予算に算入する。

【算用数字】算数で使う、0・1・2・3・4・5・6・7・8・9の十個の数字。アラビア数字。関連 漢数字・ローマ数字・アラビア数字(算用数字) 知識 アラビア人がインド人からうけついでヨーロッパにつたえた数字。☞【数字】(567ページ)

【算盤】↓①ひし形のたまを竹ひごに通してならべ、それを動かすことによって数を表す計算の道具。例 そろばんをはじく。②計算や損得の勘定。例 そろばんが合わない(商売などで、入るお金よりも出るお金が多くて損する)。そろばんずく(ものごとを、損か得かだけで考えること)。

算が下につく熟語 上の字の働き

【精算 換算 逆算 加算 合算 通算 予算 決算】ドノヨウニ計算するか。
【起算 検算(験算) 採算 清算 御破算】算をドウスルか。
【暗算 筆算 目算 珠算】ナニによって計算するか。
【公算 勝算 成算 誤算】ドウイウ見こみか。

【箋】

竹−8 総画14 常用 明朝 箋 7B8B

音 セン 中 訓 —

筆順

意味 詩や手紙などを書く用紙。手紙。例 便箋・処方箋・付箋

字体のはなし「箋」(竹部「6画」、総画「12画」)とも書く。☞ふろく「字体についての解説」(30ページ)

箋が下につく熟語 上の字の働き

【便箋 処方箋】ナニにつかう紙か。
【付箋】ドノヨウニつかう紙か。

箔

竹-8 総画14 人名 明朝 箔 7B94

音 ハク外 訓 —

意味 はく。金属をうすくのばしたもの。例 台紙に箔を押す。箔がつく(ねうちが上がる)。金箔

箱

竹-9 総画15 3年 明朝 箱 7BB1

音 — 訓 はこ

筆順 (はねない)(とめる)

なりたち [形声]「相ソウ・ショウ」が「ソウ」という読み方をしめしている。「ショウ」は「さえぎる」意味をもち、外に出ないように「竹」でかこったはこを表す字。

意味 はこ。入れ物。例 箱につめる。空の箱。箱庭・巣箱

【箱庭】はこにわ ↓ 箱に土やすなを入れ、山・池などのようすを小さくかたどってつくったもの。

箱が下につく熟語 上の字の働き

【重箱 貯金箱】ドンナ箱か。

箸

竹-9 総画15 常用 明朝 箸 7BB8

音 — 訓 はし中

意味 はし。食べ物をはさむ、二本の細い棒。例 竹の箸。火箸

字体のはなし「箸」(竹部「8画」、総画「14画」)とも書く。☞ふろく「字体についての解説」(30ページ)

範

竹-9 総画15 常用 明朝 範 7BC4

音 ハン中 訓 のり外

なりたち [形声]「笵→笆」が「竹のわく」の意味と「ハン」という読み方をしめしている。「車」をくわえて、車をつくるときの「てほん」を表す字。

意味 ❶てほん。例 範をしめす。規範 ❷くぎり。わく。例 範囲

❶〈てほん〉の意味で

【範例】はんれい ↓ 手本にできる、よい例。例 範例をしめす。範例にしたがう。

❷〈くぎり〉の意味で

【範囲】はんい Ⅱ 中と外をくぎるためのかこい。大わくの中。例 こづかいの範囲で買う。

範が下につく熟語 上の字の働き

❶範＝〈てほん〉のとき
【規範 模範 師範】近い意味。
◆垂範

篇

竹-9 総画15 人名 明朝 篇 7BC7

音 ヘン外 訓 —

意味 ❶文字を書くためのふだ。❷詩や文章。❸書物の中の一部分。

表記「編」を代わりに使うことがある。

築

竹-10 総画16 5年 明朝 築 7BC9

音 チク 訓 きず-く

筆順 (はねない)(はねる)

なりたち [形声]「筑」が「チク」という読み方をしめしている。「チク」は「つきかためる」意味をもち、「木」で土をつきかためること、またそのきねを表す字。

意味 きずく。建物・庭・港などをつくる。例 土手を築く。城を築く。築城・建築

特別なよみ 築山（つきやま）

【築城】ちくじょう ▲〈―する〉城をつくること。

【築港】ちっこう ▲〈―する〉港としての設備をつくること。例 築港工事。

【築山】つきやま ↓ 庭に、土を盛ってつくった小さな山。例 築山に松を植える。

◆築が下につく熟語 上の字の働き

【建築 構築】近い意味。

【改築 新築 増築】ドノヨウニ築くか。

篤

竹-10 総画16 常用 明朝 篤 7BE4

音 トク 中 訓 あつ-い 外

筆順 篤 篤 篤 篤 篤 篤 篤 篤

なりたち [形声]「竹」が「トク」とかわって読み方をしめしている。「チク」は「おそい」の意味をもち、「馬」の歩みのおそいことを表す字。借りて、「てあつい」の意味に使われている。

意味 ❶人情があつい。熱心である。例 篤行 ❷病気が重い。例 危篤

❶〈人情があつい〉の意味で

【篤学】とくがく ▲〈―な〉学問に打ちこんでいる。

【篤志家】とくしか 世の中のためになることに熱心な人。例 篤志家からの寄付。

【篤実】とくじつ Ⅲ〈―な〉思いやりがあり、正直でまじめなこと。例 温厚篤実。

【篤行】とっこう ↓ 人のためを思う、まごころのこもったおこない。例 篤行をかさねる。

篠

竹-11 総画17 人名 明朝 篠 7BE0

音 ショウ 外 訓 しの 外

意味 しの。幹が細く群がって生える竹。矢の材料になる。

簡

竹-12 総画18 6年 明朝 簡 7C21

音 カン 訓 ―

筆順 簡 簡 簡 簡 簡 簡 簡 簡（はねない・とめる・はねる）

なりたち [形声]「間」が「カン」という読み方をしめしている。「カン」は「けずった」の意味をもち、文字を書けるように平たくけずった「竹」のふだを表す字。

意味 ❶竹のふだ。てがみ。例 書簡・木簡 ❷むだがない。手軽な。例 簡単・簡素

❷〈むだがない〉の意味で

【簡易】かんい Ⅲ〈―な〉手つづきなどが、手軽でやさしいようす。例 簡易な包装。類 容易

【簡潔】かんけつ Ⅲ〈―な〉かんたんで、すっきりしている。例 簡潔な表現を心がける。類 簡明 対 冗漫

【簡素】かんそ Ⅲ〈―な〉あっさりしていて、かざりけがない。例 簡素な家。類 簡単・質素

【簡単】かんたん Ⅲ〈―な〉①こみいっていなくて、やさしい。例 この問題は簡単だ。類 単純 対 複雑 ②手軽で、あっさりしている。例 簡単な昼食をすませる。類 簡素

【簡便】かんべん Ⅲ〈―な〉手軽で、便利なこと。例 簡便なやり方を考える。類 簡略

【簡明】かんめい ↓〈―な〉こみいっていなくて、はっきりしている。例 簡明な説明。簡明にのべる。類 簡潔

【簡略】かんりゃく Ⅲ〈―な〉必要なことだけにとどめてある。手みじか。例 簡略な説明ですます。類 簡便

◆簡が下につく熟語 上の字の働き

❶簡＝〈竹のふだ〉のとき

【竹簡 木簡】ナニでできた簡か。

簞

竹-12 総画18 人名 明朝 簞 7C1E

音 タン 外 訓 ―

意味 ❶竹で編んだ容器。例 簞笥 ❷ひさご。ひょうたん。例 瓢簞

簿

竹-13 総画19 常用 明朝 簿 7C3F

音 ボ 中 訓 ―

筆順 簿 簿 簿 簿 簿 簿 簿 簿 簿

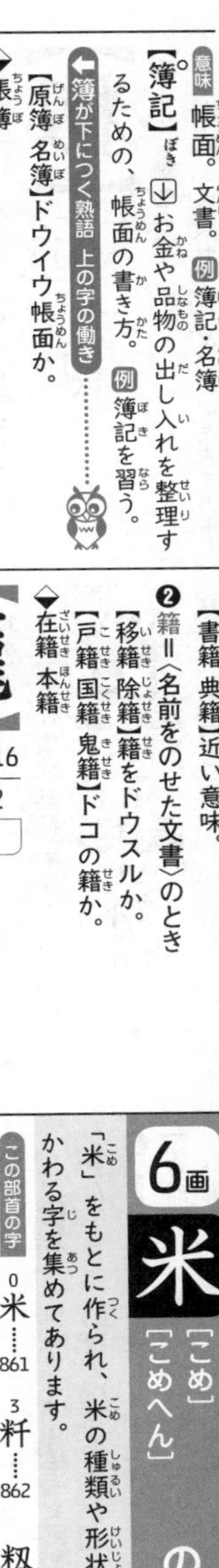

意味 帳面。文書。例 簿記・名簿

【簿記】↓ お金や品物の出し入れを整理するための、帳面の書き方。例 簿記を習う。

← 簿が下につく熟語 上の字の働き

【原簿 名簿】ドウイウ帳面か。

◆ 帳簿

簾

竹-13 総画19 人名 明朝 簾 7C3E

音 レン 外 訓 すだれ 外

意味 すだれ。ひよけや仕切りとして縁側などにたらして使う、細い竹やアシなどを編んで作った道具。例 垂簾

籍

竹-14 総画20 常用 明朝 籍 7C4D

音 セキ 中 訓 —

筆順 籍 籍 籍 籍 籍 籍 籍

なりたち [形声] もとの字は、「籍」。「耤」が「セキ」という読み方をしめしている。「セキ」は「書く」意味をもち、文字の書かれた「竹」のふだを表す字。

意味 ❶ 書物。例 書籍 ❷ 名前をのせた文書。どこの人間かをしめす書類。例 籍を入れる。戸籍

← 籍が下につく熟語 上の字の働き

❶ 籍＝〈書物〉のとき

【書籍 典籍】近い意味。

❷ 籍＝〈名前をのせた文書〉のとき

【移籍 除籍】籍をドウスルか。

【戸籍 国籍 鬼籍】ドコの籍か。

◆ 在籍 本籍

籠

竹-16 総画22 常用 明朝 籠 7C60

音 ロウ 高 訓 かご 中・こ-もる 中

筆順

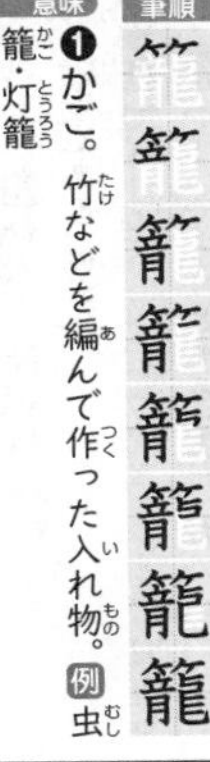

意味 ❶ かご。竹などを編んで作った入れ物。例 虫籠・灯籠 ❷ こもる。例 冬籠もり。籠城

❶〈かご〉の意味で

【籠球】↓ バスケットボールのこと。

❷〈こもる〉の意味で

【籠城】▲〈—する〉城に立てこもって、敵と戦うこと。例 籠城作戦。表現「犯人は人質をとって籠城している」のように、部屋や建物に立てこもる場合にも使う。

【籠絡】Ⅱ〈—する〉人を言いくるめて、思いどおりにあやつること。

← 籠が下につく熟語 上の字の働き

❶ 籠＝〈かご〉のとき

【印籠 灯籠 薬籠】ナニを入れる物か。

【蒸籠】ドウスルための入れ物か。

◆ 旅籠

6画 米 [こめ] [こめへん] の部

「米」をもとに作られ、米の種類や形状にかかわる字を集めてあります。

この部首の字

0 米…861　3 粁…862　籾…862
4 粋…862　粉…862　5 粗…863　粘…863
粒…863　6 粥…864　粧…864　粟…864
8 精…864　9 糊…865　糎…865　10 糖…865
11 糞…866　12 糧…866
料→斗 574

米

米-0 総画6 2年 明朝 米 7C73

音 ベイ・マイ 訓 こめ

筆順 米 米 米 米 米 米 （つかない・はらう・はらう）

なりたち [象形] もみがらをやぶって出たこめつぶをえがいた字。

意味 ❶ こめ。例 米を作る。米作・精米 ❷ アメリカ。(「亜米利加」のアクセントのある字「米」から) 例 米国・欧米 ❸ メートル。長さの単位。❹《その他》例 米寿

❶〈こめ〉の意味で

【米所】↓ よい米がたくさんとれる地方。

【米価】べいか ↓ 米のねだん。

【米菓】べいか ↓ 米から作られるお菓子。

【米穀】べいこく Ⅱ 米または、ムギ・アワ・キビ・マメなどの穀物。例 米穀商。

【米作】べいさく ↓ ①イネを育てて米を作ること。例 米作農家。②米のとれぐあい。類 稲作

【米食】べいしょく ↓〈ーする〉米を主食として食べること。

❷〈アメリカ〉の意味で

【米国】べいこく ↓ アメリカ合衆国。例 米国民。

❹《その他》

【米寿】べいじゅ ↓ 八十八歳という長寿を祝うこと。参考 米という字を分けると八と十と八になるのでていう。☞【還暦】(464ページ)

→米が下につく熟語 上の字の働き

❶米＝〈こめ〉のとき

【玄米 精米 白米 新米】ドノヨウナ米か。

【粁】

米－3 総画9 表外 明朝 粁 7C81

音 ― 訓 キロメートル 外

意味 キロメートル。一〇〇〇メートル。

参考 国字。一メートル(米)の千倍を表す字。

【籾】

米－3 総画9 人名 明朝 籾 7C7E

音 ― 訓 もみ 外

意味 もみ。㋐脱穀せず、外皮がついたままの米。㋑もみがら。米の外皮。

参考 国字。

【粋】

米－4 総画10 常用 明朝 粋 7C8B 旧字 粹 7CB9

音 スイ 中 訓 いき 中

筆順 粋 丷 半 米 米' 粁 粋 粋

なりたち 粹 [形声] もとの字は、「粹」。「卒(ソツ)」が「スイ」とかわって読み方をしめしている。「ソツ」は「まじりけのない」の意味をもち、まじりけのない「米」を表す字。

意味 ❶まじりけがない。質がすぐれている。例 技術の粋を集める。純粋 ❷いきである。あかぬけしている。気がきいている。例 粋人・小粋・無粋

❷〈いきである〉の意味で

【粋狂】すいきょう ↓〈ーな〉かわったことを、おもしろがって、やろうとすること。もの好き。例 粋狂にもほどがある。表記「酔狂」とも書く。

【粋人】すいじん ↓ ①趣味がゆたかで、風流な人。②世の中のことや人間の気持ちなどがよくわかっている人。

◆国粋 純粋 抜粋 無粋(不粋)

【粉】

米－4 総画10 5年 明朝 粉 7C89

音 フン 訓 こ・こな

筆順 粉 丷 半 米 米' 粉 粉 粉 (とめる・あける・はねる)

なりたち 粉 [形声]「分」が「わける」意味と「フン」という読み方をしめしている。「米」をくだいてこまかくした「こな」を表す字。

意味 ❶こな。こまかいつぶ。例 身を粉にする。粉雪・汁粉・澱粉 ❷くだく。こなごなにする。例 粉砕 ❸おしろい。例 粉飾・脂粉

❶〈こな〉の意味で

【粉粉】こなごな Ⅱ〈ーに〉小さくくだけたようす。例 コップがこなごなにわれた。類 粉微塵

【粉雪】こなゆき ↓ こまかくて、さらさらしている雪。例 粉雪がまう。

【粉乳】ふんにゅう ↓ こなミルク。例 脱脂粉乳。

【粉末】ふんまつ Ⅱ こな。例 粉末の薬。

❷〈くだく〉の意味で

【粉骨砕身】ふんこつさいしん〈ーする〉骨も身もこなごなになるほど、はたらきにはたらくこと。身を粉にする。例 粉骨砕身、努力する。

【粉砕】ふんさい Ⅱ〈ーする〉①こなごなにくだくこと。例 岩石を粉砕する。②相手を完全にうち負かすこと。例 敵を粉砕する。

❸〈おしろい〉の意味で

【粉飾】ふんしょく ↓〈ーする〉うわべをかざってごまかすこと。例 粉飾決算(決算で、数字をごま

かして利益があるように見せること）。参考 おしろいをぬってきれいに見せるという意味。

← 粉が下につく熟語 上の字の働き

❶粉＝〈こな〉のとき
【花粉 魚粉 金粉】ナニの粉か。
【受粉 製粉】粉をドウスルか。
◆脂粉 汁粉 澱粉

粗

米-5 総画11 常用 明朝 粗 7C97

音 ソ中 訓 あら-い中

筆順

なりたち [形声]「且」が「ソ」という読み方をしめしている。「ソ」は「あらい」の意味をもち、まだ白くしていないあらい「米」を表す字。

意味 ❶きめがあらい。ていねいでない。例 粒が粗い。粗雑 対 精・密・細
❷けんそんの気持ちを表すことば。例 粗茶

例解 [使い分け] あらい[荒・粗] ☞421ページ

❶〈きめがあらい〉の意味で

【粗筋】あらすじ ↓ 計画・話・小説などの、内容のだいたいのところ。例 物語の粗筋を話す。類 梗概 表記「荒筋」とも書く。

【粗悪】そあく Ⅱ〈―な〉でき方や質がわるい。例 粗悪品。類 劣悪

【粗忽】◆そこつ Ⅱ〈―な〉①気持ちに落ち着きがなく、そそっかしい。例 粗忽者。②不注意からのあやまち。類 粗相

【粗雑】そざつ Ⅱ〈―に〉あらっぽくていいかげん。がさつ。例 粗雑にあつかう。粗雑な仕事。類 雑・粗略

【粗食】そしょく ↓ そまつな食べ物。対 美食

【粗製】そせい ↓ 品物をいいかげんにつくること。例 粗製乱造（できのわるい品物ばかり、やたらにつくること）。対 精製

【粗相】そそう ↓〈―する〉①不注意からのあやまち。例 とんだ粗相をしました。類 粗忽 ②大・小便をもらすこと。

【粗暴】そぼう Ⅱ〈―な〉あらあらしくてらんぼうなようす。例 粗暴なふるまい。類 粗野

【粗末】そまつ Ⅱ〈―に〉①質がよくない。例 粗末な食事。②だいじにしないようす。例 食べ物を粗末にする。類 粗略

【粗密】そみつ ⇕ まばらなこととつまっていること。表記「疎密」とも書く。

【粗野】そや Ⅱ〈―に〉ことばや動作があらっぽくて、品がない。がさつ。類 粗暴 対 優雅

【粗略】そりゃく Ⅱ〈―に〉ものごとや人のあつかいに心がこもらず、いいかげんなこと。ぞんざい。例 客を粗略にあつかう。類 粗雑・粗末 対 丁重 表記「疎略」とも書く。

❷〈けんそんの気持ちを表すことば〉の意味で

【粗茶】そちゃ ↓ 上等でないお茶。表現「粗茶でございますが」などと、客にお茶を出すときに、けんそんしていう。

【粗品】そひん・そしな ↓ つまらない品物。表現「粗品ですが、どうぞ」などと、人にあげる品物をけんそんしていうことば。おくり物ののし紙にも書く。

粘

米-5 総画11 常用 明朝 粘 7C98

音 ネン中 訓 ねば-る中

筆順

なりたち [形声]「米」は、もともとは「黍」。「占」が「ネン」となって読み方をしめす。「セン」は「くっつく」意味をもち、手にくっつくきびを表す字。

意味 ねばる。例 粘り強い。粘り気。粘着

【粘液】ねんえき ↓ ねばねばした液体。

【粘着】ねんちゃく ↓〈―する〉ねばりつくこと。例 粘着力の強いのり。粘着テープ。

【粘土】ねんど ↓ ねばりけのある、きめのこまかい土。焼き物やれんがの原料になる。例 粘土をこねる。粘土細工。

【粘膜】ねんまく ↓ 口・鼻・食道・胃などの内がわをおおう、やわらかくしめっているうすい皮。

粒

米-5 総画11 常用 明朝 粒 7C92

◀次ページ 粥 粧 粟 精

音 リュウ㊥ 訓 つぶ㊥

筆順 粒 粒 粒 粒 粒 粒 粒 粒 粒 粒 粒

なりたち 粒 [形声]「立」が「リュウ」という読み方をしめす。「リュウ」は「ばらばらになっている」意味をもち、ばらばらになっている「米つぶ」を表す字。

意味 つぶ。米つぶのように小さいもの。例 大粒の涙。粒子・飯粒・顆粒

【粒子】りゅうし [⊠] ものを形づくっているひじょうに小さいつぶ。例 微粒子。

【粒粒辛苦】りゅうりゅうしんく〈—する〉長いあいだの、たいへんな苦労。例 粒々辛苦のすえ、ようやく成功した。参考 米のひとつぶひとつぶに、つくった人の苦労があることから。

◆小粒 飯粒

【粥】

米-6 総画12 人名 明朝 粥 7CA5

音 シュク外・イク外 訓 かゆ外・ひさ-ぐ外

意味 ❶かゆ。例 粥をすする。芋粥 ❷ひさぐ。売る。

【粧】

米-6 総画12 常用 明朝 粧 7CA7

音 ショウ㊥ 訓 —

筆順 粧 粧 粧 粧 粧 粧 粧

なりたち [形声]「米」はおしろいの意味の「粉」を省略した形で、「庄」が「ショウ」という読み方をしめしている。「ショウ」は「形づくる」意味をもち、おしろいを顔につけてよそおうことを表す字。

意味 よそおう。おしろいをつけて身をかざる。例 化粧

【粟】

米-6 総画12 人名 明朝 粟 7C9F

音 ゾク外 訓 あわ外

意味 あわ。イネ科の一年草。例 粟粒

【精】

米-8 総画14 5年 明朝 精 7CBE

音 セイ・ショウ㊥ 訓 くわ-しい外

筆順 精 精 精 精 精 精 精 精 (とめる・とめる・はねる)

なりたち 精 [形声]もとの字は、「精」。「青」が「すみきっている」意味と「セイ」という読み方をしめしている。きれいに白くした「米」を表す字。

意味 ❶えりすぐり。まじりけのないもの。余分なものを取りのぞく。例 精製・精選 ❷こまかい。くわしい。例 精密 対 粗 ❸生命力のもと。たましい。例 精を出す。精根・精神・不精

注意するよみ ショウ…例 精進・不精

名前のよみ あき・あきら・きよ・きよし・すぐる・ただ・ただし・つとむ・ひとし・まこと・まさし・もり・よし

❶〈えりすぐり〉の意味で

【精鋭】せいえい [Ⅲ] いきおいさかんで、力にみちていること。えりすぐりの人たち。例 少数精鋭。

【精髄】せいずい [Ⅲ] いちばんたいせつなところ。例 学問の精髄をきわめる。類 神髄・真髄

【精製】せいせい [↓]〈—する〉①まじりけを取りのぞいてよいものにすること。例 原油を精製する。②念を入れて、ていねいにつくること。例 精製した極上のパン。対 粗製

【精選】せいせん [↓]〈—する〉念を入れてえらぶこと。例 品物を精選して仕入れる。類 厳選

【精肉】せいにく [↓] よくえらんだ食用の上等な肉。

【精米】せいまい ①[▲]〈—する〉玄米をついて皮を取りのぞき、白くすること。類 精白 ②[↓] 皮がとれて白くなった米。類 白米 対 玄米

【精油】せいゆ ①[↓] 植物からとれる油状の香料。例 バラの精油をいれた香水。②[▲]〈—する〉原油からまじりものを取りのぞき、良質の石油にすること。例 精油所。対 原油

【精練】せいれん [↓]〈—する〉①羊毛や生糸などの、よごれや脂を取りのぞくこと。②よく訓練してきたえあげること。例 精練された軍隊。

【精錬】せいれん [↓]〈—する〉鉱石から金属を取り出し

て純度のよいものにすること。

❷〈こまかい〉の意味で

【精巧】せいこう ↓〈—な・—に〉こまかいところまでよくできていて、くるいがない。例精巧な時計。

【精細】せいさい Ⅱ〈—な・—に〉くわしくてこまかい。例内状を精細に報告する。類詳細

【精算】せいさん ↓〈—する〉かかったお金の額をこまかく計算しなおして、あまった分を返したり、たりない分をはらったりすること。例乗りこし運賃を精算する。対概算

例解［使い分け］せいさん［清算・精算］☞711ページ

【精通】せいつう ↓〈—する〉こまかいところまでよく知っていること。例日本文化に精通した人。

【精度】せいど ↓機械などがどのくらいこまかくきちんとできているかという度合い。例精度の高いはかり。精度がおとる。

【精読】せいどく ↓〈—する〉こまかいところまで、ていねいに読むこと。類熟読 対乱読

【精密】せいみつ Ⅱ〈—な・—に〉こまかいところまで計算どおりでくるいがない。例精密機械。類細密

❸〈生命力のもと。たましい〉の意味で

【精進】しょうじん ↓〈—する〉①一つのことに向かって、いっしょうけんめいに努力すること。例勉学に精進する。②心身のけがれを落とし、おこないをつつしむこと。例精進料理。

【精霊】Ⅱ ━ しょうりょう ━ せいれい 死んだ人のたましい。例精霊流し。━ せいれい すべてのものにやどっていると考えられている、たましい。例精霊崇拝。

【精一杯】せいいっぱい いっしょうけんめいできるだけのことをするようす。例精一杯がんばる。

【精気】せいき Ⅱすべてのものの活動のもとになる力。例精気があふれる。類生気・精力

【精勤】せいきん ↓〈—する〉休んだりなまけたりしないで、まじめに仕事や勉強をつづけること。

【精根】せいこん Ⅱ力を出す大もとである気力。精力と根気。例精根つきはてる。

【精魂】せいこん Ⅱなにかに打ちこむ気持ち。たましい。例精魂こめてかいた絵。

【精彩】せいさい ↓目立ってはなやかに見えるようす。ひときわすぐれているようす。例精彩をはなつ。精彩を欠く。類生彩

【精子】せいし ↓おすのからだの中で作られ、卵子とむすびついて新しい生命のもとになる細胞。対卵子

【精神】せいしん Ⅱ①考えたり感じたりなどのはたらきをする、人間の心。例精神が安定している。類魂 対肉体・物質 ②ものごとをやりとげようとする気持ち。例精神を集中する。類気力・根気 ③もとになるいちばんたいせつな考え。例憲法の精神。類思想

【精神力】せいしんりょく ものごとをやりとげようとする心の強さ。類気力 対体力

【精巣】せいそう ↓おすのからだの中にあって、精子をつくるとともにホルモンを出すところ。対卵巣

【精力】せいりょく ↓人の活動のもとになる力。例精力を使いはたす。類活力・元気・精気

【精励】せいれい ↓〈—する〉仕事や勉強でよい結果を出そうと、いっしょうけんめいにとりくむこと。例職務に精励する。類勉励

◆丹精 不精(無精) 妖精

糊

米-9 総画15 人名 明朝 糊 7CCA

音コ外 訓のり外

意味 ❶のり。おかゆ。例口を糊する(かゆをすするような生活をおくる)。糊代・糊口

❷あいまいにする。ぼんやりとさせる。例曖昧模糊。糊塗

粍

米-9 総画15 表外 明朝 粍 7CCE

音— 訓センチメートル外

意味 センチメートル。

参考 国字。一メートル(米)の百分の一(厘)を表す字。

糖

米-10 総画16 6年 明朝 糖 7CD6

音トウ 訓—

筆順 ソ 米 粐 粐 糖 糖 糖 糖 (とめる・だす・ださない)

なりたち [形声]「唐」が「トウ」という読み方をしめしている。「トウ」は「かわかす」意味をもち、「いり米」とあめをまぜ、水分を取り去ってつくったほしあめを表す字。

意味 あまいもの。砂糖。例 糖分

【糖衣】とうい ↓ 飲みやすいように、薬などの外がわに砂糖をぬりつけたもの。例 糖衣錠。

【糖分】とうぶん ↓ 食べ物にふくまれているあまみ。

◆砂糖 製糖 果糖

糞

米-11 総画17 表外 明朝 糞 7CDE

音 フン 外 訓 くそ 外

意味 くそ。大便。例 犬の糞。 糞便

【糞尿】ふんにょう Ⅱ 大便と小便。

糧

米-12 総画18 常用 明朝 糧 7CE7

音 リョウ 中・ロウ 高 訓 かて 高

筆順 ⺌ 米 米 米 粐 粮 糧

なりたち [形声]「量」が「はかる」意味と「リョウ」という読み方をしめしている。はかった「米」を表す字。

意味 食べ物。生活の糧。食糧

注意するよみ ロウ…例 兵糧

【糧食】りょうしょく Ⅱ とっておくためや、旅行に持って行くために用意してある食べ物。かて。例 非常用の糧食。類 食糧

【糧道】りょうどう ↓ 軍隊などに食糧を送りとどける道。例 敵の糧道を断つ。

◆食糧 兵糧

6画 糸 [いと] [いとへん] の部

「糸」をもとに作られ、繊維や織物にかかわる字を集めてあります。

糸

糸-0 総画6 1年 明朝 糸 7CF8 旧字 絲 7D72

音 シ 訓 いと

筆順 く 幺 幺 糸 糸 糸（とめる）

なりたち [会意] もとの字は、「絲」。まゆから出る生糸をより合わせた形を表す「糸」を二つ合わせて、「いと」を表す字。もとは別字であった象形文字の「糸」を代わりに用いてきた。

意味 いと。例 糸口・蚕糸

【糸口】いとぐち ↓ ①糸まきなどの糸のはし。②ものごとをやりはじめる手がかり。例 問題を解決する糸口が見つかった。類 端緒

【糸車】いとぐるま ↓ まゆや綿花から糸をひきだしてつむぐための道具。糸繰り車。

【糸目】いとめ ↓ ①布の中におりこまれている一本一本の糸のすじ。例 布の糸目がほつれる。②凧につける、つりあいをとるための糸。例 金に糸目をつけない（お金をおしみなく出す）。③器の表面にきざまれた細いすじ。

← 糸が下につく熟語 上の字の働き

前ページ 糊 糎 糖

【蚕糸 繭糸 生糸 絹糸 麻糸 綿糸 毛糸】ナニの糸か。

◆製糸

系

糸-1 総画7 6年 明朝 系 7CFB

音 ケイ 訓 ―

筆順 とめる

なりたち [会意]「糸」と手(ノ)を合わせて、糸が手につながり下がっていることを表す字。

意味 つながり。例 系統・家系

【系図】↓ 先祖からつたわる代々の血すじのつながりがわかるように書きしるした表。類 系譜

【系統】|| ①きまった順序にしたがったものごとのつながり。例 系統だてて話す。電気系統が止まる。②親と子、先生と生徒などの、人間どうしのたてのつながり。類 流派

【系譜】↓ ①先祖代々の血すじのつながりを書き表したもの。例 徳川家の系譜をたどる。類 系図 ②学問や思想などが、受けつがれてつづいていく流れ。例 日本文学の系譜。

【系列】↓ すじみちにしたがってならんでいる一連のもの。例 系列会社。

系が下につく熟語 上の字の働き

【家系 山系 太陽系 神経系 循環器系】ナニのつながりか。

【体系 直系 傍系】ドノヨウナつながりか。

紀

糸-3 総画9 5年 明朝 紀 7D00

音 キ 訓 ―

筆順 とめる はねる おらない

なりたち [形声]「己」は糸の先がまがりくねっている形で、「キ」という読み方をしめしている。「糸」の先を表す字。

意味 ❶きまり。すじみち。例 綱紀・風紀 ❷順序よく書きしるす。また、その書いたもの。例 紀行 ❸年代。とし。例 紀元・世紀 ❹紀伊。旧国名。今の和歌山県。

名前のよみ あき・おさむ・かず・すみ・ただ・ただし・つな・とし・のり・はじめ・もと・よし

❷〈順序よく書きしるす〉の意味で

【紀行】▲ 旅行中に見聞きしたことや感じたことを順を追って書きしるしたもの。例 紀行文を書く。瀬戸内紀行。類 旅行記

❸〈年代〉の意味で

【紀元】↓ 歴史で、年数をかぞえる起点となる年。例 紀元前 知識 時の流れのとらえ方を共通にするため、キリストの生まれた年からかぞえる西洋紀元(西暦)を、大体において世界各国が用いている。

紀が下につく熟語 上の字の働き

❸紀=〈年代〉のとき

【世紀 芳紀】ドノヨウナくぎりか。

◆綱紀 風紀

級

糸-3 総画9 3年 明朝 級 7D1A

音 キュウ 訓 ―

筆順 とめる はらう

なりたち [形声]「及」が順を追う意味と、「キュウ」という読み方をしめしている。はたおりで「糸」を順序よくくり出すことを表す字。

意味 ❶ていど。順序。例 級が上がる。階級 ❷クラス。例 級友・学級

❷〈クラス〉の意味で

【級友】↓ おなじ学級の友達。クラスメート。例 級友と仲よくする。類 同級生

級が下につく熟語 上の字の働き

❶級=〈ていど〉のとき

【階級 等級】近い意味。

【特級 高級 上級 中級 下級 初級 低級】ドノクライの程度か。

❷級=〈クラス〉のとき

◆進級【学級 同級】ドウイウ級か。

糾

糸-3　総画9　常用　明朝 糾 7CFE

音 キュウ㊥　訓 —

筆順 く 幺 幺 糸 糸 糸 糸 糾 糾

たちなり 〔形声〕「丩」がからみ合う意味と「キュウ」という読み方をしめしている。「糸」をより合わせることを表す字。

意味 ❶よせあつめる。例 糾合・紛糾 ❷ただす。取り調べる。例 糾明

❶〈よせあつめる〉の意味で

【糾合】Ⅲ〈—する〉おおぜいの人によびかけて、なかまを集めること。例 若手を糾合して、新しい政党をつくる。

❷〈ただす〉の意味で

【糾弾】↓〈—する〉罪や不正を問題としてとりあげ、きびしくせめること。例 汚職を糾弾する。類 弾劾

【糾明】↓〈—する〉罪や不正などを問いただして、明らかにすること。例 汚職事件を糾明する。

紅

糸-3　総画9　6年　明朝 紅 7D05

音 コウ・ク㊥　訓 べに・くれない㊥

筆順 く 幺 幺 糸 糸 糸 紅 紅 紅（とめる）（ながく）

たちなり 〔形声〕「工」が「コウ」という読み方をしめしている。「コウ」は「もも色」の意味をもち、もも色の「糸」を表す字。

意味 ❶くれない。深みのある赤い色。例 空が紅に染まる。紅玉・真紅 ❷べに。例 紅をさす。口紅

注意するよみ ク…例 真紅・深紅

特別なよみ 紅葉(もみじ)

❶〈くれない〉の意味で

【紅一点】こういってん 多くの男性の中に、ただ一人だけ女性がまじっていること。参考 青い草むらの中に、赤い花が一つさいているようすをいう詩句「万緑叢中紅一点」にもとづく。

【紅顔】↓ 血色のいいわかわかしい顔。

【紅玉】↓ ①赤い色の美しい宝石。ルビー。②リンゴの品種の一つ。皮の色が赤く、すっぱさがある。

【紅茶】↓ 茶の若葉を発酵させてかわかしたもの。湯をそそぐとかおりのよい赤茶色の飲み物ができる。ティー。対 緑茶

【紅潮】↓〈—する〉はずかしさや興奮のために顔が赤くなる。例 ほおを紅潮させる。

【紅梅】↓ もも色の花をさかせるウメ。

【紅白】⇕ 赤と白。例 紅白対抗戦。

【紅葉】↓ 一 こうよう〈—する〉秋になって木の葉が赤くなること。例 山々が美しく紅葉する。二 もみじ カエデの木。表記 葉が黄色になるときは「黄葉」とも書く。

約

糸-3　総画9　4年　明朝 約 7D04

音 ヤク　訓 —

筆順 く 幺 幺 糸 糸 糸 約 約 約（とめる）（はねる）（〃にならない）

たちなり 〔形声〕「勺(シャク)」が「ヤク」とかわって読み方をしめしている。「シャク」は「しめつける」意味をもち、「糸」でしばることを表す字。

意味 ❶とりきめる。例 約束・予約 ❷ちぢめる。つづめる。例 約分・節約 ❸およそ。(きまりのいい数量の上につけて)だいたい。例 約一キロの距離。

❶〈とりきめる〉の意味で

【約束】Ⅲ〈—する〉①将来のことについて、ほかの人と取り決めをすること。例 約束をはたす。②きまり。ルール。例 約束にしたがう。類 規則

❷〈ちぢめる〉の意味で

【約数】↓ 数学で、ある整数をちょうど割り切ることのできる整数。たとえば、一五の約数は、一・三・五・一五の四つである。例 公約数。対 倍数

【約分】やくぶん ▲〈―する〉分母と分子をおなじ数で割って、分数をかんたんにすること。たとえば、2/4を約分すると、1/2になる。

約が下につく熟語 上の字の働き

❶約＝〈とりきめる〉のとき
【規約 契約 誓約】近い意味。
【違約 解約 破約】約束をドウスルか。
【先約 予約 確約 特約 公約 密約 婚約 売約 協約 条約】ドウイウ約束か。

❷約＝〈ちぢめる〉のとき
【倹約 制約 節約】近い意味。
【集約 要約】ドウヤッテまとめるか。

紘

糸-4 総画10 人名 明朝 紘 7D18

音 コウ(外) 訓 ―

意味 ひも。つな。なわばり。はて。

索

糸-4 総画10 常用 明朝 索 7D22

音 サク(中) 訓 ―

筆順 索

なりたち [会意]金文では「(古字)」と作るものがあり、両手で糸をより合わせ、なわを作ることを表す字。

意味
❶つな。なわ。例 鋼索
❷さがしもとめる。例 索引・捜索
❸ちりぢりになる。さびしい。例 索漠

❷〈さがしもとめる〉の意味で
【索引】さくいん 二 本の中のたいせつなことばやことがらが、どこに書かれているのかをすぐにさがし出せるように、それらを順序よくならべて、表にしたもの。インデックス。例 音訓索引。総画索引。

❸〈ちりぢりになる〉の意味で
【索漠】さくばく 二〈―たる〉味気なくて、ものさびしく感じるようす。類 寂寞 表記「索莫」とも書く。例 索漠たる思いにかられる。

索が下につく熟語 上の字の働き

❷索＝〈さがしもとめる〉のとき
【検索 捜索 探索 模索】近い意味。
◆鋼索 思索 詮索

紙

糸-4 総画10 2年 明朝 紙 7D19

音 シ 訓 かみ

筆順 紙 (とめる・はねる・はねる)

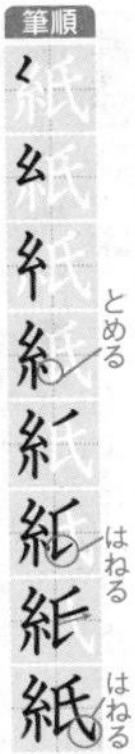

なりたち [形声]「糸」は繊維で、「氏」が「シ」という読み方をしめしている。「シ」は「平ら」の意味をもち、繊維を平らにおしのばした「かみ」を表す字。

意味
❶かみ。例 紙を配る。紙幣・色紙・色紙
❷新聞。例 日刊紙。紙面・全紙

❶〈かみ〉の意味で
【紙一重】かみひとえ 紙一枚の厚さという意味で、ごくわずかなこと。例 紙一重の差。
【紙吹雪】かみふぶき お祝いや歓迎の気持ちを表すためにまきちらす、こまかくちぎった紙。
【紙背】しはい ↓ 紙のうらがわ。例 眼光紙背に徹す(文章のおくの意味まで読みとる)。
【紙幣】しへい ↓ 紙のお金。おさつ。対 硬貨
【紙片】しへん ↓ 紙きれ。例 紙片にメモした。

❷〈新聞〉の意味で
【紙上】しじょう ↓ 新聞の、記事がのっている面。類 紙面 表記 雑誌の場合は「誌上」と書く。
【紙面】しめん ↓ 新聞の、記事がのっている面。例 紙面をにぎわす。類 紙上 表記 雑誌の場合は「誌面」と書く。

紙が下につく熟語 上の字の働き

❶紙＝〈かみ〉のとき
【印紙 色紙 白紙 表紙 台紙 別紙 用紙 和紙 巻紙 型紙 手紙】ドノヨウナ紙か。
【壁紙 画用紙】ナニに使う紙か。

❷紙＝〈新聞〉のとき
【各紙 全紙】ドレダケの新聞か。

紗

糸-4 総画10 人名 明朝 紗 7D17

音 シャ(外)・サ(外) 訓 ―

意味 うすい絹の布。うすぎぬ。例 羅紗
◆寒冷紗 錦紗 羅紗

純

糸－4 総画10 6年 明朝 純 7D14

音ジュン 訓—

筆順 ㇜ 幺 糸 糹 紅 紅 純 純 (とめる・だす・はねる)

なりたち [形声]「屯(トン)」が「ジュン」とかわって読み方をしめしている。「トン」は「すぐれてりっぱ」の意味をもち、まじりけのない「生糸」を表す字。

意味 まじりけがない。けがれていない。例 純な人。純真・清純・不純

名前のよみ あつ・あつし・きよし・すみ・つな・まこと・よし

【純愛】↓ 相手のことだけを思うまごころからの愛情。例 純愛小説。

【純益】↓ 売ったお金から、かかった費用を引いた、ほんとうのもうけ。類 純利

【純金】↓ まじりけのない金。金むく。例 純金の仏像。類 二十四金

【純血】↓ その血統の中に、べつの種類の血がまじっていないこと。対 混血

【純潔】Ⅱ〈―な〉心やからだにけがれがなく、きよいこと。類 無垢 対 不純

【純情】↓〈―な〉すなおでまっすぐな心。例 純情な少女。類 純真・素直

【純真】↓〈―に〉気持ちや考えにうそやかざりけがなく、きれいだ。類 純情・無垢

【純粋】Ⅱ〈―な〉①少しのまじりけもないこと。きっすい。例 純粋な水。類 純良 ②わるい考えが少しもない。例 純粋な気持ち。類 純 対 不純

【純正】Ⅱ ①ほかのものがまじっていないこと。②おなじ会社が提供する製品であること。例 純正の部品。

【純然】⊠〈―たる〉①まじりけがない。例 純然たる伝統文化。②まぎれもない。明白な。例 これは純然たる事実だ。

【純度】↓ どれくらいまじりけがないかという度合い。例 純度が高い。

【純白】↓〈―に〉まっ白なこと。例 純白のウエディングドレス。

【純文学】Ⅱ 芸術作品としてつくる文学作品。対 大衆文学

【純朴】Ⅱ〈―な〉すなおでかざりけがないようす。例 純朴な青年。類 素朴

【純毛】↓ ヒツジやヤギなどの毛だけでつくった糸や織物。例 純毛のセーター。

【純良】Ⅱ〈―な〉まじりけがなく、質がよい。例 純良なはちみつ。類 純粋

←純が下につく熟語 上の字の働き

【清純 単純】近い意味。

素

糸－4 総画10 5年 明朝 素 7D20

音ソ・ス㊥ 訓もと㊞

筆順 一 十 丰 主 妻 妻 素 素 (ながく・とめる)

なりたち [形声]「垂(スイ)―(シ)→龶」が「ソ」とかわって読み方をしめしている。「シ」は「白い」の意味をもち、白い「生糸」を表している字。

意味

❶もと。もとになるもの。例 素材・要素

❷ありのまま。手をくわえていない。かざらない。例 素足・質素

❸ふだんの。つねづね。例 素行・平素

❹《その他》例 素敵

特別なよみ 素人(しろうと)

名前のよみ はじめ

❶〈もと〉の意味で

【素因】Ⅱ おおもとの原因。例 被害拡大の素因をさぐる。

【素材】↓ ①なにかをつくるもとになるもの。例 素材の味をいかす。類 材料 ②小説や絵などのもとになるものやことがら。類 題材・画材・材料

【素地】↓ なにかをするためのもとになるもの。例 話し合いの素地をかためる。類 基礎・土台・下地

【素質】↓ 生まれつきもっているとくべつの性質や才能。例 音楽家の素質がある。類 資質・天分・天性・下地

【素数】↓ 一とその数以外の数では割りきれない二以上の正の整数。

❷〈ありのまま〉の意味で

【素人】↓ その仕事を職業にしていない人。そのことについてよく知らない人。アマチュア。例 ずぶの素人。参考☞【玄人】（762ページ）

【素足】↓ くつ・くつ下などをはいていない足。はだし。例 素足で歩く。

【素顔】↓ ①化粧をしていない顔。例 素顔のまま出かける。②ものごとのありのままのようす。例 現代の日本の素顔。

【素性】↓ ①生まれや育ち。例 氏も素性もわからない。類 経歴・出自・身元 ②そうなった事情。例 素性のはっきりしない金はうけとれない。類 由緒 表記「素姓」とも書く。

【素手】↓ なにも持ったりつけたりしていない手。例 素手でたたかう。類 徒手

【素直】Ⅲ〈―な〉①性質や態度に、ひねくれたところがない。例 注意を素直に聞く。類 従順・純情 ②くせがなくて、すっきりしている。例 素直なかみの毛。

【素肌】↓ ①おしろいなど、なにもつけていないはだ。類 地肌 ②なにも身につけていないはだ。例 素肌に着物を着る。

【素読】↓〈―する〉内容のことはあとまわしにして、声を出して文章を読むこと。

【素描】↓〈―する〉絵の具を使わずに、えんぴつや木炭などでだいたいの形を絵にかくこと。そうしてかいた絵。デッサン。

【素封家】古くからの大金持ち。類 財産家

【素朴】Ⅲ〈―な〉かざらず、ありのままのようす。例 素朴な疑問。類 純朴・朴訥

❸〈ふだんの〉の意味で

【素行】↓ ふだんのおこない。例 素行がわるい。類 品行・操行

【素養】↓ ふだんからの勉強や訓練で、身についている学問・知識・技術などの力。たしなみ。例 日本画の素養がある。

❹《その他》

【素敵】◎〈―に〉じつにすばらしい。例 すてきなくつ。表記「素的」とも書く。参考 当て字。「すばらしい」から出たことばらしい。

素が下につく熟語 上の字の働き

❶素＝〈もと〉のとき
【塩素 酸素 水素 炭素 窒素 酵素 毒素 色素 葉緑素】ナニのもとか。

❷素＝〈ありのまま〉のとき
【簡素 質素】近い意味。

◆元素 要素

【紐】

糸-4 総画10 人名 明朝 紐 7D10

音 チュウ外 訓 ひも外

意味 ❶ひも。糸を組んでつくったひも。例 紐帯・靴紐 ❷むすぶ。むすびつける。例 紐付け。

【納】

糸-4 総画10 6年 明朝 納 7D0D

音 ノウ・ナッ中・ナ高・ナン高・トウ中 訓 おさ-める・おさ-まる

筆順 納（とめる・はねる・とめる）

なりたち 納 [形声]「内」が「いれる」意味と、「ノウ・トウ」とかわって読み方をしめしている。「糸」を貢ぎ物としておさめることを表す字。

意味 ❶とどけておさめる。払いこむ。さしあげる。例 税金を納める。納入・奉納 ❷なかにおさめる。しまいこむ。受けいれる。例 社長に納まる。納屋・納得・出納 ❸おわりにする。例 見納め。納会

例解 [使い分け] おさめる[納・収・修・治] ☞873ページ

注意するよみ ナッ…例 納得・納豆 ナ…例 納屋 ナン…例 納戸 トウ…例 出納

❶〈とどけておさめる〉の意味で

【納期】↓ お金や品物などをおさめる期限。例 製品が納期に間に合わない。

【納税】▲〈―する〉税金をおさめること。例 納税の義務。納税通知。対 徴税

【納入】↓〈―する〉お金や品物をわたしたりとどけたりすること。例 会費を納入する。

【納品】① ▲〈─する〉品物をわたしたりとどけたりすること。例 納品書。② ↓ とどけられた品物。例 納品を倉庫につむ。

【納付】 Ⅱ〈─する〉役所などにお金をはらいこむこと。例 入学金を納付する。

❷〈なかにおさめる〉の意味で

【納豆】 ↓ 大豆を発酵させて、ねばねばと糸をひくようにした食品。

【納得】 ↓〈─する〉もっともだと理解すること。例 納得のいく結果が出る。納得ずく。類 得心・合点

【納屋】 ↓ 物置小屋。

【納戸】 ↓ 着物や道具などをしまっておくへや。例 小さくても納戸がほしい。

【納骨】 ▲〈─する〉火葬した骨を、墓などにおさめること。例 納骨堂。

【納涼】 ▲ 夏の夜に、すずしさを味わうこと。夕すずみ。例 納涼花火大会。

❸〈おわりにする〉の意味で

【納会】 ↓ ① その年のいちばん終わり、または、その行事や仕事のさいごにおこなう反省や慰労の会。② 証券取引所で、毎月のさいごの日におこなう立ち会い。対 発会

← 納が下につく熟語 上の字の働き

❶ 納＝〈とどけておさめる〉のとき

【完納 前納 奉納 分納 別納】ドノヨウニ納めるか。

◆出納 滞納 未納 結納

紛

糸-4 総画10 常用 明朝 紛 7D1B

音 フン 中　訓 まぎ-れる 中・まぎ-らす 中・まぎ-らわす 中・まぎ-らわしい 中

筆順

なりたち [形声]「分」が「わかれる」意味と「フン」という読み方をしめしている。「糸」がみだれてもつれることを表している字。

意味 まぎれる。区別できなくなる。例 人ごみに紛れる。気を紛らす。さびしさを紛らわす。紛争・内紛

【紛糾】 Ⅱ〈─する〉ものごとがもつれて、まとまらないこと。例 会議が紛糾する。

【紛失】 ↓〈─する〉どこにいったかわからなくなること。例 だいじな書類が紛失した。

【紛争】 ↓ 国や団体間でのあらそいごと。例 紛争処理。

【紛紛】 Ⅱ〈─たる〉〈─と〉さまざまのものが入りみだれているようす。例 諸説紛々。

紡

糸-4 総画10 常用 明朝 紡 7D21

音 ボウ 中　訓 つむ-ぐ 高

筆順

なりたち [形声]「方」が「ならべる」意味と、「ボウ」とかわって読み方をしめしている。「糸」をならべてより合わせ、つむぐことを表す字。

意味 つむぐ。繊維をより合わせて糸にする。例 糸を紡ぐ。紡織・混紡

【紡織】 Ⅱ 糸をつむぐことと、布をおること。例 紡織機械。紡織工場。

【紡錘】 ↓ 綿やまゆから繊維を引き出して、糸をつむぎながらまき取る道具。つむ(錘)。例 紡錘形(レモンのような形)。

紡錘形／紡錘

【紡績】 Ⅱ 綿や羊毛などをつむいで、糸にすること。例 紡績機械。

紋

糸-4 総画10 常用 明朝 紋 7D0B

音 モン 中　訓 ─

筆順

なりたち [形声]「文」が「もよう」の意味と「モン」という読み方をしめしている。「糸」でおりだすもようを表す字。

意味 ❶ もよう。例 波紋・小紋 ❷ もん。家などのしるしとしてきまった形の図柄。例 葵の紋。紋章・家紋

❶〈もよう〉の意味で

【紋様】(もよう) ↓ 織物や工芸品などにつけたもよう。例 折りづるの紋様のある着物。表記「文様」とも書く。

❷〈もん〉の意味で

【紋章】(もんしょう) Ⅱ その家や団体などを表す、きまったしるし。類 紋・紋所・家紋

【紋所】(もんどころ) ↓ 家のしるしとして決められている図柄。例 葵の紋所。類 家紋・紋・紋章

紋が下につく熟語 上の字の働き

❶紋＝〈もよう〉のとき

【指紋 声紋 波紋】ナニの紋か。

経

糸-5 総画11 5年

明朝 経 7D4C　旧字 經 7D93

音 ケイ・キョウ中　訓 へ-る・た-つ外

筆順 経 経 経 経 経 経 経 経（とめる）（ながく）

なりたち [形声]もとの字は、「經」。まっすぐにはったはたおりのたて糸を表す「巠」が「ケイ」という読み方をしめしている。「糸」をくわえて、はたおりのたて糸を表す字。

意味

❶たて糸。南北の線。例 経緯・経度 対 緯

❷通っていく。例 年月を経る。経過

❸すじみちをつける。治める。例 経営

❹一定している。例 経常

❺正しい教え。ものごとの道理を説いた教え。例 経典・読経

特別なよみ 読経(どきょう)

名前のよみ おさむ・つね・のぶ・のり

❶〈たて糸〉の意味で

【経緯】(けいい) ⇕ ①織物のたて糸とよこ糸。②ものごとが起こったこまかな事情。いきさつ。例 事件の経緯を話す。類 過程

【経線】(けいせん) ↓ 地球の表面にかりに引いた、北極と南極をむすぶたての線。例 明石は東経一三五度の経線上にある。類 子午線 対 緯線

【経度】(けいど) ↓ 地球上のある地点を通る経線が、イギリスの旧グリニッジ天文台を通る経線(これを〇度とする)からどのくらいはなれているかの度合い。東へはかるものを東経、西にはかるものを西経といい、どちらも一八〇度まである。対 緯度

❷〈通っていく〉の意味で

【経過】(けいか) Ⅱ〈-する〉①時間がすぎていくこと。例 出発してから一時間が経過した。②ものごとのうつりかわり方。例 手術後の経過は順調だ。類 過程

【経験】(けいけん) ↓〈-する〉じっさいに見たり聞いたり、したりすること。してみて身につくもの。例 経験を積む。類 体験

【経口】(けいこう) ▲ 口から入れること。例 経口薬。

【経由】(けいゆ) Ⅱ〈-する〉目的地までのあいだに、ある場所を通りすぎること。例 モスクワ経由でロンドンへ行く。

【経歴】(けいれき) Ⅱ その人が、それまでにどんな学

例解 使い分け　おさめる《納める・収める・修める・治める》

納める＝引きわたす。さし出して、しまってもらう。終わりにする。例 税金を納める。会費を納める。見納め。

収める＝中に取り入れる。落ち着かせる。よい結果を得る。例 手中に収める。さわぎを収める。成功を収める。

修める＝学問や技術を身につける。心やおこないを正しくする。例 学業を修める。身を修める。

治める＝おだやかな状態にする。例 領地を治める。内乱を治める。

月謝を納める

学問を修める

天下を治める

6 糸 いと・いとへん 5画 経
◀次ページ 紘 紺 細

校に入り、どんな仕事をし、どんな生活をしてきたかということ。例 あの人はかわった経歴の持ち主だ。類 履歴・過去・素性

【経路】ケイロ ↓ ①とちゅうの道すじ。例 通学経路。②ものごとがたどってきたすじみち。例 病気の感染経路を調べる。

❸〈すじみちをつける〉の意味で

【経営】ケイエイ Ⅱ〈—する〉①計画をたて、くふうしてものごとをおこなうこと。例 学級経営。類 運営 ②利益があがるように会社や商店などをやっていくこと。例 経営者。

【経済】ケイザイ ◎ ①人間の生活に必要なものを、つくったり、売ったり、買ったりするすべてのはたらき。例 国の経済を発展させる。②お金のやりくり。例 家の経済が苦しい。参考「経国済民」「経世済民」からできたことば。

【経済的】ケイザイテキ〈—な〉①経済にかんする。例 経済的見地。②お金がかからない。安くあがる。例 まとめて買えば経済的。

【経費】ケイヒ ↓ なにかをするために必要なお金。例 必要経費。類 費用

【経理】ケイリ Ⅱ 役所や会社・商店などで、お金を出し入れする仕事。例 経理課。類 会計

❹〈一定している〉の意味で

【経常】ケイジョウ Ⅱ いつもおなじようにつづいていくこと。例 経常利益。類 平常 対 臨時

❺〈正しい教え〉の意味で

【経文】キョウモン ↓ 仏の教えを書いた文章。お経。

【経典】↓ ❶ケイテン むかしの、りっぱな人の教えを書いた本。とくに、中国の儒教の教えを書いた本をいう。❷キョウテン 仏教の教え(お経)を書いた本。類 仏典 ❸キョウテン／ケイテン キリスト教の聖書、イスラム教のコーランなど、宗教の教えを書いた本。類 教典

経が下につく熟語 上の字の働き

❶経＝〈たて糸〉のとき

【東経 西経】地球上のドチラの経線か。

◆神経 読経

絃

音 ゲン 外　訓 つる 外

糸−5　総画11　人名　明朝 絃 7D43

意味 つる。琴などの楽器にはった糸。例 管絃

紺

音 コン 中　訓 —

糸−5　総画11　常用　明朝 紺 7D3A

筆順 糸 糸 糸 糸 糸 紺 紺 紺 紺

なりたち [形声]「甘」が「コン」とかわって読み方をしめす。「カン」は「赤みをおびる」の意味をもち、赤みがかったこい青(こん)色の「糸」を表す字。

意味 こん色。こい青色。例 紺のブレザー。紺青。

【紺青】コンジョウ Ⅱ あざやかな明るいあい色。

【紺碧】コンペキ Ⅱ 黒みをおびた青い色。例 紺碧の空。

◆濃紺 紫紺

細

音 サイ　訓 ほそ-い・ほそ-る・こま-か・こま-かい

糸−5　総画11　2年　明朝 細 7D30

筆順 く 幺 糸 糸 糸 細 細 細（とめる）

なりたち [形声]もとの字は、「糸囟」。「囟(シン)」が「サイ」とかわって読み方をしめしている。「シン」は「こまかい」の意味をもち、「糸」のほそいことを表す字。

意味 ❶ほそい。例 身が細る。細い糸。細道・繊細 対 太 ❷こまかい。こまごまとしている。くわしい。例 微に入り細にわたる(こまかいところまでおよぶ)。細かい注意。きめ細かな肌。細部・細密・詳細・微細 対 大・粗

❶〈ほそい〉の意味で

【細腕】ほそうで ↓ ①細くて力のないうで。②とぼしい生活力。

【細字】ほそじ／さいじ ↓ 線の細い文字。例 細字用のサインペン。対 太字 ☞❷

【細細】ほそぼそ Ⅱ〈—と〉細く続いているようす。例 ほそぼそとしたくらし。☞「こまごま」は❷

【細道】ほそみち ↓ 細い道。類 小道

❷〈こまかい〉の意味で

【細細】こまごま Ⅲ〈—と・—する〉①こまかいようす。例こまごました用事。②くわしいようす。例こまごまと手紙に書く。③よくいきとどいているようす。例こまごまと世話をする。☞「ほそぼそ」は❶

【細菌】さいきん ↓ 顕微鏡でなければ見ることのできない、一つの細胞でできている生物。バクテリア。類 黴菌 知識 細菌には、酵母菌や病原菌など、ひじょうに多くの種類がある。

【細工】さいく ↓〈—する〉①手先を使って、器具や道具などをつくること。つくられたもの。例竹細工。②人の目をごまかそうとして、あれこれくふうすること。例うそがばれないように細工する。

【細君】さいくん ↓ ①他人に対して、自分の妻をいうことば。②自分とおなじか目下の人の妻を指すことば。例細君は元気かね。

【細字】さいじ ↓ こまかい文字。小さな文字。例米つぶにびっしり書かれた細字。☞❶

【細事】さいじ ↓ 小さなこと。つまらないこと。例細事にこだわる。類 小事

【細心】さいしん ↓〈—な〉こまかいところまで、心をくばること。例細心の注意。類 綿密

【細則】さいそく ↓ 大きな規則にもとづいたこまかいきまり。対 総則・概則・通則

【細大】さいだい ⇕ 小さなことも大きなことも。例細大もらさず記録する（こまかいことも大きいことも全部記録する）。

【細部】さいぶ ↓ ものごとのこまかいところ。例注意が細部にまでいきわたる。

【細分】さいぶん ↓〈—する〉こまかく分けること。例役割を細分化する。類 細別

【細別】さいべつ ↓〈—する〉こまかに区別すること。例年齢で細別する。類 細分 対 大別

【細胞】さいぼう ↓ 生物のからだをつくっている、いちばん小さな単位。例細胞分裂。

【細密】さいみつ Ⅲ〈—な・—に〉こまかくてくわしい。例細密画。類 精密・緻密

【細目】さいもく ↓ 規則や計画などで、こまかい点をくわしく決めてある項目。例細目についてはあとで連絡します。対 大綱

細が下につく熟語 上の字の働き

❷細＝〈こまかい〉のとき
【微細 零細 委細 詳細 精細】近い意味。
◆繊細 明細

終

糸-5 総画11 3年 明朝 終 7D42

音 シュウ 訓 お-わる・お-える

筆順 とめる はらう ク にならない

なりたち 【形声】「冬」が「シュウ」とかわって読み方をしめしている。「トウ」は「糸どめ」の意味をもち、糸のまきおわりの糸どめを表す字。

意味 ❶おわる。おわり。例授業が終わる。宿題を終える。終点 対 始 ❷おわりまでずっと。例終日

❶〈おわる。おわり〉の意味で

【終焉】しゅうえん ☒ 命が終わること。死にぎわ。例一茶の終焉の地。類 臨終・最期・末期

【終演】しゅうえん ▲〈—する〉音楽会や劇などの上演が終わること。例終演日。類 閉幕 対 開演 表現 一日の上演の終わりも、何日かつづいたものの終わりも「終演」。

【終業】しゅうぎょう ▲〈—する〉その日やその期間の仕事や授業を終えること。例終業式。対 始業

【終局】しゅうきょく ▲〈—する〉①碁や将棋での、一回の勝負の終わり。②事件などが解決して落ち着くこと。例一連の事件も終局をむかえる。

【終結】しゅうけつ Ⅲ〈—する〉あることがすっかり終わること。例議論が終結した。

【終止】しゅうし Ⅲ〈—する〉終わること。

【終止符】しゅうしふ ①英語などで、文の終わりにつける「.」のしるし。ピリオド。②ものごとの終わり。例活動に終止符を打つ。

【終戦】しゅうせん ▲ 戦争が終わること。第二次世界大戦の終わりをいうことが多い。例終戦をむかえる。終戦記念日。対 開戦

【終息】しゅうそく Ⅲ〈—する〉あることが終わりになること。例ブームが終息する。

【終着】しゅうちゃく ⇩ ①電車やバスなどで、一日の最後に到着するもの。例 終着列車。類 最終 対 始発 ②電車やバスなどのいちばん最後の目的地。例 終着駅。類 終点

【終点】しゅうてん ⇩ 電車やバスなどの交通機関が最後に着くところ。例 列車はまもなく終点に到着します。類 終着 対 起点

【終電】しゅうでん ⇩ その日の最後に運転される電車。終電車。類 終列車・終発 対 始発

【終盤】しゅうばん ⇩ 碁や将棋などで、まもなく勝負の決まる終わりのころ。例 勝負は終盤に入る。関連 序盤・中盤・終盤 表現 「選挙戦も終盤に入ってきた」などと、碁・将棋以外のことにも使う。

【終末】しゅうまつ Ⅲ 終わり。終わり方。終わりぎわ。例 意外な終末をむかえる。類 結末

【終了】しゅうりょう Ⅲ〈―する〉すっかり終わること。例 本日の営業は終了いたしました。対 開始

例解 使い分け しゅうりょう《終了・修了》
終了＝ものごとが終わること。例 作業を終了する。試合終了。
修了＝きめられた学業を学び終えること。例 本課程を修了する。修了証書。

❷〈おわりまでずっと〉の意味で

【終始】しゅうし ⇧ ①はじめから終わりまでずっと。例 終始一貫。類 首尾 ②〈―する〉はじめから終わりまでずっとつづくこと。例 終始笑顔をたやさない。あいまいな受け答えに終始する。類 始終

【終日】しゅうじつ ⇩ 一日じゅう。ひねもす。例 終日、読書を楽しむ。

【終身】しゅうしん ⇩ 一生を終えるまで。例 終身刑。終身年金。類 終生

【終生】しゅうせい ⇩ 生きているあいだ、ずっと。例 ご恩は終生わすれません。類 一生・生涯・終身 表記 「終世」とも書く。

【終夜】しゅうや ⇩ 一晩じゅう。例 終夜運転。

◆最終 始終 臨終

紹

糸-5 総画11 常用 明朝 紹 7D39

音 ショウ 中 訓 ―

筆順

なりたち 形声 「召」が「ショウ」という読み方をしめしている。「ショウ」は「うけつぐ」意味をもち、「糸」をつなぐことを表す字。

意味 つなぐ。引き合わせる。例 紹介

【紹介】しょうかい Ⅲ〈―する〉①あいだに立って、人と人を引き合わせる。例 紹介状。自己紹介。②まだ知らない人に知らせる。例 新刊の内容紹介。

例解 使い分け しょうかい［照会・紹介］☞743ページ

紳

糸-5 総画11 常用 明朝 紳 7D33

音 シン 中 訓 ―

筆順

なりたち 形声 「糸」が布を表し、「申」が「シン」という読み方をしめしている。「シン」は「たばねる」意味をもち、身分の高い人が腰にまいて、そのあまりをたらしてかざりとした大きな帯を表す字。

意味 りっぱな人。身分の高い、教養のある人。例 紳士

【紳士】しんし ⇩ ①上品で礼儀正しいりっぱな男性。ジェントルマン。例 紳士的な態度。対 淑女 ②男性。とくに、大人の男の人。例 紳士服。類 殿方 対 婦人

組

糸-5 総画11 2年 明朝 組 7D44

音 ソ 訓 く-む・くみ

筆順 (とめる)(だす)

なりたち 形声 「重ねる」意味をもつ「且」が「ソ」という読み方をしめしている。「糸」を重ね合わせることを表す字。

意味 くみあわせる。くみ立てる。くみ。例 うで

を組む。二つの組に分ける。番組・組織

【組合】⇩おなじ目的や利害をもつ人びとが集まって、たがいに助け合うためにつくった団体。例労働組合。

【組曲】⇩短い曲をいくつか組み合わせて、一つにまとめたもの。例ピアノ組曲。

【組閣】▲〈―する〉総理大臣が、各省庁の国務大臣をえらんで内閣をつくること。

【組織】Ⅲ①〈―する〉きちんとしたしくみとはたらきをもつまとまり。また、そのまとまりをつくること。システム。例委員会を組織する。組織票。類機構・構成 ②からだの中で形やはたらきがおなじような細胞が集まって、一つにまとまったもの。例筋肉組織。

【組成】⇩〈―する〉組み立てること。組み立てのもとになっている、成分や要素。例水の組成を調べる。

【紬】

糸-5 総画11 人名 明朝 紬 7D2C

音チュウ外 訓つむぎ外

意味 つむぎ。つむぐ。例紬の着物。

◆【紬糸】⇩くずまゆ(カイコが穴をあけて出てしまって生糸のとれなくなったまゆ)や真綿からとった糸。

【絆】

糸-5 総画11 人名 明朝 絆 7D46

音バン外 訓きずな外

意味 ❶きずな。つなぎとめるもの。例家族の絆。
❷つなぎとめる。例絆創膏(傷口を保護したりガーゼをとめたりするために使う、粘着剤を塗った布や紙)。

【累】

糸-5 総画11 常用 明朝 累 7D2F

音ルイ中 訓―

筆順 累 累 累 累 累 累 累 累 累 累 累

なりたち [形声]「田」は、「畾」の省略した形。「畾」が「重ねる」意味と、「ルイ」とかわって読み方をしめしている。「糸」を積み重ねることを表す字。

意味 ❶つみかさなる。例累計・累進
❷つながり。かかわりあい。例累をおよぼす(めいわくをかける)。係累

❶〈つみかさなる〉の意味で

【累計】⇩〈―する〉ある数にべつの数をくわえ、その合計にさらに次の数をくわえていった全部の合計。例月ごとの食費を累計する。類積算 関連小計・合計・総計・累計

。【累進】⇩〈―する〉①次々と地位が進むこと。例局長に累進する。②数がふえるにしたがって、率も高くなること。例累進課税(所得が多いほど、税金の割合を高くする)。

。【累積】Ⅲ〈―する〉つみかさなってふえること。例仕事が累積する。累積赤字。

。【累代】⇩次々に代をかさねること。例家累代の墓。類代代

【累累】Ⅲ〈―たる〉いくつもかさなりあっているようす。例累々たる死体の山。

【絵】

糸-6 総画12 2年 明朝 絵 7D75 旧字 繪 7E6A

音カイ・エ 訓―

筆順 く 幺 幺 糸 糸 絵 絵 絵 絵 (とめる・はらう・とめる)

なりたち [形声]「あわせる」意味の「会」が「カイ」という読み方をしめしている。五色の「糸」をあわせて、ししゅうすることを表す字。

意味 え。例絵画・油絵

【絵図】Ⅲ①絵。例人体のしくみを表した絵図。②土地や建物などの平面図。絵図面。

【絵空事】じっさいにはありえないこと。例そんな計画は絵空事にすぎない。

【絵葉書】一方の面に、絵や写真が印刷してある郵便はがき。

【絵筆】⇩絵をかくための筆。例絵筆をとる(絵をかく)。

【絵本】⇩小さい子ども向きの絵を多く入れた本。例童話の絵本。

【絵馬】⇩ねがいごとやお礼のため、神社

◀次ページ 給 結

やお寺におさめる、馬の絵をかいた板の額。

【絵巻物】えまきもの 横長の紙か布に絵と文章をかいて、だんだん広げて見るようにしたまきもの。表現「源氏物語絵巻」「信貴山縁起絵巻」のように、「絵巻」ともいう。

【絵画】Ⅱ絵のあらたまった言い方。例絵画展。類図画

←絵が下につく熟語 上の字の働き

【影絵 墨絵 油絵】ナニでえがく絵か。

◆口絵

給

糸-6 総画12 4年 明朝 給 7D66

音キュウ 訓たま-う 外

筆順 とめる はらう

なりたち 形声「シュウ」とも読んだ「合」が「あわせる」意味と、「キュウ」とかわって読み方をしめしている。切れた「糸」をつなぐことを表す字。

意味 あたえる。あてがう。例給料・供給

参考 むかしは、「…し給う」の形で、「…する」人へのひじょうに高い敬意を表す用法があった。

【給金】↓仕事のためにやとった人にはらうお金。例一か月の給金。類給料・賃金

【給仕】Ⅱ①〈—する〉人の食事のせわをすること。例お給仕する。②むかし、学校や役所などでやとった雑用係。

【給食】▲学校や会社などで児童や社員に食事をあたえること。その食事。

【給水】▲〈—する〉水、とくに飲み水をくばること。例給水車。類配水 対排水

【給湯】▲〈—する〉必要な場所で湯を出して使えるようにすること。例給湯設備。

【給費】▲〈—する〉国・学校・会社などがその人の学費を出すこと。例給費制度。

【給付】Ⅱ〈—する〉団体やおおやけの機関が、ものやお金をあたえること。例補助金を給付する。類交付

【給油】▲〈—する〉①機械に油をさすこと。例ミシンに給油する。類注油 ②自動車や飛行機などに燃料を入れること。例給油所。

【給与】Ⅱ①はたらいた人に、やとい主がはらうお金。サラリー。類給料・給金・俸給 ②〈—する〉お金や品物を人にあたえること。例制服を給与する。類支給

【給料】↓やとい主が、はたらいている人にはらうお金。サラリー。例給料日。類給金・給与・賃金・俸給

←給が下につく熟語 上の字の働き

【供給 配給 俸給】近い意味。

【恩給 支給 自給 補給】ドノヨウニあたえるか。

【月給 週給 日給 時給】ドレダケの期間の給与か。

【薄給 高給】ドレホドの給与か。

【有給 無給】給与の有る無し。

◆基本給 需給 昇給

結

糸-6 総画12 4年 明朝 結 7D50

音ケツ 訓むす-ぶ・ゆ-う中・ゆ-わえる中

筆順 とめる みじかく

なりたち 形声「吉」が「ケツ」とかわって読み方をしめしている。「キツ」は「一つにする」意味をもち、二本の「糸」を一本にすることを表す字。

意味 ❶たばねる。むすぶ。一つにまとまる。例ひもを結ぶ。髪を結う。結合・団結 ❷できあがる。しめくくる。例結果・終結

名前のよみ ゆい

❶〈たばねる〉の意味で

【結核】▲結核菌によっておこる感染症。肺結核を指すことが多い。例結核にかかる。

【結構】①Ⅱ建物や文章のくみたて。②◎〈—に・—な〉たいへんいい。例結構なできばえ。③◎意外なことに。思ったよりも。例結構いい点がとれた。④◎これ以上はいらない。例お茶はもう結構です。⑤◎してもよい。例お帰りくださって結構です。

【結合】けつごう ↓〈―する〉むすび合わせること。むすびつくこと。例 水素と酸素が結合する。

【結婚】けっこん ▲〈―する〉男と女が夫婦になること。例 結婚式。類 婚姻 対 離婚

【結社】けっしゃ ↓〈―する〉おなじ目的をもつ人たちが集まってつくった団体。例 政治結社。

【結集】けっしゅう Ⅱ〈―する〉ばらばらなものを集めて一つにまとめること。例 みんなの力を結集する。類 集結・団結

【結晶】けっしょう ▲〈―する〉①水晶や雪などのように、物質が液体や気体から固体になるときにできる規則正しい形。例 雪の結晶。②努力や苦心のすえ、形のないものが形となってあらわれたもの。例 努力の結晶。

【結成】けっせい ↓〈―する〉ある目的に賛成する人たちが集まって、会や団体をつくること。例 サッカーチームを結成する。

【結束】けっそく Ⅱ〈―する〉①まとめてむすぶこと。例 古新聞を結束する。②おなじ目的をもった人たちが、心を合わせて一つにまとまること。例 結束を強める。

【結託】けったく ↓〈―する〉よくないことをするために、力を合わせること。例 政治家が業者と結託して、金もうけをたくらむ。

【結団】けつだん ▲〈―する〉団体を正式につくること。例 選手団の結団式。対 解団

【結露】けつろ ▲〈―する〉空気中の水蒸気が、ものの表面に水滴となってくっつくこと。

【結納】ゆいのう ◎ 結婚の約束をしたしるしにとりかわすお金や品物。例 結納をかわす。

❷〈できあがる〉の意味で

【結果】けっか ▲①あることがもとになって、そこから生じたこと。例 努力の結果できあがった。対 原因 ②なにかをおこなって、わかったり決まったりしたこと。例 採点の結果が出る。③〈―する〉実がなること。例 今年はリンゴの結果がおそい。類 結実

【結果論】けっかろん 結果を見る前に批評や議論をするのではなく、結果を見てからする、価値のひくい議論。

【結局】けっきょく ▲ いろいろなことがあったうえでのさいごのところ。とうとう。例 がんばったが、結局試合は負けた。類 所詮

【結実】けつじつ ▲〈―する〉①草木が実をつけること。類 結果 ②努力のすえによい結果が出ること。例 長年の研究がりっぱに結実した。

【結末】けつまつ Ⅱ ものごとの終わり。例 結末をむかえる。類 帰結・終末・始末 対 発端

【結論】けつろん ↓〈―する〉考えたり話し合ったりして、さいごに出てきたまとまった考え。例 結論を出す。結論に達する。対 前提 関連 序論・本論・結論

⇐結が下につく熟語 上の字の働き

❶結＝〈たばねる〉のとき
【凝結 団結 締結】近い意味。
【凍結 氷結】ドノヨウニかたまるか。
【直結 連結 増結】ドノヨウニ結びつく（結びつける）か。

❷結＝〈できあがる〉のとき
【完結 妥結 帰結】ドウナッテしめくくられるか。
◆起承転結 終結

絢

糸-6 総画12 人名 明朝 絢 7D62

音 ケン外 訓 あや外

意味 あや。いろどり。例 絢爛

絞

糸-6 総画12 常用 明朝 絞 7D5E

音 コウ高 訓 しぼ-る中・し-める中・し-まる中

筆順

なりたち [形声]「まじえる」意味をもつ「交」が「コウ」という読み方をしめしている。二本の「糸」をまじえ合わせてしめることを表す字。

意味 しめる。しぼる。例 タオルを絞る。首を絞める。首が絞まる。絞殺

例解 使い分け [しぼる[絞・搾]] ☞881ページ
例解 使い分け [しめる[閉・締・絞]] ☞1061ページ

【絞殺】こうさつ ↓〈―する〉首をしめて殺すこと。例 絞殺死体。類 絞首

【絞首】▲首をしめて殺すこと。例絞首刑。類絞殺

紫

糸-6 総画12 常用 明朝 紫 7D2B

音 シ(中) 訓 むらさき(中)

筆順 丨 ⺊ 止 止 此 紫 紫

なりたち ［形声］「此」が「シ」という読み方をしめしている。「シ」は「まじる」意味をもち、青と赤をまぜた色の「糸」を表す字。

意味 むらさき。例 紫色の花。紫外線

【紫外線】日光にふくまれる、目に見えない光線の一つ。はだの日焼けやがんの原因になる。知識 日光をプリズムで分けると七色の光になるが、その一方のはしのむらさき色の光線の外にあるのでこの名がつけられた。

絶

糸-6 総画12 5年 明朝 絶 7D76

音 ゼツ 訓 た-える・た-やす・た-つ

筆順 幺 糸 糸 絆 絶 絶（とめる・はねる・おらない）

なりたち ［形声］もとの字は、「絶」。「巴」は「卩」の変形で、「ゼツ」とかわって読み方をしめしている。「セツ」は「きる」意味をもち、「糸」を「刀」できることを表す字。

意味

❶たちきる。とちゅうでやめる。例火を絶やす。命を絶つ。絶交・断絶

❷たえる。なくなる。例息が絶える。絶望・気絶

❸かけはなれている。この上なくよい。例想像を絶する。絶妙

例解 ［使い分け］たつ［断・絶・裁］☞577ページ

❶〈たちきる〉の意味で

【絶縁】▲〈-する〉①今までのつながりやかかわり合いを切ること。例絶縁状をつきつける。類絶交・離縁 ②電流や熱がつたわらないようにすること。例絶縁体。

【絶句】↓漢詩の形式の一つ。起・承・転・結の四句からできていて、一句が五字のものと七字のものがある。例七言絶句。☞❷

【絶交】▲〈-する〉つきあいをやめること。例君とはもう絶交だ。類絶縁・断交

参考 ☞ものしり巻物26(887ページ)

【絶食】▲〈-する〉食事をまったくとらないこと。例絶食療法。類断食

【絶版】▲出版した本をもうつくらないこと。

【絶筆】↓一生のさいごにかいた文章や絵。例この絵がかれの絶筆になった。

❷〈たえる〉の意味で

【絶句】▲〈-する〉ことばにつまってあとが出ないこと。例感激のあまり絶句する。☞❶

【絶後】▲あとに、おなじ例がまたとないこと。例空前絶後のできごと。対空前

【絶体絶命】追いつめられて、のがれる方法も助かる見こみもないこと。例絶体絶命の危機。参考「体も命もまさにたえようとする」という意味。「絶対」ではない。

【絶壁】↓かべのようにきりたったけわしいがけ。例絶壁をよじのぼる。類断崖

【絶望】▲〈-する〉希望や期待がまったくもてなくなる。例絶望的な状態。類失望

【絶無】↓〈-な〉まったくない。類皆無

【絶命】▲〈-する〉息がたえて死ぬ。

【絶滅】Ⅱ〈-する〉ある種類の動物や植物が、死にたえてなくなる。例恐竜はなぜ絶滅したか。類根絶・死滅・撲滅

❸〈かけはなれている〉の意味で

【絶佳】↓〈-な〉この上なくすばらしい。例風光絶佳の地。

【絶海】↓陸から遠くはなれた海。例絶海の孤島。

【絶叫】↓〈-する〉ありったけの声を出してさけぶ。例おそろしさのあまり絶叫する。

【絶景】↓この上なく美しいけしき。例絶景に感動する。天下の絶景。

【絶好】↓またとない。この上なくよい。例絶好のチャンス。類最良

【絶賛】↓〈-する〉思いきりほめたたえる。例絶賛をあびる。類激賞

【絶唱】↓①たいへんすぐれた、詩や歌。

②〈―する〉心をこめて、この上なくみごとに歌うこと。その歌いぶり。

【絶世】ぜっせい ▲世の中にまたとないほど、すぐれている。例絶世の美女。類希代

【絶対】ぜったい ▲①ほかにくらべるものがないこと。どんな条件や制限もつけられないこと。例絶対的存在。対相対 ②〈―に〉文句なしに。まちがいなく。例絶対優勝だ。③〈―に〉(あとに打ち消す意味のことばをともなって)どんなことがあっても。例絶対にゆるせない。

【絶大】ぜつだい ↓〈―な〉とてつもなく大きいようす。例絶大な信頼を得ている。類甚大

【絶頂】ぜっちょう ↓①山のいちばん高いところ。例アルプスの絶頂をきわめる。類頂上 ②いきおいや調子がいちばんよいとき。例幸福の絶頂にある。類最盛期・頂上・頂点

【絶品】ぜっぴん ↓くらべるものがないほど、いいもの。天下一品。例このつぼは、色といい形といいまさに絶品だ。類逸品

【絶妙】ぜつみょう ↓〈―な・―に〉この上なくすぐれているようす。例絶妙のコントロール。類精妙

絶が下につく熟語 上の字の働き

❶絶＝〈たちきる〉のとき
【拒絶 謝絶 断絶】近い意味。
【中絶 途絶】イツ絶えるか。

❸絶＝〈かけはなれている〉のとき
【隔絶 卓絶】近い意味。

◆気絶 根絶 壮絶 廃絶

統

音 トウ 訓 す-べる 高

糸-6 総画12 5年

明朝 統 7D71

筆順 統 統 統 統 統 統 (とめる・とめる・はねる)

たなり 形声「充」が「みたす」意味と、「トウ」とかわって読み方をしめしている。多くの「糸」をまとめて充実させた糸たばを表す字。

意味
❶まとめる。例国を統べる。統一
❷ひとつづき。例系統

名前のよみ おさむ・かね・すみ・つな・つね・のり・むね・もと

❶〈まとめる〉の意味で

【統一】とういつ ▲〈―する〉①多くのものを一つにまとめること。例天下を統一する。類統合 対分裂 ②ちがいをなくし、全部をおなじにすること。例色を白に統一する。

【統括】とうかつ ‖〈―する〉いくつかのものをまとめること。例意見を統括する。類一括・総括

【統轄】とうかつ ↓〈―する〉多くの人や組織を、一つにまとめていくこと。例会社全体を統轄する部署。類統御

【統御】とうぎょ ↓〈―する〉ある組織などをまとめて、自分の思うとおりに動かすこと。例部下を統御する。類統制・統轄

【統計】とうけい ↓〈―する〉たくさんの事実を調べ、数量に表して全体の傾向がわかるようにすること。例県別人口の統計をまとめる。

【統合】とうごう ‖〈―する〉二つ以上のものをまとめて一つにすること。類併合・統一

【統制】とうせい ↓〈―する〉①考えや動きがばらばらにならないようにまとめること。例統制をみだす。類統御 ②ある方針やきまりによって、とりしまること。例言論を統制する。類規制・制御

【統率】とうそつ ↓〈―する〉集団をまとめて、指図したり動かしたりすること。例統率力。

例解 使い分け

しぼる《絞る・搾る》

絞る＝ねじって、中のものを出す。広がったものを小さくする。
例知恵を絞る。的を絞る。音量を絞る。

搾る＝押しちぢめて、中のものを取り出す。むりに取りたてる。
例油を搾る。税金を搾り取る。

◀次ページ 絡 継 絹 続

【統治】（とうち）↓〈―する〉国土や国民を支配し、おさめること。例 軍の統治下にある。

◆系統 血統 正統 伝統

絡

糸-6 総画12 常用 明朝 絡 7D61

音 ラク中 訓 から-む高・から-まる高・から-める高

筆順 絡絡絡絡絡絡絡絡絡絡絡絡

なりたち 絡 [形声]「各」が「ラク」とかわって読み方をしめしている。「カク」は「からむ」意味をもち、「糸」がからみつくことを表す字。

意味 つながり。つながる。からみつく。例 糸が絡む。ツタが絡まる。連絡

絡が下につく熟語 上の字の働き

【連絡 脈絡】近い意味。

継

糸-7 総画13 常用 明朝 継 7D99 旧字 繼 7E7C

音 ケイ中 訓 つ-ぐ中

筆順 継継継継継継継継継継継継継

なりたち 繼 [会意]もとの字は、「繼」。「𢇍」が「ケイ」という読み方と（糸を）つなぐことを表し、さらに「糸」をつけて、「つぐ」として使われている字。

意味 うけつぐ。あとをうけてつづける。例 家業を継ぐ。継続・継母・中継

例解 [使い分け] つぐ[次・接・継] ☞657ページ

【継子】（けいし・ままこ）↓うけついで親子の関係にある血のつながりのない子。

【継承】（けいしょう）Ⅱ〈―する〉地位や財産、仕事などをうけつぐこと。例 王位継承。類 後継

【継走】（けいそう）↓〈―する〉何人かで、つぎつぎにひきついで走ること。リレー競走。

【継続】（けいぞく）Ⅱ〈―する〉ひきつづいておこなうこと。例 話し合いを継続する。類 存続

【継父】（けいふ・ままちち）↓うけついで親子の関係にある血のつながりのない父。類 養父・義父

【継母】（けいぼ・ままはは）↓うけついで親子の関係にある血のつながりのない母。類 養母・義母

絹

糸-7 総画13 6年 明朝 絹 7D79

音 ケン高 訓 きぬ

筆順 絹絹絹絹絹絹絹絹絹絹絹絹絹（とめる・とめる・はねる）

なりたち 絹 [形声]「肙」が「ケン」という読み方をしめしている。「ケン」は「浅黄色」の意味をもち、浅黄色の「糸」である「生糸」を表す字。

意味 きぬ。カイコの糸。例 絹糸

【絹糸】（きぬいと・けんし）↓カイコのまゆから取ってつくった、細くてつやのある糸。シルク。類 生糸

【絹織物】（きぬおりもの）絹糸でおった布。ちりめんやつむぎなど。類 絹布

【絹布】（けんぷ）↓絹糸でおった布。類 絹織物

続

糸-7 総画13 4年 明朝 続 7D9A 旧字 續 7E8C

音 ゾク 訓 つづ-く・つづ-ける

筆順 続続続続続続続続続続続続続（とめる・はねる・儿にならない）

なりたち 續 [形声]もとの字は、「續」。「賣（ショク）」が「ゾク」とかわって読み方をしめしている。「ショク」は「つなぐ」意味をもち、切れた「糸」をつなぐことを表す字。

意味 つづく。つづける。例 快晴が続く。仕事を続ける。連続 対 断

名前のよみ つぐ

【続出】（ぞくしゅつ）↓〈―する〉次から次へと出てくること。例 不満が続出する。類 続発

【続続】（ぞくぞく）Ⅱ〈―と〉たくさんのものごとが、とぎれることなくつづくようす。

【続発】（ぞくはつ）↓〈―する〉おなじような事件が、ひきつづいて起こること。例 続発する凶悪犯罪。類 頻発・多発・連発・続出

【続編】（ぞくへん）↓本や映画などで、前の作品のつづき。例 小説の続編を読む。対 正編・本編

【続報】（ぞくほう）↓〈─する〉前の知らせのつづき。例続報が入る。

【続刊】（ぞっかん）↓〈─する〉新聞・雑誌・本などをつづけて発行すること。つづきとして発行されたもの。例このシリーズの続刊が出た。

【続行】（ぞっこう）↓〈─する〉つづけておこなうこと。例会議を続行する。

【続柄】（つづきがら・ぞくがら）◎夫と妻、父親と次男、姉と妹など、家族どうしで、どういうつながりかということ。例続柄を記入する。

続が下につく熟語 上の字の働き

【継続 接続 連続】近い意味。
【永続 相続】ドノヨウニ続くか。
【勤続 持続 存続】ドウヤッテ続けるか。
◆断続 陸続

維

音 イ(中)　訓 ──

糸-8　総画14　常用　明朝 維 7DAD

筆順

なりたち 維 [形声]「隹」が「イ」とかわって読み方をしめしている。「スイ」は「とめる」意味をもち、「糸」でつなぎとめることを表す字。

意味 ❶つな。つなぎとめる。例維持・繊維 ❷これ。力んで言うことば。例維新

名前のよみ これ・しげ・すみ・ただ・たもつ・つな・まさ・ゆき

❶〈つな〉の意味で

【維持】（いじ）↓〈─する〉ある状態を、そのままもちつづけること。例現状維持。類保持

❷〈これ〉の意味で

【維新】（いしん）↓①すべてがあらたまり新しくなること。②「明治維新」の略。例維新政府。参考「これ新たなり」の意味。

綺

音 キ(外)　訓 あや(外)

糸-8　総画14　人名　明朝 綺 7DBA

意味 あやぎぬ。美しい織物。例綺羅（すばらしい着物）・綺麗

表記「綺麗」は「奇麗」とも書く。かなで書くことも多い。

綱

音 コウ(中)　訓 つな(中)

糸-8　総画14　常用　明朝 綱 7DB1

筆順

なりたち 綱 [形声]「岡」が「コウ」という読み方をしめしている。「コウ」は「かたい」の意味をもち、「糸」をくわえて、太くてかたいつなを表す字。

意味 ❶つな。太いなわ。例綱引き。手綱 ❷おおもと。たいせつなところ。例綱紀・要綱 ❸大きな区分け。生物を分類するときの「門」と「目」のあいだ。例綱目

❷〈おおもと〉の意味で

【綱紀】（こうき）Ⅲものごとをしめくくるおおもとのきまり。とくに、国をおさめるうえでのだいじなきまり。例役所内の綱紀を正す。

【綱領】（こうりょう）Ⅲ①もとになるいちばんたいせつなことがら。②政党や組合などの基本方針をまとめたもの。

❸〈大きな区分け〉の意味で

【綱目】（こうもく）⇕大きな分け方と小さな分け方。例分類の綱目を立てる。参考「大綱」と「細目」をいっしょにしたことば。

綱が下につく熟語 上の字の働き

❶綱＝〈つな〉のとき
【横綱 手綱】ドウイウ綱か。
❷綱＝〈おおもと〉のとき
【大綱 要綱】ドンナ大もとか。

緒

音 ショ(中)・チョ(中)　訓 お(中)

糸-8　総画14　常用　明朝 緒 7DD2　旧字 緒 7DD6

筆順

なりたち 緒 [形声]「者」が「シャ」とかわって読み方をしめしている。「シャ」は「はじめ」の意味をもち、「糸」のはじめ「糸ぐち」を

◀次ページ 総

▶前ページ 維 綺 綱 緒

表す字。

意味

❶いとぐち。おこり。例緒につく。緒戦・端緒

❷つながり。例情緒

❸ひも。例玉の緒。鼻緒

注意するよみ チョ…例情緒

❶〈いとぐち〉の意味で

【緒言】しょげん ↓書物や論文などのまえがき。はしがき。類序文

【緒戦】しょせん ↓①戦争や試合のはじまったばかりのころ。例緒戦は優勢に試合をすすめた。②何回もある試合の、第一戦。例緒戦をかざる。類序盤戦 表記②は、「初戦」とも書く。

←緒が下につく熟語 上の字の働き

❷緒＝〈つながり〉のとき

【一緒 内緒】ドノヨウニつながるか。

◆情緒 端緒 鼻緒 由緒

総

糸-8 総画14 5年

明朝 総 7DCF 旧字 總 7E3D

音ソウ 訓すべ-て外

筆順 く 幺 糸 糸 総 総 総 (とめる・はねる)

なりたち 總 [形声]もとの字は、「總」。「悤」が「ソウ」という読み方をしめしている。「ソウ」は「あつめる」意味をもち、「糸」をたばねることを表す字。

意味

❶一つにする。すべて。例総合

❷すっかり。すべて。みな。例総力

❸総州。上総(千葉県南部)と下総(千葉県北部と茨城県南部)に分かれる。例総武線・房総半島 参考 上つ総→上総。下つ総→下総。「つ」は古語で「の」の意味。

名前のよみ のぶ・ふさ・みち

❶〈一つにする〉の意味で

【総括】そうかつ ↓(―する)①全体を一つにまとめること。例総括責任者。類一括・統括・総合 ②いろいろなことがらを全体の立場から考えておこなうこと。例総括質問。③一つのことが終わったあとで、よかった点、わるかった点などについて、みんなで反省しあうこと。例一年間の活動を総括する。

【総監】そうかん ↓全体の仕事や人をまとめて監督する役目。その役の人。例警視総監。

【総計】そうけい ↓(―する)全部を合わせて計算すること。全部合わせた数。例総計を出す。類総額・総和 関連 小計・合計・総計・累計

【総決算】そうけっさん (―する)①そのときまでの、入ったお金と出したお金を全部計算してまとめをすること。例総決算の結果は黒字だった。②それまでのしめくくりをすること。例六年生は小学校の勉強の総決算のときだ。

【総合】そうごう Ⅱ(―する)いくつかのものを一つにまとめること。例総合大学。類総括 対分析

【総裁】そうさい ↓ある機関や団体のすべての仕事をとりしまる役の人。例政党の総裁。

【総長】そうちょう ↓全体の仕事をまとめ、しめくくる役目の人。例事務総長。

【総督】そうとく ↓植民地をおさめる最高責任者。

【総本山】そうほんざん その宗派の寺の全部をまとめる中心の寺。例天台宗の総本山。

【総務】そうむ ↓会社や役所などで、全体を動かすための仕事。例総務部。

【総理】そうり ↓「内閣総理大臣」の略。類首相

【総領】そうりょう ↓長男に生まれて家を受けつぐはずの子ども。知識 むかしは、長男が財産を全部受けついだ。それで、とかく長男は苦労知らずに育ち、「総領の甚六(いちばんはじめに生まれた子は、のんびりした人間になりやすい)」ということばもできた。

❷〈すっかり〉の意味で

【総意】そうい ↓みんなの考えや意見。例国民の総意。クラスの総意で決まった。

【総員】そういん ↓そのなかまの全部。例総員三十五名の乗組員。類総勢・全員・総数

【総会】そうかい ↓会員が全部集まって開く会。例生徒総会。類大会 対部会

【総画】そうかく ↓一つの漢字を作る点や線を全部合わせた数。総画数。例総画索引。

【総額】そうがく ↓全体のお金を全部合わせた額。例総額で二万円です。類総計・全額

【総攻撃】そうこうげき (―する)みんなでいっせいに相手にせめかかること。例総攻撃をかける。

【総辞職】そうじしょく〈―する〉全員が一度にその役をやめること。例内閣総辞職。

【総称】そうしょう ↓〈―する〉おなじ種類のものを、全部ひとまとめにしたよび方。たとえば、音楽・美術・文学の総称は「芸術」。

【総身】そうしん｜そうみ ↓からだ全体。からだじゅう。例総身に力がみなぎる。類全身

【総数】そうすう ↓全体の数。例会員総数。類総員

【総勢】そうぜい ↓ある団体の、全体の人数。例総勢五百人の選手団。類総員

【総選挙】そうせんきょ 議員や委員の全員を一度にえらぶこと。とくに、衆議院議員の選挙。

【総則】そうそく ↓規則の中の、全体に当てはまる部分。対細則

【総体】そうたい ↓①ものごとの全体。例一部だけで、総体がわからない。対部分 ②だいたい。すべてにおいて。例総体むりな話だ。

【総代】そうだい ↓全体の代表。例氏子総代。

【総出】そうで ↓全員が出ること。例家族総出でむかえる。

【総動員】そうどういん〈―する〉あることをするために関係のある人全部を集めて働かせること。

【総評】そうひょう ↓〈―する〉全体についての批評。

【総覧】そうらん ↓①〈―する〉全体をのこらず見ること。②関係のあることを全部まとめてのせた本。例地名総覧。

【総量】そうりょう ↓全体の分量や重さ。

【総力】そうりょく ↓もっている、全部の力。例総力をつくす。総力をあげてとりくむ。

【総論】そうろん ↓全体を見とおした意見や理論。例総論をのべる。類総説 対各論

【総和】そうわ ↓〈―する〉全部を合わせた数量。例費用の総和を計算する。類総計

綜

糸-8 総画14 人名 明朝 綜 7D9C

音ソウ外 訓――

意味 ❶おさ。機織りのとき、たて糸をととのえるために使う道具。❷すべる。まとめあつめる。例綜合（↓総合）

綻

糸-8 総画14 常用 明朝 綻 7DBB

音タン中 訓ほころ-びる中

筆順 綻綻綻綻綻綻綻綻

意味 ❶ぬい目がほどける。例裾が綻びる。綻びをつくろう。❷さける。つぼみが開く。例桜の花のつぼみが綻びる。❸やぶれる。だめになる。例破綻

綴

糸-8 総画14 人名 明朝 綴 7DB4

音テイ外 訓つづ-る外・つづ-り外・と-じる外

意味 つづる。とじる。㋐ことばや文を書く。文字のならび。例文章を綴る。アルファベットの綴り。㋑書いたものをとじる。とじたもの。例書類を綴る。

緋

糸-8 総画14 人名 明朝 緋 7DCB

音ヒ外 訓あか外

意味 赤いきぬ。あざやかな赤。例緋色・緋鯉（赤色のコイ）

綿

糸-8 総画14 5年 明朝 綿 7DBF

音メン 訓わた

筆順 綿綿綿綿綿綿綿綿（とめる・はねる・だす）

なりたち 【会意】もとの字は、「緜」。「帛」が絹の布、「系」が糸でつなぐ意味で、糸をつないで絹の布をおることを表していた字。

意味 ❶わた。もめん。例綿をつむぐ。綿の下着。綿毛・綿糸 ❷つづく。細長くつづく。例連綿 ❸こまかい。例綿密

特別なよみ 木綿（もめん）

❶〈わた〉の意味で

【綿織物】めんおりもの もめんの糸でおった布。類綿

布。

【綿花】↓ワタのたねのまわりの白いやわらかい繊維。ふとんわた・もめん糸・綿織物などの原料にする。参考 ワタの実全体が花のように見えるのでこの名がある。

【綿糸】↓もめんの糸。カタン糸。

【綿布】↓もめんの糸をおってつくった布。類 綿織物

【綿毛】↓わたのようにやわらかい毛。例 タンポポの綿毛。

【綿雪】↓わたのように軽く、やわらかい雪。類 牡丹雪

❷〈つづく〉の意味で

【綿綿】Ⅲ〈―たる〉〈―と〉長くつづいて終わらない。例 思いを綿々とつづる。

❸〈こまかい〉の意味で

【綿密】Ⅲ〈―な〉〈―に〉こまかくいきとどいて、すきがない。例 綿密な計画。綿密に調べる。類 緻密・細心

網

音 モウ 中　訓 あみ 中

糸-8　総画14　常用

明朝 網 7DB2

筆順 網 網 網 網 網 網

たち 〔形声〕「网→罒」はあみの形で、「亡」が「モウ」という読み方をしめしている。「糸」であんだあみを表す字。

意味 あみ。あみですくう。例 網を張る。通信網。連絡網。網目・網羅・金網

特別なよみ 投網(とあみ)

【網棚】↓電車などで、荷物をのせられるように、あみをはったたな。

【網戸】↓目のこまかいあみをはった戸。風を通し、蚊やハエをふせぐためのもの。

【網目】↓あみの目。あみのすきま。

【網元】↓漁船や、魚をとるあみの持ち主で、漁師をやとって漁をする人。例 網元にやとわれる。類 網主

【網膜】↓目の奥にあって、光を感じるはたらきをするうすい膜。例 網膜炎。網膜剝離。

【網羅】Ⅲ〈―する〉一つのこらず集めること。例 関係者全員の名前を網羅する。

◆鉄条網

綾

音 リョウ 外　訓 あや 外

糸-8　総画14　人名

明朝 綾 7DBE

意味 あやぎぬ。美しい織物。例 綾錦

緑

音 リョク・ロク 高　訓 みどり

糸-8　総画14　3年

明朝 緑 7DD1　旧字 綠 7DA0

筆順 緑 緑 緑 緑 緑 緑 緑 緑（とめる・ださない・だす・水にならない）

たち 〔形声〕もとの字は、「綠」。「彔」が「ロク」という読み方をしめしている。「ロク」は「みどり色」の意味をもち、みどり色の「糸」を表す字。

意味 みどり。例 緑地・緑青・浅緑

注意するよみ ロク…例 緑青

名前のよみ のり

【緑陰】↓青葉のしげった、すずしい木のかげ。例 緑陰で読書を楽しむ。

【緑地】↓草や木が青々としげった土地。例 緑地帯。

【緑茶】↓茶の木の若葉からつくった日本のお茶。例 緑茶を飲む。

【緑野】↓草や木が青々としげった野原。

【緑化】↓〈―する〉草や木を植えて、植物の生いしげった土地にすること。例 緑化運動。

【緑青】Ⅲ銅の表面に出る、みどり色のさび。例 緑青がふく。

←緑が下につく熟語 上の字の働き

【深緑 しんりょく・ふかみどり】ドノヨウナ緑か。万緑 浅緑 新緑

綸

音 リン 外　訓 いと 外

糸-8　総画14　人名

明朝 綸 7DB8

意味 ❶いと。ひも。例 綸子 ❷おさめる。例 経綸 ❸天子のことば。例 綸言

ものしり巻物

第26巻

漢詩の世界

日本でも有名な漢詩の一つに、次のようなものがあります。

江碧鳥逾白　江碧にして鳥逾白く
山青花欲然　山青くして花然えんと欲す
今春看又過　今春看又過ぐ
何日是帰年　何れの日か是れ帰年ならん

(川の水は緑に澄んで、鳥はいっそう白く見える。山は青々と色づいて、花は燃えるように鮮やかだ。この春も、みるみるうちにまた過ぎてしまった。いつになったら故郷に帰れるのだろう)

日本の文学などへの影響も大きい杜甫の詩です。(☞「ものしり巻物28」957ページ)

もともと上段のように漢字で書かれ、下段は日本語で読み下したものです。

漢詩には、大きく分けて**古体詩**と**近体詩**とがあります。近体詩は唐の時代に完成しました。陶淵明のような唐代より前の詩人の作品はすべて古体詩です。一方、唐代以降の詩人も古体詩を作っています。

近体詩は、定型詩なので、句数・字数・押韻・平仄・対句など、多くのきまりがあります。窮屈なきまりに縛られているからこそ、詩の表現の美しさや面白味がいっそう際立つのです。不思議なことに、日本語で読んでもそのすばらしさを味わうことができます。

この詩のように、詩全体が四句のものを**絶句**といい、八句のものを**律詩**といいます。一句の字数は、五文字のものと七文字のものとがあり、それぞれ**五言**と**七言**とよびます。従って、この詩の形は五言絶句です。

絶句の構成法は、**起承転結**でできています。それは、**起句**でうたい起こし、**承句**でそれをうけて、**転句**で転換して、**結句**でしめくくる、というものです。日本で親しまれている漢詩から、起承転結があざやかに描かれているものを一つ挙げましょう。

春眠不覚暁　春眠暁を覚えず
処処聞啼鳥　処処啼鳥を聞く
夜来風雨声　夜来風雨の声
花落知多少　花落つること知る多少

(春の心地よい眠りに、夜が明けるのも気がつかなかった。外のあちらこちらから、鳥のさえずりが聞こえてきた。昨夜は風と雨の音がだいぶ激しかったが、花はどれほど散ったことだろう)

中国の唐の時代の詩人、孟浩然の「春暁」と題する詩です。春のころの心地よい眠りを表す「春眠暁を覚えず」は、今でも親しまれる有名な句になっています。

韻文である詩には、韻をふむ(**押韻**)というきまりがあり、第二句や第四句など偶数番目の句末は、母音がそろうように作られています。一つ目の詩の第二・第四句の最後にある「然」と「年」の二つの漢字を音読してみると、どちらも「ネン」です(この詩は音そのものがそろっています)。これを**韻字**といいます。七言詩は、第一句末にも韻をふみます。

また、中国語の漢字の読みには、**声調**という発音の高低の変化があります。声調には、**平声・上声・去声・入声**の四種類(四声)があり、詩の中でどの声調の漢字を組み合わせるかのきまりを**平仄**といいます。

さらに、律詩の場合は、第三句と第四句、第五句と第六句とが対句で構成される必要があります。対句とは、「鳥は宿る池中の樹、僧は敲く月下の門」(☞【推敲】547ページ)のように、句中のことばがそれぞれ対の関係になっているものです。

練

音 レン　訓 ね-る

糸-8　総画14　3年

明朝 練 7DF4　旧字 練 FA57

筆順 練練練練練練練練（とめる・はらう）

なりたち 【形声】もとの字は、「練」。「柬」が「レン」という読み方をしめしている。「レン」は「にてやわらかくする」意味をもち、やわらかくし、つやを出した「糸」を表す字。

意味 ❶こねる。例粉を練る。練乳 ❷きたえる。みがき上げる。例練習・訓練

❶〈こねる〉の意味で

【練炭】れんたん ↓石炭や木炭のこなを筒形にねりかためた燃料。例練炭火ばち。

【練乳】れんにゅう ↓牛乳を煮つめて、こくしたもの。砂糖をくわえたものをコンデンスミルク、くわえないものをエバミルクという。

❷〈きたえる〉の意味で

【練習】れんしゅう Ⅱ〈-する〉うまくできるようにするために、おなじことをくりかえしておこなうこと。例練習試合。類習練 対本番

【練達】れんたつ ↓〈-する〉練習をつみかさねて、十分なわざを身につけること。例練達の士。類熟達・熟練

← 練が下につく熟語 上の字の働き

❷練＝〈きたえる〉のとき
【修練 洗練 鍛練】近い意味。
【熟練 老練】ドノクライきたえられているか。

◆訓練 手練 試練

縁

音 エン中　訓 ふち中

糸-9　総画15　常用

明朝 縁 7E01　旧字 緣 7DE3

筆順 縁縁縁縁縁縁縁縁縁

なりたち 【形声】もとの字は、「緣」。「彖」が「エン」という読み方をしめしている。「エン」は「はし」の意味をもち、布のはしを表す字。

意味 ❶ふち。へり。例めがねの縁。縁側・額縁 ❷つながり。かかわりあい。例縁故

❶〈ふち〉の意味で

【縁側】えんがわ Ⅱへやの外がわにある細長い板じきのゆか。例縁側でひなたぼっこをする。

【縁台】えんだい ↓外で夕すずみなどをするときに使う細長いこしかけ。例縁台将棋。

❷〈つながり〉の意味で

【縁起】えんぎ ↓①幸運や不運の前ぶれ。例縁起がよい。縁起をかつぐ。②神社や寺がそこにできたわけ。例信貴山縁起。

【縁故】えんこ ↓人と人、人とものなどのとくべつのつながり。コネ。例縁故採用。

【縁者】えんじゃ ↓血すじや結婚でつながる親類の人。例親類縁者。類親類・親戚

【縁戚】えんせき ↓血すじや家の関係でつながっている人。例縁戚関係。類親類・親戚

【縁談】えんだん ↓結婚の縁組みをすすめるための相談。例縁談がまとまる。

【縁日】えんにち ↓神社や寺で、祭りや供養がおこなわれる日。例お地蔵さまの縁日。

← 縁が下につく熟語 上の字の働き

❷縁＝〈つながり〉のとき
【因縁 機縁】近い意味。
【血縁 遠縁 奇縁 宿縁 良縁】ドノヨウナつながりか。
【絶縁 離縁】つながりをドウスルか。

◆額縁 無縁

緩

音 カン中　訓 ゆる-い中・ゆる-やか中・ゆる-む中・ゆる-める中

糸-9　総画15　常用

明朝 緩 7DE9

筆順 緩緩緩緩緩緩緩緩緩

なりたち 【形声】もとの字は、「緩」。「爰」が「ゆるやか」の意味と、「カン」とかわって読み方をしめしている。「糸」でゆるやかにしめることを表す字。

意味 ゆるい。ゆっくり。ゆるやか。ゆるめる。例気が緩む。ねじを緩める。緩いカーブ。緩

やかな坂道。緩和 対 急

【緩急】⇕ ①ゆるやかなこととときついこと。おそいことと速いこと。例 投球に緩急をつける。②さしせまった状態。例 いったん緩急あるときは…。類 危急

【緩衝】▲ ぶつかり合ったりあらそったりしているもののあいだにあって、そのはげしさをやわらげること。例 緩衝剤。

【緩慢】Ⅱ〈―な・―に〉ゆっくりで、のろのろしている。のろい。例 緩慢な動き。

【緩和】Ⅱ〈―する〉ゆるやかにすること。やわらげること。例 規制緩和。

緊

糸-9 総画15 常用

明朝 緊 7DCA

音 キン 中　訓 しーめる 外

筆順

なりたち 〔形声〕「臤」が「かたい」の意味と「キン」とかわって読み方をしめしている。「糸」をきつくしめることを表す字。

意味 ❶きつい。きつくしめる。例 緊張 ❷さしせまる。よゆうがない。例 緊急

❶〈きつい〉の意味で

【緊縮】⇩〈―する〉お金をできるだけ使わないようにすること。例 緊縮財政。

【緊張】⇩〈―する〉①心やからだがひきしまること。例 緊張してこちこちになる。対 弛緩 ②国や人の関係がわるくなり、今にもあらそいが起こりそうであること。例 両国間の緊張が高まる。

【緊密】Ⅱ〈―な・―に〉ものごとのむすびつきがしっかりしていて、くいちがいがない。例 緊密に連絡をとる。類 密接

❷〈さしせまる〉の意味で

【緊急】Ⅱ〈―な・―に〉すぐになんとかしなければならない。例 緊急事態。類 火急

【緊迫】Ⅱ〈―する〉ことのなりゆきがひどくさしせまってゆとりがなくなること。例 緊迫度をます。類 切迫・急迫

縄

糸-9 総画15 4年

明朝 縄 7E04　旧字 繩 7E69

音 ジョウ 中　訓 なわ

筆順 とめる　とめる　おらない

なりたち 〔形声〕もとの字は、「繩」。「黽」が「ジョウ」とかわって読み方をしめしている。「ヨウ」は「より合わせる」意味をもち、「糸」をより合わせることを表す字。

意味 なわ。例 縄をなう。縄文

名前のよみ つな

【縄文土器】縄文時代(一万数千年前から紀元前三世紀ころまで)の人がねん土で作った焼き物。縄をおしあてた模様のあるものが多い。縄文式土器。知識 縄文時代の後に、弥生土器の弥生時代がつづく。

線

糸-9 総画15 2年

明朝 線 7DDA

音 セン　訓 ―

筆順 とめる　※にならない

なりたち 〔形声〕「泉(←戔)」が「セン」という読み方をしめしている。「セン」は「細い」の意味をもち、細い「糸」を表す字。

意味 細いすじ。すじみち。例 線香・線条・沿線・点線

特別なよみ 三味線(しゃみせん)

【線香】⇩強いかおりをもった、草や木の葉を粉末にしたものを、細長く練りかためたもの。仏壇などでたく。例 線香をそなえる。蚊取り線香。類 抹香

【線条】Ⅱ細いすじや線。

【線路】⇩電車や列車の通る道すじ。レール。例 線路を横切る。類 軌道

←線が下につく熟語 上の字の働き

【銅線 導線 導火線 直線 曲線 垂線 斜線 点線 傍線 死線 視線 光線 紫外線 赤外線 緯線 経線 子午線 回帰線 水平線 等高線 等圧線 不連続線 第一線 前線 幹線 支線 単線 複線 全線 路線】ドノヨウナ線か。

◀次ページ 締 編 緯

【断線 混線】線がドウナルか。
【架線 脱線 保線 配線 沿線】線を(線に)ドウスルか。
【無線 有線】線の有る無し。

締

糸-9 総画15 常用 明朝 締 7DE0

音 テイ中 訓 し-まる中・し-める中

筆順

なりたち 形声 「帝」が「固定する」意味と「テイ」という読み方をしめしている。「糸」でかたくむすぶことを表す字。

意味 むすぶ。しめくくる。とりきめる。例 結び目が締まる。帯を締める。締結

例解 使い分け しめる[閉・締・絞] 1061ページ

【締結】ていけつ Ⅱ〈―する〉おたがいの約束をむすんで、しっかりした条約や協定などにかためること。例 条約を締結する。

編

糸-9 総画15 5年 明朝 編 7DE8

音 ヘン 訓 あ-む

筆順 (とめる・はねる・ださない)

なりたち 形声 「扁」が「竹簡(文字を書いた竹のふだ)」の意味と「ヘン」という読み方をしめしている。竹簡を「糸」でつづり合わせることを表す字。

意味 ❶あむ。糸でつづる。組み合わせる。一つにまとめる。例 かごを編む。編成 ❷小説などの作品。また、それをかぞえることば。例 一編の詩。長編

❶〈あむ〉の意味で

【編曲】へんきょく ▲〈―する〉ある曲を、ほかの演奏のしかたに合うようにつくりかえること。例 校歌を鼓笛隊用に編曲する。

【編纂】へんさん Ⅱ〈―する〉資料などを集めて整理し、本にすること。例 辞書を編纂する。類 編集

【編者】へんじゃ・へんしゃ ↓ 集まった原稿に手を入れて、本にまとめあげる人。類 編集者

【編集】へんしゅう ↓〈―する〉①原稿や写真などの材料を集めて、本・雑誌・新聞などにまとめること。例 文集を編集する。類 編纂 ②映像や音声などをつなぎ合わせてまとめること。

【編成】へんせい ↓〈―する〉人やものなどを組み合わせて、まとまったものにすること。例 学級編成。

【編制】へんせい ↓〈―する〉団体や軍隊を組織すること。例 部隊を編制する。

【編隊】へんたい ▲ 飛行機などが、きまった形にならんで進むこと。例 三機で編隊を組む。編隊飛行。

【編入】へんにゅう ↓〈―する〉できている組織の中に、人やものごとを、あとから組み入れること。学年や学期のとちゅうで、ほかから児童や生徒を入れること。例 編入試験。

【編年体】へんねんたい ものごとが起こった順に、年月をおって歴史を書く方法。参考 編年体で書かれた歴史を「編年史」という。

編が下につく熟語 上の字の働き

❷編＝〈小説などの作品〉のとき
【前編 後編 続編】ドウイウ部分の作品か。
【短編 長編】長さがドレホドの作品か。

緯

糸-10 総画16 常用 明朝 緯 7DEF

音 イ中 訓 ―

筆順

なりたち 形声 「韋」が「イ」という読み方をしめしている。「イ」は「かこむ」意味をもち、織物で「たて糸」をかこむ「よこ糸」を表す字。

意味 よこ糸。東西の線。例 緯度・経緯・北緯 対 経

【緯線】いせん ↓ 地球の表面に仮に引いた赤道と平行の線。対 経線

【緯度】いど ↓ 地球上のある地点が、赤道からどのくらいはなれているかの度合い。赤道を〇度、南北の極点を九〇度とし、その地点と地球の中心をむすぶ線が赤道面とつくる角

度によって表す。対経度 知識 日本は、北緯二〇度から四六度のあいだに入る。

⬅緯が下につく熟語 上の字の働き

【南緯 北緯】地球上のドチラの緯線か。

◆経緯

縞

糸-10 総画16 人名 明朝 縞 7E1E

音コウ外 訓しま外

意味 しま。織物などで、縦や横で筋になった模様。

縦

糸-10 総画16 6年 明朝 縦 7E26 旧字 縱 7E31

音ジュウ 訓たて

筆順 とめる はらう

なりたち [形声]もとの字は、「縱」。「從」が「したがう」意味と「ジュウ」という読み方をしめしている。「糸」がつらなることを表す字。

意味 ❶たて。例縦と横。縦断 対横 ❷思うままに。自由にふるまう。例縦横無尽・操縦

❶〈たて〉の意味で

【縦横】⇳縦と横。南北と東西。例縦横に線を引く。☞❷

【縦貫】⇩〈─する〉縦につきぬける。例縦貫道路。類縦断

【縦走】⇩〈─する〉山々を尾根づたいに歩くこと。例南アルプスを縦走する。

【縦隊】⇩縦に長くならんだ列。例二列縦隊にならぶ。対横隊

【縦断】⇩〈─する〉①細長いところを、縦に通りぬけること。例台風が日本列島を縦断する。類縦貫 対横断 ②細長いものを、縦に切りさくこと。例縦断面。対横断

❷〈思うままに〉の意味で

【縦横】⇳〈─に〉思いのままに。例縦横に活躍する。☞❶

【縦横無尽】〈─な〉思いのままにふるまうようす。例縦横無尽にパソコンをあやつる。類自由自在

【縦覧】⇩〈─する〉自由に見ること。

緻

糸-10 総画16 常用 明朝 緻 7DFB

音チ中 訓─

筆順

意味 きめがこまかい。くわしい。例巧緻・緻密

【緻密】Ⅲ〈─な〉①きめこまかい。例緻密な織り目。②くわしい。手ぬかりがない。例緻密な計画を立てる。類細密・綿密

◆巧緻 細緻 精緻

縛

糸-10 総画16 常用 明朝 縛 7E1B

音バク中 訓しば-る中

筆順

なりたち [形声]「尃(ハク)」が「ぴったりあてる」意味と、「バク」とかわって読み方をしめしている。物にぴったりなわ(糸)をあてることを表す字。

意味 しばる。例手足を縛る。束縛・捕縛

◆自縄自縛

繁

糸-10 総画16 常用 明朝 繁 7E41 旧字 繁 FA59

音ハン中 訓しげ-る外

筆順

なりたち [形声]もとの字は「緐」で、のちに「繁」と書かれるようになる。「敏(ビン)」が「ハン」とかわって読み方をしめしている。「ビン」は「組む」意味をもち、「糸」を組み合わせて作ったかざりを表す字。

意味 ❶しげる。さかんになる。例繁殖 ❷いりくむ。こみいる。例繁雑・頻繁

名前のよみ とし

❶〈しげる〉の意味で

【繁栄】Ⅲ〈─する〉さかえること。例一家の

繁栄をねがう。対衰退

【繁華】はんか Ⅱ〈─な〉〈─に〉人通りが多くて、にぎやかなこと。例繁華な場所。繁華街。

【繁盛】はんじょう Ⅱ〈─する〉仕事や店などが、注文や客がふえて、さかえること。例商売繁盛。

表記「繁昌」とも書く。

【繁殖】はんしょく Ⅱ〈─する〉動物や植物が、どんどんふえること。例繁殖期。繁殖力。

【繁茂】はんも Ⅱ〈─する〉草や木が、たくさん生え、よくしげること。例木々が繁茂する。

❷〈いりくむ〉の意味で

【繁閑】はんかん ⇔ ものごとがこみいった状態とそうでない状態。例繁閑の差がはげしい。

【繁雑】はんざつ Ⅱ〈─な〉〈─に〉ものごとがこみいっていること。例手つづきが繁雑だ。類煩雑

【繁忙】はんぼう ↓〈─な〉〈─に〉用事がたくさんで、いそがしい。例繁忙期。類繁多・多忙

縫

糸-10 総画16 常用 明朝 縫 7E2B

音ホウ中 訓ぬ-う中

筆順

なりたち [形声]「逢」が「合う」意味と「ホウ」という読み方をしめしている。「糸」でぬい合わせることを表す字。

意味 ぬう。糸でぬい合わせる。例着物を縫う。縫合・裁縫

【縫合】ほうごう ↓〈─する〉傷口などをぬい合わせること。例縫合手術。

【縫製】ほうせい ↓〈─する〉布をぬい合わせて衣服などをつくること。例縫製工場。

◆裁縫 天衣無縫

縮

糸-11 総画17 6年 明朝 縮 7E2E

音シュク 訓ちぢ-む・ちぢ-まる・ちぢ-める・ちぢ-れる・ちぢ-らす

筆順 とめる とめる

なりたち [形声]「宿」が「ちぢめる」意味と「シュク」という読み方をしめしている。「糸」や布地がちぢむことを表す字。

意味 ちぢめる。小さくする。小さくなる。例差が縮まる。からだを縮める。布が縮れる。髪を縮らす。縮図・短縮 対伸

【縮減】しゅくげん ↓〈─する〉計画や数量を、小さくしたりへらしたりすること。例予算の縮減。

【縮刷】しゅくさつ ↓〈─する〉本や絵などを、もとのものよりちぢめて印刷すること。印刷したもの。例新聞の縮刷版。

【縮写】しゅくしゃ ↓〈─する〉もとの形をちぢめて写すこと。ちぢめて写したもの。例縮写図。

【縮尺】しゅくしゃく ▲〈─する〉地図や設計図・模型などをつくるのに、実物よりも小さくすること。ちぢめる割合。例五分の一に縮尺する。

【縮小】しゅくしょう Ⅱ〈─する〉ちぢめて小さくすること。例規模を縮小する。縮小コピー。類圧縮 対拡大

【縮図】しゅくず ↓ ①もとのものをちぢめてかいた図。例千分の一の縮図。類縮尺図 ②全体のようすを、そのまま小さくうつし出したようなものごと。例人生の縮図。

← 縮が下につく熟語 上の字の働き

【圧縮 濃縮 凝縮 緊縮 短縮 恐縮】ドウヤッテ縮める(縮む)か。

◆軍縮 収縮 伸縮

績

糸-11 総画17 5年 明朝 績 7E3E

音セキ 訓─

筆順 とめる ながく とめる

なりたち [形声]「責」が「セキ」という読み方をしめしている。「セキ」は「つなぐ」意味をもち、「糸」を一本一本くわえていって太くすることを表す字。

意味 ❶つむぐ。まっすぐな繊維によりをかけて糸にする。例紡績 ❷仕事の結果。てがら。例成績

名前のよみ いさお・なり・のり

← 績が下につく熟語 上の字の働き

❷績＝〈仕事の結果〉のとき【業績 功績 実績 成績】ドウイウ結果か。

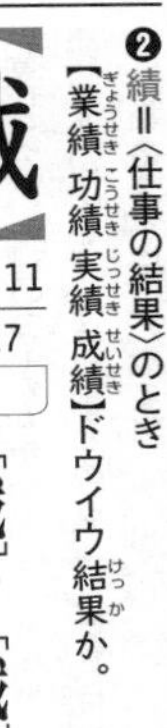

繊
糸-11 総画17 常用 明朝 繊 7E4A 旧字 纖 7E96

音セン㊥ 訓—

筆順

なりたち 纖 [形声]もとの字は、「纖」。「韱」が「小さい」の意味と「セン」という読み方をしめしている。ほそい「糸」を表す字。

意味 ほそい。こまかい。例 繊細

【繊維】せんい ↓①動物や植物のからだをかたちづくる細いすじのようなもの。例 繊維質。②糸や布・紙などの材料になる、細いすじの形をしたもの。例 化学繊維(化繊)。

【繊細】せんさい Ⅲ〈—な〉①ほっそりして美しいようす。例 繊細な白い指。②心のはたらきがこまかくて感じやすいようす。類 敏感

【繊毛】せんもう ↓①細い毛。②ゾウリムシやツリガネムシなどの原生動物の体の表面にある毛のようなもの。

繭
糸-12 総画18 常用 明朝 繭 7E6D

音ケン㊤ 訓まゆ㊥

筆順

なりたち 繭 [形声]左右同じ形の「芇」が「ケン」とかわって読み方をしめしている。カイコ(虫)が「糸」で左右おなじような形につくった「まゆ」を表す字。

意味 まゆ。昆虫の幼虫がさなぎにかわるとき、口から糸をだしてつくるからのようなもの。ふつう、カイコのまゆをさす。例 繭玉・繭糸

【繭糸】けんし ①Ⅲまゆと糸。②↓まゆからとった糸。

【繭玉】まゆだま ↓正月のかざりものの一つ。葉のない竹やヤナギの枝に、まゆの形の団子やもち、稲のほ・小判など、えんぎのいいものをぶらさげて、家の戸口や室内にかざる。

織
糸-12 総画18 5年 明朝 織 7E54

音ショク㊤・シキ 訓お-る

筆順 (とめる ながく はねる わすれない)

なりたち 織 [形声]「戠」が「ショク」という読み方をしめしている。「ショク」は「まっすぐ」の意味をもち、機に「たて糸」をまっすぐにはることを表す字。

意味 おる。布をおる。くみたてる。例 機を織る。織りの工程。織機・組織

【織物】おりもの ↓糸をたてよこに組み合わせてつくった布。例 絹織物。

【織女】しょくじょ ↓①機をおる女性。おりひめ。②織女星。琴座の星、ベガ。知識 七月七日の夜、織女星が天の川をわたってきた牽牛星に会うという伝説を祭りにしたのが、「七夕」。

【織機】しょっき ↓布をおる機械。例 自動織機。

◆羽織

織が下につく熟語 上の字の働き
【紡織 組織】近い意味。

繕
糸-12 総画18 常用 明朝 繕 7E55

音ゼン㊥ 訓つくろ-う㊥

筆順

なりたち 繕 [形声]「よい」の意味をもつ「善」が「ゼン」という読み方をしめしている。やぶれを「糸」でぬいなおしてよくすることを表す字。

意味 つくろう。なおす。例 ほころびを繕う。修繕

繕が下につく熟語 上の字の働き
【修繕 営繕】近い意味。

繰
糸-13 総画19 常用 明朝 繰 7E70

音— 訓く-る㊥

筆順

前ページ 織 繭 織 繕 繰

なりたち 繰 [形声]「喿」が「さわがしい」の意味と「ソウ」という読み方をしめしている。「糸をくる」意味に使われている字。

意味 だんだんにひき出す。順に動かす。例 糸を繰る。繰越金。

【繰越金】くりこしきん ある期限(月末・年末・期末)までに使いきれずに、次の期間に使うようにまわすお金。例 前年度繰越金。

繫

糸-13 総画19 人名 明朝 繫 7E6B

音 ケイ外 訓 つな-ぐ外

意味 つなぐ。つなげる。しばりつける。例 繫留(船をつなぎとめる)・連繫(つながり)

表記「ケイ」と読むとき、今は「係」を使うことがある。例 繫留→係留・連繫→連係

繍

糸-13 総画19 人名 明朝 繍 7E61

音 シュウ外 訓 ―

意味 ぬう。ぬいとり。糸で布に美しい文様をぬう。例 刺繍

纂

糸-14 総画20 人名 明朝 纂 7E82

音 サン外 訓 あつ-める外

意味 あつめる。集めてまとめる。例 編纂(材料を集めて本にまとめる)

文字物語 缶

「缶ジュース」「缶ビール」などと使われてよく目にする「缶」の字、一見かんたんな字だが、ふくざつな歴史をもっている。

「缶」は、もともと中国で「フウ」の音をもち、日本に来て「ほとぎ」という訓をあたえられた字だ。「ほとぎ」は、口が小さく胴がふくらんだ形の、素焼きの土の器。湯や水を入れたり、たたいて楽器にしたりした。

いっぽう、中国には「罐」という字があり、水などを入れたりくんだりする、陶器や金属製の筒形の器をいった。日本にはいって、「罐子(金属製の湯わかし)」「薬罐(金属製の湯わかし)」などのように使われた。

明治時代になって、「罐」は、動力にする蒸気を出すためのかま、ボイラーを表す字ともされた。また、オランダから、ブリキなどの金属でできた器をいう「カン」ということばがはいってきたのにも、「罐」の字をあてて、「空き罐」「罐詰」のように書いた。

ところで、「罐」は、画数が多くむずかしい字なので、むかしから、偏の「缶」を「罐」の略字として使うことも多かった。

常用漢字表ができたとき、「缶」が「罐」に代わる正式の字体とされ、「カン」の音をもつ字として登録されたので、「薬罐」も「空き罐」も「罐詰」もすべて「薬缶」「空き缶」「缶詰」と書かれることになり、「缶」の字は「缶コーラ」「鮭缶」「ドラム缶」などと今や大かつやく。むかしの「ほとぎ」の意味はすっかりわすれ去られてしまった。

纏

糸-15 総画21 人名 明朝 纏 7E8F

音 テン外 訓 まとい外

意味 ❶まつわる。㋐まきつく。㋑深くかかわる。❷まとい。さおの先に作り物をつけて、その下に細長く切った皮や紙をたらしたもの。

6画 缶 [ほとぎ] の部

ここには「缶」の字だけが入ります。

この部首の字 0 缶……894

缶

缶-0 総画6 常用 明朝 缶 7F36 旧字 罐 7F50

音 カン中 訓 ―

筆順 ノ 𠂉 𠂉 午 缶 缶

なりたち 缶 [象形] 素焼きの「かめ」の形をえがいた字で、もとは「フウ」と読んでいた。のちに、水を注ぎ入れるかめである「罐」

の字のかわりに用いられるようになった。
意味 かん。金属の板でできた入れ物。例 ブリキの缶。石油缶。缶詰

[文字物語] みぎのページ

【缶詰】かんづめ ↓ ① 食品を缶につめて密封し、長く保存できるようにしたもの。② ある場所から外に出られないようにすること。

6画 羊 ⺷ [ひつじ] の部

「羊」をもとにして作られた字と、「⺷」の形がめやすとなっている字を集めてあります。

この部首の字
0 羊……895 3 美……895 5 羞……896 羚……896 6 着……896 7 義……897 群……899 羨……899
差▼工 365 善▼口 234 翔▼羽 901 養▼食 1105

羊

羊-0 総画6 3年 明朝 羊 7F8A

音 ヨウ 訓 ひつじ

筆順 羊（ながく・ださない）

なりたち [象形] ひつじの頭をえがいた字。

意味 ひつじ。例 羊の毛。羊毛・綿羊

【羊頭狗肉】ようとうくにく 見かけだけりっぱで、中身がともなわないこと。参考 看板には羊の頭を出しておきながら、じっさいには犬(狗)の肉を売ったという中国の故事からできたことば。「羊頭をかかげて狗肉を売る」とも。

【羊皮紙】ようひし むかし西洋で使われた、羊の皮でつくった紙。

【羊毛】ようもう ↓ 毛糸や毛織物のもとにする羊の毛。ウール。例 羊毛の毛糸。

美

⺷-3 総画9 3年 明朝 美 7F8E

音 ビ 訓 うつく-しい

筆順 美（ださない・ながく）

なりたち [会意]「⺷」は「羊」で、「大」とあわせて、肥えた大きな羊を表す字。「うつくしい」として使われている。

意味
❶うつくしい。例 美しい音楽。天然の美。美術・優美 対 醜
❷すばらしい。すぐれている。例 美味
❸ほめる。たたえる。例 賛美

名前のよみ きよし・とみ・はる・ふみ・み・よ・よし・よしみ

❶〈うつくしい〉の意味で

【美意識】びいしき なにかを美しいと感じる心。どういうものを美しいと感じるかの感じ方。

【美化】びか ↓〈—する〉きれいにすること。例 校内の美化につとめる。☞❷

【美学】びがく ↓ 芸術作品などについて、美しいと感じるのはなぜか、ほんとうの美しさとはなにかを研究する学問。

【美観】びかん ↓ 見た目の美しさ、感じのよさ。例 都市の美観をそこなわない看板。

【美醜】びしゅう ⇕ 美しいことと、みにくいこと。

【美術】びじゅつ ↓ 絵や彫刻などのように、目に見える色や形で、美しさを表す芸術。例 美術館。美術品。

【美辞麗句】びじれいく 美しくかざったことばや、耳ざわりのよい文句。例 美辞麗句を並べる。

【美人】びじん ↓ 顔やすがたの美しい女性。例 絶世の美人。類 美女・佳人・麗人

【美声】びせい ↓ 聞いていて、感じのいい声。例 オペラ歌手の美声に聞きほれる。対 悪声

【美的】びてき ⊠〈—な〉美しいと感じられる。

【美文】びぶん ↓ 美しいことばをつらねた、調子のよい文章。例 美文調の手紙。

【美貌】びぼう ↓ 美しい顔かたち。例 美貌の持ち主。美貌をほこる。

【美容】びよう ▲ 顔やすがたを美しくととのえること。例 美容体操。美容院。

❷〈すばらしい〉の意味で

【美化】びか ↓〈—する〉かざって、じっさい以上によく見せること。例 美化しないで、ありのままに書いた伝記。☞❶

【美技】びぎ ↓すばらしい演技。例選手の美技に拍手がわく。ファインプレー。

【美酒】びしゅ ↓うまい酒。例美酒に酔う。表現「勝利の美酒に酔う」は、勝ったうれしさにすべてをわすれること。

【美食】びしょく ↓〈—する〉おいしいものだけを食べること。また、おいしい食べ物。例美食家。対粗食

【美談】びだん ↓人の心をうつような、りっぱなおこないをした話。例近ごろまれな美談だ。

【美点】びてん ↓すばらしいとほめられるところ。例美点を強調し、欠点をカバーする。類長所・特長 対欠点

【美田】びでん ↓土がこえていて、米がたくさんとれる田。例児孫(子孫)のために美田を買わず(人は財産が多いと、かえってだめになるから、子や孫のためによい田を買うことはしない。本当にかわいいなら、決して甘やかすな)。

【美徳】びとく ↓人に尊敬され、人の手本になるような、すぐれた心やおこない。例美徳をつむ。対悪徳

【美風】びふう ↓長くつたえていきたい、すぐれたならわし。例美風を受けつぐ。対悪風

【美味】びみ ↓〈—な・—に〉味がよいこと。おいしいこと。例天下の美味。

【美名】びめい ↓①いい評判。②ていさいのいい、表向きの名前。例福祉の美名にかくれた金もうけ。類名目

←美が下につく熟語 上の字の働き

❶美＝〈うつくしい〉のとき
【華美 優美】近い意味。

❸美＝〈ほめる〉のとき
【賛美 賞美 褒美】近い意味。

◆甘美

羞

羊-5 総画11 常用 明朝 羞 7F9E

音シュウ中 訓—

筆順 羞

意味 はじる。はずかしく思う。例羞悪・羞恥・含羞

【羞恥】しゅうち Ⅱはずかしく思うこと。例羞恥心をいだく。

羚

羊-5 総画11 人名 明朝 羚 7F9A

音レイ外 訓—

意味 かもしか。山地に住む草食動物。牛のなかまで、二本の短い角がある。例羚羊(シカに似た牛のなかまの動物をいうことば)

着

羊-6 総画12 3年 明朝 着 7740

音チャク・ジャク高 訓き-る・き-せる・つ-く・つ-ける

筆順 着 (だささない・ながく・つきださない)

なりたち [形声]もともとは竹のはしを表す「箸」で、これが「著」、そして「着」とかわって使われるようになった字。「者」が「チャク」とかわって読み方をしめし、「着」の読みに引きつがれている。

意味
❶身につける。例服を着る。衣服を身に着ける。着衣・上着 対脱
❷つく。つける。くっつく。とりかかる。例罪を着せる。席に着く。着席・接着
❸いきつく。例船が岸に着く。到着
❹おちつく。きまりがつく。例決着
❺衣服の数をかぞえることば。例背広一着。

例解 [使い分け] つく[付・着・就] ☞65ページ

発音あんない チャク→チャッ…例着火

注意するよみ ジャク…例愛着・執着

❶〈身につける〉の意味で

【着心地】きごこち その衣服を着たとき、からだに感じる気持ちのよしあし。例着心地のいいセーター。

【着物】きもの ↓①からだをおおうために身につけるもの。例各国の着物の歴史。類衣服・衣類 ②日本のむかしからの衣服。例正月の着物。着物すがた。類和服

【着衣】ちゃくい ①▲〈—する〉衣服を身につけること。対脱衣 ②↓いま着ている衣服。

【着脱】⇕〈―する〉衣服を着たりぬいだりすること。例着脱の楽な服。☞❷

【着用】↓〈―する〉衣服などを身につけること。例コートを着用する。

❷〈つく。つける〉の意味で

【着眼】▲〈―する〉目をつけること。目のつけ方。例着眼点。類着目・着想

【着手】▲〈―する〉仕事などにとりかかること。例新しい研究に着手する。

【着色】▲〈―する〉色をつけること。例着色剤。人工着色料。対脱色

【着席】▲〈―する〉すわること。席につくこと。例来賓が着席する。類着座 対起立

【着想】▲考えやくふう。思いつき。例ユニークな着想。類発想・着眼

【着脱】⇕〈―する〉とりつけたりとりはずしたりすること。例着脱可能。☞❶

【着服】Ⅱ〈―する〉人のお金や品物をこっそりと自分のものにしてしまうこと。例公金を着服する。類横領

【着目】▲〈―する〉だいじなことがらとして、よく注意して見ること。例構造に着目する。類着眼

【着火】▲〈―する〉火をつけること。火がつくこと。例すぐに着火する。類点火

【着工】▲〈―する〉工事にとりかかること。例着工予定。類起工 対落成・竣工

❸〈いきつく〉の意味で

【着順】↓ある場所に着いた順序。例着順にすわる。

【着水】▲〈―する〉空中から水の上におりること。例飛行艇が着水した。対離水

【着地】▲〈―する〉①空中から地面におりること。例気球が着地する。類着陸 ②体操やスキーなどの競技で、とびあがった選手が、ゆかや地面、雪面などにおり立つこと。例着地姿勢。

【着任】▲〈―する〉新しいつとめや、新しいつとめ先の土地に着くこと。例新しい先生が着任された。類赴任 対離任

【着陸】▲〈―する〉飛行機などが、空から地上におりること。例ぶじ空港に着陸する。類着地 対離陸

❹〈おちつく〉の意味で

【着実】Ⅱ〈―な〉〈―に〉一つ一つきちんきちんとものごとがおこなわれるようす。例着実に成果があがっている。類堅実・地道

【着着】Ⅱ〈―と〉ものごとが一つ一つ確実に進むようす。例計画は着々と完成に近づいている。

← 着が下につく熟語 上の字の働き

❶着＝〈身につける〉のとき
【上着 下着 肌着 産着 水着 古着】ドノヨウナ着物か。

❷着＝〈つく。つける〉のとき
【接着 付着】近い意味。
【粘着 密着 癒着 土着 愛着 執着】ドノヨウニくっつくか。

❸着＝〈いきつく〉のとき
【帰着 終着 先着 延着 必着 漂着】ドノヨウニ行き着くか。

❹着＝〈おちつく〉のとき
【決着 定着 落着】ドウナッテ落ち着くか。

◆厚着 沈着 到着 発着 未着

義

羊-7 総画13 5年 明朝 義 7FA9

音ギ 訓―

筆順 （ださない ながく はねる はねる わすれない）

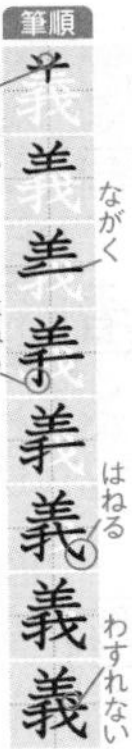

なりたち 義 [形声]「羊」が美しい意味を表し、「我」が儀式用の武器の意味と、「ギ」とかわって読み方をしめしている。「正しくふみおこなうみち」を表す字。

意味
❶正しさ。正しいすじみち。例義を見てせざるは勇なきなり（正しいことを知っていてしないのは勇気がないからだ）。義務・正義
❷意味。わけ。例意義
❸代わってそのはたらきをするもの。例義足

名前のよみ あき・いさ・しげ・ただし・ちか・つとむ・とも・のり・みち・よし・より

❶〈正しさ〉の意味で

【義援金】災害にあった人や、気の毒な人

を助けるためにさし出すお金。例義援金をおくる。表記「義捐金」とも書く。

【義挙】[↓]損得をぬきにして、正しさのためにするおこない。例義挙をたたえる。

【義士】[↓]正義のためには命もおしまない人。例義士の討ち入り。類志士

【義賊】[↓]金持ちからお金をぬすみ、まずしい人、こまっている人にあたえるなど、自分なりにすじみちを通すどろぼう。

【義憤】[↓]世の中のまちがいやわるいおこないに対して、自分の損得に関係なく、はらをたてること。例義憤にかられる。

【義務】[↓]しなければならないとされていること。例義務をはたす。義務教育。対権利

【義勇軍】民間の人たちが、自分たちからすすんでつくった軍隊。

【義理】[＝]人とのつきあいの中で、世間の常識としてしなければならないこと。例義理を立てる(相手からの恩義にむくいる)。☞❸

❸〈代わってそのはたらきをするもの〉の意味で

【義眼】[↓]うしなわれた目の代わりに入れる、人工の目玉。例義眼を入れる。

【義兄】[↓]姉の夫や、夫や妻の兄など、血のつながりはないが、兄にあたる人。関連義兄・義姉・義弟・義妹

【義姉】[↓]兄の妻や、夫や妻の姉。関連義兄・義姉・義弟・義妹

【義肢】[↓]うしなった手や足の代わりにつける、人工の手足。例義肢で歩く。

【義歯】[↓]ぬけた歯やぬいた歯の代わりに入れる人工の歯。入れ歯。

【義手】[↓]うしなった手の代わりにつける、人工の手。

【義足】[↓]うしなった足の代わりにつける、人工の足。

【義弟】[↓]妹の夫や、夫や妻の弟など、血のつながりはないが、弟にあたる人。関連義兄・義姉・義弟・義妹

【義父】[↓]夫や妻の父など、血のつながりはないが、父にあたる人。類養父

【義母】[↓]夫や妻の母など、血のつながりはないが、母にあたる人。類養母

【義妹】[↓]弟の妻や、夫や妻の妹。関連義兄・義姉・義弟・義妹

【義理】[＝]血のつながりはないが、結婚などによって、親子やきょうだいとおなじと見られる関係。例義理の父母。☞❶

義が下につく熟語 上の字の働き

❶義＝〈正しさ〉のとき
【信義 道義 仁義】近い意味。
【恩義 正義 教義 忠義 主義】ドウイウすじみちか。

❷義＝〈意味〉のとき
【名義 意義】近い意味。

漢字パズル⑫ クロスワード

まん中の□に漢字を入れて、三字熟語を作りましょう。

例 貯水池(ちょすいち) 海水浴(かいすいよく)
- 例 貯／□／池、海／□／浴
- ① 年／□／状、祝／□／会
- ② 不／□／心、画／□／紙
- ③ 科／□／者、小／□／生
- ④ 逆／□／線、観／□／地
- ⑤ 事／□／所、公／□／員
- ⑥ 英／□／話、町／□／長
- ⑦ 看／□／師、弁／□／士
- ⑧ 危／□／物、保／□／金

答えは1130ページ

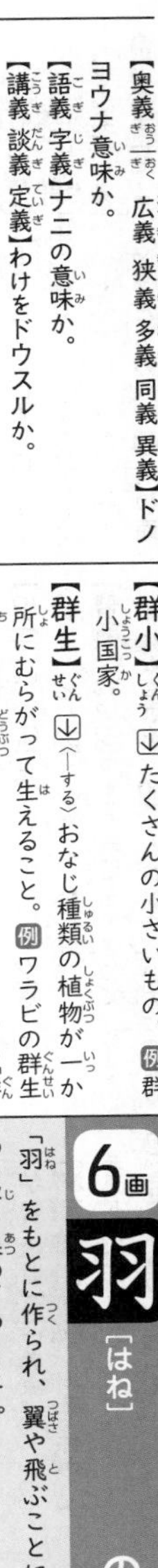

【奥義 広義 狭義 多義 同義 異義】ドノヨウナ意味か。

【語義 字義】ナニの意味か。

【講義 談義 定義】わけをドウスルか。

群

羊-7 総画13 4年 明朝 群 7FA4

音 グン 訓 む-れる・む-れ・むら

筆順 (だす・ながく・ださない)

なりたち [形声]「君(クン)」が「集まる」意味と、「グン」とかわって読み方をしめしている。「羊」のむれを表す字。

意味 むれ。数多く集まる。例 カモメが群れて飛ぶ。群れをはなれる。アリが群がる。群をぬく。群島・魚群

注意するよみ むら…例 人が群がる。群すずめ・群千鳥

【群衆】ぐんしゅう ↓ 集まっている多くの人びと。

【群集】ぐんしゅう Ⅲ〈―する〉たくさんの人または動物などがむらがり集まること。また、その集まり。例 イナゴが群集する。

【群集心理】ぐんしゅうしんり おおぜいの人が集まったときに生まれる、とくべつの心の動きや状態。気がたかぶって、ついまわりといっしょになって動いてしまうことなどをいう。

【群小】ぐんしょう ↓ たくさんの小さいもの。例 群小国家。

【群生】ぐんせい ↓〈―する〉おなじ種類の植物が一か所にむらがって生えること。例 ワラビの群生地。表現 動物がむれをつくってすむのは「群棲」。

【群像】ぐんぞう ↓ おおぜいの人のすがたをえがき出したもの。例 青春の群像。

【群島】ぐんとう ↓ 小さな島々の集まり。類 諸島

【群発】ぐんぱつ ↓〈―する〉おなじことが、まとまって次々に起こること。例 群発地震。

【群雄割拠】ぐんゆうかっきょ〈―する〉軍団をしたがえるたくさんの英雄が、各地に根をはり勢力をあらそうこと。

【群落】ぐんらく ↓ おなじ種類の植物がそのあたり一帯にかたまって生えているところ。例 ミズバショウの群落。

◆魚群 大群 抜群

羨

羊-7 総画13 常用 明朝 羨 7FA8

音 セン(高) 訓 うらや-む(中)・うらや-ましい(中)

筆順

意味 うらやましく思う。ほしがる。例 人も羨む仲。

【羨望】せんぼう Ⅲ〈―する〉うらやましく思うこと。例 羨望の的。

6画 羽 [はね] の部

「羽」をもとに作られ、翼や飛ぶことにかかわる字を集めてあります。

この部首の字
0 羽…899 4 翁…900 5 習…900 翌…901 6 翔…901 8 翠…901 11 翼…901 12 翻…901 14 耀…902 扇→戸 522

羽

羽-0 総画6 2年 明朝 羽 7FBD

音 ウ(中) 訓 は・はね

筆順 (はねる・はねる)

なりたち [象形] 鳥のはねの形をえがいた字。

意味
❶はね。鳥や虫のはね。例 羽をのばす。羽音・羽毛
❷鳥やうさぎをかぞえるときのことば。例 一羽(いちわ・いっぱ)。
❸出羽(でわ)。旧国名。羽前(今の山形県の大部分)と羽後(秋田県の大部分と山形県の一部)に分かれる。例 羽州。

❶〈はね〉の意味で

【羽化】うか ↓〈―する〉昆虫の幼虫やさなぎが、

6 羊 羊 ひつじ 7画 群 羨 羽 はね 0画 羽 ◀次ページ 翁 習

羽の生えた成虫になること。

【羽毛】うもう ⇩鳥のからだに生えているやわらかい毛。例羽毛ぶとん。

【羽音】はおと ⇩鳥や虫が羽を動かしてとぶときに出る音。例羽音をたてる。

【羽織】はおり ◎着物の上に着る、えりをおった短い上着。前はかさねないでひもでとめる。例羽織袴であらわれる。

【羽子板】はごいた 羽根つきのとき、羽根をつく板。

【羽衣】はごろも ⇩鳥の羽でつくったという、うすくて軽い天人の着物。例天女の羽衣。

【羽根】はね ◎①鳥の一本一本の羽毛。②羽子板でついて遊ぶ、小さい玉に鳥のはねをつけたもの。例羽根つき。③器械についているつばさの形をしたもの。例扇風機の羽根。

◆白羽 手羽

【翁】

羽-4 総画10 常用 明朝 翁 7FC1

音 オウ 中 訓 おきな 外

筆順

なりたち [形声]「公」が「オウ」とかわって読み方をしめしている。「コウ」は「くびすじ」の意味をもち、鳥のくびすじに生えている「羽」を表す字。借りて、「おきな」として使われている。

意味 おきな。年をとった男の人。例翁の面。老翁

表現 老人でなくても男子をうやまって「翁」をつけてよぶことがある。

【習】

羽-5 総画11 3年 明朝 習 7FD2

音 シュウ 訓 なら-う

筆順

なりたち [形声]「白」は「自」を略した形で、「自」が「シュウ」とかわって読み方をしめしている。「ジ」は「かさねる」意味をもち、ひな鳥がいく度も「羽」を動かして飛び方をけいこすることを表す字。

意味

❶ならう。例字を習う。習字・学習

❷ならわし。しきたり。例習い性となる（習慣がその人の生まれつきの性質のようになってしまう）。習慣・風習

例解 [使い分け] ならう[習・倣] ☞ひだりのページ

名前のよみ しげ

❶〈ならう〉の意味で

【習作】しゅうさく ⇩〈―する〉練習のために絵や彫刻や音楽などの作品をつくること。練習としてつくった作品。

【習字】しゅうじ ▲正しい、美しい字の書き方をならうこと。例ペン習字。類書道

【習熟】しゅうじゅく ⇩〈―する〉練習をかさねて、じょうずになること。例パソコンの使い方に習熟する。類熟達・熟練

【習得】しゅうとく ⇩〈―する〉やり方を身につけること。例手話を習得する。類修得・学習

【習練】しゅうれん Ⅱ〈―する〉くりかえしならうこと。例習練をつむ。類練習・訓練

❷〈ならわし〉の意味で

【習慣】しゅうかん Ⅱ①長いあいだくりかえしているうちに、身についたやり方。例習慣になる。②ある国やある地方の人びとに根づいているきまったやり方。しきたり。例風俗習慣。類慣習・風習・習俗

【習性】しゅうせい ⇩①くりかえしやっているうちに、性質のようになってしまったもの。例朝ねぼうの習性。類癖 ②動物が、それぞれ生まれつきもっている、あるきまった性質。例動物の習性を利用する。

【習俗】しゅうぞく Ⅱその国、その土地にのこっている、くらし方や行事・芸能など。ならわし。例雪国につたわる習俗。類風習・慣習・習慣・俗習

【習癖】しゅうへき Ⅱやりなれて、もうくせになってしまったこと。例よくない習癖だ。

←習が下につく熟語 上の字の働き

❶習＝〈ならう〉のとき
【学習 練習】近い意味。
【演習 講習 実習 自習 独習 予習 復習 補習】ドノヨウニ習うか。

❷習＝〈ならわし〉のとき

【風習 慣習】近い意味。
【旧習 常習 奇習 悪習 因習】ドノヨウナ習わしか。
◆俗習

翌
羽-5 総画11 6年 明朝 翌 7FCC

音 ヨク 訓 ―

筆順

なりたち [形声]「立(リュウ)」が「ヨク」とかわって読み方をしめしている。「リュウ」は「飛ぶ」意味をもち、鳥が「羽」を動かして飛ぶことを表す字。借りて、「あくる日」の意味に使われている。

意味 つぎの。例 翌日・翌年 表現 ある日、ある時をもとにする言い方。今をもとにしていうときは、「明日」「来月」など「明」「来」を使う。

【翌月】よくげつ ↓ その次の月。関連 前月・当月・翌月

【翌日】よくじつ ↓ 次の日。あくる日。関連 前日・当日・翌日

【翌朝】よくちょう｜よくあさ ↓ 次の日の朝。あくる朝。

【翌年】よくとし｜よくねん ↓ 次の年。あくる年。関連 前年・当年・翌年

【翌晩】よくばん ↓ 次の日の晩。あくる日の晩。

6 羽 はね 5-12画 翌 翔 翠 翼 翻 ◀次ページ 耀 老

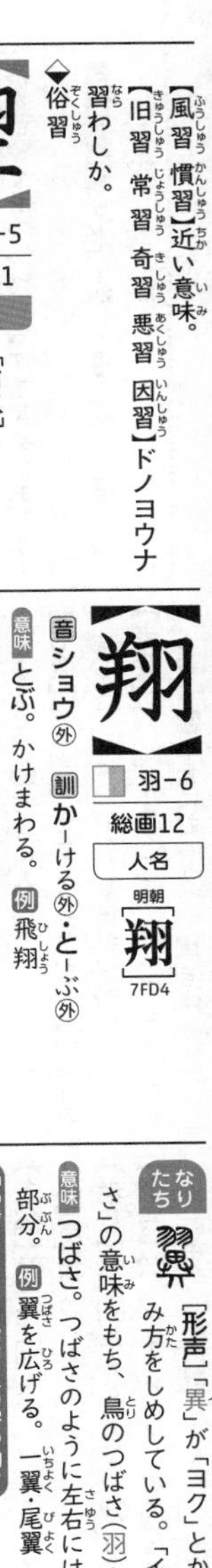

翔
羽-6 総画12 人名 明朝 翔 7FD4

音 ショウ外 訓 か-ける外・と-ぶ外

意味 とぶ。かけまわる。例 飛翔

翠
羽-8 総画14 人名 明朝 翠 7FE0

音 スイ外 訓 ―

意味 ❶みどり。例 翠玉 ❷かわせみのめす。例 翡翠（「翡」はかわせみのおす）

名前のよみ みどり

翼
羽-11 総画17 常用 明朝 翼 7FFC

音 ヨク中 訓 つばさ中

筆順

例解 使い分け ならう《習う・倣う》

習う＝教わる。くり返して身につける。例 ピアノを習う。字を習う。見習う。

倣う＝手本としてまねる。例 姉に倣って家事を手伝う。前例に倣う。右へ倣え。

なりたち [形声]「異(イ)」が「ヨク」とかわって読み方をしめしている。「イ」は「つばさ」の意味をもち、鳥のつばさ(羽)を表す字。

意味 つばさ。つばさのように左右にはりだした部分。例 翼を広げる。一翼・尾翼

翼が下につく熟語 上の字の働き
【右翼 左翼 一翼 両翼】ドチラ・イクツのはりだしか。
◆主翼 比翼

翻
羽-12 総画18 常用 明朝 翻 7FFB 旧字 飜 98DC

音 ホン中 訓 ひるがえ-る高・ひるがえ-す高

筆順

なりたち [形声]「番(ハン)」が「ホン」とかわって読み方をしめしている。「ハン」は「かえす」意味をもち、鳥が「羽」をひるがえして飛ぶことを表す字。

意味 ひるがえる。ひっくりかえす。べつの形にかえる。例 旗が翻る。マントを翻す。翻意・翻訳

【翻案】ほんあん ▲〈―する〉すでにある劇や小説などの、すじはそのままにして、土地や時代の設定をかえたりしてつくりなおすこと。例翻案小説。

【翻意】ほんい ▲〈―する〉決心や考えをかえること。例翻意をうながす。

【翻訳】ほんやく ↓〈―する〉ある言語による文章を、ほかの言語になおすこと。

【翻弄】ほんろう Ⅱ〈―する〉相手を軽く見て、自分の思うようにあしらうこと。手玉にとること。例波に翻弄される船。

【耀】

羽―14 総画20 人名 明朝 耀 8000

音ヨウ外 訓かがや-く外

意味 かがやく。ひかる。例大賞に耀く。栄耀栄華（えいようえいが）をきわめる。

名前のよみ あき・あきら・てる

6画 老 [おい] 耂 [おいかんむり] の部

「老」をもとにして作られた字と、「耂」の形がめやすとなっている字を集めてあります。

この部首の字 0老……902 2考……903 4者……903 孝▶子312 煮▶灬737

【老】

老―0 総画6 4年 明朝 老 8001

音ロウ 訓お-いる・ふ-ける高

筆順 一 十 土 耂 老 老（ながく・つきだす・はねる）

なりたち [象形] かみの長い年よりがつえをついている形をえがいた字。

意味 ❶年をとる。古くなる。例めっきり老ける。老いも若きも。老人・老眼・長老 対若・少・幼

❷経験ゆたかな。例老巧・家老

例解[使い分け]ふける[老・更]☞ひだりのページ

特別なよみ 老舗（しにせ）

❶〈年をとる〉の意味で

【老翁】ろうおう ↓年をとった男の人。おきな。

【老化】ろうか ↓〈―する〉年をとって、はたらきがおとろえること。例老化が進む。老化現象。

【老眼】ろうがん ↓年をとって、小さい字などが見えにくくなること。例老眼鏡。

【老朽】ろうきゅう Ⅱ〈―する〉古くなって、役に立たなくなること。例老朽化した校舎。

【老境】ろうきょう ↓老人とよばれる年齢になっていること。例老境に入る。

【老後】ろうご ↓年をとってからあと。例老後の楽しみ。今はいいが、老後が心配だ。

【老骨】ろうこつ ↓年をとって、弱ってしまったからだ。例老骨にむちうつ。類老体

【老醜】ろうしゅう ↓年をとった、みにくいすがた。

【老女】ろうじょ ↓年をとった女の人。類老婆

【老人】ろうじん ↓年をとった人。年より。例老人ホーム。類高齢者

【老衰】ろうすい ↓〈―する〉年をとって、からだがすっかり弱くなること。例老衰で死ぬ。

【老体】ろうたい ↓①老人のからだ。類老骨 ②老人。例老体にはこの寒さがこたえる。

【老若】ろうにゃく・ろうじゃく ⇕年をとった人とわかい人。例老若（ろうにゃく・ろうじゃく）を問わず楽しめる場所。

【老若男女】ろうにゃくなんにょ・ろうじゃくだんじょ 老人も若者も男も女も。例初詣に老若男女（ろうにゃくなんにょ）がつめかけた。

【老年】ろうねん ↓年をとってからの時期。例老年期にはいる。対若年 関連幼年・少年・青年・壮年・中年・熟年・老年

【老婆】ろうば ↓年をとった女の人。類老女

【老廃物】ろうはいぶつ 使われたり古くなったりしてもう役に立たなくなった、いらないもの。

【老婆心】ろうばしん うるさいほどせわをやきたがる気持ち。表現 相手によけいなおせっかいと思われそうなときに、「老婆心ながら」と先に言って、忠告のことばをかける。

【老父】ろうふ ↓年をとった父。対老母

【老舗】しにせ・ろうほ ↓長くつづいている有名な店。例老舗（しにせ）のれん。

【老母】ろうぼ ↓年をとった母。対老父

【老齢】ろうれい ↓年をとっていること。例老齢者。老齢年金。類高齢

❷〈経験ゆたかな〉の意味で

【老獪】ろうかい ↓〈―に・―な〉長いあいだの経験から、ずるいやり方も知っているようす。

【老巧】ろうこう ↓〈―な〉長いあいだの経験から、何事もうまくあつかうこつを知っていること。例 老巧な商売人。類 老練

【老師】ろうし ↓ ①年をとって経験ゆたかな先生。②年をとったりっぱなお坊さん。例 老師にみちびかれて仏の道に入る。表現 年齢よりも、経験のゆたかさを尊敬する気持ちをこめたことば。

【老成】ろうせい ↓〈―する〉①年とともにつみかさねた経験をゆたかにもっていること。②まだわかいのに、言ったりすることがおとなびていること。例 老成した考え方。

【老大家】ろうたいか ゆたかな経験をもち、その道でとくにすぐれている人。例 文壇の老大家。

【老練】ろうれん ↓〈―な〉長いあいだのゆたかな経験から、むずかしいこともみごとにこなしてしまうようす。例 老練な弁護士。類 老巧

⬅老が下につく熟語 上の字の働き

❶老＝〈年をとる〉のとき

【敬老 養老】老人をドウスルか。

◆家老 古老 初老 長老

考

耂－2 総画6 2年 明朝 考 8003

音 コウ 訓 かんが－える

筆順 ながく つきだす はねる

なりたち ［形声］「耂」は「老」を略した形であり、「丂(丂)」が「コウ」という読み方をしめしている。「コウ」は「まがる」意味をもち、腰の曲がった年よりを表す字。借りて、「かんがえる」として使われている。

意味 かんがえる。くふうする。調べる。例 問題を考える。考案・参考

名前のよみ たか・ただ・ちか・とし・なり・のり・やす・よし

【考案】こうあん Ⅲ〈―する〉くふうして、新しいものや方法を考え出すこと。例 考案者。

【考古学】こうこがく 遺跡や遺物を研究して、大むかしの人びとのくらしや文化を知ろうとする学問。例 考古学者。

【考査】こうさ Ⅲ〈―する〉学力を調べる試験。例 期末考査。

【考察】こうさつ Ⅲ〈―する〉ほんとうのようすを知ろうと、考えたり調べたりすること。例 不況の原因について考察する。

【考証】こうしょう ↓〈―する〉古い文書や品物を調べて、むかしの人びとの生活などを明らかにすること。例 時代考証。

【考慮】こうりょ Ⅲ〈―する〉よく考えてみること。例 まだまだ考慮の余地がある。

⬅考が下につく熟語 上の字の働き

【思考 選考】近い意味。

【一考 再考 熟考 黙考 参考】ドノヨウニ考えるか。

◆備考

者

耂－4 総画8 3年 明朝 者 8005 旧字 者 FA5B

音 シャ 訓 もの

筆順 ながく つきだす

なりたち ［象形］容器の上でたきぎのもえているようすをえがいた字。借りて、「もの」として使われている。

例解 使い分け

ふける《老ける・更ける》

老ける＝年寄りになる。例 老けて見える。老けた印象をあたえる。老けた顔。

更ける＝季節や夜などが深まる。例 秋が更ける。しんしんと夜が更ける。

6 老 耂 おい・おいかんむり 2-4画 考 者 ◀次ページ 而 耐

意味 ❶人。…である人。例 若者・学者 ❷もの。…であるもの。例 前者・二者択一

〔文字物語〕☞このページ

発音あんない シャ→ジャ…例 王者

特別なよみ 猛者(もさ)

◆者が下につく熟語 上の字の働き

❶者＝〈人〉のとき

【易者 医者 武者 学者 記者 業者 御者 役者 忍者】(職業のうえで)ドノヨウナ者か。

【作者 使者 従者 著者 筆者 編者 訳者】(仕事のうえで)ドノヨウナ者か。

【賢者 識者 聖者 勇者 長者 若者 壮者 達者 弱者 拙者 悪者】(評価する目で見て)ドノヨウナ者か。

【勝者 覇者 敗者 患者 死者 亡者 縁者 信者 走者 打者 読者】(そのつどの状況から)ドノヨウナ者か。

【有権者 為政者 当事者 第三者 配偶者 被疑者】(世の中でのはたらきや立場からいって)ドノヨウナ者か。

❷者＝〈もの〉のとき

【前者 後者 二者 両者】ドチラにあたるものか。

6画 而 〔しこうして〕の部

「而」の形がめやすとなっている「而」「耐」の字が入ります。

文字物語 者

「者」の字は、音「シャ」では、漢字やことばの上にはつかないが、下についていくらでもことばをつくる。学校で入学試験をすれば、「応募者」「受験者」「合格者」「不合格者」ができるし、つづいて「入学者」「脱落者」「卒業者」「進学者」などができる。会社があれば「創立者」「経営者」がいて、事業計画の「立案者」「協力者」などがいる。どれも「…する立場の人」の意味を表す。

「者」を一字で使うときは、訓で「もの」とよむ。日本語の「もの」は、物質・物体のときは「物」と書き、人のときは「者」と書く。ただ、「者」は、もともと「世の中には得する者もあれば、損する者もある」「さいごに笑う者はだれか」のように、一人ひとりの人格は問題にしないで一般的にいうときのことばだから、とかく人をぞんざいにいうときのことばとなる。たとえば、人に「知っていたら知らせてほしい」とつたえるのに、「お心当たりの方はお知らせください」「心当たりのある人は知らせてくれ」「思い当たる者は知らせてください」「知ってるやつは知らせろ」のような言い方がある。これを見ると「者」の使われるランクがわかる。

この部首の字 0 而……904 3 耐……904

【而】

而-0 総画6 人名 明朝 而 800C

音 ジ外 訓 しこう-して外・しか-も外

意味 しこうして。そして。それから。すなわち。しかも。

【而立】じりつ 三十歳。参考『論語』の「三十而立(三十にして立つ＝三十になってひとり立ちする)」ということばから。

知識 十五歳は「志学」、四十歳は「不惑」、五十歳は「知命」、六十歳は「耳順」、七十歳は「従心」。

【耐】

而-3 総画9 常用 明朝 耐 8010

音 タイ中 訓 た-える中

筆順 一 ア 丙 而 而一 耐 耐

なりたち [形声]「而」が「やわらかいあごひげ」の意味と、「タイ」とかわって読み方をしめしている。「寸(手)」をくわえて、なにかをする時にしなやかに「たえる」ことを表す字。

意味 たえる。がまんする。もちこたえる。例 風雪に耐える。耐火・忍耐

例解 [使い分け] たえる[耐・堪] ☞ひだりのページ

名前のよみ つよし

【耐火】▲ 熱に強く、火事にあっても燃えたりとけたりしにくいこと。例 耐火建築。耐火金庫。

【耐寒】▲ 寒さに負けないようにすること。例 耐寒訓練。

【耐久】たいきゅう ▲長いあいだつづけられること。例 耐久レース。類 持久

【耐震】たいしん ▲地震があっても、こわれないようにしてあること。例 耐震構造。

【耐水】▲ 水にぬれても水分がしみとおらず、質もかわらないこと。例 耐水性。

【耐熱】たいねつ ▲高い熱をくわえても、とけたりこわれたり質がかわったりしにくいこと。例 耐熱ガラス。

【耐乏】▲ 必要なものやお金がたりなくても、がまんすること。例 耐乏生活。

6画 耒 ［すきへん］ の部

農具のすきの形をえがいた象形である「耒↓耒」をもとに作られ、耕作にかかわる字を集めてあります。

この部首の字 4 耕……905 耗……905

耕

耒-4 総画10 5年 明朝 耕 8015

音 コウ 訓 たがや-す

筆順 一 三 丰 丰 耒 耒 耒 耒 耕 耕

なりたち 耕 ［形声］もとの字は、「耕」。「耒」が「すき」の形で、「井」が「ととのえる」意味と、「コウ」とかわって読み方をしめしている。「すき」で田畑をたがやすことを表す字。

意味 たがやす。例 畑を耕す。耕作・農耕・晴耕雨読

名前のよみ おさむ・つとむ・やす

【耕耘】◆ ↓〈-する〉田や畑をたがやすこと。例 耕耘機。

【耕作】↓〈-する〉田や畑をたがやして、作物をつくること。例 耕作地。耕作者。

【耕地】↓ 田や畑など、たがやして作物をつくる土地。例 耕地面積。類 農地

◆休耕 水耕 農耕

例 解 使い分け たえる 《耐える・堪える》

耐える＝苦しいことやつらいことを、じっとこらえる。
例 苦痛に耐える。風雪に耐える。

堪える＝がまんする。するだけの能力やねうちがある。
例 悲しみに堪える。重い任務に堪える。

耗

耒-4 総画10 常用 明朝 耗 8017

音 モウ 中・コウ 高 訓 ——

筆順 一 三 丰 丰 耒 耒 耒 耗 耗 耗

なりたち 耗 ［形声］もとは「秏」と書かれた字。「禾」がイネで、誤って「耗」が「モウ」という読み方をしめしている。「毛」ウ」は「へる」意味をもち、イネをついて脱穀してへることを表す字。

意味 すりへる。おとろえる。例 消耗

注意するよみ コウ…例 心神耗弱

6画 耳 ［みみ］［みみへん］ の部

「耳」をもとに作られ、耳や聴力にかかわる字を集めてあります。

この部首の字 0 耳……906 3 耶……906 4 耽……906 7 聖……906 8 聡……907 聞……907 11 聴……907 12 職……908

6 耒 すきへん 4画 耕 耗 ◀次ページ 耳 耶 耽 聖

【耳】 耳-0 総画6 1年 明朝 耳 8033

音 ジ 中　訓 みみ

筆順 一 丅 下 丆 耳 耳（すこしだす）

なりたち 【象形】みみの形をえがいた字。

意味 みみ。例 耳をすます。耳目・早耳

【耳順】じじゅん ↓ 耳したがう（ほかの人の意見を聞くようになる）。参考『論語』にある「六十にして耳順がう」から。六十歳のこともいう。

【而立】じりつ（904ページ）

【耳目】じもく 二 聞くことと見ること。人びとの注意や関心。例 世間の耳目を集める。

【耳学問】みみがくもん 自分で学んだり、調べてたしかめたりしたのではなく、人の話を聞いて身につけた知識。

【耳元】みみもと ↓ 耳のすぐそば。例 耳元でささやく。

←耳が下につく熟語 上の字の働き

【初耳 早耳】ドノヨウニ聞くか。

【耶】 耳-3 総画9 人名 明朝 耶 8036

音 ヤ 外　訓 や 外・か 外

意味 …か。…や。（疑問や反語・感嘆を表す）例 有耶無耶（あるかないかはっきりしない）

【耽】 耳-4 総画10 人名 明朝 耽 803D

音 タン 外　訓 ふけ-る 外

意味 ふける。一つのことに熱中して楽しむ。例 読書に耽る。

【耽溺】たんでき 二〈―する〉よくないことにむちゅうになること。

【聖】 耳-7 総画13 6年 明朝 聖 8056

音 セイ　訓 ひじり 外

筆順 一 丅 下 耳 聖（でない）聖（ノにならない）聖 聖（ながく）

なりたち 【形声】「耳」と「呈」とからでき、「呈（テイ）」が「セイ」とかわって読み方をしめしている。「テイ」は「よく通る」意味をもち、耳がよく通って神の声を聞くことのできる人を表す字。

意味
❶ けだかい。神にかかわる。ひじり。例 聖火・神聖
❷ 徳や技をきわめた人。例 聖賢・聖人・楽聖

名前のよみ あきら・きよ・さと・さとし・さとる・とし・まさ

❶〈けだかい〉の意味で

【聖域】せいいき ↓ ①人間が立ち入ったりして、けがしてはならない神聖な場所。②侵してはならないとされるところ。例 聖域にふみこむ。

【聖火】せいか ↓ ①神にささげる、きよらかな火。②オリンピック大会で、期間中もやしつづけられる火。例 聖火リレー。知識 ②は、ギリシャのオリンピアで太陽の光を集めて点火され、リレーによってはこばれる。

【聖歌】せいか ↓ 神をたたえる歌。例 聖歌隊。

【聖書】せいしょ ↓ キリスト教の経典。キリスト降誕以前のことを記した旧約聖書と降誕以後のことを記す新約聖書とがある。バイブル。

【聖職】せいしょく ↓ 神と人の仲立ちをする職業。とくに、キリスト教の牧師・神父の仕事。例 聖職につく。聖職者。

【聖誕祭】せいたんさい キリストが生まれた日（十二月二十五日）を祝う祭り。クリスマス。類 降誕祭

【聖地】せいち ↓ その宗教の開祖を記念する土地。例 聖地巡礼。

【聖典】せいてん ↓ その宗教のもとになる教えが書いてある本。仏教の経典、キリスト教の聖書、イスラム教のコーランなどをいう。

【聖堂】せいどう ↓ ①中国の聖人、孔子をまつった建物。例 湯島聖堂。類 聖廟 ②キリスト教の教会堂。

【聖母】ぼせい ↓ キリストの母。例 聖母マリア。

【聖夜】やせい ↓ キリストが生まれた十二月二十四日から二十五日にかけての夜。クリスマス・イブ。

【聖霊】れいせい ↓ 人間にはたらきかける神の心。知識 キリスト教では、父なる神、神の子イエス・キリスト、聖霊を一体のものと考え、「三位一体」という。

❷〈徳や技をきわめた人〉の意味で

【聖賢】けんせい Ⅱ 人がらや知識がとくにすぐれている人。例 聖賢の教え。

【聖者】じゃせい ↓ ①世の人の手本になるような、おこないのすぐれた人。類 聖人 ②キリスト教で、信仰をまもるために死んだ人や、とくにりっぱな信者。類 聖人

【聖人】じんせい ↓ 一 ①りっぱなおこないや深い知恵によって、多くの人に尊敬される人。例 聖人君子。類 聖者・君子 ②キリスト教で、信仰のあついりっぱな信徒。二 しょうにん 仏教で、徳の高い僧。そのよび名。類 上人

◆ 楽聖 神聖

聡

耳-8 総画14 人名 明朝 聡 8061

音 ソウ 外 訓 さと-い 外

意味 かしこい。さとい。例 聡明

名前のよみ あきら・さとし・とき・とし・とみ

【聡明】めいそう Ⅱ〈二な〉頭がよくて、ものわかりがはやい。例 かれは聡明な人物だ。類 利発・発明・賢明

聞

耳-8 総画14 2年 明朝 聞 805E

音 ブン・モン 高 訓 き-く・き-こえる

筆順 （とめる・はねる・ださない）

なりたち 〔形声〕「門」が「ブン」とかわって読み方をしめしている。「モン」は「わける」意味をもち、「耳」でききわけることを表す字。

意味 きく。きこえる。きこえ。例 話を聞く。物音が聞こえる。伝聞

例解 〔使い分け〕きく〔聞・聴〕

☞このページ

◆ 聞が下につく熟語 上の字の働き

【外聞 内聞 醜聞 新聞 伝聞 風聞】ドノヨウナ伝わり方か。

◆ 寡聞 見聞 前代未聞

聴

耳-11 総画17 常用 明朝 聴 8074 旧字 聽 807D

音 チョウ 中 訓 き-く 中

筆順

なりたち 〔形声〕もとの字は、「聽」。「悳」が「たてる」意味を、「壬」が「チョウ」とかわって読み方をしめしている。「テイ」は「よくとおる」意味をもち、声がよくとおるように「きき耳」を立ててきくことを表す字。

意味 ききとる。耳をかたむける。注意してきく。例 音楽を聴く。聴覚・聴力・静聴・拝聴

例解 〔使い分け〕きく〔聞・聴〕

☞このページ

例解 使い分け きく《聞く・聴く》

聞く＝音や声を耳に入れる。耳に感じる。受け入れる。問う。

例 話し声を聞く。うわさを聞く。聞き耳をたてる。人聞きがわるい。願いを聞く。学校までの道を聞く。

聴く＝とくに、頭や心を使っていっしょうけんめいに「きく」。

例 音楽を聴く。意見を聴く。国民の声を聴く。

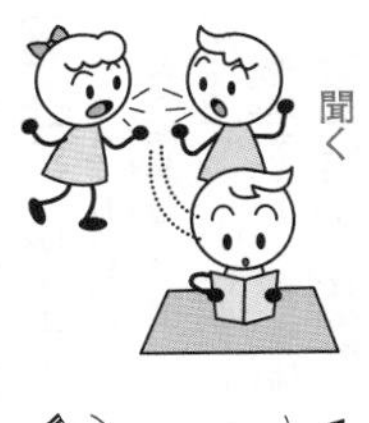

参考 「聞」は「聞こえる」とも使うが、「聴」は使わない。

名前のよみ あき・あきら・さとし

【聴音】▲ 音をききとること。また、ききわけること。例 聴音機。

【聴覚】↓ 音や声をききとるはたらき。関連 視覚(目)・聴覚(耳)・嗅覚(鼻)・味覚(舌)・触覚(皮膚)

【聴講】▲〈—する〉講義・講演などをきくこと。例 聴講生。

【聴視】Ⅱ〈—する〉ラジオ・テレビの放送をきいたり見たりすること。例 聴視者。表現 ふつう、テレビには「視聴」、ラジオには「聴取」を使う。

【聴取】↓〈—する〉①ききとること。とくに、なにかを調べるために、意見や事情をくわしくきくこと。例 警察の事情聴取。②ラジオをきくこと。例 聴取者。

【聴衆】↓ 演説や講演・音楽などをききに集まった人びと。例 みごとな演奏に、聴衆の拍手がなりやまなかった。

【聴診】↓ 医者が、呼吸や心臓の音などを耳できいて診察すること。例 聴診器。関連 問診・打診・触診・聴診・視診

【聴聞】Ⅱ〈—する〉①説教や演説などをきくこと。②役所が、ものごとを決める前に、関係者の意見をきくこと。例 聴聞会。

【聴力】↓ 耳で音をききとる力。例 聴力検査。

聴が下につく熟語 上の字の働き

【傾聴 清聴 静聴 拝聴 傍聴 盗聴】ドノヨウニ聴きとるか。

職

音 ショク 訓 —

耳-12 総画18 5年 明朝 職 8077

筆順 ながく だささない はねる わすれない

なりたち 形声「戠」が「ショク」という読み方をしめしている。「ショク」は「知る」意味をもち、「耳」でよく聞き分けておぼえていることを表す字。借りて、「しごと」の意味に使われている。

意味 しごと。はたらき。やくめ。身につけたわざ。例 職を探す。職を辞す。職業・職務・就職

【職域】↓ 仕事や役目の受けもちの範囲。例 職域をこえて連携する。職域の代表。類 職場

【職員】↓ 役所・会社・学校・病院などにつとめている人。例 職員室。事務職員。

【職業】Ⅱ くらしをささえていくためにする仕事。類 商売・生業・稼業

【職種】↓ 仕事の種類。例 いろいろな職種を経験する。類 業種

【職制】↓ ①職場での仕事の受けもちについてのとりきめ。②部下を管理する、係長や課長以上の役。類 管理職

【職責】↓ 仕事のうえで、しなければならないつとめ。例 重い職責をはたす。

【職人】↓ 大工・左官・植木屋など、身につけたすぐれた技術で仕事をする人。例 職人芸。家具職人。

【職場】↓ 仕事をする場所。つとめ先。例 職場を去る。類 職域

【職務】Ⅱ 仕事のうえで、受けもっている役目。例 職務にはげむ。職務質問。

【職歴】↓ その人が社会に出て、はじめて職業についてから、今までしてきた職業。

【職権】↓ 地位にしたがってあたえられる仕事のうえの権力。例 職権を乱用する。

職が下につく熟語 上の字の働き

【官職 公職 天職 現職 定職 本職 教職】ドノヨウナ性質や内容の職か。

【就職 奉職 求職 在職 休職 復職 辞職 退職 停職 転職 免職 離職】職を(職に)ドウスルか。

【閑職 住職 要職 役職】ドノヨウナ仕事か。

【汚職 殉職】仕事上の役目を(役目に)ドウスルか。

【内職(手内職) 下職】ドノヨウナ仕事か。

6画  [ふでづくり] の部

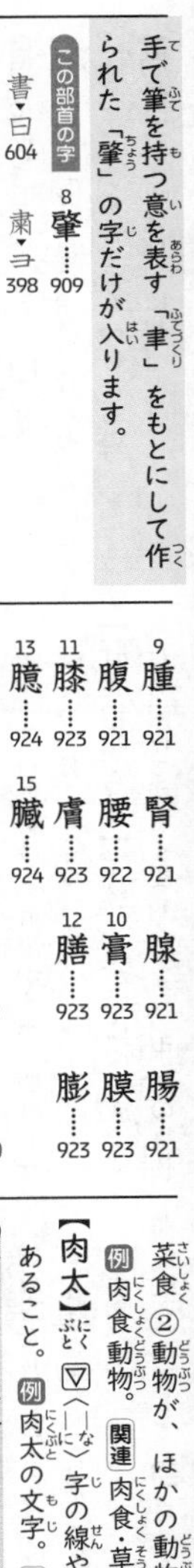

手で筆を持つ意を表す「聿」をもとにして作られた「肇」の字だけが入ります。

この部首の字　8 肇…909　書▸曰 604　粛▸ヨ 398

【肇】

聿−8　総画14　人名　明朝 肇 8087

音 チョウ 外　訓 はじ-める 外

意味 はじめる。はじめ。もとをひらく。例 肇国（はじめて国をたてる）

6画 肉 [にく] 月 [にくづき] の部

「肉（月）」をもとにして作られ、身体の形や器官にかかわる字を集めてあります。「月（つきへん）」（608ページ）とはべつです。

この部首の字

0 肉…909　2 肌…909　肋…910
3 肝…910　肛…910　肖…910　肘…911
4 育…911　肩…911　股…911　肯…911
肴…912　肢…912　肥…912　肪…912
5 胃…912　胤…913　胡…913　胎…913
胆…913　背…914　肺…914　胞…915
6 胸…915　脅…916　脇…916　脂…916
脊…916　胴…916　能…917　脈…917
7 脚…918　脩…918　脱…918　脳…919
8 腔…920　脹…920　腐…920　腕…920
9 腫…921　腎…921　腺…921　腸…921
腹…921　腰…922　10 膏…923　膜…923
11 膝…923　膚…923　12 膳…923　膨…923
13 臆…924　15 臓…924
有▸月 609　服▸月 611　朋▸月 612　青▸青 1080
朔▸月 612　朕▸月 612　朗▸月 612　骨▸骨 1112
望▸月 612　豚▸豕 998　勝▸力 172　期▸月 613
朝▸月 613　嘲▸口 238

【肉】

肉−0　総画6　2年　明朝 肉 8089

音 ニク　訓 —

筆順 （とめる・はねる・とめる・とめる）

なりたち [象形] 切りとった鳥やけもののにくをえがいた字。

意味 ❶にく。動物のからだなどの、やわらかく、ふくらみのある中身。例 肉牛・筋肉・果肉 ❷人間のからだ。血のつながりがある。例 肉眼・肉親

❶〈にく〉の意味で

【肉牛】↓肉を食べるために飼うウシ。関連 肉牛・役牛・乳牛

【肉質】↓肉の性質や品質。

【肉食】↓〈—する〉①人間が、動物の肉を食べること。例 肉食をこのむ人がふえた。対 菜食 ②動物が、ほかの動物を食べること。例 肉食動物。関連 肉食・草食・雑食

【肉太】▽〈—な〉字の線や点が太く書いてあること。例 肉太の文字。対 肉細

❷〈人間のからだ〉の意味で

【肉眼】↓望遠鏡や顕微鏡・眼鏡などを使わないでじかに見ること。例 肉眼ではとらえられない小さな傷。類 裸眼

【肉親】↓親子やきょうだいなど、血のつながりのこい人。例 肉親の情。

【肉声】↓マイクなどを通さない、人の口から出るなまの声。例 肉声でさけぶ。

【肉体】Ⅲ 人間の生身のからだ。例 肉体労働。類 身体 対 精神・霊魂

【肉薄】↓〈—する〉からだがふれ合うほど近くまで迫ること。参考「薄」は、迫ること。「肉迫」とも書く。

【肉筆】↓印刷やコピーではなく、ペンでじかにかいた字や絵。例 肉筆の手紙。

◆印肉 筋肉 骨肉 朱肉 皮肉 豚肉

【肌】

月−2　総画6　常用　明朝 肌 808C

音 —　訓 はだ 中

筆順

なりたち [形声]「月」が「からだ」を、「几」が「キ」という読み方をしめしてい

る。「キ」は「おおう」意味をもち、からだをおおっているはだを表す字。

意味 ❶はだ。からだの表面。ひふ。例 肌着・素肌・学者肌。❷気質。その人の感じ。例 肌が合わない。

❶〈はだ〉の意味で

【肌合】はだあい ↓ そのものの表面の感じ。はだざわり。例 ぬくもりのある肌合い。☞❷

【肌着】はだぎ ↓ シャツやパンツなど、じかにはだにつける下着。例 清潔な肌着。類 下着

【肌身】はだみ Ⅲ からだ。例 肌身はなさず持ち歩く。

❷〈気質〉の意味で

【肌合】はだあい ↓ その人に接したときの感じ。例 二人の肌合いはまったくちがう。☞❶

肌が下につく熟語 上の字の働き

❶肌＝〈はだ〉のとき
【素肌 地肌 鳥肌】ドウイウ肌か。

❷肌＝〈気質〉のとき
【学者肌 職人肌】ドノヨウナ人の気質か。

【肋】

月-2 総画6 人名 明朝 肋 808B

音 ロク(外) 訓 ―

意味 あばら。あばらぼね。例 肋骨

【肋木】ろくぼく ↓ 体操の用具。柱のあいだにたくさんの丸い横棒を取りつけたもの。

◆【肋骨】ろっこつ ↓ あばらぼね。

【肝】

月-3 総画7 常用 明朝 肝 809D

音 カン(中) 訓 きも(中)

筆順 丿 月 月 月 肝 肝 肝

なりたち [形声]「月」が「にく・からだ」を、「干」が「カン」という読み方をしめしている。「カン」は「おおもと」の意味をもち、活力を生み出すもととなる臓器を表す字。

意味 ❶きも。内臓の一つ。例 肝臓 ❷こころ。度胸。例 肝をつぶす。肝だめし・肝っ玉・肝胆 ❸たいせつなところ。かなめ。例 肝要

❶〈きも〉の意味で

【肝臓】かんぞう ↓ 食べたものの消化をたすける胆汁をつくるところ。栄養分をたくわえたり、からだによくないものを消したりする役目もする。きも。

【肝油】かんゆ ↓ 魚の肝臓からとったあぶらでつくった薬。栄養をたくさんふくんでいる。

❷〈こころ〉の意味で

【肝胆】かんたん Ⅲ ほんとうの心の中。例 肝胆をくだく(なんとかしようと、けんめいに考える)。参考「胆」は胆のうで、肝臓から出た胆汁を一時ためておくところ。

【肝胆相照らす】かんたんあいてらす たがいに心の底まで打ち明けて親しく交わる。参考 中国の書物にあることば。

❸〈たいせつなところ〉の意味で

【肝心】かんじん Ⅲ〈―な〉なによりだいじ。例 しんぼうが肝心だ。類 肝要 参考 もともとは、「肝腎」と書いた。人の内臓の中で、肝臓と腎臓をとくにたいせつなものと考えてできたことば。

【肝心要】かんじんかなめ もっともたいせつなこと。例 肝心要のことを書き落としてしまった。

【肝要】かんよう Ⅲ〈―に〉なにかをするときに、たいへん重要である。類 肝心・重要

【肛】

月-3 総画7 表外 明朝 肛 809B

音 コウ(外) 訓 ―

意味 しりのあな。例 肛門

【肖】

月-3 総画7 常用 明朝 肖 8096

音 ショウ(中) 訓 ―

筆順 丨 丷 ⺌ 肖 肖 肖 肖

なりたち [形声] もとの字は、「肖」。「月」が「からだ」を、「小」が「ショウ」という読み方をしめしている。「ショウ」は「かたどる」意味をもち、からだつきの似ていることを表す字。

意味 にる。にせる。例 肖像・不肖

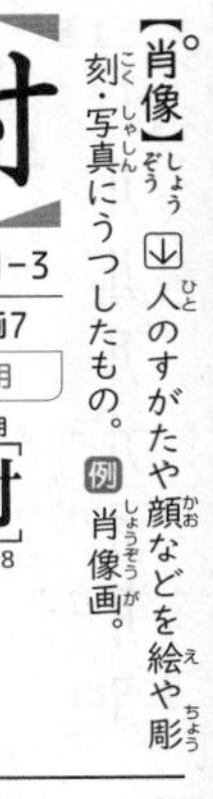

【肖像】↓人のすがたや顔などを絵や彫刻・写真にうつしたもの。例 肖像画。

肘

月-3 総画7 常用 明朝 肘 8098

音 チュウ外 訓 ひじ中

筆順 肘肘肘肘肘肘肘

意味 ひじ。腕の上と下をつなぐ関節の外がわの部分。例 肘をつく。

【肘鉄】↓(「肘鉄砲」の略)①ひじで、つきのけること。②相手のさそいや要求をはねつけること。例 肘鉄を食らわす。

育

月-4 総画8 3年 明朝 育 80B2

音 イク 訓 そだ-つ・そだ-てる・はぐく-む

筆順 育育育育育育育育（とめる・はねる）

なりたち [形声]「㐬」は子どもがさかさになって生まれ出てくる形の象形。「月(肉)」が「イク」とかわって読み方をしめしている。「ニク」も「生まれる」意味をもち、子どもが生まれ出ることを表す字。

意味 そだてる。そだつ。やしなう。例 寝る子は育つ。育ちがいい。育児・教育・発育

名前のよみ なり・やす

【育英】▲すぐれた才能をもつ青少年を教育すること。才能のある青少年に学費を出し育てること。例 育英資金。

【育児】▲〈─する〉おさない子どもを育てること。子育て。例 育児日記。育児休業。

【育成】↓〈─する〉しっかりしたものになるよう育ててあげること。例 人材育成。類 養成

育が下につく熟語 上の字の働き

【発育 成育 生育 養育 飼育】近い意味。

【教育 愛育 保育】ドウヤッテ育てるか。

【体育 知育 徳育】ナニの教育か。

肩

月-4 総画8 常用 明朝 肩 80A9

音 ケン高 訓 かた中

筆順 肩肩肩肩肩肩肩肩

なりたち [会意]「月」が「にく」を、「戸」がかたの形を表し、「かた」として使われている字。

意味 かた。首から腕のつけ根までの部分。例 肩をもむ。肩車・強肩

参考 肩は、人の姿勢のとり方と力の入れ方がよくあらわれる場所なので、「肩をいからす」「肩入れする」「双肩にかかる」「肩の力をぬく」「肩すかしをくう」など、力の使い方や使い道を表す言い方がいろいろとできる。

【肩車】↓〈─する〉子どもなどを、両肩にまたがらせて、かつぐこと。

【肩身】Ⅲ世間に対して自分がどうであるかと思う気持ち。例 肩身のせまい思い。

【肩章】↓軍人や警察官が制服の肩につけて位を表す記章。

◆強肩 双肩 比肩 路肩

股

月-4 総画8 常用 明朝 股 80A1

音 コ中 訓 また中

筆順 股股股股股股股股

意味 また。両足の分かれている部分。足のつけね。例 股間・二股

肯

月-4 総画8 常用 明朝 肯 80AF

音 コウ中 訓 ─

筆順 肯肯肯肯肯肯肯肯

なりたち [会意]もとの字は、「肎」。「骨(ほね)」を略した形の「冖」と、「にく」の意味の「月」とからでき、骨についているにくを表す字。借りて、「うなずく」の意味に使われている。

意味 うなずく。ききいれる。例 肯定・首肯 対 否

【肯定】↓〈─する〉そのとおりだと、みとめること。例 相手の考えを肯定する。対 否定

◀次ページ 肴 肢 肥 肪 胃

肴

月−4 総画8 人名 明朝 肴 80B4

音 コウ(外) 訓 さかな(外)

意味 さかな。酒のさかな(酒がいっそうたのしく飲めるように食べる物)。例 酒肴(酒と料理)

参考 「さかな」の「さか」は酒、「な」はおかずの意味。

肢

月−4 総画8 常用 明朝 肢 80A2

音 シ(中) 訓 —

筆順

なりたち [形声]「月」が「からだ」を、「支」が「分かれる」意味と「シ」という読み方をしめしている。胴体から分かれている手足を表す字。

意味 手や足。枝分かれ。例 四肢・選択肢

【肢体】したい Ⅱ 手足。手足とからだ。

肥

月−4 総画8 5年 明朝 肥 80A5

音 ヒ 訓 こ-える・こえ・こ-やす・こ-やし

筆順 (はねる)(おらない)(はねる)

なりたち [形声]もとの字は、「肥」。「月」が「にく」を、「㔾」が「ヒ」とかわって読み方をしめしている。「キ」は「くわわる」意味をもち、肉がふえることを表す字。

意味

❶ふとる。ふとらせる。例 からだが肥える。肥大

❷土地がこえる。土地に作物を育てる栄養がある。こやし。例 作物に肥をやる。肥やしをまく。肥料・追肥

❸肥前・肥後。旧国名。今の長崎県の大部分と佐賀県(肥前)および熊本県(肥後)。例 薩長土肥。

名前のよみ とみ・とも・ゆたか

❶〈ふとる〉の意味で

【肥大】ひだい ↓〈−する〉ふとったりはれたりして、大きくなること。例 心臓肥大。

【肥満】ひまん ↓〈−する〉からだがふとって大きくなること。例 肥満を心配する。肥満体。

❷〈土地がこえる〉の意味で

【肥沃】ひよく Ⅱ〈□な〉土地がよくこえていて、作物がよく育つ。例 肥沃な大地。対 不毛

【肥料】ひりょう ↓ 作物がよく育つように、土の中に入れる栄養分。こやし。例 化学肥料。

◆堆肥 追肥

肪

月−4 総画8 常用 明朝 肪 80AA

音 ボウ(中) 訓 —

筆順

なりたち [形声]「月」が「にく」を、「方」が「ボウ」とかわって読み方をしめしている。「ホウ」は「あぶらが多い」の意味をもち、肉のまわりについたあぶらを表す字。

意味 あぶら。動物のからだの中のあぶら。例 脂肪

胃

月−5 総画9 6年 明朝 胃 80C3

音 イ 訓 —

筆順 (とめる)(はねる)

なりたち [会意]「にく・からだ」の意味の「月」と、いぶくろに食物が入っている形(田)とからでき、「いぶくろ」を表す字。

意味 いぶくろ。い。例 胃と腸。胃液・胃薬・健胃

【胃液】いえき ↓ 胃の中から出る酸性の液。たんぱく質を消化するはたらきがある。

【胃潰瘍】いかいよう 胃の内がわが、ただれたりくずれたりして、いたんでいく病気。例 ストレスがたまって胃潰瘍になった。

【胃癌】いがん ↓ 胃のかべにできる悪性のできもの。例 胃がんの早期発見につとめる。

【胃散】いさん ↓ 胃の病気に使うこなぐすり。胃

酸過多に用いることが多い。

【胃酸】↓胃液にふくまれる酸。

【胃腸】‖胃と腸。例胃腸薬。

【胃袋】↓食べた物をこなすための臓器。胃。例底なしの胃袋だな。

胤

月−5 総画9 人名 明朝 胤 80E4

音イン外 訓たね外

意味 ちすじ。たね。あとをつぐ。

胡

月−5 総画9 人名 明朝 胡 80E1

音コ外・ゴ外・ウ外 訓―

意味

❶異民族。中国北方にいた民族。例胡弓・胡麻

❷いいかげんな。例胡散くさい。胡乱

❸《その他》例胡蝶

【胡蝶の夢】現実と夢との区別がつかないこと。

☞〔故事のはなし〕このページ

故事のはなし 胡蝶の夢

かつて荘周が夢の中でチョウとなった。ひらひらと飛んで、自由自在に楽しんだ。自分が荘周であるとは思わなかった。ふと目が覚めると、やはり荘周であった。いったい荘周の夢の中でチョウとなったのか、チョウの夢で荘周となったのであろうか。（『荘子』斉物論）

胎

月−5 総画9 常用 明朝 胎 80CE

音タイ中 訓―

筆順 ノ 刀 月 月 胎 胎 胎 胎 胎

なりたち [形声]「月」が「からだ」を、「台(シ・タイ)」が「はじめ」の意味と「タイ」という読み方をしめしている。母の体内で子どもができはじめることを表す字。

意味 おなかの中の子ども。子どものやどるところ。例胎児・母胎

【胎教】↓おなかの中の子どもがよりよく育つように、お母さんになる人が心のもち方に気をくばること。

【胎児】↓母親のおなかの中にいて、まだ生まれていない子ども。

【胎生】↓子が母親のおなかの中で栄養をもらって、ある程度育ってから生まれること。おもに、哺乳類にみられる。対卵生

【胎動】↓〈―する〉①母親のおなかの中の子どもが動くこと。②新しいことがはじまろうとしている気配。例新しい時代の胎動を感じる。

【胎内】↓①妊娠した母親のおなかの中。②仏像のおなかの内がわ。例胎内くぐり。

胆

月−5 総画9 常用 明朝 胆 80C6 旧字 膽 81BD

音タン中 訓きも外

筆順 ノ 刀 月 月 胆 胆 胆 胆 胆

なりたち [形声]もとの字は、「膽」。「月」が「にく・からだ」を、「詹」が「タン」という読み方をしめしている。「タン」は「かめ」の意味をもち、入れ物のかめの形をした臓器を表す字。

意味

❶きも。肝臓でできた胆汁をためるところ。例胆石

❷こころ。きもったま。例胆だめし。胆力・大胆

❶〈きも〉の意味で

【胆汁】↓肝臓でできる苦い消化液。脂肪の消化をたすけるはたらきをする。

【胆石】↓胆汁の中にふくまれている成分がかたまって、胆のうの中にできる石のようなかたまり。胆石症の原因となる。

❷〈こころ〉の意味で

【胆力】たんりょく ↓ ものをおそれず、気おくれしない強い気力。きもったま。例胆力をやしなう。類度胸

⬅胆が下につく熟語 上の字の働き

❷胆＝〈こころ〉のとき
【肝胆 魂胆 心胆】近い意味。
【豪胆 大胆】ドンナこころか。

◆落胆

背

月－5 総画9 6年 明朝 背 80CC

音 ハイ 訓 せ・せい・そむ－く㊥・そむ－ける㊥

筆順 背（はねる・とめる・はねる）

なりたち [形声]「月」が「からだ」を、「北」が「せなかをむけあう」意味と、「ハイ」とかわって読み方をしめしている。からだのうらがわを表す字。

意味
❶せなか。せ。うしろがわ。例背を向ける。背面・猫背
❷そむく。さからう。例顔を背ける。
❸せたけ。身長。せい。せ。例背をくらべる。背伸び・背格好
❹《その他》例背広

❶〈せなか〉の意味で
【背筋】↓ 一せすじ せなかの真ん中をとおって、たてに長くのびているすじ。例背筋をのばす。背筋が寒くなる（ぞっとする）。二はいきん せなかにある筋肉。対腹筋
【背番号】スポーツ選手が、ユニホームのせなかにつける番号。
【背骨】↓ 脊椎動物のせなかの真ん中をとおって、からだをささえている骨。
【背泳】↓ あおむけのしせいで泳ぐ泳ぎ方。せおよぎ。バックストローク。
【背景】↓ ①絵や写真などの、中心となるもののうしろのけしきやようす。例山を背景に写真をとる。②芝居で、舞台のうしろにかいたけしき。③ものごとの表面にあらわれないかくれた事情。例事件の背景をさぐる。
【背後】Ⅱ ①せなかのほう。うしろ。例敵の背後にまわる。②事件などの、かげにかくれた部分。例背後関係を調べる。
【背水の陣】必死の覚悟でことにあたること。
［故事のはなし］☞ひだりのページ
【背面】↓ うしろがわ。例背面とび。敵の背面をつく。対前面 関連正面・側面・背面

❷〈そむく〉の意味で
【背信】▲ 信じてくれている人の思っていることと、ちがうことをすること。うらぎり。例背信行為。
【背徳】▲ 人としてまもらなければならない道からはずれること。例背徳者。
【背任】▲〈―する〉自分のつとめにそむくこと。とくに、公務員や会社員が、自分の立場を利用して不正をおこなうこと。
【背反】Ⅱ〈―する〉①まもらないといけないことに、そむくこと。うらぎること。例命令に背反する。類違反 ②たがいにくいちがうこと。例二律背反（あちらを立てればこちらが立たないこと）。類矛盾

❸〈せたけ〉の意味で
【背格好】せいかっこう|せかっこう 背の高さやからだつきのようす。例背格好がそっくりだ。
【背丈】↓ 背の高さ。例背丈がずいぶんのびた。類身長

❹《その他》
【背広】◎ 男子の着るふつうの洋服。おなじ布でつくった上着・ズボン・チョッキの三つぞろいが正式。スーツ。例背広すがた。

◆猫背 腹背

肺

月－5 総画9 6年 明朝 肺 80BA

音 ハイ 訓 ―

筆順 肺（はねる・とめる・はねる）

なりたち [形声]もとの字は、「肺」。「月」が「にく・からだ」を、「巿」が「ハイ」という読み方をしめしている。「ハイ」は「二つに分かれる」意味をもち、左右二つある臓器を表す字。

意味 はい。胸の中の、呼吸をする器官。例肺を病む。肺炎

【肺炎】はいえん ↓ 肺に肺炎菌が入って起こる病気。高い熱やせきが出て、胸が痛み、息が苦しい。例 肺炎を併発する。

【肺活量】はいかつりょう じゅうぶん空気をすいこんで、はき出すことのできる空気の量。例 肺活量が大きい。

【肺臓】はいぞう ↓ 胸の中にある、左右二つのふくろ。空気をすいこんで血をきれいにし、きたなくなった空気をはき出すはたらきをする。肺。

胞

音 ホウ 中　訓 ―

月－5　総画9　常用

明朝 胞 80DE

筆順 ノ 月 肑 肑 胞 胞 胞

なりたち ［形声］もとの字は、「胞」。つつむ意味の「包」が「ホウ」という読み方をしめしている。胎児をつつんでいる膜を表す字。

意味 胎児をつつみこむ膜。膜につつまれた小さなつぶ。例 胞子・細胞・同胞

【胞子】ほうし ↓ シダ・コケ・キノコ・カビなど花をつけない植物が、なかまをふやすためにばらまくこなのような小さな細胞。

胸

音 キョウ　訓 むね・むな 中

月－6　総画10　6年

明朝 胸 80F8

筆順 ノ 月（はねる） 肑（はねる） 肑 胸（とめる） 胸 胸

故事のはなし

背水の陣

秦がほろびて楚と漢とが天下をあらそっていたころ、漢の名将の韓信が趙をせめ、川を背にして陣をしいた。それを見て趙軍はおおわらいし、さっそく攻撃をしかけた。圧倒的に数の多い趙軍に対して、韓信はわざと負けたふりをして自分の陣地ににげこみ、敵の全軍をおびき出した。川を背にしてにげ道のない将兵たちが必死にたたかっているあいだに、韓信は伏兵を出して、敵の陣地の中に、漢の赤旗を立てさせた。それを見て趙軍はすっかり混乱し、ついに、漢軍の大勝利となった。（『史記』淮陰侯列伝）

なりたち ［形声］もとの字は、「匈」。のちに、「からだ」を意味する「月」をくわえた。むねを表す「匈」が「キョウ」という読み方をしめしている。「むね」として使われている字。

意味 ❶むね。胴体の上部のほう。例 胸を張る。胸板・胸囲 ❷むねの中の思い。例 胸がいっぱいになる。胸中・度胸

注意するよみ むな…例 胸板・胸毛・胸騒ぎ

❶〈むね〉の意味で

【胸囲】きょうい ↓ むねまわりの長さ。バスト。

【胸像】きょうぞう ↓ 人のむねから上の部分をかたどった像。例 創業者の胸像。

【胸板】むないた ↓ ①人のむねのあたり。例 胸板が厚い。②よろいのむねの部分。例 胸板をうちぬく。

【胸倉】むなぐら ◎ 着物の左右のえりがかさなりあう部分。例 相手の胸倉をつかむ。

【胸元】むなもと ↓ むねのみぞおちのあたり。例 ブラウスの胸元にブローチをかざる。

❷〈むねの中の思い〉の意味で

【胸襟】きょうきん Ⅲ 心の中。「襟」は「えり」。例 胸襟を開いて（うちとけて）語り合う。

【胸中】きょうちゅう ↓ 心に思っていること。例 胸中を察する。類 心中・心情

【胸算用】むなざんよう 心の中で計算してみること。どのくらいもうかるか、心の中で見つ

脅 脇 脂 脊 胴 ▶前ページ 胞 胸

もりをたてること。例 胸算用がはずれた。

脅

月-6 総画10 常用 明朝 脅 8105

音 キョウ中 訓 おびや-かす高・おど-す中・おど-かす中

筆順

意味 おびやかす。おどかす。例 生命を脅かす。人を脅す。棒で脅かす。脅威

【脅威】⑪ 押しせまる力から受けるおそろしさの感じ。例 脅威にさらされる。

【脅迫】⇩〈-する〉強くおどして、むりになにかをさせようとすること。例 脅迫に屈しない。脅迫電話。

脇

月-6 総画10 常用 明朝 脇 8107

音 キョウ外 訓 わき中

筆順

なりたち [形声]「月」が「にく・からだ」を、「劦」が「キョウ」という読み方をしめしている。「キョウ」は「わき」の意味をもち、わきばらを表す字。

意味 ❶わき。胸や腹の両がわの部分。例 脇腹 ❷そば。よこのほう。かたわら。例 脇道

❷〈そば〉の意味で

【脇役】⇩ 主役を助ける役。類 助演 対 主役 表記「傍役」とも書く。

脂

月-6 総画10 常用 明朝 脂 8102

音 シ中 訓 あぶら中

筆順

なりたち [形声]「月」が「にく」を、「旨」が「シ」という読み方をしめしている。「シ」は「かたまる」意味をもち、にくの中にかたまっているあぶらを表す字。

意味 あぶら。動植物のあぶら。化粧に使うあぶら。例 脂がのる。脂汗・油脂

例解 [使い分け]あぶら[油・脂] ☞697ページ

【脂汗】⇩ 苦しいとき、おどろいたときなどに出る、ねばねばした感じの汗。例 脂汗がにじむ。

【脂身】⇩ 食べる肉で、脂肪の多い部分。

【脂粉】⑪ 化粧に使うべにとおしろい。

【脂肪】⑪ 動物や植物にふくまれているあぶら。エネルギーのもとになるたいせつな栄養素の一つ。例 脂肪分。

◆樹脂 脱脂 油脂

脊

月-6 総画10 常用 明朝 脊 810A

音 セキ中 訓 ―

筆順

意味 せ。せぼね。例 脊髄・脊椎

【脊髄】⇩ 脳とからだをつなぐ背骨の中にある神経。

【脊柱】⇩ 背骨。

【脊椎】⇩ 背骨をつくっているたくさんの骨。例 脊椎動物(背骨をもつ動物)。

胴

月-6 総画10 常用 明朝 胴 80F4

音 ドウ中 訓 ―

筆順

なりたち [形声]「月」が「にく・からだ」を、「同」が「ドウ」という読み方をしめしている。「トウ」は「中がつきぬけている」意味をもち、つつになっている臓器「大腸」を表す字。のちに、「つつ」として使われるようになった。

意味 どう。からだやものの中心となる部分。例 飛行機の胴。胴体

【胴体】⇩ ①からだの、頭や手足などをとりのけた、むねやはらの部分。②いろいろなものをとりつけるもとになっている部分。例 トンボの胴体。飛行機が胴体着陸する。

【胴乱】⓪ 植物採集に使う、ブリキやトタンでつくったつつの形をした入れ物。

能

月-6　総画10　5年　明朝 能 80FD

音 ノウ　訓 ―

筆順 ム ム ム 台 育 育 能 能

なりたち ［象形］「⿱匕匕」がけもののからだと手足の形、「肙」が口と頭部の形で、「クマ」のすがたをえがいた字。借りて、「よくできる」意味に使われている。

意味
❶できる。よくできる。例 能弁・可能
❷はたらきかける。はたらく力。例 能ある鷹はつめをかくす(すぐれた力をもっている人は、むやみにそれを見せない)。能率・才能
❸のう(能)。日本の伝統芸能の一つ。例 能面

名前のよみ たか・ちから・のり・ひさ・むね・やす・よし

❶〈できる〉の意味で
【能書】のうしょ ▲ 文字を書くのがじょうずなこと。例 能書家。類 能筆・達筆 対 悪筆
【能筆】のうひつ ▲ 文字をじょうずに書くこと。能書の人。類 能書・達筆 対 悪筆
【能弁】のうべん ▲〈―な・―に〉話のしかたがじょうずなこと。例 能弁をふるう。類 雄弁 対 訥弁

❷〈はたらきかける〉の意味で
【能動的】のうどうてき〈―な・―に〉自分から進んで、ものごとにはたらきかけるようす。例 能動的な人。能動的に動く。対 受動的
【能率】のうりつ ↓ 決められた時間内にどれだけの仕事ができるかの割合。例 能率が上がる。能率がいい。仕事の進みぐあい。
【能率的】のうりつてき〈―に・―な〉仕事がむだなくはやく進んでいくようす。例 能率的に作業する。
【能力】のうりょく Ⅲ ものごとをなしとげる力やはたらき。例 能力を発揮する。類 性能

❸〈のう(能)〉の意味で
【能楽】のうがく ↓ 室町時代にはじまった伝統芸能。面をつけた役者が、笛・つづみ・たいこの伴奏に合わせて、うたうようにせりふを言ったり、舞をまったりして物語を進めるもの。能。例 能楽堂。
【能狂言】のうきょうげん ①能楽と狂言。②能楽と能楽のあいだに上演される、こっけいを中心とする劇。狂言。知識 ②は、「歌舞伎狂言」と区別していうことば。
【能面】のうめん ↓ 能楽をまう人が、顔につける面。おもて。例 能面のような顔(無表情な顔、または、よくととのっている顔)。

←能が下につく熟語 上の字の働き
❶能＝〈できる〉のとき
【可能 不能 不可能】できるかどうか。
❷能＝〈はたらきかける〉のとき
【効能 才能 芸能】近い意味。
【有能 無能】能力の有る無し。
【万能 全能(全知全能)】ドレダケの能力か。
【性能 機能 知能 官能 技能 本能】ナニの能力か。
◆堪能

脈

月-6　総画10　5年　明朝 脈 8108

音 ミャク　訓 ―

筆順 刀 月 月 肝 肝 脈 脈

なりたち ［形声］「𠂢」が「分かれる」意味と、「ミャク」とかわって読み方をしめしている。からだ(月)の中を分かれて流れる血のすじみちを表す字。

意味
❶血がめぐるすじ。血の通る管。例 動脈
❷みゃく。血液を送り出す心臓のきそく正しい動き。例 脈をとる。脈打つ。脈拍
❸つながるすじ。例 脈絡・鉱脈・山脈

❷〈みゃく〉の意味で
【脈動】みゃくどう ↓〈―する〉外からは見えないが、脈をうつように、力強くつづく動き。例 新しい時代の脈動を感じる。
【脈拍】みゃくはく ↓ 心臓から血液がおし出されるたびに血管に起こる動き。脈。

❸〈つながるすじ〉の意味で
【脈脈】みゃくみゃく Ⅲ〈―たる・―と〉とぎれずに、長くつづくようす。例 脈々たる山なみ。脈々とつづく村祭りの伝統。

6 肉 月 にく・にくづき 6画 能 脈 ◀次ページ 脚 脩 脱

【脈絡】みゃくらく Ⅲ すじみちの通ったつながり。例 脈絡のない文章。

脈が下につく熟語 上の字の働き

❶ 脈＝〈血がめぐるすじ〉のとき
【静脈 動脈】ドノヨウナ血のすじか。

❸ 脈＝〈つながるすじ〉のとき
【山脈 鉱脈 葉脈 文脈】ナニのすじか。

◆ 一脈 乱脈

【脚】

月－7 総画11 常用 明朝 脚 811A

音 キャク㊥・キャ㊂ 訓 あし㊥

筆順 月 月 月 肚 肚 肚 脚 脚

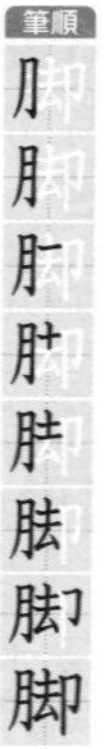

なりたち [形声]「月」が「からだ」を、「却」が「キャク」という読み方をしめしている。「キャク」は「まがる」意味をもち、ひざから曲がる「すね」を表す字。

意味
❶ 人間や動物のあし。ものの下の部分。例 つくえの脚。行脚・偏旁冠脚 参考 ☞ ふろく「漢字の組み立て」(6ページ)
❷ ささえとなるもの。足場。例 脚本・橋脚
❸ あゆみ。速さ。例 雨脚・船脚
❹ あしのあるものをかぞえることば。例 いす一脚。

例解 [使い分け] あし[足・脚] ☞ 1017ページ

発音あんない キャク→キャッ… 例 脚光

注意するよみ キャ… 例 脚立・行脚

❶〈人間や動物のあし〉の意味で

【脚注】きゃくちゅう ↓ 書物などの本文の下のほうにつけた語句や文などの説明。対 頭注

【脚力】きゃくりょく ↓ 歩いたり、走ったりするあしの力。例 脚力をつける。

【脚光】きゃっこう ↓ 舞台のゆかのいちばん前にあって、下からてらす光。フットライト。例 一躍脚光をあびる(注目される)。

❷〈ささえとなるもの〉の意味で

【脚色】きゃくしょく ↓〈－する〉① 物語や小説を、映画・演劇・テレビドラマ用に書きかえること。類 劇化 ② じっさいにあったことを少しかえたり、べつのことをつけくわえたりして、おもしろくしてつたえること。例 あの話はだいぶ脚色してある。類 潤色

【脚本】きゃくほん ↓ 演劇や映画などをつくるために、せりふやしぐさ、舞台のようすなどを書いたもの。シナリオ。類 台本

【脚立】きゃたつ ↓ はしごを二つ、八の字形に組み合わせ、その上に板をとりつけたふみ台。

脚が下につく熟語 上の字の働き

❶ 脚＝〈人間や動物のあし〉のとき
【健脚 飛脚】ドンナ脚か。

❷ 脚＝〈ささえとなるもの〉のとき
【失脚 立脚】足場を(足場に)ドウスルか。

❸ 脚＝〈あゆみ〉のとき
【雨脚 日脚 船脚】ナニの速さか。

◆ 行脚 橋脚 三脚 二人三脚

【脩】

月－7 総画11 人名 明朝 脩 8129

音 シュウ㊉ 訓 おさ－める㊉

意味 ほし肉。ほそく切りさいて、かわかした肉。例 束脩(先生に弟子入りするときにおくるお礼の品物やおかね)

名前のよみ おさむ・なお・なが・のぶ

【脱】

月－7 総画11 常用 明朝 脱 8131

音 ダツ㊥ 訓 ぬ－ぐ㊥・ぬ－げる㊥

筆順 月 月 月' 月'' 胪 胪 脱 脱

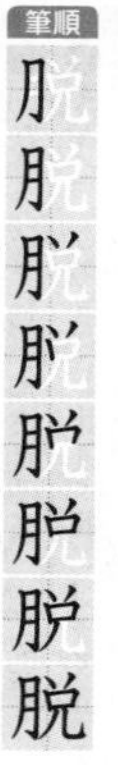

なりたち [形声] もとの字は、「脫」。「月」が「にく」を、「兌」が「ダツ」とかわって読み方をしめしている。「ダ」は「ぬけ出る」意味をもち、肉が骨からはなれ落ちることを表す字。

意味
❶ ぬぐ。身につけているものをぬぐ。例 上着を脱ぐ。くつが脱げる。脱衣 対 着
❷ とりのぞく。取り去る。例 脱臭
❸ しぜんにぬける。はずれる。例 脱線・逸脱
❹ ぬけ出す。ぬけ出る。例 脱出・離脱

❶〈ぬぐ〉の意味で

【脱衣】だつい ▲〈－する〉着ているものをぬぐこと。例 脱衣場。対 着衣

【脱皮】だっぴ ▲〈－する〉① ヘビや昆虫が古い皮を

ぬいで次のすがたになること。例セミの脱皮。②古い考えや習慣をすてて、新しいほうへ進むこと。例悪習からの脱皮をとげる。

【脱帽】▲〈—する〉①帽子をぬぐこと。例脱帽して一礼する。対着帽 ②相手が自分よりすぐれていることをみとめ、尊敬の気持ちを表すこと。例努力に脱帽する。

❷〈とりのぞく〉の意味で

【脱穀】▲〈—する〉①穀物の実を穂からはなし取ること。例脱穀機。②穀物の実から、もみがらを取りのぞくこと。

【脱脂】▲〈—する〉脂肪分を取りのぞくこと。例脱脂粉乳。

【脱脂綿】あぶらけやまじりものを取りのぞいて消毒したわた。

【脱臭】▲〈—する〉においを取り去ること。例脱臭剤。

【脱色】▲〈—する〉布や液体などの色を取り去ること。例オキシドールには脱色作用がある。類漂白 対着色

【脱水】▲〈—する〉水分を取りのぞくこと。例脱水機。☞❸

【脱毛】▲〈—する〉からだのいらない毛を取りのぞくこと。例脱毛剤。☞❸

❸〈しぜんにぬける〉の意味で

【脱臼】▲〈—する〉ほねとほねのつなぎめがはずれること。例肩のほねが脱臼した。

【脱字】↓文章の中で書きおとした文字。印刷などでぬけている文字。例誤字脱字。

【脱水】▲からだの中の水分が足りなくなること。例脱水症状。☞❷

【脱線】▲〈—する〉①走っている列車などの車輪が線路からはずれること。例脱線事故。②話が本筋からはずれること。行動が横道にそれること。例話が脱線する。類逸脱

【脱毛】▲〈—する〉毛がぬけおちること。ぬけげ。例円形脱毛症。表現おもに頭髪の毛のことをいう。☞❷

【脱落】Ⅱ〈—する〉①本の中で、ページや文字などがぬけおちること。②ついていけなくなって、仲間からはずれること。例マラソンの先頭集団から脱落する。類落後

【脱力】▲〈—する〉からだから力がぬけてしまうこと。例脱力感におそわれる。

❹〈ぬけ出す〉の意味で

【脱会】▲〈—する〉入っていた会からぬけること。例脱会届。類退会 対入会

【脱却】⊠〈—する〉それまでのわるい状態からぬけ出ること。例悪習からの脱却。

【脱稿】▲〈—する〉原稿を書きおえること。例ようやく脱稿にこぎつけた。対起稿

【脱獄】▲〈—する〉囚人が刑務所からにげ出すこと。例脱獄囚。

【脱出】Ⅱ〈—する〉よくない場所や状態からぬけ出すこと。例危機を脱出する。

【脱税】▲〈—する〉おさめなければならない税金をごまかしておさめないこと。例脱税行為。

【脱走】↓〈—する〉いなければならない場所からぬけ出してにげること。例脱走兵。

【脱退】Ⅱ〈—する〉入っていた会などからぬけること。例組合を脱退する。対加入

【脱兎】↓にげていくウサギ。行動がひじょうにすばやいことのたとえに使う。例脱兎のごとく走り去る。

◆逸脱 虚脱 離脱

脳

月-7 総画11 6年

明朝 脳 8133

旧字 腦 8166

音ノウ 訓—

筆順 はねる ⺌にならない とめる

なりたち [形声]もとの字は、「腦」。「𡿺」は頭の形で、頭の中の「のうみそ」を表していたが、これに「からだ」をしめす「月」をくわえてできた字。「𡿺」が「ノウ」という読み方をしめす。

意味 のうみそ。あたま。考えるはたらき。組織の中心。例脳波・脳裏・首脳・頭脳

【脳髄】↓動物の頭の中にあって、からだじゅうの神経のはたらきをまとめる部分。大脳・小脳・延髄などに分かれ、ものを考えるはたらきをする。脳。脳みそ。

【脳天】↓頭のてっぺん。

腔 脹 腐 腕 ▶前ページ 脳

【脳波】のうは ↓ 脳から出る弱い電流。その変化を記録したグラフ。例 脳波に異状はない。

【脳味噌】のうみそ 脳髄を指す俗なことば。例 もう少し脳味噌をはたらかせろ。

【脳裏】のうり ↓ 頭の中。感じ考える、脳の内面。例 脳裏をよぎる。脳裏にやきつく。

【腔】

月-8 総画12 人名 明朝 腔 8154

音 コウ外・クウ外 訓 ——

意味 体の中で何もなく、からっぽになっているところ。例 口腔（こうこう・こうくう）・腹腔

【脹】

月-8 総画12 人名 明朝 脹 8139

音 チョウ外 訓 ふく-れる外

意味 ふくれる。はる。例 脹らはぎ。膨脹（↓膨張）

【腐】

肉-8 総画14 常用 明朝 腐 8150

音 フ中 訓 くさ-る中・くさ-れる中・くさ-らす中

筆順 腐 广 府 府 府 腐 腐 腐

なりたち ［形声］「府」が「フ」という読み方をしめしている。「フ」は「くずれる」意味をもち、「肉」がくさることを表す字。

文字物語 腹

腹は、食べたものがおさまるところ。ものを考えるのは「頭」、ものを思うのは「胸をいためる」などというから、「胸」に関係するらしい。考えたこと・思ったことを、おさめておくところが「腹」になるようだ。

人の言ったことを「腹におさめた」というのは、「よくわかった、もっともだ」と思うこと。いやなことがあれば「腹にすえかねる」し、「腹が立つ」。「腹をくくる」のは、「よしっ」と覚悟すること。「腹を決める」で、「こうするぞ」とさいごの決断をする。人がなにを考えているかわからないときは、「どうも腹が読めない」といい、なぞをかけて「腹をさぐる」こともする。自分の考えをつつみかくさず言おうとするときは「腹を割って話す」こととなる。

人のからだで、「背」は、背骨のあるかたい面、反対がわの「腹」は、ふっくらとしたまるい面。指の先でも、肉があってやわらかいほうを「指の腹」という。とくに指圧では、親指の腹がだいじで、そこでおすことで効果をあげている。

意味

❶ くさる。ものがいたむ。古くさい。例 野菜を腐らす。腐っても鯛（すぐれたものは、だめになったようでもそれなりのねうちがある）。宝の持ち腐れ。腐敗・陳腐

❷ 心をなやます。例 腐心

❶〈くさる〉の意味で

【腐臭】ふしゅう ↓ くさったものが出す、いやなにおい。例 腐臭がただよう。

【腐食】ふしょく ↓（―する）さびたり、くさったりして形がくずれること。例 腐食作用。

【腐敗】ふはい Ⅱ（―する）① 食べ物などがくさること。② 心がゆるみ、わるいことが平気でおこなわれるようになること。例 政治の腐敗。

【腐葉土】ふようど 落ち葉がくさってできた土。園芸に用いる。

【腐乱】ふらん ↓（―する）くさって形がくずれる。

❷〈心をなやます〉の意味で

【腐心】ふしん ▲（―する）どう解決しようかとさまざまに心をつかうこと。例 対策に腐心する。

類 苦心・苦慮

◆ 陳腐 豆腐

【腕】

月-8 総画12 常用 明朝 腕 8155

音 ワン中 訓 うで中

筆順 腕 月 肸 肸 肸 腕 腕 腕

なりたち ［形声］もとの字（掔）は「手」と「ワン」の読み方をしめす「臤」とからなる。のち「腕」となり、「月」が「からだ」を、

「宛」が「ワン」とかわって読み方をしめしている。「エン」は「曲がる」意味をもち、からだの曲げて動かす部分「うで」を表す字。

意味
❶うで。例 腕力・細腕
❷うでまえ。例 腕が上がる。手腕
❸《その他》例 腕白

❶〈うで〉の意味で
【腕章】↓ 衣服などのうでのところにつけるしるし。例 赤十字の腕章。
【腕力】↓ ①うでの力。例 腕力が強い。②からだでの攻撃。暴力。例 腕力をふるう。

❷〈うでまえ〉の意味で
【腕前】◎ 仕事などをうまくやりとげる力。手なみ。例 腕前をひろうする。類 腕

❸《その他》
【腕白】◎〈—な〉いたずらで言うことをきかない、子どものふるまい。例 腕白小僧。

腕が下につく熟語 上の字の働き
❶腕=〈うで〉のとき
【隻腕 片腕】イクツの腕か。
【細腕 右腕】ドウイウ腕か。
◆手腕 敏腕

腫

月-9 総画13 常用 明朝 腫 816B

音 シュ(中) 訓 は-れる(中)・は-らす(中)

筆順 腫

意味 はれる。はれもの。できもの。例 肉腫・骨腫
【腫瘍】Ⅱ からだにできる、大きくなるはれもの。

腎

月-9 総画13 常用 明朝 腎 814E

音 ジン(中) 訓 —

筆順 腎

意味 じんぞう(腎臓)。血液から尿をとりだすはたらきをする器官。たいせつな部分。例 肝腎
(↓肝心)

参考 もと月部「8画」、総画「12画」。

腺

月-9 総画13 常用 明朝 腺 817A

音 セン(中) 訓 —

筆順 腺

意味 せん。からだの中にあり、液などをしみ出させる器官。例 汗腺・涙腺

参考 国字。からだ(月)の中の液がわき出るところ(泉)を表す。

腸

月-9 総画13 6年 明朝 腸 8178

音 チョウ 訓 はらわた(外)

筆順 腸(はねる・ながく・はねる)

なりたち [形声]「月」が「にく・からだ」を、「昜」が「チョウ」という読み方をしめしている。「チョウ」は「長い」の意味をもち、長くうねうねとのびた臓器を表す字。

意味 ちょう(腸)。胃につづいてある長い管の形をした消化器。食べたものから栄養分をとり入れるはたらきをする。はらわた。例 胃と腸。腸詰め。腸壁・胃腸

◆胃腸 小腸 大腸 直腸 盲腸

腹

月-9 総画13 6年 明朝 腹 8179

音 フク 訓 はら

筆順 腹(はねる・はらう)

なりたち [形声]「月」が「にく・からだ」を、「复」が「フク」という読み方をしめしている。「フク」は「おおう」意味をもち、臓器をおおいつつむところを表す字。

意味
❶はら。おなか。もののはらにあたる部分。例 腹がふくれる。指の腹。山腹
❷はらのうち。考えていること。気持ち。例 腹を立てる。腹案・立腹

[文字物語] みぎのページ

❶〈はら〉の意味で

【腹鼓】はらつづみ|はらづつみ ⇩①つづみの音をまねてはらをたたくこと。例タヌキの腹鼓。②たくさん食べてふくれたおなかをたたくこと。例腹鼓を打つ（十分に食べておなかがいっぱいになり、満足する）。

【腹式呼吸】ふくしきこきゅう 腹部をふくらませたりへこませたりしてする呼吸。対胸式呼吸

【腹痛】ふくつう|はらいた ⇩おなかが痛むこと。例腹痛をうったえる。

【腹背】ふくはい ⇕はらとせなか。また、前とうしろ。例腹背に敵を受けて苦戦する。

【腹部】ふくぶ ⇩おなかのあたり。例腹部に痛みを感じる。

【腹膜】ふくまく ⇩おなかの内臓をおおっているうすい膜。例腹膜炎。

【腹話術】ふくわじゅつ 口をほとんど動かさずに声を出して話す術。ふつう人形を使って、それが話しているように見せる。

【腹筋】ふっきん ⇩①はらの筋肉。例腹筋をきたえる。②腹筋運動の略。例毎日二十回、腹筋をする。

❷〈はらのうち〉の意味で

【腹芸】はらげい ⇩①芝居で、役者がせりふなどにたよらずに、気持ちの入れ方で人物の気持ちを観客につたえること。②ことばに出さず、度胸や経験・迫力で自分の思うように、ものごとを進めること。例腹芸で政治を行う。

【腹案】ふくあん ⇩人には言わず、自分であらかじめ用意している考えや計画。例腹案をもっている。

【腹心】ふくしん Ⅲ①心のおくそこ。②心から信じてまかせられる人。例腹心の部下。類右腕・片腕

【腹蔵】ふくぞう ⇩自分の考えをはらのうちにしまっておいて、顔やことばに表さないこと。例腹蔵なく話し合う。

←腹が下につく熟語 上の字の働き

❶腹＝〈はら〉のとき
【空腹 満腹】腹がドウナッテイルか。
【割腹 切腹】腹をドウスルか。
【山腹 船腹 蛇腹】ナニの腹の部分か。
◆裏腹 横腹 立腹

文字物語 腰

人のからだで、胴体をささえ、脚につながる部分をいう「腰」は、動作をするときに、からだの中心となるところだ。だから、腰のかまえがとてもだいじになる。

「腰をかがめておじぎをする」のはへりくだった姿勢。だから「腰の低い人」は、謙虚な人ということになる。スポーツ、中でもすもうで「腰」がよく問題とされる。「腰が高い」のは不安定な姿勢だから、「腰をおとしてかまえる」ほうがよいし、「腰がのびる」と「及び腰」になってあぶない。土俵ぎわの「腰のねばり」が勝ち負けを分けるさかいめとなる。からだの「腰」ばかりでなく、ものごとをするときの心のかまえ方・姿勢についても、「腰をすえて問題にとりくむ」などという。そうして、はじめは意気ごんでがんばっていたのに、とちゅうでふにゃふにゃになって続かなくなるのが「腰くだけ」だ。

ねばりけが強く、歯ごたえのあるうどんやラーメンを「腰が強い」「腰がある」といってほめる。

腰

音 ヨウ 高　訓 こし 中

月−9　総画13　常用

明朝 腰 8170

筆順 腰 腰 腰 腰 腰 腰

なりたち [形声]もともと「要」が「こし」を表し、「ヨウ」という読み方をしめしていた。のちに「もとめる」として使われたため、あらためて「にく・からだ」の意味の「月」をつけて「こし」を表すようにした字。

意味
❶こし。胴体の下部のほう。例腰が曲がる。腰痛・中腰
❷身がまえ。例腰をすえる。弱腰

[文字物語] ☞ このページ

❶〈こし〉の意味で
【腰巾着】有力者にいつもくっついてはなれない人。参考 もとの意味は、腰につける巾着(財布)の意味。
【腰痛】↓ こしの痛み。例 腰痛もち。

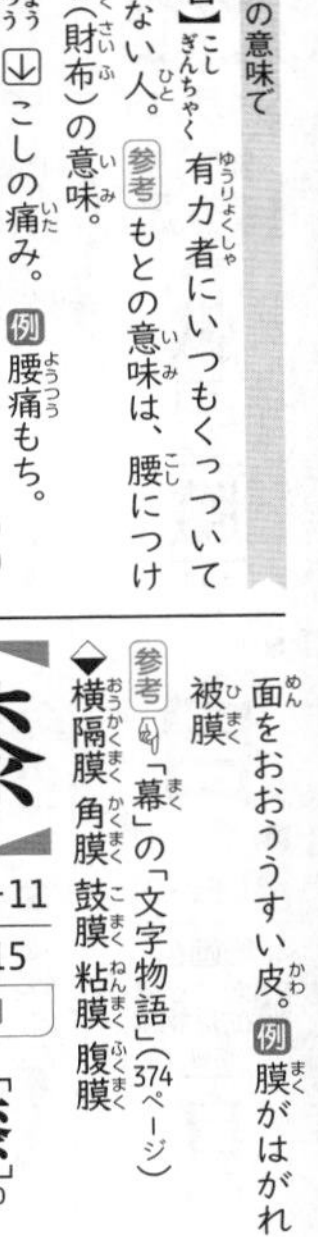

腰が下につく熟語 上の字の働き
❷腰＝〈身がまえ〉のとき
【弱腰 強腰】ドンナ身がまえか。
◆中腰 丸腰 物腰

膏
月-10 総画14 人名 明朝 膏 818F

音 コウ㊕ 訓 ―

意味 ❶漢方医学で、心臓の下の部分。☞【病膏肓に入る】(788ページ) ❷ねりぐすり。例 膏薬(あぶらで練り固めた、ぬり薬)・軟膏(やわらかくした膏薬)

膜
月-10 総画14 常用 明朝 膜 819C

音 マク㊥ 訓 ―

筆順

なりたち 形声「月」が「にく」を、「莫」が「マク」という読み方をしめしている。「マク」は「おおう」意味をもち、臓器をおおいつつむまくを表す字。

意味 まく。生物の体内にあるうすい皮。物の表面をおおううすい皮。例 膜がはがれる。粘膜・被膜

参考 ☞「幕」の「文字物語」(374ページ)

◆横隔膜 角膜 鼓膜 粘膜 腹膜

膝
月-11 総画15 常用 明朝 膝 819D

音 シツ㊕ 訓 ひざ㊥

筆順

意味 ひざ。足のももとすねをつなぐ、折れ曲がる部分。例 膝の屈伸運動。膝小僧・膝下・膝枕

【膝蓋骨】ひざの関節の前がわにある、平たい皿のような骨。ひざさら。

【膝元】↓ ①ひざの近く。②からだの近く。③皇居や幕府のあるところ。例 江戸は幕府のお膝元だ。④親など、自分をまもってくれる人のそば。例 親の膝元をはなれる。表記「膝下」とも書く。表現 ③は「お」をつけて言うのがふつう。

膚
月-11 総画15 常用 明朝 膚 819A

音 フ㊥ 訓 はだ㊕

筆順

なりたち 形声「月」が「にく」を、「盧」が「フ」とかわって読み方をしめしている。「口」は「しきならべる」意味をもち、肉の上をすきまなくおおっているものを表している字。

意味 はだ。からだの表面。例 皮膚

◆完膚 皮膚

膳
月-12 総画16 常用 明朝 膳 81B3

音 ゼン㊥ 訓 ―

筆順

意味 ❶ぜん。食器をのせる台。例 食膳・配膳 ❷茶わんにもったごはんや、はしの一対をかぞえることば。例 はし一膳。一膳飯

膨
月-12 総画16 常用 明朝 膨 81A8

音 ボウ㊥ 訓 ふく-らむ㊥・ふく-れる㊥

筆順

なりたち 形声「月」が「にく」を、「彭」が「ボウ」とかわって読み方をしめしている。「ホウ」は「ふくれる」意味をもち、肉(月)がふくれあがることを表している字。

意味 ふくらむ。ふくれあがる。例 つぼみが膨らむ。膨れっ面。膨張

【膨大】↓〈―な〉に 数や分量がとても多い。例 膨大な資料。

【膨張】Ⅲ〈—する〉①くわえられた熱で、物体がふくれあがって大きくなること。例気体の膨張。対収縮 ②限度をこえて、ふくれあがること。例予算が膨張する。表記「膨脹」とも書く。

臆

月−13 総画17 常用 明朝 臆 81C6

音オク中 訓—

筆順

意味 ❶心の中。❷おしはかる。例臆説・臆断 ❸おじける。例臆することなく意見を言う。臆病・臆面

❷〈おしはかる〉の意味で

【臆説】↓かってな想像をめぐらした考え。例君の発言は、たんなる臆説に過ぎない。類臆測 表記「憶説」とも書く。

【臆測】Ⅲ〈—する〉かってに想像をめぐらして考えること。例臆測でものごとを判断してはいけない。表記「憶測」とも書く。

❸〈おじける〉の意味で

【臆病】↓〈—な〉〈—に〉気が小さく、びくびくすること。表記「憶病」とも書く。

臓

月−15 総画19 6年 明朝 臓 81D3 旧字 臟 81DF

音ゾウ 訓—

筆順 はねる だす はねる わすれない

なりたち [形声]「おさめる」意味の「蔵」が「ゾウ」という読み方をしめしている。からだ(月)の中におさめられている「はらわた」を表している字。

意味 はらわた。例心の臓。臓器・内臓

【臓器】↓からだの中にあって、呼吸・消化などを受けもつ、心臓・胃・腎臓などの器官。例臓器移植。

【臓物】↓鳥・牛・豚・魚などのはらわた。もつ。わた。例臓物の煮込み。類内臓

臓が下につく熟語 上の字の働き

【心臓 肺臓 肝臓】ナンという臓器か。

◆五臓 内臓

6画 自 [みずから] の部

「自」の字と、それをもとにして作られた「臭」の字とが入ります。

この部首の字 0 自……924 3 臭……928 首▸首 1106 息▸心 495 鼻▸鼻 1128

自

自−0 総画6 2年 明朝 自 81EA

音ジ・シ 訓みずか-ら・おのずか-ら外・よ-り外

筆順

なりたち [象形] 人のはなの形をえがいた字で、「はな」を表していた字。はなをさして「じぶん」ということから、「じぶん」の意味に使われるようになり、「はな」はさらに「畀」をくわえて「鼻(鼻)」とした。

意味 ❶じぶん。おのれ。例自身・独自 対他 ❷じぶんで。みずから。例自活 ❸しぜんに。ひとりでに。おのずから。例自明・自由 ❹…より。はじまりをしめす。例自今 参考もよおしものの期間などを「自四月三日至五月十日(四月三日から五月十日まで)」のように表す。

❶〈じぶん〉の意味で

【自意識】今、自分がなにをし、なにを考えているか、その自分はなにものなのか、というように、自分を見るその気持ち。自我の意識。例自意識過剰。

【自我】Ⅲほかのだれでもない、この世にたったひとりしかいない自分というもの。例自我にめざめる。

【自家製】自分の家や店・工場などでつくること。例自家製のケーキ。

【自家撞着】じかどうちゃく〈—する〉自分の言動がくいちがって、つじつまが合わないこと。例 自家撞着におちいる。類 自己矛盾

【自己】じこ [二] 自分自身。おのれ。われ。例 自己を語る。自己紹介。類 自分

【自国】じこく [↓] 自分の国。対 他国・異国

【自重】じじゅう [↓] 機械・車体などの、それ自体の重さ。例 のせている荷物より自重が大きい。

☞「じちょう」は❷

【自称】じしょう [↓]「ぼく」「わたくし」など、自分を指すことばをまとめて表す文法での言い方。関連 自称(一人称)・対称(二人称)・他称(三人称)☞❷

【自縄自縛】じじょうじばく 自分の縄で自分が縛られること。自分のしたことがもとで、したかったことができなくなってしまうこと。

【自身】じしん [↓] ほかのものではない、それそのもの。例 本人自身の問題。自分自身。

【自説】じせつ [↓] 自分の意見や考え。例 自説を曲げない。

【自他】じた [⇕] 自分と他人。例 自他ともにゆるす(自分も他人も、ともにみとめる)。

【自体】じたい [↓] ①そのもの。例 計画自体はわるくない。②もともと。そもそも。例 かれがここにいるというのが、自体気にいらない。

【自宅】じたく [↓] 自分が住んでいる家。

【自動詞】じどうし 動詞のうち、ほかのものに働きかけないもの。対 他動詞 知識「花が咲く」の「咲く」のようなもの。日本語では、自動詞と他動詞の区別がはっきりしていない。

【自腹】じばら [↓] 自分のお金でしはらいをすること。例 自腹を切る(そのお金をほかにたよらずに、自分で引き受けてはらう)。類 身銭

【自費】じひ [↓] 必要な費用を自分で出すこと。自己負担。例 自費出版。類 私費

【自分】じぶん [↓] ①その人自身。例 自分のことは自分でする。類 自己 ②わたくし。例 それは、自分がやった仕事です。

【自分勝手】じぶんかって〈—な・—に〉自分のことだけを考えて行動すること。類 身勝手・手前勝手

【自力】じりき [↓] 自分ひとりだけの力。例 自力で解決する。類 独力 対 他力

❷〈じぶんで〉の意味で

【自愛】じあい [↓]〈—する〉自分で、自分のからだをたいせつにすること。表現「ご自愛のほど」「ご自愛専一に」など、手紙のあいさつ文としてよく使うことば。

【自営】じえい [↓]〈—する〉自分が主になって仕事や商売をすること。例 自営業。

【自衛】じえい [↓]〈—する〉自分の力で、自分をまもること。例 自衛の手段。自衛策。

【自戒】じかい [↓]〈—する〉自分で自分に注意したり言い聞かせたりすること。例 失敗を自戒の意味をこめて日記に記す。類 自粛

【自害】じがい [↓]〈—する〉刀でのどやむねをつくなどして、自分の命を絶つこと。類 自殺・自決

【自覚】じかく [↓]〈—する〉①自分がしなければならないことや、自分の立場・ねうちなどがわかっていること。例 自分の責任を自覚する。類 意識 ②自分で感じとること。

【自覚症状】じかくしょうじょう 病人が自分でからだに感じる病気の具合。

【自画自賛】じがじさん〈—する〉自分のしたことを自分でほめること。てまえみそ。参考 もともとの意味は自分のかいた絵に自分で詩や文章をつけること。

【自画像】じがぞう 自分でかいた、自分の顔やすがたの絵。例 ゴッホの自画像。

【自活】じかつ [↓]〈—する〉人のたすけをかりず、自分ではたらいて、生活すること。

【自虐】じぎゃく [↓]〈—する〉必要以上に、自分で自分につらくあたること。例 自虐的性格。

【自給】じきゅう [↓]〈—する〉自分に必要なものを自分でつくり出すこと。例 食糧を自給する。

【自給自足】じきゅうじそく〈—する〉自分の生活に必要な食糧・衣服などを自分でつくって間に合わせること。例 自給自足の生活。

【自供】じきょう [↓]〈—する〉警察などの取り調べに対し、自分のおかした罪を話すこと。類 自白

【自決】じけつ [↓]〈—する〉①人の指図を受けないで、自分たちのことを自分たちで決めること。例 民族自決。②自分の責任で、自分の命を絶つこと。例 集団自決。類 自殺・自害

【自業自得】じごうじとく 自分のしたわるいことのた

めに、自分自身が苦しい目にあうこと。

【自作】↓〈―する〉①自分でつくること。自分でつくったもの。例自作自演。②かりた土地ではなく、自分の土地を自分でたがやして作物を作ること。例自作農。対小作

【自殺】↓〈―する〉自分で自分の命を絶つこと。類自害・自決 対他殺 表現「自殺行為」は「自殺という行為」ではなく、自分で自分をだめにする「自殺にもひとしい行為」。

【自賛】↓〈―する〉自分で自分をほめること。例自画自賛。類自慢

【自失】↓〈―する〉気がぬけて、ぼうっとなる。

【自主】↓自分の力や考えでするること。例自主性。自主トレーニング。類自立

【自首】↓〈―する〉罪をおかした人が、つかまる前に自分からそのことを警察などに申し出ること。例自首をすすめる。

【自習】↓〈―する〉先生などに教わらずに、自分で勉強をすること。例家で自習する。

【自粛】↓〈―する〉自分のほうから、おこないをつつしみ、ものごとをひかえめにすること。例自粛を求める。類自主規制・自戒

【自助】↓ほかの人にたよらず、自分の力でどうにかすること。例自助努力。

【自称】↓〈―する〉自分がどういうものであるかを、自分で言うこと。例俳優と自称する人物。表現ほんとうのことはわからないが、自分ではそう言っている、という気持ちをこめて使うことが多い。☞❶

【自叙伝】自分がこれまでどう生きてきたかを書いた文章。類自伝

【自信】↓自分の力やねうちを信じる気持ち。例自信をつける。自信満々。

【自炊】↓〈―する〉自分で自分の食事をつくって生活すること。例自炊生活。

【自制】↓〈―する〉自分の気持ちや欲望をおさえること。例自制心が強い。類自重

【自責】↓〈―する〉自分のまちがいやわるいところを自分でせめること。例自責の念。

【自薦】↓〈―する〉自分で自分をすいせんすること。例自薦、他薦を問わない。対他薦

【自尊心】↓自分には自分のねうちがあることを知って、それをだいじに思う気持ち。プライド。例自尊心をきずつけられる。類気位

【自治】↓自分たちのことを、自分たちで決めてやっていくこと。例地方自治。

【自重】↓〈―する〉①自分のおこないに気をつけて、軽はずみなことをしないこと。類自制 ②自分のからだをたいせつにする。例どうかご自重ください。☞「じじゅう」は❶

【自嘲】↓〈―する〉自分で自分をばかにすること。例自嘲気味にわらっていた。

【自転】↓〈―する〉天体が、それ自体の軸を中心にしてまわること。対公転

【自伝】↓自分で書いた自分の伝記。類自叙伝

【自転車】足でペダルをこぎ、車輪を回して進む乗り物。ふつう二輪のものをいう。参考自分の力で動かす車という意味。

【自任】↓〈―する〉その仕事や役目に自分こそがふさわしいと思っていること。類自負

【自認】↓〈―する〉自分からそうだとみとめること。

【自白】↓〈―する〉自分がおかした罪の内容を自分で言うこと。類自供・白状

【自発的】〈―に・―な〉自分から進んでやろうとするようす。例自発的に行動する。

【自筆】↓自分で書くこと。自分で書いたもの。例自筆の原稿。類直筆・自書 対代筆

【自負】↓〈―する〉自分の力やはたらきに自信をもち、ほこりに思っている。類自任

【自弁】↓〈―する〉かかった費用を自分ではらうこと。例交通費は自弁だ。

【自暴自棄】〈―に・―な〉自分はだめな人間だと、自分自身をそまつにして、なげやりになること。やけくそ。すてばち。

【自慢】↓〈―する〉自分のことや自分のものを、得意そうにほめて言うこと。類自賛

【自滅】↓〈―する〉自分のしたことがもとになってだめになること。例自滅行為。

【自問】↓〈―する〉自分で自分の心に聞いてみること。例これでいいのかと自問する。

ものしり巻物 第27巻

唐代を代表する詩人・李白

唐詩を代表する二大詩人として、李白と杜甫があげられます。

李白は、天才肌の詩人で、酒を好む豪放な人柄のため、「詩仙」とも呼ばれています。

李白の有名な七言絶句「早発白帝城（早に白帝城を発す）」は、つぎのとおりです。

朝辞白帝彩雲間　朝に辞す白帝彩雲の間
千里江陵一日還　千里の江陵一日にして還る
両岸猿声啼不住　両岸の猿声啼いて住まざるに
軽舟已過万重山　軽舟已に過ぐ万重の山

（朝早く、朝焼け雲のたなびく白帝城に別れを告げて、三峡を下ると、千里も遠い江陵にたった一日で着いてしまう。両岸から聞こえる猿の鳴き声が続いているうちに、わたしの乗った軽い船は、幾重にも重なった山々の間を通り抜けていく）

《韻字＝間・還・山》

急流の三峡（長江の三つの大きな峡谷の総称）を下る船旅のスピード感が伝わってくる作品です。中国語で音読すると、その特長がいっそうはっきりするそうです。

中国の古典では、猿の鳴き声は、「断腸の思い」の故事（☞575ページ）のように、もの悲しいものとして描かれています。

漢詩の題材には、旅立つ友人を見送るなど、別れを詠んだものが数多くあります。

たとえば、七言絶句「黄鶴楼送孟浩然之広陵（黄鶴楼にて孟浩然の広陵に之くを送る）」は、つぎのような送別の詩です。

故人西辞黄鶴楼　故人西のかた黄鶴楼を辞し
煙花三月下揚州　煙花三月揚州に下る
孤帆遠影碧空尽　孤帆の遠影碧空に尽き
惟見長江天際流　惟だ見る長江の天際に流るるを

（わが友の孟浩然君は、この西の黄鶴楼に別れを告げて、春の花がすみの三月に、揚州へ舟で下っていく。楼上から見送ると、彼の乗った一艘の帆かけ舟が青い空に吸い込まれて消え、後にはただ長江が天の果てへと流れていくばかりだ）

《韻字＝楼・州・流》

親しい友人を見送った別離の悲しさと一人残された寂しさとが、大きなスケールで描かれています。黄鶴楼とは、現在の湖北省武漢市の長江のほとりに建つ三層の楼閣のことです。揚州は、東の下流に位置しています。

酒を飲むと即興で一気呵成に詩を作ったといわれる李白には、「白髪三千丈」（秋浦の歌）や「飛流直下三千尺」（廬山の瀑布を望む）といった卓絶した表現が多く見られます。

【自問自答】〈—する〉自分にたずね、自分で答えること。例自問自答をくりかえす。

【自立】↓〈—する〉人のたすけをかりないで、自分の力でやっていくこと。例親もとをはなれて自立する。自立心。類独立・自主

【自律】↓〈—する〉自分できまりをつくり、それにしたがって行動すること。対他律

❸〈しぜんに〉の意味で

【自在】↓〈—に〉思うとおりになるようす。例自在にあやつる。自在かぎ。類自由

【自浄】↓川や海・湖・大気などが、自然の力でよごれをとりさること。例自浄作用。

表現「政界の自浄力」のようにもいう。

【自生】↓〈—する〉植物が、自然に生えること。例ワサビの自生する沢。類野生 対栽培

【自然】↓①山・川・草・木・鳥・けものなど、人間がつくり出したもの以外のあらゆるもの。例自然の恵みに感謝する。類天然 ②もとのままで、人の手がくわえられていないこと。例自然食品。類天然 対人為・人工・人造 ③〈—な〉ありのままの。動作などがふつうである。ひとりでにそうなる。例自然な笑顔。うれしくて自然に歩き方がはやくなった。対不自然 表現③では「自然と」の形もよく使う。

【自然科学】しぜんかがく 自然がどんな法則にしたがってできているか、動いているかを研究する学問。物理学・化学・地学・生物学などがある。

【自動】↓ひとりでに動くこと。とくに、機械などがひとりでに作業をおこなうこと。例自動販売機。

【自動車】エンジンやモーターの力で車輪を動かし、走る乗り物。参考現在では、たんに「車」というと自動車のことを指す。

【自動的】〈—な〉①機械が状況を判断して、仕事をするようになっている。例お金を入れると自動的に品物が出てくる。②こうなると決まっていてなにもしなくてもそうなる。例会期中に成立しない法案は自動的に廃案になる。

【自明】↓〈—な〉だれにでもはっきりそうだとわかること。例自明の理。

【自由】↓〈—な〉ほかからはいっさいしばられず、自分の思うようにできること。例自由の身。言論の自由。類自在 対不自由・束縛

【自由自在】〈—な〉どんなことでも思うとおりにできるようす。例ボールを自由自在にあやつる。類縦横

【自由奔放】〈—な〉だれからもしばられず、なにごとにもとらわれず、自分のすきかってにものごとをするようす。例自由奔放に生きる。

❹〈…より〉の意味で

【自今】▲今からあと。これからのち。例自今はきびしくとりしまる。

◆各自 出自 独自

臭

自-3 総画9 常用

明朝 臭 81ED 旧字 臭 FA5C

音シュウ中 訓くさ-い中・にお-う中

筆順

なりたち [会意]もとの字は、「臭」。「自」が「はな」で、「犬」がはなでにおいをかぐことを表す字。

意味 におい。いやなにおい。例臭い物にふたをする。臭覚・悪臭

例解 [使い分け]におう[匂・臭] ☞175ページ

【臭覚】↓においを感じるはたらき。例臭覚が鋭い。類嗅覚 関連視覚(目)・聴覚(耳)・嗅覚(臭覚、鼻)・味覚(舌)・触覚(皮膚)

【臭気】↓いやなにおい。例臭気ふんぷん。臭気がただよう。対香気

臭が下につく熟語 上の字の働き

【悪臭 異臭】ドンナにおいか。

◆体臭 脱臭 防臭 無臭

6画 至 [いたる][いたるへん] の部

矢が達した意を表す「至」と、それをもとにして作られた「致」の字が入ります。

この部首の字 0至……929 4致……929 到→刂155 屋→尸353

【至】

音 シ　訓 いた-る

至-0　総画6　6年

明朝 至 81F3

筆順 一 ... 至（ながく）

なりたち ［会意］遠くから飛んできた矢（↓）と地面（一）を合わせて、矢がつきささりいたったことを表す字。

意味 ❶いたる。行き着く。例 山頂に至る。若気の至り。必至（きっとそうなる）

❷このうえなく。きわめて。ひじょうに。例 至急

名前のよみ ちか・のり・みち・むね・ゆき・よし

❷〈このうえなく〉の意味で

【至急】しきゅう ↓できるだけ急ぐこと。例 至急ご連絡ください。類 早急・火急

【至近】しきん ↓ひじょうに近いこと。例 至近距離。

【至芸】しげい ↓このうえなくみがきぬかれた芸。例 一世一代の至芸を見せる。類 名人芸

【至言】しげん ↓だれもがそうだと感心するような、きわめてすぐれたことば。類 名言

【至高】しこう ↓きわめてすぐれていること。例 至高の精神。類 最高

【至極】しごく Ⅲ このうえなく。きわめて。いたって。例 至極満足している。残念至極。

【至上】しじょう ↓これ以上のものはないこと。例 至上のよろこび。類 最高・無上

【至誠】しせい ↓このうえなくまじめで、まごころがあること。例 至誠をもって仕える。

【至当】しとう ↓〈一な〉きわめてあたりまえで、ほかに考えようもないこと。例 至当な発言。

【至難】しなん ↓〈一な〉できそうもないほど、むずかしいこと。例 至難のわざ。

【至福】しふく ↓最高の幸せ。例 至福のひととき。

【至便】しべん ↓〈一な〉ひじょうに便利なこと。例 駅から三分の交通至便な地にあるホテル。

【至宝】しほう ↓このうえなくたいせつなたから。

至が下につく熟語 上の字の働き

❶至＝〈いたる〉のとき

【冬至 夏至】イツのきわまりか。

【致】

音 チ中　訓 いた-す中

至-4　総画10　常用

明朝 致 81F4

筆順 一 ... 致

なりたち  ［形声］もとの字は、「致」。「いたる」意味の「至」が「チ」とかわって読み方をしめしている。「あるく」意味の「夊」をくわえて、向こうまで送っていくことを表す字。

意味 ❶そこまでさせる。行きつかせる。例 致死・致命的・一致・誘致

❷ようす。おもむき。例 筆致・風致

❸する。（へりくだった言い方）例 そのように致します。

❶〈そこまでさせる〉の意味で

【致死】ちし ▲①「死」につながること。例 致死量。②殺すつもりはなかったが、ある行為のけっかとして、人を死なせてしまうこと。例 過失致死。

【致命傷】ちめいしょう それがもとで、死ぬことになるようなきず。いのちとり。表現「会社にとって致命傷だ」などと、決定的な打撃を受けたことを表すこともある。

【致命的】ちめいてき 〈一に〉ほかによい点があっても、それ一つで全体をだめにしてしまう。例 ねじがゆるむのは致命的な欠陥だ。類 決定的

◆一致 合致 極致 招致 筆致 風致 誘致

6画 臼 ［うす］ の部

「臼」の字と、「臼」の形がめやすとなる「興」の字とが入ります。

この部首の字

【臼】

音 キュウ中　訓 うす中

臼-0　総画6　常用

明朝 臼 81FC

次ページ 興

筆順 臼 臼 臼 臼 臼 臼

意味 うす。もちをつく道具。㋐円筒形の木の上の部分をくりぬいた、もちをつく道具。つきうす。㋑きざみ目を入れた円盤形の石を重ね、回しながら穀物を粉にする道具。ひきうす。

【臼歯】きゅうし ↓口のおくにある臼の形の歯。

興

音 コウ・キョウ　訓 おこ-る 高・おこ-す 高

臼-9　総画16　5年　明朝 興 8208

筆順 興 興 興 興 興 興（はねない・とめる・だす）

なりたち [会意]四本の「手」と、「いっしょに」の意味の「同」を合わせて、いっしょに力を合わせてもりあげることを表す字。

意味

❶おこる。おこす。さかんになる。さかんにする。例 産業が興る。国を興す。興隆・復興 対 亡

❷おもしろみ。たのしみ。例 興をそえる。水遊びに興じる。興味・余興

参考 ❶では「コウ」、❷では「キョウ」と読む。

例解 [使い分け] おこす[起・興] ☞1013ページ

名前のよみ さき・とも・ふさ

❶〈おこる〉の意味で

【興行】こうぎょう ↓劇や映画・音楽会・ショー・スポーツなど、客から入場料を取って見せるもよおしをすること。例 顔見世興行。

【興奮】こうふん Ⅲ〈―する〉強く心に感じて気持ちが高ぶること。例 興奮してねむれない。

【興亡】こうぼう ⇔ 国などが新しくできたり、ほろびたりすること。類 興廃・盛衰・栄枯

【興隆】こうりゅう Ⅲ〈―する〉国・文化・学問などのいきおいがさかんになること。対 衰亡

❷〈おもしろみ〉の意味で

【興趣】きょうしゅ Ⅲ 心をひきつけるおもしろさ。例 興趣をそえる。類 感興 表現 「興趣」はその場やそのもののようすを表すのに対して、「興味」は見るがわの心のようすを表す。だから、「興味をもつ」とはいっても、「興趣をもつ」とはいわない。「興趣のある風景」のように、風景の中に「興趣がある」のであり、「興味がある」のように、おもしろく思う人の心の中に「興味がある」のだ。

【興味】きょうみ ↓おもしろくて、心をひかれること。例 興味がわく。類 関心 表現 ☞【興趣】（うえにあります）

【興味津津】きょうみしんしん〈―たる〉おもしろいと思う気持ちが次々にわいてくるようす。

◆興が下につく熟語 上の字の働き

❶興＝〈おこる〉のとき
【新興 中興 再興 復興】（時の流れの中で）ドノヨウニ興るか。

❷興＝〈おもしろみ〉のとき
【即興 座興 余興】ドンナおもしろみか。

◆一興 振興 不興 遊興

文字物語 舌

「舌」は、もちろん動物の口のなかにある「した」をいうが、そのはたらきから意味が分かれてくる。

「舌」は、食べ物や飲み物をとり入れて、味を知る器官だ。あついものをうっかり口に入れると「舌を焼く（やけどをする）」。おいしそうなものを見ると思わず「舌なめずり」するし、おいしいものを食べると「舌鼓を打つ」。そして、おいしい味がよくわかる人のことを「舌が肥えている人」という。また、とても感心することを「舌を巻く」というし、しまったと思うとつい「舌を出す」。

「舌」はまた、ものを言うときになくてはならない器官だ。だから、「ことばをあやつる」という意味で、「した」一語だけでも、熟語としてもよく使われる。なんだかんだとしゃべりまくる人のことを「よく舌が回るやつだ」というし、「舌先三寸で人を言いくるめる」という。「舌戦」「弁舌」「毒舌」なども、この意味からできたことばだ。

6画 舌 [した] の部

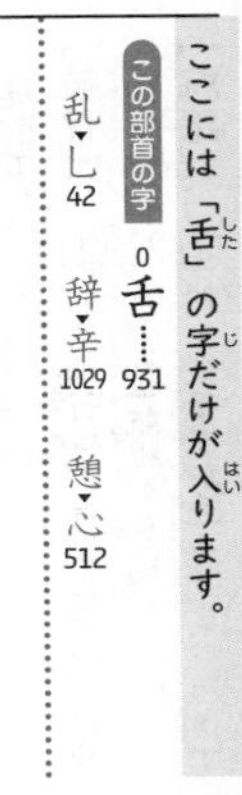

ここには「舌」の字だけが入ります。

この部首の字
0 舌……931
乱▼し 42
辞▼辛 1029
憩▼心 512

舌

舌−0 総画6 6年
明朝 舌 820C

音 ゼツ 中 訓 した

筆順（ながく）

なりたち 【象形】口から出入りする「した」の形をえがいた字。

意味 ❶した。べろ。例 舌を出す。舌を巻く。舌鼓
❷話す。しゃべる。話しぶり。例 舌戦・弁舌

[文字物語] ☞みぎのページ

❶〈した〉の意味で

【舌先】↓舌のさき。例 舌先でなめる。

【舌鼓】↓おいしいものを食べたときなどに、舌を鳴らすこと。例 あまりのおいしさに舌鼓を打つ。参考「したつづみ」がもともとの言い方だが、「したづつみ」ともいう。☞❷

❷〈話す〉の意味で

【舌先】↓じょうずな話し方。例 舌先三寸で人をあやつる。☞❶

【舌禍】↓①自分が話したことがもとになって起こるわざわい。②事実でないことや悪口を人に言われて受けるめいわく。表現 自分の発表した文章がもとで受けるわざわいは「筆禍」という。

【舌戦】↓演説や議論をして、たがいに相手を言い負かそうとすること。

【舌鋒】◆↓議論をして相手を問いつめていく話しぶり。例 舌鋒するどくつめよる。

舌が下につく熟語 上の字の働き

❷舌＝〈話す〉のとき
【毒舌 二枚舌】ドンナ話し方か。

◆筆舌 弁舌

6画 舟 [ふね][ふねへん] の部

「舟」をもとにして作られ、船の形や運行にかかわる字を集めてあります。

この部首の字
0 舟……931
4 航……932
般……932
5 舷……932
船……932
舵……933
舶……933
7 艇……934
盤▼皿 802
15 艦……934
磐▼石 823

舟

舟−0 総画6 常用
明朝 舟 821F

音 シュウ 中 訓 ふね 中・ふな 中

筆順

なりたち 【象形】丸木ぶねの形をえがいた字。

意味 小さなふね。こぶね。例 舟をこぐ。舟歌・舟艇

例解 [使い分け] ふね[船・舟] ☞このページ

注意するよみ ふな…例 舟遊び・舟宿・舟歌

名前のよみ のり

【舟艇】Ⅱ 小型のふね。例 上陸用舟艇。

【舟歌】↓船頭が舟をこぐときや、舟をひくときに、うたう歌。表記「船歌」「舟唄」とも書く。

◆丸木舟

例解 使い分け ふね《船・舟》

船＝エンジンで動かす大型のふね。例 船で海をわたる。船が港を出る。船旅。

舟＝さおやろで動かす小型のふね。例 舟をこぐ。小舟。ささ舟。丸木舟。

参考 大きさを考えないで「ふね」と使う場合は「船」。

船

舟

航

舟-4 総画10 5年 明朝 航 822A

音 コウ 訓 ―

筆順 ノ 丿 力 冇 舟 舟 舟' 舟亠 舫 航（はねる・一にならない・はねる）

なりたち [形声]「亢」が「コウ」という読み方をしめしている。「コウ」は「横ぎる」意味をもち、ふね(舟)で川をわたることを表す字。

意味 水上や空中をわたる。船や飛行機でわたる。例 航路・出航

名前のよみ わたる

【航海】▲(ーする)船で海をわたること。例 長い航海を終える。遠洋航海。類 航行

【航空】▲飛行機などで空を飛ぶこと。例 航空会社。航空写真。航空便。

【航空機】飛行機やグライダー、気球・飛行船など、人や荷物をのせて空を飛ぶ乗り物。

【航行】↓(ーする)船で海や川を行くこと。飛行機などで行くこと。類 航海

【航跡】↓①船が通りすぎたあとに波やあわが立ってできる白いすじ。②飛行機が飛んだ道すじ。

【航程】↓船や飛行機で行くときの、目的地までの道のり。例 航程が長い。

【航路】↓船や飛行機が通るきまった道すじ。例 定期航路。類 水路・海路・船路・空路

航が下につく熟語 上の字の働き

【運航 周航 巡航】ドウヤッテわたるか。

【出航 就航 欠航】航海に(航海を)ドウスルか。

◆渡航 難航 密航 来航

般

舟-4 総画10 常用 明朝 般 822C

音 ハン 中 訓 ―

筆順 ノ 丿 力 冇 舟 舟 舟 舟 般 般

なりたち [会意]動作をしめす「殳」と「舟」を合わせて、ふね(舟)をめぐらすことを表す字。

意味 めぐる。めぐらす。ものごとのひとくくり。例 一般・全般

般が下につく熟語 上の字の働き

【一般 全般 諸般 先般】ドノクライ・ドノヨウニ視線をめぐらすか。

舷

舟-5 総画11 常用 明朝 舷 8237

音 ゲン 中 訓 ―

筆順 ノ 丿 舟 舟 舟 舷 舷 舷

意味 ふなばた。ふなべり。船の横の部分。例 舷側・右舷・半舷

【舷側】Ⅲ ふなべり。船の横側。

舷が下につく熟語 上の字の働き

【接舷】ふなべりをドウスルか。

船

舟-5 総画11 2年 明朝 船 8239

音 セン 訓 ふね・ふな

筆順 ノ 丿 舟 舟 舟 船 船 船（はねる・一にならない・あける）

なりたち [形声]「㕣」が「セン」とかわって読み方をしめしている。「エン」は「くりぬく」意味をもち、木をくりぬいてつくったふね(舟)を表す字。

意味 ふね。大きなふね。例 船の旅。汽船

例解 [使い分け]ふね[船・舟]☞931ページ

注意するよみ ふな…例 船旅・船賃

特別なよみ 伝馬船(てんません)

【船医】↓船に乗り組んで、船員や船客の病気やけがをみる医者。

【船員】↓船に乗り組んではたらく人。船乗り。類 海員・乗員・乗組員

【船客】↓船に乗っている客。

【船橋】↓一 船の上で、船長が指揮をしたり、かじをとったりするへや。ブリッジ。二 たくさんの船を横にならべてつなぎ、その上に板をわたしてつくった橋。浮き橋。

【船室】↓船の中のへや。客室。キャビン。

【船主】せんしゅ・ふなぬし ↓ 船のもち主。

【船首】せんしゅ ↓ 船のいちばん前の部分。例 船首を北に向ける。類 舳先 対 船尾

【船倉】せんそう・ふなぐら ↓ 船の中の底に近い、貨物などを入れておくところ。

【船体】せんたい ↓ 船の胴体にあたる部分。また、船の全体。例 波で船体がかたむく。

【船団】せんだん ↓ まとまって航行する船の集まり。例 船団を組む。輸送船団。

【船長】せんちょう ↓ ①船の乗組員の頭で、いっさいをとりしきり、監督する人。キャプテン。②船首から船尾までの船の長さ。対 船幅

【船頭】せんどう ↓ 船を動かすことを仕事にしている人。例 船頭多くして、船、山に登る（指図する人が多すぎて、意見がまとまらず、まったくちがう方向へ事が進んでしまうこと）。
参考 「船頭」のもとの意味は、「船」乗りの「頭」。

【船舶】せんぱく Ⅱ 船。どちらかといえば、大きな船を指す。

【船尾】せんび ↓ 船のいちばんうしろの部分。例 船尾に日の丸をかかげる。類 艫 対 船首

【船腹】せんぷく ↓ ①船の胴体。②船の、荷物を入れておく場所。③船で運ぶことのできる荷物の量。荷を運ぶ船の数。

【船脚】ふなあし ↓ ①船の進む速さ。例 船脚が速い。②船の、水につかっている部分。例 船脚があさい。類 喫水 表記 「船足」とも書く。

【船路】ふなじ ↓ ①船の行き来する道すじ。類 航路・海路。②船でする旅行。例 船路を楽しむ。類 船旅

【船旅】ふなたび ↓ 船に乗ってする旅行。

【船賃】ふなちん ↓ 船に乗ったり、船を借りたりするときにはらう料金。

【船出】ふなで ▽（ーする）船が港を出ていくこと。例 船出の合図のどらが鳴る。類 出帆・出航・出船・出港 表現 「人生の船出」「新しい船出」などと、はじめて世の中に出たり、新しい生活をはじめたりする意味にも使う。

【船便】ふなびん・せんびん ↓ ①利用できる船の行き来。②船で荷物や郵便物を送ること。対 航空便

← 船が下につく熟語 上の字の働き

【造船 乗船 下船 停船】船を（船に）ドウスルか。

【漁船 商船 客船 宇宙船】ナニのための船か。

【帆船 汽船】ナニで動く船か。

【母船 僚船 便船 和船 黒船】ドウイウ船か。

◆艦船 飛行船 風船

【舵】

舟-5 総画11 人名 明朝 舵 8235

音 ダ外 訓 かじ外

意味 かじ。船の進む方向を定める装置。例 舵輪・操舵

【舶】

舟-5 総画11 常用 明朝 舶 8236

音 ハク中 訓 —

筆順 丿 介 舟 舟 舟 舶 舶

なりたち [形声]「白」が「ハク」という読み方をしめしている。「ハク」は「大きい」の意味をもち、大きいふね（舟）を表す字。

意味 大きいふね。例 船舶

【舶来】はくらい ↓ 船で外国から運んでくること。外国からの輸入。例 舶来品。類 輸入・渡来 対 国産

例解 使い分け よい《良い・善い》

良い＝このましい。すぐれている。
例 質が良い。気持ちが良い。からだに良い。良い景色。

善い＝人の道に正しくあてはまっている。
例 善いおこない。社会に役立つ善いことをする。

【艇】

舟-7 総画13 常用 明朝 艇 8247

音 テイ 中 訓 —

筆順 舟 舟 舟 舟 舟 舟 舟 艇 艇 艇

なりたち [形声]「廷」が「まっすぐ」の意味と「テイ」という読み方をしめしている。まっすぐ進む細長いふね(舟)を表す字。

意味 こぶね。細長いふね。ボート。例 艇身・舟艇

【艇庫】ていこ ↓ ボートをしまっておく建物。

【艇身】ていしん ↓ ボートの長さ。表現 ボートレースで、相手ボートからのおくれを「二艇身の差」のようにいう。

◆艦艇 舟艇

【艦】

舟-15 総画21 常用 明朝 艦 8266

音 カン 中 訓 —

筆順 舟 舟 舟 舟 舟 舟 艦 艦 艦

なりたち [形声]「監」が「カン」という読み方をしめしている。「カン」は「かこむ」意味をもち、矢や石などをふせぐために、まわりを板でかこったふね(舟)を表す字。

意味 戦争のための大きなふね。例 イージス艦。艦隊・軍艦

【艦船】かんせん Ⅱ 軍艦やふつうの船。

【艦隊】かんたい ↓ 二隻以上の軍艦でつくられている海軍の部隊。例 連合艦隊。

【艦艇】かんてい Ⅱ 大小さまざまの軍艦。

艦が下につく熟語 上の字の働き

【軍艦 戦艦】ドウスル艦か。

6画 艮 [こんづくり] の部

「艮」の字と、「良」の形がめやすとなっている「良」の字とが入ります。

この部首の字 0 艮……934 1 良……934

【艮】

艮-0 総画6 表外 明朝 艮 826E

音 コン 外・ゴン 外 訓 うしとら 外

意味 方向をしめす記号。うしとら(東北)。

知識 この方位は陰陽道では「鬼門」といって、鬼が出入りする要注意の方角と考えられた。「巽」の「文字物語」(366ページ)

【良】

良-1 総画7 4年 明朝 良 826F

音 リョウ 訓 よ-い

筆順 良 良 良 良 (はねる) 良 良 (はらう)

なりたち [会意] 穀物をふるいにかけて、よいものをえらぶようすからできた字。

意味 よい。すぐれている。このましい。例 良い成績。良心・改良 対 悪

例解 [使い分け] よい[良・善] ☞933ページ

特別なよみ 野良(のら)

県名 奈良(なら)

名前のよみ あきら・かず・すけ・たか・つかさ・なおし・なか・なが・はる・ひさ・ふみ・まこと・み・ら・ろう

【良縁】りょうえん ↓ その人にふさわしい相手とのよい縁組み。例 良縁にめぐまれる。

【良家】りょうけ|りょうか ↓ 家がらのよい家。

【良好】りょうこう Ⅱ〈─に・─な〉ものごとのぐあいがいいこと。例 日当たり良好のアパート。対 不良

【良港】りょうこう ↓ 船が出入りしたりとまったりするのに都合のよい港。例 天然の良港。

【良妻】りょうさい ↓ 夫とともによい家庭をつくるよい妻。例 良妻賢母。対 悪妻

【良識】りょうしき ↓ おだやかでかたよらない、健全なものの見方や考え方。例 良識ある行動を心がける。類 常識

【良質】りょうしつ ↓〈─な・─に〉品質がよいこと。例 良質な材料。対 悪質

【良心】りょうしん ↓ 自分のおこないがよいかわるいかをしっかり見分け、よいことをしようとする心のはたらき。例 良心がとがめる。

【良心的】りょうしんてき〈―な〉責任感のある考え方をしていて、信頼できる。例 良心的な店。

【良性】りょうせい ↓ 病気やはれものが、命にかかわるようなものでないこと。例 良性腫瘍。対 悪性

【良薬】りょうやく ↓ よく効く薬。

【良薬は口に苦し】りょうやくはくちににがし よい薬は飲むときには苦いが、病気には効く。参考 中国の書物にある「良薬は口に苦けれども病に利あり、忠言は耳に逆らえども行いに利あり（同様に、忠告はすなおには聞けないけれども、自分のためになる）」ということばから。

【良友】りょうゆう ↓ つきあっていて、ためになるよい友達。例 良友にまさる宝はない。対 悪友

←良が下につく熟語 上の字の働き

【善良 優良 純良】近い意味。

◆改良 最良

故事のはなし

虎穴に入らずんば虎子を得ず

後漢の班超が、漢の使者として西域の鄯善国をおとずれたところ、それまで親善的だった鄯善王の態度が急によそよそしくなった。その原因は、漢と敵対する匈奴の使者が鄯善国をおとずれていたためであった。そこで、危険を感じて意を決した班超は、三十六人の部下を集めて、「トラの穴に入らなければ、トラの子は手に入らない」と語り、匈奴の使者の一行に夜襲をかけたのだった。（『後漢書』班超伝）

6画 色［いろ］の部

いろどりの意を表す「色」の字と、それをもとにして作られた「艶」の字とが入ります。

この部首の字 0 色……935 13 艶……936

絶▸糸 880

色

音 ショク・シキ 訓 いろ

色-0 総画6 2年

明朝 色 8272

筆順 おらない はねる

なりたち ［会意］人（⺈）とひざまずく人「㔾」のかわった形の「巴」を合わせて、人のつながり、男女のまじわりを表す字。

意味

❶いろ。いろどり。例 色をぬる。茶色。色彩 難色

❷かおつき。表情。例 色に出る。色に出す。

❸おもむき。ようす。例 脚色・特色

❹男女のひかれあい。例 色恋・好色

特別なよみ 景色（けしき）

❶〈いろ〉の意味で

【色色】いろいろ Ⅲ〈―な・―に・―と〉種類が多いようす。さまざま。例 いろいろとめんどうをみる。参考 以前は「種々」を「いろいろ」とも読んだ。

【色紙】↓ 一 いろがみ きれいな色にそめた紙。正方形で、折り紙などに使う。例 色紙細工。類 千代紙 二 しきし 和歌や俳句・書・絵などをかく、四角い厚みのある紙。例 サイン入りの色紙。

【色目】いろめ ↓ 衣服の色合い。知識 平安時代の女子の衣服では、表地と裏地の色の組み合わせを大事にし、これを「重ねの色目」といった。

❹

【色眼鏡】いろめがね ①レンズに色のついた眼鏡。サングラス。②思いこみによる、かたよった見方や考え方。例 人を色眼鏡で見る。類 偏見

【色感】しきかん ↓ ①色から受ける感じ。例 すずしい色感のシャツ。②色を見分けたり、色の感じをつかんだりする力。例 色感がするどい。

【色彩】しきさい Ⅲ ①いろどり。例 あざやかな色彩。②ある面へのかたより。例 この行事は、宗教的な色彩がこい。

【色素】しきそ ↓ものに色をつけるもとになるもの。例色素が薄い。色素沈着。

【色相】しきそう ↓赤や青などの一つ一つの色。いろあい。いろどり。

【色調】しきちょう ↓こい・うすい、明るい・暗いなどの色のぐあい。色合い。トーン。

❹〈男女のひかれあい〉の意味で

【色男】いろおとこ ↓顔かたちがよく、女の人にすかれそうな男。類二枚目

【色気】いろけ ↓①異性をひきつける魅力。例色気のある目つき。②異性に対する関心。例色気づく。③関心があって、やってみたいと思う気持ち。例市長選挙に色気を出す。

【色目】いろめ ↓相手に関心をもっていることを知らせる目の表情。流し目。類秋波

←色が下につく熟語 上の字の働き

❶色＝〈いろ〉のとき

【潤色 彩色】近い意味。

【桃色 桜色 茶色 灰色 金色 褐色 暖色 寒色 原色 乳白色】ドンナ色か。

【毛色 顔色 血色】ナニの色か。

【着色 染色 配色 変色】色をドウスルか・色がドウナルか。

【五色 三原色】イクツの色か。

❷色＝〈かおつき〉のとき

【喜色 難色】ドンナ顔つきか。

❸色＝〈おもむき〉のとき

【景色 気色】近い意味。

【音色 声色 旗色 暮色】ナニのおもむきか。

【異色 特色 国際色】ドノヨウナおもむきか。

◆気色 脚色 巧言令色 好色 十人十色 出色 物色

艶

色－13 総画19 常用 明朝 艶 8276 旧字 艷 8277

音 エン高 訓 つや中・なまめ-かしい外

筆順

意味 なまめく。なまめかしい。つやっぽい。例艶麗・濃艶・妖艶

参考 女性のおとなっぽい美しさを表すのに使う字。物の「光沢」をいうふつうのつやは「つやがいい」のようにかなで書くのがふつう。

6画 虍 ［とらがしら］の部

トラのすがたをえがいた象形である「虎」にもとづいた「虍」をもとにして作られた字を集めてあります。

この部首の字

虎

虍－2 総画8 常用 明朝 虎 864E

音 コ中 訓 とら中

筆順

意味 とら。アジアにいるネコ科の猛獣。しなやかなからだは黄と黒のしま模様の毛皮におおわれ、すばやい動きでえものにおそいかかる。例苛政は虎よりも猛し（むごい政治の害は、人をおそう虎の害よりもひどい）。虎口・猛虎

【虎穴に入らずんば虎子を得ず】こけつにいらずんばこじをえず 危険をおかさなければ、大きな利益は手に入らない。

［故事のはなし］☞935ページ

【虎の威を借る狐】とらのいをかるきつね 自分には実力がないのに、強いものの力をかさにきていばる者。

［故事のはなし］☞ひだりのページ

◆白虎 猛虎 竜虎

虐

虍－3 総画9 常用 明朝 虐 8650

音 ギャク中 訓 しいた-げる高

筆順

なりたち ［会意］もとの字は、「虐」。「虍」は「虎」を略した形、「彐」は「つめ」の

形で、トラがつめできずつけることを表す字。

意味 しいたげる。むごたらしいことをする。不当に虐げる。例 虐待・残虐・自虐

【虐殺】ぎゃくさつ ↓〈―する〉むごたらしいやり方でころすこと。例 虐殺事件。

【虐待】ぎゃくたい ↓〈―する〉むごくあつかうこと。いじめること。例 動物を虐待するな。

◆残虐 自虐

虚

虍－5 総画11 常用

明朝 虚 865A 旧字 虛 865B

音 キョ 中・コ 高 訓 むな-しい 外

筆順

なりたち 【形声】もとの字は「虛」。中がくぼんでいる形の「丠」と、「虍」を略した「虍」とからでき、「コ」が「コ」という読み方をしめしている。「コ」は「からっぽ」の意味をもち、まわりが高く中がくぼんでいる土地を表す字。

意味

❶からっぽ。中になにもない。例 虚無・空虚

❷うわべだけ。うその。例 虚栄 対 実

❸よわい。体力がない。例 虚弱

故事のはなし 虎の威を借る狐

トラがキツネをつかまえた。キツネは、「わたしを食べてはいけません。天帝がわたしを百獣の長にしたのです。わたしを食べると天帝の命令にそむくことになります。うそだと思うなら、わたしのうしろからついてきなさい。けものたちはわたしを見るときっとにげますから」と言う。トラはなるほどと思い、いっしょに歩いたところ、それを見てけものたちはみなにげ出した。はたしてトラは、けものが自分をおそれてにげたのに気づかず、キツネをおそれていると思った。（『戦国策』楚策）

参考 戦国時代、楚の宣王の問いに対し、家来の江乙が答えたことば。宣王に「北方の国々は大将の昭奚恤をおそれているそうだが、本当なのか、昭奚恤は本当にそんなに強いのか」と問われたのに対し、江乙は、宣王をトラ、昭奚恤をキツネにたとえて、北方の国々が昭奚恤をおそれるのは、じっさいには、背後にある楚の大きな力、つまり、宣王をおそれてのことだと答えたのである。

注意するよみ コ…例 虚空・虚無僧

❶〈からっぽ〉の意味で

【虚心】きょしん ↓〈―に・な〉心にわだかまりがなく、さっぱりしていること。例 虚心坦懐（わだかまりがなく、さっぱりした心をもつ）。

【虚脱】きょだつ ↓〈―する〉体力や気力をなくして、ぼんやりとしてしまうこと。例 ショックで虚脱状態におちいる。

【虚無】きょむ Ⅲ からっぽで、なんにもないこと。とくに、心をみたすものがなく、ただ、むなしいこと。例 虚無感にとらわれる。参考 ただし、「虚無主義」という考え方もあって、何も無いことを心の基本とし、人生や社会をその上にたてていこうとする生き方もある。

【虚空】こくう Ⅲ 大空のように、なにもない空間。例 虚空に舞う。

❷〈うわべだけ〉の意味で

【虚栄】きょえい ↓ うわべをかざって、中身よりもりっぱに見せようとすること。例 虚栄をはる。虚栄心。類 見栄・虚飾

【虚偽】きょぎ Ⅲ ほんとうでないことを、ほんとうのように見せかけること。いつわり。うそ。例 虚偽の証言をする。対 真実

【虚虚実実】きょきょじつじつ たたかいなどで、相手のすきや油断をねらったり、まもりのかたいところをさけたりするなど、あらゆる手を使うやり方。例 虚々実々のかけひきがくりひろげられる。

【虚言】⇩〈―する〉うそを言うこと。うそ。

【虚構】⇩じっさいにはないことを、いかにもほんとうのようにつくりあげること。フィクション。例虚構の世界。類架空

【虚実】⇕うそとまこと。

【虚飾】⇩中身がないのに、うわべだけをかざること。例虚飾にみちた生活。虚飾をはぎとる。類見栄・虚栄

【虚勢】⇩力もないのに、強がって見せること。からいばり。例虚勢をはる。

【虚像】⇩①かがみやレンズのむこうに見えているすがた。対実像 ②ほんとうでない、見せかけのすがた。例マスコミがつくりあげた虚像。対実像

【虚礼】⇩心のこもっていない、形式だけになってしまった礼儀。例虚礼廃止。

❸〈よわい〉の意味で

【虚弱】Ⅲ〈―な〉病気がちである。よわよわしいようす。例虚弱な体質。対頑健・頑丈・強健

虞

虍-7 総画13 常用 明朝 虞 865E

音 グ外 訓 おそれ中

筆順

なりたち [形声]「呉」が「グ」とかわって読み方をしめしている。「虎」を略した「虍」をくわえて、トラに似た動物を表す字。

意味 おそれる。心配する。例悪用の虞がある。

例解 [使い分け] おそれる[恐・畏] ☞493ページ

表現 このましくないことが実現する可能性があることを「…のおそれがある」といい、「おそれ」は「虞」と書くが、今は「恐れ」「おそれ」と書くほうがふつうになった。

虜

虍-7 総画13 常用 明朝 虜 865C 旧字 虜 F936

音 リョ中 訓 とりこ外

筆順

なりたち [形声]もとの字は、「虜」。「虍」の略の「虍」が「リョ」とかわって読み方をしめしている。「コ」は「とらえる」意味をもち、「力」と「つらぬく」意味の「田」をくわえて、力ずくでつなぎとらえることを表す字。

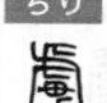

意味 とりこ。いけどりにする。例捕虜

【虜囚】Ⅲ敵にいけどりにされた人。例虜囚の身となる。類捕虜

文字物語 虫

「虫」というと、昆虫をはじめ、自然界に生きている虫を思いうかべるが、人のからだの中にも「腹の虫」というかわった虫がいるらしい。この虫は、まず、おなかがすいたときに「クウクウ」と鳴く。この虫をだまらせようと、ちょっと何かを食べるのが「虫やしない」だ。どうも腹が立ってしかたがないのも、この虫のしわざらしく、「腹の虫がおさまらない」というし、人がなぜかへんにきげんがわるいのを「虫のいどころがわるい」という。

人の中にいる虫は、ときに、超能力をはたらかせて、よくないことを予感させることがある。これが「虫の知らせ」だ。

人がそっくり虫になってしまうこともある。本に夢中なのは「本の虫」、仕事べったりなのは「仕事の虫」。「泣き虫」「弱虫」「点取り虫」となると、あまりほめられない虫になる。

6画 虫 [むし][むしへん] の部

「虫」をもとにして作られ、昆虫や爬虫類などにかかわる字を集めてあります。

この部首の字

虫

音 チュウ　訓 むし

虫－0　総画6　1年

明朝 虫 866B　旧字 蟲 87F2

筆順 丨 口 口 中 虫 虫 虫（とめる）

なりたち [会意]もとの字は「蟲」。まむしの形をえがいた象形文字の「虫」を三つ合わせて、たくさん集まる小さな「むし」を表す字。

意味 むし。㋐昆虫など、生きている虫。例 虫が鳴く。虫くだし・虫害・毛虫・寄生虫 ㋑なにかに熱中している人。よくそうしている人。例 本の虫。㋒人のからだの中にいて人の心をうごかすと思われているもの。例 虫のいどころがわるい（きげんがわるくて、はらをたてる）。虫の知らせ。

[文字物語] みぎのページ

【虫害】がい ⇩ 作物や木が、虫から受ける害。

【虫媒花】ちゅうばいか 昆虫によって運ばれた花粉がめしべについて実をむすぶ花。バラ・サクラ・ユリなど、花が美しく、みつが多くあって強いかおりをもつものが多い。

【虫歯】ばむし ⇩ 虫に食われたように、穴があいたり、欠けたようになった歯。例 虫歯が痛む。

虫が下につく熟語 上の字の働き

【益虫 害虫】（人間にとって）ドノヨウナ虫か。

【甲虫 毛虫】（形が）ドノヨウナ虫か。

【幼虫 成虫】（成長過程で）ドノヨウナ虫か。

◆駆虫 昆虫 弱虫

故事のはなし　蛍雪の功（けいせつのこう）

晋の時代の車胤という人は貧乏で、明かりをともす油がいつも手に入るとはかぎらなかった。そこで、夏には絹のうすい布のふくろに数十匹のホタルを入れて、その明かりで夜も読書につとめた。また、孫康も家が貧乏で油がなかったので、冬は雪明かりで読書した。どちらも貧乏にたえて努力し、のちにりっぱな人物になった。（『晋書』）

虹

音 コウ㊀　訓 にじ㊥

虫－3　総画9　常用

明朝 虹 8679

筆順 口 口 中 虫 虫 虹 虹 虹 虹

意味 にじ。空に、橋のようにかかる七色のにじ。

例 虹彩

[文字物語] 940ページ

蚊

音 ―　訓 か㊥

虫－4　総画10　常用

明朝 蚊 868A

筆順 口 口 中 虫 虫 虫 蚊 蚊 蚊

なりたち [形声]「文」が「ブン」という読み方をしめしている。ブンブンと音をたてて飛ぶ「虫」を表す字。

意味 か。飛んできて、血をすう小さな虫。例 蚊の鳴くような声。蚊帳

特別なよみ 蚊帳（かや）

【蚊帳】かや ⇩ こまかい網目の布でつくった、蚊をふせぐための大きなおおい。

蚕

音 サン　訓 かいこ

虫－4　総画10　6年

明朝 蚕 8695　旧字 蠶 8836

筆順 一 二 天 天 呑 呑 吞 蚕 蚕 蚕（はらう）（とめる）

なりたち [形声]もとの字は、「蠶」。「朁」が「サン」という読み方をしめしている。「サン」は「はらむ」意味をもち、糸をはらむ「虫」を表す字。

意味 かいこ。生糸のもとになる糸を出してまゆを作る虫。例 蚕を飼う。蚕糸・養蚕

【蚕糸】さんし ↓ カイコのまゆからとった糸。生糸。類 生糸

【蛍】

虫-5 総画11 常用 明朝 蛍 86CD 旧字 螢 87A2

音 ケイ 中 訓 ほたる 中

筆順

なりたち [形声] もとの字は、「螢」。「𤇾」が光を放って飛び交うようすと、「ケイ」という読み方をしめしている。光を放って飛ぶ「虫」、「ホタル」を表す字。

意味 ほたる。夏の夜に光を放つ虫。例 蛍の光、窓の雪。蛍光

【蛍光】けいこう ↓ ①ホタルの出す光。②とくべつな物質に光や電磁波などをあてたときに出る、ホタルの光のように熱のない光。例 蛍光灯。蛍光塗料。

【蛍雪の功】けいせつのこう まずしさに負けず、苦労して学問に精を出し、りっぱな人になることのたとえ。

[故事のはなし] 939ページ

【蛇】

虫-5 総画11 常用 明朝 蛇 86C7

音 ジャ 中・ダ 中 訓 へび 中

筆順

なりたち [形声] 「ヘビ」の意味の「它」が「ダ」という読み方をしめしている。「虫」をくわえてヘビを表す字。

意味 へび。細長くて、からだをくねらせて地をはう動物。ヘビのようなもの。例 蛇の道は蛇(なかまどうしは、おたがいにすることがわかっている)。蛇口・蛇足・大蛇

【蛇口】じゃぐち ↓ 水道などの、水を出す口につける金具。例 蛇口をひねる。

【蛇腹】じゃばら ↓ アコーディオンなどの、のびちぢみするようになっているところ。参考 ヘビの腹のように見えるので、この名がついた。

【蛇行】だこう ↓ (〜する) ヘビがはうように、曲がりくねって進むこと。例 蛇行運転。

【蛇足】だそく ◎ よけいなつけたし。いらないものを、あとからつけくわえること。表現 「蛇足ですが」と、つけくわえるときに使う。

[故事のはなし] ひだりのページ

◆大蛇 長蛇

文字物語 虹

空にかかる七色のにじを表す漢字「虹」に虫偏がついているのは、なぜだろう。にじの形が「虫」に似ているからだという。この「虫」という漢字のもとは、へびの「まむし」を表す象形文字だった。へびもえらくなると竜になるという。美しいにじを、雨上がりに竜が七色に映えて天にのぼっていく姿だと見たのだ。

「虹」は、アーチの外がわが赤く、内がわがむらさき色のものをいうが、気象のかげんで、まれに、その外がわにさらに大きなにじがかかることがある。このにじは、色がうすく、色のならび方も外がわがむらさき、内がわが赤だ。中国ではこれを「蜺」といって、「虹」を男性に見立て、「蜺」を女性に見立てて「虹」によりそう姿だと考えた。理科では、外がわのにじを「副虹」という。

【蛋】

虫-5 総画11 表外 明朝 蛋 86CB

音 タン 外 訓 ―

意味 たまご。鳥のたまご。

【蛋白】たんぱく ↓ ①たまごの白身。卵白。②蛋白質。

【蛋白質】たんぱくしつ 生き物の体を作っている栄養の一つ。たまごの白身・肉・牛乳・豆などに多くふくまれている。

【蛙】

虫-6 総画12 表外 明朝 蛙 86D9

音 ― 訓 かえる 外・かわず 外

意味 かえる。水の中や水辺にいて、はねること

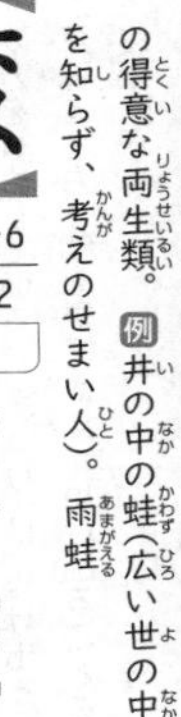

の得意な両生類。例井の中の蛙(広い世の中を知らず、考えのせまい人)。雨蛙

蛮

虫−6 総画12 常用 明朝 蛮 86EE 旧字 蠻 883B

音 バン中 訓 —

筆順 蛮 蛮 蛮 蛮 蛮 蛮 蛮 蛮

なりたち [形声]もとの字は、「蠻」。「虫」が「ヘビ」を、「䜌」が「バン」とかわって読み方をしめしている。中国にすむ、ヘビを神としてあがめているという種族の名。「文明の開けていない人」の意味に使われている。

意味 ❶やばん人。例蛮族・南蛮 ❷らんぼうな。あらあらしい。例蛮勇

❶〈やばん人〉の意味で

【蛮族】↓文明の開けていない民族。

❷〈らんぼうな〉の意味で

【蛮行】↓考えの足りない、乱暴なふるまい。例酒に酔って蛮行を繰り返す。類悪行

【蛮声】↓下品で、あらあらしく、ふとい大声。例蛮声をはりあげる。

【蛮勇】↓考えの足りない、むちゃくちゃな元気。例蛮勇をふるう。

◆南蛮 野蛮

故事のはなし 蛇足

一人で飲むにはじゅうぶんだが、おおぜいで分けて飲むにはものたりない分量の酒をもらった召し使いたちが、相談して、地面にヘビの絵を最初にかきあげた人がその酒を飲むことにした。その競争でいちばん早くかきあげた人が、余裕を見せて、左手に酒を引きよせて、「足だってかけるさ」と右手でヘビの絵に足をつけくわえた。すると、次にかきあげた人が「もともとヘビには足なんてないぞ」と言って、その酒をうばい取って飲んでしまった。〈『戦国策』斉策 上〉

蛾

虫−7 総画13 表外 明朝 蛾 86FE

音 ガ外 訓 —

意味 が。カイコや毛虫などの成虫。

[文字物語]☞942ページ

蜂

虫−7 総画13 常用 明朝 蜂 8702

音 ホウ中 訓 はち中

筆順 蜂 蜂 蜂 蜂 蜂 蜂 蜂 蜂 蜂 蜂

意味 はち。ハチのようにむらがる。例蜜蜂

【蜂起】↓〈—する〉強く大きな力に立ちむかって、おおぜいの人びとがそろって行動を起こすこと。例武装蜂起。参考 ハチの巣をつつくと、いっせいにハチが飛び出し、おそいかかってくる。そのようすからできた。

蜜

虫−8 総画14 常用 明朝 蜜 871C

音 ミツ中 訓 —

筆順 蜜 蜜 蜜 蜜 蜜 蜜 蜜 蜜

意味 みつ。はちみつ。例蜂蜜

【蜜月】↓①結婚してから一か月の間。とくに、結婚したばかりのころをいうことが多い。②親密な関係にあること。参考 英語のハネムーンを日本語におきかえたことば。

【蜜蜂】↓花のみつを集めて巣にたくわえるハチ。

蝦

虫−9 総画15 人名 明朝 蝦 8766

音 カ外 訓 えび外

意味 えび。節のあるかたいからにおおわれ、十本のあしと二本のひげのある動物。海や川に

すむ。
表記「えび」は、「海老」とも書く。

【蝕】

虫－9 総画15 表外 明朝 蝕 8755

音 ショク外 訓 むしば-む外

意味 むしばむ。虫が食う。少しずつ悪くする。例 健康が蝕まれる。

表記「蝕」のつく熟語は、今は「食」におきかえて使う。例 日蝕→日食

【蝶】

虫－9 総画15 人名 明朝 蝶 8776

音 チョウ外 訓 —

意味 ちょう。ちょうちょう。昼間、四枚の大きな羽でひらひらと飛びまわる昆虫。例 胡蝶

☞［文字物語］このページ

【融】

虫－10 総画16 常用 明朝 融 878D

音 ユウ中 訓 と-ける外

筆順

なりたち 形声「鬲」が穀物をむすうつわの形で、「虫」が「ユウ」とかわって読み方をしめしている。「チュウ」は「ぬけ出る」意味をもち、物を煮て蒸気がぬけ出ることを表す字。

文字物語 蝶 蛾

「蝶」と「蛾」は、すがた・かたちが似ているけれども、羽をたいらに広げてとまるのが「蛾」、羽をとじて立てたかたちでとまるのが「蝶」だと、だいたい見分けられる。

「蝶」は、ひるま花から花へひらひらと飛びまわるようすが優雅なので、「蝶のように舞う」などといわれる。「蛾」は、夜、灯火をめがけて飛んでくるから、「飛んで火に入る夏の虫」といわれるのは「蛾」のほうだ。

「蝶」は羽の色やもようが美しいが、「蛾」は左右に分かれた触角のかたちがすっきりとしてきれいなので、中国では、三日月形の美しい眉を「蛾眉」といい、美人のほめことばとした。

意味

❶とける。とけあって一つになる。とかす。例 融和

❷とおる。たがいに通じあう。例 融通・金融

名前のよみ あき・あきら・とおる・みち・よし

❶〈とける〉の意味で

【融解】ゆうかい Ⅱ 〈-する〉固体が熱でとけて液体になること。例 氷が融解する。対 凝固 表現 ほかのものにとけこむのは「溶解」。

【融合】ゆうごう ↓ 〈-する〉べつべつのものがとけあって、一つのものになること。例 東西文化の融合。対 分裂

【融点】ゆうてん ↓ 固体がとけて液体になりはじめるときの温度。融解点。

【融和】ゆうわ ↓ 〈-する〉とけあって、一つになること。とくに、気持ちがうちとけて、なかよくなること。例 民族の融和。対 不和

❷〈とおる〉の意味で

【融資】ゆうし ▲ 〈-する〉銀行などが事業などに必要なお金を貸すこと。例 融資を受ける。類 金融

【融通】ゆうずう Ⅱ ①〈-する〉お金や物などを貸したり借りたりすること。例 ちょっと時間を融通してくれないか。②必要によって考え方ややり方をかえること。例 融通のきかない人。

【螺】

虫－11 総画17 人名 明朝 螺 87BA

音 ラ外 訓 —

意味 ❶タニシやサザエなどの巻き貝。❷巻き貝の殻のように、ぐるぐると巻いているもの。例 螺旋

❷〈巻き貝の殻のように、ぐるぐると巻いているもの〉の意味で

【螺旋】らせん ◎ 巻き貝の殻のように、ぐるぐると巻いた形をしているもの。うずまき。例 螺旋階段。

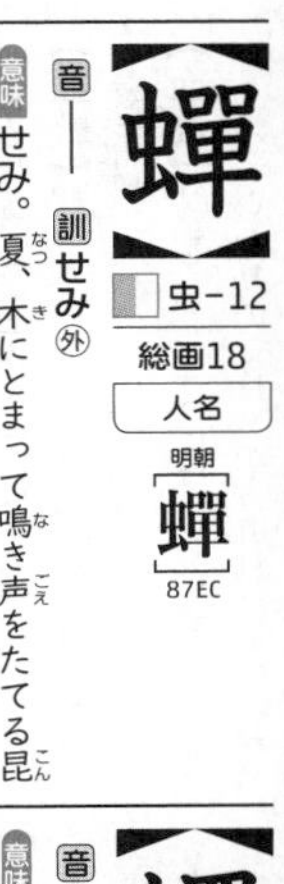

蟬
虫-12 総画18 人名 明朝 蟬 87EC

音 ― 訓 せみ(外)

意味 せみ。夏、木にとまって鳴き声をたてる昆虫。例 閑さや岩にしみ入る蟬の声(芭蕉の俳句)。油蟬

参考 「蝉」の字形も使われる。

蟹
虫-13 総画19 人名 明朝 蟹 87F9

音 カイ(外) 訓 かに(外)

意味 かに。かたいこうらにおおわれた動物。十本のあしをもち、そのうちの二本ははさみになっていて、横に歩く。例 蟹歩き。毛蟹

蠍
虫-13 総画19 表外 明朝 蠍 880D

音 カツ(外) 訓 さそり(外)

意味 さそり。尾の先の針に猛毒をもつ節足動物。例 蛇蠍(ヘビとサソリ)のようにきらわれる。蠍座。

蟻
虫-13 総画19 表外 明朝 蟻 87FB

音 ギ(外) 訓 あり(外)

意味 あり。羽は退化していて、地上をはって歩く昆虫。例 蟻の巣。蟻の塔。蟻酸・白蟻

蠅
虫-13 総画19 表外 明朝 蠅 8805

音 ― 訓 はえ(外)

意味 はえ。夏、食べ物にたかる虫。例 うるさい蠅だ。蠅叩き。

蠟
虫-15 総画21 人名 明朝 蠟 881F

音 ロウ(外) 訓 ―

意味 動植物などから作ったあぶら。ろうそくなどを作る。例 蠟燭

6画 血 [ち] [ちへん] の部

動物の血を表す「血」の字と、「血」の形がめやすとなっている「衆」の字とが入ります。

この部首の字 0 血……943 6 衆……944

血
血-0 総画6 3年 明朝 血 8840

音 ケツ 訓 ち

筆順 ノ 丿 白 血 血 血 (だす)

なりたち [会意]容器とその中にちのかたまりがある形を合わせて、神にささげる神聖な「ち」を表す字。

意味
❶ち。血液。例 血もなみだもない。血気・鼻血
❷ちすじ。ちのつながり。例 血統・純血
❸生死にかかわる。ちが流れるほどはげしい。例 血路

❶〈ち〉の意味で

【血圧】けつあつ ↓ 心臓からおし出された血が、血管のかべをおす力。例 血圧をはかる。

【血液】けつえき ↓ 動物のからだの中をまわって、酸素や養分を運ぶはたらきなどをする赤い液体。血。例 血液型。血液検査。

【血管】けっかん ↓ からだじゅうに血をかよわせるためのくだ。心臓から血を送り出すための動脈と、心臓に血を送り返すための静脈とがある。例 毛細血管。

【血気】けっき ↓ 元気ないきおい。むこう見ずな意気。例 血気にはやる。

【血行】けっこう ↓ 血がからだの中を流れていること。その流れ方。例 血行をよくする。

【血痕】けっこん ↓ 血のついたあと。

【血書】けっしょ ↓〈―する〉強い決意を表すために、自分の血で文字を書くこと。血で書いた文書。

【血色】けっしょく ↓ 血のめぐりによる顔の色つや。例 血色のいい顔。血色がわるい。

【血清】けっせい ↓ 血液がかたまるときに分かれて出る黄色いすき通った液体。病気の診断や治療に利用する。例 血清療法。

【血相】けっそう ↓顔の色や顔つき。とくに、いかりやおどろきの表れとしての顔のようす。例血相をかえて、どなりこんできた。

【血潮】ちしお ↓①からだからあふれ出る血。例朱の血潮に染まる。②からだに流れる血。情熱や感情のたとえ。類鮮血 例あつい血潮。血潮がおどる。

【血眼】ちまなこ ↓頭に血がのぼって、赤みをおびた目。血走った目。例血眼になる(あることを必死になってする)。表記「血汐」とも書く。

【血道】ちみち ↓からだをめぐる血の道。例血道をあげる(異性や道楽などに夢中になる)。

❷〈ちすじ〉の意味で

【血縁】けつえん ↓親子・きょうだいなど、血のつながりのあるあいだがら。類血族・血筋

【血族】けつぞく ↓先祖がおなじで、血のつながりがある人びと。類血縁・親族

【血統】けっとう ↓先祖から親・子・孫へとつづく血のつながり。例血統書つき。類血筋・家系

【血筋】ちすじ ↓先祖からの血のつながり。例名家の血筋をひく。類血縁・血統・家系

❸〈生死にかかわる〉の意味で

【血税】けつぜい ↓血の出るような苦労をしておさめる税金。例血税をむだにするな。

【血戦】けっせん ↓血みどろのはげしいたたかい。類死闘

【血涙】けつるい ↓ひじょうにはげしい悲しみや苦しみ、いかりの気持ちから流れ出るなみだ。例血涙をしぼる(ひどく悲しんで泣く)。

【血路】けつろ ↓敵のかこみをやぶってにげだし、生きのびるための道。苦しいところを切りぬける方法。例血路をひらく。

◆鮮血

←血が下につく熟語 上の字の働き

❶血=〈ち〉のとき

【採血 止血 輸血 吐血】血をドウスルか。

【充血 貧血 流血 出血】血がドウナルか。

【鼻血 内出血】ドコに出る血か。

衆

音シュウ・シュ高 訓―

血-6 総画12 6年 明朝 衆 8846

筆順 衆 (とめる・だす・はらう)

なりたち [会意]もとの字は「眾」。三つの「人」がおおぜいの人を、「罒」がその頭をしめしている。「おおぜいの人」を表す字。

意味 おおぜいの人。例衆をたのむ(人数の多いことをあてにする)。民衆 対寡

注意するよみ シュ…例衆生

【衆議】しゅうぎ ▽たくさんの人が集まって相談すること。例衆議にかける。衆議一決。

【衆議院】しゅうぎいん 参議院とともに日本の国会をつくり、国の予算や法律を決めるところ。例衆議院議員。対参議院 知識 議員の任期は最大四年。いろいろなことを決めるうえで、衆議院は参議院よりも大きな力がある。

【衆人】しゅうじん ↓たくさんの人びと。例衆人環視(たくさんの人が見ていること)。

【衆知】しゅうち ↓たくさんの人びとの知恵。例衆知を集める。衆知の結集。

例解 使い分け しゅうち[周知・衆知] ☞223ページ

【衆望】しゅうぼう ↓たくさんの人びとが、その人に対してもっている、期待の気持ち。例衆望を集める。衆望をになって立ちあがる。

【衆目】しゅうもく ↓たくさんの人びとの目や見方。例衆目の一致するところ。

【衆生】しゅじょう ↓仏教で、人間をはじめ、この世に生きるすべてのものを指すことば。

←衆が下につく熟語 上の字の働き

【観衆 聴衆 群衆】ドウシテイル人びとか。

◆公衆 大衆 民衆

6画 行 [ぎょうがまえ] [ゆきがまえ] の部

「行」をもとに作られ、交通や道路にかかわる字を集めてあります。

この部首の字

行

行-0 総画6 2年 明朝 行 8840

音 コウ・ギョウ・アン高 訓 い-く・ゆ-く・おこな-う

筆順 行 行 行 行 行 行（ながく／はねる）

なりたち 衍 [象形] 十字路の形をえがいた字。通り道を表し、「いく、おこなう」として使われている。

意味

❶いく。いかせる。歩いていく。例 学校へ行く。行く春をおしむ。行進・通行

❷おこなう。おこない。ふるまい。例 式を行う。行いを改める。行動・実行

❸仏の道に近づくための修行。みずからをきたえるおこない。例 苦行

❹世間に広くいきわたる。例 発行・流行

❺ならんでいる列。例 行列・改行

❻みせ。例 銀行

例解 [使い分け] いく[行・逝] ☞このページ

注意するよみ アン…例 行脚・行火

特別なよみ 行方(ゆくえ)

名前のよみ あきら・たか・のり・ひら・みち・やす

❶〈いく〉の意味で

【行火】あんか ↓ 炭火などを入れて、足をあたためるための器具。

【行脚】あんぎゃ ↓〈―する〉①お坊さんが修行のためにほうぼう歩いてまわること。類 遊行 ②おおぜいの人に知らせたりうったえたりするために、あちこちへ出かけること。例 キャンペーンの全国行脚。

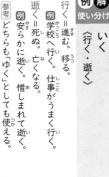

【行灯】▲あんどん ↓ 四角いわくに紙をはり、中に油を入れたさらをおいて、火をともす、むかしの照明器具。取っ手があり、家の中でおき場所をかえて使った。例 昼行灯(ぼんやりとして役に立たない人)。

【行幸】ぎょうこう Ⅱ〈―する〉天皇が出かけること。表現 古い言い方で、今はふつうに「おでかけ」「ご旅行」などという。

【行書】ぎょうしょ ↓ 漢字の書き方の一つで、字画を少しくずしたりつづけたりしたもの。関連 楷書・行書・草書 参考 ☞ものしり巻物6(197ページ)

【行商】ぎょうしょう ↓〈―する〉品物を持って売り歩くこと。また、売り歩く人。例 行商人。

【行軍】こうぐん ▲〈―する〉軍隊が列をととのえて移動すること。例 雪中の行軍。類 進軍

【行進】こうしん Ⅱ〈―する〉おおぜいの人が列をつくって進んでいくこと。例 入場行進。

【行程】こうてい ↓ ①目的地までの距離。道のり。例 歩いて八時間の行程だ。類 道程 ②旅行の日取りやコース。例 修学旅行の行程表。

【行楽】こうらく ↓ 野山や観光地に出かけて、遊び楽しむこと。例 行楽シーズン。類 遊山

【行方】ゆくえ ↓ ①立ち去っていった方向。行き先。例 行方不明。②これから進んでいく方向。行く手。例 日本経済の行方。類 将来

❷〈おこなう〉の意味で

【行儀】ぎょうぎ ↓ ふだんの生活の中での礼儀。立ったり、すわったり、あいさつしたりなどするときの仕方。例 行儀よくすわる。

【行司】ぎょうじ ↓ すもうで、土俵の上で取組の進行と、勝負の判定をする人。

【行事】ぎょうじ ↓ 世の中や学校などで、ならわしや計画にしたがっておこなわれる、ふだんの生活とはちがうことがら。もよおし。例 恒例行事。年中行事。

【行状】ぎょうじょう ↓ その人の日ごろの行動のようす。身持ち。例 行状がわるい。類 品行

【行水】ぎょうずい ▲〈―する〉たらいなどにお湯や水を入れて、その中でからだの汗をあらいながすこと。例 カラスの行水(おふろに入る時間

例解 使い分け いく《行く・逝く》

行く＝進む。移る。例 学校へ行く。仕事がうまく行く。

逝く＝死ぬ。亡くなる。例 安らかに逝く。惜しまれて逝く。

参考 どちらも「ゆく」としても使える。

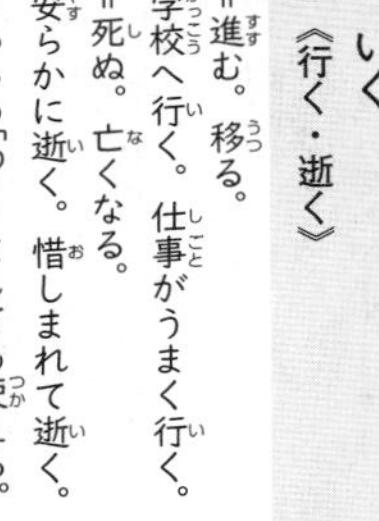

がとても短いこと)。行水を使う。

【行政】▲法律にしたがって、国や都道府県や市町村の政治をおこなうこと。例行政機関。関連立法・行政・司法

【行為】 ㊀人がなにかをすること。とくに、なにかの目的をもってするおこない。例医療行為。類行動

【行使】 ㊀〈—する〉もっている権利や力をじっさいに使うこと。例実力行使。

【行動】 ㊀〈—する〉じっさいになにかをすること。ふるまい。おこない。例行動にうつす。類行為

❸〈仏の道に近づくための修行〉の意味で

【行者】↓仏教などの修行をする人。類修験者・山伏

❺〈ならんでいる列〉の意味で

【行間】↓書かれた文章の行と行とのあいだのあき。例行間にふりがなをふる。表現「行間を読む」は、ことばのおくにある、書き手の気持ちをくみとることをいう。

【行列】 ㊀〈—する〉たくさんの人やものが列をつくってならぶこと。例店の前に行列ができる。大名行列。参考この列は、そのまま歩行できる列で、たて並びがふつう。

←行が下につく熟語 上の字の働き

❶行＝〈いく〉のとき

【移行 運行 携行 航行 進行 随行 潜行 通行 飛行 並行 歩行 連行】ドウヤッテ行くか。

【逆行 横行 直行 蛇行 平行 急行 徐行 先行 同行 尾行】ドノヨウニ行くか。

❷行＝〈おこなう〉のとき

【挙行 執行 遂行 履行 施行 性行】近い意味。

【善行 徳行 篤行 孝行 犯行 悪行 凶行 暴行 乱行 奇行 非行 慣行 径行(直情径行)】ドノヨウナ行いか。

【品行 操行】ナニを表す行いか。

【現行 先行】イツ行われる(行われた)か。

【敢行 強行 決行 断行 実行 並行 励行 続行 予行 代行】ドノヨウニ行うか。

【興行 奉行】ドウしながら行うか。

❸行＝〈仏の道に近づくための修行〉のとき

【難行 苦行】ドンナ修行か。

【修行 勤行】行をドウスルか。

❹行＝〈世間に広くいきわたる〉のとき

【刊行 発行】ドウヤッテ広めるか。

◆改行 紀行 銀行 血行 兼行 言行 素行 壮行 百鬼夜行 洋行 流行 旅行

文字物語 街

町にはかならずメーンストリートがあって、そこは、その町でいちばん人通りが多いところ。それに交わるいくつものストリート(街路)があり、ストリートにそって商店がならび、人びとがたえず往来している。これが「街」である。だから、この字は、ことばの下につけて「…街」の言い方で、「商店街」「アーケード街」「名店街」「繁華街」などのように使われて、にぎやかな人通りのある風景のイメージを作り出している。

「街」にはまたべつの一面もある。大きなビルがたちならぶ都会の「オフィス街」や「銀行街」などの「ビル街」は、真昼でもひっそりとしていることがある。ニューヨークのストリートの一つウォール街は、世界経済の中心となる「金融街」として有名なところ。その一帯にはそれほど人かげは見えないが、それぞれの建物の中では、世界の経済情報が二十四時間めまぐるしく行きかっているのだ。

術

行－5 総画11 5年 明朝 術 8853

音ジュツ 訓すべ外

筆順 ×にならない わすれない はねる

なりたち [形声]もとの字は、「術」。「朮」が「ジュツ」という読み方をしめしている。「ジュツ」は「まがる」意味をもち、「道」の意味の「行」をくわえて、曲がった小道を表す字。

意味
❶わざ。身につけた力や、うでまえ。例 術をかける。忍びの術。術語・技術
❷はかりごと。ものごとを解決するやり方。例 術策・戦術

❶〈わざ〉の意味で

【術後】じゅつご ↓ 手術をすませたあと。

【術語】じゅつご ↓ 専門家のあいだで、共通の理解ができていることば。例 術語集。類 用語

❷〈はかりごと〉の意味で

【術策】じゅっさく Ⅱ 相手をだましたりやっつけたりするための計画。たくらみ。例 術策にはまる。類 策略

【術中】じゅっちゅう ↓ しかけたはかりごとのなか。例 敵の術中におちいる。

術が下につく熟語 上の字の働き

❶術＝〈わざ〉のとき
【武術 剣術 馬術 学術 算術 芸術 美術 話術 忍術 催眠術 占星術 錬金術】ナニのわざか。
【魔術 奇術 秘術】ドノヨウナわざか。
◆技術 手術 戦術

街

行-6 総画12 4年 明朝 街 8857

音 ガイ・カイ中 訓 まち

筆順 彳 行 行 往 往 街 街（はねる）

なりたち 街 [形声]「圭」が「ガイ」とかわって読み方をしめしている。「ケイ」は「たてよこに交わる」意味をもち、「道」の意味の「行」をくわえて、まちの中にたてよこに通じている道を表す字。

意味 まち。まちのにぎやかな通り。例 街の灯。学生の街。商店街。街道・市街

例解 [使い分け] まち[町・街] ☞779ページ

[文字物語] ☞みぎのページ

注意するよみ カイ…例 街道

【街道】かいどう ↓ 町々をむすび、人が行き来する重要な道路。例 街道すじの宿場町。表現「表街道」「裏街道」「出世街道」などと、人の生き方を表すのにも使う。

【街灯】がいとう ↓ まちの通りを明るくするために道路わきにつける電灯。

【街頭】がいとう ↓ 人通りの多いまちのなか。

【街路】がいろ ↓ まちのなかの大きな通り。例 街路樹。

衝

行-9 総画15 常用 明朝 衝 885D

音 ショウ中 訓 つ-く外

筆順 彳 行 徝 徝 種 衝 衝

なりたち [形声]「重」が「ショウ」とかわって読み方をしめしている。「チョウ」は「通る」意味をもち、「道」の意味の「行」をくわえて、まちをつきぬけて通っている道を表す字。

意味
❶つきあたる。つよくぶつかる。例 衝突・緩衝
❷かなめ。だいじな部分。例 衝に当たる。要衝

❶〈つきあたる〉の意味で

【衝撃】しょうげき Ⅱ ①ものにぶつかったときに受けるはげしい力。ショック。例 急停車による衝撃。②心をはげしくゆり動かされること。ショック。例 衝撃を受ける。

【衝動】しょうどう ↓ とつぜんそれをしたくなる心の動き。例 一刻も早くにげ出したい衝動にかられる。

【衝動的】しょうどうてき 〈―な〉〈―に〉 とつぜんしたくなって、そのままやってしまうさま。例 衝動的な犯行。

【衝突】しょうとつ Ⅱ 〈―する〉①ぶつかること。例 衝突事故。②考え方などがちがってあらそうこと。例 両者の主張が衝突する。

衝が下につく熟語 上の字の働き

❶衝＝〈つきあたる〉のとき
【緩衝 折衝】つきあたってくるのをドウスルか。

衛

行-10 総画16 5年 明朝 衛 885B 旧字 衞 885E

音 エイ 訓 ―

筆順 彳 彳 彳 彳 彳 衛 衛

なりたち [形声]「韋（イ）」がまわりを歩く意味と、「エイ」とかわって読み方をしめしている。「行」は「道」の意味をもち、道を歩きまわってまもることを表す字。

意味 まもる。ふせぐ。例 衛生・護衛

名前のよみ ひろ・まもる・もり・よし

【衛生】えいせい ▲ 身のまわりを清潔にして、病気にかからないようにすること。例 衛生をたもつ。公衆衛生。

【衛星】えいせい ↓ ① 惑星のまわりをまわっている天体。例 人工衛星。② 中心になるもののまわりにあって、それにつきしたがっているもの。例 衛星都市。知識 いちばん中心の天体を「恒星」、そのまわりをまわる天体を「惑星」という。太陽系では、太陽は恒星、地球は惑星、月が衛星となる。

⬅衛が下につく熟語 上の字の働き
◆自衛 前衛
【護衛 守衛 防衛】近い意味。

衡

音 コウ 中 訓 ―

行-10 総画16 常用 明朝 衡 8861

筆順 彳 往 徣 徣 徸 衡 衡

なりたち [形声]「奐」が「大きな角」を、「行」が「コウ」という読み方をしめしている。「コウ」は「よこ」の意味をもち、人にふれないように牛の角にしばりつけた横木を表す字。

意味 つりあう。つりあい。重さをはかるはかり。例 均衡・度量衡

参考「度」は長さをはかる「ものさし」。「量」は容積をはかる「ます（升）」。「衡」は重さ（重量・目方）をはかる「はかり（秤）」で、「天秤ばかり」がその代表。もののねうちを比べる「はかりにかける」は、天秤ではかること。それで「天秤にかける」ともいう。

名前のよみ ひで・ひとし・ひら・ひろ・まもる

⬅衡が下につく熟語 上の字の働き
【均衡 平衡】近い意味。
◆度量衡

6画 衣 ネ の部 ［ころも］［ころもへん］

「衣」をもとにして作られ、衣服の形やその製造にかかわる字を集めてあります。

この部首の字

0 衣…948	2 表…949	3 衷…950	4 衿…950	衰…950
袂…950	5 袈…950	袖…951	袋…951	被…951
6 袴…951	裁…952	装…952	裂…953	7 裟…953
補…953	裕…954	裏…954	裡…955	8 褐…955
裳…955	裾…955	製…955	裸…956	9 複…956
褒…956	襟…958	16 襲…958	13 襖…958	
初→刀 147	哀→口 226			

衣

音 イ・エ 外 訓 ころも 中・きぬ 外

衣-0 総画6 4年 明朝 衣 8863

筆順 亠 ナ 衣 衣 衣 衣

なりたち [象形] きもののえりもとをえがいた字。

意味 ころも。きもの。ふく。例 衣食住。衣類・着衣

特別なよみ 浴衣（ゆかた）

【衣装】いしょう Ⅲ ① 美しく着かざるための衣服。② 舞台に出るときの衣服。表記「衣裳」とも書く。

【衣食住】いしょくじゅう 人が生きていくのになくてはならない、着るもの・食べるもの・住むところ。

【衣服】いふく Ⅲ 洋服や着物など、からだをおおうもの。例 衣服をまとう。衣服をぬぐ。類 衣料・衣類・着物

【衣料】いりょう ↓ 着るものやその材料。例 衣料品。類 衣服・衣類

【衣類】いるい ↓ 着たりはいたりして身につける

もの。例衣類ケース。類衣服・衣料・着物

←衣が下につく熟語 上の字の働き

【着衣 脱衣 更衣】衣をドウスルか。

◆僧衣 白衣 羽衣

表

衣−2　総画8　3年　明朝 表 8868

音 ヒョウ　訓 おもて・あらわ-す・あらわ-れる

筆順 表（ながく・はねる・人にならない）

なりたち [会意]「毛」と「衣」を合わせて、おもてが毛皮の衣を表す字。

意味

❶おもて。例用紙の表。表面・地表 対裏

❷あらわす。あらわれる。例敬意を表す。努力の表れ。表情・発表

❸上の人に出す文書。例辞表

❹ひょう（表）。ことがらを整理し、ならべ方をくふうして、ひと目でわかるようにかいたもの。例出欠席を表につける。図表

例解 [使い分け] あらわす[表・現・著] ☞このページ

例解 [使い分け] おもて[表・面] ☞951ページ

名前のよみ あきら・よし

❶〈おもて〉の意味で

【表作】↓おなじ田畑で、一年のうちに時期をずらして二種類つくる作物のうち、おもなほうの作物。対裏作

【表沙汰】↓①あらそいごとを裁判にもちこむこと。②うちうちの話にとどまらず、それが世間に知れわたること。

【表記】↓〈-する〉おもてに書いてあること。例表記の住所に移転しました。☞❷

【表具】↓絵や書などを、掛け軸などにつくりあげること。例表具師。類表装

【表札】↓家の戸口や門にかける名札。類門札 表記「標札」とも書く。

【表紙】↓本の外がわにつける、紙・革・布などのおおい。例表紙をめくる。

【表題】↓書物や文章・講演などの最初にかかげる題。タイトル。表記「標題」とも書く。

【表皮】↓動物や植物のいちばん外がわのかわ。例表皮をはぐ。表皮をきずつける。

【表面】↓①ものの外がわやおもてがわの部分。例月の表面。類外面 対裏面・内面 ②ものごとの外から見える部分。例表面的な見方。事件が表面化する。対内面

【表裏】↕①もののおもてとうら。例表裏一体。②人の見ているときと見ていないときとで、することにちがいがあること。例表裏がある。類裏表・陰日向

❷〈あらわす〉の意味で

【表意文字】漢字のように、一字一字が意味を表している文字。類表語文字 対表音文字 参考☞ものしり巻物10（333ページ）

【表音文字】かなやローマ字のように、音だけを表す文字。対表意文字 参考☞ものしり巻物10（333ページ）

例解 使い分け　あらわす《表す・現す・著す》

表す＝中にあるものや、まとまっていないものを、ことば・絵・色などを使ってわかるように示す。例白丸は勝ちを表す。うれしさを顔に表す。ことばに表す。

現す＝かくれているものを、そのままのすがたや形で見えるようにする。例正体を現す。雲間から太陽がすがたを現す。

著す＝書物を書いて世に出す。例書物を著す。自叙伝を著す。

【表記】ひょうき Ⅲ〈—する〉ことばを文字で書き表すこと。例 表記法。

【表敬】ひょうけい ▲〈—する〉相手をうやまう気持ちを表すこと。例 表敬訪問。☞❶

【表決】ひょうけつ ↓〈—する〉議案について、出席者が賛成・反対の考えをしめして、事を決めること。例 表決に入る。

【表現】ひょうげん Ⅲ〈—する〉自分の考えや感じたことを、ことば・文字・色・音・しぐさなどによって表すこと。例 喜びを表現する。表現の自由。表現力。

【表語文字】ひょうごもじ 一字一字が単語を表している文字。中国では、漢字はそれぞれがある意味をもつ単語とみとめられる。類 表意文字

参考 ☞ものしり巻物10（333ページ）

【表示】ひょうじ Ⅲ〈—する〉はっきりとわかるかたちで表すこと。例 意思表示。品質表示。

【表彰】ひょうしょう Ⅲ〈—する〉よいおこないやよい成績などをほめて、広く知らせること。例 表彰状。

【表情】ひょうじょう ▲ 気持ちが顔つきに表れ出たもの。例 表情ゆたかな人。

【表明】ひょうめい ↓〈—する〉自分の考えや意見をはっきりと表すこと。例 所信表明。

←表が下につく熟語 上の字の働き

❶表＝〈おもて〉のとき
【地表 意表】ナニの外がわか。

❹表＝〈ひょう（表）〉のとき
【年表 別表 一覧表】ドノヨウナ表か。

◆裏表 公表 辞表 図表 代表 発表

衷

衣－3 総画9 常用 明朝 衷 8877

音 チュウ 中　訓 —

なりたち ［形声］「中」が「チュウ」という読み方をしめしている。「衣」の中に着る「したぎ」を表す字。

意味 ❶まんなか。なかほど。例 折衷 ❷まごころ。心の中。例 衷心

❷〈まごころ〉の意味で

【衷心】ちゅうしん Ⅲ 心のおくそこにある、ほんとうの気持ち。例 衷心より感謝します。

◆折衷 和洋折衷

衿

ネ－4 総画9 人名 明朝 衿 887F

音 キン 外　訓 えり 外

意味 えり。着物のえり。

衰

衣－4 総画10 常用 明朝 衰 8870

音 スイ 中　訓 おとろ-える 中

なりたち ［象形］雨具の「みの」をえがいた字。借りて、「おとろえる」として使われている。

意味 おとろえる。力やいきおいが弱くなる。例 体力が衰える。衰退・老衰 対 盛

【衰弱】すいじゃく Ⅲ〈—する〉からだの力やもののいきおいが弱くなること。例 神経衰弱。

【衰退】すいたい ↓〈—する〉いきおいが弱くなって、活気がなくなること。例 衰退の一途をたどる。類 衰微 対 隆盛・繁栄

【衰微】すいび Ⅲ〈—する〉さかんだったものごとが、おとろえ弱ること。例 内乱で国のいきおいが衰微する。類 衰退 対 隆盛

【衰亡】すいぼう ↓〈—する〉国や王朝などのいきおいがおとろえて、ほろびること。例 衰亡をまねく。対 興隆

◆盛衰 老衰

袂

ネ－4 総画9 表外 明朝 袂 8882

音 ベイ 外　訓 たもと 外

意味 たもと。和服の両そでのふくろのようになった部分。ものの両がわ。例 袂を分かつ（別れる）。橋の袂。連袂（行動をともにする）

袈

衣－5 総画11 人名 明朝 袈 8888

音 ケ 外　訓 —

意味 僧が肩からかける衣服「けさ(袈裟)」に使われる字。

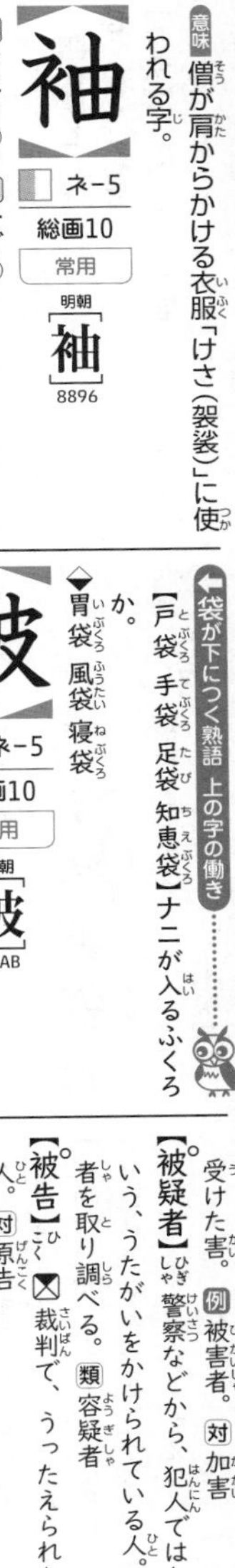

【袖】

ネ-5 総画10 常用 明朝 袖 8896

音 シュウ高 訓 そで中

筆順 袖

意味 そで。衣服のそで。ものの両わき。例 袖をしぼる(ひどく泣くさま)。舞台の袖。袖口・長袖

【袋】

衣-5 総画11 常用 明朝 袋 888B

音 タイ高 訓 ふくろ中

筆順 袋

なりたち 【形声】もとの字は、「帒」。「巾」が「布」を、「代」が「タイ」という読み方をしめしている。「タイ」は「つつむ」意味をもち、物をつつみ入れる布のふくろを表す字。のちに、「巾」が「衣」にかわって、「袋」となる。

意味 ふくろ。例 袋につめる。レジ袋。手袋・寝袋

特別なよみ 足袋(たび)

【袋小路】① 行き止まりになっていて、通りぬけのできないせまい道。② ものごとが行きづまること。例 袋小路に入りこむ。

袋が下につく熟語 上の字の働き

【戸袋 手袋 足袋 知恵袋】ナニが入るふくろか。

◆胃袋 風袋 寝袋

【被】

ネ-5 総画10 常用 明朝 被 88AB

音 ヒ中 訓 こうむ-る中

筆順 被

なりたち 【形声】「皮」が「おおう」意味と「ヒ」という読み方をしめしている。ねるときにおおう衣(ネ)を表す字。

意味 ❶なにかをされる。めいわくをこうむる。例 損害を被る。被害 ❷おおいかぶさる。かぶせる。例 被服

例解 使い分け おもて《表・面》

表＝物の外側。家の外。例 着物の表。表の門。表通り。対 裏

面＝顔。外から見える物の上の部分。例 面を上げる。池の面。批判の矢面に立つ。

参考「おもて」は、どちらも「面の方」からできたことば。「て」は方向。

❶〈なにかをされる〉の意味で

【被害】▲ 損害やわざわいを受けること。受けた害。例 被害者。対 加害

【被疑者】警察などから、犯人ではないかという、うたがいをかけられている人。例 被疑者を取り調べる。類 容疑者

【被告】☒ 裁判で、うったえられたほうの人。対 原告

【被災】▲(―する)火事・地震・台風などの災難にあうこと。例 出先だったため被災をまぬがれた。被災地。類 罹災

【被写体】写真にうつされる人やもの。

【被爆】▲(―する)爆弾によって被害を受けること。とくに、放射線を出す爆弾についていう。例 被爆者。表現 爆発ではなく、放射線にさらされるのは、「被曝」。

❷〈おおいかぶさる〉の意味で

【被服】Ⅲ きもの。からだに着るもの。類 衣料

【袴】

ネ-6 総画11 人名 明朝 袴 88B4

音 コ外 訓 はかま外

意味 はかま。和服で、腰から下をおおう、ひだのある衣服。

裁

衣−6 総画12 6年 明朝 裁 88C1

音 サイ 訓 た-つ中・さば-く

筆順 はねる はねる わすれない

なりたち [形声]「𢦏」が「たちきる」意味と「サイ」という読み方をしめしている。布をたって「衣」をつくることを表す字。

意味 ❶布地を切る。たつ。例 布を裁つ。裁断・洋裁 ❷さばく。よいかわるいかを決める。「裁判所」の略。例 罪を裁く。裁判・最高裁 ❸ようす。すがた。例 体裁

例解 [使い分け] たつ[断・絶・裁] ☞577ページ

❶〈布地を切る〉の意味で

【裁断】さいだん Ⅲ〈―する〉紙や布を型に合わせて切ること。例 裁断機。☞❷

【裁縫】さいほう ↓〈―する〉布地を用いて、着物に仕立てたり、ほころびをなおしたりするしごと。例 裁縫を習う。裁縫箱。類 針仕事

❷〈さばく〉の意味で

【裁決】さいけつ ↓〈―する〉ある物事について、よいかわるいか決めること。例 裁決をあおぐ。

【裁断】さいだん ↓〈―する〉よい、わるいを考えて、どうするかを決めること。☞❶

【裁定】さいてい ↓〈―する〉上に立つ人が、ものごとのよしあしをはっきり決めること。例 理事会の裁定がくだる。

【裁判】さいばん ↓〈―する〉うったえに対してどちらが正しいか、また、罪となるかどうかを、法律に当てはめてはっきりさせること。例 裁判であらそう。裁判所。裁判員。

【裁量】さいりょう ↓〈―する〉その人の考えで、ものごとを決めて、始末をつけること。例 各家庭の裁量にまかせる。自由裁量。

裁が下につく熟語 上の字の働き

❶裁=〈布地を切る〉のとき
【洋裁 和裁】ナニ式の裁縫か。

❷裁=〈さばく〉のとき
【制裁 決裁】近い意味。
【仲裁 独裁 総裁】ドノヨウニ裁くか。

◆体裁

装

衣−6 総画12 6年 明朝 装 88C5 旧字 裝 88DD

音 ソウ・ショウ中 訓 よそお-う高

筆順 みじかく はねる 人にならない

なりたち [形声]もとの字は、「裝」。「壮」が「ソウ・ショウ」という読み方をしめしている。「ソウ」は「つつみおさめる」意味をもち、「衣」をつけて身じたくすることを表す字。

意味 ❶よそおう。おもてをかざる。よそおい。例 装いを新たにする。装束・服装 ❷そなえつける。とりつける。例 装置・装備

❶〈よそおう〉の意味で

【装束】しょうぞく ↓とくべつの場合にそなえて、身じたくをすること。また、その着物。例 装束を着ける。白装束。能装束。

【装飾】そうしょく Ⅲ〈―する〉美しくかざること。かざるためにとりつけるもの。例 装飾品。

【装身具】そうしんぐ 首かざり・ゆびわ・ブローチなど、かざりとして身につけるもの。アクセサリー。例 服に合わせた装身具。

【装丁】そうてい ↓〈―する〉紙をとじ、表紙をつけて本の形にすること。そのデザイン。例 装丁家。

❷〈そなえつける〉の意味で

【装置】そうち Ⅲ〈―する〉ある仕事をするための機械や道具をとりつけること。とりつけたもの。例 冷房装置。舞台装置。

【装塡】そうてん Ⅲ〈―する〉しかけの中にものをつめこんで準備すること。例 ピストルにたまを装塡する。フィルムをカメラに装塡する。

【装備】そうび Ⅲ〈―する〉①必要な身じたくをしたり道具などをそろえたりすること。②道具や機械をそなえつけること。例 完全装備。例 船にレーダーを装備する。

←装が下につく熟語 上の字の働き

❶装＝〈よそおう〉のとき
【衣装 服装】近い意味。
【和装 洋装 盛装 正装 礼装 軽装 旅装 武装 男装 女装】ドノヨウナ装いか。
【改装 変装】装いをドウスルか。
【仮装 偽装】ドノヨウニ装うか。
【塗装 舗装 包装】ドウヤッテかざるか。

【裂】

衣-6 総画12 常用 明朝 裂 88C2

音 レツ㊥ 訓 さ-く㊥・さ-ける㊥

筆順 歹 歹 列 列 烈 裂 裂 裂

なりたち 【形声】「切りさく」意味の「列」が「レツ」という読み方をしめしている。「衣」を切りさくことを表す字。

意味 さく。さける。ひきさく。例 布を裂く。大地が裂ける。裂傷・分裂

例解 [使い分け] さく[裂・割] ☞このページ

【裂傷】れっしょう ↓ 皮膚などがさけてできたきず。

←裂が下につく熟語 上の字の働き
【分裂 破裂 決裂】近い意味。
◆亀裂 支離滅裂

【裟】

衣-7 総画13 人名 明朝 裟 88DF

音 サ㊫ 訓 —

意味 僧が肩からかける衣服「けさ(袈裟)」に使われる字。

【補】

ネ-7 総画12 6年 明朝 補 88DC

音 ホ 訓 おぎな-う

筆順 ネ ネ ネ 祈 祠 補 補 補（とめる・とめる・はねる・わすれない）

なりたち 【形声】「ネ(衣)」が「布」を、「甫」が「ホ」という読み方をしめしている。「ホ」は「つける」意味をもち、やぶれたところに布をつけたすことを表す字。「おぎなう」として使われている。

意味
❶おぎなう。足りないところをうめあわせる。例 不足を補う。補充
❷たすける。例 補助・補佐
❸役目を命じる。例 部長に補する。
❹見習い。正式の役につく前の身分。例 候補・警部補

例解 使い分け さく《裂く・割く》

裂く＝力をくわえてやぶる。引きはなす。
例 布を裂く。生木を裂く。切り裂く。

割く＝切り分けて、一部をほかに役立てる。
例 事件の報道に紙面を割く。人手を割く。スペースを割く。

❶〈おぎなう〉の意味で

【補遺】ほい ▲ 書きもらしたことを集めて、あとで書きくわえた部分。例 巻末の補遺。

【補給】ほきゅう ↓〈ーする〉使って足りなくなったものをおぎなうこと。例 水分を補給する。

【補強】ほきょう ↓〈ーする〉弱いところや足りないところをおぎなって、強くすること。例 耐震補強工事。

【補欠】ほけつ ▲ 人が足りなくなったところをおぎなうこと。定員が欠けたとき、そこに入る人。例 補欠の選手。補欠選挙。

【補修】ほしゅう ↓〈ーする〉こわれたところや足りないところをつくろうこと。例 補修工事。

【補習】ほしゅう ↓〈ーする〉ふつうの授業でできなかったところを、とくべつに時間をわりあてて学習すること。例 補習授業。

【補充】ほじゅう ↓〈ーする〉足りない分のあなうめをすること。例 欠員を補充する。

【補償】ほしょう ↓〈ーする〉相手にあたえた損害をお金などでうめあわせること。類 代償

例解 [使い分け] ほしょう[保証・保障・補償] ☞93ページ

【補正】ほせい ⇩〈—する〉具合のわるいところをなおして、きちんとすること。例補正予算。類修正

【補足】ほそく Ⅲ〈—する〉足りないところをおぎなって、つけ足すこと。例補足説明。

❷〈たすける〉の意味で

【補佐】ほさ Ⅲ〈—する〉中心となって仕事をしている人をたすけること。その役目の人。例副会長は会長の補佐役である。課長補佐。

【補助】ほじょ Ⅲ〈—する〉足りないところをおぎなって、たすけること。例補助教材。

【補助席】ほじょせき 劇場や乗り物などで、ふだんの座席だけで足りないとき、通路などにつくる席。例補助席をもうける。

【補聴器】ほちょうき 音がきこえにくい人がきこえるようにするために耳にあてる器具。

【補導】ほどう ⇩〈—する〉少年少女がわるいことをせず、正しい道を進むようにみちびくこと。

裕

ネ−7 総画12 常用 明朝 裕 88D5

音 ユウ 中 訓 ゆた-か 外

筆順 裕 裕 裕 裕 裕 裕 裕

なりたち 【形声】「谷」が「ユウ」とかわって読み方をしめしている。「コク」は「ゆたかにある」意味をもち、衣(ネ)がゆったりしていることを表す字。

意味 ゆたか。ゆとりがある。例裕福・余裕

名前のよみ すけ・ひろ・ひろし・まさ・みち・やす

【裕福】ゆうふく Ⅲ〈—な〉ものやお金がたくさんあって、くらしがゆたかなこと。例裕福な家庭に育つ。類富裕 対貧乏

← 裕が下につく熟語 上の字の働き

【富裕 余裕】近い意味。

裏

衣−7 総画13 6年 明朝 裏 88CF

音 リ 中 訓 うら

筆順 裏 裏 裏 裏 裏 裏 裏 （はねる）（人にならない）

なりたち 【形声】「衣」と「里」とからでき、「里」が「リ」という読み方をしめしている。「リ」は「うちがわ」の意味をもち、衣のうちがわを表す字。

意味

❶うらがわ。表面の反対がわ。主でないほう。例裏の裏を行く。裏口・裏町 対表

❷うちがわ。心のうち。例脳裏

❸…のうちに。例成功裏

❶〈うらがわ〉の意味で

【裏表】うらおもて ⇕ ①布や紙などのうらとおもて。②おもてとうらを反対にすること。うらがえし。あべこべ。例シャツを裏表に着る。③人に見えるところと見えないところとで、おこないにちがいがあること。例裏表があって信用できない人。類表裏・陰日向

【裏方】うらかた ⇩ ①劇や映画で、観客から見えないところではたらく人たち。②もよおしものなどを、表面に出ないでかげでささえる仕事をする人たち。例裏方に徹する。

【裏口】うらぐち ⇩ ①家のうらがわにある出入り口。類勝手口 対玄関 ②正式ではなく、かげにかくれてするやり方。例裏口入学。

【裏声】うらごえ ⇩ とくべつな発声法で出す高い声。ファルセット。対地声

【裏作】うらさく ⇩ おもな作物の収穫のあとにつくる作物。例イネの裏作にムギをつくる。対表作

【裏地】うらじ ⇩ 衣服のうらにつける布。

【裏腹】うらはら ⇕〈—な〉二つのことが正反対のようす。例本心とは裏腹のことを言う。

【裏町】うらまち ⇩ 大きな通りからはなれた、あまり人の通らない町。

【裏目】うらめ ⇩ さいころで、ある目の反対がわの目。例裏目に出る(思っていたのとは逆の、不利な結果になる)。

【裏技】うらわざ ⇩ ふつうには知られていないやり方。知っていると便利な知恵。

【裏面】りめん ⇩ ①もののうらがわ。例月の裏面。対表面 ②おもてにあらわれない、かくれたところ。人に知られていない部分。対表面

← 裏が下につく熟語 上の字の働き

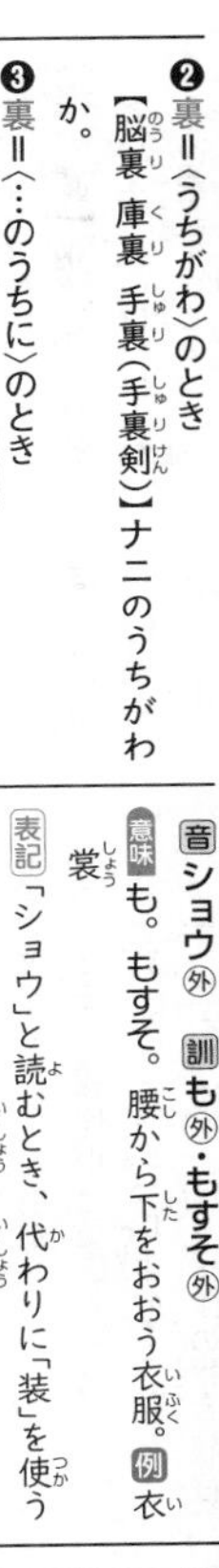

❷裏＝〈うちがわ〉のとき
【脳裏 庫裏 手裏（手裏剣）】ナニのうちがわか。
❸裏＝〈…のうちに〉のとき
【成功裏 秘密裏】ドンナ状態のうちにか。
◆囲炉裏 内裏 表裏

【裡】
ネ－7 総画12 人名 明朝 裡 88E1

音 リ 外 訓 うら 外

意味 「裏」と同じ使い方をする字。

☞【裏】（みぎのページ）

【褐】
ネ－8 総画13 常用 明朝 褐 8910 旧字 褐 FA60

音 カツ 中 訓 —

筆順 ネ ネ ネ ネ 衤 衤 褐 褐 褐

なりたち ［形声］もとの字は、「褐」。「曷」が植物の「クズカズラ」の意味と「カツ」という読み方をしめしている。クズの繊維でおった衣（ネ）を表す字。

意味 こげちゃ色。例 褐色

【褐色】↓黒みがかった茶色。こげ茶色。例 日に焼けた褐色のはだ。茶褐色

【裳】
衣－8 総画14 人名 明朝 裳 88F3

音 ショウ 外 訓 も 外・もすそ 外

意味 も。もすそ。腰から下をおおう衣服。例 衣裳

表記 「ショウ」と読むとき、代わりに「装」を使うことがある。例 衣裳→衣装

【裾】
ネ－8 総画13 常用 明朝 裾 88FE

音 キョ 外 訓 すそ 中

筆順 ネ ネ ネ 衤 衤 裾 裾 裾 裾

意味 すそ。衣服の下のはし。山のふもと。例 着物の裾。山裾

【裾野】↓山のふもとにゆるやかに広がる野原。例 富士の裾野。

【製】
衣－8 総画14 5年 明朝 製 88FD

音 セイ 訓 —

筆順 （だす・はねる・人にならない）

なりたち ［形声］「制」が「たちきる」意味と「セイ」という読み方をしめしている。布をたって「衣」をつくることを表す字。

意味 品物をつくる。こしらえる。例 工具を製する。製材・作製

【製塩】▲〈―する〉しおをつくること。

【製菓】▲おかしをつくること。例 製菓材料。製菓会社。

【製材】▲〈―する〉山から切り出した丸太を板や角材などにすること。例 製材所。

【製作】Ⅱ〈―する〉道具や機械を使って品物や道具をつくること。類 製造・作製

> 例解 使い分け
> せいさく《製作・制作》
> 製作＝物を作ること。例 電気器具を製作する。機械を製作する。
> 制作＝芸術などの作品を作ること。例 工芸品を制作して展示する。
> 参考 映画には「製作」を、テレビには「制作」を使うことが多い。

【製糸】▲糸をつくること。まゆから生糸をとること。例 製糸業。製糸工場。

【製図】▲〈―する〉機械や建物などをつくるために、その形や大きさを正確にしめした図面をかくこと。例 製図板。

【製造】Ⅱ〈―する〉原材料から品物をつくること。例 製造元。類 製作・作製

【製鉄】▲鉄鉱石をとかして、鉄をつくること。例 製鉄所。

【製糖】▲サトウキビ・サトウダイコンなどから砂糖をつくること。例 製糖会社。

【製品】↓手や機械でつくりあげた品物。

例 新製品を開発する。

【製粉】▲ 穀物をひいて、こなにすること。

【製法】↓ もののつくり方。製造する方法。例 秘伝の製法。

【製本】▲〈—する〉印刷したものなどをとじて表紙をつけ、本の形にしあげること。例 クラスの文集を製本する。

【製薬】▲ くすりをつくること。

←製が下につく熟語 上の字の働き

【並製 上製 特製】ドノ程度のつくりか。

【粗製 精製 謹製】ドノ程度につくるか。

【官製 私製】ダレがつくるか。

◆既製 作製 手製 複製 木製 和製

裸

音ラ中 訓はだか中

ネ-8 総画13 常用 明朝 裸 88F8

筆順 ネ ネ ネ ネ 裈 裸 裸 裸

なりたち 〔形声〕「果」が「ラ」とかわって読み方をしめしている。「カ」は「はだか」の意味をもち、衣(ネ)をつけないむきだしのはだを表す字。

意味 はだか。むきだしになっているもの。例 裸になる。裸体・丸裸

【裸一貫】自分のからだのほかには財産といえるものはなにもないこと。例 裸一貫から事業をおこす。

【裸眼】↓ 眼鏡をかけないで物を見るときの目。例 裸眼の視力は〇・三だ。類 肉眼

【裸体】↓ なにも着ていないはだかのからだ。例 裸体をさらす。裸体画。

←裸が下につく熟語 上の字の働き

【全裸 丸裸 半裸 赤裸裸】ドノ程度の裸か。

複

音フク 訓—

ネ-9 総画14 5年 明朝 複 8907

筆順 ネ ネ ネ 複 複 複 複 (とめる) (はらう)

なりたち 〔形声〕「复」が「かさねる」意味と「フク」という読み方をしめしている。衣(ネ)を重ねることを表す字。

意味

❶二つ以上である。重なっている。例 複雑・重複 対 単

❷おなじものをつくる。もう一度する。例 複写・複製

❶〈二つ以上である〉の意味で

【複眼】↓ 一つのように見えるが、じつは小さな目がたくさん集まってできている目。トンボ・セミなどの昆虫にある。対 単眼 表現 ものごとをいろいろな面から見て、考えあわせることを、「複眼的な思考」という。

【複合】↓〈—する〉二つ以上のものが合わさって一つになること。例 スキーの複合競技。

【複雑】Ⅱ〈—な〉いろいろなことがからみあって、ややこしいようす。例 複雑な表情。対 単純・簡単

【複式】↓ 二つ以上のものが合わさって、一つになっている形式。例 複式学級。複式顕微鏡。類 複合 対 単式・単独

【複数】↓ 二つ以上の数。例 複数回答可。対 単数

【複線】↓ 鉄道で、上りと下りの線路がべつべつにしかれているもの。対 単線 表現「複線」は、複線を二つならべてしいた線路。

【複利】↓ 利子のつけ方で、きまった期間が終わるたびに、利子を元金にくり入れて、その全体に利子をつけていくやり方。対 単利

❷〈おなじものをつくる〉の意味で

【複写】↓〈—する〉①機械やカメラなどで、書類や図面などをそのままうつしとること。コピー。例 設計図を複写する。類 転写 ②書類などで、おなじものを同時に二つ以上作ること。例 複写紙。

【複製】↓〈—する〉美術品・工芸品・録画・録音・書物などを、もとのものとそっくりに作ること。原物そっくりに作った品。レプリカ。例 複製画。不許複製。類 模造

褒

音ホウ高 訓ほ-める中

衣-9 総画15 常用 明朝 褒 8912 旧字 襃 8943

ものしり巻物 第28巻

杜甫の詩と日本への影響

杜甫は、李白と並び称される大詩人ですが、その人柄はまったく対照的で、「詩聖」と呼ばれています。一生を貧窮と病苦の不遇の中で過ごし、各地を流浪して生涯を終えました。

絶句を得意とする李白に対して、杜甫は特に律詩のすばらしさに定評があります。杜甫の代表作である五言律詩「春望」は、つぎのとおりです。

国破山河在　国破れて山河在り
城春草木深　城春にして草木深し
感時花濺涙　時に感じては花にも涙を濺ぎ
恨別鳥驚心　別れを恨んでは鳥にも心を驚かす
烽火連三月　烽火三月に連なり
家書抵万金　家書万金に抵る
白頭掻更短　白頭掻けば更に短く
渾欲不勝簪　渾べて簪に勝えざらんと欲す

（国家は、賊軍のためにすっかり崩壊し、自然だけがそのままに存在する。長安の町に春がやってきて、草木が変わらずに深々と生い茂った。戦乱の時節を思うと、咲く花を見ても涙がこぼれ、家族との別れを悲しんでは、鳥の鳴く声にも心が痛む。戦いののろしは何か月もの間続いており、家族からの手紙はなかなか届かないので、万金にも値するほど貴重だ。心痛のために白髪頭をかけばかくほど薄くなり、もうすっかり冠をとめるかんざしもさせなくなりそうだ）

《韻字＝深・心・金・簪》

春のながめと題したこの詩は、楽しいはずの春の景色を戦乱の世相と重ね合わせて、みごとな対照によって描いています。

律詩のきまりで第三句と第四句、第五句と第六句が対句になるのですが、この詩は第一句と第二句も対句で構成されています。

わが国の江戸時代の俳人、松尾芭蕉は、特に杜甫の詩を好んで、その影響を強く受けています。たとえば、紀行『おくのほそ道』の冒頭の「月日は百代の過客にして」につづく文で、「古人も多く旅に死せるあり」という「古人」は、おそらく李白や杜甫のことを指すのだろうと思われます。また、平泉でも「国破れて山河あり、城春にして草青みたり」と杜甫の「春望」から引用したうえで、「夏草や兵どもが夢の跡」の句を詠んでいます。

このようにして、多くの日本の文学者たちも唐詩を愛読し、その豊かな表現から大きな影響を受けて、新たな作品世界へと花開かせていったことがわかります。

筆順 褒

なりたち 褒 [形声]「衣」と「保（もとは「呆」）」とからでき、「保」が「ホウ」とかわって読み方をしめしている。「ホ」は「ひろい」の意味をもち、すその大きく広がった衣を表している字。

意味 ほめる。ほめたたえる。例 褒賞

【褒章】ほうしょう ↓ 学問・文化・産業などにつくした人をほめて、国があたえる記章。紅綬・緑綬・藍綬・紺綬・黄綬・紫綬の六種類がある。

【褒賞】ほうしょう Ⅱ（ーする）国や機関がほめて、あたえるお金や品物。類 褒美

【褒美】ほうび Ⅱ よいおこないをほめてあたえるお金や品物。例 がんばったご褒美をあげる。類 褒賞

襖

ネ－13 総画18 人名 明朝 襖 8956

音 オウ 外 訓 ふすま 外

意味 ふすま。部屋を仕切るために、木の枠組みに布や紙をはった建具。

襟

ネ－13 総画18 常用 明朝 襟 895F

音 キン 高 訓 えり 中

筆順 襟

なりたち 裣 [形声] もとの字は、「裣」。「禁（↑金）」が「とじる」意味と「キン」という読み方をしめす。衣（ネ）の前を合わせてとじる部分を表す字。

意味 ❶衣服のえり。例 襟を正す。❷心の中。胸のうち。例 胸襟

❶〈衣服のえり〉の意味で

【襟首】えりくび ↓ 首のうしろ。うなじ。例 襟首をつかまれる。類 首筋

【襟巻】えりまき ↓ 寒さをふせぐために首にまく布や毛皮。マフラー。表記「襟巻き」とも書く。

【襟元】えりもと ↓ えりのあたり。着物のえりの合わさる胸のあたり。例 襟元を合わせる。

襲

衣－16 総画22 常用 明朝 襲 8972

音 シュウ 中 訓 おそ-う 中

筆順 襲

なりたち 襲 [形声]「龖→龍」が「かさねる」意味と、「シュウ」とかわって読み方をしめしている。「衣」をくわえて、重ね着することを表す字。借りて、「おそう」として使われている。

意味 ❶おそう。せめかかって害をくわえる。例 敵を襲う。襲撃・強襲 ❷あとをつぐ。受けつぐ。例 襲名・踏襲

❶〈おそう〉の意味で

【襲撃】しゅうげき ↓（ーする）いきおいをつけて敵にせめかかること。例 敵の襲撃を受ける。

【襲来】しゅうらい ↓（ーする）敵や台風などが、おそってくること。例 敵機襲来。類 来襲

❷〈あとをつぐ〉の意味で

【襲名】しゅうめい ▲（ーする）歌舞伎役者や落語家などが、親や師匠の名を受けつぐこと。例 襲名披露。

襲が下につく熟語 上の字の働き

❶襲＝〈おそう〉のとき

【奇襲 急襲 強襲 空襲 夜襲 来襲】ドノヨウニ襲うか。

❷襲＝〈あとをつぐ〉のとき

【世襲 踏襲】ドノヨウニつぐか。

6画 西 襾 [にし] の部

方角の西を表す「西」の字と、「襾」の形がめやすとなっている字を集めてあります。

この部首の字

0 西……958
3 要……959
12 覆……960
13 覇……961
栗▸木 639
票▸示 828
粟▸米 864

西

西－0 総画6 2年 明朝 西 897F

音 セイ・サイ 訓 にし

筆順 一 丆 襾 西 西 西（おらない）

なりたち [象形] 酒をしぼるかごをえがいた字。借りて、「にし」として使われている。

意味 ❶にし。例 日が西にかたむく。西日・東西 対 東
❷せいよう（西洋）。ヨーロッパやアメリカ。例 西暦

名前のよみ あき

❶〈にし〉の意味で

【西下】さいか ↓〈―する〉東京から西のほうへ行くこと。例 視察のために西下する。対 東上

【西国】さいごく・さいこく ↓ 西のほうの国。日本の関西より西のほう、とくに、九州地方をいう。例 西国にくだる。対 東国

【西方浄土】さいほうじょうど ↓ 仏教のことばで、西のほうにあって、阿弥陀仏が住むといわれる極楽世界。

【西域】せいいき・さいいき ↓ 中国の西のほうの国々。例 西域諸国。知識 今の新疆維吾爾自治区（☞うしろ見返し「東アジア地図」）から中央アジアのあたり。その中を通る道を、「シルクロード（絹の道＝絹の交易に使われた道）」という。『西遊記』の三蔵法師（実の名は玄奘）は、この道を通っていった。

【西欧】せいおう ↓ ヨーロッパの中でドイツあたりから西のほうを指すことば。西ヨーロッパ。例 西欧諸国。対 東欧 ☞❷

【西経】せいけい ↓ イギリスの旧グリニッジ天文台を通る子午線を〇度として、それから西のほうへはかった経度。一八〇度まである。例 西経一二〇度 対 東経

【西洋】せいよう ↓ ヨーロッパやアメリカの国々。例 西洋料理。類 欧米・西欧 対 東洋

【西日】にしび ↓ 西にかたむいた太陽の光。例 西日がさす。午後は西日があたって暑い。

❷〈せいよう（西洋）〉の意味で

【西欧】せいおう Ⅱ ヨーロッパの国々。例 西欧文明。類 西洋 ☞❶

【西暦】せいれき ↓ キリストの生まれた年を紀元元年とする、年数のかぞえ方。

◆関西 泰西 東西 古今東西

要

襾-3 総画9 4年 明朝 要 8981

音 ヨウ 訓 かなめ・い-る 中

筆順 一 襾 要 要 要 要（西にならない）（とめる）

なりたち [象形] 人がこしに両手をあてているようすをえがいて、こしを表す字。

意味 ❶かなめ。だいじなところ。たいせつな点をまとめる。例 要を得ている。守備の要。要点・重要
❷もとめる。必要である。例 お金が要る。注意を要する。要求・必要

例解 [使い分け] いる[入・要・居] ☞119ページ

[文字物語] ☞960ページ

❶〈かなめ〉の意味で

【要因】よういん ↓ なにかがなりたつために、もとになることがら。おもな原因。例 事故の発生には複数の要因がからんでいる。類 主因・要素

【要害】ようがい Ⅱ ①地形がけわしくて、せめるのにむずかしく、まもるのにつごうのよいところ。例 要害の地。②人の力でつくった城やとりで。例 山の上に要害をきずく。

【要件】ようけん ↓ 仕事をするうえで、たいせつなことがら。例 第一の要件。☞❷

例解 [使い分け] ようけん[用件・要件] ☞775ページ

【要項】ようこう ↓ だいじなことがらを、項目にまとめたもの。例 募集要項。

【要綱】ようこう ↓ 考え方などのもとになる、たいせつなすじみちをまとめた文章。

【要塞】ようさい ↓ 敵をふせぐためにつくった、がんじょうな陣地。とりで。

【要旨】ようし ↓ 文章や話の中で言い表そうとしているだいじなことがら。例 要旨をかんたんに述べる。類 主旨・主題・大意

【要所】ようしょ ↓ ①たいせつな場所。例 交通の要所に関所をおく。類 要衝・要地 ②全体の中

で、たいせつなところ。例 要所要所で気をひきしめる。類 要点・急所

【要衝】ようしょう Ⅱ 交通・軍事・産業などから見て、だいじな場所。例 交通の要衝。類 要所・要地。

【要職】ようしょく ↓ 責任の重い、たいせつな役目。例 要職につく。類 重職

【要人】ようじん ↓ 重要な地位についている人。例 外国の要人を空港に出むかえる。

【要素】ようそ ↓ なりたちのもとになっているもの。例 構成要素。類 成分・要因

【要点】ようてん ↓ もっともたいせつなところ。例 文章の要点をまとめる。類 要所・急所・主旨・骨子・要領

【要約】ようやく ↓〈—する〉文章や話のだいじなところをまとめて、全体を短くすること。まとめて短くしたもの。例 話の全体を要約すると、こういうことだ。類 概括

【要覧】ようらん ↓ 学校や会社などのようすを、図や表などを使って見やすくまとめたもの。例 学校要覧。

【要領】ようりょう Ⅱ ①だいじなすじみち。例 指導要領。要領を得ない話。類 要点 ②仕事を手ぎわよくやるための方法。こつ。例 要領のよい手順を考える。

❷〈もとめる〉の意味で

【要員】よういん ↓ 仕事などをするのに必要な人員。

【要求】ようきゅう Ⅱ〈—する〉こうしてほしいと、相手に強くもとめること。例 時代の要求にこたえる。類 要望・要請・請求

【要件】ようけん ↓ なにかをするのになくてはならない条件。例 要件のすべてをみたす。☞❶

例解 [使い分け] ようけん[用件・要件] ☞775ページ

【要請】ようせい Ⅱ〈—する〉こうしてほしいと、相手におねがいすること。例 救助隊の出動を要請する。類 要求・要望

【要注意】ようちゅうい 気をつけなければならないこと。例 雨の日の運転は要注意だ。

【要望】ようぼう Ⅱ〈—する〉こうしてほしいと相手にのぞむ。例 要望にこたえる。類 要求・要請

文字物語

要

「要」の字の訓の一つに「かなめ」というのがある。「かなめ」は、もともと、扇の骨をとじあわせるためにさし通した小さなくぎをいった。扇の骨をまとめ、開いたりとじたりするときにだいじなポイントとなるところだから、そのものにとっていちばんたいせつなところを「かなめ」というようになった。それで、おなじ「重要なこと・部分」の意味をもつ漢字の「要」に「かなめ」の訓があてられた。

「要」のもう一つの訓は、「必要とする」の意味の「いる」。わたしたちは、物を「いらない」と言ってことわるときに、「いりません」と言うのでは、ぶっきらぼうではないかと思い、つい「けっこうです」とか「いいです」とか言う。すると、外国人には、受け入れて「オーケー」と言っているようにも思われてしまう。こういうとき、中国語では「プヤオ」と言って、はっきり態度を表し、失礼にならない。「プヤオ」は、「不要」である。

← 要が下につく熟語 上の字の働き

❶ 要＝〈かなめ〉のとき

【肝要 枢要 重要 主要】近い意味。

【概要 大要】ドノクライのまとめか。

❷ 要＝〈もとめる〉のとき

【必要 需要】近い意味。

◆ 強要 所要 摘要 不要 法要

覆

襾-12 総画18 常用 明朝 覆 8986

音 フク 中 訓 おお-う 中・くつがえ-す 高・くつがえ-る 高

筆順

なりたち 覆 [形声]「襾」が「おおう」意味を、「復」が「フク」という読み方をしめしている。「フク」は「つつむ」意味をもち、おおいかぶせることを表す字。

意味 ❶おおう。上にかぶせて全体をつつむ。例 顔を覆う。覆面

❷くつがえす。ひっくりかえる。例 予想を覆す。船が覆る。転覆

❶〈おおう〉の意味で

【覆面】ふくめん ▲（―する）布などで顔をおおいかくすこと。おおう布。表現「覆面作家」「覆面パトカー」など、名前や正体をかくす意味にも使う。

❷〈くつがえす〉の意味で

【覆水盆に返らず】ふくすいぼんにかえらず いったん別れた夫婦は元どおりになれない。終わったことは、元にはもどらない。

［故事のはなし］☞ このページ

覇

西－13　総画19　常用

明朝 覇 8987　旧字 霸 9738

音 ハ 中　訓 ―

筆順

故事のはなし　覆水盆に返らず

むかしの中国で、周の太公望呂尚は、わかいときには読書にふけってばかりいたので、妻が愛想をつかして家を出ていった。のちに出世してから、その別れた妻が復縁をもとめたところ、呂尚は、盆に入っていた水をこぼして、「元どおりにしてみよ（そんなことはできないことだ）」と言ってことわった。（王嘉『拾遺記』）

参考 太公望はよく釣りをしていたことでも有名である。（☞291ページ）

なりたち ［形声］もとの字は、「霸」。「䨣」が「ハ」とかわって読み方をしめしている。「ハ」は「白い」の意味をもち、「月」の白い光を表す字。

意味 力でみんなの上にたつ。武力で天下をおさめる。例 覇を競う。制覇

【覇気】はき ↓ 自分から進んで立ちむかおうとする意気ごみ。例 覇気がある。

【覇権】はけん ↓ ①武力によって手に入れた、天下をおさめる権力。例 覇権をにぎる。②競技などの優勝者としての地位や名誉。

【覇者】はしゃ ↓ ①武力で天下を取った者。対 王者 ②競技の優勝者。例 リーグ戦の覇者。類 王者 知識 むかしの中国の考え方で、天下を取るのに二つの方法があり、徳によるものを「王道」、武力によるものを「覇道」といった。①は、その意味での「覇者」であり、「王者」はその反対ということになる。

6画　瓜［うり］の部

つるに下がるウリの形をえがいた象形である「瓜」と、「瓢」の字が入ります。もとは「瓜」の形で、「5画」。

瓜

瓜－0　総画6　人名

明朝 瓜 74DC

音 カ 外　訓 うり 外

意味 うり。ウリ科の作物をまとめていうことば。例 南瓜・胡瓜・西瓜・糸瓜

【瓜田】かでん ↓ うり畑。

【瓜田に履を納れず】かでんにくつをいれず うり畑では（うりをぬすんでいるのではないかと疑われるから）くつをはきなおさないほうがよい。瓜田に履を納れず、李下に冠を正さず。☞「李」の「文字物語」（626ページ）

瓢

瓜－11　総画17　人名

明朝 瓢 74E2

音 ヒョウ 外　訓 ひさご 外

意味 ひさご。ふくべ。ひょうたん。

【瓢簞】ひょうたん ◎ ①つる性の一年草。秋に、途中がくびれた実がなる。②ひょうたんの実で作った、酒や水を入れる容器。

7画 見［みる］の部

「見」をもとに作られ、目で見ることにかかわる字を集めてあります。

この部首の字
0見……962 4規……963 視……964
5覚……964 9親……965 10覧……966 11観……966

見

見－0 総画7 1年 明朝 見 898B

音ケン 訓み-る・み-える・み-せる

筆順 （はねる）（おらない）

なりたち ［会意］大きな「目」と人体（儿）を合わせて、人が大きな目でみることを表している字。

意味
❶みる。目で見る。見える。見せる。例まどの外を見る。山々が見える。すがたを見せる。見物・露見
❷人と会う。顔を合わせる。例会見
❸かんがえ。まとまった考え。例見解・意見

例解［使い分け］みる［見・診］☞ひだりのページ

名前のよみ あき・あきら・ちか

❶〈みる〉の意味で

【見学】けんがく ↓〈─する〉①じっさいに見て学ぶこと。例社会見学。類参観 ②じっさいにするのではなく、見るだけで勉強をすること。例かぜで、体育の時間を見学する。

【見当】けんとう ◎①ものごとや先のことに対する見こみ。例おおよその見当がつく。見当ちがい（見こみや考えがはずれていること）。類目算 ②だいたいの方角。例バス停はこっちだろうと見当をつける。③だいたいそれくらい。例千円見当の品。表現③は、数を表すことばにつけて使う。

【見物】一けんぶつ ▲〈─する〉おもしろいものやめずらしいものを見て楽しむこと。例高みの見物（自分は安全な場所にいて、人のこまったできごとなどをおもしろ半分に見ること）。見物客。名所見物。二みもの ↓見るねうちのあるもの。例ゆうべの花火は見ものだった。

【見聞】けんぶん ‖〈─する〉じっさいに見たり聞いたりすること。また、それによって得た知識。例見聞を広める。

【見事】みごと ◎〈─に・─な〉できばえや結果がすぐれているようす。例見事なできだ。表現ほめる意味のことばだが、よくないことにでも、「見事に負けた」などと、文句のつけようがないという意味で使うことがある。

【見世物】みせもの ①入場料を取ってめずらしいものやわざを見せるもよおしもの。例見世物小屋。②まわりの人からおもしろがって見られること。例いい見世物にされてしまった。

【見所】みどころ ↓①見るねうちのあるところ。例この映画の見どころは主人公のアクションだ。②これから先、役に立ちそうな長所。例見どころのある青年。

【見本】みほん ↓①どんな品物かがわかるように見せるための実物。サンプル。例見本市。商品見本。②それを見ればどんなことかわかる代表的な例。よい手本。例見本をしめす。

【見目】みめ ◎見たときに受ける感じ。例見目

文字物語 規

「規矩準縄」ということばがある。「人が守るべき目安とするきまり」という意味で使われるが、もともと、「規」はコンパス、「矩」はかねじゃくというL字形の定規、「準」は水準器、「縄」は墨と糸とで直線をかく道具、墨縄をいった。この四つは、昔から建築になくてはならない基本の道具であった。コンパスで円を、かねじゃくで四角形をえがいて、水準器で水平かどうかをはかり、墨縄で直線をひくのだ。

「規」はまた、コンパスでえがかれる円形をいう。わたしたちの耳の中に「半規管」というものがある。からだのバランスをたもつのにはたらいている器官だ。「半規」は「半円」の意味。リンパ液のはいった半円形の管が三本、たがいに直角にまじわっているところから、これを「三半規管」ともいう。

うるわしい女性。類器量

❸〈かんがえ〉の意味で

【見解】けんかい Ⅲ あるものごとについての、その人の見方や考え方。例見解を明らかにする。見解の相違。

【見識】けんしき Ⅲ ものごとについてのしっかりとした考え。例見識が高い。類識見

【見地】けんち ↓ ものを見るとき、考えるときの立場。例人道的見地に立って意見を言う。類観点・視点・視角・角度

【見境】みさかい ↓ もののちがいが見分けられること。例見境がない。類分別

見が下につく熟語 上の字の働き

❶見＝〈みる〉のとき
【一見 後見 拝見 発見 披見 予見 下見】ドノヨウニ見るか。
【形見 雪見】ナニを見るか。

❷見＝〈人と会う〉のとき
【謁見 会見】近い意味。

❸見＝〈かんがえ〉のとき
【意見 識見】近い意味。
【高見 卓見 達見 定見 私見 偏見 異見 了見】ドノヨウナ考えか。

◆引見 外見 所見 政見 露見

規

見－4　総画11　5年　明朝 規 898F

音キ　訓―

7 見 みる 4画 規 ◀次ページ 視 覚

筆順

なりたち 規 【形声】「夫」が「道具・ものさし」を、「見」が「キ」とかわって読み方をしめしている。「ケン」は「まるい」の意味をもち、円をかくコンパスを表す字。

意味
❶コンパス。例定規
❷きまり。てほん。例規則・法規

[文字物語]☞みぎのページ

名前のよみ ただ・ただし・ちか・のり・もと

❷〈きまり〉の意味で

【規格】きかく Ⅲ 製品の形・大きさ・品質についてのきまり。例規格に合っている。

【規矩準縄】きくじゅんじょう きまり。参考☞「規」の「文字物語」（みぎのページ）

【規制】きせい ↓〈─する〉きまりをつくって、それからはずれないようにすること。例車の乗り入れを規制する。類統制

例解 使い分け　みる《見る・診る》

見る＝目を向ける。ながめる。調べる。世話をする。
例テレビを見る。見て見ぬふり。景色を見る。味を見る。めんどうを見る。

診る＝体のぐあいを調べる。
例脈を診る。医者に診てもらう。

新聞を見る　患者を診る

【規則】きそく Ⅲ 世の中のことや自分の生活などをきちんと進めていくために、まもらなければならないきまり。ルール。例規則正しい生活。交通規則。類規約・規律・規定・規程・法則・約束

【規定】きてい ↓〈─する〉きちんとしたきまりをつくること。そのきまり。例規定の書式にしたがう。類規則・規程

【規程】きてい Ⅲ きまり。とくに、役所や会社内の仕事のやり方について決めたもの。例服務規程。類規定・規則

【規範】きはん Ⅲ 考え方や行動のしかたについての、人びとのよりどころ。例規範をしめす。

【規模】きぼ Ⅲ 物事のしくみ・わく組みなどの大きさ。スケール。例規模を広げる。大規模。

【規約】きやく Ⅲ 関係する人びとが話し合って決めたきまり。例会の規約にしたがって活動する。類規則

【規律】きりつ Ⅲ ①人のおこないのよりどころになるきまり。例規律を重んじる。類規則 ②ものごとのすじみちや順序がきちんとして

いること。例規律ある生活。

←規が下につく熟語 上の字の働き

❷規＝〈きまり〉のとき
【新規 正規 内規】ドノヨウナきまりか。

◆法規

視

見-4 総画11 6年 明朝 視 8996 旧字 視 FA61

音シ 訓み-る外

筆順 視（とめる・はねる・おらない）

なりたち 視 [形声]「ネ(示)」が「シ」という読み方をしめしている。「シ」は「とめる」意味をもち、目をとめてじっと「見る」ことを表す字。

意味
❶目を向ける。じっと見る。ものを見るはたらき。例視察・監視・近視
❷…だと思って見る。例重視

❶〈目を向ける〉の意味で

【視界】しかい ⇩自分の目で見ることのできる広さ。例視界に入る。類視野

【視角】しかく ⇩①自分が見ているものの両はしと目をむすんだ二つの直線がつくる角度。同じ大きさのものでも、遠いと視角は小さくなり、近いと大きくなる。②ものごとを見るときや考えるときの立場。例べつの視角から見る。類観点・見地・角度・視点

【視覚】しかく ⇩ものの色や形・遠い近いなどを見分ける目のはたらき。例視覚にうったえる。関連視覚(目)・聴覚(耳)・嗅覚(鼻)・味覚(舌)・触覚(皮膚)

【視察】しさつ ⇩〈―する〉実際にその場所に行き、実情を見たり調べたりすること。例海外視察。表現おおやけの立場でおこなう場合に使う。

【視診】ししん ⇩〈―する〉医者が顔の色やからだのようすを目で見て診察すること。関連問診・打診・触診・聴診・視診

【視線】しせん ⇩目の見ている向き。例視線をそらす。人の視線が気になる。類目線

【視聴覚】しちょうかく 目で見たり、耳で聴いたりするはたらき。視覚と聴覚。例視聴覚教室。

【視聴率】しちょうりつ テレビ放送で、その番組がじっさいにどのくらい人びとから見られていたかをしめす割合。例視聴率が上がる。

【視点】してん ⇩ものごとを見たり考えたりするときの立場。例視点を変えて考える。類観点・見地・角度・視角・目線

【視野】しや ⇩①目に見えるだけの広さ。例視野がひらける。類視界 ②ものごとをとらえたり、それについて考えたりできる範囲。例視野がせまい。

【視力】しりょく ⇩目の、ものを見る力。例視力がおちる。視力検査。

←視が下につく熟語 上の字の働き

❶視＝〈目を向ける〉のとき
【注視 凝視 正視 直視 環視 監視 透視 座視 黙視】ドノヨウニ見るか。
【近視 遠視 弱視 斜視 乱視】ドノヨウナ目のはたらきか。

❷視＝〈…だと思って見る〉のとき
【軽視 重視 無視 度外視】ナニだと見るか。

◆聴視 敵視

覚

見-5 総画12 4年 明朝 覚 899A 旧字 覺 89BA

音カク 訓おぼ-える・さ-ます・さ-める

筆順 覚（とめる・はねる・おらない）

なりたち 覺 [形声]もとの字は、「覺」。「𦥯」が「カク」とかわって読み方をしめしている。「コウ」は「あきらか」の意味をもち、明るく「見える」ことを表す字。

意味
❶感じる。感じ取る。例感覚
❷さとる。心を決める。例覚悟・自覚
❸おぼえる。きおくする。例こつを覚える。見覚え。
❹めざめる。ねむりからさめる。例目を覚ます。目が覚める。覚醒
❺あらわれる。ばれる。例発覚

例解 [使い分け] さます[覚・冷] ☞ひだりのページ

名前のよみ あき・あきら・さだ・さと・さとし・さ

とる・ただ・ただし・よし

❷〈さとる〉の意味で

【覚悟】かくご ‖（―する）そうなってもしかたがないと、心の準備をすること。例 覚悟はよいか。参考 もとは、生きるとはどういうことかをさとる意味の、仏教のことば。

❹〈めざめる〉の意味で

【覚醒】かくせい ‖（―する）①目を覚ますこと。目が覚めること。例 麻酔からの覚醒を早める。②心のまよいがなくなって、自分のまちがいに気がつくこと。例 悪の道から覚醒する。

⬅覚が下につく熟語 上の字の働き

❶覚＝〈感じる〉のとき

【幻覚 錯覚】ドノヨウニ感じ取るか。

【視覚 聴覚 臭覚 味覚 触覚 知覚】ドウヤッテ感じ取るか。

◆感覚 才覚 自覚 発覚 不覚

親

見-9　総画16　2年

明朝 親 89AA

音 シン　訓 おや・した-しい・した-しむ

筆順 亲 亲 亲 亲 亲 親 親 親（とめる）（はねる）

なりたち 親 [形声]「亲(亲)」が「シン」という読み方をしめしている。「シン」は「ちかい」の意味をもち、近くによって「見る」ことを表す字。「したしい」として使われている。

7 見 みる 9画 親 ◀次ページ 覧 観

意味

❶おや。父母。例 親心・両親 対 子

❷みうち。近い血のつながり。例 親戚・親類・近親

❸したしい。へだてがない。例 親しい友達。読書に親しむ。親友

❹その人みずから。例 親書

名前のよみ ちか・よし・より

❶〈おや〉の意味で

【親方】おやかた ↓ いちばん上に立って仕事を教えたり生活のせわをしたりする人。おもに、職人やすもうの社会で使う。対 徒弟

【親孝行】おやこうこう（―な・―する）親をたいせつにしてつくすこと。例 親孝行なむすこ。対 親不孝

【親心】おやごころ ↓ 親が子を思うやさしい気持ち。目上の人が目下の者に対してもつ、あたたかくやさしい気持ち。

【親潮】おやしお ↓ 千島列島にそって日本の東がわを北から南に流れる寒流。対 黒潮 知識 プランクトンが豊富でたくさんの魚を育てることからこの名がついた。「千島海流」ともいう。

【親不孝】おやふこう（―な・―する）親をだいじにせず、心配や苦労ばかりかけること。類 不孝 対 親孝行

【親分】おやぶん ↓ なかまの中でいちばん上に立つ人。ボス。類 頭・頭領・頭目 対 子分

【親元】おやもと ↓ 親の住んでいるところ。例 親元をはなれる。表記「親許」とも書く。表現 親子がべつべつにくらす場合のことば。

【親指】おやゆび ↓ 五本の指のはしにある、いちばん太い指。関連 親指・人差指・中指・薬指・小指

【親権】しんけん ↓ 子どもを育てるための、親の権利や義務。例 親権者。

❷〈みうち〉の意味で

【親戚】しんせき ‖ 血のつながりのある人や、結婚によってつながりのできた人。例 遠い親戚にあたる。類 親類・親族・身内・縁者・縁戚

表現 ☞【親族】しんぞく（ひだりにあります）

【親族】しんぞく ↓ 血のつながりのある人や、結婚によってつながりのできた人。例 親族会議。類 親類・親戚・血族 表現「親類」より「親戚」の

例解 使い分け

さます《覚ます・冷ます》

覚ます＝ねむりや迷いからもとの状態にもどす。例 目を覚ます。酔いを覚ます。

冷ます＝熱くなっているものの温度を下げる。例 熱を冷ます。湯冷まし。

覚ます

冷ます

ほうがあらたまったことば。「親族」は、「親類」や「親戚」よりせまい範囲の身内。

【親等】[↓] 血のつながりの遠い近いを、自分を中心にしていうことば。知識 一親等＝父母・子。二親等＝祖父母・孫・兄弟姉妹。三親等＝曽祖父母・曽孫・おじおば・おいめい。

【親王】[↓] 天皇の子や孫にあたる男子。参考 女子は「内親王」。表現「〇〇親王(内親王)」と、名の下につけて使うことが多い。

【親身】[↓] ごく近い身内。例 親身になって考える(親きょうだいのような気持ちでその人のことを考える)。

【親類】[↓] 血すじや、結婚などでのつながりがある人たち。例 親類づきあい。類 親族・親戚・縁者・縁戚 表現 ☞【親族】(965ページ)

❸〈したしい〉の意味で

【親愛】[Ⅱ]〈―な〉親しみと愛情を感じていること。例 親愛の情。

【親衛隊】①国王や大統領などの近くにいて、まもる役目の軍隊。②ある歌手や俳優などをとくにひいきにして、いつもまわりにつきまとっている人びと。

【親近感】身近で、親しみやすい感じ。例 親近感をいだく。

【親交】[↓] 親しいつきあい。例 父と親交のあった人。親交をむすぶ。

【親切】[⊠]〈―な・―に〉相手を思いやる、やさしい心や態度で接すること。例 親切な人が道を教えてくれた。

【親善】[Ⅱ] たがいになかよくすること。例 親善試合。国際親善。類 友好

【親疎】[⇕] 親しいことと、親しくないこと。親しさの程度。例 親疎の別なく声をかける。

【親日】[▲] 外国の人が日本や日本人に親しみをもつこと。例 親日家。類 知日 対 反日

【親睦】[Ⅱ] たがいにうちとけて、なかよくすること。例 親睦をはかる。類 懇親

【親密】[Ⅱ]〈―な・―に〉とても親しくしていて、なかがよい。例 親密な関係。類 懇意 対 疎遠

【親友】[↓] 心から信じ合い、親しくしている友達。例 無二の親友。

❹〈その人みずから〉の意味で

【親書】[↓] ①自分で書いた手紙。自筆の手紙。②天皇や大統領などの公式の手紙。

【親展】[↓] 手紙や書類をあて名の人自身に開けてもらうために、あて名のわきに書きそえることば。参考「みずから(親)ひらく(展)」の意味。

← 親が下につく熟語 上の字の働き

❶親＝〈おや〉のとき

【両親 片親 父親 母親 肉親 里親】ドノヨウナ親か。

覧

見-10 総画17 6年

明朝 覧 89A7 旧字 覽 89BD

音 ラン 訓 み-る(外)

筆順 ならない はねる おらない

なりたち [形声] もとの字は、「覽」。「監」(カン)が水かがみで見る意味と、「ラン」とかわって読み方をしめしている。「見」がついて、よく見ることを表す字。

意味 見る。見られる。まとめて見せる。例 観覧・要覧

← 覧が下につく熟語 上の字の働き

【総覧 一覧 回覧 縦覧 遊覧 便覧】ドノヨウニ見られるか。

◆閲覧

観

見-11 総画18 4年

明朝 観 89B3 旧字 觀 89C0

音 カン 訓 み-る(外)

筆順 ださない はねる

なりたち [形声] もとの字は、「觀」。「雚」が「カン」という読み方をしめしている。「カン」は「めぐる」意味をもち、「見まわす」ことを表す字。

意味 ❶くわしく見る。ながめる。例 観測・参観 ❷ものの見方。考え方。例 世界観。観念 ❸目に見えるようす。ながめ。例 別人の観がある。外観

名前のよみ あき

❶〈くわしく見る〉の意味で

【観客】↓ 映画・劇・スポーツなどのもよおしものを見に来た人。例 観客の声援にこたえる。観客席。類 見物人

【観劇】▲〈―する〉劇を見ること。例 観劇会。

【観光】▲〈―する〉よその土地に行って、美しいけしきや、有名な場所などを見ること。例 観光地。観光旅行。観光シーズン。

【観察】＝〈―する〉ありのままのすがたや変化するようすを注意深く見ること。例 観察記録。

【観衆】↓ おおぜいの見物人。

【観賞】↓〈―する〉植物や動物など、美しいものを見て楽しむこと。例 バラの観賞会。

例解 使い分け かんしょう《観賞・鑑賞》

観賞＝見て楽しむこと。見て味わうこと。例 日本庭園を観賞する。観賞魚。

鑑賞＝芸術作品のよさを深く味わうこと。例 絵画を鑑賞する。音楽鑑賞会。

観賞魚

音楽鑑賞会

【観戦】▲〈―する〉試合や、競技を見物すること。例 サッカーの試合を観戦する。

【観測】↓〈―する〉①気象の変化、天体のようすなどを調べること。例 天体観測。②ものごとのようすをよく見て、どうなっていくかを考えること。例 景気についての観測をのべる。希望的観測。

【観点】↓ ものごとを見たり考えたりするときの立場。例 べつの観点に立って見る。類 視点・視角

【観音】◎「観世音菩薩」の略。慈悲の心で人びとの苦しみをすくう仏。例 千手観音。

表現「観音開き」というのは、観音像をおさめた厨子のとびらのように、二つのとびらが真ん中で分かれて、左右に開くものをいう。

【観覧】↓〈―する〉楽しみや勉強のために見物すること。例 観覧席。観覧車。

❷〈ものの見方〉の意味で

【観念】＝ ①頭の中にもっている考え。例 固定観念。②〈―する〉あきらめてかくごすること。例 もう観念しろ。

観が下につく熟語 上の字の働き

❶観＝〈くわしく見る〉のとき
【概観 参観 拝観 静観 傍観】ドノヨウニ見るか。

❷観＝〈ものの見方〉のとき
【楽観 悲観 客観 主観 達観 先入観】ドノヨウナ見方か。

❸観＝〈目に見えるようす〉のとき
【偉観 盛観 壮観 美観 奇観 外観】ドンナながめか。

◆景観 人生観

7画 角 [つの] [つのへん] の部

「角」をもとにして作られ、角やそのはたらきにかかわる字を集めてあります。

この部首の字
0 角……967
6 解……968
触……969

角

角－0 総画7 2年

明朝 角 89D2

音 カク 訓 かど・つの

筆順 角 角 角 角 角 角 角（はねる）（でない）

なりたち [象形] 牛や羊などのつのの生え始めの形をえがいた字。

意味
❶つの。動物の角。例 角を出す。角笛・触角
❷かど。四角いもの。例 角を曲がる。角材・角度・方角
❸きそう。勝ち負けをあらそう。例 角力

❶〈つの〉の意味で

【角質】↓ 動物の角のように、かたくて弾力があるたんぱく質。角のほか、ひづめ・羽・毛・うろこなどにある。

【角膜】↓ 目の玉の前面のいちばん外がわ

◀次ページ 解

にあるすき通った角質の膜。例 角膜移植手術。

【角笛】↓ 動物の角でつくった笛。羊飼いや、かりゅうどが使う。例 角笛をふく。

❷〈かど〉の意味で

【角材】↓ 切り口が四角の木材。

【角錐】◆ ↓ 底が多角形になっていて、上がとがっている立体。関連 円錐・角錐

【角柱】↓ ①四角い柱。②切り口が多角形になっている柱。関連 円柱・角柱

【角度】↓ ①直線、または平面が交わってできる角の大きさ。例 急角度。②ものごとの見方・考え方の立場や方向。例 いろいろな角度から検討する。類 視点・視角・見地

❸〈きそう〉の意味で

【角界】かくかい｜かっかい ↓ すもうの社会。参考 すもうは「相撲」のほか、「角力」とも書いたことから。

← 角が下につく熟語 上の字の働き

❶角＝〈つの〉のとき
【一角 触角】ドウイウ角か。

❷角＝〈かど〉のとき
【直角 鋭角 鈍角 方角 仰角 視角】ドノヨウナ角度か。

◆口角 互角 折角 頭角

【解】

角－6 総画13 5年 明朝 解 89E3

音 カイ・ゲ高 訓 と-く・と-かす・と-ける

筆順 (はねる・ださない・はねる・だす)

なりたち 【会意】「角」と「刀」と「牛」を合わせて、刀で牛をばらばらにすることを表す字。

意味

❶ばらばらにする。切りひらいて分ける。例 解体・分解

❷ときほどく。ゆるめる。とかす。とける。例 結び目が解ける。解放・和解

❸ときあかす。はっきりさせる。わかる。例 問題を解く。疑問が解ける。英語を解する。解答・理解

❹とりのぞく。やめさせる。例 任を解く。解除・解毒

例解 使い分け とける[溶・解] ☞723ページ

❶〈ばらばらにする〉の意味で

【解体】▲〈-する〉ばらばらにすること。例 解体工事。類 分解

【解剖】Ⅲ〈-する〉①生き物のからだを切り開いて中のようすを調べること。例 カエルを解剖する。②こまかくときほぐして調べること。例 心理を解剖する。

❷〈ときほどく〉の意味で

【解禁】▲〈-する〉それまで禁止していたことをゆるすこと。例 アユ漁の解禁日。

【解散】Ⅲ〈-する〉①集まっていた人びとが別れ別れになること。例 現地解散。対 集合 ②会や団体としての、まとまった活動をやめること。例 チームを解散する。③国会で、衆議院議員の任期の終わる前に、全議員の資格をとくこと。例 解散総選挙。

【解凍】▲〈-する〉①冷凍したものをとかして、もとの状態にもどすこと。例 肉を解凍する。対 冷凍 ②コンピューターで、圧縮されたデータを元の通りにすること。対 圧縮

【解放】Ⅲ〈-する〉ときはなして自由にすること。例 人質を解放する。類 釈放 対 束縛

例解 使い分け かいほう[開放・解放] ☞1062ページ

❸〈ときあかす〉の意味で

【解決】↓〈-する〉事件や問題などをうまくかたづけること。かたづくこと。例 解決がつかない難題。円満解決。

【解釈】Ⅲ〈-する〉ことばやものごとの意味を知って、わかるようにすること。例 古典の解釈。

【解説】Ⅲ〈-する〉わかりやすく説明すること。例 ニュース解説。

【解答】Ⅲ〈-する〉問題の答えを出すこと。出した答え。例 模範解答。対 問題

例解 使い分け かいとう[回答・解答] ☞242ページ

【解読】↓〈-する〉読めない文字や記号などの読み方を考え出して、読めるようにすること。例 暗号を解読する。

【解明】Ⅲ〈-する〉よくわからないことを調べてはっきりさせること。例 事件のなぞを解

明する。類究明

❹〈とりのぞく〉の意味で

【解雇】▲〈―する〉会社などではたらいていた人をやめさせること。例解雇を通知する。類解職・免職

【解除】Ⅱ〈―する〉それまで禁止したり制限したりしていたことを取り消して、もとの状態にもどすこと。例津波警報解除。

【解消】↓〈―する〉それまでのかかわりあいや状態をなくすこと。例先生に相談して不安が解消した。ストレス解消。

【解任】▲〈―する〉役目をやめさせること。例社長を解任する。対任命

【解約】▲〈―する〉約束を取り消すこと。キャンセル。例保険を解約する。類破約

【解脱】Ⅱ〈―する〉仏教で、心のまよいからときはなされて、自由の境地に入ること。

【解毒】▲〈―する〉からだの中の毒のはたらきをなくすこと。例解毒剤。解毒作用。

【解熱】▲〈―する〉病気などで高くなった体温を下げること。例解熱剤。

解が下につく熟語 上の字の働き

❷解＝〈ときほどく〉のとき
【融解 溶解】近い意味。

❸解＝〈ときあかす〉のとき
【理解 明解 読解 曲解 誤解 図解 例解 弁解】ドノヨウニ解するか。

◆見解 正解 難解 氷解 不可解 分解 了解 和解

触

角－6　総画13　常用　明朝 触 89E6　旧字 觸 89F8

音ショク中　訓ふ-れる中・さわ-る中

筆順 ⺈ 角 角 角 角 觘 触

なりたち 觸 [形声]もとの字は、「觸」。「蜀」が「ショク」という読み方をしめしている。「ショク」は「つく、ふれる」意味をもち、牛の「角」が物につく、物にふれることを表す字。

意味 ふれる。さわる。例手に触れる。手触り。触覚・接触

例解[使い分け]さわる[触・障] ☞このページ

発音あんない ショク→ショッ…例触角

【触手】↓クラゲやナマコなどの下等動物の口のまわりにある細長い出っぱり。触角の役目や食物をとらえる役目をする。表現「触手をのばす」は、ほしいものを手に入れようとしてはたらきかけることをいう。

例解 使い分け

さわる《触る・障る》

触る＝物にふれる。かかわりあう。
例肩が触る。はだ触りがいい。触らぬ神にたたりなし。

障る＝さしつかえる。ふゆかいになる。
例体に障る。気に障る。耳障りな雑音。

【触診】↓〈―する〉医者が患者のからだにさわって病気のようすをみること。関連問診・打診・触診・聴診・視診

【触媒】↓化学反応で、その物質自身はかわらずに、ほかの物質の変化をはやくしたりおそくしたりするもの。

【触発】↓〈―する〉①ものにふれて爆発すること。②ある行動や気持ちを起こすきっかけをあたえること。例友達の活躍に触発されて、サッカーを始める。類誘発

【触角】↓昆虫などの頭の先にあって、ものをさぐったりにおいを感じたりするひげのような形をしたもの。

【触覚】↓ものにさわって、形やかたさ、温度などを感じ取るはたらき。関連視覚(目)・聴覚(耳)・嗅覚(鼻)・味覚(舌)・触覚(皮膚)

【触感】↓手やはだにふれたときの感じ。手ざわり。はだざわり。例触感のいい布。

触が下につく熟語 上の字の働き

【接触 抵触】近い意味。

◆感触

7画 言［げん］［ごんべん］の部

「言」をもとにして作られ、言論や表現にかかわる字を集めてあります。

この部首の字

言

音 ゲン・ゴン　訓 い-う・こと

言-0　総画7　2年　明朝 言 8A00

筆順 言 言 言 言 言 言 言（ながく・みじかく）

なりたち ［会意］するどい刃物を表す「辛」と「口」を合わせて、心に思うことをするどく口に出す「ことば」を表す字。

意味 ❶いう。のべる。例ものを言う。言をまたない(言うまでもない)。言明・他言 ❷口にすることば。例言語・小言

名前のよみ あき・とき・のぶ・のり・ゆき

❶〈いう〉の意味で

【言下】(げんか) ↓ 言い終わったすぐあと。例言下に否定する。

【言及】(げんきゅう) ↓ (—する)話をしているなかで、べつのことにまで話がおよぶこと。例米不足の問題から、農業問題にまで言及する。

【言行】(げんこう) ↕ 言うこととじっさいにおこなうこと。例言行一致。類言動 表現☞【言動】(ひだりにあります)

【言動】(げんどう) ‖ 言うことやすること。例日ごろの言動をつつしむ。類言行 表現「言行」は言うことと、することとをべつべつのものととらえるが、「言動」は一つのものと見たことば。だから「言行不一致」とはいっても、「言動不一致」とはいわない。

【言明】(げんめい) ↓ (—する)はっきり言い切ること。例言明をさける。

【言論】(げんろん) ‖ ことばで、自分の考えや意見などを発表すること。例言論の自由。

【言上】(ごんじょう) ▲ (—する)身分の高い人に申し上げること。例御礼言上に出向く。

❷〈口にすることば〉の意味で

【言外】(げんがい) ↓ はっきりとことばに出して表されていない部分。例言外におわせる。

【言語】(げんご) ‖ 考えや気持ちを声や文字にしてつたえるための手段。ことば。例言語に絶する(ことばではとても言い表せない)。類言葉

参考 手話も言語と考えられている。

【言質】(げんち) ↓ あとあとになって、証拠になることば。例言質をとられる。

【言文一致】(げんぶんいっち) 話すときとおなじようなことばづかいで文章を書くこと。知識 江戸時代まで、話しことばと書きことばは、ずいぶんちがっていたが、明治の中ごろ、二葉亭四迷・山田美妙らが言文一致運動をはじめ、しだいに今のような話しことばに近いことばで文章が書かれるようになった。

【言葉】(ことば) ◎ ①自分の考えや気持ちをつたえるための、声や文字、また身ぶり。例日本の言葉。類言語 ②単語や句など、それぞれに意味やはたらきをもつ一つ一つ。例言葉の意味を辞書で調べる。③人がじっさいに言った

り書いたりしたもの。例 別れの言葉。

【言語道断】(ーな) ことばで言い表せないほどひどいこと。例 言語道断のふるまい。参考「道断」は道が断たれることで、表す方法がないという意味。

←言が下につく熟語 上の字の働き

❶言＝〈いう〉のとき
【明言 断言 直言 証言 助言 高言 放言 失言 公言 広言 予言 預言 他言】ドノヨウニ言うか。

❷言＝〈口にすることば〉のとき
【名言 金言 至言 格言 甘言 苦言 忠言 小言 寸言 片言(へんげん/かたこと) 一言(いちげん/いちごん/ひとこと) 暴言 過言 雑言 妄言(もうげん/ぼうげん) 前言 祝言 方言 遺言(ゆいごん/いごん) 寝言 狂言】ドノヨウナ言葉か。
【換言 進言 伝言 発言 提言】言葉をドウスルか。

◆極言 宣言 無言

計

言-2 総画9 2年 明朝 計 8A08

音 ケイ 訓 はか-る・はか-らう

筆順 計 計 計 計 計 計

なりたち 【会意】「十」が「かず」を表し、「言」と合わせて数をことばで読みあげることを表す字。

意味

❶かぞえる。はかる。例 時間を計る。計算・集計

❷考える。思いめぐらす。はからう。例 とくべつに計らってもらう。計画・設計

❸はかる器具。数量をはかるための道具。例 体温計。

例解 [使い分け]はかる[図・計・量・測・謀・諮] ☞245ページ

特別なよみ 時計(とけい)

名前のよみ かず

❶〈かぞえる〉の意味で

【計器】↓ 長さ・重さ・体積・速さなどをはかる器具。メーター。例 計器飛行。

【計算】Ⅲ(ーする) いくつかの数を、たしたり、ひいたり、かけたり、わったりして答えを出すこと。例 計算が速い。類 勘定 ☞❷

【計上】↓(ーする) 必要なものとして、全体の計算の中にふくめておくこと。例 交通費を予算に計上する。

【計数】▲ 数をかぞえること。かぞえた数。

【計測】Ⅲ(ーする) 器械を使って、数や量・長さ・重さなどを正確にはかること。例 くつを買う前に足を計測する。

【計量】Ⅲ(ーする) 重さや分量をはかること。例 計量カップ。

❷〈考える〉の意味で

【計画】Ⅲ(ーする) 実行する内容、方法・順序などを前もって考えること。プラン。例 計画を実行する。計画的犯行。類 企画

【計算】Ⅲ(ーする) どのようになるか、考えておくこと。例 計算だかい人。類 打算 ☞❶

【計略】Ⅲ 自分のつごうのいいようにものごとを進めたり、相手をだましたりするための計画。例 計略を練る。計略にひっかかる。類 策略

←計が下につく熟語 上の字の働き

❶計＝〈かぞえる〉のとき
【家計 生計】ナニについての計算か。
【合計 総計 累計 集計 統計 推計 小計 余計 会計】ドウヤッテかぞえるか。

❷計＝〈考える〉のとき
【一計 早計】ドノヨウナ計画か。

❸計＝〈はかる器具〉のとき
【温度計 寒暖計 体温計 速度計 圧力計 風力計】ナニをはかる器具か。

◆設計

訂

言-2 総画9 常用 明朝 訂 8A02

音 テイ 中 訓 ―

筆順 訂 訂 訂 訂 訂 訂

なりたち 【形声】「丁」が「テイ」という読み方をしめしている。「テイ」は「公平」の意味をもち、正しく公平なことば(言)を表す字。「ただす」として使われている。

意味 ただす。あやまりをあらためる。例 訂正・改訂

名前のよみ ただ

【訂正】Ⅱ〈―する〉まちがいをなおして、正しいものにすること。例 訂正を求める。訂正事項。類 修正

◆改訂 校訂

訃

言-2 総画9 常用 明朝 訃 8A03

音 フ 中 訓 ―

筆順

意味 死亡の知らせ。例 訃報・訃音

【訃報】Ⅱ 人が死んだ知らせ。例 訃報が届く。類 訃音

記

言-3 総画10 2年 明朝 記 8A18

音 キ 訓 しる-す

筆順 みじかく はねる おらない

なりたち 記 [形声]「己」が「キ」という読み方をしめしている。「キ」は「しるす」意味をもち、ことば(言)をしるすことを表す字。

意味 ❶書きしるす。例 名前を記す。記名・筆記 ❷書いたもの。例 思い出の記。日記 ❸しるし。例 記号・記章 ❹おぼえる。例 記憶・暗記

名前のよみ とし・のり・ふさ・ふみ・よし

❶〈書きしるす〉の意味で

【記載】↓〈―する〉本や書類に書いてのせること。例 名簿に記載する。類 掲載

【記事】▲ できごとやものごとをつたえるために書かれた文章。例 新聞記事。

【記者】↓ 新聞や雑誌・放送などの記事を書いたりまとめたりする人。例 記者会見。新聞記者。

【記述】Ⅱ〈―する〉ことばで、文章に書き表すこと。例 記述式の試験。類 叙述

【記帳】▲〈―する〉帳簿に、名前など、必要なことを書き入れること。例 通帳に金額を記帳する。

【記入】↓〈―する〉書き入れること。例 カードに名前を記入する。

【記名】▲〈―する〉名前を書くこと。例 持ち物に記名する。類 署名 対 無記名

【記録】Ⅱ〈―する〉①のちのちのために、事実を文字や映像などにしてとどめておくこと。そうしてとどめたもの。例 記録にのこす。記録映画。②スポーツなどの、成績や結果。とくに、それまでの最高のもの。例 世界記録を更新する。

【記録的】〈―に〉〈―な〉記録としてのこりそうなようす。例 記録的な大雨。

❸〈しるし〉の意味で

【記号】Ⅱ ○(白星)が「勝ち」、●(黒星)が「負け」というように、表す意味を決めて使っている印。サイン。シンボル。例 地図記号。類 符号

【記章】Ⅱ 身分や職業・資格などを表すために、服や帽子につける印。バッジ。

❹〈おぼえる〉の意味で

【記憶】Ⅱ〈―する〉わすれないでおぼえていること。例 記憶がうすれる。記憶力。

【記念】▲〈―する〉思い出のためにのこしておくこと。また、そのもの。例 いい記念になる。記念品。

記が下につく熟語 上の字の働き

❶記＝〈書きしるす〉のとき

【書記 登記】近い意味。

【速記 略記 転記 簿記 単記 連記 併記 列記 別記 注記 付記 筆記 表記 明記】ドノヨウニ書きしるすか。

【上記 下記】ドコに書きしるしたか。

❷記＝〈書いたもの〉のとき

【戦記 雑記 歳時記】ナニをしるしたものか。

【手記 伝記 日記】ドノヨウナ記録か。

◆銘記

訓

言-3 総画10 4年 明朝 訓 8A13

音 クン 訓 ―

筆順 訓 (みじかく)

なりたち 𧥢 [形声]「川」が「クン」とかわって読み方をしめしている。「セン」は「したがう」意味をもち、ことば(言)でおしえしたがわせることを表す字。

意味 ❶おしえる。みちびく。例 訓練・教訓 ❷くん読み。漢字の意味に日本語を当てはめた読み方。例 音と訓。訓読・字訓 対 音

名前のよみ くに・とき・のり・みち

❶〈おしえる〉の意味で

【訓育】⇩〈—する〉子どもたちを、りっぱな人になるように教え育てること。

【訓戒】⇩〈—する〉上の人が下の人に対して、ものごとのよしあしを教え、まちがいをきびしく注意すること。例 訓戒をたれる。

【訓示】⇩〈—する〉上の地位の人が下の人に、仕事のしかたや心がけなどを教えること。例 新入社員を前に社長が訓示する。

【訓辞】⇩ まちがったことをしないように教えさとすことば。例 校長の訓辞を聞く。類 訓話

【訓令】⇩〈—する〉上の役所がその下の役所に出す仕事上の命令。

【訓練】⇩〈—する〉力やわざを身につけるために、くり返しやらせて教えること。例 訓練をつむ。避難訓練。類 習練

【訓話】⇩ 心がまえや生き方を教えるための話。類 訓辞

❷〈くん読み〉の意味で

【訓読】⇩〈—する〉一 漢字に、日本にもとからあることばを当てて読むこと。「秋」を「あき」、「雨」を「あめ」と読むなど。対 音読 参考 ☞ものしり巻物8(273ページ) 二 漢文を日本語式に読むこと。送りがなをつけたり、返り点を使ったりして読む。

◆音訓 教訓 字訓

【訊】

言-3 総画10 人名 明朝 訊 8A0A

音 ジン外 訓 と-う外・たず-ねる外

意味 とう。たずねる。問いただす。取り調べる。例 訊問(問いただす)

表記 代わりに「尋」を使うことがある。例 訊問→尋問

【託】

言-3 総画10 常用 明朝 託 8A17

音 タク中 訓 —

筆順 託

なりたち 𧥢 [形声]「乇」が「タク」という読み方をしめしている。「タク」は「よせる」意味をもち、ことば(言)をよせてたのむ、ことづけることを表す字。

意味 託 ❶まかせる。たのむ。あずける。例 託児・委託 ❷かこつける。ことよせる。例 託宣・仮託

❶〈まかせる〉の意味で

【託児】▲〈—する〉子どもをあずかってせわをすること。また、子どものせわをたのむこと。例 託児所。

【託送】⇩〈—する〉運送業者にたのんで荷物を送ること。

❷〈かこつける〉の意味で

【託宣】Ⅲ 神が、人の口を借りるなどして人間につげることば。おつげ。類 神託

託が下につく熟語 上の字の働き

❶託=〈まかせる〉のとき
【委託 嘱託】近い意味。
【供託 結託 信託】ドウヤッテまかせるか。

◆仮託

【討】

言-3 総画10 6年 明朝 討 8A0E

音 トウ 訓 う-つ中

筆順 討 (みじかく・はねる・このばしょに)

なりたち 𧥢 [形声]「肘」を略した形の「寸」が「チュウ」とかわって読み方をしめしている。「チュウ」は「せめる」意味をもち、ことば(言)でとがめることを表す字。

意味

❶やっつける。うつ。例 敵を討つ。征討

❷よく考える。意見をのべあう。例 討議・検討

例解 [使い分け] うつ[打・討・撃] ☞527ページ

❶〈やっつける〉の意味で

【討伐】とうばつ Ⅱ〈―する〉軍隊によって、抵抗する者をやっつけること。類 征伐

❷〈よく考える〉の意味で

【討議】とうぎ ↓〈―する〉たがいに意見を出して、話し合うこと。例 討議をかさねる。

【討論】とうろん ↓〈―する〉それぞれの意見を出し合い、考えを深めること。ディスカッション。ディベート。例 討論会。

◆検討 征討 掃討

【訛】

言-4 総画11 表外 明朝 訛 8A1B

音 ガ外・カ外 訓 なま-り外・なま-る外・あやま-る外

意味

❶あやまる。まちがえる。

❷なまる。標準的でない発音をする。例 ことばが訛る。訛りがぬけない。

❷〈なまる〉の意味で

【訛音】かおん ↓ 標準的な発音とはちがう発音。アクセントについてもいう。

【許】

言-4 総画11 5年 明朝 許 8A31

音 キョ 訓 ゆる-す

筆順 許 許 許 許 許 許 許（みじかく）（ださない）

なりたち [形声]「午ゴ」が「キョ」とかわって読み方をしめしている。「ゴ」は「ゆるす」意味をもち、相手のことば(言)を聞き入れることを表す字。

意味 ゆるす。聞き入れる。みとめる。例 罪を許す。許しを得る。許可・特許

名前のよみ もと

【許可】きょか Ⅱ〈―する〉してもよいとゆるすこと。例 許可証。類 認可・承認・許諾

【許諾】きょだく Ⅱ〈―する〉ねがいを聞き入れて、よろしいと返事をすること。例 許諾を得る。類 許可・承諾

【許容】きょよう Ⅱ〈―する〉このくらいならよいとゆるすこと。例 許容範囲。類 容認

◆特許 免許

【訣】

言-4 総画11 人名 明朝 訣 8A23

音 ケツ外 訓 わか-れる外

意味

❶わかれる。人に別れを告げる。例 訣別

❷学問や技術で、奥深い大切なところ。奥義。例 秘訣

表記 ❶で「ケツ」と読むとき、代わりに「決」を使うことがある。例 訣別→決別

【訟】

言-4 総画11 常用 明朝 訟 8A1F

音 ショウ中 訓 ―

筆順 訟 訟 訟 訟 訟 訟 訟

なりたち [形声]「公コウ/ショウ」が「ショウ」という読み方をしめしている。「コウ」は「あらそう」意味をもち、ことば(言)であらそうことを表す字。

意味 うったえる。裁判であらそう。例 訴訟

【設】

言-4 総画11 5年 明朝 設 8A2D

音 セツ 訓 もう-ける

筆順 設 設 設 設 設 設 設（みじかく）（おらない）（はねる）

なりたち [会意] くさびの形が誤って書かれた「言」と、手につちを持って打ちつけている形の「殳」とででき、くさびを打ちこむことを表す字。

意味 用意する。もうける。つくる。建てる。例 席を設ける。設備・建設

名前のよみ のぶ

【設営】せつえい Ⅱ〈―する〉会場や施設の用意をすること。例 お花見の席を設営する。

【設計】せっけい ▲〈―する〉①建物や機械をつくると

きに、その形やしくみを図面に表すこと。例設計図。②これからのことについてはっきりした計画を立てること。例人生設計。

【設置】せっち ↓〈—する〉①機械や器具を新しくそなえつけること。例消火器を各階に設置する。②組織・機関を新しくつくること。例特別委員会を設置する。

【設定】せってい ↓〈—する〉計画を立て、しっかりしたかまえをつくること。また、つくったもの。例目標を設定する。パソコンの設定を変更する。

【設備】せつび Ⅱ〈—する〉仕事に必要な建物・機械・道具などのそなえつけ。そなえつけること。例設備がととのった病院。設備投資。

【設問】せつもん ▲〈—する〉答えをもとめる問い。その問いをつくること。例設問に答える。

【設立】せつりつ Ⅱ〈—する〉会社・学校・会など、新しい組織をつくること。例学校を設立する。類創設・創立・開設

設が下につく熟語 上の字の働き

【建設 施設】近い意味。

【新設 開設 創設 特設 常設 仮設 付設 増設 敷設 埋設 架設】ドノヨウニ設けるか。

◆私設

訪

言-4 総画11 6年 明朝 訪 8A2A

音 ホウ 訓 おとず-れる㊥・たず-ねる

筆順 訪 訪 訪 訪 訪 訪 訪 (みじかく・はねる)

なりたち 訪 [形声]「方」が「ホウ」という読み方をしめしている。「ホウ」は「はかる」意味をもち、ことば(言)で相談することを表す字。「おとずれる」、「たずねる」として使われている。

意味 おとずれる。たずねていく。例中国を訪れる。会社を訪ねる。訪問・探訪

参考 諏訪(すわ)

例解 [使い分け] たずねる[尋・訪] ☞343ページ

【訪問】ほうもん Ⅱ〈—する〉人に会うために、その人のいる場所へ行くこと。例家庭訪問。外国を訪問する。

訪が下につく熟語 上の字の働き

【探訪 来訪 歴訪】ドウヤッテ訪ねるか。

訳

言-4 総画11 6年 明朝 訳 8A33 旧字 譯 8B6F

音 ヤク 訓 わけ

筆順 訳 訳 訳 訳 訳 訳 訳 (みじかく・はらう)

なりたち 譯 [形声] もとの字は、「譯」。「睪(エキ)」が「ヤク」とかわって読み方をしめしている。「エキ」は「かえる」意味をもち、ほかのことば(言)にかえることを表す字。

意味 ❶やくす。ほかの言語になおす。例訳をつける。日本語に訳す。訳語・英訳 ❷わけ。理由。事情。例訳を話す。言い訳。内訳

参考 ❶については、おなじ言語の、ちがう時代のことばをなおすことも「訳」といい、ふつうは「現代語訳」「口語に訳す」などのようにいう。

❶〈やくす〉の意味で

【訳語】やくご ↓ある言語をほかの言語になおすときにあてはめることば。対原語

【訳詩】やくし ▲〈—する〉ある言語の詩をほかの言語になおすこと。訳した詩。

【訳者】やくしゃ ↓ある言語の文章をほかの言語になおす人。類翻訳者

【訳文】やくぶん ↓ある言語の文章をほかの言語になおした文章。対原文

【訳本】やくほん ↓ある言語の本をほかの言語に書きなおした本。類訳書 対原本・原書

訳が下につく熟語 上の字の働き

❶訳=〈やくす〉のとき

【全訳 対訳 直訳 通訳 翻訳 名訳】ドノヨウニ訳すか。

【英訳 和訳】ナニ語に訳すか。

詠

言-5 総画12 常用 明朝 詠 8A60

音 エイ㊥ 訓 よ-む㊤高

筆順 詠 詠 詠 詠 詠 詠 詠 詠 詠 詠 詠 詠

なりたち [形声]「ながい」の意味をもつ「永」が「エイ」という読み方をしめしている。ことば(言)をながく引いてうたうことを表す字。

意味 ❶歌いあげる。声に出す。例 詩を詠じる。朗詠 ❷詩歌をつくる。例 俳句を詠む。詠歌

例解 [使い分け] よむ[読・詠] ☞985ページ

❶〈歌いあげる〉の意味で

【詠唱】えいしょう Ⅱ ①〈―する〉ふしをつけ、気持ちをこめてゆったりと歌いあげること。例 和歌を詠唱する。②オペラなどのなかでひとりで歌われる曲。アリア。例 椿姫の詠唱。

【詠嘆】えいたん Ⅱ〈―する〉ため息や声が出るほど、深く心を動かされること。例 思わず詠嘆の声をあげる。類 感嘆

❷〈詩歌をつくる〉の意味で

【詠歌】えいか ▲ 和歌をつくること。また、つくった和歌。

◆吟詠 朗詠

詐

言-5 総画12 常用 明朝 詐 8A50

音 サ㊥ 訓 いつわ-る㊦

筆順 詐 詐 詐 詐 詐 詐 詐 詐 詐 詐 詐 詐

なりたち [形声]「乍サク」が「サ」という読み方をしめしている。「サ」は「つくる」意味をもち、つくりごと、いつわりのことば(言)を表す字。

意味 いつわる。人をだます。例 詐欺

【詐欺】さぎ Ⅱ 人をだましてお金やものを取ること。例 詐欺師。

【詐取】さしゅ ↓〈―する〉人のものやお金をだまし取ること。例 財産を詐取される。

【詐称】さしょう ↓〈―する〉自分の名前や住所・年齢・仕事などについて、うそを言うこと。例 学歴を詐称する。

詞

言-5 総画12 6年 明朝 詞 8A5E

音 シ 訓 ことば㊦

筆順 詞 詞 詞 詞 詞 詞 詞 詞 詞 詞 詞 詞 (みじかく) (はねる)

なりたち [形声]「司」が「シ」という読み方をしめしている。「シ」は「つぐ」意味をもち、つなぎ使うことば(言)を表す字。

意味 ことば。歌曲のことば。文法的に見たときのことば。例 作詞・品詞

特別なよみ 祝詞(のりと)

名前のよみ のり・ふみ

←詞が下につく熟語 上の字の働き

【名詞 形容詞 動詞 副詞 助詞 助動詞】ドノヨ

漢字パズル⑬ むしくい

■にそれぞれ同じ部首を入れて、熟語を完成させましょう。

①	②	③	④	⑤	⑥	⑦	⑧
西	同	右	女	坐	半	亜	甬
直	戋	葉	疋	帯	別	音	咼

ア 金 イ 辶 ウ 亻 エ 广 オ 心 カ 艹 キ 宀 ク 刂

ウナ品詞か。
◆歌詞 作詞 品詞

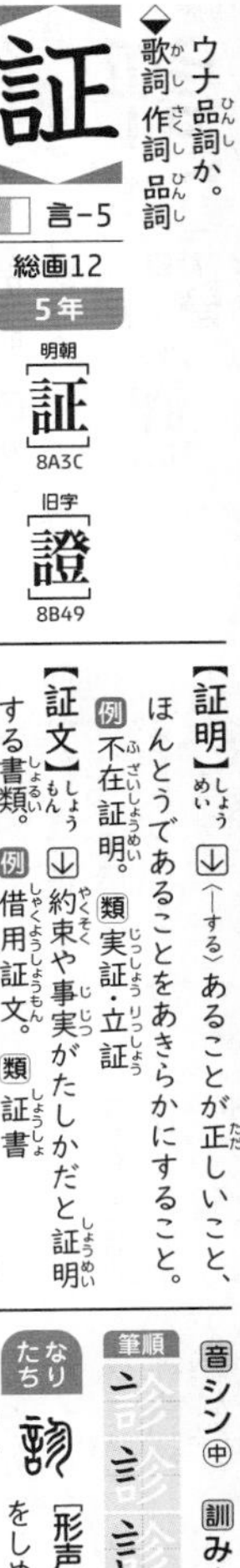

証

言−5 総画12 5年
明朝 証 8A3C 旧字 證 8B49

音 ショウ 訓 あかし外

筆順 証 (みじかく・ながく)

なりたち ［形声］もとの字は、「證」。「登」が「ショウ」とかわって読み方をしめしている。「トウ」は「はっきりさせる」の意味をもち、あかしのことば(言)を表す字。

意味 あかし。あきらかにする。あかしになる書類。例 証明・立証

名前のよみ あきら

【証券】しょうけん ↓ 株券や債券など、財産としてのあかしをしめした書類。例 証券会社。

【証言】しょうげん ↓〈−する〉そのことをまちがいないこととしてのべること。のべたことば。例 法廷で証言する。

【証拠】しょうこ ↓ たしかにそうであるというしるし。例 論より証拠。

【証書】しょうしょ ↓ たしかにそうだとしめす文書。例 卒業証書。類 証文・証明書

【証人】しょうにん ↓ そのことがまちがいないことだと証明する人。裁判などで、自分が知っている事実をのべる人。例 証人をたてる。

【証明】しょうめい ↓〈−する〉あることが正しいこと、ほんとうであることをあきらかにすること。例 不在証明。類 実証・立証

【証文】しょうもん ↓ 約束や事実がたしかだと証明する書類。例 借用証文。類 証書

証が下につく熟語 上の字の働き
【確証 反証 偽証】ドノヨウナ証拠か。
【検証 考証 査証 実証 認証 例証 論証】ドノヨウニ・ドウヤッテ証明するか。
◆心証 保証

詔

言−5 総画12 常用
明朝 詔 8A54

音 ショウ中 訓 みことのり高

筆順 詔

なりたち ［形声］「召」が「ショウ」という読み方をしめしている。「ショウ」は「上から下に告げる」意味をもち、上から下に告げることば(言)を表す字。

意味 みことのり。天子のことば。例 詔をたまわる。詔書

【詔書】しょうしょ ↓ 天皇のことばを書いた文書。

【詔勅】しょうちょく Ⅲ 天皇が自分の考えを国民につげるための文書。

診

言−5 総画12 常用
明朝 診 8A3A

音 シン中 訓 み−る中

筆順 診

なりたち ［形声］「㐱」が「シン」という読み方をしめしている。「シン」は「しらべる」意味をもち、ことば(言)でたずねてしらべることを表す字。

意味 しらべる。病気のようすをみて調べる。例 脈を診る。診察・検診

例解 ［使い分け］みる［見・診］☞963ページ

【診察】しんさつ Ⅲ〈−する〉医者が病人のからだのようすを調べること。例 診察室。類 診断

【診断】しんだん ↓〈−する〉①医者がからだを調べて病気のようすや病名を判断すること。例 健康診断。類 診察 ②問題となる点があるかを調べること。例 経営診断。

【診療】しんりょう ↓〈−する〉医者が患者の病気やけがをなおすこと。診察と治療。例 診療所。

診が下につく熟語 上の字の働き
【往診 来診 回診 視診 触診 打診 聴診 問診】ドウヤッテ診るか。
【受診 休診】診察をドウスルか。
【初診 誤診】ドノヨウナ診察か。
◆検診 定期検診

訴

言−5 総画12 常用
明朝 訴 8A34

音 ソ中 訓 うった−える中

◀次ページ 註 評

筆順

なりたち [形声]「斥(セキ)」が「逆にすすむ」意味と、「ソ」とかわって読み方をしめしている。ことば(言)で上に向けてうったえることを表す字。

意味 うったえる。例 裁判所に訴える。訴訟・告訴

【訴訟】Ⅱ〈―する〉どちらが正しいか決めてほしいと、裁判所にうったえ出ること。例 訴訟を起こす。

【訴状】↓ 裁判を起こす理由を書いた書類。例 検事が訴状を読み上げる。

訴が下につく熟語 上の字の働き

【告訴】近い意味。

【起訴 提訴 控訴 勝訴 敗訴】訴えをドウスルか・訴えにドウナルか。

◆直訴

【註】

言-5 総画12 人名 明朝 註 8A3B

音 チュウ 外 訓 ―

意味 書物などに書かれた文字や文章の意味などを説明する。その説明。例 註釈

表記 今はふつう「注」を使う。

【評】

言-5 総画12 5年 明朝 評 8A55

文字物語 詰

「詰」の字は、音の「キツ」よりも、訓の「つめる」「つまる」「つむ」のほうがよく使われる。

「つめる」は、それ以上はいることがなくなるまで、中に物を入れること。「つまる」は、中が物でいっぱいになって、それ以上はいるすきまがない状態になること。「つむ」は、織り目や編み目が詰まっていてすきまがないこと。どれも、すきまやゆとりのない状態をいうことばだ。

だから、「つめる」「つまる」は、「とことんさいごのところまで」「それ以上はできない」の意味をもつ。人をがけっぷちに追い詰めたり、問い詰められてことばに詰まったり。将棋で、王将が追い詰められて逃げられない状態になり負けることを「詰む」というし、「詰め将棋」「詰め碁」という遊びもある。ここから、どんな仕事でも、さいごのところをいいかげんにしたために失敗することを「詰めがあまい」というのだ。

それまでの話をしめくくって「つまり、それはこういうことです」と言うが、このときのつなぎのことば「つまり」も「詰まり」で、「詰まるところ」の意味だ。

「つめる」「つまる」「つめ」「つまり」が上や下についてできることばが、左のようにいろいろある。これまでのべたことが、それぞれにあてはまることがわかるだろう。

詰め～ 例 詰め合わせ・詰め襟・詰め寄る・詰めかける

～詰め 例 缶詰・箱詰め・ぎゅうぎゅう詰め・理詰め・働き詰め

～詰める 例 思い詰める・切り詰める・張り詰める

～詰まる 例 行き詰まる・息詰まる・煮詰まる

～詰まり 例 鼻詰まり・金詰まり・どん詰まり

音 ヒョウ 訓 ―

筆順 (みじかく)(ださない)

なりたち [形声]「たいらでかたよらない」の意味の「平」が「ヒョウ」という読み方をしめしている。公平なことば(言)を表す字。

意味 ひひょうする。よしあしや、ねうちを決める。例 評判・論評

【評価】▲〈―する〉①もののねうちやねだんを決めること。例 この作品は高い評価を得た。②とくにねうちがあるとみとめること。例 地道な努力が評価された。

【評議】Ⅱ〈―する〉ある問題について関係者が集まって相談すること。例 評議会。

【評決】↓〈—する〉意見を出し合って決めること。例 評決にしたがう。

【評定】↓〈—する〉一 ある基準にしたがって、価値・質が、どのくらいと決めること。例 勤務評定。二 みんなで相談して決めること。例 小田原評定。

【評伝】↓ その人への評価も入れながら書いた伝記。

【評判】↓①世間でいわれている、そのもののごとについてのよしあし。例 評判がいい。類 世評 ②うわさや人びとの話題になっていること。例 評判の本を買う。大評判。

【評論】Ⅲ〈—する〉ものごとのねうちやよしあしについて、意見をのべること。その意見。例 評論家。文芸評論。

評が下につく熟語 上の字の働き

【定評 好評 悪評 不評 酷評 高評】ドノヨウナ評価か。
【批評 論評 講評 寸評 短評 総評】ドノヨウニ・ドウヤッテ評するか。
【時評 書評】ナニについての評価か。
【風評 世評 下馬評】ドコでの評価か。

該

言-6 総画13 常用 明朝 該 8A72

音 ガイ 中 訓 ―

筆順

たちなり [形声]「亥」が「ガイ」という読み方をしめしている。「ガイ」は「たばねる」意味をもち、約束のことば(言)を表す字。「あてはまる」意味に使われている。

意味 ❶ゆきわたる。十分にある。例 該博 ❷あてはまる。ぴったりだ。例 該当・当該

❶〈ゆきわたる〉の意味で

【該博】Ⅲ〈—な〉知識がとても広い。例 該博な知識の持ち主。類 博学・博識

❷〈あてはまる〉の意味で

【該当】Ⅲ〈—する〉あることがらに当てはまること。例 条件に該当する。類 相当

◆当該

詰

言-6 総画13 常用 明朝 詰 8A70

音 キツ 高 訓 つ-める 中・つ-まる 中・つ-む 中

筆順

たちなり [形声]「吉」が「キツ」という読み方をしめしている。「キツ」は「しめつける」意味をもち、ことば(言)で相手を問いつめることを表す字。

意味 ❶問いただす。問いつめる。例 詰問・難詰 ❷ものをつめる。つまる。いっぱいになる。例 箱に詰める。鼻が詰まる。大詰め。

[文字物語] みぎのページ

❶〈問いただす〉の意味で

【詰問】Ⅲ〈—する〉問いつめること。例 詰問を受ける。表現 返事を聞こうというより、相手をせめる気持ちのほうが強い。

詣

言-6 総画13 常用 明朝 詣 8A63

音 ケイ 高 訓 もう-でる 中

筆順

意味 ❶もうでる。お寺や神社におまいりする。例 参詣 ❷いきつく。いたる。例 造詣

誇

言-6 総画13 常用 明朝 誇 8A87

音 コ 中 訓 ほこ-る 中

筆順

たちなり [形声]「大きい」の意味の「夸」が「コ」という読み方をしめしている。大きいことを「言う」意味の字。

意味 ほこる。おおげさに言う。例 才能を誇る。誇示

【誇示】↓〈—する〉じまんして見せびらかすこと。例 力を誇示する。

【誇大】↓〈—な〉じっさいよりおおげさに言ったり、見せたりすること。例 誇大広告。

【誇大妄想】それほどでもないことを、

ものすごく大きいことのように思いこむこと。例誇大妄想もいいところだ。

【誇張】こちょう ↓〈―する〉ようすをじっさいよりおおげさに表すこと。例誇張した表現。

【詩】

音シ 訓―

言-6 総画13 3年 明朝 詩 8A69

筆順

なりたち 形声「寺」が「シ」とかわって読み方をしめしている。「シ」は「こころがあるものに向く」の意味をもち、「ことば(言)に表したもの」の意味の字。

意味 し。感動をリズミカルに表現したもの。ポエム。例詩を書く。詩集・漢詩

名前のよみ うた

【詩歌】しいか・しか Ⅲ①詩や歌。例詩歌に親しむ。②漢詩と和歌。例詩歌集。

【詩吟】しぎん ↓漢詩に節をつけてうたうこと。

【詩作】しさく ↓〈―する〉詩をつくること。例詩作に熱中する。類作詩

【詩集】ししゅう ↓詩を集めた本。例現代詩集。

【詩情】しじょう ↓その場の情景が詩だなあと感じられること。詩に表したいという感じ。例詩情ゆたかな作品。詩情がわく。類詩趣

【詩人】しじん ↓詩をつくる人。例田園詩人。

←詩が下につく熟語 上の字の働き

【漢詩 唐詩】ドコ(イツ)の詩か。

【作詩 訳詩】詩をドウスルか。

【試】

音シ 訓こころ-みる・ため-す中

言-6 総画13 4年 明朝 試 8A66

筆順

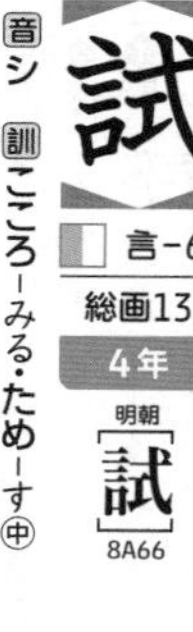

なりたち 形声「式シキ-ショク」が「シ」とかわって読み方をしめしている。「ショク」は「ようすをみる」意味をもち、相手のことば(言)によってようすをみることを表す字。「こころみる」として使われている。

意味 ❶こころみる。ためしにやってみる。例実験を試みる。力を試す。試験・試作 ❷試験。例入試・追試

❶〈こころみる〉の意味で

【試合】しあい ◎〈―する〉スポーツや武芸などで、おたがいの力やわざをくらべあい、勝ち負けを決めること。例親善試合。類勝負

【試案】しあん ↓ためしにつくった計画や考え。例試案を発表する。類素案 対成案 表現「自分だけの考え」の意味なら「私案」と書く。

【試運転】しうんてん 〈―する〉新しくつくった乗り物や機械の具合を調べるために、実際に動かしてみること。例新型車両の試運転をする。

【試供品】しきょうひん ためしに使うように出す品。

【試金石】しきんせき ①金や銀の品質を調べるために、それにこすりつけてテストする、黒くてかたい石。②それによって実力がためされ、その真価がわかるものごと。例今度の試合が新チームにとって一つの試金石になる。

【試掘】しくつ ↓〈―する〉出てくるものを調べるために、ためしにほってみること。

【試験】しけん Ⅲ〈―する〉①問題を出して答えさせ、学力や能力を調べること。テスト。例入学試験。②もののよしあしや性質を、ためしたり調べたりすること。例試験飛行。

【試行錯誤】しこうさくご 〈―する〉やってみて失敗する、それをなおす、ということをくり返して、解決に近づくこと。例試行錯誤を重ねる。

【試作】しさく ↓〈―する〉ためしにつくってみること。例機械は試作の段階だ。試作品。

【試算】しさん ↓〈―する〉だいたいの見当をつけるために、ざっと計算してみること。例家をたてる費用を試算する。

【試写】ししゃ ↓〈―する〉映画を公開する前に、一部の人に見せること。例試写会。

【試食】ししょく ↓〈―する〉料理のでき具合を調べるために、ためしに食べてみること。例試食をどうぞ。試食会。類味見・毒味

【試問】しもん ↓〈―する〉質問して答えを聞き、その人の知識や力をはかること。例口頭試問。

【試用】しよう ↓〈―する〉ためしに使ってみるこ

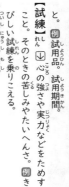

と。例試用品。試用期間。
【試練】↓心の強さや実力などをためすこと。そのときの苦しみやたいへんさ。例きびしい試練を乗りこえる。
◆追試 入試 模試

詢

言-6 総画13 人名 明朝 詢 8A62

音ジュン外 訓—

意味 ❶はかる。相談する。❷まこと。まことに。

詳

言-6 総画13 常用 明朝 詳 8A73

音ショウ中 訓くわ-しい中

筆順 詳

なりたち [形声]「羊」が「ショウ」とかわって読み方をしめしている。「ヨウ」は「小さい」の意味をもち、ことこまかに話す(言)ことを表す字。

意味 くわしい。例詳しく話す。詳細

名前のよみ みつ

【詳細】||〈—な〉細かくくわしいこと。例事件の詳細を聞く。類委細・精細
【詳述】↓〈—する〉細かいことまでくわしくのべること。例理由は次の章で詳述する。類詳説 対略述
【詳説】↓〈—する〉くわしく説明すること。類詳述 対概説・略説
【詳報】↓くわしい知らせ。例事故の詳報が入る。

←詳が下につく熟語 上の字の働き
【不詳 未詳】「くわしい」を打ち消す。

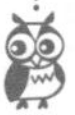

誠

言-6 総画13 6年 明朝 誠 8AA0

音セイ 訓まこと中

筆順 誠（みじかく／つにならない／はねる／わすれない）

なりたち [形声]「成」が「セイ」という読み方をしめしている。「セイ」は「かさなる」意味をもち、ことば(言)と心が一致して、うそいつわりのないことを表す字。

意味 まごころ。うそいつわりのないこと。例誠をつくす。誠意・忠誠

名前のよみ あき・あきら・かね・さと・さね・しげ・たか・たかし・とも・なり・のぶ・のり・まさ・もと・よし

【誠意】↓うそがなく、心をこめてつくす気持ち。例誠意をしめす。誠意が感じられない。類真心
【誠実】||〈—な〉まごころをもっているようす。例誠実な人がら。誠実に答える。類忠実 対不実
【誠心誠意】心をこめて、いっしょうけんめいに。例誠心誠意、社会につくす。

詮

言-6 総画13 常用 明朝 詮 8A6E

音セン中 訓—

筆順 詮

意味 あきらかにする。例詮議・詮索

字体のはなし「詮」とも書く。☞ふろく「字体についての解説」(30ページ)

【詮議】||〈—する〉①相談してはっきりさせること。②容疑者をさがしたり、とりしらべたりすること。

詫

言-6 総画13 人名 明朝 詫 8A6B

音タ外 訓わ-びる外

意味 わびる。あやまる。謝罪する。わび。例詫び状。

誉

言-6 総画13 常用 明朝 誉 8A89 旧字 譽 8B7D

音ヨ中 訓ほま-れ中

筆順 誉

なりたち [形声]もとの字は、「譽」。「與」が「ヨ」という読み方をしめしてい

る。「ヨ」は「もちあげる」意味をもち、ことば(言)でもちあげて「ほめる」ことを表す字。

意味 ほまれ。評判がよい。ほめる。例 郷土の誉れ。名誉

名前のよみ しげ・たか・たかし・のり・もと・やす・よし

←誉が下につく熟語 上の字の働き

【栄誉 名誉】近い意味。

話

言-6 総画13 2年 明朝 話 8A71

音 ワ 訓 はな-す・はなし

筆順 みじかく おおきく

なりたち [形声]「昏→舌 カツ」が「ワ」とかわって読み方をしめしている。「カツ」は「よい」の意味をもち、よいことば(言)を表す字。「はなし」として使われている。

意味 はなす。はなし。例 できごとを話す。話題・昔話

【話芸】わげい ↓ 落語や漫才・講談など、たくみな話術で人を楽しませる芸。

【話術】わじゅつ ↓ 聞かせるための話し方。例 話術にたける。たくみな話術。

【話題】わだい ↓ 話の材料になることがら。例 話題をかえる。スポーツを話題にする。

←話が下につく熟語 上の字の働き

【説話 談話】近い意味。

【哀話 悲話 笑話 逸話 実話 挿話 秘話 訓話 夜話(やわ・よばなし) 昔話】ドンナ話か。

【会話 対話 講話】ドウヤッテ話すか。

【神話 法話】ナニについての話か。

【童話 民話】ダレのあいだでの話か。

◆通話 電話

語

言-7 総画14 2年 明朝 語 8A9E

音 ゴ 訓 かた-る・かた-らう

筆順 みじかく ながく

なりたち [形声]「吾」が「ゴ」という読み方をしめしている。「ゴ」は「たがいにとりかわす」意味をもち、たがいにことば(言)を交わすことを表す字。

意味
❶かたる。話す。例 思い出を語る。仲間と語らう。物語・語調
❷ことば。一つ一つの単語。それぞれの言語。例 語句・国語

❶〈かたる〉の意味で

【語気】ごき ↓ 話すときのいきおいやことばの調子。例 語気があらい。類 語勢・語調

【語調】ごちょう ↓ 話や文章の全体の調子。例 強い語調で言う。類 語気・語勢

【語尾】ごび ↓ 話すときの、言い終わりに近いところ。ことばじり。例 語尾をにごす。☞❷

【語弊】ごへい ↓ ことばの使い方がよくなくて、まちがって受け取られたり、受け取る側の気分をそこねたりすること。例 語弊がある。

【語呂】ごろ ↓ ことばを発音したときの、音のつづきぐあい。例 語呂合わせ。

❷〈ことば〉の意味で

【語彙】ごい ↓ ある範囲で使われる単語の集まり。ボキャブラリー。例 語彙を豊かにする。

【語学】ごがく ↓ ①ことばについて研究する学問。類 言語学 ②外国語を学ぶこと。

【語感】ごかん ↓ ①そのことばがもっている感じ。例 語感をたいせつにする。②ことばの感じをとらえる感覚。例 語感がするどい。

【語義】ごぎ ↓ ことばの意味。類 語意・字義

【語句】ごく Ⅱ 一つ一つのことばや、ひとまとまりになっていることば。例 語句の使い方。

【語源】ごげん ↓ そのことばのもともとの形や意味。例 語源を調べる。表記「語原」とも書く。

【語釈】ごしゃく ↓ (―する) 語句の意味を説明すること。例 語釈がていねいな辞書。

【語尾】ごび ↓ 一つ一つのことばの終わりの部分。例 活用語尾。対 語幹 ☞❶

←語が下につく熟語 上の字の働き

❶語＝〈かたる〉のとき

【私語 落語 物語 豪語 大言壮語】ドノヨウニ語るか。

❷語＝〈ことば〉のとき

◆言語
【単語 熟語 口語 文語 主語 述語 類語 略語 同意語 反意語 類義語 擬声語 擬態語 原語 訳語 畳語 用語 術語 反語 標語 俗語 隠語 敬語 季語 勅語 死語】ドノヨウナことばか。
【国語 和語 漢語 英語 独語】ドコのことばか。

誤

言-7 総画14 6年 明朝 誤 8AA4

音 ゴ 訓 あやま-る

筆順 言 言 言口 言口 誤 誤 誤 (みじかく・だす・とめる)

なりたち [形声]「呉」が「ゴ」という読み方をしめしている。「ゴ」は「くいちがう」の意味をもち、事実とくいちがうことば(言)を表す字。

意味 あやまり。まちがい。例 方針を誤る。誤りを正す。誤解・錯誤 対 正

例解 [使い分け] あやまる[誤・謝] → このページ

【誤解】ごかい ↓〈-する〉ちがう意味で受け取ること。例 誤解をとく。誤解をまねく。類 曲解

【誤記】ごき ↓〈-する〉書きまちがい。

【誤差】ごさ Ⅱ 計算して出したあたいと実際に測定したあたいとのちがい。例 誤差が出る。

【誤算】ごさん ↓〈-する〉①計算をまちがえること。計算ちがい。②考えや見こみがそのとおりにいかないこと。見こみちがい。例 エースのけがが誤算だった。

【誤字】ごじ ↓ まちがっている字。例 誤字脱字。

【誤植】ごしょく ↓ 印刷で、文字がまちがっていること。ミスプリント。例 誤植を直す。

【誤診】ごしん ↓〈-する〉医者が病気の診断をまちがえること。例 誤診のおそれがある。

【誤審】ごしん ↓〈-する〉裁判や競技などで裁判官や審判がまちがって判定すること。

【誤認】ごにん ↓〈-する〉まちがえて、べつのものをそれだとみとめること。見まちがえ。例 信号の誤認による事故。事実誤認。

【誤報】ごほう ↓ まちがった知らせ。

【誤用】ごよう ↓〈-する〉まちがって使うこと。また、まちがった使い方をすること。例 ことばの誤用。

◆錯誤 試行錯誤 正誤

誌

言-7 総画14 6年 明朝 誌 8A8C

音 シ 訓 ―

筆順 言 言 言 計 誌 誌 誌 (みじかく・はねる)

なりたち [形声]「志」が「シ」という読み方をしめしている。「シ」は「とどめおく」意味をもち、ことば(言)を書きとめることを表す字。

意味 ❶書いたもの。記録。例 日誌 ❷雑誌。例 週刊誌。誌面

❷〈雑誌〉の意味で

【誌上】しじょう ↓ 雑誌の、記事がのっているところ。表現 新聞の場合は「紙上」と書く。

【誌面】しめん ↓ 雑誌の、記事や写真がのっているページ。表現 新聞の場合は「紙面」と書く。

誌が下につく熟語 上の字の働き

❶誌=〈書いたもの〉のとき
【日誌 雑誌】ドウイウ書きものか。

◆本誌

誓

言-7 総画14 常用 明朝 誓 8A93

音 セイ 中 訓 ちか-う 中

例解 使い分け

あやまる《誤る・謝る》

誤る=まちがえる。やりそこなう。例 答えを誤る。使い方を誤る。誤りを正す。

謝る=許してくれとわびる。例 落ち度を謝る。頭を下げて謝る。平謝り。

筆順 扌 扌 扩 折 誓 誓 誓 誓

なりたち 誓 [形声]「折」が「セイ」という読み方をしめしている。「セイ」は「とりきめる」意味をもち、ことば(言)でとりきめることを表す字。

意味 ちかう。かたく約束する。例 神に誓う。誓約・宣誓

【誓文】せいもん ↓ ちかいのことばを書いた文章。

【誓約】せいやく Ⅱ〈―する〉かならず守ると約束すること。その約束。例 誓約をかわす。

説

言-7 総画14 4年 明朝 説 8AAC

音 セツ・ゼイ高 訓 と-く

筆順 言 言 訁 訁 説 説 説（みじかく・はねる・おらない）

なりたち 說 [形声]「兌」が「セツ」とかわって読み方をしめしている。「エツ」は「ならべる」意味をもち、ことば(言)をならべて明らかにすることを表す字。

意味
❶とく。よくわかるように、すじみちを立ててのべる。例 道理を説く。説明・解説・論説
❷意見。考え。例 説が分かれる。
❸はなし。物語。例 説話・小説

注意するよみ ゼイ…例 遊説

名前のよみ とき・のぶ

❶〈とく〉の意味で

【説教】せっきょう ▲〈―する〉①神や仏の教えをわかりやすく話すこと。例 お坊さんのありがたい説教を聞く。類 説法 ②注意したりしかったりすること。例 父のお説教が身にしみる。類 説諭・意見・忠告

【説得】せっとく ⊠〈―する〉よく話して、相手にそのとおりだと思わせること。例 説得力。

【説法】せっぽう ▲〈―する〉仏教の教えを人びとに説き聞かせること。例 釈迦に説法(相手がよく知っていて、言う必要がないことを言うこと)。辻説法。類 説教

【説明】せつめい ↓〈―する〉ことばや図などを使って相手によくわからせること。例 説明書。

【説諭】せつゆ ↓〈―する〉わるいおこないをあらためるように言って聞かせること。類 説教

❸〈はなし〉の意味で

【説話】せつわ Ⅱ 神話・伝説・昔話など、むかしから語りつたえられた物語。例 説話集。

説が下につく熟語 上の字の働き

❶説=〈とく〉のとき
【序説 概説 詳説 図説 力説 演説 遊説】ドノヨウニ説くか。

❷説=〈意見〉のとき
【学説 仮説 逆説 一説 諸説 新説 異説 俗説 通説 定説】ドノヨウナ説か。
【自説 社説 高説】ダレの意見か。

❸説=〈はなし〉のとき
【小説 伝説 風説】ドノヨウナ話か。

◆解説

読

言-7 総画14 2年 明朝 読 8AAD 旧字 讀 8B80

音 ドク・トク・トウ 訓 よ-む

筆順 言 言 訁 訁 読 読 読（みじかく・はねる・おらない）

なりたち 讀 [形声]もとの字は、「讀」。「賣」が「トク」とかわって読み方をしめしている。「イク」は「声をあげてよむ」意味をもち、ことば(言)に出して読むことを表す字。

意味 よむ。例 本を読む。読本・愛読

例解 [使い分け] よむ[読・詠] ☞ ひだりのページ

発音あんない ドク→ドッ…例 読解

注意するよみ トウ…例 読点・句読点

特別なよみ 読経(どきょう)

名前のよみ よし

【読点】とうてん ↓ 文の中の息の切れ目に打つ「、」のしるし。対 句点 知識「ぼくは、大急ぎで出かけた母を追いかけた」と「ぼくは大急ぎで、出かけた母を追いかけた」など、読点の打ち方で、文全体の意味が大きくかわることがある。

【読経】どきょう ▲〈―する〉声を出してお経を読むこと。例 読経の声が流れる。

【読者】どくしゃ ↓ 新聞・雑誌・本などを読む人。例

読者の心をつかむ。読者層。

【読書】どくしょ ▲〈―する〉本を読むこと。例 読書週間。読書家。

【読破】どくは ☒〈―する〉むずかしい本や長い読み物を、終わりまで読み通すこと。例 半年かかってやっと全巻読破した。類 読了

【読本】とくほん|どくほん ↓ ①むかしの国語の教科書。入門書。②わかりやすく説明した本。例 文章読本。

【読了】どくりょう ↓〈―する〉すっかり読み終わること。類 読破

【読解】どっかい ↓〈―する〉文章を読んで、内容を理解していくこと。例 読解力。

⬅読が下につく熟語 上の字の働き

【愛読 熟読 味読 精読 解読 判読 必読 一読 通読 速読 閲読 拝読 黙読 音読 朗読 訓読 素読 多読 濫読(乱読) 代読 輪読 購読】ドノヨウニ読むか。

◆句読 晴耕雨読

認

言-7 総画14 6年 明朝 認 8A8D

音 ニン 中 訓 みと-める

筆順 認 認 認 認 認 認 認 （はねる）（みじかく）

なりたち 「形声」「忍」が「ゆるす」意味と「ニン」という読み方をしめしている。ことば(言)に出して承知することを表す字。

意味 ❶見て心にとめる。見分ける。はっきりと知る。例 人影を認める。認識・確認 ❷受けいれる。ゆるす。例 入学を認める。認可・承認

❶〈見て心にとめる〉の意味で

【認識】にんしき Ⅲ〈―する〉ものごとをはっきりと見分け、正しく理解すること。例 認識を深める。

【認定】にんてい ↓〈―する〉ことがらの内容や程度、事実のあるなしを調べて、そのとおりだと決めること。例 公害と認定する。

❷〈受けいれる〉の意味で

【認可】にんか Ⅲ〈―する〉ねがい出たことを役所などがよいとみとめてゆるすこと。例 認可を申請する。認可外の保育所。類 許可・認証

【認証】にんしょう ↓〈―する〉①役所などがみとめて、証明すること。類 認可 ②内閣または内閣総理大臣がおこなったことを天皇が公に証明すること。例 大臣の認証式。

例解 使い分け　よむ《読む・詠む》

読む＝文字や文章を目で追う。声に出して言う。察する。
例 本を読む。目盛りを読む。絵本を読んで聞かせる。人の心を読む。

詠む＝詩や歌を作る。
例 和歌を詠む。俳句を詠む。

⬅認が下につく熟語 上の字の働き

❶認＝〈見て心にとめる〉のとき
【確認 誤認】ドノヨウニ見分けるか。

❷認＝〈受けいれる〉のとき
【公認 自認】ダレが認めるか。
【承認 容認 是認 否認 黙認 追認】ドノヨウニ認めるか。

誘

言-7 総画14 常用 明朝 誘 8A98

音 ユウ 中 訓 さそ-う 中

筆順 誘 誘 誘 誘 誘 誘 誘

なりたち 「形声」「秀」が「ユウ」とかわって読み方をしめしている。「シュウ」は「みちびく」意味をもち、ことば(言)でみちびくことを表す字。

意味 さそう。さそい入れる。さそい出す。引き起こす。例 映画に誘う。誘拐・勧誘

【誘因】ゆういん ↓ あることを引き起こすもと。例 ちょっとしたかぜが肺炎の誘因となる。

【誘拐】Ⅲ〈―する〉人をだましてさそい出し、つれさること。例誘拐事件。

【誘致】↓〈―する〉よい条件を用意して、まねきよせること。例工場の誘致。類招致

【誘導】↓〈―する〉思うところへ行きつくように、うまくみちびくこと。例係員の誘導にしたがって避難する。誘導尋問。

【誘発】↓〈―する〉あることがもとになってほかのことを引き起こすこと。類触発

【誘惑】Ⅲ〈―する〉人の心をまよわせて、悪いことにさそいこむこと。例誘惑に勝つ。

謁

言-8 総画15 常用 明朝 謁 8B01 旧字 謁 FA62

音 エツ中 訓 ―

筆順

なりたち [形声]もとの字は、「謁」。「曷」が「エツ」とかわって読み方をしめしている。「声に出す」意味と、声に出してことば(言)を申しあげることを表す字。

意味 お目にかかる。身分の高い人に会う。例陛下に謁する。謁見

【謁見】Ⅲ〈―する〉身分の高い人にお目にかかること。例女王に謁見する。類拝謁

課

言-8 総画15 4年 明朝 課 8AB2

音 カ 訓 ―

筆順（ながく・みじかく）

なりたち [形声]「果」が「カ」という読み方をしめしている。「カ」は「ふたんする」意味をもち、「言いつけて」ふたんさせることを表す字。

意味 ❶わりあてる。受けもたせる。例宿題を課す。課題・日課

❷仕事の受けもち区分。例庶務課。

❶〈わりあてる〉の意味で

【課外】↓学校で、決まっている授業や課目以外のこと。例課外活動。対正課

【課税】▲〈―する〉税金をわりあてること。例課税対象。累進課税。

【課題】↓答えを出したり、解決したりするようにもとめられた問題。例多くの課題をかかえる。当面の課題。

【課程】↓学校などで、一定期間勉強するように決められたことがら。カリキュラム。

【課目】↓学校で教えるようにわりあてられた一つ一つの学科。例選択課目。

←課が下につく熟語 上の字の働き

❶課＝〈わりあてる〉のとき

【正課 日課】ドノヨウナわりあてか。

❷課＝〈仕事の受けもち区分〉のとき

【総務課 庶務課 会計課 人事課】ナニを受けもつところか。

◆賦課

誼

言-8 総画15 人名 明朝 誼 8ABC

音 ギ外 訓 よしみ外

意味 よしみ。したしみ。なかよくする。例交誼・友誼

諏

言-8 総画15 人名 明朝 諏 8ACF

音 シュ外・ス外 訓 ―

意味 はかる。相談する。たずねる。

参考 諏訪(すわ)

諄

言-8 総画15 人名 明朝 諄 8AC4

音 ジュン外 訓 ―

意味 ❶ていねい。ねんごろ。例諄諄と諭す。❷くどい。くり返し言う。

名前のよみ あつ・しげ・とも・のぶ・まこと

諸

言-8 総画15 6年 明朝 諸 8AF8 旧字 諸 FA22

音 ショ 訓 もろ外

筆順（ながく・つきだす・みじかく）

なりたち 諸 [形声]もとの字は、「諸」。「者」が「ショ」とかわって読み方をしめしている。「ショ」は「おおい」の意味をもち、ことば(言)が多いことを表す字。

意味 おおくの。さまざまの。例 諸国

【諸行無常】しょぎょうむじょう この世のすべてのものは、少しの間もとどまることなくうつりかわっていくのだ、ということ。参考 この世のはかなさを語る仏教のことば。「諸行」は因縁によって生じたこの世のいっさいのことがら、「無常」はいつも同じではないという意味。

【諸君】↓ みなさん。君たち。例 諸君のがんばりに期待する。表現 おもに男子の間で、目下の人たちによびかけることば。

【諸兄】↓ みなさん。男の人たちをうやまっていうときのことば。対 諸姉

【諸国】↓ 多くの国々。例 諸国を歴訪する。類 列国・国国

【諸氏】↓ みなさん。多くの人をうやまっていうときのことば。

【諸事】↓ いろいろなことがら。例 諸事万端ととのう。類 万事

【諸説】↓ あるものごとについてのいろいろの考え。例 諸説ふんぷんで定まらない。

【諸島】↓ 近くにかたまってある、いくつかの島々。例 小笠原諸島。類 群島・列島

【諸般】↓ 考えられるいろいろのこと。例 諸般の事情を考慮する。類 各般

誰

言-8 総画15 常用 明朝 誰 8AB0

音 スイ外 訓 だれ中

筆順

意味 だれ。どの人ときまっていない人や、名前のわからない人を指すことば。例 誰彼かまわず話しかける。

【誰何】Ⅲ〈―する〉不審な人に向かって「だれか」とよびかけること。

請

言-8 総画15 常用 明朝 請 8ACB

音 セイ中・シン高 訓 こ-う高・う-ける中

筆順

なりたち 請 [形声]もとの字は、「請」。「青」が「セイ」という読み方をしめしている。「セイ」は「みる、まみえる」の意味をもち、君主に会ってさしずのことば(言)を受けることを表す字。

意味

❶たのみこむ。もとめる。例 教えを請う。請求・要請

❷うける。うけあう。例 工事を請ける。下請け。請負

例解 [使い分け]うける[受・請] ☞201ページ

例解 [使い分け]こう[乞・請] ☞43ページ

注意するよみ シン…例 普請

❶〈たのみこむ〉の意味で

【請願】Ⅲ〈―する〉こうしてほしいという希望を、役所や議会にねがい出ること。例 請願書。類 陳情・申請

【請求】Ⅲ〈―する〉受け取れるはずのものを相手にもとめること。例 代金を請求する。請求書。類 要求

❷〈うける〉の意味で

【請負】◎ いつまでに、どれだけの費用でしあげるかを決めて、仕事を引き受けること。おもに、土木・建築関係の仕事でいう。例 工事の請負業者。

請が下につく熟語 上の字の働き

❶請＝〈たのみこむ〉のとき

【懇請 招請 申請 普請】ドノヨウニもとめるか。

◆要請

諾

言-8 総画15 常用 明朝 諾 8AFE

音 ダク中 訓 ―

筆順

なりたち 諾 [形声]「若」が「ダク」という読み方をしめし、「ダク(はい)」と「言って」返事をすることを表す字。

意味 ききいれる。「はい」と答える。承知して引

き受ける。例 承諾 対 否

【諾否】⇔ 承知するかしないか。

◆諾が下につく熟語 上の字の働き

【応諾 許諾 受諾 承諾】近い意味。

【快諾 内諾】ドノヨウニ聞き入れるか。

◆唯唯諾諾

誕

言-8 総画15 6年 明朝 誕 8A95

音 タン 訓 —

筆順 みじかく だす はらう

なりたち 【形声】「のばす」意味の「延(エン)」が「タン」とかわって読み方をしめしている。事実を引きのばして大きく「言う」ことを表す字。のちに、「生まれる」として使われるようになった。

意味 生まれる。例 誕生・降誕

名前のよみ のぶ

【誕生】たんじょう Ⅲ〈—する〉①子どもが生まれること。例 誕生日。類 出生(しゅっしょう・しゅっせい)・生誕 ②新しくできあがること。例 新しい町が誕生した。

◆降誕 生誕

談

言-8 総画15 3年 明朝 談 8AC7

音 ダン 訓 —

筆順 みじかく とめる はらう

なりたち 【形声】「淡→炎」が「おだやか」の意味と「タン」という読み方をしめしている。静かにはなす(言)ことを表している字。

意味 話す。語る。物語。例 談話・相談・縁談・怪談

【談合】だんごう ↓〈—する〉①集まって話し合いをすること。②入札に先立って、業者たちが入札価格や落札業者などを話し合いで決めるという不正なおこない。

【談笑】だんしょう ↓〈—する〉わらいをまじえながら、話し合うこと。例 談笑のひととき。類 歓談

【談判】だんぱん ↓〈—する〉ものごとのきまりをつけるために話し合うこと。かけあうこと。例 じか談判。ひざづめ談判。類 交渉・折衝

【談話】だんわ Ⅲ①〈—する〉くつろいで話をすること。例 談話室。②あることについての意見。例 首相の談話。

◆談が下につく熟語 上の字の働き

【縁談 怪談 奇談 商談 用談 冗談 美談 雑談 漫談 余談】ドノヨウナ話か。

【歓談 懇談 直談 密談 会談 相談 対談 面談 座談 示談 筆談 放談】ドノヨウニ話すか。

◆講談 破談

調

言-8 総画15 3年 明朝 調 8ABF

音 チョウ 訓 しら-べる・ととの-う 中・ととの-える 中

筆順 みじかく はねる

なりたち 【形声】「周(シュウ→チョウ)」が「ゆきわたる」意味と「チョウ」という読み方をしめしている。ことば(言)を全体にゆきわたらせることを表す字。

意味

❶ととのえる。ちょうどいい具合にする。用意する。間に合うように作らせる。道具を調える。例 書類が調う。調節・調和・新調

❷しらべる。まちがいがないか、たしかめる。例 原因を調べる。調査

❸ぐあい。全体の流れやリズム。例 たえなる調べ。調子・順調

例解 [使い分け] ととのえる[整・調] ☞569ページ

名前のよみ しげ・つぐ

❶〈ととのえる〉の意味で

【調印】ちょういん ▲〈—する〉条約や契約などの約束が成立したしるしに、それを書いた文書に両方の代表がサインしたり印をおしたりすること。例 調印式。

【調教】ちょうきょう ↓〈—する〉動物を飼いならして、技や芸を教えこむこと。例 調教師。

【調合】ちょうごう ↓〈—する〉薬などを決められた割合にまぜ合わせること。例 処方に合わせて薬を調合する。類 調剤・配合

【調書】ちょうしょ ↓ 取り調べたことがらを書いた文書。例 容疑者から調書をとる。

【調製】ちょうせい ↓〈—する〉注文どおりに品物をつくること。例 紳士服、調製いたします。

【調整】ちょうせい ‖〈—する〉ちょうどよくなるようになおしたり、はたらきかけたりすること。例 意見の調整に苦労する。類 調節

【調節】ちょうせつ ▲〈—する〉ちょうどよい具合になるように加減すること。例 エアコンの温度を調節する。類 調整

【調達】ちょうたつ ↓〈—する〉必要なものをとりそろえて間に合わせること。例 資金を調達する。調達係。類 工面

【調停】ちょうてい ↓〈—する〉あらそうもののあいだに入り、意見をとりまとめてなかなおりさせること。例 調停案。類 仲裁

【調度】ちょうど ↓ ふだんの生活で使う身のまわりの道具。針箱・鏡台・本立て・置き時計のような、家具というより少し小さいものをいう。例 調度品。

【調髪】ちょうはつ ▲〈—する〉かみの毛を切ったりゆったりして形をととのえること。例 調髪料。類 理髪・散髪・整髪・理容

【調味料】ちょうみりょう 塩・さとう・しょうゆなど、食べ物に味をつけるために使うもの。

【調理】ちょうり ‖〈—する〉材料に手をくわえ食べ物をつくること。例 川魚の調理法。類 料理

【調律】ちょうりつ ▲〈—する〉楽器の音を正しい高さに合わせること。例 ピアノを調律する。

【調和】ちょうわ ↓〈—する〉つりあいがよくとれていること。例 調和をたもつ。

❷〈しらべる〉の意味で

【調査】ちょうさ ‖〈—する〉はっきり知るために調べること。例 世論調査。

❸〈ぐあい〉の意味で

【調子】ちょうし ⊠ ①声や楽器の音の高さやリズム・テンポなどの具合。例 調子はずれ。②話し方や文章の書きぶりから受ける感じ。例 強い調子でしかる。類 口調 ③はたらきの具合。ようす。例 エンジンの調子がいい。類 具合 ④ものごとが進むときのいきおい。例 調子づく。

調が下につく熟語 上の字の働き

❸ 調＝〈ぐあい〉のとき

【快調 好調 順調 低調 不調 変調 乱調 哀調 単調 五七調 七五調】ドンナ具合か。

【格調 基調 論調 語調 口調 色調 体調 歩調】ナニの具合か。

【同調 復調 失調】具合をドウスルか。

◆ 協調 強調 新調

【誹】

言-8 総画15 表外 明朝 誹 8AB9

音 ヒ外 訓 そし-る外

意味 そしる。人を非難する。けなす。

【誹謗】ひぼう ‖〈—する〉他人を悪く言うこと。例 誹謗中傷。

【諒】

言-8 総画15 人名 明朝 諒 8AD2

音 リョウ外 訓 —

意味 ❶まこと。真実。❷思いやる。そうだとみとめる。例 諒解・諒承

名前のよみ あき・まこと・まさ

【論】

言-8 総画15 6年 明朝 論 8AD6

音 ロン 訓 —

筆順 （みじかく・はねる・ださない・ださない）

なりたち [形声]「侖ロン-リン」が「すじみち」の意味と「ロン」という読み方をしめしている。すじみちを立てて話す(言)ことを表す字。

意味 のべる。すじみちを立てて話す。考え。例 是非を論じる。論より証拠。論議・理論

名前のよみ とき・のり

【論外】ろんがい ↓ ①〈—に—な〉考えてみるねうちがない。話にならない。例 君の意見は、まったく

論外だ。②話し合う問題からはずすこと。例この件は今は論外とする。

【論議】ろんぎ Ⅲ〈―する〉たがいに意見を出し合うこと。例論議をつくす。類議論

【論客】ろんきゃく｜ろんかく ↓ 議論にかけては人に負けない人。議論好き。例たのもしい論客。

【論及】ろんきゅう ↓〈―する〉話が広がって、べつの問題にまでおよぶこと。例ごみ処理のことから始まって、環境問題に論及する。

【論拠】ろんきょ ↓ 意見のよりどころになっているものごと。例反対する論拠をのべる。

【論告】ろんこく ↓〈―する〉裁判で、検察官が被告の罪の内容を明らかにすること。その結論が、罰としての刑の要求になるので、合わせて「論告求刑」となる。

【論旨】ろんし ↓ 意見の中心となる考え。例論旨を明らかにする。

【論述】ろんじゅつ Ⅲ〈―する〉すじみちを立てて考えをのべること。例くわしく論述する。

【論証】ろんしょう ↓〈―する〉何が正しいか、証拠をあげてのべ、はっきりさせること。例通説のあやまりを論証する。類立証

【論陣】ろんじん ↓ 議論を進めるための主張や意見の組み立て。例論陣をはる。

【論説】ろんせつ ↓〈―する〉すじみちを立てて意見をのべること。また、その文章。例論説を展開する。類社説

【論戦】ろんせん ↓〈―する〉議論をたたかわせること。例論戦をくりひろげる。類論争

【論争】ろんそう ↓〈―する〉それぞれの人が意見を言い合ってあらそうこと。例教育問題ではげしく論争する。類論戦

【論題】ろんだい ↓ それについて論じようとしている問題。例議論が論題からそれる。

【論壇】ろんだん ↓ 批評家や評論家などの社会。

【論調】ろんちょう ↓ 議論のしかたや雰囲気。論説での問題のとりあげ方や意見ののべ方。例きびしい論調で非難する。

【論点】ろんてん ↓ 議論の中心となるところ。例論点をしぼる。論点を整理する。

【論破】ろんぱ ↓〈―する〉議論して相手を言い負かすこと。例反対意見を論破する。

【論評】ろんぴょう ↓〈―する〉あることについて、意見をのべ、批評すること。例論評をくわえる。

【論文】ろんぶん ↓ ある問題をとりあげ、自分の考えによって研究し、はっきりした結論をのべる文章。例卒業論文。

【論法】ろんぽう ↓ 議論を進めるための方法。例三段論法。

【論理】ろんり ↓ 考えや説明を正しく進めるすじみち。例論理に飛躍がある。

←論が下につく熟語 上の字の働き

【議論 言論 弁論 評論】近い意味。

【正論 異論 極論 愚論 空論】ドノヨウナ意見か。

【理論 推論 概論 討論 激論 争論 口論 反論】ドノヨウニのべるか。

【序論 本論 結論 総論 各論】ドノ部分の議論か。

【持論 世論よろん｜せろん】ドウイウ意見か。

【謂】

言-9 総画16 人名 明朝 謂 8B02

音イ外 訓い-う外

意味 いう。人に話しかける。

【諧】

言-9 総画16 常用 明朝 諧 8AE7

音カイ中 訓―

筆順

意味 ❶おどける。ふざける。❷ととのう。やわらぎ、うちとける。例諧調

❶〈おどける〉の意味で

【諧謔】かいぎゃく Ⅲ 気のきいた冗談。ユーモア。例諧謔をまじえる。参考謔もおどける意味。

←諧が下につく熟語 上の字の働き

【俳諧】近い意味。

【諺】

言-9 総画16 人名 明朝 諺 8AFA

音ゲン外 訓ことわざ外

意味 ことわざ。教訓・風刺など、人びとの生活

ものしり巻物 第29巻

白居易の詩と平安文学

『文選』や『白氏文集』は、わが国でもよく読まれました。とりわけ白居易(楽天)の詩は、彼の生きている間に日本にも伝わり、平安時代の文学に大きな影響を与えました。

たとえば、清少納言の『枕草子』には、中宮定子が清少納言に「香炉峰の雪はどのようか」とたずねたので、女官に御格子を上げさせて、御簾を高く巻き上げたという話があり、白居易の七言律詩の句が当時の人々によく知られていたことがわかります。清少納言は、このとっさの機転を利かせた行動によって称賛されました。

香炉峰下新卜山居草堂初成偶題東壁
香炉峰下、新たに山居を卜し、草堂初めて成り、偶東壁に題す

日高睡足猶慵起
日高く睡り足りて猶起くるに慵し

小閣重衾不怕寒
小閣に衾を重ねて寒さを怕れず

遺愛寺鐘欹枕聴
遺愛寺の鐘は枕を欹てて聴き

香炉峰雪撥簾看
香炉峰の雪は簾を撥げて看る

匡廬便是逃名地
匡廬は便ち是れ名を逃るるの地

司馬仍為送老官
司馬は仍老いを送るの官為り

心泰身寧是帰処
心泰く身寧きは是れ帰する処

故郷何独在長安
故郷何ぞ独り長安にのみ在らんや

(「香炉峰のふもとに新しく山居をさだめ、草ぶきの家ができたおり、たまたま東壁に書き付けた詩」日は高くのぼり、睡眠はもう十分であるが、それでもなお起き上がるのがけだるい。ささやかな住居であるが、夜具を重ねているので、寒さの心配もない。遺愛寺から響いてくる鐘の音は、枕を傾けてじっと聞き、香炉峰に降り積もる雪は、簾をはねあげて眺める。ここ廬山こそは、俗世間の名利から逃れるのに最もふさわしい土地であり、司馬という役職は、老後を過ごすのに適した官職である。心身ともに安らかでいられるところこそ、自分が最終的に落ち着くべき場所なのだ。故郷は何もただ長安だけにあるわけではない)

《韻字＝寒・看・官・安》

この詩は、江州司馬の役職に左遷された白居易が、自らが置かれた境遇を心静かに受け入れるという人生観を述べたものです。

さらに紫式部の『源氏物語』などにも白居易の詩文の影響が見られます。

の知恵を短いことばにまとめ、むかしから言いつたえられてきたもの。

諮

音 シ中 訓 はか-る中
言-9 総画16 常用
明朝 諮 8AEE

筆順

なりたち [形声]「咨」が「はかる」意味と「シ」という読み方をしめしている。ことば(言)をかけて相談することを表す字。

意味 はかる。相談する。意見を聞く。例 会議にはかる。諮問

例解 [使い分け] はかる [図・計・量・測・謀・諮] ☞245ページ

○【諮問】しもん Ⅱ〈―する〉関係者に考えを聞くこと。例 諮問機関。対 答申

諦

音 テイ中 訓 あきら-める中
言-9 総画16 常用
明朝 諦 8AE6

筆順

意味 はっきりさせる。㋐明らかにする。例 諦視 ㋑あきらめる。例 諦め顔。諦念

○【諦観】ていかん ⇩〈―する〉①はっきりとよく見る。類 諦視 ②あきらめる。思いきる。

◆ 要諦

謀

音 ボウ中・ム高 訓 はか-る高
言-9 総画16 常用
明朝 謀 8B00

筆順

なりたち [形声]「某」が「ボウ」という読み方をしめしている。「ボウ」は「さぐる、もとめる」意味をもち、ことば(言)をさぐることを表す字。

意味 たくらむ。はかる。くわだてる。例 悪事を謀る。謀反・参謀

例解 [使い分け] はかる [図・計・量・測・謀・諮] ☞245ページ

注意するよみ ム…例 謀反

【謀議】ぼうぎ ⇩〈―する〉わるいことを計画したり、相談したりすること。例 共同謀議。

○【謀略】ぼうりゃく Ⅱ 人をだますためのはかりごと。例 謀略をめぐらす。類 策略

○【謀反】むほん ▲〈―する〉主君にそむき、たたかいをしかけること。例 謀反を起こす。謀反人。類 反逆

←謀が下につく熟語 上の字の働き

【共謀 首謀】ドウヤッテたくらむか。

◆ 陰謀 参謀 無謀

諭

音 ユ中 訓 さと-す中
言-9 総画16 常用
明朝 諭 8AED

筆順

なりたち [形声]「俞」が「ユ」という読み方をしめしている。「ユ」は「あきらか」の意味をもち、ことば(言)で明らかにすることを表す字。

意味 さとす。話してわからせる。例 親が子を諭す。諭旨・説諭

○【諭旨】ゆし ▲ 決めたことについて、わけを言い聞かせること。例 諭旨免職。

←諭が下につく熟語 上の字の働き

【教諭 説諭】近い意味。

謡

音 ヨウ中 訓 うたい高・うた-う高
言-9 総画16 常用
明朝 謡 8B21 旧字 謠 8B20

筆順

なりたち [形声] もとの字は、「謠」。「䍃」が「ヨウ」という読み方をしめしている。「ヨウ」は「上げ下げする」意味をもち、ことば(言)に節をつけてうたうことを表す字。

意味 うた。節をつけてうたう。例 謡を習う。謡い物。謡曲・童謡

例解 [使い分け] うたう [歌・謡] ☞661ページ

○【謡曲】ようきょく ⇩ 能楽のことばに節をつけてうたうもの。うたい。

【童謡 民謡】ダレのあいだでのうたか。

謹

言-10 総画17 常用
明朝 謹 8B39 旧字 謹 FA63

音 キン中 訓 つつし-む中

筆順 言 言 言 言 謹 謹 謹 謹

なりたち 〔形声〕もとの字は、「謹」。「堇」が「キン」という読み方をしめしている。「キン」は「すくない」の意味をもち、ことば(言)をひかえめにすることを表す字。

意味 つつしむ。うやうやしくする。例 謹んで申し上げます。謹呈

例解 [使い分け] つつしむ[慎・謹] ☞509ページ

名前のよみ すすむ・ちか・なり・のり

【謹賀新年】きんがしんねん 「つつしんで新年をお祝い申し上げます」という意味で、年賀状に書くことば。

【謹啓】きんけい ↓ 手紙のはじめに書く、「つつしんで申し上げます」という意味の、あいさつのことば。類 拝啓 表現「拝啓」よりもう一つあらたまったことば。

【謹厳】きんげん Ⅲ〈―な〉まじめでつつしみぶかいようす。例 謹厳実直。

【謹慎】きんしん Ⅲ〈―する〉失敗や罪をつぐなうために、行いをつつしむこと。例 謹慎を命じる。

【謹製】きんせい ↓〈―する〉心をこめてていねいにつくること。例 当店謹製の品です。

【謹呈】きんてい ↓〈―する〉つつしんで人にものをさし上げること。例 粗品謹呈。類 贈呈

謙

言-10 総画17 常用
明朝 謙 8B19

音 ケン中 訓 ―

筆順 言 言 言 言 謙 謙 謙 謙

なりたち 〔形声〕もとの字は、「謙」。「兼」が「ケン」という読み方をしめしている。「ケン」は「たりない」の意味をもち、ことばを「じゅうぶん言えないで」ひかえめなことを表す字。

意味 へりくだる。相手をうやまってえんりょする。例 謙遜

名前のよみ あき・かた・かね・しず・のり・よし

【謙虚】けんきょ ↓〈―な〉ひかえめですなおなようす。例 謙虚に反省する。対 高慢

【謙譲】けんじょう ↓ 自分がへりくだることで、相手を上に立てること。例 謙譲の精神。参考「謙譲語」は☞【敬語】けいご(566ページ)

【謙遜】けんそん Ⅲ〈―する〉いばらずにひかえめな態度をとること。例 謙遜して言う。対 不遜

講

言-10 総画17 5年
明朝 講 8B1B

音 コウ 訓 ―

筆順 言 言 言 講 講 講 講 (みじかく・はねる・だす)

なりたち 〔形声〕「冓」が「つみ上げて組む」意味と「コウ」という読み方をしめしている。ことば(言)で話し合うことを表している字。

意味 ❶説いて聞かせる。よくわかるように口で説明する。例 講演・講義・受講 ❷なかなおりする。例 和を講じる。講和

名前のよみ つぐ・のり・みち

❶〈説いて聞かせる〉の意味で

【講演】こうえん ▲〈―する〉ある問題について、おおぜいの人にむかって、まとまった話をすること。例 講演を聞く。類 演説

例解 [使い分け] こうえん[公演・講演] ☞122ページ

【講義】こうぎ ▲ ①〈―する〉知識や学問をわかりやすく説いて聞かせること。②大学の授業。例 前期の講義がはじまる。

【講座】こうざ ↓ ①大学で学生に教えるために設けた学科。②一定の期間、一つのことについて勉強する集まりや放送番組。例 ラジオの外国語講座。③一つの主題について講義風に何冊にも分けて出される本。例 講座現代文学。

【講師】こうし ↓ ①講演会や講習会などで話をする人。例 講師をまねいて研修する。②教員の職名の一つ。例 専任講師。③いろいろな学校や塾などで知識や技術を教える人。

【講釈】Ⅱ ①〈—する〉むずかしいことばや文章の意味をわかりやすく説明して聞かせること。例「徒然草」を講釈する。②「講談」の古い言い方。例講釈師。類講談

【講習】↓〈—する〉ある期間、人を集めて知識や技術を教えること。例講習会。

【講談】Ⅱ むかしのいくさやあだうちなどの物語を、調子をつけておもしろく聞かせる演芸。例ラジオで講談を聞く。類講釈

【講堂】↓学校や役所などで、おおぜいの人が集まって式やもよおしものなどをするための場所。例講堂で入学式をおこなう。

【講評】↓〈—する〉作品や演技について批評すること。また、その批評。例審査員の講評。

【講話】↓〈—する〉ためになる教えなどを、わかりやすく話して聞かせること。その話。

❷〈なかなおりする〉の意味で

【講和】▲〈—する〉国と国とが話し合い、戦争をやめてなかなおりすること。例講和条約。

講が下につく熟語 上の字の働き

❶講＝〈説いて聞かせる〉のとき
【休講 受講 聴講】講義をドウスルか。

謝

言-10 総画17 5年 明朝 謝 8B1D

音シャ 訓あやま-る㊥

筆順 みじかく はねる だす

なりたち 謝 [形声]「射」が「シャ」という読み方をしめしている。「シャ」は「さる」意味をもち、あいさつのことば(言)をのべて引きさがることを表す字。

意味
❶わびる。あやまる。例悪かったと謝る。謝罪・深謝
❷お礼をする。お礼の心を表すためのお金や品物。例謝辞・感謝・薄謝
❸ことわる。立ち去る。例謝絶

例解 [使い分け] あやまる[誤・謝] ☞983ページ

❶〈わびる〉の意味で

【謝意】↓申しわけないというおわびの気持ち。例遺族に対して謝意を表する。☞❷

【謝罪】▲〈—する〉罪をわびること。例謝罪会見。類陳謝

【謝辞】↓おわびのことば。☞❷

❷〈お礼をする〉の意味で

【謝意】↓ありがたいと思う気持ち。例ご厚意に対し謝意を表します。☞❶

【謝恩】▲〈—する〉おせわになった人に感謝すること。例謝恩セール。謝恩会。

【謝辞】↓お礼のことば。例卒業生の父母が謝辞をのべる。☞❶

【謝礼】↓〈—する〉感謝の気持ちを表すお礼のことばや品物。例謝礼を贈る。謝礼金。

❸〈ことわる〉の意味で

【謝絶】Ⅱ〈—する〉人の申し出などをことわること。例面会謝絶。表現「その申し出をしてくださるのはありがたいが」という気持ちを「謝」で表している。

謝が下につく熟語 上の字の働き

❶謝＝〈わびる〉のとき
【深謝 陳謝】ドノヨウニわびるか。

❷謝＝〈お礼をする〉のとき
【月謝 薄謝】ドウイウ礼金か。

◆感謝 新陳代謝

謄

言-10 総画17 常用 明朝 謄 8B04

音トウ㊥ 訓—

筆順

なりたち 謄 [形声]「朕→䑣」が「トウ」とかわって読み方をしめしている。「トウ」は「のせる」意味をもち、文字(言)を紙の上にのせて書き写すことを表す字。

意味 うつしとる。書き写す。例謄写

【謄写】Ⅱ〈—する〉書き写すこと。知識「謄写版」は、「ガリ版」ともいい、ろうをぬった原紙に鉄筆で文字や絵をかき、インクをつけたローラーでこすって印刷するしくみの道具。

【謄本】↓もとになる書類の中身を全部写しとったもの。例戸籍謄本。対抄本・原本

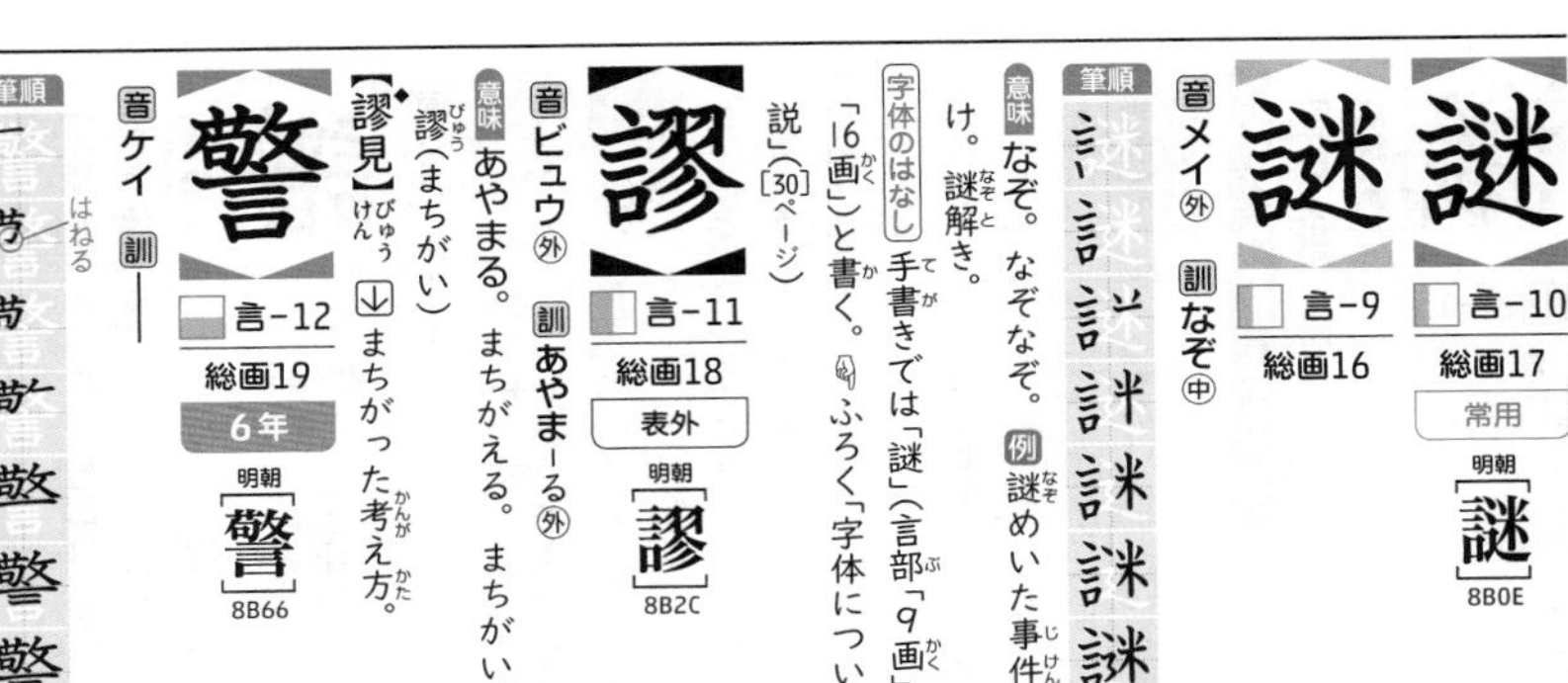

謎
言-10 総画17 常用 明朝 謎 8B0E

謎
言-9 総画16

音 メイ 外 訓 なぞ 中

筆順 謎 謎 謎 謎 謎 謎

意味 なぞ。なぞなぞ。例 謎めいた事件。謎掛け。謎解き。

字体のはなし 手書きでは「謎」（言部「9画」、総画「16画」）と書く。☞ふろく「字体についての解説」（[30]ページ）

謬
言-11 総画18 表外 明朝 謬 8B2C

音 ビュウ 外 訓 あやま-る 外

意味 あやまる。まちがえる。まちがい。例 誤謬

【謬見】（びゅうけん）↓ まちがった考え方。

警
言-12 総画19 6年 明朝 警 8B66

音 ケイ 訓 ——

筆順 警 警 警 警 警 警 警 警（はねる・ながく）

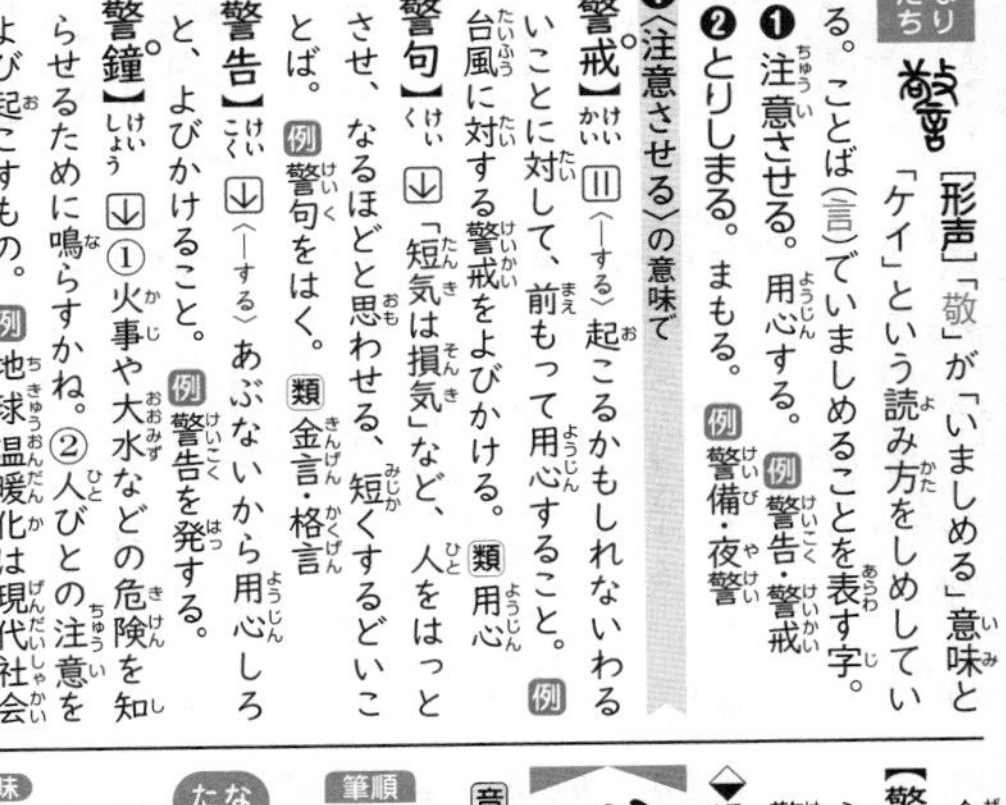

たなちり [形声]「敬」が「いましめる」意味と「ケイ」という読み方をしめしている。ことば（言）でいましめることを表す字。

意味 ❶注意させる。用心する。例 警告・警戒 ❷とりしまる。まもる。例 警備・夜警

❶〈注意させる〉の意味で

【警戒】（けいかい）Ⅲ〈—する〉起こるかもしれないわるいことに対して、前もって用心すること。例 台風に対する警戒をよびかける。類 用心

【警句】（けいく）↓「短気は損気」など、人をはっとさせ、なるほどと思わせる、短くするどいことば。例 警句をはく。類 金言・格言

【警告】（けいこく）↓〈—する〉あぶないから用心しろと、よびかけること。例 警告を発する。

【警鐘】（けいしょう）↓①火事や大水などの危険を知らせるために鳴らすかね。②人びとの注意をよび起こすもの。例 地球温暖化は現代社会への警鐘だ。

【警笛】（けいてき）↓ 自動車などが危険を知らせ、気をつけさせるために鳴らす音。

【警報】（けいほう）↓ 危険なことが起こりそうなときに、人びとに十分に用心するようよびかける知らせ。例 津波警報。

❷〈とりしまる〉の意味で

【警官】（けいかん）↓ 警察官。例 交番の警官。

【警護】（けいご）↓〈—する〉危険のないように注意してまもること。例 身辺警護。類 警備・護衛

【警察】（けいさつ）↓ 国民の生命・財産や世の中の安全をまもる組織。例 警察署。

【警備】（けいび）Ⅲ〈—する〉わるいことが起きないように用心し、見はりなどしてまもること。例 警備を厳重にする。警備員。類 警護

◆婦警 夜警

識
言-12 総画19 5年 明朝 識 8B58

音 シキ 訓 し-る 外

筆順 識 識 識 識 識 識 識 識（みじかく・ながく・はねる・わすれない）

たなちり [形声]「戠（ショク）」が「シキ」とかわって読み方をしめしている。「シキ」は「区別し見分ける」意味をもち、ことば（言）のよしあしを見分けることを表す字。

意味 ❶めじるし。しるす。例 標識 ❷見分ける。よく知っていて区別できる。知っている内容。例 識別・意識

名前のよみ さと・つね・のり

❷〈見分ける〉の意味で

【識見】（しきけん・しっけん）Ⅲ ほんとうかうそかを見分ける力。例 識見の高い人。類 見識

【識者】（しきしゃ）↓ 必要な知識をもち、正しい判断のできる人。例 識者の意見を聞く。

【識別】（しきべつ）↓〈—する〉性質や種類などの何がどうちがうかを見分けること。例 色のちがいを識別する。類 判別・鑑別・弁別

❷識＝〈見分ける〉のとき

【学識 見識 知識 鑑識 認識】近い意味。

【意識 博識 面識】ドノヨウニ知っているか。

【常識 良識】ドノヨウナ心のはたらきか。

譜

言-12 総画19 常用 明朝 譜 8B5C

音フ 中 訓 ―

筆順 譜 譜 譜 譜 譜 譜 譜 譜

なりたち 譜 [形声]「普」が「しきならべる」意味と「フ」という読み方をしめしている。ことば(言)をすじみちにしたがって書きならべることを表す字。

意味 書きならべる。順序にしたがって書きならべた記録。例 譜を読む。譜面・系譜

【譜代】⇩代々おなじ主人に仕えてきた家来。とくに関ヶ原の戦いの前から徳川家に仕えていた大名や家来。例 譜代の臣。

【譜面】⇩楽譜をかいた紙。例 譜面台。類 楽譜・音譜

←譜が下につく熟語 上の字の働き

【年譜 系譜 楽譜 音譜 棋譜】ナニについての記録か。

議

言-13 総画20 4年 明朝 議 8B70

音ギ 訓 ―

筆順 議 議 議 議 議 議 議（みじかく はねる はねる わすれない）

なりたち 議 [形声]「正しい」の意味の「義」が「ギ」という読み方をしめしている。ことのよしあしを話し合う(言)ことを表す字。

意味 ❶話し合う。相談する。例 議論・会議 ❷意見。考え。例 異議

名前のよみ のり

❶〈話し合う〉の意味で

【議案】⇩会議で、話し合いのもとになることがら。例 議案を審議する。類 議題

【議員】⇩選挙でえらばれ、国会や地方議会などで政治について相談し、決める権利をもっている人。例 市議会議員。

【議会】⇩選挙でえらばれた国民や住民の代表が、国や地方の政治について話し合い、とり決めをするところ。参考 県や都の議会は「県議会」「都議会」、国の議会は「国会」。

【議決】⇩〈―する〉会議で決めること。また、決めたことがら。例 議決を尊重する。

【議事】⇩会議で話し合うこと。また、話し合うことがら。例 議事を進める。類 議題

【議席】⇩①議場の中で議員がすわる席。②議員としての資格。例 議席を得る。

【議題】⇩会議で話し合うことがら。例 議題を提出する。類 議案・議事

【議長】⇩会議の責任者となって話し合いを進め、まとめる役。また、その役の人。類 座長

【議論】Ⅱ〈―する〉おたがいに意見をのべ合うこと。例 議論をたたかわせる。類 論議

←議が下につく熟語 上の字の働き

❶議＝〈話し合う〉のとき

【評議 論議】近い意味。

【会議 協議 審議 合議 争議 討議 抗議 謀議 密議 和議】ドウヤッテ話し合うか。

❷議＝〈意見〉のとき

【建議 動議 発議 決議】意見をドウスルか。

◆異議 閣議 衆議 不可思議 不思議

護

言-13 総画20 5年 明朝 護 8B77

音ゴ 訓まも-る 外

筆順 護 護 護 護 護 護 護（みじかく はらう）

なりたち 護 [形声]「蒦」が「ゴ」という読み方をしめしている。「ゴ」は「まわり、まわる」意味をもち、まわりからことば(言)を出してまもることを表す字。

意味 まもる。かばう。助ける。例 保護

名前のよみ もり

【護衛】〔二〕〈―する〉人につきそってまもること。例護衛をつける。類警護

【護岸】▲ 川や海などの岸に堤防などをきずいて水害からまもること。例護岸工事。

【護憲】▲ 憲法の内容を尊重し、その憲法をまもること。例護憲運動。対改憲

【護身】▲ 自分にくわえられる危険から身をまもること。例護身術。

【護送】↓〈―する〉身がらを保護しながら、人を目的地へ送りとどけること。例護送車。

護が下につく熟語 上の字の働き

【援護 救護 保護 介護 擁護】近い意味。
【愛護 看護 警護 養護 弁護】ドウヤッテまもるか。

譲

言-13 総画20 常用 明朝 譲 8B72 旧字 讓 8B93

音 ジョウ中 訓 ゆず-る中

筆順 譲

なりたち [形声]もとの字は、「讓」。「襄」が「ジョウ」という読み方をしめす。「ジョウ」は「あらそう」意味をもち、たがいに「言いあらそう」ことを表す字。借りて、「ゆずる」として使われている。

意味 ゆずる。例座席を譲る。譲歩・分譲

名前のよみ のり・よし

【譲位】▲〈―する〉王や君主がその位を次の人にゆずること。

【譲渡】〔二〕〈―する〉自分のもっているものや権利などをゆずること。例会社の株を譲渡する。類譲与

【譲歩】▲〈―する〉自分の意見をおし通すことをやめて、相手の意見を受け入れること。例譲歩をせまる。類妥協

【譲与】〔二〕〈―する〉財産などを人にゆずりあたえること。例権利を譲与する。類譲渡

譲が下につく熟語 上の字の働き

【委譲 分譲】ドウヤッテ譲るか。

讃

言-15 総画22 人名 明朝 讃 8B83

音 サン外 訓 ―

意味 ❶ほめる。たたえる。例讃歌(↓賛歌) ❷讃岐。旧国名。今の香川県。

参考 もとの字は、「讚」。

7画 谷[たに]の部

ここには「谷」の字だけが入ります。

この部首の字 0 谷……997
容▸宀 329 欲▸欠 658

谷

谷-0 総画7 2年 明朝 谷 8C37

音 コク中 訓 たに・や外

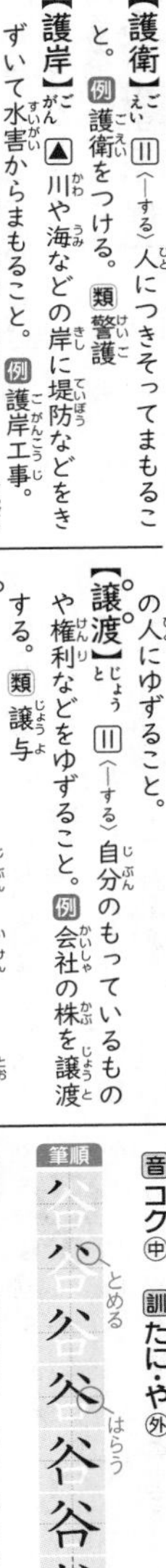

筆順 谷 (とめる・はらう)

なりたち [会意]「仌」はもと「仌」で「ひらく」意味をしめし、「口」がついて、深く開いている口を表す字。山あいの「たに」として使われている。

意味 たに。山と山にはさまれた、低くせまいところ。山あい。例谷川・渓谷

名前のよみ ひろ

【谷川】↓ 山と山とのあいだのせまいところを流れる川。例谷川をわたる。類渓流

【谷底】↓ 谷のいちばん深いところ。

【谷間】↓ 山と山のあいだのくぼんでいるところ。例谷間にさく花。類渓谷

表現 「まわりよりも低いところ」という意味から、山だけではなく、「ビルの谷間」「好景気の谷間」などと使うこともある。

谷が下につく熟語 上の字の働き

【渓谷 峡谷】近い意味。
◆幽谷

7画 豆[まめ]の部

「豆」の字と、それをもとにして作られた「豊」の字が入ります。

この部首の字 0 豆……998 6 豊……998

登▶癶 793
頭▶頁 1092

豆

音 トウ・ズ　訓 まめ

豆−0　総画7　3年

明朝 豆 8C46

筆順 豆 豆 豆 豆 豆 豆 豆 （ながく）

なりたち 【象形】「一」がふた、「口」がうつわ、「䒑」があしで、食物をもる食器をえがいた字。のちに借りて、「まめ」として使われるようになった。

意味 ❶まめ。例 豆をまく。豆腐・大豆 ❷小さい。例 豆本 ❸伊豆。旧国名。今の静岡県東南部。

注意するよみ ズ…例 大豆

特別なよみ 小豆(あずき)

❶〈まめ〉の意味で

【豆乳】↓ すりつぶした大豆を煮て、布でこしてつくる白いしる。そのまま飲んだり、かためて豆腐をつくったりする。

【豆腐】↓ 豆乳ににがりを入れてかためた、白くてやわらかい食品。例 豆腐にかすがい(手ごたえもききめもないこと)。

❷〈小さい〉の意味で

【豆本】↓ ひじょうに小さな本。

◆小豆 枝豆 大豆 納豆

豊

音 ホウ　訓 ゆた-か

豆−6　総画13　5年

明朝 豊 8C4A　旧字 豐 8C50

筆順 豊 豊 豊 豊 豊 豊 豊 （だす）

なりたち 【象形】もとの字は、「豐」。食器(豆)の上に食べ物(丰丰)がうずたかくもられている形をえがいた字。

意味 ❶ゆたか。ものがたくさんある。ふっくらしている。例 豊かに実る。豊富 対 貧 ❷豊の国。古い地名。豊前(今の福岡県東部と大分県北部)と豊後(今の大分県中・南部)に分かれる。例 筑豊炭田。

名前のよみ あつ・とよ・のぼる・ひろ・みのる

❶〈ゆたか〉の意味で

【豊作】↓ 米などの作物がよく実り、たくさんとれること。例 ことしはリンゴが豊作だ。類 満作 対 凶作・不作

【豊年】↓ 作物がよく実り、たくさんとれた年。豊作の年。例 豊年満作。対 凶年

【豊富】Ⅲ〈—な〉たっぷりと、たくさんある。例 豊富な経験。類 潤沢 対 貧弱

【豊満】Ⅲ〈—に〉からだの肉づきがよく、ふっくらしている。例 豊満なからだつき。

【豊漁】↓ 魚がたくさんとれること。例 サンマの豊漁。類 大漁 対 不漁

7画 豕 ［ぶた］［いのこへん］の部

ブタの形をえがいた象形である「豕」をもとにして作られ、ブタ・イノシシにかかわる字を集めてあります。

この部首の字 4 豚……998　5 象……998　7 豪……999

豚

音 トン㊥　訓 ぶた㊥

豕−4　総画11　常用

明朝 豚 8C5A

筆順 豚 豚 豚 豚 豚 豚 豚 豚

なりたち 【会意】「月」が「にく(肉)」、「豕」が「いのこ」で、合わせて、祭りのいけにえにするブタを表す字。

意味 ぶた。例 豚に真珠(価値ある物でも、それがわからない者にとってはなんにもならない)。豚肉・豚舎・養豚

【豚舎】↓ ブタを飼う建物。ブタ小屋。

【豚汁】↓ ブタ肉と野菜・こんにゃくなどを入れたみそ汁。

【豚肉】↓ 食料にするブタの肉。ポーク。

象

音 ショウ・ゾウ　訓 かたど-る㊫

豕−5　総画12　5年

明朝 象 8C61

筆順

たちなり 象 [象形]ゾウの形をえがいた字。

意味 ❶ぞう。鼻が長く、耳が大きく、力が強い、地上でいちばん大きな動物。例 象のきば。象牙

❷かたち。かたどる。例 象形・現象

参考 ❶では「ゾウ」、❷では「ショウ」と読む。

名前のよみ たか・のり

❶〈ぞう〉の意味で

【象牙】⬇ ゾウのきば。かたくて美しいのでほり物やかざり物などに使われた。

❷〈かたち〉の意味で

【象形】▲ 物の形をかたどって漢字をつくる方法。象形文字。漢字の六書の一つ。

【象形文字】物の形をかたどってつくった文字。エジプトのヒエログリフや、中国の漢字の中のだいじな部分をしめている。

参考 ☞ ふろく「漢字のなりたち」(3ページ)

【象徴】Ⅲ(―する)考えや気持ちなど、目に見えないものを、形や色によって表すこと。また、表したもの。シンボル。例 ハトは平和の象徴だ。

←象が下につく熟語 上の字の働き

❶象＝〈ぞう〉のとき

【巨象 白象】ドンナ象か。

❷象＝〈かたち〉のとき

【抽象 捨象 現象 気象 事象 対象】かたちをドウスルか。

◆印象

豪

豕-7 総画14 常用 明朝 豪 8C6A

音 ゴウ 中 訓 ―

筆順

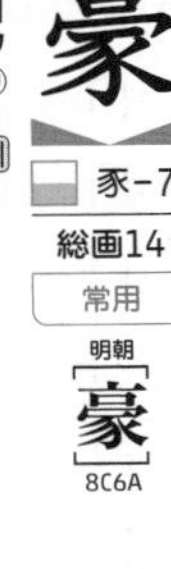

たちなり 豪 [形声]「豕」が「いのこ」を、「高」を略した形の「亠」が「長く立つ」意味と「コウ」という読み方をしめしている。長い毛の立った「ヤマアラシ」を表す字。「すぐれる、つよい」意味に使われている。

意味 ものすごい。なみはずれた才能や力をもつ人。例 豪華・強豪

名前のよみ かつ・たけし・つよし・とし・ひで

【豪雨】⬇ いちどきにはげしいいきおいでたくさんふる雨。例 集中豪雨。

【豪華】⬇(―な)ぜいたくではなやかなようす。例 豪華な衣装。類 豪勢

【豪快】⬇(―な)力にみちあふれていて、気持ちがはればれするようす。例 豪快なホームラン。豪快に笑いとばす。類 豪放

【豪傑】Ⅲ 力や勇気がずばぬけてすぐれた人。ものにこだわらない、大たんな人。例 戦国時代の豪傑。類 猛者

【豪語】⬇(―する)自信たっぷりに、大きなことを言うこと。例 かならず勝つと豪語する。類 大言壮語・高言・広言

【豪商】⬇ 大金持ちで、手広く商売をしている人。例 豪商の名が高い。

【豪勢】⬇(―な)なみはずれてぜいたくではでなようす。例 豪勢にくらす。類 豪華

【豪雪】⬇ ものすごくたくさんふる雪。例 豪雪になやまされる。豪雪地帯。

【豪壮】Ⅲ(―な)かまえが大きくて、りっぱなようす。例 豪壮な邸宅。類 広壮

【豪族】⬇ むかしからその土地に住んでいて、たくさんの財産と強い勢力をもつ一族。

【豪胆】⬇(―な)度胸があって、どんなこともおそろしいと思わないようす。例 豪胆な男。類 大胆 表記「剛胆」とも書く。

【豪農】⬇ たくさんの土地と財産をもつ、その地方で勢力のある農家。

【豪放】⬇(―な)気が大きくて、小さなことを気にしないようす。例 豪放磊落(気が大きくて、さっぱりしている)。類 豪気

【豪遊】⬇(―する)お金をどんどん使ってぜいたくな遊びをすること。例 世界中を豪遊して回る。

←豪が下につく熟語 上の字の働き

【強豪 富豪】近い意味。

【酒豪 文豪】ナニにすぐれたものか。

◆古豪

7画 豸の部 ［むじな］［むじなへん］

胴の長い獣をえがいた象形である「豸」の形がめやすとなっている字を集めてあります。

この部首の字　3 豹……1000　7 貌……1000

豹

音 ヒョウ㊕　訓 —　豸-3　総画10　人名　明朝 豹 8C79

意味 ひょう。黒色のまだらもようをもった猛獣。

◆【豹変】↓〈—する〉考えや態度がはっきりとかわること。例 君子は豹変す（すぐれた人は、自分がまちがえていると知れば、豹のもようのように、見た目にもはっきりとあらためる）。表現「君子は豹変す」はもともとよい意味のことばであるが、今は「豹変」はよくない意味で使われることが多い。

貌

音 ボウ㊥　訓 —　豸-7　総画14　常用　明朝 貌 8C8C

筆順

意味 かたち。すがた。例 全貌が明らかになる。

◆全貌 美貌 風貌 変貌 容貌

7画 貝の部 ［かい］［かいへん］

「貝」をもとにして作られ、貨幣や財産にかかわる字を集めてあります。

この部首の字

3 貢 1001	責 1002	5 賀 1003	貯 1005	貿 1006	賂 1007	賜 1008	賓 1009	10 購 1010	則▶刂 158
0 貝 1000	財 1001	貪 1003	貴 1004	貼 1005	6 資 1006	賄 1007	質 1008	賦 1009	11 贈 1010
敗▶攵 565									
2 貞 1000	4 貨 1002	販 1003	貫 1004	買 1005	賊 1006	7 賑 1007	賞 1009	9 賢 1010	12 贋 1011
負 1001	貫 1002	貧 1003	貸 1004	費 1005	賃 1007	8 賛 1007	賠 1009	賭 1010	

貝

音 —　訓 かい　貝-0　総画7　1年　明朝 貝 8C9D

筆順（とめる）

なりたち ［象形］タカラガイのかいがらの形をえがいた字。

意味 かい。からだがじょうぶなからでつつまれた軟体動物。例 貝を拾う。貝柱

【貝塚】↓ 大むかしの人がすてた貝がらなどが、かたまってのこっているところ。石器や土器などもいっしょに発見され、当時の生活を知ることができる。

【貝柱】↓ 二枚貝のからを開いたり閉じたりする筋肉。

◆魚貝 稚貝 二枚貝

貞

音 テイ㊥　訓 —　貝-2　総画9　常用　明朝 貞 8C9E

筆順

なりたち ［形声］もと「卜」と「鼎」とからでき、「卜」が「うらなう」ことを、「鼎」が「テイ」という読み方をしめしている。「テイ」は「問いただす」意味をもち、うらなって神の意思を問いただすことを表している字。借りて、「心やおこないが正しい」の意味に使われている。

意味 心がまえやおこないが正しい。例 貞節・不貞

名前のよみ さだ・ただ・ただし・みさお

【貞淑】Ⅱ〈—な・—に〉女の人がつつしみ深くしとやかなこと。例 貞淑な妻。

【貞節】Ⅱ〈—な〉女性としてのおこないが正しいこと。例 貞節をまもる。

【貞操】Ⅱ 結婚している男女が、そのあい

だがらをくずさないようにすること。

◆不貞

【負】

貝-2 総画9 3年 明朝 負 8CA0

音 フ 訓 ま-ける・ま-かす・お-う

筆順 ノ ク 个 斤 角 角 角 負 負（とめる）

なりたち [形声]「ク」が「人」を、「貝」が「フ」とかわって読み方をしめしている。「ハイ」は「背中」の意味をもち、背中の上に人をのせることを表す字。「おう」として、また借りて「まける」として使われている。

意味 ❶せおう。おう。例 傷を負う。負傷・自負 ❷まける。例 たたかいに負ける。敵を負かす。勝負 対 勝 ❸マイナス。0より小さい。例 負の数。負数 対 正

❶〈せおう〉の意味で

【負荷】ふか Ⅱ ①〈―する〉ものをせおうこと。役目を引き受けること。②機械などにさせる仕事の量。例 負荷が大きい。

【負債】ふさい Ⅱ 人から借りているお金や物。例 多額の負債をかかえる。類 借金・借財

【負傷】ふしょう ▲〈―する〉けがをすること。例 負傷者。類 怪我

【負担】ふたん Ⅱ〈―する〉仕事や責任などを引き受けること。引き受けなければならない仕事や責任。例 費用を負担する。親に負担をかけたくない。類 重荷

❸〈マイナス〉の意味で

【負数】ふすう ↓ 0より小さい数。-1のように、マイナス「-」の記号をつけて表す。対 正数

◆請負 自負 勝負 抱負

【貢】

貝-3 総画10 常用 明朝 貢 8CA2

音 コウ㊥・ク㊄ 訓 みつ-ぐ㊄

筆順 一 丅 工 产 贡 青 首 貢 貢 貢

なりたち [形声]「貝」が「お金・たから」を、「工」が「コウ」という読み方をしめしている。「コウ」は「ささげる」意味をもち、天子にささげるお金やたからを表す字。

意味 みつぐ。物や力をさし出す。例 金を貢ぐ。貢ぎ物。貢献・年貢

注意するよみ ク…例 年貢

【貢献】こうけん Ⅱ〈―する〉あることのために力をつくして役に立つこと。例 世界平和に貢献する。類 寄与

◆入貢

【財】

貝-3 総画10 5年 明朝 財 8CA1

音 ザイ・サイ㊥ 訓 ―

筆順 丨 冂 月 目 目 貝（とめる） 貝 財（はねる） 財（すこしだす） 財

なりたち [形声]「貝」が「お金」を、「才」が「サイ」という読み方をしめしている。「サイ」は「つみ重ねる」意味をもち、たくわえたお金を表す字。

意味 たから。お金やねうちの高いもの。例 財をなす。財布・家財

注意するよみ サイ…例 財布

【財貨】ざいか Ⅱ お金やねうちのある品物。例 財貨をたくわえる。類 財産

【財界】ざいかい ↓ 大きな会社や銀行などを経営している人たちの社会。例 財界人。類 経済界

【財源】ざいげん ↓ 事業などをするためのお金や、その出どころ。例 財源がとぼしい。

【財産】ざいさん Ⅱ お金・土地・建物・品物など、もちものとしてねうちのあるもの。例 財産を相続する。財産家。類 資産・財貨・身代 表現「一生の友達はいちばんの財産」などと、お金では買えない大切なものという意味の使い方もある。

【財政】ざいせい ↓ 国や市町村などが仕事を進めていくためにおこなう、お金のやりくり。例 財政をたてなおす。

【財閥】ざいばつ ↓ 大きな資本をもち、いろいろな事業をしている人びとの集まりや一族。

【財布】さいふ ↓ お金を入れてもち歩くための入れ物。がまぐち。札入れ。例 財布の底をはた

く（もっているお金をすっかり使ってしまう）。財布のひもがかたい（なかなかお金を使おうとしない）。

【財宝】Ⅲ お金や宝物など、ねうちの高いもの。例 王家の財宝が見つかった。

【財力】↓ 財産が多いことから生まれる実行力。事業にお金を出せる力。例 財力にものを言わせる。類 金力・資力・経済力

←財が下につく熟語 上の字の働き

【家財 私財 浄財 文化財】ドウイウたからか。

【散財 借財 蓄財】たからをドウスルか。

貨

貝-4 総画11 4年 明朝 貨 8CA8

音 カ 訓 ―

筆順 （はねる）（おらない）（とめる）

なりたち 【形声】「貝」が「お金」を、「化」が「かわる」意味と「カ」という読み方をしめしている。お金ととりかえられるものを表す字。

意味

❶しなもの。荷物。例 貨物・雑貨

❷お金。例 貨幣・金貨

❶〈しなもの〉の意味で

【貨車】↓ 荷物をはこぶのに使う鉄道の車。例 石炭を貨車ではこぶ。対 客車

【貨物】↓ 貨車や船などではこぶ大きな荷物。例 貨物船。

❷〈お金〉の意味で

【貨幣】Ⅲ お金。硬貨と紙幣をいっしょにしたことば。例 外国の貨幣を集める。

←貨が下につく熟語 上の字の働き

❶貨＝〈しなもの〉のとき

【雑貨 滞貨】ドノヨウナ品か。

❷貨＝〈お金〉のとき

【外貨 邦貨】ドコのお金か。

【金貨 銀貨 銅貨】ナニでできたお金か。

【硬貨 通貨】ドノヨウナお金か。

◆財貨

貫

貝-4 総画11 常用 明朝 貫 8CAB

音 カン㊥ 訓 つらぬ-く㊥

筆順

なりたち 【形声】「貝」が「お金」を、「毌」が「つらぬき通す」意味と「カン」という読み方をしめしている。ひもで通したお金を表す字。

意味

❶つらぬく。つき通す。例 的を貫く。貫通・縦貫

❷重さの単位。尺貫法で、一貫は約三・七五キログラム。

❸むかしのお金の単位。例 一貫文。

名前のよみ とおる

❶〈つらぬく〉の意味で

【貫通】Ⅲ〈―する〉穴をあけて、向こうがわまでつきぬけること。例 トンネルが貫通する。

【貫徹】Ⅲ〈―する〉一つのことを最後までやり通すこと。例 初志を貫徹する。

【貫流】↓〈―する〉川などが、その場所をつきぬけて流れること。

❸〈むかしのお金の単位〉の意味で

【貫禄】Ⅲ 大したものだと思わせるような、動作・態度などの重々しさ。例 横綱の貫禄をしめす。類 威厳 参考 貫も禄も金額にかかわることば。表記「貫録」とも書く。

←貫が下につく熟語 上の字の働き

❶貫＝〈つらぬく〉のとき

【一貫 縦貫 突貫】ドノヨウニ貫くか。

責

貝-4 総画11 5年 明朝 責 8CAC

音 セキ 訓 せ-める

筆順 （ながく）（とめる）

なりたち 【形声】「貝」が「お金」を、「朿（シ）→龶」が「セキ」とかわって読み方をしめしている。「シ」は「きびしくもとめる」意味をもち、お金のことできびしく言いたてることを表す字。

意味

❶とがめる。つぐないをもとめる。例落ち度を責める。自責

❷つとめ。はたすべきつとめ。例責任・重責

例解[使い分け]せめる[攻・責] ☞561ページ

❷〈つとめ〉の意味で

【責任】Ⅱ仕事や役目として、しなければならないこと。負うべきつとめ。例責任をはたす。類責務

【責務】Ⅱ役目のうえでしなければならないつとめ。例責務をまっとうする。類任務・責任

←責が下につく熟語 上の字の働き

❷責＝〈つとめ〉のとき

【職責 文責】ナニの責任か。

◆引責 自責 重責

貪

貝-4 総画11 常用 明朝 貪 8CAA

音ドン中 訓むさぼ-る中

筆順 貪 貪 貪 貪 貪 貪 貪 貪

意味 ひどく欲張る。満足せずに求める。例利益を貪る。貪るように本を読む。

【貪欲】Ⅱ〈ーな〉ひじょうに欲が深い。例貪欲に利益を追求する。

販

貝-4 総画11 常用 明朝 販 8CA9

音ハン中 訓—

筆順 丨 冂 目 貝 貝 販 販 販

なりたち [形声]「貝」が「お金」を、「反」が「ハン」という読み方をしめしている。「ハン」は「とりかえる」意味をもち、品物を売ってお金にかえることを表す字。

意味 売る。売りさばく。例販売・市販

【販売】Ⅱ〈ーする〉商品を売ること。例自動販売機。対購入・購買

【販路】↓商品を売りさばく先。売れ口。例販路を広げる。販路をもとめる。

貧

貝-4 総画11 5年 明朝 貧 8CA7

音ヒン中・ビン 訓まず-しい

筆順 貧 貧 貧 貧 貧 貧 貧 貧（あける・はねる・とめる）

なりたち [形声]「貝」が「お金」を、「分」が「こまかくわかれる」意味と、「ヒン」とかわって読み方をしめしている。お金がちらばることを表す字。

意味 まずしい。足りない。例貧すれば鈍する(貧乏になると、考える力もにぶる)。貧しい生活。貧乏 対富・豊

【貧窮】Ⅱ〈ーする〉お金も物もなくて、日々の生活にもこまること。例貧窮のどん底にあえぐ。類貧乏

【貧苦】↓貧しさからくる生活の苦しさ。例貧苦にたえる。類貧困

【貧血】▲〈ーする〉血液の中の赤血球が少なくなること。例貧血でからだがだるい。

【貧困】↓〈ーに〉①お金も物もなくて生活が苦しいこと。例貧困とたたかう。類貧苦 ②必要なものが足りないこと。例発想が貧困だ。

【貧者】↓貧しい人。例貧者の一灯(貧しくて、わずかな物しか出せないが、心のこもったおくり物)。

【貧弱】Ⅱ〈ーな〉①弱々しいようす。みすぼらしいようす。例貧弱なからだ。②中身がとぼしいようす。例貧弱な知識。対豊富

【貧相】↓〈ーな〉顔つきやすがたが、みすぼらしいこと。例貧相な身なり。

【貧富】⇕貧しいことと豊かなこと。

【貧乏】Ⅱ〈ーする・ーな〉貧しくて生活が苦しいこと。例貧乏にたえる。類貧窮 対裕福

【貧民】↓お金も物もなく、生活にこまっている人びと。例貧民街。

←貧が下につく熟語 上の字の働き

【清貧 赤貧 極貧】ドンナ貧しさか。

賀

貝-5 総画12 4年 明朝 賀 8CC0

音ガ 訓—

筆順 賀（はねる・とめる）

なりたち [形声]「貝」が「お金・たから」を、「加」が「くわえる」意味と「ガ」という読み方をしめしている。お金やたからものを積み上げて祝いのことばをのべることを表す字。

意味 ❶いわう。よろこぶ。例 賀正・祝賀 ❷加賀。旧国名。今の石川県南部。

名前のよみ しげ・のり・よし・より

❶〈いわう〉の意味で

【賀春】がしゅん ▲ 新年を祝う意味の、年賀状などに書くことば。類 賀正・頌春

【賀正】がしょう ▲ 正月を祝う意味の、年賀状などに書くことば。類 賀春・頌春

【賀状】がじょう ⇩ ①お祝いの手紙。②年賀状のこと。

← 賀が下につく熟語 上の字の働き

❶賀＝〈いわう〉のとき

【慶賀 祝賀】近い意味。

【恭賀 参賀】ドウヤッテいわうか。

◆年賀

【貴】

貝−5 総画12 6年 明朝 貴 8CB4

音 キ 訓 たっと-い中・とうと-い中・たっと-ぶ中・とうと-ぶ中

筆順 貴（ながく・とめる）

なりたち [形声]「貝」が「お金」を、「臾→虫」が「たかい」の意味と「キ」という読み方をしめしている。ねだんが高い、ねうちがあることを表す字。

意味 ❶とうとい。身分が高い。経験を貴ぶ。ねうちが高い。例 貴重・高貴 対 賤 ❷相手をうやまって使うことば。例 貴下

例解 [使い分け] たっとい・とうとい[尊・貴] ☞345ページ

名前のよみ あつ・たか・たかし・たけ・よし

❶〈とうとい〉の意味で

【貴金属】ききんぞく 金・銀・白金などのねうちの高い金属。例 貴金属商。

【貴公子】きこうし 身分の高い家の男子。

【貴人】きじん ⇩ 身分や家がらの高い人。

◆【貴賤】きせん ⇕ とうといこととりやしいこと。身分の高い人と低い人。例 職業に貴賤はない。類 尊卑

【貴族】きぞく ⇩ 家がらや身分が高く、とくべつな権力をもつ人たち。例 貴族階級。

【貴重】きちょう Ⅱ〈一に一な〉大きなねうちがある。例 貴重な経験をいかす。貴重品。

【貴賓】きひん ⇩ 身分の高いお客。例 貴賓席。

【貴婦人】きふじん 身分の高い女性。

❷〈相手をうやまって使うことば〉の意味で

【貴下】きか ⇩ あなた。例 貴下のお手紙拝読しました。類 貴殿 表現 男の人が、自分とおなじか目下の人に対して、手紙文で使うていねいな言い方。

【貴殿】きでん ⇩ あなた。男の人が手紙などで相手をうやまっていうときに使うことば。例 貴殿のお力をお借りしたい。類 貴下

← 貴が下につく熟語 上の字の働き

❶貴＝〈とうとい〉のとき

【高貴 騰貴 富貴】近い意味。

【貰】

貝−5 総画12 人名 明朝 貰 8CB0

音 セイ外 訓 もら-う外

意味 もらう。ほかの人からお金や品物、また助けなどを受ける。

【貸】

貝−5 総画12 5年 明朝 貸 8CB8

音 タイ中 訓 か-す

筆順 貸（はねる・わすれない・とめる）

なりたち [形声]「貝」が「お金」を、「代」が「タイ」という読み方をしめしている。「タイ」は「あたえる」意味をもち、お金を貸しあたえることを表す字。

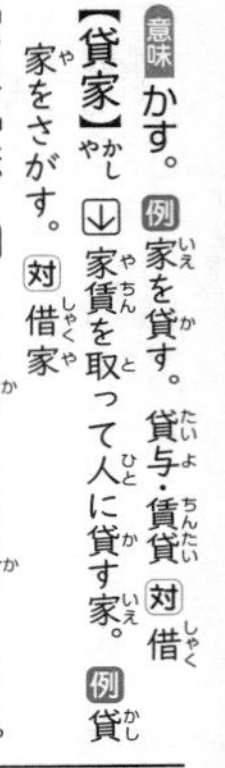

意味 かす。例 家を貸す。貸与・賃貸 対 借

【貸家】↓ 家賃を取って人に貸す家。例 貸家をさがす。対 借家

【貸借】⇕〈―する〉貸すことと借りること。お金や品物の貸し借り。例 貸借関係。

【貸与】↓〈―する〉貸すこと。貸しあたえること。例 作業服は会社で貸与する。

貯

貝-5 総画12 5年 明朝 貯 8CAF

音 チョ 訓 たくわ-える 外

筆順 とめる はねる

なりたち [形声]「貝」が「お金」を、「宁」が「チョ」という読み方をしめしている。「チョ」は「つみかさねる」意味をもち、お金をたくわえることを表す字。

意味 たくわえる。ためる。例 貯金

【貯金】▲〈―する〉お金をためること。また、ためたお金。例 貯金箱。類 預金・貯蓄 表現 銀行の口座にお金をためることは「預金」。

【貯水】▲〈―する〉水をためておくこと。例 貯水池。

【貯蔵】Ⅱ〈―する〉物をためこんで、しまっておくこと。例 倉庫に貯蔵する。

【貯蓄】Ⅱ〈―する〉お金などをためること。また、ためたお金。例 貯蓄をふやす。財形貯蓄。類 貯金・預金

貼

貝-5 総画12 常用 明朝 貼 8CBC

音 チョウ 中・テン 外 訓 は-る 中

筆順

意味 はる。はりつける。例 切手を貼る。貼付

例 解 [使い分け] はる[張・貼] ☞397ページ

買

貝-5 総画12 2年 明朝 買 8CB7

音 バイ 訓 か-う

筆順 四にならない とめる

なりたち [会意]「貝」が「お金」を、「网→罒」があみを表し、合わせて、あみで集めるように品物を買うことを表す字。

意味 かう。お金で買いとる。例 品物を買う。買収・購買 対 売

【買価】↓ 品物を買うときのねだん。類 買値 対 売価・売値

【買収】↓〈―する〉①土地や家など、大きなものを買い取る。例 工場用地を買収する。②お金や物などをわたして、自分のためにとくべつのはたらきをしてもらう。

◆購買 売買

費

貝-5 総画12 5年 明朝 費 8CBB

音 ヒ 訓 つい-やす 中・つい-える 中

筆順 つにならない だす とめる

なりたち [形声]「貝」が「お金」を、「弗」が「ヒ」とかわって読み方をしめしている。「フツ」は「ちらす、なくす」意味をもち、お金を使いへらすことを表す字。

意味
❶ついやす。使ってへらす。例 力を費やす。時間が費える。消費
❷かかるお金。ものいり。例 費えがかかる。費用・会費

❷〈かかるお金〉の意味で

【費用】Ⅱ なにかをするためにいるお金。例 費用がかさむ。費用を出す。類 経費

費が下につく熟語 上の字の働き

❶費＝〈ついやす〉のとき
【空費 濫費(乱費) 浪費】ドノヨウニ費やすか。

❷費＝〈かかるお金〉のとき
【経費 会費 学費 工費 歳費 雑費 実費 旅費 人件費】ナニにかかるお金か。
【給費 出費】お金をドウスルか。
【公費 私費 自費】ダレのお金か。

▶前ページ 貯 貼 買 費

◆巨費 消費

貿

貝−5 総画12 5年 明朝 貿 8CBF

音 ボウ 訓 ―

筆順 （はねる・ださない・とめる）

なりたち [形声]「貝」が「お金」を、「⺗(卯)」が「ボウ」という読み方をしめしている。「ボウ」は「とりかえる」意味をもち、お金と品物とをとりかえることを表す字。

意味 交換する。売り買いする。例 貿易

【貿易】ぼうえき Ⅲ〈―する〉外国と品物の売り買いをすること。例 貿易赤字。類 交易・通商

資

貝−6 総画13 5年 明朝 資 8CC7

音 シ 訓 ―

筆順 （はねる・とめる）

なりたち [形声]「貝」が「お金」を、「次」が「シ」という読み方をしめしている。「シ」は「たくわえる」意味をもち、たくわえたお金を表す字。

意味 ❶もとで。なにかをするのに必要な物やお金。役立てる。例 資金・学資 ❷うまれつき。なにかをするのに役立つ素質。例 資質

名前のよみ すけ・とし・もと・やす・よし・より

❶〈もとで〉の意味で

【資格】しかく ⇩ ①なにかをするときの、その人の身分や立場。例 個人の資格で参加する。②ある仕事などをするために、もっていなければならない条件。例 弁護士の資格を取る。

【資金】しきん ⇩ あることをおこなうための、もとになるお金。例 資金を調達する。活動資金。類 元手・資本

【資源】しげん Ⅲ ものを生産するときの、もとになるもの。ふつう、石油や石炭・木材など、自然からとれるものをいう。例 資源を活用する。地下資源。

【資材】しざい ⇩ あるものをつくるための、もとになる材料。例 建築資材。

【資産】しさん Ⅲ お金・家・土地などの財産。例 資産家。類 財産・身上・身代

【資本】しほん Ⅲ 仕事をはじめるときのもとになるお金。例 資本金。類 元手・資金

【資料】しりょう ⇩ 研究をしたり考えを決めたりするときのもとになる材料。例 図書館で資料をさがす。資料室。

【資力】しりょく ⇩ なにかをするときに、元手にすることができるお金。例 店を出すだけの資力がない。類 財力・経済力

❷〈うまれつき〉の意味で

【資質】ししつ Ⅲ なにかをするのに役に立つように、そなわっている性質や才能。例 資質にめぐまれる。類 素質・天性

←資が下につく熟語 上の字の働き

❶資＝〈もとで〉のとき

【出資 投資 融資】もとでをドウスルか。

◆外資 学資 物資

賊

貝−6 総画13 常用 明朝 賊 8CCA

音 ゾク㊥ 訓 ―

なりたち [形声]武器のほこ(戈)と「則→貝」とからでき、「則」が「ゾク」とかわって読み方をしめしている。「ゾク」は「きずつける」意味をもち、ほこで傷つけることを表す字。「わるもの」の意味に使われている。

意味 わるもの。社会に害をあたえる者。どろぼう。例 賊を討つ。賊軍・盗賊

【賊軍】ぞくぐん ⇩ 国や政府にそむいたりさからったりするがわの軍隊。例 勝てば官軍、負ければ賊軍(りくつはどうでも、勝った者が正しいことになり、負けた者は悪者にされる)。対 官軍

←賊が下につく熟語 上の字の働き

【海賊 山賊 義賊 盗賊】ドウイウ賊(どろぼう)か。

音 チン 訓 ―
貝-6 総画13 6年
明朝 賃 8CC3

筆順 イ … 賃（みじかく）（とめる）

なりたち [形声]「貝」が「お金」を、「任(ニン)」が「しごと」の意味と、「チン」とかわって読み方をしめしている。仕事に対してはらうお金を表す字。

意味 代金。仕事や物に対してしはらうお金。例 賃金・家賃

【賃金】ちんぎん ↓ 仕事をしたことに対してしはらわれるお金。例 賃金が低い。類 労賃・給与・給料 表記「賃銀」とも書く。

【賃貸】ちんたい ↓〈―する〉お金を取ってものを貸すこと。賃貸し。レンタル。例 賃貸マンション。 対 賃借

賃が下につく熟語 上の字の働き

【家賃 宿賃 工賃 船賃 運賃 駄賃】ナニに対する代金か。

賂

音 ロ 中 訓 ―
貝-6 総画13 常用
明朝 賂 8CC2

筆順 П 目 貝 貝 貝 賂 賂 賂

意味 わいろ。人にお金や物をおくって、不正にたのみごとをする。例 賄賂

賄

音 ワイ 中 訓 まかな-う 中
貝-6 総画13 常用
明朝 賄 8CC4

筆順 П 目 貝 貝 賄 賄 賄

なりたち [形声]「貝」が「お金」を、「有(ユウ)」が「ワイ」とかわって読み方をしめしている。「ユウ」は「おしすすめる」意味をもち、お金を人におくることを表す字。

意味 ❶わいろ。とくべつなはからいをしてもらうためにおくる不正なお金や物。例 賄賂・収賄 ❷まかなう。やりくりする。食事をつくって出す。例 費用を賄う。

❶〈わいろ〉の意味で

【賄賂】わいろ Ⅲ 自分につごうよくしてもらうために、政治家や役人などにこっそりとわたすお金や品物。例 賄賂をおくる。

賄が下につく熟語 上の字の働き

❶賄＝〈わいろ〉のとき
【贈賄 収賄】わいろをドウスルか。

賑

音 シン 外 訓 にぎ-わう 外・にぎ-やか 外
貝-7 総画14 人名
明朝 賑 8CD1

意味 にぎやか。ア 人がたくさん出てこみあう。さかんである。例 賑やかな街の通り。イ さわがしくしゃべったり、わらったりするようす。例 賑やかな人。

賛

音 サン 訓 ―
貝-8 総画15 5年
明朝 賛 8CDB
旧字 贊 8D0A

筆順 二 キ 夫 扶 賛 賛 賛 賛（とめる）

なりたち [形声]もとの字は、「贊」。「貝」が「お金」を、「兟(シン)」が「サン」とかわって読み方をしめす。「シン」は「すすめる」意味をもち、人に会うときお金を手みやげとしてさし出すことを表す字。

意味 ❶力をそえる。例 賛成・協賛 ❷ほめる。ほめたたえる。例 賛美・賞賛 ❸そえたことば。絵の中に書きそえたことば。例 賛を書く。自画自賛。

名前のよみ あきら・すけ・よし

❶〈力をそえる〉の意味で

【賛意】さんい ↓ 賛成の気持ち。例 賛意を表する。

【賛助】さんじょ Ⅲ〈―する〉そのことに賛成して応援すること。例 賛助会員。類 協賛

【賛成】さんせい ↓〈―する〉人の考え方や意見がよいとみとめること。類 賛同 対 反対

【賛同】さんどう ↓〈―する〉おなじ考えで賛成すること。例 賛同を得る。類 賛成・同意・共鳴

【賛否】⇕賛成と反対。例賛否を問う。類可否

【賛否両論】賛成と反対と両方の意見。例賛否両論に分かれた。

❷〈ほめる〉の意味で

【賛辞】↓ほめたたえることば。ほめことば。例賛辞をおくる。

【賛嘆】↓〈─する〉深く心を打たれ、ほめたたえること。例賛嘆の声を上げる。

【賛美】Ⅱ〈─する〉ほめたたえること。例賛美歌。類称賛・賞賛・礼賛

賛が下につく熟語 上の字の働き

❷賛＝〈ほめる〉のとき

【称賛(賞賛)礼賛】近い意味。

◆協賛 自画自賛 絶賛

賜

貝−8 総画15 常用 明朝 賜 8CDC

音 シ高 訓 たまわ-る中

筆順

なりたち [形声]「貝」が「お金」を、「易」が「シ」とかわって読み方をしめしている。「エキ」は「ほどこす」意味をもち、上の人が下の人にお金をほどこすことを表す字。

意味 たまわる。くださる。例ごほうびを賜る。賜杯・恩賜

【賜杯】↓天皇や皇族などから優勝者におくられるカップ。例賜杯を手にする。

質

貝−8 総画15 5年 明朝 質 8CEA

音 シツ・シチ中・チ高 訓 ただ-す外

筆順 とめる とめる

なりたち [形声]「貝」が「お金」を、「斦」が「シツ・チ」とかわって読み方をしめしている。「ギン」は「ひとしい」の意味をもち、お金にひとしいねうちのあるもの「しちぐさ」を表す字。

意味

❶なかみ。もともとそなわっているもの。なかみの価値。例質がいい。量より質。質量・性質

❷じみ。かざりけがない。例質素

❸問いただす。内容をはっきりさせるためにたずねる。例質問

❹しちぐさ(質草)。保証のためにあずけておくもの。例質に入れる。質屋・言質

注意するよみ チ…例言質

名前のよみ かた・もと

❶〈なかみ〉の意味で

【質的】⊠〈─な〉ものの中身や内容の面からみたようす。対量的

【質量】Ⅱ①↓物体がもっている物質としての量。②⇕中身のよしあしと全体の量。例質量ともにおとる。

❷〈じみ〉の意味で

【質実】Ⅱ〈─な〉かざりけがなく、まじめである。例質実剛健(はでなところがなく、強くたくましい)。

【質素】Ⅱ〈─に〉必要なものだけにとどめている。つましい。例質素な身なり。類簡素

❸〈問いただす〉の意味で

【質疑】▲〈─する〉わからないことについて、説明や答えをもとめること。例質疑応答。

【質問】Ⅱ〈─する〉わからないことや知りたいことについてたずねること。例質問に答える。先生に質問する。

❹〈しちぐさ(質草)〉の意味で

【質屋】↓品物をあずかって、その代わりとしてお金を貸す店。

質が下につく熟語 上の字の働き

❶質＝〈なかみ〉のとき

【資質 性質】近い意味。

【素質 物質 本質 実質 上質 良質 悪質 特質 異質 均質 等質 硬質 神経質】ドノヨウナ質か。

【材質 品質 水質 音質 気質 体質 地質】ナニの質か。

❹質＝〈しちぐさ(質草)〉のとき

【人質 言質】ナニである質草か。

◆変質

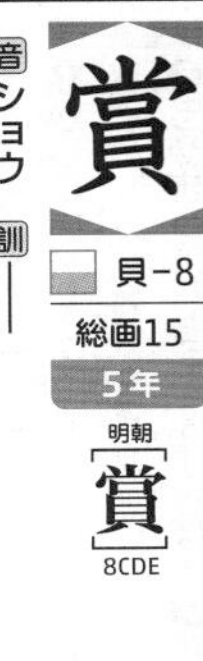

賞

貝−8 総画15 5年 明朝 賞 8CDE

音 ショウ 訓 —

筆順 （たかく・つにならない・とめる）

なりたち [形声]「貝」が「お金」を、「尚」が「シ ョウ」という読み方をしめしている。「ショウ」は「あたる」意味をもち、てがらに当たる金品をあたえることを表す字。

意味 ❶ほめる。例 成績優秀につき、これを賞する。賞賛・激賞 対 罰
❷ほうび。例 賞を与える。参加賞。賞金
❸めでる。味わって楽しむ。例 賞味・鑑賞

名前のよみ たか・たかし・よし

❶〈ほめる〉の意味で

【賞賛】しょうさん Ⅲ（—する）りっぱだとほめたたえること。例 賞賛をあびる。賞賛のまと。類 賛美・賞美・賞揚 表記「称賛」とも書く。

【賞罰】しょうばつ ⇔ ほめることと、ばっすること。

【賞美】しょうび Ⅲ（—する）よいものだとほめたたえること。類 賞賛 表記「称美」とも書く。

【賞揚】しょうよう ↓（—する）すばらしいとほめること。類 賞賛 表記「称揚」とも書く。

❷〈ほうび〉の意味で

【賞金】しょうきん ↓ほうびとしてあたえるお金。

【賞状】しょうじょう ↓りっぱなおこないや成績をほめることばを書いた文書。例 賞状を授与する。類 表彰状

【賞品】しょうひん ↓ほうびとしてあたえる品物。

【賞与】しょうよ ↓ほうびとしてあたえる品物やお金。とくに、給料のほかにとくべつに出るお金。ボーナス。例 年末賞与。

❸〈めでる〉の意味で

【賞味】しょうみ Ⅲ（—する）よく味わって、おいしく食べること。例 お早めにご賞味ください。賞味期限。

←賞が下につく熟語 上の字の働き

❷賞＝〈ほうび〉のとき
【恩賞 特賞 副賞】ドノヨウナ賞か。
【懸賞 授賞 受賞 入賞】賞をドウスルか・賞にドウナルか。

❸賞＝〈めでる〉のとき
【観賞 鑑賞】ドノヨウニ楽しむか。

◆激賞 褒賞

賠

貝−8 総画15 常用 明朝 賠 8CE0

音 バイ 中 訓 —

筆順

なりたち [形声]「貝」が「お金」を、「音」が「バイ」とかわって読み方をしめしている。「フ」は「おぎなう」意味をもち、損害をお金でおぎなうことを表す字。

意味 つぐないをする。損害のうめあわせをする。例 賠償

【賠償】ばいしょう Ⅲ（—する）相手にあたえた損害をお金などでうめあわせること。例 損害賠償を請求する。賠償金。類 弁償・代償 表現 ふつう、小さなめいわくについては「弁償」、重大な損害には「賠償」を使う。

賓

貝−8 総画15 常用 明朝 賓 8CD3 旧字 賓 FA64

音 ヒン 中 訓 —

筆順

なりたち [形声]もとの字は、「賓」。「貝」が「たから」を、「𡧍」が「ヒン」という読み方をしめしている。「ヒン」は「もてなす」意味をもち、高いねうちのおくり物をして人をもてなすことを表す字。

意味 きゃく。だいじな客。例 賓客・来賓

【賓客】ひんきゃく・ひんかく Ⅲ たいせつなお客。例 賓客をむかえる。

←賓が下につく熟語 上の字の働き
【貴賓 国賓 主賓 来賓】ドノヨウナ客か。

◆迎賓

賦

貝−8 総画15 常用 明朝 賦 8CE6

音 フ 中 訓 —

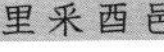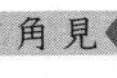

筆順

たちなり [形声]「貝」が「お金」を、「武」が「ブ」とかわって読み方をしめしていて、「ブ」は「わける」意味をもち、わりあてのお金を表す字。

意味 ❶わりあてて取り立てる。わりあてられる税金や労力。例 賦役・月賦 ❷さずかる。例 天賦

❶〈わりあてて取り立てる〉の意味で

【賦役】ふえき Ⅲ むかし、領主などが人びとにわりあてた税金や仕事。例 賦役に苦しむ。

【賦課】ふか ⊻〈―する〉税金をわりあてておさめさせること。例 重い税金を賦課する。

◆割賦 月賦 天賦

賢

貝-9 総画16 常用 明朝 賢 8CE2

音 ケン中 訓 かしこ-い中

筆順

たちなり [形声]「貝」が「お金」を、「臤」が「ケン」という読み方をしめしている。「ケン」は「多い」の意味をもち、多くの財産をもっていることを表す字。

意味 ❶かしこい。りこうである。かしこい人。例 賢いやり方。賢明・聖賢 対 愚 ❷うやまう気持ちを表すことば。例 賢察

名前のよみ かた・さと・さとし・さとる・すぐる・たか・ただ・ただし・とし・のり・まさ・まさる・ます・やす・よし・より

❶〈かしこい〉の意味で

【賢者】けんじゃ ⊻ かしこくて、ものごとの道理がよくわかっている人。類 賢人 対 愚者

【賢母】けんぼ ⊻ かしこくて、しっかりと子どもを育てる母。例 良妻賢母。

【賢明】けんめい Ⅲ〈―な・―に〉かしこくて、ものごとのすじみちがよくわかっている。例 賢明なやり方だ。つねに賢明でありたい。類 聡明

❷〈うやまう気持ちを表すことば〉の意味で

【賢察】けんさつ ⊻〈―する〉ものごとのいきさつや人の気持ちなどがよくわかること。お察し。

表現 「ご賢察のとおり」は、相手が見通していることをうやまっていうことば。

◆聖賢 先賢 諸賢

賭

貝-9 総画16 常用 明朝 賭 8CED

音 ト高 訓 か-ける中

筆順

意味 かける。お金や品物を出して勝負をあらそう。例 賭けごと

例 解 [使い分け] かける[掛・懸・架] ☞547ページ

字体のはなし 「賭」(「貝部「8画」、総画「15画」)とも書く。☞ふろく「字体についての解説」[30]ページ

【賭博】とばく Ⅲ お金や品物などをかけて勝負をあらそうこと。かけごと。ばくち。例 賭博師。

購

貝-10 総画17 常用 明朝 購 8CFC

音 コウ中 訓 ―

筆順

たちなり [形声]「貝」が「お金」を、「冓」が「コウ」という読み方をしめしている。「コウ」は「もとめる」意味をもち、お金をかけてもとめることを表す字。

意味 買う。買いもとめる。例 購入

【購読】こうどく ⊻〈―する〉雑誌や新聞などを買って読むこと。例 定期購読。

【購入】こうにゅう ⊻〈―する〉買って自分のものにすること。例 新車の購入を検討する。購入費。類 購買 対 売却・販売

【購買】こうばい Ⅲ〈―する〉品物などを買い入れること。例 購買力が落ちる。類 購入 対 販売

贈

貝-11 総画18 常用 明朝 贈 8D08 旧字 贈 FA65

音 ゾウ中・ソウ中 訓 おく-る中

筆順

たちなり 贈 [形声]もとの字は、「贈」。「貝」が「お金」を、「曾」が「ゾウ」という読み方をしめしている。「ゾウ」は「おくる」意味をもち、お金や物をおくることを表す字。

意味 おくる。さしあげる。例 記念品を贈る。贈与・寄贈

例解 [使い分け] おくる[送・贈] ☞443ページ

注意するよみ ソウ…例 寄贈

【贈収賄】ぞうしゅうわい 自分につごうよく動いてもらうために役人にお金や品物をおくることと、役人がそれを受け取ってとくべつなはからいをすること。例 ダム建設をめぐる贈収賄事件。参考「贈賄」と「収賄」を一つにしたことば。

【贈呈】ぞうてい Ⅱ〈─する〉人にものをさしあげること。例 記念品の贈呈。贈呈式。類 進呈・献呈・謹呈・寄贈

【贈答】ぞうとう ⇕〈─する〉品物をおくったり、お返しをしたりすること。例 贈答品。

【贈与】ぞうよ Ⅱ〈─する〉品物やお金を人にあたえること。例 贈与税。

【贈賄】ぞうわい ▲〈─する〉自分のためにとくべつなことをしてもらえるように、関係者に不正にお金や品物をわたすこと。わいろをおくること。例 贈賄罪に問われる。対 収賄

←贈が下につく熟語 上の字の働き

【恵贈 寄贈】近い意味。

◆遺贈 受贈

【贋】

貝-12 総画19 表外 明朝 贋 8D0B

音 ガン外 訓 にせ外

意味 にせ。にせもの。例 真贋

【贋作】がんさく ↓〈─する〉ほんものに似せてつくること。また、作った物。

【贋造】がんぞう ↓〈─する〉ほんものに似せてつくること。また、作った物。例 贋造紙幣(にせ札)。類 偽造

7画 赤 [あか][あかへん] の部

「赤」の字と、「赤」の形がめやすとなっている「赦」の字が入ります。

この部首の字 0 赤……1011 4 赦……1012

赤 あか

赤-0 総画7 1年 明朝 赤 8D64

音 セキ・シャク高 訓 あか・あか-い・あか-らむ・あか-らめる

筆順 一 十 土 方 赤 赤 赤 (ながく・はねる・とめる)

たちなり [会意]「大」と「火」を合わせて、火が大きくもえているようすを表す字。火の色から、「あか」として使われている。

意味 ❶あかい。例 信号が赤になる。顔が赤らむ。顔を赤らめる。赤い羽根。赤面・赤銅 ❷まったくの。むきだしの。例 赤の他人。赤貧

例解 [使い分け] あからむ[赤・明] ☞このページ

発音あんない セキ→セッ…例 赤血球

注意するよみ シャク…例 赤銅

特別なよみ 真っ赤(まっか)

❶〈あかい〉の意味で

【赤字】あかじ ↓①入ってくるお金より出ていくお金のほうが多いこと。例 赤字を出す。対 黒字 ②紙面のまちがいをなおすとき、赤色で書き入れた文字。例 赤字を入れる。類 朱筆

知識 ①は、帳簿に記録するとき、足りない金

例解 使い分け 《赤らむ・明らむ》

赤らむ=赤くなる。赤みがさす。

例 顔が赤らむ。夕焼けで西の空が赤らむ。

明らむ=明るくなる。

例 東の空が明らみ始める。日がさして部屋の中が明らむ。

額を赤色で書くことからいう。

【赤潮】あかしお ↓ プランクトンが急にふえて、海水が赤くなったように見えること。魚や貝が死ぬので漁業に被害が出る。

【赤札】あかふだ ↓ 買い手の決まった品物や、安売りの商品につける赤い色の札。例 赤札市。

【赤銅】しゃくどう ↓ 銅に金や銀をまぜてつくる、むらさきがかった黒い色をした合金。例 日やけした赤銅色のはだ。

【赤外線】せきがいせん 日光をプリズムに通したとき、赤色の外がわにあって目に見えない光線。熱をふくみ、熱線ともいう。例 赤外線通信。遠赤外線。対 紫外線

【赤十字】せきじゅうじ 「赤十字社」の略。戦争のときには敵味方の区別なく、傷ついた人を介抱し、ふだんは災害にあった人びとを助ける仕事をする、世界の国々にある団体。

【赤道】せきどう ↓ 地球の中心から地軸と直角に広がる平面が、地球の表面とまじわるところにあって、地球を南北二つに分ける線。例 赤道直下。知識「赤道」は緯度でいえば〇度。この線から北が北半球、南が南半球。

【赤飯】せきはん ↓ もち米にアズキをくわえてむしたもの。お祝いのときに食べる。おこわ。例 赤飯をたく。

【赤面】せきめん ↓ 〈―する〉はずかしくて顔が赤くなること。例 赤面のいたり（どうしようもなくはずかしい）。類 汗顔

【赤痢】せきり ↓ 高い熱が出て、はげしく腹が痛み、血のまじった便が出る感染症。

【赤血球】せっけっきゅう 血液の中にある小さくて赤い円盤状のもの。からだじゅうに酸素を運ぶはたらきをする。対 白血球

❷〈まったくの〉の意味で

【赤恥】あかはじ ↓ ひどくはずかしい思いをすること。赤っぱじ。例 赤恥をかく。類 大恥

【赤貧】せきひん ↓ ひじょうに貧しいこと。例 赤貧洗うがごとし（ひどいびんぼうで、なにもない）。類 極貧

【赤裸裸】せきらら 〈―に・―な〉なにごともかくさずありのままであること。例 赤裸々な記録。

赦

赤－4 総画11 常用 明朝 赦 8D66

音 シャ 中 訓 ゆる－す 外

筆順 一 十 土 耂 赤 赤 赦 赦

なりたち [形声]「攵」が「むちで打つこと」を、「赤セキ・シャ」が「シャ」とかわって読み方をしめしている。「セキ」は「すておく、ゆるめる」意味をもち、むちで打つのをやめることを表す字。

意味 ゆるす。罪やあやまちをゆるす。例 赦免・容赦

【赦免】しゃめん Ⅲ〈―する〉罪をゆるすこと。例 赦免をねがい出る。

◆恩赦 大赦 特赦 容赦

7画 走 [はしる] [そうにょう] の部

「走」をもとに作られ、走り方や進むことにかかわる字を集めてあります。

この部首の字
0 走……1012
2 赴……1013
3 起……1013
赳……1014
5 越……1014
超……1014
8 趣……1015

走

走－0 総画7 2年 明朝 走 8D70

音 ソウ 訓 はし－る

筆順 一 十 土 キ 丰 疌 走（ながく）（はらう）

なりたち [会意] 人が手をふっている形（土）と、行く意味をしめす足の形（止）を合わせて、「はしる」ことを表す字。

意味 はしる。かける。例 駅まで走る。走者・競走

特別なよみ 師走（しわす）

【走行】そうこう ↓ 〈―する〉車などが走ること。例 走行中の移動はおやめください。走行距離。

【走者】そうしゃ ↓ ①陸上競技のランナー。例 リレーの走者。②野球で、塁に出たランナー。例 走者をけんせいする。

【走破】そうは ☒〈―する〉長い道のりやけわしい道

を走り通すこと。例砂漠を走破する過酷なラリー。

【走馬灯】火をともすと、中の絵がまわって次々にいろいろな影絵が見える灯籠。「まわり灯籠」ともいう。表現「走馬灯のように思い出される」などと、心に次々とうかんでは消えていくことのたとえにも使う。

【走路】↓陸上競技の競走に使うコース。例走路をはずれる。

←走が下につく熟語 上の字の働き

【滑走 継走 疾走 縦走 独走 完走】ドノヨウニ走るか。

【暴走 快走 力走 東奔西走】ドノヨウニ走るか。

【助走 伴走 脱走 逃走 帆走 敗走】ドウヤッテ・ドウナッテ走るか。

◆競走 師走 奔走

赴

走-2 総画9 常用 明朝 赴 8D74

音フ中 訓おもむ-く中

筆順 一 + 土 キ 走 走 赴

なりたち [形声]「走(はしる)」と、神のおつげの意味の「ト」とからでき、「ト」が「フ」とかわって読み方をしめしている。走っていってつげることを表す字。

意味 おもむく。出かけていく。例任地に赴く。赴任

【赴任】▲〈—する〉新しくつとめることになった土地に行くこと。例大阪に赴任する。単身赴任。類着任

起

走-3 総画10 3年 明朝 起 8D77

音キ 訓お-きる・お-こる・お-こす・た-つ外

筆順 一 + 土 キ 走 起 起 起（はらう・はねる・おらない）

なりたち [形声]もとの字は、「起」。「走(はしる)」と「巳」とからでき、「巳」が「キ」とかわって読み方をしめしている。「巳」は「はじめる」意味をもち、走りはじめることを表す字。

意味
❶おきる。立ち上がる。もち上げる。例朝早く起きる。寝た子を起こす。起立
❷はじめる。はじまる。はじまり。例さわぎが起こる。事の起こり。起工・発起

例解 使い分け おこす《起こす・興す》

起こす＝横になっているものを立てる。始める。生じさせる。目を覚まさせる。
例体を起こす。事業を起こす。事件を起こす。朝早く起こす。

興す＝始めて勢いや働きをさかんにする。
例国を興す。産業を興す。
参考「事業を興す」とも書く。

例解 [使い分け] おこす[起・興] ☞このページ

名前のよみ かず・ゆき

❶〈おきる〉の意味で

【起居】⇕〈—する〉ふだんの生活。例起居を共にする。参考もともとの意味は、立ったりすわったりの動作。

【起死回生】死にかけているものやほろびかけているものを生きかえらせること。例起死回生の名案。起死回生をはかる。

【起重機】重いものをつり上げたり動かしたりするための機械。クレーン。

【起床】▲〈—する〉起きあがって、ねどこから出ること。例起床時間。対就寝

【起伏】⇕〈—する〉①地面が高くなったり低くなったりしていること。例起伏にとんだ地形。②強くなったり弱くなったり、さかんになったりおとろえたりなどの変化。例感情の起伏がはげしい。

【起用】↓〈—する〉多くの人の中から、とくにえらんでだいじな仕事をさせること。例新

人を起用する。類登用・抜擢

【起立】∥〈―する〉席から立ち上がること。例全員起立して校歌を歌う。対着席

❷〈はじめる〉の意味で

【起案】▲〈―する〉もとになる案や文をつくること。例会則を起案する。類起草・立案

【起因】↓〈―する〉なにかが起こるもとになること。もとになっているものごと。例飲酒運転に起因する事故が増加している。類基因

【起業】▲〈―する〉事業をはじめること。

【起源】∥ものごとのはじまり。例生命の起源。類源流 表記「起原」とも書く。

【起工】▲〈―する〉大きな工事をはじめること。例起工式。類着工 対竣工・落成・完工

【起算】▲〈―する〉そこから数えはじめること。例入院した日から起算して十日たつ。

【起承転結】①四句でつくる漢詩のならべ方の原理。「起」は言い起こす第一句、「承」は前をうける第二句、「転」はがらっとかえる第三句、「結」はしめくくる第四句。②文章の組み立てやものごとの順序。

【起訴】▲〈―する〉検察官が裁判所にうったえを起こすこと。例起訴猶予。類提訴

【起草】▲〈―する〉文章の下書きを書くこと。類起案・立案 表現公的な文章についていう。

【起点】↓ものごとのはじまりのところ。例東京駅を起点とする東海道本線。類出発点。対着点・終点

▶前ページ 赴 起

起が下につく熟語 上の字の働き

❶起＝〈おきる〉のとき

【突起 隆起】近い意味。

【奮起 決起 躍起 再起 提起 喚起 想起】ドノヨウニ起きる・起こすか。

◆縁起 蜂起 発起

赳

走-3 総画10 人名 明朝 赳 8D73

音キュウ外 訓―

意味 つよい。たくましい。

名前のよみ たけ・たけし

越

走-5 総画12 常用 明朝 越 8D8A

音エツ中 訓こ-す中・こ-える中

筆順

なりたち [形声]「戉」が「エツ」という読み方と「こえる」意味を表し、「走って」とびこえることを表す字。

意味

❶こえる。こす。乗りこえる。例山を越える。勝ち越す。越境・超越

❷越の国。古い地名。越前(今の福井県東部)・越中(今の富山県)・越後(今の新潟県の大部分)に分かれる。例甲信越。

参考「呉越同舟」(219ページ)の「越」は、古代中国の国。

例解 [使い分け] こえる[越・超] ☞ひだりのページ

❶〈こえる〉の意味で

【越境】▲〈―する〉境界線や国境をこえること。例越境入学。

【越権】▲自分の権限にはないことをかってにすること。例越権行為。

【越冬】▲〈―する〉冬をこすこと。

【越年】▲〈―する〉年をこして、新年をむかえること。年こし。例越年草。

越が下につく熟語 上の字の働き

❶越＝〈こえる〉のとき

【卓越 超越】近い意味。

超

走-5 総画12 常用 明朝 超 8D85

音チョウ中 訓こ-える中・こ-す中

筆順

なりたち [形声]「召」が「チョウ」とかわって読み方をしめしている。「ショウ」は「おどりあがる」意味をもち、「走って」とびこえることを表す字。

意味

❶こえる。ある限度をこえる。例能力を超える。定員を超す。超過

❷なみでない。かけはなれる。例超人

例解 [使い分け] こえる[越・超] ☞ひだりのページ

❶〈こえる〉の意味で

【超越】Ⅱ〈―する〉いろいろなことを乗りこえて、いちだんと高い立場に立つこと。例たがいの利害を超越して協力する。

【超音速】音の速さより速いこと。

【超音波】振動数が毎秒一万六千回以上で、人の耳には聞こえない音波。

【超過】Ⅱ〈―する〉決められた時間や数量をこえること。例定員を超過する。

【超短波】波長が一メートルから一〇メートルの電波。テレビやFM放送・トランシーバーなどで使う。参考☞【短波】(815ページ)

【超満員】決まった数をこえていっぱい人が入っていること。例超満員の電車。

❷〈なみでない〉の意味で

【超人】↓とびぬけてすぐれた能力をもっている人。スーパーマン。表現「超人的記録」のように「的」をつけて使うことが多い。
【超絶】⊠〈―する〉とびぬけてすぐれていること。例超絶した技巧。
【超然】⊠〈―たる・―と〉ものごとにこだわらず、落ちついているようす。例超然たる態度。

趣

走-8 総画15 常用 明朝 趣 8DA3

音シュ中 訓おもむき中

筆順 趣 趣 趣 趣 趣 趣

なりたち [形声]「取」が「シュ」という読み方をしめしている。「シュ」は「うながす、せかせる」意味をもち、せかして「走らせる」ことを表す字。

意味 ❶おもむき。おもしろみ。味わい。例趣のある庭。趣向・興趣 ❷ねらい。考え。例趣旨

❶〈おもむき〉の意味で

【趣向】Ⅱ味わいやおもしろみを出すためのくふうや考え。例趣向をこらす。類意匠
【趣味】Ⅱ①仕事とはべつに、楽しみでやること。例趣味が広い。類道楽 ②味わいやおもむき。例趣味のよい服。

❷〈ねらい〉の意味で

【趣意】↓ものごとをしようとするときの考えや目的。例趣意書。

【趣旨】↓①ものごとをしようとするときのねらいやわけ。例計画の趣旨を説明する。②文章や話などの言おうとしている内容。例話の趣旨はわかった。類主旨 例解[使い分け]しゅし[主旨・趣旨]☞38ページ

例解 使い分け こえる《越える・超える》

越える＝またぐようにして通りすぎる。例山を越える。国境を越える。困難を乗り越える。障害物をとび越える。

超える＝ある分量・範囲・程度をすぎる。例目標額を超える。人間の能力を超える。想定を超える大きな災害。

趣が下につく熟語 上の字の働き
❶趣＝〈おもむき〉のとき
【興趣 風趣】近い意味。
【情趣 雅趣 野趣】ドンナ趣か。

7画 足 𧾷 [あし][あしへん] の部

「足」をもとに作られ、足での動作や歩行にかかわる字を集めてあります。

この部首の字

足

足-0 総画7 1年 明朝 足 8DB3

音ソク 訓あし・た-りる・た-る・た-す

足

筆順 はらう

なりたち 足 [象形]「口」がひざ、「止(止)」があしの形で、「あし」をえがいた字。

意味
❶あし。人間や動物のあし。例 足元・土足
❷あしであるく。移動する。歩み。例 足早・発足
❸たりる。十分である。くわえる。例 お金が足りる。信ずるに足る。用を足す。補足
❹はきものの数をかぞえることば。例 一足。

例解 [使い分け] あし [足・脚] ☞ ひだりのページ

特別なよみ 足袋(たび)

名前のよみ みつ・ゆき

❶〈あし〉の意味で

【足腰】あしこし ⊡ 動作のもとになる足と腰など、下半身の強さ。例 足腰をきたえる。

【足場】あしば ↓ ①立ったり歩いたりするときに、足をつけるところ。例 足場がわるい山道。②高いところで仕事をするために、丸太や鉄パイプを組んで、人がのぼれるようにしたもの。例 足場を組む。③これから仕事をするためのよりどころ。例 足場をかためる。

【足元】あしもと ↓ ①立っている足の下やまわり。例 足元に気をつける。君の足元にもおよばない(君のほうがずっとすぐれている)。②身近なところ。例 足元をかためる。表記「足下」「足許」とも書く。例 足元をかためる。表現「足元を見る」は、相手の弱みを知って、そこにつけこむ態度に出ること。☞❷

【足跡】そくせき・あしあと ↓ ①歩いたあとにのこる足やはきものの形。例 雪の上の足跡をたどる。②なしとげた仕事や成果。例 科学に大きな足跡をのこした人。

【足袋】たび ↓ 和服を着るとき、足にはくもの。おもに布でつくり、げたやぞうりがはけるように、指先が二つに分かれている。例 白足袋。

❷〈あしであるく〉の意味で

【足音】あしおと ↓ 歩いたり走ったりするときに出る音。例 足音をしのばせる。足音がひびく。表現「春の足音」などと、ものごとが近づいてくる気配をいうときにも使う。

【足代】あしだい ↓ 電車・バスなどの乗り物にかかるお金。交通費。例 足代がかかる。

【足早】あしばや ↓〈一な〉足をはやく動かして歩くようす。例 足早に通りすぎる。

【足元】あしもと ↓ 歩き方。足どり。例 足元がふらつく。表記「足下」「足許」とも書く。☞❶

【足労】そくろう ↓ ふだんいるところから、べつの場所へ出かけること。表現「ご足労おかけしました」などと、人にたのんでどこかへ行ってもらったり来てもらったりするのに使う。

足が下につく熟語 上の字の働き

❶足=〈あし〉のとき
【素足 土足 軸足 義足】ドウイウ足か。

❷足=〈あしであるく〉のとき
【禁足 発足】歩くことをドウスルか。
【快足 俊足 鈍足 遠足 長足 出足 千鳥足】ドウイウ歩き(歩み)か。
【雨足 雲足 客足】ナニの動きぐあいか。

❸足=〈たりる〉のとき
【充足 具足 自足(自給自足) 不足 補足】ドノヨウニ足りる(足らす)か。

◆一挙手一投足 襟足 蛇足 手足 一足 満足

距

音 キョ 中　訓 ―

足-5　総画12　常用　明朝 距 8DDD

筆順

なりたち [形声]「巨」が「キョ」という読み方をしめしている。「キョ」は「やりのようなつめ」の意味をもち、ニワトリの「足」のけづめを表す字。ニワトリがけづめで相手をふせいだり、しりぞけたりすることから、「へだたり」の意味に使われている。

意味 へだたり。間がある。例 距離

【距離】きょり ⊡ 二つの地点の間の長さ。二つがはなれていること。例 長距離。

跨

足-6　総画13　人名　明朝 跨 8DE8

音 コ 外　訓 また-ぐ 外・また-がる 外

意味 ❶またぐ。(両足を開いて)ものの上などをこえる。例跨線橋(線路の上をまたぐ橋)。❷またがる。両足を開いて乗る。

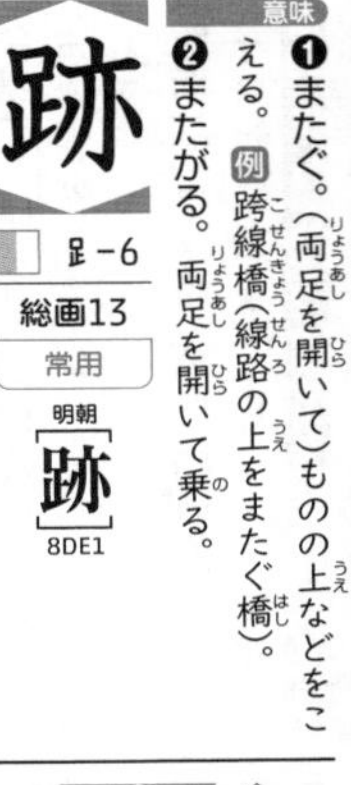

跡

足−6 総画13 常用 明朝 跡 8DE1

音セキ中 訓あと中

筆順 ⻊ 𧾷 𧾷 跡 跡 跡 跡

なりたち [形声]「亦」が「セキ」とかわって読み方をしめしている。「エキ」は「つづく」意味をもち、ずっとつづいていく「足」あとを表す字。

意味 あと。人の歩いたあと。ものごとがおこなわれた場所やしるし。例足の跡。遺跡

例解 [使い分け] あと[跡・後・痕] ☞1019ページ

【跡始末】あとしまつ〈―する〉ものごとが終わったあとで、のこっているものなどをかたづけること。あとかたづけ。例会場の跡始末をする。表記「後始末」とも書く。

【跡地】あとち ↓建物や施設などをとりはらったあとの土地。例跡地利用。

【跡目】あとめ ↓家や職業・仕事などを受けつぐ役目。あとつぎ。例親の跡目をつぐ。

← 跡が下につく熟語 上の字の働き

【遺跡 旧跡 古跡 名跡 航跡 奇跡】ドウイウ跡か。

【軌跡 形跡 史跡 人跡 筆跡 城跡 足跡 追跡】ナニの跡か。

践

足−6 総画13 常用 明朝 践 8DF5 旧字 踐 8E10

音セン中 訓―

筆順 ⻊ 𧾷 𧾷 践 践 践 践

なりたち [形声]もとの字は、「踐」。「戔」が「セン」という読み方をしめしている。「セン」は「ふむ」意味をもち、「足」でふみつけることを表す字。「じっさいにおこなう」意味に使われている。

意味 おこなう。じっさいにおこなう。例実践

跳

足−6 総画13 常用 明朝 跳 8DF3

音チョウ中 訓は-ねる中・と-ぶ中

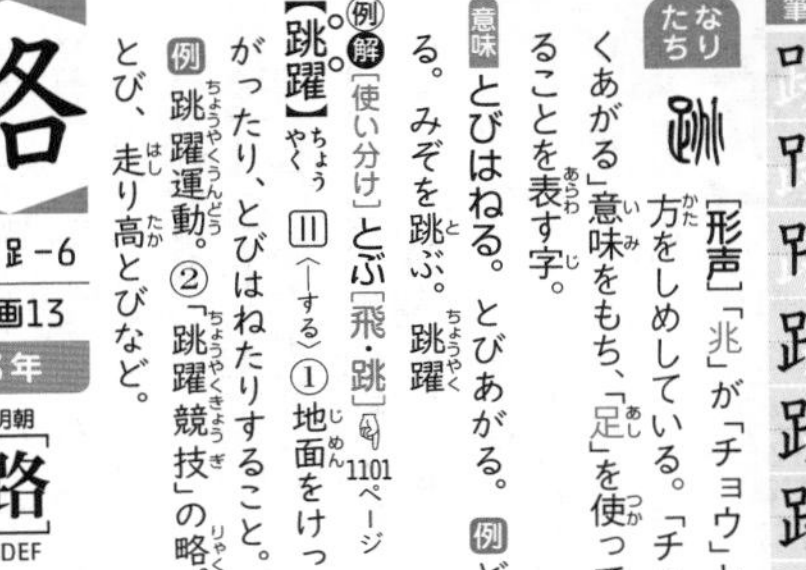

筆順 ⻊ 𧾷 𧾷 跳 跳 跳 跳

なりたち [形声]「兆」が「チョウ」という読み方をしめしている。「チョウ」は「高くあがる」意味をもち、「足」を使ってとびあがることを表す字。

意味 とびはねる。とびあがる。例どろが跳ねる。みぞを跳ぶ。跳躍

例解 [使い分け] とぶ[飛・跳] ☞1101ページ

【跳躍】ちょうやく〈―する〉①地面をけって、とびあがったり、とびはねたりすること。ジャンプ。例跳躍運動。②「跳躍競技」の略。走り高とび、走りはばとびなど。

路

足−6 総画13 3年 明朝 路 8DEF

音ロ 訓じ・みち外

筆順 ⻊ 𧾷 𧾷 路 路 路 路 はらう

例解 使い分け あし《足・脚》

足=体の一部分のあし。足首から先の部分。歩くことや行くこと、また、それに見たてたもの。例手足をのばす。足の裏。足音がする。足が速い。

脚=足全体、また足と似たような形や働きをしているもの。例美しい脚の線。机の脚。いすの脚。

参考「脚」を「足」と書いてもよい。

跡 践 跳 路 ◀次ページ 踊 踪 踏 蹄

なりたち [形声]「各」が「口」とかわって読み方をしめしている。「カク」は「ふむ」意味をもち、「足」でふむ所を表す字。人がふみかためた「みち」として使われている。

意味 みち。通りみち。例 路面・家路

名前のよみ のり・ゆき

【路肩】ろかた ↓ 道路の両がわの縁。例 路肩がくずれる。

【路銀】ろぎん ↓ 旅行をするためのお金。例 路銀がつきる。類 旅費 表現 やや古い言い方。

【路地】ろじ ↓ ①家と家とにはさまれた、はばのせまい道。例 路地うら。②やしきや庭のなかの道。例 路地を飛び石づたいに歩く。

【路上】ろじょう ↓ ①道路の上。例 路上駐車。②どこかへ行くとちゅう。類 途上

【路線】ろせん ↓ ①電車やバスの決まったコース。例 路線を延長する。路線バス。②活動する団体がこれから進もうとする方向。例 これまでの平和路線をまもる。

【路頭】ろとう ↓ 道のあたり。参考「頭」は、「…のあたり」という意味。表現「路頭にまよう」は、家やお金がなくなって、生活にこまること。

【路傍】ろぼう ↓ 道ばた。例 路傍にさく花。路傍の人(自分にとっては、まったく関係のない人)。

【路面】ろめん ↓ 道路の表面。例 雨で路面がぬれている。路面電車。

← 路が下につく熟語 上の字の働き

【道路 街路】近い意味。

【一路 遠路 岐路 血路 順路 線路 末路 迷路 難路 小路】ドノヨウナみちか。

【往路 復路 帰路 進路 退路 針路 通路 経路 航路 走路 活路 販路 家路】ドウスルみちか。

【水路 潮路 船路 夢路 旅路 恋路】ナニのみちか。

【海路 空路 陸路 山路】ドコを行くみちか。

踊

足-7 総画14 常用 明朝 踊 8E0A

音 ヨウ中 訓 おど-る中・おど-り中

筆順

なりたち [形声]「甬」が「ヨウ」という読み方をしめしている。「ヨウ」は「あがる」意味をもち、「足」をあげておどることを表す字。

意味 おどる。音楽に合わせて、おどりをする。例 輪になって踊る。盆踊り・舞踊

例解 [使い分け] おどる[踊・躍] ☞1021ページ

踪

足-8 総画15 常用 明朝 踪 8E2A

音 ソウ中 訓 ―

筆順

意味 あと。ゆくえ。例 失踪事件。

踏

足-8 総画15 常用 明朝 踏 8E0F

音 トウ中 訓 ふ-む中・ふ-まえる中

筆順

なりたち [形声] もとの字は、「蹋」。「𦐇」(のちに「沓」)が「トウ」という読み方をしめしている。「トウ」は「かさねる」意味をもち、「足」をとんとんふみ重ねることを表す字。

意味 足でふむ。ふみあるく。ふみつける。例 二の足を踏む。現実を踏まえる。踏査・舞踏

【踏査】とうさ ↓〈―する〉実際にその場所まで出かけていって調べること。例 実地踏査。類 探査

【踏襲】とうしゅう ↓〈―する〉それまでのやり方や考え方などを、そのまま受けつぐこと。例 前任者の方針を踏襲する。

【踏破】とうは ☒〈―する〉長い道のりやけわしい道を歩き通すこと。例 長い尾根を踏破する。

【踏切】ふみきり ◎ ①鉄道線路と道路とが交わっているところ。例 踏切をわたる。②とび箱や走りはばとびなどで、とぶ前に強くけって、はずみをつけること。また、その場所。表記 ②は、「踏み切り」と送りがなをつける。

◆ 雑踏 舞踏 未踏

蹄

足-9 総画16 人名 明朝 蹄 8E44

音 テイ外 訓 ひづめ外
意味 ひづめ。牛や馬などの足の先にあるかたいつめ。例 蹄鉄（馬のひづめに打ちつけてひづめを保護する馬具）

【蹟】

𧾷−11 総画18 人名 明朝 蹟 8E5F

音 セキ外 訓 あと外

意味 あと。あとにのこされた、しるし。前に何かがあったところ。

表記 今はふつう「跡」を使う。例 遺蹟→遺跡・史蹟→史跡

名前のよみ ただ

【蹴】

𧾷−12 総画19 常用 明朝 蹴 8E74

音 シュウ中 訓 け−る中

筆順 𧾷 蹴 蹴 蹴 蹴 蹴

意味 ける。けとばす。例 蹴球（球をけるスポーツ。ふつうはサッカーを指す）・一蹴（はねつける）

【躍】

𧾷−14 総画21 常用 明朝 躍 8E8D

音 ヤク中 訓 おど−る中

筆順 𧾷 𧾷 𧾷 躍 躍 躍 躍 躍

なりたち [形声]もとの字は、「躍」。「翟」が「ヤク」とかわって読み方をしめしている。「タク」は「おどりあがる」意味をもち、「足」をけってはねあがることを表す字。

意味 とびはねる。おどるように動く。いきいきと動く。例 胸が躍る。躍動・活躍

例解 [使い分け] おどる[踊・躍] ☞1021ページ

発音あんない ヤク→ヤッ…例 躍起

【躍如】やくじょ ⊠〈−たる〉目に見えるようないきいきとしたようす。例 面目躍如。

【躍進】やくしん ⊡〈−する〉すばらしいいきおいで上へあがっていく。例 躍進の年。

【躍動】やくどう Ⅲ〈−する〉いきおいよく、いきいきと動く。例 生命の躍動。

【躍起】やっき ⊡〈−に〉〈−と〉むきになるようす。例 躍起になって弟をかばう。

躍が下につく熟語 上の字の働き

【跳躍 飛躍】近い意味。

【暗躍 一躍 活躍 勇躍】ドノヨウニ躍り動くか。

例解 使い分け あと《跡・後・痕》

跡＝ものごとが行われたしるし。例 車輪の跡がついている。苦心の跡が見える。父の跡を継ぐ。

後＝順序や時間などがうしろのほう。例 後から行く。後押しをする。後の祭り。対 先・前

痕＝あとにのこったかたち。例 手術の痕が痛々しい。弾丸の痕。

7画 身［み］の部

ここには「身」の字だけが入ります。

この部首の字 0 身……1019 射→寸341

【身】

身−0 総画7 3年 明朝 身 8EAB

音 シン 訓 み

筆順 ′ 亻 户 自 自 身 身（はねる・だす・はっきりだす）

なりたち [象形]おなかに子どものある女の人をえがいた字。「からだ」の意味

に使われている。

意味
❶からだ。命のやどる肉体。例身をまもる。身体・人身
❷なかみ。そのものの本体。例黄身・刀身
❸じぶんじしん。例身から出たさび。身近・自身
❹その人のたちば。社会の中でおかれている状態。例親の身にもなってみなさい。身分・出身

名前のよみ ただ・ちか・よし

❶〈からだ〉の意味で

【身心】しんしん ⇕ からだと心。表記「心身」とも書く。

【身体】しんたい ‖ 人のからだ。例身体検査。類人体・肉体

【身長】しんちょう ↓ 背の高さ。例身長をはかる。身長がのびる。類背丈・上背

【身重】みおも ▽ おなかの中に子どもがいること。

【身柄】みがら ◎ その人のからだ。例身柄を保護する。身柄を引き取る。

【身軽】みがる ▽〈―な〉①からだが楽に動くこと。例この作業には身軽な服装が向いている。身軽な動作。②責任などがなく、自分の思うように行動できること。例ひとりで身軽に生きる。

【身支度】みじたく なにかをするために、身なりをととのえること。例旅の身仕度。表記「身仕度」とも書く。

❸〈じぶんじしん〉の意味で

【身辺】しんぺん ↓ 自分の仕事や人間関係にかかわること。身のまわり。例身辺整理。

【身内】みうち ↓ ①血のつながっている人たち。例身内に不幸があった。類親類・親戚 対他人 ②同じ組織にいる人たち。③同じ親分の下にいる子分たち。例身内をかばう。

【身勝手】みがって〈―な〉人のことは考えないで、自分のことだけを考えて行動すること。わがまま。例身勝手にふるまう。類自分勝手

【身銭】みぜに ↓ 自分のお金。例身銭を切る(自分のお金ではらう)。類私費・自腹

【身近】みぢか ↓〈―な〉自分に近いところ。自分に関係が深い。例身近な問題。類手近

❹〈その人のたちば〉の意味で

【身上】しんしょう ↓ 一 お金や土地などの財産。例身上持ち(金持ち)。類身代・資産 二 しんじょう ①人の生まれ、育ち、仕事、生活などのようす。例身上調査。②人がもともともっているねうち。例正直なのが、かれの身上だ。

【身代】しんだい ↓ お金や土地などの財産。例身代をきずく。類身上・財産・資産

【身空】みそら ↓ 人のおかれた状態。例わかい身空。旅の身空。

【身分】みぶん ↓ ①その人の、世の中での地位や立場。例身分証明書。類分際 ②その人の生活のようす。身の上。例苦労なしの、けっこうなご身分だ。類境遇

【身元】みもと ↓ その人の名前、生まれ育った家や土地、卒業した学校やしてきた仕事などのこと。例身元をたしかめる。類素性

身が下につく熟語 上の字の働き

❶身＝〈からだ〉のとき
【肩身 肌身】近縁の関係。
【一身 単身 人身 長身 病身 化身 分身 不死身】ドノヨウナ身か。
【全身 満身 総身 半身】ドノ部分の身か。
【護身 保身 投身 砕身(粉骨砕身) 献身 挺身】身をドウスルか。

❷身＝〈なかみ〉のとき
【中身 黄身 刀身】ドノヨウナ本体か。

❹身＝〈その人のたちば〉のとき
【独身 親身】ドノヨウナ立場か。
【転身 変身】立場をドウスルか。

◆御身 刺身 自身 終身 出身 心身 前身

7画 車 [くるま] [くるまへん] の部

「車」をもとにして作られ、車の種類や部分・運行にかかわる字を集めてあります。

この部首の字
0 車…1021
2 軌…1021
軍…1022
3 軒…1022
4 転…1023
軟…1024
5 軽…1025
軸…1026
6 較…1026
載…1026
7 輔…1026
8 輝…1026
輩…1026
輪…1027
9 輯…1027

車

音 シャ 訓 くるま

車−0 総画7 1年 明朝 車 8ECA

筆順 ながく

なりたち 車 ［象形］人の乗るくるまの形をえがいた字。

意味 ❶くるま。軸を中心に回るまるいもの。例 糸車・歯車・車輪

❷乗り物。車のついた乗り物。例 車が走る。車両・電車

特別なよみ 山車(だし)

名前のよみ のり

❶〈くるま〉の意味で

【車座】↓何人かの人が輪になって、中心に向かってすわる形。例 車座になって話し合う。

【車軸】↓車の心棒。

【車輪】↓車体を動かすための車の輪。例 車輪がはずれる。

❷〈乗り物〉の意味で

【車代】↓自動車などに乗った料金。類 車賃・交通費 表現 少額の謝礼を、「お車代」としてわたすこともある。

【車庫】↓電車や自動車などを入れておく建物。例 バスの車庫。

【車掌】↓電車やバスで、乗客のせわやきっぷの発行など、車内の仕事をする人。

【車線】↓道路の上を、車一台分のはばで分けたコース。例 三車線の道路。対向車線。

【車窓】↓電車・自動車などの乗り物の窓。例 車窓をすぎるけしき。

【車体】↓電車や自動車などで、人や荷物を乗せる部分。ボディー。例 車体検査。

【車道】↓道路で、車だけが通るように決められている部分。対 歩道・人道

【車内】↓電車・自動車などの乗り物の中。例 車内放送。

【車両】↓電車・自動車など、車で動く乗り物。例 車両通行止め。新型車両。

←車が下につく熟語 上の字の働き

❶車＝〈くるま〉のとき

【滑車 歯車】ドノヨウナ車か。

【水車 風車】ナニで動く車か。

❷車＝〈乗り物〉のとき

【乗車 降車 下車 操車 発車 停車 駐車 廃車】車を(車に)ドウスルか。

【空車 単車 列車 肩車 口車】ドノヨウナ車か。

【貨車 客車 戦車】ナニ用の車か。

【汽車 電車 馬車】ナニで動く車か。

◆糸車 高飛車 山車 拍車 飛車 満車

例解 使い分け

おどる《踊る・躍る》

踊る＝音楽やリズムに合わせて体を動かす。例 音楽に乗って踊る。バレエを踊る。盆踊り。

躍る＝とび上がる。はね上がる。心がはずむ。例 首位に躍り出る。躍り上がって喜ぶ。胸が躍る。

軌

音 キ 中 訓 ―

車−2 総画9 常用 明朝 軌 8ECC

筆順

なりたち 軌 ［形声］「九」が「キ」とかわって読み方をしめしている。「キュウ」は「あいだ」の意味をもち、「車輪」と車輪のあいだを表す字。

意味 ❶わだち。車の通ったあと。車などの動いた道筋。例軌を一にする(考え方・やり方がおなじである)。軌跡・軌道

❷とおるべき道。例常軌

❶〈わだち〉の意味で

【軌跡】⇩①車が通ったあとにのこる車輪のあと。わだち。②人やものごとが、それまでにたどってきた道筋。例平和運動の軌跡をたどる。③数学で、点が、ある条件で動いた道筋。知識 一点からおなじ距離にある点の軌跡が「円」。

【軌道】⇩①電車や列車などが通るレールのしいてある道。類線路 ②太陽・月・星などの天体の動く道筋。例人工衛星が軌道を外れる。③ものごとが進んでいく道筋。例仕事が軌道に乗る。

◆常軌

軍

車-2 総画9 4年 明朝 軍 8ECD

音グン 訓いくさ外

筆順 軍 軍 軍 軍 軍 軍 軍 軍 軍 (ながく)

なりたち 【形声】「かこむ」意味の「勹→冖」と「車」を合わせて、戦車でかこんで陣地をつくることを表す字。

意味 ぐんたい。兵士の集まり。例軍を率いる。軍備・官軍

【軍医】⇩軍隊で、医者の仕事をする軍人。

【軍歌】⇩兵士や国民の、たたかう気持ちを高めるためにつくられた歌。

【軍拡】◎「軍備拡大」の略。兵隊や兵器をふやすこと。対軍縮

【軍艦】⇩戦争をするために、大砲やミサイルなどの武器をそなえた船。

【軍港】⇩軍艦などが出入りして、活動の拠点などにするとくべつの港。

【軍国主義】強い軍事力をもつことが国の第一目的だという考え方。ミリタリズム。類富国強兵

【軍事】⇩軍隊や兵器など、戦争にかかわることがら。例軍事費。

【軍資金】①戦争に必要なお金。②ひと仕事するのに必要なお金。

【軍需】⇩軍隊や戦争のために物が必要になること。例軍需工場。対民需

【軍縮】◎「軍備縮小」の略。兵隊や兵器をへらすこと。例軍縮会議。対軍拡

【軍人】⇩軍隊に入っている人。対文民

【軍勢】⇩兵士の数や軍隊の力。また、軍隊そのもの。例敵の軍勢。類兵力

【軍隊】⇩戦争をするための、兵器をもった軍人の集まり。例軍隊生活。類兵隊

【軍手】◎太いもめん糸でつくった作業用の手ぶくろ。例軍手をはめて草をむしる。

参考 もともとは軍隊で使っていたもの。

【軍配】◎①「軍配うちわ」の略。むかし、いくさのときに大将が軍を指図するのに使ったうちわ形の道具。②すもうで、行司が手に持つ、うちわ形の道具。例軍配をあげる(勝ちをみとめる)。

軍配

【軍備】⇩戦争のために用意しておく、兵士や武器。例軍備を強化する。

【軍部】⇩政府の一部としての軍隊。国や政府全体の中での軍隊を指すときに使う。

【軍用】⇩軍事や軍隊のために使うこと。例軍用機。軍用犬。軍用道路。

←軍が下につく熟語 上の字の働き

【官軍 賊軍 援軍 友軍 両軍】ドノヨウナ軍か。

【陸軍 海軍 空軍】ドコで活動する軍か。

【将軍 進軍 行軍 従軍】軍を(軍に)ドウスルか。

軒

車-3 総画10 常用 明朝 軒 8ED2

音ケン中 訓のき中

筆順 軒 軒 軒 軒 軒 軒 軒 軒 軒 軒

なりたち 【形声】「干」が「ケン」とかわって読み方をしめしている。「カン」は「た

かくあがる」意味をもち、おおいが高くそりあがった「車」を表す字。のちに、「のき、ひさし」として使われている。

意味

❶のき。ひさし。例軒を連ねる。軒先・軒下・軒灯

❷家の数をかぞえることば。例五軒の家。一軒家。

❶〈のき〉の意味で

【軒先】のきさき ↓①はり出している屋根の先の部分。そのすぐ下。例軒先を借りて雨宿りする。類軒端 ②建物のすぐ近く。家の前。例農家の軒先で野菜を売っている。

【軒下】のきした ↓のきの下になっている場所。例軒下のツバメの巣。

❷〈家の数をかぞえることば〉の意味で

【軒数】けんすう ↓家の数。類戸数

転

車-4 総画11 3年 明朝 転 8EE2 旧字 轉 8F49

音テン 訓ころ-がる・ころ-げる・ころ-がす・ころ-ぶ

筆順

なりたち 轉 [形声]もとの字は、「轉」。「專」が「テン」とかわって読み方をしめしている。「セン」は「まわる」意味をもち、「車」がくるくる回ることを表す字。

意味

❶くるくるまわる。くるりと回す。転がる。転がす。例ボールが転がる。たるを転がす。例運転

❷ひっくりかえる。転ぶ。例転げて下に落ちる。つまずいて転ぶ。転落

❸かわる。うつる。かえる。うつす。例転校・移転

❶〈くるくるまわる〉の意味で

【転回】てんかい Ⅲ〈―する〉くるりと向きがかわること。例一八〇度の転回(正反対になる)。

【転石】てんせき ↓転がってきた石。例転石こけを生ぜず。

【転転】てんてん Ⅲ〈―と〉丸いものがころころ転がるようす。例ボールが転々と転がる。☞❸

❷〈ひっくりかえる〉の意味で

【転倒】てんとう Ⅲ〈―する〉①上下や順序がさかさまになること。例本末転倒。主客転倒(だいじなことと、だいじでないこととをとりちがえる)。②転んでひっくり返ること。例雪道で転倒する。③あわて、うろたえること。例事故の知らせに気が転倒する。類動転

【転覆】てんぷく Ⅲ〈―する〉①船や列車などがひっくり返る。例ボートが転覆する。②大きな組織をたおす。例政府の転覆をはかる。

【転落】てんらく ↓〈―する〉①高い所から転がり落ちる。例転落事故。②まともだった人が、悪事にはしったり、あわれな身の上になったりすること。例転落の人生。

❸〈かわる。うつる〉の意味で

【転移】てんい Ⅲ〈―する〉場所がほかへうつること。例がんが胃に転移する。類移転

【転化】てんか Ⅲ〈―する〉ほかの状態にかわること。例苦しみをよろこびに転化する。

【転嫁】てんか ↓〈―する〉自分の罪や責任などを、ほかの人におしつけること。例責任転嫁。

【転換】てんかん Ⅲ〈―する〉べつの方向に向きをかえること。例気分転換。方向転換。

【転記】てんき ↓〈―する〉書いてあることがらをほかの紙などに書き写すこと。例転記ミス。

【転機】てんき ↓それまでとはちがった状態にかわるきっかけ。例転機がおとずれる。

【転居】てんきょ ▲〈―する〉住んでいる所をほかにうつすこと。ひっこし。例転居先を通知する。類移転

【転業】てんぎょう ▲〈―する〉商売や仕事をかえること。商売がえ。例転業をはかる。類転職

【転勤】てんきん ▲〈―する〉一つの会社や官庁の中で、つとめる場所がかわること。例東京から大阪に転勤する。類転任

【転向】てんこう ▲〈―する〉生き方や考え方などをかえること。例プロに転向する。類転身

【転校】てんこう ▲〈―する〉児童・生徒がほかの学校へうつること。例転校生。類転入

【転載】てんさい ↓〈―する〉いちど本や雑誌にのった文章や写真・絵などを、べつの印刷物にのせること。例無断転載を禁じる。

【転写】てんしゃ ↓〈―する〉文章や絵などをほかの紙などにうつしとること。コピー。例図案集からカットを転写する。類複写

【転出】てんしゅつ ↓〈―する〉それまで住んでいた土地やつとめ先からほかの場所へうつること。例転出届。対転入

【転職】てんしょく ▲〈―する〉べつの仕事にかわること。例転職を考える。類転業

【転身】てんしん ▲〈―する〉それまでの職業や生き方などをかえること。例銀行員から作家に転身する。類転向

【転生】てんせい・てんしょう ▲〈―する〉うまれかわること。

【転戦】てんせん ↓〈―する〉あちこち場所をかえてたたかうこと。例チームは各地を転戦中だ。

【転送】てんそう ↓〈―する〉送られてきたものを、そのままべつの所へ送ること。例小包を移転先に転送する。類回送

【転地】てんち ▲〈―する〉病気をなおしたりからだを休めたりするために、ほかの土地にうつること。例転地療養。

【転注】てんちゅう ↓ある漢字を、それとべつの音をもつ似た意味のことばに使う使い方。漢字の六書の一つ。参考☞ふろく「漢字のなりたち」（〔3〕ページ）

【転転】てんてん Ⅱ〈―と〉〈―する〉住む所や仕事が次々とかわるようす。例職を転々とする。☞❶

【転入】てんにゅう ↓〈―する〉①ほかの土地から、その土地にうつり住むこと。例転入届。対転出 ②児童・生徒が、ほかの学校からその学校にうつってくること。例転入生。類転校

【転任】てんにん ▲〈―する〉一つの会社や官庁の中でほかの職務や勤務地にうつること。例本社から地方に転任する。類転勤

【転売】てんばい ↓〈―する〉買ったものをそのままほかへ売ること。例土地を転売してもうける。

【転用】てんよう ↓〈―する〉もともとの使い道とはちがう使い方をすること。例宅地を駐車場に転用する。類流用

←転が下につく熟語 上の字の働き

❶転＝〈くるくるまわる〉のとき
【運転 回転】近い意味。
【公転 自転】ドノヨウニまわるか。

❸転＝〈かわる。うつる〉のとき
【動転 変転 移転】近い意味。
【流転 急転 好転 陽転 栄転 暗転 一転 二転三転】ドノヨウニかわるか。

◆逆転 反転

軟

車-4 総画11 常用 明朝 軟 8EDF

音ナン中 訓やわ-らか中・やわ-らかい中

筆順 亘 亘 車 軟 軟

なりたち 輭 [形声]もとの字は、「輭」。「耎(ゼン)」が「やわらかい」の意味と、「ナン」とかわって読み方をしめしている。「車輪」をガマ(水べに生える草)で巻いて震動をやわらげることを表す字。

意味 やわらかい。よわよわしい。例軟らかな土。軟らかいご飯。柔軟 対硬

例解 使い分け［やわらかい［柔・軟］☞631ページ

【軟化】なんか ↓〈―する〉①やわらかくなること。対硬化 ②それまでとちがって、考え方や態度がおだやかになること。例この事件で相手の態度が急に軟化した。対硬化

【軟球】なんきゅう ↓野球やテニスで使う、やわらかいほうのボール。対硬球

【軟禁】なんきん ↓〈―する〉家やへやの中にとじこめて、外出や外部との連絡などができないようにすること。軽い監禁。例自宅に軟禁する。

【軟骨】なんこつ ↓やわらかく弾力性のある骨。脊椎動物の鼻・耳・関節部分などにある。対硬骨

【軟式】なんしき ↓野球やテニスなどで、やわらかい球を使うやり方。例軟式野球。対硬式

【軟弱】なんじゃく Ⅱ〈―な〉〈―に〉①やわらかくて弱々しく、たよりない。例地盤が軟弱だ。②しっかりした意志がなく、人にしたがいやすい。例軟弱な態度。類弱腰・柔弱 対強硬

【軟水】なんすい ↓カルシウムやマグネシウムが少ない水。せんたくに適している。対硬水

【軟体動物】なんたいどうぶつ イカ・貝などのように、背骨がなくて、からだ全体がやわらかい動物。

【軟派】なんぱ ↓①ひかえめで、自分の意見を強くおし通さない人。対硬派 ②異性や流行ば

かりを気にする人。対 硬派

軽

車−5　総画12　3年

明朝 軽 8EFD　旧字 輕 8F15

音 ケイ　訓 かる-い・かろ-やか 中

筆順 亘 亘 車 軒 軽（はらう） 軽 軽（ながく）

なりたち 輕 [形声]もとの字は、「輕」。「巠」が「まっすぐ」の意味と「ケイ」という読み方をしめしている。まっすぐにつき進むかるい「戦車」を表す字。「かるい」として使われている。

意味

❶かるい。㋐重量が少ない。例 軽やかな足どり。軽石・軽快 ㋑程度や価値が重くない。例 軽量・手軽 対 重

❷かるがるしい。考えが足りない。軽はずみだ。例 軽率 対 重

❸見くだす。軽く見る。例 人命を軽んじる。軽視 対 重

❶〈かるい〉の意味で

【軽石】かるいし ↓火山からふき出した溶岩が急にひえてできた岩石。小さなあながたくさんあり、水にうくほど軽い。

【軽軽】かるがる Ⅲ〈−と〉①重いものをいかにも軽そうに持つようす。例 荷物を軽々と持ち上げる。②たやすそうにおこなうようす。

【軽口】かるくち ↓じょうだんなど、おもしろいことを気軽に言うこと。例 軽口をたたく。

【軽音楽】けいおんがく 気軽に楽しめる音楽。クラシックに対して、ジャズやポピュラー音楽などをいう。例 軽音楽を楽しむ。

【軽快】けいかい Ⅲ〈−な〉①身軽で動きがすばやい。例 軽快なフットワーク。②明るく、心がはずむようである。例 軽快なリズム。

【軽減】けいげん ↓〈−する〉仕事の量や心の重荷をへらすこと。例 税を軽減する。

【軽少】けいしょう Ⅲ〈−な〉数量や程度が、少ないこと。例 被害が軽少ですんだ。

【軽症】けいしょう ↓病気の程度が軽いこと。例 胃潰瘍としては軽症だった。対 重症

【軽傷】けいしょう ↓すぐになおるような、軽い傷やけが。例 軽傷ですむ。対 重傷

【軽食】けいしょく ↓かんたんで、手軽な食事。例 昼はうどんなどの軽食ですます。

【軽装】けいそう ↓身軽で動きやすい服装。例 冬山での軽装は命とりになる。

【軽重】けいちょう｜けいじゅう ⇕①軽いことと重いこと。例 事の軽重を判断する。②だいじなこととそれほどでないこと。

【軽微】けいび Ⅲ〈−な〉ほんの少し。例 台風の被害はさいわい軽微なものであった。

【軽妙】けいみょう ↓〈−な〉気がきいていて、おもしろみがある。例 軽妙なしゃれ。

【軽量】けいりょう ↓重さが軽いこと。例 軽量化をはかる。対 重量

❷〈かるがるしい〉の意味で

【軽挙】けいきょ ↓〈−する〉よく考えないで、なにかをしてしまうこと。例 軽挙をいましめる。

【軽挙妄動】けいきょもうどう〈−する〉そうしてよいかどうか、あとがどうなるかなど考えずに行動すること。例 軽挙妄動をつつしむ。

【軽率】けいそつ Ⅲ〈−に〉前後のことも考えずにやってしまうこと。軽はずみ。例 軽率な発言はつつしんでほしい。対 慎重

【軽佻浮薄】けいちょうふはく〈−に〉ゆっくり考えることなくさわぎ回るようす。うわついている。参考「佻」も、軽い意味。

【軽薄】けいはく Ⅲ〈−に〉言うこともすることもいいかげんで、軽々しい。例 軽薄な考え。対 重厚

❸〈見くだす〉の意味で

【軽視】けいし ↓〈−する〉だいじではないから、考えに入れなくてもいいと思うこと。かろんじる。例 人の意見を軽視すべきではない。対 重視

【軽侮】けいぶ Ⅲ〈−する〉おとった相手として見くだすこと。類 侮蔑・軽蔑 対 尊敬

【軽蔑】けいべつ Ⅲ〈−する〉おとったものだとして見さげること。例 軽蔑のまなざし。類 侮蔑 対 尊重・尊敬

軽が下につく熟語 上の字の働き

❶軽＝〈かるい〉のとき

【気軽 手軽 身軽】ナニが軽やかに動くか。

◀次ページ

軸 較 載 輔 輝 輩

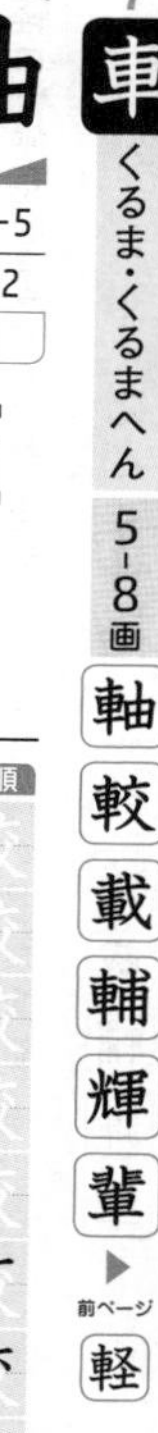

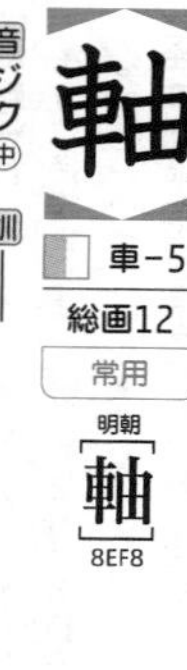

軸

車-5 総画12 常用 明朝 軸 8EF8

音 ジク㊥ 訓 ―

筆順 一 亓 亘 車 軜 軸 軸

なりたち 軸 [形声]「由」が「ジク」とかわって読み方をしめしている。「ユウ」は「ささえる」意味をもち、「車」をささえている心棒を表す字。

意味 ❶じく。それを中心にして物がまわったり、物をささえたりする棒のようなもの。例 車輪の軸。マッチの軸。軸物・地軸

❷中心となるもの。かなめ。例 枢軸

❶〈じく〉の意味で

【軸足】あし ↓①動作を起こすときの、自分のからだをささえる中心となるほうの足。②力を入れる中心となるよりどころ。

【軸物】もの ↓床の間やかべなどにかけるようにした書や絵。掛け軸。

軸が下につく熟語 上の字の働き

❶軸＝〈じく〉のとき

【車軸 地軸】ナニの軸か。

◆新機軸 枢軸 中軸

較

車-6 総画13 常用 明朝 較 8F03

音 カク㊥・コウ外 訓 くら-べる外

筆順 一 亓 亘 車 軒 軟 較

なりたち 較 [形声]もとの字は、「較」。「爻(交)」が「組み合わせる」意味と「コウ」という読み方をしめしている。「車」の上に組み合わせた横木を表す字。横木が両がわにならんでいることから、「ならべてくらべる」意味に使われている。

意味 くらべる。ならべて見くらべる。例 比較

【較差】さ ↓二つ以上のものをくらべたときのちがい。例 較差が大きい。

載

車-6 総画13 常用 明朝 載 8F09

音 サイ㊥ 訓 の-せる㊥・の-る㊥

筆順 一 十 吉 壹 載 載 載

なりたち 載 [形声]「𢦏」が「サイ」という読み方をしめしている。「サイ」は「つみかさねる」意味をもち、「車」の上に物をのせることを表す字。

意味 ❶のせる。上に置く。例 トラックに載せる。積載

❷かかげる。新聞や雑誌にかかげる。書きしるす。例 記事が載る。記載

例解 [使い分け] のる[乗・載] ☞41ページ

載が下につく熟語 上の字の働き

❶載＝〈のせる〉のとき

【積載 搭載】近い意味。

❷載＝〈かかげる〉のとき

【記載 転載 連載】ドノヨウニかかげるか。

◆掲載 所載 満載

輔

車-7 総画14 人名 明朝 輔 8F14

音 ホ外 訓 たす-ける外・すけ外

意味 たすける。つきそって助ける。

表記 今はふつう「補」を使う。例 輔佐↓補佐

輝

車-8 総画15 常用 明朝 輝 8F1D

音 キ㊥ 訓 かがや-く㊥

筆順 丨 ⺌ 光 光 炉 煇 輝 輝

なりたち 煇 [形声]もとの字は、「煇」。「軍」が「キ」とかわって読み方をしめしている。「グン」は「まるくとりかこむ」意味をもち、「火」のまわりに見えるまるい光の輪を表す字。

意味 かがやく。きらきらと光る。例 日が輝く。輝かしい業績。輝石・光輝

名前のよみ あきら・てる・ひかる

輩

車-8 総画15 常用 明朝 輩 8F29

音 ハイ㊥ 訓 やから外

◀次ページ 轄 輿 轍 轟 辛

筆順 輩

なりたち 輩 [形声]「非」が「ハイ」とかわって読み方をしめしている。「ヒ」は「ならぶ」意味をもち、「車」が数多くならぶことを表す字。

意味 ❶なかま。例 先輩 ❷つぎつぎと。つづいてならぶ。例 輩出

名前のよみ とも

❷〈つぎつぎと〉の意味で

【輩出】はいしゅつ ⇩〈―する〉すぐれた人物などが次々と世に出る。例 大作家が輩出した時代。

←輩が下につく熟語 上の字の働き

❶輩＝〈なかま〉のとき
【先輩 同輩 後輩 若輩】ドノヨウナなかまか。

【輪】

車－8 総画15 4年 明朝 輪 8F2A

音 リン 訓 わ

筆順 輪（はねる・ださない）

なりたち 輪 [形声]「侖」が「きちんとならぶ」意味と「リン」という読み方をしめしている。スポークがきちんとならんだ「車」のわを表す字。

意味 ❶わ。車の輪。輪のように回る。例 輪をえがく。輪読・花輪 ❷もののまわり。外まわり。例 輪郭 ❸花の数をかぞえることば。例 二、三輪のバラ。一輪ざし。

❶〈わ〉の意味で

【輪禍】りんか ⇩自動車などにひかれたりはねられたりする災難。例 輪禍にあう。

【輪作】りんさく ⇩〈―する〉おなじ土地に、ちがう種類の作物を順に作り、たえず土地を利用するやり方。対 連作

【輪唱】りんしょう ⇩〈―する〉合唱する人たちがいくつかのグループに分かれ、一つの歌を少しずつずらして、前のグループを追いかけるように歌う歌い方。例 輪唱曲。三輪唱。関連 独唱・斉唱・輪唱・合唱

【輪転機】りんてんき 印刷原版をとりつけた丸いつつを回転させて印刷する印刷機。新聞など、高速で大量の印刷に用いる。

【輪読】りんどく ⇩〈―する〉一つの文章を何人かの人が順に読み、説明したり意見を出し合ったりすること。例 輪読会。

【輪廻】りんね Ⅱ〈―する〉一つの生命は、からだが死んでもべつのものに生まれかわり、いつまでも生と死をくり返しつづけるという仏教の考え方。例 輪廻転生。

【輪番】りんばん ⇩かわるがわるその仕事を受けもつこと。例 司会を輪番でおこなう。

【輪舞】りんぶ ⇩〈―する〉おおぜいの人が輪になってまわりながらおどること。そのおどり。例 輪舞曲（ロンド）。

❷〈もののまわり〉の意味で

【輪郭】りんかく Ⅱ①物の形を表すまわりの線。例 輪郭をはっきりかく。②物事のだいたいのようす。おおすじ。例 物語の輪郭をつかむ。

←輪が下につく熟語 上の字の働き

❶輪＝〈わ〉のとき
【大輪 銀輪 年輪 両輪 外輪 内輪 二輪】ドノヨウナ輪か。
【車輪 日輪 花輪 指輪】ナニの輪か。

【輯】

車－9 総画16 人名 明朝 輯 8F2F

音 シュウ外 訓 ―

意味 ❶あつめる。多くの素材を集める。例 編輯（書籍を編集する） ❷なかよくする。やわらぐ。

表記 今はふつう「集」を使う。例 編輯→編集

名前のよみ むつ

【輸】

車－9 総画16 5年 明朝 輸 8F38

音 ユ 訓 ―

筆順 輸（とめる・はねる・はねる）

なりたち 輸 [形声]もとの字は、「輸」。「兪」が「ユ」という読み方をしめしてい

る。「ユ」は「うつす」意味をもち、「車」でものを運ぶことを表す字。

意味 はこぶ。べつの場所に動かす。送りこむ。例 輸送・運輸

【輸血】ゆけつ ▲〈—する〉手術やけがでたくさんの血をうしなった人のからだに、健康な人の血液を送りこむこと。

【輸出】ゆしゅつ ↓〈—する〉国内の製品・技術などを外国へ売ること。例 輸出産業。対 輸入

【輸送】ゆそう Ⅱ〈—する〉船や大型車両・航空機などで、物や人を大量に運ぶこと。例 輸送機関。類 運送・運搬・運輸

【輸入】ゆにゅう ↓〈—する〉外国の製品・技術などを買い入れること。例 輸入を規制する。類 舶来 対 輸出

◆運輸 空輸 密輸

【轄】

車-10 総画17 常用 明朝 轄 8F44

音 カツ 中 訓 —

筆順 轄 轄 轄 轄 轄 轄

なりたち 【形声】「害」が「カツ」とかわって読み方をしめしている。「カツ」は「くさび」の意味をもち、「車」の輪がはずれないように軸のはしにさしこんだくさびを表す字。のちに、「とりしまる」意味に使われている。

意味 とりしまる。とりまとめる。支配する。例 統轄・管轄

←轄が下につく熟語 上の字の働き

【直轄 統轄】ドノヨウニ支配するか。

◆管轄 所轄

【輿】

車-10 総画17 人名 明朝 輿 8F3F

音 ヨ 外 訓 こし 外

意味 ❶こし。おみこし。人や物をのせる台。例 お神輿 表記「お御輿」とも書く。

❷多い。多くの。例 輿論 参考 ☞【世論】(28ページ)

【轍】

車-12 総画19 表外 明朝 轍 8F4D

音 テツ 外 訓 わだち 外

意味 わだち。車の通った後にのこる輪のあと。例 轍を踏む(前の人と同じ失敗をする)。

【轟】

車-14 総画21 人名 明朝 轟 8F5F

音 ゴウ 外 訓 とどろ-く 外

意味 とどろく。大きな音がひびく。例 雷鳴が轟く。

参考 たくさんの車が音をたてて進んでいくようすを表している字。

◆【轟音】ごうおん ↓ とどろきわたる音。例 轟音とともに流れ落ちる滝。

7画 辛 [からい][しん] の部

「辛」の字と、それをもとにして作られた「辞」と「辣」の字が入ります。

この部首の字

【辛】

辛-0 総画7 常用 明朝 辛 8F9B

音 シン 中 訓 から-い 中・つら-い 外

筆順 辛 辛 辛 辛 辛 辛 辛

なりたち 【象形】いれずみをする針の形をかたどった字。

意味 ❶からい。ぴりりとした味。例 辛いカレー。辛口・塩辛

❷つらい。きびしい。例 辛苦・辛抱

❸十干の八番め。かのと。

❶〈からい〉の意味で

【辛口】からくち ↓ ①酒やみそ・カレーなどの口当たりが強く、からいこと。例 辛口の酒。対 甘口 ②からいもの、とくに酒が好きなこと。例 父は辛口だ。類 辛党 対 甘口 ☞❷

【辛子】からし ◎ 料理に使う黄色のからい粉。カラシナの種を粉にしたもの。例 辛子あえ。表記「芥子」とも書く。

❷〈つらい〉の意味で

【辛口】からくち [↓] ☞❶ 言うことが手きびしい。例 辛口の批評。

【辛苦】しんく [Ⅱ]〈—する〉つらく、苦しいこと。例 辛苦にたえる。粒々辛苦。類 辛酸・困苦

【辛酸】しんさん [Ⅱ] たいへんつらく苦しい思い。例 人生のあらゆる辛酸をなめる。類 辛苦

【辛勝】しんしょう [↓]〈—する〉やっとのことで勝つこと。例 激戦のすえ、二対一で辛勝した。対 圧勝・楽勝

【辛抱】しんぼう [◎]〈—する〉つらく苦しいところを、がまんすること。例 辛抱強く待つ。類 忍耐

【辛辣】しんらつ [Ⅱ]〈—な〉〈—に〉言い方や見方がたいへんにきびしい。例 辛辣な批評をあびる。類 痛烈 参考 舌にぴりぴりくるからさから。

◆甘辛 激辛 塩辛

辞

辛-6 総画13 4年

明朝 辞 8F9E　旧字 辭 8FAD

音 ジ　訓 や-める㊥

筆順 二 千 舌 舌 辞 辞 辞（ながく）

なりたち 辭 [会意]もとの字は、「辭」。「辛」が「つみ」の意味を、「𤔔」が「おさめる」意味をもち、罪をさばくことを表す字。借りて、「ことば」の意味に使われている。

意味 ❶ことば。文章。例 開会の辞。辞典・式辞 ❷やめる。ことわる。例 会社を辞める。職を辞す(辞する)。固辞 対 就 ❸別れをつげる。例 辞去・辞世

❶〈ことば〉の意味で

【辞書】じしょ [↓] ことばを決まった順序にならべ、発音・意味・使い方などを説明した本。例 辞書を引く。類 辞典・字引・事典・字典

【辞典】じてん [↓]「辞書」のあらたまった言い方。書名などに使う。例 例解小学漢字辞典。

例解 使い分け　じてん《辞典・事典》

辞典＝ことばの意味、読み方・書き方・使い方を説明した「じてん」。

例 国語辞典・漢和辞典・漢字辞典

事典＝ことがらの内容を説明した「じてん」。

例 百科事典・社会科事典・人名事典

参考 口で言うときには、わかりやすいように「辞典」を「ことばてん」、「事典」を「ことてん」といって区別することがある。また、漢字の「じてん」を、「字典」と書き表すことがある。

【辞令】じれい [↓] ①役所や会社などで、採用や異動などについて、本人にわたす正式の文書。例 転勤の辞令が出される。②応対するときの形式的なことばやあいさつ。例 社交辞令。

❷〈やめる〉の意味で

【辞意】じい [↓] 今やっている仕事や役目をやめたいという気持ち。例 辞意をもらす。

【辞職】じしょく [▲]〈—する〉つとめていた仕事をやめること。例 辞職願。類 辞任 対 就職

【辞退】じたい [Ⅱ]〈—する〉人にすすめられたことや、とうぜん受けてもいいことを、ことわること。例 受賞を辞退する。類 遠慮

【辞任】じにん [▲]〈—する〉今までついていた役目やつとめを自分からやめること。例 会長を辞任する。類 辞職・退陣 対 就任

【辞表】じひょう [↓] つとめや役目をやめたいということを書いてさし出す文書。辞職願。例 辞表を出す。

❸〈別れをつげる〉の意味で

【辞去】じきょ [↓]〈—する〉あいさつをして、その場所を立ち去ること。例 会の途中で辞去する。

【辞世】じせい [▲] 死ぬこと。また、死にぎわに、この世にのこすことば。例 辞世の句。

← 辞が下につく熟語 上の字の働き

❶辞＝〈ことば〉のとき

【訓辞 賛辞 祝辞 謝辞 弔辞 悼辞 送辞 答辞】ドウスルためのことばか。

【式辞 世辞】ナニのためのことばか。

◆固辞 修辞

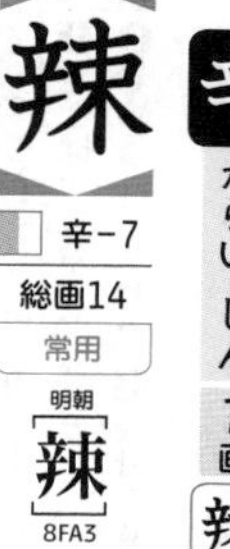

辣

辛-7 総画14 常用 明朝 辣 8FA3

音 ラツ 中 訓 ―

筆順 立 立 辛 辛 辛 辣 辣 辣

意味 ❶味がからい。参考 調味料の「ラー油」は、この字を使って「辣油」とも書く。
❷ぴりっと引きしまって、きびしい。

❷〈ぴりっと引きしまって、きびしい〉の意味で
【辣腕】⇩仕事をてきぱきと進めるうでまえ。例 辣腕をふるう。類 敏腕

辣が下につく熟語 上の字の働き
【辛辣 悪辣】近い意味。

7画 辰［しんのたつ］の部

「辰」をもとに作られ、農作にかかわる字を集めてあります。

この部首の字
0 辰……1030　3 辱……1030　6 農……1030
唇▶口 228　晨▶日 596

辰

辰-0 総画7 人名 明朝 辰 8FB0

音 シン 外 訓 たつ 外

意味 ❶十二支の五番め。たつ。動物では竜。方角では東南東。時刻では午前八時、またはその前後二時間。
❷ほし。天体。例 星辰・北辰

参考 ☞「巽」の「文字物語」(366ページ)

名前のよみ とき・のぶ・よし

辱

辰-3 総画10 常用 明朝 辱 8FB1

音 ジョク 中 訓 はずかし-める 高

筆順 一 厂 戸 戸 辰 辰 辱 辱

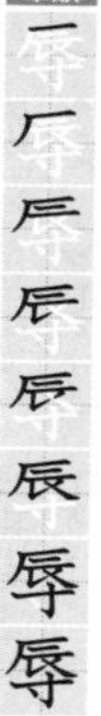

なりたち  ［会意］「辰」が「はまぐり貝」、「寸」が「手」の意味で、はまぐり貝で作った草かり道具を手にすることを表す字。借りて、「はじ」の意味に使われている。

意味 はずかしめる。はじをかく。例 家名を辱める。屈辱

辱が下につく熟語 上の字の働き
【恥辱 侮辱 汚辱】近い意味。
◆屈辱 国辱 雪辱

農

辰-6 総画13 3年 明朝 農 8FB2

音 ノウ 訓 ―

筆順 口 曲 曲 曲 農 農 農（人にならない・はねる）

なりたち  ［会意］「はまぐり貝」を表す「辰」と、「曲」(金文では「田」と「くさ(艹)」を合わせたものの変形)を合わせて、はまぐり貝で作った道具で草をかることを表す字。

意味 作物をつくる。田畑を耕して作物をつくる。つくる人。例 農業

名前のよみ あつ・たか・たみ・とよ

【農園】⇩野菜や果物・草花などの作物を大がかりなしくみでつくるところ。例 リンゴ農園を経営する。類 農場

【農家】⇩おもに農業によってくらしを立てている家。例 農家のあとをつぐ。

【農閑期】一年のうちで、農業の仕事のひまな時期。おもに冬をいう。対 農繁期

【農機具】耕運機・脱穀機・くわ・かまなど、農業で使う機械や道具。

【農協】◎「農業協同組合」の略。農家の人たちが、くらしの向上をめざしてつくった団体。組合員のために共同でものを買い入れたり農作物を出荷したりする。

【農業】⇩田畑で米や野菜・果物などをつくったり、家畜を飼ったりして、農作物や肉・牛乳・たまごなどを生産する仕事。

【農芸】①⇩農作物をつくるための技術。例 農芸化学。②Ⅲ農業と園芸。

【農耕】⇩田畑を耕して、作物をつくること。例 農耕民族。類 農作

【農作物】田畑でつくられる、米・麦・野菜・果物などの作物。類 作物

【農産物】米・麦・野菜・果物・たまご・肉・

ものしり巻物

第30巻

同音のことば

わるいことをした生徒が、先生にしかられていました。

先生「きみには、りょうしんというものがあるのか！」

生徒「はい。りょうしんは二人とも元気です」

先生は、目を白黒。「良心」と「両親」をまちがえているのです。

おなじ「リョウシン」と発音しても、「良心」と「両親」はちがうことばです。漢字も意味もちがいます。このような、おなじ発音なのに、漢字も意味もちがう漢語を同音異義語といいます（「義」は意味のことです）。

同音異義語は、たくさんあります。

〈げんし〉 原子――原始
〈こうこう〉 孝行――高校
〈きょうだい〉 兄弟――鏡台
〈ぜんしん〉 前進――全身
〈げんしょう〉 現象――減少
〈はっせい〉 発生――発声
〈いがい〉 以外――意外

アクセントのちがいで区別できるものもありますが、まったくおなじものもあります。そのような区別のむずかしいことばに出あった場合、どのような場面で使われているのかを考えることがだいじです。

わるいことをしたのは、心の問題です。だから、しかられているのです。そこで、「良心」だなとわかります。「両親」のあるなしは、関係ないのです。

茶など、農業で生産するもの。例農産物を出荷する。

【農場】のうじょう [↓] 広い土地を使って、規模の大きな農業をしている場所。類農園

【農村】のうそん [↓] 農業をいとなむ人が中心になってできている村。例農村地帯。対都市

【農地】のうち [↓] 田や畑など、作物をつくり育てる土地。例開墾して農地を広げる。類耕地

【農道】のうどう [↓] 農業をするためにできた農地の中の道路。

【農繁期】のうはんき 農業の仕事のいそがしい時期。例農繁期には一家総出だ。対農閑期

【農夫】のうふ [↓] 田畑を耕して、農作物をつくることを仕事にしている男の人。類農民

【農民】のうみん [↓] 農業をして生計をたてている人びと。例農民文学。類農夫・百姓

【農薬】のうやく [↓] 農作物の病気や害虫をふせいだり、雑草をからしたりするために使う薬。

【農林】のうりん [‖] 農業と林業。例農林水産省。

◆酪農（らくのう）

7画 邑［むら］の部

「部」などのつくりの「阝（おおざと）」のもとの字である「邑」の字だけが入ります。

☞「阝（右）の部」（464ページ）

この部首の字

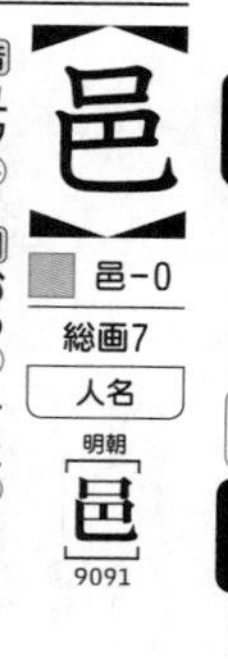

【邑】 邑-0 総画7 人名 明朝 邑 9091

音 ユウ外 訓 むら外・さと外

意味 人が集まるところ。むら。領地。例 都邑・村邑

名前のよみ くに

7画 酉［ひよみのとり］［とりへん］の部

酒を入れるつぼの形をえがいた象形である「酉」をもとにして作られ、酒の種類や酒にかかわる字を集めてあります。

この部首の字
0 酉…1032　3 酌…1032　酒…1032
酎…1033　配…1033　4 酔…1034　5 酢…1034
6 酬…1034　酪…1034　7 酵…1034　酷…1035
酸…1035　8 醇…1035　9 醐…1036　醒…1036
醍…1036　10 醜…1036　11 醤…1036　13 醸…1036

【酉】 酉-0 総画7 人名 明朝 酉 9149

音 ユウ外 訓 とり外

意味 十二支の十番め。とり。動物ではニワトリ。方角では西。時刻では午後六時、またはその前後二時間。例 酉年。参考 ☞「巽」の「文字物語」(366ページ)

名前のよみ なが・みのる

【酌】 酉-3 総画10 常用 明朝 酌 914C

音 シャク中 訓 く-む高

筆順

なりたち 酌 ［形声］「酉」が「さけ」を、「勺」がひしゃくの形で「くむ」意味と「シャク」という読み方をしめしている。酒をくむことを表す字。

意味
❶酒をつぐ。さかずきに酒をついで飲む。例 酒を酌む。酌をかわす。手酌・独酌
❷くみとる。わかってあげる。例 酌量・斟酌

❷〈くみとる〉の意味で
【酌量】しゃくりょう ↓〈―する〉人の気持ちや事情をくみとって、同情をしめすこと。例 情状酌量(裁判官が判決をくだすときに、罪をおかした理由に同情すべき点があるとみとめて、刑罰を軽くすること)。

◆媒酌 晩酌

【酒】 酉-3 総画10 3年 明朝 酒 9152

音 シュ 訓 さけ・さか

筆順 （覀にならない）

なりたち 酒 ［形声］「酉」がさかつぼをかたどった字で、「シュ」という読み方をしめしている。液体の意味の「氵(さんずい)」がついて、「さけ」を表している字。

意味 さけ。例 酒屋・甘酒・飲酒

注意するよみ さか…例 酒場・酒屋・酒盛り

特別なよみ お神酒(おみき)

【酒場】さかば ↓ 客にお酒などを飲ませる店。例 大衆酒場。

【酒屋】さかや ↓ 酒をつくる店や、酒を売る店。表現 酒をつくる店は、「造り酒屋」。

【酒宴】しゅえん ↓ 酒をくみかわして楽しむ集まり。酒盛り。例 満開の桜の下で酒宴をもよおす。類 宴会

【酒気】しゅき ↓ 酒を飲んだ人の酒くさい息。酒によっている状態。例 酒気をおびる。

【酒豪】しゅごう ↓ 酒が好きで、一度にたくさん飲める人。例 酒豪でならす。

【酒食】しゅしょく Ⅱ 酒と食べ物。酒のついた食事。例 酒食でもてなす。

【酒席】しゅせき ↓ 酒盛りの会。例 酒席がもり上がる。類 宴会

【酒乱】しゅらん ↓ ふだんはおとなしいが、酒によるとあばれるくせ。例 酒乱の気がある。

酒が下につく熟語 上の字の働き
【飲酒 禁酒 断酒】酒をドウスルか。
【地酒 洋酒 甘酒 梅酒】ドノヨウナ酒か。

◆斗酒

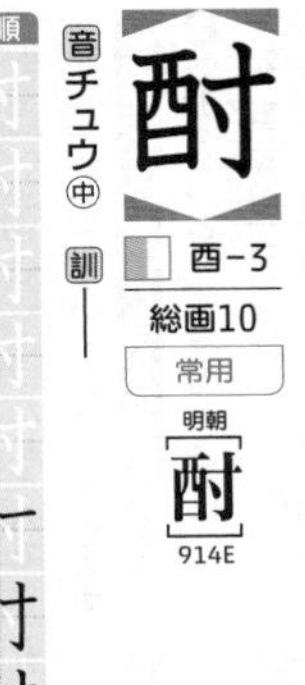

酎

酉-3 総画10 常用 明朝 酎 914E

音 チュウ㊥ 訓 —

筆順 一 丙 西 酉 酉 酎 酎

意味 よくかもした濃い酒。例 焼酎

配

酉-3 総画10 3年 明朝 配 914D

音 ハイ 訓 くば-る

筆順 丙 西 酉 酉 酉 配 配（西にならない／はねる／おらない）

なりたち 酉己 [会意]「酉」が「さけ」を、「己」が人がひざまずいている形をしめし、酒をならべること、または酒をくばることを表す字。

意味
❶くばる。それぞれに分ける。とりしまる。例 気を配る。手配
❷組み合わせる。取り合わせる。例 配色・交配
❸ながす。罪人を遠くに送る。例 配所

発音あんない ハイ→パイ…例 心配

❶〈くばる〉の意味で

【配下】はいか ↓ある人の支配や管理のもとにある人たち。例 配下を集める。類 手下・部下

【配管】はいかん ▲〈—する〉水やガスなどを通す管を取りつけること。例 水道の配管工事。

【配給】はいきゅう Ⅱ〈—する〉わりあててめいめいに配ること。例 配給制度。

【配信】はいしん ▲〈—する〉①ニュースなどを流すこと。②インターネットで、音楽や動画などを多くの人に流すこと。

【配水】はいすい ▲〈—する〉水を配ること。例 配水管。

【配線】はいせん ▲〈—する〉電線を引いたり取りつけたりする。また、電気の機械や器具の、それぞれの部分を電線でつなぐ。例 配線工事。

【配送】はいそう ↓〈—する〉荷物や郵便物をあて先に送ったり、とどけたりすること。例 商品の配送を依頼する。

【配属】はいぞく ↓〈—する〉役目ごとに人をわりふること。例 新入社員の配属を決める。類 配置

【配達】はいたつ ↓〈—する〉ものを配ってとどけること。例 小包を配達する。新聞配達。

【配置】はいち ↓〈—する〉人やものを、必要な場所に置くこと。例 人員配置。類 配属

【配点】はいてん ▲ 問題ごとの、点数のわりふり。

【配当】はいとう ↓〈—する〉①わりあてて配ること。例 仕事量に応じて人員を配当する。②会社・銀行などが、株主に利益の一部を分けること。また、分けられたお金。例 配当金。

【配備】はいび ↓〈—する〉人やものを、前もって必要な場所に用意しておくこと。例 検問所にパトカーを配備する。

【配付】はいふ Ⅱ〈—する〉書類や資料を関係者に配る。例 用紙を配付する。

【配布】はいふ Ⅱ〈—する〉おおぜいの人にいきわたるように広く配ること。例 プリントを配布する。類 頒布

【配分】はいぶん Ⅱ〈—する〉分けて配ること。例 利益の配分。比例配分。類 分配

【配本】はいほん ▲〈—する〉本を書店や読者に配りとどけること。例 全集の配本が始まった。

【配役】はいやく ▲ 映画や演劇などで、出演者に役をわりあてること。キャスト。

【配慮】はいりょ ▲〈—する〉あれこれと気を配ること。気配り。例 配慮がいきとどく。

❷〈組み合わせる〉の意味で

【配偶者】はいぐうしゃ 結婚した相手。夫から妻、妻から夫を指していう。

【配合】はいごう ↓〈—する〉組み合わせること。組み合わせぐあい。例 色の配合がいい。

【配色】はいしょく ▲ 色の取り合わせ。例 イメージに合った配色。

【配列】はいれつ ↓〈—する〉きまったならべ方にならべること。例 五十音順に配列する。表記「排列」とも書く。

配が下につく熟語 上の字の働き

❶配＝〈くばる〉のとき
【心配 手配】ナニを配るか。〔「心配り」「手配り」ということばからできた〕
【差配 支配 采配】ドノヨウニとりしまるか。
◆軍配 気配 交配 集配 宅配 年配 分配

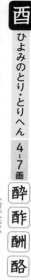

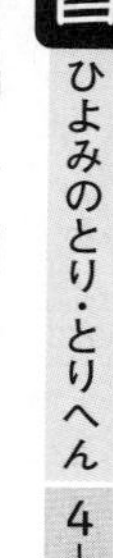

酔 酢 酬 酪 酵 ▶前ページ 酎 配

酔

音 スイ 中　訓 よ-う 中

酉-4　総画11　常用

明朝 酔 9154　旧字 醉 9189

筆順 一 冂 西 酉 酉 酔 酔 酔 酔

なりたち 【形声】もとの字は、「醉」。「酉」が「さけ」を、「卒」が「スイ」とかわって読み方をしめしている。「ソツ」は「つくす」または「つぶれる」意味をもち、酒を飲みつくしてつぶれることを表す字。

意味 ❶酒によう。例 酔いがさめる。酔っぱらう。酔態・泥酔 ❷うっとりする。例 名曲に酔う。心酔

❶〈酒によう〉の意味で

【酔漢】すいかん ↓ 酒によった男。よっぱらい。

【酔眼】すいがん ↓ 酒によってとろりとした目つき。例 酔眼朦朧（酒によってものがはっきり見えない）。

【酔狂】すいきょう ↓〈―な〉ふつうの人のしないようなことを、わざわざ好んですること。もの好き。例 酔狂な人もいるものだ。表記「粋狂」とも書く。

【酔態】すいたい ↓ 酒によったときのみっともないすがたやおこない。例 酔態をさらす。

←酔が下につく熟語 上の字の働き

❷酔＝〈うっとりする〉のとき

【陶酔 麻酔】近い意味。

◆心酔 泥酔

酢

音 サク 中　訓 す 中

酉-5　総画12　常用

明朝 酢 9162

筆順 一 冂 西 酉 酉 酢 酢 酢

なりたち 【形声】「酉」が「さけ」を、「乍」が「サク」という読み方をしめしている。「サク」は「かさねる」意味をもち、日がたって酒がすっぱくなることを表す字。

意味 調味料の、す。例 酢をきかす。酢の物・酢酸

【酢酸】さくさん ↓ すっぱくて、鼻をつくような強いにおいのある、無色の液体。酢のおもな成分で、食品や薬品の原料にもする。

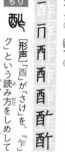

酬

音 シュウ 中　訓 ―

酉-6　総画13　常用

明朝 酬 916C

筆順 冂 西 酉 酉 酬 酬 酬

なりたち 【形声】「酉」が「さけ」を、「州」が「シュウ」という読み方をしめしている。「シュウ」は「かえす」意味をもち、さかずきを返して客に酒をすすめることを表している字。

意味 かえす。むくいる。例 応酬・報酬

酪

音 ラク 中　訓 ―

酉-6　総画13　常用

明朝 酪 916A

筆順 冂 西 酉 酪 酪 酪

なりたち 【形声】「酉」が「さけに似た乳のしる」を、「各」が「ラク」とかわって読み方をしめしている。「カク」は「かたまる」意味をもち、乳のしるのかたまったものを表す字。

意味 乳製品。牛やヤギの乳から作った食品。例 酪農

【酪農】らくのう ↓ 乳牛を飼って牛乳を生産したり、それをチーズやバターなどに加工したりする農業。例 酪農家。

酵

音 コウ 中　訓 ―

酉-7　総画14　常用

明朝 酵 9175

筆順 冂 西 酉 酉 酵 酵 酵

なりたち 【形声】「酉」が「さけ」を、「孝」が「コウ」という読み方をしめしている。「コウ」は「もと」の意味をもち、酒を発酵させるもとを表す字。

意味 酒をつくるもと。酒がかもされる。例 酵素・発酵

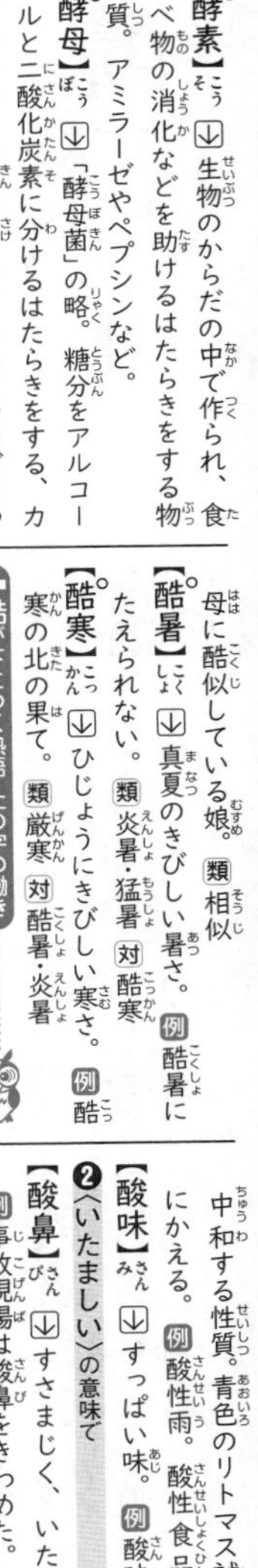

【酵素】 ↓ 生物のからだの中で作られ、食べ物の消化などを助けるはたらきをする物質。アミラーゼやペプシンなど。

【酵母】 ↓「酵母菌」の略。糖分をアルコールと二酸化炭素に分けるはたらきをする、カビのなかまの菌。酒・みそ・しょうゆなどをつくるときや、パンをふくらますのに使う。

【酷】

酉－7　総画14　常用　明朝 酷 9177

音 コク 中　訓 ひど-い 外

筆順 冂 西 酉 酉 酉 酉 酉 酷 酷

なりたち ［形声］「酉」が「さけ」を、「告」が「コク」という読み方をしめしている。「コク」は「こい」の意味をもち、酒の味がこいことを表す字。

意味 ❶むごい。手きびしい。例 酷使・残酷 ❷ひどい。度をこえる。例 酷似・酷暑

発音あんない コク→コッ… 例 酷寒

❶〈むごい〉の意味で

【酷使】 ↓〈―する〉休む間もないほどひどく使うこと。例 体を酷使する。

【酷薄】 ↓〈―な〉むごく思いやりがない。

【酷評】 ↓〈―する〉欠点をきびしく批評すること。例 酷評がくすりになった。

❷〈ひどい〉の意味で

【酷似】 ↓〈―する〉とてもよく似ている。例 母に酷似している娘。類 相似

【酷暑】 ↓ 真夏のきびしい暑さ。例 酷暑にたえられない。類 炎暑・猛暑 対 酷寒

【酷寒】 ↓ ひじょうにきびしい寒さ。例 酷寒の北の果て。類 厳寒 対 酷暑・炎暑

酷が下につく熟語 上の字の働き

❶酷＝〈むごい〉のとき
【残酷 冷酷】近い意味。

◆過酷

【酸】

酉－7　総画14　5年　明朝 酸 9178

音 サン　訓 す-い 高

筆順 冂 西 酉 酉 酉 酉 酸 酸 酸（西にならない・とめる・おらない）

なりたち ［形声］「酉」が「さけ」を、「夋」が「サン」とかわって読み方をしめしている。「シュン」は「きりでさす」意味をもち、舌をさすようなすっぱい味の酒を表す字。

意味 ❶すっぱい。すい。酸性の物質。例 酸いも甘いもかみ分ける(人生の経験をつんで、人のつらさ、うれしさなどをよくわかっている)。酸とアルカリ。酸味・炭酸 ❷いたましい。みじめだ。例 辛酸 ❸さんそ(酸素)。元素の一つ。例 酸化

❶〈すっぱい〉の意味で

【酸性】 ↓ すっぱい味がして、アルカリを中和する性質。青色のリトマス試験紙を赤色にかえる。例 酸性雨。酸性食品。

【酸味】 ↓ すっぱい味。例 酸味が強い。

❷〈いたましい〉の意味で

【酸鼻】 ↓ すさまじく、いたましいこと。例 事故現場は酸鼻をきわめた。

❸〈さんそ(酸素)〉の意味で

【酸化】 ↓〈―する〉ある物質が酸素と化合して、ほかの物質になること。例 酸化作用。酸化鉄。対 還元

【酸欠】 ◎「酸素欠乏」の略。空気中の酸素が足りなくなること。例 酸欠状態。

【酸素】 ↓ 元素の一つで、色もにおいもない気体。ふつうの状態では、空気の体積の五分の一をしめる。水の中にもとけこんでいる。生物が呼吸したり、ものがもえたりするためになくてはならないもの。

酸が下につく熟語 上の字の働き

❶酸＝〈すっぱい〉のとき
【塩酸 硝酸 酢酸 炭酸 乳酸 硫酸】ナニと化合した酸か。

◆胃酸 辛酸 蟻酸 葉酸

【醇】

酉－8　総画15　人名　明朝 醇 9187

音 ジュン 外　訓 ―

意味 ❶味がこい。まじりけがない。例 芳醇 ❷てあつい。心がこもっている。

◀次ページ 醐 醒 醍 醜 醤 醸

【醐】
酉-9 総画16 人名 明朝 醐 9190

名前のよみ あつ・あつし

音 ゴ(外) 訓 —

意味 食べ物の「醍醐」ということばに使われる字。☞【醍】(ひだりにあります)

【醒】
酉-9 総画16 常用 明朝 醒 9192

音 セイ(中) 訓 さ-める(外)・さ-ます(外)

筆順 冂 西 酉 酊 酲 酲 醒

意味 さめる。酒のよいがさめる。例 覚醒

【醍】
酉-9 総画16 人名 明朝 醍 918D

音 ダイ(外) 訓 —

意味 食べ物の「醍醐」ということばに使われる字。

【醍醐】◎牛などの乳から作った、こくてあまい食べ物。

【醍醐味】①最高の味わい。②ほんとうのおもしろさ。神髄。最上の教え。

【醜】
酉-10 総画17 常用 明朝 醜 919C

音 シュウ(中) 訓 みにく-い(中)

筆順 冂 西 酉 酌 酌 酌 醜 醜 醜

なりたち [形声]「酉」が「シュウ」という読み方をしめしている。「シュウ」は「からだをまげる」意味をもち、仮面をつけたみこ(鬼)が神前に酒(酉)をそそぐことを表している字。のちに、「みにくい」として使われている。

意味 みにくい。見苦しい。みっともない。例 醜いすがた。醜態 対 美

【醜悪】Ⅱ(—な)①すがたや形がひどくぶかっこうで見苦しい。例 醜悪な怪物。②考え方ややり方がきたない。

【醜態】↓人に見せられないほどぶざまなすがた。例 醜態をさらす。類 失態・狂態

【醜聞】↓人に聞かれては困るような悪いうわさ。スキャンダル。例 醜聞が広まる。

◆美醜 老醜

【醤】
酉-11 総画18 人名 明朝 醤 91AC

音 ショウ(外) 訓 —

意味 麦・米・豆などをこうじで発酵させ、塩をくわえてつくったもの。料理の味をよくするもの。

【醤油】↓調味料の一つ。小麦や大豆を原料とするこうじに塩や水をくわえ、発酵させてつくる。

【醸】
酉-13 総画20 常用 明朝 醸 91B8 旧字 釀 91C0

音 ジョウ(中) 訓 かも-す(高)

筆順 酉 酉 酉 酉 醸 醸 醸

なりたち [形声] もとの字は、「釀」。「酉」が「酒」を、「襄」が「中に入れこむ」の意味と「ジョウ」という読み方をしめしている。つぼの中に原料を入れて酒を発酵させることを表す字。

意味 酒をつくる。発酵させて酒にする。かもす。例 酒を醸す。醸造

【醸成】↓(—する)①酒・みそ・しょうゆなどをつくること。類 醸造 ②あるふんいきや気分をだんだんにつくり出すこと。例 社会不安を醸成する。

【醸造】↓(—する)酒・みそ・しょうゆなどをつくること。例 醸造元。類 醸成

◆吟醸

7画 釆 [のごめ] [のごめへん] の部

分ける意を表す「釆」をもとにして作られた「釈」と「釉」の字が入ります。

この部首の字 4 釈……1037 5 釉……1037

番▶田 784 翻▶羽 901

釈

音 シャク 中　訓 ―

釆-4　総画11　常用

明朝 釈 91C8　旧字 釋 91CB

筆順

なりたち 釋 [形声]もとの字は、「釋」。「釆」が分ける意味をしめし、「睪」が「シャク」とかわって読み方をしめしている。「エキ」は「分ける」意味をもち、ものごとをばらばらにする、解きわけることを表す字。

意味

❶説明する。くわしくときあかす。言いわけする。うたがいがとける。例 釈明・解釈

❷ゆるす。ゆるして自由にする。例 釈放・保釈

❸《その他》例 釈迦

発音あんない シャク→シャ…例 釈迦

❶〈説明する〉の意味で

【釈然】しゃくぜん ⊠〈―たる〉〈―と〉うたがいやうらみなどの気持ちが消えて、心がさっぱりすること。例 いまひとつ釈然としない話だ。表現「釈然としない」のように、下に打ち消しのことばをともなうことが多い。

【釈明】しゃくめい Ⅲ〈―する〉誤解や非難に対し、事情を説明して、相手にわかってもらおうとすること。例 釈明の余地がない。類 弁明

❷〈ゆるす〉の意味で

【釈放】しゃくほう Ⅲ〈―する〉とらえていた人をゆるして、自由にしてやること。例 身がらを釈放する。類 解放

❸《その他》

【釈迦】しゃか ◎ 紀元前五世紀ごろ、仏教をひらいた人。きびしくつらい修行をしてさとりをひらき、人びとに苦しみからぬけだすための教えをといた。例 釈迦に説法(そのことをよく知っている人にわざわざ教えてやるのはおろかなことだ)。

←釈が下につく熟語 上の字の働き

❶釈＝〈説明する〉のとき
【解釈 講釈 注釈】近い意味。

◆会釈 語釈 保釈

釉

音 ユウ 外　訓 うわぐすり 外

釆-5　総画12　人名

明朝 釉 91C9

意味 うわぐすり。陶磁器を焼くときに、表面に塗って強度を高めたりつやを出して美しく光らせるための薬液。例 釉薬

7画 里 [さと][さとへん] の部

区画された土地の意を表す「里」をもとにして作られた字と、「里」の形がめやすとなっている字を集めてあります。

この部首の字
0 里……1037
2 重……1038
4 野……1039
5 量……1040

黒→黒 1125
童→立 846
墨→土 269

里

音 リ　訓 さと

里-0　総画7　2年

明朝 里 91CC

筆順 （ながく）

なりたち 里 [会意]「田」がきちんと整理された土地を、「土」が「みち」をしめし、たてよこに道を通して整理された土地を表す字。

意味

❶むらざと。ふるさと。例 里の秋。里心・郷里

❷道のり。道の長さをはかる単位。一里は約三・九キロメートル。例 里程・一里塚

名前のよみ のり

❶〈むらざと〉の意味で

【里親】さとおや ⬇ 他人の子をあずかり、親代わりとなって育てる人。例 里親になる。対 里子

【里子】さとご ⬇ よその家にあずけられ、やしない育てられる子。例 里子に出す。対 里親

【里心】さとごころ ⬇ よその土地やよその家にいる人が、ふるさとや実家、家族などをなつかしく思う気持ち。ホームシック。例 里心がつく。類 郷愁・望郷

❷〈道のり〉の意味で

【里程】⇩ある場所から他の場所までの道の長さ。道のり。例里程標。類里数

←里が下につく熟語 上の字の働き

❶里＝〈むらざと〉のとき
【山里 村里 人里】ドウイウ里か。
◆一望千里 海里 郷里

重

里－2 総画9 3年 明朝 重 91CD

音ジュウ・チョウ 訓え・おも－い・かさ－ねる・かさ－なる

筆順

なりたち  [形声]人が地面に立っている形（壬）と荷物の形の「東」とからでき、「東」が「チョウ」とかわって読み方をしめしている。人が荷物をせおって立っているようすを表す字。

意味
❶おもい。程度が大きい。例重荷・重傷・体重 対軽
❷おもおもしい。落ち着いている。例重厚・慎重 対軽
❸たいせつにする。だいじにする。重んじる。例重要・貴重 対軽
❹かさなる。重ねる。例ふとんを重ねる。予定が重なる。重箱・八重

特別なよみ 十重二十重(とえはたえ)

名前のよみ あつ・あつし・かず・しげ・しげる・のぶ・ふさ

❶〈おもい〉の意味で
【重荷】⇩①重い荷物。②自分でなんとかしなければならない、めんどうなものごと。例一生の重荷。重荷をおう。類負担
【重湯】⇩少しの米をたくさんの水でたいた、しるのようなおかゆ。
【重圧】⇩上からおさえつける強い力。例重圧がかかる。税金の重圧に苦しむ。
【重工業】鉄鋼・船・車両・機械などの重くて大きな製品をつくる工業。例重工業の発展に力を入れる。対軽工業
【重罪】⇩大きな罪。例重罪をおかす。類大罪 対微罪
【重症】⇩病気の状態がわるいこと。例重症患者。対軽症
【重傷】⇩ひどいけが。例全治二か月の重傷。類深手・痛手・重体 対軽傷
【重心】⇩そのものの重さがそこに集まっていると見なせる一点。例三角形の重心。重心をとる(バランスをとる)。
【重税】⇩おさめるのに苦労するようなたくさんの税金。例重税にあえぐ。
【重体】⇩病気やけがの状態がとてもわるいこと。例意識不明の重体。類重病・重傷・危篤 表記「重態」とも書く。
【重病】⇩命にかかわるようなたいへんな病気。例重病人。類大病・重体
【重量】⇩①ものの重さ。目方。例重量をはかる。②目方が重いこと。例重量級の選手。対軽量
【重力】⇩地球が、地上のものを引きつける力。例重力にさからう。知識わたしたちが、ものに重さ(重力)を感じるのは、地球と地上のものとのあいだに引力がはたらいているからである。
【重労働】ひじょうに体力を使う仕事。

❷〈おもおもしい〉の意味で
【重厚】Ⅱ〈―な〉どっしりと落ち着いているようす。例重厚な人がら。対軽薄・浮薄

❸〈たいせつにする〉の意味で
【重視】⇩〈―する〉だいじなことだと考えて、たいせつにすること。例結果よりも意欲を重視する。類重要視 対軽視
【重責】⇩その役目にかかる大きな責任。例重責をになう。類大任
【重大】Ⅱ〈―な・―に〉たいへん大きな問題をはらんでいる。ただごとでない。例歴史に残る重大な事件。
【重鎮】⇩その社会で強い力をもっているだいじな人。例政界の重鎮。
【重点】⇩だいじだと考えて力を入れるところ。例教育に重点をおく政策。類力点
【重宝】⇩㊀じゅうほう たいせつなたからもの。㊁ちょうほう〈―する・―な・―に〉便利で役に立つ。例重宝な

道具。[表記] 二は、「調法」とも書く。

【重役】じゅうやく ↓ 会社で大きな責任をもつ役職。取締役・監査役などをいう。[例] 重役会議。[類] 役員

【重要】じゅうよう ‖〈―な・―に〉必要で、とてもだいじなこと。[例] 重要書類。[類] 大切・肝要

【重要視】じゅうようし ‖〈―する〉ひじょうにだいじだとみとめること。[例] 人がらを重要視する。[類] 重視

❹〈かさなる〉の意味で

【重重】じゅうじゅう ‖ 十分に。かさねがさね。[例] 重々承知しております。[類] 万万

【重箱】じゅうばこ ↓ いろいろな料理をつめて、いく段かに重ねられるようにした箱の形の入れ物。お重。[参考]「重箱読み」☞ものしり巻物21(715ページ)[表現]「重箱のすみをつつく」は、どうでもいいようなこまかいことまでうるさく問題にすること。

重箱

【重複】ちょうふく・じゅうふく ‖〈―する〉同じことが二度またはそれ以上重なること。[例] 話が重複する。重複をさける。

← 重が下につく熟語 上の字の働き

❶ 重＝〈おもい〉のとき
【荷重 自重 体重】ナニの重さか。

❷ 重＝〈おもおもしい〉のとき
【鈍重 荘重】近い意味。

❸ 重＝〈たいせつにする〉のとき
【貴重 尊重 珍重】近い意味。

❹ 重＝〈かさなる〉のとき
【一重 二重 八重 幾重 十重二十重】ドレダケの重なりか。

◆過重 軽重 厳重 自重 慎重 丁重 比重 偏重 身重

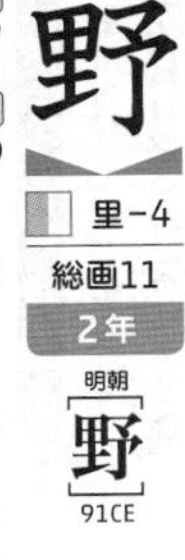

野

里-4 総画11 2年 明朝 野 91CE

音 ヤ 訓 の

筆順

なりたち [形声]「里」が「むらざと」を、「予」が「のびる」意味と、「ヤ」とかわって読み方をしめしている。「広々とした野原」を表す字。

意味

❶はらっぱ。野原。[例] 野にさく花。野宿・野外・平野

❷しぜんのままの。あらっぽい。[例] 野鳥・粗野

❸民間の。政府の外にいる。[例] 野に下る（役人をやめて民間に入る）。在野 [対] 官

❹はんい。かぎられた場所。[例] 視野

❺下野。旧国名。今の栃木県。[例] 野州。

❻《その他》[例] 野次

[参考]「埜」の字も、人名用漢字。

[特別なよみ] 野良(のら)

❶〈はらっぱ〉の意味で

【野宿】のじゅく ↓〈―する〉ホテルや宿屋などにとまらず、野原や山の中など外でねること。[例] 野宿しながら旅をする。[類] 野営・露営

【野天】のてん ↓ 野原の中のように、屋根もおおいもなく、空が見えるようなところ。[例] 野天風呂。[類] 露天

【野火】のび ↓ 春のはじめに、野山のかれ草を焼くこと。その火。野焼き。山焼き。

【野良】のら ◎ ①野原。[例] 春の野良で若草をつむ。②田や畑。[例] 野良仕事。野良着。

【野分】のわき・のわけ ↓ 秋にふく強い風。とくに、台風を指す。[参考] 古い、文学的な言い方。「野の草をふき分ける風」という意味。

【野営】やえい ↓〈―する〉①軍隊が野山に陣地をつくり、そこにねとまりすること。[類] 露営 ②野や山でテントなどをはったりしてとまること。[類] 野宿・露営

【野外】やがい ↓ 家の外の野原や広場など。[例] 野外劇。野外コンサート。[類] 屋外・戸外

【野球】やきゅう ↓ 九人ずつ二チームに分かれ、相手チームの投手の投げるボールをバットで打って塁へ走り得点をあらそう球技。

❷〈しぜんのままの〉の意味で

【野菜】やさい ↓ 畑で作る食用の植物。[例] 野菜ジュース。生野菜。[類] 青物

【野放図】のほうず 〈—な〉しまりがなくだらしないようす。例野放図な生活。野放図に育つ。

【野犬】やけん ↓飼い主のいない犬。のら犬。

【野趣】やしゅ ↓自然のままのそぼくな味わい。例野趣に富む。

【野獣】やじゅう ↓野山にすむけもの。とくに、猛獣をいう。例野獣のえじきとなる。

【野心】やしん ↓できそうもない大きなことをやりたいと思う気持ち。例野心作。類野望

【野人】やじん ↓①いなかで育ったそぼくな人。②身なりや礼儀などに気をつかわない人。☞❸

【野生】やせい ↓〈—する〉動物や植物が、自然のままに山野で生まれ育つこと。例野生動物。類自生

【野性】やせい ↓自然のまま、また、本能のままのあらあらしい性質。例野性に返る。

【野草】やそう ↓山や野原などに自然に生える草。

【野鳥】やちょう ↓自然の中で生きている鳥。例野鳥公園。類野禽

【野蛮】やばん Ⅲ〈—な・—に〉①学問や技術などがおくれていること。文明が進んでいないこと。類未開 ②教養がなくて、ことばづかいやおこないがらんぼうなこと。例野蛮なふるまい。

【野卑】やひ Ⅲ〈—な・—に〉下品でいやしいようす。

【野望】やぼう ↓できそうもない大きなのぞみ。大それたのぞみ。例野望をいだく。類野心

❸〈民間の〉の意味で

【野人】やじん ↓役所づとめなどしない民間の人。例野人として生きる。☞❷

【野党】やとう ↓政権をにぎっていない政党。例野党の党首。野党勢力。対与党

❻《その他》

【野次】やじ ◎人の話やしていることを、大声でからかったりばかにしたりすること。例やじをとばす。表記「弥次」とも書く。参考「野次馬」の無責任さから出たことば。

【野次馬】やじうま 自分に関係のないことを、人のあとにくっついて、おもしろ半分にさわぎたてる人。例やじ馬根性。

【野暮】やぼ ◎〈—な・—に〉①世間のならわしや人の情がわからず、気がきかないこと。例まったくやぼな男だ。対粋 ②趣味がわるくて、どろくさいこと。例やぼな服装。対粋

← 野が下につく熟語 上の字の働き

❶野＝〈はらっぱ〉のとき
【山野 林野 原野】近縁の関係。
【広野 平野 緑野 荒野】ドノヨウナ野か。

❹野＝〈はんい〉のとき
【視野 分野 外野 内野】ドノヨウナ範囲か。

◆在野 粗野 朝野

量

里-5 総画12 4年 明朝 量 91CF

音リョウ 訓はか-る

筆順 （ながく）（ださない）

なりたち 〔会意〕「穀物のつぶ」の形の「日」と「重」を合わせて、ものの重さをはかることを表す字。

意味
❶重さをはかる。おしはかる。例目方を量る。量目・推量
❷重さや大きさ。もののかさ。例量産・雨量
❸力の大きさ。うでまえ。例度量

例解 使い分け［はかる［図・計・量・測・謀・諮］☞245ページ

名前のよみ かず・とも

❶〈重さをはかる〉の意味で

【量目】りょうめ・りょうもく ↓はかりではかった品物の重さ。例量目が足りない。類目方

❷〈重さや大きさ〉の意味で

【量感】りょうかん ↓人やものから感じとれる重みや厚み。ボリューム。例量感に富む。

【量産】りょうさん ↓〈—する〉おなじ品物を、たくさんつくり出すこと。大量生産。例量産品。

【量的】りょうてき ⊠〈—に〉数やかさなどからものを見るようす。例ここの食事は、味はともかく量的には十分だ。対質的

【量販】りょうはん ↓〈—する〉おなじ品物をたくさん販売すること。例量販店。

← 量が下につく熟語 上の字の働き

❶量＝〈重さをはかる〉のとき

【計量 測量 推量】近い意味。
【裁量 酌量】ドノヨウニおしはかるか。
❷量＝〈重さや大きさ〉のとき
【斤量 数量 分量】近い意味。
【雨量 水量 音量 声量 熱量 物量 質量 肺活量 降水量】ナニの量か。
【多量 大量 少量 微量 軽量】ドレホドの量か。
【総量 容量 重量 定量 適量 用量】ドノヨウナ量か。
【増量 減量】量をドウスルか。
❸量＝〈力の大きさ〉のとき
【器量 技量 力量】ナニの大きさか。
◆感無量 狭量 度量

故事のはなし

臥薪嘗胆

むかし、中国の呉王の夫差は、父の敵をうとうと、薪の上にねてその心を強め、みごとに越王の句践を降服させた。一方、やぶれた句践は、苦いきもをなめてしかえしを誓い、ついに夫差をやぶった。
（『史記』越王句践世家）

7画 臣［しん］の部

「臣」の字と、それをもとにして作られた「臥」と「臨」の字とが入ります。

この部首の字
0 臣……1041　2 臥……1041　11 臨……1041
堅▶土 262　竪▶立 847　監▶皿 801　緊▶糸 889
賢▶貝 1010　覧▶見 966

臣

臣-0　総画7　4年　明朝 臣 81E3

音 シン・ジン　訓 —

筆順 一 ｒ ｒ 臣 臣 臣 臣

なりたち 【象形】目玉をむき、目を見開いている形をえがき、「目玉」の意味を表している字。借りて、「家来」の意味に使われている。

意味 けらい。たみ。例 臣民・大臣 対 君

名前のよみ おみ・しげ・たか・とみ・み

【臣下】しんか ↓ 大名や君主に仕える人。類 家来 対 主君・君主

臣が下につく熟語 上の字の働き

【臣民】しんみん ↓ 君主がおさめている国の国民。

【家臣 忠臣 陪臣 大臣】ドノヨウナ家来か。

臥

臣-2　総画9　人名　明朝 臥 81E5

音 ガ 外　訓 ふ-す 外

意味 ふす。横になってねる。

【臥薪嘗胆】がしんしょうたん〈—する〉薪の上に臥す、苦い胆を嘗める、ということで、志を果たすために苦労すること。
［故事のはなし］☞このページ

臨

臣-11　総画18　6年　明朝 臨 81E8

音 リン　訓 のぞ-む 中

筆順 一 ｒ ｒ 臣 臣 臣 臨 臨 臨（ややちいさく）

なりたち 【会意】「臥」が「うつむいて見る」意味を、「品」が「多くのもの」をしめし、合わせて、高いところから見下ろすことを表す字。

意味
❶見下ろす。上に立つ。例 臨席・君臨
❷その場にのぞむ。面している。その時に出あう。例 海に臨む。式に臨む。臨機応変。臨海・臨時

例 解 ［使い分け］のぞむ［望・臨］☞613ページ

❶〈見下ろす〉の意味で
【臨席】りんせき ▲〈—する〉会合や式に出ること。例

ご臨席をたまわり、光栄に存じます。類列席

表現 出席する人ではなく、その人の出席をありがたく思う人の立場でいうことば。

❷〈その場にのぞむ〉の意味で

【臨海】りんかい ▲ 海のすぐ近くにあること。例臨海学校。臨海工業地帯。類沿岸

【臨機応変】りんきおうへん 「機に臨んで変に応ず」と訓読みし、なにが起きるかわからない状況(機)の中で、なにが起きても、あわてず、てきぱきと、そのときにできる最良のやり方で処置する(応)こと。例臨機応変に対処する。

【臨月】りんげつ ▲ 母親が子どもを産む予定の月をむかえること。

【臨時】りんじ ▲ ①いつと決まったときでなく必要なときにすること。例臨時ニュース。対定期・定時・定例・経常 ②ずっとつづくのでなく、あるひとときだけ。例臨時の仕事が入る。類一時的

【臨終】りんじゅう ▲ 人が死ぬさいごの瞬間。死にぎわ。例臨終をむかえる。類最期・末期・往生際・終焉

【臨床】りんしょう ▲ ①じっさいに一人ひとりの病人の診察や治療をすること。例臨床経験をつむ。臨床例。②病人の床のそばにいること。例臨床尋問。

【臨場感】りんじょうかん じっさいにその場にいるような感じ。例臨場感あふれる実況中継。

◆来臨

7画 舛 [まいあし] の部

「舛」の形がめやすとなっている字を集めてあります。

この部首の字 6 舜……1042 8 舞……1042

舜

舛-6 総画13 人名 明朝 舜 821C

音 シュン外 訓 —

意味 古代中国の伝説上の天子の名。例尭舜

参考 ☞ふろく「中国書名物語」の「夏の禹王と『書経』」(14ページ)

舞

舛-8 総画15 常用 明朝 舞 821E

音 ブ中 訓 ま-う中・まい中

筆順

なりたち [会意]もとは、長いたもとの着物を着てまいをまうすがたをえがいた「無」が「まい」を表していたが、「ない」として使われるようになったため、あらためて両足(舛)をつけて「まい」を表すようにした字。

意味 ❶まう。まい。例宙に舞う。天女が舞いおりる。剣の舞。舞踊・日舞(「日本舞踊」の略)・輪舞 ❷はげます。心をふるい起こす。例鼓舞

❶〈まう〉の意味で

【舞曲】ぶきょく ↓ おどりのための音楽。おどりのリズムを使って作曲された曲。例ハンガリー舞曲。

【舞台】ぶたい ↓ 劇・おどり・音楽などの演技や演奏を見せるために、観客席よりいちだん高くつくられているところ。ステージ。例舞台装置。表現「ひのき舞台」「晴れの舞台」は、わざを見せるよい機会の意味。「国際社会を舞台に活躍する」は活躍の場をいう。

【舞台裏】ぶたいうら 舞台のうらがわにある、俳優のひかえ室などのあるところ。類楽屋 表現「政界の舞台裏」などと、外からはわからない内部の事情を表すこともある。

【舞踏】ぶとう Ⅲ(ーする) 西洋風のおどりをすること。そのおどり。ダンス。例舞踏会。

【舞踊】ぶよう Ⅲ 音楽に合わせて感情を表現するおどりや、まい。例日本舞踊。

←舞が下につく熟語 上の字の働き

❶舞=〈まう〉のとき
【群舞 乱舞 輪舞】ドノヨウニ舞うか。

◆歌舞 鼓舞

7画 麦 麥 [むぎ] [ばくにょう] の部

むぎの意を表す「麦」の字と「麦・麥」の字

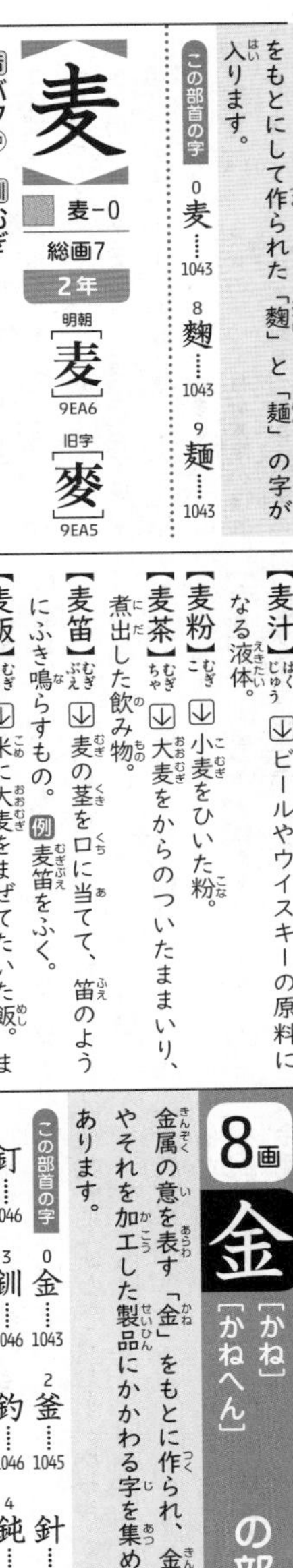

をもとにして作られた「麴」と「麺」の字が入ります。

この部首の字
0 麦……1043
8 麴……1043
9 麺……1043

麦

麦-0 総画7 2年
明朝 麦 9EA6
旧字 麥 9EA5

音 バク㊥ 訓 むぎ

筆順 ながく はらう

なりたち [会意]もとの字は、「麥」。「夊」が「あし」をしめし、「來」が「むぎの穂がたれた」形で、合わせて、遠方からもたらされた「むぎ」を表している字。もともとは、「來」が「むぎ」の意味を、「麥」が「くる」意味を表していたが、「來」が「くる」意味に使われ出したため、「麥」が逆に「むぎ」を表すようになった。

意味 むぎ。例 麦の穂。麦茶・麦芽

【麦芽】ばくが ↓大麦や小麦などから出た芽を干したもの。ビールや水あめなどをつくるのに使う。知識 ビールを「麦酒」と書くのは、「麦芽を原料とする酒」だから。

【麦芽糖】ばくがとう 麦芽の酵素がでんぷんに作用してできる糖分。水あめの原料になる。

【麦秋】ばくしゅう・むぎあき ↓麦が実ってかり入れをする時期。初夏、六月のころをいう。

【麦汁】ばくじゅう ↓ビールやウイスキーの原料になる液体。

【麦粉】むぎこ ↓小麦をひいた粉。

【麦茶】むぎちゃ ↓大麦をからのついたままいり、煮出した飲み物。

【麦笛】むぎぶえ ↓麦の茎を口に当てて、笛のようにふき鳴らすもの。例 麦笛をふく。

【麦飯】むぎめし ↓米に大麦をまぜてたいた飯。また、麦だけをたいた飯。

【麦藁】むぎわら ↓穂をとりのぞいたあとの麦の茎。例 麦藁帽子。麦藁細工。

◆精麦 小麦

麴

麥-8 総画19 表外
明朝 麴 9EB4

音 キク㊫ 訓 こうじ㊫

意味 こうじ。蒸した米・麦・豆などにこうじかびをはたらかせたもの。酒・しょう油・みそなどをつくるのに使う。

参考「麹」も使われる。

麺

麦-9 総画16 常用
明朝 麺 9EBA
旧字 麵 9EB5

音 メン㊥ 訓 ―

筆順

意味 めん。そば・うどんなどをまとめていうことば。例 麺類。

8画 金 [かね][かねへん] の部

金属の意を表す「金」をもとに作られ、金属やそれを加工した製品にかかわる字を集めてあります。

この部首の字

釘……1046 5鉛……1047 鈴……1049 銑……1050 鋳……1051 錮……1052 錠……1053 錬……1053 鍛……1054 鎖……1055 15鑑……1056
0金……1043 3釧……1046 鉱……1047 6銀……1049 銅……1050 鋒……1052 鋼……1052 錐……1053 録……1054 鍋……1054 鎮……1055 欽→欠659
2釜……1045 釣……1046 鉄……1047 銃……1049 銘……1051 8鋸……1052 錯……1052 錘……1053 9鍵……1054 10鎧……1055 11鏡……1055
針……1045 4鈍……1046 鉢……1048 銭……1050 7鋭……1051 錦……1052 錫……1053 錆……1053 鍬……1054 鎌……1055 12鐘……1056

金

金-0 総画8 1年
明朝 金 91D1

音 キン・コン 訓 かね・かな

筆順 はらう ながく

なりたち [形声]「亼(今)」が「キン」という読み方をしめしている。「土」と、光るようすを表す「丷」をくわえて、土の中にあって光りかがやくものを表す字。

意味

❶きん。おうごん。金色の。こがねのように美しい。りっぱな。例金がとれる。金貨・砂金。

❷きんぞく。金物。例金具・地金

❸おかね。ぜに。例金をためる。料金

❹五行の一つ。古代中国で、万物の元として考えられていた木・火・土・金・水によって、ものの順序を表す。例金星・金曜

発音あんない コン→ゴン…例黄金

注意するよみ かな…例金物・金具・金縛り

❶〈きん〉の意味で

【金色】きんいろ／こんじき ⇩金のようなつやのある黄色。こがね色。例金色にかがやく稲穂。表現「こんじき」は、古い言い方。

【金貨】きんか ⇩金をおもな材料にしてできているお金。関連金貨・銀貨・銅貨

【金塊】きんかい ⇩金のかたまり。金の地金。

【金科玉条】きんかぎょくじょう 絶対にまもらなければならない、たいせつな教えやきまり。例先生のことばを金科玉条とする。参考「金」「玉」はたいせつなもの。「科」「条」は規則を表す。中国の詩文集にあることば。表現現在では、その教えが正しいものとかたく思いこんで、融通がきかないさまをいうことが多い。

【金環食】きんかんしょく 日食の一つ。月が太陽のほとんどをかくし、太陽のまわりだけが金の輪のようにかがやいて見えるもの。

【金魚】きんぎょ ⇩フナを改良した、観賞用の淡水魚。さまざまな種類がある。例金魚鉢。

【金銀】きんぎん Ⅲ金と銀。例金銀財宝。

【金言】きんげん ⇩深い道理を表し、生きていくうえの教えとなる短いことば。類格言・警句

【金鉱】きんこう ⇩金をふくんでいる鉱石。それをとるための鉱山。類金脈・金山

【金婚式】きんこんしき 結婚してから五十年めを祝う式。関連銅婚式・銀婚式・金婚式

【金字塔】きんじとう のちのちまでのこるような、すぐれた研究や作品・記録などの成果。例金字塔をうちたてる。参考「金」の字の形の塔。もともとは、ピラミッドを指すことば。

【金波】きんぱ ⇩日の光や月の光が映って、金色にかがやく波。例金波銀波のきらめく海。

【金髪】きんぱつ ⇩金色のかみの毛。ブロンド。

【金粉】きんぷん ⇩金の粉。または、金色の粉。類金砂・金砂子 知識うるしで絵やもようをえがき、そこに金粉や銀粉をまいてみがいたものを「蒔絵」という。

【金星】きんぼし ⇩①すもうで、大関・関脇・小結ではない力士が横綱に勝つこと。②大きな手がら。例金星をあげる。☞「きんせい」は❹

【金脈】きんみゃく ⇩金の鉱脈。例金脈をほりあてる。類金鉱☞❸

【金堂】こんどう ⇩寺で、本尊をまつってある建物。例法隆寺の金堂。類本堂

【金輪際】こんりんざい 絶対に。決して。どんなことがあっても。参考大地の奥底にあり世界のはてである場所をいう仏教のことば。これより先には絶対に行けない底の底。表現「金輪際ゆるさない」のように、あとに打ち消しのことばをともなう。

❷〈きんぞく〉の意味で

【金網】かなあみ ⇩細い針金で編んだ網。

【金具】かなぐ ⇩木や布などでできた品物にとりつけてある金属製の部品。例かばんの金具がはずれた。

【金槌】かなづち ⇩頭の部分が金属でできているつち。くぎを打つときなどに使う。とんかち。ハンマー。表現頭のほうから水にしずんでいくということから、泳げない人をいうのにも使う。

【金棒】かなぼう ⇩①鉄の棒。②まわりにいぼをつけた、太い鉄の棒。ふりまわして敵をたおす武器。例鬼に金棒。表記「鉄棒」とも書く。

金棒

【金物】かなもの ⇩なべ・やかん・かなづち・くぎなど、金属でつくった道具。例金物屋。

【金属】きんぞく ⇩金・銀・銅・鉄・アルミニウムなどのなかまや、広くは、それらをまぜ合わせた合金をまとめていうことば。例貴金属。

【金剛石】こんごうせき 宝石の一つ。ダイヤモンド。

参考「金剛」は「金属のようにかたい」という意味の仏教のことば。

❸〈おかね〉の意味で

【金目】かねめ ◯ お金にかえたときのねうちが高いこと。例 金目のものは泥棒に全部とられた。

【金一封】きんいっぷう 紙につつんで封をしたお金。金額を明記せず、お礼や賞品として贈るお金についていう。

【金額】きんがく ↓ いくらいくらと数字でしめされたお金の量。類 金高

【金権】きんけん ↓ お金の力で世の中や人を動かすこと。例 金権政治。

【金庫】きんこ ↓ ①お金やたいせつな品物・書類などを、火事や盗難からまもるために入れておく、とくべつじょうぶにつくられた入れ物や倉庫。例 手さげ金庫。②国や地方公共団体のお金をあつかうための組織。

【金策】きんさく ↓〈—する〉必要なお金をいろいろとくふうして集めること。例 金策に走る。

【金銭】きんせん Ⅲ「お金」のややあらたまった言い方。例 金銭的な補償。

【金品】きんぴん ↓ お金や品物。例 金品の授受。

【金満家】きんまんか 金持ち。

【金脈】きんみゃく ↓ お金を出すとか貸すとかしてくれる人や団体。かねづる。☞❶

【金融】きんゆう ↓〈—する〉金銭の貸し借りの動き。おもに、事業のためのお金の流れをいう。例 金融機関(銀行・信用金庫・保険会社など)。類 融資

【金利】きんり ↓ 借りたお金やあずけたお金に対する利子。元金に対する利子の割合。例 金利が高い。固定金利。

❹〈五行の一つ〉の意味で

【金星】きんせい ↓ 太陽のまわりをまわる惑星のなかで、水星についで、二番めに太陽に近い星。

知識 よくかがやき、朝早くに見えるときは「あけの明星」、夕方に見えるときは「よいの明星」とよばれる。

☞「きんぼし」は❶

金が下につく熟語 上の字の働き

❶金=〈きん〉のとき
【砂金 純金 黄金 白金】ドノヨウナ形・色・質の金か。

❷金=〈きんぞく〉のとき
【筋金 針金】ナニの形の金物か。

❸金=〈おかね〉のとき
【集金 募金 入金 換金 献金 貯金 預金 借金 送金 返金】お金をドウスルか。
【基金 元金 資金 税金 公金 罰金 前金 代金 料金 頭金 敷金 礼金 現金 残金 賞金 賃金 涙金 繰越金 軍資金】ドウイウお金か。
◆口金 合金 地金 大金 鋳金 成金

釜

金-2 総画10 常用 明朝 釜 91DC

音 フ 外 訓 かま 中

筆順

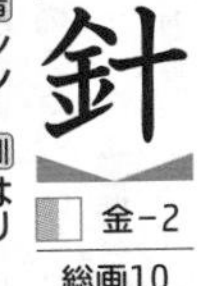
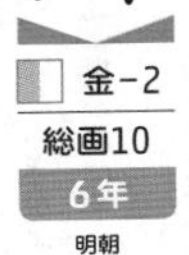
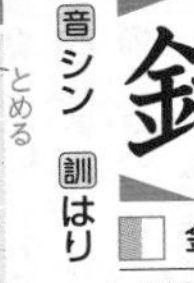

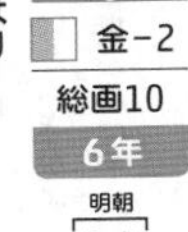

意味 かま。お湯をわかしたり、ご飯をたいたりする道具。例 釜飯・茶釜

例解 [使い分け] かま[釜・窯] ☞このページ

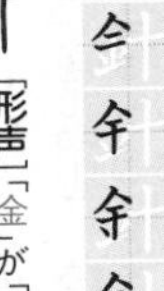

針

金-2 総画10 6年 明朝 針 91DD

音 シン 訓 はり

筆順 (とめる)

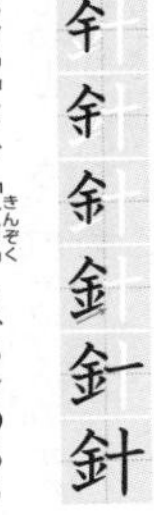

なりたち [形声]「金」が「金属」を、あなのあるはりの形からできた「十」が「シン」

例解 使い分け かま《釜・窯》

釜=ご飯をたいたり、お湯をわかしたりするための道具。例 鍋と釜。釜飯。電気釜。文福茶釜。

窯=焼き物などを作る装置。例 せともものを焼く窯。炭焼き窯。

釘 釧 釣 鈍 ▶前ページ 釜 針

という読み方をしめしている。金属の針を表す字。

意味

❶ぬいばり。針の形をしたもの。例 針でぬう。針金・釣針

❷さししめす、はり。目もりや方向を指ししめす針。例 時計の針。針路・検針

❶〈ぬいばり〉の意味で

【針小棒大】〈─に─な〉ちょっとしたことを大げさに言うこと。針ほどのことを棒ほどに言う。例 針小棒大に話す。

【針葉樹】マツやスギのように、葉がはりのように細くとがっている樹木。常緑樹（一年じゅう緑の葉をつけている樹木）に多い。対 広葉樹

【針金】↓ 鉄や銅などの金属をひものように細長くのばしたもの。ワイヤ。

【針仕事】針を使って衣服などをこしらえたり、つくろったりすること。類 裁縫

❷〈さししめす、はり〉の意味で

【針路】↓ ①船や飛行機などが進んでいく方向。例 針路を北にとる。②進むべき方向。例 人生の針路。類 進路・方針 参考「針」は、方角を指ししめす羅針盤の磁石の針。

←針が下につく熟語 上の字の働き

❷針＝〈さししめす、はり〉のとき

【方針 指針 磁針 短針 長針 秒針】ドノヨウナ針か。

◆運針 検針 避雷針

釘

音 テイ外 訓 くぎ外

金-2 総画10 人名 明朝 釘 91D8

意味 くぎ。くぎを打ちつける。例 ぬかに釘。釘付け。五寸釘。

釧

音 セン外 訓 ─

金-3 総画11 人名 明朝 釧 91E7

意味 くしろ。腕輪。むかし、うでにはめた環（腕輪）のような装飾品。

参考 釧路（くしろ）

釣

音 チョウ高 訓 つ-る中

金-3 総画11 常用 明朝 釣 91E3

筆順 ノ 今 牟 余 金 釣 釣 釣

なりたち [形声]「金」が「金属」を、「勺」が「すくいあげる」意味と「チョウ」とかわって読み方をしめしている。金属の針やかぎに魚をひっかけ、つりあげることを表す字。

意味

❶つる。魚をつる。つりさげる。例 釣りに行く。釣り鐘・釣果

❷つりせん。おつり。例 釣り銭が出る。

❶〈つる〉の意味で

【釣果】↓ つりの成果。つった魚。

鈍

音 ドン中 訓 にぶ-い中・にぶ-る中

金-4 総画12 常用 明朝 鈍 920D

筆順 ノ 今 牟 余 金 鈍 鈍 鈍

なりたち [形声]「金」が「金属」を、「屯」が「まるくなる」意味と「ドン」とかわって読み方をしめしている。刀ややりの刃がなまってまるくなることを表す字。

意味

❶にぶい。切れ味がわるい。とがっていない。例 鈍器・鈍角 対 鋭

❷のろい。はたらきがよくない。ぐずぐずしている。例 勘が鈍い。腕が鈍る。鈍感・愚鈍 対 敏

❶〈にぶい〉の意味で

【鈍角】↓ 九〇度より大きく、一八〇度より小さい角。例 鈍角三角形。対 鋭角

【鈍器】↓ ①よく切れない刃物。対 利器 ②棒・かなづち・石など、刃がなくてかたく重いもの。人を害する道具になったときのよび方。例 鈍器でなぐられたあとがある。

❷〈のろい〉の意味で

【鈍感】↓〈─に─な〉ものの動きや意味を感じとるのがおそいこと。対 敏感・鋭敏

【鈍重】Ⅱ〈─に─な〉動作や性質がのろのろしているようす。例 動きが鈍重だ。

【鈍足】↓ 走るのがおそいこと。対 俊足

【鈍痛】↓ おさえつけるような重苦しい痛み。例 胃のあたりに鈍痛を感じる。対 激痛

鉛

金－5 総画13 常用 明朝 鉛 925B

音 エン 中　訓 なまり 中

筆順

なりたち [形声]「金」が「金属」を、「㕣」が「エン」という読み方をしめしている。「エン」は「青白い」の意味をもち、青白い金属「なまり」を表す字。

意味 なまり。やわらかくて重く、熱にとけやすい青白い金属。

【鉛管】えんかん ↓ ガスや水道などに使われる、なまりでつくった管。

【鉛筆】↓ 木のじくに、黒鉛とねんどをまぜあわせてつくったしんを入れた筆記用具。例 鉛筆けずり。赤鉛筆。

鉱

金－5 総画13 5年 明朝 鉱 9271 旧字 鑛 945B

音 コウ　訓 —

筆順 とめる

なりたち [形声]「礦→鑛→鉱」とかわった字。「広」のしめす「コウ」という読み方は「黄」を意味している。「金」は「金属」で、金属をとる黄色い石を表す字。

意味 金属の原石。金属を多くふくむ石。例 鉱物・金鉱

名前のよみ かね

【鉱業】↓ 地中から、鉄・銅を多くふくむ鉱石や石炭などをほり出し、材料として使えるようにする産業。例 鉱業資源。

【鉱山】こうざん ↓ 地中から役に立つ鉱石をほり出しているところ。金山・銀山・銅山・鉄山などがある。

【鉱石】↓ 金・銀・銅・鉄などの役に立つ金属を多くふくんでいる岩石。

【鉱泉】↓ 鉱物質をたくさんふくんでいるわき水。例 鉱泉をわかしたお湯。知識☞【温泉】(713ページ)

【鉱毒】↓ 鉱山や精錬所などから出る、けむりや排水などの中の有害な毒物。

【鉱物】↓ 自然にある岩石などの無機物。例 鉱物資源。

【鉱脈】↓ 質のいい鉱石が、岩石のあいだにたくさんつまってつづいているところ。例 金の鉱脈をさがす。

◆金鉱 採鉱

鉄

金－5 総画13 3年 明朝 鉄 9244 旧字 鐵 9435

音 テツ　訓 —

筆順 とめる だす

なりたち 鐵 [形声]もとの字は、「鐵」。「金」が「金属」を、「𢧜」が「テツ」という読み方をしめしている。「テツ」は「黒色」の意味をもち、黒色の金属「くろがね(てつ)」を表す字。

意味
❶てつ。くろがね。例 鉄棒・鋼鉄
❷てつのような。鉄のようにかたくて強い。例 鉄壁・寸鉄
❸鉄道。例 私鉄

名前のよみ かね・とし

❶〈てつ〉の意味で

【鉄管】↓ 鉄でつくった管。

【鉄器】↓ 鉄でつくった道具。例 鉄器時代。関連 石器・青銅器・鉄器

【鉄橋】てっきょう ↓ 鉄でつくった橋。とくに、鉄道のための橋。例 列車が鉄橋をわたる。

【鉄筋】↓ ①コンクリートを強くするためにしんに入れる鉄の棒。②鉄筋コンクリートを使った建物。例 鉄筋コンクリート。

【鉄鉱】↓ 鉄の原料となる鉱石。鉄鉱石。

【鉄鋼】Ⅲ 銑鉄や鋼鉄など、鉄材をまとめていうことば。例 鉄鋼業。

【鉄格子】鉄の棒をたてよこに組んで、戸や窓につけてあるもの。例 倉庫の窓に鉄格子をはめる。表現「鉄格子の中」というと刑務所に入っていることを意味する。

◀次ページ 鉢

【鉄骨】てっこつ ↓ 建物などの骨組みに使う鉄材。例ビルの鉄骨を組む。

【鉄材】てつざい ↓ 工業・建築・土木工事などに使う鉄の材料。

【鉄条網】てつじょうもう とげのついた太い針金（有刺鉄線）をはりめぐらしたさく。

【鉄塔】てっとう ↓ 鉄材で組み立てた塔や柱。

【鉄道】てつどう ↓ レールをしいて電車・列車を走らせる交通機関。例登山鉄道。

【鉄分】てつぶん ↓ ものにふくまれている成分としての鉄。例鉄分の多い食材。類金気

【鉄棒】てつぼう ↓ 一 てつ一ぼう 鉄でできている棒。例鉄棒をふりまわす。二 てっ一ぼう ①器械体操の用具の一つ。二本の柱の間に一本の鉄の棒をわたしたもの。②体操競技の種目の一つ。器械体操用の鉄棒を使ってわざを見せる。

【鉄砲】てっぽう ↓ 火薬の爆発する力でたまがとび出す小型の武器。類小銃・銃 知識 一五四三年、ポルトガル人によって九州の種子島につたわったので、鉄砲のことを「種子島」といった。

❷〈てつのような〉の意味で

【鉄火】てっか ↓ ①刀剣と鉄砲。例鉄火をくぐる。②〈—な〉気性がはげしく威勢がいいようす。例鉄火はだのおかみさん。③すしで、生のマグロを使ったもの。例鉄火巻。

【鉄拳】てっけん ↓ 鉄のようにかたくにぎったこぶし。げんこつ。例鉄拳制裁（罰としてげんこつでなぐること）。

【鉄則】てっそく ↓ なにが起こっても絶対にかえられないきびしいきまり。例「安全第一」が作業のさいの鉄則だ。類原則

【鉄壁】てっぺき ↓ 鉄のかべのように、かたいまもり。例鉄壁の守備をほこる。

【鉄面皮】てつめんぴ〈—な〉顔の皮が鉄でできているかのようにあつかましくて、ふつうの人なら、はずかしくてたまらないことを、なんとも思わないこと。類厚顔

←鉄が下につく熟語 上の字の働き

❶鉄＝〈てつ〉のとき
【鋼鉄 銑鉄 砂鉄】ドンナ鉄か。

❸鉄＝〈鉄道〉のとき
【私鉄 電鉄 地下鉄】ドウイウ鉄道か。

◆寸鉄 製鉄

文字物語 鐘 鈴

中国や日本のお寺の鐘は、大きなつりがねで、ふとい木でつくと「ゴーン」と鳴る。西洋の教会の鐘は、ふりうごかすと、中に下がっている玉があたって「カランカラン」「ガランガラン」と鳴る。教会の鐘は、英語でいうと「ベル」だ。日本の「鈴」も英語でいえば「ベル」で、「鐘」とおなじなかまになる。しかし、日本の「鈴」は、手でふって、「リンリン」とか「チリンチリン」とか鳴らすもの。わたしたちがふつうにいう「ベル」は、「電鈴」など、手でおして鳴らすものだ。この音は、「リーン」と長く聞こえるが、じっさいには「リンリンリンリン」と小刻みに鳴る音がつづいているのだ。「ベル」ということばをとおしてみると、「鐘」と「鈴」とがいっしょになるが、日本語だけでいえば、「鐘」と「鈴」とはまったくべつのものだ。

鉢

金−5 総画13 常用 明朝 鉢 9262

音 ハチ 中・ハツ 高 訓 —

筆順 鉢

なりたち [形声] もとの字は、「盋」。「犮」が「ハツ・ハチ」という読み方をしめしている。「ハツ」は「大きい」の意味をもち、深くて大きい容器（皿）を表す字。「鉢」は、「金」が「金属」を、「朩→本」が「ハツ・ハチ」という読み方をしめし、金属製のうつわを表している

字。

意味 はち。㋐底が深くて、上がひらいた入れ物。例 鉢物・植木鉢・火鉢 ㋑人の頭。例 鉢巻き

注意するよみ ハツ…例 衣鉢

【鉢物】↓①鉢に植えてある草木。鉢植え。例 植木市で鉢物を買う。類 盆栽 ②鉢に盛って出す料理。

鈴

金-5 総画13 常用 明朝 鈴 9234

音 レイ中・リン中 訓 すず中

筆順 ノ 𠆢 亼 今 全 牟 金 金 釒 鈴 鈴 鈴

なりたち 鈴 [形声]「金」が「金属」を、「令」が「レイ・リン」という読み方をしめしている。金属で作ったリンリンと鳴る「すず」を表す字。

意味 すず。りん。ベル。例 鈴を鳴らす。風鈴・予鈴

[文字物語] みぎのページ

【鈴虫】すずむし ↓黒褐色で、触角の長い、体長二センチほどの昆虫。草むらにすみ、秋の夜、すずを鳴らすようなすんだ声で鳴く。

◆土鈴 風鈴 予鈴

銀

金-6 総画14 3年 明朝 銀 9280

音 ギン 訓 —

筆順 亼 牟 金 釒 鈤 銀 銀（はねる）銀（人にならない）

なりたち 銀 [形声]「金」が「金属」を、「艮」が「ギン」とかわって読み方をしめしている。「コン」は「白い」の意味をもち、白色の金属「しろがね（銀）」を表す字。

意味 ❶ぎん。しろがね。銀のように白く光るもの。例 金と銀。銀メダル。銀河・水銀 ❷おかね。例 銀行

名前のよみ かね

❶〈ぎん〉の意味で

【銀貨】↓銀をおもな材料にして作ったお金。関連 金貨・銀貨・銅貨

【銀河】↓①夜空に白くあわく光の川のように見える、星の集まり。天の川。②銀河系の外にある星雲。アンドロメダ星雲など。

【銀河系】太陽系が属している星の集団。真ん中がふくらんだ円盤の形をしている。肉眼で見える天体の大部分がこれにふくまれる。

【銀婚式】結婚してから二十五年めを祝う式。関連 銅婚式・銀婚式・金婚式

【銀世界】↓雪がつもって、あたりが白くかがやいている美しい景色。例 一面の銀世界が広がる。

【銀波】↓月の光が水面に映って、銀色にかがやく波。例 金波銀波の海を行く。

【銀白色】↓銀色をおびた白色。

【銀髪】↓銀色の髪。老人の、白くなった髪。例 銀髪の老婦人。類 白髪

【銀盤】↓スケート場の氷の面。例 銀盤の女王。

【銀幕】ぎんまく ↓映画を映す白い幕。スクリーン。例 銀幕のスター。

【銀輪】↓①銀色の輪。または、銀でつくった輪。②自転車。例 銀輪をつらねて走る。参考 車輪が美しく光ることからいう。

【銀嶺】↓雪がつもって、銀色にかがやく山。

❷〈おかね〉の意味で

【銀行】↓多くの人からお金をあずかり、必要な人や会社に貸すなど、お金をあつかうことを仕事にしているところ。

【銀座】↓東京都中央区にある、はなやかでにぎやかな街通り。参考 江戸時代、銀貨をつくるところがあったから。表現「〇〇銀座」と町名のあとにつけて、その町でいちばんにぎやかな商店街という意味を表す。

◆水銀 路銀

銃

金-6 総画14 常用 明朝 銃 9283

音 ジュウ中 訓 —

筆順 亼 牟 金 釒 鈢 鈨 銃

なりたち ［形声］「金」が「金属」を、「充」が「ジュウ」という読み方をしめしている。「ジュウ」は「あな」の意味をもち、柄をさしこむ斧のあなを表す字。のちに、「てっぽう」の意味に使われるようになった。

意味 てっぽう。例 銃で撃つ。銃声・銃弾・短銃・銃撃戦。

【銃器】じゅうき ↓ 小銃やピストルなど。

【銃撃】じゅうげき ↓（—する）小銃や機関銃で目標とする相手を攻撃すること。例 銃撃を受ける。

【銃口】じゅうこう ↓ 小銃やピストルなどの、たまが出るつつさき。例 銃口を向ける。

【銃殺】じゅうさつ ↓（—する）小銃でうちころすこと。例 銃殺刑。

【銃声】じゅうせい ↓ 小銃やピストルなどをうったときの音。例 銃声がひびく。類 砲声

【銃創】じゅうそう ↓ 小銃やピストルなどのたまで受けた傷。

【銃弾】じゅうだん ↓ 小銃やピストルなどのたま。類 弾丸

【銃砲】じゅうほう ↓ 小銃・ピストル・大砲など、火薬の力でたまを発射する武器。

←銃が下につく熟語 上の字の働き

【拳銃 小銃 短銃 猟銃 機関銃】ドウイウ銃か。

銭

金-6 総画14 6年

明朝 銭 92AD 旧字 錢 9322

音 セン 訓 ぜに 中

筆順 はねる だす わすれない

なりたち 錢 ［形声］もとの字は、「錢」。「金」が「金属」を、「戔」が「セン」という読み方をしめしている。「セン」は「うすくけずる」意味をもち、金属をけずった農具「くわ」を表す字。のちに、「お金」の意味に使われるようになった。

意味 おかね。㋐ぜに。例 安物買いの銭失い。銭湯・金銭 ㋑お金の単位。円の百分の一。例 日歩一銭五厘。

【銭湯】せんとう ↓ 料金をとって、一般の人びとを入浴させるところ。ふろや。ゆや。公衆浴場。

←銭が下につく熟語 上の字の働き

【悪銭 小銭】ドノヨウナお金か。

◆金銭 日銭

銑

金-6 総画14 人名

明朝 銑 9291

音 セン 外 訓 —

意味 あらがね。鉱石から取り出したばかりで、きたえていない鉄。例 銑鉄

【銑鉄】せんてつ ↓ 鉄鉱石をとかしただけの、多くの不純物をふくんでいる鉄。鋳物の材料にする。

銅

金-6 総画14 5年

明朝 銅 9285

音 ドウ 訓 —

筆順 とめる はねる

なりたち 銅 ［形声］「金」が「金属」を、「同 トウ→ドウ」が「ドウ」という読み方をしめしている。「トウ」は「赤い」の意味をもち、赤い金属「あかがね（銅）」を表す字。

意味 あかがね。銅。例 銅メダル。赤銅

【銅貨】どうか ↓ 銅で作ったお金。例 十円銅貨。関連 金貨・銀貨・銅貨

【銅婚式】どうこんしき 結婚してから七年め（または十五年め）を祝う式。関連 銅婚式・銀婚式・金婚式

【銅山】どうざん ↓ 銅の鉱石をほり出すところ。

【銅線】どうせん ↓ 銅で作った針金。やわらかく、電気をよく通す。

【銅像】どうぞう ↓ 銅や青銅で作った人や動物の像。ブロンズ像。例 西郷さんの銅像。

◆【銅鐸】どうたく ↓ 弥生時代に作られたつりがね形の青銅器。祭りに使われたものらしい。近畿地方を中心に分布している。

←銅が下につく熟語 上の字の働き

【赤銅 青銅】ナニ色がかった銅か。

◆分銅

銘

音メイ㊥ 訓—

金-6 総画14 常用 明朝 銘 9298

筆順 銘

なりたち [形声]「名」が「文字」の意味と「メイ」という読み方をしめしている。「金属」にきざみこんだ文字を表す字。

意味 ❶きざみこむ。しるす。例肝に銘じる。銘文・感銘 ❷名のとおった。上等の。例銘茶

❶〈きざみこむ〉の意味で

【銘柄】↓生産者や発売者をしめすために品物につける印や、株式などの名前。例服の銘柄。表現「銘柄もの」といって有名ブランドの品を指すことがある。

【銘記】Ⅱ〈—する〉深く心にきざみつけて、わすれないようにすること。例心に銘記する。

【銘文】↓石碑や金属器などにきざみこまれた文字や文章。

❷〈名のとおった〉の意味で

【銘菓】↓とくべつの名のついている、いわれのある菓子。例土地の銘菓。

【銘酒】↓広く名が知られた上等の酒。

【銘茶】↓とくべつ上等のお茶。

◆感銘 正真正銘

鋭

音エイ㊥ 訓するど-い㊥

金-7 総画15 常用 明朝 鋭 92ED

筆順 鋭

なりたち [形声]「金」が「金属」を、「兌」が「エイ」とかわって読み方をしめしている。「タイ」は「小さくとがる」意味をもち、金属の刃物の先がとがってするどいことを表す字。

意味 ❶先がするどい。とがっている。よく切れる。例鋭いつめ。鋭利・先鋭 対鈍 ❷はたらきがするどい。頭のはたらきや感じ方がすばやい。元気がよい。例鋭敏・精鋭

❶〈先がするどい〉の意味で

【鋭角】↓九〇度より小さい角。例鋭角三角形。対鈍角

【鋭利】Ⅱ〈—な〉刃物がするどく切れ味がよい。例鋭利なナイフ。☞❷

❷〈はたらきがするどい〉の意味で

【鋭意】▲一つのことにむかって一心につとめるようす。例鋭意努力する。

【鋭気】↓いきおいのよい気持ちや意気ごみ。例鋭気あふれる作品。

【鋭敏】Ⅱ〈—な〉①感じ方がするどい。例鋭敏な感覚。類敏感 対鈍感 ②頭のはたらきがすぐれている。例鋭敏な頭脳。類鋭利

【鋭利】Ⅱ〈—な〉頭のはたらきがはやくてするどい。例鋭利な判断。類鋭敏 ☞❶

鋭が下につく熟語 上の字の働き

❷鋭＝〈はたらきがするどい〉のとき

【気鋭 新鋭】ドノヨウニ元気がよいか。

◆精鋭 先鋭

鋳

音チュウ㊥ 訓い-る㊥

金-7 総画15 常用 明朝 鋳 92F3 旧字 鑄 9444

筆順 鋳

なりたち [形声]もとの字は、「鑄」。「金」が「金属」をしめし、「壽」が「チュウ」とかわって読み方をしめしている。とけた金属を型に流しこむことを表す字。

意味 いる。金属をとかし、型に入れて鋳物を作る。例つりがねを鋳る。鋳型・鋳造

【鋳型】↓とかした鉄やなまりなどを流しこんで鋳物を作るときに使う型。細かい砂をかためたり、強い金属をくりぬいたりして作る。例鋳型にはめる（型どおりの人間を作ろうとする）。

【鋳物】↓熱してとかした金属を型に流しこんで作った入れ物や道具。例鋳物工場。

【鋳造】↓〈—する〉金属を熱でとかし、鋳型に流しこんで物を作ること。例貨幣を鋳造する。類鋳金

鋒

金−7 総画15 人名 明朝 鋒 92D2

音 ホウ外 訓 ―

意味 ❶ほこさき。きっさき。鋭くとがった部分。例 先鋒(一番先に立つ者) ❷するどい。例 舌鋒(意見や議論の鋭さ)・筆鋒(文章のいきおい)

鋸

金−8 総画16 人名 明朝 鋸 92F8

音 キョ外 訓 のこぎり外

意味 のこぎり。木や石などを切断する道具。例 鋸の歯。

錦

金−8 総画16 常用 明朝 錦 9326

音 キン中 訓 にしき中

筆順 錦 錦 錦 錦 錦 錦 錦

意味 にしき。美しい糸でもようを織り出した、高級な絹の織物。にしきのように、いろどりやもようの美しいもの。例 錦をかざる(成功する)。錦の御旗。錦絵・錦鯉・錦旗・錦秋

錮

金−8 総画16 常用 明朝 錮 932E

名前のよみ かね

音 コ中 訓 ―

筆順 錮 錮 錮 錮 錮 錮 錮

意味 とじこめる。例 禁錮刑にする。表記「禁錮」は「禁固」と書かれることもある。

鋼

金−8 総画16 6年 明朝 鋼 92FC

音 コウ 訓 はがね中

筆順 鋼 鋼 鋼 鋼(とめる・はねる) 鋼 鋼 鋼

なりたち [形声]「金」が「金属」を、「岡」が「コウ」という読み方をしめしている。「コウ」は「つよい」の意味をもち、きたえて強くした金属を表す字。

意味 はがね。きたえて強くした鉄。例 鋼のような強いからだ。鋼鉄・鉄鋼

【鋼材】こうざい ↓機械や建築などの材料にするために、鋼鉄を板や管などに加工したもの。

【鋼鉄】こうてつ ↓炭素をふくんだ、かたくてじょうぶな鉄。はがね。スチール。例 鋼鉄製。

錯

金−8 総画16 常用 明朝 錯 932F

音 サク中 訓 ―

筆順 錯 錯 錯 錯 錯 錯 錯

漢字パズル ⑭ あなうめ

□の中に数の漢字を入れて、四字熟語を完成させましょう。

例 一石二鳥(いっせきにちょう)

① □発□中(ぱつ ちゅう)
② □人□色(にん いろ)
③ □進□退(しん たい)
④ □寒□温(かん おん)
⑤ □変□化(ぺん か)
⑥ □客□来(きゃく らい)
⑦ □方□方(ほう ぽう)

一 二 三 四 五 六 七 八 九 十 百 千 万

答えは1130ページ

たなちり [形声]「昔（セキ）」が「サク」とかわって読み方をしめしている。「セキ」は「かさねる」意味をもち、「金」をぬりかさねてめっきすることを表す字。借りて、「いりまじる」意味に使われている。

意味 ❶いりまじる。乱雑になる。例 錯乱・交錯 ❷とりちがえる。くいちがう。例 錯誤

発音あんない サク→サッ…例 錯覚

❶〈いりまじる〉の意味で

【錯綜】さくそう Ⅲ（―する）ものごとが複雑にいりまじって区別がつかないこと。例 さまざまな情報が錯綜する。類 交錯

【錯乱】さくらん Ⅲ（―する）気持ちや考えが混乱してわけがわからなくなること。例 錯乱状態。

❷〈とりちがえる〉の意味で

【錯誤】さくご Ⅲ ①まちがい。例 試行錯誤。②考えていることと、事実とがくいちがっていること。例 時代錯誤もはなはだしい。

【錯覚】さっかく ↓（―する）ものの色・形・音などが事実とちがって見えたり、聞こえたり、感じられたりする。例 錯覚を起こす。目の錯覚。

◆交錯 倒錯

【錫】

金－8 総画16 人名 明朝 錫 932B

音 シャク外 訓 すず外

意味 すず。銀白色でつやがある金属。例 錫杖（すずでできた、僧が使うつえ）

【錠】

金－8 総画16 常用 明朝 錠 9320

音 ジョウ中 訓 ―

筆順

たなちり [形声]「定」が「ジョウ」という読み方をしめしている。「ジョウ」は「足のついたうつわ」の意味をもち、足のついた「金属製」の食器を表す字。

意味 ❶じょうまえ。戸締まりなどのための金具。例 錠をおろす。錠をかける。施錠・手錠 ❷丸めた薬。小さくかためた薬。また、その薬を数えることば。例 三錠。錠剤

❶〈じょうまえ〉の意味で

【錠前】じょうまえ ◎ 戸をとざすための金具。おもに倉庫や門などに用いる。例 錠前をかける。

❷〈丸めた薬〉の意味で

【錠剤】じょうざい ↓ 丸く平たいつぶにした薬。類 丸薬 関連 錠剤・液剤・散剤（散薬）

◆解錠 施錠 手錠 糖衣錠

【錐】

金－8 総画16 人名 明朝 錐 9310

音 スイ外 訓 きり外

意味 ❶きり。先がとがった、穴をあける道具。例 立錐の余地もない（人がおおぜい集まってほんのわずかの場所もないようす）。❷きりのように先がとがった形のもの。例 円錐・三角錐

【錘】

金－8 総画16 人名 明朝 錘 9318

音 スイ外 訓 つむ外・おもり外

意味 ❶おもり。はかりのおもり。分銅。❷つむ。糸をつむぐ棒。例 錘を回す。参考 【紡錘】ぼうすい（872ページ）

【錆】

金－8 総画16 人名 明朝 錆 9306

音 セイ外 訓 さび外・さ-びる外

意味 ❶さび。金属の表面が、空気や水にふれて、変化してできるもの。❷さびる。さびができる。

【錬】

金－8 総画16 常用 明朝 錬 932C 旧字 鍊 934A

音 レン中 訓 ね-る外

筆順

たなちり [形声]もとの字は、「鍊」。「金」が「金属」を、「柬」が「えらぶ」意味と「レン」という読み方をしめしている。金属を熱し、やわらかくして精製することを表している字。

意味 ねりきたえる。㋐金属をねりあげ、質をよ

くする。例 鉄を練る。錬金・精錬 ㋑心やからだを強くし、技をみがく。例 錬磨・鍛錬

表記 ㋑の意味では、今はほとんど「練」と書く。

【錬金術】れんきんじゅつ むかし、銅・なまりなどのありふれた金属を、金・銀など価値の高いものにかえようとして追いもとめた技術。知識 古代エジプトではじまり、中世のヨーロッパなどで研究された。金を作ることはできなかったが、今の化学のもとになった。

【錬磨】れんま Ⅱ〈—する〉わざや学問・人格を高めるために、きびしい練習をつみ重ねること。例 百戦錬磨。類 鍛錬 表記「練磨」とも書く。

◆精錬 製錬 鍛錬

録

金-8 総画16 4年

明朝 録 9332　旧字 錄 9304

音 ロク　訓 —

筆順 録（ださない）（だす）

なりたち 【形声】もとの字は、「錄」。「金」が「金属」を、「录」が「ロク」という読み方をしめしている。「ロク」は「しみでる」意味をもち、金属(銅)からしみ出る緑青を表している字。借りて、「しるす」の意味に使われている。

意味 書きとめる。のちのためにかきしるす。音声や画像などをあとに残るようにとっておく。例 録音・記録

名前のよみ とし・ふみ

【録音】ろくおん ▲〈—する〉ディスクなどのレコーダーに、音や声などを記録すること。例 インタビューを録音する。

【録画】ろくが ▲〈—する〉ディスクなどに画像を記録すること。例 テレビドラマを録画する。公開録画。

録が下につく熟語 上の字の働き

【記録 登録】近い意味。

【採録 収録】ドウヤッテ記録するか。

【図録 目録 秘録 付録 実録 言行録 備忘録】ドウイウ記録か。

鍵

金-9 総画17 常用

明朝 鍵 9375

音 ケン㊥　訓 かぎ㊥

筆順 鍵

意味 ❶かぎ。錠をあけるかぎ。問題を解決するための重要なことがら。例 家の鍵をあける。事件の鍵をにぎる。鍵穴

❷けんばん(鍵盤)。ピアノなどの、指でおすところ。キー。例 黒鍵

鍬

金-9 総画17 人名

明朝 鍬 936C

音 シュウ㊕　訓 すき㊕・くわ㊕

意味 すき。くわ。田畑を耕す道具。

鍛

金-9 総画17 常用

明朝 鍛 935B

音 タン㊥　訓 きた-える㊥

筆順 鍛

なりたち 【形声】「段」が「うちすえる」意味と「タン」という読み方をしめしている。「金属」を打ってきたえることを表す字。

意味 きたえる。じょうぶにする。金属を打って強くする。例 からだを鍛える。鍛錬

特別なよみ 鍛冶(かじ)

【鍛錬】たんれん Ⅱ〈—する〉きびしい訓練をつんで、心や体をきたえたり、わざをみがいたりすること。例 日ごろの鍛錬の成果。類 錬磨・修練

表記「鍛練」とも書く。

鍋

金-9 総画17 常用

明朝 鍋 934B

音 カ㊕　訓 なべ㊥

筆順 鍋

意味 なべ。煮炊きに使ううつわ。例 鍋物(なべで煮ながら食べる料理)

参考 部首の「亠」を「なべぶた」とよぶのは、形がなべのふたに似ていることから。

鎧

金－10　総画18　人名

明朝 鎧 93A7

音 カイ外・ガイ外　訓 よろい外

意味 よろい。敵の攻撃から体をまもるための金属で作った防具。

◆【鎧袖一触】がいしゅういっしょく 相手を簡単にやっつけてしまうこと。参考 鎧の袖を一振りするだけで敵を打ち負かしてしまう、という意味から。

鎌

金－10　総画18　常用

明朝 鎌 938C

音 レン外　訓 かま中

筆順 𠆢 牟 鈩 鈰 鉮 鎌 鎌

意味 かま。草をかる道具。例 鎌首・鎌倉(地名)

名前のよみ かね

【鎌首】↓ 横から見ると鎌のように見える、ヘビの首。例 鎌首をもたげる。

鎖

金－10　総画18　常用

明朝 鎖 9396

音 サ中　訓 くさり中

筆順 𠆢 牟 金 釒 鉗 鎖 鎖 鎖

なりたち [形声] もとの字は、「鎖」。「𧴪」が「サ」という読み方をしめしている。「サ」は「つらなる」意味をもち、「金属」の輪を組み合わせてつないだ「くさり」を表す字。

意味 ❶くさり。つながったもの。例 鎖骨・連鎖 ❷とざす。とじこめる。例 鎖国・閉鎖

❶〈くさり〉の意味で

【鎖骨】↓ 胸の上のほうにあり、胸とかたの骨をつないでいる左右一対の骨。

❷〈とざす〉の意味で

【鎖国】▲〈－する〉国が外国とのつきあいをやめ、国外との行き来や取り引きを禁止すること。例 鎖国時代。対 開国 知識 日本では江戸時代、中国とオランダの長崎入港をのぞき、鎖国がおこなわれた。

鎖が下につく熟語 上の字の働き

❷鎖＝〈とざす〉のとき

【封鎖 閉鎖】近い意味。

◆鉄鎖 連鎖

鎮

金－10　総画18　常用

明朝 鎮 93AE　旧字 鎭 93AD

音 チン中　訓 しず-める高・しず-まる高

筆順 𠆢 牟 金 釒 鉦 鎮 鎮 鎮

なりたち [形声] もとの字は、「鎭」。「眞(シン)」が「いっぱいにつまっておもい」の意味と、「チン」とかわって読み方をしめしている。物の上に置いておさえる「金属」のおもしを表している字。

意味 ❶しずめる。しずまる。落ち着かせる。落ち着く。例 痛みを鎮める。内乱が鎮まる。鎮静 ❷おもし。上からおさえて動かないようにするもの。例 文鎮

例解 [使い分け] しずめる[静・鎮・沈] → 1083ページ

名前のよみ おさむ・しげ・つね・まさ・まもる・やす・やすし

❶〈しずめる〉の意味で

【鎮圧】‖〈－する〉大きなあらそいやさわぎを、警察や軍隊が力でしずめること。例 反乱軍を鎮圧する。類 平定・制圧

【鎮火】▲〈－する〉火事が消えること。類 消火 対 出火

【鎮魂】▲〈－する〉死者のたましいをしずめなぐさめること。例 鎮魂歌。

【鎮座】↓〈－する〉神が、そこを居場所としてしずかにとどまっていること。例 この社に鎮座まします四柱の神。

【鎮守】↓ その土地のまもり神。その神を祭った神社。例 鎮守の杜。類 氏神

【鎮静】‖〈－する〉高ぶった気持ちをしずめ、落ち着かせること。例 鎮静剤を打つ。

【鎮痛】▲ 痛みをとめるか、やわらげるかすること。例 鎮痛剤。鎮痛作用。

◆重鎮 文鎮

鏡

金－11　総画19　4年

明朝 鏡 93E1

▶前ページ 鎧 鎌 鎖 鎮 鏡

音 キョウ 訓 かがみ

筆順 はねる おらない

なりたち 鏡 [形声]「竟」が「キョウ」という読み方をしめしている。「キョウ」は「かたち」の意味をもち、かたちをうつし出す「金属」の道具「かがみ」を表す字。

意味 ❶かがみ。すがたみ。例 鏡に映す。鏡台・手鏡 ❷レンズ。レンズを使う器具。例 拡大鏡・望遠鏡

特別なよみ 眼鏡(めがね)

名前のよみ あき・あきら・かね・とし

❶〈かがみ〉の意味で

【鏡餅】◎ 正月などに、かさねてそなえる大小二つの丸もち。おそなえ。

【鏡像】↓ 鏡に映ったような左右が反対になった像。

【鏡台】↓ 化粧用の鏡をとりつけた台。

←鏡が下につく熟語 上の字の働き

❶鏡＝〈かがみ〉のとき
【凹面鏡 凸面鏡 三面鏡 手鏡 水鏡】ドノヨウナ鏡か。

❷鏡＝〈レンズ〉のとき
【眼鏡 拡大鏡 顕微鏡 電子顕微鏡 双眼鏡 望遠鏡 潜望鏡】ドウイウ光学器具か。

◆内視鏡 立体鏡

鐘

金-12 総画20 常用 明朝 鐘 9418

音 ショウ中・シュ外 訓 かね中

筆順

なりたち 鐘 [形声]「金」が「金属」を、「童」が「シヨウ」とかわって読み方をしめしている。「トウ」は「つく」意味をもち、ついて音を出すかねを表す字。

意味 かね。つりがね。かねの音。例 鐘をつく。鐘楼・警鐘

【鐘楼】[文字物語]☞1048ページ ↓ 寺の境内の、かねをつるしてあるやぐら。かねつき堂。

◆警鐘 早鐘 半鐘 晩鐘

鑑

金-15 総画23 常用 明朝 鑑 9451

音 カン中 訓 かんが-みる高・かがみ外

筆順

なりたち 鑑 [形声]「監」が「水かがみ」の意味と「カン」という読み方をしめしている。「金」をくわえ、金属製のかがみを表す字。

意味 ❶かがみ。てほん。もはん。照らし合わせるもの。例 亀鑑・年鑑 ❷よく見る。見分ける。例 鑑識・印鑑

名前のよみ あき・あきら・かね・のり

❷〈よく見る〉の意味で

【鑑札】↓ 役所が、よく調べたうえで許可したしるしに発行する札。例 犬の鑑札。

【鑑識】Ⅱ〈―する〉①いいものかどうか、ほんものかどうかを見分けること。例 鑑識眼。類 鑑定 ②犯罪事件の調査で、のこされた指紋や足跡などを細かく調べること。

【鑑賞】↓〈―する〉芸術作品のよさを深く味わうこと。例 音楽鑑賞。

例 解 [使い分け]かんしょう[観賞・鑑賞] ☞967ページ

【鑑定】↓〈―する〉美術品や資料・筆跡などがほんものかにせものかなどを見定めること。例 宝石の鑑定書。類 鑑識

【鑑別】↓〈―する〉よく調べて、種類や性質・程度などを見分けること。例 ひよこの雌雄を鑑別する。類 識別・判別

◆印鑑 図鑑 年鑑

8画 長 [ながい] の部

ここには「長」の字だけが入ります。

この部首の字 0 長……1056

長

長-0 総画8 2年 明朝 長 9577

音 チョウ 訓 なが-い

筆順

長 ながく はねる 人にならない

なりたち 長 [象形]ながい毛の老人が、つえをついている形をえがいた字。

意味

❶ながい。のびる。のばす。長さ。例 長さを比べる。長文・夜長・身長 対 短

❷年をかさねる。育つ。年が上である。例 長老・成長

❸まさる。すぐれている。例 音楽に長じる。一日の長(少しまさっている)。長所・特長 対 短

❹かしら。いちばん上に立つ人。例 一家の長。長官・院長

❺長門。旧国名。今の山口県の北西部。例 長州。薩長。

例解 使い分け ながい[長・永] ☞このページ

特別なよみ 八百長(やおちょう)

名前のよみ おさ・たけ・たけし・つかさ・つね・のぶ・ひさ・ひさし・まさ・まさる・ます・みち

❶〈ながい〉の意味で

【長音】⇩「おばあさん」の「ばあ」、「アーモンド」の「アー」のように、長くのばして声に出す音。知識 ひらがなの場合は「おばあさん、おじいさん、ゆうひ、ねえさん、とおる」のように、「あ・い・う・え・お」を使って表し、かたかなの場合は、「ー(長音記号)」で表す。

【長音階】ドからはじまる音階で、ド・レ・ミ・ファ・ソ・ラ・シ・ドとならぶもの。明るい感じのメロディーになる。

【長歌】⇩五・七の形を三回以上くりかえし、最後に七音の句をつけてしめくくるかたちの和歌。対 短歌

【長期】⇩長い期間。例 長期戦。対 短期

【長久】Ⅱ いつまでも長くつづくこと。例 武運長久。類 永久

【長距離】①距離が長いこと。例 長距離電話。類 遠距離 ②陸上競技で三〇〇〇メートル以上の競走。例 長距離ランナー。対 短距離・中距離

【長広舌】うんざりするほど長々としゃべりたてること。例 長広舌をふるう。

【長時間】時間が長いこと。例 長時間待たされた。参考 何日もかかるような長さになると、「長期間」が使われる。

【長寿】⇩長生きをすること。例 長寿をたもつ。類 長命 対 短命・夭折 表現「長寿番組」のように、ふつうより長くつづいていることにもいう。

【長身】⇩背が高いこと。

【長針】⇩時計の、「分」をしめす長い針。類 分針 対 短針・時針

【長足】⇩ものごとの進みぐあいが、ひじょうにはやいこと。例 長足の進歩。

【長蛇】⇩大きなヘビ。長くつながっているもの。例 長蛇を逸する(大きなえものやチャンスをのがす)。長蛇の列。

【長短】長いことと短いこと。例 ひもの長短を測る。

【長調】⇩ ☞❸ 音楽で、長音階でつくられた調子。明るい感じがある。メジャー。例 ハ長調。対 短調

【長途】⇩遠い道のり。例 長途の旅。

【長髪】⇩長くのばしたかみ。対 短髪

【長文】⇩長い文章。例 長文の手紙をもらう。対 短文

【長編】⇩詩・小説・映画などの、長い作品。例 長編小説。対 短編

【長方形】四つの角がすべて直角で、となりあう二つの辺の長さがことなる四角形。

例解 使い分け

ながい《長い・永い》

長い＝へだたりが大きい。例 長い年月。気が長い。長い目で見る。対 短い

永い＝はてしなく、いつまでもつづく。例 永いねむりにつく。末永く付き合う。

参考「末永い」は「末長い」とも書く。

長い髪

末永くお幸せに

例紙を長方形に切る。対正方形

【長命】ちょうめい ↓〈―な〉長生き。例長命をたもつ。類長寿 対短命

【長雨】ながあめ ↓何日も降りつづける雨。例秋の長雨。

【長居】ながい ↓〈―する〉よその家をたずねて、そこに長くいること。例長居は無用。

【長靴】ながぐつ ↓雨天のときや防寒用としてはく、ひざの近くまである長いくつ。対短靴

【長談義】ながだんぎ だらだらと長くてまとまりのない話。例へたの長談義。

【長丁場】ながちょうば 終わるまでに長い時間がかかること。例長丁場を乗り切る。

【長年】ながねん ↓長い年月。例長年の努力が実る。類多年

【長話】ながばなし ↓〈―する〉長い時間、話をすること。例電話で長話する。

【長屋】ながや ↓一棟の細長い建物をいくつかにくぎって、何世帯も住めるようにした家。

❷〈年をかさねる〉の意味で

【長兄】ちょうけい ↓いちばん上の兄。

【長子】ちょうし ↓①いちばんはじめに生まれた子。類第一子 対末子 ②最初に生まれた男の子。類長男・総領

【長女】ちょうじょ ↓子どもの中で、最初に生まれた女の子。

【長上】ちょうじょう Ⅲ年上または目上の人。例長上の教えにしたがう。

【長男】ちょうなん ↓子どもの中で、最初に生まれた男の子。類総領・長子

【長幼】ちょうよう ⇕年上の者と年下の者。例長幼の序(年上の者と年下の者との、けじめ)。

【長老】ちょうろう Ⅲ年をとって、経験がゆたかで、その集団や分野で尊敬される人。例村の長老。財界の長老。

❸〈まさる〉の意味で

【長所】ちょうしょ ↓その人やそのもののもっているすぐれたところ。例長所をのばす。類美点・利点 対短所

【長短】ちょうたん ⇕長所と短所。例どんな人にも長短があるものだ。☞❶

❹〈かしら〉の意味で

【長官】ちょうかん ↓その官庁で、いちばん位の高い人。例文化庁長官。

【長者】ちょうじゃ ↓大金持ち。例億万長者。類富豪 表現むかしふうの言い方。

←長が下につく熟語 上の字の働き

❶長=〈ながい〉のとき
【延長 伸長 深長 増長 悠長】近い意味。
【全長 身長 体長 波長】ナニの長さか。

❷長=〈年をかさねる〉のとき
【成長 生長】近い意味。

❹長=〈かしら〉のとき
【院長 駅長 校長 学長 園長 館長 座長 署長 船長 隊長 団長 班長 塾長 議長】ナニの長か。
【総長 局長 次長 霊長】ドノヨウナかしらか。

◆意味深長 面長 気長 首長 消長 冗長 助長 特長 年長 八百長 夜長

8画 門 [もん] [もんがまえ] の部

「門」をもとにして作られ、門や出入り口にかかわる字と、「門」の形がめやすとなっている字を集めてあります。

この部首の字

0 門 1058　2 閃 1060　3 閉 1060
4 開 1061　間 1063　閑 1064　閏 1065
6 閣 1065　関 1065　閤 1066　閥 1066
7 閲 1066　9 闇 1067　10 闘 1067
問▶口 232　悶▶心 502　聞▶耳 907

門

門－0　総画8　2年　明朝 門 9580

音 モン　訓 かど(中)

筆順 とめる はねる

なりたち 門 [象形] 左右の戸がならんでしまっている「もん」をえがいた字。

意味 ❶でいりぐち。もん。物などを通すせまい口。例笑う門には福きたる(笑い声のあふれる家には幸せがやってくる)。門松・門歯・校門

ものを数えることば

たとえば、わたしたちが本を数えるとき、一冊、二冊、三冊…というように、数字の下に「冊」ということばをつけます。日本語では、何を数えるのかによって数字の下につけることばがだいたいきまっています。こういうことばを助数詞といいます。助数詞には次のようなものがあります。

(一)ものを数えることば

枚…紙・布・和服・皿など、平たく薄いもの。
例 一枚・二枚・三枚

冊…ノート・本のように紙が何枚かたばねられたもの。
例 一冊・二冊・三冊

本…木・鉛筆・びんやかんに入った飲み物のように細くて長いもの。
例 一本・二本・三本

個…リンゴ・ミカンや角砂糖のように、手につかめるようなかたまりになっているもの。
例 一個・二個・三個

丁…豆腐やこんにゃくなどの食べ物。はさみやほうちょうなどの刃物や銃など。
例 一丁・二丁・三丁

着…洋服。(和服には「枚」を使う)
例 一着・二着・三着

足…くつやくつ下などのはきもの。
例 一足・二足・三足

脚…机やいすなど、脚のついている道具。
例 一脚・二脚・三脚

台…機械や自転車・自動車・ピアノ・机など。
例 一台・二台・三台

軒…家。(「戸」も使われる)
例 一軒・二軒・三軒

隻…船。(ボートなどの小さい船のときは「艘」を使う)
例 一隻・二隻・三隻

通…手紙や文書。
例 一通・二通・三通

句…俳句。
例 一句・二句・三句

首…和歌・漢詩。
例 一首・二首・三首

(2)生き物を数えることば

人…人間。(「名」も使われる)
例 一人・二人・三人

羽…鳥。ウサギ。(「匹」も使われる)
例 一羽・二羽・三羽

匹…虫や魚、犬や猫などの小さな動物。
例 一匹・二匹・三匹

頭…馬や牛などの大きな動物。(「匹」も使われる)
例 一頭・二頭・三頭

むかしは、何を数えるかによって、いろいろな助数詞を細かく使い分けていましたが、最近では、「ひとつ・ふたつ・みっつ」「一個・二個・三個」「一匹・二匹・三匹」などですませることが、多くなっています。

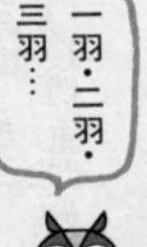

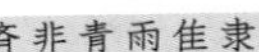
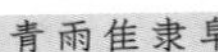
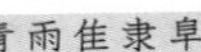
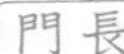

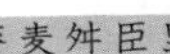
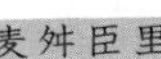
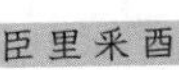

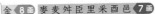

❷なかま。先生のもとに集まったなかま。例 門人・一門

❸分野。方面。いくつかに分けられた中の一つ。例 専門・仏門

❹大砲の数をかぞえることば。例 三門の砲が火をふいた。

名前のよみ ゆき

❶〈でいりぐち〉の意味で

【門口】かどぐち ↓ 家の出入り口。例 門口に立つ。

【門出】かどで ↓ ①旅に出ること。旅立ち。類 出発・出立 ②新しい生活や仕事のはじまり。例 人生の門出を祝う。類 出発

【門松】かどまつ ↓ 正月に、玄関や門に立てるかざりの松。松かざり。例 門松を立てる。知識「門松」は一月七日まで立てておくのがふつう。元日からの七日間を「松の内」という。

【門外不出】もんがいふしゅつ とてもたいせつにしていて、やたらに外に持ち出したり他人に貸したりしないこと。例 門外不出の家宝。

【門限】もんげん ↓ 門をとじ、それ以後は人が出入りできなくなる、きまった時刻。例 門限厳守。

【門戸】もんこ Ⅲ ①家の戸やとびら。出入り口。例 門戸を張る(りっぱに家をかまえる)。②人や物が出入りするための入り口。例 いっぱんにも門戸を開放する。☞❷

【門札】もんさつ ↓ 住んでいる人の名前を書いて家の玄関口や門にかける札。類 表札

【門歯】もんし ↓ 歯のならびの真ん中にある、上下四本ずつ、計八本の歯。前歯。

【門前】もんぜん ↓ 門の前。例 門前ばらいをくわせる(たずねてきた人を、会わないで帰す)。門前の小僧習わぬ経を読む(教わらなくても、いつも見聞きしていると、知らないうちにそれが身についてしまうものだ)。門前町。

【門柱】もんちゅう ↓ 門の両がわの柱。

【門灯】もんとう ↓ 門にとりつけた明かり。

【門番】もんばん ↓ 門のところにいて出入りする人を見はる役目をする人。類 門衛

❷〈なかま〉の意味で

【門下】もんか ↓ ある先生のもとで学問や芸ごとなどを教わること。例 漱石門下。類 弟子

【門下生】もんかせい その先生に教えを受ける人。類 弟子・門人・門弟

【門戸】もんこ Ⅲ 独立した流派。例 門戸を張る(一派を立てる)。☞❶

【門人】もんじん ↓ ある先生のもとで学問や芸ごとを学ぶ人。類 門下生・門弟・弟子

【門弟】もんてい ↓ ある先生について、学問や芸ごとなどを学ぶ人。類 門下生・門人・弟子

【門徒】もんと ↓ ①ある人の教えを受けている人。弟子。②仏教のある宗派を信じている人。とくに、浄土真宗の信者。類 信徒

❸〈分野〉の意味で

【門外漢】もんがいかん そのことについて専門ではないのでよくわからない人。例 美術についてはまったくの門外漢だ。対 専門家

←門が下につく熟語 上の字の働き

❶門＝〈でいりぐち〉のとき
【正門 山門 城門 楼門 鬼門 獄門 登竜門】ドウイウ門か。

❷門＝〈なかま〉のとき
【一門 武門 仏門 宗門】ドウイウなかまか。
【入門 破門】なかまとしてのあつかいをドウスルか。

❸門＝〈分野〉のとき
【部門 専門】ドウイウ分野か。

◆関門 水門 閉門 名門

【閃】

門-2 総画10 人名 明朝 閃 9583

音 セン 外 訓 ひらめ-く 外

意味 ひらめく。きらっと光る。一瞬現れる。例 閃光(瞬間的にぴかりと光る光)

【閉】

門-3 総画11 6年 明朝 閉 9589

音 ヘイ 訓 と-じる・と-ざす 中・し-める・し-まる

筆順 とめる はねる はねる すこしだす

なりたち [会意]「ふさぐ」意味の「才」と「門」とを合わせて、門を閉じることを表す字。

意味

❶しめる。とざす。とじる。とじこめる。例密閉 本を閉じる。門を閉ざす。戸が閉まる。対開

❷おわりにする。やめる。例閉店 対開

例解［使い分け］しめる［閉・締・絞］☞このページ

❶〈しめる〉の意味で

【閉館】へいかん ▲〈―する〉図書館や美術館などがその日の利用を終わりにして入り口を閉ざすこと。例午後五時に閉館する。対開館 ☞❷

【閉口】へいこう ▲〈―する〉どうにもならなくて、困ってしまうこと。例暑さに閉口する。類降参

【閉鎖】へいさ ㊂〈―する〉①入り口などを閉じて、通行ができないようにすること。例道路を閉鎖する。対開放 ②仕事や活動などをやめること、やすむこと。例学級閉鎖。

【閉鎖的】へいさてき〈―な〉他に心を開かず、内にこもってうちとけないでいるようす。例閉鎖的な社会。対開放的

【閉店】へいてん ▲〈―する〉店を閉めて、その日の商売を終わりにすること。例本日は閉店しました。対開店 ☞❷

【閉門】へいもん ▲〈―する〉①門を閉めること。対開門 ②江戸時代、武家に対する罰。門を閉じ、出入りを禁じた。

❷〈おわりにする〉の意味で

【閉会】へいかい ▲〈―する〉会議や集会などを終わりにすること。例閉会式。類散会 対開会

【閉館】へいかん ▲〈―する〉図書館や美術館などが仕事をやめてしまうこと。対開館 ☞❶

【閉校】へいこう ▲〈―する〉それまであった学校を終わりにすること。対開校

【閉山】へいざん ▲〈―する〉①鉱山の採掘をやめること。②その年の登山期間が終わること。

【閉廷】へいてい ▲〈―する〉裁判のその日の審理が終わること。例午後三時に閉廷した。対開廷

【閉店】へいてん ▲〈―する〉それまでつづけてきた商売をやめること。店じまい。例二月いっぱいで閉店します。閉店セール。対開店 ☞❶

【閉幕】へいまく ▲〈―する〉①劇や映画などが終わること。終わりにすること。例午後十時に閉幕する。類終演 対開幕 ②長くつづいた会やもよおしものなどが終わること。例博覧会はあと三日で閉幕する。対開幕

←閉が下につく熟語 上の字の働き

❶閉＝〈しめる〉のとき

【密閉 幽閉】ドノヨウニ閉じこめるか。

◆開閉

例解 使い分け

しめる《閉める・締める・絞める》

閉める＝門や戸をとじる。対開ける
例窓を閉める。ふたを閉める。店を閉める。とびらを閉め切りにする。

締める＝ゆるまないようにする。区切りをつける。
例帯を締める。財布のひもを締める。気持ちを引き締める。応募の締め切り。

絞める＝首の周りを強くおさえつける。
例首を絞める。柔道の絞め技。

開

門－4　総画12　3年　明朝 開 958B

音カイ　訓ひら-く・ひら-ける・あ-く・あ-ける

筆順 （とめる）（はねる）

なりたち 開［形声］もとの字は、「開」。「幵(ケン)」が「カイ」とかわって読み方をしめしている。「ケン」は「そむく」意味をもち、「門」のならんでいる両方の戸がはなれて開くことを表す字。

意味

❶ひらく。ひらける。きりひらく。例口を開く。文明が開ける。戸が開く。開放・開発・公

開・展開 対 閉

❷はじめる。例 開業 対 閉

例解［使い分け］あける［開・空・明］☞ひだりのページ

名前のよみ さく・はる

❶〈ひらく〉の意味で

【開運】▲〈—する〉運がよいほうに向かうこと。例 開運のお守り。

【開化】↓〈—する〉学問や知識が進むにつれて、人びとの考え方やくらし方がかわってくること。例 文明開化（明治のはじめ、西洋の文化をさかんにとりいれた世の動き）。

【開花】▲〈—する〉①木や草の花がさくこと。例 サクラの開花予想。②文化や芸術がさかんになること。例 町人文化が開花する。

【開館】▲〈—する〉図書館や博物館などが入り口を開けて、利用する人びとを入れること。例 日曜日も開館している。対 閉館 ☞❷

【開眼】▲〈—する〉一 かいがん 目が見えるようになること。目を見えるようにすること。二 かいげん 新しくできあがった仏像や仏画にたましいをむかえ入れること。例 開眼供養。三 かいげん|かいがん 仏教や学問・芸術などの根本にはっと気づくこと。例 役者として開眼する。

【開口】▲ものを言いはじめること。例 開口一番（ものを言いはじめたとたん）。

【開港】▲〈—する〉貿易のために外国船の出入りをみとめること。例 開港条約。☞❷

【開口部】人・空気・光などを通すためにつけてある、窓や入り口。

【開国】▲〈—する〉外国との行き来や貿易を新しく始めること。例 ペリーが来て、日本に開国をせまった。対 鎖国

【開墾】‖〈—する〉野山やあれ地を切り開いて田畑を作ること。例 開墾地。類 開拓

【開催】↓〈—する〉会やもよおしものなどをおこなうこと。例 研究発表会を開催する。

【開場】▲〈—する〉もよおしものをする会場の入り口をあけて人びとを入れること。例 午後五時開場。

【開拓】‖〈—する〉①原野を切り開き、田畑にすること。例 開拓地。類 開墾・拓殖 ②新しい活動の場をつくり出すこと。例 市場を開拓する。

【開帳】▲〈—する〉寺が、ふだんは閉めてあるとびらを開いて、人びとに仏像をおがませること。例 七年に一度のご開帳。類 開扉

【開陳】↓〈—する〉自分が考えていたことを、おおやけにのべること。例 見解を開陳する。表現 かた苦しい言い方。

【開通】‖〈—する〉鉄道・道路・電話などが通じること。例 道路の開通式。

【開店】▲〈—する〉店を開けてその日の仕事をはじめること。例 十時開店。対 閉店 ☞❷

【開店休業】店を開いたが、客がこないで、休業とおなじであること。

【開発】‖〈—する〉①土地や水など自然にあるものを利用して、その地域の生活や産業を高めること。例 資源開発。②新しい技術や製品を考え、つくり出すこと。例 新薬を開発する。③うもれていたものを新しくほり起こすこと。例 音楽の才能を開発する。

【開票】▲〈—する〉投票箱を開けて票数を調べること。例 開票速報。即日開票。

【開封】▲〈—する〉手紙などの封を開けること。例 はさみで開封する。

【開閉】⇔〈—する〉開いたり閉じたりすること。あけしめ。例 上下に開閉する窓。

【開放】‖〈—する〉①戸や窓をすっかり開けること。開けておくこと。②だれでも自由に出入りできること。対 閉鎖

かいほう《開放・解放》

開放＝開けはなすこと。自由に入れて使わせること。
例 ドアの開放厳禁。校庭を子どもたちに開放する。門戸を開放する。

解放＝いろいろの制限でしばりつけていたものをときはなして自由にさせること。反対は「束縛」。
例 どれいを解放する。苦痛から解放される。民族解放運動。

参考「開け放つ」「解き放つ」とおぼえて使い分ける。

【開放的】〈―な〉開けっぴろげで、人や情報の出入りが自由なようす。例開放的な校風。対閉鎖的

❷〈はじめる〉の意味で

【開演】▲〈―する〉劇や音楽会などをはじめること。例開演時刻。類開幕 対終演

【開会】▲〈―する〉会議や集会などをはじめること。例開会のあいさつ。対閉会

【開館】▲〈―する〉図書館や博物館などが新しくつくられて利用できるようになること。例来年四月に開館の予定です。対閉館 ☞❶

【開基】▲〈―する〉寺を新しくつくること。また、つくった人。例永平寺の開基は道元だ。類開山

【開業】▲〈―する〉新しく事業をはじめること。例本屋を開業する。類開店 対廃業

【開業医】個人で医院・病院を経営している医者。類町医者

【開局】▲〈―する〉放送局・郵便局など「局」と名のつくところが新しく仕事をはじめること。例開局二十周年記念番組。

【開校】▲〈―する〉新しく学校がつくられること。例開校記念日。対閉校・廃校

【開港】▲〈―する〉新しく港や空港をつくること。☞❶

【開始】Ⅱ〈―する〉ものごとをはじめること。例試合開始。対終了

【開設】↓〈―する〉施設を新しくつくり、仕事ができるようにすること。例保育所を開設する。類新設・創設・設立・創立

【開戦】▲〈―する〉戦争をはじめること。例開戦の火ぶたをきる。対終戦

【開店】▲〈―する〉新しく店を開いて商売をはじめること。例駅前におもちゃ屋が開店した。類開業 対閉店 ☞❶

【開幕】▲〈―する〉①舞台の幕を開けて、劇や演奏をはじめること。例開幕のベル。類開演 対閉幕 ②もよおしものがはじまること。例オリンピックが開幕した。対閉幕

例解 使い分け

あける《開ける・空ける・明ける》

開ける＝とじていたものをひらく。対閉じる・閉ざす・閉める

例門を開ける。店を開ける。窓を開ける。そっと目を開ける。

空ける＝中をからにする。すきまをつくる。

対ふさぐ・うめる

例家を空ける。席を空ける。時間を空けてお待ちしています。

明ける＝ある期間が終わって、新しい期間が始まる。例夜が明ける。対暮れる 年が明ける。梅雨がやっと明けた。

開が下につく熟語 上の字の働き

❶開＝〈ひらく〉のとき

【満開 全開 再開 公開】ドノヨウニ開くか。

◆切開 打開 展開 未開

間

門－4 総画12 2年 明朝 間 9593

音カン・ケン 訓あいだ・ま

筆順 間 間 間 間 間 間 間 間（とめる はねる）

なりたち 閒 [会意]もとの字は、「閒」。「月」と「門」を合わせて、月の光が門のすきまからもれてくることから、すきまを表す字。

▶前ページ 間

意味

❶あいだ。物と物、時と時とのへだたり。例 間をつめる。間を置く。指呼の間(よべば答えられるほど近いこと)。間近・時間

❷のぞき見る。うかがう。例 間者

❸へや。へやを数えることば。例 二間。洋間

❹長さの単位。一間は六尺(約一・八メートル)。例 二間間口。

発音あんない ケン→ゲン…例 人間

❶〈あいだ〉の意味で

【間柄】あいだがら ↓①親子・親類などのつながり方。例 おじ、おいの間柄。②人と人のつきあいでできる関係。例 ごく親しい間柄だ。

【間一髪】かんいっぱつ もう一瞬おそければだめだったというあぶないところ。例 間一髪セーフ。類 危機一髪 参考 かみの毛一本ほどのわずかなすきま、という意味。

【間隔】かんかく Ⅲ①物と物とのあいだの、へだたり。例 前の人と間隔をあける。②時間と時間のあいだのへだたり。例 五分間隔。

【間隙】かんげき Ⅲ①もののすきま。とぎれめ。例 群衆の間隙をぬって進む。②すき。緊張のとぎれめ。例 敵の間隙をついてせめこむ。③気持ちのすれちがい。例 二人のあいだに間隙が生じた。類 不和

【間色】かんしょく ↓原色と原色のあいだの、やわらかい感じの色。類 中間色

【間食】かんしょく ↓〈―する〉食事と食事とのあいだに、ちょっとしたものを食べること。おやつ。例 間食をひかえる。

【間接】かんせつ ↓あいだになにかをはさんで、ものごとがおこなわれること。例 間接的に伝える。間接照明。対 直接

【間断】かんだん ↓たえま。きれめ。表現「間断なく雨が降る」のように、下に「なく」をつけて使うことが多い。

【間近】まぢか ▽〈―に〉時間や距離で、あいだがあまりないこと。例 ゴール間近で追いぬく。

❷〈のぞき見る〉の意味で

【間者】かんじゃ ↓敵がわにしのびこんで、ようすをさぐる人。スパイ。

❸〈へや〉の意味で

【間口】まぐち ↓①土地・家などの正面のはばの広さ。例 間口のせまい家。②あつかうものの範囲の広さ。例 商売の間口を広げる。

←間が下につく熟語 上の字の働き

❶間＝〈あいだ〉のとき

【期間 区間 行間 波間 雲間 幕間】ナニのあいだか。

【空間 時間 昼間 夜間 山間 林間 谷間 世間 民間 人間 仲間 欄間】ナニの広がりのなかか。

【瞬間 週間 旬間 年間】ドレダケの時間か。

❸間＝〈へや〉のとき

【居間 客間 広間 洋間 土間】ドウイウへやか。

◆合間 中間

閑

門－4 総画12 常用

明朝 閑 9591

音 カン 中 訓 ひま 外

筆順 閑

なりたち 〔会意〕牛や馬がにげないように、小屋の「門」の入り口にわたした「横木」を表す字。借りて、「ひま」の意味に使われている。

意味

❶ひまである。のんびりできる。例 忙中閑あり(いそがしいなかにも、たまにはひまなときもある)。農閑期。安閑 対 忙

❷しずか。ひっそりしている。例 閑散・森閑・深閑

❸いいかげん。なおざり。ほうっておく。例 等閑に付す。閑却

名前のよみ しず・のり・やす

❶〈ひまである〉の意味で

【閑居】かんきょ ↓〈―する〉なにもすることがなくて、ひまにしていること。例 小人閑居して不善をなす(つまらない人間は、ひまでいると、ろくなことをしない)。☞❷

【閑散】かんさん Ⅲ〈―な〉仕事もなくひまであるようす。例 店は閑散としている。☞❷

【閑職】かんしょく ↓たいして重要な仕事もないつとめ。例 閑職に追いやられる。対 激職

❷〈しずか〉の意味で

【閑居】↓ ①ひっそりしたしずかな住まい。②〈―する〉仕事をはなれてしずかにくらすこと。例 山奥に引っこんで閑居する。

【閑古鳥】「カッコウ」の別名。例 閑古鳥が鳴く（商売がはやらず、ひっそりしている）。☞❶
参考 日本で漢字を当てたことば。

【閑散】Ⅲ〈―と〉人やものがなく、ひっそりしているようす。例 閑散とした校庭。☞❶

【閑寂】Ⅲ〈―な・―に〉ものさびしいほどしずかなようす。例 閑寂な住まい。類 静寂

【閑静】Ⅲ〈―な・―に〉しずかで、ひっそりしている。例 閑静な住宅街。類 静寂

❸〈いいかげん〉の意味で

【閑却】☒〈―する〉だいじでないと考えてほうっておくこと。なおざりにすること。例 閑却できない問題。類 等閑

【閑話休題】むだ話はやめて、話を本論にもどそう。それはさておき。

◆深閑 森閑

【閏】

門－4 総画12 人名 明朝 閏 958F

音 ジュン 外 訓 うるう 外

意味 うるう。多い。暦と季節のずれを調節するために日を多くすること。

【閏年】↓ 暦で一年を三六六日とする年。四年に一度あり、二月を二九日として、一日多くする。

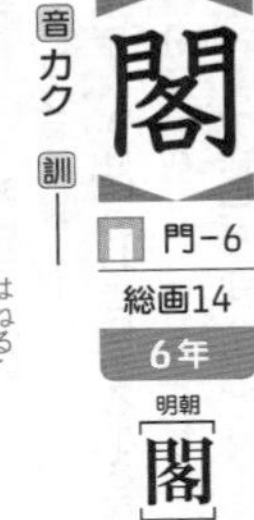

【閣】

門－6 総画14 6年 明朝 閣 95A3

音 カク 訓 ―

筆順 とめる はねる

なりたち ［形声］「各」が「カク」という読み方をしめしている。「カク」は「とどめる」意味をもち、「門」の戸が開いたときにとどめる木を表す字。りっぱな門の建物のことから、「りっぱな建物」の意味に使われている。

意味 ❶りっぱな建物。高くて大きい建物。例 閣下・仏閣 ❷内閣。政府の中心の組織。例 閣議・組閣

発音あんない カク→カッ… 例 閣下

名前のよみ はる

❶〈りっぱな建物〉の意味で

【閣下】↓ 地位や身分の高い人をうやまってよぶことば。参考「閣」は、身分の高い人の住まい。「下」は、「お住まいには入らず、下にひかえて申し上げます」というつつしみのことば。「陛下」「殿下」の「下」とおなじ。

❷〈内閣〉の意味で

【閣議】↓ 内閣のすべての大臣が集まる会議。例 閣議が開かれる。閣議決定。

【閣僚】↓ 内閣をつくっているそれぞれの国務大臣。例 閣僚名簿。類 大臣

閣が下につく熟語 上の字の働き

❶閣＝〈りっぱな建物〉のとき
【仏閣 天守閣】ドウイウ建物か。

❷閣＝〈内閣〉のとき
【組閣 倒閣 入閣】内閣を（内閣に）ドウスルか。

◆内閣 楼閣

【関】

門－6 総画14 4年 明朝 関 95A2 旧字 關 95DC

音 カン 訓 せき・かか－わる

筆順 とめる はねる ださない

なりたち ［形声］もとの字は、「關」。「𢇇」が「カン」という読み方をしめしている。「カン」は「つらぬく」意味をもち、木を横につらぬき通して「門」をとざすことを表す字。

意味 ❶せきしょ。人や物の出入りを調べるところ。出入り口。例 箱根の関。関門・税関 ❷つなぎめ。からくり。例 関節・機関 ❸かかわる。かかわり合う。例 水害に関する報道。関係・相関 ❹せきとり（関取）。十両以上の力士。

❶〈せきしょ〉の意味で

【関西】↓ 京都・大阪・神戸を中心にした地方。関西地方。例 関西弁。対 関東

【関税】かんぜい ↓ 外国から買った品物にかける税金。例 関税を引き下げる。

【関東】かんとう ↓ 東京を中心とする地方。関東地方。例 関東平野。対 関西

【関門】かんもん ↓ 目的をやりとげるため、なんとしても通りぬけなければならないところ。例 第一関門を突破する。参考 関所の門の意味。

【関所】せきしょ ↓ むかし、国境や交通上たいせつなところに置かれた役所で、そこを通る人の身分・荷物などを調べたところ。

❷〈つなぎめ〉の意味で

【関節】かんせつ ↓ 手首やひじ・ひざなどの、骨と骨とがつながっているところ。例 関節炎。

❸〈かかわる〉の意味で

【関係】かんけい Ⅲ ①ほかのものとどんなつながりがあるかのつながり方。あいだがら。例 親子の関係。利害関係。②〈─する〉かかわり合いをもつこと。例 事件に関係した人。③あるものが、ほかのものに影響をあたえるようなかかわり。例 気候の関係で今年は不作だ。④…の方面。(ぼかしてはっきり言わないときに使う) 例 教育関係の仕事。類 分野

【関心】かんしん ▲ 気にかけて注意を向けること。例 政治に関心をもつ。関心事。類 興味 対 無関心

例 解 [使い分け] かんしん [歓心・関心・感心] ☞ 660ページ

【関知】かんち ↓〈─する〉あることにかかわりがあり、それについてよく知っていること。表現「わたくしの関知しないことです」のように、打ち消して使うことが多い。

【関白】かんぱく ↓ むかし、天皇を助けて直接国の政治をした役職。例 摂政関白。参考「関」は「国の政治にかかわる」こと、「白」は「ものを申す」という意味。表現「亭主関白」は、家の中では亭主が関白のようにいばっていること。「かかあ天下」と対になることば。

【関与】かんよ Ⅲ〈─する〉仕事や事件などにかかわりをもつこと。例 国政に関与する。

【関連】かんれん ↓〈─する〉二つのものごとのあいだにつながりやかかわりがあること。例 両者の関連をしらべる。関連が深い。

❹〈せきとり(関取)〉の意味で

【関取】せきとり ◎ すもうで、十両と幕内の力士。参考 もとは、「大関」の意味。

関が下につく熟語 上の字の働き

❶ 関＝〈せきしょ〉のとき

【玄関 税関 難関】ドノヨウナ関所か。

◆ 機関 相関 連関

閣

門-6 総画14 人名 明朝 閣 95A4

音 コウ 外 訓 ─

意味 ❶ 大きな門のわきにある小さな門。❷ ごてん。

参考 ☞【太閤】たいこう(290ページ)

閥

門-6 総画14 常用 明朝 閥 95A5

音 バツ 中 訓 ─

筆順

なりたち [形声]「伐」が「バツ」という読み方をしめしている。「バツ」は「ぬきんでる」意味をもち、ほかよりぬきんでたりっぱな「門(家がら)」を表す字。

意味 なかま。強いつながりをもつ人びとの集まり。例 閥を作る。閥族・派閥

閥が下につく熟語 上の字の働き

【学閥 財閥】ナニのなかまか。

◆ 派閥

閲

門-7 総画15 常用 明朝 閲 95B2

音 エツ 中 訓 ─

筆順

なりたち [形声] もとの字は、「閱」。「兌(エツ|タイ)」が「エツ」という読み方をしめしている。「タイ」は「かぞえる」意味をもち、「門」の出入りを調べることを表す字。

意味 目をとおす。ていねいによく見る。調べる。例 閲覧・検閲

【閲読】えつどく ↓〈─する〉本や書類などを調べなが

らていねいに読むこと。類閲覧

【閲覧】えつらん ⊟〈—する〉図書館にある本や新聞などを調べたり読んだりすること。例閲覧室。類閲読

閲が下につく熟語 上の字の働き

【検閲 校閲】ドウヤッテ調べるか。

闇

音アン（外） 訓やみ（中）

門−9 総画17 常用

明朝 闇 95C7

筆順

意味 やみ。暗い。暗がり。例暗闇。

【闇夜】やみよ ⬇ 真っ暗な夜。表記「あんや」とも読むが、今は「暗夜」と書く。

闘

音トウ（中） 訓たたか-う（中）

門−10 総画18 常用

明朝 闘 95D8 旧字 鬭 9B2D

筆順

なりたち ［形声］もとの字は、「鬭」。「鬥」が手に物を持って二人が向かい合ってあらそっている形を、「斲」が「トウ」という読み方をしめしている。「トウ」は「打つ」意味をもち、たたかうことを表す字。

意味 たたかう。あらそう。たたかわせる。例病魔と闘う。闘争・戦闘

例解［使い分け］たたかう［戦・闘］☞519ページ

【闘牛】とうぎゅう ▲①牛と牛をたたかわせる競技。②人と牛がたたかう競技。例闘牛士。

【闘魂】とうこん ⬇ くじけることなくたたかいぬこうとする心がまえ。類闘志

【闘士】とうし ⬇①たたかう人。類戦士 ②自分がもっている考えや要求をつらぬくためにさかんに活動する人。例労働運動の闘士。

【闘志】とうし ⬇ たたかって相手を負かしてやろうという意気ごみ。ファイト。例闘志をもやす。闘志満々。類闘魂

【闘争】とうそう ⊟〈—する〉①相手に勝とうとして、はげしくあらそうこと。②労働者と使用者とがそれぞれの利益のためにあらそうこと。

【闘病】とうびょう ▲〈—する〉病人が病気をなおそうと、がまん強く療養すること。例闘病生活。

闘が下につく熟語 上の字の働き

【苦闘（悪戦苦闘） 敢闘 奮闘 健闘 死闘 乱闘 格闘】ドノヨウニ闘うか。

◆決闘 戦闘

8画 阜［おか］の部

「階」などのへんの「阝（こざとへん）」のもとの字である「阜」の字だけが入ります。

☞「阝（左）」の部（468ページ）

この部首の字 0阜……1067

阜

音フ 訓おか（外）

阜−0 総画8 4年

明朝 阜 961C

筆順（ながく）

なりたち ［象形］土が積みあがってできた大きな丘をえがいた字。

意味 おか。平地より少しもりあがった土地。台地。丘陵。

県名 岐阜（ぎふ）

8画 隶［れいづくり］の部

追いかけてつかまえる意を表す「隶」をもとにして作られた「隷」の字だけが入ります。

この部首の字 8隷……1067

隷

音レイ（中） 訓—

隶−8 総画16 常用

明朝 隷 96B7

筆順

なりたち ［形声］「隶」が「おいかけてつかまえる」意味を、「柰（もと柰）」が「レイ」とかわって読み方をしめしている。「レイ」は

「つなぐ」意味をもち、つかまえてつなぎとめることを表す字。

意味
❶したがう。しもべ。例 隷属・奴隷
❷れいしょ（隷書）。秦の時代に使われ始めた漢字の書体。例 古隷

❶〈したがう〉の意味で
【隷従】れいじゅう Ⅱ（―する）きわめて従順に、つきしたがう。けっして反抗することなく、命じられたとおりのことをする。類 隷属
【隷属】れいぞく Ⅱ（―する）なにからなにまで上の人や相手の言いなりになっていること。例 大国に隷属する。類 従属・隷従
【隷吏】れいり ↓ 下級の官吏。参考 ☞ものしり巻物5（163ページ）

❷〈れいしょ（隷書）〉の意味で
【隷書】れいしょ ↓ 漢字が今のような字形になる前、古代中国で行われた、漢字の字形の一種。篆書をかんたんにしたもの。参考 ☞ものしり巻物5（163ページ）

8画 隹［ふるとり］の部

尾の短い鳥の形をえがいた象形である「隹」をもとにして作られた鳥にかかわる字と、「隹」の形がめやすとなっている字を集めてあります。

この部首の字

隼

隹－2 総画10 人名 明朝 隼 96BC

音 ジュン外 訓 はやぶさ外

意味 はやぶさ。つばさが長く、飛ぶのが速い勇猛な鳥。鷹狩りに使われた。

名前のよみ とし・はや

隻

隹－2 総画10 常用 明朝 隻 96BB

音 セキ中 訓 ―

筆順

なりたち ［会意］「とり（隹）」と「手（又）」を合わせ、手に一羽のとりを持っていることを表す字。「二つ」の意味の「雙（双）」に対して、「一つ」の意味に使われている。

意味
❶ひとつだけ。対になっているものの片ほう。例 隻手 対 双
❷ほんのわずか。例 片言隻語（へんげんせきご）
❸船を数えることば。例 一隻の船。

❶〈ひとつだけ〉の意味で
【隻眼】せきがん ↓ 片ほうの目。目が片ほうしかないこと。例 隻眼の武将伊達政宗。類 独眼・片目 対 双眼・両眼 表現「一隻眼をそなえる」は、その方面に高い見識をもつこと。
【隻手】せきしゅ ↓ 片ほうの手。対 双手
【隻腕】せきわん ↓ 片ほうのうで。片うでしかないこと。例 隻腕の大投手。類 片腕

雀

隹－3 総画11 人名 明朝 雀 96C0

音 ジャク外 訓 すずめ外

意味 すずめ。茶色の地に黒の斑点がある小さな鳥。人家の近くにすむ。例 雀百まで踊りわすれず（おさない時に身についたことは、年をとってもけっしてわすれない）。欣喜雀躍（喜んでこおどりする）。

雁

隹－4 総画12 人名 明朝 雁 96C1

音 ガン外 訓 かり外

意味 かり。ガン。秋に日本にわたってきて、冬のあいだ水辺ですごす水鳥の一種。ななめにならんで飛ぶ習性がある。

【雁行】がんこう ↓（―する）ガンの行列のように、ななめにならんで行くこと。

雇

隹－4 総画12 常用 明朝 雇 96C7

音 コ中 訓 やと-う中

筆順

なりたち 雇 [形声]…て人をはたらかせ

…員を雇う。雇用・解雇

【雇員】こいん ↓ 会社や役所が、正式の職員でなく、手伝いとしてやとい入れた人。

【雇用】こよう ↓〈—する〉会社や役所が、人をやとい仕事をさせること。例 終身雇用。

集

隹-4 総画12 3年 明朝 集 96C6

音 シュウ 訓 あつ-まる・あつ-める・つど-う

中

筆順 亻 亻' 亻' 仁 什 隹 隹 隼 集 集（ながく）

なりたち [会意]「隹(とり)」と「木」とからでき、たくさんのとりが木にあつまっているようすを表している字。

意味

❶あつまる。あつめる。あつまり。例 人が集まる。答案用紙を集める。若者が集う。集団・密集

❷あつめた書き物。作品などを一つに集めてのせた本。例 詩集

…る。あつめる〉の意味で

…め・ちか

【集荷】しゅうか ▲〈—する〉各地からの産物などの…物を市場や倉庫に集めること。例 トラックで集荷する。集荷場。

【集会】しゅうかい ‖〈—する〉多くの人がおなじ目的で一つの会場に集まること。その集まり。例 全校児童集会。類 会合

【集金】しゅうきん ▲〈—する〉会費・代金など、きまっている額のお金を集めてまわること。例 会費を集金する。

【集計】しゅうけい ↓〈—する〉数をよせ集めて合計すること。例 得点を集計する。類 合計

【集結】しゅうけつ ‖〈—する〉ばらばらになっていたものが一か所に集まること。類 結集

【集合】しゅうごう ‖〈—する〉人びとが一つの場所により集まること。例 集合時刻。対 解散

【集散】しゅうさん ⇕〈—する〉①物や人が集まったりちらばったりすること。例 離合集散をくりかえす。②生産地から集まる動きと、それを送り出す動き。例 木材の集散地。

【集積】しゅうせき ‖〈—する〉たくさんの物が集まってつみかさなること。集めてたくわえること。例 貨物の集積所。集積回路(IC)。

【集大成】しゅうたいせい〈—する〉多くのものを集めて、一つにまとめること。例 長年の研究を集大成して出版する。

【集団】しゅうだん ‖ 多くの人や動物が集まってつくる一つのまとまり。例 集団で行動する。集団下校。類 団体 対 個人

【集中】しゅうちゅう ↓〈—する〉一つところに集まること。また、集めること。例 注意を集中する。集中豪雨。対 分散・拡散

【集配】しゅうはい ⇕〈—する〉郵便物や荷物などを集めたり配ったりすること。例 集配局。

【集約】しゅうやく ↓〈—する〉集めたものを整理し、とらえやすい形にまとめること。例 意見を集約する。

【集落】しゅうらく ‖ 人家が集まっているところ。例 谷沿いに集落が点在する。類 村落

集が下につく熟語 上の字の働き

❶集=〈あつまる。あつめる〉のとき

【収集 募集 群集】近い意味。

【参集 密集 凝集 採集 召集 招集】ドノヨウニ集まる(集める)か。

❷集=〈あつめた書き物〉のとき

【歌集 句集 詩集 文集 画集】ナニを集めたものか。

【全集 特集】ドノヨウニ集めたものか。

◆結集 編集

雄

隹-4 総画12 常用 明朝 雄 96C4

音 ユウ中 訓 お中・おす中

筆順 一 ナ 厷 厷' 厷' 雄 雄

なりたち [形声]「隹」が「とり」を、「厷」が「ユウ」という読み方をしめしている。「ユウ」は「いさましい」の意味をもち、いさましい「おすのとり」を表す字。

意味 ❶おす。動植物のおす。人間でいえば男。例 雄と雌。雄花 対 雌し・雌め
❷おおしい。いさましい。すぐれている。力のある者。例 雄大・英雄

名前のよみ かず・かつ・たか・たけ・たけし・のり・よし

❶〈おす〉の意味で

【雄花】おばな ↓ おしべだけで、めしべがなく、実をむすばない花。キュウリ・カボチャなどにある。対 雌花

❷〈おおしい〉の意味で

【雄姿】ゆうし ↓ いさましく堂々としたすがた。例 富士山の雄姿をあおぐ。

【雄大】ゆうだい Ⅲ〈―な〉規模が大きく堂々としていてすばらしい。例 雄大な自然。類 壮大

【雄図】ゆうと ↓ 大がかりですばらしい計画。例 雄図に胸をおどらせる。類 壮図

【雄 ↓〈―する〉自分に合った新しい場所 きり活躍すること。例 海外に 雄

【雄弁】 力強く堂々と して、聞 な話し 方。例 雄弁 雌雄

◆英雄 雌雄 両雄

雅

隹-5 総画13 常用

明朝 雅 96C5

音 ガ 中 訓 みやび-やか 外

筆順

なりたち [形声]「隹」が「とり」を、「牙」が「ガ」という読み方をしめしている。「ガ」はカラスの鳴き声で、「ミヤマガラス」を表す字。借りて、「みやびやか」の意味に使われている。

意味 みやびやか。落ち着いていて品がある。例 雅趣・優雅 対 俗

名前のよみ ただ・ただし・つね・なり・のり・ひとし・まさ・まさし・まさる・もと

【雅楽】ががく ↓ 日本に古くからあり、宮中や寺社で演奏される音楽。知識 奈良時代に中国や朝鮮からつたわった舞楽や日本古来の音楽をもとにしている。

【雅号】がごう ↓ 画家や書家などが、本名のほかにもつ名前。類 筆名・号・ペンネーム

【雅趣】がしゅ ↓ 風流で上品なおもむき。例 雅趣に富んだ庭。

←雅が下につく熟語 上の字の働き

【典雅 優雅】近い意味。

雑

隹-6 総画14 5年

明朝 雑 96D1

旧字 雜 96DC

音 ザツ・ゾウ 訓 ま-じる 外

筆順 はねる おらない とめる

なりたち [形声]もとの字は、「襍」。「集」が「あつめる」意味と、「ゾウ」とかわって読み方をしめしている。「ネ」は「ころも(衣)」で、いろいろな布を集めて作った衣を表す字。

意味 ❶入りまじる。とりまざる。まざる。ごちゃごちゃしている。例 雑多・複雑・乱雑
❷だいじでない。とるに足りない。こまごました。例 雑草・雑巾
❸あらい。大ざっぱ。例 雑な仕事。粗雑

特別なよみ 雑魚(ざこ)

❶〈入りまじる〉の意味で

【雑魚】ざこ ↓ いろいろの小さな魚。例 つれたのは雑魚ばかりだ。☞❷

【雑魚寝】ざこね 〈―する〉おおぜいの人が入りまじって一つのへやでねること。

【雑音】ざつおん ↓ ①耳ざわりなさわがしい音。例 まわりの雑音に気をとられる。類 騒音 ②テレビ・電話などに入りこむじゃまな音。例 電話に雑音が入る。

【雑貨】ざっか ↓ ふだんの生活に使う、こまごまとした道具。例 雑貨屋。類 荒物

【雑学】ざつがく ↓ 一つのことを深く知っているのでなく、いろいろな方面のことについてのば

…な知識。

【雑感】ざっかん ⇩まとまりのないさまざまな感想。例生活雑感を書き送る。

【雑記】ざっき ⇩つながりもまとまりもないことを、きれぎれに書くこと。例雑記帳。

【雑居】ざっきょ ⇩〈―する〉①一つの家の中にいくつかの家族が入りまじって住むこと。②おなじところにいろいろな人が、入りまじっていること。例雑居ビル。

【雑菌】ざっきん ⇩いろいろな種類の細菌。例雑菌が繁殖する。

【雑誌】ざっし ⇩いろいろなことがらについての記事や写真などをのせて、きまった時期に号をおって出す本。例学習雑誌。

【雑種】ざっしゅ ⇩種類のちがうもののあいだに生まれた動物や植物。例雑種の犬。対純血種

【雑食】ざっしょく ⇩〈―する〉動物性と植物性の両ほうの食べ物を食べること。例雑食動物。関連肉食・草食・雑食

【雑然】ざつぜん ⊠〈―たる〉〈―と〉まとまりなく、ごたごたしているようす。例雑然としたへや。対整然

【雑多】ざった ⇩〈―な〉〈―に〉やたらにいろんなものがごたごたとあるようす。例種々雑多な品。

【雑踏】ざっとう ⇩〈―する〉さまざまな人たちでこみあっていること。例都会の雑踏をぬけだす。

【雑念】ざつねん ⇩気を散らせる、よけいな考え。例雑念をはらう。類余念・邪念

【雑炊】ぞうすい ⇩野菜や魚などをきざんで入れ、味をつけたおかゆ。おじや。例かに雑炊。

【雑煮】ぞうに ⇩野菜や肉などを入れたしるに、もちを入れて食べる正月料理の一つ。

❷〈だいじでない〉の意味で

【雑魚】ざこ ⇩軽く見られる下っぱの者。例雑魚にかまうな。類小物 ☞❶

【雑役】ざつえき ⇩そうじ・かたづけなど、会社や工場での雑多な仕事。例雑役係。類雑用

【雑件】ざっけん ⇩それほどだいじでない、こまごました事件や用件。

【雑穀】ざっこく ⇩米・麦以外の、豆・ソバ・キビなどの穀物。例米に雑穀をまぜてたく。

【雑事】ざつじ ⇩おもな仕事以外の、こまごまとした用事。例雑事に追われる。類雑用・雑務・俗事

【雑草】ざっそう ⇩育てないのに自然に生えるいろいろな草。例庭の雑草をぬく。表現「雑草のように」の言い方で、強い生命力をもつもののたとえにも使われる。

【雑談】ざつだん ⇩〈―する〉話題も決めず、気楽にとりとめのない話をすること。類世間話

【雑費】ざっぴ ⇩おもな費用のほかにかかる、こまごまとしたお金。類諸費

【雑文】ざつぶん ⇩気楽に書いた、軽い文章。例同人誌に雑文をよせる。

【雑務】ざつむ ⇩おもな仕事のほかの、こまごまとした仕事。例雑務が多い。類雑用・雑事

【雑用】ざつよう ⇩こまごまとしたいろいろな用事。例雑用に追われる。類雑事・雑務・雑役

【雑木】ぞうき／ざつぼく ⇩家などをつくる材料にはしない、まきや炭にするような木。例雑木林。

【雑巾】ぞうきん ⇩ふきそうじに使う、布をかさねて厚めにぬったもの。例雑巾がけ。

【雑言】ぞうごん ⇩いろいろの悪口。例悪口雑言。

【雑兵】ぞうひょう ⇩名もない、身分の低い兵士。例足軽雑兵。

◀雑が下につく熟語 上の字の働き

❶雑＝〈入りまじる〉のとき
【混雑 繁雑 煩雑 乱雑】近い意味。
◆粗雑 複雑

雌

隹-6 総画14 常用 明朝 雌 96CC

音 シ中 訓 め中・めす中

筆順 丨 ⺊ 止 此 此⺊ 雌 雌

なりたち 雌 [形声]「隹」が「とり」を、「此」が「シ」という読み方をしめしている。「シ」は「小さい」の意味をもち、からだの小さい「めすのとり」を表す字。

意味 めす。動植物のめす。人間でいえば女。例雄と雌。雌花 対雄

【雌伏】しふく ⇩〈―する〉やがて活躍できるときが来るのを、じっとがまんしながら待つこと。例雌伏十年。対雄飛

【雌雄】しゆう ⇕①めすとおす。例ひよこの雌雄

前ページ 雌

を見分ける。②すぐれたものと、おとるもの。勝ち負け。例雌雄を決する。類優劣

【雌花】めばな ↓ めしべだけでおしべのない花。雄花から花粉をもらって実をつける。キュウリ・カボチャなどにある。対雄花

【雛】

隹-10 総画18 人名 明朝 雛 96DB

音スウ外 訓ひな外

意味 ①ひな。ひよこ。例雛鳥 ②かわいい。小さい。例雛菊 ③ひな人形。例雛壇・雛祭り・内裏雛

【難】

隹-10 総画18 6年 明朝 難 96E3 旧字 難 FA68

音ナン 訓かた-い高・むずか-しい

筆順 一 䒑 莫 𦰩 歎 難（とめる・ださない）

なりたち [形声]もとの字は、「難」。「隹」が「とり」を、「𦰩」が「ナン」とかわって読み方をしめしている。とりの名を表す字。借りて、「むずかしい」として使われている。

意味 ①むずかしい。かんたんにはできない。例難しい問題。想像に難くない。難問 対易 ②わざわい。苦しみ。例難をのがれる。難民・災難 ③とがめる。欠点をせめる。欠点。例難詰・非難

①〈むずかしい〉の意味で

【難易】なんい ⇕ むずかしいことと、やさしいこと。むずかしさの程度。例難易度。

【難解】なんかい ▲〈一な〉むずかしくてわかりにくいこと。例難解な文章。対平易

【難関】なんかん ↓ かんたんには通りぬけることができないところ。例難関を突破する。類難所

【難行】なんぎょう ↓〈一する〉仏道をおさめるための苦しくてつらい修行。

【難行苦行】なんぎょうくぎょう 仏道をおさめるために、苦しみや痛みにたえておこなう修行。

【難局】なんきょく ↓ 切りぬけるのがむずかしい場面やできごと。例難局を打開する。

【難航】なんこう ▲〈一する〉①あらしなどのために船や飛行機が航行しにくいこと。②ものごとがうまく進まないこと。例交渉が難航する。類難渋

【難攻不落】なんこうふらく せめにくくて、なかなかせめ落とせないこと。例難攻不落の城。

【難産】なんざん ↓〈一する〉お産のとき、子どもがなかなかうまれず苦しむこと。対安産 表現「難産のすえに予算案が成立した」のように、仕事がなかなかまとまらないことにも使う。

【難渋】なんじゅう Ⅱ〈一する〉ものごとがうまくはかどらず、苦労すること。例難渋をきわめる。類難航・難儀

【難所】なんしょ ↓ けわしくて、通りぬけるのがむずかしいところ。例難所にさしかかる。類難関・難路

【難色】なんしょく ↓ 賛成できないという顔つきや態度。例解決案に難色をしめす。

【難題】なんだい ↓ ①むずかしい問題。処理するのがむずかしいことがら。例難題に取り組む。②できそうもないむりな注文。例無理難題をふっかける。類難問

【難聴】なんちょう ▲ ①音を聞く力が弱って、音や声がよく聞きとれないこと。②ラジオの音などが聞きとりにくいこと。例難聴地域。

【難点】なんてん ↓ ものごとをするうえでの困難なところ。例実用化にさいしての難点。☞❸

【難度】なんど ↓ むずかしさの程度。例難度の高い問題をこなす。類難易度

【難病】なんびょう ↓ なかなかなおらない重い病気。例難病にうちかつ。類難症

【難物】なんぶつ ↓ あつかい方がむずかしいもの。気むずかしくて、あつかいにくい人。

【難問】なんもん ↓ すぐに答えたり解決したりするのがむずかしいことがら。例難問が続出した。多くの難問をかかえる。類難題

【難路】なんろ ↓ 通って行くのがむずかしい道。危険な道。例難路がつづく。類悪路・難所

②〈わざわい〉の意味で

【難儀】なんぎ ↓〈一な・一する〉①苦しむこと。例雪道で難儀した。難儀な仕事。類苦労・難渋 ②めんどうなこと。めいわく。例家族に難儀をか

問いつめること。

【難癖】なんくせ ↓ 欠点。わるいところ。例難癖をつける(ちょっとした欠点を言いたててけちをつける。あらさがしをする)。

【難点】なんてん ↓ よくないところ。欠点。例気が短いのが難点だ。☞❶

← 難が下につく熟語 上の字の働き

❷難＝〈わざわい〉のとき

【危難 苦難 災難 困難】近い意味。

【水難 海難 盗難 後難】ドノヨウナわざわいか。

【受難 遭難 避難 救難】わざわいを(わざわいに)ドウスルか。

【万難 多難 無難】ドレホドのわざわいか。

◆至難 非難

離

隹－11 総画19 常用 明朝 離 96E2

音 リ中 訓 はな-れる中・はな-す中

筆順

…「とり」を、「离」が「リ」

…読み方をしめしている。

…ョウセンウグイス」を表す字。

…になれる」として使われている。

れる。はなす。ばらばらになる。別れ

例手を離す。離別・分離 対合

参☞「巽」の「文字物語」(366ページ)

例解[使い分け]はなす[放・離]☞563ページ

【離縁】りえん ▲〈—する〉①夫婦の縁を切って別れること。類離婚・離別 ②養子・養女などの関係を取り消すこと。類絶縁

【離宮】りきゅう ↓ 皇居とはべつにつくられた天皇や皇族の宮殿。例赤坂離宮。

【離合】りごう ⇕〈—する〉はなれたりくっついたりすること。なかまが、別れたり集まったりすること。例離合集散をくり返す。

【離婚】りこん ▲〈—する〉夫婦が縁を切って別れること。類離縁・離別 対結婚

【離散】りさん Ⅱ〈—する〉家族など、いっしょにくらしていた人びとがばらばらになること。例一家離散。

【離職】りしょく ▲〈—する〉それまでの職をやめること。例病気のため離職する。表現失業や失職などを遠まわしにいうときに使う。

【離脱】りだつ Ⅱ〈—する〉入っていたグループや自分の持ち場からはなれること。例戦線を離脱する。

【離着陸】りちゃくりく〈—する〉飛行機が地上から飛びたつことと地上におりること。離陸と着陸。類発着

【離党】りとう ▲〈—する〉それまで入っていた政党からぬけること。対入党

【離島】りとう ①↓本土から遠くはなれた島。類孤島 対本土 ②▲〈—する〉それまで住んでいた島を出ること。例就職のため離島する。

【離日】りにち ▲〈—する〉日本に来ていた外国人が、日本をはなれること。対来日

【離乳】りにゅう ▲〈—する〉赤ちゃんが成長して、乳を飲むのがだんだんへり、ふつうの食べ物を食べるようになること。乳ばなれ。例離乳食。離乳期。

【離任】りにん ▲〈—する〉それまでの役目や仕事からはなれること。類退任 対就任・着任

【離反】りはん ↓〈—する〉それまでしたがっていた集団や人、ものごとからはなれそむくこと。例人心が離反する。

【離別】りべつ Ⅱ〈—する〉①親しくしていた人と別れること。例離別の日が近づく。類別離 ②夫婦の縁を切って相手と別れること。例夫と離別する。類離婚・離縁

【離陸】りりく ▲〈—する〉飛行機などが陸地から飛びたつこと。例当機は、まもなく離陸いたします。対着陸

← 離が下につく熟語 上の字の働き

【隔離 距離 分離 別離 遊離】近い意味。

◆不即不離

8画 雨 ［あめ］［あめかんむり］の部

「雨」をもとに作られ、天候や気象にかかわる字を集めてあります。

雨

雨-0 総画8 1年 明朝 雨 96E8

音 ウ 訓 あめ・あま

筆順 一 冂 币 雨 雨 雨 雨 雨（はねる・うえにつける・ノにならない）

なりたち ［象形］天（一）と雲（巾）と水のつぶ（::）とからでき、天から落ちてくる「あめ」をえがいた字。

例 雨が降る。雨具・雨天

発音あんない …例 春雨・小雨・霧雨

注意するよみ あま…例 雨戸・雨具

特別なよみ …（れ）・梅

【雨足】…り方…通りすぎていくようす。例 雨足がはやい。

表記「雨脚」とも書く。

【雨具】あまぐ ↓ 雨がさ・レインコート・雨ぐつなど、雨にぬれないために使うもの。

【雨雲】あまぐも ↓ 空に低く広がり、雨を降らせる雲。例 雨雲が低くたれこめる。

【雨戸】あまど ↓ 雨風や寒さなどをふせぐために、また、夜の用心のために、ガラス戸などの外がわにとりつける戸。

【雨模様】あめもよう・あまもよう ① 今にも雨が降りだしそうな空のようす。雨もよい。② 雨が降っていること。例 このところ雨模様がつづく。

【雨季】うき ↓ 熱帯地方で、一年のうち、雨が多く降る期間。例 雨季に入る。対 乾季・乾期

表記「雨期」とも書く。

【雨滴】うてき ↓ 降ってくる雨のつぶ。また、降った雨のしずく。雨だれ。

【雨天】うてん ↓ 雨の降る天候。雨降り。例 雨天決行（雨が降っても思い切ってやること）。雨天順延（雨の降らない日までのばすこと）。

関連 晴天・雨天・曇天

【雨量】うりょう ↓ 雨や雪などの、ある時間内に降った量。ミリメートルで表す。例 雨量をはかる。類 降水量・降雨量

【雨露】うろ ‖ 雨とつゆ。例 雨露をしのぐだけの家（そまつな家）。

…下につく熟語 上の字の働き

小雨 涙雨 春雨 梅雨 五月雨 時雨 氷雨 豪雨 雷雨 暴風雨 慈雨】ドノヨウナ雨か。

◆降雨 晴雨 風雨 村雨

雪

雨-3 総画11 2年 明朝 雪 96EA

音 セツ 訓 ゆき

筆順 一 ⻗ 雪 雪 雪 雪 雪（ノにならない・ノにならない・ださない）

なりたち ［形声］「雨」が天から降ってくるものを、「彗セイ（ヨ）」が「セツ」とかわって読み方をしめしている。「セイ」は「きよらか」の意味をもち、天から降ってくるきよらかな「ゆき」を表す字。

意味 ❶ゆき。例 雪が積もる。雪国・残雪・粉雪 ❷すすぐ。きれいにする。例 雪辱

特別なよみ 雪崩（なだれ）・吹雪（ふぶき）

❶〈ゆき〉の意味で

【雪害】せつがい ↓ 大雪やなだれなどによって、交通や農作物などに被害が出ること。

【雪渓】せっけい ↓ 夏でも雪や氷がのこっている高い山の谷。例 雪渓をわたる。

【雪月花】せつげっか 冬の雪と秋の月と春の桜。日本の季節ごとの自然の美しさを代表するもの。類 花鳥風月

【雪原】せつげん ↓ ① 一面に雪が降り積もった野原。例 北海道の雪原。② 高い山や北極・南極

などで、いつも雪がとけないでいる広いところ。例犬ぞりで雪原をわたる。

【雪崩】⬇山の斜面に積もっていたたくさんの雪が、一度にどっとくずれ落ちること。例雪崩にあう。表層雪崩。

【雪女】⬇雪の降りしきる夜、女のすがたであらわれる雪の精。雪国の言いつたえに登場する。類雪娘・雪女郎

【雪合戦】雪を丸めてぶつけあう遊び。

【雪国】⬇雪がたくさん降る地方。例雪国にもおそい春がきた。

【雪化粧】〈—する〉雪が降って、あたりがまっ白になり、化粧をしたように美しく見えること。

【雪達磨】▲雪をかためて、だるまの形に作ったもの。例雪だるまが日にとけていく。表現雪のかたまりをころがしていくとどんどん大きくなるように、ものがどんどんふえていくことを「雪だるま式にふえる」という。

【雪見】⬇雪の降り積もった風景を見て楽しむこと。例雪見の宴。雪見酒。

❷〈すすぐ〉の意味で

【雪辱】▲〈—する〉前に受けたはじをすすぎ、名誉をとりもどすこと。例雪辱をはたす。雪辱戦。表現試合・競技などで前に負けた相手に勝つことによくいう。

⬅雪が下につく熟語 上の字の働き

❶雪＝〈ゆき〉のとき

【豪雪 吹雪 積雪 残雪 根雪 万年雪 新雪 初雪 淡雪 粉雪 綿雪】ドノヨウナ雪か。

◆降雪 除雪 風雪

雫

雨-3 総画11 人名 明朝 雫 96EB

音 ダ 外 訓 しずく 外

意味 しずく。水のしたたり。

雲

雨-4 総画12 2年 明朝 雲 96F2

音 ウン 訓 くも

筆順 一 雲 雲 雲 雲 雲 雲 雲（つにならない／クにならない／とめる）

なりたち 形声 くもが立ちのぼる形をえがいた象形文字の「云」が、「ウン」という読み方をしめしている。「云」が「言う」意味に使われたため、あらためて「雨」をつけて「くも」を表した字。

意味

❶くも。空にうかび、流れてゆく雲。例雲がうかぶ。雲がたなびく。雲海・星雲

❷出雲。旧国名。今の島根県東部。

❶〈くも〉の意味で

【雲海】⬇海のように広がってつづくたくさんの雲。飛行機や高い山の上から見下ろしたときに見える。例雲海の上を飛ぶ。

【雲散霧消】〈—する〉雲やきりがさあっと消えるように、ものがたちまちなくなってしまうこと。類霧散

【雲水】Ⅱ空の雲や流れる水のように、あちこちをめぐり歩いて修行する僧。

【雲泥の差】くらべものにならないほどひどくかけ離れているたとえ。参考中国の白居易の詩などにあることば。

【雲母】▲◎花崗岩などにふくまれる鉱物。薄くはがれやすく、光沢がある。きらら。

【雲足】⬇①雲が流れ動くようす。例雲足がはやい。②机などの、雲の形のもようのあるあし。表記「雲脚」とも書く。

【雲間】⬇雲の切れ目。例雲間から日がさす。

⬅雲が下につく熟語 上の字の働き

❶雲＝〈くも〉のとき

【暗雲 雷雲 雨雲 入道雲】ドノヨウナ雲か。

◆星雲 戦雲 風雲

雰

雨-4 総画12 常用 明朝 雰 96F0

音 フン 中 訓 —

筆順 一 雰 雰 雰 雰 雰 雰 雰

なりたち 形声「雨」が水蒸気を、「分」が「フン」という読み方をしめしている。「フン」は「白いこな」の意味をもち、水蒸気が細かい白いこなのように見える「きり」を表す

字。のちに、「空中をただよう気体」の意味に使われるようになる。

【雰囲気】意味 空中にたちこめる気体。その場やそこにいる人びとから自然に生まれてくる気分や感じ。例 明るい雰囲気。類 空気・ムード

電

音 デン　訓 ―

雨-5　総画13　2年　明朝 電 96FB

筆順 一 ⻗ 雨 雷 電 電 雷 電 電（つにならない）（クにならない）（はねる）（おらない）

なりたち 〔形声〕いなびかりの形の「申(电)」が「デン」とかわって読み方をしめしている。「シン」はかみなりの音で、「雨」のときに光る「いなずま」を表す字。

意味
❶いなずま。いなびかり。例 電光
❷でんき(電気)。エネルギーとしての電気。例 電力・発電
❸電信・電報・電車など。例 終電・祝電

❶〈いなずま〉の意味で

【電光】でんこう ↓いなびかり。いなずま。例 まっくらな空に電光が走る。☞❷

【電光石火】でんこうせっか とても短い時間のすばやい動き。例 電光石火のはやわざ。参考「電光」はいなびかり、「石火」は火打ち石を打ちつけて出る火花。どちらも、あっという間のもの。

❷〈でんき(電気)〉の意味で

【電圧】でんあつ ↓ある点からある点に電気が流れるとき、その二点における電気の強さのちがい。単位はボルト(V)。例 電圧が高い。知識 ☞【電気】(ひだりにあります)

【電化】でんか ↓〈―する〉生活に必要な熱や明かり、機械を動かす力などに、電気を利用するようになること。例 鉄道の電化。電化製品。

【電気】でんき ↓①自然界でかみなりを起こしたり、人間が光・熱・力などにかえて使ったりしているエネルギー。電気エネルギー。例 電気自動車。②電灯のこと。例 へやの電気をつける。知識 電気を水の流れにたとえると、流れる水が「電流」で、流れはじめのいちばん高いところと、流れ落ちるいちばん下のところとの高さの差が「電圧」、流れ落ちるいきおいを「電力」と考えることができる。

【電球】でんきゅう ↓発光体(フィラメント)が入ったガラスの球。電灯で使う。例 白熱電球。

【電極】でんきょく ↓電流の出口・入り口となる一対の金属の板や棒。電池では、電流が出ていくところを陽極(プラス、＋)、流れこんでくるところを陰極(マイナス、－)という。

【電源】でんげん ↓①発電所など、電気をつくるところ。例 電源開発。②電気で動かす装置に電気を送るおおもと。例 電源を切る。

【電光】でんこう ↓電灯の光。例 電光掲示板。☞❶

【電子】でんし ☒ 原子核のまわりをまわっているマイナスの電気をもった、ひじょうに小さいつぶ。エレクトロン。例 電子オルガン。

【電子計算機】でんしけいさんき 電子回路を使って、こみいった計算をすばやくおこなったり、たくさんのことを記憶したりできる。電算機。

【電磁石】でんじしゃく 電流を流すと、そのあいだだけ磁石になるもの。鉄の棒を芯にして細い電線をいくえにもまきつけてつくる。

【電磁波】でんじは 光や電波をまとめていうことば。知識 X線や紫外線など、さまざまなものがふくまれる。

【電車】でんしゃ ↓電気の力でレールの上を走る乗り物。例 電車賃。特急電車。

【電信】でんしん ↓文字・図・写真などを、電気の符号にかえて相手に送る通信の方法。有線と無線とがある。例 電信機。

【電線】でんせん ↓電流を通すための金属の線。

【電送】でんそう ↓〈―する〉文字や写真を、電波を利用して相手へ送ること。例 電送写真。

【電池】でんち ↓薬品や金属の化学反応を使って電流をとりだす装置。例 乾電池。知識 太陽エネルギーを電気にかえる太陽電池や、電気エネルギーをたくわえる蓄電池もある。

【電柱】でんちゅう ↓空中にはった電線や電話線をささえる柱。電信柱。

【電灯】でんとう ↓電球や蛍光灯に電流を流して光を出させ、明かりに使うもの。例 電灯をつ

意味

もち、神おろしをするみこを表す字。例み霊をまつる。霊魂・亡霊・精霊（せいれい｜しょうりょう）

❷神秘の力。人間にはわからない、ふしぎなはたらき。神聖な。例霊感

❶〈たましい〉の意味で

【霊園】れいえん ↓公園のような感じの、広い共同墓地。例かれの眠る霊園。類墓地

【霊界】れいかい ↓①死後の世界。あの世。②精神の世界。対肉界

【霊柩車】れいきゅうしゃ 死者のなきがらをおさめたひつぎをはこぶ車。

【霊魂】れいこん ＝人のからだにやどって、精神を支配すると考えられるもの。たましい。例霊魂の不滅を信じる。類魂魄 対肉体

【霊前】れいぜん ↓死んだ人のたましいがまつられているところの前。例霊前に献花する。

【霊媒】れいばい ↓神や死んだ人のたましいをよびよせて、なかだちをする人。くちよせ。みこ。いちこ。例霊媒者。

❷〈神秘の力〉の意味で

【霊感】れいかん ↓①神・仏からのはたらきかけ。②人間の心のふしぎなひらめき。インスピレーション。例霊感がはたらく。

【霊験】れいげん ↓人の願いや祈りに対してあたえられる、神仏のふしぎな力。例霊験（れいげん｜れいけん）あらたかな神様。類御利益

【霊場】れいじょう ↓信徒たちが深く信仰する場所。

【霊長】れいちょう ↓はかりしれないふしぎな力をもつ、いちばんすぐれたもの。例万物の霊長（人間のたとえ）。

【霊長類】れいちょうるい ヒト・類人猿・サルなど、哺乳類の中で、もっとも大脳の発達した動物。

【霊峰】れいほう ↓神と一体の、神聖な山。例霊峰富士。類霊山

【霊妙】れいみょう ＝〈―な〉おく深く、とらえがたいなにかのはたらき。例霊妙不可思議。

霊が下につく熟語 上の字の働き

❶霊＝〈たましい〉のとき

【英霊 亡霊 幽霊 全霊（全身全霊）】ドノヨウナ霊か。

◆慰霊

霞

雨－9 総画17 人名 明朝 霞 971E

音 カ外 訓 かすみ外・かす－む外

意味 かすみ。かすむ。ぼんやりして、はっきりと見えない。例春霞・雲霞

霜

雨－9 総画17 常用 明朝 霜 971C

音 ソウ高 訓 しも中

筆順

なりたち ［形声］「雨」が「水蒸気」を、「相」が「ソウ」という読み方をしめしている。「ソウ」は「こおる」意味をもち、水蒸気が地上でこおったものを表す字。

意味 しも。例霜が降りる。霜害・初霜

【霜柱】しもばしら ↓寒さのために、土の中の水分がこおってできる細い氷の柱。土の表面をもち上げる。

【霜害】そうがい ↓季節はずれの霜が降りて農作物が受ける害。例霜害対策。

◆星霜 初霜

霧

雨－11 総画19 常用 明朝 霧 9727

音 ム中 訓 きり中

筆順

なりたち ［形声］「雨」が「水蒸気」を、「敄（ブ｜ム）」が「ム」という読み方をしめしている。「ブ」は「おおう」意味をもち、空中をおおう水蒸気「きり」を表す字。

意味 きり。ごくこまかい水滴。例霧がたちこめる。霧雨・濃霧

【霧雨】きりさめ ↓きりのようにこまかい雨。こぬか雨。ぬか雨。例霧雨にけむる町。類煙雨

【霧散】むさん ↓〈―する〉きりのようにあとかたもなく消えてしまうこと。例今までの不安が霧散した。類雲散霧消

【霧笛】むてき ↓きりが深いときに、海での事故

をふせぐために、船や灯台で鳴らす汽笛やサイレン。例 遠く霧笛が聞こえる。

【霧氷】むひょう ↓ 氷点下になって、きりがこおり、木の枝などにくっついた氷の結晶。

←霧が下につく熟語 上の字の働き

【濃霧 夜霧】ドンナ霧か。

◆噴霧

霰

雨-12 総画20 表外 明朝 霰 9730

音 サン外 訓 あられ外

意味 あられ。空からふってくる氷のつぶ。雹より小さいもの。例 雨霰

露

雨-13 総画21 常用 明朝 露 9732

音 ロ中・ロウ中 訓 つゆ中

筆順 露 露 露 露 露 露 露 露

なりたち 形声「路」が「ロ」という読み方をしめしている。「ロ」は「まるい」の意味をもち、「雨」のような丸い水のつぶを表す字。

意味 ❶つゆ。物の表面につく水滴。はかなく消えて、あとになにものこらないもの。例 蓮の葉の露。露を結ぶ。露の命。夜露

❷つゆにさらす。屋根などのおおいがない。例 露天

❸あらわれる。あらわにする。むきだしになる。例 露出・披露

❹ロシア。「露西亜」の略。例 露語・日露

注意するよみ ロウ…例 披露

名前のよみ あきら

❶〈つゆ〉の意味で

【露命】ろめい ↓ つゆのようにはかない命。例 わずかな収入で露命をつなぐ。

❷〈つゆにさらす〉の意味で

【露営】ろえい ↓〈―する〉①野外でテントをはってねること。キャンプ。類 野営・野宿 ②軍隊が、野外に陣をはること。その陣営。類 野営

【露地】ろじ ↓ 屋根もおおいもなく、雨やつゆにさらされている土地。例 露地栽培。

【露台】ろだい ↓ 建物の外へはり出した、屋根のない平らなところ。バルコニー。

【露天】ろてん ↓ 屋根のないところ。家の外。例 露天ぶろ。露天市。露天商。類 野天 表記「露天市」「露天商」は、「露店」とも書かれる。

【露店】ろてん ↓ 道ばたや広場などに商品をならべて売る店。類 屋台店・出店

❸〈あらわれる〉の意味で

【露見】ろけん Ⅱ〈―する〉かくしていた悪事やひみつがわかること。ばれること。例 悪事が露見する。類 発覚・露呈 表記「露顕」とも書く。

【露骨】ろこつ ▲〈―な〉あまりにもあからさまにしめすこと。むきだし。例 露骨にいやな顔をする。対 遠まわし・えんきょく(婉曲)

【露出】ろしゅつ Ⅱ〈―する〉①むきだしにすること。むきだしになること。例 雪がとけて地面がところどころ露出している。②写真機のシャッターを開いてフィルムに光を当てること。例 星の撮影は露出を長めにする。

【露呈】ろてい Ⅱ〈―する〉かくしたくてもかくせないで、表にあらわれてしまうこと。例 練習不足を露呈する結果となった。類 露見

←露が下につく熟語 上の字の働き

❶露＝〈つゆ〉のとき

【甘露 玉露 朝露 夜露】ドノヨウナ露か。

❸露＝〈あらわれる〉のとき

【発露 暴露 披露】近い意味。

◆雨露 結露 吐露

8画 青 [あお][あおへん] の部

「青」の字と、「青」の形がめやすとなっている字を集めてあります。

青

青-0 総画8 1年 明朝 青 9752

音 セイ・ショウ高 訓 あお・あお-い

筆順 青 青 青 青 青 青 青 青（ながく・とめる・はねる）

なりたち 青 [形声]もとの字は、「靑」。草木がのびる意味の「生」が「セイ」という読み方をしめしている。地中から出る鉱物をしめす「丹」をくわえて、草色の鉱物を表す字。

意味

❶あおい。㋐青色。例青い空。青空・群青 ㋑緑色。例青葉・青物

❷わかい。いきいきしている。例青春

注意するよみ ショウ…例緑青・紺青・群青

特別なよみ 真っ青(まっさお)

名前のよみ きよ・はる

❶〈あおい〉の意味で

【青息吐息】あおいきといき 苦しかったり困ったりしてはくため息。例勉強が進まず、青息吐息だ。

【青写真】あおじゃしん ①青地に図や文字を白くやきつけた写真。建物の設計図などに使う。②物事の予定や計画。例将来の青写真を描く。

【青筋】あおすじ ↓青いすじ。とくに、皮膚の上から見える静脈。例青筋をたてる(表情に出してはげしくおこる)。

【青空】あおぞら ↓①よく晴れた空。例青空が広がる。類晴天 ②屋根やおおいのない場所。例青空市場。青空駐車場。

【青田】あおた ↓イネが青々と広がる、初夏のたんぼ。例一面の青田。☞❷

【青天井】あおてんじょう 大きく広がる青空。

【青菜】あおな ↓ホウレンソウやコマツナのような、緑色の野菜。例青菜のおひたし。青菜に塩(青菜に塩をかけると、しんなりしてしまうように、急に元気がなくなること)。

【青葉】あおば ↓初夏の青々とした木の葉。例目に青葉山ほととぎす初がつお。類新緑

【青物】あおもの ↓①緑色の野菜。また、野菜のなかまをまとめていうことば。例青物屋。青物市場。類野菜・青果 ②イワシ・サバ・サンマなど、背皮の色が青い魚。類青魚

【青果】せいか Ⅲ野菜と果物。例青果商。青果市場。類青物

【青天】せいてん ↓晴れわたった日の、真っ青な空。類晴天

【青天の霹靂】せいてんのへきれき 青く晴れた空に突然はげしい雷が鳴ったように、突然起きた大事件や予期しない出来事のたとえ。「霹靂」は雷のこと。参考中国の詩の中のことばから。

【青天白日】せいてんはくじつ ①よく晴れわたった天気。②疑いをかけられていたが、罪がないことがはっきりすること。例青天白日の身になる。

【青銅】せいどう ↓銅とすずをまぜあわせてつくった金属。銅像などをつくるのに使われる。ブロンズ。例青銅の像。

【青銅器】せいどうき 青銅でつくられた器や道具。関連石器・青銅器・鉄器

❷〈わかい〉の意味で

【青田】あおた ↓今はまだイネがみのっていない、青いたんぼ。表現まだイネが青いうちに、米のできぐあいを予想して買い取ることを「青田買い」というが、そのことから、会社などが学生にはやばやと採用の約束をすることを「青田買い」というようになり、「青田刈り」ともいわれるようになった。☞❶

【青二才】あおにさい 年がわかくて、まだいろいろのことを知らない男。例青二才のくせになまいきだ。類弱輩・若輩

【青春】せいしゅん Ⅲわかくて、いきいきとしている年ごろ。人生の、春にたとえられる時期。例青春時代。参考むかしの中国の五行思想で「青」が春を表す色だったことから。

【青少年】せいしょうねん 青年と少年。わかい人たち。

【青年】せいねん ↓わかい人。二十歳から三十歳くらいの人。例青年団。類若者・若人 関連幼年・少年・青年・壮年・中年・熟年・老年

青が下につく熟語 上の字の働き

❶青=〈あおい〉のとき

【紺青 緑青】近い意味。

◆群青

靖

青−5 総画13 人名

明朝 靖 9756

音セイ外 訓やす-い外・やす-んじる外

意味 やすらか。しずか。やすんじる。しずかにする。例靖国

名前のよみ おさむ・きよし・しず・のぶ

静

青−6 総画14 4年

明朝 静 9759

旧字 靜 975C

音 セイ・ジョウ 中　訓 しず・しずーか・しずーまる・しずーめる

筆順 静 静 静 静 静 静 静（とめる・だす・はねる）

なりたち 〔形声〕もとの字は、「靜」。「靑」が「セイ」という読み方をしめしている。「セイ」は「とめる」意味をもち、「爭（争）」をくわえて、あらそいをしずめることを表す字。

意味

❶動きがない。落ち着いている。しずまる。しずめる。例 風が静まる。静止・安静 対 動

❷音がしない。ひっそりとしている。例 静静と歩む。静かな夜。静粛・閑静

例解 〔使い分け〕しずめる〔静・鎮・沈〕☞ひだりのページ

注意するよみ ジョウ…例 静脈

名前のよみ きよ・ちか・やす・やすし・よし

❶〈動きがない〉の意味で

【静脈】じょうみゃく ↓ からだじゅうからよごれた血を心臓に送りかえす血管。例 静脈注射。対 動脈 知識 動脈とちがって脈を打たない。

【静穏】○ せいおん Ⅲ〈ーに・ーな〉なにごともなく、静かでおだやかなようす。例 静穏な毎日をすごす。

【静観】せいかん ↓〈ーする〉手出しや口出しなどをせず、だまって見まもること。例 事態のなりゆきを静観する。類 傍観・黙視・座視

【静止】せいし Ⅲ〈ーする〉じっとしていて動かないこと。例 静止画像。対 運動

【静的】せいてき ⊠ 静かで動きがない。例 静的な側面。対 動的

【静電気】せいでんき ものとものをこすり合わせたときに出る電気などのように、たまっていて動かない電気。例 静電気がおこる。知識 化学繊維のセーターなどをぬぐときにパチパチと音がするのは、これが発生するから。

【静物】せいぶつ ↓ 絵の題材で花や道具などのような動かないもの。それをかいた絵。例 静物画。

【静養】せいよう ↓〈ーする〉心やからだを静かにやすめて、つかれや病気をなおすこと。例 しばらく静養する。類 休養・保養・療養

❷〈音がしない〉の意味で

【静寂】せいじゃく Ⅲ〈ーに・ーな〉物音がせず、ひっそりと静まりかえっているようす。例 山の夜は静寂そのものだ。類 閑寂・閑静

【静粛】○ せいしゅく Ⅲ〈ーに・ーな〉音も立てず声も出さず、静かにきちんとしているようす。例 式のあいだは静粛にねがいます。

【静聴】せいちょう ↓〈ーする〉人の話を静かによくきくこと。例 ご静聴ねがいます。表現「ごせいちょうありがとうございました」と、きいてくれたことを感謝していうのは「清聴」。

⇦ 静が下につく熟語 上の字の働き

❶ 静＝〈動きがない〉のとき

【安静 鎮静 沈静 平静 冷静】近い意味。

◆閑静 動静

8画 非〔あらず〕の部

ここには「非」の字だけが入ります。

この部首の字

0 非……1082

悲▸心 502　扉▸戸 522　斐▸文 574　罪▸罒 848

輩▸車 1026

非　非－0　総画8　5年　明朝 非 975E

音 ヒ　訓 あらーず 外

筆順 非 非 非 非 非 非 非 非（まっすぐ）

なりたち 〔象形〕鳥のつばさが羽を開いてそむきあった形をえがいた字。

意味

❶よくない。正しくない。あやまち。例 非をみとめる。非行・理非 対 是

❷…でない。…がない。打ち消すことば。例 非常

❸そしる。とがめる。わるく言う。例 非の打ちどころがない。非難

❶〈よくない〉の意味で

【非運】ひうん ↓ あまりにもひどい運命。例 非運に泣く。類 不運 対 幸運 表記「否運」とも書く。

【非行】ひこう ↓ よくないおこない。してはならないおこない。例 非行にはしる。非行少年。

❷〈…でない。…がない〉の意味で

【非公開】ひこうかい ふつうの人には見せたり聞かせたりしないこと。対公開

【非公式】ひこうしき〈―な〉おもてむきでないこと。正式にみんなに知らせるものでないこと。例非公式の訪問。対公式

【非業】ひごう ☒仏教で、この世に生まれる前から決まっていたものではない、思いがけない災難。例旅先で、非業の死をとげた。表現「業」はわるいことをしたむくい。だからこのことばには、「なにもわるいことはしていないのに」といううらみの気持ちがこもる。

【非合法】ひごうほう〈―な〉法律に合っていないこと。法律がみとめていないことをすること。例非合法活動。類違法 対合法

【非常】ひじょう ☒①ふつうのときとちがう。たいへんだ。危険である。例非常事態(大災害や戦争などのたいへん危険な状態)。②〈―に〉たいへん。とても。例非常におもしろい。

【非情】ひじょう ☒①〈―な〉人間らしい感情や思いやりをもたないようす。例非情な人。類冷酷・冷血・薄情 ②仏教のことばで、木や石のように命のないもの。類無情 対有情

【非常勤】ひじょうきん 毎日でなく、ある決まった日や時間だけつとめること。例非常勤講師。対常勤

【非常識】ひじょうしき〈―な〉言うことやすることが、ふつうの人の考えからかなりはずれていること。常識はずれ。例非常識な発言。

【非道】ひどう ☒〈―な〉人間の道にはずれていること。例極悪非道。類無法・理不尽

【非人間的】ひにんげんてき〈―な〉人間としての心づかいや思いやりがないようす。人間本来のあり方からはずれるさま。対人間的

【非人情】ひにんじょう〈―な〉①人に対する思いやりがなく、あたたかい気持ちをもたないこと。例非人情なやり方。類不人情 ②人情とか不人情とかが問題にならない、風景画を見ているような、さわやかな世界にいること。参考②は、夏目漱石の小説『草枕』にあることばから。

【非売品】ひばいひん 記念品など、とくべつに作ったもので、店などでは売らない物。対売品

【非番】ひばん ☒交代でする仕事で、その当番でないこと。例非番で家にいる。対当番

【非凡】ひぼん ☒〈―な〉ふつうの人よりもとくにすぐれているようす。例非凡な才能。対平凡・凡庸

【非力】ひりき・ひりょく ☒〈―な〉①うでの力や筋肉が弱いこと。②それをするだけの能力や実力がないこと。例自分の非力を知る。類無力

【非礼】ひれい ☒〈―な〉礼儀にはずれること。そのようなおこない。例非礼をわびる。類無礼・失礼

❸〈そしる〉の意味で

【非難】ひなん Ⅲ〈―する〉人の欠点やあやまちを強くせめること。例世間の非難をあびる。

←非が下につく熟語 上の字の働き

❶非＝〈よくない〉のとき

【是非 理非】反対の意味。

◆是是非非 前非

8画 斉 [せい] の部

「斉」の字と、「斉」の形がめやすとなっている「斎」の字が入ります。

例解 使い分け

しずめる《静める・鎮める・沈める》

静める＝落ち着かせる。静かにさせる。
例気を静める。さわがしい場内を静める。

鎮める＝乱れをおさめる。おだやかにさせる。
例暴動を鎮める。痛みを鎮める。

沈める＝水の中に深く入れる。
例おもりを沈める。

斉

音セイ㊥ 訓—

斉-0 総画8 常用 明朝 斉 6589 旧字 齊 9F4A

筆順 亠 文 斉 斉 斉 斉 斉 斉

なりたち [象形]もとの字は、「齊」。穀物の穂の出そろう形をえがいた字。

意味 そろう。そろえる。どれもおなじにする。例 斉唱・一斉

名前のよみ きよ・ただ・ただし・とき・とし・なお・なり・ひとし・まさ・むね・よし

【斉唱】せいしょう ⇩(—する) みんなが声をそろえておなじ節を歌うこと。例 全校集会で校歌を斉唱する。関連 独唱・斉唱・輪唱・合唱

斎

音サイ㊥ 訓—

斉-3 総画11 常用 明朝 斎 658E 旧字 齋 9F4B

筆順 亠 文 文 斉 斉 斉 斉 斎 斎

なりたち [形声]もとの字は、「齋」。「齊」を略した「斉」が「きよめる」意味と「サイ」という読み方をしめしている。「神」の意味の「示」をくわえて、神をまつるとき身を清めることを表す字。

意味 ❶きよめる。神や仏のために心身を清らかにする。例 精進潔斎。斎場 ❷静かに読み書きするへや。例 書斎

名前のよみ きよ・ただ・とき・ひとし・よし

❶〈きよめる〉の意味で

【斎戒沐浴】さいかいもくよく (—する) 神をまつるなど、神聖な仕事をする前に飲食やおこないをつつしみ、水をあびて、身も心も清めること。

【斎場】さいじょう ⇩ ①神や仏をまつるためにとくべつに作られた、とうとい場所。②葬式をおこなう場所。類 葬儀場

◆潔斎 書斎

9画 面 [めん] の部

ここには「面」の字だけが入ります。

文字物語 面

物体は、それをどちらの方向から見るかで、見える「面」がちがい、面がちがうと、それぞれにちがったすがたが見える。また、物体を切ると「断面」があらわれ、断面は、切る場所、切り方で、さまざまの形になる。それで、「面」は、ものをどういうところでとらえるか、ということをいうことばになり、「この物語は、ことばの面ではやさしいが、内容の面ではとても奥がふかい」などのように使われる。人を援助するのにも「資金面での援助」と「精神面での援助」とでは、やり方がちがってくる。

面

音メン 訓おも㊥・おもて㊥・つら㊤

面-0 総画9 3年 明朝 面 9762

筆順 一 丆 丆 而 而 而 面 面 面 (丙にならない)

なりたち [会意]「かお」の形(𦣻)と顔のりんかく(口)を合わせて、顔を表す字。

意味 ❶かお。顔をかたどったかぶりもの。おめん。例 面を上げる。面と向かって言う。面の皮。面長・面会・能面
❷むく。むき。方向。例 海に面する。
❸おもてに見えるところ。おもて。外がわ。例 面積・表面
❹たいらなもの。全体の中のある部分。例 正面・三面鏡
❺字などが書かれているところ。例 社会面。帳面
《その他》例 面倒

例 解 [使い分け]おもて[表・面] ☞951ページ

[文字物語] みぎのページ

特別なよみ 真面目（まじめ）

❶〈かお〉の意味で

【面影】おもかげ ↓ ①心にうかんでくる、その場にいない人のすがたや顔つき。例 面影をしのぶ。②むかしのことを思い出させる、人やところのようす。例 むかしの面影をのこす町なみ。

【面長】おもなが ↓〈―な〉顔が少し長めなこと。例 面長な美人。

【面会】めんかい ↓〈―する〉じかに相手の人と会うこと。人と会って話をすること。例 面会を申しこむ。類 対面・面談

【面識】めんしき ↓ 会ったことがあり、顔を知っていること。顔見知り。知り合い。例 かれとは面識がある。

【面接】めんせつ ↓〈―する〉その人をよく知るために、じかに会って話をすること。例 面接試験。

【面前】めんぜん ↓ 目の前。人の見ている前。例 公衆の面前ではじをかく。

【面相】めんそう ↓ 顔つき。顔かたち。例 百面相。

【面談】めんだん ↓〈―する〉じかに会って話すこと。例 保護者と面談する。類 面会 表現 用事があって話す場合に使う。楽しい話し合いやおしゃべりなどには使わない。

【面目】めんぼく・めんもく Ⅱ ①人にあわせる顔。世間の人から受ける評価。例 面目ない（はずかしくて人に顔を向けられない）。面目をほどこす（なにかをりっぱにやりとげて、名誉を得る）。類 体面・名誉 ②そとから見たときのようす。例 面目を一新する。

【面面】めんめん Ⅱ そこにいる人たちの一人ひとり。めいめい。例 代表に選ばれた面々。

❸〈おもてに見えるところ〉の意味で

【面積】めんせき ↓ 平面または曲面の広さ。例 長方形の面積。

❺《その他》

【面倒】めんどう ◎ ①〈―な〉手数がかかってやっかいなようす。例 めんどうな仕事。②こまごまとしたせわ。例 弟のめんどうをみる。

←面が下につく熟語 上の字の働き

❶面＝〈かお〉のとき
【顔面 体面】近い意味。
【渋面 赤面 満面 馬面 仏頂面】ドノヨウナ顔つきか。
【洗面 対面 覆面】顔を（顔に）ドウスルか。

❷面＝〈むく〉のとき
【一面 四面 半面 全面】ドレダケの方面か。
【場面 局面 方面 新生面】ドノヨウナ向きか。
【正面 前面 側面 背面 底面 他面 反面 外面 内面 裏面 両面 南面 北面 矢面】ドチラに向いているか。
【直面 当面】ドウ向かうか。

❸面＝〈おもてに見えるところ〉のとき
【表面 海面 水面 川面 地面 盤面 壁面 路面 額面 字面 鼻面】ナニのおもてか。

❹面＝〈たいらなもの〉のとき
【画面 書面 図面 譜面 文面 社会面 スポーツ面】ナニを書いた平らなものか。
【紙面 誌面 帳面】ナニの上の平らなところか。
【平面 凹面 凸面 斜面 断面】ドノヨウナ平らなところか。
◆仮面 工面 能面

9画 革 ［つくりがわ］［かわへん］の部

「革」をもとにして作られ、革製品にかかわる字を集めてあります。

この部首の字
0 革……1085
4 靴……1086
5 鞄……1086
6 鞍……1086
7 鞘……1086
8 鞠……1086
9 鞭……1086

革

革－0 総画9 6年 明朝 革 9769

音 カク 訓 かわ 中

筆順 （ながく）（だす）

なりたち 革 ［象形］獣の皮をはいで広げてさらしている形をえがいた字。

意味
❶なめしがわ。動物の皮の毛をとりのぞいてやわらかくしたもの。例 革の靴。皮革
❷あらためる。新しくする。例 革新・改革

例解 [使い分け] かわ [皮・革] ☞799ページ

❷〈あらためる〉の意味で

【革新】かくしん ||〈―する〉新しい考えをもって世の中のしくみやものごとのやり方を大きくかえること。例 技術革新。対 保守

【革命】かくめい ▲ ①世の中のしくみや政治のしかたなどを急にかえること。クーデター。例 フランス革命。②ものごとのやり方やようすなどが、急にはげしくかわること。例 革命的な発明。産業革命。

←革が下につく熟語 上の字の働き

❷革＝〈あらためる〉のとき
【改革 変革】近い意味。

◆沿革 皮革

靴

革－4　総画13　常用　明朝 靴 9774

音 カ高　訓 くつ中

筆順

なりたち [形声]「華→化」が「カ」という読み方をしめしている。「カ」は異民族のことばで「くつ」の意味をしめし、異民族の「革ぐつ」を表す字(古代中国では木ぐつをはいていた)。

意味 くつ。例 靴をはく。長靴。

【靴下】くつした ↓足にはく、ふくろの形をした布のはきもの。

鞄

革－5　総画14　人名　明朝 鞄 9784

音 ホウ外　訓 かばん外

意味 かばん。革や布などで作った物入れ。例 手さげ鞄。

鞍

革－6　総画15　人名　明朝 鞍 978D

音 アン外　訓 くら外

意味 くら。牛や馬の背中につけて、人や物をのせる台とするもの。

【鞍馬】あんば ↓くらの形をした、体操の道具。それを使った競技。

鞘

革－7　総画16　人名　明朝 鞘 9798

音 ショウ外　訓 さや外

意味 さや。刀や剣の刀身をおさめる筒。

鞠

革－8　総画17　人名　明朝 鞠 97A0

音 キク外　訓 まり外

意味 まり。てまり。けまり。身を丸める。例 鞠つき。

鞭

革－9　総画18　人名　明朝 鞭 97AD

音 ベン外　訓 むち外

意味 むち。例 鞭で打つ。教鞭をとる。

9画 音 [おと] [おとへん] の部

「音」をもとに作られ、音声にかかわる字を集めてあります。

この部首の字

音

音－0　総画9　1年　明朝 音 97F3

音 オン・イン中　訓 おと・ね

筆順 （ながく）

なりたち [指事]「言」の「口」に「一」をくわえて、口の中の舌をしめしている字。口から出る「ふしのついた声やおと」の意味に使われる。

意味

❶ものおと。ひびき。例 大きな音。虫の音。音速・雑音

❷リズムのあるおと。ふし。例 音楽・和音

❸ことばになるおと。ことばの調子。例 音読・母音

❹漢字のおん。漢字の読み方のうち中国音によるもの。例 音と訓。呉音 対 訓 参考 日本語の漢字の音は、現代の中国語の発音とはかな

りちがう。

❺たより。知らせ。例音信・福音

発音あんない オン→ノン…例観音

名前のよみ なり

❶〈ものおと〉の意味で

【音響】⇩音。音のひびき。例音響効果。

【音質】⇩音や声の性質。テレビ・ステレオなどの音のよしあし。例音質がいいオーディオ。

【音速】⇩音がつたわる速さ。例超音速。知識 空気中ではセ氏〇度のとき、一秒間に三三一・五メートルつたわる。

【音波】⇩音が空気や水の中をつたわるときの波。例超音波。

【音量】⇩音の大きさ。ボリューム。例音量をあげる。大音量。

❷〈リズムのあるおと〉の意味で

【音域】⇩声や楽器などが出すことのできる、いちばん高い音からいちばん低い音までの範囲。例音域が広い人。類声域

【音階】⇩音楽に使われる音を、高さの順にならべたもの。ド・レ・ミ・ファ・ソ・ラ・シ・ド。例長音階。

【音楽】⇩さまざまな音を組み合わせ、声や楽器で表現する芸術。例音楽家。

【音感】⇩音の高低・組み合わせ・音色などを正しく聞き分ける力。例音感がするどい。

【音色】⇩音の高さや強さはおなじでも、楽器などによってちがった感じに聞こえるそれぞれのひびき。例やわらかな音色。

【音痴】⇩〈―な〉①音を聞きとる感覚がにぶく、正確な音程や調子で歌えないこと。②ある面での感覚がにぶいこと。例方向音痴。

【音程】⇩前の音とあとにつづく音との、二つの音の高さのちがい。例リコーダーの音程がくるう。

【音頭】⇩①みんなでいっしょに歌うとき、先に立って歌ったり拍子を取ったりすること。②おおぜいの人がそろっておどるための歌。例東京音頭。③人の先に立ってものごとをすること。リードすること。例乾杯の音頭を取る。

【音符】⇩音楽の楽譜に使われる記号のうち、音の長短・高低を表すもの。「♩」「♩.」「♪」など。おたまじゃくし。例四分音符。

【音譜】⇩音楽の曲を音符やいろいろの記号を使ってかき表したもの。類楽譜

❸〈ことばになるおと〉の意味で

【音声】Ⅱ①話したりさけんだりする、人の声。例大音声でよばわる。音声言語。②テレビや映画などから出てくる声や音。例副音声。参考「おんじょう」と読むのは、「大音声」のときだけ。

【音節】⇩ことばをつくっている音の一つ一つのくぎり。日本語では、かなの一字がほぼそれぞれ一音節に当たる。

【音読】⇩〈―する〉声を出して読むこと。例作品を音読する。類朗読 対黙読 ☞❹

【音便】⇩あることばを発音するとき、もともとの音が、発音しやすいほかの音にかわること。知識「花がさきて」→「花がさいて」(イ音便)、「問いて」→「問うて」(ウ音便)、「飛びて」→「飛んで」(撥音便)、「立ちて」→「立って」(促音便)の四種がある。

❹〈漢字のおん〉の意味で

【音訓】⇧漢字の音と訓。音読みと訓読み。たとえば、「海」の字では、音は「かい」、訓は「うみ」。参考☞ものしり巻物8(273ページ)

【音読】⇩〈―する〉「草原」を「そうげん」と読むように、漢字や漢語を音で読むこと。対訓読 ☞❸ 参考☞ものしり巻物8(273ページ)

❺〈たより〉の意味で

【音沙汰】たより。知らせ。例その後、なんの音沙汰もない。類音信・消息

【音信】Ⅱ手紙や電話などでようすを知らせること。また、その手紙や電話など。例音信がとだえる。音信不通。類音沙汰

←音が下につく熟語 上の字の働き

❶音＝〈ものおと〉のとき
【物音 足音 心音 羽音】ナニの音か。
【雑音 騒音 爆音 擬音 初音】ドノヨウナ音か。
【防音 録音】音をドウスルか。

❷音＝〈リズムのあるおと〉のとき

【高音 低音 和音 半音 全音】ドノヨウナ音か。

❸音＝〈ことばになるおと〉のとき

【同音(異口同音) 清音 濁音 長音 促音 鼻音 母音 子音 本音 弱音】ドノヨウナ音か。

❹音＝〈漢字のおん〉のとき

【漢音 唐音 呉音 字音 同音 慣用音】ドノヨウナ音か。

◆観音 発音 福音

韻

音-10 総画19 常用 明朝 韻 97FB

音 イン 中 訓 ―

筆順

なりたち 韻 [形声]「員」が「イン」という読み方をしめしている。「イン」は「まるい」の意味をもち、「音声」のなめらかなひびきを表す字。

意味 ❶音のひびき。美しいひびき。例 余韻

❷詩や歌。文章の区切りにおかれたことばのひびき。例 韻をふむ。韻文

❷〈詩や歌〉の意味で

【韻文】 ↓ ことばの音やひびきをそろえた、リズムをもった文章。詩・短歌・俳句などをいう。対 散文

【韻律】 Ⅱ 詩や歌などの韻文がそなえている、ことばの音楽的な調子。ことばのリズム。例 日本語の韻律。

響

音-11 総画20 常用 明朝 響 97FF 旧字 響 FA69

音 キョウ 中 訓 ひび-く 中

筆順

なりたち [形声]「郷」が「むかう」意味と「キョウ」という読み方をしめしている。四方にむかって広がっていく「音」を表す字。

意味 ❶音がひびく。音のひびき。こだま。例 汽笛が響く。音響・残響・反響

❷およぼす。他のものに変化を起こさせる。例 重い荷物がこしに響く。影響

9画 頁 [おおがい] の部

人の頭部の形をえがいた象形である「頁」をもとにして作られた頭部にかかわる字と、「頁」の形がめやすとなっている字を集めてあります。

この部首の字

頁

頁-0 総画9 人名 明朝 頁 9801

音 ケツ 外・ヨウ 外 訓 ―

意味 ❶あたま。部首の「おおがい」。また、「いちのかい(一ノ貝)」ともいう。

❷ページ。本などの紙の片ほうの面。それを数えることば。例 頁数。参考 もともと紙などを数えることばは「葉」であったが、読み方が同じである「頁」が代わりに使われ、さらに特別に「ページ」と読まれるようになった。

頃

頁-2 総画11 常用 明朝 頃 9803

音 ケイ 外 訓 ころ 中

筆順

意味 ころ。ある時期をおおまかに指すことば。なにかをするのにちょうどよいときや状態。例 もうそろそろ来てもいい頃だ。頃をみて話してみるよ。頃合い・近頃・年頃

頂

頁-2 総画11 6年 明朝 頂 9802

音 チョウ 訓 いただ-く・いただき

筆順 はねる とめる

たちなり 頂 [形声]「頁」が「あたま」を、「丁」が「チョウ」という読み方をしめしている。「テイ」は「いただき」の意味をもち、頭のてっぺんを表す字。

意味 ❶てっぺん。いちばん高いところ。例 山の頂。頂上・山頂 ❷いただく。例 ご飯を頂く。頂戴

❶〈てっぺん〉の意味で

【頂角】↓三角形で、底辺に対する角。

【頂上】Ⅲ①山のいちばん高いところ。いただき。例 富士山の頂上。類 山頂・絶頂 ②ものごとのいちばん上。トップ。例 人気も今が頂上だろう。類 頂点・絶頂

【頂点】↓①いちばん高いところ。いただき。例 頂点をきわめる。頂点をめざす。類 頂上・山頂 ②いちばんさかんなとき。ピーク。例 緊張は頂点に達した。類 絶頂・極点 ③角をつくる二つの直線が交わる点。例 三角形の頂点。

❷〈いただく〉の意味で

【頂戴】Ⅲ①〈―する〉「もらう」「食べる」のへりくだった言い方。いただく。ていねいな言い方としても使う。例 おいしくちょうだいしました。頂戴物(いただきもの)。②「ください」と言うときに使う気軽な言い方。例 これ、読んでちょうだい。

←頂が下につく熟語 上の字の働き

❶頂＝〈てっぺん〉のとき

【絶頂 丹頂】ドノヨウナてっぺんか。

◆山頂 登頂 骨頂

項

頁-3 総画12 常用 明朝 項 9805

音 コウ㊥ 訓 ―

筆順 項 項 項 項 項 項 項

たちなり 項 [形声]「頁」が「あたま」を、「工」が「コウ」という読み方をしめしている。「コウ」は「うしろ」の意味をもち、頭の下のうしろの「うなじ」を表す字。のちに、「ことがらの一つ一つ」の意味に使われるようになる。

意味 小さく分けたことがらの一つ一つ。例 項に分ける。項目・事項

【項目】Ⅲ①ものごとの内容を、話題ごとに一つ一つとり出して、短いことばにまとめたもの。例 三つの項目に分ける。類 事項・条項 ②辞書の見出し語の一つ一つ。例「海」の項目をさがす。

←項が下につく熟語 上の字の働き

【事項 条項 要項 別項】ドノヨウナことがらか。

順

頁-3 総画12 4年 明朝 順 9806

音 ジュン 訓 ―

筆順 順 順 順 順 順 順 順 (とめる)

たちなり 順 [形声]「頁」が「あたま」を、「川」が「ジュン」とかわって読み方をしめしている。「セン」は「したがう」意味をもち、頭を深くたれてしたがうことを表す字。

意味 ❶きまりにしたがう。さからわない。例 順応・従順 対 逆 ❷きまったならび方。次から次への運び。例 順にならぶ。順序・筆順 ❸うまくすすむ。具合がよい。例 順調

名前のよみ あや・あり・おさむ・かず・しげ・とし・なお・のぶ・のり・はじめ・まさ・みち・むね・もと・やす・ゆき・よし・より

❶〈きまりにしたがう〉の意味で

【順接】↓二つの句や文が、予想どおりの意味で、前から後へつながっていくこと。ふつう「天気がいいから外で遊んだ」のように、「から」「ので」「そして」「だから」「それで」などのことばでつながる。対 逆接

【順応】Ⅲ〈―する〉まわりのようすになれて、それに合うような動きができること。例 新しい環境に順応する。類 適応・順化

【順法】▲法律を正しくまもること。類 合法 対 違法 表記「遵法」とも書く。

❷〈きまったならび方〉の意味で

【順位】↓一位・二位・三位のように、上の

ものからだんだんにならべたときの位置。例 順位をつける。順位が上がる。

【順延】↓〈ーする〉決めてあった日がだめになったら、だんだんに期日を先に送ること。例 雨天順延。

【順次】Ⅱ だんだんに次から次へ。順々に。例 これから順次のべる。類 逐次

【順順】Ⅱ〈ーに〉次々にものごとを進めていくようす。例 順々に名前をよぶ。

【順序】Ⅱ ①ならび方。例 順序をちがえる。順序よく。類 順・順番 ②ものごとをおこなう段どり。手順。例 順序だてて話す。

【順番】↓ 次々に入れかわってなにかをすること。その順序。また、その順序であたる番。例 順番がくるう。やっと順番がきた。

【順路】↓ 決められたように進むための道筋。例 順路にしたがって進む。類 道順 類 順序

❸〈うまくすすむ〉の意味で

【順境】↓ いろいろなことが具合よく進んでいく、幸運な身の上。対 逆境

【順調】↓〈ーな〉ものごとがすらすらと調子よくいくようす。例 仕事が順調に進む。

【順当】↓〈ーな〉そうなるのがあたりまえであること。例 順当に勝ち進む。

【順風】↓ 船が進むのとおなじ方向にふく風。追い風。追いて。対 逆風

【順風満帆】。〈ーに〉帆をはった船が追い風を受けてぐんぐん進むように、すべて調子よく運んでいくこと。

順が下につく熟語 上の字の働き

❶ 順＝〈きまりにしたがう〉のとき
【温順 恭順】ドノヨウニしたがうか。

❷ 順＝〈きまったならび方〉のとき
【語順 手順 席順 打順 着順 道順 筆順】ナニの順序か。

◆ 帰順 五十音順 柔順 従順 先着順 不順

須

頁-3 総画12 常用 明朝 須 9808

音 ス中 訓 すべから-く外

筆順

意味
❶もちいる。もとめる。必要とする。例 必須
❷しばらく。わずかのあいだ。
❸…べきである。すべからく…べし。

頑

頁-4 総画13 常用 明朝 頑 9811

音 ガン中 訓 かたくな外

筆順

なりたち 【形声】もともと「元」が「まるいあたま」を表し、「ガン」という読み方をしめしている。「はじめ」の意味に使われたため、あらためて「あたま」の意味の「頁」をつけて、「まるいあたま」を表すようにした字。のちに、かたい頭の意味を表すようになった。

意味
❶かたくな。人の言うことを聞き入れようとしない。例 頑としてあやまらない。頑固
❷つよい。がっちりしている。とうてい、こわれそうにない。例 頑強

❶〈かたくな〉の意味で

【頑固】Ⅱ〈ーに・ーな〉①自分の考えをまげず、人のことばを受け入れないようす。例 頑固に言いはる。頑固者。類 意固地・強情 ②病気がなかなかなおらないようす。例 頑固な咳。

❷〈つよい〉の意味で

【頑強】Ⅱ〈ーに・ーな〉ねばり強くて、がんばるようす。例 頑強な抵抗。

【頑健】。Ⅱ〈ーな〉からだがじょうぶで、がんばりがきき、かんたんに病気にならないこと。例 頑健なからだ。類 頑丈 対 虚弱

【頑丈】。◎〈ーに・ーな〉①しっかりしていてこわれにくい。例 頑丈なつくりの机。②からだつきがしっかりしていてじょうぶ。例 頑丈なからだの持ち主。類 頑健・丈夫 対 虚弱

【頑迷】。◎〈ーな・ーに〉がんこで、ものの道理をわかろうとしないようす。

頌

頁-4 総画13 人名 明朝 頌 980C

音 ショウ外 訓 ―

意味 ほめる。たたえる。祝う。例 頌春

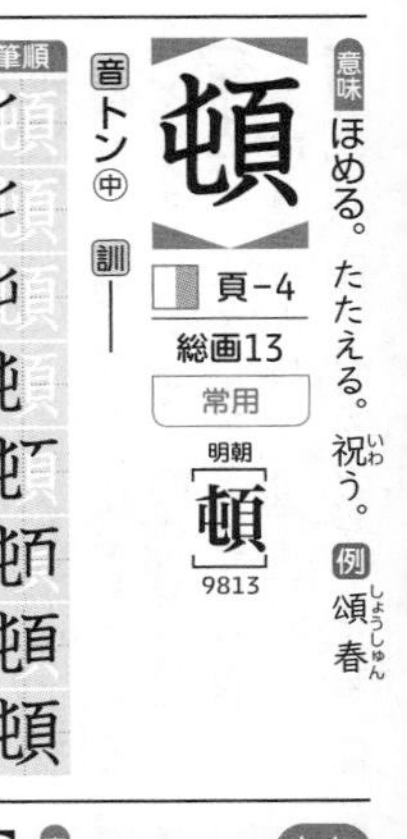

頓

頁−4 総画13 常用 明朝 頓 9813

音 トン 中 訓 ―

筆順

意味 ❶ぬかずく。頭を下げる。例 頓首 ❷急に。たちどころに。すぐに。例 頓知 ❸ととのえる。かたづける。例 整頓 ❹一度。一回。ひとたび。

❷〈急に〉の意味で

【頓挫】とんざ ↓〈―する〉いきおいが急におとろえること。とちゅうでくじけること。例 あたためていた計画が頓挫する。類 挫折

【頓死】とんし ↓〈―する〉急に死ぬこと。例 旅行先で頓死する。類 急死

【頓知】とんち ↓ その場ですぐにはたらくちえ。例 頓知をはたらかせる。類 機転・機知

❹〈一度〉の意味で

【頓服】とんぷく ↓ 薬を何回にも分けないで、必要なときに一回飲むこと。そのための薬。

頒

頁−4 総画13 常用 明朝 頒 9812

音 ハン 中 訓 ―

筆順

なりたち [形声]「頁」が「あたま」を、「分」が「ハン」という読み方をしめしている。「ハン」は「大きい」の意味をもち、大きい頭を表す字。借りて、「くばる」意味に使われている。

意味 分けあたえる。配る。例 頒布

【頒価】はんか ↓ 物を売るときの値段。表現 会員など限られた人だけに売る物の値段をいう。

【頒布】はんぷ ↓〈―する〉多くの人に分けて配ること。例 無料頒布。類 配布 表現「頒布会」は、会員を募集して、その会員にだけ品物を販売する会のこと。

預

頁−4 総画13 6年 明朝 預 9810

音 ヨ 訓 あず-ける・あず-かる

筆順 つにならない はねる とめる

なりたち [形声]「頁」が「かお」を、「予」が「ヨ」という読み方をしめしている。「ヨ」は「のびやか」の意味をもち、のんびりした顔を表す字。借りて、「あずける」意味に使われている。

意味 ❶あずける。お金やものを人にあずける。あずかる。例 荷物を預ける。預金 ❷前もって。あらかじめ。例 預言

❶〈あずける〉の意味で

【預金】よきん ▲〈―する〉銀行などにお金をあずけること。例 定期預金。類 貯金・貯蓄

❷〈前もって〉の意味で

【預言】よげん ↓〈―する〉神の霊感をさずかった人が、神のことばを受け、人につたえること。表現 未来を予測して言うときは「予言」。

頗

頁−5 総画14 人名 明朝 頗 9817

音 ハ 外 訓 すこぶ-る 外

意味 すこぶる。たいへん。とても。非常に。

領

頁−5 総画14 5年 明朝 領 9818

音 リョウ 訓 ―

筆順 とめる とめる

なりたち [形声]「頁」が「あたま」を、「令」が「リョウ」という読み方をしめしている。「リョウ」は「まっすぐに立つ」意味をもち、頭のうしろのまっすぐにのびた「くびすじ」を表す字。借りて、「おさめる」意味に使われている。

意味 ❶もっともたいせつなところ。かなめ。例 要領・首領 ❷おさめる。支配する。自分のものにする。例 領収・領土・受領・占領

◀次ページ 頭

名前のよみ むね

❷〈おさめる〉の意味で

【領域】りょういき ⇩ ①領土・領海・領空など、その国の力がおよぶ範囲。例わが国の領域。②学問・仕事・人などがじかに関係する範囲。例医学の領域。類分野

【領海】りょうかい ⇩ 国のまわりにあって、その国が自由に支配できる海。例領海侵犯。対公海 関連 領土・領空・領海 知識 ふつう海岸から一二海里(約二二キロメートル)とされているが、国によって主張がちがう。

【領空】りょうくう ⇩ その国が支配している土地や海の上空。関連 領土・領空・領海

【領事】りょうじ ▲ 外国にいて、そこに住む自分の国の人のせわをしたり、貿易を進めたりする役人。例領事館。関連 大使・公使・領事

【領主】りょうしゅ ⇩ ①土地とそこに住んでいる人たちを支配している人。②平安時代に荘園をもっていた人。③江戸時代の大名など。

【領収】りょうしゅう Ⅲ〈―する〉代金などを受け取ること。例領収書(代金を受け取ったしるしとしてわたす書きつけ)。類受領

【領地】りょうち ⇩ ①その国がおさめている土地。例日本の領地。類領土 ②むかし、大名などがおさめていた土地。例徳川家の領地。

【領土】りょうど ⇩ その国がおさめている土地。類領地 関連 領土・領空・領海

【領分】りょうぶん ⇩ ①自分がもっている土地。例川のこちらはわが家の領分だ。②力のおよぶ範囲。得意な分野。なわばり。例花づくりは母の領分だ。

【領民】りょうみん ⇩ 領主が支配する土地の住民。

【領有】りょうゆう ⇩〈―する〉土地などを国のものとしてもっていること。例領有権。

領が下につく熟語 上の字の働き

❶領＝〈もっともたいせつなところ〉のとき
【綱領 要領 首領 頭領】近い意味。
【総領 大統領】ドノクライのかなめか。
◆横領 受領 占領 本領

頭

頁－7 総画16 2年 明朝 頭 982D

音 トウ・ズ・ト(高)
訓 あたま・かしら(中)

筆順

なりたち [形声]「頁」が「あたま」を、「豆」が「トウ」という読み方をしめしている。「トウ」は「くび」の意味をもち、人間のあたまを表す字。

意味
❶あたま。首から上の部分。物の上や先のほう。例頭をかかえる。頭を下ろす(髪をそる)。頭が高い。釘の頭。頭脳・没頭
❷仲間のかしら。いちばん上に立つ人。例盗賊の頭。頭領
❸さいしょ。全体のはじまりのところ。例頭から数えなおす。頭金
❹…のあたり。…に近いところ。(場所を表すことばの下につける)例街頭
❺大形の動物をかぞえることば。例牛一頭。

注意するよみ ト…例音頭

名前のよみ あき・かみ

❶〈あたま〉の意味で

【頭数】あたまかず ⇩ 人の数。人数。例参加者の頭数がそろう。☞「とうすう」は❺

【頭寒足熱】ずかんそくねつ 頭を冷たくして、足をあたたかくするとよくねむれるという、むかしからの健康法。

【頭巾】ずきん ⇩ 頭をすっぽりおおう、布でつくったかぶりもの。寒さをふせいだり、頭部を保護したりする。例大黒頭巾。防災頭巾。

【頭痛】ずつう ①▽頭が痛むこと。例頭痛薬。②⇩心配やなやみごと。例たまった宿題が頭痛のたね。

【頭脳】ずのう Ⅲ ①脳。人間の頭。②考えて、判断する頭のはたらき。例頭脳労働。

【頭角】とうかく ⇩ 頭の先。例頭角をあらわす(できる人として目立ってくる)。

【頭注】とうちゅう ⇩ 本文より上につけた、語句などの説明。対脚注

【頭髪】とうはつ ⇩ かみの毛。類毛髪

❷〈仲間のかしら〉の意味で

【頭取】とうどり ◎ 銀行の代表者。会社の「社長」にあたる。

ものしり巻物 第32巻

くり返し符号「々」

いくとおりにも読まれているのに、それ自身は音も訓も一つも読みをもっていない字(?)は、なんでしょうか。

クイズのようですが…答えは「々」です。

「年」の下に「々」がつくと、「々」はねんと読まれます。「山」の下に「々」がつくと、「々」はやまと読まれます。

年々　山々

むかし、一つのことばでおなじ漢字がかさなると、「〻」を使ったことがありました。そして今は、「〻」の代わりに「々」を使うようになりました。

年年→(年〻)→年々

山山→(山〻)→山々

というわけです。

このように、「々」は、上の漢字をくり返していることをしめす符号です。符号なので、漢字辞典には出ていません。正式の字ではないので、「ねん・やま…」とたくさんの読みをもっているように見えても、「々」だけの読みはないのです。「々」だけで使われることがないからです。

けれど、呼び名は、いろいろあります。いちばんやさしいのは「くり返し符号」という呼び方です。また、「重ね字」「畳字」「おどり字」などとも呼びますが、とくに「同の字点」ともいいます。上とおなじ字の代わりをしていることをしめす呼び名です。

さて、「々」はおなじ漢字をくり返すとき、どんな場合でも使えるかといえば、そうでもありません。あくまでも、一つのことばの中でおなじ漢字がかさなったときだけです。

たとえば、「音楽会会場」の場合、「音楽会」と「会場」はちがうことばです。「会」がかさなって「会会」ということばになったのではありません。そのため、「々」は使えません。

×音楽会々場→○音楽会会場

もう一つ、気をつけたいことがあります。それは、つながり方があくまでも一行でつづいているときだけです。たとえば、「年々」と書きたいとき、二つの字が二行に分かれてしまった場合は、「々」は使えません。

×（…年／々…）→○（…年／年…）

いろいろ説明しましたが、結論からいえば、規則にさえあてはまっていれば「々」は使ってもよく、またまったく使わなくてもよいのです。

たとえば、「正々堂々」だといさましく見えないといって、「正正堂堂」と意識して書く人もいます。また、訓読みの場合、「々」の部分をかな書きする人もいます。

山山→山々→山やま

みなさんなら、どの方法で書きますか。

年々歳々

【頭目】Ⅱ 悪者の仲間の中で、いちばん上に立つ人。かしら。ボス。類首領・親分・頭領

【頭領】Ⅱ ある団体や仲間のかしら。例盗賊の頭領。類頭目・首領・親分

❸〈さいしょ〉の意味で

【頭金】↓ ものを買った代金を何回かに分けてはらうとき、最初にはらうお金。例ボーナスを頭金にあてる。

【頭文字】 ローマ字や英文で、人名・地名や文の最初に書く大文字。知識 姓名の頭文字をイニシャルという。

❺〈大形の動物をかぞえることば〉の意味で

【頭数】↓ 牛や馬などの数。☞「あたまかず」は❶

頭が下につく熟語 上の字の働き

❶頭＝〈あたま〉のとき
【出頭 台頭 没頭 低頭(平身低頭)】頭をドウスルか。
【波頭 柱頭 目頭】ナニの頭か。

❷頭＝〈仲間のかしら〉のとき
【地頭 船頭 番頭】ナニの頭か。

❸頭＝〈さいしょ〉のとき
【先頭 初頭 冒頭】近い意味。
【年頭 巻頭 筆頭 陣頭 音頭】ナニの最初か。

❹頭＝〈…のあたり〉のとき
【駅頭 街頭 路頭 店頭 念頭】ナニ・ドコのあたりか。

◆教頭 巨頭

頰

頁-7 総画16 常用 明朝 頰 9830

音 キョウ外 訓 ほお中

筆順

意味 ほお。ほほ。顔の両がわのふっくらした部分。例頰杖をつく。頰を赤らめる。頰笑む。頰紅

参考「ほほ」とも。

字体のはなし「頬」(頁部「6画」、総画「15画」)とも書く。☞ふろく「字体についての解説」(30ページ)

頼

頁-7 総画16 常用 明朝 頼 983C 旧字 賴 8CF4

音 ライ中 訓 たの-む中・たの-もしい中・たよ-る中

筆順

なりたち [形声] もとの字は、「賴」。「貝」が「お金」を、「剌」が「ライ」とかわって読み方をしめしている。「ラツ」は「もうける」意味をもち、お金をもうけることを表す字。

意味 たよる。たよりにする。たのむ。例頼みの綱。頼もしい青年。外国からの輸入に頼る。

依頼・信頼

名前のよみ のり・よし・より

頻

頁-8 総画17 常用 明朝 頻 983B 旧字 頻 FA6A

音 ヒン中 訓 ―

筆順

なりたち [会意] もとの字は、「瀕」。「水をわたる」意味の「渉」を略した「歩」と、「かお」の意味の「頁」を合わせて、水をわたるとき、深さのあまり顔にしわをよせる(顔をしかめる)ことを表す字。

意味 しきりに。しばしば。次つぎと。例頻度

【頻出】↓〈―する〉同じようなものごとが、くり返して何度もあらわれること。例頻出語句。

【頻度】↓ そのことが、ある時間内に起こる回数。出現度数。例頻度が高い。

【頻発】↓〈―する〉事件・事故・災害などが、次々と何度も起こること。例交通事故が頻発する。類多発・続発 対散発

【頻繁】Ⅱ〈―な〉あることがくり返し起こったりおこなわれたりするようす。例バスが頻繁に行き来する通り。

【頻頻】Ⅱ〈―たる〉悪いことが次々につづいて起こるようす。例火事が頻々と起こる。

額

頁-9 総画18 5年 明朝 額 984D

音 ガク　訓 ひたい

筆順 （とめる）

なりたち　[形声] もとの字は、「頟」。「頁」が「あたま」を、「各→客」が「ガク」とかわって読み方をしめしている。「カク」は「ひろい」の意味をもち、頭の中で広いところ「ひたい」を表す字。

意味

❶ひたい。顔の、まゆより上の部分。例 額にしわをよせる。猫の額ほどの土地。

❷門やかべにかかげるもの。絵や文字を見せるためにへやなどにかけたもの。例 額をかざる。額縁

❸きんがく（金額）。数で表されるお金の量。例 額面・高額

❷〈門やかべにかかげるもの〉の意味で

【額縁】↓①絵や書や写真を入れて、かべなどにかざるためのわく。②かざりのために、窓や出入り口のまわりにはめるわく。

❸〈きんがく（金額）〉の意味で

【額面】↓①債券や株券などに書かれる金額。例 株価が額面をわる。②ことばのうわべの意味。例 かれのことばを額面どおり（言ったことばそのまま）には受けとれない。

← 額が下につく熟語　上の字の働き

❸額＝〈きんがく（金額）〉のとき

【巨額 多額 高額 低額 少額 小額 全額 総額 半額】ドレホドの額か。

【金額 月額 産額】ナニの額か。

【差額 残額】ドノヨウナ額か。

【増額 減額】額をドウスルか。

顎

頁−9　総画18　常用　明朝 顎 984E

音 ガク 中　訓 あご 中

筆順

意味　あご。口の上と下にあって話したり、食べたりするのに使う部分。例 顎をなでる（得意なようす）。顎で使う（えらそうにして他人をこき使う）。

【顎関節】上顎と下顎の骨をつなぎ、動かすための関節。これを使って口を開いたり閉じたりする。

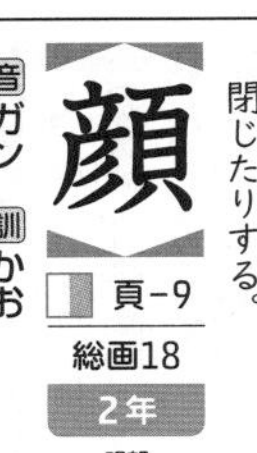

顔

頁−9　総画18　2年　明朝 顔 9854

音 ガン　訓 かお

筆順 （ヽにならない）（とめる）

なりたち　[形声] 美しいことをしめす「彦」が「ガン」とかわって読み方をしめしている。「かお」の意味の「頁」をくわえて、「美しいかお」を表す字。

意味

❶かお。顔つき。例 顔を合わせる。顔面・横顔

❷いろどり。色をぬりつける。例 顔料

特別なよみ　笑顔（えがお）

❶〈かお〉の意味で

【顔色】↓一 顔の色つや。例 顔色が悪い。顔色なし（相手に圧倒されて、手も足も出ない）。二 その人の気持ちが表れた顔のようす。例 顔色をうかがう。類 気色

【顔役】↓その土地や仲間の中で勢力があり、よく知られている人。ボス。類 有力者

【顔面】Ⅱ顔。顔の表面。例 顔面蒼白になる。

❷〈いろどり〉の意味で

【顔料】↓①物に色をつける物質。水や油にとけず、ペンキやインク・化粧品などの原料になる。例 赤い顔料。②絵の具。例 油絵の顔料。

← 顔が下につく熟語　上の字の働き

❶顔＝〈かお〉のとき

【尊顔 温顔 厚顔 紅顔 童顔 古顔 新顔 素顔 真顔 横顔 寝顔 笑顔】ドノヨウナ顔か。

【丸顔 瓜実顔】ドノヨウナ形の顔か。

【破顔 拝顔 洗顔】顔をドウスルか。

顕

頁−9　総画18　常用　明朝 顕 9855　旧字 顯 986F

音 ケン 中　訓 ——

筆順

なりたち 顯 [形声] もとの字は、「顯」。「頁」が「あたま」を、「㬎」が「ケン」という読み方をしめしている。「ケン」は「かがやく、あきらか」の意味をもち、頭につけた美しいかざりを表す字。

意味 あきらか。あらわれる。例 顕著

名前のよみ あき・あきら・てる

【顕現】けんげん ‖ 〈─する〉形になって現れる。

【顕在】けんざい ↓ 〈─する〉はっきりと目に見える形でそこにあること。例 かくれていた問題が顕在化する。対 潜在

【顕彰】けんしょう ‖ 〈─する〉かくれたよいことなどをたたえて、広く世間に知らせること。

【顕著】けんちょ ‖ 〈─な・─に〉とくにはっきり目立っているようす。いちじるしいこと。例 努力のあとが顕著だ。

【顕微鏡】けんびきょう ふつうでは見えない小さいものを、大きくはっきり見えるようにする器械。例 顕微鏡で調べる。電子顕微鏡。

題

頁-9 総画18 3年 明朝 題 984C

音 ダイ 訓 ―

筆順

なりたち 題 [形声]「頁」が「かお」を、「是」が「ダイ」とかわって読み方をしめしている。「シ」は「しるし」の意味をもち、顔の中のしるしをつけるところを表す字。

意味 ❶みだし。内容をまとめてひと目でわかるようにした短いことば。タイトル。例 作文の題。題名・副題 ❷言おうとすることがら。考えてほしいこと。解決しなければならないこと。テーマ。例 題材・問題・話題

❶〈みだし〉の意味で

【題字】だいじ ↓ 本・書物のはじめや石碑などの上に書く文字。例 毛筆で題字を書く。

【題名】だいめい ↓ 本や映画・文学作品などについた名。タイトル。類 題

【題目】だいもく ↓ ①文章・本などの内容を短いことばで表したもの。例 卒業論文の題目。類 題 ②日蓮宗でとなえる「南無妙法蓮華経」の七文字。例 お題目をとなえる。表現「お題目をとなえる」の形で、できもしないことをくり返し言う意味にも使う。☞❷

❷〈言おうとすることがら〉の意味で

【題意】だいい ↓ ①作品のねらい。②問題の意味。例 題意をとりちがえる。

【題材】だいざい ↓ 詩・文章・絵・音楽などの芸術作品の内容になる材料。類 画材・素材

【題目】だいもく ↓ 話し合いや研究会などで取り上げる問題。テーマ。類 主題 ☞❶

題が下につく熟語 上の字の働き

❶題＝〈みだし〉のとき
【副題 仮題 無題】ドノヨウナ題名か。

❷題＝〈言おうとすることがら〉のとき
【演題 議題 論題 話題 季題】ナニの内容か。
【主題 本題】ドノヨウナ内容か。
【課題 宿題 難題 例題】ドノヨウナ問題か。

◆出題 表題 問題

類

頁-9 総画18 4年 明朝 類 985E 旧字 類 F9D0

音 ルイ 訓 たぐ-い

筆順

なりたち 類 [形声] もとの字は、「類」。「犬」が「けもの」を、「頪」が「ルイ」とかわって読み方をしめしている。「リ」は「タヌキ」の意味をもち、タヌキに似たけものを表す字。のちに、「似ているもの、なかま」の意味に使われている。

意味 おなじなかまのもの。似ている。なかま入りする。例 類は友を呼ぶ(似たものどうしはしぜんに集まる)。これに類する事件。類別・類焼・人類

名前のよみ よし

【類義語】るいぎご 「おりる」と「くだる」、「土台」と「基礎」のように、意味がよく似ていることば。

[類] 類語・同意語 [対] 対義語 [参考] この辞典の [類] は、類義語を表す記号です。

【類型】[↓] 似ているもののあいだに共通する特徴を、一つの型としてとらえたもの。タイプ。[例]いくつかの類型を立てる。

【類型的】[↓]〈―な〉いかにも型どおりであること。[例]この風景画は類型的な構図だ。

【類語】[↓] 意味がよく似ていることば。[例]類語辞典。[類]類義語 [対]対義語

【類似】[Ⅱ]〈―する〉よく似ていること。[例]類似品にご注意ください。[類]近似

【類書】[↓] おなじような内容の本。おなじ種類の本。[例]類書を比較する。

【類焼】[↓]〈―する〉よそから出た火事で、その家も焼けること。もらい火。[例]類焼をふせぐ。[類]延焼・類火

【類人猿】オランウータン・チンパンジー・ゴリラなどのように、立って歩いたり、指で物をにぎったりできる、サル類の中でもいちばん人間に近い種類。ヒトニザル。

【類推】[↓]〈―する〉今までの知識や経験から考えて、こうだろうと見当をつけること。[例]類推して知る。

【類別】[↓]〈―する〉特徴や種類によって、ものをいくつかのグループに分けること。[例]漢字のなりたちは六つに類別される。[類]分類・分別・種別

【類例】[↓] よく似ている例。[例]ほかに類例を見ない事件。

←類が下につく熟語 上の字の働き

【種類 比類】近い意味。

【人類 鳥類 魚類 藻類 菌類 両生類 霊長類 衣類 書類 親類】ナニのなかまか。

◆同類 部類 分類 無類

願

頁-10 総画19 4年

明朝 願 9858

音 ガン 訓 ねが-う

筆順 はねる とめる

なりたち [形声]「頁」が「あたま」を、「原(ゲン)」が「ガン」とかわって読み方をしめしている。「ゲン」は「大きい」の意味をもち、「大きい頭」を表す字。借りて、「ねがう」として使われている。

意味 ねがう。ねがい。[例]成功を願う。願いがかなう。願をかける。願書・志願

【願書】[↓] 許可を得るために出す書類。とくに、入学願書を指すことが多い。

【願望】[Ⅱ]〈―する〉ぜひそうなってほしいと心に思うこと。[例]変身願望。[類]念願・希望

←願が下につく熟語 上の字の働き

【志願 請願 祈願 念願】近い意味。

【哀願 懇願 嘆願】ドノヨウニ願うか。

【大願 宿願 悲願 本願(他力本願)】ドノヨウナ願いか。

◆依願 出願 満願

顚

頁-10 総画19 人名

明朝 顚 985A

音 テン(外) 訓 —

意味 ❶てっぺん。物の先の部分。はじめ。[例]顚末 ❷つまずいて倒れる。ひっくり返る。落ちる。[例]顚倒・顚落

表記 今はふつう「転」を使う。[例]顚倒→転倒・顚落→転落

❶〈てっぺん〉の意味で

【顚末】[↓] ものごとのはじめから終わりまで。[例]事の顚末。

顧

頁-12 総画21 常用

明朝 顧 9867

音 コ(中) 訓 かえり-みる(中)

筆順

なりたち [形声]「頁」が「あたま」を、「雇」が「コ」という読み方をしめしている。「コ」は「めぐらす」意味をもち、頭をめぐらしてふりかえって見ることを表す字。

意味 ❶ふりかえる。ふりかえってようすを見る。[例]歴史を顧みる。回顧 ❷心にかける。目をかける。[例]顧問・愛顧・

例 恩顧

例 解 [使い分け]かえりみる[顧・省] ☞ひだりのページ

❷〈心にかける〉の意味で

【顧客】こきゃく｜こかく ↓ 商売のお得意先。ひいきにして、いつもその店の品物を買ってくれる客。例 顧客リスト。類 得意

【顧問】こもん ↓ 会社や団体などで、いろいろの相談を受け、それに意見を言う役。例 顧問弁護士。

【顧慮】こりょ Ⅱ〈―する〉あることに心をとめて、よく気を配ること。考えに入れること。例 相手の立場も顧慮する。

←顧が下につく熟語 上の字の働き

❶顧＝〈ふりかえる〉のとき

【回顧 後顧】近い意味。

◆愛顧

9画 風[かぜ]の部

「風」の字と、それをもとにして作られた「颯」の字が入ります。

この部首の字 0 風……1098 5 颯……1100

嵐▶山 361

風

音 フウ・フ 高　訓 かぜ・かざ

風－0　総画9　2年

明朝 風 98A8

文字物語 風

「風」は、吹き方によっていろいろな風になる。春の「そよ風」はのどかで気持ちがよく、秋の「すず風」は人をしんみりとした気持ちにさせる。夏の「台風」「暴風」はおそろしい「大風」だが、「無風」であってもまたやりきれない。冬の「寒風」は肌をさすようで、「すきま風」は身にしみる。

ものをじっと見ていると、そこになんとなく他のものとはちがった特別の様子とか雰囲気とかが感じられてくる。これも漢字「風」がもつ、だいじな意味の一つだ。その人の「風采」「風格」、その社会の「風潮」「風俗」、その家の「家風」、その学校の「校風」「学風」など。そこから、「一風かわった」とか「教室の中はどんなふう?」などということばがでてくるし、「やり方のスタイル」の意味をもつ「和風」「洋風」「都会風」「いなか風」「関西風」「東京風」などの言い方ができてくる。「―ふう」は世をなびかせる風だ。

筆順 （はねる）（とめる）

なりたち [形声]もとの字は「おおとり」を表す「鳳」。「凡(ハン)」が「フウ」とかわって読み方をしめしている。「おおとり(鳳凰)」が起こす「かぜ」の意味に使われ、のちに「おおとり」と区別するため、「鳥」の代わりに「虫」を入れ、「風」となった。

意味

❶かぜ。空気の流れ。例 風がふく。風向き・風雨・風力・強風・潮風

❷社会全体にわたるもの。その土地やところのならわし・しきたり・やり方。様式。例 都の風をまねる。風習・家風・和風

❸おもむき。あじわい。そのものから感じられるふんいき。例 風格・風物・風情・威風

❹うわさ。例 風説・風評

❺それとなく言う。ほのめかす。例 風刺

❻病気の名。例 風邪(かぜ｜ふうじゃ)

❼《その他》例 風呂

[文字物語]☞このページ

注意するよみ フ…例 風情・中風　かざ…例 風上・風車

特別なよみ 風邪(かぜ)

❶〈かぜ〉の意味で

【風上】かざかみ ↓ 風のふいてくるほう。対 風下

表現 「…の風上にもおけない」は、おこないや性質のよくない人をいうことば。

【風下】かざしも ↓ 風がふいていく方向。対 風上

【風見】かざみ ↓ 屋根の上などにとりつけて、風の向きを調べる器具。風向計。例 風見鶏。

【風圧】ふうあつ ↓ 風がものをおす力。例 風圧計。

【風雨】ふうう ① Ⅱ 風と雨。例 風雨にさらされる。② ↓ 強い風とともにふる雨。あらし。例

風雨の中を出発する。類 暴風雨

【風雲】ふううん ‖ 大きくかわろうとする世の中のようす。例 風雲急を告げる。

【風雲児】ふううんじ 世の中が大きくかわるときにめざましく活躍する人。例 幕末の風雲児。

【風化】ふうか ↓〈―する〉①岩や石が、長いあいだ雨や風、熱などにさらされて、しだいにくずれて土や砂になること。例 風化作用。②時の流れとともに、しだいにわすれさられること。例 原爆の体験を風化させてはならない。

【風向】ふうこう ↓ 風のふいてくる方向。かざむき。十六の方向に分ける。例 風向計。類 風位

【風車】↓ 一 ふうしゃ 風の力でまわる大きな羽根車。例 発電用の風車がならぶ。二 かざぐるま 羽根が風を受けてまわるおもちゃ。

【風雪】ふうせつ ①‖ 風と雪。例 風雪注意報。②↓ 風とともにふる雪。ふぶき。例 風雪が強まる。③‖ 世の中の苦しみやつらさ。例 風雪にたえる。

【風船】ふうせん ↓ ①紙やゴムでふくろを作り、中に空気や水素を入れてふくらませたおもちゃ。例 紙風船。②「気球」の古い言い方。例 風船旅行。

【風速】ふうそく ↓ 風の進む速さ。一秒間に進む距離をメートルで表し、「風速二〇メートル」のようにいう。

【風波】ふうは ①‖ 風と波。②↓ 風のために起こる大波。例 風波が高い。③‖ あらそい。もめごと。例 風波のたえない家庭。類 波風

【風媒花】ふうばいか 風によって運ばれた花粉がめしべについて、実をむすぶ花。マツ・スギ・イネ・ムギなどがある。

【風力】ふうりょく ↓ ①風の力。例 風力発電。②風の強さ。ふつう、0から12までに分けてしめす。数が大きいほど強い。例 風力計。

【風鈴】ふうりん ↓ 金属・ガラス・せとものなどでつくった、つりがね形のすず。

❷〈社会ぜんたいにわたるもの〉の意味で

【風紀】ふうき ↓ 人びとが正しい社会生活をしていくうえでのきまり。とくに、男女の交際についていう。例 風紀のみだれ。類 風俗

【風習】ふうしゅう ‖ その土地につたわる、しきたりや生活のしかたなど。ならわし。例 今にのこるおもしろい風習。類 慣習・習慣・習俗

【風俗】ふうぞく ‖ ①その土地にむかしからつたわる行事や、衣・食・住の生活上のならわし。例 東北地方の風俗を研究する。②社会生活をしていくうえでのけじめ。類 風紀

【風潮】ふうちょう ↓ 時代時代でうつりかわる世の中の傾向。例 最近の風潮。類 時流

【風土】ふうど ‖ 人びとの生活に関係する、土地の地形・気候などの自然のようす。

【風土病】ふうどびょう 気候などが原因で、その土地だけに起こる病気。

【風靡】ふうび ▽〈―する〉強い風が草木をなびかせるように、みんなをしたがわせること。例 一世を風靡する(世の中全体で、はやる)。

【風土記】ふどき ①奈良時代に地方ごとにつくられた、産物や地名のおこり、伝説などが書かれている本。②地方の風土や産物・文化などを書きしるした本。例 鎌倉風土記。

❸〈おもむき。あじわい〉の意味で

【風格】ふうかく ↓ ①その人のことばや行動からにじみでる、すぐれた味わい。例 横綱らしい風格が出てきた。②りっぱな感じ。深い味わい。例 風格のある文字。類 格調

【風景】ふうけい ‖ ①目にうつる景色。ながめ。例 風景画。類 景色・風物 ②ある場面のありさま。例

例解 使い分け

かえりみる《顧みる・省みる》

顧みる＝過ぎ去ったことを思う。気にする。例 来た道を顧みる。子どものころを顧みる。結果を顧みない。

省みる＝自分のしたおこないをふり返って考える。例 自らを省みる。自分の過ちを省みる。

例練習風景。

【風光】ふうこう Ⅱ 自然の美しいながめ。景色。例 風光明媚(景色がとても美しい)。類 情景・光景

【風采】ふうさい Ⅱ 身なりやかっこう・顔つきなどの、外から見ての感じ。例 風采があがらない(見ばえがしない)。類 風貌

【風趣】ふうしゅ Ⅱ しみじみとしたおもしろみ。おもむき。例 風趣あふれる庭。

【風致】ふうち Ⅱ 自然の景色などの美しさや味わい。例 風致林。風致地区。

【風体】ふうてい・ふうたい Ⅱ 人のようすや身なり。例 あやしい風体の男。

【風物】ふうぶつ ↓ ①景色やながめ。類 風景 ②その土地らしさや季節を表すもの。例 四季折々の風物。

【風物詩】ふうぶつし ①季節を人びとの心に感じさせるもの。例 花火は夏の風物詩だ。②その季節を感じさせる自然や生活をうたった詩。

【風貌】ふうぼう Ⅱ 顔・すがた・身なりなどから受ける感じ。例 りりしい風貌。類 容貌・風采

【風味】ふうみ ↓ その食べ物がもっている上品な味わい。例 材料の風味を生かす。

【風流】ふうりゅう ↓〈―な〉〈―に〉①実用性とは関係なしに、見る人の心をなごませるおもしろみ。おくゆかしさ。例 風流な茶室。②詩歌・書画などをつくってそれを味わい、楽しむこと。例 風流人。類 風雅

【風情】ふぜい ↓ ①その場のようすから感じられるなんともいえない味わい。おもむき。例 風情のある古い町なみ。類 情趣 ②(人を表すことばの下につけて)自分がへりくだったり、人をけいべつしたりするときに使うことば。例 わたくし風情の出る幕ではありません。

❹〈うわさ〉の意味で

【風説】ふうせつ ↓ どこからともなくつたわってきたうわさ。例 風説が流れる。類 風評・風聞

【風評】ふうひょう ↓ 世に流れるうわさ。例 風評が立つ。風評被害。類 風説・風聞 表現 よくないうわさをいう。

【風聞】ふうぶん Ⅱ どこからともなく聞こえてくるうわさ。例 風聞を耳にする。類 風説・風評

❺〈それとなく言う〉の意味で

【風刺】ふうし ↓〈―する〉世の中や話題の人物のわるいところを、遠まわしにからかったり批判したりすること。例 風刺漫画。

❻〈病気の名〉の意味で

【風邪】かぜ・ふうじゃ ↓ 寒気がし、鼻水やせきが出たり、のどや頭が痛かったり、熱が出たりする病気。例 風邪をひく。類 感冒

❼《その他》

【風袋】ふうたい ↓ ものの重さをはかりではかるときの入れ物。例 風袋こみの重量。対 正味

【風呂】ふろ ◎ 湯に入ってからだをあたためたり、あらったりする設備。例 風呂をたてる。露天風呂。

【風呂敷】ふろしき ものを包む真四角の布。例 風呂敷づつみ。参考 むかし、風呂屋で着物を包んだりするのに用いた布から。

風が下につく熟語 上の字の働き

❶風＝〈かぜ〉のとき
【無風 微風 強風 疾風 烈風 突風 薫風 涼風 寒風 順風 逆風 旋風 爆風 季節風 東風(馬耳東風) 偏西風 潮風】ドノヨウナ風か。

❷風＝〈社会全体にわたるもの〉のとき
【美風 悪風 新風 弊風】ドノヨウナならわしか。
【家風 校風 学風 社風 洋風 和風】ドコのならわしか。

❸風＝〈おもむき。あじわい〉のとき
【威風 古風】ドノヨウナおもむきか。
【歌風 画風 作風 芸風】ナニのおもむきか。

◆気風 送風 台風 中風 痛風 波風

【颯】

風－5 総画14 人名 明朝 颯 98AF

音 サツ外 訓 ―

意味
❶さっと風がふくようす。例 颯颯
❷はぎれよく動きがはやい。例 颯爽

9画 飛 [とぶ] の部

ここには「飛」の字だけが入ります。

この部首の字 0 飛……1101

飛

飛-0　総画9　4年　明朝 飛 98DB

音 ヒ　訓 と-ぶ・と-ばす

筆順 飛 飛 飛 飛 飛 飛 飛 飛 飛（はらう・はねる）

なりたち 【象形】鳥が羽を広げてとぶ形をえがいた字。

意味

❶とぶ。空中を飛ぶ。飛びあがる。飛ぶようにはやい。例 空を飛ぶ。車を飛ばす。飛行・雄飛

❷飛騨。旧国名。今の岐阜県の北部。

❸《その他》例 飛鳥

例解 [使い分け] とぶ[飛・跳] ☞ このページ

名前のよみ たか

❶〈とぶ〉の意味で

【飛脚】ひきゃく ↓ ①むかし遠いところに急ぎの用を知らせた使いの人。②江戸時代、手紙や荷物をとどけることを仕事としていた人。例 早飛脚。

飛脚

【飛行】ひこう ↓〈―する〉空中を飛んでいくこと。例 飛行機。低空飛行。

【飛散】ひさん ↓〈―する〉飛びちること。例 ガラスのかけらが道路に飛散している。

【飛翔】◆ひしょう Ⅱ〈―する〉鳥などが空中を飛んでいくこと。例 大空を飛翔するワシ。

【飛鳥】ひちょう ↓ 空を飛ぶ鳥。例 飛鳥のようなはやわざ。☞「あすか」は❸

【飛沫】◆ひまつ ↓ 水が飛びちるときにできる小さな玉。しぶき。例 滝の飛沫がかかる。飛沫感染。

【飛躍】ひやく Ⅱ〈―する〉①大きく高く飛びあがること。②急に進歩すること。例 成績が飛躍的にのびた。類 躍進 ③考えや話などが順序をぬかしてそれてしまうこと。例 論理の飛躍がある。

【飛来】ひらい ↓〈―する〉飛んでくること。例 今年も湖に白鳥が飛来した。

❸《その他》

【飛鳥】▲▲あすか ◎「飛鳥時代」の略。奈良県の飛鳥地方に都があった六世紀後半から七世紀中ごろまでの時代。☞「ひちょう」は❶

例解 使い分け　とぶ《飛ぶ・跳ぶ》

飛ぶ＝空中を動いて進む。広まる。散る。間が抜ける。例 鳥が飛ぶ。飛んで火に入る夏の虫。うわさが飛ぶ。しぶきが飛ぶ。飛び石。

跳ぶ＝地面からはねあがる。例 うれしくて跳び回る。跳び上がって喜ぶ。跳びはねる。跳び箱。なわ跳び。

◆雄飛

9画 食 飠 飠 [しょく][しょくへん] の部

「食」をもとに作られ、食べ物や飲食の行動にかかわる字を集めてあります。

この部首の字

0 食……1101
2 飢……1102
4 飲……1103
飯……1103
5 飴……1103
飼……1103
飾……1104
飽……1104
6 餌……1104
餌……1104
餅……1104
餅……1105
養……1105
7 餓……1105
餐……1106
8 館……1106
13 饗……1106
蝕▸虫 942

食

食-0　総画9　2年　明朝 食 98DF

音 ショク・ジキ高　訓 く-う・く-らう高・た-べる

飢 ▶前ページ 飛 食

筆順 人にならない はねる

なりたち [会意]ふたの形(亼)と、うつわにたべものをもった形(良)とからでき、「たべもの」を表す字。

意味
❶たべる。たべもの。例ごはんを食べる。蚊に食われる。肉を食らう。食が進む。食事・断食
❷むしばむ。少しずつへる。例月食・侵食

発音あんない ショク↓ショッ…例食器
注意するよみ ジキ…例断食

❶〈たべる〉の意味で
【食育】しょくいく ↓食生活や食物について知識を深め、心身の健康を高めるための教育。
【食塩】しょくえん ↓食べ物に使う塩。例食塩水。
【食後】しょくご ↓食事をしたあと。対食前
【食材】しょくざい ↓料理の材料。例旬の食材。
【食事】しょくじ ↓〈―する〉人が生きるのに必要な食べ物を食べること。類飯・御飯
【食指が動く】しょくしがうごく 食べたい、そうしたいともとめる気になる。食指は、人さし指。
[故事のはなし] ひだりのページ
【食傷】しょくしょう ↓〈―する〉①わるいものを食べて中毒を起こすこと。食あたり。②おなじ食べ物やものごとのくり返しで、うんざりすること。例いささか食傷ぎみだ。
【食餌療法】しょくじりょうほう 食べ物の内容や分量を調節して、病気をなおす方法。
【食生活】しょくせいかつ 毎日の生活の中での、食事にかかわること。例米中心の食生活。
【食前】しょくぜん ↓食事のまえ。対食後
【食膳】しょくぜん ↓食事のとき、料理をのせる台。お膳。例食膳にのぼる(料理として出る)。
【食卓】しょくたく ↓食事をするときに使うテーブル。お膳。例食卓をかこむ。類飯台
【食中毒】しょくちゅうどく 食べ物にふくまれる細菌や毒などによってはきけや下痢・腹痛などが起こる病気。食あたり。例集団食中毒。
【食通】しょくつう ↓料理についてよく知っていて、味にもくわしい人。グルメ。
【食堂】しょくどう ↓①食事をするへや。ダイニングルーム。②料理を出して食事をさせる店。レストラン。例大衆食堂。
【食道】しょくどう ↓人の体で、のどと胃のあいだの部分。食べ物を口から胃まで送る消化管。
【食費】しょくひ ↓食事のためにかかるお金。例食費をきりつめる。一か月の食費。
【食品】しょくひん ↓食べるように作られた品物。食べ物。例冷凍食品。類食料品・食物
【食物】しょくもつ ↓食べ物。飲み物もふくめていうことが多い。類食料・食料品・食品
【食用】しょくよう ↓食べ物として使うこと。食べられること。例食用のキノコ。食用油。
【食欲】しょくよく ↓食べたいと思う気持ち。食い気。例食欲がない。食欲不振。
【食料】しょくりょう ↓食べるためのもの。例食料を買いこむ。類食品・食物
【食糧】しょくりょう ↓食べ物。おもに、米・麦などの主食を指す。例食糧不足。類糧食
【食間】しょっかん ↓食事と食事のあいだ。例この薬は、食間にお飲みください。
【食器】しょっき ↓茶わんやはしなどの、食事に使う道具。例食器だな。食器あらい。

←食が下につく熟語 上の字の働き
❶食=〈たべる〉のとき
【飲食 酒食 寝食】近縁の関係。
【和食 洋食 外食】ドコの食か。
【主食 副食 常食 美食 粗食 軽食】ドノヨウナ食か。
【給食 減食 節食 絶食 断食】食うことをドウスルか。
【米食 菜食 草食 肉食】ナニを食うか。
【朝食 昼食 夕食 夜食】イツの食事か。
【小食(少食) 大食 暴食】ドレホド食うか。
【試食 徒食 雑食】ドノヨウニ食うか。
❷食=〈むしばむ〉のとき
【侵食 浸食 腐食 金環食 皆既食】ドノヨウニむしばむか。
【月食 日食】ナニがむしばまれるか。
◆弱肉強食 偏食 飽食 立食 糧食

飢
食-2
総画10
常用
明朝 飢 98E2

音 キ㊥ 訓 う-える㊥

筆順

なりたち [形声]「食」が「たべる」ことを、「几」が「キ」という読み方をしめしている。「キ」は「とぼしい」の意味をもち、食べ物がとぼしいことを表す字。

意味 うえる。食べ物がなくて苦しむ。例 飢えをしのぐ。飢餓

◦【飢餓】きが Ⅱ 食べ物がなくて、ひどくおなかがすくこと。飢え。例 飢餓に苦しむ。

◆【飢饉】ききん Ⅱ ①農作物のできがわるくて、食物が足りなくなって苦しむこと。例 天明の大飢饉。類 凶作 ②生活に必要なものが足りなくなること。例 水飢饉。類 欠乏

故事のはなし

食指が動く

楚の国の人が鄭の霊公に大きなすっぽんを献上した。公子宋と子家が宮中に参内しようとしたとき、公子宋の人さし指が動いた。公子宋は、それを子家に見せて「前にもこうなると、かならずごちそうにありついた」と言った。宮中に入ると、料理人がちょうどすっぽんを料理しようとしていた。二人は顔を見合わせて笑った。（『春秋左氏伝』宣公四年）

飲

食-4 総画12 3年 明朝 飲 98F2

音 イン 訓 の-む

筆順 （とめる）（つにならない）

なりたち [形声]もとの字は、「飮」。「今」と、さけ(酉)と、口をあける意味の「欠」とからできていて、「今」が「イン」とかわって読み方をしめしている。「キン」は「のむ」意味をもち、酒をのむことを表す字。

意味 のむ。水や酒などを口にいれる。例 水を飲む。飲まず食わず。飲料・暴飲

【飲酒】いんしゅ ▲〈―する〉酒を飲むこと。

【飲食】いんしょく Ⅱ〈―する〉飲んだり食べたりすること。例 飲食店。

【飲用】いんよう ↓〈―する〉飲み物として使うこと。例 飲用に適する。

【飲料】いんりょう ↓ 飲むためのもの。飲み物。例 飲料水。清涼飲料。

←飲が下につく熟語 上の字の働き

【暴飲 鯨飲】ドノヨウニ飲むか。

◆愛飲 誤飲 試飲

飯

食-4 総画12 4年 明朝 飯 98EF

音 ハン 訓 めし

筆順 （とめる）（はらう）

なりたち [形声]「食」が「たべる」ことを、「反」が「ハン」という読み方をしめしている。「ハン」は「口にふくむ」意味をもち、口に物をふくんで食べることを表す字。「めし」として使われている。

意味 めし。米をたいたごはん。食事。例 飯を食う。飯粒・残飯

【飯台】はんだい ↓ 何人かで食事をするときに使う台。ちゃぶ台。類 食卓

【飯場】はんば ↓ 土木工事などではたらく人たちが、ねとまりするところ。

【飯粒】めしつぶ ↓ ごはんのつぶ。

◆朝御飯 御飯 残飯 赤飯 日常茶飯 晩御飯 昼御飯 噴飯 夕飯

飴

𩙿-5 総画14 表外 明朝 飴 98F4

音 ― 訓 あめ㊕

意味 あめ。イモ・米・さとうなどから作るあまい菓子。例 千歳飴。飴細工。飴色・飴玉・水飴・綿飴

飼

食-5 総画13 5年 明朝 飼 98FC

音 シ 訓 か-う

筆順 ノ 今 今 食 飠 飼 飼 飼 飼（とめる・はねる）

なりたち [形声]「食」が「たべる」ことを、「司」が「つかさどる」意味と「シ」という読み方をしめしている。食べ物をあたえて「かう」ことを表す字。

意味 かう。動物をやしなう。例犬を飼う。家畜を飼う。飼育

【飼育】しいく Ⅱ〈―する〉動物にえさをあたえて育てること。例学校でウサギを飼育する。飼育小屋。

【飼料】しりょう ↓家畜にあたえるえさ。例ウシの飼料にする草をかる。混合飼料。

飾

食−5 総画13 常用 明朝 飾 98FE

音 ショク㊥ 訓 かざ-る㊥

筆順 ノ 今 今 食 飠 飾 飾 飾 飾

なりたち [形声]「飤」と「巾」とからできた字。「巾」が「ぬの」を、「飤」が「ショク」とかわって読み方をしめしている。「シ」は「ぬぐう」意味をもち、人が布でふき清めることを表している字。「かざる」として使われている。

意味 かざる。きれいに見えるようにする。かざり。例花を飾る。装飾

文字物語 館

新しい土地へ行って、どこを見ようかとまよったら、まず「博物館」と「美術館」へ行けばよい。「水族館」があったら、もっと楽しい。「博物館」にも「自然博物館」「民俗博物館」「科学博物館」などがあるし、また、その土地出身の詩人・歌人などの「記念館」もある。それぞれの所で、とてもたくさんの勉強をすることができる。また、各市町村には、たいてい「公民館」「図書館」があるし、講演とか演劇などがもよおされる「文化会館」などのりっぱな施設もある。このように、「館」のつく所には、その土地の文化の花がさいている。

←飾が下につく熟語 上の字の働き

【修飾 装飾 服飾】近い意味。
【虚飾 粉飾 宝飾】ドノヨウニ飾るか。

飽

食−5 総画13 常用 明朝 飽 98FD

音 ホウ㊥ 訓 あ-きる㊥・あ-かす㊥

筆順 ノ 今 今 食 飠 飽 飽 飽 飽

なりたち [形声]「食」が「たべる」ことを、「包」が「ふくらむ」意味と「ホウ」という読み方をしめしている。十分に食べることを表す字。

意味 あきる。いっぱいになる。例金に飽かして（お金を好きなだけつぎこんで）買いこむ。飽和

【飽食】ほうしょく ▲〈―する〉あきるほど腹いっぱい食べること。例暖衣飽食（なにひとつ不自由のない、満ち足りた生活）。

【飽和】ほうわ ↓〈―する〉いっぱいになって、もうすきもよゆうもないこと。例飽和状態。

餌

飠−6 総画15 常用 明朝 餌 990C

餌

飠−6 総画14

音 ジ㊫ 訓 えさ㊥・え㊥

筆順 ノ 今 今 食 飠 飠 餌 餌 餌

意味 えさ。動物の食べ物。飼っている動物にあたえる食べ物。例犬に餌をやる。好餌・食餌

字体のはなし「餌」（総画「14画」）とも書く。☞ふろく「字体についての解説」（30ページ）

【餌食】えじき Ⅱ ①ほかの動物のえさとして食べられる生き物。②ほかの人にうまく利用されること。例悪人の餌食になる。

餅

飠−6 総画15 常用 明朝 餅 9905 旧字 餠 9920

餅

音 ヘイ㊥ 訓 もち㊥

食-6 総画14

筆順 𠆢 今 食 飠 餅 餅 餅 餅

意味 もち。もち米をむして、ついた食べ物。例 餅は餅屋(何事もそれを専門とする者がいちばんうまくやるものだ)。餅つき・柏餅・煎餅

字体のはなし 「餅」(総画「14画」)とも書く。ふろく「字体についての解説」[30ページ]

養

音 ヨウ 訓 やしな-う

食-6 総画15 4年

明朝 養 990A

筆順 ⺷ 关 美 养 养 養 養 (だきない/はねる/人にならない)

なりたち 【形声】「ヒツジ」を表す「羊」が「ヨウ」という読み方をしめしている。ヒツジがうまい「食べ物」であることから、「や「や しなう」ことを表す字。

意味
❶やしなう。食べ物をあたえて育てたり、せわをしたりする。例 養育・孝養
❷からだや心に力をつける。健康に注意する。例 養分・休養・教養
❸他人を自分の子とする。例 養子

名前のよみ きよ・まもる・やす・よし

❶〈やしなう〉の意味で
【養育】よういく ⫼ (―する) 子どもをやしない育てること。例 養育費。
【養魚】ようぎょ ▲ 魚を売るために、飼って育てること。例 養魚場。
【養鶏】ようけい ▲ 肉やたまごをとるために、ニワトリを飼うこと。例 養鶏農家。
【養護】ようご ⇩ (―する) からだの弱い子や不自由な子を、とくべつ注意して育てること。
【養蚕】ようさん ▲ まゆをとるために、カイコを飼うこと。例 養蚕業。
【養殖】ようしょく ⇩ (―する) 魚や貝などを、人間が育ててふやすこと。例 池でマスを養殖する。
【養老】ようろう ▲ 老人をいたわり、生活のめんどうをみること。例 養老施設。養老年金。

❷〈からだや心に力をつける〉の意味で
【養生】ようじょう ▲ (―する) ①健康でくらせるように気をつけること。例 日ごろの養生。類 摂生 ②病気やけががよくなるように、心がけること。例 温泉で養生する。類 保養
【養成】ようせい ⇩ (―する) 必要な知識や技術を教え育てること。例 選手を養成する。類 育成
【養分】ようぶん ⇩ 生物が育つために必要な栄養になるもの。例 養分をとる。類 栄養・滋養

❸〈他人を自分の子とする〉の意味で
【養家】ようか ⇩ 養子になって入った家。対 実家
【養子】ようし ⇩ 戸籍の上で親子関係をむすんで、子となった人。例 養子縁組。対 実子
【養女】ようじょ ⇩ 養子になった女性。
【養父】ようふ ⇩ 養子に行った先の父。または、父代わりになった人。類 継父・義父 対 実父
【養母】ようぼ ⇩ 養子に行った先の母。または、母代わりになった人。類 継母・義母 対 実母

養が下につく熟語 上の字の働き
❶養=〈やしなう〉のとき
【供養 孝養 扶養】ドノヨウニ養うか。
❷養=〈からだや心に力をつける〉のとき
【栄養 滋養 修養】近い意味。
【休養 静養 保養 療養】ドノヨウニ養うか。
◆教養 素養 培養

餓

音 ガ㊥ 訓 ―

食-7 総画15 常用

明朝 餓 9913

筆順 今 今 食 飠 飠 餓 餓 餓

なりたち 【形声】「食」が「たべる」ことを、「我」が「ガ」という読み方をしめしている。「ガ」は「ちぢまる」意味をもち、食べ物がとぼしくておなかがへることを表す字。

意味 うえる。食べ物がなくて苦しむ。例 餓死・飢餓

【餓鬼】がき ⇩ ①仏教で、悪いことをしたむくいで、死んでから地獄に落ちてひもじさに苦しめられる人。例 餓鬼道に落ちる。②子どもをののしったり、からかったりしていうこと

9 食 食 飠 しょく・しょくへん 6-7画 餅 養 餓 ◀次ページ 餐 館 饗 首

▶前ページ 餅 養 餓

ば。例 がき大将。わるがき。

【餓死】↓〈―する〉食べ物がなくて、おなかがすききって死ぬこと。飢え死に。

餐

食-7 総画16 表外 明朝 餐 9910

音 サン 外 訓 ―

意味 たべもの。食事。料理。例 正餐・粗餐・晩餐

館

食-8 総画16 3年 明朝 館 9928

音 カン 訓 やかた・たて 外

筆順 （とめる）（とめる）

なりたち [形声]「食」が「たべる」ことを、「官」が「人がおおぜい集まる家」の意味と「カン」という読み方をしめしている。旅人が食事をする家を表す字。

意味 やかた。多くの人が集まる大きな建物。例 館長・旅館・図書館

【館長】↓ 図書館・博物館などで、いちばん責任のある人。例 館長室。

[文字物語] 1104ページ

← 館が下につく熟語 上の字の働き

【会館 旅館】ナニのための館か。

【本館 別館 洋館】ドノヨウナ館か。

【開館 閉館 休館 来館】館を（館に）ドウスルか。

文字物語 首

「首」の字の訓は「くび」だが、現代語でいう「くび」と、「首」とは指す部分が少しちがっている。現代語の「くび」は、頭と胴体をつなぐ細いところ、漢字でいうと「頸（のどくび）」「領（くびすじ）」にあたる。「頸」も「領」も命にかかわる急所だから、「えりくびをつかまれ」「くびねっこをおさえられる」と、手も足も出なくなってしまうのだ。

日本でも昔は、くびから上の部分全体、つまり、あたま・かしらを「くび」ともいったから、うちとった敵の頭をだれのものであるか調べることを「首実検」といった。今でも、会社をやめさせることを「首を切る」「首切り」「首にする」といったりする。

饗

食-13 総画22 人名 明朝 饗 9957

音 キョウ 外 訓 もてな-す 外

意味 もてなす。ごちそうする。多くの人が集まって飲んだり食べたりして楽しむ。表現

【饗宴】↓ 客をまねいてする宴会。花火大会を「光の饗宴」というなど、大がかりではなやかな行事をいうこともある。

【饗応】↓〈―する〉酒やごちそうを出して客をもてなす。表記「供応」とも書く。

9画 首 [くび] の部

ここには「首」の字だけが入ります。

この部首の字 0 首……1106

首

首-0 総画9 2年 明朝 首 9996

音 シュ 訓 くび・こうべ 外

筆順 （ながく）

なりたち [象形] かみの毛を生やしたあたまをえがいた字。

意味

❶あたまの部分。㋐人や動物の頭。物の、いちばん上や前の部分。頭。例 首をふる。首がまわらない。首肯・機首 ㋑首。例 襟首

❷はじめの部分。順位のいちばん上。トップ。例 首位・首席・首尾

❸代表となるもの。頭。トップ。例 首謀者。首相・首都・党首

❹申し出る。例 自首

❺和歌・漢詩をかぞえることば。例 一首。

[文字物語] このページ

名前のよみ はじめ

❶〈あたまの部分〉の意味で

【首実検】〈—する〉じっさいに会って、その人かどうかたしかめること。

【首肯】〈—する〉相手の言うことなどを、そうだとみとめてうなずくこと。承知すること。例その案には首肯できない。

❷〈はじめの部分〉の意味で

【首位】第一位。一番。トップ。例首位をあらそう。首位に立つ。類首席・王座

【首席】①おなじ役の人びとの中で、いちばん上の人。②成績のいちばん上の人。例首席で卒業する。類一席・首位

【首尾】①はじめと終わり。例話の首尾。類終始 ②終わったところでみた、全体のできばえ。例首尾よく合格した。上首尾。

【首尾一貫】〈—する〉はじめから終わりまで考え方や態度がかわらないこと。例首尾一貫して国につくす。類終始一貫

❸〈代表となるもの〉の意味で

【首相】内閣総理大臣。例首相官邸（首相が公務をおこなうための建物）。類総理

【首長】①上に立って全体をまとめていく人。②知事・市長など、地方自治体の長。例首長選挙。

【首都】その国をおさめる政府のある都市。例首都圏。類首府

【首脳】国・会社・団体などで、いちばん上の役についている人。例首脳会談。類巨頭・領袖

【首班】内閣でいちばん上の人。内閣総理大臣。例首班を指名する。

【首府】その国をおさめる政府のある都市。例首府ワシントン。類首都

【首謀者】中心になって悪事などをたくらむ人物。例強盗の首謀者。類張本人

【首領】悪者の頭。ボス。例盗賊の首領。類頭目・頭領

首が下につく熟語 上の字の働き

❶首＝〈あたまの部分〉のとき
【機首 船首 部首 乳首】ナニの先端部か。

❸首＝〈代表となるもの〉のとき
【元首 党首】ナニの頭か。

◆襟首 自首 手首 百人一首

9画 香［かおり］の部

「香」の字と、それをもとにして作られた「馨」の字が入ります。

この部首の字
0 香……1107
11 馨……1108

例解 使い分け かおる《香る・薫る》

香る＝鼻で感じられるよいにおい。例梅の花が香る。新茶の香り。香水の香り。

薫る＝はだや心で感じられるよいにおい。例若葉が薫る。風薫る五月。文化の薫り。

香

香-0 総画9 4年 明朝 香 9999

音 コウ(中)・キョウ(高)
訓 か・かお-り・かお-る

筆順 香香香香香香香香香（はらう）

なりたち ［会意］「黍（きび）」と「甘（あまい）」を合わせて、味のよい黍を表している字。

意味
❶かおり。よいにおい。よいにおいを出すもの。例バラの花が香る。梅の香。香水・芳香
❷将棋のこまの一つ。香車。例成香

例解［使い分け］かおる［香・薫］→このページ

注意するよみ キョウ…例香車

名前のよみ たか・よし

❶〈かおり〉の意味で

【香気】よいにおい。例香気をはなつ。類芳香 対臭気

【香辛料】こしょう・からしなど、食べ物

に香りや辛みをくわえる調味料。スパイス。

【香水】こうすい ↓ からだや着物などにつける、いいにおいの液体。例香水をつける。

【香典】こうでん ↓ 死者の霊前に供えるお金。例香典を包む。香典返し。類香料

【香道】こうどう ↓ 香木をたき、それぞれの香りをたのしむ風流の道。

【香木】こうぼく ↓ 香道に使う、香りのよい木。沈香・白檀・伽羅などがある。

【香料】こうりょう ↓ ①食品やけしょう品などによい香りをつけるために入れるもの。例ジュースの香料。②香典。例香料を供える。

【香炉】こうろ ↓ 香をたくのに使う入れ物。中に炭火を入れる。例床の間に香炉を置く。

◆焼香 線香 芳香

【馨】

香-11 総画20 人名 明朝 馨 99A8

音 ケイ 外 訓 かお-る 外

意味 かおる。かおり。

10画 馬 [うま][うまへん] の部

「馬」をもとに作られ、馬の種類やあつかいにかかわる字を集めてあります。

この部首の字

0 馬……1108
3 馴……1109
馳……1109
4 駅……1109
駆……1109
駄……1109
5 駕……1110
駒……1110
駐……1110
7 駿……1110
8 騎……1110
験……1111
騒……1111
10 騰……1111
12 驚……1112
驍……1112
罵▸皿 849
篤▸竹 860

【馬】

馬-0 総画10 2年 明朝 馬 99AC

音 バ 訓 うま・ま

筆順 はねる

なりたち 象形 うまの形をえがいた字。

意味

❶うま。人や荷物をのせて運んだり、田畑をたがやしたりする家畜の一つ。例馬に乗る。かれとは馬が合う(気持ちが合ってしっくりいく)。馬車・馬力・車馬・乗馬

❷《その他》例馬鹿

注意するよみ ま…例馬子・絵馬

特別なよみ 伝馬船(てんません)

名前のよみ たけし

❶〈うま〉の意味で

【馬脚】ばきゃく ↓ 馬のあし。表現「馬脚を現す」は、うまくかくしていたことがわかってしまうこと。

【馬耳東風】ばじとうふう 人の意見や注意などを少しも気にとめないで聞き流すこと。類馬の耳に念仏 参考東風は、春風のこと。春風がふくと人はよろこぶが、馬は少しも気にとめないから。中国の李白の詩から出たことば。

【馬車】ばしゃ ↓ 馬に引かせて、人や荷物を運ぶ車。例駅馬車。荷馬車。

【馬術】ばじゅつ ↓ 馬を乗りこなすわざ。例馬術競技。

【馬場】ばば ↓ 馬に乗るけいこをしたり競馬や馬術の競技をしたりするところ。

【馬力】ばりき ↓ ①ある時間で、物をどれだけ動かせるかを表す単位。七五キロの重さの物を一秒間に一メートル動かす力を一馬力という。②がんばる力。例馬力をだす。馬力がある。

【馬齢】ばれい ↓ 馬の年齢。表現「馬齢を重ねる」は、むだに年をとる意味で、自分を馬に見立ててへりくだっていうことば。

【馬子】まご ↓ むかし、馬を引いて人や荷物を運ぶ仕事をした人。

❷《その他》

【馬鹿】ばか ◎〈ーな〉①知恵のはたらきが、まるでだめなこと。その人。例ばか者。対利口 ②めちゃくちゃで、なんの意味もない。例ばかな話。③(「…ばか」の形で)それひとすじで、ほかの方面のことはまるでだめなこと。例専門ばか。④(「ばか…」の形で)度はずれて。例ばかていねい。

【馬鹿正直】ばかしょうじき〈ーな〉あまりにも正直で気がきかないようす。類愚直

【馬鹿力】ふつうでは考えられない、どえらい力。例 火事場のばか力。

⬅馬が下につく熟語 上の字の働き

❶馬＝〈うま〉のとき
【牛馬 犬馬】近縁の関係。
【騎馬 乗馬 下馬 落馬】馬に(馬から)ドウスルか。
【木馬 竹馬 絵馬 駄馬】ナニの馬か。〔駄馬の「駄」は馬が運ぶ「荷物」〕
◆競馬 出馬 南船北馬

馴

馬-3 総画13 人名 明朝 馴 99B4

音 シュン外・ジュン外 訓 なーれる外・なーらす外

意味 なれる。動物が人になれる。なつく。ならす。例 人に馴れた鳥。

馳

馬-3 総画13 人名 明朝 馳 99B3

音 チ外 訓 はーせる外

意味 はせる。はやく走る。かけめぐる。例 故郷に思いを馳せる。参考「馳走」は、食事の材料を集めるためにかけまわること。

駅

馬-4 総画14 3年 明朝 駅 99C5 旧字 驛 9A5B

音 エキ 訓 ―

筆順

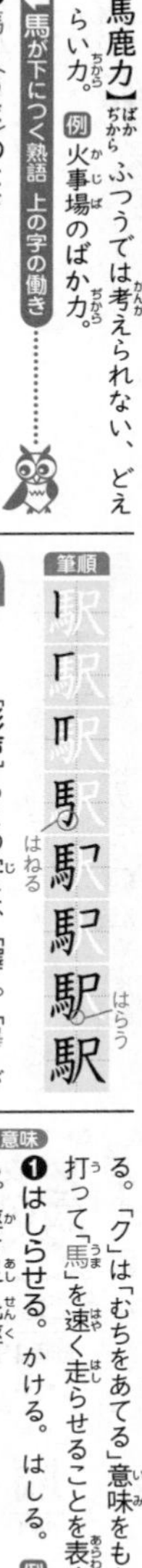

なりたち 驛 [形声]もとの字は、「驛」。「睪」が「エキ」という読み方をしめしている。「エキ」は「かえる」意味をもち、「馬」をとりかえる、乗りかえるところ(宿場)を表す字。

意味 ❶停車場。例 駅で電車を待つ。終着駅。❷むかしの宿場。例 駅馬車。駅伝・宿駅

❶〈停車場〉の意味で
【駅員】⇩駅ではたらく人。
【駅長】⇩その駅の責任者。例 駅長室。
【駅頭】⇩駅前や駅のあたり。
【駅弁】⇩駅で売っている弁当。

❷〈むかしの宿場〉の意味で
【駅伝】⇩「駅伝競走」の略。長い距離をくぎり、リレー式に走る競技。例 大学駅伝。
参考 もともとは、宿場から宿場へと人やものを送りとどけること。

駆

馬-4 総画14 常用 明朝 駆 99C6 旧字 驅 9A45

音 ク中 訓 かーける中・かーる中

筆順

なりたち 驅 [形声]もとの字は、「驅」。「區」が「ク」という読み方をしめしている。「ク」は「むちをあてる」意味をもち、むち打って「馬」を速く走らせることを表す字。

意味 ❶はしらせる。かける。はしる。例 馬を駆る。❷追いたてる。追いはらう。例 駆除

参考「駈」の字も、人名用漢字。

❷〈追いたてる〉の意味で
【駆使】⇩〈―する〉思いのままに使いこなすこと。例 最新の技術を駆使する。
【駆除】Ⅲ〈―する〉追いはらったり、ころしたりすること。例 害虫駆除。類 駆逐
【駆逐】Ⅲ〈―する〉追いはらうこと。例 敵を駆逐する。駆逐艦。類 駆除
【駆虫】▲〈―する〉寄生虫や害虫を薬などでころすこと。例 駆虫薬を飲む。

⬅駆が下につく熟語 上の字の働き

❶駆＝〈はしらせる〉のとき
【疾駆 先駆 長駆】ドノヨウニ走るか。

駄

馬-4 総画14 常用 明朝 駄 99C4

音 ダ中・タ外 訓 ―

筆順

なりたち [形声]もとの字は、「駄」。「大」が「タ」とかわって読み方をしめしている。「タイ」は「のせる」意味をもち、「馬」に荷物をせおわせることを表す字。

意味
❶荷をはこぶ。馬の背や車に荷をのせて運ぶ。例駄賃
❷つまらない。上等でない。例駄作
❸はきもの。例足駄・下駄・雪駄

❶〈荷をはこぶ〉の意味で

【駄賃】だちん ↓ 子どもがお使いや手伝いをしたときに、お礼の気持ちであたえるお金。例お駄賃をもらう。参考もとは、馬で荷物を運ぶ運賃を指すことば。

【駄馬】だば ↓ 荷物を運ぶのに使う馬。☞❷

❷〈つまらない〉の意味で

【駄菓子】だがし あめ、かりんとうなど安い材料で作ったありふれたおかし。例駄菓子屋。

【駄作】ださく ↓ つまらない作品。類愚作 対傑作

【駄馬】だば ↓ 足が弱く役に立たない馬。例老いては駄馬にもおとる。類駑馬 ☞❶

【駄文】だぶん ↓ へたでつまらない文章。表現「駄文ですが、お読みいただければ、さいわいです」などと、自分の文章をへりくだっていうときにも使う。

【駄目】だめ ↓〈―な・―に〉①効果がない。むだ。例薬を飲んでもだめだ。②できない。例水泳はだめです。③してはいけない。例自転車の二人乗りはだめだよ。知識碁で、白黒どちらの領地にもならない目をいう。そこに石を置くのが「駄目を押す（念のためにたしかめる）」。

◆下駄 無駄

駕

馬−5 総画15 人名 明朝 駕 99D5

音カ外・ガ外 訓の−る外

意味
❶のる。馬や馬車に乗る。例駕籠・来駕
❷のりもの。
❸のりこえる。しのぐ。例凌駕

駒

馬−5 総画15 常用 明朝 駒 99D2

音ク外 訓こま中

筆順

意味
❶うま。子馬。例若駒
❷こま。将棋のこま。例手駒・持ち駒
❸弦楽器の弦をささえる木片。例三味線の駒。

駐

馬−5 総画15 常用 明朝 駐 99D0

音チュウ中 訓―

筆順

なりたち 形声「主」が「チュウ」とかわって読み方をしめしている。「シュ」は「とどまる」意味をもち、「馬」が立ちどまることを表す字。

意味 とどまる。とどめる。例駐車・進駐

【駐在】ちゅうざい Ⅲ ①〈―する〉仕事で外国などの土地に長い期間とどまること。例アメリカ駐在大使。②「駐在所」の略。警察官が住みこんで仕事をする所。例駐在で道をたずねる。

【駐車】ちゅうしゃ ▲〈―する〉運転する人が車をはなれたままで、長い時間自動車をとめておくこと。例駐車禁止。立体駐車場。類停車

【駐屯】ちゅうとん Ⅲ〈―する〉軍隊がある場所にしばらくとどまること。例米軍の駐屯地。

【駐留】ちゅうりゅう Ⅲ〈―する〉軍隊がある土地に長くとどまること。例駐留軍。類進駐・駐屯

【駐輪】ちゅうりん ▲〈―する〉自転車を長い時間とめておくこと。例駐輪場。駐輪禁止。

← 駐が下につく熟語 上の字の働き

【常駐 進駐】ドノヨウニ・ドウヤッテとどまるか。

駿

馬−7 総画17 人名 明朝 駿 99FF

音シュン外 訓―

意味
❶足がはやい。すぐれている。例駿馬・駿足（↓俊足）・駿才（↓俊才）
❷駿河。旧国名。今の静岡県の中部。

名前のよみ たか・とし・はやお

騎

馬−8 総画18 常用 明朝 騎 9A0E

音キ中 訓―

たちなり 騎 [形声]「奇」が「キ」という読み方をしめしている。「キ」は「またがる」意味をもち、「馬」にまたがって乗ることを表す字。

意味 ❶馬に乗る。例 騎手・騎兵 ❷馬に乗った兵。それを数えることば。例 一騎討ち。一騎当千。

❶〈馬に乗る〉の意味で

【騎士】きし ↓ ①馬に乗った武士。②むかしのヨーロッパの武士。ナイト。例 中世の騎士。

【騎手】きしゅ ↓ 馬をあやつる人。とくに、競馬で馬に乗る人。

【騎乗】きじょう Ⅱ〈─する〉馬に乗ること。例 たくみな騎乗ぶり。

【騎馬】きば ▲ 馬を乗りこなすこと。例 騎馬戦。騎馬民族。

【騎兵】きへい ↓ 馬に乗った兵士。例 騎兵隊。

験

馬-8 総画18 4年 明朝 験 9A13 旧字 驗 9A57

音 ケン・ゲン高 訓 しるし外

筆順 はねる はらう だす

たちなり [形声] もとの字は、「驗」。「僉」が「ケン」という読み方をしめしている。もと、「馬」の名。借りて、「たしかめる」意味に使われる。

意味 ❶たしかめる。ためす。例 験算・実験 ❷ききめ。しるし。しょうこ。例 験がいい（えんぎがいい）。霊験

注意するよみ ゲン…例 験がある。霊験

名前のよみ とし

❶〈たしかめる〉の意味で

【験算】けんざん ▲〈─する〉たしかめるためにもういちど計算すること。ためし算。表記 ふつう「検算」と書く。

←験が下につく熟語 上の字の働き

❶験＝〈たしかめる〉のとき

【実験 体験 経験】ドノヨウニたしかめるか。

◆効験 試験 受験 霊験

騒

馬-8 総画18 常用 明朝 騒 9A12 旧字 騷 9A37

音 ソウ中 訓 さわ-ぐ中

筆順

たちなり [形声] もとの字は、「騷」。「蚤」が「かく」意味と「ソウ」という読み方をしめしている。「馬」が前足で地面をかいてさわぐことを表す字。

意味 さわぐ。さわがしい。例 観客が騒ぐ。騒音・物騒・騒騒しい

【騒音】そうおん ↓ さわがしい音。うるさい音。例 騒音がひどい。騒音公害。類 雑音

【騒擾】そうじょう ◆ Ⅱ〈─する〉おおぜいの人がさわいで世の中のきまりをみだすこと。類 騒動

【騒然】そうぜん ⊠〈─たる〉〈─と〉がやがやとさわがしくなるようす。例 会場が騒然となった。

【騒動】そうどう ↓ おおぜいの人がさわぎたてること。あらそいやもめごと。例 お家騒動。類 騒乱・騒擾

【騒乱】そうらん ↓ あちこちにさわぎが起こって、世の中が大きくみだれること。例 幕末の騒乱。類 騒動

◆狂騒 潮騒 物騒

騰

馬-10 総画20 常用 明朝 騰 9A30

音 トウ中 訓 ─

筆順

たちなり [形声] もとの字は、「騰」。「朕」が「あがる」意味と「トウ」という読み方をしめしている。「馬」がはねあがることを表す字。借りて、「はねあがる」意味に使われている。

意味 はねあがる。ねだんや温度がいっきに上がる。例 騰貴・暴騰

【騰貴】とうき Ⅱ〈─する〉もののねだんが急に高くなること。類 高騰 対 下落

←騰が下につく熟語 上の字の働き

【沸騰 暴騰 急騰】ドノヨウニはねあがるか。
◆高騰

【驚】

馬-12 総画22 常用 明朝 驚 9A5A

音 キョウ㊥ 訓 おどろ-く㊥・おどろ-かす㊥

筆順 驚 驚 驚 驚 驚 驚 驚 驚

なりたち [形声]「敬」が「キョウ」とかわって読み方をしめしている。「ケイ」は「おどろいて上を向く」意味をもち、「馬」がおどろいてぼう立ちになることを表す字。

意味 おどろく。びっくりする。例 物音に驚く。世間を驚かせる大事件。驚異

【驚異】° ⇩ ただただ、おどろくしかないすばらしさ。例 自然の驚異。

【驚愕】◆ Ⅱ 〈―する〉とつぜんの出来事などにひどくびっくりすること。例 驚愕の事件。

【驚喜】° ⇩ 〈―する〉思いがけなくうれしいことに出あって、たいへんよろこぶこと。例 めずらしい高山植物を見つけて驚喜する。

【驚嘆】° ⇩ 〈―する〉すばらしさや見事さに、あっとおどろくほど感心すること。例 驚嘆にあたいする。類 感嘆

【驍】

馬-12 総画22 人名 明朝 驍 9A4D

音 ギョウ㊎ 訓 ―

意味 ❶すぐれた馬。❷いさましい。たけだけしい。

10画 骨 [ほね][ほねへん] の部

「骨」をもとに作られ、骨の種類や形にかかわる字を集めてあります。

この部首の字

【骨】

骨-0 総画10 6年 明朝 骨 9AA8

音 コツ 訓 ほね

筆順 骨 骨 骨 骨 骨 骨 骨 骨（つにならない）（はねる）

なりたち [会意]「ずがいこつ(冎)」と「にく(月)」とからでき、「ほね」の意味を表す字。

意味
❶からだのほね。骨組み。全体のささえとなるもの。からだ。例 骨を拾う。骨格・背骨
❷心をささえるだいじなもの。強い心がまえ。例 骨を折る(力をつくす。苦労する)。反骨
❸《その他》例 骨頂

❶〈からだのほね〉の意味で

【骨格】⇩ ①からだの骨組み。例 がっしりした骨格。②全体のささえとなるもの。骨組み。例 文章の骨格がしっかりしている。

【骨子】☒ 考えや計画の中心になるだいじな部分。例 法案の骨子を作る。類 要点

【骨髄】° ⇩ ①ほねの中心部を満たしているやわらかいもの。例 骨髄液。骨髄移植。②心のおくふかいところ。例 うらみ骨髄にてっする(ひじょうにうらみに思う)。

【骨折】▽〈―する〉けがなどでからだの骨がおれること。例 足首を骨折した。

【骨肉】Ⅱ 親子やきょうだいなど、血のつながった関係にある者。例 骨肉のあらそい。

【骨太】▽〈―な〉〈―に〉骨が太くて、がっしりしているようす。例 骨太な体格。☞❷

❷〈心をささえるだいじなもの〉の意味で

【骨太】▽〈―な〉〈―に〉しっかりとした大きな考えですじが通っているようす。例 骨太の意見をはく人だ。☞❶

❸《その他》

【骨頂】◎ この上ないこと。例 愚の骨頂。

【骨董品】◆ 古くてねうちのある美術品や道具。例 骨董品を収集する。

←骨が下につく熟語 上の字の働き

❶骨=〈からだのほね〉のとき
【背骨 鎖骨 軟骨 遺骨 白骨 鉄骨】ドノヨウナ骨か。

❷骨=〈心をささえるだいじなもの〉のとき
【気骨 硬骨 反骨 土性骨】ドノヨウナ強い心がまえか。

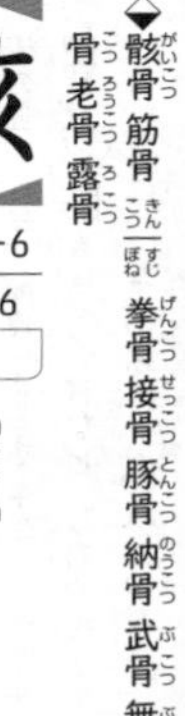

◆骸骨 筋骨 拳骨 接骨 豚骨 納骨 武骨 無骨 老骨 露骨

骸

骨-6 総画16 常用 明朝 骸 9AB8

音 ガイ㊥ 訓 むくろ㊀

意味 なきがら。死体。骨だけになった死体。例 骸骨・遺骸・形骸・死骸

筆順 骸 骸 骨 骨 骸 骸 骸

髄

骨-9 総画19 常用 明朝 髄 9AC4 旧字 髓 9AD3

音 ズイ㊥ 訓 ―

筆順 髄 髄 骨 骨 髄 髄 髄 髄

なりたち [形声]もとの字は、「髓」。「遀」が「したがう」意味と、「ズイ」という読み方をしめしている。「骨」の中にしたがうようにあるやわらかい部分を表す字。

意味

❶ほねのずい。骨の中心のやわらかい部分。例 骨の髄まで冷える。髄質・骨髄

❷たいせつな部分。ものごとの中心をしめるところ。例 真髄

髄が下につく熟語 上の字の働き

❶髄＝〈ほねのずい〉のとき
【骨髄 歯髄 脳髄】ナニの髄か。

❷髄＝〈たいせつな部分〉のとき
【真髄 神髄】ドノクライたいせつか。

◆精髄

10画 高 [たかい] の部

ここには「高」の字だけが入ります。

この部首の字 0 高……1113
塙▸土 265 縞▸糸 891

高

高-0 総画10 2年 明朝 高 9AD8

音 コウ 訓 たか-い・たか・たか-まる・たか-める

筆順 高 高 高 高 高 高 高（はねる） 高 高

なりたち [象形]たかいたてもの(⾼)と入り口(口)をえがいた字。それから「たかい」の意味となった。

意味

❶たかい。上の方にある。例 高台・高山・標高

❷程度がたかい。数が大きい。金額や数量。例 高値・高温・高級・残高

❸すぐれている。りっぱである。とうとい。例 高貴・高潔・高名・崇高

❹動きや力が強くなる。たかまる。たかぶる。例 教養を高める。高揚・激高

❺えらぶる。思いあがる。えらそうにする。例 おごり高ぶる。高慢・高飛車

❻うやまう気持ちを表す。例 高説・高覧

❼「高等学校」の略。例 中高一貫。女子高。

名前のよみ あきら・すけ

❶〈たかい〉の意味で

【高架】↓ 線路や道路・橋などを、地面から高いところにかけわたすこと。例 高架線。

【高原】↓ 標高の高い山地にある、平らで広いところ。例 高原でのキャンプ。高原野菜。

【高座】↓ ①講演や説法をするために一段高く作った席。②寄席で、芸をするために一段高く作った所。例 高座に上がる。

【高札】↓ むかし、知らせや規則などを書いて、人通りの多い所に掲示した立札。参考「たかふだ」ともいう。

【高山】↓ 高い山。例 高山病。高山植物。

【高所】↓ 高い所。例 高所恐怖症。☞❸

【高層】↓ ①建物が何階にもなっていて高いこと。例 高層建築。②空の高い所。例 高層雲。類 高空 対 低層

【高地】↓ 標高の高い土地。例 高地トレーニング。対 低地

【高潮】↓ 一 満潮で、潮がいちばん高くなること。例 高潮時。☞❷ 二 台風などで、海水が高くもり上がること。例 高潮注意報。類 津波

【高低】⇕ 高いことと低いこと。例 高低差。

【高度】↓ 海面からの高さ。例 高度一万メ

ートル。☞❷

【高木】こうぼく ↓ 高さが三メートル以上にのびる木。スギ・ヒノキなど。対 低木 参考 もとは「喬木」といった。

【高楼】こうろう ↓ 高く、りっぱな建物。たかどの。例 大廈高楼。表現 むかしふうのことば。

【高台】たかだい ↓ まわりより少し高くなっている平らな土地。例 高台にある学校。

❷〈程度がたかい〉の意味で

【高圧】こうあつ ↓ ①おさえつける力が強いこと。強い圧力。例 高圧ガス。②電圧が高いこと。例 高圧線。

【高位】こうい ↓ 位が高いこと。その地位にある人。例 高位高官。

【高音】こうおん ↓ ①高い声や音。例 高音がかすれて出ない。②合唱で高い声の部分。ソプラノ。対 低音

【高温】こうおん ↓〈―な―に〉温度が高いこと。例 高温多湿。高温殺菌。対 低温

【高価】こうか ↓〈―な―に〉ねだんが高いこと。例 高価な宝石。対 安価・廉価・低廉

【高額】こうがく ↓〈―な―に〉①金額が多いこと。例 高額所得。類 多額 対 低額・少額 ②金額の単位が大きいこと。例 高額紙幣。対 小額

【高学年】こうがくねん 上のほうの学年。おもに小学校の五、六年。関連 低学年・中学年・高学年

【高官】こうかん ↓ 大臣や長官など、政府や役所で、上の役目についている人。例 政府の高官。

【高気圧】こうきあつ 気圧がまわりにくらべて高いところ。例 高気圧がはりだす。対 低気圧

【高級】こうきゅう ↓〈―な―に〉①身分や地位が上であること。例 高級官僚。類 上級 対 下級 ②品物の質がよく、ねだんも高いこと。例 高級車。高級品。類 上等 対 低級 ③程度が高く、むずかしいこと。例 小学生には高級すぎる問題。類 高度・高等 対 低級

【高僧】こうそう ↓ 位の高い僧。☞❸

【高速】こうそく ↓ ①速度がとても速いこと。例 高速回転。対 低速 ②「高速道路」の略。

【高潮】こうちょう ↓〈―する〉いきおいや調子がいちだんと強くなること。例 最高潮。☞❶

【高度】こうど ↓〈―な―に〉他とくらべて程度が高いこと。例 高度な技術。類 高級・高等 ☞❶

【高等】こうとう ↓〈―な―に〉程度が高いこと。例 高等数学。類 高度・高級 対 初等

【高熱】こうねつ ↓ ①高い熱。例 高熱で鉄をとかす。②高い体温。例 かぜで高熱が出る。

【高利】こうり ↓ ふつうより利率が大きいこと。例 高利貸し。対 低利

【高齢】こうれい ↓ 年をとっていること。例 高齢者。高齢化社会。類 高年・老齢

【高値】たかね ↓ 高いねだん。例 野菜の高値がつづく。対 安値・廉価

❸〈すぐれている〉の意味で

【高遠】こうえん Ⅱ〈―な―に〉スケールが大きくて、すぐれているようす。例 高遠な理想。類 高邁

【高貴】こうき Ⅱ〈―な―に〉身分が高くてりっぱなようす。例 高貴な家がら。対 下賤

【高潔】こうけつ Ⅱ〈―な―に〉心がけだかいようす。例 高潔の士。

【高所】こうしょ ↓ ものごとの全体を見わたす立場。例 大所高所から判断する。☞❶

【高尚】こうしょう Ⅱ〈―な―に〉好みがよくて上品なようす。例 高尚な趣味。対 低俗

【高説】こうせつ ↓ すぐれた考え。類 卓説 ☞❻

【高僧】こうそう ↓ 考えやおこないがりっぱな僧。例 高僧の説法を聞く。☞❷

【高弟】こうてい ↓ とくにすぐれている弟子。

【高評】こうひょう ↓ 評判がよいこと。高い評価。例 研究が高評を得る。☞❻

【高名】こうめい｜こうみょう ↓〈―な〉世間に広く知られていること。名高い。例 高名な医者。類 著名・有名・令名 ☞❻

❹〈動きや力が強くなる〉の意味で

【高騰】こうとう Ⅱ〈―する〉もののねだんがひどく上がること。例 地価が高騰する。類 騰貴・急騰

【高揚】こうよう Ⅱ〈―する〉気分が高まること。意気ごみをもり上げること。例 気持ちが高揚する。対 低落・下落

❺〈えらぶる〉の意味で

【高圧的】こうあつてき〈―な―に〉上から人をおさえつけてしたがわせようとするようす。例 高圧的な態度。類 威圧的・高飛車・居丈高

【高言】こうげん ↓〈—する〉いばってえらそうに言うこと。例高言をはく。類大言壮語・豪語

【高姿勢】こうしせい ↓相手を頭からおさえつけるようないばった態度。例高姿勢をくずさない。類居丈高・高飛車 対低姿勢

【高慢】こうまん ||〈—な〉うぬぼれが強くて人をばかにするようす。例高慢な顔つき。類尊大・不遜 対謙虚

【高飛車】たかびしゃ〈—な・—に〉上からむりやりに自分の考えをおしつけるようす。頭ごなし。例高飛車な言い方。類高圧的・居丈高・高姿勢

❻〈うやまう気持ちを表す〉の意味で

【高見】こうけん ↓（「ご高見」の形で）あなたのご意見。例ご高見をお聞かせください。

【高説】こうせつ ↓（「ご高説」の形で）あなたのお説。例ご高説、感服いたしました。☞❸

【高評】こうひょう ↓（「ご高評」の形で）あなたがしてくださる批評。例ご高評をたまわりたい。☞❸

【高名】こうめい|こうみょう ↓（「ご高名」の形で）あなたのお名前。例ご高名は、かねがねうけたまわっております。☞❸

【高覧】こうらん ↓ごらんになる。相手が見ることをうやまっていうことば。例ご高覧いただければさいわいです。

❼〈「高等学校」の略〉の意味で

【高校】こうこう ◎「高等学校」の略。中学校を卒業してから進む三年制の学校。例私立高校。

【高校生】こうこうせい 高校にかよう生徒。

←高が下につく熟語 上の字の働き

❶高＝〈たかい〉のとき
【座高 標高】ナニの高さか。

❷高＝〈程度がたかい〉のとき
【円高 声高】ナニが高いか。

◆居丈高 激高 孤高 最高 残高 崇高 鼻高高 割高

10画 髟［かみがしら］の部

かみの毛の意を表す「髟」をもとにして作られた「髪」の字だけが入ります。

この部首の字 4髪……1115

髪

音 ハツ 中　訓 かみ 中

髟-4　総画14　常用

明朝 髪 9AEA　旧字 髮 9AEE

筆順

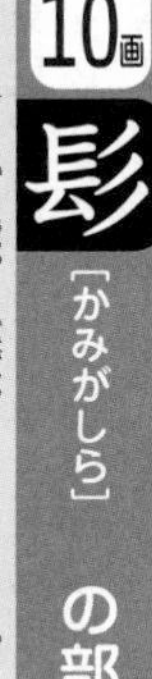

なりたち 【形声】もとの字は、「髮」。「髟」が「かみの毛」を、「犮」が「ハツ」という読み方をしめしている。「ハツ」は「生える」意味をもち、頭に生えるかみの毛を表している字。

意味 かみ。頭の毛。例髪を結う。髪形・調髪・毛髪

特別なよみ 白髪（しらが）

←髪が下につく熟語 上の字の働き

【頭髪 金髪 銀髪 白髪（はくはつ|しらが） 長髪 怒髪】ドノヨウナ髪か。
【散髪 整髪 洗髪 調髪 理髪 束髪】髪をドウスルか。

◆間一髪 危機一髪 毛髪

10画 鬯［ちょう］の部

香草をひたした酒の意を表す「鬯」をもとにして作られた「鬱」の字だけが入ります。

この部首の字 19鬱……1115

鬱

音 ウツ 中　訓 ふさ-ぐ 外

鬯-19　総画29　常用

明朝 鬱 9B31

筆順

意味
❶しげる。草木がむらがる。森。例鬱蒼とした森。
❷ふさぎこむ。気分が晴れない。例憂鬱

❷〈ふさぎこむ〉の意味で

【鬱憤】うっぷん ↓心の中に押しこめられた、不満や怒り。例日ごろの鬱憤を晴らす。

10画 鬼［おに］［きにょう］の部

「鬼」をもとにして作られ、霊やふしぎなことにかかわる字を集めてあります。

鬼

鬼－0　総画10　常用　明朝 鬼 9B3C

音キ中　訓おに中

筆順

なりたち ［象形］大きな頭(由)をもつひと(儿)のすがたをえがいた形と、囲いおおってひそかである意味の「ム」とを合わせて、「死者のたましい」の意味を表す字。

意味
❶死者のたましい。亡霊。例鬼神
❷おに。人に似たすがたの、おそろしい化け物。例鬼に金棒。赤鬼。鬼畜
❸人間ばなれしている。例鬼才
❹大きい。植物や動物の名の上につけて、形が大きくて、ごつい感じを表す。例鬼百合。

❶〈死者のたましい〉の意味で

【鬼火】↓夜、墓地などで、もえるように見える青白い光。類狐火

【鬼神】Ⅱ死者のたましい。☞❷

【鬼籍】↓死者の名前や死んだ日などを書いておく帳簿。例鬼籍に入る(死亡する)。類過去帳

❷〈おに〉の意味で

【鬼瓦】↓屋根のいちばん高いところの両はしにつける、おにの顔などに似せてつくった大きなかわら。魔よけのためだといわれている。例鬼瓦のような顔。

【鬼気】↓思わず身ぶるいするようなおそろしさ。例鬼気せまるものがある。

【鬼神】↓あらあらしく、おそろしい神。おにがみ。例断じておこなえば、鬼神もこれを避く(勇気を出してやれば、むずかしいことも、むずかしくなくなる)。☞❶

【鬼畜】Ⅱおにやけだもののように、むごいことを平気でする者。人でなし。例鬼畜のふるまい。

【鬼門】↓①なにごとをするにも、さけたほうがいいといわれる北東の方角。②苦手でさけたいと思っている、人やものごと。例理科は鬼門だ。

❸〈人間ばなれしている〉の意味で

【鬼才】↓人間わざとは思えないほどのすぐれた才能。その持ち主。例映画界の鬼才。

◆餓鬼

魁

鬼－4　総画14　人名　明朝 魁 9B41

音カイ外　訓さきがけ外

意味
❶さきがけ。先頭に立つ人。例改革の魁となる。
❷かしら。例首魁
❸大きい。すぐれている。例魁偉

魂

鬼－4　総画14　常用　明朝 魂 9B42

音コン中　訓たましい中

筆順

なりたち ［形声］「のぼる」意味の「云」が、「コン」とかわって読み方をしめしている。死者(鬼)のからだをはなれて立ちのぼっていく「たましい」を表す字。

意味
❶たましい。例魂魄・霊魂
❷こころ。精神。例魂をこめる。三つ子の魂百まで(幼いときの性格は、年をとってもかわらないものだ)。魂胆・精魂・闘魂

❷〈こころ〉の意味で

【魂胆】Ⅱ心の中にひそかにもっている、たくらみ。例魂胆を見ぬく。類下心

魂が下につく熟語 上の字の働き

❷魂＝〈こころ〉のとき
【商魂 闘魂】ドノヨウナ心か。

◆精魂 鎮魂 入魂 霊魂

魅

鬼－5　総画15　常用　明朝 魅 9B45

魅

音 ミ㊥ 訓 —

筆順 魅

なりたち [形声]「鬼」が「ばけもの」を、「未」が「ミ」という読み方をしめしている。「ビ」は「かいぶつ」の意味をもち、人をまどわすことを表す字。

意味 まどわす。人の心をひきつける。例 美しさに魅せられる。魅力

【魅了】みりょう ↓〈—する〉すっかり人を夢中にさせること。例 聴衆を魅了する演奏。類 魅惑

【魅力】みりょく ↓ 人の心をひきつけ、夢中にさせる力。例 美しさに魅力を感じる。

【魅惑】みわく Ⅲ〈—する〉人の心をひきつけ、まよわせること。例 魅惑的なまなざし。類 魅了

魏

鬼-8 総画18 表外 明朝 魏 9B4F

音 ギ㊀ 訓 —

意味 むかしの中国の国の名。

参考 古代中国で、前漢・後漢のあとに、中国が「魏」「呉」「蜀」と三つに分かれて、たがいに戦った時代があった。これが三国時代で、いちばん活躍した人が魏の曹操である。

魔

鬼-11 総画21 常用 明朝 魔 9B54

音 マ㊥ 訓 —

筆順 魔

なりたち [形声] もとの字は、「魔」。「鬼」と「麻」とからでき、「麻」が「マ」という読み方をしめしている。「あくま、ばけもの」を表し、梵語(古代インドのことば)の悪神「マーラ」の音を当てた字。

意味

❶まもの。やみの世界の支配者。よくないはたらきをするものや人。例 魔王・悪魔

❷あやしい。ふしぎな。例 魔力

❶〈まもの〉の意味で

【魔王】まおう ↓ ①仏道の修行のじゃまをする魔物の王。②人の心をまよわせ、悪の道に引き入れる魔物の頭。悪魔の王。

【魔界】まかい ↓ 魔物がすむ世界。

【魔手】ましゅ ↓ 魔物の手。危害をあたえたり、悪の道へさそったりして、人を不幸におとしいれるものをいう。例 魔手がのびる。

【魔女】まじょ ↓ 女の魔法使い。

【魔性】ましょう ↓ 悪魔のように人の心をまよわせ、だます性質。例 魔性のもの。

【魔神】ましん―まじん ↓ 災いを起こす神。類 悪魔

【魔物】まもの ↓ 人に害をあたえるあやしいもの。化け物。例 魔物がすむ森。類 悪魔・妖怪

❷〈あやしい〉の意味で

【魔術】まじゅつ ↓ ①人の心をまよわせるふしぎな術。例 魔術にかかる。類 魔法 ②大がかりな手品。例 魔術師。魔術団。類 奇術

【魔笛】まてき ↓ ふしぎな力をもつ笛。

【魔法】まほう ↓ 人間にはできないようなふしぎなことをおこなう術。例 魔法をかける。魔法使い。類 魔術

【魔力】まりょく ↓ 人をまどわせるふしぎな力。例 お金の魔力に負ける。

魔が下につく熟語 上の字の働き

❶魔＝〈まもの〉のとき

【悪魔 邪魔】ドンナ魔物か。

【睡魔 病魔】ドンナはたらきをする魔物か。

◆断末魔

10画 韋 [なめしがわ] の部

毛をとりさってやわらかくしたかわを表す「韋」をもとにして作られた「韓」の字だけが入ります。もとは「韋」の形で、「9画」。

この部首の字 8 韓……1117

韓

韋-8 総画18 常用 明朝 韓 97D3

音 カン㊥ 訓 —

筆順 韓

意味 韓国。朝鮮半島南部の国の名。大韓民国。例 日韓。

参考 もと、総画「17画」。

10画 竜［りゅう］の部

ここには「竜」の字だけが入ります。

この部首の字　0 竜……1118

竜

音 リュウ（中）　訓 たつ（中）

竜−0　総画10　常用

明朝 竜 7ADC　旧字 龍 9F8D

筆順 竜

なりたち 龍［象形］もとの字は、「龍」。想像上の動物の「りゅう」の形をえがいた字。

意味 りゅう。たつ。雲をよび、空を飛ぶ力をもつという、ふしぎな動物。例 竜宮・飛竜

参考 昔の中国で、竜は天子の権威を形にしめしたもので、霊的な生き物だった。

竜

【竜宮】↓ 海の底にあって、竜王や乙姫がすむという宮殿。例 竜宮城。

【竜神】↓ 雨と水を支配するという竜の形をした神。類 竜王

【竜頭蛇尾】はじめは勢いがさかんだが、終わりにはその勢いがなくなってしまうこと。しりすぼみ。例 計画は竜頭蛇尾に終わった。参考「頭は竜のようにりっぱだが、しっぽは蛇のように小さい」という意味から。

◆恐竜 飛竜

11画 魚［うお］［うおへん］の部

「魚」をもとにして作られ、魚類や水生の動物にかかわる字を集めてあります。

この部首の字
0 魚……1118
4 魯……1119
5 鮎……1119
6 鮨……1119　鮭……1119　鮫……1119　鮮……1119　鮪……1119
7 鯉……1119
8 鯨……1119　鯖……1120　鯛……1120
10 鰯……1120
11 鰺……1120　鰻……1120
12 鰹……1120　鱒……1120
13 鱗……1120

魚

音 ギョ　訓 うお・さかな

魚−0　総画11　2年

明朝 魚 9B5A

筆順 魚

なりたち［象形］さかなの形をえがいた字。

意味 うお。さかな。魚の形をしたもの。例 魚を焼く。魚心あれば水心。魚類・川魚

特別なよみ 雑魚（ざこ）

【魚市場】魚や貝などを売り買いする市場。例 魚市場のせりで仕入れた魚。類 魚河岸

【魚河岸】魚や貝を売り買いする、港に近い市場。類 魚市場

【魚影】↓ 水中の魚のかげ。

【魚介】Ⅱ 魚や貝など、海や川でとれて、食用になるものをまとめていうことば。例 魚介類。参考「介」は、貝がらを表す字。表記「魚貝」とも書く。

【魚群】↓ 水中を泳ぐ魚の群れ。例 魚群探知機。

【魚礁】↓ 海の中の岩場で、魚が多く集まるところ。例 人工魚礁。

【魚拓】↓ 魚の表面にすみをぬり、紙で形をうつしとったもの。例 大物をつった記念に魚拓をとる。

魚拓

【魚肉】↓ 魚の肉。例 魚肉ソーセージ。

【魚粉】↓ 魚をほして、粉にしたもの。食用のほか、肥料や飼料にする。

【魚雷】◎「魚形水雷」の略。水中を進んで行き、船を爆破する兵器。

【魚卵】↓ 魚のたまご。

【魚類】↓ 魚のなかまをまとめてよぶことば。例 魚類図鑑。

←魚が下につく熟語 上の字の働き

【鮮魚 稚魚 金魚 川魚】 煮魚

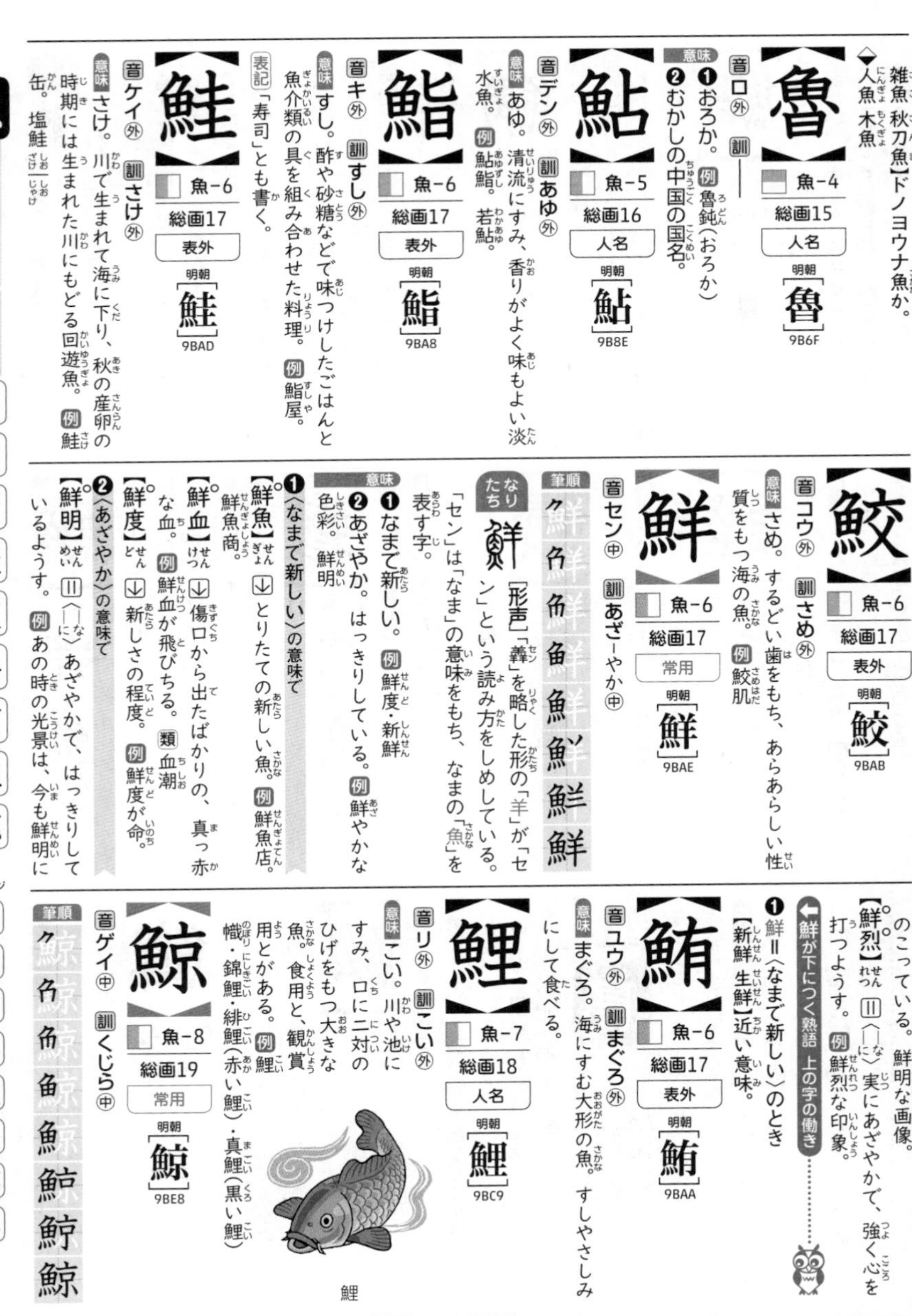

◆雑魚 秋刀魚 人魚 木魚】ドノヨウナ魚か。

【魯】
魚−4 総画15 人名 明朝 魯 9B6F

音 ロ(外) 訓 ――

意味 ❶おろか。例 魯鈍(おろか) ❷むかしの中国の国名。

【鮎】
魚−5 総画16 人名 明朝 鮎 9B8E

音 デン(外) 訓 あゆ(外)

意味 あゆ。清流にすみ、香りがよく味もよい淡水魚。例 鮎鮨。若鮎。

【鮨】
魚−6 総画17 表外 明朝 鮨 9BA8

音 キ(外) 訓 すし(外)

意味 すし。酢や砂糖などで味つけしたごはんと魚介類の具を組み合わせた料理。例 鮨屋。

表記 「寿司」とも書く。

【鮭】
魚−6 総画17 表外 明朝 鮭 9BAD

音 ケイ(外) 訓 さけ(外)

意味 さけ。川で生まれて海に下り、秋の産卵の時期には生まれた川にもどる回遊魚。例 鮭缶。塩鮭

【鮫】
魚−6 総画17 表外 明朝 鮫 9BAB

音 コウ(外) 訓 さめ(外)

意味 さめ。するどい歯をもち、あらあらしい性質をもつ海の魚。例 鮫肌

【鮮】
魚−6 総画17 常用 明朝 鮮 9BAE

音 セン(中) 訓 あざ-やか(中)

筆順

なりたち [形声]「鱻」を略した形の「羊」が「セン」という読み方をしめしている。「セン」は「なま」の意味をもち、なまの「魚」を表す字。

意味 ❶なまで新しい。例 鮮度・新鮮 ❷あざやか。はっきりしている。例 鮮やかな色彩。鮮明

❶〈なまで新しい〉の意味で

【鮮魚】せんぎょ ↓ とりたての新しい魚。例 鮮魚店。鮮魚商。

【鮮血】せんけつ ↓ 傷口から出たばかりの、真っ赤な血。例 鮮血が飛びちる。類 血潮

【鮮度】せんど ↓ 新しさの程度。例 鮮度が命。

❷〈あざやか〉の意味で

【鮮明】せんめい Ⅲ〈―な〉あざやかで、はっきりしているようす。例 あの時の光景は、今も鮮明にのこっている。鮮明な画像。

【鮮烈】せんれつ Ⅲ〈―な〉実にあざやかで、強く心を打つようす。例 鮮烈な印象。

鮮が下につく熟語 上の字の働き

❶鮮＝〈なまで新しい〉のとき
【新鮮 生鮮】近い意味。

【鮪】
魚−6 総画17 表外 明朝 鮪 9BAA

音 ユウ(外) 訓 まぐろ(外)

意味 まぐろ。海にすむ大形の魚。すしやさしみにして食べる。

【鯉】
魚−7 総画18 人名 明朝 鯉 9BC9

音 リ(外) 訓 こい(外)

意味 こい。川や池にすみ、口に二対のひげをもつ大きな魚。食用と、観賞用とがある。例 鯉幟・錦鯉・緋鯉(赤い鯉)・真鯉(黒い鯉)

鯉

【鯨】
魚−8 総画19 常用 明朝 鯨 9BE8

音 ゲイ(中) 訓 くじら(中)

筆順

なりたち 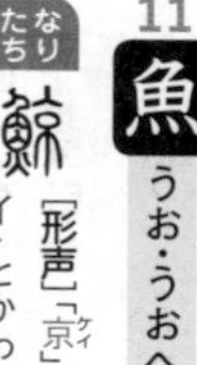 [形声]「京」が「大きい」意味と、「ゲイ」とかわって読み方をしめしている。大きい「魚」を表す字。

意味 くじら。海にすむ、地球でいちばん大きなほ乳動物。種類が多い。子は水中で乳を飲んで育つ。例 鯨幕(葬式などに使う黒と白の幕)・鯨油・捕鯨

【鯨飲】げいいん ↓(―する)クジラが大量の海水を飲みこむように、酒などをたくさん飲むこと。例 鯨飲馬食(まるで鯨や馬のようにたくさん飲んだり食べたりする)。類 牛飲

【鯨油】げいゆ ↓クジラのあぶら肉や骨などからとったあぶら。

◆捕鯨

【鯖】

魚－8 総画19 表外 明朝 鯖 9BD6

音 セイ外 訓 さば外

意味 さば。背が青緑で、まだらな黒いもようのある魚。近海でとれ、食用にする。例 鯖を読む(数をごまかす)。鯖鮨。

【鯛】

魚－8 総画19 人名 明朝 鯛 9BDB

音 チョウ外 訓 たい外

意味 たい。近海でとれる高級魚。形がよく、お祝いごとなどに使われる。例 尾頭つきの鯛の塩焼き。真鯛

【鰯】

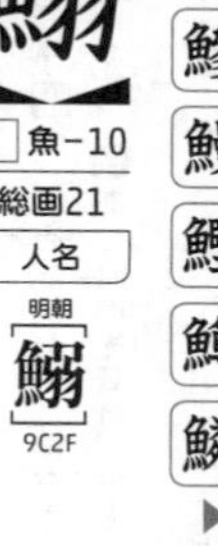

魚－10 総画21 人名 明朝 鰯 9C2F

音 ― 訓 いわし外

意味 いわし。近海を、群れをなして泳ぐ、小形の回遊魚。例 鰯の丸干し。鰯雲

参考 国字。「魚」とよわい意の「弱」とを合わせて「イワシ」を表す。

【鯵】

魚－11 総画22 表外 明朝 鯵 9C3A

音 ソウ外 訓 あじ外

意味 あじ。からだの両側にとげに似たうろこ(ぜいご)のある近海魚。日常的に食卓に上ることの多い魚。例 室鯵

【鰻】

魚－11 総画22 表外 明朝 鰻 9C3B

音 マン外 訓 うなぎ外

意味 うなぎ。川で成長し深海で産卵する、細長い形をした魚。例 鰻重。鰻登り。

【鰹】

魚－12 総画23 表外 明朝 鰹 9C39

音 ケン外 訓 かつお外

意味 かつお。海にすむ回遊魚。例 鰹のたたき。初鰹。鰹節

参考 もと魚部「11画」、総画「22画」。

◆【鰹節】かつおぶし ↓カツオを煮て、いぶしたあと、熟成させたもの。汁のだしをとるのに使う。かつぶし。

【鱒】

魚－12 総画23 人名 明朝 鱒 9C52

音 ソン外 訓 ます外

意味 ます。サケに似た魚で、川をさかのぼって産卵する。食用。例 鱒づり。虹鱒

【鱗】

魚－13 総画24 人名 明朝 鱗 9C57

音 リン外 訓 うろこ外

意味 うろこ。魚類や爬虫類などのからだの表面を、ならんでおおっている、うすくてかたいもの。例 鱗雲・銀鱗・逆鱗

参考 もと魚部「12画」、総画「23画」。

11画 鳥［とり］の部

「鳥」をもとにして作られ、鳥にかかわる字を集めてあります。

この部首の字

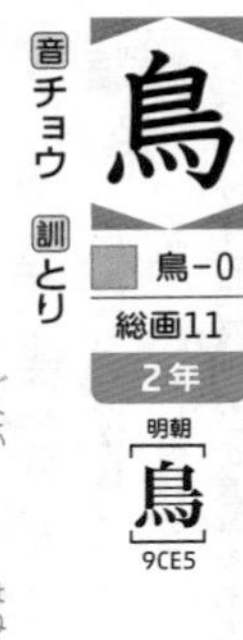

鳥

音 チョウ　訓 とり

鳥-0　総画11　2年

明朝 鳥 9CE5

筆順 鳥 鳥 鳥 鳥 鳥 鳥 鳥 鳥 鳥（でない）（はねる）

なりたち 象形 尾の長い「とり」の形をえがいた字。

意味 とり。空を飛ぶための翼をもつ動物。例 鳥が鳴く。鳥獣・水鳥・花鳥風月

県名 鳥取（とっとり）

【鳥瞰図】◆ 高いところから鳥が見下ろしたようにかいた風景図や地図。例 町の鳥瞰図。類 俯瞰図

【鳥獣】Ⅱ 鳥とけもののすべて。類 禽獣

【鳥媒花】鳥によって運ばれた花粉がめしべについて、実を結ぶ花。ツバキ・ビワ・サザンカなどがある。

【鳥類】↓ 鳥のなかまをまとめてよぶことば。例 鳥類図鑑。

【鳥居】◎ 神社の入り口に立っている門。例 鳥居をくぐる。朱色の鳥居。

【鳥籠】↓ 鳥を飼うときに入れるかご。

【鳥肌】↓ 寒さやおそろしさのために、皮膚が鳥の毛をむしりとったあとのようにぶつぶつになること。例 鳥肌が立つ。表記「鳥膚」とも書く。

【鳥目】↓ 夜、暗くなるとよく見えなくなる目の病気。類 夜盲症 参考 多くの鳥は夜、目が見えないことから。

← 鳥が下につく熟語 上の字の働き

【益鳥 害鳥】（人間にとって）ドウイウ鳥か。

【野鳥 水鳥 山鳥】ドコにすむ鳥か。

◆白鳥 飛鳥 閑古鳥 九官鳥 不死鳥 一石二鳥

鳩

音 キュウ 外　訓 はと 外

鳥-2　総画13　人名

明朝 鳩 9CE9

意味 ❶はと。中形で、神社や公園などに多くいる鳥。例 鳩笛・山鳩・伝書鳩 ❷あつめる。あつまる。例 鳩首

【鳩首】◆ ↓ 相談のため、おおぜいが集まって頭をつき合わせること。例 鳩首会談。

鳶

音 エン 外　訓 とび 外

鳥-3　総画14　人名

明朝 鳶 9CF6

意味 とび。㋐とんび。タカのなかまの大きい鳥。上空をぐるぐるとまわって飛ぶ。㋑鳶職（建築現場で仕事をする職人）。

鳳

音 ホウ 外　訓 おおとり 外

鳥-3　総画14　人名

明朝 鳳 9CF3

意味 ❶おおとり。中国で、現れるとめでたいと考えられていた想像上の鳥。例 鳳凰 ❷天子のことにつけることば。うやまっていうときに使われることば。例 鳳声

鳳凰

鳴

音 メイ　訓 な-く・な-る・な-らす

鳥-3　総画14　2年

明朝 鳴 9CF4

筆順 口 口 叩 叩 鳴 鳴 鳴 鳴（ちいさめに）（でない）（はねる）

なりたち 会意「鳥」と「口」を合わせて、鳥が鳴くことを表している字。

意味 ❶動物が鳴く。例 虫が鳴く。鶏鳴・悲鳴 ❷音が出る。なりひびく。例 かねが鳴る。のどを鳴らす。鳴子・共鳴

例 解 [使い分け] なく[泣・鳴] → 691ページ

❷〈音が出る〉の意味で

【鳴子】☒ 田や畑をあらす鳥やけものを追いはらうために、小さな竹づつを板にならべてかけたしかけ。

【鳴動】↓（―する）大きな音をたててゆれ動くこと。例 大山鳴動してねずみ一匹（さわぎばかり大きく、結果は大したことがない）。

◆共鳴 悲鳴 雷鳴

鴨

鳥-5 総画16 人名 明朝 鴨 9D28

音 オウ 外 訓 かも 外

意味 かも。冬に日本にやってきて、春には北に帰る水鳥の一種。例 鴨鍋

鴻

鳥-6 総画17 人名 明朝 鴻 9D3B

音 コウ 外 訓 おおとり 外

意味 ❶ひしくい。大形の水鳥。例 鴻毛 ❷大きい。例 鴻図(大きなはかりごと)

鵜

鳥-7 総画18 人名 明朝 鵜 9D5C

音 テイ 外 訓 う 外

意味 う。黒い水鳥。飼いならしてアユなどをとらせる。例 鵜のみにする。鵜飼い。

鶏

鳥-8 総画19 常用 明朝 鶏 9D8F 旧字 鷄 9DC4

音 ケイ 中 訓 にわとり 中

筆順

なりたち 【形声】もとの字は、「鷄(雞)」。「奚」が「ケイ」という読み方をしめしている。「ケイ」は「夜明け」の意味をもち、夜明けをつげる「鳥」、「にわとり」を表す字。

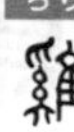

意味 にわとり。たまごや肉をとるために飼う、ほとんど飛べない中形の鳥。頭に赤いとさかがある。例 鶏卵・養鶏

【鶏口牛後】大きな牛のおしり(大集団のビリ)になるよりは、小さくてもにわとりの口(小集団のトップ)になったほうがよい。大きな集団につきしたがうよりも、小さい集団でもよいからそのリーダーになれということ。「鶏口となるとも牛後となるなかれ」とも。参考 中国の戦国時代、蘇秦は諸国をめぐって合従策を説き、秦に屈従するよりも各国が同盟して秦に対抗すべきだと説いた。『史記』蘇秦列伝に出てくる韓の宣恵王を説得する時に引用したことば。

【鶏舎】↓ ニワトリを飼う小屋。とり小屋。

【鶏卵】↓ ニワトリのたまご。

鶏が下につく熟語 上の字の働き

【養鶏 闘鶏】鶏をドウスルか。

鵬

鳥-8 総画19 人名 明朝 鵬 9D6C

音 ホウ 外 訓 おおとり 外

意味 おおとり。想像上の大きな鳥。☞【鳳】(1121ページ) 例 鵬翼

鶯

鳥-10 総画21 表外 明朝 鶯 9DAF

音 オウ 外 訓 うぐいす 外

意味 うぐいす。スズメくらいの大きさの鳥。やや茶色がかった緑色をしている。早春に美しい声で鳴く。例 鶯色。

鶴

鳥-10 総画21 常用 明朝 鶴 9DB4

音 カク 外 訓 つる 中

筆順

意味 つる。あしとくびが長く、すらりとしている鳥。亀とならんでめでたい生き物とされる。例 鶴は千年、亀は万年。鶴の一声(すぐに全員を従わせる、力をもった人の一言)。丹頂鶴。千羽鶴。

名前のよみ ず・つ

【鶴首】↓(ーする) ツルのようにくびを長くして、今か今かと待っていること。例 鶴首して結果を待つ。

鷗

鳥-11 総画22 人名 明朝 鷗 9DD7

音 オウ 外 訓 かもめ 外

意味 かもめ。冬、群れをつくって日本の海岸にやってくるわたり鳥。体は白色で、ハトよりやや大きい。

参考 明治の文豪、森鷗外の名でよく知られる字。「鴎」の字形も使われる。

鷲
鳥-12 総画23 人名 明朝 鷲 9DF2

音 シュウ 外 訓 わし 外

意味 わし。大きくて強い鳥。くちばしとつめがするどく、大きなつばさを広げて空を舞い、山野の小動物をとらえて食べる。

鷹
鳥-13 総画24 人名 明朝 鷹 9DF9

音 ヨウ 外 訓 たか 外

意味 たか。くちばしとつめがするどく、山野の小動物をとらえて食べる鳥。鷲よりも小形で鷹狩りに使われた。例 鷹匠・大鷹

鷺
鳥-13 総画24 人名 明朝 鷺 9DFA

音 ロ 外 訓 さぎ 外

意味 さぎ。ツルに似た水鳥で、くちばしやくび・あしが長い。例 白鷺

11画 鹿 [しか] の部

シカの形をえがいた象形である「鹿」をもとに作られ、鹿にかかわる字を集めてあります。

この部首の字
0 鹿……1123 8 麒……1123 麗……1123 麓……1123 13 麟……1123 塵▸土 268

鹿
鹿-0 総画11 4年 明朝 鹿 9E7F

音 ロク 外 訓 しか・か

筆順 はらう だす おる おらない

なりたち [象形] シカの角と四本の脚をえがいた字。

意味 しか。オスの頭には枝分かれした角があるけもの。例 鹿の角。鹿の子・神鹿

注意するよみ か…例 鹿の子

麒
鹿-8 総画19 人名 明朝 麒 9E92

音 キ 外 訓 —

意味 「麒麟」ということばに使われる字。

【麒麟】中国の想像上の動物。とうとい動物と考えられた。

【麒麟児】すぐれた才能があって、将来が期待される人物。

麒麟

麗
鹿-8 総画19 常用 明朝 麗 9E97

音 レイ 中 訓 うるわ-しい 高・うら-らか 外

筆順

なりたち [象形] りっぱな角二つ(丽)をもつ「鹿」のすがたをえがいた字。

意味 うつくしい。うるわしい。例 麗しい情景。麗しの姫君。麗人・華麗

【麗句】れいく ↓ 美しくかざりたてたことば。例 美辞麗句をつらねる。

【麗人】れいじん ↓ きれいな女の人。類 美人・佳人

麗が下につく熟語 上の字の働き

【華麗 秀麗 端麗 奇麗 美麗】近い意味。

【壮麗 流麗】ドノヨウニ美しいか。

麓
鹿-8 総画19 常用 明朝 麓 9E93

音 ロク 中 訓 ふもと 中

筆順

意味 ふもと。山すそ。例 山麓

麟
鹿-13 総画24 人名 明朝 麟 9E9F

音 リン 外 訓 —

意味 中国で、とうとい動物と考えられた「麒麟」に使われる字。☞【麒】(うえにあります)

11画 麻 [あさ] [あさかんむり] の部

「麻」の字と、「麻」の形がめやすとなっている「磨」の字が入ります。

麻

麻-0 総画11 常用 明朝 麻 9EBB

音 マ㊥ 訓 あさ㊥

筆順

なりたち [会意]もとの字は、「麻」。「アサの茎からはぎとる」意味の「𣏟」と家(广)を合わせて、家の中でアサの皮をむく仕事を表す字。

意味 ❶あさ。茎の皮から繊維をとるために栽培する植物。その繊維。例 麻の布。麻糸 ❷しびれる。神経がまひする。例 麻酔

❶〈あさ〉の意味で

【麻糸】あさいと ⇩ アサの繊維でつくった糸。例 麻糸をつむぐ。

【麻布】あさぬの ⇩ 麻糸で織った布。夏の衣服や船の帆などに使われる。例 麻布の洋服。

❷〈しびれる〉の意味で

【麻酔】ますい Ⅲ〈―する〉手術などをするときに、薬品を使って痛みを感じないようにすること。例 麻酔をかける。麻酔薬。

【麻痺】まひ Ⅲ〈―する〉①しびれたり、動かなくなったりすること。例 手足がまひする。心臓麻痺。②ものごとの動きがとまったり、にぶくなったりすること。例 交通がまひ状態になる。

【麻薬】まやく ⇩ 神経をしびれさせる薬。モルヒネ・コカインなどをいう。知識 医療以外に使うことは禁じられている。

◆亜麻 胡麻 乱麻

磨

麻-7 総画18 人名 明朝 磨 9EBF

音 ― 訓 まろ㊫

意味 まろ。㋐われ。おのれ。わたくし。㋑人名につけることば。

参考 国字。麻と呂を合わせて一字にした。

11画 黄 [き] の部

ここには「黄」の字だけが入ります。

黄

黄-0 総画11 2年 明朝 黄 9EC4 旧字 黃 9EC3

音 コウ㊥・オウ 訓 き・こ㊥

筆順 ながく だす とめる

なりたち  [象形]もとの字は、「黃」。火(炗)とおもり(田)をつけた火矢の形をえがいた字。

意味 きいろい。黄色い色。例 赤・黄・青。黄金・卵黄

参考 黄色は、中国では、古来、皇帝だけにゆるされる高貴の色だった。日本古代の冠位十二階は、上から紫・青・赤・黄・白・黒の六色(それぞれの濃淡)でしめした。

注意するよみ こ…例 黄金

特別なよみ 硫黄(いおう)

【黄金】⇩ 一 おうごん|こがね ①貴金属の金。例 黄金のつぼ。②お金。金貨。例 黄金の山。二 おうごん とても価値のあるもの。例 黄金の左腕。

【黄金時代】おうごんじだい そのもののいきおいが、いちばんさかんな時代。例 チームの黄金時代をきずく。類 全盛時代

【黄色人種】おうしょくじんしゅ 人種を三つに分けたとき、はだの色が黄色の人種。関連 黄色人種・黒色人種・白色人種

【黄土】おうど|こうど ⇩ 黄色がかった細かな土。中国北部などに多い。例 黄土色。

【黄身】きみ ⇩ たまごの黄色い部分。類 卵黄 対 白身

【黄砂】こうさ ⇩ 中国北部で、黄色い砂が強い風にふき上げられて空をおおう現象。春先、季節風に乗って日本にもやってくる。

【黄葉】こうよう|もみじ ⇩〈―する〉秋になって、木の葉が

黄色に色づくこと。例黄葉した山々。表記葉はが赤色になるときは「紅葉」と書く。

11画 黒［くろ］の部

「黒」をもとにして作られた字と、「黒」の形がめやすとなっている字を集めてあります。

この部首の字　墨→土 269

0 黒……1125　4 默……1125　5 黛……1126

黒

音コク　訓くろ・くろーい

黒－0　総画11　2年

明朝 黒 9ED2　旧字 黑 9ED1

筆順　ながく

なりたち　[会意]もとの字は、「黑」。炎(𤆍)と通気のまどをすすでよごしているようす(㓁)を合わせて、「黒い色」を表している字。

意味　❶くろい。黒い色。くらい。例黒の上着。日に焼けた黒い顔。黒字・黒板　❷わるい。例黒白・腹黒　対白

❶〈くろい〉の意味で

【黒子】↓①歌舞伎の後見役などが着る黒い服とずきん。また、それを着る人。②おもてに出ないで、かげでささえる人。例黒子に徹する。

【黒字】↓①墨で書いた文字。黒い色の字。②入ったお金のほうが、出たお金よりも多いこと。例貿易黒字。対赤字

【黒潮】↓台湾の南のほうから、日本列島にそって太平洋を北へ向かってながれている暖流。「日本海流」ともいう。対親潮　参考水の色が濃いあい色なのでこの名がついた。

【黒船】↓江戸時代の末にアメリカやヨーロッパから日本へ来た大きな船。船体が黒くぬられていたのでこうよばれた。例黒船来航。

【黒星】↓①黒くぬった丸いしるし。例的の黒星をねらう。②「負け」のしるし。負け。失敗。例黒星つづき。対白星　参考②は、おもに、すもうで使われる。

【黒山】↓たくさんの人びとが集まって山のように見えること。例黒山の人だかり。

【黒色人種】人種を三つに分けたとき、はだの色が褐色の人種。関連黄色人種・白色人種・黒色人種

【黒点】↓黒い点。とくに、太陽の表面に現れる黒い点。例太陽黒点。

【黒板】↓白墨(チョーク)で字や絵をかくために黒や緑に色をぬった板。

❷〈わるい〉の意味で

【黒幕】↓表面には出ず、かげで人をあやつる実力者。例事件の黒幕がつかまった。参考舞台でものをかくすのに黒い幕を使ったことをもとにした言い方。

【黒白】⇕正しいかまちがっているか。有罪か無罪か。例黒白をつける。黒白をあらそう。類白黒

◆暗黒　漆黒　白黒

黙

音モク中　訓だまーる中

黒－4　総画15　常用

明朝 黙 9ED9　旧字 默 9ED8

筆順

なりたち　[形声]もとの字は、「默」。「黑(コク)」が「モク」とかわって読み方をしめしている。「コク」は「声を出さない」意味をもち、「犬」が口をとじることを表す字。

意味　だまっている。ものを言わない。例黙りこくる。黙認・黙秘・沈黙

発音あんない　モク→モッ…例黙考

【黙劇】↓身ぶりや表情だけで表現する劇。無言劇。パントマイム。

【黙殺】↓〈－する〉無視して問題にしないこと。例反対意見を黙殺する。

【黙視】↓〈－する〉口出ししないでだまって見ていること。例黙視できない問題。類静観・傍観・座視・黙過

【黙然】☒〈－と〉〈－たる〉だまってじっとしているようす。例黙然とすわりつづける。

【黙想】↓〈―する〉ものを言わず、しずかに考えること。例黙想にふける。類黙考

【黙禱】↓〈―する〉心の中でいのること。ことばに出さないいのり。例黙禱をささげる。

【黙読】↓〈―する〉声に出さないで、文章などを読むこと。例本を黙読する。対音読

【黙認】↓〈―する〉知っていても、見ぬふりをしてゆるすこと。例遅刻を黙認する。

【黙秘】Ⅱ〈―する〉聞かれてもなにも答えないこと。例黙秘をつづける。

【黙秘権】事件の取り調べや裁判のとき、自分に不利益になることには答えなくてよいという権利。

【黙黙】Ⅲ〈―たる〉〈―と〉ものを言わず、一つのことをしつづけるようす。例黙々とはたらく。

【黙礼】↓〈―する〉だまっておじぎだけすること。表現目であいさつするのは「目礼」。

【黙過】↓〈―する〉気がついていながらだまって見のがすこと。例不正を黙過できない。類黙視・座視

【黙考】↓〈―する〉だまってじっと考えること。例沈思黙考。類黙想

◆暗黙 寡黙 沈黙

【黛】

黒-5 総画16 人名 明朝 黛 9EDB

音タイ外 訓まゆずみ外

意味 まゆずみ。けしょうで、まゆをかくための、墨。例粉黛

11画 亀［かめ］の部

亀の形をえがいた象形である「亀」の字だけが入ります。

この部首の字 0 亀……1126

【亀】

亀-0 総画11 常用 明朝 亀 4E80 旧字 龜 9F9C

音キ中 訓かめ中

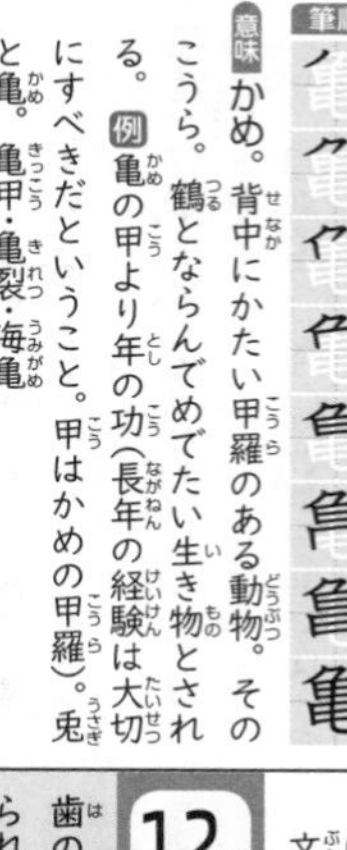

意味 かめ。背中にかたい甲羅のある動物。そのこうら。鶴とならんでめでたい生き物とされる。例亀の甲より年の功(長年の経験は大切にすべきだということ。甲はかめの甲羅)。兎と亀。亀甲・亀裂・海亀

【亀甲】↓①かめの甲羅。②かめの甲羅のような六角形のもよう。

【亀裂】↓物の表面に入ったひびわれ。さけめ。人間関係にもいう。例かべに亀裂が入る。亀裂が走る。

12画 黍［きび］の部

「黍」の形がめやすとなっている「黎」の字だけが入ります。

この部首の字 3 黎……1126

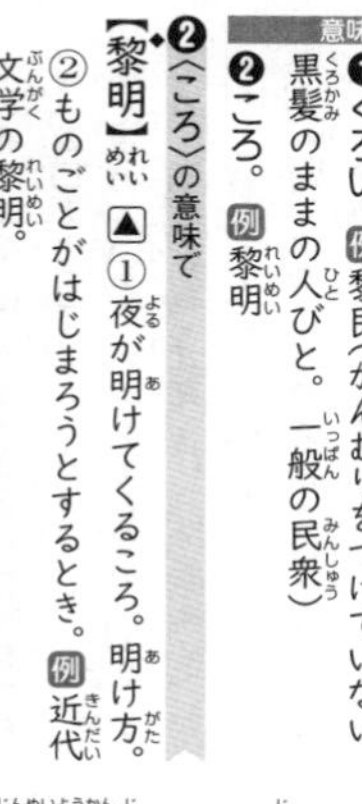

【黎】

黍-3 総画15 人名 明朝 黎 9ECE

音レイ外・リ外 訓―

意味 ❶くろい。例黎民(かんむりをつけていない、黒髪のままの人びと。一般の民衆) ❷ころ。例黎明

❷〈ころ〉の意味で

【黎明】▲①夜が明けてくるころ。明け方。②ものごとがはじまろうとするとき。例近代文学の黎明。

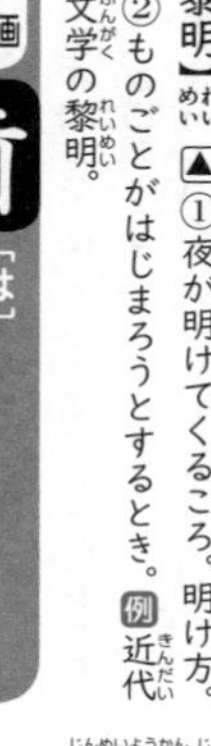

12画 歯［は］［はへん］の部

歯の意を表す「歯」と、それをもとにして作られた「齢」の字が入ります。

この部首の字 0 歯……1126 5 齢……1127

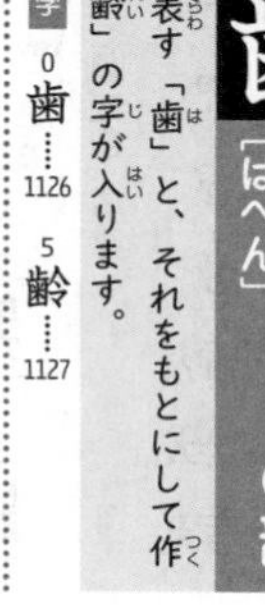

【歯】

歯-0 総画12 3年 明朝 歯 6B6F 旧字 齒 9F52

音シ 訓は

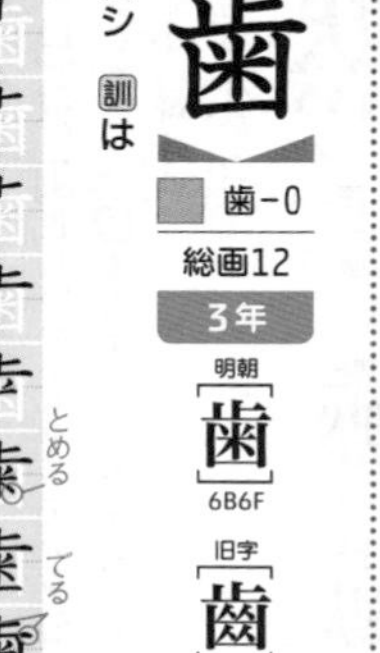

たちなり [形声]もとの字は、「齒」。「𠚕」が口の中に「は」がならんでいる象形文字であったが、これにさらに「シ」という読み方をしめす「止」をくわえて、「歯」を表した字。

意味 口の中の上がわと下がわとにかむためにある、かたい「歯」。歯のようにならんだもの。例 歯が生える。歯科・虫歯

【歯科】しか ↓歯の病気をなおす仕事。歯の医学。例 歯科医。歯科医院。

【歯牙】しが ‖ 歯ときば。また、歯。例 歯牙にもかけない（まったく問題にしない）。

【歯垢】◆しこう ↓歯の表面にくっつくよごれ。虫歯などの原因になる。例 歯垢を除去する。

【歯根】しこん ↓歯の根元の、骨にはまっている部分。例 歯根が細くなる。

【歯周病】ししゅうびょう 歯ぐきの周囲に雑菌がふえ、歯の根元がおかされる病気。

【歯石】しせき ↓歯についたかすがかたまってできた石灰質のかたまり。歯周病などの原因になる。例 歯石をとる。

【歯列】しれつ ↓歯ならび。例 歯列を矯正する。

【歯茎】はぐき ↓歯の根元をつつんでいる肉の部分。例 歯ぐきから血が出る。

【歯車】はぐるま ↓まわりにぎざぎざがついた車。かみ合わせてまわし、力をつたえるはたらきをする。表現「歯車がかみ合わない」は、ちぐはぐでうまくいかないこと。

←歯が下につく熟語 上の字の働き

【乳歯 永久歯 義歯 虫歯】ドノヨウナ歯か。
【門歯 前歯 奥歯】ドコに生えている歯か。
◆抜歯

齢

歯−5 総画17 常用

明朝 齢 9F62 旧字 齡 9F61

音 レイ 中 訓 よわい 外

筆順

たちなり [形声]もとの字は、「齡」。としを表す「歯」と、「レイ」という読み方をしめす「令」とからできている。「レイ」は「としをへる」意味をもち、生まれてから経てきたとしを表している字。

意味 とし。よわい。ねんれい。例 齢を重ねる（年をとること）。樹齢・年齢・学齢 参考「年齢」は「年令」と書かれることもある。

←齢が下につく熟語 上の字の働き

【学齢 弱齢 妙齢 高齢 老齢】ドレホドの年齢か。
【樹齢 馬齢 月齢】ナニの年齢か。
◆加齢 年齢

13画 鼎 [てい][かなえ] の部

ここには「鼎」の字だけが入ります。

この部首の字 0 鼎……1127

鼎

鼎−0 総画13 人名

明朝 鼎 9F0E

音 テイ 外 訓 かなえ 外

意味 かなえ。三つの足と二つの取っ手のある、鉄や銅の器。

参考 むかしの中国では、かなえは王位のシンボルだった。政治を行っている人の力をうたがうことを「鼎の軽重を問う」という。

【鼎立】◆ていりつ ↓（―する）かなえの三本の足のように、三つに分かれて対立すること。例 三者が鼎立している。

【鼎談】ていだん ↓（―する）三人でする話し合いや座談会。

13画 鼓 [つづみ] の部

ここには「鼓」の字だけが入ります。

この部首の字 0 鼓……1127

鼓

鼓−0 総画13 常用

明朝 鼓 9F13

音 コ 中 訓 つづみ 高

筆順

たちなり [会意]台にのせたつづみの形（壴）と、手にぼうを持った形の「支」を

合わせて、つづみを打つことを表している字。

意味 ❶楽器のたいこ。つづみ。たいこを打つ。例鼓を打つ。鼓笛・鼓動 ❷はげます。元気づける。例鼓舞

❶〈楽器のたいこ〉の意味で

【鼓手】こしゅ ↓ 合図や行進でたいこを打つ役の人。

【鼓笛】こてき Ⅱ たいこと笛。例鼓笛隊。

【鼓動】こどう ↓〈―する〉①活力を得てふるえ動くこと。例春の鼓動が聞こえる。②心臓の規則正しくひびく音。例胸の鼓動。

【鼓膜】こまく ↓ 耳のあなのおくにあるうすい膜。音をとらえて振動し、その波動を脳につたえるはたらきをする。

❷〈はげます〉の意味で

【鼓吹】こすい Ⅱ〈―する〉大いに宣伝して、みんなにその気を起こさせる。例志気を鼓吹する。

【鼓舞】こぶ Ⅱ〈―する〉元気づけ、ふるい立たせる。例志気を鼓舞する。

鼓が下につく熟語 上の字の働き

❶鼓＝〈楽器のたいこ〉のとき

【舌鼓 腹鼓】ナニで打つ鼓か。

◆太鼓

13画 鼠 [ねずみ] の部

ネズミの形をえがいた象形である「鼠」の字だけが入ります。

この部首の字 0 鼠……1128

【鼠】

鼠-0 総画13 表外 明朝 鼠 9F20

音ソ外 訓ねずみ外

意味 ねずみ。しっぽの長い小さな動物。人の家にすんで食べ物を食いあらすなど、害をあたえることが多い。例鼠算式にふえる(あっという間にふえる)。窮鼠猫をかむ(追いつめられると、弱い者でもすて身の攻撃をする)。

14画 鼻 [はな] の部

ここには「鼻」の字だけが入ります。

この部首の字 0 鼻……1128

【鼻】

鼻-0 総画14 3年 明朝 鼻 9F3B

音ビ中 訓はな

筆順 ながく

なりたち [形声] もとの字は、「鼻」。「自」が「はな」をえがいた象形文字であったが、これに「ビ」という読み方をしめす「畀」をくわえて、「鼻」を表した字。

意味 顔の真ん中にある、鼻。ものの先端。例鼻が高い。鼻をかむ。鼻音・目鼻

【鼻息】はないき ↓ ①鼻から出る息。②意気ごみ。例鼻息があらい。

【鼻歌】はなうた ↓ 気分がいいときなどに鼻にかかった声で口ずさむ歌。例鼻歌まじり。表記「鼻唄」とも書く。

【鼻緒】はなお ↓ げたやぞうりの、足の指をかけるひもの部分。例鼻緒をすげる。

【鼻薬】はなぐすり ↓ ①鼻の病気をなおす薬。②自分につごうよくしてもらうために、相手にあたえるお金や品物。例鼻薬をかがせる。

【鼻声】はなごえ ↓ ①かぜなどで鼻がつまった声。例鼻声がなおらない。②なみだにむせんで鼻のつまった声。③あまえるときに出す鼻にかかった声。例鼻声でねだる。

【鼻先】はなさき ↓ ①鼻の先。鼻のあたま。例鼻先でせせらわらう(ばかにして軽く応対する)。②目の前。ごく近いところ。例鼻先につきつける。類目前

【鼻筋】はなすじ ↓ まゆのあいだから、鼻の先までの線。例鼻筋が通った顔だち。類鼻柱

【鼻高高】はなたかだか〈―に〉とても得意なようす。例優勝した選手は鼻高々だ。

【鼻血】はなぢ ↓ 鼻から出る血。例鼻血を出す。

【鼻面】はなづら ↓ 鼻の先。鼻のすぐ前。例馬の鼻面をなでる。

【鼻柱】はなばしら ↓ ①鼻の左右のあなのあいだに

ある肉。②鼻の中心を通っている骨。類鼻筋 ③人に負けまいとする強気。表現③は、「鼻っ柱をへしおる(負けん気をくじく)」のように「はなっぱしら」というのがふつう。

【鼻音】びおん ↓ 息が鼻にぬけるように出す音。「ナ・ニ・ヌ・ネ・ノ」「マ・ミ・ム・メ・モ」や「花がさく」の「が」などの音。

【鼻孔】びこう ↓ 鼻のあな。

【鼻腔】◆びこう|びくう ↓ 鼻のあなからのどにかけての空間で、嗅覚の器官などがあるところ。鼻のなか。例あまい香りが鼻腔をくすぐる。

【鼻濁音】びだくおん 鼻にぬけて発音される、「ガ・ギ・グ・ゲ・ゴ」の音。知識東京語では、「学校」の「が」のように一つのことばの最初に来るものをのぞいて、あとの「ガ・ギ・グ・ゲ・ゴ」(「大学」の「が」など)はほとんど鼻濁音。

◆小鼻 酸鼻 出鼻 目鼻

漢字パズルの答え

1—しりとり(72ページ)

①合[計]算[数]字 ②安[全]部[屋]上
③牧[場]面[会]社 ④西[洋]食[事]実
⑤正[解]決[心]配 ⑥記[録]音[楽]器
⑦味[方]角[度]胸

2—よみかた(142ページ)

①ふくし ②かし ③こうがい
④はくしゅ ⑤れいてん ⑥れいとう
⑦はんばい ⑧ひがい ⑨ちょうせん
⑩はれつ ⑪ろてん ⑫こはん

3—かがみたて(216ページ)

①森 ②回 ③困 ④品 ⑤里
⑥来 ⑦買 ⑧半 ⑨宙

4—くみあわせ(286ページ)

①—オ(公) ②—キ(交) ③—ア(写)
④—イ(登) ⑤—カ(草) ⑥—エ(客)
⑦—ウ(老)

5—まちがいさがし(368ページ)

①入場券を買う ②神社にお参りする
③太平洋と大西洋 ④手を挙げて質問する
⑤過去と現在と未来 ⑥弓で矢を射る
⑦博士は動物の専門家

6—よみかた(446ページ)

①陸上(りくじょう) ②着水(ちゃくすい)
③賞金(しょうきん) ④定規(じょうぎ)
⑤王女(おうじょ) ⑥火花(ひばな)
⑦日本(にほん・にっぽん) ⑧日曜(にちよう)

7—かきじゅん(520ページ)

①山 ②糸 ③円 ④花 ⑤皿 ⑥雨

8—かきじゅん(596ページ)

①イ ②ア ③イ ④イ

9—くみあわせ(670ページ)

①唱 ②賛 ③街 ④協 ⑤能 ⑥曜
⑦操

10—むしくい(748ページ)

①水(泉) ②木(困) ③金(鉄) ④日(昔)
⑤土(堂) ⑥木(栄) ⑦土(径) ⑧月(湖)
⑨月(肺) ⑩火(燃) ⑪火(災) ⑫金(針)
⑬土(基) ⑭火(炭) ⑮水(氷) ⑯日(曜)

11—くみあわせ(810ページ)

①時刻 ②模様 ③鉄棒 ④期限
⑤砂糖 ⑥新聞 ⑦指揮

12—クロスワード(898ページ)

①賀(年賀状・祝賀会)
②用(不用心・画用紙)
③学(科学者・小学生)
④光(逆光線・観光地)
⑤務(事務所・公務員)
⑥会(英会話・町会長)
⑦護(看護師・弁護士)
⑧険(危険物・保険金)

13—むしくい(976ページ)

①ウ(価値) ②ア(銅銭) ③カ(若葉)
④キ(安定) ⑤エ(座席) ⑥ク(判別)
⑦オ(悪意) ⑧イ(通過)

14—あなうめ(1052ページ)

①[百]発[百]中(ひゃっぱつひゃくちゅう)
②[十]人[十]色(じゅうにんといろ)
③[一]進[一]退(いっしんいったい)
④[三]寒[四]温(さんかんしおん)
⑤[千]変[万]化(せんぺんばんか)
⑥[千]客[万]来(せんきゃくばんらい)
⑦[四]方[八]方(しほうはっぽう)

ふろく

ひらがな・かたかなのもとになった漢字

ひらがなは、漢字の草書体をさらにくずして生まれました。

「草書体」については「ものしり巻物６」(197ページ)

かたかなは、漢字の一部分を用いたり、記号などから生まれました。

［ひらがなの由来］

	(な)奈	(た)太	(さ)左	(か)加	(あ)安
	(に)仁	(ち)知	(し)之	(き)幾	(い)以
	(ぬ)奴	(つ)州	(す)寸	(く)久	(う)宇
	(ね)祢	(て)天	(せ)世	(け)計	(え)衣
	(の)乃	(と)止	(そ)曽	(こ)己	(お)於
(ん)无	(わ)和	(ら)良	(や)也	(ま)末	(は)波
		(り)利		(み)美	(ひ)比
		(る)留	(ゆ)由	(む)武	(ふ)不
		(れ)礼		(め)女	(へ)部
	(を)遠	(ろ)呂	(よ)与	(も)毛	(ほ)保

［かたかなの由来］

	(ナ)奈	(タ)多	(サ)散	(カ)加	(ア)阿
	(ニ)二	(チ)千	(シ)之	(キ)幾	(イ)伊
	(ヌ)奴	(ツ)川	(ス)須	(ク)久	(ウ)宇
	(ネ)祢	(テ)天	(セ)世	(ケ)介	(エ)江
	(ノ)乃	(ト)止	(ソ)曽	(コ)己	(オ)於
(ン)✓	(ワ)和	(ラ)良	(ヤ)也	(マ)末	(ハ)八
		(リ)利		(ミ)三	(ヒ)比
		(ル)流	(ユ)由	(ム)牟	(フ)不
		(レ)礼		(メ)女	(ヘ)部
	(ヲ)乎	(ロ)呂	(ヨ)与	(モ)毛	(ホ)保

漢字のなりたち

「やま」の漢字は、高い山がつらなった形を表しています。真ん中のたての線は一番高い山です。

この「山」の字のように、絵がもとになってできた字を**象形文字**といいます。「象形」は、形を象るという意味です。

世の中が進んでくると、生活の仕方や人びとの考え方が高度になり、象形文字だけでは必要なことばをじゅうぶんに表すことができなくなりました。そこで、**指事文字**というのが考えられました。

たとえば、木の根もとを表す「もと」は、「ここが根もとです」と、「木」の字にしるしをつけて、「本」として表しました。

「上」も「下」も「天」も、このようにしてできた指事文字です。「指事」は、事がらを指ししめすという意味です。

さらに漢字をふやすために、今までにできている字を組み合わせて、新しい意味の新しい字を作る方法がとられました。

たとえば、木のならんでいる「はやし」は、「木」と「木」を合わせて、「林」という字にしました。木がもりあがっている「森」、鳥が口でなく「鳴」、動物の耳を手(又)でつかんでいる「取」なども、このようにしてできた字です。

口＋鳥＝鳴

このような字を**会意文字**といいます。「会意」は、意味を合わせることです。

「象形」「指事」「会意」と、いろいろな方法で漢字が作られてきましたが、なんといっても、数が多いのは**形声文字**です。全体の約八〇パーセントを占めています。

ことばは、文字ができるよりずっと古くからあって、みんなが口で発音していましたから、大きな意味のまとまりを表すしるし(形)と、そのことばの意味をはっきりと表す発音をしめす部分(声)を組み合わせて、一つの文字を作るのです。

たとえば、食べたり話したりすることを表す形の「口」と、「あじわい」の意味と発音をしめす「ミ(未)」とを合わせたのが「味」です。また、川や水の流れを表す「氵」と、「すきとおる」意味と発音をしめす「セイ(青)」とを合わせたのが「清」です。

右に挙げた四つの方法で漢字が作られてきましたが、それらの漢字のうち、べつの意味がくわわったり、また、まったくべつの意味に使われてしまったりした字もあります。

「楽」の字は、もともとは「おんがく」の意味を表していましたが、おんがくは人の心をたのしませるので、「ラク」という発音で「たのしい」という語を表すようになりました。このような字を**転注文字**といいます。

「来」はもともとは「むぎ」を表していましたが、おなじ「ライ」と発音する「くる」として使われるようになってしまいました。このようにおなじ発音の文字をかりた字を**仮借文字**といいます。

漢字のなりたちを四つ、使われ方を二つ説明しました。これら六つを、**六書**とよんでいます。

次のページに、漢字のなりたちをしめしました。

日
雨+云ウン
雲
雨
雨+田ライ
雷
山
水
竹
末
木
本
林
森
鳥
川
集
馬
艹+早ソウ
草
田
牛
苗
禾+舀トウ
(稻)稲

人
元 兄 北 比
使 何 作 休（亻）
月
大 天 立 夫
魚
△…指事文字
●…象形文字
■…形声文字
◆…会意文字
母 子 身 女
鼻 自＋畀
齒（齒）＋止
毛 目 耳 口
手
持 指 投 打（扌）
心
受 友 左 右
犬
足
踊 跡 距 路（⻊）
出 走 歩 止

漢字の組み立て

「人」は一つの字です。「匕」がつくと、「人」が細くなって「化」になります。「化」は二つの部分からできている字です。さらに、「艹」がつくと、「花」になります。「花」は、三つの部分からできている字です。

人 化 花

このように、漢字には、一つだけのものと、いくつもの部分によって組み立てられているものとがあります。

いくつもの部分によって組み立てられている場合、おもに意味を表す部分を**部首**といいます。部分の代表です。この辞典では、部首の場所を青色でしめしています。

「化」は、人がばける意味です。そこで、ばける意味を表す部分の「匕」が部首になります。

「花」は、人ではなく、植物です。そこで、植物の意味を表す「艹」が部首になります。（「化」は、「カ」と読むことをしめしているのです）

「人」はどうでしょうか。「人」は一つだけで、「ひと」の意味を表しているので、そのまま字全体が部首になります。

化…

花…

人…

では、漢字はどのように組み立てられているのか、説明しましょう。

漢字の組み立ては、大きく七つに分けられます。そして組み立ての各部分には、それぞれ名前がついています。

へん［偏］

左がわの部分を「へん」といいます。

- 氵(さんずい) 海池注……
- 冫(にすい) 冷凍凝……
- 亻(にんべん) 住係作……
- 木(きへん) 林村橋……
- 糸(いとへん) 紅線絵……
- 扌(てへん) 投打持……
- 弓(ゆみへん) 引強張……
- 歹(がつへん) 残殊殖……
- 阝(こざとへん) 防階陸……
- 𧾷(あしへん) 路跡距……
- 火(ひへん) 灯焼燃……
- 牜(うしへん) 物牧特……
- 犭(けものへん) 独猫犯……
- 飠(しょくへん) 飲飯館……
- 石(いしへん) 研砂破……
- 禾(のぎへん) 科秋秒……
- 耳(みみへん) 職聴……

- 口(くちへん) 味吸呼……
- 言(ごんべん) 計語記……
- 忄(りっしんべん) 情快性……
- 日(ひへん) 明晴時……
- 王(おうへん) 球理現……
- 目(めへん) 眼眠眺……
- 礻(しめすへん) 神社礼……
- 衤(ころもへん) 補複被……
- 米(こめへん) 粉精糖……
- 舟(ふねへん) 船航般……
- 貝(かいへん) 貯財販……
- 車(くるまへん) 転軽輪……
- 金(かねへん) 鉄銅針……
- 馬(うまへん) 駅験騎……
- 女(おんなへん) 姉妹好……
- 土(つちへん) 地城坂……

つくり【旁】

右がわの部分を「つくり」といいます。

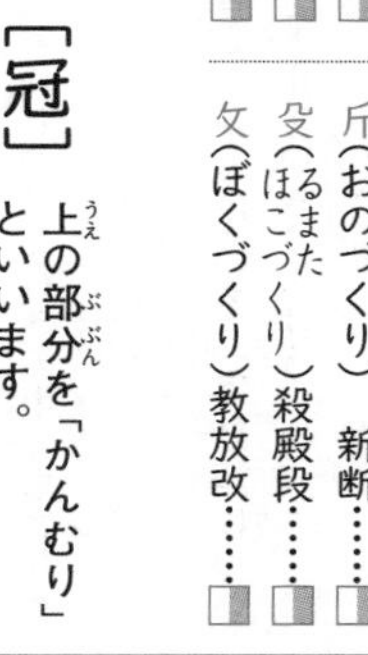

- 刂(りっとう) 割利別
- 卩(ふしづくり) 印即却
- 阝(おおざと) 都部郡
- 欠(あくび/けんづくり) 歌欲次
- 頁(おおがい) 頭顔額
- 彡(さんづくり) 形彩影
- 寸(すん) 対射封
- 斤(おのづくり) 新断
- 殳(るまた/ほこづくり) 殺殿段
- 攵(ぼくづくり) 教放改

かんむり【冠】

上の部分を「かんむり」といいます。

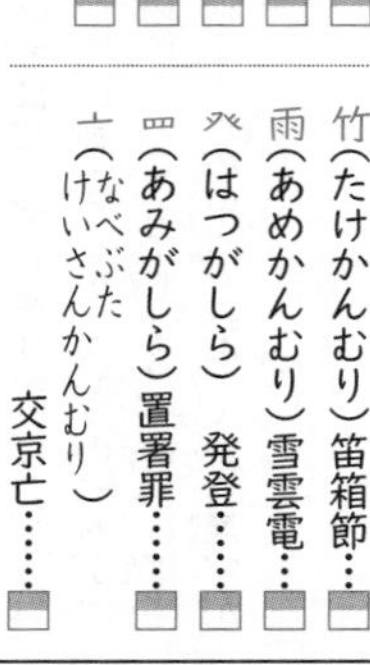

- 冖(わかんむり) 写冗冠
- 宀(うかんむり) 家安客
- 艹(くさかんむり) 草花薬
- 耂(おいかんむり) 考者
- 穴(あなかんむり) 空究窓
- 竹(たけかんむり) 笛箱節
- 雨(あめかんむり) 雪雲電
- 癶(はつがしら) 発登
- 罒(あみがしら) 置署罪
- 亠(なべぶた/けいさんかんむり) 交京亡

あし【脚】

下の部分を「あし」といいます。

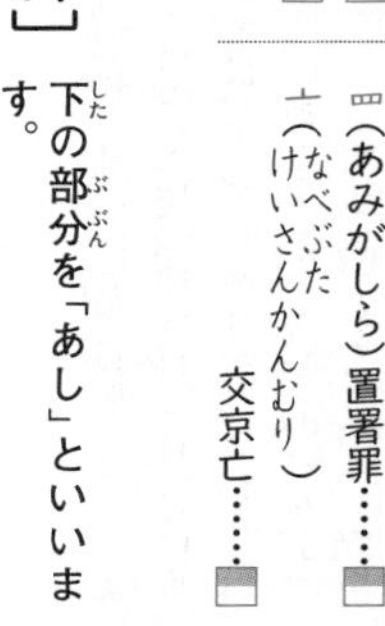

- 儿(ひとあし) 兄元光
- 灬(れんが/れっか) 照熱然
- 皿(さら) 益盛盟

たれ【垂】

上と左をかこむ部分を「たれ」といいます。

- 厂(がんだれ) 原厚厘
- 广(まだれ) 度広店
- 尸(しかばね) 局居屋
- 疒(やまいだれ) 病疲痛

にょう【繞】

左と下をかこむ部分を「にょう」といいます。

- 辶(しんにょう/しんにゅう) 道近進
- 廴(えんにょう) 建廷延
- 走(そうにょう) 起越趣

かまえ【構】

外がわをかこむ部分を「かまえ」といいます。

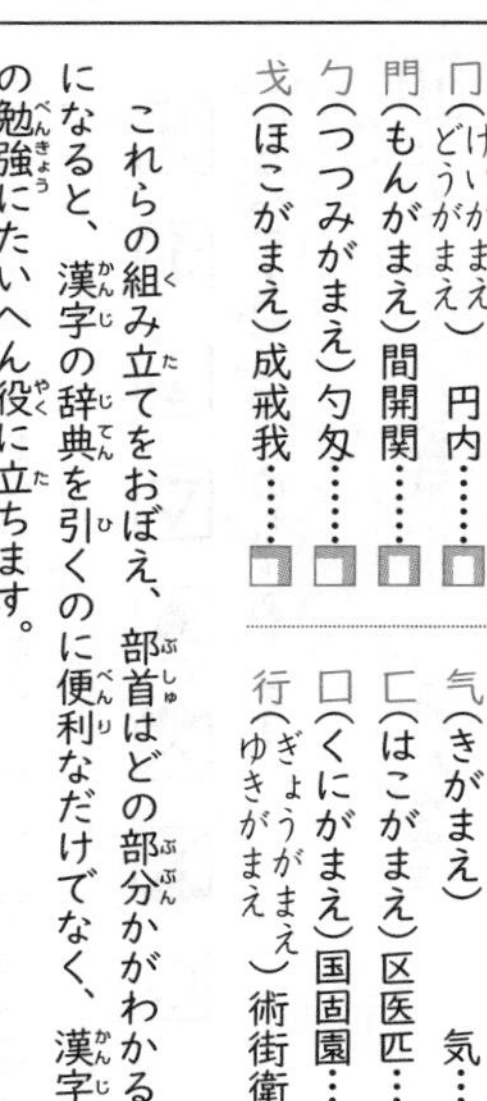

- 冂(けいがまえ/どうがまえ) 円内
- 門(もんがまえ) 間開関
- 勹(つつみがまえ) 勺匁
- 戈(ほこがまえ) 成戒我
- 气(きがまえ) 気
- 匚(はこがまえ) 区医匹
- 囗(くにがまえ) 国固園
- 行(ぎょうがまえ/ゆきがまえ) 術街衛

これらの組み立てをおぼえ、部首はどの部分かがわかるようになると、漢字の辞典を引くのに便利なだけでなく、漢字全体の勉強にたいへん役に立ちます。

熟語の組み立て

漢字は、一字ずつその意味や使い方を学習することもだいじなことですが、二字以上の漢字を組み合わせて用いる「熟語」を理解することもまた重要なことです。

たとえば「学校」「校庭」また「理科」「社会」は毎日使っていてよく知っていることばですが、この中で「校」「理」「科」「社」という漢字の一字だけの意味や使い方はどうでしょうか。これらは、「学」は「まなぶ」だとか「庭」は「にわ」だとかというのとちがって、すぐにはその意味を言いにくいことでしょう。これは漢字の中には、熟語として使われることが中心となっている漢字がかなりあるからなのです。

このように、漢字が組み合わされて熟語となり、さまざまなことばを作り出すことは、漢字のもつはたらきの中でもとりわけ重要なものなのです。

それでは、とくに漢字二字からできている二字熟語について、その組み立てのしくみを考えていきましょう。

この組み立てのしくみ、つまり上の漢字と下の漢字との関係には、いくつかの型があります。そしてこれらの型を知ることは、一つ一つの漢字がもつはたらき、また、熟語がもつ意味やその熟語の使い方などの理解を深めるのに役立ちます。

この辞典では、それぞれの熟語の下に、熟語の組み立ての型を、

という八つの記号でしめしてあります。

＝ おなじような意味の漢字を重ねた熟語

これは上の漢字と下の漢字とがそれぞれ意味が似かよっていることから重ねられたもので、この型は次の三つに区分できます。

ア ほとんどおなじ意味の漢字を重ねて熟語としたもの。

なかには、漢字一字ではいくつもの意味があるために、どの意味で用いているかわかりにくいので、意味をはっきりさせるために熟語としたものもあります。

道＋路＝道路
永い＋久しい＝永久
起きる＋立つ＝起立
流す＋布＝流布（布には、「きれ」という意味もあるが、この場合は「広くゆきわたる」の意味）

イ 関係のあることがらどうしの漢字をならべたもの。

鳥＋獣＝鳥獣

見る＋聞く＝見聞
飲む＋食べる＝飲食

㋒おなじ漢字を重ねて、強調や複数を表すもの。

続く＋続く＝続続
重ねる＋重ねる＝重重
人＋人＝人人
山＋山＝山山

⇕ 反対や対立する意味の漢字を重ねた熟語

㋐「これもあれも」というように上と下の漢字の両方の意味を取るもの。

左＋右＝左右
遠い＋近い＝遠近
送る＋迎える＝送迎
発つ＋着く＝発着

㋑上と下の漢字のどちらかをえらぶもの。

黒い＋白い＝黒白
去る＋就く＝去就

㋒一方の意味だけが強調されるようになるもの。

異なる＋同じ＝異同（異なる意味で用いられる）
多い＋少ない＝多少（少ない意味で用いられる）
緩い＋急な＝緩急（急の意味で用いられる）

㋓とくべつの意味になるもの。

春＋秋＝春秋（年月や時間の意味）
動く＋静まる＝動静（状態やようすの意味）
寒い＋暖かい＝寒暖（温度の意味）

↓ 上の漢字が下の漢字に対してようすや程度、また関連などを明らかにする熟語

㋐「ナニ」にかかわるかやようすを説明するもの。

海の＋草＝海草
善い＋行い＝善行
曲がった＋線＝曲線

㋑ある状態や動作に対して程度や状態を説明するもの。

最も＋高い＝最高
速く＋攻める＝速攻
山のように＋積む＝山積

㋒ある動作に対して時間のうえで先になったり前提となる行動をしめすもの。

転じて＋用いる＝転用
敗れて＋走る＝敗走
迎えて＋撃つ＝迎撃

㋓ある状態に対してその原因となる行動をしめすもの。

説いたので＋明らかになった＝説明

拡げたので＋大きくなった＝拡大
改めたので＋良くなった＝改良

▽ 上の漢字が主語で、下の漢字がドウスル・ドウデアル・ドウナルと述べる熟語

地が＋震える＝地震
国が＋立てる＝国立
年が＋長けている＝年長
人が＋造る＝人造
気が＋長い＝気長
船が＋出る＝船出
円が＋安い＝円安

▲ 上の漢字に対して下の漢字がその内容を補う熟語

ア 上の漢字の動作「ドウスル」に対して下の漢字が「ナニを、ナニに」と補うもの。

読む＋書物を＝読書
作る＋曲を＝作曲
決する＋意を＝決意
減らす＋量を＝減量
着く＋席に＝着席
登る＋山に＝登山
沿う＋道に＝沿道
対する＋外に＝対外

イ 上の漢字の動作「ドウスル」「ドウデアル」に対して下の漢字が「ナニが」と補うもの。

有る＋益が＝有益
有る＋望みが＝有望
開く＋花が＝開花
半分＋値が＝半値
少ない＋食事量が＝少食

☒ ある特定の意味を表す漢字が上につく熟語

ア 意味を打ち消す漢字がつくもの。

ない（不）＋明らか＝不明
ない（未）＋来る＝未来
ない（非）＋常である＝非常
ない（否）＋認める＝否認
ない（無）＋益＝無益

イ 「できる」（可能）・「すべきである」（義務）・「される」（受け身）を表すもの。

できる（可）＋燃やす＝可燃
すべきである（当）＋そうする（然）＝当然
される（被）＋告げる＝被告

ウ 「こと・もの」（所）という意味で内容や理由を表すもの。

こと・もの（所）＋定める＝所定
こと・もの（所）＋見る＝所見

⊠ ある特定の意味を表す漢字が下につく熟語

ア ものごとのようすやかかわりを表すもの。また、特定のものに軽くそえたもの。

雑であるようす(然)＝雑然
いきいきと動く＋ようす(如)＝躍如
知識＋かかわり(的)＝知的
量＋かかわり(的)＝量的
菓＋子(軽くそえた字)＝菓子
帽＋子(軽くそえた字)＝帽子

イ 上の漢字に対して、「すっかり」「とても」「ずっと」あるいは「しおわる」「できる」という意味を補いそえたもの。

忘れる＋すっかり(却)＝忘却
読む＋すっかり(破)＝読破
愛する＋とても(着)＝愛着
悩ます＋とても(殺)＝悩殺
壮ん＋とても(絶)＝壮絶
元から＋ずっと(来)＝元来
修める＋おわる(了)＝修了
説く＋できる(得)＝説得

◯ 上の漢字と下の漢字との組み立てを考えても仕方のない熟語

ア 故事・成語として用いられているもの。

故事・成語の組み立ては、たとえば「蛇足」が↓で、「完璧」が▲であると説明することはできますが、このように説明してもこれらの意味が理解できるものではなく、それぞれの故事・成語の背景にある説話の内容がわからなければどうしようもありません。そこでこうした故事や成語もここに分類します。

蛇足／完璧／矛盾

イ 長い熟語を略語として短く二字に省略したもの。

国連(＝国際連合)
高校(＝高等学校)
国体(＝国民体育大会)

ウ 二字の漢字の連続した音によって意味を表すもの。「シトシト」とか「ハラハラ」のように連続した音によって意味を表すことばがあるように、連続した音によってはじめて意味を表すものがあります。これを「連綿語」といいます。

従容／混沌／唐突

エ 外来語に漢字を当てたもの。

珈琲／琵琶／菩薩

オ もともと日本のことばであったものに漢字を当てたもの。

素敵／為替／物騒(「ものさわがしい」から)

その字が下につく熟語

わたしたちは、ふだん使うことばの中で、二つの漢字で書かれる二字熟語をたいへんよく使います。一つ一つの漢字は、二字熟語の上の字としても下の字としてもはたらくし、はたらくわけです。ですから、漢字のはたらきをじゅうぶんに知るためには、その字が一字だけでどうはたらくかを知ることのほかに、

一、二字熟語の上の字としてどうはたらくか
二、二字熟語の下の字としてどうはたらくか

という二つのことを知っていることが必要です。

漢和（漢字）辞典では、各漢字の解説のあとに、その字が上につく熟語を掲げて解説します。しかし漢字の中には、二字熟語で上になるより下になるほうが多いという字もたくさんありますし、なかには「者」という字のように、「打者」「記者」「作者」「学者」など下につく熟語はいくらでもあるのに、上につく熟語は一つもないという極端なものさえあります。

そこで、この辞典では、その字が下になってはたらくときのすがたも、見のがさないようにしたいと考え、下つき熟語の部分をとくに取り立てて解説をほどこすことにしました。解説の仕方は、次のとおりです。

(1)上つき熟語の解説が終わったあとに、次のような表示をしたところがあります。たとえば「帯」の字なら、

←帯が下につく熟語 上の字の働き

とあります。ここから先が、「帯」が下の字になったときのはたらきを調べる部分です。調べ方として、似たはたらきのものをおなじところに集めました。はたらきが似ているというのは、上の字の意味との関係が似ているということですから、上の字の意味を調べなければなりません。それで「上の字の働き」と掲げたのです。

(2)字の意味の区分にしたがって考えていきましょう。「帯」の意味は❶〈おび〉❷〈おびる。ともなう〉と二つに区分されますので、次のようにしめされます。

❶帯＝〈おび〉のとき
【声帯 地帯】ナニの帯か。
【一帯 寒帯 温帯 熱帯】ドノヨウナ地域か。
❷帯＝〈おびる。ともなう〉のとき
【携帯 連帯】近い意味。

(3)かたかな書きのナニやドノヨウナが上の字の意味を型に分けてしめしたものです。「声帯」は「声の帯」ですし「地帯」は「地面の帯」ですので、そういう関係を「ナニの帯」と表したのです。「声の帯」とは何か、「地面の帯」とは何か。それは、「声」や「地」の字の項目で、それらの熟語を調べて学んでください。

この欄では一つ一つの熟語の解説はしないで、上の字と下の字の意味の関係の似たものをなかまにし、その型を、かたかな書きのパターン表示法でしめしました。ですから、そういうかたかな表示のところに上の字を当てはめて、その意味と下の字の意味との関係を考えてみてください。とくに「上の

字の働き」としたのは、ここで、辞典を使うみなさんに考えてほしいからです。

このようなかたかな表示には、おおよそ次のようなものがあります。

ダレ　ナニ……人・物・ものごと・事件
イツ　ドコ　ドノアタリ……時・場所
ドウスル　ドウナル……動作・変化・推移・進展
ドウデアル……状態・ありさま
ドノクライ　ドレホド……数量・大きさ・程度
ドノヨウナ　ドンナ　ドウイウ……ものごとのようす
ドノヨウニ　ドウヤッテ……動作のやり方・変化のようす

たとえば「地」が下につく熟語について見ると、

❶地＝〈大地〉のとき
【山地 平地 湿地 沼地 台地 低地 盆地 大地 陸地】ドノヨウナ大地か。
❷地＝〈ある土地〉のとき
【内地 外地 局地 極地 現地 実地 当地 辺地】ドノアタリの地域か。
❸地＝〈立場〉のとき
【窮地 死地】ドンナ立場か。
❹地＝〈もとにあるもの〉のとき
【生地 下地 素地】近い意味。
❺地＝〈材料としての、ぬの〉のとき
【厚地 薄地 白地】ドンナぐあいのぬのか。

のようになっています。ここで、たとえば❶の「ドノヨウナ大地」の項なら、「山地」は「山ばかりの大地」、「平地」は「平らな大地」、「湿地」は「しめった大地」……というように当てはめてみると、関係がわかると思います。

(4) 次に「ならび」ということを説明します。これまでの例の中に「近い意味」というのが【携帯 連帯】【生地 下地 素地】のようにありました。これらはどれも、上の字の意味と下の字の意味とに、多かれ少なかれ共通性があって、たがいに類義字の関係(類義のならび)にあることをしめしています。「携帯」なら「携」も「帯」も「身につけていること」、「連帯」は「連」も「帯」も「いっしょにいること」を表します。このように類義の二字がならぶ熟語はひじょうに多くて、たとえば「楽」という字では【安楽 快楽 歓楽 悦楽 娯楽】のようにいくつも類義二字の熟語が作られています。

「ならび」の関係には、類義のほかにも「反対の意味」と「近縁の関係」とがあります。「反対の意味」とは、「増える」と「減る」で「増減」、「物」と「心」で「物心」のように、たくさんある正反対の関係です。「近縁の関係」というのは、類義や対義のようにはっきりした関係ではなく、「山林」「森林」のように、なにかの縁があって、AといえばBが思い浮かびやすいといった関係の二字がならぶものをいいます。

(5) 「有料」と「無料」のように、「有」と「無」の二字は、よくおなじ字の上についてそれが有ることと無いことを表します。こういうものについては、たとえば、

【有料 無料】料金の有る無し。

のようなしめし方をしました。

中国書名物語

林 四郎

夏の禹王と『書経』

水を治める者は国を治める。黄河を治める者は中国を治める。中国で最初に黄河の治水に成功し、流域の人民に生活の安定をもたらした人物が禹である。禹は、この功績によって帝王舜から帝位を引きつぎ、夏の王朝を開いたと伝えられる。今から四千年も前のことだから、確かな事実はわからない。揚子江(長江)の水を治めたのだという言い伝えもある。夏王朝の次、殷(商ともいう)の王朝からは考古学資料も多く、歴史が確実にたどられるので、その存在を疑う人はいない。王朝は、夏・殷・周と続く。夏の禹王、殷の湯王、周の文王・武王あたりまでが、中国で最も古い時代の聖人帝王として尊敬される人たちである。

これらの人たちの業績を伝える書物が『書経』で、この本の叙述は、聖人帝王の最初である堯から始まる。堯を受ける帝王が舜である。書経は中国で一番古い書物の一つに数えられ、制作者はわからない。日本の天皇や年号の名前は、この書物の中から取られることが多い。

孔子と『論語』

周王朝の統率力が衰えて、中国各地方に、事実上独立国である国がいくつもできたころ、山東地方の魯の国に孔丘というすぐれた思想家が現れた。だれよりも学問が好きで、魯を中心に周辺各国の歴史や文化をよく学び、権力者たちに正しい政治の仕方を教えようとしたが、なかなか意見が採用されず、隣の斉の国など、いろいろ回って意見を述べたが、どこでも安定した地位を得ることができなかった。やがて魯の国に帰り、以後は門弟を集めて教育と文化事業に専念した。中国最初の確実な歴史記録『春秋』の文章を監修したほか、『易経』『詩経』『礼記』『書経』(これらを合わせて五経という)など、中国古代の哲学・文学や社会制度の重要書物は、ほとんどみな、この人の手で本文が整えられたと伝えられている。紀元前五五一年に生まれ、紀元前四七九年に没したが、その間にすぐれた門弟たちをたくさん教育した。この門弟たちが、先生の言葉や行いを中心に、自分たちの言葉も交えて編集した書物が『論語』である。

孔子

論語は二十編から成り、大人物孔丘が何を考え、人々と何を語り合ったかが手に取るようにわかるおもしろい書物である。今日私たちが、三十歳を而立の年、四十を不惑、五十を知命、六十歳を耳順の年などというのは、みなこの書物の言葉を使っているのである。「子曰、学而時習之不亦説乎(子いわく、学びて時にこれを習う、またよろこばしからずや)」というのが論語最初の文章である。「子」は孔子。門弟たちが「孔先生」と呼んだ言葉が「孔子」である。孔子を祭る廟は、山東省の曲阜をはじめ中国各地にあり、今も世界の人々の尊敬を集めている。

孔子の弟子たちと四書

孔子は、門弟三千人といわれるほどたくさんの弟子を教育した。顔回、子路、子貢など、孔門の十哲と呼ばれる人たちは特に重要な弟子である。孔子の教えを儒教という。儒教の内容がいちばんよくわかる書物に『大学』『中庸』『論語』『孟子』の四つがあり、これらを合わせて四書という。『大学』は孔子の直接の門弟曽子が先生の教えのエッセンスを記したといわれるもので、人間だれでも自分の家族に親愛の情をもつ、その自然な情愛を伸ばして人に施していけば、そこから正しい政治の仕方も生まれるのだと教える。『中庸』は、孔子の孫の子思が、曽子から祖父の教えを教わって記したものだといわれる。片寄らぬ人間性を育てみがくことが、宇宙の根本原理を身につけることになるので、人間にとって中庸の徳ほど大事なものはないと教える。『論語』は、親しみ深い孔子の言葉の宝庫。『孟子』は、孔子から百五十年ほど後の人である孟軻が、子思の門弟から教えを受けて身につけた孔子の教えを、世の中に生かそうとして、諸国を回り歩きながら、あちこちの王や政治家と議論を交わした、その言葉をくわしく記した書物である。中国古代の政治思想や儒教の考え方を学ぶための教科書とするのに、よい内容を備えている。

最初の歴史書『春秋』と司馬遷の『史記』

中国で初めてしっかりした政治組織を作った王朝は殷で、そのあとを受けたのが周の王朝だったが、殷や周の支配した国土は、黄河中流・下流の流域を中心とした地域で、今日の中国から見れば、まだ狭い範囲のものだった。中国が、黄河の北方から揚子江のはるか南方に及ぶ大帝国となったのは、秦王朝の時で、これを作り上げた英雄が、万里の長城で名高い秦の始皇帝であった。周の時代が秦の時代になるまでに数百年の時が流れる。その間、地域地域に、大小いくつもの政権があった。秦は、その中でも大きくて強い政権だったが、ほかにも、斉・晋・燕・楚・魯・宋・呉・越など、有力な地方政権があった。これらの政権が統治する範囲を、一般に「国」といっている。この時代、周の王朝は、全体を統率する中央政権としてあったが、その力が次第に衰えて、有るか無いかわからないものになってしまい、ついに、始皇帝に滅ぼされて終わる。その間、各国は互いに力を競って、戦争が絶えなかった。この数百年の前半を春秋時代といい、後半を戦国時代という。

春秋時代を代表する有力者が、斉の桓公・晋の文公・宋の襄公・秦の穆公・楚の荘王の五人で、次々と、時代の第一人者となった。歴史上、この人たちを「春秋の五覇」と呼ぶ。この時期を春秋時代というのは、この間の歴史事実が『春秋』という書物に記されているからである。『春秋』は魯の国の記録だが、各国での主要事件も記してあるので、当時の国と国との関係を、ここから知ることができる。『春秋』の文章を、一字一字吟味して、最終的に定めたのが孔子である。孔子は、一つ一つの戦争や事件について、関係者の正義・不義の関係がわかるような表現を用いた。これが、後世の人がいう「春秋の筆法」である。『春秋』は、魯の統治者を基準とする年代区分に従いながら、何年の何月にどこで何があったという事実を、極めて簡潔に記している。歴史の、こういう書き方を「編年体」という。
『春秋』に続く歴史書が、漢の司馬遷の著した『史記』である。漢は、秦が始皇帝のあと、すぐ滅びたのを受けた王朝で、その国土は秦よりも一段と大きく、政治・軍事・文化の全面にわたって、よく組織された国家を作ったので、前漢と後漢とを合わせると四百年続いた大帝国となった。司馬遷は、前漢の中ごろ、国の歴史記録を担当する家に生まれ、歴史の書き方について非常に深く研究した結果、それまでだれも思いつかなかった書き方を発案した。『史記』の書き方は、歴史叙述の部分を「本紀」「世家」「列伝」の三部に分け、本紀では、この世の中心人物として、各王朝の帝王について記し、世家では、各帝王の下で国政を担当して、事実上世の中を支えるのに最も力のあった人たちの業績を記した。そのあと、列伝では、政治家・軍人・事業家・文化人・芸能人・その他各方面で、さまざまな働きをした、たくさんの人たちについて事実を書き記している。何についてもよく調べ、事実かどうか疑わしいことは書かなかったにもかかわらず、その文章は生き生きとしていて、どんな小説よりもおもしろいという定評がある。以上の三部分のほかに、「十表」「八書」というものがある。十表は十種類の年表である。十種類もあるのは、王朝別と、本紀・世家の区別に対応する、いくつもの着眼点によって別々の表ができているからである。八書は、国民の社会生活を維持するのに必要な、各方面の制度や科学技術の要点を、例えば、社会秩序を保つための儀礼の制度とか、治水のための国土計画や土木工学の根本原理とかについて、八章に分けて記すものである。このように、本紀・世家・列伝・十表・八書と五つの部門に分けて、各方面から社会の発展をたどり、記述するという方法は、西洋のすぐれた歴史家たちも全く気づかなかったやり方で、この後長く、歴史記述の模範となったものである。『春秋』式の編年体に対して、『史記』のような構造の書き方を「紀伝体」といっている。

司馬遷

　司馬遷は、『史記』を書くために、目に入る限りの文書を調べたほか、全国各地を旅行して、その土地の言い伝えを調べ、いろいろ照らし合わせて、確実だと思う情報を採用して文章にした。事実を記し終わると、そのあとに「太史公いわく」と言って自分の意見を述べた。太史公とは、歴史を司る役人としての自分を指している。意見の述べ方は、理由をあげて判断を下すというやり方で、極めて論理的であった。このように事実と意見とをはっきり分けて書く書き方は、孔子の「春秋の筆法」とは違って、だれにでもわかりやすく、論説文の書き方としても模範的なものであった。このように、何事にも態度をはっきりさせた司馬遷は、李陵という将軍が、北方の異民族と戦って敗れ、捕虜となったとき、状況を調べて、やむをえなかったと弁護したため、皇帝の大きな怒りを買い、男性の性を奪われるという、ひどい刑罰を受けた。生きる希望を失い、ほとんど死のうとした司馬遷であったが、後世に事実を伝える歴史家の使命を思い、ひたすら、『史記』の完成に命をかけて、余生を生き抜いた結果、受刑から八年目の紀元前九一年に『史記』が出来上がった。文字通り、司馬遷が一生を投入した書物であった。

老荘の思想と韓非子の文章

中国の古くからの思想で、国民の間にしっかり根づいて、伝えられてきたものは、第一儒教、第二道教、第三仏教の三つである。第一の儒教は、孔子の説いた教えで、そのことは、『論語』や四書五経によって説明したとおりである。第三の仏教は、インドの釈迦の教えで、日本人にもなじみが深い。唐の三蔵法師玄奘がインドへの大冒険旅行をして、貴重な経文を持ち帰ったのは、仏教の正しい思想を中国に伝えるためであった。第二の道教は、日本ではあまり知られておらず、宗教としての道教は、日本には全く入らなかった。しかし、道教思想の大もとには、宗教とは違う、老荘思想という哲学があって、それを学んだ日本人は、決して少なくはない。

老荘思想とは、老子・荘子、二人の人の考え出した思想という意味である。老子は孔子と同時代の人で、孔子より年長者であった。姓名は李耳で、老耼という名もあるが、ふつうには「老子」という。「子」は孔子の子と同じで、後の人が尊んでいう呼び名である。どんな生活をした人か、ほとんど何もわからないが、孔子がある日、「礼」について教えを受けに行ったと、『史記』に書いてある。老子は、孔子に「礼とは何か」と教えたりはしないで、「良い品を持つ商人の品物は、奥深くにあって、外からは見えない。大人物は、見かけは、ばかのようだ」と言い、自分を偉い者と思ったり、何かできると思ったりする気持ちを捨てなさいと、それだけ言った。孔子は帰って、弟子たちに「鳥も魚も獣も、捕らえ方がわかるが、竜の捕らえ方だけはわからない。今日会った老子は、その竜だ」と言った。老子は、いつ生まれていつ死んだのか、だれにもわからないが、『道徳経』と呼ばれる短い書き物を残した。これが世にいう『老子』である。ここでいう道徳は、良い行いの徳目を挙げて、ああしなさいこうしなさいと教えるようなものではなく、宇宙の大道には何も決まった形は無いが、人間が名をつけて、生き方ややり方を考え出していくので、どういう名でどういうものを生み出すかで、良い生き方とむだな生き方とが分かれる、と言っている。哲学的な言葉で、短く切れる文が並ぶので、読者は、その文その文から、自由にものを考えることができるし、文章の流れからも、さまざまな思いが呼び起こされて、楽しい。『老子』は、どういう世の中でも、尽きない生命をもつ書物である。

荘子も、実際の生活は知られていないが、荘周というのが実の名で、孔子や老子より百年以上後の人である。思想家として名が知られていたので、ある国(楚)の王が大臣にしたいと言って招いたが、出世したり落ちぶれたりするのを心配して生きるのはいやだと言って断った。老子の思想に共鳴して、かなりの量の文章を書いた。その残した書物が『荘子』である。日本では、荘子のその人の方を「そうし」といい、書物を「そうじ」と呼んで区別している。『荘子』には、老子、孔子をはじめ、孔子の弟子たちもたびたび登場して、いろいろなことを言ったりしたりするが、それらをそのまま史実だと思って読む人は、あまり

荘子

いない。この本で語られるたくさんの話は、ものごとの奥にひそむ真理を考えるための「お話」（そういう話を寓話という）として、いつ、だれが読んでもおもしろい内容をもっている。『荘子』三十三編の文章には、荘子自身が書いたもののほか、直接・間接の弟子たちが書いた文章も含まれているが、そこに荘子の思想が語られていることは間違いないとして、今も、多くの人に読まれ、親しまれている。

荘子からまた百年以上あとに、韓の国に、韓非という非常な秀才が出た。国主の子ではあったが、国主の地位が継げる立場にはいなかった。韓非はたくさんの書物を読んで、古代から春秋戦国時代までの史実を非常によく知っていた。老子の思想に深い共感をもち、老子のいう「虚（何も無いこと）」を大切にする考え方に立ちながら、極めて現実的・具体的な政策を大事にする「法による政治」のやり方を提案した。韓非は口でしゃべることは下手だったから、その提案を専ら文章に書いて示した。

韓非は三十九歳の若さで不幸な死に方をしたが、一生の間に書いた文章が集められ、長文五十五編から成る大著『韓非子』が後世に残った。この書物の文章はすべて論説文で、そのほとんどが、君主の政治の仕方を論ずるものである。君主は、自分の能力や個人的好みを臣下に示さず、いつも自分を「虚」にしておかなくてはならない。君主が政治をするのではなく、法を定めて、法が政治をするようにする。法を運用するのは臣下の役人たちだから、君主は臣下の政治の実績を審査し、法に照らして実績の良い者は良さによって賞し、実績の悪い者は悪いだけ処罰する。よいことをしていても、法にはずれていれば処罰する。このやり方を徹底できること、それだけが君主の条件だというのが、彼の主張である。『韓非子』の文章は論旨が明快で、まず主張の中心点をはっきりかかげ、それをいくつもの歴史事実で論証してから、きっちり締めくくるという、すきのない論理構成になっているので、わかりやすく説得力がある。世界中のどういう言語に訳しても、そのまま好論文となる、近代的な文章である。中国の古代に、良い文章、味わいのある文章は、ほかにたくさんあるが、一編にこれだけの分量があって、その中に論理と話のおもしろさとが備わる文章は、『韓非子』をおいてほかにはない。後世、唐宋八家といわれる文章家たちも、論説文については、この書物から学ぶことが最も多かった。それはすなわち、私たち日本の先輩たちも、論説文の勉強には、まず『韓非子』を学んだということである。私たちは、韓非が口舌の人でなく、筆の人であったことに、本当に感謝しなければならない。もし彼が口先で勝負をする人だったら、これだけ重量感のある模範文の宝庫を、私たちが、今、目の前に見ることはできないのである。

王羲之の書

漢字の学問と芸術は、その大もとが、すべて、漢字の国、中国にある。文字の書き方の芸術は、中国では漢字の「書法」として確立し、日本では、漢字と仮名とに分かれながら、ともに「書道」として発展した。書法・書道を一つにした漢字芸術の世界で、古今を通じてその頂点に立つ人が、晋の王羲之である。晋とは、三国時代の最後の勝利者になった魏の曹操のあとを受けた王朝で、中国の古代文学は、この王朝を含む六朝時代に、いちじるしい発展をとげた。日本の平安時代以後の文学に大きな影響を与えた詩文集『文選』も、この時期に作られている。王羲之は軍人であり、官吏であり、詩文の作者でもあるが、何より書法にすぐれた人で、楷書・草書・行書、それぞれの書体を用いて、永く後世の模範となる書を書き残している。特に、自作の文章「蘭亭集序」の書が有名である。

玄宗皇帝と安禄山、そして「長恨歌」

日本の大和朝廷が奈良にりっぱな都を作ったころ、その手本になった唐の長安の都は、強大な唐帝国の首都として、地球の東半分の中心地になっていた。日本で最初の歴史書『古事記』ができたその年、唐では若い皇帝玄宗が位についた。玄宗は勉強家で、初め、よい政治をしたので、世の中は平和だったが、中年を迎えるころ、妃の楊貴妃を愛し過ぎたことから、楊家の代表者楊国忠に何事もまかせたので、政治が乱れ始めた。このころ、東北地方の軍隊をあずかる将軍に安禄山という人がいた。安禄山は、父が中東のソグド人、母が北方、突厥族の人だったので、周辺民族の言葉をたくさん知っていて、商業のための接触もうまく、よく民衆を治めて、大きな軍隊を自由に動かす力があった。楊国忠が安禄山の忠誠を疑ったことから二人が不和になり、安禄山が反乱を起こした。反乱軍は勢いが強く、遂に長安を占領したので、玄宗は四川省へのがれ、楊国忠も楊貴妃も命を落とした。安禄山も、結局やり方を失敗して自分の息子に殺され、有力な部下の史思明も死んで、安史の乱と呼ばれる八年間の反乱も終わったが、この反乱は唐の王朝を土台からゆり動かす大事件だった。玄宗皇帝と楊貴妃の愛情物語は、詩人白居易の長編詩「長恨歌」によって後世に語りつがれている。「長恨歌」は、日本平安朝の大小説『源氏物語』の成立にも大きな影響を与えた作品である。

李白と杜甫、および唐の詩人たち

漢詩は中国語の詩だから、中国語の発音で読むのを聞くときに、その美しさがわかるものであるのに、すぐれた漢詩は、日本語で訓読しても、良さ、美しさがわかるのは、まことにふしぎである。発音の美しさのほかに、表現内容のもつりっぱさや美しさや真実感が人の心を打つのだろう。中国文学の歴史の中で、漢詩がもっとも栄えたのは唐の時代である。唐の王朝は、日本で聖徳太子の時代が終わろうとするころ（七世紀初め）に成立し、日本の古墳時代末期・奈良時代・平安時代初期にかけて、三百年近く続いたのち、十世紀初めに、宋の王朝へと変わる。その間に、女帝則天武后が国号を「周」と変える騒ぎがあったり、安禄山の大反乱があったりはしたが、大体において平和が続き、大いに文化が発展した。日本からは十五回も遣唐使が派遣され、空海、最澄などが大陸に渡ってたくさんのことを学んで来た。中国の三蔵法師玄奘が、十六年にわたる大冒険旅行の末、インドから大量の経文を持ち帰るという文化的大事件もあった。また、中国の名僧鑑真が五度の漂流を経て、失明しつつ日本にたどり着き、奈良に唐招提寺を建立して正しい仏教を伝えたのは、日中文化交流史上の大事件であった。

こんなことのあった唐の時代は、長安の都を中心に、漢詩の花が咲き乱れた時代でもあって、たくさんの詩人が出ておびただしい数の作品を後世に残した。それらの中からえりすぐって作った詩集『唐詩三百首』（三二〇首を収録）と『唐詩選』（四六五首収録）とがよく読まれた。日本では特に唐詩選が江戸時代からよく読まれ、日本人による注釈書もかなり作られた。

数多い唐の詩人の中で特に日本人に大きな影響を与えた人に、まず、李白、杜甫、白居易の三人があり、あと、王維、孟浩然の名を落とすことができない。李白は本当に酒の好きな人で、「李白一斗詩百篇」といわれるように、酒を楽しみ興に乗ると、いくつでも詩句を連ねることができた。その終わり方も、酔った末に、川に映る名月を取ろうとして水中の人となったといわれている。杜甫は人生派の詩人で、深い味わいのある名詩をたくさん残した。日本の俳人芭蕉は杜甫や李白の詩に常に親しんでいたから、『奥の細道』の文章を起こすときに、李白の詩のリズムを借りて「月日は百代の過客にして、行き交う年もまた旅人なり」と書き出しているし、奥州平泉で源義経たちを追懐する時には、杜甫の詩句を用いて「国破れて山河あり、城春にして草青みたり」と記している。これは、芭蕉がこれらの詩句を利用して書いたというよりも、この人たちの詩の心とリズムがいっしょになって、普段から芭蕉の詩心に溶けこんでいたものにちがいない。白居易は白楽天の名で日本人に親しまれており、『白氏文集』という個人詩文集もよく読まれた。玄宗皇帝と楊貴妃をうたった「長恨歌」のことは、その項目に記した通りである。王維と孟浩然は仲の良い友だち同士であった。王維は官吏としても出世し、孟浩然は出世しなかったという差があっても、二人とも十分に浮き世の生活をしながら、詩の世界では、同じように浮き世を離れた、すがすがしい世界を楽しむことができた。王維の「ひとり竹やぶの中で琴をひき歌をうたっていると……深林人不知　名月来相照（深林の中、人は知らない、月と二人きり）」――こんな言葉に接すると、だれでも、人と離れて月を友とする心を楽しみたくなるし、孟浩然の「春眠不覚暁　処処聞啼鳥　夜来風雨声　花落知多少」に至っては、中国人・日本人といわず、およそ花が咲き鳥の鳴く世界に住む人間で、この詩の心に共感しない人は一人もいないだろうと思われる。そういう詩である。こんな人たちがたくさん出て、数えきれぬ名詩を残してくれたのが、唐の時代であった。

杜甫

白居易

李白

中国の王朝と日本の時代

年代	中国の王朝	年		著名な人	日本の時代	年
	太古			蒼頡		
				尭　舜		
	夏			禹　桀王		
紀	殷	前 1700?		紂王　伯夷・叔斉		
	周	前 1120?		周公旦　太公望	縄文時代	
元		前 770				
		春秋時代		管仲　句践・夫差　西施		
前		前 403		孔子　顔回　韓非子　墨子　孫子		
		戦国時代		孟子　荀子　老子　荘子　屈原		
	秦	前 221		秦始皇帝　項羽		
西暦0年	前漢	前 202		劉邦　韓信　司馬遷　李陵		
	新	8			弥生時代	
	後漢	25		許慎　蔡倫	倭奴国王、漢に使者	
	三国	220	魏	曹操	卑弥呼、魏に使者	
			蜀	劉備　諸葛亮　関羽　張飛　馬謖		
			呉	孫権	大和時代	
	晋	265	西晋			
		317	東晋	王羲之　法顕		
	南北朝	420		陶淵明	雄略天皇、宋に使者	
500	北魏・北斉・北周・宋・斉・梁・陳			達磨	飛鳥時代	
	隋	589		煬帝	遣隋使・小野妹子	
	唐	618		玄奘　則天武后　孟浩然　王維	奈良時代	710
				玄宗皇帝　安禄山　楊貴妃	遣唐使・阿倍仲麻呂	
				李白　杜甫　鑑真	平安時代	794
				韓愈　柳宗元　白居易	最澄・空海	
	五代	907			鎌倉時代	1192
	宋	960	北宋	蘇軾	室町時代	1338
1000			南宋	朱子　陸游	安土桃山時代	1573
	元	1279		成吉思汗　耶律楚材	江戸時代	1603
1500	明	1368		王陽明　高啓　鄭成功	明治	1868
	清	1644		林則徐	大正	1912
	中華民国	1912		孫文　蒋介石　魯迅　老舎	昭和	1926
	中華人民共和国	1949		毛沢東　周恩来　郭沫若	平成	1989
					令和	2019

人名用漢字

・人名に用いる文字は「戸籍法」と「戸籍法施行規則」によって定められています。このうち、漢字は、「常用漢字」と「人名用漢字別表」の漢字について、名前に使うことが認められています。

・ここでは「人名用漢字別表」に掲げられている全八六三字を「戸籍法施行規則」(平成二十九年九月二十五日一部改正)に基づいてしめしました。

・「人名用漢字」では漢字の読み方はとくに定められていませんが、前半の表では、この辞書に収録した代表的な音訓をしめしました(「—」はその音訓がないことをしめします)。

【漢字の表 一】

・「—」でつながれた漢字は、「人名用漢字」では、同じ字とされています。

・ここでしめしたページ数は、この辞典で親字としてあつかった漢字のものです。

漢字	音	訓	ページ
丑	チュウ	うし	22
丞	ジョウ	—	29
乃	ダイ・ナイ	の	39
之	シ	これ・の	36
乎	コ・オ	かな	40
也	ヤ	なり	42
云	ウン	い・う	49
亘—亙	コウ	わた・る	51
些	サ	いささ・か	51
亦	エキ	また	52
亥	ガイ	い	52
亨	コウ・キョウ	とお・る	54
亮	リョウ	あき・らか	54
仔	シ	こ	61
伊	イ	—	65
伍	ゴ	—	69
伽	ガ・カ	とぎ	75
佃	デン	つくだ	81
佑	ユウ	たす・ける	82
伶	レイ	—	83
侃	カン	—	84
侑	ユウ	—	87
俄	ガ	にわ・か	87
俠	キョウ	—	87
俣	—	また	93
俐	リ	—	94
倭	ワ	やまと	99
俱	グ・ク	とも・に	94
倦	ケン	う・む	94
倖	コウ	さいわ・い	95
偲	サイ・シ	しの・ぶ	101
傭	ヨウ	やと・う	107
儲	チョ	もう・ける	111
允	イン	—	111
兎	ト	うさぎ	116
兜	トウ	かぶと	118
其	キ	そ・の・そ・れ	125
冴	コ・ゴ	さ・える	132
凌	リョウ	しの・ぐ	135
凜—凛	リン	—	135
凧	—	たこ	137
凪	—	なぎ	137
凰	コウ・オウ	おおとり	137
凱	ガイ	—	137
函	カン	はこ	141
劉	リュウ	—	162
劫	ゴウ・キョウ	—	166

勁　ケイ　つよ・い　168
勺　シャク　―　174
勿　ブツ・モチ　なか・れ・ない　174
匁　―　もんめ　174
匡　キョウ　ただ・す　177
廿　ジュウ　にじゅう　390
卜　ボク　うらな・う・うらな・い　186
卯　ボウ　う　187
卿　キョウ・ケイ　―　189
厨　チュウ・ズ　くりや　192
厩　キュウ　うまや　193
叉　サ・シャ　―　194
叡　エイ　あき・らか　201
叢　ソウ　くさむら・むら・がる　202
叶　キョウ　かな・う　205
只　シ　ただ　208
吾　ゴ　われ・あ　219
呑　ドン　の・む　221
吻　フン　―　221
哉　サイ　かな・や　226

哨　ショウ　―　228
啄　タク　つい・ばむ　228
哩　リ　マイル　229
喬　キョウ　たか・い　234
喧　ケン　かまびす・しい　234
喰　サン　く・らう・く・う　234
喋　チョウ　しゃべ・る　235
嘩　カ　かまびす・しい　236
嘉　カ　よ・い　237
嘗　ショウ　な・める・かつ・て　237
噌　ソウ・ソ　かまびす・しい　238
噂　―　うわさ　237
圃　ホ　―　249
圭　ケイ　―　252
坐　ザ　すわ・る　256
尭―堯　ギョウ　―　117
坦　タン　ひろ・い・たい・ら　257
埴　ショク　はに　260
堰　エン　せき　261

堺　カイ　さかい　261
堵　ト・ド　―　263
塙　カク　はなわ　265
壕　ゴウ　ほり　271
壬　ジン・ニン　みずのえ　272
夷　イ　えびす　294
奄　エン　―　294
奎　ケイ　―　296
套　トウ　―　296
娃　アイ・ア　―　305
姪　―　めい　306
姥　ボ　うば　306
娩　ベン　う・む　306
嬉　キ　うれ・しい　309
孟　モウ　―　314
宏　コウ　ひろ・い　319
宋　ソウ　―　319
宕　トウ　―　324
宥　ユウ　ゆる・す・なだ・める　326
寅　―　とら　332

寓　グウ　―　335
寵　チョウ　―　337
尖　セン　とが・る　347
尤　ユウ　もっと・も　349
屑　セツ　くず　354
峨　ガ　けわ・しい　359
峻　シュン　―　359
崚　リョウ　―　361
嵯　サ　―　361
嵩　スウ　かさ　361
嶺　レイ　ね・みね　361
巌―巖　ガン・ゲン　いわ・いわお　361
巫　フ　―　365
已　イ　すで・に・やむ・のみ　367
巳　シ　み　367
巴　ハ　ともえ　367
巷　コウ　ちまた　367
巽　ソン　たつみ　367
帖　チョウ・ジョウ　―　370

幌　コウ　ほろ　374
幡　ハン　はた　375
庄　ショウ　―　382
庇　ヒ　おお・う・かば・う　383
庚　コウ　かのえ　383
庵　アン　いおり　386
廟　ビョウ　みたまや　388
廻　カイ・エ　めぐ・る・まわ・る　389
弘　コウ　ひろ・い　393
弛　シ　ゆる・む　393
彗　スイ　―　398
彦　ゲン　ひこ　399
彪　ヒョウ　―　400
彬　ヒン　―　400
徠　ライ　―　409
忽　コツ　たちま・ち・ゆるが・せ　486
怜　レイ　さと・い　491
恢　カイ　ひろ・い　493
恰　カツ・コウ　あたか・も　493
恕　ジョ　ゆる・す　495

悌　テイ　―　498
惟　イ　おも・う　499
惚　コツ　ほ・れる・ぼ・ける　499
悉　シツ　ことごと・く　498
惇　トン・ジュン　―　502
惹　ジャク　ひ・く　499
惺　セイ　さと・る　508
惣　ソウ　―　501
慧　ケイ・エ　―　511
憐　レン　あわ・れむ・あわ・れみ　514
戊　ボ　つちのえ　515
或　ワク　あ・る・ある・いは　517
戟　ゲキ　ほこ　517
托　タク　―　528
按　アン　―　538
挺　テイ・チョウ　―　544
挽　バン　ひ・く　544
掬　キク　すく・う　544
捲　ケン　ま・く　545
捷　ショウ　か・つ・はや・い　547

漢字	音	訓	ページ
捺	ナツ	お・す	550
捧	ホウ	ささ・げる	551
掠	リャク	かす・める	551
揃	セン	そろ・う・そろ・える	552
摑	カク	つか・む	555
摺	ショウ	す・る	555
撒	サツ・サン	ま・く	556
撰	セン	えら・ぶ	556
撞	ドウ	つ・く	557
播	ハ・ハン・バン	｜	557
撫	ブ・フ	な・でる	557
擢	テキ	ぬ・く・ぬき・んでる	558
孜	シ	｜	312
敦	トン	｜	567
斐	ヒ	｜	574
斡	アツ	めぐ・る	575
斧	フ	おの	575
斯	シ	か・く・これ	577
於	オ	お・いて・お・ける	580
旭	キョク	あさひ	585
昂	コウ	たか・ぶる	587
昊	コウ	｜	587
昏	コン	くら・い	588
昌	ショウ	｜	588
昴	ボウ	すばる	594
晏	アン	｜	594
晃―晄	コウ	あき・らか	594
晒	サイ	さら・す	594
晋	シン	すす・む	596
晟	セイ	｜	596
晦	カイ	みそか・くら・い	596
晨	シン	あした	596
智	チ	｜	598
暉	キ	かがや・く	600
暢	チョウ	の・びる	600
曙	ショ	あけぼの	602
曝	バク	さら・す	603
曳	エイ	ひ・く	603
朋	ホウ	とも	612
朔	サク	ついたち	612
杏	キョウ・アン	あんず	622
杖	ジョウ	つえ	624
杜	ト・ズ	もり	624
李	リ	すもも	625
杭	コウ	くい	626
杵	ショ	きね	626
杷	ハ	え	628
枇	ビ	｜	628
柑	カン	｜	630
柴	サイ	しば	638
柘	シャ	やまぐわ	631
柊	シュウ	ひいらぎ	631
柏	ハク	かしわ	632
柾	｜	まさ・まさき	633
柚	ユウ	ゆず	633
桧―檜	｜	ひのき	655
栞	カン	しおり	636
桔	キツ	｜	636
桂	ケイ	かつら	636
栖	セイ	す・む	638
桐	トウ	きり	639
栗	リツ	くり	639
梧	ゴ	あおぎり	639
梓	シ	あずさ・きささげ	640
梢	ショウ	こずえ	640
梛	ダ	なぎ	640
梯	テイ	はしご	640
桶	トウ	おけ	640
梶	ビ	かじ	641
椛	｜	もみじ	641
梁	リョウ	はり	641
棲	セイ	す・む	644
椋	リョウ	むく	645
椀	ワン	｜	645
楯	ジュン	たて	647
楚	ソ	いばら	647
楕	ダ	｜	647
椿	チン	つばき	647
楠	ナン	くす・くすのき	648
楓	フウ	かえで	648
椰	ヤ	やし	648
楢	ユウ	なら	648
楊	ヨウ	やなぎ	648
榎	カ	えのき	648
樺	カ	かば・かんば	648
榊	｜	さかき	649
榛	シン	はしばみ・はり・はん	649
槙―槇	シン	まき	649
槍	ソウ	やり	649
槌	ツイ	つち	649
樫	｜	かし	653
槻	キ	つき	651
樟	ショウ	くす・くすのき	652
樋	トウ	とい・ひ	652
橘	キツ	たちばな	654
樽	ソン	たる	655
橙	トウ	だいだい	655
檎	ゴ	｜	655
檀	ダン・タン	まゆみ	655
櫂	トウ	かい	655
櫛	シツ	くし	655
櫓	ロ	やぐら	655
欣	キン・ゴン	よろこ・ぶ	658
欽	キン	つつし・む	659
歎	タン	なげ・く	660
此	シ	ここ・これ・こ・この	662
殆	タイ	ほとん・ど	666
毅	キ	つよ・い	671
毘	ビ	｜	674
毬	キュウ	まり・いが	674
汀	テイ	なぎさ・みぎわ	684
汝	ジョ	なんじ	685
汐	セキ	しお・うしお	685
汲	キュウ	く・む	685
沌	トン	｜	688
沓	トウ	くつ	688
沫	マツ・バツ	あわ・しぶき	696

- 洸 コウ ｜ 698
- 洲 シュウ・ス しま 698
- 洵 ジュン まこと・に 699
- 洛 ラク ｜ 701
- 浩 コウ ひろ・い 702
- 浬 リ かいり・ノット 704
- 淵 エン ふち 713
- 淳 ジュン あつ・い 710
- 渚―渚 ショ なぎさ 710
- 淀 テン・デン よど・よど・む 712
- 淋 リン さび・しい 713
- 渥 アク あつ・い 713
- 渾 コン すべ・て 716
- 湘 ショウ ｜ 716
- 湊 ソウ みなと 717
- 湛 タン たた・える 717
- 溢 イツ あふ・れる 719
- 滉 コウ ｜ 720
- 溜 リュウ た・まる 723

- 漱 ソウ すす・ぐ 725
- 漕 ソウ こ・ぐ 725
- 漣 レン さざなみ 726
- 澪 レイ みお 730
- 濡 ジュ ぬ・れる・うるお・う 730
- 瀕 ヒン せま・る 731
- 灘 タン なだ 731
- 灸 キュウ やいと 733
- 灼 シャク や・く 734
- 烏 ウ からす 737
- 焰 エン ほのお 737
- 焚 フン や・く・た・く 738
- 煌 コウ かがや・く 742
- 煤 バイ すす 743
- 煉 レン ね・る 744
- 熙 キ ｜ 744
- 燕 エン つばめ 746
- 燎 リョウ ｜ 746
- 燦 サン あき・らか 746
- 燭 ショク・ソク ともしび 746

- 燿 ヨウ かがや・く 746
- 爾 ジ・ニ なんじ・しか・り 749
- 牒 チョウ ふだ 751
- 牟 ボウ・ム ｜ 752
- 牡 ボ おす 752
- 牽 ケン ひ・く 755
- 犀 セイ・サイ さい 755
- 狼 ロウ おおかみ 759
- 猪―猪 チョ いのしし 759
- 獅 シ しし 761
- 玖 キュウ・ク ｜ 764
- 珂 カ ｜ 764
- 珈 カ ｜ 765
- 珊 サン ｜ 765
- 珀 ハク ｜ 765
- 玲 レイ ｜ 765
- 琢―琢 タク みが・く 768
- 琉 リュウ・ル ｜ 768

- 瑛 エイ ｜ 769
- 琥 コ ｜ 769
- 琶 ハ ｜ 769
- 琵 ビ ｜ 769
- 琳 リン ｜ 769
- 瑚 コ・ゴ ｜ 769
- 瑞 ズイ みず 769
- 瑶 ヨウ たま 769
- 瑳 サ ｜ 769
- 瓜 カ うり 961
- 瓢 ヒョウ ひさご 961
- 甥 ｜ おい 775
- 甫 ホ はじ・め 776
- 畠 ｜ はた・はたけ 781
- 畢 ヒツ ｜ 783
- 疋 ヒツ ひき 785
- 疏 ソ うと・い・うと・む 786
- 皐 コウ ｜ 798
- 皓 コウ しろ・い 799
- 眸 ボウ ひとみ 811

- 瞥 ベツ ｜ 812
- 矩 ク さしがね・のり 814
- 砦 サイ とりで 820
- 砥 シ と・ぐ 818
- 砧 チン きぬた 818
- 硯 ケン すずり 820
- 碓 タイ うす 821
- 碗 ワン ｜ 821
- 碩 セキ ｜ 822
- 碧 ヘキ あお 822
- 磐 バン・ハン ｜ 823
- 磯 キ いそ 823
- 祇 キ・ギ ｜ 826
- 祢―禰 デイ・ネイ ｜ 831
- 祐―祐 ユウ たす・ける 828
- 祷―禱 トウ いの・る 831
- 禄―祿 ロク ｜ 829

- 禎―禎 テイ ｜ 830
- 禽 キン とり 831
- 禾 カ のぎ 831
- 秦 シン はた 834
- 秤 ヒョウ・ビン・ショウ はかり 835
- 稀 キ・ケ まれ 836
- 稔 ネン みの・る 837
- 稟 ヒン・リン ｜ 837
- 稜 リョウ ｜ 837
- 穣―穰 ジョウ みの・る 840
- 穹 キュウ ｜ 841
- 穿 セン うが・つ・は・く 843
- 窄 サク せま・い 843
- 窪 ｜ くぼ・くぼ・む 844
- 窺 キ うかが・う 844
- 竣 シュン お・わる 846
- 竪 ジュ たて 847
- 竺 トク・チク・ジク ｜ 851
- 竿 カン さお 851

漢字	音読み	訓読み	番号
笈	キュウ	おい	851
笹	―	ささ	851
笙	ショウ	―	851
笠	リュウ	かさ	852
筈	カツ	はず	852
筑	チク	―	854
箕	キ	み	858
箔	ハク	―	859
篇	ヘン	―	859
篠	ショウ	しの	860
簞	タン	―	860
簾	レン	すだれ	861
籾	―	もみ	862
粥	シュク・イク	かゆ・ひさ・ぐ	864
粟	ゾク	あわ	864
糊	コ	のり	865
紘	コウ	―	869
紗	シャ・サ	―	869
紐	チュウ	ひも	871
絃	ゲン	つる	874
紬	チュウ	つむぎ	877
絆	バン	きずな	877
絢	ケン	あや	879
綺	キ	あや	883
綜	ソウ	―	885
綴	テイ	つづ・る・と・じる	885
緋	ヒ	あか	885
綾	リョウ	あや	886
綸	リン	いと	886
縞	コウ	しま	891
徽	キ	しるし	413
繫	ケイ	つな・ぐ	894
繡	シュウ	―	894
纂	サン	あつ・める	894
纏	テン	まとい	894
羚	レイ	―	896
翔	ショウ	か・ける・と・ぶ	901
翠	スイ	―	901
耀	ヨウ	かがや・く	902
而	ジ	しこう・して	904
耶	ヤ	や・か	906
耽	タン	ふけ・る	906
聡	ソウ	さと・い	907
肇	チョウ	はじ・める	909
肋	ロク	―	910
肴	コウ	さかな	912
胤	イン	たね	913
胡	コ・ゴ・ウ	―	913
脩	シュウ	おさ・める	918
腔	コウ・クウ	―	920
脹	チョウ	ふく・れる	920
膏	コウ	―	923
臥	ガ	ふ・す	1041
舜	シュン	―	1042
舵	ダ	かじ	933
芥	ケ・カイ	からし・あくた	414
芹	キン	せり	414
芭	ハ・バ	―	415
芙	フ	はす・はちす	415
芦	ロ	あし	416
苑	エン・オン	その	416
茄	カ	なす・なすび	417
苔	タイ	こけ	419
苺	―	いちご	416
茅	ボウ	かや・ち・ちがや	419
茉	マツ・バツ	ま	419
茸	ジョウ	きのこ・たけ	420
茜	―	あかね	419
莞	カン	―	423
荻	テキ	おぎ	423
莫	ボ・モ・バク	な・かれ	423
莉	リ	―	423
菅	カン	すげ	423
菫	キン	すみれ	424
菖	ショウ	―	424
萄	トウ・ドウ	―	425
菩	ホ・ボ	―	425
萌―萠	ホウ	も・える・きざ・す	425
萊	ライ	―	425
菱	リョウ	ひし	425
葦	イ	あし	427
葵	キ	あおい	425
萱	ケン・カン	かや	425
葺	シュウ	ふ・く	426
萩	シュウ	はぎ	426
董	トウ	―	426
葡	ブ・ホ	―	426
蓑	サ	みの	428
蒔	シ	ま・く	428
蒐	シュウ	あつ・める	428
蒼	ソウ	あお・あお・い	428
蒲	ホ・フ	がま・かま・かば	429
蒙	モウ	こうむ・る・くら・い	429
蓉	ヨウ	はす	429
蓮	レン	はす・はちす	429
蔭	イン	かげ	429
蔣	ショウ	―	429
蔦	チョウ	つた	429
蓬	ホウ	よもぎ	429
蔓	マン	つる	429
蕎	キョウ	そば	429
蕨	ケツ	わらび	430
蕉	ショウ	―	430
蕃	バン	しげ・る	430
蕪	ブ	かぶ	430
薙	テイ	な・ぐ	431
蕾	ライ	つぼみ	432
蕗	ロ	ふき	433
藁	コウ	わら	433
薩	サツ	―	433
蘇	ソ	よみがえ・る	433
蘭	ラン	―	434
蝦	カ	えび	941
蝶	チョウ	―	942
螺	ラ	―	942
蟬	―	せみ	943
蟹	カイ	かに	943
蠟	ロウ	―	943
衿	キン	えり	950

漢字	音	訓	番号
架	ケ	｜	950
袴	コ	はかま	951
裡	リ	うら	955
裟	サ	｜	953
裳	ショウ	も・もすそ	955
襖	オウ	ふすま	958
訊	ジン	と・う・たず・ねる	973
訣	ケツ	わか・れる	974
註	チュウ	｜	978
詢	ジュン	｜	981
詫	タ	わ・びる	981
誼	ギ	よしみ	986
諏	シュ・ス	｜	986
諄	ジュン	｜	986
諒	リョウ	｜	989
謂	イ	い・う	990
諺	ゲン	ことわざ	990
讃	サン	｜	997
豹	ヒョウ	｜	1000
貰	セイ	もら・う	1004
賑	シン	にぎ・わう・にぎ・やか	1007
赳	キュウ	｜	1014
跨	コ	また・ぐ・また・がる	1016
蹄	テイ	ひづめ	1018
蹟	セキ	あと	1019
輔	ホ	たす・ける・すけ	1026
輯	シュウ	｜	1027
輿	ヨ	こし	1028
轟	ゴウ	とどろ・く	1028
辰	シン	たつ	1030
辻	｜	つじ	434
迂	ウ	｜	435
迄	キツ	まで・いた・る	435
辿	テン	たど・る	435
迪	テキ	みち	439
迦	カ	｜	438
這	ゲン	は・う	444
逞	テイ	たくま・しい	448
逗	トウ・ズ	｜	448
逢	ホウ	あ・う	449
遥—遙	ヨウ	はる・か	459
遁	トン	のが・れる	458
遼	リョウ	はる・か	464
邑	ユウ	むら・さと	1032
祁	キ	｜	825
郁	イク	｜	465
鄭	テイ・チョウ	｜	468
酉	ユウ	とり	1032
醇	ジュン	｜	1035
醐	ゴ	｜	1036
醍	ダイ	｜	1036
醬	ショウ	｜	1036
釉	ユウ	うわぐすり	1037
釘	テイ	くぎ	1046
釧	セン	｜	1046
銑	セン	｜	1050
鋒	ホウ	｜	1052
鋸	キョ	のこぎり	1052
錘	スイ	つむ・おもり	1053
錐	スイ	きり	1053
錆	セイ	さび・さび・る	1053
錫	シャク	すず	1053
鍬	シュウ	すき・くわ	1054
鎧	カイ・ガイ	よろい	1055
閃	セン	ひらめ・く	1060
閏	ジュン	うるう	1065
閤	コウ	｜	1066
阿	ア	くま・おもね・る・お	469
陀	タ・ダ	｜	470
隈	ワイ	くま	478
隼	ジュン	はやぶさ	1068
雀	ジャク	すずめ	1068
雁	ガン	かり	1068
雛	スウ	ひな	1072
雫	ダ	しずく	1075
霞	カ	かすみ・かす・む	1079
靖	セイ	やす・い・やすん・じる	1081
鞄	ホウ	かばん	1086
鞍	アン	くら	1086
鞘	ショウ	さや	1086
鞠	キク	まり	1086
鞭	ベン	むち	1086
頁	ケツ・ヨウ	｜	1088
頌	ショウ	｜	1090
頗	ハ	すこぶ・る	1091
顚	テン	｜	1097
颯	サツ	｜	1100
饗	キョウ	もてな・す	1106
馨	ケイ	かお・る	1108
馴	シュン・ジュン	な・れる・な・らす	1109
馳	チ	は・せる	1109
駕	カ・ガ	の・る	1110
駿	シュン	｜	1110
驍	ギョウ	｜	1112
魁	カイ	さきがけ	1116
魯	ロ	｜	1119
鮎	デン	あゆ	1119
鯉	リ	こい	1119
鯛	チョウ	たい	1120
鰯	｜	いわし	1120
鱒	ソン	ます	1120
鱗	リン	うろこ	1120
鳩	キュウ	はと	1121
鳶	エン	とび	1121
鳳	ホウ	おおとり	1121
鴨	オウ	かも	1122
鴻	コウ	おおとり	1122
鵜	テイ	う	1122
鵬	ホウ	おおとり	1122
鷗	オウ	かもめ	1122
鷲	シュウ	わし	1123
鷺	ロ	さぎ	1123
鷹	ヨウ	たか	1123
麒	キ	｜	1123
麟	リン	｜	1123
麿	｜	まろ	1124
黎	レイ・リ	｜	1126
黛	タイ	まゆずみ	1126
鼎	テイ	かなえ	1127

【漢字の表 二】

・かっこ内の漢字は、「人名用漢字」で、常用漢字で対応する字をしめしたものとされています。

・ここでしめしたページ数は、そのかっこ内の漢字のものです。

漢字	対応する常用漢字	ページ
あ 亞	（亜）	51
惡	（悪）	496
爲	（為）	735
逸	（逸）	450
榮	（栄）	629
衞	（衛）	947
謁	（謁）	986
圓	（円）	126
緣	（縁）	888
薗	（園）	249
應	（応）	483
櫻	（桜）	634
奧	（奥）	297
橫	（横）	650
溫	（温）	713
か 價	（価）	83
禍	（禍）	829
悔	（悔）	492
海	（海）	696
壞	（壊）	270
懷	（懐）	513
樂	（楽）	645
渴	（渇）	707
卷	（巻）	367
陷	（陥）	472
寬	（寛）	335
漢	（漢）	719
氣	（気）	676
祈	（祈）	825
器	（器）	237
僞	（偽）	99
戲	（戯）	519
虛	（虚）	937
峽	（峡）	359
狹	（狭）	758
響	（響）	1088
曉	（暁）	596
勤	（勤）	171
謹	（謹）	993
驅	（駆）	1109
勳	（勲）	173
薰	（薫）	430
惠	（恵）	494
揭	（掲）	545
鷄	（鶏）	1122
藝	（芸）	414
擊	（撃）	555
縣	（県）	806
儉	（倹）	94
劍	（剣）	158
險	（険）	474
圈	（圏）	249
檢	（検）	642
顯	（顕）	1095
驗	（験）	1111
嚴	（厳）	569
廣	（広）	381
恆	（恒）	494
黃	（黄）	1124
國	（国）	246
黑	（黒）	1125
穀	（穀）	837
さ 碎	（砕）	818
雜	（雑）	1070
祉	（祉）	826
視	（視）	964
兒	（児）	116
濕	（湿）	716
實	（実）	320
社	（社）	825
者	（者）	903
煮	（煮）	737
壽	（寿）	338
收	（収）	195
臭	（臭）	928
從	（従）	407
澁	（渋）	709
獸	（獣）	762
縱	（縦）	891
祝	（祝）	826
暑	（暑）	597
署	（署）	848
緖	（緒）	883
諸	（諸）	986
敍	（叙）	201
將	（将）	342
祥	（祥）	828
涉	（渉）	710
燒	（焼）	737
奬	（奨）	297
條	（条）	623
狀	（状）	756
乘	（乗）	40
淨	（浄）	699
剩	（剰）	159
疊	（畳）	784

旧字体	新字体	ページ	読み
孃	嬢	309	
讓	譲	997	
釀	醸	1036	
神	神	826	
眞	真	809	
寢	寝	335	
愼	慎	509	
盡	尽	351	
粹	粋	862	
醉	酔	1034	
穗	穂	839	
瀨	瀬	731	
齊	斉	1084	
靜	静	1081	
攝	摂	554	
節	節	856	
專	専	340	
戰	戦	518	
纖	繊	893	
禪	禅	830	
祖	祖	827	
壯	壮	272	
爭	争	46	
莊	荘	421	
搜	捜	543	
巢	巣	640	
曾	曽	605	
裝	装	952	
僧	僧	107	
層	層	355	
瘦	痩	788	
騷	騒	1111	
增	増	268	
憎	憎	511	
藏	蔵	430	
贈	贈	1010	
臟	臓	924	
卽	即	188	
帶	帯	372	た
滯	滞	721	
瀧	滝	721	
單	単	184	
嘆	嘆	236	
團	団	242	
彈	弾	397	
晝	昼	593	
鑄	鋳	1051	
著	著	424	
廳	庁	382	
徵	徴	411	
聽	聴	907	
懲	懲	514	
鎭	鎮	1055	
轉	転	1023	
傳	伝	72	
都	都	467	
嶋	島	359	
燈	灯	733	
盜	盗	801	
稻	稲	838	
德	徳	412	
突	突	842	
難	難	1072	な
拜	拝	536	は
盃	杯	628	
賣	売	116	
梅	梅	639	
髮	髪	1115	
拔	抜	531	
繁	繁	891	
晚	晩	598	
卑	卑	185	
祕	秘	834	
碑	碑	822	
賓	賓	1009	
敏	敏	563	
富	富	335	
侮	侮	86	
福	福	830	
拂	払	527	
佛	仏	59	
勉	勉	169	
步	歩	663	
峯	峰	359	
墨	墨	269	
飜	翻	901	
每	毎	672	ま
萬	万	20	
默	黙	1125	
埜	野	1039	や
彌	弥	394	
藥	薬	432	
與	与	21	
搖	揺	553	
樣	様	650	
謠	謡	992	
來	来	625	ら
賴	頼	1094	
覽	覧	966	
欄	欄	655	
龍	竜	1118	
虜	虜	938	
凉	涼	712	
綠	緑	886	
淚	涙	706	
壘	塁	265	
類	類	1096	
禮	礼	824	
曆	暦	601	
歷	歴	664	
練	練	888	
鍊	錬	1053	
郞	郎	466	
朗	朗	612	
廊	廊	388	
錄	録	1054	

字体についての解説

平成二十二年十一月三十日内閣告示「常用漢字表」による。原文は横書き。ふりがなはない。

第1 明朝体のデザインについて

常用漢字表では、個々の漢字の字体（文字の骨組み）を、明朝体のうちの一種を例に用いて示した。現在、一般に使用されている明朝体の各種書体には、同じ字でありながら、微細なところで形の相違の見られるものがある。しかし、それらの相違はいずれも書体設計上の表現の差、すなわちデザインの違いに属する事柄であって、字体の違いではないと考えられるものである。つまり、それらの相違は、字体の上からは全く問題にする必要のないものである。以下に、分類して、その例を示す。

なお、ここに挙げているデザイン差は、現実に異なる字形がそれぞれ使われていて、かつ、その実態に配慮すると、字形の異なりを字体の違いと考えなくてもよいと判断したものである。すなわち、実態として存在する異字形を、デザインの差と、字体の差に分けて整理することがその趣旨であり、明朝体字形を新たに作り出す場合に適用し得るデザイン差の範囲を示したものではない。また、ここに挙げているデザイン差は、おおむね「筆写の楷書字形において見ることができる字形の異なり」と捉えることも可能である。

1 へんとつくり等の組合せ方について

(1) 大小、高低などに関する例

硬 硬　吸 吸　頃 頃

(2) はなれているか、接触しているかに関する例

睡 睡　異 異　挨 挨

2 点画の組合せ方について

(1) 長短に関する例

雪 雪 雪　満 満　無 無　斎 斎

(2) つけるか、はなすかに関する例

発 発 備 備 奔 奔 溺 溺

空 空 湿 湿 吹 吹 冥 冥

(3) 接触の位置に関する例

岸 岸 家 家 脈 脈 脈

蚕 蚕 印 印 蓋 蓋

(4) 交わるか、交わらないかに関する例

聴 聴 非 非 祭 祭

存 存 孝 孝 射 射

(5) その他

芽 芽 芽 夢 夢 夢

3 点画の性質について

(1) 点か、棒(画)かに関する例

帰 帰 班 班 均 均 麗 麗 蔑 蔑

(2) 傾斜、方向に関する例

考 考 値 値 望 望

(3) 曲げ方、折り方に関する例

勢 勢 競 競 頑 頑 頑 災 災

(4) 「筆押さえ」等の有無に関する例

芝 芝 更 更 伎 伎

八 八 八 公 公 公 雲 雲

(5) とめるか、はらうかに関する例

環 環 泰 泰 談 談

医 医 継 継 園 園

(6) とめるか、ぬくかに関する例

耳耳　邦邦　街街　餌餌

(7) はねるか、とめるかに関する例

四四　配配　換換　湾湾

(8) その他

次次　姿姿

4 特定の字種に適用されるデザイン差について

「特定の字種に適用されるデザイン差」とは、以下の(1)〜(5)それぞれの字種にのみ適用されるデザイン差のことである。したがって、それぞれに具体的な字形として示されているデザイン差を他の字種にまで及ぼすことはできない。

なお、(4)に掲げる「叱」と「𠮟」は本来別字とされるが、その使用実態から見て、異体の関係にある同字と認めることができる。

(1) 牙・牙・牙

(2) 韓・韓・韓

(3) 茨・茨・茨

(4) 叱・𠮟

(5) 栃・栃

第2 明朝体と筆写の楷書との関係について

常用漢字表では、個々の漢字の字体(文字の骨組み)を、明朝体のうちの一種を例に用いて示した。このことは、これによって筆写の楷書における書き方の習慣を改めようとするものではない。字体としては同じであっても、1、2に示すように明朝体の字形と筆写の楷書の字形との間には、いろいろな点で違いがある。それらは、印刷文字と手書き文字におけるそれぞれの習慣の相違に基づく表現の差と見るべきものである。

さらに、印刷文字と手書き文字におけるそれぞれの習慣の相違に基づく表現の差は、3に示すように、字体（文字の骨組み）の違いに及ぶ場合もある。

以下に、分類して、それぞれの例を示す。いずれも「明朝体—手書き（筆写の楷書）」という形で、上（原文は左）側に明朝体、下（原文は右）側にそれを手書きした例を示す。

1 明朝体に特徴的な表現の仕方があるもの

(1) 折り方に関する例

衣—衣　去—去　玄—玄

(2) 点画の組合せ方に関する例

人—人　家—家　北—北

(3) 「筆押さえ」等に関する例

芝—芝　史—史

入—入　八—八

(4) 曲直に関する例

子—子　手—手　了—了

(5) その他

辶・辶—辶　竹—竹　心—心

2 筆写の楷書では、いろいろな書き方があるもの

(1) 長短に関する例

雨—雨雨　戸—戸戸戸

無—無無

(2) 方向に関する例

風—風風　比—比比

仰—仰仰

糸—糸糸　ネ—ネネ　ネ—ネネ

主―主主　言―言言言

年―年年

(3) つける か、 はなすかに関(かん)する例(れい)

又―又又　文―文文

月―月月

条―条条　保―保保

(4) はらうか、 とめるかに関(かん)する例(れい)

奥―奥奥　公―公公

角―角角　骨―骨骨

(5) はねるか、 とめるかに関(かん)する例(れい)

切―切切　改―改改

酒―酒酒　陸―陸陸

穴―穴穴

木―木木　来―来来

糸―糸糸　牛―牛牛

環―環環

(6) その他(た)

令―令令　外―外外外

女―女女　叱―叱叱叱

3 筆写の楷書字形と印刷文字字形の違いが、字体の違いに及ぶもの

以下に示す例で、括弧内は印刷文字である明朝体の字形に倣って書いたものであるが、筆写の楷書ではどちらの字形で書いても差し支えない。なお、括弧内の字形の方が、筆写字形としても一般的な場合がある。

(1) 方向に関する例

淫―淫（淫）　恣―恣（恣）

煎―煎（煎）　嘲―嘲（嘲）

溺―溺（溺）　蔽―蔽（蔽）

(2) 点画の簡略化に関する例

葛―葛（葛）　嗅―嗅（嗅）

僅―僅（僅）　餌―餌（餌）

(3) その他

箋―箋（箋）　塡―塡（塡）

賭―賭（賭）　頰―頰（頰）

惧―惧（惧）　稽―稽（稽）

詮―詮（詮）　捗―捗（捗）

剝―剝（剝）　喩―喩（喩）

1999年10月1日　初版発行
2002年1月10日　第2版発行
2005年1月10日　第3版発行
2009年1月10日　第3版新装版発行
2011年2月1日　第4版発行
2015年1月10日　第5版発行
2020年1月10日　第6版発行
2024年1月10日　新装第6版発行

三省堂 例解小学漢字辞典 新装第六版
オンライン辞書つき　オールカラー

二〇二四年一月一〇日　第一刷発行

監修……林　四郎（はやし・しろう）
大村はま（おおむら・はま）
編者……月本雅幸（つきもと・まさゆき）
濱口富士雄（はまぐち・ふじお）
発行者……株式会社三省堂　代表者 瀧本多加志
印刷者……三省堂印刷株式会社
発行所……株式会社三省堂
〒一〇二－八三七一
東京都千代田区麹町五丁目七番地二
電話――――（〇三）三二三〇－九四一一
https://www.sanseido.co.jp/
〔6版新装例解小漢・1,248pp.〕
落丁本・乱丁本はお取り替えいたします。

ISBN978-4-385-13965-4

本書の内容に関するお問い合わせは、弊社ホームページの「お問い合わせ」フォーム（https://www.sanseido.co.jp/support/）にて承ります。

三省堂　例解小学漢字辞典　新装第六版

オンライン辞書つき　オールカラー

購入者特典「辞書 webアプリ」　ことまな＋(プラス)

オンライン辞書(じしょ)の使(つか)い方(かた)

① 「ことまな＋(プラス)」にアクセスしてみよう！

https://kotomana-plus.net ➡

② **ことまな＋をはじめる** から、**ユーザー登録(とうろく)をする** をクリック。

③ 「ことまな＋(プラス)」のＩＤ(アイディー)とパスワードを決(き)めよう！

じぶんの好(す)きなＩＤ(アイディー)とパスワードを入力(にゅうりょく)してね！

④ いま決(き)めたＩＤ(アイディー)とパスワードで「ことまな＋(プラス)」にログイン！

⑤ マイページで、『三省堂(さんせいどう)　例解(れいかい) 小(しょう) 学漢字辞典(がくかんじじてん)　新装第六版(しんそうだいろくはん)』

辞書(じしょ)を登録(とうろく)する をクリック。

⑥ 辞書(じしょ)クイズ（３問(もん)）に答(こた)えよう！

⑦ 全問正解(ぜんもんせいかい)すると、オンライン辞書(じしょ)

「ことまな＋(プラス)」が使(つか)えるようになるよ！

辞書(じしょ)を見(み)ながらかんたんにできるよ！

● 保護者の方へ

- ご利用にはインターネットへの接続が必要です。別途、通信料が発生することがあります。
- 「ことまな＋」のご登録・ご利用は、無料です。料金が請求されることはありません。
- オンライン辞書のご利用は、１冊のご購入につき、お一人までです。
- ID とパスワードの使い回しはご遠慮ください。
- ID とパスワードは、忘れないように控えておいてください。

● お問い合わせ

Email：info-tbdt@sanseido-publ.co.jp

ハバロフスク
黒竜江
ロシア連邦
黒竜江
松花江
北海道
札幌
哈爾濱
ウラジオストク
ナホトカ
長春
吉林
内蒙古自治区
瀋陽
仙台
朝鮮民主主義人民共和国
（北朝鮮）
日本海
新潟
遼寧
承徳
山海関
さいたま
東京
北京
燕
平壌
相模原
千葉
大連
本州
天津
横浜
ソウル
河北
黄河
名古屋
川崎
石家荘
静岡
山東
京都
大韓民国
（韓国）
趙
浜松
済南
斉
岡山
神戸
大阪
青島
広島
魯
黄海
日本国
堺
安陽
曲阜
北九州
福岡
四国
魏
宋
熊本
九州
垓下
江蘇
河南
安徽
南京
呉
長江
合肥
太平洋
上海
楚
武漢
杭州
南
東シナ海
越
西
南昌
浙江
諸
長沙
江西
島
福州
福建
台北
北回帰線
台湾
広東
澳門
香港
0
400
800km
国境
直轄市、省、自治区境
長城
首都
直轄市、省都、自治区首都、特別行政区
主要都市、史跡
（日本の場合は政令指定都市）
江蘇 省名・島名
魯 歴史的な国名